ISBN 978-7-113-15341-0

9 787113 153410 >

定 价：420.00 元
（上、下册含光盘）

高速铁路工程施工质量验收标准

（上册）

铁路工程技术标准所　编

中国铁道出版社

2012年·北　京

内 容 简 介

本书收录了铁路混凝土工程施工质量验收标准、高速铁路路基工程施工质量验收标准、高速铁路桥涵工程施工质量验收标准、高速铁路隧道工程施工质量验收标准、高速铁路轨道工程施工质量验收标准、高速铁路通信工程施工质量验收标准、高速铁路信号工程施工质量验收标准、高速铁路电力工程施工质量验收标准、高速铁路电力牵引供电工程施工质量验收标准，同时收集了验收标准中引用的有关标准的相关内容，可供相关人员参考。

图书在版编目(CIP)数据

高速铁路工程施工质量验收标准：全2册/铁路工程技术标准所编. —北京：中国铁道出版社，2012.12
ISBN 978-7-113-15341-0

Ⅰ.①高… Ⅱ.①铁… Ⅲ.①高速铁路—铁路施工—工程质量—工程验收—标准 Ⅳ.①U238-65

中国版本图书馆CIP数据核字(2012)第221295号

书　　名：高速铁路工程施工质量验收标准（上册）
作　　者：铁路工程技术标准所　编

策　　划：江新锡　　　　**编辑部电话：**(010)51873018
责任编辑：江新锡　曹艳芳
编辑助理：王　健　张卫晓
封面设计：郑春鹏
责任校对：孙　玫
责任印制：郭向伟

出版发行：中国铁道出版社(100054，北京市西城区右安门西街8号)
网　　址：http://www.51eds.com
印　　刷：中煤涿州制图印刷厂北京分厂
版　　次：2012年12月第1版　2012年12月第1次印刷
开　　本：787 mm×1 092 mm　1/16　印张：109.25　字数：2 784千
书　　号：ISBN 978-7-113-15341-0
定　　价：420.00（全2册，含光盘）

总 目 录

（上 册）

（下 册）

中华人民共和国行业标准

铁建设〔2010〕240 号

铁路混凝土工程施工质量验收标准

Standard for Constructional Quality Acceptance of Railway Concrete Engineering

TB 10424—2010

2010-12-08 发布　　　　**2010-12-08 实施**

中华人民共和国铁道部　发布

前　言

本标准是根据铁道部《关于印发2009年铁路工程建设标准编制计划的通知》(铁建设函〔2009〕34号)的要求，在《铁路混凝土工程施工质量验收补充标准》(铁建设〔2005〕160号)和《铁路混凝土与砌体工程施工质量验收标准》(TB 10424—2003)的基础上，充分吸纳京津、武广、郑西、合宁、合武、石太、东南沿海、沪宁等高速铁路的建设、运营经验编制而成的。

本标准的编制工作紧紧把握高速铁路总体技术路线，坚持高起点、高标准，通过原始创新、集成创新和引进消化吸收再创新，形成了符合我国国情、路情，具有自主知识产权的中国高速铁路混凝土工程施工质量验收标准。

本标准由10章组成，其内容包括总则、术语、基本规定、模板及支(拱)架分项工程、钢筋分项工程、混凝土分项工程、预应力分项工程、砌体分项工程、特殊混凝土(砂浆)、混凝土实体质量核查，另有11个附录。

本标准的主要内容如下：

1. 落实“六位一体”建设管理要求，对质量、安全、工期、投资控制、环境保护和技术创新提出了针对性管理措施。

2. 反映建设项目标准化管理内涵，为管理制度、人员配备、现场管理、过程控制标准化提供了配套性标准规定。

3. 强调现代化施工管理手段应用，从积极推广机械化、工厂化、专业化、信息化施工角度明确了指导性原则要求。

4. 体现全方位全过程质量控制理念，在源头控制、过程控制、细节控制方面明确了建设各方的关键性工作内容。

5. 突出工程结构安全性、可靠性、耐久性和系统使用功能等方面的质量目标要求，保证高速铁路安全平稳运营。

6. 贯彻工程质量终身负责制，增加了工序操作责任人的记录要求，体现对管理层、技术层、作业层人员的质量责任追溯。

7. 优化了工程施工质量验收的单元划分、组织程序、实施方法和工作内容。

8. 调整了检验项目、质量指标和检验方法，质量检测工作更趋科学、合理、先进、有效。

9. 梳理分析了混凝土工程施工中的易发质量通病，制定了针对性控制措施。

10. 规定了模板和支撑体系应进行施工设计的要求，确保其强度、刚度、稳定性和连接可靠性。

11. 增加了钢筋进场应进行直径和每延米重量的验收内容，强化了钢筋的原材料质量控制。

12. 提出了进场骨料含泥量超标、级配不合格时，必须进行冲洗、筛分并经检验合格方可使用的要求。

13. 明确了原材料品质在合格基础上发生波动时，可仅对外加剂用量、粗骨料分级比例、砂率进行适当调整的规定。

14. 调整了粉煤灰的细度、需水量比和烧失量等技术要求，与现行产品标准协调一致。

15. 增加了无抗拉和抗疲劳要求的 C40 以下强度等级混凝土可采用卵石的规定，以充分利用现有资源。

16. 规定了混凝土中三氧化硫的含量限值，细化了不同环境条件下矿物掺和料的掺量范围，保证结构的耐久性。

17. 纳入了氯盐环境下混凝土氯离子扩散系数和冻融环境下混凝土气泡间距系数的检测要求。

18. 对含气量要求大于等于 4.0% 的混凝土，规定了必须采取减水剂和引气剂双掺方式进行配制的要求。

19. 对混凝土胶凝材料抗蚀系数试验，试件浸泡时间由 28 d 调整为 56 d。

本标准全部条文均为强制性条文，必须严格执行。

在执行本标准过程中，希望各单位结合工程实践，认真总结经验，积累资料。如发现需要修改和补充之处，请及时将意见和有关资料寄交中铁三局集团有限公司（太原市迎泽大街 269 号，邮政编码：030001），并抄送铁道部经济规划研究院（北京市海淀区北蜂窝路乙 29 号，邮政编码：100038），供今后修订时参考。

本标准由铁道部建设管理司负责解释。

主编单位：中铁三局集团有限公司。

参编单位：中国铁道科学研究院、中铁十二局集团有限公司。

主要起草人：王　金、薛吉岗、谢永江、黄直久、王新洁、朱长华、赵德学、高生伟、唐南生、安明喆、李化建、仲新华、王保江、张明龙、王秀芬、赵永刚。

主要审定人：安国栋、苏全利、米　隆、吴明友、薛育秀、傅　锋、王森鹤、张先军、李启棣、张奕斌、宿　万、章国辉、钱树青、梅　红。

目　　次

1 总 则

1.0.1 为加强铁路工程施工质量管理，统一铁路混凝土与砌体工程施工质量的验收标准，保证工程质量，制定本标准。

1.0.2 本标准适用于铁路混凝土与砌体工程施工质量的验收。

1.0.3 建设各方应建立健全质量保证体系，对工程施工质量进行全过程控制，对管理层、技术层、作业层人员的质量责任实行终身追究制度。

1.0.4 建设各方应做好管理制度标准化、人员配备标准化、现场管理标准化、过程控制标准化等工作，落实质量、安全、工期、投资效益、环境保护、技术创新等建设管理要求。

1.0.5 铁路混凝土与砌体工程施工必须执行国家法律法规及相关技术标准，严格按照设计文件进行施工，通过严格控制原材料、配合比、施工工艺、试验检测等措施，满足工程结构安全、耐久性能及系统使用功能要求，保证设计使用年限内正常运营。

1.0.6 铁路混凝土与砌体工程施工应贯彻国民经济可持续发展战略，合理利用资源，做好环境保护、水土保持等工作。

1.0.7 铁路混凝土与砌体工程施工应采用机械化、工厂化、专业化、信息化等现代化施工手段，保证工程质量，保障施工安全。

1.0.8 铁路混凝土与砌体工程施工应制定相应的安全技术措施，严格遵守安全技术规程和相应劳动卫生标准。

1.0.9 铁路混凝土与砌体工程应采用先进、成熟、科学的检测手段，质量检测数据必须真实可靠，全面反映工程质量状况。所用方法和仪器设备应符合相关标准的规定，仪器精度应能满足质量控制要求，质量检测人员必须具有规定的资格。

1.0.10 铁路混凝土与砌体工程的各类质量检测报告、检查验收记录和其他工程技术资料，必须按规定及时填写，并且严格履行责任人签字确认制度。

1.0.11 铁路混凝土与砌体工程施工中所采用的承包合同文件和工程技术文件等对施工质量的要求不得低于本标准的规定。当设计要求的质量指标高于本标准的规定时，应按设计要求办理。

1.0.12 铁路混凝土与砌体工程施工及验收人员应经过专门培训合格后方可上岗。

1.0.13 本标准应与铁路各专业工程施工质量验收标准配套使用。

1.0.14 对于本标准未涉及的新技术、新工艺、新设备、新材料，其施工质量的验收应另行制定补充标准。

1.0.15 铁路混凝土与砌体工程施工质量的验收除应符合本标准外，尚应符合国家现行有关标准的规定。

2 术 语

2.0.1 工程施工质量 constructional quality of engineering

反映工程施工过程或实体满足相关标准规定或合同约定的要求，包括其在安全、使用功能及其在耐久性能、环境保护等方面所有明显和隐含能力的特性总和。

2.0.2 验收 acceptance

工程施工质量在施工单位自行检查评定的基础上，参与建设活动的有关单位共同对检验批、分项、分部、单位工程的质量按有关规定进行检验，根据相关标准以书面形式对工程质量达到合格与否作出确认。

2.0.3 设计使用年限 design working life

设计人员用以作为结构耐久性设计依据并具有足够安全度或保证率的目标使用年限。

2.0.4 进场验收 site acceptance

对进入施工现场的材料、构配件、设备等按相关标准规定要求进行检验，对其达到合格与否作出确认。

2.0.5 检验批 inspection lot

按同一生产条件或按规定的方式汇总起来供检验用的由一定数量样本组成的检验体。

2.0.6 检验 inspection

对检验项目中的性能进行量测、检查、试验等，并将结果与标准规定要求进行比较，以确定每项性能是否合格所进行的活动。

2.0.7 见证检验 evidential testing

监理单位对施工单位材料取样、送样、检验或某项检测、试验过程进行的监督活动。

2.0.8 平行检验 parallel acceptance testing

监理单位利用一定的检查或检测手段，在施工单位自检的基础上，按照一定的比例独立进行检查或检测的活动。

2.0.9 旁站 on-site supervision

在工程的关键部位或关键工序施工过程中，由监理人员在现场进行的监督活动。

2.0.10 工序 constructional procedure

施工过程中具有相对独立特点的作业活动，或由必要的技术间歇及停顿分割的作业活动，是组成施工过程的基本单元。

2.0.11 交接检验 handing over inspection

由施工的承接方与完成方共同检查并对可否继续施工作出确认的活动。

2.0.12 主控项目 dominant item

对质量、安全、卫生、环境保护和公众利益起决定性作用的检验项目。

2.0.13 一般项目 general item

除主控项目以外的检验项目。

2.0.14 混凝土结构的耐久性 durability of concrete structure

在预定作用和预期的维护与使用条件下，混凝土结构及构件在设计使用年限内保持其适用性和安全性的能力。

2.0.15 胶凝材料 cementitious material, or binder

用于配制混凝土的水泥和矿物掺和料的总称。

2.0.16 水胶比 water to binder ratio

混凝土拌和物中的总用水量与胶凝材料总量的质量比。

2.0.17 电通量 passed electric charge

在一定条件下通过混凝土规定截面积的电荷总量，用于评价混凝土抵抗水和离子等介质向内渗透的能力。

2.0.18 氯离子扩散系数 chloride diffusion coefficient

描述混凝土孔隙水中氯离子从高浓度区向低浓度区扩散过程的参数，用于评价混凝土抵抗氯离子侵蚀的能力。

2.0.19 抗冻等级 resistance class to freezing-thawing

用快冻法测得的最大冻融循环次数划分的混凝土抗冻性能的级别，用于评价混凝土抵抗冻融循环破坏的能力。

2.0.20 气泡间距 air bubble spacing

硬化混凝土中相邻气泡边缘之间距离的平均值。

2.0.21 抗硫酸盐结晶破坏等级 resistance class to sulphate physical attack

用抗硫酸盐侵蚀试验方法测得的最大干湿循环次数划分的混凝土抗腐蚀性能的级别，用于评价混凝土抵抗硫酸盐结晶破坏的能力。

2.0.22 防腐蚀强化措施 enhanced protective measures

在采取提高混凝土密实性和增加钢筋的混凝土保护层厚度等常规措施仍不足以保证混凝土结构耐久性的前提下，所需要进一步采取的其他防腐蚀措施。

2.0.23 碱活性骨料 alkali reactive aggregate

在一定条件下会与混凝土中的碱发生化学反应，导致混凝土结构产生膨胀、开裂、甚至破坏的骨料。

2.0.24 施工缝 construction joint

在混凝土浇筑过程中，因设计要求或施工需要分段浇筑而在先、后浇筑的混凝土之间形成的接缝。

3 基本规定

3.1 一般规定

3.1.1 混凝土与砌体工程施工现场质量管理应有相应的施工技术标准、健全的质量管理体系和施工质量检验制度。

3.1.2 混凝土与砌体工程施工应结合项目规模和特点，按照铁道部现行《铁路建设项目工程试验室管理标准》(TB 10442)的规定设置工程试验室，并应经建设单位组织验收合格，满足工程质量控制要求。

3.1.3 混凝土应采用自动化拌和站进行集中生产。混凝土拌和站应制定完备的质量管理制度、生产控制工艺和环境保护方案，主要工种操作人员应经专门培训合格，搅拌、检测设备和计量器具设置应符合要求，拌和站应经验收合格方可使用。

3.1.4 当使用商品混凝土时，建设单位应组织对供应商的拌和站进行评估验收，质量控制应符合本标准的规定。

3.1.5 砌体砂浆应采用机械拌和，并应有配套的计量器具或装置。

3.1.6 设计单位应在设计文件中明确采用钢筋接头的形式和使用部位。

3.1.7 混凝土与砌体工程应按下列规定进行施工质量控制：

1 工程采用的原材料、构配件，施工单位和监理单位应按本标准的规定进行检验，不合格的不得用于工程施工。

2 各工序应按施工技术标准进行过程控制，施工单位和监理单位应按本标准的规定进行全面检查，并形成记录。

3 工序之间应进行交接检验，上道工序应满足下道工序的施工条件和技术要求。相关专业工序之间的交接检验应经监理工程师检查认可，未经检查或经检查不合格的不得进行下道工序施工。

3.1.8 混凝土与砌体工程施工质量应按下列要求进行验收：

1 工程施工质量应符合本标准和现行有关标准的规定。

2 工程施工质量应符合工程勘察、设计文件的要求。

3 参加工程施工质量验收的各方人员应具备规定的资格；各种检查记录签证人员应报建设单位确认、备案。

4 工程施工质量的验收均应在施工单位自行检查评定合格的基础上进行。

3.2 工程施工质量验收单元划分

3.2.1 混凝土工程可划分为模板及支(拱)架、钢筋、混凝土和预应力四个分项工程。砌体工程为一个分项工程。

3.2.2 各分项工程可根据与施工方式相一致且便于控制施工质量的原则，按工作班、施工缝或施工阶段划分为若干检验批。

3.2.3 铁路混凝土与砌体工程的分项工程和检验批划分及检验项目应符合表3.2.3的规定。

表3.2.3 混凝土与砌体工程分项工程和检验批划分及检验项目

<table>
<tr><th colspan="3" rowspan="2">分项工程</th><th rowspan="2">检验批</th><th colspan="2">检验项目条文号</th></tr>
<tr><th>主控项目</th><th>一般项目</th></tr>
<tr><td colspan="3">模板及支(拱)架</td><td>安装段</td><td>4.2.1、4.2.2、4.3.1</td><td>4.2.3、4.2.4、4.3.2</td></tr>
<tr><td colspan="3">钢　筋</td><td>安装段</td><td>5.2.1～5.2.4、5.3.1、5.3.2、
5.4.1～5.4.4、5.5.1～5.5.4</td><td>5.2.5、5.3.3、5.5.5</td></tr>
<tr><td>混凝土</td><td colspan="2">混凝土</td><td>浇筑段</td><td>6.2.1～6.2.8、6.3.1～6.3.5、
6.4.1～6.4.16</td><td>6.4.17～6.4.18</td></tr>
<tr><td rowspan="8">混凝土</td><td rowspan="8">特殊混凝土(砂浆)</td><td>纤维混凝土</td><td rowspan="8">浇筑段</td><td>9.1.1、9.2.5～9.2.8</td><td>6.4.17～6.4.18</td></tr>
<tr><td>喷射混凝土</td><td>9.1.1、9.3.5～9.3.14</td><td></td></tr>
<tr><td>特细砂混凝土</td><td>9.1.1、9.4.4～9.4.6</td><td>6.4.17～6.4.18</td></tr>
<tr><td>补偿收缩混凝土</td><td>9.1.1、9.5.6～9.5.9</td><td>6.4.17～6.4.18</td></tr>
<tr><td>无砂透水混凝土</td><td>9.1.1、9.6.3～9.6.6</td><td></td></tr>
<tr><td>气密性混凝土</td><td>9.1.1、9.7.3～9.7.5</td><td>6.4.17～6.4.18</td></tr>
<tr><td>纤维增强砂浆
(活性粉末混凝土)</td><td>9.1.1、9.8.5～9.8.10</td><td>6.4.17～6.4.18</td></tr>
<tr><td>桥梁支座砂浆</td><td>9.1.1、9.9.7～9.9.13</td><td></td></tr>
<tr><td colspan="3">预应力</td><td>施工段</td><td>7.2.1～7.2.5
7.3.1～7.3.3
7.4.1～7.4.5
7.5.1～7.5.6</td><td>7.3.4～7.3.6
7.4.6、7.5.7</td></tr>
<tr><td colspan="3">砌体工程</td><td>砌筑段</td><td>8.2.1～8.2.6
8.3.1～8.3.6</td><td>8.3.7～8.3.9</td></tr>
</table>

3.3 工程施工质量验收内容和要求

3.3.1 检验批的质量验收应包括如下内容：

1 实物检查：对原材料、构配件等的检验，应按进场的批次和本标准规定的抽样检验方案执行；对工序质量的检验，应按本标准规定的抽样检验方案执行。

2 资料检查：原材料、构配件等的质量证明文件(质量合格证、规格、型号及性能检测报告等)和抽样检验报告，工序的施工记录、自检和交接检验记录、平行检验报告、见证检验报告等。

3 质量责任确认：对施工作业人员质量责任登记进行确认。

3.3.2 检验批合格质量应符合下列规定：

1 主控项目的质量经抽样检验全部合格。

2 一般项目的质量经抽样检验全部合格；其中，有允许偏差的抽查点，除有专门要求外，80%及以上的抽查点应控制在规定允许偏差内，最大偏差不得大于规定允许偏差的1.5倍。

3 具有完整的施工操作依据、质量检查记录。

4 施工作业人员质量责任登记情况真实、全面。

3.3.3 分项工程质量验收合格应符合下列规定：

1 分项工程所含的检验批均应符合合格质量的规定。

2 分项工程所含的检验批的质量验收记录应完整。

3.3.4 当检验批质量不符合要求时，应按以下规定进行处理：

1 经返工重做的或更换构配件的检验批，应重新进行验收。

2 当对试块试件的试验结果有怀疑时，或因试块试件丢失损坏、试验资料缺失等无法判断实体质量时，应由有资质的检测单位对实体质量进行检测鉴定，凡达到设计要求的检验批可予以验收。

3.3.5 通过返修或加固处理仍不能满足结构安全和使用功能要求的检验批和分项工程，严禁验收。

3.4 工程施工质量验收程序和组织

3.4.1 检验批应由施工单位自检合格后报监理单位，由监理工程师组织施工单位专职质量检查员等进行验收。

施工单位应对全部主控项目和一般项目进行检查。

监理单位应对全部主控项目进行检查，对一般项目的检查内容和数量可根据具体情况确定。

检验批质量验收记录应按表3.4.1填写。对于主控项目，施工单位检查评定记录及监理单位验收记录的内容应填写详细具体；对于一般项目可填写概括性结论。

3.4.2 分项工程应由监理工程师组织施工单位分项工程技术负责人等进行验收，并应按表3.4.2填写记录。

表 3.4.1 ________检验批质量验收记录

<table>
<tr><td colspan="2">单位工程名称</td><td colspan="16"></td></tr>
<tr><td colspan="2">分部工程名称</td><td colspan="16"></td></tr>
<tr><td colspan="2">分项工程名称</td><td colspan="6"></td><td colspan="3">验收部位</td><td colspan="7"></td></tr>
<tr><td colspan="2">施工单位</td><td colspan="6"></td><td colspan="3">项目负责人</td><td colspan="7"></td></tr>
<tr><td colspan="2">施工质量验收标准名称及编号</td><td colspan="16"></td></tr>
<tr><td colspan="3">施工质量验收标准的规定</td><td colspan="10">施工单位检查评定记录</td><td colspan="5">监理单位验收记录</td></tr>
<tr><td rowspan="9">主控项目</td><td>1</td><td></td><td colspan="10"></td><td colspan="5"></td></tr>
<tr><td>2</td><td></td><td colspan="10"></td><td colspan="5"></td></tr>
<tr><td>3</td><td></td><td colspan="10"></td><td colspan="5"></td></tr>
<tr><td>4</td><td></td><td colspan="10"></td><td colspan="5"></td></tr>
<tr><td>5</td><td></td><td colspan="10"></td><td colspan="5"></td></tr>
<tr><td>6</td><td></td><td colspan="10"></td><td colspan="5"></td></tr>
<tr><td>7</td><td></td><td></td><td></td><td></td><td></td><td></td><td></td><td></td><td></td><td></td><td></td><td></td><td></td><td></td><td></td><td></td></tr>
<tr><td>8</td><td></td><td></td><td></td><td></td><td></td><td></td><td></td><td></td><td></td><td></td><td></td><td></td><td></td><td></td><td></td><td></td></tr>
<tr><td>9</td><td></td><td></td><td></td><td></td><td></td><td></td><td></td><td></td><td></td><td></td><td></td><td></td><td></td><td></td><td></td><td></td></tr>
<tr><td rowspan="5">一般项目</td><td>1</td><td></td><td colspan="10"></td><td colspan="5" rowspan="5"></td></tr>
<tr><td>2</td><td></td><td colspan="10"></td></tr>
<tr><td>3</td><td></td><td colspan="10"></td></tr>
<tr><td>4</td><td></td><td colspan="10"></td></tr>
<tr><td>5</td><td></td><td colspan="10"></td></tr>
<tr><td colspan="2">施工作业人员质量责任登记</td><td colspan="16"></td></tr>
<tr><td colspan="2">勘察设计单位现场确认情况(需要时)</td><td colspan="16">现场负责人 年 月 日</td></tr>
<tr><td colspan="2">施工单位检查评定结果</td><td colspan="16">专职质量检查员 年 月 日
分项工程技术负责人 年 月 日
分项工程负责人 年 月 日</td></tr>
<tr><td colspan="2">监理单位验收结论</td><td colspan="16">监理工程师
年 月 日</td></tr>
</table>

注:施工作业人员质量责任登记应按部位和工序分别签名。

表 3.4.2 ________分项工程质量验收记录

<table>
<tr><td colspan="2">单位工程名称</td><td colspan="3"></td></tr>
<tr><td colspan="2">分部工程名称</td><td></td><td>检验批数</td><td></td></tr>
<tr><td colspan="2">施工单位</td><td></td><td>项目负责人</td><td></td></tr>
<tr><td>序号</td><td>检验批部位</td><td>施工单位检查评定结果</td><td colspan="2">监理单位验收结论</td></tr>
<tr><td>1</td><td></td><td></td><td colspan="2"></td></tr>
<tr><td>2</td><td></td><td></td><td colspan="2"></td></tr>
<tr><td>3</td><td></td><td></td><td colspan="2"></td></tr>
<tr><td>4</td><td></td><td></td><td colspan="2"></td></tr>
<tr><td>5</td><td></td><td></td><td colspan="2"></td></tr>
<tr><td>6</td><td></td><td></td><td colspan="2"></td></tr>
<tr><td>7</td><td></td><td></td><td colspan="2"></td></tr>
<tr><td>8</td><td></td><td></td><td colspan="2"></td></tr>
<tr><td>9</td><td></td><td></td><td colspan="2"></td></tr>
<tr><td>10</td><td></td><td></td><td colspan="2"></td></tr>
<tr><td colspan="5">说明：</td></tr>
<tr><td colspan="2">施工单位
检查评定结果</td><td colspan="3">分项工程技术负责人
年　月　日</td></tr>
<tr><td colspan="2">勘察设计单位
现场确认情况
（需要时）</td><td colspan="3">现场负责人
年　月　日</td></tr>
<tr><td colspan="2">监理单位
验收结论</td><td colspan="3">监理工程师
年　月　日</td></tr>
</table>

4 模板及支(拱)架分项工程

4.1 一般规定

4.1.1 模板及支(拱)架应根据工程结构形式、地基承载力、施工设备和材料等条件进行施工设计并编制施工技术方案,其弹性压缩、预拱度和沉降值等应符合设计要求。

4.1.2 模板及支(拱)架应具有足够的强度、刚度和稳定性,连接牢固,能承受所浇筑混凝土的重力、侧压力及施工荷载。

4.1.3 置于地基上的模板及支(拱)架,基础承载力必须符合设计要求,并应有防、排水或防冻胀措施。

4.1.4 模板及支(拱)架与脚手架之间不应相互连接。

4.1.5 在浇筑混凝土前,应对模板及支(拱)架进行验收。

4.1.6 施工过程中应对模板及支(拱)架进行检查和维护,发生异常情况时应及时处理。

4.1.7 模板及支(拱)架安装与拆除的顺序及安全措施应符合施工技术方案的规定。

4.2 模板及支(拱)架安装

主 控 项 目

4.2.1 模板及支(拱)架的材料质量及结构必须符合施工设计要求。

检验数量:施工单位、监理单位全部检查。

检验方法:观察和测量,查阅资料。

4.2.2 模板及支(拱)架安装必须符合施工设计要求。安装必须稳固牢靠,模板接缝严密,不得漏浆。模板与混凝土的接触面必须清理干净并涂刷隔离剂。浇筑混凝土前,模板内的积水和杂物应清理干净。

检验数量:施工单位、监理单位全部检查。

检验方法:观察和测量,查阅资料。

一 般 项 目

4.2.3 模板安装允许偏差和检验方法应符合相关专业验收标准的规定,未有规定的,应符合表 4.2.3 的规定。

表 4.2.3 模板安装允许偏差和检验方法

<table>
<tr><th>序号</th><th colspan="2">项 目</th><th>允许偏差(mm)</th><th>检验方法</th></tr>
<tr><td rowspan="2">1</td><td rowspan="2">轴线位置</td><td>基 础</td><td>15</td><td rowspan="2">尺量每边不少于 2 处</td></tr>
<tr><td>梁、柱、板、墙、拱</td><td>5</td></tr>
<tr><td>2</td><td colspan="2">表面平整度</td><td>5</td><td>2 m 靠尺和塞尺不少于 3 处</td></tr>
</table>

续上表

序号	项目		允许偏差(mm)	检验方法
3	高程	基础	±20	测量
		梁、柱、板、墙、拱	±5	
4	模板的侧向弯曲	柱	h/1 000,且小于15	拉线尺量
		梁、板、墙	l/1 500,且小于15	
5	两模板内侧宽度		$^{+10}_{-5}$	尺量不少于3处
6	相邻两板表面高低差		2	尺量

注:1 h 为柱高(mm)。
2 l 为梁、板跨度(mm)。

检验数量:施工单位全部检查。

4.2.4 预埋件和预留孔洞的留置应符合相关专业验收标准的规定,未有规定的,其允许偏差和检验方法应符合表4.2.4的规定。

表4.2.4 预埋件和预留孔洞的允许偏差和检验方法

序号	项目		允许偏差(mm)	检验方法
1	预留孔洞	中心位置	10	尺量
		尺寸	$^{+10}_{0}$	尺量不少于2处
2	预埋件	中心位置	3	尺量
		外露长度	$^{+10}_{0}$	

检验数量:施工单位全部检查。

4.3 模板及支(拱)架拆除

主控项目

4.3.1 拆除承重模板及支(拱)架时的混凝土强度应符合设计要求和相关专业验收标准的规定,未有规定的,混凝土强度应符合表4.3.1的规定。

表4.3.1 拆除承重模板时混凝土强度要求

序号	结构类型	结构跨度(m)	达到混凝土设计强度标准值的百分率(%)
1	板、拱	<2	≥50
		2~8	≥75
		>8	≥100
2	梁	≤8	≥75
		>8	≥100
3	悬臂梁(板)	≤2	≥75
		>2	≥100

检验数量:施工单位、监理单位全部检查。

检验方法:施工单位拆模前进行一组同条件养护试件强度试验;监理单位检查试验报告。

一 般 项 目

4.3.2 拆除非承重模板时,应保证混凝土表面及棱角不受损伤。

检验数量:施工单位全部检查。

检验方法:观察。

5 钢筋分项工程

5.1 一 般 规 定

5.1.1 从事钢筋加工和焊(连)接的操作人员必须经考试合格,持证上岗。

5.1.2 钢筋正式焊(连)接前,应进行现场条件下的焊(连)接性能检验,合格后方能正式生产。

5.1.3 钢筋在运输和贮存过程中应上盖下垫,防止锈蚀、污染和变形。钢筋加工应设置专用加工场,并按牌号、炉罐号、规格和检验状态分别标识存放。

5.1.4 冬期钢筋闪光对焊宜在室内进行,环境气温不宜低于0 ℃。电弧焊应有防风、雪及保温措施。焊接后接头严禁立即接触冰雪。

5.1.5 钢筋弯曲成型时,应按设计弯曲角度一次弯曲成型,不得反复弯折。

5.1.6 浇筑混凝土前,施工单位应对钢筋进行下列检查:

1 钢筋的品种、规格、数量、位置和间距等。

2 钢筋的连接方式、接头位置、接头数量和接头面积百分率等。

3 钢筋保护层厚度,垫块品种、规格、数量等。

4 预埋件的品种、规格、位置和数量等。

5.1.7 对电绝缘性能有特殊要求的钢筋应满足设计要求。

5.1.8 环氧涂层钢筋的进场验收应符合本标准附录 A 的规定。存贮、加工、安装应符合下列规定:

1 环氧涂层钢筋现场存放期不宜超过 6 个月。当环氧涂层钢筋在室外存放的时间需要 2 个月以上时,应采取保护措施,避免阳光、盐雾和大气暴露的影响。

2 剪切与冷弯环氧涂层钢筋时,所有接触环氧涂层钢筋的支座和芯轴等接触区均应配尼龙套筒或塑料套筒。

3 支承环氧涂层钢筋的垫块应采用塑料垫块,绑扎环氧涂层钢筋的铁丝应采用对环氧涂层有保护作用的专用铁丝或采用尼龙、塑料等材料包裹。同一构件中,环氧涂层钢筋与无涂层钢筋不得有电连接。

4 环氧涂层钢筋架立后,人员和机具不应在其上直接行走,并应防止工具或重物跌落其上,以免损伤环氧涂层钢筋。浇筑混凝土前,应检查环氧涂层钢筋的涂层,尤其是剪切端头处,如有损伤应及时修补,待修补材料固化后,方可浇筑混凝土。

5.1.9 钢筋阻锈剂的品种、质量应符合设计要求。使用钢筋阻锈剂应事先经过试配和适应性试验;钢筋阻锈剂与其他外加剂联合使用时,在搅拌时需首先加入钢筋阻锈剂后再加入其他外加剂,搅拌时间应延长 1～3 min,使钢筋阻锈剂能在混凝土中均匀分布。

5.2 原 材 料

主 控 项 目

5.2.1 钢筋进场时,必须对其质量指标进行全面检查,按批检查其直径、每延米重量并抽取试件做屈服强度、抗拉强度、伸长率和冷弯试验,其质量应符合设计要求和国家现行标准《钢筋混凝土用钢》(GB 1499)等的规定。

检验数量:以同牌号、同炉罐号、同规格的钢筋,每 60 t 为一批,不足 60 t 也按一批计。施工单位每批抽检一次;监理单位按施工单位抽检次数的 10%进行见证检验,但至少一次。

检验方法:施工单位全部检查质量证明文件,按批抽样测量直径、称量每延米重量并进行屈服强度、抗拉强度、伸长率和冷弯试验;监理单位全部检查质量证明文件、试验报告并进行见证检验。

5.2.2 环氧涂层钢筋的涂层检验应符合本标准附录 A 的规定。

5.2.3 钢筋保护层垫块材质应符合设计要求。当设计无要求时,混凝土垫块的抗压强度和耐久性应不低于结构本体混凝土的标准。

检验数量:施工单位、监理单位全部检查。

检验方法:垫块制作单位每半年提供一次第三方检测报告,施工单位和监理单位检查质量证明文件和检测报告。

5.2.4 钢筋机械连接用套筒及锁母的材料、品种、规格必须符合设计要求,设计无要求时应符合型式试验确定采用的套筒技术要求。套筒的外观质量和尺寸检查应符合铁道部现行《铁路混凝土工程钢筋机械连接技术暂行规定》的规定。

检验数量:套筒及锁母的材料、品种、规格,施工单位、监理单位全部检查。外观质量和尺寸以同批、同材料、同型式、同规格的每 2 000 个套筒或锁母为一个检验批,不足2 000个也按一批计。施工单位每批抽检 2%,且不少于 20 个;监理单位按施工单位抽检数量的 20%进行见证检验,且不少于 4 个。

检验方法:观察和量规检查,并全部检查质量证明文件,内螺纹尺寸及公差采用专用的螺纹塞规检测。

一 般 项 目

5.2.5 钢筋应平直、无损伤,表面无裂纹、油污、颗粒状或片状老锈。

检验数量:施工单位全部检查。

检验方法:观察。

5.3 钢 筋 加 工

主 控 项 目

5.3.1 钢筋的加工应符合设计要求。当设计无要求时,应符合下列规定:

1 受拉热轧光圆钢筋(HPB235)的末端应做 180°弯钩,其弯曲直径 d_m 不得小于钢筋直径的 2.5 倍,钩端应留有不小于钢筋直径 3 倍的直线段(图 5.3.1—1)。

2 受拉热轧带肋钢筋的末端应采用直角形弯钩,其弯曲半径不得小于钢筋直径的 2.5 倍(HRB335)或 3.5 倍(HRB400),钩端应留有不小于钢筋直径 3 倍(HRB335)或 5 倍(HRB400)

的直线段(图 5.3.1—2)。

3 弯起钢筋应弯成平滑的曲线,其弯曲半径不得小于钢筋直径的 10 倍(HPB235)、12 倍(HRB335)或 14 倍(HRB400)(图 5.3.1—3)。

4 用光圆钢筋制成的箍筋,其末端应做不小于 90°的弯钩,弯钩的弯曲直径应大于受力钢筋直径,且不得小于箍筋直径的 2.5 倍(图 5.3.1—4);弯钩端直线段的长度,一般结构不宜小于箍筋直径的 5 倍;有抗震设防特殊要求的结构应符合相关抗震规范要求。

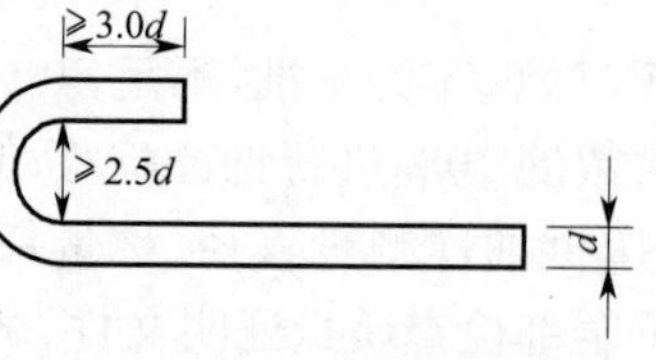

图 5.3.1—1　半圆形弯钩

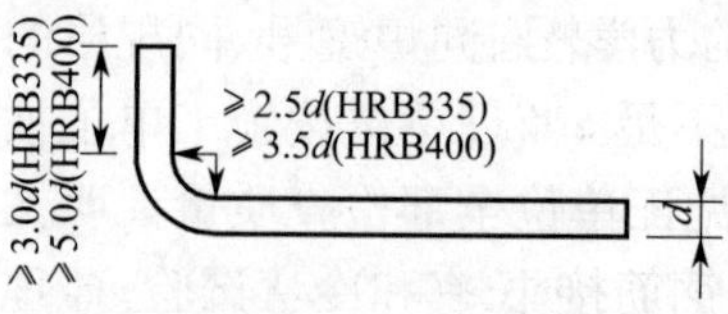

图 5.3.1—2　直角形弯钩

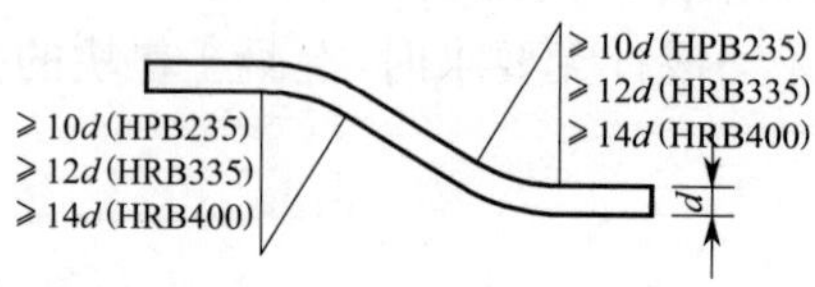

图 5.3.1—3　弯起钢筋

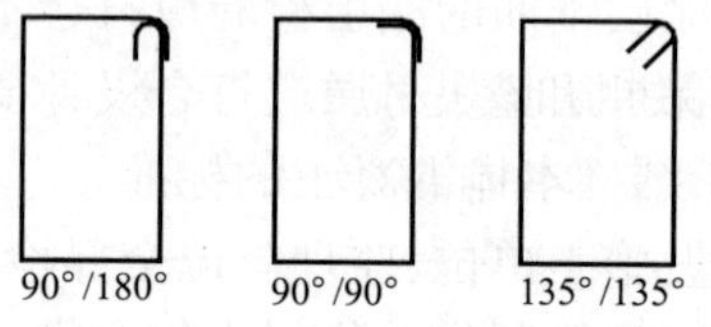

图 5.3.1—4　箍筋末端弯钩

检验数量:施工单位按钢筋编号各抽检 10%,且各不少于 3 件;监理单位按施工单位抽检数量的 10%进行平行检验,且各不少于一件。

检验方法:尺量。

5.3.2 钢筋镦粗和滚轧直螺纹机械连接丝头加工的外观质量及尺寸应符合铁道部现行《铁路混凝土工程钢筋机械连接技术暂行规定》的规定。

检验数量:以一个工作班内生产的钢筋丝头为一批。施工单位每批抽检 10%;监理单位按施工单位抽检数量的 20%进行见证检验,且不少于 4 个。

检验方法:观察和尺量,丝头的螺纹尺寸采用专用的螺纹环规检测。

一 般 项 目

5.3.3 钢筋加工允许偏差和检验方法应符合表 5.3.3 的规定。

表 5.3.3　钢筋加工允许偏差和检验方法

序号	项　　目	允许偏差(mm)	检验方法
1	受力钢筋全长	±10	尺　量
2	弯起钢筋的弯折位置	20	
3	箍筋内净尺寸	±3	

检验数量:施工单位按钢筋编号各抽检 10%,且各不少于 3 件。

5.4 钢筋连接

主 控 项 目

5.4.1 受力钢筋的连接方式、接头位置必须符合设计要求。

检验数量：施工单位、监理单位全部检查。

检验方法：观察。

5.4.2 钢筋接头的技术要求和外观质量应符合本标准附录 B 的规定。钢筋焊接接头和机械连接接头应按批抽取试件做力学性能检验，其质量必须分别符合国家现行标准《钢筋焊接及验收规程》(JGJ 18)和《铁路混凝土工程钢筋机械连接技术暂行规定》的规定和设计要求。

检验数量：钢筋接头外观质量施工单位、监理单位全部检查。焊接接头的力学性能检验以同等级、同规格、同接头形式和同一焊工完成的每 200 个接头为一批，不足 200 个也按一批计。机械连接接头的力学性能检验以同一施工条件下同批材料、同等级、同规格、同型式的每 500 个接头为一批，不足 500 个也按一批计。施工单位每批抽检一次；监理单位按施工单位抽检次数的 20%进行见证检验，但至少一次。

检验方法：钢筋接头外观检验，施工单位、监理单位观察和尺量。施工单位对焊接接头和机械连接接头做拉伸试验，对闪光对焊接头增做冷弯试验；监理单位检查试验报告并进行见证检验。

5.4.3 钢筋镦粗和滚轧直螺纹机械连接接头的拧紧力矩应符合铁道部现行《铁路混凝土工程钢筋机械连接技术暂行规定》的规定和工艺试验确定的参数要求。

检验数量：以同一施工条件下同批材料、同等级、同规格和同型式的每 500 个接头为一批，不足 500 个也按一批计。施工单位每批抽检 10%的接头进行校核，且不少于 20 个；监理单位按施工单位抽检数量的 20%进行见证检验，且不少于 4 个。

检验方法：施工单位采用扭矩扳手检查，监理单位见证检验。

5.4.4 钢筋接头应设置在承受应力较小处，并应分散布置。"同一连接区段"内，有接头的受力钢筋截面面积占受力钢筋总截面面积的百分率应符合设计要求。当设计无要求时，应符合下列规定：

1 焊接接头在受弯构件的受拉区不得大于 50%，轴心受拉构件不得大于 25%。

2 机械连接接头的受弯构件不应大于 50%，轴心受拉构件不得大于 25%。

3 绑扎接头在构件的受拉区不得大于 25%，在受压区不得大于 50%。

4 钢筋接头应避开钢筋弯曲处，距弯曲点的距离不得小于钢筋直径的 10 倍。

5 在同一根钢筋上应少设接头。"同一连接区段"内，同一根钢筋上不得超过一个接头。

6 "同一连接区段"长度：焊接接头或机械连接接头为 $35d$（d 为纵向受力钢筋的较大直径）且不小于 500 mm，绑扎接头为 1.3 倍搭接长度且不小于 500 mm。凡接头中点位于该连接区段长度内的接头均属于同一连接区段。

7 当施工中分不清受拉区或受压区时，接头设置应符合受拉区规定。

检验数量：施工单位、监理单位全部检查。

检验方法：观察和尺量。

5.5 钢筋安装

主 控 项 目

5.5.1 安装的钢筋品种、级别、规格、数量必须符合设计要求。

检验数量：施工单位、监理单位全部检查。

检验方法：观察和尺量。

5.5.2　钢筋保护层垫块规格、位置和数量应符合设计要求。当设计无要求时，构件侧面和底面的垫块数量不应少于 4 个/m^2，并应均匀分布，设置牢固。

检验数量：施工单位、监理单位全部检查。

检验方法：观察和尺量。

5.5.3　架立和绑扎环氧涂层钢筋时，不得使用无涂层的普通钢筋和金属丝。环氧涂层钢筋与无涂层的普通钢筋之间不得有电连接。钢筋保护层应采用塑料垫块，当采用混凝土垫块时应采取措施（如加塑料衬垫等）保护钢筋环氧涂层不被破坏。

检验数量：施工单位、监理单位全部检查。

检验方法：观察和测量。

5.5.4　环氧涂层钢筋在施工过程中，应检查涂层损伤缺陷情况，每米环氧涂层钢筋上小于 25 mm^2 的涂层缺陷的总面积不得大于钢筋表面积的 0.1%。符合修补条件的应按本标准附录 A 的规定及时修补，不符合修补条件的不得再修补使用。

检验数量：施工单位、监理单位全部检查。

检验方法：观察和尺量。

一 般 项 目

5.5.5　钢筋安装及钢筋保护层厚度允许偏差和检验方法应符合设计要求和相关专业验收标准的规定。当设计没有具体要求时应符合表 5.5.5 的规定。

表 5.5.5　钢筋安装及钢筋保护层厚度允许偏差和检验方法

<table>
<tr><th>序　号</th><th colspan="2">项　　目</th><th>允许偏差(mm)</th><th>检验方法</th></tr>
<tr><td>1</td><td colspan="2">受力钢筋排距</td><td>±5</td><td rowspan="3">尺量两端、中间各 1 处</td></tr>
<tr><td rowspan="2">2</td><td rowspan="2">同一排中受力钢筋间距</td><td>基础、板、墙</td><td>±20</td></tr>
<tr><td>柱、梁</td><td>±10</td></tr>
<tr><td>3</td><td colspan="2">分布钢筋间距</td><td>±20</td><td rowspan="2">尺量连续 3 处</td></tr>
<tr><td>4</td><td colspan="2">箍筋间距</td><td>±10</td></tr>
<tr><td>5</td><td colspan="2">弯起点位置(加工偏差 20 mm 包括在内)</td><td>30</td><td>尺　量</td></tr>
<tr><td rowspan="2">6</td><td rowspan="2">钢筋保护层厚度 c</td><td>$c \geqslant 30$ mm</td><td>$^{+10}_{0}$</td><td rowspan="2">尺量两端、中间各 2 处</td></tr>
<tr><td>$c < 30$ mm</td><td>$^{+5}_{0}$</td></tr>
</table>

注：表中钢筋保护层厚度的实测偏差不得超出允许偏差范围。

检验数量：施工单位全部检查。

6 混凝土分项工程

6.1 一般规定

6.1.1 混凝土工程施工前，施工单位应根据设计要求、工程性质、结构特点、环境条件等，制定严密的施工技术方案。

6.1.2 水泥宜选用硅酸盐水泥或普通硅酸盐水泥，混合材宜为矿渣或粉煤灰，不宜使用早强水泥。C30以下混凝土，可采用矿渣硅酸盐水泥、粉煤灰硅酸盐水泥和复合硅酸盐水泥。

水泥进场后不得露天堆放，不同种类的水泥应分类存放。水泥由于受潮或其他原因而变质时不得使用。

6.1.3 矿物掺和料应选用品质稳定的产品。在运输和存贮过程中应有明显标志，严禁与水泥等其他粉状材料混淆。

6.1.4 细骨料应选用级配合理、质地坚固、吸水率低、空隙率小的洁净天然中粗河砂，也可选用专门机组生产的人工砂，不得使用海砂。

6.1.5 粗骨料应选用级配合理、粒形良好、质地坚固、线胀系数小的洁净碎石，无抗拉和抗疲劳要求的C40以下强度等级混凝土也可采用符合要求的卵石。

粗骨料应采用二级或多级级配骨料混配而成，粗骨料应分级采购、分级运输、分级堆放、分级计量。

6.1.6 外加剂应选用质量稳定的产品，外加剂与水泥及矿物掺和料之间应具有良好的相容性。当将不同功能的多种外加剂复合使用时，外加剂之间以及外加剂与水泥之间应有良好的适应性。

6.1.7 不同原材料应按品种、规格和检验状态分别标识存放。骨料含泥量超标时必须采用专用设备处理合格方可入仓，严禁不合格骨料与合格骨料混放。

6.1.8 混凝土中宜适量掺加符合技术要求的粉煤灰、磨细矿渣粉或硅灰等矿物掺和料。不同矿物掺和料的掺量应根据混凝土的环境条件和拌和物性能、力学性能以及耐久性要求通过试验确定。

6.1.9 混凝土配合比应根据设计使用年限、环境条件和施工工艺等进行设计。混凝土力学性能试验标准养护试件养护龄期应符合第6.4.11条的规定，耐久性能试验标准养护试件养护龄期为56 d。配合比选定试验应提前进行，以留出足够的时间进行配合比调整及长期耐久性能试验。

6.1.10 当混凝土原材料和施工工艺等发生变化时，必须重新选定配合比。当施工工艺和环境条件未发生明显变化、原材料的品质在合格的基础上发生波动时，可对混凝土外加剂用量、粗骨料分级比例、砂率进行适当调整，调整后混凝土的拌和物性能应与原配合比一致。

6.1.11 对含气量要求大于等于4.0%的混凝土，必须采取减水剂和引气剂双掺方式进行配制。

6.1.12 混凝土拌制前，应测定砂、石含水率，并根据测试结果和理论配合比，确定施工配合比。应对首盘混凝土的坍落度、含气量、泌水率、匀质性和拌和物温度等进行测试。

6.1.13 混凝土应采用强制式搅拌机集中搅拌，计量系统应定期检定。搅拌机经大修、中修或迁移至新的地点后，应对计量器具重新进行检定。每一工班正式称量前，应对计量设备进行检查。

6.1.14 混凝土运输设备的运输能力应适应混凝土凝结速度和浇筑速度需要，保证浇筑过程连续进行。

6.1.15 混凝土运输、浇筑及间歇的全部时间不应超过混凝土的初凝时间。

6.1.16 除水下混凝土外，混凝土应分层浇筑，不得随意留施工缝。

6.1.17 混凝土浇筑过程中，应及时对混凝土进行振捣并保证其均匀密实。

6.1.18 应制定明确的方案，对混凝土浇筑时的模板温度、混凝土拌和物的入模温度、混凝土拆模时的温度及养护过程中的温度进行控制。

6.1.19 当工地昼夜平均气温连续 3 d 低于＋5 ℃或最低气温低于－3 ℃时，应采取冬期施工措施；当工地昼夜平均气温高于30 ℃时，应采取夏期施工措施。冬期施工期间，混凝土在强度达到设计强度的 40%之前不得受冻；浸水冻融条件下的混凝土开始受冻时，其强度不得小于设计强度的 75%。

6.1.20 除不溶物、可溶物可不作要求外，混凝土养护用水的性能应与拌和用水一致，不得采用海水养护混凝土。

6.1.21 混凝土拆模后，在混凝土强度低于设计强度 75%或龄期不足 7 d时，新浇混凝土不得与流动水接触。对海洋浪溅区及浪溅区以下的新浇筑混凝土，在混凝土强度达到设计强度前或在规定的养护期内，混凝土不得受海水与浪花的侵袭。

6.1.22 混凝土强度应按铁道部现行标准《铁路混凝土强度检验评定标准》(TB 10425)进行检验评定，且混凝土强度试件的试验龄期应符合第 6.4.11 条的规定。混凝土其他技术指标的检验评定应符合国家现行标准和本标准的规定，其结果必须符合设计要求。

6.2 原 材 料

主 控 项 目

6.2.1 硅酸盐水泥和普通硅酸盐水泥的性能应符合表 6.2.1—1 的规定。其他品种水泥的性能应符合国家现行标准《通用硅酸盐水泥》(GB 175)的规定。

检验方法和检验数量：应符合表 6.2.1—1～表 6.2.1—3 的规定。

表 6.2.1—1 水泥的性能

序号	检验项目	技 术 要 求	检验方法
1	比表面积	300～350 m^2/kg	按 GB/T 8074 检验
2	凝结时间	初凝≥45 min，终凝≤600 min (硅酸盐水泥终凝≤390 min)	按 GB/T 1346 检验
3	安定性	沸煮法合格	按 GB/T 1346 检验
4	强度	符合表 6.2.1—2 的规定	按 GB/T 17671 检验
5	烧失量	≤5.0%(P·O)；≤3.5%(P·Ⅱ)； ≤3.0%(P·Ⅰ)	按 GB/T 176 检验
6	游离 CaO 含量	≤1.0%	按 GB/T 176 检验
7	MgO 含量	≤5.0%	按 GB/T 176 检验

续上表

序号	检验项目	技术要求	检验方法
8	SO_3 含量	≤3.5%	按 GB/T 176 检验
9	Cl^- 含量	≤0.06%	按 GB/T 176 检验
10	碱含量	≤0.80%	按 GB/T 176 检验
11	助磨剂种类及掺量	符合 GB 175—2007 第 5.2 条规定	检查产品质量证明文件
12	石膏种类及掺量	符合 GB 175—2007 第 5.2 条规定	
13	混合材种类及掺量	符合 GB 175—2007 第 5.2 条规定	
14	熟料中的 C_3A 含量	≤8%	按 GB/T 21372 相关规定检验

注：1 当骨料具有碱-硅酸反应活性时，水泥的碱含量不应超过 0.60%。C40 及以上混凝土用水泥的碱含量不宜超过 0.60%。

2 在氯盐环境条件下，混凝土宜采用低 Cl^- 含量的水泥，不宜使用抗硫酸盐硅酸盐水泥。

3 在硫酸盐化学侵蚀环境条件下，混凝土应采用低 C_3A 含量的水泥，且胶凝材料的抗蚀系数(56 d)不得小于 0.80。胶凝材料抗蚀系数按附录 F 检验。

表 6.2.1—2 硅酸盐水泥和普通硅酸盐水泥的强度要求

品种	强度等级	抗压强度(MPa)		抗折强度(MPa)	
		3 d	28 d	3 d	28 d
硅酸盐水泥	42.5	≥17.0	≥42.5	≥3.5	≥6.5
	52.5	≥23.0	≥52.5	≥4.0	≥7.0
	62.5	≥28.0	≥62.5	≥5.0	≥8.0
普通硅酸盐水泥	42.5	≥17.0	≥42.5	≥3.5	≥6.5
	52.5	≥23.0	≥52.5	≥4.0	≥7.0

表 6.2.1—3 水泥的检验要求

<table>
<tr><th colspan="2" rowspan="2">检验项目</th><th colspan="6">检验要求</th></tr>
<tr><th colspan="2">质量证明文件检查</th><th colspan="4">抽样试验检验</th></tr>
<tr><td>1</td><td>比表面积</td><td>√</td><td rowspan="14">每厂家、每编号核查供应商提供的质量证明文件。
施工单位、监理单位均全部检查</td><td>√</td><td rowspan="14">下列情况之一时，检验一次：
①任何新选货源。
②使用同厂家、同规格的水泥达 6 个月。
施工单位试验检验；监理单位见证检验</td><td>√</td><td rowspan="14">同厂家、同编号、同生产日期且连续进场的散装水泥达 500 t(袋装水泥每 200 t)为一批，不足上述数量时按一批计。施工单位每批抽检一次；监理单位按施工单位抽检次数的 10% 进行见证检验，但至少一次。水泥出厂日期达 3 个月。
施工单位抽检一次，监理单位见证检验</td></tr>
<tr><td>2</td><td>凝结时间</td><td>√</td><td>√</td><td>√</td></tr>
<tr><td>3</td><td>安定性</td><td>√</td><td>√</td><td>√</td></tr>
<tr><td>4</td><td>强度</td><td>√</td><td>√</td><td>√</td></tr>
<tr><td>5</td><td>烧失量</td><td>√</td><td>√</td><td></td></tr>
<tr><td>6</td><td>游离 CaO 含量</td><td>√</td><td>√</td><td></td></tr>
<tr><td>7</td><td>MgO 含量</td><td>√</td><td>√</td><td></td></tr>
<tr><td>8</td><td>SO_3 含量</td><td>√</td><td>√</td><td></td></tr>
<tr><td>9</td><td>Cl^- 含量</td><td>√</td><td>√</td><td></td></tr>
<tr><td>10</td><td>碱含量</td><td>√</td><td>√</td><td></td></tr>
<tr><td>11</td><td>助磨剂种类及掺量</td><td>√</td><td></td><td></td></tr>
<tr><td>12</td><td>石膏种类及掺量</td><td>√</td><td></td><td></td></tr>
<tr><td>13</td><td>混合材种类及掺量</td><td>√</td><td></td><td></td></tr>
<tr><td>14</td><td>熟料中的 C_3A 含量</td><td>√</td><td>√</td><td></td></tr>
</table>

6.2.2　矿物掺和料的性能应符合表 6.2.2—1～表 6.2.2—3 的规定。

检验方法和检验数量:应符合表 6.2.2—1～表 6.2.2—4 的规定。

表 6.2.2—1　粉煤灰的性能

序号	检验项目	技术要求		检验方法
		C50 及以上	C50 以下	
1	细度	≤12.0%	≤25.0%	按 GB 1596 检验
2	需水量比	≤95%	≤105%	按 GB 1596 检验
3	烧失量	≤5.0%	≤8.0%	按 GB/T 176 检验
4	Cl^- 含量	≤0.02%		按 GB/T 176 检验
5	含水量	≤1.0%		按 GB 1596 检验
6	SO_3 含量	≤3.0%		按 GB/T 176 检验
7	CaO 含量	≤10%		按 GB/T 176 检验
8	游离 CaO 含量	≤1.0%		按 GB/T 176 检验

注:在冻融破坏环境下,粉煤灰的烧失量不宜大于 3.0%。

表 6.2.2—2　磨细矿渣粉的性能

序号	检验项目	技术要求	检验方法
1	密度	≥2.8 g/cm³	按 GB/T 208 检验
2	比表面积	350～500 m²/kg	按 GB/T 8074 检验
3	流动度比	≥95%	按 GB/T 18046 检验
4	烧失量	≤3.0%	按 GB/T 18046 检验
5	MgO 含量	≤14.0%	按 GB/T 176 检验
6	SO_3 含量	≤4.0%	按 GB/T 176 检验
7	Cl^- 含量	≤0.06%	按 GB/T 176 检验
8	含水量	≤1.0%	按 GB/T 18046 检验
9	7 d 活性指数	≥75%	按 GB/T 18046 检验
	28 d 活性指数	≥95%	按 GB/T 18046 检验

表 6.2.2—3　硅灰的性能

序号	检验项目	技术要求	检验方法
1	烧失量	≤6%	按 GB/T 176 检验
2	比表面积	≥18 000 m²/kg	按 GB/T 18736 检验
3	需水量比	≤125%	按 GB/T 18736 检验
4	28 d 活性指数	≥85%	按 GB/T 18736 检验
5	Cl^- 含量	≤0.02%	按 GB/T 176 检验
6	SiO_2 含量	≥85%	按 GB/T 176 检验
7	含水量	≤3.0%	按 GB 1596 检验

注:硅灰掺量一般不超过胶凝材料总量的 8%,且宜与其他矿物掺和料复合使用。

表 6.2.2—4 矿物掺和料的检验要求

<table>
<tr><th colspan="2" rowspan="2">检验项目</th><th colspan="6">检验要求</th></tr>
<tr><th colspan="2">质量证明文件检查</th><th colspan="4">抽样试验检验</th></tr>
<tr><td rowspan="8">粉煤灰</td><td>细度</td><td>√</td><td rowspan="8">每厂家、每编号核查供应商提供的质量证明文件。
施工单位、监理单位均全部检查</td><td>√</td><td rowspan="8">下列情况之一时，检验一次：
①任何新选货源。
②使用同厂家、同规格产品达6个月。
施工单位试验检验；监理单位平行检验</td><td>√</td><td rowspan="8">同厂家、同编号、同出厂日期的产品每200 t为一批，不足200 t按一批计。
施工单位每批抽检一次；监理单位按施工单位抽检次数的10%进行平行检验，但不少于一次</td></tr>
<tr><td>需水量比</td><td>√</td><td>√</td><td>√</td></tr>
<tr><td>烧失量</td><td>√</td><td>√</td><td>√</td></tr>
<tr><td>Cl⁻含量</td><td>√</td><td>√</td><td></td></tr>
<tr><td>含水量</td><td>√</td><td>√</td><td></td></tr>
<tr><td>SO_3 含量</td><td>√</td><td>√</td><td></td></tr>
<tr><td>CaO 含量</td><td>√</td><td>√</td><td></td></tr>
<tr><td>游离 CaO 含量</td><td>√</td><td>√</td><td></td></tr>
<tr><td rowspan="6">磨细矿渣粉</td><td>密度</td><td>√</td><td rowspan="6">每厂家、每编号核查供应商提供的质量证明文件。
施工单位、监理单位均全部检查</td><td>√</td><td rowspan="6">下列情况之一时，检验一次：
①任何新选货源。
②使用同厂家、同规格产品达6个月。</td><td>√</td><td rowspan="6">同厂家、同编号、同出厂日期的产品每200 t为一批，不足200 t按一批计。</td></tr>
<tr><td>比表面积</td><td>√</td><td>√</td><td>√</td></tr>
<tr><td>流动度比</td><td>√</td><td>√</td><td>√</td></tr>
<tr><td>烧失量</td><td>√</td><td>√</td><td>√</td></tr>
<tr><td>MgO 含量</td><td>√</td><td>√</td><td></td></tr>
<tr><td>SO_3 含量</td><td>√</td><td>√</td><td></td></tr>
<tr><td rowspan="4">磨细矿渣粉</td><td>Cl⁻含量</td><td>√</td><td rowspan="4"></td><td>√</td><td rowspan="4">施工单位试验检验；监理单位平行检验</td><td></td><td rowspan="4">施工单位每批抽检一次；监理单位按施工单位抽检次数的10%进行平行检验，但不少于一次</td></tr>
<tr><td>含水量</td><td>√</td><td>√</td><td></td></tr>
<tr><td>7 d活性指数</td><td>√</td><td>√</td><td></td></tr>
<tr><td>28 d活性指数</td><td>√</td><td>√</td><td></td></tr>
<tr><td rowspan="7">硅灰</td><td>烧失量</td><td>√</td><td rowspan="7">每厂家、每编号核查供应商提供的质量证明文件。
施工单位、监理单位均全部检查</td><td>√</td><td rowspan="7">下列情况之一时，检验一次：
①任何新选货源。
②使用同厂家、同规格产品达6个月。
施工单位试验检验；监理单位平行检验</td><td>√</td><td rowspan="7">同厂家、同编号、同出厂日期的产品每30 t为一批，不足30 t按一批计；施工单位每批抽检一次；监理单位按施工单位抽检次数的10%进行平行检验，但不少于一次。
硅灰出厂日期达3个月。
施工单位试验检验，监理单位见证检验</td></tr>
<tr><td>比表面积</td><td>√</td><td>√</td><td>√</td></tr>
<tr><td>需水量比</td><td>√</td><td>√</td><td>√</td></tr>
<tr><td>28 d活性指数</td><td>√</td><td>√</td><td>√</td></tr>
<tr><td>Cl⁻含量</td><td>√</td><td>√</td><td></td></tr>
<tr><td>SiO_2 含量</td><td>√</td><td>√</td><td></td></tr>
<tr><td>含水率</td><td>√</td><td>√</td><td></td></tr>
</table>

6.2.3 细骨料的性能和检验要求应符合下列规定：

1 细骨料应选用级配合理、质地坚固、吸水率低、空隙率小的洁净天然中粗河砂，也可选用专门机组生产的人工砂，不得使用海砂。

2 细骨料的颗粒级配应符合表 6.2.3—1 的规定。

3 细骨料的碱活性应先按《铁路混凝土用骨料碱活性试验方法 岩相法》(TB/T 2922.1)对骨料的矿物组成和类型进行检验，再按《铁路混凝土用骨料碱活性试验方法 快速砂浆棒法》(TB/T 2922.5)对骨料的快速砂浆棒膨胀率进行检验。细骨料的快速砂浆棒膨胀率应小于

0.30%。当细骨料的快速砂浆棒膨胀率大于等于0.10%且小于0.20%时，混凝土的碱含量应满足表6.3.2的规定；当细骨料的快速砂浆棒膨胀率大于等于0.20%且小于0.30%时，除混凝土的碱含量应满足表6.3.2的规定外，还应对混凝土采取抑制碱-骨料反应的技术措施，并经试验证明抑制有效。梁体、轨道板、轨枕、接触网支柱等构件中使用的细骨料的快速砂浆棒膨胀率应小于0.20%。

表6.2.3—1　细骨料的颗粒级配范围

累计筛余 % / 级配区 / 公称粒径(mm)	Ⅰ区	Ⅱ区	Ⅲ区
10.0	0	0	0
5.00	**10～0**	**10～0**	**10～0**
2.50	35～5	25～0	15～0
1.25	65～35	50～10	25～0
0.63	**85～71**	**70～41**	**40～16**
0.315	95～80	92～70	85～55
0.160	100～90	100～90	100～90

注：除5.00 mm和0.63 mm筛档外，细骨料的实际颗粒级配与上表所列的累计筛余百分率相比允许稍有超出分界线，但超出总量不应大于5%。

4　细骨料的其他性能应符合表6.2.3—2的规定。

表6.2.3—2　细骨料的性能

序号	检验项目		技术要求			检验方法
			＜C30	C30～C45	≥C50	
1	含泥量		≤3.0%	≤2.5%	≤2.0%	按GB/T 14684检验
2	泥块含量		≤0.5%			按GB/T 14684检验
3	云母含量		≤0.5%			按GB/T 14684检验
4	轻物质含量		≤0.5%			按GB/T 14684检验
5	有机物含量		浅于标准色			按GB/T 14684检验
6	压碎指标值(人工砂)		＜25%			按GB/T 14684检验
7	石粉含量(人工砂)	MB＜1.40	≤10.0%	≤7.0%	≤5.0%	按GB/T 14684检验
		MB≥1.40	≤5.0%	≤3.0%	≤2.0%	按GB/T 14684检验
8	吸水率		≤2%			按GB/T 14684检验
9	坚固性		≤8%			按GB/T 14684检验
10	硫化物及硫酸盐含量		≤0.5%			按GB/T 14684检验
11	Cl^-含量		≤0.02%			按GB/T 14684检验

注：1　冻融破坏环境下，细骨料的含泥量应不大于2.0%，吸水率应不大于1%。

2　当细骨料中含有颗粒状的硫酸盐或硫化物杂质时，应进行专门检验，确认能满足混凝土耐久性要求时，方能采用。

5　细骨料的检验方法和检验数量应符合表6.2.3—2和表6.2.3—3的规定。

表 6.2.3—3　细骨料的检验要求

<table>
<tr><th>序号</th><th colspan="2">检验项目</th><th colspan="4">检 验 要 求</th></tr>
<tr><td>1</td><td colspan="2">颗粒级配</td><td>√</td><td rowspan="14">下列情况之一时，检验一次：
①任何新选料源。
②连续使用同料源、同品种、同规格的细骨料达一年。
施工单位试验检验；监理单位平行检验</td><td>√</td><td rowspan="14">连续进场的同料源、同品种、同规格的细骨料每400 m³（或600 t）为一批，不足上述数量按一批计。
施工单位每批抽样试验一次，其中有机物含量每3月检验一次；监理单位按施工单位抽检次数的10%进行平行检验，但不少于一次</td></tr>
<tr><td>2</td><td colspan="2">含泥量</td><td>√</td><td>√</td></tr>
<tr><td>3</td><td colspan="2">泥块含量</td><td>√</td><td>√</td></tr>
<tr><td>4</td><td colspan="2">云母含量</td><td>√</td><td>√</td></tr>
<tr><td>5</td><td colspan="2">轻物质含量</td><td>√</td><td>√</td></tr>
<tr><td>6</td><td colspan="2">有机物含量</td><td>√</td><td>√</td></tr>
<tr><td>7</td><td colspan="2">压碎指标值（人工砂）</td><td>√</td><td>√</td></tr>
<tr><td rowspan="2">8</td><td rowspan="2">石粉含量（人工砂）</td><td>MB<1.40</td><td rowspan="2">√</td><td rowspan="2">√</td></tr>
<tr><td>MB≥1.40</td></tr>
<tr><td>9</td><td colspan="2">吸水率</td><td>√</td><td></td></tr>
<tr><td>10</td><td colspan="2">坚固性</td><td>√</td><td></td></tr>
<tr><td>11</td><td colspan="2">硫化物及硫酸盐含量</td><td>√</td><td></td></tr>
<tr><td>12</td><td colspan="2">Cl^-含量</td><td>√</td><td></td></tr>
<tr><td>13</td><td colspan="2">碱活性</td><td>√</td><td></td></tr>
</table>

6.2.4　粗骨料的性能和检验要求应符合下列规定：

1　粗骨料应选用粒形良好、质地坚固、线胀系数小的洁净碎石，无抗拉和抗疲劳要求的C40以下混凝土也可采用卵石。

2　粗骨料的颗粒级配应符合表6.2.4—1的规定。

表 6.2.4—1　粗骨料的颗粒级配

公称粒径(mm)	累积筛余，按质量(%) 筛孔边长尺寸(mm)								
	2.36	4.75	9.5	16.0	19.0	26.5	31.5	37.5	53
5～10	95～100	80～100	0～15	0	—	—	—	—	—
5～16	95～100	85～100	30～60	0～10	0	—	—	—	—
5～20	95～100	90～100	40～80	—	0～10	0	—	—	—
5～25	95～100	90～100	—	30～70	—	0～5	0	—	—
5～31.5	95～100	90～100	70～90	—	15～45	—	0～5	0	—
5～40	—	95～100	70～90	—	30～65	—	—	0～5	0

注：1　粗骨料的最大公称粒径不宜超过钢筋的混凝土保护层厚度的2/3(在严重腐蚀环境条件下不宜超过1/2)，且不得超过钢筋最小间距的3/4。

2　配制强度等级C50及以上混凝土时，粗骨料最大公称粒径不应大于25 mm。

3　粗骨料的压碎指标值应符合表6.2.4—2的规定。

表 6.2.4—2 粗骨料的压碎指标值(%)

混凝土强度等级	<C30			≥C30		
岩石种类	沉积岩	变质岩或深成的火成岩	喷出的火成岩	沉积岩	变质岩或深成的火成岩	喷出的火成岩
碎石	≤16	≤20	≤30	≤10	≤12	≤13
卵石	≤16		≤12			

注:沉积岩(水成岩)包括石灰岩、砂岩等,变质岩包括片麻岩、石英岩等,深成的火成岩包括花岗岩、正长岩、闪长岩和橄榄岩等,火成岩包括玄武岩和辉绿岩等。

4 粗骨料的碱活性应先按《铁路混凝土用骨料碱活性试验方法 岩相法》(TB/T 2922.1)对骨料的矿物组成和类型进行检验,若骨料含有碱硅酸反应活性矿物,则采用《铁路混凝土用骨料碱活性试验方法 快速砂浆棒法》(TB/T 2922.5)对骨料的快速砂浆棒膨胀率进行检验,若骨料含有碱碳酸盐反应活性矿物,则采用《铁路混凝土用骨料碱活性试验方法 岩石柱法》(TB/T 2922.4)对骨料的岩石柱膨胀率进行检验。粗骨料的快速砂浆棒膨胀率应小于 0.30%。当粗骨料的快速砂浆棒膨胀率大于等于 0.10%且小于 0.20%时,混凝土碱含量应满足表 6.3.2 的规定;当粗骨料的砂浆棒膨胀率大于等于 0.20%且小于 0.30%时,除混凝土的碱含量应满足表 6.3.2 的规定外,还应对混凝土采取抑制碱-骨料反应的技术措施,并经试验证明抑制有效。梁体、轨道板、轨枕、接触网支柱等构件中使用的粗骨料的快速砂浆棒膨胀率应小于 0.20%。粗骨料的岩石柱膨胀率应小于 0.10%。

5 粗骨料的其他性能应符合表 6.2.4—3 的规定。

表 6.2.4—3 粗骨料的性能

序号	检验项目	技术要求			检验方法
		<C30	C30~C45	≥C50	
1	针片状颗粒总含量	≤10%	≤8%	≤5%	按 GB/T 14685 检验
2	含泥量	≤1.0%	≤1.0%	≤0.5%	按 GB/T 14685 检验
3	泥块含量	≤0.2%			按 GB/T 14685 检验
4	岩石抗压强度	母岩抗压强度与混凝土强度等级之比不应小于 1.5			按 GB/T 14685 检验
5	吸水率	<2%			按 GB/T 14685 检验
6	紧密空隙率	≤40%			按 GB/T 14685 检验
7	坚固性	≤8%(混凝土结构) ≤5%(预应力混凝土结构)			按 GB/T 14685 检验
8	硫化物及硫酸盐含量	≤0.5%			按 GB/T 14685 检验
9	Cl^- 含量	≤0.02%			按本标准附录 C 检验
10	有机物含量(卵石)	浅于标准色			按 GB/T 14685 检验

注:干湿交替或冻融破坏环境下,粗骨料的吸水率应小于 1%。

6 粗骨料的检验方法和检验数量应符合表 6.2.4—3 和表 6.2.4—4 的规定。

表 6.2.4—4　粗骨料的检验要求

序号	检验项目	检验要求			
1	颗粒级配	√	下列情况之一时，检验一次： ①任何新选料源。 ②连续使用同料源、同品种、同规格的粗骨料达一年。 施工单位试验检验；监理单位平行检验	√	连续进场的同料源、同品种、同规格的粗骨料每400 m^3（或600 t）为一批，不足上述数量时也按一批计。 施工单位每批抽检一次；监理单位按施工单位抽检次数的10%进行平行检验，但不少于一次
2	压碎指标值	√		√	
3	针片状颗粒总含量	√		√	
4	含泥量	√		√	
5	泥块含量	√		√	
6	岩石抗压强度	√			
7	吸水率	√			
8	紧密空隙率	√		√	
9	坚固性	√			
10	硫化物及硫酸盐含量	√			
11	Cl^- 含量	√			
12	有机物含量(卵石)	√			
13	碱活性	√			

6.2.5　高效减水剂的性能应符合表 6.2.5—1 的规定，聚羧酸系高性能减水剂的性能应符合表 6.2.5—2 的规定。减水剂的匀质性应符合国家现行标准《混凝土外加剂》(GB 8076)的规定。当使用其他新型外加剂时，应事先按有关规定进行试验验证并经审定通过后方可采用。

表 6.2.5—1　高效减水剂的性能

序号	检验项目		技术要求		检验方法
			标准型	缓凝型	
1	减水率		≥20%		按 GB 8076 检验
2	含气量		≤3.0%		按 GB 8076 检验
3	泌水率比		≤20%		按 GB 8076 检验
4	压力泌水率比(用于配制泵送混凝土时)		≤90%		按 JC 473 检验
5	抗压强度比	1 d	≥140%	/	按 GB 8076 检验
		3 d	≥130%	/	按 GB 8076 检验
		7 d	≥125%	≥125%	按 GB 8076 检验
		28 d	≥120%	≥120%	按 GB 8076 检验
6	坍落度 1 h 经时变化量(用于配制泵送混凝土时)		/	≤60 mm	按 GB 8076 检验
7	凝结时间差	初凝	−90～+120 min	>+90 min	按 GB 8076 检验
		终凝		/	
8	硫酸钠含量(按折固含量计)		≤10.0%		按 GB/T 8077 检验
9	Cl^- 含量(按折固含量计)		≤0.6%		按 GB/T 8077 检验
10	碱含量(按折固含量计)		≤10%		按 GB/T 8077 检验
11	收缩率比		≤125%		按 GB 8076 检验

注：1　检验减水率、含气量、泌水率比、抗压强度比、凝结时间之差、收缩率比时，混凝土坍落度宜为 80 mm±10 mm。

2　抽检试验用水泥宜为工程用水泥。

表 6.2.5—2 聚羧酸系高性能减水剂的性能

<table>
<tr><th rowspan="2">序号</th><th rowspan="2" colspan="2">检验项目</th><th colspan="3">技术要求</th><th rowspan="2">检验方法</th></tr>
<tr><th>早强型</th><th>标准型</th><th>缓凝型</th></tr>
<tr><td>1</td><td colspan="2">减水率</td><td colspan="3">≥25%</td><td>按 GB 8076 检验</td></tr>
<tr><td>2</td><td colspan="2">含气量</td><td colspan="3">≤3.0%</td><td>按 GB 8076 检验</td></tr>
<tr><td>3</td><td colspan="2">泌水率比</td><td colspan="3">≤20%</td><td>按 GB 8076 检验</td></tr>
<tr><td>4</td><td colspan="2">压力泌水率比(用于配制泵送混凝土时)</td><td colspan="3">≤90%</td><td>按 JC 473 检验</td></tr>
<tr><td rowspan="4">5</td><td rowspan="4">抗压强度比</td><td>1 d</td><td>≥180%</td><td>≥170%</td><td>/</td><td>按 GB 8076 检验</td></tr>
<tr><td>3 d</td><td>≥170%</td><td>≥160%</td><td>/</td><td>按 GB 8076 检验</td></tr>
<tr><td>7 d</td><td>≥145%</td><td>≥150%</td><td>≥140%</td><td>按 GB 8076 检验</td></tr>
<tr><td>28 d</td><td>≥130%</td><td>≥140%</td><td>≥130%</td><td>按 GB 8076 检验</td></tr>
<tr><td>6</td><td colspan="2">坍落度 1 h 经时变化量(用于配制泵送混凝土时)</td><td>/</td><td>≤80 mm</td><td>≤60 mm</td><td>按 GB 8076 检验</td></tr>
<tr><td rowspan="2">7</td><td rowspan="2">凝结时间差</td><td>初凝</td><td rowspan="2">−90～+90 min</td><td rowspan="2">−90～+120 min</td><td>>+90 min</td><td rowspan="2">按 GB 8076 检验</td></tr>
<tr><td>终凝</td><td>/</td></tr>
<tr><td>8</td><td colspan="2">甲醛含量(按折固含量计)</td><td colspan="3">≤0.05%</td><td>按 GB 18582 检验</td></tr>
<tr><td>9</td><td colspan="2">硫酸钠含量(按折固含量计)</td><td colspan="3">≤5.0%</td><td>按 GB/T 8077 检验</td></tr>
<tr><td>10</td><td colspan="2">Cl^-含量(按折固含量计)</td><td colspan="3">≤0.6%</td><td>按 GB/T 8077 检验</td></tr>
<tr><td>11</td><td colspan="2">碱含量(按折固含量计)</td><td colspan="3">≤10%</td><td>按 GB/T 8077 检验</td></tr>
<tr><td>12</td><td colspan="2">收缩率比</td><td colspan="3">≤110%</td><td>按 GB 8076 检验</td></tr>
</table>

注:1 检验减水率、含气量、泌水率比、抗压强度比、凝结时间之差、收缩率比时,混凝土坍落度宜为 80 mm±10 mm。
2 抽检试验用水泥宜为工程用水泥。

检验方法和检验数量:应符合表 6.2.5—1～表 6.2.5—3 的规定。

表 6.2.5—3 减水剂的检验要求

<table>
<tr><th rowspan="2" colspan="2">检验项目</th><th colspan="6">检验要求</th></tr>
<tr><th colspan="3">质量证明文件检查</th><th colspan="3">抽样试验检验</th></tr>
<tr><td rowspan="5">高效减水剂</td><td>减水率</td><td>√</td><td rowspan="5">每品种、每厂家检查供应商提供的质量证明文件。施工单位、监理单位均全部检查</td><td>√</td><td rowspan="5">下列情况之一时，检验一次：
①任何新选料源。</td><td>√</td><td rowspan="5">同厂家、同品种、同编号的产品每 50 t 为一批，不足 50 t 按一批计。</td></tr>
<tr><td>含气量</td><td>√</td><td>√</td><td>√</td></tr>
<tr><td>泌水率比</td><td>√</td><td>√</td><td>√</td></tr>
<tr><td>压力泌水率比(用于配制泵送混凝土时)</td><td>√</td><td>√</td><td>√</td></tr>
<tr><td>抗压强度比</td><td>√</td><td>√</td><td>√</td></tr>
</table>

续上表

<table>
<tr><td colspan="2" rowspan="2">检验项目</td><td colspan="6">检验要求</td></tr>
<tr><td colspan="3">质量证明文件检查</td><td colspan="3">抽样试验检验</td></tr>
<tr><td rowspan="6">高效减水剂</td><td>坍落度1 h经时变化量(用于配制泵送混凝土时)</td><td>√</td><td rowspan="6"></td><td>√</td><td rowspan="6">②使用同厂家、同品种的产品达6个月及出厂日期达6个月的产品。
施工单位试验检验;监理单位平行检验</td><td>√</td><td rowspan="6">施工单位每批抽检一次;监理单位按施工单位抽检次数的10%进行平行检验,但不少于一次</td></tr>
<tr><td>凝结时间差</td><td>√</td><td>√</td><td>√</td></tr>
<tr><td>硫酸钠含量(按折固含量计)</td><td>√</td><td>√</td><td>√</td></tr>
<tr><td>Cl^-含量(按折固含量计)</td><td>√</td><td>√</td><td>√</td></tr>
<tr><td>碱含量(按折固含量计)</td><td>√</td><td>√</td><td>√</td></tr>
<tr><td>收缩率比</td><td>√</td><td>√</td><td></td></tr>
<tr><td rowspan="12">聚羧酸系高性能减水剂</td><td>减水率</td><td>√</td><td rowspan="12">每品种、每厂家检查供应商提供的质量证明文件。施工单位、监理单位均全部检查</td><td>√</td><td rowspan="12">下列情况之一时,检验一次:
①任何新选料源;
②使用同厂家、同品种的产品达6个月及出厂日期达6个月的产品。
施工单位试验检验;监理单位平行检验</td><td>√</td><td rowspan="12">同厂家、同品种、同编号的产品每50 t为一批,不足50 t按一批计。
施工单位每批抽检一次;监理单位按施工单位抽检次数的10%进行平行检验,但不少于一次</td></tr>
<tr><td>含气量</td><td>√</td><td>√</td><td>√</td></tr>
<tr><td>泌水率比</td><td>√</td><td>√</td><td>√</td></tr>
<tr><td>压力泌水率比(用于配制泵送混凝土时)</td><td>√</td><td>√</td><td>√</td></tr>
<tr><td>抗压强度比</td><td>√</td><td>√</td><td>√</td></tr>
<tr><td>坍落度1 h经时变化量(用于配制泵送混凝土时)</td><td>√</td><td>√</td><td></td></tr>
<tr><td>凝结时间差</td><td>√</td><td></td><td></td></tr>
<tr><td>甲醛含量(按折固含量计)</td><td>√</td><td>√</td><td></td></tr>
<tr><td>硫酸钠含量(按折固含量计)</td><td>√</td><td>√</td><td></td></tr>
<tr><td>Cl^-含量(按折固含量计)</td><td>√</td><td>√</td><td></td></tr>
<tr><td>碱含量(按折固含量计)</td><td>√</td><td>√</td><td></td></tr>
<tr><td>收缩率比</td><td>√</td><td>√</td><td></td></tr>
</table>

6.2.6 引气剂的性能应符合表6.2.6—1的规定。

表6.2.6—1 引气剂的性能

序号	检验项目	技术要求	检验方法
1	减水率	≥6%	按GB 8076检验
2	含气量	≥3.0%	按GB 8076检验

续上表

<table>
<tr><th>序号</th><th colspan="2">检验项目</th><th>技术要求</th><th>检验方法</th></tr>
<tr><td>3</td><td colspan="2">泌水率比</td><td>≤70%</td><td>按 GB 8076 检验</td></tr>
<tr><td>4</td><td colspan="2">1 h 含气量经时变化量</td><td>−1.5%～+1.5%</td><td>按 GB 8076 检验</td></tr>
<tr><td rowspan="3">5</td><td rowspan="3">抗压强度比</td><td>3 d</td><td>≥95%</td><td>按 GB 8076 检验</td></tr>
<tr><td>7 d</td><td>≥95%</td><td>按 GB 8076 检验</td></tr>
<tr><td>28 d</td><td>≥90%</td><td>按 GB 8076 检验</td></tr>
<tr><td rowspan="2">6</td><td rowspan="2">凝结时间差</td><td>终凝</td><td rowspan="2">−90～+120min</td><td>按 GB 8076 检验</td></tr>
<tr><td>初凝</td><td>按 GB 8076 检验</td></tr>
<tr><td>7</td><td colspan="2">收缩率比</td><td>≤125%</td><td>按 GB 8076 检验</td></tr>
<tr><td>8</td><td colspan="2">相对耐久性(200 次)</td><td>≥80%</td><td>按 GB 8076 检验</td></tr>
<tr><td>9</td><td colspan="2">28 d 硬化混凝土气泡间距系数</td><td>≤300 μm</td><td>按附录 E 检验</td></tr>
</table>

检验方法和检验数量：应符合表 6.2.6—1 和表 6.2.6—2 的规定。

表 6.2.6—2 引气剂的检验要求

<table>
<tr><th colspan="2" rowspan="2">检验项目</th><th colspan="6">检 验 要 求</th></tr>
<tr><th colspan="2">质量证明文件检查</th><th colspan="4">抽样试验检验</th></tr>
<tr><td rowspan="9">引气剂</td><td>减水率</td><td>√</td><td rowspan="9">每品种、每厂家检查供应商提供的质量证明文件。施工单位、监理单位均全部检查</td><td>√</td><td rowspan="9">下列情况之一时，检验一次：
①任何新选料源。
②使用同厂家、同品种的产品达 6 个月及出厂日期达 6 个月的产品。
施工单位试验检验；监理单位平行检验</td><td>√</td><td rowspan="9">同厂家、同品种、同编号的产品每5 t为一批，不足 5 t时也按一批计。
施工单位每批抽检一次；监理单位按施工单位抽检次数的10%进行平行检验，但不少于一次</td></tr>
<tr><td>含气量</td><td>√</td><td>√</td><td>√</td></tr>
<tr><td>泌水率比</td><td>√</td><td>√</td><td>√</td></tr>
<tr><td>1 h 含气量经时变化量</td><td>√</td><td>√</td><td>√</td></tr>
<tr><td>抗压强度比</td><td>√</td><td>√</td><td>√</td></tr>
<tr><td>凝结时间差</td><td>√</td><td>√</td><td></td></tr>
<tr><td>收缩率比</td><td>√</td><td>√</td><td></td></tr>
<tr><td>相对耐久性(200 次)</td><td>√</td><td>√</td><td></td></tr>
<tr><td>28 d 硬化混凝土气泡间距系数</td><td>√</td><td>√</td><td></td></tr>
</table>

6.2.7 拌和用水的性能应符合表 6.2.7—1 的规定。

养护用水除不溶物、可溶物可不作要求外，其他性能应符合表 6.2.7—1 的规定。养护用水不得采用海水。

回收重复利用水的 pH 值、氯化物含量、硫酸盐含量和碱含量应符合 6.2.7—1 的规定。

表 6.2.7—1 拌和用水的性能

<table>
<tr><th rowspan="2">序号</th><th rowspan="2">检验项目</th><th colspan="3">技 术 要 求</th><th rowspan="2">检验方法</th></tr>
<tr><th>预应力混凝土</th><th>钢筋混凝土</th><th>素混凝土</th></tr>
<tr><td>1</td><td>pH 值</td><td>>6.5</td><td>>6.5</td><td>>6.5</td><td>按 JGJ 63 检验</td></tr>
<tr><td>2</td><td>不溶物含量</td><td><2 000 mg/L</td><td><2 000 mg/L</td><td><5 000 mg/L</td><td>按 JGJ 63 检验</td></tr>
<tr><td>3</td><td>可溶物含量</td><td><2 000 mg/L</td><td><5 000 mg/L</td><td><10 000 mg/L</td><td>按 JGJ 63 检验</td></tr>
</table>

续上表

<table>
<tr><th rowspan="2">序号</th><th rowspan="2">检验项目</th><th colspan="3">技术要求</th><th rowspan="2">检验方法</th></tr>
<tr><th>预应力混凝土</th><th>钢筋混凝土</th><th>素混凝土</th></tr>
<tr><td rowspan="2">4</td><td rowspan="2">氯化物含量</td><td>＜500 mg/L
＜350 mg/L
（用钢丝或热处理的钢筋）</td><td>＜1 000 mg/L</td><td>＜3 500 mg/L</td><td rowspan="2">按 JGJ 63 检验</td></tr>
<tr><td colspan="3">＜200 mg/L（混凝土处于氯盐环境下）</td></tr>
<tr><td>5</td><td>硫酸盐含量</td><td>＜600 mg/L</td><td>＜2 000 mg/L</td><td>＜2 700 mg/L</td><td>按 JGJ 63 检验</td></tr>
<tr><td>6</td><td>碱含量</td><td>＜1 500 mg/L</td><td>＜1 500 mg/L</td><td>＜1 500 mg/L</td><td>按 GB/T 176 检验</td></tr>
<tr><td>7</td><td>抗压强度比（28 d）</td><td colspan="3">≥90%</td><td>按 JGJ 63 检验</td></tr>
<tr><td>8</td><td>凝结时间差</td><td colspan="3">≤30 min</td><td>按 JGJ 63 检验</td></tr>
</table>

检验方法和检验数量：应符合表 6.2.7—1 和表 6.2.7—2 的规定。

表 6.2.7—2　拌和用水的检验要求

<table>
<tr><th>序号</th><th>检验项目</th><th colspan="4">检验要求</th></tr>
<tr><td>1</td><td>pH 值</td><td>√</td><td rowspan="8">下列情况之一时，检验一次：
①新水源。
②同一水源的水使用达一年。
施工单位试验检验；监理单位见证检验</td><td>√</td><td rowspan="8">同一水源的涨水季节检验一次。
施工单位试验检验；监理单位按施工单位抽检次数的 10% 进行见证检验，但至少一次</td></tr>
<tr><td>2</td><td>不溶物含量</td><td>√</td><td>√</td></tr>
<tr><td>3</td><td>可溶物含量</td><td>√</td><td>√</td></tr>
<tr><td>4</td><td>氯化物含量</td><td>√</td><td>√</td></tr>
<tr><td>5</td><td>硫酸盐含量</td><td>√</td><td>√</td></tr>
<tr><td>6</td><td>碱含量</td><td>√</td><td>√</td></tr>
<tr><td>7</td><td>抗压强度比（28 d）</td><td>√</td><td></td></tr>
<tr><td>8</td><td>凝结时间差</td><td>√</td><td></td></tr>
</table>

6.2.8　严重腐蚀环境下采取防腐蚀强化措施时选用的钢筋阻锈剂、混凝土表面涂层材料、防腐蚀面层材料、包裹用钢板和阴极保护材料等的品种、质量应符合设计要求和相关产品标准的规定。

检验数量：施工单位按相关标准的规定进行检验；监理单位见证检验或平行检验。

检验方法：施工单位全部检查质量证明文件并按批进行抽样试验；监理单位全部检查质量证明文件、试验报告并进行见证检验或平行检验。

6.3　配合比设计

主 控 项 目

6.3.1　混凝土配合比应根据设计使用年限、环境条件和施工工艺等进行设计，并通过计算、试配、试件检测和试浇筑后确定。混凝土配合比选定试验的检验和计算项目应符合表 6.3.1 的规定，检验项目指标要求见附录 D。当设计对混凝土的耐久性指标有更高要求时，其配合比应另行研究确定。

表 6.3.1　混凝土配合比选定试验的检验和计算项目

序号	检验项目	试验方法	备　注
1	坍落度或维勃稠度	《普通混凝土拌和物性能试验方法标准》(GB/T 50080)	基本检验项目
2	泌水率		
3	凝结时间	《普通混凝土拌和物性能试验方法标准》(GB/T 50080)	
4	抗压强度	《普通混凝土力学性能试验方法标准》(GB/T 50081)	
5	电通量	《普通混凝土长期性能和耐久性能试验方法》(GB/T 50082)	
6	含气量	《普通混凝土拌和物性能试验方法标准》(GB/T 50080)	
7	弹性模量	《普通混凝土力学性能试验方法标准》(GB/T 50081)	仅对预应力混凝土或当设计有要求时
8	抗冻等级	《普通混凝土长期性能和耐久性能试验方法标准》(GB/T 50082)	仅对处于冻融破坏环境的混凝土或对耐久性有特殊要求的混凝土
9	气泡间距系数	见附录 E	仅对处于冻融破坏、盐类结晶破坏环境的混凝土
10	氯离子扩散系数	《普通混凝土长期性能和耐久性能试验方法标准》(GB/T 50082)	仅对处于氯盐环境的混凝土
11	56 d 抗硫酸盐结晶破坏等级	《普通混凝土长期性能和耐久性能试验方法标准》(GB/T 50082)	仅对处于盐类结晶破坏环境的混凝土
12	胶凝材料抗蚀系数	见附录 F	仅对处于硫酸盐化学侵蚀环境的混凝土
13	抗渗等级	《普通混凝土长期性能和耐久性能试验方法标准》(GB/T 50082)	仅对隧道衬砌混凝土
14	收缩		仅对无砟轨道底座板混凝土、双块式轨枕道床板混凝土、自密实混凝土
15	碱含量	水泥、矿物掺和料、外加剂及水的碱含量之和	基本计算项目
16	三氧化硫含量	水泥、矿物掺和料、外加剂及水的三氧化硫含量之和	
17	氯离子含量	水泥、矿物掺和料、粗骨料、细骨料、外加剂及水的氯离子含量之和	

检验数量：施工单位对同强度等级、同性能要求的混凝土进行一次混凝土配合比选定试验。当原材料或施工工艺发生变化时，应重新进行配合比选定试验；监理单位全部检查。

检验方法：施工单位进行配合比选定试验；监理单位检查确认混凝土配合比选定报告。

6.3.2　混凝土的碱含量应符合设计要求。当设计无具体要求时，混凝土的碱含量应满足表

6.3.2 的要求。

表 6.3.2 混凝土最大碱含量（kg/m^3）

设计使用年限		100年	60年	30年
环境条件	干燥环境	3.5	3.5	3.5
	潮湿环境	3.0	3.0	3.5
	含碱环境	2.1	3.0	3.0

注：1 混凝土的碱含量是指混凝土各种原材料的碱含量之和。其中，矿物掺和料的碱含量以其所含可溶性碱量计算。粉煤灰的可溶性碱量取粉煤灰总碱量的 1/6，磨细矿渣粉的可溶性碱量取矿渣粉总碱量的 1/2，硅灰的可溶性碱量取硅灰总碱量的 1/2。

2 干燥环境是指不直接与水接触、年平均空气相对湿度长期不大于 75%的环境；潮湿环境是指长期处于水下或潮湿土中、干湿交替区、水位变化区以及年平均相对湿度大于 75%的环境；含碱环境是指直接与高含盐碱土体、海水、含碱工业废水或钠（钾）盐等接触的环境；干燥环境或潮湿环境与含碱环境交替变化时，均按含碱环境对待。

3 对于含碱环境中的混凝土结构，当其设计使用年限为 100 年时，除了混凝土的碱含量应满足本表要求外，还应使用非碱活性骨料；当其设计使用年限为 30 年、60 年时，在限制混凝土碱含量的同时，还应对混凝土表面作防水、防碱涂层处理，否则应换用非碱活性骨料。

当骨料的砂浆棒膨胀率大于等于 0.10%且小于 0.20%时，混凝土碱含量应满足表 6.3.2 的规定；当骨料的砂浆棒膨胀率大于等于 0.20%且小于 0.30%时，除混凝土碱含量应满足表 6.3.2 的规定外，还应采取掺加矿物掺和料等抑制碱-骨料反应的技术措施，并经试验证明抑制有效。抑制碱-骨料反应有效性试验方法应按附录 G 进行。不得使用砂浆棒膨胀率大于等于 0.30%的骨料，不得使用具有碱-碳酸盐反应活性的骨料。

检验数量：施工单位对每一混凝土配合比进行一次总碱含量计算；监理单位全部检查。

检验方法：施工单位计算；监理单位检查计算单。

6.3.3 钢筋混凝土中由水泥、矿物掺和料、骨料、外加剂和拌和用水等引入的氯离子含量不应超过胶凝材料总量的 0.10%，预应力混凝土结构的氯离子含量不应超过胶凝材料总量的 0.06%。混凝土中三氧化硫含量不应超过胶凝材料总量的 4.0%。

检验数量：施工单位对每一混凝土配合比进行一次氯离子含量和三氧化硫含量计算；监理单位全部检查。

检验方法：施工单位计算；监理单位检查计算单。

6.3.4 不同环境下混凝土中矿物掺和料掺量可按表 6.3.4 进行选择。

表 6.3.4 不同环境下混凝土中矿物掺和料掺量范围（%）

环境类别	矿物掺和料种类	水胶比	
		≤0.40	>0.40
碳化环境	粉煤灰	≤40	≤30
	磨细矿渣粉	≤50	≤40
氯盐环境	粉煤灰	30～50	20～40
	磨细矿渣粉	40～60	30～50
化学侵蚀环境	粉煤灰	30～50	20～40
	磨细矿渣粉	40～60	30～50

续上表

环境类别	矿物掺和料种类	水胶比	
		≤0.40	>0.40
盐类结晶破坏环境	粉煤灰	≤40	≤30
	磨细矿渣粉	≤50	≤40
冻融破坏环境	粉煤灰	≤30	≤20
	磨细矿渣粉	≤40	≤30
磨蚀环境	粉煤灰	≤30	≤20
	磨细矿渣粉	≤40	≤30

注:1 本表规定的矿物掺和料掺量是指单掺一种矿物掺和料时的适宜掺量范围。当采用多种矿物掺和料复掺时,不同矿物掺和料的掺量可参考本表,并经过试验确定。

2 本表规定的矿物掺和料的掺量范围仅限于使用硅酸盐水泥或普通硅酸盐水泥的混凝土。

3 对于预应力混凝土结构,粉煤灰的掺量不宜超过30%。

4 严重氯盐环境与化学侵蚀环境下,粉煤灰的掺量应大于30%,或磨细矿渣粉的掺量大于50%。

检验数量:施工单位对每一混凝土配合比进行一次计算;监理单位全部检查。

检验方法:施工单位计算;监理单位检查计算单。

6.3.5 不同环境条件下混凝土的最大水胶比、最小胶凝材料用量应满足设计要求。当设计无要求时,应符合表6.3.5的规定。

表6.3.5 混凝土的最大水胶比和最小胶凝材料用量(kg/m³)

环境类别	环境作用等级	设计使用年限		
		100年	60年	30年
碳化环境	T1	0.55,280	0.60,260	0.60,260
	T2	0.50,300	0.55,280	0.55,280
	T3	0.45,320	0.50,300	0.50,300
氯盐环境	L1	0.45,320	0.50,300	0.50,300
	L2	0.40,340	0.45,320	0.45,320
	L3	0.36,360	0.40,340	0.40,340
化学侵蚀环境	H1	0.50,300	0.55,280	0.55,280
	H2	0.45,320	0.50,300	0.50,300
	H3	0.40,340	0.45,320	0.45,320
	H4	0.36,360	0.40,340	0.40,340
盐类结晶破坏环境	Y1	0.50,300	0.55,280	0.55,280
	Y2	0.45,320	0.50,300	0.50,300
	Y3	0.40,340	0.45,320	0.45,320
	Y4	0.36,360	0.40,340	0.40,340
冻融破坏环境	D1	0.50,300	0.55,280	0.55,280
	D2	0.45,320	0.50,300	0.50,300
	D3	0.40,340	0.45,320	0.45,320
	D4	0.36,360	0.40,340	0.40,340

续上表

环境类别	环境作用等级	设计使用年限		
		100年	60年	30年
磨蚀环境	M1	0.50,300	0.55,280	0.55,280
	M2	0.45,320	0.50,300	0.50,300
	M3	0.40,340	0.45,320	0.45,320

注:碳化环境下,素混凝土最大水胶比不应超过0.60,最小胶凝材料用量不应低于260 kg/m³;氯盐环境下,素混凝土最大水胶比不应超过0.55,最小胶凝材料用量不应低于280 kg/m³。

检验数量:施工单位对每一混凝土配合比进行一次计算;监理单位全部检查。

检验方法:施工单位计算;监理单位检查计算单。

6.4 混凝土施工

主 控 项 目

6.4.1 混凝土原材料每盘称量允许偏差应符合表6.4.1的规定。

检验数量:每工作班抽查不应少于一次。

检验方法:施工单位复称;监理单位见证检验。

表6.4.1 原材料每盘称量允许偏差

序号	原材料名称	允许偏差(%)
1	水泥、矿物掺和料	±1
2	粗、细骨料	±2
3	外加剂、拌和用水	±1

注:各种衡器应定期检定,每次使用前应进行零点校核,保证计量准确。

6.4.2 混凝土拌制前,应测定砂、石含水率,并根据测试结果及时调整施工配合比。当遇雨天时,应增加含水率检测次数。

检验数量:施工单位每工作班检查应不少于一次;监理单位全部检查测试结果。

检验方法:施工单位进行砂、石含水率测试,提出施工配合比;监理单位见证试验,确认施工配合比。

6.4.3 混凝土拌制过程中,应对混凝土拌和物的坍落度进行测定,测定值应不超过理论配合比坍落度的控制范围。

检验数量:施工单位每拌制50 m³或每工作班测试不应少于一次;监理单位全部检查测试结果。

检验方法:施工单位进行坍落度测试;监理单位见证试验。

6.4.4 混凝土的含气量应满足表6.4.4的规定。

表6.4.4 混凝土含气量的最低限值

环境条件	冻融破坏环境			盐类结晶破坏环境	其他环境
	D1	D2、D3	D4	Y1、Y2、Y3、Y4	
含气量(入模时)	4.0%	5.0%	6.0%	4.0%	2.0%

注:梁体、轨道板混凝土的含气量应为2.0%~4.0%。

检验数量:施工单位每拌制50 m³混凝土或每工作班测试不应少于一次;监理单位全部检查测试结果。

检验方法:施工单位进行含气量试验;监理单位见证试验。

6.4.5 混凝土的入模温度不宜高于 30 ℃。冬期施工时，混凝土的出机温度不宜低于 10 ℃，入模温度不应低于 5 ℃。

检验数量：施工单位每工作班至少测温 3 次并填写测温记录；监理单位至少测温一次。

检验方法：温度测试。

6.4.6 新浇筑混凝土入模温度与邻接的已硬化混凝土或岩土介质表面温度的温差不得大于 15 ℃。与新浇筑混凝土接触的已硬化混凝土、岩土介质、钢筋和模板的温度不得低于 2 ℃。

检验数量：施工单位每部位测温一次并填写测温记录；监理单位每部位测温一次。

检验方法：温度测试。

6.4.7 施工缝的留设位置和连接形式应符合设计和施工技术方案的要求。

检验数量：施工单位、监理单位全部检查。

检验方法：观察和尺量。

6.4.8 在施工缝处新浇混凝土之前，应对已硬化混凝土的表面进行凿毛处理并充分湿润，但不得有积水。凿毛后露出的新鲜混凝土面积应不低于总面积的 75%。凿毛时，混凝土应达到下列强度：

1 用人工凿毛时，不低于 2.5 MPa。

2 用机械凿毛时，不低于 10 MPa。

检验数量：施工单位、监理单位全部检查。

检验方法：观察和尺量。施工单位有代表性的做同条件养护试件强度试验；监理单位检查试验报告。

6.4.9 混凝土浇筑完毕后，应按有关专业标准的规定和施工技术方案的要求及时采取有效的养护措施，并应符合下列规定：

1 养护期间，混凝土芯部温度不宜超过 60 ℃，最高不得大于 65 ℃（轨枕和轨道板的芯部温度不宜大于 55 ℃），混凝土芯部温度与表面温度之差、表面温度与环境温度之差不宜大于 20 ℃（梁体混凝土不宜大于 15 ℃），养护用水温度与混凝土表面温度之差不得大于 15 ℃。

2 自然养护期间，应在混凝土浇筑完毕后 1 h 内对混凝土进行保温保湿养护，养护时间应符合表 6.4.9 的规定。当环境温度低于 5 ℃时禁止洒水。

表 6.4.9 不同混凝土保温保湿养护的最低期限

水胶比	大气潮湿（RH≥50%），无风，无阳光直射		大气干燥（20%≤RH<50%），有风，或阳光直射		大气极端干燥（RH<20%），大风，大温差	
	日平均气温 T（℃）	养护时间（d）	日平均气温 T（℃）	养护时间（d）	日平均气温 T（℃）	养护时间（d）
>0.45	$5\leqslant T<10$	21	$5\leqslant T<10$	28	$5\leqslant T<10$	56
	$10\leqslant T<20$	14	$10\leqslant T<20$	21	$10\leqslant T<20$	45
	$T\geqslant 20$	10	$T\geqslant 20$	14	$T\geqslant 20$	35
≤0.45	$5\leqslant T<10$	14	$5\leqslant T<10$	21	$5\leqslant T<10$	45
	$10\leqslant T<20$	10	$10\leqslant T<20$	14	$10\leqslant T<20$	35
	$T\geqslant 20$	7	$T\geqslant 20$	10	$T\geqslant 20$	28

3 蒸汽养护期间，混凝土静停环境温度不应低于 5 ℃，静停时间宜为 4～6 h；混凝土周围蒸汽的升、降温速度不宜大于 10 ℃/h。蒸汽养护的预制梁脱模后的保温保湿养护时间不少

于 14 d。蒸汽养护的预制轨道板脱模后的保温保湿养护时间不少于 10 d。

检验数量：选择有代表性的结构或部位进行测温检查，其他项目施工单位、监理单位全部检查。

检验方法：测温、观察，并检查测温和养护记录。

6.4.10 拆模时混凝土芯部与表面、表面与环境之间的温差不得大于 20 ℃（轨道板、梁体均不得大于 15 ℃）。混凝土芯部开始降温前不得拆模，大风及气温急骤变化时不应拆模。

检验数量：选择有代表性的结构或部位进行测温检查。

检验方法：施工单位测温检查；监理单位检查测温记录。

6.4.11 混凝土的强度等级必须符合设计要求。预应力混凝土、喷射混凝土、蒸汽养护混凝土的力学性能标准条件养护试件的试验龄期为 28 d，其他混凝土力学性能标准条件养护试件的试验龄期为 56 d。力学性能标准条件养护试件应在混凝土的浇筑地点随机抽样制作，其试件的取样与留置频率应符合下列规定：

1 每拌制 100 盘且不超过 100 m^3 的同配合比的混凝土，取样不得少于一次。

2 每工作班拌制的同一配合比的混凝土不足 100 盘时，取样不得少于一次。

3 现浇混凝土的每一结构部位，取样不得少于一次。

4 每次取样应至少留置一组试件。

检验数量：施工单位按规定的取样数量与留置频率要求制作试件。

检验方法：施工单位进行混凝土抗压强度试验；监理单位检查试验报告。

6.4.12 混凝土同条件养护法试件的抗压强度必须符合设计要求。混凝土抗压强度同条件养护法试件的留置组数应按设计要求、相关标准规定和实际需要确定。桥梁的梁体、墩台身，隧道的衬砌、仰拱、底板等重要部位应制作抗压强度同条件养护试件，其取样、养护方式和试件留置数量应符合铁道部现行标准《铁路工程结构混凝土强度检测规程》（TB 10426）的规定。对于标准条件养护法试件试验龄期分别为 28 d、56 d 的，其同条件养护法试件的逐日累积温度分别为 600 ℃·d、1 200 ℃·d，但养护龄期分别不宜超过 60 d、120 d。

检验数量：施工单位按设计要求、相关标准规定和实际需要数量进行检验。对桥梁每片（孔）梁、每墩台，隧道每 200 m 衬砌、每 500 m 仰拱、每 500 m 底板应按不同强度等级检验各不少于一次；监理单位按施工单位检验次数的 10%进行平行检验，但至少一次。

检验方法：施工单位进行混凝土抗压强度试验；监理单位检查混凝土抗压强度试验报告并进行平行检验。

6.4.13 当设计对混凝土的弹性模量有要求时，混凝土的弹性模量必须符合设计要求。弹性模量试件应在混凝土的浇筑地点随机抽样制作，试件制作数量应符合下列规定：

1 随构件同条件养护的终张拉/放张弹性模量试件不得少于一组。

2 标准条件养护 28 d 弹性模量试件不得少于一组。

3 其他条件养护试件按设计要求、相关标准规定和实际需要确定。

检验数量：施工单位按规定制作弹性模量试件。

检验方法：施工单位进行混凝土弹性模量试验；监理单位检查试验报告。

6.4.14 当设计对混凝土抗渗等级有要求时，其抗渗等级应符合设计要求。抗渗标准条件养护试件的试验龄期为 56 d。抗渗试件应在混凝土的浇筑地点随机抽样制作。

检验数量：施工单位每 5 000 m^3 同配合比、同施工工艺的混凝土应至少制作抗渗检查试件一组（6 个），不足 5 000 m^3 时也应制作抗渗检查试件一组；隧道衬砌、仰拱、底板每 500 m 应至少制作抗渗检查试件一组，不足 500 m 时也应留置一组。

检验方法：施工单位进行混凝土抗渗试验；监理单位检查试验报告。

6.4.15 混凝土表面涂层等防腐蚀强化措施施工质量应符合设计要求和相关标准的规定。

检验数量：施工单位按相关标准的规定进行检验；监理单位按施工单位检验数量的 10% 进行见证检验，但至少一次。

检验方法：施工单位按相关标准规定进行抽样试验；监理单位见证检验并检查试验报告。

6.4.16 普通混凝土结构表面的非受力裂缝宽度不得大于0.20 mm，预应力混凝土结构预应力区域混凝土表面不得出现裂缝。

检验数量：施工单位、监理单位全部检查。

检验方法：观察、测量。

一 般 项 目

6.4.17 结构外形尺寸偏差和检验方法除相关专业技术条件、验收标准有特殊规定外，应符合表 6.4.17 的规定。

表 6.4.17 结构外形尺寸允许偏差和检验方法

序号	项目		允许偏差(mm)	检验方法
1	轴线位置	基础	20	每边尺量不少于 2 处
		梁、柱、板、墙、拱	10	
2	表面平整度		8	2 m 靠尺、塞尺测量不少于 3 处
3	高程	基础	±30	测量不少于 2 处
		梁、柱、板、墙、拱	±10	
4	垂直度		h/1 000，且小于 20	吊线尺量
5	截面尺寸		$^{+20}_{0}$	尺量不少于 3 处
6	预留孔洞	中心位置	15	尺 量
		尺寸	$^{+15}_{0}$	
7	预埋件	中心位置	5	尺 量
		外露长度	$^{+10}_{0}$	

检验数量：施工单位全部检查。

6.4.18 混凝土结构表面应密实平整、颜色均匀，不得有露筋、蜂窝、孔洞、疏松、麻面和缺棱掉角等缺陷。

检验数量：施工单位全部检查。

检验方法：观察。

7 预应力分项工程

7.1 一般规定

7.1.1 预应力材料在存放和搬运过程中应保持清洁，避免机械损伤和锈蚀，制作和安装时应避免污染和电火花损伤，张拉期间应采取措施避免受雨水、养护用水浇淋。预应力筋采用螺纹钢筋时，应避免碰伤螺纹，防止产生弯曲变形。

7.1.2 预应力筋张拉设备应定期维护，测力传感器、仪表和量具应按检定周期定期检定。张拉设备应配套标定，配套使用。当使用过程中出现异常现象或设备检修后，应重新标定。

7.1.3 后张法制梁台座和先张法张拉台座应有施工设计，其强度、刚度、稳定性和构造应能满足预应力筋张拉及放张、混凝土浇筑及养护、模板安装及拆除等施工各阶段施工荷载和施工操作要求。

7.1.4 预留孔道安装时应采取可靠的定位措施。

7.1.5 处于氯盐环境下的后张法预应力混凝土结构，预留孔道应采用塑料波纹管。

7.1.6 预应力筋张拉方法、放张顺序、控制应力应符合设计要求。后张法预制梁终张拉和先张法预制梁放张完成后应对梁体弹性上拱值进行实测。

7.1.7 后张法预应力筋张拉前，应对孔道摩阻损失、喇叭口摩阻损失和锚口摩阻损失进行实际测定；先张法折线配筋张拉前应对折线筋摩阻损失进行实际测定。根据实测结果对张拉控制应力作适当调整，同时还应根据实测预应力筋弹性模量计算预应力筋理论伸长值，并经监理单位和设计单位认可。

7.1.8 后张法预应力筋张拉前，应清除孔道内的杂物及积水。预应力筋张拉完成后，应尽早进行孔道压浆。孔道压浆方法和工艺应符合设计要求，设计无要求时宜优先采用真空辅助压浆。同一孔道压浆应连续进行，一次完成。浆液搅拌设备转速应不低于 1 000 r/min，压浆机采用连续式压浆泵，储料罐应带有搅拌功能。

7.1.9 封锚(端)前，应按设计要求对锚具和预应力筋进行防锈防水处理，对封锚(端)处的梁端混凝土表面应进行凿毛。封锚(端)混凝土浇筑完成后应及时进行保湿保温养护，养护结束后，应按设计要求进行防水处理。

7.2 原 材 料

主 控 项 目

7.2.1 预应力筋进场时，必须对其质量指标进行全面检查并按批抽取试件做破断负荷、屈服负荷、弹性模量、极限伸长率试验，其质量必须符合《预应力混凝土用钢丝》(GB/T 5223)、《预应力混凝土用钢绞线》(GB/T 5224)等国家现行标准的规定和设计要求。预应力混凝土用螺纹钢筋的检验应符合本标准第 5.2.1 条的规定。

检验数量：同牌号、同炉罐号、同规格、同生产工艺、同交货状态的预应力筋每 30 t 为一批，不足 30 t 也按一批计。施工单位每批抽检一次；监理单位按施工单位抽检次数的 10%进行见证检验，但至少一次。

检验方法：施工单位检查质量证明文件和进行试验检验；监理单位检查质量证明文件、试验报告并进行见证检验。

7.2.2 预应力筋用锚具、夹具和连接器进场时，必须对其质量指标进行全面检查并按批进行外观及外形尺寸、硬度、静载锚固系数性能试验，其质量必须符合设计要求和相关标准的规定。

检验数量：同一种类、同种材料和同一生产工艺且连续进场的预应力筋用锚具、夹具和连接器，每 5 000 套为一批，不足5 000套也按一批计，施工单位每批抽检一次；监理单位按施工单位抽检次数的 10%进行见证检验，但至少一次。

外观和外形尺寸检查，施工单位每批抽检 10%，且不少于 10 套；监理单位每批抽检数量为施工单位抽检数量的 10%，且不少于 3 套。

硬度试验，施工单位每批抽验 5%，且不少于 5 套；监理单位每批抽验数量为施工单位抽验数量的 10%，且不少于 2 套。

静载锚固系数性能试验，施工单位每批抽检一次(3 套)；监理单位每批抽验数量为施工单位抽验数量的 10%，但至少一次(3 套)。

检验方法：施工单位观察、检查产品合格证并进行性能试验；监理单位观察、检查产品合格证、试验报告并进行见证检验。

7.2.3 梁体孔道压浆采用的水泥应采用性能稳定、强度等级不低于 42.5 的低碱硅酸盐或低碱普通硅酸盐水泥(掺和料仅为粉煤灰或矿渣)，其性能和检验要求应符合本标准第 6.2.1 条的规定。掺和料性能和检验要求应符合本标准第 6.2.2 条的规定。

7.2.4 梁体孔道压浆采用减水剂的性能和检验要求应符合本标准第 6.2.5 条的有关规定。

7.2.5 预留孔道所用的金属波纹管、塑料波纹管、橡胶棒(管)等和先张梁预应力筋隔离套管使用前应进行外观检查，其表面应无油污、损伤和孔洞。

检验数量：施工单位、监理单位全部检查。

检验方法：观察。

7.3 制作和安装

主 控 项 目

7.3.1 预应力筋的品种、级别、规格、数量必须符合设计要求。

检验数量：施工单位、监理单位全部检查。

检验方法：观察和尺量。

7.3.2 预应力筋应平顺，不得有弯折；表面不应有裂纹、小刺、机械损伤、氧化铁皮和油污等。

检验数量；施工单位、监理单位全部检查。

检验方法：观察。

7.3.3 后张梁预留孔道用的金属波纹管、塑料波纹管、橡胶棒(管)及先张梁预应力筋的隔离套管品种、规格和质量必须符合设计要求。施工中应密封良好、接头严密、线型平顺、安装牢固。

检验数量：施工单位、监理单位全部检查。

检验方法：观察和尺量。

一 般 项 目

7.3.4 预应力筋下料长度应按设计要求和工艺要求计算确定。其允许偏差和检验方法应符合相关专业验收标准的规定，未有规定的，应符合表 7.3.4 的规定。

表 7.3.4 预应力筋下料长度的允许偏差和检验方法

序号	项 目		允许偏差(mm)	检验方法
1	钢丝	与设计或计算长度差	±10	尺 量
		束中各根钢丝长度差	不大于钢丝长度的 1/5 000，且不大于 5	
2	钢绞线	与设计或计算长度差	±10	
		束中各根钢绞线长度差	5	
3	预应力螺纹钢筋		±5	

检验数量：施工单位检查预应力筋总数的 3%，且不少于 5 根(束)。

7.3.5 预留孔道位置允许偏差和检验方法应符合相关专业验收标准的规定，未有规定的，应符合表 7.3.5 的规定。

表 7.3.5 预留孔道位置允许偏差和检验方法

序 号	项 目	允许偏差(mm)	检验方法
1	纵向孔道	4	尺量两端、跨中、1/4 跨、3/4 跨各 1 处
2	横向孔道		尺量两端
3	竖向孔道		尺量两端

检验数量：施工单位检查孔道总数的 3%，且不少于 5 根。

7.3.6 先张法预应力筋位置的允许偏差应符合相关专业验收标准的规定，未有规定的，跨中 5 m 范围内应不大于 1 mm，其余部位应不大于 3 mm。

检验数量：施工单位检查预应力筋总数的 3%，且不少于 5 根。

检验方法：尺量检查两端、跨中、1/4 跨、3/4 跨各一处。

7.4 张拉或放张

主 控 项 目

7.4.1 预应力筋用锚具、夹具和连接器的品种、规格、数量必须符合设计要求。

检验数量：施工单位、监理单位全部检查。

检验方法：观察和尺量。

7.4.2 后张法预应力筋预张拉或初张拉时，混凝土强度必须符合设计要求。当设计无要求时，初张拉时混凝土强度应达到设计强度的 80%。后张法预应力筋终张拉或先张法预应力筋放张时，混凝土强度等级、龄期和弹性模量必须符合设计要求。

检验数量：施工单位每次张拉或放张时全部检查。后张法预应力筋预张拉或初张拉时，检查一组同条件养护混凝土试件强度；后张法预应力筋终张拉或先张法预应力筋放张时，各检查一组同条件养护混凝土试件强度和弹性模量；监理单位全部检查。

检验方法：施工单位进行同条件养护混凝土试件强度和弹性模量试验；监理单位检查混凝土同条件养护试件试验报告或见证检验。

7.4.3 预应力筋的预施应力、张拉或放张顺序和张拉工艺，必须符合设计和施工技术方案的要求。

检验数量：施工单位、监理单位全部检查。

检验方法：观察。张拉或放张时监理单位旁站监理。

7.4.4 预应力筋的实际伸长值与计算伸长值的差值不得大于±6%。

检验数量：施工单位、监理单位全部检查。

检验方法：观察和尺量。监理单位旁站监理。

7.4.5 后张法预应力构件的预应力筋断丝或滑脱数量不得超过预应力筋总数的5‰，并不得位于结构的同一侧，且每束内断丝不得超过1根。先张法预应力构件，在浇筑混凝土前发生断丝或滑脱的预应力筋必须予以更换。

检验数量：施工单位、监理单位全部检查。

检验方法：观察。监理单位旁站监理。

一 般 项 目

7.4.6 张拉端预应力筋内缩量应符合设计要求。当设计无要求时，张拉端预应力筋内缩量限值和检验方法应符合表7.4.6的规定。

表7.4.6 张拉端预应力筋内缩量限值和检验方法

序号	锚具类别		内缩量限值(mm)	检验方法
1	支承式锚具(镦头锚具等)	螺帽缝隙	1	尺 量
2	夹片式锚具	有顶压	5	
		无顶压	6	

检验数量：施工单位检查预应力筋总数的3%，且不少于5根(束)。

7.5 压浆和封锚(端)

主 控 项 目

7.5.1 孔道压浆浆体的强度、流动度、凝结时间、泌水率、膨胀率、含气量等性能应符合设计要求。当设计无要求时，对预应力混凝土梁应符合下列规定：

28 d强度：抗压≥50 MPa，抗折≥10 MPa；30 min流动度≤30 s；凝结时间：初凝≥4 h，终凝≤24 h；泌水率：24 h自由泌水率0，压力泌水率≤3.5%；24 h自由膨胀率0～3%；含气量1%～3%。

检验数量：同配合比、同施工工艺至少检验一次。

检验方法：施工单位按规定方法试验；监理单位检查试验报告。

7.5.2 孔道压浆工艺必须符合设计要求。

检验数量：施工单位、监理单位全部检查。

检验方法：观察检查。

监理单位旁站监理。

7.5.3 压浆时，浆体的出机流动度范围应为18 s±4 s。

检验数量：施工单位每10盘进行一次检测。

检验方法：施工单位现场试验检验；监理单位见证检验。

7.5.4 梁体压浆时，浆体温度应在 5 ℃～30 ℃之间，梁体温度在压浆时及压浆完毕后 3 d 内不应低于 5 ℃。

检验数量：施工单位、监理单位全部检查。

检验方法：测量温度。

7.5.5 水泥浆试件应在压浆地点随机抽样制作。水泥浆的抗压强度必须符合设计要求。对于在压浆后 28 d 内需要移动的构件，应在压浆地点随机抽样制作同条件养护水泥浆试件。场内移动混凝土构件时水泥浆的抗压强度必须符合设计要求，当设计无要求时水泥浆的抗压强度应大于设计强度的 75%。

检验数量：施工单位每孔梁留置 3 组标准养护试件(40 mm×40 mm×160mm)，必要时增加留置一组同条件养护试件；监理单位全部检查。

检验方法：施工单位进行水泥浆试件抗压强度和抗折强度试验；监理单位检查试验报告。

7.5.6 梁体封锚(端)应符合下列规定：

1 封闭施工前，应按设计要求对锚具和预应力筋进行防锈和防水处理。预应力筋保护层厚度应符合设计要求。

2 封锚(端)所用混凝土品种和强度等级应符合设计要求。

3 封锚(端)钢筋网尺寸、钢筋品种、规格和保护层厚度等应符合设计要求，钢筋网应与梁体连接牢固。

4 封锚(端)混凝土应进行保湿保温养护，养护时间应符合本标准第 6.4.9 条的规定。

5 封锚(端)混凝土养护结束后，应按设计要求进行防水处理。

检验数量：施工单位、监理单位全部检查。

检验方法：施工单位观察、尺量和进行混凝土试件抗压强度试验；监理单位观察、尺量和检查试验报告。

一 般 项 目

7.5.7 预应力筋锚固后的外露部分应采用机械切割，不得使用电弧焊或气焊切割。外露长度应符合设计要求，当设计无要求时，后张法预应力筋外露长度不宜小于 30 mm。

检验数量：施工单位全部检查。

检验方法：观察和尺量。

8 砌体分项工程

8.1 一般规定

8.1.1 砌体采用石材(片石、块石、料石等)或混凝土预制块(普通混凝土、无砂透水混凝土等)应符合设计要求。石材应质地坚硬、石质均匀、不易风化、无裂纹,表面的污渍应予清除。

8.1.2 石材强度等级应以边长为 70 mm 的立方体试件在浸水饱和状态下的抗压极限强度表示。当采用边长为 100 mm 或 50 mm 的立方体试件时,其抗压极限强度应分别乘以 1.14 或 0.86 的换算系数。

8.1.3 砂浆用水泥宜选用通用硅酸盐水泥。

8.1.4 砂浆的类别(普通砂浆、抗侵蚀砂浆等)应符合设计要求。砂浆检查试件的抗压强度应符合下列要求:

1 同批试件的强度平均值不小于设计强度等级值。

2 每组试件的强度代表值不小于设计强度等级值的 85%。

8.1.5 砂浆应具有适当的流动性和良好的和易性。砂浆应随拌随用,当运输或贮存过程中发生离析、泌水现象时,砌筑前应重新拌和。已凝结的砂浆不得使用。

8.1.6 砌体工程应在地基或基础工程经检验合格并做好放样测量后进行施工。砌筑施工宜采用立样架挂线法控制尺寸、位置和平整度。

8.1.7 砂浆砌体的砌筑必须采用挤浆法分层、分段砌筑,严禁采用灌浆法施工,分段位置宜设在沉降缝或伸缩缝处。底层砌筑时应先铺 5～10 cm 厚砂浆然后再安放砌块。各砌层应先砌外圈定位砌块,再砌镶面和填腹砌块,并应使内外层砌块交错搭接连成整体。砌缝应相互错开,砌块间不得无砂浆直接接触,砌缝内砂浆应饱满密实,饱满度不得低于 85%。

8.1.8 砌筑干砌体底层、顶面、边缘宜使用较大石块砌筑,石块应相互交错咬接靠紧,空隙应用碎石填实。

8.1.9 砌体表面的勾缝应符合设计要求。砂浆砌体勾缝深度设计无要求时不应小于 2 cm,应在砌体砌筑时留出空缝,随砌随勾。勾缝所用砂浆强度不得小于砌体砂浆强度。勾缝应采用凹缝或平缝,不得勾凸缝。砂浆砌体未要求勾缝时,应随砌随用原砌体砂浆将缝填实压平。

8.1.10 当工地昼夜平均气温(最高和最低气温的平均值或当地时间 6 时、14 时及 21 时的室外气温的平均值)连续 3 d 低于 5 ℃或最低气温低于－3 ℃时,砂浆砌体工程应采取冬期施工措施。冬期施工砌体砂浆强度达到设计强度的 70%前,不得受冻。

8.2 原 材 料

主 控 项 目

8.2.1 砂浆用水泥的质量应符合国家现行标准《通用硅酸盐水泥》(GB 175)的规定。

检验数量：同厂家、同出厂编号、同出厂日期且连续进场的散装水泥每 500 t（袋装水泥每 200 t）为一批，不足上述数量时也按一批计。施工单位每批抽样试验一次；监理单位按施工单位抽检次数的 10%进行见证检验，但至少一次。

当使用同厂家、同出厂编号的水泥达 3 个月及出厂日期达 3 个月的水泥时，必须再次进行强度检验。

检验方法：施工单位检查产品合格证、出厂检验报告并进行强度、凝结时间、安定性试验；监理单位检查质量证明文件、试验报告并见证检验。

8.2.2 砂浆掺用外加剂的质量应符合国家现行标准《混凝土外加剂》（GB 8076）的规定。

检验数量：同厂家、同品种、同编号且连续进场的外加剂，每 50 t 为一批，不足 50 t 也为一批。施工单位每批检验一次；监理单位按施工单位抽检次数的 10%进行见证检验，但至少一次。

检验方法：施工单位检查产品合格证、出厂检验报告并进行试验检验；监理单位检查检验报告并进行见证检验。

8.2.3 砌体工程所用石材和混凝土预制块的强度等级应符合设计要求，石材的其他品质指标尚应符合下列规定：

1 在最冷月平均气温低于－15 ℃或－5 ℃～－15 ℃的地区使用的石材，采用直接冻融法时其抗冻性指标应分别符合冻融循环 25 次或 15 次的要求；当采用硫酸钠浸泡法时，其浸泡试验指标应符合干湿循环不小于 5 次的要求。

2 浸水和潮湿地区主体工程的石材软化系数不得小于 0.8。

检验数量：砌体工程所用石材和混凝土预制块的检验数量应符合下列规定：

石材：同产地的石材至少抽取一组试件进行抗压强度检验。最冷月平均气温低于－5 ℃和浸水潮湿地区，应各增加一组抗冻性指标和软化系数检验的试件。混凝土预制块：同生产条件，且连续生产的砌块，其混凝土抗压强度检验数量同本标准第 6.4.11 条的规定。施工单位全部检验；监理单位按施工单位抽检次数的 10%进行见证检验，但至少一次。

检验方法：施工单位进行石材强度、抗冻性、软化系数和混凝土预制块抗压强度试验；监理单位检查试验报告并进行见证检验。

8.2.4 砂浆用砂技术要求应符合本标准第 6.2.3 条中 C30 以下混凝土用细骨料的规定。

检验数量和检验方法：同本标准第 6.2.3 条的规定。

8.2.5 拌制砂浆用水技术要求应符合本标准第 6.2.7 条的规定。

检验数量和检验方法：同本标准第 6.2.7 条的规定。

8.2.6 混凝土预制块的原材料技术要求应符合本标准第 6 章的有关规定。

检验数量和检验方法：同本标准第 6 章的相关规定。

8.3 砌体砌筑

主控项目

8.3.1 砌体工程所用石料及混凝土预制块的类别、规格和质量应符合设计要求。设计对石料规格无要求时，应符合本标准附录 H 的规定。

检验数量：施工单位、监理单位全部检查。

检验方法：观察和尺量。

8.3.2 砌体工程所用砂浆的配合比必须根据原材料性能、砂浆的技术条件和设计要求进行计算，并通过试配试验调整后确定。砂浆配合比设计、试件制作、养护及抗压强度取值应符合本标准附录J的规定。

检验数量：施工单位对同类型、同强度等级的砂浆至少进行一次砂浆配合比设计；监理单位全部检查。

检验方法：施工单位进行配合比选定试验；监理单位检查配合比选定报告。

8.3.3 砌体工程所用砂浆的类别和强度等级必须符合设计要求。用于检查砂浆强度的试件应在搅拌机出料口随机抽样制作。

检验数量：同类型、同强度等级每100 m^3 砌体为一批，不足100 m^3 也按一批计。施工单位、监理单位每批检验一次。

检验方法：施工单位进行砂浆强度试验；监理单位检查砂浆强度试验报告。

8.3.4 砂浆砌体砌缝宽度、位置、砌筑方式和方法必须符合表8.3.4的规定。

表8.3.4 砌体砌缝宽度、位置和砌筑方式

序号	项　目	浆砌片石（mm）	浆砌块石（mm）	浆砌料石、混凝土预制块（mm）
1	表面砌缝宽度	≤40	≤30	≤20
2	每找平一次的砌筑高度	≤1 200	≤1 200	—
3	两层间竖向错缝	≥80	≥80	≥100，困难时丁石上下只能一面有竖缝
4	三块石料相接处的空隙	≤70	—	—
5	砌筑方式	—	一丁一顺或二顺一丁	一丁一顺
6	砌筑方法	挤浆法，底层坐浆	挤浆法，底层坐浆	挤浆法，底层坐浆

检验数量：施工单位、监理单位全部检查。

检验方法：观察和尺量。

8.3.5 砌体砌筑完毕应及时覆盖，保湿保温。常温下应经常洒水保持湿润，养护期不得小于7 d。冬期施工砂浆砌体养护期应以保证砂浆抗压强度达到不低于设计强度值70%所需时间为准。位于水中的砂浆砌体砂浆终凝前不得浸水。

检验数量：施工单位、监理单位全部检查。

检验方法：观察和试验检验。

8.3.6 沉降缝、泄水孔、反滤层的位置、数量、材料和结构尺寸应符合设计要求。

检验数量：施工单位、监理单位全部检查。

检验方法：观察、尺量和计数检查。

一 般 项 目

8.3.7 混凝土预制块允许偏差和检验方法应符合表8.3.7的规定。

检验数量：施工单位按混凝土预制块数量的2%抽检。

表8.3.7 混凝土预制块允许偏差和检验方法

序号	项　目	允许偏差（mm）	检验方法
1	边长	$^{+6}_{-3}$	尺量
2	对角线长	$^{+6}_{-3}$	
3	厚度	$^{+4}_{-2}$	

8.3.8 砂浆砌体表面砌缝应砂浆饱满、砌缝整洁，无空鼓、裂纹和脱落，砌缝宽度和错缝距离

应符合规定。沉降缝应整齐竖直,上下贯通。泄水孔坡度向外,无堵塞现象。

检验数量:施工单位全部检查。

检验方法:观察和尺量。

8.3.9 砌体尺寸和位置的允许偏差和检验方法应符合表 8.3.9 的规定。

表 8.3.9 砌体尺寸和位置的允许偏差和检验方法

<table>
<tr><th rowspan="2">序号</th><th colspan="2" rowspan="2">项目</th><th colspan="2">允许偏差(mm)</th><th rowspan="2">检验方法</th></tr>
<tr><th>基础</th><th>墙</th></tr>
<tr><td rowspan="2">1</td><td rowspan="2">底、顶面高程</td><td>片石、块石</td><td>±25</td><td>±15</td><td rowspan="2">测量不少于 5 处</td></tr>
<tr><td>料石、混凝土预制块</td><td>±25</td><td>±15</td></tr>
<tr><td rowspan="2">2</td><td rowspan="2">砌体厚度</td><td>片石、块石</td><td>$^{+30}_{0}$</td><td>$^{+20}_{0}$</td><td rowspan="2">尺量不少于 5 处</td></tr>
<tr><td>料石、混凝土预制块</td><td>$^{+15}_{0}$</td><td>$^{+10}_{0}$</td></tr>
<tr><td rowspan="2">3</td><td rowspan="2">轴线位置</td><td>片石、块石</td><td>20</td><td>15</td><td rowspan="2">测量不少于 5 处</td></tr>
<tr><td>料石、混凝土预制块</td><td>15</td><td>10</td></tr>
</table>

检验数量:施工单位全部检查。

9 特殊混凝土(砂浆)

9.1 一般规定

9.1.1 特殊混凝土(砂浆)的施工质量验收除按本章的规定执行外,尚应符合本标准第 6 章和有关专业标准的规定。

9.2 纤维混凝土

一般规定

9.2.1 纤维混凝土应根据所使用纤维的种类、掺量选择适宜的施工工艺。

9.2.2 纤维混凝土投料顺序、搅拌方法和搅拌时间应通过现场匀质性试验确定。

9.2.3 纤维混凝土中除纤维外其他组成材料质量和用量的检验,与普通混凝土要求相同。

9.2.4 纤维混凝土应根据不同工程类别要求,分别进行有关力学和耐久性能试验,其试件的制作、数量及评定方法应符合铁道部现行有关标准的规定。

主控项目

9.2.5 纤维混凝土所用纤维的品种、规格、质量应符合设计要求。

检验数量和检验方法:应符合表 9.2.5 的规定。

9.2.6 纤维混凝土配合比设计时应检验劈裂抗拉强度指标,其他应符合本标准第 6.3 节的规定。

检验数量:施工单位对同强度等级、同性能的混凝土进行一次混凝土配合比选定试验。当使用的原材料、施工工艺发生变化时,均应重新进行配合比选定试验;监理单位全部检查。

表 9.2.5 纤维的检验要求

<table>
<tr><th colspan="2" rowspan="2">检验项目</th><th colspan="6">检验要求</th></tr>
<tr><th colspan="2">质量证明文件检查</th><th colspan="4">抽样试验检验</th></tr>
<tr><td rowspan="7">钢纤维</td><td>纤维杂质含量</td><td>√</td><td rowspan="7">同厂家、同批号、同出厂日期核查供应商提供的质量证明文件。
施工单位、监理单位均全部检查</td><td>√</td><td rowspan="7">任何新选货源检验一次。
施工单位试验检验;监理单位见证检验</td><td>√</td><td rowspan="7">同厂家、同品种、同规格的产品每5 t为一批,不足 5 t时也按一批计。
施工单位每批抽检一次;监理单位按施工单位抽检次数的10%进行见证检验</td></tr>
<tr><td>长度</td><td>√</td><td>√</td><td>√</td></tr>
<tr><td>直径(等效直径)</td><td>√</td><td>√</td><td>√</td></tr>
<tr><td>长径比</td><td>√</td><td>√</td><td></td></tr>
<tr><td>抗拉强度</td><td>√</td><td>√</td><td>√</td></tr>
<tr><td>弯折性能</td><td>√</td><td>√</td><td>√</td></tr>
<tr><td>形状合格率</td><td>√</td><td>√</td><td></td></tr>
</table>

续上表

检验项目		检验要求					
		质量证明文件检查		抽样试验检验			
合成纤维	直径	√	同厂家、同批号、同出厂日期核查供应商提供的质量证明文件。 施工单位、监理单位均全部检查	√	任何新选货源检验一次。 施工单位试验检验;监理单位见证检验	√	同厂家、同品种、同规格的产品每1 t为一批,不足1 t时也按一批计。 施工单位每批抽检一次;监理单位按施工单位抽检次数的10%进行见证检验
	长度	√		√		√	
	密度	√		√			
	抗拉强度	√		√		√	
	弹性模量	√		√			
	极限伸长率	√		√		√	
	DSC分析	√		√		√	
	溶点	√		√			
	纤维杂质含量	√		√		√	

注:当设计要求的检验指标与本表不一致以及采用其他纤维时,其检验应符合设计要求。

检验方法:施工单位进行配合比选定试验;监理单位检查确认配合比选定报告。

9.2.7 纤维混凝土的抗压强度和劈裂抗拉强度必须符合设计要求。

检验数量:施工单位按本标准第6.4.11条规定的取样与留置频率所需数量制作试件,检验抗压强度和劈裂抗拉强度。

检验方法:施工单位进行混凝土抗压强度和劈裂抗拉强度试验;监理单位检查试验报告。

9.2.8 纤维混凝土中的纤维掺量应符合设计要求。

检验数量:每工作班至少检验2次。

检验方法:施工单位和监理单位在混凝土搅拌地点检查配料时的纤维掺量。

9.3 喷射混凝土

一般规定

9.3.1 喷射混凝土应采用硅酸盐水泥或普通硅酸盐水泥,必要时可采用特种水泥。

9.3.2 喷射混凝土宜采用强制式搅拌机搅拌,其搅拌时间应不小于1.5 min。纤维喷射混凝土搅拌时间应通过现场搅拌试验确定。

9.3.3 喷射混凝土宜随拌随用。其在运输、存放过程中不得淋雨、浸水及混入杂物。混凝土拌和物的停放时间不得大于30 min。

9.3.4 喷射混凝土工艺应符合设计要求,作业时粉尘含量不得大于2 mg/m^3,环境温度不得低于5 ℃。

主控项目

9.3.5 喷射混凝土用细骨料细度模数应大于2.5,含泥量应不大于3%,泥块含量应不大于0.5%。其他指标应符合本标准第6.2.3条的规定。

检验数量和检验方法:同本标准第6.2.3条。

9.3.6 喷射混凝土所用粗骨料最大粒径不宜大于16 mm,其他指标应符合本标准第6.2.4条的规定。

检验数量和检验方法:同本标准第6.2.4条。

9.3.7 喷射混凝土所用速凝剂进场时,应按批对其匀质性、凝结时间、抗压强度比及其与水泥适应性和速凝效果等进行检验,其性能指标应符合表 9.3.7 的要求。

表 9.3.7 掺速凝剂净浆及硬化砂浆的性能要求

净浆凝结时间(min)		1 d 抗压强度(MPa)	28 d 抗压强度比(%)
初凝	终凝		
≤5	≤10	≥7	≥75

检验数量:同厂家、同品种、同编号的外加剂,每 50 t 为一批,不足 50 t 时应按一批计。施工单位每批抽样试验一次;监理单位按施工单位抽检次数的 10%进行平行检验,但不少于一次。

检验方法:施工单位全部检查质量证明文件并进行试验检验;监理单位全部检查质量证明文件、试验报告并进行平行检验。

9.3.8 纤维喷射混凝土所用纤维质量应符合第 9.2.5 条的规定。

检验数量和检验方法:同第 9.2.5 条。

9.3.9 喷射混凝土配合比设计时,除应按设计要求的质量指标进行试验外,同时还应满足下列要求:

1 水胶比不大于 0.50。

2 胶凝材料用量不小于 400 kg/m³。

检验数量:施工单位对同强度等级、同性能的喷射混凝土进行一次混凝土配合比选定试验,当使用的原材料、施工工艺发生变化时,应重新进行配合比选定试验;监理单位全部检查。

检验方法:施工单位进行配合比选定试验;监理单位检查确认配合比选定报告。

9.3.10 喷射混凝土的早期强度应符合设计要求。

检验数量:施工单位、监理单位每一作业循环或每工班检查一次。

检验方法:施工单位试验检验;监理单位见证检验。

9.3.11 喷射混凝土的强度必须符合设计要求。

检验数量:每一作业循环或每工班留置试件一次。隧道每个循环至少留置试件 2 组(拱部和边墙各留置一组检验试件)。

检验方法:施工单位进行混凝土抗压强度试验(试件制作方法参照附录 K);监理单位检查试验报告。

9.3.12 喷射混凝土的厚度应符合设计要求,检查点数的 90%及以上应大于设计厚度。

检验数量:施工单位每一作业循环检查一个断面,每个断面每间隔 2 m 布设一个检查喷射混凝土厚度的标志;监理单位见证检验或按施工单位检查断面的 20%进行平行检验。

检验方法:采用埋钉法;或在喷射混凝土 8 h 后用钢钎凿孔检查,若混凝土与围岩的颜色相近不易区别时,可用酚酞试液涂抹孔壁,呈现红色者为混凝土厚度。施工单位、监理单位检查控制喷层厚度的标志、凿孔或进行无损检测。

9.3.13 喷射混凝土终凝 2 h 后,应及时采取有效措施进行养护,养护时间不少于 14 d。

检验数量:施工单位、监理单位全部检查。

检验方法:观察,检查施工记录。

9.3.14 喷射混凝土表面应密实、平整,无裂缝、脱落、漏喷、露筋、空鼓和渗水。

检验数量:施工单位、监理单位全部检查。

检验方法:观察、敲击。

9.4 特细砂混凝土

一 般 规 定

9.4.1 特细砂混凝土不得用于梁、拱、轨道板和有抗冲刷、抗磨(水位变化范围)、抗冻和抗腐蚀要求的工程,其强度和耐久性能必须符合设计要求。配制C30以上强度等级的混凝土,宜采用特细砂与中粗砂(包括人工砂)组成的混合砂。

9.4.2 特细砂混凝土搅拌时应注意投料顺序,搅拌时间应较中、细砂混凝土延长1~2 min。

9.4.3 特细砂混凝土应在浇筑成型后终凝之前进行二次压实抹面。

主 控 项 目

9.4.4 特细砂混凝土用砂应为细度模数为0.7~1.5的河砂。其他指标应符合本标准第6.2.3条的规定。

检验方法和检验数量:同本标准第6.2.3条。

9.4.5 特细砂混凝土的配合比宜采用砂浆剩余系数法进行设计,其他应符合本标准第6.3节的规定。

检验数量:施工单位对同强度等级、同性能的特细砂混凝土进行一次混凝土配合比选定试验,当使用的原材料、施工工艺发生变化时,应重新进行配合比选定试验;监理单位全部检查。

检验方法:施工单位进行配合比选定试验;监理单位检查确认配合比选定报告。

9.4.6 特细砂混凝土在浇筑完成后应立即进行保湿养护,养护时间应不少于14 d。

检验数量:施工单位、监理单位全部检查。

检验方法:观察并检查养护记录。

9.5 补偿收缩混凝土

一 般 规 定

9.5.1 补偿收缩混凝土应根据环境条件、结构类型和设计要求选择合适的膨胀剂种类、掺量及施工工艺。

9.5.2 补偿收缩混凝土除应符合本标准第6章规定外,还必须满足设计所要求的强度等级、限制膨胀率和耐久性的技术指标及工作性能要求。

9.5.3 补偿收缩混凝土搅拌时间应比普通混凝土适当延长,其投料顺序和具体的搅拌时间应通过现场搅拌试验确定。

9.5.4 补偿收缩混凝土应按顺序连续浇筑,在终凝前采用机械或人工的方式,对混凝土表面进行多次抹压。

9.5.5 补偿收缩混凝土应适当延迟拆模时间,其拆模时间不宜早于3 d。冬期施工时混凝土拆模时间宜延迟至7 d以上。

主 控 项 目

9.5.6 补偿收缩混凝土所用膨胀剂应符合现行标准《混凝土膨胀剂》(JC 476)的规定。

检验数量:同厂家、同品种、同编号的膨胀剂,每50 t为一批,不足50 t时应按一批计。施工单位每批抽样试验一次;监理单位按施工单位抽检次数的10%进行平行检验,但不少于一次。

检验方法:施工单位全部检查质量证明文件并进行试验检验;监理单位全部检查质量证明文件、试验报告并进行平行检验。

9.5.7 补偿收缩混凝土的配合比设计和施工除应符合本标准第6.3节的规定外,尚应满足下列要求:

1 补偿收缩混凝土应根据混凝土使用的环境条件选择适宜的膨胀剂;膨胀剂掺量应根据设计要求的限制膨胀率经试验后确定,配合比试验的限制膨胀率应比设计值高0.005%。

2 补偿收缩混凝土宜采用较小的坍落度,混凝土水胶比不宜大于0.50。

3 补偿收缩混凝土限制膨胀率指标和最小胶凝材料用量应符合表9.5.7的规定。

表9.5.7 补偿收缩混凝土的限制膨胀率指标和最小胶凝材料用量

用途	限制膨胀率(10^{-4})		最小胶凝材料用量(kg/m³)
	水中14 d	水中14 d转空气中28 d	
用于补偿混凝土收缩	≥1.5	≤−3.0	300
用于后浇带、膨胀加强带和工程接缝填充	≥2.5	≤−3.0	350

检验数量:施工单位对同强度等级、同性能的补偿收缩混凝土进行一次混凝土配合比选定试验,当使用的原材料、施工工艺发生变化时,应重新进行配合比选定试验;监理单位全部检查。

检验方法:施工单位进行配合比选定试验;监理单位检查确认配合比选定报告。

9.5.8 补偿收缩混凝土搅拌的投料顺序、搅拌时间应符合搅拌工艺试验确定的要求。

检验数量:施工单位、监理单位每工作班检查不少于一次。

检验方法:观察。

9.5.9 补偿收缩混凝土浇筑完毕后,应及时进行潮湿保水养护,有条件时应采用蓄水养护。养护时间应不少于14 d。

检验数量:施工单位、监理单位全部检查。

检验方法:观察并检查养护记录。

9.6 无砂透水混凝土

一般规定

9.6.1 无砂透水混凝土应采用强制式搅拌并适当延长搅拌时间。

9.6.2 无砂透水混凝土宜为干硬性混凝土,在浇筑前应用水润湿基层。

主控项目

9.6.3 无砂透水混凝土用粗骨料针片状颗粒含量应不大于5%,其他技术指标应符合本标准第6.2.4条的规定。

检验数量和检验方法:同本标准第6.2.4条。

9.6.4 无砂透水混凝土配合比设计时,应按设计要求的性能指标进行试验。配制成的混凝土应满足设计强度等级、透水性以及施工工艺要求。

检验数量:施工单位对同强度等级和透水性的混凝土进行一次混凝土配合比选定试验。当使用的原材料、施工工艺发生变化时,均应重新进行配合比选定试验;监理单位全部检查。

检验方法:施工单位进行配合比选定试验;监理单位检查确认配合比选定报告。

9.6.5 无砂透水混凝土的抗压强度应符合设计要求。

检验数量:施工单位每 50 m^3 制作一组试件,每工班不足50 m^3也制作一组试件。

检验方法:施工单位进行混凝土抗压强度试验;监理单位检查试验报告。

9.6.6 无砂透水混凝土透水性能应符合设计要求。

检验数量:每 100 m^3 混凝土检验一次,施工单位、监理单位全部检查。

检验方法:施工单位试验检验;监理单位检查试验报告。

9.7 气密性混凝土

一 般 规 定

9.7.1 气密性混凝土应严格控制混凝土水胶比和胶凝材料用量,混凝土的水胶比不宜超过0.45,胶凝材料不宜小于 330 kg/m^3。

9.7.2 气密性混凝土的入模含气量不宜大于 2%。

主 控 项 目

9.7.3 气密性混凝土用砂含泥量应不大于 2.5%,细度模数宜不小于 2.7;粗骨料最大粒径应不大于 31.5 mm,针片状颗粒含量应不大于 8%;其他应符合本标准第 6.2.2～6.2.5 条和第6.2.7 条的规定。

检验数量和检验方法:同本标准第 6.2.2～6.2.5 条和第 6.2.7 条。

9.7.4 气密性混凝土配合比设计时,应按设计要求的性能指标进行试验,配制的混凝土的透气系数应满足设计要求。

检验数量:施工单位对同强度等级和透气系数指标的混凝土进行一次混凝土配合比选定试验。当使用的原材料、施工工艺发生变化时,均应重新进行配合比选定试验;监理单位全部检查。

检验方法:施工单位进行配合比选定试验;监理单位检查确认配合比选定报告。透气系数试验方法见本标准附录 L。

9.7.5 气密性混凝土的透气系数应符合设计要求,当设计无要求时,其透气系数应不大于1.0×10^{-11} cm/s。

检验数量:施工单位每 100 m 衬砌制作不少于一组(6 块)试件;监理单位按施工单位抽检次数的 10%进行平行试验,但至少一次。

检验方法:施工单位在混凝土浇筑地点抽样,按本标准附录 L 方法进行试验;监理单位检查试验报告并进行平行试验。

9.8 纤维增强砂浆(活性粉末混凝土)

一 般 规 定

9.8.1 纤维增强砂浆所用原材料和主要性能指标应符合设计要求。

9.8.2 纤维增强砂浆应选用立轴行星式搅拌机拌和,投料时,宜先投入粉体材料、砂和钢纤维进行预混，然后加入液体材料进行搅拌均匀。

9.8.3 纤维增强砂浆的蒸汽养护制度应通过专门试验确定。撤除养护时，混凝土表层温度与环境温度之差不应超过 20 ℃。

9.8.4 纤维增强砂浆的蒸汽养护和后期的潮湿养护时间累计不宜少于 7 d。

主 控 项 目

9.8.5 纤维增强砂浆骨料应采用级配稳定的砂，其性能指标应符合设计或专项技术标准的规定。

检验数量：连续进场的同料源、同品种砂每 60 t 为一批，不足 60 t 也按一批计。施工单位每批抽样试验一次；监理单位按施工单位抽检次数的 10%进行平行检验，但不少于一次。

检验方法：施工单位试验检验；监理单位检查试验报告并进行平行检验。

9.8.6 纤维增强砂浆用纤维的品种、规格和质量应符合设计或专项技术标准的规定。

检验数量：同厂家、同品种、同规格的纤维每 5 t 为一批，不足 5 t 时应按一批计。施工单位每批抽样试验一次；监理单位按施工单位抽检次数的 10%见证检验，但不少于一次。

检验方法：施工单位全部检查质量证明文件并进行试验检验；监理单位全部检查质量证明文件、试验报告并见证检验。

9.8.7 高效减水剂的含气量应不大于 2.0%、减水率应不小于 30%，其他性能指标应符合本标准表 6.2.5—1 的规定。

检验数量：同厂家、同品种、同编号的减水剂每 50 t 为一批，不足 50 t 时应按一批计。施工单位每批抽样试验一次；监理单位按施工单位抽检次数的 10%进行平行检验，但不少于一次。

检验方法：施工单位全部检查质量证明文件并进行试验检验；监理单位全部检查质量证明文件、试验报告并进行平行检验。

9.8.8 硅灰、粉煤灰和磨细矿渣粉或其他超细复合掺和料的性能指标应符合设计或专项技术标准的规定。

检验数量：同厂家、同品种、同编号的复合掺和料，每 20 t 为一批，不足 20 t 时应按一批计。施工单位每批抽样试验一次；监理单位按施工单位抽检次数的 10%进行平行检验，但不少于一次。硅灰、粉煤灰和磨细矿渣粉检验数量应符合本标准表 6.2.2—5 的规定。

检验方法：施工单位全部检查质量证明文件并进行试验检验；监理单位全部检查质量证明文件、试验报告并进行平行检验。

9.8.9 纤维增强砂浆的配合比选定时，应按设计要求的性能指标进行试验。

检验数量：施工单位对同类型、同性能的混凝土进行一次纤维增强砂浆配合比选定试验。当使用的原材料、施工工艺发生变化时，均应重新进行配合比选定试验；监理单位全部检查。

检验方法：施工单位进行配合比选定试验；监理单位检查确认配合比选定报告。

9.8.10 纤维增强砂浆的抗压强度、抗折强度及弹性模量应符合设计要求或专项技术标准的规定。

检验数量：施工单位每 50 m^3 制作一组试件，每工班不足50 m^3 也制作一组试件；监理单位按施工单位检验频次的 10%进行见证试验，但至少一次。

检验方法：施工单位进行试验检验；监理单位检查试验报告并进行见证试验。

9.9 桥梁支座砂浆

一 般 规 定

9.9.1 桥梁支座砂浆应根据设计要求、工程性质、结构特点、环境条件等,制定施工技术方案。

9.9.2 桥梁支座砂浆分自流平和干硬性两类。不同种类的支座砂浆应采用不同的施工工艺和质量控制措施。

9.9.3 桥梁支座砂浆应根据强度等级、耐久性要求、环境条件和施工工艺等进行配合比设计。

9.9.4 支座砂浆灌筑前,支承垫石顶面应进行凿毛处理,清理干净,并充分湿润。锚栓孔内不得有冰雪、积水和其他杂物。

9.9.5 桥梁架设时,落梁时间应通过支座砂浆的同条件养护试件抗压强度试验确定。

9.9.6 桥梁支座砂浆冬期施工时应进行专门的工艺试验。

主 控 项 目

9.9.7 自流平砂浆材料的流动度、泌水率、膨胀率、抗压强度、抗折强度、弹性模量等应符合设计要求及专项技术标准的规定。

检验数量:同厂家、同品种、同编号的干粉材料,每 50 t 为一批,不足 50 t 时应按一批计。施工单位每批抽样试验一次;监理单位按施工单位抽检次数的 10%进行平行检验,但不少于一次。

检验方法:施工单位全部检查质量证明文件并进行试验检验;监理单位全部检查质量证明文件、试验报告并进行平行检验。

9.9.8 干硬性砂浆的水泥、砂、减水剂、膨胀剂及拌和用水的技术要求和检验应符合本标准第 6.2.1、6.2.3、6.2.5、9.5.6 条和第 6.2.7 条的规定。

9.9.9 干硬性砂浆配合比应根据原材料性能和设计要求的强度等级通过试配、试验确定。

检验数量:施工单位对同类型的砂浆至少进行一次砂浆配合比设计;监理单位全部检查。

检验方法:施工单位进行砂浆配合比选定试验。砂浆配合比设计、试件养护按本标准附录 J 的规定执行,但试件尺寸为40 mm×40 mm×160 mm,每组 3 块,试件制作应模拟施工中的成型方法进行捣实,抗压和抗折强度取值同水泥胶砂强度试验取值方法;监理单位检查确认配合比选定报告。

9.9.10 桥梁支座砂浆施工时,混凝土表面温度和环境温度不得低于 5 ℃;砂浆入模温度不应低于 5 ℃。

检验数量:施工单位每工作班至少测温 3 次并填写测温记录;监理单位至少测温一次。

检验方法:温度测试。

9.9.11 桥梁支座砂浆施工完毕后,应及时采取有效的养护措施。

检验数量:施工单位、监理单位全部检查。

检验方法:观察。

9.9.12 桥梁支座砂浆的强度等级必须符合设计要求。强度等级评定标准条件养护试件的试验龄期为 28 d(其他早期龄期强度根据工程需要确定),并应在砂浆的浇筑地点随机抽样制作,其试件的取样与留置频率应为每一孔(梁)的支座砂浆取样不得少于一次,每次取样至少一组试件。

检验数量:施工单位按规定的取样与留置频率所需数量制作试件。

检验方法：试件尺寸为 40 mm×40 mm×160 mm，施工单位分别测定其抗压强度和抗折强度，评定 28 d 强度的试件采用标准养护；监理单位检查砂浆强度试验报告。

9.9.13　桥梁支座砂浆表面应密实平整，不得有蜂窝、孔洞、疏松、麻面和缺棱掉角等缺陷。

检验数量：施工单位、监理单位全部检查。

检验方法：观察。

10 混凝土实体质量核查

10.0.1 混凝土工程完成后，应对混凝土的实体质量进行核查。具体核查项目和数量应由建设单位、监理单位、施工单位等各方共同根据结构、构件的特点和重要性确定。

10.0.2 混凝土表面裂缝宽度：采用观察或刻度放大镜检查实体混凝土结构表面，普通混凝土结构表面裂缝宽度不得大于0.20 mm，预应力混凝土结构预应力区域不得出现裂缝。

核查数量应符合下列规定：

1 路基：每处支挡结构全部检查。

2 桥涵：每孔梁、每个墩台、每座涵洞全部检查。

3 隧道：衬砌的拱部、边墙、仰拱（底板）及洞门、端翼墙全部检查。

4 其他工程按相关专业验收标准要求进行核查。

10.0.3 钢筋保护层厚度：采用满足精度要求的钢筋保护层厚度检测仪现场测定混凝土保护层的实际厚度，90%测点实测厚度不得小于设计值。

核查数量应符合下列规定：

1 路基：每支挡结构不少于3处，每处不少于10个点。

2 桥涵：每孔梁不少于3处，每个墩台不少于3处，每座涵洞不少于3处，每处不少于10个点。

3 隧道：每100 m衬砌的拱部、边墙、仰拱（底板）各不少于1处，隧道洞门、端翼墙各不少于3处，每处不少于10个点。

4 其他工程按相关专业验收标准要求进行核查。

附录 A 环氧涂层钢筋的涂层检验和修补

A.0.1 环氧涂层钢筋进场时，应进行全面检查，其质量应符合国家现行标准《环氧树脂涂层钢筋》(JG 3042)的规定。对涂层厚度、连续性和柔韧性的检验应符合下列规定：

1 固化的无破损环氧涂层厚度应为 180～300 μm。在每根被测钢筋的全部厚度记录值中，应有不少于 95%的厚度记录值在上述规定范围内，且不得有低于 130 μm 的厚度记录值。

2 应在进行弯曲试验前检查环氧涂层的针孔数，每米长度上检测出的针孔数不应超过 4 个，且不得有肉眼可见的裂缝、孔隙、剥离等缺陷。

3 环氧涂层钢筋弯曲后，应检查弯曲外凸面的针孔数，每米长度上检查出来的针孔数不应超过 4 个，且不得有肉眼可见的裂缝、孔隙、剥离等缺陷。

4 每米涂层钢筋上涂层缺陷总面积不得超过钢筋表面积的 0.05%。

检验数量：以同厂家、同型号、同交货状态的环氧涂层钢筋，每 30 t 为一批，不足 30 t 也按一批计，施工单位每批至少随机抽取 1 根进行涂层厚度、连续性和柔韧性检验；监理单位全部见证检验。

检验方法：施工单位全部检查质量证明文件并按批抽样进行涂层厚度、连续性和柔韧性检验；监理单位全部检查质量证明文件并见证检验。

A.0.2 环氧涂层的修补应符合下列规定：

1 在环氧涂层的任一点上，当涂层脱开、剥离或损伤到下列程度时，不得修补和使用：

1)一点上的面积大于 25 mm^2 或长度大于 50 mm，其中不包括钢筋剪切端头的修补面积。

2)1 m 长度内有 3 个点以上，即使每个点的面积均小于 25 mm^2，或长度均小于 50 mm。

3)环氧涂层钢筋切下并弯曲的一段上，涂层有 6 个点以上的损伤。

2 环氧涂层钢筋在搬运、加工、连接、安装过程中造成的涂层损伤应按下列规定进行修补：

1)加工过程中受到剪切、锯割或工具切断时的切断头与焊接烧伤及热影响区，均应在切断或损伤后 2 h 内及时修补。

2)修补应采用环氧涂层钢筋生产厂家提供的材料。

3)修补前，应除尽不粘着的涂层和修补处的锈迹。

4)当修补时的环境相对湿度大于 85%时，应以电热吹风器适当加热。

5)修补时，应使涂抹修补材料与已有牢固涂层搭接的范围适当，不宜使已有牢固涂层过量增厚。

6)修补涂层厚度不得少于 180 μm。

附录 B 钢筋接头技术要求和外观质量

B. 0. 1 钢筋绑扎接头的技术要求应符合下列规定：

1 光圆钢筋末端应做成彼此相对的 180°弯钩，带肋钢筋应做成彼此相对的 90°弯钩。

2 绑扎接头的搭接长度应符合表 B. 0. 1 的要求。

表 B. 0. 1 钢筋绑扎接头的最小搭接长度

钢筋类别	受拉区		受压区	
	＜C30	≥C30	＜C30	≥C30
光圆钢筋 HPB235 级	35*d*	30*d*	25*d*	20*d*
带肋钢筋 HRB335 级	45*d*	35*d*	35*d*	25*d*
带肋钢筋 HRB400 级	55*d*	40*d*	40*d*	30*d*

注：1 *d* 为钢筋直径，C30 为混凝土强度等级。

2 绑扎接头的搭接长度除应符合本表规定外，且在受拉区不得小于300 mm，在受压区不得小于 200 mm。

3 对环氧树脂涂层的带肋钢筋，其最小搭接长度应按相应数值乘以系数 1.25 取用。

4 对有抗震设防特殊要求的结构构件，其受力钢筋的最小搭接长度应按有关抗震设计规范进行加长。

B. 0. 2 钢筋电弧焊和闪光对焊接头的技术要求应符合下列规定：

1 钢筋电弧焊和闪光对焊接头类型应符合表 B. 0. 2—1 的要求。

2 钢筋电弧焊接头外观质量应符合下列要求：

1）搭接接头的长度、帮条的长度和焊缝的总长度应符合表 B. 0. 2—1 的要求。

2）钢筋搭接接头的搭接部位应预弯，搭接钢筋的轴线应位于同一直线上。

3）帮条焊时，帮条的牌号和直径应与主筋相同。帮条和被焊主筋的轴线应在同一平面上。

表 B. 0. 2—1 钢筋电弧焊和闪光对焊接头类型

序号	接头类型	接头简图
1	闪光对焊	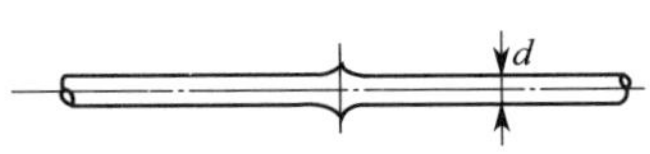
2	双面焊缝帮条焊	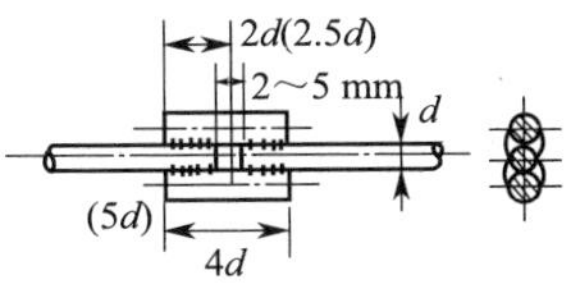
3	单面焊缝帮条焊	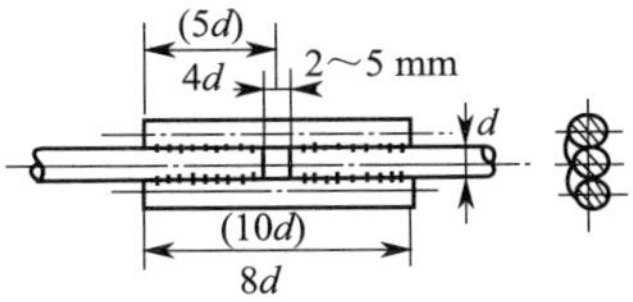

续上表

序号	接头类型	接头简图
4	双面焊缝搭接焊	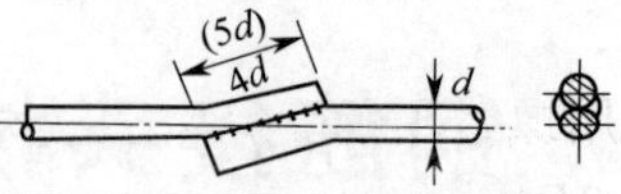
5	单面焊缝搭接焊	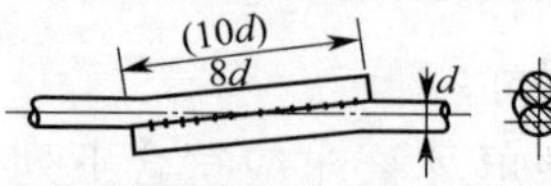

注：1 在无条件进行序号 2、4 的双面焊缝电弧焊时，可采用 3、5 的单面焊缝电弧焊。

2 表中的帮条或搭接长度值，不带括号的数字适用于 HPB235 钢筋，括号中的数字适用于 HRB335、HRB400 钢筋。

3 采用序号 2～5 的电弧焊时，焊缝长度不应小于帮条或搭接长度，焊缝厚度 h 及焊缝宽度 b 应按图 B. 0. 2 测量。

4)焊缝厚度 h 不应小于 0. 3d，焊缝宽度 b 不应小于 0. 8d(图 B. 0. 2)。

5)电弧焊接头的焊缝表面应平整，不得有凹陷或焊瘤，接头区域不得有肉眼可见裂纹。用小锤敲击接头时，钢筋发出与基本钢材同样的清脆声。

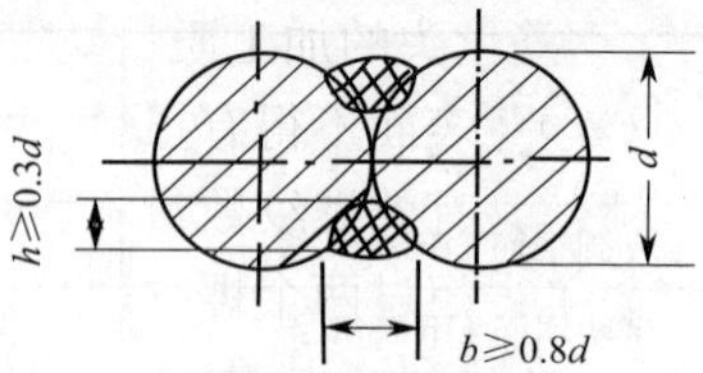

图 B. 0. 2 钢筋搭接、帮条焊接的焊缝

3 钢筋闪光对焊接头的外观质量应符合下列要求：

1)接头周缘应有适当的镦粗部分，并呈均匀的毛刺外形。

2)钢筋表面不得有明显的烧伤或裂纹。

3)接头弯折的角度不得大于 3°。

4)接头轴线的偏移不得大于 0. 1d，且不得大于 2 mm。

4 钢筋电弧焊和闪光对焊接头允许偏差应符合表 B. 0. 2—2 的规定：

表 B. 0. 2—2 钢筋电弧焊和闪光对焊接头允许偏差

序号	类别	项目		允许偏差
1	电弧焊接头	帮条沿接头中心线的纵向偏移		0. 3d
		接头处弯折角		3°
		接头处钢筋轴线偏移		0. 1d
		焊缝厚度		+0. 05d～0
		焊缝宽度		+0. 1d～0
		焊缝长度		−0. 3d
		横向咬边深度		0. 5 mm
		在 2d 长的焊缝表面上的气孔及夹渣	数量	2 个
			面积	6 mm^2
2	闪光对焊接头	接头处钢筋轴线	弯折角	3°
			偏移	0. 1 d，且不大于 2 mm
		接头表面裂纹		不允许

注：d 为钢筋直径，单位为 mm。

B. 0. 3 滚轧直螺纹机械连接接头技术要求和外观质量应符合下列规定：

1 套筒与锁母的质量应符合下列规定：

1)套筒的直径和壁厚应符合技术文件要求。

2)螺纹牙型应完整,套筒与锁母表面不得有裂纹;表面及内螺纹不得有锈蚀及其他肉眼可见的缺陷。

3)内螺纹用专用螺纹塞通规检验,其塞通规应能顺利旋入,塞止规旋入,塞止规旋入长度不得超过 3*P*。

2 钢筋丝头加工尺寸应符合下列要求:

1)丝头中径、牙型角及丝头有效螺纹长度应符合技术文件的规定。丝头螺纹尺寸宜满足 GB/T 196 规定的要求;有效螺纹中径尺寸公差宜满足 GB/T 197 中 6f 级精度要求。

2)丝头有效螺纹中径的圆柱度(每个螺纹的中径)误差不得超过 0.20 mm。

3 钢筋丝头的加工质量应符合下列规定:

1)丝头表面不得有损坏及锈蚀。

2)丝头有效螺纹数量不得少于设计要求;牙顶宽度大于 0.3*P* 的不完整螺纹累计长度不得超过两个螺纹周长;标准型接头的丝头有效螺纹长度应不小于 1/2 连接套筒长度,且允许误差为+2*P*。

3)丝头尺寸用专用的螺纹环规检验,应能顺利地旋入并达到要求的拧入长度,环止规旋入长度不得超过 3*P*。

4 滚轧直螺纹钢筋连接质量应符合下列规定:

1)钢筋连接完毕后,标准型接头连接套筒外应有外露的有效螺纹,且连接套筒单边有效螺纹不应超过 2*P*。

2)钢筋连接完毕后,拧紧扭矩值应符合表 B.0.3 的要求。

表 B.0.3 直螺纹接头安装时的最小拧紧扭矩值

钢筋直径(mm)	≤16	18~20	22~25	28~32	36~40
拧紧扭矩(N·m)	100	200	260	320	360

注:当不同直径的钢筋连接时,拧紧力矩值按较小直径钢筋的相应值取用。

B.0.4 镦粗直螺纹机械连接接头技术要求和外观质量应符合下列规定:

1 套筒与锁母的质量应符合下列规定:

1)套筒的直径和壁厚应符合技术文件要求。

2)螺纹牙型应饱满,连接套筒表面不得有裂纹,表面及内螺纹不得有锈蚀及其他肉眼可见的缺陷。

3)内螺纹用专用螺纹塞通规检验,其塞通规应能顺利旋入,塞止规旋入长度不得超过 3*P*。

2 钢筋镦粗头及丝头加工尺寸应符合下列技术要求:

1)镦粗头的基圆直径 d_1(图 B.0.4)应满足丝头螺纹加工的要求,长度 L_0 应大于 1/2 套筒长度,冷镦粗过渡段坡度应不大于 1∶5。

2)丝头中径、牙型角及丝头有效螺纹长度应符合技术文件的要求。钢筋丝头的螺纹应与连接套筒的螺纹相匹配,丝头螺纹尺寸宜满足 GB/T 196 规定的要求。有效螺纹中径尺寸公差宜满足 GB/T 197 中 6f 级精度规定的要求。

3)丝头有效螺纹中径的圆柱度(每个螺纹的中径)误差不得超过 0.2 mm。

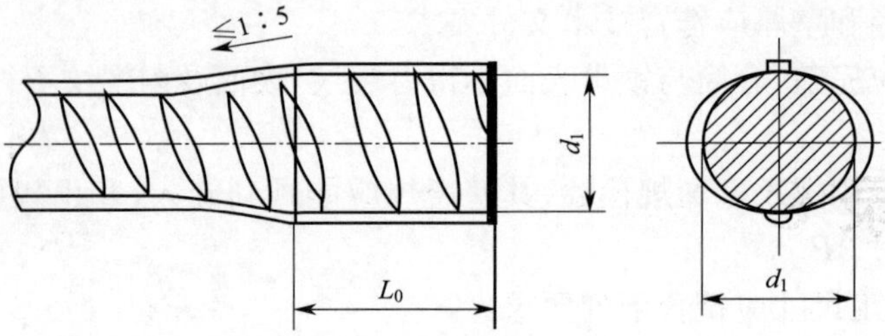

图 B.0.4　镦粗头示意图

3　钢筋丝头的加工质量应符合下列规定：

1)丝头表面不得有损坏及锈蚀。

2)丝头牙形完整，牙顶宽度超过 $0.25P$ 的秃牙部分，其累计长度不宜超过一个螺纹周长。

3)丝头长度应满足技术文件要求，标准型接头的丝头长度公差为 $+2P$。

4)螺纹中径尺寸用专用的螺纹环规检验，其通端螺纹环规应能顺利地旋入螺纹并达到旋合长度，允许止端螺纹环规与端部螺纹部分旋合，旋入量不应超过 $3P$。

4　镦粗直螺纹钢筋连接质量应符合下列规定：

1)钢筋连接完毕后，标准型接头连接套筒外应有外露有效螺纹，且连接套筒单边有效螺纹不应超过 $2P$。

2)钢筋连接完毕后，拧紧扭矩值应符合表 B.0.4 的要求。

表 B.0.4　直螺纹接头安装时的最小拧紧扭矩值

钢筋直径(mm)	≤16	18～20	22～25	28～32	36～40
拧紧扭矩(N·m)	100	200	260	320	360

注：当不同直径的钢筋连接时，拧紧力矩值按较小直径钢筋的相应值取用。

B.0.5　套筒挤压机械连接接头技术要求和外观质量应符合下列规定：

1　套筒的质量应符合下列规定：

1)套筒表面不得有裂纹，内外表面不得有锈蚀及其他肉眼可见的缺陷。

2)套筒的直径和壁厚可用游标卡尺检验，其公差应符合产品设计要求。

2　套筒挤压接头的外观质量应符合下列规定：

1)接头不得有裂纹、折叠、严重锈蚀或影响性能的其他表面缺陷。

2)接头两端钢筋上显露检查标记，但不显露定位标记。

3)接头的压痕最小直径、压痕总宽度应符合产品设计要求。

4)接头两端钢筋的轴线弯折角度不得大于 3°。

附录 C 粗骨料 Cl^- 含量试验方法

C.0.1 仪器设备应符合下列规定：

1 天平：称量 2 kg，感量 2 g；称量 100 g，感量 0.01 g。

2 带塞磨口瓶：1 000 mL。

3 烧杯：1 000 mL。

4 三角瓶：300 mL。

5 移液管：50 mL，2 mL。

6 滴定管：10 mL，或 25 mL。

7 容量瓶：500 mL。

C.0.2 试剂应符合下列规定：

1 5%铬酸钾指示剂溶液。

2 0.01 mol/L 氯化钠标准溶液。

3 0.01 mol/L 硝酸银标准溶液。

以上三种溶液配制及标定方法按 GB 601、GB 602 的规定进行。

C.0.3 试验步骤应符合下列规定：

1 将试样四分法缩分至约 1 500 g 的样品后，放在 105 ℃±5 ℃的烘箱中烘至恒量，冷却至室温，用天平准确称取 500 g，共两份，分别装入容量 1 000 mL 的带塞磨口瓶中，加入 500 mL 蒸馏水，加上盖子，摇动一次后，放置 24 h，然后每隔 5 min 摇动一次，共摇动 3 次，便于氯盐充分溢出。将磨口瓶上部已澄清的溶液用滤纸经漏斗流入到 1 000 mL 烧杯中，然后用移液管吸取 50 mL 滤液，注入到三角瓶中。向三角瓶中加入 5%铬酸钾指示剂 1 mL，再用 0.01 mol/L 硝酸银标准溶液滴定至呈现砖红色为终点。记录消耗的硝酸银标准溶液的毫升数(A)。

2 空白试验：用移液管准确吸取 50 mL 蒸馏水到三角瓶内，加入 5%铬酸钾指示剂 1 mL，并用 0.01 mol/L 硝酸银标准溶液滴定至溶液呈现砖红色为止，记录此点消耗的硝酸银标准溶液的毫升数(B)。

C.0.4 结果计算与评定应符合以下规定：

Cl^- 含量(以 NaCl)按下式计算，准确至 0.01%：

$$Q=\frac{N(A-B)\times 0.0585\times 10}{G_9}\times 100 \tag{C.0.4}$$

式中 Q——氯化物含量(%)；

N——硝酸银标准溶液的浓度(mol/L)；

A——样品滴定时消耗的硝酸银标准溶液的体积(mL)；

B——空白试验时消耗的硝酸银标准溶液的体积(mL)；

G_9——试样质量(g)；

0.058 5——换算成 NaCl 系数；

10——全部试样溶液与所分取试样溶液的体积比。

取两次试验测定值的算术平均值作为试验结果。若两次试验测定值相差大于0.01%，须重新试验。

附录D 混凝土的耐久性指标和长期性能要求

D.0.1 不同强度等级混凝土的电通量应满足表D.0.1的要求。

表D.0.1 不同强度等级混凝土的电通量(C)

混凝土强度等级	设计使用年限		
	100年	60年	30年
＜C30	＜1 500	＜2 000	＜2 500
C30～C45	＜1 200	＜1 500	＜2 000
≥C50	＜1 000	＜1 200	＜1 500

D.0.2 氯盐环境下，混凝土的抗氯离子渗透性能应满足表D.0.2的要求。

表D.0.2 氯盐环境下混凝土抗氯离子渗透性能

评价指标	环境作用等级	100年	60年
混凝土氯离子扩散系数(56 d) D_{RCM}($\times10^{-12}\ \mathrm{m^2/s}$)	L1	≤7	≤10
	L2	≤5	≤8
	L3	≤3	≤4

D.0.3 化学侵蚀环境下，混凝土胶凝材料的56 d抗蚀系数不得小于0.80。

D.0.4 盐类结晶破坏环境下，混凝土的气泡间距系数应小于300 μm，且混凝土抗盐类结晶破坏性能应满足表D.0.4的要求。

表D.0.4 盐类结晶破坏环境下混凝土抗盐类结晶破坏性能

评价指标	环境作用等级	100年	60年	30年
56 d抗硫酸盐结晶破坏等级	Y1	≥KS90	≥KS60	≥KS60
	Y2	≥KS120	≥KS90	≥KS90
	Y3	≥KS150	≥KS120	≥KS120
	Y4	≥KS150	≥KS120	≥KS120

D.0.5 冻融破坏环境下，混凝土的气泡间距系数应小于300 μm，且混凝土的抗冻性能应满足表D.0.5的要求。

表D.0.5 冻融破坏环境下混凝土的抗冻性能

评价指标	环境作用等级	100年	60年	30年
抗冻等级(56 d)	D1	≥F300	≥F250	≥F200
	D2	≥F350	≥F300	≥F250
	D3	≥F400	≥F350	≥F300
	D4	≥F450	≥F400	≥F350

注：梁体混凝土的抗冻等级不应小于F200，双块式轨枕和轨道板混凝土的抗冻等级不应小于F300。

D. 0. 6　磨蚀环境下，应对混凝土的耐磨性技术要求进行专门的对比试验研究确定。

D. 0. 7　对于特别重要的铁路混凝土结构，应对混凝土的抗裂性、护筋性技术要求进行专门试验研究确定。

D. 0. 8　无砟轨道底座板混凝土、双块式轨枕道床板混凝土、自密实混凝土的 56 d 收缩率不应大于 400×10^{-6}。

D. 0. 9　采用新材料、新工艺施工的预应力混凝土，其 14 d 加载 90 d 的徐变系数不应大于 1.0。

附录 E　硬化混凝土气泡间距系数检测方法（直线导线法）

E.0.1　本方法适用于检验混凝土的气泡参数，也适用于对混凝土引气剂的品质进行评定。

E.0.2　本方法是在硬化混凝土中取任意直线，某一组分在此直线上所截取的线段长度总和与此直线全长的比值，即为该组分在混凝土中的体积含量。通过测定硬化混凝土中气泡的数量和体积含量，计算混凝土的气泡比表面积、含气量和气泡间距系数等。

E.0.3　试验设备应符合下列规定：

1　测量显微镜：具有目镜测微尺和物镜测微尺，放大倍数为80～128倍。目镜测微尺最小读数为10 μm。载物台能纵、横向移动，移动范围分别不小于50 mm和100 mm。

2　显微镜照明灯：聚光型灯。

3　切片机、磨片机、抛光机。

E.0.4　试验数量应符合下列规定：

每组至少3个试件。每组试件的观测总面积和导线总长度应符合表E.0.4的规定。

表 E.0.4　最小观测总面积及最小导线总长度

骨料最大粒径(mm)	最小观测总面积(mm^2)	最小导线长度(mm)	骨料最大粒径(mm)	最小观测总面积(mm^2)	最小导线长度(mm)
80	50 000	3 000	20	7 000	2 300
40	17 000	2 600	10	6 000	1 900
30	11 000	2 500			

注：如混凝土内骨料或大孔隙分布很不均匀，应适当增大观测面积。当在一个混凝土试样中取几个加工表面时，两加工表面的间距应大于骨料最大粒径的1/2。

E.0.5　试验应按下列步骤进行：

1　从硬化混凝土试件上沿垂直于浇筑面方向锯下试样后，洗刷干净，分别采用400号和800号金刚砂将试样观测面仔细研磨。每次磨完后应洗刷干净，再进行下次研磨。最后在抛光机转盘的呢料上涂刷氧化铬进行抛光，并再次洗刷干净后，在105 ℃±5 ℃的烘箱中烘干，然后置于显微镜下试测。当强光低入射角照射在观测面上时，若观测到表面除了气泡截面和骨料孔隙外，视域基本平整，气泡边缘清晰，并能测出尺寸为10 μm的气泡截面，即可认为该观测截面已加工合格。

2　正式观测前，用物镜测微尺校准目镜测微尺刻度，并在观测面两端附贴导线间距标志，使选定的导线长度均匀地分布在观测面范围内。调整观测面的位置，使十字丝的横线与导线重合，然后用目镜测微尺进行定量测量。从第一条导线起点开始观察，分别测量并记录视域中气泡个数及测微尺所截取的每个气泡的弦长刻度值。根据需要，也可增测气泡截面直径。第一条导线测试完后再按顺序对第二、三、四……条导线进行观测，直至测完规定的导线长度。

E. 0. 6 试验结果计算与处理应符合下列规定：

根据直线导线法观测的数据，按下列公式计算各参数：

1 气泡平均弦长按式 E. 0. 6—1 计算：

$$\bar{l}=\frac{\sum l}{N} \quad (E. 0. 6—1)$$

2 气泡比表面积按式 E. 0. 6—2 计算：

$$a=\frac{4}{\bar{l}} \quad (E. 0. 6—2)$$

3 气泡平均半径按式 E. 0. 6—3 计算：

$$r=\frac{3}{4}\bar{l} \quad (E. 0. 6—3)$$

4 硬化混凝土中的空气含量按式 E. 0. 6—4 计算：

$$A=\frac{\sum l}{T} \quad (E. 0. 6—4)$$

5 1 000 mm³ 混凝土气泡个数按式 E. 0. 6—5 计算：

$$n_{\mathrm{v}}=\frac{3A}{4\pi r^{3}} \quad (E. 0. 6—5)$$

6 每厘米导线切割的气泡个数按式 E. 0. 6—6 计算：

$$n_{\mathrm{l}}=\frac{N}{T} \quad (E. 0. 6—6)$$

7 气泡间距系数按式 E. 0. 6—7、式 E. 0. 6—8 计算：

当混凝土中浆气比 $P/A>4.33$ 时

$$\bar{L}=\frac{3A}{4n_{\mathrm{l}}}\left[1.4\left(\frac{P}{A}+1\right)^{\frac{1}{3}}-1\right] \quad (E. 0. 6—7)$$

当混凝土中浆气比 $P/A<4.33$ 时

$$\bar{L}=\frac{P}{4n_{\mathrm{l}}} \quad (E. 0. 6—8)$$

式中 $\bar{l}$——气泡平均弦长(cm)；

$\sum l$——全导线所切割气泡弦长总和(cm)；

N——全导线所切割的气泡总个数；

a——气泡比表面积(cm^2/cm^3)；

r——气泡平均半径(cm)；

n_{v}——1 cm³ 混凝土中的气泡个数；

A——硬化混凝土中的空气含量(体积比)；

T——全导线总长(cm)；

P——混凝土中水泥净浆含量(体积比，不包含空气含量)；

n_{l}——平均每 1 cm 导线切割的气泡个数；

$\bar{L}$——气泡间距系数(cm)。

计算结果取三位有效数字。

附录F 胶凝材料抗硫酸盐侵蚀性能快速试验方法

F.0.1 本方法适用于快速评定水泥或胶凝材料抗硫酸盐侵蚀的性能。

F.0.2 本方法是通过测定浸泡在硫酸钠溶液中的水泥或胶凝材料的胶砂试体的抗折强度及浸泡在洁净饮用水中同龄期试体的抗折强度，计算抗蚀系数，以比较水泥或胶凝材料抗硫酸盐侵蚀的性能。

F.0.3 试验设备及材料应符合下列规定：

1 加压成型机：小型千斤顶压力机，最大荷重必须在15 kN以上。

2 抗折机：小型电动抗折机，加荷速度 0.78 N/s。

3 模型：能成型尺寸为 10 mm×10 mm×60 mm 的胶砂试体的不锈钢制试模。

4 球形拌和锅：直径 200 mm，高 70 mm，厚度 1～2 mm。

5 标准砂：质量符合 GB/T 17671—1999 规定的粒度范围在 0.5～1.0 mm 的中级砂。

6 试验用水：饮用水。在有争议时采用符合 GB/T 6682 规定的三级水。

F.0.4 实验室、原材料、养护箱、养护水和侵蚀液的温度和湿度应符合下列规定：

1 实验室温度满足 GB/T 17671—1999 中 4.1 的规定，相对湿度大于 50%，所用试验原材料温度应与试验室温度相同。

2 养护箱温度满足 GB/T 17671—1999 中 4.1 的规定，相对湿度大于 90%。

3 浸泡前养护水的温度为 50 ℃±1 ℃。

4 浸泡水和浸泡液温度为 20 ℃±1 ℃。

F.0.5 试验应按下列步骤进行：

1 试体成型。称取水泥或胶凝材料共 100 g（工程水泥和矿物掺和料用量应按照配合比进行计算），标准砂 250 g，加入球形拌和锅拌和均匀后，再加入 50 g 水，湿拌 3 min 结束。将拌好的胶砂分别装入试模内。将带有模芯、模套的试模放到小型千斤顶压力机上加压到 7.8 MPa 压力下保持 5 s，然后取出试模，刮平，编号，放入养护箱养护 22～23 h，脱模。

2 试体的养护。将脱模后的试体放入 50 ℃水中养护 7d。

3 试体的浸泡。将试体分成两组，一组 9 块放入 20 ℃水中养护，一组 9 块放入 3%的 Na_2SO_4 浸泡液中浸泡。试体在浸泡过程中，每天一次用 1N H_2SO_4 溶液滴定以中和试体在溶液中释放出的 $Ca(OH)_2$，边滴定边搅拌，以保持溶液的 pH 值在 7.0 左右。

试体在 Na_2SO_4 溶液中浸泡时，每条试体需对应有 200 mL 的浸泡液，液面至少高出试体顶面 10 mm。为避免蒸发，容器必须加盖。

4 试体破型。试体在浸泡液中浸泡 56 d，以及在水中养护 56 d 后，取出并用小型抗折机进行抗折试验。其中，试体支点跨距为50 mm，支撑圆柱直径 5 mm，加荷速度控制在0.78 N/s。

破型前，须擦去试体表面的水和砂粒，清除支点圆柱表面粘着的杂物。试体放入抗折支点上时，应使侧面与圆柱接触。

F. 0. 6　试验结果计算与处理应符合下列规定：

1　试体的极限抗折强度（MPa）系由破坏荷载乘以 0.075 得到，抗折强度计算到 0.01 MPa。

2　剔去 9 块试体抗折强度的最大值和最小值，以其余 7 个试体抗折强度的平均值作为该组试体的抗折强度。

3　抗蚀系数以同龄期胶砂试体分别在浸泡液中浸泡 56 d 和在饮用水中养护 56 d 后的抗折强度之比表示，计算精确到 0.01。

F. 0. 7　抗蚀系数大于 0.80 时，判定水泥或胶凝材料胶砂抗硫酸盐侵蚀性能合格。

附录G 矿物掺和料及外加剂抑制碱-骨料反应有效性试验方法

G.0.1 本方法适用于评定矿物掺和料和外加剂抑制混凝土碱-硅酸反应的有效性。

G.0.2 本方法是将具有碱-硅酸反应活性的骨料与硅酸盐水泥、工程实际使用的矿物掺和料或外加剂制成砂浆试件，在80 ℃、1 mol/L NaOH溶液中养护28 d。若砂浆试件的长度膨胀率不大于0.10%，则评定该矿物掺和料或外加剂抑制混凝土碱-硅酸反应有效。

G.0.3 试验设备及材料应符合下列规定：

1 比长仪：量程275～300 mm，精度0.01 mm。

2 模型：试体尺寸为25 mm×25 mm×280 mm，试模由不锈钢材制成。

3 恒温水浴或烘箱：温度为80 ℃±2 ℃。

4 硅酸盐水泥：42.5级P·Ⅰ型硅酸盐水泥，碱含量为0.80%。当试验水泥的碱含量小于0.80%时，应通过外加NaOH(分析纯)的方式使水泥的碱含量达到0.80%。

G.0.4 实验室温度和湿度应符合下列规定：

实验室温度为20 ℃±2 ℃(特别说明的除外)，相对湿度大于50%。

G.0.5 试验应按照下列步骤进行：

1 试样的制备。对粗骨料，应将试样全部破碎至5 mm以下；对细骨料，应先将大于5 mm部分的试样破碎至5 mm以下，然后与小于5 mm的部分试样混合。

2 筛分。将制得的试样按表G.0.5的分级要求进行筛分，然后按级洗净，并在105 ℃下烘干备用。

3 称料。将烘干的试样连同水泥、矿物掺和料和外加剂等置于20 ℃±2 ℃环境中存放24 h后，按骨灰比为2.25∶1的比例进行称料(一组三个试件应称取试样900 g，水泥、矿物掺和料和外加剂共计400 g)，其中矿物掺和料与外加剂的用量应参照工程配合比进行计算，试样的各级用量应按表G.0.5进行称取，用水量应以10次/6 s时砂浆流动度为105～120 mm为准进行试验确定。

表G.0.5 试样级配表

筛孔尺寸(mm)	5.0～2.5	2.5～1.25	1.25～0.63	0.63～0.315	0.315～0.16
分级质量(%)	10	25	25	25	15
分级质量(g)	90	225	225	225	135

4 搅拌。按GB/T 17671规定的程序搅拌砂浆。

5 成型。将砂浆分两层装入试模内，用小刀来回划匀胶砂(装入第二层砂浆时，划入深度应透过第一层砂浆的表面)，然后用捣棒在试模内顺序往返各捣压20次。捣压完毕，将试件表面抹平、编号并标明测定方向。

每组试件按上述方法制作3条试件。

注：当工程中仅是粗骨料具有碱-硅酸反应活性时，只取粗骨料按上述要求成型一组试件；当工程中仅是细骨料具有碱-硅酸反应活性时，只取细骨料按上述要求成型一组试件；当工程用粗、细骨料均具有碱-硅酸反应活性时，应分别取粗、细骨料按上述要求成型二组试件。

6　静停。试件成型后，应将试件连同试模一起放入标准养护室养护 24 h±2 h。

7　预养护。静停结束后，将试件拆模，并迅速将试件放入 80 ℃的水中预养 24 h±2 h。

8　养护与测长。测量经过预养护试件的初长，并迅速将试件放入 80 ℃、1 mol/L 的 NaOH 养护液中进行养护(养护容器中试件养护液的体积与试件的体积比应为 4∶1)。分别在 3 d、7 d、14 d、21 d、28 d 龄期时测量试件的长度。测量试件长度所用的时间(从养护液中取出起计)应控制在 15 s 以内。每次测量时，应仔细观察试件表面的变化情况，包括变形、裂缝、表面沉积物或渗出物等。

G.0.6　试验结果计算与处理应符合下列规定：

1　试件长度膨胀率按下式计算：

$$\varepsilon_t=\frac{L_t-L_0}{L_0-2\Delta}\times 100 \tag{G.0.6}$$

式中　ε_t——试件在第 t 天龄期时的长度膨胀率，%，精确至 0.01%；

L_t——试件在第 t 天龄期时的长度(mm)；

L_0——试件的初长(mm)；

Δ——测头的长度(mm)。

2　当单个试件的长度膨胀率与同组 3 个试件长度膨胀率的算术平均值之差符合下述两种情况之一的要求时，取 3 个试件长度膨胀率的算术平均值作为试件长度膨胀率：

当 3 个试件长度膨胀率的平均值小于或等于 0.05%时，单个试件长度膨胀率与平均值之差的绝对值均小于 0.01%。

当 3 个试件长度膨胀率的平均值大于 0.05%时，单个试件长度膨胀率与平均值之差均小于平均值的 20%。

3　当单个试件的长度膨胀率与 3 个试件长度膨胀率的算术平均值之差不符合上述要求时，去掉 3 个试件中的最小值，取剩余 2 个试件长度膨胀率的算术平均值作为该组试件的长度膨胀率。

G.0.7　试验结果按下列要求评定：

若工程中仅是粗骨料具有碱-硅酸反应活性，且取该粗骨料按本方法测定的 28 d 龄期试件长度膨胀率小于 0.10%，则将矿物掺和料或外加剂抑制混凝土碱-硅酸反应评定为有效。

若工程中仅是细骨料具有碱-硅酸反应活性，且取该细骨料按本方法测定的 28 d 龄期试件长度膨胀率小于 0.10%，则将矿物掺和料或外加剂抑制混凝土碱-硅酸反应评定为有效。

若工程中粗、细骨料均具有碱-硅酸反应活性时，且分别取粗、细骨料按本方法测定的 28 d 龄期试件长度膨胀率均小于 0.10%，则将矿物掺和料或外加剂抑制混凝土碱-硅酸反应评定为有效。

附录H 砌体工程所用石料的类别、规格和质量要求

H. 0. 1 砌体工程所用石料的类别、规格和质量要求应符合表 H. 0. 1 的规定。

表 H. 0. 1 砌体工程所用石料的类别、规格和质量要求

序号	类 别	形 状	规格和质量要求
1	片石	形状不规则	石块中部厚度不小于 15 cm,长度及宽度不小于厚度
2	块石	形状规则,大致方正	稍加修整,厚度不得小于 20 cm,长度及宽度不小于厚度。丁石的长度应比相邻顺石宽度大 15 cm
3	料石	形状规则的六面体	经粗加工,表面不允许凸出,凹入深度不大于2 cm,厚度不小于 20 cm,宽度不小于厚度,长度不小于厚度 1.5 倍。外露面向内修凿进深不得小于10 cm,且修凿面应与外露面垂直,每 10 cm 应凿切4～5 条纹。丁石的长度应比相邻顺石宽度大 15 cm

附录 J　砂浆配合比设计、试件制作、养护及抗压强度取值

J. 0. 1　砂浆配合比设计应符合下列规定：

1　砂浆的配合比强度，可按下式确定：

$$f_{m,o}=f_2+0.645\sigma \tag{J.0.1—1}$$

式中　$f_{m,o}$——砂浆的试配强度(MPa)，精确至 0.1 MPa；

f_2——砂浆设计强度等级值(MPa)；

σ——砂浆现场强度标准差(MPa)，精确至 0.01 MPa。

2　砂浆现场强度标准差应按下式确定：

$$\sigma=\sqrt{\frac{\sum_{i=1}^{n}f_{m,i}^{2}-N\mu_{f_m}^{2}}{N-1}} \tag{J.0.1—2}$$

式中　$f_{m,i}$——统计周期内同一品种砂浆第 i 组试件的强度(MPa)，精确至 0.1 MPa；

μ_{f_m}——统计周期内同一品种砂浆 N 组试件强度的平均值(MPa)，精确至 0.1 MPa；

N——统计周期内同一品种砂浆试件的总组数，$N\geqslant 25$。

当不具有近期统计资料时，其砂浆现场强度标准差 σ 可按表 J. 0. 1—1 取用。

表 J. 0. 1—1　砂浆强度标准差 σ 选用值

砂浆强度等级 / σ 值(MPa) / 施工水平	M10.0	M15.0	M20.0
优良	2.00	3.00	4.00
一般	2.50	3.75	5.00
较差	3.00	4.50	6.00

3　砂浆的水灰比应按下式计算：

$$\frac{W}{C}=\frac{0.71f_{ce}}{f_{m,o}+0.71\times0.91f_{ce}} \tag{J.0.1—3}$$

式中　$\frac{W}{C}$——砂浆的水灰比；

0.71、0.91——回归系数；

f_{ce}——水泥 28 d 抗压强度实测值(MPa)，精确至 0.1 MPa。

当无水泥实测强度数据时，f_{ce} 值可按下式确定：

$$f_{ce}=\gamma_c f_{ce,k} \tag{J.0.1—4}$$

式中　γ_c——水泥强度等级 28 d 抗压强度标准值的富余系数，该值应按实际统计资料确定；无统计资料时 γ_c 取 1.0；

$f_{ce,k}$——水泥 28 d 抗压强度标准值(MPa)。

4　砂浆的用水量可按表 J. 0. 1—2 选用。

表 J. 0. 1—2　砂浆用水量

砂规格 / 砂浆用水量(kg/m³) / 下沉度 mm)	粗砂	中砂	细砂
10～20	200～210	210～230	220～240

5　砂浆的水泥用量可按下式计算：

$$m_c=\frac{m_w}{W/C} \tag{J.0.1—5}$$

式中　m_c——砂浆的水泥用量(kg/m³)；

m_w——砂浆的用水量(kg/m³)。

6 砂浆的最大水灰比应符合表 J. 0. 1—3 中的规定。

7 砂浆的砂用量采用重量法确定时，应按下式计算：

表 J. 0. 1—3 砂浆的最大水灰比

砂浆所处的环境条件	所在地区最冷月平均气温		
	低于−15 ℃	−15 ℃～−5 ℃	高于−5 ℃
受水流冲刷、冰冻作用的砂浆	0.55	0.60	0.65
最低冲刷线以下的地下部分，不受水流作用的地上部分及不致遭受冰冻作用的砂浆	0.60	0.65	0.70

$$m_s = m_{mp} - m_w - m_c \qquad (J.0.1—6)$$

式中 m_s——砂浆的砂用量(kg/m³)；

m_{mp}——砂浆拌和物假定重量(kg/m³)；其值可取 1 950～2 100 kg/m³。

8 砂浆配合比的试配、调整与确定：

1)砂浆试配时，应采用工程中使用的材料，按计算配合比进行试拌，测定其拌和物的稠度；当不能满足要求时，应在保证水灰比不变的条件下相应调整用水量或砂用量，直至符合要求为止。然后提出砂浆基准配合比。

2)砂浆试配时至少采用 3 个不同的配合比。其中 1 个为按前述方法得出的基准配合比，另外 2 个的水灰比，宜较基准配合比分别增加或减少 0.05，其用水量与基准配合比基本相同。

3)当不同水灰比的砂浆拌和物稠度与要求值相差超过允许偏差时，可以增、减用水量进行调整。

4)3 个不同配合比经调整后，每种配合比至少制作 1 组(6 块)试件，经标准养护至 28 d 试压，并选定符合强度要求且水泥用量较少的砂浆配合比为确定的砂浆配合比。

J. 0. 2 砂浆试件的制作应符合下列规定：

1 每组试件应为 6 块，将拌好的砂浆分 2 层(每层厚度约为 40mm)装入涂过矿物油的有底试模内，试模尺寸应为：70.7 mm×70.7 mm×70.7 mm。

2 用捣棒(直径 20 mm，长为 200 mm 的钢棒，其底部加工成平面，质量为 493 g±5 g)对每层砂浆沿螺旋方向均匀插捣 25 次。第二层插捣完毕后，可用抹刀沿模壁插数次，使砂浆高出试模顶面 6～8 mm。

3 砂浆试件成型后 0.5～1 h，再用抹刀刮掉多余砂浆，并抹平表面。

J. 0. 3 砂浆试件的养护应符合下列规定：

1 试件表面抹平后应予覆盖，并在 20 ℃±5 ℃条件下静养 24 h±1 h 脱模。

2 脱模后，试件应即送入养护室养护。养护室内的温度为 20 ℃±3 ℃，相对湿度 90%以上。养护到规定龄期后，取出进行抗压强度试验。

J. 0. 4 试件的试压及抗压强度取值应符合下列规定：

1 试件取出后，应及时进行试压。加压方向应垂直于捣实方向。试件与压力机接触面应洁净无砂粒，加荷速度应为0.3 MPa/s。

2 砂浆的抗压强度应按下式计算：

$$f_m = \frac{F}{A} \qquad (J.0.4)$$

式中　f_m——砂浆抗压强度(MPa),精确至 0.1 MPa;

F——破坏总荷载(N);

A——试件承压面积(mm^2)。

取每组 6 块试件的试验结果的算术平均值作为测定值。当 6 块试件中的最大值或最小值与平均值的差大于 20%时,以中间的 4 块试件的试验结果的平均值作为该组试件的抗压强度值。当一组试件经剔除后不足 4 个测试值时,则该组试验结果无效。

附录 K　喷射混凝土强度检查试件制作方法

K.0.1　喷大板切割法应在施工的同时，将混凝土喷射在 45 cm×35 cm×12 cm（可制成 6 块）或 45 cm×20 cm×12 cm（可制成 3 块）的模型内，当混凝土达到一定强度后，加工成 10 cm×10 cm×10 cm 的立方体试件，在标准条件下养护至 28 d 进行试验（精确至0.1 MPa）。

K.0.2　采用喷大板切割法，当对强度有怀疑时，可用凿方切割法。凿方切割法应在具有一定强度的支护上，用凿岩机打密排钻孔，取出长 35 cm、宽 15 cm 的混凝土块，加工成10 cm×10 cm×10 cm 的立方体试件，在标准条件下养护至 28 d 进行试验（精确至 0.1 MPa）。

K.0.3　采用喷大板切割法，当对强度有怀疑时，也可采用钻孔取芯法。钻孔取芯法应在具有 28 d 强度的支护实体上，用钻孔取芯机钻取并加工成高 10 cm、直径 10 cm 的圆柱体进行试验（精确至 0.1 MPa）。

附录L　混凝土透气系数测定方法

L.0.1　测定混凝土的透气系数应在恒定气压下进行。

L.0.2　测定混凝土透气系数可采用下列设备材料：

1　透气系数测定仪：可借用HS-40型混凝土抗渗仪进行改装。

2　空气压缩机：工作压力1.2～1.4 MPa，排气量0.3 m^3/min。

3　气体量测装置：测量精度不低于0.1 mL。

4　压力机或其他加压装置。

5　电烘箱、电炉及钢丝刷等。

6　密封材料：石蜡、多功能胶、环氧黏结剂、沥青等。

L.0.3　模筑混凝土试件制作应符合下列规定：

1　试件尺寸可按混凝土抗渗试件制备，其尺寸宜为：上径175 mm，下径185 mm，高150 mm的圆台体。

2　试件成型后应在24 h后拆模，可用钢丝刷刷除两端面水泥浆膜，并在标准养护室养护，或与构件同条件养护至28 d，继续室内气干14～28 d，当试件湿度与大气平衡后，方可进行透气性测试。

L.0.4　模拟施工缝混凝土试件制作应符合下列规定：

1　试件尺寸：同模筑试件。

2　试件的制备：在混凝土抗渗试模中，事先放置用木材或其他材料制成的半块圆锥台体，侧面涂刷隔离剂备用，将施工用的模筑混凝土拌和物浇入抗渗试模的另一半空模中，振动捣实，24 h后拆模，将试件与模筑混凝土同条件养护，至再次浇筑模筑混凝土前，将其置于试模中并在侧面（新旧混凝土交接面）作接缝处理并涂喷界面黏结剂（处理方法及黏结剂同施工缝）30 min内将模筑混凝土浇入抗渗模的另一半空模中，振动捣实，48 h后用钢丝刷清除试件表面水泥浆膜，小心拆模，试件与模筑混凝土同条件下养护至28 d，继续室内气干14～28 d后，方可进行透气性测试。

L.0.5　采用下进气法测试（适用于圆锥台体标准抗渗试件）透气性时应符合下列规定：

1　将气干试件的侧面用熔化状态的密封材料均匀滚涂一层涂膜。

2　用压力机或其他加压装置将涂有密封材料的试件压入预热（50 ℃）过的抗渗试模内，使试件与试模底面压平，待试模稍冷后解除压力，取下试件。

3　将密封好的试件安装在渗透仪上，加压至最大压力检查密封的气密性，确认密封无漏气后即可开始测试，见图L.0.5(a)。

4　测试压力可根据需要确定，从0.3 MPa开始，经稳压6 h后，开始测读透气量（精确至0.1 mL），一般每隔0.5 h测读一次，直到连续两次的透气量读数差不大于平均值的+10%时为止，其两次透气量的平均值，即为试件的0.5 h透气量。若透气量很大，也可按透气量达到某一固定值时所经历的时间进行控制，连续两次的经历时间读差，也应控制在平均值的+10%内，取其平均值作为该试件的透气时间，计算出在该测试压力下单位时间的透气量，然后继续

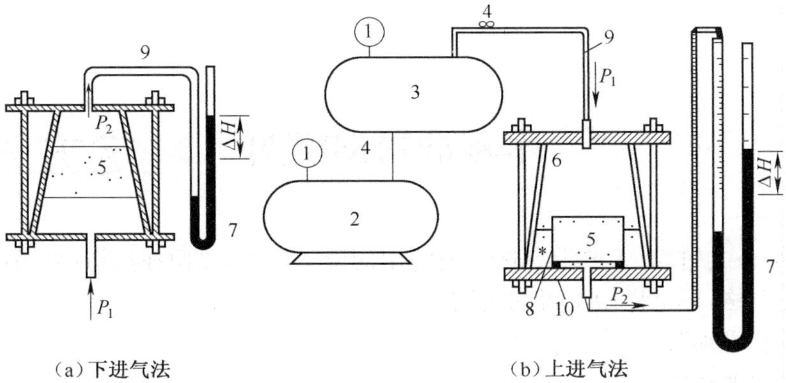

图 L.0.5　透气系数测试装置示意图

1—气压表；2—空气压缩机；3—恒压容器；4—气阀；5—试件；6—气压室；7—U 形透气量仪；ΔH—透气量；8—密封涂层；9—胶管；10—钢环

提高压力，稳压 6 h 后，继续测试。

5　在透气量测试过程中发现透气量不正常，突然增大时，卸压后应重新检查其密封情况，必要时需重新测定。

L.0.6　采用上进气法测试(适用于非标准圆锥台体试件)透气性时，应符合下列要求：

1　试件密封：除规定的透气面外，试件的其他暴露面均需密封，密封剂可采用多功能耐磨胶、环氧树脂等。密封剂一般涂刷 2～3 遍，涂刷前试件的表面应平整无油污及浮渣等妨碍黏结的杂物，并用有机溶剂清洗。待第一道密封剂固化后，可用砂纸将表面打毛，用有机溶剂擦净后继续涂刷第二遍。

2　试件与抗渗仪底座密封：

在试件与抗渗仪底座间设置金属过渡环，用环氧树脂将试件与金属环、金属环与抗渗仪底座粘牢，防止漏气，待环氧树脂固化后，即可加上抗渗仪的钢套并密封，送气测试，见图 L.0.5(b)。

3　透气量测定：可按下进气法透气性测试相同步骤进行。

4　试件密封检查：为检查试件及试件、钢环、底座间的密封性，待透气测读完成后，应在钢套与试件周围注入清水继续加压至气压最大值，经 24 h 后检查透气通道中有无水流出，当卸压并放出清水后再仔细检查试件、钢环、底座间有无渗水，试件本身有无透水痕迹，当无漏水痕迹时，表明密封良好，透气量测定有效，否则试件应重新烘干密封测试。

L.0.7　混凝土的透气系数可从每组 6 块试件的透气量测试中，舍去最大值和最小值，取中间 4 块试件的透气量平均值作为该组试件的透气量，按下式计算其透气系数：

$$K=\frac{2LP_2\gamma_a}{P_1^2-P_2^2}\times\frac{Q}{A}\times10^{-2} \quad (L.0.7)$$

式中　K——透气系数(cm/s)；

L——试件厚度(cm)；

P_1——施压一侧气体压力(MPa)；

P_2——测流一侧气体压力(MPa)；

A——透气面积(cm^2)；

Q——平均单位时间透气量(cm^3/s)；

γ_a——空气单位容积重量(N/cm^3)，取 $1.205\times10^{-5}N/cm^3$。

本标准用词说明

执行本标准条文时，对于要求严格程度的用词说明如下，以便在执行中区别对待。

1 表示很严格，非这样做不可的用词：

正面词采用“必须”；

反面词采用“严禁”。

2 表示严格，在正常情况下均应这样做的用词：

正面词采用“应”；

反面词采用“不应”或“不得”。

3 表示允许稍有选择，在条件许可时首先应这样做的用词：

正面词采用“宜”；

反面词采用“不宜”。

表示有选择，在一定条件下可以这样做的，采用“可”。

《铁路混凝土工程施工质量验收标准》
条 文 说 明

本条文说明系对重点条文的编写依据、存在的问题以及执行中应注意的事项等予以说明。为了减少篇幅,只列条文号,未抄录原条文。

1.0.1 本标准的编制目的是为了加强和统一铁路混凝土与砌体工程施工质量的验收。混凝土工程在铁路工程中占有很大比重,对保证整体工程质量至关重要,应加强施工管理,统一质量要求。砌体工程已较少采用,为方便使用,一并纳入了本标准编制范围。

1.0.2 本标准适用的铁路混凝土包括素混凝土、钢筋混凝土和预应力钢筋混凝土,以及铁路常用的特殊混凝土和特殊砂浆,砌体工程包括石砌体和混凝土预制块砌体。

1.0.5 工程施工过程是实现设计意图和形成工程实体的过程,也是最终形成工程质量和保证使用功能的重要阶段。设计要求的混凝土与砌体结构的强度、耐久性能、使用功能等应通过施工阶段的质量控制得到满足。工程施工质量应达到本标准的规定,不允许留有缺陷。特别是混凝土结构的耐久性指标,关系到设计使用年限内正常运营的需要,在施工过程应充分重视、严格控制。

原材料品质、配合比设计、施工工艺控制(包括拌和、运输、浇筑、养护、预应力等)和试验检测管理是控制混凝土施工质量的重点工作,必须在施工管理中严格控制。

1.0.6 铁路工程施工点多线长、施工期较长,原材料开采与存放、污水(物)排放、施工噪声等对生态环境的影响很大。施工单位应在施工前制定有效的环保方案,施工期内最大限度地减少对环境的影响,施工结束后给予必要的恢复,切实做好环境保护和水土保持工作,保证国民经济的可持续发展。设计有要求的更应该全面按设计文件办理。

1.0.7 机械化、工厂化、专业化、信息化等现代化施工手段是实现标准化管理的重要支撑,在混凝土工程施工中应积极采用。

1.0.9 铁路工程施工质量检验检测工作,是工程质量管理的重要组成部分,也是工程质量控制的重要手段。客观、准确的检验检测数据,是评价工程质量的科学依据。判定工程施工质量合格与否,要体现质量数据为依据的原则。其基础是质量检测数据必须真实可靠,并且能够代表工程施工质量情况。要求检验检测所用的仪器、方法和抽样方案必须符合相关标准或技术条件的规定,方法统一,数据才有可比性。先进、成熟、科学的检验检测手段,能减少检测工作量,提高检测精度,应该积极采用。

1.0.10 工程施工中的各类质量检测报告、检查验收记录和其他工程技术管理资料,是体现工程质量状况和各方质量责任人的基础文件,应认真填写,完整归档,便于追溯。按照国家标准《建设工程文件归档整理规范》(GB/T 50328—2001)的规定,结合铁路工程实际,铁路各专业验标已经对检验批、分项工程、分部工程、单位工程质量验收记录的归档保存作出了规定,本标准仅涉及检验批和分项工程,其余按各专业验标的规定办理。

1.0.11 本标准中规定的质量指标是合格标准。合格标准即控制施工质量的最低标准。达不到本标准所规定的质量要求的工程，其结构安全、耐久性能、使用功能就不能得到有效保证和满足，就是不合格的工程。所以本标准要求施工所采用的承包合同文件和其他工程技术文件等，对施工质量的要求不能低于本标准中的规定。当设计文件（或设计规范）及各专业施工质量验收标准要求的质量指标高于本标准的规定时，应按高标准办理。但有关施工指南（规范）要求的质量指标高于本标准的规定时，主要用于内控、自控，并不作为验收时判定质量合格与否的依据。

1.0.12 由于铁路的建设标准高、技术要求高、质量目标高，特别是对混凝土结构的抗碳化锈蚀、抗氯盐锈蚀、抗冻融破坏、抗裂性、抗碱-骨料反应、抗化学侵蚀、抗磨蚀等长期性能的指标和控制、检测要求作出了规定，应该对参与建设的各方人员进行培训，使建设各方尽快地、更准确地掌握标准，应用好标准，避免因对标准存在理解上的片面性导致操作上的随意性而影响工程质量。

1.0.13 本标准对通用性内容作出了规定，还需要与相关专业施工质量验收标准配套使用。相关专业施工质量验收标准中有特殊质量要求的项目，应按相关专业施工质量验收标准执行。

1.0.14 本标准制定时没能纳入的新技术、新工艺、新设备、新材料等，应该在本标准的基础上制定相应标准，并不低于本标准水平，按规定程序经有关部门审批后，作为施工质量控制和验收的依据。

1.0.15 铁路工程施工过程中的环节多、影响工程质量的因素多，所以采用的标准规范就会很多。既有技术标准又有管理标准，既有国家标准又有行业标准，甚至还有国际标准和国外标准，本标准难以一一详列。一般情况下可根据工程实际情况，确定各种标准规范的采用与否。但是对于施工过程涉及到的、现行国家和铁道行业标准中有强制性执行要求的标准或标准条文则必须贯彻执行。

2.0.1～2.0.24 术语的解释不一定是其理论涵义，可能与其他标准中的解释也不尽一致。列出术语及其解释的主要目的是为了在工程施工质量验收工作中统一其内容、界定其范围，避免产生理解上的不同甚至歧义。

2.0.16 水胶比对于一组配合比来说是固定的，不论是理论配合比还是施工配合比都是同一数值。计算水胶比总用水量时应包括拌和水、粗细骨料所含水和液体外加剂含水量，胶凝材料的含水量一般忽略不计。

3.1.1 工程施工质量要体现过程控制的原则。施工现场应配齐相应的施工技术标准，包括国家标准、行业标准和企业标准等；施工单位要有健全的质量管理体系，要建立必要的施工质量检验制度；施工准备工作要全面、到位。

3.1.7 工程施工质量控制的要点是两个方面：一是对原材料、构配件质量的进场验收，二是对各工序操作质量的自检、交接检验。

（1）对原材料、构配件的进场验收应分二个层次进行。

现场验收：对原材料、构配件的外观、规格、型号和质量证明文件等进行验收。检验方法为观察检查并配以必要的尺量、检查合格证、厂家（产地）试验报告；检验数量多为全部检查。施工单位和监理单位的检验方法和数量多数情况下相同。未经检验或检验不合格的，不得进入施工现场。

试验检验：凡是涉及结构安全和使用功能的，要进行试验检验。试验检验项目的确定遵循两个原则：一是对工程的结构安全和使用功能确有重要影响，二是大多数单位具备相应的试验条件。施工单位试验检验的批量、抽样数量、质量指标应根据相关产品标准、设计要求或工程特点确定，检验方法符合相关标准或技术条件的规定；监理单位要进行见证检验或平行检验。不合格的不得用于工程施工。

(2)对工序操作质量的自检、交接检验。

自检：施工过程中各工序应按施工技术标准进行操作，该工序完成后，对反映该工序质量的控制点进行自检。自检的结果要留有记录。这些结果可以作为施工记录的内容，有的也正好是检验批验收需要的检验数据，要填入检验批质量验收记录表中。

交接检验：一般情况下，一个工序完成后就形成了一个检验批，可以对这个检验批进行验收，而不需要另外进行交接检验。对于不能形成检验批的工序，在其完成后应由其完成方与承接方进行交接检验。特别是不同专业工序之间的交接检验，应经监理工程师检查认可，未经检查或经检查不合格的不得进行下道工序施工。其目的有三个：一是促进前道工序的质量控制；二是促进后道工序对前道工序质量的保护；三是分清质量职责，避免发生纠纷。

3.1.8 本条规定了铁路混凝土与砌体工程施工质量验收的有关要求，必须严格遵守。

1 本标准是铁路混凝土与砌体工程施工质量验收依据，与相关的专业施工质量验收标准配套使用。

2 按图施工是施工单位的重要原则，勘察设计文件是施工的依据，施工中不得随意改变勘察设计文件。如必须改变时，应按程序由设计单位修改，施工质量也应符合修改后的设计文件要求。

3 参加施工质量验收的各方人员应具有相应的资格。本标准给出了原则性的规定，还应结合工程情况、管理模式等，在保证工程质量、分清责任的前提下具体确定。

4 施工单位是施工质量控制的主体，应对工程施工质量负责，其工程施工质量必须达到本标准的规定。另外，其他各方的验收工作必须在施工单位自行检查合格基础上进行，否则，也是违反标准的行为。

3.2.1～3.2.3 混凝土工程划分为：模板及支(拱)架、钢筋、混凝土和预应力四个分项工程。其中混凝土分项工程包括本标准第6章“混凝土”和第9章“特殊混凝土和特殊砂浆”所列的全部检验项目。砌体工程只划分为一个分项工程。

检验批可按工作班、施工缝或施工段进行划分，一般情况下以施工段、安装段、浇筑段、砌筑段等为主进行划分。具体划分由施工单位和监理单位根据实际情况确定。

表3.2.3中特殊混凝土(砂浆)主控项目中9.1.1为笼统规定，施工中要根据特殊混凝土(砂浆)的具体类型执行第6章的相应主控项目条文规定。

3.3.1 检验批质量验收内容包括实物检查、资料检查和人员检查三部分。本标准对检验批质量验收的要求都是根据实物检查、资料检查两方面作出的规定，人员检查应覆盖全部检验批内容。

3.3.2 检验批质量合格的前提是主控项目和一般项目的质量经抽样检验合格。对于有允许偏差的一般项目抽查点除有专门要求外，规定在允许偏差内的点应达到80%及以上，其余抽查点可以超出允许偏差，但不得超出1.5倍的允许偏差。

3.3.3 分项工程质量验收是对其所含检验批质量的统计汇总。主要是检查核对检验批是否覆盖分项工程范围，不能缺漏。如果检验批质量不合格不能进行分项工程质量验收。

3.3.4 工程质量不符合要求的情况，多在检验批质量验收阶段出现，否则会影响相关分项工程质量的验收。

1 对于返工重做、更换构配件的检验批，应该重新进行验收。当重新抽样检查后，检验项目符合本标准规定的，应判定该检验批合格。

2 个别试块试件的强度不能满足要求的情况，包括试块试件失去代表性、试块试件缺少、试验报告有缺陷或对试验报告有怀疑等。这种情况下，应由有资质的检测单位进行检验测试，如果测试结果证明该检验批的质量能够达到原设计的要求，则该检验批予以合格验收。

对于其他不合格的现象，因情况复杂，本标准不能给出明确的处理方案。由各方根据具体情况按程序协商处理。

3.4.1～3.4.2 工程施工质量验收的程序和组织应把握以下要点：

(1)施工单位自检合格是验收工作的基础。

(2)监理单位应对所有主控项目进行检查，对一般项目可根据施工单位质量控制情况确定检查项目。

(3)参加验收的各方人员应具备相应的资格，主要是能够负质量责任，当发生质量问题时具有可追溯性。

4.1.1～4.1.2 本条是对混凝土和砌体工程施工过程所使用的模板、支架和拱架提出的基本要求，是确保工程质量和施工安全的前提，因此必须严格执行。

4.1.3～4.1.4 本条对支架和拱架的底部提出必须安置于具有足够承载力的基底上，并在一般地基上采取防、排水措施，在冻胀性地基上采取防冻措施，以防支架和拱架沉陷、变形而酿成质量或安全事故。模板及支(拱)架不应与脚手架相互连接，以防脚手架受力引起模板和支架变形。

4.1.5 施工单位在浇筑混凝土或砌体砌筑前，应对模板及支(拱)架的平面位置、高程、各部尺寸，支撑强度、稳定性等进行自检和专职质量检查员检查；还规定工序间进行交接检查，以满足浇(砌)筑工序的要求，并应做出施工记录。

4.1.6 混凝土(砌体)浇(砌)筑过程，应设专人对模板及支(拱)架观察维护，以防跑模、变形或坍陷等异常情况发生。当发生异常现象时，应停止施工，查明原因，及时采取补救措施后才准继续施工，并形成记录。

4.1.7 模板及支(拱)架的安装和拆除是事故多发环节，在进行施工设计或制定施工技术方案时必须要明确施工顺序，特别是对于采用高大模板、大型支(拱)架等规模较大、危险性较高的工程。拆除时必须确保混凝土达到规定的强度，以防破损、开裂；拆模过程应按施工技术方案规定的顺序进行，一般按立模顺序逆向次序拆除，严禁抛掷撞击建筑物，以保证安全。

4.2.1 模板及支(拱)架为施工过程使用的材料，并非构成工程的主体，因此对使用材料未作具体规定，但必须符合施工单位编制的施工设计对材质的要求。

4.2.2 模板安装必须连接牢固，稳定不变形；其接缝应平整、严密、不得漏浆，模型内的积水和杂物应清理干净，保证结构表面美观，色调一致；模板与混凝土的接触面必须清理干净并涂刷隔离剂，外露面的隔离剂应采用同一品种，以保证外观整洁和顺利脱模。

4.2.3～4.2.4 规定了模板安装、预埋件和预留孔洞允许偏差的检验数量和方法。鉴于各专业验收标准根据特定的部位另有特殊要求，因此尚应符合专业验收标准的特殊规定。

4.3.1～4.3.2 为保证拆模时混凝土表面及棱角不致因拆模被损坏、断裂或因强度不足导致混凝土变形、坍塌，因此对拆模时混凝土应达到的强度按结构类型和不同的跨度作出规定。拆模时混凝土达到的强度应以同条件养护试件的抗压强度试验为准。

混凝土拆摸除符合本章的强度规定外，还应符合第6章的带模养护时间、拆模时混凝土温差等条件的要求。

5.1.1～5.1.2 根据国家现行标准《钢筋焊接及验收规程》(JGJ 18)规定，从事焊(连)接的操作人员必须持证上岗，正式焊(连)接前还应在现场条件下，先经试件检验合格后，才能正式生产。

5.1.3 本条强调了钢筋在运输和贮存过程中应加强管理，防止因锈蚀、污染和变形而影响质量。提出钢筋工厂化加工生产要求，并要求场内钢筋按品种、规格和检验状态分别挂牌存放，以防无序存放或标识不明用错钢筋。

5.1.4 本条对钢筋冬期焊接进行了规定。

5.2.1 钢筋是混凝土结构中的主要组成部分，使用的钢筋是否符合标准，直接影响建筑物的质量和安全，因此钢筋进场时，必须按批抽取试件作力学性能(屈服强度、抗拉强度和伸长率)试验和工艺性能(冷弯)试验。其质量必须符合设计要求和国家现行标准《钢筋混凝土用钢》(GB 1499)等标准的规定。

5.2.3 垫块可能为施工单位自制或专业厂家制作。对于专业厂家制作的垫块，施工单位应按本条规定要求厂家提供相关质量证明文件，包括试验检测报告。

5.2.4 本条参照铁道部现行《铁路混凝土工程钢筋机械连接技术暂行规定》要求。

5.2.5 钢筋进场和使用前，均应对其外观质量进行检验，当发现表面有裂纹、弯折损伤、颗粒状或片状老锈等缺陷必须处理并不得作为受力钢筋。根据国家现行标准《钢筋混凝土用钢》(GB 1499)规定，只要经过钢丝刷刷过的试样的重量、尺寸、横截面积和拉伸性能不低于该标准的要求，锈皮、表面不平整或氧化铁皮不作为拒收的依据。但在使用前必须进行除锈等处理。

5.3.1 本条参照国家现行标准《混凝土结构工程施工质量验收规范》(GB 50204—2002)和铁道部现行《铁路桥涵钢筋混凝土和预应力混凝土结构设计规范》(TB 10002.3—2005)的有关规定，对钢筋加工时末端的弯钩形状、弯曲直径、钩端应留的直线段长度和箍筋的加工等分别提出了要求。以保证钢筋的锚固长度和防止在加工过程发生脆裂现象。

5.4.1～5.4.2 钢筋有多种连接方式，采用哪一种方式，必须符合设计要求，以保证钢筋应力传递及结构受力要求。钢筋接头的技术要求、外观质量和允许偏差以附录形式列入附录B。

当钢筋采用焊接时，其焊接施工及质量检验必须符合国家现行标准《钢筋焊接及验收规程》(JGJ 18)的规定。采用机械连接时，其施工及质量检验必须符合铁道部现行《铁路混凝土工程钢筋机械连接技术暂行规定》的规定。

5.4.4 钢筋接头是结构中的薄弱环节，应设置在承受应力较小处，根据国家现行标准《混凝土结构工程施工质量验收规范》(GB 50204—2010)，结合铁道部现行《铁路桥涵钢筋混凝土和预应力混凝土结构设计规范》(TB 10002.3—2005)对焊(连)接接头和绑扎接头的配置、接头避开弯曲点的距离作出了规定。

“同一连接区段”的定义引自国家现行标准《混凝土结构设计规范》(GB 50010—2010)，取消原“同一截面”概念。对于接头百分率，同一连接区段内当受力钢筋总根数 n 为奇数时，受力钢筋总截面面积按 $n+1$ 进行计算。

5.5.1 安装的钢筋品种、级别、规格和数量必须符合设计要求，是关系到结构质量安全的重要问题，必须严格执行。

5.5.5 本条根据国家现行标准《混凝土结构工程施工质量验收规范》(GB 50204—2010)，结合铁路工程的实际，对钢筋安装及其保护层厚度允许偏差作出规定。鉴于钢筋混凝土保护层对结构的承载力和耐久性有显著影响，因此钢筋保护层厚度允许偏差值均从严作了规定。

6.1.13　每一工班正式称量前，应对计量设备进行检查是指每一工班正式称量前对计量设备是否处于正常使用状态，有无异常情况进行检查，检查内容包括：称量器具上有无异物、下料仓门是否处于正常状态、控制系统工作状态及示值是否正常等。

6.1.19　本条规定了混凝土工程冬、夏期施工的条件，冬、夏期施工要制定相应的措施，保证工程质量。冬季施工必须加强保温保湿养护，达到40%设计强度前不得受冻。

6.2.1　铁路混凝土中掺和料多为粉煤灰和矿渣粉，为了使混凝土中矿渣粉与粉煤灰添加总量可控，所用水泥中的混合材宜为矿渣粉或粉煤灰。水泥颗粒过细，水泥熟料中C_3A含量过高，水泥的水化速度过快，水化热集中释放，导致混凝土收缩增大、抗裂性降低，对混凝土耐久性不利。因此，应该对水泥的比表面积及C_3A含量加以限制。《通用硅酸盐水泥》(GB 175)中用比表面积来评价普通硅酸水泥的细度，规定了最小比表面积，本规范对硅酸盐水泥与普通硅酸盐水泥比表面积的上限进行限制，规定为不大于350 m^2/kg。水泥中的碱含量过高不仅容易引发混凝土的碱-骨料反应，而且增加混凝土的开裂倾向，不宜采用碱含量过高的水泥。考虑到对混凝土入模温度的要求，本规范中虽然未对水泥入仓温度进行控制，但实际施工过程中应对水泥的入仓温度进行限制。

硫酸盐对混凝土的化学腐蚀是一个长期的过程，研究表明胶凝材料28 d抗蚀系数往往大于1，因此，将胶凝材料抗蚀系数的龄期修改为56 d。

6.2.2　基于技术可行性和经济性，铁路混凝土工程中所用的掺和料以矿渣粉、粉煤灰为主，也可使用硅灰。在一些特殊场合，必须使用新型矿物掺和料，如煅烧高岭土、沸石粉、碳酸盐类掺和料或硅质掺和料时，应由试验证明掺这些掺和料混凝土的耐久性满足要求，并要通过部级评审方可使用。

采用烧失量大的粉煤灰配制的混凝土工作性差（坍落度损失大、不易捣实）、强度效应差（波特兰效应降低）以及耐久性差（封孔固化和致密效应降低）。因此，对粉煤灰的烧失量应予重点控制。粉煤灰中未燃烧颗粒对外加剂具有很大的吸附作用，尤其对引气剂，冻融环境下应严格控制粉煤灰中的烧失量，冻融破坏环境下混凝土所用粉煤灰烧失量不宜大于3.0%。硫酸根离子、CaO与C_3A会生成钙矾石，钙矾石体积膨胀会导致混凝土的破坏，铁路混凝土应选择低钙粉煤灰。

矿渣粉越细，活性越高，其收缩也随之增加。从减少混凝土收缩开裂方面考虑，磨细矿渣粉的比表面积以不超过500 m^2/kg为宜，最好不超过450 m^2/kg。生产和销售磨细矿渣粉时，如果掺有石灰石粉，应当说明其掺量。

在水灰比不变的情况下，掺入硅灰可明显提高混凝土的强度、抗化学腐蚀性和耐磨性，但由于硅灰活性高，不利于减少温度变形，并且增大混凝土自收缩，因此，当有特殊需要需使用硅灰时，宜与其他矿物掺和料同时掺用，且其掺量不宜过大，一般不超过胶凝材料的8%。

在低于5 ℃、有硫酸盐存在并与水接触的环境中，碳酸钙可生成没有强度的膏状水化碳硫硅酸钙（硅灰石膏，thamasite）。在硫酸盐侵蚀环境下，不得使用石灰石粉作为掺和料。

6.2.3～6.2.4　采用专门机组生产的人工砂，具有很好的粒形，且因在磨制前已被清洗，故其含泥量较低，可以用来配制高性能混凝土。山砂是由开挖山体浅层风化岩经筛选而得，含泥量高、风化严重，故不提倡使用。海砂中的有害物氯离子虽然可用淡水冲洗除去，但目前冲洗成本高，质量控制困难，因此，本规范中规定不得使用。

人工砂中的石粉不同于黏土、泥块，少量石粉在混凝土中有调整和易性、提高混凝土韧性的有利作用。本规范对人工砂和混合砂的石粉含量的规定主要参考国家现行标准《普通混凝土用砂、石质量及检验方法》(JGJ 52—2006)制定。

骨料的有害物含量对混凝土的耐久性影响较大,应加以控制。原《铁路混凝土与砌体工程施工规范》(TB 10210—2001)规定了粗、细骨料有害物含量的相关要求。但为了确保有耐久性要求混凝土的耐久性,本规范对粗、细骨料中有害物质含量限值的部分指标提出了较原《铁路混凝土与砌体工程施工质量验收标准》(TB 10424—2003)更高的要求。

水、混凝土中的碱、活性骨料是发生碱-骨料反应的三个必要条件。为预防混凝土发生碱-骨料反应,处于潮湿环境中的混凝土结构应尽量采用砂浆棒或岩石柱膨胀率小于 0.10%的非碱活性骨料。

粗骨料在运输和装卸过程中,其级配可能发生变化。为了确保骨料具有良好的级配,一个有效又可行的技术措施是采用多级配石,如采用二级配石或三级配石。使用过程中可通过对粗骨料实行分级采购、分级存贮、分级计量,配合比试配时再确定各级配石的具体用量,以使骨料具有尽可能小的空隙率,从而降低混凝土的胶凝材料用量。降低粗骨料空隙率的另一个有效措施是采用反击式、锤式式破碎机生产骨料,可以获取更多球形粒形的骨料产品。用这种骨料配制的混凝土,其工作性可以得到进一步的改善,因而也是骨料生产工艺改进的一个方向。

根据铁路混凝土用粗骨料应采用二级或三级级配,并应分级采购、分级运输、分级堆放、分级计量的要求。为加强粗骨料质量的过程控制,完善控制流程,特提出混凝土用粗骨料的含泥量、泥块含量应分级检验,不合格的分级骨料不得用于混凝土施工。当由粗骨料的含泥量、泥块含量引发工程质量争议时,可按使用分级比例混合后骨料的泥块含量、含泥量是否满足技术要求,对工程质量进行判定。

混凝土的耐磨性决定于它的强度与硬度,特别是面层混凝土的强度与硬度。磨蚀环境下宜采用高 C_3S 的水泥,除此之外,骨料的强度和硬度是影响磨蚀环境下混凝土的关键,磨蚀环境下,宜选择硬质骨料,如花岗岩、闪长岩等。

6.2.5 掺外加剂是制备高性能混凝土的关键技术之一。外加剂的性能品质、匀质性和与水泥的相容性是成功配制高性能混凝土的基本条件。由于目前外加剂品种繁多,产品质量参差不齐,市场管理又比较混乱,选用时,一定要注意不同外加剂的使用功能和特点。外加剂不但要与基准水泥还应与工程所用水泥具有良好的相容性。

适量引气能够提高混凝土的抗冻性能,同时能够改善混凝土的其他性能。混凝土引气的方式有两种,一种是掺加引气型减水剂,一种是减水剂和引气剂双掺。客运专线高性能混凝土前期施工采用掺加引气型减水剂的方式引气,但在过程中发现掺加引气型减水剂引入的气泡质量较差,混凝土结构物表面气孔较多。本次修订在参考国内外相关标准的基础上,明确含气量要求大于等于 4.0%的混凝土采用减水剂和引气剂双掺的方式引气,控制减水剂的含气量不大于 3.0%。为了减少由于收缩而引起的混凝土开裂,结合目前高效减水剂的生产技术水平,本标准中将高效减水剂的收缩率比规定为不大于 125%。

对于非主体结构混凝土用外加剂,也可采用满足国家现行标准《混凝土外加剂》(GB 8076)和有关行业标准的相关规定的产品。

6.2.6 提高混凝土的耐久性,尤其是抗冻性,引气剂起到十分重要的作用。混凝土中掺入少量引气剂后,就能使每方混凝土中引入数千亿个微小气泡,使混凝土的抗冻融性能大大提高。国内外大量研究表明,混凝土中掺加引气剂后,对混凝土的工作性和匀质性有所提高。引气剂不仅能减少混凝土的用水量,降低泌水率,更重要的是混凝土引气后,水在拌和物中的悬浮状态更加稳定,因而可以改善骨料底部浆体泌水、沉陷等不良现象。因此适量引气是配制抗冻高性能混凝土的重要手段之一。引气剂所引气泡的直径及稳定性对混凝土的性能影响很大，因此，选择引气剂时，要检测引气混凝土的气泡间隔系数，研究表明，当混凝土中气泡间距系数小于 300 μm 时，混凝土抗冻性较高。引气剂的掺量一般为减水剂掺量的1%左右，掺量小，现场直接掺入时较难计量，针对这一情况，可对引气剂进行稀释，如按 1∶99(引气剂∶水)比例进行稀释后再掺入。

6.2.7　国家现行标准《混凝土用水标准》(JGJ 63)对拌和水中有害物含量和拌和水对混凝土凝结时间和强度的影响要求作出了具体规定。拌和水的碱含量是新增要求，主要是为了控制混凝土的可溶性总碱含量，具体指标参考《混凝土用水标准》(JGJ 63)制定。

混凝土的水化产物只有在碱性条件下才能稳定存在，所用拌和水如果酸性较强不利于水化产物的稳定，将拌和水的 pH 值由"≥4.5"调整为"≥6.5"。

6.3.1　混凝土配合比选定的好坏，直接关系到结构物的寿命和整个工程的经济效益。混凝土配合比的设计不仅考虑强度等级而且还要考虑耐久性能等。

6.3.2　采用活性骨料进行混凝土生产时，必须采取技术措施降低碱-骨料反应发生的风险。措施之一是严格控制混凝土的总碱含量，措施之二是掺加矿物掺和料。对于有活性的骨料(砂浆棒膨胀率<0.30%)的骨料，可通过控制混凝土总碱含量和掺加矿物掺和料两种措施降低风险。对于活性很大(砂浆棒膨胀率≥0.30%)的骨料，原则上建议更换骨料。

6.3.3　限制混凝土中的氯离子含量，在国内外各种标准中都有规定，但在具体量值上多有差别。国外有的标准规定，普通钢筋混凝土内的氯离子限量为0.4%(占混凝土中胶凝材料总量的重量比)，这对一般混凝土而言，已经接近甚至超过干湿交替环境下引起钢筋锈蚀的氯离子临界浓度。美国 ACI 混凝土结构设计规范规定，钢筋混凝土的氯离子量应不超过0.3%，但如环境干燥可到1%。如果混凝土将处在海水等氯盐环境下工作，则应不超过0.15%，对于预应力混凝土均不许超过0.06%。由于钢筋锈蚀的氯离子临界浓度可在0.17%～2.5%之间的很大范围内变化并与胶凝材料种类和数量以及水胶比和保护层厚度等因素有关，很难对混凝土定出一个统一的氯离子量限值。对于不同质量的混凝土氯离子含量应该有所不同，设计时可结合工程特点灵活对待。当工程的使用环境有外界氯离子侵入时，必须从严控制混凝土生产时从原材料带入的氯离子总量，本标准限定为胶凝材料重的0.1%(钢筋混凝土)和0.06%(预应力混凝土)。

6.3.4　本标准明确了不同环境条件下、不同水胶比混凝土矿物掺和料的掺量范围，特别指出的是表6.3.4中所列矿物掺和料掺量是单掺一种矿物掺和料的掺量。当水胶比大(>0.4)，矿物掺和料掺量应减少；当水胶比小(≤0.4)，矿物掺和料掺量应增大。以矿渣和粉煤灰为代表的掺和料赋予混凝土高工作性能、高耐久性、高体积稳定性，已经达成共识，因此矿物掺和料已经成为铁路混凝土的必要组分。考虑到矿物掺和料对混凝土力学性能的影响，在碳化环境、氯盐环境、冻融破坏环境、盐类结晶破坏环境以及磨蚀环境对矿物掺和料掺量规定了最大值，根据不同水胶比对掺和料掺量进行不同限值的规定。在化学侵蚀与氯盐环境下，矿物掺和料能够大幅度地提高混凝土的抗蚀性，在混凝土制备时必须添加矿物掺和料，本标准规定了矿物掺和料的掺量范围，给出了矿物掺和料的最低掺量，要求在氯盐环境和化学侵蚀环境性的混凝土必须添加矿物掺和料。矿物掺和料的掺量主要参考美国《混凝土结构设计规范》(ACI 318)与《混凝土结构耐久性设计规范》(GB/T 50476)。

6.3.5　配合比设计是确保混凝土耐久性最关键的环节，水胶比与最小胶凝材料用量限值是保证混凝土耐久性所需要的抗渗性与力学性能的重要技术参数。由于混凝土拌和时的用水量在其浇筑成型后被水化结合的很少，大量游离水随后成为混凝土的薄弱环节，给混凝土的开裂和耐久性带来不利影响。近年来，从机理到工程应用都可以证实，控制混凝土拌和物最大用水量可以有效地改善其各项性能。

碳化环境：混凝土碳化，一方面与 CO_2 在混凝土中的扩散速度密切相关，其取决于混凝土的孔隙率和孔隙结构，即取决于混凝土的水胶比；另一方面还与混凝土吸收 CO_2 的能力有关，这主要取决于混凝土内 $Ca(OH)_2$ 的储备，而混凝土中 $Ca(OH)_2$ 的数量由胶凝材料中 CaO 含量决定。碳化环境下，当采用能够减水的掺和料配制混凝土时，这种混凝土也具有较强的抗碳化能力，但对于水胶比较大的混凝土，矿物掺和料掺量不宜过大。

氯盐环境：海工工程实践表明，低水胶比的掺加掺和料混凝土比同水胶比的硅酸盐水泥混凝土具有更高的抗氯盐侵蚀性能，因此，氯盐环境下，不宜单独使用硅酸盐水泥作为胶凝材料。严重腐蚀的氯盐环境下宜采用大掺量掺和料混凝土(胶凝材料中含有较大比例的粉煤灰、磨细矿渣和硅灰等矿物掺和料，需要采取较低的水胶比和特殊施工措施的混凝土)，大掺量掺和料的混凝土应配合良好的养护和保护措施。除与冻融破坏环境耦合外，掺和料的掺量宜在 40%以上。

化学侵蚀环境：提高混凝土耐硫酸盐化学侵蚀的主要技术措施有三条，即第一是选择耐硫酸盐性能良好的水泥，主要是水泥熟料矿物中 C_3A 的含量尽量少，如高抗硫水泥 C_3A 含量≤3%，中抗硫水泥 C_3A 含量≤5%；第二是掺加矿物掺和料，一般掺量不得少于 40%，随着掺和料掺量的增加，混凝土耐蚀性能提高；第三是通过掺加高效减水剂，降低混凝土的单方用水量，提高混凝土抗渗性和强度。也有研究表明，引气能有效抑制或减缓混凝土在硫酸盐化学侵蚀和硫酸盐结晶引起的膨胀，即显著降低硫酸盐结晶造成的混凝土抗折强度降低及表面剥蚀。在硫酸盐较为富集的情况下，石灰石与硫酸盐在较低的温度下易产生碳硫硅钙石破坏，因此，化学侵蚀环境下，不得使用石灰石作为掺和料。

盐类结晶破坏环境：干湿交替情况下，水中的 SO_4^{2-} 浓度如大于 200 mg/L，或土中 SO_4^{2-} 浓度大于 1 000 mg/kg，就有可能损害混凝土。地下水、土中的硫酸盐渗入到混凝土的内部，并在一定条件下使得毛细孔水溶液中硫酸盐浓度不断积累，当超过饱和浓度时就会析出盐结晶而产生很大的压力，导致混凝土破坏。采用适当引气可以适当释放硫酸盐结晶破坏压力。因此，盐类结晶破坏环境下，宜使用引气混凝土。

冻融破坏环境：多年来的工程实践表明，提高混凝土抗冻性的技术途径有两方面，其一是提高混凝土的密实度或强度；其二是适当引气。引气混凝土具有较高抗冻性的事实已被证实。但也有实践表明高强混凝土用于严重冻融环境即使不引气也没有发生破坏。考虑到引气不仅能够提高混凝土的抗冻性，而且能够改善混凝土的工作性能；另外，高强混凝土黏度大、施工困难。本标准规定了冻融环境下，混凝土的含气量要求。气泡大小与气泡稳定性是评价引气剂的主要指标，本标准提出了采用气泡间距系数来控制引入到混凝土内部的气泡质量，从而确保混凝土中所引入的气泡微细、均匀、稳定。

磨蚀环境：混凝土的抗磨蚀性能主要取决于混凝土的强度、骨料的强度，硬度和韧性，这就对磨蚀环境下混凝土的原材料提出了特殊的要求，尤其是骨料和胶凝材料方面。参照 ACI 201.2R—08、欧洲标准和水工混凝土相关标准对磨蚀环境下，原材料、掺和料最大掺量限值以及水胶比、最低强度等级和胶凝材料用量应予以规定。ACI 201.2R—08 建议混凝土采用较低的水胶比(小于 0.45)，以便改善表面砂浆的强度和耐磨性。《水工建筑物抗冲磨防空蚀混凝土技术规范》(DL/T 5207)中提出抗磨蚀混凝土水胶比应小于 0.4，宜掺加硅灰，且应同时掺加补偿早期收缩的膨胀剂或减缩剂。

本标准对混凝土最大水胶比和最低胶凝材料用量的要求基本上与国内外混凝土规范的规定基本相同，唯一不同的是，将低强度等级为C25的混凝土最低胶凝材料用量由240 kg/m³修改为260 kg/m³。

6.4.4　非引气混凝土的抗冻性能主要与水胶比(强度)有关，另外与浆体含量也有一定关系，但即使是C60级的高强混凝土，在严重的冻融条件下也难免冻蚀，只有水胶比非常低、强度高达C80的超高强混凝土才是例外。所以，只有引气才是提高混凝土抗冻能力的最有效手段。其次，矿物掺和料对混凝土抗冻性有一定影响，宜通过试验确定。通常情况下，掺加硅粉有利于抗冻；在低水胶比前提下，适量掺加粉煤灰和矿渣对抗冻能力的影响也不大，但应严格控制粉煤灰的品质，特别要尽量降低粉煤灰的烧失量，后者对含气量有很大影响。混凝土的含气量是占混凝土体积的份额，但气泡只存在于浆体中，骨料最大粒径大时，浆体体积相对就小，如混凝土含气量相同，浆体体积越小则浆体中气泡含量越大，混凝土强度损失也越大，因此混凝土中含气量应随骨料最大粒径的增大而减小。

现场混凝土的含气量受混凝土输送、振捣和施工环境条件等影响，国内外的经验都表明：为了保证引气质量，必须要从现场混凝土取样测试而不能单纯依靠试验室内制作的试件。

6.4.8～6.4.10　对相似施工环境条件下的同类结构不需全部进行凿毛强度、混凝土强度发展系数试验和测温检查，可选择有代表性的结构或部位进行试验，其他按试验结果进行控制。

6.4.11　混凝土的抗压强度评定一直是按铁道部现行《铁路混凝土强度检验评定标准》(TB 10425)进行的，标准条件养护试件龄期为28 d。

长期以来，混凝土的质量常以28 d强度作为主要衡量指标，并在工程界逐渐形成了单纯追求强度的倾向，以为加大水泥用量和采用早强水泥总能有利于质量，这些都对混凝土结构的耐久性带来极为不利的影响。对于现代混凝土来说，提高强度比较容易，而耐久性则急待改善。混凝土的早期强度越高，混凝土早期开裂的可能性就越大，不利于混凝土的耐久性能。掺加矿物掺和料后，混凝土的早期强度增长速度有所放慢，对保证混凝土的耐久性能有利。所以，从评定混凝土强度指标是否合格角度，最好按56 d龄期作为混凝土标准强度的验收龄期。但从现有混凝土的评定体系及施工管理方面看，全部按56 d龄期的条件还不很成熟。故规定预应力混凝土、喷射混凝土、蒸汽养护混凝土的抗压强度标准条件养护试件的试验龄期为28 d，其他混凝土抗压强度标准条件养护试件的试验龄期为56 d。这对混凝土结构的耐久性、施工单位组织施工都是有利的。

6.4.12　采用同条件养护法试件评定混凝土的抗压强度时，试件的逐日累积温度不应超过条文规定的600 ℃·d或1 200 ℃·d。逐日累积温度未达到600 ℃·d或1 200 ℃·d的同条件养护法试件，可以用于抗压强度评定。对于预应力混凝土工程中同条件养护的施工试件，也可以用于抗压强度评定。

7.1.1　预应力筋受污染会影响混凝土黏结力；受电火花损伤，容易在张拉时脆断。所以，预应力筋应避免污染和电火花损伤。

7.1.2　本条规定了预应力张拉设备的检定和标定要求。对于配套的一套张拉设备(千斤顶、油泵及压力表等)，有对应的压力表读数和千斤顶输出力之间的关系曲线，因此，张拉设备应配套标定，配套使用。

7.1.3　铁路后张法制梁台座和先张法预应力施工的张拉台座在施工中，承受着很大的施工荷载和张拉荷载。如不进行设计计算，很容易出现移位、倾覆或变形过大等问题，造成安全质量事故。

7.1.4 为保证预应力孔道位置的正确，本条规定在预留孔道安装时，应采取可靠的定位措施。

7.1.7 各种不同的预应力结构或采用不同的锚具，其摩阻损失是不相同的，因此，必须在张拉前测定，并经有关单位认可后，才可进行预应力张拉施工。

7.2.1 本条规定了对预应力筋进行进场复验的具体分批要求，必须严格按批对预应力筋作力学性能（屈服点、极限强度、伸长率）和工艺性能（反复弯曲）试验，其应力松弛、弹性模量等指标一般由生产厂家提供，必要时可委托有资质的第三方进行检验。

7.2.2 预应力筋用的锚具、夹具和连接器应按设计规定选用。其进场检验主要做外观和外形尺寸检查、硬度和静载锚固性能试验，锚具的材质、机加工尺寸、疲劳荷载性能等只需按厂家检验报告所列指标进行核对，必要时可委托有资质的第三方进行检验。5 000 套为一批是参照《高速铁路预制后张法预应力混凝土简支梁》报批稿进行规定的。

7.2.3～7.2.4 参照铁道部现行《铁路后张法预应力混凝土梁管道压浆技术条件》（TB/T 3192—2008）进行了规定。预应力筋对应力腐蚀较为敏感，故水泥浆用外加剂必须检验，以免含有对预应力筋有害的化学成份。但因其用量较少，如使用单位能提供近期采用的相同品牌和型号的外加剂的合格检验报告，也可不做外加剂性能的进场复验。

7.2.5 预留孔道所用的螺旋管、橡胶棒（管）和先张预应力筋隔离套管表面存在油污会污染混凝土表面，严重影响黏结力。其损伤和孔洞会影响预留孔道的成孔质量，因此作出使用前应进行外观检查的规定。

7.3.1 预应力筋的品种、级别、规格和数量对保证预应力结构物的抗裂性能及承载力至关重要，故必须符合设计要求。

7.3.2 预应力筋一般为整盘进场，所以不展开时，预应力筋表面的一些缺陷发现不了，本条规定为展开后的质量检验要求。

7.3.3 预应力孔道用的金属波纹管、橡胶棒（管）对预应力孔道的形成质量极为重要。本条就其品种、规格和施工事项提出了实施要求。

7.3.4 预应力筋的下料长度精确与否，是保证预施应力工艺准确实施的基础，下料时应严格遵守下料长度的允许偏差和检验方法。

7.3.5～7.3.6 预留孔道位置允许偏差和先张法预应力筋位置允许偏差都是为了保证预应力筋的位置准确，确保预应力结构的抗裂性能和承载能力达到设计要求，施工中应予以控制。

7.4.1 预应力筋用锚具、夹具和连接器的品种、规格、数量应按设计要求在施工中仔细核对检查，确保使用正确无误。

7.4.2 由于混凝土强度、龄期和弹性模量对建立预应力后的构件的变形有很大影响，且铁路预应力混凝土构件对变形有较严格的要求。因此，本条中明确了后张法预张拉和初张拉时的混凝土抗压强度要求，明确了后张法终张拉或先张法放张时对混凝土强度、龄期和弹性模量的质量检验要求。

7.4.3 预应力筋的预施应力、张拉或放张顺序和张拉工艺，对于保证预应力结构物的抗裂性能及承载力至关重要，故必须符合设计要求，并严格执行。

7.4.4 预应力筋的张拉一般采用双控。除以张拉力为主进行控制外，还应以实际伸长值与计算伸长值之差的百分率进行校核。相差长度允许偏差±6%是基于工程实践提出的，有利于保证张拉质量。

7.4.5 由于预应力筋断裂或滑脱对结构物的受力性能影响极大，因此，本条作了明确规定，必须严格执行。

7.4.6 张拉端预应力筋内缩量是预应力损失的表征，必须按本条所列内缩量限值和检验方法进行控制。

7.5.1 参照铁道部现行《铁路后张法预应力混凝土梁管道压浆技术条件》(TB/T 3192—2008)对浆体主要性能进行了规定。

7.5.2 预应力筋张拉后处于高应力状态，对腐蚀非常敏感，所以应按设计要求尽早进行压浆。压浆是对预应力筋的永久性保护措施，要求水泥浆饱满密实，完全裹住预应力筋。压浆质量的检验应着重于现场观察检查，必要时采用无损检测或凿孔检查。工艺中应包括压浆饱满度控制标准。

7.5.4 参照铁道部现行《铁路后张法预应力混凝土梁管道压浆技术条件》(TB/T 3192—2008)对压浆时温度条件进行了规定，目的是防止浆体受冻胀，保证浆体强度和防止冻胀影响梁体质量。

7.5.5 水泥浆除了为预应力筋提供可靠的防腐保护外，同时与预应力筋之间的黏结力也是预应力筋与混凝土共同工作的前提，所以水泥浆的抗压强度必须符合设计要求。

7.5.6 封锚(端)混凝土的养护对保证封闭质量十分关键，必须要加强管理，保证养护质量。

7.5.7 考虑到锚具的正常工作和可能的热影响，本条对预应力筋外露部分长度作出了规定。切割位置不宜距离锚具太近，同时也不应影响构件的安装。

8.1.1 本条对石材和混凝土预制块的质量作出了一些规定，以满足砌体强度和耐久性的要求。

8.1.2 石材的抗压强度试件，各行业规定的规格各不相同，为突出铁路行业的特点，此条明确了石材的抗压强度试件的要求。

8.1.3 按国家现行标准《通用硅酸盐水泥》(GB 175—2007)，通用硅酸盐水泥包括硅酸盐水泥、普通硅酸盐水泥、矿渣硅酸盐水泥、火山灰质硅酸盐水泥、粉煤灰硅酸盐水泥和复合硅酸盐水泥。

8.1.4 《砌体结构设计规范》(GB 50003)对砂浆强度等级是按试块的抗压强度平均值定义的，并考虑砂浆抗压强度降低25%的条件下确定砌体强度。此评定方法已应用多年，根据铁路行业多年实践证明，满足结构可靠性的要求。

8.1.5 试验资料说明，在一般气温下，水泥砂浆在2 h内使用完，砂浆强度降低不超过20%，可不影响砌体工程质量。但离析、泌水和凝结现象对砂浆质量影响很大，所以必须严格执行。

8.1.6 本条对砂浆砌体施工的程序和方法进行规定。立样架挂线法是保证砌体工程尺寸、位置、平整度的有效手段，简便易行，在施工控制上应积极采用。

8.1.7 本条对砂浆砌体施工的方法和施工质量进行规定，为了保证砌体工程的耐久性的要求。其中，石材、混凝土预制块统称为砌块。

8.1.8 本条对干砌体施工质量作出了规定。

8.1.9 本条规定了砌体勾缝的要求，以保证砌体的外观质量。

8.1.10 砌体工程在冬期施工，由于气温低给施工带来了许多不便，必须采取一些必要的冬期施工技术措施来确保施工质量。

8.2.3 砌体工程质量能否满足设计要求，石材和混凝土块的质量将起决定性作用。因此本条对石材强度、抗冻性指标、软化系数和混凝土块强度作了规定。以保证砌体工程的强度等级和耐久性要求。

抗冻性指标系指石材在吸水饱和状态下经规定冻融的循环次数后无明显损伤(裂缝、脱层),质量损失不大于5%,强度损失不大于25%。

石材的软化系数,系指石材在吸水饱和状态下的极限抗压强度与石材在干燥状态下的极限抗压强度的比值,这是检验石材受水流和风化影响的一个重要指标。

8.3.1 本条明确了砌筑施工前应对石料和混凝土砌块的类别、规格进行检查,符合设计要求后方可施工。石料类型、规格和质量要求以附录形式列于附录H。

8.3.2 砌筑砂浆通过试配确定配合比,是使施工中砂浆达到设计强度等级和减小砂浆强度离散性的重要保证。砂浆配合比设计、试件制作、养护及抗压强度取值规定以附录形式列于附录J。

8.3.3 砌体工程是由石材(砌块)和砂浆砌筑而成,其力学性能能否满足设计要求,砂浆强度等级将起决定性作用。

8.3.4 本条规定是为了保证砌体工程的整体性和砌体内部的联结作用。

8.3.5 对砌体砌筑后养护作了规定,以满足砌体强度和耐久性要求。

8.3.6 此条规定为防止水渗入和不均匀沉降对砌体工程造成损害。实践证明,沉降缝、泄水孔、反滤层的质量对于防止产生水害、保持砌体的整体长期稳定影响很大,施工中要严格控制。

8.3.8 对砌体工程表面质量进行了规定。强调施工中应对表面质量引起重视。

8.3.9 本条给出一般情况下砌体尺寸允许偏差,如相关专业验收标准和设计有要求时,应按专业标准执行。

9.2.2 纤维混凝土的投料顺序、搅拌方法和搅拌时间应保证纤维分布的均匀和混凝土搅拌的均匀性,混凝土搅拌的均匀程度通过混凝土匀质性试验确定。具体试验方法可参照《混凝土搅拌站(楼)》(GB/T 10171)执行。在一般情况下,纤维混凝土的搅拌时间应比普通混凝土延长1～2 min。

9.2.8 纤维是纤维混凝土的特性材料,其掺量准确与否,直接关系到纤维混凝土的性能,施工中应严格按设计要求掺加纤维,并对纤维掺量进行抽查检验。

9.3.1 硅酸盐水泥和普通硅酸盐水泥与速凝剂的相容性好,掺速凝剂后能速凝、快硬、后期强度较高,应优先选用。因喷射混凝土多用于临时锚固支护结构中,使用环境较为复杂,因此不排除在特殊环境条件下可以使用特种水泥。

9.3.2 采用强制式搅拌机并规定一定的搅拌时间是为了保证混凝土的匀质性,加入速凝剂的混合料是否拌制均匀对喷射混凝土施工效果影响很大。搅拌不均不仅影响喷射混凝土的凝结效果,增大混凝土回弹率,而且会使强度值有较大的降低。对于钢纤维或合成纤维喷射混凝土,其搅拌均匀性更要严加控制。

9.3.3 喷射混凝土拌和物在运输、存放过程中,一般都会有一定程度的坍落度损失,为保证湿喷混凝土的顺利进行和喷射混凝土施工质量,故此规定。喷射混凝土在运送到施喷现场后,要注意堆放场地的清洁卫生,不允许混泥、泡水,对混凝土拌和料造成污染。

9.3.4 对粉尘含量和环境温度进行要求,是基于工人劳动保护和施工安全的需要,同时有利于喷射混凝土的施工质量控制。

9.3.5 本条规定细骨料的细度模数应大于2.5,是为了保证喷射混凝土的强度和减少喷射混凝土回弹率及混凝土硬化后的收缩。

9.3.6 粗骨料的级配对混合料在管内的顺利输送、混凝土的密实性、经济性及回弹率都有重要影响,因此应使用级配良好的连续粒级的粗骨料。目前喷射作业使用的多为$\phi50$的喷射管,按骨料最大粒径不宜超过管径的 1/3 的喷射工艺需要，同时考虑减少回弹率，骨料最大粒径不宜大于 16 mm。在特殊条件下，采用特种工装设备并经工艺试验确定后，骨料最大粒径可不受此限制。

9.3.7　速凝剂的使用效果和最佳掺量除与其本身的性能有关外，还受水泥品种、强度等级、新鲜程度、施工温度和混凝土水灰比的影响。因此，使用速凝剂前，应进行与水泥相容性和速凝效果的检验。检验的主要项目为水泥净浆掺入速凝剂后的初、终凝时间，早期强度和 28 d 强度损失。

用于喷射混凝土的外加剂主要为速凝剂。根据需要还可以使用防水剂、增黏剂和高效减水剂等外加剂。掺入适量防水剂可明显提高混凝土的抗渗性能；掺入增黏剂则能显著降低粉尘浓度和减少回弹；掺入高效减水剂可减少混凝土用水量，提高混凝土早期和后期强度。

9.3.9　以前的标准规定胶骨比为 1∶4～1∶5 以及水胶比为0.40～0.50，主要是考虑既能满足混凝土强度要求，又可减少回弹损失。水泥用量过少，回弹量大，早期强度发展缓慢。水泥用量过多，既不经济又增加混凝土的收缩。

由于目前有些喷射混凝土的强度等级已提高到 C30、C35，其实际需要的胶骨比和水胶比会超出上述范围，所以本标准未规定限值范围。当无湿喷条件而采用干喷法喷射混凝土施工时，由于不能预先准确地给定拌和料中的水胶比，用水量主要靠喷射手在喷嘴处调节。一般来说，当喷射混凝土表面出现流淌、滑移、拉裂时，表明水胶比太大；若喷射混凝土表面出现干斑、粉尘大、回弹多，则表明水灰比太小。当水胶比适宜时，混凝土表面平整，呈水亮光泽，粉尘回弹均较少。

砂率对喷射混凝土的施工性能和力学性能均有较大影响。当砂率小于 45%时，管路易堵塞，回弹率高；当砂率大于 60%时，则明显降低混凝土强度，加大混凝土收缩。

湿喷混凝土工艺是由湿喷机利用高压风将混凝土拌和料打散后由管道输送到喷嘴，再与液体速凝剂混合后被喷至受喷面。其水泥用量过少，会影响混凝土的和易性和黏聚性，混凝土拌和物容易离析堵塞，不利于混凝土管道输送，亦会增加混凝土的回弹。故本条对湿喷混凝土水泥用量作出了具体规定。

9.3.11　喷射混凝土的强度检查试件制作，较能反映实际工艺情况的作法是采用喷大板切割法，其缺点是费工费时且劳动强度大。在不具备切割条件时，也可采用边长为 150 mm 的立方体无底试模喷射成型试件，因其受喷面积相对较大，用湿喷法成型效果也较好。在对喷射混凝土实体强度有怀疑时，可在混凝土喷射地点采用凿方切割法或钻芯取样法随机抽取制作试件进行抗压强度试验。

喷射混凝土强度试件取样频率可认为在材料、工艺不变情况下，每一作业循环或每一工班，制作试件 2 组，对隧道施工而言，拱部和边墙应各制作试件一组。

9.3.12　本条只规定测量喷射混凝土厚度而没有对平整度提出要求是考虑到喷射混凝土在不同施工部位的具体情况。例如对于路基防护边坡等部位施作喷射混凝土，对其平整度提出要求是没有实际意义的。对于隧道防护工程喷射混凝土平整度指标及测量方法应按隧道专业验收标准的规定执行。

9.3.13　喷射混凝土的收缩变形比现浇混凝土大，主要原因是喷射混凝土中细粒料的成份较多、水泥用量较大且含有速凝剂。为使水泥充分水化，减少或防止混凝土的不正常收缩裂缝，因此在喷射混凝土终凝 2 h 后，应立即进行湿润养护至 14 d。

9.4.1　由于特细砂混凝土的耐久性能较差，在铁路施工中其使用范围有诸多限制，施工过程中应予严格控制。虽然仅用特细砂配制混凝土有许多局限性,但实践证明,如果特细砂和机制砂配合使用,能够配制许多强度等级较高和流动性较大的混凝土,同时混凝土的耐久性能也得到很大改善,这样能够大大拓展特细砂混凝土的使用空间。

9.4.2 由于特细砂混凝土黏度较大,较中、细砂混凝土难以搅拌均匀,故本条强调搅拌时注意投料顺序,一般先将特细砂与粗骨料拌和均匀后再投入胶凝材料和水,并要求适当延长搅拌时间。

9.4.3 特细砂混凝土成型后表面易出现泌水和收缩裂缝,在施工完毕混凝土终凝前应进行二次压实抹面。

9.4.4 特细砂混凝土用砂仅限于河砂。山地及沙漠戈壁的特细砂因成分复杂,级配单一,技术指标难以控制,无法保证混凝土力学性能和耐久性能,不允许在特细砂混凝土中使用。特细砂含泥量采用“虹吸管法”检验。

9.4.5 特细砂混凝土配合比设计步骤基本与普通混凝土相同,所不同的是,在计算特细砂混凝土的粗、细骨料用量时宜采用砂浆剩余系数法计算。其计算公式为

$$G_0=\frac{1\ 000}{1+K\cdot\frac{P}{1-P}}\cdot\gamma_g \qquad \text{(说明 9.4.5)}$$

$$S_0=\left(1\ 000-\frac{G_0}{\gamma_g}-\frac{C_0}{\gamma_c}-\frac{W_0}{\gamma_w}\right)\cdot\gamma_s$$

式中 G_0——特细砂混凝土的粗骨料用量(kg/m^3);

S_0——特细砂混凝土的细骨料用量(kg/m^3);

P——粗骨料的紧密空隙率(%);

γ_g——粗骨料的表观密度(g/cm^3);

C_0——特细砂混凝土的水泥用量(kg/m^3);

W_0——特细砂混凝土的水用量(kg/m^3);

γ_c——水泥的密度(g/cm^3);

γ_s——细骨料的表观密度(g/cm^3);

γ_w——水的密度(g/cm^3)。

特细砂混凝土砂浆剩余系数 K 可按说明表 9.4.5 选用。

说明表 9.4.5 特细砂混凝土砂浆剩余系数 *K*

混凝土稠度 \ 粗骨料规格(mm)	5～10	5～20	5～40	5～80
5～20 s(干硬性混凝土)	1.30～1.35	1.20～1.25	1.15～1.20	1.10～1.15
10～30 mm(塑性硬性混凝土)	1.35～1.40	1.25～1.30	1.20～1.25	1.15～1.20
30～50 mm(塑性硬性混凝土)	1.40～1.45	1.30～1.35	1.25～1.30	1.20～1.25
50～70 mm(塑性硬性混凝土)	1.45～1.50	1.35～1.40	1.30～1.35	1.25～1.30

为了保证混凝土的和易性、保水性及粘聚性,提高混凝土强度,特细砂混凝土在进行配合比设计时宜采用低砂率,其砂率宜为中、细砂混凝土砂率的 85%～70%。

9.4.6 本条规定特细砂混凝土在浇筑完成后立即进行保湿养护,这一要求有利于确保特细砂

混凝土施工质量。

9.5.1 补偿收缩混凝土常用膨胀剂有硫铝酸钙类、硫铝酸钙－氧化钙类、氧化钙类等，施工过程中应根据微膨胀混凝土使用环境、部位、设计要求选择合适的膨胀剂种类和掺量，否则应用不当会严重影响混凝土耐久性能和使用功能。硫铝酸钙类、硫铝酸钙－氧化钙类膨胀剂配制的微膨胀混凝土，其膨胀源、水化产物钙矾石在 80 ℃以上可能分解，因而不能用于长期环境温度在80 ℃以上的工程；用氧化钙类膨胀剂配制的微膨胀混凝土其膨胀源是氢氧化钙，可不受80 ℃温度限制，但不能用于海水或有侵蚀性水的工程。

9.5.2 补偿收缩混凝土是一种优良的抗裂防渗材料，它与普通混凝土最本质的区别在于它必须提供初期的有效膨胀(限制膨胀率)，同时也必须满足设计所要求的强度等级、耐久性能和工作性能要求。

9.5.3 对于补偿收缩混凝土的投料顺序，一般而言，膨胀剂与水泥先投入为好。为得到均匀的混凝土，应规定恰当的投料顺序与投料方式，并规定搅拌时间。采用间歇式搅拌机时，因首盘混凝土搅拌时部分砂浆会粘附在搅拌机上，所以最好先预拌适量砂浆，然后卸出，再投入规定的材料进行搅拌。

9.5.4 补偿收缩混凝土结构物一般对整体性、密实性、连续性要求较高，在施工过程中要制作专项施工方案，做好施工准备，保证混凝土浇筑有序、连续。终凝前对混凝土表面进行多次连续抹压是为了消除塑性裂缝。

9.5.5 为给补偿收缩混凝土早期强度的提升和限制膨胀率的增长提供有利的应力环境，同时避免外部风力、阳光对混凝土表面温度、湿度造成影响，要求补偿收缩混凝土不宜过早拆模，拆模时间不宜早于 3 d，冬期施工时混凝土拆模时间宜延迟至 7 d 以上。

9.5.7 关于膨胀剂掺量，在实际应用时主要是根据限制膨胀率的需要。以往单纯使用百分比掺量确定膨胀剂用量，当混凝土强度等级较低或水泥用量较少时，直接用厂家提供的推荐掺量，会出现膨胀剂实际用量不足，而导致膨胀率偏低，达不到补偿收缩的目的。补偿收缩混凝土的限制膨胀率不像强度那样取决于水胶比大小，而与单位膨胀剂用量大致成正比关系；确定膨胀剂适宜的掺量，科学的方法是根据设计要求的限制膨胀率，通过配合比试验确定，膨胀剂掺量计算方法可参照 GB 50119 有关要求。

补偿收缩混凝土的需水量比普通混凝土大 10%～15%，在保持坍落度、水胶比、减水剂掺量不变的情况下，随着内掺膨胀剂的增加，混凝土的限制膨胀率增加，混凝土强度下降，而坍落度损失增大，为此在进行补偿收缩混凝土配合比设计时，宜减少混凝土单位用水量，采用较大砂率和较小的坍落度。有时为调节其工作性能，可掺加缓凝减水剂和粉煤灰、矿粉等掺和料。

表 9.5.7 的限制膨胀率指标是根据国家现行标准《混凝土外加剂应用技术规程》(GB 50119)的规定确定的。需要指出的是，在特殊条件下使用大膨胀率混凝土时，应事先进行必要的试验研究。单位胶凝材料用量是根据单位用水量和水胶比确定。一般来说，C25～C40 的补偿收缩混凝土的单位胶凝材料用量为 300～450 kg/m^3 时，可获得结构致密及较佳的补偿收缩效果。研究表明，胶凝材料中掺和料过多会降低膨胀性能，因此在进行配合比设计时，要合理确定和调整水泥、掺和料、膨胀剂比例，确保设计要求的限制膨胀率。

试验研究证明，水胶比大于 0.50，不仅对补偿收缩混凝土的膨胀性能有一定影响，而且混凝土耐久性能也不好，故规定水胶比不宜大于 0.50。

9.5.9 补偿收缩混凝土前期强度增长较快，水化热较高，易造成混凝土表面在硬化过程中由于游离水的蒸发或温度应力而引发裂纹，及时养护特别关键。试验证明，补偿收缩混凝土在成型后 72 h 内膨胀率急剧升高，7 d 内快速增长，14 d 内仍有增加。因此要求其养护时间不得少于 14 d，在有条件时最好是实施蓄水养护。

9.6.1 无砂透水混凝土是干硬性混凝土，由于水泥浆的稠度较大且数量较少，为保证水泥浆能够均匀地包裹在骨料上，应采用强制式搅拌机搅拌，同时搅拌时间适当延长。

9.6.2 为防止混凝土中水分流失而影响干硬性混凝土工作性和水泥的凝结硬化时间，干硬性混凝土在浇筑前必须用水润湿基层。

9.6.6 透水性能作为无砂透水混凝土的一项重要物理特性，关系到无砂透水混凝土的使用效果。当设计对透水性提出透水系数指标但没有明确试验方法时，可参照《透水砖》(JC/T 945—2005)透水系数检验方法进行检测。

9.7.5 参考国内外有关文献并经大量的试验分析验证，一般认为，只要混凝土 56 d 的透气系数 $K \leqslant 1\times10^{-11}$ cm/s，则该混凝土的气密性即能满足防止瓦斯渗漏的要求。

9.8.1 为了扩大纤维增强砂浆原材料来源，中国铁道科学研究院进行了河砂与石英砂的对比试验研究，试验表明，使用级配良好、洁净的中粗河砂可以制备出各项性能指标均符合要求的纤维增强砂浆，所以，本标准规定可以选用河砂来制备纤维增强砂浆。

9.8.8 超细活性粉末是提高纤维增强砂浆抗压强度的关键。铁道科学研究院进行的试验研究结果表明，采用硅灰、粉煤灰、磨细矿渣粉等常用掺和料，经过粒度优化设计，再辅以化学激发剂等，也能制备出抗压强度达到 150 MPa，弹性模量达 47 GPa 的纤维增强砂浆材料。从经济性与原材料来源广泛性角度考虑，纤维增强砂浆也可选用其他满足要求的掺和料。

9.9.2 自流平砂浆在灌注前应初步计算所需浆体体积，实际灌注浆体数量不应与计算值产生过大的误差，经过对比，能对浆体灌注质量进行分析，防止中间缺浆。

为保证桥梁支座锚固质量，并能使砂浆灌注饱满，预制和现浇简支箱梁盆式橡胶支座宜采用重力式自流平砂浆灌注施工方法，即：砂浆在其重力作用下通过漏斗、导管(PVC＋软管)或梭槽注入灌注部位。T 梁则更多的是采用干硬性砂浆进行密实封填。

J.0.1 为保证砌体工程的耐久性，对不同环境条件下使用的砂浆配合比设计时的最大水胶比作了规定，该表是参照原《铁路混凝土与砌体工程施工规范》(TB 10210—2001)中混凝土工程的最大水胶比规定表 5.8.5 的指标进行确定。

J.0.2 砂浆试件的制作方法系经专题试验研究验证，该方法匀质性较好，易于保证砂浆试件制作质量。

J.0.3 养护条件要求为标准养护室的温度和湿度。

附录 L

混凝土对瓦斯的气密性和对空气的气密性大体上属于同一数量级。因此，可以采用测定混凝土对空气的气密性间接评估对瓦斯的气密性，并借鉴防水混凝土抗渗性的测试方法确定气密性混凝土的测试方法和评定标准。

中华人民共和国行业标准

铁建设〔2010〕240 号

高速铁路路基工程施工质量验收标准

Standard for Constructional Quality Acceptance of High-speed Railway Earth Structure Engineering

TB 10751—2010

2010-12-08　发布　　　　**2010-12-08　实施**

中华人民共和国铁道部　发布

前　言

本标准是根据铁道部《关于印发 2009 年铁路工程建设标准编制计划的通知》(铁建设函〔2009〕34 号)的要求，在《客运专线铁路路基工程施工质量验收暂行标准》(铁建设〔2005〕160 号)的基础上，充分吸纳京津、武广、郑西、合宁、合武、石太等高速铁路的建设、运营经验以及京广、浙赣、胶济、郑徐线等第六次大面积提速工作经验编制而成。

本标准的编制工作紧紧把握高速铁路总体技术路线，坚持高起点、高标准，通过原始创新、集成创新和引进消化吸收再创新，形成了符合我国国情、路情，具有自主知识产权的中国高速铁路路基工程施工质量验收标准。

本标准共分 15 章，主要内容包括：总则、术语和符号、基本规定、地基处理、填料、基床以下路堤、基床表层以下过渡段、路堑、基床、路基支挡工程、路基边坡防护、路基防排水、路基相关工程及设施、变形观测、路基单位工程综合质量。

本标准的主要技术内容如下：

1. 规定了标准的编制目的、适用范围、工程质量应保证设计使用年限内工程结构安全和使用功能。明确了对管理层、技术层、作业层人员的质量责任实行终身追究制度。规定了高速铁路路基的工后沉降达不到设计要求时，严禁进入轨道工程施工工序等。

2. 明确了建设各方应建立健全质量保证体系，对工程施工质量进行全过程控制。规定了施工现场质量管理检查记录应包括管理层、技术层、作业层人员质量责任登记，检验批的质量验收要求和施工作业人员按部位和工序分别签名登记。

3. 规定了地基处理前应进行地质核查。砂桩、碎石桩、搅拌桩、CFG 桩、混凝土桩等地基处理施工过程中，应记录施工设备贯入地层的反应，补充地质核查资料。按地基处理工序流程提出了过程控制验收标准。

4. 突出了路基填料作为建筑材料集中生产的理念，明确了路基填料的选择和生产的要求。提出了普通填料、改良土填料、级配碎石填料制备过程的验收内容、验收标准、检验数量和检验方法。

5. 提出了在进行大面积填筑前，不同填料应分别进行摊铺压实工艺试验，确定工艺参数，供大面积路基填筑施工控制使用。规定了普通填料和物理改良土填筑基床以下路堤时采用压实系数和地基系数控制压实质量，化学改良土填筑基床以下路堤时采用压实系数和 7 d 饱和无侧限抗压强度控制压实质量。

6. 对路基与桥台过渡段、路基与横向结构物过渡段、路堤与路堑过渡段、路基与隧道间过渡段、桥台与隧道间过渡段等质量控制内容，明确了基底处理，基坑回填，过渡段级配碎石及 A、B 组填料填层，混凝土填层的验收内容、验收标准、检验数量和检验方法。

7. 规定了路堑施工前应做好堑顶截、排水天沟。开挖前清除坡顶、坡面的危石，妥善处理坡顶、坡面裂缝和其他不稳定情况。明确了石质路堑开挖严禁采用峒室爆破，开挖过程中应对照设计文件核对水文地质和工程地质资料的规定。

8. 明确了普通填料和物理改良土填筑基床底层时采用压实系数、地基系数和动态变形模量控制压实质量，化学改良土填筑基床底层时采用压实系数和 7 d 饱和无侧限抗压强度控制压实质量，级配碎石填筑基床表层采用压实系数、地基系数和动态变形模量控制压实质量。

9. 对重力式挡土墙、短卸荷板式挡土墙、悬臂式和扶壁式挡土墙、锚杆挡土墙、锚定板挡土墙、加筋土挡土墙、土钉墙、抗滑桩、桩板式挡土墙、预应力锚索等路基支挡结构的验收，规定了从原材料验收到基坑开挖、基础施工、钢筋施工、模板工程、混凝土施工、泄水孔、沉降缝（伸缩缝）、墙后反滤层及墙背回填等的验收内容、验收标准、检验数量和检验方法。

10. 明确了边坡防护施工前边坡基底应稳定、坡面应平整密实的要求。对植物防护、骨架护坡防护、锚杆（锚索）框架梁防护等路基边坡防护规定了施工过程中的验收内容、验收标准、检验数量和检验方法。

11. 强调了路基排水工程形成畅通的排水系统的理念，提出了水沟出水口位置与既有沟渠、自然沟渠的衔接要求。对路基地面排水、地下排水、路基横向排水施工的基底和施工过程提出了质量验收要求。明确了路基面沥青混凝土层和特殊土地区防止地下水上升的隔断层、反滤层作为路基防（隔）水层的验收要求。

12. 完善了端刺基坑、电缆槽、接触网支柱基础、声屏障基础等路基上的相关工程应与路基同步修建，其施工不应破坏路基安全和稳定的规定。提出了相关工程施工中与路基相关部位的验收内容、验收标准、检验数量和检验方法。明确了路基检查设备、防护栅栏、取弃土场施工的要求和验收标准。

13. 明确了路基填筑完成或施加预压荷载后应有不少于 6 个月的观测和调整期、观测数据不足以评估或评估结果不能满足工后沉降要求时继续观测或采取必要的加速或控制沉降的措施的规定。

14. 针对单位工程综合质量，提出了质量控制资料核查、实体工程质量及主要功能核查、观感质量评定的要求，规定了观感质量评定的标准。

本标准全部条文均为强制性条文，必须严格执行。

在执行本标准过程中，希望各单位结合工程实践，认真总结经验，积累资料。如发现需要修改和补充之处，请及时将意见和有关资料寄交中铁十二局集团有限公司（太原市西矿街 130 号，邮编：030024），并抄送铁道部经济规划研究院（北京市海淀区北蜂窝路乙 29 号，邮政编码：100038），供今后修订时参考。

本标准由铁道部建设管理司负责解释。

主编单位：中铁十二局集团有限公司。

参编单位：中铁二局集团有限公司，中铁第五勘察设计院集团有限公司。

主要起草人：吴　波、周诗广、黄直久、胡　建、肖金凤、张晓波、武常明、万伟明、李庆民、郭绍影、王彩文、李　佐、厉　鹏、刘卫华、李文华、张成钢、程慧林、崔红琴、陈济洲、王俊华、刘金成。

主要审定人：安国栋、苏全利、米　隆、吴明友、李海光、彭泽仁、顾湘生、唐　红、阚宏明、叶阳升、史存林、朱瑞龙、李怒放、韩文雷。

目　　次

1 总 则

1.0.1 为加强高速铁路工程施工质量管理，统一高速铁路路基工程施工质量的验收标准，保证工程质量，制定本标准。

1.0.2 本标准适用于新建时速 250～350 km 高速铁路区间及车站路基工程施工质量的验收。时速 250 km 以下客运专线、城际铁路路基工程施工质量的验收应参照执行。

1.0.3 建设各方应建立健全质量保证体系，对工程施工质量进行全过程控制，对管理层、技术层、作业层人员的质量责任实行终身追究制度。

1.0.4 建设各方应作好管理制度标准化、人员配备标准化、现场管理标准化、过程控制标准化，实现质量、安全、工期、投资效益、环境保护、技术创新等建设管理目标。

1.0.5 高速铁路路基工程施工必须执行国家法律法规及相关技术标准，严格按照设计文件进行施工，重视地质核查，作好地基处理、填料生产供应及压实成型、过渡段处理、支挡结构、边坡防护及防排水、变形观测评估等关键工程的施工，满足工程结构安全、耐久性能及系统使用功能要求，保证设计使用年限内正常运营。

1.0.6 高速铁路路基工程施工应合理利用资源，做好环境保护、水土保持等工作。

1.0.7 高速铁路路基工程施工应采用机械化、工厂化、专业化、信息化等现代化施工手段，保证工程质量。

1.0.8 高速铁路路基工程应采用先进、成熟、科学的检测手段，质量数据必须真实可靠，全面反映工程质量状况。所用方法和仪器设备应符合相关标准的规定，仪器精度应能满足质量控制要求，质量检测人员必须具有相应的资格。

1.0.9 高速铁路路基工程的各类质量检测报告、检查验收记录和其他工程技术资料，必须按规定及时填写，并且严格履行责任人签字确认制度。

1.0.10 高速铁路软土、松软土路基工程应作为控制工程组织施工。

1.0.11 高速铁路路基的工后沉降达不到设计要求时，严禁进入轨道工程施工工序。

1.0.12 高速铁路路基填料作为结构物建筑材料，其粒径和特性应满足设计要求，应采用工厂（场）化加工、集中供应方式。

1.0.13 高速铁路路基工程施工应符合《铁路工程基本作业施工安全技术规程》（TB 10301）和《铁路路基工程施工安全技术规程》（TB 10302），并应重视对地质灾害的识别、评估、预防工作。高边坡和既有线旁、危岩落石、岩堆、滑坡等不良地质路堑施工时，应根据设计要求制定预案，进行风险控制。

1.0.14 弃土场应按设计要求合理选择，并按设计要求进行核查。弃土不应堵塞沟槽，挤压河道、桥梁墩台及其他建筑物。弃土堆的边坡应作防护，防止水土流失。

1.0.15 高速铁路路基工程施工中所采用的承包合同文件和工程技术文件等对施工质量的要求不应低于本标准的规定。设计要求的质量指标高于本标准的规定时，应按设计要求办理。

1.0.16 高速铁路路基工程施工及验收人员应经过专门培训，经考试合格后方可上岗。

1.0.17 本标准未涉及的新技术、新工艺、新设备、新材料，其施工质量的验收应另行制定补充标准。

1.0.18 高速铁路路基工程施工质量的验收除应执行本标准外，尚应符合国家现行有关标准的规定。

2 术语和符号

2.1 术　　语

2.1.1 工程施工质量　constructional quality of engineering

反映工程施工过程或实体满足相关标准规定或合同约定的要求，包括其在安全、使用功能及耐久性能、环境保护等方面所有明显和隐含能力的特性总和。

2.1.2 验收　acceptance

工程施工质量在施工单位自行检查评定的基础上，参与建设活动的有关单位共同对检验批、分项、分部、单位工程的质量按有关规定进行检验，根据相关标准以书面形式对工程质量达到合格与否作出确认。

2.1.3 设计使用年限　design working life

作为结构耐久性设计依据并具有足够安全度或保证率的目标使用年限。

2.1.4 进场验收　site acceptance

对进入施工现场的材料、构配件、设备等按相关标准规定要求进行检验，对其达到合格与否作出确认。

2.1.5 检验批　inspection lot

按同一生产条件或按规定的方式汇总起来供检验用的由一定数量样本组成的检验体。

2.1.6 检验　inspection

对检验项目中的性能进行量测、检查、试验等，并将结果与标准规定要求进行比较，以确定每项性能是否合格所进行的活动。

2.1.7 见证检验　evidential testing

在监理单位或建设单位监督下，由施工单位有关人员现场取样，并送至具备相应资质的检测单位所进行的检验。

2.1.8 平行检验　parallel acceptance testing

监理单位利用一定的检查或检测手段，在施工单位自检的基础上，按照一定的比例独立进行检查或检测的活动。

2.1.9 旁站　on-site supervision

在工程的关键部位或关键工序施工过程中，由监理人员在现场进行的监督活动。

2.1.10 工序　constructional procedure

施工过程中具有相对独立特点的作业活动，或由必要的技术间歇及停顿分割的作业活动，是组成施工过程的基本单元。

2.1.11 交接检验　handing over inspection

由施工的承接方与完成方共同检查并对可否继续施工作出确认的活动。

2.1.12 主控项目　dominant item

对质量、安全、卫生、环境保护和公众利益起决定性作用的检验项目。

2.1.13 一般项目 general item

除主控项目以外的检验项目。

2.2 符号

K——压实系数

K_{30}——采用300 mm直径承载板测定的地基系数(MPa/m)

E_{v2}——二次变形模量(MPa)

E_{v2}/E_{v1}——二次变形模量与一次变形模量的比值

E_{vd}——动态变形模量(MPa)

q_u——7d饱和无侧限抗压强度(kPa)

C_u——不均匀系数

D_{60}——颗粒级配曲线上小于该粒径的质量占总质量的60%含量的颗粒粒径(mm)

D_{10}——颗粒级配曲线上小于该粒径的质量占总质量的10%含量的颗粒粒径(mm)

D_{15}——较粗一层土小于该粒径的质量占总质量的15%含量的颗粒粒径(mm)

d_{85}——较细一层土小于该粒径的质量占总质量的85%含量的颗粒粒径(mm)

3 基本规定

3.1 一般规定

3.1.1 高速铁路路基工程施工现场质量管理应有相应的施工技术标准、健全的质量管理体系和施工质量检验制度。施工现场质量管理检查记录应由施工单位在施工前按表 3.1.1 填写，总监理工程师进行检查，并作出检查结论。

表 3.1.1 施工现场质量管理检查记录

<table>
<tr><td colspan="2">单位工程名称</td><td colspan="2"></td><td>开工日期</td><td></td></tr>
<tr><td colspan="2">建设单位</td><td colspan="2"></td><td>项目负责人</td><td></td></tr>
<tr><td colspan="2">设计单位</td><td colspan="2"></td><td>项目负责人</td><td></td></tr>
<tr><td colspan="2">监理单位</td><td colspan="2"></td><td>总监理工程师</td><td></td></tr>
<tr><td colspan="2">施工单位</td><td></td><td>项目负责人</td><td></td><td>项目技术负责人</td></tr>
<tr><td>序号</td><td colspan="3">项　　目</td><td colspan="2">内　　容</td></tr>
<tr><td>1</td><td colspan="3">开工报告</td><td colspan="2"></td></tr>
<tr><td>2</td><td colspan="3">现场质量管理制度</td><td colspan="2"></td></tr>
<tr><td>3</td><td colspan="3">质量责任制</td><td colspan="2"></td></tr>
<tr><td>4</td><td colspan="3">工程质量检验制度</td><td colspan="2"></td></tr>
<tr><td>5</td><td colspan="3">施工技术标准</td><td colspan="2"></td></tr>
<tr><td>6</td><td colspan="3">施工图现场核对情况</td><td colspan="2"></td></tr>
<tr><td>7</td><td colspan="3">地质勘察资料</td><td colspan="2"></td></tr>
<tr><td>8</td><td colspan="3">交接桩、施工复测及测量控制网资料</td><td colspan="2"></td></tr>
<tr><td>9</td><td colspan="3">施工组织设计、施工方案和环境保护方案及审批</td><td colspan="2"></td></tr>
<tr><td>10</td><td colspan="3">主要专业工种操作上岗证书</td><td colspan="2"></td></tr>
<tr><td>11</td><td colspan="3">管理层、技术层、作业层人员质量责任登记表</td><td colspan="2"></td></tr>
<tr><td>12</td><td colspan="3">施工检测设备及计量器具配置</td><td colspan="2"></td></tr>
<tr><td>13</td><td colspan="3">材料、设备管理制度</td><td colspan="2"></td></tr>
<tr><td colspan="6">检查结论：
总监理工程师　　　　　　　　年　　月　　日</td></tr>
</table>

3.1.2 高速铁路路基工程施工质量控制应符合下列规定：

1 工程采用的原材料、构配件和设备，施工单位和监理单位应按本标准的规定进行检验，不合格的不应用于工程施工。

2 各工序应按施工技术标准进行过程控制，施工单位和监理单位按本标准的规定进行全面检查，并形成记录。

3 工序之间应进行交接检验，上道工序应满足下道工序的施工条件和技术要求。相关专业工序之间的交接检验应经监理工程师检查认可，未经检查或经检查不合格的不应进行下道工序施工。

3.1.3 高速铁路路基工程施工质量验收应符合下列规定：

1 工程施工质量应符合本标准和现行有关标准的规定。

2 工程施工质量应符合工程勘察、设计文件的要求。

3 参加工程施工质量验收的各方人员应具备相应的资格；各种检查、记录、签证人员应报建设单位确认、备案。

4 工程施工质量的验收均应在施工单位自行检查评定合格的基础上进行。

3.2 工程施工质量验收单元划分

3.2.1 高速铁路路基工程施工质量验收单元应按单位工程、分部工程、分项工程和检验批划分。

3.2.2 单位工程应按一个完整工程或一个相当规模的施工范围划分，并按下列原则确定：

1 一个区间路基或一个车站的路基为一个单位工程。

2 一个施工单位承担的路基施工范围为一个单位工程。

3 相对独立或技术复杂的工程可作为一个单位工程。

3.2.3 分部工程应按一个完整部位或主要结构、施工阶段划分。

3.2.4 分项工程应按工种、工序、材料、施工工艺等划分。

3.2.5 检验批可根据施工及质量控制和验收需要按施工段或部位等划分。

3.2.6 路基工程的分部工程、分项工程、检验批划分和检验项目应符合表 3.2.6 的规定。

表 3.2.6 路基工程分部工程、分项工程划分和检验批、检验项目

分部工程		分项工程	检验批	检验项目条文号	
类别	名称			主控项目	一般项目
地基处理	原地面处理	地表处理	区间正线路基沿线路纵向连续长度每≤200 m，站场路基折合正线双线每≤200 m	4.1.3～4.1.5	4.1.6
	换填	换填基坑	每个基坑	4.2.4～4.2.6	4.2.8
		填筑	每个基坑每填层	4.2.3、4.2.7	4.2.9
	砂垫层	填筑砂垫层	区间正线路基沿线路纵向连续长度每≤200 m，站场路基折合正线双线每≤200 m	4.3.5、4.3.8、4.3.10	4.3.11
	碎石垫层	填筑碎石垫层	区间正线路基沿线路纵向连续长度每≤200 m，站场路基折合正线双线每≤200 m	4.3.6、4.3.8、4.3.10	4.3.11
	土工合成材料加筋垫层	铺设土工合成材料	区间正线路基沿线路纵向连续长度每≤200 m，站场路基折合正线双线每≤200 m	4.3.7、4.3.9	4.3.12
	强夯	夯击	区间正线路基沿线路纵向连续长度每≤200 m，站场路基折合正线双线每≤200 m	4.4.4～4.4.6	4.4.8～4.4.9
		强夯后地基	每个独立的强夯地基处理工点	4.4.7	
	袋装砂井	插打袋装砂井	区间正线路基沿线路纵向连续长度每≤200 m，站场路基折合正线双线每≤200 m	4.5.4～4.5.8	4.5.9
	塑料排水板	插打塑料排水板	区间正线路基沿线路纵向连续长度每≤200 m，站场路基折合正线双线每≤200 m	4.6.5～4.6.7	4.6.8
	真空预压	真空加载	每个真空预压工点	4.7.4～4.7.10	
		卸载	每个真空预压工点	4.7.11	

续上表

分部工程		分项工程	检　验　批	检验项目条文号	
类别	名称			主控项目	一般项目
地基处理	堆载预压	堆载加载	沿线路纵向连续长度每≤200 m	4.8.4～4.8.5	
		卸载	每个堆载预压工点	4.8.6～4.8.7	
	砂桩	制桩	区间正线路基沿线路纵向连续长度每≤200 m,站场路基折合正线双线每≤200 m	4.9.5～4.9.9	4.9.13
		成桩	每个独立的砂桩地基处理工点	4.9.10～4.9.12	
	碎石桩	制桩	区间正线路基沿线路纵向连续长度每≤200 m,站场路基折合正线双线每≤200 m	4.9.5～4.9.9	4.9.13
		成桩	每个独立的碎石桩地基处理工点	4.9.10～4.9.12	
	强夯置换	夯击	区间正线路基沿线路纵向连续长度每≤200 m,站场路基折合正线双线每≤200 m	4.10.4～4.10.6	4.10.10～4.10.12
		强夯置换复合地基	每个独立的强夯置换地基处理工点	4.10.7～4.10.9	
	挤密桩(灰土挤密桩,水泥土挤密桩,柱锤冲扩桩)	制桩	区间正线路基沿线路纵向连续长度每≤200 m,站场路基折合正线双线每≤200 m	4.11.4～4.11.11	4.11.15
		成桩	每个独立的挤密桩地基处理工点	4.11.12～4.11.14	
	粉体喷射搅拌桩	制桩	区间正线路基沿线路纵向连续长度每≤200 m,站场路基折合正线双线每≤200 m	4.12.4、4.12.7～4.12.10	4.12.13
		成桩	每个独立的粉喷桩地基处理工点	4.12.11～4.12.12	
	浆体喷射搅拌桩	制桩	区间正线路基沿线路纵向连续长度每≤200 m,站场路基折合正线双线每≤200 m	4.12.5～4.12.10	4.12.13
		成桩	每个独立的浆喷桩地基处理工点	4.12.11～4.12.12	
	旋喷桩	制桩	区间正线路基沿线路纵向连续长度每≤200 m,站场路基折合正线双线每≤200 m	4.13.4～4.13.9	4.13.12
		成桩	每个独立的旋喷桩地基处理工点	4.13.10～4.13.11	
	水泥粉煤灰碎石桩(CFG 桩)	制桩	区间正线路基沿线路纵向连续长度每≤200 m,站场路基折合正线双线每≤200 m	4.14.4～4.14.10	4.14.13～4.14.14
		成桩	每个独立的 CFG 桩地基处理工点	4.14.11～4.14.12	
	混凝土预制桩(管桩、方桩)	沉桩	区间正线路基沿线路纵向连续长度每≤200 m,站场路基折合正线双线每≤200 m	4.15.10～4.15.16	4.15.19
		成桩	每个独立的预制桩地基处理工点	4.15.17～4.15.18	
	混凝土灌注桩	成孔	每 10 根桩	4.16.4～4.16.5	4.16.13
		钢筋	每 10 根桩	4.16.3、4.16.6	4.16.11～4.16.12
		混凝土	每 10 根桩	4.16.3、4.16.7～4.16.8	
		成桩	每个独立的混凝土灌注桩地基处理工点	4.16.9～4.16.10	
	桩帽	模板	每一安装批	4.17.5	4.17.10
		钢筋	每一安装批	4.17.4、4.17.6	4.17.9、4.17.11
		混凝土	每一浇筑批	4.17.4、4.17.7～4.17.8	4.17.12～4.17.13

续上表

分部工程 类别	分部工程 名称	分项工程	检验批	检验项目条文号 主控项目	检验项目条文号 一般项目
地基处理	桩板结构	成孔	每 10 根桩	4.16.4～4.16.5	
		模板	每一安装批	4.18.12	4.18.17
		钢筋	每 10 根桩，托梁、承载板每一安装批	4.18.6～4.18.7、4.18.13	4.18.14、4.18.15
		混凝土	每 10 根桩，托梁、承载板每一浇筑批	4.18.6、4.18.8、4.16.8	4.18.16、4.18.18～4.18.19
		成桩	每个独立的桩板结构工点	4.18.10～4.18.11	
	筏板	垫层	区间正线路基沿线路纵向连续长度每≤200 m，站场路基折合正线双线每≤200 m	4.19.4	4.19.11
		模板	每一安装批	4.19.6	4.19.12
		钢筋	每一安装批	4.19.5、4.19.7	4.19.13
		混凝土	每一浇筑批	4.19.5、4.19.8	4.19.14～4.19.15
		沉降缝（伸缩缝）	每一混凝土浇筑批所包含的中间沉降缝（伸缩缝）	4.19.9～4.19.10	4.19.16～4.19.17
	岩溶、洞穴处理	填充	每个洞穴	4.20.8～4.20.9、4.20.12～4.20.16	
		注浆	每处注浆工点	4.20.8、4.20.10～4.20.11	
填料	填料制备	普通填料	每 1×10^4 m^3	5.2.1～5.2.3	
		化学改良土填料	每 1×10^4 m^3	5.3.1～5.3.3、5.3.5～5.3.8	
		物理改良土填料	每 1×10^4 m^3	5.3.4～5.3.5、5.3.8	
		基床表层级配碎石填料	每 5 000 m^3	5.4.1～5.4.2、5.4.4～5.4.5	
		过渡段级配碎石填料	每 5 000 m^3	5.4.1～5.4.7	
路堤	路基隔水层	隔水层铺设	沿线路纵向连续路堤长度每≤200 m	12.1.8～12.1.12	12.1.26
	基床以下路堤	普通填料及物理改良土填筑	同一压实工作班的单个压实区段的每一检测层	6.2.1～6.2.3	6.2.4～6.2.6
		化学改良土填筑	同一压实工作班的单个压实区段的每一检测层	6.3.1～6.3.5	6.2.4～6.2.6
		加筋土填筑	同一压实工作班的单个压实区段的每一检测层	6.4.1～6.4.5	6.4.6～6.4.7
	路堤基床底层	普通填料及物理改良土填筑	同一压实工作班的单个压实区段的每一检测层	9.1.5～9.1.6、9.1.9	9.1.12
		化学改良土填筑	同一压实工作班的单个压实区段的每一检测层	9.1.5～9.1.9	9.1.12
		加筋土填筑	同一压实工作班的单个压实区段的每一检测层	9.1.5～9.1.6、9.1.9、6.4.1～6.4.2	9.1.12、6.4.6
	路堤基床表层	级配碎石填筑	同一压实工作班的单个压实区段的每一检测层	9.2.7～9.2.8、9.2.10	9.2.13～9.2.14
	路堤边坡	路堤边坡	沿线路纵向连续路堤长度每≤200 m	6.5.4	6.5.5

续上表

分部工程		分项工程	检验批	检验项目条文号	
类别	名称			主控项目	一般项目
路堑	路堑开挖	路堑边坡	沿线路纵向连续路堑长度每≤200 m	8.0.8～8.0.12	8.0.13
	路基隔水层	隔水层铺设	沿线路纵向连续路堑长度每≤200 m	12.1.8～12.1.12	12.1.26
	换填路堑基床底层	普通填料及物理改良土填筑	同一压实工作班的单个压实区段的每一检测层	9.1.5～9.1.6、9.1.10～9.1.11	9.1.12
		化学改良土填筑	同一压实工作班的单个压实区段的每一检测层	9.1.5～9.1.11	9.1.12
		加筋土填筑	同一压实工作班的单个压实区段的每一检测层	9.1.5～9.1.6、9.1.9～9.1.11、6.4.1～6.4.2	9.1.12、6.4.6
	换填路堑基床表层	级配碎石填筑	同一压实工作班的单个压实区段的每一检测层	9.2.7～9.2.8、9.2.11～9.2.12	9.2.13～9.2.14
过渡段	基床表层以下过渡段	路堤与桥台过渡段	每个过渡段	7.1.4、7.2.3～7.2.4、7.3.4～7.3.9、7.4.3～7.4.5、	7.2.5～7.2.6、7.3.10、7.4.6～7.4.8
		路堤与横向结构物过渡段	每个过渡段	7.1.4、7.2.3～7.2.4、7.3.4～7.3.9、7.4.3～7.4.5	7.2.5～7.2.6、7.3.10、7.4.6～7.4.8
		路堤与硬质岩石路堑过渡段	每个过渡段	7.1.4～7.1.5、7.5.6、7.5.9	7.5.12
		路堤与软质岩石或土质路堑过渡段	每个过渡段	7.1.4～7.1.5、7.5.5、7.5.7～7.5.8	7.5.10～7.5.11
		路堑与隧道级配碎石过渡段	每个过渡段	7.1.4、7.5.6、7.5.9	7.5.12
		路堑与隧道混凝土过渡段	每个过渡段	7.1.4、7.6.3～7.6.7	7.6.8
	过渡段基床表层	级配碎石填筑	每处过渡段	9.2.7～9.2.10	9.2.13～9.2.14
路基支挡工程	重力式挡土墙	明挖基坑	长度≤50 m每个施工段	10.1.12～10.1.13	10.1.38
		挡土墙基础	长度≤50 m每个施工段	10.1.10、10.1.14～10.1.26	10.1.39～10.1.48
		墙身模板	每个安装段	10.1.29	
		墙身钢筋	每个安装段	10.1.10、10.1.27～10.1.28	10.1.52
		墙身混凝土	每个浇筑段	10.1.10、10.1.30～10.1.31	10.1.49～10.1.50
		墙背填筑及反滤层	长度≤50 m每个施工段	10.1.11、10.1.34～10.1.37	10.1.51
		沉降缝(伸缩缝)、泄水孔	每座挡土墙	10.1.32～10.1.33	10.1.39、10.1.49
	短卸荷板式挡土墙	明挖基坑	长度≤50 m每个施工段	10.2.7	10.2.20
		挡土墙基础	长度≤50 m每个施工段	10.2.5、10.2.8	10.2.21～10.2.22
		模板	每个安装段	10.2.11	
		钢筋	每个安装段	10.2.5、10.2.9～10.2.10	10.2.27
		混凝土	每个浇筑段	10.2.5、10.2.12～10.2.13、10.2.17～10.2.18	10.2.23～10.2.25

续上表

分部工程		分项工程	检验批	检验项目条文号	
类别	名称			主控项目	一般项目
路基支挡工程	短卸荷板式挡土墙	墙背填筑及反滤层	长度≤50 m 每个施工段	10.2.6、10.2.15～10.2.16	10.2.26
		沉降缝(伸缩缝)、泄水孔	每座挡土墙	10.2.14～10.2.15、10.2.19	10.2.21、10.2.23
	悬臂式和扶壁式挡土墙	明挖基坑	长度≤50 m 每个施工段	10.3.8	10.3.19、10.3.21
		模板	每个安装段	10.3.10、10.3.13	
		钢筋	每个安装段	10.3.6、10.3.9、10.3.12、10.3.15	10.3.26
		混凝土	每个浇筑段	10.3.6、10.3.11、10.3.14	10.3.20、10.3.22～10.3.24
		墙背填筑及反滤层	长度≤50 m 每个施工段	10.3.7、10.3.17～10.3.18	10.3.25
		沉降缝(伸缩缝)、泄水孔	每座挡土墙	10.3.16～10.3.17	10.3.20、10.3.23
	锚杆挡土墙	明挖基坑	长度≤50 m 每个施工段	10.4.8	10.4.19
		挡土墙基础	长度≤50 m 每个施工段	10.4.6、10.4.9	10.4.20～10.4.21
		锚杆	长度≤50 m 每个施工段	10.4.6、10.4.10～10.4.13	10.4.22
		肋柱、墙面板	长度≤50 m 每个施工段	10.4.6、10.4.14	10.4.23～10.4.24、10.4.27
路基支挡结构	锚杆挡土墙	墙背反滤层	长度≤50 m 每个施工段	10.4.7、10.4.15	10.4.26
		沉降缝(伸缩缝)	每座挡土墙	10.4.16	10.4.20
		分级平台	每座挡土墙	10.4.17～10.4.18	10.4.25
	锚定板挡土墙	明挖基坑	长度≤50 m 每个施工段	10.5.8	10.5.19
		挡土墙基础	长度≤50 m 每个施工段	10.5.6、10.5.9	10.5.20～10.5.21
		拉杆	长度≤50 m 每个施工段	10.5.6、10.5.11～10.5.12	
		肋柱、墙面板、锚定板	长度≤50 m 每个施工段	10.5.6、10.5.10	10.5.22
		墙背填筑及反滤层	长度≤50 m 每个施工段	10.5.7、10.5.13～10.5.15	10.5.24
		沉降缝(伸缩缝)、泄水孔	每座挡土墙	10.5.16～10.5.17	10.5.20
		分级平台	每座挡土墙	10.5.18	10.5.23
	加筋土挡土墙	明挖基坑	长度≤50 m 每个施工段	10.6.11	10.6.32
		挡土墙基础	长度≤50 m 每个施工段	10.6.8、10.6.12	10.6.33
		墙面板预制	每施工批	10.6.8、10.6.13～10.6.18	10.6.35、10.6.39
		拉筋、墙面板安装	长度≤50 m 每个施工段	10.6.10、10.6.19～10.6.23	10.6.34
		墙背填筑及反滤层	长度≤50 m 每个施工段	10.6.9、10.6.24～10.6.25、10.6.30～10.6.31	10.6.38
		沉降缝(伸缩缝)	每座挡土墙	10.6.26	10.6.33
		帽石	长度≤50 m 每个施工段	10.6.8、10.6.27～10.6.29	10.6.36～10.6.37

续上表

分部工程		分项工程	检验批	检验项目条文号	
类别	名称			主控项目	一般项目
路基支挡结构	土钉墙	明挖基坑	长度≤50 m每个施工段	10.7.11	
		坡脚墙	长度≤50 m每个施工段	10.7.9、10.7.12～10.7.14	10.7.29～10.7.30
		坡脚墙墙背反滤层	长度≤50 m每个施工段	10.7.10、10.7.15	10.7.31
		土钉	长度≤50 m每个施工段	10.7.16～10.7.19	10.7.24
		钢筋网（土工网）	长度≤50 m每个施工段	10.7.9、10.7.20	10.7.25～10.7.26
		喷射混凝土面层	长度≤50 m每个施工段	10.7.9、10.7.21～10.7.23	10.7.27～10.7.28
	抗滑桩	成孔	每10根桩	10.8.11～10.8.14	10.8.20
		钢筋	每10根桩	10.8.10、10.8.15～10.8.17	10.8.21、10.8.23
		混凝土	每10根桩	10.8.10、10.8.18	10.8.22
		成桩	每个抗滑桩工点	10.8.19	
	桩板式挡墙	成孔	每10根桩	10.8.11～10.8.14	10.9.14
		钢筋	每10根桩	10.9.4、10.8.15～10.8.17	10.9.15、10.9.20
		混凝土	每10根桩	10.9.4、10.9.6、10.8.18	10.9.16、10.9.17
		成桩	每个抗滑桩工点	10.8.19	
		挡土板预制	每施工批	10.9.4、10.9.7～10.9.9	10.9.18
		挡土板安装	长度≤50 m每个施工段	10.9.10	
		墙后填筑	长度≤50 m每个施工段	10.9.11～10.9.13	
		路堑挡土墙顶面及周围封闭	每个挡土墙工点		10.9.19
	预应力锚索	锚索孔	每10个孔	10.10.11～10.10.12	10.10.25
		锚索制作	每施工批	10.10.10、10.10.13～10.10.14	
		注浆锚固	每10个孔	10.10.9、10.10.15～10.10.16	
		锚索张拉	每10个孔	10.10.10、10.10.17～10.10.23	10.10.26～10.10.27
		垫块及混凝土封闭	每个预应力锚索工点	10.10.24	10.10.28
路基边坡防护	植物防护	植物防护	连续护坡长度每≤200 m	11.2.1～11.2.3	11.2.12
		固土网垫	连续护坡长度每≤200 m	11.2.4～11.2.5	11.2.13
		喷混植生	连续护坡长度每≤200 m	11.2.6～11.2.11	11.2.14
	骨架护坡防护	现浇混凝土骨架	连续护坡长度每≤200 m	11.3.1～11.3.2、11.3.5～11.3.7	11.3.12
		混凝土预制件骨架	连续护坡长度每≤200 m	11.3.3～11.3.6	11.3.11、11.3.12
		植草	连续护坡长度每≤200 m	11.3.8～11.3.10	11.3.13

续上表

分部工程		分项工程	检验批	检验项目条文号	
类别	名称			主控项目	一般项目
路基边坡防护	混凝土预制件防护	预制件铺砌	连续护坡长度每≤200 m	11.4.1 ～11.4.5	11.4.6、11.4.7
	锚杆(锚索)框架梁防护	框架梁	连续护坡长度每≤100 m	11.5.1 ～11.5.6	11.5.16
		锚杆(锚索)	连续护坡长度每≤100 m	11.5.7 ～11.5.12	
		植草	连续护坡长度每≤200 m	11.5.13 ～11.5.15	11.5.17
路基防排水	路基表面沥青混凝土	沥青混凝土	连续长度每≤1000 m	12.1.13～12.1.25	
	地面排水	基坑	连续长度每≤100 m	12.2.14～12.2.16	
		现浇钢筋混凝土水沟	每浇筑段	12.2.11、12.2.13、12.2.17～12.2.20、12.2.24～12.2.27	12.2.28～12.2.29、12.2.31～12.2.34
	地面排水	混凝土水沟预制	每施工批	12.2.11、12.2.13、12.2.17～12.2.21	12.2.30
		预制水沟安装	连续长度每≤100 m	12.2.12、12.2.22～12.2.27	12.2.28～12.2.29、12.2.32～12.2.34
	地下排水	基坑	连续长度每≤100 m	12.3.11～12.3.12	
		现浇钢筋混凝土水沟	每浇筑段	12.3.6、12.3.8、12.3.10、12.3.13～12.3.16、12.3.18～12.3.23	12.3.24～12.3.25
		混凝土水沟预制	每施工批	12.3.6、12.3.8、12.3.13～12.3.16	12.3.26
		预制水沟安装	连续长度每≤100 m	12.3.7、12.3.9～12.3.10、12.3.17～12.3.23	12.3.24
	路基横向排水	基坑	连续长度每≤100 m	12.4.7～12.4.9	
		现浇钢筋混凝土水沟	每浇筑段	12.4.5、12.4.10～12.4.14、12.4.17～12.4.19	12.4.23
		混凝土水沟预制	连续长度每≤100 m	12.4.5、12.4.11～12.4.15	12.4.24
		预制水沟安装	连续长度每≤100 m	12.4.6、12.4.10、12.4.16～12.4.22	12.4.23
	过渡段排水	无砂透水混凝土块(渗水板)	每个过渡段	12.5.4～12.5.7、12.5.9、12.5.10	
		透水管	每个过渡段	12.5.8～12.5.9、12.5.12	
		路堤与路堑过渡段渗水盲沟	每个过渡段	12.3.9～12.3.12、12.3.19～12.3.21	12.3.24
路基相关工程及设施	端刺	端刺基坑	每处端刺	13.1.3 ～13.1.7	13.1.8
	电缆槽(井)	基底	沿线路连续长度每≤200 m	13.2.4 ～13.2.5	
		电缆槽	沿线路连续长度每≤200 m	13.2.6 、13.2.8 ～13.2.11	13.2.13、13.2.16～13.2.17
		电缆井	每处电缆井	13.2.7、13.2.9 ～13.2.11	13.2.15
		盖板	同一规格每 1 000 块	13.2.6	13.2.14
		护肩	沿线路连续长度每≤200 m	13.2.12	13.2.18

续上表

分部工程		分项工程	检验批	检验项目条文号	
类别	名称			主控项目	一般项目
路基相关工程及设施	接触网支柱基础	接触网支柱基础	沿线路每10处接触网支柱基础	13.3.3～13.3.6	13.3.7
	声屏障基础	声屏障基础	沿线路连续长度每≤200 m	13.4.4～13.4.10	13.4.11～13.4.14
	过轨管	过轨管	沿线路每10处	13.5.4～13.5.6	
	综合接地	综合接地	沿线路连续长度每≤200 m	13.5.4～13.5.5	
	检查井	检查井	每处检查井	13.6.4～13.6.5	13.6.8
	检查栏杆	检查栏杆	沿线路连续长度每≤200 m	13.6.6～13.6.7	13.6.9
	检查台阶（检查梯）	检查台阶（检查梯）	每10处检查台阶（检查梯）	13.6.7	13.6.9
	防护栅栏	防护栅栏	沿线路连续长度每≤500 m	13.7.4～13.7.13	13.7.14～13.7.17
	取土场	取土场	每个取土场	13.8.3、13.8.6～13.8.8	13.8.9～13.8.11
	弃土场	弃土场	每个弃土场	13.8.4～13.8.8	13.8.9～13.8.11
变形观测	变形观测	观测装置安设	沿线路连续长度每≤1 000 m	14.0.10～14.0.11	14.0.13
		变形观测	连续同一类型路基的沉降观测	14.0.12	

3.3 工程施工质量验收内容和要求

3.3.1 检验批的质量验收应包括下列内容：

1 实物检查：原材料、构配件和设备等检验应按进场的批次和本标准规定的抽样检验方法执行；对工序质量的检验，应按本标准规定的抽样检验方法执行。

2 资料检查：原材料、构配件和设备等的质量证明文件（质量合格证、规格、型号及性能检测报告等）和抽样检验报告，工序的施工记录、自检和交接检验记录等。

3 确认质量责任：对施工作业人员质量责任登记进行确认。

3.3.2 检验批质量验收合格应符合下列规定：

1 主控项目的质量经抽样检验全部合格。

2 一般项目的质量经抽样检验全部合格。其中，有允许偏差的抽查点，除有专门要求外，80%及以上的抽查点应控制在规定允许偏差内，最大偏差不应大于规定允许偏差的1.5倍。

3 具有完整的施工操作依据、质量检查记录。

4 施工作业人员质量责任登记情况真实、全面。

3.3.3 分项工程质量验收合格应符合下列规定：

1 分项工程所含的检验批均应符合合格质量的规定。

2 分项工程所含的检验批的质量验收记录应完整。

3.3.4 分部工程质量验收合格应符合下列规定：

1 分部工程所含分项工程的质量均应验收合格。

2 质量控制资料应完整。

3 重要分部工程中有关结构安全及使用功能的检测结果应符合有关规定。

3.3.5 单位工程质量验收合格应符合下列规定：

1 单位工程所含分部工程的质量均应验收合格。

2 质量控制资料应完整。

3 实体质量和主要功能应符合相关标准规定和设计要求。

4 观感质量验收应符合要求。

3.3.6 检验批质量不符合要求时，应按下列规定进行处理：

1 返工重做或更换构配件、设备的检验批，应重新进行验收。

2 对试块试件的试验结果有怀疑时，或因试块试件丢失损坏、试验资料缺失等无法判断实体质量时，应由有资质的检测单位对实体质量进行检测鉴定，达到设计要求的检验批可予以验收。

3.3.7 通过返修或加固处理仍不能满足结构安全和使用功能要求的分部工程、单位工程，严禁验收。

3.4 工程施工质量验收程序和组织

3.4.1 检验批应由施工单位自检合格后报监理单位，由监理工程师组织施工单位专职质量检查员等进行验收。

施工单位应对全部主控项目和一般项目进行检查。

监理单位应对全部主控项目进行检查，对一般项目的检查内容和数量可根据具体情况确定。

检验批质量验收记录应按表 3.4.1 填写。对于主控项目，施工单位检查评定纪录及监理单位验收记录应填写详细具体；对于一般项目，可填写概括性结论。

3.4.2 分项工程应由监理工程师组织施工单位分项工程技术负责人等进行验收，支挡结构基坑开挖、边坡防护、路基防排水等的重要分项工程验收时，勘察设计单位专业负责人应参加，并按表 3.4.2 填写记录。

3.4.3 分部工程应由监理工程师组织施工单位项目负责人和技术、质量负责人等进行验收，地基处理、变形观测、路堑开挖及支挡结构、边坡防护、路基防排水等重要分部工程验收时，建设单位、勘察设计单位项目负责人应参加，并按表 3.4.3 填写记录。

3.4.4 单位工程完工后，施工单位应自行组织有关人员进行检查评定，并向建设单位提交工程验收报告。

3.4.5 建设单位收到工程验收报告后，应由建设单位项目负责人组织施工、设计、监理单位项目负责人进行单位工程验收，并按表 3.4.5 填写记录。

表 3.4.1 ________检验批质量验收记录

单位工程名称				
分部工程名称				
分项工程名称			验收部位	
施 工 单 位			项目负责人	
施工质量验收标准名称及编号				
施工质量验收标准的规定		施工单位检查评定记录		监理单位验收记录
主控项目	1			
	2			
	3			
	4			
	5			
	6			
	7			
	8			
一般项目	1			
	2			
	3			
	4			
	5			
施工作业人员质量责任登记				
勘察设计单位现场确认情况（需要时）	现场负责人			年 月 日
施工单位检查评定结果	专职质量检查员 分项工程技术负责人 分项工程负责人			年 月 日 年 月 日 年 月 日
监理单位验收结论	监理工程师			年 月 日

注：施工作业人员质量责任登记应按部位和工序分别签名。

表 3.4.2 ______分项工程质量验收记录

<table>
<tr><td colspan="2">单位工程名称</td><td colspan="4"></td></tr>
<tr><td colspan="2">分部工程名称</td><td colspan="2"></td><td>检 验 批 数</td><td></td></tr>
<tr><td colspan="2">施 工 单 位</td><td colspan="2"></td><td>项目负责人</td><td></td></tr>
<tr><td>序号</td><td>检验批部位</td><td>施工单位检查评定结果</td><td colspan="3">监理单位验收结论</td></tr>
<tr><td>1</td><td></td><td></td><td colspan="3"></td></tr>
<tr><td>2</td><td></td><td></td><td colspan="3"></td></tr>
<tr><td>3</td><td></td><td></td><td colspan="3"></td></tr>
<tr><td>4</td><td></td><td></td><td colspan="3"></td></tr>
<tr><td>5</td><td></td><td></td><td colspan="3"></td></tr>
<tr><td>6</td><td></td><td></td><td colspan="3"></td></tr>
<tr><td>7</td><td></td><td></td><td colspan="3"></td></tr>
<tr><td>8</td><td></td><td></td><td colspan="3"></td></tr>
<tr><td>9</td><td></td><td></td><td colspan="3"></td></tr>
<tr><td>10</td><td></td><td></td><td colspan="3"></td></tr>
<tr><td colspan="6">说明：</td></tr>
<tr><td colspan="2">施工单位
检查评定结果</td><td colspan="4">分项工程技术负责人　　　　年　月　日</td></tr>
<tr><td colspan="2">勘察设计单位
验收结论
（需要时）</td><td colspan="4">现场负责人　　　　年　月　日</td></tr>
<tr><td colspan="2">监理单位
验收结论</td><td colspan="4">监理工程师　　　　年　月　日</td></tr>
</table>

注：勘察设计单位应参加支挡结构基坑开挖、边坡防护、路基防排水等重要分项工程的验收。

表 3.4.3 ______分部工程质量验收记录

<table>
<tr><td>单位工程名称</td><td colspan="5"></td></tr>
<tr><td>施 工 单 位</td><td colspan="5"></td></tr>
<tr><td>项目负责人</td><td></td><td>项目技术负责人</td><td></td><td>项目质量负责人</td><td></td></tr>
<tr><td>序号</td><td>分项工程名称</td><td>检验批数</td><td>施工单位检查评定结果</td><td colspan="2">监理单位验收结论</td></tr>
<tr><td>1</td><td></td><td></td><td></td><td colspan="2"></td></tr>
<tr><td>2</td><td></td><td></td><td></td><td colspan="2"></td></tr>
<tr><td>3</td><td></td><td></td><td></td><td colspan="2"></td></tr>
<tr><td>4</td><td></td><td></td><td></td><td colspan="2"></td></tr>
<tr><td>5</td><td></td><td></td><td></td><td colspan="2"></td></tr>
<tr><td>6</td><td></td><td></td><td></td><td colspan="2"></td></tr>
<tr><td>7</td><td></td><td></td><td></td><td colspan="2"></td></tr>
<tr><td>8</td><td></td><td></td><td></td><td colspan="2"></td></tr>
<tr><td>9</td><td></td><td></td><td></td><td colspan="2"></td></tr>
<tr><td>10</td><td></td><td></td><td></td><td colspan="2"></td></tr>
<tr><td colspan="3">质量控制资料</td><td></td><td colspan="2"></td></tr>
<tr><td colspan="3">实体质量和主要功能检验(检测)报告</td><td></td><td colspan="2"></td></tr>
<tr><td rowspan="4">验收单位</td><td>施工单位</td><td colspan="4">项目负责人　　年　月　日</td></tr>
<tr><td>勘察设计单位(需要时)</td><td colspan="4">项目负责人　　年　月　日</td></tr>
<tr><td>监理单位</td><td colspan="4">监理工程师　　年　月　日</td></tr>
<tr><td>建设单位(需要时)</td><td colspan="4">项目负责人　　年　月　日</td></tr>
</table>

注:1　建设单位、勘察设计单位应参加地基处理、变形观测、路堑开挖及支挡结构、边坡防护、路基防排水等分部工程的验收。

2　质量控制资料核查、实体质量和主要功能核查项目应按表 15.1.1 和表 15.2.1 确定。

表 3.4.5 单位工程质量验收记录

<table>
<tr><td colspan="3">单位工程名称</td><td colspan="5"></td></tr>
<tr><td colspan="3">施 工 单 位</td><td></td><td>项目负责人</td><td></td><td>开工日期</td><td></td></tr>
<tr><td colspan="3">项目技术负责人</td><td></td><td>项目质量负责人</td><td></td><td>竣工日期</td><td></td></tr>
<tr><td>序号</td><td colspan="2">项 目</td><td colspan="4">验 收 记 录</td><td>验收结论</td></tr>
<tr><td rowspan="2">1</td><td colspan="2" rowspan="2">分部工程</td><td colspan="4">共 分部</td><td rowspan="2"></td></tr>
<tr><td colspan="4">经查,符合标准规定及设计要求 分部</td></tr>
<tr><td rowspan="3">2</td><td rowspan="9">综合质量验收</td><td rowspan="3">质量控制资料核查</td><td colspan="4">共 项</td><td rowspan="9"></td></tr>
<tr><td colspan="4">经查,符合要求 项</td></tr>
<tr><td colspan="4">不符合要求 项</td></tr>
<tr><td rowspan="3">3</td><td rowspan="3">实体质量和主要功能核查</td><td colspan="4">共核查 项</td></tr>
<tr><td colspan="4">符合要求 项</td></tr>
<tr><td colspan="4">不符合要求 项</td></tr>
<tr><td rowspan="3">4</td><td rowspan="3">观感质量验收</td><td colspan="4">共检查 项</td></tr>
<tr><td colspan="4">评定为合格的 项</td></tr>
<tr><td colspan="4">评定为差的 项</td></tr>
<tr><td>5</td><td colspan="2">综合验收结论</td><td colspan="5"></td></tr>
<tr><td rowspan="2">参加验收单位</td><td colspan="2">施工单位</td><td>监理单位</td><td>勘察设计单位</td><td colspan="3">建设单位</td></tr>
<tr><td colspan="2">(公章)
项目负责人
年 月 日</td><td>(公章)
总监理工程师
年 月 日</td><td>(公章)
项目负责人
年 月 日</td><td colspan="3">(公章)
项目负责人
年 月 日</td></tr>
</table>

4 地 基 处 理

4.1 原地面处理

一 般 规 定

4.1.1 施工前应清除路基范围原地面表层植被，挖除树根，做好临时排水设施。

4.1.2 原地面松、软表土及腐植土应清除干净。基底应密实、平整。翻挖回填压实质量应符合设计要求。

主 控 项 目

4.1.3 原地面处理前，应对地基的地质资料进行核查，地基条件应符合设计文件。核查的地质条件与设计资料不符时，应及时反馈。

检验数量：区间正线路基沿线路纵向连续长度每 100 m、站场路基折合正线双线每 100 m，施工单位抽样检验 2 点，监理单位全部见证检验。与设计资料不符的地段，勘察设计单位应现场确认。

检验方法：静力触探试验等。

4.1.4 原地面冲击碾压质量应符合设计要求。

检验数量：区间正线路基沿线路纵向连续长度每 100 m、站场路基折合正线双线每 100 m，施工单位抽样检验 4 点，至少有一点在碾压范围边线上。监理单位按施工单位抽检数量的 10%平行检验，每工点至少 1 点。

检验方法：按《铁路工程土工试验规程》(TB 10102)规定的试验方法进行检验。

4.1.5 原地面处理后应符合下列规定：

1 基底无草皮、树根等杂物，平整无积水。

2 横坡应符合设计要求。

检验数量：区间正线路基沿线路纵向连续长度每 100 m、站场路基折合正线双线每 100 m，施工单位抽样检验 4 点。监理单位平行检验不少于 1 点。

检验方法：观察基底处理外观，用坡度尺测量横坡坡度。

一 般 项 目

4.1.6 原地面坡度陡于 1∶5时，应顺原地面挖台阶，整平碾压，沿线路横向挖台阶的宽度、高度应符合设计要求，沿线路纵向挖台阶的宽度不应小于 2 m。

检验数量：施工单位每个台阶检验 3 点。

检验方法：尺量。

4.2 换　　填

一 般 规 定

4.2.1 施工前应对换填的范围和深度进行核实。

4.2.2 采用机械挖除换填土时，应预留保护层由人工清理，保护层的厚度宜为30～50 cm。

主 控 项 目

4.2.3 换填所用的填料应符合设计要求。换填中粗砂或碎石的检验应符合本标准第4.3.5条、第4.3.6条的规定。换填普通填料的检验应符合本标准第6.2.1条的规定。换填改良土的检验应符合本标准第6.3.1条的规定。

4.2.4 换填深度应满足设计要求。

检验数量：区间正线路基沿线路纵向连续长度每100 m、站场路基折合正线双线每100 m，施工单位抽样检验5处。监理单位平行检验1处。

检验方法：尺量、测量仪器测量。

4.2.5 换填深度范围内的土层应挖除干净，坑底应按设计要求整平。

检验数量：施工单位、监理单位全部检验。

检验方法：观察。

4.2.6 换填基底开挖处理后的基底压实质量应符合设计要求。

检验数量：区间正线路基沿线路纵向连续长度每100 m、站场路基折合正线双线每100 m，施工单位抽样检验3点，其中线路中间1点，两侧距换填边缘2 m处各1点。监理单位平行检验1点。

检验方法：按《铁路工程土工试验规程》(TB 10102)规定的试验方法进行检验。

4.2.7 换填填料分层压实质量应符合路基相应部位的设计要求。换填基床以下路基的检验应根据换填填料种类分别符合本标准第6.2.3条、第6.3.5条的规定，换填基床底层路基的检验应符合本标准第9.1.9条的规定，换填基床表层级配碎石的检验应符合本标准第9.2.10条的规定。

一 般 项 目

4.2.8 换填基坑坡脚线位置的允许偏差为－50 mm。

检验数量：施工单位每换填基坑沿线路纵向及横向各抽样检验4处。

检验方法：经纬仪测量。

4.2.9 换填顶面高程、横坡的允许偏差、检验数量及检验方法应符合表4.2.9的规定。

表4.2.9 换填顶面高程、横坡的允许偏差、检验数量及检验方法

序号	检验项目	允许偏差	施工单位检验数量	检验方法
1	顶面高程	±50 mm	沿线路纵向每100 m抽样检验5处	测量仪器测
2	横 坡	±0.5%	沿线路纵向每100 m抽样检验5个断面	坡度尺量

4.3 砂垫层、碎石垫层、土工合成材料加筋垫层

一 般 规 定

4.3.1 砂垫层、碎石垫层施工前应进行压实工艺试验，确定施工工艺参数，并报监理单位确认。

4.3.2 复合地基桩顶设置砂垫层、碎石垫层时，垫层应与桩头完全密贴。

4.3.3 土工合成材料进场后应整齐堆放在料棚(库)内，避免阳光照射，并保持通风、干燥和远离高温源。铺好后应及时按设计要求覆盖，不应长时间受阳光暴晒。

4.3.4 严禁碾压及运输等设备直接在土工合成材料上行走作业。土工合成材料下的砂垫层

填料压实应从两边开始循序向中间进行，土工合成材料上的垫层和填料厚度大于 0.5 m 方可采用重型压实机械碾压密实。

主 控 项 目

4.3.5 砂垫层应采用天然级配的中、粗、砾砂，不含草皮、树根等杂质，含泥量不应大于 5%，用作排水固结地基的砂垫层含泥量不应大于 3%。

检验数量：同一产地、品种、规格且连续进场的砂料，每3 000 m^3 为一批，不足 3 000 m^3 时也按一批计。施工单位每批抽样检验 1 组。监理单位按施工单位检验数量的 20% 见证检验。

检验方法：现场抽样检验砂子含泥量及颗粒级配，在施工过程中观察有无草皮、树根等杂质。

4.3.6 碎石垫层应采用级配良好的砾石或碎石，最大粒径不应大于 50 mm，含泥量不应大于 10%，且不含草皮、树根等杂质。

检验数量：同一产地、品种、规格且连续进场的砾石或碎石，每 3 000 m^3 为一批，不足 3 000 m^3时也按一批计。施工单位每批抽样检验 1 组。监理单位按施工单位检验数量的 20% 见证检验。

检验方法：在现场抽样检验砾石或碎石最大粒径、含泥量，并在施工过程中观察有无草皮、树根等杂质及岩性变化情况。

4.3.7 土工合成材料的品种、规格及质量应满足设计要求，进场时应进行现场验收。

检验数量：同一厂家、品种、批号的土工合成材料，每 1×10^4 m^2 为一批，不足 1×10^4 m^2 也按一批计。施工单位每批抽样检验 1 组。监理单位按施工单位检验数量的 20% 见证检验。

检验方法：查验每批产品出厂合格证、性能报告单。抽样检验土工合成材料的拉伸强度、延伸率、渗透系数或土工格栅的抗拉强度、延伸率、指定延伸率下对应的拉伸力。

4.3.8 砂垫层、碎石垫层铺设位置应符合设计要求。

检验数量：沿线路纵向每 100 m 施工单位抽样检验 3 处，监理单位平行检验 1 处。

检验方法：观察、测量。

4.3.9 土工合成材料的铺设层数、铺设方向和连接方法应满足设计要求。

检验数量：施工单位沿线路纵向每 100 m 抽样检验 5 处。监理单位按施工单位抽样检验数量的 10%平行检验。

检验方法：观察、计数。

4.3.10 采用砂垫层时，应碾压密实。采用碎石垫层时，路堤填高≤3.0 m，顶面压实质量应满足 $K_{30}\geqslant150$ MPa/m；路堤填高＞3.0 m，顶面压实质量应满足 $K_{30}\geqslant130$ MPa/m。

检验数量：区间正线路基沿线路纵向连续长度每 100 m、站场路基折合正线双线每 100 m，施工单位抽样检验 3 点，其中路基中间 1 点，两侧距路基边缘 2 m 处各 1 点。监理单位平行检验不少于 1 点。

检验方法：按《铁路工程土工试验规程》(TB 10102)规定的试验方法检验。

一 般 项 目

4.3.11 砂垫层、碎石垫层施工的允许偏差、检验数量及检验方法应符合表 4.3.11 的规定。

表 4.3.11 砂、碎石垫层施工的允许偏差、检验数量及检验方法

序号	检验项目	允许偏差	施工单位检验数量	检验方法
1	铺设范围	不小于设计值	沿线路纵向每 100 m 抽样检验 5 处	尺量
2	厚 度	不小于设计值	沿线路纵向每 100 m 抽样检验 5 处	尺量
3	顶面高程	$^{+50}_{-20}$ mm	沿线路纵向每 100 m 抽样检验 5 处	测量仪器测量
4	横 坡	±0.5%	沿线路纵向每 100 m 抽样检验 5 个断面	坡度尺量

4.3.12 土工合成材料加筋垫层中土工合成材料铺设的允许偏差、检验数量及检验方法应符合表 4.3.12 的规定。

表 4.3.12 土工合成材料铺设的允许偏差、检验数量及检验方法

<table>
<tr><th>序号</th><th>检验项目</th><th>允许偏差</th><th>施工单位检验数量</th><th>检验方法</th></tr>
<tr><td>1</td><td>铺设范围</td><td>不小于设计值</td><td>每工点抽样检验 4 点</td><td rowspan="5">尺量,查施工记录</td></tr>
<tr><td>2</td><td>搭接宽度</td><td>$^{+50}_{0}$ mm</td><td rowspan="4">沿线路纵向每 100 m 抽样检验各 3 处,且每检验批不少于 3 处</td></tr>
<tr><td>3</td><td>竖向间距</td><td>±30 mm</td></tr>
<tr><td>4</td><td>上下层接缝错开距离</td><td>±50 mm</td></tr>
<tr><td>5</td><td>回折长度</td><td>±50 mm</td></tr>
</table>

4.4 强夯(重锤夯实)

一 般 规 定

4.4.1 施工前,应按设计初步确定的强夯(重锤夯实)参数,在有代表性的场地上进行工艺性试夯试验。通过强夯(重锤夯实)前后测试数据的对比,检验强夯(重锤夯实)效果,确定有关工艺参数,并报监理单位确认。

4.4.2 强夯(重锤夯实)施工应符合下列规定:

1 夯锤重和落距应确保单击夯击能量满足设计要求。

2 在每遍夯击前,应对夯点放线复核,夯完后检查夯坑位置,发现偏差或漏夯应及时纠正或补夯。

3 施工过程中若发现因坑底倾斜而造成夯锤歪斜时,应及时将坑底整平。

4 施工过程中,每个夯点的夯击次数、每击的夯沉量、夯击间隔时间及施工步骤应符合设计要求。

5 施工过程中应对各项参数及情况进行详细记录。

4.4.3 施工场地与建筑物间应按设计要求采取隔振或防振措施。

主 控 项 目

4.4.4 强夯(重锤夯实)处理夯击点布置应满足设计要求。

检验数量:施工单位、监理单位全部检验。

检验方法:观察、尺量。

4.4.5 低能量满夯的夯点布置应满足搭接面积不小于加固面积的 1/4。

检验数量:施工单位全部检验。监理单位按施工单位检验数量的 10%平行检验。

检验方法:观察、尺量。

4.4.6 总夯沉量或最后两击平均夯沉量应满足设计要求。

检验数量：施工单位全部检验。监理单位按施工单位检验数量的20%见证检验。

检验方法：每夯一击用水准仪测量夯击点的夯沉量。

4.4.7 强夯(重锤夯实)加固地基的承载力和有效加固深度应满足设计要求。

检验数量：施工单位每一工点每3 000 m^2抽样检验12点，其中：标准贯入试验6点(或动力触探3点)，静力触探试验3点，平板载荷试验3点。监理单位按施工单位检验数量的50%见证检验。勘察设计单位现场确认。

检验方法：按设计规定的检验时间进行标准贯入试验或动力触探试验、静力触探试验、平板载荷试验。

一 般 项 目

4.4.8 夯坑中心偏移的允许偏差不应大于500 mm。

检验数量：施工单位检验总夯击点的10%。

检验方法：尺量。

4.4.9 强夯(重锤夯实)地基处理范围不应小于设计处理范围。

检验数量：施工单位沿线路纵向每100 m抽样检验5个断面。

检验方法：尺量或仪器测量。

4.5 袋装砂井

一 般 规 定

4.5.1 砂袋进场后应妥善存放，严禁砂袋长时间在阳光下暴晒。

4.5.2 袋装砂井施工应有防止砂袋扭结、缩颈、断裂和带起的措施。拔管时应防止带起砂袋，带出砂袋长度大于0.5 m时，必须在旁边重新补打。

4.5.3 袋装砂井孔口带出的泥土应及时清除，并用砂回填密实。砂袋顶部埋入砂垫层长度应大于0.5 m或符合设计要求。

主 控 项 目

4.5.4 砂袋各项技术指标应符合设计要求，进场后应进行现场验收。

检验数量：同一厂家、同一批号且连续进场的砂袋，每10×10^4 m为一批，不足10×10^4 m时也按一批计。施工单位每批抽样检验1次。监理单位按施工单位检验数量的10%平行检验，且不少于1次。

检验方法：查验每批产品出厂合格证、性能报告单，抽样检验砂袋原材料的规格、质量、条带拉伸强度、渗透系数、等效孔径。

4.5.5 灌入砂袋的砂应采用天然级配的风干中、粗砂，其中含泥量不应大于3%。

检验数量：同一产地、品种、规格且连续进场的砂料，每3 000 m^3为一批，不足3 000 m^3时也按一批计。施工单位每批抽样检验1次。监理单位按施工单位抽检次数的10%见证检验，且不少于1次。

检验方法：在料场抽样检验砂子中含泥量，进行筛分试验，并在装袋过程中观察鉴别砂的风干程度。

4.5.6 袋装砂井的数量、布设形式应符合设计要求。

检验数量：施工单位、监理单位全部检验。

检验方法：观察、现场清点。

4.5.7 袋装砂井的打入深度应满足设计要求。

检验数量：施工单位抽样检验袋装砂井总数的5%。监理单位平行检验砂井总数的1%。

检验方法：测量套管上划出的深度控制线，并在施工过程中观察是否达到此控制标志。

4.5.8 砂袋灌砂应饱满、密实。已打设的袋装砂井，砂袋不满时应及时向袋内补砂。

检验数量：施工单位抽样检验砂井总数的10%。监理单位平行检验袋装砂井总数的1%。

检验方法：观察入土袋装砂井袋头充盈状态。

一 般 项 目

4.5.9 袋装砂井施工的允许偏差、检验数量及检验方法应符合表4.5.9的规定。

表4.5.9 袋装砂井施工的允许偏差、检验数量及检验方法

序号	检验项目	允许偏差	施工单位检验数量	检查方法
1	井位(纵横向)	50 mm	按砂井总数的5%抽样检验	尺量
2	井 径	$^{+10}_{0}$mm	按砂井总数的5%抽样检验	尺量
3	砂袋直径	±5 mm	按砂井总数的5%抽样检验	尺量
4	砂袋伸入砂垫层长度	$^{+100}_{0}$ mm	按砂井总数的5%抽样检验	尺量

4.6 塑料排水板

一 般 规 定

4.6.1 塑料排水板盘带进场后应妥善存放，严禁长时间在阳光下暴晒，并保持通风、干燥和远离高温源。

4.6.2 塑料排水板施工应有保证排水板不扭曲和防止泥土、杂物进入导管的措施，透水滤膜不应被扯破和污染。拔管时应防止带出排水板，带出长度大于0.5 m时，必须在旁边重新补打。

4.6.3 塑料排水板不应接长使用。

4.6.4 打设后应及时清除排水板周围带出的泥土并用砂子回填密实，不应污染外露的排水板。塑料排水板的顶部伸入砂垫层长度应大于0.5 m或符合设计要求，外露排水板应妥善保护，且不应暴晒过久。

主 控 项 目

4.6.5 塑料排水板的品种、规格、质量应符合设计要求，进场时应进行现场验收。

检验数量：同一厂家、同一批号的塑料排水板，每10×10^4 m为一批，不足10×10^4 m时也按一批计。施工单位每批抽样检验1次。监理单位按施工单位检验数量的10%见证检验，且不少于1次。

检验方法：查验每批产品出厂合格证、性能报告单，抽样检验芯板材料单位长度重量、厚度、宽度、抗拉强度、伸长率、纵向通水率和滤膜材料单位面积重、抗拉强度、渗透系数、等效孔径。

4.6.6 塑料排水板的插设数量、布设形式应符合设计要求。

检验数量：施工单位、监理单位全部检验。

检验方法：观察、现场清点。

4.6.7 塑料排水板插设深度应满足设计要求。

检验数量：施工单位抽样检验排水板总数的5%。监理单位平行检验排水板总数的1%。

检验方法：测量导管上划出的深度控制线，并检查施工中是否达到此控制标志。

一 般 项 目

4.6.8 塑料排水板施工的允许偏差、检验数量及检验方法应符合表 4.6.8 的规定。

表 4.6.8 塑料排水板施工的允许偏差、检验数量及检验方法

序号	检验项目	允许偏差	施工单位检验数量	检验方法
1	板位	50 mm	按排水板总数的 5% 抽样检验	尺量
2	伸入砂垫层长度	$^{+100}_{0}$ mm	按排水板总数的 5% 抽样检验	尺量

4.7 真 空 预 压

一 般 规 定

4.7.1 真空预压设备进场后，施工单位应及时检查验收，真空度表应在检定有效期内。

4.7.2 施工前应按设计要求设置观测点、观测断面，每一断面上的观测点布置数量、观测频次和观测精度应符合设计要求。观测基桩必须置于不受施工影响的稳定地基内，并定期复核校正。

4.7.3 密封沟的截面尺寸应符合设计要求，并满足密封膜铺设要求。正式抽真空前应先进行试抽，检查密封沟和密封膜的密封性。

主 控 项 目

4.7.4 密封膜、排水滤管的种类、规格及质量应符合设计要求，进场时应进行现场验收。

检验数量：同一厂家、品种、批号的材料，密封膜每 1×10^4 m^2 为一批，不足 1×10^4 m^2 也按一批计，排水滤管每 1×10^4 m为一批，不足 1×10^4 m 也按一批计。施工单位每批抽样检验 1 次。监理单位按施工单位检验数量的 10%见证检验，且不少于 1 次。

检验方法：查验每批产品出厂合格证、性能报告单，抽样检验密封膜的厚度、透气性能、拉伸强度和排水滤管的管径、壁厚、透水、渗滤、纵向排水性能及抗拉、抗压强度和环形刚度。

4.7.5 排水滤管的布设位置、形式、数量和管上滤水孔、滤水材料包裹形式及滤水管之间连接应符合设计要求。

检验数量：施工单位全部检验。监理单位平行检验 2 个断面。

检验方法：观察、尺量。

4.7.6 密封膜应粘接牢固，热合加工的搭接长度不应小于15 mm；密封膜铺设时要适当放松，表面不应损坏。

检验数量：施工单位全部检验。监理单位按施工单位检验数量的 20%平行检验。

检验方法：观察、尺量。

4.7.7 密封膜的铺设范围应符合设计要求。

检验数量：施工单位、监理单位全部检验。

检验方法：观察、尺量。

4.7.8 密封膜的铺设层数应符合设计要求。

检验数量：施工单位、监理单位全部检验。

检验方法：观察、现场清点。

4.7.9 抽气阶段膜下真空度应符合设计要求。

检验数量：施工单位、监理单位按设计要求时间间隔全部检查。

检验方法：由真空度表读取数据。

4.7.10　真空预压施工时应同步进行地基沉降与土的侧向位移观测。

检验数量：施工单位按设计要求进行检测和记录。监理单位按施工单位检测数量的20%见证检验。

检验方法：观察、测量。

4.7.11　真空预压卸载时间应根据观测资料和工后沉降推算结果，评估通过后方能卸载。

检验数量：全部检验。

检验方法：施工单位按评估要求分段提供观测资料，建设单位组织，设计、监理单位参加，评估单位进行卸载评估。

4.8　堆载预压

一般规定

4.8.1　堆载预压不应使用淤泥土或含垃圾杂物的填料，填筑过程应按设计要求或采取有效措施防止预压土污染填筑好的路基。

4.8.2　堆载预压土应边堆土边推平，顶面应平整。

4.8.3　堆载预压施工时应保护好沉降观测设施。

主控项目

4.8.4　堆载预压填筑过程中应同步进行地基沉降与侧向位移观测。堆载预压土的填筑速率应符合设计要求，保证路堤安全、稳定。

检验数量：施工单位全部检验。监理单位按施工单位抽样检验数量的20%见证检验。

检验方法：观察、测量。

4.8.5　堆载预压的土柱高度和土的密度应符合设计要求。

检验数量：施工单位按设计要求进行检验。监理单位全部见证检验。

检验方法：仪器测量，尺量，实测预压土的密度并计算各抽验段的预压荷载。

4.8.6　堆载预压卸载时间应根据观测资料和工后沉降推算结果，评估通过后方能卸载。

检验数量：施工单位、监理单位全部检验。

检验方法：施工单位按评估要求分段提供观测资料，建设单位组织，设计、监理单位参加，评估单位进行卸载评估。

4.8.7　卸载后应清理堆载地段表层，卸载后的预压材料应按批准的施工组织设计运至指定地点堆放。

检验数量：施工单位、监理单位全部检验。

检验方法：观察。

4.9　砂(碎石)桩

一般规定

4.9.1　施工前应进行成桩工艺性试验(不少于3根)，确定各项施工工艺参数后，进行单桩或复合地基承载力试验，确认设计参数。监理单位、勘察设计单位应参加工艺性试桩，并确认试验结论后，方可进行施工。

4.9.2　振动法施工应严格控制拔管高度、拔管速度、压管次数和时间、填砂(碎石)量、电机工作电流，保证桩体连续、均匀、密实。

4.9.3 锤击法施工应根据冲击锤的能量控制拔管高度、分段填砂量、贯入度，保证桩体质量。

4.9.4 砂（碎石）桩的施工顺序应符合设计要求。

主 控 项 目

4.9.5 砂桩应采用中、粗、砾砂，含泥量不应大于5%，用作排水的砂桩其砂中含泥量不应大于3%。碎石桩应采用未风化的碎石或砾石，粒径应满足设计要求，最大粒径不宜大于50 mm，含泥量不应大于5%。

检验数量：同一产地、品种、规格且连续进场的砂料（碎石），每3 000 m^3 为一批，不足3 000 m^3时也按一批计。施工单位每批抽样检验1次。监理单位按施工单位检验数量的20%见证检验，且不少于1次。

检验方法：在料场抽样进行含泥量试验和筛分试验。

4.9.6 砂（碎石）桩的数量、布桩形式应符合设计要求。

检验数量：施工单位、监理单位全部检验。

检验方法：观察、现场清点。

4.9.7 砂（碎石）桩施工过程中，应记录施工设备贯入地层的反应，核查地质资料，桩底应置于设计桩底地层中。

检验数量：施工单位全部检验。监理单位按施工单位检验数量的20%平行检验。

检验方法：设备贯入地层过程中，记录电流表或其他能反映贯入阻力的仪表读数和对应地层标高。每贯入1 m及仪表突然变化时记录。

4.9.8 砂（碎石）桩长度应满足设计要求。

检验数量：施工单位每根桩检验。监理单位按施工单位检验数量的20%平行检验。

检验方法：测量桩管上深度控制线，并检查施工中是否达到此控制标高。

4.9.9 砂（碎石）桩灌砂（碎石）量应满足设计要求。

检验数量：施工单位全部检验。监理单位按施工单位检验数量的20%平行检验。

检验方法：用计量斗计量灌砂量（灌碎石量）并与设计灌砂量（灌碎石量）比较。

4.9.10 砂桩2 m深度以下桩身密度应大于中密状态（$N_{63.5} \geqslant 10$）或符合设计要求。碎石桩桩身密实度应符合设计要求。

检验数量：施工单位按砂（碎石）桩数量的2%抽样检验，且每检验批不少于3根。监理单位按施工单位检验数量的20%见证检验。

检验方法：在砂（碎石）桩施工结束达到规定静置时间后，进行标准贯入或动力触探试验，自桩顶2 m以下开始计数。

4.9.11 砂（碎石）桩处理后的可液化土地基，桩间土的加固效果应满足设计要求。

检验数量：施工单位按砂（碎石）桩数量的2%抽样检验，且每检验批不少于3根。监理单位按施工单位检验数量的20%见证检验。

检验方法：在砂（碎石）桩施工结束达到规定静置时间后，在桩等边三角形或正方形中心位置进行标准贯入、静力触探或动力触探试验，自探头达到地面1 m以下开始计数。

4.9.12 砂（碎石）桩处理后的复合地基承载力应满足设计要求。

检验数量：检测机构抽样检验总桩数的2‰，且每工点不少于3根。监理单位全部见证检验。

检验方法：平板载荷试验。

一 般 项 目

4.9.13　砂(碎石)桩的桩位、桩径、桩身垂直度的允许偏差、检验数量及检验方法应符合表 4.9.13 的规定。

表 4.9.13　砂(碎石)桩桩位、桩径、桩身垂直度的允许偏差、检验数量及检验方法

<table>
<tr><th>序号</th><th colspan="2">检验项目</th><th>允许偏差</th><th>施工单位检验数量</th><th>检验方法</th></tr>
<tr><td>1</td><td colspan="2">桩位(纵、横)</td><td>50 mm</td><td rowspan="3">按成桩总数的 5% 抽样检验，且每检验批不少于 5 根</td><td>测量仪器或钢尺丈量</td></tr>
<tr><td rowspan="2">2</td><td rowspan="2">桩径</td><td>振动法</td><td>−20 mm</td><td rowspan="2">钢尺丈量</td></tr>
<tr><td>锤击法</td><td>$^{+100}_{-50}$ mm</td></tr>
<tr><td>3</td><td colspan="2">桩身垂直度</td><td>1.5%</td><td>按成桩总数的 2% 抽样检验，且每检验批不少于 3 根</td><td>经纬仪或吊线测桩架倾斜度</td></tr>
</table>

4.10　强 夯 置 换

一 般 规 定

4.10.1　施工前，应按设计初步确定的强夯参数，在有代表性的场地上进行工艺性试夯试验。通过强夯前后测试数据的对比，检验强夯效果，确定有关工艺参数，进行地基承载力试验，确认设计参数。监理单位、勘察设计单位应参加强夯置换工艺性试验，确认试验结论后，方可进行施工。

4.10.2　强夯置换施工应符合下列规定：

1　每个强夯置换墩墩位应编号，现场放样必须有可靠的墩位标志。每次喂料后，应用不受夯击影响的控制点，重新测放墩位，并重新做墩位标志。

2　强夯应从线路中轴起，分别向两侧按隔行跳打原则组织施工。

3　每次夯击前，检查夯锤质量和落距，单击夯击能量应满足设计要求。

4　在每遍夯击前，应对夯点放线进行复核，夯完后检查夯坑位置，发现偏差或漏夯应及时纠正或补夯。

5　强夯过程中若发现因坑底倾斜而造成夯锤歪斜时，应及时将坑底整平。

6　每个夯点的夯击次数、每击的夯沉量、夯击间隔时间及施工步骤应符合经确认的工艺性试验成果。

7　施工过程中应对各项参数及施工情况进行详细记录。

4.10.3　强夯场地与建筑物间应按设计要求采取隔振或防振措施。

主 控 项 目

4.10.4　强夯置换采用的填料质量应满足设计要求。

检验数量：同一产地、品种、规格且连续进场的填料，每3 000 m^3 为一批，不足 3 000 m^3 时也按一批计。施工单位每批抽样检验 1 次。监理单位按施工单位检验数量的 20% 见证检验，且不少于 1 次。

检验方法：在料场抽样检验，按《铁路工程土工试验规程》(TB 10102)规定的试验方法检验。

4.10.5　强夯置换处理夯击点布置应满足设计要求。

检验数量：施工单位、监理单位全部检验。

检验方法：观测、尺量。

4.10.6 总夯沉量或最后两击平均夯沉量应满足设计要求。

检验数量：施工单位全部检验。监理单位按施工单位检验数量的 20%见证检验。

检验方法：每夯一击用水准仪测量夯击点的夯沉量。

4.10.7 强夯碎石墩的墩长、墩身密实度应满足设计要求。

检验数量：施工单位检验总墩数的 2‰，每工点检验不少于 3 墩。监理单位按施工单位检验数量的 10%见证检验。

检验方法：施工结束 28 天后进行重型圆锥动力触探。

4.10.8 强夯置换后，墩间土的强度应满足设计要求。

检验数量：施工单位每 3 000 m^2 抽样检验 6 点。监理单位按施工单位检验数量的 10%见证检验。

检验方法：施工结束 28 天后进行静力触探或动力触探。

4.10.9 强夯碎石墩单墩承载力应满足设计要求。

检验数量：检测机构抽样检验总墩数的 2‰，且每检验批不少于 3 个墩。监理单位全部见证检验。

检验方法：施工结束 28 天后进行平板载荷试验。

一 般 项 目

4.10.10 强夯置换垫层厚度应满足允许偏差±100 mm的要求。

检验数量：施工单位每 30 m 测一个断面，每断面测 3 点。

检验方法：工作面填层填筑前后分别进行水准测量。

4.10.11 强夯碎石墩的墩位允许偏差不应大于墩径的 1/5。

检验数量：施工单位抽样检验总墩数的 5%，且每检验批不少于 5 墩。

检验方法：尺量。

4.10.12 每个夯点的夯击次数、每击的夯沉量、夯击间隔时间及施工步骤应符合设计要求。

检验数量：施工单位全部检验。

检验方法：检查施工记录。

4.11 挤 密 桩

一 般 规 定

4.11.1 成孔应根据设计要求、成孔设备、现场土质和周围环境等情况，选用沉管、冲击或取土等方法机械成孔。

4.11.2 施工前应进行成桩工艺性试验（不少于 3 根），确定各项施工工艺参数后，进行单桩或复合地基承载力试验，确认设计参数。监理单位、勘察设计单位应参加工艺性试桩，并确认试验结论后，方可进行施工。

4.11.3 挤密桩成孔和孔内回填夯实应符合下列规定：

1 成孔宜在地基土接近最优（或塑限）含水率时进行。土的含水率低于 12%时，宜对拟处理范围内的土层进行增湿。

2 成孔挤密应间隔分批进行，成孔后应及时夯填。

3 在向孔内回填填料前应夯实孔底。填料应采用机械拌和，且随拌随用，夯填施工应连续进行。

4 铺设灰土垫层前，应按设计要求将桩顶标高以上的预留松动土层挖除或夯(压)密实。

5 施工过程中，应作好成孔及回填夯实施工记录。

6 雨季或低温季节施工，应采取防雨或防冻措施，防止灰土和土料受雨水淋湿或冻结。

主 控 项 目

4.11.4 灰土挤密桩(柱锤冲扩桩)所用石灰品种、规格和质量应符合设计要求。

检验数量：同一厂家、品种且连续进场的石灰，每200 t为一批，不足200 t也按一批计。施工单位每批抽样检验1次。监理单位按施工单位检验数量的20%见证检验，且不少于1次。

检验方法：查验石灰质量证明文件，在材料库抽样检验石灰的活性CaO、MgO含量。

4.11.5 水泥土挤密桩(柱锤冲扩桩)所用水泥品种、规格和质量应符合设计要求。

检验数量：同一产地、品种、规格且连续进场的水泥，袋装水泥200 t为一批、散装水泥500 t为一批，袋装水泥不足200 t或散装水泥不足500 t时也按一批计。施工单位每批抽样检验1次。监理单位按施工单位检验数量的20%见证检验，且不少于1次。

检验方法：查验水泥质量证明文件，在材料库抽样检验水泥强度、安定性、凝结时间。

4.11.6 柱锤冲扩桩采用砂石作为桩体材料时，材料质量应符合设计要求，其检验应符合本标准第4.9.5条的规定。

4.11.7 挤密桩所用土的质量应符合设计要求。用水泥改良时，土的有机质含量不应大于2%；用石灰改良时，土的有机质含量不应大于5%。

检验数量：同一取土地点、相同土性的土，每1 000 m^3为一批，不足1 000 m^3也按一批计。施工单位每批抽样检验1次。监理单位按施工单位检验数量的10%见证检验，且不少于1次。

检验方法：按《铁路工程土工试验规程》(TB 10102)规定的试验方法进行检验。

4.11.8 挤密桩的数量、布桩形式应符合设计要求。

检验数量：施工单位、监理单位全部检验。

检验方法：观察、现场清点。

4.11.9 挤密桩填料的配合比应符合设计要求，含水率应控制在工艺试验确定的施工允许含水量范围内。

检验数量：施工单位每工班至少检验1次，监理单位全部见证检验。

检验方法：检查配料计量，按《铁路工程土工试验规程》(TB 10102)规定的试验方法测定含水率。

4.11.10 灰土或水泥土应拌和均匀，色泽一致，无灰团、灰条和花面现象。

检验数量：施工单位、监理单位全部检验。

检验方法：观察。

4.11.11 挤密桩桩孔的直径和深度应符合设计要求。

检验数量：施工单位全部检验。监理单位按总桩数的10%平行检验。

检验方法：孔底夯实后尺量。

4.11.12 挤密桩孔内填料应分层回填夯实，灰土、水泥土挤密桩压实系数不应小于0.97(轻型击实)，砂石材料柱锤冲扩桩的质量要求和检验应符合本标准第4.9.10条的规定。

检验数量：施工单位抽样检验总桩数的2‰，且每工点不少于3根。监理单位按施工单位抽检数量的10%见证检验，且每工点不少于1根。

检验方法：挤密桩施工结束7～14天后，在孔心附近沿全部孔深采用钻机取样，每2 m取样测定干密度，压实系数按《铁路工程土工试验规程》(TB 10102)规定的试验方法进行检验。

4.11.13 挤密桩桩间土处理效果应符合设计要求。

检验数量：施工单位区间正线路基沿线路纵向连续长度每50 m、站场路基折合正线双线每50 m抽样检验3点。监理单位按施工单位抽检数量的10%见证检验，且每工点不少于1点。

检验方法：挤密桩施工结束7～14天后，在孔之间形心点附近、成孔挤密深度内采用钻机取样，每2 m取土样测定干密度、进行压缩试验(湿陷性黄土地区增加湿陷性试验)，计算干密度与其最大干密度的比值(最小挤密系数)、压缩模量(湿陷性黄土地区增加湿陷系数)。

4.11.14 挤密桩处理后的单桩或复合地基承载力应满足设计要求。

检验数量：检测机构抽样检验总桩数的2‰，且每工点不少于3根。监理单位全部见证检验。

检验方法：成桩28天后进行平板载荷试验。

一 般 项 目

4.11.15 挤密桩施工的允许偏差、检验数量及检验方法应符合表4.11.15的规定。

表4.11.15 挤密桩施工的允许偏差、检验数量及检验方法

序号	检验项目	允许偏差	施工单位检验数量	检验方法
1	桩位(纵横向)	50 mm	按成桩总数的10%抽样检验，且每检验批不少于5根	经纬仪或钢尺丈量
2	桩垂直度	1.5%		成孔夯实孔底后吊垂球测量垂直度
3	桩体有效直径	不小于设计值		开挖50～100 cm深后，钢尺丈量

4.12 搅 拌 桩

一 般 规 定

4.12.1 施工前应进行成桩工艺性试验(不少于3根)，确定各项施工工艺参数后，进行单桩或复合地基承载力试验，确认设计参数。监理单位、勘察设计单位应参加工艺性试桩，并确认试验结论后，方可进行施工。

4.12.2 搅拌桩施工应符合下列规定：

1 施工机具设备性能及工艺应满足喷粉(浆)均匀性、桩的连续完整性及加固深度的要求。

2 搅拌机械应配置灰度自动记录仪，且处于检定有效期内。

3 成桩过程中，如因故停浆，继续施工时必须重叠接桩，接桩长度不应小于0.5 m。若停机超过3 h，应拆卸输浆管路，清洗干净，在原桩位旁边补桩。

4 配置好的浆液不应离析，供浆必须连续，固化剂与外掺剂的用量、泵送浆液时间应有专人记录。

5 施工中随时检查加固料用量、桩长、复搅长度，评定成桩质量。如有不合格桩或异常情况，应及时采取补桩或其他处理措施。

6 施工中废弃的加固料不应任意排放。浆体喷射搅拌桩施工中溢出的浆液应及时回收处理，防止污染环境。

4.12.3 切割桩头应采用截桩机等专用设备，截除桩头不应影响桩的完整性。

主 控 项 目

4.12.4 粉体喷射搅拌桩加固用的水泥种类、规格及质量应符合设计要求。严禁使用受潮、结块、变质的加固料。

检验数量：同一产地、品种、规格且连续进场的水泥，袋装水泥 200 t 为一批、散装水泥 500 t为一批，袋装水泥不足 200 t 或散装水泥不足 500 t 时也按一批计。施工单位每批抽样检验 1 组。监理单位按施工单位检验数量的 20%见证检验。

检验方法：查验水泥质量证明文件及抽样检验，在材料库抽样检验水泥强度、安定性、凝结时间。

4.12.5 浆体喷射搅拌桩所用的加固料和外加剂品种、规格及质量应符合设计要求。

检验数量：同一产地、品种、规格、批号的加固料和外加剂，每 200 t 为一批，不足 200 t 时也按一批计。施工单位每批抽样检验 1 组。监理单位按施工单位检验数量的 20%见证检验。

检验方法：查验产品质量证明文件及抽样检验。在材料库抽样检验水泥强度、安定性、凝结时间。

4.12.6 浆液应严格按设计配方和试验确定的配合比拌制，制备好的浆液应均匀，不应离析。

检验数量：施工单位每根桩施工过程中抽样检验 2 次。监理单位每工班平行检验 2 次。

检验方法：观察，并用浆液比重计检测浆液密度。

4.12.7 搅拌桩的数量、布桩形式应符合设计要求。

检验数量：施工单位、监理单位全部检验。

检验方法：观察、现场清点。

4.12.8 搅拌桩施工过程中，应记录施工设备贯入地层的反应，核查地质资料，桩底应置于设计桩底地层中。

检验数量：施工单位全部检验。监理单位按施工单位检验数量的 20%平行检验。

检验方法：设备贯入地层过程中，记录电流表或其他能反映贯入阻力的仪表读数和对应地层标高。每贯入 1 m 及仪表突然变化时记录。

4.12.9 搅拌桩单桩加固料用量应满足设计要求。

检验数量：施工单位、监理单位全部检验。

检验方法：检查自动记录仪打印记录。

4.12.10 搅拌桩成桩长度及复搅长度应满足设计要求。喷粉中断时，第二次喷粉接桩的喷粉重叠长度不应小于 1 m。因故停浆时，恢复供浆后的喷浆重叠长度不应小于 0.5 m。

检验数量：施工单位全部检验。监理单位按施工单位检验数量的 20%平行检验。

检验方法：测量钻杆长度，并在施工中检查是否达到设计深度标志。检查施工记录。

4.12.11 搅拌桩桩身完整性、均匀性、无侧限抗压强度应满足设计要求。

检验数量：施工单位抽样检验粉喷桩总数的 2‰，且不少于 3 根。监理单位按施工单位检验数量的 20%见证检验。

检验方法：搅拌桩完工 28 天后，在每根检测桩桩径方向 1/4 处、桩长范围内垂直钻孔取芯，观察其完整性、均匀性，拍摄取出芯样的照片，在上、中、下各 1/3 范围的中部分别取样作无侧限抗压强度试验。钻芯后的孔洞采用水泥砂浆灌注封闭。

4.12.12 搅拌桩处理后的单桩或复合地基承载力应满足设计要求。

检验数量：检测机构抽样检验总桩数的 2‰，且每工点不少于 3 根。监理单位全部见证检验。

检验方法：平板载荷试验。

一 般 项 目

4.12.13 搅拌桩施工的允许偏差、检验数量及检验方法应符合表 4.12.13 的规定。

表 4.12.13 搅拌桩施工的允许偏差、检验数量及检验方法

序号	检验项目	允许偏差	施工单位检验数量	检验方法
1	桩位(纵横向)	50 mm	按搅拌桩总数的 10% 抽样检验，且每检验批不少于 5 根	测量仪器或钢尺丈量
2	桩身垂直度	1%		经纬仪或吊线测钻杆倾斜度
3	桩体有效直径	不小于设计值		开挖 50～100 cm 后，钢尺丈量

4.13 旋 喷 桩

一 般 规 定

4.13.1 施工前应进行成桩工艺性试验(不少于 3 根)，确定各项施工工艺参数后，进行单桩或复合地基承载力试验，确认设计参数。监理单位、勘察设计单位应参加工艺性试桩，并确认试验结论后，方可进行施工。

4.13.2 施工前应作好场地准备，设置回浆池，喷浆过程中冒出的浆液、泥土应及时清理。

4.13.3 切割桩头应采用截桩机等专用设备，截除桩头不应影响桩的完整性。

主 控 项 目

4.13.4 高压喷射注浆所用的水泥和外加剂品种、规格及质量应符合设计要求。

检验数量：同一产地、品种、规格、批号的水泥和外加剂，袋装水泥每 200 t 为一批、散装水泥 500 t 为一批、外加剂每 50 t 为一批，袋装水泥不足 200 t 或散装水泥不足 500 t、外加剂不足 50 t 时也按一批计。施工单位每批抽样检验 1 组。监理单位按施工单位检验数量的 20% 见证检验。

检验方法：查验产品质量证明文件及抽样检验。水泥在材料库抽样检验其强度、安定性、凝结时间。

4.13.5 浆液拌制质量的检验应符合本标准第 4.12.6 条的规定。

4.13.6 旋喷桩的数量、布桩形式应符合设计要求。

检验数量：施工单位、监理单位全部检验。

检验方法：观察、现场清点。

4.13.7 旋喷桩施工过程中，应记录施工设备贯入地层的反应，核查地质资料，桩底应置于设计桩底地层中。

检验数量：施工单位全部检验。监理单位按施工单位检验数量的 20% 平行检验。

检验方法：设备贯入地层过程中，记录电流表或其他能反映贯入阻力的仪表读数和对应地层标高。每贯入 1 m 及仪表突然变化时记录。

4.13.8 旋喷桩的长度应符合设计要求。

检验数量：施工单位全部检验。监理单位按施工单位检验数量的 20% 平行检验。

检验方法：测量钻杆长度，并在施工中检查是否达到设计深度标志。检查施工记录。

4.13.9 注浆流量、空气压力、注浆泵压力、钻杆提升速度、转速等参数应符合试桩工艺参数。

检验数量：施工单位每根桩施工过程中抽检 2 次。监理单位按施工单位检验数量的 20% 见证检验。

检验方法:查看仪表读数,秒表、钢尺测量。检查施工记录。

4.13.10 旋喷桩的完整性、均匀性、无侧限抗压强度应满足设计要求。

检验数量:施工单位抽样检验桩总数的2‰,且不少于3根。监理单位按施工单位检验数量的20%见证检验。

检验方法:桩完工28天后,在每根检测桩桩径方向1/4处、桩长范围内垂直钻孔取芯,观察其完整性、均匀性,拍摄取出芯样的照片,在上、中、下各1/3范围的中部分别取样作无侧限抗压强度试验。钻芯后的孔洞采用水泥砂浆灌注封闭。

4.13.11 旋喷桩处理后的单桩或复合地基承载力应满足设计要求。

检验数量:检测机构抽样检验总桩数的2‰,且每工点不少于3根。监理单位全部见证检验。

检验方法:成桩28天后进行平板载荷试验。

一 般 项 目

4.13.12 旋喷桩施工的允许偏差、检验数量及检验方法应符合表4.13.12的规定。

表4.13.12 旋喷桩施工的允许偏差、检验数量及检验方法

序号	检验项目	允许偏差	施工单位检验数量	检验方法
1	桩位(纵横向)	50 mm	按成桩总数的10%抽样检验,且每检验批不少于5根	测量仪器或钢尺丈量
2	桩体垂直度	1%		测量仪器或吊线测钻杆倾斜度
3	桩体有效直径	不小于设计值		开挖50~100 cm深后,钢尺丈量

4.14 水泥粉煤灰碎石桩(CFG桩)

一 般 规 定

4.14.1 施工前应进行成桩工艺性试验(不少于3根),确定各项施工工艺参数后,进行单桩或复合地基承载力试验,确认设计参数。监理单位、勘察设计单位应参加工艺性试桩,并确认试验结论后,方可进行施工。

4.14.2 施工前宜对场地进行预处理。采用有桩帽的CFG桩,宜先进行桩帽厚度范围的场坪换填处理,换填填料和压实质量应满足设计对桩间土回填质量的要求。

4.14.3 切割桩头应采用截桩机等专用设备,截除桩头不应影响桩的完整性。清土、开挖基槽、截桩和浇筑桩帽或桩顶筏板时,不应造成桩顶标高以下的桩身断裂或者桩间土的扰动。

主 控 项 目

4.14.4 CFG桩所用的水泥、粉煤灰、粗细骨料的品种、规格及质量应符合设计要求。

检验数量:同一产地、品种、规格且连续进场的水泥,袋装水泥200 t为一批、散装水泥500 t为一批,袋装水泥不足200 t或散装水泥不足500 t时也按一批计。同一产地、品种、规格且连续进场的粗、细骨料,400 m^3为一批,不足400 m^3时也按一批计。同一产地、品种、规格且连续进场的粉煤灰每200 t为一批,不足200 t时也按一批计。各种原材料施工单位每批抽样检验1组。监理单位按施工单位检验数量的10%见证检验,且不少于1组。

检验方法:查验产品质量证明文件。在材料库抽样检验水泥强度、安定性、凝结时间,粉煤灰的细度、烧失量、需水量比、三氧化硫;在料场抽样检验粗细骨料含泥量(人工砂检验石粉含量)、松散密度,筛分试验检验其颗粒级配。

4.14.5 CFG桩混合料坍落度应按工艺性试验确定并经监理工程师批准的参数进行控制。

检验数量：施工单位每台班抽样检验 3 次。监理单位按施工单位检验数量的 20% 见证检验。

检验方法：现场坍落度试验。

4.14.6 CFG 桩混合料强度应符合设计要求。

检验数量：施工单位每台班做一组(3 块)试块。监理单位按施工单位检验数量的 10% 平行检验。

检验方法：每台班制作混合料试块，试件标准养护 28 d 进行抗压强度检验。

4.14.7 CFG 桩的数量、布桩形式应符合设计要求。

检验数量：施工单位、监理单位全部检验。

检验方法：观察、现场清点。

4.14.8 CFG 桩施工过程中，应记录施工设备贯入地层的反应，核查地质资料，桩底应置于设计桩底地层中。

检验数量：施工单位全部检验。监理单位按施工单位检验数量的 20% 平行检验。

检验方法：设备贯入地层过程中，记录电流表或其他能反映贯入阻力的仪表读数和对应地层标高。每贯入 1 m 及仪表突然变化时记录。

4.14.9 每根桩的投料量不应少于设计灌注量。

检验数量：施工单位全部检验。监理单位按施工单位检验数量的 20% 平行检验。

检验方法：料斗现场计量或混凝土泵自动记录。

4.14.10 CFG 桩顶端浮浆应清除干净，直至露出新鲜混凝土面。清除浮浆后桩的有效长度应满足设计要求。

检验数量：施工单位全部检验。监理单位按施工单位检验数量的 20% 见证检验。

检验方法：施工前测量钻杆或沉管长度，施工中检查是否达到设计深度标志，施工后检查并清理浮浆，计算出桩的有效长度。

4.14.11 CFG 桩的桩身完整性应满足设计要求。

检验数量：检测机构按总桩数的 10% 抽样检验，且不少于 3 根。监理单位全部见证检验。

检验方法：低应变检测。有疑问时，采用钻孔取芯检验。

4.14.12 CFG 桩处理后的单桩或复合地基承载力应满足设计要求。

检验数量：检测机构抽样检验总桩数的 2‰，且每工点不少于 3 根。监理单位全部见证检验。

检验方法：平板载荷试验。

一 般 项 目

4.14.13 CFG 桩原材料每盘称量的允许偏差、检验数量及检验方法应符合表 4.14.13 的规定。

表 4.14.13 原材料每盘称量的允许偏差、检验数量及检验方法

序号	材料名称	允许偏差	检验数量	检验方法
1	水泥、粉煤灰等干燥状态的掺和料	±2%	施工单位每工班各抽样检验不少于 1 次	复称
2	粗、细骨料	±3%		
3	水、外加剂	±2%		

注：1 各种衡器应定期检定，每次使用前应进行零点校核，保证计量准确。

2 含水率有显著变化时，应增加含水率检测次数，并及时调整水和骨料的用量。

4.14.14　CFG桩施工的允许偏差、检验数量及检验方法应符合表4.14.14的规定。

表4.14.14　CFG桩施工的允许偏差、检验数量及检验方法

序号	检验项目	允许偏差	施工单位检验数量	检验方法
1	桩位（纵横向）	50 mm	按成桩总数的10%抽样检验，且每检验批不少于5根	测量
2	桩体垂直度	1%		经测量仪器或吊线测钻杆倾斜度
3	桩体有效直径	不小于设计值		开挖50～100 cm深后，钢卷尺测量周长，计算桩体直径
4	桩顶高程	±50 mm		仪器测量

4.15　混凝土预制桩

一般规定

4.15.1　施工前应查明施工区(高空、地面、地下)有无妨碍打桩的障碍物，并应及时处理。

4.15.2　施工前应进行沉桩工艺性试验(不少于3根)，确定各项施工工艺参数后，进行单桩或复合地基承载力试验，确认设计参数。监理单位、勘察设计单位应参加工艺性试桩，并确认试验结论后，方可进行施工。

4.15.3　混凝土预制桩起吊、搬运和堆码时，应防止冲撞和发生附加弯矩。

4.15.4　沉桩前必须对桩的质量进行验收，其质量和规格必须符合设计要求。吊插桩前应重复检查桩架、桩位、桩身，质量合格后始可插桩。

4.15.5　采用锤击法沉桩时，混凝土预制桩与桩帽或送桩器的衔接面应设缓冲垫，并随时检查其厚度是否满足要求。

4.15.6　施工时应控制好混凝土预制桩的首节桩和接桩面拼接、焊接时的垂直度。

4.15.7　沉桩过程中应防止偏移。遇下列情况应停止沉桩，经分析研究并采取措施后，方可继续施工。土质与设计不符，致使桩的入土深度差异很大时，应提交设计单位采取措施。

1　贯入度发生急剧变化或振动打桩机的振幅异常。

2　静力压桩机由于配备荷载不足而被顶起。

3　桩身突然倾斜移位或锤击时有严重回弹。

4　桩头破碎或桩身开裂。

5　附近地面有严重隆起现象。

6　临桩上浮或桩位水平移动过大。

7　打桩架发生偏斜或晃动。

8　贯入度或锤击数与工艺试验参数明显不符。

4.15.8　发生“假极限”、“吸入”、上浮、下沉现象时必须进行复打。

4.15.9　截除桩头应采用截桩机等专用设备切割。

主控项目

4.15.10　混凝土预制桩的质量应符合设计要求。

检验数量：施工单位、监理单位全部检验。

检验方法：观察，查验合格证或检验报告等质量证明文件。

4.15.11　混凝土预制桩的数量、布桩形式应符合设计要求。

检验数量：施工单位、监理单位全部检验。

检验方法:观察、现场清点。

4.15.12 混凝土预制桩贯入过程中,应记录桩贯入地层时设备的反应,核查地质资料,桩底应置于设计桩底地层中。

检验数量:施工单位全部检验。监理单位按施工单位检验数量的 20%平行检验。

检验方法:设备贯入地层过程中,记录电流表或其他能反映贯入阻力的仪表读数和对应地层标高。每贯入 1 m 及仪表突然变化时记录。

4.15.13 焊接接桩时,电焊结束后停歇时间、焊缝的允许偏差、检验数量及检验方法应符合表 4.15.13 的规定。

4.15.14 混凝土预制桩用法兰盘拼接时,应连接牢固,防锈处理应符合设计要求。

检验数量:施工单位、监理单位全部检验。

检验方法:观察。

4.15.15 混凝土预制桩的沉桩深度和最终贯入度、压桩力应符合设计要求。

检验数量:施工单位、监理单位全部检验。

检验方法:施工单位观察、测量并填写沉桩记录。监理单位对最终沉桩进行旁站并检查沉桩记录。

表 4.15.13 电焊结束后停歇时间、焊缝的允许偏差、检验数量及检验方法

<table>
<tr><th>序号</th><th colspan="2">项　目</th><th>允许偏差</th><th>施工单位检验数量</th><th>监理单位检验数量</th><th>检验方法</th></tr>
<tr><td>1</td><td rowspan="7">电焊接桩焊缝</td><td>上下节端部缝隙</td><td>≤2 mm</td><td rowspan="9">按桩总数的 5%抽样检验,且每检验批不少于 10 根</td><td rowspan="9">按施工单位检验数量的 10%平行检验</td><td>用钢直尺量</td></tr>
<tr><td>2</td><td>焊缝咬边深度</td><td>≤0.5 mm</td><td>焊缝检查仪</td></tr>
<tr><td>3</td><td>焊缝加强层高度</td><td>2 mm</td><td>焊缝检查仪</td></tr>
<tr><td>4</td><td>焊缝加强层宽度</td><td>2 mm</td><td>焊缝检查仪</td></tr>
<tr><td>5</td><td>焊缝电焊质量外观</td><td>无气孔、无焊瘤、无裂缝</td><td>观察</td></tr>
<tr><td>6</td><td>焊缝探伤检验</td><td>满足设计要求</td><td>按设计要求</td></tr>
<tr><td>7</td><td>电焊结束后停歇时间</td><td>>1.0 min</td><td>秒表测定</td></tr>
<tr><td>8</td><td colspan="2">上下节平面偏差</td><td>10 mm</td><td>用钢直尺量</td></tr>
<tr><td>9</td><td colspan="2">节点弯曲矢高</td><td>l/1 000</td><td>用钢直尺量,l 为 2 节桩长</td></tr>
</table>

4.15.16 混凝土预制桩的桩头处理应符合设计要求。

检验数量:施工单位、监理单位全部检验。

检验方法:观察。

4.15.17 混凝土预制桩沉桩后,桩的完整性应满足设计要求。

检验数量:施工单位抽样检验桩总数的 10%,且每工点不少于 3 根。监理单位全部见证检验。

检验方法:低应变检测等。

4.15.18 混凝土预制桩沉桩后,单桩的承载力应满足设计要求。

检验数量:检测机构抽样检验桩总数的 2‰,且不少于 3 根。监理单位全部见证检验。

检验方法:平板载荷试验。

一 般 项 目

4.15.19 桩位、倾斜度的允许偏差、检验数量及检验方法应符合表 4.15.19 的规定。

表 4.15.19 桩位、倾斜度的允许偏差、检验数量及检验方法

序号	项 目	允许偏差	施工单位检验数量	检验方法
1	桩位	50 mm	按桩总数的 5% 抽样检验，且每检验批不少于 10 根	测量或尺量
2	直桩垂直度	1%		吊线和尺量
3	斜桩倾斜度	15%tan θ		
4	桩顶高程	±50 mm		仪器测量

注：θ 为斜桩轴线与竖直线间的夹角。

4.16 混凝土灌注桩

一 般 规 定

4.16.1 施工前应进行成桩工艺性试验(不少于 3 根)，确定各项施工工艺参数后，进行单桩或复合地基承载力试验，确认设计参数。监理单位、勘察设计单位应参加工艺性试桩，并确认试验结论后，方可进行施工。

4.16.2 钻孔灌注桩施工应符合下列规定：

1 钻机安装及钻孔

1)安装钻机时，底架应垫平，保持稳定，不应产生位移和沉陷。钻机顶端应用揽风绳对称拉紧。

2)钻进时，起、落钻头速度宜均匀，不应过猛或骤然变速。孔内出土不应堆积在钻孔周围。因故停钻时，孔口应加护盖。有钻杆的钻机，应将钻头提离孔底 5 m 以上，其他钻机钻头提出孔外。

3)钻孔应一次成孔，不应中途停顿。钻孔达到设计深度后，应对孔位、孔深和孔形等进行检查，并填写钻孔记录表，孔位偏差不应大于 10 cm。

2 冲击钻机钻孔

1)吊钻的钢丝绳必须无死弯和无断丝，安全系数不应小于 12。钢丝绳与钻头的连接必须牢固。主绳与钻头的钢丝绳搭接时，两根绳径应相同。捻扭方向必须一致。

2)钻进过程中，必须勤松绳，少量松绳，不应打空锤；勤抽渣，使钻头经常冲击新鲜地层。每次松绳量，应根据地质情况、钻头形式、钻头质量决定。

3)钻进时，应经常检查钻头转向装置。

4)钻孔时，应经常用检孔器检孔；更换新钻头前必须检查到孔底，方可放入新钻头。

5)钻进时应有备用钻头，轮替使用；钻头直径磨耗超过 1.5 cm 时，应及时更换、修补。

3 循环钻机钻孔时，钻机的起重滑轮和固定钻杆的卡机，应在同一直线上，保证钻孔垂直。

4 套管钻机在开孔下压套管时，钻进速度宜慢，并应反复上提下压校正套管，如有偏斜及时校正。

5 不应用加深孔底深度的方法代替清孔。

主 控 项 目

4.16.3 混凝土灌注桩所用水泥、粗骨料、细骨料、矿物掺和料、外加剂、钢筋等材料的品种、规格、质量应符合设计要求，其进场检验应符合《铁路混凝土工程施工质量验收标准》(TB 10424—

2010)第 6.2.1 条～第 6.2.7 条、第 5.2.1 条的有关规定。

4.16.4 钻孔达到设计深度后，应核查地质情况，地质情况应与勘察设计文件相符。桩底应置于设计桩底地层中，孔底应平整，无松渣、淤泥沉淀或扰动过的软层。

检验数量：施工单位、监理单位全部检验。勘察设计单位全部确认。

检验方法：检查施工记录、观察。

4.16.5 混凝土灌注桩的孔径、孔深和孔形应符合设计要求。

检验数量：施工单位、监理单位全部检验。

检验方法：观察和测量。

4.16.6 钢筋加工、连接和安装的检验应符合《铁路混凝土工程施工质量验收标准》(TB 10424—2010)第 5.3.1 条、第 5.4.1 条、第 5.4.2 条、第 5.4.4 条、第 5.5.1 条、第 5.5.2 条的规定。

4.16.7 混凝土配合比设计、施工的检验应符合《铁路混凝土工程施工质量验收标准》(TB 10424—2010)第 6.3.1 条～第 6.3.5 条、第 6.4.1 条～第 6.4.5 条、第 6.4.11 条的规定。

4.16.8 桩身顶端浮浆应清理，直至露出新鲜混凝土面，桩顶高程应符合设计要求。

检验数量：施工单位、监理单位全部检验。

检验方法：观察、测量。

4.16.9 桩身混凝土应均质、完整。

检验数量：检测机构按总桩数的 10%进行无损检验。监理单位全部见证检验。

检验方法：按《铁路工程桩基无损检测规程》(TB 10218)和《铁路工程结构混凝土强度检测规程》(TB 10426)的规定检验。

4.16.10 混凝土灌注桩单桩承载力应满足设计要求。

检验数量：检测机构抽样检验桩总数的 2‰，且每工点不少于 3 根。监理单位全部见证检验。

检验方法：平板载荷试验。

一 般 项 目

4.16.11 钢筋原材料的检验应符合《铁路混凝土工程施工质量验收标准》(TB 10424—2010)第 5.2.5 条的规定。

4.16.12 钢筋加工和安装的检验应符合《铁路混凝土工程施工质量验收标准》(TB 10424—2010)第 5.3.3 条和第 5.5.5 条的规定。

4.16.13 桩孔的允许偏差、检验数量和检验方法应符合表 4.16.13 的规定。

表 4.16.13 桩孔的允许偏差、检验数量和检验方法

序号	项 目	允许偏差	施工单位检验数量	检验方法
1	孔位中心	100 mm	全部检验	测量
2	倾斜度	1%		

4.17 桩 帽

一 般 规 定

4.17.1 桩帽施工应在桩检验合格后进行。

4.17.2 基坑开挖应采用人工或小型机具施工。

4.17.3 桩帽施工前必须将桩头破损部分去除，并凿除至新鲜混凝土面。

主 控 项 目

4.17.4 桩帽所用水泥、粗骨料、细骨料、矿物掺和料、外加剂、钢筋等材料的品种、规格、质量应符合设计要求，其进场检验应符合《铁路混凝土工程施工质量验收标准》(TB 10424—2010)第 6.2.1 条～第 6.2.7 条、第 5.2.1 条的有关规定。

4.17.5 模板及支架安装的检验应符合《铁路混凝土工程施工质量验收标准》(TB 10424—2010)第 4.2.1 条、第 4.2.2 条的规定。

4.17.6 钢筋加工连接和安装的检验应符合《铁路混凝土工程施工质量验收标准》(TB 10424—2010)第 5.3.1 条、第 5.4.1 条、第 5.4.2 条、第 5.4.4 条、第 5.5.1 条、第 5.5.2 条的规定。

4.17.7 混凝土配合比设计、施工的检验应符合《铁路混凝土工程施工质量验收标准》(TB 10424—2010)第 6.3.1 条～第 6.3.5 条、第 6.4.1 条～第 6.4.5 条、第 6.4.11 条的规定。

4.17.8 桩帽基坑底应平整，无积水、杂物等。

检验数量：施工单位、监理单位全部检查。

检验方法：观察。

一 般 项 目

4.17.9 钢筋原材料的检验应符合《铁路混凝土工程施工质量验收标准》(TB 10424—2010)第 5.2.5 条的规定。

4.17.10 模板及支架安装和拆除的检验应符合《铁路混凝土工程施工质量验收标准》(TB 10424—2010)第 4.2.3 条、第 4.3.2 条的规定。

4.17.11 钢筋加工、安装的检验应符合《铁路混凝土工程施工质量验收标准》(TB 10424—2010)第 5.3.3 条和第 5.5.5 条的规定。

4.17.12 混凝土表面质量的检验应符合《铁路混凝土工程施工质量验收标准》(TB 10424—2010)第 6.4.18 条的规定。

4.17.13 桩帽的允许偏差、检验数量及检验方法应符合表 4.17.13 的规定。

表 4.17.13　桩帽的允许偏差、检验数量及检验方法

序号	项　目	允许偏差	施工单位检验数量	检验方法
1	桩帽平面尺寸	$^{+50}_{-20}$ mm	按桩帽数量的 5% 抽样检验	每块长、宽各尺量 2 点
2	桩帽厚度	$^{+30}_{-20}$ mm		每块尺量 4 点
3	中心位置	15 mm		测量纵横各 2 点

4.18 桩 板 结 构

一 般 规 定

4.18.1 钢筋、混凝土施工应符合《铁路混凝土工程施工质量验收标准》(TB 10424—2010)的有关规定。

4.18.2 混凝土灌注桩施工应符合本标准第 4.16.1 条、第 4.16.2 条的规定。

4.18.3 托梁和垫层施工应在桩检验合格后进行。

4.18.4 托梁施工应符合下列规定：

1 托梁施工前必须将桩顶破损部分去除，并凿除至新鲜混凝土面。

2 绑扎托梁钢筋前应核实每根桩体嵌入托梁长度及桩顶钢筋锚入托梁的长度。

3 按设计要求预埋与承载板连接的钢筋，并采取防止混凝土捣固引起钢筋移动的措施。

4.18.5 承载板施工应符合下列规定：

1 承载板施工前应按设计要求铺设垫层。垫层施工前必须将桩顶破损部分去除，并凿除至新鲜混凝土面，垫层表面应平整。

2 绑扎承载板钢筋前应核实桩顶或托梁钢筋锚入承载板的长度，并对钢筋作防锈处理。

3 承载板与桩基刚性连接处，应按设计要求设置钢筋网、抗剪弯筋和加密箍筋等抗冲切措施。

4 承载板应按设计要求设置沉降缝(伸缩缝)。

主 控 项 目

4.18.6 桩板结构所用水泥、粗骨料、细骨料、矿物掺和料、外加剂、钢筋等材料的品种、规格、质量应符合设计要求，其进场检验应符合《铁路混凝土工程施工质量验收标准》(TB 10424—2010)第6.2.1条～第6.2.7条、第5.2.1条的有关规定。

4.18.7 钢筋加工、连接和安装的检验应符合《铁路混凝土工程施工质量验收标准》(TB 10424—2010)第5.3.1条、第5.4.1条、第5.4.2条、第5.4.4条、第5.5.1条、第5.5.2条的有关规定。

4.18.8 混凝土配合比设计、施工的检验应符合《铁路混凝土工程施工质量验收标准》(TB 10424—2010)第6.3.1条～第6.3.5条、第6.4.1条～第6.4.11条、第6.4.16条的有关规定。

4.18.9 混凝土灌注桩的检验应符合本标准第4.16.4条～第4.16.5条、第4.16.8条的规定。

4.18.10 桩身混凝土应均质、完整。

检验数量：检测机构全部进行无损检验。监理单位全部见证检验。

检验方法：按《铁路工程桩基无损检测规程》(TB 10218)的规定和《铁路工程结构混凝土强度检测规程》(TB 10426)的规定检验。

4.18.11 单桩承载力试验应符合设计要求。

检验数量：检测机构抽样检验桩总数的5‰，且每个工点不少于1根。监理单位全部见证检验。

检验方法：静载试验。

4.18.12 模板及支架安装的检验应符合《铁路混凝土工程施工质量验收标准》(TB 10424—2010)第4.2.1条、第4.2.2条的有关规定。

4.18.13 桩头与托梁(承载板)、托梁与承载板的连接钢筋及套管长度、连接方式应符合设计要求。

检验数量：施工单位、监理单位全部检验。

检验方法：绑扎托梁或承载板钢筋前，观察连接方式，尺量钢筋及套管长度。

一 般 项 目

4.18.14 钢筋原材料的检验应符合《铁路混凝土工程施工质量验收标准》(TB 10424—2010)第5.2.5条的有关规定。

4.18.15 钢筋加工和安装的检验应符合《铁路混凝土工程施工质量验收标准》(TB 10424—2010)第5.3.3条、第5.5.5条的有关规定。

4.18.16 混凝土表面质量的检验应符合《铁路混凝土工程施工质量验收标准》(TB 10424—2010)第6.4.18条的规定。

4.18.17 模板及支架安装和拆除的检验应符合《铁路混凝土工程施工质量验收标准》(TB

10424—2010)第 4.2.3 条、第 4.3.2 条的规定。

4.18.18 混凝土灌注桩的检验应符合本标准第 4.16.13 条的规定。

4.18.19 托梁、承载板的允许偏差、检验数量及检验方法应符合表 4.18.19 的规定。

表 4.18.19 托梁、承载板的允许偏差、检验数量及检验方法

序号	项　目	允许偏差	施工单位检验数量	检验方法
1	承载板顶面高程	±10 mm	每块板 4 点	仪器测量
2	承载板顶面平整度	3 mm/1 m	每块板 4 点	尺量
3	平面尺寸	±15 mm	每块板(梁)长、宽各 2 点	
4	梁、板厚度	$^{+15}_{-10}$ mm	每块板(梁)4 点	
5	中心位置	15 mm	测量纵横各 2 点	

4.19 筏　　板

一 般 规 定

4.19.1 复合地基的桩和筏板下的垫层施工完毕并验收合格后，方可进行筏板施工。

4.19.2 筏板模板及支架、钢筋和混凝土的施工应符合《铁路混凝土工程施工质量验收标准》(TB 10424—2010)的有关规定。

4.19.3 筏板浇筑前，基底不应有积水。混凝土终凝前不应浸水。

主 控 项 目

4.19.4 筏板下的垫层填料质量、位置、压实标准应符合设计要求和本标准第 4.3.5 条、第 4.3.6 条、第 4.3.8 条、第 4.3.10 条的规定。

4.19.5 筏板所用水泥、粗骨料、细骨料、矿物掺和料、外加剂、钢筋等材料的品种、规格、质量应符合设计要求，其进场检验应符合《铁路混凝土工程施工质量验收标准》(TB 10424—2010)第 6.2.1 条～第 6.2.7 条、第 5.2.1 条的有关规定。

4.19.6 筏板模板及支架安装的检验应符合《铁路混凝土工程施工质量验收标准》(TB 10424—2010)第 4.2.1 条、第 4.2.2 条的有关规定。

4.19.7 筏板钢筋加工、连接和安装的检验应符合《铁路混凝土工程施工质量验收标准》(TB 10424—2010)第 5.3.1 条、第 5.4.1 条、第 5.4.2 条、第 5.4.4 条、第 5.5.1 条、第 5.5.2 条的有关规定。

4.19.8 筏板混凝土配合比设计和施工的检验应符合《铁路混凝土工程施工质量验收标准》(TB 10424—2010)第 6.3.1 条、第 6.4.1 条～第 6.4.11 条、第 6.4.16 条的有关规定。

4.19.9 沉降缝(伸缩缝)所用原材料的品种、规格、性能应符合设计要求。

检验数量：施工单位、监理单位全部检验。

检验方法：查验产品合格证，观察。

4.19.10 沉降缝(伸缩缝)位置、尺寸、构造形式、填缝料塞封应符合设计要求。

检验数量：施工单位、监理单位全部检验。

检验方法：观察、尺量。

一 般 项 目

4.19.11 筏板基底高程、横坡的允许偏差、检验数量及检验方法应符合表 4.19.11 的规定。

表 4.19.11 筏板基底高程、横坡的允许偏差、检验数量及检验方法

序号	检验项目	允许偏差	施工单位检验数量	检验方法
1	基底高程	$^{+30}_{0}$mm	每块筏板抽样检验 5 处	测量仪器测量
2	横 坡	±0.5%	每块筏板抽样检验 2 个断面	坡度尺量

4.19.12 筏板模板及支架安装和拆除的检验应符合《铁路混凝土工程施工质量验收标准》(TB 10424—2010)第 4.2.3 条、第 4.3.2 条的规定。

4.19.13 筏板钢筋原材料、加工和安装的检验应符合《铁路混凝土工程施工质量验收标准》(TB 10424—2010)第 5.2.5 条、第 5.3.3 条、第 5.5.5 条的有关规定。

4.19.14 筏板混凝土表面质量的检验应符合《铁路混凝土工程施工质量验收标准》(TB 10424—2010)第 6.4.18 条的规定。

4.19.15 筏板的允许偏差、检验数量及检验方法应符合表 4.19.15 的规定。

表 4.19.15 筏板的允许偏差、检验数量及检验方法

序号	检验项目	允许偏差	施工单位检验数量	检验方法
1	纵向长度	±30 mm	每块筏板检验 2 处	尺 量
2	厚度	$^{+30}_{0}$mm	每块筏板检验 2 处	尺 量
3	横向宽度	$^{+30}_{0}$mm	每块筏板检验 2 处	尺 量
4	边缘距设计中心线尺寸	$^{+50}_{-20}$ mm	每块筏板检验左右边各 2 处	尺 量
		±50 mm	每块筏板检验前后边各 2 处	尺 量

4.19.16 沉降缝(伸缩缝)填塞前,缝内应清扫干净,保持干燥,不应有杂物和积水。

检验数量:施工单位全部检验。

检验方法:观察。

4.19.17 沉降缝(伸缩缝)应缝宽均匀、缝身竖直,环向贯通,外表光洁,沉降缝(伸缩缝)断面应与筏板纵轴线保持垂直。

检验数量:施工单位全部检验。

检验方法:观察。

4.20 岩溶、洞穴处理

一 般 规 定

4.20.1 岩溶洞穴地区,路堤填筑前及路堑开挖至设计标高后,应结合勘察设计资料对施工地段进行地质核查。洞穴处理后,应由设计单位对处理范围、效果予以确认。

4.20.2 开工前应根据勘察设计资料和洞穴的具体地质情况,确定施工方案和施工工艺,制定质量保证措施,报监理单位审核批准后组织施工。

4.20.3 洞穴处理前、后应分别测量、记录处理范围和高程。

4.20.4 施工单位应严格按设计规定的施工方法和要求进行洞穴处理。若施工前或施工过程中出现下列情况,应及时反馈设计单位,必须通过设计单位进行处理。

1 施工前地质核查或施工过程中发现地质情况与设计不符。

2 在路堑路基面、边坡上出现较大或有水的、有较厚松软充填物的溶洞。

3 施工中发现路堤地基的溶洞或查知有位于堑底下不深但未出露的溶洞。

4　注浆孔揭示的岩溶范围、深度与设计不符。

4.20.5　黄土陷穴地区路基，对洞穴采取开挖回填夯实、灌（压）土浆、灌砂等处理措施时，应在处理范围做好排水设施，不使地表水流入。

4.20.6　注浆施工时应有符合环保要求的废浆隔离与回收设施，注浆过程中应防止浆液渗漏，如有跑浆现象，应及时查明原因并处理。

4.20.7　岩溶、洞穴地段路基施工前应做好引排地面水设施，处理范围内的地面、地下防排水、防渗措施应满足设计要求，并符合环保有关规定。

主 控 项 目

4.20.8　洞穴处理所用材料应符合设计要求，进场时应进行现场验收。

检验数量：施工单位按相关材料要求的检验数量抽样检验。监理单位按施工单位检验数量的20%见证检验。

检验方法：查验每批产品出厂合格证、性能报告单及抽样检验。

4.20.9　洞内充填物的清除深度应符合设计要求。

检验数量：施工单位对面积小于20 m^2的洞穴，每个洞穴抽样检验10处；面积大于20 m^2的洞穴，每个洞穴抽样检验20处。监理单位每个洞穴平行检验3处。

检验方法：观察、尺量。

4.20.10　采用钻孔注浆处理岩溶或洞穴时，其钻孔的布设形式、范围、孔径、深度和注浆施工质量应符合设计要求。

检验数量：施工单位全部检验钻孔的布设形式和范围，按注浆孔数量的2%抽样检验钻孔的孔径、深度和注浆效果。监理单位全部见证检验。

检验方法：观察钻孔的布设形式、数量，尺量钻孔的孔径、钻入的钻杆长度。注浆施工过程中观察自检孔岩芯可见多处水泥结石体，基本填满可见缝隙，或自检孔每延米注浆量不大于周围4孔平均每延米注浆量的15%。

4.20.11　注浆结束后，应按设计要求选用表4.20.11的检测内容和检测方法检验注浆处理效果（黄土地区不可采用压水试验法）。

表4.20.11　检测内容与方法表

注浆处理对象	检测内容	检测方法
人为坑洞	注浆充填率 波速 渗透系数	1)钻孔法 2)波速测井法 3)电磁波CT 4)压水试验
岩溶	注浆充填率 波速 渗透系数	1)钻孔法 2)瞬态面波法（覆盖层小于25 m） 3)电测深法（处理前后同时采用，两者进行对比） 4)压水试验 5)电磁波CT

检验数量：钻孔取芯及压水试验孔数不少于注浆孔总数的2%；瞬态面波法检测点数不少于注浆孔总数的5%；电测深法检测长度不少于整治段落长度的10%；不足20孔的注浆工程，检验点的数量不少于3个点。监理单位全部见证检验。勘察设计单位现场确认。

检验方法：按表 4.20.11 规定的方法进行检验。

4.20.12 采用灌砂处理洞穴时，其钻孔的布设形式、灌充数量和范围应符合设计要求。

检验数量：施工单位、监理单位全部检验。

检验方法：观察钻孔的布设形式、数量，并采用物探法检验处理效果。

4.20.13 采取回填法处理洞穴时，其回填范围及其端部处理应符合设计要求，回填应分层夯填密实。用岩块回填不应有架空现象，压实质量应符合设计要求。

检验数量：施工单位、监理单位检查每个洞穴回填范围及端部处理情况。施工单位每回填层检验压实质量 3 点。监理单位按施工单位检验数量的 20%见证检验。

检验方法：观察，按《铁路工程土工试验规程》(TB 10102)规定的试验方法检验。

4.20.14 采用砌体封闭洞穴时，砂浆强度等级应符合设计要求，砌筑应与洞壁密贴，外露面应与路基面或基底、边坡面平齐。

检验数量：施工单位每个洞穴做 1 组砂浆强度试件。监理单位按施工单位检验数量的10%平行检验。

检验方法：观察，砂浆抗压强度试验。

4.20.15 洞穴内修筑的支顶构筑物应符合设计要求，砌筑应密实。

检验数量：施工单位每个洞穴做 1 组砂浆强度试件。监理单位按施工单位检验数量的10%平行检验。

检验方法：观察，砂浆抗压强度试验。

4.20.16 堑内干小溶洞的处理，应符合设计要求。

检验数量：施工单位、监理单位全部检验。

检验方法：观察、尺量。

5 填　料

5.1 一 般 规 定

5.1.1 路堤填筑前应对设计取土场的路基填料进行取样复查试验。缺少符合设计要求的普通填料时，应根据当地资源情况设置填料生产场，对不符合要求的填料应进行改良。

5.1.2 填料生产场应根据需要配备相应的破碎、筛分设备，有改良要求的填料生产场应配备拌和系统。

5.1.3 设计取土场的填料质量或数量不能满足要求时，应重新选择料场，并按建设管理程序报相关单位。

5.1.4 路堤填筑材料的使用、运输、存放应符合下列规定：

1 基床表层和过渡段填筑应选用级配碎石，基床表层以下路基部位填筑可选用普通填料或改良土。

2 普通填料应级配良好。基床底层填料的最大粒径应小于 60 mm，基床底层以下路堤填料的最大粒径应小于 75 mm。

3 石灰、水泥等化学改良土外掺料的运输、使用应有保护环境的措施。外掺料应分类堆放，与原地面架空隔离，并有防风、防雨设施，防止材料受潮、变质。

4 站场站线路基填料的选用应符合设计要求。

5.1.5 填料生产应符合下列规定：

1 改良土填料生产应采用先进的设备和工艺，满足拌和施工质量和环境保护要求。条件具备时应优先采用场拌。

2 填料生产过程中应定期检查筛网有无破损或筛孔尺寸是否超出限值。

3 化学改良土外掺料应与原土料拌和均匀、色泽一致，无灰团、灰条和花面现象。

5.1.6 不同填料在大面积填筑前均应进行现场填筑工艺试验，取得的试验参数及成果应报监理单位确认。

5.2 普 通 填 料

主 控 项 目

5.2.1 普通填料的质量应满足设计要求。正线路基普通填料还应符合下列规定：

1 基床以下路堤填料的最大粒径应小于 75 mm，基床底层填料的最大粒径应小于 60 mm。

2 用于寒冷地区路基冻结影响范围的填料，设计无要求时，砾石类土的细粒含量不应大于 15%，砂类土的细粒含量不应大于 5%。

3 用于浸水路堤的填料，细粒含量应小于 10%。

检验数量：施工单位每 1×10^4 m^3 检验 1 次填料的粒径、颗粒级配及细粒含量，填料发生变化或更换取土场时应重新进行检验。监理单位按施工单位检验数量的10%平行检验，且同一土源不少于1次。

检验方法：料场抽样，按《铁路工程土工试验规程》(TB 10102)规定的方法筛分试验。

5.2.2 普通填料出场前应进行最大干密度试验。

检验数量：施工单位每1×10^4 m^3检验1次，填料发生变化或更换取土场时应重新进行检验。监理单位按施工单位检验数量的10%平行检验，且同一土源不少于1次。

检验方法：料场抽样，按《铁路工程土工试验规程》(TB 10102)规定的方法试验。

5.2.3 普通填料出场时的含水率应在工艺试验确定的填料出场含水率范围内。

检验数量：施工单位每工班检验含水率不少于2次。监理单位按施工单位检验数量的10%平行检验。

检验方法：料场抽样，按《铁路工程土工试验规程》(TB 10102)规定的方法试验。

5.3 改良土填料

主 控 项 目

5.3.1 化学改良土的原土料质量应符合设计及下列规定：

1 用石灰改良时，原土料的有机质含量不应大于5%，硫酸盐含量(折算成SO_4^{2-})不应大于0.8%。

2 用水泥改良时，原土料的有机质含量不应大于2%，硫酸盐含量(折算成SO_4^{2-})不应大于0.25%。

检验数量：施工单位和监理单位每5×10^4 m^3检验1次原土料有机质和硫酸盐含量，填料发生变化或更换取土场时应重新进行检验，且同一土源不少于1次。

检验方法：取土场抽样，有机质含量测定采用《铁路工程土工试验规程》(TB 10102)规定的灼失量法或重铬酸钾法，硫酸盐含量测定采用硫酸钡质量法或EDTA容量法。

5.3.2 化学改良土的外掺料质量应满足设计要求，并符合下列规定：

1 外掺料为水泥等胶材时，宜采用普通硅酸盐水泥或矿渣硅酸盐水泥，强度等级为42.5或32.5，初凝时间不宜小于3.0 h，终凝时间不宜小于6.0 h，安定性和强度指标应符合现行《通用硅酸盐水泥》(GB 175)的要求。不应使用快硬水泥、早强水泥。

2 外掺料为石灰时，宜采用一级建筑钙质生石灰粉或合格建筑钙质生石灰，其石灰的($CaO+MgO$)含量不应小于80%，CO_2含量不应大于9%，生石灰粉0.90 mm筛的筛余不应大于0.5%、0.125 mm筛的筛余不应大于12.0%，建筑钙质生石灰未消化残渣含量(5 mm圆孔筛余)不应大于15%。

3 外掺料为粉煤灰或同类外掺料时，矿物成分($SiO_2+Al_2O_3+Fe_2O_3$)含量不宜小于70%，0.045 mm方孔筛筛余不应大于25%，三氧化硫(SO_3)含量不应大于3%、烧失量不应大于8%。

检验数量和检验方法：应符合表5.3.2的规定。

表 5.3.2 化学改良土外掺料的检验数量及检验方法

外掺料名称	检验项目	施工单位检验数量	监理单位检验数量	试验方法
水泥等胶材	凝结时间安定性	同厂家、同品种、同规格的外掺料，每 200 t 检验 1 组；水泥进场时间超过 3 个月或受潮结块时应复检；粉煤灰等同类外掺料的 SO_3 含量和（SiO_2 + Al_2O_3 + Fe_2O_3）含量每2 000 t检验 1 组	按施工单位检验数量的 10% 见证检验，且不少于 1 组	《水泥标准稠度用水量、凝结时间、安定性检验方法》(GB/T 1346)
	胶砂强度			《水泥胶砂强度检验方法（ISO 法）》(GB/T 17671)
石　灰	细度未消化残渣含量			《建筑石灰试验方法物理试验方法》(JC/T 478.1)
	CO_2 含量，($CaO+MgO$)含量			《建筑石灰试验方法化学分析方法》(JC/T 478.2)
粉煤灰或同类外掺料	细度			《用于水泥和混凝土中的粉煤灰》(GB/T 1596)
	烧失量 ($SiO_2+Al_2O_3+Fe_2O_3$) 含量，SO_3 含量			《水泥化学分析方法》(GB/T 176)

5.3.3 化学改良土使用前应进行配合比和无侧限抗压强度验证试验，并应符合下列规定：

1 基床以下部位按设计推荐配合比配制的化学改良土 7 d 饱和无侧限抗压强度不应小于 250 kPa。

2 基床底层按设计推荐配合比配制的化学改良土 7 d 饱和无侧限抗压强度不应小于 350 kPa，寒冷地区路基冻结影响范围的基床底层化学改良土 7 d 饱和无侧限抗压强度不应小于 550 kPa。

检验数量：施工单位对同土源、同外掺料作改良土配合比和无侧限抗压强度验证试验 1 次，使用的土源或外掺料发生变化时，应重新进行试验。监理单位见证检验 1 次。

检验方法：按《铁路工程土工试验规程》(TB 10102)中改良土试验规定的方法进行重型击实和无侧限抗压强度试验，掺水泥的改良土同时作延迟时间试验。监理单位见证检验，并检查确认配合比验证试验报告和击实试验报告。

5.3.4 物理改良土使用前应进行配合比试验，混合料质量应符合本标准第 5.2.1 条的规定。

检验数量：施工单位每 1×10^4 m^3 进行 1 次配合比试验，检验混合料的粒径、颗粒级配及细粒含量，填料土质发生变化或更换取土场时应重新进行检验。监理单位按施工单位检验数量的 10%平行检验，且同一土源不少于 1 次。

检验方法：料场抽样，按《铁路工程土工试验规程》(TB 10102)规定的方法进行筛分试验。

5.3.5 改良土混合料拌制前，应检查配料计量系统的工作状态，测定原土料和混合料的含水率，并根据测试结果和环境条件及时调整施工配合比，改良土混合料出场时的含水率宜在工艺试验确定的填料出场控制含水率范围内。

检验数量：施工单位每工班检验不少于 2 次，含水率有显著变化时，应增加含水率检测次数。监理单位按施工单位检验数量的 10%平行检验。

检验方法：观察计量系统，含水率按《铁路工程土工试验规程》(TB 10102)规定的方法试验。

5.3.6 化学改良土外掺料剂量允许偏差为试验配合比的外掺料剂量（以百分率表示）－0.5%～＋1.0%。

检验数量：施工单位每工班检验 2 次。监理单位按施工单位检验数量的 20%见证检验。

检验方法：料场抽样，采用滴定法或仪器法检验。

5.3.7 化学改良土混合料中应不含有未消解石灰颗粒，路拌法改良土混合料中应不含有素土团或素土层。

检验数量：施工单位场拌法施工时每工班检验3次，路拌法施工时沿线路纵向每100 m每层抽样检验6处(左、中、右各2处)。监理单位按施工单位检验数量的20%见证检验。

检验方法：观察。

5.3.8 改良土出场前应进行最大干密度试验。

检验数量：施工单位每5 000 m^3 检验1次，填料土质发生变化或更换取土场时应重新进行检验。监理单位按施工单位检验数量的10%平行检验，且同一土源不少于1次。

检验方法：料场抽样，按《铁路工程土工试验规程》(TB 10102)规定的方法试验。掺水泥的改良土同时作延迟时间试验。

5.4 级配碎石填料

主 控 项 目

5.4.1 生产级配碎石用原材料质量应满足设计要求，并符合下列规定：

1 粒径大于1.7 mm颗粒的洛杉矶磨耗率不应大于30%，硫酸钠溶液浸泡损失率不应大于6%。

2 粒径小于0.5 mm的细颗粒的液限不应大于25%，塑性指数应小于6。

检验数量：施工单位每一料场抽样检验洛杉矶磨耗率、硫酸钠溶液浸泡损失率、液限和塑性指数2次。监理单位每料场平行检验1次。

检验方法：按《铁路工程土工试验规程》(TB 10102)规定的方法检验。

5.4.2 基床表层级配碎石应符合设计及下列规定：

1 级配碎石材料由开山块石、天然卵石或砂砾石经破碎筛选而成。

2 级配碎石颗粒级配应符合表5.4.2的要求，不均匀系数 C_u 不应小于15，0.02 mm以下颗粒质量百分率不应大于3%，大于22.4 mm的粗颗粒中带有破碎面的颗粒所占的质量百分率不应小于30%，不应含有黏土及其他杂质。

表5.4.2 基床表层级配碎石粒径级配要求

方孔筛边长(mm)	0.1	0.5	1.7	7.1	22.4	31.5	45
过筛质量百分率(%)	0～11(5)	7～32	13～46	41～75	67～91	82～100	100

注：括号内数字适用于寒冷地区铁路。

检验数量：施工单位在级配碎石生产期间，每工班抽样检验1次粒径级配、黏土及其他杂质含量、大于22.4 mm的粗颗粒中带有破碎面的颗粒含量。监理单位按施工单位检验数量的10%平行检验。

检验方法：料场抽样，按《铁路工程土工试验规程》(TB 10102)规定的方法试验。

5.4.3 过渡段级配碎石应符合设计及下列规定：

1 碎石颗粒中针状和片状碎石含量不大于20%。

2 质软和易破碎的碎石含量不应超过10%。

3 过渡段用级配碎石的级配范围应符合表5.4.3的要求。

4 过渡段用级配碎石也可选用符合本标准第5.4.2条要求的级配碎石，并采用其相应的技术标准。

检验数量：施工单位每工班抽样检验 1 次颗粒级配、针状和片状碎石含量、质软和易破碎的碎石含量。监理单位按施工单位检验数量的 10%平行检验。

检验方法：料场抽样，按《铁路工程土工试验规程》(TB 10102)规定的方法试验。

表 5.4.3　过渡段用碎石级配范围要求

级配编号	通过筛孔(mm)质量百分率(%)									
	50	40	30	25	20	10	5	2.5	0.5	0.075
1	100	95～100	—	—	60～90	—	30～65	20～50	10～30	2～10
2	—	100	95～100	—	60～90	—	30～65	20～50	10～30	2～10
3	—	—	100	95～100	—	50～80	30～65	20～50	10～30	2～10

5.4.4　级配碎石混合料拌制前，应检查配料计量系统的工作状态，测定各种集料的含水率，根据测试结果和环境条件及时调整施工配合比，级配碎石混合料出场时的含水率宜在工艺试验确定的填料出场控制含水率范围内。

检验数量：每工班检验 2 次，含水率有显著变化时，应增加含水率检测次数。监理单位按施工单位检验数量的 10%平行检验。

检验方法：观察计量系统，含水率按《铁路工程土工试验规程》(TB 10102)规定的方法试验。

5.4.5　级配碎石出场前应进行最大干密度试验。

检验数量：施工单位每 5 000 m^3 检验 1 次，级配碎石材质发生变化或更换石场时应重新进行检验。监理单位按施工单位检验数量的 20%见证检验，且同一料场不少于 1 次。

检验方法：料场抽样，按《铁路工程土工试验规程》(TB 10102)规定的方法检验。

5.4.6　过渡段级配碎石中掺入水泥的品种、规格及质量检验应符合本标准第 5.3.2 条的规定。

5.4.7　过渡段级配碎石中水泥掺加量允许偏差为试验配合比0～+1.0%

检验数量：施工单位每工班检验 2 次。监理单位按施工单位检验数量的 20%见证检验。

检验方法：料场抽样，采用滴定法或仪器法检验。

6 基床以下路堤

6.1 一般规定

6.1.1 路堤应按设计文件进行地基处理，并经检验满足设计要求后开始填筑。

6.1.2 在进行大面积填筑前，不同填料应在工程现场选取有代表性的地段作为试验段，进行摊铺压实工艺试验，确定施工工艺参数，报监理单位确认后，方可进行施工。

6.1.3 路堤填筑前应作好路基范围及两侧的地面排水、防渗和地下水的拦截、引排，地下水的出露位置和处理前、后的出水情况应有记录。填筑施工不应污染农田和环境。

6.1.4 路堤填筑时应符合下列规定：

1 路堤填筑应按"三阶段、四区段、八流程"的施工工艺组织施工，每个区段的长度应根据使用机械的能力、数量确定，宜在 200 m 以上或以构筑物为界。各区段或流程内严禁几种作业交叉进行。

2 不同类别的填料应分别填筑，不应混填，每一摊铺层填料中的粗细料应摊铺均匀。

3 填筑时应横断面全宽、纵向分层填筑压实。原地面高低不平时，应先从最低处分层填筑。

4 碾压时填料的含水量应控制在试验段所确定的施工允许含水量的范围内。

5 路基分段填筑时，纵向接头处应在已填筑压实基础上挖出硬质台阶，台阶宽度不宜小于 2 m，高度同填筑层厚度。

6 路堤雨季施工，每次作业收工前应将铺填的松土层摊铺压实完毕，压实层面做成向路基两侧 2%～4%的横向排水坡。严禁雨天进行非渗水土的填筑。

6.1.5 加筋土路堤施工除应符合本标准第 6.1.4 条的规定外，还应符合下列规定：

1 土工合成材料运至工地后，应分批整齐堆放在料棚(库)内，防止阳光暴晒，并保持料棚(库)通风干燥。

2 铺设土工合成材料前应整平、压实下承层，其平整度、横坡及压实质量应符合本标准相应部位的压实要求，表面不应有坚硬凸物。

3 土工合成材料铺设时，应将强度高的方向置于垂直于路堤的轴线方向，并应拉紧、展平，与下承层面密贴，不应褶皱、扭曲和损坏。

4 土工合成材料受力方向上的连接必须牢固，连接强度不应低于材料的设计容许抗拉强度。

5 土工合成材料多层铺设时，上下层接缝应错开。

6 加筋土路堤填筑过程中严禁施工机械直接在土工合成材料上行走作业。

7 土工合成材料铺设后应及时填筑填料，避免阳光长时间照射。

6.1.6 软土、松软土地基上的路堤及预压土填筑，除应符合本标准第 6.1.4 条、第 6.1.5 条的规定外，还应符合下列规定(真空预压地基处理地段不受下述第 2 款、第 3 款限制)：

1 软土和松软土地段路基的施工组织应注意不同地基处理措施可能产生的差异沉降，并应保证必要的预压期。

2 采用排水固结地基处理措施时，应控制填筑速率，路堤中心线地面沉降速率大于每昼夜 10 mm、坡脚水平位移速率大于每昼夜 5 mm 时，应停止填筑，待观测值恢复到限值以内再进行填筑。

3 反压护道应与路基同步填筑，其填料、填筑压实方法、压实标准应符合路堤相应部位的规定。护道顶面应平顺并有向路基两侧的排水坡，边坡应顺直无凹陷。

6.1.7 膨胀土地基上的路堤填筑，根据其填料种类除应符合本标准第 6.1.4 条、第 6.1.5 条的规定外，还应符合下列规定：

1 施工前应结合永久排水设施做好地表排水设施，路堤填筑施工过程中应保证路基范围内排水畅通。

2 膨胀土路基不应在雨季施工。

3 换填厚度应根据开挖后地基检测结果确定，且不应小于设计要求。

4 基底换填应与开挖紧密衔接。如有困难，应预留厚度不小于 50 cm 的保护层。

6.1.8 黄土地区的路堤填筑，根据其填料种类除应符合本标准第 6.1.4 条、第 6.1.5 条的规定外，施工前应结合永久排水设施做好地表排水设施，施工过程中路基范围黄土地基上不应浸水。

6.1.9 盐渍土地基上的路堤填筑，根据其填料种类除应符合本标准第 6.1.4 条、第 6.1.5 条的规定外，盐渍土地基的含盐量大于规定时，应铲除表层盐渍土，挖除厚度应根据开挖后地基检测结果确定，且不应小于设计要求，铲除宽度应包括护道，并应有自路基中线向两侧不小于 2%的横向排水坡。

6.1.10 浸水路堤施工应尽量选择在枯水季节进行。

6.1.11 路堤填筑过程中的沉降观测应符合下列规定：

1 按设计要求埋设沉降观测设备。路基填筑过程中，应注意保护沉降观测设备，不应损坏。

2 应根据沉降观测情况进行综合分析，及时调整填筑施工工艺、施工组织措施或地基处理措施。

3 沉降观测资料应及时整理、汇总、分析，并进行评估，指导路基填筑施工和铺轨施工。沉降观测资料、施工过程记录应作为控制工后沉降量的依据进行验交。

6.2 普通填料填筑

主 控 项 目

6.2.1 路堤填料种类、质量应符合设计要求，填料的最大粒径应小于 75 mm。填筑前应对运至现场的填料进行抽样检验。

检验数量：施工单位每 1×10^4 m^3 或土性明显变化时抽样检验 1 次颗粒级配。监理单位检查施工单位的全部试验报告，且每 5×10^4 m^3 平行检验 1 次最大粒径和颗粒级配。

检验方法：查验填料出场试验报告。在填筑现场抽样，按《铁路工程土工试验规程》(TB 10102)规定的试验方法进行颗粒分析检验，并在每层填筑过程中目测检查最大粒径和级配有无明显变化。

6.2.2 基床以下路堤填筑应符合下列规定：

1 每一水平层的全宽应用同一种填料填筑。

2 不同填料每层的具体摊铺厚度及碾压遍数应按试验段工艺试验确定的并经监理工程师批准的参数进行控制。

3 上下相接的填筑层使用不同种类及颗粒条件的填料时，其粒径应符合 $D_{15}<4d_{85}$ 的要求。下部填料为化学改良土时，可不受此项规定限制。

4 碾压时，各区段交接处应互相重叠压实，纵向搭接长度不应小于 2.0 m，纵向行与行之间的轮迹重叠不小于 40 cm，上下两层填筑接头应错开不小于 3.0 m。

检验数量：施工单位区间正线路基沿线路纵向连续长度每 100 m、站场路基折合正线双线每 100 m 每层检查 6 处(左、中、右各 2 处)。监理单位按施工单位检验数量的 10%平行检验。

检验方法：观察检验每一水平层的全宽是否用同一种填料填筑，尺量摊铺厚度及碾压时的搭接长度、轮迹重叠宽度及上下层填筑接头错开长度；检查该层和下承层土工试验报告的筛分结果，比较其粒径是否符合 $D_{15}<4d_{85}$ 的要求。

6.2.3 基床以下路堤的压实质量应根据填料类别按表 6.2.3 采用双指标控制。站场站线路基基床以下路堤的压实质量应符合设计和相关验收标准的要求。

表 6.2.3 基床以下路堤普通填料压实标准

指　　标	压　实　标　准	
	砂类土及细砾土	碎石类及粗砾土
压实系数 K	≥0.92	≥0.92
地基系数 K_{30}(MPa/m)	≥110	≥130

注：无砟轨道可采用 K_{30} 或 E_{v2}。采用 E_{v2} 时，其控制标准为 $E_{v2}\geqslant45$ MPa 且 $E_{v2}/E_{v1}\leqslant2.6$。

检验数量：区间正线路基沿线路纵向连续长度每 100 m、站场路基折合正线双线每 100 m，施工单位每压实层抽样检验压实系数 6 点，其中：区间正线路基左、右距路基边线 1 m 处各 2 点，路基中部 2 点。每填高约 90 cm 抽样检验地基系数(无砟轨道可采用 K_{30} 或 E_{v2})4 点，其中：区间正线路基距路基边线2 m处左、右各 1 点，路基中部 2 点。站场路基按填筑分块分区段情况参照区间正线路基取点方法抽样检验。监理单位按施工单位检验数量的 10%平行检验，且不少于 1 次。

检验方法：按《铁路工程土工试验规程》(TB 10102)规定的试验方法进行检验。

一 般 项 目

6.2.4 浸水路堤浸水与不浸水分界防护高程的允许偏差、检验数量及检验方法应符合表 6.2.4 的规定。

6.2.5 基床以下路堤顶面路基压实宽度、横坡的允许偏差、检验数量及检验方法应符合表 6.2.5 的规定。

6.2.6 反压护道顶面高程、宽度、横坡的允许偏差、检验数量及检验方法应符合表 6.2.6 的规定。

表 6.2.4 浸水路堤浸水与不浸水分界防护高程的允许偏差、检验数量及检验方法

检验项目	允许偏差	施工单位检验数量	检验方法
分界防护高程	$^{+100}_{0}$ mm	沿线路纵向每 100 m 抽样检验 3 点	测量仪器测量或尺量

表 6.2.5　基床以下路堤顶面路基压实宽度、横坡的允许偏差、检验数量及检验方法

序号	检验项目	允许偏差	施工单位检验数量	检验方法
1	顶面路基压实宽度	不小于设计宽度	沿线路纵向每 100 m 各抽样检验 3 个断面	尺量
2	顶面横坡	±0.3%		坡度尺量

表 6.2.6　反压护道顶面高程、宽度、横坡的允许偏差、检验数量及检验方法

序号	检验项目	允许偏差	施工单位检验数量	检验方法
1	反压护道顶面高程	−50 mm	沿线路纵向每 100 m 各抽样检验 3 个断面	仪器测量
2	反压护道顶面宽度	不小于设计宽度		尺量
3	反压护道顶面横坡	±0.3%		坡度尺量

6.3　改良土填筑

主 控 项 目

6.3.1　改良土填筑前，应对改良土原材料、外掺料和混合料的出场检验资料进行核查。

检验数量：施工单位和监理单位逐批检查检验资料。

检验方法：查验相关原材料的产品合格证、复检报告和混合料的出场检验报告。

6.3.2　化学改良土混合料摊铺、拌和、整型及碾压应符合下列规定：

1　改良土填料应按工艺试验确定的填筑压实厚度分层填筑，具体的摊铺厚度及碾压遍数应按试验段确定的并经监理确认的参数进行控制。

2　化学改良土混合料中不应含有大于 15 mm 的土块和未消解石灰颗粒。

3　碾压时，各区段交接处应互相重叠压实，纵向搭接长度不应小于 2.0 m，纵向行与行之间的轮迹重叠不小于 40 cm，上下两层填筑接头应错开不小于 3.0 m。

检验数量：施工单位区间正线路基沿线路纵向连续长度每 100 m、站场路基折合正线双线每 100 m 每层抽样检验 6 处(左、中、右各 2 处)。监理单位按施工单位检验数量的 10%平行检验。

检验方法：现场取样作筛分试验，并观察、尺量。

6.3.3　化学改良土外掺料剂量允许偏差为试验配合比的外掺料剂量−0.5%～+1.0%。

检验数量：施工单位区间正线路基沿线路纵向连续长度每 100 m、站场路基折合正线双线每 100 m 每层抽样检验 3 处(左、中、右各 1 处)。监理单位按施工单位检验数量的 20%见证检验。

检验方法：采用滴定法或仪器法检测。

6.3.4　路拌法改良土混合料中应不含有素土团或素土层。

检验数量：施工单位区间正线路基沿线路纵向连续长度每 100 m、站场路基折合正线双线每 100 m 每层抽样检验 6 处(左、中、右各 2 处)。监理单位按施工单位检验数量的 10%平行检验。

检验方法：观察。

表 6.3.5　化学改良土填筑压实标准

指　　标	压 实 标 准
压实系数 K	≥0.92
7 d 饱和无侧限抗压强度 q_u(kPa)	≥250

6.3.5　化学改良土填筑压实质量应符合表 6.3.5 的要求。站场站线路基基床以下化学改良

土填筑的压实质量应符合设计和相关验收标准的要求。

检验数量：区间正线路基沿线路纵向连续长度每 100 m、站场路基折合正线双线每 100 m，施工单位每压实层抽样检验压实系数 6 点，其中：区间正线路基左、右距路肩边线 1 m 处各 2 点，路基中部 2 点。站场路基按填筑分块分区段情况参照区间正线路基取点方法抽样检验。抽样检验 3 处无侧限抗压强度（同一连续作业段左、中、右各 1 处）。监理单位按施工单位检验数量的 10%平行检验压实系数，每检验批平行检验 1 处无侧限抗压强度。

检验方法：按《铁路工程土工试验规程》（TB 10102）规定的方法检验。无侧限抗压强度试样应从已摊铺好填料的地段现场抽样，在室内按要求的压实密度成型，并按规定进行养护和无侧限抗压强度试验。

6.3.6 物理改良土压实质量检验应符合本标准第 6.2.3 条的规定。

一 般 项 目

6.3.7 改良土的一般项目检验应符合本标准第 6.2.4 条～第 6.2.6 条的规定。

6.4 加筋土填筑

主 控 项 目

6.4.1 加筋材料的种类、规格及质量应符合设计要求，且无老化，外观无破损，无污染。

检验数量：同一厂家、品种、批号的加筋材料，每 1×10^4 m^2 为一批，不足 1×10^4 m^2 也按一批计。施工单位每批抽样检验 1 组。监理单位按施工单位检验数量的 20%见证取样检验，且不少于 1 组。

检验方法：查验每批产品的质量证明文件和性能报告单。抽样检验材料的拉伸强度、极限抗拉强度及延伸率。材料的外观观察检验。

6.4.2 加筋材料的铺设位置、层数、方向及连接方法应符合设计要求。

检验数量：施工单位沿线路纵向每 100 m 抽样检验 5 处。监理单位按施工单位检验数量的 10%平行检验。

检验方法：观察，计数。

6.4.3 路堤填料的进场检验应根据填料种类符合本标准第 6.2.1 条、第 6.3.1 条的规定。

6.4.4 路堤填筑施工的检验应根据填料种类符合本标准第 6.2.2 条、第 6.3.2 条～第 6.3.4 条的规定。

6.4.5 路堤填筑压实质量的检验应根据填料种类符合本标准第 6.2.3 条、第 6.3.5 条的规定。

一 般 项 目

6.4.6 加筋材料铺设的允许偏差、检验数量及检验方法应符合表 6.4.6 的规定。

表 6.4.6 加筋材料铺设的允许偏差、检验数量及检验方法

<table>
<tr><th>序号</th><th>检验项目</th><th>允许偏差</th><th>施工单位检验数量</th><th>检验方法</th></tr>
<tr><td>1</td><td>铺设范围</td><td>不小于设计值</td><td rowspan="5">沿线路纵向每 100 m 各抽样检验 3 处</td><td rowspan="2">尺量</td></tr>
<tr><td>2</td><td>搭接宽度</td><td>$^{+50}_{0}$ mm</td></tr>
<tr><td>3</td><td>层间距</td><td>±30 mm</td><td>测量仪器测量</td></tr>
<tr><td>4</td><td>搭接缝错开距离</td><td>±50 mm</td><td rowspan="2">尺量</td></tr>
<tr><td>5</td><td>回折长度</td><td>±50 mm</td></tr>
</table>

6.4.7　基床以下加筋土路基施工的一般项目检验应符合本标准第 6.2.4 条～第 6.2.6 条的规定。

6.5　路堤边坡成型

一 般 规 定

6.5.1　路堤边坡宜采用加宽超填或专用边坡压实机械施工。采用加宽超填方法时，超填宽度不宜小于 50 cm。

6.5.2　路基刷坡宜采用机械刷坡。机械刷坡时应根据路肩线用坡度尺控制坡度。人工刷坡时应采取挂方格网控制边坡平整度和坡度，方格网桩距不宜大于 10 m。

6.5.3　路堤边坡应平顺、密实、稳固。

主 控 项 目

6.5.4　路堤边坡超填部分应按设计路基宽度、边坡坡率完全刷坡，坡率应符合设计要求，偏陡量不应大于设计值的 3%。

检验数量：施工单位沿线路纵向每 100 m 每侧边坡抽样检验 3 处。监理单位平行检验 1 处。

检验方法：用钢钎探查坡面是否有松土，竿尺或坡度尺量边坡坡率。

一 般 项 目

6.5.5　路堤变坡点位置、平台的允许偏差、检验数量及检验方法应符合表 6.5.5 的规定。

表 6.5.5　路堤变坡点位置、平台的允许偏差、检验数量及检验方法

序号	项目	允许偏差	施工单位检验数量	检验方法
1	变坡点位置	±200 mm	沿线路纵向每 100 m 每侧各抽样检验 3 点	测量仪器测量或尺量
2	平台位置	±100 mm		测量仪器测量或尺量
3	平台宽度	±50 mm		尺　量

注：变坡点、平台位置以位于路肩下的高度计。

7　基床表层以下过渡段

7.1　过渡段基底处理

一 般 规 定

7.1.1　过渡段基底处理过程中及处理后应按照设计要求作好地面排水，软土、松软土、膨胀土和黄土地基地段，应确保降水及地表径流对施工质量无不利影响。

7.1.2　过渡段基底范围及其两侧的排水、防渗和地下水的拦截、引排应符合设计要求。地下水的出露位置和处理前、后的出水情况应有记录。

7.1.3　过渡段采用打入桩、挤密桩地基处理措施时，应先施工过渡段打入桩、挤密桩，后施工桥台基础桩基。

主 控 项 目

7.1.4　过渡段基底处理应按设计要求与桥台、横向结构物、相邻路堤、相邻隧道的基底处理同时进行，开挖处理后的基底应碾压密实，压实质量应符合表 7.1.4 的规定。

表 7.1.4　基底处理后的压实标准

指标	过渡段路堤高度≤3 m	过渡段路堤高度>3 m
动态变形模量 E_{vd}	≥40 MPa	≥30 MPa

检验数量：施工单位每个过渡段抽样检验 3 点，其中：距路基边线 1 m 处左、右各 1 点，路基中部 1 点。监理单位每个过渡段抽样检验 1 点。

检验方法：按《铁路工程土工试验规程》(TB 10102)规定的试验方法进行检验。

7.1.5　路堤与路堑过渡段应按设计要求顺原地面纵向开挖台阶，开挖坡面的纵向坡度及台阶开挖高度应符合设计要求。

检验数量：每个过渡段施工单位抽样检验 3 点，监理单位平行检验 1 点。

检验方法：观察，尺量。

7.2　基 坑 回 填

一 般 规 定

7.2.1　桥台后基坑及横向结构物基坑必须在基底验收合格后，方可进行基坑回填施工。

7.2.2　桥台后基坑及横向结构物基坑应按设计选用回填材料，及时回填并分层压实，避免积水。

主 控 项 目

7.2.3　基坑采用混凝土回填时，混凝土强度等级应符合设计要求。

检验数量：每个基坑施工单位抽样检验 2 组。监理单位见证检验 1 组。

检验方法：在浇筑地点抽样成型混凝土试件，标准养护28 d，进行抗压强度试验。

7.2.4 基坑采用碎石或灰土回填时，应分层回填，并采用小型振动机械压实，压实质量应满足动态变形模量 $E_{vd}\geqslant 30$ MPa。

检验数量：每个基坑施工单位抽样检验 2 点，监理单位见证检验 1 点。

检验方法：按《铁路工程土工试验规程》(TB 10102)规定的试验方法进行检验。

一般项目

7.2.5 基坑采用灰土回填时，灰土应拌和均匀，色泽一致，无灰团、灰条和花面现象。

检验数量：施工单位全部检验。

检验方法：观察。

7.2.6 基坑回填顶面高程的允许偏差为±50 mm。

检验数量：施工单位每个基坑抽样检验 2 点。

检验方法：水准仪测量。

7.3 基床表层以下过渡段级配碎石填层

一般规定

7.3.1 施工单位应选择有代表性的过渡段作为试验段，进行基床表层以下过渡段级配碎石及两侧和锥体填土的摊铺压实工艺试验，确定施工工艺参数，报监理单位确认。

7.3.2 过渡段填筑前，应根据场地情况，采取相应的施工临时排水措施。桥台背后排水系统应与过渡段级配碎石填筑协调组织施工，确保工程质量。

7.3.3 基床表层以下过渡段级配碎石填筑应符合下列规定：

1 过渡段应与相邻的路堤及锥体按一整体同时施工，并将过渡段与连接路堤的碾压面按大致相同的水平分层高度同步填筑并均匀压实。

2 桥台后 2.0 m 范围外大型压路机能碾压到的部位应采用大型压路机碾压，大型压路机碾压不到的部位及在台后2.0 m范围内应采用小型振动压实设备进行压实。

3 横向结构物两侧的过渡段填筑必须对称进行，并与相邻路堤同步施工。

4 涵背两端大型压路机能碾压到的部位宜采用大型压路机碾压。大型压路机碾压不到的部位应采用小型振动压实设备进行压实。靠近横向结构物的部位，应平行于横向结构物背壁面进行横向碾压。

5 横向结构物的顶部填土厚度小于 1 m 时，不应采用大型振动压路机进行碾压。

6 掺入水泥的级配碎石混合料应在 4 h 内使用完毕。

主控项目

7.3.4 过渡段级配碎石质量应符合本标准第 5.4.3 条或 5.4.2 条的规定。运至填筑现场后，应对原材料和混合料的出场检验资料进行核查，并抽样检验。

检验数量：施工单位每 2 000 m^3 检验 1 次颗粒级配。监理单位按施工单位检验数量的 10%平行检验。施工单位和监理单位每 2 000 m^3 检验 1 次出场填料的试验报告。

检验方法：在填筑现场抽样，按《铁路工程土工试验规程》(TB 10102)规定的试验方法进行颗粒分析试验，并在每层的填筑过程中目测检查级配有无明显变化。查验填料出场试验报告。

7.3.5 级配碎石中掺入水泥的品种、规格及质量应符合设计要求，其检验应符合本标准第 5.3.2 条的规定。

7.3.6 在填筑压实过程中,应保证桥台、横向结构物稳定、无损伤。

检验数量:施工单位、监理单位全部检验。

检验方法:观察。

7.3.7 基床表层以下过渡段级配碎石填筑应按工艺试验确定并经监理单位确认的摊铺厚度及碾压遍数等工艺参数进行控制。

检验数量:施工单位每过渡段每填层检验1次。监理单位每过渡段每填3层平行检验1次。

检验方法:观察,尺量。

7.3.8 级配碎石中水泥掺加量应符合设计要求,允许偏差为试验配合比0～+1.0%。

检验数量:施工单位每过渡段每填高约90 cm抽样检验3处(左、中、右各1处)。监理单位按施工单位抽检次数的20%见证检验。

检验方法:按《铁路工程土工试验规程》(TB 10102)规定的EDTA容量法进行检验。

7.3.9 基床表层以下过渡段级配碎石填层的压实质量应按表7.3.9规定的地基系数K_{30}、动态变形模量E_{vd}和压实系数K三项指标控制。

表7.3.9 基床表层以下过渡段级配碎石填层压实标准

指　标	地基系数K_{30}(MPa/m)	动态变形模量E_{vd}(MPa)	压实系数K
压实标准	≥150	≥50	≥0.95

检验数量:施工单位每过渡段每压实层抽样检验压实系数3点,其中距路基两侧填筑级配碎石边线1 m处左、右各1点,路基中部1点。每填高约30 cm抽样检验动态变形模量3点,其中1点应靠近桥台或横向结构物边缘处;每填高约60 cm抽样检验地基系数2点,其中距路基填筑级配碎石边线2 m处1点,路基中部1点。监理单位按施工单位检验数量的20%平行检验。

检验方法:按《铁路工程土工试验规程》(TB 10102)规定的试验方法进行检验。

一 般 项 目

7.3.10 基床表层以下过渡段级配碎石填层的允许偏差、检验数量及检验方法应符合表7.3.10的规定。

表7.3.10 基床表层以下过渡段级配碎石填层的允许偏差、检验数量及检验方法

序号	检验项目	允许偏差	施工单位检验数量	检验方法
1	纵向填筑长度	不小于设计值	每层抽样检验3点,左、中、右各1点	尺量
2	纵向填筑坡度	不大于设计值	每层抽样检验3点,左、中、右各1点	尺量计算

7.4 基床表层以下过渡段两侧及锥体填土

一 般 规 定

7.4.1 基床表层以下过渡段两侧及锥体填土应与过渡段级配碎石及相邻的路堤按水平分层同步填筑并均匀压实。

7.4.2 锥体填筑前应核查基底无软土、松软土,或确认已完成地基处理并验收合格。

主 控 项 目

7.4.3 基床表层以下过渡段两侧及锥体填料应符合设计要求，其进场检验应符合本标准第6.2.1条或第6.3.1条的规定。

7.4.4 基床表层以下过渡段两侧及锥体填筑压实质量应符合表7.4.4的规定。

表7.4.4 基床表层以下过渡段两侧及锥体填筑压实标准

指 标	压实标准		
	化学改良土	砂类土及细砾土	碎石类及粗砾土
地基系数 K_{30}(MPa/m)	—	≥130	≥150
动态变形模量 E_{vd}(MPa)	—	≥40	≥40
压实系数 K	≥0.95	≥0.95	≥0.95
7 d饱和无侧限抗压强度 q_u(kPa)	≥350(550)	—	—

注：括号内数字为寒冷地区化学改良土考虑冻融循环作用所需强度值。

检验数量：每过渡段施工单位每压实约60 cm厚抽样检验地基系数2点；基床以下每压实层抽样检验压实系数3点，基床底层每压实层抽样检验压实系数和动态变形模量各3点；改良土填筑时，每压实约60 cm厚抽样检验1组无侧限抗压强度。监理单位按施工单位检验数量的20%平行检验，且每个过渡段每个指标至少平行检验1次。

检验方法：按《铁路工程土工试验规程》(TB 10102)规定的试验方法进行检验。无侧限抗压强度试样应从已摊铺好填料的地段现场抽样，在室内按要求的压实密度成型，并按规定进行养护和无侧限抗压强度试验。

7.4.5 在填筑压实过程中，应保证桥台、横向结构物稳定、无损伤。

检验数量：施工单位、监理单位全部检验。

检验方法：观察。

一 般 项 目

7.4.6 基床表层以下过渡段两侧、相邻路基及锥体填土与过渡段级配碎石间应符合$D_{15}<4d_{85}$的要求。

检验数量：施工单位每个过渡段检验1组。

检验方法：按《铁路工程土工试验规程》(TB 10102)规定的颗粒分析试验方法进行检验。

7.4.7 浸水路堤防护高程的允许偏差、检验数量及检验方法应符合表7.4.7的规定。

表7.4.7 浸水路堤防护高程的允许偏差、检验数量及检验方法

检验项目	允许偏差	施工单位检验数量	检验方法
防护高程	$^{+100}_{0}$ mm	每个过渡段抽样检验2点	测量仪器测量或尺量

7.4.8 基床表层以下过渡段填筑的允许偏差、检验数量及检验方法应符合表7.4.8的规定。

表7.4.8 过渡段填筑的允许偏差、检验数量及检验方法

序号	检验项目	允许偏差	施工单位检验数量	检验方法
1	顶面路基宽度	不小于设计值	每过渡段每检测层抽样检验2点	尺量
2	边坡坡率(偏陡量)	3%设计值	每过渡段每侧抽样检验6点	坡度尺量

7.5 路堤与路堑过渡段基床表层以下填层

一 般 规 定

7.5.1 路堤与路堑连接处应按设计要求顺原地面纵向开挖台阶。

7.5.2 路堤与软质岩石或土质路堑过渡段基床以下路堤填筑应符合本标准第 6.1 节的一般规定。

7.5.3 路堤与软质岩石或土质路堑过渡段基床底层填筑应符合本标准第 9.1 节的一般规定。

7.5.4 路堤与硬质岩石路堑过渡段基床表层以下填筑应符合本标准第 7.3 节的一般规定。

主 控 项 目

7.5.5 路堤与软质岩石或土质路堑过渡段路堤填料的种类、质量应符合设计要求，普通填料、物理改良土填料的进场检验应符合本标准第 6.2.1 条的规定，化学改良土填料的进场检验应符合本标准第 6.3.1 条的规定。

7.5.6 路堤与硬质岩石路堑过渡段基床表层以下填料的种类、质量要求及检验方法，应符合本标准第 7.3.4 条和第 7.3.5 条的规定。

7.5.7 路堤与软质岩石或土质路堑过渡段基床以下路堤填筑及压实质量的检验应根据填料种类符合本标准第 6.2.2 条～第 6.2.3 条或第 6.3.2 条～第 6.3.5 条的规定。

7.5.8 路堤与软质岩石或土质路堑过渡段基床底层路堤填筑及压实质量的检验应符合本标准第 9.1.6 条～第 9.1.9 条的规定。

7.5.9 路堤与路堑连接处为硬质岩石路堑过渡段基床表层以下填筑及压实质量的检验应符合本标准第 7.3.7 条～第 7.3.9 条的规定。

一 般 项 目

7.5.10 路堤与软质岩石或土质路堑过渡段基床以下路堤填筑的检验应符合本标准第 6.2.4 条～第 6.2.6 条、第 6.4.6 条的规定。

7.5.11 路堤与软质岩石或土质路堑过渡段基床底层路堤填筑的检验应符合本标准第 9.1.12 条、第 6.4.6 条的规定。

7.5.12 路堤与硬质岩石路堑过渡段基床表层以下填筑的检验应符合本标准第 7.3.10 条的规定。

7.6 过渡段混凝土填层

一 般 规 定

7.6.1 混凝土的运输、浇筑及间歇的全部时间不应超过混凝土的初凝时间。

7.6.2 同一过渡段的混凝土应连续浇筑，并应在底层混凝土初凝前将上一层混凝土浇筑完毕。

主 控 项 目

7.6.3 混凝土施工前，应按设计要求进行基底处理，基底应平整、密实、无积水，处理后的基底压实质量应符合设计要求。

检验数量：施工单位每个过渡段抽样检验 3 点，其中：距路基边线 1 m 处左、右各 1 点，路基中部 1 点。监理单位每个过渡段抽样检验 1 点。

检验方法：观察基底外观，按《铁路工程土工试验规程》（TB 10102）规定的试验方法进行检验。

7.6.4 混凝土所用水泥、粗骨料、细骨料、矿物掺和料、外加剂等材料的品种、规格、质量应符合设计要求，其进场检验应符合《铁路混凝土工程施工质量验收标准》(TB 10424—2010)第6.2.1条～第6.2.7条的有关规定。

7.6.5 模板应支撑牢固，无变形、漏浆，模板安装应符合《铁路混凝土工程施工质量验收标准》(TB 10424—2010)第4.2.1条、第4.2.2条的有关规定。

7.6.6 混凝土强度应符合设计要求，其施工和检验应符合《铁路混凝土工程施工质量验收标准》(TB 10424—2010)第6.3.1条、第6.4.1条～第6.4.11条的有关规定。

7.6.7 过渡段混凝土填层表面应密实、平整，不应有孔洞、疏松等缺陷。

检验数量：施工单位、监理单位全部检验。

检验方法：观察。

一 般 项 目

7.6.8 过渡段混凝土填层的允许偏差、检验数量及检验方法应符合表7.6.8的规定。

表7.6.8 过渡段混凝土填层的允许偏差、检验数量及检验方法

序号	检验项目	允许偏差	施工单位检验数量	检验方法
1	中线高程	±10 mm	每过渡段抽样检验3点	测量仪器测量
2	中线位置	20 mm	每过渡段抽样检验3处	测量仪器测量，尺量
3	纵向长度	不小于设计值	每过渡段抽样检验3处，左、中、右各1处	尺量
4	横向宽度	不小于设计值	每过渡段抽样检验3处	尺量
5	厚 度	±10 mm	每过渡段抽样检验3个断面，沿过渡段纵向均匀分布	测量仪器测量，尺量
6	横 坡	±0.5%	每过渡段抽样检验3个断面	坡度尺量
7	平整度	不大于12 mm	每过渡段抽样检验3处	3.0 m靠尺和塞尺量

8 路　　堑

一 般 规 定

8.0.1 路堑施工前应完善排水系统，做好堑顶截、排水天沟。临时排水设施应与原有排水系统及永久性排水设施相结合。堑顶为土质或含有软弱夹层的岩层时，天沟应及时铺砌或采取其他防渗措施。

8.0.2 开挖前应检查坡顶、坡面的危石、裂缝和其他不稳定情况并妥善处理。

8.0.3 路堑开挖应符合下列规定：

1 路堑开挖应保持排水系统畅通。

2 路堑开挖应自上而下纵向、水平分层开挖，纵向坡度不应小于4%。严禁掏底开挖。

3 膨胀土、黄土路堑不应在雨季施工，且基床换填、边坡防护封闭应与开挖紧密衔接。防护不能紧跟开挖时，应预留厚度不小于50 cm的保护层。

4 设有支挡结构的路堑边坡应分段开挖、分段施工。设计要求分层开挖、分层防护的路堑边坡，应自上至下分层开挖、分层施工，支挡工程施工应与开挖紧密衔接。衔接困难时，应预留厚度不小于50 cm的保护层。

5 多级边坡应开挖一级验收一级，上级边坡未验收，下级路堑边坡不应开挖施工。

8.0.4 路基爆破施工应符合国家爆破安全规程及环保的有关规定，并应符合下列规定：

1 石质路堑开挖宜采用松动爆破，严禁采用峒室爆破。石质边坡面应采用光面或预裂爆破开挖。

2 爆破不应对路堑各部和相邻建筑物造成损伤和产生隐患。

3 爆破设计方案必须报有关部门审核批准后方可实施，监理单位应参与审核每次爆破设计且与现场核对。

8.0.5 路堑开挖过程中，应对照设计文件核对水文地质和工程地质资料。

8.0.6 半挖半填路基轨道下横跨挖方与填方两部分时，应按设计要求开挖换填。填筑区域基底表面应平整。

8.0.7 在设有渗水盲沟的路堑地段，应作好路堑开挖与盲沟施工的协调和组织，尽早施工盲沟，防止渗水浸泡路堑。

主 控 项 目

8.0.8 采用机械开挖或光面、预裂爆破应保证开挖面完整平顺，无危石和坑穴。边坡坡面应平整且稳定无隐患，局部凹凸差不大于15 cm。边坡防护封闭无变形、开裂。

检验数量：沿线路纵向每100 m施工单位抽样检验5处。监理单位平行检验2处。

检验方法：观察、尺量。

8.0.9 石质路堑采用爆破法开挖的装药量应符合批准的爆破设计用药量。

检验数量：施工单位全部检验，监理单位全部旁站。

检验方法：对照爆破设计文件核对各项爆破参数。

8.0.10 路堑开挖边坡坡率不应陡于设计值。

检验数量：沿线路纵向每 50 m 单侧边坡施工单位抽样检验 8 点（上、下部各 4 点）。监理单位平行检验 4 点（上、下部各 2 点）。

检验方法：吊线尺量计算或坡度尺量。

8.0.11 路堑边坡变坡里程应符合设计。

检验数量：按设计要求检验变坡里程，施工单位、监理单位全部检验。

检验方法：尺量或仪器测量。

8.0.12 路堑开挖至设计标高后，应核查地质情况。基床为软质岩及土质层时，其范围内的地基土比贯入阻力 P_S 值不应小于 1.5 MPa 或基本承载力 σ_0 不应小于 0.18 MPa。地质情况与设计不符时，应提出变更设计。

检验数量：施工单位区间正线路基沿线路纵向连续长度每 100 m、站场路基折合正线双线每 100 m 抽样检验 2 点。监理单位全部见证检验。地质情况与设计不符时，勘察设计单位现场确认。

检验方法：对照设计文件核对并详细记录。按《铁路工程地质原位测试规程》（TB 10018）规定的试验方法进行检验。

一 般 项 目

8.0.13 路堑边坡变坡点位置、边坡及侧沟平台施工的允许偏差、检验数量及检验方法应符合表 8.0.13 的规定。

表 8.0.13 路堑边坡变坡点位置、边坡及侧沟平台施工的允许偏差、检验数量及检验方法

序号	检验项目	允许偏差	施工单位检验数量	检验方法
1	变坡点位置	±100 mm	沿线路纵向每 100 m 单侧边坡各抽样检验 6 点	测量仪器测量或尺量
2	平台位置	±100 mm		测量仪器测量或尺量
3	平台宽度	±50 mm		尺量

注：变坡点按路肩以上高度计，平台位置以平台顶面标高计。

9 基　床

9.1 基床底层

一般规定

9.1.1 在进行大面积填筑前，应选取有代表性的地段作为试验段，进行摊铺压实工艺试验，确定施工工艺参数，并报监理单位确认。

9.1.2 基床底层填筑材料的使用、运输、存放应符合本标准第 5.1.4 条的规定。

9.1.3 基床底层填筑施工应符合本标准第 6.1.4 条、第 6.1.5 条的规定，在软土、松软土地基上填筑基床底层时，还应符合本标准第 6.1.6 条的规定。

9.1.4 路堑开挖至基床换填底面标高时，开挖表面应平顺整齐，并按设计要求做成向两侧的横向排水坡，换填底面以下不应扰动和泥化。

主控项目

9.1.5 基床底层填料的种类、质量应符合设计要求，填料的最大粒径应小于 60 mm，普通填料、物理改良土填料的进场检验应符合本标准第 6.2.1 条的规定，化学改良土填料的进场检验应符合本标准第 6.3.1 条的规定。

9.1.6 基床底层普通填料分层填筑应符合下列规定：

1 每一水平层的全宽应用同一种填料填筑。

2 不同填料每层的具体摊铺厚度及碾压遍数应按试验段工艺试验确定的并经监理工程师批准的参数进行控制。

3 上下相接的压实层使用不同种类及不同颗粒条件的填料时，其粒径应符合 $D_{15}<4d_{85}$ 的要求。下部填土为化学改良土时，可不受此项规定限制。

4 碾压时，各区段交接处应互相重叠压实，纵向搭接长度不应小于 2.0 m，纵向行与行之间的轮迹重叠不小于 40 cm，上下两层填筑接头应错开不小于 3.0 m。

检验数量：区间正线路基沿线路纵向连续长度每 100 m、站场路基折合正线双线每 100 m，施工单位每层抽样检验 6 处(左、中、右各 2 处)。监理单位按施工单位检验数量的 10%平行检验。

检验方法：观察检验每一水平层的全宽是否用同一种填料填筑，尺量摊铺厚度及碾压时的搭接长度、轮迹重叠宽度及上下层填筑接头错开长度；检查该层和下承层土工试验报告的筛分结果，比较其粒径是否符合 $D_{15}<4d_{85}$ 的要求。

9.1.7 改良土混合料摊铺、拌和、整型、碾压的检验应符合本标准第 6.3.2 条的规定。

9.1.8 化学改良土外掺料剂量及混合料的检验应符合本标准第 6.3.3 条、第 6.3.4 条的规定。

9.1.9 基床底层普通填料、物理改良土压实质量应根据填料类别按表 9.1.9 规定的地基系数 K_{30}、动态变形模量 E_{vd} 和压实系数 K 三项指标控制。化学改良土压实质量按表 9.1.9 规定的压实系数 K 和 7 d 饱和无侧限抗压强度指标控制。站场站线路基基床底层的压实质量应符合设计和相关验收标准的要求。

表 9.1.9 基床底层压实标准

指 标	压 实 标 准		
	化学改良土	砂类土及细砾土	碎石类及粗砾土
地基系数 K_{30}(MPa/m)	—	≥130	≥150
动态变形模量 E_{vd}(MPa)	—	≥40	≥40
压实系数 K	≥0.95	≥0.95	≥0.95
7 d 饱和无侧限抗压强度 q_u(kPa)	≥350(550)	—	—

注:1 无砟轨道可采用 K_{30} 或 E_{v2}。采用 E_{v2} 时,其控制标准为 $E_{v2} \geqslant 80$ MPa 且 $E_{v2}/E_{v1} \leqslant 2.5$。

2 括号内数字为寒冷地区化学改良土考虑冻融循环作用所需强度值。

检验数量:区间正线路基沿线路纵向连续长度每 100 m、站场路基折合正线双线每 100 m,施工单位每压实层抽样检验压实系数 6 点,其中:区间正线路基左、右距路基边线 1 m 处各 2 点,路基中部 2 点;每填高约 90 cm 抽样检验地基系数(无砟轨道可采用 K_{30} 或 E_{v2})、动态变形模量各 4 点,其中:区间正线路基距路基边线 2 m 处左、右各 1 点,路基中部 2 点。站场路基按填筑分块分区段情况参照区间正线路基取点方法抽样检验。监理单位按施工单位抽检数量的 10%平行检验,且不少于 1 次。化学改良土无侧限抗压强度的检验数量应符合本标准第 6.3.5 条的规定。

检验方法:按《铁路工程土工试验规程》(TB 10102)规定的试验方法检验;化学改良土无侧限抗压强度按本标准第 6.3.5 条规定的检验方法进行检验。

9.1.10 路堑基床底层按设计要求采取翻挖回填、加强碾压夯实、换填、地基改良或加固措施时,分层压实质量及检验应符合本标准第 9.1.9 条的规定。

9.1.11 路堑基床底层按设计换填时,换填深度及宽度应符合设计要求。

检验数量:沿线路纵向每 100 m 施工单位抽样检验 5 个断面。监理单位平行检验 1 个断面。

检验方法:换填深度用测量仪器测量,换填宽度用尺量。

一 般 项 目

9.1.12 基床底层厚度、顶面宽度、顶面横坡的允许偏差、检验数量及检验方法应符合表 9.1.12 的规定。

表 9.1.12 基床底层厚度、顶面宽度、顶面横坡的允许偏差、检验数量及检验方法

序号	检验项目	允许偏差	施工单位检验数量	检验方法
1	厚 度	±30 mm	沿线路纵向每 100 m 抽样检验 3 点	测量仪器测量
2	顶面宽度	不小于设计值	沿线路纵向每 100 m 抽样检验 3 个断面	尺量
3	顶面横坡	±0.3%	沿线路纵向每 100 m 抽样检验 3 个断面	坡度尺量

9.2 级配碎石基床表层

一 般 规 定

9.2.1 基床表层填筑前应验收基床底层,检验几何尺寸,核对压实标准。不符合标准的基床

底层应进行修整，使其达到基床底层验收标准后方可进行基床表层填筑。

9.2.2 在进行大面积填筑前，应根据初选的摊铺和碾压机械及试生产的填料，在现场选取长度不小于 100 m 的地段进行摊铺压实工艺试验，确定工艺参数，并报监理单位确认。

9.2.3 级配碎石必须场拌生产，拌和设备应计量准确。

9.2.4 基床表层级配碎石施工应符合下列规定：

1 基床表层的填筑应按“四区段、六流程”施工工艺组织施工，每个区段的长度应根据使用机械的能力、数量确定，宜在 100 m 以上。各区段或流程内严禁几种作业交叉进行。

2 基床表层下层的级配碎石可采用摊铺机或平地机摊铺，面层应采用摊铺机进行摊铺。

3 碾压应遵循先轻后重、先慢后快的原则。各区段交接处应相互重叠压实，纵向搭接长度不小于 2.0 m，纵向行与行之间的轮迹重叠不小于 40 cm，上下两层填筑接头应错开不小于 3.0 m。

9.2.5 如路堑设计只换填基床表层，路堑开挖至基床表层换填底面标高时，开挖表面应平顺整齐，并按设计要求做成由路基中心向两侧的横向排水坡，基床表层以下不应扰动。

9.2.6 路基面施工应符合下列规定：

1 有路拱与无路拱路基面的连接，应在无路拱地段按设计要求长度削铲顺坡。路拱坡面应平顺。

2 路基面应平顺无缺损，肩棱整齐，不易风化的硬质岩石路堑路基面超挖凹坑应用不低于 C25 的混凝土填平，凸起部分人工凿平。

3 接触网支柱基础、渗水暗沟、电缆槽等施工不应破坏路基面。如有破坏，应用混凝土补齐。

主 控 项 目

9.2.7 基床表层级配碎石质量应符合设计要求。

检验数量：施工单位每 5 000 m^3 检验 1 次颗粒级配。监理单位按施工单位检验数量的 10%平行检验。施工单位和监理单位每 5 000 m^3 检验 1 次出场填料试验报告。

检验方法：在施工现场抽样，按《铁路工程土工试验规程》(TB 10102)规定的试验方法进行颗粒级配检验，并在每层的填筑过程中目测检查级配有无明显变化。查验填料出场试验报告。

9.2.8 级配碎石填料应分层填筑，碾压时的含水量应控制在由工艺试验确定的施工允许含水量范围内。每层摊铺厚度及碾压遍数应按工艺试验确定的并经监理工程师批准的参数进行控制。

检验数量：区间正线路基沿线路纵向连续长度每 100 m、站场路基折合正线双线每 100 m，施工单位每压实层抽样检验 1 次含水量、6 处摊铺厚度(左、中、右各 2 处)。监理单位按施工单位检验数量的 10%平行检验。

检验方法：现场取样按《铁路工程土工试验规程》(TB 10102)规定的试验方法检验含水量，尺量摊铺厚度，观察计数碾压遍数。

9.2.9 过渡段基床表层级配碎石中水泥掺加量应符合设计要求，允许偏差为试验配合比的 0～+1.0%。

检验数量：施工单位每过渡段每层抽样检验 3 处(左、中、右各 1 处)。

检验方法：按《铁路工程土工试验规程》(TB 10102)规定的 EDTA 容量法试验方法进行检验。监理单位按施工单位检验数量的 20%见证检验。

9.2.10 基床表层级配碎石的压实质量应按表 9.2.10 规定的地基系数 K_{30}、动态变形模量 E_{vd}和压实系数 K 三项指标控制。站场路基基床表层的压实质量应符合设计和相关验收标准的要求。

表 9.2.10 基床表层级配碎石压实标准

填　料	压实标准		
	地基系数 K_{30}(MPa/m)	动态变形模量 E_{vd}(MPa)	压实系数 K
级配碎石	≥190	≥55	≥0.97

注:无砟轨道可采用 K_{30}或 E_{v2}。采用 E_{v2}时,其控制标准为 $E_{v2}\geq120$ MPa 且 $E_{v2}/E_{v1}\leq2.3$。

检验数量:区间正线路基沿线路纵向连续长度每 100 m、站场路基折合正线双线每 100 m,施工单位每压实层抽样检验动态变形模量和压实系数各 6 点,其中:区间正线路基左、右距路基边线 1.5 m 处各 2 点,路基中部 2 点;抽样检验地基系数(无砟轨道可采用 K_{30}或 E_{v2})4 点,其中:区间正线路基左、右距路基边线 1.5 m 处各 1 点,路基中部 2 点;站场路基按填筑分块分区段情况参照区间正线路基取点方法抽样检验。监理单位按施工单位检验数量的 10% 平行检验,且不少于 1 次。

检验方法:按《铁路工程土工试验规程》(TB 10102)规定的试验方法进行检验。

9.2.11 路堑基床表层按设计要求换填级配碎石时,压实质量及检验应符合本标准第 9.2.10 条的规定。

9.2.12 路堑基床表层换填深度及宽度应符合设计要求。

检验数量:施工单位沿线路纵向每 100 m 抽样检验 5 个断面。监理单位沿线路纵向每 100 m 平行检验 1 个断面。

检验方法:换填深度用测量仪器测量,换填宽度用尺量。

一 般 项 目

9.2.13 基床表层填筑厚度的允许偏差、检验数量及检验方法应符合表 9.2.13 的规定。

表 9.2.13 基床表层填筑厚度的允许偏差、检验数量及检验方法

检验项目	允许偏差	施工单位检验数量	检验方法
级配碎石厚度	−20 mm	沿线路纵向每 100 m 抽样检验 3 点	测量仪器测量
砂垫层厚度	不小于设计值	沿线路纵向每 100 m 抽样检验 3 点	测量仪器测量

9.2.14 基床表层级配碎石表面中线高程、路肩高程、中线至路肩边缘距离、宽度、横坡、平整度的允许偏差、检验数量及检验方法应符合表 9.2.14 的规定。

表 9.2.14 基床表层级配碎石表面的允许偏差、检验数量及检验方法

序号	检验项目	允许偏差	施工单位检验数量	检验方法
1	中线高程	±10 mm	沿线路纵向每 100 m 抽样检验 5 点	测量仪器测量
2	路肩高程	±10 mm	沿线路纵向每 100 m 抽样检验 5 点	测量仪器测量
3	中线至路肩边缘距离	$^{+20}_{0}$ mm	沿线路纵向每 100 m 抽样检验 5 处	尺量
4	宽度	不小于设计值	沿线路纵向每 100 m 抽样检验 5 处	尺量
5	横坡	±0.5%	沿线路纵向每 100 m 抽样检验 5 个断面	坡度尺量
6	平整度	不大于 15 mm	沿线路纵向每 100 m 抽样检验 10 点	3.0 m 直尺量

10 路基支挡工程

10.1 重力式挡土墙

一般规定

10.1.1 基坑开挖时应采取临时支护措施保持边坡稳定。基坑开挖较深、边坡稳定性较差时，应分段跳槽开挖，并及时灌注基础混凝土封闭。

10.1.2 基坑开挖过程中应避免对墙趾处持力岩土层的扰动，并应避免雨水浸泡基坑。

10.1.3 两沉降缝(伸缩缝)间的桩基础承台(托梁)混凝土应连续浇筑一次成型。

10.1.4 挡土墙浇筑时，应采取保护措施，防止污染反滤层。

10.1.5 采用沉井时，施工前应对可能发生的山洪、泥石流等情况进行调查，并制定相应的安全措施。

10.1.6 沉井下沉前，应按设计要求对附近影响范围内的建筑物制定防护措施，并在下沉过程中进行监测。

10.1.7 沉井下沉过程中排出的废土，应按相关环保要求弃置于指定地点。

10.1.8 路堤衡重式挡土墙的下墙与上墙结合部应有可靠的连接措施(如预留钢筋等)，严禁形成水平通缝。衡重台顶面应按设计要求设置泄水孔。

10.1.9 水泥砂浆或混凝土必须采用砂浆或混凝土搅拌机生产。混凝土预制构件应工厂化生产。

主控项目

10.1.10 挡土墙所用水泥、粗骨料、细骨料、矿物掺和料、外加剂、钢筋等材料的品种、规格、质量应符合设计要求，其进场检验应符合《铁路混凝土工程施工质量验收标准》(TB 10424—2010)第 6.2.1 条～第 6.2.7 条、第 5.2.1 条、第 5.2.4 条的有关规定。

10.1.11 挡土墙所用土工合成材料的品种、规格、质量应符合设计要求，其进场检验应符合本标准第 4.3.7 条的规定。

10.1.12 明挖基坑开挖底面应完整，无伤损、无浮渣。台阶的平、立面应平顺，斜面地基应平整、无贴补。

检验数量：施工单位、监理单位全部检验。

检验方法：观察。

10.1.13 明挖基坑底面地基承载力应符合设计要求。首段基坑地基承载力应经设计、施工、监理三方共同检验合格后方能进入下道工序。

检验数量：施工单位每个基坑抽样检验 2 点。监理单位见证检验 1 点。勘察设计单位参与首段基坑地基承载力验收。

检验方法：土质基坑采用动力触探($N_{63.5}$)，击数标准经试验确定或满足设计要求；石质基坑采用现场目测鉴别方法。

10.1.14 换填基础所用材料的类别、规格、质量应符合设计要求，其进场检验应符合本标准第

4.2.3 条的有关规定。

10.1.15　换填基础的底面高程应符合设计要求。

检验数量:施工单位每个换填基础检验 5 点(四角各 1 点,中间 1 点)。监理单位见证检验不少于 1 点。

检验方法:测量仪器测量。

10.1.16　换填填料的压实质量应符合设计要求。

检验数量:施工单位对每压实层检验 3 点。监理单位见证检验不少于 1 点。

检验方法:按《铁路工程土工试验规程》(TB 10102)规定的试验方法进行检验。

10.1.17　明挖基础混凝土强度应符合设计要求,其施工和检验应符合《铁路混凝土工程施工质量验收标准》(TB 10424—2010)第 6.3.1 条～第 6.3.5 条、第 6.4.1 条～第 6.4.11 条的有关规定。

10.1.18　桩基础桩孔尺寸应符合设计要求。

检验数量:施工单位全部检验。监理单位按施工单位检验数量的 20%见证检验。

检验方法:挖孔桩采用尺量,钻孔桩采用检孔器检测。

10.1.19　挡土墙桩底持力层的岩土性质应符合设计要求。

检验数量:施工单位全部检验。监理单位按施工单位检验数量的 20%见证检验。首根桩设计单位应现场确认。

检验方法:现场取样鉴别土层,并详细记录。

10.1.20　桩基础桩身钢筋的规格、数量及钢筋的加工、连接、安装应符合设计要求,其检验应符合《铁路混凝土工程施工质量验收标准》(TB 10424—2010)第 5.3.1 条、第 5.3.2 条、第 5.4.1 条～第 5.4.4 条、第 5.5.1 条的有关规定。

10.1.21　桩基础桩身混凝土强度等级应符合设计要求,其施工和检验应符合《铁路混凝土工程施工质量验收标准》(TB 10424—2010)第 6.3.1 条～第 6.3.5 条、第 6.4.1 条～第 6.4.5 条、第 6.4.11 条的有关规定。

10.1.22　桩基础桩身混凝土应连续、完整。

检验数量:施工单位全部检验。监理单位按施工单位检验数量的 20%见证检验。

检验方法:低应变检测、声波透射或其他无损检测方法。

10.1.23　桩基础承台(托梁)钢筋的规格、数量及钢筋的加工、连接、安装应符合设计要求,其检验应符合《铁路混凝土工程施工质量验收标准》(TB 10424—2010)第 5.3.1 条、第 5.3.2 条、第 5.4.1 条～第 5.4.4 条、第 5.5.1 条的有关规定。

10.1.24　桩基础承台(托梁)混凝土强度等级应符合设计要求,其施工和检验应符合《铁路混凝土工程施工质量验收标准》(TB 10424—2010)第 6.3.1 条～第 6.3.5 条、第 6.4.1 条～第 6.4.11 条、第 6.4.16 条的有关规定。

10.1.25　沉井基础底节混凝土强度等级应满足设计要求,其上各节混凝土强度应达到设计强度等级的 70%后方可继续下沉。沉井混凝土施工和检验应符合《铁路混凝土工程施工质量验收标准》(TB 10424—2010)第 6.3.1 条～第 6.3.5 条、第 6.4.1 条～第 6.4.5 条、第 6.4.7 条、第 6.4.9 条～第 6.4.11 条的有关规定。

10.1.26　沉井钢筋的规格、数量及钢筋的加工、连接、安装应符合设计要求,其检验应符合《铁路混凝土工程施工质量验收标准》(TB 10424—2010)第 5.3.1 条、第 5.3.2 条、第 5.4.1 条～第 5.4.4 条、第 5.5.1 条的有关规定。

10.1.27 钢筋混凝土挡土墙墙身钢筋的规格、数量及钢筋的加工、连接、安装应符合设计要求，其检验应符合《铁路混凝土工程施工质量验收标准》(TB 10424—2010)第5.3.1条、第5.3.2条、第5.4.1条～第5.4.4条、第5.5.1条的有关规定。

10.1.28 钢筋混凝土挡土墙的钢筋保护层垫块材质、规格、位置和数量应符合设计要求，其检验应符合《铁路混凝土工程施工质量验收标准》(TB 10424—2010)第5.2.3条、第5.5.2条的规定。

10.1.29 挡土墙模板应支撑牢固、无变形、漏浆，模板安装和拆除应符合《铁路混凝土工程施工质量验收标准》(TB 10424—2010)第4.2.1条、第4.2.2条、第4.3.1条的有关规定。

10.1.30 挡土墙墙身、隔水层混凝土和墙后泄水孔无砂透水混凝土板混凝土强度等级应符合设计要求，其施工和检验应符合《铁路混凝土工程施工质量验收标准》(TB 10424—2010)第6.3.1条～第6.3.5条、第6.4.1条～第6.4.11条、第6.4.16条和第9.6.3条～第9.6.6条的有关规定。

10.1.31 挡土墙墙面应平顺整齐。墙顶、两端面与基础连接处应密贴封严。

检验数量:施工单位、监理单位全部检验。

检验方法:观察。

10.1.32 挡土墙墙身及基础沉降缝(伸缩缝)的预留与塞封应符合设计要求，接缝平直、塞缝严密。沉降缝(伸缩缝)应为贯通缝，严禁切割墙体设置假缝。

检验数量:施工单位全部检验。监理单位平行检验20%，且每100 m或不足100 m不少于1处。

检验方法:观察。

10.1.33 泄水孔孔径应符合设计要求，孔位应按上下左右间隔2～3 m交错布置，墙背易积水处及反滤层最低处必须设置。最低一排泄水孔应设于反滤层底部，其向外排水坡坡度不应小于4%，进水口应用透水土工布包裹，并确保排水通畅。

检验数量:施工单位全部检验。监理单位全部见证检验。

检验方法: 观察、炮棍法测排水坡、尺量。

10.1.34 墙后反滤层、黏土隔水层的材料应符合设计要求。隔水层采用混凝土时，其原材料的检验应符合本标准第10.1.10条的规定。土工合成材料的进场检验应符合本标准第4.3.7条的规定。

检验数量:同一产地、品种、规格且连续进场的砂卵砾石、黏土每1 000 m^3为一批，不足1 000 m^3也按一批计。施工单位每批检查1组。监理单位按施工单位检验数量的10%平行检验，且不少于1组。

检验方法:砂卵砾石在料场抽样检验粒径小于0.075 mm颗粒的质量，筛分试验检验其颗粒级配，并在施工过程中观察有无草根、垃圾等杂质。黏土在料场抽样检验粒径小于0.075 mm颗粒的质量，界限含水率试验检验其液限、塑限和塑性指数，并在施工过程中观察有无草皮、树根等杂质。

10.1.35 墙后反滤层袋装砂卵砾石层、透水土工布、反滤层最低处隔水层的设置位置、构造尺寸及厚度应符合设计要求。

检验数量:沿线路连续挡土墙每100 m每1 m高度，施工单位抽样检验5处。监理单位见证检验5处。

检验方法:观察、尺量。

10.1.36 墙背回填填料的性质应符合设计要求。

检验数量：挡土墙沿线路连续每 100 m 填筑过程中，施工单位抽样检验 1 次。监理单位按施工单位检验数量的 20% 见证检验，且每个连续挡土墙见证检验不少于 1 次。

检验方法：按《铁路工程土工试验规程》(TB 10102)规定的方法检验。

10.1.37 墙背填筑应分层压实，其压实质量应符合设计要求。

检验数量：按现场施工划分的段落，施工单位每段每填层检验 3 点。监理单位每 3 层见证检验 2 点。

检验方法：按《铁路工程土工试验规程》(TB 10102)规定的方法检验。

一 般 项 目

10.1.38 明挖基坑各部尺寸允许偏差、检验数量及检验方法应符合表 10.1.38 的规定。

表 10.1.38 明挖基坑各部尺寸允许偏差、检验数量及检验方法

序号	项 目	允许偏差	施工单位检验数量	检验方法
1	台阶尺寸	±100 mm	每个基坑 4 点	尺 量
2	斜面基底坡率	±1%	每个基坑 4 点	水平尺与楔形尺量计算
3	基底高程	$^{0}_{-50}$ mm	每个基坑 5 点	测量仪器测量

10.1.39 明挖基础顶面高程、前边缘距路基中线距离、基础宽度、基础襟边宽度(高度)、起讫里程(长度)、沉降缝(伸缩缝)位置及宽度允许偏差、检验数量及检验方法应符合表 10.1.39 的规定。

表 10.1.39 明挖基础各部尺寸允许偏差、检验数量及检验方法

序号	项 目	允许偏差	施工单位检验数量	检 验 方 法
1	基础顶面高程	±20 mm	每基坑 3 点	测量仪器测量
2	前边缘距路基中线距离	$^{+50}_{0}$ mm	每基坑 3 点	钢尺量
3	基础宽度	±50 mm	每基坑 3 点	尺量
4	基础襟边宽度(高度)	±20 mm	每明挖基坑基础段 3 组	尺量
5	起讫里程(长度)	±100 mm	每不同结构尺寸段 1 处	测量仪器测量、尺量
6	沉降缝(伸缩缝)位置	±50 mm	每道	尺量
7	沉降缝(伸缩缝)宽度	±4 mm	每基坑 6 处	尺量

注：非水平基础底面高程应检测墙趾、墙踵处高程。

10.1.40 换填基础的顶面高程、换填深度、边缘距路基中线的距离、起讫里程允许偏差、检验数量及检验方法应符合表 10.1.40 的规定。

表 10.1.40 换填基础各部尺寸允许偏差、检验数量及检验方法

序号	项 目	允许偏差	施工单位检验数量	检 验 方 法
1	高程	±20 mm	3 点	测量仪器测量
2	换填深度	±50 mm	3 点	测量仪器测量
3	边缘距路基中线距离	$^{+50}_{0}$ mm	3 处	钢 尺 丈 量
4	起讫里程	±100 mm	1 组	测量仪器测量、尺量

10.1.41 墙前基坑回填应分层夯填密实,符合设计要求。

检验数量:施工单位每个基坑检验 3 点。

检验方法:按《铁路工程土工试验规程》(TB 10102)规定的试验方法检验。

10.1.42 桩基础桩孔应垂直,垂直度允许偏差为 0.5%。

检验数量:施工单位全部检验。

检验方法:吊线、尺量。

10.1.43 桩的平面位置、桩底高程允许偏差、检验数量及检验方法应符合表 10.1.43 的规定。

表 10.1.43 桩的平面位置、桩底高程的允许偏差、检验数量及检验方法

序号	项 目	允许偏差	施工单位检验数量	检验方法
1	桩的平面位置	±50 mm	全部检验	尺量
2	桩底高程	±100 mm	全部检验	尺量

10.1.44 桩身钢筋骨架允许偏差、检验数量及检验方法应符合表 10.1.44 的规定。

表 10.1.44 挖(钻)孔桩钢筋骨架的允许偏差、检验数量及检验方法

序号	项 目	允许偏差	施工单位检验数量	检验方法
1	钢筋骨架在承台底以下长度	±100 mm	全部检验	尺量
2	钢筋骨架直径	±20 mm		
3	主钢筋间距	±0.5 d	每根桩每项检验不少于 5 处	尺量
4	加强筋间距	±20 mm		
5	箍筋间距或螺旋筋间距	±20 mm		
6	钢筋骨架垂直度	骨架长度 1%	全部检验	吊线、尺量
7	钢筋保护层厚度	$^{+10}_{0}$ mm	每根桩检验两端、中间各 2 处	尺量

注:d 为钢筋直径。

10.1.45 承台(托梁)顶面高程、边缘距路基中线距离、基础宽度,起讫里程、沉降缝(伸缩缝)位置及宽度允许偏差、检验数量及检验方法应符合本标准第 10.1.39 条的有关规定。

10.1.46 沉井制作允许偏差、检验数量及检验方法应符合表 10.1.46 的规定。

表 10.1.46 沉井制作允许偏差、检验数量及检验方法

序号	项 目		允许偏差	施工单位检验数量	检验方法
1	平面尺寸	长、宽	±0.5%,且不大于 120 mm	每个沉井检验每边不少于 2 处	测量
		曲线半径	±0.5%,且不大于 60 mm	每个沉井检验不少于 4 处	尺量
		对角线	±1%,且不大于 180 mm	全部检验	尺量
2	井壁厚度	混凝土、片石混凝土	±40 mm	每个沉井每项检验不少于 4 处	尺量
		钢筋混凝土	±15 mm		
3	井壁表面平整度		5 mm	每个沉井检验不少于 4 处	3.0 m 靠尺量

10.1.47 沉井下沉到设计标高后的允许偏差、检验数量及检验方法应符合表 10.1.47 的规定。

表 10.1.47　沉井下沉到设计标高后的允许偏差、检验数量及检验方法

序号	项　目	允许偏差	施工单位检验数量	检验方法
1	底面、顶面中心位置	h/50 mm	每个沉井的底、顶面至少各检验 4 处	测量
2	倾斜度	1/50	全部检验	测量仪器测量
3	平面扭角(矩形、圆端形)	1°		

注:h 为沉井高度。

10.1.48　沉井承台(顶盖)高程、边缘距路基中线距离、起讫里程允许偏差、检验数量及检验方法应符合本标准第 10.1.39 条的有关规定。

10.1.49　墙身前边缘距线路中线距离、墙身厚度、顶面高程、泄水孔间距、起讫里程、沉降缝(伸缩缝)位置和宽度的允许偏差、检验数量及检验方法应符合表 10.1.49 的规定。

表 10.1.49　挡土墙墙身各部尺寸的允许偏差、检验数量及检验方法

序号	项　目	允许偏差	施工单位检验数量	检验方法
1	距线路中线距离	$^{+20}_{0}$ mm	3 处	测量仪器测量、尺量
2	墙身厚度(前缘至后缘)	$^{+20}_{0}$ mm	3 处	尺量
3	顶面高程	±20 mm	3 点	测量仪器测量
4	泄水孔间距	±20 mm	抽样检验 10%	尺量
5	起讫里程	±100 mm	全部检验	测量仪器测量、尺量
6	沉降缝(伸缩缝)位置	±50 mm	每道缝	尺量
7	沉降缝(伸缩缝)宽度	±4 mm	6 处	尺量

10.1.50　墙面垂直度、斜度、平整度允许偏差、检验数量及检验方法应符合表 10.1.50 的规定。

表 10.1.50　挡土墙墙面的允许偏差、检验数量及检验方法

序号	项　目		允许偏差	施工单位检验数量	检验方法
1	垂直度	$h \leqslant 6$ m	10 mm	3 处	吊线尺量
2		$h > 6$ m	15 mm	3 处	吊线尺量
3	斜度		±3%设计斜度	3 处	坡度尺或吊线尺量
4	平整度		20 mm	3 处	3.0 m 直尺,尺量

10.1.51　墙后反滤层透水土工布搭接方式应符合设计要求,搭接宽度允许偏差 $^{+50}_{0}$ mm。

检验数量:施工单位每条搭接缝抽样检验 3 处。

检验方法:观察搭接方式,尺量搭接宽度。

10.1.52　挡土墙钢筋原材料、加工、安装及保护层的允许偏差及检验应符合《铁路混凝土工程施工质量验收标准》(TB 10424—2010)第 5.2.5 条、第 5.3.3 条、第 5.5.5 条的有关规定。

10.2　短卸荷板式挡土墙

一 般 规 定

10.2.1　短卸荷板式挡土墙基坑开挖、混凝土浇筑施工应符合本标准第 10.1.1 条～第 10.1.4 条、第 10.1.9 条的规定。

10.2.2 挡土墙墙身应按下墙与上墙两个部分进行施工。

10.2.3 挡土墙的下墙与上墙结合部应有可靠的连接措施(如预留钢筋等),严禁形成水平通缝。短卸荷板顶面应按设计要求设置泄水孔。

10.2.4 短卸荷板宜采用现浇法施工。采用预制吊装施工时,短卸荷板及垫板表面应粗糙,安装时应先铺一层水泥砂浆使其与墙体连接牢固。

主 控 项 目

10.2.5 挡土墙所用水泥、粗骨料、细骨料、矿物掺和料、外加剂、钢筋等材料的品种、规格、质量应符合设计要求,其进场检验应符合《铁路混凝土工程施工质量验收标准》(TB 10424—2010)第6.2.1条~第6.2.7条、第5.2.1条、第5.2.4条的有关规定。

10.2.6 挡土墙所用土工合成材料的品种、规格、质量应符合设计要求,其进场检验应符合本标准第4.3.7条的规定。

10.2.7 明挖基坑施工质量及验收应符合本标准第10.1.12条、第10.1.13条的规定。

10.2.8 基础混凝土强度等级应符合设计要求,其施工和检验应符合《铁路混凝土工程施工质量验收标准》(TB 10424—2010)第6.3.1条~第6.3.5条、第6.4.1条~第6.4.11条的有关规定。

10.2.9 钢筋混凝土挡土墙墙身钢筋的规格、数量及钢筋的加工、连接、安装应符合设计要求,其检验应符合《铁路混凝土工程施工质量验收标准》(TB 10424—2010)第5.3.1条、第5.3.2条、第5.4.1条~第5.4.4条、第5.5.1条的有关规定。

10.2.10 钢筋混凝土挡土墙的钢筋保护层垫块材质、规格、位置和数量应符合设计要求,其检验应符合《铁路混凝土工程施工质量验收标准》(TB 10424—2010)第5.2.3条、第5.5.2条的规定。

10.2.11 挡土墙基础及墙身模板应支撑牢固、无变形、漏浆,模板的安装和拆除应符合《铁路混凝土工程施工质量验收标准》(TB 10424—2010)第4.2.1条、第4.2.2条、第4.3.1条的有关规定。

10.2.12 墙身混凝土和墙后泄水孔无砂透水混凝土板混凝土强度等级应符合设计要求,其施工和检验应符合《铁路混凝土工程施工质量验收标准》(TB 10424—2010)第6.3.1条~第6.3.5条、第6.4.1条~第6.4.11条、第6.4.16和第9.6.3条~第9.6.6条的有关规定。

10.2.13 挡土墙墙面应平顺整齐,其检验应符合本标准第10.1.31条的规定。

10.2.14 墙身及基础沉降缝(伸缩缝)的施工及检验应符合本标准第10.1.32条的规定。

10.2.15 墙后泄水孔及反滤层的施工及检验应符合本标准第10.1.33条~第10.1.35条的规定。

10.2.16 墙背填筑施工及检验应符合本标准第10.1.36条、第10.1.37条的规定。

10.2.17 短卸荷板、垫板的混凝土强度等级应符合设计要求,其施工和检验应符合《铁路混凝土工程施工质量验收标准》(TB 10424—2010)第6.3.1条~第6.3.5条、第6.4.1条~第6.4.5条、第6.4.9条~第6.4.11条、第6.4.16条的有关规定。

10.2.18 短卸荷板采用预制吊装时,在短卸荷板与上墙体接触面间应按设计要求插入短钢筋,短卸荷板嵌入墙体部分应按设计要求放置混凝土垫板。

检验数量:施工单位、监理单位全部检验。

检验方法:观察、尺量。

10.2.19 短卸荷板上靠近上板面墙体内应按设计要求设置排水孔,排水孔的施工质量应符合本标准第 10.1.33 条的规定。

一 般 项 目

10.2.20 挡土墙基坑各部尺寸允许偏差、检验数量及检验方法应符合本标准第 10.1.38 条的规定。

10.2.21 挡土墙基础各部尺寸允许偏差、检验数量及检验方法应符合本标准第 10.1.39 条的规定。

10.2.22 挡土墙墙前基坑回填的检验应符合本标准第 10.1.41 条的规定。

10.2.23 挡土墙墙身前边缘距线路中线距离、墙身厚度、顶面高程、泄水孔间距、起讫里程、沉降缝(伸缩缝)位置和宽度的允许偏差、检验数量及检验方法应符合本标准第 10.1.49 条的规定。

10.2.24 挡土墙墙面垂直度、斜度、平整度允许偏差、检验数量及检验方法应符合本标准第 10.1.50 条的规定。

10.2.25 短卸荷板安装高程、长度、宽度、厚度允许偏差、检验数量及检验方法应符合表 10.2.25 的规定。

表 10.2.25 短卸荷板安装的允许偏差、检验数量及检验方法

序号	项 目	允许偏差	施工单位检验数量	检验方法
1	高程	±20 mm	3 点	测量仪器测量
2	长度	$^{+10}_{-5}$ mm	2 处	尺量
3	宽度	$^{+3}_{-5}$ mm	3 处	尺量
4	厚度	$^{+4}_{-2}$ mm	3 处	尺量

10.2.26 墙后反滤层透水土工布搭接方式及搭接宽度应符合本标准第 10.1.51 条的规定。

10.2.27 挡土墙钢筋原材料、加工、安装及保护层的允许偏差及检验应符合《铁路混凝土工程施工质量验收标准》(TB 10424—2010)第 5.2.5 条、第 5.3.3 条、第 5.5.5 条的有关规定。

10.3 悬臂式和扶壁式挡土墙

一 般 规 定

10.3.1 悬臂式和扶壁式挡土墙基坑开挖、混凝土浇筑施工应符合本标准第 10.1.1 条～第 10.1.4 条、第 10.1.9 条的规定。

10.3.2 挡土墙凸榫应按照设计尺寸开挖，其混凝土必须与墙底板(墙趾板、墙踵板)同时浇筑，并在底板宽度方向上不间断，一次浇筑完成。

10.3.3 每段墙的墙趾板、墙踵板、面板和肋(扶壁)的钢筋应一次绑扎、安装成型。

10.3.4 每段墙的墙趾板、墙踵板、面板和肋(扶壁)的混凝土宜一次浇筑完成。墙面板在高度方向上浇筑不宜间断，否则接缝处应按施工缝处理，保证新混凝土与已浇筑混凝土黏结牢固。

10.3.5 墙面板混凝土强度达到设计强度的 70%后，方可进行墙背填筑。

主 控 项 目

10.3.6 挡土墙所用水泥、粗骨料、细骨料、矿物掺和料、外加剂、钢筋等材料的品种、规格、质量应符合设计要求，其进场检验应符合《铁路混凝土工程施工质量验收标准》(TB 10424—

2010)第 6.2.1 条～第 6.2.7 条、第 5.2.1 条、第 5.2.4 条的有关规定。

10.3.7 挡土墙所用土工合成材料的品种、规格、质量应符合设计要求，其进场检验应符合本标准第 4.3.7 条的规定。

10.3.8 明挖基坑施工及检验应符合本标准第 10.1.12 条、第 10.1.13 条的规定。

10.3.9 墙趾板、墙踵板钢筋的规格、数量及钢筋的加工、连接、安装应符合设计要求，其检验应符合《铁路混凝土工程施工质量验收标准》(TB 10424—2010)第 5.3.1 条、第 5.3.2 条、第 5.4.1 条～第 5.4.4 条、第 5.5.1 条的有关规定。

10.3.10 墙趾板、墙踵板的模板安装和拆除应符合《铁路混凝土工程施工质量验收标准》(TB 10424—2010)第 4.2.1 条、第 4.2.2 条、第 4.3.1 条的有关规定。

10.3.11 墙趾板、墙踵板的混凝土强度等级应符合设计要求，其施工和检验应符合《铁路混凝土工程施工质量验收标准》(TB 10424—2010)第 6.3.1 条～第 6.3.5 条、第 6.4.1 条～第 6.4.11 条、第 6.4.16 条的有关规定。

10.3.12 墙面板、扶壁钢筋的规格、数量及钢筋的加工、连接、安装应符合设计要求，其检验应符合《铁路混凝土工程施工质量验收标准》(TB 10424—2010)第 5.3.1 条、第 5.3.2 条、第 5.4.1 条～第 5.4.4 条、第 5.5.1 条的有关规定。

10.3.13 墙面板、扶壁的模板应支架稳固、接缝严密，具有足够的强度和刚度，其安装和拆除应符合《铁路混凝土工程施工质量验收标准》(TB 10424—2010)第 4.2.1 条、第 4.2.2 条、第 4.3.1 条的有关规定。

10.3.14 墙面板、扶壁的混凝土强度等级应符合设计要求，其施工和检验应符合《铁路混凝土工程施工质量验收标准》(TB 10424—2010)第 6.3.1 条～第 6.3.5 条、第 6.4.1 条～第 6.4.11 条、第 6.4.16 条的有关规定。

10.3.15 挡土墙的钢筋保护层垫块材质、规格、位置和数量应符合设计要求，其检验应符合《铁路混凝土工程施工质量验收标准》(TB 10424—2010)第 5.2.3 条、第 5.5.2 条的规定。

10.3.16 墙身沉降缝(伸缩缝)的施工及检验应符合本标准第 10.1.32 条的规定。

10.3.17 墙后泄水孔及反滤层的施工及检验应符合本标准第 10.1.33 条～第 10.1.35 条的规定。

10.3.18 墙背填料及填筑压实的质量应符合本标准第 10.1.36 条、第 10.1.37 条的规定。

一 般 项 目

10.3.19 明挖基坑各部尺寸允许偏差、检验数量及检验方法应符合本标准第 10.1.38 条的规定。

10.3.20 墙趾板、墙踵板顶面高程、前边缘距路基中线距离、宽度、起讫里程、沉降缝(伸缩缝)位置及宽度等允许偏差、检验数量及检验方法应符合本标准第 10.1.39 条的有关规定。

10.3.21 墙趾板、墙踵板后基坑的回填应符合本标准第 10.1.41 条的规定。

10.3.22 扶壁的垂直度、斜度、平整度允许偏差及检验方法应符合本标准第 10.1.50 条的有关规定。

10.3.23 墙身前边缘距线路中线距离、墙身厚度、顶面高程、泄水孔间距、起讫里程允许偏差、检验数量及检验方法应符合本标准第 10.1.49 条的规定。

10.3.24 墙身垂直度、斜度、平整度允许偏差、检验数量及检验方法应符合本标准第 10.1.50 条的规定。

10.3.25 墙后反滤层透水土工布搭接方式和搭接宽度应符合本标准第10.1.51条的规定。

10.3.26 挡土墙钢筋原材料、加工、安装及保护层的允许偏差及检验应符合《铁路混凝土工程施工质量验收标准》(TB 10424—2010)第5.2.5条、第5.3.3条、第5.5.5条的有关规定。

10.4 锚杆挡土墙

一 般 规 定

10.4.1 锚杆式挡土墙基坑开挖、混凝土浇筑施工应符合本标准第10.1.1条～第10.1.4条、第10.1.9条的规定。

10.4.2 锚杆正式施工前,应按设计要求进行工艺性试验,作锚杆抗拔力试验,确认其能达到设计要求后,确定钻孔、注浆等施工参数。试验锚杆数为工作锚杆的3%,且不少于3根。

10.4.3 锚孔应用高压风、水清孔,并严格执行灌浆施工工艺要求。用水清孔影响锚杆的抗拔强度时,应用高压风清孔。

10.4.4 锚杆注浆应采用孔底注浆法,注浆压力应达到设计或试验所确定的工艺参数要求。

10.4.5 肋柱和墙面板在安装前应正确标注正、反面标识。必须待锚固砂浆强度达到设计强度的70%后,方可安装肋柱和墙面板。

主 控 项 目

10.4.6 挡土墙、肋柱、挡土板所用水泥、粗骨料、细骨料、矿物掺和料、外加剂、钢筋、锚杆等材料的品种、规格、质量应符合设计要求,其进场检验应符合《铁路混凝土工程施工质量验收标准》(TB 10424—2010)第6.2.1条～第6.2.7条、第5.2.1条、第5.2.4条的有关规定。

10.4.7 挡土墙所用土工合成材料的品种、规格、质量应符合设计要求,其进场检验应符合本标准第4.3.7条的规定。

10.4.8 明挖基坑施工及检验应符合本标准第10.1.12条、第10.1.13条的规定。

10.4.9 基础混凝土强度等级应符合设计要求,其施工和检验应符合《铁路混凝土工程施工质量验收标准》(TB 10424—2010)第6.3.1第～第6.3.5条、第6.4.1条～第6.4.11条的有关规定。

10.4.10 注浆体强度等级应符合设计要求,其施工和检验应符合《铁路混凝土工程施工质量验收标准》(TB 10424—2010)第7.5.1条～第7.5.4条的有关规定。

10.4.11 锚杆布置形式、锚杆长度应符合设计要求。

检验数量:施工单位全部检验。监理单位全部平行检验锚杆布置形式,按锚杆数量的10%平行检验锚杆长度。

检验方法:观察锚杆布置形式,尺量锚杆长度。

10.4.12 锚头及锚杆未锚入土层部分,应按设计作好防锈处理。

检验数量:施工单位、监理单位全部检验。

检验方法:观察。

10.4.13 锚杆抗拔力应满足设计要求。

检验数量：施工单位抽样检验锚杆总数的 3%。监理单位按施工单位检验数量的 20%见证检验。

检验方法：锚杆抗拔力试验。

10.4.14 肋柱、墙面板等预制构件混凝土强度应符合设计要求，外观无破损，其施工和检验应符合《铁路混凝土工程施工质量验收标准》(TB 10424—2010)第 6.3.1 条～第 6.3.5 条、第 6.4.1 条～第 6.4.5 条、第 6.4.9 条～第 6.4.11 条、第 6.4.16 条的有关规定。

10.4.15 墙面板后反滤层的施工及检验应符合本标准第 10.1.34 条、第 10.1.35 条的规定。

10.4.16 挡土墙基础沉降缝(伸缩缝)的预留与塞封应符合本标准第 10.1.32 条的规定。

10.4.17 分级平台高程应符合设计要求。

检验数量：按现场施工划分的段落，施工单位每段抽样检验 5 点。监理单位见证检验 1 点。

检验方法：测量仪器测量。

10.4.18 分级平台宽度、封闭质量应符合设计要求。

检验数量：按现场施工划分的段落，施工单位每段抽样检验宽度 3 处，监理单位见证检验 1 处。施工单位、监理单位对封闭质量全部检验。

检验方法：尺量平台宽度；观察封闭质量。

一 般 项 目

10.4.19 明挖基坑各部尺寸允许偏差、检验数量及检验方法应符合本标准第 10.1.38 条的规定。

10.4.20 基础施工各部尺寸允许偏差、检验数量及检验方法应符合本标准第 10.1.39 条的规定。

10.4.21 墙前基坑回填施工质量应符合本标准第 10.1.41 条的规定。

10.4.22 锚孔位置、直径、倾角、深度及锚杆长度允许偏差、检验数量及检验方法应符合表 10.4.22 的规定。

表 10.4.22 锚孔及锚杆长度的允许偏差、检验数量及检验方法

序号	项 目		允许偏差	施工单位检验数量	检 验 方 法
1	锚孔	位置	±50 mm	每孔 2 组 4 点	测量仪器测量、尺量
2		直径	$^{+10}_{-5}$ mm	每孔 2 组 4 点	尺量
3		倾角	±3%	每孔	导杆法测量
4		深度	±50 mm	每孔	尺量
5	锚杆长度		±50 mm	抽查 10%	尺量

10.4.23 锚杆挡土墙肋柱、墙面板等钢筋混凝土构件的允许偏差、检验数量及检验方法应符合表 10.4.23 的规定。

表 10.4.23 锚杆挡土墙钢筋混凝土构件的允许偏差、检验数量及检验方法

序号	项目	允许偏差	施工单位检验数量	检验方法
1	柱长度	$^{+5}_{-10}$ mm	每批成品抽样检验10%,且不少于3件。每件检查2点(组)	尺量
2	板、块件长度	±5 mm	每批成品抽样检验10%,且不少于3件。每件检查2点(组)	尺量
3	板、柱体宽(厚)	±5 mm	每批成品抽样检验10%,且不少于3件。每件检查2点(组)	尺量
4	板宽、高度	±5 mm	每批成品抽样检验10%,且不少于3件。每件检查2点(组)	尺量
5	柱弯曲	L/750	每批成品抽样检验10%,且不少于3件。每件检查2点(组)	拉线尺量
6	两对角线差	10 mm	每批成品抽样检验10%,且不少于3件。每件检查2点(组)	尺量
7	外面平整度	5 mm	每批成品抽样检验10%,且不少于3件。每件检查3点	3.0 m直尺、钢尺
8	预埋件中心	3 mm	每批成品抽样检验10%,且不少于3件。每件检查2点	尺量

注:L为构件长度。

10.4.24 锚杆挡土墙肋柱高度、间距及与线路中线距离允许偏差、检验数量及检验方法应符合表10.4.24的规定。

表 10.4.24 锚杆挡土墙肋柱施工的允许偏差、检验数量及检验方法

序号	项 目	允许偏差	施工单位检验数量	检验方法
1	肋柱高度	$^{+20}_{-10}$ mm	2点	尺量
2	肋柱间距	±50 mm	3～6点	尺量
3	与线路中心线距离	$^{+50}_{-10}$ mm	2点	尺量

10.4.25 分级平台排水坡应符合设计要求,外观平顺,并保持纵、横排水通畅。

检验数量:按现场施工划分的段落,施工单位每段抽样检验5处。

检验方法:观察外观,测量仪器测量排水坡。

10.4.26 墙后反滤层透水土工布搭接方式和搭接宽度应符合本标准第10.1.51条的规定。

10.4.27 挡土墙钢筋原材料、加工、安装及保护层的允许偏差及检验应符合《铁路混凝土工程施工质量验收标准》(TB 10424—2010)第5.2.5条、第5.3.3条、第5.5.5条的有关规定。

10.5 锚定板挡土墙

一 般 规 定

10.5.1 锚定板挡土墙基坑开挖、混凝土浇筑施工应符合本标准第10.1.1条～第10.1.4条、第10.1.9条的规定。

10.5.2 肋柱和墙面板在安装前应正确标注正、反面标识。必须待锚固砂浆强度达到设计强度的70%后,方可安装肋柱和墙面板。

10.5.3 肋柱吊装时,应在肋柱基础的杯槽内铺垫2 cm厚度的沥青砂浆。肋柱应适当

向填土一侧倾斜，严禁前倾，倾斜度应符合设计要求。

10.5.4　拉杆及锚定板埋设时，应在填土碾压至拉杆高度以上 20 cm 后再挖槽就位。锚定板前方超挖部分应用混凝土或灰土回填夯实。挖槽时，宜使锚定板比设计位置抬高 3～5 cm。

10.5.5　锚定板挡土墙墙后填土时，严禁直接碾压拉杆和锚定板，且碾压方向应垂直于拉杆，距挡板 2 m 范围内应采用小型压实机具施工。

主 控 项 目

10.5.6　挡土墙肋柱、挡土板、锚定板所用水泥、粗骨料、细骨料、矿物掺和料、外加剂、钢筋等材料的品种、规格、质量应符合设计要求，其进场检验应符合《铁路混凝土工程施工质量验收标准》（TB 10424—2010）第 6.2.1 条～第 6.2.7 条、第 5.2.1 条、第 5.2.4 条的有关规定。

10.5.7　挡土墙所用土工合成材料的品种、规格、质量应符合设计要求，其进场检验应符合本标准第 4.3.7 条的规定。

10.5.8　明挖基坑施工及检验应符合本标准第 10.1.12 条、第 10.1.13 条的规定。

10.5.9　基础混凝土强度应符合设计要求，其施工和检验应符合《铁路混凝土工程施工质量验收标准》（TB 10424—2010）第 6.3.1 条～第 6.3.5 条、第 6.4.1 条～第 6.4.11 条的有关规定。

10.5.10　锚定板挡土墙肋柱、墙面板、锚定板混凝土强度应符合设计要求，其施工和检验应符合《铁路混凝土工程施工质量验收标准》（TB 10424—2010）第 6.3.1 条～第 6.3.5 条、第 6.4.1 条～第 6.4.5 条、第 6.4.9 条～第 6.4.11 条、第 6.4.16 条的有关规定。

10.5.11　拉杆长度、拉杆与锚定板的连接应符合设计要求。

检验数量：施工单位、监理单位全部检验。

检验方法：观察、尺量。

10.5.12　埋于土中的锚定板拉杆以及肋柱外露锚头，应按设计作好除锈、防锈处理。

检验数量：施工单位、监理单位全部检验。

检验方法：观察。

10.5.13　锚定板挡土墙墙后路基填料的类别、规格、质量应符合设计要求，进场检验应符合本标准第 6.2.1 条或第 6.3.1 条的规定。

10.5.14　锚定板挡土墙墙后路基填筑应分层压实，其压实质量应根据所处路基部位分别符合本标准第 6、7、9 章的有关规定。

10.5.15　设计有墙背反滤层时，反滤层施工应随填筑同时进行，其原材料质量、施工及检验应符合本标准第 10.1.34 条、第 10.1.35 条的规定。

10.5.16　挡土墙墙身及基础沉降缝（伸缩缝）的预留与塞封应符合本标准第 10.1.32 条的规定。

10.5.17　泄水孔施工及检验应符合本标准第 10.1.33 条的规定。

10.5.18　分级平台的顶面高程、宽度及封闭质量应符合本标准第 10.4.17 条、第 10.4.18 条的规定。

一 般 项 目

10.5.19　锚定板挡土墙明挖基坑施工各部尺寸允许偏差、检验数量及检验方法应符合本标准第 10.1.38 条的规定。

10.5.20 锚定板挡土墙基础施工各部尺寸允许偏差、检验数量及检验方法应符合本标准第 10.1.39 条的规定。

10.5.21 墙前基坑回填施工质量应符合本标准第 10.1.41 条的规定。

10.5.22 锚定板挡土墙肋柱、墙面板施工各项允许偏差、检验数量及检验方法应符合本标准第 10.4.23 条、第 10.4.24 条的规定。

10.5.23 分级平台排水坡应符合本标准第 10.4.25 条的规定。

10.5.24 墙后反滤层透水土工布搭接方式及搭接宽度应符合本标准第 10.1.51 条的规定。

10.6 加筋土挡土墙

一 般 规 定

10.6.1 加筋土挡土墙基坑开挖时，应作好基坑及地面排水，确保施工范围内无积水。严禁积水浸泡基底。

10.6.2 基坑开挖、混凝土浇筑施工应符合本标准第 10.1.1 条～第 10.1.4 条、第 10.1.9 条的规定。

10.6.3 墙面板在运输、吊装及存放过程中应防止面板断裂，保护企口不受损坏。

10.6.4 墙面板安装时，应按设计要求预设仰斜坡，确保填土后墙面板垂直度符合设计要求。墙面板不应前倾。

10.6.5 拉筋进场后应妥善保管，严禁暴晒。施工过程中，应随铺设随填筑，减少拉筋在阳光下暴晒的时间。任何机械不应直接碾压拉筋。

10.6.6 摊铺填料时，卸料机具与面板距离不应小于 1.0 m，机具不应在未覆盖填料的筋带上行驶，严禁直接碾压土工格栅，严禁沿拉筋铺设(受力)方向推土。施工机械在拉筋上行走或碾压填土时，筋上填土不应小于 0.2 m。

10.6.7 包裹式挡土墙面墙必须在加筋土体沉降变形经评估稳定后施工。

主 控 项 目

10.6.8 挡土墙基础、墙面板、帽石所用水泥、粗骨料、细骨料、矿物掺和料、外加剂、钢筋等材料的品种、规格、质量应符合设计要求，其进场检验应符合《铁路混凝土工程施工质量验收标准》(TB 10424—2010)第 6.2.1 条～第 6.2.7 条、第 5.2.1 条、第 5.2.4 条的有关规定。

10.6.9 挡土墙所用拉筋、墙面板内侧防渗漏土工布等土工合成材料的品种、规格、质量应符合设计要求，其进场检验应符合本标准第 4.3.7 条的规定。

10.6.10 挡土墙所用钢筋混凝土板条、钢带和钢塑复合带拉筋材料的品种、规格、质量应符合设计要求。

检验数量：同一产地、厂家、品种且连续进场的拉筋每 $3\times10^5 m^2$ 为一批，不足 $3\times10^5 m^2$ 也按一批计。施工单位每批抽样检验 1 组。监理单位按施工单位检验数量的 20%见证检验。

检验方法：查验每批产品出厂合格证、性能报告单。按设计要求检验拉筋的抗拉强度等性能指标。

10.6.11 明挖基坑施工及检验应符合本标准第 10.1.12 条、第 10.1.13 条的规定。

10.6.12 挡土墙基础混凝土强度等级应符合设计要求，其施工和检验应符合《铁路混凝土工程施工质量验收标准》(TB 10424—2010)第 6.3.1 条～第 6.3.5 条、第 6.4.1 条～第 6.4.11 条的有关规定。

10.6.13 墙面板钢筋的规格、数量及钢筋的加工、连接、安装应符合设计要求，其检验应符合《铁路混凝土工程施工质量验收标准》(TB 10424—2010)第 5.3.1 条、第 5.3.2 条、第 5.4.1 条～第 5.4.4 条、第 5.5.1 条的有关规定。

10.6.14 墙面板钢筋保护层垫块的材质、规格、位置和数量应符合设计要求，其检验应符合《铁路混凝土工程施工质量验收标准》(TB 10424—2010)第 5.2.3 条、第 5.5.2 条的规定。

10.6.15 墙面板施工模板应支架稳固、接缝严密，具有足够的强度和刚度，其安装和拆除应符合《铁路混凝土工程施工质量验收标准》(TB 10424—2010)第 4.2.1 条、第 4.2.2 条、第 4.3.1 条的有关规定。

10.6.16 墙面板的混凝土强度等级应符合设计要求，其施工和检验应符合《铁路混凝土工程施工质量验收标准》(TB 10424—2010)第 6.3.1 条～第 6.3.5 条、第 6.4.1 条～第 6.4.5 条、第 6.4.9 条～第 6.4.11 条、第 6.4.16 条的有关规定。

10.6.17 墙面板上预埋连接件的材质、规格、位置、尺寸应符合设计要求。

检验数量：施工单位全部检验。监理单位按施工单位检验数量的 10%平行检验。

检验方法：观察、尺量。

10.6.18 挡土墙构件及连接件上所有外露金属件的防腐处理应符合设计要求。

检验数量：施工单位全部检验。监理单位按施工单位检验数量的 10%平行检验。

检验方法：查防腐蚀材料技术证明书，观察防腐处理结果。

10.6.19 拉筋与墙面板连接方式应符合设计要求。

检验数量：施工单位全部检验。监理单位按施工单位检验数量的 10%平行检验。

检验方法：观察。

10.6.20 土工合成材料拉筋的铺设长度、位置、方向应符合设计要求。

检验数量：施工单位沿挡土墙方向每 100 m 每铺设层抽样检验 5 处。监理单位按施工单位检验数量的 10%平行检验。

检验方法：观察，尺量。

10.6.21 对拉式加筋土挡墙条带式拉筋尾部不应重叠，错开距离应符合设计要求。包裹压载体后拉筋回折宽度应符合设计要求。

检验数量：施工单位沿挡土墙方向每 100 m 每铺设层抽样检验 5 处。监理单位按施工单位检验数量的 10%平行检验。

检验方法：观察、尺量。

10.6.22 包裹式加筋土挡墙预埋拉杆位置、长度应符合设计要求。

检验数量：施工单位全部检验。监理单位按施工单位检验数量的 10%平行检验。

检验方法：观察、尺量。

10.6.23 加筋土体内的泄水管孔径、埋设位置、管身小孔型式应符合设计要求，其向外排水坡坡度不应小于 4%。管身和进水口应用透水土工布包裹，并应与墙面板泄水孔连通，确保排水通畅。

检验数量:施工单位全部检验。监理单位全部见证检验。

检验方法: 观察,炮棍法测排水坡,尺量。

10.6.24 墙后反滤层、包裹压载体材料的品种、规格、质量应符合设计要求,其检验应符合本标准第 10.1.34 条的规定。

10.6.25 墙后反滤层、包裹压载体、透水土工布的设置位置、构造尺寸应符合设计要求,其检验应符合本标准第 10.1.35 条的规定。

10.6.26 挡土墙基础、墙身及帽石沉降缝(伸缩缝)的预留与塞封应符合本标准第 10.1.32 条的规定。

10.6.27 帽石施工模板应支架稳固、接缝严密,具有足够的强度和刚度,其安装应符合《铁路混凝土工程施工质量验收标准》(TB 10424—2010)第 4.2.1 条、第 4.2.2 条的规定。

10.6.28 帽石的混凝土强度等级应符合设计要求,其施工和检验应符合《铁路混凝土工程施工质量验收标准》(TB 10424—2010)第 6.3.1 条～第 6.3.5 条、第 6.4.1 条～第 6.4.5 条、第 6.4.9 条～第 6.4.11 条、第 6.4.16 条的有关规定。

10.6.29 帽石内预埋螺栓的材质、规格、位置、尺寸应符合设计要求。

检验数量:施工单位全部检验。监理单位按施工单位检验数量的 10%平行检验。

检验方法:观察、尺量。

10.6.30 台阶式加筋挡土墙上下两级挡墙分级平台宽度、封闭质量应符合本标准第 10.4.18 条的规定。

10.6.31 加筋土挡土墙墙后路基、墙顶封闭层的填料、填筑应符合设计要求,其质量和检验应根据所处路基部位分别符合本标准第 6、7、9 章的有关规定。

一 般 项 目

10.6.32 明挖基坑施工各部尺寸允许偏差、检验数量及检验方法应符合本标准第 10.1.38 条的规定。

10.6.33 基础施工各部尺寸允许偏差、检验数量及检验方法应符合本标准第 10.1.39 条的规定。

10.6.34 墙面板应拼装整齐、平顺,墙面和填料应构成稳固整体。墙面垂直度、倾斜度、平整度允许偏差、检验数量及检验方法应符合本标准第 10.1.50 条的规定。

10.6.35 墙面板预制件允许偏差、检验数量及检验方法应符合本标准第 10.4.23 条的规定。

10.6.36 帽石与墙面板应嵌接牢固,墙面板应嵌入帽石内构成整体。

检验数量:施工单位全部检验。

检验方法:观察。

10.6.37 帽石边缘距路基中线距离、帽石厚度及宽度、顶面高程、起讫里程允许偏差、检验数量及检验方法应符合表 10.6.37 的规定。

表 10.6.37　帽石施工的允许偏差、检验数量及检验方法

序号	项目	允许偏差	施工单位检验数量	检验方法
1	距路基中线距离	+20 mm	沿挡土墙连续长度≤100 m 抽样检验 3 处	测量仪器测量、尺量
2	帽石厚度	+10 mm	沿挡土墙连续长度≤100 m 抽样检验 3 处	尺量
3	帽石宽度	±20 mm	沿挡土墙连续长度≤100 m 抽样检验 3 处	尺量
4	顶面高程	±20 mm	沿挡土墙连续长度≤100 m 抽样检验 3 点	测量仪器测量
5	起讫里程	±100 mm	不同结构长度检查 2 处	测量仪器测量、尺量

10.6.38 墙后反滤层透水土工布搭接方式及搭接宽度应符合本标准第10.1.51条的规定。

10.6.39 墙面板钢筋原材料、加工、安装及保护层的允许偏差及检验应符合《铁路混凝土工程施工质量验收标准》(TB 10424—2010)第5.2.5条、第5.3.3条、第5.5.5条的有关规定。

10.7 土 钉 墙

一 般 规 定

10.7.1 土钉墙施工前应检测路堑横断面,净空合格后方能进行土钉墙施工。

10.7.2 土钉墙应按"自上而下,分层开挖,分层锚固,分层喷护"的原则组织施工,并及时挂网喷护,坡面不应长时间暴露。完成上层作业面的土钉与喷射混凝土后,方可进行下一层的开挖。

10.7.3 施工前应按设计要求进行注浆工艺试验、土钉抗拉拔试验,验证设计参数,确定施工工艺参数。

10.7.4 土钉应采用成孔,严禁灌水。

10.7.5 挂网材料为土工合成材料时,施工期应采取有效的防晒措施,防止土工合成材料老化。挂网前应清除坡面松散土石。

10.7.6 坡脚墙基坑施工应尽快完成,同时应采取措施防止基坑被水浸泡。

10.7.7 喷射混凝土施工前应进行现场喷射试验,确定喷射施工工艺参数。

10.7.8 喷射作业应自下而上进行,喷层厚度大于7 cm时,应分两层喷射。喷射过程中应采取有效措施保护泄水孔不被堵塞。

主 控 项 目

10.7.9 土钉墙所用水泥、粗骨料、细骨料、矿物掺和料、外加剂、钢筋等材料的品种、规格、质量应符合设计要求,其进场检验应符合《铁路混凝土工程施工质量验收标准》(TB 10424—2010)第5.2.1条、第5.2.4条、第6.2.1条～第6.2.7条、第9.3.5条～第9.3.8条的有关规定。

10.7.10 土钉墙所用的土工合成材料的品种、规格、质量应符合设计要求,其进场检验应符合本标准第4.3.7条的规定。

10.7.11 土钉墙坡脚墙基坑开挖应符合本标准第10.1.12条、第10.1.13条的规定。

10.7.12 坡脚墙墙身混凝土强度等级应符合设计要求,其施工和检验应符合《铁路混凝土工程施工质量验收标准》(TB 10424—2010)第6.3.1条～第6.3.5条、第6.4.1条～第6.4.11条、第6.4.16条的有关规定。

10.7.13 混凝土坡脚墙模板应支撑牢固、无变形、漏浆,模板安装应符合《铁路混凝土工程施工质量验收标准》(TB 10424—2010)第4.2.1条、第4.2.2条的有关规定。

10.7.14 坡脚墙沉降缝(伸缩缝)预留与塞封应符合本标准第10.1.32条的规定。

10.7.15 坡脚墙后反滤层材料、构造及厚度应符合本标准第10.1.34条、第10.1.35条的规定。

10.7.16 土钉孔的布置形式应符合设计要求。

检验数量:施工单位、监理单位全部检验。

检验方法:观察。

10.7.17 土钉的长度应符合设计要求。

检验数量:施工单位按土钉总数的10%检验。监理单位按施工单位检验数量的10%平行检验。

检验方法:尺量。

10.7.18 土钉孔锚固砂浆强度等级应符合设计要求,其施工和检验应符合《铁路混凝土工程施工质量验收标准》(TB 10424—2010)第7.5.1条~第7.5.4条的有关规定。

10.7.19 钉孔注浆应采用孔底注浆法,注浆应饱满。

检验数量:施工单位全部检验。监理单位按施工单位检验数量的20%平行检验。

检验方法:观察。

10.7.20 网的规格尺寸、网与土钉的连接、网片的保护层厚度应符合设计要求。

检验数量:施工单位按网面积的10%检验。监理单位按施工单位检验数量的20%见证检验。

检验方法:尺量网的规格、保护层厚度,观察网与土钉的连接,查验焊接试验报告。

10.7.21 喷射混凝土强度等级应符合设计要求,其施工和检验应符合《铁路混凝土工程施工质量验收标准》(TB 10424—2010)第9.3.11条的规定。

10.7.22 喷射混凝土喷层的厚度、表面平整度、养护应符合设计要求,其施工和检验应符合《铁路混凝土工程施工质量验收标准》(TB 10424—2010)第9.3.12条、第9.3.13条、第9.3.14条的有关规定。

10.7.23 泄水孔施工及检验应符合本标准第10.1.33条的规定。

一 般 项 目

10.7.24 土钉孔位、孔深、间距的允许偏差、检验数量及检验方法应符合表10.7.24的规定。

表10.7.24 土钉施工的允许偏差、检验数量及检验方法

序号	项目	允许偏差	施工单位检验数量	检验方法
1	孔位	100 mm	土钉总数的10%	尺量
2	孔深	$^{+50}_{0}$ mm	土钉总数的10%	尺量
3	间距	±50 mm	土钉总数的10%	尺量

10.7.25 挂网钢筋间距允许偏差为±20 mm。

检验数量:施工单位按挂网面积的5%检验。

检验方法:尺量。

10.7.26 挂网采用土工合成材料时,其铺设范围、搭接宽度的允许偏差、检验数量及检验方法应符合表10.7.26的规定。

表10.7.26 土工合成材料铺设的允许偏差、检验数量及检验方法

序号	项目	允许偏差	施工单位检验数量	检验方法
1	铺设范围	$^{+100}_{0}$ mm	每100 m等间距检查3点	尺量
2	搭接宽度	$^{+50}_{0}$ mm	每100 m等间距检查3点	尺量

10.7.27 喷射混凝土应与坡面、钢筋网(土工网)结合紧密,其表面应平顺,无空鼓、无裂隙、无漏喷、无脱落、无露筋、无渗水。

检验数量:施工单位全部检验。

检验方法:敲击、观察。

10.7.28 土钉钢筋网(土工网)和喷射混凝土面层应与坡脚墙混凝土(砌体)结合紧密。

检验数量:施工单位全部检验。

检验方法:观察。

10.7.29 坡脚墙墙身前边缘距线路中线距离、墙身厚度、顶面高程、泄水孔间距、起讫里程、沉降缝(伸缩缝)位置和宽度的允许偏差、检验数量及检验方法应符合本标准第10.1.49条的规定。

10.7.30 坡脚墙墙面垂直度、斜度、平整度的允许偏差、检验数量及检验方法应符合本标准第10.1.50条的规定。

10.7.31 坡脚墙后反滤层透水土工布搭接方式和宽度应符合本标准第10.1.51条的规定。

10.8 抗 滑 桩

一 般 规 定

10.8.1 桩孔开挖前应做好施工场地平整及地面截、排水,备好通风设施。

10.8.2 桩孔开挖施工中应及时记录地质剖面、滑动面位置,填绘地质柱状图。

10.8.3 桩孔开挖应根据地质情况及时支护。桩孔第一节护壁应高出地面20 cm,并做好孔口加强护壁及锁口。

10.8.4 护壁的施工缝应避开滑动面及土石层变化处,并应加强滑动面及土石层变化处的支护。

10.8.5 护壁混凝土应紧贴围岩灌注,灌注前应清除岩壁上的松动石块、浮土。在承受推力较大的护壁和孔口加强衬砌混凝土中应增加钢筋。

10.8.6 每工点首根桩桩孔挖至设计标高后,应由监理、设计、施工单位联合验孔,并结合滑动面实际情况确定孔底高程。

10.8.7 抗滑桩钢筋骨架安装就位后,应有确保混凝土灌注时钢筋骨架不上浮的措施。

10.8.8 灌注混凝土前应清除孔底的松动石块、浮土,抽干积水,并检查净空断面尺寸、钢筋骨架就位情况。

10.8.9 地下水发育时,应采取水下混凝土灌注法。

主 控 项 目

10.8.10 抗滑桩所用水泥、粗骨料、细骨料、矿物掺和料、外加剂、钢筋等材料的品种、规格、质量应符合设计要求,其进场检验应符合《铁路混凝土工程施工质量验收标准》(TB 10424—2010)第6.2.1条～第6.2.7条、第5.2.1条、第5.2.4条的有关规定。

10.8.11 抗滑桩开挖的桩孔断面尺寸不应小于桩身设计断面尺寸和护壁厚度之和,护壁混凝土应紧贴围岩灌注。

检验数量:每个桩孔施工单位检验5个断面。监理单位见证检验1个断面。

检验方法:观察,尺量或检孔器检测。

10.8.12 抗滑桩桩孔孔型、桩身断面尺寸应符合设计要求。

检验数量:每个桩孔施工单位检验5个断面。监理单位平行检验1个断面。

检验方法:观察、尺量或检孔器检测。

10.8.13 桩孔护壁钢筋骨架的规格、数量、形式及钢筋的加工、连接、安装应符合设计要求,其检验应符合《铁路混凝土工程施工质量验收标准》(TB 10424—2010)第5.3.1条、第5.3.2

条、第 5.4.1 条～第 5.4.4 条、第 5.5.1 条的有关规定。

10.8.14 抗滑桩桩孔底部作为持力层的岩土层性质应符合设计要求。

检验数量：施工单位全部检验。监理单位按施工单位检验数量的 20%见证检验。首根桩设计单位应现场确认。

检验方法：现场取样鉴别土层，并详细记录。

10.8.15 抗滑桩钢筋骨架的规格、数量、形式及钢筋的加工、连接、安装应符合设计要求，其检验应符合《铁路混凝土工程施工质量验收标准》(TB 10424—2010)第 5.3.1 条、第 5.3.2 条、第 5.4.1 条～第 5.4.4 条、第 5.5.1 条的有关规定。

10.8.16 桩身钢筋保护层垫块材质、规格、位置和数量应符合设计要求，其检验应符合《铁路混凝土工程施工质量验收标准》(TB 10424—2010)第 5.2.3 条、第 5.5.2 条的规定。

10.8.17 竖向钢筋的接头应避开土石分界和滑动面处。接头分布应符合设计要求。

检验数量：施工单位、监理单位全部检验。

检验方法：观察、尺量。

10.8.18 抗滑桩桩身混凝土强度等级应符合设计要求，其施工和检验应符合《铁路混凝土工程施工质量验收标准》(TB 10424—2010)第 6.3.1 条～第 6.3.5 条、第 6.4.1 条～第 6.4.5 条、第 6.4.9 条～第 6.4.11 条的有关规定。

10.8.19 抗滑桩桩身混凝土应连续、完整。

检验数量：施工单位全部检验。监理单位按施工单位检验数量的 20%见证检验。

检验方法：低应变检测、声波透射或其他无损检测法。

一 般 项 目

10.8.20 桩孔中心位置、孔底高程、桩孔垂直度的允许偏差、检验数量及检验方法应符合表 10.8.20 的规定。

表 10.8.20 抗滑桩桩孔的允许偏差、检验数量及检验方法

序号	项目	允许偏差	施工单位检验数量	检验方法
1	中心位置	纵向 100 mm，横向 100 mm	每根桩	测量仪器测量、尺量
2	孔底高程	±50 mm	每根桩	测量仪器测量、尺量
3	桩孔垂直度	1%	每根桩	吊线、尺量

10.8.21 抗滑桩及桩孔护壁钢筋骨架安装尺寸的允许偏差、检验数量及检验方法应符合表 10.8.21 的规定。

表 10.8.21 抗滑桩和桩孔护壁钢筋骨架安装的允许偏差、检验数量及检验方法

序号	项目	允许偏差	施工单位检验数量	检验方法
1	钢筋骨架长度	±100 mm	全部检验	钢尺量
2	主筋间距	±5 mm	每个钢筋骨架抽样检验 15 点	钢尺量
3	钢筋骨架直径	±20 mm	每个钢筋骨架抽样检验 15 点	钢尺量
4	箍筋间距	±20 mm	每个钢筋骨架抽样检验 20 点	钢尺量
5	钢筋骨架垂直度	2%	全部检验	吊线实测
6	钢筋保护层厚度	0.10 mm	全部检验	尺量两端、中间各 2 处

10.8.22 抗滑桩顶面高程允许偏差为±50 mm。

检验数量:施工单位全部检验。

检验方法:测量仪器测量。

10.8.23 桩身钢筋原材料、加工的允许偏差及检验应符合《铁路混凝土工程施工质量验收标准》(TB 10424—2010)第5.2.5条、第5.3.3条的有关规定。

10.9 桩板式挡土墙

一 般 规 定

10.9.1 桩板式挡土墙桩的施工及检验应符合本标准第10.8节的有关规定。

10.9.2 预制挡土板应在混凝土强度达到设计强度的75%方可进行运输、吊装。运输、吊装时应合理布置支点与吊点,避免强烈振动与摔打,防止挡土板破损。

10.9.3 墙后填土应在锚固桩混凝土强度达到设计强度70%以上才能进行施工。

主 控 项 目

10.9.4 桩板式挡土墙所用水泥、粗骨料、细骨料、矿物掺和料、外加剂、钢筋等材料的品种、规格、质量应符合设计要求,其进场检验应符合《铁路混凝土工程施工质量验收标准》(TB 10424—2010)第6.2.1条~第6.2.7条、第5.2.1条、第5.2.4条的有关规定。

10.9.5 抗滑桩施工及检验应符合本标准第10.8.11条~第10.8.19条的规定。

10.9.6 桩身地上部分应按设计预埋铁件或设置翼缘。预埋铁件或翼缘的规格、尺寸、数量应符合设计要求。

检验数量:施工单位全部检验。监理单位按施工单位检验数量的20%见证检验。

检验方法:观察、尺量、计数。

10.9.7 挡土板钢筋的规格、数量及钢筋的加工、连接、安装应符合设计要求,其检验应符合《铁路混凝土工程施工质量验收标准》(TB 10424—2010)第5.3.1条、第5.3.2条、第5.4.1条~第5.4.4条、第5.5.1条的有关规定。

10.9.8 挡土板的钢筋保护层垫块材质、规格、位置和数量应符合设计要求,其检验应符合《铁路混凝土工程施工质量验收标准》(TB 10424—2010)第5.2.3条、第5.5.2条的规定。

10.9.9 挡土板混凝土强度等级应符合设计要求,其施工和检验应符合《铁路混凝土工程施工质量验收标准》(TB 10424—2010)第6.3.1条~第6.3.5条、第6.4.1条~第6.4.5条、第6.4.9条~第6.4.11条、第6.4.16条的有关规定。

10.9.10 挡土板与锚固桩间应连接牢固,并符合设计要求。悬挂式挡土板与锚固桩的连接处理应符合设计要求。

检验数量:施工单位全部检验。监理单位按施工单位检验数量的20%见证检验。

检验方法:观察、尺量。

10.9.11 路堤挡土墙挡土板背后路基填料及填筑质量应根据所处路基部位分别符合本标准第5、6、7、9章的有关规定。

10.9.12 路堑挡土墙挡土板背后填料及填筑压实的质量应符合本标准第10.1.36条、第10.1.37条的规定。

10.9.13 设计有墙背反滤层时,反滤层施工应随墙背回填同时进行,其施工质量应符合本标准第10.1.34条、条10.1.35条的规定。

一 般 项 目

10.9.14 桩孔中心位置、孔底高程、桩孔垂直度的允许偏差、检验数量及检验方法应符合本标准第 10.8.20 条的规定。

10.9.15 桩钢筋骨架加工、安装尺寸的允许偏差、检验数量及检验方法应符合本标准第 10.8.21 条、第 10.8.23 条的规定。

10.9.16 桩身混凝土地上部分应轮廓清晰，无蜂窝、麻面现象。

检验数量：施工单位全部检验。

检验方法：观察。

10.9.17 桩身顶面高程的允许偏差、检验数量及检验方法应符合本标准第 10.8.22 条的规定。

10.9.18 挡土板尺寸的允许偏差、检验数量及检验方法应符合表 10.9.18 的规定。

表 10.9.18 挡土板尺寸的允许偏差、检验数量及检验方法

序号	项目	允许偏差	施工单位检验数量	检验方法
1	长度	$^{+10}_{-5}$ mm	全部检验	尺量
2	宽度及厚度	±5 mm	全部检验	尺量

10.9.19 路堑挡土墙顶面及周围应按设计要求用混凝土或砂浆抹面封闭。封闭层表面应有排水坡，不应积水。

检验数量：施工单位全部检验。

检验方法：观察、测量仪器测量。

10.9.20 挡土板钢筋原材料、加工、安装及保护层的允许偏差及检验应符合《铁路混凝土工程施工质量验收标准》(TB 10424—2010)第 5.2.5 条、第 5.3.3 条、第 5.5.5 条的有关规定。

10.10 预应力锚索

一 般 规 定

10.10.1 锚索施工前应按工作锚索的 3% 作锚固试验，且不少于 3 根，以验证锚固段的设计指标，确定施工工艺参数。

10.10.2 钻孔应采用干法成孔，严禁水钻。

10.10.3 钻孔过程中，应记录每个孔的地层变化情况，核实地层分界面、滑动面位置及地下水等勘察设计资料。

10.10.4 编索前应按设计要求对预应力钢绞线进行除锈、调直等处理。锚索编制工艺应符合设计要求。

10.10.5 锚索张拉施工工艺应符合设计要求。张拉用设备、仪表应按检定周期送计量部门检定，且应配套检定、配套使用，如使用过程中张拉设备出现异常现象或设备检修，应重新进行检定。

10.10.6 锚索张拉应在其锚固段砂浆强度达到设计规定强度以后进行。锚索张拉时应逐级加力，并对加力值及锚索伸长值进行记录。

10.10.7 锚索张拉前应按设计要求安装测力计，并按设计要求进行观测，同时应做好测力计的保护工作。

10.10.8 锁定及注浆前应具有经监理工程师检查签证的预应力张拉记录和检查证。锁定及注浆工艺应符合设计要求。

主 控 项 目

10.10.9 预应力锚索锚固所用水泥、粗骨料、细骨料、矿物掺和料、外加剂等材料的品种、规格、质量应符合设计要求，其进场检验应符合《铁路混凝土工程施工质量验收标准》(TB 10424—2010)第6.2.1条～第6.2.7条、第7.2.3条、第7.2.4条的有关规定。

10.10.10 预应力锚索、锚具、锚塞(夹片)、垫板的品种、规格、质量应符合设计要求，其进场检验应符合《铁路混凝土工程施工质量验收标准》(TB 10424—2010)第7.2.1条、第7.2.2条、第7.3.1条、第7.3.2条、第7.4.1条的有关规定。

10.10.11 锚索孔的布置形式及间距应符合设计要求。

检验数量：施工单位全部检验。监理单位按施工单位检验数量的20%见证检验。

检验方法：观察、尺量。

10.10.12 锚索孔的孔径、深度应满足设计要求。

检验数量：施工单位、监理单位全部检验。

检验方法：施工单位采用设计孔径的钻头和标准钻杆推进锚索孔，推进平顺且不产生冲击或抖动，钻具验送长度满足设计锚索孔深度，退钻顺畅。监理单位旁站。

10.10.13 钢绞线应按设计要求编成锚索，每束锚索的规格、组合形式应符合设计要求。

检验数量：施工单位全部检验。监理单位按施工单位检验数量的10%平行检验。

检验方法：查验出厂技术证明书，观察，尺量锚索长度。

10.10.14 锚索安装前应按设计要求除锈、除油污，剔除有死弯、机械损伤、锈坑的钢绞线。

检验数量：施工单位全部检验。监理单位按施工单位检验数量的10%平行检验。

检验方法：观察。

10.10.15 注浆体强度等级应符合设计要求。

检验数量：施工单位每30孔取1组试件(6块)，不足30孔亦制取1组试件。监理单位按施工单位检验组数的20%见证检验。

检验方法：试件作抗压强度试验。

10.10.16 锚孔注浆应采用孔底注浆法，注浆应密实，注浆压力应符合设计要求。

检验数量：施工单位全部检验。监理单位按注浆孔数量的10%旁站。

检验方法：通过压力表读数，观察。

10.10.17 锚具、锚塞(夹片)、垫板安装位置应符合设计要求。

检验数量：施工单位全部检验。监理单位按施工单位检验数量的20%见证检验。

检验方法：钢尺、卡尺量测。

10.10.18 锚索预应力张拉应分级加力，最终张拉力应满足设计要求。

检验数量：施工单位全部检验。监理单位按张拉锚索数量的20%旁站。

检验方法：读测力计数据并记录。

10.10.19 锚索张拉实际伸长值与计算伸长值之差不应超过±6%。

检验数量：施工单位全部检验。监理单位按施工单位检验数量的20%见证检验。

检验方法：尺量，记录，计算。

10.10.20 锚索张拉时，滑(断)丝总数不应超过钢丝总数的5‰，且1束内滑(断)丝不超过1根。

检验数量:施工单位全部检验。监理单位按施工单位检验数量的20%见证检验。

检验方法:观察、计数。

10.10.21 锚索张拉端锁定后,其回缩量及锚塞(夹片)外露量应符合设计要求。

检验数量:施工单位全部检验。监理单位按施工单位检验数量的20%见证检验。

检验方法:尺量。

10.10.22 锚索张拉完成7天后,应对其拉力和外观进行复查,复查合格后方能截除多余的锚索,进行最后的锚固作业。

检验数量:施工单位全部检验。监理单位按施工单位检验数量的20%见证检验。

检验方法:张拉,读测力计数据,观察。

10.10.23 锚具最终锁定时,锚索回缩量及锚塞(夹片)外露量的检验应符合本标准第10.10.21条的规定。

10.10.24 垫块及封闭混凝土强度等级应符合设计要求,其施工和检验应符合《铁路混凝土工程施工质量验收标准》(TB 10424—2010)第6.4.1条~第6.4.5条、第6.4.9条~第6.4.11条、第6.4.16条、第7.5.5条、第7.5.6条的有关规定。

一 般 项 目

10.10.25 锚索孔位置、倾角的允许偏差、检验数量及检验方法应符合表10.10.25的规定。

表10.10.25 锚索孔的允许偏差、检验数量及检验方法

序号	项目	允许偏差	施工单位检验数量	检验方法
1	位 置	±100 mm	每个锚索孔	测量仪器测量、尺量
2	倾 角	1%	每个锚索孔	导杆法量

10.10.26 锚具底座顶面与锚孔轴线应互相垂直。

检验数量:施工单位全部检验。

检验方法:观察、尺量。

10.10.27 锚头部分应按设计要求涂刷防腐剂。

检验数量:施工单位全部检验。

检验方法:观察。

10.10.28 垫块尺寸的允许偏差、检验数量及检验方法应符合表10.10.28的规定。

表10.10.28 垫块尺寸的允许偏差、检验数量及检验方法

序号	项目	允许偏差	施工单位检验数量	检验方法
1	长度	±5 mm	每批成品抽样检验10%,且不少于3件。每件检查各2处	尺量
2	宽度	±5 mm		尺量
3	高度	±5 mm		尺量

11 路基边坡防护

11.1 一般规定

11.1.1 路堤边坡防护工程应根据设计情况安排在适宜时间施工，堑坡防护应随施工同时完成。软土、松软土地基地段的路基防护工程应在沉降稳定后进行施工。

11.1.2 边坡施工前，边坡基底应稳定，坡面应平整密实。

11.1.3 边坡植物防护施工应符合下列规定：

1 坡面应平整、密实、湿润。铺、种植物后，应加强养护管理，直至植物覆盖坡面。

2 种草防护的草籽应均匀，全部落入坡面，及时覆盖表土并适当拍压。

3 喷播植草应按设计要求施工，喷播材料与草（灌木）籽应按配比充分搅拌均匀，清理好的坡面应提前湿润，喷洒应自下而上进行，草籽喷洒应均匀，不应流淌。

4 对不利于草类生长的土质，应按设计要求在坡面先铺一层种植土，然后再进行草籽喷洒，及时作好养护，直至覆盖坡面。

11.1.4 铺设固土网垫时，应先适量洒水湿润边坡，固土网垫应与坡面紧贴，不应出现空隙；铺网垫后及时喷播植草或撒播草籽，植草种类及数量应符合设计要求。

11.1.5 采用喷混植生进行坡面防护的喷层应与基面牢固结合，不应漏喷、脱层。周边与基面之间应无空隙，锚杆锚固材料应无外露现象，周边应封严。

11.1.6 路基坡面防护所用的砂、石料、水泥、钢筋（包括锚杆、锚索）等材料的品种、规格、质量应符合设计要求。

11.1.7 混凝土预制件加工、移位和堆放应符合下列规定。

1 预制所用模具应有足够的刚度，预制件不应变形。

2 浇筑前，应对照设计文件核对各种预埋件的数量和位置。

3 每一构件应一次浇筑完成，振捣密实。

4 构件外露面应平整、光滑、无蜂窝麻面。

5 构件搬运时的混凝土强度应不低于设计强度的70%。

6 各种构件应分类标识、分类堆放，堆放场地应平整、硬实，并有排水措施。堆放高度应按构件强度、地面承载力、垫块强度等确定，预制件不应因堆放不当而损坏。

11.1.8 预制件勾缝应于路堤沉降基本稳定后进行。勾缝前应先将松动和变形处修整平齐完好。

11.1.9 骨架护坡宜采用带截水槽的结构，骨架应嵌入坡面一定深度，骨架表面应与骨架间植物防护良好衔接。

11.1.10 混凝土预制件拼装排列应整齐、平顺、紧密、美观，并与坡面及相邻砌体衔接密贴、稳固。

11.1.11 框架梁模板及支架、钢筋和混凝土的施工应符合《铁路混凝土工程施工质量验收标准》（TB 10424—2010）有关一般规定的要求。

11.1.12　锚杆(索)钻孔时应记录地层变化情况,核实地层分界面及设计长度,置于稳定地(岩)层中的锚固段长度应符合设计要求。

11.2　植物防护

主控项目

11.2.1　边坡植物防护的种类及数量应符合设计要求。

检验数量:施工单位、监理单位全部检验。

检验方法:观察。

11.2.2　边坡植物防护的防护范围应符合设计要求,并应沿坡面连续覆盖。

检验数量:施工单位、监理单位全部检验。

检验方法:观察、尺量。

11.2.3　边坡客土填筑方法、客土厚度、边坡坡率应符合设计要求。

检验数量:施工单位沿线路每侧边坡连续每 100 m 抽样检验 5 个断面,每个断面上、中、下检验 3 点。监理单位沿线路每侧边坡连续每 100 m 平行检验 1 个断面上、中、下 3 点。

检验方法:观察、尺量。

11.2.4　固土网垫的规格及性能应符合设计要求,进场时应进行现场验收。

检验数量:同一厂家、品种、批号进场的土工网垫,每 1×10^4 m^2 为一批,不足 1×10^4 m^2 也按一批计。施工单位每批抽样检验 1 组。监理单位按施工单位检验数量的 20%见证检验。

检验方法:查验每批产品的质量证明文件和性能报告单,有疑问时现场抽样检验。

11.2.5　固土网垫的铺设范围、连接方式和固定方式应符合设计要求。

检验数量:施工单位、监理单位全部检验。

检验方法:随铺设层观察。

11.2.6　喷混植生制作基材所用种植土、养生材料、水泥等材料规格、品种、技术条件应符合设计要求,进场时应进行验收。

检验数量:施工单位、监理单位每进场批检验 1 次。

检验方法:观察,查验产品质量证明文件和材料性能报告单,有疑问时现场抽样检验。

11.2.7　喷混植生所用的种子、挂网材料、锚杆的品种、规格应符合设计要求。

检验数量:施工单位、监理单位每进场批检验 1 次。

检验方法:查验产品质量证明文件和材料性能报告单,有疑问时现场抽样检验。

11.2.8　喷混植生所用的锚杆加工质量应符合设计要求。

检验数量:施工单位按加工锚杆数量的 10%抽样检验。监理单位按施工单位检验数量的 20%平行检验。

检验方法:尺量锚杆长度,观察锚杆防腐处理结果。

11.2.9　喷混植生锚杆的设置应符合表 11.2.9

表 11.2.9　喷混植生锚杆施工的允许偏差

序号	检验项目	允许偏差
1	锚杆孔深	−50 mm
2	锚杆间距	±50 mm
3	锚杆外露长度	±30 mm

的规定。

检验数量：施工单位按每坡面锚杆数量的10%抽样检验。监理单位按施工单位检验数量的20%平行检验。

检验方法：尺量。

11.2.10 喷混植生锚杆注浆体强度等级、锚杆抗拔力、布置形式、锚杆长度、锚头及锚杆未锚入土层部分的处理应符合本标准第10.4.10条～第10.4.13条的规定。

11.2.11 喷混植生喷射基材厚度应满足设计要求。

检验数量：施工单位沿坡面每10 m长抽样检验1个断面。监理单位沿坡面每50 m长平行检验1个断面(每工点至少平行检验1个断面)。每个断面检查3点。

检验方法：由预埋标志尺量喷层厚度，有疑问的钻孔尺量。

一 般 项 目

11.2.12 边坡植物防护覆盖率、成活率的检验数量及检验方法应符合表11.2.12的规定。

表11.2.12 植物防护覆盖率、成活率的检验数量及检验方法

序号	项目			覆盖率(%)	成活率(%)	施工单位检验数量	检验方法
1	一般地区	植草防护	土质路基边坡	85	—	每段护坡每100 m长抽样检验3条带	尺量、计面积
2			石质路基边坡	70	—		尺量、计面积
3		种植藤本植物、灌木防护	土质路基边坡	—	80		点数、统计计算
4			石质路基边坡	—	70		点数、统计计算
5	旱地	植草防护	土质路基边坡	65	—		尺量、计面积
6		种植藤本植物、灌木防护		—	70		点数、统计计算
7	寒冷地区	植草防护	土质路基边坡	80	—		尺量、计面积
8			石质路基边坡	70	—		尺量、计面积
9		种植藤本植物、灌木防护	土质路基边坡	—	75		点数、统计计算
10			石质路基边坡	—	70		点数、统计计算

注：一条带指边坡上从顶至底带宽为3 m的护坡。

11.2.13 固土网垫铺设的允许偏差、检验数量及检验方法应符合表11.2.13的规定。

表11.2.13 固土网垫铺设的允许偏差、检验数量及检验方法

序号	检验项目	允许偏差	施工单位检验数量	检验方法
1	搭接宽度	$^{+30}_{0}$ mm	沿线路纵向每100 m各抽样检验5处	尺量
2	上、下边埋入土深度	不小于设计值		
3	回转长度	不小于设计值		
4	固定钉长度	不小于设计值		
5	固定钉间距	+50 mm		

11.2.14 喷混植生防护各部的允许偏差、检验数量及检验方法应符合表11.2.14的规定。

表 11.2.14　喷混植生防护各部的允许偏差、检验数量及检验方法

序号	检验项目	允许偏差	施工单位检验数量	检验方法
1	平面位置	±50 mm	每段护坡抽样检验 4 点	采用符合精度要求的仪器量测
2	底面高程	±50 mm	每段护坡抽样检验 3 点	
3	坡顶高程	$^{0}_{-20}$ mm	每段护坡抽样检验 3 点	
4	坡　度	0.5%	每段护坡抽样检验 3 点	吊垂线
5	挂网搭接宽度	±50 mm	每个搭接缝检验 3 点	尺量

注:每 50 m 护坡作为一段,每段护坡长不足 50 m 按 50 m 计。

11.3　骨架护坡防护

主 控 项 目

11.3.1　现浇混凝土所用材料规格、品种、技术条件应符合设计要求,进场检验应符合《铁路混凝土工程施工质量验收标准》(TB 10424—2010)第 6.2.1 条～第 6.2.7 条的有关规定。

11.3.2　现浇混凝土强度等级应符合设计要求,其施工和检验应符合《铁路混凝土工程施工质量验收标准》(TB 10424—2010)第 6.3.1 条～第 6.3.5 条、第 6.4.1 条～第 6.4.11 条的有关规定。

11.3.3　预制件混凝土强度应满足设计要求。

1　施工单位现场预制构件的施工和检验应符合《铁路混凝土工程施工质量验收标准》(TB 10424—2010)第 6.3.1 条、第 6.4.1 条～第 6.4.11 条的有关规定。

2　工厂预制构件强度的检验应符合下列规定:

检验数量:同一强度等级的预制构件按 1 000 件为一批。施工单位每批钻取芯样制作 2 组混凝土抗压强度检查试件。监理单位全部见证检验。

检验方法:抗压强度试验。

11.3.4　施工用砂浆的强度等级应符合设计要求,其施工和检验应符合《铁路混凝土工程施工质量验收标准》(TB 10424—2010)第 8.3.2 条、第 8.3.3 条的规定。

11.3.5　采用现浇或混凝土预制件骨架护坡应与边坡密贴,无空洞。

检验数量:施工单位每 100 m 防护坡面抽样检验 5 处。监理单位全部见证检验。

检验方法:挖开观察。

11.3.6　骨架护坡镶边、截水缘与骨架连接应符合设计要求。

检验数量:施工单位沿线路每 100 m 防护坡面抽样检验 5 处。监理单位全部见证检验。

检验方法:观察。

11.3.7　沉降缝(伸缩缝)的设置、缝宽与缝的塞封应符合设计要求。

检验数量:施工单位全部检验。监理单位按沉降缝(伸缩缝)数量的 20%平行检验。

检验方法:观察、尺量。

11.3.8　骨架间植草防护的种类和数量应符合设计要求,其检验应符合本标准第 11.2.1 条的规定。

11.3.9　骨架间植物防护范围的检验应符合本标准第 11.2.2 条的规定。

11.3.10 边坡客土填筑方法、客土厚度、边坡坡率的检验应符合本标准第11.2.3条的规定。

一 般 项 目

11.3.11 混凝土预制件结构尺寸的允许偏差、检验数量及检验方法应符合表11.3.11的规定。

表11.3.11 混凝土预制件结构尺寸的允许偏差、检验数量及检验方法

序号	检验项目	允许偏差	施工单位检验数量	检验方法
1	边 长	±5 mm	抽样检验2%	尺 量
2	对角线长	±5 mm		
3	厚 度	$^{+4}_{-2}$ mm		

11.3.12 骨架护坡各部允许偏差、检验数量及检验方法应符合表11.3.12的规定。

表11.3.12 骨架护坡各部允许偏差、检验数量及检验方法

序号	检验项目	允许偏差	施工单位检验数量	检验方法
1	平面位置	±50 mm	每段护坡抽样检验4点	采用符合精度要求的仪器量测
2	基底高程	±50 mm	每段护坡抽样检验3点	
3	坡顶高程	$^{0}_{-20}$ mm	每段护坡抽样检验3点	
4	骨架净距	±50 mm	每段护坡抽样检验6处（上、中、下部各2处）	尺量
5	骨架宽度及边槽高度	≥设计值		尺量
6	骨架厚度及嵌置深度	≥设计值		尺量
7	护肩、镶边及基础厚度、宽度	≥设计值	每段护坡抽样检验3组	尺量
8	踏步宽度、厚度	≥设计值	每踏步抽样检验1处	尺量
9	坡面平整度	≤40 mm	每段护坡抽样检验3处	3.0 m长直尺量测

注：每50 m护坡作为一段，每段护坡长不足50 m按50 m计。

11.3.13 骨架间植物防护覆盖率、成活率的检验数量及检验方法应符合本标准第11.2.12条的规定。

11.4 混凝土预制件防护

主 控 项 目

11.4.1 预制件混凝土强度的检验应符合本标准第11.3.3条的规定。

11.4.2 施工用砂浆强度的检验应符合本标准第11.3.4条的规定。

11.4.3 砌筑的混凝土预制件护坡应与边坡密贴，无空洞。

检验数量：施工单位沿线路长度每100 m坡面抽样检验3处。监理单位全部见证检验。

检验方法：挖开观察。

11.4.4 泄水孔的位置、布置形式、孔径尺寸及泄水孔背反滤层设置规格应符合设计要求，且排水畅通。严禁倒坡。

检验数量：施工单位全部检验。监理单位按泄水孔数量的20%平行检验。

检验方法：观察、尺量。

11.4.5 沉降缝(伸缩缝)施工及检验应符合本标准第 11.3.7 条的规定。

一 般 项 目

11.4.6 混凝土预制件结构尺寸的允许偏差、检验数量及检验方法应符合本标准第 11.3.11 条的规定。

11.4.7 混凝土预制件防护各部允许偏差、检验数量及检验方法应符合表 11.4.7 的规定。

表 11.4.7 混凝土预制件防护各部允许偏差、检验数量及检验方法

<table>
<tr><th>序号</th><th colspan="2">检验项目</th><th>允许偏差</th><th>施工单位检验数量</th><th>检验方法</th></tr>
<tr><td>1</td><td colspan="2">平面位置</td><td>±50 mm</td><td>每段护坡抽样检验 4 点</td><td rowspan="3">采用符合精度要求的仪器量测</td></tr>
<tr><td>2</td><td colspan="2">基底高程</td><td>±50 mm</td><td>每段护坡抽样检验 3 点</td></tr>
<tr><td>3</td><td colspan="2">坡顶高程</td><td>$^{0}_{-20}$ mm</td><td>每段护坡抽样检验 3 点</td></tr>
<tr><td>4</td><td colspan="2">坡率</td><td>±0.5%</td><td>每段护坡抽样检验 3 点</td><td>吊垂线</td></tr>
<tr><td>5</td><td colspan="2">护肩、镶边及基础厚度、宽度</td><td>≥设计值</td><td>每段护坡抽样检验 3 组</td><td>尺量</td></tr>
<tr><td>6</td><td colspan="2">反滤层、垫层厚度</td><td>≥设计值</td><td>每段护坡抽样检验 3 处</td><td>尺量</td></tr>
<tr><td>7</td><td colspan="2">坡面平整度</td><td>15 mm</td><td>每段护坡抽样检验 3 处</td><td>3.0 m长直尺量测</td></tr>
<tr><td rowspan="3">8</td><td rowspan="3">混凝土板外形尺寸</td><td>边长</td><td>$^{+6}_{-3}$ mm</td><td rowspan="3">按混凝土预制件数量的 2%抽样检验</td><td rowspan="3">尺量</td></tr>
<tr><td>对角线长</td><td>$^{+6}_{-3}$ mm</td></tr>
<tr><td>厚度</td><td>$^{+4}_{-2}$ mm</td></tr>
</table>

注：每 50 m护坡作为一段，每段护坡长不足 50 m按 50 m计。

11.5 锚杆(锚索)框架梁防护

主 控 项 目

11.5.1 模板及支架安装应符合《铁路混凝土工程施工质量验收标准》(TB 10424—2010)第 4.2.1 条、第 4.2.2 条的规定。

11.5.2 钢筋原材料、加工、连接和安装的检验应符合《铁路混凝土工程施工质量验收标准》(TB 10424—2010)第 5.2.1 条、第 5.2.3 条、第 5.3.1 条、第 5.4.1 条、第 5.4.2 条、第 5.4.4 条、第 5.5.1 条、第 5.5.2 条的有关规定。

11.5.3 混凝土所用水泥、粗骨料、细骨料、矿物掺和料、外加剂等材料的品种、规格、质量应符合设计要求，进场检验应符合《铁路混凝土工程施工质量验收标准》(TB 10424—2010)第 6.2.1 条～第 6.2.7 条的有关规定。

11.5.4 混凝土强度等级应符合设计要求，其施工和检验应符合《铁路混凝土工程施工质量验收标准》(TB 10424—2010)第 6.3.1 条～第 6.3.5 条、第 6.4.1 条～第 6.4.11 条、第 6.4.16 条的有关规定。

11.5.5 框架梁应嵌入坡面并与坡面密贴顺接。锚索框架梁施工时，如坡面局部松软，应挖除并采用混凝土或浆砌片石嵌补。

检验数量：施工单位沿线路纵向每 50 m 防护坡面抽样检验 3 处。监理单位全部见证检验。

检验方法：观察。

11.5.6 沉降缝(伸缩缝)施工及检验应符合本标准第 11.3.7 条的规定。

11.5.7 锚杆(索)孔的布置形式及间距应符合设计要求。

检验数量：施工单位全部检验。监理单位按施工单位检验数量的 20%平行检验。

检验方法：观察、尺量。

11.5.8 锚杆注浆体强度等级、锚杆抗拔力、布置形式、锚杆长度、锚头及锚杆未锚入土层部分的处理应符合本标准第 10.4.10 条～第 10.4.13 条的规定。

11.5.9 锚索原材料、施工及检验应符合本标准第 10.10.10 条、第 10.10.12 条～第 10.10.24 条的规定。

11.5.10 框架梁锚杆的设置应符合表 11.5.10 的规定。

检验数量：施工单位全部检验。监理单位按坡面锚杆数量的 20%平行检验。

检验方法：尺量。

表 11.5.10 框架梁锚杆施工的允许偏差

序号	检验项目	允许偏差
1	锚杆孔深	−50 mm
2	锚杆长	−30 mm

11.5.11 框架梁锚索的设置应符合表 11.5.11 的规定。

表 11.5.11 框架梁锚索施工的允许偏差

序号	检验项目	允许偏差	检验方法
1	锚索位置	±50 mm	采用符合精度要求的仪器量测
2	锚索孔径	$^{+10}_{0}$mm	尺量
3	锚索倾角	1%	导杆法量
4	锚索孔深	$^{+100}_{0}$mm	尺量钻杆长

检验数量：施工单位全部检验。监理单位按坡面锚索数量的 20%平行检验。

检验方法：按表 11.5.11 规定的方法进行检验。

11.5.12 锚索应严格按照设计张拉力及张拉工艺进行张拉并锁定。

检验数量：施工单位对锚索张拉和锁定全部检验。监理单位旁站。

检验方法：施工过程中观察并记录。

11.5.13 框架间植草防护的种类和数量应符合设计要求，其检验应符合本标准第 11.2.1 条的规定。

11.5.14 框架间植物防护范围的检验应符合本标准第 11.2.2 条的规定。

11.5.15 边坡客土填筑方法、客土厚度、边坡坡率的检验应符合本标准第 11.2.3 条的规定。

一 般 项 目

11.5.16 框架梁各部允许偏差、检验数量及检验方法应符合表 11.5.16 的规定。

表 11.5.16 框架梁各部允许偏差、检验数量及检验方法

序号	检验项目	允许偏差	施工单位检验数量	检验方法
1	平面位置	±50 mm	每段护坡每 50 m 长抽样检验 4 点	采用符合精度要求的仪器量测
2	基底高程	±50 mm	每段护坡每 50 m 长抽样检验 3 点	
3	坡顶高程	$^{0}_{-20}$ mm	每段护坡每 50 m 长抽样检验 3 点	

续上表

序号	检验项目	允许偏差	施工单位检验数量	检验方法
4	框架净距	±50 mm	每段护坡每 50 m 长各抽样检验 6 处(上、中、下部各 2 处)	尺量
5	框架宽度及边槽高度	≥设计值		尺量
6	框架梁厚度及嵌置深度	≥设计值		尺量
7	护肩、镶边及基础厚度、宽度	≥设计值	每段护坡每 50 m 长抽样检验 3 组	尺量
8	踏步宽度、厚度	≥设计值	每踏步抽样检验 1 处	尺量
9	坡面平整度	不大于 40 mm	每段护坡每 50 m 长抽样检验 3 处	3.0 m长直尺量测

注:每 50 m 护坡作为一段,每段护坡长不足 50 m 按 50 m 计。

11.5.17　框架梁间植物防护覆盖率、成活率的检验数量及检验方法应符合本标准第 11.2.12 条的规定。

12 路基防排水

12.1 路基防(隔)水层

一 般 规 定

12.1.1 膨胀土(岩)、黄土基底或换填底面应加强封闭、隔水处理。

12.1.2 盐渍土路堤基底应设置毛细水隔断层和反滤层。

12.1.3 多年冻土区、高原多年冻土区宜选用挡水埝或带有隔水板的挡水埝进行排水,挡水埝的设置应符合设计要求。

12.1.4 在基床表层级配碎石表面上铺设的沥青混凝土防水层进行大面积填筑前,应根据初选的摊铺和碾压机械及试生产的填料,在现场选取长度不小于 100 m 的地段进行摊铺压实工艺试验,确定工艺参数,并报监理单位确认。

12.1.5 沥青混凝土应在拌和站采用拌和机械拌制,拌和站的设置必须符合国家有关环境保护、消防、安全等规定。拌和场与工地的运输距离不宜太远,道路应基本平顺,运输设备应能满足沥青混凝土运输中的保温要求。

12.1.6 沥青混凝土生产、施工设备应计量准确,混合料的颗粒级配应符合设计要求。

12.1.7 沥青混凝土防排水层施工应符合下列规定:

1 沥青混凝土的矿料质量及矿料级配应符合设计要求。

2 沥青材料及混合料的各项指标应符合设计要求。

3 严格控制各种矿料和沥青用量及各种材料和沥青混凝土的加热温度。

4 拌和后的沥青混凝土应均匀一致,无粗细料分离和结团成块现象。

5 摊铺时应严格掌握摊铺厚度和平整度,避免矿料离析,必须严格控制摊铺和碾压温度。

主 控 项 目

12.1.8 防(隔)水层、隔水板所用土工合成材料原材料的品种、规格及技术质量指标应符合设计要求,其进场检验应符合本标准第 4.3.7 条的规定。

12.1.9 防(隔)水层、隔水板用土工合成材料的设置位置、铺设层数、方向和连接方法应符合设计要求。

检验数量:施工单位沿线路纵向每 100 m 检查 5 处。监理单位按施工单位检验数量的 10%平行检验。

检验方法:观察,计数,尺量。

12.1.10 防(隔)水层用土工合成材料铺设时应无老化、无污染,铺设应绷紧、抻平。

检验数量:施工单位、监理单位全部检验。

检验方法:观察。

12.1.11 浸水路堤、盐渍土基底应按设计要求铺设反滤层,反滤层材料品种、规格、质量应符合设计要求。

检验数量：同一产地、品种、规格且连续进场的材料，每3 000 m^3为一批，不足3 000 m^3时也按一批计。施工单位每批抽样检验1组。监理单位全部见证检验。

检验方法：现场抽样检验含泥量，进行筛分试验。

12.1.12　软土路基、浸水路堤、盐渍土基底铺设反滤层的范围、厚度及设置方式应符合设计要求。

检验数量：施工单位每100 m抽样检验3个断面。监理单位按施工单位检验数量的10%平行检验，且不少于1个断面。

检验方法：观察，尺量。

12.1.13　沥青混凝土铺设前级配碎石顶面应干净、密实，无虚渣，横坡应符合设计要求。

检验数量：施工单位沿线路纵向每100 m检查1个断面。监理单位按施工单位检验数量的20%平行检验。

检验方法：观察，坡度尺量。

12.1.14　沥青混凝土用沥青的品种、规格及质量应符合下列规定：

按照不同温度分区选择沥青，采用B级以上道路石油沥青，推荐热区、温区、寒区分别选择50号、70号、90号或110号沥青。热区平均最高气温低于30 ℃时，则宜选择70号沥青。沥青的性能指标见表12.1.14—1。

表12.1.14—1　沥青的性能指标要求

序号	项目		单位	指标要求		
				热区	温区	寒区
1	针入度(25 ℃)		0.1 mm	40～60	60～80	80～120
2	延度(10 ℃)		cm	≥10	≥15	≥25
3	软化点		℃	≥46	≥43	≥42
4	密度(15 ℃)		g/cm³	实测值		
5	蜡含量		%	≤3.0		
6	闪点		℃	≥260		≥240
7	溶解度		%	≥99.5		
8	与粗集料粘附等级		级	5		
9	老化试验后	质量变化	%	±0.8		
10		25 ℃残留针入度比	%	≥60	≥58	≥53
11		10 ℃残留延度	cm	≥2	≥4	≥7

检验数量：应符合表12.1.14—2的规定。

检验方法：按《公路工程沥青混合料试验规程》(JTJ 052)规定的方法进行检验。

表 12.1.14—2 沥青的检验要求

<table>
<tr><th rowspan="2">检验项目</th><th colspan="2">进厂检验</th><th colspan="2">复检</th><th colspan="2">日常检验</th></tr>
<tr><th>项目</th><th>频次</th><th>项目</th><th>频次</th><th>项目</th><th>频次</th></tr>
<tr><td>针入度(25℃)</td><td>√</td><td rowspan="11">更换料源或每批进货时核查供应商提供的报告。如无，则由试验确定。
施工单位、监理单位全部检查</td><td>√</td><td rowspan="11">下列任一情况为一批，每批检验一次：①任何新选货源；②同厂家、同批号、同品种、同出厂日期的沥青；③出厂日期达3个月。
施工单位试验检验。监理单位见证检验</td><td>√</td><td rowspan="11">同厂家、同批次、同品种、同标号、同出厂日期、同一次购入且储入同一沥青罐的同一规格的沥青每500 t检验一次，不足500 t时，也需检验一次。
监理单位按施工单位检验数量的10%见证检验，但至少1次</td></tr>
<tr><td>延度(10 ℃)</td><td>√</td><td>√</td><td>√</td></tr>
<tr><td>软化点</td><td>√</td><td>√</td><td>√</td></tr>
<tr><td>密度(15 ℃)</td><td>√</td><td>√</td><td>√</td></tr>
<tr><td>蜡含量</td><td>√</td><td>√</td><td></td></tr>
<tr><td>闪点</td><td>√</td><td>√</td><td>√</td></tr>
<tr><td>溶解度</td><td>√</td><td>√</td><td></td></tr>
<tr><td>与粗集料粘附性等级</td><td>√</td><td>√</td><td>√</td></tr>
<tr><td>老化后质量变化</td><td>√</td><td>√</td><td></td></tr>
<tr><td>残留针入度比(25 ℃)</td><td>√</td><td>√</td><td>√</td></tr>
<tr><td>残留延度(10 ℃)</td><td>√</td><td>√</td><td>√</td></tr>
</table>

12.1.15 沥青混凝土用粗集料的质量应符合表 12.1.15—1 和表 12.1.15—2 的要求。

表 12.1.15—1 粗集料的粒径及级配要求

公称粒径(mm)	通过各筛孔(标准筛,mm)的质量百分率(%)				
	13.2	9.5	4.75	2.36	0.6
2.36～4.75	100	100	90～100	0～15	0～3
4.75～9.5	100	90～100	0～15	0～5	0

表 12.1.15—2 粗集料的性能指标要求

序　　号	项　　目	指标要求	序　　号	项　　目	指标要求
1	压缩指标	≤30%	4	针片状含量	≤12%
2	表观密度	≥2.45 g/cm³	5	含泥量	≤1.0%
3	吸水率	≤3.0%			

检验数量：应符合表 12.1.15—3 的规定。

检验方法：按《公路工程集料试验规程》(JTG E42)规定的方法进行检验。

表 12.1.15—3 粗集料的检验要求

<table>
<tr><th rowspan="2">检验项目</th><th colspan="2">进厂检验</th><th colspan="2">复检</th><th colspan="2">日常检验</th></tr>
<tr><th>项目</th><th>频次</th><th>项目</th><th>频次</th><th>项目</th><th>频次</th></tr>
<tr><td>粒径及级配</td><td>√</td><td rowspan="6">更换料源或每批进货时核查供应商提供的报告。如无，则由试验确定。
施工单位、监理单位全部检查</td><td>√</td><td rowspan="6">下列任一情况为一批，每批检验一次：①任何新选料源；②使用同厂家、同品种、同规格产品达一年者。
施工单位试验检验。监理单位见证检验</td><td>√</td><td rowspan="6">连续供应同厂家同规格的粗集料400 m³(或600 t)产品检验一次，不足400 m³(或600 t)也需检验一次。
监理单位按施工单位检验数量的10%见证检验，但至少1次</td></tr>
<tr><td>压碎值</td><td>√</td><td>√</td><td></td></tr>
<tr><td>表观密度</td><td>√</td><td>√</td><td></td></tr>
<tr><td>吸水率</td><td>√</td><td>√</td><td></td></tr>
<tr><td>针片状颗粒含量</td><td>√</td><td>√</td><td>√</td></tr>
<tr><td>含泥量</td><td>√</td><td>√</td><td>√</td></tr>
</table>

12.1.16 沥青混凝土用细集料质量应符合表 12.1.16—1 和表 12.1.16—2 要求。

表 12.1.16—1 细集料的粒径及级配要求

公称粒径(mm)		通过各筛孔(标准筛,mm)的质量百分率(%)							
		9.5	4.75	2.36	1.18	0.6	0.3	0.15	0.075
天然砂	粗砂	100	90～100	65～95	35～65	15～30	5～20	0～10	0～5
	中砂	100	90～100	75～95	50～90	30～60	8～30	0～10	0～5
	细砂	100	90～100	85～100	75～100	60～84	15～45	0～10	0～5
石屑或机制砂		100	100	80～100	50～80	25～60	8～45	0～25	0～15

表 12.1.16—2 细集料的性能指标要求

序 号	项 目	指标要求	序 号	项 目	指标要求
1	表观密度	≥2.45 g/cm³	2	含泥量	≤5.0 %

检验数量:应符合表 12.1.16—3 的规定。

检验方法:按《公路工程集料试验规程》(JTG E42)规定的方法进行检验。

表 12.1.16—3 细集料的检验要求

<table>
<tr><th rowspan="2">检验项目</th><th colspan="2">进厂检验</th><th colspan="2">复检</th><th colspan="2">日常检验</th></tr>
<tr><th>项目</th><th>频次</th><th>项目</th><th>频次</th><th>项目</th><th>频次</th></tr>
<tr><td>粒径及级配</td><td>√</td><td rowspan="3">更换料源或每批进货时核查供应商提供的报告。如无,则由试验确定。
施工单位、监理单位全部检查</td><td>√</td><td rowspan="3">下列任一情况为一批,每批检验一次:①任何新选料源;②使用同厂家、同品种、同规格产品达一年者。
施工单位试验检验。监理单位见证检验</td><td>√</td><td rowspan="3">连续供应同厂家同规格的细集料400 m³(或 600 t)产品检验一次,不足 400 m³(或 600 t)也需检验一次。
监理单位按施工单位检验数量的 10%见证检验,但至少1次</td></tr>
<tr><td>表观密度</td><td>√</td><td>√</td><td></td></tr>
<tr><td>含泥量</td><td>√</td><td>√</td><td>√</td></tr>
</table>

12.1.17 沥青混凝土用磨细的石灰石粉等憎水性矿粉质量应符合表 12.1.17—1 和表 12.1.17—2 的要求。

表 12.1.17—1 矿粉的粒径及级配要求

通过各筛孔(标准筛,mm)的质量百分率(%)		
0.6	0.15	0.075
100	90～100	70～100

表 12.1.17—2 矿粉的性能指标要求

序 号	项 目	指标要求
1	表观密度	≥2.45 g/cm³
2	塑性指数	<4.0

检验数量:应符合表 12.1.17—3 的规定。

检验方法:按《公路工程集料试验规程》(JTG E42)规定的方法进行检验。

表 12.1.17—3 矿粉的检验要求

<table>
<tr><th rowspan="2">检验项目</th><th colspan="2">进厂检验</th><th colspan="2">复检</th><th colspan="2">日常检验</th></tr>
<tr><th>项目</th><th>频次</th><th>项目</th><th>频次</th><th>项目</th><th>频次</th></tr>
<tr><td>粒径及级配</td><td>√</td><td rowspan="3">更换料源或每批进货时核查供应商提供的报告。如无,则由试验确定。
施工单位、监理单位全部检查</td><td>√</td><td rowspan="3">下列任一情况为一批,每批检验一次:①任何新选货源;②同厂家、同批号、同品种、同出厂日期的矿粉出厂日期达 3 个月。
施工单位试验检验。监理单位见证取样检验</td><td></td><td rowspan="3">同厂家、同批号、同品种、同出厂日期的产品每 120 t 检验一次,不足 120 t 也需检验一次。
监理单位按施工单位检验数量的 10%见证检验,但至少1次</td></tr>
<tr><td>密度</td><td>√</td><td>√</td><td></td></tr>
<tr><td>塑性指数</td><td>√</td><td>√</td><td>√</td></tr>
</table>

12.1.18 沥青混凝土用外加剂应采用分解温度高、抗老化性能好、能明显改善沥青混凝土技术指标的产品。外加剂与沥青之间应有良好的相容性，外加剂应选用质量稳定的产品。外加剂的性能指标应符合表 12.1.18—1 的要求。

表 12.1.18—1 外加剂的性能指标要求

序号	项 目	单位	指标要求	备 注
1	闪点	℃	>230	参照产品说明书
2	分解温度	℃	>260	参照产品说明书
3	pH 值	—	8～10	参照产品说明书
4	粘附性等级	级	5	直接掺入外加剂后，水煮法测定的粘附等级
5	抗老化性	级	5	经 163 ℃、5 h 老化后，水煮法测定的粘附等级
6	空隙率	%	1～3	掺入外加剂后
7	冻融劈裂强度比	%	>60	掺入外加剂后

检验数量：应符合表 12.1.18—2 的规定。

检验方法：按产品标准规定的方法进行检验。

表 12.1.18—2 外加剂的检验要求

<table>
<tr><th rowspan="2">检验项目</th><th colspan="2">进厂检验</th><th colspan="2">复检</th><th colspan="2">日常检验</th></tr>
<tr><th>项目</th><th>频次</th><th>项目</th><th>频次</th><th>项目</th><th>频次</th></tr>
<tr><td>闪点</td><td>√</td><td rowspan="7">更换料源或每批进货时核查供应商提供的报告。如无，则由试验确定。
施工单位、监理单位全部检查</td><td>√</td><td rowspan="7">下列任一情况为一批，每批检验一次：①任何新选料源；②使用同厂、同品种、同规格产品达一年者。
施工单位试验检验；监理单位见证检验</td><td></td><td rowspan="7">同厂家、同批号、同品种、同出厂日期的产品每 50 t 检验一次，不足 50 t 也需检验一次。
监理单位按施工单位检验数量的 10% 见证检验，但至少 1 次</td></tr>
<tr><td>分解温度</td><td>√</td><td>√</td><td></td></tr>
<tr><td>pH 值</td><td>√</td><td>√</td><td></td></tr>
<tr><td>粘附性等级</td><td>√</td><td>√</td><td>√</td></tr>
<tr><td>抗老化性</td><td>√</td><td>√</td><td>√</td></tr>
<tr><td>空隙率</td><td>√</td><td>√</td><td>√</td></tr>
<tr><td>冻融劈裂强度比</td><td>√</td><td>√</td><td>√</td></tr>
</table>

12.1.19 沥青混凝土的品种、规格及质量应符合表 12.1.19—1 和表 12.1.19—2 的要求。

表 12.1.19—1 适应不同温度分区的各种类型沥青混凝土的级配范围要求

类型	标准筛孔尺(mm)								
	13.2	9.5	4.75	2.36	1.18	0.6	0.3	0.15	0.075
	通过率(%)								
寒 区 SAMI—10S*	100.0	100.0	75.0	58.0	44.0	32.0	23.0	16.0	8.0
	100.0	98.0	70.0	53.0	40.0	29.0	21.0	14.0	7.0
温 区 SAMI—10Z*	100.0	98.0	70.0	53.0	40.0	29.0	21.0	14.0	7.0
	100.0	97.0	65.0	49.0	36.0	26.0	18.0	13.0	7.0
热 区 SAMI—10X*	100.0	97.0	65.0	49.0	36.0	26.0	18.0	13.0	7.0
	100.0	95.0	60.0	44.0	32.0	23.0	16.0	11.0	6.0

注 *：X、Z、S 分别指混合料对应的级配范围。

表 12.1.19—2 沥青混凝土的性能指标要求

序 号	项 目		指标要求
1	渗透系数 K		$<10^{-4}$ cm/s
2	马歇尔试验	空隙率 V_r	1%～3%
3		稳定度 MS	>5 kN
4	冻融劈裂强度比 TSR		≥60%
5	低温线收缩系数 C		<30 $\mu\varepsilon$/℃

检验数量：施工单位检验数量应符合表 12.1.19—3 的规定，监理单位按施工单位检验数量的 10%平行检验，但至少 1 次。

检验方法：按表 12.1.19—3 和《公路工程沥青混合料试验规程》(JTJ 052)规定的方法进行检验。对用于施工过程控制或质量检验的 沥青混凝土试样，应从同一盘 沥青混凝土或同一车运送的混合料中取出。

表 12.1.19—3 沥青混凝土的检验要求

序号	检验项目		检验频次	质量要求/允许偏差	试验方法
1	混合料外观		每车 1 次	观察集料粗细、均匀性、离析、色泽、冒烟，有无花白、油团等现象	目 测
2	拌和温度	沥青、集料的加热温度	逐盘检测评定	符合工艺试验成果	传感器自动检测、显示并打印
		混合料出厂温度	逐车检测评定	符合工艺试验成果	传感器自动检测、显示并打印，出厂时逐车按 JTJ 052—2000 T 0981 人工检测
			逐盘测量记录，每天取平均值评定	符合工艺试验成果	人工检测并记录
3	矿料级配（筛孔）	0.075 mm	每台拌和机每天 1～2 次，以 2 个试样的平均值评定	±2%	JTJ 052—2000 T 0725 筛分与标准级配之差
		≤2.36 mm		±6%	
		≥4.75 mm		±7%	
4	沥青用量		每台拌和机每天 1～2 次，以 2 个试样的平均值评定	±0.4%	抽提试验 JTJ 052—2000 T 0722
5	马歇尔试验（空隙率、稳定度）		每台拌和机每天 1～2 次，以 4～6 个试件的平均值评定	符合表 12.1.19—2 要求	JTJ 052—2000 T 0702 T 0709
6	渗水试验		每工班 1 次	符合表 12.1.19—2 要求	JTJ 052—2000 T 0730
7	冻融劈裂试验		每 2 周 1 次	符合表 12.1.19—2 要求	JTJ 052—2000 T 0729
8	低温线收缩系数试验		寒区每 2 周 1 次，其他区不作要求	符合表 12.1.19—2 要求	JTJ 052—2000 T 0720

12.1.20 沥青混凝土铺设范围、厚度应符合设计要求。

检验数量：施工单位沿线路纵向每 100 m 抽样检验 3 点，其中：距路肩边线 1.5 m 处左、右各 1 点，路基中部 1 点。监理单位按施工单位检验数量的 20% 见证检验。

检验方法：仪器测量检验铺设范围。钻芯法取样检验铺设厚度，检验后的孔洞采用沥青混凝土填补。

12.1.21 沥青混凝土的压实质量应符合设计要求。

检验数量：施工单位沿线路纵向每 100 m 抽样检验 3 点，其中：距路肩边线 1.5 m 处左、右各 1 点，路基中部 1 点。监理单位按施工单位检验数量的 20% 见证检验。

检验方法：钻芯法取样检验。检验后的孔洞采用沥青混凝土填补。

12.1.22 沥青混凝土表面的横坡、纵坡应符合设计要求。

检验数量：施工单位沿线路纵向每 200 m 抽样检验 4 处。监理单位按施工单位检验数量的 10% 平行检验。

检验方法：坡度尺量。

12.1.23 沥青混凝土表面平整度应符合设计要求。

检验数量：施工单位沿线路纵向每 200 m 抽样检验 4 处。监理单位按施工单位检验数量的 10% 平行检验。

检验方法：坡度尺量。

12.1.24 沥青混凝土外观表面应致密、均匀，不泛油、无裂缝。

检验数量：施工单位、监理单位全部检验。

检验方法：观察。

12.1.25 沥青混凝土填缝材料、与集水井和混凝土支承层或底座的接缝方式应符合设计要求，且接缝处应粘贴密实，无缝隙，不应渗水。

检验数量：施工单位、监理单位全部检验。

检验方法：观察。

一 般 项 目

12.1.26 防(隔)水层、隔水板用土工合成材料铺设的允许偏差、检验数量及检验方法应符合表 12.1.26 的规定。

表 12.1.26 土工合成材料铺设的允许偏差、检验数量及检验方法

序号	检验项目	允许偏差	施工单位检验数量	检验方法
1	铺设范围	不小于设计值	沿线路纵向每100 m各抽样检验 3 处，且每检验批不少于 3 处	尺量，查施工记录
2	搭接宽度	$^{+50}_{0}$ mm		
3	竖向间距	±30 mm		
4	上下层接缝错开距离	±50 mm		
5	回折长度			

12.2 地 面 排 水

一 般 规 定

12.2.1 路基边沟、侧沟、平台截水沟、天沟等地面排水设施应与天然沟渠和相邻的桥涵、隧道、车站、道口等排水设施及路基面排水、坡面排水、电缆沟槽两侧排水衔接，组成完整的排水系统。排水设施构件的布置、构成和维护都应利于地表水汇集、排泄和蒸发。边坡平台截水沟必须引入相邻排水设施。

12.2.2 无砟轨道线间沟、集水井、横向排水管应与路基坡面排水衔接,形成完整的排水系统。

12.2.3 站内轨道间纵向排水沟、站台边排水沟、横向排水沟、检查井等设施应相互衔接良好,形成的排水系统应满足车站范围内各线间地表水及基床水排除的需求,轨道间不应积水。

12.2.4 路基工程施工前,施工单位应核对全线排水系统的设计是否完善,结合实际地形和施工组织合理划分施工单元。施工临时排水设施应结合永久性排水系统统筹规划,施工前应将影响路基稳定的地表水、地下水等予以截断、疏干、降低水位,并引排到路基范围以外。

12.2.5 在路基施工期间,施工单位不应破坏工程地点以外的地表植被和堵塞水路。各类排水设施应及时维修和清理,保持排水畅通、有效。路堤分层填筑及路堑开挖时应做好施工层表面横、纵坡,施工层表面不应泡水。路堑开挖到设计标高,应及时做好永久排水设施,并形成通畅的排水系统。

12.2.6 路基排水工程应根据工程特点、环境和气候特点及时实施。

12.2.7 电缆槽、接触网支柱基础、声屏障基础等路基相关工程完成后,应及时完善路基面与附属设备结合部的处理和排水设施。

12.2.8 混凝土预制件加工、搬运、堆放和安装应符合本标准第 11.1.7 条的规定。

12.2.9 导流构造物施工时,应调查核对坝址情况。地质、河道、水文条件发生变化时,应及时变更设计。

12.2.10 改河(沟)工程施工应符合下列规定:

1 改河(沟)工程宜在枯水期施工。

2 必须经检查确认新河(沟)床已符合要求后,方可挖通其上游河段。

3 在新河道(沟)未通流前,不应堵断旧河道(沟)。

主 控 项 目

12.2.11 混凝土所用水泥、粗骨料、细骨料、矿物掺和料、外加剂等材料的品种、规格、质量应符合设计要求,进场检验应符合《铁路混凝土工程施工质量验收标准》(TB 10424—2010)第 6.2.1 条~第 6.2.7 条的有关规定。

12.2.12 砂浆所用的水泥、细骨料、水等原材料的品种、规格、质量应符合设计要求,进场检验应符合《铁路混凝土工程施工质量验收标准》(TB 10424—2010)第 8.2.1 条、第 8.2.2 条、第 8.2.4 条、第 8.2.5 条的有关规定。

12.2.13 钢筋原材料的品种、规格、质量应符合设计要求,进场检验应符合《铁路混凝土工程施工质量验收标准》(TB 10424—2010)第 5.2.1 条的规定。

12.2.14 路基排水设施应置于稳定的地基上,基底应密实、平整,且无草皮、树根等杂物,无积水,压实质量应符合设计要求。

检验数量:施工单位每连续 100 m 排水设施抽样检验 3 处。监理单位全部见证检验。

检验方法:观察,并按《铁路工程土工试验规程》(TB 10102)规定的试验方法进行检验。

12.2.15 沟底垫层、反滤层材料应符合设计要求。

检验数量:每条沟每 100 m 施工单位抽样检验 3 处,监理单位抽样检验 1 处。

检验方法:查验产品质量证明文件和材料性能报告单,观察。

12.2.16 排水沟垫层、反滤层、封闭层的结构形式、设置位置、厚度应符合设计要求。

检验数量：每条沟每 100 m 施工单位抽样检验 3 个断面，监理单位平行检验 1 个断面。

检验方法：观察、尺量。

12.2.17 排水沟钢筋的规格、数量及钢筋的加工、连接、安装应符合设计要求，其检验应符合《铁路混凝土工程施工质量验收标准》(TB 10424—2010)第 5.3.1 条、第 5.4.1 条、第 5.4.2 条、第 5.4.4 条、第 5.5.1 条的有关规定。

12.2.18 钢筋保护层垫块材质、规格、位置和数量应符合设计要求，其检验应符合《铁路混凝土工程施工质量验收标准》(TB 10424—2010)第 5.2.3 条、第 5.5.2 条的规定。

12.2.19 模板应支撑牢固，无变形、漏浆，模板安装应符合《铁路混凝土工程施工质量验收标准》(TB 10424—2010)第 4.2.1 条、第 4.2.2 条的规定。

12.2.20 混凝土的强度等级应符合设计要求，其施工和检验应符合《铁路混凝土工程施工质量验收标准》(TB 10424—2010)第 6.3.1 条～第 6.3.5 条、第 6.4.1 条～第 6.4.11 条、第 6.4.16 条的有关规定。

12.2.21 混凝土(或钢筋混凝土)预制件的混凝土强度应满足设计要求，其检验应符合本标准第 11.3.3 条的规定。

12.2.22 预制水沟的基础与基坑边坡应密实、平整。预制件应拼装平顺，水泥砂浆粘贴密实，接缝咬合完好，与基础和边坡间应用水泥砂浆填塞缝隙。水沟盖板尺寸及盖板与盖板间安装空隙应符合设计要求，铺设应平稳。

检验数量：每条沟每 100 m 施工单位抽样检验 3 个断面，监理单位平行检验 1 个断面。

检验方法：观察、尺量。

12.2.23 砂浆的强度等级应符合设计要求，其施工和检验应符合《铁路混凝土工程施工质量验收标准》(TB 10424—2010)第 8.3.2 条、第 8.3.3 条的规定。

12.2.24 路堑侧沟泄水孔设置位置、布置形式、尺寸、数量应符合设计要求，且能有效排水。

检验数量：施工单位全部检验。监理单位按施工单位检验数量的 10%平行检验。

检验方法：观察、尺量。

12.2.25 沉降缝(伸缩缝)的设置位置、缝宽、缝的塞封应符合设计要求。

检验数量：施工单位全部检验。监理单位按施工单位检验数量的 10%平行检验。

检验方法：观察、尺量。

12.2.26 水沟出水口位置，与既有沟渠、自然沟渠的衔接应满足设计要求，应形成完整的排水系统。路基与桥台衔接处的排水沟应与天然沟渠衔接，不应直接冲刷桥台椎体。排水沟与涵洞衔接处的沟底高程不应低于涵洞流水面高程。

检验数量：施工单位、监理单位全部检查每条沟的出水口。

检验方法：观察、尺量。

12.2.27 天沟、排水沟靠山侧沟壁不应高出地面，沟顶与地面必须顺接。

检验数量：施工单位、监理单位全部检验每条沟。

检验方法：观察、尺量。

一 般 项 目

12.2.28 路堤排水沟的允许偏差、检验数量及检验方法应符合表 12.2.28 的规定。

表 12.2.28 路堤排水沟的允许偏差、检验数量及检验方法

序号	检验项目	允许偏差	施工单位检验数量	检验方法
1	沟底中心位置	±100 mm	每 100 m 抽样检验各 5 处	尺量
2	沟底高程	±20 mm		水准测量
3	净空尺寸	±20 mm		尺量
4	沟底坡度	不小于设计坡度		坡度尺量
5	水沟铺砌厚度	−10 mm		尺量
6	沟底平整度	25 mm		3.0 m 长直尺与钢尺量
7	沟顶高程	$^{0}_{-20}$ mm		水准测量

12.2.29 路堑侧沟的允许偏差、检验数量及检验方法应符合表 12.2.29 的规定。

表 12.2.29 路堑侧沟的允许偏差、检验数量及检验方法

序号	检验项目	允许偏差		施工单位检验数量	检验方法
		石质路堑侧沟	现浇或预制沟		
1	沟底中心位置	$^{+50}_{0}$ mm	$^{+50}_{0}$ mm	每 100 m 抽样检验各 5 处	尺量
2	沟底高程	±20 mm	±10 mm		水准测量
3	净空尺寸	±20 mm	±20 mm		尺量
4	边坡坡度(偏陡量)	5%设计坡度	5%设计坡度		坡度尺量
5	铺砌厚度	−10 mm	−10 mm		尺量
6	沟底坡度	±5%设计坡度	±5%设计坡度		坡度尺量
7	沟底平整度	25 mm	12 mm		3.0 m 长直尺与钢尺量
8	平台宽度	$^{+50}_{0}$ mm	$^{+50}_{0}$ mm		尺量
9	沟顶高程	—	$^{0}_{-20}$ mm		水准测量

12.2.30 预制水沟及盖板的允许偏差、检验数量及检验方法应符合表 12.2.30 的规定。

表 12.2.30 预制水沟及盖板的允许偏差、检验数量及检验方法

序号	检验项目		允许偏差	施工单位检验数量	检验方法
1	预制水沟厚度		−10 mm	抽样检验预制水沟及盖板总数的 2%	尺 量
2	盖板	边 长	$^{+3}_{-2}$ mm		
3		对角线长	$^{+4}_{-2}$ mm		
4		厚度	$^{+4}_{-2}$ mm		

12.2.31 无砟轨道集水井的允许偏差、检验数量及检验方法应符合表 12.2.31 的规定。

表 12.2.31 无砟轨道集水井的允许偏差、检验数量及检验方法

序号	检验项目	允许偏差	施工单位检验数量	检验方法
1	平面位置	±50 mm	每个 1 处	经纬仪测量
2	深度	$^{+100}_{0}$ mm	每个 1 点	尺量
3	断面尺寸	$^{+50}_{-20}$ mm	每个 2 处	尺量

12.2.32 吊沟(急流槽)的允许偏差、检验数量及检验方法应符合表 12.2.32 的规定。

表 12.2.32 吊沟(急流槽)的允许偏差、检验数量及检验方法

序号	检验项目	允许偏差	施工单位检验数量	检验方法
1	净空尺寸	$^{+50}_{0}$ mm	每 100 m 抽样检验各 6 处	尺量
2	铺砌厚度	−10%设计厚度		尺量

12.2.33 平台截水沟的允许偏差、检验数量及检验方法应符合表 12.2.33 的规定。

表 12.2.33 平台截水沟的允许偏差、检验数量及检验方法

序号	检验项目	允许偏差	施工单位检验数量	检验方法
1	净空尺寸	$^{+50}_{0}$ mm	每条沟抽样检验各 6 处	尺量
2	沟身厚度	−10%设计厚度		尺量

12.2.34 天沟的允许偏差、检验数量及检验方法应符合表 12.2.34 的规定。

表 12.2.34 天沟的允许偏差、检验数量及检验方法

序号	检验项目	允许偏差	施工单位检验数量	检验方法
1	沟底中心位置	±100 mm	每 100 m 抽样检验各 5 处	尺量
2	净空尺寸	±20 mm		尺量
3	沟底坡度	不小于设计坡度		坡度尺量
4	水沟铺砌厚度	−10 mm		尺量

12.3 地下排水

一般规定

12.3.1 地下排水设施应与地基处理、地表排水系统、自然排水系统相协调、配套，形成完整的排水体系，水路应畅通。渗沟的出水口应设置端墙，出水口管底距排水沟沟底的高度不宜小于 20 cm。

12.3.2 排水沟或暗沟应在沟壁与含水地层接触面的高度处，设置一排或多排向沟中倾斜的渗水孔，沟壁最下一排渗水孔的管底部应高出沟底不小于 20 cm。

12.3.3 土工合成材料进场后应整齐堆放在料棚(库)内，避免阳光照射，并保持通风、干燥和远离高温源。按设计要求铺设后不应长时间受阳光暴晒。

12.3.4 土工合成材料的垫层为碎石时，应在土工合成材料和碎石之间按设计设置保护层。

12.3.5 地下排水设施施工应符合下列规定：

1 渗沟的开挖宜自下游向上游进行，应随挖随即支撑并迅速回填，支撑渗沟应间隔开挖。

2 沟槽开挖必须保证沟槽两壁平顺，基础表面应平整，严禁出现反坡或凸凹不平现象。

3 盲沟、渗沟开挖后应疏干沟内积水，平整沟底及沟壁，清除尖石、树根等杂物。

4 渗水管铺设位置、固定和连接方法应符合设计要求。

5 严禁使用再生、褶皱、老化、污染的土工织物。土工织物铺设应平顺、松紧适度，并与沟壁土体密贴，不应褶皱和损坏。

6　渗沟沟内用作排水和渗水的填充料在使用前必须筛选和清洗，级配合理。

7　土工织物合成材料铺设后应及时回填或覆盖，回填时应防止土工织物和渗水管受到损伤。

主 控 项 目

12.3.6　混凝土所用水泥、粗骨料、细骨料、矿物掺和料、外加剂等材料的品种、规格、质量应符合设计要求，进场检验应符合《铁路混凝土工程施工质量验收标准》(TB 10424—2010)第6.2.1条～第6.2.7条的有关规定。

12.3.7　砂浆所用的水泥、细骨料、水等原材料的品种、规格、质量应符合设计要求，进场检验应符合《铁路混凝土工程施工质量验收标准》(TB 10424—2010)第8.2.1条、第8.2.2条、第8.2.4条、第8.2.5条的有关规定。

12.3.8　钢筋原材料的品种、规格、质量应符合设计要求，进场检验应符合《铁路混凝土工程施工质量验收标准》(TB 10424—2010)第5.2.1条的规定。

12.3.9　渗水管等混凝土(或钢筋混凝土)预制件进场时应有质量证明文件，外观不应破损，结构尺寸应符合设计要求。

检验数量：施工单位全部检验。监理单位按施工单位检验数量的20%见证检验。

检验方法：查验质量证明文件，观察外观，尺量结构尺寸。

12.3.10　土工合成材料的品种、规格、质量应满足设计要求，其进场检验应符合本标准第4.3.7条的规定。

12.3.11　地下排水设施基底应置于稳定的地基上，基底应密实、平整，且无草皮、树根等杂物，无积水，基底及沟底垫层、反滤层的检验应符合本标准第12.2.14条～第12.2.16条的规定。

12.3.12　地下排水设施的位置、开挖断面、排水坡度、出水口地点应符合设计要求，且排水通畅，无阻塞现象。

检验数量：每条沟每50 m水沟施工单位抽样检验3个断面。监理单位平行检验2个断面。

检验方法：尺量、水准测量检验。

12.3.13　水沟钢筋的规格、数量及钢筋的加工、连接、安装应符合设计要求，其检验应符合《铁路混凝土工程施工质量验收标准》(TB 10424—2010)第5.3.1条、第5.3.2条、第5.4.1条～第5.4.4条、第5.5.1条的有关规定。

12.3.14　钢筋保护层垫块材质、规格、位置和数量应符合设计要求，其检验应符合《铁路混凝土工程施工质量验收标准》(TB 10424—2010)第5.2.3条、第5.5.2条的规定。

12.3.15　模板应支撑牢固，无变形、漏浆，模板安装应符合《铁路混凝土工程施工质量验收标准》(TB 10424—2010)第4.2.1条、第4.2.2条的规定。

12.3.16　混凝土的强度等级应符合设计要求，其施工和检验应符合《铁路混凝土工程施工质量验收标准》(TB 10424—2010)第6.3.1条～第6.3.5条、第6.4.1条～第6.4.11条、第6.4.16条的有关规定。

12.3.17　砂浆的强度等级应符合设计要求，其施工和检验应符合《铁路混凝土工程施工质量验收标准》(TB 10424—2010)第8.3.2条、第8.3.3条的规定。

12.3.18　排水沟或暗沟沟壁最下一排渗水孔的底部应高出沟底不小于20 cm。

检验数量：施工单位全部检验。监理单位按施工单位检验数量的10%平行检验。

检验方法：观察、尺量。

12.3.19 渗水管布置形式、埋置深度、纵坡应符合设计要求。

检验数量：施工单位、监理单位全部检验。

检验方法：观察、尺量。

12.3.20 渗水暗沟填充碎石技术指标应符合表12.3.20的要求。

检验数量：施工单位按同一生产地点每400 m^3 抽样检验1组。监理单位按施工单位检验数量的20%见证检验。

检验方法：检查母岩强度检测报告，在料场抽样检验碎石粒径、含泥量。

表12.3.20 渗水暗沟填充碎石技术指标

项　　目	技　术　指　标
母岩强度	不小于30 MPa
碎石粒径	3～8 cm
含泥量(按重量计)	＜2%

12.3.21 渗沟内渗水材料填充位置、厚度应符合设计要求。

检验数量：每条水沟每50 m施工单位抽样检验3个断面，监理单位100%见证检验。

检验方法：观察、尺量。

12.3.22 沉降缝(伸缩缝)的设置位置、缝宽、缝的塞封应符合设计要求。

检验数量：施工单位、监理单位全部检验。

检验方法：观察、尺量。

12.3.23 土工合成材料搭接宽度的允许偏差为$^{+50}_{0}$ mm。

检验数量：施工单位、监理单位全部检验。

检验方法：尺量。

一　般　项　目

12.3.24 地下排水设施的允许偏差、检验数量及检验方法应符合表12.3.24的规定。

表12.3.24 地下排水设施的允许偏差、检验数量及检验方法

检验项目	允许偏差	施工单位检验数量	检验方法
沟中心位置	±50 mm	沿线路每100 m抽样检验3个检查井	经纬仪测量
沟底高程	±20 mm	沿线路每100 m抽样检验4个检查井，8点	水准仪测量
渗沟断面尺寸	$^{+50}_{-20}$ mm	沿线路每100 m抽样检验2处	尺量

12.3.25 检查井的允许偏差、检验数量和检验方法应符合表12.3.25的规定。

表12.3.25 检查井的允许偏差、检验数量及检验方法

序号	检验项目		允许偏差	施工单位检验数量	检验方法
1	检查井位置	纵向	±50 mm	每个检查井	经纬仪测量
		横向	+50 mm		
2	井底高程		±30 mm	每个检查井	水准仪测量
3	净空尺寸(内径、深度)		±30 mm	每个检查井	尺量
4	井盖直径		±10 mm	每个井盖	尺量
5	井盖厚度		不小于设计值	每个井盖	尺量
6	井盖与相邻路基面高差		0，+10 mm	每个检查井	水准仪、水平尺测量

12.3.26 预制水沟及盖板各部允许偏差、检验数量及检验方法应符合本标准第12.2.30条的规定。

12.4 路基横向排水

一 般 规 定

12.4.1 车站范围内横向排水槽、集水井(检查井)和保护层等设置应符合设计要求,正线间或正线与到发线间的横向排水设施与其他排水设施应形成完整的排水系统。

12.4.2 无砟轨道路基基床底层的横向排水管应排水通畅,管内不应积水。

12.4.3 路基横向排水沟应与路基两侧排水沟、坡面排水设施等相接,形成完整的排水系统。

12.4.4 采用土工合成材料的无砟轨道横向排水管进场后应分类存放,不应挤压或重击。

主 控 项 目

12.4.5 水沟所用的钢筋、水泥、细骨料、粗骨料、矿物掺和料、外加剂、水等原材料的品种、规格、质量应符合设计要求,进场检验应符合《铁路混凝土工程施工质量验收标准》(TB 10424—2010)第6.2.1条~第6.2.7条、第5.2.1条的有关规定。

12.4.6 砂浆所用的水泥、细骨料、水等原材料的品种、规格、质量应符合设计要求,进场检验应符合《铁路混凝土工程施工质量验收标准》(TB 10424—2010)第8.2.1条、第8.2.2条、第8.2.4条、第8.2.5条的有关规定。

12.4.7 路基排水设施应置于稳定的地基上,基底应密实、平整,且无草皮、树根等杂物,无积水,压实质量应符合设计要求。

检验数量:施工单位每连续100 m排水设施抽样检验3处。监理单位全部见证检验。

检验方法:观察,并按《铁路工程地质原位测试规程》(TB 10018)规定的试验方法进行检验。

12.4.8 沟底垫层、反滤层材料应符合设计要求。

检验数量:每条沟每100 m施工单位抽样检验3处。监理单位平行检验1处。

检验方法:查验产品质量证明文件和材料性能报告单,观察。

12.4.9 沟底垫层、反滤层、封闭层结构形式、设置位置、厚度应符合设计要求。

检验数量:每100 m施工单位抽样检验3个断面。监理单位平行检验1个断面。

检验方法:观察、尺量。

12.4.10 横向排水沟沟底坡度应符合设计要求,沟底相接处不应积水。

检验数量:每100 m施工单位抽样检验3点。监理单位平行检验2点。

检验方法:观察、坡度尺量。

12.4.11 水沟钢筋的规格、数量及钢筋的加工、连接、安装应符合设计要求,其检验应符合《铁路混凝土工程施工质量验收标准》(TB 10424—2010)第5.3.1条、第5.4.1条、第5.4.2条、第5.4.4条、第5.5.1条的有关规定。

12.4.12 钢筋保护层垫块材质、规格、位置和数量应符合设计要求,其检验应符合《铁路混凝土工程施工质量验收标准》(TB 10424—2010)第5.2.3条、第5.5.2条的规定。

12.4.13 模板应支撑牢固,无变形、漏浆,模板安装应符合《铁路混凝土工程施工质量验收标准》(TB 10424—2010)第 4.2.1 条、第 4.2.2 条的规定。

12.4.14 混凝土的强度等级应符合设计要求,其施工和检验应符合《铁路混凝土工程施工质量验收标准》(TB 10424—2010)第 6.3.1 条～第 6.3.5 条、第 6.4.1 条～第 6.4.11 条、第 6.4.16 条的有关规定。

12.4.15 混凝土(或钢筋混凝土)预制件的混凝土强度应满足设计要求,其检验应符合本标准第 11.3.3 条的规定。

12.4.16 预制横向排水沟的基础与基坑边坡应密实、平整。预制件应拼装平顺,水泥砂浆粘贴密实,接缝咬合完好,与基础和边坡间应用水泥砂浆填塞缝隙。水沟盖板尺寸及盖板与盖板间安装空隙应符合设计要求,铺设应平稳。

检验数量:每条沟每 100 m 施工单位抽样检验 3 个断面。监理单位平行检验 1 个断面。

检验方法:观察、尺量。

12.4.17 沉降缝(伸缩缝)的设置、缝宽与缝的塞封应符合设计要求。

检验数量:施工单位全部检验。监理单位按施工单位检验数量的 10%平行检验。

检验方法:观察、尺量。

12.4.18 路基横向排水沟出水口位置、与其他沟渠的衔接应符合设计要求,应形成完整的排水系统,排水通畅,不应积水。

检验数量:每条沟的出水口施工单位、监理单位全部检验。

检验方法:观察、尺量。

12.4.19 路基横向排水沟接缝处理必须符合设计要求,严禁出现渗漏水。

检验数量:每条沟施工单位、监理单位全部检验。

检验方法:观察、尺量。

12.4.20 无砟轨道横向排水管结构形式、管径及材质应符合设计要求。

检验数量:施工单位按每进场批全部检验。监理单位按施工单位检验数量的 10%平行检验。

检验方法:查验产品质量证明文件和材料性能报告单,观察、尺量。

12.4.21 无砟轨道横向排水管底垫层结构形式、设置位置及周边回填应符合设计要求。

检验数量:每条沟施工单位抽样检验 3 点。监理单位平行检验 1 点。

检验方法:观察、坡度尺量。

12.4.22 无砟轨道横向排水管坡度应符合设计要求,并与路基两侧边坡排水设施相接。

检验数量:每条沟施工单位抽样检验 3 点。监理单位平行检验 1 点。

检验方法:观察、尺量。

一 般 项 目

12.4.23 横向排水沟各部尺寸的允许偏差、检验数量及检验方法应符合本标准第 12.2.28 条的规定。

12.4.24 预制水沟及盖板各部允许偏差、检验数量及检验方法应符合本标准第 12.2.30 条的规定。

12.5 过渡段排水

一 般 规 定

12.5.1 路桥过渡段排水应按设计位置施工。无砂透水混凝土渗水板应紧贴桥台背,并应保证渗水板与其基础的相对位置，不能错位。严禁将软式透水管基础和无砂透水混凝土板基础颠倒放置。

12.5.2 过渡段填筑不应损坏桥台背后软式透水管基础、渗水板及其基础。靠近软式透水管基础和渗水板附近应采用小型压实机具压实。

12.5.3 路堤与路堑结合部横向排水盲沟施工应符合本标准第12.3.5条的有关规定。

主 控 项 目

12.5.4 混凝土、无砂透水混凝土所用的水泥、粗骨料、细骨料、水等原材料的品种、规格、质量应符合设计要求，其进场检验应符合《铁路混凝土工程施工质量验收标准》(TB 10424—2010)第6.2.1条、第6.2.4条、第6.2.7条的规定。

12.5.5 混凝土、无砂透水混凝土的强度等级应符合设计要求，其配合比设计、施工和检验应符合《铁路混凝土工程施工质量验收标准》(TB 10424—2010)第6.3.1条、第6.4.1条、第6.4.9条、第6.4.11条和第9.6.3条～第9.6.6条的规定。

12.5.6 预制无砂透水混凝土板及其基础、软式透水管基础的模板应支撑牢固，无变形、漏浆，模板安装应符合《铁路混凝土工程施工质量验收标准》(TB 10424—2010)第4.2.1条、第4.2.2条的规定。

12.5.7 路堤与桥台过渡段桥台背软式透水管混凝土基础、无砂透水混凝土渗水板及其基础的规格应符合设计要求，进场时应进行验收。

检验数量：同一品种、规格、批号进场产品，施工单位抽样检验不少于3组，监理单位平行检验1组。

检验方法：观察、尺量。

12.5.8 软式透水管的品种、规格、质量应符合设计要求，进场时应进行验收。

检验数量：同一品种、规格、批号进场产品，施工单位抽样检验不少于1次。监理单位平行检验1次。

检验方法：查验产品质量证明文件和性能报告单，观察，尺量。

12.5.9 路堤与桥台过渡段软式透水管基础、软式透水管、无砂透水混凝土渗水板基础的放置位置、设置范围、坡度应符合设计要求，保证排水通畅。

检验数量：每个过渡段施工单位、监理单位全部检验。

检验方法：观察，随施工尺量、仪器测量。

12.5.10 路堤与桥台过渡段桥台后无砂透水混凝土渗水板与其基础相对位置、设置的范围应符合设计要求。

检验数量：每个过渡段施工单位、监理单位全部检验。

检验方法：观察，随施工尺量、仪器测量。

12.5.11 路堤与路堑结合部过渡段渗水盲沟质量检验应符合本标准第12.3节的有关规定。

12.5.12 过渡段软式透水管、横向排水盲沟出口应与路堤排水沟、坡面排水衔接，不应散排。

检验数量：每个过渡段施工单位、监理单位全部检验。

检验方法：观察。

13 路基相关工程及设施

13.1 端刺基坑

一般规定

13.1.1 修筑于路基上的端刺应按设计要求的位置、形状、尺寸与路基同步修建,不应因其施工而损坏、影响路基的稳定与安全。

13.1.2 基坑开挖应符合设计要求,基坑不应泡水。

主控项目

13.1.3 基坑开挖方法应符合设计和施工技术方案的要求,不应影响路基安全、稳定。

检验数量:施工单位、监理单位全部检验。

检验方法:观察。

13.1.4 坑壁、基底应平整,无松散剥落。

检验数量:施工单位、监理单位全部检验。

检验方法:观察。

13.1.5 开挖端刺基坑底部路基压实质量应符合表13.1.5的要求。

表13.1.5 开挖端刺基坑底部路基压实质量要求

指标	基床表层	基床底层	基床以下
动态变形模量 E_{vd}(MPa)	≥55	≥40	≥35

检验数量:施工单位每个基坑抽样检验3点,左、中、右各1点。监理单位按施工单位检验数量的10%平行检验。

检验方法:按《铁路工程土工试验规程》(TB 10102)规定的试验方法检验。

13.1.6 预埋件数量、位置、型号和综合接地应符合设计要求。

检验数量:施工单位、监理单位全部检验。

检验方法:观察,尺量。

13.1.7 端刺基坑全部用混凝土灌注密实后,端刺混凝土表面与路基表面应衔接平顺。

检验数量:施工单位、监理单位全部检验。

检验方法:观察。

一般项目

13.1.8 端刺基坑施工的允许偏差、检验数量及检验方法应符合表13.1.8的规定。

表 13.1.8 端刺基坑施工的允许偏差、检验数量及检验方法

序号	检验项目	允许偏差	施工单位检验数量	检验方法
1	平面位置	±50 mm	每个基坑全部检验	尺量
2	平面尺寸	$^{+100}_{0}$mm	每个基坑长、宽各 2 处	尺量
3	底面高程	$^{0}_{-100}$mm	每个基坑检验 4 处	水准仪测量
4	底面平整度	100 mm	每个基坑检验 4 处	1.0 m 靠尺和塞尺测量
5	侧壁垂直度	±0.5%	每个基坑检验 4 处	吊锤检验

13.2 电缆槽(井)

一般规定

13.2.1 修筑于路基上的电缆槽(井)应按设计要求的位置、形状、尺寸与路基同步修建,不应因其施工而损坏、影响路基的稳定与安全。

13.2.2 电缆槽基坑开挖应采用专用机械在无水条件下切除基床表层级配碎石。

13.2.3 预制或现浇电缆槽时应按设计要求预埋接地端子。电缆槽盖板应在线缆全部敷设完毕后安装。

主控项目

13.2.4 电缆槽下的垫层材料的检验应符合本标准第 4.3.5 条、第 4.3.6 条的规定,水泥砂浆找平层的检验应符合本标准第 12.2.23 条的规定。

13.2.5 电缆槽安装前,其下部路基填筑压实质量应符合表 13.2.5 的要求。

表 13.2.5 电缆槽下部路基填筑压实质量要求

指 标	基床表层	基床底层
动态变形模量 E_{vd}(MPa)	≥55	≥40

检验数量:施工单位沿线路纵向每侧每 100 m抽样检验 3 点。监理单位按施工单位检验数量的 10%平行检验。

检验方法:按《铁路工程土工试验规程》(TB 10102)规定的试验方法检验。

13.2.6 预制或现浇电缆槽及预制盖板混凝土强度应满足设计要求。

1 施工单位预制或现浇电缆槽的施工和检验应符合《铁路混凝土工程施工质量验收标准》(TB 10424—2010)第 6.3.1 条、第 6.4.1 条~第 6.4.11 条的有关规定,预制活性粉末混凝土盖板的施工和检验应符合《铁路混凝土工程施工质量验收标准》(TB 10424—2010)第 9.8.5 条~第 9.8.10 条的有关规定。

2 工厂预制的电缆槽及盖板强度检验应符合下列规定:

检验数量:同一厂家同一强度等级的预制构件按 1 000 件为一批,不足 1 000 件时按一批计。施工单位每批钻取芯样制作 2 组混凝土抗压强度检查试件。监理单位全部见证检验。

检验方法:查验每批产品出厂合格证、性能报告单,抽样检验预制构件的抗压强度。

13.2.7 电缆井现浇混凝土强度应符合设计要求,其施工和检验应符合《铁路混凝土工程施工质量验收标准》(TB 10424—2010)第 6.3.1 条、第 6.4.1 条~第 6.4.11 条的有关规定。

13.2.8 预制电缆槽应拼装平顺,接缝咬合完好,节间应按设计要求采用水泥砂浆勾缝或对接时在接口处涂抹沥青。

检验数量:施工单位、监理单位全部检验。

检验方法:观察。

13.2.9 电缆槽(井)与基床表层级配碎石、接触网支柱及声屏障基础、侧沟间等缝隙的填充质量应符合设计要求。

检验数量:施工单位、监理单位全部检验。

检验方法:观察填充材料与设计要求是否一致,查验材料试验报告,填充是否严密、平顺。

13.2.10 电缆槽泄水孔应排水畅通,泄水孔设置位置和间距应符合设计要求,且与路基边坡网格骨架或边沟顺接。

检验数量:施工单位、监理单位全部检验。

检验方法:观察,尺量。

13.2.11 过渡段电缆槽应平顺连接,弯曲角度应符合设计要求。

检验数量:施工单位、监理单位全部检验。

检验方法:观察。

13.2.12 预制电缆槽安装完毕后应及时施工槽外混凝土护肩,混凝土强度应符合设计要求,其施工和检验应符合《铁路混凝土工程施工质量验收标准》(TB 10424—2010)第 6.3.1 条、第 6.4.1 条~第 6.4.11 条的有关规定。

一 般 项 目

13.2.13 预制钢筋混凝土电缆槽各部尺寸的允许偏差、检验数量及检验方法应符合表 13.2.13 的规定。

表 13.2.13 预制钢筋混凝土电缆槽各部尺寸的允许偏差、检验数量及检验方法

序号	检验项目	允许偏差	施工单位检验数量	检验方法
1	长度、宽度	±5 mm	抽样检验 2%	尺量
2	高度	±4 mm		尺量
3	厚度	±2 mm		尺量一端及中部,取其最大值

13.2.14 预制活性粉末混凝土盖板各部尺寸的允许偏差、检验数量及检验方法应符合表 13.2.14 的规定。

表 13.2.14 预制活性粉末混凝土盖板各部尺寸的允许偏差、检验数量及检验方法

序号	检验项目	允许偏差	施工单位检验数量	检验方法
1	边长	$^{+3}_{-2}$mm	抽样检验 2%	尺量
2	厚度	$^{+2}_{-1}$mm		尺量一端及中部,取其最大值
3	对角线长	±3 mm		尺量
4	翘曲	$L/300$		水平尺在两端量测

13.2.15 电缆井施工的允许偏差、检验数量及检验方法应符合表 13.2.15 的规定。

表 13.2.15 电缆井施工的允许偏差、检验数量及检验方法

序号	检验项目	允许偏差	施工单位检验数量	检验方法
1	靠线路侧外壁距线路中心线位置	$^{+20}_{0}$mm	每个电缆井抽样检验 2 点	尺量
2	底面高程	±10 mm	每个电缆井抽样检验 3 点	测量仪器测
3	内径	±10 mm	每个电缆井抽样检验 3 处	尺量
4	外径	±10 mm	每个电缆井抽样检验 3 处	尺量
5	顶面高程(井壁及盖好盖板后)	±10 mm	每个电缆井抽样检验井壁 2 点,盖板顶面 2 点	测量仪器测

13.2.16 电缆槽施工的允许偏差、检验数量及检验方法应符合表 13.2.16 的规定。

表 13.2.16 电缆槽施工的允许偏差、检验数量及检验方法

序号	检验项目	允许偏差	施工单位检验数量	检验方法
1	距线路中心线位置	$^{+20}_{0}$mm	沿线路纵向每 100 m 每侧各抽样检验 5 处	尺量
2	顶面高程(盖好盖板后)	±10 mm		测量仪器测
3	相邻槽节顶面高差	±5 mm		尺量
4	相邻盖板顶面高差	±2 mm		尺量
5	相邻槽节侧面对齐	±5 mm		尺量

13.2.17 电缆槽预埋件和预留孔的留置允许偏差、检验数量及检验方法应符合表 13.2.17 的规定。

表 13.2.17 电缆槽预埋件和预留孔的留置允许偏差、检验数量及检验方法

序号	检验项目	允许偏差	施工单位检验数量	检验方法
1	预埋件中心位置	±3 mm	抽样检验 2%	尺量
2	预留孔	中心位置	±5 mm	
3		尺寸	$^{+10}_{0}$mm	

13.2.18 护肩施工的允许偏差、检验数量及检验方法应符合表 13.2.18 的规定。

表 13.2.18 护肩施工的允许偏差、检验数量及检验方法

序号	检验项目	允许偏差	施工单位检验数量	检验方法
1	顶面宽度	$^{+20}_{0}$mm	沿线路纵向每 100 m 每侧各抽样检验 5 处	尺量
2	顶面高程	±10 mm		测量仪器测
3	厚　度	±5 mm		尺量

13.3 接触网支柱基础

一 般 规 定

13.3.1 修筑于路基上的接触网支柱基础应与路基同步修建,不应因其施工而损坏、影响路基

的稳固与安全。

13.3.2 接触网支柱基础施工应符合下列规定：

1 接触网支柱基础工程应按设计要求施工，不应破坏路基及防护工程结构。

2 接触网支柱基础基坑必须全部用混凝土浇筑；有渗水暗沟地段，接触网支柱基础开挖不应破坏渗水暗沟。

3 接触网拉线基础与下锚支柱基础平面位置应符合设计要求。

4 线路两侧同里程两基础中心连线应垂直于线路正线。

主 控 项 目

13.3.3 接触网支柱基础的基坑开挖方法应符合设计和施工技术方案的要求，不应影响路基安全、稳定。

检验数量：施工单位、监理单位全部检验。

检验方法：观察。

13.3.4 接触网支柱基础的基坑全部用混凝土灌注密实后，支柱基础表面应与路基表面衔接平顺。

检验数量：施工单位、监理单位全部检验。

检验方法：观察。

13.3.5 接触网支柱基础混凝土强度等级应符合设计要求，其施工和检验应符合《铁路混凝土工程施工质量验收标准》(TB 10424—2010)第6.3.1条、第6.4.1条～第6.4.11条的有关规定。

13.3.6 预埋件数量、位置、型号和综合接地应符合设计要求。

检验数量：施工单位、监理单位全部检验。

检验方法：观察，尺量。

一 般 项 目

13.3.7 接触网支柱基础距线路中心线位置、沿线路纵向位置、截面尺寸、埋置深度的允许偏差、检验数量及检验方法应符合表13.3.7的规定。

表13.3.7 接触网支柱基础施工的允许偏差、检验数量及检验方法

序号	检验项目	允许偏差	施工单位检验数量	检验方法
1	距线路中心线位置	$^{+20}_{0}$mm	按接触网支柱数量的10%抽样检验	尺量
2	沿线路纵向位置	±10 mm		仪器测量
3	形状尺寸(截面尺寸)	$^{+50}_{0}$mm		尺量
4	埋置深度	不小于设计值		仪器测量

13.4 声屏障基础

一 般 规 定

13.4.1 修筑于路基上的声屏障基础应与路基同步修建，不应因其施工而损坏、影响路基的稳固与安全。

13.4.2 声屏障基础施工过程中应作好防排水处理，严禁浸泡路基。

13.4.3 在进行大面积施工前，应选取有代表性的地段作为试验段，分别进行基坑开挖与回填、锚杆或钻孔桩施工的工艺试验，确定施工工序和工艺参数，并报监理单位确认。

主 控 项 目

13.4.4 声屏障基础所用水泥、粗骨料、细骨料、钢筋、锚杆等材料的品种、规格、质量应符合设计要求，其进场检验应符合《铁路混凝土工程施工质量验收标准》(TB 10424—2010)第6.2.1条～第6.2.7条、第5.2.1条的有关规定。

13.4.5 声屏障基础钢筋混凝土钻孔桩应干法成孔，其施工和检验应符合本标准第4.16节主控项目的有关规定。

13.4.6 声屏障基础埋设锚杆长度应符合设计要求，注浆采用孔底注浆法，砂浆强度达到设计强度的80%以后，方可进行后续施工。

检验数量：施工单位、监理单位全部检验。

检验方法：观察，尺量。

13.4.7 声屏障基础混凝土强度等级应符合设计要求，其施工和检验应符合《铁路混凝土工程施工质量验收标准》(TB 10424—2010)第6.3.1条、第6.4.1条～第6.4.11条的有关规定。

13.4.8 声屏障基础伸缩缝设置位置、宽度、填塞材料应符合设计要求。

检验数量：施工单位、监理单位全部检验。

检验方法：观察，尺量。

13.4.9 声屏障基础应按设计要求预埋排水管，排水出口不应冲刷路基；与无砟轨道线间集水井排水管交叉处基础混凝土施工不应破坏排水管。

检验数量：施工单位、监理单位全部检验。

检验方法：观察，尺量。

13.4.10 声屏障基础与电缆槽、接触网支柱之间、与路基面的缝隙处理应符合设计要求。

检验数量：施工单位、监理单位全部检验。

检验方法：观察。

一 般 项 目

13.4.11 钢筋原材料的检验应符合《铁路混凝土工程施工质量验收标准》(TB 10424—2010)第5.2.5条的规定。

13.4.12 钢筋加工和安装的检验应符合《铁路混凝土工程施工质量验收标准》(TB 10424—2010)第5.3.3条和第5.5.5条的规定。

13.4.13 声屏障基础钢筋混凝土钻孔桩桩孔的允许偏差、检验数量和检验方法应符合本标准第10.1.42条～第10.1.44条的规定。

13.4.14 声屏障条形基础、现浇底梁距线路中心线位置、截面尺寸、埋置深度、顶面高程的允许偏差、检验数量及检验方法应符合表13.4.14的规定。

表13.4.14 声屏障条形基础、现浇底梁的允许偏差、检验数量及检验方法

序号	检验项目	允许偏差	施工单位检验数量	检验方法
1	距线路中心线位置	$^{+20}_{0}$mm	沿线路纵向每100 m每项目抽样检验3处	尺量
2	截面尺寸	±20 mm		尺量
3	埋置深度	不小于设计值		水准仪测
4	顶面高程	±10 mm		水准仪测

13.5 过轨管、综合接地

一 般 规 定

13.5.1 路基上过轨管、综合接地贯通地线及分支引接线的埋设应与路基同步实施，不应因其施工而损坏、影响路基的稳固与安全。

13.5.2 在进行大面积埋设前，应选取有代表性的地段作为试验段，分别进行贯通地线、分支引接线、预埋管埋设工艺试验，确定施工工序和工艺参数，并报监理单位确认。

13.5.3 过轨管埋设于基床底层时，其基础混凝土强度达到设计强度的70%以后方可施工基床表层级配碎石。

主 控 项 目

13.5.4 过轨管、综合接地贯通地线及分支引接线进场材料应符合设计要求。

检验数量：施工单位、监理单位全部检验。

检验方法：查验每批产品质量证明文件和性能报告单。

13.5.5 过轨管、综合接地贯通地线及分支引接线的设置位置、方式、施工方法应符合设计要求。

检验数量：施工单位、监理单位全部检验。

检验方法：观察是否按工艺试验确定的施工工序和工艺参数埋设，测量设置位置。

13.5.6 过轨管采用镀锌钢管时，埋设前应将管口打磨光滑。

检验数量：施工单位、监理单位全部检验。

检验方法：观察。

13.6 检 查 设 备

一 般 规 定

13.6.1 施工前应对涵洞进出口、边坡上设计的检查踏步数量和位置是否满足使用要求进行核查。

13.6.2 检查井施工应符合下列规定：

1 检查井基础应与渗水暗沟混凝土基础同时施工。

2 井身混凝土强度等级及井盖形状、强度、拉手安设应符合设计要求，井身混凝土表面平顺光洁，井盖安装平稳、密贴，拉手牢固。

3 检查井基坑回填应按路基相同部位的材料和压实要求采用人工分层回填，夯击密实。施工时应避免机械损伤检查井井壁。

13.6.3 检查台阶、检查梯、栏杆等检查设施的施工应符合下列规定：

1 应按设计位置、范围、构造设置检查设备，连接应牢固，外观应顺直整齐。

2 检查梯等检查设备杆件涂料品种、涂刷遍数应符合设计要求，并无漏涂、露底、脱皮现象。涂刷应均匀，色泽一致。

主 控 项 目

13.6.4 检查井位置、断面尺寸应符合设计要求。

检验数量：施工单位每个检查井全部检验。监理单位按施工单位检验数量的20%平行检验。

检验方法：尺量。

13.6.5 检查井井身、井盖混凝土强度等级、拉手安设应符合设计要求，混凝土强度等级检验应符合《铁路混凝土工程施工质量验收标准》(TB 10424—2010)第 6.4.11 条的规定。

13.6.6 栏杆杆件及零件的规格、质量应符合设计要求。

检验数量：施工单位、监理单位全部检验。

检验方法：观察、尺量，查验产品质量证明文件和材料性能报告单，有疑问时抽样检验。

13.6.7 栏杆、检查设备或台阶的位置、范围、构造应符合设计要求，并连接牢固，顺直整齐。

检验数量：施工单位每处检查设备全部检验。监理单位按施工单位检验数量的 20%平行检验。

检验方法：观察、尺量。

一 般 项 目

13.6.8 检查井的允许偏差、检验数量及检验方法应符合表 13.6.8 的规定。

表 13.6.8 检查井的允许偏差、检验数量及检验方法

序号	检验项目		允许偏差	施工单位检验数量	检验方法
1	检查井位置	纵向	±50 mm	每处检查井	仪器测量
		横向	+50 mm		
2	井底高程		±30 mm	每处检查井	仪器测量
3	净空尺寸(内径、深度)		±30 mm	每处检查井	尺量
4	井盖直径		±10 mm	每个井盖	尺量
5	井盖厚度		不小于设计值	每个井盖	尺量
6	井盖与相邻路基面高差		$^{+10}_{0}$mm	每处检查井	仪器测量

13.6.9 栏杆、检查设施的允许偏差、检验数量及检验方法应符合表 13.6.9 的规定。

表 13.6.9 栏杆、检查设施的允许偏差、检验数量及检验方法

序号	检验项目	允许偏差	施工单位检验数量	检验方法
1	构件断面尺寸	±5%设计尺寸	按构件数量抽样检验10%，每构件检查1组	尺量
2	安装尺寸	±20 mm		
3	柱垂直度	0.5%柱高	按柱的数量抽样检验10%，每柱横纵向各检查1点	尺量
4	检查梯、台阶尺寸	±30 mm	每梯抽样检验5级	尺量

13.7 防 护 栅 栏

一 般 规 定

13.7.1 防护栅栏立柱应按设计要求位置、深度埋设。

13.7.2 防护栅栏应在基础混凝土强度达到设计的 80%以上后安装，安装应牢固。

13.7.3 防护栅栏在区间线路应贯通封闭。

主 控 项 目

13.7.4 防护栅栏立柱、门柱、上槛、下槛、栏片、柱帽、金属网片、连接矩管及螺栓等原材料的品种、规格、质量应符合设计要求。混凝土制品表面应光滑平整，不应有麻面、掉皮。金属网片涂层应均匀，颜色一致，表面光滑，无流柱、滴流、粉泡、龟裂、露铁等缺陷。

检验数量：施工单位、监理单位全部检验每批产品质量证明文件。每批产品外观质量施工单位抽样检验10%，监理单位按施工单位检验数量的10%平行检验，且每批平行检验不少于3件。

检验方法：查验每批产品质量证明文件和性能报告单，观察外观质量。

13.7.5 预制防护栅栏立柱、门柱、上槛、下槛、栏片、柱帽混凝土强度应满足设计要求。

1 施工单位预制的施工和检验应符合《铁路混凝土工程施工质量验收标准》(TB 10424—2010)第6.3.1条、第6.4.1条～第6.4.11条的有关规定。

2 工厂预制的混凝土强度检验应符合下列规定：

检验数量：同一产地、品种、规格且连续进场的预制构件按2 000件为一批。施工单位每批钻取芯样制作2组混凝土抗压强度检查试件。监理单位全部见证检验。

检验方法：抗压强度试验。

13.7.6 防护栅栏设置时，应对栅栏两侧地面进行平整、压实。栅栏设置位置为坡地或栅栏两侧地面存在高差时，应将栅栏两侧各2 m范围内的高出部分进行清理平整，两侧地面应平齐等高且不高于栅栏下槛底部。

检验数量：施工单位、监理单位全部检验。

检验方法：观察、尺量。

13.7.7 立柱基坑开挖不应扰动基坑侧的原状土体，基坑尺寸不应小于设计，坑壁应垂直。

检验数量：施工单位全部检验。监理单位按基坑数量的10%平行检验。

检验方法：观察、尺量。

13.7.8 基础混凝土强度等级应符合设计要求，其施工和检验应符合《铁路混凝土工程施工质量验收标准》(TB 10424—2010)第6.3.1条～第6.3.5条、第6.4.1条～第6.4.11条的有关规定。

13.7.9 防护栅栏立柱定位应垂直。

检验数量：施工单位每100 m抽样检验5处。监理单位每100 m平行检验2处。

检验方法：吊垂球检查。

13.7.10 防护栅栏下槛、栏片、上槛、柱帽等应在基础混凝土达到设计强度80%后安装，安装后应按设计要求填塞上下槛与栏片间的缝隙和柱帽上的螺栓孔，形成牢固整体。

检验数量：施工单位每100 m抽样检验5处。监理单位每100 m平行检验2处。

检验方法：观察，手推检查其填塞是否紧密和牢固。

13.7.11 陡坡地段防护栅栏下槛下部与地面间应按设计采用混凝土封闭，混凝土强度等级应符合设计要求，其施工和检验应符合《铁路混凝土工程施工质量验收标准》(TB 10424—2010)第6.3.1条～第6.3.5条、第6.4.1条～第6.4.11条的有关规定。

13.7.12 金属网片与立柱的连接应符合设计要求。

检验数量：施工单位每100 m抽样检验5处。监理单位每100 m平行检验2处。

检验方法：观察。

13.7.13 防护栅栏高度应符合设计要求，栅栏下槛底面距地面距离应不大于设计，栅栏附近的堆积物应清理干净。

检验数量：施工单位每 100 m 抽样检验 5 处。监理单位每 100 m 平行检验 2 处。

检验方法：观察、尺量。

一 般 项 目

13.7.14 防护栅栏立柱、门柱进场验收的尺寸允许偏差、检验数量及检验方法应符合表 13.7.14 的规定。

表 13.7.14 防护栅栏立柱、门柱的允许偏差、检验数量及检验方法

序号	检验项目	允许偏差	施工单位检验数量	检验方法
1	截面边长	≤2.5 mm	按构件数量的 10% 抽样检验	尺量
2	高　度	≤5 mm		
3	立柱中预留孔位置	≤2 mm		
4	牛腿支撑及其上块状卡销位置及尺寸	≤3 mm		

13.7.15 防护栅栏上槛、下槛、栏片、柱帽进场验收的允许偏差、检验数量及检验方法应符合表 13.7.15 的规定。

表 13.7.15 防护栅栏上槛、下槛、栏片、柱帽的允许偏差、检验数量及检验方法

序号	检验项目	允许偏差	施工单位检验数量	检验方法
1	长　度	≤2 mm	按构件数量的 10% 抽样检验	尺量
2	宽　度	≤2 mm		
3	高　度	≤2 mm		

13.7.16 防护栅栏金属网片、连接板进场验收的允许偏差、检验数量及检验方法应符合表 13.7.16 的规定。

表 13.7.16 防护栅栏金属网片的允许偏差、检验数量及检验方法

序号	检验项目		允许偏差	施工单位检验数量	检验方法
1	金属网片	长　度	≤2.5 mm	按金属网片数量的 10%抽样检验	尺量
2		高　度	≤3 mm		
3		网面平整度	≤5 mm		
4		焊接网孔尺寸	≤3 mm		
5	连接板	长度	≤1 mm	按连接板数量的 10% 抽样检验	
6		宽度	≤0.5 mm		
7		厚度	≤0.5 mm		
8		孔眼位置	≤1 mm		
9	网片连接板焊接位置		≤1.5 mm	按焊接连接板数量的 10%抽样检验	

13.7.17 防护栅栏距离线路中心位置的允许偏差为 $^{+100}_{0}$ mm。

检验数量：施工单位每 100 m 抽样检验 5 处。

检验方法：尺量。

13.8 取、弃土场

一般规定

13.8.1 取土应从设计的取土场挖取，作业时应根据环境要求采取保护环境措施。取土后的裸露面应按设计要求采取土地整治或防护措施。风景区或有特殊要求的施工地段，应按设计要求及时配套完成环保工程。

13.8.2 弃土应符合下列规定：

1 沿河岸或傍山路堑的弃土不应弃入河道、挤压桥孔或涵洞口、改变水流方向和加剧对河岸的冲刷。

2 严禁贴近桥墩台或在其他构筑物附近弃土。

3 严禁在岩溶漏斗处和暗河口弃土。

4 弃土不应造成水土流失、环境污染。

主控项目

13.8.3 取土场的位置、取土深度、开挖边坡坡率应符合设计要求，并结合当地土地利用、环保规划进行布置，不应随意取土。

检验数量：每个取土场取土前施工单位、监理单位各检验 1 次。取土过程中施工单位检验 2 次，每次抽样检验深度和边坡坡率各 2 处；监理单位检验 1 次，平行检验深度和边坡坡率各 1 处。取土后施工单位、监理单位分别检验深度和边坡坡率各 2 处。

检验方法：取土前观察取土场的位置；取土过程中测量取土深度、开挖边坡坡率，观察取土位置；取土后测量取土深度、开挖边坡坡率。

13.8.4 弃土场设置应保证山体和自身的稳定，不应影响附近建筑物安全，不应影响农田、水利、河道、交通的安全和使用功能，不应污染环境。在有滑动危险或受水冲刷可能造成泥石流的地段，不应堆土。

检验数量：施工单位、监理单位每个弃土场弃土前、弃土过程中、弃土后分别检验 1 次。

检验方法：观察。

13.8.5 弃土场的位置、高度、边坡应满足设计要求。

检验数量：每个弃土场弃土前施工单位、监理单位各检验 1 次。弃土过程中施工单位检验 2 次，每次抽样检验高度和边坡坡率各 2 处；监理单位检验 1 次，平行检验高度和边坡坡率各 1 处。弃土后施工单位、监理单位分别检验高度和边坡坡率各 2 处。

检验方法：弃土前观察弃土场的位置；弃土过程中测量弃土高度、边坡坡率，观察弃土位置；弃土后测量弃土高度、边坡坡率。

13.8.6 取、弃土场支挡结构的检验应根据支挡结构类型符合本标准第 10 章主控项目的有关规定。

13.8.7 取、弃土场坡面防护工程的检验应根据防护类型符合本标准第 11 章主控项目的有关规定。

13.8.8 取、弃土场排水工程的检验应符合本标准第 12.2 节主控项目的有关规定。

一般项目

13.8.9 取、弃土场支挡结构的检验应根据支挡结构类型符合本标准第 10 章一般项目的有关规定。

13.8.10　取、弃土场坡面防护工程的检验应根据防护类型符合本标准第 11 章一般项目的有关规定。

13.8.11　取、弃土场排水工程的检验应符合本标准第 12.2 节一般项目的有关规定。

14 变形观测

一般规定

14.0.1 路基施工应按设计要求进行地基沉降、侧向位移的动态观测。观测基桩必须置于不受施工影响的稳定地基内,并进行定期的复核校正。观测装置的埋设位置应符合设计要求,且埋设稳定。观测期间应对观测点采取有效的保护措施。

14.0.2 路基填筑完成或施加预压荷载后应有不少于6个月的观测和调整期。观测数据不足以评估或工后沉降评估不能满足要求时,应继续观测或采取必要的加速或控制沉降的措施。

14.0.3 路基沉降观测应以路基面沉降和地基沉降观测为主。沉降观测应采用二等水准测量,观测精度不应低于±1 mm。

14.0.4 路基沉降观测断面的设置及观测内容应根据地形地质条件、地基处理方法、路堤高度、堆载预压等具体情况,结合沉降预测方法和工期要求确定。

14.0.5 在沉降观测过程中,应根据观测结果整理绘制"填土高一时间一沉降量"关系曲线图,分析土体的竖向位移值及其发展趋势,判断地基的稳定性。

14.0.6 观测期内,路基沉降实测值超过设计值20%及以上时,应及时会同建设、勘察设计等单位查明原因,必要时进行地质核查,并根据实测结果调整计算参数,对设计预测沉降进行修正或采取沉降控制措施。

14.0.7 变形观测单位应有专门的路基变形观测组,观测资料应齐全、详实、规范,符合设计要求,并应及时整理、汇总分析,提供给相关单位。建设单位负责铺轨条件的评估工作,并组织勘察设计、施工、监理和咨询等单位实施。

14.0.8 过渡段工后沉降的分析评估应沿线路方向考虑各观测断面和各种结构物之间的关系综合进行。对不同下部基础结构物以及不同地基条件或不同地基处理方法之间形成的各种过渡段,应重点分析评估其差异沉降。

14.0.9 竣工验交时,沉降观测设备和观测资料应与工程同时移交给工程接收单位。

主控项目

14.0.10 沉降观测装置和位移边桩的构造、结构尺寸和制作材料的规格、材质等应符合设计要求,且无影响观测精度的缺陷。

检验数量:施工单位全部检验。监理单位按施工单位检验数量的10%平行检验。

检验方法:观察,尺量。

14.0.11 观测断面数量及每一断面观测点布设数量应符合设计要求。

检验数量:施工单位、监理单位全部检验。

检验方法:观察,清点数量。

14.0.12 路基沉降观测的频次应不低于表14.0.12的规定。环境条件发生变化或数据异常时,应及时观测。沉降水准测量的重复精度不应低于±1 mm,读数取位至0.1 mm;剖面沉降观测的重复精度不应低于±4 mm/30 m。

表 14.0.12 路基沉降观测频次

观 测 阶 段		施工单位观测频次
填筑或堆载	一般	1次/天
	沉降量突变	2~3次/天
	两次填筑间隔时间较长	1次/3天
堆载预压或路基填筑完成	第1~3个月	1次/周
	第4~6个月	1次/2周
	6个月以后	1次/月
轨道铺设后	第1个月	1次/2周
	第2~3个月	1次/月
	3个月以后	1次/3月

检验数量：施工单位按表14.0.12规定的观测频次进行路基沉降观测。监理单位一般地段平行检验总测点的30%，地质复杂、沉降变化大等区段，平行检验总测点的50%。

检验方法：水准测量。

一 般 项 目

14.0.13 观测断面及每一观测断面上观测点埋设位置的允许偏差不应大于20 cm。

检验数量：施工单位全部检验。

检验方法：观察、尺量。

15 路基单位工程综合质量

15.1 单位工程质量控制资料核查

15.1.1 单位工程质量控制资料应齐全完整，全面反映工程施工质量状况。

15.1.2 单位工程质量控制资料核查应由监理单位组织施工单位进行，并按表 15.1.2 填写记录。

表 15.1.2 单位工程质量控制资料核查记录

单位工程名称				
施工单位				
序号	资 料 名 称	份数	核查意见	核查人
1	图纸会审、设计变更、洽商记录			
2	工程定位测量、放线记录			
3	原材料出厂合格证及进场抽样检验报告			
4	成品及半成品出厂合格证或试验报告			
5	复合地基承载力检测记录			
6	桩基无损检测记录			
7	路基检测、试验报告			
8	沉降观测资料			
9	施工记录			
10	工程质量事故及事故调查处理资料			
11	施工现场质量管理检查记录			
12	分项、分部工程质量验收记录			
13	新材料、新工艺施工记录			
结论： 施工单位项目负责人 年 月 日			总监理工程师 年 月 日	

注：核查人为监理单位人员。

15.2 单位工程实体质量和主要功能核查

15.2.1 单位工程完成后，应由建设单位组织勘察设计、监理、施工单位对单位工程实体质量和主要功能进行核查，并按表 15.2.1 填写记录。

表 15.2.1 单位工程实体质量和主要功能核查记录

单位工程名称				
施工单位				
序号	项　目	资料份数	核查意见	核查人
1	沉降观测			
2	路基竣工高程、中线、宽度实测			
3	边坡坡率实测			
4	排水沟槽实测			
5	支挡结构混凝土裂缝宽度检查			
6	支挡结构钢筋的保护层厚度检查			
7	支挡结构无损检测墙体厚度实测			
8	支挡结构无损检测墙后回填密实度实测			
结论： 施工单位项目负责人　　总监理工程师　　设计单位项目负责人　　建设单位项目负责人 年　月　日　　年　月　日　　年　月　日　　年　月　日				

注：核查项目由验收组协商确定。

15.2.2 单位工程实体质量和主要功能核查方法和数量应符合下列规定：

1 沉降观测采用核查观测点(或观察断面)方法，全部检查。

2 路基竣工高程、中线、宽度实测，全部检查。

3 边坡坡率实测，每 100 m 检测一次。

4 排水沟槽位置、高程、尺寸实测，每 100 m 检查一个断面。

5 支挡结构混凝土裂缝宽度，采用观察或刻度放大镜检查，全部检查。

6 支挡结构钢筋的保护层厚度，采用满足精度要求的钢筋保护层厚度检测仪现场测定，每支挡结构不少于 3 处，每处不少于 10 个点。

7 支挡结构无损检测墙体厚度实测，每 100 m 检查一次。

8 支挡结构无损检测墙后回填密实度实测，每 100 m 检查一次。

15.2.3 结构实体质量和主要使用功能达不到设计要求的单位工程严禁验收。

15.3 单位工程观感质量评定

15.3.1 观感质量评定应由建设单位组织勘察设计、监理、施工单位共同进行现场评定，并按表 15.3.1 填写记录。

15.3.2 观感质量检查项目评定达不到合格标准，应进行返修。

15.3.3 路基面观感质量合格标准：

路肩线条平直、肩棱整齐、路拱线条清晰，路拱面平整，路拱横坡及路拱形式清晰无明显凹凸；穿越路基面的管线部位回填规范无明显的凹凸，路基外观整洁。

15.3.4 路堤边坡观感质量合格标准：

路堤边坡工程应完整。坡脚、路肩线条清晰、顺直，边坡坡面平顺无较大凹凸，各种检查设备（检查梯、栏杆等）与路堤边坡协调。

表 15.3.1 路基单位工程观感质量检查记录

<table>
<tr><td colspan="2">单位工程名称</td><td colspan="3"></td></tr>
<tr><td colspan="2">施工单位</td><td colspan="3"></td></tr>
<tr><td rowspan="2">序号</td><td rowspan="2">项 目 名 称</td><td rowspan="2">质量状况</td><td colspan="2">质量评定</td></tr>
<tr><td>合格</td><td>差</td></tr>
<tr><td>1</td><td>路基面</td><td></td><td></td><td></td></tr>
<tr><td>2</td><td>路堤边坡</td><td></td><td></td><td></td></tr>
<tr><td>3</td><td>路堑边坡</td><td></td><td></td><td></td></tr>
<tr><td>4</td><td>挡土墙</td><td></td><td></td><td></td></tr>
<tr><td>5</td><td>植物防护</td><td></td><td></td><td></td></tr>
<tr><td>6</td><td>排水沟槽</td><td></td><td></td><td></td></tr>
<tr><td>7</td><td>防护栅栏</td><td></td><td></td><td></td></tr>
<tr><td>8</td><td>电缆沟槽、声屏障、接触网支柱基础、线路标志、检查设施等路基相关工程</td><td></td><td></td><td></td></tr>
<tr><td colspan="5">结论：
施工单位项目负责人　　总监理工程师　　设计单位项目负责人　　建设单位项目负责人
年 月 日　　年 月 日　　年 月 日　　年 月 日</td></tr>
</table>

15.3.5 路堑边坡观感质量合格标准：

路堑边坡工程应完整。路堑边坡坡脚线条清晰，坡面平整、圆顺，坡面无悬凸、浮石，光面（预裂）炮孔痕迹清晰，高边坡平台清晰、平顺。各种检查设备（检查梯、栏杆等）线型基本顺直，与边坡协调。

15.3.6 挡土墙观感质量合格标准：

轮廓清晰、大面平整、色泽基本一致，无裂缝；安装构件间接缝紧密、大面平整、无明显错台。沉降缝（伸缩缝）缝宽一致、整齐顺直，泄水孔外观整齐。

15.3.7 植物防护观感质量合格标准：

边坡植草表面平整，植株均匀，长势较好，基本无露土现象。

15.3.8 排水沟槽观感质量合格标准：

排水沟、天沟、侧沟等沟沿、沟顶线条基本清晰、顺直，流水面平顺，无淤积现象。沟槽盖板基本无破损，安装牢固，无明显安装错台。

15.3.9 防护栅栏观感质量合格标准：

防护栅栏安装牢固，立面竖直、圆顺，与地形及路基排水系统协调。

15.3.10 电缆沟、接触网支柱基础、声屏障、线路标志、检查设施等路基相关工程观感质量合格标准：

电缆槽、接触网支柱基础、声屏障、线路标志、检查设施等线条基本清晰、顺直，与路基表面衔接平顺、无间隙，沟槽盖板基本无破损，安装牢固，无明显安装错台。

本标准用词说明

1 表示很严格，非这样做不可的用词：

正面词采用“必须”；

反面词采用“严禁”。

2 表示严格，在正常情况下均应这样做的用词：

正面词采用“应”；

反面词采用“不应”。

3 表示允许稍有选择，在条件许可时首先应这样做的用词：

正面词采用“宜”；

反面词采用“不宜”。

表示有选择，在一定条件下可以这样做的，采用“可”。

《高速铁路路基工程施工质量验收标准》条 文 说 明

本条文说明系对重点条文的编制依据、存在问题以及执行中应注意的事项等予以说明。为了减少篇幅,只列条文号,未抄录原条文。

1.0.1 本标准的编制目的在于为政府部门和专门质量机构、建设和施工及监理单位对工程质量的监督、管理、控制、验收提供统一的质量标准和检验、验收方法,是规范工程建设各方主体质量行为的主要依据。

1.0.2 本标准适用于新建高速铁路区间及车站路基工程施工质量的验收,不含动车所、货场等。当设计车站到发线与正线采用不同的填料和压实标准时,其填料的使用、压实标准应符合设计要求,其检验数量和检验方法可按本标准对应条款检验验收。

1.0.8 随着工程检测技术的发展,已有相当多成熟先进的方法、仪器设备应用于工程检测。施工中可采取对比、验证的方法对先进的检测方法、仪器进行试验,在试验检验证明其先进、可靠并经高速铁路质量管理部门组织有关专家论证的基础上,可作为新的检验方法与既有检验方法共同组成高速铁路路基工程施工质量检验的方法。

1.0.10 软土、松软土路基由于地基地质情况复杂,采取地基处理措施后仍需较长的沉降观测和评估分析时间,所以,高速铁路软土、松软土路基工程应作为控制工程组织施工。

1.0.11 铺轨前应根据沉降观测资料进行分析评估,确定路基工后沉降满足要求后方可进行轨道铺设。如在路基放置期间沉降不能稳定,应采取处理措施。对无砟轨道线路,由于铺轨后只能依靠扣件调整轨面高程,可调整量有限,所以,必须达到沉降稳定并且工后沉降满足要求后才能铺轨。

1.0.15 本标准中的质量标准是对高速铁路路基工程施工质量的合格要求,应严格遵守。各种技术文件如设计文件、施工技术方案和承包合同中对工程质量的要求不应低于本标准的质量要求。

3.1.2 主要材料、半成品、配件、设备应在进场时或施工前进行检验,其质量必须符合该产品技术条件所规定的合格标准,不合格的不应进场、不应用于工程。此项检验内容属于分项工程中的主控项目,应在进场时或施工安装前进行,其检验内容包括出厂证明、技术质量说明和必要的结构性能试验检验报告、外观质量检验等。

3.2.1 检验批、分项、分部和单位工程的划分目的,是为了便于对工程施工质量进行控制、检验和验收。

3.2.2 单位工程的划分因具体情况各异,不宜采取一个划分方法。条文中给出了3款划分原则,单位工程划分时按3款规定的顺序,视具体情况采用。

相对独立或技术复杂的工程可作为一个单位工程主要指一个较大型的支挡结构或复杂的地基处理工程等。

3.2.3～3.2.6 检验批概念的提出是为了及时检验、发现工程施工中的质量控制问题,避免因检验不及时而引发大范围的质量问题,按便于过程控制来划分。

本标准分部工程、分项工程、检验批的划分说明如下:

(1)地基处理分部工程按不同的地基处理方式划分,分项工程按工种、施工工艺、材料划分。复合地基桩施工后需要进行桩的完整性和单桩或复合地基承载力试验,考虑检验批表填写的连续性,按施工和成品检验阶段划分了分项工程。

"区间正线路基沿线路纵向连续长度每≤200 m"指无论设计为双线或单线,其检验批均按区间正线路基沿线路纵向连续长度每≤200 m。

"站场路基折合正线双线每≤200 m":站场地基处理检验批的划分应结合施工组织安排和现场条件灵活划分,以满足检验批及时检验的目的为原则。如:可以将同一批施工的同种地基处理措施,对应本线相同填土高度下正线双线路基长度≤200 m的面积来划分,也可以直接按站场线路两条股道投影面积200 m长度或折合200 m来划分。

(2)为体现高速铁路路基填料作为建筑材料对路基质量影响的重要性,以及大多数天然填料不能直接用于路基,需要加工处理后才能满足路基填料的要求,本标准将填料制备作为分部工程进行质量控制和验收。

(3)路基填筑压实质量与工班现场作业直接相关,规定路基填筑压实的检验批为同一压实工作班的单个压实区段的每一检测层。

(4)过渡段基床表层的检验批规定为每处过渡段,而不是每个过渡段,是考虑了路基与横向结构物过渡段基床表层填筑是横向结构物两侧的两个过渡段与横向结构物顶部的基床表层一起填筑,对路桥、路堤与路堑过渡段等,这里的每处过渡段与每个过渡段是一样的。

(5)路基支挡结构分部工程按不同类型的挡土墙划分,分项工程按工种、工序、材料、施工工艺划分。抗滑桩每10根桩、预应力锚索每10个孔等作为一个检验批,使用时应注意10根桩(孔)施工的时间间隔不宜过大,如施工跨度大,可以分成若干个检验批。

(6)路基边坡防护分项工程的划分考虑了施工时间的差异,将固土网垫、混凝土施工、锚杆(锚索)施工、植草等分别作为一个分项工程。

(7)路基防排水工程考虑有预制水沟、现浇水沟,分别划分了现浇钢筋混凝土水沟、水沟混凝土预制、预制水沟安装分项工程,方便现场及时验收。

(8)路基相关工程的分部、分项工程按相关工程施工不应影响路基本体安全、稳定的原则,仅包含了与路基工程直接相关的部分工程内容。

3.3.6　条文第1款主要指返工重做的,经处理加固、返修后,并经有资质的检测单位检测鉴定,能够达到设计要求的,可以验收;条文第2款主要是指施工过程中试验报告项目缺少时,经具有相应资质的检测单位进行检测,检测结果证明该工程质量能够达到原设计要求的,可以验收。

3.4.1　表3.4.1要求施工作业人员质量责任登记,是贯彻质量责任追溯要求,应按部位和工序分别签名。对于主控项目,施工单位的检查评定记录及监理单位的验收记录内容应详细具体;对于一般项目可填写概括性结论,目的是避免在类似平整度、外观质量、外形尺寸偏差、位置偏差、中线偏差、高程偏差等方面,编造一些数据,没有实际意义。

4.1.3　本条是对地基地质资料进行核查的要求。国内大量铁路路基病害的产生多为勘察不足、没有查明不良地质情况造成,由于施工时的地形地貌和勘察设计时可能发生较大变化(例如勘察后形成的取土坑、土丘、建筑垃圾堆场、水塘等),地质情况存在较大出入(例如存在垃圾填埋场、暗沟暗管、水井等),或者拆迁区在勘测设计时无法完全查明具体地质条件等,应对地基采取原位测试等快速方便的地质核查手段,检查地基土层是否与勘察资料相符。

当核查的地质条件与设计资料不符时,应提交设计单位重新评价地基条件,以便优化调整地基处理措施。

对土质地基和软质岩及强风化硬质岩地基可采用静力触探、动力触探等原位测试方法,对岩溶路基可采用地质雷达等手段。具体采用何种地质核查方法应根据现场实际情况确定。

4.2.2 基底为软质岩及强风化硬质岩且底部起伏较大时,可设置台阶或缓坡,并按先深后浅的顺序进行换填。

4.2.5 按设计换填深度开挖基坑后,应观察基底的地质条件是否与设计相符,与设计资料不符时,应初步探明软弱层厚度,提交给设计单位进行处理。

4.2.6 换填基坑开挖后,如设计对基底有碾压和承载力要求,应按设计要求进行碾压并检验,地基承载力符合设计要求后方可回填。

4.2.8 基坑坡脚线位置的允许偏差－50 mm指开挖基坑坡脚线向基坑中心位置偏移最大不应大于50 mm,远离基坑中心方向不限。

4.3.3 由于大部分土工合成材料系高分子聚合物,在紫外线照射下容易老化,影响其耐久性,所以,土工合成材料铺设后应及时覆盖,以免影响材料的使用寿命。

4.3.4 为避免土工合成材料受损而降低力学性能,保证其就位后不受扰动,严禁碾压及运输设备直接在其上走行、碾压。碎石垫层和土工合成材料之间宜设置5 cm的中粗砂保护层。

4.3.5 参照《地基处理手册》和《铁路工程土工试验规程》(TB 10102)的填料检测要求,对于用作排水固结地基的砂垫层,其含泥量不大于3%。湿陷性黄土地基上的垫层,当与地基下承层之间未采取有效的隔水封闭措施时,不应选用砂石等渗水性填料做垫层。

4.3.6 当设计对砾石或碎石垫层有具体级配要求时,按照设计要求执行;当设计对砾石或碎石的级配没有具体要求时,为保证压实质量,宜优先选用级配良好的砾石或碎石。

4.3.7 每批土工合成材料生产时的原料配制、生产工艺可能存在差异,根据土工合成材料有关检验规定,结合高速铁路土工合成材料使用范围和数量,按每批产品每 1×10^4 m^2 进行抽检。

4.3.9 一般土工合成材料两个方向的强度不一致,纵向强度较高。强调铺设方向符合设计,使其强度高的方向与受力方向一致,更有利于发挥材料性能,其受力方向的连接应保证连接强度不低于所采用材料的抗拉强度。

4.3.10 当设计对砂垫层压实质量没有具体要求时,可检验其相对密度 $D_r\geqslant0.65$。

4.4.1,4.10.1 强夯或强夯置换施工前,应根据设计初步确定的强夯参数,提出强夯试验方案,在施工现场有代表性地选取一个或几个试验区进行试夯或试验性施工,这是必不可少的重要环节,必须认真对待。根据不同土质条件,待试夯结束一至数周后,对试夯场地进行检测,与夯前测试数据进行对比,检验强夯或强夯置换效果,并确定工程采用的各项强夯参数,若不符合设计要求,则应改变设计参数。在进行试夯时也可采用不同设计参数的方案进行比较,择优选用。

4.4.2,4.10.2 夯锤重和落距应确保单击夯击能量满足设计要求,一般在开夯前应检查夯锤质量,防止夯锤使用过久,因底面磨损而使质量减少。夯击过程中应检查夯锤落距,防止施工中因为落距达不到设计要求而减少单击夯击能。

4.4.3,4.10.3 本条规定是根据《铁路工程环境保护设计规范》(TB 10501—98)有关规定编制。《铁路工程环境保护设计规范》(TB 10501—98)第2.0.3条规定:铁路工程施工组织设计应提示环境保护指导性原则;第4.0.1条规定:铁路噪声、振动污染防治设计,应遵循《中华人民共和国环境噪声污染防治法》(GB 12525)、《建筑施工场界噪声限值》(GB 12523)等要求。

一般当强夯法或强夯置换法施工所产生的振动对邻近建筑物或设备产生有害的影响时，应设置监测点，并采取挖隔振沟等隔振或防振措施。

4.4.6,4.10.6 规定"总夯沉量或最后两击平均夯沉量满足设计要求"是强夯停夯标准，达到强夯施工结束后场地变形均匀，最大限度地减少地基的不均匀沉降的目的。施工中应记录每夯一击的夯沉量。

4.4.7 经强夯处理的地基，其强度是随着时间增长而逐步恢复和提高的，因此，在强夯施工结束后，应间隔一定时间再对地基质量进行检验。对于碎石土和砂土地基施工结束后7～14天，粉土地基施工结束后14～28天，采用标准贯入或动力触探、静力触探试验对有效加固深度进行检验，平板载荷试验对地基的承载力进行检验。

4.5.4 设计对砂袋所用材料技术指标未提出具体要求时，可参考下列指标检验。

(1)质量≥95 g/m^2。

(2)条带拉伸强度≥750 N/5 cm。

(3)渗透系数>5×10^{-3} cm/s。

(4)等效孔径0.05～0.20 mm。

4.5.5 由于袋装砂井通常在砂垫层上灌制砂袋，灌入砂袋的砂与砂垫层为同一批砂，故砂井所用中粗砂与砂垫层用砂同为每3 000 m^{3}为一批检验，可与砂垫层用砂一起检验。

4.5.7,4.6.7 袋装砂井、塑料排水板打入深度应考虑砂垫层厚度的影响，确保袋装砂井、塑料排水板底部达到设计标高。

4.6.5 设计对塑料排水板的技术指标未提出具体要求时，可参考说明表4.6.5进行检验。

说明表4.6.5 塑料排水板技术指标

芯板		滤膜	
芯板材料	高压聚乙烯	滤膜材料	涤纶、丙纶无纺织物
断面形式	槽型、铆钫型	单位面积重	85g/m^2
单位长度重量	100～130 g/m	抗拉强度	≥2.5 kN/m(干) ≥2.0 kN/m(湿)
厚度	4.5～6.0 mm		
宽度	100 mm	渗透系数	>5×10^{-3} cm/s
抗拉强度	≥1.3kN/10 cm		
伸长率	<10%	等效孔径	O_{95}<0.08 mm
纵向通水率	≥30 cm^3/s		

4.7.3 根据京沪高速铁路昆山试验段经验，密封沟的截面尺寸应以保证密封膜内保持真空度为原则，根据现场实际开挖的地质情况确定。

4.7.4 为保证真空预压的效果，设计未提出具体要求时，真空预压所用的滤水层材料及密封膜可参考说明表4.7.4—1和说明表4.7.4—2进行检验。

说明表4.7.4—1 滤水层技术指标

渗透系数(cm/s)	抗拉强度(MPa)		隔土层(mm)
	干态	湿态	
0.4×10^{-3}～2×10^{-3}	20～44	15～30	<0.075

说明表 4.7.4—2 密封膜技术指标

抗拉强度(MPa)		伸长率(%)		直角断强度(kN)	厚度(mm)	微孔(个)
纵向	横向	断裂	低温			
≥18.5	≥16.5	≥220	20～45	≥4.0	0.12+0.02	≤10

4.7.6 根据京沪高速铁路昆山试验段经验，密封膜应比预压区宽 7～10 m，且密封膜铺设时需适当放松，防止抽真空时膜间未清理干净的砂、石子等颗粒将膜穿破。

4.7.11，4.8.6 在沉降观测期间，施工单位、监理单位应根据建设单位要求将沉降观测资料提供给评估单位。在满足设计加压量和加压时间后，建设单位应根据沉降评估结果，会同设计、监理、施工单位共同研究路基沉降是否已稳定、能否满足工后沉降要求等，确定是否卸载。当评估不能满足工后沉降要求时，应采取加快沉降或控制沉降的措施。

4.8.4 堆载预压应分级堆载，确保预压效果并避免坍滑事故。一般控制沉降速率≤10 mm/d，边桩位移速率≤5 mm/d。

4.9.1，4.10.1，4.11.2，4.12.1，4.13.1，4.14.1，4.15.2，4.16.1 不同的施工设备和施工工艺用于不同的地层会有不同的处理效果，为防止由于施工设备、施工工艺不当引起大面积质量事故，规定桩大面积施工前应进行工艺性试验，工艺试验成果应作为大面积施工质量控制的依据。

单桩或复合地基承载力是检验地基加固处理措施是否能满足路基工后沉降的重要指标，为确保高速铁路路基工后沉降满足设计要求，高速铁路地基处理应进行动态设计，此处规定成桩工艺试验完成后检验单桩或复合地基承载力就是为了给设计单位的沉降计算提供参考依据，以便按实际的试验测试结果，对设计参数或施工工艺参数进行调整。监理、设计单位应参加工艺性试验。

现场试验桩的数量一般不应少于 7～9 根(正三角形布置至少要 7 根，即中间 1 根，周围 6 根；正方形布置至少要 9 根，3 排 3 列，每排列各 3 根)，这样有利于大面积施工前进行单桩或复合地基承载力试验，确定设计参数。

条文要求成桩工艺性试验不少于 3 根是指通过试验施工后，对试验桩进行完整性、均匀性检验，由连续同一工艺不少于 3 根完整、均匀的桩形成的工艺流程和参数，方可报监理单位确认，并在大面积施工中作为质量控制的依据。

4.9.1 砂(碎石)桩工艺试验，应确定施工顺序、施工设备、打入深度控制方法、不同地层提升速度、填砂(碎石)量等。

4.9.7，4.12.8，4.13.7，4.14.8，4.15.12，4.16.4 此处条文的规定体现了动态设计的要求，是为了进一步核查地质资料、验证勘察和设计地质资料准确性，防止不良地质条件的地基因处理深度不足而引起工后沉降不能满足设计要求而提出的。

4.9.8，4.12.10，4.13.8，4.14.10 当场地较软时，施工前通常铺设垫层并碾压密实，以方便设备进场施工。桩长控制应根据设计桩长并考虑垫层厚度，桩端应达到设计要求的标高和地层。

4.9.10 挤密砂桩施工结束后，应间隔一定时间方可进行质量检验。对饱和黏性土地基应待孔隙水压力消散后进行，间隔时间不宜少于 28 天；对粉土、砂土和杂填土地基，不宜少于 7 天。

4.9.11 砂(碎石)桩施工结束后，应间隔一定时间后方可进行桩间土质量检验。碎石桩：对粉质黏土地基间隔时间可取 21～28 天，对粉土可取 14～21 天，对砂土和杂填土不宜少于 7 天。砂桩：对饱和粉黏性土地基待孔隙水压力消散后进行，间隔时间不宜少于 28 天，对粉土、砂土和杂填土地基，不宜少于5天。

4.9.12，4.10.9，4.11.14，4.12.12，4.13.11，4.14.12，4.15.18，4.16.10 条文指单桩或复合地基承载力在现场验证设计参数后，大面积施工的单桩或复合地基承载力必须满足设计要求，其检验一般由建设单位指定有检测资质的第三方实施。

采用搅拌桩(粉体喷射搅拌桩、浆体喷射搅拌桩)、旋喷桩、CFG桩等地基加固处理措施，按复合地基设计时，由于地基的地质条件不同，地基处理后的单桩、复合地基承载力差异较大，有些地基处理后的复合地基承载力检验能满足设计要求，但单桩承载力不能满足设计要求，所以本标准规定检验单桩或复合地基承载力，单桩在前意为一般应检验单桩承载力。

复合地基承载力的检测应在未铺设垫层时进行。

经检验的单桩或复合地基承载力达不到设计要求时，建设单位应组织施工、设计、监理单位共同调查原因，采取相应措施。

4.10.9 由于强夯置换碎石墩直径较大，单墩所控制的加固面积较大，因此强夯置换复合地基的承载力检验采用单墩承载力载荷试验。

4.11 本标准挤密桩包括了采用沉管、冲击或钻孔夯扩、柱锤冲扩等不同成孔方法的灰土和水泥土挤密桩。

湿陷性黄土地基施工前，应进行地下水位、地基土的含水量、饱和度的复核，当处理深度范围有地下水或地基土的含水量小于12%或大于24%、饱和度大于65%时，应由设计单位确定是否变更设计。

4.11.1 挤密桩工艺试验应确定成孔设备、施工工序、填充材料的夯填方法等。

4.11.4 设计未对所用石灰质量提出具体要求时，应检验石灰中活性CaO、MgO含量不应低于50%(按干重计)，粒径应小于5 mm，夹石量不大于5%。石灰的活性CaO、MgO含量可按《建筑石灰试验方法》(JC/T 478)规定的试验方法进行检验。

4.12 本标准搅拌桩包含了水泥作为加固材料的粉体喷射搅拌桩和水泥、外加剂、水等的混合浆体材料作为加固料的水泥浆、砂浆等浆体喷射搅拌桩。

4.12.1，4.13.1 搅拌桩、旋喷桩工艺试验，应确定采用的设备机型、喷搅次数、深度控制措施、不同地层提钻速度等。

4.12.2，4.13.2 “施工中废弃的加固料不应任意排放”主要包括：

(1)施工设备的废水、废油如果任意排放，会污染水质、土质，应引至适当地点，采取净化措施后，才能排放。

(2)废弃材料及垃圾，同样需要集中处理，以防污染环境。

(3)喷浆过程中冒出的浆液、泥巴若未及时清理，堆至一定高度，可能导致机械被顶起、桩体倾斜，影响成桩质量，所以，施工中的废弃物、泥浆应及时处理。

4.12.3，4.13.3，4.14.3 桩施工时应根据地质情况和工艺水平等因素确定保护桩长。截除桩头时不应使用挖掘机等大型机械设备直接挖除，防止桩身上部断裂，应采用截桩机等专用设备切割桩头。清土、开挖基槽、截桩和浇筑桩帽或桩顶筏板时，不应造成桩顶标高以下的桩身断裂或者扰动桩间土。

4.12.11，4.13.10 每根桩的无侧限抗压强度试验应制取3个试件，试件尺寸要求和试验方法可参照《铁路工程岩石试验规程》(TB 10115)中关于单轴抗压强度试验的规定，但压力机宜采用5～7.5 kN的无侧限强度试验机。

采用该法进行粉喷桩、浆体搅拌桩、旋喷桩工后质量检验，其钻芯取样的工艺是关键，必须保证取芯质量，避免因岩芯破碎而造成假象。如有检测结果达不到设计要求时，应另行选桩加倍抽检。如仍有检测结果达不到设计要求，应进行单桩及复合地基载荷试验，并以此试验结果作为质量评定的最终依据。钻芯取样困难时可采用双管单动取样器取样。

4.14.1 CFG 桩施工工艺试验应确定施工设备、工艺、施打顺序是否适宜，确定混合料配合比、坍落度、搅拌时间、打入深度控制、不同地层提升速度、保护桩长等工艺参数。

长螺旋法施工时，提拔钻杆的速度必须与泵入混合料的速度相匹配，否则容易产生缩颈或断桩，而且不同土层中提拔的速度不一样，如：砂性土、砂质黏土中提拔的速度可为 1.2～1.5 m/min，在淤泥质土中就需要适当放慢。沉管法成孔时，应注意新施工桩对已成桩的影响，避免挤桩、断桩，这些都需要在工艺试验时确定。

4.14.2 地基加固处理的施工过程中，机械直接在软弱地基表面作业会对桩间原状土造成较大程度的扰动。CFG 桩桩帽多为圆柱体或圆台体，截桩后立模浇筑桩帽后，再进行桩间土的回填，现有的施工工艺大多难以保证桩间土的回填质量，施工工效低。可在 CFG 桩施工前采取换填处理措施对场地先进行整体预处理，施工桩帽时再开挖土模基槽，截桩机截桩后浇筑桩帽，既可保证桩间土的质量，又可提高工效，同时减小天气(如雨天)对施工的影响。

4.14.3 长螺旋法施工中置换出来的土和保护土层采用机械、人工联合清运时，应避免机械设备超挖造成桩头断裂和扰动桩间土。

4.14.4 CFG 桩施工所用原材料质量应符合设计要求。设计对原材料质量未提出具体要求时，可参考说明表 4.14.4 进行检验。

说明表 4.14.4 CFG 桩原材料质量要求

项　　目	原材料要求
水泥	符合《通用硅酸盐水泥》(GB175)技术要求。不应使用快硬水泥、早强水泥
粉煤灰	当用振动沉管灌注成桩和长螺旋钻孔成桩施工时，桩体配比中采用的粉煤灰可选用电厂收集的粗灰；当采用长螺旋钻孔、管内泵压混合料灌注成桩时，为增加混合料和易性和可泵性，宜选用细度(0.045 mm 方孔筛筛余百分比)不大于 45%的Ⅲ级或Ⅲ级以上等级的粉煤灰。——引自 JGJ 79—2002 第 9.3.2 条的条文说明
细骨料(天然砂、人工砂或二者混合)	粒径≤10 mm，松散密度≥1 390 kg/m³。天然砂含泥量≤5%。人工砂石粉含量：当 MB<1.40 时，≤15%，当 MB≥1.40 时，≤7%
粗骨料(碎石、卵碎石或卵石)	粒径 20～50 mm(采用长螺旋法施工时，粒径宜为5～40 mm或 5～31.5 mm)，松散密度≥1 470 kg/m³，含泥量≤2%
减水剂	减水率≥8%，泌水率比≤95%，凝结时间之差根据施工工艺需要确定，3 d 抗压强度比≥115%，28 d 抗压强度比≥110%
水	pH>6.5，凝结时间差≤30 min，抗压强度比≥90%

4.14.11 CFG 桩桩身完整性一般采用低应变检测。低应变检测有疑问时，采用钻机在检测桩桩径方向 1/4 处、桩长范围内垂直钻孔取芯，通过观察芯样连续性检验桩的完整性，并在上、中、下各 1/3 范围的中部分别取样作抗压强度试验。钻芯后的孔洞采用水泥砂浆灌注封闭。

4.15.2 通过混凝土预制桩沉桩工艺试验，应确定沉桩设备、桩锤和送桩、接桩等工艺参数、收锤标准(压桩力，使用设备对应的贯入度)等。

4.15.5 捶击法沉桩时，缓冲垫厚度不足会造成桩头受力不均匀或偏心受力，可能导致桩头破裂，所以在施工中应随时检查缓冲垫厚度。

4.15.6 为保证桩身垂直度，静力压桩速度不能过快，一般控制在每分钟不超过 1 m。

4.15.8 “假极限”是桩在饱和的细、中、粗砂中连续锤击下沉时，使流动的砂紧密夹实于桩的周围，妨碍土中水分沿桩上升，在桩尖下形成很大的“水垫”，使桩产生暂时的极大贯入阻力。

“吸入”是桩在黏性土中连续锤击时，由于土的渗透系数小，桩周围水不能渗透扩散，而沿桩身向上挤出，形成桩周围的润滑套，使桩周围的摩擦力大为减少。

桩的上浮、下沉均会影响土对桩的阻力。

因此，以上情况在休止一定时间后均须进行复打，以确定桩的实际承载力。

4.15.10 混凝土预制桩的外观质量应符合设计要求。设计未提出具体要求时，混凝土预制桩的表面质量可参考下列指标进行检验：

(1)桩的棱角破损深度应在 10 mm 以内，其总长度不大于 40 cm。

(2)预应力混凝土桩不应有裂缝(表面收缩裂缝除外)。

(3)普通混凝土桩表面裂缝深度不应大于 7 mm，裂缝宽度不应大于 0.15 mm。横向裂缝长度：方桩不应大于 1/3 边长，管桩及多角形桩不应大于 1/3 直径或对角线；纵向裂缝长度：方桩不应大于 1.5 倍边长，管桩及多角形桩不应大于 1.5 倍直径或对角线。

(4)两端面应平整，能保证接头对接时电焊的要求。

4.15.13 因混凝土预制桩在接桩时电焊质量较差，接头在锤击过程中断开的事故时有发生，所以本标准对焊缝质量提出验收要求。上下节桩对接前，上下端板表面应用钢丝刷清理干净，坡口处露出金属本色。对接后，若上下桩接触面不密实，存在缝隙，可用厚度不超过 5 mm 的钢片嵌填，并定位焊牢。焊接接桩时上下节桩应保持顺直。焊接时宜由 2～3 个电焊工先对称定位点焊，待上下节桩固定后再分层施焊，每层焊接厚度应均匀。焊接时必须将内层焊渣清理干净后再焊外一层，坡口槽的电焊必须满焊。电焊后立即进行锤击容易损伤接头，故要求电焊后要有一定的停歇时间。

本条规定与《建筑地基基础工程施工质量验收规范》(GB 50202—2002)一致。

《建筑地基基础工程施工质量验收规范》(GB 50202—2002)应用图解要求，接桩焊缝质量应满足《钢结构工程施工质量验收规范》(GB 50205—2001)中二级焊缝的要求。《钢结构工程施工质量验收规范》(GB 50205—2001)中规定的二级焊缝外观质量标准及允许偏差见说明表 4.15.13。

说明表 4.15.13 二级焊缝外观质量标准(mm)

缺陷类型	允许偏差
未焊满 (指不足设计要求)	≤0.2+0.02 t，且≤1 mm
	每 100 mm 焊缝内缺陷总长≤25 mm
根部收缩	≤0.2+0.02 t，且≤1 mm
	长度不限
咬边	≤0.05 t，且≤0.5 mm；连续长度≤100 mm，且焊缝两侧咬边总长≤10%焊缝全长
弧坑裂纹	不允许
电弧擦伤	不允许
接头不良	缺口深度 0.05 t，且≤0.5 mm
	每 1000 mm 焊缝不应超过 1 处
表面夹渣	不允许
表面气孔	不允许

注：表内 t 为连接处较薄的板厚。

4.15.15 对于以端承力为主的摩擦端承桩、端承桩，应进入可靠的持力层，检验压桩力与贯入度是否满足设计要求从而判断是否合格，一般情况下压桩力以最后3次不小于2倍单桩设计承载力(维荷3 min)且累积下沉≤10 mm时为停压控制标准，贯入度以最后10击小于20 mm为收锤标准，但要注意采用不同型号的锤和施工落距，得到的贯入度是不同的，应按试桩取得的参数控制。

4.15.17 由于不同地质条件下的混凝土预制桩的完整性检测项目不同，现场应根据设计文件的要求，确定是否增加高应变动力检测项目。

4.16.1 通过混凝土灌注桩成桩工艺试验，应确定成孔设备和工艺、混凝土灌注设备和工艺等参数。

4.18 桩板结构根据连接方式、组合形式及设置位置的不同，分为非埋式、浅埋式及深埋式三种。

(1)非埋式桩板结构一般三跨或多跨一联，承载板左右分幅，桩与承载板通过托梁连接，托梁与桩刚性连接，中跨承载板与托梁刚性连接，边跨承载板与托梁搭接，相邻联的承载板间设置沉降缝(伸缩缝)，承载板与上部轨道结构直接连接，见说明图4.18—1。

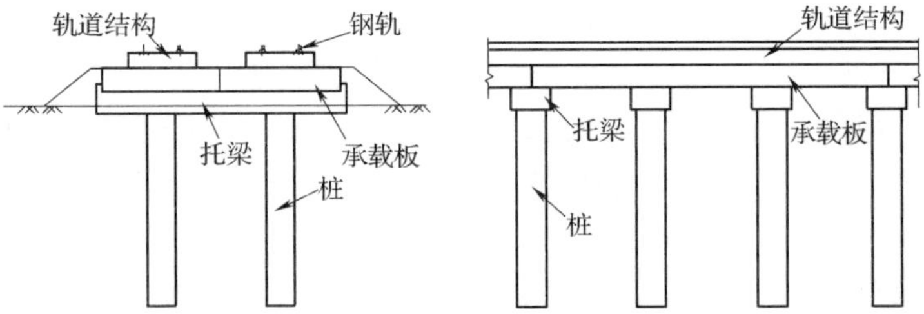

(a)横断面　　(b)纵断面

说明图4.18—1　非埋式桩板结构形式示意图

(2)浅埋式桩板结构的桩与承载板直接刚性连接，承载板上部通过基床表层与轨道结构连接，见说明图4.18—2。

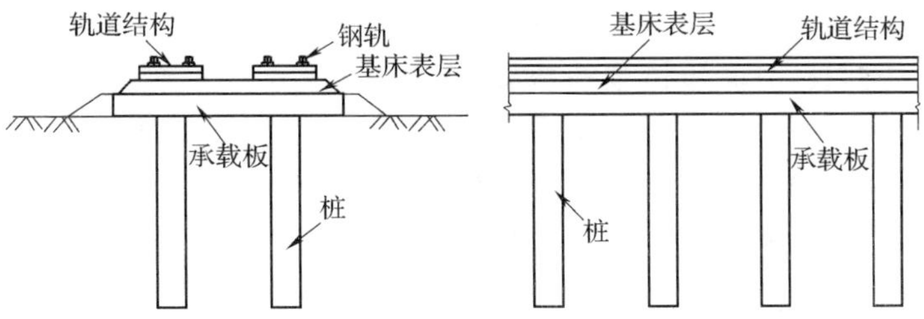

(a)横断面　　(b)纵断面

说明图4.18—2　浅埋式桩板结构形式示意图

(3)深埋式桩板结构设置在路堤基底，桩与承载板直接刚性连接，承载板上部为填方路基，见说明图4.18—3。

4.19.1 采用桩筏结构设计的桩类型多样，桩的单桩承载力必须符合设计要求，筏板及其垫层施工前，应根据设计要求进行单桩承载力检测，监理单位应核查筏板施工段落内复合地基的单桩承载力试验报告或相关的中间检测结果证明资料。

筏板施工前，基底表面应清理平整，如有凹坑，应以符合设计要求的填料填平补齐并夯实。

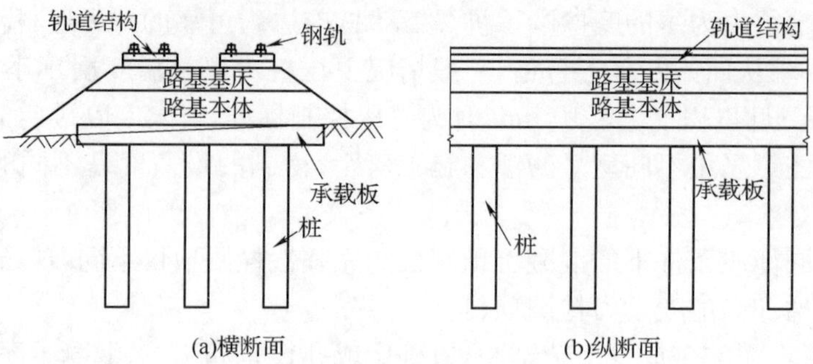

说明图 4.18—3　深埋式桩板结构形式示意图

5.1.1　高速铁路对路基填料的材质、级配、水稳性和密实度有着较高的要求。我国铁路对填料的划分较粗，尤其是粗颗粒填料在实际施工中存在填料组别合格，但由于级配不良，直接碾压不能达到所规定的压实控制指标等问题。施工前应对设计取土场土源取样复查，并结合填筑压实工艺试验的具体情况进行可压实性能分析，提出具体的填料制备方案和措施，确保高速铁路路基填料符合填筑压实要求。

5.1.2　高速铁路路基填料要求"基床底层填料的最大粒径应小于 60 mm，基床底层以下路堤填料的最大粒径应小于 75 mm"，大多数天然填料不能完全满足这一要求，需要在填料生产场筛分或破碎筛分。根据需要配备相应的设备，指根据天然填料性质，如大于标准要求，最大粒径的含量较少，可以仅配筛分设备，否则，应配备破碎、筛分设备。改良土生产还应配备拌和系统。

5.1.5　填料生产场最大粒径的变化主要取决于筛孔尺寸的变化，而筛孔尺寸变化的大小和快慢主要受母岩软硬及产量的影响，所以，填料生产过程中应定期检查筛网有无破损或筛孔尺寸是否超出限值，检查的次数应根据母岩软硬及产量通过工艺试验来确定。

5.2.1　填料中的细粒含量是指小于 0.075 mm 的粉粒和黏粒含量，这些细粒成分具有较大的比表面积，冻胀性也比较敏感，是最易形成冻胀的颗粒，也是不易渗水的颗粒。因此，应严格控制用于寒冷地区路基冻结影响范围的填料中的细粒含量。

5.2.2　填料的最大干密度是计算压实系数的基准参数，在填料运至施工现场使用前，应提前在料场抽样，待通过室内试验测得该基准参数后，该批填料方可出场使用。

5.3.1　土中掺入石灰并在水的作用下会产生 $Ca(OH)_2$ 的结晶反应，而 $Ca(OH)_2$ 与空气中的 CO_2 起化学反应生成 $CaCO_3$，碳酸钙具有较高的强度和水稳性，它对土的胶结作用使土得到了强化加固，是石灰土后期强度增长的主要原因，如土中硫酸盐与碳酸钙发生作用，将严重影响石灰改良土后期强度的增长。当硫酸盐与水泥发生反应时，对水泥改良土具有结晶性侵蚀，会出现开裂、崩解而丧失强度。因此，参考公路路面基层施工标准的相关规定，石灰改良的原土料中硫酸盐(按 SO_4^{2-} 计)含量不应超过 0.8%，水泥改良的原土料中硫酸盐含量不应大于 0.25%。

土中的有机物和水泥的水化作用而产生的游离状钙离子相黏合，抑制了水泥的水化反应，显著地阻碍水泥土的硬化(固化)，降低水泥土的强度。有机物含量越高，其阻碍水泥水化作用越大，水泥土强度降低越多。试验表明，当有机物含量接近 2%时应慎用水泥土。

铁三院《京沪高速铁路填料改良优化研究》的大量室内试验表明：在低掺量条件下，塑性指数 $I_P<12$ 的粉土、粉质黏土，用水泥、水泥粉煤灰改良其物理、力学性质比用石灰、石灰粉煤灰为好，对 $I_P>12$ 的粉质黏土则宜采用石灰、石灰粉煤灰、固化剂改良。根据国内外的经验，对水泥改良土而言,稳定效果最好的是砂性土,其次是粉状土、黏性土。

5.3.2 水泥的矿物成分是决定水泥改良土强度的主导因素。工程实践表明,硅酸盐水泥的改良效果较好,而铝酸盐的水泥则较差,同时,水泥改良土的强度还随水泥比表面积和活性的增大而变化,所以,改良土外掺水泥宜选用强度等级较低的水泥(强度等级 32.5 或 42.5)。

水泥改良土的摊铺和碾压作业或试验过程如不能在水泥的初凝时间内完成,将对改良土结构产生不利影响,选用初凝时间较长的水泥,可以尽量减少这种不利影响。借鉴公路部门经验,初凝时间不宜小于 3 h,终凝时间不宜小于 6 h。

5.3.3,5.3.8 化学改良土的强度和干密度随时间延长发生明显变化的现象叫延时效应,一般将化学改良土从加外掺料拌和到碾压终了或试验完成的时间叫延迟时间。对于素土来说,压实质量控制指标与延迟时间无关。而对水泥改良土来说,其压实质量控制指标与延迟时间有关,延迟时间愈长,水泥改良土强度和干密度的损失愈大,尽管现场采用压实系数进行质量控制,但最终是为了保证水泥改良土的无侧限抗压强度满足设计要求。

《铁路工程土工试验规程》(TB 10102)要求"水泥改良土室内击实试验应在浸润土加水泥拌和后一小时内完成",主要是为了控制同一试验组试验条件的相对稳定性。现场水泥改良土从拌和站的拌和、汽车运输、现场摊铺整平到碾压成型通常需要3～4 h。由于水泥水化反应引起的延时效应,如果还以 1 h 内完成的击实试验测得的最大干密度作为现场水泥改良土的控制标准显然是不合适的(因为这两个时刻的水泥改良土已不是同一种土)。所以水泥改良土在作配合比试验和无侧限抗压强度验证试验时,还应根据现场施工工艺及质量控制的实际需要,按《铁路工程土工试验规程》(TB 10102)中改良土试验方法分别作出延迟时间(可选取2 h、3 h、4 h、5 h四个点)与最大干密度 ρ_{dmax} 关系曲线、延迟时间(可选取2 h、3 h、4 h、5 h四个点)与无侧限抗压强度的关系曲线,或仅测定3～4 h延迟时间(施工现场确定的检测时间)对应的最大干密度 ρ_{dmax} 和无侧限抗压强度,以供水泥改良土进行工艺试验和正式施工时根据现场实际延迟时间选用。

改良土的配合比和无侧限抗压强度验证可按下列程序试验:

(1)根据设计推荐外掺料的掺入量,配制不少于 3 个不同掺入比的混和料进行击实试验,以确定各种混和料的最优含水率和最大干密度。按《铁路工程土工试验规程》(TB 10102)中改良土试验相关规定进行击实试验。水泥基类改良土应考虑延时效应,其最大干密度取延迟不同时间的试验值。

(2)按改良土所处路基结构不同部位的压实度要求计算干密度。

(3)按最优含水率、计算干密度并延迟不同的时间制备试件,按《铁路工程土工试验规程》(TB 10102)中改良土试验相关规定进行无侧限抗压强度试验。

(4)按比室内试验确定的掺入比大 0.5%～1.0%计算实际施工外掺料的消耗量。采用集中场拌施工方法时可增加 0.5%;采用路拌施工方法时可增加 1.0%。

(5)采用两种外掺料的混合料时,则应确定两种外掺料的各自掺入比及两种外掺料混合后的掺入比,并进行配合比设计。

5.4.2 高速铁路基床表层级配碎石的主要功能有:

(1)传递、扩散轨道荷载,减振、隔振和降低噪声。

(2)隔温和防止基床及路基冻害。

(3)防止碎石道床面砟颗粒和路基土的相互渗混。

(4)防止瀑雨时地表水对路基面的冲刷和地下水的上渗。

为此，基床表层的材料应具有较高的强度和弹性模量以及耐磨、透水等特性，采用粒径大小不同的粗细碎石集料和砂各占一定比例的混合料，其颗粒组成符合密实级配要求，经压实形成密实结构，通过集料间的摩擦力和细粒土的黏结力形成其强度。只要保证组成材料质量，使混合料具有良好的级配，在施工过程中，将混合料搅拌均匀，在最佳含水量下压实，达到要求的密实度，就能形成较高的力学强度和水稳性。但对级配碎石必须严格控制其细集料的液限和塑性指数，亦即严格控制 0.5 mm 以下细粒土的含量，细粒土含量过高，将使混合料塑性指数增大，降低碾压后的强度和水稳性。

为了降低铁路建设成本、便于施工，《高速铁路设计规范（试行）》（TB 10621）规定：基床表层材料由开山块石、天然卵石或砂砾石经破碎筛选而成。

开山块石其原料较单一，材质较均匀，只要加工工艺上采取有效措施剔除黏土及其他杂物，可以保证成品的清洁度，而且成品粗颗粒表面为破碎面，铺设碾压之后稳定性较好，不易被雨水冲刷流失，是级配碎石的首选原料。

对于基床表层级配碎石的粒径级配基本沿用了《铁路碎石道床底砟》（TB/T 2897—1998）标准，只是将《铁路碎石道床底砟》（TB/T 2897—1998）标准中 16 mm、25 mm 方孔筛孔边长（颗粒粒径）改为 22.4 mm、31.5 mm，以协调基床表层与上部道砟粒径级配的匹配关系。

大于 22.4 mm 的粗颗粒中带有破碎面的颗粒所占的质量百分率不小于 30%的级配碎石，铺设碾压后稳定性较好，不易被雨水冲刷流失。

5.4.3　过渡段级配碎石选用的筛孔形状及尺寸均不同于基床表层级配碎石用筛，其他技术指标也不相同。基床表层级配碎石的级配和技术指标的要求较过渡段级配碎石更高一些。由于过渡段级配碎石用量一般比基床表层级配碎石用量要少得多，通常是与基床表层级配碎石共用生产原料和生产线，所以，规定过渡段用级配碎石也可选用符合要求的基床表层级配碎石，并采用其相应的技术标准，以方便施工现场组织填料生产和质量控制。

6.1.2　填筑试验段应针对同一种类的填料、同一种压实机械进行工艺试验，不同填料、不同压实机械的工艺试验应分别进行。在采用相同工艺参数施工、不少于 3 个检验批验收合格后，可确定大面积施工的工艺参数。路基填筑工艺试验确定的施工工艺参数主要有：机械设备组合，压路机碾压行走速度、碾压方式、碾压遍数，填料类型及粒径级配，填料施工允许含水量范围，松铺厚度。当设计在边坡范围设置土工材料时，松铺厚度应结合土工材料间隔进行试验。

根据客运专线路基工程质量控制实践：碎石类土和砾石类土每层填筑压实厚度不宜超过 40 cm，砂类土每层填筑压实厚度不宜超过 30 cm，每层最小填筑压实厚度均不应小于 10 cm。

6.1.4　路基填筑按照“三阶段、四区段、八流程”的施工工艺组织施工，这是经实践总结的施工经验。“三阶段”通常指路堤填筑施工准备、施工、整型验收三个阶段。“四区段”通常指填筑、平整、碾压、检测四个区段。“八流程”通常指施工准备、基底处理、分层填筑、摊铺平整、洒水或晾晒、机械碾压、检验签证、路基整型八个流程。

路堤填筑时填料较大粒径不应集中，应均匀地分布于填筑层中，颗粒间的空隙应用较小碎石、石屑等材料填充密实，并使层厚均匀、层面平整。

6.1.5　铺设土工合成材料的下承层如有坚硬突出物，易损伤土工合成材料，因此在铺设之前应将下承层整平压实。

当土工合成材料两个方向的强度不一致时，强度高的方向垂直于路堤轴线方向铺设，与其受力方向一致，更有利于充分发挥其材料性能。

土工合成材料如有褶皱，没有展平，将不利于材料强度的发挥。

6.2.3,6.3.5,9.1.9,9.2.10 条文中规定"站场站线路基的压实质量应符合设计和相关验收标准的要求"指当设计车站到发线与正线采用不同的填料和压实标准时，其压实质量应符合设计要求，可按本标准检验数量和检验方法进行检验验收。

6.4 当路堤边坡高度较高时，为了严格控制分层填筑质量，同时提高边坡抗雨水冲刷能力，避免产生边坡浅层坍滑，通常在边坡不小于 2.5 m 范围内铺设土工合成材料。本标准所述加筋土路堤包括了全断面的加筋和边坡范围加筋。

6.4.1 土工合成材料生产时原料的配制及生产工艺可能存在差异，因此必须查验每批产品质量证明文件、性能报告单，并进行抽样试验。

材料的拉伸强度、极限抗拉强度及延伸率按《土工合成材料、塑料土工格栅》(GB/T 17689)规定的试验方法进行检验。

6.5.4 路基边坡主要是对路基起防护作用，其施工质量对路基的耐久性和稳定性有着重要的作用。虽然路基边坡不直接承受线路上部结构静荷载和列车行驶的动荷载，但如果其压实质量不能满足要求，则影响路基边坡的防护效果，存在路肩下沉、边坡坍塌等隐患，故本标准要求完全刷坡，即将坡面上路基边线以外的松土全部刷掉。

7.2.5 基坑采用灰土回填时每层的松铺厚度宜在 20～25 cm；灰土填料参照改良土混合料要求，一般最大粒径应不大于 15 mm。

7.3 过渡段沿线路纵向的几何布置形式有上窄下宽的正梯形和下窄上宽的倒梯形过渡形式，从刚性过渡来看，两种形式均能满足过渡要求，均可采用。《高速铁路设计规范(试行)》(TB 10621)推荐采用实施更为方便且相对经济的倒梯形过渡方案。采用正梯形过渡方案时，基床表层以下正梯形部分应分层填筑掺入 3%～5%水泥的级配碎石，其后应设置倒梯形 A、B 组填料过渡段，其分层填筑压实质量应符合表 9.1.9 的规定。

7.3.1 过渡段两侧如采用 A、B 组填料填筑，试验段除试验级配碎石摊铺压实工艺参数外，还应同时试验两侧的 A、B 组填料，相邻路基填料摊铺压实工艺参数(如何同步填筑，各种填料松铺厚度，采用的压实设备等)，确保过渡段不同填料间无缝连接，安全稳定。

7.3.4 级配碎石的颗粒级配、最大干密度，针状、片状颗粒含量和质软、易破碎的碎石含量试验，应在级配碎石料场取样检验，作为填筑检测的控制指标和评定填料是否符合设计要求。在摊铺现场应随机取样检验级配碎石填料的颗粒级配，以复查填料的颗粒级配是否符合设计要求。

寒冷地区路基与横向结构物过渡段，应考虑横向结构物存在多向冻结问题，在可能引起冻结的范围内均应控制级配碎石填料中的细粒含量。

7.3.5 如果在级配碎石生产场掺加水泥，则在级配碎石生产场检验水泥品种、规格和质量，现场不再检验。本条规定指如果是在填筑现场掺加水泥，则应在填筑现场对进场的水泥抽样检验。

7.3.7 一般采用大型压路机械碾压时，每层的最大压实厚度不宜超过 30 cm，最小压实厚度不宜小于 15 cm；采用小型振动压实设备碾压时，填料的松铺厚度不应大于 20 cm。

7.4 为节省投资，路桥过渡段基床表层以下部分通常采用同一截面不同填料的设计，路基中部直接承担列车动载部分设计为级配碎石，两侧及锥体填土设计为 A、B 组填料。如现场缺少 A、B 组填料或为施工方便等，可全断面采用级配碎石填筑。

7.5.1 《高速铁路设计规范(试行)》(TB 10621)规定：当路堤与路堑连接处为软质岩石或土质路堑时，应按设计要求顺原地面纵向开挖台阶，每级台阶挖入深度不应小于 1.0 m，台阶高度宜为 60 cm 左右，其开挖部分填筑要求应与路堤相同。当路堤与路堑连接处为硬质岩石路堑时，应按设计要求在路堑一侧顺原地面纵向开挖台阶，每级台阶自原坡面的挖入深度不应小于1.0 m，台阶高度宜为 60 cm 左右，并应在路堤一侧设置过渡段。

7.6 过渡段采用混凝土填筑，一般是在土质、软质及强风化硬质岩路堑与隧道连接地段，两桥之间、桥隧之间及两隧道之间的短路基地段，混凝土填层的厚度是渐变的。为保证过渡段混凝土填层质量，应对混凝土的原材料、施工过程及施工质量进行控制。

8.0.11 每段路堑边坡坡率因地质情况不同而设计，为保证边坡安全，边坡变坡里程应与设计相符。

8.0.12 《高速铁路设计规范(试行)》(TB 10621)第 6.5.2 条规定：基床范围内的地基应无 P_s <1.5 MPa 或 σ_0<0.18 MPa 的土层，不能满足时，应进行加固处理。一般在路堑开挖过程中定性核对水文地质和工程地质情况，发现不符合时，开挖至路基面设计标高以上 0.5 m 左右时，应进行详细地质核查。

9.1.1 基床底层与基床以下路基填筑压实工艺试验内容、试验方法是一样的，只是其压实质量要求不同。如基床底层与基床以下路基采用同一种类的填料、同一种压实机械，可在基床以下工艺试验时一并进行基床底层的填筑压实工艺试验。

9.2.2 基床表层级配碎石填筑压实工艺试验，应在采用相同工艺参数施工、连续不少于 3 个检验批验收合格后，确定大面积施工的工艺参数。填筑工艺试验确定的施工工艺参数主要有：机械设备组合，压路机碾压行走速度、碾压方式、碾压遍数，填料粒径级配，填料施工允许含水量范围，松铺厚度。

根据客运专线路基工程质量控制实践：级配碎石每层的压实厚度不宜超过 30 cm，最小压实厚度不宜小于 15 cm。

9.2.4 基床表层填筑按照“四区段、六流程”的施工工艺组织施工，是根据秦沈客运专线的施工实践总结的经验。“四区段”通常指基床表层摊铺、平整、碾压、检测修整四个区段。“六流程”通常指填筑作业分为拌和、填筑、摊铺、整平、碾压、检测和修整养护六个流程。

9.2.7 级配碎石的颗粒级配、最大干密度、大于 22.4 mm 的粗颗粒中带有破碎面的颗粒含量、大于 1.7 mm 颗粒的洛杉矶磨耗率等试验，应在级配碎石料场取样检验，作为填筑检测的控制指标和评定填料是否符合设计要求的指标。在摊铺现场随机抽样检验颗粒级配，以复查填料的颗粒级配是否符合设计要求。

9.2.9 过渡段基床表层级配碎石中掺加水泥一般应在填料生产场掺加。当运距较远或运输条件不佳、运输时间较长，在填料生产场掺加水泥不能满足要求时，可以在填筑现场掺加水泥，并在现场抽样检验。

10.1.22 为保证桩身混凝土连续、完整，桩孔混凝土应一次性连续灌注完成。地下水发育地区应按水下混凝土灌注方式施工。

10.1.33 路堤衡重式挡土墙施工时，应特别注意衡重台顶面必须按设计要求设置泄水孔，防止墙背衡重台顶面积水。

10.1.34 支挡结构物背后反滤结构、防排水结构设计种类较多，因砂、碎石反滤层在施工中较难控制其厚度，有些支挡背后设计采用了土工合成材料，本标准仅给出了一些常见的结构设计种类，还应结合工程实际情况，在保证工程质量的前提下具体确定反滤层材料。

10.1.37 支挡结构墙(桩、板)背填筑应在混凝土、砌体砂浆强度达到设计强度的 70%以后方可进行施工，否则会造成结构物损坏或破坏。

10.7.19 土钉采用孔底注浆法的注浆压力宜为0.2MPa。

10.8.3 抗滑桩桩孔开挖施工时，护壁支护对保护人身安全特别重要，施工中应对桩孔井口锁口和护壁厚度进行检查，以确保施工安全。

10.8.4 桩孔开挖和支护不应在土石变化处和滑动面处分节，施工前应对作业人员进行技术交底，并在开挖过程中注意观察，滑动面处的护壁应加强。

10.8.14 同一工点的第一根抗滑桩桩孔挖至设计标高后，应由设计、施工、监理单位联合验孔，结合滑动面实际情况确定孔底高程，并确定以后桩孔底部高程认定原则。

10.10.13 每束锚索其锚固段应按设计要求用一系列紧箍环和扩张环制成波浪状，其自由段应有防护外套。切断钢绞线及锚索时，应采用切割机或砂轮锯，且应有可靠的对锚索降温的措施。严禁用电弧烧割。

10.10.16 锚孔实际注浆量一般要大于理论的注浆量，现场操作以锚具排气孔不再排气且孔口浆液溢出浓浆作为注浆结束的标准。如一次注不满或注浆后产生沉降，应补充注浆，直至注满为止。注浆应作好记录。

10.10.18 锚索张拉应在锚固段砂浆强度达到设计规定的强度以后方能进行。

11.1.4 铺设固土网垫前洒水浸润边坡应注意洒水适量，以浸润深度30 cm为宜，既有利于草籽生长成活，又不影响边坡稳定。

11.1.7,12.2.8 机械化、工厂化、专业化、信息化施工是高标准建设高速铁路的必要保障，边坡防护预制构件、排水沟(管)、盖板等混凝土预制件应工厂化加工。为确保施工过程中预制件的外观美观、结构尺寸准确、棱角分明，无裂纹、无掉角掉块，预制件应从加工或进场、搬运、移位、存储、堆放到安装，都制定严格的操作规程和科学的作业指导书。

11.2 植物防护是一种既经济又有利于生态环境、防止坡面侵蚀和表层坍滑的边坡防护措施，在宜于植物生长的边坡上应尽可能采用植物防护，但由于需要一定的生长期，在播撒草籽或移植幼苗初期，易受雨水冲刷或大风吹蚀而损毁，因此在种植初期应采取既能避免草、苗受损，又能有效防止坡面冲刷或吹蚀的固土措施。

边坡植物防护应根据填料情况、线路所经地区的地质条件、气候特征等选择合适的植物种类。

11.2.12 成活率指成活的植物数量与原种植数量的百分比。

覆盖率指地面上全部植物茎叶的垂直投影面积与样方面积的百分比。

藤本植物指株体不能自立，依靠吸盘、卷须钩刺或本身的缠绕性，缠绕或攀附于其他物体而向上生长，或者匍地生长的木本植物。藤本植物有常绿和落叶之分。

灌木指体型较矮小，主干低矮或者茎干自地面呈多数生出而无明显主干的多年生木本植物。按高度可分为大灌木(2～3 m)、中灌木(1～2 m)、小灌木(约1 m)。

一般地区指年平均降水量大于600 mm，最冷月月平均气温高于或等于－5 ℃的温暖、湿润地区。

干旱地区指年平均降水量小于600 mm的地区。

寒冷地区指最冷月月平均气温低于－5 ℃的地区。

12.1 路基防(隔)水层包括了膨胀土(岩)、黄土基底或换填底面的加强封闭、隔水处理层，盐渍土路堤基底设置的毛细水隔断层和反滤层，以及基床表层级配碎石表面上铺设的沥青混凝土防水层。由于沥青混凝土层的作用是路基面防水，所以，本标准将沥青混凝土作为路基防排水工程编写。

从广义上讲，沥青混凝土属于沥青混合料的一个特殊种类，即它是掺加矿粉的沥青混合料的一个品种，沥青混合料包括沥青碎石混合料（即不掺加矿粉）和沥青混凝土（即掺加矿粉）两个品种，因此，本标准延用了原《客运专线路基工程施工质量验收暂行标准》（铁建设〔2005〕160号）中沥青混凝土的概念，内容主要引自《客运专线铁路无砟轨道路基面防水层沥青混合料暂行技术条件》（科技基〔2008〕74 号）。

12.1.19 沥青混凝土技术指标是通过综合文献研究、大量的试验研究，同时结合路基面沥青防水层的功能要求而提出的，主要技术指标包括：

(1)渗透系数：对混合料进行渗水试验，得出渗水系数（mL/min），然后换算为渗透系数（cm/s），以 K 表示。

(2)空隙率：测定混合料毛体积相对密度（g/cm^3）和最大相对理论密度（g/cm^3），计算得出空隙率（%），以 V_r 表示。

(3)标准马歇尔稳定度：对混合料进行马歇尔试验得到的稳定度（kN），以 MS 表示。

(4)冻融劈裂强度比：对混合料进行冻融劈裂试验，冻融循环后的试件与未冻融循环试件的劈裂抗拉强度（MPa）之比（%），以 TSR（Tensile Strength Ratio）表示。

(5)低温线收缩系数：对压实混合料进行低温线收缩系数试验，得到的线收缩系数（$\mu\varepsilon$/℃），以 C 表示。

其中渗透系数 K 和空隙率 V_r 是核心指标，而马歇尔稳定度 MS 以及冻融劈裂强度比 TSR 是优化指标。核心指标和优化指标构成沥青混凝土的设计指标，而低温线收缩系数则是作为寒区和严寒区的检验指标。

12.1.21 沥青混凝土防排水层的厚度较小，其压实密度不宜用核子密度仪检测，而应采用现场钻芯法取样测定。钻芯法取样后，应及时采用沥青混凝土填补取样孔洞。

12.2～12.5 边坡防护及防排水工程是铁路工程的重要组成部分，建设、设计、施工、监理单位必须高度重视，运营管理单位应提前介入，加强边坡防护及防排水工程设计、施工的全过程管理。根据《铁路边坡防护及防排水工程管理补充规定》（铁建设〔2009〕172 号）对建设各方的管理工作作出了明确规定：

(1)建设单位管理要求

第五条 加强边坡防护及防排水工程施工图审核和技术交底工作。施工前，应及时组织设计、施工、监理及运营管理单位对全线边坡防护及防排水工程设计进行现场核对和审核，并进行技术交底。

第六条 加强边坡防护及防排水工程施工专项检查。在全线线下工程基本成型或独立标段线下工程基本成型后，应组织设计、施工、监理及运营管理单位对边坡防护及防排水工程进行现场核对和专项检查，检查建设标准和设计文件执行情况，根据现场实际进一步完善工程措施，确保边坡防护及防排水工程满足铁路运营安全的要求。

第七条 审查"四电"等后续工程施工方案，并负责施工协调及验收。

第八条 静态验收时，组织设计、施工、监理以及运营管理单位对边坡防护及防排水工程进行实地检查、验收。

(2)设计单位管理要求

第九条 地质勘察、水文调查等工作应能满足边坡防护及防排水工程结构设计要求。

第十条 强化边坡防护及防排水工程设计，加强设计接口管理。边坡防护及防排水工程设计应与路基支挡、隧道洞口、桥梁墩台、涵洞等同步设计、同步出图。

第十一条 加强通用参考图的使用管理。湿陷性黄土、岩溶发育区等不良地质、特殊岩土区段的边坡防护及防排水工程应加强方案研究和工程设计，严禁套用通用参考图。

第十二条 "四电"与站前工程接口应作专门设计，明确"四电"与站前工程接口的施工技术要求。

第十三条 参与建设单位组织的有关边坡防护及防排水工程现场核对、技术交底及检查、验收等工作，加强现场配合施工，及时解决工程建设中存在的技术问题。

(3)施工单位管理要求

第十五条 参与建设单位组织的有关边坡防护及防排水工程现场核对、技术交底及检查、验收等工作，发现现场与设计不符时，应及时报告建设单位。

第十六条 将边坡防护及防排水工程施工控制纳入质量管理体系。

第十七条 施工前结合施工放样对施工图进行现场核对，编制边坡防护及防排水工程专项作业指导书，明确施工技术标准和施工操作程序。

第十八条 严格进场材料检验程序，并按施工图及相关标准进行质量检验。

第十九条 施工期间作好边坡防护及防排水工程的成品保护。雨季施工应制定专门的施工方案及防护措施，发现问题及时整改。

第二十条 "四电"等后续工程单位提出后续工程与已完工程干扰地段的施工方案，经建设单位批准后实施。

(4)监理单位管理要求

第二十一条 参与建设单位组织的有关边坡防护及防排水工程现场核对、技术交底及检查、验收等工作，协助处理工程建设中存在的问题。

第二十二条 编制边坡防护及防排水工程专项监理细则。

第二十三条 配备满足施工进度和质量控制要求的监理人员和设备。

第二十四条 加强边坡防护及防排水工程施工过程监控，对重要工序和关键环节进行旁站监理。

《铁路边坡防护及防排水工程设计补充规定》(铁建设〔2009〕172 号)第二十五条对排水系统的完整性提出了明确的要求，排水设施应系统完整、排水通畅，排水系统径路区域地基应保证长期稳定。排水设施设计应符合下列要求：

(1)侧沟、天沟、排水沟的纵向排水坡度不应小于 2‰。单面排水坡段长度不宜大于 400 m，必要时应增设横向排水设施引入自然沟渠或涵洞，不应直接排入农田。湿陷性黄土地区的路基排水设施或自然坡排水集水区应远离路基坡脚。

(2)膨胀土、湿陷性黄土、砂性土、戈壁碎石土等易冲刷地区排水设施设计应考虑集中水流冲刷对局部微地貌改造以及淤积的影响，采用设计径流量的 1.10 倍确定过水断面尺寸。

(3)路基排水设施均应采取防止冲刷或渗漏的加固措施，可选用混凝土或其他措施进行加固。

(4)天沟不应向路堑侧沟排水，受地形限制需排入侧沟时，必须设置急流槽，并根据天沟流量调整下游侧沟截面尺寸。

(5)边坡平台截水沟必须引入相邻排水设施。边坡骨架或框架梁护坡的排水槽与路堤坡脚排水沟之间应设置连接排水槽，避免边坡集中水流冲刷路堤坡脚。

(6)路基与桥台衔接处的排水沟应与天然沟槽衔接，避免冲刷桥台锥坡。排水沟与涵洞衔接处的沟底高程不应低于涵洞流水面高程。

(7)排入自然沟、渠的天沟、排水沟，其末端应设置消能、沉淀设施，避免集中水流对地表冲蚀。

12.2.3 《铁路边坡防护及防排水工程设计补充规定》(铁建设〔2009〕172号)第二十七条规定：站场范围各种排水设施应协调一致，形成完整的排水系统。站场排水设施应符合下列要求：

(1)站场排水应结合自然水系、城镇排水规划、场坪排水、站内建筑排水等进行系统的规划和设计，大型站场应编制排水系统总图。

(2)纵向排水槽的排水坡度不应小于2‰，单面排水坡长度不宜大于200 m，必要时应设置横向排水槽。

(3)站场排水设施不应与接触网柱、雨棚柱基础等交叉。困难条件下可绕行，但不应降低排水能力。

(4)水管、风管等管线应系统设计，避免与排水设施相互干扰。

(5)无砟道岔区，应采取措施避免积水。

12.2.4 施工前，施工单位应详细调查、收集沿线各段的气候环境、水文地质条件、农田水利规划以及自然水系、植被等资料，进行系统分析，分清排水系统的主次，遵循"先主后次、先重点后辅助、先地下后地面、先排水后防护"、"因地制宜、全面规划、因势利导、综合治理、实效经济"的原则，充分利用地形和自然水系，形成一个"地下地表结合、地形地势协调、形式和位置合理、相互匹配、结构长短合理、范围恰当、经济实效、等级分明"的拦、截、汇、蓄、排、送、防为一体的综合系统，达到及时疏散、就近分流的目的。

12.2.5 施工期间，路基面及边坡排水非常重要，是确保路基填筑质量和确保路基不因雨水浸泡和冲刷而破坏的重要措施。特别是在雨季，应采取有效措施，防范雨水侵入造成的滑坡、塌陷等灾害。

12.2.6 路基排水工程应根据工程特点和实际需要及时实施、及时完善，形成封闭的、通畅的排水系统，主要是防止在施工期间因地表水及地下水的侵入而造成路基松软和坡面坍塌，或给路基长期安全稳定留下隐患。

12.2.7 通常是在路基完成后施工电缆槽、接触网支柱、声屏障、防护栅栏、"四电"等其他设施，对路基面造成临时破坏。为了避免局部浸水而影响路基质量，应及时完善路基面与路基相关工程结合部的路基处理和排水设施。

12.2.9 导流构造物处于泄水口，水流冲刷严重，为了确保结构稳定和耐冲刷性，应特别注意坝基处理以及坝根与相连地层或其他防护设施的嵌接。

12.2.10 改河工程施工受季节影响大，适宜在旱季水位低、水流小的时候施工，应当合理安排，在旱季完成。如果未完成，应该根据当地水文条件和气候特征，做好相应的临时防洪度汛措施。

12.2.26 水沟出水口位置及与既有沟渠、自然沟渠的衔接是完善排水系统的重要组成部分，是顺利排除水沟积水的最后一道关，不仅要保证水沟内的水能够顺利排出，还要确保接口处附近建筑物的安全。

12.2.27 天沟、排水沟具有截流坡面排向线路方向地表水的功能，确保天沟、排水沟外侧的水能够顺利进入沟内才能实现截流功能，如果高出外侧地面，坡面流水不能进入水沟，就会冲刷、浸泡水沟和水沟外侧壁后土体，破坏水沟，甚至导致山体因渗水而引发自然灾害，因此，天沟、排水沟靠山侧沟壁不能高出外侧地面。同时，应做好表面封闭层，防止地表水沿沟边下渗。

12.3.10 采用土工合成材料作为地下排水设施时,应符合设计要求。当设计无具体要求时,可参考以下技术条件:

(1)做反滤层的土工织物宜采用耐腐蚀、抗老化的无纺土工织物,且应满足保土、透水、防淤堵的设计准则,刺破强度和撕裂强度不应小于 400 N,CBR 顶破强度不应小于 1.5 kN。

(2)作为隔水防渗材料的土工膜和复合土工膜,膜厚不应小于 0.3 mm,渗透系数不应大于 10 ～11 cm/s,CBR 顶破强度不应小于 2.5 kN,在严寒地区还应满足抗冻性要求。

(3)塑料渗水管材应质量轻、耐化学腐蚀,使用寿命长,可在－25～60 ℃条件下使用,有良好的透水、渗滤、纵向排水性能,并具有较高抗拉、抗压强度和环形刚度。

12.3.23 根据《铁路路基土工合成材料应用设计规范》(TB 10118—2006)的规定:反滤土工织物的搭接宽度不宜小于20 cm。隔水防渗土工膜和复合土工膜宜用粘接法,粘接宽度不应小于 10 cm,粘接强度不应低于材料设计强度,连接面不应夹有砂石等杂物。本条规定指铺设偏差。

12.4.1,12.4.2 高速铁路路堤横向排水设施主要应用于车站和区间无砟轨道曲线段路基排水。

车站内股道多、路基面"锯齿形"、道岔区轨道长度及连接多样性的特点,导致纵向排水沟的水很难直接排出路基外,通常需要设置横向排水沟来排除纵向水沟内的集水。

双块式无砟轨道曲线地段和板式无砟轨道地段由于结构的特殊性,曲线地段通常在线间设集水井或集水沟收集雨水,再通过横向排水管(或排水沟)排出至路基坡面排水系统内。

13 为保证高速铁路路基工程质量,避免传统施工方法带来的站后工程对路基的破坏,所有需在路基上开挖埋设、设置构筑物的施工应与路基施工统筹安排,同步修建。相关工程开挖后应保证回填质量。

13.1.2 在已填筑路基上可采用"一标二挖三修面,分层开挖勤出渣"的端刺基坑开挖方法。宜采用电动手锯切缝,防止扰动外侧表层填料,基坑坑壁应预留 10 cm 最后修面。"一标"指开挖前基坑边线用墨线标识于路面,标出基坑轮廓。"二挖"指基坑开挖分芯部及坑壁两个区域,先芯后壁,先重后轻,分步开挖,避免开挖扰动基坑四周填料。"三修面"指坑壁修面从上至下分三步进行:路基面往下第一层约 8 cm 深坑壁修整为第一步修面,采用风镐距离边线约 2～3 cm 竖直打钎凿面;第二步修整下部坑壁,钢钎与坑壁成 20°～30°夹角;第三步为精修,采用人工凿平,修整少量突出及松动部分,使坑壁平整、稳定。"分层开挖"指开挖时结合填筑层厚度进行开挖,工效较高,并有利于确保坑底质量。"勤出渣"指及时出渣,防止基坑四周堆载和基底超挖。

施工中基坑不应泡水,如开挖后不能及时灌注混凝土,应采取有效防护措施。

13.1.8 端刺的主要作用是将桥上连续底座上产生的温度力、制动力等传至路基内,基坑侧壁的垂直度对实现端刺的功能非常重要,应严格控制。

13.2.2 铁路工程建设通用参考图"通路(2010)8401"《铁路路基电缆槽》要求:电缆槽基坑应采用专用机械在无水条件下切除基床表层级配碎石,电缆槽切除范围至电缆槽内侧壁以外 5 cm。

13.2.3 电缆槽盖板的安装应考虑站后四电专业的施工时间,应在线缆全部敷设完毕后进行,以减少盖板因反复开启而出现掉角、开裂、破损现象。

13.2.4 铁路工程建设通用参考图"通路(2010)8401"《铁路路基电缆槽》要求:切除后于槽底铺设透水砾石或碎石,碎石顶部设 5 cm 厚的 M10 水泥砂浆找平层后安装电缆槽。当路堑基床表层底部设中粗砂夹隔水材料封闭隔水时，电缆槽底部可设中粗砂垫层。

13.2.9 铁路工程建设通用参考图“通路(2010)8401”《铁路路基电缆槽》要求：电缆槽安装完毕后采用C25混凝土回填内侧基坑。电缆槽与接触网支柱、声屏障基础间缝隙采用M10水泥砂浆或C25混凝土灌实。

13.2.10 铁路工程建设通用参考图“通路(2010)8401”《铁路路基电缆槽》要求：电缆槽(井)施工完成后应保证泄水孔排水顺畅；电缆槽(井)泄水孔内埋设镀锌铁丝网以防鼠类等小动物进入，铁丝网安装位置要准确。

安装电缆槽时，应统筹考虑路基边坡防护类型、边坡排水通道位置，泄水孔排出的水不应冲刷路基。

13.2.12 铁路工程建设通用参考图“通路(2010)8401”《铁路路基电缆槽》要求：电缆槽外侧于基床底层顶面设混凝土护肩(声屏障基础为连续条形基础的地段除外)以保证电缆槽的稳定性，混凝土护肩应现场浇筑。电缆槽安装完毕后及时施工槽外混凝土护肩。

13.4.1 铁路工程建设通用参考图“通环(2008)8322”《客运专线铁路路基整体式混凝土声屏障》和“通环(2009)8326”《时速350 km客运专线铁路路基插入式非金属声屏障》要求：声屏障的基础施工宜在路基本体成型后、轨道铺设及电缆槽施工前，施工前应查清路基上各类管线的位置。声屏障基础钢筋混凝土钻孔灌注桩施工时，应确认孔位无误后再施工。孔位放样时应由桥梁、涵洞向两侧依次进行，如基础与其他构筑物发生冲突时，应反馈设计院解决。整体式混凝土声屏障基础施工时，应依据声屏障基础尺寸及其在路肩的位置切割开槽，切割开槽时严禁破坏各类管线。

13.4.8 铁路工程建设通用参考图“通环(2008)8322”《客运专线铁路路基整体式混凝土声屏障》要求：声屏障基础每20～30 m长设置一个伸缩缝。铁路工程建设通用参考图“通环(2009)8326”《时速350 km客运专线铁路路基插入式非金属声屏障》要求：声屏障底梁每隔25～26 m设置一个伸缩缝，缝内填沥青油麻毡，伸缩缝处设双桩。施工中应结合现场确定具体伸缩缝位置。

13.4.9 铁路工程建设通用参考图“通环(2008)8322”《客运专线铁路路基整体式混凝土声屏障》要求：基础顶端每2 m预埋ϕ100 mmL形PVC管，以排放声屏障内侧路肩面的雨水；基础中部变截面处每4 m按2%坡度预埋ϕ75 mm直形PVC管，以排出路基本体渗水和电缆槽泄水；无砟轨道线路路基线间集水井的连接排水管可浇筑在基础中。《高速铁路设计规范(试行)》(TB 10621)第22.2.9条规定：路基声屏障应设排水设施，外侧排水出口应避免对路基边坡产生冲刷，并防止漏声。

13.4.10 铁路工程建设通用参考图“通环(2008)8322”《客运专线铁路路基整体式混凝土声屏障》要求：基础与电缆槽、接触网支柱之间、与路肩面的缝隙等均应用沥青混凝土做防水层。

13.5.1 为保证路基工程质量，不应反开槽开挖路基埋设综合接地线。铁路工程建设通用参考图“通路(2010)8401”《铁路路基电缆槽》要求：过轨管施工采用人工或机械挖槽，槽底设C25混凝土基础，厚度不小于10 cm。对于路堤地段，应在路堤填筑至基床底层顶面后埋设，对于基床表层换填地段的路堑应在基床表层范围内原状岩(土)挖除后埋设；基床表层以下的基坑应采用C25素混凝土回填，待混凝土强度达到设计强度的70%以后再施工基床表层级配碎石。对于基床表层不换填地段的硬质岩石路堑，应在路堑施工至路基面高程后埋设，基坑内全部采用C25素混凝土回填。

13.6.1 为便于边坡防护及涵洞检修，边坡检查踏步间距不宜大于50 m，涵洞进出口处必须设置检查踏步。当设计边坡检查踏步间隔距离太大或无设计时，应提出增加边坡检查踏步的变更设计要求。

13.7 防护栅栏施工质量的验收依据铁路工程建设通用参考图“通线(2011)8001”《铁路线路防护栅栏》编制。

13.7.7 基坑开挖过程中，如果周边原状土松动或局部剥落导致坑壁不垂直，可按坑壁垂直要求扩大基坑尺寸，挖除松动土，立柱定位后满灌基础混凝土，确保防护栅栏立柱稳定。

13.8.3 在取土场使用前、使用中发现取土位置不能满足环保要求时，应及时提出变更申请。取土过程中施工单位检验 2 次，应根据施组设计的取土场使用计划，按平均使用时间间隔检验，取土深度不应大于设计取土深度，取土场边坡开挖应确保自然边坡的安全稳定或设置安全可靠的支挡结构，不应比设计边坡偏陡。

13.8.4 发现弃土位置不能满足环境要求时，应及时提出变更申请，危及环境安全时应及时采取防护措施。

13.8.5 弃土过程中施工单位检验 2 次，应根据施组设计的弃土场使用计划，按平均使用时间间隔检验，弃土高度不应大于设计弃土高度，弃土边坡坡率应确保弃土堆自身的安全稳定，并且不会威胁周边结构物安全，不应比设计边坡偏陡。

14

速铁路沉降变形控制要求很高，而影响沉降计算结果的因素较多，沉降计算分析的允许误差远远大于沉降变形控制值，为保证工程措施满足沉降控制要求，应加强施工期的沉降观测与评估分析。

14.0.2 沉降预测一般至少在填土完成后，经 3～6 个月的测量时间才能建立。根据经验填土的蠕变随土性的不同一般需要 6～18 个月才能稳定。因此，路基在填筑完成或施加预压荷载后经过不少于 6 个月的观测和调整期，既是路基变形调整的需要，也是沉降观测和预测、保证工后沉降控制的需要。

14.0.6 为确保线下工程的工后沉降和变形在预定的施工工期内满足铺轨条件，勘察设计单位应提交各观测断面的设计预测沉降值与时间的关系曲线，在沉降和变形观测期内，如观测单位发现沉降实测值与设计预测值有明显偏差时，应及时会同建设、勘察设计等相关单位，查明原因，采取相应的处理措施。

根据国内外沉降观测的实践经验，观测数据有一定的离散性，《客运专线无砟轨道铁路工程施工质量验收暂行标准》(铁建设〔2007〕85 号)规定实测值超过设计预测值 20%及以上时，视为实测值与设计预测值有明显偏差。

14.0.7 参考《客运专线无砟轨道铁路工程施工质量验收暂行标准》(铁建设〔2007〕85 号)有关规定，建设单位负责铺轨条件的评估工作，并组织勘察设计、施工、监理和咨询等单位实施。评估过程中各方应明确职责，密切配合，确保观测数据及评估结果的真实、可靠。

建设单位的主要职责如下：

(1)委托咨询单位或专业队伍进行铺轨条件的评估。

(2)根据设计要求及《客运专线铁路无砟轨道铺设条件评估技术指南》(铁建设〔2006〕158 号)和《客运专线铁路无砟轨道铺设条件评估技术指南》局部修订条文(铁建设〔2007〕150 号)的相关规定，制定变形观测及评估工作实施细则。

(3)负责观测及评估人员的技术指导和培训。

(4)对观测数据的真实、可靠性负责，并建立变形观测和评估数据库。

(5)组织阶段评估工作,并及时将阶段评估结果提交设计、施工、监理和咨询单位。评估工作完成后,提交“轨道铺设条件评估报告”。

(6)检查、监督、协调、处理变形观测及评估工作中的有关问题。

勘察设计单位的主要职责如下:

(1)提交线路设计纵断面图、工程地质纵横断面图、设计图纸和说明书;线下工程变形观测断面、观测点布置等要求;变形计算报告,包括不同阶段的设计沉降值与时间的关系曲线等。

(2)对变形观测的设计要求进行技术交底。

(3)参与制定变形观测及评估工作实施细则。

(4)根据变形观测结果,对设计预测沉降进行实时修正,并将设计预测的结果提交建设单位。

施工单位的的主要职责如下:

(1)负责线下工程变形的观测。

(2)参与制定变形观测和评估工作实施细则。

(3)变形监测网的复测与校核。

(4)根据建设、勘察设计等单位要求,设置变形观测点,进行观测,并及时提交观测数据。

(5)负责观测设施的保护,确保施工过程中不受扰动或破坏。

监理单位的的主要职责如下:

(1)参与制定变形观测和评估工作实施细则。

(2)对重要环节进行旁站监理。

(3)监督、检查观测设施的保护,确保其不受施工或外界的扰动和破坏。

(4)对施工单位的观测数据及时签字确认。

无砟轨道工程,委托的咨询单位或专业队伍应全过程对变形进行平行观测,并将路基作为监测的重点。平行观测数量,一般地段不少于总测点的30%,对于地质复杂、沉降变化大以及过渡段等区段,平行观测的数量不应少于50%。

参与观测的人员必须经过培训才能上岗。

15.1.2 表15.1.2规定了单位工程质量控制资料核查内容,对表中未列的较重要的质量控制资料,应根据工程建设质量主管部门的要求进行核查。其中,第7项“路基检测、试验报告”主要是指地基处理、路基填筑的施工质量检测、试验报告。

中华人民共和国行业标准

铁建设〔2010〕240号

高速铁路桥涵工程施工质量验收标准

Standard for Constructional Quality Acceptance of High—speed Railway Bridge and Culvert Engineering

TB 10752—2010

2010-12-08 发布　　　　2010-12-08 实施

中华人民共和国铁道部　发布

前　言

本标准是根据铁道部《关于印发2009年铁路工程建设标准编制计划的通知》(铁建设函〔2009〕34号)的要求,在《客运专线铁路桥涵工程施工质量验收暂行标准》(铁建设〔2005〕160号)的基础上,充分吸纳京津、武广、郑西、合宁、合武、石太、东南沿海、沪宁等高速铁路的建设、运营经验编制而成的。

本标准的编制工作紧紧把握高速铁路总体技术路线,坚持高起点、高标准,通过原始创新、集成创新和引进消化吸收再创新,形成了符合我国国情路情、具有自主知识产权的中国高速铁路桥涵工程施工质量验收标准。

本标准共分19章,主要内容包括:总则,术语,基本规定,明挖基础,桩基础,沉井基础,墩台,预应力混凝土简支箱梁,预应力混凝土简支T梁,混凝土连续梁、连续刚构,拱桥,钢桁梁,结合梁,斜拉桥,支座,桥面附属设施,涵洞,沉降变形观测,桥涵单位工程综合质量评定。

本标准的主要内容如下:

1. 落实"六位一体"建设管理要求,对质量、安全、工期、投资控制、环境保护和技术创新提出了针对性管理措施。

2. 反映建设项目标准化管理内涵,为管理制度、人员配备、现场管理、过程控制标准化提供了配套性标准规定。

3. 强调现代化施工管理手段应用,从积极推广机械化、工厂化、专业化、信息化施工角度,明确了指导性原则要求。

4. 体现全方位全过程质量控制理念,在源头控制、过程控制、细节控制方面明确了建设各方的关键性工作内容。

5. 突出工程结构安全性、可靠性、耐久性和系统使用功能等方面的质量目标要求,保证高速铁路安全平稳运营。

6. 贯彻工程质量终身负责制,增加了工序操作责任人的记录要求,体现对管理层、技术层、作业层人员的质量责任追溯。

7. 优化了工程施工质量验收的单元划分、组织程序、实施方法和工作内容。

8. 调整了检验项目、质量指标和检验方法,质量检测工作更趋科学、合理。

9. 梳理分析了桥涵工程施工中的易发质量通病,制定了针对性控制措施。

10. 提出了对特殊环境条件及结构复杂桥梁工程实施风险管理的规定。

11. 规定了模板和支撑体系应进行施工设计的要求,确保其强度、刚度、稳定性和连接可靠性。

12. 完善了桩头处理质量控制要求,规定了桩头的凿除方法、凿除时的混凝土强度等级、凿除后顶面质量以及桩身与承台连接处的钢筋安装质量等。

13. 统一了混凝土连续梁(刚构)纵向、竖向、横向预应力筋的张拉顺序。

14. 纳入了钢管混凝土拱桥、钢拱桥、斜拉桥等的施工质量验收内容。

15. 细化了防水层铺设、小型构件预制和安装、桥面排水设施施工等的技术要求。

16. 明确了桥台、涵洞排水设施系统性、完整性、功能性的核查确认要求。

17. 完善了桥涵工程沉降变形观测的有关要求。

本标准全部条文均为强制性条文,必须严格执行。

在执行本标准过程中,希望各单位结合工程实践,认真总结经验,积累资料。如发现需要修改和补充之处,请及时将意见和有关资料寄交中铁三局集团有限公司(太原市迎泽大街269号,邮政编码030001),并抄送铁道部经济规划研究院(北京市海淀区北蜂窝路乙29号,邮政编码:100038),供今后修订时参考。

本标准由铁道部建设管理司负责解释。

主编单位:中铁三局集团有限公司、中铁六局集团有限公司。

参编单位:中铁大桥局集团有限公司、中铁十二局集团有限公司。

主要起草人:张英才、薛吉岗、王　金、王新洁、李小和、宋伟俊、牛慧敏、赵德学、高生伟、张　峰、吴士民、安明喆、张劭明、冯敏娟、陈永刚、王宪东、赵志清、李佃宇、宋　杰、林荫岳、刘宏刚、杨梦纯、谢必东、王建业、齐　帅。

主要审定人:安国栋、苏全利、米　隆、吴明友、薛育秀、傅　锋、杨梦蛟、刘　椿、张先军、李承根、陈　列、徐升桥、梁志新、朱　飚、张宁南、周新亚、钱树青。

目　　次

1 总　　则

1.0.1 为加强高速铁路工程施工质量管理，统一高速铁路桥涵工程施工质量的验收标准，保证工程质量，制定本标准。

1.0.2 本标准适用于新建时速 250～350 km 高速铁路桥涵工程施工质量的验收。时速 250 km以下客运专线、城际铁路桥涵工程施工质量的验收应参照执行。

1.0.3 建设各方应建立健全质量保证体系，对工程施工质量进行全过程控制，对管理层、技术层、作业层人员的质量责任实行终身追究制度。

1.0.4 建设各方应做好管理制度标准化、人员配备标准化、现场管理标准化、过程控制标准化等工作，落实质量、安全、工期、投资效益、环境保护、技术创新等建设管理要求。

1.0.5 高速铁路桥涵工程施工必须执行国家法律法规及相关技术标准，严格按照设计文件进行施工，满足工程结构安全、耐久性能及系统使用功能要求，保证设计使用年限内正常运营。

1.0.6 高速铁路桥涵工程施工应贯彻国民经济可持续发展战略，合理利用资源，做好环境保护、水土保持等工作。

1.0.7 高速铁路桥涵工程施工应采用机械化、工厂化、专业化、信息化等现代化施工手段，保证工程质量，保障施工安全。

1.0.8 高速铁路桥涵工程应采用先进、成熟、科学的检测手段，质量检测数据必须真实可靠，全面反映工程质量状况。所用方法和仪器设备应符合相关标准的规定，仪器精度应能满足质量控制要求，质量检测人员必须具有规定的资格。

1.0.9 高速铁路桥涵工程的各类质量检测报告、检查验收记录和工程技术资料，必须按规定及时填写，并且严格履行责任人签字确认制度，保证其具有有效的查考利用价值和完备的质量责任追溯功能，并应按有关规定及时做好资料的归档管理工作。

1.0.10 高速铁路桥涵工程施工中所采用的承包合同文件和工程技术文件等对施工质量的要求不得低于本标准的规定。当设计要求的质量指标高于本标准的规定时，应按设计要求办理。

1.0.11 高速铁路桥涵工程施工及验收人员应经过专门培训合格后方可上岗。

1.0.12 高速铁路桥涵工程施工应制定相应的安全技术措施，严格执行安全技术规程和相应劳动卫生标准。跨越或下穿既有铁路、公路施工时应按照有关要求设置安全防护设施。

1.0.13 深水、高墩、大跨度、特殊结构等技术复杂的桥梁和岩溶、采空区等特殊地质条件的桥梁，应结合现场实际情况，通过风险计划、风险识别、风险评估、风险处理和风险监测等程序，做好风险管理工作，并制定专项施工方案和应急预案。

1.0.14 本标准应与铁道部现行《铁路混凝土工程施工质量验收标准》（TB 10424—2010）配套使用。

1.0.15 对于本标准未涉及的新技术、新工艺、新设备、新材料，其施工质量的验收应另行制定补充标准。

1.0.16 高速铁路桥涵工程施工质量的验收除应符合本标准外，尚应符合国家现行有关标准的规定。

2 术 语

2.0.1 工程施工质量 constructional quality of engineering

反映工程施工过程或实体满足相关标准规定或合同约定的要求，包括其在安全、使用功能及其在耐久性能、环境保护等方面所有明显和隐含能力的特性总和。

2.0.2 验收 acceptance

工程施工质量在施工单位自行检查评定的基础上，参与建设活动的有关单位共同对检验批、分项、分部、单位工程的质量按有关规定进行检验，根据相关标准以书面形式对工程质量达到合格与否做出确认。

2.0.3 设计使用年限 design working life

设计人员用以作为结构耐久性设计依据并具有足够安全度或保证率的目标使用年限。

2.0.4 进场验收 site acceptance

对进入施工现场的材料、构配件、设备等按相关标准规定要求进行检验，对其达到合格与否做出确认。

2.0.5 检验批 inspection lot

按同一生产条件或按规定的方式汇总起来供检验用的由一定数量样本组成的检验体。

2.0.6 检验 inspection

对检验项目中的性能进行量测、检查、试验等，并将结果与标准规定要求进行比较，以确定每项性能是否合格所进行的活动。

2.0.7 见证检验 witness testing

监理单位对施工单位材料取样、送样、检验或某项检测、试验过程进行的监督活动。

2.0.8 平行检验 parallel acceptance testing

监理单位利用一定的检查或检测手段，在施工单位自检的基础上，按照一定的比例独立进行检查或检测的活动。

2.0.9 旁站 on-site supervision

在工程的关键部位或关键工序施工过程中，由监理人员在现场进行的监督活动。

2.0.10 工序 working procedure

施工过程中具有相对独立特点的作业活动，或由必要的技术间歇及停顿分割的作业活动，是组成施工过程的基本单元。

2.0.11 交接检验 handing over inspection

由施工的承接方与完成方共同检查并对可否继续施工做出确认的活动。

2.0.12 主控项目 dominant item

对质量、安全、卫生、环境保护和公众利益起决定性作用的检验项目。

2.0.13 一般项目 general item

除主控项目以外的检验项目。

2.0.14 简支梁 simple supported beam

两端为铰支承的梁。

2.0.15 连续梁 continuous beam

沿梁长方向有三处或三处以上由支座支承的梁。

2.0.16 连续刚构 continuous rigid frame

梁与中间墩刚性连接的连续孔跨结构。

2.0.17 刚架桥(刚构桥) rigid frame bridge

桥跨结构与桥墩或桥台刚性连接的桥。

2.0.18 斜拉桥 cabled-stayed bridge

以斜拉索连接索塔和主梁作为桥跨结构的桥。

2.0.19 结合梁 composite girder

由钢筋混凝土板与钢梁结合成整体的梁。

2.0.20 钢板梁 steel plate girder

由钢板或型钢组成Ⅰ字形截面主梁,并由纵、横联结系连接的梁。

2.0.21 钢箱梁 steel box girder

由纵、横向加劲肋加强的钢板组成的单室或多室箱形截面的梁。

2.0.22 钢桁梁 steel trussed

由钢板或型钢组成各种截面杆件所组成的不同桁架的梁。

2.0.23 剪力联结器 shear bonder

钢—混凝土结合梁中用于传递剪力的装置,通常在钢—混凝土结合面上采用柔性栓钉。

3 基本规定

3.1 一般规定

3.1.1 高速铁路桥涵工程施工现场质量管理应有相应的施工技术标准、健全的质量管理体系和施工质量检验制度。

施工现场质量管理检查记录应由施工单位在施工前按表 3.1.1 的规定填写，总监理工程师进行检查，并做出检查结论。

表 3.1.1 施工现场质量管理检查记录

<table>
<tr><td colspan="2">单位工程名称</td><td colspan="2"></td><td>开工日期</td><td colspan="2"></td></tr>
<tr><td colspan="2">建设单位</td><td colspan="2"></td><td>项目负责人</td><td colspan="2"></td></tr>
<tr><td colspan="2">设计单位</td><td colspan="2"></td><td>项目负责人</td><td colspan="2"></td></tr>
<tr><td colspan="2">监理单位</td><td colspan="2"></td><td>总监理工程师</td><td colspan="2"></td></tr>
<tr><td colspan="2">施工单位</td><td></td><td>项目负责人</td><td></td><td>项目技术负责人</td><td></td></tr>
<tr><td>序号</td><td colspan="2">项　目</td><td colspan="4">内　容</td></tr>
<tr><td>1</td><td colspan="2">开工报告</td><td colspan="4"></td></tr>
<tr><td>2</td><td colspan="2">现场质量管理制度</td><td colspan="4"></td></tr>
<tr><td>3</td><td colspan="2">质量责任制</td><td colspan="4"></td></tr>
<tr><td>4</td><td colspan="2">工程质量检验制度</td><td colspan="4"></td></tr>
<tr><td>5</td><td colspan="2">施工技术标准</td><td colspan="4"></td></tr>
<tr><td>6</td><td colspan="2">施工图现场核对情况</td><td colspan="4"></td></tr>
<tr><td>7</td><td colspan="2">地质勘察资料</td><td colspan="4"></td></tr>
<tr><td>8</td><td colspan="2">交接桩、施工复测及测量控制网资料</td><td colspan="4"></td></tr>
<tr><td>9</td><td colspan="2">施工组织设计、施工方案和环境保护方案及审批</td><td colspan="4"></td></tr>
<tr><td>10</td><td colspan="2">主要专业工种操作上岗证书</td><td colspan="4"></td></tr>
<tr><td>11</td><td colspan="2">施工单位各类人员质量责任登记</td><td colspan="4"></td></tr>
<tr><td>12</td><td colspan="2">施工检测设备及计量器具设置</td><td colspan="4"></td></tr>
<tr><td>13</td><td colspan="2">材料、设备管理制度</td><td colspan="4"></td></tr>
<tr><td colspan="7">检查结论：
总监理工程师　　　　　　　　　　　　　　年　月　日</td></tr>
</table>

3.1.2 高速铁路桥涵工程应按下列规定进行施工质量控制：

1 工程采用的原材料、构配件和设备，施工单位和监理单位应按本标准的规定进行检验，不合格的不得用于工程施工。

2 各工序应按施工技术标准进行过程控制，施工单位和监理单位应按本标准的规定进行全面检查，并形成记录。

3 工序之间应进行交接检验，上道工序应满足下道工序的施工条件和技术要求。相关专业工序之间的交接检验应经监理工程师检查认可，未经检查或经检查不合格的不得进行下道工序施工。

3.1.3 高速铁路桥涵工程施工质量应按下列要求进行验收：

1 工程施工质量应符合本标准和现行有关标准的规定。

2 工程施工质量应符合工程勘察、设计文件的要求。

3 参加工程施工质量验收的各方人员应具备规定的资格；各种检查记录签证人员应报建设单位确认、备案。

4 工程施工质量的验收均应在施工单位自行检查评定合格的基础上进行。

3.2　工程施工质量验收单元划分

3.2.1 高速铁路桥涵工程施工质量验收单元划分为单位工程、分部工程、分项工程和检验批。

3.2.2 单位工程应按一个完整工程或一个相当规模的施工范围划分，并按下列原则确定：

1 每座特大桥、大桥、中桥为一个单位工程。

2 对于特别长大的桥梁，一个施工单位担负的桥梁施工范围为一个单位工程。

3 小桥不超过5座为一个单位工程。

4 涵洞不超过10座为一个单位工程。

3.2.3 分部工程应按一个完整部位或主要结构及施工阶段划分。

3.2.4 分项工程应按工种、工序、材料、施工工艺等划分。

3.2.5 检验批可根据施工及质量控制和验收需要按施工段或部位等划分。

3.2.6 桥梁、涵洞工程的分部工程、分项工程、检验批划分和检验项目应符合表3.2.6—1和表3.2.6—2的规定。

表3.2.6—1　桥梁工程分部工程、分项工程、检验批划分和检验项目

<table>
<tr><th colspan="2">分部工程</th><th rowspan="2">分项工程</th><th rowspan="2">检验批</th><th colspan="2">检验项目条文号</th></tr>
<tr><th>类别</th><th>名称</th><th>主控项目</th><th>一般项目</th></tr>
<tr><td rowspan="12">地基及基础</td><td rowspan="6">明挖基础</td><td>地基处理</td><td>每个基坑</td><td>4.2.1</td><td>4.2.1</td></tr>
<tr><td>基坑及支护</td><td>每个基坑</td><td>4.3.1～4.3.3</td><td>4.3.4</td></tr>
<tr><td>模板及支架</td><td>每个安装段</td><td>4.4.1</td><td>4.4.2</td></tr>
<tr><td>钢　筋</td><td>每个安装段</td><td>4.4.3</td><td>4.4.4</td></tr>
<tr><td>混凝土</td><td>每个浇筑段</td><td>4.4.5</td><td>4.4.6、4.4.7</td></tr>
<tr><td>基坑回填</td><td>每个基坑</td><td>4.5.1～4.5.3</td><td></td></tr>
<tr><td>沉入桩</td><td>沉　桩</td><td>每个基坑</td><td>5.2.1～5.2.5</td><td>5.2.6</td></tr>
<tr><td rowspan="4">钻(挖)孔桩</td><td>钻　孔</td><td>每根桩</td><td>5.3.1～5.3.5</td><td>5.3.6</td></tr>
<tr><td>挖　孔</td><td>每根桩</td><td>5.3.7～5.3.9</td><td>5.3.10</td></tr>
<tr><td>钢　筋</td><td>每根桩</td><td>5.3.11</td><td>5.3.12、5.3.13</td></tr>
<tr><td>混凝土</td><td>每根桩</td><td>5.3.14～5.3.19</td><td></td></tr>
</table>

续上表

分部工程			分项工程	检验批	检验项目条文号	
类别	名称				主控项目	一般项目
地基及基础	承台		钢围堰	每个承台	5.4.1～5.4.4	5.4.5～5.4.6
			模板及支架	每个承台	5.4.7	5.4.8
			钢　筋	每个承台	5.4.9、5.4.10	5.4.11
			混凝土	每个承台	5.4.12、5.4.13	5.4.14、5.4.15
			基坑回填	每个承台	5.5.1	
	就地制作沉井		模板及支架	每节沉井	6.2.1	6.2.2
			钢　筋	每节沉井	6.2.3	6.2.4
			混凝土	每节沉井	6.2.5	6.2.6、6.2.7
			下　沉	每座沉井	6.2.8	6.2.9
			清基、封底及填充	每座沉井	6.2.10～6.2.12	
墩台	墩台		模板及支架	每个安装段	7.2.1	7.2.2、7.2.3
			钢　筋	每个安装段	7.2.4	7.2.5
			混凝土	每个浇筑段	7.2.6～7.2.8	7.2.9、7.2.10
			防水层	每个桥台	7.2.11	7.2.12、7.2.13
	锥体及排水设施		锥体填筑	每个桥台	7.3.1～7.3.3	7.3.4
			护坡及基础	每个桥台	7.3.5～7.3.8	7.3.9、7.3.10
		排水设施	模板及支架	每个桥台	7.3.11	7.3.19
			钢　筋	每个桥台	7.3.12	7.3.20
			混凝土	每个桥台	7.3.13、7.3.15、7.3.16、7.3.18	7.3.21、7.3.22
			砌　体	每个桥台	7.3.14、7.3.15～7.3.18	7.3.22、7.3.23
预应力混凝土简支箱梁	后张法预应力混凝土简支箱梁预制		模板及支架	每孔(件)梁	8.2.1、8.2.2	8.2.3、8.2.4
			钢　筋	每孔(件)梁	8.2.5	8.2.6、8.2.7
			混凝土	每孔(件)梁	8.2.8、8.2.9	8.2.10、8.2.11
			预应力	每孔(件)梁	8.2.12	8.2.13、8.2.14
			防水层	每孔(件)梁	8.2.15	8.2.16
	先张法预应力混凝土简支箱梁预制		模板及支架	每孔(件)梁	8.3.1、8.3.2	8.3.3、8.3.4
			钢　筋	每孔(件)梁	8.3.5	8.3.6
			混凝土	每孔(件)梁	8.3.7、8.3.8	8.3.9、8.3.10
			预应力	每孔(件)梁	8.3.11～8.3.15	8.3.16
			防水层	每孔(件)梁	8.3.17	8.3.18
	架桥机架设预应力混凝土简支箱梁		架　梁	每孔梁	8.4.1～8.4.6	
			支　座	每孔梁	8.4.7	8.4.8
		组合箱梁横向连接	模板及支架	每孔梁	8.4.9、8.4.10	8.4.11
			钢　筋	每孔梁	8.4.12	8.4.13、8.4.14
			混凝土	每孔梁	8.4.15	8.4.16、8.4.17
			预应力	每孔梁	8.4.18	8.4.19、8.4.20
			防水层	每孔梁	8.4.21	8.4.22

续上表

<table>
<tr><th colspan="2">分部工程</th><th colspan="2" rowspan="2">分项工程</th><th rowspan="2">检验批</th><th colspan="2">检验项目条文号</th></tr>
<tr><th>类别</th><th>名称</th><th>主控项目</th><th>一般项目</th></tr>
<tr><td rowspan="19">预应力混凝土简支箱梁</td><td rowspan="6">支架法现浇预应力混凝土简支箱梁</td><td colspan="2">模板及支架</td><td>每孔(件)梁</td><td>8.5.1～8.5.4</td><td>8.5.5、8.5.6</td></tr>
<tr><td colspan="2">钢　筋</td><td>每孔(件)梁</td><td>8.5.7</td><td>8.5.8、8.5.9</td></tr>
<tr><td colspan="2">混凝土</td><td>每孔(件)梁</td><td>8.5.10</td><td>8.5.11、8.5.12</td></tr>
<tr><td colspan="2">预应力</td><td>每孔(件)梁</td><td>8.5.13</td><td>8.5.14、8.5.15</td></tr>
<tr><td colspan="2">支　座</td><td>每孔(件)梁</td><td>8.5.16</td><td>8.5.17</td></tr>
<tr><td colspan="2">防水层</td><td>每孔(件)梁</td><td>8.5.18</td><td>8.5.19</td></tr>
<tr><td rowspan="6">移动模架现浇预应力混凝土简支箱梁</td><td colspan="2">模板及支架</td><td>每孔(件)梁</td><td>8.6.5、8.6.6</td><td>8.6.7、8.6.8</td></tr>
<tr><td colspan="2">钢　筋</td><td>每孔(件)梁</td><td>8.6.9</td><td>8.6.10、8.6.11</td></tr>
<tr><td colspan="2">混凝土</td><td>每孔(件)梁</td><td>8.6.12</td><td>8.6.13、8.6.14</td></tr>
<tr><td colspan="2">预应力</td><td>每孔(件)梁</td><td>8.6.15</td><td>8.6.16、8.6.17</td></tr>
<tr><td colspan="2">支　座</td><td>每孔(件)梁</td><td>8.6.18</td><td>8.6.19</td></tr>
<tr><td colspan="2">防水层</td><td>每孔(件)梁</td><td>8.6.20</td><td>8.6.21</td></tr>
<tr><td rowspan="7">移动支架拼装预应力混凝土简支箱梁</td><td colspan="2">模板及支架</td><td>每个安装段</td><td>8.7.3、8.7.4</td><td>8.7.5、8.7.6</td></tr>
<tr><td colspan="2">钢　筋</td><td>每个安装段</td><td>8.7.7</td><td>8.7.8、8.7.9</td></tr>
<tr><td colspan="2">混凝土</td><td>每个浇筑段</td><td>8.7.10</td><td>8.7.11、8.7.12</td></tr>
<tr><td colspan="2">预应力</td><td>每个施工段</td><td>8.7.13</td><td>8.7.14、8.7.15</td></tr>
<tr><td colspan="2">梁段组拼</td><td>每孔(件)梁</td><td>8.7.16、8.7.17</td><td>8.7.18～8.7.20</td></tr>
<tr><td colspan="2">支　座</td><td>每孔(件)梁</td><td>8.7.21</td><td>8.7.22</td></tr>
<tr><td colspan="2">防水层</td><td>每孔(件)梁</td><td>8.7.23</td><td>8.7.24</td></tr>
<tr><td rowspan="12">预应力混凝土简支T梁</td><td rowspan="5">预应力混凝土简支T梁预制</td><td colspan="2">模板及支架</td><td>每片梁</td><td>9.2.1、9.2.2</td><td>9.2.3、9.2.4</td></tr>
<tr><td colspan="2">钢　筋</td><td>每片梁</td><td>9.2.5</td><td>9.2.6、9.2.7</td></tr>
<tr><td colspan="2">混凝土</td><td>每片梁</td><td>9.2.8、9.2.9</td><td>9.2.10、9.2.11</td></tr>
<tr><td colspan="2">预应力</td><td>每片梁</td><td>9.2.12</td><td>9.2.13、9.2.14</td></tr>
<tr><td colspan="2">防水层</td><td>每片梁</td><td>9.2.15</td><td>9.2.16</td></tr>
<tr><td rowspan="7">预应力混凝土简支T梁架设</td><td colspan="2">架　梁</td><td>每孔梁</td><td>9.3.1～9.3.6</td><td>9.3.7</td></tr>
<tr><td colspan="2">支　座</td><td>每孔梁</td><td>9.3.8</td><td>9.3.9</td></tr>
<tr><td rowspan="4">梁体横向连接</td><td>模板及支架</td><td>每孔梁</td><td>9.3.10、9.3.11</td><td>9.3.12</td></tr>
<tr><td>钢　筋</td><td>每孔梁</td><td>9.3.13</td><td>9.3.14、9.3.15</td></tr>
<tr><td>混凝土</td><td>每孔梁</td><td>9.3.16</td><td>9.3.17、9.3.18</td></tr>
<tr><td>预应力</td><td>每孔梁</td><td>9.3.19</td><td>9.3.20、9.3.21</td></tr>
<tr><td colspan="2">防水层</td><td>每孔梁</td><td>9.3.22</td><td>9.3.23</td></tr>
</table>

续上表

分部工程		分项工程	检验批	检验项目条文号	
类别	名称			主控项目	一般项目
混凝土连续梁、连续刚构	悬臂浇筑预应力混凝土连续梁、连续刚构	模板及支架	每个安装段	10.1.11、10.1.12	10.1.13、10.1.14
		钢　筋	每个安装段	10.1.15	10.1.16、10.1.17
		混凝土	每个浇筑段	10.1.18～10.1.21	10.1.22～10.1.24
		预应力	每个施工段	10.1.25～10.1.27	10.1.28、10.1.29
		支　座	每孔(联)梁	10.1.30	10.1.31
		防水层	每联梁	10.1.32	10.1.33
	悬臂拼装预应力混凝土连续梁、连续刚构	模板及支架	每个安装段	10.2.10、10.2.11	10.2.12、10.2.13
		钢　筋	每个安装段	10.2.14	10.2.15、10.2.16
		混凝土	每个浇筑段	10.2.17～10.2.19	10.2.20、10.2.21
		预应力	每个施工段	10.2.22～10.2.24	10.2.25、10.2.26
		梁段组拼	每拼装段	10.2.27～10.2.30	10.2.31
		支　座	每孔(联)梁	10.2.32	10.2.33
		防水层	每联梁	10.2.34	10.2.35
	顶推法制架预应力混凝土连续梁	模板及支架	每个安装段	10.3.7	10.3.8、10.3.9
		钢　筋	每个安装段	10.3.10	10.3.11、10.3.12
		混凝土	每个浇筑段	10.3.13、10.3.14	10.3.15、10.3.16
		预应力	每个施工段	10.3.17、10.3.18	10.3.19、10.3.20
		顶推架设	每孔(联)梁	10.3.21～10.3.24	10.3.25、10.3.26
		支　座	每孔(联)梁	10.3.27、10.3.28	10.3.29
		防水层	每联梁	10.3.30	10.3.31
	转体法制架预应力混凝土连续梁、连续刚构	模板及支架	每个安装段	10.4.4	10.4.5、10.4.6
		钢　筋	每个安装段	10.4.7	10.4.8、10.4.9
		混凝土	每个浇筑段	10.4.10、10.4.11	10.4.12、10.4.13
		预应力	每个施工段	10.4.14	10.4.15、10.4.16
		转体施工	每孔(联)梁	10.4.17～10.4.19	10.4.20
		支　座	每孔(联)梁	10.4.21	10.4.22
		防水层	每联梁	10.4.23	10.4.24
	支架法现浇预应力混凝土连续梁	模板及支架	每个安装段	10.5.5～10.5.8	10.5.9、10.5.10
		钢　筋	每个安装段	10.5.11	10.5.12、10.5.13
		混凝土	每个浇筑段	10.5.14、10.5.15	10.5.16、10.5.17
		预应力	每个施工段	10.5.18	10.5.19、10.5.20
		支　座	每孔(联)梁	10.5.21	10.5.22
		防水层	每联梁	10.5.23	10.5.24
	钢筋混凝土连续刚架桥	模板及支架	每个安装段	10.6.6～10.6.8	10.6.9、10.6.10
		钢　筋	每个安装段	10.6.11	10.6.12、10.6.13
		混凝土	每个浇筑段	10.6.14	10.6.15、10.6.16
		防水层	每联梁	10.6.17	10.6.18

续上表

分部工程		分项工程	检验批	检验项目条文号	
类别	名称			主控项目	一般项目
拱桥	钢管混凝土拱	钢管拱肋制作	每个安装段	11.2.1～11.2.4	11.2.5
		钢管拱肋拼装架设	每个安装段	11.2.6～11.2.10	11.2.11
		钢管内混凝土	每个浇筑段	11.2.12～11.2.14	
		涂　装	每孔梁	11.2.15	11.2.16
		吊杆及系杆	每孔梁	11.2.17～11.2.20	
		梁　部	每孔梁	11.2.21	11.2.22
		支　座	每孔梁	11.2.23	11.2.24
		防水层	每孔梁	11.2.25	11.2.26
	钢拱	杆件预拼	每个施工段	11.3.1	11.3.2
		拼装架设	每个施工段	11.3.3	11.3.4
		涂　装	每孔梁	11.3.5	11.3.6
		桥面板	每个施工段	11.3.7	11.3.8
		支　座	每孔梁	11.3.9	11.3.10
		防水层	每孔梁	11.3.11	11.3.12
钢桁梁	钢桁梁	杆件预拼	每个施工段	12.2.1～12.2.7	12.2.8
		拼装架设	每个施工段	12.3.1～12.3.8	12.3.9
		涂　装	每孔梁	12.4.1～12.4.7	12.4.8
		桥面板	每个施工段	12.5.1～12.5.6	12.5.7
		支　座	每孔梁	12.6.1	12.6.2
		防水层	每孔梁	12.7.1	12.7.2
结合梁	结合梁	钢梁　拼装架设	每个施工段	13.2.1～13.2.9	13.2.10、13.2.11
		钢梁　涂　装	每孔梁	13.2.12	13.2.13
		钢梁　支　座	每孔梁	13.2.14	13.2.15
		混凝土桥面板　模板及支架	每个安装段	13.3.1	13.3.2、13.3.3
		混凝土桥面板　钢　筋	每个安装段	13.3.4	13.3.5
		混凝土桥面板　混凝土	每个浇筑段	13.3.6	13.3.7、13.3.8
		混凝土桥面板　预应力	每个施工段	13.3.9	13.3.10、13.3.11
		混凝土桥面板　桥面板安装	每孔(联)梁	13.3.12、13.3.13	13.3.14
		混凝土桥面板　防水层	每联梁	13.3.15	13.3.16
斜拉桥	混凝土索塔	模板及支架	每个安装段	14.2.1	14.2.2、14.2.3
		钢　筋	每个安装段	14.2.4～14.2.6	14.2.7
		混凝土	每个浇筑段	14.2.8	14.2.9、14.2.10
		预应力	每个施工段	14.2.11、14.2.12	14.2.13、14.2.14
		索塔锚固区	每座索塔	14.2.15、14.2.16	

续上表

<table>
<tr><th colspan="2">分部工程</th><th rowspan="2" colspan="2">分项工程</th><th rowspan="2">检验批</th><th colspan="2">检验项目条文号</th></tr>
<tr><th>类别</th><th>名称</th><th>主控项目</th><th>一般项目</th></tr>
<tr><td rowspan="12">斜拉桥</td><td rowspan="6">混凝土主梁</td><td colspan="2">模板及支架</td><td>每个安装段</td><td>14.3.1</td><td>14.3.2、14.3.3</td></tr>
<tr><td colspan="2">钢 筋</td><td>每个安装段</td><td>14.3.4</td><td>14.3.5</td></tr>
<tr><td colspan="2">混凝土</td><td>每个浇筑段</td><td>14.3.6</td><td>14.3.7、14.3.8</td></tr>
<tr><td colspan="2">预应力</td><td>每个施工段</td><td>14.3.9、14.3.10</td><td>14.3.11、14.3.12</td></tr>
<tr><td colspan="2">支 座</td><td>每孔梁</td><td>14.3.13、14.3.14</td><td>14.3.15</td></tr>
<tr><td colspan="2">防水层</td><td>每联梁</td><td>14.3.16</td><td>14.3.17</td></tr>
<tr><td rowspan="5">钢主梁</td><td colspan="2">拼装架设</td><td>每个施工段</td><td>14.3.18～14.3.20</td><td>14.3.21</td></tr>
<tr><td colspan="2">涂 装</td><td>每孔梁</td><td>14.3.22</td><td>14.3.23</td></tr>
<tr><td colspan="2">桥面板</td><td>每孔梁</td><td>14.3.24</td><td>14.3.25</td></tr>
<tr><td colspan="2">支 座</td><td>每孔梁</td><td>14.3.26、14.3.27</td><td>14.3.28</td></tr>
<tr><td colspan="2">防水层</td><td>每联梁</td><td>14.3.29</td><td>14.3.30</td></tr>
<tr><td>斜拉索</td><td colspan="2">斜拉索</td><td>每个安装段</td><td>14.4.1～14.4.5</td><td>14.4.6</td></tr>
<tr><td rowspan="11">桥面附属设施</td><td rowspan="11">桥面附属设施</td><td rowspan="3">防护墙、电缆槽竖墙、接触网支柱基础</td><td>模板及支架</td><td>每座桥，3 km以上特大桥每3 km</td><td>16.2.1、16.2.2、</td><td>16.2.3</td></tr>
<tr><td>钢 筋</td><td>每座桥，3 km以上特大桥每3 km</td><td>16.2.4～16.2.6</td><td>16.2.7</td></tr>
<tr><td>混凝土</td><td>每座桥，3 km以上特大桥每3 km</td><td>16.2.8</td><td>16.2.9、16.2.10</td></tr>
<tr><td rowspan="4">遮板、声(风)屏障基础、栏杆(挡板)、电缆槽盖板</td><td>模 板</td><td>每座桥，3 km以上特大桥每3 km</td><td>16.3.1</td><td>16.3.2</td></tr>
<tr><td>钢 筋</td><td>每座桥，3 km以上特大桥每3 km</td><td>16.3.3</td><td>16.3.4</td></tr>
<tr><td>混凝土及纤维增强砂浆</td><td>每座桥，3 km以上特大桥每3 km</td><td>16.3.5</td><td>16.3.6、16.3.7</td></tr>
<tr><td>安 装</td><td>每座桥，3 km以上特大桥每3 km</td><td>16.3.8～16.3.14</td><td>16.3.15</td></tr>
<tr><td colspan="2">桥梁伸缩装置、防落梁挡块</td><td>每座桥</td><td>16.4.1～16.4.4</td><td></td></tr>
<tr><td colspan="2">桥面排水设施</td><td>每座桥</td><td>16.6.1～16.6.6</td><td></td></tr>
<tr><td colspan="2">围栏、吊篮</td><td>每座桥</td><td>16.7.1～16.7.5</td><td></td></tr>
<tr><td colspan="2">桥上救援疏散设施</td><td>每处</td><td>16.8.1～16.8.8</td><td></td></tr>
<tr><td>沉降变形观测</td><td>沉降变形观测</td><td colspan="2">沉降变形观测</td><td>每座桥</td><td>18.0.6～18.0.10</td><td></td></tr>
</table>

表 3.2.6—2 涵洞工程分部工程、分项工程、检验批划分和检验项目

<table>
<tr><th rowspan="2">分部工程</th><th rowspan="2">分项工程</th><th rowspan="2">检验批</th><th colspan="2">检验项目条文号</th></tr>
<tr><th>主控项目</th><th>一般项目</th></tr>
<tr><td rowspan="6">地基及基础</td><td>地基处理</td><td>每个基坑</td><td>4.2.1</td><td>4.2.1</td></tr>
<tr><td>基坑及支护</td><td>每个基坑</td><td>4.3.1～4.3.3</td><td>4.3.4</td></tr>
<tr><td>模板及支架</td><td>每个安装段</td><td>4.4.1</td><td>4.4.2</td></tr>
<tr><td>钢 筋</td><td>每个安装段</td><td>4.4.3</td><td>4.4.4</td></tr>
<tr><td>混凝土</td><td>每个浇筑段</td><td>4.4.5</td><td>4.4.6、4.4.7</td></tr>
<tr><td>基坑回填</td><td>每个基坑</td><td>4.5.1～4.5.3</td><td></td></tr>
</table>

续上表

<table>
<tr><th rowspan="2">分部工程</th><th rowspan="2" colspan="2">分项工程</th><th rowspan="2">检验批</th><th colspan="2">检验项目条文号</th></tr>
<tr><th>主控项目</th><th>一般项目</th></tr>
<tr><td rowspan="5">涵身及端翼墙</td><td colspan="2">模板及支架</td><td>每个安装段</td><td>17.3.1</td><td>17.3.2</td></tr>
<tr><td colspan="2">钢　筋</td><td>每个安装段</td><td>17.3.3</td><td>17.3.4</td></tr>
<tr><td colspan="2">混凝土</td><td>每个浇筑段</td><td>17.3.5、17.3.6</td><td>17.3.7、17.3.8</td></tr>
<tr><td colspan="2">沉降缝</td><td>每座涵</td><td>17.3.9～17.3.12</td><td></td></tr>
<tr><td colspan="2">防水层</td><td>每座涵</td><td>17.3.13</td><td>17.3.14</td></tr>
<tr><td rowspan="4">渡　槽</td><td colspan="2">模板及支架</td><td>每个安装段</td><td>17.4.1</td><td>17.4.2</td></tr>
<tr><td colspan="2">钢　筋</td><td>每个安装段</td><td>17.4.3</td><td>17.4.4</td></tr>
<tr><td colspan="2">混凝土</td><td>每个浇筑段</td><td>17.4.5</td><td>17.4.6、17.4.7</td></tr>
<tr><td colspan="2">防水层</td><td>每个渡槽</td><td>17.4.8</td><td>17.4.9</td></tr>
<tr><td rowspan="8">附属工程</td><td rowspan="4">锥体、铺砌及排水设施</td><td>模板及支架</td><td>每座涵</td><td>7.3.11</td><td>7.3.19</td></tr>
<tr><td>钢　筋</td><td>每座涵</td><td>7.3.12</td><td>7.3.20</td></tr>
<tr><td>混凝土</td><td>每座涵</td><td>7.3.13、7.3.15、7.3.16、7.3.18、17.5.2</td><td>7.3.21、7.3.22</td></tr>
<tr><td>砌　体</td><td>每座涵</td><td>7.3.14、7.3.15～7.3.18</td><td>7.3.22、7.3.23</td></tr>
<tr><td rowspan="4">栏　杆</td><td>模　板</td><td>每座涵</td><td>16.3.1</td><td>16.3.2</td></tr>
<tr><td>钢　筋</td><td>每座涵</td><td>16.3.3</td><td>16.3.4</td></tr>
<tr><td>混凝土及纤维增强砂浆</td><td>每座涵</td><td>16.3.5</td><td>16.3.6、16.3.7</td></tr>
<tr><td>安　装</td><td>每座涵</td><td>16.3.8～16.3.11</td><td>16.3.15</td></tr>
<tr><td>沉降变形观测</td><td colspan="2">沉降变形观测</td><td>每座涵</td><td>18.0.6～18.0.10</td><td></td></tr>
</table>

3.3 工程施工质量验收内容和要求

3.3.1 检验批的质量验收应包括如下内容：

1 实物检查：对原材料、构配件和设备等的检验，应按进场的批次和本标准规定的抽样检验方案执行；对工序质量的检验，应按本标准规定的抽样检验方案执行。

2 资料检查：原材料、构配件和设备等的质量证明文件（质量合格证、规格、型号及性能检测报告等）和抽样检验报告、工序的施工记录、自检和交接检验记录、平行检验报告、见证检验报告等。

3 质量责任确认：对施工作业责任人员质量责任登记进行确认。

3.3.2 检验批合格质量应符合下列规定：

1 主控项目的质量经抽样检验全部合格。

2 一般项目的质量经抽样检验全部合格。其中，有允许偏差的抽查点，除有专门要求外，80%及以上的抽查点应控制在规定允许偏差内，最大偏差不得大于规定允许偏差的1.5倍。

3　具有完整的施工操作依据、质量检查记录。

4　施工作业责任人员质量责任登记情况真实、全面。

3.3.3　分项工程质量验收合格应符合下列规定：

1　分项工程所含的检验批均应符合合格质量的规定。

2　分项工程所含检验批的质量验收记录应完整。

3.3.4　分部工程质量验收合格应符合下列规定：

1　分部工程所含分项工程的质量均应验收合格。

2　质量控制资料应完整。

3　重要分部工程中有关结构安全及使用功能的检测结果应符合有关规定。

3.3.5　单位工程质量验收合格应符合下列规定：

1　单位工程所含分部工程的质量均应验收合格。

2　质量控制资料应完整。

3　实体质量和主要功能应符合设计要求和相关标准规定。

4　观感质量验收应符合要求。

3.3.6　当检验批质量不符合要求时，应按以下规定进行处理：

1　经返工重做的或更换构配件、设备的检验批，应重新进行验收。

2　当对试块试件的试验结果有怀疑或因试块试件丢失损坏、试验资料丢失等无法判断实体质量时，应由有资质的法定检测单位对实体质量进行检测鉴定，凡达到设计要求的检验批可予以验收。

3.3.7　通过返修或加固处理仍不能满足安全和使用功能要求的分部工程、单位工程，严禁验收。

3.4　工程施工质量验收程序和组织

3.4.1　检验批应由施工单位自检合格后报监理单位，由监理工程师组织施工单位专职质量检查员等进行验收。

施工单位应对全部主控项目和一般项目进行检查。

监理单位应对全部主控项目进行检查，对一般项目的检查内容和数量可根据具体情况确定。

检验批质量验收记录应按表 3.4.1 填写。对于主控项目，施工单位检查评定记录及监理单位验收记录的内容应填写详细具体；对于一般项目可填写概括性结论。

3.4.2　分项工程应由监理工程师组织施工单位分项工程技术负责人等进行验收，并应按表 3.4.2 填写记录。

3.4.3　分部工程应由监理工程师组织施工单位项目负责人和技术、质量负责人等进行验收，桥梁的地基与基础分部工程进行验收时，勘察设计单位项目负责人应参加，并应按表 3.4.3 填写记录。

表 3.4.1 ________检验批质量验收记录

单位工程名称				
分部工程名称				
分项工程名称			验收部位	
施 工 单 位			项目负责人	
施工质量验收标准名称及编号				
施工质量验收标准的规定			施工单位检查评定记录	监理单位验收记录
主控项目	1			
	2			
	3			
	4			
	5			
	6			
	7			
	8			
	9			
一般项目	1			
	2			
	3			
	4			
	5			
施工作业人员质量责任登记				
勘察设计单位现场确认情况（需要时）	现场负责人　　年　月　日			
施工单位检查评定结果	专职质量检查员　　年　月　日 分项工程技术负责人　　年　月　日 分项工程负责人　　年　月　日			
监理单位验收结论	监理工程师　　年　月　日			

注：施工作业人员质量责任登记应按部位和工序分别签名。

表 3.4.2 ________分项工程质量验收记录

<table>
<tr><td>单位工程名称</td><td colspan="4"></td></tr>
<tr><td>分部工程名称</td><td colspan="2"></td><td>检验批数</td><td></td></tr>
<tr><td>施工单位</td><td colspan="2"></td><td>项目负责人</td><td></td></tr>
<tr><td>序号</td><td>检验批部位</td><td>施工单位检查评定结果</td><td colspan="2">监理单位验收结论</td></tr>
<tr><td>1</td><td></td><td></td><td colspan="2"></td></tr>
<tr><td>2</td><td></td><td></td><td colspan="2"></td></tr>
<tr><td>3</td><td></td><td></td><td colspan="2"></td></tr>
<tr><td>4</td><td></td><td></td><td colspan="2"></td></tr>
<tr><td>5</td><td></td><td></td><td colspan="2"></td></tr>
<tr><td>6</td><td></td><td></td><td colspan="2"></td></tr>
<tr><td>7</td><td></td><td></td><td colspan="2"></td></tr>
<tr><td>8</td><td></td><td></td><td colspan="2"></td></tr>
<tr><td>9</td><td></td><td></td><td colspan="2"></td></tr>
<tr><td>10</td><td></td><td></td><td colspan="2"></td></tr>
<tr><td colspan="5">说明：</td></tr>
<tr><td>施工单位
检查评定结果</td><td colspan="4">分项工程技术负责人　　　　年　月　日</td></tr>
<tr><td>勘察设计单位现场确认情况（需要时）</td><td colspan="4">现场负责人　　　　年　月　日</td></tr>
<tr><td>监理单位
验收结论</td><td colspan="4">监理工程师　　　　年　月　日</td></tr>
</table>

注：勘察设计单位应参加桥梁的顶推架设、转体施工和桥台、涵洞的排水设施等分项工程的验收。

表 3.4.3 ________分部工程质量验收记录

<table>
<tr><td colspan="2">单位工程名称</td><td colspan="4"></td></tr>
<tr><td colspan="2">施 工 单 位</td><td colspan="4"></td></tr>
<tr><td colspan="2">项目负责人</td><td></td><td>项目技术负责人</td><td>项目质量负责人</td><td></td></tr>
<tr><td>序号</td><td>分项工程名称</td><td>检验批数</td><td>施工单位检查评定结果</td><td colspan="2">监理单位验收结论</td></tr>
<tr><td>1</td><td></td><td></td><td></td><td colspan="2"></td></tr>
<tr><td>2</td><td></td><td></td><td></td><td colspan="2"></td></tr>
<tr><td>3</td><td></td><td></td><td></td><td colspan="2"></td></tr>
<tr><td>4</td><td></td><td></td><td></td><td colspan="2"></td></tr>
<tr><td>5</td><td></td><td></td><td></td><td colspan="2"></td></tr>
<tr><td>6</td><td></td><td></td><td></td><td colspan="2"></td></tr>
<tr><td>7</td><td></td><td></td><td></td><td colspan="2"></td></tr>
<tr><td>8</td><td></td><td></td><td></td><td colspan="2"></td></tr>
<tr><td>9</td><td></td><td></td><td></td><td colspan="2"></td></tr>
<tr><td>10</td><td></td><td></td><td></td><td colspan="2"></td></tr>
<tr><td colspan="3">质量控制资料</td><td></td><td colspan="2"></td></tr>
<tr><td colspan="3">实体质量和主要功能检验(检测)报告</td><td></td><td colspan="2"></td></tr>
<tr><td rowspan="3">验收单位</td><td colspan="2">施工单位</td><td colspan="3">项目负责人 年 月 日</td></tr>
<tr><td colspan="2">勘察设计单位
(需要时)</td><td colspan="3">项目负责人 年 月 日</td></tr>
<tr><td colspan="2">监理单位</td><td colspan="3">监理工程师 年 月 日</td></tr>
</table>

注:1 勘察设计单位应参加桥梁的地基及基础分部工程的验收。
2 质量控制资料核查、实体质量和主要功能核查项目应按表 19.1.2 和表 19.2.1 确定。

3.4.4　单位工程完工后，施工单位应自行组织有关人员进行检查评定，并向建设单位提交工程验收报告。

3.4.5　建设单位收到工程验收报告后，应由建设单位项目负责人组织施工、设计、监理等单位项目负责人进行单位工程验收，并按表 3.4.5 填写记录。单位工程验收包含综合质量验收的内容，综合质量验收应符合本标准第 19 章的有关规定。

表 3.4.5　单位工程质量验收记录

<table>
<tr><td colspan="3">单位工程名称</td><td colspan="3"></td></tr>
<tr><td colspan="3">施　工　单　位</td><td>项目负责人</td><td></td><td>开工日期</td></tr>
<tr><td colspan="3">项目技术负责人</td><td>项目质量负责人</td><td></td><td>竣工日期</td></tr>
<tr><td>序号</td><td colspan="2">项　　目</td><td colspan="2">验 收 记 录</td><td>验收结论</td></tr>
<tr><td rowspan="2">1</td><td colspan="2" rowspan="2">分部工程</td><td>共</td><td>分部</td><td rowspan="2"></td></tr>
<tr><td>经查，符合设计要求和标准规定</td><td>分部</td></tr>
<tr><td rowspan="3">2</td><td rowspan="9">综合质量验收</td><td rowspan="3">质量控制资料核查</td><td>共</td><td>项</td><td rowspan="9"></td></tr>
<tr><td>经查，符合要求</td><td>项</td></tr>
<tr><td>不符合要求</td><td>项</td></tr>
<tr><td rowspan="3">3</td><td rowspan="3">实体质量和主要功能核查</td><td>共核查</td><td>项</td></tr>
<tr><td>符合要求</td><td>项</td></tr>
<tr><td>不符合要求</td><td>项</td></tr>
<tr><td rowspan="3">4</td><td rowspan="3">观感质量验收</td><td>共检查</td><td>项</td></tr>
<tr><td>评定为合格的</td><td>项</td></tr>
<tr><td>评定为差的</td><td>项</td></tr>
<tr><td>5</td><td colspan="2">综合验收结论</td><td colspan="3"></td></tr>
<tr><td rowspan="2">参加验收单位</td><td colspan="2">施工单位</td><td>监理单位</td><td>勘察设计单位</td><td>建设单位</td></tr>
<tr><td colspan="2">（公章）
项目负责人
年　月　日</td><td>（公章）
总监理工程师
年　月　日</td><td>（公章）
项目负责人
年　月　日</td><td>（公章）
项目负责人
年　月　日</td></tr>
</table>

4 明挖基础

4.1 一般规定

4.1.1 基坑开挖前应根据地质、水文资料、环保要求，结合现场情况，制定施工方案，确定开挖范围、开挖坡度、支护方案、弃土位置和防、排水等措施。

4.1.2 基坑土方施工应对支护结构、周围环境进行观察和监测，当发现异常情况时应及时处理，待恢复正常后方可继续施工。

4.1.3 基底处理应符合下列规定：

1 基础底面不得置于软硬不均的地层上。

2 岩层基底应清除岩面松碎石块、淤泥、苔藓，凿出新鲜岩面，表面应清洗干净。应将倾斜岩面凿平或凿成台阶。

3 碎石类土及砂类土层基底承重面应修理平整，黏性土层基底整修时，应在天然状态下铲平，不得用回填土夯平。

4 混凝土浇筑前的基坑不得浸水。

4.1.4 基础混凝土应在无水条件下浇筑，混凝土终凝前不得浸水。

4.1.5 基坑应严格按照设计要求的回填材料和质量标准进行回填。

4.1.6 模板及支架、钢筋和混凝土的施工应符合设计要求和铁道部现行《铁路混凝土工程施工质量验收标准》(TB 10424—2010)的有关规定。

4.2 地基处理

4.2.1 地基处理的施工和检验应符合设计要求和铁道部现行《高速铁路路基工程施工质量验收标准》(TB 10751—2010)的有关规定。

4.3 基坑及支护

主控项目

4.3.1 基坑平面位置、坑底尺寸应满足设计要求。

检验数量:施工单位、监理单位全部检查。

检验方法:观察和尺量。

4.3.2 基坑开挖方法及支护形式应符合设计和施工技术方案的要求。

检验数量:施工单位、监理单位全部检查。

检验方法:观察。

4.3.3 基底地质条件及承载力必须符合设计要求。

检验数量:施工单位、监理单位全部检查。

检验方法：施工单位观察并进行标准贯入、触探仪检测；监理单位观察和见证检验；勘察设计单位对桥梁地基全部进行现场确认。

一 般 项 目

4.3.4 基底高程的允许偏差和检验方法应符合表 4.3.4 的规定。

表 4.3.4 基底高程的允许偏差和检验方法

序号	地质类别	允许偏差(mm)	检验方法
1	土	±50	测量检查
2	石	+50 −200	

检验数量：施工单位对每个基坑检查不少于 5 处。

4.4 混凝土基础

Ⅰ 模板及支架

主 控 项 目

4.4.1 模板及支架安装和拆除的检验应符合铁道部现行《铁路混凝土工程施工质量验收标准》(TB 10424—2010)第 4.2.1 条、第 4.2.2 条和第 4.3.1 条的规定。

一 般 项 目

4.4.2 模板及支架安装和拆除的检验应符合铁道部现行《铁路混凝土工程施工质量验收标准》(TB 10424—2010)第 4.2.3 条、第 4.2.4 条和第 4.3.2 条的规定。

Ⅱ 钢 筋

主 控 项 目

4.4.3 钢筋原材料、加工、连接和安装的检验应符合铁道部现行《铁路混凝土工程施工质量验收标准》(TB 10424—2010)第 5.2.1 条～第 5.2.4 条、第 5.3.1 条～第 5.3.2 条、第 5.4.1 条～第 5.4.4 条和第 5.5.1 条～第 5.5.4 条的规定。

一 般 项 目

4.4.4 钢筋原材料、加工、连接和安装的检验应符合铁道部现行《铁路混凝土工程施工质量验收标准》(TB 10424—2010)第 5.2.5 条、第 5.3.3 条和第 5.5.5 条的规定。

Ⅲ 混 凝 土

主 控 项 目

4.4.5 混凝土原材料、配合比设计和施工的检验应符合铁道部现行《铁路混凝土工程施工质量验收标准》(TB 10424—2010)第 6.2.1 条～第 6.2.8 条、第 6.3.1 条～第 6.3.5 条、第 6.4.1 条～第 6.4.11 条和第 6.4.15 条～第 6.4.16 条的规定。

一 般 项 目

4.4.6 混凝土施工和表面质量的检验应符合铁道部现行《铁路混凝土工程施工质量验收标准》(TB 10424—2010)第 6.4.18 条的规定。

4.4.7 基础施工的允许偏差和检验方法应符合表 4.4.7 的规定。

表 4.4.7　基础施工的允许偏差和检验方法

序号	项　目	允许偏差（mm）	检验方法
1	基础前后、左右边缘距设计中心线	±50	测量检查每边不少于 2 处
2	基础顶面高程	±30	测量检查不少于 5 处

检验数量：施工单位全部检查。

4.5　基坑回填

主控项目

4.5.1　基坑回填前不得有积水、淤泥。

检验数量：施工单位、监理单位全部检查。

检验方法：观察。

4.5.2　基坑回填填料类别和填筑质量应符合设计要求。

检验数量：施工单位、监理单位全部检查。

检验方法：观察。施工单位试验检验；监理单位检查试验报告。

4.5.3　基坑回填顶面高程应符合设计要求，表面应平整密实。

检验数量：施工单位、监理单位全部检查。

检验方法：观察和测量。

5 桩 基 础

5.1 一 般 规 定

5.1.1 水下混凝土应连续浇筑,浇筑过程中必须保证导管埋置深度。

5.1.2 混凝土桩的起吊、堆放和运输应符合施工设计要求。

5.1.3 基桩应按设计要求和有关规定进行试桩。

5.1.4 沉入桩发生“假极限”、“吸入”、上浮、下沉现象时和采用射水沉桩的应进行复打。

5.1.5 基桩检测单位应具备规定的资质。

5.1.6 混凝土灌注桩成孔方式(钻孔、挖孔)应符合设计要求。当受场地、设备等施工条件所限,确需将钻孔桩改为挖孔桩施工时,应办理变更设计手续,并从严控制。

5.1.7 模板及支架、钢筋、混凝土等施工应符合设计要求和铁道部现行《铁路混凝土工程施工质量验收标准》(TB 10424—2010)的有关规定。

5.2 沉 入 桩

主 控 项 目

5.2.1 沉桩前应对桩的质量进行验收,其质量和规格必须符合设计要求。

检验数量:施工单位、监理单位全部检查。

检验方法:检查质量证明文件、观察和尺量。

5.2.2 沉入桩下沉应符合施工设计要求。桩的入土深度与最终贯入度应符合设计要求。

检验数量:施工单位、监理单位全部检查。

检验方法:施工单位观察、测量并填写沉桩记录;监理单位观察并检查沉桩记录。

监理单位对最终沉桩进行旁站监理。

5.2.3 桩的承载力试验必须符合设计要求。

检验数量:施工单位、监理单位按设计要求数量检验。

检验方法:施工单位进行静载试验;监理单位见证检验;勘察设计单位现场确认。

5.2.4 桩顶高程和桩头处理应符合设计要求。

检验数量:施工单位、监理单位全部检查。

检验方法:测量检查和观察。

5.2.5 接桩应符合设计要求,连接牢固。

检验数量:施工单位、监理单位全部检查。

检验方法:观察。

一 般 项 目

5.2.6 沉桩桩位的允许偏差和检验方法应符合表 5.2.6 的规定。

表 5.2.6 沉桩桩位的允许偏差和检验方法

序号	项目		允许偏差	检验方法
1	桩位	中间桩	$d/2$ 且不大于 250 mm	测量或尺量检查
		外缘桩	$d/4$	
2	倾斜度	直桩	1%	吊线和尺量检查
		斜桩	15%·$\tan\theta$	

注:1 d 为桩径或短边,单位为 mm。
2 θ 为斜桩轴线与垂线间的夹角。

检验数量:施工单位全部检查。

5.3 钻孔桩和挖孔桩

Ⅰ 钻 孔

主控项目

5.3.1 钻孔达到设计深度后必须核实地质情况。

检验数量:施工单位、监理单位全部检查;勘察设计单位对代表性的桩进行现场确认。

检验方法:检查施工记录、观察。

5.3.2 孔径、孔深不得小于设计值,孔型应符合设计要求。

检验数量:施工单位、监理单位全部检查。

检验方法:测量检查和用检孔器或成孔检测仪器检查。

5.3.3 钻孔桩护筒应坚实不漏水,护筒埋深应符合施工设计要求。

检验数量:施工单位、监理单位全部检查。

检验方法:观察和测量检查。

5.3.4 泥浆指标应根据钻孔机具、地质条件确定。对制备的泥浆应试验全部性能指标,钻进时应随时检查泥浆比重和含砂率。

检验数量:施工单位、监理单位全部检查。

检验方法:施工单位进行泥浆比重和含砂率试验;监理单位见证检验。

5.3.5 浇筑水下混凝土前应清底,孔底沉渣厚度应符合设计要求。当设计无具体要求时,对于柱桩不应大于 50 mm,摩擦桩不应大于 200 mm。

检验数量:施工单位、监理单位全部检查。

检验方法:测量。

一般项目

5.3.6 钻孔桩钻孔允许偏差和检验方法应符合表 5.3.6 的规定。

表 5.3.6 钻孔桩钻孔允许偏差和检验方法

序号	项目		允许偏差	检验方法
1	护筒	顶面位置	50 mm	测量检查
		倾斜度	1%	
2	孔位中心		50 mm	
3	倾斜度		1%	测量或超声波检查

检验数量：施工单位全部检查。

Ⅱ　挖　　孔

主 控 项 目

5.3.7　开挖顺序和防护措施应符合设计和施工技术方案的要求。

检验数量：施工单位、监理单位全部检查。

检验方法：观察和尺量。

5.3.8　挖孔达到设计深度后，必须核实地质情况。孔底应平整，无松渣、淤泥、沉淀或扰动过的软层。

检验数量：施工单位、监理单位全部检查；勘察设计单位对代表性的桩进行现场确认。

检验方法：检查施工记录、观察。

5.3.9　孔径、孔深不得小于设计值，孔型应符合设计要求。

检验数量：施工单位、监理单位全部检查。

检验方法：测量检查和用检孔器或成孔检测仪器检查。

一 般 项 目

5.3.10　挖孔桩挖孔允许偏差和检验方法应符合表5.3.10的规定。

表5.3.10　挖孔桩挖孔允许偏差和检验方法

序号	项　　目	允许偏差	检验方法
1	孔位中心	50 mm	测量检查
2	倾斜度	0.5%	测量或超声波检查

检验数量：施工单位全部检查。

Ⅲ　钢　　筋

主 控 项 目

5.3.11　钢筋原材料、加工、连接和安装的检验应符合铁道部现行《铁路混凝土工程施工质量验收标准》(TB 10424—2010)第5.2.1条～第5.2.4条、第5.3.1条～第5.3.2条、第5.4.1条～第5.4.4条和第5.5.1条～第5.5.4条的规定。

一 般 项 目

5.3.12　钢筋原材料、加工和连接的检验应符合铁道部现行《铁路混凝土工程施工质量验收标准》(TB 10424—2010)第5.2.5条和第5.3.3条的规定。

5.3.13　钻(挖)孔桩钢筋骨架的允许偏差和检验方法应符合表5.3.13的规定。

表5.3.13　钻(挖)孔桩钢筋骨架的允许偏差和检验方法

序号	项　　目	允许偏差	检验方法
1	钢筋骨架在承台底以下长度	±100 mm	尺量检查
2	钢筋骨架直径	±20 mm	
3	主钢筋间距	±0.5d	尺量检查不少于5处
4	加强筋间距	±20 mm	
5	箍筋间距或螺旋筋间距	±20 mm	
6	钢筋骨架垂直度	1%	吊线尺量检查
7	钢筋保护层厚度	不小于设计值	检查垫块

注：d为钢筋直径(mm)。

检验数量：施工单位全部检查。

Ⅳ 混 凝 土

主 控 项 目

5.3.14 混凝土原材料、配合比设计和施工的检验应符合铁道部现行《铁路混凝土工程施工质量验收标准》(TB 10424—2010)第 6.2.1 条～第 6.2.8 条、第 6.3.1 条～第 6.3.5 条、第 6.4.1 条～第 6.4.6 条和第 6.4.15 条的规定。

5.3.15 混凝土浇筑应符合施工工艺设计要求。

检验数量：施工单位、监理单位全部检查。

检验方法：观察和测量。

监理单位旁站监理。

5.3.16 桩的混凝土强度等级应符合设计要求。水下混凝土标准养护试件强度应达到设计强度等级的 1.15 倍。

检验数量：施工单位每根桩应在混凝土的浇筑地点随机抽样制作混凝土试件不得少于 2 组。

检验方法：施工单位进行混凝土强度试验；监理单位检查混凝土强度试验报告。按铁道部现行《铁路混凝土强度检验评定标准》(TB 10425)规定的方法评定混凝土标准养护试件强度。

5.3.17 桩身顶端上层浮浆应凿除，凿除后顶面应平整，粗骨料呈现均匀，不得损坏基桩钢筋，桩顶高程允许偏差$-^{0}_{3}$cm，主筋伸入承台的长度必须符合设计要求。凿除时，混凝土须达到下列强度：

1 用人工凿除时，须达到 2.5 MPa。

2 用风动机凿除时，须达到 10 MPa。

检验数量：施工单位、监理单位全部检查。

检验方法：观察和测量。

5.3.18 桩身混凝土应匀质、完整，其检验应符合下列规定：

1 桩身混凝土应全部进行无损检测。检测方法应符合铁道部现行《铁路工程基桩检测技术规程》(TB 10218)的规定。

2 对桩身混凝土质量有疑问和设计有要求的桩，应采用钻芯取样进行检测。检测方法应符合铁道部现行《铁路工程基桩检测技术规程》(TB 10218)的规定。

检验数量：施工单位、监理单位全部检查。

检验方法：具备相应资质的检测机构进行检测。施工单位检查检测报告；监理单位见证检验并检查检测报告。

5.3.19 桩承载力试验必须符合设计要求。

检验数量：施工单位、监理单位按设计要求数量检验。

检验方法：施工单位进行静载试验；监理单位见证检验；勘察设计单位进行现场确认。

5.4 承　　台

Ⅰ 钢 围 堰

主 控 项 目

5.4.1 钢围堰所用材料、围堰刚度、强度及结构稳定性应符合施工设计要求。

检验数量：施工单位、监理单位全部检查。

检验方法：施工单位检查原材料的出厂合格证；监理单位对施工设计资料进行审查。

5.4.2 钢板桩围堰应符合下列规定：

1 桩尖高程符合施工设计要求。

2 经过整修或焊接的钢板桩应做锁口通过试验。

3 钢板桩接长时，应采取等强度焊接接长，相邻钢板桩接头上下错开 2 m 以上。

检验数量：施工单位、监理单位全部检查。

检验方法：观察、测量和检查施工记录。

5.4.3 双(单)壁钢围堰应符合下列规定：

1 围堰底面平均高程符合设计要求。

2 内外壁板及隔舱板的焊缝应进行抗渗透试验。

3 上下隔舱板对齐，各相邻水平环形板对齐；上下竖向肋角应与水平环形板焊牢。

检验数量：施工单位、监理单位全部检查。

检验方法：施工单位测量、观察和进行抗渗透试验；监理单位观察和检查测量、试验记录，并对抗渗透试验进行见证。

5.4.4 吊箱围堰应符合下列规定：

1 箱体高程符合设计要求。

2 围堰支撑体系应满足吊装整体钢围堰和浇筑、承台封底混凝土的整体受力要求。

3 吊箱围堰底板、边板和封板的接缝应有可靠的防漏水措施。

检验数量：施工单位、监理单位全部检查。

检验方法：施工单位观察和测量；监理单位观察和检查测量记录。

一 般 项 目

5.4.5 钢板桩插打和就位应符合下列规定：

1 合龙时楔形桩上下口宽度差不应大于桩长 2%。

2 到达设计高程后的倾斜度不应大于 1%。

检验数量：施工单位全部检查。

检验方法：测量检查。

5.4.6 双(单)壁钢围堰、吊箱围堰拼装及就位允许偏差和检验方法应符合表 5.4.6 的规定。

表 5.4.6 围堰拼装及就位允许偏差和检验方法

序号	项目		允许偏差	检验方法
1	内侧平面尺寸	长、宽或直径	1/700	尺量检查不少于4处
2		对角线	1/500	尺量上、下口
3	顶平面相对高差	井箱相邻点高差	10 mm	测量检查
4		全节围堰最大高差	20 mm	
5	围堰平面扭角		1°	
6	围堰倾斜度		箱体高的1/50	
7	围堰轴线偏位		50 mm	

检验数量：施工单位全部检查。

Ⅱ 模板及支架

主控项目

5.4.7 模板及支架安装和拆除的检验应符合铁道部现行《铁路混凝土工程施工质量验收标准》(TB 10424—2010)第4.2.1条、第4.2.2条和第4.3.1条的有关规定。

一般项目

5.4.8 模板及支架安装和拆除的检验应符合铁道部现行《铁路混凝土工程施工质量验收标准》(TB 10424—2010)第4.2.3条、第4.2.4条和第4.3.2条的规定。

Ⅲ 钢筋

主控项目

5.4.9 钢筋原材料、加工、连接和安装的检验应符合铁道部现行《铁路混凝土工程施工质量验收标准》(TB10424—2010)第5.2.1条～第5.2.4条、第5.3.1条～第5.3.2条、第5.4.1条～第5.4.4和第5.5.1条～第5.5.4条的规定。

5.4.10 承台预埋墩身钢筋长度应符合设计要求。

检验数量：施工单位、监理单位全部检查。

检验方法：观察和尺量检查。

一般项目

5.4.11 钢筋原材料、加工和连接的检验应符合铁道部现行《铁路混凝土工程施工质量验收标准》(TB 10424—2010)第5.2.5条、第5.3.3条和第5.5.5条的规定。

Ⅳ 混凝土

主控项目

5.4.12 混凝土原材料、配合比设计和施工的检验应符合铁道部现行《铁路混凝土工程施工质量验收标准》(TB 10424—2010)第6.2.1条～第6.2.8条、第6.3.1条～第6.3.5条、第6.4.1条～第6.4.11条和第6.4.15条～第6.4.16条的规定。

5.4.13 桩头与承台连接应符合设计要求。

检验数量：施工单位、监理单位全部检查。

检验方法：观察和尺量检查。

一 般 项 目

5.4.14 混凝土施工和外观质量的检验应符合铁道部现行《铁路混凝土工程施工质量验收标准》(TB 10424—2010)第 6.4.18 条的规定。

5.4.15 承台的允许偏差和检验方法应符合表 5.4.15 的规定。

检验数量:施工单位全部检查。

表 5.4.15 承台的允许偏差和检验方法

序号	项 目	允许偏差(mm)	检验方法
1	结构尺寸	±30	尺量长、宽、高各 2 点
2	顶面高程	±20	测量 5 点
3	轴线偏位	15	测量纵横各 2 点

5.5 基 坑 回 填

主 控 项 目

5.5.1 基坑回填填料和填筑质量应符合本标准第 4.5.1 条～第 4.5.3 条的规定。

6 沉井基础

6.1 一般规定

6.1.1 沉井施工前应对洪汛、凌汛、潮汐、河床冲刷、通航、漂流物和泥石流等情况作调查研究，制定相应的安全措施。

6.1.2 沉井下沉前应对影响范围内的堤防、建筑物等制定防护和环保措施。下沉过程中应进行监测。

6.1.3 模板及支架、钢筋和混凝土的施工应符合设计要求和铁道部现行《铁路混凝土工程施工质量验收标准》(TB 10424—2010) 的有关规定。

6.2 就地制作沉井

Ⅰ 模板及支架

主控项目

6.2.1 模板及支架安装和拆除的检验应符合铁道部现行《铁路混凝土工程施工质量验收标准》(TB 10424—2010) 第 4.2.1 条、第 4.2.2 条和第 4.3.1 条的规定。

一般项目

6.2.2 模板及支架安装和拆除的检验应符合铁道部现行《铁路混凝土工程施工质量验收标准》(TB 10424—2010) 第 4.2.3 条、第 4.2.4 条和第 4.3.2 条的规定。

Ⅱ 钢筋

主控项目

6.2.3 钢筋原材料、加工、连接和安装的检验应符合铁道部现行《铁路混凝土工程施工质量验收标准》(TB 10424—2010) 第 5.2.1 条～第 5.2.4 条、第 5.3.1 条～第 5.3.2 条、第 5.4.1 条～第 5.4.4 条和第 5.5.1 条～第 5.5.4 条的规定。

一般项目

6.2.4 钢筋原材料、加工、连接和安装的检验应符合铁道部现行《铁路混凝土工程施工质量验收标准》(TB 10424—2010) 第 5.2.5 条、第 5.3.3 条和第 5.5.5 条的规定。

Ⅲ 混凝土

主控项目

6.2.5 混凝土原材料、配合比设计、施工的检验应符合铁道部现行《铁路混凝土工程施工质量验收标准》(TB 10424—2010) 第 6.2.1 条～第 6.2.8 条、第 6.3.1 条～第 6.3.5 条、第 6.4.1 条～第 6.4.11 条和第 6.4.14 条～第 6.4.16 条的规定。

一 般 项 目

6.2.6 混凝土施工和外观质量的检验应符合铁道部现行《铁路混凝土工程施工质量验收标准》(TB 10424—2010) 第6.4.18条的规定。

6.2.7 混凝土沉井制作允许偏差和检验方法应符合表6.2.7的规定。

表6.2.7　混凝土沉井制作允许偏差和检验方法

序号	项　目		允许偏差	检验方法
1	平面尺寸	长、宽或直径	±0.5%，且不大于120 mm	测量不少于4处
		对角线	±1%，且不大于180 mm	尺量
2	井壁厚度		±15 mm	尺量不少于4处
3	表面平整度		5 mm	2 m靠尺量不少于4处

检验数量：施工单位每节沉井全部检查。

Ⅳ 下　沉

主 控 项 目

6.2.8 沉井下沉时混凝土强度应符合设计要求。设计无要求时，底节沉井混凝土应达到设计强度，其上各节达到设计强度的70%后方可下沉。

检验数量：施工单位、监理单位全部检查。

检验方法：施工单位每节沉井下沉前进行一组同条件养护试件强度试验；监理单位检查试验报告。

一 般 项 目

6.2.9 沉井下沉就位的允许偏差和检验方法应符合表6.2.9的规定。

表6.2.9　沉井下沉就位允许偏差和检验方法

序号	项　目	允许偏差	检验方法
1	中心位置	$h/50$	底、顶面至少各测量4处
2	倾斜度	1/50	测量
3	平面扭角	1°	
4	顶面、底面高程	±20 mm	测量4点

注：h为沉井高度，单位为mm。

检验数量：施工单位每座沉井全部检查。

Ⅴ 清基、封底及填充

主 控 项 目

6.2.10 沉井清理基底应符合下列规定：

1 沉井下沉至设计高程后，基底地质条件应符合设计要求。

2 清理后的基底距隔墙底面的高度、刃脚斜面露出的高度和有效面积应符合设计要求。

3 在软土中沉井沉至设计高程并清基后，应进行沉降观测，待8 h内累计下沉小于10 mm时方可封底。

检验数量：施工单位、监理单位全部检查。

检验方法：施工单位观察、测量；监理单位观察、测量并检查施工记录。

6.2.11 沉井应在封底混凝土达到设计强度后抽水填充。

检验数量：施工单位、监理单位全部检查。

检验方法：施工单位抽水前进行一组同条件养护试件强度试验；监理单位检查试验报告。

6.2.12 沉井填充应符合设计要求。

检验数量：施工单位、监理单位全部检查。

检验方法：观察。

7 墩　　台

7.1 一般规定

7.1.1 墩台应在承台完工后尽快施工，缩短墩台与承台混凝土浇筑的时间间隔。

7.1.2 墩身模板必须与承台顶面密封，封闭材料不得侵入墩身。

7.1.3 墩台施工中应经常检查中线、高程，发现问题及时处理。墩台施工完毕，应对全桥中线、高程、跨度贯通测量，并用墨线标出各墩台中心线、支座十字线、梁端线及锚栓孔位置。

7.1.4 墩台处地表排水设施应与天然沟渠和相邻的路基、隧道、车站等排水设施衔接，组成完整的排水系统。施工前应核对排水系统的设计是否完备和妥善。

7.1.5 陡坡地段桥梁墩台的基坑回填和边坡防护应按设计要求进行统筹施工。边坡应按照设计要求进行完整防护。

7.1.6 模板及支架、钢筋、混凝土及砌体的施工应符合设计要求和铁道部现行《铁路混凝土工程施工质量验收标准》(TB 10424—2010)的有关规定。

7.1.7 墩台施工完毕应及时对河道进行疏通清理。

7.2 墩　　台

Ⅰ 模板及支架

主 控 项 目

7.2.1 模板及支架安装和拆除的检验应符合铁道部现行《铁路混凝土工程施工质量验收标准》(TB 10424—2010) 第 4.2.1 条、第 4.2.2 条和第 4.3.1 条的规定。

一 般 项 目

7.2.2 模板及支架拆除的检验应符合铁道部现行《铁路混凝土工程施工质量验收标准》(TB 10424—2010) 第 4.3.2 条的规定。

7.2.3 模板及支架的允许偏差和检验方法应符合表 7.2.3 的规定。

表 7.2.3 墩台模板允许偏差和检验方法

序号	项　目	允许偏差（mm）	检　验　方　法
1	前后、左右距中心线尺寸	±10	测量检查每边不少于 2 处
2	表面平整度	3	1 m 靠尺检查不少于 5 处
3	相邻模板错台	1	尺量检查不少于 5 处
4	空心墩壁厚	±3	尺量检查不少于 5 处
5	同一梁端两垫石高差	2	测量检查
6	墩台支承垫石顶面高程	$^{0}_{-5}$	
7	预埋件和预留孔位置	5	

检验数量：施工单位每安装段全部检查。

Ⅱ 钢 筋

主 控 项 目

7.2.4 钢筋原材料、加工、连接和安装的检验应符合铁道部现行《铁路混凝土工程施工质量验收标准》(TB 10424—2010）第 5.2.1 条～第 5.2.4 条、第 5.3.1 条～第 5.3.2 条、第 5.4.1 条～第 5.4.4 条和第 5.5.1 条～第 5.5.4 条的规定。

一 般 项 目

7.2.5 钢筋原材料、加工和连接的检验应符合铁道部现行《铁路混凝土工程施工质量验收标准》(TB 10424—2010）第 5.2.5 条、第 5.3.3 条和第 5.5.5 条的规定。

Ⅲ 混 凝 土

主 控 项 目

7.2.6 混凝土原材料、配合比设计和施工的检验应符合铁道部现行《铁路混凝土工程施工质量验收标准》(TB 10424—2010）第 6.2.1 条～第 6.2.8 条、第 6.3.1 条～第 6.3.5 条、第 6.4.1 条～第 6.4.6 条、第 6.4.8 条～第 6.4.12 条和第 6.4.15 条～第 6.4.16 条的规定。

7.2.7 墩台混凝土宜连续浇筑。当分段浇筑时，混凝土施工接缝设置应符合设计要求，当设计无要求时应符合下列规定：

1 施工缝的平面应与结构的轴线相垂直，边缘应处理平整。

2 周边应设直径不小于 16 mm 的钢筋，钢筋埋入深度和露出长度均不应小于钢筋直径的 15 倍，间距不应大于 20 cm（设计有连接或护面钢筋时可不另设）。使用光圆钢筋时两端应设半圆形标准弯钩，使用带肋钢筋时可不设弯钩。连接钢筋的混凝土保护层厚度应符合有关规定。

检验数量：施工单位、监理单位全部检查。

检验方法：观察和尺量。

7.2.8 墩台顶面排水坡应符合设计要求。

检验数量：施工单位、监理单位全部检查。

检验方法：观察和测量。

一 般 项 目

7.2.9 混凝土施工的检验应符合铁道部现行《铁路混凝土工程施工质量验收标准》(TB 10424—2010）第 6.4.18 条的规定。

7.2.10 混凝土墩台允许偏差和检验方法应符合表 7.2.10 的规定。

表 7.2.10 混凝土墩台允许偏差和检验方法

序号	项 目	允许偏差（mm）	检 验 方 法
1	墩台前后、左右边缘距设计中心线尺寸	±20	测量检查不少于 5 处
2	空心墩壁厚	±5	
3	桥墩平面扭角	2°	
4	表面平整度	5	1 m 靠尺检查不少于 5 处
5	支承垫石顶面高程	0 −10	测量检查
6	预埋件和预留孔位置	5	

检验数量：施工单位每个墩台全部检查。

Ⅳ 防 水 层

主 控 项 目

7.2.11 防水层的检验应符合本标准第 16.5 节的规定。

一 般 项 目

7.2.12 防水层的检验应符合本标准第 16.5 节的规定。

7.2.13 桥台泄水管与防水层应衔接良好。

检验数量：施工单位全部检查。

检验方法：观察。

7.3 锥体及排水设施

Ⅰ 锥 体 填 筑

主 控 项 目

7.3.1 桥台锥体填料种类、规格和地基处理质量应符合设计要求和铁道部现行《高速铁路路基工程施工质量验收标准》(TB 10751—2010)的有关规定。

检验数量：施工单位、监理单位全部检查。

检验方法：观察。

7.3.2 桥台锥体填筑范围应符合设计要求。

检验数量：施工单位、监理单位全部检查。

检验方法：测量和观察。

7.3.3 桥台锥体填筑密实度应符合设计要求和铁道部现行《高速铁路路基工程施工质量验收标准》(TB 10751—2010) 的有关规定。

检验数量：施工单位、监理单位全部检查。

检验方法：施工单位进行仪器检查；监理单位检查检测报告。

一 般 项 目

7.3.4 锥体填筑后应刷坡，坡面应平整、密实、圆顺。

检验数量：施工单位全部检查。

检验方法：观察。

Ⅱ 护坡及基础

主 控 项 目

7.3.5 砌体原材料和砌筑的检验应符合铁道部现行《铁路混凝土工程施工质量验收标准》(TB 10424—2010) 第 8.2.1 条～第 8.2.6 条和第 8.3.1 条～第 8.3.6 条的规定。

7.3.6 护坡及基础的结构形式、位置、基底高程及基础埋深应符合设计要求。

检验数量：施工单位、监理单位全部检查。

检验方法：观察、尺量和测量。

7.3.7 护坡应与边坡密贴，无空洞。

检验数量：施工单位每桥台（桥墩基坑边坡有防护时按每桥墩）抽样检验 2 处；监理单

位按相同抽检数量进行平行检验。

检验方法：挖开观察。

7.3.8 桥台锥体护坡及边坡防护应完整并符合设计要求。

检验数量：施工单位、监理单位全部检查。

检验方法：观察。

一 般 项 目

7.3.9 砌体砌筑的检验应符合铁道部现行《铁路混凝土工程施工质量验收标准》(TB 10424—2010) 第 8.3.7 条～第 8.3.8 条的规定。

7.3.10 砌体允许偏差和检验方法应符合表 7.3.10 的规定。

表 7.3.10 砌体允许偏差和检验方法

序号	项 目	允许偏差	检验方法
1	顶面高程	±50 mm	水准仪检查
2	表面平整度	30 mm	2 m 靠尺检查
3	坡 度	不陡于设计要求	测量检查
4	厚 度	不小于设计要求	尺量检查
5	底面高程	±50 mm	测量检查
6	反滤层厚度	不小于设计要求	尺量检查

检验数量：施工单位每个砌筑段检查 5 处。

Ⅲ 排 水 设 施

主 控 项 目

7.3.11 模板及支架安装和拆除的检验应符合铁道部现行《铁路混凝土工程施工质量验收标准》(TB 10424—2010) 第 4.2.1 条、第 4.2.2 条和第 4.3.1 的规定。

7.3.12 钢筋原材料、加工、连接和安装的检验应符合铁道部现行《铁路混凝土工程施工质量验收标准》(TB 10424—2010) 第 5.2.1 条～第 5.2.4 条、第 5.3.1 条～第 5.3.2 条、第 5.4.1 条～第 5.4.4 条和第 5.5.1 条～第 5.5.4 条的规定。

7.3.13 混凝土原材料、配合比设计和施工的检验应符合铁道部现行《铁路混凝土工程施工质量验收标准》(TB 10424—2010) 第 6.2.1 条～第 6.2.8 条、第 6.3.1 条～第 6.3.5 条、第 6.4.1 条～第 6.4.11 条和第 6.4.15 条～第 6.4.16 条的规定。

7.3.14 砌体原材料和砌筑的检验应符合铁道部现行《铁路混凝土工程施工质量验收标准》(TB 10424—2010) 第 8.2.1 条～第 8.2.6 条和第 8.3.1 条～第 8.3.5 条的规定。

7.3.15 排水设施应置于稳定的地基上，基底应密实、平整，且无草皮、树根等杂物，无积水，压实质量应符合设计要求。

检验数量：施工单位每连续 100 m 排水设施抽检 3 处；监理单位按施工单位抽检数量的 20%进行平行检验，每条沟检验不少于一处。

检验方法：观察和检测。

7.3.16 水沟垫层、反滤层、封闭层、沉降缝和泄水孔的材料、结构形式、尺寸、位置等应符合设计要求，并保证排水通畅。

检验数量：每 50 m 水沟施工单位抽检 3 个断面；监理单位平行检验一个断面。

检验方法：观察、尺量。

7.3.17　水沟铺砌应密实、平顺、整齐、接缝严密、无渗漏水，沟内不积水，无淤塞。

检验数量：施工单位、监理单位全部检验。

检验方法：观察。

7.3.18　水沟与既有沟渠的衔接应满足设计要求，排水系统应完整且排水通畅。路基与桥台衔接处的排水沟应与天然沟渠衔接，不得直接冲刷桥台锥体。

检验数量：施工单位、监理单位全部检查。

检验方法：观察、尺量。

一 般 项 目

7.3.19　模板及支架拆除的检验应符合铁道部现行《铁路混凝土工程施工质量验收标准》（TB 10424—2010）第 4.2.3 条、第 4.2.4 条、第 4.3.2 条的规定。

7.3.20　钢筋原材料、加工和连接的检验应符合铁道部现行《铁路混凝土工程施工质量验收标准》(TB 10424—2010）第 5.2.5 条、第 5.3.3 条和第 5.5.5 条的规定。

7.3.21　混凝土施工的检验应符合铁道部现行《铁路混凝土工程施工质量验收标准》(TB 10424—2010）第 6.4.18 条的规定。

7.3.22　排水沟各部允许偏差、检验数量及检验方法应符合表 7.3.22 的规定。

表 7.3.22　排水沟各部允许偏差、检验数量及检验方法

序号	项　目	允许偏差	施工单位检验数量	检　验　方　法
1	沟底中心位置	±100 mm	每 100 m 抽样检验各 5 处	尺　量
2	沟底高程	±20 mm		水准测量
3	净空尺寸	±20 mm		尺　量
4	沟底坡度	±5%设计坡度		坡度尺量
5	厚　度	−10 mm		尺　量
6	沟底平整度	20 mm		2.5 m 长直尺与钢尺量
7	沟顶高程	${}^{0}_{-20}$ mm		水准测量

7.3.23　预制水沟及盖板各部允许偏差、检验数量及检验方法应符合表 7.3.23 的规定。

表 7.3.23　预制水沟及盖板各部允许偏差、检验数量及检验方法

序号	项　目		允许偏差（mm）	施工单位检验数量	检验方法
1	预制水沟厚度		−10	抽样检验 2%	尺　量
2	盖板	边　长	${}^{+3}_{-2}$		
3		对角线长	${}^{+4}_{-2}$		
4		厚　度	${}^{+4}_{-2}$		

8 预应力混凝土简支箱梁

8.1 一般规定

8.1.1 模板及支架、钢筋、混凝土和预应力的施工应符合设计要求和铁道部现行《铁路混凝土工程施工质量验收标准》(TB 10424—2010) 及有关技术标准的规定。

8.1.2 预应力混凝土简支箱梁制造单位应取得规定的现场制梁生产资质。

8.1.3 预应力混凝土简支箱梁制造和架设应编制实施性施工组织设计及施工工艺细则。

8.1.4 制梁台座或先张梁张拉台座应有施工设计，其强度、刚度及稳定性应能满足施工各阶段施工荷载的要求和施工工艺要求。折线配筋的先张梁，预应力筋转辙器的设置应符合设计要求。

8.1.5 预应力混凝土简支箱梁的模板及支架应有施工设计。其反拱和预留压缩量的设置应符合设计要求和施工工艺要求。

8.1.6 预应力混凝土简支箱梁梁体混凝土应连续浇筑、一次成型。

8.1.7 预应力混凝土简支箱梁混凝土浇筑时，模板温度宜在 5 ℃～35 ℃，混凝土拌和物入模温度宜在 5 ℃～30 ℃。

8.1.8 梁体混凝土蒸汽养护分为静停、升温、恒温、降温四个阶段。静停期间棚温应不低于 5 ℃，浇筑完 4 h 后方可升温，升温速度不得大于 10 ℃/h。恒温养护期间养护环境温度不宜超过 45 ℃，梁体芯部混凝土温度不宜超过 60 ℃，最高不得超过65 ℃；降温速度不得大于 10 ℃/h。恒温养护时间应根据梁体拆模（放张）强度要求、混凝土配合比及环境等通过试验确定。

8.1.9 自然养护时，混凝土外露面宜采用保湿、保温材料覆盖，梁体洒水次数应能使混凝土表面保持充分湿润，保湿养护时间不应小于 14 d。气温低于 5 ℃时，应采取保湿、保温措施，不应对混凝土浇水。

8.1.10 梁体养护期间及拆除保温设施时，混凝土芯部与表层、表层与环境温度之差不应超过 15 ℃。

8.1.11 先张法预应力混凝土简支箱梁的预应力筋安装宜自下而上，先穿直线预应力筋，再穿折线预应力筋。预应力筋放张应在梁体混凝土强度和弹性模量符合设计要求，且混凝土龄期不少于 72 h 时进行，并符合设计要求。

8.1.12 后张法预应力混凝土简支箱梁的预应力筋张拉工艺，除设计有特别规定外，宜按预张拉、初张拉和终张拉三个阶段进行。带模预张拉时，内模应松开，不应对梁体压缩造成阻碍。张拉数量及张拉力值应符合设计要求。预应力束张拉前，应清除管道内的杂物及积水。终张拉应在梁体混凝土强度及弹性模量达到设计值后、龄期不少于 10 d 时进行。预施应力应采用两端同步张拉，并符合设计要求的张拉顺序。预施应力过程中应保持两端的伸长量基本一致。张拉期间应采取措施避免锚具、预应力筋受雨水、养护用水浇淋，防止锚具及预应力筋出现锈蚀。

8.1.13 后张法预应力混凝土简支箱梁孔道压浆宜在预应力筋终张拉完成后 48 h 内进行。压浆时浆体温度应在 5 ℃～30 ℃之间，压浆时及压浆后 3 d 内，梁体及环境温度不应低于 5 ℃。

8.1.14 预应力混凝土简支箱梁封锚（端）等处应按设计要求进行防水处理和封堵。

8.1.15 制梁支架应有专项施工设计，其强度、刚度及整体稳定性应能满足施工各阶段施工荷载的要求和施工工艺要求，并应进行预压，以消除非弹性变形和测出弹性变形值。

8.1.16 桥梁预施应力使用的预应力筋张拉设备及仪表应按规定进行定期校验。

8.1.17 后张法预应力箱梁首孔梁预制，在终张拉前孔道摩阻和锚口（包括喇叭口）摩阻应分别通过试验确定。

8.1.18 箱梁出场（厂）应具有出场（厂）合格证或技术证明书、静载试验报告、张拉及放张记录，产品质量应符合有关技术条件的规定。

8.1.19 架（移）梁设备和吊（顶）具应具有足够的强度、刚度和稳定性，能满足架（移）梁荷载要求，并应在工地进行静动载试验、试运转和验收，做好记录。未经验收合格的架（移）梁设备和吊（顶）具，不得进行架（移）梁作业。

8.1.20 架梁前应具备墩台里程、支座中心线、支承垫石高程及预埋件等竣工资料，并由架梁单位复核。

8.1.21 各类架桥机应经过检查、验收和试吊签证，所有运载工具、走行道路、提升吊架、支承托架等，均应经过重载试验，并有签证记录。所有吊具、扁担梁均应经过检查、重载试验。梁上开有吊孔时，其尺寸、位置、预埋件、钢筋布置、运输支点的位置等，均应满足设计要求。梁上开孔用后应予填满。

8.1.22 简支梁在装运过程中支点应位于同一平面，同一端支点相对高差不得超过 2 mm。

8.1.23 预制梁的架设应符合国家现行《特种设备安全监察条例》、《起重机械安全监督规定》和铁道部现行《铁路架桥机架梁暂行规程》(铁建设〔2006〕181 号）的规定。

8.1.24 支承垫石顶面与支座底面间隙灌注砂浆强度达到20 MPa、千斤顶撤出后方可通过运架设备。

8.1.25 移动模架、移动支架每次拼装前，应对各零部件的完好情况进行检查。每次拼装完毕，均应进行全面检查和试验，符合要求方可投入使用。

8.2 后张法预应力混凝土简支箱梁预制

Ⅰ 模板及支架

主 控 项 目

8.2.1 模板及支架安装的检验应符合铁道部现行《铁路混凝土工程施工质量验收标准》(TB 10424—2010）第 4.2.1 条、第 4.2.2 条的规定。

8.2.2 拆模时的梁体混凝土强度应符合设计要求。当设计无具体要求时，混凝土强度应达到设计强度的 60%及以上。

检验数量：施工单位、监理单位全部检查。

检验方法：施工单位拆模前进行一组同条件养护试件强度试验；监理单位检查强度试验报告。

一般项目

8.2.3 梁模板安装允许偏差和检验方法应符合表 8.2.3 的规定。

表 8.2.3　梁模板尺寸允许偏差和检验方法

序号	项　目	允许偏差（mm）	检　验　方　法
1	侧、底模板全长	±10	尺量检查各不少于 3 处
2	底模板宽	$^{+5}_{0}$	尺量检查不少于 5 处
3	底模板中心线与设计位置偏差	2	拉线量测
4	桥面板中心线与设计位置偏差	10	
5	腹板中心线位置偏差	10	尺量检查
6	隔板中心线位置偏差	5	
7	模板垂直度	每米高度 3 mm	吊线尺量检查不少于 5 处
8	侧、底模板平整度	每米长度 2 mm	1 m 靠尺和塞尺检查各不少于 5 处
9	桥面板宽度	±10	尺量检查不少于 5 处
10	腹板厚度	$^{+10}_{0}$	
11	底板厚度	$^{+10}_{0}$	
12	顶板厚度	$^{+10}_{0}$	
13	隔板厚度	$^{+10}_{-5}$	
14	端模板预留预应力孔道偏离设计位置	3	尺量检查

检验数量：施工单位全部检查。

8.2.4 预埋件和预留孔洞的检验应符合铁道部现行《铁路混凝土工程施工质量验收标准》（TB 10424—2010）第 4.2.4 条的规定。

Ⅱ　钢　　筋

主控项目

8.2.5 钢筋原材料、加工、连接和安装的检验应符合铁道部现行《铁路混凝土工程施工质量验收标准》(TB 10424—2010）第 5.2.1 条～第 5.2.3 条、第 5.3.1 条、第 5.4.1 条～第 5.4.2 条、第 5.4.4 条和第 5.5.1 条～第 5.5.4 条的规定。

一般项目

8.2.6 钢筋原材料、加工和连接的检验应符合铁道部现行《铁路混凝土工程施工质量验收标准》(TB 10424—2010）第 5.2.5 条和第 5.3.3 条的规定。

8.2.7 钢筋安装允许偏差和检验方法应符合表 8.2.7 的规定。

表 8.2.7 钢筋安装允许偏差和检验方法

序号	项 目	允许偏差（mm）	检 验 方 法
1	桥面主筋间距及位置偏差（拼装后检查）	15	尺量检查不少于5处
2	底板钢筋间距及位置偏差	8	
3	箍筋间距及位置偏差	15	
4	腹板箍筋的垂直度（偏离垂直位置）	15	
5	钢筋保护层厚度与设计值偏差	$^{+5}_{0}$	
6	其他钢筋偏移量	20	

注：表中钢筋保护层厚度的实测偏差不得超出允许偏差范围。

检验数量：施工单位全部检查。

Ⅲ 混 凝 土

主 控 项 目

8.2.8 混凝土原材料、配合比设计和施工的检验应符合铁道部现行《铁路混凝土工程施工质量验收标准》(TB 10424—2010) 第6.2.1条～第6.2.8条、第6.3.1条～第6.3.5条、第6.4.1条～第6.4.6条和第6.4.9条～第6.4.16条的规定。

8.2.9 梁静载试验应符合铁道部现行《预应力混凝土铁路桥简支梁静载弯曲抗裂试验方法》(TB/T 2092) 的规定。

检验数量：按规定数量抽检。

检验方法：施工单位检验；监理单位见证检验。

一 般 项 目

8.2.10 梁体外形尺寸允许偏差和检验方法应符合表8.2.10的规定。

表 8.2.10 梁体外形尺寸允许偏差和检验方法

序号	项 目	允许偏差	检 验 方 法
1	△梁全长	±20 mm	检查桥面及底板两侧，放张/终张拉30天后测量
2	△梁跨度	±20 mm	检查支座中心至中心，放张/终张拉30天后测量
3	桥面及防护墙内侧宽度	±10 mm	检查1/4跨、跨中、3/4跨和梁两端
4	腹板厚度	$^{+10}_{-5}$ mm	通风孔测量，跨中、1/4跨、3/4跨各2处
5	底板宽度	±5 mm	专用测量工具测量，跨中、1/4跨、3/4跨和梁两端
6	桥面偏离设计位置	10 mm	从支座螺栓中心放线，引向桥面
7	梁 高	$^{+10}_{-5}$ mm	检查两端
8	梁上拱	L/3 000	放张/终张拉30天时

续上表

<table>
<tr><th>序号</th><th colspan="2">项　目</th><th>允许偏差</th><th>检　验　方　法</th></tr>
<tr><td>9</td><td colspan="2">顶板厚</td><td>$^{+10}_{0}$ mm</td><td rowspan="2">专用工具测量，1/4 跨、跨中、3/4 跨、梁两端各 2 处</td></tr>
<tr><td>10</td><td colspan="2">底板厚</td><td>$^{+10}_{0}$ mm</td></tr>
<tr><td>11</td><td colspan="2">防护墙厚度</td><td>±5 mm</td><td>尺量检查不少于 5 处</td></tr>
<tr><td>12</td><td colspan="2">表面垂直度</td><td>每米高度偏差 3 mm</td><td>测量检查不少于 5 处</td></tr>
<tr><td>13</td><td colspan="2">表面平整度</td><td>5 mm
底板顶面 10 mm</td><td>1 m 靠尺检查不少于 15 处</td></tr>
<tr><td>14</td><td colspan="2">钢筋保护层厚度</td><td>90% 测点实测值不小于设计值</td><td>专用仪器测量，跨中和梁端的顶板顶底面、底板顶底面、腹板内外侧、防护墙侧面和顶面以及梁端面各 2 处(每处不少于 10 点)</td></tr>
<tr><td rowspan="5">15</td><td rowspan="5">上支座板</td><td>每块边缘高差</td><td>1 mm</td><td rowspan="3">尺　量</td></tr>
<tr><td>支座中心线偏离设计位置</td><td>3 mm</td></tr>
<tr><td>螺栓孔</td><td>垂直梁底板</td></tr>
<tr><td>△螺栓孔中心偏差</td><td>2 mm</td><td>尺量每块板上四个螺栓中心距</td></tr>
<tr><td>外露底面</td><td>平整无损、无飞边、防锈处理</td><td>观　察</td></tr>
<tr><td rowspan="5">16</td><td rowspan="2">接触网支柱基础</td><td>预埋螺栓距桥面中心线偏差</td><td>$^{+10}_{0}$ mm</td><td rowspan="5">观察、尺量</td></tr>
<tr><td>钢　筋</td><td>齐全设置、位置正确</td></tr>
<tr><td colspan="2">电缆槽竖墙、伸缩装置钢筋</td><td>齐全设置、位置正确</td></tr>
<tr><td colspan="2">泄水管、管盖</td><td>齐全完整，安装牢固，位置正确</td></tr>
<tr><td colspan="2">桥　牌</td><td>标志正确，安装牢固</td></tr>
</table>

注：1　表中有“△”的 3 项为关键项点，其实测偏差不得超出允许偏差范围。

2　梁体顶面平整度应同时满足无砟轨道的技术要求。

检验数量：施工单位全部检查。

8.2.11　梁体及封锚（端）混凝土外观质量应平整密实、颜色均匀、整洁，无露筋、空洞、石子堆垒，桥面流水畅通。对空洞、蜂窝、漏浆、硬伤掉角等缺陷应修整并养护到规定强度。蜂窝深度不大于 5 mm，长度不大于 10 mm，不多于 5 个/m^2。

检验数量：施工单位全部检查。

检验方法：观察、尺量。

Ⅳ　预　应　力

主 控 项 目

8.2.12　预应力施工原材料、制作和安装、张拉、压浆和封锚（端）的检验应符合铁道部现行《铁路混凝土工程施工质量验收标准》（TB 10424—2010）第 7.2.1 条～第 7.2.5

条、第 7.3.1 条～第 7.3.3 条、第 7.4.1 条～第 7.4.5 条和第 7.5.1 条～第 7.5.6 条的规定。

一 般 项 目

8.2.13 预应力筋施工原材料、制作和安装、张拉、压浆和封锚（端）的检验应符合铁道部现行《铁路混凝土工程施工质量验收标准》(TB 10424—2010) 第 7.3.4 条、第 7.4.6 条和第 7.5.7 条的规定。

8.2.14 预应力预留孔道位置的允许偏差为 4 mm。

检验数量：施工单位检查预应力孔道总数的 3%，且不少于 5 根。

检验方法：尺量检查梁端、跨中、1/4 跨、3/4 跨各一处。

Ⅴ 防 水 层

主 控 项 目

8.2.15 防水层的检验应符合本标准第 16.5 节的规定。

一 般 项 目

8.2.16 防水层的检验应符合本标准第 16.5 节的规定。

8.3 先张法预应力混凝土简支箱梁预制

Ⅰ 模板及支架

主 控 项 目

8.3.1 模板及支架安装的检验应符合铁道部现行《铁路混凝土工程施工质量验收标准》(TB 10424—2010) 第 4.2.1 条、第 4.2.2 条的规定。

8.3.2 拆模时的混凝土强度要求及检验应符合第 8.2.2 条的规定。

一 般 项 目

8.3.3 先张梁模板安装允许偏差和检验方法应符合第 8.2.3 条的规定。

8.3.4 预埋件和预留孔洞的检验应符合铁道部现行《铁路混凝土工程施工质量验收标准》(TB 10424—2010) 第 4.2.4 条的规定。

Ⅱ 钢 筋

主 控 项 目

8.3.5 钢筋原材料、加工、连接和安装的检验应符合铁道部现行《铁路混凝土工程施工质量验收标准》(TB 10424—2010) 第 5.2.1 条～第 5.2.3 条、第 5.3.1 条、第 5.4.1 条～第 5.4.2 条、第 5.4.4 条和第 5.5.1 条～第 5.5.4 条的规定。

一 般 项 目

8.3.6 钢筋原材料、加工和连接的检验及钢筋安装的允许偏差和检验方法应符合第 8.2.6 条和第 8.2.7 条的规定。

Ⅲ 混 凝 土

主 控 项 目

8.3.7 混凝土原材料、配合比设计和施工的检验应符合铁道部现行《铁路混凝土工程施工质量验收标准》(TB 10424—2010) 第 6.2.1 条～第 6.2.8 条、第 6.3.1 条～第 6.3.5 条、第 6.4.1 条～第 6.4.6 条和第 6.4.9 条～第 6.4.16 条的规定。

8.3.8 梁静载试验应符合第 8.2.9 条的规定。

一 般 项 目

8.3.9 梁体外形尺寸允许偏差和检验方法应符合表 8.2.10 的规定。

8.3.10 梁体混凝土外观质量检验应符合第 8.2.11 条的规定。

Ⅳ 预 应 力

主 控 项 目

8.3.11 预应力施工原材料、制作和安装、张拉或放张和封锚（端）的检验应符合铁道部现行《铁路混凝土工程施工质量验收标准》(TB 10424—2010) 第 7.2.1 条、第 7.2.2 条、第 7.2.5 条、第 7.3.1 条～第 7.3.2 条、第 7.4.1 条、第 7.4.4 条～第 7.4.5 条和第 7.5.6 条的规定。

8.3.12 先张梁预应力筋隔离套管的品种、规格和位置应符合设计要求。安装时内端应堵塞严密，外端应穿出端分丝板以外 50～150 mm 并加以固定。

检验数量：施工单位、监理单位全部检查。

检验方法：观察和尺量。

8.3.13 预应力筋安装顺序应符合设计要求和施工技术方案。预应力筋安装宜自下而上，先穿直线预应力筋，再穿折线预应力筋，折线预应力筋应通过转折器相应的槽口。

检验数量：施工单位、监理单位全部检查。

检验方法：观察和尺量。

8.3.14 预应力筋张拉工艺应符合设计要求和施工技术方案。预应力筋张拉工艺除设计有特别要求外，宜采用单束初调、单束张拉或单束初调、整体初拉、单束终拉。张拉时宜先进行直线预应力筋初调，再初调和张拉折线预应力筋，最后张拉直线预应力筋。

检验数量：施工单位、监理单位全部检查。

检验方法：观察和尺量。

监理单位旁站监理。

8.3.15 预应力筋放张应在梁体混凝土强度和弹性模量符合设计要求，且混凝土龄期不少于 72 h 时进行。放张工艺应采用整体放张，并符合设计要求。

检验数量：施工单位、监理单位全部检查。

检验方法：施工单位分别进行一组同条件养护试件混凝土强度和弹性模量试验；监理单位检查强度试验报告并见证检验。

监理单位旁站监理。

一 般 项 目

8.3.16 预应力施工原材料、制作和安装、张拉、封锚（端）的检验应符合铁道部现行《铁路混凝土工程施工质量验收标准》(TB 10424—2010) 第 7.3.4 条、第 7.3.6 条、第 7.4.6 条和第 7.5.7 条的规定。

Ⅴ 防 水 层

主 控 项 目

8.3.17 防水层的检验应符合本标准第 16.5 节的规定。

一 般 项 目

8.3.18 防水层的检验应符合本标准第 16.5 节的规定。

8.4 架桥机架设预应力混凝土简支箱梁

Ⅰ 架 梁

主 控 项 目

8.4.1 梁体规格和质量应符合设计要求。

检验数量：施工单位、监理单位全部检查。

检验方法：检查出厂合格证、静载试验报告、张拉/放张记录和对外观进行检查。

8.4.2 梁存放和运输支点位置应符合设计要求。且支点应位于同一平面上，箱梁同一端支点相对高差不得大于 2 mm。架设时吊点位置应符合设计要求。

检验数量：施工单位、监理单位全部检查。

检验方法：观察、尺量和测量。

8.4.3 预制箱梁架设落梁应采用支点反力控制，支承垫石顶面与支座底面间隙灌浆硬化前，每个支点反力与四个支点反力的平均值之差不得超过±5%。支座砂浆强度达到 20 MPa、千斤顶撤出后方可通过运架设备。

检验数量：施工单位、监理单位全部检查。

检验方法：施工单位观察、计量和试验检测；监理单位观察、见证检验。

监理单位旁站监理。

8.4.4 预制箱梁架设后的相邻梁跨梁端桥面之间、梁端桥面与相邻桥台胸墙顶面之间的相对高差不得大于 10 mm。预制箱梁桥面高程不得高于设计高程，也不得低于设计高程 20 mm。

检验数量：施工单位、监理单位全部检查。

检验方法：测量。

8.4.5 预制箱梁支承垫石顶面与支座底面间的砂浆厚度不得小于 20 mm，也不得大于 30 mm。

检验数量：施工单位、监理单位全部检查。

检验方法：测量检查。

8.4.6 梁体架设后应梁体稳固，梁缝均匀，梁体无损伤。

检验数量：施工单位、监理单位全部检查。

检验方法：观察、尺量。

Ⅱ 支 座

主 控 项 目

8.4.7 支座的检验应符合本标准第 15.2.1 条～第 15.2.7 条的规定。

一 般 项 目

8.4.8 支座的检验应符合本标准第 15.2.8 条的规定。

Ⅲ 模板及支架

主 控 项 目

8.4.9 组合式箱梁横向连接的模板及支架安装的检验应符合铁道部现行《铁路混凝土工程施工质量验收标准》(TB 10424—2010) 第 4.2.1 条～第 4.2.2 条的规定。

8.4.10 拆模时的混凝土强度要求及检验应符合第 8.2.2 条的规定。

一 般 项 目

8.4.11 模板安装允许偏差、预埋件和预留孔的检验应符合第 8.2.3 条和第 8.2.4 条的规定。

Ⅳ 钢 筋

主 控 项 目

8.4.12 组合式箱梁横向连接的钢筋原材料、加工、连接和安装的检验应符合铁道部现行《铁路混凝土工程施工质量验收标准》(TB 10424—2010) 第 5.2.1 条～第 5.2.3 条、第 5.3.1 条、第 5.4.1 条～第 5.4.2 条、第 5.4.4 条和第 5.5.1 条～第 5.5.4 条的规定。

一 般 项 目

8.4.13 钢筋原材料、加工和连接的检验应符合铁道部现行《铁路混凝土工程施工质量验收标准》(TB 10424—2010) 第 5.2.5 条和第 5.3.3 条的规定。

8.4.14 钢筋安装允许偏差和检验方法应符合本标准第 8.2.7 条的规定。

Ⅴ 混 凝 土

主 控 项 目

8.4.15 组合式箱梁横向连接的混凝土原材料、配合比设计和施工的检验应符合铁道部现行《铁路混凝土工程施工质量验收标准》(TB 10424—2010) 第 6.2.1 条～第 6.2.8 条、第 6.3.1 条～第 6.3.5 条和第 6.4.1 条～第 6.4.16 条的规定。

一 般 项 目

8.4.16 混凝土的允许偏差：截面尺寸 $^{+10}_{0}$ mm，表面平整度5 mm/m。

检验数量：施工单位每部位检查不少于 3 处。

检验方法：尺量。

8.4.17 混凝土表面质量的检验应符合第 8.2.11 条的规定。

Ⅵ 预 应 力

主 控 项 目

8.4.18 组合式箱梁横向连接的预应力施工原材料、制作和安装、张拉、压浆和封锚（端）的检验应符合第 8.2.12 条的规定。

一 般 项 目

8.4.19 预应力筋施工原材料、制作和安装、张拉、压浆和封锚（端）的检验应符合第 8.2.13 条的规定。

8.4.20 同一孔梁的横向预应力预留孔道应在同一轴线上，水平及竖直方向的偏差应不大于 4 mm。

检验数量：施工单位全部检查。

检验方法：尺量。

Ⅶ　防　水　层

主 控 项 目

8.4.21　防水层的检验应符合本标准第 16.5 节的规定。

一 般 项 目

8.4.22　防水层的检验应符合本标准第 16.5 节的规定。

8.5　支架法现浇预应力混凝土简支箱梁

Ⅰ　模板及支架

主 控 项 目

8.5.1　模板及支架安装的检验应符合铁道部现行《铁路混凝土工程施工质量验收标准》(TB 10424—2010）第 4.2.1 条～第 4.2.2 条的规定。

8.5.2　支架的地基和基础承载力应符合施工设计的要求。

检验数量：施工单位、监理单位全部检查。

检验方法：施工单位进行承载力试验；监理单位见证检验。

8.5.3　模板及支架应具有足够的强度、刚度和稳定性。浇筑混凝土前必须按设计及有关技术要求对支架进行预压。

检验数量：施工单位、监理单位全部检查。

检验方法：施工单位进行设计计算并进行预压；监理单位检查计算书、预压报告并见证检验。

8.5.4　模板及支架的拆除应符合设计要求和施工技术方案的规定。

检验数量：施工单位、监理单位全部检查。

检验方法：观察和检查施工记录。施工单位拆模前进行一组同条件养护试件强度试验；监理单位检查试验报告。

一 般 项 目

8.5.5　模板安装允许偏差和检验方法应符合第 8.2.3 条的规定。

8.5.6　预埋件和预留孔洞的检验应符合铁道部现行《铁路混凝土工程施工质量验收标准》(TB 10424—2010）第 4.2.4 条的规定。

Ⅱ　钢　　筋

主 控 项 目

8.5.7　钢筋原材料、加工、连接和安装的检验应符合铁道部现行《铁路混凝土工程施工质量验收标准》(TB 10424—2010）第 5.2.1 条～第 5.2.3 条、第 5.3.1 条、第 5.4.1 条～第 5.4.2 条、第 5.4.4 条和第 5.5.1 条～第 5.5.4 条的规定。

一 般 项 目

8.5.8　钢筋原材料、加工和连接的检验应符合铁道部现行《铁路混凝土工程施工质量验收标准》(TB 10424—2010）第 5.2.5 条和第 5.3.3 条的规定。

8.5.9 钢筋安装允许偏差和检验方法应符合第 8.2.7 条的规定。

Ⅲ 混 凝 土

主 控 项 目

8.5.10 混凝土原材料、配合比设计和施工的检验应符合铁道部现行《铁路混凝土工程施工质量验收标准》(TB 10424—2010) 第 6.2.1 条～第 6.2.8 条、第 6.3.1 条～第 6.3.5 条、第 6.4.1 条～第 6.4.6 条和第 6.4.9 条～第 6.4.16 条的规定。

一 般 项 目

8.5.11 梁体外形尺寸允许偏差和检验方法应符合第 8.2.10 条的规定。

8.5.12 梁体的外观质量应符合第 8.2.11 条的规定。

Ⅳ 预 应 力

主 控 项 目

8.5.13 预应力施工原材料、制作和安装、张拉、压浆和封锚（端）的检验应符合第 8.2.12 条的规定。

一 般 项 目

8.5.14 预应力筋施工原材料、制作和安装、张拉、压浆和封锚（端）的检验应符合第 8.2.13 条的规定。

8.5.15 后张梁预留孔道位置允许偏差和检验方法应符合第 8.2.14 条的规定。

Ⅴ 支 座

主 控 项 目

8.5.16 支座的检验应符合本标准第 15.2.1 条～第 15.2.7 条的规定。

一 般 项 目

8.5.17 支座的检验应符合本标准第 15.2.8 条的规定。

Ⅵ 防 水 层

主 控 项 目

8.5.18 防水层的检验应符合本标准第 16.5 节的规定。

一 般 项 目

8.5.19 防水层的检验应符合本标准第 16.5 节的规定。

8.6 移动模架现浇预应力混凝土简支箱梁

Ⅰ 一 般 规 定

8.6.1 移动模架应具有足够的强度、刚度和稳定性。主梁挠度不应大于 $L/550$（L 为主梁支撑跨度），在各种工况下稳定系数均不得小于 1.5。

8.6.2 支承移动模架主梁的支架应具有足够的强度、刚度和稳定性，基础应坚实稳固。

8.6.3 移动模架进场后应经验收合格后方可使用。每次整体安装后制梁前应进行预压。

8.6.4 移动模架每次拼装前，应对各零部件的完好情况进行检查。每次拼装完毕，均应进行全面检查和试验，符合设计要求方可投入使用。移动模架纵向前移时应对桥墩、临时墩及主桁梁的稳定性进行检查。

Ⅱ 模板及支架

主控项目

8.6.5 模板及支架安装的检验应符合铁道部现行《铁路混凝土工程施工质量验收标准》(TB 10424—2010）第 4.2.1 条～第 4.2.2 条的规定。

8.6.6 模板及支架拆除的检验应符合第 8.5.4 条的规定。

一般项目

8.6.7 制梁模板尺寸允许偏差和检验方法应符合第 8.2.3 条的规定。

8.6.8 预埋件和预留孔洞的检验应符合铁道部现行《铁路混凝土工程施工质量验收标准》（TB 10424—2010）第 4.2.4 条的规定。

Ⅲ 钢 筋

主控项目

8.6.9 钢筋原材料、加工、连接和安装的检验应符合铁道部现行《铁路混凝土工程施工质量验收标准》(TB 10424—2010）第 5.2.1 条～第 5.2.3 条、第 5.3.1 条、第 5.4.1 条～第 5.4.2 条、第 5.4.4 条和第 5.5.1 条～第 5.5.4 条的规定。

一般项目

8.6.10 钢筋原材料、加工和连接的检验应符合铁道部现行《铁路混凝土工程施工质量验收标准》(TB 10424—2010）第 5.2.5 条和第 5.3.3 条的规定。

8.6.11 钢筋安装允许偏差和检验方法应符合第 8.2.7 条的规定。

Ⅳ 混 凝 土

主控项目

8.6.12 混凝土原材料、配合比设计和施工的检验应符合铁道部现行《铁路混凝土工程施工质量验收标准》(TB 10424—2010）第 6.2.1 条～第 6.2.8 条、第 6.3.1 条～第 6.3.5 条、第 6.4.1 条～第 6.4.6 条和第 6.4.9 条～第 6.4.16 条的规定。

一般项目

8.6.13 梁体外形尺寸允许偏差和检验方法应符合第 8.2.10 条的规定。

8.6.14 梁体外观质量应符合第 8.2.11 条的规定。

Ⅴ 预 应 力

主控项目

8.6.15 预应力施工原材料、制作和安装、张拉、压浆和封锚（端）的检验应符合第 8.2.12 条的规定。

一般项目

8.6.16 预应力筋施工原材料、制作和安装、张拉、压浆和封锚（端）的检验应符合第 8.2.13 条的规定。

8.6.17 后张梁预留孔道位置允许偏差和检验方法应符合第 8.2.14 条的规定。

Ⅵ 支　座

主 控 项 目

8.6.18 支座的检验应符合本标准第 15.2.1 条～第 15.2.7 条的规定。

一 般 项 目

8.6.19 支座的检验应符合本标准第 15.2.8 条的规定。

Ⅶ 防 水 层

主 控 项 目

8.6.20 防水层的检验应符合本标准第 16.5 节的规定。

一 般 项 目

8.6.21 防水层的检验应符合本标准第 16.5 节的规定。

8.7 移动支架拼装预应力混凝土简支箱梁

Ⅰ 一 般 规 定

8.7.1 移动支架及支承移动支架主梁的支架应具有足够的强度、刚度和稳定性，基础应坚实稳固。

8.7.2 移动支架每次拼装前，应对各零部件的完好情况进行检查。每次拼装完毕均应进行全面检查和试验，符合设计要求方可投入使用。移动支架纵向前移的抗倾覆稳定系数不得小于 1.5，前移时应对桥墩、临时墩及主桁梁采取稳定措施，移动支架上设置的下滑道应具有足够的强度、刚度和长度、宽度。

Ⅱ 模板及支架

主 控 项 目

8.7.3 模板及支架安装的检验应符合铁道部现行《铁路混凝土工程施工质量验收标准》(TB 10424—2010) 第 4.2.1 条～第 4.2.2 条的规定。

8.7.4 模板及支架的拆除应符合第 8.5.4 条的规定。

一 般 项 目

8.7.5 制梁模板尺寸允许偏差和检验方法应符合第 8.2.3 条的规定。

8.7.6 其他预埋件和预留孔洞的检验应符合铁道部现行《铁路混凝土工程施工质量验收标准》(TB 10424—2010) 第 4.2.4 条的规定。

Ⅲ 钢　筋

主 控 项 目

8.7.7 钢筋原材料、加工、连接和安装的检验应符合铁道部现行《铁路混凝土工程施工质量验收标准》(TB 10424—2010) 第 5.2.1 条～第 5.2.3 条、第 5.3.1 条、第 5.4.1 条～第 5.4.2 条、第 5.4.4 条和第 5.5.1 条～第 5.5.4 条的规定。

一 般 项 目

8.7.8 钢筋原材料、加工和连接的检验应符合铁道部现行《铁路混凝土工程施工质量验收标准》(TB 10424—2010) 第 5.2.5 条、第 5.3.3 条的规定。

8.7.9 钢筋安装允许偏差和检验方法应符合第 8.2.7 条的规定。

Ⅳ 混 凝 土

主 控 项 目

8.7.10 混凝土原材料、配合比设计和施工的检验应符合铁道部现行《铁路混凝土工程施工质量验收标准》(TB 10424—2010) 第 6.2.1 条～第 6.2.8 条、第 6.3.1 条～第 6.3.5 条和第 6.4.1 条～第 6.4.16 条的规定。

一 般 项 目

8.7.11 预制梁段的外形尺寸允许偏差和检验方法应符合表 8.7.11 的规定。

表 8.7.11　预制梁段外形尺寸允许偏差和检验方法

<table>
<tr><th>序号</th><th colspan="2">项　目</th><th>允许偏差 (mm)</th><th>检验方法</th></tr>
<tr><td>1</td><td colspan="2">梁段长</td><td>±5</td><td rowspan="10">尺　量</td></tr>
<tr><td>2</td><td colspan="2">梁　高</td><td>$^{+5}_{0}$</td></tr>
<tr><td>3</td><td colspan="2">桥面宽</td><td>±10</td></tr>
<tr><td>4</td><td colspan="2">底板宽</td><td>$^{+15}_{0}$</td></tr>
<tr><td>5</td><td colspan="2">顶板厚</td><td>$^{+10}_{0}$</td></tr>
<tr><td>6</td><td colspan="2">腹板厚</td><td>$^{+10}_{0}$</td></tr>
<tr><td>7</td><td colspan="2">底板厚</td><td>$^{+10}_{0}$</td></tr>
<tr><td>8</td><td colspan="2">腹板间距</td><td>±10</td></tr>
<tr><td>9</td><td colspan="2">孔道位置</td><td>2</td></tr>
<tr><td>10</td><td colspan="2">梁段纵向中线相对旁弯最大偏离值</td><td>5</td></tr>
<tr><td>11</td><td colspan="2">垂直度</td><td>每米不大于 3 mm</td><td>吊线尺量不少于 5 处</td></tr>
<tr><td>12</td><td colspan="2">平整度</td><td>3</td><td>1 m 靠尺测量不少于 5 处</td></tr>
<tr><td rowspan="2">13</td><td rowspan="2">接触网支柱基础</td><td>预埋螺栓距桥面中心线偏差</td><td>$^{+10}_{0}$</td><td rowspan="2">观察、尺量</td></tr>
<tr><td>钢　筋</td><td>齐全设置、位置正确</td></tr>
</table>

检验数量：施工单位每节段均检查。

8.7.12 梁体的外观质量检验应符合第 8.2.11 条的规定。

Ⅴ 预 应 力

主 控 项 目

8.7.13 预应力施工原材料、制作和安装、张拉、压浆和封锚（端）的检验应符合第

8.2.12 条的规定。

一 般 项 目

8.7.14 预应力筋施工原材料、制作和安装、张拉、压浆和封锚（端）的检验应符合第 8.2.13 条的规定。

8.7.15 后张梁预留孔道位置允许偏差和检验方法应符合第 8.2.14 条的规定。

Ⅵ 梁 段 组 拼

主 控 项 目

8.7.16 梁段组拼接缝所用材料的品种、质量、性能应符合设计要求。

检验数量：施工单位、监理单位全部检查。

检验方法：检查质量证明文件和相关试验报告。

8.7.17 梁段组拼施工时，接缝面处理、接缝宽度、接缝方法应符合设计文件和施工工艺设计要求。

检验数量：施工单位、监理单位全部检查。

检验方法：观察和尺量。

一 般 项 目

8.7.18 预制梁段整孔组拼（浇筑混凝土湿接缝前）允许偏差和检验方法应符合表 8.7.18 的规定。

表 8.7.18 预制梁段整孔组拼允许偏差和检验方法

序号	项 目	允许偏差（mm）	检验方法
1	梁全长	±20	尺量不少于 5 处
2	梁跨度	±20	
3	梁 高	+10 −5	
4	梁段纵向中线位置偏差	5	测量检查
5	相邻梁段中心线偏差	3	
6	梁段垂直度	每米不大于 4 mm	吊线尺量不少于 5 处
7	相邻梁段高差	±3	测量检查
8	跨中梁段高程	+2 −5	
9	相邻梁段间预应力孔道位置偏差	3	

检验数量：施工单位全部检查。

8.7.19 预制梁段整孔组拼后的梁体允许偏差和检验应符合第 8.2.10 条规定。

8.7.20 梁体的外观质量检验应符合第 8.2.11 条的规定。

Ⅶ 支 座

主 控 项 目

8.7.21 支座的检验应符合本标准第 15.2.1 条～第 15.2.7 条的规定。

一 般 项 目

8.7.22 支座的检验应符合本标准第 15.2.8 条的规定。

Ⅷ 防 水 层

主 控 项 目

8.7.23 防水层的检验应符合本标准第 16.5 节的规定。

一 般 项 目

8.7.24 防水层的检验应符合本标准第 16.5 节的规定。

9 预应力混凝土简支T梁

9.1 一般规定

9.1.1 模板及支架、钢筋、混凝土和预应力的施工应符合设计要求和铁道部现行《铁路混凝土工程施工质量验收标准》(TB 10424—2010)及有关技术标准的规定。

9.1.2 预应力混凝土简支T梁制造单位应取得规定的现场制梁生产资质。T梁出厂(场)应具有出厂(场)合格证或技术证明书，产品质量符合有关技术条件的规定。

9.1.3 预应力混凝土简支T梁制造和架设应编制实施性施工组织设计及施工工艺细则。

9.1.4 制梁台座应有施工设计，其强度、刚度及稳定性应能满足施工各阶段的施工荷载的要求和施工工艺要求。施工场地应具有良好排水条件。

9.1.5 预应力混凝土简支T梁的模板及支架应有施工设计，其反拱和预留压缩量的设置应符合设计和施工工艺要求。

9.1.6 预应力混凝土简支T梁梁体混凝土应连续浇筑、一次成型。每片梁浇筑时间不宜超过3.5 h。浇筑时，模板温度宜在5～35 ℃，混凝土拌和物入模温度宜在5～30 ℃。

9.1.7 梁体混凝土养护应符合本标准第8.1.9条～第8.1.11条的规定。

9.1.8 后张法预应力筋张拉前，应对孔道摩阻损失、喇叭口损失和锚口摩阻损失进行实际测定；先张法折线配筋张拉前，对折线筋摩阻损失进行实际测定。根据实测结果对张拉控制应力做适当调整，并经监理单位和设计单位认可。

9.1.9 后张法预应力混凝土简支T梁的预应力筋张拉工艺，除设计有特别规定外，宜按初张拉和终张拉两个阶段进行。张拉数量及张拉力值应符合设计要求。预应力束张拉前，应清除管道内的杂物及积水。终张拉时的梁体混凝土强度、弹性模量及龄期应符合设计要求。预施应力应采用两端同步张拉，并符合设计要求的张拉顺序。预施应力过程中应保持两端的伸长量基本一致，相差不超过10%。张拉期间应采取措施避免锚具、预应力筋受雨水、养护用水浇淋，防止锚具及预应力筋出现锈蚀。

9.1.10 预应力混凝土简支T梁封锚(端)等处应按设计要求进行防水处理和封堵。

9.1.11 桥梁预施应力使用的预应力筋张拉设备及仪表应按规定进行定期校验。

9.1.12 预制后张法预应力混凝土简支T梁孔道压浆宜在预应力筋终张拉完成后48 h内进行。压浆时浆体温度应在5～30 ℃之间，压浆及压浆后3 d内，梁体及环境温度不应低于5 ℃。

9.1.13 架梁前应做好施工准备，进行全面的施工调查，编制施工组织设计，落实安全保障措施，清除妨碍运架梁的侵限障碍物，具备墩台里程、支座中心线、支承垫石高程及预埋件等竣工资料，并由架梁单位复核。

9.1.14 架(移)梁设备和吊(顶)具应具有足够的强度、刚度和稳定性，能满足架(移)梁荷载要求。并应在工地进行静动载试验、试运转和验收，做好记录。未经验收合格的架(移)梁设备和吊(顶)具，不得进行架(移)梁作业。

9.1.15　各类架桥机应经过检查、验收、试吊签证，并应符合铁道部现行《铁路架桥机架梁暂行规程》(铁建设〔2006〕181号）的相应规定。所有运载工具、走行道路、提升吊架、支承托架等，均应经过重载试验，并有签证记录。

9.1.16　所有吊具、扁担梁均应经过检查、重载试验。梁存放和跨装的运输支点位置、吊梁时的梁体强度和起吊点均应满足设计要求。

9.1.17　顶梁部位及横移梁滑道位置均应在允许悬臂长度范围内，以防梁体开裂、折断。移运梁的移运线路、移运走行速度等应符合相关架桥机操作手册的要求。

9.1.18　一孔梁由多片T梁组成时，每片梁施加预应力日期之差不应超过6 d，成品梁应按照架梁计划，分批并成孔地组织装车发运。

9.2　预应力混凝土简支T梁预制

Ⅰ　模板及支架

主 控 项 目

9.2.1　模板及支架安装的检验应符合铁道部现行《铁路混凝土工程施工质量验收标准》(TB 10424—2010）第4.2.1条、第4.2.2条的规定。

9.2.2　拆模时的梁体混凝土强度应符合设计要求。当设计无具体要求时，混凝土强度应达到设计强度的60%及以上。

检验数量：施工单位、监理单位全部检查。

检验方法：施工单位拆模前进行一组同条件养护试件强度试验；监理单位检查强度试验报告。

一 般 项 目

9.2.3　模板安装的允许偏差和检验方法应符合表9.2.3的规定。

表9.2.3　模板安装尺寸允许偏差

序号	项　　目	允许偏差（mm）	检验方法
1	侧、底模板全长	±10	尺量检查各不少于3处
2	底模板宽	$^{+5}_{0}$	尺量检查不少于5处
3	底模板中心线与设计位置偏差	2	拉线量测
4	桥面板中心线与设计位置偏差	10	
5	腹板中心位置偏差	10	
6	隔板预留孔中心位置偏差	5	尺量检查
7	模板垂直度	每米高度3 mm	吊线尺量检查不少于5处
8	侧、底模板平整度	2	1 m靠尺和塞尺检查各不少于5处

续上表

序号	项　　目	允许偏差（mm）	检验方法
9	桥面板宽度	±10	尺量检查不少于5处
10	腹板厚度	$^{+10}_{0}$	
11	底板厚度（在侧模板下翼边缘拐角处）	$^{+10}_{0}$	
12	顶板厚度（在侧模板上翼边缘拐角处）	$^{+10}_{0}$	
13	隔板厚度	$^{+10}_{-5}$	
14	模板预留预应力孔道偏离设计位置	3	尺量检查

检验数量：施工单位全部检查。

9.2.4 预埋件和预留孔洞的检验应符合铁道部现行《铁路混凝土工程施工质量验收标准》（TB 10424—2010）第4.2.4条的规定。

Ⅱ　钢　　筋

主 控 项 目

9.2.5 钢筋原材料、加工、连接和安装的检验应符合铁道部现行《铁路混凝土工程施工质量验收标准》(TB 10424—2010）第5.2.1条～第5.2.3条、第5.3.1条、第5.4.1条～第5.4.2条、第5.4.4条和第5.5.1条～第5.5.4条的规定。

一 般 项 目

9.2.6 钢筋原材料、加工和连接的检验应符合铁道部现行《铁路混凝土工程施工质量验收标准》(TB 10424—2010）第5.2.5条和第5.3.3条的规定。

9.2.7 钢筋安装允许偏差和检验方法应符合本标准第8.2.7条的规定。

Ⅲ　混　凝　土

主 控 项 目

9.2.8 混凝土原材料、配合比设计和施工的检验应符合铁道部现行《铁路混凝土工程施工质量验收标准》(TB 10424—2010）第6.2.1条～第6.2.8条、第6.3.1条～第6.3.5条、第6.4.1条～第6.4.6条和第6.4.9条～第6.4.16条的规定。

9.2.9 梁静载试验应符合本标准第8.2.9条的规定。

一 般 项 目

9.2.10 T梁外形尺寸允许偏差和检验方法应符合表9.2.10的规定。

表9.2.10　T梁外形尺寸允许偏差

序号	项　　目	允许偏差（mm）		检验方法
1	△梁全长	L≤16 m	±10 mm	检查桥面及底板内外侧
		L>16 m	±20 mm	
2	△梁跨度	L≤16 m	±10 mm	
		L>16 m	±20 mm	

续上表

<table>
<tr><th>序号</th><th colspan="2">项　　目</th><th>允许偏差（mm）</th><th>检验方法</th></tr>
<tr><td>3</td><td colspan="2">下翼缘宽度</td><td>$^{+10}_{0}$ mm</td><td rowspan="3">检查1/4截面，跨中、3/4、梁两端截面</td></tr>
<tr><td>4</td><td colspan="2">桥面及防护墙内侧宽度</td><td>±10 mm</td></tr>
<tr><td>5</td><td colspan="2">腹板厚度</td><td>$^{+10}_{0}$ mm</td></tr>
<tr><td>6</td><td colspan="2">桥面内外侧偏离设计位置</td><td>5 mm</td><td>从支座螺栓中心放线引向桥面</td></tr>
<tr><td>7</td><td colspan="2">梁　高</td><td>$^{+10}_{0}$ mm</td><td>检查两端</td></tr>
<tr><td>8</td><td colspan="2">梁上拱</td><td>$L/3\,000$</td><td>终张拉30天时测量</td></tr>
<tr><td>9</td><td colspan="2">隔板厚度</td><td>$^{+10}_{-5}$ mm</td><td>尺　量</td></tr>
<tr><td>10</td><td colspan="2">表面垂直度</td><td>每米高度3 mm</td><td>测量检查不少于5处</td></tr>
<tr><td>11</td><td colspan="2">表面平整度</td><td>5 mm</td><td>1 m靠尺测量不少于15处</td></tr>
<tr><td>12</td><td colspan="2">钢筋保护层厚度</td><td>90%测点实测值不小于设计值</td><td>专用仪器测量，跨中和梁端的顶板顶面、底板底面、腹板两侧、梁端面各2处（每处不少于10点）</td></tr>
<tr><td rowspan="3">13</td><td rowspan="3">上支座板</td><td>每块板边缘高差</td><td>1 mm</td><td>用水平尺靠量</td></tr>
<tr><td>△螺栓孔中心位置</td><td>2 mm</td><td rowspan="2">尺　量</td></tr>
<tr><td>螺栓外露长度</td><td>$^{+10}_{0}$ mm</td></tr>
<tr><td>14</td><td colspan="2">桥面上防护墙钢筋位置</td><td>10 mm</td><td rowspan="3">尺　量</td></tr>
<tr><td rowspan="2">15</td><td rowspan="2">接触网支柱基础</td><td>预埋螺栓距桥面中心线偏差</td><td>$^{+10}_{0}$ mm</td></tr>
<tr><td>钢筋位置偏差</td><td>5 mm</td></tr>
</table>

注：1　表中有"△"的3项为关键项点，其实测偏差不得超出允许偏差范围。
　　2　梁体顶面平整度应同时满足无砟轨道的技术要求。

检验数量：施工单位全部检查。

9.2.11　梁体外观质量检验应符合本标准第8.2.11条的规定。

Ⅳ　预　应　力

主 控 项 目

9.2.12　预应力施工原材料、制作和安装、张拉、压浆和封锚（端）的检验应符合本标准第8.2.12条的规定。

一 般 项 目

9.2.13　预应力筋施工原材料、制作和安装、张拉、压浆和封锚（端）的检验应符合本标准第8.2.13条的规定。

9.2.14　后张梁预留孔道位置允许偏差和检验方法应符合本标准第8.2.14条的规定。

Ⅴ　防　水　层

主 控 项 目

9.2.15　防水层的检验应符合本标准第16.5节的规定。

一 般 项 目

9.2.16　防水层的检验应符合本标准第16.5节的规定。

9.3 预应力混凝土简支 T 梁架设

Ⅰ 架 梁

主 控 项 目

9.3.1 梁体规格和质量应符合设计要求。

检验数量：施工单位、监理单位全部检查。

检验方法：检查出厂合格证、静载试验报告、张拉/放张记录和对外观进行检查。

9.3.2 当采用一台吊车吊梁时，应使用起吊扁担。当采用两台吊车吊梁时，两端应同步起落，吊点距梁端距离应小于设计允许的悬出长度。

检验数量：施工单位、监理单位全部检查。

检验方法：观察、查看记录。

9.3.3 架梁程序和作业要求应符合其实施性施工组织设计的要求。

检验数量：施工单位、监理单位全部检查。

检验方法：观察检查。

9.3.4 T 梁架设后的相邻梁跨梁端桥面之间、梁端桥面与相邻桥台胸墙顶面之间的相对高差不得大于 10 mm。T 梁桥面不得高于设计高程，也不得低于设计高程 20 mm。

检验数量：施工单位、监理单位全部检查。

检验方法：测量检查。

9.3.5 架桥机过孔前应进行梁体的横向连接，除焊完规定的挡数外，还应进行横向临时紧固。

检验数量：施工单位、监理单位全部检查。

检验方法：观察和记录。

9.3.6 梁体架设后应梁体稳固，梁缝均匀，梁体无损伤。

检验数量：施工单位、监理单位全部检查。

检验方法：观察和尺量。

一 般 项 目

9.3.7 多片 T 梁成型后允许偏差应符合表 9.3.7 的规定。

表 9.3.7 多片 T 梁成型后允许偏差

序号	项 目	允许偏差（mm）	检验方法
1	腹板中心距	±10	尺 量
2	桥面及防护墙内侧宽度	±10	尺量，测量跨中、$L/4$、$3L/4$ 截面
3	多片梁梁顶相对高差	$^{+10}_{-5}$	水准仪测量
4	隔板纵向偏差（根部）	±10	尺 量
5	桥面内外侧偏离设计位置	10	从外侧支座螺栓中心放线引向桥面

检验数量：施工单位全部检查。

Ⅱ　支　座

主 控 项 目

9.3.8　支座的检验应符合本标准第 15.2.1 条～第 15.2.7 条规定。

一 般 项 目

9.3.9　支座的检验应符合本标准第 15.2.8 条的规定。

Ⅲ　模板及支架

主 控 项 目

9.3.10　模板及支架安装的检验应符合铁道部现行《铁路混凝土工程施工质量验收标准》(TB 10424—2010) 第 4.2.1 条～第 4.2.2 条的规定。

9.3.11　拆模时的混凝土强度要求及检验应符合第 9.2.2 条的规定。

一 般 项 目

9.3.12　模板安装允许偏差、预埋件和预留孔的检验应符合第 9.2.3 条和第 9.2.4 条的规定。

Ⅳ　钢　　筋

主 控 项 目

9.3.13　钢筋原材料、加工、连接和安装的检验应符合铁道部现行《铁路混凝土工程施工质量验收标准》(TB 10424—2010) 第 5.2.1 条～第 5.2.3 条、第 5.3.1 条、第 5.4.1 条～第 5.4.2 条、第 5.4.4 条和第 5.5.1 条～第 5.5.4 条的规定。

一 般 项 目

9.3.14　钢筋原材料、加工和连接的检验应符合铁道部现行《铁路混凝土工程施工质量验收标准》(TB 10424—2010) 第 5.2.5 条和第 5.3.3 条的规定。

9.3.15　钢筋安装允许偏差和检验方法应符合本标准第 8.2.7 条的规定。

Ⅴ　混　凝　土

主 控 项 目

9.3.16　混凝土原材料、配合比设计和施工的检验应符合铁道部现行《铁路混凝土工程施工质量验收标准》(TB 10424—2010) 第 6.2.1 条～第 6.2.8 条、第 6.3.1 条～第 6.3.5 条和第 6.4.1 条～第 6.4.16 条的规定。

一 般 项 目

9.3.17　混凝土的允许偏差：截面尺寸 $^{+10}_{0}$ mm，表面平整度5 mm/m。

检验数量：施工单位每部位检查不少于 3 处。

检验方法：尺量。

9.3.18　混凝土表面质量的检验应符合本标准第 8.2.11 条的规定。

Ⅵ　预　应　力

主 控 项 目

9.3.19　预应力施工原材料、制作和安装、张拉、压浆和封锚（端）的检验应符合本标准第

8.2.12 条的规定。

一 般 项 目

9.3.20 预应力筋施工原材料、制作和安装、张拉、压浆和封锚（端）的检验应符合本标准第 8.2.13 条的规定。

9.3.21 同一孔梁的横向预应力预留孔道应在同一轴线上，水平及竖直方向的偏差应不大于 4 mm。

检验数量：施工单位全部检查。

检验方法：尺量。

Ⅶ 防 水 层

主 控 项 目

9.3.22 防水层的检验应符合本标准第 16.5 节的规定。

一 般 项 目

9.3.23 防水层的检验应符合本标准第 16.5 节的规定。

10 混凝土连续梁、连续刚构

10.1 悬臂浇筑预应力混凝土连续梁、连续刚构

Ⅰ 一 般 规 定

10.1.1 模板及支架、钢筋、预应力和混凝土的施工应符合设计要求和铁道部现行《铁路混凝土工程施工质量验收标准》(TB 10424—2010)的有关规定。

10.1.2 悬臂浇筑预应力混凝土连续梁、连续刚构施工应编制详细的专项施工方案、施工设计和安全操作细则。

10.1.3 预应力混凝土连续梁悬臂浇筑施工前，应将墩顶梁段与桥墩临时固结牢固。连续刚构墩顶梁段与桥墩整体浇筑。

10.1.4 悬臂浇筑所用挂篮必须具有足够的强度、刚度和稳定性，结构形式、几何尺寸应适应梁段高度变化并满足与已浇筑梁段搭接需要和挂篮走行要求。挂篮走行和浇筑混凝土时的抗倾覆稳定系数不得小于2。挂篮使用前应进行安装、走行性能工艺试验和载重试验。

10.1.5 悬臂浇筑梁段施工过程中，应进行线形监测，发现超出允许偏差应及时调整纠正。悬臂合龙时，两侧梁体的高差应在设计允许范围内。

10.1.6 悬臂浇筑梁段应对称、平衡施工，实际不平衡偏差不得大于设计允许数值。

10.1.7 连续梁、连续刚构预应力筋张拉应符合设计要求。当设计无具体要求时，应符合下列规定：

1 梁段预应力筋张拉应按先纵向、再竖向、后横向的顺序进行。

2 纵向预应力筋张拉应在梁段混凝土强度达到设计值的95%、弹性模量达到设计值的100%后进行，且必须保证张拉时混凝土的龄期不小于5 d。

3 纵向预应力筋应两端同步且左右对称张拉，最大不平衡束不得超过1束。张拉顺序应为先腹板再顶板后底板，从外向内左右对称进行。预施应力过程中应保持两端的伸长量基本一致。

4 竖向预应力筋应左右对称单端张拉，宜从已施工端顺序进行。为减少竖向预应力损失，竖向预应力筋应采用两次张拉方式，即在第一次张拉完成1天后进行第二次张拉。

5 横向预应力筋应在梁体两侧交替单端张拉，宜从已施工端顺序进行。每一梁段伸臂端的最后1根横向预应力筋，应在下一梁段横向预应力筋张拉时进行张拉。

6 横向和竖向预应力筋张拉滞后纵向预应力筋张拉不宜大于3个悬浇梁段。

10.1.8 挂篮前移时，纵向预应力筋必须张拉完成。

10.1.9 孔道压浆方法应符合设计要求。孔道压浆应在预应力筋终张拉完毕后24 h内完成，特殊情况时必须在48 h内完成，并应按先纵向、再竖向、后横向顺序进行施工，竖向预应力管道应从最低点开始压浆。同一孔道压浆应连续进行一次完成。压浆时，浆体温度应在5～30 ℃之间，梁体温度在压浆时及压浆完毕后3 d内不应低于5 ℃。

10.1.10 合龙段施工必须符合设计和施工设计要求，边跨现浇梁段采用支架施工时，应符合本标准第 8.5 节的相关规定。

Ⅱ 模板及支架

主 控 项 目

10.1.11 模板及支架安装和拆除的检验应符合铁道部现行《铁路混凝土工程施工质量验收标准》(TB 10424—2010) 第 4.2.1 条、第 4.2.2 条及第 4.3.1 条的规定。

10.1.12 用于梁体施工的挂篮、支架或托架使用前应进行静载试验。

检验数量：施工单位、监理单位全部检查。

检验方法：施工单位进行静载试验；监理单位检查试验报告并见证检验。

一 般 项 目

10.1.13 模板及支架拆除、预埋件和预留孔洞的检验应符合铁道部现行《铁路混凝土工程施工质量验收标准》(TB 10424—2010) 第 4.2.4 条及第 4.3.2 条的规定。

10.1.14 预应力混凝土连续梁、连续刚构梁段的模板尺寸允许偏差和检验方法应符合表 10.1.14 的规定。

表 10.1.14 预应力混凝土连续梁、连续刚构梁段模板尺寸允许偏差和检验方法

序号	项目		允许偏差（mm）	检验方法
1	梁段长		±10	尺量
2	梁 高		$^{+10}_{0}$	
3	顶板厚		$^{+10}_{0}$	尺量检查不少于 5 处
4	底板厚		$^{+10}_{0}$	
5	腹板厚		$^{+10}_{0}$	
6	横隔板厚		$^{+10}_{0}$	
7	腹板间距		±10	
8	腹板中心偏离设计位置		10	
9	梁体宽		$^{+10}_{0}$	
10	模板表面平整度		3	1 m 靠尺测量不少于 5 处
11	模板接缝错台		2	尺量
12	孔道位置		5	尺量
13	梁段纵向旁弯		10	拉线测量不少于 5 处
14	梁段高度变化段位置		±10	测量检查
15	底模拱度偏差		3	测量检查
16	底模同一端两角高差		2	
17	桥面预留钢筋位置		10	尺量
18	支座板	四角高度差	1	水平尺靠量检查四角
		螺栓中心位置	2	尺量检查（包括对角线）
		平整度	2	尺量

检验数量：施工单位全部检查。

Ⅲ 钢 筋

主 控 项 目

10.1.15 钢筋原材料、加工、连接和安装的检验应符合铁道部现行《铁路混凝土工程施工质量验收标准》(TB 10424—2010) 第5.2.1条～第5.2.3条、第5.3.1条、第5.4.1条、第5.4.2条、第5.4.4条和第5.5.1条～第5.5.4条的规定。

一 般 项 目

10.1.16 钢筋原材料及加工的检验应符合铁道部现行《铁路混凝土工程施工质量验收标准》(TB 10424—2010) 第5.2.5条和第5.3.3条的规定。

10.1.17 钢筋安装的允许偏差和检验方法应符合本标准第8.2.7条的规定。

Ⅳ 混 凝 土

主 控 项 目

10.1.18 混凝土原材料、配合比设计和施工的检验应符合铁道部现行《铁路混凝土工程施工质量验收标准》(TB 10424—2010) 第6.2.1条～第6.2.8条、第6.3.1条～第6.3.5条和第6.4.1条～第6.4.16条的规定。

10.1.19 合龙段采用补偿收缩混凝土时，其检验应符合铁道部现行《铁路混凝土工程施工质量验收标准》(TB 10424—2010) 第9.1.1条和第9.5.6条～第9.5.8条的规定。

10.1.20 梁段混凝土的浇筑应符合施工工艺设计要求。

检验数量：施工单位、监理单位全部检查。

检验方法：观察。

10.1.21 合龙段施工及体系转换应符合设计和施工工艺设计要求。

检验数量：施工单位、监理单位全部检查。

检验方法：观察、监控。

监理单位旁站监理。

一 般 项 目

10.1.22 连续梁、连续刚构梁体外观质量的检验应符合本标准第8.2.11条的规定。

10.1.23 连续梁、连续刚构悬臂浇筑梁段的允许偏差和检验方法应符合表10.1.23的规定。

表 10.1.23 连续梁、连续刚构悬臂浇筑梁段的允许偏差和检验方法

序号	项 目	允许偏差（mm）	检验方法
1	悬臂梁段顶面高程	$^{+15}_{-5}$	测量检查
2	合龙前两悬臂端相对高差	合龙段长的1/100，且不大于15 mm	
3	梁段轴线偏差	15	
4	相邻梁段错台	5	

检验数量：施工单位全部检查。

10.1.24 悬臂浇筑连续梁、连续刚构梁体外形尺寸允许偏差和检验方法应符合表10.1.24的规定。

表 10.1.24 连续梁、连续刚构梁体外形尺寸允许偏差和检验方法

序号	项　目	允许偏差（mm）	检验方法
1	梁全长	±30	尺量检查中心及两侧
2	边孔梁长	±20	
3	各变高梁段长度及位置	±10	
4	边孔跨度	±20	尺量检查支座中心对中心
5	梁底宽度	+10 −5	尺量检查每个梁段及每孔 1/4、跨中和 3/4 截面
6	桥面中心位置	10	检查 1/4、跨中和 3/4 截面及最大偏差处
7	梁　高	+15 −5	尺量检查梁端、跨中及梁体变截面处
8	底板厚度	+10 0	测量检查跨中及梁端
9	腹板厚度	+10 0	
10	顶板厚度	+10 −5	
11	桥面高程	±20	
12	桥面宽度	±10	
13	表面平整度	5	1 m 靠尺每 10 m 检查一处
14	腹板间距	±10	测量检查跨中及梁端
15	接触网支柱基础预埋螺栓距桥面中心线偏差	+10 0	测量检查

注：梁体顶面平整度应同时满足无砟轨道的技术要求。

检验数量：施工单位全部检查。

V　预　应　力

主 控 项 目

10.1.25　预应力施工原材料、制作和安装、张拉、压浆和封锚（端）的检验应符合铁道部现行《铁路混凝土工程施工质量验收标准》(TB 10424—2010) 第 7.2.1 条～第 7.2.5 条、第 7.3.1 条～第 7.3.3 条、第 7.4.1 条～第 7.4.5 条和第 7.5.1 条～第 7.5.6 条的规定。

10.1.26　连续梁、连续刚构预应力筋的张拉时间、张拉方法和张拉顺序应符合设计要求和施工技术方案的规定。

检验数量：施工单位、监理单位全部检查。

检验方法：观察。施工单位进行混凝土强度和弹性模量试验；监理单位检查试验报告、施工记录。

张拉时监理单位旁站监理。

10.1.27　梁段预应力筋终张拉完毕后应在 24 h 内完成孔道压浆，合龙后的预应力筋终张拉完毕后应在 48 h 内完成孔道压浆。

检验数量：施工单位、监理单位全部检查。

检验方法：观察、检查施工记录。

一 般 项 目

10.1.28　预应力筋制作和安装、张拉、压浆和封锚（端）的检验应符合铁道部现行《铁路混凝

土工程施工质量验收标准》(TB 10424—2010)第7.3.4条、第7.4.6条和第7.5.7条的规定。

10.1.29 梁段预留孔道位置的允许偏差为4 mm。

检验数量：施工单位全部检查。

检验方法：尺量，每根管道检查不少于3处。

Ⅵ 支 座

主 控 项 目

10.1.30 支座安装的检验应符合本标准第15.2.1条～第15.2.7条的规定。

一 般 项 目

10.1.31 支座安装的检验应符合本标准第15.2.8条的规定。

Ⅶ 防 水 层

主 控 项 目

10.1.32 防水层的检验应符合本标准第16.5节的相关规定。

一 般 项 目

10.1.33 防水层的检验应符合本标准第16.5节的相关规定。

10.2 悬臂拼装预应力混凝土连续梁、连续刚构

Ⅰ 一 般 规 定

10.2.1 模板及支架、钢筋、混凝土和预应力施工应符合设计要求和铁道部现行《铁路混凝土工程施工质量验收标准》(TB 10424—2010)的有关规定。

10.2.2 悬臂拼装预应力混凝土连续梁、连续刚构施工应编制专项施工方案、施工设计和安全操作细则。

10.2.3 悬臂拼装施工使用的起吊设备应具有足够的起吊力和稳定性，悬臂走行及吊梁时的抗倾覆稳定系数不得小于1.5。使用前应进行走行及起吊试验。

10.2.4 制梁台座应坚固、稳定，沉降满足施工设计要求，台座顶面应与桥梁底面设计线型相一致。

10.2.5 预应力混凝土连续梁悬臂拼装施工前，应按设计将墩顶梁段与桥墩临时固结牢固。

10.2.6 拼装梁段的胶接材料进场时，施工单位应按批进行检验，符合设计要求方可使用。

10.2.7 预制梁段在拼装前应进行全面检查，梁段的外形尺寸、接缝面平整度应符合设计要求，控制梁段拼装中线、高程的标线及标点数据应符合工艺设计要求。

10.2.8 悬拼梁段应对称、平衡进行施工，不平衡偏差不得大于设计允许数值。

10.2.9 悬臂拼装施工应进行线形监控，以确保拼装过程和成桥后的线形均符合设计要求。

Ⅱ 模板及支架

主 控 项 目

10.2.10 模板及支架安装和拆除的检验应符合铁道部现行《铁路混凝土工程施工质量验收标准》(TB 10424—2010) 第4.2.1条、第4.2.2条和第4.3.1条的规定。

10.2.11 预制梁段的底模顶面应与桥梁底面设计线型相一致。

检验数量：施工单位、监理单位全部检查。

检验方法：观察和尺量。

一 般 项 目

10.2.12 模板及支架安装和拆除的检验应符合铁道部现行《铁路混凝土工程施工质量验收标准》(TB 10424—2010) 第4.2.4条和第4.3.2条的规定。

10.2.13 预制梁段的模板尺寸允许偏差和检验方法应符合第10.1.14条的规定。

Ⅲ 钢 筋

主 控 项 目

10.2.14 钢筋原材料、加工、连接和安装的检验应符合铁道部现行《铁路混凝土工程施工质量验收标准》(TB 10424—2010) 第5.2.1条～第5.2.3条、第5.3.1条、第5.4.1条～第5.4.2条、第5.4.4条和第5.5.1条～第5.5.4条的规定。

一 般 项 目

10.2.15 钢筋原材料及加工的检验应符合铁道部现行《铁路混凝土工程施工质量验收标准》(TB 10424—2010) 第5.2.5条和第5.3.3条的规定。

10.2.16 预制梁段钢筋安装允许偏差及检验方法应符合本标准第8.2.7条的规定。

Ⅳ 混 凝 土

主 控 项 目

10.2.17 混凝土原材料、配合比设计和施工的检验应符合铁道部现行《铁路混凝土工程施工质量验收标准》(TB 10424—2010) 第6.2.1条～第6.2.8条、第6.3.1条～第6.3.5条和第6.4.1条～第6.4.16条的规定。

10.2.18 预制梁段施工应使相邻梁段混凝土密贴浇筑，接缝面应设置隔离层；起吊梁段的吊环等预埋件应位置准确、固定牢固。

检验数量：施工单位、监理单位全部检查。

检验方法：观察。

10.2.19 合龙段施工的检验应符合第10.1.19条和第10.1.21条的规定。

一 般 项 目

10.2.20 预制梁段允许偏差和检验方法应符合本标准第8.7.11条的规定。

10.2.21 预制梁段外观质量的检验应符合本标准第8.2.11条的规定。

Ⅴ 预 应 力

主 控 项 目

10.2.22 预应力施工原材料、制作和安装、张拉、压浆和封锚（端）的检验应符合铁道部现行《铁路混凝土工程施工质量验收标准》(TB 10424—2010) 第7.2.1条～第7.2.5条、第7.3.1条～第7.3.3条、第7.4.1条～第7.4.5条和第7.5.1条～第7.5.6条的规定。

10.2.23 预应力筋张拉的检验应符合第10.1.26条的规定。

10.2.24 预应力孔道压浆的检验应符合第10.1.27条的规定。

一 般 项 目

10. 2. 25 预应力筋制作和安装、张拉、压浆和封锚（端）的检验应符合铁道部现行《铁路混凝土工程施工质量验收标准》(TB 10424—2010)第 7. 3. 4 条、第 7. 4. 6 条和第 7. 5. 7 条的规定。

10. 2. 26 梁段预留孔道位置允许偏差和检验方法应符合第 10. 1. 29 条的规定。

Ⅵ 梁 段 拼 装

主 控 项 目

10. 2. 27 梁段必须在桥墩两侧对称、平衡拼装施工，两侧不平衡重偏差不得大于设计允许数值。

检验数量：施工单位、监理单位全部检查。

检验方法：计算、观察。

10. 2. 28 拼装梁段胶接缝的胶粘剂种类、性能、质量等应符合设计要求。

检验数量：施工单位、监理单位全部检查。

检验方法：观察和检查试验资料。

10. 2. 29 拼装梁段胶接材料的配合比例应符合设计要求，稠度和固化时间应符合施工工艺设计要求。

检验数量：施工单位、监理单位全部检查。

检验方法：观察，检查配合比试验记录。

10. 2. 30 拼装梁段的接缝面处理、接缝宽度和方法应符合设计文件和施工工艺设计要求。

检验数量：施工单位、监理单位全部检查。

检验方法：观察和尺量。

一 般 项 目

10. 2. 31 悬臂拼装预应力混凝土连续梁、连续刚构允许偏差和检验方法应符合表 10. 2. 31 的规定。

表 10. 2. 31 悬臂拼装预应力混凝土连续梁、连续刚构允许偏差和检验方法

序号	项 目	允许偏差（mm）	检验方法
1	高 程	±20	测 量
2	中 线	15	
3	相邻两墩悬臂端相对高差	20	
4	拼接处相邻梁段高差	3	
5	相邻梁段中线偏差	3	

注：梁体顶面平整度应同时满足无砟轨道的技术要求。

检验数量：施工单位全部检查。

Ⅶ 支 座

主 控 项 目

10. 2. 32 支座安装的检验应符合本标准第 15. 2. 1 条～第 15. 2. 7 条的规定。

一 般 项 目

10. 2. 33 支座安装的检验应符合本标准第 15. 2. 8 条的规定。

Ⅷ 防 水 层

主 控 项 目

10.2.34 防水层的检验应符合本标准第16.5节的相关规定。

一 般 项 目

10.2.35 防水层的检验应符合本标准第16.5节的相关规定。

10.3 顶推法制架预应力混凝土连续梁

Ⅰ 一 般 规 定

10.3.1 模板及支架、钢筋、混凝土和预应力施工应符合设计要求和铁道部现行《铁路混凝土工程施工质量验收标准》(TB 10424—2010)的有关规定。

10.3.2 顶推法制架预应力混凝土连续梁施工应编制专项施工方案、施工设计和安全操作细则。

10.3.3 制梁台座应坚固、稳定，沉降满足施工设计要求，位于顶推线上的制梁台座，中线及纵坡应与桥梁设计中线及纵坡相一致。

10.3.4 临时墩及导梁应具有足够的强度、刚度和稳定性。

10.3.5 顶推设备、滑道、导向及纠偏装置应符合顶推工艺设计的要求。

10.3.6 顶推施工前应进行试顶，检验设备性能，验证设计摩擦系数。

Ⅱ 模板及支架

主 控 项 目

10.3.7 模板及支架安装和拆除的检验应符合铁道部现行《铁路混凝土工程施工质量验收标准》(TB 10424—2010)第4.2.1条、第4.2.2条和第4.3.1条的规定。

一 般 项 目

10.3.8 模板及支架安装和拆除的检验应符合铁道部现行《铁路混凝土工程施工质量验收标准》(TB 10424—2010)第4.2.4条和第4.3.2条的规定。

10.3.9 模板尺寸允许偏差和检验方法应符合第10.1.14条的规定。

Ⅲ 钢 筋

主 控 项 目

10.3.10 钢筋原材料、加工、连接和安装的检验应符合铁道部现行《铁路混凝土工程施工质量验收标准》(TB 10424—2010)第5.2.1条～第5.2.3条、第5.3.1条、第5.4.1条～第5.4.2条、第5.4.4条和第5.5.1条～第5.5.4条的规定。

一 般 项 目

10.3.11 钢筋原材料及加工的检验应符合铁道部现行《铁路混凝土工程施工质量验收标准》(TB 10424—2010)第5.2.5条和第5.3.3条的规定。

10.3.12 梁段钢筋安装允许偏差及检验方法应符合本标准第8.2.7条的有关规定。

Ⅳ 混 凝 土

主 控 项 目

10.3.13 混凝土原材料、配合比设计和混凝土施工的检验应符合铁道部现行《铁路混凝土工程施工质量验收标准》(TB 10424—2010) 第 6.2.1 条～第 6.2.8 条、第 6.3.1 条～第 6.3.5 条和第 6.4.1 条～第 6.4.16 条的规定。

10.3.14 合龙段施工的检验必须符合第 10.1.19 条和第 10.1.21 条的规定。

一 般 项 目

10.3.15 梁段外形尺寸的允许偏差和检验方法应符合本标准第 8.7.11 条的规定。

10.3.16 梁段混凝土外观质量的检验应符合本标准第 8.2.11 条的规定。

Ⅴ 预 应 力

主 控 项 目

10.3.17 预应力施工原材料、制作和安装、张拉、压浆和封锚（端）的检验应符合铁道部现行《铁路混凝土工程施工质量验收标准》(TB 10424—2010) 第 7.2.1 条～第 7.2.5 条、第 7.3.1 条～第 7.3.3 条、第 7.4.1 条～第 7.4.5 条和第 7.5.1 条～第 7.5.6 条的规定。

10.3.18 顶推梁段的永久预应力筋张拉顺序和临时预应力筋张拉与拆除顺序应符合设计要求。

检验数量：施工单位、监理单位全部检查。

检验方法：观察。

一 般 项 目

10.3.19 预应力筋制作和安装、张拉、压浆和封锚（端）的检验应符合铁道部现行《铁路混凝土工程施工质量验收标准》(TB 10424—2010)第 7.3.4 条、第 7.4.6 条和第 7.5.7 条的规定。

10.3.20 梁段预留孔道位置允许偏差和检验方法应符合第 10.1.29 条的规定。

Ⅵ 顶 推 架 设

主 控 项 目

10.3.21 导梁长度及与主梁连接方法应符合设计要求。导梁应具有足够的强度和刚度，底面应平直。

检验数量：施工单位、监理单位全部检查。

检验方法：试验检测和精密水准仪测量。

10.3.22 顶推滑道材料和摩擦系数应符合顶推工艺设计要求。

检验数量：施工单位、监理单位全部检查。

检验方法：试验检测。

10.3.23 千斤顶的顶推力不应小于计算顶推力的 2 倍，顶推过程中墩、台纵向位移不得大于设计要求。

检验数量：施工单位、监理单位全部检查。

检验方法：观察和尺量。

10.3.24 顶推时各墩的顶推设备均应同步启动、同步运行。

检验数量：施工单位、监理单位全部检查。

检验方法：观察和尺量。

一 般 项 目

10.3.25 顶推法架设预应力混凝土连续梁允许偏差和检验方法应符合第10.2.31条的规定。

10.3.26 制梁台座相邻梁段底模顶面高差允许偏差为1 mm；相邻墩（包括主墩与临时墩）滑道顶面高程的允许偏差为±2 mm；同墩两滑道顶面高差的允许偏差为1 mm。

检验数量：施工单位全部检查。

检验方法：水准测量。

Ⅶ 支 座

主 控 项 目

10.3.27 顶推预应力混凝土连续梁支座的检验应符合本标准第15.2.1条～第15.2.7条的规定。

10.3.28 落梁程序应符合设计要求。拆除滑动装置时，顶梁高度不应大于5 mm，一次下落高度不应大于10 mm，相邻桥墩各顶点高差不应大于5 mm，同一墩、台两侧梁底顶落高差应不大于1 mm；落梁时应以支点反力控制施工，可在不大于计算支点反力值±10%范围内兼顾调整梁底高程。

检验数量：施工单位、监理单位全部检查。

检验方法：观察和尺量。

监理单位旁站监理。

一 般 项 目

10.3.29 支座安装的检验应符合本标准第15.2.8条的规定。

Ⅷ 防 水 层

主 控 项 目

10.3.30 防水层的检验应符合本标准第16.5节的相关规定。

一 般 项 目

10.3.31 防水层的检验应符合本标准第16.5节的相关规定。

10.4 转体法制架预应力混凝土连续梁、连续刚构

Ⅰ 一 般 规 定

10.4.1 模板及支架、钢筋、预应力和混凝土的施工应符合设计要求和铁道部现行《铁路混凝土工程施工质量验收标准》(TB 10424—2010)的有关规定。

10.4.2 预应力混凝土连续梁、连续刚构转体施工应编制专项施工方案、施工设计和安全操作细则。

10.4.3 转体施工前应按施工设计要求对转体结构进行称重、配重和试转。

Ⅱ 模板及支架

主 控 项 目

10.4.4 模板及支架安装和拆除的检验应符合铁道部现行《铁路混凝土工程施工质量验收标准》(TB 10424—2010) 第4.2.1条、第4.2.2条及第4.3.1条的规定。

一 般 项 目

10.4.5 模板及支架安装和拆除的检验应符合铁道部现行《铁路混凝土工程施工质量验收标准》(TB 10424—2010) 第4.2.4条和第4.3.2条的规定。

10.4.6 梁体的模板尺寸允许偏差和检验方法应符合第10.1.14条的规定。

Ⅲ 钢 筋

主 控 项 目

10.4.7 钢筋原材料、加工、连接和安装的检验应符合铁道部现行《铁路混凝土工程施工质量验收标准》(TB 10424—2010) 第5.2.1条～第5.2.3条、第5.3.1条、第5.4.1条～第5.4.2条、第5.4.4条和第5.5.1条～第5.5.4条的规定。

一 般 项 目

10.4.8 钢筋原材料及加工的检验应符合铁道部现行《铁路混凝土工程施工质量验收标准》(TB 10424—2010) 第5.2.5条、第5.3.3条和第5.5.5条的规定。

10.4.9 钢筋安装的允许偏差和检验方法应符合本标准第8.2.7条的规定。

Ⅳ 混 凝 土

主 控 项 目

10.4.10 混凝土原材料、配合比设计和混凝土施工的检验应符合铁道部现行《铁路混凝土工程施工质量验收标准》(TB 10424—2010)第6.2.1条～第6.2.8条、第6.3.1条～第6.3.5条和第6.4.1条～第6.4.16条的规定。

10.4.11 合龙段施工的检验应符合第10.1.19条和第10.1.21条的规定。

一 般 项 目

10.4.12 梁体外形尺寸的允许偏差和检验方法应符合第10.1.24条的规定。

10.4.13 梁体混凝土外观质量的检验应符合本标准第8.2.11条的规定。

Ⅴ 预 应 力

主 控 项 目

10.4.14 预应力施工原材料、制作和安装、张拉、压浆和封锚（端）的检验应符合铁道部现行《铁路混凝土工程施工质量验收标准》(TB 10424—2010) 第7.2.1条～第7.2.5条、第7.3.1条～第7.3.3条、第7.4.1条～第7.4.5条和第7.5.1条～第7.5.6条的规定。

一 般 项 目

10.4.15 预应力筋制作和安装、张拉、压浆和封锚（端）的检验应符合铁道部现行《铁路混凝土工程施工质量验收标准》(TB 10424—2010) 第7.3.4条、第7.4.6条和第7.5.7条的规定。

10.4.16 梁段预留孔道位置允许偏差和检验方法应符合第10.1.29条的规定。

Ⅵ 转体施工

主控项目

10.4.17 转体纵横向稳定系数必须大于1.5。

检验数量：施工单位、监理单位全部检查。

检验方法：检查工艺设计资料。

10.4.18 转体系统承载力、上下转盘及平衡滑道表面摩擦系数、动力设施和锚固体系必须符合工艺设计要求。球铰强度和刚度必须符合设计要求。

检验数量：施工单位、监理单位全部检查。

检验方法：检查测试资料、施工记录，尺量和观察。

10.4.19 转体施工前，转体各部结构混凝土强度、预应力筋张拉值及外形尺寸应符合设计要求。

检验数量：施工单位、监理单位全部检查。

检验方法：检查试验报告、施工记录，尺量和测试。

一般项目

10.4.20 转体就位后梁体允许偏差和检验方法应符合表10.4.20的规定。

表10.4.20 转体就位后梁体的允许偏差和检验方法

序号	项目	允许偏差	检验方法
1	梁体轴线偏差	$L/6\ 000$	测量检查
2	合龙前两悬臂端相对高差	合龙段长的1/100，且不大于15 mm	
3	顶面高程	±20 mm	

检验数量：施工单位全部检查。

Ⅶ 支座

主控项目

10.4.21 支座安装的检验应符合本标准第15.2.1条～第15.2.7条的规定。

一般项目

10.4.22 支座安装的检验应符合本标准第15.2.8条的规定。

Ⅷ 防水层

主控项目

10.4.23 防水层的检验应符合本标准第16.5节的相关规定。

一般项目

10.4.24 防水层的检验应符合本标准第16.5节的相关规定。

10.5 支架法现浇预应力混凝土连续梁

Ⅰ 一 般 规 定

10.5.1 模板及支架、钢筋、混凝土和预应力的施工应符合设计要求和铁道部现行《铁路混凝土工程施工质量验收标准》(TB 10424—2010)的有关规定。

10.5.2 制梁支架应进行施工设计，其强度、刚度及稳定性应能满足施工各阶段施工荷载的要求和施工工艺要求，并应进行预压，预压荷载不应小于最大施工荷载的1.1倍。

10.5.3 支架法现浇连续梁分段长度、位置以及分段浇筑、张拉顺序应符合设计要求。

10.5.4 梁底模及支架应严格按照设计要求的顺序进行卸载、拆除，设计无要求时应从梁体挠度最大处支架节点开始，逐步对称卸落相邻节点。

Ⅱ 模板及支架

主 控 项 目

10.5.5 模板及支架安装和拆除的检验应符合铁道部现行《铁路混凝土工程施工质量验收标准》(TB 10424—2010) 第4.2.1条、第4.2.2条和第4.3.1条的规定。

10.5.6 支架的地基和基础承载力应符合施工设计的要求。

检验数量：施工单位、监理单位全部检查。

检验方法：施工单位进行承载力试验；监理单位见证检验。

10.5.7 模板及支架应具有足够的强度、刚度和稳定性。浇筑混凝土前必须按设计及有关技术要求对支架进行预压。

检验数量：施工单位、监理单位全部检查。

检验方法：施工单位进行设计计算并进行预压；监理单位检查计算书、预压报告并见证检验。

10.5.8 分段浇筑、张拉的连续梁支架应设置临时刚性支墩，临时刚性支墩的强度和刚度应符合设计文件和施工设计要求。

检验数量：施工单位、监理单位全部检查。

检验方法：检查设计计算书、观察。

一 般 项 目

10.5.9 模板及支架安装和拆除的检验应符合铁道部现行《铁路混凝土工程施工质量验收标准》(TB 10424—2010) 第4.2.4条和第4.3.2条的规定。

10.5.10 模板尺寸允许偏差和检验方法应符合第10.1.14条的规定。

Ⅲ 钢 筋

主 控 项 目

10.5.11 钢筋原材料、加工、连接和安装的检验应符合铁道部现行《铁路混凝土工程施工质量验收标准》(TB 10424—2010) 第5.2.1条～第5.2.3条、第5.3.1条、第5.4.1条～第5.4.2条、第5.4.4条和第5.5.1条～第5.5.4条的规定。

一 般 项 目

10.5.12 钢筋原材料及加工的检验应符合铁道部现行《铁路混凝土工程施工质量验收标准》(TB 10424—2010) 第 5.2.5 条、第 5.3.3 条和第 5.5.5 条的规定。

10.5.13 钢筋安装允许偏差和检验方法应符合本标准第 8.2.7 条的规定。

Ⅳ 混 凝 土

主 控 项 目

10.5.14 混凝土原材料、配合比设计和混凝土施工的检验应符合铁道部现行《铁路混凝土工程施工质量验收标准》(TB 10424—2010) 第 6.2.1 条～第 6.2.8 条、第 6.3.1 条～第 6.3.5 条和第 6.4.1 条～第 6.4.16 条的规定。

10.5.15 梁体混凝土浇筑顺序应符合设计要求。

检验数量：施工单位、监理单位全部检查。

检验方法：观察和检查施工记录。

一 般 项 目

10.5.16 梁体外形尺寸允许偏差和检验方法应符合第 10.1.24 条的规定。

10.5.17 梁体混凝土外观质量的检验应符合本标准第 8.2.11 条的规定。

Ⅴ 预 应 力

主 控 项 目

10.5.18 预应力施工原材料、制作和安装、张拉、压浆和封锚（端）的检验应符合铁道部现行《铁路混凝土工程施工质量验收标准》(TB 10424—2010) 第 7.2.1 条～第 7.2.5 条、第 7.3.1 条～第 7.3.3 条、第 7.4.1 条～第 7.4.5 条和第 7.5.1 条～第 7.5.6 条的规定。

一 般 项 目

10.5.19 预应力筋制作和安装、张拉、压浆和封锚（端）的检验应符合铁道部现行《铁路混凝土工程施工质量验收标准》(TB 10424—2010)第 7.3.4 条、第 7.4.6 条和第 7.5.7 条的规定。

10.5.20 梁段预留孔道位置允许偏差和检验方法应符合第 10.1.29 条的规定。

Ⅵ 支 座

主 控 项 目

10.5.21 支座安装的检验应符合本标准第 15.2.1 条～第 15.2.7 条的规定。

一 般 项 目

10.5.22 支座安装的检验应符合本标准第 15.2.8 条的规定。

Ⅶ 防 水 层

主 控 项 目

10.5.23 防水层的检验应符合本标准第 16.5 节的相关规定。

一 般 项 目

10.5.24 防水层的检验应符合本标准第 16.5 节的相关规定。

10.6 钢筋混凝土连续刚架桥

Ⅰ 一 般 规 定

10.6.1 模板及支架、钢筋和混凝土的施工应符合设计要求和铁道部现行《铁路混凝土工程施工质量验收标准》(TB 10424—2010) 的有关规定。

10.6.2 模板及支架应进行施工设计。其强度、刚度及整体稳定性，应能满足施工各阶段施工荷载的要求和施工工艺的要求，并应进行预压，预压荷载不应小于最大施工荷载的1.1倍。

10.6.3 连续刚架桥墩身与梁体混凝土接缝应按设计要求设置，设计无要求时，接缝应设置在距梗肋底 0.5～1.0 m 墩身范围内。

10.6.4 梁部混凝土应按设计要求的方法和顺序进行施工。设计无要求时，宜一次、连续完成一联的混凝土浇筑，浇筑顺序为由每跨的梁端向跨中进行。

10.6.5 梁部混凝土强度达到设计要求后方可拆除支架。支架拆除顺序应符合第 10.5.4 条的规定。

Ⅱ 模板及支架

主 控 项 目

10.6.6 模板及支架安装和拆除的检验应符合铁道部现行《铁路混凝土工程施工质量验收标准》(TB 10424—2010) 第 4.2.1 条、第 4.2.2 条和第 4.3.1 条的规定。

10.6.7 支架的地基和基础承载力应符合施工设计的要求。

检验数量：施工单位、监理单位全部检查。

检验方法：施工单位进行承载力试验；监理单位见证检验。

10.6.8 模板及支架应具有足够的强度、刚度和稳定性。浇筑混凝土前应按设计及有关技术要求对支架进行预压。

检验数量：施工单位、监理单位全部检查。

检验方法：施工单位进行设计计算并进行预压；监理单位检查计算书、预压报告并见证检验。

一 般 项 目

10.6.9 模板及支架安装和拆除的检验应符合铁道部现行《铁路混凝土工程施工质量验收标准》(TB 10424—2010) 第 4.2.4 条和第 4.3.2 条的规定。

10.6.10 模板允许偏差和检验方法应符合第 10.1.14 条的规定。

Ⅲ 钢 筋

主 控 项 目

10.6.11 钢筋原材料、加工、连接和安装的检验应符合铁道部现行《铁路混凝土工程施工质量验收标准》(TB 10424—2010) 第 5.2.1 条～第 5.2.3 条、第 5.3.1 条、第 5.4.1 条～第 5.4.2 条、第 5.4.4 条和第 5.5.1 条～第 5.5.4 条的规定。

一 般 项 目

10.6.12 钢筋原材料及加工的检验应符合铁道部现行《铁路混凝土工程施工质量验收标准》(TB 10424—2010) 第 5.2.5 条和第 5.3.3 条的规定。

10.6.13 钢筋安装的允许偏差和检验方法应符合本标准第 8.2.7 条的有关规定。

Ⅳ 混 凝 土

主 控 项 目

10.6.14 混凝土原材料、配合比设计和混凝土施工的检验应符合铁道部现行《铁路混凝土工程施工质量验收标准》(TB 10424—2010)第 6.2.1 条～第 6.2.8 条、第 6.3.1 条～第 6.3.5 条和第 6.4.1 条～第 6.4.16 条的规定。

一 般 项 目

10.6.15 钢筋混凝土连续刚架桥尺寸允许偏差和检验方法应符合表 10.6.15 的规定。

表 10.6.15 钢筋混凝土连续刚架桥允许偏差和检验方法

序号	项 目		允许偏差（mm）	检验方法
1	一联全长		±20	尺 量
2	跨 度		±10	尺 量
3	轴线位置		10	测 量
4	截面尺寸		±10	尺 量
5	顶面高程		±10	测 量
6	垂直度		2	1 m尺量
7	表面平整度		5	1 m靠尺检查
8	接触网支柱基础	预埋螺栓距桥面中心线偏差	$^{+10}_{0}$	观察、尺量
		钢 筋	齐全设置、位置正确	

注：梁体顶面平整度应同时满足无砟轨道的技术要求。

检验数量：施工单位全部检查。

10.6.16 混凝土外观质量的检验应符合本标准第 8.2.11 条的规定。

Ⅴ 防 水 层

主 控 项 目

10.6.17 防水层的检验应符合本标准第 16.5 节的相关规定。

一 般 项 目

10.6.18 防水层的检验应符合本标准第 16.5 节的相关规定。

11 拱 桥

11.1 一般规定

11.1.1 模板及拱架、钢筋和混凝土的施工应符合设计要求和铁道部现行《铁路混凝土工程施工质量验收标准》(TB 10424—2010) 的有关规定。

11.1.2 拱桥施工前应根据设计文件及现场调查情况，编制专项施工方案、施工设计和安全操作细则。

11.1.3 钢管拱肋宜选择有相应资质、能力的工厂卷制加工，监理单位应派员驻厂监造。

11.1.4 钢管拱肋拼装架设前应按设计文件和施工技术方案要求进行预拼装。

11.1.5 拱肋的预拱度应按设计要求并根据跨度、拱架刚度、恒载等因素确定。

11.1.6 钢管混凝土拱桥施工过程中应按设计文件和施工技术方案进行线形监控。

11.1.7 吊装设备安装完毕应经全面检查合格和试运转正常后方可投入使用。

11.1.8 拱肋节段制作、拼装架设前应进行焊接工艺试验，评定合格后方可正式焊接。

11.2 钢管混凝土拱

Ⅰ 钢管拱肋制作

主 控 项 目

11.2.1 钢管拱肋制作所采用原材料的品种、规格、质量应符合设计要求和国家现行有关标准的规定。

检验数量：施工单位、监理单位全部检查。

检验方法：检查质量证明文件。施工单位按规定抽样进行力学性能试验；监理单位检查试验报告。

11.2.2 焊条、焊丝、焊剂、电渣焊熔嘴等焊接材料与母材的匹配应符合设计要求及国家相关标准的规定。

检验数量：施工单位、监理单位全部检查。

检验方法：检查质量证明文件。

11.2.3 钢板的放样、号料、切割、卷制、焊接应符合施工技术方案的要求。

检验数量：施工单位、监理单位全部检查。

检验方法：观察、尺量，检查施工记录。

11.2.4 焊缝质量应符合设计文件和焊接工艺要求。

检验数量：施工单位、监理单位全部检查。

检验方法：观察和尺量。施工单位按铁道部现行《铁路钢桥制造规范》(TB 10212) 进行探伤检查；监理单位检查探伤报告。

一 般 项 目

11.2.5 拱肋节段加工允许偏差及检验方法应符合表 11.2.5 的规定。

表 11.2.5 拱肋节段加工允许偏差及检验方法

序号	项 目	允许偏差（mm）	检验方法
1	长 度	±5	尺 量
2	弯曲度	节段长的 1/1 000 且不大于 10 mm	
3	椭圆度（失圆度）	钢管直径的 1/500	
4	管端不平度	钢管直径的 1/500 且不大于 3 mm	
5	钢管直径	钢管直径的 1/500 且不大于 5 mm	

检验数量：施工单位全部检查。

Ⅱ 钢管拱肋拼装架设

主 控 项 目

11.2.6 钢管拱肋拼装架设前应对节段的质量进行全面检查和验收。

检验数量：施工单位、监理单位全部检查。

检验方法：观察和尺量，检查质量证明文件。

11.2.7 拱脚预埋应按设计和施工技术方案要求采取可靠的定位、固定防偏移措施。

检验数量：施工单位、监理单位全部检查。

检验方法：观察、测量。

11.2.8 拱肋拼装的方法、顺序应符合设计要求和施工技术方案的规定。

检验数量：施工单位、监理单位全部检查。

检验方法：观察。

11.2.9 焊条、焊丝、焊剂、电渣焊熔嘴等焊接材料与母材的匹配应符合设计要求及国家相关标准的规定。

检验数量：施工单位、监理单位全部检查。

检验方法：检查质量证明文件。

11.2.10 焊缝质量应符合设计文件和焊接工艺要求。

检验数量：施工单位、监理单位全部检查。

检验方法：观察和尺量。施工单位按铁道部现行《铁路钢桥制造规范》（TB 10212）进行探伤检查；监理单位检查探伤报告。

一 般 项 目

11.2.11 拱肋节段拼装允许偏差及检验方法符合表 11.2.11 的规定。

表 11.2.11 拱肋节段拼装允许偏差及检验方法

序号	项　　目	允许偏差（mm）	检验方法
1	内弧偏离设计弧线	8	测量检查
2	吊装成拱后横向位置	跨径的 1/6 000	
3	吊装成拱后竖向位置	10	
4	拱肋管口中心距	±5	
5	拱肋接缝错台	0.2 倍壁厚且不大于 3 mm	
6	拱顶及 1/4、3/4 拱跨处高程	±10	
7	拱脚预埋位置	竖向 2、横向 5、纵向 5	
8	吊杆孔水平位置	横向 3，纵向 10	
9	吊杆孔高程	±5	

检验数量：施工单位全部检查。

Ⅲ　钢管内混凝土

主 控 项 目

11.2.12 混凝土原材料、配合比设计和混凝土施工的检验应符合铁道部现行《铁路混凝土工程施工质量验收标准》(TB 10424—2010)第 6.2.1 条～第 6.2.8 条、第 6.3.1 条～第 6.3.5 条和第 6.4.1 条～第 6.4.13 条的规定。

11.2.13 管内混凝土的浇筑工艺及浇筑顺序应符合设计要求和施工技术方案的规定。

检验数量：施工单位、监理单位全部检查。

检验方法：观察。

监理单位旁站监理。

11.2.14 浇筑完成后的管内混凝土应饱满密实，填充度符合设计要求。

检验数量：施工单位、监理单位全部检查。

检验方法：施工单位进行超声波检测；监理单位见证检验。

Ⅳ　钢管拱肋涂装

主 控 项 目

11.2.15 钢管拱肋涂装的检验应符合本标准第 12.4.1 条～第 12.4.7 条的规定。

一 般 项 目

11.2.16 钢管拱肋涂装的检验应符合本标准第 12.4.8 条的规定。

Ⅴ　吊杆及系杆

主 控 项 目

11.2.17 吊杆、系杆及配件的品种、规格、质量应符合设计要求和国家相关标准的规定。

检验数量：施工单位、监理单位全部检查。

检验方法：观察、尺量，检查质量证明文件。

11.2.18 吊杆及系杆的安装方法和安装顺序应符合设计文件和施工技术方案的要求。

检验数量：施工单位、监理单位全部检查。

检验方法：观察，检查施工记录。

11.2.19 吊杆及系杆的张拉顺序和张拉力应符合设计要求。张拉完毕后，应结合施工监测进行索力调整，保证索力和伸长值满足设计要求。

检验数量：施工单位、监理单位全部检查。

检验方法：观察，检查施工记录。

监理单位旁站监理。

11.2.20 吊杆及系杆的密封、防腐等措施应符合设计要求。

检验数量：施工单位、监理单位全部检查。

检验方法：观察，检查施工记录。

Ⅵ 梁　部

主控项目

11.2.21 梁部应根据不同结构类型，按本标准相关规定进行验收。

一般项目

11.2.22 梁部应根据不同结构类型，按本标准相关规定进行验收。

Ⅶ 支　座

主控项目

11.2.23 支座安装的检验应符合本标准第 15.2.1 条～第 15.2.7 条的规定。

一般项目

11.2.24 支座安装的检验应符合本标准第 15.2.8 条的规定。

Ⅷ 防水层

主控项目

11.2.25 防水层的检验应符合本标准第 16.5 节的相关规定。

一般项目

11.2.26 防水层的检验应符合本标准第 16.5 节的相关规定。

11.3 钢　拱

Ⅰ 杆件预拼

主控项目

11.3.1 钢拱桥杆件预拼施工的检验应符合本标准第 12.2.1 条～第 12.2.7 条的规定。

一般项目

11.3.2 钢拱桥杆件预拼施工允许偏差和检验方法应符合本标准第 12.3.9 条的规定。

Ⅱ 拼装架设

主控项目

11.3.3 钢拱桥拼装架设的检验应符合本标准第 12.3.1 条～第 12.3.8 条的规定。

一 般 项 目

11.3.4 钢拱桥安装允许偏差和检验方法应符合本标准第 12.3.9 条的规定。

Ⅲ 涂 装

主 控 项 目

11.3.5 钢拱桥涂装的检验应符合本标准第 12.4.1 条～第 12.4.7 条的有关规定。

一 般 项 目

11.3.6 钢拱桥涂装的检验应符合本标准第 12.4.8 条的有关规定。

Ⅳ 桥 面

主 控 项 目

11.3.7 桥面板施工检验应符合本标准第 12.5.1 条～第 12.5.6 条的规定。

一 般 项 目

11.3.8 混凝土桥面板施工检验应符合本标准第 13.3 节的规定。

Ⅴ 支 座

主 控 项 目

11.3.9 支座安装的检验应符合本标准第 15.2.1 条～第 15.2.7 条的规定。

一 般 项 目

11.3.10 支座安装的检验应符合本标准第 15.2.8 条的规定。

Ⅵ 防 水 层

主 控 项 目

11.3.11 防水层的检验应符合本标准第 16.5 节的相关规定。

一 般 项 目

11.3.12 防水层的检验应符合本标准第 16.5 节的相关规定。

12 钢 桁 梁

12.1 一 般 规 定

12.1.1 钢桁梁施工前应编制专项施工方案和安全操作细则。

12.1.2 钢桁梁构件出厂时应提供下列文件：

1 产品合格证书（含质量检验报告）。

2 钢材、焊材和高强度螺栓及涂装材料出厂质量证明书及检验报告。

3 施工图、拼装简图及加工图。

4 工厂高强度螺栓摩擦面抗滑移系数试验报告。

5 焊接工艺评定试验报告、高强度螺栓施拧试验报告及其他主要工艺试验报告。

6 焊缝检验报告、焊缝重大修补记录和焊接接头破坏性检验报告。

7 工厂试拼装记录。

8 涂装试验报告。

9 构件发送表和包装清单。

12.1.3 杆件预拼台座和钢桁梁拼装使用的墩旁托架、落地支架及临时墩等辅助结构，必须经过设计计算具有足够的强度、刚度和承载力。

12.1.4 钢桁梁拼装设备应经过结构设计计算，起重机械能力应与钢梁杆件预拼单元尺寸及重量、起吊高度及回转半径相适应。

12.1.5 钢梁工地焊接拼装前应进行焊接工艺试验，合格后方可正式焊接。

12.2 杆 件 预 拼

主 控 项 目

12.2.1 工厂制造的钢梁结构尺寸、焊缝质量、涂装质量、剪力联结器数量及质量、工地栓接头位置的栓接面、工地焊接接头板端坡口、外观质量应符合设计要求和相关标准的规定。

检验数量：施工单位、监理单位全部检查。

检验方法：检查钢梁出厂合格证、杆件制造记录、焊接工艺评定试验报告、焊缝检查记录、涂装检查记录、栓接接头抗滑移系数试验记录、剪力联结器弯曲检验合格证、钢梁试拼记录等，观察和尺量。

12.2.2 钢桁梁杆件拼装前，应对工厂随梁发送的栓接板面抗滑移系数试件进行检验，抗滑移系数符合设计要求方能进行杆件拼装。

检验数量：施工单位、监理单位全部检查。

检验方法：施工单位对随梁试件进行试验；监理单位见证检验。

12.2.3 高强度螺栓连接副的规格、质量、扭矩系数应符合设计要求和相关标准的规定。

检验数量：连接副规格、质量施工单位和监理单位全部检查。扭矩系数施工单位和监理单位按生产厂家提供批号每批不少于 8 套分批检查。

检验方法：观察、尺量和检查工厂按批提供的产品质量证明文件。施工单位做扭矩系数试验；监理单位检查试验报告和见证检验。

12.2.4 高强度螺栓连接副施拧应符合相关标准规定和施工设计要求。

检验数量：施工单位全部检查；监理单位每个栓群或节点板随机抽查 10%，但主桁和纵、横梁连接处不少于两副，其余节点不少于 1 副。

检验方法：施工单位使用扭矩扳手或量角器检查；监理单位见证检验。

12.2.5 节点板、拼接板与杆件预拼时，穿入的临时螺栓和冲钉数量不得少于安装总数的 1/3，冲钉穿入数量不宜多于临时螺栓的 30%；对于螺栓孔较少的栓群，临时螺栓数量不得少于 2 个。

检验数量：施工单位、监理单位全部检查。

检验方法：观察。

12.2.6 由板厚小于 32 mm 板组成的板束，其板层缝隙应满足 0.3 mm 插片深入缝隙深度不大于 20 mm 的规定。由板厚大于32 mm板组成的板束，其密贴标准应符合设计要求。对于箱形插入式杆件，当节点栓孔边距 $B \geqslant 60$ mm 时，采用 0.3 mm 插片深入缝隙深度不得大于（B—40）mm。

检验数量：施工单位、监理单位全部检查。

检验方法：塞尺检查。

12.2.7 磨光顶紧节点预拼应按照工厂的编号对号组拼，不得调换、调边或翻面拼装，磨光顶紧处缝隙不大于 0.2 mm 的密贴面积应不小于 75%。

检验数量：施工单位、监理单位全部检查。

检验方法：塞尺检查。

一 般 项 目

12.2.8 钢桁梁杆件预拼允许偏差和检验方法应符合第 12.3.9 条的规定。

12.3 拼 装 架 设

主 控 项 目

12.3.1 钢桁梁拼装架设顺序应符合设计要求，设计无要求时应按钢桁梁节间依次进行施工。

检验数量：施工单位、监理单位全部检查。

检验方法：观察和检查测量记录。

12.3.2 钢梁吊装过程中不得扭转翘曲、倾倒，钢梁杆件（桁段）多点吊装应控制各吊点均匀受力，使梁体同步、支垫平稳、各节点正确就位。

检验数量：施工单位、监理单位全部检查。

检验方法：观察、尺量。

12.3.3 在支架上拼装钢桁梁时，冲钉和高强度螺栓总数量不得少于孔眼总数的 1/3，其中冲钉占 2/3，孔眼较少部位冲钉和高强度螺栓数量不得少于 6 个。

检验数量：施工单位、监理单位全部检查。

检验方法：观察。

12.3.4 采用悬臂法或半悬臂法拼装钢桁梁时，连接处冲钉数量应按所承受的载荷计算确定，但不得少于孔眼总数的一半，其余孔眼布置高强度螺栓。冲钉和高强度螺栓应均匀地安装。

检验数量：施工单位、监理单位全部检查。

检验方法：观察和检查计算资料。

12.3.5 整体桁段架设前，应对梁段进行全面检查，杆件及零件数量、连接质量、涂装质量应符合要求。临时固定装置应完整，桁段应无变形或扭曲。

检验数量：施工单位、监理单位全部检查。

检验方法：测量和观察。

12.3.6 钢桁梁段工地焊接焊缝质量应符合设计文件和焊接工艺要求。

检验数量：施工单位、监理单位全部检查。

检验方法：观察和尺量。施工单位超声波探伤，并对25%工地焊接横向受拉对接焊缝做射线检查；监理单位见证检验。

12.3.7 扭矩法终拧检查扭矩，欠拧或终拧值均不得大于规定值的10%，每个栓群或节点检查的螺栓合格率不得小于80%，并应对欠拧者补拧到规定扭矩，超拧者更换连接副后重新拧紧。扭角法终拧检查转角，不足读数应补拧至规定转角，超拧度数大于5°应更换连接副后重新拧紧。

检验数量：施工单位全部检查；监理单位每个栓群或节点板随机抽查10%，但主桁及纵、横梁连接处不少于2副，其余节点不少于1副。

检验方法：施工单位使用扭矩扳手或量角器检查；监理单位见证检验。

12.3.8 钢梁安装的测量工作应及时准确，每安装完一个节间测量一次钢梁中线及各节点挠度，随时判断钢梁制造和安装质量，并及时与线形、应力等监控数据相比较。

检验数量：施工单位、监理单位全部检查。

检验方法：检查技术资料、观察。

一 般 项 目

12.3.9 钢桁梁位置和节点位置允许偏差和检验方法应符合表12.3.9—1和表12.3.9—2的规定。

表12.3.9—1 钢桁梁位置允许偏差和检验方法

序号	项　　目	允许偏差（mm）	检验方法
1	墩、台处横梁中线与设计线路中线偏移	10	测量检查
2	简支梁与连续梁间或两孔（联）间相邻横梁中心线相对偏差	5	
3	墩、台处横梁顶与设计高程偏差	±10	
4	两孔（联）间相邻横梁相对高差	5	
5	每孔梁对角线支点的相对高差	5	
6	固定支座处梁支承中心里程与设计里程偏差	±10	

表 12.3.9—2　钢桁梁节点位置允许偏差和检验方法

项　目			允许偏差	检验方法
钢梁主桁平面位置	弦杆节点对梁跨端节点中心联线的偏移		跨度的 1/5 000	测量检查
	弦杆节点对相邻两个奇数或偶数节点中心连线的偏移		5 mm	
	立柱在横断面内垂直偏移		立柱理论长度的 1/700	
	拱度偏差	设计拱度≤60 mm	±4 mm	
		60 mm<设计拱度≤120 mm	设计拱度的±8%	
		设计拱度>120 mm	按技术文件中规定	
钢梁两主桁相对节点位置	支点处相对高差		梁宽的 1/1 000	
	梁跨中心节点处相对高差		梁宽的 1/500	
	跨中其他节点处相对高差		根据支点及跨中节点高低差按比例增减	

检验数量：施工单位全部检查。

12.4　涂　　装

主 控 项 目

12.4.1　钢桁梁涂装体系应符合设计要求。

检验数量：施工单位、监理单位全部检查。

检验方法：对照设计文件观察。

12.4.2　涂装使用各种涂料的品种、质量应符合设计要求和铁道部现行《铁路钢桥用防锈底漆供货技术条件》(TB/T 2772)、《铁路钢桥用面漆供货技术条件》(TB/T 2773) 的规定。

检验数量：施工单位、监理单位全部检查。

检验方法：观察和检查出厂合格证或检验报告。

12.4.3　杆件涂装前，表面的污泥、油垢，铁锈等应清除干净，杆件表面除锈及粗糙度应符合铁道部现行《铁路钢桥保护涂装》(TB/T 1527) 的规定。

检验数量：施工单位、监理单位全部检查。

检验方法：观察和检查试验记录。

12.4.4　杆件结合点可能积水的缝隙必须在涂装前进行封填，封填材料的使用寿命不应低于油漆寿命，并应具有耐水、耐候、防渗、防锈性能。

检验数量：施工单位、监理单位全部检查。

检验方法：观察、尺量。

12.4.5　钢件表面清理与涂料层的作业间隔时间要求、涂料涂层时的作业环境要求及涂装工艺应符合铁道部现行《铁路钢桥保护涂装》(TB/T 1527) 的有关规定。

检验数量：施工单位、监理单位全部检查。

检验方法：观察和检查施工记录。

12.4.6　涂装体系干膜最小总厚度和每一涂层干膜平均厚度不得小于设计要求厚度，且最小厚度不应小于设计厚度的 90%，高强度螺栓连接部位涂装应符合设计要求，当设计无要求时应符合铁道部现行《铁路钢桥保护涂装》(TB/T 1527) 的有关规定。

检验数量：施工单位、监理单位全部检查。

检验方法：观察和仪器检测。

12.4.7 涂料涂层对底材附着力和涂装体系涂层间附着力，应符合铁道部现行《铁路钢桥保护涂装》(TB/T 1527) 的有关规定。

检验数量：施工单位、监理单位每一杆件全部检查。

检验方法：施工单位采用拉开法测定；监理单位见证检验。

一 般 项 目

12.4.8 钢梁涂装涂层表面应平整光滑，颜色均匀，无漏底、漏涂、起泡、气孔、裂缝、剥落、划伤及咬底等缺陷，手工涂刷应无明显添痕。在任何 1 m^2 范围内，桔皮、起皱、针孔、流挂小于 3 cm×3 cm 面积的缺陷不得超过 2 处，小面积刷痕不得超过 4 处，涂料颗粒和尘微粒所占涂装面积不得超过 10%。

检验数量：施工单位全部检查。

检验方法：观察和尺量。

12.5 桥 面 板

主 控 项 目

12.5.1 钢桥面板采用原材料的品种、规格、质量应符合设计要求和国家现行有关标准的规定。

检验数量：施工单位、监理单位全部检查。

检验方法：检查质量证明文件。施工单位按规定抽样进行力学性能试验；监理单位检查试验报告。

12.5.2 焊条、焊丝、焊剂、电渣焊熔嘴等焊接材料与母材的匹配应符合设计要求及国家相关标准的规定。

检验数量：施工单位、监理单位全部检查。

检验方法：检查质量证明文件。

12.5.3 焊缝质量应符合设计文件和焊接工艺要求。

检验数量：施工单位、监理单位全部检查。

检验方法：观察和尺量。施工单位按铁道部现行《铁路钢桥制造规范》(TB 10212) 进行探伤检查；监理单位检查探伤报告。

12.5.4 高强度螺栓连接副的规格、质量、扭矩系数应符合设计要求和相关标准的规定。

检验数量：连接副规格、质量施工单位和监理单位全部检查。扭矩系数施工单位按生产厂家提供批号每批不少于 8 套分批检查；监理单位见证检验。

检验方法：观察、尺量和检查工厂按批提供的产品质量证明文件。施工单位做扭矩系数试验；监理单位检查试验报告和见证检验。

12.5.5 高强度螺栓连接副施拧应符合相关标准规定和施工技术方案要求。

检验数量：施工单位全部检查；监理单位每个栓群或节点板随机抽查 10%，但主桁和纵、横梁连接处不少于 2 副，其余节点不少于 1 副。

检验方法：施工单位使用扭矩扳手或量角器检查；监理单位见证检验。

12.5.6 混凝土桥面板施工的检验应符合本标准第 13.3 节的规定。

一 般 项 目

12.5.7 混凝土桥面板施工的检验应符合本标准第 13.3 节的规定。

12.6 支　座

主 控 项 目

12.6.1 支座的检验应符合本标准第 15.2.1 条～第 15.2.7 条的规定。

一 般 项 目

12.6.2 支座的检验应符合本标准第 15.2.8 条的规定。

12.7 防 水 层

主 控 项 目

12.7.1 防水层的检验应符合本标准第 16.5 节的相关规定。

一 般 项 目

12.7.2 防水层的检验应符合本标准第 16.5 节的相关规定。

13 结 合 梁

13.1 一 般 规 定

13.1.1 模板及支架、钢筋、混凝土和预应力施工应符合设计要求和铁道部现行《铁路混凝土工程施工质量验收标准》(TB 10424—2010)有关规定。

13.1.2 钢梁存放及预拼场地应坚实平整、排水良好，支承点应设在不因自重而产生永久变形的地方，防止部件积水锈蚀和栓接板面磨损、污梁。带有剪力联结器的部件存放和运送时，不应损伤剪力联结器的质量。

13.1.3 连续梁现浇桥面板时，混凝土分段长度及浇筑顺序、预应力筋张拉顺序、连续梁落梁顺序等应符合设计要求。

13.1.4 钢梁工地焊接拼装前应进行焊接工艺试验，合格后方可正式焊接。

13.2 钢 梁

Ⅰ 拼 装 架 设

主 控 项 目

13.2.1 厂制钢梁的结构尺寸、焊缝质量、底层涂装质量、剪力联结器数量及质量、工地栓接头位置的栓接面、工地焊接接头板端坡口等外观质量应符合设计要求和相关标准的规定。

检验数量：施工单位、监理单位全部检查。

检验方法：检查钢梁出厂合格证、焊缝检查（包括弦杆、整体节点焊接的平整度）记录、栓接接头抗滑移系数试验记录、剪力联结器弯曲检验合格证、钢梁试拼记录，观察和尺量。

13.2.2 钢板梁（或开口钢箱梁）架设施工应符合相关标准的规定和施工设计的要求。吊装过程中钢梁不得扭转翘曲、倾倒，应注意梁体同步、支垫平稳、正确就位。

检验数量：施工单位、监理单位全部检查。

检验方法：观察、尺量。

13.2.3 钢梁拼装架设采用满布式支架时，应考虑支架基础沉陷和支架变形对调整钢梁拱度的影响，并留出调整拱度和起顶钢梁的设顶位置。采用悬臂拼装钢梁时应有平衡梁和主梁杆件拼装顺序图，平衡梁抗倾覆稳定系数应大于 1.3。

检验数量：施工单位、监理单位全部检查。

检验方法：检查技术资料、观察。

13.2.4 钢板梁（或开口箱梁）梁段工地焊接焊缝质量应符合设计文件和焊接工艺要求。

检验数量：施工单位、监理单位全部检查。

检验方法：观察和尺量。施工单位超声波探伤，并对 25%工地焊接横向受拉对接焊缝做射线检查；监理单位见证检验。

13.2.5 钢梁梁段（杆件）栓接拼装前应对工厂随梁发送的栓接板面抗滑移系数试件进行检验，抗滑移系数必须符合设计要求方能进行拼装。

检验数量：施工单位、监理单位全部检查。

检验方法：施工单位对随梁试件进行试验；监理单位见证检验。

13.2.6 高强度螺栓连接副的规格、质量及扭矩系数应符合设计要求和相关标准的规定。

检验数量：连接副的规格、质量施工单位和监理单位全部检查。扭矩系数施工单位和监理单位按生产厂家提供批号每批不少于8套分批检查。

检验方法：观察、尺量和检查工厂按批提供的产品质量证明文件。施工单位作扭矩系数试验；监理单位检查试验报告和见证检验。

13.2.7 高强度螺栓连接副施拧应符合设计要求和相关技术标准规定。施拧使用的扳手在使用前、后必须标定，扭矩偏差不得大于使用扭矩值的±5%。

检验数量：施工单位、监理单位全部检查。

检验方法：施工单位进行标定检查；监理单位检查标定记录。

13.2.8 在支架上拼装钢梁时，冲钉和高强度螺栓总数量不得少于孔眼总数的1/3，其中冲钉占2/3，孔眼较少部位冲钉和高强度螺栓数量不得小于6个。采用悬臂法拼装钢梁时，连接处冲钉数量应按所承受的荷载计算确定，但不得少于孔眼数的一半，其余孔眼布置高强度螺栓。冲钉和高强度螺栓应均匀布置。

检验数量：施工单位、监理单位全部检查。

检验方法：观察和检查计算资料。

13.2.9 工地焊接剪力联结器的焊接质量应符合设计要求。当设计无要求时，应符合下列规定：

1 栓钉周边焊缝长度、宽度、高度、饱满度及栓钉与钢板的垂直度和结合程度应符合焊接工艺规定。

2 栓钉沿轴线方向焊缝平均高度不小于0.2倍栓钉直径。

3 栓钉沿轴线方向焊缝最小高度不小于0.15倍栓钉直径。

4 栓钉周边焊缝平均直径不小于1.25倍栓钉直径。

5 栓钉焊接位置偏差：沿杆件的纵向，栓钉根部和顶部应严格控制在±3 mm，沿杆件的横向，栓钉根部为±3 mm，顶部为±5 mm。

6 每台班开始生产前应按规定的焊接工艺试焊2个栓钉，沿栓钉轴线弯曲30°，焊缝应完好无损伤方为合格。

检验数量：施工单位、监理单位抽检5%，但每工作班不小于2个。

检验方法：观察和尺量。施工单位进行弯曲试验；监理单位见证检验。

一 般 项 目

13.2.10 钢板梁（或开口钢箱梁）尺寸允许偏差和检验方法应符合表13.2.10的规定。

表 13.2.10 钢板梁（开口钢箱梁）尺寸允许偏差和检验方法

<table>
<tr><th>序号</th><th colspan="2">项目</th><th>允许偏差（mm）</th><th>检验方法</th></tr>
<tr><td rowspan="2">1</td><td rowspan="2">梁高（H）</td><td>H≤2 m</td><td>±2</td><td rowspan="2">尺量两端腹板处</td></tr>
<tr><td>H>2 m</td><td>±4</td></tr>
<tr><td>2</td><td colspan="2">主梁中心距</td><td>±3</td><td>尺量两端腹板中心线距</td></tr>
<tr><td>3</td><td colspan="2">相邻梁段上下翼缘错边量</td><td>焊接≤1，栓接≤2</td><td rowspan="2">尺　量</td></tr>
<tr><td>4</td><td colspan="2">相邻梁段腹板错边量</td><td>焊接≤1，栓接≤2</td></tr>
<tr><td>5</td><td colspan="2">拼接梁段两端边孔中心距</td><td>1.0（采用工地扩孔为 2.0）</td><td>尺　量</td></tr>
<tr><td>6</td><td colspan="2">连续梁长度</td><td>±15</td><td>拼接后量全长</td></tr>
<tr><td>7</td><td colspan="2">主梁上拱度</td><td>$^{+10}_{-3}$</td><td>尺量或测量跨中</td></tr>
<tr><td>8</td><td colspan="2">横断面对角线差</td><td>4</td><td>尺量两端断面</td></tr>
<tr><td rowspan="2">9</td><td colspan="2" rowspan="2">腹板平面度</td><td>板梁 h/350 且不大于 8 mm</td><td rowspan="3">尺　量</td></tr>
<tr><td>箱梁 h/250 且不大于 8 mm</td></tr>
<tr><td>10</td><td colspan="2">旁　弯</td><td>板梁 L/5，箱梁 3＋0.1L，且均不大于 8</td></tr>
<tr><td>11</td><td colspan="2">支点高差</td><td>5</td><td>测　量</td></tr>
<tr><td>12</td><td colspan="2">主梁、纵横梁盖板对腹板的垂直度</td><td>0.5（有孔部位）
1.5（其他部位）</td><td>直角尺测量</td></tr>
</table>

注：L 为跨长（m），腹板平面度 h 为盖板与加劲肋或加劲肋与加劲肋之间的距离（mm）。

检验数量：施工单位全部检查。

13.2.11 钢桁梁位置和节点位置允许偏差和检验方法应符合本标准第 12.3.9 条的规定。

Ⅱ 涂　装

主 控 项 目

13.2.12 钢梁涂装的检验应符合本标准第 12.4.1 条～第 12.4.7 条的规定。

一 般 项 目

13.2.13 钢梁涂装的检验应符合本标准第 12.4.8 条的规定。

Ⅲ 支　座

主 控 项 目

13.2.14 支座的检验应符合本标准第 15.2.1 条～第 15.2.7 条的规定。

一 般 项 目

13.2.15 支座的检验应符合本标准第 15.2.8 条的规定。

13.3 桥 面 板

Ⅰ 模板及支架

主 控 项 目

13.3.1 模板及支架安装和拆除的检验应符合铁道部现行《铁路混凝土工程施工质量验收标

准》(TB 10424—2010)第 4.2.1 条、第 4.2.2 条和第 4.3.1 条的规定。

一般项目

13.3.2 模板及支架安装和拆除、预埋件和预埋孔洞的检验应符合铁道部现行《铁路混凝土工程施工质量验收标准》(TB 10424—2010)第 4.2.4 条和第 4.3.2 条的规定。

13.3.3 结合梁模板安装的允许偏差和检验方法应符合表 13.3.3 的规定。

表 13.3.3 模板安装尺寸允许偏差和检验方法

序号	项目	允许偏差(mm)	检验方法
1	侧、底模板全长	±10	尺量检查各不少于 3 处
2	底模板宽	$^{+5}_{0}$	尺量检查不少于 5 处
3	底模板中心线与设计位置偏差	2	拉线量测
4	桥面板中心线与设计位置偏差	5	
5	侧、底模板平整度	2	1 m 靠尺和塞尺检查各不少于 5 处
6	模板预留预应力孔道偏离设计位置	3	尺量检查

检验数量：施工单位全部检查。

Ⅱ 钢筋

主控项目

13.3.4 钢筋原材料、加工、连接和安装的检验应符合铁道部现行《铁路混凝土工程施工质量验收标准》(TB 10424—2010)第 5.2.1 条～第 5.2.4 条、第 5.3.1 条～第 5.3.2 条、第 5.4.1 条～第 5.4.4 条和第 5.5.1 条～第 5.5.4 条的规定。

一般项目

13.3.5 钢筋原材料、加工和连接的检验应符合铁道部现行《铁路混凝土工程施工质量验收标准》(TB 10424—2010)第 5.2.5 条、第 5.3.3 条和第 5.5.5 条的规定。

Ⅲ 混凝土

主控项目

13.3.6 混凝土原材料、配合比设计和施工的检验应符合铁道部现行《铁路混凝土工程施工质量验收标准》(TB 10424—2010)第 6.2.1 条～第 6.2.7 条、第 6.3.1 条～第 6.3.5 条和第 6.4.1 条～第 6.4.16 条的规定。

一般项目

13.3.7 混凝土施工的检验应符合本标准第 8.7.11 条的规定。

13.3.8 混凝土外观质量的检验应符合本标准第 8.2.11 条的规定。

Ⅳ 预应力

主控项目

13.3.9 预应力施工原材料、制作和安装、张拉、压浆和封锚（端）的检验应符合铁道部现行《铁路混凝土工程施工质量验收标准》(TB 10424—2010)第 7.2.1 条～第 7.2.5 条、第 7.3.1 条～第 7.3.3 条、第 7.4.1 条～第 7.4.5 条和第 7.5.1 条～第 7.5.6 条的规定。

一般项目

13.3.10 预应力筋施工原材料、制作和安装、张拉、压浆和封锚（端）的检验应符合铁道部现行《铁路混凝土工程施工质量验收标准》(TB 10424—2010) 第7.3.4条、第7.4.6条和第7.5.7条的规定。

13.3.11 预应力预留孔道位置允许偏差和检验方法应符合本标准第10.1.29条的规定。

Ⅴ 桥面板安装

主控项目

13.3.12 钢筋混凝土桥面板的规格和质量、现浇桥面板混凝土分段浇筑顺序及方法、预应力张拉顺序等应符合设计要求。

检验数量：施工单位、监理单位全部检查。

检验方法：检查出厂合格证、验收记录，观察和尺量。

13.3.13 桥面板现场安装时钢梁与桥面板的结合面及剪力联结器表面应清理干净，剪力联结器应无变形、锈蚀等缺陷。

检验数量：施工单位、监理单位全部检查。

检验方法：观察。

一般项目

13.3.14 结合梁的允许偏差和检验方法应符合表13.3.14的规定。

表13.3.14 结合梁允许偏差和检验方法

序号	项目	允许偏差（mm）	检验方法
1	桥梁全长	±15	尺量，检查桥面及钢梁
2	梁高	+15 −5	尺量，检查梁端桥面板顶至钢梁底
3	桥面板厚度	+10 −5	尺量检查跨中及两端
4	桥面板中心线与钢梁中心线	10	尺量，检查梁端和跨中
5	桥面防护墙内侧宽度	+10 −5	
6	桥面平整度	5	1 m靠尺检查不少于5处
7	接触网支柱基座钢筋位置	5	尺量
8	上拱度（与设计值相比）	+10 −3	测量，检查跨中

注：梁体顶面平整度应同时满足无砟轨道的技术要求。

检验数量：施工单位全部检查。

Ⅵ 防水层

主控项目

13.3.15 结合梁防水层的检验应符合本标准第16.5节的规定。

一般项目

13.3.16 结合梁防水层的检验应符合本标准第16.5节的规定。

14 斜 拉 桥

14.1 一 般 规 定

14.1.1 模板及支架、钢筋、混凝土和预应力的施工应符合设计要求和铁道部现行《铁路混凝土工程施工质量验收标准》(TB 10424—2010)有关规定。

14.1.2 斜拉桥施工前应编制专项施工方案、施工设计和安全操作细则。

14.1.3 钢结构存放及预拼场地应坚实平整、排水良好，支承点应设在不因自重而产生永久变形的地方，防止部件积水锈蚀和栓接板面磨损、污梁。带有剪力联结器的部件存放和运送时，不应损伤剪力联结器的质量。

14.1.4 悬臂浇筑梁段混凝土所用牵索挂篮必须有施工设计，其强度、刚度和稳定性必须满足不同施工阶段施工荷载的要求。走行和浇筑混凝土时，倾覆稳定系数不得小于2。挂篮正式施工前应试拼和进行载荷试验。

14.1.5 主梁施工时必须进行动态施工控制，即对梁体每一施工阶段的结果进行全程监控测试和验算，以确定下一施工阶段斜拉索张拉力值和主梁线形、高程及索塔位移控制量值。

14.1.6 测试索力所用的索力测试仪或频率仪在使用前必须经计量部门检定。使用期间还必须按计量部门规定的检定周期定期检定。

14.2 混凝土索塔

Ⅰ 模板及支架

主 控 项 目

14.2.1 模板及支架安装和拆除的检验应符合铁道部现行《铁路混凝土工程施工质量验收标准》(TB 10424—2010) 第4.2.1条、第4.2.2条和第4.3.1条的规定。

一 般 项 目

14.2.2 模板及支架安装和拆除的检验应符合铁道部现行《铁路混凝土工程施工质量验收标准》(TB 10424—2010) 第4.3.2条的规定。

14.2.3 塔段模板安装的允许偏差和检验方法应符合表14.2.3的规定。

表 14.2.3 混凝土塔段模板安装的允许偏差和检验方法

序号	项目		允许偏差	检验方法
1	塔段模板	顶、底面尺寸	$^{+5}_{0}$ mm	尺量检查
		顶、底面高程	±20 mm	测量检查
		平面十字线位置	5 mm	
		表面平整度	3 mm	2 m靠尺检查
2	孔道定位模板	斜拉索管道两端中心位置	3 mm	尺量检查
		预应力筋孔道位置	3 mm	
3	预埋配件	预埋铁件、锚杆孔、通风孔等位置	10 mm	
		锚具支承垫板与预留孔道轴线垂直度	1°	角尺检查

检验数量：施工单位全部检查。

Ⅱ 钢 筋

主控项目

14.2.4 钢筋原材料、加工、连接和安装的检验应符合铁道部现行《铁路混凝土工程施工质量验收标准》(TB 10424—2010）第5.2.1条～第5.2.4条、第5.3.1条～第5.3.2条、第5.4.1条～第5.4.4条和第5.5.1条～第5.5.4条的规定。

14.2.5 劲性骨架制作及安装应符合设计要求。

检验数量：施工单位、监理单位全部检查。

检验方法：观察。

14.2.6 锚箱和索鞍的加工制作及安装应符合设计要求。

检验数量：施工单位、监理单位全部检查。

检验方法：观察和尺量。

一般项目

14.2.7 钢筋原材料、加工和连接的检验应符合铁道部现行《铁路混凝土工程施工质量验收标准》(TB 10424—2010）第5.2.5条、第5.3.3条和第5.5.5条的规定。

Ⅲ 混 凝 土

主控项目

14.2.8 混凝土原材料、配合比设计和施工的检验应符合铁道部现行《铁路混凝土工程施工质量验收标准》(TB 10424—2010）第6.2.1条～第6.2.7条、第6.3.1条～第6.3.5条和第6.4.1条～第6.4.16条的规定。

一般项目

14.2.9 索塔的允许偏差和检验方法应符合表14.2.9的规定。

表 14.2.9　索塔的允许偏差和检验方法

序号	项　目	允许偏差（mm）	检验方法
1	顶、底平面尺寸	$^{+10}_{-5}$	尺量检查
2	顶、底面高程	±20	测量检查
3	塔身中心位置	5	
4	系梁高程	±10	
5	倾斜度	塔高的 1/3 000，且不大于30 mm和设计要求	

检验数量：施工单位全部检查。

14.2.10　索塔混凝土外观质量的检验应符合本标准第 8.2.11 条的规定。

Ⅳ　预　应　力

主 控 项 目

14.2.11　预应力施工原材料、制作和安装、张拉、压浆和封锚（端）的检验应符合铁道部现行《铁路混凝土工程施工质量验收标准》(TB 10424—2010）第 7.2.1 条～第 7.2.5 条、第 7.3.1 条～第 7.3.3 条、第 7.4.1 条～第 7.4.5 条和第 7.5.1 条～第 7.5.6 条的规定。

14.2.12　预留孔道、索道的规格和数量应符合设计要求。

检验数量：施工单位、监理单位全部检查。

检验方法：观测和尺量。

一 般 项 目

14.2.13　预应力筋施工原材料、制作和安装、张拉、压浆和封锚（端）应符合设计要求。当设计无特殊要求时，其检验应符合铁道部现行《铁路混凝土工程施工质量验收标准》(TB 10424—2010）第 7.3.4 条、第 7.4.6 条和第 7.5.7 条的规定。

14.2.14　预留孔道、索道位置的允许偏差为 4 mm。

检验数量：施工单位全部检查。

检验方法：尺量。

Ⅴ　索塔锚固区

主 控 项 目

14.2.15　索导管及锚杯的品种、规格和质量应符合设计要求。

检验数量：施工单位、监理单位全部检查。

检验方法：检查质量证明文件，观察和尺量。

14.2.16　索导管及锚杯的安装位置、斜度和安装质量应符合设计要求。

检验数量：施工单位、监理单位全部检查。

检验方法：观测和尺量。

14.3 主　　梁

Ⅰ　混凝土主梁

（Ⅰ）模板及支架

主 控 项 目

14.3.1 模板及支架安装和拆除的检验应符合铁道部现行《铁路混凝土工程施工质量验收标准》(TB 10424—2010）第 4.2.1 条、第 4.2.2 条和第 4.3.1 条的规定。

一 般 项 目

14.3.2 模板及支架安装和拆除的检验应符合铁道部现行《铁路混凝土工程施工质量验收标准》(TB 10424—2010）第 4.3.2 条的规定。

14.3.3 梁段模板的允许偏差和检验方法应符合表 14.3.3 的规定。

表 14.3.3　梁段模板的允许偏差和检验方法

<table>
<tr><th>序号</th><th colspan="2">项　目</th><th>允许偏差</th><th>检验方法</th></tr>
<tr><td rowspan="3">1</td><td rowspan="3">梁段底模板</td><td>设计拱度</td><td>±10%</td><td rowspan="2">测量检查不少于 5 处</td></tr>
<tr><td>高程</td><td>±5 mm</td></tr>
<tr><td>模板面铺设滑动层后的平整度</td><td>8 mm</td><td>靠尺、塞尺检查不少于 5 处</td></tr>
<tr><td rowspan="6">2</td><td rowspan="6">梁段内外模板</td><td>梁段长度（累计）</td><td>±10 mm</td><td rowspan="2">尺量检查端头模板位置</td></tr>
<tr><td>腹板外侧面距梁段中心线</td><td>$^{+8}_{-5}$ mm</td></tr>
<tr><td>上翼缘（桥面板）距梁段中心线</td><td>$^{+10}_{-8}$ mm</td><td>尺量检查侧模板不少于 5 处</td></tr>
<tr><td>梁段高度</td><td>$^{+10}_{-5}$ mm</td><td rowspan="2">尺量检查端部</td></tr>
<tr><td>腹板、顶板、底板及横隔板的厚度</td><td>$^{+10}_{0}$ mm</td></tr>
<tr><td>直腹板和横隔板的垂直度（斜腹板的倾斜位移）</td><td>4‰梁高</td><td>吊线检查不少于 5 处</td></tr>
<tr><td rowspan="2">3</td><td rowspan="2">孔道定位模板</td><td>斜拉索管道两端中心位置</td><td>3 mm</td><td>测量检查</td></tr>
<tr><td>预应力筋束孔道位置</td><td>3 mm</td><td rowspan="2">尺量检查</td></tr>
<tr><td rowspan="2">4</td><td rowspan="2">预埋配件</td><td>预埋铁件、锚杆孔、通风孔等位置</td><td>10 mm</td></tr>
<tr><td>锚具支承垫板与预留孔道轴线垂直度</td><td>1°</td><td>角尺检查</td></tr>
</table>

检验数量：施工单位全部检查。

（Ⅱ）钢　　筋

主 控 项 目

14.3.4 钢筋原材料、加工、连接和安装的检验应符合铁道部现行《铁路混凝土工程施工质量验收标准》(TB 10424—2010）第 5.2.1 条～第 5.2.3 条、第 5.3.1 条、第 5.4.1 条～第 5.4.2 条、第 5.4.4 条和第 5.5.1 条～第 5.5.4 条的规定。

一 般 项 目

14.3.5 钢筋原材料、加工和连接的检验应符合铁道部现行《铁路混凝土工程施工质量验收标准》(TB 10424—2010) 第5.2.5条、第5.3.3条和第5.5.5条的规定。

(Ⅲ) 混 凝 土

主 控 项 目

14.3.6 混凝土原材料、配合比设计和施工的检验应符合铁道部现行《铁路混凝土工程施工质量验收标准》(TB 10424—2010) 第6.2.1条～第6.2.7条、第6.3.1条～第6.3.5条和第6.4.1条～第6.4.16条的规定。

一 般 项 目

14.3.7 梁段的允许偏差和检验方法应符合表14.3.7的规定。

表14.3.7 梁段的允许偏差和检验方法

序号	项 目		允许偏差（mm）	检验方法
1	长度（累计）		±15	尺量检查
2	中 线		15	测量检查
3	腹板外侧面距梁段中线		$^{+10}_{-5}$	尺量检查端部
4	上翼缘（桥面板）外侧距梁段中线		$^{+15}_{-8}$	尺量检查不少于5处
5	梁段高程		$^{+15}_{-5}$	测量检查不少于5处
6	腹板、顶板、底板及横隔板的厚度		$^{+15}_{0}$	尺量检查端部
7	直腹板、横隔板垂直度（斜腹板的倾斜位移）		4‰梁高	吊线检查不少于5处
8	接触网支柱基础	预埋螺栓距桥面中心线偏差	$^{+10}_{0}$	观察、尺量
		钢 筋	齐全设置、位置正确	

检验数量：施工单位全部检查。

14.3.8 梁段混凝土外观质量的检验应符合本标准第8.2.11条的规定。

(Ⅳ) 预 应 力

主 控 项 目

14.3.9 预应力施工原材料、预应力筋制作与安装、张拉、压浆和封锚（端）的检验应符合铁道部现行《铁路混凝土工程施工质量验收标准》(TB 10424—2010) 第7.2.1条～第7.2.5条、第7.3.1条～第7.3.3条、第7.4.1条～第7.4.5条和第7.5.1条～第7.5.6条的规定。

14.3.10 预留孔道、索道的规格和数量应符合设计要求。

检验数量：施工单位、监理单位全部检查。

检验方法：观测和尺量。

一 般 项 目

14.3.11 预应力筋制作与安装、张拉、压浆和封锚（端）的检验应符合铁道部现行《铁路混凝土工程施工质量验收标准》(TB 10424—2010) 第 7.3.4 条、第 7.4.6 条和第 7.5.7 条的规定。

14.3.12 预留孔道、索道的允许偏差和检验方法应符合第 14.2.14 条的规定。

(Ⅴ) 支　座

主 控 项 目

14.3.13 主梁支座安装的检验应符合本标准第 15.2.1 条～第 15.2.7 条的规定。

14.3.14 阻尼装置的品种、规格、质量和安装应符合设计要求。

检验数量：施工单位、监理单位全部检查。

检验方法：检查质量证明文件，观察、尺量。

一 般 项 目

14.3.15 主梁支座安装的检验应符合本标准第 15.2.8 条的规定。

(Ⅵ) 防 水 层

主 控 项 目

14.3.16 斜拉桥防水层的检验应符合本标准第 16.5 节的规定。

一 般 项 目

14.3.17 斜拉桥防水层的检验应符合本标准第 16.5 节的规定。

Ⅱ　钢 主 梁

(Ⅰ) 拼 装 架 设

主 控 项 目

14.3.18 钢梁的拼装及架设的检验应符合本标准第 12.3.1 条～第 12.3.8 条的规定。

14.3.19 悬臂架设节间钢梁挂索前，应准确调整钢梁的中线位置。

检验数量：施工单位、监理单位全部检查。

检验方法：测量检查。

14.3.20 合龙施工应符合设计和施工技术方案的要求。

检验数量：施工单位、监理单位全部检查。

检验方法：观察。

一 般 项 目

14.3.21 钢梁拼装及架设应符合本标准第 12.3.9 条的规定。

(Ⅱ) 钢 梁 涂 装

主 控 项 目

14.3.22 钢梁涂装的检验应符合本标准第 12.4.1 条～第 12.4.7 条的有关规定。

一 般 项 目

14.3.23 钢梁涂装的检验应符合本标准第 12.4.8 条的有关规定。

（Ⅲ）桥　面　板

主 控 项 目

14.3.24 桥面板施工检验应符合本标准第 12.5.1 条～第 12.5.6 条的规定。

一 般 项 目

14.3.25 混凝土桥面板施工检验应符合本标准第 13.3 节的规定。

（Ⅳ）支　座

主 控 项 目

14.3.26 主梁支座安装的检验应符合本标准第 15.2.1 条～第 15.2.7 条的规定。

14.3.27 阻尼装置的品种、规格、质量和安装应符合设计要求。

检验数量：施工单位、监理单位全部检查。

检验方法：检查质量证明文件，观察、尺量。

一 般 项 目

14.3.28 主梁支座安装的检验应符合本标准第 15.2.8 条的规定。

（Ⅴ）防　水　层

主 控 项 目

14.3.29 斜拉桥防水层的检验应符合本标准第 16.5 节的规定。

一 般 项 目

14.3.30 斜拉桥防水层的检验应符合本标准第 16.5 节的规定。

14.4　斜　拉　索

主 控 项 目

14.4.1 斜拉索、锚具和减震装置的品种、规格、质量和防腐等级应符合设计要求。

检验数量：施工单位、监理单位全部检查。

检验方法：检查质量证明文件，观察和尺量。

14.4.2 斜拉索搬运和安装时，应无弯折、错压，锚头和防护层无损伤。

检验数量：施工单位、监理单位全部检查。

检验方法：检查施工记录和观察。

14.4.3 锚环应与锚垫板密贴并居中。

检验数量：施工单位、监理单位全部检查。

检验方法：观察和尺量。

14.4.4 斜拉索护管和索导管内的填充材料和质量应符合设计要求。

检验数量：施工单位、监理单位全部检查。

检验方法：观察和尺量。

14.4.5 施工过程中斜拉索的调整应以主梁线形控制为主，索力控制为辅。合龙后索力调整应符合设计要求。

检验数量：施工单位、监理单位全部检查。

检验方法：用索力测试仪或频率仪测试索力，用测量仪器量测线型。

一 般 项 目

14.4.6 成桥后斜拉索的允许偏差和检验方法应符合表14.4.6的规定。

表14.4.6 斜拉索的允许偏差和检验方法

序号	项目		允许偏差	检验方法
1	索力		±5%或设计允许偏差值	索力仪测试
2	索长	$L \leq 100$ m	±20 mm	尺量检查
		$L > 100$ m	±0.000 2L	

检验数量：施工单位索力检查100%；索长检查10%，且不少于5根。

15 支 座

15.1 一 般 规 定

15.1.1 支座安装前应检查桥梁跨度、支承垫石尺寸和高程、预留锚栓孔位置和尺寸等。支承垫石和锚栓孔应清理干净，做到无泥土、无浮沙、无积水、无冰雪和油污等杂物，并对支承垫石顶面进行凿毛处理。

15.1.2 预制箱梁架设完成后应保证每个支座反力与四个支座反力的平均值相差不超过±5%。

15.1.3 支座防尘罩应及时安装，并应做到严实、牢固、栓钉齐全，防尘罩开启不应与防落梁装置或梁端限位装置相抵触。

15.2 支 座 安 装

主 控 项 目

15.2.1 支座品种、规格、质量和调高量等应符合设计要求和相关标准的规定。

检验数量：施工单位、监理单位全部检查。

检验方法：观察和检查质量证明文件。

15.2.2 支座的安装位置及方向应符合设计要求。同一座桥梁上固定支座和纵向活动支座应安装在梁的同一侧，横向活动支座与多向活动支座应安装在梁的另一侧。

检验数量：施工单位、监理单位全部检查。

检验方法：观察。

15.2.3 固定支座上下座板应互相对正，活动支座上下座板横向应对正，纵向预偏量应根据支座安装施工温度与设计安装温度之差和梁体混凝土未完成收缩、徐变量及弹性压缩量计算确定，并在各施工阶段进行调整，当体系转换全部完成时梁体支座中心应符合设计要求。

检验数量：施工单位、监理单位全部检查。

检验方法：观察和尺量。

15.2.4 支座锚栓应拧紧，其埋置深度和外露长度应符合设计要求。

检验数量：施工单位、监理单位全部检查。

检验方法：观察和尺量。

15.2.5 支座砂浆的类别和质量应符合设计要求，其施工及检验应符合铁道部现行《铁路混凝土工程施工质量验收标准》(TB 10424—2010）第 9.9.6 条～第 9.9.13 条的规定。

15.2.6 支座与梁底及垫石之间应密贴无空隙。

检验数量：施工单位、监理单位全部检查。

检验方法：观察。

15.2.7 支座的螺栓、防尘罩等部件应齐全。

检验数量：施工单位、监理单位全部检查。

检验方法：观察。

一 般 项 目

15.2.8 支座安装允许偏差和检验方法应满足表15.2.8的规定。

表15.2.8 支座安装允许偏差和检验方法

<table>
<tr><th>序号</th><th colspan="3">项 目</th><th>允许偏差（mm）</th><th>检验方法</th></tr>
<tr><td>1</td><td colspan="3">支座中心纵向位置偏差</td><td>20</td><td rowspan="3">测 量</td></tr>
<tr><td>2</td><td colspan="3">支座中心横向位置偏差</td><td>10</td></tr>
<tr><td>3</td><td colspan="3">T梁同端支座中心横向距离</td><td>+15
−10</td></tr>
<tr><td rowspan="3">4</td><td rowspan="3">盆式橡胶支座</td><td colspan="2">支座板四角高差</td><td>1</td><td rowspan="3">测 量</td></tr>
<tr><td colspan="2">固定支座上下座板的纵、横错动量</td><td>1</td></tr>
<tr><td colspan="2">活动支座中线的纵横错动量（按设计气温定位后）</td><td>3</td></tr>
<tr><td rowspan="8">5</td><td rowspan="8">钢支座</td><td rowspan="2">下座板中心十字线偏转</td><td>下座板尺寸<2 000 mm</td><td>1</td><td rowspan="8">测 量</td></tr>
<tr><td>下座板尺寸≥2 000 mm</td><td>1‰边宽</td></tr>
<tr><td rowspan="2">固定支座十字线中心与全桥贯通测量后墩台中心线纵向偏差</td><td>连续梁或跨度60 m以上简支梁</td><td>20</td></tr>
<tr><td>跨度小于60 m简支梁</td><td>10</td></tr>
<tr><td colspan="2">固定支座上下座板中线的纵横错动量</td><td>3</td></tr>
<tr><td colspan="2">活动支座中心线的纵向错动量（按设计气温定位后）</td><td>3</td></tr>
<tr><td colspan="2">支座底板四角相对高差</td><td>2</td></tr>
<tr><td colspan="2">活动支座的横向错动量</td><td>3</td></tr>
</table>

检验数量：施工单位全部检查。

16 桥面附属设施

16.1 一般规定

16.1.1 模板及支架、钢筋、混凝土的施工应符合设计要求和铁道部现行《铁路混凝土工程施工质量验收标准》(TB 10424—2010) 的有关规定。

16.1.2 防水层不得在雨、雪和大风天气下施工，其施工材料和施工环境应符合设计要求。

16.1.3 防水层铺设前应清除基层面灰尘和杂物。

16.1.4 防水卷材纵向宜整幅铺设，当防水卷材进行搭接时，应先进行纵向搭接，再进行横向搭接，纵向搭接接头应错开。

16.1.5 混凝土保护层施工时，施工用具、材料应轻吊轻放，严禁碰伤已铺设好的防水层。

16.1.6 混凝土保护层浇筑完成后应保湿、保温养护。

16.2 防护墙、电缆槽竖墙、接触网支柱基础

Ⅰ 模板及支架

主控项目

16.2.1 模板及支架安装的检验应符合铁道部现行《铁路混凝土工程施工质量验收标准》(TB 10424—2010) 第 4.2.1 条和第 4.2.2 条的规定。

16.2.2 拆除模板及支架时，混凝土强度应符合设计要求。当设计无具体要求时，混凝土强度宜达到设计强度的 50%。

检验数量：施工单位、监理单位全部检查。

检验方法：施工单位在拆模前代表性的进行一组同条件养护试件强度试验；监理单位检查试验报告。

一般项目

16.2.3 防护墙、电缆槽竖墙及接触网支柱基础模板安装的检验应符合表 16.2.3 的规定。

表 16.2.3 防护墙、电缆槽竖墙及接触网支柱基础模板安装允许偏差及检验方法

序号	项目	允许偏差 (mm)	检验方法
1	中心位置	3	尺 量
2	长 度	±10	尺 量
3	厚 度	±3	尺 量
4	平整度	2	1 m 靠尺、塞尺
5	垂直度	2 mm/1 m	吊线尺量
6	预留孔中心位置	10	尺 量

Ⅱ 钢 筋

主 控 项 目

16.2.4 钢筋原材料、加工、连接和安装的检验应符合铁道部现行《铁路混凝土工程施工质量验收标准》(TB 10424—2010)第 5.2.1 条～第 5.2.3 条、第 5.3.1 条、第 5.4.1 条～第 5.4.2 条、第 5.4.4 条和第 5.5.1 条～第 5.5.4 条的规定。

16.2.5 防护墙、电缆槽竖墙及接触网支柱基础接地系统焊接长度、质量、位置应符合设计要求。

检验数量：施工单位、监理单位全部检查。

检验方法：观察和测量。

16.2.6 接触网支柱基础上预埋螺栓、预埋钢板的材质及其防腐处理应符合设计要求。

检验数量：施工单位、监理单位全部检查。

检验方法：观察。

一 般 项 目

16.2.7 钢筋原材料、加工和连接和安装的检验应符合铁道部现行《铁路混凝土工程施工质量验收标准》(TB 10424—2010)第 5.2.5 条、第 5.3.3 条和第 5.5.5 条的规定。

Ⅲ 混 凝 土

主 控 项 目

16.2.8 混凝土原材料、配合比设计和施工的检验应符合铁道部现行《铁路混凝土工程施工质量验收标准》(TB 10424—2010)第 6.2.1 条～第 6.2.8 条、第 6.3.1 条～第 6.3.5 条和第 6.4.1 条～第 6.4.16 条的规定。

一 般 项 目

16.2.9 混凝土施工的检验应符合铁道部现行《铁路混凝土工程施工质量验收标准》(TB 10424—2010)第 6.4.18 条的规定。

16.2.10 防护墙、电缆槽竖墙及接触网支柱基础允许偏差及检验方法应符合表 16.2.10 的规定。

表 16.2.10 防护墙、电缆槽竖墙及接触网支柱基础允许偏差及检验方法

序号	项 目		允许偏差（mm）	检验方法
1	中心位置		5	尺 量
2	长 度		±15	尺 量
3	厚 度		±5	尺 量
4	顶面高程		±10	水准仪
5	顶面及侧面平整度		3	1 m 靠尺、塞尺
6	垂直度		3 mm/1 m	吊线尺量
7	预留孔中心位置		15	尺 量
8	接触网支柱基础预埋螺栓	螺栓外露长度	$^{+20}_{0}$	尺 量
		螺栓相互间距	±2	
		螺栓中心位置	±2	
		螺栓埋深	$^{+20}_{0}$	

检验数量：施工单位每100 m每侧各抽检5处。

16.3 遮板、声（风）屏障基础、栏杆（挡板）、电缆槽盖板

Ⅰ 模 板

主 控 项 目

16.3.1 遮板、声（风）屏障基础、栏杆（挡板）、电缆槽盖板等小型构件模板安装的检验应符合铁道部现行《铁路混凝土工程施工质量验收标准》(TB 10424—2010) 第4.2.1条和第4.2.2条的规定。

一 般 项 目

16.3.2 遮板、声（风）屏障基础、栏杆（挡板）、电缆槽盖板等小型构件模板安装的检验应符合表16.3.2的规定。

表16.3.2 小型构件模板安装允许偏差及检验方法

序号	项 目	允许偏差（mm）	检验方法
1	长度、宽度	±2	尺 量
2	厚 度	±1	尺 量
3	对角线	±3	尺 量
4	平整度	2	1 m靠尺、塞尺
5	预留孔中心位置	10	尺 量

检验数量：施工单位全部检查。

Ⅱ 钢 筋

主 控 项 目

16.3.3 钢筋原材料、加工、连接和安装的检验应符合铁道部现行《铁路混凝土工程施工质量验收标准》(TB 10424—2010) 第5.2.1条～第5.2.3条、第5.3.1条、第5.4.1条～第5.4.2条、第5.4.4条和第5.5.1条～第5.5.4条的规定。

一 般 项 目

16.3.4 钢筋原材料、加工和连接和安装的检验应符合铁道部现行《铁路混凝土工程施工质量验收标准》(TB 10424—2010) 第5.2.5条、第5.3.3条和第5.5.5条的规定。

Ⅲ 混凝土及纤维增强砂浆（活性粉末混凝土）

主 控 项 目

16.3.5 混凝土及纤维增强砂浆（活性粉末混凝土）原材料、配合比设计和施工的检验应符合铁道部现行《铁路混凝土工程施工质量验收标准》(TB 10424—2010) 第6.2.1条～第6.2.8条、第6.3.1条～第6.3.5条、第6.4.1条～第6.4.16条和第9.8.5条～第9.8.10条的规定。

一 般 项 目

16.3.6 混凝土施工的检验应符合铁道部现行《铁路混凝土工程施工质量验收标准》(TB

10424—2010）第 6.4.18 条的规定。

16.3.7 小型预制构件的结构外形尺寸和检验方法应符合表 16.3.7 的规定。

表 16.3.7 小型预制构件结构外形尺寸允许偏差和检验方法

序号	项目		允许偏差（mm）	检验方法
1	表面平整度		2	1 m 靠尺检查
2	长、宽		±3	尺量
3	厚度		±2	
4	预留孔洞	中心位置	15	
		尺寸	$^{+15}_{0}$	
5	预埋螺栓	中心位置	3	
		外露长度	±3	

检验数量：施工单位抽样检验 2%。

Ⅳ 安 装

主 控 项 目

16.3.8 安装前应对遮板、栏杆（挡板）、电缆槽盖板等小型预制构件进行外观检查，不得有蜂窝、孔洞、疏松、露筋、缺棱掉角、断裂等缺陷。

检验数量：施工单位、监理单位全部检查。

检验方法：观察。

16.3.9 遮板、声（风）屏障基础上预埋螺栓、预埋钢板的材质及其防腐处理应符合设计要求。

检验数量：施工单位、监理单位全部检查。

检验方法：观察。

16.3.10 遮板、声（风）屏障基础上预埋螺栓间距的允许偏差为±3 mm、外露长度的允许偏差为±3 mm。

检验数量：施工单位、监理单位全部检查。

检验方法：观察、尺量。

16.3.11 栏杆（挡板）内侧间距应满足设计要求。栏杆的连接、安装应牢固顺直，高度应保持一致。

检验数量：施工单位、监理单位全部检查。

检验方法：观察、尺量。

16.3.12 盖板安装应符合设计要求，铺设应齐全、稳固、无损坏，板间空隙均匀一致。

检验数量：施工单位、监理单位全部检查。

检验方法：观察。

16.3.13 声（风）屏障基础上的预埋螺栓应螺纹完整，无锈蚀和水泥浆等污物。

检验数量：施工单位、监理单位全部检查。

检验方法：观察。

16.3.14 声（风）屏障基础上的预埋钢板应无锈蚀和水泥浆等污物，凹槽底高程允许偏差为±5 mm。

检验数量：施工单位、监理单位全部检查。

检验方法：观察、尺量。

一 般 项 目

16.3.15 遮板、声（风）屏障基础、栏杆（挡板）安装允许偏差和检验方法应符合第16.2.10条的规定。

16.4 桥梁伸缩装置、防落梁挡块

主 控 项 目

16.4.1 桥梁伸缩装置和防落梁挡块所用原材料和部件的品种、规格、质量等应符合设计要求和铁道部现行有关标准的规定。

检验数量：施工单位、监理单位全部检查。

检验方法：观察、尺量，检查质量证明文件。

16.4.2 桥梁伸缩装置和防落梁挡块的安装位置和范围应符合设计要求。

检验数量：施工单位、监理单位全部检查。

检验方法：测量、观察。

16.4.3 桥梁伸缩装置和防落梁挡块的部件应齐全完整，且连接可靠。

检验数量：施工单位、监理单位全部检查。

检验方法：观察。

16.4.4 桥梁伸缩装置的安装质量应能满足梁体位移及转动需要，并能可靠防水。

检验数量：施工单位、监理单位全部检查。

检验方法：观察。

16.5 防水层及保护层

防 水 层

主 控 项 目

16.5.1 防水层所用原材料的品种、规格、质量等应符合设计要求和铁道部现行有关标准的规定。

检验数量：施工单位、监理单位全部检查。

检验方法：检查质量证明文件。施工单位按有关标准的规定进行抽样检验；监理单位检查检验报告。

16.5.2 防水层的铺设范围、构造形式等应符合设计要求。

检验数量：施工单位、监理单位全部检查。

检验方法：观察和尺量。

16.5.3 防水层的基面应平整、清洁、干燥，不得有浮渣、浮土和油污等杂物，满足防水层铺设有关技术标准的要求。

检验数量：施工单位、监理单位全部检查。

检验方法：观察。

16.5.4 防水层的搭接宽度、铺设工艺和细部做法应符合设计要求和有关技术标准的规定。

检验数量：施工单位、监理单位全部检查。

检验方法：观察和尺量。

16.5.5 防水层的铺设质量应符合设计要求和有关技术标准的规定。

检验数量：施工单位、监理单位全部检查。

检验方法：观察和试验。施工单位按有关标准的规定进行抽样检验；监理单位见证检验。

16.5.6 防水层的表面质量应厚薄一致、粘贴牢固、搭接封口正确，不得有滑移、翘边、起泡、损伤等缺陷，不得渗水。

检验数量：施工单位、监理单位全部检查。

检验方法：观察。

Ⅱ 保 护 层

主 控 项 目

16.5.7 保护层混凝土原材料、配合比设计和施工的检验应符合铁道部现行《铁路混凝土工程施工质量验收标准》(TB 10424—2010) 第6.2.1条～第6.2.8条、第6.3.1条～第6.3.5条、第6.4.1条～第6.4.16条、第9.1.1条和第9.2.5条～第9.2.8条的规定。

16.5.8 保护层施工部位、厚度、坡度和断缝处理应符合设计要求，表面裂缝宽度不得大于0.2 mm。

检验数量：施工单位、监理单位全部检查。

检验方法：观察、尺量和用刻度放大镜检查。

16.5.9 保护层应与防水层粘结牢固、结合紧密，并与周边混凝土密贴。混凝土表面应平整密实，不得有疏松、起砂、脱皮、损伤等现象。

检验数量：施工单位、监理单位全部检查。

检验方法：观察。

一 般 项 目

16.5.10 保护层的允许偏差和检验方法应符合表16.5.10的规定。

表16.5.10 保护层的允许偏差和检验方法

序号	项 目	允许偏差（mm）	检验方法
1	表面平整度	3	1 m靠尺检查
2	厚 度	±5	测量检查
3	断缝深度	$^{+10}_{0}$	

检验数量：施工单位每孔梁、每座涵洞检查不少于10处。

16.6 桥面排水设施

主 控 项 目

16.6.1 桥面排水设施所用材料的品种、规格、质量应符合设计要求。

检验数量：施工单位、监理单位全部检查。

检验方法：观察和尺量，检查质量证明文件。

16.6.2　桥面泄水孔处的细部处理应符合设计要求。

检验数量：施工单位、监理单位全部检查。

检验方法：观察和尺量。

16.6.3　泄水管接头的连接方式应符合设计要求，接头应严密、连接牢固。

检验数量：施工单位、监理单位全部检查。

检验方法：观察。

16.6.4　水平方向的泄水管应有一定的排水坡度，保证流水通畅。

检验数量：施工单位、监理单位全部检查。

检验方法：观察和测量。

16.6.5　泄水管的设置范围和位置应符合设计要求。

检验数量：施工单位、监理单位全部检查。

检验方法：观察和尺量。

16.6.6　桥面排水设施应部件齐全，固定牢靠，无破损，无漏水。

检验数量：施工单位、监理单位全部检查。

检验方法：观察。

16.7　墩台围栏、吊篮

主 控 项 目

16.7.1　围栏、吊篮所用原材料的品种、规格、质量应符合设计要求。

检验数量：施工单位、监理单位全部检查。

检验方法：观察和尺量，检查质量证明文件。

16.7.2　围栏、吊篮的结构尺寸和安装位置应符合设计要求。

检验数量：施工单位、监理单位全部检查。

检验方法：观察和尺量。

16.7.3　围栏、吊篮的连接应牢固可靠。

检验数量：施工单位、监理单位全部检查。

检验方法：观察。

16.7.4　围栏、吊篮的涂装质量应符合设计要求。

检验数量：施工单位、监理单位全部检查。

检验方法：观察。

16.7.5　吊篮步板的安装应齐全、完整、稳固。

检验数量：施工单位、监理单位全部检查。

检验方法：观察。

16.8　桥上救援疏散设施

主 控 项 目

16.8.1　桥上救援疏散设施所用原材料的品种、规格、质量应符合设计要求。

检验数量：施工单位、监理单位全部检查。

检验方法：观察，检查质量证明文件。

16.8.2 基础和立柱的结构形式、位置、质量应符合设计要求。

检验数量：施工单位、监理单位全部检查。

检验方法：观察和测量，检查施工记录。

16.8.3 疏散通道的梁、板、踏步和栏杆的结构形式、位置、质量应符合设计要求。

检验数量：施工单位、监理单位全部检查。

检验方法：观察和测量，检查施工记录。

16.8.4 防护罩的结构形式、设置范围、安装质量应符合设计要求。

检验数量：施工单位、监理单位全部检查。

检验方法：观察和测量，检查施工记录。

16.8.5 安全门的结构形式、安装位置、开启方向及安装质量应符合设计要求。

检验数量：施工单位、监理单位全部检查。

检验方法：观察和测量，检查施工记录。

16.8.6 钢部件的涂装质量应符合设计要求。

检验数量：施工单位、监理单位全部检查。

检验方法：观察。

16.8.7 指示标志的设置位置、规格、数量应符合设计要求。

检验数量：施工单位、监理单位全部检查。

检验方法：观察。

16.8.8 桥上救援疏散设施的部件应齐全、完整、有效。

检验数量：施工单位、监理单位全部检查。

检验方法：观察。

17 涵 洞

17.1 一般规定

17.1.1 涵洞施工前，应进行施工放线，并对涵位、孔径、涵长、涵身分节、水流方向、出入口高程以及排灌系统或道路的连接等进行核对，确认无误后方可施工。

17.1.2 模板及支架、钢筋、混凝土和砌体的施工应符合设计要求和铁道部现行《铁路混凝土工程施工质量验收标准》(TB 10424—2010）的有关规定。

17.1.3 涵洞进出口与既有沟床或道路应连接顺畅，排水系统应完善通畅。

17.1.4 涵洞与路基过渡段填筑应在涵身结构达到设计强度后进行。填筑应从涵身两侧同时对称、水平、分层填筑，并碾压密实，涵身两侧 1m 范围内的填土不得用大型机械施工，应采用人工配合小型机械的方法夯填密实。过渡段施工质量和检验应符合铁道部现行《高速铁路路基工程施工质量验收标准》(TB 10751—2010）的规定。

17.1.5 渡槽的连接处应密封不漏水。

17.2 地基及基础

17.2.1 涵洞地基及基础的检验应符合本标准第 4 章的有关规定。

17.3 涵身及端翼墙

模板及支架

主控项目

17.3.1 模板及支架安装和拆除的检验应符合铁道部现行《铁路混凝土工程施工质量验收标准》(TB 10424—2010）第 4.2.1 条～第 4.2.2 条和第 4.3.1 条的规定。

一般项目

17.3.2 模板及支架安装和拆除的检验应符合铁道部现行《铁路混凝土工程施工质量验收标准》(TB 10424—2010）第 4.2.3 条～第 4.2.4 条和第 4.3.2 条的规定。

Ⅱ 钢 筋

主控项目

17.3.3 钢筋原材料、加工、连接和安装的检验应符合铁道部现行《铁路混凝土工程施工质量验收标准》(TB 10424—2010）第 5.2.1 条～第 5.2.3 条、第 5.3.1 条、第 5.4.1 条～第 5.4.2 条、第 5.4.4 条和第 5.5.1 条～第 5.5.4 条的规定。

一 般 项 目

17.3.4 钢筋原材料、加工和连接的检验应符合铁道部现行《铁路混凝土工程施工质量验收标准》(TB 10424—2010）第 5.2.5 条、第 5.3.3 条和第 5.5.5 条的规定。

Ⅲ 混 凝 土

主 控 项 目

17.3.5 混凝土原材料、配合比设计和施工的检验应符合铁道部现行《铁路混凝土工程施工质量验收标准》(TB 10424—2010）第 6.2.1 条～第 6.2.8 条、第 6.3.1 条～第 6.3.5 条和第 6.4.1 条～第 6.4.16 条的规定。

17.3.6 框架涵身应先浇筑底板（包括下梗肋），当底板混凝土强度达到设计强度 50%后，再施工中、边墙及顶板混凝土。分次浇筑时，边墙的施工缝不应设在同一水平面上。

检验数量：施工单位、监理单位全部检查。

检验方法：施工单位进行一组同条件养护试件强度试验；监理单位观察和检查试验报告。

一 般 项 目

17.3.7 混凝土施工的检验应符合铁道部现行《铁路混凝土工程施工质量验收标准》(TB 10424—2010）第 6.4.18 条的规定。

17.3.8 混凝土涵洞允许偏差和检验方法应符合表 17.3.8 的规定。

表 17.3.8 混凝土涵洞允许偏差和检验方法

序号	项 目	允许偏差（mm）	检验方法
1	边翼墙，中墩距设计中心线位置	20	测量检查不少于 5 处
2	墙顶、拱座顶面高程	±15	
3	孔 径	±20	尺量检查不少于 5 处
4	涵 长	$^{+100}_{-50}$	
5	厚 度	$^{+10}_{-5}$	顶板、底板、边墙、盖板各检查 2 处
6	涵身接头错台	10	尺量检查不少于 5 处

检验数量：施工单位每座涵洞全部检查。

Ⅳ 沉 降 缝

主 控 项 目

17.3.9 沉降缝所用原材料的品种、规格、质量等应符合设计要求。

检验数量：施工单位、监理单位全部检查。

检验方法：检查质量证明文件、观察。

17.3.10 沉降缝位置、尺寸、构造型式和止水带的安装等应符合设计要求。

检验数量：施工单位、监理单位全部检查。

检验方法：观察和尺量。

17.3.11 沉降缝不得渗水。

检验数量：施工单位、监理单位全部检查。

检验方法：观察。

17.3.12 沉降缝应竖直、宽度均匀，环向贯通。

检验数量：施工单位、监理单位全部检查。

检验方法：观察。

Ⅴ 防 水 层

主 控 项 目

17.3.13 防水层的检验应符合本标准第16.5节的有关规定。

一 般 项 目

17.3.14 防水层的检验应符合本标准第16.5节的规定。

17.4 渡 槽

Ⅰ 模板及支架

主 控 项 目

17.4.1 模板及支架安装和拆除的检验应符合铁道部现行《铁路混凝土工程施工质量验收标准》(TB 10424—2010）第4.2.1条～第4.2.2条和第4.3.1条的规定。

一 般 项 目

17.4.2 模板及支架安装和拆除的检验应符合铁道部现行《铁路混凝土工程施工质量验收标准》(TB 10424—2010）第4.2.3条～第4.2.4条和第4.3.2条的规定。

Ⅱ 钢 筋

主 控 项 目

17.4.3 钢筋原材料、加工、连接和安装的检验应符合铁道部现行《铁路混凝土工程施工质量验收标准》(TB 10424—2010）第5.2.1条～第5.2.3条、第5.3.1条、第5.4.1条～第5.4.2条、第5.4.4条和第5.5.1条～第5.5.4条的规定。

一 般 项 目

17.4.4 钢筋原材料、加工和连接的检验应符合铁道部现行《铁路混凝土工程施工质量验收标准》(TB 10424—2010）第5.2.5条、第5.3.3条和第5.5.5条的规定。

Ⅲ 混 凝 土

主 控 项 目

17.4.5 混凝土原材料、配合比设计和施工的检验应符合铁道部现行《铁路混凝土工程施工质量验收标准》(TB 10424—2010）第6.2.1条～第6.2.8条、第6.3.1条～第6.3.5条和第6.4.1条～第6.4.16条的规定。

一 般 项 目

17.4.6 混凝土施工的检验应符合铁道部现行《铁路混凝土工程施工质量验收标准》(TB 10424—2010）第6.4.18条的规定。

17.4.7 渡槽的允许偏差和检验方法应符合表17.4.7的规定。

表 17.4.7　渡槽的允许偏差和检验方法

<table>
<tr><th>序号</th><th colspan="2">项　目</th><th>允许偏差（mm）</th><th>检验方法</th></tr>
<tr><td>1</td><td colspan="2">槽身轴向位置</td><td>20</td><td rowspan="2">测量检查不少于4处</td></tr>
<tr><td>2</td><td colspan="2">槽身流水面高程</td><td>±20</td></tr>
<tr><td rowspan="3">3</td><td rowspan="3">槽梁尺寸</td><td>长　度</td><td>$^{0}_{-10}$</td><td rowspan="4">尺量检查不少于5处</td></tr>
<tr><td>宽、高</td><td>±10</td></tr>
<tr><td>壁　厚</td><td>$^{+10}_{0}$</td></tr>
<tr><td>4</td><td colspan="2">其他结构尺寸</td><td>±20</td></tr>
</table>

检验数量：施工单位全部检查。

Ⅳ　防　水　层

主 控 项 目

17.4.8　防水层的检验应符合本标准第 16.5 节的有关规定。

一 般 项 目

17.4.9　防水层的检验应符合本标准第 16.5 节的规定。

17.5　附 属 工 程

锥体、铺砌及排水设施

主 控 项 目

17.5.1　锥体、铺砌及排水设施的检验应符合本标准第 7.3.11 条～第 7.3.18 条的规定。

17.5.2　涵洞出入口排水设施应完整且排水畅通，满足排水要求。

检验数量：施工单位、监理单位全部检查。

检验方法：观察、测量。

一 般 项 目

17.5.3　锥体、铺砌及排水设施的检验应符合本标准第 7.3.19 条～第 7.3.23 条的规定。

Ⅱ　栏　　杆

主 控 项 目

17.5.4　栏杆的质量检验应符合本标准第 16.3.1 条、第 16.3.3 条、第 16.3.5 条和第 16.3.8 条～第 16.3.11 条的有关规定。

一 般 项 目

17.5.5　栏杆的质量检验应符合本标准第 16.3.2 条、第 16.3.4 条、第 16.3.6 条～第 16.3.7 条和第 16.3.15 条的有关规定。

18 沉降变形观测

一般规定

18.0.1 桥涵工程沉降变形测量应符合铁道部现行《高速铁路工程测量规范》(TB 10601—2009) 的有关规定。

18.0.2 变形测量基准点应选设在变形影响范围以外便于长期保存的稳定位置；工作基点在观测期间应稳定不变；变形观测点应设立在变形体上能反映变形特征的位置。

18.0.3 观测期间应对变形监测网设施和观测装置采取有效的保护措施，确保施工过程中不受扰动或破坏。

18.0.4 变形观测成果的所有原始观测记录应真实、可靠，具有可追溯性，严格执行责任人签字制度，并应符合竣工文件编制和移交的有关规定。

18.0.5 观测期内，墩台基础沉降实测值超过设计值 20%及以上时，应及时会同建设、勘察设计等单位查明原因，必要时进行地质复查，并根据实测结果调整计算参数，对设计预测沉降进行修正或采取沉降控制措施。

主 控 项 目

18.0.6 桥涵沉降变形观测标布设应符合铁道部现行《高速铁路工程测量规范》(TB 10601—2009) 的规定。

检验数量：施工单位、监理单位全部检查。

检验方法：施工单位观察、尺量；监理单位见证检查。

18.0.7 沉降变形观测装置的规格、材料及埋设深度应符合《客运专线铁路无砟轨道铺设条件评估技术指南》(铁建设〔2006〕158 号) 的相关规定。

检验数量：施工单位、监理单位全部检查。

检验方法：观察、尺量。

18.0.8 桥涵沉降变形观测的仪器、观测方法、观测精度应符合铁道部现行《高速铁路工程测量规范》(TB 10601—2009) 的有关规定。

检验数量：观测单位、监理单位全部检查。

检验方法：检查观测资料。

18.0.9 桥涵沉降变形的观测阶段及频次应符合铁道部现行《高速铁路工程测量规范》(TB 10601—2009) 的规定。

检验数量：施工单位、监理单位全部检查。

检验方法：检查测量记录。

18.0.10 桥涵沉降变形观测资料应系统、完整、真实、可靠，满足沉降变形分析评估的需要。

检验数量：施工单位、监理单位全部检查。

检验方法：检查沉降变形观测成果资料。

19 桥涵单位工程综合质量评定

19.1 单位工程质量控制资料核查

19.1.1 单位工程质量控制资料应齐全完整，全面反映工程施工质量状况。

19.1.2 单位工程质量控制资料核查应由监理单位组织施工单位进行，并按表 19.1.2 填写记录。

表 19.1.2 单位工程质量控制资料核查记录

单位工程名称				
施工单位				
序号	资料名称	份数	核查意见	核查人
1	图纸会审、设计变更、洽商记录			
2	工程定位测量、放线记录			
3	原材料出厂合格证及进场抽样检验报告			
4	施工试验报告			
5	成品及半成品出厂合格证或试验报告			
6	施工记录			
7	工程质量事故及事故调查处理资料			
8	施工现场质量管理检查记录			
9	分项、分部工程质量验收记录			
10	新材料、新工艺施工记录			
结论： 施工单位项目负责人 总监理工程师 年 月 日 年 月 日				

注：核查人为监理单位人员。

19.2 单位工程实体质量和主要功能核查

19.2.1 单位工程完成后，应由建设单位组织勘察设计、监理、施工单位对单位工程实体质量和主要功能进行核查，并按表 19.2.1 填写记录。

表 19.2.1　单位工程实体质量和主要功能核查记录

单位工程名称				
施工单位				
序号	项　目	资料份数	核查意见	核查人
1	地（桩）基承载力试验			
2	基桩完整性检测			
3	混凝土表面裂缝检查			
4	钢筋的混凝土保护层厚度检查			
5	桥台、涵洞排水功能检查			
6	桥上救援疏散设施功能检查			
结论： 施工单位项目负责人　　　　总监理工程师　　　　设计单位项目负责人　　　　建设单位项目负责人 年　月　日　　　　年　月　日　　　　年　月　日　　　　年　月　日				

注：核查项目由验收组协商确定。

19.2.2　单位工程实体质量和主要功能核查方法和数量应符合下列规定：

1　混凝土表面裂缝采用观察或刻度放大镜检查，全部检查。

2　钢筋的混凝土保护层厚度采用满足精度要求的钢筋保护层厚度检测仪现场测定，每孔梁不少于 3 处，每个墩台不少于 3 处，每座涵洞不少于 3 处，每处不少于 10 个点。90% 测点的实测厚度不得小于设计值。

3　桥台、涵洞排水功能采用对照设计文件检查和现场观察，全部检查。

19.2.3　结构实体质量和主要使用功能达不到设计要求的单位工程严禁验收。

19.3　单位工程观感质量评定

19.3.1　观感质量评定应由建设单位组织设计、监理、施工单位共同进行现场评定，并按表 19.3.1—1 和表 19.3.1—2 填写记录。

表 19.3.1—1　桥梁单位工程观感质量检查记录

单位工程名称				
施工单位				
序号	项目名称	质量状况	质量评定	
			合格	差
1	墩、台			
2	混凝土梁			
3	钢梁涂装			
4	桥面及附属设施			

续上表

<table>
<tr><td colspan="2">单位工程名称</td><td colspan="3"></td></tr>
<tr><td colspan="2">施工单位</td><td colspan="3"></td></tr>
<tr><td rowspan="2">序号</td><td rowspan="2">项目名称</td><td rowspan="2">质量状况</td><td colspan="2">质量评定</td></tr>
<tr><td>合格</td><td>差</td></tr>
<tr><td>5</td><td>检查设施</td><td></td><td></td><td></td></tr>
<tr><td>6</td><td>锥体及排水设施</td><td></td><td></td><td></td></tr>
<tr><td colspan="5">检查结论：

施工单位项目负责人 年 月 日 总监理工程师 年 月 日 设计单位项目负责人 年 月 日 建设单位项目负责人 年 月 日</td></tr>
</table>

表 19.3.1—2 涵洞单位工程观感质量检查记录

<table>
<tr><td colspan="2">单位工程名称</td><td colspan="3"></td></tr>
<tr><td colspan="2">施工单位</td><td colspan="3">工 程 名 称</td></tr>
<tr><td rowspan="2">序号</td><td rowspan="2">项目名称</td><td rowspan="2">质量状况</td><td colspan="2">质量评定</td></tr>
<tr><td>合格</td><td>差</td></tr>
<tr><td>1</td><td>涵身及端翼墙</td><td></td><td></td><td></td></tr>
<tr><td>2</td><td>沉降缝</td><td></td><td></td><td></td></tr>
<tr><td>3</td><td>锥体、铺砌及排水设施</td><td></td><td></td><td></td></tr>
<tr><td>4</td><td>栏杆</td><td></td><td></td><td></td></tr>
<tr><td></td><td></td><td></td><td></td><td></td></tr>
<tr><td></td><td></td><td></td><td></td><td></td></tr>
<tr><td></td><td></td><td></td><td></td><td></td></tr>
<tr><td></td><td></td><td></td><td></td><td></td></tr>
<tr><td></td><td></td><td></td><td></td><td></td></tr>
<tr><td></td><td></td><td></td><td></td><td></td></tr>
<tr><td colspan="5">检查结论：

施工单位项目负责人 年 月 日 总监理工程师 年 月 日 设计单位项目负责人 年 月 日 建设单位项目负责人 年 月 日</td></tr>
</table>

19.3.2 观感质量检查项目评定达不到合格标准应进行返修。

桥　　梁

19.3.3 墩台观感质量合格标准：

墩台身混凝土表面平整，色泽均匀，接茬处无较大错台、跑模现象。局部蜂窝麻面已修补，外形整体轮廓清晰，线角基本顺直。拉筋孔处理符合要求。

墩、台帽与墩、台身衔接基本平顺，表面轮廓比较清晰，排水流畅，基本不积水，支承垫石方正平整，不空鼓，预埋件和预留孔位置正确。

19.3.4　混凝土梁和预应力混凝土梁观感质量合格标准：

表面平整、色泽均匀，阴阳角线条顺直，无明显的表面缺陷。泄水管排水通畅。全桥整体基本平顺，梁缝基本均匀。

19.3.5　钢梁涂装观感质量合格标准：

涂装表面平整、颜色均匀，无明显的涂层漏涂、剥落、起泡、划伤以及流挂等现象。

19.3.6　桥面及附属设施观感质量合格标准：

表面无明显损伤，布设符合规定，接缝基本严密。遮板外观色泽均匀，安装牢固。电缆槽盖板平整、无损伤，排列均匀，铺装平稳，嵌缝基本密实。栏杆配件齐全，栏杆、扶手无缺陷，安装牢固，扶手基本顺直。涂装符合合格标准。

19.3.7　检查设施观感质量合格标准：

配件齐全、联结牢固，涂装符合合格标准，救援通道、检查爬梯符合设计要求，检查车走行灵活。

19.3.8　桥台锥体及排水设施观感质量合格标准：

坡度基本顺直，勾缝无明显缺陷，泄水孔排水流畅。排水沟槽线条基本清晰、顺直，流水面平顺、无淤积现象，沟槽盖板基本无破损、安装牢固。锥体、墩台施工开挖边坡防护完整并符合设计要求。排水系统完善，通畅。

涵　　洞

19.3.9　涵身及端翼墙观感质量合格标准：

混凝土大面平整，色泽均匀，接茬处无较大错台、跑模现象。砌体选料得当，组砌整体均匀，砌面基本平整，砌缝符合规定，勾缝无明显缺陷。各涵节间相接基本顺直，排水通畅。

19.3.10　沉降缝观感质量合格标准：

缝身竖直、缝宽基本均匀，环向贯通，填塞密实。无漏水。

19.3.11　锥体、铺砌及排水设施观感质量合格标准：

砌体选料得当，砌面基本平整，砌缝符合规定，勾缝无明显缺陷。出入口铺砌与上下游河床、排水设施连接平顺、稳固。排水设施完整，排水通畅。

19.3.12　栏杆观感质量合格标准：

配件齐全，栏杆、扶手无明显缺陷，预制组装构件表面平整，安装牢固，线条顺直，涂装符合合格标准。

本标准用词说明

执行本标准条文时，对于要求严格程度的用词说明如下，以便在执行中区别对待。

（1）表示很严格，非这样做不可的用词：

正面词采用“必须”；

反面词采用“严禁”。

（2）表示严格，在正常情况下均应这样做的用词：

正面词采用“应”；

反面词采用“不应”或“不得”。

（3）表示允许稍有选择，在条件许可时首先应这样做的用词：

正面词采用“宜”；

反面词采用“不宜”。

表示有选择，在一定条件下可以这样做的，采用“可”。

《高速铁路桥涵工程施工质量验收标准》
条文说明

本条文说明系对重点条文的编写依据、存在的问题以及在执行中应注意的事项等予以说明。为了减少篇幅，只列条文号，未抄录原条文。

1.0.1 本标准的编制目的是为了加强和统一高速铁路桥涵工程施工质量的验收。本标准不涉及工程决策阶段的质量、勘察设计阶段的质量和运营维修阶段的质量等。

本标准是政府部门、专门质量机构、建设单位、监理单位、勘察设计单位和施工单位对工程施工阶段的质量进行监督、管理和控制的主要依据。

由于施工阶段的质量控制是工程整体质量控制的关键环节，工程整体质量在很大程度上取决于施工阶段的质量控制，所以本标准根据铁路桥涵专业的工程质量特性，规定了建设活动各方对工程施工质量控制的方法、程序、职责以及质量指标，藉以保证工程质量。

1.0.3 《建设工程质量管理条例》分别规定了建设单位、勘察设计单位、监理单位和施工单位的法定质量职责和义务。本标准根据铁路桥涵工程的专业特点，对建设各方在施工阶段的质量职责具体细化，均做出了明确规定，改变了几十年来一贯沿用的工程施工质量仅由施工单位一方负责的传统模式，促使各方共同保证工程质量的合格。

1.0.6 铁路工程施工点多线长、施工期较长，取弃土（渣）、污水（物）排放、噪声等对生态环境的影响很大。施工单位应在施工前制定有效的环保方案，施工期内最大限度地减少对环境的影响，施工结束后给予必要的恢复，切实做好环境保护和水土保持工作，保证国民经济的可持续发展。设计有要求的更应该全面按设计文件办理。

1.0.8 铁路工程施工质量检验检测工作，是工程质量管理的重要组成部分，也是工程质量控制的重要手段。客观、准确的检验检测数据，是评价工程质量的科学依据。判定工程施工质量合格与否，要体现质量数据为依据的原则。其基础是质量检测数据必须真实可靠，并且能够代表工程施工质量情况。要求检验检测所用的仪器方法和抽样方案必须符合相关标准或技术条件的规定，方法统一，数据才有可比性。另外，随着工程检测技术的发展，一些成熟可靠的新方法、新仪器不断出现，尤其是对工程实体质量的检测，使用新技术后，能减少检测工作量，提高检测精度，应该积极采用。但采用这些新技术应经过必要程序的鉴定。

1.0.10 本标准中规定的质量指标是合格标准。合格标准即控制施工质量的最低标准。达不到本标准所规定的质量要求的工程，其结构安全和使用功能就不能得到有效保证和满足，就是不合格的工程。所以本标准要求施工所采用的承包合同文件和其他工程技术文件等，对施工质量的要求不能低于本标准中的规定。

1.0.16 铁路工程施工过程中的环节多、影响工程质量的因素多，所以采用的标准规范就会很多。既有技术标准又有管理标准、既有国家标准又有行业标准、甚至还有国际标准和国外标准，本标准难以一一详列。一般情况下可根据工程实际情况，确定各种标准规范的采用与否。但是对于施工过程涉及到的、现行国家和铁路行业标准中有强制性执行要求的标准或标准条文则必须贯彻执行。

3.1.1 工程施工质量要体现过程控制的原则。施工现场应配齐相应的施工技术标准，包括国家标准、行业标准和企业标准；施工单位要有健全的质量管理体系，要建立必要的施工质量检验制度；施工准备工作要全面、到位。

施工前，监理单位要对施工单位所做的施工准备工作进行全面检查。这是对监理单位和施工单位两方提出的要求，是保证开工后顺利施工和保证工程质量的基础。一般情况下，每个单位工程应检查一次。施工现场质量管理检查记录由施工单位的现场负责人填写，由监理单位的总监理工程师进行检查验收，做出合格或不合格及限期整改的结论。

现场质量管理制度应包括现场施工技术资料的管理制度在内。

3.1.2 工程施工质量控制的要点是两个方面：一是对材料、构配件和设备质量的进场验收，二是对各工序操作质量的自检、交接检。

（1）对材料、构配件和设备质量的进场验收应分两个层次进行。

现场验收：对材料、构配件和设备的外观、规格、型号和质量证明文件等进行验收。检验方法为观察检查并配以必要的尺量、检查合格证、厂家（产地）试验报告；检验数量多为全部检查。施工单位和监理单位的检验方法和数量多数情况下相同。未经检验或检验不合格的，不得进入施工现场。

试验检验：凡是涉及结构安全和使用功能的，要进行试验检验。试验检验项目的确定遵循两个原则：一是对工程的结构安全和使用功能确有重要影响，二是大多数单位具备相应的试验条件。施工单位试验检验的批量、抽样数量、质量指标应根据相关产品标准、设计要求或工程特点确定，检验方法符合相关标准或技术条件的规定；监理单位要按施工单位抽检数量的20%或10%以上的比例进行见证检验或平行检验，不合格的不得用于工程施工。

（2）对工序操作质量的自检、交接检验。

自检：施工过程中各工序应按施工技术标准进行操作，该工序完成后，对反映该工序质量的控制点进行自检。自检的结果要留有记录。这些结果可以作为施工记录的内容，有的也正好是检验批检验需要的检验数据，要填入检验批质量验收记录表中。

交接检验：一般情况下，一个工序完成后就形成了一个检验批，可以对这个检验批进行验收，而不需要另外进行交接检验。对于不能形成检验批的工序，在其完成后应由其完成方与承接方进行交接检验。特别是不同专业工序之间的交接检验，应经监理工程师检查认可，未经检查或经检查不合格的不得进行下道工序施工。其目的有三个：一是促进前道工序的质量控制；二是促进后道工序对前道工序质量的保护；三是分清质量职责，避免发生纠纷。

3.1.3 工程施工质量验收包括检验批、分项工程、分部工程和单位工程施工质量的验收。

1 高速铁路桥涵工程施工质量验收依据的标准是本标准和现行的铁路混凝土工程施工质量验收标准。

2 按图施工是施工单位的重要原则，勘察设计文件是施工的依据，施工中不得随意改变勘察设计文件。如必须改变时，应按程序由设计单位修改，施工质量也应符合修改后的设计文件要求。

3 参加施工质量验收的各方人员，是指参加检验批、分项工程、分部工程、单位工程施工质量验收的人员，这些人员应具有相应的资格。本标准给出了原则性的规定，还应结合工程情况、管理模式等，在保证工程质量、分清责任的前提下具体确定。

4 施工单位是施工质量控制的主体，应对工程施工质量负责，其工程施工质量必须达到本标准的规定。另外，其他各方的验收工作必须在施工单位自行检查合格基础上进行，否则，也是违反标准的行为。

3.2.1～3.2.6 明确单位工程、分部工程、分项工程的划分以及检验批的具体规模数量，是开展工程质量验收工作的重要基础，是提高验标可操作性的关键所在，在各级工程质量验收中必须严格执行。为了提高验收资料的系统性和完整性，方便检查、归档、验收，具体实施中，应对单位工程、分部工程、分项工程以及检验批进行编号，每一个检验批都应当有自己独立的一个号码。

高速铁路桥涵工程施工质量验收应按四级划分：单位工程、分部工程、分项工程、检验批。

单位工程：按一个完整工程，或一个完整工程中的相当规模施工范围，或几个完整工程组成的相当规模施工范围划分。其重要的划分原则为一个单位工程必须是由一个施工单位施工的。

分部工程：按一个完整的部位、主要结构或施工阶段划分，由若干个分项工程组成。

分项工程：主要是按工种划分，有的也可按工序、材料、工艺等划分。由若干个检验批组成，特殊情况下仅含一个检验批。

检验批：是分项工程的组成部分。根据施工质量控制和验收需要，将一个分项工程划分成若干个检验批。检验批是施工质量验收的基本单元。

3.3.1 检验批质量验收内容包括实物检查、资料检查和质量责任确认三部分。本标准对检验批质量验收的要求都是根据这三个方面做出的规定。

3.3.2 检验批质量合格的前提是主控项目和一般项目的质量经抽样检验合格。对于有允许偏差的一般项目抽查点除有专门要求外，规定在允许偏差内的点应达到80%及以上，其余抽查点可以超出允许偏差，但不得超出1.5倍的允许偏差。

3.3.3 分项工程质量验收是对其所含检验批质量的统计汇总。主要是检查核对检验批是否覆盖分项工程范围，不能缺漏。如果检验批质量不合格不能进行分项工程质量验收。

3.3.4 分部工程质量验收包括以下三个方面的内容：

（1）分部工程所含分项工程的质量均应验收合格。这也是一项统计汇总工作。应注意核对有没有缺漏的分项工程，各分项工程验收是否正确等。

（2）质量控制资料应完整。这也是一项统计汇总工作，主要是检查检验批的验收资料、施工操作依据、质量记录是否完整配套，是否全面反映了质量状况。

（3）地基基础、梁部结构的检验和抽样检测结果应符合本标准的有关规定。主要检查项目是否有缺漏、检测记录是否符合要求，检测结果是否符合本标准的规定和设计要求。

3.3.5 单位工程质量的验收是建设活动各方对施工质量控制的最后一关。分部工程质量、质量控制资料、检测资料及抽查结果、观感质量均应符合本标准的规定。

3.3.6 工程质量不符合要求的情况，多在检验批质量验收阶段出现，否则会影响相关分项、分部工程质量的验收。

1 对于返工重做、更换构配件或设备的检验批，应该重新进行验收。当重新抽样检查后，检验项目符合本标准规定的，应判定该检验批合格。

2 个别试块试件的强度不能满足要求的情况，包括试块试件失去代表性、试块试件缺少、试验报告有缺陷或对试验报告有怀疑等。这种情况下，应由有资质的检测单位进行检验测试，如果测试结果证明该检验批的质量能够达到原设计的要求，则该检验批予以合格验收。

对于其他不合格的现象，因情况复杂，本标准不能给出明确的处理方案。由各方根据具体情况按程序协商处理。

3.3.7 采取返修或加固处理措施后，仍然存在严重缺陷，不能满足安全和使用要求的分部、单位工程，是不合格工程，严禁验收。

3.4.1～3.4.5 条文中规定的检验批质量验收记录表是通用格式。由于分项工程所含项目差别很大，实际操作过程中，往往发生漏检项目、项目名称不统一、质量描述不规范、检验数量不足等具体问题，所以检验批质量验收记录表采用统一格式是非常必要的。

工程施工质量验收的程序和组织应把握以下要点：

(1) 施工单位自检合格是验收工作的基础。

(2) 监理单位应对所有主控项目进行检查，对一般项目可根据施工单位质量控制情况确定检查项目。

(3) 参加验收的各方人员应具备相应的资格，主要是能够负质量责任，当发生质量问题时具有可追溯性。

(4) 勘察设计单位只参加单位工程和与勘察、设计文件有直接关系的分部工程的验收。

4.1.3 当岩面倾斜大于15°时，应使岩面凿平或凿成台阶，使承重面与之垂直，以防滑移。

4.3.3 基坑挖至基底设计高程，或已按设计要求加固、处理完毕后，必须经过基底检验。基底检验时，监理单位、施工单位和勘察设计单位（桥梁地基检验时参加）共同对地质情况进行现场确认。当各方对检查结果发生分歧时，由勘察设计单位最后确定结果。并应形成验收记录。

基底检验应及时，以免因等候检验，基底暴露时间过久而风化变质。

5.1.4 “假极限”是桩在饱和的细、中、粗砂中连续锤击下沉时，使流动的砂紧密夹实于桩的周围，妨碍土中水分沿桩上升，在桩尖下形成很大的“水垫”，使桩产生暂时的极大贯入阻力。

“吸入”是桩在黏性土中连续锤击时，由于土的渗透系数小，桩周围水不能渗透扩散，而沿桩身向上挤出，形成桩周围的润滑套，使桩周围的摩擦力大为减少。

桩的上浮、下沉均会影响土对桩的阻力。射水沉桩由于射水的冲刷，减少桩周围土的摩擦力。

因此以上情况，在休止一定时间后均须进行复打，以确定桩的实际承载力。

5.2.2 桩的入土深度与最终贯入度指标，以最终贯入度为主控项目。

5.3.13 将钢筋骨架在承台底下长度规定±100 mm，即不允许在浇筑水下混凝土时发生钢筋骨架上浮和下沉现象。

5.3.18 桩的检验目的，一是了解其承载力；二是检验桩本身混凝土质量是否符合要求。目前对上述检测目的一般采用桩身无损检测法。对检测桩身混凝土匀质性一般采用低应变无损检测。对质量有怀疑及浇筑混凝土故障处理过和设计有要求的桩应采用钻芯取样进行检测。

7.3.2 本条仅指锥体部分填筑，不包括台后过渡段填筑，过渡段填筑在铁道部现行《高速铁路路基工程施工质量验收标准》(TB 10751—2010) 中有规定。

8.5.3 模板及支架结构应具有足够的承载力和整体稳定性，其承载力和稳定性必须进行检算。现浇支架结构设计检算应考虑以下荷载：梁体、模板系统、支架的自重，施工荷载，风荷载；冬期施工应考虑雪荷载和保温养护设施荷载，水中施工还应考虑流水侧压力；还应考虑梁体预应力筋张拉和移、落梁等不同工况可能出现的最不利荷载情况；受力检算应按基本允许应力取值。

鉴于近年来现浇支架事故时有发生，浇筑混凝土前必须按设计及有关技术要求对支架进行预压。支架预压荷载由梁体及模板系统自重、施工荷载等组成；考虑施工误差及混凝土钢筋的影响，梁体混凝土宜按设计数量的 1.05 倍计算，其容重宜按26 kN/m^3计算。

10.1.3 预应力混凝土连续梁悬臂浇筑和悬臂拼装施工前，应先将墩顶梁段与桥墩临时固结的规定，是因为主梁与桥墩间设有支座的结构不能承受不平衡力矩，为了使桥墩能承受在悬臂施工中可能产生的不平衡力矩，必须先将墩顶梁段与桥墩进行临时固结。

10.3.18 顶推安装的预应力混凝土连续梁在顶推过程中，各截面要多次承受交替变化的正负弯矩，因此需要在顶推阶段增设临时预应力筋以防止梁体发生破损，待连续梁顶推到位后再全部拆除临时预应力筋。临时预应力筋张拉后不应压浆，锚具外多余的预应力筋也不必切除。

10.3.24 左右两条顶推线如横向不同步运行，就可能使被顶推的梁体发生偏离。这里的"同步"包括同时顶推，而且左右的顶推力大小相等。多点顶推时，纵向各墩的水平千斤顶如不同步运行，则加重了早启动千斤顶的负担，甚至超过其顶推能力，而使顶推工作不能顺利进行。

10.3.28 用竖向千斤顶将梁顶高的最大升高必须有所限制，否则梁被顶高时将产生临时局部弯矩，此值过大就可能使箱梁顶板和底板的上缘产生裂纹。

10.4.18 转体系统球铰面应按设计要求的标准打磨光滑，通过反复磨合及涂刷润滑剂，确保其表面摩擦系数符合工艺设计要求。

11.1.3 采用委托工厂卷制焊接管时，工厂应具有相应资质和加工能力，监理单位和施工单位应派员驻厂监造。本条委托工厂加工的构件的质量检测可由监理单位、本标段工程的总承包施工单位和工厂联合进行，但不免除总承包单位的质量责任。

11.3

钢拱的检验项目和方法如杆件拼装、涂装、高强度螺栓的检验等与钢桁梁类似，由于在钢桁梁一章中对有关规定进行了集中阐述，本节的同类项目引用其相关条款。

12.1.2 钢桁梁杆件预拼图应根据钢梁设计图和钢桁梁拼装顺序绘制，应标明预拼单元的杆件位置编号、重量和节点板预拼钉栓位置等。

12.1.4 装卸吊装作业时，应防止碰撞钢梁杆件。大型杆件吊装转运时，必须设计专用吊具及翻身台座，制订详细操作细则，防止杆件在装卸、倒运、翻身过程中因操作不当引起杆件变形。严禁锤击杆件，防止损伤钢梁焊缝；不得损伤和油污杆件喷铝面。

钢桁梁杆件预拼前应按照杆件预拼图施工。杆件预拼成吊装单元后，杆件及栓钉布置不得妨碍继续拼装，吊装单元重量不得大于吊机起重能力。

12.2.3 高强度螺栓连接副（每一连接副包括一个螺栓、一个螺母、二个垫圈）的规格、质量应符合国家现行标准《钢结构用高强度大六角头螺栓、大六角螺母、垫圈技术条件》(GB/T 1231—91)的规定，施工中应按工厂提供的连接副配套安装。连接副的扭矩系数应符合铁道部现行《铁路钢桥高强度螺栓连接施工规定》(TBJ 214—92）的规定，施工安装前应按生产厂供货批号取样检测扭矩系数，符合要求方可安装。

12.2.4 高强度螺栓连接副施拧操作顺序、拧紧顺序、方法和质量检查方法等，均应符合铁道部现行《铁路钢桥高强度螺栓连接施工规定》(TBJ 214—92）的规定和施工工艺设计的要求。

12.2.6 钢桁梁杆件拼装时板层缝隙应满足 0.3 mm 插片深入缝隙深度不大于 20 mm 的规

定，是根据板厚小于 32 mm 板组成的板束规定的，对特大跨度栓焊钢梁设计采用板厚大于 32 mm 板组成的板束，由于厚板公差加大（例如板厚 52 mm 板的公差为＋1.1 mm 、－1.3 mm）不易满足此项规定，故需设计单位另行明确板层密贴标准。

12.3.1 高强度螺栓连接杆件的应力是通过摩擦力传递的，故保证杆件节点表面的抗滑移系数符合设计要求是关键。除在杆件拼装前应对栓接板面抗滑移系数进行检验确认符合设计要求外，在杆件拼装时应保证栓接板面及栓孔洁净、干燥和平整，防止增加施拧时的摩擦力；在杆件拼装时摩擦面出现 1 mm 及以上的间隙时，应按照铁道部现行《铁路钢桥高强度螺栓连接施工规定》(TBJ 214—92）的规定进行处理，保证摩擦面密贴。

12.3.5 采用整体梁段架设时，钢梁梁段应预先进行匹配，必要时应使用临时固定装置。

13.2.9 结合梁钢梁工地焊接栓钉柔性联结器时的焊接质量规定，是根据《秦沈客运专线桥梁制造与架设施工技术细则》制定的，弯曲 30°试验合格的栓钉可保留其弯曲位置。焊缝外观检查项目及轴线弯曲 30°试验如说明图 13.2.9 所示。栓钉的规格、质量应符合设计要求和国家现行标准《圆柱头焊钉》(GB 10433）的规定。

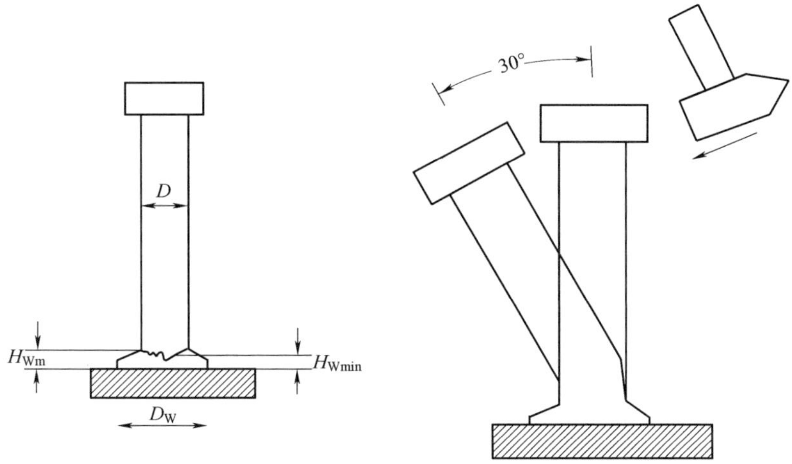

说明图 13.2.9 焊缝外观检查项目及轴线弯曲 30°试验示意图

D——栓钉直径；
H_{Wm}——焊缝沿栓钉轴线方向的平均高度；
H_{Wmin}——焊缝沿栓钉轴线方向的最小高度；
D_W——焊缝平均直径。

14

随着桥梁建设技术的发展，目前国内已建成多座大跨度公铁两用斜拉桥，如芜湖长江大桥、武汉天兴洲长江大桥。由于铁路斜拉桥中尚未采用钢索塔，本章只编写混凝土索塔的检验。

14.4

斜拉索指厂制成品索，专业厂家制索更能保证索的质量。刚性索参照梁的评定。

中华人民共和国行业标准

铁建设〔2010〕240号

高速铁路隧道工程施工质量验收标准

Standard for Constructional Quality Acceptance of High-speed Railway Tunnel Engineering

TB 10753—2010

2010-12-08 发布　　2010-12-08 实施

中华人民共和国铁道部　发布

前　　言

本标准是根据铁道部《关于印发2009年铁路工程建设标准编制计划的通知》(铁建设函〔2009〕34号)的要求,在《客运专线铁路桥涵工程施工质量验收暂行标准》(铁建设〔2005〕160号)的基础上,充分吸纳京津、武广、郑西、合宁、合武、石太、东南沿海、沪宁等高速铁路的建设、运营经验编制而成的。

本标准的编制工作紧紧把握高速铁路总体技术路线,坚持高起点、高标准,通过原始创新、集成创新和引进消化吸收再创新,形成了符合我国国情路情、具有自主知识产权的中国高速铁路桥涵工程施工质量验收标准。

本标准共分15章,包括:总则、术语、基本规定、加固处理、洞口及缓冲结构工程、洞身开挖、支护、衬砌、辅助坑道及附属洞室、明洞工程、防水和排水、附属设施、盾构、TBM掘进机、隧道单位工程综合质量评定等,另有9个附录。

本标准主要内容如下:

1. 落实"六位一体"建设管理要求,对质量、安全、工期、投资控制、环境保护和技术创新提出了针对性管理措施。

2. 反映建设项目标准化管理内涵,为管理制度、人员配备、现场管理、过程控制标准化提供了配套性标准规定。

3. 强调现代化施工管理手段应用,从积极推广机械化、工厂化、专业化、信息化施工角度明确了指导性原则要求。

4. 体现全方位全过程质量控制理念,在源头控制、过程控制、细节控制方面明确了建设各方的关键性工作内容。

5. 突出工程结构安全性、可靠性、耐久性和系统使用功能等方面的质量目标要求,保证高速铁路安全平稳运营。

6. 贯彻工程质量终身负责制度,增加了工序操作责任人的登记事项,体现对施工作业人员的质量责任追溯要求。

7. 优化了工程施工质量验收的单元划分、组织程序、实施方法和工作内容。

8. 调整了检验项目、质量指标和检验方法,质量检测工作更趋科学、合理、先进、有效。

9. 梳理分析了隧道工程施工中的易发质量通病,制定了针对性控制措施。

10. 增加了"加固处理"一章,包括地表注浆加固、井点降水、旋喷桩、灰土挤密桩、洞内预注浆等验收内容,对影响隧道洞身安全质量的加固处理过程重点环节提出了验收要求。

11. 强调了隧道洞口边仰坡工程应自上而下逐级开挖支护,及时完成洞口边仰坡加固、防护及防排水工程,规定了隧道洞口应按设计完成超前支护后,方可开始正洞的施工,洞口段应及时形成封闭结构,严禁采用长台阶施工。

12. 新增了超前地质预报验收内容,强调信息化施工,加强施工安全控制。规定了超前地质预报应作为关键工序纳入施工组织管理,并应采用有经验的专业化队伍承担,规定了岩溶及富水破碎断层隧道,超前地质预报应采用以水平钻探为主的综合方法。

13. 强调了隧道开挖后初期支护应及时施作并封闭成环，Ⅳ、Ⅴ、Ⅵ级围岩封闭位置距离掌子面不得大于 35 m。强调了双线Ⅳ、Ⅴ级围岩隧道台阶法施工时，应设置锁脚锚杆（管）、横向临时支撑或临时仰拱等控制拱（墙）脚位移的措施。

14. 新增了监控量测验收内容，强调信息化施工，加强施工安全控制。规定了监控量测应作为关键工序纳入现场施工组织，必须设置专职人员并经培训后上岗，明确了隧道拱顶下沉和净空变化的量测断面间距和拱顶下沉、水平收敛速率控制标准。

15. 强调了系统锚杆应在喷射混凝土完成后施工，完善了全长黏结锚杆的长度和注浆饱满度检验方法。强调了喷混凝土应采用湿喷工艺，特殊地质条件下不能湿喷时需另行设计。

16. 将原验收标准衬砌底板、仰拱、仰拱填充内容合并到混凝土节中，吸收了铁路混凝土工程施工质量验收标准的最新要求，使隧道混凝土验收项目层次更清晰、内容更全面，保持了相关标准的一致性。

17. 针对当前隧道施工存在的突出问题，进一步加强了对软弱围岩及不良地质铁路隧道施工安全的要求。强调了软弱围岩及不良地质铁路隧道的二次衬砌应及时施作，二次衬砌距掌子面的距离：Ⅳ级围岩不得大于 90 m，Ⅴ、Ⅵ级围岩不得大于 70 m。

18. 增加了综合接地、沉降观测与评估的验收内容，加强了隧道工程与轨道及站后相关专业接口之间的联系。

19. 细化了防水板、止水条、止水带等原材料检验要求，完善了施工缝、变形缝、防水板施工过程中重点检验要求。

20. 增加了钢筋、锚杆机械连接的检验内容和要求，明确了电缆槽盖板工厂化生产的具体要求，强调了预埋件锚固安装验收要求。

21. 新增了盾构、TBM 掘进机两章，补充了盾构、TBM 掘进机施工的隧道工程验收一般要求和检验批项目表，提高了标准的完整性和易用性。

本标准全部条文均为强制性条文，必须严格执行。

在执行本标准过程中，希望各单位结合工程实践，认真总结经验，积累资料。如发现需要修改和补充之处，请及时将意见和有关资料寄交中铁一局集团有限公司（地址：西安市雁塔路北段 1 号；邮编：710054），并抄送铁道部经济规划研究院（北京市海淀区北蜂窝路乙 29 号，邮编：100038），供今后修订时参考。

本标准由铁道部建设管理司负责解释。

主编单位：中铁一局集团有限公司。

参编单位：中铁二局集团有限公司。

主要起草人：张奕斌、倪光斌、管德鹏、林传年、侯小军、曹小军、张　臻、张金夫、吴正新、刘世杰、王正新、吴建和、钟友江、李朝晖。

主要审定人：安国栋、苏全利、米　隆、吴明友、薛育秀、钱征宇、张翠兵、黄鸿健、赵　勇、王睿、黄嘉亿、关宝树、王建宇、林振球、高　扬、张金柱。

目　　次

1 总 则

1.0.1 为加强高速铁路隧道工程施工质量管理，统一高速铁路隧道工程施工质量的验收标准，保证隧道工程质量，特制定本标准。

1.0.2 本标准适用于新建时速 250～350 km 高速铁路隧道工程施工质量的验收。时速 250 km以下客运专线、城际铁路隧道工程施工质量验收应参照执行。

1.0.3 建设各方应建立健全质量保证体系，对工程施工质量进行全过程控制，建设各方应对管理层、技术层、作业层人员的质量责任实行终身追究制度。

1.0.4 建设各方应做好管理制度标准化、人员配备标准化、现场管理标准化、过程控制标准化等工作，落实质量、安全、工期、投资效益、环境保护、技术创新等建设管理要求。

1.0.5 高速铁路隧道工程施工必须执行国家法律法规及相关技术标准，严格按照设计文件进行施工，满足工程结构安全、耐久性能及系统使用功能要求，保证设计使用年限内正常运营。

1.0.6 高速铁路隧道工程施工应贯彻国民经济可持续发展战略，合理利用资源，做好环境保护、水土保持等工作。

1.0.7 高速铁路隧道工程施工中应采用机械化、工厂化、专业化、信息化等现代化施工手段，保证工程质量，保障施工安全。

1.0.8 高速铁路隧道工程应采用先进、成熟、科学的检测手段，所用方法和仪器设备应符合相关标准的规定，仪器精度应能满足质量控制要求。每道工序完工后，都应采取相应的检测手段检测施工质量，并做好记录；隧道完工后应对工程实体进行无损检测，并将检测结果纳入竣工文件。

1.0.9 高速铁路隧道工程的各类质量检测报告、检查验收记录和其他工程技术资料，必须按规定及时填写，并且严格履行责任人签字确认制度。隧道竣工时应根据施工特点编写单项和全面的施工技术总结。

1.0.10 高速铁路隧道工程施工中所采用的承包合同文件和工程技术文件等对施工质量的要求不得低于本标准的规定。当设计要求的质量指标高于本标准的规定时，应按设计要求办理。

1.0.11 高速铁路隧道工程施工及验收人员应经过专门培训，考试合格后方可上岗。

1.0.12 本标准未涉及的新技术、新工艺、新设备、新材料，其施工质量的验收应符合相关标准的规定。

1.0.13 本标准应与现行《铁路混凝土工程施工质量验收标准》(TB 10424)配套使用。

1.0.14 高速铁路隧道工程施工质量的验收除应符合本标准外，尚应符合国家现行有关强制性标准的规定。

2 术 语

2.0.1 工程施工质量　construction quality of engineering

反映工程施工过程或实体满足相关标准规定或合同约定的要求，包括其在安全、使用功能及其在耐久性能、环境保护等方面所有明显和隐含能力的特性总和。

2.0.2 验收　acceptance

工程施工质量在施工单位自行检查评定的基础上，参与建设活动的有关单位共同对检验批、分项、分部、单位工程的质量按有关规定进行检验，根据相关标准以书面形式对工程质量达到合格与否做出确认。

2.0.3 进场验收　site acceptance

对进入施工现场的材料、构配件、设备等按相关标准规定要求进行检验，对其达到合格与否做出确认。

2.0.4 检验批　inspection lot

按同一生产条件或按规定的方式汇总起来供检验用的，由一定数量样本组成的检验体。

2.0.5 检验　inspection

对检验项目中的性能进行量测、检查、试验等，并将结果与标准规定要求进行比较，以确定每项性能是否合格所进行的活动。

2.0.6 见证　witness

监理单位或建设单位现场监督施工单位某过程完成情况的活动。如见证检验、见证检验、见证试验等。

2.0.7 见证检验　witness testing

监理单位对施工单位材料取样、送样、检验或某项检测、试验过程进行的监督活动。

2.0.8 平行检验　parallel acceptance testing

监理单位利用一定的检查或检测手段，在施工单位自检的基础上，按照一定的比例独立进行检查或检测的活动。

2.0.9 旁站　on-site supervision

在关键部位或关键工序施工过程中，由监理人员在现场进行的监督活动。

2.0.10 工序　working procedure

施工过程中，具有相对独立特点的作业活动、或由必要的技术间歇或停顿分割的作业活动，它是施工过程的基本单元。

2.0.11 交接检验　handing over inspection

由施工的承接方与完成方共同检查并对可否继续施工做出确认的活动。

2.0.12 主控项目　dominant item

工程中的对质量、安全、卫生、环境保护和公众利益起决定性作用的检验项目。

2.0.13 一般项目　general item

除主控项目以外的检验项目。

2.0.14 抽样检验 sampling inspection

按照规定的抽样方案，随机地从进场的材料、构配件、设备或工程检验项目中，按检验批抽取一定数量的样本所进行的检验。

2.0.15 抽样方案 sampling scheme

根据检验项目的特性所确定的抽样数量和方法。

2.0.16 计数检验 counting inspection

在抽样的样本中，记录每一个体有某种属性或计算每一个体中的缺陷数目的检查方法。

2.0.17 计量检验 quantitative inspection

在抽样检验的样本中，对每一个体测量其某个定量特性的检查方法。

2.0.18 返工 rework

对不合格的工程部位采取的重新制作、重新施工等措施。

2.0.19 返修 repair

对工程不符合标准规定的部位采取整修等措施。

2.0.20 施工缝 construction joint

在混凝土浇筑过程中，因设计要求或施工需要分段浇筑而在先、后浇筑的混凝土之间形成的接缝。

2.0.21 综合质量评定 overall quality assessment

在检验批、分项、分部工程质量验收的基础上，对单位工程的质量控制资料、实体质量和主要功能以及观感质量进行的核查及评定。

3 基本规定

3.1 一般规定

3.1.1 高速铁路隧道工程施工现场质量管理应有相应的施工技术标准、健全的质量管理体系和施工质量检验制度。

施工单位应在全面质量管理基础上，制定和完善岗位质量标准、质量责任及考核办法。加强施工过程中的现场标准化管理和过程控制管理。

施工现场质量管理检查记录应由施工单位在开工前按表 3.1.1 的规定填写，总监理工程师进行检查，并做出检查结论。

表 3.1.1 施工现场质量管理检查记录

<table>
<tr><td colspan="2">单位工程名称</td><td></td><td colspan="2">开工日期</td><td colspan="2"></td></tr>
<tr><td colspan="2">建设单位</td><td></td><td colspan="2">项目负责人</td><td colspan="2"></td></tr>
<tr><td colspan="2">设计单位</td><td></td><td colspan="2">项目负责人</td><td colspan="2"></td></tr>
<tr><td colspan="2">监理单位</td><td></td><td colspan="2">总监理工程师</td><td colspan="2"></td></tr>
<tr><td colspan="2">施工单位</td><td></td><td>项目负责人</td><td></td><td>项目技术负责人</td><td></td></tr>
<tr><td>序号</td><td colspan="4">项　目</td><td colspan="2">检查情况</td></tr>
<tr><td>1</td><td colspan="4">开工报告</td><td colspan="2"></td></tr>
<tr><td>2</td><td colspan="4">现场质量管理制度</td><td colspan="2"></td></tr>
<tr><td>3</td><td colspan="4">质量责任制</td><td colspan="2"></td></tr>
<tr><td>4</td><td colspan="4">工程质量检验制度</td><td colspan="2"></td></tr>
<tr><td>5</td><td colspan="4">施工技术标准</td><td colspan="2"></td></tr>
<tr><td>6</td><td colspan="4">施工图现场核对情况</td><td colspan="2"></td></tr>
<tr><td>7</td><td colspan="4">设计文件</td><td colspan="2"></td></tr>
<tr><td>8</td><td colspan="4">交接桩及施工复测资料</td><td colspan="2"></td></tr>
<tr><td>9</td><td colspan="4">施工组织设计及审批手续</td><td colspan="2"></td></tr>
<tr><td>9.1</td><td colspan="4">环境保护方案及审批手续</td><td colspan="2"></td></tr>
<tr><td>9.2</td><td colspan="4">安全专项方案及审批手续</td><td colspan="2"></td></tr>
<tr><td>9.3</td><td colspan="4">监控量测实施细则及审批手续</td><td colspan="2"></td></tr>
<tr><td>9.4</td><td colspan="4">超前地质预报实施细则及审批手续</td><td colspan="2"></td></tr>
<tr><td>10</td><td colspan="4">主要专业工种操作上岗证书</td><td colspan="2"></td></tr>
<tr><td>11</td><td colspan="4">管理层、技术层、作业层人员质量责任登记表</td><td colspan="2"></td></tr>
<tr><td>12</td><td colspan="4">施工检测设备及计量器具设置</td><td colspan="2"></td></tr>
<tr><td>13</td><td colspan="4">材料、设备管理制度</td><td colspan="2"></td></tr>
<tr><td>14</td><td colspan="4">教育培训制度和考核上岗制度</td><td colspan="2"></td></tr>
<tr><td>15</td><td colspan="4">现场标准化作业管理制度和实施细则</td><td colspan="2"></td></tr>
<tr><td>16</td><td colspan="4"></td><td colspan="2"></td></tr>
<tr><td colspan="7">检查结论：

总监理工程师　　　　　　　　　　　　　　　　年　月　日</td></tr>
</table>

3.1.2 高速铁路隧道工程应按下列规定进行施工质量控制：

1 工程采用的原材料、构配件和设备，施工单位和监理单位应按本标准的规定进行检验，不合格的不得用于工程施工。

2 各工序应按施工技术标准进行质量控制，每道工序完成后，施工单位应进行检查，并形成记录。

3 工序之间应进行交接检验，上道工序应满足下道工序的施工条件和技术要求；相关专业工序之间的交接检验应经监理工程师检查认可。未经检查或经检查不合格的不得进行下道工序施工。

3.1.3 高速铁路隧道工程施工质量应按下列规定进行验收：

1 工程施工质量应符合本标准和相关专业验收标准的规定。

2 工程施工质量应符合工程勘察、设计文件的要求。

3 参加工程施工质量验收的各方人员应具备规定的资格；各种检查记录签证人员应报建设单位确认、备案。

4 工程施工质量的验收均应在施工单位自行检查评定合格的基础上进行。

5 检验批的质量应按主控项目和一般项目进行验收，并对作业人员进行核查确认。

6 对涉及结构安全和使用功能的分部工程应进行抽样检验。

7 单位工程的综合质量应由验收人员通过检查共同确认。

3.2 工程施工质量验收单元划分

3.2.1 高速铁路隧道工程施工质量验收划分为单位工程、分部工程、分项工程和检验批。

3.2.2 单位工程应按一个完整工程或一个相当规模的施工范围划分，并按下列原则确定：

1 一座隧道宜作为一个单位工程，长隧道和特长隧道可按施工标段划分为若干个单位工程。

2 斜井、平行导坑、竖井或独立明洞(或棚洞)可作为一个单位工程。

3.2.3 分部工程应按一个完整部位或主要结构及施工阶段划分。

3.2.4 分项工程应按工种、工序、材料、施工工艺等划分。

3.2.5 检验批应根据质量控制和施工段需要划分，其检验项目分为主控项目和一般项目。

3.2.6 分部、分项工程划分和检验批检验项目应符合表 3.2.6 的规定。

表 3.2.6 分部工程、分项工程和检验批检验项目

序号	分部工程	分项工程	检验批	检验批检验项目条文号	
				主控项目	一般项目
1	加固处理	地表注浆加固	≤20 m	4.1.7～4.1.11	4.1.12
		井点降水	≤20 m	4.2.6～4.2.7	4.2.8、4.2.9
		旋喷桩	≤20 m	4.3.6～4.3.13	4.3.14
		灰土挤密桩	≤20 m	4.4.5～4.4.13	4.4.14
		洞内预注浆	每个循环	4.5.6～4.5.9	4.5.10～4.5.12

续上表

序号	分部工程	分项工程	检验批	检验批检验项目条文号	
				主控项目	一般项目
2	洞口及缓冲结构工程	开　挖	每个洞口	5.2.1～5.2.7	5.2.8、5.2.9
		模　板	每个洞口	5.3.1～5.3.3	5.3.4～5.3.6
		钢　筋	每个洞口	5.4.1～5.4.8	5.4.9～5.4.11
		混凝土	每个洞口	5.5.1～5.5.11	5.5.12～5.5.15
		洞口防护	每个洞口	5.6.1～5.6.3	5.6.4、5.6.5
3	洞身开挖	超前地质预报	每次	6.2.6～6.2.10	6.2.11、6.2.12
		洞身开挖	≤24 m	6.3.1～6.3.4	6.3.5、6.3.6
		隧底开挖	≤24 m	6.4.1～6.4.4	6.4.5
		弃渣场防护	每处	6.5.1～6.5.5	6.5.6～6.5.8
4	支护	监控量测	每个断面处	7.2.10～7.2.13	7.2.14～7.2.16
		喷射混凝土	≤24 m	7.3.7～7.3.21	7.3.22、7.3.23
		锚　杆	≤24 m	7.4.5～7.4.13	7.4.14～7.4.15
		钢筋网	≤24 m	7.5.4～7.5.8	7.5.9～7.5.11
		钢　架	≤24 m	7.6.6～7.6.10	7.6.11～7.6.13
		管　棚	每 环	7.7.1～7.7.5	7.7.6
		超前小导管	≤24 m	7.8.1～7.8.6	7.8.7
		初期支护结构	≤24 m	7.9.1～7.9.4	—
5	衬砌	模　板	每2个安装段	8.2.1～8.2.3	8.2.4～8.2.6
		钢　筋	每2个安装段	8.3.1～8.3.10	8.3.11～8.3.13
		混凝土	每2个衬砌循环	8.4.1～8.4.23	8.4.24～8.4.30
		回填注浆	每2个衬砌循环	8.5.1～8.5.4	8.5.5、8.5.6
		综合接地	每2个衬砌循环	8.6.1～8.6.5	—
		沉降观测与评估	每个单位工程	8.7.1～8.7.4	—
6	辅助坑道及附属洞室	开　挖	≤50 m	9.2.1、9.2.2	9.2.3、9.2.4
		喷射混凝土	≤24 m	9.3.1	9.3.2
		锚　杆	≤24 m	9.4.1～9.4.8	9.4.9
		钢筋网	≤24 m	9.5.1～9.5.3	9.5.4～9.5.6
		钢　架	≤24 m	9.6.1～9.6.5	9.6.6～9.6.8
		管　棚	每 环	9.7.1～9.7.5	9.7.6
		超前小导管	≤24 m	9.8.1～9.8.6	9.8.7
		模　板	每2个安装段	9.9.1～9.9.3	9.9.4
		钢　筋	每2个安装段	9.10.1～9.10.6	9.10.7～9.10.9
		混凝土	每2个衬砌循环	9.11.1～9.11.9	9.11.10
		坑道口及其封闭	每个坑道口	9.12.1、9.12.2	9.12.3、9.12.4
7	明洞工程	明洞开挖	每处且≤50 m	10.2.1～10.2.4	10.2.5
		模　板	每2个浇筑段	10.3.1、10.3.2	10.3.3

续上表

序号	分部工程	分项工程	检验批	检验批检验项目条文号	
				主控项目	一般项目
7	明洞工程	钢　筋	每2个浇筑段	10.4.1～10.4.8	10.4.9～10.4.11
		混凝土	每2个浇筑段	10.5.1～10.5.13	10.5.14～10.5.17
		回　填	≤24 m	10.6.1～10.6.3	10.6.4、10.6.5
8	防水和排水	洞口防排水	每个洞口	11.2.1～11.2.4	11.2.5、11.2.6
		洞内排水沟(槽)	每200 m	11.3.1～11.3.10	11.3.11、11.3.12
		检查井	每4处	11.4.1～11.4.4	11.4.5、11.4.6
		结构下纵向保温排水盲沟	每200 m	11.5.1～11.5.7	11.5.8
		施工缝防水	每2个浇筑段	11.6.1～11.6.9	—
		变形缝防水	每处	11.7.1～11.7.7	11.7.8
		涂料防水层防水	每2个浇筑段	11.8.1～11.8.5	11.8.6～11.8.9
		卷材防水层防水	每2个浇筑段	11.9.1～11.9.4	11.9.5～11.9.7
		防水板防水	每2个浇筑段	11.10.1～11.10.4	11.10.5～11.10.7
		径向注浆	每个注浆作业段	11.11.1～11.11.6	11.11.7、11.11.8
		盲　管	每2个浇筑段	11.12.1～11.12.5	11.12.6
9	附属设施	运营通风土建工程	每2处	12.2.1～12.2.5	12.2.6
		救援通道与救援站	每200 m	12.3.1～12.3.4	12.3.5、12.3.6
		紧急出口	每处	12.4.1～12.4.4	12.4.5、12.4.6
		电缆槽	每200 m	12.5.1～12.5.4	12.5.5～12.5.7
		洞内附属构筑物	每处	12.6.1～12.6.3	12.6.4、12.6.5

3.3 工程施工质量验收内容和要求

3.3.1 检验批的质量验收应包括下列内容：

1 实物检查：对原材料、构配件和设备等的检验，应按进场的批次和本标准规定的抽样检验方案执行；对工序质量的检验，应按本标准规定的抽样检验方案执行。

2 资料检查：原材料、构配件和设备等的质量证明文件（质量合格证、规格、型号及性能检测报告等）和抽样检验报告，工序的施工记录、自检和交接检验记录、平行检验报告、见证检验报告等。

3 质量责任确认：对施工作业人员质量责任登记进行确认。

3.3.2 检验批合格质量应符合下列规定：

1 主控项目的质量经抽样检验全部合格。

2 一般项目的质量经抽样检验全部合格；其中，有允许偏差的抽查点，除有专门要求外，80%及以上的抽查点应控制在规定允许偏差内，最大偏差不得大于规定允许偏差的1.5倍。

3 具有完整的施工操作依据、质量检查记录。

4 施工作业人员质量责任登记情况真实、全面。

3.3.3 分项工程质量验收合格应符合下列规定：

1　所含的检验批均符合合格质量的规定。

2　所含的检验批的质量验收记录完整。

3.3.4　分部工程质量验收合格应符合下列规定：

1　含分项工程的质量均验收合格。

2　质量控制资料完整。

3　隧道衬砌内轮廓、衬砌厚度和强度、衬砌背后回填及防水等涉及结构安全和使用功能的检验和抽样检测结果符合设计要求及有关标准规定。

3.3.5　单位工程质量验收合格应符合下列规定：

1　所含分部工程的质量均应验收合格。

2　质量控制资料应完整。

3　实体质量和主要功能应符合相关标准、规范的规定和设计要求。

4　观感质量验收应符合要求。

3.3.6　当检验批工程质量不符合要求时，应按下列规定进行处理：

1　经返工重做或更换构配件、设备的检验批，应重新进行验收。

2　当对试块试件的试验结果有怀疑时，或因试块试件丢失损坏、试验资料缺失等无法判断实体质量时，应由有资质的法定检测单位对实体质量进行检测鉴定，凡达到设计要求的检验批可予以验收。

3.3.7　通过返修或加固处理仍不能满足结构安全和使用功能要求的分部工程、单位工程，严禁验收。

3.4　工程施工质量验收程序和组织

3.4.1　检验批应由施工单位自检合格后报监理单位，由监理工程师组织施工单位专职质量检查员等进行验收。

施工单位应对全部主控项目和一般项目进行检查。

监理单位应对全部主控项目进行检查，对一般项目的检查内容和数量可根据具体情况确定。

检验批质量验收记录应按表 3.4.1 填写。对于主控项目，施工单位检查评定记录及监理单位验收记录的内容应填写详细具体；对于一般项目可填写概括性结论。

3.4.2　分项工程应由监理工程师组织施工单位分项工程技术负责人等进行验收，并按表 3.4.2 填写记录。涉及环保的分项工程的降水、地表注浆加固、洞内注浆、弃渣场防护验收时，勘察设计单位现场负责人应参加。

3.4.3　分部工程应由监理工程师组织施工单位项目负责人和技术、质量负责人等进行验收，并按表 3.4.3 填写记录。隧道衬砌、防水工程进行验收时，勘察设计单位项目负责人应参加。

3.4.4　单位工程完工后，施工单位应自行组织有关人员进行检查评定，并向建设单位提交工程验收报告。

3.4.5　建设单位收到单位工程验收报告后，应由建设单位项目负责人组织施工、设计、监理单位负责人进行单位工程验收，并按表 3.4.5 填写记录。单位工程验收包含综合质量验收的内容，综合质量验收应符合本标准第 15 章的有关规定。

表 3.4.1 ________检验批质量验收记录

单位工程名称				
分部工程名称				
分项工程名称			验收部位	
施 工 单 位			项目负责人	
施工质量验收标准名称及编号				
施工质量验收标准的规定			施工单位检查评定记录	监理单位验收记录
主控项目	1			
	2			
	3			
	4			
	5			
	6			
	7			
	8			
	9			
一般项目	1			
	2			
	3			
	4			
	5			
施工作业人员质量责任登记				
勘察设计单位现场确认情况（需要时）	现场负责人　　年　月　日			
施工单位检查评定结果	专职质量检查员　　年　月　日 分项工程技术负责人　　年　月　日 分项工程负责人　　年　月　日			
监理单位验收结论	监理工程师　　年　月　日			

注：施工作业人员质量责任登记应按部位和工序分别签名。

表 3.4.2　分项工程质量验收记录

<table>
<tr><td colspan="2">单位工程名称</td><td colspan="3"></td></tr>
<tr><td colspan="2">分部工程名称</td><td></td><td>检 验 批 数</td><td></td></tr>
<tr><td colspan="2">施　工　单　位</td><td></td><td>项目负责人</td><td></td></tr>
<tr><td>序号</td><td>检验批部位</td><td>施工单位检查评定结果</td><td colspan="2">监理单位验收结论</td></tr>
<tr><td>1</td><td></td><td></td><td colspan="2"></td></tr>
<tr><td>2</td><td></td><td></td><td colspan="2"></td></tr>
<tr><td>3</td><td></td><td></td><td colspan="2"></td></tr>
<tr><td>4</td><td></td><td></td><td colspan="2"></td></tr>
<tr><td>5</td><td></td><td></td><td colspan="2"></td></tr>
<tr><td>6</td><td></td><td></td><td colspan="2"></td></tr>
<tr><td>7</td><td></td><td></td><td colspan="2"></td></tr>
<tr><td>8</td><td></td><td></td><td colspan="2"></td></tr>
<tr><td>9</td><td></td><td></td><td colspan="2"></td></tr>
<tr><td>10</td><td></td><td></td><td colspan="2"></td></tr>
<tr><td>11</td><td></td><td></td><td colspan="2"></td></tr>
<tr><td colspan="5">说明：</td></tr>
<tr><td colspan="2">施工单位
检查评定结果</td><td colspan="3">分项工程技术负责人　　　　年　月　日</td></tr>
<tr><td colspan="2">设计单位检查
评定结果
（需要时）</td><td colspan="3">现场负责人　　　　年　月　日</td></tr>
<tr><td colspan="2">监理单位
验收结论</td><td colspan="3">监理工程师　　　　年　月　日</td></tr>
</table>

表 3.4.3 分部工程质量验收记录

<table>
<tr><td colspan="2">单位工程名称</td><td colspan="5"></td></tr>
<tr><td colspan="2">施 工 单 位</td><td colspan="5"></td></tr>
<tr><td colspan="2">项目负责人</td><td></td><td>项目技术负责人</td><td></td><td>项目质量负责人</td><td></td></tr>
<tr><td>序号</td><td>分项工程名称</td><td>检验批数</td><td colspan="2">施工单位检查评定结果</td><td colspan="2">监理单位验收结论</td></tr>
<tr><td>1</td><td></td><td></td><td colspan="2"></td><td colspan="2"></td></tr>
<tr><td>2</td><td></td><td></td><td colspan="2"></td><td colspan="2"></td></tr>
<tr><td>3</td><td></td><td></td><td colspan="2"></td><td colspan="2"></td></tr>
<tr><td>4</td><td></td><td></td><td colspan="2"></td><td colspan="2"></td></tr>
<tr><td>5</td><td></td><td></td><td colspan="2"></td><td colspan="2"></td></tr>
<tr><td>6</td><td></td><td></td><td colspan="2"></td><td colspan="2"></td></tr>
<tr><td>7</td><td></td><td></td><td colspan="2"></td><td colspan="2"></td></tr>
<tr><td>8</td><td></td><td></td><td colspan="2"></td><td colspan="2"></td></tr>
<tr><td>9</td><td></td><td></td><td colspan="2"></td><td colspan="2"></td></tr>
<tr><td>10</td><td></td><td></td><td colspan="2"></td><td colspan="2"></td></tr>
<tr><td colspan="3">质量控制资料</td><td colspan="2"></td><td colspan="2"></td></tr>
<tr><td colspan="3">实体质量和主要功能检验(检测)报告</td><td colspan="2"></td><td colspan="2"></td></tr>
<tr><td rowspan="3">验
收
单
位</td><td colspan="2">施工单位</td><td colspan="4">项目负责人 年 月 日</td></tr>
<tr><td colspan="2">勘察设计单位
(需要时)</td><td colspan="4">项目负责人 年 月 日</td></tr>
<tr><td colspan="2">监理单位</td><td colspan="4">监理工程师 年 月 日</td></tr>
</table>

注:1 衬砌、防水分部工程验收时,设计单位项目负责人应参加。

2 质量控制资料核查、实体质量和主要功能核查项目应按本标准表 15.1.2 和表 15.2.1 确定。

表 3.4.5 单位工程质量验收记录

<table>
<tr><td colspan="3">单位工程名称</td><td colspan="4"></td></tr>
<tr><td colspan="3">开 工 日 期</td><td colspan="2"></td><td>竣工日期</td><td></td></tr>
<tr><td colspan="3">施工单位</td><td colspan="4"></td></tr>
<tr><td colspan="3">项目负责人</td><td>项目技术负责人</td><td></td><td>项目质量负责人</td><td></td></tr>
<tr><td>序号</td><td colspan="2">项 目</td><td colspan="3">验 收 记 录</td><td>验收结论</td></tr>
<tr><td rowspan="2">1</td><td rowspan="2" colspan="2">分部工程</td><td colspan="3">共 分部</td><td rowspan="2"></td></tr>
<tr><td colspan="3">经查符合标准规定及设计要求 分部</td></tr>
<tr><td rowspan="3">2</td><td rowspan="9">综合质量评定</td><td rowspan="3">质量控制资料核查</td><td colspan="3">共 项</td><td rowspan="9"></td></tr>
<tr><td colspan="3">经查符合要求 项</td></tr>
<tr><td colspan="3">不符合规范要求 项</td></tr>
<tr><td rowspan="3">3</td><td rowspan="3">实体质量和主要功能核查</td><td colspan="3">共核查、抽查 项</td></tr>
<tr><td colspan="3">符合要求 项</td></tr>
<tr><td colspan="3">不符合要求 项</td></tr>
<tr><td rowspan="3">4</td><td rowspan="3">观感质量验收</td><td colspan="3">共检查 项</td></tr>
<tr><td colspan="3">评定为合格的 项</td></tr>
<tr><td colspan="3">评定为差的 项</td></tr>
<tr><td>5</td><td colspan="2">综合验收结论</td><td colspan="4"></td></tr>
<tr><td rowspan="2">验收单位</td><td colspan="2">施工单位</td><td>监理单位</td><td>勘察设计单位</td><td colspan="2">建设单位</td></tr>
<tr><td colspan="2">（公章）
项目负责人：
年 月 日</td><td>（公章）
总监理工程师：
年 月 日</td><td>（公章）
项目负责人：
年 月 日</td><td colspan="2">（公章）
项目负责人：
年 月 日</td></tr>
</table>

4 加固处理

4.1 地表注浆加固

一般规定

4.1.1 地表注浆施工前应根据设计要求进行注浆试验，确定工艺参数。

4.1.2 注浆前应对管口进行固定，注浆时应加设止浆设施，防止浆液外泛。发现冒浆、漏浆时，应调整注浆参数控制注浆量和注浆压力，及时封堵浆液冒出缝隙。

4.1.3 注浆过程中的各类钻孔应分类统一编号，资料应及时整理，绘制成图表。

4.1.4 正在注浆的地区，其附近 30 m 以内不得进行爆破。

4.1.5 地表注浆不得污染环境和破坏周围水源。

4.1.6 地面注浆结束后，应按设计要求设置注后检查孔检查注浆效果，注浆孔应封填密实。

主控项目

4.1.7 地表注浆水泥的进场检验应符合本标准第 8.4 节的相关规定，其他注浆材料的检验应符合国家相关标准的规定。

4.1.8 地表注浆浆液配合比设计应根据试验确定并符合设计要求。

检验数量：施工单位对同性能的浆液进行一次配合比选定试验。当使用的原材料、施工工艺发生变化时，均应重新进行配合比选定试验；监理单位全部检查。

检验方法：施工单位进行配合比选定试验，监理单位见证配合比选定试验或平行检验并检查确认配合比选定单。

4.1.9 地表注浆孔数量应符合设计要求，孔深允许偏差不应超过±100 mm。

检验数量：施工单位全部检查，监理单位按施工单位检验数量的 20%抽检。

检验方法：计数、尺量钻杆刻线。

4.1.10 地表注浆过程中应查看每个孔的注浆量、注浆压力是否达到设计要求。

检验数量：施工单位全部检查，监理单位按施工单位检验数量的 10%平行检验。

检验方法：查看施工记录、检查压力表读数。

4.1.11 注浆效果应符合设计要求。

检验数量：施工单位全部检查，监理单位按施工单位检验数量的 20%抽检，但至少进行一次。

检验方法：钻孔检验。

一般项目

4.1.12 地表注浆的孔位中心位置允许偏差不应超过±50 mm。

检验数量：施工单位全部检查。

检查方法：用钢尺量。

4.2 井点降水

一般规定

4.2.1 井点降水应加强监测，防止地表沉降超限。施工中应有防止降水区域内建筑物和构筑物产生沉降和水平位移的措施。当采用回灌措施时应化验水质，不得污染地下水。

4.2.2 降水系统施工完成后，应试运转，如发现井管失效，应采取措施或另行设置新的井管。

4.2.3 井点降水应设水位观测井。降水过程中，应加强井点降水系统的维护和检查，保证连续抽水。

4.2.4 井点降水停止前，应验算涌水量和隧道结构的抗浮稳定性，当不能满足要求时，不得停泵。

4.2.5 拆除多层井点应自底层开始逐层向上进行，在下层井点拆除期间，上部各层井点应继续抽水。

主控项目

4.2.6 井点降水布置方式、孔位数量和孔径应符合设计要求。

检验数量：施工单位全部检查，监理单位按施工单位检验数量的 20%抽检，但至少进行一次。

检验方法：观察、测量、计数。

4.2.7 井点降水深度、出水量应符合设计要求，无设计要求时，地下水位线应低于隧道开挖最低面以下 0.5 m。

检验数量：施工单位全部检查，监理单位按施工单位检验数量的 20%抽检，但至少进行一次。

检验方法：观察、测量。

一般项目

4.2.8 洞内轻型井点降水施工应符合下列要求：

1 井点间距宜为 0.8～1.6 m。

2 滤管顶端应埋设在开挖基底面以下 1.0～1.2 m 或根据计算确定，每组井点埋设深度应保持一致。

3 井点管的方向可竖直或根据具体情况倾斜 50°～55°。

4 钻孔深度应比滤管底端深 0.5 m，孔壁与井管之间应及时用粗砂填实。孔口下至少 0.5 m 的深度内应用黏土填塞密实。

检验数量：施工单位全部检查。

检验方法：观察、尺量或检查计算资料。

4.2.9 井管点的垂直度、间距、插入深度、过滤砂砾填灌、井点真空度、电渗井点阴阳极距离应符合表 4.2.9 的规定。

表 4.2.9 井管点、过滤砂砾填灌、真空度等检验标准

序号	检查项目	允许值或允许偏差		检查方法
		单位	数值	
1	井管(点)垂直度(与设计值相比)	%	1	测斜仪
2	井管(点)间距(与设计值相比)	mm	≤150	用钢尺量
3	井管(点)插入深度(与设计值相比)	mm	≤200	水准仪
4	过滤砂砾料填灌(与计算值相比)	mm	≤5	检查回填料用量
5	井点真空度:轻型井点 喷射井点	kPa kPa	>60 >93	真空度表 真空度表
6	电渗井点阴阳极距离:轻型井点 喷射井点	mm mm	80～100 120～150	用钢尺量 用钢尺量

检验数量:施工单位全部检查。

4.3 旋 喷 桩

一 般 规 定

4.3.1 施工前应在洞口选择有代表性的地段进行成桩工艺性试验(不少于 3 根),确定主要工艺参数方可施工。

4.3.2 高压旋喷桩进行隧底加固施工前,应进行单桩和复合地基承载力试验,以确认设计参数。

4.3.3 施工中应进行地质核查,当发现地质条件与设计不符时,应及时向勘察设计单位反馈。

4.3.4 施工前应作好场地准备,设置回浆池,喷浆过程中冒出的浆液、泥土必须及时清理。

4.3.5 破除桩头不得影响桩的完整性,宜采用截桩机等专用设备切割桩头。

主 控 项 目

4.3.6 施工用水泥、钢筋及外加剂的品种、规格、质量应符合设计要求。

检验数量:施工单位、监理单位对钢筋按本标准第 8.3 节规定执行,水泥和外加剂按本标准第 8.4 节规定执行。

检验方法:检查产品质量证明文件及抽样试验。

4.3.7 浆液应严格按设计配方和试验确定的配合比拌制,制备好的浆液应均匀,不得离析。

检验数量:施工单位每根桩施工过程中抽样检验 2 次。监理单位每工班平行检验 2 次。

检验方法:观察并用浆液比重计检测浆液密度。

4.3.8 高压旋喷桩布置形式、数量应符合设计要求。

检验数量:施工单位、监理单位全部检查。

检验方法:观察、尺量、计数。

4.3.9 高压旋喷桩施工过程中,应记录施工设备贯入地层的反应,核查地质资料。

检验数量:施工单位每根桩记录。监理单位按施工单位检验数量的 20%见证平行检验。

检验方法:检查施工记录。

4.3.10 高压旋喷桩的长度应符合设计要求。

检验数量:施工单位每根桩检查。监理单位按施工单位检验数量的 20%平行检验。

检验方法:测量钻杆长度,并在施工中检查是否达到设计深度标志。检查施工记录。

4.3.11 注浆流量、空气压力、注浆泵压力、钻杆提升速度、转速等参数应符合试桩工艺参数。

检验数量：施工单位每根桩施工过程中抽检2次。监理单位按施工单位检验数量的20%见证检验。

检验方法：查看仪表读数，秒表、钢尺测量。检查施工记录。

4.3.12 高压旋喷桩的完整性、均匀性、无侧限抗压强度应满足设计要求。

检验数量：施工单位抽样检验桩总数的2‰，且不少于3根。监理单位按施工单位抽样数量的20%见证检验，且不少于1根。

检验方法：桩完工28 d后，在每根检测桩桩径方向1/4处、桩长范围内垂直钻孔取芯，观察其完整性、均匀性，拍摄取出芯样的照片，取不同深度的3个试样作无侧限抗压强度试验。钻芯后的孔洞采用水泥砂浆灌注封闭。

4.3.13 高压旋喷桩处理后的单桩或复合地基承载力应满足设计要求。

检验数量：施工单位抽样检验总桩数的2‰，且每工点不少于3根。监理单位全部见证检验，勘察设计单位现场确认。

检验方法：平板载荷试验。勘察设计单位对是否满足设计要求进行确认。

一 般 项 目

4.3.14 高压旋喷桩施工的允许偏差、检验数量及检验方法应符合表4.3.14的规定。

表4.3.14　高压旋喷桩施工的允许偏差、检验数量及检验方法

序号	检验项目	允许偏差	施工单位检验数量	检验方法
1	桩位（纵横向）	50 mm	按成桩总数的10%抽样检验，且每检验批不少于5根	测量仪器或钢尺丈量
2	桩体垂直度	1%		经测量仪器或吊线测钻杆倾斜度
3	桩体有效直径	不小于设计值		开挖50～100 cm深后，钢尺丈量

4.4　灰土挤密桩

一 般 规 定

4.4.1 成孔应根据设计要求、成孔设备、现场土质和周围环境等情况，选用沉管、冲击或取土等方法机械成孔。

4.4.2 挤密桩施工前应在洞口选择有代表性的地段进行成桩工艺性试验（不少于3根），确定主要工艺参数后，方可进行施工。

4.4.3 挤密桩施工应及时进行单桩和复合地基承载力试验。

4.4.4 挤密桩成孔和孔内回填夯实应符合下列要求：

1 成孔宜在地基土接近最优含水率（或塑限）时进行。

2 成孔挤密应间隔分批进行，成孔后应及时夯填。

3 在向孔内回填填料前应夯实孔底。填料应采用机械拌和，且随伴随用，夯填施工应连续进行。

4 按设计要求将桩顶标高以上的预留松动土层挖除或夯（压）密实。

5 施工过程中，应做好成孔及回填夯实施工记录。

主 控 项 目

4.4.5 灰土挤密桩（柱锤冲扩桩）所用石灰品种、规格和质量应符合设计要求。

检验数量：同一厂家、品种且连续进场的石灰，每 200 t 为一批，不足 200 t 也按一批计。施工单位每批抽样检验 1 次石灰的活性 CaO、MgO 含量。监理单位按施工单位抽检次数的 10%平行检验，且不少于 1 次。

检验方法：查验石灰质量证明文件，按现行《建筑石灰试验方法》(JC/T 478)规定的试验方法进行抽样检验。

4.4.6 水泥土挤密桩(柱锤冲扩桩)所用水泥品种、规格和质量应符合设计要求。

检验数量：同一产地、品种、规格且连续进场的水泥，袋装水泥 200 t 为一批、散装水泥 500 t为一批，当袋装水泥不足200 t或散装水泥不足 500 t 时也按一批计。施工单位每批抽样检验 1 次水泥的强度、安定性、凝结时间。监理单位按施工单位抽样数量的 10%分别进行平行检验或见证检验，均不少于一次。

检验方法：查验水泥质量证明文件，抽样检验。

4.4.7 挤密桩所用土的质量应符合设计要求，用水泥改良的土的有机质含量不应大于 2%，用石灰改良的土的有机质含量不应大于 5%。

检验数量：同一取土地点、相同土性的土，每 1 000 m^3 为一批，不足 1 000 m^3 也按一批计。施工单位每批抽样检验 1 次。监理单位按施工单位抽检次数的 10%见证检验，且不少于 1 次。

检验方法：按现行《铁路工程土工试验规程》(TB 10102)规定的试验方法进行检验。

4.4.8 挤密桩布置形式、数量应符合设计要求。

检验数量：施工单位、监理单位全部检查。

检验方法：观察、尺量、计数。

4.4.9 挤密桩填料的配合比应符合设计要求，含水率应符合工艺试验确定的工艺参数。

检验数量：施工单位每工班至少检验 1 次，监理单位全部见证检验。

检验方法：检查配料计量，按《铁路工程土工试验规程》(TB 10102)规定的试验方法测定含水率。

4.4.10 挤密桩桩孔的直径和深度应符合设计要求。

检验数量：施工单位每根桩检验。监理单位按总桩数的 10%平行检验。

检验方法：孔底夯实后尺量。

4.4.11 挤密桩孔内填料应分层回填夯实，其压实系数不应小于 0.97(轻型击实)。

检验数量：施工单位抽样检验总桩数的 2‰，且每工点不少于 3 根。监理单位按施工单位抽检数量的 10%见证检验，且每工点不少于 1 根。

检验方法：挤密桩施工结束 7～14 d 后，在孔心附近沿全部孔深采用钻机取样，每 2 m 取样测定干密度，轻型击实试验按现行《铁路工程土工试验规程》(TB 10102)进行检验。

4.4.12 挤密桩桩间土处理效果应符合设计要求。

检验数量：施工单位沿线路纵向连续每 50 m 抽样检验 3 点。监理单位按施工单位抽检数量的 10%平行检验或见证检验，且每工点不少于 1 点。

检验方法：挤密桩施工结束 7～14 d 后，在孔之间形心点附近、成孔挤密深度内采用钻机取样，每 2 m 取土样测定干密度、进行压缩试验(湿陷性黄土地区增加湿陷性试验)，计算干密度与其最大干密度的比值(最小挤密系数)、压缩模量(湿陷性黄土地区增加湿陷系数)。

4.4.13 挤密桩处理后的单桩或复合地基承载力应满足设计要求。

检验数量：按总桩数的 2‰检验，且每工点不少于 3 根。监理单位全部见证检验，勘察设计单位现场确认。

检验方法:平板载荷试验。勘察设计单位对是否满足设计要求进行确认。

一 般 项 目

4.4.14 挤密桩桩体允许偏差、检验数量及检验方法应符合表 4.4.14 的规定。

表 4.4.14 挤密桩施工的允许偏差、检验数量及检验方法

序号	检验项目	允许偏差	施工单位检验数量	检验方法
1	桩位(纵横向)	50 mm	按成桩总数的 10%抽样检验,且每检验批不少于 5 根	经纬仪或钢尺丈量
2	桩垂直度	1.5%		成孔夯实孔底后吊垂球测量垂直度
3	桩体有效直径	不小于设计值		开挖 50～100 cm 深后,钢尺丈量

4.5 洞内预注浆

一 般 规 定

4.5.1 全断面帷幕注浆应设置止浆岩盘,厚度及位置符合设计要求。

4.5.2 注浆钻孔过程应核查地质变化情况。

4.5.3 注浆过程中应根据地质和设计要求等控制注浆压力。

4.5.4 注浆结束后应检查其效果,不合格者应补浆。检查合格后注浆钻孔及检查孔应封填密实。

4.5.5 预注浆固结体到达设计强度后方可开挖。

主 控 项 目

4.5.6 注浆所采用水泥的检验应符合本标准第 8.4 节的规定,其他注浆材料的检验应符合国家相关标准的规定。

4.5.7 浆液配合比设计应根据试验确定并符合设计要求。

检验数量:施工单位对同性能的浆液进行一次配合比选定试验。当使用的原材料、施工工艺发生变化时,均应重新进行配合比选定试验;监理单位全部检查。

检验方法:施工单位进行配合比选定试验,监理单位见证配合比选定试验或平行检验并检查确认配合比选定单。

4.5.8 注浆加固范围应符合设计要求。

检验数量:施工单位、监理单位全部检查。

检验方法:观察。

4.5.9 注浆效果必须符合设计要求。检查孔的设置和日均出水量应符合设计要求。

检验数量:施工单位、监理单位全部检查。

检验方法:检查孔数量采用计数检查,出水量采用集水称量。

一 般 项 目

4.5.10 注浆孔布置、数量应符合设计要求。注浆孔间距、孔深及钻孔偏斜率允许偏差应符合表 4.5.10 的规定。

检验数量:施工单位全部检查。

4.5.11 注浆压力、注浆量、进浆速度等注浆参数应符合设计要求。

表 4.5.10 注浆孔位、孔深、压力检验标准

序号	检查项目	允许偏差或允许值		检查方法
		单 位	数 值	
1	孔位间距	mm	±50	用钢尺量
2	钻孔偏斜率	%	±0.5	测量钻杆偏斜率
3	注浆孔深	mm	±100	量测注浆管长度

检验数量:施工单位全部检查。

检验方法:观察、查施工记录。

4.5.12 单孔注浆压力达到设计要求值,持续注浆 10 min 且进浆速度为开始进浆速度的 1/4 或进浆量达到设计进浆量的 80%及以上时注浆方可结束,浅孔达到设计终压。

检验数量:施工单位全部检查。

检验方法:观察、计时、查施工记录。

5 洞口及缓冲结构工程

5.1 一 般 规 定

5.1.1 隧道洞口边、仰坡土石方开挖及防护工程施工，应符合设计要求和环境保护、水土保持的有关规定。

5.1.2 隧道洞口边、仰坡应自上往下逐级分层开挖支护，不得采用洞室爆破，开挖后应及时完成边仰坡加固、防护及防排水工程施工。

5.1.3 边、仰坡施工过程中应随时检查地表及坡面情况，发现开裂、滑动等现象时应立即采取加固措施保证边、仰坡稳定和施工安全。

5.1.4 边、仰坡周围的排水沟、截水沟应在边、仰坡开挖前修建完成。隧道洞门的排、截水设施应与洞门工程同步施工，当端墙顶部水沟置于填土上时，必须将填土夯填密实。隧道洞口及缓冲结构物的排、截水工程应与路基排水系统合理连通。

5.1.5 隧道洞门及洞口段衬砌应尽早施工以保证洞口边、仰坡稳定。缓冲结构基础开挖时应与洞口工程配合施工，两者的基础必须置于稳固的地基上，基坑超挖部分应使用基础同级混凝土和基础同步浇筑。

5.1.6 模板及支(拱)架应根据结构形式、荷载大小、地基土类别、施工设备和材料供应等条件进行设计。模板及支(拱)架应具有足够的强度、刚度和稳定性，能承受所浇筑混凝土的重力、侧压力及施工荷载。

5.1.7 隧道洞门两侧的混凝土浇筑与墙背后回填应对称进行，不得对拱、墙衬砌产生偏压。结构背后应按设计要求分层回填密实。

5.1.8 缓冲结构和洞门竣工后，应进行竣工测量，净空满足设计要求。

5.1.9 软弱围岩隧道洞口应按设计完成超前支护后，方可开始正洞的施工。洞口段应及时形成封闭结构，严禁采用长台阶施工。

5.2 开 挖

主 控 项 目

5.2.1 边、仰坡以上的山坡危石应在边、仰坡开挖前清除干净。洞口开挖施工应在超前支护完成后进行。

检验数量：施工单位、监理单位全部检查。

检验方法：观察。

5.2.2 采用机械开挖或光面、预裂爆破应保证开挖面完整平顺、无危石和坑穴。边坡坡面应平整且稳定无隐患，局部凹凸差不大于 15 cm。

检验数量：施工单位每洞门抽样检验 5 处，监理单位平行检验 2 处。

检验方法：观察、尺量。

5.2.3 石质边坡采用爆破法开挖应严格控制用药量，爆破不得对边坡造成隐患，不得对邻近建筑物造成损伤或产生隐患。

检验数量：施工单位每处洞门检查、监理单位全部见证检验。

检验方法：对照爆破设计文件核对各项爆破参数。

5.2.4 隧道洞口及边仰坡开挖后应及时核查地质情况，需要加固处理时应符合设计要求。

检验数量：施工单位、监理单位全部检查。

检验方法：观察。

5.2.5 隧道洞口的边、仰坡开挖形式和坡度应符合设计要求。

检验数量：施工单位、监理单位全部检查。

检验方法：观察、测量。

5.2.6 隧道洞门结构、挡土墙和缓冲结构基础的地基承载力必须符合设计要求。软弱地基加固处理的施工质量应符合设计要求。

检验数量：施工单位、监理单位全部检查。

检验方法：施工单位土质基坑采用静力触探试验、标准贯入试验或载荷试验检测。石质基坑采用现场目测鉴别方法。监理单位检查全部检测报告并进行见证检验。

5.2.7 隧道洞门结构基础和缓冲结构基坑底面应无积水、虚渣、杂物。

检验数量：施工单位、监理单位全部检查。

检验方法：观察。

一 般 项 目

5.2.8 洞口排水沟、截水沟的平面位置、开挖断面应符合设计要求，水沟内无积水，纵向坡度不得小于3‰。

检验数量：施工单位全部检查。

检验方法：观察、测量。

5.2.9 隧道洞门结构和缓冲结构物、挡土墙基础基坑开挖尺寸允许偏差和检验方法应符合表5.2.9的规定。

表 5.2.9 基坑开挖尺寸允许偏差和检验方法

序号	项　　目	允许偏差(mm)	检查数量	检　验　方　法
1	基坑边缘距线路中线距离	$^{+50}_{0}$	施工单位全部检查	尺量，每边不少于5处
2	基坑长度、宽度	$^{+100}_{-10}$	施工单位全部检查	
3	基底高程	$^{0}_{-100}$	施工单位全部检查	仪器测量，每边不少于5处

5.3 模　　板

主 控 项 目

5.3.1 模板、支(拱)架及移动台架的结构及材料的规格、质量必须符合施工工艺设计要求。

检验数量：施工单位、监理单位全部检查。

检验方法：对照模板设计资料、检查质量证明文件、观察和尺量。

5.3.2 模板、支(拱)架及移动台架安装必须稳固牢靠，接缝严密不漏浆。模板表面必须清理干净并涂刷隔离剂。浇筑混凝土前,模板内的积水和杂物应清理干净。斜切段帽檐模板应对称安装。

检验数量:施工单位、监理单位全部检查。

检验方法:对照模板设计资料,观察检查。

5.3.3 隧道洞门端翼墙、斜切段、缓冲结构物和挡土墙模板、支(拱)架及移动台架拆除时,混凝土强度必须符合设计要求,设计无要求时,混凝土强度应达到设计强度等级的100%。

检验数量:施工单位拆模前检查。监理单位全部检查。

检验方法:施工单位对同配合比设计的混凝土进行一组同条件养护试件强度试验。监理单位检查强度试验报告。

一 般 项 目

5.3.4 隧道洞门端翼墙、斜切段、缓冲结构、挡土墙模板安装允许偏差和检验方法应符合表5.3.4的规定。

表 5.3.4 模板安装允许偏差和检验方法

<table>
<tr><th>序号</th><th>项 目</th><th>允许偏差(mm)</th><th>检验数量</th><th>检 验 方 法</th></tr>
<tr><td>1</td><td>基础边缘位置</td><td>$^{+15}_{0}$</td><td>施工单位全部检查</td><td>测量,每边不少于4处</td></tr>
<tr><td>2</td><td>基础顶面高程</td><td>±10</td><td rowspan="5">施工单位全部检查</td><td rowspan="3">测量,每边不少于4处</td></tr>
<tr><td>3</td><td>边墙边缘位置</td><td>$^{+10}_{0}$</td></tr>
<tr><td>4</td><td>边墙拱脚、端翼墙、帽檐顶面高程</td><td>±10</td></tr>
<tr><td>5</td><td>模板表面平整度</td><td>5</td><td>2 m靠尺测量,不少于4处</td></tr>
<tr><td>6</td><td>模板表面错台</td><td>2</td><td>尺量</td></tr>
</table>

5.3.5 拆除端翼墙、帽檐、斜切段和缓冲结构、挡土墙之外的非承重模板时,混凝土强度应保证其表面及棱角不受损伤,且不得小于2.5 MPa,拆除后应立即进行保湿养护,养护时间应符合本标准第8.4.17条规定。

检验数量:施工单位全部检查。

检验方法:观察、检查强度试验报告、施工记录。

5.3.6 隧道洞门端翼墙、挡土墙、缓冲结构模板的预埋件和预留孔洞的位置、数量应符合设计要求,缓冲结构减压孔的长、宽允许偏差为±15 mm。其他项目允许偏差和检验方法应符合本标准第8.2.6条的规定。

5.4 钢 筋

主 控 项 目

5.4.1 钢筋原材料进场检验必须符合本标准第8.3.1条的规定。

5.4.2 钢筋品种、级别、规格、数量的检验必须符合本标准第8.3.2条的规定。

5.4.3 钢筋连接方式的检验必须符合本标准第8.3.3条的规定。

5.4.4 钢筋接头的技术条件和外观质量的检验应符合本标准第8.3.5条的规定。

5.4.5 钢筋加工的检验应符合本标准第8.3.6条的规定。

5.4.6 钢筋机械连接的检验必须符合本标准第8.3.4条、第8.3.7条和第8.3.8条的规定。

5.4.7 钢筋保护层垫块的检验应符合本标准第 8.3.9 条的规定。

5.4.8 钢筋接头设置的检验应符合本标准第 8.3.10 条的规定。

一 般 项 目

5.4.9 钢筋加工偏差的检验应符合本标准第 8.3.11 条的规定。

5.4.10 钢筋安装及保护层厚度的检验应符合本标准第 8.3.12 条的规定。

5.4.11 钢筋的外观质量的检验应符合本标准第 8.3.13 条的规定。

5.5 混 凝 土

主 控 项 目

5.5.1 混凝土所用水泥、减水剂,引气剂、混凝土中的总碱含量、氯离子含量的检验必须符合本标准第 8.4.1 条、第 8.4.5 条、第 8.4.6 条、第 8.4.8 条和第 8.4.9 条的规定。

5.5.2 混凝土所用矿物掺和料、细骨料、粗骨料和拌和用水的检验必须符合本标准第 8.4.2 条、第 8.4.3 条、第 8.4.4 条和第 8.4.7 条的规定。

5.5.3 混凝土配合比设计的检验应符合本标准第 8.4.10 条、第 8.4.11 条和第 8.4.12 条的规定。

5.5.4 混凝土养护、原材料称量偏差的检验应符合本标准第 8.4.17 条和第 8.4.18 条的规定。

5.5.5 混凝土施工配合比的控制应符合本标准第 8.4.19 条的规定。

5.5.6 混凝土拌和物坍落度和入模含气量的检验应符合本标准第 8.4.20 条的规定。

5.5.7 混凝土入模与灌注温度的检验应符合本标准第 8.4.21 条的规定。

5.5.8 混凝土强度等级必须符合设计要求,混凝土强度试件应在混凝土的浇筑地点随机抽样制作。混凝土标准养护试件的试验龄期为 56 d,试件的取样与留置必须符合下列规定:

1 每拌制 100 m^3 的同一配合比混凝土,取样不得少于一次;不足 100 m^3 时,取样不得少于一次。

2 每次取样应至少留置一组。

3 现浇混凝土的每一结构部位,取样不得少于一次。

4 同条件养护抗压强度试件的取样、养护方式和留置数量应符合附录 A 的规定。隧道洞门结构及缓冲结构应采用同条件养护试件检测结构实体强度 1 次。寒冷和严寒地区混凝土施工时应增加其与结构同条件养护的施工试件不少于 2 组,此种试件应在解冻后方可试压。

检验数量:施工单位按规定的取样与留置频率所需数量制作试件。标准养护试件监理单位全部检查,同条件养护试件监理单位按施工单位检验次数的 10%进行见证检验。

检验方法:施工单位进行混凝土抗压强度试验。对标准条件养护试件监理单位检查试验报告,对同条件养护试件监理单位见证检验。

5.5.9 端翼墙、斜切段、帽檐、缓冲结构和挡土墙厚度不得小于设计要求,斜切坡度和墙面坡度应符合设计要求。

检验数量:施工单位、监理单位每洞门检查不少于 4 处。

检验方法:施工单位采用尺量或钻孔测量,监理单位见证测量。

5.5.10 缓冲结构基础超挖回填必须符合设计要求,设计无要求时,应使用基础同级混凝土回填。

检验数量：施工单位、监理单位全部检查。

检验方法：观察。

5.5.11 洞门结构和缓冲结构施工缝、变形缝的位置和处理应符合设计和施工技术方案的要求。

检验数量：施工单位、监理单位全部检查。

检验方法：观察和尺量。

一 般 项 目

5.5.12 泄水孔位置、数量应符合设计要求。

检验数量：施工单位全部检查。

检验方法：尺量和计数检验。

5.5.13 隧道洞门混凝土外观质量的检验应符合本标准第 8.4.30 条的规定。帽檐顶端应平顺，与斜切段轮廓线型流畅、清晰。

检验数量：施工单位、监理单位全部检查。

检验方法：观察。

5.5.14 隧道洞门斜切段、端翼墙、缓冲结构物、挡土墙结构几何尺寸允许偏差及检验方法应符合表 5.5.14 的规定。

表 5.5.14 隧道洞门斜切段、端翼墙、缓冲结构物、挡土墙结构几何尺寸允许偏差和检验方法

序号	项 目	允许偏差(mm)	检验数量	检 验 方 法
1	基础边缘平面位置	±10	施工单位每一浇筑段检查一个断面	测量，每边不少于 4 处
2	基础宽度	−10		
3	基础顶面高程	±20		
4	端、翼墙边缘平面位置	$^{+10}_{0}$		
5	端、翼墙边缘顶面高程	±20		
6	斜切段、缓冲结构拱部高程	$^{+30}_{0}$		
7	缓冲结构垂直度	2‰		尺量
8	表面平整度	15		2 m 靠尺测量，拱部不少于 2 处，墙身不少于 4 处

注：平面位置以隧道设计中线为准进行测量。

5.5.15 隧道洞门斜切段、端翼墙、挡土墙、缓冲结构的预埋件和预留孔洞的位置、数量应符合设计要求，缓冲结构减压孔的长、宽允许偏差为±2 cm。其他项目允许偏差和检验方法应符合本标准第 8.4.25 条的规定。

5.6 洞 口 防 护

主 控 项 目

5.6.1 隧道洞门中绿色防护、喷锚防护、防护栅栏、挂网防护工程施工质量的验收应符合相关专业规范的规定。

5.6.2 边、仰坡防护的形式应符合设计要求。

检验数量：施工单位、监理单位全部检查。

检验方法：观察。

5.6.3 检查台阶、检查梯、栏杆等检查设备的施工应符合下列要求：

1 应按设计位置、范围和构造要求设置检查设备，其连接应牢固，外观应顺直整齐。

2 检查梯等检查设备杆件的涂料品种、质量、涂装体系应符合设计要求，并无漏涂、露底、剥落、起泡等缺陷。涂刷应均匀，色泽一致。

检验数量：施工单位、监理单位全部检查。

检验方法：观察、尺量。

一 般 项 目

5.6.4 喷护前应平整坡面，边坡坡面应密实、稳固，轮廓线顺直。

检验数量：施工单位全部检查。

检验方法：观察。

5.6.5 检查梯、台阶尺寸允许偏差不超过±30 mm。

检验数量：施工单位每梯抽样检验 5 级。

检验方法：尺量。

6 洞身开挖

6.1 一般规定

6.1.1 隧道洞身开挖方式和开挖方法应根据地质条件、覆盖层厚度、衬砌断面、隧道长度及工期要求等，经过经济、技术比较后确定。洞身开挖进度应与支护、衬砌等后续工序协调。

6.1.2 隧道施工应进行超前地质预报，并作为一道工序纳入施工组织设计和施工管理中。超前地质预报应由专业人员实施。

6.1.3 隧道施工应根据监控量测数据及最终位移的预测，判定隧道围岩及初期支护的稳定状态，并动态调整开挖时围岩预留变形量。

6.1.4 不良地质地段隧道开挖应根据实际情况采取预加固、短进尺、弱爆破、强支护、早封闭、勤量测的施工原则。浅埋或软弱破碎围岩条件下隧道开挖宜采取分部开挖方法。

6.1.5 洞身开挖应减少对围岩的扰动，并应严格控制超挖。

6.1.6 隧道施工采用钻爆法开挖时，应采用光面爆破。爆破前应根据地质条件、断面尺寸、开挖方法、循环进尺、钻眼机具和爆破材料等进行钻爆设计，施工中应根据爆破效果调整爆破参数。

6.1.7 隧道Ⅳ、Ⅴ、Ⅵ级围岩地段、隧道浅埋、下穿建筑物及邻近既有线地段等特殊情况地段爆破时，应检测振速，进行沉降观测，并采取措施控制爆破对围岩和邻近建筑物的扰动程度，或采用非爆破方法。

6.1.8 软弱围岩隧道Ⅳ、Ⅴ、Ⅵ级地段采用台阶法施工时，应符合以下规定：

1 上台阶每循环开挖支护进尺Ⅴ、Ⅵ级围岩不应大于1榀钢架间距，Ⅳ级围岩不得大于2榀钢架间距。

2 边墙每循环开挖支护进尺不得大于2榀。

3 仰拱开挖前必须完成钢架锁脚锚杆，每循环开挖进尺不得大于3 m。

4 隧道开挖后初期支护应及时施作并封闭成环，Ⅳ、Ⅴ、Ⅵ级围岩封闭位置距离掌子面不得大于35 m。

6.1.9 瓦斯隧道每月应至少检测一次洞内风速和风量。瓦斯工区必须采用电力起爆，必须采用煤矿许用电雷管和炸药。严禁反向装药起爆。

6.1.10 隧道洞内开挖土石方的弃置，应符合设计要求和环境保护、水土保持的有关规定，不得影响既有建筑物的安全，并应采取挡护措施防止弃渣流失对环境造成不良影响。

6.1.11 施工过程中根据需要对地表和地下水进行动态观测，根据洞身不同岩性和不同地下水环境单元取水化验，并应将化验结果及时反馈给设计单位。

6.2 超前地质预报

一 般 规 定

6.2.1 建设单位应组织超前地质预报设计文件审查和技术交底；审批超前地质预报实施大

纲;监督检查超前地质预报实施情况,必要时对超前地质预报成果组织审查。

6.2.2 勘察设计单位应对隧道进行超前地质预报设计,分析和研究施工预报成果,并结合实际地质条件进行动态调整。

6.2.3 施工单位应负责预报实施大纲的编制;按建设单位审批后的方案组织施工预报的实施;及时向建设、设计、监理等相关各方提供预报成果。

6.2.4 监理单位应对预报实施全过程进行监理,核查施工单位现场人员、设备、数据采集、工作量等。

6.2.5 岩溶及富水破碎断层隧道,超前地质预报应采用以水平钻探为主的综合方法。软弱围岩及不良地质隧道应进行专项超前地质预报设计,及时收集分析预报资料,完善设计方案并指导施工。

主 控 项 目

6.2.6 洞身开挖前必须进行超前地质预报。

检查数量:施工单位开挖前进行检查,监理单位见证检验。

检查方法:现场观察、检查预报成果。

6.2.7 隧道应在每一次开挖后及时观察、描述开挖面地层的层理、节理、裂隙结构状况、岩体的软硬程度、出水量大小等,核对设计地质情况,判断围岩稳定性。地质素描的内容应真实可靠,应有文字和数码影像。

检验数量:施工单位每一开挖循环检查一次。

检验方法:现场观察法、测量(尺子,罗盘)、照相、数据记录。

6.2.8 超前地质预报采用的方法、预报范围、频次等应符合设计要求规定。

检查数量:施工单位每次进行检查,监理单位见证检验。

检查方法:现场观察、与设计文件和施工组织设计对照检查。

6.2.9 超前地质预报施作里程、位置、搭接长度应符合设计要求规定。

检查数量:施工单位每次进行检查,监理单位见证检验。

检查方法:现场观察、与设计文件和施工组织设计对照检查。

6.2.10 超前地质预报施作后,应及时收集相关数据,归纳总结预报成果,核对设计地质情况,判断围岩稳定性。

检查数量:施工单位每次施作后进行检查,监理单位见证检验。

检查方法:检查数据记录、预报成果。

一 般 项 目

6.2.11 采用物探法时,炮孔、测线布置和数据采集等应符合设计要求。

检查数量:施工单位每循环检查一次。

检查方法:现场观察法,尺量、水准仪测量、测角仪测量、记录数据。

6.2.12 采用超前钻探法时,钻机钻深不宜小于 25 m。成孔的倾角和方位角偏差应不大于 1°,深度偏差应不大于 0.5 m。

检查数量:施工单位每循环检查一次。

检查方法:现场观察法,尺量。

6.3 洞身开挖

主 控 项 目

6.3.1 隧道开挖断面的中线和高程必须符合设计要求。

检验数量:施工单位每一开挖循环检查一次,监理单位按施工单位检验数量的10%平行检验。

检验方法:施工单位采用仪器测量;监理单位平行检验。

6.3.2 隧道开挖断面净空必须符合设计要求。隧道开挖应严格控制超欠挖,石质坚硬岩石个别突出部分(每 1 m^2 不大于0.1 m^2)侵入衬砌应小于 5 cm。拱脚和墙脚以上 1 m 内断面严禁欠挖。

检验数量:施工单位、监理单位每一开挖循环检查一次。

检验方法:施工单位采用自动断面仪等仪器测量周边轮廓断面,绘断面图与设计断面核对。监理单位见证测量,现场核对开挖断面。

6.3.3 光面爆破钻眼前,应根据钻爆设计图标出或用凿岩台车准确定位炮眼位置。钻孔时应按钻爆设计要求严格控制炮眼的间距、深度和角度。掏槽眼的眼口间距和深度允许偏差为 5 cm。辅助炮眼眼口、眼底间距允许偏差均为 100 mm。周边眼的间距允许偏差为 5 cm,外斜率不应大于孔深 3%~5%,眼底不应超出开挖断面轮廓线 10 cm。

检验数量:施工单位每一开挖循环检查全部掏槽眼、10 个周边眼;监理单位按施工单位检验数量的 10%见证检验。

检验方法:测量、尺量。

6.3.4 隧道开挖进尺应符合设计要求。软弱围岩隧道Ⅳ、Ⅴ、Ⅵ级地段采用台阶法施工时,上台阶每循环开挖支护进尺Ⅴ、Ⅵ级围岩不应大于 1 榀钢架间距,Ⅳ级围岩不得大于 2 榀钢架间距。边墙每循环开挖支护进尺不得大于 2 榀。

检验数量:施工单位每一开挖循环检查一次,监理单位按施工单位检验数量的 10%平行检验。

检验方法:测量、尺量。

一 般 项 目

6.3.5 炮眼装药前应清理干净,装药时严格按照钻爆设计控制每个钻孔装药结构、装药量和堵塞方式。周边眼堵塞长度不宜小于 200 mm。

检验数量:施工单位每一爆破开挖循环检查一次。监理单位按施工单位检验数量的 10%见证检验。

检验方法:对照钻爆设计资料,观察、计算单个和剩余药量,检查仪器鉴定报告。

6.3.6 光面爆破的炮眼痕迹保存率,硬岩不应小于 80%,中硬岩不应小于 60%,并在开挖轮廓面上均匀分布。

检验数量:施工单位每一爆破开挖循环检查一次。

检验方法:对照钻爆设计资料,观察、计数检验炮眼痕迹保存率。

6.4 隧底开挖

主控项目

6.4.1 隧底开挖轮廓和底部高程应符合设计要求，石质坚硬岩石个别突出部分(每 1 m^2 不大于 0.1 m^2)侵入衬砌应小于 5 cm。

检验数量：施工单位每一开挖循环检查一次，监理单位按 20%比例抽验。

检验方法：用仪器测量底部高程，用自动断面仪测量周边轮廓断面，绘断面图与设计断面核对。

6.4.2 边墙基础及隧道底地质情况应满足设计要求，基底内无积水、浮渣。

检验数量：施工单位每一开挖循环检查一次，监理单位按 20%比例抽验。

检验方法：施工单位进行地质描述，监理单位见证检验。

6.4.3 隧底开挖时不得破坏基底加固处理桩体，开挖时必须预留桩顶 30 cm 土体人工开挖。

检验数量：施工单位、监理单位每处检查一次。

检验方法：观察、仪器测量。

6.4.4 隧底、仰拱开挖进尺应符合设计要求。软弱围岩隧道仰拱每循环开挖进尺不得大于 3 m。

检验数量：施工单位每一开挖循环检查一次，监理单位按施工单位检验数量的 10%平行检验。

检验方法：测量、尺量。

一般项目

6.4.5 水沟开挖位置、基底高程应符合设计要求，靠边墙的水沟应与边墙基础同时开挖，一次成型。

检验数量：施工单位每一开挖循环检查一次。

检验方法：观察、仪器测量。

6.5 弃渣场防护

主控项目

6.5.1 弃渣场的挡护结构、坡面防护形式及排水沟、截水沟的结构形式应符合设计要求。

检验数量：施工单位、监理单位全部检查。

检验方法：观察。

6.5.2 弃渣场防护工程所用的材料质量应符合设计要求。

检验数量：施工单位、监理单位全部检查。

检验方法：观察，检查合格证，试验。

6.5.3 挡护工程基础的地基承载力应满足设计要求。

检验数量：每一施工段检查一次，施工单位检查不少于 5 处，监理单位见证检验不少于 1 处。

检验方法：施工单位采用静力触探或标准贯入检测。监理单位见证检验和检查检测报告。

6.5.4 挡护工程及排水沟、截水沟浇注完毕应及时覆盖养护，并经常洒水保持湿润，常温下养护期不得小于 7 d。

检验数量:施工单位全部检查,监理单位按施工单位检验数量的 20% 抽检,但至少进行一次。

检验方法:观察,检查施工记录。

6.5.5 沉降缝、泄水孔和反滤层的位置、数量应符合设计要求。

检验数量:施工单位全部检查,监理单位按施工单位检验数量的 20% 抽检,但至少进行一次。

检验方法:尺量和计数检查。

一 般 项 目

6.5.6 排水沟、截水沟排水顺畅,无淤积阻塞。

检验数量:施工单位全部检查。

检验方法:观察。

6.5.7 排水沟、截水沟、弃渣场混凝土外观质量应符合本标准第 8.4.30 条规定。沉降缝整齐垂直,上下贯通。泄水孔坡度向外,无堵塞现象。

检验数量:施工单位全部检查。

检验方法:观察和敲击检查。

6.5.8 弃渣场挡护工程、排水沟、截水沟尺寸的允许偏差和检验方法应符合表 6.5.8 的规定。

表 6.5.8 弃渣场挡护工程等尺寸允许偏差和检验方法

序号	项　　目	允许偏差(mm)		检验方法	检验数量
		基础	结构		
1	基础埋深	−100	—	尺　量	每边不少于 1 处
2	厚　度	±10	±10		
3	表面平整度	—	5	2 m 靠尺检查	每边不少于 4 处
4	顶面高程	±20	±20	测　量	每边不少于 4 处

7 支　　护

7.1 一 般 规 定

7.1.1 隧道支护必须紧跟开挖及时施作，并应及早封闭成环。同时应按设计要求进行监控量测等相关作业。

7.1.2 采用分部开挖时，应在初期支护喷射混凝土强度达到设计强度的70%及以上时进行下一部分的开挖。

7.1.3 作业区应有良好的通风和照明装置，粉尘浓度不大于2 mg/m³。

7.1.4 软弱围岩隧道Ⅳ、Ⅴ、Ⅵ级围岩初期支护封闭位置距离掌子面不得大于35 m。

7.1.5 黄土隧道开挖过程中应严格管理施工用水，避免浸泡初期支护拱(墙)脚土体。

7.1.6 双线Ⅳ、Ⅴ级围岩隧道台阶法施工时，应设置锁脚锚杆(管)、横向临时支撑或临时仰拱等控制拱(墙)脚位移的措施。

7.2 监 控 量 测

一 般 规 定

7.2.1 高速铁路隧道施工应及时进行监控量测，设计单位应进行监控量测设计，施工单位应编制监控量测实施细则。

7.2.2 监控量测实施细则应报监理、建设单位，经批准后实施，并作为现场作业、检查验收的依据。

7.2.3 监控量测必须设置专职人员并经培训后上岗。对周边建筑物可能产生严重影响的城市铁路隧道，应实施第三方监测。

7.2.4 施工单位应成立现场监控量测小组，建立相应的质量保证体系和等级管理、信息反馈和报告制度，负责及时将监控量测信息反馈于施工和设计，工程竣工后应将监控量测资料整理归档并纳入竣工文件中。

7.2.5 监控量测应作为关键工序列入现场施工组织，施工中应认真实施。

7.2.6 不良地质地段施工时，应加密布置量测断面，并适当增大监控量测频率。隧道拱顶下沉和净空变化的量测断面间距：Ⅳ级围岩不得大于10 m、Ⅴ级围岩不得大于5 m。当拱顶下沉、水平收敛速率达5 mm/d或位移累计达100 mm时，应暂停掘进，并及时分析原因，采取处理措施。

7.2.7 隧道浅埋、下穿建筑物地段，地表必须设置监测网点并实施监测。

7.2.8 施工中应定期观察支护、二衬表面情况，对于有开裂、掉块、渗漏水等情况应分析原因，及时采取加固措施。

7.2.9 施工现场必须建立严格的监控量测数据复核、审查制度，保证数据的准确性。监控量测数据应利用计算机系统进行管理，由专人负责。如有监控量测数据异常，应及时采取补救措施，并做出详细记录。

主 控 项 目

7.2.10 地表沉降测点和隧道内测点应布置在同一断面里程。地表沉降测点应在隧道开挖前布设，布点应牢固，平面位置和断面里程应符合设计要求。

检验数量：施工单位、监理单位全部检查。

检验方法：观察，仪器测量。

7.2.11 隧道内测点设置平面位置和断面里程应符合设计要求，Ⅳ级围岩隧道拱顶下沉和净空变化的量测断面间距不得大于10 m、Ⅴ级围岩不得大于 5 m。

检验数量：施工单位每一安装循环检查一次，监理单位按断面数量 20%进行见证检验。

检验方法：观察，仪器测量。

7.2.12 监控量测数据应按设计要求的频次读取数据，量测数据内容应完整、成果真实可靠。

检验数量：施工单位每日检查一次量测数据，监理单位按施工单位检验数量的 20%进行见证检验。

检验方法：检查书面记录。

7.2.13 监控量测数据应及时整理分析并反馈于施工。当拱顶下沉、水平收敛速率达 5 mm/d 或位移累计达 100 mm 时，应暂停掘进，并及时分析原因，采取处理措施。

检验数量：施工单位每日检查一次量测数据，监理单位按施工单位检验数量的 20%进行见证检验。

检验方法：测量、检查书面记录。

一 般 项 目

7.2.14 隧道内测点应在隧道开挖后 12 h 内布设，并及时读取数据，最迟不得大于 24 h。

检验数量：施工单位每一安装循环检查一次。

检验方法：观察，仪器测量。

7.2.15 隧道监控量测元件、工具精度、测量范围满足符合设计要求，并具有良好的防震、防水、防腐性能。

检验数量：施工单位全部检查。

检验方法：读取数据，仪器测量，第三方鉴定。

7.2.16 测点埋设应符合设计量测方法和现行《铁路隧道监控量测技术规程》要求。隧道收敛测点应埋入围岩浅层内；当采用接触量测时，测点挂钩应做成闭合三角形，保证牢固不变形；无尺量测的测点应贴反光标，标识应准确、醒目。

检验数量：施工单位每安装段检查一次。

检验方法：观察。

7.3 喷射混凝土

一 般 规 定

7.3.1 喷射混凝土应采用硅酸盐水泥或普通硅酸盐水泥，必要时可采用特种水泥。

7.3.2 喷射混凝土宜采用强制式搅拌机搅拌，其搅拌时间应不小于 1.5 min。纤维喷射混凝土搅拌时间应通过现场搅拌试验确定。

7.3.3 喷射混凝土应采用湿喷工艺，特殊地质条件下工艺方法应符合设计要求。

7.3.4 喷射混凝土回弹料严禁重复使用。

7.3.5 喷射混凝土施工应分段分层作业。分层喷射混凝土时，后一层喷射应在前一层混凝土终凝后进行，一次喷射的最大厚度：拱部不得超过 10 cm，边墙不得超过 15 cm。

7.3.6 隧道开挖后应及时初喷混凝土，混凝土终凝到下一循环爆破作业间隔不得小于 3 h。

主 控 项 目

7.3.7 喷射混凝土水泥进场检验应符合本标准第 8.4.1 的规定。

7.3.8 喷射混凝土所用细骨料细度模数应大于 2.5，含泥量应不大于 3%，泥块含量应不大于 0.5%。其他指标应符合本标准第 8.4.3 条的规定。

7.3.9 喷射混凝土所用粗骨料最大粒径不宜大于 16 mm，其他指标应符合本标准第 8.4.4 条的规定。

7.3.10 喷射混凝土所用速凝剂，应按批对其匀质性、凝结时间、抗压强度比及其与水泥适应性和速凝效果等进行检验，其性能指标应符合表 7.3.10 的要求。

表 7.3.10 掺速凝剂净浆及硬化砂浆的性能要求

净浆凝结时间(min)不迟于		1 d 抗压强度(MPa)不小于	28 d 抗压强度比(%)不小于
初 凝	终 凝		
5	10	7	75

1 检验数量：同厂家、同品种、同编号的外加剂，每 50 t 为一批，不足 50 t 时应按一批计。施工单位每批抽样试验一次；监理单位按施工单位抽检次数的 10%进行平行检验，但不少于一次。

2 检验方法：施工单位全部检查质量证明文件并进行试验检验；监理单位全部检查质量证明文件、试验报告并进行平行检验。

7.3.11 喷射混凝土拌和用水宜采用饮用水。当采用其他水源时，水质应符合本标准第 8.4.7 条规定。

7.3.12 喷射纤维混凝土中的纤维应满足下列规定：

1 纤维混凝土所用纤维的品种、规格、质量应符合设计要求。

2 钢纤维不得有明显的锈蚀、油渍和其他妨碍钢纤维与水泥黏结的杂质，也不得混有妨碍水泥硬化的化学成分。

3 纤维不得有妨碍纤维与水泥黏结的杂质，也不得混有妨碍水泥硬化的化学成分。

检验数量和检验方法：应符合表 7.3.12 的规定。

表 7.3.12 纤维的检验要求

<table>
<tr><th colspan="2" rowspan="2">检验项目</th><th colspan="6">检 验 要 求</th></tr>
<tr><th colspan="2">质量证明文件检查</th><th colspan="4">抽样试验检验</th></tr>
<tr><td rowspan="7">钢纤维</td><td>纤维杂质含量</td><td>√</td><td rowspan="7">同厂家、同批号、同出厂日期核查供应商提供的质量证明文件。
施工单位、监理单位均全部检查</td><td>√</td><td rowspan="7">任何新选货源检验一次；
施工单位试验检验；监理单位见证检验</td><td>√</td><td rowspan="7">同厂家、同品种、同规格的产品每 5 t 为一批，不足 5 t 时也按一批计。
施工单位每批抽检一次；监理单位按施工单位抽检次数的 10% 进行见证检验</td></tr>
<tr><td>长 度</td><td>√</td><td>√</td><td>√</td></tr>
<tr><td>直径(等效直径)</td><td>√</td><td>√</td><td>√</td></tr>
<tr><td>长径比</td><td>√</td><td>√</td><td></td></tr>
<tr><td>抗拉强度</td><td>√</td><td>√</td><td>√</td></tr>
<tr><td>弯折性能</td><td>√</td><td>√</td><td>√</td></tr>
<tr><td>形状合格率</td><td>√</td><td>√</td><td></td></tr>
</table>

续上表

<table>
<tr><th colspan="2" rowspan="2">检验项目</th><th colspan="6">检　验　要　求</th></tr>
<tr><th colspan="2">质量证明文件检查</th><th colspan="4">抽样试验检验</th></tr>
<tr><td rowspan="9">合成纤维</td><td>直　径</td><td>√</td><td rowspan="9">同厂家、同批号、同出厂日期核查供应商提供的质量证明文件。
施工单位、监理单位均全部检查</td><td>√</td><td rowspan="9">任何新选货源检验一次；
施工单位试验检验；监理单位见证检验</td><td>√</td><td rowspan="9">同厂家、同品种、同规格的产品每 1 t 为一批，不足 1 t 时也按一批计。
施工单位每批抽检一次；监理单位按施工单位抽检次数的 10% 进行见证检验</td></tr>
<tr><td>长　度</td><td>√</td><td>√</td><td>√</td></tr>
<tr><td>密　度</td><td>√</td><td>√</td><td></td></tr>
<tr><td>抗拉强度</td><td>√</td><td>√</td><td>√</td></tr>
<tr><td>弹性模量</td><td>√</td><td>√</td><td></td></tr>
<tr><td>极限伸长率</td><td>√</td><td>√</td><td>√</td></tr>
<tr><td>DSC 分析</td><td>√</td><td>√</td><td>√</td></tr>
<tr><td>溶　点</td><td>√</td><td>√</td><td></td></tr>
<tr><td>纤维杂质含量</td><td>√</td><td>√</td><td>√</td></tr>
</table>

注：当设计要求的检验指标与本表不一致以及采用其他纤维时，其检验应符合设计要求。

7.3.13　喷射混凝土的配合比设计应根据原材料性能、混凝土的技术条件和设计要求通过试验选定，水胶比不大于 0.5，水泥（胶凝材料）用量不宜小于 400 kg/m^3。

检验数量：施工单位对同强度等级、同性能喷射混凝土进行一次混凝土配合比选定试验，当使用的原材料、施工工艺发生变化时，应重新进行配合比选定试验；监理单位全部检查。

检验方法：施工单位进行配合比选定试验。监理单位检查配合比选定试验或检查确认配合比选定单。

7.3.14　喷射混凝土的早期强度应符合设计要求，C25 喷射混凝土 24 h 强度应不小于 10 MPa。

检验数量：施工单位、监理单位每级连续围岩进行一次工艺性试验。

检验方法：施工单位采用贯入法或拔出法或无底试模检测。监理单位见证检验。

7.3.15　喷射混凝土的强度必须符合设计要求。

检验数量：施工单位每一作业循环检验一次，每个循环至少在拱部和边墙各留置一组检验试件。监理单位全部检查。

检验方法：施工单位进行试验（试件制作方法参照附录 K）。监理单位检查试验报告。

7.3.16　喷射混凝土厚度的检查点数 90% 及以上应大于设计厚度。

检验数量：全断面开挖时，施工单位每一作业循环检查一次，分部开挖时，施工单位每 3～5 m 检查一次。每个断面应从拱顶起，每间隔 2 m 布设一个检查点检查喷射混凝土的厚度。监理单位见证检验或按施工单位检查断面数量的 20% 抽验。

检验方法：采用埋钉法、凿孔法检查喷层厚度或无损检测测量厚度。监理单位见证检验。

7.3.17　喷射混凝土终凝 2 h 后，应按施工技术方案及时采取有效措施进行养护，养护时间不少于 14 d。

检验数量：施工单位全部检查，监理单位按施工单位检验数量的 20% 抽检，但至少进行一次。

检验方法：观察，检查施工记录。

7.3.18　喷射混凝土冬期施工时，作业区的气温和混合料进入喷射机的温度均不应低于 5 ℃。

检验数量：施工单位全部检查，监理单位按施工单位检验数量的 20% 抽检，但至少进行一次。

检验方法：测温。

7.3.19　喷射混凝土应与围岩、钢架、钢筋网结合紧密，背后无空洞、无杂物。

检验数量：施工单位每 10 m 检查一个断面，每个断面从拱顶中线起每 3 m 检查 1 个点。监理单位见证检验或按施工单位检查断面的 10%抽验。

检验方法：凿空或雷达监测仪监测。

7.3.20 喷射混凝土表面应密实、平整，无裂缝、脱落、漏喷、漏筋、空鼓，锚杆头无外露。

检验数量：施工单位、监理单位全部检查。

检验方法：观察，敲击。

7.3.21 喷射混凝土施工应采用湿喷工艺，特殊地质条件下工艺方法应符合设计要求。

检验数量：施工单位、监理单位全部检查。

检验方法：观察。

一 般 项 目

7.3.22 喷射混凝土拌制前，应测定砂、石含水率，并根据测试结果、环境条件、工作性能要求等及时调整施工配合比。

检验数量：施工单位每工作班不应少于一次。雨天或含水率有显著变化时，应增加含水率检测次数。

检验方法：砂、石含水率测试。

7.3.23 喷射混凝土拌和物的坍落度应符合设计配合比要求。

检验数量：施工单位每工作班不少于一次。

检验方法：坍落度试验。

7.4 锚　　杆

一 般 规 定

7.4.1 锚杆类型必须符合设计要求。

7.4.2 超前锚杆应与钢架连接牢固，一并受力。

7.4.3 中空锚杆应根据隧道的使用部位采用不同的注浆方法，中空锚杆的规格和性能指标应符合《中空锚杆技术条件》(TB/T 3209)的规定，严禁采用药包锚杆代替中空锚杆。

7.4.4 系统锚杆应在喷射混凝土完成后施工，安装时必须设置垫板，垫板应与基面密贴。

主 控 项 目

7.4.5 锚杆所使用的钢筋原材料进场检验必须符合本标准第 8.3 节的钢筋部分的规定。

7.4.6 锚杆的规格及物理性能指标应符合设计文件和表 7.4.6 的规定。

表 7.4.6 锚杆的规格及物理性能指标

<table>
<tr><th rowspan="2">序号</th><th rowspan="2">锚杆规格</th><th rowspan="2">牌　　号</th><th rowspan="2">公称直径
(mm)</th><th rowspan="2">公称壁厚
(mm)</th><th colspan="2">质　　量</th></tr>
<tr><th>公称质量
(kg/ m)</th><th>允许偏差
(10%)</th></tr>
<tr><td>1</td><td>ϕ22 砂浆锚杆</td><td>HRB335</td><td>22</td><td>—</td><td>2.98</td><td rowspan="4">±4</td></tr>
<tr><td rowspan="2">2</td><td rowspan="2">ϕ22 中空
组合锚杆</td><td>中空体 Q345
实心体 HRB400</td><td>20</td><td>—</td><td>2.47</td></tr>
<tr><td>中空体 Q345
实心体 HRB335</td><td>22</td><td>—</td><td>2.98</td></tr>
<tr><td>3</td><td>ϕ25×7 普通中空锚杆</td><td>Q345</td><td>25</td><td>7</td><td>3.11</td></tr>
</table>

注：当采用新牌号钢种做锚杆体材料时，其公称质量可按本标准表 7.4.7 规定的屈服力和最大力，经推算确定。

检查数量：锚杆的规格施工单位全检，锚杆的物理性能指标（公称直径、公称壁厚、公称质量）施工单位随机抽样3%检验；监理单位按施工单位检查次数的10%进行平行检验或见证检验。

检验方法：锚杆规格采用检查产品合格证、出厂检验报告。锚杆物理性能指标采用观察、称重、尺量检查。

7.4.7 锚杆的屈服强度、抗拉强度、屈服力、最大力、断后伸长率等力学性能指标应符合表7.4.7的规定。

表7.4.7 锚杆的力学性能指标

序号	锚杆规格	牌号	屈服强度 R_{el}(MPa)	抗拉强度 R_m(MPa)	屈服力(kN)	最大力(kN)	断后伸长率 A(%)
			不小于				
1	ϕ22 砂浆锚杆	HRB335	335	455	127	172	17
2	ϕ22 中空组合锚杆	HRB400	400	540	126	170	16
		HRB335	335	455	127	172	17
3	$\phi25\times7$ 普通中空锚杆	Q345	325	490	128	193	21

注：当采用新牌号钢种做锚杆体材料时，其力学性能指标不得低于表7.4.7的规定。

检查数量：施工单位按进场的批次，每批次随机抽样2套进行检验。监理单位按施工单位检查次数的10%见证检验。

检验方法：施工单位检查产品合格证、出厂检验报告并取样进行试验。监理单位检查全部产品合格证、出厂检验报告、施工单位试验报告，并进行见证检验。

7.4.8 锚杆安装的数量应符合设计要求。

检验数量：施工单位、监理单位全部检查。

检验方法：施工现场计数检查。

7.4.9 砂浆的强度等级、配合比应符合设计要求。

检查数量：施工单位、监理单位每一作业段检查一次。

检验方法：施工单位进行配合比设计，做砂浆强度试验。监理单位见证检验。

7.4.10 锚杆注浆管的直径不得小于16 mm，注浆方式应符合设计要求。

检验数量：施工单位全验，监理单位按施工单位检查次数10%的比例进行平行检验。

检验方法：注浆管的直径采用尺量，组合中空锚采用现场观察检查排气管回浆情况，普通中空锚杆采用现场观察检查进浆方式，砂浆锚杆采用检查施工记录、观察。

7.4.11 锚杆安装允许偏差应符合下列规定：

1 锚杆孔的孔径应符合设计要求。

2 锚杆孔的深度应大于锚杆长度的10 cm。

3 锚杆孔距允许偏差为±15 cm。

4 锚杆插入长度不得小于设计长度的95%，且应位于孔的中心。

检验数量：施工单位全部检查，监理单位按施工单位检验数量的10%见证检验，但至少进行一次。

检验方法：现场尺量、声波反射法（附录B）。

7.4.12 砂浆锚杆的灌注砂浆饱满度应大于80%。

检验数量：施工单位对锚杆检测抽样率不应低于总锚杆数的10%，且每批不宜少于20

根。单项或单位工程抽检锚杆的不合格率大于10%时，应对未检测的锚杆进行加倍抽检。监理单位按施工单位检验数量的20%见证检验。

检验方法：检查施工记录，声波反射法。

7.4.13 锚杆接长采用机械连接的检验应符合本标准第8.3.4条、第8.3.5条、第8.3.7条和第8.3.8条的规定。

一 般 项 目

7.4.14 锚杆孔的方向应符合设计要求，锚杆垫板应与基面密贴。

检验数量：施工单位全部检查。

检验方法：观察。

7.4.15 锚杆应平直、无损伤，表面无裂纹、油污、颗粒状或片状锈蚀。

检验数量：施工单位全部检查。

检验方法：观察。

7.5 钢 筋 网

一 般 规 定

7.5.1 钢筋网应在岩面喷射一层混凝土后再铺挂。

7.5.2 钢筋网与岩面之间喷射混凝土应密实，无空洞。

7.5.3 有脱落的石块或混凝土块被钢筋网卡住时，应及时清除。

主 控 项 目

7.5.4 钢筋网所使用的钢筋原材料进场检验必须符合本标准第8.3节的规定。

7.5.5 钢筋网所使用钢筋的品种、规格等应符合设计要求。

检验数量：施工单位、监理单位全部检查。

检验方法：观察，尺量。

7.5.6 钢筋网的制作应符合设计要求。

检验数量：施工单位全部检查。监理单位按全部数量的10%见证检验，但至少进行一次。

检验方法：观察，尺量。

7.5.7 钢筋网的安装位置应符合设计要求，并与锚杆或其他固定装置联结牢固。

检验数量：施工单位、监理单位每循环检查5处。

检验方法：观察，凿孔检查或仪器探测。

7.5.8 双层钢筋网施工时，第二层钢筋网应在第一层钢筋网被混凝土覆盖及混凝土终凝后铺设。

检验数量：施工单位、监理单位每循环检查一次。

检验方法：观察，检查施工记录。

一 般 项 目

7.5.9 钢筋网的网格间距应符合设计要求，网格尺寸允许偏差为±10 mm。

检验数量：施工单位每循环检查一次，随机抽样5片。

检验方法：尺量。

7.5.10 钢筋网搭接长度应为1～2个网孔，允许偏差为±50 mm。

检验数量：施工单位每循环检查一次，随机抽样 5 片。

检验方法：尺量。

7.5.11 钢筋应冷拉调直后使用，钢筋表面不得有裂纹、油污、颗粒状或片状锈蚀。

检验数量：施工单位全部检查。

检验方法：观察。

7.6 钢架（格栅钢架、型钢钢架）

一 般 规 定

7.6.1 钢架应工厂化制造，出厂前必须进行检验、试拼装。当采用格栅钢拱架时，应采用八字结格栅拱架。

7.6.2 钢架应在隧道开挖后或初喷射混凝土后及时进行架设。

7.6.3 钢架底脚应置于牢固的基础上，否则应设钢垫板或用混凝土填充。

7.6.4 钢架与围岩或初喷层间的间隙应采用喷射混凝土喷填密实。

7.6.5 钢架保护层垫块材质应符合设计要求。

主 控 项 目

7.6.6 制作钢架所用钢筋的进场检验应符合本标准第 8.3 节的规定。制作刚架所用型钢进场检验必须按批抽取试件作力学性能（屈服强度、抗拉强度和伸长率）和工艺性能（冷弯）试验。

型钢的拉伸和冲击试验结果应符合表 7.6.6—1 规定。

表 7.6.6—1 型钢屈服强度、抗拉强度和伸长率

牌号	等级	屈服强度[a]R_{el}（N/mm²）不小于						抗拉强度[b]R_m（N/mm²）	断后伸长率 A（%）不小于					冲击试验（V 形缺口）	
		厚度（或直径）（mm）							厚度（或直径）（mm）					温度（℃）	冲击吸收功（纵向）（J）不小于
		≤16	>16～40	>40～60	>60～100	>100～150	>150～200		≤40	>40～60	>60～100	>100～150	>150～200		
Q195		195	185	—	—	—	—	315～430	33	—	—	—	—	—	—
Q215	A	215	205	195	185	175	165	335～450	31	30	29	27	26	—	—
	B													+20	27
Q235	A	235	225	215	215	195	185	370～500	26	25	24	22	21	—	—
	B													+20	27[c]
	C													0	
	D													−20	
Q275	A	275	265	255	245	225	215	410～540	22	21	20	18	17	—	—
	B													+20	27
	C													0	
	D													−20	

a. Q195 的屈服强度值仅供参考，不作交货条件。

b. 厚度大于 100 mm 的钢材，抗拉强度下限允许降低 20 N/mm²。宽带钢（包括剪切钢板）抗拉强度上限不作交货条件。

c. 厚度小于 25 mm 的 Q235B 级钢材，如供方能保证冲击吸收功值合格，经需方同意，可不做检验型钢的弯曲试验结果应符合表 7.6.6—2 规定。

表 7.6.6—2 型钢弯心直径

牌号	试样方向	冷弯试验 180° $B=2a$[a]	
		钢材厚度(或直径)[b](mm)	
		≤60	>60～100
		弯心直径 d	
Q195	纵	0	—
	横	0.5a	
Q215	纵	0.5a	1.5a
	横	a	2a
Q235	纵	a	2a
	横	1.5a	2.5a
Q275	纵	1.5a	2.5a
	横	2a	3a

a. B 为试样厚度，a 为试样厚度(或直径)。
b. 钢材厚度(或直径)大于 100 mm 时，弯曲试验由双方协商确定

检验数量：以同牌号、同炉罐号、同规格、同交货状态的型钢，每 60 t 为一批，不足 60 t 应按一批计。施工单位每批抽检一次。监理单位按施工单位抽检次数的 10%见证取样检测，并至少进行一次。

检验方法：施工单位检查每批质量证明文件，并进行相关性能试验。监理单位检查全部质量证明文件和试验报告，并进行见证取样检测。

7.6.7 制作钢架的钢材品种和规格必须符合设计要求。

检验数量：施工单位、监理单位全部检查。

检验方法：观察，尺量。

7.6.8 格栅钢架钢筋的弯制和末端的弯钩及型钢钢架的弯制应符合设计要求。钢架的结构尺寸应符合设计要求。

检验数量：施工单位全部检查。监理单位按 10%见证检验，至少进行一次。

检验方法：观察，尺量。

7.6.9 钢架安装不得侵入二次衬砌断面，相邻钢架及各节钢架间的连接应符合设计要求。

检验数量：施工单位、监理单位每榀检查。

检验方法：观察，测量。

7.6.10 沿钢架外缘每隔 2 m 应用保护层垫块与初喷层或围岩顶紧，钢架与初喷层或围岩间的间隙应采用喷射混凝土喷填密实。

检验数量：施工单位、监理单位全部检查。

检验方法：观察。

一 般 项 目

7.6.11 钢筋、型钢等原材料应平直、无损伤，表面不得有裂纹、油污、颗粒状或片状锈蚀。

检验数量：施工单位全部检查。

检验方法：观察。

7.6.12 钢架制作应符合下列规定：

1 采用型钢弯制钢架时，分节长度应根据设计尺寸及所采用的开挖方法确定，各节长度不应大于 4 m，腹板上钻孔的位置应符合设计要求。

2 钢架节点焊接长度应大于4 cm，且对称焊接。

3 钢架周边拼装允许偏差为±3 cm，平面翘曲应小于 2 cm。

检验数量：施工单位每榀钢架检查一次。

检验方法：观察，尺量。

7.6.13 钢架安装允许偏差的检验应符合表 7.6.13 的规定。

检验数量：施工单位每榀钢架检查一次。

检验方法：测量、尺量。

表 7.6.13 钢架安装允许偏差

序号	项目	允许偏差
1	间距	±100 mm
2	横向	±50 mm
3	高程	±50 mm
4	垂直度	±2°

7.7 管　　棚

主 控 项 目

7.7.1 管棚所用钢管进场必须按批抽取试件作力学性能（屈服强度、抗拉强度和伸长率）和工艺性能（冷弯）试验，其质量必须符合国家有关规定及设计要求。

检验数量：以同牌号、同炉罐号、同规格、同交货状态的钢管，每 60 t 为一批，不足 60 t 按一批计。施工单位每批抽检一次。监理单位按施工单位抽检次数的 10%见证取样检测，并至少进行一次。

检验方法：施工单位检查每批质量证明文件并进行相关性能试验。监理单位检查全部质量证明文件和试验报告，并进行见证取样检测或平行检验。

7.7.2 管棚所用钢管的品种和规格必须符合设计要求。

检验数量：施工单位、监理单位全部检查。

检验方法：观察，钢尺检查。

7.7.3 管棚搭接长度应符合设计要求。

检查数量：施工单位、监理单位全部检查。

检验方法：尺量。

7.7.4 注浆浆液的配合比应符合设计要求。

检验数量：施工单位对同性能的浆液进行一次配合比选定试验。当使用的原材料、施工工艺发生变化时，均应重新进行配合比选定试验；监理单位全部检查。

检验方法：施工单位进行配合比选定试验，监理单位见证配合比选定试验或平行检验并检查确认配合比选定单。

7.7.5 注浆压力应符合设计要求，注浆浆液应充满钢管及其周围的空隙。

检验数量：施工单位全部检查，监理单位按施工单位检验数量的 10%见证检验。

检验方法：施工单位检查施工记录的注浆量和注浆压力，观察。监理单位见证检验。

一 般 项 目

7.7.6 管棚钻孔的允许偏差应符合表 7.7.6 的规定。

表 7.7.6 管棚钻孔允许偏差

序号	项目	允许偏差	序号	项目	允许偏差
1	方向角	1°	3	孔深	±50 mm
2	孔口距	±30 mm			

检验数量:施工单位全部检查。

检验方法:仪器测量,尺量。

7.8 超前小导管

主 控 项 目

7.8.1 超前小导管所用的钢管进场检验必须符合本标准第 7.7.1 条的规定。

7.8.2 超前小导管所用钢管的品种和规格必须符合设计要求。

检验数量:施工单位、监理单位全部检查。

检验方法:观察,尺量。

7.8.3 超前小导管与支撑结构的连接应符合设计要求。

检验数量:施工单位、监理单位全部检查。

检验方法:观察。

7.8.4 超前小导管的纵向搭接长度应符合设计要求。

检验数量:施工单位、监理单位全部检查。

检验方法:尺量。

7.8.5 注浆浆液配合比的检验应符合本标准第 7.7.4 条的规定。

7.8.6 超前小导管注浆压力应符合设计要求,浆液必须充满钢管及其周围的空隙。

检验数量:施工单位全部检查。监理单位按施工单位检验数量的 10%检查。

检验方法:施工单位检查施工记录的注浆量和注浆压力,观察。监理单位见证检验。

一 般 项 目

7.8.7 超前小导管施工允许偏差应符合表 7.8.7 的规定。

表 7.8.7 超前小导管施工允许偏差

序号	项 目	允许偏差	序号	项 目	允许偏差
1	方向角	2°	3	孔深	$^{+50}_{0}$ mm
2	孔口距	±50 mm			

检验数量:施工单位每环抽查 3 根。

检验方法:仪器测量,尺量。

7.9 初期支护结构

主 控 项 目

7.9.1 初期支护应紧跟开挖及时施作,并应及早封闭成环。软弱围岩隧道Ⅳ、Ⅴ、Ⅵ级围岩初期支护封闭位置距离掌子面不得大于 35 m。

检验数量:施工单位、监理单位全部检查。

检验方法:观察,尺量。

7.9.2 隧道开挖过程中应严格管理施工用水,避免浸泡初期支护拱(墙)脚土体。

检验数量:施工单位、监理单位全部检查。

检验方法:观察。

7.9.3 双线Ⅳ、Ⅴ级围岩隧道台阶法施工时,应设置锁脚锚杆(管)、横向临时支撑或临时仰拱等控制拱(墙)脚位移的措施。

检验数量:施工单位、监理单位全部检查。

检验方法:观察。

7.9.4 初期支护仰拱施工应快挖、快支、快速封闭。非爆破开挖和爆破开挖仰拱初期支护应分别于 8 h 和 12 h 内完成开挖、架设拱架、喷射混凝土封闭作业。

检验数量:施工单位、监理单位全部检查。

检验方法:观察。

8 衬　　砌

8.1 一 般 规 定

8.1.1 隧道竣工后的衬砌轮廓线严禁侵入设计轮廓线。

8.1.2 衬砌混凝土的强度、耐久性、耐腐蚀性、抗渗性及抗冻性必须符合设计要求。

8.1.3 衬砌混凝土使用水泥宜选用硅酸盐水泥、普通硅酸盐水泥，混合材宜为矿渣或粉煤灰。不宜使用早强水泥。有耐硫酸盐侵蚀要求的混凝土也可选用抗硫酸盐硅酸盐水泥。C30 以下混凝土，可采用矿渣硅酸盐水泥、粉煤灰硅酸盐水泥和复合硅酸盐水泥。

使用的细骨料应选用级配合理、质地坚固、吸水率低、空隙率小的洁净天然中粗河砂，也可选用专门机组生产的人工砂。不得使用海砂。

使用的粗骨料应选用级配合理、粒形良好、质地均匀坚固、线胀系数小的洁净碎石或碎卵石，无抗拉和抗疲劳要求的 C40 及以下强度等级混凝土也可采用卵石。混凝土应采用二级或三级级配粗骨料，粗骨料应分级采购、分级运输、分级堆放、分级计量。

外加剂应采用质量稳定的产品，外加剂与水泥和掺和料之间应具有良好的相容性。当将不同功能的多种外加剂复合使用时，外加剂之间以及外加剂与水泥之间应有良好的适应性。

8.1.4 混凝土中宜适量掺加符合技术要求的粉煤灰、磨细矿渣粉或硅灰等矿物掺和料。不同矿物掺和料的掺量应根据混凝土的环境条件、拌和物性能、力学性能以及耐久性要求通过试验确定。

8.1.5 对有含气量要求的混凝土，必须采取减水剂和引气剂双掺方式进行配制。

8.1.6 混凝土所用的原材料应按品种、规格和检验状态分别标识存放。骨料含泥量超标时必须冲洗合格方可入仓，严禁不合格骨料与合格骨料混放。

8.1.7 钢筋阻锈剂、混凝土表面涂层和防腐蚀面层所用材料等的品种、质量应符合设计要求和相关产品标准的规定。

8.1.8 混凝土生产应采用具有自动计量装置的拌和站、搅拌输送车、混凝土输送泵、插入式与附着式组合振捣的机械化作业线。混凝土搅拌输送车、输送泵应与搅拌设备的搅拌能力配合适宜，且能满足二次衬砌施工需要。

8.1.9 拌和站的自动计量装置，计量系统应定期检定。搅拌机经大修、中修或迁移至新的地点后，应对计量器具重新进行检定。每一工班正式称量前，应对计量设备进行检查。

8.1.10 衬砌模板台车就位后应进行中线、高程的复核。

8.1.11 混凝土衬砌应采用全断面一次成型法施工，特殊情况下可按设计要求进行分部施工。有仰拱的衬砌应先施作仰拱，仰拱与回填应分开浇筑。

8.1.12 隧底混凝土施工前应清除基底虚渣、淤泥、积水和杂物。

8.1.13 仰拱和底板混凝土强度达到 5 MPa 后行人方可通行，达到设计强度的 100%后车辆方可通行。

8.1.14 混凝土运输、浇筑及间歇的全部用时不应超过混凝土的初凝时间。底层混凝土初凝后浇筑上一层混凝土时，应按施工缝处理。

8.1.15 初期支护、防水板、二次衬砌之间应相互密贴，防水板与二次衬砌之间空隙应通过预留孔回填注浆，注浆应在衬砌混凝土达到设计强度后方可进行。注浆孔的预留和封闭处理应符合设计要求。

8.1.16 当工地昼夜平均气温连续 3 d 低于 5 ℃或最低气温低于－3 ℃时，应采取冬期施工措施；冬期施工期间，混凝土强度达到设计强度的 40%之前，不得受冻；浸水冻融条件下的混凝土开始受冻时，其强度不得小于设计强度的 75%。当工地昼夜平均气温高于 30 ℃时，应采取夏期施工措施。

8.1.17 软弱围岩及不良地质隧道的二次衬砌应及时施作，二次衬砌距掌子面的距离Ⅳ级围岩不得大于 90 m，Ⅴ、Ⅵ级围岩不得大于 70 m。

8.1.18 岩溶隧道二次衬砌施工前应检查隧道环向地质情况，不符合设计要求应及时采取注浆等措施进行加固处理，符合要求后方可施作二衬。当隧道内溶洞采取特殊构筑物通过时，相关构筑物应符合设计及相关验收标准要求。

8.1.19 无砟轨道铺设前，应对隧道变形进行观测，并对基础沉降作系统的评估，确认其工后沉降符合设计要求。

8.2 模　　板

主 控 项 目

8.2.1 衬砌模板台车、移动台架设计制造时必须以隧道设计断面为准，应考虑施工误差、贯通测量调差、预留沉落等因素。钢结构及钢模必须具有足够的强度、刚度和稳定性。

检验数量：施工单位、监理单位检查每台衬砌模板台车、移动台架。

检验方法：检查设计资料、产品验收合格证明。

8.2.2 模板安装必须稳固牢靠，接缝严密，不得漏浆。模板与混凝土的接触面必须打磨清理光滑并均匀涂刷隔离剂。浇筑混凝土前，模板内的积水和杂物应清理干净。

检验数量：施工单位、监理单位每一浇筑段检查一次。

检验方法：观察。

8.2.3 二次衬砌在初期支护变形稳定前施工的，拆模时的混凝土强度应达到设计强度的 100%；在初期支护变形稳定后施工的，拆模时的混凝土强度应达到 8 MPa，拆模后应及时保湿养护。

检验数量：施工单位、监理单位拆模前检查一次。

检验方法：施工单位拆模前进行，同配合比设计做一组同条件养护试件强度试验。监理单位检查试验报告。

一 般 项 目

8.2.4 模板安装允许偏差和检验方法应符合表 8.2.4 的规定。

检验数量：施工单位全部检查。

8.2.5 模板拆除、移动、就位时不得损坏、刮蹭原有混凝土面。

检验数量：施工单位每一浇筑段拆模后检查一次。

检验方法：观察。

表 8.2.4 模板安装允许偏差和检验方法

序号	项目	允许偏差(mm)	检验方法
1	边墙脚平面位置及高程	±15	尺量
2	起拱线高程	±10	
3	拱顶高程	$^{+10}_{0}$	水准测量
4	模板表面平整度	5	2 m靠尺和塞尺
5	相邻浇筑段表面高低差	±10	尺量

8.2.6 隧道模板预埋件和预留孔洞的允许偏差应符合表 8.2.6 的规定。

表 8.2.6 预埋件和预留孔洞的允许偏差和检验方法

序号	项目		允许偏差(mm)	检验数量	检验方法
1	预留孔洞	中心线位置	10	施工单位全部检查	尺量
		尺寸	$^{+10}_{0}$		
2	预埋件	中心位置	3		
		外露长度	$^{+10}_{0}$		

8.3 钢筋

主控项目

8.3.1 钢筋进场时,必须对其质量指标进行全面检查,按批检查其直径、每延米重量并抽取试件做屈服强度、抗拉强度、伸长率和冷弯试验,其质量应符合设计要求和国家现行标准《钢筋混凝土用钢》(GB 1499)的规定。

检验数量:以同牌号、同炉罐号、同规格的钢筋,每 60 t 为一批,不足 60 t 也按一批计。施工单位每批抽检一次。监理单位按施工单位抽检次数的 10%进行见证检验,但至少进行一次。

检验方法:施工单位全部检查质量证明文件,按批抽样测量直径、称量每延米重量并进行抽样做屈服强度、抗拉强度、伸长率和冷弯试验;监理单位全部检查质量证明文件、试验报告并进行见证检验。

8.3.2 钢筋品种、级别、规格、数量必须符合设计要求。

检验数量:施工单位、监理单位全部检查。

检验方法:观察,钢尺检查。

8.3.3 隧道衬砌钢筋接头位置应符合设计要求;拱部及边墙钢筋接头不得采用焊接,其他部位钢筋连接方式应符合设计要求。

检验数量:施工单位、监理单位全部检查。

检验方法:观察,钢尺检查。

8.3.4 钢筋机械连接用套筒及锁母的材料、品种、规格必须符合设计要求,设计无要求时应符合型式试验确定采用的套筒技术要求。套筒的外观质量和尺寸检查应符合铁道部《铁路混凝土工程钢筋机械连接技术暂行规定》(铁建设〔2010〕41 号)的规定。

检验数量:套筒及锁母的材料、品种、规格,施工单位、监理单位全部检查。外观质量和尺寸以同批、同材料、同型式、同规格的每 2 000 个套筒或锁母为一个检验批,不足 2 000 个也按一批计。施工单位每批抽检 2%，且不少于 20 个；监理单位按施工单位抽检数量的 20%进行见证检验，且不少于 4 个。

检验方法：观察和量规检查，并全部检查质量证明文件，内螺纹尺寸及公差采用专用的螺纹塞规检测。

8.3.5 钢筋接头的技术要求和外观质量应符合本标准附录 C 的规定。钢筋焊接接头和机械连接接头应按批抽取试件做力学性能检验，其质量必须分别符合国家现行标准《钢筋焊接及验收规程》(JGJ 18)和《铁路混凝土工程钢筋机械连接技术暂行规定》(铁建设〔2010〕41 号)的规定和设计要求。

检验数量：钢筋接头外观质量施工单位、监理单位全部检查。焊接接头的力学性能检验以同等级、同规格、同接头形式和同一焊工完成的每 200 个接头为一批，不足 200 个也按一批计。机械连接接头的力学性能检验以同一施工条件下同批材料、同等级、同规格、同型式的每 500 个接头为一批，不足 500 个也按一批计。施工单位每批抽检一次；监理单位按施工单位抽检次数的 20%进行见证检验，但至少进行一次。

检验方法：钢筋接头外观检验，施工单位、监理单位观察和尺量。焊接接头和机械连接接头力学性能检验，施工单位做拉伸试验，闪光对焊接头增做冷弯试验；监理单位检查力学性能试验报告并进行见证检验。

8.3.6 钢筋的加工应符合设计要求。当设计无要求时，应符合下列规定：

1 受拉热轧光圆钢筋(HPB235)的末端应作 180°弯钩，其弯曲直径不得小于钢筋直径的 2.5 倍，钩端应留有不小于钢筋直径 3 倍的直线段(图 8.3.6—1)。

2 受拉热轧带肋钢筋的末端应采用直角形弯钩，其弯曲半径不得小于钢筋直径的 2.5 倍(HRB335)或 3.5 倍(HRB400)，钩端应留有不小于钢筋直径 3 倍(HRB335)或 5 倍(HRB400)的直线段(图 8.3.6—2)。

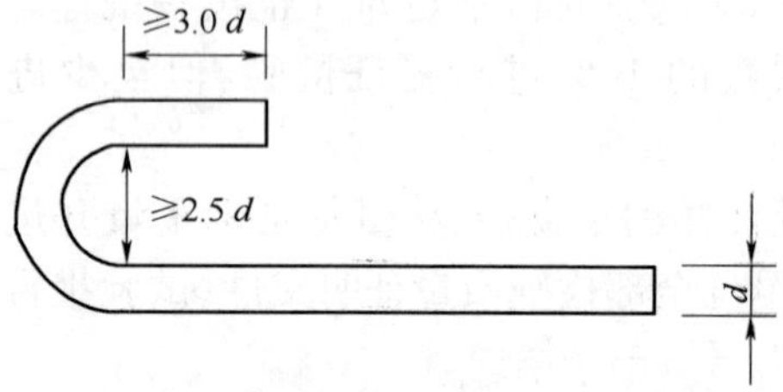

图 8.3.6—1 半圆形弯钩

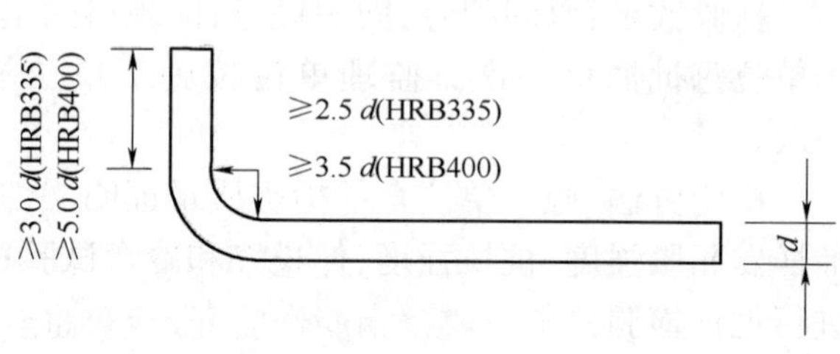

图 8.3.6—2 直角形弯钩

3 弯起钢筋应弯成平滑的曲线，其弯曲半径不得小于钢筋直径的 10 倍(HPB235)或 12 倍(HRB335)或 14 倍(HRB400)(图 8.3.6—3)。

4 用光圆钢筋制成的箍筋，其末端应作不小于 90°的弯钩，弯钩的弯曲直径应大于受力钢筋直径，且不得小于箍筋直径的 2.5 倍(图 8.3.6—4)；弯钩端直线段的长度，一般结构不得小于箍筋直径的 5 倍，有抗震等特殊要求的结构应符合相关抗震规范要求。

检验数量：施工单位按钢筋编号各抽检 10%，并各不少于 3 件。监理单位平行检验数量为施工单位抽检数量的 10%，并各不少于一件。

检验方法：尺量。

8.3.7 钢筋镦粗和滚轧直螺纹机械连接丝头加工的外观质量及尺寸应符合铁道部《铁路混凝土工程钢筋机械连接技术暂行规定》(铁建设〔2010〕41 号)的规定。

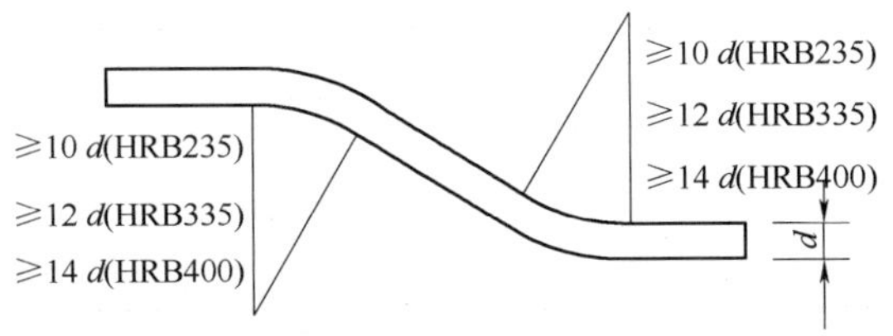

图 8.3.6—3　弯起钢筋

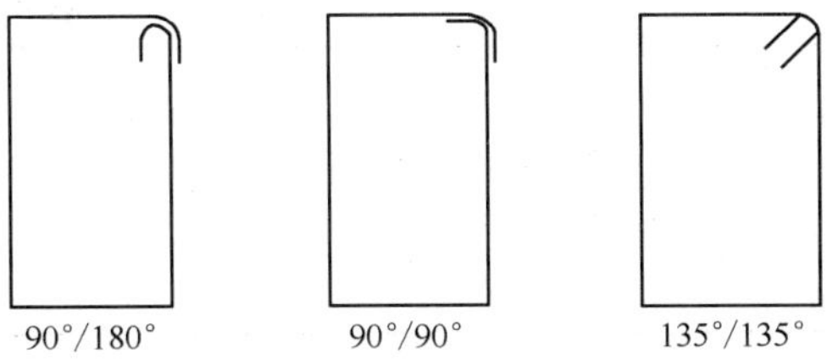

图 8.3.6—4　箍筋末端弯钩

检验数量：以一个工作班内生产的钢筋丝头为一个检验批，每批抽检 10%；监理单位按施工单位抽检数量的 20%进行见证检验，且不少于 4 个。

检验方法：观察和尺量，丝头的螺纹尺寸采用专用的螺纹环规检测。

8.3.8　钢筋镦粗和滚轧直螺纹机械连接接头的拧紧力矩应符合铁道部《铁路混凝土工程钢筋机械连接技术暂行规定》(铁建设〔2010〕41 号)的规定和工艺试验确定的参数要求。

检验数量：以同一施工条件下同批材料、同等级、同规格和同型式的每 500 个接头为一批，不足 500 个也按一批计。施工单位每批抽检 10%的接头进行校核，且不少于 20 个；监理单位按施工单位抽检数量的 20%进行见证检验，且不少于 4 个。

检验方法：施工单位采用扭矩扳手检查，监理单位见证检验。

8.3.9　钢筋保护层垫块材质、数量、位置应符合设计要求。当设计无要求时，混凝土垫块的抗压强度和耐久性应不低于结构本体混凝土的标准。

检验数量：施工单位、监理单位全部检查。

检验方法：垫块制作单位每半年提供一次第三方检测报告，施工单位和监理单位检查质量证明文件和检测报告。

8.3.10　钢筋接头应设置在承受应力较小处，并应分散布置。配置在“同一区段”内受力钢筋接头的截面面积，占受力钢筋总截面面积的百分率，应符合设计要求。当设计无要求时，应符合下列规定：

1　焊(连)接接头在受弯构件的受拉区不得大于 50%，轴心受拉构件不得大于 25%。

2　机械连接接头不应大于 50%，轴心受拉构件不得大于 25%。

3　绑扎接头在构件的受拉区不得大于 25%，在受压区不得大于 50%。

4　钢筋接头应避开钢筋弯曲处，距弯曲点的距离不得小于钢筋直径的 10 倍。

5　在同一根钢筋上应少设接头。“同一连接区段”内，同一根钢筋上不得超过一个接头。

6　“同一连接区段”长度：焊接接头或机械连接接头为 35 d(d 为纵向受力钢筋的较大直径)且不小于 500 mm，绑扎接头为 1.3 倍搭接长度且不小于 500 mm。凡接头中点位于该连接区段长度内的接头均属于同一连接区段。

7　当施工中分不清受拉区或受压区时，接头设置应符合受拉区规定。

检验数量：施工单位和监理单位全部检查。

检验方法：观察和尺量。

一 般 项 目

8.3.11　钢筋加工允许偏差和检验方法应符合表 8.3.11 的规定。

表 8.3.11 钢筋加工允许偏差和检验方法

序号	名　　称	允许偏差(mm)	检验方法
1	受力钢筋顺长度方向的全长	±10	尺量
2	弯起钢筋的弯折位置	20	
3	箍筋内净尺寸	±3	

检验数量:施工单位按钢筋编号各抽检 10%,并各不少于 3 件。

8.3.12 钢筋安装和保护层厚度的允许偏差和检验方法应符合表 8.3.12 的规定。

表 8.3.12 钢筋安装及保护层厚度允许偏差和检验方法

序号	名　　称		允许偏差(mm)	检验方法
1	双排钢筋的上排钢筋与下排钢筋间距		±5	尺量两端、中间各 1 处
2	同一排中受力钢筋水平间距	拱部	±10	
		边墙	±20	
3	分布钢筋间距		±20	尺量连续 3 处
4	箍筋间距		±20	
5	钢筋保护层厚度		$^{+10}_{-5}$	尺量两端、中间各 2 处

检验数量:施工单位全部检查。

8.3.13 钢筋应平直、无损伤,表面无裂纹、油污、颗粒状或片状锈蚀。

检验数量:施工单位全部检查。

检验方法:观察。

8.4 混　凝　土

主 控 项 目

8.4.1 硅酸盐水泥、普通硅酸盐水泥和抗硫酸盐水泥的性能应符合表 8.4.1—1 的规定。其他品种水泥的性能应符合国家现行标准《通用硅酸盐水泥》(GB175)的规定。

检验数量和检验方法:应符合表 8.4.1—1 及表 8.4.1—2 的规定。

表 8.4.1—1 水泥的技术要求

序号	检验项目	技术要求	检验方法
1	比表面积	300～350 m^2/kg	按 GB /T 8074 检验
2	凝结时间	初凝≥45 min,终凝≤600 min(硅酸盐水泥终凝≤390 min)	按 GB /T 1346 检验
3	安定性	沸煮法合格	按 GB /T 1346 检验
4	强　度	详见 GB 175—2007 表 3	按 GB /T 17671 检验
5	烧失量	≤5.0%(P·O);≤3.5%(P·Ⅱ);≤3.0%(P·Ⅰ)	按 GB /T 176 检验
6	游离 CaO 含量	≤1.0%	按 GB /T 176 检验
7	MgO 含量	≤5.0%	按 GB /T 176 检验

续上表

序号	检验项目	技术要求	检验方法
8	SO_3 含量	≤3.5%	按 GB/T 176 检验
9	Cl^- 含量	≤0.06%	按 GB/T 176 检验
10	碱含量	≤0.80%	按 GB/T 176 检验
11	助磨剂种类及掺量	详见 GB 175—2007 的 5.2	检查产品质量证明文件
12	石膏种类及掺量	详见 GB 175—2007 的 5.2	
13	混合材种类及掺量	详见 GB 175—2007 的 5.2	
14	熟料中的 C_3A 含量	≤8%	按 GB/T 21372 相关规定检验

注:1 当骨料具有碱—硅酸反应活性时,水泥的碱含量不应超过 0.60%。C40 及以上混凝土用水泥的碱含量不宜超过 0.60%。

2 在氯盐环境条件下,混凝土宜采用低 Cl^- 含量的水泥,不宜使用抗硫酸盐硅酸盐水泥。

3 在硫酸盐化学侵蚀环境条件下,混凝土应采用低 C_3A 含量的水泥,且胶凝材料的抗蚀系数(56 d)不得小于 0.8。胶凝材料抗蚀系数按附录 F 规定的方法检测。

表 8.4.1—2 水泥的检验要求

<table>
<tr><th colspan="2" rowspan="2">检验项目</th><th colspan="6">检验要求</th></tr>
<tr><th colspan="2">质量证明文件检查</th><th colspan="4">抽样试验检验</th></tr>
<tr><td>1</td><td>比表面积</td><td>√</td><td rowspan="14">每厂家、每编号核查供应商提供的质量证明文件。
施工单位、监理单位均全部检查</td><td>√</td><td rowspan="14">下列情况之一时,检验一次:
①任何新选货源;
②使用同厂家、同编号的水泥达 6 个月。
施工单位试验检验;监理单位见证检验</td><td>√</td><td rowspan="14">同厂家、同编号、同出厂日期且连续进场的散装水泥每 500 t(袋装水泥每 200 t)为一批,不足上述数量时也按一批计。
施工单位每批抽样试验一次;监理单位按施工单位抽检次数的 10%进行见证检验,但至少一次。
水泥出厂日期达 3 个月,施工单位抽检一次,监理单位见证检验</td></tr>
<tr><td>2</td><td>凝结时间</td><td>√</td><td>√</td><td>√</td></tr>
<tr><td>3</td><td>安定性</td><td>√</td><td>√</td><td>√</td></tr>
<tr><td>4</td><td>强　度</td><td>√</td><td>√</td><td>√</td></tr>
<tr><td>5</td><td>烧失量</td><td>√</td><td>√</td><td></td></tr>
<tr><td>6</td><td>游离 CaO 含量</td><td>√</td><td>√</td><td></td></tr>
<tr><td>7</td><td>MgO 含量</td><td>√</td><td>√</td><td></td></tr>
<tr><td>8</td><td>SO_3 含量</td><td>√</td><td>√</td><td></td></tr>
<tr><td>9</td><td>Cl^- 含量</td><td>√</td><td>√</td><td></td></tr>
<tr><td>10</td><td>碱含量</td><td>√</td><td>√</td><td></td></tr>
<tr><td>11</td><td>助磨剂种类及掺量</td><td>√</td><td></td><td></td></tr>
<tr><td>12</td><td>石膏种类及掺量</td><td>√</td><td></td><td></td></tr>
<tr><td>13</td><td>混合材种类及掺量</td><td>√</td><td></td><td></td></tr>
<tr><td>14</td><td>熟料中的 C_3A 含量</td><td>√</td><td>√</td><td></td></tr>
</table>

8.4.2 矿物掺和料的性能应符合表 8.4.2—1～表 8.4.2—3 的规定。

检验数量和检验方法:应符合表 8.4.2—1～表 8.4.2—4 的规定。

表 8.4.2—1 粉煤灰的技术要求

序号	检验项目	技术要求		检验方法
		C50 以下混凝土	C50 及以上混凝土	
1	细　度	≤25.0%	≤12.0%	按 GB 1596 检验
2	需水量比	≤105%	≤95%	按 GB 1596 检验
3	烧失量	≤8.0%	≤5.0%	按 GB /T 176 检验
4	Cl^- 含量	≤0.02%		按 GB /T 176 检验
5	含水量	≤1.0%		按 GB 1596 检验
6	SO_3 含量	≤3.0%		按 GB /T 176 检验
7	CaO 含量	≤10%		按 GB /T 176 检验
8	游离 CaO 含量	≤1.0%		按 GB /T 176 检验

注：在冻融破坏环境下，粉煤灰的烧失量不宜大于 3.0%。

表 8.4.2—2 磨细矿渣粉的技术要求

序号	检验项目	技术要求	检验方法
1	密　度	≥2.8g/cm³	按 GB /T 208 检验
2	比表面积	350～500 m²/kg	按 GB /T 8074 检验
3	流动度比	≥95%	按 GB /T 18046 检验
4	烧失量	≤3.0%	按 GB /T 18046 检验
5	MgO 含量	≤14.0%	按 GB /T 176 检验
6	SO_3 含量	≤4.0%	按 GB /T 176 检验
7	Cl^- 含量	≤0.06%	按 GB /T 176 检验
8	含水量	≤1.0%	按 GB /T 18046 检验
9	7 d 活性指数	≥75%	按 GB /T 18046 检验
	28 d 活性指数	≥95%	按 GB /T 18046 检验

表 8.4.2—3 硅灰的技术要求

序号	检验项目	技术要求	检验方法
1	烧失量	≤6%	按 GB /T 176 检验
2	比表面积	≥18 000 m²/kg	按 GB /T 18736 检验
3	需水量比	≤125%	按 GB /T 18736 检验
4	28 d 活性指数	≥85%	按 GB /T 18736 检验
5	Cl^- 含量	≤0.02%	按 GB /T 176 检验
6	SiO_2 含量	≥85%	按 GB /T 176 检验
7	含水量	≤3.0%	按 GB 1596 检验

注：硅灰掺量一般不超过胶凝材料总量的 8%，且宜与其他矿物掺和料复合使用。

表 8.4.2—4 矿物掺和料的检验要求

<table>
<tr><th colspan="2" rowspan="2">检验项目</th><th colspan="6">检验要求</th></tr>
<tr><th colspan="2">质量证明文件检查</th><th colspan="4">抽样试验检验</th></tr>
<tr><td rowspan="8">粉煤灰</td><td>细度</td><td>√</td><td rowspan="22">每厂家、每编号核查供应商提供的质量证明文件。
施工单位、监理单位均全部检查</td><td>√</td><td rowspan="22">下列情况之一时，检验一次：
①任何新选货源。
②使用同厂家、同规格达6个月。
施工单位试验检验；监理单位平行检验</td><td>√</td><td rowspan="15">同厂家、同编号、同出厂日期的产品每200 t为一批，不足200 t时也按一批计。
施工单位每批抽样试验一次；监理单位按施工单位抽检次数的10%进行平行检验，但不少于一次</td></tr>
<tr><td>需水量比</td><td>√</td><td>√</td><td>√</td></tr>
<tr><td>烧失量</td><td>√</td><td>√</td><td>√</td></tr>
<tr><td>Cl^-含量</td><td>√</td><td>√</td><td></td></tr>
<tr><td>含水量</td><td>√</td><td>√</td><td></td></tr>
<tr><td>SO_3含量</td><td>√</td><td>√</td><td></td></tr>
<tr><td>CaO含量</td><td>√</td><td>√</td><td></td></tr>
<tr><td>游离CaO含量</td><td>√</td><td>√</td><td></td></tr>
<tr><td rowspan="10">磨细矿渣粉</td><td>密度</td><td>√</td><td>√</td><td>√</td></tr>
<tr><td>比表面积</td><td>√</td><td>√</td><td>√</td></tr>
<tr><td>流动度比</td><td>√</td><td>√</td><td>√</td></tr>
<tr><td>烧失量</td><td>√</td><td>√</td><td>√</td></tr>
<tr><td>MgO含量</td><td>√</td><td>√</td><td></td></tr>
<tr><td>SO_3含量</td><td>√</td><td>√</td><td></td></tr>
<tr><td>Cl^-含量</td><td>√</td><td>√</td><td></td></tr>
<tr><td>含水量</td><td>√</td><td>√</td><td></td></tr>
<tr><td>7 d活性指数</td><td>√</td><td>√</td><td></td></tr>
<tr><td>28 d活性指数</td><td>√</td><td>√</td><td></td></tr>
<tr><td rowspan="7">硅灰</td><td>烧失量</td><td>√</td><td>√</td><td>√</td><td rowspan="7">同厂家、同编号、同出厂日期的产品每30 t为一批，不足30 t时也按一批计。
施工单位每批抽样试验一次；监理单位按施工单位抽检次数的10%进行平行检验，但不少于一次。
出厂日期达3个月。施工单位试验检验；监理单位见证检验</td></tr>
<tr><td>比表面积</td><td>√</td><td>√</td><td>√</td></tr>
<tr><td>需水量比</td><td>√</td><td>√</td><td>√</td></tr>
<tr><td>28 d活性指数</td><td>√</td><td>√</td><td>√</td></tr>
<tr><td>Cl^-含量</td><td>√</td><td>√</td><td></td></tr>
<tr><td>SiO_2含量</td><td>√</td><td>√</td><td></td></tr>
<tr><td>含水率</td><td>√</td><td>√</td><td></td></tr>
</table>

8.4.3 细骨料的质量和检验要求应符合下列规定：

1 细骨料应选用级配合理、质地坚固、吸水率低、空隙率小的洁净天然中粗河砂，也可选用专门机组生产的人工砂，不得使用海砂。

2 细骨料的颗粒级配（累计筛余百分数）应符合表8.4.3—1的规定。

表 8.4.3—1 细骨料的累计筛余百分数（%）

级配区 / 公称粒径(mm)	Ⅰ区	Ⅱ区	Ⅲ区
10.0	0	0	0
5.00	**10～0**	**10～0**	**10～0**
2.50	35～5	25～0	15～0

续上表

公称粒径(mm) \ 级配区	Ⅰ区	Ⅱ区	Ⅲ区
1.25	65～35	50～10	25～0
0.63	**85～71**	**70～41**	**40～16**
0.315	95～80	92～70	85～55
0.160	100～90	100～90	100～90

注：除 5.00 mm 和 0.63 mm 筛档外，细骨料的实际颗粒级配与上表所列的累计筛余百分率相比允许稍有超出分界线，但超出总量不应大于 5%。

3 细骨料的碱活性应先按《铁路混凝土用骨料碱活性试验方法　岩相法》(TB/T 2922.1)对骨料的矿物组成和类型进行检验，再按《铁路混凝土用骨料碱活性试验方法　快速砂浆棒法》(TB/T 2922.5)对骨料的快速砂浆棒膨胀率进行检验。细骨料的快速砂浆棒膨胀率应小于 0.30%。当细骨料的快速砂浆棒膨胀率大于等于 0.10%且小于 0.20%时，混凝土的碱含量应满足本标准表 8.4.8 的规定；当细骨料的快速砂浆棒膨胀率大于等于 0.20%且小于 0.30%时，除混凝土的碱含量应满足本标准表 8.4.8 的规定外，还应对混凝土采取抑制碱—骨料反应的技术措施，并经试验证明抑制有效。

4 细骨料的其他技术要求应符合表 8.4.3—2 的规定。

表 8.4.3—2　细骨料的技术要求

序号	检验项目		技术要求			检验方法
			＜C30	C30～C45	≥C50	
1	含泥量		≤3.0%	≤2.5%	≤2.0%	按 GB/T 14684 检验
2	泥块含量		≤0.5%			
3	云母含量		≤0.5%			
4	轻物质含量		≤0.5%			
5	有机物含量		浅于标准色			
6	压碎指标值(人工砂)		＜25%			
7	石粉含量(人工砂)	MB＜1.40	≤10.0%	≤7.0%	≤5.0%	
		MB≥1.40	≤5.0%	≤3.0%	≤2.0%	
8	吸水率		≤2%			
9	坚固性		≤8%			
10	硫化物及硫酸盐含量		≤0.5%			
11	Cl^- 含量		≤0.02%			

注：1　冻融破坏环境下，细骨料的含泥量应不大于 2.0%，含水率应不大于 1.0%。

2　当砂中含有颗粒状的硫酸盐或硫化物杂质时，应进行专门检验，确认能满足混凝土耐久性要求时，方能采用。

5 细骨料的检验数量和检验方法应符合表 8.4.3—2 和表 8.4.3—3 的规定。

表 8.4.3—3 细骨料的检验要求

序号	检验项目			检验要求		
1	颗粒级配		√	下列情况之一时，检验一次： ①任何新选料源； ②连续使用同料源、同品种、同规格的细骨料达一年。 施工单位试验检验；监理单位平行检验	√	连续进场的同料源、同品种、同规格的细骨料每400 m³（或600 t）为一批，不足上述数量时也按一批计。 施工单位每批抽样试验一次，其中有机物含量每 3 月检验一次；监理单位按施工单位抽检次数的10%进行平行检验，但不少于一次
2	含泥量		√		√	
3	泥块含量		√		√	
4	云母含量		√		√	
5	轻物质含量		√		√	
6	有机物含量		√		√	
7	压碎指标值（人工砂）		√		√	
8	石粉含量（人工砂）	MB<1.40	√		√	
		MB≥1.40				
9	吸水率		√			
10	坚固性		√			
11	硫化物及硫酸盐含量		√			
12	Cl^- 含量		√			
13	碱活性		√			

8.4.4 粗骨料的质量和检验要求应符合下列规定：

1 粗骨料应选用粒形良好、质地均匀坚固、线胀系数小的洁净碎石，无抗拉和抗疲劳要求的 C40 以下混凝土也可采用卵石。

2 粗骨料的颗粒级配应符合表 8.4.4—1 的规定。

表 8.4.4—1 粗骨料的颗粒级配

公称粒径（mm）	累积筛余，按质量（%）								
	筛孔边长尺寸（mm）								
	2.36	4.75	9.5	16.0	19.0	26.5	31.5	37.5	53
5～10	95～100	80～100	0～15	0	—	—	—	—	—
5～16	95～100	85～100	30～60	0～10	0	—	—	—	—
5～20	95～100	90～100	40～80	—	0～10	0	—	—	—
5～25	95～100	90～100	—	30～70	—	0～5	0	—	—
5～31.5	95～100	90～100	70～90	—	15～45	—	0～5	0	—
5～40	—	95～100	70～90	—	30～65	—	—	0～5	0

注：1 粗骨料的最大公称粒径不宜超过钢筋的混凝土保护层厚度的 2/3（在严重腐蚀环境条件下不宜超过 1/2），且不得超过钢筋最小间距的 3/4。

2 配制强度等级 C50 及以上混凝土时，粗骨料最大公称粒径不应大于 25 mm。

3 粗骨料的压碎指标值应符合表 8.4.4—2 的规定。

表 8.4.4—2 粗骨料的压碎指标值（%）

混凝土强度等级	<C30			≥C30		
岩石种类	沉积岩（水成岩）	变质岩或深成的火成岩	火成岩	沉积岩（水成岩）	变质岩或深成的火成岩	火成岩
碎石	≤16	≤20	≤30	≤10	≤12	≤13
卵石	≤16			≤12		

注：沉积岩（水成岩）包括石灰岩、砂岩等，变质岩包括片麻岩、石英岩等，深成的火成岩包括花岗岩、正长岩、闪长岩和橄榄岩等，火成岩包括玄武岩和辉绿岩等。

4　粗骨料的碱活性应先按《铁路混凝土用骨料碱活性试验方法　岩相法》(TB/T 2922.1)对骨料的矿物组成和类型进行检验，若骨料含有碱硅酸反应活性矿物，则采用《铁路混凝土用骨料碱活性试验方法　快速砂浆棒法》(TB/T 2922.5)对骨料的快速砂浆棒膨胀率进行检验，若骨料含有碱碳酸盐反应活性矿物，则采用《铁路混凝土用骨料碱活性试验方法 岩石柱法》(TB/T 2922.4)对骨料的岩石柱膨胀率进行检验。粗骨料的快速砂浆棒膨胀率应小于0.30%。当粗骨料的快速砂浆棒膨胀率大于等于0.10%且小于0.20%时，混凝土碱含量应满足本标准表8.4.8的规定；当粗骨料的砂浆棒膨胀率大于等于0.20%且小于0.30%时，除混凝土的碱含量应满足本标准表8.4.8的规定外，还应对混凝土采取抑制碱—骨料反应的技术措施，并经试验证明抑制有效。粗骨料的岩石柱膨胀率应小于0.1%。

5　粗骨料的其他技术要求应符合表8.4.4—3的规定。

表8.4.4—3　粗骨料的技术要求

<table>
<tr><th rowspan="2">序号</th><th rowspan="2">检验项目</th><th colspan="3">技术要求</th><th rowspan="2">检验方法</th></tr>
<tr><th><C30</th><th>C30～C45</th><th>≥C50</th></tr>
<tr><td>1</td><td>针片状颗粒总含量</td><td>≤10%</td><td>≤8%</td><td>≤5%</td><td>按GB/T 14685检验</td></tr>
<tr><td>2</td><td>含泥量</td><td>≤1.0%</td><td>≤1.0%</td><td>≤0.5%</td><td>按GB/T 14685检验</td></tr>
<tr><td>3</td><td>泥块含量</td><td colspan="3">≤0.2%</td><td>按GB/T 14685检验</td></tr>
<tr><td>4</td><td>岩石抗压强度</td><td colspan="3">母岩与混凝土强度等级之比不应小于1.5</td><td>按GB/T 14685检验</td></tr>
<tr><td>5</td><td>吸水率</td><td colspan="3"><1%(干湿交替或冻融环境)<2%(其他环境)</td><td>按GB/T 14685检验</td></tr>
<tr><td>6</td><td>紧密空隙率</td><td colspan="3">≤40%</td><td>按GB/T 14685检验</td></tr>
<tr><td>7</td><td>坚固性</td><td colspan="3">≤8%(混凝土结构)</td><td>按GB/T 14685检验</td></tr>
<tr><td>8</td><td>硫化物及硫酸盐含量</td><td colspan="3">≤0.5%</td><td>按GB/T 14685检验</td></tr>
<tr><td>9</td><td>Cl^-含量</td><td colspan="3">≤0.02%</td><td>按本标准附录D检验</td></tr>
<tr><td>10</td><td>有机物含量(卵石)</td><td colspan="3">浅于标准色</td><td>按GB/T 14685检验</td></tr>
</table>

6　粗骨料的检验数量和检验方法应符合表8.4.4—3和表8.4.4—4的规定。

8.4.5　高效减水剂的技术要求应符合表8.4.5—1的规定。聚羧酸系减水剂的性能应符合表8.4.5—2的规定，减水剂的匀质性应符合国家现行标准《混凝土外加剂》(GB 8076)的规定。当使用其他新型外加剂时，应事先按有关规定进行试验验证并经审定通过后方可采用。

检验数量和检验方法：应符合表8.4.5—1～表8.4.5—3的规定。

表8.4.4—4　粗骨料的检验要求

<table>
<tr><th>序号</th><th colspan="2">检验项目</th><th colspan="3">检 验 要 求</th></tr>
<tr><td>1</td><td>颗粒级配</td><td>√</td><td rowspan="13">下列情况之一时，检验一次：
①任何新选料源；
②连续使用同料源、同品种、同规格的粗骨料达一年。
施工单位试验检验；监理单位平行检验</td><td>√</td><td rowspan="13">连续进场的同料源、同品种、同规格的粗骨料每400 m^3（或600 t)为一批，不足上述数量时也按一批计。
施工单位每批抽样试验一次；监理单位按施工单位抽检次数的10%进行平行检验，但不少于一次</td></tr>
<tr><td>2</td><td>压碎指标值</td><td>√</td><td>√</td></tr>
<tr><td>3</td><td>针片状颗粒总含量</td><td>√</td><td>√</td></tr>
<tr><td>4</td><td>含泥量</td><td>√</td><td>√</td></tr>
<tr><td>5</td><td>泥块含量</td><td>√</td><td>√</td></tr>
<tr><td>6</td><td>岩石抗压强度</td><td>√</td><td></td></tr>
<tr><td>7</td><td>吸水率</td><td>√</td><td></td></tr>
<tr><td>8</td><td>紧密空隙率</td><td>√</td><td>√</td></tr>
<tr><td>9</td><td>坚固性</td><td>√</td><td></td></tr>
<tr><td>10</td><td>硫化物及硫酸盐含量</td><td>√</td><td></td></tr>
<tr><td>11</td><td>Cl^-含量</td><td>√</td><td></td></tr>
<tr><td>12</td><td>有机物含量(卵石)</td><td>√</td><td></td></tr>
<tr><td>13</td><td>碱活性</td><td>√</td><td></td></tr>
</table>

表 8.4.5—1 高效减水剂的技术要求

序号	检验项目		技术要求		检验方法
			标准型	缓凝型	
1	减水率		≥20%		按 GB 8076 检验
2	含气量		≤3.0%		按 GB 8076 检验
3	泌水率比		≤20%		按 GB 8076 检验
4	压力泌水率比(用于配制泵送混凝土时)		≤90%		按 JC 473 检验
5	抗压强度比	1 d	≥140%	—	按 GB 8076 检验
		3 d	≥130%	—	按 GB 8076 检验
		7 d	≥125%	≥125%	按 GB 8076 检验
		28 d	≥120%	≥120%	按 GB 8076 检验
6	坍落度 1 h 经时变化量(用于配制泵送混凝土时)		—	≤60 mm	按 GB 8076 检验
7	凝结时间差	初凝	−90 min～+120 min	>+90 min	按 GB 8076 检验
		终凝		—	
8	硫酸钠含量(按折固含量计)		≤10.0%		按 GB /T 8077 检验
9	Cl⁻ 含量(按折固含量计)		≤0.6%		按 GB /T 8077 检验
10	碱含量(按折固含量计)		≤10%		按 GB /T 8077 检验
11	收缩率比		≤125%		按 GB 8076 检验

注:抽检试验用水泥宜为工程用水泥。

表 8.4.5—2 聚羧酸系减水剂的技术要求

序号	检验项目		技术要求			检验方法
			早强型	标准型	缓凝型	
1	减水率		≥25%			按 GB 8076 检验
2	含气量		≤3.0%			按 GB 8076 检验
3	泌水率比		≤20%			按 GB 8076 检验
4	压力泌水率比(用于配制泵送混凝土时)		≤90%			按 JC 473 检验
5	抗压强度比	1 d	≥180%	≥170%	—	按 GB 8076 检验
		3 d	≥170%	≥160%	—	按 GB 8076 检验
		7 d	≥145%	≥150%	≥140%	按 GB 8076 检验
		28 d	≥130%	≥140%	≥130%	按 GB 8076 检验
6	坍落度 1 h 经时变化量(用于配制泵送混凝土时)		—	≤80 mm	≤60 mm	按 GB 8076 检验
7	凝结时间差	初凝	−90 min～+90 min	−90 min～+120 min	>+90 min	按 GB 8076 检验
		终凝			—	
8	甲醛含量(按折固含量计)		≤0.05%			按 GB 18582 检验
9	硫酸钠含量(按折固含量计)		≤5.0%			按 GB /T 8077 检验
10	Cl⁻ 含量(按折固含量计)		≤0.6%			按 GB /T 8077 检验
11	碱含量(按折固含量计)		≤10%			按 GB /T 8077 检验
12	收缩率比		≤110%			按 GB 8076 检验

注:1 检验减水率、含气量、泌水率比、抗压强度比、凝结时间之差、收缩率比时,混凝土坍落宜为 80 mm±10 mm。
2 抽检试验用水泥宜为工程用水泥。

表 8.4.5—3 减水剂的检验要求

<table>
<tr><th colspan="2" rowspan="2">检验项目</th><th colspan="6">检 验 要 求</th></tr>
<tr><th colspan="2">质量证明文件检查</th><th colspan="4">抽样试验检验</th></tr>
<tr><td rowspan="23">高效减水剂</td><td>减水率</td><td>√</td><td rowspan="23">每品种、每厂家检查供应商提供的质量证明文件。施工单位、监理单位均全部检查</td><td>√</td><td rowspan="23">下列情况之一时，检验一次：
①任何新选货源；
②使用同厂家、同品种的产品达6个月及出厂日期达6个月的产品。
施工单位试验检验；监理单位平行检验</td><td>√</td><td rowspan="23">同厂家、同品种、同编号的产品每50 t为一批，不足50 t时也按一批计。
施工单位每批抽样试验一次；监理单位按施工单位抽检次数的10%进行平行检验，但不少于一次</td></tr>
<tr><td>含气量</td><td>√</td><td>√</td><td>√</td></tr>
<tr><td>泌水率比</td><td>√</td><td>√</td><td>√</td></tr>
<tr><td>压力泌水率比(用于配制泵送混凝土时)</td><td>√</td><td>√</td><td>√</td></tr>
<tr><td>抗压强度比</td><td>√</td><td>√</td><td>√</td></tr>
<tr><td>坍落度 1 h经时变化量(用于配制泵送混凝土时)</td><td>√</td><td>√</td><td></td></tr>
<tr><td>凝结时间差</td><td>√</td><td>√</td><td></td></tr>
<tr><td>硫酸钠含量(按折固含量计)</td><td>√</td><td>√</td><td></td></tr>
<tr><td>Cl^- 含量(按折固含量计)</td><td>√</td><td>√</td><td></td></tr>
<tr><td>碱含量(按折固含量计)</td><td>√</td><td>√</td><td></td></tr>
<tr><td>收缩率比</td><td>√</td><td>√</td><td></td></tr>
<tr><td>减水率</td><td>√</td><td>√</td><td>√</td></tr>
<tr><td>含气量</td><td>√</td><td>√</td><td>√</td></tr>
<tr><td>泌水率比</td><td>√</td><td>√</td><td>√</td></tr>
<tr><td>压力泌水率比(用于配制泵送混凝土时)</td><td>√</td><td>√</td><td>√</td></tr>
<tr><td>抗压强度比</td><td>√</td><td>√</td><td>√</td></tr>
<tr><td>坍落度 1 h经时变化量(用于配制泵送混凝土时)</td><td>√</td><td>√</td><td></td></tr>
<tr><td>凝结时间差</td><td>√</td><td>√</td><td></td></tr>
<tr><td>甲醛含量(按折固含量计)</td><td>√</td><td>√</td><td></td></tr>
<tr><td>硫酸钠含量(按折固含量计)</td><td>√</td><td>√</td><td></td></tr>
<tr><td>Cl^- 含量(按折固含量计)</td><td>√</td><td>√</td><td></td></tr>
<tr><td>碱含量(按折固含量计)</td><td>√</td><td>√</td><td></td></tr>
<tr><td>收缩率比</td><td>√</td><td>√</td><td></td></tr>
</table>

8.4.6 引气剂的性能应符合表 8.4.6—1 的规定。

表 8.4.6—1 引气剂的技术要求

<table>
<tr><th>序号</th><th colspan="2">检验项目</th><th>技 术 要 求</th><th>检验方法</th></tr>
<tr><td>1</td><td colspan="2">减水率</td><td>≥6%</td><td>按 GB 8076 检验</td></tr>
<tr><td>2</td><td colspan="2">含气量</td><td>≥3.0%</td><td>按 GB 8076 检验</td></tr>
<tr><td>3</td><td colspan="2">泌水率比</td><td>≤70%</td><td>按 GB 8076 检验</td></tr>
<tr><td>4</td><td colspan="2">1 h含气量经时变化量</td><td>−1.5%～+1.5%</td><td>按 GB 8076 检验</td></tr>
<tr><td rowspan="3">5</td><td rowspan="3">抗压强度比</td><td>3 d</td><td>≥95%</td><td>按 GB 8076 检验</td></tr>
<tr><td>7 d</td><td>≥95%</td><td>按 GB 8076 检验</td></tr>
<tr><td>28 d</td><td>≥90%</td><td>按 GB 8076 检验</td></tr>
</table>

续上表

<table>
<tr><th>序号</th><th colspan="2">检验项目</th><th>技 术 要 求</th><th>检验方法</th></tr>
<tr><td rowspan="2">6</td><td rowspan="2">凝结时间差</td><td>终凝</td><td rowspan="2">−90 min～
+120 min</td><td>按 GB 8076 检验</td></tr>
<tr><td>初凝</td><td>按 GB 8076 检验</td></tr>
<tr><td>7</td><td colspan="2">收缩率比</td><td>≤125%</td><td>按 GB 8076 检验</td></tr>
<tr><td>8</td><td colspan="2">相对耐久性指数(200 次)</td><td>≥80%</td><td>按 GB 8076 检验</td></tr>
<tr><td>9</td><td colspan="2">硬化混凝土气泡间距系数</td><td>≤300 μm</td><td>见本标准附录 G</td></tr>
</table>

检验数量和检验方法：应符合表 8.4.6—1、表 8.4.6—2 的规定。

表 8.4.6—2 引气剂的检验要求

<table>
<tr><th colspan="3" rowspan="2">检验项目</th><th colspan="5">检 验 要 求</th></tr>
<tr><th colspan="2">质量证明文件检查</th><th colspan="3">抽样试验检验</th></tr>
<tr><td rowspan="9">引气剂</td><td>减水率</td><td>√</td><td rowspan="9">每品种、每厂家检查供应商提供的质量证明文件。施工单位、监理单位均全部检查</td><td>√</td><td rowspan="9">下列情况之一时，检验一次：
①任何新选货源；
②使用同厂家、同品种的产品达 6 个月及出厂日期达 6 个月的产品。
施工单位试验检验；监理单位平行检验</td><td>√</td><td rowspan="9">同厂家、同品种、同编号的产品每 5 t 为一批，不足 5 t 时也按一批计。
施工单位每批抽样试验一次；监理单位按施工单位抽检次数的10%进行平行检验，但不少于一次</td></tr>
<tr><td>含气量</td><td>√</td><td>√</td><td>√</td></tr>
<tr><td>泌水率比</td><td>√</td><td>√</td><td>√</td></tr>
<tr><td>1 h 含气量经时变化量</td><td>√</td><td>√</td><td>√</td></tr>
<tr><td>抗压强度比</td><td>√</td><td>√</td><td>√</td></tr>
<tr><td>凝结时间差</td><td>√</td><td>√</td><td></td></tr>
<tr><td>收缩率比</td><td>√</td><td>√</td><td></td></tr>
<tr><td>相对耐久性(200 次)</td><td>√</td><td>√</td><td></td></tr>
<tr><td>硬化混凝土气泡间距系数</td><td>√</td><td>√</td><td></td></tr>
</table>

8.4.7 拌和用水的技术要求应符合表 8.4.7—1 的规定。

养护用水除不溶物、可溶物可不作要求外，其他技术要求应符合表 8.4.7—1 的规定。养护用水不得采用海水。

回收重复利用水的 pH 值、氯化物含量、硫酸盐含量和碱含量应符合 8.4.7—1 的规定。

表 8.4.7—1 拌和水的技术要求

<table>
<tr><th rowspan="2">序号</th><th rowspan="2">检验项目</th><th colspan="2">技 术 要 求</th><th rowspan="2">检验方法</th></tr>
<tr><th>有钢筋混凝土</th><th>素混凝土</th></tr>
<tr><td>1</td><td>pH 值</td><td>>6.5</td><td>>6.5</td><td>按 JGJ 63 检验</td></tr>
<tr><td>2</td><td>不溶物含量</td><td><2 000 mg/L</td><td><5 000 mg/L</td><td>按 JGJ 63 检验</td></tr>
<tr><td>3</td><td>可溶物含量</td><td><5 000 mg/L</td><td><10 000 mg/L</td><td>按 JGJ 63 检验</td></tr>
<tr><td rowspan="2">4</td><td rowspan="2">氯化物含量</td><td><1 000 mg/L</td><td><3 500 mg/L</td><td rowspan="2">按 JGJ 63 检验</td></tr>
<tr><td colspan="2"><200 mg/L(混凝土处于氯盐环境下)</td></tr>
<tr><td>5</td><td>硫酸盐含量</td><td><2 000 mg/L</td><td><2 700 mg/L</td><td>按 JGJ 63 检验</td></tr>
<tr><td>6</td><td>碱含量</td><td><1 500 mg/L</td><td><1 500 mg/L</td><td>按 GB /T 176 检验</td></tr>
<tr><td>7</td><td>抗压强度比(28 d)</td><td colspan="2">≥90%</td><td>按 JGJ 63 检验</td></tr>
<tr><td>8</td><td>凝结时间差</td><td colspan="2">≤30 min</td><td>按 JGJ 63 检验</td></tr>
</table>

检验数量和检验方法：应符合表 8.4.7—1、表 8.4.7—2 的规定。

表 8.4.7—2　水的检验要求

<table>
<tr><th>序号</th><th>检验项目</th><th colspan="4">抽样试验检验</th></tr>
<tr><td>1</td><td>pH 值</td><td>√</td><td rowspan="8">下列情况之一时，检验一次：
① 新水源；
②同一水源的水使用达一年。
施工单位试验检验；监理单位见证检验</td><td>√</td><td rowspan="8">同一水源的涨水季节检验一次。
施工单位试验检验；监理单位按施工单位抽检次数的 10% 进行见证检验，但至少一次</td></tr>
<tr><td>2</td><td>不溶物含量</td><td>√</td><td>√</td></tr>
<tr><td>3</td><td>可溶物含量</td><td>√</td><td>√</td></tr>
<tr><td>4</td><td>氯化物含量</td><td>√</td><td>√</td></tr>
<tr><td>5</td><td>硫酸盐含量</td><td>√</td><td>√</td></tr>
<tr><td>6</td><td>碱含量</td><td>√</td><td>√</td></tr>
<tr><td>7</td><td>抗压强度比(28 d)</td><td>√</td><td></td></tr>
<tr><td>8</td><td>凝结时间差</td><td>√</td><td></td></tr>
</table>

8.4.8　混凝土中的碱含量应符合设计要求。设计无具体要求的，混凝土碱含量应满足表 8.4.8 的规定；当骨料砂浆棒膨胀率大于等于 0.20% 且不大于 0.30% 时，除混凝土的碱含量应满足表 8.4.8 的规定外，还应采取抑制碱—骨料反应的技术措施，并经试验证明抑制有效。抑制碱—骨料反应有效性试验方法可采用本标准附录 H 规定的方法。不得使用砂浆棒膨胀率大于等于 0.30% 的骨料，不得使用具有碱—碳酸盐反应活性的骨料。

表 8.4.8　混凝土最大碱含量(kg/m^3)

<table>
<tr><th colspan="2">设计使用年限</th><th>100 年</th><th>60 年</th><th>30 年</th></tr>
<tr><td rowspan="3">环境条件</td><td>干燥环境</td><td>3.5</td><td>3.5</td><td>3.5</td></tr>
<tr><td>潮湿环境</td><td>3.0</td><td>3.0</td><td>3.5</td></tr>
<tr><td>含碱环境</td><td>2.1</td><td>3.0</td><td>3.0</td></tr>
</table>

注：1　混凝土的碱含量是指混凝土各种原材料的碱含量之和。其中，矿物掺和料的碱含量以其所含可溶性碱量计算。粉煤灰的可溶性碱量取粉煤灰总碱量的 1/6，磨细矿渣粉的可溶性碱量取矿渣粉总碱量的 1/2，硅灰的可溶性碱量取硅灰总碱量的 1/2。

2　干燥环境是指不直接与水接触、年平均空气相对湿度长期不大于 75% 的环境；潮湿环境是指长期处于水下或潮湿土中、干湿交替区、水位变化区以及年平均相对湿度大于 75% 的环境；含碱环境是指直接与高含盐碱地、海水、含碱工业废水或钠(钾)盐等接触的环境；干燥环境或潮湿环境与含碱环境交替变化时，均按含碱环境对待。

3　对于含碱环境中的混凝土结构，当其设计使用年限为 100 年时，除了混凝土的碱含量应满足本表要求外，还应使用非碱活性骨料；当其设计使用年限为 30 年、60 年时，在限制混凝土碱含量的同时，还应对混凝土表面作防水、防碱涂层处理，否则应换用非碱活性骨料。

检验数量：施工单位对每一混凝土配合比进行一次总碱含量计算；监理单位全部检查。

检验方法：施工单位计算；监理单位检查计算单。

8.4.9　钢筋混凝土中由水泥、矿物掺和料、骨料、外加剂和拌和用水等引入的氯离子总含量不应超过胶凝材料总量的 0.10%。混凝土中三氧化硫的最大含量不应超过胶凝材料总量的 4%。

检验数量：施工单位对每一混凝土配合比进行一次氯离子含量和三氧化硫含量计算。监理单位全部检查。

检验方法：施工单位计算。监理单位检查计算单。

8.4.10　混凝土应根据设计使用年限、环境条件和施工工艺等进行配合比设计。混凝土配合比应通过计算、试配、试件检测并经调整后确定。配制成的混凝土应满足强度等级、耐久性指标和施工工艺等要求。混凝土配合比选定试验的检验和计算项目应符合表 8.4.10 的规定。检验项目指标要求见本标准附录 E。当设计对混凝土的耐久性指标有更高要求时，其配合比的要求应另行研究确定。

表 8.4.10　混凝土配合比选定试验的检验和计算项目

序号	检验项目	试验方法	备　注
1	坍落度或维勃稠度	《普通混凝土拌和物性能试验方法标准》(GB/T 50080)	基本检验项目
2	泌水率		
3	凝结时间		
4	抗压强度	《普通混凝土力学性能试验方法标准》(GB/T 50081)	
5	电通量	《普通混凝土长期性能和耐久性能试验方法》(GB/T 50082)	
6	含气量	《普通混凝土拌和物性能试验方法标准》(GB/T 50080)	
7	抗冻性	《普通混凝土长期性能和耐久性能试验方法》(GB/T 50082)	仅对处于冻融破坏环境的混凝土或对耐久性有特殊要求的混凝土
8	气泡间距系数	见本标准附录 G	仅对冻融破坏、盐类结晶破坏环境的混凝土
9	氯离子扩散系数	《普通混凝土长期性能和耐久性能试验方法》(GB/T 50082)	仅对氯盐环境的混凝土
10	56 d 抗硫酸盐结晶干湿循环次数	《普通混凝土长期性能和耐久性能试验方法》(GB/T 50082)	仅对盐类结晶破坏环境的混凝土
11	抗蚀系数	见本标准附录 F	仅对硫酸盐化学侵蚀环境的混凝土
12	抗渗性	《普通混凝土长期性能和耐久性能试验方法》(GB/T 50082)	基本计算项目
13	碱含量	水泥、矿物掺和料、外加剂及水的碱含量之和	
14	三氧化硫含量	水泥、矿物掺和料、外加剂及水的三氧化硫含量之和	
15	氯离子含量	水泥、矿物掺和料、粗骨料、细骨料、外加剂及水的氯离子含量之和	

检验数量：施工单位对同强度等级、同性能的混凝土进行一次混凝土配合比选定试验。当使用的原材料、施工工艺发生变化时，均应重新进行配合比选定试验；监理单位全部检查。

检验方法：施工单位进行配合比选定试验；监理单位检查确认混凝土配合比选定报告。

8.4.11　不同环境下混凝土中矿物掺和料掺量可按表 8.4.11 选择。

表 8.4.11　不同环境下混凝土中矿物掺和料掺量范围(%)

环境类别	矿物掺和料种类	水胶比	
		≤0.40	>0.40
碳化环境	粉煤灰	≤40	≤30
	磨细矿渣粉	≤50	≤40
氯盐环境	粉煤灰	30～50	20～40
	磨细矿渣粉	40～60	30～50
化学侵蚀环境	粉煤灰	30～50	20～40
	磨细矿渣粉	40～60	30～50
盐类结晶破坏环境	粉煤灰	≤40	≤30
	磨细矿渣粉	≤50	≤40

续上表

环境类别	矿物掺和料种类	水胶比	
		≤0.40	>0.40
冻融破坏环境	粉煤灰	≤30	≤20
	磨细矿渣粉	≤40	≤30
磨蚀环境	粉煤灰	≤30	≤20
	磨细矿渣粉	≤40	≤30

注：1　本表规定的掺量是指单掺一种矿物掺和料时的适宜掺量范围。当采用双掺时，其掺量可参考本表并经过试验确定。

2　本表规定的矿物掺和料的掺量范围仅限于使用硅酸盐水泥或普通硅酸盐水泥的混凝土。

3　严重氯盐环境与化学侵蚀环境下，粉煤灰的掺量应大于30%，或磨细矿渣粉的掺量大于50%。

检验数量：施工单位对每一混凝土配合比进行一次计算；监理单位全部检查。

检验方法：施工单位计算；监理单位检查计算单。

8.4.12　不同环境条件下混凝土结构的最大水胶比、最小胶凝材料用量应满足设计要求。当设计无要求时，应符合表 8.4.12 的规定。

表 8.4.12　混凝土的最大水胶比和最小胶凝材料用量(kg/m³)

环境类别	环境作用等级	设计使用年限		
		100 年	60 年	30 年
碳化环境	T1	0.55,280	0.60，260	0.60，260
	T2	0.50,300	0.55，280	0.60，260
	T3	0.45,320	0.50，300	0.55，280
氯盐环境	L1	0.45,320	0.50，300	0.50，300
	L2	0.40,340	0.45，320	0.45，320
	L3	0.36,360	0.40，340	0.40，340
化学侵蚀环境	H1	0.50,300	0.55，280	0.55，280
	H2	0.45,320	0.50，300	0.50，300
	H3	0.40,340	0.45，320	0.45，320
	H4	0.36,360	0.40，340	0.40，340
盐类结晶破坏环境	Y1	0.50,300	0.55，280	0.55，280
	Y2	0.45,320	0.50，300	0.50，300
	Y3	0.40,340	0.45，320	0.45，320
	Y4	0.36,360	0.40，340	0.40，340
冻融破坏环境	D1	0.50,300	0.55，280	0.55，280
	D2	0.45,320	0.50，300	0.50，300
	D3	0.40,340	0.45，320	0.45，320
	D4	0.36,360	0.40，340	0.40，340
磨蚀环境	M1	0.50,300	0.55，280	0.60，260
	M2	0.45,320	0.50，300	0.50，300
	M3	0.40,340	0.45，320	0.45，300

注：碳化环境下，素混凝土最大水胶比不应超过 0.60，最小胶凝材料用量不应低于 260 kg/m³；氯盐环境下，素混凝土最大水胶比不应超过 0.55，最小胶凝材料用量不应低于 280 kg/m³。

检验数量：施工单位对每一混凝土配合比进行一次计算。监理单位全部检查。

检验方法：施工单位计算，监理单位检查计算单。

8.4.13 混凝土强度等级必须符合设计要求。隧道衬砌、仰拱、底板混凝土尚应采用同条件养护试件检测结构实体强度。混凝土抗压强度标准条件养护试件的试验龄期为 56 d，混凝土强度试件应在混凝土的浇筑地点随机抽样制作，其同条件养护法试件的逐日累积温度可为 1200 ℃·d，但养护龄期不宜超过 120 d。

试件的取样与留置必须符合下列规定：

1 标准条件养护抗压强度试件的取样与留置：

1）每拌制 100 盘且不超过 100 m^3 的同配合比的混凝土，取样不得少于一次；

2）每工作班拌制的同一配合比的混凝土不足 100 盘时，取样不得少于一次；

3）现浇混凝土的每一结构部位，取样不得少于一次；

4）每次取样应至少留置一组试件；

5）标准条件养护试件的留置组数应按设计要求、相关标准规定和实际需要确定。

2 同条件养护抗压强度试件的取样、养护方式和留置数量应符合附录 A 的规定。隧道衬砌每 200 m 应采用同条件养护试件检测结构实体强度 1 次。

3 隧道仰拱、底板每 500 m 应采用同条件养护试件检测结构实体强度 1 次。

检验数量：施工单位按规定的取样与留置频率所需数量制作试件。标准条件养护试件监理单位全部检查，同条件养护试件监理单位按施工单位检验次数的 10%进行见证检验。

检验方法：施工单位进行混凝土抗压强度试验。对标准条件养护试件监理单位检查试验报告，对同条件养护试件监理单位见证检验。

8.4.14 混凝土的抗渗等级应符合设计要求。抗渗标准条件养护试件的试验龄期为 56 d。抗渗试件应在混凝土的浇筑地点随机抽样制作。试件留置组数应符合下列规定：

1 隧道衬砌、仰拱、底板每 500 m 应制作检查试件 1 组（6 个），不足 500 m 时，也应留置 1 组。

2 当使用的材料、配合比或施工工艺发生变化时，应另行制作检查试件 1 组。

检验数量：施工单位、监理单位全部检查。

检验方法：施工单位进行混凝土抗渗试验，监理单位检查试验报告。

8.4.15 隧道衬砌的厚度严禁小于设计厚度。二衬混凝土与防水板之间应密贴无空洞。

检验数量：施工单位、监理单位每一浇筑段，模板架立前每 3 m 检查一个断面，架立后检查模板两端头断面。

检验方法：施工单位在模板架立前，采用激光断面仪测量断面，模板架立后，测量开挖轮廓与模板间的净距，无损检测法检测；监理单位见证检验。

8.4.16 隧道超挖回填必须符合设计要求。超挖部分应采用同级混凝土回填。边墙基底应无虚渣杂物及淤泥，边墙基础的扩大部分及仰拱的拱座应结合边墙同时灌筑。

检验数量：施工单位、监理单位全部检查。

检验方法：施工单位观察检查，监理单位旁站。

8.4.17 混凝土浇筑完毕后，应按有关专业标准的规定和施工技术方案的要求及时采取有效的养护措施，并应符合下列规定：

1 应在浇筑完毕后应对混凝土进行保水潮湿养护。

2 混凝土浇水养护的时间应符合表 8.4.17 的规定。

3 浇水次数应能保持混凝土处于湿润状态；混凝土养护用水应与拌和用水相同，水温应与混凝土表面温度之差不得大于 15 ℃。

4 混凝土强度达到 5 MPa 前，不应在其上安装模板及支架。

5 当环境温度低于 5 ℃时禁止洒水。表面应采取保湿保温措施。

表 8.4.17　不同混凝土保湿保温养护的最低期限

水胶比	洞内		洞口	
	日平均气温 T(℃)	潮湿养护期限 (d)	日平均气温 T(℃)	潮湿养护期限 (d)
>0.45	$5 \leqslant T < 10$ $10 \leqslant T < 20$ $T \geqslant 20$	21 14 10	$5 \leqslant T < 10$ $10 \leqslant T < 20$ $T \geqslant 20$	28 21 14
≤0.45	$5 \leqslant T < 10$ $10 \leqslant T < 20$ $T \geqslant 20$	14 10 7	$5 \leqslant T < 10$ $10 \leqslant T < 20$ $T \geqslant 20$	21 14 10

检验数量：选择有代表性的结构或部位进行测温检查，其他项目施工单位、监理单位全部检查。

检验方法：测温、观察，并检查测温和养护记录。

8.4.18 混凝土每盘原材料称量的允许偏差应符合表 8.4.18 的规定。

表 8.4.18　原材料每盘称量的允许偏差

序　号	材料名称	允许偏差(%)
1	水泥和矿物掺和料	±1
2	粗、细骨料	±2
3	拌和用水、外加剂	±1

检验数量：每工作班抽查不少于一次。

检验方法：施工单位复称，监理单位进行见证检验。

8.4.19 混凝土拌制前，应测定砂、石含水率，并根据测试结果及时调整施工配合比。当遇雨天时，应增加含水率检测次数。

检验数量：施工单位每工作班不应少于一次，监理单位全部检查。

检验方法：施工单位进行砂、石含水率测试，提出施工配合比；监理单位见证试验，确认施工配合比。

8.4.20 混凝土拌和物的坍落度应符合理论配合比控制范围，入模含气量应符合设计要求，当设计对含气量无具体要求时，含气量应按表 8.4.20 控制。

表 8.4.20　混凝土含气量

环境条件	冻融破坏环境			盐类结晶破坏环境	其他环境
	D1	D2、D3	D4	Y1、Y2、Y3、Y4	
含气量(%)	≥4.0	≥5.0	≥6.0	≥4.0	≥2.0

检验数量：施工单位每拌制 50 m^3 混凝土或每工作班应测试不少于 1 次。监理单位全部检查测试结果。

检验方法:施工单位进行坍落度和含气量试验,监理单位见证试验。

8.4.21 邻接的已硬化混凝土或岩土介质间表面温差不得大于15 ℃,灌注混凝土表面与内部温差不得大于20 ℃。

检验数量:选择有代表性的结构或部位进行测温检查。

检验方法:施工单位测温检查;监理单位检查测温记录。

8.4.22 施工缝的留设位置和连接形式应符合设计和施工技术方案的要求。环向预留施工缝切面应平整密实,棱角不得损坏。仰拱施工缝应做防水处理。

检验数量:施工单位、监理单位全部检查。

检验方法:观察和尺量。

8.4.23 混凝土表面的非受力裂缝最大宽度不得大于0.20 mm。所有裂缝必须经过处理后检测合格。

检验数量:施工单位全部检查,监理单位按施工单位检验数量的20%抽检,但至少进行一次。

检验方法:观察、测量、仪器检测。

一 般 项 目

8.4.24 混凝土结构外形尺寸允许偏差和检验方法应符合表8.4.24的规定。

表8.4.24 结构外形尺寸允许偏差和检验方法

序号	项 目	允许偏差(mm)	检验方法
1	边墙平面位置	±10	尺 量
2	拱部高程	$^{+30}_{0}$	水准测量
3	边墙、拱部表面平整度	8	2 m靠尺检查或自动断面仪测量

注:平面位置以隧道设计中线为准进行测量。

检验数量:施工单位每一浇筑段检查一个断面。

8.4.25 预埋件和预留孔洞的允许偏差和检验方法应符合表8.4.25的规定。

表8.4.25 预埋件和预留孔洞的允许偏差和检验方法

序号	项 目		允许偏差(mm)	检 验 方 法
1	预留孔洞	中心位置	15	尺 量
		尺 寸	$^{+15}_{0}$	
2	预埋件	中心位置	5	尺 量
		外露长度	$^{+10}_{0}$	

检验数量:施工单位每一浇筑段检查一次。

8.4.26 底板、仰拱混凝土应分段连续浇筑,一次成型,不留纵向施工缝。底板沟槽底部的连接应符合设计要求。仰拱应采用防干扰作业栈桥等架空设施施工,仰拱拱座应与墙基同时浇筑。

检验数量:施工单位全部检查。

检验方法:观察。

8.4.27 仰拱填充混凝土不得与仰拱混凝土同时浇筑,仰拱填充混凝土浇筑前应清除仰拱表面的杂物和积水。表面处理应符合设计要求。

检验数量:施工单位全部检查。

检验方法:观察。

8.4.28 仰拱、仰拱填充、底板的高程,仰拱的曲率,仰拱填充和底板的横向坡度应符合设计要求,高程允许偏差为±15 mm。仰拱填充、底板坡面应平顺,确保水流畅通、不积水。

检验数量:施工单位全部检查。

检验方法: 观察、测量。

8.4.29 二次衬砌应及时施作,软弱围岩及不良地质隧道的二次衬砌距掌子面的距离Ⅳ级围岩不得大于 90 m,Ⅴ、Ⅵ级围岩不得大于 70 m。

检验数量:施工单位全部检查。

检验方法:观察和尺量。

8.4.30 混凝土结构表面应密实平整、颜色均匀,严禁有露筋、孔洞、疏松,不得有麻面、缺棱掉角等缺陷。拆模后每浇筑段蜂窝深度不大于 5 mm,长度不大于 10 mm,最多不超过 5 处。

检验数量:施工单位每一浇筑段检查一次。

检验方法:观察和尺量。

8.5 回 填 注 浆

主 控 项 目

8.5.1 回填注浆原材料的进场检验应符合本标准第 8.4 节的有关规定。

8.5.2 浆液配合比应符合设计要求。

检验数量:施工单位对同性能的浆液进行一次配合比选定试验。当使用的原材料、施工工艺发生变化时,均应重新进行配合比选定试验;监理单位全部检查。

检验方法:施工单位进行配合比选定试验,监理单位见证配合比选定试验或平行检验并检查确认配合比选定单。

8.5.3 回填注浆的浆液强度应符合设计要求。

检验数量:每 50 m^3 留置 3 组抗压试件。施工单位全部检查,监理单位按施工单位检验数量的 20%见证检验。

检验方法:施工单位做抗压试验,监理单位见证试验。

8.5.4 回填注浆应保证回填密实。

检验数量:施工单位、监理单位全部检查。

检验方法:与衬砌一并采用地质雷达法或声波法检测。进行钻孔取芯、压水(空气)等检测时,每个断面从拱顶至两侧边墙不应少于 5 点,监理单位见证检验。

一 般 项 目

8.5.5 注浆压力应符合设计要求。

检验数量:施工单位全部检查。

检验方法:观察和统计。

8.5.6 注浆孔的数量、布置、间距以及深度应符合设计要求,并根据无损检测结果及渗漏情况确定补孔注浆,注浆方式应符合设计要求。

检验数量:施工单位全部检查。

检验方法:观察和尺量。

8.6 综合接地

主控项目

8.6.1 接地体的材料、规格应符合设计要求。

检验数量:施工单位、监理单位全部检查。

检验方法:施工单位观察和尺量,监理单位见证试验。

8.6.2 接地体的位置、埋设深度、外露长度应符合设计要求。

检验数量:施工单位、监理单位全部检查。

检验方法:观察、尺量检查。

8.6.3 隧道地段贯通地线的规格、型号、电气特性应符合相关产品标准的规定及设计要求。

检验数量:施工单位、监理单位全部检查。

检验方法:施工单位全部检查质量证明文件并按相关规定进行测试;监理单位全部检查质量证明文件,并按相关规定进行见证试验或平行检验。

8.6.4 贯通地线的敷设位置、接续和防护方式应符合设计要求。

检验数量:施工单位、监理单位全部检查。

检验方法:观察检查、尺量。

8.6.5 各部引接端子之间、各部引接端子与贯通地线之间的连接应符合设计要求,并保证连接可靠。

检验数量:施工单位、监理单位全部检查。

检验方法:施工单位观察、测试检查;监理单位观察、见证试验。

8.7 沉降观测与评估

主控项目

8.7.1 垂直位移监测网布网的主要技术要求应符合表 8.7.1 的规定。

表 8.7.1 垂直位移监测网布网的主要技术要求

等级	相邻基准点高差中误差(mm)	每站高差中误差(mm)	往返较差、附合或环线闭合差(mm)	监测已测高差较差(mm)
一等	0.3	0.07	$0.15\sqrt{n}$	$0.2\sqrt{n}$
二等	0.5	0.13	$0.3\sqrt{n}$	$0.5\sqrt{n}$
三等	1.0	0.3	$0.6\sqrt{n}$	$0.8\sqrt{n}$
四等	2.0	0.7	$1.40\sqrt{n}$	$2.0\sqrt{n}$

检验数量:施工单位、监理单位全部检查。

检验方法:建设单位组织有关单位对照沉降变形观测方案与技术设计书进行评估。施工单位测量,监理单位确认。

8.7.2 变形沉降观测点的布置应符合表 8.7.2 规定及设计要求。

表 8.7.2 变形沉降观测点的布置

观测项目	布置要求	备注
沉降观测断面	Ⅲ级围岩每 400 m 布设 1 个,每个观测断面在相应于两侧边墙处设一对沉降观测点	洞口至分界里程范围内至少 1 个。地应力较大、断层破碎带、膨胀土、湿陷性黄土等不良和复杂地质区段适当加密布设
	Ⅳ级围岩每 300 m 布设 1 个,每个观测断面在相应于两侧边墙处设一对沉降观测点	
	Ⅴ级围岩每 200 m 布设 1 个,每个观测断面在相应于两侧边墙处设一对沉降观测点	

检验数量:施工单位、监理单位全部检查。

检验方法:施工单位观察、尺量,监理单位见证检验。建设单位委托的咨询单位或专业队伍按规定要求进行相应数量的平行检查。

8.7.3 隧道基础沉降观测的频次应不低于表 8.7.3 的规定。沉降稳定后可不再进行观测。

表 8.7.3 隧道基础沉降观测频次

观测阶段	观测频次		
	观测期限		观测周期
	一般围岩	软弱围岩	
隧底工程完成后	1 个月	3 个月	1 次/周

检验数量和方法:施工单位全部观测,监理单位重要环节见证检验,建设单位委托的咨询单位或专业队伍一般地段平行检查总测点的 30%,地应力较大、断层破碎带、膨胀土、湿陷性黄土等不良和复杂地质区段平行检查总测点的 50%。

8.7.4 用于评估的隧道基础沉降观测资料、相关设计资料、施工资料、监理资料应内容齐全,真实、可靠,具有可追溯性。

检验数量:施工单位、监理单位全部检查。

检验方法:建设单位委托的咨询单位和专业队伍组织检查相关资料,施工单位、监理单位观测检查。

9 辅助坑道及附属洞室

9.1 一 般 规 定

9.1.1 坑道口边、仰坡开挖及地表恢复应符合环境保护和水土保持的有关规定及设计要求。

9.1.2 坑道口边、仰坡开挖不得采用大爆破。

9.1.3 辅助坑道口的截水、排水系统和防冲刷设施应在隧道施工前按设计要求完成。

9.1.4 辅助坑道与正洞的连接处应加强支护。

9.1.5 辅助坑道废弃时应按设计要求进行处理，设计无要求时应符合下列规定：

1 辅助坑道的洞口及与正洞的连接处宜用 M10 砌体封闭，封闭长度不小于 1 倍正洞洞径。

2 辅助坑道封闭前应作好排水设施，并应与隧道的排水设施相结合，形成完整、畅通的排水系统。

9.2 开 挖

主 控 项 目

9.2.1 辅助坑道开挖断面的中线、高程应符合设计要求。

检验数量：施工单位、监理单位每 50 m 检查一次。

检验方法：仪器量测。

9.2.2 附属洞室的位置应符合设计要求。

检验数量：施工单位、监理单位每一洞室检查一次。

检验方法：仪器量测，尺量。

一 般 项 目

9.2.3 辅助坑道的开挖断面尺寸应符合设计要求。

检验数量：施工单位每 50 m 检查一个断面。

检验方法：采用自动断面仪测量开挖轮廓线，与设计轮廓线进行核对。

9.2.4 附属洞室的开挖断面尺寸应符合设计要求。

检验数量：施工单位每洞室检查一次。

检验方法：查对设计图，测量。

9.3 喷射混凝土

主 控 项 目

9.3.1 辅助坑道采用喷射混凝土支护时，喷射混凝土所用的原材料，配合比设计、结构尺寸、强度和冬期施工的检验应符合本标准第 7.3 节的规定。

一 般 项 目

9.3.2 辅助坑道采用喷射混凝土支护时，喷射混凝土的配合比调整、坍落度的检验应符合本标准第 7.3 节的规定。

9.4 锚 杆

主 控 项 目

9.4.1 锚杆所使用的钢筋原材料进场检验必须符合本标准第 8.3 节的规定。

9.4.2 半成品、成品锚杆的类型、规格等的检验应符合本标准第 7.4.6 条的规定。

9.4.3 锚杆的力学性能的检验应符合本标准第 7.4.7 条规定。

9.4.4 锚杆安装的数量应符合设计要求。

检验数量：施工单位、监理单位全部检查。

检验方法：现场逐根清点。

9.4.5 砂浆锚杆采用的砂浆强度、配合比的检验应符合本标准第 7.4.9 条的规定。

9.4.6 锚杆的注浆管、注浆效果的检验应符合本标准第 7.4.10 条和第 7.4.12 条的规定。

9.4.7 锚杆安装的检验应符合本标准第 7.4.11 条的规定。

9.4.8 锚杆接长的检验应符合本标准第 7.4.13 条的规定。

一 般 项 目

9.4.9 锚杆孔方向、锚杆用钢筋外观质量的检验应符合本标准第 7.4.14 条和第 7.4.15 条的规定。

9.5 钢 筋 网

主 控 项 目

9.5.1 钢筋网所使用的钢筋原材料进场检验必须符合本标准第 8.3 节的规定。

9.5.2 钢筋网所用钢筋的品种、规格等应符合设计要求和国家、行业有关技术标准的规定。

检验数量：施工单位、监理单位全部检查。

检验方法：观察，钢尺检查。

9.5.3 钢筋网的制作、安装的检验应符合本标准第 7.5.6 条～第 7.5.8 条的规定。

一 般 项 目

9.5.4 钢筋网的网格间距应符合设计要求，网格尺寸允许偏差为±10 mm。

检验数量：施工单位每作业循环检查一次，随机抽样 5 片。

检验方法：尺量。

9.5.5 钢筋网搭接长度应为 1～2 个网孔，允许偏差为±50 mm。

检验数量：施工单位每作业循环检查一次，随机抽样 5 片。

检验方法：尺量。

9.5.6 钢筋应冷拉调直后使用，钢筋表面不得有裂纹、油污、颗粒状或片状锈蚀。

检验数量：施工单位全部检查。

检验方法：观察。

9.6 钢架(格栅钢架、型钢钢架)

主 控 项 目

9.6.1 钢架所使用的原材料进场检验必须符合本标准第7.6.6条的规定。

9.6.2 制作钢架的钢材品种、规格必须符合设计要求。

检验数量:施工单位、监理单位全部检查。

检验方法:观察,钢尺检查。

9.6.3 格栅钢架钢筋的弯制和末端的弯钩及型钢钢架的弯制应符合设计要求。钢架的结构尺寸应符合设计要求。

检验数量:施工单位全部检查。监理单位按施工单位抽检次数的10%进行见证检验,且不少于一榀。

检验方法:观察、尺量。

9.6.4 钢架安装的位置、相邻钢架及各节钢架间的连接以及混凝土保护层厚度等的检验应符合本标准第7.6.9条的规定。

9.6.5 钢架外缘与混凝土初喷层结合的检验应符合本标准第7.6.10条的规定。

一 般 项 目

9.6.6 钢筋、型钢等材料应平直、无损伤,表面不得有裂纹、油污、颗粒状或片状锈蚀。

检验数量:施工单位安装前全部检查。

检验方法:观察。

9.6.7 钢架制作的检验应符合本标准第7.6.12条的规定。

9.6.8 钢架安装允许偏差的检验应符合本标准第7.6.13条的规定。

9.7 管 棚

主 控 项 目

9.7.1 管棚所用钢管的原材料检验必须符合本标准第7.7.1条的规定。

9.7.2 管棚所用钢管的品种和规格的检验应符合本标准第7.7.2条的规定。

9.7.3 管棚搭接长度的检验应符合本标准第7.7.3条的规定。

9.7.4 注浆浆液的配合比应符合设计要求。

检验数量:施工单位对同性能的浆液进行一次配合比选定试验。当使用的原材料、施工工艺发生变化时,均应重新进行配合比选定试验;监理单位全部检查。

检验方法:施工单位进行配合比选定试验,监理单位见证配合比选定试验或平行检验并检查确认配合比选定单。

9.7.5 注浆压力应符合设计要求,注浆浆液应充满钢管及周围的空隙。

检验数量:施工单位全部检查;监理单位按施工单位检验数量的10%见证检验,但至少进行一次。

检验方法:检查施工记录的注浆量和注浆压力,观察。

一 般 项 目

9.7.6 管棚钻孔的孔位、方向角、孔深允许偏差的检验应符合本标准第7.7.6条的规定。

9.8 超前小导管

主 控 项 目

9.8.1 超前小导管所用钢管的原材料检验必须符合本标准第 7.7.1 条的规定。

9.8.2 超前小导管所用钢管的品种和规格应符合设计要求。

检验数量：施工单位、监理单位全部检查。

检验方法：观察，钢尺检查。

9.8.3 超前小导管与支撑结构的连接应符合设计要求。

检验数量：施工单位、监理单位全部检查。

检验方法：观察。

9.8.4 超前小导管的纵向搭接长度应符合设计要求。

检验数量：施工单位、监理单位全部检查。

检验方法：观察，尺量。

9.8.5 注浆浆液的配合比应符合设计要求。

检验数量：施工单位对同性能的浆液进行一次配合比选定试验。当使用的原材料、施工工艺发生变化时，均应重新进行配合比选定试验；监理单位全部检查。

检验方法：施工单位进行配合比选定试验，监理单位见证配合比选定试验或平行检验并检查确认配合比选定单。

9.8.6 注浆压力应符合设计要求，注浆浆液应充满钢管及周围的空隙。

检验数量：施工单位全部检查；监理单位按施工单位检验数量的 10%见证检验，但至少进行一次。

检验方法：检查施工记录的注浆量和注浆压力，观察。

一 般 项 目

9.8.7 超前小导管施工允许偏差的检验应符合表 9.8.7 的规定。

表 9.8.7 超前小导管施工允许偏差

序 号	项 目	允 许 偏 差
1	方向角	2°
2	孔口距	±50 mm
3	孔 深	$^{+50}_{0}$ mm

检验数量：施工单位每环检查 3 根。

检验方法：仪器测量，尺量。

9.9 模 板

主 控 项 目

9.9.1 辅助坑道及附属洞室所用的模板必须按照结构尺寸进行设计与加工，模板必须具有足够的强度、刚度和稳定性。

检验数量:施工单位、监理单位全部检查。

检验方法:检查出厂合格证、模板设计资料;观察、尺量。

9.9.2 模板安装必须稳固牢靠,接缝严密,不得漏浆。模板与混凝土的接触面必须清理干净并涂刷隔离剂。浇筑混凝土前,模板内的积水和杂物应清理干净。

检验数量:施工单位、监理单位每一浇筑段检查一次。

检验方法:观察。

9.9.3 承受围岩压力较大的辅助坑道的模板,拆除时的混凝土强度应达到设计强度的100%;承受围岩压力较小的模板,拆除时的混凝土强度应达到设计强度的70%。

检验数量:施工单位、监理单位拆模前检查一次。

检验方法:施工单位拆模前进行,同配合比设计做一组同条件养护试件强度试验。监理单位检查试验报告。

一 般 项 目

9.9.4 模板安装允许偏差的检验应符合本标准第8.2.4条的规定。

9.10 钢　筋

主 控 项 目

9.10.1 钢筋原材料进场检验必须符合本标准第8.3节的规定。

9.10.2 钢筋品种、规格必须符合设计要求。

检验数量:施工单位、监理单位全部检查。

检验方法:观察,钢尺检查。

9.10.3 钢筋的连接方式必须符合设计要求。

检验数量:施工单位、监理单位全部检查。

检验方法:观察。

9.10.4 钢筋接头的技术条件和外观质量的检验应符合本标准第8.3节的规定。

9.10.5 钢筋的加工检验应符合本标准第8.3节的规定。

9.10.6 钢筋的安装及保护层厚度的检验应符合本标准第8.3节的规定。

一 般 项 目

9.10.7 钢筋加工允许偏差的检验应符合本标准第8.3节规定。

9.10.8 钢筋接头设置的检验应符合本标准第8.3节的规定。

9.10.9 钢筋应平直、无损伤,表面无裂纹、油污、颗粒状或片状锈蚀。

检验数量:施工单位全部检查。

检验方法:观察。

9.11 混 凝 土

主 控 项 目

9.11.1 混凝土所用的水泥、细骨料、粗骨料、外加剂、矿物掺和料,混凝土中的总碱含量和拌和用水的检验应符合本标准第8.4节的规定。

9.11.2 辅助坑道混凝土配合比的设计和抗压强度试件的取样、留置及强度的检验必须符合本标准第 8.4 节的规定。

9.11.3 辅助坑道仰拱和底板混凝土浇筑前应清除隧底虚渣、杂物和积水，超挖部分应采用同级混凝土回填。

检验数量：施工单位、监理单位全部检查。

检验方法：观察。

9.11.4 辅助坑道及附属洞室结构厚度应符合设计要求。

检验数量：施工单位、监理单位每一浇筑段检查一个断面。

检验方法：测量和无损检测。

9.11.5 辅助坑道混凝土的养护及其每盘原材料称量允许偏差的检验应符合本标准第 8.4 节的规定。

9.11.6 辅助坑道混凝土施工配合比的检验应符合本标准第 8.4 节的规定。

9.11.7 辅助坑道混凝土坍落度、水胶比和含气量的检验应符合本标准第 8.4 节的规定。

9.11.8 辅助坑道新旧混凝土结合和施工缝的检验应符合本标准第 8.4 节的规定。

9.11.9 辅助坑道混凝土表面裂缝的检验应符合本标准第 8.4 节的规定。

一 般 项 目

9.11.10 辅助坑道混凝土的结构外形尺寸、预留孔洞和外观质量的检验应符合本标准第 8.4 节的相关规定。

9.12 坑道口及其封闭

主 控 项 目

9.12.1 坑道口边、仰坡开挖应符合设计要求并及时恢复地表植被，保持水土。

检验数量：施工单位、监理单位每个坑道口检查一次。

检验方法：观察。

9.12.2 横洞、斜井和平行导坑的洞门，竖井的锁口圈（包括井盖）、井口段的衬砌，马头门结构形式及断面应符合设计要求。

检验数量：施工单位、监理单位每个洞门（锁口圈）检查一次。

检验方法：观察，尺量。

一 般 项 目

9.12.3 横洞、平行导坑洞口，斜井、竖井井口的封闭应符合设计要求。

检验数量：施工单位每个洞（井）口检查一次。

检验方法：观察。

9.12.4 横洞、平行导坑、斜井、竖井与隧道连接处的封闭应符合设计要求。

检验数量：施工单位每个洞（井）口检查一次。

检验方法：观察。

10 明洞工程

10.1 一般规定

10.1.1 明洞施工应根据实际地形、地质条件及设计结构类型选择施工方法，并制定符合设计要求的专项施工方案及技术措施。

10.1.2 明洞地段的土石方开挖时，不得采用大爆破，应采取控制爆破措施。

10.1.3 明洞开挖土石方的弃置不得影响既有建筑物的安全，并应符合环境保护和水土保持的有关规定。

10.1.4 明洞衬砌完成后应及时施作防水层、回填、铺砌和排水设施。

10.1.5 明洞防排水的施工应符合本标准第 11.8 节和第 11.9 节的有关规定。

10.1.6 明洞与暗洞应连接良好，符合设计和规范要求。

10.2 明洞开挖

主控项目

10.2.1 明洞开挖断面的中线和高程应符合设计要求。

检验数量：施工单位、监理单位每一施工段检查一次。

检验方法：施工单位尺量和仪器测量。监理单位见证检验。

10.2.2 明洞基础地质情况和地基承载力应满足设计要求。

检验数量：每一施工段检查一次，施工单位检查不少于 5 处，监理单位见证检验不少于 1 处。

检验方法：施工单位做静力触探或标准贯入检测。监理单位见证检验和检查检测报告。

10.2.3 明洞基础底部应无积水、虚渣及杂物。

检验数量：施工单位、监理单位全部检查。

检验方法：观察。

10.2.4 明洞基底加固范围、方法和数量应符合设计要求。

检验数量：施工单位、监理单位全部检查。

检验方法：施工单位、监理单位按国家现行《高速铁路路基工程施工质量验收标准》的有关规定进行检验。

一般项目

10.2.5 明洞开挖断面尺寸应符合设计要求。

检验数量：施工单位全部检查。

检验方法：仪器测量。

10.3 模　　板

主 控 项 目

10.3.1 明洞衬砌移动台架制造和安装的检验应符合本标准第 8.2.1 条和第 8.2.2 条的规定。

10.3.2 拱圈混凝土强度应达到设计强度的 70%，且完成两侧拱脚以下回填时，方可拆除明洞拱架。

检验数量：施工单位、监理单位拆模前检查一次。

检验方法：施工单位拆模前进行，同配合比设计做一组同条件养护试件强度试验。监理单位检查试验报告。

一 般 项 目

10.3.3 明洞模板安装、预留孔洞允许偏差的检验应符合本标准第 8.2.4 条和第 8.2.6 条的规定。

10.4 钢　　筋

主 控 项 目

10.4.1 钢筋原材料进场检验必须符合本标准第 8.3.1 条的规定。

10.4.2 钢筋品种、级别、规格、数量的检验必须符合本标准第 8.3.2 条的规定。

10.4.3 钢筋连接方式的检验必须符合本标准第 8.3.3 条的规定。

10.4.4 钢筋接头的技术条件和外观质量的检验应符合本标准第 8.3.5 条的规定。

10.4.5 钢筋加工的检验应符合本标准第 8.3.6 条的规定。

10.4.6 钢筋机械连接的检验必须符合本标准第 8.3.4 条、第 8.3.7 条和第 8.3.8 条的规定。

10.4.7 钢筋保护层垫块的检验应符合本标准第 8.3.9 条的规定。

10.4.8 钢筋接头设置的检验应符合本标准第 8.3.10 条的规定。

一 般 项 目

10.4.9 钢筋加工偏差的检验应符合本标准第 8.3.11 条的规定。

10.4.10 钢筋安装及保护层厚度的检验应符合本标准第 8.3.12 条的规定。

10.4.11 钢筋的外观质量的检验应符合本标准第 8.3.13 条的规定。

10.5 混 凝 土

主 控 项 目

10.5.1 混凝土所用水泥、减水剂，引气剂、混凝土中的总碱含量、氯离子含量的检验必须符合本标准第 8.4.1 条、第 8.4.5 条、第 8.4.6 条、第 8.4.8 条和第 8.4.9 条的规定。

10.5.2 混凝土所用矿物掺和料、细骨料、粗骨料和拌和用水的检验必须符合本标准第 8.4.2 条、第 8.4.3 条、第 8.4.4 条和第 8.4.7 条的规定。

10.5.3 钢筋阻锈剂、混凝土表面涂层和防腐蚀面层所用材料等的品种、质量应符合设计要求和相关产品标准的规定。

检验数量:施工单位按相关标准的规定进行检验。监理单位见证取样检测或平行检验。

检验方法:施工单位全部检查质量证明文件并按批进行抽样试验;监理单位全部检查质量证明文件、试验报告并进行见证取样检测或平行检验。

10.5.4 混凝土配合比的检验应符合本标准第 8.4.10 条、第 8.4.11 条、第 8.4.12 条和第 8.4.19 条的规定。

10.5.5 混凝土抗压强度试件的取样、留置及强度的检验必须符合本标准第 8.4.13 条的规定。

10.5.6 混凝土抗渗性能的检验应符合本标准第 8.4.14 条的规定。

10.5.7 混凝土厚度的检验必须符合本标准第 8.4.15 条的规定。

10.5.8 浇筑边墙混凝土时,应清除虚渣和淤泥等杂物,超挖部分必须按设计要求及时回填。

检验数量:施工单位、监理单位全部检查。

检验方法:观察。

10.5.9 混凝土养护和每盘原材料称量允许偏差的检验应符合本标准第 8.4.17 条和第 8.4.18 条的规定。

10.5.10 明洞混凝土施工配合比的检验应符合本标准第 8.4.19 条的规定。

10.5.11 明洞混凝土坍落度、水胶比和含气量的检验应符合本标准第 8.4.20 条的规定。

10.5.12 新旧混凝土结合和施工缝的检验应符合本标准第 8.4.21 条和第 8.4.22 条的规定。

10.5.13 明洞混凝土表面裂缝的检验应符合本标准第 8.4.23 条的规定。

一 般 项 目

10.5.14 明洞混凝土结构进水孔、泄水孔、泄水槽的位置、间距和尺寸应符合设计要求。

检验数量:施工单位全部检查。

检验方法:仪器测量,尺量。

10.5.15 明洞混凝土结构外形尺寸的检验应符合本标准第 8.4.24 条的规定。

10.5.16 明洞混凝土结构预埋件和预留孔洞的允许偏差应符合本标准第 8.4.25 条的规定。

10.5.17 明洞混凝土结构外观质量的检验应符合本标准第 8.4.30 条的规定。

10.6 回　　填

主 控 项 目

10.6.1 明洞墙背回填应符合下列规定:

1 由墙顶起坡开挖时,墙背超挖回填应用与边墙强度等级相同的混凝土一次浇筑。

2 由墙底起坡开挖或在已成路堑增建明洞时,墙背回填应按设计要求办理。

3 偏压及单压式明洞靠山侧墙背回填应符合设计要求。

4 隔水层应与边坡、仰坡搭接,封闭紧密。

5 明洞拱架拆除后应及时对称回填土至拱顶以上 0.7 m,回填土的压实系数不应低于 0.8。

检验数量:施工单位、监理单位全部检查。

检验方法:查对设计图,观察,检查施工记录。

10.6.2 明洞顶回填高度、坡度、回填材料和粒径应符合设计要求。

检验数量:施工单位、监理单位全部检查。

检验方法:观察和尺量。

10.6.3 明洞顶回填土密实度应符合设计要求。

检验数量:施工单位、监理单位每一作业循环检查一次。

检验方法:施工单位做静力触探或压实度试验,监理单位进行见证试验。

一 般 项 目

10.6.4 明洞墙后排水设施应符合设计要求并与墙背回填同时施工,确保渗水顺畅排出。

检验数量:施工单位全部检查。

检验方法:观察。

10.6.5 明洞拱背回填应对称分层夯实,每层厚度不宜大于0.3 m,其两侧回填的土面高差不得大于0.5 m。

检验数量:施工单位全部检查。

检验方法:观察。

11 防水和排水

11.1 一般规定

11.1.1 隧道衬砌和设备洞室的衬砌防水等级应达到一级防水标准。

11.1.2 隧道工程使用的防水材料应有产品合格证书和性能检测报告，材料的品种、规格、性能等应符合现行国家产品标准和设计要求。不合格的产品不得在工程中使用。

11.1.3 水库、池沼、溪流、井泉附近的隧道衬砌应按设计要求进行防渗处理，防止地下水渗入隧道。

11.1.4 衬砌背后设置排水盲管或暗沟时，应根据坑道的渗水情况，配合衬砌一次施工。暗沟、泄水槽及其中配置的集水钻孔、排水孔(槽)和水管应组成完整的排水系统并应符合设计要求。隧道防水分段隔离设置应符合设计要求。

11.1.5 隧道防水应充分利用混凝土衬砌结构的自防水能力，衬砌混凝土抗渗等级不得低于P8。

11.1.6 隧道衬砌背后采用防水板防水时，应对铺设防水板的基面进行检查，基面外露的锚杆头、钢筋头等尖硬物应割除，凹凸不平处应补喷、抹平；喷射钢纤维混凝土的表面铺设防水板前应补喷砂浆保护层，保证钢纤维不外露；局部渗水处应先进行处理。

11.1.7 铺设防水板应采用专用台车，焊缝应牢固，无渗漏。铺设时应预留充足的悬吊余量，保证二次衬砌时二衬、防水板、初期支护相互密贴，无空洞。

11.1.8 遇水膨胀材料存放应有严格的防潮措施，不得在洞内存放。

11.1.9 明挖隧道与隧道暗洞接头处防水层应做好搭接；敷设卷材的明挖隧道在阴阳角等特殊部位，应采用相同卷材增作加强层，加强层宽度不宜小于300 mm。

11.1.10 明挖隧道洞顶明挖坡面应采取防护措施，以防止地表水下渗和冲刷；明挖隧道洞顶回填土体表面应设隔水层，以防止地表水下渗，且表面应作成不小于1%的排水坡。

11.1.11 隧道、明洞、辅助坑道和缓冲结构应防止由于排水危及建筑物和农田水利设施等。

11.1.12 寒冷地区和严寒地区冬季有水隧道的冻害地段，应设置保温水沟、结构下深埋保温盲沟和防寒泄水洞和采用电加热等防寒措施，其结构形式与设置范围、位置、坡度以及抗冻性建筑和回填材料，均应符合设计及保温技术要求。

11.1.13 侧沟与中心水沟间横向导水管应顺直，以确保排水顺畅、便于维护，不应出现“倒虹吸”现象。

11.1.14 隧道内、外的施工废水经污水处理池处理符合要求后方可排入河沟、河流及农田内。

11.2 洞口防排水

主 控 项 目

11.2.1 隧道、明洞、辅助坑道等洞内排水系统与洞外排水系统的连接必须符合设计要求。

检验数量：施工单位、监理单位全部检查。

检验方法：查对设计图，现场观察。

11.2.2 隧道、明洞、辅助坑道的洞口边坡排水沟、仰坡坡顶截水沟结构形式和位置应符合设计要求，并结合永久排水系统尽早修建。

检验数量：施工单位、监理单位全部检查。

检验方法：查对设计图，现场观察。

11.2.3 隧道覆盖层较薄和地层渗透性强的洞顶地表水处理，应符合下列规定：

1 洞口附近和浅埋地段洞顶地表应平整，不积水。

2 坑洼、钻孔、探坑等应回填不透水土，并分层夯实。

3 黄土陷穴和岩溶孔洞等特殊地质的处理应符合设计要求。

4 洞顶原有排水沟(槽)应防渗良好，水流畅通。

5 洞顶水池应有防渗措施，水池溢水有疏导设施。

检验数量：施工单位、监理单位全部检查。

检验方法：查对设计图、施工方案，观察。

11.2.4 水沟混凝土外观质量应符合本标准第8.4.30条规定，在填土上的水沟的基底土应夯实。

检验数量：施工单位、监理单位全部检查。

检验方法：观察。

一 般 项 目

11.2.5 排水沟、截水沟排水顺畅，无淤积阻塞。

检验数量：施工单位全部检查。

检验方法：观察。

11.2.6 洞口排水沟、截水沟的设置范围、高程和尺寸的允许偏差和检验方法应符合表11.2.6的规定。

表11.2.6 排水沟、截水沟混凝土尺寸允许偏差和检验方法

序 号	项 目	允许偏差(mm)	检验方法
1	设置范围	±200	测量每条水沟不少于2处
2	沟底高程	±20	
3	水沟纵坡	设计坡度的0.5%，且无积水	
4	水沟宽度	+30 0	测量每条水沟不少于4处
5	水沟高度	−10	
6	水沟厚度	−10	

检验数量：施工单位全部检查。

11.3 洞内排水沟(槽)

主 控 项 目

11.3.1 洞内水沟布置、结构形式、沟底高程、纵向坡度应符合设计要求。

检验数量:施工单位、监理单位全部检查。

检验方法:观察,仪器量测,尺量。

11.3.2 底板和仰拱填充表面坡度应符合设计要求。

检验数量:施工单位、监理单位全部检查。

检验方法:仪器测量,尺量。

11.3.3 进水孔、泄水孔、泄水槽的位置、间距和尺寸应符合设计要求。

检验数量:施工单位、监理单位全部检查。

检验方法:观察,尺量。

11.3.4 水沟外墙距线路中心线的距离应符合设计要求。

检验数量:施工单位、监理单位全部检查。

检验方法:仪器量测,尺量。

11.3.5 水沟沟身混凝土的强度和抗渗性能应符合本标准第 8.4.13 条和第 8.4.14 条的规定。

11.3.6 水沟沟身的钢筋应符合本标准第 8.3.1 条～第 8.3.13 条的规定。

11.3.7 水沟盖板应采取工厂化预制生产,其规格和强度应符合设计要求。盖板应铺设平稳顺直。

检验数量:施工单位检查 5%、监理单位按施工单位检验数量 20%的见证检验。

检验方法:观察,尺量和检查试验资料。

11.3.8 盲管、水沟和孔槽组成的排水系统应有良好的排水效果,做到洞内排水顺畅,无积淤堵塞,进水孔、泄水槽、泄水孔畅通。

检验数量:施工单位、监理单位全部检查。

检验方法:观察。

11.3.9 隧道内两侧水沟与中心排水管(沟)通过横向引水管连接,横向引水管的坡度不应小于 2%。

检验数量:施工单位、监理单位全部检查。

检验方法:测量。

11.3.10 瓦斯隧道排水系统中水气分离装置结构和位置应符合设计要求。

检验数量:施工单位、监理单位全部检查。

检验方法:观察,测量。

一 般 项 目

11.3.11 水沟断面尺寸的允许偏差和检验方法应符合表 11.3.11 的规定。

表 11.3.11 水沟断面尺寸允许偏差和检验方法

序 号	项 目	允许偏差(mm)	检验方法
1	断面尺寸	±10	尺 量
2	厚 度	±5	
3	高 度	0 −20	
4	沟底高程	±20	仪器测量

检验数量:施工单位每 100 m 随机检查 3 处。

11.3.12 混凝土外观质量的检验应符合本标准第 8.4.30 条的有关规定。

11.4 检 查 井

主 控 项 目

11.4.1 检查井数量、位置和结构形式应符合设计要求，检查井设置的纵向间距不得大于 30 m，并距变形缝及不同结构衔接处不小于 2 m。

检验数量：施工单位、监理单位全部检查。

检验方法：观察，测量。

11.4.2 检查井的井壁厚应符合设计要求，允许偏差为$^{+10}_{0}$mm。

检验数量：施工单位、监理单位每个检查井任意抽查 3 个断面，每个断面检测 4 个点。

检验方法：施工单位测量，监理单位见证测量。

11.4.3 检查井井盖的规格、强度符合设计要求。井盖应铺设齐全平稳。

检验数量：施工单位全部检查，监理单位按施工单位检验数量的 20%见证检验，但至少进行一次。

检验方法：观察，测量，检查试验资料。

11.4.4 检查井混凝土的强度和抗渗性的检验应符合本标准第 8.4.13 条和第 8.4.14 条的规定。

一 般 项 目

11.4.5 检查井的尺寸、高程、平面位置的允许偏差和检验方法应符合表 11.4.5 的规定。

表 11.4.5 检查井的允许偏差和检验方法

序号	项目	允许偏差(mm)	检验方法
1	断面尺寸	±20	尺量
2	平面位置(纵、横向)	±50	仪器测量
3	高程	±20	

检验数量：施工单位全部检查。

11.4.6 检查井混凝土外观质量的检验应符合本标准第 8.4.30 条的规定。

11.5 结构下纵向保温排水盲沟

主 控 项 目

11.5.1 结构下纵向保温排水盲沟所用材料的质量应符合设计要求。

检验数量：施工单位按进场批次检验，监理单位按施工单位检验数量的 10%见证检验。

检验方法：施工单位进行试验，监理单位检查产品合格证、试验报告，并见证检验。

11.5.2 结构下纵向保温排水盲沟的构造形式应符合设计要求。

检验数量：施工单位、监理单位全部检查。

检验方法：观察检查。

11.5.3 结构下纵向保温排水盲沟沟身混凝土的强度和抗渗性能应符合本标准第 8.4.13 条和第 8.4.14 条的有关规定。

11.5.4 结构下纵向保温排水盲沟的预制节段的内径和壁厚不得小于设计厚度。上部进水孔的位置、间距、数量符合设计要求。

检验数量:施工单位、监理单位每一节段检查两个断面,每个断面检查三个点。

检验方法:尺量。

11.5.5 结构下纵向保温排水盲沟节段拼装形式应符合设计要求。

检验数量:施工单位、监理单位全部检查。

检验方法:观察。

11.5.6 结构下纵向保温排水盲沟的回填材料除应满足保温、渗水性好的要求外,还应防止石屑、泥砂渗入水沟引起淤积,其质量应符合设计要求。

检验数量:施工单位按进场批次检验,监理单位按施工单位检验次数的10%见证检验。

检验方法:施工单位进行试验,监理单位检查砂、石试验报告,见证检验。

11.5.7 结构下纵向保温排水盲沟的纵向坡度应符合设计要求。

检验数量:施工单位、监理单位全部检查。

检验方法:测量。

一 般 项 目

11.5.8 结构下纵向保温排水盲沟平面位置允许偏差为±20 mm,底面高程允许偏差为±10 mm。

检验数量:施工单位每100 m任意检查3点。

检验方法:测量。

11.6 施工缝防水

主 控 项 目

11.6.1 施工缝所用止水带、止水条的品种、规格和性能等必须符合设计要求。橡胶、塑料止水带的物理力学性能应分别符合表11.6.1—1和表11.6.1—2的规定。

表11.6.1—1 橡胶止水带物理力学性能

序号	项目		性能指标	
			B型	S型
1	硬度(邵尔A)(度)		60±5	60±5
2	拉伸强度(MPa)		≥15	≥12
3	扯断伸长率(%)		≥450	≥450
4	压缩永久变形(%)	70°×24 h	≤30	≤30
		23 ℃×168 h	≤20	≤20
5	撕裂强度(kN/m)		≥30	≥25
6	脆性温度(℃)		≤−45	≤−45
7	热空气老化(70 ℃×168 h)	硬度(邵尔A)(度)	≤+6	≤+6
		拉伸强度(kN/m)	≥12	≥10
		扯断伸长率(%)	≥400	≥400

续上表

序号	项　　目		性能指标	
			B型	S型
8	耐碱水[$Ca(OH)_2$ 饱和溶液 23 ℃×168 h]	硬度(邵尔 A)(度)	≤+6	≤+6
		拉伸强度(kN/m)	≥12	≥10
		扯断伸长率(%)	≥400	≥400
9	臭氧老化 50pphm:20%,40 ℃,48 h		无龟裂	
10	橡胶与金属粘合		R 型破坏	

注:1　仅钢边止水带检测橡胶与金属粘合项目。

2　B 型适用于变形缝用止水带;S 型适用于施工缝用止水带;R 型指橡胶止水带。

表 11.6.1—2　塑料止水带物理力学性能

序号	项　　目		技术指标	
			EVA	ECB
1	拉伸强度(MPa)		≥16	≥16
2	扯断伸长率(%)		≥600	≥600
3	撕裂强度(kN/m)		≥60	≥60
4	低温弯折性(℃)		≤−40	≤−40
5	热空气老化(80 ℃×168 h)	100%伸长率,外观	无裂纹	无裂纹
		拉伸强度保持率(%)	≥80	≥80
		扯断伸长保持率(%)	≥70	≥70
6	耐碱性[$Ca(OH)_2$ 饱和溶液×168 h]	拉伸强度保持率(%)	≥80	≥80
		扯断伸长保持率(%)	≥90	≥90

检验数量:施工单位按进场批次检验。监理单位按施工单位检验次数的 10%见证检验。

检验方法:施工单位检查产品合格证、出厂检验报告并进行止水带的拉伸强度、扯断伸长率、撕裂强度、压缩永久变形率和止水条的硬度、拉伸强度、扯断伸长率等性能指标试验。监理单位检查全部产品合格证、出厂检验报告、进场试验报告,并见证试验。

11.6.2　止水带的宽度和厚度应符合设计要求,厚度不得有负偏差。止水带的表面不得有开裂、缺胶和海绵状等影响使用的缺陷。止水带产品外观质量应符合表 11.6.2 的规定。

表 11.6.2　止水带产品外观质量要求

序号	缺陷名称	工作面
1	气　泡	直径不大于 1 mm 的气泡,每米不允许超过 3 处
2	杂　质	面积不大于 4 mm^2 的杂质,每米不允许超过 3 处
3	凹　痕	不允许有
4	接缝缺陷	高度不大于 1.5 mm 的凸起或不平,每米不得超过 2 处

检验数量:施工单位全部检查,监理单位按施工单位检验数量的 20%抽查。

检验方法:观察、尺量。

11.6.3　止水条的宽度、厚度和直径应符合设计要求,表面不得有开裂、缺胶等缺陷。制品型遇水膨胀橡胶止水条应具有缓膨胀性能,其 7d 的膨胀率不应大于最终膨胀率的 60%。其性能指标应符合表 11.6.3 的规定。

检验数量：施工单位全部检查，监理单位按施工单位检验数量的 20% 抽查。

检验方法：检查产品合格证和质量证明文件、进行相关指标试验、尺量。

11.6.4 隧道衬砌混凝土施工缝防水构造形式应符合设计要求。

检验数量：施工单位全部检查，监理单位按施工单位检验数量的 20% 抽检，但至少进行一次。

检验方法：观察，尺量。

表 11.6.3 制品型遇水膨胀橡胶止水条物理力学性能

序 号	项 目		技术指标
1	拉伸强度（MPa）		≥3.5
2	扯断伸长率（%）		≥450
3	体积膨胀率（%）		≥200
4	反复浸水试验	拉伸强度（MPa）	≥3
		扯断伸长率（%）	≥350
		体积膨胀率（%）	≥200
5	低温弯折性（−20 ℃×2 h）		无裂纹
6	防霉等级		≥2 级

注：成品切片测试应达到表中性能指标的 80%；接头部位的拉伸强度不得低于表中性能指标的 50%；体积膨胀率是浸泡后的试样质量与浸泡前的试样质量的比率。

11.6.5 施工缝的设置应符合下列规定：

1 边墙纵向施工缝不应留置在剪力和弯矩最大处或底板与边墙的交接处，而应留置在高出底板顶面不小于 30 cm。

2 施工缝距预留孔洞边缘不应小于 30 cm。

3 设置止水条的环向施工缝，宜在端面预留浅槽，槽应平直，槽宽应比止水条宽 1～2 mm，槽深应为止水条厚度的 1/2。

检验数量：施工单位全部检查，监理单位按施工单位检验数量的 20% 抽检，但至少进行一次。

检验方法：观察，测量。

11.6.6 施工缝的浇筑应符合下列规定：

1 先浇筑的混凝土必须在达到强度后凿除混凝土表面的水泥砂浆和松软层，充分湿润，但不得有积水。凿毛应使露出新鲜混凝土面积不低于 75%。人工凿毛时混凝土应达到 2.5 MPa，风动机凿毛时混凝土应达到 10 MPa。

2 纵向施工缝后浇混凝土前，应在凿毛的混凝土表面铺一层不大于 30 mm 的砂浆或不大于 30 cm 的混凝土（粗骨料少 10%），并按设计要求设置止水条或止水带。

3 环向施工缝后浇混凝土前，应去除表面浮浆和杂物，设置制品型遇水膨胀止水条或中埋式止水带，涂刷水泥净浆或混凝土界面剂，及时浇筑混凝土。

检验数量：施工单位全部检查，监理单位按施工单位检验数量的 20% 抽检，但至少进行一次。

检验方法：施工单位观察，监理单位见证。

11.6.7 止水带的安装、连接应符合下列规定：

1 止水带固定牢固、平直，不得有扭曲现象。

2 止水带安装径向位置允许偏差±5 cm，纵向位置允许偏离中心为±3 cm。中埋式其中心线（中间空心圆环）应与施工缝（变形缝）的中心线重合。

3 止水带接头连接应采用焊接或设计要求，接缝平整、牢固，不得有裂口和脱胶现象。

4 背贴式止水带与防水板的连接方式应符合设计要求。

检验数量：施工单位全部检查，监理单位按施工单位检验数量的 20%抽检，但至少进行一次。

检验方法：施工单位观察、尺量，监理单位见证检验。

11.6.8 止水条安装、连接应符合下列规定：

1 止水条不得受潮，安装前应进行检查。

2 止水条安装位置应符合设计要求。

3 制品型遇水膨胀止水条接头应重叠搭接后再黏接固定，搭接长度不应小于 50 mm。

4 制品型遇水膨胀止水条定位后至浇筑下一环混凝土前，应避免被水浸泡。

检验数量：施工单位全部检查，监理单位按施工单位检验数量的 20%抽检，但至少进行一次。

检验方法：施工单位观察、尺量，监理单位见证检验。

11.6.9 施工缝防水效果应良好，无渗水。

检验数量：施工单位、监理单位全部检查。

检验方法：观察。

11.7 变形缝防水

主 控 项 目

11.7.1 变形缝所用止水条、止水带等材料的品种、规格和性能等的检验应符合本标准第 11.6.1 条～第 11.6.3 条的规定。

11.7.2 变形缝嵌缝材料所采用的嵌缝板、密封料的品种、规格、性能指标应符合设计要求。当采用密封料时，密封料应采用混凝土建筑接缝用密封胶，不同模量建筑密封胶的物理性能应符合设计要求。

检验数量：施工单位按进场批次检验。监理单位按施工单位检验次数的 10%见证检验。

检验方法：施工单位检查产品合格证、出厂检验报告并进行嵌缝材料的最大拉伸强度、最大伸长率等性能指标试验。监理单位检查全部产品合格证、出厂检验报告、进场试验报告，并见证试验。

11.7.3 变形缝的位置、宽度和构造形式等应符合设计要求。

检验数量：施工单位、监理单位全部检查。

检验方法；观察，尺量。

11.7.4 变形缝止水带、止水条防水施工的检验应符合本标准第 11.6.7 条和第 11.6.8 条的规定。

11.7.5 变形缝嵌缝材料嵌填施工应符合下列规定：

1 缝内两侧平整、清洁、无渗水，涂刷的基层处理剂符合设计要求。

2 背衬材料的设置符合设计要求。

3 嵌填密实,与两侧黏结牢固。

检验数量:施工单位、监理单位全部检查。

检验方法;观察。

11.7.6 变形缝细部构造作法应符合设计要求,表面不得有渗水。

检验数量:施工单位、监理单位全部检查。

检验方法:观察,尺量。

11.7.7 用做沉降的变形缝应按设计要求设置沉降观测点并进行施工期间的沉降观测,年沉降速率应符合设计要求。

检验数量:施工单位全部检查,监理单位按施工单位检验数量的20%抽检,但至少进行一次。

检验方法:沉降观测点的设置采用计数检查,沉降观测采用仪器测量。

一 般 项 目

11.7.8 变形缝应缝宽均匀、缝身竖直,环向贯通,填塞密实,外表光洁。密封材料嵌填严密,黏结牢固,无开裂、鼓包、下塌现象。

检验数量:施工单位全部检查。

检验方法:观察。

11.8 涂料防水层防水

主 控 项 目

11.8.1 涂料防水层所用材料的性能指标应符合设计要求。

检验数量:施工单位按进场批次检验,监理单位按施工单位检验次数的10%见证检验,并至少进行一次。

检验方法:施工单位检查全部产品合格证、质量证明文件,对无机涂料的抗折强度、黏结强度、抗渗性和有机涂料的可操作时间、潮湿基面黏结强度、抗渗性、浸水168 h后拉伸强度、浸水168 h后断裂伸长率等性能进行试验,监理单位检查产品合格证、质量证明文件、试验报告,并见证检验。

11.8.2 涂料防水材料应按设计要求进行配合比设计。

检验数量:施工单位、监理单位全部检查。

检验方法:施工单位进行配合比试验,监理单位检查配合比试验单并见证试验。

11.8.3 涂料防水层及其转角处、变形缝等细部做法应符合设计要求。

检验数量:施工单位、监理单位全部检查。

检验方法:观察。

11.8.4 水泥砂浆保护层应根据原材料性能和设计要求进行配合比设计。

检验数量:施工单位、监理单位全部检查。

检验方法:施工单位进行配合比选定试验,监理单位检查配合比选定单。

11.8.5 涂料防水层施工时应按设计要求进行多遍涂刷,涂料防水层的平均厚度应符合设计要求,最小厚度不得小于设计厚度的80%。

检验数量:施工单位和监理单位每100 m^2 抽查一处,每处10 m^2,且不少于3处。

检验方法:施工单位采用针测法或割取 20 mm×20 mm 实样用卡尺测量,监理单位查检测报告,见证检验。

一 般 项 目

11.8.6 涂料防水层的基层应牢固,基面应洁净、平整。基层阴阳角应做成圆弧形。

检验数量:施工单位全部检查。

检验方法:观察。

11.8.7 涂料防水层应与基层黏结牢固,表面平整、涂刷均匀,不得有流淌、皱折、鼓泡等缺陷。

检验数量:施工单位全部检查。

检验方法:观察。

11.8.8 水泥砂浆保护层应与防水层黏结牢固结合紧密。

检验数量:施工单位全部检查。

检验方法:观察。

11.8.9 水泥砂浆保护层应按设计要求分层铺抹,各层应紧密贴合并连续施工,终凝后及时养护,养护时间不得少于 14 d,养护期间应保持湿润。

检验数量:施工单位全部检查。

检验方法:观察,检查施工记录。

11.9 卷材防水层防水

主 控 项 目

11.9.1 卷材防水层所用卷材的性能指标应符合设计要求。

检验数量:施工单位按进场批次检验,监理单位按施工单位检验次数的 10%见证检验,并至少进行一次。

检验方法:施工单位检查全部产品合格证、质量证明文件,对材料的拉伸强度、断裂伸长率、低温柔度、低温弯折性、不透水性等性能进行试验,监理单位检查产品合格证、质量证明文件、试验报告,并见证检验。

11.9.2 粘贴各类卷材必须使用与卷材性相容的胶粘剂,胶粘剂的性能指标应符合设计要求。

检验数量:施工单位按进场批次检验,监理单位按施工单位检验次数的 10%见证检验,并至少进行一次。

检验方法:施工单位检查全部产品合格证、质量证明文件,对材料黏结剥离强度、浸水 168 h后的黏结剥离强度保持率等性能进行试验,监理单位检查产品合格证、质量证明文件、试验报告,并见证检验。

11.9.3 自黏性卷材的基层应采取处理剂处理,对基面潮湿的基层必须采取措施保证粘贴牢固。卷材防水层铺设及其在转角处和变形缝等细部做法应符合设计要求。

检查数量:施工单位、监理单位全部检查。

检查方法:观察。

11.9.4 防水卷材铺贴时,应顺流水方向进行,上部压住下部,2 幅卷材短边和长边的搭接宽度均不应小于 150 mm,采用双层卷材的接缝应错开 1/2～1/3 幅宽,且 2 幅卷材不得垂直铺贴。卷材铺贴后不得有滑移、翘边、起鼓和损伤等现象。

检查数量：施工单位全部检查，监理单位按施工单位检验数量的 20%抽检，但至少进行一次。

检查方法：观察和尺量。

一 般 项 目

11.9.5 卷材防水层的基层应牢固，基面应洁净、平整，不得有空鼓、松动、起砂和脱皮现象。基层阴阳角处应做成圆弧形。

检查数量：施工单位全部检查。

检查方法：观察。

11.9.6 卷材防水层的搭接缝应粘（焊）接牢固，严密，不得有皱折、翘边和空鼓等缺陷。

检查数量：施工单位全部检查。

检查方法：观察。

11.9.7 卷材防水层的保护层应符合设计要求，保护层与防水层应黏结牢固，厚度均匀一致。

检查数量：施工单位全部检查。

检查方法：观察。

11.10 防水板防水

主 控 项 目

11.10.1 防水板、土工复合材料的材质、性能和规格应符合下列要求，并符合设计要求。

1 土工布主要技术性能应符合表 11.10.1—1 的规定。

表 11.10.1—1 土工布主要技术性能

项 目	单 位	技术指标	备 注
断裂能力	$kN \cdot m^{-1}$	≥15（纵横向）	规格按单位面积质量≥300 g/m^2，厚度≥2.2 mm$K$=1.0～9.9
断裂延伸率	%	40～80（纵横向）	
CBR 顶破强力	kN	≥2.9	
垂直渗透系数	$cm \cdot s^{-1}$	$K\times(10^{-1}\sim10^{-3})$	
撕破强力	kN	≥0.42（纵横向）	
化学稳定性 生物稳定性		按设计要求	

2 防水板的规格尺寸及允许偏差应符合下表 11.10.1—2 的规定。

表 11.10.1—2 防水板的规格尺寸及允许偏差

项 目	厚 度	宽 度	长 度
规 格	1.5,2.0,2.5,3.0	2.0,3.0,4.0	20 以上
平均偏差	不允许出现负值	不允许出现负值	不允许出现负值
极限偏差（%）	−5	−1	—

3 防水板的物理力学性能应符合表 11.10.1—3 的规定。

表 11.10.1—3 防水板的物理力学性能

序号	项目			指标 EVA	指标 ECB	指标 PE
1	断裂拉伸强度(MPa)			≥18	≥17	≥18
2	扯断伸长率(%)			≥650	≥600	≥600
3	撕裂强度(kN/m)			≥100	≥95	≥95
4	不透水性(0.3 MPa/24 h)			无渗漏	无渗漏	无渗漏
5	低温弯折性(℃)			≤−35	≤−35	≤−35
6	加热伸缩量(mm)	延伸		≤2	≤2	≤2
		收缩		≤6	≤6	≤6
7	热空气老化(80 ℃×168 h)	断裂拉伸强度(MPa)		≥16	≥14	≥15
		扯断伸长率(%)		≥600	≥550	≥550
8	耐碱性[$Ca(OH)_2$饱和溶液×168 h]	断裂拉伸强度(MPa)		≥17	≥16	≥16
		扯断伸长率(%)		≥600	≥600	≥550
9	人工侯化	断裂拉伸强度保持率(%)		≥80	≥80	≥80
		扯断伸长保持率(%)		≥70	≥70	≥70
10	刺破强度(N)	防水板厚度(mm)	1.5	300	300	300
			2.0	400	400	400
			2.5	500	500	500
			3.0	600	600	600

检验数量:施工单位按进场批次每 10 000 m^2 检验一次,不足 10 000 m^2 也按一次计,监理单位按施工单位检验次数的 10%见证检验。

检验方法:施工单位检查产品合格证、质量证明文件,并对防水板的厚度、密度、抗拉强度、断裂延伸率和土工复合材料单位面积的重量等性能指标进行试验。监理单位检查产品合格证、质量证明文件、试验报告,并见证检验。

11.10.2 铺设防水板的基层应符合下列规定:

1 基面应平整、无尖锐物体。

2 基层平整度应符合两突出物之间的深长比 $D/L \leqslant 1/10$ 的规定。

检验数量:施工单位、监理单位沿隧道长度每 10 m 检查 10 处。

检验方法:施工单位尺量,监理单位见证检验。

注:D——初期支护基层相邻两凸面凹进去的深度;

L——初期支护基层相邻两凸面之间的距离。

11.10.3 防水板铺设应符合下列要求:

1 铺设范围应符合设计要求。

2 应与基面固定牢固,松紧应适度不得有绷紧和破损现象。

3 实铺长度与初期支护基面弧长的比值为 10:8,挂吊点设置的数量应合理。

4 防水板的搭接宽度不应小于 15 cm,分段铺设的防水板的边缘部位应预留至少 60 cm 的搭接余量,允许偏差为−10 mm;全包式防水应在防水板搭接宽度 15 cm 左右两侧各留不小于 10 cm 铺设双面自粘式防水板。

5 防水板搭接缝与施工缝错开距离不应小于 100 cm，允许偏差为 −5 cm。

6 环向铺设时先拱后墙，下部防水板应压住上部防水板。

检查数量：施工单位、监理单位每一浇筑段检查一次。

检查方法：观察和尺量。

11.10.4 防水板焊缝应符合下列规定：

1 防水板按设计要求进行双焊缝焊接时，每一单焊缝的宽度不应小于 15 mm。

2 焊缝应无漏焊、假焊、焊焦、焊穿等现象。

3 焊缝若有漏焊、假焊应予补焊。

4 若有焊焦、焊穿处，以及外露的固定点，应采用同质材料覆盖焊接。

检验数量：施工单位、监理单位每一浇筑段环向检查 1 条焊缝、纵向检查 2 条焊缝。

检验方法：焊缝宽度施工单位采用尺量，焊缝质量施工单位采用双焊缝间充气检查。监理单位见证检验。

一 般 项 目

11.10.5 铺设防水板的基面阴阳角处应做成 $R \geqslant 10$ cm 圆弧面，转角 1 m 范围内宜布设双层防水板。

检验数量：施工单位全部检查。

检验方法：观察和尺量。

11.10.6 缓冲层（土工布）接缝搭接宽度不得小于 5 cm。缓冲层应平顺、无隆起，无皱褶。

检验数量：施工单位全部检查。

检验方法：观察，尺量。

11.10.7 防水板铺设应与开挖工作面保持一定的安全的距离，应有可靠的防护措施保护防水板。

检查数量：施工单位全部检查。

检查方法：观察。

11.11 径 向 注 浆

主 控 项 目

11.11.1 注浆所用的原材料质量应符合设计要求。

检验数量：施工单位按进场批次检验，监理单位按施工单位检验次数的 20%见证检验。

检验方法：施工单位进行试验，监理单位检查产品合格证、试验报告，见证检验。

11.11.2 浆液配合比应符合设计要求。

检验数量：施工单位对同性能的浆液进行一次配合比选定试验。当使用的原材料、施工工艺发生变化时，均应重新进行配合比选定试验；监理单位全部检查。

检验方法：施工单位进行配合比选定试验，监理单位见证配合比选定试验或平行检验并检查确认配合比选定单。

11.11.3 注浆范围应符合设计要求。

检验数量：施工单位、监理单位全部检查。

检验方法：观察。

11.11.4 注浆效果应符合设计要求，每延米每昼夜出水量应符合设计要求。

检验数量:施工单位和监理单位每一注浆段检查一次。

检验方法:施工单位采用集水称量,监理单位见证检验。

11.11.5　注浆结束后,应及时将注浆孔和检查孔封填密实。

检验数量:施工单位和监理单位全部检查。

检验方法:观察。

11.11.6　初期支护背后注浆应在初期支护混凝土强度达到设计强度的100%后进行。

检验数量:施工单位、监理单位全部检查。

检验方法:观察,检查施工记录。

一 般 项 目

11.11.7　注浆压力、注浆量、进浆速度等注浆参数应符合设计要求。

检验数量:施工单位全部检查。

检验方法:观察,检查施工记录。

11.11.8　注浆孔数量、布置、间距、孔深及角度应符合设计要求。

检验数量:施工单位全部检查。

检验方法:观察和测量。

11.12　盲　　管

主 控 项 目

11.12.1　盲管应具有一定的弹性和良好的透水性,能沿壁面密贴铺设,在承受0.5 MPa压力时耐压扁平率不大于5%,其规格和其他性能应符合设计要求。

检验数量:施工单位纵向盲管每2 000 m检查一次,横向盲管每5 000 m检查一次,监理单位按施工单位检验次数的10%见证检验,但至少进行一次。

检验方法:施工单位对盲管所用原材料的透水率、抗变形、有效孔径进行试验。监理单位检查产品合格证和试验报告,见证检验。

11.12.2　盲管铺设应符合下列规定:

1　铺设位置和范围应符合设计要求,不得低于隧道水沟底面高程。

2　盲管固定应牢固、平顺,固定点间距一致。

检验数量:施工单位、监理单位全部检查。

检验方法:观察和检查。

11.12.3　盲管接头的连接,纵、环向盲管之间的连接,纵向盲管与排水沟的连接,应符合设计要求。

检验数量:施工单位、监理单位全部检查。

检验方法:观察。

11.12.4　衬砌背后设置的排水盲管应结合衬砌一次施工,施工中应防止混凝土或压浆浆液浸入盲管堵塞水路。

检验数量:施工单位、监理单位全部检查。

检验方法:观察。

11.12.5　盲管的综合排水效果应符合设计要求。

检验数量:施工单位、监理单位全部检查。

检验方法：观察。

一 般 项 目

11.12.6 盲管的成型尺寸和坡度应符合设计要求。

检验数量：施工单位全部检查。

检验方法：观察和尺量。

12　附属设施

12.1　一般规定

12.1.1　本章适用于高速铁路隧道通风、防灾救援、洞内附属构筑物的土建施工质量验收。

12.1.2　运营设施安装不得侵入隧道建筑限界。施工中预埋件位置、精度应符合设计要求，确保埋设牢固可靠。

12.1.3　照明灯具、电源箱、配线支架及各种附件应符合与接触网的带电安全距离要求。

12.1.4　管道支架和吊架的紧固件应有防松动保护措施。

12.1.5　标志标线应按设计要求定位准确、图像清晰、标示方向正确、文字醒目。

12.1.6　穿越隧道衬砌的管道应设套管，套管应与钢筋绝缘。

12.1.7　设备、部件及管材运入现场后，应有防潮及保护措施。

12.1.8　瓦斯隧道运营通风设施及自动监控系统功能的各项参数应满足设计要求。

12.1.9　有关机械和设备安装的工程质量验收，还应符合现行国家及铁道部相关标准的规定。

12.2　运营通风土建工程

主 控 项 目

12.2.1　通风机房、风道的位置、结构和断面尺寸应符合设计要求。

检验数量：施工单位、监理单位每机房风道检测1点。

检验方法：施工单位用全站仪测量、水准仪测量、尺量检查，监理单位见证检验。

12.2.2　通风机机座地基承载力应符合设计要求。

检验数量：施工单位、监理单位在地基范围内检测3点。

检验方法：施工单位对土质基坑采用动力触探，击数标准经试验确定，对石质基坑采用现场目测鉴别方法。监理单位见证检验。

12.2.3　通风机基础平面位置、尺寸和预埋件应符合设计要求。

检验数量：施工单位、监理单位每机基础道检测1点。

检验方法：施工单位用全站仪测量、水准仪测量、尺量检查，监理单位见证检验。

12.2.4　通风机机座、风道混凝土强度应符合本标准第8.4.13条的要求。

12.2.5　风道混凝土衬砌厚度应符合设计厚度。

检验数量：施工单位、监理单位全部检查。

检验方法：施工单位在混凝土浇筑前测量开挖轮廓线与模板的净距离，衬砌完成后采用无损检测法检测。监理单位见证检验。

一 般 项 目

12.2.6　通风机座、风道混凝土表面应平顺光洁。

检验数量：施工单位全部检查。

检查方法:观察。

12.3 救援通道与救援站

主 控 项 目

12.3.1 救援通道位置应符合设计要求,救援通道与线路中线距离不应小于 2.3 m。

检验数量:施工单位、监理单位全部检查。

检验方法:施工单位全站仪测量,监理单位见证检验。

12.3.2 救援通道的结构尺寸、走行面高程应符合设计要求。

检验数量:施工单位、监理单位全部检查。

检验方法:施工单位水准仪测量、尺量,监理单位见证检验。

12.3.3 救援通道的图像文字标识牌设置的内容、样式、间距、高度、方向和灯光显示应符合设计要求。

检验数量:施工单位、监理单位全部检查。

检查方法:施工单位观察和测量,监理单位见证检验。

12.3.4 救援站的位置里程、高度、宽度、净空要求和台面平整度、台阶踏步的结构尺寸,以及站台内的标识、图像和灯光显示应符合设计要求。

检验数量:施工单位、监理单位全部检查。

检查方法:施工单位观察和测量,监理单位见证检验。

一 般 项 目

12.3.5 救援通道走行面应平顺、稳固,并与相邻沟槽盖板顶面平齐。救援通道(正洞两侧)走行面不应低于轨面。

检查数量:施工单位全部检查。

检查方法:观察。

12.3.6 救援通道的应急照明设置应安装牢固,位置和要求符合设计要求。

检查数量:施工单位全部检查。

检查方法:观察。

12.4 紧 急 出 口

主 控 项 目

12.4.1 紧急出口方向位置及结构强度应符合设计要求。中心里程位置允许偏差±50 mm。

检验数量:施工单位、监理单位全部检查。

检验方法:施工单位观察、测量,监理单位见证检验。

12.4.2 紧急出口的结构尺寸、走行面高程、线路中心线的夹角及坡度应符合设计要求。

检验数量:施工单位、监理单位全部检查。

检验方法:施工单位测量、尺量,监理单位见证检验。

12.4.3 紧急出口的图像文字标识牌设置的内容、样式、间距、高度、方向和灯光显示应符合设计要求。

检验数量:施工单位、监理单位全部检查。

检查方法:观察和测量。

12.4.4 紧急出口防护门的预埋件应定位精确、焊接牢固。防护门设置位置和开启方向应符合设计要求,防护门应启闭灵活。

检验数量:施工单位、监理单位全部检查。

检查方法:观察和测量。

一 般 项 目

12.4.5 隧道内紧急出口和紧急通道内的应急照明设置、应急照明灯具应安装牢固,间距应符合设计要求。

检查数量:施工单位全部检查。

检查方法:观察和测量。

12.4.6 斜井作为紧急出口时,其台阶踏步的结构尺寸应符合设计要求。

检查数量:施工单位全部检查。

检查方法:观察和测量尺量。

12.5 电 缆 槽

主 控 项 目

12.5.1 洞内电缆槽的布置、结构形式、纵向坡度、沟底高程和结构外缘距同侧轨道中心线距离应符合设计要求。

检验数量:施工单位、监理单位全部检查。

检验方法:观察、水准仪测量、尺量。

12.5.2 洞内电缆槽盖板应采用工厂化生产,其规格和尺寸应符合设计要求。

检验数量:施工单位全部检查,监理单位按施工单位检验数量10%进行抽检。

检验方法:观察、尺量。

12.5.3 电缆槽的尺寸、间距和顶面高差应符合设计要求。

检验数量:施工单位、监理单位全部检查。

检验方法:观察、测量。

12.5.4 洞内余长电缆腔的设置位置、间距、和弧形电缆槽的尺寸应满足相关专业的要求,并符合设计要求。

检验数量:施工单位、监理单位全部检查。

检验方法:测量。

一 般 项 目

12.5.5 电缆槽内应无积水和积淤堵塞。泄水孔应畅通。

检验数量:施工单位全部检查。

检验方法:观察。

12.5.6 电缆槽盖板铺设应齐全平稳,表面不得有缺棱掉角。

检验数量:施工单位全部检查。

检验方法:观察。

12.5.7 电缆槽内应无积水和积淤堵塞。泄水孔应畅通。

检验数量:施工单位全部检查。

检验方法：观察。

12.6 洞内附属构筑物

主 控 项 目

12.6.1 存放维修、防灾工具、泵站和其他用途的专用洞室的设置位置和尺寸应符合设计要求。

检验数量：施工单位、监理单位全部检查。

检验方法：测量。

12.6.2 洞室结构混凝土的强度和抗渗性的检验应符合本标准第8.4.13条和第8.4.14条的规定。

检验数量：施工单位做试件试验，监理单位见证检验。

检验方法：试验、检查试验报告。

12.6.3 隧道内接触网下锚区段的设置位置和结构尺寸应符合设计要求。

检验数量：施工单位、监理单位全部检查。

检验方法：测量。

一 般 项 目

12.6.4 洞室内应无积水和积淤堵塞。泄水孔应畅通。

检验数量：施工单位全部检查。

检验方法：观察。

12.6.5 洞室内混凝土表面应平顺光洁。

检验数量：施工单位全部检查。

检验方法：观察。

13 盾　　构

13.1 一 般 规 定

13.1.1 采用盾构机法施工的高速铁路隧道质量必须达到设计要求的结构安全、耐久性和使用功能，主体结构质量满足设计使用年限内正常运营的需要。

13.1.2 采用盾构机法施工的高速铁路隧道应采用先进、成熟、科学的检验检测手段，质量数据必须真是可靠，全面反映工程质量状况。所用方法和仪器设备应符合相关标准的规定，仪器精度应能满足质量控制要求，质量检测人员和单位必须具有相应的资质。

13.1.3 盾构机法施工应根据地形、地质及水文地质条件，做好盾构机选型，合理确定技术参数，完善其设备配套。

13.1.4 施工中应做好地质预测预报，强化监控量测，及时收集、分析各类信息资料，实施信息化施工。

13.1.5 管片安装应按拼装设计进行，防止管片和防水密封条的损坏，管片背后充填豆砾石，注浆固结，保证管片背后孔隙充填密实，接缝防水满足设计和铁道部有关规定的要求。

13.1.6 施工前应对参加盾构施工的相关人员做好培训。重要岗位人员应持证上岗作业。参加验收的各方人员应经过专门培训。

13.1.7 工程施工质量的验收应在施工单位自行检查评定合格的基础上进行。

13.1.8 涉及结构安全的试件以及有关资料现场检验项目，监理单位应进行平行检验和见证取样检测。

13.2 工程施工质量验收单元的划分

13.2.1 采用盾构法施工的高速铁路隧道工程施工质量验收应划分为单位工程、分部工程、分项工程和检验批。

1 单位工程应按一个完整工程或一个相当规模的施工范围划分，并按下列原则确定：

1)一座隧道宜作为一个单位工程，长隧道和特长隧道可按施工标段划分为若干个单位工程；

2)斜井、平行导坑、竖井、独立明洞(或棚洞)可作为一个单位工程。

2 分部工程应按一个完整部位或主要结构及施工阶段划分。

3 分项工程可按工种、工序、材料、施工工艺等划分。

4 检验批可根据施工质量控制和施工段验收需要划分，其检验项目分为主控项目和一般项目。

13.2.2 采用盾构机法施工的铁路隧道分部工程、分项工程划分和检验批检验项目划分应符合表 13.2.2 的规定。

表 13.2.2　分部工程、分项工程和检验批划分及检验项目

序号	分部工程	分项工程	检验批	检验批检验项目条文号	
				主控项目	一般项目
1	加固处理	地表注浆加固	≤20 m	按本标准检验	
		井点降水	≤20 m	按本标准检验	
		旋喷桩	≤20 m	按本标准检验	
		灰土挤密桩	≤20 m	按本标准检验	
		洞内预注浆	每个循环	按本标准检验	
2	洞口及缓冲结构工程	开　挖	每个洞口	按本标准检验	
		模　板	每个洞口	按本标准检验	
		钢　筋	每个洞口	按本标准检验	
		混凝土	每个洞口	按本标准检验	
		洞口防护	每个洞口	按本标准检验	
3	始发洞开挖	超前地质预报	每 次	按本标准检验	
		洞身开挖	每个开挖循环	按本标准检验	
		隧底开挖	每个开挖循环	按本标准检验	
		弃渣场防护	每 处	按本标准检验	
4	支护	监控量测	每个断面处	按本标准检验	
		喷射混凝土	≤24 m	按本标准检验	
		锚　杆	≤24 m	按本标准检验	
		钢筋网	≤24 m	按本标准检验	
		钢　架	≤24 m	按本标准检验	
		管　棚	每　环	按本标准检验	
		超前小导管	≤24 m	按本标准检验	
5	衬　砌	模　板	每 2 个安装段	按本标准检验	
		钢　筋	每 2 个安装段	按本标准检验	
		混凝土	每 2 个衬砌循环	按本标准检验	
		回填注浆	每 2 个衬砌循环	按本标准检验	
		综合接地	每 2 个衬砌循环	按本标准检验	
		沉降观测与评估	每个单位工程	按本标准检验	
6	管　片	模　具	每环	13.3.1～13.3.3	13.3.4
		钢　筋	每 100 环	按本标准检验	
		管　片	每环	13.4.1～13.4.3	13.4.4～13.4.9
		管片安装	每环	13.5.1～13.5.3	13.5.4～13.5.7
		同步注浆	每个安装块	13.6.1～13.6.4	13.6.5
		二次注浆	每个浇筑块	13.7.1～13.7.3	13.7.4
7	辅助坑道及附属洞室	开　挖	≤50 m	按本标准检验	
		喷射混凝土	≤24 m	按本标准检验	
		锚　杆	≤24 m	按本标准检验	

续上表

序号	分部工程	分项工程	检验批	检验批检验项目条文号	
				主控项目	一般项目
7	辅助坑道及附属洞室	钢筋网	≤24 m	按本标准检验	
		钢　架	≤24 m	按本标准检验	
		管　棚	每　环	按本标准检验	
		超前小导管	≤24 m	按本标准检验	
		模　板	每 2 个安装段	按本标准检验	
		钢　筋	每 2 个安装段	按本标准检验	
		混凝土	每 2 个衬砌循环	按本标准检验	
		坑道口及其封闭	每个坑道口	按本标准检验	
8	明洞工程	明洞开挖	每处且≤50 m	按本标准检验	
		模　板	每 2 个浇筑段	按本标准检验	
		钢　筋	每 2 个浇筑段	按本标准检验	
		混凝土	每 2 个浇筑段	按本标准检验	
		回　填	≤24 m	按本标准检验	
9	防水和排水	洞口防排水	每个洞口	按本标准检验	
		洞内排水沟(槽)	每 200 m	按本标准检验	
		检查井	每 4 处	按本标准检验	
		结构下纵向保温排水盲沟	每 200 m	按本标准检验	
		施工缝防水	每 2 个浇筑段	按本标准检验	
		变形缝防水	每　处	按本标准检验	
		涂料防水层防水	每 2 个浇筑段	按本标准检验	
		卷材防水层防水	每 2 个浇筑段	按本标准检验	
		防水板防水	每 2 个浇筑段	按本标准检验	
		径向注浆	每个注浆作业段	按本标准检验	
		盲管	每 2 个浇筑段	按本标准检验	
		管片防水	每环	13.8.1～13.8.8	13.8.9～13.8.10
10	附属设施	运营通风土建工程	每 2 处	按本标准检验	
		救援通道与救援站	每 200 m	按本标准检验	
		紧急出口	每处	按本标准检验	
		电缆槽	每 200　m	按本标准检验	
		洞内附属构筑物	每处	按本标准检验	

13.3　模　　具

主 控 项 目

13.3.1　管片钢模具设计制造时的规格尺寸、强度、刚度和稳定性必须以隧道符合设计断面管片分块为准要求，应考虑加工精度，初验其允许制造偏差应符合表 13.3.1 的规定值。钢结构及模板必须具有足够的强度、刚度和稳定性，应便于拆卸。

表 13.3.1 模具允许制造偏差表

序号	项目	允许偏差(mm)	检验方法	检查数量
1	宽 度	±0.4	内径千分尺	6点/片
2	弧弦长	±0.4	样板	2点/片，每点2次
3	边模夹角	≤0.2	靠尺塞尺	4点/片
4	对角线	±0.8	钢卷尺、刻度放大镜	2点/片，每点2次
5	内腔高度	−1～+2	高度尺	4点/片

检验数量：施工单位、监理单位检查每套模具及支架。

检验方法：查设计资料、产品验收合格证明。试生产管片，随机抽取三环进行水平拼装检验，合格后方可正式验收。

13.3.2 模具安装必须稳固牢靠，接缝严密，不得漏浆。模具与混凝土的接触面必须清理干净并均匀涂刷脱模剂，浇筑混凝土前，清理干净模具内杂物，钢筋骨架、预埋配件严禁接触脱模剂。

检查数量：施工单位、监理单位全数检查。

检验方法：观察。

13.3.3 管片出模时，管片混凝土强度应达到 20 MPa。

检验数量：施工单位、监理单位全数检查。

检验方法：施工单位拆模前进行一组同条件养护试件强度试验；监理单位见证试验。

一 般 项 目

13.3.4 模具每周转 100 次，必须进行系统检验，其允许偏差须符合本标准表 13.3.1 规定值。

检验数量：施工单位模具每周转 100 次检查一次。

检验方法：观察、尺量。

13.4 管 片

主 控 项 目

13.4.1 水泥、细骨料、粗骨料、外加剂、矿物掺和料的质量，配合比、强度等级、抗渗等级等的质量标准、检验数量、检验方法应符合本标准的要求。

13.4.2 管片养护应符合下列规定：

1 管片混凝土浇筑成型后至脱模前，应覆盖保湿采用蒸汽养护或自然方式进行养护。

2 自然养护时间在掺加减水剂时自然养护时间，养护为 8～12 h。

3 蒸汽养护的混凝土管片静停 2 h 后，开始输入蒸汽，升温速度不宜超过 15 ℃/h，降温速度不宜超过 10 ℃/h，恒温最高温度不宜超过 60 ℃。

4 蒸汽养护时间不宜超过 6 h，停止蒸汽养护时管片温度与环境温度差不得超过 20 ℃。

5 管片脱模后，非冬施期间生产的管片宜置于水中养护 7 d 以上，冬施期间生产的管片宜涂刷养护剂。

检查数量：施工单位、监理单位全数检查。

检验方法：观察、测量。

13.4.3 管片在贮存阶段宜采取适当的方式进行养护且养护周期不得少于 14 d。管片/仰拱块出厂时的混凝土强度不应低于设计强度。

检查数量:施工单位、监理单位全数检查。

检验方法:检查出厂时混凝土强度报告。

一 般 项 目

13.4.4 混凝土管片钢筋加工要满足设计要求,允许偏差值应符合表 13.4.4 的规定。

表 13.4.4 钢筋加工允许偏差和检验方法数量

序号	项 目	允许偏差(mm)	施工单位检查数量
1	主筋和构造筋剪切	±10	抽检≥5 件/班,同类型、同设备且≤15 环
2	主筋折弯点位置	±10	抽检≥5 件/班,同类型、同设备且≤15 环
3	箍筋内净尺寸	±5	抽检≥5 件/班,同类型、同设备且≤15 环

检验方法:尺量。

13.4.5 混凝土管片浇筑时,要保证钢筋骨架的稳定位置,钢筋骨架安装的偏差应符合表 13.4.5 的规定。

表 13.4.5 钢筋骨架安装位置的允许偏差和检验方法数量

<table>
<tr><th>序号</th><th colspan="2">项 目</th><th>允许偏差(mm)</th><th>施工单位检查数量</th></tr>
<tr><td rowspan="3">1</td><td rowspan="3">钢筋骨架</td><td>长</td><td>$^{+5}_{-10}$</td><td rowspan="8">每环检 1 片、
每片骨架检查 4 点</td></tr>
<tr><td>宽</td><td>$^{+5}_{-10}$</td></tr>
<tr><td>高</td><td>$^{+5}_{-10}$</td></tr>
<tr><td rowspan="3">2</td><td rowspan="3">受力主筋</td><td>间距</td><td>±5</td></tr>
<tr><td>层距</td><td>±5</td></tr>
<tr><td>保护层厚度</td><td>$^{+5}_{-3}$</td></tr>
<tr><td>3</td><td colspan="2">箍筋间距</td><td>±10</td></tr>
<tr><td>4</td><td colspan="2">分布筋间距</td><td>±5</td></tr>
<tr><td>5</td><td colspan="2">环、纵向螺栓孔和中心吊装孔</td><td colspan="2">畅通、内圆面平整</td></tr>
</table>

检验方法:尺量。

13.4.6 预制钢筋混凝土管片的尺寸偏差应符合表 13.4.6 的规定。

表 13.4.6 预制成型管片允许偏差

序号	项 目	允许偏差(mm)
1	宽 度	±1
2	弧弦长	±1
3	厚 度	$^{+3}_{-1}$

检查数量:施工单位每日生产量或不超过 15 环检查一块,每块检查 3 点。

检验方法:观察、尺量。

13.4.7 每套钢模每生产 100 环后应进行管片水平拼装检验一次,检查结果应符合表 13.4.7 的规定。

表 13.4.7 管片水平拼装检验允许偏差

序号	项　目	允许偏差(mm)	检验频率	检验方法
1	环向缝间隙	2	每环测 6 点	塞尺
2	纵向缝间隙	2	每条缝测 2 点	塞尺
3	成环后内径	±2	测 4 条(不放衬垫)	用钢卷尺量
4	成环后外径	$^{+6}_{-2}$	测 4 条(不放衬垫)	用钢卷尺量

检查数量:施工单位每生产 100 环后检查一次。

检验方法:观察、尺量。

13.4.8 预埋件和预留孔洞的设置应符合设计要求。允许偏差和检验方法应符合表 13.4.8 的规定。

表 13.4.8 预埋件和预留孔洞的允许偏差

序号	项目		允许偏差(mm)
1	预留孔洞	中心线位置	10
		尺寸	$^{+10}_{0}$
2	预埋件中心线位置		3

检验数量:施工单位全部检查。

检验方法:观察、尺量。

13.4.9 管片/仰拱块混凝土外观质量不应有严重缺陷,有严重缺陷的管片不得用于工程中。

表 13.4.9 混凝土管片外观质量缺陷等级

名　称	现　象	缺陷等级
露　筋	管片内钢筋未被混凝土包裹而外露	严重缺陷
蜂　窝	混凝土表面缺少水泥砂浆而形成石子外露	严重缺陷
孔　洞	混凝土内孔穴深度和长度均超过保护层厚度	严重缺陷
夹　渣	混凝土内夹有杂物且深度超过保护层厚度	严重缺陷
疏　松	混凝土中局部不密实	严重缺陷
裂　缝	①可见的贯穿裂缝	①严重缺陷
	②长度超过密封槽且宽度>0.1 mm 的裂缝	②严重缺陷
	③非贯穿性干缩裂缝	③一般缺陷
外形缺陷	棱角磕碰、飞边等	一般缺陷
外表缺陷	①密封槽部位在长度 500 mm 的范围内存在直径5 mm以上	① 严重缺陷
	②管片表面麻面、掉皮、起砂、存在少量气泡等	② 一般缺陷

检查数量:施工单位全数检查。

检验方法:观察。

13.5 管 片 安 装

主 控 项 目

13.5.1 管片拼装应严格按拼装设计要求进行,管片无内外贯穿裂缝,无大于 0.2 mm 的推顶裂缝及混凝土剥落现象。

检查数量：施工单位、监理单位逐片检查。

检验方法：用刻度放大镜检查。

13.5.2　管片防水密封条质量应符合设计要求，无缺损，黏结牢固，平整，防水垫圈无遗漏。

检查数量：施工单位、监理单位逐片检查。

检验方法：检查施工日志；检查材料合格证和试验报告。

13.5.3　螺栓质量及拧紧度必须符合设计要求。

检查数量：施工单位、监理单位逐根检查。

检验方法：扭矩扳手紧固检查；检查材料合格证或试验报告。

一 般 项 目

13.5.4　施工中管片拼装允许偏差和检验方法应符合表 13.5.4 的规定。

表 13.5.4　管片拼装允许偏差表

序号	项目	允许偏差(mm)	检验方法	检查频率数量
1	衬砌环直径椭圆度	±6‰D	尺量后计算	4 点/环
2	隧道圆环平面位置	±70	用经纬仪测中线	1 点/环
3	隧道圆环高程	±70	用水准仪测高程	1 点/环
4	相邻同环管片间的径向错台	6	用尺量	4 点/环
5	相邻环片同环管片间环面环向错台	7	用尺量	1 点/环

注：D 指隧道的外直径，单位：mm。

检验数量：施工单位检查每一环。

检验方法：尺量。

13.5.5　成型隧道其允许偏差值应符合表 13.5.5 的规定。

表 13.5.5　成型隧道允许偏差

序号	项　目	允许偏差(mm)	检验方法	检查频率
1	衬砌环直径椭圆度	±6‰D	尺量后计算	4 点/环
2	隧道圆环平面位置	±120	用经纬仪测中线	1 点/环
3	隧道圆环高程	±120	用水准仪测高程	1 点/环
4	相邻管片的径向错台	12	用尺量	4 点/环
5	相邻管片环向错台	17	用尺量	1 点/环

注：D 指隧道的外直径，单位：mm。

检验数量：施工单位检查每一环。

13.5.6　结构表面无裂缝、缺棱、掉角，管片接缝符合设计要求。

检查数量：施工单位全部检查。

检验方法：观察检查；检查施工日志。

13.5.7　衬砌结构不得侵入建筑限界。

检查数量：施工单位逐环检查。

检验方法：经纬仪、水准仪测量。

13.6 同步注浆

主控项目

13.6.1 管片同步注浆施工应符合设计要求。

检查数量:施工单位、监理单位每段注浆检查一次。

检验方法:检查压力表和流量计。

13.6.2 同步注浆应进行配合比设计。

检查数量:施工单位进行配合比设计、监理单位见证试验。

检验方法:检查配合比。

13.6.3 注浆浆液胶凝时间宜为3~10 h。固结体1 d强度应不小于0.2 MPa(相当于软质岩层无侧限抗压强度),28 d强度不小于2.5 MPa(略大于强风化岩天然抗压强度)。浆液结石率应大于95%,即固结收缩率<5%。浆液稠度宜为8~12 cm。浆液倾析率(静置沉淀后上浮水体积与总体积之比)应小于5%。

检查数量:施工单位、监理单位每段注浆时检查一次。

检验方法:施工单位作浆液试验,监理单位见证检查。

13.6.4 充填材料的物理力学性能和其他要求应符合设计规定。

检查数量:施工单位全部检查。

检验方法:符合本标准第8.4节相关材料检验规定。

一般项目

13.6.5 注浆时应根据地层条件和掘进速度,通过现场试验调整配比来控制胶凝时间。对于强透水地层和需要注浆提供较高的早期强度的地段,应缩短胶凝时间。

检查数量:施工单位、监理单位每个变化段检查一次。

检验方法:施工单位试验、监理单位见证检查。

13.7 二次注浆

主控项目

13.7.1 二次补强注浆施工应符合检测结果和设计要求。

检查数量:施工单位、监理单位全部检查。

检验方法:检查压力表和流量计。

13.7.2 二次补强注浆宜采用1∶1水泥单液浆。但在地下水丰富,需进行注浆堵水的情况下,也可在局部地段采用水泥—水玻璃双液浆。

检查数量:施工单位、监理单位全部检查。

检验方法:观察、检查配合比。

13.7.3 浆液所用材料的强度、耐久性等物理力学指标应符合设计要求。

检查数量:施工单位、监理单位全部检查。

检验方法:符合本标准8.4节相关材料检验规定。

一般项目

13.7.4 二次补强注浆应控制压力,宜为0.5~0.6 MPa。注浆量应根据管片外间隙和量测结果确定。

检查数量:施工单位、监理单位每段注浆检查一次。

检验方法:检查压力表和流量计。

13.8 管片防水

主控项目

13.8.1 同一配合比的管片混凝土,每 30 环留置抗渗试件一组,试验结果必须符合设计要求。混凝土抗渗试件应在浇筑地点随机取样。

检查数量:施工单位、监理单位每浇筑 30 环,试验一次。

检验方法:检查试件抗渗试验报告。

13.8.2 防水密封条品种、规格、性能必须满足设计要求。

检验数量:施工单位、监理单位以每 6 个月同一厂家的防水密封条为一批,取样进行物理性能检验。

检验方法:检查防水密封条出厂试验报告和进厂(场)检验报告。

13.8.3 胶黏剂质量应符合设计要求。

检查数量:施工单位、监理单位以每一批货 6 个月使用量检查一次。

检验方法:检查胶黏剂出厂材质证明。

13.8.4 管片成品应按要求进行检漏测试。检漏标准按设计抗渗压力恒压 2h,渗水深度不超过管片厚度的 1/5 为合格。

检查数量:施工单位、监理单位在管片正式生产后,每生产 50 环应抽查 1 块管片做检漏测试,连续三次达到检测标准,则改为每生产 100 环抽查 1 块管片,再连续三次达到检测标准,按最终检测频率为 200 环抽查 1 块管片做检漏测试。如出现一次不达标,则恢复每 50 环抽查 1 块管片的最初检测频率,再按上述要求进行抽检。当检漏频率为每 50 环抽查 1 块管片时,如出现不达标,则双倍复检,如再出现不达标,须逐块检测。

检查方法:观察、尺量。

13.8.5 防水密封条安装应符合下列要求:

1 粘贴管片防水密封条前应将管片密封条槽清理干净。

2 粘贴后的防水密封条应牢固,平整,严密,位置正确,不得有起鼓、超长和缺口现象。

3 管片防水密封条粘贴完毕并达到粘贴时间要求后方可拼装,拼装时不得损坏密封条。

检查数量:施工单位、监理单位逐块检查。

检查方法:观察检查。

13.8.6 隧道防水施工、防水效果符合设计要求。

检查数量:施工单位、监理单位逐环检查。

检验方法:观察检查;检查施工日志。

13.8.7 螺栓孔密封圈品种、规格、性能必须满足设计要求。

检查数量:施工单位、监理单位对进场每一批或使用 6 个月的材料检查一次。

检验方法:检查出厂试验报告和进厂(场)检验报告。

13.8.8 嵌缝材料品种、性能必须满足设计要求。

检查数量:施工单位、监理单位对进场每一批或使用 6 个月的材料检查一次。

检验方法:检查出厂试验报告和进厂(场)检验报告。

一般项目

13.8.9 螺栓孔密封胶圈:须应按设计要求安装,不得遗漏,且不宜外露。

检查数量:施工单位逐块检查。

检查方法:观察检查。

13.8.10 管片嵌缝防水应符合设计要求。

检查数量:施工单位逐环检查。

检查方法:检查施工日志,观察检查。

14 TBM 掘进机

14.1 一般规定

14.1.1 采用掘进机法施工的高速铁路隧道工程质量必须达到设计要求的结构安全、耐久性和使用功能，主体结构质量满足设计使用年限内正常运营的需要。

14.1.2 采用掘进机法施工的高速铁路隧道应进行地质条件适应性评估，并根据地质条件施工环境，工期需求，经济性等因素确定掘进机类型。施工中应进行超前地质预报。根据地质情况，确定掘进速度及推力。推进时，严格控制推进轴线，保证轴线偏差在允许范围内。

14.1.3 采用掘进机法的高速铁路隧道在施工中应根据超前地质预报及监控量测信息，调整掘进参数，控制推进姿态，优化支护参数，实施全过程的动态管理。

14.1.4 管片制作应采用工厂化生产，模具、原材料、结构耐久性、强度、防水等满足设计和铁道部有关规定的要求。

14.1.5 掘进机法隧道工程施工期间，应对邻近的建(构)筑物、地下管网等进行检测，对重要或有特殊要求的建(构)筑物，应根据需要采取必要的技术措施。

14.1.6 采用掘进机法施工的高速铁路隧道应采用先进、成熟、科学的检验检测手段，质量数据必须真是可靠，全面反映工程质量状况。所用方法和仪器设备应符合相关标准的规定，仪器精度应能满足质量控制要求，质量检测人员和单位必须具有相应的资质。

14.1.7 采用掘进机法施工的高速铁路隧道施工中所采用的承包合同和工程技术文件等对施工质量的要求不得低于本验收标准。当设计要求的质量指标高于本验收标准的规定时，应按照设计要求实施。

14.1.8 参加验收的各方人员应经过专门培训。

14.1.9 工程施工质量的验收应在施工单位自行检查评定合格的基础上进行。

14.2 工程施工质量验收单元的划分

14.2.1 采用掘进机法施工的高速铁路隧道工程施工质量验收应划分为单位工程、分部工程、分项工程和检验批。

1 单位工程应按一个完整工程或一个相当规模的施工范围划分，并按下列原则确定。

1)一座隧道宜作为一个单位工程，长隧道和特长隧道可按施工标段划分为若干个单位工程；

2)斜井、平行导坑、竖井、独立明洞(或棚洞)可作为一个单位工程。

2 分部工程应按一个完整部位或主要结构及施工阶段划分。

3 分项工程可按工种、工序、材料、施工工艺等划分。

4 检验批可根据施工质量控制和施工段验收需要划分，其检验项目分为主控项目和一般项目。

14.2.2 采用掘进机法施工的高速铁路隧道工程分部工程、分项工程划分和检验批检验项目划分应符合表 14.2.2 的规定。

表 14.2.2 分部工程、分项工程和检验批划分及检验项目

序号	分部工程	分项工程	检验批	检验批检验项目条文号	
				主控项目	一般项目
1	加固处理	地表注浆加固	≤20 m	按本标准检验	
		井点降水	≤20 m	按本标准检验	
		旋喷桩	≤20 m	按本标准检验	
		灰土挤密桩	≤20 m	按本标准检验	
		洞内预注浆	每个循环	按本标准检验	
2	洞口及缓冲结构工程	开　挖	每个洞口	按本标准检验	
		模　板	每个洞口	按本标准检验	
		钢　筋	每个洞口	按本标准检验	
		混凝土	每个洞口	按本标准检验	
		洞口防护	每个洞口	按本标准检验	
3	预备洞、始发洞开挖	超前地质预报	每次	按本标准检验	
		洞身开挖	每个开挖循环	按本标准检验	
		隧底开挖	每个开挖循环	按本标准检验	
		弃渣场防护	每　处	按本标准检验	
4	支　护	监控量测	每个断面处	按本标准检验	
		喷射混凝土	≤24 m	按本标准检验	
		锚　杆	≤24 m	按本标准检验	
		钢筋网	≤24 m	按本标准检验	
		钢　架	≤24 m	按本标准检验	
		管　棚	每　环	按本标准检验	
		超前小导管	≤24 m	按本标准检验	
5	衬　砌	模　板	每 2 个安装段	按本标准检验	
		钢　筋	每 2 个安装段	按本标准检验	
		混凝土	每 2 个衬砌循环	按本标准检验	
		回填注浆	每 2 个衬砌循环	按本标准检验	
		综合接地	每 2 个衬砌循环	按本标准检验	
		沉降观测与评估	每个单位工程	按本标准检验	
6	管　片	模　具	每环	13.3.1～13.3.3	13.3.4
		钢　筋	每 100 环	按本标准检验	
		管片/仰拱块	每环	13.4.1～13.4.3	13.4.4～13.4.9
		管片/管片安装	每环	13.5.1～13.5.3	13.5.4～13.5.7
		豆砾石填充	每个安装块	14.3.1	14.3.2
		充填注浆	每个浇筑块	14.4.1～14.4.4	14.4.5

续上表

序号	分部工程	分项工程	检验批	检验批检验项目条文号	
				主控项目	一般项目
7	辅助坑道及附属洞室	开　挖	≤50 m	按本标准检验	
		喷射混凝土	≤24 m	按本标准检验	
		锚　杆	≤24 m	按本标准检验	
		钢筋网	≤24 m	按本标准检验	
		钢　架	≤24 m	按本标准检验	
		管　棚	每　环	按本标准检验	
		超前小导管	≤24 m	按本标准检验	
		模　板	每 2 个安装段	按本标准检验	
		钢　筋	每 2 个安装段	按本标准检验	
		混凝土	每 2 个衬砌循环	按本标准检验	
		坑道口及其封闭	每个坑道口	按本标准检验	
8	明洞工程	明洞开挖	每处且≤50 m	按本标准检验	
		模　板	每 2 个浇筑段	按本标准检验	
		钢　筋	每 2 个浇筑段	按本标准检验	
		混凝土	每 2 个浇筑段	按本标准检验	
		回　填	≤24 m	按本标准检验	
9	防水和排水	洞口防排水	每个洞口	按本标准检验	
		洞内排水沟(槽)	每 200 m	按本标准检验	
		检查井	每 4 处	按本标准检验	
		结构下纵向保温排水盲沟	每 200 m	按本标准检验	
		施工缝防水	每 2 个浇筑段	按本标准检验	
		变形缝防水	每　处	按本标准检验	
		涂料防水层防水	每 2 个浇筑段	按本标准检验	
		卷材防水层防水	每 2 个浇筑段	按本标准检验	
		防水板防水	每 2 个浇筑段	按本标准检验	
		径向注浆	每个注浆作业段	按本标准检验	
		盲　管	每 2 个浇筑段	按本标准检验	
		管片防水	每环	13.8.1～13.8.8	13.8.9～13.8.10
10	附属设施	运营通风土建工程	每 2 处	按本标准检验	
		救援通道与救援站	每 200 m	按本标准检验	
		紧急出口	每处	按本标准检验	
		电缆槽	每 200 m	按本标准检验	
		洞内附属构筑物	每处	按本标准检验	

14.3 豆砾石填充

主 控 项 目

14.3.1 管片与围岩之间的空隙应在每环管片安装完成后及时充填豆砾石。

检查数量:施工单位、监理单位全部检查。

检验方法:观察、检查施工记录。

一 般 项 目

14.3.2 充填应按先拱底、次两侧、后拱顶的顺序,避免充填的豆砾石出现架空。

检查数量:施工单位全部检查。

检验方法:观察、检查施工记录。

14.4 充 填 注 浆

主 控 项 目

14.4.1 充填灌浆材料所使用材料的物理力学性能应符合设计要求。

检查数量:施工单位、监理单位全部检查。

检验方法:符合本标准 8.4 节相关材料检验规定。

14.4.2 管片与周围围岩的环形空隙中充填豆砾石后应及时回填灌浆。

检查数量:施工单位、监理单位全部检查。

检验方法:检查压力表和流量计。

14.4.3 灌浆体固结强度 1 d 应不小于 0.2 MPa,28 d 不小于 2.5 MPa。

检查数量:施工单位、监理单位每一注浆段。

检验方法:施工单位做试验、监理单位见证检查。

14.4.4 注浆时应控制注浆压力,宜为 0.2~0.3 MPa,注浆量符合设计要求。

检查数量:施工单位、监理单位每一注浆段检查一次。

检验方法:检查压力表和流量计。

一 般 项 目

14.4.5 注浆厚度、强度等效果应符合设计要求。

检查数量:施工单位、监理单位全部检查。

检验方法:取样检验。

15　隧道单位工程综合质量评定

15.1　单位工程质量控制资料核查

15.1.1　单位工程质量控制资料应齐全完整，全面反映工程施工质量状况。

15.1.2　单位工程质量控制资料核查应由监理单位组织施工单位进行，并按表 15.1.2 填写记录。

表 15.1.2　单位工程质量控制资料核查记录

单位工程名称				
施工单位				
序号	资料名称	份数	核查意见	核查人
1	图纸会审、设计变更、洽商记录			
2	工程定位测量、放线记录			
3	原材料出厂合格证及进场检(试)验报告			
4	施工试验报告			
5	成品及半成品出厂合格证或试验报告			
6	施工记录			
7	工程质量事故及事故调查处理资料			
8	施工现场质量管理检查记录			
9	分项、分部工程质量验收记录			
10	新材料、新工艺施工记录			
11	监控量测资料			
12	超前地质预报资料			
结论： 施工单位项目负责人 年　月　日			总监理工程师 年　月　日	

注：核查人为监理单位人员。

15.2　单位工程实体质量和主要功能核查

15.2.1　单位工程完成后，应由建设单位组织勘察设计、监理、施工单位对单位工程实体质量和主要功能进行核查，并按表 15.2.1 填写记录。

表 15.2.1 单位工程实体质量和主要功能核查记录

<table>
<tr><td colspan="2">工程名称</td><td colspan="3"></td></tr>
<tr><td colspan="2">施工单位</td><td colspan="3"></td></tr>
<tr><td>序号</td><td>项　　目</td><td>份数</td><td>核查意见</td><td>核查人</td></tr>
<tr><td>1</td><td>衬砌混凝土强度检测</td><td></td><td></td><td></td></tr>
<tr><td>2</td><td>钢筋混凝土中钢筋位置和保护层检测</td><td></td><td></td><td></td></tr>
<tr><td>3</td><td>衬砌结构混凝土厚度检测(条文说明)</td><td></td><td></td><td></td></tr>
<tr><td>4</td><td>衬砌背后回填密实度检测记</td><td></td><td></td><td></td></tr>
<tr><td>5</td><td>衬砌渗水情况检查</td><td></td><td></td><td></td></tr>
<tr><td>6</td><td>隧道衬砌内轮廓检测</td><td></td><td></td><td></td></tr>
<tr><td>7</td><td>衬砌表面裂缝检查</td><td></td><td></td><td></td></tr>
<tr><td></td><td></td><td></td><td></td><td></td></tr>
<tr><td></td><td></td><td></td><td></td><td></td></tr>
<tr><td></td><td></td><td></td><td></td><td></td></tr>
<tr><td colspan="5">结论：

施工单位项目负责人　　总监理工程师　　设计单位项目负责人　　建设单位项目负责人

年　月　日　　年　月　日　　年　月　日　　年　月　日</td></tr>
</table>

注:核查项目由验收组协商确定。

15.2.2 单位工程实体质量和主要功能核查方法和数量应符合下列规定：

1 衬砌混凝土强度检测采用无损检测,每 100 m 检测一次。

2 衬砌混凝土厚度、背后回填密实度检测采用无损检测,拱顶设置一条测线、左右拱腰、边墙各设置一条测线,隧底二条测线,全隧检测。

3 钢筋混凝土中钢筋位置和保护层检测采用满足精度要求的钢筋保护层厚度检测仪现场测定混凝土保护层的实际厚度;每 100 m 检查一次,每次 10 个点。保护层 90%测点的实测厚度不得小于设计值。

4 衬砌渗水情况检查采用观察,全部检查。

5 衬砌表面裂缝检查采用观察或刻度放大镜检查,全部检查。

6 隧道衬砌内轮廓检测采用断面仪测量,每 100 m 检查一次。

7 瓦斯隧道必须对全隧道进行瓦斯检测。在内拱顶以下 0.25 m 处的空气中瓦斯浓度不得大于 0.5%。有运营通风条件下,通风后应达到以上标准。

15.2.3 结构实体质量和主要使用功能达不到设计要求的单位工程严禁验收。

15.3 单位工程观感质量评定

15.3.1 单位工程观感质量评定由建设单位组织设计、监理、施工单位共同进行现场评定,并按表 15.3.1 填写记录。

15.3.2 单位工程观感质量检查项目评定达不到合格标准者应进行返修。

15.3.3 观感质量验收前，施工单位应将衬砌、道床、电缆沟槽、水沟、避车洞、设备洞室处的垃圾和粉尘清理干净，建设单位应组织施工单位、监理单位进行初验，初验不合格的工程不得进行观感质量验收。

表 15.3.1 单位工程观感质量检查记录

<table>
<tr><td colspan="3">单位工程名称</td><td colspan="3"></td></tr>
<tr><td colspan="3">施工单位</td><td colspan="3"></td></tr>
<tr><td rowspan="2">序号</td><td colspan="2" rowspan="2">项 目 名 称</td><td rowspan="2">质量状况</td><td colspan="2">质量评定</td></tr>
<tr><td>合格</td><td>差</td></tr>
<tr><td rowspan="4">1</td><td rowspan="4">洞门</td><td>边仰坡防护</td><td></td><td></td><td></td></tr>
<tr><td>混凝土结构</td><td></td><td></td><td></td></tr>
<tr><td>名牌、号标</td><td></td><td></td><td></td></tr>
<tr><td>附属设施</td><td></td><td></td><td></td></tr>
<tr><td rowspan="2">2</td><td rowspan="2">洞身</td><td>混凝土结构</td><td></td><td></td><td></td></tr>
<tr><td>电缆沟槽</td><td></td><td></td><td></td></tr>
<tr><td rowspan="2">3</td><td rowspan="2">防排水</td><td>混凝土结构</td><td></td><td></td><td></td></tr>
<tr><td>洞内外水沟槽</td><td></td><td></td><td></td></tr>
<tr><td>4</td><td colspan="2">弃渣防护工程</td><td></td><td></td><td></td></tr>
<tr><td colspan="6">结论：

施工单位项目负责人　　总监理工程师　　设计单位项目负责人　　建设单位项目负责人

年　月　日　　年　月　日　　年　月　日　　年　月　日</td></tr>
</table>

15.3.4 洞门观感质量合格标准：

混凝土帽檐、斜切明洞和边、仰坡、挡土墙表面平整，色泽均匀，接茬处无明显错台、跑模现象。局部蜂窝麻面已修补，外形整体轮廓清晰，线角基本顺直。

边、仰坡开挖面无裸露，地表植被恢复及水土保持良好，无冲刷痕迹。

洞门排水设施排水流畅，无淤积。洞口防护设施和警示标志齐全。

变形缝缝身竖直、缝宽基本均匀，填塞密实无漏水。

检查梯及隧道名牌、号标的设置美观大方。

15.3.5 洞身观感质量合格标准：

拱部、边墙及隧底衬砌表面色泽均匀、曲线圆顺，整体轮廓清晰。

混凝土接茬处无较大错台、跑模现象。无蜂窝麻面或局部蜂窝麻面已修补。

洞内沟槽线条顺直美观。沟槽盖板无破损，安装牢固、平顺。

15.3.6 防排水观感质量合格标准：

正洞和设备洞室衬砌不渗水，道床无积水，设备安装孔眼不渗水。洞身范围内无湿渍。

洞内外水沟流水坡面平顺，水流畅通，不积淤堵塞。泄水孔排水畅通。

15.3.7 弃渣工程观感质量合格标准：

弃渣挡墙平顺，墙体表面砂浆饱满、砌缝整齐，表面勾缝美观大方，沉降缝垂直、上下贯通。弃渣堆表面平整，已按要求完成绿化或造田。弃渣场排水设施齐全，与周围环境排水沟渠连接良好，排水顺畅。

附录 A　同条件养护试件法

A. 0. 1　同条件养护试件所对应的结构部位，应由监理或建设和施工单位共同选定。

A. 0. 2　同条件养护试件的留置和养护应符合下列要求：

1　对选定的混凝土结构部位，在混凝土施工时，均应留置同条件养护试件。

2　同一强度等级的同条件养护试件，其留置的组数应根据混凝土工程量和重要性确定，不宜少于 5 组，且不应少于 2 组。具体留置组数应在混凝土结构施工前，由监理或建设和施工单位共同确定。

3　同条件养护试件应在混凝土浇筑入模处取样。

4　同条件养护试件拆模后，应放置在靠近相应结构部位的适当位置，采取与结构部位相同的养护方法。且应采取可靠的保护措施，保证同条件养护试件不丢失和损坏。

A. 0. 3　等效养护龄期应符合下列要求：

1　同条件养护试件的等效养护龄期应根据同条件养护试件强度与在标准养护条件下 28 d 龄期试件强度相等的原则确定。

2　同条件自然养护试件的等效养护龄期，可根据结构所处环境气温和养护条件按下列规定确定：

按养护期间日平均温度逐日累计达到 1 200 ℃ · d 时所对应的龄期(不计 0 ℃及以下的龄期)；也不宜大于 120 d。

3　冬期施工、蒸汽加热养护及大体积混凝土结构，其同条件养护试件的等效养护龄期，可根据结构的实际养护条件，按第 A. 0. 3 条第 1 款的原则确定。

4　同条件养护试件养护温度的记录应按 A. 0. 3 表填写。

表 A. 0. 3　同条件养护试件法养护温度记录表

施工单位________________　结构部位____________________

工程名称________________　试件制作时间________________

混凝土设计强度等级________　记　录　人____________________

序号	日期	养护温度(℃)			日平均温度(℃)	日平均温度逐日累计值(℃)	备　注
		6 时	14 时	22 时			

附录 B　声波反射法

B.1　适 用 范 围

B.1.1　声波反射法适用于检测全长黏结锚杆长度和锚固密实度。

B.1.2　本方法的有效检测锚杆长度范围宜通过现场试验确定。

B.2　检 测 条 件

B.2.1　锚杆杆体声波的纵波速度宜大于围岩和黏结物的声波纵波速度。

B.2.2　锚杆杆体直径宜均匀。

B.2.3　锚杆外露端面应平整。

B.2.4　锚杆端头应外露，外露杆体应与内锚杆体呈直线，外露段不宜过长；如外露段长度有特殊要求，应进行相同类型的锚杆模拟试验。

B.3　测试参数设定

B.3.1　锚杆记录编号应与锚杆图纸编号一致。

B.3.2　时域信号记录长度、采样率应根据杆长、杆系波速及频域分辨率合理设置。

B.3.3　同一工程相同规格的锚杆，检测时宜设置相同的仪器参数。

B.3.4　锚杆杆体波速应通过与所检测工程锚杆同样材质、直径的自由杆测试取得，锚杆杆系波速应采用锚杆模拟试验结果或类似工程锚杆的波速值。

B.4　检 测 记 录

B.4.1　单根锚杆检测的有效波形记录不应少于 3 个，且一致性较好。

B.4.2　锚杆的检测记录、现场标识、图纸标识应一致。

B.5　检测数据分析与判定

B.5.1　锚杆杆体长度计算应符合下列规定：

1　锚杆杆底反射信号识别可采用时域反射波法、幅频域频差法等。

2　杆底反射波与杆端入射首波波峰间的时间差即为杆底反射时差，若有多次杆底反射信号，则取各次时差的平均值。

3　时间域杆体长度应按公式(B.5.1—1)计算。

$$L=\frac{1}{2}C_m\times\Delta t_e \tag{B. 5. 1—1}$$

式中 L ——杆体长度；

C_m——同类锚杆的波速平均值，若无锚杆模拟试验资料，其取值原则如下：当锚固密实度＜30%时，取杆体波速（C_b）平均值；当锚固密实度≥30%时，取杆系波速（C_t）平均值（m/s）；

Δt_e——时域杆底反射波旅行时。

4 频率域杆体长度应按公式（B. 5. 1—2）计算。

$$L=\frac{C_m}{2\Delta f} \tag{B. 5. 1—2}$$

式中 Δf——幅频曲线上杆底相邻谐振峰间的频差。

B. 5. 2 杆体波速和杆系波速平均值的确定应符合下列规定：

1 以现场锚杆检测同样的方法，在自由状态下检测工程所用各种材质和规格的锚杆杆体波速值，杆体波速应按公式（B. 5. 2—1）计算平均值。

$$C_b=\frac{1}{n}\sum_{i=1}^{n}C_{bi} \tag{B. 5. 2—1}$$

$$C_{bi}=\frac{2L}{\Delta t_e} \tag{B. 5. 2—2}$$

或

$$C_{bi}=2L\cdot\Delta f \tag{B. 5. 2—3}$$

式中 C_b——相同材质和规格的锚杆杆体波速平均值（m/s）；

C_{bi}——相同材质和规格的第 i 根锚杆的杆体波速值（m/s），且

$$|C_{bi}-C_b|/C_b\leqslant 5\%；$$

L——杆体长度（m）；

Δt_e——杆底反射波旅行时（s）；

Δf——幅频曲线上杆底相邻谐振峰间的频差（Hz）；

n ——参加波速平均值计算的相同材质和规格的锚杆数量（$n\geqslant 3$）。

2 宜在现场锚杆试验中选取不少于5根相同材质和规格的同类型锚杆的杆系波速值按公式（B. 5. 2—4）计算平均值。

$$C_t=\frac{1}{n}\sum_{i=1}^{n}C_{t_i} \tag{B. 5. 2—4}$$

$$C_{t_i}=\frac{2L}{\Delta t_e} \tag{B. 5. 2—5}$$

或

$$C_{t_i}=2L\cdot\Delta f \tag{B. 5. 2—6}$$

式中 C_t——杆系波速的平均值（m/s）；

C_{t_i}——第 i 根试验杆的杆系波速值（m/s），且

$|C_{t_i}-C_t|/C_t\leqslant 5\%$；

L——杆体长度（m）；

Δt_e——杆底反射波旅行时（s）；

Δf——幅频曲线上杆底相邻谐振峰间的频差（Hz）；

n ——参加波速平均值计算的试验锚杆的锚杆数量（$n\geqslant 5$）。

B. 5. 3 缺陷判断及缺陷位置计算应符合下列要求：

1 时间域缺陷反射波信号到达时间应小于杆底反射时间；若缺陷反射波信号的相位与杆端入射波信号反相，二次反射信号的相位与入射波信号同相，依次交替出现；则缺陷界面的波阻抗差值为正，若各次缺陷反射波信号均与杆端入射波同相。则缺陷界面的波阻抗差值为负。

2 频率域缺陷频差值应大于杆底频差值。

3 锚杆缺陷反射信号识别可采用时域反射波法、幅频域频差法等。

4 缺陷反射波信号与杆端入射首波信号的时间差即为缺陷反射时差，若同一缺陷有多次反射信号，则取各次缺陷反射时差的平均值。

5 缺陷位置应按公式(B.5.3—1)计算。

$$x=\frac{1}{2}\cdot\Delta t_x\cdot C_{\mathrm{m}} \quad \text{(B.5.3—1)}$$

或

$$x=\frac{1}{2}\cdot\frac{C_{\mathrm{m}}}{\Delta f_x} \quad \text{(B.5.3—2)}$$

式中 x——锚杆杆端至缺陷界面的距离(m)；

Δt_x——缺陷反射波旅行时间(s)；

Δf_x——频率曲线上缺陷相邻谐振峰间的频差(Hz)。

B.5.4 锚固密实度评判应符合下列规定：

1 锚杆密实度宜根据表B.5.4进行综合评判。

2 锚固密实度可根据公式(B.5.4—1)按长度比例估算：

$$D=100\%\times(L_{\mathrm{r}}-L_x)/L_{\mathrm{r}} \quad \text{(B.5.4—1)}$$

式中 D——锚固密实度；

L_{r}——锚杆入岩深度；

L_x——锚固不密实段长度。

3 除孔口段末端部分外，锚固密实度可依据反射波能量法按公式(B.5.4—2)估算：

$$D=(1-\beta\eta)\times100\% \quad \text{(B.5.4—2)}$$

$$\eta=E_{\mathrm{r}}/E_0 \quad \text{(B.5.5—3)}$$

$$E_{\mathrm{r}}=(E_{\mathrm{s}}-E_0) \quad \text{(B.5.4—4)}$$

表B.5.4 锚固密实度评判标准

质量等级	波形特征	时域信号特征	幅频信号特征	密实度 D
A	波形规则，呈指数快速衰减，持续时间短	$2L/C_{\mathrm{m}}$时刻前无缺陷反射波，杆底反射波信号微弱或没有	呈单峰形态，或可见微弱的杆底谐振峰，其相邻频差$\Delta f=C_{\mathrm{m}}/2L$	≥90%
B	波形较规则，呈较快速衰减，持续时间较短	$2L/C_{\mathrm{m}}$时刻前有较弱的缺陷反射波，或可见较清晰的杆底反射波	呈单峰或不对称的双峰形态，或可见较弱的谐振峰，其相邻频差$\Delta f\geqslant C_{\mathrm{m}}/2L$	90%～80%
C	波形欠规则，呈逐步衰减或间歇衰减趋势形态，持续时间较长	$2L/C_{\mathrm{m}}$时刻前可见明显的缺陷反射波或清晰的杆底反射波，但无杆底多次反射波	呈不对称多峰形态，可见谐振峰，其相邻频差$\Delta f\geqslant C_{\mathrm{m}}/2L$	80%～75%
D	波形不规则，呈慢速衰减或间歇增强后衰减形态，持续时间长	$2L/C_{\mathrm{m}}$时刻前可见明显的缺陷反射波及多次反射波，或清晰的、多次杆底反射波信号	呈多峰形态，杆底谐振峰明显、连续，或相邻频差$\Delta f\geqslant C_{\mathrm{m}}/2L$	<75%

式中 D——锚固密实度；

η——锚杆杆系能量反射系数；

β——杆系能量修正系数，可通过锚杆模拟试验修正或根据同类锚杆经验取值，若无锚杆模拟试验数据或同类锚杆经验值，可取 $\beta=1$；

E_0——锚杆入射波总能量，自入射波波动开始至入射波持续波动结束时间段内（t_0）的波动总能量；

E_s——锚杆波动总能量，自入射波波动开始至杆底反射波波动持续结束时刻（$2L/C_m+t_0$）的波动总能量；

E_r——（$2L/C_m+t_0$）时间段内反射波波动总能量。

4 根据标准锚杆图谱进行评判。

5 当出现下列情况之一时，锚固质量判定宜结合其他检测方法进行：

1）实测信号复杂，波动衰减极其缓慢，无法对其进行准确分析与评价。

2）外露自由段过长、弯曲或杆体截面多变。

附录C　钢筋接头技术要求和外观质量

C.0.1　钢筋绑扎接头的技术要求应符合下列规定：

1　光圆钢筋末端应作成彼此相对的180°弯钩，带肋钢筋应作成彼此相对的90°弯钩。

2　绑扎接头的搭接长度应符合表C.0.1的要求。

表C.0.1　钢筋绑扎接头的最小搭接长度

钢筋类别	受拉区		受压区	
	＜C30	≥C30	＜C30	≥C30
光圆钢筋 HPB235级	35d	30d	25d	20d
带肋钢筋 HRB335级	45d	35d	35d	25d
带肋钢筋 HRB400级	55d	40d	40d	30d

注：1　d为钢筋直径，C30为混凝土强度等级。

2　绑扎接头的搭接长度除应符合本表规定外，且在受拉区不得小于300 mm，在受压区不得小于200 mm。

3　对环氧树脂涂层的带肋钢筋，其最小搭接长度应按相应数值乘以系数1.25取用。

4　对有抗震设防特殊要求的结构构件，其受力钢筋的最小搭接长度应按有关抗震设计规范进行加长。

C.0.2　钢筋电弧焊和闪光对焊接头的技术要求应符合下列规定：

1　钢筋电弧焊和闪光对焊接头类型应符合表C.0.2—1的要求。

2　钢筋电弧焊接头外观质量应符合下列要求：

1)搭接接头的长度、帮条的长度和焊缝的总长度应符合表C.0.2—2的要求。

2)钢筋搭接接头的搭接部位应预弯，搭接钢筋的轴线应位于同一直线上。

3)帮条焊时，帮条的牌号和直径应与主筋相同。帮条和被焊主筋的轴线应在同一平面上。

表C.0.2—1　钢筋电弧焊和闪光对焊接头类型

序号	接头类型	接头简图
1	闪光对焊	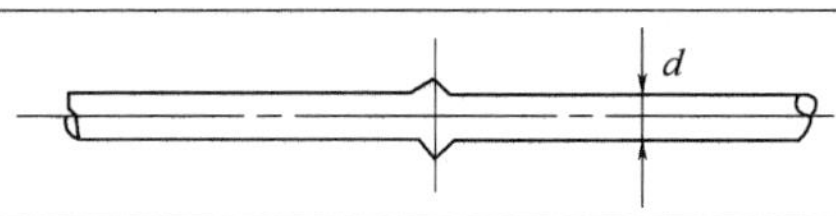
2	双面焊缝帮条焊	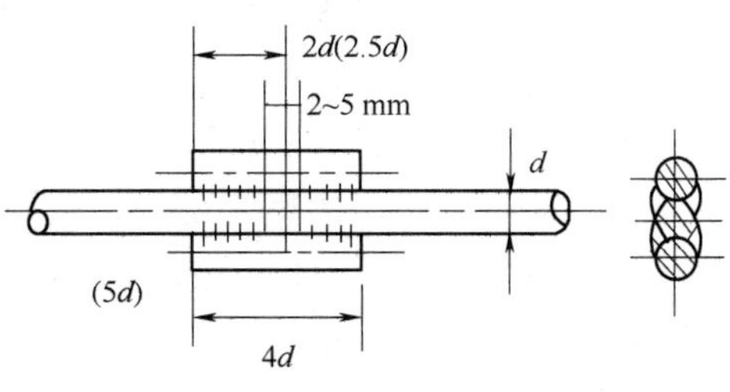

续上表

序号	接头类型	接头简图
3	单面焊缝帮条焊	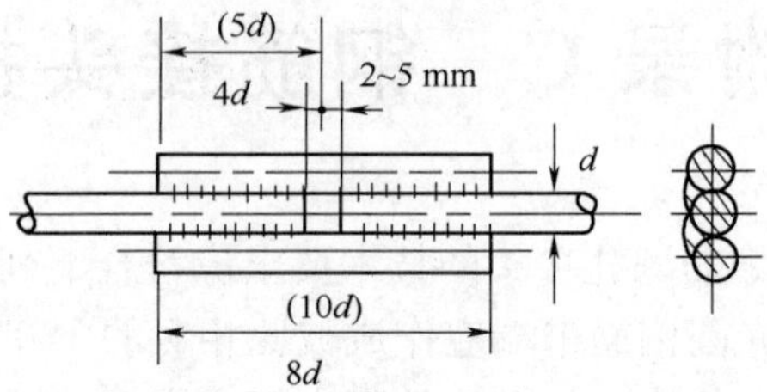
4	双面焊缝搭接焊	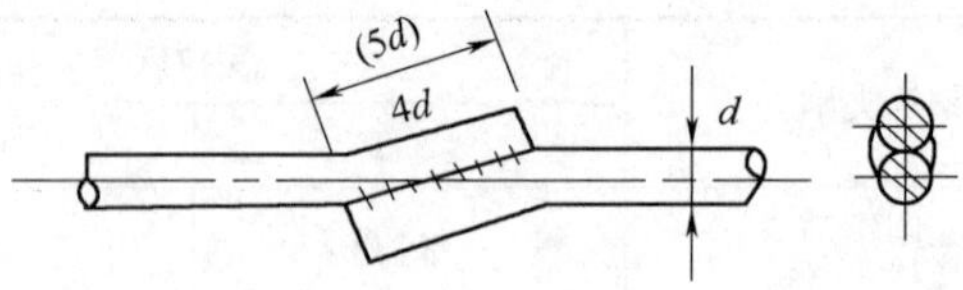
5	单面焊缝搭接焊	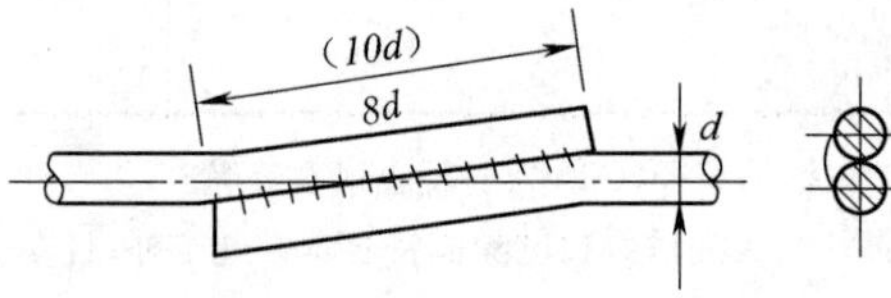

注：1　在无条件进行序号 2、4 的双面焊缝电弧焊时，可采用 3、5 的单面焊缝电弧焊。

2　表中的帮条或搭接长度值，不带括号的数字适用于 HPB235 钢筋，括号中的数字适用于 HRB335、HRB400 钢筋。

3　采用序号 2～5 的电弧焊时，焊缝长度不应小于帮条或搭接长度，焊缝厚度 h 及焊缝宽度 b 应按本标准图 C. 0. 2 测量。

4）焊缝厚度 h 不应小于 0. 3d，焊缝宽度 b 不应小于 0. 8d（图 C. 0. 2）。

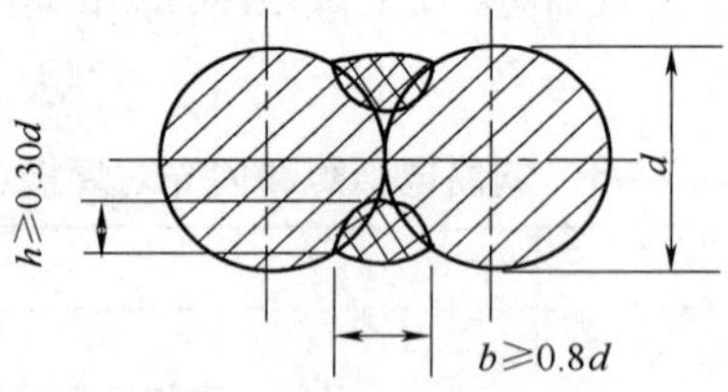

图 C. 0. 2　钢筋搭接、帮条焊接的焊缝

5）电弧焊接头的焊缝表面应平整，不得有凹陷或焊瘤，接头区域不得有肉眼可见裂纹。用小锤敲击接头时，钢筋发出与基本钢材同样的清脆声。

3　钢筋闪光对焊接头的外观质量应符合下列要求：

1）接头周缘应有适当的镦粗部分，并呈均匀的毛刺外形。

2）钢筋表面不得有明显的烧伤或裂纹。

3）接头弯折的角度不得大于 3°。

4）接头轴线的偏移不得大于 0. 1d，且不得大于 2 mm。

4 钢筋电弧焊和闪光对焊接头允许偏差应符合表 C. 0. 2—2 的规定。

表 C. 0. 2—2 钢筋电弧焊和闪光对焊接头允许偏差

<table>
<tr><th>序号</th><th>类别</th><th colspan="2">项　目</th><th>允许偏差</th></tr>
<tr><td rowspan="9">1</td><td rowspan="9">电弧焊接、头</td><td colspan="2">帮条沿接头中心线的纵向偏移</td><td>0. 3d</td></tr>
<tr><td colspan="2">接头处弯折角</td><td>3°</td></tr>
<tr><td colspan="2">接头处钢筋轴线偏移</td><td>0. 1d</td></tr>
<tr><td colspan="2">焊缝厚度</td><td>+0. 05d～0</td></tr>
<tr><td colspan="2">焊缝宽度</td><td>+0. 1d～0</td></tr>
<tr><td colspan="2">焊缝长度</td><td>−0. 3d</td></tr>
<tr><td colspan="2">横向咬边深度</td><td>0. 5 mm</td></tr>
<tr><td rowspan="2">在 2d 长的焊缝表面上的气孔及夹渣</td><td>数　量</td><td>2 个</td></tr>
<tr><td>面　积</td><td>6 mm^2</td></tr>
<tr><td rowspan="3">2</td><td rowspan="3">闪光对焊接　　头</td><td rowspan="2">接头处钢筋轴线</td><td>弯折角</td><td>3°</td></tr>
<tr><td>偏　移</td><td>0. 1d，且不大于 2 mm</td></tr>
<tr><td>接头表面裂纹</td><td colspan="2">不允许</td></tr>
</table>

注：d 为钢筋直径，单位：mm。

C. 0. 3 滚轧直螺纹机械连接接头技术要求和外观质量应符合下列规定：

1 套筒与锁母的质量应符合下列规定：

1) 套筒的直径和壁厚应符合技术文件要求。

2)螺纹牙型应完整，套筒与锁母表面不得有裂纹，表面及内螺纹不得有锈蚀及其他肉眼可见的缺陷。

3)内螺纹用专用螺纹塞通规检验，其塞通规应能顺利旋入，塞止规旋入长度不得超过 3P。

2 钢筋丝头加工尺寸应符合下列要求：

1)丝头中径、牙型角及丝头有效螺纹长度应符合技术文件的规定。丝头螺纹尺寸宜满足 GB/T 196 规定的要求；有效螺纹中径尺寸公差宜满足 GB/T 197 中 6f 级精度要求。

2)丝头有效螺纹中径的圆柱度(每个螺纹的中径)误差不得超过 0. 20 mm。

3 钢筋丝头的加工质量应符合下列规定：

1)丝头表面不得有损坏及锈蚀。

2)丝头有效螺纹数量不得少于设计要求；牙顶宽度大于 0. 3P 的不完整螺纹累计长度不得超过两个螺纹周长；标准型接头的丝头有效螺纹长度应不小于 1/2 连接套筒长度，且允许误差为+2P。

3)丝头尺寸用专用的螺纹环规检验，应能顺利地旋入并达到要求的拧入长度，环止规旋入长度不得超过 3P。

4 滚轧直螺纹钢筋连接质量应符合下列规定：

1)钢筋连接完毕后，标准型接头连接套筒外应有外露的有效螺纹，且连接套筒单边有效螺纹不应超过 2P。

2)钢筋连接完毕后，拧紧扭矩值应符合表 C. 0. 3 的要求。

表 C.0.3 直螺纹接头安装时的最小拧紧扭矩值

钢筋直径(mm)	≤16	18～20	22～25	28～32	36～40
拧紧扭矩(N·m)	100	200	260	320	360

注:当不同直径的钢筋连接时,拧紧力矩值按较小直径钢筋的相应值取用。

C.0.4 镦粗直螺纹机械连接接头技术要求和外观质量应符合下列规定:

1 套筒与锁母的质量应符合下列规定:

1)套筒的直径和壁厚应符合技术文件要求。

2)螺纹牙型应饱满,连接套筒表面不得有裂纹,表面及内螺纹不得有锈蚀及其他肉眼可见的缺陷。

3)内螺纹用专用螺纹塞通规检验,其塞通规应能顺利旋入,塞止规旋入长度不得超过 $3P$。

2 钢筋镦粗头及丝头加工尺寸应符合下列技术要求:

1)镦粗头的基圆直径 d_1(图 C.0.4)应满足丝头螺纹加工的要求,长度 L_0 应大于 1/2 套筒长度,冷镦粗过渡段坡度应不大于 1∶5。

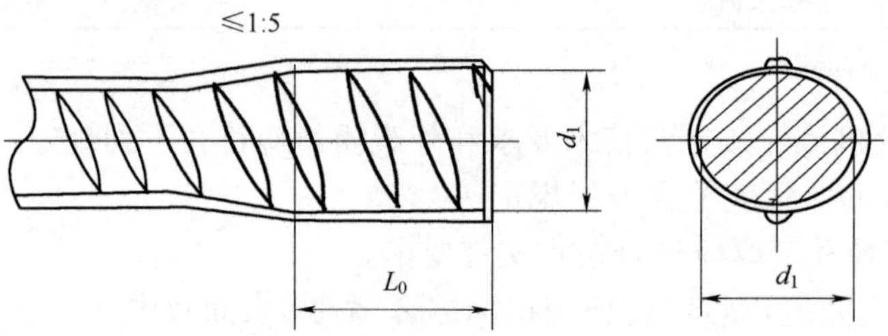

图 C.0.4 镦粗头示意图

2)丝头中径、牙型角及丝头有效螺纹长度应符合技术文件的要求。钢筋丝头的螺纹应与连接套筒的螺纹相匹配,丝头螺纹尺寸宜满足 GB/T 196 规定的要求。有效螺纹中径尺寸公差宜满足 GB/T 197 中 6f 级精度规定的要求。

3)丝头有效螺纹中径的圆柱度(每个螺纹的中径)误差不得超过 0.2 mm。

3 钢筋丝头的加工质量应符合下列规定:

1)丝头表面不得有损坏及锈蚀。

2)丝头牙形完整,牙顶宽度超过 $0.25P$ 的秃牙部分,其累计长度不宜超过一个螺纹周长。

3)丝头长度应满足技术文件要求,标准型接头的丝头长度公差为 $+2P$。

4)螺纹中径尺寸用专用的螺纹环规检验,其通端螺纹环规应能顺利地旋入螺纹并达到旋合长度,允许止端螺纹环规与端部螺纹部分旋合,旋入量不应超过 $3P$。

4 镦粗直螺纹钢筋连接质量应符合下列规定:

1)钢筋连接完毕后,标准型接头连接套筒外应有外露有效螺纹,且连接套筒单边有效螺纹不应超过 $2P$。

2)钢筋连接完毕后,拧紧扭矩值应符合表 C.0.4 的要求。

表 C.0.4 直螺纹接头安装时的最小拧紧扭矩值

钢筋直径（mm）	≤16	18～20	22～25	28～32	36～40
拧紧扭矩（N·m）	100	200	260	320	360

注：当不同直径的钢筋连接时，拧紧力矩值按较小直径钢筋的相应值取用。

C.0.5 套筒挤压机械连接接头技术要求和外观质量应符合下列规定：

1 套筒的质量应符合下列规定：

1）套筒表面不得有裂纹，内外表面不得有锈蚀及其他肉眼可见的缺陷。

2）套筒的直径和壁厚可用游标卡尺检验，其公差应符合产品设计要求。

2 套筒挤压接头的外观质量应符合下列规定：

1）接头不得有裂纹、折叠、严重锈蚀或影响性能的其他表面缺陷。

2）接头两端钢筋上显露检查标记，但不显露定位标记。

3）接头的压痕最小直径、压痕总宽度应符合产品设计要求。

4）接头两端钢筋的轴线弯折角度不得大于3°。

附录 D　粗骨料 Cl 含量试验方法

D.0.1　仪器设备应符合下列规定：

1　天平：称量 2 kg，感量 2 g；称量 100 g，感量 0.01 g。

2　带塞磨口瓶：1 000 mL，烧杯 1 000 mL。

3　三角瓶：300 mL。

4　移液管：50 mL，2 mL。

5　滴定管：10 mL，或 25 mL。

6　容量瓶：500 mL。

D.0.2　试剂应符合下列规定：

1　5%铬酸钾指示剂溶液。

2　0.01mol/L 氯化钠标准溶液。

3　0.01mol/L 硝酸银标准溶液。

以上三种溶液配制及标定方法按 GB 601、GB 602 规定进行。

D.0.3　试验步骤应符合下列规定：

1　用四分法缩分到约 1 500 g 放在烘箱中于 105 ℃±5 ℃下烘至恒量，冷却至室温，用天平准确称取 500 g，共两份，分别装入容量 1 000 mL 的带塞磨口瓶中，加入 500 mL 蒸馏水，加上盖子，摇动一次后，放置 24 h，然后每隔 5 min 摇动一次，共摇动 3 次，便于氯盐充分溢出。将磨口瓶上部已澄清的溶液用滤纸经漏斗流入到烧杯中，然后用移液管吸取 50 mL 滤液，注入到三角瓶中。再加入 5%铬酸钾指示剂 1 mL，用 0.01 mol/L 硝酸银标准溶液滴定至呈现砖红色为终点。记录消耗的硝酸银标准溶液的毫升数(A)。

2　空白试验：用移液管准确吸取 50 mL 蒸馏水到三角瓶内，加入 5%铬酸钾指示剂 1 mL，并用 0.01mol/L 硝酸银标准溶液滴定至溶液呈现砖红色为止，记录此点消耗的硝酸银标准溶液的毫升数(B)。

D.0.4　结果计算与评定应符合以下规定：

Cl^- 含量(以 NaCl)按下式计算，准确至 0.01%。

$$Q_A=\frac{N(A-B)\times 0.058\,5\times 10}{G_9}\times 100 \tag{D.0.4}$$

式中　Q_A——氯化物含量(%)；

N——硝酸银标准溶液的浓度(mol/L)；

A——样品滴定时消耗的硝酸银标准溶液的体积(mL)；

B——空白试验时消耗的硝酸银标准溶液的体积(mL)；

G_9——式样质量(g)；

0.058 5——换算成 NaCl 系数；

10——全部试样溶液与所分取试样溶液的体积比。

取两次试验测定值的算术平均值作为试验结果。若两次试验测定值相差大于 0.01%，须重新试验。

附录 E 混凝土的耐久性指标

E.0.1 不同强度等级混凝土密实性应满足表 E.0.1 的要求。

表 E.0.1 不同强度等级混凝土的电通量(C)

混凝土强度等级	设计使用年限		
	100 年	60 年	30 年
<C30	<1 500	<2 000	<2 500
C30～C45	<1 200	<1 500	<2 000
≥C50	<1 000	<1 200	<1 500

E.0.2 氯盐环境下的钢筋混凝土结构，混凝土的氯离子渗透性能应满足表 E.0.2 的要求。

表 E.0.2 氯盐环境下混凝土抗氯离子渗透性性能

评价指标	环境作用等级	100 年	60 年
混凝土氯离子扩散系数(56 d)D_{RCM}($\times10^{-12}$ m^2/s)	L_1	≤7	≤10
	L_2	≤5	≤8
	L_3	≤3	≤4

E.0.3 化学侵蚀环境下，混凝土胶凝材料的 56 d 抗蚀系数不得小于 0.80。

E.0.4 盐类结晶破坏环境下，硬化混凝土气泡间距系数应小于 300 μm，且混凝土的抗盐类结晶破坏性能应满足表 E.0.4 的要求。

表 E.0.4 盐类结晶破坏环境下混凝土抗硫酸盐结晶破坏性能指标

评价指标	环境作用等级	100 年	60 年	30 年
抗硫酸盐结晶干湿循环次数(56 d)	Y_1	≥KS90	≥KS60	≥KS60
	Y_2	≥KS120	≥KS90	≥KS90
	Y_3	≥KS150	≥KS120	≥KS120
	Y_4	≥KS150	≥KS120	≥KS120

E.0.5 冻融破坏环境下，混凝土气泡间距系数应小于300 μm，且混凝土的抗冻性应满足表 E.0.5 的要求。

表 E.0.5 冻融破坏环境下混凝土的抗冻性指标

评价指标	环境作用等级	100 年	60 年	30 年
抗冻等级(56 d)	D_1	≥F300	≥F250	≥F200
	D_2	≥F350	≥F300	≥F250
	D_3	≥F400	≥F350	≥F300
	D_4	≥F450	≥F400	≥F350

E. 0. 6 磨蚀环境下,应对混凝土的耐磨性技术要求进行专门的对比试验研究确定。

E. 0. 7 对于特别重要的铁路混凝土结构,应对混凝土的抗裂性、护筋性技术要求进行专门试验研究确定。

附录 F　胶凝材料抗硫酸盐侵蚀性能快速试验方法

F.0.1　本方法适用于评定水泥或胶凝材料抗硫酸盐侵蚀的能力。

F.0.2　本方法是通过测定浸泡在硫酸钠溶液中的水泥或胶凝材料胶砂试体的抗折强度及浸泡在洁净饮用水中的同龄期试体抗折强度，计算抗蚀系数，以比较胶凝材料抗硫酸盐侵蚀的能力。

F.0.3　试验设备及材料应符合下列规定：

1　加压成型机：小型千斤顶压力机，最大荷重必须在 15 kN 以上。

2　抗折机：小型电动抗折机，加荷速度 0.78 N/s。

3　模型：能成型尺寸为 10 mm×10 mm×60 mm 的胶砂试体的不锈钢模型。

4　球形拌和锅：直径 200 mm，高 70 mm，厚度 1～2 mm。

5　标准砂：质量符合 GB/T 17671—1999 规定的粒度范围在 0.5～1.0 mm 的中级砂。

6　试验用水：饮用水。在有争议时采用符合 GB/T 6682 规定的三级水。

F.0.4　实验室、原材料、养护箱、养护水和侵蚀液的温度和湿度应符合下列规定：

1　试验室温度满足 GB/T 17671—1999 中 4.1 的规定，相对湿度大于 50%，所用试验原材料温度应与室温相同。

2　养护箱温度满足 GB/T 17671—1999 中 4.1 的规定，相对湿度大于 90%。

3　浸泡前养护水的温度 50℃±1 ℃。

4　侵蚀液温度 20 ℃±3 ℃，养护水温度为 20 ℃。

F.0.5　试验应按下列步骤进行：

1　试体成型：称取水泥或胶凝材料共 100 g（工程水泥和矿物掺和料用量应按照配合比进行计算），标准砂 250 g，加入球形拌和锅拌和均匀后，加入 50 g 水，湿拌 3 min 结束，将胶砂分别装入试模内。把带有模芯、模套的试模放到小型千斤顶压力机上加压到 7.8 MPa 压力下保持 5 s，然后取出试模，刮平，编号，放入养护箱养护 24 h±2 h，脱模。

2　试体的养护：脱模后的试体放入 50 ℃中养护 7 d。

3　试体的浸泡：将试体分成两组，一组 9 块放入 20℃水中养护，一组 9 块放入 3%的 Na_2SO_4 侵蚀溶液中浸泡。试体在浸泡过程中，每天一次用 1 N H_2SO_4 溶液滴定以中和试体在溶液中释放出的$Ca(OH)_2$，边滴定边搅拌，以保持溶液的 pH 值在 7.0 左右。

试体在 Na_2SO_4 溶液中浸泡时，每条试体需有 200 mL 的侵蚀溶液，液面至少高出试体顶面 10 mm，为避免蒸发，容器必须加盖。

4　试体破型。试体在侵蚀溶液中养护 56 d，以及在水中养护 56 d 后，取出并用小型抗折机进行抗折试验。其中，试体支点跨距为 50 mm，支撑圆柱直径 5 mm，加荷速度控制在0.78 N/s。

破型前，须擦去试体表面的水和砂粒，清除支点圆柱表面粘着的杂物。试体放入抗折支点上时,应使侧面与圆柱接触。

F.0.6 试验结果计算与处理应符合下列规定:

1 试体的极限抗折强度(MPa)系由破坏荷载乘以 0.075 得到,抗折强度计算到 0.01 MPa。

2 剔去 9 块试体抗折强度最大值和最小值,以其余 7 个试体抗折强度的平均值作为该组试体的抗折强度。

3 抗蚀系数以同龄期胶砂试体分别在浸泡液和水中养护(56 d)后的抗折强度之比表示,计算精确到 0.01。

F.0.7 抗蚀系数大于 0.8 时,判定水泥或胶凝材料胶砂抗硫酸盐侵蚀性能合格。

附录 G 硬化混凝土气泡间距系数检测方法(直线导线法)

G.0.1 本方法适用于检验混凝土的气泡参数,也适用于对混凝土引气剂品质的评定。

G.0.2 本方法是在硬化混凝土中取任意直线,某一组分在此直线上所截取的线段长度总和,与此直线全长的比值,即为该组分在此固体中的体积含量。通过测定硬化混凝土中气泡的数量和体积含量,计算混凝土的气泡比表面积、含气量和气泡间距系数。

G.0.3 试验设备应符合下列规定:

1 测量显微镜:具有目镜测微尺和物镜测微尺,放大倍数为 80～128 倍。目镜测微尺最小读数为 10 μm。载物台能纵、横向移动,移动范围分别不小于 50 mm 和 100 mm。

2 显微镜照明灯:聚光型灯。

3 切片机、磨片机、抛光机。

G.0.4 试验数量应符合下列规定:

每组至少三个试件。每组试件的观测总面积和导线总长度应符合表 G.0.4 的规定。

G.0.5 试验应按照下列步骤进行:

1 从硬化混凝土试件上沿垂直于浇筑面方向锯下试件后,洗刷干净,分别采用 400 号和 800 号金刚砂仔细研磨。每次磨完后应洗刷干净,再进行下次研磨。最后在抛光机转盘的呢料上涂刷氧化铬,进行抛光,并再次洗刷干净后,在 105 ℃～±5 ℃的烘箱中烘干,然后置于显微镜下试测。当强光低入射角照射在观测面上,观测到表面除了气泡截面和骨料孔隙外,视域基本平整,气泡边缘清晰,并能测出尺寸为 10 μm 的气泡截面,即可认为该观测截面已加工合格。

表 G.0.4 最小观测总面积及最小导线总长度

骨料最大粒径(mm)	最小观测总面积(mm^2)	最小导线长度(mm)
80	50 000	3 000
40	17 000	2 600
30	11 000	2 500
20	7 000	2 300
10	6 000	1 900

注:如混凝土内骨料或大孔隙分布很不均匀,应适当增大观测面积。当在一个混凝土试样中取几个加工表面时,两加工表面的间距应大于骨料最大粒径的 1/2。

2 观测前,用物镜测微尺校准目镜测微尺刻度。在观测面两端,附贴导线间距标志,使选定的导线长度均匀地分布在观测面范围内。调整观测面的位置,使十字丝的横线与导线重合,然后用目镜测微尺进行定量测量。从第一条导线起点开始观察,分别测量并记录视域中气泡个数及测微尺所截取的每个气泡的弦长刻度值。根据需要,也可增测气泡截面直径。第一条导线测试完后再按顺序对第二、三、四……条导线进行观测,直至测完规定的导线长度。

G. 0. 6 试验结果计算与处理应符合下列规定：

根据直线导线法观测的数据，按下列公式计算各参数：

1 气泡平均弦长按公式(G. 0. 6—1)计算：

$$\bar{l}=\frac{\sum l}{N} \tag{G. 0. 6—1}$$

2 气泡比表面积按公式(G. 0. 6—2)计算：

$$a=\frac{4}{\bar{l}} \tag{G. 0. 6—2}$$

3 气泡平均半径按公式(G. 0. 6—3)计算：

$$r=\frac{3}{4}\bar{l} \tag{G. 0. 6—3}$$

4 硬化混凝土中的空气含量按公式(G. 0. 6—4)计算：

$$A=\frac{\sum l}{T} \tag{G. 0. 6—4}$$

5 1 000 mm^3 混凝土气泡个数按公式(G. 0. 6—5)计算：

$$n_v=\frac{3A}{4\pi r^3} \tag{G. 0. 6—5}$$

6 每 cm 导线切割的气泡个数按公式(G. 0. 6—6)计算：

$$n_l=\frac{N}{T} \tag{G. 0. 6—6}$$

7 气泡间距系数按公式(G. 0. 6—7)、公式(G. 0. 6—8)计算：

当混凝土中浆气比 P/A 大于 4. 33 时：

$$\bar{L}=\frac{3A}{4n_l}\left[1.4\left(\frac{P}{A}+1\right)^{\frac{1}{3}}-1\right] \tag{G. 0. 6—7}$$

当混凝土中浆气比 P/A 小于 4. 33 时：

$$\bar{L}=\frac{P}{4n_l} \tag{G. 0. 6—8}$$

式中 $\bar{l}$——气泡平均弦长(cm)；

$\sum l$——全导线所切割气泡弦长总和(cm)；

N——全导线所切割的气泡总个数；

a——气泡比表面积(cm^2/ cm^3)；

r——气泡平均半径(cm)；

n_v——1 cm^3 混凝土中的气泡个数；

A——硬化混凝土中的空气含量(体积比)；

T——全导线总长(cm)；

P——混凝土中水泥净浆含量(体积比，不包含空气含量)；

n_l——平均每 1 cm 导线切割的气泡个数；

$\bar{L}$——气泡间距系数(cm)。

计算结果取三位有效数字。

附录 H 矿物掺和料及外加剂抑制碱—骨料反应有效性试验方法

H. 0. 1 本方法适用于评定矿物掺和料和外加剂抑制混凝土碱—硅酸反应的有效性。

H. 0. 2 本方法是将具有碱—硅酸反应活性的骨料与硅酸盐水泥、工程实际使用的矿物掺和料或外加剂制成砂浆试件，在80 ℃、1 mol/L NaOH 溶液中养护 28 d。若砂浆试件的长度膨胀率不大于 0.10%，则评定该矿物掺和料或外加剂抑制混凝土碱—硅酸反应有效。

H. 0. 3 试验设备及材料应符合下列规定：

1 比长仪：量程 275～300 mm，精度 0.01 mm。

2 模型：试体尺寸为 25 mm×25 mm×280 mm，试模应由不锈钢材制造。

3 恒温水浴或烘箱：温度为 80 ℃±2 ℃。

4 硅酸盐水泥：42.5 级 P·Ⅰ型硅酸盐水泥，碱含量不大于 0.80%。当水泥的碱含量小于 0.80%时，应通过外加 NaOH(分析纯)的方式使水泥的碱含量达到 0.80%。

H. 0. 4 实验室温度和湿度应符合下列规定：

实验室温度为 20 ℃±2 ℃(特别说明的除外)，相对湿度大于 50%。

H. 0. 5 试验应按照下列步骤进行：

1 骨料的制备。对粗骨料，应将其全部破碎至 5 mm 以下；对细骨料，应先将大于 5 mm 部分的试样破碎至 5 mm 以下，然后与小于 5 mm 的部分混和。

2 筛分。将制得的试样按表 H.0.5 的分级要求进行筛分，然后按级洗净，并在 105 ℃下烘干备用。

3 称料。将置于 20 ℃±2 ℃环境中存放 24 h 后的原材料按骨灰比为 2.25∶1的比例进行称料(一组三个试件应称取骨料900 g，水泥、矿物掺和料和外加剂共计 400 g)，其中矿物掺和料与外加剂的用量应参照工程配合比进行计算，骨料的各级配用量应按照表 H.0.5 进行称取，用水量应以 10 次/6 s 时砂浆流动度为 105～120 mm 为准控制。

表 H. 0. 5 骨料级配表

筛孔尺寸(mm)	5.0～2.5	2.5～1.25	1.25～0.63	0.63～0.315	0.315～0.16
分级质量(%)	10	25	25	25	15
分级质量(g)	90	225	225	225	135

4 搅拌。按 GB/T 17671 规定的程序搅拌砂浆。

5 成型。将砂浆分两层装入试模内。试模装入砂浆后先用小刀来回划匀胶砂(装入第二层砂浆时，划入深度应透过第一层砂浆的表面)，然后用捣棒在试模内顺序往返各捣压 20 次。捣压完毕，将试件表面抹平、编号并标明测定方向。

每组试件按上述方法制作 3 条试件。

注：当工程中仅是粗骨料具有碱—硅酸反应活性时，只取粗骨料按上述要求成型一组试件；当工程中仅

是细骨料具有碱—硅酸反应活性时，只取细骨料按上述要求成型一组试件；当工程用粗、细骨料均具有碱—硅酸反应活性时，应分别取粗、细骨料按上述要求成型二组试件。

6 静停。试件成型后，应将试件连同试模一起放入标准养护室内养护 24 h±2 h。

7 预养护。静停结束后，将试件拆模，并迅速将试件放入 80 ℃的水溶液中预养 24 h±2 h。

8 养护与测长。将经过预养护的试件进行初长测试后，迅速放入 80 ℃、1 mol 的 NaOH 养护液中进行养护(养护容器中试件养护液的体积与试件的体积比应为 4∶1)。分别在 3 d、7 d、14 d、21 d、28 d 龄期时测量试件的长度。测量试件长度所用的时间(从养护液中取出起计)应控制在 15s 以内。每次测量时，应仔细观察试件表面的变化情况，包括变形、裂缝、表面沉积物或渗出物等。

H. 0. 6 试验结果计算与处理应符合下列规定：

1 试件长度膨胀率按下式计算：

$$\Sigma_t=\frac{L_t-L_0}{L_0-2\Delta}\times 100 \tag{H.0.6}$$

式中 Σ_t——试件在第 t 天龄期时的长度膨胀率(%)，精确至 0.01%；

L_t——试件在第 t 天龄期时的长度(mm)；

L_0——试件的初长(mm)；

Δ——测头的长度(mm)。

2 当单个试件的长度膨胀率与同组 3 个试件长度膨胀率的算术平均值之差符合下述两种情况之一的要求时，取 3 个试件长度膨胀率的算术平均值作为试件长度膨胀率：

当 3 个试件长度膨胀率的平均值小于或等于 0.05%时，单个试件长度膨胀率与平均值之差的绝对值均小于 0.01%；

当 3 个试件长度膨胀率的平均值大于 0.05%时，单个试件长度膨胀率与平均值之差均小于平均值的 20%。

3 当单个试件的长度膨胀率与 3 个试件长度膨胀率的算术平均值之差不符合上述要求时，去掉 3 个试件中的最小值，取剩余 2 个试件长度膨胀率的算术平均值作为该组试件的长度膨胀率。

H. 0. 7 试验结果按下列要求评定：

若工程中仅是粗骨料具有碱—硅酸反应活性，且取该粗骨料按本方法测定的 28 d 龄期试件长度膨胀率小于 0.10%，则将矿物掺和料或外加剂抑制混凝土碱—硅酸反应评定为有效。

若工程中仅是细骨料具有碱—硅酸反应活性，且取该细骨料按本方法测定的 28 d 龄期试件长度膨胀率小于 0.10%，则将矿物掺和料或外加剂抑制混凝土碱—硅酸反应评定为有效。

若工程中粗、细骨料均具有碱—硅酸反应活性时，且分别取粗、细骨料按本方法测定的 28 d龄期试件长度膨胀率均小于 0.10%，则将矿物掺和料或外加剂抑制混凝土碱—硅酸反应评定为有效。

附录 K 喷射混凝土强度检查试件制作方法

K.0.1 喷大板切割法应在施工的同时，将混凝土喷射在 45 cm×35 cm×12 cm(可制成 6 块)或 45 cm×20 cm×12 cm(可制成 3 块)的模型内，当混凝土达到一定强度后，加工成 10 cm×10 cm×10 cm 的立方体试件，在标准条件下养护至 28d 进行试验(精确至 0.1 MPa)。

K.0.2 采用喷大板切割法，当对强度有怀疑时，可用凿方切割法。凿方切割法应在具有一定强度的支护上，用凿岩机打密排钻孔，取出长 35 cm、宽 15 cm 的混凝土块，加工成 10 cm×10 cm×10 cm 的立方体试件，在标准条件下养护至 28 d，进行试验(精确至 0.1 MPa)。

K.0.3 采用喷大板切割法，当对强度有怀疑时，也可采用钻孔取芯法。钻孔取芯法应在具有 28 d 强度的支护上，用钻孔取芯机钻取并加工成长 10 cm、直径 10 cm 的圆柱体进行试验(精确至 0.1 MPa)。

本标准用词说明

执行本标准条文时，对于要求严格程度的用词说明如下，以便在执行中区别对待。

(1)表示很严格，非这样做不可的用词：

正面词采用“必须”；

反面词采用“严禁”。

(2)表示严格，在正常情况均应这样做的用词：

正面词采用“应”；

反面词采用“不应”或“不得”。

(3)表示允许稍有选择，在条件许可时首先应这样做的用词：

正面词采用“宜”；

反面词采用“不宜”。

表示有选择，在一定条件下可以这样做的，采用“可”。

《高速铁路隧道工程施工质量验收标准》条 文 说 明

本条文说明系对重点条文的编制依据、存在的问题以及在执行中应注意的事项等予以说明。为了减少篇幅，只列条文号，未抄录原条文。

1.0.1 本标准的编制目的是为了加强和统一高速铁路隧道工程施工质量的验收。本标准不涉及高速铁路决策阶段的质量、勘察设计阶段的质量和运营维修阶段的质量等。

本标准是政府行政主管部门、专门质量机构、建设单位、监理单位、勘察设计单位、咨询单位和施工单位对工程施工阶段的质量进行监督、管理和控制的主要依据。

由于施工阶段的质量控制是工程整体质量控制的关键环节，工程整体质量在很大程度上取决于施工阶段的质量控制，所以本标准根据高速铁路隧道工程质量特性，规定了建设活动各方对隧道工程施工质量控制的方法、程序、职责以及质量指标，借以保证工程质量。

1.0.2 现行《高速铁路设计规范》(TB 10620—2009)已明确规定适用于旅客列车设计行车速度 250～350 km/h 的高速铁路。本标准除适用于《高速铁路设计规范》(TB 10620—2009)界定的高速铁路范围外，还应适用于铁道部规定的货运及其他高速铁路隧道工程。

1.0.3 本标准提高了施工单位的主动性，合理分配了监理单位的工作量，促进各方共同保证工程质量的合格。建设各方应按照《建设工程质量管理条例》、《铁路建设管理办法》、《铁路建设项目管理指南(试行)》执行建设单位、勘察设计单位、监理单位和施工单位的法定质量职责和义务。

1.0.4 标准化是在一定范围内为获得最佳秩序，对现实问题或潜在问题制订共同使用和重复使用的条款的活动。它的任务是要解决现实或潜在的问题；目的是要达成铁路建设管理的最佳秩序，以确保“六位一体”目标的实现；其形式是制定和实施涉及项目管理各种活动的标准条款；采用的途径和手段是将铁路建设经验加以总结、规范并进行推广，逐步形成铁路建设标准化管理的体系和方法。通过推进建设单位的标准化管理，以铁路建设目标和共同利益为纽带，带动设计、施工、监理单位的标准化管理，从而实现建设项目的标准化管理。

1.0.7 机械化、工厂化、专业化、信息化等施工手段是铁路建设标准化管理的支撑，是提高建设项目“六位一体”控制水平，保障工程质量这个建设管理的核心而服务。

1.0.8 高速铁路工程施工质量检验检测工作，是工程质量管理的重要组成部分，也是工程质量控制的重要手段。质量数据必须真实可靠，并且能够代表工程施工质量情况。这就要求检验检测所用的仪器方法和抽样方案必须符合相关标准或技术条件的规定，方法统一，数据才有可比性。另外，随着工程检测技术的发展，一些成熟可靠的新方法、新仪器不断出现，尤其是对工程实体质量的检测，使用新技术后，能减少检测工作量，提高检测精度，应该积极采用。

1.0.10 合格标准也就是控制施工质量的最低标准。达不到本标准所规定的质量要求的工程，其结构安全和使用功能就不能得到有效保证和满足，就是不合格的工程；同样过分追求外观质量和局部提高原有设计要求竞相攀比加重了施工单位的成本生产成本，是整体工程质量不能得到有效控制关键之一。所以本标准要求施工所采用的承包合同文件和其他工程技术文件等，对施工质量的要求不能低于本标准中的规定，也不得擅自提高或降低标准。

1.0.13～1.0.14 高速铁路工程施工过程中的环节多、影响工程质量的因素多，所以采用的标准规范就会很多。既有技术标准又有管理标准、既有国家标准又有行业标准、甚至还有国际标准和国外标准，本标准难以一一详列。一般情况下可根据工程实际情况，确定各种标准规范的采用与否。但是对于施工过程涉及到的现行国家和铁道行业标准中有强制性执行要求的标准或标准条文则必须贯彻执行。

3.1.1 本条规定了隧道工程施工现场应建立必要的质量管理体系和质量检验制度。强调施工质量的控制应为全过程的质量控制。全过程控制不仅要包括原材料进场控制、工艺流程控制、施工操作控制、每一道工序质量检查、各相关工序间的交接检验等中间环节的质量控制，还包括了施工单位应通过内部的审核与管理者的评审，找出质量管理体系中存在的问题和薄弱环节，并制定改进措施和跟踪检查落实等措施，使项目的质量管理体系不断完善与提高。施工现场应配齐相应的施工技术标准，包括国家标准、行业标准和企业标准；施工单位要有健全的质量管理体系，要建立必要的施工质量检验制度；施工准备工作要全面、到位。

监理单位(未委托监理的项目为建设单位，下同)要对施工单位所做的施工准备工作进行全面检查。这是对监理单位(建设单位)和施工单位两方提出的要求，是保证顺利施工和保证工程质量的基础。一般情况下，每个单位工程应检查一次。施工现场质量管理检查记录由施工单位的现场负责人填写，由监理单位的总监理工程师(建设单位项目负责人)进行检查验收，做出合格或不合格及限期整改的结论。

现场质量管理制度应包括现场施工技术资料的管理制度在内。

3.1.2

(1)工程施工质量控制的要点是三个方面：一是对材料、构配件和试验检验设备质量的进场验收，二是对各工序操作质量的自检、交接检，三是对初次验收不合格的，经过补强返修的再次验收。

(2)对材料、构配件和试验检测设备质量的进场验收应分两个层次进行。

现场验收：对材料、构配件和试验检测设备的外观、规格、型号和质量证明文件等进行验收。检验方法为观察检查并配以必要的尺量、检查合格证、厂家(产地)试验报告；检验数量多为全部检查。施工单位和监理单位的检验方法和数量多数情况下相同。未经检验或检验不合格的，不得运进施工现场。

试验检验：凡是涉及结构安全和使用功能的，要进行试验检验。试验检验项目的确定掌握两个原则：一是对工程的结构安全和使用功能确有重要影响，二是大多数单位具备相应的试验条件。施工单位试验检验的批量、抽样数量、质量指标应根据相关产品标准、设计要求或工程特点确定，检验方法符合相关标准或技术条件的规定。不合格的不得用于工程施工。

(3)对工序操作质量的自检、互检、交接检验。

自检、互检：施工过程中各工序应按施工技术标准进行操作，该工序完成后，施工个体对反映该工序质量的控制点进行自检，并对其他相同的工序交互进行检验。自检的结果要留有记录。这些结果可以作为施工记录的内容，有的也正好是检验批验收需要的检验数据，要填入检验批质量验收记录表中。

交接检验：一般情况下，一个工序完成后就形成了一个检验批，可以对这个检验批进行验收，而不需要另外进行交接检验。对于不能形成检验批的工序，在其完成后应由其完成方与承接方进行交接检验。特别是不同专业工序之间的交接检验，应经监理工程师检查认可，未经检查或经检查不合格的不得进行下道工序施工。其目的有三个：一是促进前道工序的质量控制；二是促进后道工序对前道工序质量的保护；三是分清质量职责，避免发生纠纷。

3.1.3 作为高速铁路隧道工程施工质量验收的强制性条文，必须严格遵守。工程施工质量验收包括检验批、分项工程、分部工程和单位工程施工质量的验收。

(1)参加施工质量验收的各方人员，是指参加检验批、分项工程、分部工程、单位工程施工质量验收的人员，这些人员应具有相应的资格。本标准给出了原则性的规定，还应结合工程情况、管理模式等，在保证工程质量、分清责任的前提下具体确定。

(2)施工单位是施工质量控制的主体，应对工程施工质量负责，其工程施工质量必须达到本标准的规定。另外，其他各方的验收工作必须在施工单位自行检查合格基础上进行，否则，也是违反标准的行为。

(3)检验批质量验收是对主控项目和一般项目的检查验收。只要这些项目的质量达到了本标准的规定，就可以判定该检验批合格。而检验批的验收应能反应每项工序的作业人员，使之落实到人。标准中的其他要求不在检验批质量验收中涉及。

(4)单位工程的观感质量相对涉及结构安全和使用功能的主体工程质量而言，应该是比较次要的。但是，对完工后的工程进行一次全面检查，对工程整体质量进行一次现场核实，是很有必要的，尤其是高速铁路隧道衬砌表面质量要求更高。观感质量验收绝不是单纯的外观检查，也不是在单位工程完成后对涉及外观质量的项目进行重新检查，更不是引导施工单位在工程外观上做片面的投入。观感质量验收的目的在于直观地从宏观上对工程的安全可靠性能和使用功能进行验收。如局部缺损、污染等，特别是在检验批、分项工程、分部工程的检查验收时反映不出来，而后来又发生变化的情况，通过观感质量验收及时发现问题，提出整改，是一个不可缺少的质量控制环节。

3.2.1 高速铁路隧道工程施工质量验收应按四级划分：单位工程、分部工程、分项工程、检验批。

单位工程：按一个完整工程，或一个完整工程中的相当规模施工范围划分。其重要的划分原则为一个单位工程必须是由一个施工单位施工的。

分部工程：按一个完整的部位、主要结构或施工阶段划分，由若干个分项工程组成。

分项工程：主要是按工种划分，有的也可按工序、材料、工艺等划分。由若干个检验批组成，特殊情况下仅含一个检验批。

检验批：是分项工程的组成部分。根据施工质量控制和验收需要，将一个分项工程划分成若干各检验批。检验批是施工质量验收的基本单元。

3.2.2 一般情况下隧道工程应以一座作为单位工程进行质量验收。但针对目前铁路工程招投标的情况，长隧道和特长隧道往往划分为二个或多个标段进行施工招标，在这种情况下可按施工标段划分单位工程。长大隧道工期紧，隧道正洞可提前验交，辅助坑道等可作为一个单位工程验交。

3.2.5 检验批是施工过程中条件相同并有一定数量的材料、构配件或安装项目，由于其质量基本均匀一至，因此可以作为检验的基础单位，并按批验收。

3.2.6 分部、分项工程和检验批检验项目表中检验批的数量为填表时检验批数量，具体条文中检验批数量为施工时报检的检验批数量。原有验收标准中分部、分项及检验批划分过细，施工单位质检人员和监理人员大部分时间用于填写表格，没有把绝大部分精力和时间投入实地检验和质量的过程控制上面,失去了验标的本意。这次将检验批数量放大,减轻了填表的工作强度,但在施工过程中质量控制的检验并没有放松。

加固处理施工与衬砌施工息息相关,目前隧道内一次衬砌长度多为 9～12 m,取两板衬砌长度的均值 20 m,每小于 20 m 为"加固处理"一章中一个填表检验批数量。其他直接与衬砌相关的"开挖"、"支护"两章取两板衬砌长度的最大值 24 m 为一个填表检验批数量。

本表中所涉及到"m"单位均为隧道纵向延长米。

3.3.1　检验批质量验收内容包括实物检查和资料检查两部分。本标准对检验批质量验收的要求都是根据这两个方面做出的规定。检验批是工程验收的最小单位,检验批的质量是分项工程乃至整个单位工程质量的基础。

本条给出了检验批质量合格的条件,共两个方面:资料检查、主控项目检验和一般项目检验。

质量控制资料反映了检验批从原材料到最终验收的各施工工序的操作依据,检查情况以及保证质量所必须的管理制度等。质量控制资料的检查实际上是过程控制的确认,这是检验批质量验收的前提。

检验批的合格质量主要取决于对主控项目和一般项目的检验结果。

主控项目是对检验批的基本质量起决定性影响的检验项目,因此必须全部符合检验项目和有关规范的规定,即主控项目不允许有不符合要求的检验结果。

3.3.2　检验批质量合格的前提是主控项目和一般项目的质量经抽样检验合格。对于有允许偏差的一般项目抽查点除有专门要求外,规定在允许偏差内的点应达到 80%及以上,其余抽查点可以超出允许偏差,但不得超出 1.5 倍的允许偏差。

3.3.3　分项工程质量验收是对其所含检验批质量的统计汇总。主要是检查核对检验批是否覆盖分项工程范围,不能缺漏。分项工程的验收是在检验批的基础上进行的。一般情况下,分项工程与检验批具有相同的性质,只是批量的大小不同。因此,构成分项工程的各检验批的验收资料文件完整,且均已验收合格,则分项工程验收合格。

3.3.4　分部工程质量验收包括以下三个方面的内容:

(1)分部工程所含分项工程的质量均应验收合格。这也是一项统计汇总工作。应注意核对有没有缺漏的分项工程,各分项工程验收是否正确等。

(2)质量控制资料应完整。这也是一项统计汇总工作,主要是检查检验批的验收资料、施工操作依据、质量记录是否完整配套,是否全面反映了质量状况。

(3)隧道衬砌厚度、强度、衬砌背后回填及防水等的检验和抽样检测结果应符合本标准的有关规定。主要检查项目是否有缺漏、检测记录是否符合要求,检测结果是否符合本标准的规定和设计要求。

3.3.5　单位工程质量的验收是建设活动各方对施工质量控制的最后一关。分部工程质量、质量控制资料、检测资料及抽查结果、观感质量均应符合本标准的规定。

3.3.6　工程质量不符合要求的情况,多在检验批质量验收阶段出现,否则会影响相关分项、分部工程质量的验收。

(1)对于推倒重做、更换构配件或设备的检验批,应该重新进行验收。当重新抽样检查后,检验项目符合本标准规定的,应判定该检验批合格。

(2)个别试块试件的强度不能满足要求的情况,包括试块试件失去代表性、试块试件缺少、试验报告有缺陷或对试验报告有怀疑等。这种情况下,应由有资质的检测单位进行检验测试,如果测试结果证明该检验批的质量能够达到原设计的要求，则该检验批予以合格验收。

(3)对于其他不合格的现象，因情况复杂，本标准不能给出明确的处理方案。由各方根据具体情况按程序协商处理。

3.3.7 采取返修或加固处理措施后，仍然存在严重缺陷，不能满足安全和使用要求的分部、单位工程，是不合格工程，严禁验收。

3.4

工程施工质量验收的程序和组织应把握以下要点：

(1)施工单位自检合格是验收工作的基础。

(2)监理单位应对所有主控项目进行检查，对一般项目可根据施工单位质量控制情况确定检查项目。

(3)参加验收的各方人员应具备相应的资格，主要是能够负质量责任，当发生质量问题时具有可追溯性。

(4)勘察设计单位参加单位工程和与勘察、设计文件有直接关系的分部、分项工程检验批的验收。

3.4.1～3.4.2 检验批和分项工程验收前，施工单位必须组织相关人员进行自检，检验批和分项工程自检合格后填写好“检验批和分项工程质量验收记录”(有关监理验收记录和结论不填)并报监理工程师。由于检验批和分项工程是工程质量的基础，因此，监理工程师在接到施工单位填报的“检验批和分项工程质量验收记录”后，应组织施工单位专职质量检查员和分项工程技术负责人在施工现场严格按规定程序进行验收，涉及环保、地基基础的工程勘查设计单位也应参加。对于隧道工程地基基础施工中，在开挖至设计高程后，还应通知勘察设计单位参加验收，实际上是要求勘察设计单位对现场地质情况进行确认。这一点对于保证工程质量及日后可能出现的质量事故的责任判定很重要，不能忽视。

3.4.3 工程监理实行总监理工程师负责制，按理分部工程的验收应由总监理工程师组织施工单位项目负责人和技术、质量负责人等进行。考虑到高速铁路工程点多线长，分部工程全部由总监理工程师组织验收，具体实施有难度。根据现行《铁路建设工程监理规范》(TB 10402)规定，分部工程的验收由监理工程师组织施工单位项目负责人和技术、质量负责人等进行。

由于隧道衬砌厚度、强度、衬砌背后回填及防水等技术性能要求严格，技术性强，关系到整个工程的安全功能和使用性能，因此规定这些分部工程的勘察设计单位项目负责人也应参加相关分部工程的质量验收。

3.4.4 本条规定单位工程完工后，施工单位应首先依据质量标准、设计文件等组织有关人员进行自检并对检查结果进行评定，符合要求后向建设单位提交工程验收报告和完整的质量资料，请建设单位组织验收。

3.4.5 本条规定了单位工程质量验收应由建设单位负责人或项目负责人组织验收。由于设计、施工、监理单位都是责任主体，因此，单位工程验收时，监理单位总监理工程师、施工单位负责人或项目负责人和质量负责人、勘察设计单位负责人或项目负责人均应参加验收。

4

加固处理一章中除地表注浆加固和洞内预注浆两项分项工程外，其他分项工程均适用于隧道工程的洞内和洞外施工验收。未列入本章中的辅助施工措施，在隧道工程中应用较少，如地下连续(桩)墙、钻孔桩、粉喷桩、钢板桩等，实际工程中应符合设计要求或参照相关标准进行验收。

4.1.5 注浆浆液，特别是化学浆液，有的有一定毒性，如丙烯酰胺类等。为防止污染地下水，施工期间应定期检查地下水的水质。

4.1.6 在地面进行垂直注浆后，为防止年久塌孔，造成地面沉陷，故要求注浆后应用砂子将注浆孔封填密实。

4.1.10 注浆压力能克服浆液在注浆管内的阻力，把浆液压入隧道周边地层中，如有地下水时，其注浆压力尚应高于地层中的水压，但压力太高，因扰动围岩，浆液就会溢出地表或其有效范围之外，给周边结构带来不良影响，所以应严格控制注浆压力。

4.1.11 由定量上判断注浆效果在技术上是很困难的，所以可采用钻孔取心等判断注浆效果。

4.2.1 降水井点长时间抽水，会引起降水范围内的土层结构变化，进而引起附近建筑物或构筑物下沉或水平位移，所以，必要时可采取回灌或修筑防渗、隔水墙等措施，以保持地面不下沉，保证建筑物和构筑物安全。

4.2.4 隧道结构线路长、面积大，无论是明暗挖隧道，特别是在土质地层中，如果不把地下水位控制在基底以下是无法保证安全和正常施工的。

采用降水法施工的隧道，地下水是依靠降水井点系统连续不断地工作将其周围的水封闭住的，由于地下水位高差大，如果停泵，周围的地下水很快涌入降水区，这样，不但影响施工，同时也危及安全。特别是明挖隧道，当隧道结构质量小于地下水的上浮力时，极易造成隧道结构上浮，在地下工程施工中已有先例，为此，制定本规定。

4.2.5 拆除双层或多层井点，要求从最低层开始，逐层向上，是为防止上层井点拆除后，地下水位集中在最下层，停泵后水位上升，影响拆除工作的正常进行。

4.3.1 洞内桩基处理施工前均应进行工艺性试验以查明此种地质条件下设计所选定的工艺是否适应，同时还要确定采用此种工艺时的主要技术参数及其控制要求，在正式施工时做到心中有数。若设计选用的工艺不适应此种地质条件，则要根据试验的结果向设计单位提出变更设计申请，采用最佳的处理工艺以取得最好的地基处理效果。

4.3.12 高压旋喷桩每根桩的无侧限抗压强度试验应制取 3 个试件，试件尺寸要求和试验方法可参照《铁路工程岩石试验规程》(TB 10115)中关于单轴抗压强度试验的规定，但压力机宜采用 5～7.5 kN 的无侧限强度试验机。

采用该法进行高压旋喷桩工后质量检验，其钻芯取样的工艺是关键，必须保证取芯质量。否则，往往因岩芯破碎而造成假象。因此，如有检测结果达不到设计要求时，应另行选桩加倍抽检。如仍有检测结果达不到设计要求，应进行单桩及复合地基载荷试验，并以此试验结果作为质量评定的最终依据。钻芯取样困难时可采用双管单动取样器取样。

4.3.13 单桩或复合地基承载力在现场验证设计后，大面积施工后的单桩或复合地基承载力必须满足设计要求，其检验一般由建设单位指定有检测资质的第三方进行。故在此处仅提出地基承载力检验要求和检验数量，未规定检验单位。复合地基承载力的检测应在未铺设垫层时进行。

采用高压旋喷桩、挤密桩等地基加固处理措施，按复合地基设计时，由于地基的地质条件不同，地基处理后的单桩、复合地基承载力差异较大，有些地基处理后的复合地基承载力检验能满足设计要求，但单桩承载力不能满足设计要求，所以本标准规定检验单桩或复合地基承载力，单桩在前意为一般应检验单桩承载力，确定其满足设计要求。

勘察设计单位对是否满足设计要求进行确认，是在现场完成载荷试验后，核对检验结果与设计参数。

4.4

本节所列挤密桩是指桩的挤密材料为非碎石、非砂材料的挤密桩。由于桩身填夯材料的不确定性，因此本节对桩时密度的检测除指定了动力触探外，还明确了设计指定的其他方法。

4.4.5 设计无要求时，石灰中活性 CaO、MgO 含量不应低于 50%(按干重计)，粒径应小于 5 mm，夹石量不大于 5%。

4.4.12 在《建筑地基处理技术规范》中关于灰土桩挤密桩或土挤密桩处理地基的质量检验，是规定检验处理深度内桩体和桩间土的干密度，并计算平均压实系数和平均挤密系数来判断地基的处理质量。在正式检验以前，其检验的击数标准应经实验室试验确定，或由设计单位给出。

4.5.9 注浆结束前，为了检验注浆效果，防止开挖时发生坍塌涌水事故，必须进行效果检验。通常是在分析资料的基础上采取钻孔集水进行检查。有条件时，还可采用物探法等进行检查。

4.5.11 注浆压力是浆液在裂隙中扩散、充填、压实、脱水的动力。注浆压力太低，浆液不能充填裂隙，扩散范围受到限制而影响注浆质量；注浆压力太高，会引起裂隙扩大、岩层移动和抬升，浆液易扩散到注浆范围之外。

5.1.1 本条文针对目前隧道洞口施工存在的环保问题，主要是洞口边坡、仰坡开挖后，破坏了山体原有的平衡和植被造成山体坍塌、水土流失。因此，隧道洞口施工时，边坡、仰坡的防护除了应满足设计要求外，控制边坡暴露面的范围、地表植被的恢复、水土保持等涉及洞口周边环境的应符合国家有关环境保护法规法律的要求。

洞口边仰坡系指洞门端墙(含翼墙及洞口连接的挡墙)或斜切洞门帽檐的上部范围。

5.1.2 边坡、仰坡开挖不得用采用洞室爆破，是因为洞室爆破对围岩的振动很大，极易造成边坡、仰坡的坍塌，甚至造成山体坠石或滑坡。同时条文要求开挖后应及时进行防护施工，也是为了避免山坡长期暴露造成水土流失形成事故隐患。

5.3.1 现浇混凝土的结构尺寸、外观质量以及浇筑混凝土过程中的施工安全往往与模板的强度、刚度和稳定性有直接的关系，因此要求模板应有设计计算资料以及模板的质量证明文件，保证模板能承受结构荷载和施工荷载。

5.3.2 斜切式洞门帽檐模板与正洞斜切面是变化曲线，整体模板很难制作和安装，宜用小模板和木模制作；安装基底不平顺，尤其要加固牢靠。

6.1.1 随着隧道施工技术尤其是支护技术的发展，隧道施工方法(开挖方式)也不断地更新和发展，施工单位在选择开挖方法时，应根据地质、覆盖层厚度、结构断面及地面环境条件、施工设备配置等经过经济、技术比较后选择确定。

6.1.6 本条强调了隧道施工采用钻爆法开挖时应进行钻爆设计，目的是避免超挖、控制对围岩的振动和达到预期的循环进尺，并尽可能地节省工料提高经济技术指标。但在施工过程中，应对每次的爆破效果进行检查并与爆破设计进行比较，及时修正参数提高爆破效果。

6.2

作为隧道施工中过程控制最重要的两个环节，超前地质预报及监控量测已分别纳入本标准体系。主要目的是检验施工过程是否真实、规范的进行此两项工作。因施工单位的具体施工方法、工艺及本身施工经验的局限，预报和量测的成果波动较大，没有成熟可靠的方法检验，故成果的检验不纳入验标中。

超前地质预报过程中施工图阶段经评估为高风险和极高风险的软弱围岩及不良地质隧道，超前地质预报的责任主体单位为设计单位，其超前地质预报工作由设计单位负责组织实施。其他隧道超前地质预报的责任主体单位为施工单位，超前地质预报由施工单位专业人员实施。

软弱围岩及不良地质隧道应由设计单位进行专项超前地质预报设计，及时收集分析预报资料，完善设计方案并指导施工。

6.2.8 超前地质预报的方法主要包括：地质分析法、超前导坑预报法、超前水平钻孔预报法和物探方法，其中物探方法包括地震波反射法（TSP）、声波反射法法（HSP）、地质雷达法、红外探水法和跨孔 CT 法等。

地震反射波法（TSP）：

现在常用的长距离（物探法）超前地质预报方法主要以地震反射波法（TSP）为主，地震反射波法的施做对现场的要求比较严格。

(1)现场必须严格按照观测系统设计，布置炮孔的深度、间距、方位角、倾角等参数；

(2)炮孔炸药的起爆必须采用水封法；

(3)炮孔的药量要现场测试，确保每一炮的最大振幅不小于 100 mV；

(4)接收器精密套管和岩体要紧密的耦合在一起，确保接收器的三分量传感器和岩体的震动保持一致。

上述注意事项都是为了提高信噪比，这样就可以提高检测数据的质量，也就可以提高预报的准确率，为施工现场能够更好的起到指导作用。

地质雷达法：

现在常用的短距离（物探法）超前地质预报方法主要为地质雷达法。

(1)地质雷达法采用的天线是地面耦合天线，要求被测体表面是一个平面，所以被测体表面的平整度直接影响到检测数据的质量。

(2)地质雷达法受现场的干扰比较多，如钻爆台车、电线、潮湿的环境等，地质雷达发射的是高频电磁波，电磁波的衰减和导电率有很大关系，也就是易于导电的介质对电磁波有很大的吸收作用，导致探测深度下降，准确率下降；所以电磁波信号的信噪比和信号强度，往往取决于现场介质的条件。

(3)地质雷达探测的基本原则

A. 探测的目标体与周围介质有较大的介电常数差异并具有较好的反射条件；即介电常数有差异反射系数在 0.1 以上时，雷达才可以接收到足够的反射信号。

B. 上覆层导电性较弱。

C. 目标体具有一定的体积，引起的异常有一定的强度。

D. 具有一定的探测对比资料。

红外探测法：

(1)现场数据采集时应注意：

A. 每天对周壁和掌子面探测一次，应在出完渣后下一个循环的炮眼完成未放炮之前进行探测。也就是在出渣以后通过通风，使隧道内温度正常，才能进行红外探测。

B. 探测时，对一条测线来说仪器至测点的距离必须保持一致。

C. 每个测点必须进行重复读数，两次读数的相对误差不大于 5%，如超差则应多次读数。

D. 每次探测应对岩体的裂隙发育情况、隧壁渗水情况、特别是喷护位置进行详细记录。

(2)资料整理

将每天探测的数据按里程用不同的标示点成曲线（掌子面按从左至右的点序排列点成曲

线),在备注栏标明裂隙、渗水和喷护位置。隧壁的横坐标为里程,掌子面的横坐标为点号。附有曲线图例。由于环境温度的不同,每次探测的温度背景值有所差别,但两次探测的重复部位应基本平行,分析时应比较两次的探测曲线,发现异常,应及时采用其他方法(如超前炮孔)综合排查。

超前钻探法:

(1)能够比较直观的探明钻孔经过部位的地层岩性、完整性程度、岩溶及地下水发育情况等,必要时应测试水压、取样、室内实验。与物探相比,它具有直观性、客观性。不存在物探手段的多解性问题、不确定性。但是探孔虽直观,但具有"一孔之见"的不足,对断层不会漏报,但对于岩溶有漏报的可能。

(2)超前钻探由于速度慢和费用高一直在施工中都不能广泛的得到应用,在此特别强调其重要性,它的优点是显而易见的,只缺性较高,可以为物探手段提供验证依据,尤其在大断层、突水突泥地段采用超前钻探非常的必要;钻进的距离越长对我们施工的指导意义越大,但是由于钻进速度较慢,所以一般情况下钻探深度控制在 30～50 m 之间,较为合理;在地质复杂地段特殊对待。

6.3.2 隧道不应欠挖,是为了保证衬砌断面尺寸满足设计要求,但在中硬岩以上围岩的爆破中,难免个别部位的欠挖,若对其进行补爆,则势必造成较大的超挖。故本条规定了不影响衬砌质量的欠挖极限,但拱脚和墙脚以上 1 m 范围内,衬砌不准减薄,故规定此部位"严禁欠挖"。

6.3.3 钻眼质量应从严要求。钻眼前在工作面标出设计的炮眼位置,以保证正确实施。但此项工作比较费事,往往未能认真贯彻,其原因是施工现场缺乏简便合适的测量设施,应引起高度重视,并备好工具,做好此项工作,才能有效达到设计爆破效果。

掏槽眼的位置正确与否,关系到整个开挖面爆破的效果。故要求眼口间距和深度的偏差不大于 5 cm,在完整的硬岩中尤其要注意。

规定的眼底偏差,是根据使用支架式风钻钻眼考虑的。如使用大型液压凿岩台车钻眼,由于其结构性能不同,可由施工单位自行确定。

6.3.6 施工现场判定炮眼痕迹保存率应采用计数的方法来进行。松散软岩很难保留炮眼痕迹,可不作炮眼痕迹保存率的要求,只要开挖轮廓成形较好,也可作为合格。

7

本章中"支护"包括了两个含义,即临时支护和初期支护。虽然二者在设计理念中是不同的概念,但对于施工而言,其施工方法是相同的。所以在进行质量验收时,统一称为支护。

喷锚支护包括:锚杆支护、喷射混凝土支护、喷射混凝土锚杆联合支护、喷射混凝土钢筋网联合支护、喷射混凝土与锚杆及钢筋网联合支护、喷钢纤维混凝土支护、喷钢纤维混凝土锚杆联合支护,以及上述几种类型加设钢架而成的联合支护。

超前支护包括:超前锚杆支护、超前管棚支护、超前小导管支护。

监控量测测点的布设和数据读取等大部分工作在支护和二衬施工之间完成,考虑到按工序划分分项工程的统一性,放入支护一章。

7.1.1 隧道开挖后及时进行支护是保证施工安全和提高支护效果的重要手段,支护的及时与否直接影响隧道施工的成败,也是最关键的一个环节。

7.1.2 目前常用的隧道开挖方式主要有全断面法开挖、正台阶法开挖、环形留核心土法开挖、中洞法开挖、中隔壁法(CD 法)开挖、交叉中隔壁法(CRD 法)开挖、双侧壁导坑法开挖。无论采用哪一种开挖方法，都要求隧道开挖后及时施作初期支护并达到一定的强度后，方允许下一工序的开挖以保证围岩的稳定和施工安全。

台阶法施工的台阶长度应根据地质和开挖断面跨度等情况采用长、短和超短台阶，下台阶应在拱部初期支护结构基本稳定且喷射混凝土达到设计强度 70%以上时开挖。当岩体不稳定时，应先施工边墙初期支护后方可开挖中间土体，并适时施工仰拱。

环形留核心土法施工时，上台阶的环形拱部开挖后应及时进行初期支护，当初期支护结构基本稳定且喷射混凝土达到设计强度 70%以上时再开挖核心土。核心土应留坡度并不出现反坡。上台阶施工完后可按台阶法施工下台阶及仰拱。

中洞法施工时，开挖中洞的跨度不宜大于 0.3 倍隧道宽度。待中洞初期支护结构基本稳定且喷射混凝土达到设计强度 70%以上，再按台阶法施工左右洞上下台阶及仰拱。相邻洞前后错开距离不宜小于 15 m。

中隔壁法施工时，采用台阶法先分部开挖隧道的一侧，施作初期支护及中隔壁墙，待初期支护结构基本稳定且喷射混凝土达到设计强度 7%以上时再开挖隧道的另一侧。左右洞体施工时，前后错开距离不宜小于 15 m。

交叉中隔壁法施工时，采用台阶法先分部开挖隧道一侧的一部或二部，施作初期支护及中隔壁墙，待初期支护结构基本稳定且喷射混凝土达到设计强度 70%以上时再开挖隧道的另一侧的一部或二部，然后再开挖隧道下部。左右洞体施工时，前后错开距离不宜小于15 m。

双侧壁导坑法施工时，导洞跨度不应大于 0.3 倍隧道宽度。先开挖双侧壁导洞并施作初期支护，然后采用台阶法开挖隧道拱部及下台阶和仰拱。左右导洞体施工时，前后错开距离不宜小于 15 m。

7.2.1 现场监控量测工作应包括的主要内容：(1)现场情况的初始调查；(2)编制实施细则；(3)布设测点并取得初始监测值；(4)现场监控量测及分析；(5)提交监控量测成果。

监控量测设计应包括：(1)确定监控量测项目；(2)确定测点布置原则、监控量测断面及监控量测频率；(3)确定监控量测控制基准。

7.2.14 隧道开挖后在 24 h 内位移变化最大，初始数据读得准不准、及时不及时关系到经验极限位移估算，是初期支护、二次衬砌施作时间的重要数据。所以初始数据应尽早读取。

7.2.15 围岩测量仪器应选用在压力变化值范围内的仪器。实际施工中有部分单位选用的压力盒读不出数据，不是压力盒的问题，而是超过量测范围。其中还有全站仪量测后数据超过精度要求等问题。

7.2.16 当选用全站仪测量距离时，测点应设反光标。如测点标识与测量方法不符，应对其量测数据质疑。

7.3.3 喷射混凝土的目前施工中常用的方式可分为干喷、潮喷和湿喷。

湿喷：是将骨料、水泥和水按设计比例拌和均匀，用湿式喷射机压送到喷头处，再在喷头上添加速凝剂后喷出。因湿喷混凝土所用水、水泥、粗细骨料、外加剂等材料喷射前经过正确的计量和充分拌和，水胶比能准确控制，有利于水泥的水化，因而施工中其喷射质量容易控制且回弹率低，混凝土均质性好，强度也较高，但对喷射机械要求高，机械清洗和故障处理较麻烦。对于喷层较厚的软岩和渗水隧道，则不易使用湿喷。

干喷：是将骨料、水泥和速凝剂按一定比例干拌均匀，然后装入喷射机，用压缩空气使干集料在软管内呈悬浮状态压送到喷枪，再在喷嘴处与高压水混合，以较高速度喷射到岩面上。干喷使用的机械结构较简单，机械清洗和故障处理容易。但其缺点是容易产生较大的粉尘，回弹量大，加水是由喷嘴处的阀门控制的，水灰比的控制比较难而且与操作手的熟练程度有关。

潮喷：是将骨料预加少量水，使之呈潮湿状，再加水泥拌和，从而降低上料、拌和和喷射时的粉尘。但大量的水仍是在喷头处加入和喷出的，其喷射工艺流程和使用机械同干喷工艺。

三种喷射混凝土方式各有优缺点，但干喷工艺限制范围大，施工时应选用湿喷工艺施工，特殊地质条件下工艺的选用应符合设计要求。

7.3.5 自下而上可避免先喷上部时松散回弹物污染下部未喷射混凝土的基面，且喷好下部的混凝土可对上部喷射的混凝土起到支托的作用。

一次喷射混凝土的厚度要适当，过薄则粗骨料不易黏结牢固，增加回弹量。过厚则不易保证喷射混凝土的致密和强度。

7.3.6 为保证喷射混凝土的质量，喷射混凝土应进行初期养护，喷射后 3 h 内不得进行爆破作业。

7.3.14 《铁路隧道设计施工有关标准补充规定》中要求隧道初期支喷射混凝土的强度不应低于 C25，24 h 强度不应低于10 MPa。

7.3.18 在低温下进行喷射混凝土作业，混凝土凝结时间显著延长，使一次喷射厚度减少，并使回弹增大。同时，喷射混凝土在低温下硬化，强度增长缓慢。为了保证喷射作业具有良好的工作条件，使混凝土在冬期施工中的强度能得到正常发展，本条作出了作业区和混合料的温度不应低于 5 ℃的规定。

7.4.9 砂浆的配合比直接影响着砂浆的强度、注浆密度和施工的顺利进行。若水胶比过小，可注性差，容易堵管，影响注浆作业的顺利进行；水胶比过大，杆件插入后，砂浆容易往外流淌，孔内砂浆不饱满，也不密实，影响锚固效果。只有砂浆的稠度适宜时，杆件插入后，将砂浆挤压密实，在杆体和孔壁之间不容易形成空腔。

7.4.14 锚杆钻孔方向应与孔口岩面垂直才能使垫板密贴岩面，拧紧尾部螺母。锚杆不加垫板是目前施工中存在的一个普遍问题，本条强调锚杆垫板应与基面密贴应引起足够的重视。一般情况下垫板采用厚度 6～10 mm 的钢板制成，规格为 150 mm ×150 mm 或 200 mm×200 mm。

7.5.1 当采用普通凿岩爆破方法开挖隧道时，岩面起伏差较大，在这种情况下，先喷上一层混凝土，再铺设钢筋网，既可保证岩层稳定性较差时作业安全，又可减少铺设表面起伏，保证钢筋网密贴。

7.5.8 采用双层钢筋网时，第一层钢筋网被混凝土覆盖后再铺设第二层钢筋网，有利于减少喷射作业过程中的回弹率，增加钢筋与壁面之间喷射混凝土的密实性。

7.6.2～7.6.4 架设钢架的关键是要保证钢架的稳定性，为确保钢架的支护效果，围岩、钢架、喷射混凝土应形成一个整体。所以要求钢架应被喷射混凝土包裹，同时钢架底脚支护应牢固。

8

与混凝土工程相关的条文说明可参见《铁路混凝土工程施工质量验收标准》(TB 10424)。

8.1.9 每一工班正式称量前，应对计量设备进行检查是指每一工班正式称量前对计量设备是否处于正常使用状态，有无异常情况进行检查，检查内容包括：称量器具上有无异物、下料仓门是否处于正常状态、控制系统工作状态及示值是否正常等。

8.1.11 仰拱衬砌紧跟开挖工作面超前浇筑对稳定洞室具有很大的作用。同时洞内作业环境得到了很好的改善。故隧道施工中要求采用仰拱超前的施工方法。

8.1.16 本条规定了混凝土工程冬、夏期施工的条件,冬、夏期施工要制定相应的措施,保证工程质量。冬季施工必须加强保温保湿养护,达到40%设计强度前不得受冻。

8.2.1 对隧道衬砌模筑混凝土使用的衬砌台车必须进行设计是保证施工安全和混凝土成型质量并指导备料、制作、安装和拆除的重要技术环节。当软弱围岩隧道超挖时,拱顶部分和边墙部分混凝土的自重和泵送压力有可能超过原有设计,模板台车应考虑两者因素。

8.3.3 设计规范要求,隧道衬砌受力钢筋接头宜设置在受力较小处,受拉钢筋宜采用套筒机械连接方式,隧道衬砌拱部及边墙钢筋接头不得采用焊接。

8.4.14 《铁路混凝土工程施工质量验收标准》(TB 10424)中对所检抗渗项目为每 5 000 m^3 制作一抗渗检查试件一组(约合二衬长度 500 m),考虑到目前高速铁路隧道应用的高性能混凝土中耐久性指标也相应地提升了抗渗性能,而原有仰拱和底板采用每 500 m 作一次抗渗试验,对于隧道衬砌与和仰拱、底板也应采用同一标准进行抗渗试验。

8.4.16 隧道边墙、仰拱和拱部是一个整体受力结构。拱部和仰拱是质量通病的高发区,也是受力结构的重要一环,边墙是高而薄的结构,超挖部分的回填密实情况直接关系到隧道衬砌的整体质量。原规定墙脚以上 1 m 范围、整个拱部和仰拱的超挖部分应采用同级混凝土进行回填。考虑到施工中难以掌控及结构整体性要求确定为超挖部分全部采用同级混凝土进行回填。

8.4.17、8.4.21 对相似施工环境条件下的同类结构不需全部进行测温检查,可选择有代表性的结构或部位进行试验,其他按试验结果进行控制。

9.1.3 辅助坑道是隧道正洞施工的一个重要环节,坑道口的截水、排水和防冲刷设施均应尽早地完成以保证坑道和正洞施工工期的要求。

9.1.4 由于坑道与正洞交接处断面加大形状不规则且受力条件复杂,故应加强支护以策安全。

10

城市中明挖隧道设计较少,不单独作为一个分部工程。涉及明挖隧道的验收应符合本章明洞和防排水章节的工程验收和设计要求。

10.1.1 明洞大多数情况下设置在坍方、落石、泥石流等地质不良地段。因此,明洞施工时应根据当地的地形、地质条件及结构类型选择施工方案。

(1)先墙后拱法施工适用于埋置深度较浅,施工边坡后能暂时稳定的地段。

(2)先拱后墙壁法施工适用于岩层破碎、路堑边坡较高,全部明挖可能造成山体坍塌,但拱脚岩层承载力较好且能保证拱圈稳定的地段。施工时,起拱线以上部分采用拉槽法开挖临时边、仰坡,当临时边、仰坡不稳定时可采用喷锚支护加强边坡的稳定,明洞较长时可分段拉槽开挖。做好拱圈后再开挖下部断面和浇筑边墙。

(3)先做外侧边墙法施工适用于半路堑、原地面坡度陡峻的地段。施工时先开挖外侧边墙部分,然后砌筑外侧边墙至设计高程,再开挖拱部施作拱圈部分;在拱内落底并随时加支撑保持内侧临时边坡的稳定;开挖内边墙马口后浇筑边墙。

10.2.2 明洞边墙基础应设置在稳定的地基上,这是总的要求。偏压和单压明洞墙基应考虑其抗滑力。明洞基础开挖至设计标高后必须进行隐蔽工程验收。如其承载力不符合设计要求,应提出设计变更。

10.6.1 明洞回填分墙背回填和拱部回填两个部位。由于其作用不同,因而回填的工艺要求也不尽相同。

(1)墙背回填的作用,主要是使边墙与围岩密贴。当围岩较稳定时,墙背可垂直或以较陡的坡度开挖,超挖量不大,墙背空隙不大。边墙施工时可用相同的材料同时浇筑或砌筑。当围岩稳定性差,墙壁背超挖量大且墙背空隙呈下小上大,不得任意抛填土石致使侧压力增大,施工时必须按设计要求办理。

(2)拱顶回填主要是缓冲边坡落石、坍方对明洞拱顶的冲击以及排除坡面水的作用。

11.1.1 隧道防水质量的好坏直接影响到隧道使用寿命和铁路运营安全。本条对隧道衬砌防水等级提出了验收标准。

按照《地下工程防水技术规范》(GB 50208—2002)规定,地下工程防水等级划分为4级,其中一级的防水标准是:不允许渗水,结构表面无湿渍。适用范围为:人员长期停留的场所,因有少量湿渍会使物品变质、失效的贮物场所及严重影响设备正常运转和危及工程安全运营的部位,极重要的战备工程。为了保证高速安全高速运行和各种设备正常运转,规定隧道衬砌和设备洞室的衬砌防水等级应达到一级标准。

11.1.11 隧道、明洞、辅助坑道和缓冲结构排水是指采用各种排水措施,使地下水能顺着预设的各种管沟排出洞外。

当排水口高程低于最高洪(潮)水位时,为防止洪(潮)水倒灌,通常在排水口处采取自密封措施。

11.2.1 隧道排水是一项系统工程,施工单位必须按照设计的排水系统进行施工。洞内排水系统应与洞外排水系统合理连接。

隧道施工时,无论是顺坡排水还是反坡排水都要求隧底无水漫流,工作面不积水,以避免浸蚀和软化隧底,影响铺底或整体道床的质量。

辅助导坑是排泄正洞水流的一项措施。隧道完工后,可利用辅助导坑设置永久工程,以保证正洞排水畅通。

隧道洞口的排水必须注意对环境的影响,严禁水流冲刷边坡造成水土流失。

11.2.2 及早处理地表水是隧道防水的一道关键环节。特别是隧道覆盖层薄和渗水性强的地层应在隧道进洞前先期处理。

明洞建筑于露天空旷地区,一般有地表径流的影响,如不设法截、拦、排走,容易引起冲刷坡面,产生坍塌,或流入回填体内部,浸泡回填料,增加明洞荷载。为了保证建筑物的安全,规定明洞顶应设置截、排水系统。

11.3.10 全封闭防瓦斯地段有地下水时,宜在透水管终点宜设置气水分离装置,分离出的瓦斯气体可用管道引出洞外在高处放散。从隧道内引出瓦斯的金属管,其上端管口距地面不应小于10 m,并应妥善接地,防止雷击。瓦斯放空管的接地电阻不得大于5 Ω,其周围20 m内禁止有明火火源及易燃易爆物品。

11.6.6 施工缝的防水质量除了与选用的构造措施是否合理有关外,还与施工质量有很大关系。本条规定施工缝浇筑混凝土前应将表面浮浆和杂物清理干净,是因为这层浮浆是妨碍新老混凝土结合的障碍,由于新老混凝土不能紧密结合使施工缝容易渗漏水。

11.7.2 当设计无要求时,嵌缝板和密封胶的性能指标可参考说明表11.7.2—1和说明表11.7.2—2进行验收。

说明表 11.7.2—1　嵌缝板的性能指标

测试项目	嵌缝板材料种类			要求
	塑胶、橡胶泡沫类	纤维类	木材类	
压缩应力(MPa)	0.2～0.6	2.0～10.0	5.0～20.0	
弹性复原率(%)	≥90	≥65	≥55	吸水后不应小于不吸水的 90%
挤出量(mm)	<5.0	<4.0	<5.5	
弯曲荷载(N)	5～50	5～40	100～400	

说明表 11.7.2—2　密封胶的性能指标

项　目			性能要求			
			25(低模量)	25(高模量)	20(低模量)	20(高模量)
流动性	下垂度(N型)	垂直(mm)	≤3			
		水平(mm)	≤3			
	流平性(S型)		光滑平整			
挤出性(ml/min)			≥80			
弹性回复率(%)			≥80		≥80	
拉伸模量(MPa)	23 ℃和−20 ℃		≤0.4和≤0.6	>0.4和>0.6	≤0.4和≤0.6	>0.4和>0.6
定伸黏接性			无破坏			
浸水后定伸黏接性			无破坏			
热压冷拉后黏接性			无破坏			
体积吸缩率(%)			≤25			

注:体积吸缩率仅适用于乳胶型和溶剂型产品。

11.7.5　要使嵌缝材料具有良好的防水性能,除了嵌填的密封材料要密实外,缝两侧的基层处理也十分重要,否则密封材料与基面黏结不紧密,就起不到防水作用。另外,缝底的背衬不可忽视,否则会使密封材料三向受力,对密封材料的耐久性和防水性都有不利影响。

11.7.7　沉降缝和伸缩缝统称变形缝,由于防水做法有很多相同之处,故一般不加细分。但实际上两者是有一定区别的,沉降缝主要用于在上部建筑明显变化的部位及地基差异较大的部位,而伸缩缝是为了解决因干缩变形和温度变化所引起的变形时避免产生裂缝而设置的。沉降缝渗漏水目前在工程上比较多,除了选材、施工等诸多因素外,沉降量过大也是一个重要原因。沉降量过大,会造成止水带与混凝土脱开,使工程渗漏。因此施工过程中应按设计要求埋设沉降观测标志,并按设计规定的频率进行沉降观测,年沉降速率不能超过设计的允许值。

11.8.4　涂料防水层的施工只是施工过程中的一道工序,其后续工序均有可能损伤已做好的涂料防水层,特别是采用有机涂料所做的防水层,所以必须按设计要求做好保护层。

11.8.5　涂刷的防水涂料固化后形成一定厚度的涂膜,如果涂膜厚度太薄起不到防水作用和很难达到合理的使用年限要求,本条规定了防水涂料的涂膜厚度应符合设计要求。防水涂膜在满足厚度要求的前提下,涂刷的遍数越多对成膜的密实度越好,因此涂刷时应多遍涂刷,不论是厚质涂料还是薄质涂料均不得一次成膜。

11.8.9　施工缝是水泥砂浆保护层的薄弱部位,由于施工缝接槎不严密及位置留设不当等原因,导致渗漏水。因此水泥砂浆保护层各层应紧密结合,每层应连续施工。

为了防止水泥砂浆保护层早期脱水而产生裂缝导致渗水,规定在砂浆终凝后要及时进行养护。

11.10.2 防水板系在初期支护表面铺设，要求初期支护基层表面十分平整则费事费时，且也达不道这一要求，故标准只提应平整，并根据工程实践的经验提出平整度的定量指标，以便于铺设防水板。但基层表面伸出的钢筋头、钢纤维头等坚硬物体必须予以清除，以免损伤防水板。

国外规范中对初期支护基层相邻两凸面间的距离 L 长度的规定为 30～40 cm，$D/L\leqslant 1/6$。本标准中提高平整度要求为 D/L 不得大于 1/10，而施工中一般要求 $L\leqslant 1$ m，为方便测量 L 可按国外规范取值。

11.10.3 隧道工程的防水设防要求，应根据结构形式、环境条件、施工方法及材料性能等因素综合考虑。设计人员应绘出大样图或指定采用相应的标准图的具体做法。转角处、变形缝等处是防水薄弱环节，施工较为困难。为保证防水的整体效果，对上述部位的细部做法必须严格操作和加强检查。

防水板的铺设应与基层固定牢固。防水板固定不牢会引起板面下垂，绷紧时又会将防水板拉断同时造成混凝土衬砌厚度不够的现象。

铺设时先拱后墙，下部防水板压住上部防水板的规定，是为了使防水板外侧上部的渗漏水能顺利流下，不至于积聚在防水板的搭接处而形成隐患。

11.10.4 防水板接缝较多，防水的关键取决于接缝密封好坏的程度。国内常采用的是双焊缝自动热合技术，这种方法一方面能保证焊接质量，另一方面便于充气检查。

充气检查方法是将 5 号注射针与压力表相连接，用打气筒进行充气，当压力表达到 0.25 MPa时停止充气，保持 15 min，压力下降在 10%以内，说明焊缝合格。如压力下降过快说明有渗漏，用肥皂水涂在焊缝上，有气泡的地方重新补焊。

11.10.5 基层的转角处是防水层应力集中的部位，因此此处应作成圆弧行以保证受力。

11.10.7 防水板因为没有很好的防护措施，后期破坏的例子屡见不鲜。应对已铺设好的防水板地段严禁用爆破法捡底或处理欠挖。材料、工具严禁在已铺好防水板的地段堆放。档头板的支撑物在接触到防水板处必须加设衬垫。绑扎钢筋、安装模板和衬砌台车就位时，应在钢筋保护层垫块外包土工布防止碰撞或刮破防水板。钢筋焊接作业时，防水板要用阻燃材料进行覆盖，避免焊接火花损伤防水板。浇筑混凝土时应避免混凝土直接冲击防水板，必要时可在混凝土输送泵出口处设置防护板。捣固时，应避免振捣器与防水板直接接触。对受到损伤的防水板，要在损伤处进行标志，并及时修补。全封闭防水地段，应隧道底部防水板上采取可靠的保护措施，防止衬砌钢筋等施工破坏防水板。

11.12.4 衬砌背后排水系统的施工一般根据工程及水文地质条件以及环境保护等要求综合考虑，不仅可以在隧道衬砌背后设置排水系统，而且为了防止翻浆冒泥，也可以设置隧道底中心排水盲管，以减少水害的发生，但施工中必须防止衬砌或压浆浆液浸入盲管堵塞管路。

13 采用盾构法施工的隧道在其进出口、通过斜井施工的正洞段、洞内拆卸段必然要采用钻爆法施工，因而，其钻爆法施工的部分应按照本标准其他章节进行验收，掘进机施工隧道的特殊部分将按本章节验收。

13.3.1 由于管片尺寸与重量大，管片模具设计尺寸应当按照管片设计大小确定，便于施工运输和管片存放、吊装、安装。管片模具制作精度直接关系到成型管片的质量和精度。

13.3.3 过早拆模时，混凝土强度不足，管片在吊装过程中可能出现损坏，过晚脱模时将会影响模具的使用循环率，不能满足掘进机快速施工的要求。

13.4.3 由于混凝土管片在隧道内衬结构中需要承受围岩压力，管片必须在达到设计强度后才能进行安装使用。

13.4.4 管片制作尺寸及精度，关系到隧道衬砌后，管片之间缝隙的大小，这对管片受力和结构防水关系极大，因此提出进一步的技术要求。

13.5.1 管片在吊装和运输过程中，应当严防碰撞，按要求堆放，按顺序运送到工作面，在安装前要对管片质量再一次进行检查，禁止将受损管片安装在结构中。在管片拼装过程中发现有本条所指质量问题应及时调换，后期发现必须采取可行的技术措施修补或加强处理，修补或加强处理方案需经业主和设计单位认可。管片拼装完成后在下一环推进前应及时检测管片拼装质量是否符合规定，发现有本条所指质量问题时，必须将已成环管片局部或全部拆除重拼装。

13.5.3 管片螺栓采用适当的连接方式，并保证连接质量，以使管片具有整体结构稳定性。

13.8.4 对管片进行检漏测试，是直接对加工制作成的衬砌混凝土进行抗渗性检测。由于检漏测试比较复杂，为降低优质产品的生产成本，采用动态检测法，当生产状态比较稳定，管片检漏结果合格时，可放宽检验批量。

14

采用全断面岩石掘进机法施工的隧道在其进出口、通过斜井施工的正洞段、洞内拆卸段必然要采用钻爆法施工，因而，其钻爆法施工的部分应按照本标准其他章节进行验收，掘进机施工隧道的特殊部分将按本节验收。

全断面岩石掘进机法施工的高速铁路隧道工程在单位工程观感验收时发现质量问题必须采取可行的技术措施修补或加强处理，修补或加强处理方案需经业主和设计单位认可。发现隧道防水效果达不到设计要求时，必须采取注浆、堵漏等可行的技术措施予以处理，处理方案需经业主和设计单位认可。

14.3.1 管片外豆砾石填充应在每一环管片安装后及时进行，开敞式掘进机只在仰拱块下进行豆砾石填充，起到稳定管片作用。

14.4.1 管片外豆砾石充填后要及时注浆进行固结，以防止受力变形。

中华人民共和国行业标准

铁建设〔2010〕240号

高速铁路轨道工程施工质量验收标准

Standard for Constructional Quality Acceptance of High-speed Railway Track Engineering

TB 10754—2010

2010-12-08 发布　　　　2010-12-08 实施

中华人民共和国铁道部　发布

前　言

本标准是根据铁道部《关于印发2009年铁路工程建设标准编制计划的通知》(铁建设函〔2009〕34号)的要求，在《客运专线无砟轨道铁路工程施工质量验收暂行标准》(铁建设〔2007〕85号)的基础上，充分吸纳京津、武广、郑西、合宁、合武、石太、东南沿海、沪宁等高速铁路的建设、运营经验编制而成的。

本标准的编制工作紧紧把握高速铁路总体技术路线，坚持高起点、高标准，通过原始创新、集成创新和引进消化吸收再创新，形成了符合我国国情、路情，具有自主知识产权的中国高速铁路轨道工程施工质量验收标准。

本标准共分19章，主要内容包括：总则、术语、基本规定、与线下工程的交接、施工控制网、CRTSⅠ型板式无砟道床、CRTSⅡ型板式无砟道床、CRTSⅠ型双块式无砟道床、CRTSⅡ型双块式无砟道床、枕式无砟道岔、板式无砟道岔、有砟道床、有砟道岔、轨道过渡段、钢轨伸缩调节器、无缝线路、轨道精调整理及钢轨预打磨、线路标志、单位工程综合质量评定等。

本标准的主要内容如下。

1. 落实"六位一体"建设管理要求，对质量、安全、工期、投资控制、环境保护和技术创新提出了针对性管理措施。

2. 反映建设项目标准化管理内涵，为管理制度、人员配备、现场管理、过程控制标准化提供了配套性标准规定。

3. 强调现代化施工管理手段应用，从积极推广机械化、工厂化、专业化、信息化施工角度，明确了指导性原则要求。

4. 体现全方位全过程质量控制理念，在源头控制、过程控制、细节控制方面明确了建设各方的关键性工作内容。

5. 突出工程结构安全性、可靠性、耐久性和系统使用功能等方面的质量目标要求，保证高速铁路安全平稳运营。

6. 贯彻工程质量终身负责制，增加了工序操作责任人的记录要求，体现对管理层、技术层、作业层人员的质量责任追溯。

7. 优化了工程施工质量验收的单元划分、组织程序、实施方法和工作内容。

8. 调整了检验项目、质量指标和检验方法，质量检测工作更趋科学、合理。

9. 梳理分析了轨道工程施工中的易发质量通病，制定了针对性控制措施。

10. 对高速铁路轨道工程施工现场管理、施工质量控制、沉降评估、与线下工程的交接等进行了原则性规定。

11. 明确了与高速铁路轨道工程施工有关的线下工程及接口工程应达到的质量要求，规定了CPⅠ和CPⅡ平面及高程控制网复测、CPⅢ测设的检验项目和检验标准。

12. 紧密结合CRTSⅠ型板式无砟轨道技术再创新科研成果，规定了底座及凸形挡台、轨道板铺设、板下充填层、凸形挡台填充树脂的检验项目和检验标准。

13. 完善了CRTSⅡ型板式无砟轨道的过程控制标准，明确了安置点和基准点的布设位置、测量方法、精度等检验要求；增加了钢板连接器、后浇带混凝土等分项工程；补充完善了轨道板粗铺和灌浆后轨道板位置允许偏差要求。

14. 完善了 CRTSⅠ型双块式轨排组装调整检验标准。明确了对 CRTSⅠ型双块式支承层、桥上混凝土底座、隔离层及弹性垫层、轨排组装及调整、混凝土道床板的质量控制要求。

15. 完善了 CRTSⅡ型双块式无砟道床检验标准，规定了支承层、桥上混凝土底座、隔离层及弹性垫层、支脚安装及精调、混凝土道床板、轨枕振动嵌入、固定架安装轨枕的检验项目和检验标准。

16. 明确了桥上枕式道岔施工的检验项目和标准，纳入了道岔控制基标、加密基标的测设方法、精度检验标准，规定了道岔钢轨焊接质量检验标准。

17. 规定了板式无砟道岔路基上混凝土垫层、桥上滑动层、桥上混凝土底座、基准点及定位点、道岔板铺设、路基上及隧道内混凝土底座板、桥上板下充填层、侧向挡块、道岔板锚固连接、道岔组件安装及精调、道岔钢轨焊接的检验项目和检验标准。

18. 规定了有砟道床铺轨前铺砟、分层上砟整道的检验要求。明确了有砟道岔控制基标及加密基标、铺岔前预铺道砟、道岔铺设、铺砟整道及钢轨焊接的检验标准。

19. 增加了"轨道过渡段"一章，明确了无砟轨道与有砟轨道结构间的过渡段、不同无砟轨道结构间的过渡段的检验项目和检验标准。

20. 增加了"钢轨伸缩调节器"一章，规定了无砟轨道钢轨伸缩调节器、有砟轨道钢轨伸缩调节器的检验项目和检验标准。

21. 明确了无缝线路的无砟轨道铺轨、有砟轨道铺枕铺轨、工地钢轨焊接、无缝线路应力放散及锁定的检验项目和检验标准。

22. 为满足轨道平顺性要求，纳入了轨道精细调整的概念，增加了"轨道精调整理及钢轨预打磨"一章，明确了无砟轨道和有砟轨道精调整理、道岔精调整理、钢轨预打磨的检验项目和检验标准。

23. 明确了线路标志的内容、检验项目和检验标准。

本标准全部条文均为强制性条文，必须严格执行。

在执行本标准过程中，希望各单位结合工程实践，认真总结经验，积累资料。如发现需要修改和补充之处，请及时将意见及有关资料寄交中铁八局集团有限公司(成都市金牛区金科东路 68 号，邮政编码：610036)，并抄送铁道部经济规划研究院(北京市海淀区北蜂窝路乙 29 号，邮政编码：100038)，供今后修订时参考。

本标准由铁道部建设管理司负责解释。

主编单位：中铁八局集团有限公司。

参编单位：中铁二院集团有限公司、中铁一局集团有限公司、中铁二局集团有限公司、中铁十七局集团有限公司。

主要起草人：赵　智、谢录杲、秦瑞谦、王智勇、梅　红、刘　华、白昆华、杜建武、宋德佩、万　轶、吴海涛、郑文军、潘自立、何晓敏、孙柏辉、曹德志、杨宏伟、颜景润、胡　建、杨晓辉、陈孟强、许　非、张利军、冀光民、汪梨园、刘　辉。

主要审定人：安国栋、苏全利、米　隆、吴明友、付建斌、王其昌、吴细水、罗国伟、姚　冬、王邦胜、冀聪明、郭　强、赵新宇、李兵选、刘　彬、江　成、王继军、闫红亮、赵陆青、孙　立、许有全、潘声啟、伍　林、钱振地。

目　　次

1 总　　则

1.0.1 为加强高速铁路轨道工程施工质量管理，统一高速铁路轨道工程施工质量的验收标准，保证工程质量，制定本标准。

1.0.2 本标准适用于新建时速 250～350 km 高速铁路轨道工程施工质量的验收。时速 250 km以下客运专线、城际铁路轨道工程施工质量的验收应参照执行。

1.0.3 高速铁路轨道工程建设各方应建立健全质量保证体系，对工程施工质量进行全过程控制，对管理层、技术层、作业层人员的质量责任实行终身追究制度。

1.0.4 建设各方应做好管理制度标准化、人员配备标准化、现场管理标准化、过程控制标准化等工作，落实质量、安全、工期、投资效益、环境保护、技术创新等建设管理要求。

1.0.5 高速铁路轨道工程施工必须执行国家法律法规及相关技术标准，严格按照设计文件进行施工，满足工程结构安全、耐久性能及系统使用功能要求，保证设计使用年限内正常运营。

1.0.6 高速铁路轨道工程施工应贯彻国民经济可持续发展战略，施工废弃物及污水应集中处理，合理排放，做好环境保护工作。

1.0.7 高速铁路轨道工程施工应严格遵守职业健康标准和安全技术规程，建立和健全相应的职业健康安全管理体系和制度。

1.0.8 高速铁路轨道工程施工应以“机械化、工厂化、专业化和信息化”为支撑，积极采用新技术、新工艺、新设备和新材料，确保工程施工质量和安全。

1.0.9 高速铁路轨道工程应采用先进、成熟、科学的检验检测手段，取得的数据应真实可靠，全面反映工程质量状况。所用方法和仪器设备应符合相关标准的规定，仪器精度应能满足质量控制要求，质量检测人员必须具有规定的资格。

1.0.10 高速铁路轨道工程的各类质量检测报告、检查验收记录和其他工程技术管理资料，必须按规定及时填写，并且严格执行责任人签字确认制度。施工质量验收资料应按相关规定整理归档。

1.0.11 高速铁路轨道工程施工中所采用的承包合同文件和工程技术文件等对施工质量的要求不得低于本标准的规定。当设计要求的质量指标高于本标准的规定时，应按设计要求办理。

1.0.12 参加高速铁路轨道工程施工及验收的各方管理、技术和作业人员，应经过本标准的培训，合格后方可上岗。

1.0.13 高速铁路轨道工程施工前应按相关标准要求对线下构筑物沉降、变形进行系统观测与分析评估，符合设计要求后方可施工。

1.0.14 高速铁路轨道工程施工应按设计要求设置防、排水系统，并与路基、桥涵、隧道及车站等防、排水设施顺畅衔接，确保排水畅通。

1.0.15 与高速铁路轨道工程相关的接口工程施工质量应符合设计及相关标准的要求，相关单位应做好接口衔接配合工作。

1.0.16 高速铁路轨道工程施工测量，应按《高速铁路工程测量规范》执行。

1.0.17 本标准应与《铁路混凝土工程施工质量验收标准》配套使用。

1.0.18　本标准未涉及的新技术、新工艺、新设备、新材料，其施工质量的验收应符合相关标准和设计的规定。

1.0.19　高速铁路轨道工程施工质量的验收除应符合本标准外，尚应符合国家和铁道部现行有关强制性标准的规定。

2 术 语

2.0.1 工程施工质量 construction quality of engineering

反映工程施工过程或实体满足相关标准或合同约定的要求，包括其在安全、使用功能及其在耐久性能、环境保护等方面所有明显和隐含能力的特性总和。

2.0.2 验收 acceptance

工程施工质量在施工单位自行检查评定合格的基础上，参与建设活动的有关单位共同对检验批、分项、分部、单位工程的质量按有关规定进行检验，根据相关标准以书面形式或电子文档对工程质量达到合格与否作出确认。

2.0.3 进场验收 site acceptance

对进入施工现场的材料、构配件、设备等按相关标准规定要求进行检验，对其达到合格与否作出确认。

2.0.4 检验 inspection

对检验项目中的性能进行量测、检查、试验等，并将结果与标准规定要求进行比较，以确定每项性能是否合格所进行的活动。

2.0.5 检验批 inspection lot

按同一生产条件或按规定的方式汇总起来供检验用的，由一定数量样本组成的检验体。

2.0.6 见证检验 witness testing

监理单位对施工单位材料取样、送样、检验或某项检测、试验过程进行的监督活动。

2.0.7 平行检验 parallel acceptance testing

监理单位利用一定的检查或检测手段，在施工单位自检的基础上，按照一定的比例独立进行检查或检测的活动。

2.0.8 旁站 on-site supervision

在工程的关键部位或关键工序施工过程中，由监理人员在现场进行的监督活动。

2.0.9 工序 working procedure

工程施工过程的基本单元。

2.0.10 交接检验 handing over inspection

由施工的承接方与完成方经双方共同检查并对可否继续施工做出确认的活动。

2.0.11 主控项目 dominant item

对质量、安全、卫生、环境保护和公众利益起决定性作用的检验项目。

2.0.12 一般项目 general item

除主控项目以外的检验项目。

2.0.13 抽样检验 sampling inspection

按照规定的抽样方案，随机地从进场的材料、构配件、设备或工程检验项目中，按检验批抽取一定数量的样本所进行的检验。

2.0.14 抽样方案 sampling scheme

根据检验项目的特性所确定的抽样数量和方法。

2.0.15　计数检验　counting inspection

在抽样的样本中，记录每一个体有某种属性或计算每一个体中的缺陷数目的检查方法。

2.0.16　观感质量　quality of appearance

通过观察和必要的量测所反映的工程外在质量。

2.0.17　返工　rework

对不合格的工程部位采取的重新制作、重新施工等措施。

2.0.18　返修　repair

对工程不符合标准规定的部位采取整修等措施。

2.0.19　缺陷　defect

工程施工质量中不符合规定要求的检验项或检验点，按其程度可分为严重缺陷和一般缺陷。

2.0.20　一般缺陷　common defect

对结构构件的受力性能或安装使用性能无决定性影响的缺陷。

2.0.21　严重缺陷　serious defect

对结构构件的受力性能或安装使用性能有决定性影响的缺陷。

2.0.22　型式检验　type inspection

确认产品或过程应用结果适用性所作的检验。

2.0.23　工后沉降　settlement after acceptance

铺轨工程完成以后，基础设施产生的沉降量。

2.0.24　标准长度钢轨　standard length rail

公称长度为 25 m、50 m 和 100 m 的钢轨（又称定尺轨）。

2.0.25　长钢轨　long rail

超过标准长度的钢轨（其中包括厂焊钢轨）。

2.0.26　单元轨条　unit rail link

用长钢轨焊接而成，达到无缝线路设计所需的单元长度。

2.0.27　设计锁定轨温　design fastening-down rail temperature

根据气象资料和无缝线路允许升温幅度、允许降温幅度，计算确定的无缝线路锁定轨温。

2.0.28　施工锁定轨温　construction fastening-down rail temperature

铺设无缝线路时确定的锁定轨温，即单元轨条始端及终端铺入轨枕承轨槽时分别测得轨温的平均值。

2.0.29　实际锁定轨温　actual fastening-down rail temperature

无缝线路温度应力为零时的钢轨温度。

2.0.30　钢轨胶接绝缘接头　glued insulated rail joint

由胶粘剂胶合的钢轨绝缘接头

2.0.31　支承层　supporting layer

无砟轨道结构中，用于支承混凝土道床板或轨道板的承载层。

2.0.32　混凝土底座　concrete base

现场浇筑的用于支承 CRTSⅠ型轨道板、道岔区混凝土道床板或在桥上支承 CRTSⅡ型轨道板和双块式混凝土道床板的钢筋混凝土基础。

2.0.33 板下充填层 packed layer

灌注于已定位的轨道板(道岔版)和混凝土底座或支承层之间的结构层。

2.0.34 双块式轨枕 bi-block sleeper

采用钢筋桁架连接两块混凝土支承块而形成的轨枕,是双块式无砟轨道的主要部件。

2.0.35 混凝土道床板 concrete track bed slab

现场浇筑的埋设双块式轨枕或混凝土岔枕的整体钢筋混凝土层。

2.0.36 CRTSⅠ型板式无砟轨道 CRTSⅠ slab ballastless track

将预制轨道板通过板下充填层,铺设在现场浇筑的具有凸形挡台的钢筋混凝土底座上,并适应 ZPW-2000 轨道电路的单元轨道板无砟轨道结构形式。

2.0.37 CRTSⅡ型板式无砟轨道 CRTSⅡ slab ballastless track

将预制轨道板通过板下充填层,铺设在混凝土支承层或连续的钢筋混凝土底座上,并适应 ZPW-2000 轨道电路的连续轨道板无砟轨道结构形式。

2.0.38 CRTSⅠ型双块式无砟轨道 CRTSⅠ bi-block sleeper ballastless track

将预制的双块式轨枕组装成轨排,以现场浇筑混凝土方式埋入钢筋混凝土道床内,并适应 ZPW-2000 轨道电路的无砟轨道结构形式。

2.0.39 CRTSⅡ型双块式无砟轨道 CRTSⅡ bi-block sleeper ballastless track

将预制的双块式轨枕通过机械振动法嵌入现场浇筑的钢筋混凝土道床内,并适应 ZPW-2000 轨道电路的无砟轨道结构形式。

2.0.40 枕式无砟道岔 sleeper ballastless turnout

将预制的混凝土岔枕组装成标准道岔轨排,以现场浇筑混凝土方式埋入钢筋混凝土道床内,并适应 ZPW-2000 轨道电路的岔区无砟轨道结构形式。

2.0.41 板式无砟道岔 slab ballastless turnout

将预制的混凝土道岔板通过板下充填层,铺设在混凝土垫层或钢筋混凝土底座上,并适应 ZPW-2000 轨道电路的岔区无砟轨道结构形式。

2.0.42 充填式垫板 filling pad

由注入袋及树脂浇铸体组成的、用于精确调整钢轨高低用的垫板。

2.0.43 基础平面控制网(CPⅠ) basic horizontal control network(CPⅠ)

在框架控制网(CP 0)的基础上,沿线路走向布设,按 GPS 静态相对定位原理建立,为线路平面控制网(CPⅡ)提供起闭的基准。

2.0.44 线路平面控制网(CPⅡ) route horizontal control network(CPⅡ)

在基础平面控制网(CPⅠ)基准上沿线路附近布设,为勘测、施工阶段的线路测量和轨道控制网测量提供平面起闭的基准。

2.0.45 轨道控制网(CPⅢ) track control network(CPⅢ)

沿线路布设的平面、高程控制网,平面起闭于基础平面控制网(CPⅠ)或线路平面控制网(CPⅡ),高程起闭于线路水准基点,一般在线下工程施工完成后进行施测,是轨道铺设和运营维护的基准。

2.0.46 加密基标 densification reference mark

在轨道控制网(CPⅢ)基础上加密的轨道控制点,为轨道铺设所建立的基准点,一般沿线路中线布设。

3 基本规定

3.1 一般规定

3.1.1 高速铁路轨道工程施工现场质量管理应有相应的施工技术标准、健全的质量管理体系和施工质量检验制度。

施工现场质量管理检查记录应由施工单位在施工前按表 3.1.1 的规定填写，总监理工程师进行检查，并作出检查结论。

表 3.1.1　现场管理检查记录表

<table>
<tr><td colspan="2">单位工程名称</td><td colspan="3"></td><td>开工日期</td><td></td></tr>
<tr><td colspan="2">建设单位</td><td colspan="3"></td><td>项目负责人</td><td></td></tr>
<tr><td colspan="2">设计单位</td><td colspan="3"></td><td>项目负责人</td><td></td></tr>
<tr><td colspan="2">监理单位</td><td colspan="3"></td><td>总监理工程师</td><td></td></tr>
<tr><td colspan="2">施工单位</td><td></td><td>项目负责人</td><td></td><td>项目技术负责人</td><td></td></tr>
<tr><td>序号</td><td colspan="4">项　　目</td><td colspan="2">内　　容</td></tr>
<tr><td>1</td><td colspan="4">开工报告</td><td colspan="2"></td></tr>
<tr><td>2</td><td colspan="4">现场质量管理制度</td><td colspan="2"></td></tr>
<tr><td>3</td><td colspan="4">质量责任制</td><td colspan="2"></td></tr>
<tr><td>4</td><td colspan="4">工程质量检验制度</td><td colspan="2"></td></tr>
<tr><td>5</td><td colspan="4">施工技术标准</td><td colspan="2"></td></tr>
<tr><td>6</td><td colspan="4">施工图现场核对情况</td><td colspan="2"></td></tr>
<tr><td>7</td><td colspan="4">下部结构物沉降、变形观测评估资料</td><td colspan="2"></td></tr>
<tr><td>8</td><td colspan="4">交接桩、施工复测及测量控制网资料</td><td colspan="2"></td></tr>
<tr><td>9</td><td colspan="4">施工组织设计、施工方案、环境保护方案及审批</td><td colspan="2"></td></tr>
<tr><td>10</td><td colspan="4">分包方资质及对分包单位的管理制度</td><td colspan="2"></td></tr>
<tr><td>11</td><td colspan="4">主要专业工种操作上岗证书</td><td colspan="2"></td></tr>
<tr><td>12</td><td colspan="4">管理层、技术层、作业层人员质量责任登记表</td><td colspan="2"></td></tr>
<tr><td>13</td><td colspan="4">施工检测设备及计量器具配置</td><td colspan="2"></td></tr>
<tr><td>14</td><td colspan="4">现场材料、设备存放与管理制度</td><td colspan="2"></td></tr>
<tr><td>15</td><td colspan="4">相关工程接口检验资料</td><td colspan="2"></td></tr>
<tr><td colspan="7">检查结论：

总监理工程师　　　　年　月　日</td></tr>
</table>

3.1.2 高速铁路轨道工程应按下列规定进行施工质量控制：

1 工程采用的主要材料、构配件和设备，施工单位应对其外观、规格、型号和质量证明文件等进行验收，并经监理工程师检查认可。凡涉及结构安全和使用功能的，施工单位应按批次进行检验，监理单位应按规定进行见证取样检测或平行检验。其质量必须符合现行有关标准的规定，并应按品种、规格和检验状态分别标识存放。

2 各工序应按施工技术标准进行质量控制，每道工序完成后，施工单位应进行检查，并形成记录。

3 工序之间应进行交接检验，上道工序应满足下道工序的施工条件和技术要求。相关专业工序之间的交接检验应经监理工程师检查认可，未经检查或经检查不合格的不得进行下道工序施工。

3.1.3 高速铁路轨道工程施工质量应按下列要求进行验收：

1 工程施工质量应符合本验收标准和相关专业验收标准的规定。

2 工程施工质量应符合工程勘察、设计文件的要求。

3 参加工程施工质量验收的各方人员应具备规定的资格。各种检查记录签证人员应报建设单位确认、备案。

4 工程施工质量的验收均应在施工单位自行检查评定合格的基础上进行。

5 涉及结构安全的试块、试件和现场检验项目，监理单位应按规定进行平行检验、见证取样检测或见证检测。

6 检验批的项目应按主控项目和一般项目进行验收。

7 对涉及结构安全和使用功能的分部工程应进行抽样检测。

8 承担见证取样检测及有关结构安全检测的单位应具有相应的资质。

9 单位工程的综合质量应由验收人员通过检查共同评定。

3.1.4 线下工程施工完成后，建设单位负责轨道铺设条件的评估工作，并组织勘察设计、施工、监理和咨询等单位实施。评估过程中各方应明确职责，密切配合，确保观测数据及评估结果的真实、可靠。线下工程沉降变形符合要求后方可进行轨道工程施工。

3.1.5 轨道工程施工前应做好下列交接和验收工作：

1 轨道工程与线下工程工序交接应在轨道工程施工一个月前进行，并应成立专门的线路交接小组。

2 轨道工程施工前线下工程主体应全部完工，检验合格。并对相关接口工程进行验收，符合要求后方可进行轨道工程施工。

3 线下工程施工完成后，应对施工过程中产生的垃圾进行回收处理。隧道在交由轨道工程施工前应由建设单位组织相关单位对隧道清洗除尘的质量进行全面验收。

4 轨道工程施工前建设单位应组织勘察设计单位、线下工程施工单位向轨道施工单位提交控制网资料、线下构筑物竣工测量资料、桩橛及与轨道工程有关的变更设计、线下工程施工质量验收资料等文字及电子文档资料。

5 轨道工程施工前，建设单位应组织勘察设计单位会同施工单位对 CPⅠ、CPⅡ及高程控制网进行复测。施工单位依据复测资料进行 CPⅢ测设，并复核中线桩和基础面高程及平整度等，核实中线和高程贯通情况。

3.1.6 无砟轨道施工前，应对支承层、混凝土底座、混凝土道床板施工和轨道板铺设、充填层灌注等重要分部、分项工程和关键工序进行工艺性试验。

3.1.7 轨道施工测量采用的测量仪器、方法、精度及平差计算应符合《高速铁路工程测量规范》的规定。

3.1.8 轨道道床漏泄电阻、无砟轨道绝缘处理及综合接地应符合设计要求及相关技术文件的规定。

3.2 工程施工质量验收单元划分

3.2.1 高速铁路轨道工程施工质量验收单元划分为单位工程、分部工程、分项工程和检验批。

3.2.2 单位工程应按一个完整工程或一个相当规模的施工范围划分。正线轨道单位工程按一个区间(以站中心为界,含正线道岔)划分;当区间含有不同类型轨道时,单位工程也可按轨道类型划分;当区间轨道划分为不同的施工标段或接管管段时,单位工程也可按施工标段或接管管段划分。

3.2.3 分部工程应按一个完整部位或主要结构及施工阶段划分。

3.2.4 分项工程应按工种、工序、材料、施工工艺划分。

3.2.5 检验批可根据施工及质量控制和验收需要按长度、施工段(处)等进行划分。

3.2.6 轨道工程分部、分项工程划分和检验批、检验项目应符合表 3.2.6 的规定。

表 3.2.6 轨道工程分部工程、分项工程、检验批划分和检验项目

<table>
<tr><th colspan="2" rowspan="2">分部工程</th><th colspan="2" rowspan="2">分项工程</th><th rowspan="2">检验批</th><th colspan="2">检验项目条文号</th></tr>
<tr><th>主控项目</th><th>一般项目</th></tr>
<tr><td colspan="2">与线下工程的交接</td><td colspan="2">线下及接口工程交接</td><td>交接区段</td><td>4.2.1～4.2.6</td><td>4.2.7～4.2.10</td></tr>
<tr><td colspan="2" rowspan="2">施工控制网</td><td colspan="2">CPⅠ、CPⅡ和线路水准基点复测</td><td>测量区段</td><td>5.2.1～5.2.5</td><td></td></tr>
<tr><td colspan="2">CPⅢ测设</td><td>测量区段</td><td>5.3.1～5.3.5</td><td>5.3.6</td></tr>
<tr><td rowspan="14">无砟道床</td><td rowspan="6">CRTSⅠ型板式无砟道床</td><td rowspan="3">底座与凸形挡台</td><td>模板</td><td>安装段</td><td>6.2.1～6.2.2</td><td>6.2.3～6.2.6</td></tr>
<tr><td>钢筋</td><td>安装段</td><td>6.2.7～6.2.10</td><td>6.2.11～6.2.14</td></tr>
<tr><td>混凝土</td><td>浇筑段</td><td>6.2.15～6.2.17</td><td>6.2.18～6.2.20</td></tr>
<tr><td colspan="2">轨道板铺设</td><td>铺设段</td><td>6.3.1～6.3.5</td><td>6.3.6～6.3.7</td></tr>
<tr><td colspan="2">板下充填层</td><td>灌注段</td><td>6.4.1～6.4.15</td><td>6.4.16～6.4.21</td></tr>
<tr><td colspan="2">凸形挡台填充树脂</td><td>灌注段</td><td>6.5.1～6.5.4</td><td>6.5.5～6.5.8</td></tr>
<tr><td rowspan="8">CRTSⅡ型板式无砟道床</td><td rowspan="2">支承层</td><td>引导线或模板</td><td>安装段</td><td>7.2.1</td><td>7.2.2～7.2.4</td></tr>
<tr><td>水硬性混合料或混凝土</td><td>摊铺段或浇筑段</td><td>7.2.5～7.2.14</td><td>7.2.15～7.2.19</td></tr>
<tr><td colspan="2">桥上滑动层、高强度挤塑板</td><td>施工段</td><td>7.3.1～7.3.9</td><td>7.3.10</td></tr>
<tr><td rowspan="5">桥上混凝土底座板</td><td>模板</td><td>安装段</td><td>7.4.1</td><td>7.4.2～7.4.3</td></tr>
<tr><td>钢筋</td><td>安装段</td><td>7.4.4～7.4.5</td><td>7.4.6～7.4.9</td></tr>
<tr><td>钢板连接器</td><td>每座桥</td><td>7.4.10～7.4.12</td><td>7.4.13～7.4.14</td></tr>
<tr><td>底座混凝土</td><td>浇筑段</td><td>7.4.15</td><td>7.4.16～7.4.19</td></tr>
<tr><td>后浇带混凝土</td><td>浇筑段</td><td>7.4.20～7.4.22</td><td>7.4.23</td></tr>
</table>

续上表

<table>
<tr><th rowspan="2" colspan="2">分部工程</th><th rowspan="2" colspan="2">分项工程</th><th rowspan="2">检验批</th><th colspan="2">检验项目条文号</th></tr>
<tr><th>主控项目</th><th>一般项目</th></tr>
<tr><td rowspan="35">无砟道床</td><td rowspan="14">CRTSⅡ型板式无砟道床</td><td rowspan="3">台后锚固结构</td><td>摩擦板</td><td>每处</td><td>7.5.1～7.5.5</td><td>7.5.6～7.5.11</td></tr>
<tr><td>端刺</td><td>每处</td><td>7.5.12～7.5.16</td><td>7.5.17～7.5.20</td></tr>
<tr><td>过渡板</td><td>每处</td><td>7.5.21～7.5.24</td><td>7.5.25～7.5.29</td></tr>
<tr><td colspan="2">轨道板安置点、基准点</td><td>测量区段</td><td>7.6.1～7.6.2</td><td>7.6.3～7.6.6</td></tr>
<tr><td colspan="2">轨道板铺设</td><td>铺设段</td><td>7.7.1～7.7.5</td><td>7.7.6～7.7.7</td></tr>
<tr><td colspan="2">板下充填层</td><td>灌注段</td><td>7.8.1～7.8.12</td><td>7.8.13～7.8.18</td></tr>
<tr><td rowspan="3">轨道板纵向连接及灌浆孔封堵</td><td>模板</td><td>安装段</td><td>7.9.1</td><td>7.9.2～7.9.3</td></tr>
<tr><td>钢筋及纵向钢筋连接</td><td>施工段</td><td>7.9.4～7.9.7</td><td>7.9.8</td></tr>
<tr><td>混凝土</td><td>浇筑段</td><td>7.9.9～7.9.10</td><td>7.9.11～7.9.12</td></tr>
<tr><td rowspan="4">侧向挡块</td><td>模板</td><td>安装段</td><td>7.10.1～7.10.2</td><td>7.10.3～7.10.4</td></tr>
<tr><td>钢筋</td><td>安装段</td><td>7.10.5</td><td>7.10.6</td></tr>
<tr><td>混凝土</td><td>浇筑段</td><td>7.10.7</td><td>7.10.8～7.10.9</td></tr>
<tr><td>弹性限位板</td><td>施工段</td><td>7.10.10～7.10.11</td><td></td></tr>
<tr><td colspan="2">轨道板锚固连接</td><td>施工段</td><td>7.11.1～7.11.2</td><td>7.11.3～7.11.4</td></tr>
<tr><td rowspan="10">CRTSⅠ型双块式无砟道床</td><td rowspan="2">支承层</td><td>引导线或模板</td><td>安装段</td><td>8.2.1</td><td>8.2.2～8.2.3</td></tr>
<tr><td>水硬性混合料或混凝土</td><td>摊铺段或浇筑段</td><td>8.2.4</td><td>8.2.5</td></tr>
<tr><td rowspan="3">桥上混凝土底座</td><td>模板</td><td>安装段</td><td>8.3.1</td><td>8.3.2～8.3.4</td></tr>
<tr><td>钢筋</td><td>安装段</td><td>8.3.5</td><td>8.3.6</td></tr>
<tr><td>混凝土</td><td>浇筑段</td><td>8.3.7</td><td>8.3.8～8.3.9</td></tr>
<tr><td colspan="2">隔离层、弹性垫层</td><td>施工段</td><td>8.4.1～8.4.3</td><td>8.4.4～8.4.5</td></tr>
<tr><td colspan="2">轨排组装、调整</td><td>施工段</td><td>8.5.1～8.5.7</td><td>8.5.8～8.5.9</td></tr>
<tr><td rowspan="3">混凝土道床板</td><td>模板</td><td>安装段</td><td>8.6.1</td><td>8.6.2～8.6.4</td></tr>
<tr><td>钢筋</td><td>安装段</td><td>8.6.5～8.6.7</td><td>8.6.8</td></tr>
<tr><td>混凝土</td><td>浇筑段</td><td>8.6.9</td><td>8.6.10～8.6.13</td></tr>
<tr><td rowspan="10">CRTSⅡ型双块式无砟道床</td><td rowspan="2">支承层</td><td>引导线或模板</td><td>安装段</td><td>9.2.1</td><td>9.2.2～9.2.3</td></tr>
<tr><td>水硬性混合料或混凝土</td><td>摊铺段或浇筑段</td><td>9.2.4</td><td>9.2.5</td></tr>
<tr><td rowspan="3">桥上混凝土底座</td><td>模板</td><td>安装段</td><td>9.3.1</td><td>9.3.2～9.3.4</td></tr>
<tr><td>钢筋</td><td>安装段</td><td>9.3.5</td><td>9.3.6</td></tr>
<tr><td>混凝土</td><td>浇筑段</td><td>9.3.7</td><td>9.3.8～9.3.9</td></tr>
<tr><td colspan="2">隔离层、弹性垫层</td><td>施工段</td><td>9.4.1</td><td>9.4.2</td></tr>
<tr><td colspan="2">支脚安装、精调</td><td>施工段</td><td>9.5.1</td><td>9.5.2</td></tr>
<tr><td rowspan="3">混凝土道床板</td><td>模板</td><td>安装段</td><td>9.6.1</td><td>9.6.2～9.6.4</td></tr>
<tr><td>钢筋</td><td>安装段</td><td>9.6.5～9.6.6</td><td>9.6.7</td></tr>
<tr><td>混凝土</td><td>浇筑段</td><td>9.6.8</td><td>9.6.9～9.6.11</td></tr>
</table>

续上表

分部工程	分项工程		检验批	检验项目条文号	
				主控项目	一般项目
无砟道床 CRTSⅡ型双块式无砟道床	轨枕振动嵌入		施工段	9.7.1	9.7.2～9.7.3
	固定架安装轨枕		施工段	9.8.1～9.8.2	9.8.3～9.8.4
枕式无砟道岔	路基上混凝土底座	模板	每组	10.2.1	10.2.2～10.2.4
		钢筋	每组	10.2.5	10.2.6～10.2.7
		混凝土	每组	10.2.8	10.2.9～10.2.10
	桥上混凝土底座	模板	每组	10.3.1	10.3.2～10.3.4
		钢筋	每组	10.3.5	10.3.6
		混凝土	每组	10.3.7	10.3.8～10.3.9
	隔离层、弹性垫层		每组	10.4.1	10.4.2
	道岔控制基标及加密基标		每组	10.5.1～10.5.5	10.5.6
	道岔组装、调整		每组	10.6.1～10.6.12	10.6.13～10.6.16
	混凝土道床板	模板	每组	10.7.1	10.7.2～10.7.5
		钢筋	每组	10.7.6～10.7.7	10.7.8～10.7.9
		混凝土	每组	10.7.10	10.7.11～10.7.13
	道岔钢轨焊接		每组	10.8.1～10.8.9	10.8.10～10.8.12
板式无砟道岔	路基上混凝土垫层	模板	每组	11.2.1	11.2.2～11.2.3
		混凝土	每组	11.2.4	11.2.5～11.2.8
	桥上滑动层		每组	11.3.1	11.3.2
	桥上混凝土底座	模板	每组	11.4.1	11.4.2～11.4.3
		钢筋	每组	11.4.4	11.4.5
		混凝土	每组	11.4.6	11.4.7～11.4.8
	基准点、定位点		每组	11.5.1～11.5.3	11.5.4
	道岔板铺设		每组	11.6.1～11.6.6	11.6.7～11.6.9
	路基上、隧道内混凝土底座板	模板	每组	11.7.1	11.7.2～11.7.4
		钢筋	每组	11.7.5	11.7.6
		自密实混凝土	每组	11.7.7～11.7.11	11.7.12～11.7.14
	桥上板下充填层		每组	11.8.1	11.8.2
	板缝及观察孔		每组	11.9.1	11.9.2～11.9.4
	转换设备基础	模板	每组	11.10.1	11.10.2～11.10.3
		钢筋	每组	11.10.4	11.10.5
		混凝土	每组	11.10.6	11.10.7～11.10.8
	侧向挡块	模板	每组	11.11.1～11.11.2	11.11.3～11.11.4
		钢筋	每组	11.11.5	11.11.6
		混凝土	每组	11.11.7	11.11.8～11.11.9
		弹性限位板	每组	11.11.10～11.11.11	

续上表

<table>
<tr><th rowspan="2">分部工程</th><th rowspan="2" colspan="2">分项工程</th><th rowspan="2">检验批</th><th colspan="2">检验项目条文号</th></tr>
<tr><th>主控项目</th><th>一般项目</th></tr>
<tr><td rowspan="3">板式无砟道岔</td><td colspan="2">道岔板锚固连接</td><td>每组</td><td>11.12.1</td><td>11.12.2</td></tr>
<tr><td colspan="2">道岔组件安装及精调</td><td>每组</td><td>11.13.1～11.13.6</td><td>11.13.7～11.13.8</td></tr>
<tr><td colspan="2">道岔钢轨焊接</td><td>每组</td><td>11.14.1</td><td>11.14.2</td></tr>
<tr><td rowspan="2">有砟道床</td><td colspan="2">铺轨前铺砟</td><td>5 km</td><td>12.2.1～12.2.3</td><td>12.2.4～12.2.5</td></tr>
<tr><td colspan="2">分层上砟整道</td><td>5 km</td><td>12.3.1～12.3.3</td><td>12.3.4～12.3.6</td></tr>
<tr><td rowspan="5">有砟道岔</td><td colspan="2">道岔控制基标及加密基标</td><td>每组</td><td>13.2.1～13.2.2</td><td>13.2.3</td></tr>
<tr><td colspan="2">铺岔前预铺道砟</td><td>每组</td><td>13.3.1～13.3.3</td><td>13.3.4～13.3.6</td></tr>
<tr><td colspan="2">道岔铺设</td><td>每组</td><td>13.4.1～13.4.2</td><td>13.4.3～13.4.4</td></tr>
<tr><td colspan="2">道岔铺砟整道</td><td>每组</td><td>13.5.1～13.5.2</td><td>13.5.3～13.5.5</td></tr>
<tr><td colspan="2">道岔钢轨焊接</td><td>每组</td><td>13.6.1</td><td>13.6.2</td></tr>
<tr><td rowspan="7">轨道过渡段</td><td rowspan="6">无砟轨道与有砟轨道结构间的过渡</td><td>模板</td><td>每个过渡段</td><td>14.2.1</td><td>14.2.2～14.2.4</td></tr>
<tr><td>钢筋</td><td>每个过渡段</td><td>14.2.5</td><td>14.2.6</td></tr>
<tr><td>混凝土</td><td>每个过渡段</td><td>14.2.7</td><td>14.2.8～14.2.9</td></tr>
<tr><td>锚固连接</td><td>每个过渡段</td><td>14.2.10～14.2.11</td><td>14.2.12</td></tr>
<tr><td>道砟</td><td>每个过渡段</td><td>14.2.13～14.2.16</td><td></td></tr>
<tr><td>辅助轨</td><td>每个过渡段</td><td>14.2.17～14.2.19</td><td>14.2.20</td></tr>
<tr><td colspan="2">不同无砟轨道结构间的过渡</td><td>每个过渡段</td><td>14.3.1～14.3.4</td><td></td></tr>
<tr><td rowspan="2">钢轨伸缩调节器</td><td colspan="2">无砟轨道钢轨伸缩调节器</td><td>每组</td><td>15.2.1～15.2.8</td><td>15.2.9</td></tr>
<tr><td colspan="2">有砟轨道钢轨伸缩调节器</td><td>每组</td><td>15.3.1～15.3.6</td><td>15.3.7</td></tr>
<tr><td rowspan="4">无缝线路</td><td colspan="2">无砟轨道铺轨</td><td>6 km</td><td>16.2.1～16.2.3</td><td>16.2.4～16.2.5</td></tr>
<tr><td colspan="2">有砟轨道铺枕铺轨</td><td>2 km</td><td>16.3.1～16.3.5</td><td>16.3.6～16.3.9</td></tr>
<tr><td colspan="2">工地钢轨焊接</td><td>12 个接头</td><td>16.4.1～16.4.6</td><td>16.4.7～16.4.9</td></tr>
<tr><td colspan="2">无缝线路应力放散及锁定</td><td>单元轨条</td><td>16.5.1～16.5.4</td><td>16.5.5～16.5.7</td></tr>
<tr><td rowspan="4">轨道精调整理及钢轨预打磨</td><td colspan="2">无砟轨道精调整理</td><td>5 km</td><td>17.2.1～17.2.2</td><td>17.2.3～17.2.8</td></tr>
<tr><td colspan="2">有砟轨道精调整理</td><td>5 km</td><td>17.3.1～17.3.3</td><td>17.3.4～17.3.8</td></tr>
<tr><td colspan="2">道岔精调整理</td><td>每组</td><td>17.4.1～17.4.4</td><td>17.4.5～17.4.10</td></tr>
<tr><td colspan="2">钢轨预打磨</td><td>5 km</td><td>17.5.1～17.5.6</td><td>17.5.7～17.5.8</td></tr>
<tr><td>线路标志</td><td colspan="2">线路标志</td><td>每个区间</td><td>18.0.2～18.0.3</td><td>18.0.4</td></tr>
</table>

注：1 单位工程的分部工程可根据实际情况进行组合。

2 安装段、浇筑段、施工段是指一个班次或作业循环的作业长度。

3 检验批长度均按单线计算，轨道过渡段按双线计算。

3.3 工程施工质量验收内容和要求

3.3.1 检验批的质量验收包括如下内容：

1 实物检查，按下列方式进行：

1）对原材料、构配件和设备等的检验，应按进场的批次和本标准规定的抽样检验方案执行；

2）对混凝土性能指标的检验，应按国家现行有关标准和本标准规定的抽样检验方案执行；

3）对本标准中采用计数检验的项目，应按抽查总点数的合格率进行检查。

2 资料检查，包括原材料、构配件和设备等的质量证明文件（质量合格证、规格、型号及性能检测报告等）和检验报告、施工过程中重要工序的自检和交接检验记录、平行检验报告、见证取样检测报告等。

3 质量责任确认：对施工作业人员质量责任登记进行确认。

3.3.2 检验批合格质量应符合下列规定：

1 主控项目的质量经抽样检验应全部合格。

2 一般项目的质量经抽样检验全部合格；当采用计数检验时，有允许偏差的抽查点，除有专门要求外，80%及以上的抽查点应控制在规定的允许偏差内，最大偏差不得大于规定允许偏差的1.5倍。

3 具有完整的施工操作依据、质量检查记录。

4 施工作业人员质量责任登记情况真实、全面。

3.3.3 分项工程质量验收合格应符合下列规定：

1 分项工程所含的检验批均应符合合格质量的规定。

2 分项工程所含的检验批的质量验收记录应完整。

3.3.4 分部工程质量验收合格应符合下列规定：

1 分部工程所含分项工程的质量均应验收合格。

2 质量控制资料应完整。

3 重要分部工程中有关结构安全及使用功能的检测结果应符合有关规定。

3.3.5 单位工程质量验收合格应符合下列规定：

1 单位工程所含分部工程的质量均应验收合格。

2 质量控制资料应完整。

3 实体质量和主要功能应符合相关标准、规范的规定和设计要求。

4 观感质量验收应符合要求。

3.3.6 当工程施工质量不符合要求时，应按以下规定进行处理：

1 经返工重做的或更换构配件、设备的检验批，应重新进行验收。

2 当对试块、试件的试验结果有怀疑，或因试块、试件丢失损坏、试验资料缺失等无法判断实体质量时，应由有资质的法定检测单位对实体质量进行检测鉴定，凡达到设计要求的检验批可予以验收。

3.3.7 通过返修或加固处理仍不能满足安全使用要求的分部工程、单位工程，严禁验收。

3.4 工程施工质量验收程序和组织

3.4.1 检验批应由施工单位自检合格后报监理单位，由监理工程师组织施工单位专职质量检查员等进行验收。

施工单位应对全部主控项目和一般项目进行检查。

监理单位应对全部主控项目进行检查，对一般项目的检查内容和数量可根据具体情况确定。

检验批质量验收记录应按表 3.4.1 填写。对于主控项目，施工单位检查评定记录及监理单位验收记录的内容应填写详细具体；对于一般项目，可填写概括性结论。

3.4.2 分项工程应由监理工程师组织施工单位分项工程技术负责人等进行验收；施工控制网分项工程验收应由建设单位技术负责人组织勘察设计、施工、监理、咨询或评估单位技术负责人进行验收。并按表 3.4.2 填写记录。

3.4.3 分部工程应由监理工程师组织施工单位项目负责人和技术、质量负责人等进行验收，施工控制网分部工程进行验收时，勘察设计单位项目负责人应参加，并按表 3.4.3 填写记录。

3.4.4 单位工程完工后，施工单位应自行组织有关人员进行检查评定，并向建设单位提交单位工程验收报告。

3.4.5 建设单位收到工程验收报告后，应由建设单位项目负责人组织施工、设计、监理单位项目负责人进行单位工程验收，并按表 3.4.5 填写记录。单位工程验收包含综合质量验收的内容，综合质量验收应符合本标准第 19 章的有关规定。

表 3.4.1 ________检验批质量验收记录

<table>
<tr><td colspan="3">单位工程名称</td><td colspan="2"></td></tr>
<tr><td colspan="3">分部工程名称</td><td colspan="2"></td></tr>
<tr><td colspan="3">分项工程名称</td><td></td><td>验收部位</td></tr>
<tr><td colspan="3">施工单位</td><td></td><td>项目负责人</td></tr>
<tr><td colspan="3">施工质量验收标准名称及编号</td><td colspan="2"></td></tr>
<tr><td colspan="3">施工质量验收标准的规定</td><td>施工单位检查评定记录</td><td>监理单位验收记录</td></tr>
<tr><td rowspan="9">主控项目</td><td>1</td><td></td><td></td><td></td></tr>
<tr><td>2</td><td></td><td></td><td></td></tr>
<tr><td>3</td><td></td><td></td><td></td></tr>
<tr><td>4</td><td></td><td></td><td></td></tr>
<tr><td>5</td><td></td><td></td><td></td></tr>
<tr><td>6</td><td></td><td></td><td></td></tr>
<tr><td>7</td><td></td><td></td><td></td></tr>
<tr><td>8</td><td></td><td></td><td></td></tr>
<tr><td>9</td><td></td><td></td><td></td></tr>
<tr><td rowspan="5">一般项目</td><td>1</td><td></td><td></td><td></td></tr>
<tr><td>2</td><td></td><td></td><td></td></tr>
<tr><td>3</td><td></td><td></td><td></td></tr>
<tr><td>4</td><td></td><td></td><td></td></tr>
<tr><td>5</td><td></td><td></td><td></td></tr>
<tr><td colspan="2">施工作业人员质量责任登记</td><td colspan="3"></td></tr>
<tr><td colspan="2">勘察设计单位现场确认情况（需要时）</td><td colspan="3">现场负责人　　年　月　日</td></tr>
<tr><td colspan="2">施工单位检查评定结果</td><td colspan="3">专职质量检查员　　年　月　日
分项工程技术负责人　　年　月　日
分项工程负责人　　年　月　日</td></tr>
<tr><td colspan="2">监理单位验收结论</td><td colspan="3">监理工程师　　年　月　日</td></tr>
</table>

注:施工作业人员质量责任登记应按部位和工序分别签名。

表 3.4.2 ________分项工程质量验收记录

<table>
<tr><td colspan="2">单位工程名称</td><td colspan="3"></td></tr>
<tr><td colspan="2">分部工程名称</td><td>检验批数</td><td colspan="2"></td></tr>
<tr><td colspan="2">施工单位</td><td>项目负责人</td><td colspan="2"></td></tr>
<tr><td>序号</td><td>检验批部位</td><td>施工单位检查评定结果</td><td colspan="2">监理单位验收结论</td></tr>
<tr><td>1</td><td></td><td></td><td colspan="2"></td></tr>
<tr><td>2</td><td></td><td></td><td colspan="2"></td></tr>
<tr><td>3</td><td></td><td></td><td colspan="2"></td></tr>
<tr><td>4</td><td></td><td></td><td colspan="2"></td></tr>
<tr><td>5</td><td></td><td></td><td colspan="2"></td></tr>
<tr><td>6</td><td></td><td></td><td colspan="2"></td></tr>
<tr><td>7</td><td></td><td></td><td colspan="2"></td></tr>
<tr><td>8</td><td></td><td></td><td colspan="2"></td></tr>
<tr><td>9</td><td></td><td></td><td colspan="2"></td></tr>
<tr><td>10</td><td></td><td></td><td colspan="2"></td></tr>
<tr><td>11</td><td></td><td></td><td colspan="2"></td></tr>
<tr><td colspan="5">说明：</td></tr>
<tr><td colspan="2">施工单位
检查评定结果</td><td colspan="3">分项工程技术负责人　　　　年　月　日</td></tr>
<tr><td colspan="2">监理单位
验收结论</td><td colspan="3">监理工程师　　　　年　月　日</td></tr>
</table>

注:施工控制网应根据具体情况及参加验收单位参照本表填写验收记录。

表 3.4.3 ______分部工程质量验收记录

<table>
<tr><td colspan="2">单位工程名称</td><td colspan="4"></td></tr>
<tr><td colspan="2">施工单位</td><td colspan="4"></td></tr>
<tr><td colspan="2">项目负责人</td><td>项目技术负责人</td><td></td><td>项目质量负责人</td><td></td></tr>
<tr><td>序号</td><td>分项工程名称</td><td>检验批数</td><td colspan="2">施工单位检查评定结果</td><td>监理单位验收结论</td></tr>
<tr><td>1</td><td></td><td></td><td colspan="2"></td><td></td></tr>
<tr><td>2</td><td></td><td></td><td colspan="2"></td><td></td></tr>
<tr><td>3</td><td></td><td></td><td colspan="2"></td><td></td></tr>
<tr><td>4</td><td></td><td></td><td colspan="2"></td><td></td></tr>
<tr><td>5</td><td></td><td></td><td colspan="2"></td><td></td></tr>
<tr><td>6</td><td></td><td></td><td colspan="2"></td><td></td></tr>
<tr><td>7</td><td></td><td></td><td colspan="2"></td><td></td></tr>
<tr><td>8</td><td></td><td></td><td colspan="2"></td><td></td></tr>
<tr><td>9</td><td></td><td></td><td colspan="2"></td><td></td></tr>
<tr><td>10</td><td></td><td></td><td colspan="2"></td><td></td></tr>
<tr><td colspan="3">质量控制资料</td><td colspan="2"></td><td></td></tr>
<tr><td colspan="3">实体质量和主要功能检验(检测)报告</td><td colspan="2"></td><td></td></tr>
<tr><td rowspan="3">验收单位</td><td>施工单位</td><td colspan="4">项目负责人　　　年　月　日</td></tr>
<tr><td>勘察设计单位</td><td colspan="4">项目负责人　　　年　月　日</td></tr>
<tr><td>监理单位</td><td colspan="4">监理工程师　　　年　月　日</td></tr>
</table>

注：1　勘察设计单位应根据有关标准要求参加相关分部工程的验收；

2　质量控制资料核查、实体质量和主要功能核查项目应按本标准第 19 章确定；

3　施工控制网应根据具体情况及参加验收单位参照本表填写验收记录。

表 3.4.5 单位工程质量验收记录

<table>
<tr><td colspan="3">单位工程名称</td><td colspan="5"></td></tr>
<tr><td colspan="3">开 工 日 期</td><td colspan="2"></td><td colspan="2">竣 工 日 期</td><td></td></tr>
<tr><td colspan="3">施 工 单 位</td><td colspan="5"></td></tr>
<tr><td colspan="3">项目负责人</td><td></td><td>项目技术负责人</td><td></td><td>项目质量负责人</td><td></td></tr>
<tr><td>序号</td><td colspan="2">项 目</td><td colspan="4">验收记录</td><td>验收结论</td></tr>
<tr><td>1</td><td colspan="2">分部工程</td><td colspan="4">共 分部
经查符合标准规定及设计要求 分部</td><td></td></tr>
<tr><td>2</td><td rowspan="3">综合质量验收</td><td>质量控制资料核查</td><td colspan="4">共 项
经查，符合要求 项
不符合要求 项</td><td></td></tr>
<tr><td>3</td><td>实体质量和主要功能核查</td><td colspan="4">共核查、抽查 项
符合要求 项
不符合要求 项</td><td></td></tr>
<tr><td>4</td><td>观感质量验收</td><td colspan="4">共检查 项
评定为合格的 项
评定为差的 项</td><td></td></tr>
<tr><td>5</td><td colspan="2">综合验收结论</td><td colspan="5"></td></tr>
<tr><td rowspan="2">验收单位</td><td colspan="2">施工单位</td><td colspan="2">监理单位</td><td colspan="2">勘察设计单位</td><td>建设单位</td></tr>
<tr><td colspan="2">（公章）

项目负责人

年 月 日</td><td colspan="2">（公章）

总监理工程师

年 月 日</td><td colspan="2">（公章）

项目负责人

年 月 日</td><td>（公章）

项目负责人

年 月 日</td></tr>
</table>

4 与线下工程的交接

4.1 一 般 规 定

4.1.1 轨道工程施工前应确认轨道铺设条件评估已完成，线下工程工后沉降变形符合要求后方可进行轨道工程施工。

4.1.2 轨道工程施工前应与线下工程进行工序交接，并及时复测，确认基础面和相关接口工程质量符合设计及相关标准要求。

4.2 线下及接口工程交接

主 控 项 目

4.2.1 轨道工程施工前应确认并接收轨道铺设条件评估报告，工后沉降变形应符合设计要求。

检验数量：施工单位、监理单位全部检查。

检验方法：检查评估报告。

4.2.2 路基面、桥面、隧道仰拱回填层或底板的中线、高程、宽度、平整度应符合相关标准规定。

检验数量：施工单位、监理单位全部检查。

检验方法：施工单位检查交接资料、复测；监理单位检查交接资料、见证检测。

4.2.3 桥面和隧底预埋件的规格、材质、位置、数量、状态应符合设计要求。

检验数量：施工单位、监理单位全部检查。

检验方法：检查交接资料，查验产品质量证明文件，观察、尺量。

4.2.4 桥面伸缩缝安装应牢固，不得有脱落现象。

检验数量：施工单位、监理单位全部检查。

检验方法：观察检查。

4.2.5 线下工程排水系统应符合设计要求，且排水通畅。

检验数量：施工单位、监理单位全部检查。

检验方法：检查交接资料，观察、尺量。

4.2.6 与线下工程同步施工的接触网基础、过轨管道、综合接地等应符合设计要求。

检验数量：施工单位、监理单位全部检查。

检验方法：检查交接资料，观察。

一 般 项 目

4.2.7 相邻梁端高差不应大于 10 mm。

检验数量：施工单位全部检查。

检验方法：检查交接资料，采用 0.5 m 水平尺进行检查。

4.2.8 预埋件表面的水泥浆、油渍、颗粒状或片状老锈等应清除干净。

检验数量：施工单位全部检查。

检验方法：观察和锤击检查。

4.2.9 桥面、隧道仰拱回填层或底板表面应按设计要求进行拉毛处理，拉毛纹路应均匀、清晰、整齐。

检验数量：施工单位全部检查。

检验方法：观察。

4.2.10 桥面防水层应符合设计要求，不应有破损和空鼓。

检验数量：施工单位全部检查。

检验方法：观察。

5 施工控制网

5.1 一般规定

5.1.1 线下工程完工后，建设单位应组织勘察设计单位、线下工程施工单位、监理单位向轨道施工单位移交测量成果资料及标石。交接时应检查标石的完好性，对丢失和破坏的控制点应按同精度扩展方法恢复或补设。

1 CP 0、CPⅠ、CPⅡ控制点成果及点之记。

2 CPⅠ、CPⅡ测量平差计算资料。

3 线路水准基点成果及点之记。

4 水准测量平差计算资料。

5 测量技术报告(含平面、高程控制网联测示意图)。

6 CP 0、CPⅠ、CPⅡ控制点标石和线路水准基点标石。

5.1.2 轨道工程施工前，建设单位应组织勘察设计单位会同施工单位对CPⅠ、CPⅡ平面控制网和高程控制网进行复测，复测应符合下列规定：

1 复测前应编制复测技术方案，并按规定报批。

2 CPⅠ、CPⅡ平面控制网和高程控制网复测时，外业测量的网形宜与原网相同。当复测成果与原成果的较差满足规范规定时，应采用原测成果；当较差超限时，应进行二次复测，查明原因，并采用同精度扩展方法更新成果。

3 复测完成后应按《高速铁路工程测量规范》(TB 10601—2009)第5.7节的规定进行成果分析，编写复测报告。

5.1.3 轨道控制网CPⅢ应采用复测合格的CPⅠ、CPⅡ和水准基点成果进行测设。CPⅢ测设应符合下列规定：

1 轨道控制网CPⅢ施测前，应按相关规定进行技术方案设计，并报建设单位审批。

2 CPⅢ平面控制网测量前，应确保线路两侧200 m范围内可视的CPⅡ控制点点间距为400～800 m，否则应同精度加密CPⅡ控制点；CPⅢ高程控制网测量前，应确保线路两侧500 m范围内水准点的点间距为2 000 m左右，否则应采用同精度水准测量的方法加密水准点。

3 CPⅢ点沿线路布置的纵向间距宜为60 m左右，最大纵向间距不宜超过70 m；横向间距不应超过结构宽度。同一对CPⅢ点的里程差不宜大于1 m。桥梁上的CPⅢ点应设在桥梁的固定支座端。

4 CPⅢ测设完成后，应由建设单位组织评估，并编写评估验收报告。

5.1.4 轨道施工过程中应按测量的相关规定，对轨道控制网CPⅢ进行定期复测维护。

5.1.5 测量记录、计算成果和图表应书写清楚、签署完整，并应复核和检算，未经复核和检算的资料严禁使用。各种测量原始记录(包括磁卡、电子记录)、计算成果和图表应按有关规定妥善保存。

5.1.6 各种测量仪器和工具应做好经常性的保养和维护工作，并定期校验和检定。

5.1.7 全站仪自动观测的控制测量软件和CPⅢ控制网内业平差计算与精度评定的数据处理软件应通过铁道部组织的评审或鉴定。

5.2 CPⅠ、CPⅡ和线路水准基点复测

主 控 项 目

5.2.1 现场交接的控制桩数量应齐全，测量资料应完整，并应符合《高速铁路工程测量规范》(TB 10601—2009)的有关规定。

检验数量：建设单位、勘察设计单位、施工单位、监理单位全部检查。

检验方法：建设单位组织勘察设计单位、施工单位、监理单位现场确认控制桩、检查测量资料。

5.2.2 控制桩的规格、标识、埋设位置应符合《高速铁路工程测量规范》(TB 10601—2009)的规定。

检验数量：建设单位、勘察设计单位、施工单位、监理单位全部检查。

检验方法：建设单位组织勘察设计单位、施工单位、监理单位观察、尺量。

5.2.3 CPⅠ、CPⅡ和线路水准基点复测采用的仪器、复测的方法、精度和平差方法应符合《高速铁路工程测量规范》(TB 10601—2009)第5.7节的规定。

检验数量：勘察设计单位、施工单位全部检查，监理单位见证检测10%。

检验方法：勘察设计单位会同施工单位测量，监理单位检查测量技术文件并见证检测。

5.2.4 复测成果应与原测量成果对照检查，检查判定方法应符合《高速铁路工程测量规范》(TB 10601—2009)第5.7.8条和第5.7.9条的规定。

检验数量：勘察设计单位、施工单位、监理单位全部检查。

检验方法：与勘察设计单位提供的原测量成果对照检查。

5.2.5 复测完成后，应按《高速铁路工程测量规范》(TB 10601—2009)第5.7.10条的规定整理和提交复测成果资料。

检验数量：建设单位、勘察设计单位、施工单位、监理单位全部检查。

检验方法：建设单位组织勘察设计单位、施工单位、监理单位检查复测成果资料。

5.3 CPⅢ 测 设

主 控 项 目

5.3.1 CPⅢ控制网设计应符合《高速铁路工程测量规范》(TB 10601—2009)的相关规定。

检验数量：建设单位、施工单位、监理单位、勘察设计单位全部检查。

检验方法：建设单位组织施工单位、监理单位、勘察设计单位检查技术方案。

5.3.2 CPⅢ点的预埋件应埋设稳固，埋设位置应符合《高速铁路工程测量规范》(TB 10601—2009)附录A.4的相关规定。

检验数量：施工单位、监理单位全部检查。

检验方法：观察检查、尺量。

5.3.3 CPⅢ控制网测量采用的仪器、测量方法、精度和平差方法应符合《高速铁路工程测量规范》(TB 10601—2009)第3.5节和第4.6节的相关规定。

检验数量：施工单位全部检查，监理单位见证检测 10%。

检验方法：施工单位测量，监理单位检查测量技术文件并见证检测。

5.3.4　轨道控制网 CPⅢ测量标志的加工和安装精度应符合《高速铁路工程测量规范》(TB 10601—2009)附录 A.4 的相关规定。

检验数量：施工单位、监理单位全部检查。

检验方法：观察检查、尺量。

5.3.5　CPⅢ控制网测设完成后，应按《高速铁路工程测量规范》(TB 10601—2009)第 3.6 节和第 4.8 节的规定提交 CPⅢ测量成果资料，并由建设单位组织评估。

检验数量：建设单位、施工单位、监理单位、勘察设计单位全部检查。

检验方法：建设单位组织施工单位、监理单位、勘察设计单位检查测量成果资料，并进行评估。

一 般 项 目

5.3.6　CPⅢ控制点的标志、标识、编号应全线统一，并符合《高速铁路工程测量规范》(TB 10601—2009)附录 A.4 的相关规定。

检验数量：施工单位全部检查。

检验方法：观察检查。

6 CRTSⅠ型板式无砟道床

6.1 一 般 规 定

6.1.1 轨道板应工厂化生产，其质量要求、检验标准、标识、存放、运输、装卸等应符合《客运专线铁路 CRTSⅠ型板式无砟轨道混凝土轨道板暂行技术条件》(科技基〔2008〕74 号)的规定，出厂时工厂应提供轨道板制造技术证明书。

6.1.2 依据 CPⅢ控制网采用全站仪自由设站极坐标法进行底座及凸台模板、轨道中心线平面放样，高程测量可采用全站仪自由设站三角高程或几何水准方法施测。

6.1.3 底座混凝土施工应符合《铁路混凝土工程施工质量验收标准》(TB 10424—2010)的规定。每段底座混凝土应一次连续浇筑完成，不得中断。

6.1.4 底座混凝土达到设计要求强度，且底座及凸形挡台各项指标经检验符合要求后，方可铺设轨道板。

6.1.5 轨道板应采用专用机械及机具进行铺设和精确调整固定。

6.1.6 施工单位和监理单位应确定专门从事水泥乳化沥青砂浆关键工序施工的操作人员和试验检验人员，并经专业培训后方可上岗。

6.1.7 水泥乳化沥青砂浆施工前应依据原材料、气候等现场情况进行配合比试验，满足相关技术条件规定后，进行现场灌注揭板试验，确定施工配合比和灌注工艺。

6.1.8 水泥乳化沥青砂浆原材料储存、砂浆施工应符合《客运专线铁路 CRTSⅠ型板式无砟轨道水泥乳化沥青砂浆暂行技术条件》(科技基〔2008〕74 号)及相关标准的规定，并应采用专用移动设备进行灌注。

6.1.9 水泥乳化沥青砂浆抗压强度达到 0.1 MPa 以上时方可拆除轨道板支撑螺栓；砂浆抗压强度达到 0.7 MPa 以上时轨道板上方可承重。

6.1.10 凸形挡台填充树脂施工应符合《客运专线铁路 CRTSⅠ型板式无砟轨道凸形挡台填充聚氨酯树脂(CPU)暂行技术条件》(科技基〔2008〕74 号)的规定。

6.1.11 无砟道床施工过程中应加强轨道部件的防护，避免混凝土、水泥乳化沥青砂浆等产生的污染。

6.2 底座与凸形挡台

Ⅰ 模 板

主 控 项 目

6.2.1 模板及支架应有足够的强度、刚度和稳定性，其材料质量及结构应符合施工工艺设计要求。

检验数量：施工单位、监理单位全部检查。

检验方法：检查相关工艺设计资料及材料质量证明文件，观察。

6.2.2 模板及支架安装必须稳固牢靠,接缝严密,不得漏浆。模板与混凝土的接触面必须清理干净并涂刷隔离剂。浇筑混凝土前,模板内的积水和杂物应清理干净。

检验数量:施工单位、监理单位全部检查。

检验方法:观察。

一 般 项 目

6.2.3 预埋件和预留孔留置位置、尺寸及允许偏差应符合设计要求,当设计未规定时其允许偏差及检验数量和方法应符合《铁路混凝土工程施工质量验收标准》(TB 10424—2010)第4.2.4条的规定。

6.2.4 底座模板安装允许偏差及检验数量应符合表6.2.4的规定。

检验方法:施工单位测量。

6.2.5 凸形挡台模板安装允许偏差应符合表6.2.5的规定。

表6.2.4 底座模板安装允许偏差及检验数量

序号	项 目	允许偏差(mm)	检验数量
1	顶面高程	±3	每5 m检查1处
2	宽度	±5	每5 m检查3处
3	中线位置	2	每5 m检查3处
4	伸缩缝位置	5	每条伸缩缝检查一次

表6.2.5 凸形挡台模板安装允许偏差

序号	项 目	允许偏差(mm)
1	圆形挡台模板的直径	±3
2	半圆形挡台模板的半径	±2
3	挡台中心位置	2
4	顶面高程	$^{+4}_{0}$

检验数量:施工单位每个凸形挡台检查一次。

检验方法:测量。

6.2.6 模板拆除应确保混凝土表面及棱角不受损伤。

检验数量:施工单位全部检查。

检验方法:观察。

Ⅱ 钢 筋

主 控 项 目

6.2.7 钢筋原材料性能指标检验应符合《铁路混凝土工程施工质量验收标准》(TB 10424—2010)第5.2.1条、第5.2.3条和第5.2.4条的规定。

6.2.8 钢筋加工应符合《铁路混凝土工程施工质量验收标准》(TB 10424—2010)第5.3.1条和第5.3.2条的规定。

6.2.9 钢筋的连接方式、接头的技术要求应符合《铁路混凝土工程施工质量验收标准》(TB 10424—2010)第5.4.1条～第5.4.4条的规定。

6.2.10 钢筋安装质量应符合《铁路混凝土工程施工质量验收标准》(TB 10424—2010)第5.5.1条～第5.5.2条的规定。

一 般 项 目

6.2.11 钢筋原材料外观质量应符合《铁路混凝土工程施工质量验收标准》(TB 10424—2010)第5.2.5条的规定。

6.2.12 钢筋加工允许偏差应符合《铁路混凝土工程施工质量验收标准》(TB 10424—2010)第5.3.3条的规定。

6.2.13 钢筋骨架的绑扎应稳固,缺扣、松扣的数量不得超过绑扎扣数的5%。

检验数量:施工单位全部检查。

检验方法：观察和手扳检查。

6.2.14 钢筋的绑扎安装允许偏差应符合表6.2.14的规定。

检验数量：施工单位每施工段至少抽检10处。

检验方法：观察、尺量。

表6.2.14 钢筋的绑扎安装允许偏差

序号	项　目		允许偏差(mm)
1	钢筋间距		±20
2	钢筋保护层厚度 c	$c \geqslant 30$ mm	$^{+10}_{0}$
		$c < 30$ mm	$^{+5}_{0}$

Ⅲ 混　凝　土

主 控 项 目

6.2.15 混凝土原材料检验应符合《铁路混凝土工程施工质量验收标准》(TB 10424—2010)第6.2.1条～第6.2.8条的规定。

6.2.16 混凝土配合比设计应符合《铁路混凝土工程施工质量验收标准》(TB 10424—2010)第6.3.1条～第6.3.5条的规定。

6.2.17 混凝土原材料称量、拌制、浇筑施工和养护等应符合《铁路混凝土工程施工质量验收标准》(TB 10424—2010)第6.4.1条～第6.4.16条的规定。

一 般 项 目

6.2.18 底座外形尺寸允许偏差及检验数量应符合表6.2.18的规定。

检验方法：测量。

6.2.19 凸形挡台外形尺寸允许偏差应符合表6.2.19的规定。

表6.2.18 底座外形尺寸允许偏差及检验数量

序号	项　目	允许偏差	检验数量
1	顶面高程	±5 mm	每5 m检查1处
2	宽度	±10 mm	每5 m检查3处
3	中线位置	3 mm	每5 m检查3处
4	平整度	10 mm/3m	每5 m检查1处
5	伸缩缝位置	10 mm	每条伸缩缝检查一次

表6.2.19 凸形挡台外形尺寸允许偏差

序号	项　目	允许偏差(mm)
1	圆形挡台的直径	±3
2	半圆形挡台的半径	±2
3	中线位置	3
4	挡台中心间距	±5
5	顶面高程	$^{+5}_{0}$

检验数量：施工单位每个凸形挡台检查1次。

检验方法：测量。

6.2.20 模板拆除后，混凝土结构表面应密实、平整、颜色均匀，不得有露筋、蜂窝、孔洞、疏松、麻面和缺棱掉角等缺陷。

检验数量：施工单位全部检查。

检验方法：观察。

6.3 轨道板铺设

主 控 项 目

6.3.1 轨道板的类型、规格、质量应符合设计及《客运专线铁路CRTSⅠ型板式无砟轨道混凝土轨道板暂行技术条件》(科技基〔2008〕74号)的规定。

检验数量：施工单位、监理单位全部检查。

检验方法:检查产品质量证明文件,观察。

6.3.2 减振型轨道板板底垫层应粘贴平整、牢固、无翘起,粘贴的橡胶垫层质量应符合相关技术条件的要求。

检验数量:施工单位、监理单位全部检查。

检验方法:观察、检查产品质量证明文件。

6.3.3 轨道板的外观质量应符合《客运专线铁路CRTSⅠ型板式无砟轨道混凝土轨道板暂行技术条件》(科技基〔2008〕74号)第3.5.1条的相关规定。

检验数量:施工单位全部检查,监理单位按施工单位抽检数量的10%进行见证检验,但至少一次。

检验方法:施工单位观察、专用工具测量;监理单位见证检验。

6.3.4 轨道板与底座的间隙不得小于40 mm,减振型轨道板与底座间隙不得小于35 mm。

检验数量:每块轨道板两侧检查三处(两端及中部),施工单位全部检查,监理单位平行检验10%。

检验方法:尺量。

6.3.5 轨道板与凸形挡台的间隙不得小于30 mm,与两端凸形挡台间隙之差不应大于5 mm。

检验数量:施工单位全部检查,监理单位平行检验10%。

检验方法:尺量。

一 般 项 目

6.3.6 轨道板铺设位置的允许偏差及检验数量应符合表6.3.6的规定。

表6.3.6 轨道板铺设位置的允许偏差及检验数量

序号	项　目	允许偏差(mm)	检验数量
1	中线位置	2	每板检查3处(两端和中部)
2	测点处承轨面高程	±1	全部检查
3	相邻轨道板接缝处承轨面相对横向偏差	2	全部检查
4	相邻轨道板接缝处承轨面相对高差	1	全部检查

检验方法:施工单位测量。

6.3.7 轨道板铺设过程中,减振型轨道板板底粘贴的橡胶垫层不得变位、脱落,接缝处及周边无翘曲、无空鼓。

检验数量:施工单位全部检查。

检验方法:观察。

6.4 板下充填层

主 控 项 目

6.4.1 乳化沥青主要性能指标应符合《客运专线铁路CRTSⅠ型板式无砟轨道水泥乳化沥青砂浆暂行技术条件》(科技基〔2008〕74号)第4.3条的规定。

检验数量:同产地、同品种、同规格且连续进场的乳化沥青,每200 t为一批,不足上述数量时也按一批计。施工单位每批抽检一次;监理单位按施工单位抽检次数的10%进行见证检验,但至少一次。

检验方法:施工单位检查产品质量证明文件,并进行抽样试验检验;监理单位检查产品质量证明文件,并进行见证取样检测。

6.4.2 水泥的性能指标和质量检验应符合《铁路混凝土工程施工质量验收标准》(TB 10424—2010)第6.2.1条的规定。

6.4.3 细骨料的性能指标及颗粒级配应符合《客运专线铁路CRTSⅠ型板式无砟轨道水泥乳化沥青砂浆暂行技术条件》(科技基〔2008〕74号)第4.6条的规定。

检验数量:同产地、同品种、同规格且连续进场的细骨料,每400 m^3 或600 t为一批,不足上述数量时也按一批计。施工单位每批抽检一次,其中有机物含量每3月抽检一次;监理单位按施工单位抽检次数的10%进行见证检验,但至少一次。

检验方法:施工单位抽样试验检验;监理单位见证取样检测。

6.4.4 聚合物乳液性能指标应符合《客运专线铁路CRTSⅠ型板式无砟轨道水泥乳化沥青砂浆暂行技术条件》(科技基〔2008〕74号)第4.4条的规定。

检验数量:同产地、同品种、同规格且连续进场的聚合物乳液,每50 t为一批,不足上述数量时按一批计。施工单位每批抽检一次;监理单位按施工单位抽检次数的10%进行见证检验,但至少一次。

检验方法:施工单位检查产品质量证明文件,并进行抽样试验检验;监理单位检查产品质量证明文件,并进行见证取样检测。

6.4.5 拌制用水的质量检验应符合《铁路混凝土工程施工质量验收标准》(TB 10424—2010)第6.2.7条的规定。

6.4.6 铝粉的性能指标应符合现行《铝粉》(GB/T 2085.1)的规定。

检验数量:施工单位、监理单位全部检查。

检验方法:检查产品质量证明文件。

6.4.7 膨胀剂、消泡剂、引气剂应符合《客运专线铁路CRTSⅠ型板式无砟轨道水泥乳化沥青砂浆暂行技术条件》(科技基〔2008〕74号)第4.7条、第4.10条和第4.11条的规定。

检验数量:施工单位、监理单位全部检查。

检验方法:检查产品质量证明文件。

6.4.8 灌注袋的质量及检验方法应符合《客运专线铁路CRTSⅠ型板式无砟轨道水泥乳化沥青砂浆和凸台树脂用灌注袋暂行技术条件》(科技基〔2008〕74号)第3.1条、第3.3条、第5.1条和第5.4条的规定。

检验数量:同生产厂家、同批号、同品种、同一工艺生产的且连续进场的灌注袋每1 000个为一批,不足上述数量时按一批计。施工单位每批抽检一次;监理单位按施工单位抽检次数的10%进行见证检验,但至少一次。

检验方法:施工单位检查产品质量证明文件,并进行抽样试验检验;监理单位检查产品质量证明文件,并进行见证取样检测。

6.4.9 灌注袋铺设应平展、无褶皱,四边、对角对称。

检验数量:施工单位全部检查,监理单位按施工单位检验数量的10%进行见证检验,但至少一次。

检验方法：施工单位观察、尺量，监理单位见证检验。

6.4.10 充填层砂浆施工环境温度应在5～35 ℃范围内。当天最低气温低于－5 ℃时，全天不得进行砂浆灌注。

检验数量：每班检查一次。

检验方法：施工单位测温，监理单位见证检查。

6.4.11 充填层砂浆的性能指标应符合设计要求和《客运专线铁路CRTSⅠ型板式无砟轨道水泥乳化沥青砂浆暂行技术条件》（科技基〔2008〕74号）第5条的规定。施工前应进行配合比选定试验。

检验数量：同一基本配合比的砂浆检验一次。

检验方法：施工单位试验检验；监理单位检查试验报告。

6.4.12 拌制砂浆时应严格按施工配合比进行原材料称量，各种原材料称量最大允许偏差应符合下列要求：乳化沥青、聚合物乳液±1%，水泥、细骨料、膨胀剂或干料±1%，引气剂±0.5%，拌和用水±1%，消泡剂、铝粉±0.5%。

检验数量：每周检查一次。

检验方法：施工单位委托校核砂浆搅拌车计量系统，监理单位见证检验。

6.4.13 灌注砂浆前，应检测充填层砂浆的流动度、温度、含气量，其指标及试验方法应符合《客运专线铁路CRTSⅠ型板式无砟轨道水泥乳化沥青砂浆暂行技术条件》（科技基〔2008〕74号）的规定。

检验数量：首罐检验，每十罐检验一次。

检验方法：施工单位试验检验；监理单位旁站。

6.4.14 每工作班灌注第一罐砂浆时，应制作试件检查砂浆泛浆率、膨胀率、分离度、抗压强度，其性能指标及试验方法应符合《客运专线铁路CRTSⅠ型板式无砟轨道水泥乳化沥青砂浆暂行技术条件》（科技基〔2008〕74号）的规定。

检验数量：施工单位每工作班至少检验一次，监理单位按施工单位检验次数的10%进行见证检验，但至少一次。

检验方法：施工单位试验检验；监理单位见证检验。

6.4.15 充填层灌注前应检查确认轨道板的位置，砂浆灌注厚度不应小于40 mm。

检验数量：施工单位每块板检查。

检验方法：尺量。

一 般 项 目

6.4.16 充填层灌注砂浆厚度不应超过60 mm。

检验数量：施工单位每块板检查。

检验方法：尺量。

6.4.17 充填层应灌注饱满，与轨道板密贴，不应有空隙。灌注袋U形边切线与轨道板边应平齐，偏差不应大于±10 mm，轨道板边角悬空应小于50 mm。

检验数量：施工单位每块板检测6个点。

检验方法：0.6 mm厚钢尺插入检查，插入深度应小于50 mm。

6.4.18 充填层灌注后应对轨道板空间状态进行检测：轨道板位置允许偏差及检验数量应符合表6.4.18的规定。

表 6.4.18 轨道板位置允许偏差及检验数量

序号	项　目	允许偏差(mm)	检验数量
1	中线位置	3	每板检查3处(两端和中部)
2	测点处承轨面高程	±1.5	全部检查
3	相邻轨道板接缝处承轨面相对横向偏差	1.5	全部检查
4	相邻轨道板接缝处承轨面相对高差	1.5(2)	全部检查

注:相邻轨道板接缝处承轨面相对高差一栏中,括号外数字为直线地段的允许偏差值,括号内数字为曲线地段的允许偏差值。

检验方法:施工单位测量。

6.4.19 灌注袋口切除后应封闭。

检验数量:施工单位每块板检查。

检验方法:观察。

6.4.20 板下充填层应外观完整、无损伤。个别损伤经修整后不得影响使用。

检验数量:施工单位每块板检查。

检验方法:观察。

6.4.21 砂浆搅拌车的拌和记录数据应符合施工配合比及拌和误差要求。

检验数量:施工单位每罐检查。

检验方法:检查拌和记录。

6.5 凸形挡台填充树脂

主 控 项 目

6.5.1 凸形挡台树脂A、B组分材料质量应符合《客运专线铁路CRTSⅠ型板式无砟轨道凸形挡台填充聚氨酯树脂(CPU)暂行技术条件》(科技基〔2008〕74号)的规定。

检验数量:施工单位、监理单位每批检验。

检验方法:检查产品质量证明文件。

6.5.2 灌注袋的质量及检验方法应符合《客运专线铁路CRTSⅠ型板式无砟轨道水泥乳化沥青砂浆和凸台树脂用灌注袋暂行技术条件》(科技基〔2008〕74号)的规定。

检验数量:同生产厂家、同批号、同品种、同一工艺生产的且连续进场的灌注袋每1 000个为一批,不足上述数量时按一批计。施工单位每批抽检一次;监理单位按施工单位抽检次数的10%进行见证检验,但至少一次。

检验方法:施工单位检查产品质量证明文件,并进行抽样试验检验;监理单位检查产品质量证明文件,并进行见证取样检测。

6.5.3 灌注袋铺设应平展、无褶皱,两侧面分别与轨道板和凸形挡台混凝土粘贴牢固。

检验数量:施工单位全部检查,监理单位按施工单位检验数量的10%进行见证检验,但至少一次。

检验方法:施工单位观察,监理单位见证检验。

6.5.4 树脂混合液的黏度、可使用时间和浇铸体的外观质量、硬度、弹性系数、剪切强度、黏结强度、耐热老化性应符合设计要求及《客运专线铁路CRTS Ⅰ型板式无砟轨道凸形挡台填充聚氨酯树脂(CPU)暂行技术条件》(科技基〔2008〕74号)的规定。

检验数量：同生产厂家、同批号、同品种、同出厂日期且连续进场的材料每 20 t 为一批，不足 20 t时按一批计。施工单位每批抽检一次；监理单位按施工单位抽检次数的 10%进行见证检验，但至少一次。

检验方法：施工单位检验或委托检验，监理单位见证取样检验。

一 般 项 目

6.5.5 灌注前应清理灌注区域，凸形挡台周边树脂灌注位置应清洁、干燥。

检验数量：施工单位每个凸台检查。

检验方法：观察。

6.5.6 凸形挡台与轨道板间填充树脂厚度不应小于 30 mm，且不应大于 50 mm，顶面应低于轨道板顶面 5～10 mm。

检验数量：施工单位每个凸台检查。

检验方法：尺量。

6.5.7 凸形挡台填充树脂施工温度应在 5～40 ℃之间，雨雪天禁止作业。

检验数量：施工单位每个凸台检查。

检验方法：测温。

6.5.8 凸台树脂的底边应与板底平齐或低于板底，不得高于板底 10 mm。

检验数量：施工单位每个凸台检查。

检验方法：尺量。

7 CRTSⅡ型板式无砟道床

7.1 一般规定

7.1.1 混凝土轨道板应工厂化生产，其质量要求、检验标准、标识、存放、运输、装卸等应符合《客运专线铁路 CRTSⅡ型板式无砟轨道混凝土轨道板暂行技术条件》（科技基〔2008〕74 号）或《客运专线铁路 CRTSⅡ型板式无砟轨道混凝土轨道板（有挡肩）暂行技术条件》（科技基〔2008〕173 号）的规定，出厂时工厂应提供产品制造技术证明书。

7.1.2 依据 CPⅢ控制网，采用全站仪自由设站极坐标法进行底座或支承层模板平面放样，测设轨道板安置点、基准点。加密基标测设所采用的平差软件应通过部评审或鉴定。

7.1.3 支承层施工应符合下列规定：

1 摊铺机施工时，支承层材料应采用水硬性混合料；立模浇筑施工时支承层材料应采用低塑性混凝土。

2 支承层施工配合比设计应结合施工现场的水泥、集料等实际情况，在工地上选配出满足设计要求的施工配合比。当主要原材料发生改变时，应重新进行配合比设计。

3 施工前应进行工艺性试验，验证配合比、机械性能及工艺参数。

4 支承层材料应由拌和站拌制，拌和物应均匀一致，有生料、成团现象的非均质拌和物严禁用于摊铺。

5 支承层施工完成后应喷雾或洒水并覆盖保湿养护不少于 7 天。

7.1.4 桥上滑动层、高强度挤塑板铺设应符合下列规定：

1 滑动层铺设前，应对摩擦板顶面、桥面高程、平整度，相邻梁端高差，防水层，轨道预埋件，剪力齿槽状态，伸缩缝状态等进行检查。用洁净高压水及高压风冲洗桥面，确保铺设范围内洁净，无油污和砂石等。

2 高强度挤塑板规格尺寸应按桥面拼接需要加工为定尺规格。

3 滑动层的铺设范围、方式及接缝处理应符合设计要求。

4 铺设完成的滑动层和高强度挤塑板应做好保护，安装钢筋网时要选择合适的垫块间距，以免钢筋刺穿滑动层和高强度挤塑板。一旦破损，必须更换。

7.1.5 钢板连接器焊接时，应对焊接方式、焊条、焊接参数等进行适用性验证，并制作焊接试件送检。

7.1.6 混凝土底座板施工除应符合《铁路混凝土工程施工质量验收标准（TB 10424）相关规定外，还应符合下列规定：

1 按照设计要求，对桥上混凝土底座板进行施工单元划分设计，分段浇筑底座板混凝土。

2 底座板混凝土后浇带的钢板连接器螺母应在混凝土浇筑前保持松开状态。

3 底座板混凝土浇筑前，应按设计要求安装温差电偶。

4 各施工单元混凝土底座板分段浇筑完毕且强度达到要求后，各施工单元后浇带钢板连接器必须按不同的温度采取不同的方式顺序张拉连接。

7.1.7 轨道板应采用专用机械及机具进行铺设和精确调整。

7.1.8 轨道板铺设前，应确认支承层或底座板质量符合标准要求，表面清洁、无杂物、无积水和油污，并确认轨道板编号、方向准确，表面清洁、无油污。

7.1.9 砂浆充填层施工前应按本标准第6.1.6条和第6.1.7条规定进行人员培训和工艺性试验。水泥乳化沥青砂浆原材料储存、砂浆施工应符合《客运专线铁路CRTSⅡ型板式无砟轨道水泥乳化沥青砂浆暂行技术条件》(科技基〔2008〕74号)的规定，并应采用专用移动搅拌、灌注设备进行灌注。

7.1.10 水泥乳化沥青砂浆膨胀完成后，可拆除压紧装置。当水泥乳化沥青砂浆的抗压强度达到1 MPa以后方可拆除轨道板精调装置；抗压强度达到3 MPa后方可允许在轨道板上承重。

7.2 支承层

Ⅰ 引导线或模板

主控项目

7.2.1 模板及支架的材质和安装检验应符合本标准第6.2.1条和第6.2.2条的规定。

一般项目

7.2.2 当摊铺机采用引导线方式施工时，引导线控制点放设应符合下列规定：

1 引导线控制点纵向间距直线段不应大于10 m，曲线段一般为5～7 m。

2 引导线控制点定位允许偏差：平面5 mm，高程±3 mm。

3 引导线张拉到位后，相对于引导线控制点的允许偏差：平面5 mm，高程±2 mm。

检验数量：施工单位每50 m检查一次。

检验方法：测量。

7.2.3 模板安装允许偏差和检验方法应符合表7.2.3的规定。

检验数量：施工单位每5 m检查一处。

表7.2.3 模板安装允许偏差和检验方法

序号	检查项目	允许偏差(mm)	检验方法
1	中线位置	5	全站仪
2	顶面高程	$^{+2}_{-5}$	水准仪
3	宽度	$^{+10}_{0}$	尺量

7.2.4 支承层模板拆除检验应符合本标准第6.2.6条的规定。

Ⅱ 水硬性混合料或混凝土

主控项目

7.2.5 水泥的性能指标和质量检验应符合《铁路混凝土工程施工质量验收标准》(TB 10424—2010)第6.2.1条的规定。

7.2.6 细骨料的性能指标应符合《客运专线铁路无砟轨道支承层暂行技术条件》(科技基〔2008〕74号)第4.1.4条的规定。

检验数量：同产地、同品种、同规格且连续进场的细骨料，每400 m^3或600 t为一批，不足上述数量时按一批计。施工单位每批抽检一次，其中有机物含量每3月抽检一次；监理单位按施工单位抽检次数的10%进行见证检验，但至少一次。

检验方法：施工单位试验检验；监理单位见证取样检测。

7.2.7 粗骨料的性能指标应符合《客运专线铁路无砟轨道支承层暂行技术条件》(科技基〔2008〕74号)第4.1.5条的规定。

检验数量:同产地、同品种、同规格且连续进场的粗骨料,每400 m^3 或600 t为一批,不足上述数量时按一批计。施工单位每批抽检一次;监理单位按施工单位抽检次数的10%进行见证检验,但至少一次。

检验方法:施工单位试验检验;监理单位见证取样检测。

7.2.8 粉煤灰的性能指标应符合《客运专线铁路无砟轨道支承层暂行技术条件》(科技基〔2008〕74号)第4.1.2条的规定。

检验数量:同厂家、同编号、同出厂日期的粉煤灰,每200 t为一批,不足上述数量时按一批计。施工单位每批抽检一次;监理单位按施工单位抽检次数的10%进行见证检验,但至少一次。

检验方法:施工单位检查产品质量证明文件,并进行试验检验;监理单位检查产品质量证明文件,并进行见证取样检测。

7.2.9 减水剂的性能指标应符合《客运专线铁路无砟轨道支承层暂行技术条件》(科技基〔2008〕74号)第4.1.3条的规定。

检验数量:同厂家、同编号、同出厂日期的减水剂,每50 t为一批,不足上述数量时按一批计。施工单位每批抽检一次;监理单位按施工单位抽检次数的10%进行见证检验,但至少一次。

检验方法:施工单位检查产品质量证明文件,并进行抽样检验;监理单位检查产品质量证明文件,并进行见证取样检测。

7.2.10 支承层材料的性能应符合《客运专线铁路无砟轨道支承层暂行技术条件》(科技基〔2008〕74号)第4.2条的规定。施工前应进行配合比选定试验。

检验数量:同一基本配合比的支承层材料检验一次。

检验方法:施工单位试验检验;监理单位检查试验报告。

7.2.11 水硬性混合料的相对密实度不应小于98%。

检验数量:施工单位每500 m检验一次。监理单位按施工单位检验数量的10%进行见证检验,但至少一次。

检验方法:施工单位试验检验,监理单位见证检验。

7.2.12 低塑性混凝土增实因素应为JC±0.10。

检验数量:施工单位每50 m^3 或工作班检验一次。监理单位按施工单位检验数量的10%进行见证检验,但至少一次。

检验方法:施工单位试验检验,监理单位见证检验。

7.2.13 支承层28 d单个芯样抗压强度不应小于6 MPa,28 d单组芯样抗压强度不应小于8 MPa,28 d芯样抗压强度平均值应大于10 MPa。

检验数量:施工单位每500 m检验一次。监理单位按施工单位检验数量的10%进行见证检验,但至少一次。

检验方法:施工单位试验检验,监理单位见证检验。

7.2.14 浇筑完成的支承层在7 d内不得受冻,当气温低于0℃时,应采取保温措施。

检验数量:施工单位每班检查。监理单位按施工单位检验数量的10%进行见证检验,但至少一次。

检验方法：施工单位测温，监理单位见证检查。

一　般　项　目

7.2.15　支承层表面应平整、颜色均匀，不得有疏松和缺棱掉角等缺陷。

检验数量：施工单位全部检查。

检验方法：观察。

7.2.16　支承层外形尺寸允许偏差和检验方法应符合表 7.2.16 的规定。

检验数量：施工单位采用滑模摊铺机和摊铺碾压法施工时，每 50 m 各检查一处；采用立模浇筑施工时，每 20 m 各检查一处。

表 7.2.16　支承层外形尺寸允许偏差及检验方法

序号	检查项目	允许偏差(mm)	检验方法
1	厚度	±20	尺量
2	中线位置	10	全站仪
3	宽度	$^{+15}_{0}$	尺量
4	顶面高程	$^{+5}_{-15}$	水准仪
5	平整度	7	4 m 直尺

7.2.17　支承层横向切缝深度不应小于支承层厚度的 1/3，一般情况下沿线路方向每 5 m 设一横向切缝，且与线下构筑物结构缝对齐。

检验数量：施工单位全部检查。

检验方法：观察、尺量。

7.2.18　轨道板宽度范围内的支承层表面应进行拉毛处理，拉毛纹路应均匀、清晰、整齐。

检验数量：施工单位全部检查。

检验方法：观察。

7.2.19　支承层宽出轨道板部分横坡应符合设计要求。

检验数量：施工单位每施工段检查 20 处(左右各 10 处)。

检验方法：观察检查、尺量。

7.3　桥上滑动层、高强度挤塑板

主　控　项　目

7.3.1　梁端 1.45 m 范围内桥面平整度允许偏差为 2 mm/1 m，桥面底座板范围内平整度允许偏差为 3 mm/4 m。

检验数量：施工单位每孔梁梁端检查 4 处，其他部位检查 10 处；监理单位见证检验。

检验方法：观察、尺量。

7.3.2　剪力齿槽深度不应小于设计要求。

检验数量：施工单位全部检查，监理单位平行检查 10%。

检验方法：尺量。

7.3.3　梁端凹槽深度允许偏差为±2 mm。

检验数量：施工单位全部检查，监理单位平行检查 10%。

检验方法：尺量。

7.3.4　滑动层(土工布、土工膜、胶粘剂)原材料的规格、材质、性能指标应符合设计要求及《客运专线铁路 CRTSⅡ型板式无砟轨道滑动层暂行技术条件》(科技基〔2009〕88 号)的规定。

检验数量：施工单位按技术条件规定的项目和数量进行检验；监理单位按施工单位检验数量的 10%进行见证取样检验，但至少一次。

检验方法：施工单位检查产品质量证明文件，并进行取样检验；监理单位检查产品质量证明文件，并进行见证取样检验。

7.3.5 高强度挤塑板的规格、材质、性能指标应符合设计要求及《客运专线铁路CRTSⅡ型板式无砟轨道高强度挤塑板暂行技术条件》（科技基〔2009〕88号）的规定。

检验数量：施工单位按技术条件规定的项目和数量进行检验；监理单位按施工单位检验数量的10%进行见证取样检验，但至少一次。

检验方法：施工单位检查产品质量证明文件，并进行取样检验；监理单位检查产品质量证明文件，并进行见证取样检验。

7.3.6 滑动层铺设必须平整密贴。下层土工布宜连续整块铺设，对接时处理方式应符合设计要求。土工膜宜整块铺设，分块铺设时接缝应采用热熔对接，禁止采用搭接方式，自然状态下起拱高度不得大于15 mm。上层土工布宜连续整块铺设，搭接处理方式应符合设计要求。各层之间接头的距离不得小于1 m，且不得设在高强度挤塑板范围。

检验数量：施工单位全部检查，监理单位平行检查20%。

检验方法：观察检查、尺量。

7.3.7 高强度挤塑板纵向拼接接缝应符合设计要求，接缝应交错布置，不得出现通缝。高强度挤塑板与桥面及加高平台边缘应粘贴牢固，不得有缝隙。

检验数量：施工单位、监理单位全部检查。

检验方法：观察检查。

7.3.8 铺设完成的滑动层和高强度挤塑板应无破损。

检验数量：施工单位、监理单位全部检查。

检验方法：观察检查。

7.3.9 滑动层和高强度挤塑板铺设位置应准确。

检验数量：施工单位全部检查，监理单位见证检查10%。

检验方法：观察检查、尺量。

一 般 项 目

7.3.10 滑动层和高强度挤塑板外侧应与混凝土底座板两侧平齐。

检验数量：施工单位全部检查。

检验方法：观察检查。

7.4 桥上混凝土底座板

Ⅰ 模 板

主 控 项 目

7.4.1 模板及支架的材质和安装检验应符合本标准第6.2.1条和第6.2.2条的规定。

一 般 项 目

7.4.2 模板安装允许偏差应符合表7.4.2的规定。

检验方法：施工单位测量。

表7.4.2 底座板模板安装允许偏差及检验数量

序号	项 目	允许偏差（mm）	检验数量
1	顶面高程	±3	每5 m检查1处
2	宽度	$^{+10}_{0}$	每5 m检查1处
3	中线位置	5	每5 m检查1处

7.4.3 底座模板拆除应符合本标准第6.2.6条的规定。

Ⅱ 钢 筋

主 控 项 目

7.4.4 钢筋原材料质量指标、加工、连接、安装质量应符合本标准第 6.2.7 条～第 6.2.10 条的规定。

7.4.5 桥梁固定支座处齿槽剪力钉与螺纹套筒连接，剪力钉旋入深度不应小于 42 mm，扭力矩不应小于 300 N·m。剪力钉安装高度距离底座板顶层钢筋 20～50 mm。

检验数量：施工单位、监理单位全部检查。

检验方法：施工单位观察、尺量、测扭矩；监理单位旁站。

一 般 项 目

7.4.6 钢筋外观质量、加工允许偏差、接头设置、绑扎质量及安装允许偏差应符合本标准第 6.2.11 条～第 6.2.14 条的规定。

7.4.7 剪力钉 T 形接头抗拉强度不得小于 470 N/mm^2。

检验数量：施工单位每 300 个抽检 3 个进行试验。

检验方法：取样试验。

7.4.8 混凝土垫块的强度不得低于底座混凝土的设计强度。

检验数量：施工单位每 100 m^3 混凝土制作一组试件进行试验。

检验方法：取样试验。

7.4.9 混凝土垫块的间距、布置形式应符合相关规定和设计要求。

检验数量：施工单位全部检查。

检验方法：观察检查、尺量。

Ⅲ 钢板连接器

主 控 项 目

7.4.10 钢板连接器原材料的质量、品种、规格应符合设计要求。

检验数量：施工单位全部检查，监理单位平行检验 20%。

检验方法：查验材料质量证明文件。

7.4.11 钢板连接器的焊接质量应符合下列规定：

1 固定端采用穿孔塞焊方式进行连接。

2 焊缝表面不得有肉眼可见裂纹。

3 钢筋咬边深度不得超过 0.5 mm。

4 钢筋相对钢板的直角允许偏差不得大于 3°。

5 钢板连接器焊接后钢板变形最大矢高不应超过 10 mm。

6 焊渣应清除干净。

检验数量：施工单位、监理单位全部检查。

检验方法：观察、尺量。

7.4.12 后浇带钢筋的连接与松开的条件、连接方式、张拉顺序、张拉距离应符合相关规定和设计要求。

检验数量：施工单位全部检查，监理单位抽查 10%。

检验方法：检查温度测量记录、螺纹钢筋张拉距离计算和扳手张拉读数。

一 般 项 目

7.4.13 钢板连接器外形尺寸允许偏差应符合表 7.4.13 要求。

检验数量：施工单位全部检查。

检验方法：观察、尺量。

表 7.4.13 钢板连接器允许偏差

序号	项 目	允许偏差(mm)
1	长度	±3
2	高度	±3
3	孔径	±1
4	钻孔位置	±1.5

7.3.14 钢板连接器安装时应垂直于线路中线，置于底座板断面中部，纵向允许偏差±50 mm，钢板与桥面的垂直度允许偏差 10 mm。

检验数量：施工单位全部检查。

检验方法：观察、尺量。

Ⅳ 底座混凝土

主 控 项 目

7.4.15 混凝土原材料、配合比设计、施工质量应符合本标准第 6.2.15 条～第 6.2.17 条的规定。

一 般 项 目

7.4.16 混凝土底座外形尺寸允许偏差及检验方法应符合表 7.4.16 的规定。

检验数量：施工单位每 20 m 检查 1 处。

表 7.4.16 混凝土底座外形尺寸允许偏差及检验方法

序号	检查项目	允许偏差(mm)	检验方法
1	中线位置	10	全站仪
2	宽度	$^{+15}_{0}$	尺量
3	顶面高程	±5	水准仪
4	平整度	7 mm/4 m	4 m 直尺
5	厚度	±10%设计厚度	尺量

7.4.17 底座混凝土外观质量检验应符合本标准第 6.2.20 条规定。

7.4.18 混凝土底座宽出轨道板部分的横坡应符合设计要求。

检验数量：施工单位每施工段检查 20 处(左右各 10 处)。

检验方法：观察检查、尺量。

7.4.19 轨道板宽度范围内的底座表面应进行拉毛处理。拉毛纹路应清晰、整齐。

检验数量：施工单位全部检查。

检验方法：观察。

Ⅴ 后浇带混凝土

主 控 项 目

7.4.20 后浇带钢板连接器张拉连接顺序、张拉位移及间隔时间应符合设计要求。

检验数量：施工单位、监理单位全部检查。

检验方法：监控、统计。

7.4.21 后浇带混凝土浇筑顺序应符合设计要求。

检验数量：施工单位、监理单位全部检查。

检验方法：监控、统计。

7.4.22 混凝土原材料、配合比设计、施工质量应符合本标准第 6.2.15 条～第 6.2.17 条的规定。

一 般 项 目

7.4.23 后浇带外形尺寸允许偏差、外观质量、拉毛质量应符合本标准第 7.4.16 条～第 7.4.19 条规定。

7.5 台后锚固结构

摩 擦 板

主 控 项 目

7.5.1 土工布、土工膜的规格、材质、性能指标应符合设计要求及《客运专线铁路 CRTSⅡ型板式无砟轨道滑动层暂行技术条件》(科技基〔2009〕88 号)第 4 条的相关规定。

检验数量：施工单位按技术条件规定的项目和数量进行检验，监理单位按施工单位检验数量的 10%进行见证取样检验，但至少一次。

检验方法：施工单位检查产品质量证明文件，并进行取样检验；监理单位检查产品质量证明文件，并进行见证取样检验。

7.5.2 模板及支架的材质和安装质量应符合本标准第 6.2.1 条和第 6.2.2 条的规定。

7.5.3 钢筋原材料质量指标、加工、连接、安装质量应符合本标准第 6.2.7 条～第 6.2.10 条的规定。

7.5.4 混凝土原材料质量指标、配合比设计、施工质量应符合本标准第 6.2.15 条～第 6.2.17 条的规定。

7.5.5 摩擦板范围内回填土应按设计要求分层填筑，其压实质量应符合《高速铁路路基工程施工质量验收标准》相关条文的规定，且不得对端刺结构造成破坏。

一 般 项 目

7.5.6 土工布的施工部位、铺设方式和细部工艺等应符合设计要求及相关规定。

检验数量：施工单位全部检查。

检验方法：观察检查。

7.5.7 泄水管及侧向挡块预埋件应按设计要求埋设，侧向挡块预埋件中心位置允许偏差应小于 5 mm。

检验数量：施工单位全部检查。

检验方法：观察检查、尺量。

7.5.8 模板安装允许偏差和检验数量及方法应符合表 7.5.8 的规定。

表 7.5.8 模板安装允许偏差和检验数量及方法

序号	检查项目	允许偏差(mm)	检验数量及方法
1	中线位置	5	尺量每边不少于 2 处
2	顶面高程	±10	测量 2 处
3	宽度	$^{+10}_{0}$	尺量不少于 3 处

检验方法：施工单位测量。

7.5.9 钢筋外观质量、加工允许偏差、接头设置、绑扎质量及安装允许偏差应符合本标准第 6.2.11 条～第 6.2.14 条的规定。

7.5.10 摩擦板外形尺寸允许偏差和检验数量及方法应符合表 7.5.10 的规定。

表 7.5.10 摩擦板外形尺寸允许偏差和检验数量及方法

序号	检验项目	允许偏差(mm)	检验数量及方法
1	中线位置	10	尺量每边不少于 2 处
2	顶面高程	±20	测量 2 处
3	截面尺寸	$^{+20}_{-5}$	尺量不少于 3 处
4	平整度	7 mm/4 m	4 m 靠尺和塞尺不少于 3 处

检验方法:施工单位测量。

7.5.11 摩擦板混凝土外观质量应符合本标准第 6.2.20 条规定。

Ⅱ 端 刺

主 控 项 目

7.5.12 模板及支架的材质和安装质量应符合本标准第 6.2.1 条和第 6.2.2 条的规定。

7.5.13 钢筋原材料质量指标、加工、连接、安装质量应符合本标准第 6.2.7 条～第 6.2.10 条的规定。

7.5.14 端刺与摩擦板、过渡板、底座间连接钢筋的规格、数量、连接质量应符合设计要求。

检验数量:施工单位、监理单位全部检查。

检验方法:观察、尺量。

7.5.15 混凝土原材料质量指标、配合比设计、施工质量应符合本标准第 6.2.15 条～第 6.2.17 条的规定。

7.5.16 端刺回填土应按设计要求分层填筑,其压实质量符合《高速铁路路基工程施工质量验收标准》相关条文的规定,且不得对端刺结构造成破坏。

一 般 项 目

7.5.17 模板安装允许偏差和检验数量及方法应符合本标准第 7.5.8 条的规定。

7.5.18 钢筋外观质量、加工允许偏差、接头设置、绑扎质量及安装允许偏差应符合本标准第 6.2.11 条～第 6.2.14 条的规定。

7.5.19 端刺外形尺寸允许偏差和检验数量及方法应符合表 7.5.19 的规定。

表 7.5.19 端刺外形尺寸允许偏差和检验数量及方法

序号	检验项目	允许偏差(mm)	检验数量及方法
1	中线位置	20	尺量每边不少于 2 处
2	顶面高程	±20	测量 2 处
3	截面尺寸	$^{+20}_{0}$	尺量不少于 3 处

检验方法:施工单位测量。

7.5.20 端刺混凝土外观质量应符合本标准第 6.2.20 条规定。

Ⅲ 过 渡 板

主 控 项 目

7.5.21 高强度挤塑板的规格、材质、性能指标应符合设计要求及《客运专线铁路 CTRSⅡ型板式无砟轨道高强度挤塑板暂行技术条件》(科技基〔2009〕88 号)的规定。

检验数量:施工单位按技术条件规定的项目和数量进行检验;监理单位按施工单位检

验数量的10%进行见证取样检验,但至少一次。

检验方法:施工单位检查产品质量证明文件,并进行取样检验;监理单位检查产品质量证明文件,并进行见证取样检验。

7.5.22 模板及支架的材质和安装质量应符合本标准第6.2.1条和第6.2.2条的规定。

7.5.23 钢筋原材料质量指标、加工、连接、安装质量应符合本标准第6.2.7条～第6.2.10条的规定。

7.5.24 混凝土原材料质量指标、配合比设计、施工质量应符合本标准第6.2.15条～第6.2.17条的规定。

一般项目

7.5.25 高强度挤塑板的施工部位、铺设方式和细部工艺等应符合设计要求及相关规定。

检验数量:施工单位、监理单位全部检查。

检验方法:观察检查。

7.5.26 模板安装允许偏差和检验数量及方法应符合本标准第7.5.8条的规定。

7.5.27 钢筋外观质量、加工允许偏差、接头设置、绑扎质量及安装允许偏差应符合本标准第6.2.11条～第6.2.14条的规定。

7.5.28 过渡板外形尺寸允许偏差和检验数量及方法应符合本标准第7.5.10条的规定。

7.5.29 过渡板混凝土外观质量应符合本标准第6.2.20条规定。

7.6 轨道板安置点、基准点

主控项目

7.6.1 轨道板安置点和基准点应设于混凝土底座或支承层上。轨道板安置点与基准点连线应垂直于轨道中线,并分别向左和向右偏离轨道中线100 mm。

检验数量:施工单位、监理单位全部检查。

检验方法:施工单位观察、测量;监理单位检查测量资料。

7.6.2 轨道板安置点和基准点测量方法、仪器、精度应符合《高速铁路工程测量规范》(TB 10601—2009)的规定。

检验数量:施工单位、监理单位全部检查。

检验方法:施工单位测量,监理单位检查测量资料。

一般项目

7.6.3 定位锥安装位置偏差不得大于5 mm。

检验数量:施工单位全部检查。

检验方法:观察,尺量。

7.6.4 轨道基准钉的材质应符合设计要求和《高速铁路工程测量规范》(TB 10601—2009)的规定。

检验数量:施工单位全部检查。

检验方法:观察,检查材质证明文件。

7.6.5 轨道基准钉的对中凹槽应与精调用三脚架对中杆配套。

检验数量:施工单位全部检查。

检验方法:观察。

7.6.6 轨道基准钉应铅垂埋设牢固。

检验数量：施工单位全部检查。

检验方法：观察。

7.7 轨道板铺设

主 控 项 目

7.7.1 轨道板的类型、规格、质量应符合设计要求和《客运专线铁路CRTSⅡ型板式无砟轨道混凝土轨道板暂行技术条件》(科技基〔2008〕74号)、《客运专线铁路CRTSⅡ型板式无砟轨道混凝土轨道板(有挡肩)暂行技术条件》(科技基〔2008〕173号)的规定。

检验数量：施工单位、监理单位全部检查。

检验方法：检查产品质量证明文件，观察。

7.7.2 轨道板的外观质量应符合《客运专线铁路CRTSⅡ型板式无砟轨道混凝土轨道板暂行技术条件》(科技基〔2008〕74号)、《客运专线铁路CRTSⅡ型板式无砟轨道混凝土轨道板(有挡肩)暂行技术条件》(科技基〔2008〕173号)第3.4.2条的相关规定。

检验数量：施工单位全部检查，监理单位按施工单位检验数量的10%进行见证检验。

检验方法：施工单位观察、专用工具测量；监理单位观察、见证检验。

7.7.3 轨道板应有标识，承轨台、轨道板四周和边角无破损及掉块，除预裂缝外板体及承轨台无裂缝；扣件应完整，预埋件及预留孔齐全，无损坏、无混凝土淤块，埋设质量符合设计要求。纵向连接精轧螺纹钢筋端部完整、无弯曲。

检验数量：施工单位、监理单位全部检查。

检验方法：检查产品质量证明文件，观察。

7.7.4 轨道板应按布板图给定的编号和位置进行铺设。

检验数量：施工单位、监理单位全部检查。

检验方法：对照布板图，现场核查轨道板编号(左/右和序号)。

7.7.5 轨道板精调定位允许偏差应符合表7.7.5的规定。

表7.7.5 轨道板精调定位允许偏差

序号	检 查 项 目	允许偏差(mm)
1	高程	±0.5
2	中线	0.5
3	相邻轨道板接缝处承轨台顶面相对高差	0.3
4	相邻轨道板接缝处承轨台顶面相对平面位置	0.3

检验数量：施工单位、监理单位全部检查。

检验方法：施工单位测量；监理单位检查测量记录。

一 般 项 目

7.7.6 轨道板粗铺时的平面定位允许偏差：纵向不应大于10 mm，横向不应大于10 mm。

检验数量：施工单位全部检查。

检验方法：测量。

7.7.7 板下充填层灌注完成后，轨道板位置允许偏差应符合表7.7.7的规定。

表 7.7.7 轨道板位置允许偏差

序号	检 查 项 目	允许偏差(mm)	备 注
1	高程	±2	
2	中线	2	
3	相邻轨道板接缝处承轨台顶面相对高差	0.6	不允许连续 3 块以上轨道板出现同向偏差
4	相邻轨道板接缝处承轨台顶面相对平面位置	0.6	

检验数量:施工单位每 40 块轨道板或每施工段检查一次。

检验方法:依据 CPⅢ点进行测量。

7.8 板下充填层

主 控 项 目

7.8.1 乳化沥青及其原材料的性能指标应符合《客运专线铁路 CRTSⅡ型板式无砟轨道水泥乳化沥青砂浆暂行技术条件》(科技基〔2008〕74 号)第 4.1 条~第 4.3 条的规定。

检验数量:同产地、同品种、同规格且连续进场的乳化沥青,每 200 t 为一批,不足上述数量时按一批计。施工单位每批抽检一次;监理单位按施工单位抽检次数的 10%进行见证检验,但至少一次。

检验方法:施工单位检查产品质量证明文件,并进行抽样试验检验;监理单位检查产品质量证明文件,并进行见证取样检测。

7.8.2 干料及其原材料性能指标应符合《客运专线铁路 CRTSⅡ型板式无砟轨道水泥乳化沥青砂浆暂行技术条件》(科技基〔2008〕74 号)第 4.4 条的规定。

检验数量:同产地、同品种、同规格且连续进场的干料,每 500 t 为一批,不足上述数量时按一批计。施工单位每批抽检一次;监理单位按施工单位抽检次数的 10%进行见证检验,但至少一次。

检验方法:施工单位检查产品质量证明文件,并进行抽样试验检验;监理单位检查产品质量证明文件,并进行见证取样检测。

7.8.3 拌制用水的质量检验应符合《铁路混凝土工程施工质量验收标准》(TB 10424—2010)第 6.2.7 条的规定。

7.8.4 消泡剂性能指标应符合《客运专线铁路 CRTSⅡ型板式无砟轨道水泥乳化沥青砂浆暂行技术条件》(科技基〔2008〕74 号)第 4.7 条的规定。

检验数量:施工单位、监理单位全部检查。

检验方法:检查产品质量证明文件。

7.8.5 减水剂性能指标应符合《客运专线铁路 CRTSⅡ型板式无砟轨道水泥乳化沥青砂浆暂行技术条件》(科技基〔2008〕74 号)第 4.5 条的规定。

检验数量:同厂家、同编号、同出厂日期的减水剂,每 50 t 为一批,不足上述数量时按一批计。施工单位每批抽检一次;监理单位按施工单位抽检次数的 10%进行见证检验,但至少一次。

检验方法:施工单位检查产品质量证明文件,并进行抽样检验;监理单位检查产品质量证明文件,并进行见证取样检测。

7.8.6 充填层砂浆施工环境温度应在 5~40 ℃范围内。当天最低气温低于−5 ℃时,全天不得进行砂浆灌注。

检验数量：每班检查一次。

检验方法：施工单位测温；监理单位见证检查。

7.8.7 充填层砂浆的性能应符合设计要求和《客运专线铁路CRTSⅡ型板式无砟轨道水泥乳化沥青砂浆暂行技术条件》(科技基〔2008〕74号)第5条的规定。施工前应进行配合比选定试验。

检验数量：同一基本配合比的砂浆检验一次。

检验方法：施工单位试验检验；监理单位检查试验报告。

7.8.8 拌制砂浆时应严格按施工配合比进行原材料称量，各种原材料称量最大允许偏差应符合下列要求：乳化沥青、干料±1%，外加剂±0.5%，拌和用水±1%、消泡剂±0.5%。

检验数量：每周检查一次。

检验方法：施工单位委托校核砂浆搅拌车计量系统，监理单位见证检验。

7.8.9 砂浆充填层施工前，应对轨道板安置情况进行复查，相邻轨道板接缝处承轨台顶面相对高差不应大于0.3 mm。

检验数量：施工单位每10块板抽查1块，监理单位见证检验。

检验方法：仪器测量。

7.8.10 砂浆灌注前，应对砂浆的扩展度、温度、含气量、单位容积质量进行检测，其指标及检验方法应符合《客运专线铁路CRTSⅡ型板式无砟轨道水泥乳化沥青砂浆暂行技术条件》(科技基〔2008〕74号)的规定。

检验数量：首罐检查，每十罐检验一次。

检验方法：施工单位试验检验；监理单位旁站。

7.8.11 施工时，每班应制作试件检查砂浆膨胀率、分离度、抗压强度、抗折强度，其指标及检验方法应符合《客运专线铁路CRTSⅡ型板式无砟轨道水泥乳化沥青砂浆暂行技术条件》(科技基〔2008〕74号)的规定。

检验数量：施工单位每工班检验一次；监理单位按施工单位检验次数的10%进行见证检验，但至少一次。

检验方法：施工单位试验检验；监理单位见证检验。

7.8.12 充填层砂浆灌注时，灌注孔、观察孔砂浆表面高度应高于轨道板的底面高度，不得回落到轨道板底面最高处以下。

检验数量：施工单位、监理单位全部检查。

检验方法：目测。

一 般 项 目

7.8.13 横向密封水泥沥青砂浆应高出轨道板底边至少20 mm并压实、均匀抹平。

检验数量：施工单位全部检查。

检验方法：观察检查、尺量。

7.8.14 封边材料不得侵入板底，拆除封边材料时不得损伤充填层。

检验数量：施工单位每块板检查。

检验方法：观察。

7.8.15 充填层硬化后，灌注孔、观察孔中水泥乳化沥青砂浆表面低于轨道板顶面100～150 mm。

检验数量：施工单位每块板检查。

检验方法：尺量。

7.8.16　板下充填层应与轨道板、底座板或支承层黏结密贴。

检验数量：施工单位全部检查。

检验方法：观察。

7.8.17　充填层厚度应符合设计要求，不得小于 20 mm，不宜超过 40 mm。

检验数量：施工单位每块板检查。

检验方法：尺量。

7.8.18　砂浆搅拌车的拌和记录数据应符合施工配合比及拌和误差要求。

检验数量：施工单位每罐检查。

检验方法：检查拌和记录。

7.9　轨道板纵向连接及灌浆孔封堵

模　　板

主 控 项 目

7.9.1　模板及支架的材质和安装质量应符合本标准第 6.2.1 条和第 6.2.2 条的规定。

一 般 项 目

7.9.2　模板应与轨道板两侧、支承层或混凝土底座密贴。

检验数量：施工单位全部检查。

检验方法：观察。

7.9.3　模板拆除检验应符合本标准第 6.2.6 条的规定。

Ⅱ　钢筋及纵向钢筋连接

主 控 项 目

7.9.4　钢筋原材料、加工、连接、安装质量应符合本标准第 6.2.7 条～第 6.2.10 条的规定。

7.9.5　连接钢筋的张拉锁件应符合设计要求及《客运专线铁路 CRTSⅡ型板式无砟轨道张拉锁件暂行技术条件》(科技基〔2009〕135 号)的规定。

检验数量：施工单位、监理单位全部检查。

检验方法：检查产品质量证明文件。

7.9.6　精轧螺纹钢筋、张拉锁件、骨架钢筋相互交叉点的绝缘电阻值应符合设计要求。

检验数量：施工单位全部检查，监理单位按施工单位检验数量的 10%进行见证检验，但至少一次。

检验方法：电阻表测试。

7.9.7　轨道板接缝处钢筋张拉顺序和扭矩应符合设计要求。

检验数量：全部检查。

检验方法：施工单位观察、检查扭矩扳手读数；监理单位见证检验。

一 般 项 目

7.9.8　钢筋外观质量、加工允许偏差、接头设置、绑扎质量及安装允许偏差应符合本标准第 6.2.11 条～第 6.2.14 条的规定。

Ⅲ 混 凝 土

主 控 项 目

7.9.9 混凝土原材料质量指标、配合比设计、施工质量应符合本标准第 6.2.15 条～第 6.2.17 条的规定。当设计文件有特殊要求时应符合设计要求。

7.9.10 水泥乳化沥青砂浆的强度达到 9 MPa，且窄接缝混凝土的强度达到 20 MPa 后，方可对轨道板实施张拉。

检验数量：施工单位全部检查，监理单位见证检验 10%。

检验方法：施工单位试验检验，监理单位见证检验。

一 般 项 目

7.9.11 混凝土外观质量应符合本标准第 6.2.20 条的规定。

7.9.12 接缝及灌浆孔混凝土表面应抹光并与轨道板表面平齐。

检验数量：施工单位全部检查。

检验方法：观察。

7.10 侧 向 挡 块

模 板

主 控 项 目

7.10.1 模板及支架的材质和安装质量应符合本标准第 6.2.1 条和第 6.2.2 条的规定。

7.10.2 立模前，应检查确认侧向挡块范围内的底座表面光滑、无错台，并在侧向挡块与底座板及轨道板的接触面间铺贴隔离材料，防止侧向挡块混凝土与其黏接。

检验数量：施工单位、监理单位全部检查。

检验方法：观察、尺量。

一 般 项 目

7.10.3 模板安装允许偏差和检验方法应符合表 7.10.3 的规定。

表 7.10.3 模板安装允许偏差和检验方法

序 号	检查项目	允许偏差(mm)	检验方法
1	平面位置	10	尺量
2	宽度	$^{+10}_{0}$	尺量

检验数量：施工单位每个挡块检查一次。

7.10.4 模板拆除检验应符合本标准第 6.2.6 条的规定。

Ⅱ 钢 筋

主 控 项 目

7.10.5 钢筋原材料、加工、连接、安装质量应符合本标准第 6.2.7 条～第 6.2.10 条的规定。

一 般 项 目

7.10.6 钢筋外观质量、加工允许偏差、接头设置、绑扎质量及安装允许偏差应符合本标准第 6.2.11 条～第 6.2.14 条的规定。

Ⅲ 混 凝 土

主 控 项 目

7.10.7 混凝土原材料质量指标、配合比设计、施工质量应符合本标准第 6.2.15 条～第 6.2.17 条的规定。当设计文件有特殊要求时，应符合设计要求。

一 般 项 目

7.10.8 侧向挡块允许偏差应符合表 7.10.8 的规定。

检验数量：施工单位每个挡块检查一次。

检验方法：尺量。

表 7.10.8 侧向挡块的允许偏差

序号	检 查 项 目	允许偏差(mm)
1	平面位置	10
2	截面尺寸	$^{+15}_{0}$

7.10.9 混凝土外观质量应符合本标准第 6.2.20 条的规定。

Ⅳ 弹性限位板

主 控 项 目

7.10.10 侧向挡块弹性限位板的规格、质量、厚度应符合设计要求及《客运专线铁路 CRTSⅡ型板式无砟轨道弹性限位板暂行技术条件》(科技基〔2009〕135 号)的规定。

检验数量：施工单位、监理单位全部检查。

检验方法：检查产品质量证明文件。

7.10.11 侧向挡块弹性限位板的安装位置及数量应符合设计要求。弹性限位板应与底座密贴，安装位置纵向允许偏差不应大于 10 mm。

检验数量：施工单位、监理单位全部检查。

检验方法：施工单位观察检查、尺量；监理单位见证检验。

7.11 轨道板锚固连接

主 控 项 目

7.11.1 连接件原材料、植筋胶材料应符合设计及相关技术要求。

检验数量：施工单位、监理单位全部检查。

检验方法：检查产品质量证明文件。

7.11.2 轨道板锚固连接的时机、位置、方式应符合设计要求。

检验数量：施工单位、监理单位全部检查。

检验方法：施工单位观察检查、尺量；监理单位见证检验。

一 般 项 目

7.11.3 钻孔位置、深度、孔径应符合设计要求。钻孔应清理干净、无浮尘。

检验数量：施工单位全部检查。

检验方法：观察、尺量。

7.11.4 孔内注入的植筋胶应饱满。

检验数量：施工单位全部检查。

检验方法：观察。

8　CRTSⅠ型双块式无砟道床

8.1　一 般 规 定

8.1.1　双块式轨枕应工厂化生产，其质量要求、检验标准、标识、存放、运输、装卸等应符合《客运专线铁路双块式无砟轨道双块式混凝土轨枕暂行技术条件》(科技基〔2008〕74 号)的规定，出厂时工厂应提供轨枕制造技术证明书。

8.1.2　依据轨道控制网 CPⅢ采用全站仪自由设站进行模板及轨道中心线平面放样，采用轨道几何状态测量仪检测轨排几何形位，进行轨排精确调整。

8.1.3　支承层施工应符合本标准第 7.1.3 条的规定。

8.1.4　桥上底座混凝土强度达到设计强度的 75%，清扫干净底座表面后，方可按设计要求铺设隔离层和弹性垫层。

8.1.5　CRTSⅠ型双块式无砟轨道宜采用轨排支撑架法施工。

8.1.6　轨排精调合格后应安装轨排固定装置，轨排固定装置应有足够的强度、刚度和稳定性，可防止混凝土浇筑时轨排横向移位及上浮。

8.1.7　轨排精调完成后，应及时浇筑混凝土。当间隔时间过长，或环境温度变化超过 15℃，或受到外部条件影响时，必须重新检查或调整轨排。

8.1.8　道床板混凝土浇筑前，应复测轨排几何形位、钢筋保护层厚度，检测钢筋网绝缘性能，满足要求后方可进行混凝土浇筑。

8.1.9　混凝土浇筑过程中应加强对轨枕底部及其周围混凝土的振捣，并随时监测轨排几何形位的变化。

8.1.10　混凝土初凝前后应采取喷雾保湿养护措施，初凝后应立即解开夹板螺栓、松开扣件等固定装置。

8.1.11　混凝土终凝后，方可拆除支撑螺栓和扣件等固定装置，支撑螺栓所留孔洞采用同标号无收缩细石混凝土进行封堵。

8.1.12　道床混凝土未达到设计强度 75%之前，严禁在道床上行车或碰撞轨道部件。

8.1.13　无砟道床施工过程中应加强轨道部件的防护，避免混凝土等产生的污染。

8.2　支　承　层

引导线或模板

主 控 项 目

8.2.1　支承层模板及支架的材质和安装质量应符合本标准第 6.2.1 条和第 6.2.2 条的规定。

一 般 项 目

8.2.2　引导线和模板安装偏差应符合本标准第 7.2.2 条和第 7.2.3 条的规定。

8.2.3　模板拆除检验应符合本标准第 6.2.6 条的规定。

Ⅱ　水硬性混合料或混凝土

主 控 项 目

8.2.4　支承层原材料、配合比设计、施工检验应符合本标准第 7.2.5 条～第 7.2.14 条的规定。

一 般 项 目

8.2.5　支承层外观质量、允许偏差、切缝、拉毛质量应符合本标准第 7.2.15 条～第 7.2.19 条的规定。

8.3　桥上混凝土底座

模　板

主 控 项 目

8.3.1　底座模板及支架的材质和安装质量应符合本标准第 6.2.1 条和第 6.2.2 条的规定。

一 般 项 目

8.3.2　预埋件和预留孔留置检验应符合本标准第 6.2.3 条的规定。

8.3.3　底座模板安装允许偏差应符合表 8.3.3 的规定。

表 8.3.3　底座模板安装允许偏差

序号	项　目		允许偏差值(mm)
1	底座	长度	±5
		宽度	±5
		顶面高程	±5
		中线位置	2
2	凹槽	中线位置	2
		相邻凹槽中心间距	±2
		横向宽度	±3
		纵向宽度	±3
		高程	±5

检验数量:施工单位每个底座检查一次。

检验方法:测量。

8.3.4　底座模板拆除检验应符合本标准第 6.2.6 条的规定。

Ⅱ　钢　　筋

主 控 项 目

8.3.5　钢筋原材料、加工、连接、安装质量应符合本标准第 6.2.7 条～第 6.2.10 条的规定。

一般项目

8.3.6 钢筋外观质量、加工允许偏差、接头设置、绑扎质量及安装允许偏差应符合本标准第 6.2.11 条～第 6.2.14 条的规定。

Ⅲ 混凝土

主控项目

8.3.7 混凝土原材料、配合比设计、施工质量应符合本标准第 6.2.15 条～第 6.2.17 条的规定。

一般项目

8.3.8 底座外形尺寸允许偏差应符合表 8.3.8 的规定。

表 8.3.8 底座外形尺寸允许偏差

序号	项目		允许偏差值(mm)
1	底座	长度	±10
		宽度	±10
		顶面高程	±10
		中线位置	3
		平整度	10 mm/3 m
2	凹槽	中线位置	3
		相邻凹槽中心间距	±3
		横向宽度	±5
		纵向宽度	±5
		深度	±10

检验数量：施工单位每个底座检查一次。

检验方法：测量。

8.3.9 混凝土外观质量应符合本标准第 6.2.20 条的规定。

8.4 隔离层、弹性垫层

主控项目

8.4.1 隔离层及弹性垫层原材料应符合设计和相关技术规定。

检验数量：施工单位、监理单位检验项目及频次应符合相关规定的要求。

检验方法：检查产品质量证明文件，观察检查和试验检验。

8.4.2 隔离层应铺贴平整，无破损，接缝处及边沿无翘起、空鼓、皱折、脱层或封口不严等缺陷。

检验数量：施工单位、监理单位全部检查。

检验方法：观察检查。

8.4.3 弹性垫层与凹槽侧面应粘贴牢固，顶面与底座表面平齐，接缝处及周边无翘起、空鼓、皱折、脱层或封口不严等缺陷。

检验数量：施工单位、监理单位全部检查。

检验方法：观察检查。

一 般 项 目

8.4.4 隔离层材料的尺寸应符合设计要求。

检验数量：同一厂家、品种、规格的卷材每 5 000 m 为一批，不足 5 000 m 按一批计，施工单位每批抽检 3 卷。

检验方法：尺量。

8.4.5 隔离层、弹性垫层的基底应平整清洁、干燥，不得有空鼓、空洞、蜂窝、麻面、浮碴、浮土和油污。

检验数量：施工单位全部检查。

检验方法：观察检查。

8.5 轨排组装、调整

主 控 项 目

8.5.1 双块式轨枕的型号、质量应符合设计要求及《客运专线铁路双块式无砟轨道双块式混凝土轨枕暂行技术条件》(科技基〔2008〕74 号)的规定。

检验数量：施工单位、监理单位全部检查。

检验方法：检查产品质量证明文件，观察。

8.5.2 双块式轨枕的外观质量应符合《客运专线铁路双块式无砟轨道双块式混凝土轨枕暂行技术条件》(科技基〔2008〕74 号)第 3.5.1 条的相关规定。轨枕桁架钢筋应位置正确，无明显锈蚀、扭曲变形，并不得有开焊或松脱。

检验数量：施工单位全部检查，监理单位按施工单位检验数量的 10%进行见证检验。

检验方法：施工单位观察、专用工具测量；监理单位见证检测。

8.5.3 轨排组装用工具轨应采用与正线轨型相同的钢轨，工具轨应无磨损、变形、损伤、毛刺等。

检验数量：施工单位、监理单位全部检查。

检验方法：施工单位观察、专用工具测量；监理单位见证检测。

8.5.4 扣件型号、质量应符合设计要求及相关产品标准规定。

检验数量：施工单位、监理单位全部检查。

检验方法：检查产品质量证明文件、观察检查。

8.5.5 轨排支撑架应有足够的强度、刚度和稳定性，其材料质量及结构应符合施工工艺设计要求。支撑架应架设牢固，并与钢轨垂直，间距及安置应便于调整、拆卸和混凝土浇筑。

检验数量：施工单位、监理单位全部检查。

检验方法：检查相关工艺设计资料及材料质量证明文件，观察、测量。

8.5.6 精确调整后轨排几何形位允许偏差应符合表 8.5.6 的规定。

表 8.5.6 轨排几何形位允许偏差

序号	项 目	容许偏差	备 注
1	轨 距	±1 mm	相对于标准轨距 1 435 mm
		1/1 500	变化率

续上表

序号	项目		容许偏差	备注
2	轨向		2 mm	弦长 10 m
			2 mm/测点间距 8 a(m)	基线长 48 a(m)
3	高低		2 mm	弦长 10 m
			2 mm/测点间距 8a(m)	基线长 48a(m)
4	水平		2 mm	不包含曲线、缓和曲线上的超高值
5	扭曲(基长 3m)		2 mm	包含缓和曲线上由于超高顺坡所造成的扭曲量
6	轨面高程	一般情况	±2 mm	
		紧靠站台	$^{+2}_{0}$ mm	
7	轨道中线		2 mm	
8	线间距		$^{+5}_{0}$ mm	

检验数量:施工单位、监理单位全部检查。

检验方法:施工单位采用全站仪及轨道几何状态测量仪连续检测,监理单位见证检测。

8.5.7 轨排固定装置应有足够的强度、刚度和稳定性,其材料质量及结构应符合施工工艺设计要求。固定装置应安装牢固,确保混凝土浇筑时轨排不发生移位和变形。

检验数量:施工单位、监理单位全部检查。

检验方法:检查相关工艺设计资料及材料质量证明文件,观察、测量。

一般项目

8.5.8 轨排组装应符合下列规定:

1 轨排左右两根工具轨的端部接缝应在同一位置,偏差不应大于 100 mm。

2 轨枕应方正,间距允许偏差不应大于 5 mm。

3 扣件应安装正确,无缺少、无损坏、无污染,扭力矩达到设计标准,弹条中枝部与轨距挡板凸出部分应密贴,最大空隙不应大于 0.5 mm。

检验数量:施工单位全部检查。

检验方法:观察、尺量。

8.5.9 轨排粗调后允许偏差应为:中线 5 mm,高程$^{0}_{-5}$ mm。

检验数量:施工单位全部检查。

检验方法:测量。

8.6 混凝土道床板

Ⅰ 模 板

主控项目

8.6.1 模板及支架的材质和安装质量应符合本标准第 6.2.1 条和第 6.2.2 条的规定。

一般项目

8.6.2 预埋件和预留孔留置检验应符合本标准第 6.2.3 条的规定。

8.6.3 模板安装允许偏差应符合表 8.6.3 的规定。

表 8.6.3　道床板模板安装允许偏差

序号	项　目	允许偏差(mm)	备　注
1	顶面高程	±5	均为模板内侧面的允许偏差
2	宽度	±5	
3	中线位置	2	

检验数量:施工单位每 5 m 检查一次。

检验方法:测量。

8.6.4　模板拆除检验应符合本标准第 6.2.6 条的规定。

Ⅱ　钢　　筋

主 控 项 目

8.6.5　钢筋原材料、加工、连接、安装质量应符合本标准第 6.2.7 条～第 6.2.10 条的规定。

8.6.6　钢筋网应按设计要求进行绝缘处理,绝缘电阻应符合设计要求。

检验数量:施工单位全部检查,监理单位平行检验 10%。

检验方法:专用电阻表测试。

8.6.7　钢筋网应按设计要求焊接接地钢筋和接地端子。

检验数量:施工单位全部检查,监理单位平行检验 10%。

检验方法:观察、尺量。

一 般 项 目

8.6.8　钢筋外观质量、加工允许偏差、接头设置、绑扎质量及安装允许偏差应符合本标准第 6.2.11 条～第 6.2.14 条的规定。

Ⅲ　混　凝　土

主 控 项 目

8.6.9　混凝土原材料、配合比设计、施工质量应符合本标准第 6.2.15 条～第 6.2.17 条的规定。

一 般 项 目

8.6.10　混凝土道床板外形尺寸允许偏差应符合表 8.6.10 的规定。

检验数量:施工单位每 20 m 检查一处。

检验方法:测量。

表 8.6.10　混凝土道床板外形尺寸允许偏差

序号	检查项目	允许偏差(mm)
1	顶面宽度	±10
2	中线位置	2
3	道床板顶面与承轨台面相对高差	5
4	平整度	3 mm/1m

8.6.11　混凝土外观质量应符合本标准第 6.2.20 条的规定。

8.6.12　混凝土道床板施工完成后,其表面裂缝宽度应符合设计要求。

检验数量:施工单位全部检查。

检验方法:观察、刻度放大镜。

8.6.13　道床板表面应整平、抹光,并按设计做好排水坡。表面排水应顺畅,不得积水。

检验数量:施工单位全部检查。

检验方法:观察。

9 CRTSⅡ型双块式无砟道床

9.1 一般规定

9.1.1 混凝土支承层或底座施工完成后，在线路中心线两侧，直线地段每隔 3.27 m 安放支脚，曲线地段两支脚中心线连线与曲线径向方向一致，外侧两支脚距离为 3.27 m，内侧两支脚距离小于 3.27 m。

9.1.2 支脚和钢模板的轨道应相互独立，支脚在安装轨枕固定架前应再复测一次。

9.1.3 轨枕存放和运输应水平放置(枕面向上)，现场堆放时以 5 根枕为一层，每组不超过 5 层，并捆绑为一体，堆码层数不应超过 15 层。吊装、运输过程中应采取必要的防护措施，防止轨枕扭曲、变形和损坏。

9.1.4 悬挂轨枕的固定架应有足够的强度、刚度和稳定性，各部件和横梁应精密铣削制造，应保证轨枕安装的精度。安装轨枕前应检查固定架和横梁，确认状态良好。

9.1.5 轨枕振动嵌入应采用专用机械进行。利用轨枕铺设机的振动机构及时将轨枕嵌入新浇筑的道床板混凝土内，轨枕嵌入振动力应符合设计要求，禁止过振或欠振。

9.1.6 道床混凝土初凝后，方可拆除轨枕和固定架连接螺栓，混凝土强度达到设计强度的 75%方可承重。

9.1.7 钢轨铺设应在轨枕安装并检测合格及道床板混凝土强度达到设计强度的 75%以后进行。

9.1.8 本章验收标准适用于Ⅱ型双块式无砟轨道采用机械施工安装轨枕。受施工场地限制采取人工安装轨枕施工时，其施工方式与Ⅰ型双块式无砟轨道相同，其验收应符合本标准第 8 章规定。

9.2 支 承 层

Ⅰ 引导线或模板

主 控 项 目

9.2.1 支承层模板及支架的材质和安装质量应符合本标准第 6.2.1 条和第 6.2.2 条的规定。

一 般 项 目

9.2.2 引导线和模板安装偏差应符合本标准第 7.2.2 条～第 7.2.3 条的规定。

9.2.3 模板拆除检验应符合本标准第 6.2.6 条的规定。

Ⅱ 水硬性混合料或混凝土

主 控 项 目

9.2.4 支承层原材料、配合比设计、施工检验应符合本标准第 7.2.5 条～第 7.2.14 条的规定。

一 般 项 目

9.2.5 支承层外观质量、允许偏差、切缝、拉毛质量应符合本标准第 7.2.15 条～第 7.2.19 条的规定。

9.3 桥上混凝土底座

Ⅰ 模 板

主 控 项 目

9.3.1 底座模板及支架的材质和安装质量应符合本标准第 6.2.1 条和第 6.2.2 条的规定。

一 般 项 目

9.3.2 预埋件和预留孔留置检验应符合本标准第 6.2.3 条的规定。

9.3.3 底座模板安装允许偏差应符合本标准表 8.3.3 的规定。

检验数量:施工单位每个底座检查一次。

检验方法:测量。

9.3.4 底座模板拆除检验应符合本标准第 6.2.6 条的规定。

Ⅱ 钢 筋

主 控 项 目

9.3.5 钢筋原材料、加工、连接、安装质量应符合本标准第 6.2.7 条～第 6.2.10 条的规定。

一 般 项 目

9.3.6 钢筋外观质量、加工允许偏差、接头设置、绑扎质量及安装允许偏差应符合本标准第 6.2.11 条～第 6.2.14 条的规定。

Ⅲ 混 凝 土

主 控 项 目

9.3.7 混凝土原材料、配合比设计、施工质量应符合本标准第 6.2.15 条～第 6.2.17 条的规定。

一 般 项 目

9.3.8 底座外形尺寸允许偏差应符合本标准表 8.3.8 的规定。

检验数量:施工单位每个底座检查一次。

检验方法:测量。

9.3.9 混凝土外观质量应符合本标准第 6.2.20 条的规定。

9.4 隔离层、弹性垫层

主 控 项 目

9.4.1 隔离层、弹性垫层原材料及铺设质量检验应符合本标准第 8.4.1 条～第 8.4.3 条的规定。

一 般 项 目

9.4.2 隔离层、弹性垫层外形尺寸、基底质量应符合本标准第 8.4.4 条～第 8.4.5 条的规定。

9.5 支脚安装、精调

主 控 项 目

9.5.1 支脚安装、精调允许偏差及检验方法应符合表 9.5.1 规定。

表 9.5.1 支脚安装、精调允许偏差及检验方法

序号	检查项目	允许偏差(mm)	检验方法
1	相邻支脚轴线平面位置	0.5	全站仪
2	支脚顶部高程	±0.5	水准仪

检验数量:施工单位、监理单位全部检查。

一 般 项 目

9.5.2 支脚在基础面上应固定牢靠。

检验数量:施工单位全部检查。

检验方法:观察检查。

9.6 混凝土道床板

Ⅰ 模 板

主 控 项 目

9.6.1 模板及支架的材质和安装质量应符合本标准第 6.2.1 条和第 6.2.2 条的规定。

一 般 项 目

9.6.2 预埋件和预留孔留置检验应符合本标准第 6.2.3 条的规定。

9.6.3 模板安装允许偏差应符合本标准表 8.6.3 的规定。

检验数量:施工单位每 5 m 检查一次。

检验方法:测量。

9.6.4 模板拆除检验应符合本标准第 6.2.6 条的规定。

Ⅱ 钢 筋

主 控 项 目

9.6.5 钢筋原材料、加工、连接、安装质量检验应符合本标准第 6.2.7 条～第 6.2.10 条的规定。

9.6.6 钢筋网绝缘处理和综合接地应符合本标准第 8.6.6 条和第 8.6.7 条的规定。

一 般 项 目

9.6.7 钢筋外观质量、加工允许偏差、接头设置、绑扎质量及安装允许偏差应符合本标准第 6.2.11 条～第 6.2.14 条的规定。

Ⅲ 混 凝 土

主 控 项 目

9.6.8 混凝土原材料、配合比设计、施工检验应符合本标准第 6.2.15 条～第 6.2.17 条的规定。

一 般 项 目

9.6.9 混凝土道床板外形尺寸允许偏差应符合本标准表 8.6.10 的规定。

检验数量：施工单位每 20 m 检查一处。

检验方法：测量。

9.6.10 混凝土外观质量应符合本标准第 6.2.20 条的规定。

9.6.11 道床板表面裂纹、排水坡检验应符合本标准第 8.6.12 条和第 8.6.13 条的规定。

9.7 轨枕振动嵌入

主 控 项 目

9.7.1 轨枕振动嵌入允许偏差及检验方法应符合表 9.7.1 规定。

表 9.7.1 轨枕振动嵌入允许偏差及检验方法

序号	检 查 项 目	允 许 偏 差	检验方法
1	相邻轨枕承轨台中心高差	0.5 mm	水准仪
2	轨枕承轨台轨底坡	1/45～1/35	专用量具
3	每枕两承轨台相对翘曲度	1 510×100 mm 范围内四点误差＜0.7 mm	专用量具

检验数量：每施工段抽检 10 根。

检验方法：施工单位测量；监理单位见证检验。

一 般 项 目

9.7.2 支脚、横梁、固定架和轨枕之间所有接触面应完全接触。

检验数量：施工单位全部检查。

检验方法：塞尺检查、观察检查。

9.7.3 轨枕间距允许偏差：框架内±5 mm，框架间±30 mm。

检验数量：施工单位每施工段抽检 10 根。

检验方法：尺量。

9.8 固定架安装轨枕

主 控 项 目

9.8.1 双块式轨枕的质量检验应符合本标准第 8.5.1 条和第 8.5.2 条的规定。

9.8.2 每个固定架固定轨枕的螺栓扭矩应符合设计要求。

检验数量：施工单位每十个固定架抽检 1 组，监理单位平行检验数量为施工单位检查数量的 10%。

检验方法：测力扳手检测、观察检查。

一 般 项 目

9.8.3 安装轨枕前,应检查轨枕固定架和横梁,各接触面应清洁,不得有杂物。

检验数量:施工单位全部检查。

检验方法:观察。

9.8.4 固定架组装轨枕后,轨枕间距允许偏差±5 mm。

检验数量:施工单位每十个固定架抽检1组。

检验方法:尺量。

10 枕式无砟道岔

10.1 一般规定

10.1.1 道岔钢轨件、混凝土岔枕、扣件及各类垫板等部件应工厂化生产，其质量要求、检验标准、标识、存放、运输、装卸等应符合相关技术条件的规定，出厂时工厂应提供产品制造技术证明书。

10.1.2 道岔应在工厂内组装、调试，并由建设单位组织验收。出厂时，制造厂应依据相关条件进行检验，并提供产品质量证明文件、铺设图、铺设说明和发货明细表等。

10.1.3 道岔在运输、装卸、存放和铺设过程中，应确保道岔部件不受损、不发生塑性变形。

10.1.4 道岔施工应配备专业化的道岔施工队伍，采用配套设备、机械化施工。

10.1.5 道岔正式铺设施工前应进行首组道岔铺设施工，道岔首组铺设质量评估合格后，方可进行全线道岔的铺设施工。

10.1.6 道岔的生产、运输和铺设等环节应统筹考虑实施方案，做好施工协调工作。

10.1.7 道岔施工前应根据排水、信号、供电等设计图，逐一核对道岔区范围内各种管线沟槽的数量、位置、结构尺寸，核对其与道岔区无砟轨道的接口。

10.1.8 道岔区排水设施应满足设计要求，并与站场排水设施配套完成。

10.1.9 道岔区无砟轨道施工应与区间正线、站线相关轨道工程施工相协调。

10.1.10 正线无砟道岔宜在站内正线无砟轨道道床施工前完成预铺。岔位前后应预留一定长度的调整段，确保线路平顺性。

10.1.11 道岔定位测量应依据复测后的轨道控制网CPⅢ采用全站仪自由设站测设道岔控制基标、加密基标。道岔施工测量应符合《高速铁路工程测量规范》(TB 10601—2009)的规定。

10.1.12 枕式无砟道岔应优先采用厂内组装、整体运输铺设法施工，不具备条件时，也可采用现场原位组装或现场预组装移位铺设法施工。

10.1.13 道岔组装平台应根据道岔总布置图设计，具备组装及调试功能，保证道岔组装精度。道岔组装平台应牢固平整，平台的长度、宽度及开向应与待铺道岔相同，平台周围应有道岔组件摆放场地和吊装机械作业空间。

10.1.14 采用全站仪自由设站配合轨道几何状态测量仪和调整装置进行道岔轨排精确调整定位。

10.1.15 道岔精调完成后应采用固定装置对道岔轨排进行固定，确保浇筑道床板混凝土时道岔轨排不产生上浮和侧移。

10.1.16 道岔内钢轨焊接及道岔与两端无缝线路锁定焊联应采用铝热焊。道岔内焊接宜在设计锁定轨温范围内进行，道岔与相邻无缝线路锁定焊联应在设计锁定轨温范围内进行。

10.1.17 道岔钢轨焊接及锁定过程中应采取措施始终保持限位器子母块位置居中，尖轨方正。

10.1.18 道岔钢轨焊接时，环境温度不应低于 0 ℃，恶劣天气时，应采取防护措施。

10.1.19 道岔转换设备未安装前，应用钩锁器固定尖轨、心轨，直向限速 15 km/h 通过，侧向不宜通过工程列车。在线路未正式开通运营期间，应保护和管理铺设完工的道岔及相关设备。

10.2 路基上混凝土底座

模 板

主 控 项 目

10.2.1 底座模板及支架的材质和安装质量应符合本标准第 6.2.1 条和第 6.2.2 条的规定。

一 般 项 目

10.2.2 预埋件和预留孔留置检验应符合本标准第 6.2.3 条的规定。

10.2.3 模板安装允许偏差应符合表 10.2.3 的规定。

表 10.2.3 混凝土底座模板安装允许偏差表

序号	项 目	允许偏差(mm)	备 注
1	顶面高程	±5	均为模板内侧面的允许偏差
2	宽度	±5	
3	中线位置	2	
4	伸缩缝位置	5	

检验数量：施工单位每段底座检查三处（两端及中部）。

检验方法：测量。

10.2.4 底座模板拆除检验应符合本标准第 6.2.6 条的规定。

Ⅱ 钢 筋

主 控 项 目

10.2.5 钢筋原材料、加工、连接、安装质量应符合本标准第 6.2.7 条～第 6.2.10 条的规定。

一 般 项 目

10.2.6 钢筋外观质量、加工允许偏差、接头设置、绑扎质量及安装允许偏差应符合本标准第 6.2.11 条～第 6.2.14 条的规定。

10.2.7 底座应按设计要求的规格、位置及数量预埋与道床板的连接钢筋。

检验数量：施工单位全部检查。

检验方法：观察、尺量。

Ⅲ 混 凝 土

主 控 项 目

10.2.8 混凝土原材料、配合比设计、施工质量应符合本标准第 6.2.15 条～第 6.2.17 条的规定。

一 般 项 目

10.2.9 混凝土底座外形尺寸允许偏差应符合表10.2.9的规定。

检验数量：施工单位每段底座检查三处（两端及中部）。

检验方法：测量。

表 10.2.9 混凝土底座外形尺寸允许偏差表

序号	项目	允许偏差值(mm)
1	顶面高程	±10
2	宽度	±10
3	中线位置	3
4	平整度	10 mm/3 m

10.2.10 混凝土底座外观质量应符合本标准第6.2.20条的规定。

10.3 桥上混凝土底座

Ⅰ 模 板

主 控 项 目

10.3.1 模板及支架的材质和安装质量应符合本标准第6.2.1条和第6.2.2条的规定。

一 般 项 目

10.3.2 预埋件和预留孔留置检验应符合本标准第6.2.3条的规定。

10.3.3 底座模板安装允许偏差应符合表10.3.3的规定。

表 10.3.3 混凝土底座模板安装允许偏差表

序号	项目		允许偏差值(mm)
1	底座	顶面高程	±5
		宽度	±5
		中线位置	2
		伸缩缝位置	5
2	凹槽	中线位置	2
		两凹槽中心间距	±2
		横向宽度	±3
		纵向宽度	±3
		高程	±5

检验数量：施工单位每段底座检查三处（两端及中部）。

检验方法：测量。

10.3.4 底座模板拆除检验应符合本标准第6.2.6条的规定。

Ⅱ 钢 筋

主 控 项 目

10.3.5 钢筋原材料、加工、连接、安装质量检验应符合本标准第6.2.7条～第6.2.10条的规定。

一 般 项 目

10.3.6 钢筋外观质量、加工允许偏差、接头设置、绑扎质量及安装允许偏差应符合本标准第6.2.11条～第6.2.14条的规定。

Ⅲ 混 凝 土

主 控 项 目

10.3.7 混凝土原材料、配合比设计、施工质量检验应符合本标准第6.2.15条～第6.2.17

条的规定。

一 般 项 目

10.3.8 底座外形尺寸允许偏差应符合表10.3.8的规定。

表10.3.8 混凝土底座外形尺寸允许偏差表

序号	项目		允许偏差值(mm)	序号	项目		允许偏差值(mm)
1	底座	顶面高程	±10	2	凹槽	中线位置	3
		宽度	±10			两凹槽中心间距	±3
		中线位置	3			横向宽度	±5
						纵向宽度	±5
		平整度	10 mm/3 m			深度	±10

检验数量:施工单位每段底座检查三处(两端及中部)。

检验方法:测量。

10.3.9 混凝土外观质量应符合本标准第6.2.20条的规定。

10.4 隔离层、弹性垫层

主 控 项 目

10.4.1 隔离层、弹性垫层原材料及铺设质量检验应符合本标准第8.4.1条～第8.4.3条的规定。

一 般 项 目

10.4.2 隔离层、弹性垫层外形尺寸、基底质量应符合本标准第8.4.4条和第8.4.5条的规定。

10.5 道岔控制基标及加密基标

主 控 项 目

10.5.1 道岔控制基标应在混凝土底座上分设于岔心、岔前、岔后、岔前100 m和岔后100 m的线路中心。

检验数量:施工单位、监理单位全部检查。

检验方法:施工单位测量,监理单位检查测量资料并见证检查。

10.5.2 道岔控制基标的测量方法、仪器、精度、平差计算应符合《高速铁路工程测量规范》(TB 10601—2009)的规定。

检验数量:施工单位、监理单位、设计单位全部检查。

检验方法:施工单位测量,监理单位、设计单位检查测量资料并见证检查。

10.5.3 道岔加密基标宜设置在线路中线两侧,间距宜为5～10 m,转辙器、导曲线和辙叉起始点应增设加密基标。

检验数量:施工单位、监理单位全部检查。

检验方法:施工单位测量,监理单位检查测量资料并见证检查。

10.5.4 道岔加密基标的测量方法、仪器、精度、平差计算应符合《高速铁路工程测量规范》(TB 10601—2009)的规定。

检验数量:施工单位、监理单位全部检查。

检验方法：施工单位测量，监理单位检查测量资料并见证检查。

10.5.5 基标标志应设置牢固。

检验数量：施工单位、监理单位全部检查。

检验方法：观察检查。

一 般 项 目

10.5.6 基标标识应设置齐全，色泽鲜明、清晰完整。

检验数量：施工单位全部检查。

检验方法：观察检查。

10.6 道岔组装、调整

主 控 项 目

10.6.1 道岔的规格、型号、质量应符合设计及相关技术条件的规定。

检验数量：施工单位、监理单位全部检查。

检验方法：检查产品质量证明文件，观察检查，尺量、清点。

10.6.2 岔枕的规格、型号、质量应符合设计及相关技术条件的规定。

检验数量：施工单位、监理单位全部检查。

检验方法：检查产品质量证明文件，观察。

10.6.3 岔枕的外观质量应符合相关技术条件的规定。岔枕桁架钢筋应位置正确，无明显锈蚀、扭曲变形，并不得有开焊或松脱。

检验数量：施工单位全部检查，监理单位按施工单位抽检数量的10%进行见证检验。

检验方法：施工单位观察、专用工具测量；监理单位观察、见证检验。

10.6.4 道岔钢轨件应无碰伤、擦伤、掉块、凹陷、硬弯、扭曲等缺陷。

检验数量：施工单位、监理单位全部检查。

检验方法：观察检查。

10.6.5 轨排支撑架的质量及安装检验应符合本标准8.5.5条的规定。

10.6.6 道岔应按设计定位，允许偏差应符合表10.6.6规定。

检验数量：施工单位按基桩位置全部检查，监理单位全部见证检查。

检验方法：施工单位全站仪、水准仪测量检查，监理单位见证检查。

表10.6.6 道岔定位允许偏差

序号	检验项目	允许偏差(mm)
1	轨面标高	$^{0}_{-5}$
2	中线	2

10.6.7 道岔（直向）平顺度铺设精度应符合表10.6.7的规定。

表10.6.7 道岔（直向）平顺度铺设精度标准

	高低	轨向	水平	扭曲(3 m)	轨距	
幅值(mm)	2	2	2	2	±1	变化率1/1 500
弦长(mm)	10		—			

检验数量：施工单位、监理单位全部检查。

检验方法：施工单位用轨道几何状态测量仪检测；监理单位见证检测。

10.6.8 直(曲)尖轨第一牵引点前与曲(直)基本轨密贴,缝隙不应大于 0.5 mm。

检验数量:施工单位、监理单位全部检查。

检验方法:尺量。

10.6.9 转辙器部分最小轮缘槽不得小于 65 mm。

检验数量:施工单位、监理单位全部检查。

检验方法:尺量。

10.6.10 心轨尖端至第一牵引点处与直(曲)基本轨密贴,缝隙不应大于 0.5 mm。

检验数量:施工单位、监理单位全部检查。

检验方法:尺量。

10.6.11 查照间隔(辙叉心作用面至护轨头部外侧的距离)不得小于 1 391 mm。

检验数量:施工单位、监理单位全部检查。

检验方法:尺量。

10.6.12 轨排固定装置的质量和安装检验应符合本标准第 8.5.7 条的规定。

一 般 项 目

10.6.13 道岔应按铺设图进行铺设,精调后道岔各部允许偏差应符合相关技术条件的规定。

检验数量:施工单位按照技术条件检验项点全部检查。

检验方法:轨道几何状态测量仪、道尺、塞尺等专用检具检查。

10.6.14 零配件应安装正确、齐全。

检验数量:施工单位全部检查。

检验方法:观察检查。

10.6.15 道岔各部位螺栓扭矩应达到设计值。

检验数量:施工单位每组道岔抽检扣件、紧固螺栓各 3 个,涂油全部检查。

检验方法:施工单位测力扳手检测,观察检查。

10.6.16 道岔标记应正确、齐全、清晰。

检验数量:施工单位全部检查。

检验方法:观察检查。

10.7 混凝土道床板

模 板

主 控 项 目

10.7.1 模板及支架的材质和安装质量应符合本标准第 6.2.1 条和第 6.2.2 条的规定。

一 般 项 目

10.7.2 预埋件和预留孔留置检验应符合本标准第 6.2.3 条的规定。

10.7.3 模板安装允许偏差应符合表 10.7.3 的规定。

检验数量:施工单位每段道床板检查 3 处(两端及中部)。

检验方法:测量。

表 10.7.3 道床板模板安装允许偏差

序号	检 查 项 目	允许偏差(mm)
1	顶面高程	±5
2	宽度	±5
3	中线位置	2
4	伸缩缝位置	5

10.7.4 转换设备基础模板安装允许偏差应符合表 10.7.4 的规定。

检验数量:施工单位全部检查。

检验方法:测量。

表 10.7.4 转换设备基础模板安装允许偏差

序号	检查项目	允许偏差(mm)
1	高度	±5
2	宽度	±3
3	轴线位置	2
4	轴线偏斜	5

10.7.5 模板拆除检验应符合本标准第 6.2.6 条的规定。

Ⅱ 钢 筋

主 控 项 目

10.7.6 钢筋原材料、加工、连接、安装检验应符合本标准第 6.2.7 条～第 6.2.10 条的规定。

10.7.7 钢筋网绝缘处理和综合接地应符合本标准第 8.6.6 条和第 8.6.7 条的规定。

一 般 项 目

10.7.8 钢筋外观质量、加工允许偏差、接头设置、绑扎质量及安装允许偏差应符合本标准第 6.2.11 条～第 6.2.14 条的规定。

10.7.9 底座预埋连接钢筋的位置、规格、数量及状态应符合设计要求,并与道床板钢筋绑扎牢固。

检验数量:施工单位全部检查。

检验方法:观察、尺量。

Ⅲ 混 凝 土

主 控 项 目

10.7.10 混凝土原材料、配合比设计、施工检验应符合本标准第 6.2.15 条～第 6.2.17 条的规定。

一 般 项 目

10.7.11 道床板外形尺寸允许偏差应符合表 10.7.11 的规定。

表 10.7.11 道床板外形尺寸允许偏差

序号	项目	允许偏差(mm)
1	道床板顶面与承轨台面相对高差	5
2	顶面宽度	±10
3	中线位置	2
4	平整度	3 mm/m

检验数量:施工单位每段道床板检查 3 处(两端及中部)。

检验方法:测量。

10.7.12 转换设备基础外形尺寸允许偏差应符合表 10.7.12 的规定。

检验数量:施工单位全部检查。

检验方法:测量。

表 10.7.12 转换设备基础外形尺寸允许偏差

序号	检查项目	允许偏差(mm)
1	深度	±10
2	宽度	±5
3	轴线位置	2
4	轴线偏斜	5
5	平整度	2 mm/m

10.7.13 混凝土外观质量应符合本标准第 6.2.20 条的规定。

10.8 道岔钢轨焊接

主 控 项 目

10.8.1 钢轨铝热焊接头的型式检验应符合铁道行业标准《钢轨焊接第 3 部分：铝热焊接》(TB/T 1632.3—2005)第 5.2 节的规定。

检验数量：施工单位按上述标准规定的数量进行检验；监理单位全部见证取样检测。

检验方法：施工单位按上述标准规定的方法进行检验；监理单位检查施工单位型式检验报告，并进行见证取样检测。

10.8.2 钢轨铝热焊接头的生产检验应符合铁道行业标准《钢轨焊接第 3 部分：铝热焊接》(TB/T 1632.3—2005)第 5.3 节的规定。

检验数量：施工单位按上述标准规定的数量进行检验；监理单位全部见证检验。

检验方法：施工单位按上述标准规定的方法进行检验；监理单位检查施工单位生产检验报告，并进行见证检验。

10.8.3 钢轨焊头应进行超声波探伤检查。超声波探伤应符合铁道行业标准《钢轨焊接第 1 部分：通用技术条件》(TB/T 1632.1—2005)第 5 章规定。

检验数量：施工单位、监理单位全部检查。

检验方法：施工单位观察检查、探伤仪检查；监理单位旁站。

10.8.4 道岔钢轨焊接应先岔内后岔外。岔内钢轨焊接应按设计顺序进行。

检验数量：施工单位、监理单位全部检查。

检验方法：对照设计文件观察检查。

10.8.5 道岔与两端线路钢轨锁定焊联时，限位器子、母块应居中，并记录锁定轨温，在钢轨上标记位移观测"零点"位置。

检验数量：施工单位、监理单位全部检查。

检验方法：施工单位观察，用轨温计测定并记录；监理单位检查施工单位记录，并旁站监理。

10.8.6 无缝道岔与相邻轨条的锁定轨温差不应大于 5 ℃。

检验数量：施工单位、监理单位全部检查。

检验方法：施工单位用轨温计测定并记录；监理单位检查施工单位记录。

10.8.7 钢轨焊头及其附近钢轨表面不应有裂纹、明显压痕、划伤、碰痕、打磨灼伤等伤损。

检验数量：施工单位全部检查；监理单位平行检验 10%。

检验方法：施工单位观察检查；监理单位检查施工单位检验记录，并进行平行检验。

10.8.8 轨底上表面焊缝两侧 150 mm 范围内及距两侧轨底角边缘各 35 mm 的范围内应打磨平整，不得打亏。

检验数量：施工单位全部检查；监理单位平行检验 10%。

检验方法：施工单位观察检查、尺量；监理单位检查施工单位检验记录，并进行平行检验。

10.8.9 钢轨焊接接头应纵向打磨平顺，不得有低接头，钢轨焊接接头平直度应符合表 10.8.9 的规定。

表 10.8.9 钢轨焊接接头平直度允许偏差(mm/1 m)

序号	部 位	允许偏差
1	轨顶面	$^{+0.2}_{0}$
2	轨头内侧工作面	$^{+0.2}_{0}$
3	轨底(焊筋)	$^{+0.5}_{0}$

注:1 轨顶面中符号"+"表示高出钢轨母材轨顶基准面;
2 轨头内侧工作面中符号"+"表示凹进;
3 轨底(焊筋)中符号"+"表示凸出。

检验数量:施工单位、监理单位全部检查。

检验方法:用 1 m 直尺或专用平直度检查仪检查。

一 般 项 目

10.8.10 经打磨后的铝热焊接头轨头部位应符合下列规定:

1 可出现 1 个最大尺寸不超过 1 mm 的气孔。

2 在轨头下颚与焊筋边缘交界处半径为 2 mm 的区域内可出现 1 个最大尺寸不超过 1 mm的气孔、夹渣或夹砂。

检验数量:施工单位全部检查。

检验方法:观察检查、尺量。

10.8.11 铝热焊接头焊筋表面应符合下列规定:

1 最多可出现 3 个最大尺寸不超过 2 mm 的气孔。

2 焊筋表面夹渣或夹砂等缺陷的尺寸应符合表 10.8.11 的规定,这些缺陷不应侵入钢轨的横断面内。

检验数量:施工单位全部检查。

检验方法:观察检查、尺量。

表 10.8.11 焊筋表面夹渣或夹砂等缺陷的最大尺寸

缺陷面积(mm^2)	缺陷深度(mm)
≤10	≤3
≤15	≤2
≤20	≤1

10.8.12 钢轨铝热焊焊缝距离承轨台边缘不应小于 100 mm。

检验数量:施工单位全部检查。

检验方法:尺量。

11 板式无砟道岔

11.1 一 般 规 定

11.1.1 混凝土道岔板应工厂化生产，其质量要求、检验标准、标识、存放、运输、装卸等应符合《客运专线铁路岔区板式无砟轨道混凝土道岔板暂行技术条件》(科技基〔2008〕173 号)的规定，出厂时工厂应提供产品制造技术证明书。

11.1.2 道岔订购、厂内组装验收、运输、装卸、存放和岔区施工要求等应符合本标准第10.1.2 条～第 10.1.10 条的规定。

11.1.3 道岔控制测量应符合本标准第 10.1.11 条的规定。

11.1.4 板式无砟道岔施工应统筹考虑道岔板的生产、运输、存放和铺设等环节，制订实施方案，做好施工协调工作。

11.1.5 测量及精调用的仪器及配套工具应提前准备并经专业检验合格。

11.1.6 自密实混凝土及水泥乳化沥青砂浆的配合比，应提前 1 个月设计完成，充分考虑其强度、耐久性等各项指标，在灌注前完成工艺性试验，取得最佳参数。

11.1.7 岔前岔后各不少于 200 m 的无砟轨道应待道岔板铺设完成后再组织施工，确保线路平顺性。

11.1.8 自密实混凝土灌注过程必须在拌和站及灌注现场设专职试验人员进行扩展度及泌水率试验，确保灌注混凝土的质量稳定。

11.1.9 自密实混凝土宜从一侧用漏斗或溜槽均匀灌入模板内，每块板宜一次灌注完成。灌注较宽底座板时，也可采用两侧同时灌注，但须经工艺试验，确保灌注密实。

11.2 路基上混凝土垫层

模 板

主 控 项 目

11.2.1 模板及支架的材质和安装质量应符合本标准第 6.2.1 条和第 6.2.2 条的规定。

一 般 项 目

11.2.2 模板安装允许偏差应符合表 11.2.2 的规定。

表 11.2.2 混凝土垫层模板安装允许偏差

序号	项目	允许偏差(mm)	备 注
1	纵向位置	±5	均为模板内侧面的允许偏差
2	中线位置	5	
3	纵向长度	±10	
4	宽度	±5	
5	高程	±5	

检验数量:施工单位不同宽度段每段检查 3 处(两端及中部)。

检验方法:测量。

11.2.3 模板拆除检验应符合本标准第 6.2.6 条的规定。

Ⅱ 混 凝 土

主 控 项 目

11.2.4 混凝土原材料、配合比设计、施工检验应符合本标准第 6.2.15 条～第 6.2.17 条的规定。

一 般 项 目

11.2.5 混凝土垫层外形尺寸允许偏差及检验方法应符合表 11.2.5 的规定。

表 11.2.5 混凝土垫层外形尺寸允许偏差及检验方法

序号	项 目	允许偏差(mm)	检验方法
1	纵向位置	±10	全站仪测量和尺量
2	中线位置	10	
3	纵向长度	±20	尺量
4	宽度	±20	
5	厚度	±10%设计厚度	尺量
6	顶面高程	±10	用水准仪测量左中右三个点
7	表面平整度	15 mm/4 m	用 4 m 直尺量
8	两侧横向排水坡	±0.5%	用直尺配合坡度尺量

检验数量:施工单位不同宽度段每段检查 3 处(两端及中部)。

11.2.6 混凝土外观质量应符合本标准第 6.2.20 条的规定。

11.2.7 垫层混凝土表面应按设计要求拉毛,拉毛纹路应均匀、清晰、整齐。拉毛深度为1.5～2 mm。

检验数量:施工单位全部检查。

检验方法:观察、尺量。

11.2.8 混凝土垫层应在终凝后进行横向切缝,分段长度不应大于 5 m,且应与线下构筑物结构缝对齐,缝深不小于垫层厚度的 1/3。

检验数量:施工单位全部检查。

检验方法:尺量。

11.3 桥上滑动层

主 控 项 目

11.3.1 桥面平整度要求、滑动层(二布一膜)材料质量及铺设质量应符合本标准第 7.3.1 条、第 7.3.2 条、第 7.3.4 条、第 7.3.6 条、第 7.3.8 条和第 7.3.9 条的规定。

一 般 项 目

11.3.2 滑动层(二布一膜)铺设宽度应符合本标准第 7.3.10 条的规定。

11.4 桥上混凝土底座

模 板

主 控 项 目

11.4.1 底座模板及支架的材质和安装质量应符合本标准第 6.2.1 条和第 6.2.2 条的规定。

一 般 项 目

11.4.2 模板安装允许偏差应符合本标准表 7.4.2 的规定。

检验数量:施工单位不同宽度段每段检查 3 处(两端及中部)。

检验方法:测量。

11.4.3 底座模板拆除检验应符合本标准第 6.2.6 条的规定。

Ⅱ 钢 筋

主 控 项 目

11.4.4 钢筋原材料、加工、连接、安装质量检验符合本标准第 6.2.7 条～第 6.2.10 条的规定。

一 般 项 目

11.4.5 钢筋外观质量、加工允许偏差、接头设置、绑扎质量及安装允许偏差应符合本标准第 6.2.11 条～第 6.2.14 条的规定。

Ⅲ 混 凝 土

主 控 项 目

11.4.6 混凝土原材料、配合比设计、施工质量检验应符合本标准第 6.2.15 条～第 6.2.17 条的规定。

一 般 项 目

11.4.7 混凝土底座外形尺寸允许偏差应符合本标准表 7.4.16 的规定。

检验数量:施工单位不同宽度段每段检查 3 处(两端及中部)。

检验方法:测量。

11.4.8 混凝土底座外观质量应符合本标准第 6.2.20 条的规定。

11.5 基准点、定位点

主 控 项 目

11.5.1 道岔板基准点、定位点的测量方法、仪器及精度要求应符合《高速铁路工程测量规范》(TB 10601—2009)的规定。

检验数量:施工单位全部检查,监理单位见证检查 10%。

检验方法:施工单位测量,监理单位见证检查。

11.5.2 道岔板的定位点位置放样应标识清楚,精度应符合《高速铁路工程测量规范》(TB 10601—2009)的规定。

检验数量:施工单位、监理单位全部检查。

检验方法:观察,检查测量资料。

11.5.3 在基准点位置应钻孔并埋设具有对中功能的标志钉。

检验数量:施工单位、监理单位全部检查。

检验方法:观察。

一 般 项 目

11.5.4 标志钉的材质、埋设要求应符合本标准第 7.6.4 条~第 7.6.6 条的规定。

11.6 道岔板铺设

主 控 项 目

11.6.1 道岔板的类型、规格、质量应符合设计要求及《客运专线铁路岔区板式无砟轨道混凝土道岔板暂行技术条件》(科技基〔2008〕173 号)的规定。

检验数量:施工单位、监理单位全部检查。

检验方法:检查产品质量证明文件,观察,专用工具测量。

11.6.2 道岔板的外观质量应符合《客运专线铁路岔区板式无砟轨道混凝土道岔板暂行技术条件》(科技基〔2008〕173 号)第 3.4.2 条的相关规定。

检验数量:施工单位全部检查,监理单位按施工单位检验数量的 10%进行见证检验。

检验方法:施工单位观察、专用工具测量;监理单位观察、见证检验。

11.6.3 道岔板应按设计编号标识清楚,除预裂缝处外,板体及承轨面应无裂缝,承轨台无损坏,预埋件及预留孔应齐全、无损坏,埋设质量符合设计要求。

检验数量:施工单位全部检查,监理单位按施工单位检验数量的 10%进行见证检验。

检验方法:施工单位观察、专用工具测量;监理单位观察、见证检验。

11.6.4 道岔板应按布板设计图给定编号、位置对号入座进行铺设。

检验数量:施工单位、监理单位全部检查。

检验方法:对照布板图,现场核查轨道板编号。

11.6.5 精调时道岔板允许偏差应符合表 11.6.5 的规定。

表 11.6.5 精调时道岔板允许偏差

项 目	纵向	横向	高程	相邻道岔板承轨面相对横向偏差及高差
允许偏差(mm)	±0.3	0.3	±0.3	0.3

检验数量:施工单位、监理单位全部检查。

检验方法:施工单位依据基准点进行测量;监理单位检查测量记录。

11.6.6 道岔板的扣压装置应安装稳固,竖向垂直,横向水平,螺杆安装垂直稳固,螺帽与扣压装置贴紧。

检验数量:施工单位全部检查,监理单位按施工单位检验数量的 10%进行见证检验。

检验方法:施工单位观察和手拧;监理单位见证检验。

一 般 项 目

11.6.7 道岔板铺设前混凝土垫层和桥上底座表面应清理干净。

检验数量:施工单位全部检查。

检验方法:观察检查。

11.6.8 道岔板粗铺允许偏差为:纵向、高程±5 mm,横向 5 mm。

检验数量:施工单位全部检查。

检验方法:测量。

11.6.9 道岔板铺设灌注完成后,道岔板表面及周围多余混凝土、沥青砂浆等杂物应清理干净,道岔板标识及承轨台编号应符合设计要求。

检验数量:施工单位全部检查。

检验方法:对照设计资料,观察

11.7 路基上、隧道内混凝土底座板

模 板

主 控 项 目

11.7.1 底座板模板及支架的材质和安装质量应符合本标准第 6.2.1 条和第 6.2.2 条的规定。

一 般 项 目

11.7.2 预埋件和预留孔留置检验应符合本标准第 6.2.3 条的规定。

11.7.3 底座板模板安装允许偏差应符合本标准表 11.2.2 的规定。

检验数量:施工单位不同宽度段每段检查 3 处(两端及中部)。

检验方法:测量。

11.7.4 底座板模板拆除检验应符合本标准第 6.2.6 条的规定。

Ⅱ 钢 筋

主 控 项 目

11.7.5 钢筋原材料、加工、连接、安装质量检验符合本标准第 6.2.7 条～第 6.2.10 条的规定。

一 般 项 目

11.7.6 钢筋外观质量、加工允许偏差、接头设置、绑扎质量及安装允许偏差应符合本标准第 6.2.11 条～第 6.2.14 条的规定。

Ⅲ 自密实混凝土

主 控 项 目

11.7.7 混凝土原材料、配合比设计、施工质量检验应符合本标准第 6.2.15 条～第 6.2.17 条的规定。当设计有特殊要求时应符合设计要求。

11.7.8 自密实混凝土施工前应进行工艺性试验,试验结果应符合设计、施工工艺及相关技术要求。

检验数量:同一个单位、每个项目至少检查 1 次

检验方法:施工单位做工艺性试验,监理单位见证检查。

11.7.9 入模时混凝土拌和物的含气量不宜大于 5%。

检验数量:施工单位每组道岔检查 1 次,监理单位见证检验。

检验方法:施工单位进行含气量试验;监理单位见证试验。

11.7.10　混凝土拌制过程中，应对混凝土的扩展度和泌水率进行测定，测定值应符合配合比设计及工艺试验要求。

检验数量：施工单位每罐检查 1 次；监理单位见证检验 10%。

检验方法：施工单位进行扩展度及秘水率测试；监理单位见证试验。

11.7.11　拆除精调装置和扣压装置时，混凝土强度不应低于5 MPa，并保证混凝土不被损伤、碰裂。

检验数量：施工单位、监理单位全部检查。

检验方法：施工单位试验、观察，监理单位见证试验。

一 般 项 目

11.7.12　混凝土的入模温度应控制在 10 ℃～35 ℃范围内。

检验数量：施工单位每组道岔至少测温 3 次，并填写测温记录。

检验方法：测温。

11.7.13　混凝土底座板外形尺寸允许偏差应符合表 11.7.13 的规定。

检验数量：施工单位不同宽度段每段检查 3 处（两端及中部）。

检验方法：测量。

表 11.7.13　混凝土底座板外形尺寸允许偏差

序号	检 查 项 目	允许偏差(mm)
1	长度	±20
2	宽度	±20
3	顶面高程	$^{+5}_{-0}$
4	两侧横向排水坡	±0.5%

11.7.14　混凝土底座板外观质量应符合本标准第 6.2.20 条的规定。

11.8　桥上板下充填层

主 控 项 目

11.8.1　桥上水泥乳化沥青砂浆充填层原材料性能及施工检验应符合本标准第 7.8.1 条～第 7.8.12 条的规定。

一 般 项 目

11.8.2　桥上水泥乳化沥青砂浆充填层施工质量应符合本标准第 7.8.13 条～第 7.8.18 条的规定。

11.9　板缝及观察孔

主 控 项 目

11.9.1　混凝土原材料检验、配合比设计、施工检验应符合本标准第 6.2.15 条～第 6.2.17 条的规定。

一 般 项 目

11.9.2　混凝土外观质量应符合本标准第 6.2.20 条的规定。

11.9.3　观察孔混凝土表面应与道岔板表面平齐，板缝应顺直。

检验数量：施工单位全部检查。

检验方法：观察。

11.9.4　道岔板板间伸缩缝的设置及嵌塞材料应符合设计要求。

检验数量：施工单位全部检查。

检验方法：观察。

11.10 转换设备基础

Ⅰ 模板

主控项目

11.10.1 转换设备基础模板及支架的材质和安装质量应符合本标准第 6.2.1 条和第 6.2.2 条的规定。

一般项目

11.10.2 转换设备基础模板安装允许偏差应符合本标准表 10.7.4 的规定。

检验数量：施工单位全部检查。

检验方法：测量。

11.10.3 转换设备基础模板拆除检验应符合本标准第 6.2.6 条的规定。

Ⅱ 钢筋

主控项目

11.10.4 钢筋原材料、加工、连接、安装检验应符合本标准第 6.2.7 条～第 6.2.10 条的规定。

一般项目

11.10.5 钢筋外观质量、加工允许偏差、接头设置、绑扎质量及安装允许偏差应符合本标准第 6.2.11 条～第 6.2.14 条的规定。

Ⅲ 混凝土

主控项目

11.10.6 混凝土原材料、配合比设计、施工检验应符合本标准第 6.2.15 条～第 6.2.17 条的规定。

一般项目

11.10.7 转换设备基础外形尺寸允许偏差应符合本标准表 10.7.12 的规定。

检验数量：施工单位全部检查。

检验方法：测量。

11.10.8 转换设备基础混凝土外观质量应符合本标准第 6.2.20 条的规定。

11.11 侧向挡块

Ⅰ 模板

主控项目

11.11.1 模板及支架的材质和安装质量应符合本标准第 6.2.1 条和第 6.2.2 条的规定。

11.11.2 立模前，应检查确认侧向挡块范围内的底座表面光滑、无错台，并在侧向挡块与底座及道岔板的接触面间粘贴隔离材料，防止侧向挡块混凝土与其黏接。

检验数量:施工单位、监理单位全部检查。

检验方法:观察。

一 般 项 目

11.11.3 模板安装允许偏差应符合本标准表 7.10.3 的规定。

检验数量:施工单位每个挡块检查一次。

检验方法:尺量。

11.11.4 模板拆除检验应符合本标准第 6.2.6 条的规定。

Ⅱ 钢 筋

主 控 项 目

11.11.5 钢筋原材料、加工、连接、安装质量应符合本标准第 6.2.7 条～第 6.2.10 条的规定。

一 般 项 目

11.11.6 钢筋外观质量、加工允许偏差、接头设置、绑扎质量及安装允许偏差应符合本标准第 6.2.11 条～第 6.2.14 条的规定。

Ⅲ 混 凝 土

主 控 项 目

11.11.7 混凝土原材料质量指标、配合比设计、施工质量应符合本标准第 6.2.15 条～第 6.2.17 条的规定。当设计文件有特殊要求时,应符合设计文件要求。

一 般 项 目

11.11.8 侧向挡块允许偏差应符合本标准表 7.10.8 的规定。

检验数量:施工单位每个挡块检查一次。

检验方法:尺量。

11.11.9 混凝土外观质量应符合本标准第 6.2.20 条的规定。

Ⅳ 弹性限位板

主 控 项 目

11.11.10 侧向挡块弹性限位板的规格、质量应符合本标准第 7.10.10 条的规定。

11.11.11 侧向挡块弹性限位板的安装位置、数量及允许偏差应符合本标准第 7.10.11 条的规定。

11.12 道岔板锚固连接

主 控 项 目

11.12.1 道岔板锚固连接原材料质量要求、连接时机、位置、连接方式应符合本标准第 7.11.1 条和第 7.11.2 条规定。

一 般 项 目

11.12.2 锚固连接钻孔及植筋质量检验应符合本标准第 7.11.3 条和第 7.11.4 条规定。

11.13 道岔组件安装及精调

主 控 项 目

11.13.1 道岔的类型、规格和质量应符合设计要求和产品标准规定。

检验数量：施工单位、监理单位全部检查。

检验方法：检查产品质量证明文件，观察检查、尺量。

11.13.2 道岔钢轨件应无碰伤、擦伤、掉块、低陷，无硬弯、扭曲等缺陷。

检验数量：施工单位、监理单位全部检查。

检验方法：观察检查。

11.13.3 道岔钢轨件安装前应清理道岔板表面，道岔板表面应无尘土、污垢、积水及油污。

检验数量：施工单位、监理单位全部检查。

检验方法：观察。

11.13.4 道岔组件安装应符合道岔铺设图要求。

检验数量：施工单位、监理单位全部检查。

检验方法：观察、尺量。

11.13.5 精调后道岔（直向）平顺度铺设精度应符合本标准表 10.6.7 的规定。

检验数量：施工单位、监理单位全部检查。

检验方法：施工单位用轨道几何状态测量仪检测，监理单位见证检测。

11.13.6 尖轨第一牵引点前与基本轨密贴、转辙器部分最小轮缘槽、心轨尖端至第一牵引点处密贴、查照间隔检验应符合本标准第 10.6.8 条～第 10.6.11 条的规定。

一 般 项 目

11.13.7 精调后道岔各部允许偏差应符合相关技术条件的规定。

检验数量：施工单位按照技术条件检验项点全部检查。

检验方法：轨道几何状态测量仪、道尺、塞尺等专用检具检查。

11.13.8 道岔零配件安装、螺栓扭力矩、标记质量检验应符合本标准第 10.6.14 条～第 10.6.16 条的规定。

11.14 道岔钢轨焊接

主 控 项 目

11.14.1 道岔钢轨焊接质量检验应符合本标准第 10.8.1 条～第 10.8.9 条的规定。

一 般 项 目

11.14.2 道岔钢轨焊接质量检验应符合本标准第 10.8.10 条～第 10.8.12 条的规定。

12 有砟道床

12.1 一般规定

12.1.1 道砟应采用特级碎石道砟，道砟质量应符合现行铁道行业标准《铁路碎石道砟》(TB/T 2140—2008)的规定。

12.1.2 道砟应按规定进行建场检验、生产检验和出场检验。建场检验和生产检验由铁道部指定单位进行，出场检验由采石场进行。

12.1.3 铺轨前铺砟宜采用道砟摊铺机一次摊铺压实成形。

12.1.4 长钢轨铺设后应及时使用大型机械化整道作业车组进行分层上砟、整道作业。

12.1.5 桥梁及隧道地段的有砟道床进行稳定作业应遵守有关规定。

12.2 铺轨前铺砟

主 控 项 目

12.2.1 道砟材质应符合现行铁道行业标准《铁路碎石道砟》(TB/T 2140—2008)的相关规定。

检验数量：施工单位、监理单位全部检查。

检验方法：查验建场检验证书、生产检验证书和产品合格证，必要时建设单位、施工单位和监理单位共同对采石场进行见证取样检测。

12.2.2 道砟进场上道前的粒径级配、颗粒形状及清洁度应符合现行铁道行业标准《铁路碎石道砟》(TB/T 2140—2008)的相关规定。

检验数量：同一产地、品种且连续进场的道砟，每 5 000 m^3 为一批，不足 5 000 m^3 时亦按一批计。施工单位每批抽检 1 次；监理单位按施工单位检验次数的 20%进行见证检验。

检验方法：施工单位采用筛分、专用量规检测或特定检验；监理单位进行见证检验，并检查施工单位检验报告。

12.2.3 铺轨前道床密度不应低于 1.6 g/cm^3。

检验数量：施工单位道床密度每 5 km 抽检 5 处，每处测 2 个点位；监理单位按施工单位检验次数的 20%进行见证检验。

检验方法：施工单位检算碾压机械压强，用道床密度仪或灌水法检测道床密度；监理单位检查施工单位检算资料和检测记录，并进行见证检测。

一 般 项 目

12.2.4 预铺道砟厚度宜为 200～250 mm。

检验数量：施工单位每 1 km 抽检 4 处。

检验方法：观察检查、尺量。

12.2.5 砟面应平整，其平整度允许偏差为 20 mm/3 m，砟面中间不应凸起。

检验数量:施工单位每 1 km 抽检 4 处。

检验方法:观察检查、3 m 靠尺量。

12.3 分层上砟整道

主 控 项 目

12.3.1 道砟材质应符合本标准第 12.2.1 条的规定。

12.3.2 道砟进场上道前的粒径级配、颗粒形状及清洁度应符合本标准第 12.2.2 条的规定。

12.3.3 道床经分层上砟整道达到初期稳定阶段时,力学参数应符合以下规定:道床支承刚度不应小于 70 kN/mm,道床横向阻力不应小于 7.5 kN/枕。

检验数量:施工单位以 5 km 作为一个检验批,每 1 km 检测 2 根轨枕,求平均值;监理单位按施工单位检验次数的 20%进行见证检验。

检验方法:施工单位用专用仪器检测;监理单位检查施工单位检测记录,并进行见证检测。

一 般 项 目

12.3.4 整道后的道床断面应基本达到设计要求,曲线外轨超高应按设计要求进行设置,并应在缓和曲线全长范围内均匀递减。

检验数量:施工单位全部检查。

检验方法:观察检查、尺量。

12.3.5 轨面高程宜比设计低 50～80 mm,轨道中心线与设计线路中线允许偏差为 20 mm。

检验数量:施工单位每 5 km 抽检 2 处,每处各抽检 10 个测点。

检验方法:测量。

12.3.6 轨道达到初期稳定阶段状态时,轨道静态几何尺寸允许偏差和检验方法应符合表 12.3.6 的规定。

表 12.3.6 初期稳定阶段轨道静态几何尺寸允许偏差和检验方法

序号	项目	允许偏差(mm)	检验方法
1	高低	4	10 m 弦量
2	轨向	4	直线 10 m 弦量,曲线 20 m 弦量
3	扭曲(基长 3 m)	4	测量
4	轨距	±2	轨距尺量
5	水平	4	轨距尺量

检验数量:施工单位每 5 km 抽检 2 处,每处各抽检 10 个测点。

13 有砟道岔

13.1 一般规定

13.1.1 道岔订购、厂内组装验收、运输、装卸、存放和岔区施工要求等应符合本标准第10.1.2条～第10.1.8条的规定。

13.1.2 道岔控制测量应符合本标准第10.1.11条的规定。

13.1.3 正线道岔铺设时应设置组装平台，采用原位铺设法或移位铺设法进行铺设。

13.1.4 铺岔完成，经自检、电务互检合格后，电务应及时安装转辙及锁闭装置。安装转辙装置时，工务、电务应配合施工。

13.1.5 道岔转辙及锁闭装置未安装前，应用钩锁器固定尖轨、心轨，直向限速15 km/h通过，侧向不宜通过工程列车。

13.1.6 在焊接岔内钢轨接头时，应按设计顺序焊接。道岔与两端无缝线路焊接应在道床基本达到稳定状态、轨面高程、轨向和水平已基本达到设计标准时，方可施焊。焊联及锁定过程中应采取措施始终保持限位器子、母块位置居中，尖轨方正。

13.1.7 焊接完成后应检查焊好的接头，并打上焊接标记，填写焊接记录报告。

13.2 道岔控制基标及加密基标

主控项目

13.2.1 基标所用材料进场时，应对其规格、形式、外观进行验收，其质量应符合设计要求。

检验数量：施工单位、监理单位全部检查。

检验方法：查验产品合格证、观察检查。

13.2.2 道岔控制基标及加密基标布设、测量方法、仪器、精度，基标标志的设置应符合本标准第10.5.1条～第10.5.5条的规定。

一般项目

13.2.3 基标的标识应设置齐全，色泽鲜明、清晰完整。

检验数量：施工单位全部检查。

检验方法：观察检查。

13.3 铺岔前预铺道砟

主控项目

13.3.1 道砟材质应符合本标准第12.2.1条的规定。

13.3.2 道砟进场上道前的粒径级配、颗粒形状及清洁度应符合本标准第12.2.2条的规定。

13.3.3 道床密度不应低于1.7 g/cm^3。

检验数量：施工单位道床密度每组道岔抽检 3 个点位；监理单位全部见证检测。

检验方法：施工单位检测道床密度；监理单位检查施工单位检测记录，并进行见证检测。

一 般 项 目

13.3.4 预铺道砟砟面应平整，其平整度允许偏差为 10 mm/3 m。

检验数量：施工单位每组道岔抽检 4 处。

检验方法：观察检查、3 m 靠尺量。

13.3.5 预铺道床厚度宜比设计小 80～100 mm。

检验数量：施工单位每组道岔抽检 4 处。

检验方法：尺量。

13.3.6 道岔前后 30 m 范围应做好顺坡并碾压。

检验数量：施工单位每组道岔抽检 4 处。

检验方法：观察检查。

13.4 道 岔 铺 设

主 控 项 目

13.4.1 道岔的类型、规格和质量应符合设计要求和产品标准规定。

检验数量：施工单位、监理单位全部检查。

检验方法：施工单位检查产品质量证明文件，观察检查、尺量、清点；监理单位检查产品质量证明文件、观察检查。

13.4.2 尖轨第一牵引点前与基本轨密贴、转辙器部分最小轮缘槽、心轨尖端至第一牵引点处密贴、查照间隔检验应符合本标准第 10.6.8 条～第 10.6.11 条的规定。

一 般 项 目

13.4.3 道岔铺设允许偏差应符合相关技术条件的规定。

检验数量：施工单位按照技术条件检验项点全部检查。

检验方法：轨道几何状态测量仪、道尺、塞尺等专用检具检查。

13.4.4 道岔零配件安装、螺栓扭力矩、标记质量检验应符合本标准第 10.6.14 条～第 10.6.16 条的规定。

13.5 道岔铺砟整道

主 控 项 目

13.5.1 道砟材质应符合本标准第 12.2.1 条的规定。

13.5.2 道砟进场上道前的粒径级配、颗粒形状及清洁度应符合本标准第 12.2.2 条的规定。

一 般 项 目

13.5.3 预留起道量宜为 50～80 mm。

检验数量：施工单位每组道岔抽检 4 处。

检验方法：尺量。

13.5.4 道岔结构尺寸调整时，应兼顾对应点的方向和轨距，实现综合调整，调整后道岔内轨距允许偏差应控制在±1 mm 范围内，轨距变化率不应大于 1/1 500 。支距允许偏差应控制在

±1 mm范围内。

检验数量:施工单位全部检查。

检验方法:观察检查、尺量。

13.5.5 在道岔捣固车捣固前应根据CPⅢ轨道控制网和加密基标对道岔整体平顺性进行人工整治,保证道岔内高低允许偏差不大于5 mm/10 m弦。轨向允许偏差不大于3 mm/10 m弦。水平允许偏差不大于2 mm。

检验数量:施工单位全部检查。

检验方法:观察检查、尺量。

13.6 道岔钢轨焊接

主 控 项 目

13.6.1 道岔钢轨焊接质量检验应符合本标准第10.8.1条~第10.8.9条的规定。

一 般 项 目

13.6.2 道岔钢轨焊接质量检验应符合本标准第10.8.10条~第10.8.12条的规定。

14 轨道过渡段

14.1 一般规定

14.1.1 过渡段使用的轨道部件及特殊工程材料的技术要求应符合设计及相关规定。

14.1.2 过渡段的位置、长度及设置方法应符合设计要求。

14.1.3 过渡段应与两端线路进行贯通测量。

14.1.4 不同结构高度的轨道之间的过渡段，应按设计要求在过渡区消除高差，保证相互之间顺接。

14.1.5 不同轨道结构间的过渡段区域不应有工地焊接接头。

14.2 无砟轨道与有砟轨道结构间的过渡

模 板

主控项目

14.2.1 模板及支架的材质和安装质量检验应符合本标准第6.2.1条和第6.2.2条的规定。

一般项目

14.2.2 预埋件和预留孔留置检验应符合本标准第6.2.3条的规定。

14.2.3 模板安装允许偏差应符合本标准表7.4.2的规定。

检验数量：施工单位全部检查。

检验方法：测量。

14.2.4 模板拆除检验应符合本标准6.2.6条的规定。

Ⅱ 钢 筋

主控项目

14.2.5 钢筋原材料、加工、连接、安装检验应符合本标准第6.2.7条～第6.2.10条的规定。

一般项目

14.2.6 钢筋外观质量、加工允许偏差、接头设置、绑扎质量及安装允许偏差应符合本标准第6.2.11条～第6.2.14条的规定。

Ⅲ 混凝土

主控项目

14.2.7 混凝土原材料、配合比设计、施工检验应符合本标准第6.2.15条～第6.2.17条的规定。当设计文件有特殊要求时，应符合设计文件要求。

一般项目

14.2.8 混凝土外形尺寸允许偏差和检验数量及方法应符合本标准第7.4.16条的规定。

14.2.9 混凝土外观质量应符合本标准第 6.2.20 条的规定。

Ⅳ 锚固连接

主控项目

14.2.10 预埋钢筋或锚固销钉的位置、规格、数量、间距应符合设计要求。

检验数量:施工单位、监理单位全部检查。

检验方法:观察、尺量。

14.2.11 采用锚固销钉连接时,锚固连接原材料质量要求、连接时机、位置、连接方式应符合本标准第 7.11.1 条和第 7.11.2 条规定。

一般项目

14.2.12 锚固连接钻孔及植筋质量检验应符合本标准第 7.11.3 条和第 7.11.4 条规定。

Ⅴ 道砟

主控项目

14.2.13 道砟材质应符合本标准第 12.2.1 条的规定。

14.2.14 道砟进场上道前的粒径级配、颗粒形状及清洁度应符合本标准第 12.2.2 条的规定。

14.2.15 过渡段道砟胶喷洒的范围、层数应符合设计要求,道砟胶的质量应符合相关技术条件的规定。

检验数量:施工单位、监理单位全部检查。

检验方法:检查产品质量证明文件、观察。

14.2.16 有砟轨道过渡区段道砟分级黏结前应进行上砟整道,线路稳定、符合要求后方可进行道砟分级黏结。

检验数量:施工单位、监理单位全部检查。

检验方法:观察检查。

Ⅵ 辅助轨

主控项目

14.2.17 过渡段辅助轨及扣件类型应符合设计要求,扣件安装完整、正确。

检验数量:施工单位、监理单位全部检查。

检验方法:观察,检查产品质量证明文件。

14.2.18 当过渡段辅助轨扣件螺栓采用植筋方式安装时,植筋胶材料、钻孔及植筋质量等应符合本标准第 7.11 节的有关规定。

14.2.19 过渡段辅助轨扣件扭矩不应小于设计值。

检验数量:施工单位全部检验;监理单位平行检查 20%。

检验方法:测力扳手测量。

一般项目

14.2.20 过渡段辅助轨长度 25 m,其中无砟轨道内 5 m,有砟轨道内 20 m。辅助轨、轨枕安装的允许偏差及检验方法应符合表 14.2.20 的规定。

表 14.2.20 过渡段辅助轨、轨枕安装位置允许偏差及检验方法

序号	项　目	允许偏差(mm)	检验方法
1	辅助轨横向偏差	5	尺量
2	辅助轨轨面高程	$^{0}_{-15}$	测量
3	特殊枕轨枕间距	±20 mm,连续6根轨枕的累计值±30mm	尺量

检验数量:施工单位全部检验。

14.3 不同无砟轨道结构间的过渡

主 控 项 目

14.3.1 过渡段使用的轨道部件及特殊工程材料的质量应符合设计及相关规定。

检验数量:施工单位、监理单位全部检查。

检验方法:检查产品质量证明文件。

14.3.2 不同高度的无砟轨道结构在过渡段内,其尺寸、标高、隔离、连接等应符合设计要求,并保证轨道平顺。

检验数量:施工单位全部检验;监理单位见证检验。

检验方法:观察、测量。

14.3.3 不同类型无砟轨道间的过渡段所使用扣件的规格、数量、位置应符合设计要求。

检验数量:施工单位全部检验;监理单位见证检验。

检验方法:观察、计数。

14.3.4 抗剪钢筋或销钉应竖直,纵横向位置允许偏差±10 mm,外露长度允许偏差为$^{+10}_{0}$ mm。

检验数量:施工单位、监理单位全部检查。

检验方法:尺量。

15　钢轨伸缩调节器

15.1　一般规定

15.1.1　钢轨伸缩调节器应在工厂内组装并由建设单位组织验收。出厂时，制造厂应依据钢轨伸缩调节器相关技术条件进行检验，并提供出厂合格证、铺设图和发货明细表。

15.1.2　钢轨伸缩调节器基本轨始端和尖轨跟端焊接接头的位置距梁缝不应小于 2 m。

15.1.3　铺设钢轨伸缩调节器应根据锁定时的轨温计算并准确预留伸缩量。

15.1.4　铺设钢轨伸缩调节器时，宜先铺单股并以线路上已有轨道作基准控制方向，另一股以此为基准控制轨距。

15.1.5　钢轨伸缩调节器铺设就位，调整方向、轨距、水平达到规定要求后，再上紧全部螺栓。

15.2　无砟轨道钢轨伸缩调节器

主 控 项 目

15.2.1　钢轨伸缩调节器的规格、型号、质量应符合设计及《时速 350 公里客运专线无砟轨道 60 kg/m 钢轨伸缩调节器暂行技术条件》(科技基〔2008〕166 号)的规定。

检验数量：施工单位、监理单位全部检查。

检验方法：检查产品质量证明文件，观察、检查、尺量、清点。

15.2.2　钢轨伸缩调节器铺设时应按表 15.2.2 规定确定调节器的铺设位置。铺设位置的控制里程与设计图位置的允许偏差为±20 mm。

表 15.2.2　钢轨伸缩调节器铺设位置

类型	铺设位置控制
单向调节器	第一块双轨垫板的枕中心(尖轨尖端附近)
双向调节器	调节器其中一端的第一块双轨垫板的枕中心(尖轨尖端附近)

检验数量：施工单位、监理单位全部检查。

检验方法：施工单位测量，监理单位见证检查。

15.2.3　钢轨伸缩调节器区段的无砟道床施工应符合本标准第 10 章和第 11 章的相关规定。

15.2.4　钢轨焊接接头质量应符合《钢轨焊接　第一部分：通用技术条件》(TB/T 1632.1—2005)的规定。焊接接头应打磨平整，基本轨始端焊接接头的轨颚、轨腰、轨底和轨底角凸出量应不大于 0.3 mm；尖轨根端焊接接头的轨颚、轨腰、轨底和轨底角凸出量应不大于 0.5 mm。

检验数量：施工单位、监理单位全部检查。

检验方法：施工单位观察、尺量，监理单位观察、见证检查。

15.2.5　钢轨伸缩调节器铺设状态应符合《时速 350 公里客运专线无砟轨道 60 kg/m 钢轨伸缩调节器暂行技术条件》(科技基〔2008〕166 号)第 6 条和第 7 条的规定。

检验数量:施工单位、监理单位全部检查。

检验方法:施工单位观察、尺量,监理单位观察、见证检查。

15.2.6 钢轨伸缩调节器的螺栓扭力矩应符合规定。

检验数量:施工单位全部检查;监理单位按施工单位抽检数量的10%进行见证检验。

检验方法:施工单位测力扳手测量;监理单位检查施工单位测量记录,并进行见证检验。

15.2.7 钢轨伸缩调节器两端设计长度范围内的扣件扣压力应满足设计要求。

检验数量:施工单位抽检2%;监理单位按施工单位抽检数量的10%进行见证检验。

检验方法:施工单位用弹条扣压力测定仪测定;监理单位检查施工单位记录,并进行见证检验。

15.2.8 钢轨伸缩调节器铺设调整后,应达到基本轨伸缩无障碍,尖轨锁定不爬行。

检测数量:施工单位、监理单位全部检查。

检测方法:观察检查。

一 般 项 目

15.2.9 钢轨伸缩调节器零配件安装正确,标记齐全、准确、清晰,表面平整,棱线平直,无飞边。

检验数量:施工单位全部检查。

检验方法:观察、尺量。

15.3 有砟轨道钢轨伸缩调节器

主 控 项 目

15.3.1 钢轨伸缩调节器的种类、型号、方向应符合设计要求,质量应符合《时速250公里客运专线(兼顾货运)有砟轨道60 kg/m钢轨伸缩调节器暂行技术条件》(科技基〔2008〕166号)的规定。

检验数量:施工单位、监理单位全部检查。

检验方法:检查产品质量证明文件,观察检查、尺量。

15.3.2 钢轨伸缩调节器铺设时应按本标准表15.2.2规定确定调节器的铺设位置。铺设位置的控制里程与设计图位置的允许偏差为±50 mm。

检验数量:施工单位、监理单位全部检查。

检验方法:施工单位测量,监理单位见证检查。

15.3.3 钢轨伸缩调节器区段的有砟道床施工应符合本标准第13章的相关规定。

15.3.4 钢轨焊接接头质量应符合本标准第15.2.4条的规定。

15.3.5 钢轨伸缩调节器铺设状态应符合《时速250公里客运专线(兼顾货运)有砟轨道60 kg/m钢轨伸缩调节器暂行技术条件》(科技基〔2008〕166号)第6条和第7条的规定。

检验数量:施工单位、监理单位全部检查。

检验方法:施工单位观察、尺量,监理单位观察、见证检查。

15.3.6 钢轨伸缩调节器的螺栓扭力矩、两端设计长度范围的扣件扣压力和铺设调整质量应符合本标准第15.2.6条~第15.2.8条的规定。

一 般 项 目

15.3.7 钢轨伸缩调节器零配件安装、标记等应符合本标准第15.2.9条的规定。

16 无 缝 线 路

16.1 一 般 规 定

16.1.1 无砟轨道铺轨应在无砟道床施工完毕并检查合格后方可施工。

16.1.2 无砟轨道铺轨时应注意成品保护，避免无砟道床受损。

16.1.3 铺轨应严格按照“配轨表”铺轨编号依次铺设长钢轨。

16.1.4 单元轨节起止点不应设置在不同轨道结构过渡段以及不同线下基础过渡段范围内。

16.1.5 每节单元轨始端、终端落槽时的轨温平均值为长钢轨铺设轨温，铺轨时应记录铺设轨温。

16.1.6 有砟轨道长钢轨铺设后，第一次铺砟整道应随即进行。

16.1.7 工地钢轨焊接应采用移动式闪光焊接。

16.1.8 环境温度低于 0 ℃时不应进行工地钢轨焊接。恶劣天气焊接时，应采取防护措施。

16.1.9 气温低于 10 ℃时，焊前应用火焰预热轨端 0.5 m 长度范围，预热温度应均匀，钢轨表面预热升温至 35～50 ℃才能进行焊轨作业，焊后应采取保温措施。

16.1.10 承受拉力的焊缝，在其轨温高于 400 ℃时应持力保压。

16.1.11 工地焊接完成后应检查焊好的接头，并标记编号，填写焊接记录报告。

16.1.12 线路锁定时，轨道几何尺寸及曲线外轨超高应满足设计要求。

16.1.13 位移观测桩应设置齐全、牢固可靠、易于观测和不易破坏。

16.1.14 线路锁定前应掌握当地轨温变化规律，根据作业区段的时间间隔，选定锁定线路的最佳施工时间与施工方法。

16.1.15 无缝线路实际锁定轨温应在设计锁定轨温允许范围内。无缝道岔内锁定焊接及道岔与两端无缝线路锁定焊接应在设计锁定轨温范围内锁定和焊接。

16.1.16 线路锁定后，应立即在钢轨上设置纵向位移观测的“零点”标记，按规定开始观测并记录钢轨位移情况。

16.1.17 拉伸器撤除后，已锁定单元轨节自由端会产生回缩量。下一单元轨节拉伸锁定时，应将该回缩量计入单元轨节拉伸量。

16.2 无砟轨道铺轨

主 控 项 目

16.2.1 长钢轨的类型、规格、焊头质量应符合设计要求及相关标准的规定。

检验数量：施工单位、监理单位全部检查。

检验方法：检查产品质量证明文件，观察检查、尺量。

16.2.2 扣配件的类型、规格、质量应符合设计及产品标准的规定。

检验数量：施工单位、监理单位全部检查。

检验方法：检查产品质量证明文件，观察检查。

16.2.3 钢轨胶接绝缘接头的类型、规格、质量应符合设计要求及相关技术条件规定，现场胶接时应进行型式试验。

检验数量：施工单位全部检查；监理单位平行检验10%。

检验方法：施工单位检查产品质量证明文件，观察检查、尺量并检测接头绝缘性能，现场胶接时进行型式试验；监理单位检查产品质量证明文件及施工单位检测记录或型式试验报告，并进行平行检验。

一 般 项 目

16.2.4 钢轨胶接绝缘接头铺设位置应符合设计要求，左右两股钢轨的胶接绝缘接头应相对铺设，且绝缘接头轨缝绝缘端板距承轨台边缘不宜小于100 mm。

检验数量：施工单位全部检查。

检验方法：尺量。

16.2.5 安装扣配件时应符合下列规定：

1 绝缘轨距块的配置应符合设计要求。

2 各种零件应安装齐全，位置正确。

3 螺栓应按规定涂专用长效防腐脂。

检验数量：施工单位每1 km抽检100 m。

检验方法：尺量、观察检查。

16.3 有砟轨道铺枕铺轨

主 控 项 目

16.3.1 长钢轨的质量应符合本标准第16.2.1条的规定。

16.3.2 轨枕及扣配件类型、规格、质量应符合设计及产品标准规定。

检验数量：施工单位、监理单位全部检查。

检验方法：检查产品质量证明文件、观察检查。

16.3.3 轨枕的型式尺寸（长度、高度、控制轨距的预埋件间距或两承轨槽距离）应符合产品标准规定。

检验数量：施工单位抽检2%；监理单位按施工单位抽检数量的10%进行见证检验。

检验方法：施工单位尺量；监理单位见证检测。

16.3.4 轨枕及其扣配件的铺设数量应符合设计要求。

检验数量：施工单位抽检2%；监理单位按施工单位抽检数量的10%进行见证检验。

检验方法：施工单位对照设计文件、点数；监理单位检查施工单位检查记录，并进行见证检验。

16.3.5 钢轨胶接绝缘接头的质量应符合本标准第16.2.3条的规定。

一 般 项 目

16.3.6 轨枕应方正，并与轨道中心线垂直。枕间距允许偏差±20 mm，连续6根轨枕的距离允许偏差为±30 mm。

检验数量：施工单位每2 km抽检两处，每处6根轨枕。

检验方法：尺量。

16.3.7　轨道中心线与线路设计中心线应一致,允许偏差为 30 mm。

检验数量:施工单位每 2 km 抽检 100 m,每 10 m 一个测点。

检验方法:尺量。

16.3.8　钢轨胶接绝缘接头铺设应符合本标准第 16.2.4 条的规定。

16.3.9　扣件组装应符合下列要求。

1　绝缘轨距块的配置应符合设计要求。

2　各种零件应安装齐全,位置正确。

检验数量:施工单位每 1 km 抽检 100 m。

检验方法:尺量、观察检查。

16.4　工地钢轨焊接

主 控 项 目

16.4.1　工地钢轨闪光焊接接头的型式检验应符合铁道行业标准《钢轨焊接第 2 部分:闪光焊接》(TB/T 1632.2—2005)第 5.2 节规定。

检验数量:施工单位按上述标准的规定数量进行检验;监理单位全部见证取样检验。

检验方法:施工单位按上述标准的规定方法进行检验;监理单位见证取样并检查施工单位型式检验报告。

16.4.2　工地钢轨闪光焊接接头的生产检验应符合铁道行业标准《钢轨焊接第 2 部分:闪光焊接》(TB/T 1632.2—2005)第 5.3 节规定。

检验数量:施工单位按上述标准规定数量进行检验;监理单位全部见证检验。

检验方法:施工单位按上述标准的规定方法进行检验;监理单位见证取样并检查施工单位生产检验报告。

16.4.3　钢轨焊头应进行超声波探伤检查。超声波探伤应符合铁道行业标准《钢轨焊接第 1 部分:通用技术条件》(TB/T 1632.1—2005)第 5 章规定。

检验数量:施工单位全部检查;监理单位平行检验 10%。

检验方法:施工单位观察检查、探伤仪检查;监理单位检查施工单位探伤检查记录,并进行平行检验。

16.4.4　钢轨胶接绝缘接头焊接前应测定电绝缘性能,并应符合相关技术条件的规定。

检验数量:施工单位、监理单位全部检查。

检验方法:仪器测量。

16.4.5　加焊轨长度:正线不得小于 24 m,道岔侧股及到发线不得小于 12 m。

检验数量:施工单位、监理单位全部检查。

检验方法:尺量、观察检查。

16.4.6　钢轨焊头表面质量和平直度检验应符合本标准第 10.8.7 条～第 10.8.9 条的规定。

一 般 项 目

16.4.7　单元轨节左右两股钢轨的焊接接头宜相对,相错量不应大于 100 mm。

检验数量:施工单位全部检查。

检验方法:尺量。

16.4.8　单元轨节起止点不应设置在不同轨道结构过渡段以及不同线下基础过渡段范围内。

检验数量:施工单位全部检查。

检验方法:尺量。

16.4.9 工地钢轨焊接接头编号应标记齐全,字迹清楚,记录完整。

检验数量:施工单位全部检查。

检验方法:观察检查。

16.5 无缝线路应力放散及锁定

主 控 项 目

16.5.1 位移观测桩应设置牢固,其式样、规格、对数、位置应满足设计要求。在单元轨节两端就位后应立即进行标记,标记应明显、耐久、可靠。

检验数量:施工单位、监理单位全部检查。

检验方法:对照设计文件、点数、观察检查、尺量。

16.5.2 应力放散时,应每隔 100 m 左右设一位移观测点,观测放散时钢轨的位移量,应力放散应均匀、彻底。

检验数量:施工单位、监理单位全部检查。

检验方法:施工单位观察检查,尺量;监理单位检查施工单位施工记录,并观察检查。

16.5.3 线路锁定时,实际锁定轨温应在设计锁定轨温范围内,相邻单元轨节间的实际锁定轨温之差不得大于 5 ℃,同一单元轨节左右股钢轨的实际锁定轨温差不得大于 3 ℃,同一区间内单元轨节的最高与最低实际锁定轨温之差不得大于 10 ℃。

检验数量:施工单位、监理单位全部检查。

检验方法:施工单位用轨温计测定并记录;监理单位检查施工单位记录,并旁站监理。

16.5.4 线路锁定后,应立即在钢轨上标记位移观测“零点”位置,并每月观测钢轨位移情况并做好记录。固定区位移观测桩处最大位移量不得大于 10 mm 或锁定轨温变化不得大于±5 ℃。

检验数量:施工单位、监理单位全部检查。

检验方法:施工单位尺量并记录;监理单位检查施工单位观测记录。

一 般 项 目

16.5.5 扣件应安装到位,符合设计要求。

检验数量:施工单位抽检 2%。

检验方法:施工单位根据扣件类型采用专用工具检查。

16.5.6 位移观测桩应编号,每对位移观测桩基准点连线与线路中线应垂直。

检验数量:施工单位全部检查。

检验方法:观察检查、方尺量。

16.5.7 轨道纵向位移“零点”标记应齐全,标记大小应适当、一致,色泽均匀、清晰。

检验数量:施工单位全部检查。

检验方法:观察检查。

17　轨道精调整理及钢轨预打磨

17.1　一般规定

17.1.1　轨道精调整理作业应在形成无缝线路之后进行，使道床逐步进入稳定状态，线路逐步达到验交标准。

17.1.2　轨道精调整理前应复测CPⅢ轨道控制网，复测结果须经评估确认。

17.1.3　轨道精调整理应通过全站仪自由设站，采用轨道几何状态测量仪进行检测，确定轨道几何形位调整量。

17.1.4　轨道精调整理应在规定的作业轨温范围内进行。

17.1.5　轨道精调应遵循“先轨向，后轨距”，“先高低，后水平”的原则。

17.1.6　轨距、轨向调整（轨道平面调整），区间轨道通过更换轨距块来实现；车站道岔通过更换偏心椎或缓冲调距块来实现。

17.1.7　高低、水平调整（轨面高程调整），区间轨道、车站道岔均通过更换轨底调高垫板来实现，板式无砟轨道也可采用充填式垫板进行高低、水平调整，充填式垫板施工应符合《客运专线铁路无砟轨道充填式垫板暂行技术条件》（科技基〔2008〕74号）的规定。

17.1.8　道床漏泄电阻和钢轨阻抗应满足轨道电路传输长度的要求。

17.1.9　在无缝线路经精调整理后轨道工程静态验收前，应对钢轨进行预打磨作业。

17.1.10　道岔尖轨及可动心轨、辙叉和钢轨伸缩调节器尖轨，应采用道岔打磨列车或手工操作的钢轨波纹研磨机进行打磨，严禁用普通打磨列车打磨。

17.1.11　对无缝线路长轨条位移情况每月观测一次，并填写记录。位移观测桩处相对位移换算轨温加上原锁定轨温超出设计锁定轨温允许范围时，应及时查明原因并进行处理。

17.2　无砟轨道精调整理

主 控 项 目

17.2.1　经精调整理后，无砟轨道静态铺设精度标准应符合表17.2.1的规定。

表17.2.1　无砟轨道静态铺设精度标准

序号	项　目	容许偏差	备　注
1	轨距	±1 mm	相对于标准轨距1 435 mm
		1/1 500	变化率
2	轨向	2 mm	弦长10 m
		2 mm / 测点间距8a(m) 10 mm /测点间距240a(m)	基线长48a(m) 基线长480a(m)

续上表

序号	项　目	容许偏差	备　注
3	高低	2 mm	弦长 10 m
		2 mm / 测点间距 8a(m) 10 mm /测点间距 240a(m)	基线长 48a(m) 基线长 480a(m)
4	水平	2 mm	不包含曲线、缓和曲线上的超高值
5	扭曲	2 mm	基长 3 m 包含缓和曲线上由于超高顺坡所造成的扭曲量
6	与设计高程偏差	10 mm	站台处的轨面高程不应低于设计值
7	与设计中线偏差	10 mm	

注：表中 a 为扣件节点间距，m。

检验数量：施工单位连续检测；监理单位全部见证检验。

检验方法：施工单位采用全站仪及轨道几何状态测量仪检测，监理单位见证检测。

17.2.2 线间距允许偏差为$^{+10}_{0}$ mm。

检验数量：施工单位每 1 km 抽检 2 处，每处各抽检 10 个测点；监理单位按施工单位抽检数量的 10%进行见证检测。

检验方法：施工单位尺量，监理单位见证检测。

一 般 项 目

17.2.3 无砟轨道表面应整齐，清洁无杂物。

检验数量：施工单位、监理单位每 1 km 抽检 100 m。

检验方法：观察检查。

17.2.4 钢轨编号及标记应正确齐全、字体端正、字迹清晰。

检验数量：施工单位、监理单位每 1 km 抽检 100 m。

检验方法：观察检查。

17.2.5 充填式垫板注入袋的外形尺寸应符合设计要求，长度和宽度允许偏差±2 mm。

检验数量：每批抽取的样品不少于 10 个。

检验方法：尺量。

17.2.6 充填式垫板注入袋的外观应封边严密，不得漏气。内部强化芯材在注入口端与注入袋固定。注入袋四角应做铺设位置印记。

检验数量：每批抽取的样品不少于 10 个。

检验方法：观察、充气试验。

17.2.7 充填式垫板安装位置印记应与轨下胶垫对齐。

检验数量：施工单位全部检查。

检验方法：观察检查。

17.2.8 扣件的轨距块离缝不应大于 6%，最大离缝不应大于 0.5 mm；扣压力小于规定的不应大于 8%；胶垫无缺损，偏斜量大于 5 mm 的不应大于 8% 。

检验数量：施工单位每 1 km 抽检 100 m。

检验方法：尺量、观察检查。

17.3　有砟轨道精调整理

主 控 项 目

17.3.1　道床达到稳定状态时，道床状态参数指标应符合表 17.3.1 的规定。

表 17.3.1　道床状态参数指标

枕下道床密度(g/cm^3)	道床支承刚度(kN/mm)	道床横向阻力(kN/枕)	道床纵向阻力(kN/枕)
≥1.75	≥120	≥12	≥14

检验数量：施工单位以 5 km 作为一个检验批，每 1 km 检测 2 根轨枕，求平均值，要求每一实测值与平均值之差不超过平均值的 20%，有桥梁和隧道的区间应在桥隧范围内至少抽检 10 根轨枕；监理单位全部见证检测。

检验方法：施工单位仪器检测；监理单位检查施工单位检测记录，并进行见证检测。

17.3.2　经精调整理后，有砟轨道静态铺设精度标准应符合表 17.3.2 的规定。

表 17.3.2　有砟轨道静态铺设精度标准

序号	项　目	容许偏差	备　注
1	轨距	±1 mm	相对于标准轨距 1 435 mm
		1/1 500	变化率
2	轨向	2 mm	弦长 10 m
		2 mm / 5 m 10 mm /150 m	基线长 30 m 基线长 300 m
3	高低	2 mm	弦长 10 m
		2 mm / 5 m 10 mm /150 m	基线长 30 m 基线长 300 m
4	水平	2 mm	不包含曲线、缓和曲线上的超高值
5	扭曲	2 mm	基长 3 m 包含缓和曲线上由于超高顺坡所造成的扭曲量
6	与设计高程偏差	10 mm	站台处的轨面高程不应低于设计值
7	与设计中线偏差	10 mm	

检验数量：施工单位连续检测；监理单位全部见证检验。

检验方法：施工单位采用全站仪及轨道几何状态测量仪检测；监理单位全部见证检测。

17.3.3　线间距应符合本标准第 17.2.2 条规定。

一 般 项 目

17.3.4　轨面应远视平顺，轨向应直线顺直、曲线圆顺，钢轨编号及标记应正确齐全、字体端正、字迹清晰。

检验数量：施工单位每 1 km 抽检 100 m。

检验方法：观察检查、仪器测量。

17.3.5 道床应饱满、清洁无杂物、砟面整齐,道床断面应符合设计要求。线路中部道床顶面不得有粒径小于 30 mm 的道砟颗粒。

检验数量:施工单位每 1 km 抽检 4 处。

检验方法:观察检查、尺量。

17.3.6 道床顶面应低于轨枕承轨面 40 mm,同时不应高于轨枕中部顶面。

检验数量:施工单位每 1 km 抽检 4 处。

检验方法:观察检查、尺量。

17.3.7 道床厚度、砟肩宽度及堆高允许偏差应符合表 17.3.7 的规定。

表 17.3.7 道床厚度、砟肩宽度及堆高允许偏差

序号	项 目	允许偏差(mm)
1	道床厚度	−20
2	砟肩宽度	±20
3	砟肩堆高	不得有负偏差

检验数量:施工单位每 1 km 抽检 5 处。

检验方法:尺量。

17.3.8 扣配件安装质量检验应符合本标准第 17.2.8 条的规定。

17.4 道岔精调整理

主 控 项 目

17.4.1 有砟道岔道床达到稳定状态时,道床状态参数指标应符合本标准表 17.3.1 的规定。

检验数量:施工单位每组道岔前、直股后和侧股后各检测 3 根轨枕,求平均值,要求每一实测值与平均值之差不超过平均值的 20%;监理单位全部见证检测。

检验方法:施工单位仪器检测;监理单位检查施工单位检测记录,并进行见证检测。

17.4.2 导曲线应圆顺,不得有反超高。

检验数量:施工单位、监理单位全部检查。

检验方法:观察检查、仪器测量。

17.4.3 精调整理后,正线道岔静态铺设精度标准应符合表 17.4.3 的规定。

表 17.4.3 正线道岔静态铺设精度标准

	高 低	轨 向	水 平	扭曲(基长 3 m)	轨 距	
幅值(mm)	2	2	2	2	±1	变化率 1/1 500
弦长(mm)	10		—			

检验数量:施工单位、监理单位全部检查。

检验方法:施工单位采用全站仪、轨道几何状态测量仪检测;监理单位见证检测。

17.4.4 精调整理后,站线道岔静态铺设精度标准应符合表 17.4.4 的规定。

表 17.4.4 站线道岔静态铺设精度标准

	高低	轨向		水平	轨距
		直线	支距		
到发线(mm)	4	4	2	4	+3/−2
其他站线(mm)	6	6	2	6	+3/−2

检验数量:施工单位、监理单位全部检查。

检验方法:施工单位采用全站仪、轨道几何状态测量仪检测;监理单位见证检测。

一 般 项 目

17.4.5 道岔直股方向与其连接的线路应一致,远视平顺;侧股方向与其连接曲线应连接圆顺。标记应正确齐全、字体端正、字迹清晰。

检验数量:施工单位全部检查。

检验方法:观察检查、仪器测量。

17.4.6 有砟道岔道床应饱满、清洁无杂物,砟肩、边坡和中部砟面整齐,道床断面应符合设计要求。

检验数量:施工单位全部检查。

检验方法:观察检查、尺量。

17.4.7 道床顶面应低于岔枕承轨面不得小于 40 mm,同时不应高于岔枕中部顶面。

检验数量:施工单位每组道岔抽检 4 处。

检验方法:观察检查、尺量。

17.4.8 道床厚度、砟肩宽度及堆高允许偏差应符合表 17.3.7 的规定。

检验数量:施工单位每组道岔抽检 5 处。

检验方法:尺量。

17.4.9 道岔轨面高程应符合设计要求,其轨面应与线路平顺连接。道岔轨面高程与设计高程差不应大于 10 mm。

检验数量:施工单位全部检查。

检验方法:仪器测量。

17.4.10 扣配件安装质量检验应符合本标准第 17.2.8 条的规定。

17.5 钢轨预打磨

主 控 项 目

17.5.1 钢轨预打磨后应消除钢轨微小缺陷、锈蚀及轨头表面的脱碳层,消除钢轨在轧制过程中形成的轨面斑点及微小不平顺。钢轨表面应光滑、平顺、无斑点。

检验数量:施工单位全部检查,监理单位平行检验 10%。

检验方法:施工单位观察检查,监理单位检查施工单位检查记录,并进行平行检验。

17.5.2 钢轨预打磨后,钢轨顶面平直度 1 m 范围内允许偏差为$^{+0.2}_{0}$ mm。

检验数量:打磨列车测量仪器检测时,施工单位、监理单位全部检查。钢轨波纹磨耗测量仪检测时,施工单位每 1 km 检测一次;监理单位全部见证检测。

检验方法:施工单位用打磨列车测量仪器或钢轨波纹磨耗测量仪器检测;监理单位见证检测。

17.5.3 钢轨预打磨后,钢轨头部工作边实际横断面与理论横断面相比允许偏差为±0.3 mm。

检验数量:打磨列车测量仪器检测时,施工单位、监理单位全部检查。钢轨波纹磨耗测量仪检测时,施工单位每 1 km 检测一次;监理单位全部见证检测。

检验方法:施工单位用打磨列车测量仪器或钢轨波纹磨耗测量仪器检测;监理单位见证检测。

17.5.4 钢轨预打磨后,轨顶表面粗糙度不应大于 10 μm。

检验数量:打磨列车测量仪器检测时,施工单位、监理单位全部检查。钢轨波纹磨耗测量仪检测时,施工单位每 1 km 检测一次;监理单位全部见证检测。

检验方法：施工单位用打磨列车测量仪器或钢轨波纹磨耗测量仪器检测；监理单位见证检测。

17.5.5 打磨面最大宽度在轨距角圆弧上为 4 mm，在轨距角圆弧和轨顶圆弧的连接圆弧部分为 7 mm，在轨顶圆弧上为 10 mm。从轨头打磨区向非打磨区应平滑过渡。

检验数量：打磨列车测量仪器检测时，施工单位、监理单位全部检查。钢轨波纹磨耗测量仪检测时，施工单位每 1 km 检测一次；监理单位全部见证检测。

检验方法：施工单位用打磨列车测量仪器或钢轨波纹磨耗测量仪器检测；监理单位见证检测。

17.5.6 打磨面宽度的最大变化在沿钢轨长度 100 mm 的范围内不应大于打磨面最大宽度的 25%。

检验数量：打磨列车测量仪器检测时，施工单位、监理单位全部检查。钢轨波纹磨耗测量仪检测时，施工单位每 1 km 检测一次；监理单位全部见证检测。

检验方法：施工单位用打磨列车测量仪器或钢轨波纹磨耗测量仪器检测；监理单位见证检测。

一 般 项 目

17.5.7 轨头打磨区无连续发蓝带。

检验数量：施工单位全部检查。

检验方法：观察检查。

17.5.8 钢轨打磨完成后应将无砟道床及轨枕上的铁粉清除干净。

检验数量：施工单位全部检查。

检验方法：观察。

18　线 路 标 志

一 般 规 定

18.0.1　正线应根据设计需要设置下列标志:公里标、半公里标、桥梁标等。

主 控 项 目

18.0.2　线路标志的材质、规格、图案字样均应符合设计要求。

检验数量:施工单位、监理单位全部检查。

检验方法:施工单位对照设计文件、观察检查、尺量;监理单位检查施工单位检验记录,并观察检查。

18.0.3　各种标志的数量、位置、高度及标志的方向应符合设计要求,标志应设置牢固。

检验数量:施工单位全部检查;监理单位平行检验 10%。

检验方法:施工单位对照设计文件、点数、观察检查、尺量;监理单位检查施工单位检验记录,并进行平行检验。

一 般 项 目

18.0.4　各种标志应设置端正,涂料色泽鲜明,图像字迹清晰、完整。

检验数量:施工单位全部检查。

检验方法:观察检查。

19　单位工程综合质量评定

19.1　单位工程质量控制资料核查

19.1.1　单位工程质量控制资料应齐全完整，全面反映工程施工质量状况。

19.1.2　单位工程质量控制资料核查应由监理单位组织施工单位进行，并按表 19.1.2 填写记录。

表 19.1.2　单位工程质量控制资料核查记录

单位工程名称				
施 工 单 位				
序号	资 料 名 称	份数	核查意见	核查人
1	图纸会审、设计变更、洽商记录			
2	线下工程沉降变形评估报告			
3	工程测量记录			
4	原材料出厂合格证及进场检(试)验报告			
5	施工试验报告及见证检测报告			
6	成品及半成品出厂合格证或试验报告			
7	施工记录			
8	工程质量事故及事故调查处理资料			
9	施工现场质量管理检查记录			
10	分项、分部工程质量验收记录			
11	新材料、新工艺施工记录			
结论： 施工单位项目负责人　　　　总监理工程师 年　月　日　　　　年　月　日				

注：核查人为验收组的监理单位人员。

19.2　单位工程实体质量和主要功能核查

19.2.1　单位工程完成后，应由建设单位组织勘察设计、监理、施工单位对单位工程实体质量和主要功能进行核查，并按表 19.2.1 填写记录。

表 19.2.1　单位工程实体质量和主要功能核查记录

单位工程名称				
施工单位				
序号	项目	份数	核查意见	核查人
1	轨道静态铺设精度			
2	道岔(直向)静态铺设精度			
3	扣件缺损			
4	扣件扣压力			
5	钢轨焊接接头平直度			
6	钢轨预打磨质量			
7	板下充填层质量			
8	凸形挡台填充树脂质量			
9	轨道板外观质量			
10	道床板表面裂纹			
11	道床断面尺寸			
12	道砟质量			
13	承轨台伤损			
14	线间距			
15	钢轨伸缩调节器铺设位置及尺寸			
结论： 施工单位项目负责人　　总监理工程师　　设计单位项目负责人　　建设单位项目负责人 年　月　日　　年　月　日　　年　月　日　　年　月　日				

注：核查项目由验收组协商确定，可增减。

19.2.2　单位工程实体质量和主要功能核查方法和数量：

1　轨道静态铺设精度：检验数量为每个单位工程抽查300 m线路，质量要求及检验方法应符合本标准第17.2.1条和第17.3.2条的规定。

2　道岔(直向)静态铺设精度：检验数量为每个单位工程抽查一组道岔，质量要求及检验方法应符合本标准第17.4.3条的规定。

3　扣件缺损：检验数量为每个单位工程抽查200 m线路，扣件应无缺损，检验方法为观察。

4　扣件扣压力：检验数量为每个单位工程抽查200 m线路，质量要求及检验方法应符合本标准第17.2.8条的规定。

5　钢轨焊接接头平直度：检验数量为每个单位工程抽查300 m线路，质量要求及检验方法应符合本标准第10.8.9条的规定。

6　钢轨预打磨质量：检验数量为每个单位工程抽查200 m线路，质量要求及检验方法应符合本标准第17.5.1条～第17.5.8条的规定。

7　板下充填层质量：检验数量为每个单位工程抽查200 m线路，质量要求及检验方法应符合本标准第6.4.15条～第6.4.20条和第7.8.13条～第7.8.17条的规定。

8 凸形挡台填充树脂质量：检验数量为每个单位工程抽查 40 个凸形挡台，质量要求及检验方法应符合本标准第 6.5.6 条和第 6.5.8 条的规定。

9 轨道板外观质量：检验数量为每个单位工程抽查 40 块轨道板，质量要求及检验方法应符合本标准第 6.3.3 条～第 6.3.5 条、第 7.7.2 条～第 7.7.4 条、第 11.6.2 条～第 11.6.4 条的规定。

10 道床板表面裂纹：检验数量为每个单位工程抽查 200 m 线路，质量要求及检验方法应符合本标准第 8.6.12 条的规定。

11 道床断面尺寸：检验数量为每个单位工程抽查 200 m 线路，质量要求及检验方法应符合本标准第 17.3.5 条～第 17.3.7 条的规定。

12 道砟质量：检验数量为每个单位工程抽查 200 m 线路，质量要求及检验方法应符合本标准第 12.2.1 条和第 12.2.2 条的规定。

13 承轨台伤损：检验数量为每个单位工程抽查 200 m 线路，承轨台应无伤损，检验方法为观察。

14 线间距：检验数量为每个单位工程抽查 200 m 线路，允许偏差及检验方法应符合本标准第 17.2.2 条的规定。

15 钢轨伸缩调节器铺设位置及尺寸：检验数量为每个单位工程抽查一组伸缩调节器，质量要求及检验方法应符合本标准第 15.2.2 条、第 15.2.5 条、第 15.3.2 条和第 15.3.5 条的规定。

19.3 单位工程观感质量评定

19.3.1 线路开通前由建设单位组织有关单位开展线路检查和清理工作。观感质量评定由建设单位组织设计、监理、施工单位共同进行现场评定，并按表 19.3.1 填写记录。

表 19.3.1 单位工程观感质量检查记录

单位工程名称				
施工单位				
序　号	项　目　名　称	质量状况	质量评价	
			合格	差
1	控制基标			
2	无砟道床			
3	有砟道床			
4	钢轨			
5	扣件			
6	轨枕			
7	道岔			
8	钢轨伸缩调节器			
9	位移观测桩			
10	线路标志			
检查结论： 施工单位项目负责人　总监理工程师　设计单位项目负责人　建设单位项目负责人 年　月　日　　年　月　日　　年　月　日　　年　月　日				

19.3.2 单位工程观感质量检查项目评定达不到合格标准，应进行返修。

19.3.3 控制基标观感质量合格标准：

标识齐全，色泽鲜明、清晰完整。

19.3.4 无砟道床观感质量合格标准：

表面平整、清洁、无污染，线条顺直、美观、无碰损。

19.3.5 有砟道床观感质量合格标准：

道床饱满、均匀、无杂物，断面正确，边坡整齐、美观，路肩上无散落道砟、无杂草。

19.3.6 钢轨观感质量合格标准：

远视平顺，轨向直线顺直、曲线圆顺，头尾不得有反弯或“鹅头”。

19.3.7 扣件观感质量合格标准：

扣件齐全、清洁、无杂物。

19.3.8 轨枕观感质量合格标准：

轨枕应方正，表面平整、清洁、无污染，无缺棱掉角等缺陷。

19.3.9 道岔观感质量合格标准：

直股方向与其连接的线路一致，远视顺直；侧股方向与其连接曲线连接圆顺。岔枕枕面及扣件清洁、无杂物。道岔内各种标识齐全、清晰。

19.3.10 钢轨伸缩调节器观感质量合格标准：

表面平整，棱线平直，无飞边。标记齐全、准确、清晰。

19.3.11 位移观测桩观感质量合格标准：

设置应便于观测，标识齐全、清晰。

19.3.12 线路标志观感质量合格标准：

埋设端正，涂料均匀，色泽鲜明，图像字迹清晰、完整。

本标准用词说明

执行本标准条文时，对于要求严格程度的用词说明如下，以便在执行中区别对待。

(1)表示很严格，非这样做不可的用词：

正面词采用“必须”；

反面词采用“严禁”。

(2)表示严格，在正常情况下均应这样做的用词：

正面词采用“应”；

反面词采用“不应”或“不得”。

(3)表示允许稍有选择，在条件许可时首先应这样做的用词：

正面词采用“宜”；

反面词采用“不宜”。

表示有选择，在一定条件下可以这样做的，采用“可”。

《高速铁路轨道工程施工质量验收标准》条文说明

本条文说明系对重点条文的编写依据、存在的问题以及在执行中应注意的事项等予以说明。为了减少篇幅,只列条文号,未抄录原条文。

1.0.4　高速铁路轨道工程施工应按照“六位一体”的总体要求,全面推行“四个标准化”管理。

高速铁路建设应按照质量、安全、工期、投资效益、环境保护和技术创新“六位一体”的总体要求,推行标准化管理。标准化管理包括管理制度标准化、人员配备标准化、现场管理标准化、过程控制标准化。

1.0.6　无砟轨道工程存在大量的现浇混凝土施工,施工中会产生废弃混凝土及水泥浆液;还有板式无砟轨道的水泥乳化沥青砂浆充填层施工会产生废弃的水泥沥青砂浆及冲洗浆液,直接排放都会造成环境污染,必须按照规定集中统一处理合理排放,严禁随意排放污染环境。

1.0.8　要在高速铁路建设中全面推行标准化管理,必须以现代化管理手段为支撑。机械化、工厂化、专业化、信息化等现代化管理手段是推行铁路建设标准化管理的重要基础和手段,是规模化、现代化生产的发展趋势,在铁路工程项目上应用广泛,具有标准化管理的共同属性,应作为推行标准化管理的支撑手段大力推广。把这“四化”基础打好了,使之与标准化管理的要求相结合,铁路建设管理整体水平就会迈上一个新台阶。

1.0.13　高速铁路轨道工程施工前应按相关技术条件要求对线下构筑物沉降、变形进行系统观测与分析评估,符合设计要求后方可施工。

在没有对应的高速铁路轨道铺设条件评估技术指南的情况下,按现行《客运专线铁路无砟轨道铺设条件评估技术指南》的规定对线下构筑物沉降、变形进行系统观测与分析评估。

2

术语主要采用已颁布的客运专线铁路相关标准、指南、规定中的解释,同时结合高速铁路的最新创新结果,对新出现的名词作了解释。

2.0.11　在术语“主控项目”的解释中增加了“质量”因素,突出了质量验收标准的主要控制内容。

2.0.33　随着无砟轨道技术再创新的深入,各种新材料的研究成果会不断出现,板下充填层材料将不再只是水泥乳化沥青砂浆,会有各种新材料出现。因此将《客运专线无砟轨道铁路工程施工质量验收暂行标准》中水泥沥青砂浆层术语替换成板下充填层。

2.0.37　在术语“CRTSⅡ型板式无砟轨道”解释中,在钢筋混凝土底座前增加“连续的”一词,突出CRTSⅡ型板式无砟轨道连续的结构特点。

3.1.1　表3.1.1中第15项相关工程接口检验资料包括:路基、桥涵、隧道的顶面高程、平整度,预埋件,伸缩缝,相邻梁面高差,梁面和隧底拉毛等质量检验资料。

3.1.5　轨道工程施工前应做好下列交接和验收工作:

(1)为了保证轨道工程施工各工序之间的顺利衔接,轨道施工各工序均应以轨道控制网CPⅢ为基准,进行轨道施工测量。轨道工程施工前应复测CPⅠ、CPⅡ平面及高程控制网,建立轨道控制网CPⅢ,CPⅢ标志一般埋设于接触网杆基础、桥梁固定支座端的防撞墙、隧道边墙或排水沟上。轨道工程施工前线下工程主体、接触网基础及防撞墙应全部完工,检验合格,具备埋设CPⅢ标志的条件。

(2)针对已经开通运营的客运专线高速行车时存在的飞砟、扬尘等问题,为了加强高速铁路施工现场管理,满足高速铁路运行要求,确保列车安全、高速、平稳、舒适,增加规定:线下工程施工完成后,应对施工过程中产生的垃圾及时回收,运至线路以外统一处理。隧道在交由轨道工程施工前应进行全面清洗除尘。

(3)轨道施工前建设单位应组织勘察设计单位、线下单位向轨道施工单位提交控制网和线下构筑物竣工测量资料、桩橛及与轨道工程有关的变更设计、线下工程施工质量验收资料等文字及电子文档资料。其中应包括CPⅠ、CPⅡ平面及高程控制网,中线桩,高程及平整度等几何尺寸测量数据。

(4)轨道工程施工前建设单位应组织勘察设计单位会同施工单位复测CPⅠ、CPⅡ平面及高程控制网,施工单位依据复测后的CPⅠ、CPⅡ建立CPⅢ控制网;复核中线桩和基础面高程及平整度等几何尺寸,核实中线和高程贯通情况。基础面包括路基面、桥面和隧道仰拱填充层顶面或隧道底板顶面。

3.2.2 单位工程应按一个完整工程或一个相当规模的施工范围划分,正线轨道按一个区间(以站中心为界,含正线道岔)划分,当区间含有不同类型轨道时,也可按轨道类型划分。

当正线轨道为不同的施工标段时,单位工程也可按施工标段划分。

不同类型轨道包括:有砟轨道、无砟轨道,其中无砟轨道又包括CRTSⅠ型板式无砟轨道、CRTSⅡ型板式无砟轨道、CRTSⅠ型双块式无砟轨道、CRTSⅡ型双块式无砟轨道等。

3.2.6 轨道工程检验批的划分参考了相关标准规定,结合现场施工的实际情况,满足质量追溯性要求。测量检验批划分为测量区段,即一个测量平差区段,控制网测量区段长度不宜小于4 km。区间轨道检验批划分为:安装段、浇筑段、施工段等,即一个班次或作业循环的长度;岔区检验批划分为:每组。

4.2.3 为保证混凝土底座与桥梁有效连接,底座主要通过预埋套筒或预埋钢筋的连接与桥梁梁体形成整体,因此,预埋套筒、预埋钢筋的材料质量和安装质量是保证施工质量的关键。

4.2.9 通常情况,梁面应在梁厂进行拉毛处理,这样能确保梁面粗糙度,与底座混凝土连接质量更好。未进行拉毛处理的梁面和隧底应按设计要求进行凿毛或机械铣毛处理。

6

CRTSⅠ型板式无砟道床结构形式:

(1)路基上底座在基床表层上设置。

(2)桥梁上底座在梁面上设置,底座通过梁体预埋套筒植筋或预埋钢筋与桥梁连接,轨道中心线2.6 m范围内,梁面应进行拉毛或凿毛处理。

(3)有仰拱隧道内,底座在仰拱回填层上构筑,底座宽度范围内,仰拱回填层表面应进行拉毛或凿毛处理。无仰拱隧道内,底座与隧道钢筋混凝土底板合并设置。

6.1.8 由于水泥乳化沥青砂浆的性能指标受环境温度的影响很大,严寒地区的CRTSⅠ型板式无砟轨道施工时,水泥乳化沥青砂浆施工除了应符合《客运专线铁路CRTSⅠ型板式无砟轨道水泥乳化沥青砂浆暂行技术条件》(科技基〔2008〕74号)的规定外,还应符合《客运专线铁路

CRTSⅠ型板式无砟轨道水泥乳化沥青砂浆暂行技术条件—严寒地区补充规定》(科技基〔2009〕77号)的规定。

6.1.9 砂浆抗压强度达到0.1 MPa以上时方可拆除支撑螺栓,抗压强度达到0.7 MPa以上时轨道板上方可承重。

检验方法可为每班制作试件进行试验检验或采用观察指压方法。经过反复试验,一般砂浆一天抗压强度可达到0.1 MPa以上,7 d抗压强度可达到0.7 MPa以上。实际施工中通常根据经验采用观察指压法进行施工,以手指按压砂浆,无压痕为准,先试着放松支撑螺栓,轨道板无下沉现象,即可拆除支撑螺栓。

6.2

根据CRTSⅠ型板式无砟轨道的最新设计要求,底座不进行绝缘处理,只在轨道板进行绝缘处理,即能满足轨道电路传输长度的要求,因此取消了底座钢筋绝缘检验的内容。

根据无砟轨道的创新成果,在轨道施工及运营维护中均应以轨道控制网CPⅢ为基准,轨道板的精调依据CPⅢ,采用全站仪进行自由设站进行,因此底座凸形挡台上不再埋设基准器。

6.2.14 为了满足耐久性的要求,根据《铁路混凝土工程施工质量验收标准》规定,保护层厚度允许偏差根据厚度大于等于30 mm和小于30 mm两种情况分别为$^{+10}_{0}$ mm和$^{+5}_{0}$ mm。

6.3.6 为了确保最终轨道静态平顺度符合标准要求,应加强过程质量控制,而相邻轨道板接缝处承轨面相对横向偏差及高差是影响轨道平顺度的重要因素,因此应严格进行相邻轨道板接缝处承轨面相对横向偏差及高差的检验。

通过工程实践证明,在一般情况下轨道板铺设允许偏差能够达到标准要求,但在圆曲线与竖曲线重合地段,轨道板铺设允许偏差较难达到,当超差时,需由建设、设计、施工、监理单位共同研究确定。

6.4

作为CRTSⅠ型板式无砟轨道的重要结构层之一的水泥乳化沥青砂浆充填层,其施工质量直接影响无砟轨道的安全、平稳。施工前应根据原材料特性、气候、环境、温度等因素进行工艺性试验,确定合理的施工配合比和工艺参数。应加强原材料的进场检验及砂浆性能指标的检验,包括砂浆充填层原材料检验及砂浆袋进场检验,砂浆袋铺设、砂浆制备、温度控制、拆除支撑架强度控制等细节检验。

6.4.11 严寒地区的CRTSⅠ型板式无砟轨道施工时,水泥乳化沥青砂浆的性能除了应符合设计和《客运专线铁路CRTSⅠ型板式无砟轨道水泥乳化沥青砂浆暂行技术条件》(科技基〔2008〕74号)第5条的规定外,还应符合《客运专线铁路CRTSⅠ型板式无砟轨道水泥乳化沥青砂浆暂行技术条件—严寒地区补充规定》(科技基〔2009〕77号)第3条的规定。

7

CRTSⅡ型板式无砟道床结构形式:

(1)路基上支承层在路基基床表层上设置,沿线路纵向,每隔不大于5m切一横向预裂缝,缝深为支承层厚度的1/3。轨道板宽度范围内的支承层表面应进行拉毛处理。

(2)桥梁上底座板采用纵向连续的钢筋混凝土结构,底座板宽度范围内梁面设置滑动层。桥梁固定支座处上方设置底座板纵向限位机构,梁体相应位置预埋锚固筋连接套筒,设置抗剪齿槽,底座板两侧,隔一定间距设侧向挡块。

(3)隧道内支承层在隧道仰拱回填层(有仰拱隧道)或钢筋混凝土底板(无仰拱隧道)上设置。其他设计同路基。

7.2.10 支承层材料分为水硬性混合料和低塑性混凝土，主要是根据施工方法的不同对材料稠度的要求不同而提出的。采用摊铺机施工时支承层材料为水硬性混合料，采用立模浇筑时支承层材料为低塑性混凝土。在满足支承层材料基本性能的前提下，支承层材料在配制上应遵循用较少的胶凝材料和较少的用水量的原则。根据以往的经验，为施工便利而随意加大胶凝材料和用水量的做法将增大支承层收缩开裂的风险。

7.2.16 水硬性支承层外形尺寸检验滑模摊铺机按每 50 m 检查 1 处，立模浇筑按 20 m 检查 1 处，是基于滑模摊铺机机械化、自动化程度高，较立模浇筑施工精度高、质量稳定而制定的。《客运专线无砟轨道铁路工程施工质量验收暂行标准》中CRTSⅡ型板式无砟道床支承层高程允许偏差为±5 mm，曲线地段及滑模摊铺施工时很难达到，根据《客运专线铁路无砟轨道支承层暂行技术条件》的规定，且与双块式无砟道床支承层统一，因此将 CRTSⅡ型板式无砟道床支承层高程允许偏差改为$^{+5}_{-15}$ mm。

7.2.18 实践证明，支承层(或底座)表面有适当的粗糙度有利于水泥乳化沥青充填层与支承层(或底座)很好地结合，同时，若粗糙度过大则不利于水泥乳化沥青砂浆灌注时的流动性。为此，本条参照混凝土轨道板预制工艺制定支承层(或底座)表面拉毛的质量要求。

7.4

桥上混凝土底座施工成败的关键就在后浇带连接的效果。因此，本节中对剪力齿槽后浇带中剪力钉、钢板后浇带连接器的材料、加工、安装、连接、张拉等均作了严格的规定。但由于结构设计的多样性，以及不同结构设计对张拉时机、张拉顺序及张拉力的不同要求，因此要求对后浇带钢板连接器张拉及后浇带混凝土浇筑严格按设计要求执行。

7.4.11 后浇带连接器一侧的钢筋穿过钢板预留孔与钢板焊接，整体吊装上桥；另一侧的钢筋通过钢板预留洞穿过，用分置于钢板两侧的螺母与钢板连接，见说明图 7.4.11。

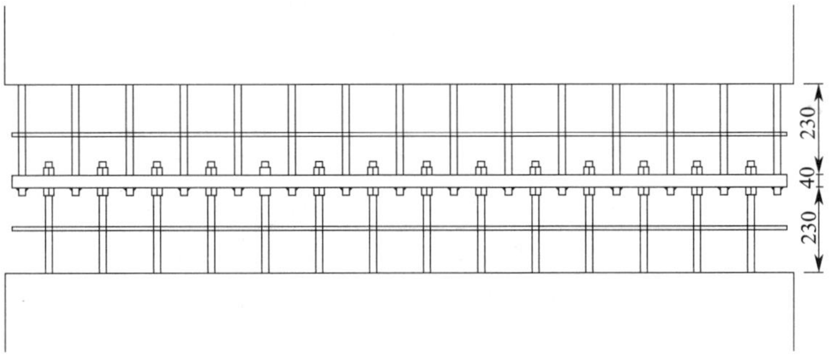

说明图 7.4.11 两块混凝土浇筑段间的连接区域(混凝土后浇带)(单位:mm)

7.5

台后锚固结构包括桥梁台后固定端刺、摩擦板和过渡板。

7.7.1 CRTSⅡ无砟轨道轨道板分无挡肩和有挡肩两种，按轨道板的类型，轨道板质量应分别符合《客运专线铁路 CRTSⅡ型板式无砟轨道混凝土轨道板暂行技术条件》(科技基〔2008〕74 号)和《客运专线铁路 CRTSⅡ型板式无砟轨道混凝土轨道板(有挡肩)暂行技术条件》(科技基〔2008〕173 号)的规定。

7.7.5 轨道板铺设允许偏差仅指同一测量设备、同一测站条件下所反映的轨道板定位偏差，这也是测量设备计算机系统自动记录的数据偏差。而实际上，若采用不同测量设备或重新设站测量，因测量设备系统误差、设站误差等，前后两次即使是对轨道板同一位置的测量，其显示的偏差也可能远大于这一规定。而轨道板铺设定位高精度高要求的最终目的是为了实现轨道的高平顺性，因此，在轨道板精调定位工艺上已经考虑在同一测站条件下对轨道板前后平顺性的搭接测量的前提下，采用本条的规定是能够确保轨道的高平顺性。

7.8.9 从轨道板精调完成到水泥乳化沥青砂浆灌注一般隔 2 d 时间，其间还需进行轨道板封边等作业，即便采取防护措施也可能因人员、机具的操作而影响轨道板的定位精度。因此，在水泥乳化沥青砂浆充填层灌注前，应对两相邻轨道板的平顺性进行检查。

7.8.12 该检验项目应在灌注后及时检查，并应在硬化前进行复查，当产生回落时应及时进行补灌，确保砂浆液面高度和灌注饱满。

7.8.14 与京津城际铁路施工时相比，目前轨道板封边除了采用砂浆材料外还采用了模板等，因此在本条中统称为封边材料。封边材料侵入轨道板底后，在列车动荷载作用下，封边材料特别是砂浆产生脱落，对高速行驶的列车产生危险，因此在封边砂浆施工时封边材料不得侵入轨道板底，施工完成后，也应及拆除封边材料并将填充层裸露部分修葺平整，位于线间封填下的封边材料可不拆除。

7.9.7 连接钢筋的张拉按规定顺序进行，避免张拉应力过度集中。首先张拉中间两根钢筋，依次由内向外张拉对称的一对钢筋，保持 2～3 块板的梯度，见说明图 7.9.7。

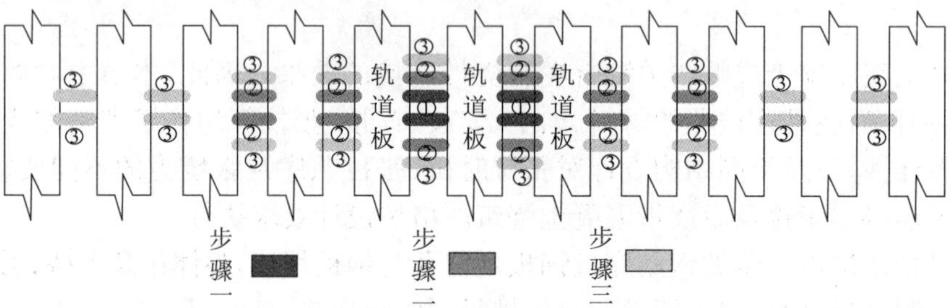

说明图 7.9.7　轨道板张拉顺序图

7.10

侧向挡块设计为扣压型。

7.10.2 侧向挡块设置是为了限制无砟轨道道床产生横向和竖向移位但不约束无砟轨道道床纵向移位而固定在梁体表面的结构，而实际上，由于受温度变化、列车动荷载等因素影响，无砟轨道道床与侧向挡块间一般会产生比较明显的移位。因此，本条严格规定侧向挡块与底座间除限位板外不能有黏结，其目的就是避免侧向挡块与底座间产生纵向移位时两结构混凝土被破坏。

7.10.10 依据侧向挡块的不同类型按设计嵌入相应的弹性限位板。

7.11.1 锚固连接材料特别是植筋胶，取样试验程序繁琐，在实际施工时均选用市场品牌信誉好的产品，故在材料检验时仅查检产品质量证明文件。

8

CRTSⅠ型双块式无砟道床结构形式：

(1)路基上支承层在路基基床表层上设置，沿线路纵向，每隔不大于 5 m 切一横向预裂缝，缝深为厚度的 1/3。道床板宽度范围内的支承层表面应进行拉毛处理。

(2)桥梁上底座在梁面上设置，底座通过梁体预埋套筒植筋与桥梁连接，轨道中心线 2.6 m范围内，梁面应进行拉毛或凿毛处理。

(3)隧道内道床板直接在隧道仰拱回填层(有仰拱隧道)或钢筋混凝土底板(无仰拱隧道)上构筑。道床板宽度范围内，仰拱回填层或混凝土底板表面应进行拉毛或凿毛处理。

8.6.12 混凝土道床板施工完成后，其表面裂缝宽度应符合设计要求。当设计无要求时，混凝土表面裂缝应符合《铁路混凝土工程施工质量验收标准》(TB 10424—2010)的规定。

9.1.1 横梁每隔3.27 m通过两个支撑柱固定在承载层上，这些支撑柱既是无砟轨道施工的固定参照点，也是轨道横向和纵向的参照点，并且它们的高度也可调整。两根横梁就是轨枕框架的支座，每个轨枕框架长度为3.27 m，包括5个双块式轨枕。轨枕由钢轨扣件通过螺栓固定在轨枕框架上，轨枕框架里轨枕的支撑面就是铁轨的下缘。为了使各部分精确到位，采用了可在钢模板轨道上行驶的一组专门的施工机械。灌注完混凝土以后，轨枕框架将一起振入混凝土。轨枕一直固定在轨枕框架上直到混凝土硬化，混凝土强度达到设计要求，将轨枕从轨枕框架上取下。通过支撑柱在承载层上作为固定参照点位置的确定，保证轨枕位置的精确性。在灌注混凝土之前，应对每对支撑柱进行测量和调整，并和以下设计值进行比对：

两钢轨之间的高差，

两个支座点之间的距离，

支撑柱的标高测量。

横梁以支撑柱为支点，轨枕框架就坐落在上面。横梁一头为固定端，另一头可横向移动，以减小施工时产生额外应力。

9.7.2 安装轨枕时，支脚、横梁、固定架和轨枕之间所有接触面必须完全接触，以确保支脚的位置决定轨枕的最终位置。

10

枕式无砟道岔在路基、桥梁地段的结构形式：路基上底座在基床表层上设置。桥梁上底座在梁面上设置，底座通过梁体预埋套筒植筋与桥梁连接。底座范围内，梁面应进行拉毛或凿毛处理。

10.1.5 枕式无砟道岔在完成岔区道床板混凝土浇筑、钢轨焊接和工电联调后进行首组铺设质量评估；板式无砟道岔在完成自密实混凝土浇筑、道岔现场组装、钢轨焊接和工电联调后进行首组铺设质量评估；有砟道岔在组装就位、道床达到初步稳定状态，并完成岔区钢轨焊接和工电联调后进行首组铺设质量评估。道岔首组铺设质量评估由铁道部工程管理中心组织建设单位、施工单位、设计单位、监理单位、制造单位进行。

10.6.13 道岔应按铺设图进行铺设，精调后道岔各部允许偏差应符合相关技术条件的规定。

目前铁道行业标准《客运专线无砟轨道道岔铺设技术条件》正在编制过程中，在没有颁布前暂按《客运专线无砟轨道道岔铺设暂行技术条件》(工管技〔2008〕7号)的规定进行检验。

11.1.7 岔前岔后各不少于200 m的无砟轨道底座或支承层可以先行施工，轨道板或道床板待道岔板铺设完成后再进行施工。

11.6.5 道岔板精调时，全站仪设于待调道岔板的基准点上，分别精确测量每块道岔板上的4个(或6个)棱镜位的三维坐标，并根据实测与设计值偏差调整道岔板调节架，对道岔板进行横向、纵向和竖向的调整。道岔板精调实测与设计值偏差应满足：纵向偏差≤0.3 mm，横向偏差≤0.3 mm，竖向偏差≤0.3 mm的要求。

11.7.7、11.7.8 自密实混凝土技术在京津城际客运专线、武广客运专线和成灌快速铁路上已有初步应用，经行车实践表明，能够满足高速铁路设计及运营的要求。但目前铁路行业尚无专门的用于自密实混凝土的技术条件。京津城际铁路、武广客运专线和成灌快速铁路依据国内现有的相关标准——《自密实混凝土应用技术规程》(CECS 203)，并结合各条线实际，通过工艺试验确定自密实混凝土配合比及性能指标。

京沪高速铁路道岔板充填层采用了自密实混凝土，为指导道岔板自密实混凝土施工和检验，京沪高速铁路股份有限公司组织相关参建单位依据高速铁路岔区板式无砟轨道系统技术深化研究——岔区板式无砟轨道自密实混凝土材料试验研究的最新成果、《铁路混凝土结构耐久性设计规范》以及国内外相关标准和规范，编制了《京沪高速铁路道岔板充填层自密实混凝土暂行技术要求》，并在全线使用，其充填层自密实混凝土主要技术要求如下：

(1)原材料。

① 水泥

采用硅酸盐水泥或普通硅酸盐水泥，3 d 抗压强度≥17.0 MPa，28 d 抗压强度≥42.5 MPa，比表面积 300 $m^2/kg \leqslant S \leqslant 350\ m^2/kg$。水泥混合材宜为矿渣粉或粉煤灰，不宜使用早强水泥。

② 矿物掺和料

矿物掺和料应选用品质稳定的产品。矿物掺和料的品种宜为磨细矿渣粉、粉煤灰等，其技术要求分别见说明表 11.7.7—1 和说明表 11.7.7—2。

说明表 11.7.7—1　矿渣粉的技术要求

序号	名　称	技术要求	序号	名　称	技术要求
1	密度(g/cm^3)	≥2.8	6	比表面积(m^2/kg)	350～500
2	MgO 含量(%)	≤14	7	流动度比(%)	≥95
3	SO_3 含量(%)	≤4.0	8	含水率(%)	≤1.0
4	烧失量(%)	≤3.0	9	28 d 活性指数(%)	≥95
5	氯离子含量(%)	≤0.06			

说明表 11.7.7—2　粉煤灰的技术要求

序号	名　称	技术要求
1	细度(%)	≤12
2	Cl^- 含量(%)	≤0.02
3	需水量比(%)	≤95
4	烧失量(%)	≤5.0
5	含水率(%)	≤1.0
6	SO_3 含量(%)	≤3.0
7	游离 CaO 含量(%)	F　类粉煤灰：≤1.0 C　类粉煤灰：≤4.0
8	安定性[雷氏夹沸煮后增加距离(mm)]	C 类粉煤灰：≤5.0

③ 细骨料

细骨料选用级配合理、质地均匀坚固、吸水率低、空隙小的洁净天然河砂。细骨料的颗粒级配选用Ⅱ区中粗砂、细度模数 2.6～3.0、坚固性≤8%、吸水率≤2.0%。细骨料的砂浆棒膨胀率应小于 0.10%，当砂浆棒膨胀率为 0.10%～0.30%时，采取抑制碱骨料反应的技术措施，并经试验证明抑制有效，当砂浆膨胀率大于 0.30%时，更换骨料。不得使用具有碱—碳酸盐反应活性的骨料。

④ 粗骨料

粗骨料采用级配合理、粒形良好、质地均匀坚固、线性膨胀系数小的洁净碎石。粗骨料选用连续级配，最大公称粒径不大于 16 mm。碎石的母岩抗压强度与混凝土强度等级之比不小于 1.5，压碎指标≤10%、吸水率<1%、紧密空隙率<40%、坚固性≤8%。粗骨料的砂浆棒膨胀率应小于 0.10%，当砂浆棒膨胀率为 0.10%～0.30%时，采取抑制碱骨料反应的技术措施，并经试验证明抑制有效，当砂浆膨胀率大于 0.30%时，更换骨料。不得使用具有碱—碳酸盐反应活性的骨料。

⑤ 外加剂

外加剂选用与胶凝材料之间有良好的相容性，且能明显改善混凝土性能的产品。

减水剂采用减水率高、坍落度损失小、明显提高混凝土耐久性且质量稳定的产品。采用聚羧酸系减水剂，减水率≥25%，收缩率比≤110%。

自密实混凝土宜掺加优质膨胀剂，可采用铝粉剂或其他钢筋混凝土用膨胀剂。应能保证混凝土在强度增长过程中不收缩或有微膨胀(0.5%～1%)。根据抗裂性要求，掺加减缩剂、有机纤维等降低混凝土收缩，提高混凝土抗裂性。为改善自密实混凝土工作性能添加适量质量优异的增稠剂。无论掺加哪一种外加剂，都需经过试验验证。

⑥水

拌制自密实混凝土采用饮用水。当采用其他水源时，水质应符合《混凝土用水标准》(JGJ 63—2006)的要求。

(2)自密实混凝土拌和物技术要求参考值见说明表 11.7.7—3。

说明表 11.7.7—3　自密实混凝土拌和物技术要求参考值

序　号	项　目	性能要求	备　注
1	坍落扩展度	600～700 mm	入模扩展度 600～650 mm
2	T_{50}	2～6 s	
3	B_J	<18 mm	
4	泌水率	0	
5	L 型仪，H_2/H_1	≥0.9	
6	T_{700L}	10～18	
7	含气量	≤5%	出机检测(6%～8%)

(3) 硬化自密实混凝土技术要求见说明表 11.7.7—4。

说明表 11.7.7—4　硬化自密实混凝土技术要求

序号	项　目	指标要求	备　注
1	56 d 抗压强度	≥40 MPa	
2	弹性模量	≥34.5 GPa	
3	56 d 电通量	≤1 000 C	
4	抗盐冻性，冻融循环次数	≥28	
5	56 d 干燥收缩值，$\times 10^{-6}$	≤400	
6	抗渗性	≥P20	

(4)自密实混凝土试验检验项目和方法可参照说明表 11.7.7—5。

说明表 11.7.7—5 自密实混凝土试验检验项目和方法

序号	检验项目	试 验 方 法	备 注
1	坍落扩展度	自密实混凝土流动性用坍落度筒检测。采用干净的塌落度筒倒立在平整洁净的水平放置的 90 cm×90 cm 的玻璃板上中央位置，取混凝土样灌满塌落筒并抹平，然后，缓慢均匀提起塌落筒，混凝土自流扩展稳定后，用钢尺量混凝土扩展圆的直径即为扩展度	
2	T_{50}		
3	B_J	自密实混凝土抗离析性用J环检测	
4	泌水率		
5	L型仪，H_2/H_1	自密实混凝土间隙通过性用L型仪检测	
6	T_{700L}		
7	含气量	《普通混凝土拌和物性能试验方法标准》(GB/T 50080)	
8	抗裂性	《客运专线高性能混凝土暂行技术条件》(科技基〔2005〕101号)	
9	电通量		
10	抗盐冻性	《普通混凝土长期性能和耐久性能试验方法标准》(GB/T 50082)	根据结构所处环境类别、设计要求等进行试验
11	抗渗性	《普通混凝土长期性能和耐久性能试验方法标准》(GB/T 50082)	
12	干燥收缩值	《普通混凝土长期性能和耐久性能试验方法标准》GB/T 50082	
13	抗压强度	《普通混凝土力学性能试验方法标准》(GB/T 50081)	
14	弹性模量	《普通混凝土力学性能试验方法标准》(GB/T 50081)	
15	温度	用温度计测量	

注：1 正式施工前，必须进行自密实混凝土的轨道板灌注试验，并在自密实混凝土凝固后进行揭板检验。

2 施工过程中自密实混凝土入模前，检测混凝土拌和物的温度、坍落扩展度、T_{50}和含气量。

3 施工过程中每 50 m^3 自密实混凝土取样检验抗压强度一次，每施工2 000 m^3自密实混凝土取样检验抗盐冻性、电通量、干燥收缩一次。施工过程中混凝土强度和耐久性取样试件，从同一盘混凝土或同一车运送的混凝土中取出。

12.1.5 每层道床起道、捣固作业后，应进行 1～2 次动力稳定作业，稳定车在路基上工作速度一般为 0.6～0.9 km/h，由下层至上层速度逐层降低。从路基向桥上进行动力稳定时，应在上桥前 30 m 范围内把加载值逐渐降低 50%，并在下桥后 30 m 范围内再把加载值逐渐提高到原来的数值。隧道中采用在桥上同样的方法处理。稳定车在桥上进行动力稳定应避开桥梁自振频率，工作速度不得低于 1 km/h，在桥上不得开始起振、也不宜结束动力稳定作业。

12.2.3 道床密实程度是衡量道床状态和评定道床作业效果的重要参数之一。根据以往工程实践，道床密度在自然状态下即可达到 1.4 g/cm^3，要求底层道床应略为压实，故规定"道床密度不应小于 1.6 g/cm^3"。

12.2.5 预铺道砟表面平整度直接影响长钢轨轨道和道岔铺设质量，故严格规定表面平整度的控制标准。

12.3.3 道床状态参数引自《高速铁路设计规范》(TB 10621—2009)的有关规定。

该条规定"道床密度不应小于 1.7 g/cm^3"，要求铺岔前岔位枕下道床经分层压实接近稳定状态的道床密度，是因为预铺道砟厚度已超过大机养路插镐深度，道床密度依靠分层压实达到，以保证铺岔后经末次上砟整道和轨道整理即可达到验收标准。

14.2.10 无砟轨道与有砟轨道结构间过渡段，在无砟轨道一定范围内，应在支承层上设置预埋钢筋或锚固销钉，保证轨道板或道床板与支承层的连接。锚固销钉可在充填层或道床板施工完成后，按设计位置、数量和间距在轨道板或道床板上钻孔植筋。

14.2.15 目前国内对道砟胶的研究较小、试验程序繁琐，且设计上使用量少，因此在使用时一般选用市场上品牌信誉好的产品，施工时仅查验产品质量证明文件和观察检查，同时为确保质量，要求监理单位旁站监督检查。

16.1.5 铺设轨温的作用：

(1)与设计锁定轨温比较，以便选定锁定线路的最佳施工时间。

(2)与锁定作业轨温比较，测算应力放散量。锁定作业轨温是指单元轨节锁定作业时，始端、终端铺入承轨槽内，两次测量轨温的平均值。

16.5.3 单元轨节左右股钢轨的实际锁定轨温差不得大于 3 ℃，是因为当左右两股钢轨实际锁定轨温差 3 ℃时，左右两股钢轨所承受的温度力将有很大差别。以 60 kg/m 钢轨为例，$\Delta P1=EF\alpha\Delta t=248\times77.45\times3=57\ 623$ N，即左右两股钢轨锁定轨温每差 1 ℃，所承受的温度力相差 19.2 kN。因此，从确保轨道结构的稳定性考虑，必须限制左右两股钢轨的实际锁定轨温差。

限制相邻单元轨节的实际锁定轨温差，可减少区间无缝线路钢轨温度力的不均匀。

客运专线站间距离大都在 20 km 以上，个别长达近百公里。要实现“同一区间内单元轨节的最高与最低实际锁定轨温之差不得大于 10℃”的规定，首先是同一区间内最高与最低设计锁定轨温差在上述条件内，施工中应注意在设计锁定轨温范围内调整实际锁定轨温的上下限，以满足该条规定。

19.2.2 板下充填层实体质量和主要功能检测，包括充填层厚度、外观质量、密贴程度检测。

凸形挡台填充树脂实体质量和主要功能检测，包括填充树脂尺寸偏差、外观质量检测。

19.3.1 为了满足高速铁路行车安全、平稳，轨道工程施工完成后，应由建设单位主持，对轨道进行全面检查和清理，确保轨道平顺性符合要求，道床清洁、整齐。

中华人民共和国行业标准

铁建设〔2010〕240号

高速铁路通信工程施工质量验收标准

Standard for Constructional Quality Acceptance of High-speed Railway Communication Engineering

TB 10755—2010

2010-12-08　发布　　　　2010-12-08　实施

中华人民共和国铁道部　发布

前　　言

本标准是根据铁道部《关于印发2009年铁路工程建设标准编制计划的通知》(铁建设函〔2009〕34号)的要求，在铁道部发布的《客运专线铁路通信工程施工质量验收暂行标准》(铁建设〔2007〕251号)基础上编制而成的。

本标准的编制工作紧紧把握高速铁路总体技术路线，坚持高起点、高标准，通过原始创新、集成创新和引进消化吸收再创新，形成了符合我国国情路情、具有自主知识产权的中国高速铁路通信工程施工质量验收标准。

本标准共分为20章，主要内容包括：总则、术语和缩略语、基本规定、通信线路、室内设备和箱式机房、传输系统、接入网、数据通信系统、电话交换系统、数字调度通信系统、GSM－R数字移动通信系统、会议电视系统、综合视频监控系统、应急通信系统、综合布线、数字同步及时间分配系统、综合网络管理系统、通信设备房屋环境监控及电源监控系统、电源设备、单位工程综合质量评定等。

本标准主要特点如下：

1.规定了施工质量应达到标准及设计要求的使用功能、安全及质量性能、设计使用年限等。

2.明确了建设各方工程施工质量控制过程中的职责和管理、技术、作业三个层面的控制内容，体现了质量终身负责制要求。

3.规定了工程施工应采用先进、成熟、科学的质量检验方法和手段，使数据全面、真实、可靠。

4.规定了工程施工质量验收记录等资料管理与保存的要求。

5.提出了工程施工及验收人员上岗培训的要求。

6.提出了工程施工质量、安全、环境保护、职业健康等各方面的验收内容和要求。

7.体现了工程施工的源头控制、过程控制、细节控制的要求。

本标准全部条文均为强制性条文，必须严格执行。

在执行本标准的过程中，希望各单位结合工程实践，认真总结经验，积累资料。如发现需要修改和补充之处，请及时将意见及有关资料交中国铁路通信信号上海工程集团有限公司(上海市江场西路248号，邮编：200436)，并抄送铁道部经济规划研究院(北京市海淀区北蜂窝路乙29号，邮编：100038)，供今后修订时参考。

本标准由铁道部建设管理司负责解释。

本标准主编单位：中国铁路通信信号上海工程集团有限公司。

本标准主要起草人：冯燕媛、王志麟、钱伟勇、尹福康、华桂东、李士寒、施怿栋、刘明荐、肖　苹、轩非亚。

本标准主要审核人：安国栋、苏全利、米　隆、吴明友、王哲浩、马　芳、王亚民、路晓彤、熊　杰、冯敬然、林　木、张　铎、李正涛、李　春、石　波、岳明凯、陈　梅。

目　　次

1 总　　则

1.0.1 为了加强高速铁路通信工程施工质量管理,统一验收标准,保证施工质量,制定本标准。

1.0.2 本标准适用于新建时速 250～350 公里高速铁路通信工程施工质量的验收。时速 250 公里以下客运专线、城际铁路通信工程施工质量的验收应参照执行。

1.0.3 高速铁路通信工程建设各方应建立健全质量保证体系,对工程施工质量进行全过程控制,对管理层、技术层、作业层人员的质量责任实行终身追究制度。

1.0.4 高速铁路通信工程建设各方应做好管理制度、人员配备、现场管理、过程控制等标准化工作,落实质量、安全、工期、投资效益、环境保护、技术创新等建设管理要求。

1.0.5 高速铁路通信工程施工应认真执行国家法律法规及相关技术标准,严格按照设计文件进行施工。施工质量应符合系统使用功能和安全、质量性能的要求,保证设计使用年限内正常使用。

1.0.6 高速铁路通信工程采用的主要设备、器材应符合国家和铁道行业相关标准及准入的规定。

1.0.7 高速铁路通信工程施工中所采用的合同文件和工程技术文件等对施工质量的要求不得低于本标准的规定。当高于本标准的规定时应符合其要求。

1.0.8 高速铁路通信工程施工应贯彻国民经济可持续发展战略,合理利用资源,做好环境保护、水土保持等工作。

1.0.9 高速铁路通信工程施工过程中应遵守国家现行有关劳动保护方面的法规,保证施工人员的身体健康,避免或减少伤害。

1.0.10 高速铁路通信工程施工应积极采用机械化、工厂化、专业化、信息化等施工手段。

1.0.11 高速铁路通信工程施工应采用先进、成熟、科学的检验检测手段。质量检测数据必须真实、可靠,全面反映工程质量状况。所用方法和仪器设备应符合相关技术标准的规定,仪器性能应符合质量检测的要求,质量检验人员应具有规定的资格。

1.0.12 高速铁路通信工程施工的各类质量检验报告、检查验收记录和其他工程技术管理资料,应按规定及时填写,并且严格履行责任人签字确认制度。施工质量验收资料的归档整理和保存期限应符合有关规定的要求。

1.0.13 高速铁路通信工程施工及验收人员应经过必要培训并合格后方可上岗。

1.0.14 高速铁路通信工程施工质量的验收除符合本标准外,尚应符合国家现行有关标准的规定。

2 术语和缩略语

2.1 术 语

2.1.1 工程施工质量 constructional quality of engineering

反映工程施工过程或实体符合相关技术标准规定或合同约定的要求，包括其在安全、使用功能及其在耐久性能、环境保护等方面所有明显和隐含能力的特性总和。

2.1.2 验收 acceptance

工程施工质量在施工单位自行检查评定的基础上，参与建设活动的有关单位共同对检验批、分项、分部、单位工程的质量按有关规定进行检验，根据相关标准以书面形式对工程质量达到合格与否做出确认。

2.1.3 进场验收 site acceptance

对进入施工现场的材料、构配件、设备等按相关技术标准规定要求进行检验，对产品达到合格与否做出确认。

2.1.4 检验批 inspection lot

按同一的生产条件或规定的方式汇总起来供检验用的，由一定数量样本组成的检验体。

2.1.5 检验 inspection

对检验项目中的性能进行量测、检查、试验等，并将结果与标准规定要求进行比较，以确定每项性能是否合格所进行的活动。

2.1.6 见证检验 witness testing

监理单位对施工单位材料取样、送样、检验或某项检测、试验过程进行的监督活动。

2.1.7 平行检验 parallel acceptance testing

监理单位利用一定的检查或检测手段，在施工单位自检的基础上，按照一定的比例独立进行检查或检测的活动。

2.1.8 旁站 on-site supervision

在工程的关键部位或关键工序施工过程中，由监理人员在现场进行的监督活动。

2.1.9 工序 working procedure

施工过程中具有相对独立特点的作业活动，或由必要的技术间歇及停顿分割的作业活动，是组成施工过程的基本单元。

2.1.10 交接检验 handing over inspection

由施工的承接方与完成方经双方共同检查并对可否继续施工做出确认的活动。

2.1.11 主控项目 dominant item

对质量、安全、卫生、环境保护和公众利益起决定性作用的检验项目。

2.1.12 一般项目 general item

除主控项目以外的检验项目。

2.1.13 观感质量 quality of appearance

通过观察和必要的量测所反映的工程外在质量。

2.1.14 返修 repair

对工程不符合标准规定的部位采取整修等措施。

2.2 缩 略 语

缩写	英文名称	中文名称
AC	Affirm Center	确认中心
ATM	Asynchronous Transfer Mode	异步传输模式
AuC	Authentication Center	鉴权中心
BCC	Bearer Channel Connection	承载通路连接
BGP 4	Border Gateway Protocol 4	边界网关协议 4.0 版本
BHCA	Busy Hour Call Attempts	忙时试呼次数
BITS	Building Integrated Timing Supply	大楼综合定时供给设备
BSC	Base Station Controller	基站控制器
BTS	Base Transceiver Station	基站收发信机
CBC	Cell Broadcast Center	小区广播中心
CDR	Call Detailed Record	呼叫详细记录
CG	Charging Gateway	计费网关
DDF	Digital Distribution Frame	数字配线架
DNS	Domain Name Server	域名服务器
DSS1	Digital Subscriber Signaling	1 号数字用户信令
DTMF	Dual-Tone Multi-frequency	双音多频
EIR	Equipment Identification Register	设备鉴权寄存器
eLDA	enhanced Location Dependant Addressing	精确位置寻址
FA	Functional Addressing	功能寻址
GGSN	Gateway GPRS Supporting Node	GPRS 网关支持节点
GMSK	Gaussian Minimum Shift Keying	高斯滤波最小移频键控
GPRS	General Packet Radio Service	通用分组无线业务
GSM-R	GSM for Railways	专用于铁路的 GSM
HLR	Home Location Register	归属位置寄存器
ID	Identification	身份证明
IGP	Interior Gateway Protocol	内部路由协议
IP	Internet Protocol	互联网协议
IS-IS	Intermediate System-to-Intermediate System	中间系统到中间系统路由交换协议

续上表

缩写	英文名称	中文名称
ISDN	Integrated Service Digital Network	综合服务数字网络
LCP	Link Control Protocol	链路控制协议
LDA	Location Dependant Addressing	基于位置寻址
MAC	Media Access Control	媒体控制访问
MCU	Multipoint Control Unit	多点控制设备
MPLS	Multi Protocol Label Switching	多协议标签交换
MS	Mobile Station	移动台
MSC	Mobile Switching Center	移动交换中心
MSISDN	Mobile Station international ISDN number	移动台国际 ISDN 号码
MSTP	Multi-Service Transmission Platform	基于 SDH 的多业务传送
NAT	Network Address Translation	网络地址转化
NTP	Network Time Protocol	网络时间协议
ODF	Optical Distribution Frame	光纤配线架
OLT	Optical Line Terminal	光线路终端
OMC	Operation and Maintenance Centre	操作与维护中心
ONU	Optical Network Unit	光网络单元
OSPF	Open Shortest Path First	开放最短路径优先协议
OTDR	Optical Time Domain Reflector	光时域反射仪
PCU	Packet Control Unit	分组控制单元
PDH	Plesiochronous Digital Hierarchy	准同步数字系列
PDP	Packet Data Protocol	分组数据协议
PDU	Packet Data Unit	分组数据单元
PIM-SM	Protocol Independent Multicast-Sparse Mode	稀疏模式多点传送路由协议
PLMN	Public Land Mobile Network	公用移动网络
POS	Packet over SDH	基于 SDH 的数据包
POTS	Plain Old Telephone Service	普通电话业务
PSTN	Public Switched Telephone Network	公共电话交换网
QoS	Quality of Service	服务质量
RADIUS	Remote Authentication Dial-In User Server	认证服务器
RIP V2	Routing Information Protocol Version 2	路由信息协议(版本 2)
SDH	Synchronous Digital Hierarchy	同步数字系列
SGSN	Serving GPRS Supporting Node	GPRS 服务支持节点
SIM	Subscriber Identity Module	用户识别模块
SNI	Service Node Interface	业务节点接口
TCP	Transmission Control Protocol	传输控制协议
TRAU	Transcoder/Rate Adapter Unit	编译码和速率适配单元
UDP	User Datagram Protocol	用户数据包协议

续上表

缩写	英文名称	中文名称
UNI	User Network Interface	用户网络接口
UPS	Uninterruptible Power Supply	不间断电源
USSD	Unstructured Supplementary Service Data	非结构化补充业务数据
UUS	User to User Signaling	用户-用户信令
VDF	Audio Distribution Frame	音频配线架
VLAN	Virtual Local Area Network	虚拟局域网
VLR	Vistor Location Register	访问位置寄存器
VP	Virtual Path	虚通道
VPN	Virtual Private Network	虚拟专用网

3 基本规定

3.1 一般规定

3.1.1 高速铁路通信工程施工现场管理应具有相应的施工技术标准、质量管理体系和施工质量检验制度。

高速铁路通信工程施工现场质量管理检查记录应由施工单位在施工前按表3.1.1的规定填写，总监理工程师进行检查，并作出检查结论。

表3.1.1 施工现场质量管理检查记录

<table>
<tr><td colspan="2">单位工程名称</td><td colspan="3"></td><td>开工日期</td><td></td></tr>
<tr><td colspan="2">建设单位</td><td colspan="3"></td><td>项目负责人</td><td></td></tr>
<tr><td colspan="2">设计单位</td><td colspan="3"></td><td>项目负责人</td><td></td></tr>
<tr><td colspan="2">监理单位</td><td colspan="3"></td><td>总监理工程师</td><td></td></tr>
<tr><td colspan="2">施工单位</td><td></td><td>项目负责人</td><td></td><td>项目技术负责人</td><td></td></tr>
<tr><td>序号</td><td colspan="4">项目</td><td colspan="2">内容</td></tr>
<tr><td>1</td><td colspan="4">开工报告</td><td colspan="2"></td></tr>
<tr><td>2</td><td colspan="4">现场质量管理制度</td><td colspan="2"></td></tr>
<tr><td>3</td><td colspan="4">质量责任制</td><td colspan="2"></td></tr>
<tr><td>4</td><td colspan="4">工程质量检验制度</td><td colspan="2"></td></tr>
<tr><td>5</td><td colspan="4">施工技术标准</td><td colspan="2"></td></tr>
<tr><td>6</td><td colspan="4">施工图现场核对记录</td><td colspan="2"></td></tr>
<tr><td>7</td><td colspan="4">箱式机房、铁塔地质勘察资料</td><td colspan="2"></td></tr>
<tr><td>8</td><td colspan="4">施工复测资料</td><td colspan="2"></td></tr>
<tr><td>9</td><td colspan="4">施工组织设计、施工方案和环境保护方案及审批</td><td colspan="2"></td></tr>
<tr><td>10</td><td colspan="4">主要专业工种操作上岗证书</td><td colspan="2"></td></tr>
<tr><td>11</td><td colspan="4">施工单位各类人员质量责任登记表</td><td colspan="2"></td></tr>
<tr><td>12</td><td colspan="4">施工检测设备及计量器具设置</td><td colspan="2"></td></tr>
<tr><td>13</td><td colspan="4">材料、设备管理制度</td><td colspan="2"></td></tr>
<tr><td colspan="7">检查结论：

总监理工程师
年 月 日</td></tr>
</table>

3.1.2 高速铁路通信工程应按下列要求进行施工质量控制：

1 施工单位和监理单位应按本标准的规定，对工程采用的设备和材料进行验收，不合格者不得用于工程施工。

2 施工单位和监理单位应按本标准的规定，对各工序按施工技术标准进行过程控制和检查，并形成记录。

3 工序之间应进行交接检验，上道工序应符合下道工序的施工条件和技术要求。相关专业工序之间接口的交接检验应经监理工程师检查认可，未经检查或经检查不合格的不得进行下道工序施工。

3.1.3 高速铁路通信工程施工质量应按下列要求进行验收：

1 工程施工质量应符合本标准和现行有关标准的规定。

2 工程施工质量应符合工程设计文件和工程合同的要求。

3 参加工程施工质量验收的各方人员应具备规定的资格；各种检查记录签证人员应报建设单位确认、备案。

4 工程施工质量的验收均应在施工单位自行检查评定合格的基础上进行。

5 隐蔽工程在隐蔽前，施工单位应通知监理单位进行验收，并应形成验收文件。

3.1.4 工程施工质量验收使用的计量仪表、工器具应检定合格，并在有效期内。

3.1.5 工程开工前，应由建设单位组织工程设计、施工、监理及运营维护等单位对站前预留的综合接地端子，沟、槽、管、孔，以及箱式机房基础等接口的标准和限界进行检查确认。

3.2 工程施工质量验收单元划分

3.2.1 高速铁路通信工程施工质量验收单元应划分为单位工程、分部工程、分项工程和检验批。

3.2.2 单位工程应按具有相对独立功能的系统或相当规模的施工范围进行划分，并按下列原则确定：

通信线路：一个运行维护单位管辖区段为一个单位工程；

传输系统：一个系统为一个单位工程；

接入网：一个系统为一个单位工程；

数据通信系统：一个系统为一个单位工程；

电话交换系统：一个端局为一个单位工程；

数字调度通信系统：一个调度区段为一个单位工程；

GSM-R 数字移动通信系统：一个系统为一个单位工程；

会议电视系统：一个系统为一个单位工程；

综合视频监控系统：一个系统为一个单位工程；

应急通信系统：一个系统为一个单位工程；

综合布线：一个站为一个单位工程；

数字同步及时间分配系统：一个系统为一个单位工程；

综合网络管理系统：一个系统为一个单位工程；

通信设备房屋环境监控及电源监控系统：一个系统为一个单位工程；

电源设备：一套设备为一个单位工程。

3.2.3 分部工程应按一个完整部位或一个相对独立施工阶段划分。

3.2.4 分项工程可按工种、工序、设备、材料、施工工艺等划分。

3.2.5 检验批可根据施工及质量控制和验收需要划分。

3.2.6 高速铁路通信工程的单位工程、分部工程、分项工程、检验批划分及检验项目应符合表3.2.6的规定。

表 3.2.6 单位工程、分部工程、分项工程、检验批划分及检验项目

<table>
<tr><th rowspan="2">序号</th><th rowspan="2">单位工程</th><th rowspan="2">分部工程</th><th rowspan="2">分项工程</th><th rowspan="2">检验批</th><th colspan="2">检验批检验项目条文号</th></tr>
<tr><th>主控项目</th><th>一般项目</th></tr>
<tr><td rowspan="11">1</td><td rowspan="11">通信线路</td><td rowspan="3">建筑安装</td><td>光电缆敷设</td><td>一个站间/站内</td><td>4.2.1～4.2.5</td><td>4.2.6～4.2.7</td></tr>
<tr><td>光缆接续及引入</td><td>一个站间/站内</td><td>4.3.1～4.3.2</td><td>4.3.3～4.3.6</td></tr>
<tr><td>电缆接续及引入</td><td>一个站间/站内</td><td>4.4.1～4.4.2</td><td>4.4.3～4.4.6</td></tr>
<tr><td rowspan="2">光电缆线路性能检测</td><td>光缆线路性能检测</td><td>一个中继段</td><td>4.5.1～4.5.3</td><td></td></tr>
<tr><td>电缆线路性能检测</td><td>一个音频段</td><td>4.6.1～4.6.2</td><td></td></tr>
<tr><td rowspan="3">箱式机房</td><td>箱式机房基础</td><td>一座</td><td>5.4.1</td><td></td></tr>
<tr><td>箱体安装</td><td>一座</td><td>5.2.1、5.4.2～5.4.4</td><td>5.4.8</td></tr>
<tr><td>箱内配套设备安装</td><td>一座</td><td>5.4.5～5.4.7</td><td></td></tr>
<tr><td rowspan="3">光纤监测</td><td>光纤监测设备安装</td><td>一个站</td><td>5.2.1～5.2.5</td><td>5.2.6～5.2.10</td></tr>
<tr><td>光纤监测设备配线</td><td>一个站</td><td>5.3.1～5.3.9</td><td>5.3.10～5.3.16</td></tr>
<tr><td>光纤监测系统检验</td><td>一个系统</td><td>4.8.1～4.8.5</td><td></td></tr>
<tr><td rowspan="5">2</td><td rowspan="5">传输系统</td><td rowspan="2">传输设备安装和配线</td><td>传输设备安装</td><td>一个节点</td><td>5.2.1～5.2.5</td><td>5.2.6～5.2.10</td></tr>
<tr><td>传输设备配线</td><td>一个节点</td><td>5.3.1～5.3.9</td><td>5.3.10～5.3.16</td></tr>
<tr><td rowspan="3">传输系统检测</td><td>传输设备单机检验</td><td>一个节点</td><td>6.3.1～6.3.8</td><td></td></tr>
<tr><td>传输系统检验</td><td>一个中继段</td><td>6.4.1～6.4.8</td><td></td></tr>
<tr><td>传输系统网管检验</td><td>一个系统</td><td>6.5.1～6.5.2</td><td></td></tr>
<tr><td rowspan="5">3</td><td rowspan="5">接入网</td><td rowspan="2">接入网设备安装和配线</td><td>接入网设备安装</td><td>一个节点</td><td>5.2.1～5.2.5</td><td>5.2.6～5.2.10</td></tr>
<tr><td>接入网设备配线</td><td>一个节点</td><td>5.3.1～5.3.9</td><td>5.3.10～5.3.16</td></tr>
<tr><td rowspan="3">接入网系统检测</td><td>接入网设备单机检验</td><td>一个节点</td><td>7.3.1～7.3.4</td><td></td></tr>
<tr><td>接入网系统检验</td><td>一个 OLT 接入范围</td><td>7.4.1～7.4.9</td><td></td></tr>
<tr><td>接入网系统网管检验</td><td>一个系统</td><td>7.5.1～7.5.6</td><td></td></tr>
<tr><td rowspan="5">4</td><td rowspan="5">数据通信系统</td><td rowspan="2">数据通信设备安装和配线</td><td>数据通信设备安装</td><td>一个节点</td><td>5.2.1～5.2.5</td><td>5.2.6～5.2.10</td></tr>
<tr><td>数据通信设备配线</td><td>一个节点</td><td>5.3.1～5.3.9</td><td>5.3.10～5.3.16</td></tr>
<tr><td rowspan="3">数据通信系统检测</td><td>数据通信设备单机检验</td><td>一个节点</td><td>8.3.1～8.3.11</td><td></td></tr>
<tr><td>数据通信系统检验</td><td>一个系统</td><td>8.4.1～8.4.3</td><td></td></tr>
<tr><td>数据通信系统网管检验</td><td>一个系统</td><td>8.5.1～8.5.12</td><td></td></tr>
</table>

续上表

序号	单位工程	分部工程	分项工程	检验批	检验批检验项目条文号	
					主控项目	一般项目
5	电话交换系统	电话交换设备安装和配线	电话交换设备安装	一个站	5.2.1～5.2.5、9.2.2	5.2.6～5.2.10
			电话交换设备配线	一个站	5.3.1～5.3.9	5.3.10～5.3.16、9.2.6
		电话交换系统检测	电话交换系统检验	一个系统	9.3.1～9.3.8	9.3.9
			电话交换系统网管检验	一个系统	9.4.1～9.4.6	
6	数字调度通信系统	数字调度通信设备安装和配线	数字调度通信设备安装	一个站	5.2.1～5.2.5、10.2.3	5.2.6～5.2.10
			数字调度通信设备配线	一个站	5.3.1～5.3.9	5.3.10～5.3.16
		数字调度通信系统检测	数字调度通信设备单机检验	一个站	10.3.1～10.3.3	
			数字调度通信系统检验	一个站	10.4.1～10.4.4	
			数字调度通信系统网管检验	一个站/系统	10.5.1～10.5.4	
7	GSM-R数字移动通信系统	天线杆(塔)	基础检验	一处	11.2.2～11.2.5	
			杆(塔)体检验	一处	11.2.1、11.2.6～11.2.11	11.2.12
		天线、馈线及塔顶放大器	天线检验	一处	11.3.1、11.3.2	11.3.8～11.3.9
			馈线检验	一处	11.3.1、11.3.3～11.3.6	11.3.8
			塔顶放大器检验	一处	11.3.1、11.3.7	
		线路建筑	漏泄同轴电缆检验	一个敷设段	11.4.1～11.4.9	11.4.12～11.4.13
			区间机房检验	一座	11.4.10～11.4.11	
		GSM-R 室内设备安装和配线	GSM-R 室内设备安装	一个站	5.2.1～5.2.5	5.2.6～5.2.10
			GSM-R 室内设备配线	一个站	5.3.1～5.3.9	5.3.10～5.3.16
		移动交换子系统(SSS)	交换子系统检验	一个子系统	11.6.1～11.6.11	
		移动智能网子系统(IN)	智能网子系统检验	一个子系统	11.7.1～11.7.6	
		通用分组无线业务子系统(GPRS)	通用分组无线业务子系统(GPRS)	一个子系统	11.8.1～11.8.5	
		无线子系统(BSS)	无线子系统室外设备安装	一处	11.9.1	
			无线子系统检验	一个子系统	11.9.2～11.9.8	

续上表

序号	单位工程	分部工程	分项工程	检验批	检验批检验项目条文号	
					主控项目	一般项目
7	GSM-R数字移动通信系统	运营与支撑子系统(OSS)	网管系统检验	一个子系统	11.10.1	
			接口监测系统检验	一个子系统	11.10.2	
			漏缆监测系统检验	一个子系统	11.10.3	
			SIM卡管理系统检验	一个子系统	11.10.4	
		无线终端	车载台检验	一处	11.11.1～11.11.6	11.11.8
			手持台检验	一供货批	11.11.4、11.11.7	11.11.9
		GSM-R接口	GSM-R接口检验	一个系统	11.12.1	
		GSM-R系统质量检验	区间线路无线覆盖检测	一个系统	11.13.1	
			室内覆盖检测	一个站/处	11.13.2	
			系统服务质量检测	一个系统	11.13.3～11.13.4	
			系统业务和功能检验	一个系统	11.13.5～11.13.10	
8	会议电视系统	会议电视设备安装和配线	会议电视设备安装	一个会场	5.2.1～5.2.5、12.2.3～12.2.4	5.2.6～5.2.10
			会议电视设备配线	一个会场	5.3.1～5.3.9	5.3.10～5.3.16
		会议电视系统检测	会议电视系统检验	一个系统	12.3.1～12.3.4	
			会议电视系统网管检验	一个系统	12.4.1～12.4.4	
9	综合视频监控系统	综合视频监控设备安装和配线	综合视频监控设备安装	一个视频接入节点	5.2.1～5.2.5、13.2.2～13.2.3、13.2.6～13.2.8	5.2.6～5.2.10、13.2.10、13.2.12
			综合视频监控设备配线	一个视频接入节点	5.3.1～5.3.9、13.2.9	5.3.10～5.3.16、13.2.11
		综合视频监控系统检验	综合视频监控设备单机检验	一个视频接入节点	13.3.1～13.3.4	
			综合视频监控系统检验	一个系统	13.4.1～13.4.14	
			综合视频监控系统网管检验	一个系统	13.5.1～13.5.6	
10	应急通信系统	应急通信设备安装和配线	应急通信设备安装	一个中心	5.2.1～5.2.5、14.2.2	5.2.6～5.2.10
			应急通信设备配线	一个中心	5.3.1～5.3.9	5.3.10～5.3.16
		应急通信系统检验	应急现场接入设备检验	一个供货批	14.3.1～14.3.3	
			应急通信中心设备检验	一个中心	14.4.1～14.4.6	
			应急通信系统检验	一个系统	14.5.1～14.5.8	

续上表

<table>
<tr><th rowspan="2">序号</th><th rowspan="2">单位工程</th><th rowspan="2">分部工程</th><th rowspan="2">分项工程</th><th rowspan="2">检验批</th><th colspan="2">检验批检验项目条文号</th></tr>
<tr><th>主控项目</th><th>一般项目</th></tr>
<tr><td rowspan="4">11</td><td rowspan="4">综合布线</td><td rowspan="3">综合布线设备安装和配线</td><td>综合布线设备安装</td><td>一个单体建筑</td><td>15.2.1～15.2.4</td><td>15.2.5～15.2.6</td></tr>
<tr><td>综合布线保护管槽安装</td><td>一个单体建筑</td><td>15.3.1～15.3.2</td><td>15.3.3</td></tr>
<tr><td>综合布线缆线布放</td><td>一个单体建筑</td><td>4.2.1、5.3.1、15.4.2～15.4.3</td><td>15.4.4～15.4.6</td></tr>
<tr><td>综合布线系统检验</td><td>综合布线系统检测</td><td>一个单体建筑</td><td>15.5.1～15.5.6</td><td></td></tr>
<tr><td rowspan="6">12</td><td rowspan="6">数字同步及时间分配系统</td><td rowspan="3">数字同步及时间分配设备安装和配线</td><td>数字同步及时间分配设备安装</td><td>一个站</td><td>5.2.1～5.2.5、16.2.2</td><td>5.2.6～5.2.10</td></tr>
<tr><td>数字同步及时间分配设备配线</td><td>一个站</td><td>5.3.1～5.3.9、</td><td>5.3.10～5.3.16</td></tr>
<tr><td>卫星天线安装</td><td>一个站</td><td>16.2.5～16.2.7</td><td>16.2.8</td></tr>
<tr><td rowspan="3">数字同步及时间分配系统检验</td><td>数字同步网检验</td><td>一个站</td><td>16.3.1～16.3.4</td><td></td></tr>
<tr><td>时间同步网检验</td><td>一个站</td><td>16.4.1～16.4.6</td><td></td></tr>
<tr><td>时间同步网网管检验</td><td>一个系统</td><td>16.5.1～16.5.10</td><td></td></tr>
<tr><td rowspan="3">13</td><td rowspan="3">综合网络管理系统</td><td rowspan="2">综合网管设备安装和配线</td><td>综合网管设备安装</td><td>一个站</td><td>5.2.1～5.2.5、17.2.4</td><td>5.2.6～5.2.10</td></tr>
<tr><td>综合网管设备配线</td><td>一个站</td><td>5.3.1～5.3.9</td><td>5.3.10～5.3.16</td></tr>
<tr><td>综合网管系统检测</td><td>综合网管系统检验</td><td>一个系统</td><td>17.3.1～17.3.14</td><td></td></tr>
<tr><td rowspan="4">14</td><td rowspan="4">通信设备房屋环境监控及电源监控系统</td><td rowspan="2">监控设备安装和配线</td><td>监控设备安装</td><td>一个监控站</td><td>5.2.1～5.2.5、18.2.4～18.2.9</td><td>5.2.6～5.2.10、18.2.10、18.2.11</td></tr>
<tr><td>监控设备配线</td><td>一个监控站</td><td>5.3.1～5.3.9</td><td>5.3.10～5.3.16</td></tr>
<tr><td rowspan="2">监控系统检验</td><td>监控系统功能和性能检验</td><td>一个站</td><td>18.3.1～18.3.17</td><td></td></tr>
<tr><td>监控系统网管检验</td><td>一个系统</td><td>18.3.18～18.3.19</td><td></td></tr>
<tr><td rowspan="5">15</td><td rowspan="5">电源设备</td><td rowspan="3">电源设备安装和配线</td><td>电源设备安装</td><td>一个站</td><td>5.2.1、19.2.2～19.2.6</td><td>19.2.7～19.2.12</td></tr>
<tr><td>电源设备配线</td><td>一个站</td><td>5.3.1、19.3.2～19.3.4</td><td>19.3.5～19.3.8</td></tr>
<tr><td>接地装置安装</td><td>一个站</td><td>19.4.1～19.4.7</td><td>19.4.8</td></tr>
<tr><td rowspan="2">电源检验</td><td>电源设备性能检测</td><td>一个站</td><td>19.5.1～19.5.7</td><td></td></tr>
<tr><td>电源设备功能检验</td><td>一个站</td><td>19.6.1～19.6.3</td><td></td></tr>
</table>

3.3 工程施工质量验收内容和要求

3.3.1 检验批的质量验收应包括下列内容：

1 实物检查。对设备和材料等的验收，应按进场批次和本标准规定的抽样方案执行；对工序质量的检验，应按本标准规定的抽样方案执行。

2 资料检查。设备和材料等的质量证明文件(包括质量检验报告、合格证等)；工序的施工记录、自检和交接检验记录、平行检验报告、见证检验报告等。

3 质量责任确认。对施工作业责任人员质量责任登记进行确认。

3.3.2 检验批合格质量应符合下列要求：

1 主控项目的质量经检验全部合格。

2 一般项目的质量经检验全部合格；其中，有允许偏差的抽查点，除有专门要求外，80%及以上的抽查点应控制在规定允许偏差内，最大偏差不得大于规定允许偏差的1.5倍。

3 具有完整的施工操作依据、质量检查记录。

4 施工作业责任人员质量责任登记情况真实、全面。

3.3.3 分项工程施工质量验收合格应符合下列要求：

1 分项工程所含检验批均符合合格质量的规定。

2 质量验收记录完整。

3.3.4 分部工程施工质量验收合格应符合下列要求：

1 分部工程所含分项工程的质量均验收合格。

2 质量验收记录完整。

3.3.5 单位工程施工质量验收合格应符合下列要求：

1 单位工程所含分部工程的质量均应验收合格。

2 质量控制资料核查符合要求。

3 观感质量评定合格。

3.3.6 当检验批质量不符合要求时，应按下列要求进行处理：

1 经返工或更换设备材料的检验批，应重新进行验收。

2 经有资质的检测单位检测鉴定，能够达到使用要求的检验批，应予以验收。

3.3.7 通过返修处理仍不符合安全和使用功能要求的分部工程、单位工程，严禁验收。

3.4 工程施工质量验收程序和组织

3.4.1 检验批应由施工单位自检合格后报监理单位，由监理工程师组织施工单位专职质量检查员等进行验收，并按表3.4.1填写记录。

施工单位、监理单位对检验批的主控项目和一般项目的检查数量应符合本标准的相关具体规定。

3.4.2 分项工程应由监理工程师组织施工单位分项工程技术负责人等进行验收，并按表3.4.2填写记录。

3.4.3 分部工程应由监理工程师组织施工单位项目负责人和技术、质量负责人等进行验收，并按表3.4.3填写记录。

3.4.4 单位工程完工后，施工单位应自行组织有关人员进行检查，合格后向建设单位提交单位工程验收申请。

3.4.5 建设单位收到工程验收申请后，应由建设单位项目负责人组织施工、设计、监理等单位的项目负责人进行单位工程验收，并按表3.4.5填写记录。单位工程验收应包含综合质量评定的内容，综合质量评定应符合本标准第20章的有关规定。

表 3.4.1 ________检验批质量验收记录

单位工程名称				
分部工程名称				
分项工程名称			验收部位	
施工单位			项目负责人	
施工质量验收标准名称及编号				
施工质量验收标准的规定			施工单位检查评定记录	监理单位验收记录
主控项目	1			
	2			
	3			
	4			
	5			
	6			
	7			
	8			
	9			
一般项目	1			
	2			
	3			
	4			
	5			
施工作业人员质量责任登记				
勘察设计单位现场确认情况（需要时）	现场负责人 年 月 日			
施工单位检查评定结果	专职质量检查员 年 月 日 分项工程技术负责人 年 月 日 分项工程负责人 年 月 日			
监理单位验收结论	监理工程师 年 月 日			

注：施工作业人员质量责任登记应按部位和工序分别签名。

表 3.4.2 ________分项工程质量验收记录

<table>
<tr><td colspan="2">单位工程名称</td><td colspan="3"></td></tr>
<tr><td colspan="2">分部工程名称</td><td colspan="2"></td><td>检验批数</td></tr>
<tr><td colspan="2">施工单位</td><td colspan="2"></td><td>项目负责人</td></tr>
<tr><td>序号</td><td>检验批部位</td><td>施工单位检查评定结果</td><td colspan="2">监理单位验收结论</td></tr>
<tr><td>1</td><td></td><td></td><td colspan="2"></td></tr>
<tr><td>2</td><td></td><td></td><td colspan="2"></td></tr>
<tr><td>3</td><td></td><td></td><td colspan="2"></td></tr>
<tr><td>4</td><td></td><td></td><td colspan="2"></td></tr>
<tr><td>5</td><td></td><td></td><td colspan="2"></td></tr>
<tr><td>6</td><td></td><td></td><td colspan="2"></td></tr>
<tr><td>7</td><td></td><td></td><td colspan="2"></td></tr>
<tr><td>8</td><td></td><td></td><td colspan="2"></td></tr>
<tr><td>9</td><td></td><td></td><td colspan="2"></td></tr>
<tr><td>10</td><td></td><td></td><td colspan="2"></td></tr>
<tr><td colspan="5">说明：</td></tr>
<tr><td colspan="2">施工单位检查
评定结果</td><td colspan="3">分项工程技术负责人
年　月　日</td></tr>
<tr><td colspan="2">勘察设计单位
现场确认情况
（需要时）</td><td colspan="3">现场负责人　　年　月　日</td></tr>
<tr><td colspan="2">监理单位
验收结论</td><td colspan="3">监理工程师
年　月　日</td></tr>
</table>

注：勘察设计单位应按规定参加分项工程的验收。

表 3.4.3 ________分部工程质量验收记录

<table>
<tr><td colspan="2">单位工程名称</td><td colspan="5"></td></tr>
<tr><td colspan="2">施工单位</td><td colspan="5"></td></tr>
<tr><td colspan="2">项目负责人</td><td></td><td>项目技术负责人</td><td></td><td>项目质量负责人</td><td></td></tr>
<tr><td>序号</td><td>分项工程名称</td><td>检验批数</td><td colspan="2">施工单位检查评定结果</td><td colspan="2">监理单位验收结论</td></tr>
<tr><td>1</td><td></td><td></td><td colspan="2"></td><td colspan="2"></td></tr>
<tr><td>2</td><td></td><td></td><td colspan="2"></td><td colspan="2"></td></tr>
<tr><td>3</td><td></td><td></td><td colspan="2"></td><td colspan="2"></td></tr>
<tr><td>4</td><td></td><td></td><td colspan="2"></td><td colspan="2"></td></tr>
<tr><td>5</td><td></td><td></td><td colspan="2"></td><td colspan="2"></td></tr>
<tr><td>6</td><td></td><td></td><td colspan="2"></td><td colspan="2"></td></tr>
<tr><td>7</td><td></td><td></td><td colspan="2"></td><td colspan="2"></td></tr>
<tr><td>8</td><td></td><td></td><td colspan="2"></td><td colspan="2"></td></tr>
<tr><td>9</td><td></td><td></td><td colspan="2"></td><td colspan="2"></td></tr>
<tr><td>10</td><td></td><td></td><td colspan="2"></td><td colspan="2"></td></tr>
<tr><td colspan="3">质量控制资料</td><td colspan="2"></td><td colspan="2"></td></tr>
<tr><td colspan="3">实体质量和主要功能检验
（检测）报告</td><td colspan="2"></td><td colspan="2"></td></tr>
<tr><td rowspan="3">验
收
单
位</td><td colspan="2">施工单位</td><td colspan="4">项目负责人　　年　月　日</td></tr>
<tr><td colspan="2">勘察设计单位
（需要时）</td><td colspan="4">项目负责人　　年　月　日</td></tr>
<tr><td colspan="2">监理单位</td><td colspan="4">监理工程师　　年　月　日</td></tr>
</table>

注:1　勘察设计单位应按规定参加分部工程的验收。

2　质量控制资料核查、实体质量和主要功能核查项目应按表 20.2.2 和表 20.3.1—1～20.3.1—15 确定。

表 3.4.5 单位工程质量验收记录

<table>
<tr><td colspan="3">单位工程名称</td><td colspan="4"></td></tr>
<tr><td colspan="3">施工单位</td><td></td><td>项目负责人</td><td></td><td>开工日期</td></tr>
<tr><td colspan="3">项目技术负责人</td><td></td><td>项目质量负责人</td><td></td><td>竣工日期</td></tr>
<tr><td>序号</td><td colspan="2">项目</td><td colspan="2">验收记录</td><td colspan="2">验收结论</td></tr>
<tr><td rowspan="2">1</td><td colspan="2" rowspan="2">分部工程</td><td colspan="2">共　　分部</td><td colspan="2" rowspan="2"></td></tr>
<tr><td colspan="2">经查，符合设计要求和标准规定　　分部</td></tr>
<tr><td rowspan="3">2</td><td rowspan="10">综合质量评定</td><td rowspan="3">质量控制资料核查</td><td colspan="2">共　　项</td><td colspan="2" rowspan="3"></td></tr>
<tr><td colspan="2">经查，符合要求　　项</td></tr>
<tr><td colspan="2">不符合要求　　项</td></tr>
<tr><td rowspan="3">3</td><td rowspan="3">实体质量和主要功能核查</td><td colspan="2">共核查　　项</td><td colspan="2" rowspan="3"></td></tr>
<tr><td colspan="2">符合要求　　项</td></tr>
<tr><td colspan="2">不符合要求　　项</td></tr>
<tr><td rowspan="4">4</td><td rowspan="4">观感质量评定</td><td colspan="2">共检查　　项</td><td colspan="2" rowspan="4"></td></tr>
<tr><td colspan="2">合格　　项</td></tr>
<tr><td colspan="2">差　　项</td></tr>
<tr><td colspan="2"></td></tr>
<tr><td>5</td><td colspan="2">综合验收结论</td><td colspan="4"></td></tr>
<tr><td rowspan="2">参加验收单位</td><td colspan="2">施工单位</td><td>监理单位</td><td>勘察设计单位</td><td colspan="2">建设单位</td></tr>
<tr><td colspan="2">（公章）
项目负责人
年　月　日</td><td>（公章）
总监理工程师
年　月　日</td><td>（公章）
项目负责人
年　月　日</td><td colspan="2">（公章）
项目负责人
年　月　日</td></tr>
</table>

3.4.6 当参加验收各方对工程施工质量验收意见不一致时，可请铁路建设行政主管部门协调处理。

4 通 信 线 路

4.1 一 般 规 定

4.1.1 通信线路验收包括光电缆敷设、光缆接续及引入、电缆接续及引入、光缆线路性能检测和电缆线路性能检测，以及光纤监测设备安装和配线、光纤监测系统检验等。

4.1.2 光电缆线路验收应进行下列准备：

1 根据施工台账，确认光电缆径路，复核车站通信设备房屋、区间无线基站、信号中继站等位置里程，检查配盘资料。

2 复核隐蔽工程记录。

3 检查光电缆接续、检测人员的培训记录及上岗证。

4.1.3 光纤监测系统的接入不得影响监控对象的功能、降低性能；监测系统的故障不得影响监控对象的正常工作。

4.2 光电缆敷设

主 控 项 目

4.2.1 光电缆及配套器材进场验收应符合下列要求：

1 数量、型号、规格、质量符合设计和订货合同的要求及相关技术标准规定。

2 合格证、质量检验报告等质量证明文件齐全。

3 光电缆无压扁、护套损伤、表面严重划伤等缺陷。

检验数量：施工单位、监理单位全部检验。

检验方法：对照设计文件和订货合同检查实物和质量证明文件。

4.2.2 光电缆单盘检测应符合下列要求：

1 单盘光缆长度、衰耗符合设计或订货要求。

2 低频四线组单盘电缆电性能符合表 4.2.2—1 的要求。

表 4.2.2—1 低频四线组单盘电缆电性能要求

序号	项 目	测量频率	单 位	标 准	换 算
1	0.9 mm 线径电阻(20 ℃)	直流	Ω/km	≤28.5	实测值/*L*
	0.7 mm 线径电阻(20 ℃)		Ω/km	≤48	
	0.6 mm 线径电阻(20 ℃)		Ω/km	≤65.8	
2	0.9 mm 线径绝缘电阻	直流	MΩ · km	≥10 000	实测值×*L*
	0.7 mm 线径绝缘电阻		MΩ · km	≥5 000	
	0.6 mm 线径绝缘电阻		MΩ · km	≥5 000	

续上表

序号	项目			测量频率	单位	标准	换算
3	电气绝缘强度	所有芯线与金属外护套间		50 Hz	V	≥1 800 (2 min)	
		芯线间		50 Hz	V	≥1 000 (2 min)	
4	电容耦合	K_1	平均值	0.8 kHz～1 kHz	pF/500 m	≤81	实测值/$\sqrt{L/500}$
			最大值	0.8 kHz～1 kHz	pF/500 m	≤330	实测值×500/L
		e_1、e_2	平均值	0.8 kHz～1 kHz	pF/500 m	≤330	实测值/$\sqrt{L/500}$
			最大值	0.8 kHz～1 kHz	pF/500 m	≤800	实测值×500/L

注：L 为被测电缆长度。

3 铜芯聚烯烃绝缘铝塑综合护套市内通信电缆电性能符合表 4.2.2—2 的要求。

4 采用其他型号的电缆时，应符合相关技术标准的规定。

表 4.2.2—2 铜芯聚烯烃绝缘铝塑综合护套市内通信电缆电性能要求

序号	内容		标准				换算
1	导线直径(mm)		0.4	0.5	0.6	0.8	实测值/L
	单线电阻(Ω/km、20 ℃)		≤148	≤95	≤65.8	≤36.6	
2	绝缘电阻(MΩ·km)	填充型	3 000				实测值×L
		非填充型	10 000				
3	电气绝缘强度(V,1 min)	所有芯线与金属外护套间	3 000				
		芯线间	1 000(实芯)/750(泡沫)				
4	断线、混线		不断线、不混线				

注：L 为被测电缆长度。

检验数量：施工单位全部检查。监理单位抽检 20%。

检验方法：用 OTDR 检测光缆；用直流电桥、500 V 兆欧表、电容耦合测试仪等检测电缆。

4.2.3 光电缆敷设应符合下列要求：

1 敷设径路符合设计要求。

2 占用的槽道和位置符合设计要求。

3 槽道内摆放顺直自然。

4 槽内同时敷设多条光电缆时，互不交叉，标识明确。

5 管道和人(手)孔敷设光电缆要求

1）管孔运用符合设计要求；

2）同一根光电缆所占各段管道的管孔保持一致；

3）光电缆在人(手)孔铁架上的排列顺序与光电缆管孔运用相适应，在人(手)孔内避免光电缆相互交越、交叉或阻碍空闲管孔的孔口。

6 穿越或引下用的防护管的位置、材质、管长和埋设深度符合设计要求和相关技术标准的规定。

检验数量：施工单位全部检查。监理单位抽检 20%。

检验方法:观察、尺量检查。

4.2.4 光电缆外护层(套)不得有破损,接头处应密封良好。

检验数量:施工单位全部检查。监理单位见证检验 20%。

检验方法:观察检查。

4.2.5 光电缆防雷方式及防雷器件的设置地点、数量应符合设计要求和相关技术标准的规定。

检验数量:施工单位全部检查。监理单位抽检 20%。

检验方法:观察、测试检查。

一 般 项 目

4.2.6 光电缆弯曲半径应符合下列要求:

1 光缆的弯曲半径不小于光缆外径的 15 倍。

2 铅护套电缆不小于电缆外径的 15 倍。

3 铅护套电缆不小于电缆外径的 7.5 倍。

检验数量:施工单位全部检查。

检验方法:观察、尺量检查。

4.2.7 光电缆线路余留的位置和长度应符合设计要求和相关技术标准的规定。

检验数量:施工单位全部检查。

检验方法:观察、尺量检查。

4.3 光缆接续及引入

主 控 项 目

4.3.1 光缆接续应符合下列要求:

1 芯线按光纤色谱排列顺序对应接续;光纤接续部位应进行热缩加强管保护,加强管收缩均匀、无气泡。

2 光缆的金属外护套和加强芯紧固在接头盒内。同一侧的金属外护套与金属加强芯在电气上应连通。两侧的金属外护套、金属加强芯应绝缘。

3 光缆盒体安装牢固、密封良好。

4 光纤收容余长单端引入引出不小于 0.8 m,两端引入引出不小于 1.2 m。

5 光纤收容时的弯曲半径不小于 40 mm。

6 光缆接头处的弯曲半径不小于护套外径的 20 倍。

7 光缆接续后余留 2 m～3 m。

检验数量:施工单位全部检查。监理单位旁站监理 20%。

检验方法:观察、尺量检查。

4.3.2 光缆引入应符合下列要求:

1 光缆引入室内时,应在引入井或室内上机架前做绝缘节,室内、室外金属护层及金属加强芯应断开,并彼此绝缘。

2 光缆引入室内应终端在光配线架或光终端盒上。

3 引入室内的光缆应固定安装牢固。

检验数量:施工单位全部检查。监理单位见证检验。

检验方法:观察、用万用表检查。

一 般 项 目

4.3.3 光缆接头装置应以一个中继段为单位自上行往下行方向顺序编号。

检验数量:施工单位全部检查。

检验方法:观察检查。

4.3.4 光缆及其接头在进入人孔时,应放在人孔铁架上予以固定保护。

检验数量:施工单位全部检查。

检验方法:观察检查。

4.3.5 光缆终端接续后,进、出尾纤应标识清晰、准确。

检验数量:施工单位全部检查。

检验方法:观察检查。

4.3.6 光缆引入时不同型号、规格的光缆上、下行标识应清晰、准确。

检验数量:施工单位全部检查。

检验方法:观察检查。

4.4 电缆接续及引入

主 控 项 目

4.4.1 电缆接续应符合下列要求:

1 电缆接续时芯线线位准确、连接可靠。

2 直通电缆两侧的金属护层及屏蔽钢带有效连通。

3 槽道内电缆接头盒应顺槽道方向放置平稳;直埋电缆接头套管做绝缘防腐处理并将接头加以保护;人孔内的电缆接头固定在托板架上,相邻接头放置应错开。

4 电缆盒体安装牢固、密封良好。

5 成端电缆的弯曲半径符合本标准第 4.2.6 条的规定。

6 电缆引入防护符合设计要求和相关技术标准的规定。

检验数量:施工单位全部检查。监理单位旁站监理 20%。

检验方法:观察、用万用表检查。

4.4.2 电缆引入应符合下列要求:

1 电缆引入室内时,其室内/外两侧的屏蔽钢带及金属护层应电气绝缘;外线侧的屏蔽钢带及金属护层应可靠接地,接地电阻应符合设计要求;设备侧的屏蔽钢带及金属护层应悬浮。

2 电缆引入室内应终端在电缆引入架、配线架或分线盒上。

检验数量:施工单位全部检查。监理单位见证检验。

检验方法:观察、用万用表检查。

一 般 项 目

4.4.3 电缆接续点应以一个区段为单位自上行往下行方向顺序编号。

检验数量:施工单位全部检查。

检验方法:观察检查。

4.4.4 室内电缆分线盒安装在墙上时,分线盒安装位置符合设计要求,引入口到分线盒的电缆应采取防护措施。

检验数量：施工单位全部检查。

检验方法：观察、尺量检查。

4.4.5 电缆引入室内后，上下行标识应清晰、准确。

检验数量：施工单位全部检查。

检验方法：观察检查。

4.4.6 成端电缆的芯线应编把，芯线宜保持原有扭距。

检验数量：施工单位全部检查。

检验方法：观察检查。

4.5 光缆线路性能检测

主 控 项 目

4.5.1 一个光缆中继段内，1 310 nm、1 550 nm 窗口每根单模光纤双向接续损耗平均值 α 应不大于 0.08 dB。

检验数量：施工单位全部检查。监理单位见证检验 20%。

检验方法：用 OTDR 检测。

4.5.2 光缆中继段光纤线路衰耗值 α_1 应符合下式要求：

$$\alpha_1 \leqslant \alpha_0 L + \bar{\alpha} n + \bar{\alpha}_c m \quad (\text{dB})$$

式中 α_0——光纤衰减标称值(dB/km)；

$\bar{\alpha}$——光缆中继段每根光纤双向接头平均损耗(dB)，单模光纤 $\alpha \leqslant 0.08$ dB(1 310 nm、1 550 nm)；

$\bar{\alpha}_c$——光纤活动连接器平均损耗(dB)，单模光纤 $\alpha_c \leqslant 0.7$ dB；

L——光缆中继段长度(km)；

n——光缆中继段内每根光纤接头数；

m——光缆中继段内每根光纤活动连接器数。

检验数量：施工单位全部检查，监理单位见证检验 20%。

检验方法：用光源、光功率计检测。

4.5.3 光缆中继段最大离散反射系数和 S 点最小回波损耗(包括连接器)应符合下列要求：

1 光缆中继段 S、R 点间的最大离散反射系数

STM-1 1 550 nm 波长不大于－25 dB；

STM-4 1 310 nm 波长不大于－25 dB；

STM-4 1 550 nm 波长不大于－27 dB；

STM-16 1 310 nm 波长不大于－27 dB；

STM-16 1 550 nm 波长不大于－27 dB；

STM-64 1 310 nm 波长不大于－14 dB；

STM-64 1 550 nm 波长不大于－27 dB。

2 光缆中继段在 S 点的最小回波损耗

STM-1 1 550 nm 波长不小于 20 dB；

STM-4 1 310 nm 波长不小于 20 dB；

STM-4 1 550 nm 波长不小于 24 dB；

STM-16　1 310 nm 波长不小于 24 dB；

STM-16　1 550 nm 波长不小于 24 dB；

STM-64　1 310 nm 波长不小于 14 dB；

STM-64　1 550 nm 波长不小于 24 dB。

3　偏振模色散(PMD)符合设计要求。

检验数量：施工单位全部检查。监理单位见证检验 20%。

检验方法：用 PMD 测试仪检测。

4.6　电缆线路性能检测

主 控 项 目

4.6.1　低频四线组音频段电性能应符合表 4.6.1 的要求。

检验数量：施工单位全部检查。监理单位见证检验 20%。

检验方法：用直流电桥、500 V 兆欧表、耐压测试仪、振荡器、电平表、杂音测试仪等检测。

4.6.2　铜芯聚烯烃绝缘铝塑综合护套市内通信电缆用户线路电性能应符合表 4.6.2 的要求。

表 4.6.1　低频四线组音频段电性能要求

<table>
<tr><th>序号</th><th colspan="2">项目</th><th>测量频率</th><th>单　位</th><th>标　准</th><th>备　　注</th></tr>
<tr><td rowspan="3">1</td><td colspan="2">0.9 mm 线径环阻(20 ℃)</td><td>直流</td><td>Ω/km</td><td>≤57</td><td rowspan="3">实测值/L</td></tr>
<tr><td colspan="2">0.7 mm 线径环阻(20 ℃)</td><td>直流</td><td>Ω/km</td><td>≤96</td></tr>
<tr><td colspan="2">0.6 mm 线径环阻(20 ℃)</td><td>直流</td><td>Ω/km</td><td>≤132</td></tr>
<tr><td>2</td><td colspan="2">环阻不平衡</td><td>直流</td><td>Ω</td><td>≤2</td><td></td></tr>
<tr><td rowspan="3">3</td><td colspan="2">0.9 mm 线径绝缘电阻</td><td>直流</td><td>MΩ·km</td><td>≥10 000</td><td rowspan="3">实测值×($L+L'$)</td></tr>
<tr><td colspan="2">0.7 mm 线径绝缘电阻</td><td>直流</td><td>MΩ·km</td><td>≥5 000</td></tr>
<tr><td colspan="2">0.6 mm 线径绝缘电阻</td><td>直流</td><td>MΩ·km</td><td>≥5 000</td></tr>
<tr><td rowspan="2">4</td><td colspan="2">芯线与金属外护套间电气绝缘强度</td><td>直流</td><td>V</td><td>≥1 800
(2 min)</td><td></td></tr>
<tr><td colspan="2">芯线间电气绝缘强度</td><td>直流</td><td>V</td><td>≥1 000
(2 min)</td><td></td></tr>
<tr><td>5</td><td colspan="2">近端串音衰减</td><td>800 Hz</td><td>dB</td><td>≥74</td><td></td></tr>
<tr><td>6</td><td colspan="2">远端串音防卫度</td><td>800 Hz</td><td>dB</td><td>≥61</td><td></td></tr>
<tr><td rowspan="2">7</td><td rowspan="2">电力牵引供电区段杂音计电压</td><td>调度回线</td><td>800 Hz</td><td>mV</td><td>≤1.25</td><td rowspan="2">用杂音测试器测量时，应用高阻挡，输入端并接阻抗值等于电缆输入阻抗 Z，其实测值应乘以 $\sqrt{600Z}$</td></tr>
<tr><td>一般回线</td><td>800 Hz</td><td>mV</td><td>≤2.5</td></tr>
</table>

注：L 为音频段电缆实际长度。

L'为电缆线路各种附属设备的等效绝缘电阻的总长度：

$$L' = L_{头} + L_{盒}$$

式中　$L_{头}$——每个接头绝缘电阻为 10^5 MΩ，等效电缆 100 m；

$L_{盒}$——电缆分线盒等效电缆 2 km。

表 4.6.2 铜芯聚烯烃绝缘铝塑综合护套市内通信电缆用户线路电性能要求

<table>
<tr><th>序号</th><th colspan="2">内　　容</th><th colspan="4">标　　准</th><th>换　算</th></tr>
<tr><td rowspan="3">1</td><td colspan="2">导线直径(mm)</td><td>0.4</td><td>0.5</td><td>0.6</td><td>0.8</td><td rowspan="2">实测值/L</td></tr>
<tr><td colspan="2">单线电阻(Ω/km,20 ℃)</td><td>≤148</td><td>≤95</td><td>≤65.8</td><td>≤36.6</td></tr>
<tr><td colspan="2">环阻不平衡(Ω)</td><td colspan="4">≤2</td><td></td></tr>
<tr><td rowspan="3">2</td><td rowspan="3">绝缘电阻(MΩ·km)</td><td>填充型(聚乙烯绝缘)</td><td colspan="4">≥1 800</td><td rowspan="3">实测值×L</td></tr>
<tr><td>非填充型(聚乙烯绝缘)</td><td colspan="4">≥6 000</td></tr>
<tr><td>非填充型(聚氯乙烯绝缘)</td><td colspan="4">≥120</td></tr>
<tr><td>3</td><td colspan="2">近端串音(800 Hz,dB)</td><td colspan="4">≥69.5</td><td></td></tr>
<tr><td>4</td><td colspan="2">断线、混线</td><td colspan="4">不断线、不混线</td><td></td></tr>
</table>

注:L 为被测电缆长度。

检验数量:施工单位全部检查。监理单位见证检验 20%。

检验方法:用直流电桥、兆欧表、串音表、万用表等检测。

4.7 光纤监测设备安装和配线

4.7.1 设备和配线的进场验收应符合本标准第 5.2.1、5.3.1 条的相关规定。

4.7.2 设备安装应符合本标准第 5.2 节的相关规定。

4.7.3 设备配线应符合本标准第 5.3 节的相关要求。

4.8 光纤监测系统检验

主 控 项 目

4.8.1 对被监测光纤进行点名检测,检测结果应全部回传。

检验数量:施工单位全部检查。监理单位见证检验。

检验方法:对照设计文件,根据相关技术标准或设备技术文件逐项进行检验。

4.8.2 对被监测光纤进行周期检测,检测结果应全部回传,且周期检测数据偏差和准确性应分别符合表 4.8.2—1、表 4.8.2—2 的要求。

检验数量:施工单位全部检查。监理单位见证检验 20%。

检验方法:试验、用 OTDR 检测、比对。

表 4.8.2—1 周期检测数据偏差指标

<table>
<tr><th>项　　目</th><th colspan="2">稳定性</th></tr>
<tr><td>全程传输损耗</td><td>≤0.25 dB(无活动连接器)</td><td>≤0.5 dB(有活动连接器)</td></tr>
<tr><td>接续损耗</td><td>≤0.025 dB(熔接接头)</td><td>≤0.05 dB(活动接头)</td></tr>
<tr><td>长度测试</td><td colspan="2">≤25 m</td></tr>
</table>

注:上述检测条件是在 OTDR 动态范围(10 μs 脉宽)有 10 dB 的检测精度的条件下。0.5 dB 以上的熔接接头按活动接头考虑。

表 4.8.2—2　周期检测数据准确性指标

项目	准　确　性	
全程传输损耗	≤0.25 dB+基准值×5%(无活动连接器)	≤0.5 dB+基准值×5%(有活动连接器)
接续损耗	≤0.025 dB+基准值×5%(熔接接头)	≤0.5 dB+基准值×5%(活动接头)
长度测试	≤25 m+基准值×1%	

注:上述检测条件是在 OTDR 动态范围(10 μs 脉宽)有 10 dB 的检测精度的条件下。0.5 dB 以上的熔接接头按活动接头考虑。

4.8.3　系统下列障碍告警功能应符合设计要求和相关技术标准的规定:

1　缓慢变化故障;

2　断纤故障;

3　模拟告警测试。

检验数量:施工单位全部检查。监理单位见证检验。

检验方法:参照《光缆线路自动监测系统工程验收规范》YD/T 5093—2005 第 5 章的相关规定试验检验。

4.8.4　系统检测优先级顺序应符合下列要求:

1　障碍告警检测应优先于点名检测和周期检测。

2　长途光缆线路障碍告警检测应优先于本地网光缆线路障碍告警检测。

检验数量:施工单位全部检查。监理单位见证检验。

检验方法:试验检验。

4.8.5　系统应具有下列管理功能:

1　故障管理功能

1)可利用内部诊断程序识别相关故障并能追踪至故障点。

2)能包括所有告警信号及其记录的细节。

3)具有告警过滤和遮蔽功能。

4)能够设置故障严重等级。

2　性能管理功能

1)能监测所有受测光纤。

2)能对监视门限进行设置。

3)能定期存储和报告性能事件数据,时间可根据用户要求设置。

4)能报告点名测试的性能监视数据。

3　配置管理功能

1)系统初始化配置。

2)光缆自动监测系统状态和控制。

3)被监测网络的配置应能按请求以图形的方式在监测中心屏幕上完成。

4)系统备份和故障处理能力。

4　安全管理功能

1)接入管理系统的权限应符合设计要求。

2)应能对所有试图接入受限资源的申请进行监视和实施控制。

检验数量:施工单位全部检查。监理单位见证检验。

检验方法:试验检验。

5 室内设备和箱式机房

5.1 一般规定

5.1.1 室内设备安装验收包括安装在通信设备房屋内的各种通信系统设备安装及设备配线、管槽安装的通用要求。

5.1.2 箱式机房验收应包括箱式机房安装验收及箱内设备安装和配线验收。

5.2 设备安装

主控项目

5.2.1 机柜(架)和设备进场验收应符合下列要求:

1 数量、型号、规格、质量符合设计和订货合同的要求及相关技术标准规定。

2 图纸、说明书等技术资料,合格证、质量检验报告等质量证明文件齐全。

3 机柜(架)、设备及附件无变形、表面无损伤,镀层、漆饰完整无脱落,铭牌,标识完整清晰。

4 机柜(架)、设备内部件完好、连接无松动;无受潮发霉、锈蚀。

检验数量:施工单位、监理单位全部检查。

检验方法:对照设计文件和订货合同,检查实物和质量证明文件。

5.2.2 机柜(架)安装应符合下列要求:

1 机柜(架)的安装位置及安装方式符合设计要求。

2 机柜(架)底座对地加固。

3 机柜(架)稳定牢固。

检验数量:施工单位、监理单位全部检查。

检验方法:观察检查。

5.2.3 壁挂式设备安装位置和方式应符合设计要求,并安装牢固可靠。

检验数量:施工单位、监理单位全部检查。

检验方法:观察检查。

5.2.4 子架或机盘安装应符合下列要求:

1 子架或机盘位置符合设备技术文件或设计要求。

2 子架或机盘整齐一致,接触良好。

检验数量:施工单位全部检查。监理单位抽检 20%。

检验方法:观察检查。

5.2.5 金属机柜(架)、走线架、槽道各段之间应保持连接良好,接地可靠。

检验数量:施工单位全部检查。监理单位抽检 20%。

检验方法:观察检查。

一 般 项 目

5.2.6 设备排列整齐，漆饰完好，铭牌、标记清楚准确，并符合设计要求。

检验数量：施工单位全部检查。

检验方法：观察检查。

5.2.7 机柜（架）应垂直，倾斜度偏差应小于机柜（架）高度的1‰；当相邻机柜（架）相互靠拢时，其间隙不应大于3 mm；相邻机柜（架）正立面应平齐。

检验数量：施工单位全部检查。

检验方法：观察、尺量检查。

5.2.8 光电缆走线架位置偏差不应大于50 mm；水平度偏差不应大于2‰；垂直偏差不应大于3 mm。走线架应固定牢固。

检验数量：施工单位全部检查。

检验方法：观察、尺量检查。

5.2.9 光电缆槽道位置偏差不得超过50 mm；槽道边帮偏差不应大于3 mm；相邻两列槽道水平偏差不应大于3 mm。槽道盖板、侧板和底板应完整，安装应牢固。

检验数量：施工单位全部检查。

检验方法：观察、尺量检查。

5.2.10 网管中心设备应布局合理，便于操作、观察及维护。

检验数量：施工单位全部检查。监理单位见证检验。

检验方法：观察检查。

5.3 设备配线

主 控 项 目

5.3.1 光电缆及配套器材进场验收应符合下列要求：

1 数量、型号、规格、质量符合设计和订货合同的要求及相关技术标准规定。

2 合格证、质量检验报告等质量证明文件齐全。

3 线缆外皮无破损、挤压变形。

4 预埋金属管或塑料管、过线盒、接线盒及桥架等表面涂覆或镀层均匀、完整、光滑、无伤痕，管孔无变形、损坏。

检验数量：施工单位、监理单位全部检查。

检验方法：对照设计文件和订货合同，检查实物和质量证明文件。

5.3.2 配线电缆、光跳线的芯线应无错线或断线、混线，中间不得有接头。

检验数量：施工单位全部检查。监理单位抽检20%。

检验方法：用万用表、光对号器等检查断线、混线。

5.3.3 配线电缆芯线间的绝缘电阻及音频配线电缆近端串音衰减应符合下列要求：

1 音频配线电缆不小于50 MΩ。

2 同轴配线电缆不应小于1 000 MΩ。

3 音频配线电缆近端串音衰减不小于78 dB。

检验数量：施工单位全部检查。监理单位抽检20%。

检验方法：配线电缆未连接设备时，用500 V兆欧表测量绝缘电阻，用串音衰减测试器或用振荡器、电平表测量串音衰减。

5.3.4 配线布放的弯曲半径应符合相关技术标准的规定。

检验数量:施工单位全部检查。监理单位抽检 20%。

检验方法:尺量检查。

5.3.5 光缆尾纤应按标定的纤序连接设备。光跳线应单独布放并用垫衬固定,不得挤压、扭曲。

检验数量:施工单位全部检查。监理单位抽检 20%。

检验方法:对照设计文件检查光缆尾纤纤序,并观察检查。

5.3.6 接插件、连接器的组装应符合相应的工艺要求。应配件齐全,线位正确,装配可靠,连接牢固。

检验数量:施工单位全部检查。监理单位抽检 20%。

检验方法:观察检查、试验检查。

5.3.7 设备电源端子接线应正确,中间不得有接头;配线两端的标志应齐全。

检验数量:施工单位全部检查。监理单位抽检 20%。

检验方法:观察检查。

5.3.8 设备地线应连接良好,接地电阻应符合设计要求。

检验数量:施工单位全部检查。监理单位抽检 20%。

检验方法:用万用表测量。

5.3.9 配线电缆的屏蔽护套应可靠接地。

检验数量:施工单位全部检查。监理单位抽检 20%。

检验方法:观察检查。

一 般 项 目

5.3.10 配线电缆、光跳线的走向、路由应符合设计要求;布线应合理、整齐。

检验数量:施工单位全部检查。

检验方法:观察检查。

5.3.11 各种线缆在防静电地板下、走线架或槽道内应均匀绑扎固定、松紧适度,其中软光纤应加套管或线槽保护。

检验数量:施工单位全部检查。

检验方法:观察检查。

5.3.12 缆线两端的标签,型号、长度及起止设备名称等标识信息应准确。

检验数量:施工单位全部检查。

检验方法:观察检查。

5.3.13 当线缆接入设备或 ODF、DDF、VDF 架时,应留有一定的余量,余留长度应统一。

检验数量:施工单位全部检查。

检验方法:观察检查。

5.3.14 设备配线采用焊接时,焊接后芯线绝缘层应无烫伤、开裂及后缩现象,绝缘层离开端子边缘露铜不宜大于 1 mm。

检验数量:施工单位全部检查。

检验方法:观察、尺量检查,并用对号器检查端子。

5.3.15 设备配线采用卡接时,电缆芯线的卡接端子应接触牢固。

检验数量:施工单位全部检查。

检验方法:观察、尺量检查,并用对号器检查卡接端子。

5.3.16 配线电缆、电源线应分开布放,间距不小于 50 mm。交、直流配线应分开绑扎。

检验数量:施工单位全部检查。

检验方法:观察检查。

5.4 箱式机房安装

主 控 项 目

5.4.1 箱式机房基础的深度、边距、标高、水平度、基础混凝土强度、地基承载力等,应符合设计要求。

检验数量:施工单位全部检查。监理单位见证检验。

检验方法:观察、尺量、试验。

5.4.2 箱式机房的进场验收除符合本标准第 5.2.1 条的相关要求外,尚应符合下列规定:

1 箱体单元、构件、板材等表面,无明显变形、碰伤、裂痕等。

2 安装零部件齐全并匹配。

检验数量:施工单位、监理单位全部检验。

检验方法:对照设计文件和订货合同,检查实物和质量证明文件。

5.4.3 箱式机房安装位置、方式应符合设计要求。

检验数量:施工单位、监理单位全部检验。

检验方法:观察检查。

5.4.4 箱式机房安装应稳固、水平、垂直,附着点与基础间无缝隙。

检验数量:施工单位全部检验,监理单位平行检验。

检验方法:观察检查;水平尺测量检查。

5.4.5 箱式机房的供电、空调、照明、防尘、防潮、防雨、防水、防震、防火、防盗、防鼠等性能应符合相关技术标准的规定。

检验数量:施工单位全部检验,监理单位见证检验。

检验方法:观察检查;测量检查。

5.4.6 箱式机房内附属设施及通信设备的安装位置和方式应符合设计要求。通信设备的安装和配线,应符合本标准第 5.2 节和 5.3 节的相关要求;箱内通信设备的功能和性能应符合本标准相关章节的要求。

检验数量:施工单位全部检查。监理单位见证检验。

检验方法:观察、测试检查。

5.4.7 箱式机房防雷、电磁兼容及接地应符合设计要求,接地电阻应符合相关技术标准的规定。

检验数量:施工单位全部检查。监理单位见证检验。

检验方法:观察、测试检测。

一 般 项 目

5.4.8 箱式机房的箱体表面无脱漆、变形等现象。

检验数量:施工单位全部检验。

检验方法:观察检查。

6 传输系统

6.1 一般规定

6.1.1 传输系统验收应包括设备安装和配线、传输设备单机检验、传输设备系统检验、传输系统网管检验。

6.1.2 系统验收应在通信线路、数字同步和单机设备正常,网管数据配置正确的情况下进行。

6.2 传输设备安装和配线

6.2.1 设备和配线进场验收应符合本标准第 5.2.1、5.3.1 条的相关规定。

6.2.2 设备安装应符合本标准第 5.2 节的相关规定。

6.2.3 设备配线应符合本标准第 5.3 节的相关规定。

6.3 传输设备单机检验

主控项目

6.3.1 SDH 光输入口允许频偏不应大于$\pm 20\times 10^{-6}$。SDH 光接口的平均发送光功率、接收机灵敏度、反射系数应符合附录 A 表 A.0.1—1～A.0.1—4 的要求。

检验数量:施工单位全部检查。监理单位见证检验 20%。

检验方法:测试检验。

6.3.2 SDH 光接口发送信号波形(眼图)应符合图 6.3.2、表 6.3.2 的要求。

检验数量:施工单位全部检查。监理单位抽检 20%。

检验方法:检查出厂检验记录。

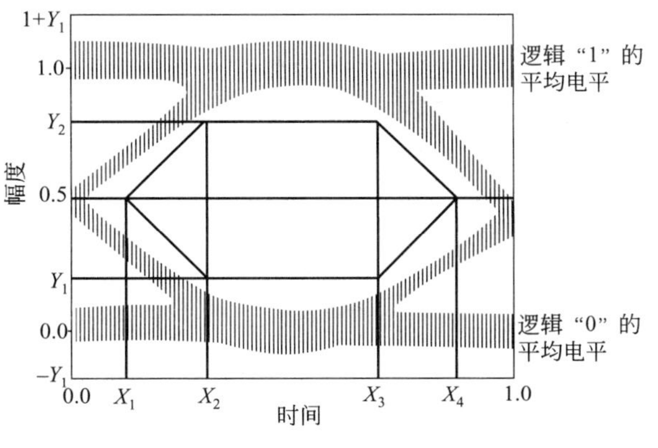

图 6.3.2 STM-N 光发射模块眼图模板

表 6.3.2 STM-*N* 光发送信号眼图模框数值要求

	STM-1	STM-4	STM-16	STM-64
X_1/X_4	0.15/0.85	0.25/0.75	—	—
X_2/X_3	0.35/0.65	0.40/0.60	—	—
X_3-X_2	—	—	0.20	0.20
Y_1/Y_2	0.20/0.80	0.20/0.80	0.25/0.75	0.25/0.75

6.3.3 SDH 电接口输出信号比特率应符合表 6.3.3 的要求。

检验数量：施工单位全部检查。监理单位见证检验 20%。

检验方法：用 SDH 通信综合测试仪测试。

表 6.3.3 电接口输出信号比特率

比特率(kbit/s)	容　差	测试用 PRBS
2 048 (VC-12)	$\pm50\times10^{-6}$ 2 048 000 bit/s±103 bit/s	$2^{15}-1$
139 264 (VC-4)	$\pm15\times10^{-6}$ 139 264 000 bit/s±2 089 bit/s	$2^{23}-1$
155 520	$\pm20\times10^{-6}$ 155 520 000 bit/s±3 111 bit/s	$2^{23}-1$

6.3.4 传输设备 STM-*N* 接口、PDH 接口测试 15 min 应无误码。

检验数量：施工单位全部检查。监理单位见证检验 20%。

检验方法：测试检验。

6.3.5 传输设备抖动性能应符合下列要求：

1 STM-*N* 输入口抖动容限应符合附录 A 表 A.0.2—1、表 A.0.2—2、图 A.0.2—1 和图 A.0.2—2 的要求。

2 PDH 2 048 kbit/s 接口输入抖动容限应符合附录 A 表 A.0.2—3 的要求。

3 SDH 设备映射抖动，在设备解复用侧没有指针调整时，PDH 支路输出口所产生的映射抖动应符合表 6.3.5 的要求。

表 6.3.5 映射抖动

G.703 接口	比特率容差范围	滤波器特性			最大峰—峰抖动	
		f_1	f_3	f_4		
		高通	高通	低通	$f_1\sim f_4$	$f_3\sim f_4$
2 048 kbit/s	$\pm50\times10^{-6}$	20 Hz 20 dB/dec	18 kHz 20 dB/dec	100 kHz −20 dB/dec	—	0.075UI
34 368 kbit/s	$\pm20\times10^{-6}$	100 Hz 20 dB/dec	10 kHz 20 dB/dec	800 kHz −20 dB/dec	—	0.075UI
139 264 kbit/s	$\pm15\times10^{-6}$	200 Hz 20 dB/dec	10 kHz 20 dB/dec	3 500 kHz −20 dB/dec	—	建议 用 0.075UI

4 SDH 设备在 PDH 接口的结合抖动应符合附录 A 表 A.0.2—4 的要求，指针测试序列见附录 A 图 A.0.2—3。

检验数量：施工单位抽检 10%。监理单位见证检验。

检验方法：测试检验。

6.3.6 传输设备时钟性能应符合下列要求：

1 当外部定时基准中断时，SDH 设备内部自由振荡时钟准确度应为 $\pm 4.6\times10^{-6}$。

2 SDH 系统在保持工作方式，即外部定时基准中断时，在24 h时间内能维持相对于外定时中断瞬间时钟频率不劣于 0.37×10^{-6}(20 ℃～30 ℃)的时钟准确度。

3 最小频率牵引范围和失步范围均应为 $\pm 4.6\times10^{-6}$。

检验数量：施工单位全部检查。监理单位抽检 20%。

检验方法：检查出厂检验记录。

6.3.7 MSTP 设备以太网业务的下列指标应符合设计要求和相关技术标准的规定：

1 千兆光接口

1）平均发送光功率；

2）接收灵敏度。

2 透传功能

1）吞吐量；

2）丢包率；

3）时延；

4）背靠背转发能力。

3 汇聚功能

1）吞吐量；

2）丢包率；

3）时延；

4）背靠背转发能力。

4 二层交换功能

1）吞吐量；

2）丢包率；

3）时延；

4）背靠背转发能力。

检验数量：施工单位全部检查。监理单位见证检验 20%。

检验方法：测试检验。

6.3.8 传输设备下列可靠性应符合设要求：

1 主控、交叉、时钟、电源等核心板件热备功能。

2 2M 支路板及 FE 以太网支路板热备功能。

3 设备接口卡热插拔功能。

检验数量：施工单位全部检查。监理单位见证检验。

检验方法：试验检验。

6.4 传输系统检验

主 控 项 目

6.4.1 传输系统光通道的接收光功率 P_1 不应超过系统的过载光功率，并应符合下式要求：

$$P_1 \geqslant P_R + M_c + M_e + M_t$$

式中 P_1——接收端在R点实测系统接收光功率(dBm)；

P_R——在R点测得的接收器的接收灵敏度(dBm)；

M_c——光缆富裕度(dB)；

M_e——设备富裕度(dB)；

M_t——光通道代价(dB)。

检验数量：施工单位全部检查。监理单位见证检验20%。

检验方法：测试检验。

6.4.2 光接口回波损耗应符合本标准附录A表A.0.1—1～表A.0.1—4的要求。

检验数量：施工单位全部检查。监理单位见证检验20%。

检验方法：测试检验。

6.4.3 SDH传输系统误码性能指标应符合设计要求和相关技术标准的规定。

检验数量：施工单位全部检查。监理单位见证检验20%。

检验方法：测试检验。

6.4.4 传输系统抖动性能应符合下列要求：

1 SDH网络接口和数字段输出口的最大输出抖动应符合表6.4.4—1的要求。

2 SDH网路输入口和数字段输入口的最大抖动容限应符合附录A表A.0.2—1、图A.0.2—1、表A.0.2—2、图A.0.2—2的要求。STM-N输入口抖动容限应符合附录A表A.0.2—1的要求。

表6.4.4—1 SDH网络接口和数字段输出口的最大输出抖动要求

等 级	最大输出抖动峰—峰值(UI)$UI_{p\text{-}p}$		测量滤波器参数		
	B_1	B_2	f_1(Hz)	f_3(kHz)	f_4(MHz)
STM-1(电)	1.5(0.75)	0.075(0.15)	500	65	1.3
STM-1(光)	1.5(0.75)	0.15(0.15)	500	65	1.3
STM-4(光)	1.5(0.75)	0.15(0.15)	1 000	250	5
STM-16(光)	1.5(0.75)	0.15(0.15)	5 000	1 000	20
STM-64(光)	1.5(0.75)	0.15(0.15)	20 000	4 000	80

注：括号内数字为数字段指标。

3 PDH 2 048 kbit/s网路输出口最大允许输出抖动应符合表6.4.4—2的要求。

检验数量：施工单位全部检查。监理单位见证检验20%。

检验方法：测试检验。

表 6.4.4—2 PDH 2 048 kbit/s 网路输出口最大允许输出抖动要求

测试滤波器	最大输出抖动幅度($UI_{p\text{-}p}$)
LP+HP_1	1.5
LP+HP_2	0.2

注:LP 表示截止频率为 100 kHz 的低通滤波器;
HP_1 表示截止频率为 20 Hz 的高通滤波器;
HP_2 表示截止频率为 18 kHz 的高通滤波器。

6.4.5 传输系统的保护倒换功能和性能应符合下列要求:

1 保护倒换准则符合设计要求。

2 在设计要求的保护倒换方式下,保护倒换时间不大于50 ms。

检验数量:施工单位全部检查。监理单位见证检验。

检验方法:测试检验,并通过设备状态和网管进行验证。

6.4.6 传输系统的同步和定时功能应符合下列要求:

1 同步和定时方式符合设计要求。

2 同步和定时源切换功能正常。

检验数量:施工单位全部检查。监理单位见证检验。

检验方法:测试检验。

6.4.7 SDH 系统下列功能应符合设计要求:

1 公务系统操作功能。

2 开销和维护功能

1) 再生段开销:A1、A2、OOF、LOF、B1;

2) 复用段开销:B2、K1、K2、M1;

3) 高阶通道开销:B3、G1;

4) 低阶通道开销:V5(b1~b8)。

3 告警功能

电源故障、机盘失效、机盘空缺(Card missing)、参考时钟失效、信号丢失(LOS)、帧失步(OOF)、帧丢失(LOF)、收 AIS、远端接收失效(FERF)、信号劣化(BER>1×10^{-6})、信号大误码(BER>1×10^{-3})、远端接收误码(FEBE)、指针丢失(LOP)、电接口复帧丢失(LOM)、激光器自动关闭(ALS)。

检验数量:施工单位全部检查。监理单位见证检验。

检验方法:通过设备状态和网管进行试验检验。

6.4.8 MSTP 下列以太网功能和性能应符合设计要求:

1 透传功能

最大帧长度、最小帧长度、异常帧检测、流量控制、自协商、VLAN 支持的 ID 范围测试、以太网帧格式测试、统计计数、带宽可配、用户安全隔离、映射颗粒测试、极限带宽测试、业务保护。

2 汇聚功能

多端口到单端口的以太网业务汇聚、多分支网元到中心网元的以太网业务汇聚、多端口到单端口的以太网业务共享。

3 二层交换系统功能

最大帧长度、最小帧长度、异常包检测、流量控制、自协商、以太网帧格式测试、VLAN功能、VLAN优先级测试、单播帧处理、多播帧处理、广播帧处理、MAC地址动态学习、MAC地址静态配置、MAC地址学习速度测试、MAC地址老化时间测试、MAC地址表容量测试、生成树功能、统计计数、用户安全隔离、映射颗粒测试、极限带宽测试、业务保护、QoS策略。

4 以太网透传和二层交换的吞吐量、丢包率和时延指标

检验数量:施工单位全部检查。监理单位见证检验。

检验方法:试验、测试检验。

6.5 传输系统网管检验

主 控 项 目

6.5.1 SDH网管功能应符合下列要求:

1 通用功能

1) 具有远端接入能力,支持多用户同时操作。

2) 系统启动、关闭、备份、数据库管理及运行情况记录等自身管理功能正常。

3) 在接入服务和退出服务、系统软硬件升级、自身发生故障、网元中任何与网管有关的机盘的插拔等情况下均不影响正常的传输业务。

2 故障管理功能

具有告警监测、故障定位、故障隔离、故障修正、路径测试(根据设计要求可选)、报告管理等功能。

3 性能管理功能

1) 能进行性能数据的收集和监视,应至少包含G.826/G.828参数及光接收功率、光发送功率(根据设计要求可选)。

2) 能进行性能数据的管理和存储。

3) 能显示和打印性能数据输出。

4 配置管理功能

具有网元(NE)管理、状态监视、状态控制、NE安装等功能。

5 安全管理功能

具有操作者级别及权限设置、用户登录管理、日志管理、口令管理、管理区域分配、用户管理、其他管理等功能。

6 本地维护终端(LCT)功能

1) 具有对单个网元的管理功能;

2) LCT与NE连接时,本身的软硬件故障不对正常的传输业务产生任何影响;

3) LCT在NE上的接入和退出不影响正常的传输业务。

检验数量:施工单位全部检查。监理单位见证检验。

检验方法:通过设备状态和网管进行验证。

6.5.2 MSTP网管下列功能应符合设计要求和相关技术标准的规定:

1 通用功能

系统接入方式、安全可靠性、软件管理、数据管理、软件技术、用户界面、系统性能、北向接口。

2 故障管理功能

告警类型、告警严重级别、告警状态、SDH 告警、以太网告警、ATM 告警、告警报告收集与显示、告警严重等级分配、告警屏蔽、告警相关性抑制和故障定位、告警查询与统计、告警确认、告警清除、告警显示过滤、告警同步。

3 性能管理功能

SDH 性能参数、以太网业务性能参数、ATM 业务性能参数、性能参数收集方式、设定性能监测参数、查询/修改性能监测参数、性能数据上报管理、性能门限管理、性能数据查询、性能数据存储。

4 配置管理功能

1）拓扑管理

网元拓扑视图、拓扑图查看、拓扑图导航、拓扑图定位、网络监视、拓扑编辑。

2）配置数据管理

日志管理、数据合法性检查、数据一致性检查，配置数据生成、配置数据拷贝，上载功能、下载功能。

3）网元配置管理

网元管理、SDH 业务管理、设备保护和倒换管理、SDH 保护管理、SDH 设备保护倒换管理、以太网业务管理、ATM 业务管理、ATM VP 保护倒换、公务管理、同步定时源管理、同步时钟定时源保护倒换、网元时间管理、扩容管理、SDH 开销管理。

5 安全管理功能

用户等级划分、用户管理、操作日志管理、查询操作日志、备份操作日志、删除操作日志。

检验数量：施工单位全部检查。监理单位见证检验。

检验方法：通过设备状态和网管进行验证。

7 接 入 网

7.1 一 般 规 定

7.1.1 接入网系统验收包括光纤用户接入网设备安装和配线、接入网设备单机检验、接入网系统检验、接入网系统网管检验。

7.1.2 系统验收之前应确认传输通道和电话交换系统正常运行，网管已经安装完毕，网管等系统数据加载正常。

7.1.3 当接入系统采用不对称数字用户线（ADSL）、局域网（LAN）、混合光纤同轴电缆（HFC）系统时，验收应符合《有线接入网设备安装工程验收规范》YD/T 5140 的规定。

7.1.4 当接入网采用无线方式时，工程验收应符合设计要求和相关技术标准的规定。

7.2 接入网设备安装和配线

7.2.1 设备和配线的进场验收应符合本标准第 5.2.1、5.3.1 条的相关规定。

7.2.2 设备安装应符合本标准第 5.2 节的相关规定。

7.2.3 设备配线应符合本标准第 5.3 节的相关规定。

7.3 接入网设备单机检验

主 控 项 目

7.3.1 业务节点接口(SNI)的 V5 接口物理层性能应符合下列要求：

1 V5.2 接口 2 048 kbit/s 链路的误码性能要求

1) 误块秒比(ESR)不大于 2.4×10^{-4}；

2) 严重误块秒比(SESR)不大于 1.2×10^{-5}；

3) 背景误块比(BBER)不大于 1.2×10^{-6}。

2 2 048 kbit/s 接口比特率在 2 048 kbit/s±103 bit/s 范围内。

检验数量：施工单位全部检查。监理单位见证检验 20%。

检验方法：测试检验。

7.3.2 业务节点接口(SNI)V5 接口的下列协议应符合相关技术标准的规定：

1 与公共电话交换网接口的 PSTN 协议；

2 控制协议；

3 承载通路连接 BCC 协议；

4 保护协议；

5 链路控制 LCP 协议。

检验数量：施工单位抽检每个供货商的 1 个 V5 接口。监理单位见证检验。

检验方法:测试检验。

7.3.3 V5.2 接口呼叫应正常。

检验数量:施工单位全部检查。监理单位抽检 20%。

检验方法:测试检验。

7.3.4 POTS FXS 与 POTS FXO 模拟电话线接口性能应符合表 7.3.4 的要求。

表 7.3.4 POTS FXS 与 POTS FXO 接口性能要求

项 目	拨号音	回铃音	忙音	空号音	铃流
频率	450 Hz±25 Hz	450 Hz±25 Hz	450 Hz±25 Hz	450 Hz±25 Hz	25 Hz±3 Hz
电平	−10 dBm0±3 dBm0	−10 dBm0±3 dBm0	−10 dBm0±3 dBm0	−10 dBm0±3 dBm0	电压:75 V±15 V
谐波失真	≤20%	≤20%	≤20%	≤20%	≤20%
断续时间	连续信号	1 s送,4 s断	0.35 s送,0.35 s断	0.1 s送 0.1 s断共0.6 s,加0.45 s送 0.45 s断	1 s送,4 s断

检验数量:施工单位全部检查。监理单位见证检验。

检验方法:测试检验。

7.4 接入网系统检验

主 控 项 目

7.4.1 光线路终端(OLT)、光网络单元(ONU)的光接口发送光功率、接收灵敏度应符合设计要求和相关技术标准的规定。

检验数量:施工单位全部检查。监理单位见证检验 20%。

检验方法:测试检验。

7.4.2 用户网络接口(UNI)站间音频二/四线指标的性能应符合下列要求:

1 通路接收电平允许偏差为±0.6 dB(四线—四线)、±0.8 dB(二线—二线)(用参考测试频率 1 020 Hz 的正弦波信号,以−10 dBm0的电平加到发送侧的输入端)。

2 净衰耗频率特性符合表 7.4.2—1 的规定。

表 7.4.2—1 净衰耗频率特性

测试频率(Hz)		200	300	400	500	600	820	1 020	2 400	2 800	3 000	3 400	3 600
偏差限值(dB)	二线(A—A)	—	+2	+1.5	+1.5	+0.7	+0.7	0	+0.7	+1.1	+1.1	+3.0	—
		−0.6	−0.6	−0.6	−0.6	−0.6	−0.6	0	−0.6	−0.6	−0.6	−0.6	−0.6
	四线(A—A)	—	+0.5	+0.5	+0.5	+0.5	+0.5	0	+0.5	+0.9	+0.9	+1.8	—
		−0.5	−0.5	−0.5	−0.5	−0.5	−0.5	0	−0.5	−0.5	−0.5	−0.5	−0.5
	二线(A—D或D—A)	—	+1.0	+0.75	+0.75	+0.35	+0.35	0	+0.35	+0.55	+0.55	+1.5	—
		−0.3	−0.3	−0.3	−0.3	−0.3	−0.3	0	−0.3	−0.3	−0.3	−0.3	−0.3
	四线(A—D或D—A)	—	+0.25	+0.25	+0.25	+0.25	+0.25	0	+0.25	+0.45	+0.45	+0.9	—
		−0.25	−0.25	−0.25	−0.25	−0.25	−0.25	0	−0.25	−0.25	−0.25	−0.25	−0.25

3 增益随输入电平变化特性应符合表 7.4.2—2 的规定。

表 7.4.2—2 增益随输入电平变化特性(正弦法)

输入电平(dBm0)		−55	−50	−40	−30	−20	−10	0	+3
偏差限值(dB)	二线(四线)(A—A)	±3.0	±1.0	±0.5	±0.5	±0.5	0	±0.5	±0.5
	二线(四线)(A—D)	±1.6	±0.6	±0.3	±0.3	±0.3	0	±0.3	±0.3

4 空闲信道噪声(衡重噪声)不大于−65 dBm0p(在音频通道输入、输出端都终接标称阻抗)。

5 总失真符合表 7.4.2—3 的规定。

表 7.4.2—3 总失真(噪声法)

输入电平(dBm0)		−55	−40	−34	−27	−20	−10	−6	−3
信号与总失真比值的最小值(dB)	二线(A—A)	11.1	26.1	30.7	32.4	32.4	32.4	32.4	24.8
	四线(A—A)	12.6	27.6	32.2	33.9	33.9	33.9	33.9	26.3

6 路际串音电平(近/远端)小于−65 dB。

检验数量:施工单位全部检查。监理单位每个基群抽检 2 路。

检验方法:测试检验。

7.4.3 综合业务数字网基本速率(ISDN-BRI)接口的 B 通道、D 通道,端到端 3 min 测试应无误码。

检验数量:施工单位全部检查。监理单位每块接口板抽检 1 个通道。

检验方法:测试检验。

7.4.4 $N\times64$ kbit/s($N=1\sim31$)数字链路的误码性能指标应符合表 7.4.4 的要求。

表 7.4.4 $N\times64$ kbit s 数字链路的误码性能指标

误码性能	馈线部分	配线部分	引入线部分
误码秒比(ESR)	2×10^{-3}	4×10^{-3}	6×10^{-3}
严重误码秒比(SESR)	2.5×10^{-5}	5×10^{-5}	7.5×10^{-5}

检验数量:施工单位全部检查。监理单位每块接口板抽检 1 个通道。

检验方法:采用端到端测试法,用数据分析仪进行误码测试,每路测试 15 min。

7.4.5 低速率数据接口端到端测试 3 min 应无误码。

检验数量:施工单位全部检查。监理单位见证检验 20%。

检验方法:测试检验。

7.4.6 系统的呼叫接通率不应小于 99.96%。

检验数量:施工单位全部检查。监理单位见证检验。

检验方法:在总配线架(MDF)上接不少于 32 对用户至模拟呼叫器,平均每小时每对用户产生不少于 200 次呼叫,测试呼叫次数不小于 40 000 次。

7.4.7 系统保护功能应符合下列要求：

1 信号中断或系统衰减增大，系统应能自动从工作系统倒换到保护系统。

2 撤除倒换条件，系统应能自动恢复到工作系统。

3 倒换过程中，系统应保持正常；网管系统应有显示并有记录。

检验数量：施工单位全部检查。监理单位见证检验。

检验方法：模拟试验。

7.4.8 测量台应支持下列功能：

1 电阻、电容、交流电压、直流电压等用户外线特性测量。

2 环路电流、馈电电压、拨号音、双音多频发号等用户内线（电路）测量。

3 多频按键话机的频率、电平等测量。

检验数量：施工单位全部检查。监理单位见证检验。

检验方法：模拟试验。

7.4.9 普通用户电话业务功能应正常。

检验数量：施工单位全部检查。监理单位抽检 20%/站。

检验方法：呼叫试验。

7.5 接入网系统网管检验

主 控 项 目

7.5.1 接入网系统网管的网络拓扑、业务拓扑管理功能应符合下列要求：

1 能进行网元拓扑图显示、访问。

2 能进行网络监视。

3 能进行打印、存储、报表。

4 能进行数据备份。

检验数量：施工单位全部检查。监理单位见证检验。

检验方法：对照设计文件，根据相关技术标准或设备技术文件逐项进行检验。

7.5.2 接入网系统网管的配置管理功能应符合下列要求：

1 能从网元上收集配置信息及提供数据给网元。

2 能识别、定义、指配、控制和监视接入网中的管理对象，并能保证在业务正常情况下进行软、硬件配置内容的增加、删除和修改。

检验数量：施工单位全部检查。监理单位见证检验。

检验方法：对照设计文件，根据相关技术标准或设备技术文件逐项进行检验。

7.5.3 接入网系统网管的故障管理功能应符合下列要求：

1 能提供对接入网及其环境的异常情况的处理手段，故障时间和位置的判定，故障修复的处理。

2 可对接入网系统的各个部分进行持续的或间断的测试，观察和检测。

检验数量：施工单位全部检查。监理单位见证检验。

检验方法：对照设计文件，根据相关技术标准或设备技术文件逐项进行检验。

7.5.4 接入网系统网管的性能管理功能应符合下列要求：

1 能对接入网的网元进行性能监视。

2 能采集相关的性能统计数据。

3 能处理测量数据、分析测量结果。

检验数量:施工单位全部检查。监理单位见证检验。

检验方法:对照设计文件,根据相关技术标准或设备技术文件逐项进行检验。

7.5.5 接入网系统网管安全管理功能应符合下列要求:

1 能进行用户管理。

2 能进行访问控制。

3 具有安全日志。

检验数量:施工单位全部检查。监理单位见证检验。

检验方法:对照设计文件,根据相关技术标准或设备技术文件逐项进行检验。

7.5.6 接入网系统网管日志管理功能应符合下列要求:

1 能进行日志参数管理。

2 能进行日志操作。

3 能进行日志删除。

检验数量:施工单位全部检查。监理单位见证检验。

检验方法:对照设计文件,根据相关技术标准或设备技术文件逐项进行检验。

8 数据通信系统

8.1 一 般 规 定

8.1.1 数据通信系统验收包括数据通信设备安装和配线、数据通信设备单机检验、数据通信系统检验、数据通信系统网管检验。

8.1.2 系统验收应在保证数据通道和单机设备正常的情况下进行,并且软件加载和数据配置已完成。

8.2 数据通信设备安装和配线

8.2.1 设备和配线的进场验收应符合本标准第 5.2.1、5.3.1 条的相关规定。

8.2.2 设备安装应符合本标准第 5.2 节的相关规定。

8.2.3 设备配线应符合本标准第 5.3 节的相关规定。

8.3 数据通信设备单机检验

主 控 项 目

8.3.1 路由器设备接口性能应符合下列要求:

1 路由器 1 000Base-LX/SX 接口中心波长、发送光功率、接收灵敏度性能应符合表 8.3.1 的要求。

表 8.3.1 1 000Base-LX/SX 接口性能

接口类型	中心波长 λ	平均发送光功率 P	接收灵敏度
1 000Base-LX	1270nm≤λ≤1 355 nm	−11.5 dBm≤P≤−3 dBm	≤−19 dBm
1 000Base-SX	770nm≤λ≤860 nm	−9.5 dBm≤P≤−4 dBm	≤−17 dBm

2 1 000Base-T 接口

通过五类非屏蔽线传输的最大距离应不小于 100 m。

3 POS 接口平均发送光功率和接收灵敏度应符合本标准第 6.3.1 条的相关要求。

检验数量:施工单位全部检查。监理单位见证检验。

检验方法:用光源、光功率计、光谱仪检测。

8.3.2 路由器单机设备性能应符合下列要求:

1 吞吐量符合设计要求。

2 丢包率符合设计要求。

3 吞吐量下的包转发时延要求

1) 核心路由器 1 518 byte IP 包,时延不大于 1 ms;

2）边缘接入节点路由器 64 byte IP 包，时延不大于 1 ms；

3）边缘接入节点路由器 512 byte IP 包，时延不大于 15 ms；

4）边缘接入节点路由器1 518 byte IP 包，时延不大于350 ms。

4 以最小的发送间隔发送数据流量，背对背的缓存能力应保证数据转发无丢包。

5 汇聚节点、核心节点、大区节点核心路由器路由表容量至少支持 250 000 条路由，500 个 BGP 对等，1 000 个 IGP 邻居。

6 QoS 策略应符合设计要求和相关技术标准的规定。

7 ACL 访问控制列表功能应符合设计要求和相关技术标准的规定。

检验数量：施工单位全部检查。监理单位见证检验 20%。

检验方法：用数据分析仪检测。

8.3.3 路由器应支持下列协议，并符合设计要求和相关技术标准的规定：

1 RIP V2 协议。

2 OSPF V2 协议。

3 BGP4 协议。

4 IS-IS 协议。

5 静态路由。

6 Diff-serv 差分服务协议。

7 VRRP 协议。

8 SNMP V2/V3 协议。

9 PIM-SM、DVMRP、PIM-DM、MBGP、MSDP 组播协议。

10 MPLS VPN 协议。

检验数量：施工单位全部检查。监理单位见证检验 20%。

检验方法：用协议分析仪检验。

8.3.4 路由器可靠性应符合下列要求：

1 电源、系统处理器具有热备份，保证设备可靠工作。

2 设备接口卡具有热插拔功能。

3 现场软件版本更新时，设备应正常工作。

检验数量：施工单位全部检查。监理单位见证检验。

检验方法：模拟试验检验。

8.3.5 以太网交换机单机设备接口性能应符合下列要求：

1 以太网交换机 1 000Base-LX/SX 接口中心波长、发送光功率、接收灵敏度性能应符合表 8.3.1 的要求。

2 10/100/1 000Base-T 接口通过五类非屏蔽线传输的最大距离应不小于 100 m。

检验数量：施工单位全部检查。监理单位见证检验 20%。

检验方法：用光源、光功率计、光谱仪检测、检验。

8.3.6 以太网交换机单机设备性能应符合下列要求：

1 吞吐量指标符合设计要求。

2 64 byte 数据帧吞吐量下转发时延不超过 100 μs。

3 转发最小合法帧间隔的数据包无丢包；二层、三层交换丢包率均为 0。

4 路由表容量符合设计要求。

5 QoS 排队策略和拥塞控制符合设计要求。

6 所支持的 VLAN 数量不小于交换机端口数量。

检验数量：施工单位全部检查。监理单位见证检验。

检验方法：用数据分析仪检测。

8.3.7 以太网交换机下列功能应符合设计要求和相关技术标准的规定：

1 流量控制。

2 MAC 地址学习。

3 MAC 地址学习时间老化。

4 组播。

5 地址过滤。

6 VLAN 功能。

检验数量：施工单位全部检查。监理单位见证检验。

检验方法：模拟试验检验。

8.3.8 以太网交换机下列协议功能应符合设计要求和相关技术标准的规定：

1 生成树协议。

2 802.1P、802.1Q 协议。

3 RIP V2 协议（具有路由功能的交换机）。

4 OSPF V2 协议（具有路由功能的交换机）。

5 BGP4 协议（具有路由功能的交换机）。

6 IS-IS 协议（具有路由功能的交换机）。

7 PIM-SM、DVMRP 组播协议（具有路由功能的交换机）。

8 MPLS 协议（具有路由功能的交换机）。

检验数量：施工单位全部检查。监理单位见证检验。

检验方法：用协议分析仪检测。

8.3.9 以太网交换机的可靠性应符合下列要求：

1 电源、系统处理器具有热备份，保证设备可靠工作。

2 设备接口卡具有热插拔功能。

3 现场软件版本更新时，设备应正常工作。

检验数量：施工单位全部检查。监理单位见证检验。

检验方法：模拟检验。

8.3.10 防火墙下列性能和功能应符合设计要求和相关技术标准的规定：

1 性能

1）时延；

2）吞吐量；

3）丢包率；

4）并发连接数。

2 功能

1）双机冗余配置，具有负载均衡功能；

2）包过滤功能；

3）信息内容过滤；

4）防范扫描窥探功能；

5）支持 VPN；

6）基于代理技术的安全认证；

7）网络地址转化(NAT)；

8）流量检测抗攻击；

9）系统管理功能。

检验数量：施工单位全部检查。监理单位见证检验。

检验方法：对照设计文件，根据相关技术标准或设备技术文件进行检验。

8.3.11 入侵检测设备下列功能应符合设计要求或相关技术标准的规定：

1 线速级性能处理。

2 基于状态的协议分析。

3 自适应检测策略管理。

4 可扩展的响应和联动。

检验数量：施工单位全部检查。监理单位见证检验 20%。

检验方法：对照设计文件，根据相关技术标准或设备技术文件逐项进行检验。

8.4 数据通信系统检验

主控项目

8.4.1 数据通信系统的下列端到端性能应符合设计要求和相关技术标准的规定：

1 吞吐量。

2 时延。

3 丢包率。

检验数量：施工单位全部检查。监理单位见证检验 20%。

检验方法：对照设计文件，根据相关技术标准或设备技术文件逐项进行检验。

8.4.2 全网路由节点均应连通。

检验数量：施工单位全部检查。监理单位检验 20%。

检验方法：全网连通性测试应根据网络拓扑结构形成网络节点之间的连通性矩阵，并根据该连通性矩阵进行两两节点间的连通性测试。通过仪表模拟数据流量进行端到端传输或用便携机通过 PING 命令进行相关检测。

8.4.3 数据通信系统的下列功能应符合设计要求：

1 路由策略设置。

2 VLAN 功能。

3 MPLS VPN 功能。

4 路由收敛功能及收敛时间。

5 QoS 策略。

6 安全功能。

7 可靠性。

检验数量：施工单位全部检查。监理单位见证检验。

检验方法：对照设计文件，根据相关技术标准或设备技术文件逐项进行检验。

8.5 数据通信系统网管检验

主 控 项 目

8.5.1 数据通信系统网管下列资源管理功能应符合设计要求和相关技术标准的规定：

1 设备管理；

2 电路管理；

3 路径管理；

4 IP 地址管理；

5 软件版本管理；

6 MPLS VPN 管理；

7 资源报表统计；

8 资源预警等。

检验数量：施工单位全部检查。监理单位见证检验。

检验方法：对照设计文件，根据相关技术标准或设备技术文件逐项进行检验。

8.5.2 数据通信系统网管下列拓扑管理功能应符合设计要求和相关技术标准的规定：

1 拓扑管理，拓扑自动发现、监视与浏览。

2 基于拓扑的流量显示、资源显示、配置显示和故障显示等。

检验数量：施工单位全部检查。监理单位见证检验。

检验方法：对照设计文件，根据相关技术标准或设备技术文件逐项进行检验。

8.5.3 数据通信系统网管下列配置管理功能应符合设计要求和相关技术标准的规定：

1 网元设备的配置。

2 保存历史信息。

3 配置比较。

检验数量：施工单位全部检查。监理单位见证检验。

检验方法：对照设计文件，根据相关技术标准或设备技术文件逐项进行检验。

8.5.4 数据通信系统网管下列故障管理功能应符合设计要求和相关技术标准的规定：

1 实时告警及历史告警信息查询。

2 各种告警指示。

3 告警过滤、告警转发、告警确认和告警升级、告警清除。

4 故障关联分析。

检验数量：施工单位全部检查。监理单位见证检验。

检验方法：对照设计文件，根据相关技术标准或设备技术文件逐项进行检验。

8.5.5 数据通信系统网管下列性能管理功能应符合设计要求和相关技术标准的规定：

1 网络性能监测、分析。

2 性能数据监视及前期预警。

检验数量：施工单位全部检查。监理单位见证检验。

检验方法：对照设计文件，根据相关技术标准或设备技术文件逐项进行检验。

8.5.6 数据通信系统网管下列路由管理功能应符合设计要求和相关技术标准的规定：

1 路由实体监视。

2 路由信息及变化分析。

检验数量：施工单位全部检查。监理单位见证检验。

检验方法：对照设计文件，根据相关技术标准或设备技术文件逐项进行检验。

8.5.7 数据通信系统网管下列 QoS 管理功能应符合设计要求和相关技术标准的规定：

1 网络层 QoS 参数配置。

2 基于 QoS 的性能监测。

3 基于 QoS 的流量分析等。

检验数量：施工单位全部检查。监理单位见证检验。

检验方法：对照设计文件，根据相关技术标准或设备技术文件逐项进行检验。

8.5.8 数据通信系统网管下列信息发布功能应符合设计要求和相关技术标准的规定：

1 以 Web 形式发布各种网管实时信息。

2 统计信息。

检验数量：施工单位全部检查。监理单位见证检验。

检验方法：对照设计文件，根据相关技术标准或设备技术文件逐项进行检验。

8.5.9 数据通信系统网管下列报表统计功能应符合设计要求和相关技术标准的规定：

1 网络业务、资源、故障以及性能等信息统计。

2 报告和图表。

检验数量：施工单位全部检查。监理单位见证检验。

检验方法：对照设计文件，根据相关技术标准或设备技术文件逐项进行检验。

8.5.10 数据通信系统网管下列 VPN 管理功能应符合设计要求和相关技术标准的规定：

1 配置功能。

2 监控功能。

3 图形化管理。

检验数量：施工单位全部检查。监理单位见证检验。

检验方法：对照设计文件，根据相关技术标准或设备技术文件逐项进行检验。

8.5.11 数据通信系统网管下列流量采集与分析功能应符合设计要求和相关技术标准的规定：

1 通过采集网络流量，实现对各个网络层次的链路负载分析、链路拥塞的分析。

2 通过采集网络流量对网络流量流向分析、网络业务类型分布分析。

检验数量：施工单位全部检查。监理单位见证检验。

检验方法：对照设计文件，根据相关技术标准或设备技术文件逐项进行检验。

8.5.12 数据通信系统网管下列安全管理功能应符合设计要求和相关技术标准的规定：

1 操作维护终端安全登录。

2 分权分域管理。

检验数量：施工单位全部检查。监理单位见证检验。

检验方法：对照设计文件，根据相关技术标准或设备技术文件逐项进行检验。

9 电话交换系统

9.1 一般规定

9.1.1 电话交换系统验收包括交换机设备安装和配线、电话交换系统检验、电话交换系统网管检验。

9.1.2 电话交换系统检验前，应确认相关的传输通道及同步、信令系统良好，局端间及测试需要的用户线连接良好，软件加载运行正常，数据配置完成。

9.2 电话交换设备安装和配线

主控项目

9.2.1 设备和配线的进场验收应符合本标准第5.2.1、5.3.1条的相关规定。

9.2.2 控制台、终端设备、测量台应按下列要求进行安装：

1 安装位置和安装方式符合设计要求。

2 安装整齐、牢固端正，标志齐全；台面在同一水平面上。

3 显示屏、键盘及其他配套设备安装就位、标志齐全。

4 地线设置符合设计要求，地线连接可靠。

检验数量：施工单位全部检查。监理单位见证检验。

检验方法：对照设计文件、观察检查。

9.2.3 设备安装的其他主控项目，应符合本标准第5.2.2～5.2.5条的相关规定。

9.2.4 设备配线的其他主控项目，应符合本标准第5.3.2～5.3.9条的相关规定。

一般项目

9.2.5 设备安装的一般项目，应符合本标准第5.2.6～5.2.10条的相关规定。

9.2.6 交换设备配线电缆的弯曲半径不得小于60 mm，30对以上电缆的弯曲半径不应小于电缆直径的5倍。

检验数量：施工单位全部检查。

检验方法：尺量检查。

9.2.7 设备配线的其他一般项目，应符合本标准第5.3.10～5.3.16条的相关规定。

9.3 电话交换系统检验

主控项目

9.3.1 电话交换系统局内接通率应不小于99.96%；局间接通率应不小于98%。

检验数量：施工单位全部检查。监理单位见证检验。

检验方法：测试检验。

9.3.2　忙时呼叫尝试次数(BHCA)和内部过负荷应符合设计要求和相关技术标准的规定。

检验数量:施工单位全部检查。监理单位见证检验。

检验方法:按附录B忙时呼叫尝试次数(BHCA)测试方法测试,或检查出厂检验报告。

9.3.3　长时间通话测试后通话路由应正常,计费正确,无重接、断话或单向通话等现象。

检验数量:施工单位全部检查。监理单位见证检验。

检验方法:将12对用户保持通话状态48 h,同时将高话务量加入交换网。

9.3.4　用户数据、局数据、局间信令协议的配置应符合设计要求和相关技术标准的规定。

检验数量:施工单位全部检查。监理单位见证检验。

检验方法:采用模拟拨打方式,并用信令分析进行全程监测分析。

9.3.5　电话交换系统计费差错率不应大于10^{-5}。

检验数量:施工单位全部检查。监理单位见证检验。

检测方法:测试检验。

9.3.6　电话交换系统功能应符合下列要求:

1　系统建立、呼叫接续及复原控制功能正常。

2　信号方式符合设计要求和相关技术标准的规定。

3　通话保持功能正常。

4　关键主备件冗余倒换功能正常。

5　基本呼叫接续功能正常。

6　新业务功能正常。

7　中继电路呼叫功能正常。

8　维护管理功能正常。

检验数量:施工单位全部检查。监理单位见证检验。

检验方法:试验检验。

9.3.7　电话交换系统的告警功能符合下列要求:

1　交换设备各种告警装置的可闻、可见信号动作可靠、输出准确。

2　交换、传输、电源及环境系统的故障告警信号指示正确,实时性强;并打印输出、记录完整。

检验数量:施工单位全部检查。监理单位见证检验。

检验方法:试验检验。

9.3.8　电话交换系统测量台功能应符合下列要求:

1　能显示故障申告用户号码,对用户申告进行排队。

2　经测试连接电路或进行自动连接试验,功能应良好。

3　对用户线电压、绝缘、电容和外线故障等测试功能良好,误差小于2%。

4　双音多频按键话机的数字与电平测试功能应良好。

5　与被测用户的通话功能、高阻监听功能、送断续振铃和长振铃功能应良好。

6　对用户发送逐级加强的嗥叫音,功能应良好。

7　能配合线路查修和装移话机的测试工作。

8　与维护中心、其他电话所的测量台业务联络功能应良好。

9　各种信号显示、打印输出功能应良好。

检验数量:施工单位全部检查。监理单位见证检验。

检验方法:试验检验。

一 般 项 目

9.3.9 电话交换系统下列功能应符合设计要求和相关技术标准的规定:

1 用户分类功能。

2 时间监视及通路强迫释放功能。

3 录音通知功能。

4 非电话业务功能。

5 ISDN 业务功能。

检验数量:施工单位全部检查。监理单位见证检验。

检验方法:试验检验。

9.4 电话交换系统网管检验

主 控 项 目

9.4.1 电话交换系统网管的人机命令功能应能准确执行,响应时间符合设计要求和相关技术标准的规定。

检验数量:施工单位全部检查。监理单位见证检验。

检验方法:根据人机命令手册提供的人机命令按其功能分类,对各功能的命令进行抽检。

9.4.2 电话交换系统网管的告警管理功能符合设计要求。

检验数量:施工单位全部检查。监理单位见证检验。

检验方法:对照设计文件,根据相关技术标准或设备技术文件逐项进行检验。

9.4.3 电话交换系统的话务统计及话务观察功能应符合下列要求:

1 对各类接续、目的码、去话电路群和来话电路群呼叫次数的各测试项目进行统计,应功能良好,输出结果正确。

2 对各类接续、目的码、去话电路群、来话电路群和转话电路群进行占用话务量、接通话务量和应答话务量统计,应功能良好,输出结果正确;对每百号组的发话话务量、受话话务量、发话次数、受话次数进行统计,应功能良好,输出结果正确;对交换机公用设备的话务量进行统计,应功能良好,输出结果正确。

3 对交换机的平均占用时间测量、话务拥塞统计、服务质量统计、网络状态监视和定期打印报告等功能进行检查,应功能良好,输出结果正确。

检验数量:施工单位全部检查。监理单位见证检验。

检验方法:对照设计文件,根据相关技术标准或设备技术文件逐项进行检验。

9.4.4 电话交换系统网管的例行维护功能应符合下列要求:

1 用人机命令分别对使用状态、备用状态或脱机状态的交换网络进行随时、定期自动测试,应功能良好,输出结果正确。

2 用人机命令对所间电路及各种出、入中继器,来、去话中继器及其他中继器进行接续、指定自动测试,应功能良好,输出结果正确。

3 用人机命令对信号系统自动测试,应功能良好,输出结果正确。

检验数量:施工单位全部检查。监理单位见证检验。

检验方法:对照设计文件,根据相关技术标准或设备技术文件逐项进行检验。

9.4.5 电话交换系统网管的数据管理功能应符合下列要求：

1 用人机命令对局数据的所向、电路数量、路由、信令、发号位数等进行增、删、改的操作，通过呼叫确认，结果应正确。

2 用人机命令对用户数据的用户号码、设备号码、类别和性能等进行增、删、改的操作，通过呼叫确认，结果应正确。

3 用人机命令对计费数据进行修改，通过呼叫确认，计费应正确。

检验数量：施工单位全部检查。监理单位见证检验。

检验方法：对照设计文件，根据相关技术标准或设备技术文件逐项进行检验。

9.4.6 电话交换系统网管的障碍检测功能应符合下列要求：

1 对电源系统、处理机、交换单元和外围设备等分别进行模拟故障检验，故障告警、主备用设备倒换、故障信息输出及排障过程应良好。

2 系统对硬件障碍进行自动诊断，故障定位精度，对于用户电路、所间电路及信号设备应能测试定位至每一电路；对于处理机、交换网络、接口电路、存储器、输入、输出设备等公共控制部件的电路，要求70%的故障能定位至1块板，90%能定位至3块板。

3 发生一般性软件和硬件故障时，系统的故障告警、故障信息输出以及系统的自纠能力和自动恢复功能应良好。

检验数量：施工单位全部检查。监理单位见证检验。

检验方法：对照设计文件，根据相关技术标准或设备技术文件逐项进行检验。

10 数字调度通信系统

10.1 一 般 规 定

10.1.1 数字调度通信系统验收包括设备安装和配线、数字调度通信设备单机检验、数字调度通信系统检验、数字调度系统网管检验。

10.1.2 数字调度通信系统验收前应确认传输系统、数据通信系统、GSM-R 数字移动通信系统和单机设备正常。

10.1.3 数字语音记录仪发生故障时，不应影响与其连接的其他设备正常工作。

10.2 数字调度通信设备安装和配线

10.2.1 设备和配线的进场验收应符合本标准第 5.2.1、5.3.1 条的相关规定。

10.2.2 通信机械室的设备安装应符合本标准第 5.2 节的相关规定。

10.2.3 数字调度台、值班台等终端设备、数字语音记录仪的安装位置、方式应符合设计要求，并方便用户使用，摆放应平稳、牢固。

检验数量：施工单位全部检查。监理单位见证检验。

检验方法：观察检验。

10.2.4 通信机械室的设备配线应符合本标准第 5.3 节的相关规定。

10.3 数字调度通信设备单机检验

主 控 项 目

10.3.1 数字调度通信相关设备接口测试应符合下列要求：

1 ISDN 基群速率接口（30B＋D）

1）符合 ITU-T G.703 建议；

2）支持 DSS1 信令。

2 ISDN 基本速率接口（2B＋D）

1）符合《ISDN（2B＋D）NT1 用户—网络接口设备技术要求》GB/T 16654 中关于 U 接口的规定；

2）支持 DSS1 和 UUS 信令。

3 Z 接口

符合《铁路调度通信系统 第 1 部分：技术条件》TB/T 3160.1 的相关规定。

4 共总接口

1）直流馈电电流 20 mA±4 mA（恒流供电）；

2）铃流输出频率 25 Hz±3 Hz；

3）铃流输出电压 75 V±15 V；

4）用户环阻不大于 2 kΩ（含话机）应保证摘机。

5 共分接口

1）铃流接收灵敏度：频率 25 Hz±10 Hz，电压 V_{ac} 不小于30 V，持续 0.5 s 保证接收。

2）用户环阻不小于 300 Ω（−48 V 直流电压供电）。

6 磁石接口

1）外线阻抗 600 Ω；

2）二线相对输入电平 0 dBr，输出电平−3.5 dBr；

3）铃流输出频率 25 Hz±3 Hz；

4）铃流输出电压 75 V±15 V；

5）发送信号时长 3 s±0.3 s；

6）铃流接收灵敏度：频率 25 Hz±10 Hz，电压 V_{ac} 不小于 30 V，持续 0.5 s 保证接收。

7 音频二/四线接口

1）阻抗 600 Ω；

2）二线相对输入电平 0 dBr，输出电平−3.5 dBr；

3）四线相对输入电平 −3.5 dBr，输出电平−3.5 dBr。

8 模拟调度总机接口

1）外线阻抗 600 Ω 或 1 400 Ω 可选；

2）选叫信号电平 5 dB±2 dB；

3）选叫频率偏差≤±0.4%；

4）第一选叫信号持续时间 2 s±0.2 s；

5）第二选叫信号持续时间 2 s±0.2 s。

9 用户信号方式要求

1）直流脉冲接收

脉冲速度 8～14 脉冲/秒；

脉冲断续比（1.3～2.5）：1；

脉冲串间隔不小于 350 ms。

2）双音多频接收性能应符合表 10.3.1—1 的要求。

表 10.3.1—1　双音多频接收性能指标

项　目	指标要求
频偏	±2.0%以内可靠接收 ±3.0%以上保证不接收 ±2.0%～3.0%之间不保证接收
电平	双频工作时单频接收电平范围：−4 dBm～−23 dBm 双频工作时单频不动作电平：−31 dBm 双频电平差不大于 6 dB
信号极限时长	30 ms/位～40 ms/位
信号间隔时长	30 ms～40 ms

10 信号音和铃流应符合表 10.3.1—2 要求。

表 10.3.1—2 信号音和铃流指标

项 目	拨号音	回铃音	忙音	空号音	铃流
频率	450 Hz±25 Hz	450 Hz±25 Hz	450 Hz±25 Hz	450 Hz±25 Hz	25 Hz±3 Hz
电平	−10 dBm0±3 dBm0	−10 dBm0±3 dBm0	−10 dBm0±3 dBm0	−10 dBm0±3 dBm0	电压： 75 V±15 V
谐波失真	≤20%	≤20%	≤20%	≤20%	≤20%
断续时间	连续信号	1 s送，4 s断	0.35 s送， 0.35 s断	0.1 s送 0.1 s断共 0.6 s，加 0.45 s送 0.45 s断	1 s送， 4 s断

检验数量：施工单位全部检查。监理单位见证检验。

检验方法：参照《铁路调度通信系统 第2部分：试验方法》TB/T 3160.2 进行检验。

10.3.2 数字调度通信设备单机呼叫处理能力应符合下列要求：

1 本局呼叫接续故障率不大于 1×10^{-4}。

2 出局呼叫接续故障率不大于 1×10^{-4}。

检验数量：施工单位全部检查。监理单位见证检验。

检验方法：参照《铁路调度通信系统 第2部分：试验方法》TB/T 3160.2 进行检验。

10.3.3 数字语音记录仪下列性能和功能应符合设计要求和相关技术标准的规定：

1 功能

1）通道记录；

2）语音记录；

3）回放、监听、显示、检索、转存；

4）安全管理、启动方式、断电保护；

5）自动电平控制、电源转换；

6）远端网络查询、计算机管理；

7）与外部时钟(CTC 或 TDCS)同步。

2 性能

1）容量要求；

2）放音输出功率；

3）全频道频率响应、全频道信噪比、失真度、通道串音防卫度；

4）语音质量、查询响应时间、输入信号动态范围、声控启动录音灵敏度。

检验数量：施工单位全部检查。监理单位见证检验 20%。

检验方法：参照相关技术规范或设备技术文件试验、测试检查。

10.4 数字调度通信系统检验

主 控 项 目

10.4.1 数字调度通信系统传输性能应符合下列要求：

1 传输损耗

1）调度台至值班台间传输损耗不大于 7 dB。

2）在基准频率为 1 020 Hz 时，实际的传输损耗在两个传输方向的差别不得超过 1 dB。

3）以频率 1 020 Hz，电平为－10 dBm0 的信号加入一个 Z 接口，在另一个 Z 接口接收到的电平在任一标准运行的 10 min 间隔内与开始检测时的电平比较，其变化值不大于±0.2 dB。

2　损耗频率失真

当一个基准频率 1 020 Hz，电平为－10 dBm0 的正弦信号加到一个 Z 接口的输入端，在频率 300 Hz～3 400 Hz 范围内，在输出端以 1 020 Hz 测得的衰减为 0 dB。

其他频率衰减偏离值应符合表 10.4.1—1 的要求。

表 10.4.1—1　衰减偏离值指标

频　率　范　围	衰减偏离值
300 Hz～400 Hz	－0.6 dB～2.0 dB
400 Hz～600 Hz	－0.6 dB～1.5 dB
600 Hz～2 400 Hz	－0.6 dB～0.7 dB
2 400 Hz～3 000 Hz	－0.6 dB～1.1 dB
3 000 Hz～3 400 Hz	－0.6 dB～3.0 dB

3　增益随输入电平的变化

一次局内接续输入电平值为－55 dBm0～＋3 dBm0、频率1 020 Hz的正弦信号，其输出端口相对于－10 dBm0 输入信号的电平波动应符合表 10.4.1—2 的要求。

表 10.4.1—2　增益随电平变化指标

输　入　电　平	输出电平波动
＋3 dBm0～－40 dBm0	±0.5 dB
－40 dBm0～－50 dBm0	±1.0 dB
－50 dBm0～－55 dBm0	±3.0 dB

4　空闲信道噪声不应大于－65 dBm0。

5　一次局内二线接口间接续用 1 020 Hz 正弦信号加到输入端进行测量时，信号总失真指标应符合表 10.4.1—3 要求。

表 10.4.1—3　信号总失真最大值

发送电平(dB)	二线模拟接口	
	－7.0 dBr	－3.5 dBr
	总失真(dB)	
0	33.0	33.0
－10	32.9	33.0
－20	32.0	32.6
－30	28.2	30.2
－40	19.2	21.9
－45	14.2	16.9

检验数量：施工单位全部检查。监理单位见证检验。

检验方法：按照《铁路调度通信系统 第 2 部分：试验方法》TB/T 3160.2 进行检验。

10.4.2 数字调度通信系统的下列呼叫功能应符合《铁路调度通信系统 第 1 部分：技术条件》TB/T 3160.1 的相关规定：

1 系统间个呼、组呼、全呼、会议呼叫业务。

2 站间通话、数模兼容等。

3 呼叫优先级、呼叫限制、呼叫显示等。

检验数量：施工单位全部检查。监理单位见证检验。

检验方法：按照《铁路调度通信系统 第 2 部分：试验方法》TB/T 3160.2 进行检验。

10.4.3 数字调度通信系统的下列可靠性应符合《铁路调度通信系统 第 1 部分：技术条件》TB/T 3160.1 的相关规定：

1 2M 数字环自愈功能。

2 掉电直通功能。

3 电源板、主控板、数字板等主要设备部件冗余倒换功能。

4 系统掉电重启不需要重新加载，60 s 内恢复正常。

5 系统灾难性故障切换功能正常，切换时间符合相关技术标准的要求。

6 调度台双接口与双调度交换机间具有自动和手动切换功能。

检验数量：施工单位全部检查。监理单位见证检验。

检验方法：按照《铁路调度通信系统 第 2 部分：试验方法》TB/T 3160.2 进行检验。

10.4.4 数字调度通信系统与 GSM-R 系统间进行下列互联互通试验应符合设计要求：

1 系统间 DSS1 信令协议。

2 数字调度系统调度台、值班台等终端设备与 GSM-R 系统终端之间呼叫业务，包括个呼、组呼、广播呼叫、功能号呼叫、呼叫优先级、呼叫限制、呼叫显示等。

3 系统间性能

呼叫接通率、呼叫接续时延。

检验数量：施工单位全部检查。监理单位见证检验。

检验方法：按照《铁路调度通信系统 第 2 部分：试验方法》TB/T 3160.2 进行检验。

10.5 数字调度通信系统网管检验

主 控 项 目

10.5.1 数字调度通信系统网管下列配置管理功能应符合设计要求和相关技术标准的规定：

1 局数据、用户数据等数据的输入和修改。

2 数据输入和修改不影响系统的正常运行。

检验数量：施工单位全部检查。监理单位检验见证检验。

检验方法：按照《铁路调度通信系统 第 2 部分：试验方法》TB/T 3160.2 进行检验。

10.5.2 数字调度通信系统网管下列性能管理功能应符合设计要求和相关技术标准的规定：

1 设备运行状态、程序数据版本功能。

2 性能数据的采集、诊断、分析。

3 自动/人工控制主、备用设备的启用、转换和停用。

检验数量：施工单位全部检查。监理单位见证检验。

检验方法:按照《铁路调度通信系统 第2部分:试验方法》TB/T 3160.2进行检验。

10.5.3 数字调度通信系统网管下列故障管理功能应符合设计要求和相关技术标准的规定:

1 硬件和软件故障自动监测和诊断。

2 硬件故障定位和隔离。

3 软件故障的自动纠错能力和自动恢复,包括再启动和再装入等。

4 故障记录和显示告警。

检验数量:施工单位全部检查。监理单位检验见证检验。

检验方法:按照《铁路调度通信系统 第2部分:试验方法》TB/T 3160.2进行检验。

10.5.4 数字调度通信系统网管下列安全管理功能应符合设计要求和相关技术标准的规定:

1 用户鉴权、操作权限的管理。

2 日志管理功能,包括登录日志管理和操作日志管理。

检验数量:施工单位全部检查。监理单位见证检验。

检验方法:按照《铁路调度通信系统 第2部分:试验方法》TB/T 3160.2进行检验。

11　GSM-R 数字移动通信系统

11.1　一 般 规 定

11.1.1　GSM-R 数字移动通信系统(以下简称 GSM-R 系统)验收内容包括 GSM-R 系统天线杆(塔),GSM-R 系统天线、馈线及塔顶放大器,GSM-R 系统线路建筑,GSM-R 系统室内设备安装和配线,GSM-R 移动交换子系统(SSS),GSM-R 移动智能网子系统(IN),GSM-R 通用分组无线业务子系统(GPRS),GSM-R 无线子系统(BSS),GSM-R 运营与支撑子系统(OSS),GSM-R 无线终端,GSM-R 接口和 GSM-R 系统质量检验。

11.1.2　GSM-R 系统质量检验前,应检查确认下列条件:

1　传输系统及相关支撑系统正常良好。

2　系统场强覆盖和网内干扰检测前应首先对外部电磁环境进行检测,确保不存在外界电磁干扰。

3　系统服务质量(QoS)检验前应首先对场强覆盖及干扰保护比进行检测,确保检测指标符合要求。

11.1.3　根据 GSM-R 系统特点,与列车速度密切相关的场强覆盖、越区切换中断时间和成功率等 QoS 指标的单位工程质量验收可单独或与动态检测统筹安排。系统性能检测可与系统业务和功能检验同步进行。

11.1.4　接口监测设备应高阻跨接在被监测接口上;接口监测系统、漏缆监测系统的安装与维护不应影响既有设备系统的正常应用。

11.2　GSM-R 系统天线杆(塔)

主 控 项 目

11.2.1　天线杆(塔)设备及施工材料进场验收应符合下列要求:

1　数量、型号、规格、质量符合设计和订货合同的要求及相关技术标准规定。

2　合格证、质量检验报告等质量证明文件齐全。

3　铁塔构件的镀锌层应均匀光滑、不翘皮、无锈蚀。

4　混凝土天线杆杆体裂纹应符合相关技术标准的规定。

检验数量:施工单位、监理单位全部检查。

检验方法:对照设计文件和订货合同,检查实物和质量证明文件。

11.2.2　天线杆(塔)基础深度、标高及塔靴安装位置应符合设计要求和相关技术标准的规定。

检验数量:施工单位全检。监理单位见证检验。

检验方法:测量检查。

11.2.3　天线杆(塔)基础混凝土的强度等级、所用原材料的规格应符合设计要求。

检验数量：施工单位全检。监理单位见证检验。

检验方法：按《铁路混凝土工程施工质量验收标准》TB 10424 的有关规定。

11.2.4 天线杆(塔)基础施工应符合下列要求：

1 钢筋绑扎的方式、间距与钢筋笼和预埋螺栓的安放位置符合设计要求。

2 基础顶面平整，塔靴与基础面紧密贴合，水平误差不大于 3 mm。

3 地脚螺栓露出基础顶面长度符合铁塔安装要求。螺栓应垂直、不变形。多边形铁塔的各对应基础螺栓中心间距允许偏差不大于 3 mm。

检验数量：施工单位全部检查。监理单位见证检验。

检验方法：观察、尺量检查。

11.2.5 天线杆(塔)塔靴安装应符合下列要求：

1 塔靴安装位置正确，各塔靴的中心间距允许偏差不大于3 mm。

2 各塔靴的高度允许偏差不大于 3 mm。

3 塔靴紧固螺栓具有防腐措施。

检验数量：施工单位全部检查。监理单位见证检验。

检验方法：观察、尺量检查。

11.2.6 天线杆(塔)的高度应符合设计要求，垂直度应符合设计要求和相关技术标准的规定。

检验数量：施工单位全部检查。监理单位见证检验。

检验方法：用经纬仪测量检查。

11.2.7 铁塔安装应符合下列要求：

1 铁塔塔靴与基础预埋螺栓连接牢固，紧固度符合设计要求和相关技术标准的规定。铁塔全部连接螺栓均应做防松处理。

2 自立式铁塔塔身各横截面应成相似多边形，同一横截面上对角线或边的长度偏差不应大于 5 mm。

3 所有焊接部位牢固，无虚焊、漏焊等缺陷。

4 铁塔塔身与基础连接螺栓采取防盗措施。

检验数量：施工单位全部检查，其中螺栓紧固度的检查宜在塔身上、中、下三部分抽验。监理单位见证检验。

检验方法：观察、尺量检查。用力矩扳手试验检查螺栓紧固度。

11.2.8 天线加挂支柱高度及方位、平台位置及尺寸、爬梯的设置方式应符合设计要求，安装应牢固可靠。

检验数量：施工单位全部检查。监理单位见证检验。

检验方法：对照设计文件观察、测量检查。

11.2.9 天线杆(塔)防雷应符合下列要求：

1 天线杆(塔)避雷针、防雷装置、接地引下线的安装位置及方式应符合设计要求和相关技术标准的规定。

2 铁塔塔体的接地电阻应符合设计要求和相关技术标准的规定，塔体金属构件间应保证电气连通。

3 避雷针安装牢固可靠。

检验数量：施工单位全部检查。监理单位见证检验。

检验方法:对照设计文件观察检查,用万用表、接地电阻测试仪测试。

11.2.10 屋顶天线杆安装应符合下列要求:

1 天线杆强度和安装方式应符合承重抗风要求以及设计要求。

2 天线杆底座应与建筑物避雷网用避雷引下线连通。

3 天线杆如不在建筑物防雷系统保护范围内,应安装避雷针,并确保天线在避雷针保护区域 LPZ0B 范围内。

4 屋顶天线底座及其与屋顶面连接的膨胀螺栓均应用混凝土覆盖保护。

检验数量:施工单位全部检查。监理单位见证检验。

检验方法:对照设计文件检查出厂质量证明文件,并观察检查。

11.2.11 天线杆的埋深应符合表 11.2.11 的要求。

表 11.2.11 天线杆埋深标准

杆高(m) \ 埋深(m) \ 土质分类	松土	普通土	硬土及土夹石
7.0～7.5	1.6	1.4	1.1
8.0～8.5	1.7	1.5	1.1
9.0～10.0	1.8	1.6	1.3
10.0～12.0	2.0	1.8	1.5

检验数量:施工单位全部检查。监理单位见证检验。

检验方法:尺量检查。

一 般 项 目

11.2.12 铁塔构件的热镀锌层应均匀光滑,无漏镀,不得出现返锈现象。

检验数量:施工单位全部检查。

检验方法:观察检查。

11.3 GSM-R 系统天线、馈线及塔顶放大器

11.3.1 天线、馈线及塔顶放大器设备材料进场验收应符合下列要求:

1 数量、型号、规格、质量符合设计和订货合同的要求及相关技术标准规定。

2 图纸、说明书等技术资料,合格证、质量检验报告等质量证明文件齐全。

3 天线的外观无凹凸、破损、断裂等现象,驻波比符合设计要求。

4 馈线包装无破损,外表无压扁损坏。

检验数量:施工单位、监理单位全部检查。

检验方法:对照设计文件和订货合同,检查实物和质量证明文件。

11.3.2 天线安装应符合下列要求:

1 天线的安装高度、安装方式应符合设计要求。

2 天线馈电点应朝下,护套顶端应与支架主杆顶部齐平或略高出支架主杆顶部。

3 跳线与天线接头处应制作滴水弯并进行防水密封处理。

检验数量：施工单位全部检查。监理单位见证检验。

检验方法：对照设计文件观察检查。用指南针、天线倾角仪测量检查。

11.3.3 馈线下列单盘电气特性应符合设计要求和相关技术标准的规定：

1 交流特性

特性阻抗、电压驻波比、标称耦合损耗、传输衰减等。

2 直流特性

内、外导体直流电阻，绝缘介电强度，最小绝缘电阻等。

检验数量：施工单位全部检查。监理单位见证检验。

检验方法：对照设计文件检查出厂交流电气特性检验报告，并测量检查直流电气特性。

11.3.4 馈线安装应符合下列要求：

1 馈线导入室内方式符合设计要求。

2 天线、馈线连接及引入处应做防水处理。进入室内引入口应采取防火封堵措施。

3 馈线敷设路由合理，最小弯曲半径符合表 11.3.4 的规定。

表 11.3.4 常用馈线弯曲半径

规 格	最小弯曲半径(单次弯曲)(mm)	最小弯曲半径(多次弯曲)(mm)
HCTAY-50-32 $1\frac{1}{4}$英寸馈线	200	380
HCTAY-50-23 $\frac{7}{8}$英寸低损耗馈线	150	275
HCTAY-50-22 $\frac{7}{8}$英寸馈线	140	250
HCTAY-50-21 $\frac{7}{8}$英寸软馈线	90	130
HCAAY-50-12 $\frac{1}{2}$英寸馈线	80	125
HCAHY-50-9 $\frac{1}{2}$英寸超柔	17	55

4 馈线无中间接头，馈线布放、引入平顺牢固。

5 馈线过轨时具有防护措施。

检验数量：施工单位全部检查。监理单位见证检验。

检验方法：观察、尺量检查。

11.3.5 馈线防雷应符合下列要求：

1　馈线进入机房与设备连接前应安装馈线避雷器，接地端子应就近引接到接地线上。

2　馈线在室外部分的外防护层应有不少于3点的外防护层接地连接，外防护层的接地位置应在天线与馈线连接处、馈线引入机房应在馈线洞外处。所有垂直拐水平处都应进行外防护层接地。

检验数量：施工单位全部检查。监理单位见证检验。

检验方法：对照设计文件观察检查，用万用表、接地电阻测试仪测量检查。

11.3.6　天馈线系统的电压驻波比应不大于1.5。

检验数量：施工单位全部检查。监理单位见证检验。

检验方法：用驻波比测试仪测量检查。

11.3.7　塔顶放大器的安装位置、固定方式及防护方式应符合设计要求和相关技术标准的规定，并牢固可靠。

检验数量：施工单位全部检查。

检验方法：对照设计文件观察检查。

一 般 项 目

11.3.8　天馈线避雷地线接地体与连接线(如扁钢)等焊接处应做防腐处理。

检验数量：施工单位全部检查。

检验方法：观察检查。

11.3.9　天线安装的所有紧固件应有平垫圈和弹簧垫圈。

检验数量：施工单位全部检查。

检验方法：观察检查。

11.4　GSM-R 系统线路建筑

主 控 项 目

11.4.1　漏泄同轴电缆(LCX)进场验收应符合下列要求：

1　数量、型号、规格、质量符合设计和订货合同的要求及相关技术标准规定。

2　合格证、质量检验报告等质量证明文件齐全。

3　LCX 无压扁、护套损伤、表面严重划伤等缺陷。

4　与连接器匹配。

检验数量：施工单位、监理单位全部检验。

检验方法：对照设计文件和订货合同，检查实物和质量证明文件。

11.4.2　LCX 下列单盘电气特性应符合设计要求和相关技术标准的规定：

1　交流特性

特性阻抗、电压驻波比、标称耦合损耗、传输衰减等。

2　直流特性

内、外导体直流电阻、绝缘介电强度、最小绝缘电阻等。

检验数量：施工单位全部检查。监理单位见证检验。

检验方法：对照设计文件检查出厂交流电气特性检验报告，并测量检查直流电气特性。

11.4.3　隧道内 LCX 敷设应符合下列要求：

1　夹具、防火夹、支架的安装位置、间距和固定方式符合设计要求，安装牢固可靠。

2　LCX 的开槽方向朝线路侧。

检验数量：施工单位全部检查。监理单位见证检验。

检验方法：观察、尺量检查。

11.4.4　隧道外 LCX 敷设应符合下列要求：

1　架设方式符合设计要求，安装牢固可靠，吊挂高度宜距轨面 4.5 m～4.8 m。

2　采用支撑电杆时高度与间距符合设计要求；电杆埋深符合本标准表 11.2.11 的规定。

3　利用接触网支柱安装时，应符合接触网支柱安装要求。

4　LCX 在承力索上应采用吊夹固定，吊夹规格和间距符合设计要求。

检验数量：施工单位全部检查。监理单位见证检验。

检验方法：观察、尺量检查。

11.4.5　LCX 的避雷器、隔直器的规格型号、安装位置和方式应符合设计要求。

检验数量：施工单位全部检查。监理单位见证检验 10%。

检验方法：观察检查。

11.4.6　LCX 的接续应可靠、牢固，装配后接头外部应按设计要求进行防护。

检验数量：施工单位全部检查。监理单位见证检验。

检验方法：观察、测量检查。

11.4.7　LCX 防护地线的设置及接地电阻应符合设计要求和相关技术标准的规定。

检验数量：施工单位全部检查。监理单位见证检验。

检验方法：用接地电阻测试仪测量检查。

11.4.8　LCX 敷设完成后下列指标应符合设计要求：

1　双向电压驻波比。

2　传输衰耗。

检验数量：施工单位全部检查。监理单位见证检验 20%。

检验方法：用驻波比测试仪、信号源、功率计测试检验。

11.4.9　光缆线路的施工质量验收应符合本标准第 4 章的相关要求。

11.4.10　区间设备房屋施工应符合下列要求：

1　区间设备房屋不应设置在浮土、垃圾土、流质土和易受雨水冲刷、易塌方地带。

2　区间设备房屋供电、照明以及防水、防盗、防寒、散热等应符合设计要求。

检验数量：施工单位全部检查。监理单位见证检验。

检验方法：观察、尺量检查。

11.4.11　隧道避车洞内安装 GSM-R 设备时，应做好隔断和封闭处理。

检验数量：施工单位全部检查。监理单位见证检验。

检验方法：观察检查。

一 般 项 目

11.4.12　LCX 弯曲半径应大于外径的 20 倍。

检验数量：施工单位全部检查。

检验方法：观察、尺量检查。

11.4.13　LCX 吊挂后的垂度在 20 ℃时应保持 0.15 m～0.2 m 范围内。

检验数量：施工单位全部检查。

检验方法：观察、尺量检查。

11.5 GSM-R 系统室内设备安装和配线

主 控 项 目

11.5.1 GSM-R 系统设备和配线的进场验收应符合本标准第 5.2.1、5.3.1 条的相关规定。

11.5.2 通信机械室的设备安装应符合本标准第 5.2 节的相关规定。

11.5.3 通信机械室的设备配线应符合本标准第 5.3 节的相关规定。

11.6 GSM-R 移动交换子系统（SSS）

主 控 项 目

11.6.1 移动业务交换中心（MSC）下列主要功能和性能应符合设计要求和相关技术标准的规定：

1 功能

1）呼叫处理；

2）移动性管理；

3）安全保密；

4）呼叫详细记录；

5）与 BSC 间信道管理；

6）数据通信；

7）配合 BSS 进行 DTMF 信号转换；

8）系统非连续接收的操作；

9）呼叫在 BSS 中排队；

10）计费信息采集。

2 性能

1）呼损指标；

2）时延概率；

3）呼叫处理性能。

检验数量：施工单位全部检查。监理单位见证检验。

检验方法：参照相关测试规范或设备技术文件试验、测试检查，或检查出厂质量检验报告。

11.6.2 访问位置寄存器（VLR）下列主要功能和性能应符合设计要求和相关技术标准的规定：

1 功能

1）存储移动用户数据；

2）向 MSC 提供用户信息；

3）IMSI 附着/分离操作；

4）位置登记；

5）支持 MSRN 号码的分配；

6）MSC 间切换时提供 MSRN 号码；

7）分配 TMSI 号码。

2 性能

1）消息丢失概率；

2）信息检索时延；

3）登记时延。

检验数量：施工单位全部检查。监理单位见证检验。

检验方法：参照相关测试规范或设备技术文件试验、测试检查，或检查出厂质量检验报告。

11.6.3 归属位置寄存器（HLR）下列主要功能和性能应符合设计要求和相关技术标准的规定：

1 功能

1）存储移动用户数据；

2）向 VLR 提供移动用户数据；

3）支持呼叫路由查询和获取漫游号码；

4）支持鉴权，并向 VLR 提供鉴权参数；

5）支持位置更新和位置删除；

6）HLR 恢复功能；

7）限制其用户漫游的范围。

2 性能

1）容量；

2）消息丢失概率；

3）信息检索时延；

4）登记时延；

5）支持异地容灾备份。

检验数量：施工单位全部检查。监理单位见证检验。

检验方法：参照相关测试规范或设备技术文件试验、测试检查，或检查出厂质量检验报告。

11.6.4 鉴权中心（AuC）下列主要性能应符合设计要求和相关技术标准的规定：

1 容量要求。

2 消息丢失概率。

3 消息处理时延。

4 数据响应时延。

5 忙时处理能力。

检验数量：施工单位全部检查。监理单位见证检验。

检验方法：参照相关测试规范或设备技术文件试验、测试检查，或检查出厂质量检验报告。

11.6.5 设备识别寄存器（EIR）下列主要功能和性能应符合设计要求和相关技术标准的规定：

1 功能

1）存储识别码（IMEI）和设备状态标志（白色、灰色和黑色）；

2）更新存储设备的识别及设备状态标志；

3）校验 IMEI 及其状态；

4）接受 OMC-S 的管理。

2 性能

1）忙时处理能力；

2）消息丢失概率；

3）IMEI 校验的平均响应时间。

检验数量：施工单位全部检查。监理单位见证检验。

检验方法：参照相关测试规范或设备技术文件试验、测试检查，或检查出厂质量检验报告。

11.6.6 互联功能单元（IWF）功能和性能应符合设计要求和相关技术标准的规定。

检验数量：施工单位全部检查。监理单位见证检验。

检验方法：参照相关测试规范或设备技术文件试验检查，或检查出厂质量检验报告。

11.6.7 组呼寄存器（GCR）下列主要功能和性能应符合设计要求和相关技术标准的规定：

1 功能

1）存储控制区域内组呼数据信息；

2）与 MSC 配合，支持组呼业务。

2 性能

1）消息丢失概率；

2）信息检索时延；

3）存储容量。

检验数量：施工单位全部检查。监理单位见证检验。

检验方法：参照相关测试规范或设备技术文件试验、测试检查，或检查出厂质量检验报告。

11.6.8 短消息服务中心（SMSC）下列主要功能和性能应符合设计要求和相关技术标准的规定：

1 功能

1）短消息数据存储；

2）提交与转发；

3）短消息优先级设定；

4）有效期管理；

5）重复转发尝试；

6）发送状态报告；

7）支持用户核查功能；

8）支持中英文短消息；

9）支持虚拟短消息中心功能；

10）支持多条短消息功能；

11）支持长短消息；

12）支持增强型短消息；

13）短消息网关；

14）支持异地冗余功能；

15）提供和存储短消息话单记录；

16）短消息过滤功能。

2 性能

1）忙时处理能力；

2）在线数据备份；
3）用户容量；
4）数据存储时间；
5）支持的信令链路数；
6）短信处理承载能力；
7）消息丢失率；
8）短消息处理延迟。

检验数量：施工单位全部检查。监理单位见证检验。

检验方法：参照相关测试规范或设备技术文件试验、测试检查，或检查出厂质量检验报告。

11.6.9 确认中心（AC）下列主要功能和性能应符合设计要求和相关技术标准的规定：

1 功能

1）响应呼叫确认请求；
2）记录紧急呼叫确认信息；
3）计算紧急呼叫时长；
4）记录紧急组呼信息；
5）提供数据输出接口。

2 性能

1）存储容量；
2）忙时处理能力；
3）消息丢失率；
4）消息处理延迟。

检验数量：施工单位全部检查。监理单位见证检验。

检验方法：参照相关测试规范或设备技术文件试验、测试检查，或检查出厂质量检验报告。

11.6.10 移动交换子系统应具备在线升级和平滑扩容能力，设备的公共部件和关键部件（主处理器、存储单元、交换、接口单元、电源等）应冗余热备。设备硬件应具有自动倒换和热插拔功能，倒换期间应不影响业务。

检验数量：施工单位全部检查。监理单位见证检验。

检验方法：试验检查或检查相关设备技术文件。

11.6.11 移动交换子系统软件应具有容错能力，一般软件故障不应引起各类严重的系统重启动。

检验数量：施工单位全部检查。监理单位见证检验。

检验方法：试验检查或检查相关设备技术文件。

11.7 GSM-R移动智能网子系统（IN）

主 控 项 目

11.7.1 业务交换点（SSP）下列主要功能和性能应符合设计要求和相关技术标准的规定：

1 功能

1）检出智能业务请求；
2）正确处理智能业务和与呼叫相关业务相互关系；

3）与智能外设（IP）通信功能；
4）业务辅助功能；
5）激活测试功能；
6）呼叫信息请求和报告功能；
7）SRF 资源功能；
8）支持 MAP、CAP 协议功能；
9）记录功能。

2 性能

1）业务容量要求；
2）忙时时延概率。

检验数量：施工单位全部检查。监理单位见证检验。

检验方法：参照相关测试规范或设备技术文件试验、测试检查，或检查出厂质量检验报告。

11.7.2 业务控制点（SCP）下列主要功能和性能应符合设计要求和相关技术标准的规定：

1 功能

1）存储智能业务逻辑；
2）接受 SMP 的管理；
3）呼叫控制和处理功能；
4）数据存储与话务管理功能；
5）信令消息编码、解码功能；
6）指示 SSP 生成呼叫详细记录；
7）话单统计；
8）冗余组网。

2 性能

1）业务处理能力；
2）信令响应时延；
3）主备倒换时延；
4）在线扩容；
5）处理时延；
6）接通率；
7）过负荷控制；
8）设备容量；
9）接口能力。

检验数量：施工单位全部检查。监理单位见证检验。

检验方法：参照相关测试规范或设备技术文件试验、测试检查，或检查出厂质量检验报告。

11.7.3 智能外设（IP）下列主要功能和性能应符合设计要求和相关技术标准的规定：

1 功能

1）SRF 资源功能；
2）控制功能；
3）通信功能。

2 性能

1）容量；

2）处理能力；

3）忙时处理时延；

4）呼损。

检验数量：施工单位全部检查。监理单位见证检验。

检验方法：参照相关测试规范或设备技术文件试验、测试检查，或检查出厂质量检验报告。

11.7.4 业务管理点（SMP）下列主要功能和性能应符合设计要求和相关技术标准的规定：

1 功能

1）业务配置功能；

2）业务逻辑管理功能；

3）用户业务数据的增删、修改；

4）业务运行控制功能；

5）账单功能；

6）业务监视功能。

2 性能

1）处理能力；

2）存储容量。

检验数量：施工单位全部检查。监理单位见证检验。

检验方法：参照相关测试规范或设备技术文件试验、测试检查，或检查出厂质量检验报告。

11.7.5 业务管理接入点（SMAP）下列主要功能，应符合设计要求和相关技术标准的规定：

1 业务管理接入功能。

2 增删用户数据和业务性能。

检验数量：施工单位全部检查。监理单位见证检验。

检验方法：参照相关测试规范或设备技术文件试验检查，或检查出厂质量检验报告。

11.7.6 业务生成环境点（SCEP）下列主要功能，应符合设计要求和相关技术标准的规定：

1 安全性管理功能。

2 多用户同时接入功能。

3 业务预览器功能。

4 SIB 预览器功能。

5 生成业务执行逻辑和业务管理逻辑功能。

6 生成 SMP 所需的业务及用户数据填充的图形用户界面功能。

检验数量：施工单位全部检查。监理单位见证检验。

检验方法：参照相关测试规范或设备技术文件试验检查，或检查出厂质量检验报告。

11.8 GSM-R 通用分组无线业务子系统（GPRS）

主 控 项 目

11.8.1 GPRS 服务支持节点（SGSN）下列主要功能和性能应符合设计要求和相关技术标准的规定：

1 功能

1）网络接入控制功能；
2）路由选择和数据转发功能；
3）移动性管理功能；
4）用户数据管理；
5）逻辑链路管理功能；
6）路径管理功能；
7）MS 挂起及恢复功能；
8）网络时间同步功能；
9）提供话单记录功能；
10）指定默认的 APN；
11）支持 DNS 冗余组网。

2 性能

1）容量；
2）处理能力。

检验数量：施工单位全部检查。监理单位见证检验。

检验方法：参照相关测试规范或设备技术文件试验、测试检查，或检查出厂质量检验报告。

11.8.2 GPRS 网关支持节点（GGSN）下列主要功能和性能应符合设计要求和相关技术标准的规定：

1 功能

1）网络接入控制功能；
2）路由选择和数据转发功能；
3）用户数据管理功能；
4）网络时间同步功能；
5）接入外部数据网功能；
6）识别不同数据业务类型；
7）支持 RADIUS 冗余组网。

2 性能

1）容量；
2）处理能力。

检验数量：施工单位全部检查。监理单位见证检验。

检验方法：参照相关测试规范或设备技术文件试验、测试检查，或检查出厂质量检验报告。

11.8.3 域名服务器（DNS）下列主要功能和性能应符合设计要求和相关技术标准的规定：

1 功能

1）APN、RAI 以及设备域名至 IP 地址的解析；
2）异地冗余组网功能；
3）数据备份、恢复功能。

2 性能

1）容量；
2）处理能力。

检验数量：施工单位全部检查。监理单位见证检验。

检验方法：参照相关测试规范或设备技术文件试验、测试检查，或检查出厂质量检验报告。

11.8.4 认证服务器（RADIUS）下列主要功能和性能应符合设计要求和相关技术标准的规定：

1 功能

1）对GPRS用户进行认证；

2）静态分配IP地址，并与用户名绑定；

3）存储用户名与IP地址的映射表；

4）记录认证信息等；

5）异地冗余组网功能；

6）数据备份和恢复功能。

2 性能

1）容量；

2）处理能力。

检验数量：施工单位全部检查。监理单位见证检验。

检验方法：参照相关测试规范或设备技术文件试验、测试检查，或检查出厂质量检验报告。

11.8.5 边界网关（BG）下列主要功能，应符合设计要求和相关技术标准的规定：

1 支持网间漫游，提供安全机制。

2 支持BGP协议。

3 收集计费信息功能。

检验数量：施工单位全部检查。监理单位见证检验。

检验方法：参照相关测试规范或设备技术文件试验、测试检查，或检查出厂质量检验报告。

11.9 GSM-R无线子系统（BSS）

主 控 项 目

11.9.1 基站、直放站设备安装位于室外或综合洞室时，其安装位置、防水、防盗、防寒、散热等应符合设计要求。

检验数量：施工单位全部检查。监理单位见证检验。

检验方法：对照设计文件观察检查。

11.9.2 BSC主要性能指标应符合相关技术标准的要求：

1 支持话务量、载频、BTS、2 Mbit/s中继电路数的要求。

2 设备的公共部件和关键部件应冗余热备。

检验数量：施工单位全部检查。监理单位见证检验。

检验方法：参照相关测试规范或设备技术文件试验、测试检查。

11.9.3 BTS的主要性能指标应符合相关技术标准的要求：

1 发射机指标

最大发射功率、发射载频频率误差、相位误差、射频载波发射功率电平容差、射频载波发射功率时间包络、发射机调制频谱、杂散辐射功率电平。

2 接收机指标

接收灵敏度、杂散辐射功率电平。

3 BTS主控板应冗余热备，载频板应采用分板设置的方式实现冗余配置，且单板故障不应造成业务中断。设备硬件应具有自动倒换和热插拔功能，倒换期间应不影响业务。

检验数量：施工单位全部检查。监理单位见证检验。

检验方法：参照相关测试规范或设备技术文件试验、测试检查。

11.9.4 直放站的以下主要性能和功能应符合设计要求和相关技术标准的规定：

1 功能

1） 直放站关键部件的冗余方式应符合设计要求。

2） 采用射频直放站时，施主天线和重发天线的隔离度应大于系统增益15 dB以上。

3） 采用光纤直放站时，应为电源及机房环境监控信息提供数据传输接口和通道。

2 性能

1） 射频输出功率；

2） 输入、输出光功率；

3） 增益；

4） 最大允许输入电平；

5） 频率误差（仅适用于移频传输直放站）；

6） GSMK调制准确度（仅适用于移频传输直放站）；

7） 主、从输出信号差。

检验数量：施工单位全部检查。监理单位见证检验。

检验方法：参照相关测试规范或设备技术文件试验、测试检查。

11.9.5 分组控制单元（PCU）下列主要功能和性能应符合设计要求和相关技术标准的规定：

1 功能

1） 信道配置；

2） 信道编码动态调整；

3） 无线信道分配；

4） 媒体接入控制；

5） 功率控制；

6） 小区选择和重选；

7） QoS控制；

8） 时间提前量更新；

9） 支持寻呼；

10） 下行流量控制；

11） 负荷分担；

12） 挂起与恢复。

2 性能

1） 容量要求（可连接小区个数、GPRS信道数等）；

2） 数据处理能力。

检验数量：施工单位全部检查。监理单位见证检验。

检验方法：试验、测试检查或检查相关设备技术文件。

11.9.6 编译码和速率适配单元（TRAU）下列主要功能应符合设计要求和相关技术标准的规定：

1 码速转换。

2 支持不同类型语音编码。

3 速率适配。

检验数量:施工单位全部检查。监理单位见证检验。

检验方法:试验检查或检查相关设备技术文件。

11.9.7 小区广播短消息中心(CBC)下列主要功能和性能应符合设计要求和相关技术标准的规定:

1 功能

1)消息处理功能;

2)控制短消息的广播范围功能;

3)消息存储功能;

4)小区广播信道查询功能;

5)小区广播短消息查询功能;

6)小区管理功能。

2 性能

1)系统的存储能力;

2)系统的处理能力。

检验数量:施工单位全部检查。监理单位见证检验。

检验方法:试验、测试检查或检查相关设备技术文件。

11.9.8 基站子系统主要功能应符合设计要求和相关技术标准的规定:

1 支持多种重叠覆盖技术。

2 支持同步切换、非同步切换、伪同步切换和预同步切换等。

3 支持地面信道管理和分配等。

4 支持短消息业务。

5 支持 GPRS 业务。

6 支持非连续接收和发送。

7 支持安全功能。

8 支持跳频,并可根据需要关闭该功能。

9 支持越区切换。

10 支持时间提前量计算。

11 支持基站和 MS 的静态和动态 RF 功率控制。

12 支持频率复用。

13 支持全速率话音编码器,并能在将来提供半速率和增强型全速率编码器。

14 支持基站分配表的管理。

15 支持 GSM 第 2 阶段和第 2+阶段定义的数据业务所需要的功能。

16 支持过载和流量控制。

17 在指配和切换程序中支持呼叫排队,支持带有优先级的排队。

18 支持呼叫跟踪,并进行记录。

19 支持呼叫重建。

20 支持话音组呼和语音广播。

21 支持接收机空间分集。

22 支持修改和指示。

检验数量:施工单位全部检查。监理单位见证检验。

检验方法:试验检查或检查相关设备技术文件。

11.10 GSM-R 运营与支撑子系统(OSS)

主 控 项 目

11.10.1 网络管理系统下列主要功能和性能应符合设计要求和相关技术标准的规定:

1 功能

1)安全管理

用户管理、口令管理、操作权限管理和操作日志管理等。

2)配置管理

网络拓扑管理和网元参数配置管理等。

3)性能管理

数据存储、数据显示、门限设置和统计分析等。

4)告警管理

告警信息分级管理,随机查询、历史管理、确认与清除等。

5)其他功能

统计报表、业务观察、信令跟踪、接续观察、日志管理、版本管理等。

2 性能

1)操作响应时间

告警最长响应时间。

简单操作及普通数据查询操作界面响应时间。

2)采集数据准确性

告警和资源原始数据采集的准确性。

采集数据处理的准确性。

3)容量

OMC-R 管理的物理网元数、载频数。

OMC-T 管理的物理网元数。

OMC-S、OMC-D、OMC-I 管理的物理网元数和用户数。

网管服务器支持并发网管服务终端数量。

4)数据存储时间

配置数据存储时间。

原始告警数据存储时间。

经网管处理的报表和分析数据存储时间。

日志存储时间。

检验数量:施工单位全部检查。监理单位见证检验。

检验方法:参照相关测试规范或设备技术文件试验、测试检查,或检查出厂质量检验报告。

11.10.2 接口监测系统下列主要功能和性能应符合设计要求和相关技术标准的规定:

1 功能

1）数据采集功能，采集、存储信令和用户数据等。

2）数据处理功能，解析原始信令等。

3）应用功能，查询用户信令、测量报告和切换记录、实时跟踪在线用户、对网络性能及统计信令进行分析、重要指标的统计分析、实时检测接口的链路状态、支持网络基础数据的导入和导出、系统自身安全管理等。

4）其他功能，支持时间同步、不同厂家设备能够互联等。

2 性能

1）系统数据采集准确性。

2）系统数据解析准确性。

3）数据存储时间。

检验数量：施工单位全部检查。监理单位见证检验。

检验方法：参照相关测试规范或设备技术文件试验、测试检查，或检查出厂质量检验报告。

11.10.3 漏缆监测系统下列主要功能和性能应符合设计要求和相关技术标准的规定：

1 功能

1）远程实时监测漏缆状态，能进行故障定位，并将监测数据发送至监控中心。

2）漏缆损耗过量告警、掉电告警、通信中断告警。

3）不影响被监测设备的正常工作。

4）监控中心具备配置管理、告警管理、性能管理等功能。

2 性能

1）现场监测设备单机检测范围为 0 m～2 000 m。

2）故障定位精度小于 10 m。

3）监控中心的数据存储时间不小于 6 个月。

4）监测设备的插入损耗小于 0.5 dB，电压驻波比在工作频带内不大于 1.3；防雷防浪涌电压大于5 kV。

5）标称特性阻抗为 50 Ω±2 Ω。

检验数量：施工单位全部检查。监理单位见证检验。

检验方法：参照相关测试规范或设备技术文件试验、测试检查，或检查出厂质量检验报告。

11.10.4 SIM 卡管理系统主要功能和性能应符合设计要求和相关技术标准的规定。

检验数量：施工单位全部检查。监理单位见证检验。

检验方法：参照相关测试规范或设备技术文件试验、测试检查，或检查出厂质量检验报告。

11.11 GSM-R 无线终端

主 控 项 目

11.11.1 机车综合无线通信设备的各种缆线在机车内应做好防护并固定牢靠，应避开周围热管路，配线应正确并留有余量。

检验数量：施工单位全部检查。监理单位抽检 20%。

检验方法：观察检查。

11.11.2 机车天线安装方式和位置应符合设计要求，并牢固可靠。

检验数量:施工单位全部检查。监理单位见证检验。

检验方法:观察检查。

11.11.3 机车天馈线系统的电压驻波比应不大于 1.5。

检验数量:施工单位全部检查。监理单位见证检验 20%。

检验方法:测量检查。

11.11.4 无线终端下列主要性能应符合设计要求和相关技术标准的规定:

1 电气特性。

2 接口定义。

3 操作界面显示。

4 控制过程。

5 数据通信协议。

检验数量:施工单位全部检查。监理单位见证检验。

检验方法:参照相关测试规范或设备技术文件测试检查,或检查出厂质量检验报告。

11.11.5 机车综合无线通信设备下列主要功能应符合设计要求和相关技术标准的规定:

1 GSM-R 话音通信功能。

2 GSM-R 通用分组数据传输功能。

3 调度通信、通用数据传输所需的操作、显示以及语音提示功能。

4 话音、数据业务和状态信息记录及转储功能。

5 整机自检功能和故障定位功能。

检验数量:施工单位全部检查。监理单位见证检验。

检验方法:参照相关测试规范或设备技术文件试验检查,或检查出厂质量检验报告。

11.11.6 列车运行控制类车载台下列主要功能应符合设计要求和相关技术标准的规定:

1 支持电路交换数据业务功能。

2 支持 eMLPP 业务功能。

3 整机自检功能和故障定位功能。

4 数据及状态信息记录功能。

检验数量:施工单位全部检查。监理单位见证检验。

检验方法:参照相关测试规范或设备技术文件试验检查,或检查出厂质量检验报告。

11.11.7 手持台下列主要功能应符合设计要求和相关技术标准的规定:

1 GSM-R 话音通信功能。

2 GSM-R 通用分组数据传输功能。

3 支持采用短号码或快捷键的方式发起呼叫功能。

4 根据主叫方用户识别码和功能码识别,优先显示主叫用户的功能号。

5 注册和注销功能号的功能。

6 输入和存储号码及其详细信息功能。

7 显示日期和时间功能。

8 与通话同步的录音、通话记录功能。

9 短信息功能。

检验数量:施工单位全部检查。监理单位见证检验。

检验方法:参照相关测试规范或设备技术文件试验检查,或检查出厂质量检验报告。

一 般 项 目

11.11.8 机车综合无线通信设备操作显示终端和打印终端安装位置应合理，方便司机操作，并固定可靠。

检验数量：施工单位全部检查。

检验方法：观察检查。

11.11.9 手持台外观无明显划伤和掉漆等现象，面板和按键标识正确无误、端正清晰。

检验数量：施工单位按型号抽验 10%。

检验方法：观察检查。

11.12 GSM-R 接口

主 控 项 目

11.12.1 GSM-R 下列接口性能应符合设计要求和相关技术标准的规定：

1 TRAU 与 MSC 间的接口(A 接口)。

2 PCU 与 SGSN 间的接口(Gb 接口)。

3 MSC 与 FAS 间的接口(Fa 接口)。

4 MSC 与 PSTN 间的接口。

5 移动台与 BTS 间接口(Um)。

6 BTS 与基站间接口(Abis 接口)。

检验数量：施工单位全部检查。监理单位见证检验。

检验方法：参照相关测试规范或设备技术文件试验、测试检查。

11.13 GSM-R 系统质量检验

主 控 项 目

11.13.1 铁路沿线无线场强覆盖和系统内干扰保护比应符合相关技术标准的规定。当系统采用无线冗余覆盖时，应分别对各单网进行全线覆盖和全网全线覆盖检测，结果应符合设计要求。

检验数量：施工单位全部检查。监理单位见证检验。

检验方法：用场强仪测量检查。

11.13.2 室内无线场强覆盖应符合设计要求。

检验数量：施工单位全部检查。监理单位见证检验。

检验方法：用场强仪测量检查。

11.13.3 电路域服务质量下列指标应符合相关技术标准的规定：

1 GSM-R 网络语音业务与非列车运行控制类数据业务 QoS 指标

1）端到端连接建立时间：

铁路紧急呼叫；

同一区域内司机之间 MS 的组呼；

除上述外，MS-FT 的运营呼叫；

除上述外，FT-MS 的运营呼叫；

除上述外，MS之间的运营呼叫；

其他低优先级呼叫。

2）连接建立失败概率。

3）数据速率。

4）最大端到端延迟(传输时间)。

5）平均端到端延迟(传输时间)。

6）越区切换中断时间。

7）越区切换成功率。

2 GSM-R网络列车运行控制数据业务服务质量QoS指标

1）连接建立时延；

2）连接建立失败概率；

3）最大端到端时延(30 byte数据块)；

4）连接丢失概率；

5）传输干扰时间 T_{T1}；

6）传输无差错时间(传输恢复时间) T_{REC}；

7）网络注册时延。

检验数量：施工单位全部检查。监理单位见证检验。

检验方法：参照铁路GSM-R数字移动通信工程检测相关技术标准检验。

11.13.4 GSM-R网络分组域服务质量下列指标应符合设计要求：

1 优先等级。

2 延迟等级。

3 可靠性级别。

4 吞吐量：

1）峰值吞吐量；

2）平均吞吐量。

检验数量：施工单位全部检查。监理单位见证检验。

检验方法：参照铁路GSM-R数字移动通信工程检测相关技术标准进行检验和评价。

11.13.5 短消息指标要求应符合设计要求：

1 移动点对点短消息发送成功率。

2 移动点对点短消息发送时延。

3 移动点对点短消息丢失率。

4 移动点对点短消息存储有效期。

检验数量：施工单位全部检查。监理单位见证检验。

检验方法：参照铁路GSM-R数字移动通信工程检测相关技术标准检验。

11.13.6 点对点话音呼叫业务应符合设计要求和相关技术标准的规定：

1 固定用户呼叫移动用户。

2 固定用户呼叫固定用户。

3 移动用户呼叫固定用户。

4 移动用户呼叫移动用户。

检验数量：施工单位全部检查。监理单位见证检验。

检验方法：参照铁路 GSM-R 数字移动通信工程检测相关技术标准检验。

11.13.7　语音广播业务应符合设计要求和相关技术标准的规定。

检验数量：施工单位全部检查。监理单位见证检验。

检验方法：参照铁路 GSM-R 数字移动通信工程检测相关技术标准检验。

11.13.8　语音组呼下列业务应符合设计要求和相关技术标准的规定：

1　固定用户发起的语音组呼。

2　移动用户发起的语音组呼。

检验数量：施工单位全部检查。监理单位见证检验。

检验方法：参照铁路 GSM-R 数字移动通信工程检测相关技术标准检验。

11.13.9　铁路紧急呼叫应符合设计要求和相关技术标准的规定。

检验数量：施工单位全部检查。监理单位见证检验。

检验方法：参照铁路 GSM-R 数字移动通信工程检测相关技术标准检验。

11.13.10　系统的多方通信业务应符合设计要求和相关技术标准的规定。

检验数量：施工单位全部检查。监理单位见证检验。

检验方法：参照铁路 GSM-R 数字移动通信工程检测相关技术标准检验。

12 会议电视系统

12.1 一般规定

12.1.1 会议电视系统验收包括设备安装和配线、会议电视系统检验、网管检验等。

12.1.2 会议系统验收前，应检查会议室的空间、声学和光学等环境条件，并符合下列要求：

1 空间要求

会议室桌椅布置保证每个与会者有适当的空间，一般不应小于 1 500 mm×700 mm，主席台可加宽至 1 500 mm×900 mm。

2 声学环境要求

1) 会议电视室混响时间和吸声处理应符合建筑声学要求。

2) 会议电视室允许的噪声级不应大于 40 dB。

3) 护围结构的隔声量不应低于 50 dB。

3 光学环境要求

1) 会议电视室内照明与背景图案颜色需符合标准规定；光源采用色温为 3 200 lx 的三基色灯。

2) 会议电视室主席区的平均照度不应低于 800 lx，一般区的平均照度不应低于 500 lx；水平工作面测点距地高度为 0.8 m；投影电视屏幕区照度不应高于 80 lx。

3) 控制室、传输室光源可为日光灯；机柜设备区的平均照度不应低于 100 lx，垂直工作面测点距地高度为 1.2 m。

4) 坐席设备区的平均照度不应低于 100 lx，水平工作面测点距地高度为 0.8 m。

4 当不能符合上述要求时，施工单位应通知相关部门，并在系统调试之前处理完毕。

12.1.3 会议电视系统验收前，应确认传输通道符合系统正常工作的下列要求：

1 承载网为 IP 数据网时，检验端到端通信的网络时延、抖动和丢包率指标应符合《IP 网络技术要求—网络性能参数与指标》YD/T 1171 中 QoS 0 级或 1 级要求。

2 承载网为专线数字电路时，检测端到端的比特误码率不应大于 1×10^{-6}，无误码秒 EFS 不应小于 92%。

3 系统网管已经安装完毕，软件加载正常。

12.2 会议电视系统设备安装和配线

主 控 项 目

12.2.1 设备和配线的进场验收应符合本标准第 5.2.1、5.3.1 条的相关规定。

12.2.2 通信机械室的设备安装应符合本标准第 5.2.2～5.2.5 条的相关规定。

12.2.3 会议电视系统下列设备的设置数量、位置及配置应符合设计要求和《铁路图像通信设计规范》TB 10085 的相关规定：

1 多点控制单元。

2 摄像机。

3 话筒。

4 扩音设备。

5 会议电视终端。

6 图像显示设备。

7 网管设备。

检验数量:施工单位、监理单位全部检查。

检验方法:观察检查。

12.2.4 会议室设备的安装应符合下列要求:

1 话筒和扬声器的布置尽量使话筒置于各扬声器的辐射角之外。

2 摄像机的布置应使被摄对象都收入视角范围之内,并能从几个方位摄取画面,方便获得会场全景或局部特写镜头。

3 监视器或大屏幕显示设备的布置,尽量使与会者处在较好的视距和视角范围之内。

检验数量:施工单位、监理单位全部检查。

检验方法:观察检查。

12.2.5 通信机械室的设备配线主控项目应符合本标准第5.3.2～5.3.9条的相关规定。

一 般 项 目

12.2.6 设备安装的一般项目,应符合本标准第5.2.6～5.2.10条的相关规定。

12.2.7 设备配线的一般项目,应符合本标准第5.3.10～5.3.16条的相关规定。

12.3 会议电视系统检验

主 控 项 目

12.3.1 IP视频业务端到端的指标应符合下列要求:

1 单向时延不大于150 ms。

2 唇音同步不大于80 ms。

3 丢包率不大于1%。

4 端到端的业务传输带宽,不宜小于视频会议要求带宽的120%。

检验数量:施工单位全部检查。监理单位见证检验20%。

检验方法:用IP网络测试仪检测。

12.3.2 会议电视系统音视频质量应符合下列要求:

1 视频质量

1) 清晰、流畅稳定、色彩饱满,没有可识别的马赛克和拖影等现象。

2) 可支持1 Mbit/s～8 Mbit/s带宽下的H.263、H.264高清图像效果,支持SXGA(1 280×1 024)PC桌面显示。

2 音质量频

音质清晰、流畅,无断续。

3 主观评测系统时延不明显影响会议质量、不影响会议实际沟通效果。

检验数量:施工单位全部检查。监理单位见证检验。

检验方法：试验检查。

12.3.3 会议电视系统 MCU 应支持整机备份机制，以及核心模块热备份、单板的热插拔。

检验数量：施工单位全部检查。监理单位见证检验。

检验方法：试验检查。

12.3.4 会议电视系统的控制功能应符合下列要求：

1 会议的控制可通过管理终端或遥控器两种方式完成。

2 主会场能对分会场全部受控摄像机进行操控，调整画面的内容和清晰度。

3 主会场能对分会场进行音量调节、静音、闭音操作。

4 主会场能对分会场进行广播、轮询操作；轮询的间隔时间和轮询的会场可以人工设置。

5 主会场能对分会场进行延长、结束等操作。

6 主会场能任意选择主席控制切换方式、导演控制切换方式、语音激励切换方式等。

7 除主会场与发言会场可以进行对话外，还允许 1～2 个会场进行插话。

8 任何会场均有权请求发言，申请发言的信号应显示在比较显著的位置。

9 根据需求，系统能实现字幕功能，并能实时修改、叠加。

10 会议进行中，能实现某一会场的实时加入。

11 IP 会议电视系统应具有多速率适配功能，不同速率的会议电视终端应能参加同一个会议，并且系统能根据网络的质量动态调整会议速率，达到最佳的效果，并优先保证音频质量。

12 支持 H.239 协议。

检验数量：施工单位全部检查。监理单位见证检验。

检验方法：参照设备技术文件和相关技术标准试验检查。

12.4 会议电视系统网管检验

主 控 项 目

12.4.1 会议电视系统网管的下列用户管理功能应符合设计要求或相关技术标准的规定：

1 用户的开户/销户。

2 终端的注册/注销。

3 用户和终端信息的管理。

4 用户的信息查询。

5 用户的分类和分组管理。

6 终端分类和分组管理。

检验数量：施工单位全部检查。监理单位见证检验。

检验方法：对照设计文件，根据相关技术标准或设备技术文件逐项进行检验。

12.4.2 会议电视系统网管的下列控制管理功能应符合设计要求或相关技术标准的规定：

1 预约。

2 创建。

3 延长。

4 取消。

5 结束等。

检验数量：施工单位全部检查。监理单位见证检验。

检验方法:对照设计文件,根据相关技术标准或设备技术文件逐项进行检验。

12.4.3 会议电视系统网管的下列设备维护管理功能应符合设计要求或相关技术标准的规定:

1 故障管理。

2 性能管理。

3 配置管理。

4 安全管理。

检验数量:施工单位全部检查。监理单位见证检验。

检验方法:对照设计文件,根据相关技术标准或设备技术文件逐项进行检验。

12.4.4 会议电视系统网管的下列业务统计管理功能应符合设计要求或相关技术标准的规定:

1 数据和日志的日常维护管理。

2 业务统计、分析等。

检验数量:施工单位全部检查。监理单位见证检验。

检验方法:对照设计文件,根据相关技术标准或设备技术文件逐项进行检验。

13　综合视频监控系统

13.1　一般规定

13.1.1　综合视频监控系统验收包括设备安装和配线、设备单机检验、系统检验、网管检验等。

13.1.2　综合视频监控系统验收前,应确认下列条件:

1　单机设备正常。

2　摄像机及编解码器 IP 地址设置正确。

3　网管已经安装完毕。

4　软件加载正常。

5　网络带宽符合设计要求和相关技术标准的规定。

6　承载网络的传输质量符合表 13.1.2 网络性能指标要求。

表 13.1.2　网络性能指标要求

传输协议类型	丢包率	网络时延	抖动
TCP	≤1/100	≤200 ms	≤50 ms
UDP	≤1/1000	≤500 ms	≤100 ms

13.2　综合视频监控系统设备安装和配线

主控项目

13.2.1　设备和配线的进场验收应符合本标准第 5.2.1、5.3.1 条的相关规定。

13.2.2　视频采集点、采集设备、监视目标以及用户终端的设置应符合设计要求。

检验数量:施工单位全部检查。监理单位见证检验。

检验方法:对照设计文件,观察检查。

13.2.3　综合视频监控系统存储容量应符合设计要求。

检验数量:施工单位全部检查。监理单位见证检验。

检验方法:参照相关技术标准或设备技术文件进行检验。

13.2.4　室内设备安装应符合本标准第 5.2 节的相关规定。

13.2.5　室内设备配线应符合本标准第 5.3 节的相关规定。

13.2.6　室外摄像机支柱(杆)安装应符合下列要求:

1　高度、埋深符合设计要求。

2　防雷接地符合设计要求。

3　基础的浇注方式和强度符合设计要求和相关技术标准的规定。

检验数量:施工单位全部检查。监理单位见证检验。

检验方法:观察、测量。

13.2.7 室外摄像机的安装应符合下列要求：

1 安装方式符合设计要求，安装牢固可靠。

2 云台水平、垂直转动角度符合设计要求。

3 防雷接地符合设计要求。

4 在线路附近安装摄像机时，应符合铁路限界要求。

5 在接触网等高压带电设备附近架设摄像机时，安全防护距离符合相关标准的规定。

6 防护罩安装牢固，防护性能符合设计要求。

检验数量：施工单位全部检查。监理单位见证检验。

检验方法：观察、检验。

13.2.8 室外露天机箱的安装高度、防护功能、防雷接地应符合设计要求，并安装牢固。

检验数量：施工单位全部检查。监理单位见证检验。

检验方法：观察检查。

13.2.9 摄像机配线应符合下列要求：

1 从摄像机引出的电缆宜留余量，不影响摄像机的转动。

2 摄像机的电缆和电源线应固定，不应用插头承受电缆的自重。

3 摄像机外部出线部分应采取防护措施。

检验数量：施工单位全部检查。监理单位见证检验。

检验方法：观察检查。

一般项目

13.2.10 控制台安装位置应符合设计要求；控制台应安放竖直，台面水平；控制台附件安装应完整、牢固；台内接插件和设备接触应可靠，内部接线应符合设计要求，无扭曲。

检验数量：施工单位全部检查。

检验方法：观察检查。

13.2.11 室外设备连接电缆时，宜从设备的下部进线。

检验数量：施工单位全部检查。

检验方法：观察检查。

13.2.12 室外露天机箱表面应喷涂明显的警示标志。

检验数量：施工单位全部检查。

检验方法：观察检查。

13.3 综合视频监控设备单机检验

主控项目

13.3.1 摄像机的下列功能和性能应符合设计要求和《铁路图像通信设计规范》TB 10085 第3.4节的相关规定：

1 清晰度。

2 最低照度。

3 信噪比。

4 灰度等级。

检验数量：施工单位全部检查。监理单位见证检验20%。

检验方法：对照设计文件，根据相关技术标准或设备技术文件逐项进行检验。

13.3.2 视频编解码设备的下列功能和性能应符合设计要求和《铁路图像通信设计规范》TB 10085 第3.4节的相关规定：

1 压缩格式。

2 分辨率。

3 内容完整性。

4 单路平均带宽。

检验数量：施工单位全部检查。监理单位见证检验20%。

检验方法：对照设计文件，根据相关技术标准或设备技术文件逐项进行检验。

13.3.3 视频存储设备的下列功能和性能应符合设计要求和《铁路图像通信设计规范》TB 10085 第3.4节的相关规定：

1 读写速度。

2 冗余保护。

检验数量：施工单位全部检查。监理单位见证检验20%。

检验方法：对照设计文件，根据相关技术标准或设备技术文件逐项进行检验。

13.3.4 视频系统服务器的下列功能和性能应符合设计要求和《铁路图像通信设计规范》TB 10085 第3.4节的相关规定：

1 基本配置：CPU、内存、硬盘容量、网口、操作系统等。

2 服务器热备方式。

3 服务器电源冗余方式。

4 服务器结构模块化、兼容能力。

5 服务器符合工业标准。

6 服务器管理软件。

检验数量：施工单位全部检查。监理单位见证检验20%。

检验方法：对照设计文件，根据相关技术标准或设备技术文件逐项进行检验。

13.4 综合视频监控系统检验

主 控 项 目

13.4.1 系统时延应符合下列要求：

1 音视频失步时间应不大于300 ms。

2 当信息经由数据网络传输时，端到端的信息双向总信息延迟时间（包括发送端信息采集、编码、网络传输、信息接收端解码、显示等过程所经历的时间）不大于3 s。

检验数量：施工单位全部检查。监理单位见证检验20%。

检验方法：用专用软件测试检查。

13.4.2 下列视频联动响应应符合设计要求：

1 在前端设备接入外部告警或事件信息时，触发并启动视频显示和记录所需的直接联动响应时间。

2 在节点设备接入外部告警或事件信息时，触发并启动视频显示和记录所需的直接联动响应时间。

3 系统与其他相关系统互联或联动告警功能。

检验数量：施工单位全部检查。监理单位见证检验20%。

检验方法：参照相关技术标准或设备技术文件进行检验。

13.4.3 系统图像质量应符合下列要求：

1 标准照度时

1）在用户终端上能有效识别目标。

2）在对图像画面进行切换时，不影响画面质量。

3）实时监视图像和回放视频图像清晰、稳定。质量按照主观评价体系进行评价，单项评分和综合评分均应不小于4分。

2 夜间成像设备有效识别目标的覆盖区域、分辨率、色彩/亮度等图像效果应符合设计要求。

检验数量：施工单位全部检查。监理单位见证检验20%。

检验方法：参照附录C检查。

13.4.4 数字视频信号应符合下列要求：

1 单路画面分辨率为352×288(CIF)时，最终显示清晰度要求

1）实时显示彩色电视水平清晰度应不小于270 TVL。

2）回放图像中心水平清晰度应不小于220 TVL。

3）随机信噪比应不小于36 dB。

2 单路画面分辨率为704×576(4CIF)时，最终显示清晰度要求

1）实时显示彩色电视水平清晰度应不小于400 TVL。

2）回放图像中心水平清晰度应不小于300 TVL。

3）随机信噪比应不小于45 dB。

3 单路显示帧率25帧/s。

检验数量：施工单位全部检查。监理单位见证检验20%。

检验方法：用视频测试卡、图像综合测试仪检查。

13.4.5 视频处理功能应符合下列要求：

1 能对视频流进行点对点、点对多点并发处理。

2 能进行中文字符叠加。

3 能对告警信息输入输出。

4 根据安全管理需要，能进行音频采集。

5 根据需要，可输出不同分辨率的双码流。

6 经过处理的视频信息和音频信息应具有原始完整性。

检验数量：施工单位全部检查。监理单位见证检验。

检验方法：试验检查。

13.4.6 视频存储功能应符合下列要求：

1 能对实时视频信息进行自动连续存储，或根据设定的事件、时间、地点等条件进行存储。

2 支持对重要视频信息的备份存储。

3 能根据需要进行减帧存储。

4 能按照不同安全性等级，采用不同图像分辨率进行存储。

5 能对不同视频流分别设定存储空间，并支持循环存储。

检验数量：施工单位全部检查。监理单位见证检验。

检验方法：检验检查。

13.4.7 视频回放应符合下列要求：

1 支持用户根据时间、地点、事件等多种条件进行检索和回放；在不计算网络延时的情况下，检索回放图像响应时间应不大于 3 s。

2 支持多用户同时调用和检索历史图像。

3 支持下载到本地回放历史图像和远程直接回放历史图像的方式。

4 回放历史图像时，可播放、倒放、快放、慢放、拖曳和暂停等。

检验数量：施工单位全部检查。监理单位见证检验。

检验方法：参照相关检验标准检验。

13.4.8 视频控制功能应符合下列要求：

1 能够对云台、镜头、雨刷等进行手动或自动操作控制，并可靠、平稳；云台、镜头预置位恢复功能正常。

2 能对多个前端采集设备进行轮巡控制。

3 在同时具备语音采集功能时，符合视、音频协调同步要求。

4 能按优先级要求进行多级用户控制操作。

5 云台转动超出设定时间后应能自动回位。

6 视频丢失时应告警。

检验数量：施工单位全部检查。监理单位见证检验。

检验方法：检验检查。

13.4.9 视频内容分析应符合下列要求或设计要求：

1 性能

入侵检测和逗留（滞留）检测时，应能分析识别不小于 10×10 像素（CIF）的目标。

2 功能

1）应支持移动侦测等基本功能，可支持入侵检测、逗留（滞留）检测、逆行检测等基本检测模式，并支持两种以上组态的行为分析。

2）应支持在同一场景下划分多个防区，并支持在同一防区内实现多种检测模式。

3）应对视频内容分析结果产生告警提示。

4）当图像抖动的像素超过一定限值时，应能自动停止分析，并发出告警提示。

检验数量：施工单位全部检查。监理单位见证检验。

检验方法：参照相关检验标准检验。

13.4.10 视频分发/转发应符合下列要求：

1 性能

1）视频分发/转发能力应不小于 1 Gbit/s。

2）图像分辨率为 CIF，视频传输码流为 512 kbit/s 时
能支持单路视频的复制路数不小于 200 路；
能支持并发输入的视频流路数不小于 200 路；
并发输出的视频流路数不小于 600 路。

3）图像分辨率为 2CIF，视频传输码流为 1 Mbit/s 时

能应支持单路视频的复制路数不小于 100 路；

能支持并发输入的视频流路数不小于 100 路；

并发输出的视频流路数不小于 300 路。

4) 图像分辨率为 4CIF，视频传输码流为 2 Mbit/s

能支持单路视频的复制路数不小于 50 路；

能支持并发输入的视频流路数不小于 50 路；

并发输出的视频流路数不小于 150 路。

2 功能

1) 系统通过视频分发/转发，完成多用户同时对同一路视频的调用；

2) 能对同一视频节点内多个用户同时请求的同一路视频进行分发；

3) 能对不同级视频节点多个用户同时请求的同一路视频的进行转发，转发能力不小于三级；

4) 当视频分发/转发请求超过系统能力时，系统能对权限较低的用户暂停服务；

5) 支持动态分发，可根据网络负载情况，自动选择最佳的比特率进行传输。

检验数量：施工单位全部检查。监理单位见证检验。

检验方法：参照相关检验标准检验。

13.4.11 视频显示功能应符合下列要求：

1 能进行预览和切换显示。

2 能显示单画面、多画面组合和分割，并能进行画面缩放。

3 大屏显示能进行多屏图像拼接，整屏显示、分屏显示、虚拟屏显示。

4 大屏显示支持多种制式的视频信息（录像机、摄像机、DVD、实物投影仪等图像）和不同分辨率的计算机信号。

5 显示画面中具有图像的编号/地点、时间和日期，画面文字应采用中文简体。

6 具有图像屏蔽功能。

检验数量：施工单位全部检查。监理单位见证检验。

检验方法：检验检查。

13.4.12 系统断网保护功能应符合下列要求：

1 承载网络中断后，用户设置和图像显示状态不会丢失。

2 能报告网络故障。

3 网络重连后系统设置和显示状态恢复能恢复到故障前状态。

检验数量：施工单位全部检查。监理单位检验见证检验。

检验方法：检验检查。

13.4.13 视频系统内各设备时间同步的一致性应符合设计要求。

检验数量：施工单位全部检查。监理单位见证检验。

检验方法：试验检查。

13.4.14 不同厂家视频系统之间下列互联互通功能（包括接入节点与接入节点间、接入节点与区域节点间、区域节点与区域节点间等）应符合设计要求和相关技术标准规定：

1 系统间设备资源上报互通。

2 系统间实时视频调用。

3 系统间历史视频检索、调用、下载。

4 系统间 PTZ 功能实现。

5 系统间重要告警预约上报。

6 系统间用户优先级功能实现。

检验数量:施工单位全部检查。监理单位见证检验。

检验方法:试验检查。

13.5 综合视频监控系统网管检验

主 控 项 目

13.5.1 综合视频监控系统网管的用户管理功能应符合下列要求:

1 能对用户登录进行管理。

2 能进行用户及用户组的管理。

检验数量:施工单位全部检查。监理单位见证试验。

检验方法:对照设计文件,根据相关技术标准或设备技术文件逐项进行检验。

13.5.2 综合视频监控系统网管的配置管理功能应符合下列要求:

1 能查询配置。

2 能修改配置。

3 能删除配置。

4 能创建配置。

检验数量:施工单位全部检查。监理单位见证试验。

检验方法:对照设计文件,根据相关技术标准或设备技术文件逐项进行检验。

13.5.3 综合视频监控系统网管的性能管理功能应符合下列要求:

1 应能够采用图形和表格的形式呈现网络的性能数据,如资源分配、图像传送成功率、网络利用率、系统利用率等。

2 能对性能数据进行统计分析处理。

检验数量:施工单位全部检查。监理单位见证试验。

检验方法:对照设计文件,根据相关技术标准或设备技术文件逐项进行检验。

13.5.4 综合视频监控系统网管的故障管理功能应符合下列要求:

1 能实时监视设备的告警信息和运行信息。

2 能查询和统计设备的告警信息。

检验数量:施工单位全部检查。监理单位见证试验。

检验方法:对照设计文件,根据相关技术标准或设备技术文件逐项进行检验。

13.5.5 综合视频监控系统网管的安全管理功能应符合下列要求:

1 能进行权限管理。

2 能进行数据安全管理。

3 能进行数据备份与恢复。

检验数量:施工单位全部检查。监理单位见证试验。

检验方法:对照设计文件,根据相关技术标准或设备技术文件逐项进行检验。

13.5.6 综合视频监控系统网管的日志管理功能应符合下列要求:

1 能进行日志参数管理。

2　能进行日志操作。

3　能进行日志删除。

检验数量:施工单位全部检查。监理单位见证试验。

检验方法:对照设计文件,根据相关技术标准或设备技术文件逐项进行检验。

14 应急通信系统

14.1 一般规定

14.1.1 应急通信系统的验收包括应急通信中心设备安装和配线、应急通信现场设备检验、应急通信系统检验。

14.1.2 应急通信系统验收前,应按设计要求同时配备必要的应急现场相关试验设备,传输通道应符合《铁路应急通信接入技术条件》TB/T 3204 的相关规定。

14.1.3 应急通信现场设备的性能、功能应符合设计要求和相关技术标准的规定。

14.2 应急通信设备安装和配线

主 控 项 目

14.2.1 设备和配线的进场验收应符合本标准第 5.2.1、5.3.1 条的相关规定。

14.2.2 应急通信系统设备的设置地点、方式应符合设计要求。

检验数量:施工单位、监理单位全部检查。

检验方法:对照设计文件观察检查。

14.2.3 应急通信中心设备的安装应符合本标准第 5.2 节的相关规定。

14.2.4 应急通信中心设备配线应符合本标准第 5.3 节的相关规定。

14.3 应急现场接入设备检验

主 控 项 目

14.3.1 应急现场无线发射机性能应符合下列要求或无线电管理的相关规定:

1 频率范围:340 MHz±4 MHz。

2 功率范围:不大于 2 W。

检验数量:施工单位全部检查。监理单位见证检验。

检验方法:测试检验。

14.3.2 应急现场移动终端通信距离应符合设计要求和相关技术标准的规定。

检验数量:施工单位全部检查。监理单位见证检验。

检验方法:试验、测试检验。移动终端通信设备与应急现场接入设备在不小于设计和相关技术标准规定的距离范围内双向通话。

14.3.3 应急现场通信设备可连续工作时间应符合设计要求。

检验数量:施工单位全部检查。监理单位见证检验。

检验方法:对照设计文件,根据相关技术标准或设备技术文件逐项检验。

14.4　应急通信中心设备检验

主 控 项 目

14.4.1　应急通信中心设备下列性能应符合设计要求和相关技术标准的规定：

1　话音单元

1）通信协议；

2）编解码格式；

3）通话质量；

4）支持同时接入的模拟话路数；

5）可同时接入的数字中继数量；

6）支持同时接入的现场设备数；

7）支持的会议组数；

8）应急指挥台、应急操作台可以保持的路数；

9）应急中心音视频终端可保持的路数；

10）支持配置独立的IP地址。

2　视频单元

1）视频解码格式；

2）视频传输协议；

3）视频制式；

4）应急通信中心设备之间的视频转发控制协议；

5）分辨率为CIF时，至少支持同时输入、输出4路视频；

6）至少同时支持的视频分发数和视频转发数。

3　应急指挥台、应急操作台、应急值班台

1）同时支持2个话路通话；

2）呼叫保持不少于6方；

3）最小呼叫响应时间；

4）最高分辨率不低于1 280×1 024；

5）界面布局；

6）音量、显示亮度可调。

检验数量：施工单位全部检查。监理单位见证检验。

检验方法：对照设计文件，根据相关技术标准或设备技术文件逐项检验。

14.4.2　应急通信中心设备下列功能应符合设计要求和相关技术标准的规定：

1　话音单元

1）应急中心与现场、相关应急中心之间的话音通信；

2）铁路应急通信系统与自动话务网和调度通信网的话音通信；

3）支持SS7信令、DSS1信令的功能；

4）为已注册的现场设备分配相应电话号码的功能；

5）直接呼入呼出业务的功能；

6）主叫号码发送功能；

7）强插、强拆功能；
8）热线功能；
9）多方来电的自动语音提示功能；
10）呼叫优先级功能，优先级为 5 级；
11）对系统内的话音终端设备进行通话录音的功能；
12）对系统内的话音终端设备通话话单记录的功能。

2 视频单元

1）实时接入现场视频图像的功能；
2）视频流按照设定规则存储的功能；
3）视频分发功能；
4）视频转发功能；
5）视频的实时调看和回放功能；
6）暂停、停止、快进、慢进、单帧播放等播放控制功能；
7）视频流和录像文件以 AV 信号输出的方式；
8）双向话音对讲功能。

3 存储单元

1）对话音、图像和数据信息的存储功能；
2）各类数据的导入、导出、备份、还原；
3）各类数据可独立设置存储规则，并可按照设置的规则自动存储；
4）宜具有数据库文件的自动备份功能；
5）可根据不同的存储内容设置不同的存储空间。

检验数量：施工单位全部检查。监理单位见证检验。

检验方法：对照设计文件，根据相关技术标准或设备技术文件逐项检验。

14.4.3 应急中心卫星接入设备下列性能和功能应符合设计要求和相关技术标准的规定：

1 信道编码和调制技术；
2 卫星设备相关技术；
3 与现场卫星接入设备的链路搭建功能；
4 信息的接入和协议转换功能；
5 卫星接入设备的网管功能。

检验数量：施工单位全部检查。监理单位见证检验。

检验方法：对照设计文件，根据相关技术标准或设备技术文件逐项检验。

14.4.4 应急指挥台、应急操作台、应急值班台功能应符合设计要求和相关技术标准的规定。

检验数量：施工单位全部检查。监理单位见证检验。

检验方法：对照设计文件，根据相关技术标准或设备技术文件逐项检验。

14.4.5 应急中心音视频终端下列性能和功能应符合设计要求和相关技术标准的规定：

1 呼叫保持不少于 1 方。
2 最小呼叫响应时间。
3 视频显示分辨率不低于 1 024×768。
4 与现场、自动电话网和调度电话网语音通话功能。
5 实时视频调看功能。

6 历史视频回放功能。

7 对静图系统图片的调看功能(可选)。

检验数量:施工单位全部检查。监理单位见证检验。

检验方法:对照设计文件,根据相关技术标准或设备技术文件逐项检验。

14.4.6 应急通信中心设备下列管理功能应符合设计要求和相关技术标准的规定:

1 配置管理。

2 性能管理。

3 故障管理。

4 安全管理。

检验数量:施工单位全部检查。监理单位见证试验。

检验方法:对照设计文件,根据相关技术标准或设备技术文件逐项检验。

14.5 应急通信系统检验

主 控 项 目

14.5.1 应急通信现场设备正常开通时间应符合相关技术标准的规定。

检验数量:施工单位全部检查。监理单位见证试验。

检验方法:从应急现场设备到达展开至系统开通的时间,要求现场至中心间图像上传,语音通信建立成功。

14.5.2 应急现场至应急中心间端对端通道的可用带宽、传输时延、丢包率等性能,应符合设计要求。

检验数量:施工单位全部检查。监理单位见证试验。

检验方法:测试检验。

14.5.3 应急救援现场动图图像的下列指标应符合《铁路应急通信接入技术条件》TB/T 3204的相关规定:

1 动图图像像素。

2 图像分辨率。

3 图像帧频。

4 图像的存储格式。

5 网络性能下降时,图像的马赛克或不连续现象。

6 静止图像分辨率。

检验数量:施工单位全部检查。监理单位见证检验。

检验方法:测试检验。

14.5.4 应急救援现场动图应能实时上传显示,图像清晰、画面流畅连续。

检验数量:施工单位全部检查。监理单位见证试验。

检验方法:动图上传试验。

14.5.5 应急救援现场静图和数据上传应具有自动转发功能。

检验数量:施工单位全部检查。监理单位见证试验。

检验方法:静图上传、数据传输试验。

14.5.6 应急通信系统下列语音通信应正常:

1 应急中心与事故现场之间的语音通信。

2 应急现场内部语音通信和组呼。

3 与铁路调度网、自动电话网及铁路“117”立接制人工话务台的互通。

检验数量:施工单位全部检查。监理单位见证试验。

检验方法:进行功能试验。

14.5.7 应急救援指挥中心与综合视频监控系统、会议电视系统的互联互动功能应符合设计要求。

检验数量:施工单位全部检查。监理单位见证试验。

检验方法:进行功能试验。

14.5.8 系统图像与语音通话的存储、回放、检索等应符合设计要求。

检验数量:施工单位全部检查。监理单位见证试验。

检验方法:进行功能试验。

15 综合布线

15.1 一般规定

15.1.1 综合布线系统的验收包括综合布线设备安装、保护管槽敷设、线缆布放、综合布线系统检验。

15.1.2 综合布线系统在与外部通信网连接时，其线路施工要求应符合本标准第4章的相关规定。

15.2 综合布线设备安装

主 控 项 目

15.2.1 综合布线系统设备及材料、附件等进场验收应符合下列要求：

1 数量、型号、规格、质量符合设计和订货合同的要求及相关技术标准规定。

2 图纸、说明书等技术资料，合格证、质量检验报告等质量证明文件齐全。

3 机柜(架)、设备及附件无变形、表面无损伤，镀层、漆饰完整无脱落，铭牌，标识完整清晰。

4 机柜(架)、设备内部件应完好、连接无松动；无受潮发霉、锈蚀。

检验数量：施工单位、监理单位全部检查。

检验方法：对照设计文件和订货合同，检查实物和质量证明文件。

15.2.2 机柜(架)及信息插座模块、多用户信息插座、集合点配线模块安装位置、方式应符合设计要求。

检验数量：施工单位全部检查。监理单位见证检验。

检验方法：观察检查。

15.2.3 设备的安装应牢固，抗震措施应符合设计要求。

检验数量：施工单位全部检查。监理单位见证检验。

检验方法：观察检查。

15.2.4 安装机柜(架)、配线设备屏蔽层及金属管、线槽、缆线桥架使用的接地体应符合设计要求，就近接地，并应保持良好的电气连接。

检验数量：施工单位全部检查。监理单位见证检验。

检验方法：观察、用万用表检查。

一 般 项 目

15.2.5 机柜(架)及设备漆饰完好，铭牌、标记清楚准确。

检验数量：施工单位全部检查。

检验方法：观察检查。

15.2.6 信息插座模块安装应符合下列要求：

1 安装在活动地板内或地面上时，应固定在接线盒内；接线盒盖可开启，盖面应与地面平齐。

2 信息插座底盒同时安装信息插座和电源插座时，间距及采取的防护措施应符合设计要求。

3 工作区内终接光缆的光纤连接器及适配器安装底盒应具有足够的空间，符合设计要求。

检验数量：施工单位全部检查。监理单位见证检验。

检验方法：观察检查。

15.3 综合布线保护管槽安装

主 控 项 目

15.3.1 管线及材料附件应进行进场验收，并符合下列要求：

1 数量、型号、规格、质量符合设计和订货合同的要求及相关技术标准规定。

2 合格证、质量检验报告等质量证明文件齐全。

3 线缆外皮无破损、挤压变形。

4 预埋金属管或塑料管、过线盒、接线盒及桥架等表面涂覆或镀层均匀、完整、光滑、无伤痕，管孔无变形、损坏。

检验数量：施工单位、监理单位全部检查。

检验方法：对照设计文件和订货合同，检查实物和质量证明文件。

15.3.2 缆线桥架及线槽的安装应符合下列要求：

1 缆线桥架及线槽的位置应符合设计要求，其位置偏差不应大于 50 mm；水平度每米偏差不应大于 2 mm；垂直偏差不应大于3 mm。走线架应固定牢固。

2 吊架和支架安装垂直，整齐牢固。

检验数量：施工单位全部检查。监理单位见证检验。

检验方法：观察、尺量检查。

一 般 项 目

15.3.3 缆线保护槽、管敷设应符合下列要求：

1 预埋金属线槽要求

1）在建筑物中预埋线槽，宜按层设置，每一路由进出同一过路盒的预埋线槽均不应超过 3 根。

2）线槽直埋长度超过 30 m 或在线槽路由交叉、转弯时，宜设置过线盒；过线盒盖应能开启，并与地面齐平，盒盖应能防水与防灰。过线盒和接线盒应能抗压。

3）从金属线槽至信息插座模块接线盒间或金属线槽与金属钢管之间连接时，缆线应用软管保护。

2 预埋暗管要求

1）预埋在墙体中的暗管外径不宜超过 50 mm，楼板中暗管外径不宜超过 25 mm，室外管道进入建筑物的最大管径不宜超过 100 mm。

2）直线布管每 30 m 处应设置过线盒；有转弯的管段长度超过 20 m 时，应设置管线过线盒装置；有 2 个弯时，不宜超过 15 m 应设置过线盒。

3）预埋暗管的转弯角度应大于90°，在路径上每根暗管的转弯角不得多于2个，并不应有S弯。暗管转弯的曲率半径不应小于该管外径的6倍，如暗管外径大于50 mm时，不应小于10倍。

3 非预埋式缆线桥架和线槽要求

1）缆线桥架底部应高于地面2.2 m及以上，顶部距建筑物楼板不宜小于300 mm。

2）缆线桥架水平敷设时，支撑间距宜为1.5 m～3 m。垂直敷设时固定在建筑物结构体上的间距宜小于2 m，距地面1.8 m以下部分应加盖金属盖板。

3）直线段缆线桥架每超过15 m～30 m或跨越建筑物变形缝时，应设置伸缩补偿装置。

4）金属线槽敷设时，在线槽接头处、每间距3 m处、离开线槽两段出口0.5 m处、转弯处，应设置支架或吊架。

5）塑料线槽的槽底固定点距离宜为1 m。

6）桥架和线槽穿过防火墙体或楼板时，应采取防火措施。

检验数量：施工单位全部检查，监理单位见证检验。

检验方法：观察、尺量检查。

15.4　综合布线缆线布放

主 控 项 目

15.4.1　综合布线系统线缆及材料、附件等进场验收应符合本标准第4.2.1、5.3.1条的相关要求。

15.4.2　各类配线部件应完整，安装就位，标志齐全。

检验数量：施工单位全部检查。

检验方法：观察检查。

15.4.3　缆线敷设应符合下列要求：

1 缆线的布放应平顺整齐，不得产生扭绞、打圈、接头等现象，不要受外力的挤压和损伤。

2 缆线两端应贴有标签，标明编号等必要的信息。标签应选用不易损坏的材料。

3 缆线余量符合相关技术标准的要求。

4 缆线的弯曲半径

1）非屏蔽4对对绞电缆的弯曲半径应大于电缆外径的4倍。

2）主干对绞电缆的弯曲半径应大于电缆外径的10倍。

3）2芯或4芯水平光缆的弯曲半径应大于25 mm；其他芯数的水平光缆、主干光缆和室外光缆的弯曲半径应不小于光缆外径的10倍。

5 缆线间的最小净距

1）对绞电缆与电力电缆应分开布放，并应符合表15.4.3—1的规定。

2）综合布线电缆与配电箱、变电室、电梯机房、空调机房之间最小净距宜符合表15.4.3—2的规定。

3）建筑物内光电缆暗管敷设与其他管线最小净距应符合表15.4.3—3的规定。

表 15.4.3—1 对绞电缆与电力电缆最小净距

条件	最小净距(mm)		
	380 V <2 kVA	380 V 2 kVA～5 kVA	380 V >5 kVA
对绞电缆与电力电缆平行敷设	130	300	600
有一方在接地的金属槽道或钢管中	70	150	300
双方均在接地的金属槽道或钢管中②	10①	80	150

注:1 当 380 V 电力电缆的负荷容量小于 2 kVA,双方都在接地的线槽中,且平行长度不大于 10 m 时,最小净距可为 10 mm。

2 双方都在接地的线槽中,系指两个不同的线槽,也可在同一线槽中用金属板隔开。

表 15.4.3—2 综合布线电缆与配电箱、变电室、电梯机房、空调机房最小净距

名称	最小净距(m)
配电箱	1
变电室	2
电梯机房	2
空调机房	2

表 15.4.3—3 建筑物内光电缆暗管敷设与其他管线的最小净距

管线种类	平行净距(mm)	垂直交叉净距(mm)
避雷引下线	1 000	300
保护地线	50	20
热力管(不包封)	500	500
热力管(包封)	300	300
给水管	150	20
煤气管	300	20
压缩空气管	150	20

检验数量:施工单位全部检查。监理单位见证检验。

检验方法:观察、尺量检查。

一 般 项 目

15.4.4 在缆线桥架和线槽内敷设缆线应符合下列要求:

1 密封线槽内敷设缆线应顺直,尽量不交叉;在缆线进出线槽部位、转弯处应绑扎固定。

2 缆线桥架内缆线垂直敷设时,在缆线的上端和每间隔1.5 m处应固定在缆线桥架的支架上;水平敷设时,在缆线的首、尾、转弯及每隔 5 m～10 m 处应固定。

3 在水平、垂直桥架中敷设缆线时,应进行绑扎。对绞电缆、光缆、同轴电缆和其他信号电缆应根据缆线的类别、数量、缆径、缆线芯数分束绑扎。绑扎间距不宜大于 1.5 m,不宜绑扎过紧或使缆线受到挤压。

检验数量:施工单位全部检查。监理单位见证检验。

检验方法:观察检查。

15.4.5 缆线终接应符合下列要求:

1 对绞电缆芯线终接时,应保持原有的扭绞状态,与 8 位模块式通用插座的连接,在同一布线工程中 T568A 和 T568B 两种连接方式不应混合使用。

2 光缆芯线终接应采用收容盘连接保护,在收容盘中光纤的弯曲半径应大于 40 mm;光纤连接损耗值应符合表 15.4.5 的规定。

表 15.4.5 光纤连接损耗值(dB)

连接类型	多模		单模	
	平均值	最大值	平均值	最大值
接头损耗	0.15	0.3	0.15	0.3

检验数量:施工单位全部检查。

检验方法:施工中用光纤熔接机监视检查。检查随工检验记录。

15.4.6 各类跳线和连接器间接触应良好,标志齐全清晰;跳线选用类型及长度应符合设计要求。

检验数量:施工单位全部检查。

检验方法:观察、尺量检查。

15.5 综合布线系统检验

主 控 项 目

15.5.1 综合布线对绞线终接 8 位模块式通用插座的接线图,线位应正确,不得出现反向线对、交叉线对或串对。布线链路和信道缆线长度,应在系统要求的极限长度范围之内。

检验数量:施工单位全部检查。监理单位见证试验 20%。

检验方法:用网络电缆测试仪测试。

15.5.2 综合布线信道的性能指标应符合下列要求:

1 5e 类/D 级系统信道指标应符合表 15.5.2—1 的要求。

表 15.5.2—1 5e 类/D 级系统信道指标

频率(MHz)	1	16	100
最大插入损耗(dB)	4.0	9.1	24.0
最小近端串音(dB)	60.0	43.6	30.1
最小衰减串音比(dB)	56.0	34.5	6.1
最小等电平远端串音(dB)	57.4	33.3	17.4
最小近端串音功率和(dB)	57.0	40.6	27.1
最小衰减串音比功率和(dB)	53.0	31.5	3.1
最小等电平远端串音功率和(dB)	54.4	30.3	14.4
最小回波损耗(dB)	17.0	17.0	10.0
最大时延(μs)	0.580	0.553	0.548
时延差(μs)	0.050($1 \leqslant f \leqslant 100$ MHz)		

2 6 类/E 级系统信道指标应符合表 15.5.2—2 的要求。

表 15.5.2—2　6 类/E 级系统信道指标

频率(MHz)	1	16	100	250
最大插入损耗(dB)	4.0	8.3	21.7	35.9
最小近端串音(dB)	65.0	53.2	39.9	33.1
最小衰减串音比(dB)	61.0	44.9	18.2	−2.8
最小等电平远端串音(dB)	63.3	39.2	23.3	15.3
最小近端串音功率和(dB)	62.0	50.6	37.1	30.2
最小衰减串音比功率和(dB)	58.0	42.3	15.4	−5.8
最小等电平远端串音功率和(dB)	60.3	36.2	20.3	12.3
最小回波损耗(dB)	19.0	18.0	12.0	8.0
最大时延(μs)	0.580	0.553	0.548	0.546
时延差(μs)	0.050(1 MHz≤f≤250 MHz)			

3　5e 类/D 级、6 类/E 级信道的最大直流环路电阻均为 25 Ω。

检验数量：施工单位全部检查。监理单位见证检验。

检验方法：观察检查。

15.5.3　5e 类/D 级、6 类/E 级铜缆布线系统的永久链路的性能指标符合下列要求：

1　5e 类/D 级系统永久链路指标应符合表 15.5.3—1 的要求。

表 15.5.3—1　5e 类/D 级系统永久链路指标

频率(MHz)	1	16	100
最大插入损耗(dB)	4.0	7.7	20.4
最小近端串音(dB)	60.0	45.2	32.3
最小衰减串音比(dB)	56.0	37.5	11.9
最小等电平远端串音(dB)	58.6	34.5	18.6
最小近端串音功率和(dB)	57.0	42.2	29.3
最小衰减串音比功率和(μs)	53.0	34.5	8.9
最小等电平远端串音功率和(dB)	55.6	31.5	15.6
最小回波损耗(dB)	19.0	19.0	12.0
最大时延(μs)	0.521	0.496	0.491
时延差(μs)	0.044(1≤f≤100 MHz)		

2　6 类/E 级系统永久链路指标应符合表 15.5.3—2 的要求。

表 15.5.3—2　6 类/E 级系统永久链路指标

频率(MHz)	1	16	100	250
最大插入损耗(dB)	4.0	7.1	18.5	30.7
最小近端串音(dB)	65.0	54.6	41.8	35.3
最小衰减串音比(dB)	61.0	47.5	23.3	4.7
最小等电平远端串音(dB)	64.2	40.1	24.2	16.2
最小近端串音功率和(dB)	62.0	52.2	39.3	32.7
最小衰减串音比功率和(dB)	58.0	45.1	20.8	2.0
最小等电平远端串音功率和(dB)	61.2	37.1	21.2	13.2
最小回波损耗(dB)	21.0	20.0	14.0	10.0
最大时延(μs)	0.521	0.496	0.491	0.490
时延差(μs)	0.044(1 MHz≤f≤250 MHz)			

3　永久链路的最大直流环路电阻：5e 类/D 级、6 类/E 级均为 21 Ω。

检验数量:施工单位全部检查。监理单位见证检验。

检验方法:观察检查。

15.5.4　综合布线系统的光纤信道在规定的传输波长,其最大光衰减(介入损耗)应符合表15.5.4的要求。

表 15.5.4　光纤信道最大衰减(介入损耗)值

级　别	最大信道衰减(dB)			
	多模		单模	
	850 nm	1 300 nm	1 310 nm	1 550 nm
OF-300	2.55	1.95	1.80	1.80
OF-500	3.25	2.25	2.00	2.00
OF-2000	8.50	4.50	3.50	3.50

注:1　表中的最大衰减值包括接头与连接插座的衰减在内。
　2　每个连接处的衰减值最大为1.5 dB。

检验数量:施工单位全部检查。监理单位见证检验。

检验方法:观察检查。

15.5.5　综合布线系统所用的光缆衰减的最大值应符合表15.5.5的规定。

表 15.5.5　光缆衰减最大值

	最大光缆衰减(dB/km)			
项目	OM1、OM2及OM3多模		OS1单模	
波长	850 nm	1 300 nm	1 310 nm	1 550 nm
衰减	3.5	1.5	1.0	1.0

检验数量:施工单位全部检查。监理单位见证检验。

检验方法:观察检查。

15.5.6　综合布线系统光纤链路的最大插入损耗应符合表15.5.6的要求。

表 15.5.6　光纤链路最大插入损耗值

类　别	工作波长(nm)	衰减系数(dB/km)
多模光纤	850	3.5
多模光纤	1 300	1.5
单模光纤(室外)	1 310	0.5
单模光纤(室外)	1 550	0.5
单模光纤(室内)	1 310	1.0
单模光纤(室内)	1 550	1.0
连接器件衰减	0.75 dB	
光纤连接点衰减	0.3 dB	

检验数量:施工单位全部检查。监理单位见证检验。

检验方法:观察检查。

16 数字同步及时间分配系统

16.1 一般规定

16.1.1 数字同步及时间分配系统验收包括设备安装和配线、数字同步网检验、时间同步网检验、时间同步网网管检验。

16.2 数字同步及时间分配系统设备安装和配线

主控项目

16.2.1 设备和配线的进场验收应符合本标准第5.2.1、5.3.1条的相关规定。

16.2.2 数字同步及时间分配系统设备的设置地点、方式应符合设计要求。

检验数量:施工单位、监理单位全部检查。

检验方法:对照设计文件工程检查。

16.2.3 通信机械室内的设备安装应符合本标准第5.2节的相关规定。

16.2.4 通信机械室内的设备配线应符合本标准第5.3节的相关规定。

16.2.5 卫星天线的安装位置、安装方式应符合设计要求,并保证系统稳定接收不少于4颗GPS卫星或者1颗北斗导航卫星的信号。

检验数量:施工单位全部检查。监理单位见证检验。

检验方法:观察检查,检查系统接收卫星数量和信号强度。

16.2.6 卫星天线支撑架、馈线由室外入室之前,应在尽量接近进楼处安装防雷器;防雷器应接地可靠。

检验数量:施工单位全部检查。监理单位全检。

检验方法:观察、用万用表检查。

16.2.7 卫星天线及馈线安装应牢固可靠、外观完好。

检验数量:施工单位全部检查。监理单位全检。

检验方法:观察检查。

一般项目

16.2.8 卫星天线馈线弯曲半径应符合所用电缆的技术要求;卫星天线安装在室外时,馈线应通过馈线密封窗导入室内;馈线接头应经良好防水处理。

检验数量:施工单位全部检查。

检验方法:观察检查。

16.3　数字同步网检验

主 控 项 目

16.3.1　数字同步网设备的频率准确度、漂动产生、抖动产生、相位不连续性指标，应符合设计要求和相关技术标准的规定。

检验数量：施工单位全部检查。监理单位见证检验 20%。

检验方法：复核数字同步网长期监测检验记录或出厂检验记录。

16.3.2　大楼综合定时供给设备(BITS)的下列性能应符合设计要求和相关技术标准的规定：

1　频率准确度、牵引入/保持入范围、漂动产生、抖动产生、输入漂动容限、输入抖动容限、漂动传递特性、相位瞬变、保持性能、相位不连续性。

2　BITS 的输出端口静态相位差、输出端口电气隔离度。

检验数量：施工单位全部检查。监理单位见证检验。

检验方法：复核数字同步网长期监测检验记录或出厂检验记录、参照设备技术文件测试输出端口性能。

16.3.3　数字同步链路的下列性能应符合设计要求或相关技术标准的规定：

1　定时链路类型及信号电平要求。

2　地面输入链路的验收指标。

检验数量：施工单位全部检查。监理单位抽检 20%。

检验方法：复核数字同步网长期监测检验记录。

16.3.4　数字同步网的下列功能应符合设计要求或相关技术标准的规定：

1　时钟同步功能：自由运行、同步跟踪、锁定、保持等。

2　输入参考信号和设备冗余板卡倒换功能。

3　告警功能。

4　监测功能：传输性能参数监测、定时性能参数监测等。

5　监控功能：信息上报、监控管理等。

6　同步状态信息验证和优先级功能。

检验数量：施工单位全部检查。监理单位见证检验。

检验方法：试验检查。

16.4　时间同步网检验

主 控 项 目

16.4.1　卫星接收设备的下列性能应符合设计要求和相关技术标准的规定：

1　接收载波频率。

2　接收灵敏度。

3　可同时跟踪最少卫星颗数。

4　热启动、冷启动捕获时间。

5　定时准确度。

检验数量：施工单位全部检查。监理单位见证试验。

检验方法:试验检测检查。

16.4.2 卫星接收机应处于跟踪状态时,能对本地设备时间进行校准。

检验数量:施工单位全部检查。监理单位见证试验。

检验方法:观察、试验检查。

16.4.3 时间显示设备性能和功能应符合下列要求:

1 当母钟发生故障时,时间显示设备能独立运行。

2 显示

1) 数字显示方式:北京时间(年月日时分秒)。

2) 发光强度:室内不小于 25 mcd,室外不小于 35 mcd,显示清晰。

3) 指针显示方式:北京时间(时分秒)。

3 具有故障告警功能,并能将故障告警信号送至接入的母钟及网管系统。

4 室内外显示设备的防护等级符合设计要求。

5 自走时累计误差符合设计要求和相关技术标准的规定。

检验数量:施工单位全部检查。监理单位抽检 20%。

检验方法:试验检查。

16.4.4 时间同步网功能应符合下列要求:

1 具备告警功能,设备面板、机架及列柜上具有准确的告警指示及音响信号,且 RS232 通信口上送出相应告警信息。

2 能通过人工或自动进行多时间源输入处理。

3 能正确判断和选择可用时间源。

4 能进行时延补偿。

5 能采用 NTP 客户端/服务器方式发播标准时间,NTP 协议功能检验正常。

检验数量:施工单位全部检查。监理单位见证试验。

检验方法:试验检查。

16.4.5 时间同步网下列性能指标应符合设计要求和相关技术标准的规定。

1 铁路运输各业务时钟设备与时间同步网的绝对跟踪准确度。

2 铁路运输各业务时钟设备的同步周期。

3 时间同步设备相对授时准确度、绝对跟踪准确度、NTP 接口处理能力。

检验数量:施工单位全部检查。监理单位见证试验。

检验方法:用时间综合测试仪检测。

16.4.6 时间同步系统的冗余热备份功能应符合设计要求。

检验数量:施工单位全部检查。监理单位见证试验。

检验方法:试验检查。

16.5 时间同步网网管检验

主 控 项 目

16.5.1 时间同步网网管的告警监测、告警自动上报、告警清除、告警查询等告警管理功能应符合下列要求:

1 告警监测能实现输入时间信号丢失监测、守时监测、时间输出失效监测、设备校时异常监测等。

2 当时间同步网出现故障时,监控终端能够发出声音报警,并可在监控终端主界面上采用实时图形/列表显示故障告警信息;可以不同颜色的出现,显示故障内容及设备位置、紧急告警、非紧急告警的状态。

3 能通过手动操作清除报警信号。

4 能将故障信息传到上级网管。

检验数量:施工单位全部检查。监理单位见证试验。

检验方法:对照设计文件,根据相关技术标准或设备技术文件逐项进行检验。

16.5.2 时间同步网网管的性能管理功能应符合下列要求:

1 能监测时间同步设备的性能参数。

2 能以曲线或表格形式显示结果,并能显示母钟及标准时间信号接收单元的运行状态,循环检测下级母钟运行状态,以及本级母钟所控的显示设备的运行状态。

检验数量:施工单位全部检查。监理单位检验见证检验。

检验方法:对照设计文件,根据相关技术标准或设备技术文件逐项进行检验。

16.5.3 时间同步网网管的配置管理功能应符合下列要求:

1 能对系统和设备运行参数进行配置和修改。

2 能对本级时间同步设备进行增加/删除网元、修改网元的属性配置数据、设置输入信号的各种门限、定时查看通信链路状况、时延补偿参数和设备校时参数、系统的时间同步管理等操作。

检验数量:施工单位全部检查。监理单位见证试验。

检验方法:对照设计文件,根据相关技术标准或设备技术文件逐项进行检验。

16.5.4 时间同步网网管的数据统计分析功能应符合下列要求:

1 能进行数据的后期处理、报表统计。

2 能够实时检测本级母钟、外部标准时间信号接收装置、时间显示设备的运行数据、工作状态,并能进行相应的显示。

3 能进行系统故障的后期数据处理、统计,生成报表存档、打印。

检验数量:施工单位全部检查。监理单位见证试验。

检验方法:对照设计文件,根据相关技术标准或设备技术文件逐项进行检验。

16.5.5 时间同步网网管的安全管理功能应符合下列要求和相关技术标准的规定:

1 能进行用户权限、用户日志管理,实现对时间监控管理终端的用户授权、用户操作鉴权,用户进入网管系统需登录及登录口令。

2 用户安全管理应至少能区分以下三级口令,执行相应口令级别内允许的功能,高级口令具有低级口令的全部功能。

一级(高级):可设置和修改用户/口令;

二级(中级):可设置和修改设备中的参数或工作状态;

三级(低级):可读取数据。

检验数量:施工单位全部检查。监理单位见证试验。

检验方法:对照设计文件,根据相关技术标准或设备技术文件逐项进行检验。

16.5.6 NTP 网管的性能管理功能应符合下列要求:

1 能显示 NTP 时间系统连接拓扑图。

2 能实时监控并记录卫星接收设备时间源的性能参数及其工作状态。

3 能监控并记录时间服务器与客户端间的同步状态，客户端长时间未同步应告警。

检验数量：施工单位全部检查。监理单位见证试验。

检验方法：对照设计文件，根据相关技术标准或设备技术文件逐项进行检验。

16.5.7 对NTP网管接收到的同步请求进行统计分析，分析内容应能包括发送同步请求的IP地址、请求时间、请求次数等，进行事件统计功能检验。

检验数量：施工单位全部检查。监理单位见证试验。

检验方法：对照设计文件，根据相关技术标准或设备技术文件逐项进行检验。

16.5.8 NTP网管的配置功能应符合下列要求：

1 能设置时钟参考源。

2 能设置NTP接口的IP地址。

检验数量：施工单位全部检查。监理单位见证试验。

检验方法：对照设计文件，根据相关技术标准或设备技术文件逐项进行检验。

16.5.9 NTP网管的时间源丢失、客户端长时间未同步、客户端时间偏差超门限等故障告警功能应符合下列要求：

1 能分等级实时输出故障告警。

2 能按时间、类型、等级对告警进行排列，能查询历史告警信息。

检验数量：施工单位全部检查。监理单位见证试验。

检验方法：对照设计文件，根据相关技术标准或设备技术文件逐项进行检验。

16.5.10 NTP网管的安全设置功能应符合下列要求：

1 能根据用户等级设置管理权限。

2 用户使用鉴权登录方式。

3 能通过日志方式记录用户的操作。

检验数量：施工单位全部检查。监理单位见证试验。

检验方法：对照设计文件，根据相关技术标准或设备技术文件逐项进行检验。

17　综合网络管理系统

17.1　一 般 规 定

17.1.1　综合网络管理(以下简称综合网管)系统验收包括设备安装和配线、综合网管系统检验。

17.1.2　综合网管系统验收应在设备单机状态正常并完成软件加载后进行,并应确认各子系统网管工作正常,网管数据传输通道正常。

17.2　综合网管系统设备安装和配线

主 控 项 目

17.2.1　设备和配线的进场验收应符合本标准第5.2.1、5.3.1条的相关规定。

17.2.2　通信机械室内的设备安装应符合本标准第5.2节的相关规定。

17.2.3　通信机械室内的设备配线应符合本标准第5.3节的相关要求。

17.2.4　综合网管中心设备应布局合理,便于操作、观察及维护。

检验数量:施工单位全部检查。监理单位见证检验。

检验方法:观察检查。

17.3　综合网管系统检验

主 控 项 目

17.3.1　综合网管系统响应性能应符合下列要求:

1　告警响应时间

网络设备运行正常情况下,网管系统的告警最长响应时间应小于5 s。

2　操作响应时间

1）简单操作及普通数据查询操作界面响应时间小于2 s。

2）大数据量报表数据查询操作界面响应时间小于15 s。

3　相关性分析和故障定位时间最大延迟时间不大于30 s。

检验数量:施工单位全部检查。监理单位见证检验。

检验方法:进行响应时间测试。

17.3.2　综合网管系统采集及处理能力应符合下列要求:

1　网管系统采集的数据准确性

1）告警原始数据采集的准确性为99.99%。

2）资源原始数据采集的准确性为99.99%。

2　网管系统采集的数据完整性为99.99%。

3 网管系统对采集后数据的处理准确性应符合相关技术标准的要求。

检验数量:施工单位全部检查。监理单位见证检验。

检验方法:采集数据,计算比较。

17.3.3 综合网管系统存储能力应符合下列要求:

1 联机存储能力

1）系统的磁盘阵列容量能够保证配置数据存储 6 个月。

2）原始告警数据存储 3 个月。

3）经网管处理后的报表数据、分析数据在系统中存储 12 个月。

4）经用户设定为重要的数据长期保存,例如与分析预测相关的数据。

2 经网管处理后的数据可在磁带机或磁盘中长期脱机存储不小于 3 年。

检验数量:施工单位全部检查。监理单位见证检验。

检验方法:检查、计算系统存储设置。

17.3.4 数据检索时延与准确性应符合下列要求:

1 响应时延小于 20 s。

2 准确率不小于 99.9%。

检验数量:施工单位全部检查。监理单位见证检验。

检验方法:用秒表记录各类报表等数据查询的速度。

17.3.5 系统的下列可靠性应符合设计要求和相关技术标准的规定:

1 系统设备冗余功能。

2 系统设备掉电重启恢复时间。

3 系统网络通道冗余功能。

4 软件系统备份恢复功能。

检验数量:施工单位全部检查。监理单位见证检验。

检验方法:模拟各类故障,进行验证。

17.3.6 综合网管系统应接收同级铁路时间同步信号,并与各通信系统保持时间同步。

检验数量:施工单位全部检查。监理单位见证检验。

检验方法:检验检查。

17.3.7 综合网管系统综合拓扑管理功能应符合下列要求:

1 能够自动采集或人工录入以通信网网元为基础的综合信息,形成各个业务网络的逻辑拓扑图和由不同通信系统设备节点组成的网络拓扑图。

2 能够以多种视图形式表现网络的拓扑结构,支持各种视图便捷切换。

3 视图类型、视图操作、视图监视功能符合设计要求和相关技术标准的规定。

检验数量:施工单位全部检查。监理单位见证检验。

检验方法:对照设计文件,根据相关技术标准或设备技术文件逐项进行检验。

17.3.8 综合网管系统综合告警管理功能应符合下列要求:

1 能进行告警配置管理。

2 能进行告警的监视与显示。

3 能进行告警信息处理和统计。

4 能进行告警相关性分析。

5 能进行历史告警查询。

检验数量:施工单位全部检查。监理单位见证检验。

检验方法:对照设计文件,根据相关技术标准或设备技术文件逐项进行检验。

17.3.9 综合网管系统重点业务保障功能应符合下列要求:

1 能进行重点业务/设备定制。

2 能进行故障查询。

3 能进行报表和报告。

检验数量:施工单位全部检查。监理单位见证检验。

检验方法:对照设计文件,根据相关技术标准或设备技术文件逐项进行检验。

17.3.10 综合网管系统综合性能信息管理功能应符合下列要求:

1 能采集性能信息。

2 能设置性能门限。

3 能存储性能数据。

4 能进行查询统计分析。

检验数量:施工单位全部检查。监理单位见证检验。

检验方法:对照设计文件,根据相关技术标准或设备技术文件逐项进行检验。

17.3.11 综合网管系统综合报表管理功能应符合下列要求:

1 能定制综合报表。

2 能定时生成规定文件格式的资源、性能、告警等综合报表。

3 能发布综合报表。

4 能查询综合报表。

检验数量:施工单位全部检查。监理单位见证检验。

检验方法:对照设计文件,根据相关技术标准或设备技术文件逐项进行检验。

17.3.12 综合网管系统综合资源信息管理功能应符合下列要求:

1 能进行资源信息维护。

2 能进行资源信息统计、分析。

3 能进行资源预警。

4 能进行资源报表统计。

检验数量:施工单位全部检查。监理单位见证检验。

检验方法:对照设计文件,根据相关技术标准或设备技术文件逐项进行检验。

17.3.13 综合网管系统流程管理功能应符合下列要求:

1 能进行故障工单管理。

2 能进行资源调度工单管理。

3 能进行工单统计查询。

4 能进行信息发布管理。

检验数量:施工单位全部检查。监理单位见证检验。

检验方法:对照设计文件,根据相关技术标准或设备技术文件逐项进行检验。

17.3.14 综合网管系统自身管理功能应符合下列要求:

1 能进行系统安全管理。

2 能进行系统日志管理。

3 能进行系统数据备份与恢复。

4 能进行系统自身监控管理。

5 具有系统帮助功能。

6 能进行横向接口安全管理。

检验数量:施工单位全部检查。监理单位见证检验。

检验方法:对照设计文件,根据相关技术标准或设备技术文件逐项进行检验。

18 通信设备房屋环境监控及电源监控系统

18.1 一 般 规 定

18.1.1 通信设备房屋环境监控及电源监控系统(以下简称监控系统)验收包括设备安装和配线、监控系统检验、监控系统网管检验等。

18.1.2 系统验收前,应对监控设备进行全面检查:

1 监控系统设备安装、单机调试完毕,工作正常。

2 系统软件安装完毕,运行正常。

3 各被控设备安装、调试完成。

4 通信通道正常。

18.2 监控设备安装和配线

主 控 项 目

18.2.1 设备和配线的进场验收应符合本标准第5.2.1、5.3.1条的相关规定。

18.2.2 通信机械室内的设备安装应符合本标准第5.2节的相关规定。

18.2.3 通信机械室内设备配线应符合本标准第5.3节的相关规定。

18.2.4 各种传感器、变送器和采集器的安装位置、数量和方式应符合设计要求。

检验数量:施工单位全部检查。监理单位见证检验20%。

检验方法:对照设计文件检查。

18.2.5 传感器、变送器和采集器的信号接入应正确可靠。

检验数量:施工单位全部检查。监理单位见证检验20%。

检验方法:对照设计文件检查。

18.2.6 监控设备与前端采集设备的连接应正确可靠。

检验数量:施工单位全部检查。监理单位见证检验20%。

检验方法:对照设计文件检查。

18.2.7 烟雾探测器至空调送风口边的水平距离不应小于1.5 m。

检验数量:施工单位全部检查。监理单位见证检验20%。

检验方法:对照设计文件检查。

18.2.8 电量传感器裸导体之间或者与其他裸导体之间的距离不应小于4 mm;当无法符合时,相互间必须绝缘。

检验数量:施工单位全部检查。监理单位见证检验20%。

检验方法:观察、尺量检查。

18.2.9 监控设备应有良好的接地,接地线规格型号及接地电阻值应符合设计要求。

检验数量:施工单位全部抽检。监理单位见证检验20%。

检验方法：观察检查。

一 般 项 目

18.2.10 监控设备安装应垂直、平整、牢固。

检验数量：施工单位全部检查。

检验方法：观察检查。

18.2.11 同一区域内成列安装的同类传感器、变送器和采集器应排列整齐，距地面高度一致，允许偏差应不大于 5 mm。

检验数量：施工单位全部检查。

检验方法：观察检查。

18.3 监控系统检验

主 控 项 目

18.3.1 电源检测应符合下列要求：

1 交流输入/输出电压、输入/输出电流、输出频率的测量相对误差不大于 2%。

2 直流输出电压测量相对误差不大于 0.5%。

3 直流电流测量相对误差不大于 2%。

检验数量：施工单位全检。监理单位见证检验 20%。

检验方法：测量检查。

18.3.2 蓄电池检测应符合下列要求：

1 2 V 单体电池端电压误差范围不大于 5 mV。

2 6 V 单体电池端电压误差范围不大于 10 mV。

3 12 V 单体电池端电压误差范围不大于 20 mV。

4 总电压相对误差范围不大于 0.5%。

5 电池温度误差范围±1 ℃。

6 模拟实际负载进行充放电检验，电池容量与实际相符。

检验数量：施工单位全检。监理单位见证检验 20%。

检验方法：测量检查。

18.3.3 空调、环境的检测应符合下列要求：

1 相对温度误差范围不大于 5%。

2 绝对湿度误差范围不大于 10%RH。

检验数量：施工单位全检。监理单位见证检验 20%。

检验方法：用数字温度计、数字式湿度计检测。

18.3.4 当告警发生并反映到监控中心(站)的时间，不应大于 4 s。

检验数量：施工单位全检。监理单位见证检验 20%。

检验方法：模拟告警产生，用秒表计时，观察检查。

18.3.5 环境告警的下列监测项目应符合设计要求，并在各监控终端实时正确显示：

1 温湿度。

2 烟雾。

3 水浸。

4 移动物体(通过红外双鉴)。

5 门禁状态。

6 玻璃破碎。

检验数量:施工单位全检。监理单位见证检验20%。

检验方法:模拟环境告警,参照产品使用说明书测试方法检测。

18.3.6 监控系统的遥测、遥信、遥控操作反应时间符合相关技术标准的规定。

检验数量:施工单位全检。监理单位见证检验20%。

检验方法:模拟告警产生,用秒表计时,观察检查。

18.3.7 监控中心与监控点网络接口模块的传输方式应符合设计要求及相关技术标准的规定。

检验数量:施工单位全检。监理单位见证检验20%。

检验方法:用网络分析仪检测。

18.3.8 监控系统应能检测通信传输质量,当系统有备用通信路由选择时,应能根据命令正常倒换。

检验数量:施工单位全部检查。监理单位检验见证检验。

检验方法:检验检查。

18.3.9 监控系统故障时不应影响监控对象的正常工作和控制功能。

检验数量:施工单位全部检查。监理单位检验见证检验。

检验方法:试验检查。

18.3.10 监控系统的加入不应改变被监控设备原有的控制功能,并应以被监控设备自身控制功能为优先。

检验数量:施工单位全部检查。监理单位检验见证检验。

检验方法:试验检查。

18.3.11 监控系统应具有自诊断和自恢复功能,对数据紊乱、通信干扰等可自动恢复;对软、硬件故障及通信中断等应能诊出故障并及时告警。

检验数量:施工单位全部检查。监理单位检验见证检验。

检验方法:试验检查。

18.3.12 监控系统对各监测对象的遥测、遥信、遥控功能应符合相关技术标准的规定。

检验数量:施工单位全部检查。监理单位检验见证检验。

检验方法:检验检查。

18.3.13 监控系统的下列配置管理功能应符合设计要求和相关技术标准的规定:

1 状态配置。

2 物理设备配置。

3 软件配置。

4 配置数据同步。

5 配置数据统计。

检验数量:施工单位全部检查。监理单位检验见证检验。

检验方法:对照设计文件,根据相关技术标准或设备技术文件逐项进行检验。

18.3.14 监控系统的下列故障管理功能应符合设计要求和相关技术标准的规定:

1 故障告警等级。

2 告警记录状态。

3 告警分类表管理。

4 事件上报控制管理。

5 故障信息处理。

6 故障信息显示。

7 故障反应时间。

检验数量:施工单位全部检查。监理单位检验见证检验。

检验方法:对照设计文件,根据相关技术标准或设备技术文件逐项进行检验。

18.3.15 监控系统的下列性能管理功能应符合设计要求和相关技术标准的规定:

1 数据采集。

2 数据存储。

3 数据统计分析。

4 性能门限管理。

检验数量:施工单位全部检查。监理单位检验见证检验。

检验方法:对照设计文件,根据相关技术标准或设备技术文件逐项进行检验。

18.3.16 监控系统的下列安全管理功能应符合设计要求和相关技术标准的规定:

1 接入安全管理。

2 系统自身安全管理。

3 用户管理。

4 系统日志管理。

检验数量:施工单位全部检查。监理单位检验见证检验。

检验方法:对照设计文件,根据相关技术标准或设备技术文件逐项进行检验。

18.3.17 监控系统的下列系统支持功能应符合设计要求和相关技术标准的规定:

1 操作界面。

2 数据备份与恢复。

3 系统校时。

4 系统智能性。

5 系统组态功能。

6 档案管理功能。

检验数量:施工单位全部检查。监理单位检验见证检验。

检验方法:对照设计文件,根据相关技术标准或设备技术文件逐项进行检验。

18.3.18 监控系统接入综合网管系统的功能应符合设计要求。

检验数量:施工单位全部检查。监理单位检验见证检验。

检验方法:对照设计文件,根据相关技术标准或设备技术文件逐项进行检验。

18.3.19 监控系统与照明系统、综合视频监控系统的联动功能应符合设计要求。

检验数量:施工单位全部检查。监理单位检验见证检验。

检验方法:对照设计文件,根据相关技术标准或设备技术文件逐项进行检验。

19 电源设备

19.1 一般规定

19.1.1 电源设备验收包括电源设备安装、设备配线、接地装置安装、电源设备功能和性能检验。

19.1.2 电源设备受电启动前,应检查确认符合下列条件:

1 外部电源符合《铁路电力设计规范》TB 10008 的相关规定。

2 接地良好,接地电阻值符合设计要求和相关技术标准的规定。

19.1.3 电源系统验收合格之前,不得对负载供电。

19.1.4 电源设备验收前,应先确认电源设备配线安装完毕。

19.2 电源设备安装

主控项目

19.2.1 电源设备及防雷器件的进场验收应符合本标准第 5.2.1 条的相关规定。

19.2.2 交、直流配电设备的进、出线配电开关及保护装置的数量、规格应符合设计要求。

检验数量:施工单位、监理单位全部检查。

检验方法:观察检查。

19.2.3 蓄电池架(柜)的加工形式、规格尺寸和平面布置应符合设计要求。

检验数量:施工单位全部检查。监理单位见证检验。

检验方法:观察检查。

19.2.4 交直流电源柜各单元应插接良好,电气触点应接触可靠、连接紧密;输入电源的相线和零线不得接错,其零线不得虚接或断开。

检验数量:施工单位全部检查。监理单位见证检验。

检验方法:观察检查。

19.2.5 电源设备的防雷等级应符合设计要求。防雷器件的安装位置及数量符合设计及相关技术要求。

检验数量:施工单位全部检查。监理单位见证检验。

检验方法:对照设计及相关技术文件观察检查。

19.2.6 电源设备金属外壳应可靠接地。

检验数量:施工单位全部检查。监理单位抽检 20%。

检验方法:观察检查。

一般项目

19.2.7 电源设备机柜的加固应符合设计要求。

检验数量:施工单位全部检查。

检验方法:观察、尺量检查。

19.2.8 电源设备的安装位置应符合设计要求。

检验数量:施工单位全部检查。

检验方法:观察、尺量检查。

19.2.9 电源机柜各种零件不得脱落或碰坏,各种标志应准确、清晰、齐全,机柜漆面完好、漆色一致。

检验数量:施工单位全部检查。

检验方法:观察检查。

19.2.10 电源设备机柜安装的水平及垂直度允许偏差为1.5‰。

检验数量:施工单位全部检查。

检验方法:尺量检查。

19.2.11 蓄电池柜(架)水平及垂直度应符合设计要求,漆面完整,螺栓、螺母经过防腐处理。抗震加固应符合设计要求。

检验数量:施工单位全部检查。

检验方法:观察、尺量检查。

19.2.12 蓄电池安装应排列整齐,连接条经过防腐处理,距离均匀一致,蓄电池连接牢靠。

检验数量:施工单位全部检查。

检验方法:观察、尺量检查。

19.3 电源设备配线

主 控 项 目

19.3.1 电源线缆的进场验收应符合本标准第5.3.1条的相关规定。

19.3.2 电源设备配线端子接线应准确、连接牢固,配线两端的标志应齐全、正确。

检验数量:施工单位全部检查。监理单位见证检验。

检验方法:对照设计文件观察检查。

19.3.3 电源设备配线用电源线应采用整段线料,中间禁止有接头。

检验数量:施工单位全部检查。监理单位见证检验。

检验方法:观察检查。

19.3.4 直流电源线必须以线色区别正、负极性,直流电源正负极严禁错接与短路,接触必须牢固;交流电源线必须以线色区别相线、零线、地线,严禁错接与短路,接触必须牢固。

检验数量:施工单位全部检查。监理单位见证检验。

检验方法:观察检查。

一 般 项 目

19.3.5 电源设备配线的敷设径路和走线固定方法应符合设计要求。

检验数量:施工单位全部检查。

检验方法:对照设计文件观察检查。

19.3.6 电源设备配线的支架、线槽、保护管安装位置、高度应符合设计要求。

检验数量:施工单位全部检查。

检验方法:观察检查。

19.3.7　电源设备线缆和控制线缆应分开敷设；电源设备的输出电源线缆应成束绑扎，不同电压等级、交流线路、直流线路应分别绑扎并有标识。

检验数量：施工单位全部检查。

检验方法：观察检查。

19.3.8　电源设备配线的布放应平直整齐、稳固，不得有急剧转弯和起伏不平，无扭绞和交叉。

检验数量：施工单位全部检查。

检验方法：观察检查。

19.4　接地装置安装

主 控 项 目

19.4.1　接地装置及材料的型号、规格、质量应符合设计要求。

检验数量：施工单位全部检查。监理单位见证检验。

检验方法：对照设计文件检查出厂合格证等质量证明文件，并观察检查外观、形状及标识。

19.4.2　接地装置的安装位置、方式及引入方式等应符合设计要求。

检验数量：施工单位全部检查。监理单位见证检验。

检验方法：观察检查。

19.4.3　接地装置的焊接应采用搭接焊，焊接的长度符合设计要求，焊接处应做防腐处理。

检验数量：施工单位全部检查。监理单位见证检验。

检验方法：观察检查。

19.4.4　电源系统接地保护或接零保护应可靠，且有标识。

检验数量：施工单位全部检查。监理单位见证检验。

检验方法：观察检查。

19.4.5　直流电源工作地应采用单点接地方式，并就近从地线盘上引入。

检验数量：施工单位全部检查。监理单位见证检验。

检验方法：观察检查。

19.4.6　地线盘(箱)、接地铜排安装应符合下列要求下列要求：

1　接地铜排和螺栓结合紧密、导电性能良好。

2　接地铜排端子分配符合设计要求。

3　地线盘(箱)端子应连接紧密。

检验数量：施工单位全部检查。监理单位见证检验。

检验方法：观察检查。

19.4.7　接地配线与接地装置连接应牢靠。

检验数量：施工单位全部检查。监理单位见证检验。

检验方法：观察检查。

一 般 项 目

19.4.8　通信设备接地线与交流配电设备的接地线宜分开敷设。

检验数量：施工单位全部检查。

检验方法：观察检查。

19.5 电源设备性能检测

主 控 项 目

19.5.1 电源设备的绝缘性能应符合下列要求：

1 电源设备的带电部分与金属外壳间的绝缘电阻不小于 5 MΩ。

2 电源设备配线的芯线间、芯线对地的绝缘电阻不小于 1 MΩ。

检验数量：施工单位全部检查。监理单位见证检验。

检验方法：用 500 V 兆欧表测试。

19.5.2 接地系统的接地电阻应符合设计要求。

检验数量：施工单位全部检查。监理单位见证检验。

检验方法：用接地电阻测试仪检测。

19.5.3 交流输入电压相线与相线、每相相线与零线之间的电压应符合设计要求。

检验数量：施工单位全部检查。监理单位见证检验 20%。

检验方法：用电压表测试交流电压值。

19.5.4 UPS 下列性能指标应符合设计要求：

1 输入交流电压额定值、频率额定值。

2 输出电压额定值、频率额定值、电压精度、瞬态电压恢复时间、频率精度。

3 电池配置容量备用时间。

检验数量：施工单位全部检查。监理单位见证检验 20%。

检验方法：测量检查。

19.5.5 高频开关电源的配置容量、电池功耗、备用时间、整流模块热拔插等性能指标应符合设计要求。

检验数量：施工单位全部检查。监理单位见证检验 20%。

检验方法：检查出厂检验记录。

19.5.6 －48 V 高频开关电源的性能指标应符合下列要求：

1 直流输出电压应在－40 V～－57 V 范围内。

2 直流输出的杂音电平应符合表 19.5.6 的规定。

检验数量：施工单位全部检查。监理单位见证检验 20%。

检验方法：测量检查。

表 19.5.6 直流电源设备杂音指标值

<table>
<tr><th rowspan="3">标准电压（V）</th><th rowspan="3">受电端子电压变动范围（V）</th><th colspan="7">电源杂音电压（mV）</th></tr>
<tr><th rowspan="2">衡重杂音</th><th colspan="2">峰—峰值杂音</th><th colspan="2">宽频杂音（有效值）</th><th colspan="2">离散杂音（有效值）</th></tr>
<tr><th>频段（kHz）</th><th>指标</th><th>频段（kHz）</th><th>指标</th><th>频段（kHz）</th><th>指标</th></tr>
<tr><td rowspan="4">－48</td><td rowspan="4">－40～－57</td><td rowspan="4">≤2</td><td rowspan="4">0～20 000</td><td rowspan="4">≤200</td><td rowspan="2">3.4～150</td><td rowspan="2">≤50</td><td>3.4～150</td><td>≤5</td></tr>
<tr><td>150～200</td><td>≤3</td></tr>
<tr><td rowspan="2">150～30 000</td><td rowspan="2">≤20</td><td>200～500</td><td>≤2</td></tr>
<tr><td>500～30 000</td><td>≤1</td></tr>
</table>

19.5.7 蓄电池组的性能指标应符合下列要求：

1　蓄电池单体浮充电压为 2.20 V～2.27 V。

2　蓄电池单体均充电压为 2.30 V～2.35 V。

3　蓄电池组各单体间的开路电压最高与最低差值不大于 20 mV。

4　蓄电池容量按 I_{10}(A)(10 h 率放电电流)或 I_3(A)(3 h 率放电电流)进行测试,2 V 单体放电终止电压不小于 1.80 V。

5　蓄电池最大充电电流不大于 2.5I_{10}(A)时,2 V 单体电压不大于 2.35V,各项指标应正常。

检验数量:施工单位全部检查。监理单位见证检验 20%。

检验方法:测量检查。

19.6　电源设备功能检验

主 控 项 目

19.6.1　两路交流电源输入切换功能应符合设计要求和相关技术标准的规定。

检验数量:施工单位全部检查。监理单位见证检验。

检验方法:试验检查。

19.6.2　UPS 功能应符合下列要求:

1　输入电源过高、过低,输出电压过高、过低,过流、欠流,UPS 设备过载,短路,蓄电池欠压,熔断器熔断等自动保护动作准确,声光告警正常。

2　具有旁路功能。

3　交流监控模块(本地监控单元)可对交流电源设备进行监控和维护,完成对 UPS 的参数设置、故障告警及电池管理等功能。

4　手动与自动转换功能、自动稳压及稳流功能符合设计要求。

5　本地及远端监控接口性能正常。

6　备用冗余 UPS 与并联冗余 UPS 功能符合设计要求。

检验数量:施工单位全部检查。监理单位见证检验 20%。

检验方法:试验检查。

19.6.3　−48 V 高频开关电源设备的功能应符合下列要求:

1　交流输入过压、欠压、缺相,直流输出过压、欠压、过流、欠流,蓄电池欠压,充电过流,负载过流,输出开路、短路,熔断器熔断等自动保护动作准确,声光告警正常。

2　浮充、均充方式能自动转换,输出能自动稳压、稳流。

3　本地及远端监控接口性能正常。

4　整流模块热拔插功能正常。

检验数量:施工单位全部检查。监理单位见证检验 20%。

检验方法:试验检查。

20 单位工程综合质量评定

20.1 一般规定

20.1.1 单位工程综合质量评定的检验包括单位工程质量控制资料核查、单位工程实体质量和主要功能核查、单位工程观感质量评定。

20.2 单位工程质量控制资料核查

20.2.1 单位工程质量控制资料应齐全完整，全面反映工程施工质量情况。

20.2.2 单位工程质量控制资料核查应由监理单位组织施工单位进行，并按表20.2.2填写记录。

表20.2.2 单位工程质量控制资料核查记录

单位工程名称				
施工单位				
序号	资料名称	份数	核查意见	核查人
1	图纸会审、设计变更、洽商记录			
2	工程定测、复测记录			
3	材料设备出厂质量证明文件及进场检(试)验报告			
4	隐蔽工程验收记录			
5	竣工检验报告			
6	施工记录			
7	工程质量事故及事故调查处理资料			
8	施工现场质量管理检查记录			
9	分项、分部工程质量验收记录			
10	新材料、新工艺施工记录			
结论： 施工单位项目负责人　　　　总监理工程师 年　月　日　　　　年　月　日				

注：核查人为验收组的监理单位人员。

20.3 单位工程实体质量和主要功能核查

20.3.1 单位工程完成后，应由建设单位组织勘察设计、监理、施工单位对单位工程实体质量和主要功能进行核查，并按下列要求填写记录：

1 通信线路单位工程按表 20.3.1—1 填写。

表 20.3.1—1 通信线路单位工程实体质量和主要功能核查记录

<table>
<tr><td colspan="2">单位工程名称</td><td colspan="4"></td></tr>
<tr><td colspan="2">施工单位</td><td colspan="4"></td></tr>
<tr><td>序号</td><td>项　　目</td><td>资料份数</td><td>核查意见</td><td>核查人</td></tr>
<tr><td>1</td><td>双向接续损耗</td><td></td><td></td><td></td></tr>
<tr><td>2</td><td>光缆中继段线路衰耗</td><td></td><td></td><td></td></tr>
<tr><td>3</td><td>偏振模色散系数</td><td></td><td></td><td></td></tr>
<tr><td>4</td><td></td><td></td><td></td><td></td></tr>
<tr><td colspan="5">结论：

施工单位项目负责人　　总监理工程师　　设计单位项目负责人　　建设单位项目负责人
年　月　日　　年　月　日　　年　月　日　　年　月　日</td></tr>
</table>

注：核查项目由验收组协商确定。

2 传输系统单位工程按表 20.3.1—2 填写。

表 20.3.1—2 传输系统单位工程实体质量和主要功能核查记录

<table>
<tr><td>单位工程名称</td><td colspan="4"></td></tr>
<tr><td>施工单位</td><td colspan="4"></td></tr>
<tr><td>序号</td><td>项　　目</td><td>资料份数</td><td>核查意见</td><td>核查人</td></tr>
<tr><td>1</td><td>接收光功率</td><td></td><td></td><td></td></tr>
<tr><td>2</td><td>系统误码率</td><td></td><td></td><td></td></tr>
<tr><td>3</td><td>保护倒换功能及性能</td><td></td><td></td><td></td></tr>
<tr><td>4</td><td>网管功能</td><td></td><td></td><td></td></tr>
<tr><td>5</td><td></td><td></td><td></td><td></td></tr>
<tr><td colspan="5">结论：

施工单位项目负责人　　总监理工程师　　设计单位项目负责人　　建设单位项目负责人
年　月　日　　年　月　日　　年　月　日　　年　月　日</td></tr>
</table>

注：核查项目由验收组协商确定。

3 接入网单位工程按表 20.3.1—3 填写。

表 20.3.1—3 接入网单位工程实体质量和主要功能核查记录

<table>
<tr><td>单位工程名称</td><td colspan="4"></td></tr>
<tr><td>施工单位</td><td colspan="4"></td></tr>
<tr><td>序号</td><td>项　　目</td><td>资料份数</td><td>核查意见</td><td>核查人</td></tr>
<tr><td>1</td><td>V5 接口性能</td><td></td><td></td><td></td></tr>
<tr><td>2</td><td>电话业务功能</td><td></td><td></td><td></td></tr>
<tr><td>3</td><td>网管功能</td><td></td><td></td><td></td></tr>
<tr><td>4</td><td></td><td></td><td></td><td></td></tr>
<tr><td colspan="5">结论：

施工单位项目负责人　　总监理工程师　　设计单位项目负责人　　建设单位项目负责人
年　月　日　　年　月　日　　年　月　日　　年　月　日</td></tr>
</table>

注：核查项目由验收组协商确定。

4 数据通信系统单位工程按表 20.3.1—4 填写。

表 20.3.1—4 数据通信系统单位工程实体质量和主要功能核查记录

<table>
<tr><td>单位工程名称</td><td colspan="4"></td></tr>
<tr><td>施工单位</td><td colspan="4"></td></tr>
<tr><td>序号</td><td>项　　目</td><td>资料份数</td><td>核查意见</td><td>核查人</td></tr>
<tr><td>1</td><td>连通性</td><td></td><td></td><td></td></tr>
<tr><td>2</td><td>端到端吞吐量、丢包率</td><td></td><td></td><td></td></tr>
<tr><td>3</td><td>网络转发时延</td><td></td><td></td><td></td></tr>
<tr><td>4</td><td>网络收敛能力</td><td></td><td></td><td></td></tr>
<tr><td>5</td><td>网管功能</td><td></td><td></td><td></td></tr>
<tr><td>6</td><td></td><td></td><td></td><td></td></tr>
<tr><td colspan="5">结论：

施工单位项目负责人　　总监理工程师　　设计单位项目负责人　　建设单位项目负责人
年　月　日　　年　月　日　　年　月　日　　年　月　日</td></tr>
</table>

注：核查项目由验收组协商确定。

5 电话交换系统单位工程按表 20.3.1—5 填写。

表 20.3.1—5　电话交换系统单位工程实体质量和主要功能核查记录

单位工程名称				
施工单位				
序号	项　　目	资料份数	核查意见	核查人
1	基本呼叫接续功能			
2	话务统计			
3	接续故障率			
4	网管功能			
5				
结论： 施工单位项目负责人　　总监理工程师　　设计单位项目负责人　　建设单位项目负责人 年　月　日　　年　月　日　　年　月　日　　年　月　日				

注：核查项目由验收组协商确定。

6　数字调度通信系统单位工程按表 20.3.1—6 填写。

表 20.3.1—6　数字调度通信系统单位工程实体质量和主要功能核查记录

单位工程名称				
施工单位				
序号	项　　目	资料份数	核查意见	核查人
1	系统呼叫功能			
2	系统可靠性			
3	互联互通			
4	网管功能			
5				
结论： 施工单位项目负责人　　总监理工程师　　设计单位项目负责人　　建设单位项目负责人 年　月　日　　年　月　日　　年　月　日　　年　月　日				

注：核查项目由验收组协商确定。

7　GSM-R 数字移动通信系统单位工程按表 20.3.1—7 填写。

表 20.3.1—7　GSM-R 数字移动通信系统单位工程实体质量和主要功能核查记录

单位工程名称				
施工单位				
序号	项　目	资料份数	核查意见	核查人
1	呼叫功能			
2	电路域数据			
3	分组域数据			
4	系统间切换			
5				
结论： 施工单位项目负责人　年　月　日 总监理工程师　年　月　日 设计单位项目负责人　年　月　日 建设单位项目负责人　年　月　日				

注：核查项目由验收组协商确定。

8　会议电视系统单位工程按表 20.3.1—8 填写。

表 20.3.1—8　会议电视系统单位工程实体质量和主要功能核查记录

单位工程名称				
施工单位				
序号	项　目	资料份数	核查意见	核查人
1	图像质量			
2	语音质量			
3	唇音同步			
4	回声抑制			
5	显示功能			
6	语音功能			
7	控制功能			
8	网管功能			
9				
结论： 施工单位项目负责人　年　月　日 总监理工程师　年　月　日 设计单位项目负责人　年　月　日 建设单位项目负责人　年　月　日				

注：核查项目由验收组协商确定。

9　综合视频监控系统单位工程按表 20.3.1—9 填写。

表 20.3.1—9 综合视频监控系统单位工程实体质量和主要功能核查记录

单位工程名称				
施工单位				
序号	项 目	资料份数	核查意见	核查人
1	图像质量			
2	时延			
3	系统联动			
4	视频处理、存储、回放、控制、分/转发、内容分析功能			
5	网管功能			
6				
结论： 施工单位项目负责人 年 月 日　总监理工程师 年 月 日　设计单位项目负责人 年 月 日　建设单位项目负责人 年 月 日				

注：核查项目由验收组协商确定。

10 应急通信系统单位工程按表 20.3.1—10 填写。

表 20.3.1—10 应急通信系统单位工程实体质量和主要功能核查记录

单位工程名称				
施工单位				
序号	项 目	资料份数	核查意见	核查人
1	接入现场开通时间			
2	单兵最远距离			
3	接入现场与中心间语音通信功能			
4	接入现场与中心间动态图像通信功能			
5	接入现场与既有静图系统互通功能			
6	视频图像质量			
7				
结论： 施工单位项目负责人 年 月 日　总监理工程师 年 月 日　设计单位项目负责人 年 月 日　建设单位项目负责人 年 月 日				

注：核查项目由验收组协商确定。

11 综合布线单位工程按表 20.3.1—11 填写。

表 20.3.1—11 综合布线系统单位工程实体质量和主要功能核查记录

单位工程名称				
施工单位				
序号	项　　目	资料份数	核查意见	核查人
1	电缆性能			
2	光缆性能			
3				
4				
结论： 施工单位项目负责人　年　月　日　　总监理工程师　年　月　日　　设计单位项目负责人　年　月　日　　建设单位项目负责人　年　月　日				

注：核查项目由验收组协商确定。

12 数字同步及时间分配系统单位工程按表 20.3.1—12 填写。

表 20.3.1—12 数字同步及时间分配系统单位工程实体质量和主要功能核查记录

单位工程名称				
施工单位				
序号	项　　目	资料份数	核查意见	核查人
1	数字同步功能			
2	时间同步功能			
3	网管功能			
4				
结论： 施工单位项目负责人　年　月　日　　总监理工程师　年　月　日　　设计单位项目负责人　年　月　日　　建设单位项目负责人　年　月　日				

注：核查项目由验收组协商确定。

13　综合网络管理系统单位工程按表 20.3.1—13 填写。

表 20.3.1—13　综合网络管理系统单位工程实体质量和主要功能核查记录

<table>
<tr><td colspan="2">单位工程名称</td><td colspan="3"></td></tr>
<tr><td colspan="2">施工单位</td><td colspan="3"></td></tr>
<tr><td>序号</td><td>项　目</td><td>资料份数</td><td>核查意见</td><td>核查人</td></tr>
<tr><td>1</td><td>系统功能</td><td></td><td></td><td></td></tr>
<tr><td>2</td><td>系统性能</td><td></td><td></td><td></td></tr>
<tr><td>3</td><td></td><td></td><td></td><td></td></tr>
<tr><td>4</td><td></td><td></td><td></td><td></td></tr>
<tr><td colspan="5">结论：

施工单位项目负责人　　总监理工程师　　设计单位项目负责人　　建设单位项目负责人
年　月　日　　年　月　日　　年　月　日　　年　月　日</td></tr>
</table>

注：核查项目由验收组协商确定。

14　通信设备房屋环境监控及电源监控系统单位工程按表 20.3.1—14 填写。

表 20.3.1—14　通信设备房屋环境监控及电源监控系统单位工程实体质量和主要功能核查记录

<table>
<tr><td colspan="2">单位工程名称</td><td colspan="3"></td></tr>
<tr><td colspan="2">施工单位</td><td colspan="3"></td></tr>
<tr><td>序号</td><td>项　目</td><td>资料份数</td><td>核查意见</td><td>核查人</td></tr>
<tr><td>1</td><td>监测数据准确性</td><td></td><td></td><td></td></tr>
<tr><td>2</td><td>性能数据上传时延</td><td></td><td></td><td></td></tr>
<tr><td>3</td><td>电源监测功能</td><td></td><td></td><td></td></tr>
<tr><td>4</td><td>环境监测功能</td><td></td><td></td><td></td></tr>
<tr><td>5</td><td>网管功能</td><td></td><td></td><td></td></tr>
<tr><td>6</td><td></td><td></td><td></td><td></td></tr>
<tr><td colspan="5">结论：

施工单位项目负责人　　总监理工程师　　设计单位项目负责人　　建设单位项目负责人
年　月　日　　年　月　日　　年　月　日　　年　月　日</td></tr>
</table>

注：核查项目由验收组协商确定。

15 电源设备单位工程按表 20.3.1—15 填写。

表 20.3.1—15 电源设备单位工程实体质量和主要功能核查记录

单位工程名称				
施工单位				
序号	项　目	资料份数	核查意见	核查人
1	开关电源功能、性能			
2	UPS 功能、性能			
3	蓄电池性能			
4				
结论： 施工单位项目负责人　年　月　日　　总监理工程师　年　月　日　　设计单位项目负责人　年　月　日　　建设单位项目负责人　年　月　日				

注：核查项目由验收组协商确定。

20.3.2 单位工程实体质量和主要功能核查达不到设计要求和相关技术标准的规定时严禁验收。

20.4 单位工程观感质量评定

20.4.1 单位工程观感质量应由建设单位组织监理单位、施工单位及有关单位共同进行现场验收，并按下列要求填写记录：

1 通信线路单位工程观感质量按表 20.4.1—1 填写。

2 传输系统单位工程按表 20.4.1—2 填写。

3 接入网单位工程按表 20.4.1—2 填写。

4 数据通信系统单位工程按表 20.4.1—2 填写。

5 电话交换系统单位工程按表 20.4.1—2 填写。

6 数字调度通信系统单位工程按表 20.4.1—2 填写。

7 GSM-R 数字移动通信系统单位工程按表 20.4.1—3 填写。

8 会议电视系统单位工程按表 20.4.1—2 填写。

9 综合视频监控系统单位工程按表 20.4.1—4 填写。

10 应急通信系统单位工程按表 20.4.1—2 填写。

11 综合布线单位工程按表 20.4.1—5 填写。

12 数字同步及时间分配系统单位工程按表 20.4.1—2 填写。

13 综合网络管理系统单位工程按表 20.4.1—2 填写。

14 通信设备房屋环境监控及电源监控系统单位工程按表 20.4.1—2 填写。

15 电源设备单位工程按表 20.4.1—6 填写。

表 20.4.1—1　通信线路单位工程观感质量检查记录

单位工程名称				
施工单位				
序号	项 目 名 称	质 量 状 况	质 量 检 查	
			合 格	不合格
1	通信线路			
1)	光电缆敷设			
2)	光电缆接头			
3)	光电缆防护			
2	箱式机房			
1)	箱式机房基础			
2)	箱体安装			
3)	箱内配套设备安装			
4)	箱内配套设备配线			

结论：

施工单位项目经理　　　　　　　　总监理工程师
（建设单位项目负责人）

年　月　日　　　　　　　　年　月　日

注：观感质量检查为“不合格”的项目应返修。

表 20.4.1—2　＿＿＿＿＿＿系统单位工程观感质量检查记录

单位工程名称				
施工单位				
序号	项 目 名 称	质 量 状 况	质 量 检 查	
			合 格	不合格
1	机柜(架)安装			
2	壁挂设备安装			
3	工作台安装			
4	走线架安装			
5	线槽安装			
6	走线架或线槽内走线			
7	机柜(架)内布线			
8	配线终接			
9	配线标识			
10				

结论：

施工单位项目经理　　　　　　　　总监理工程师
（建设单位项目负责人）

年　月　日　　　　　　　　年　月　日

注：观感质量检查为“不合格”的项目应返修。

表 20.4.1—3　GSM-R 数字移动通信系统单位工程观感质量检查记录

<table>
<tr><td colspan="2">单位工程名称</td><td colspan="3"></td></tr>
<tr><td colspan="2">施工单位</td><td colspan="3"></td></tr>
<tr><td rowspan="2">序号</td><td rowspan="2">项　目　名　称</td><td rowspan="2">质　量　状　况</td><td colspan="2">质 量 检 查</td></tr>
<tr><td>合　格</td><td>不合格</td></tr>
<tr><td>1</td><td>机柜(架)安装</td><td></td><td></td><td></td></tr>
<tr><td>2</td><td>壁挂设备安装</td><td></td><td></td><td></td></tr>
<tr><td>3</td><td>工作台安装</td><td></td><td></td><td></td></tr>
<tr><td>4</td><td>走线架安装</td><td></td><td></td><td></td></tr>
<tr><td>5</td><td>线槽安装</td><td></td><td></td><td></td></tr>
<tr><td>6</td><td>走线架或线槽内走线</td><td></td><td></td><td></td></tr>
<tr><td>7</td><td>机柜(架)内布线</td><td></td><td></td><td></td></tr>
<tr><td>8</td><td>配线终接</td><td></td><td></td><td></td></tr>
<tr><td>9</td><td>配线标识</td><td></td><td></td><td></td></tr>
<tr><td>10</td><td>铁塔基础</td><td></td><td></td><td></td></tr>
<tr><td>11</td><td>铁塔安装</td><td></td><td></td><td></td></tr>
<tr><td>12</td><td>天线、馈线</td><td></td><td></td><td></td></tr>
<tr><td>13</td><td>漏泄同轴电缆</td><td></td><td></td><td></td></tr>
<tr><td>14</td><td>机车设备安装</td><td></td><td></td><td></td></tr>
<tr><td>15</td><td>区间机房安装</td><td></td><td></td><td></td></tr>
<tr><td>16</td><td></td><td></td><td></td><td></td></tr>
<tr><td colspan="5">结论：
施工单位项目经理　　　　　　　　　　总监理工程师
（建设单位项目负责人）
年　月　日　　　　　　　　　　年　月　日</td></tr>
</table>

注：观感质量检查为“不合格”的项目应返修。

表 20.4.1—4　综合视频监控系统单位工程观感质量检查记录

<table>
<tr><td colspan="2">单位工程名称</td><td colspan="3"></td></tr>
<tr><td colspan="2">施工单位</td><td colspan="3"></td></tr>
<tr><td rowspan="2">序号</td><td rowspan="2">项　目　名　称</td><td rowspan="2">质　量　状　况</td><td colspan="2">质 量 检 查</td></tr>
<tr><td>合　格</td><td>不合格</td></tr>
<tr><td>1</td><td>机柜(架)安装</td><td></td><td></td><td></td></tr>
<tr><td>2</td><td>壁挂设备安装</td><td></td><td></td><td></td></tr>
<tr><td>3</td><td>工作台安装</td><td></td><td></td><td></td></tr>
<tr><td>4</td><td>走线架安装</td><td></td><td></td><td></td></tr>
<tr><td>5</td><td>线槽安装</td><td></td><td></td><td></td></tr>
<tr><td>6</td><td>走线架或线槽内走线</td><td></td><td></td><td></td></tr>
<tr><td>7</td><td>机柜(架)内布线</td><td></td><td></td><td></td></tr>
<tr><td>8</td><td>配线终接</td><td></td><td></td><td></td></tr>
<tr><td>9</td><td>配线标识</td><td></td><td></td><td></td></tr>
<tr><td>10</td><td>视频前端设备安装</td><td></td><td></td><td></td></tr>
<tr><td>11</td><td>视频前端设备布线</td><td></td><td></td><td></td></tr>
<tr><td colspan="5">结论：
施工单位项目经理　　　　　　　　　　总监理工程师
（建设单位项目负责人）
年　月　日　　　　　　　　　　年　月　日</td></tr>
</table>

注：观感质量检查为“不合格”的项目应返修。

表 20.4.1—5 综合布线单位工程观感质量检查记录

<table>
<tr><td colspan="2">单位工程名称</td><td colspan="3"></td></tr>
<tr><td colspan="2">施工单位</td><td colspan="3"></td></tr>
<tr><td rowspan="2">序号</td><td rowspan="2">项 目 名 称</td><td rowspan="2">质 量 状 况</td><td colspan="2">质量检查</td></tr>
<tr><td>合 格</td><td>不合格</td></tr>
<tr><td>1</td><td>布线设备安装</td><td></td><td></td><td></td></tr>
<tr><td>2</td><td>保护管槽敷设</td><td></td><td></td><td></td></tr>
<tr><td>3</td><td>线缆布放</td><td></td><td></td><td></td></tr>
<tr><td>4</td><td></td><td></td><td></td><td></td></tr>
<tr><td colspan="5">结论：

施工单位项目经理　　　　　　　　　　总监理工程师
（建设单位项目负责人）
年　月　日　　　　　　　　　　年　月　日</td></tr>
</table>

注：观感质量检查为“不合格”的项目应返修。

表 20.4.1—6 电源设备单位工程观感质量检查记录

<table>
<tr><td colspan="2">单位工程名称</td><td colspan="3"></td></tr>
<tr><td colspan="2">施工单位</td><td colspan="3"></td></tr>
<tr><td rowspan="2">序号</td><td rowspan="2">项 目 名 称</td><td rowspan="2">质 量 状 况</td><td colspan="2">质量检查</td></tr>
<tr><td>合 格</td><td>不合格</td></tr>
<tr><td>1</td><td>机柜(架)安装</td><td></td><td></td><td></td></tr>
<tr><td>2</td><td>壁挂设备安装</td><td></td><td></td><td></td></tr>
<tr><td>3</td><td>工作台安装</td><td></td><td></td><td></td></tr>
<tr><td>4</td><td>走线架安装</td><td></td><td></td><td></td></tr>
<tr><td>5</td><td>线槽安装</td><td></td><td></td><td></td></tr>
<tr><td>6</td><td>走线架或线槽内走线</td><td></td><td></td><td></td></tr>
<tr><td>7</td><td>机柜(架)内布线</td><td></td><td></td><td></td></tr>
<tr><td>8</td><td>电源线、地线终接</td><td></td><td></td><td></td></tr>
<tr><td>9</td><td>配线标识</td><td></td><td></td><td></td></tr>
<tr><td>10</td><td>蓄电池安装</td><td></td><td></td><td></td></tr>
<tr><td>11</td><td>接地装置安装</td><td></td><td></td><td></td></tr>
<tr><td>12</td><td></td><td></td><td></td><td></td></tr>
<tr><td colspan="5">结论：

施工单位项目经理　　　　　　　　　　总监理工程师
（建设单位项目负责人）
年　月　日　　　　　　　　　　年　月　日</td></tr>
</table>

注：观感质量检查为“不合格”的项目应返修。

20.4.2 观感质量检查为“不合格”的项目，应进行返修。

20.4.3 单位工程观感质量应符合下列要求：

1 通信线路

1）槽道内光电缆敷设

敷设顺直、自然、无扭曲、无交叉。

标识正确、清晰。

槽道盖板完整，覆盖贴实、整齐、牢固。

2）光电缆接头

接头盒完整无损，摆放平整，无漏胶、漏液现象。

光电缆余留整齐，绑扎均匀一致；缆线径路顺畅。

3）光电缆防护

防护管无变形和裂纹，钢管无严重锈蚀。

防护管安装牢固，外观整齐，走向合理。

2 箱式机房

1）基础周围无积水、基础下部无塌陷；混凝土外表面光滑平整、无裂缝。

2）箱体安装稳固、平整；箱体外表面及内部装饰面无脱漆、明显变形，机房门及门锁等良好；空调排风口无遮挡物。

3）箱内配套设备及通信设备安装整齐、牢固，设备间距合理；配线整齐美观，配线电缆和电线的放、绑、扎整齐美观。

3 各子系统设备安装

1）机柜（架）、壁挂设备、工作台

安装整齐、牢固，设备间距合理，相邻设备衔接紧密。

表面无明显损伤、锈蚀，漆饰完好。

内部零部件安装牢固，无脱落和损坏。

标志正确、清晰、齐全。

2）蓄电池

摆放整齐、平稳、牢固；前后位置适度、间距适当。

连接线无腐蚀，接触良好。

连接端子外露部分防护良好，防护帽齐全无缺失。

3）走线架

水平走线架与列架平行或垂直，安装牢固。

垂直走线架与地面保持垂直，无倾斜，安装牢固。

走线架吊架安装整齐牢固，无歪斜。

4）线槽

安装牢固、横平竖直，边帮整齐。

盖板密贴，开启方便。

4 各子系统设备配线

1）设备布线平顺美观，无急剧转弯和起伏不平，无扭绞和交叉，槽架出线角度圆润。

2）机柜（架）内线缆绑、扎整齐美观。

3）端子配线紧固，无松动，无假接（焊）、虚接（焊），接头点圆润、美观，线位正确。

4）配线标识正确、清晰、齐全。

5　铁塔基础

1）混凝土外表面光滑平整、无裂缝。

2）周围无积水，基础下部无塌陷。

6　铁塔

1）外观整齐，塔体垂直。

2）构件色泽一致，无锈蚀。

3）连接件紧固良好无松动。

7　天线、馈线

1）天线安装牢固，定向天线指向正确。

2）馈线布放短捷顺畅，线卡安装牢固、间距均匀。

8　漏泄同轴电缆

1）夹具安装牢固，间距均匀。

2）安装方向平顺，下垂幅度一致。

9　视频前端设备

1）设备安装牢固，图像采集方向无显著阻挡。

2）电源线、控制线走向合理、走线顺畅。

3）防护罩、防护钢管、室外露天机箱安装可靠，防护性能良好，外表无锈蚀、变形。

附录 A 光传输系统主要技术指标

A. 0. 1 光接口主要指标见表 A. 0. 1—1～表 A. 0. 1—4。

表 A. 0. 1—1 STM-1 光接口参数

项目	单位	数值								
标称比特率	kbit/s	STM-1 155 520								
应用分类代码		I-1	S-1. 1	S-1. 2		L-1. 1	L-1. 2	L-1. 3		
工作波长范围	nm	1 260～1 360	1 261～1 360	1 430～1 576	1 430～1 580	1 280～1 335	1 480～1 580	1 534～1 566	1 523～1 577	1 480～1 580
光源类型		MLM LED	MLM	MLM	SLM	MLM SLM	SLM	MLM	MLM	SLM
平均光功率	dBm	−8～−15	−8～−15	−8～−15	−8～−15	0～−5	0～−5	0～−5	0～−5	0～−5
最差接收灵敏度	dBm	≤−23	≤−28	≤−28	≤−28	≤−34	≤−34	≤−34	≤−34	≤−34
最小过载点功率	dBm	−8	−8	−8	−8	−10	−10	−10	−10	−10
最大反射系数	dB	NA	NA	NA	NA	NA	−25	NA	NA	NA
S 点最小回损	dB	NA	NA	NA	NA	NA	20	NA	NA	NA
最大离散反射系数	dB	NA	NA	NA	NA	NA	−25	NA	NA	NA

注:NA 表示不作要求。

表 A. 0. 1—2 STM-4 光接口参数

项目	单位	数值									
标称比特率	kbit/s	STM-4 622 080									
应用分类代码		I-4	S-4. 1		S-4. 2	L-4. 1			L-4. 1 (JE)	L-4. 2	L-4. 3
工作波长范围	nm	1 261～1 360	1 293～1 334	1 274～1 356	1 430～1 580	1 300～1 325	1 296～1 330	1 280～1 335	1 302～1 318	1 480～1 580	1 480～1 580
光源类型		MLM LED	MLM	MLM	SLM	MLM	MLM	SLM	MLM	SLM	SLM
平均光功率	dBm	−8～−15	−8～−15	−8～−15	−8～−15	2～−3	2～−3	2～−3	2～−3	2～−2	2～−3
最差接收灵敏度	dBm	≤−23	≤−28	≤−28	≤−28	≤−28	≤−28	≤−28	≤−30	≤−28	≤−28
最小过载点功率	dBm	−8	−8	−8	−8	−8	−8	−8	−8	−8	−8
最大反射系数	dBm	NA	NA	−27	−27	−14	−14	−14	−14	−27	−14
S 点最小回损	dB	NA	NA	NA	24	20	20	20	24	24	20
最大离散反射系数	dB	NA	NA	NA	−27	−25	−25	−25	−25	−27	−25

表 A.0.1—3　STM-16 光接口参数

项目	单位	数　值							
标称比特率	kbit/s	STM-16　2 488 320							
应用分类代码		I-16	S-16.1	S-16.2	L-16.1	L-16.1(JE)	L-16.2	L-16.2(JE)	L-16.3
工作波长范围	nm	1 266～1 360	1 260～1 360	1 430～1 580	1 280～1 335	1 280～1 335	1 500～1 580	1 530～1 560	1 500～1 580
光源类型		MLM	SLM	SLM	SLM	SLM	SLM	SLM(MQW)	SLM
平均光功率	dBm	－3～－10	0～－5	0～－5	3～－2	3～－0.5	3～－2	5～2	3～－2
最差接收灵敏度	dBm	≤－18	≤－18	≤－18	≤－27	≤－28	≤－28	≤－28	≤－27
最小过载点	dBm	－3	0	0	－9	－9	－9	－9	－9
最大反射系数	dBm	－27	－27	－27	－27	－27	－27	－27	－27
S点最小回损	dB	24	24	24	24	24	24	24	24
最大离散反射系数	dB	－27	－27	－27	－27	－27	－27	－27	－27

表 A.0.1—4　STM-64 光接口参数

项目	单位	数　值															
标称比特率	kbit/s	STM-64　9 953 280															
应用分类代码		I-64.1r	I-64.1	I-64.2r	I-64.2	I-64.5	S-64.1	S-64.2a	S-64.2b	S-64.5a	S-64.5b	L-64.1	L-64.2a	L-64.2b	L-64.2c	V-64.2a	V-64.2b
工作波长范围	nm	1 260～1 360	1 290～1 330	1 530～1 565	1 530～1 565	1 530～1 565	1 290～1 330	1 530～1 565	1 530～1 565	1530～1565	1530～1565	1290～1320	1530～1565	1530～1565	1530～1565	1530～1565	1530～1565
光源类型		MLM	SLM	SLM	SLM	SLM	SLM	SLM	SLM	SLM	SLM	SLM	SLM	SLM	SLM	SLM	SLM
平均光功率	dBm	－1～－6	－1～－6	－1～－5	－1～－5	－1～－5	5～1	－1～－5	2～－1	－1～－5	2～－1	7～4	2～－2	13～10	2～－2	13～10	15～12
最小灵敏度	dBm	－11	－11	－14	－14	－13	－11	－18	－14	－17	－13	－19	－26	－14	－26	－25	－23
最小过载点	dBm	－1	－1	－1	－1	－1	－1	－8	－1	－8	－1	－10	－9	－3	－9	－9	－7
S点最小回损	dB	14	14	24	24	24	14	24	24	24	24	24	24	24	24	24	24
最大反射系数	dB	－14	－14	－27	－27	－27	－14	－27	－27	－27	－27	－27	－27	－27	－27	－27	－27

A. 0. 2　设备抖动性能指标

1　STM-N 输入口抖动容限指标见表 A. 0. 2—1、表 A. 0. 2—2，见图 A. 0. 2—1 和图 A. 0. 2—2。

表 A. 0. 2—1　STM-1、4、16 输入抖动容限参数

STM 等级	幅度(UI_{p-p})					频率									
	A_0 (18 μs)	A_1 (2 μs)	A_2 (0.25 μs)	A_3	A_4	f_0	f_{12}	f_{11}	f_{10}	f_9	f_8	f_1	f_2	f_3	f_4
STM-1 (电)	2 800	311	39	1.5	0.075	12× 10^{-6} Hz	178× 10^{-6} Hz	1.6× 10^{-3} Hz	15.6× 10^{-3} Hz	0.125 Hz	19.3 Hz	0.5 kHz	3.25 kHz	65 kHz	1.3 MHz
STM-1 (光)	2 800	311	39	1.5	0.15	12× 10^{-6} Hz	178× 10^{-6} Hz	1.6× 10^{-3} Hz	15.6× 10^{-3} Hz	0.125 Hz	19.3 Hz	0.5 kHz	6.5 kHz	65 kHz	1.3 MHz
STM-4 (光)	11 200	1 244	156	1.5	0.15	12× 10^{-6} Hz	178× 10^{-6} Hz	1.6× 10^{-3} Hz	15.6× 10^{-3} Hz	0.125 Hz	9.65 Hz	1 kHz	25 kHz	250 kHz	5 MHz
STM-16 (光)	44 790	4 977	622	1.5	0.15	12× 10^{-6} Hz	178× 10^{-6} Hz	1.6× 10^{-3} Hz	15.6× 10^{-3} Hz	0.125 Hz	12.1 Hz	5 kHz	100 kHz	1 000 kHz	20 MHz

表 A. 0. 2－2　SDH 设备的网络 STM-64 输入口输入抖动容限

频率 f(Hz)	要求(峰—峰)	频率 f(Hz)	要求(峰—峰)
$10<f<12.1$	2 490UI p-p(0.25 μs)	$400\ k<f\leqslant 4\ M$	$6.0\times10^5 f^{-1}$
$12.1<f\leqslant 2\ 000$	$3.0\times10^4 f^{-1}$	$4\ M<f\leqslant 80\ M$	$0.15UI_{p-p}$
$20\ k<f\leqslant 400\ k$	$1.5UI_{p-p}$		

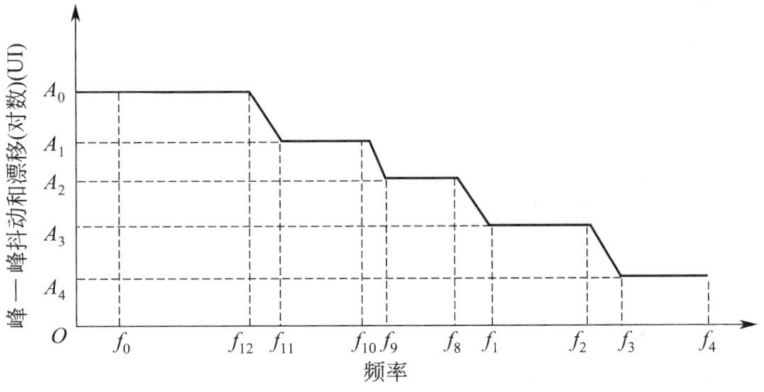

图 A. 0. 2—1　STM-1、4、16 输入口抖动容限图形模板

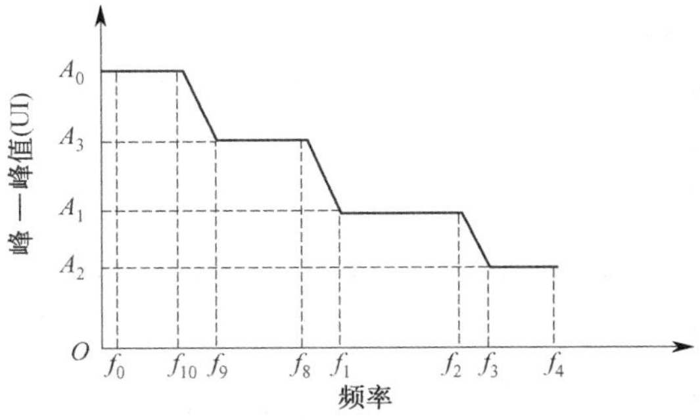

图 A. 0. 2—2　STM-64 输入口抖动容限图形模板

2　PDH 2 048 kbit/s 接口输入抖动容限指标见表 A. 0. 2—3。

表 A. 0. 2—3　PDH 2 048 kbit/s 接口输入抖动容限

频率(Hz)	抖动容限(UI_{p-p})	频率(Hz)	抖动容限(UI_{p-p})
1.2×10^{-5}	36.9	500	1.5
4.88×10^{-3}	36.9	1×10^{3}	1.5
0.01	18	2.4×10^{3}	1.5
1.667	18	10×10^{3}	0.36
20	1.5	18×10^{3}	0.2
100	1.5	100×10^{3}	0.2
200	1.5		

3　SDH 设备在 PDH 接口的结合抖动应符合表 A. 0. 2—4 的要求，指针测试序列见图 A. 0. 2—3。

表 A. 0. 2—4　结合抖动

G. 703 接口	比特率容差范围	滤波器特性			最大峰—峰抖动	
		f_1	f_3	f_4		
		高通	高通	低通	$f_1 \sim f_4$	$f_3 \sim f_4$
2 048 kbit/s	$\pm50\times10^{-6}$	20 Hz 20 dB/dec	18 kHz 20 dB/dec	100 kHz −20 dB/dec	0.4UI (注 1)	0.075UI (注 1)
34 368 kbit/s	$\pm20\times10^{-6}$	100 Hz 20 dB/dec	10 kHz 20 dB/dec	800 kHz −20 dB/dec	0.4UI 0.75UI (注 2)	0.075UI (注 2)
139 264 kbit/s	$\pm15\times10^{-6}$	200 Hz 20 dB/dec	10 kHz 20 dB/dec	3 500 kHz −20 dB/dec	(注 3)	(注 3)

注：1　0.4UI 限值对应于图 A. 0. 2—3 中(a)、(b)、(c)所示指针测试序列；0.075UI 限值对应于图中(a)、(b)、(c)所示指针测试序列。$T_2>0.75$ s，$T_3=2$ ms。

2　0.4UI 限值对应于图 A. 0. 2—3 中(a)、(b)、(c)所示指针测试序列；0.75UI 限值对应于图中(d)；0.075UI 限值对应于图中(a)、(b)、(c)、(d)所示指针测试序列。目前暂用 $T_2=34$ ms，$T_3=0.5$ ms。

3　这些值待定，已建议的值见注 2。

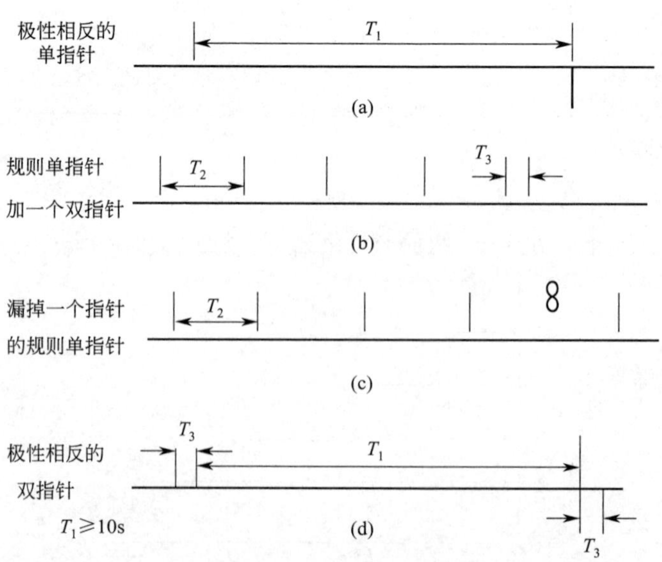

图 A. 0. 2—3　指针测试序列

附录 B 电话交换系统忙时呼叫尝试次数(BHCA)测试方法

B. 0. 1 忙时呼叫尝试次数(BHCA)测试方法

1 按图 B. 0. 1—1 连接,将被测交换设备不同用户模块的用户接入用户模拟呼叫器。

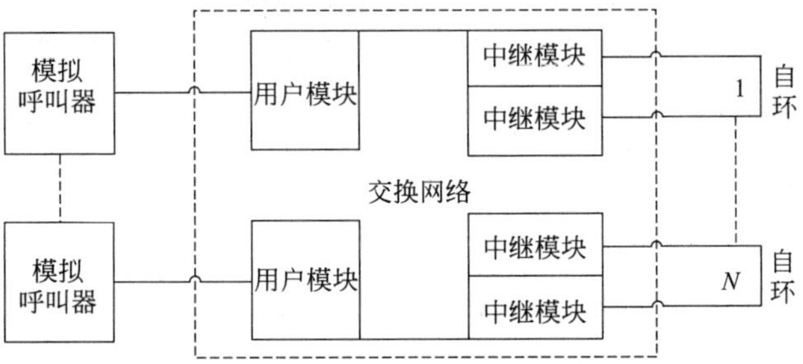

图 B. 0. 1—1 BHCA 测试连接示意图

2 对用户模拟呼叫器设置相关的呼叫参数,并将模拟呼叫器各计数器清"0"。

3 在交换设备未加入任何话务时,观察并记录处理占用率。

4 每台呼叫器先开放少量用户进行呼叫 1 h 后停止,观察并记录处理机占用率,从模拟呼叫器上记录呼叫总次数及故障次数。

5 逐步增加开放每台呼叫器用户数量,启动模拟呼叫器,重复步骤 4,分别记录各种话务情况下处理机的占用率和呼叫总次数及故障次数。

6 当开放的每台呼叫器用户数量适量后,测试中应注意呼叫限制点的出现,可根据处理机占用率因呼叫限制而呈现上、下波动现象判断呼叫限制点,呼叫限制点应为波动出现前的位置点,交换设备最大负荷应低于限制点。

7 对于具有显示接续延时时间的被测交换设备,应在各测点测,同时观察记录各类处理的延迟时间,应符合要求。

8 根据实测各测试点记录的处理机占用率和呼叫总次数,绘出忙时呼叫尝试次数(BHCA)与处理机占用率曲线,如图 B. 0. 1—2 所示,根据所绘曲线找出呼叫限制点,对应限制点的忙时呼叫尝试次数(BHCA)值即为实测值,应符合设计要求。

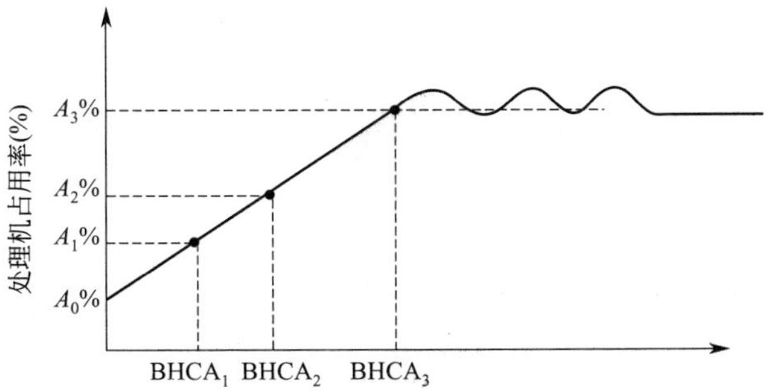

图 B. 0. 1—2 BHCA 与处理机占用率曲线

附录C　综合视频监控系统图像质量主观评价指标体系

C.0.1　主观评价指标体系，见表C.0.1—1、表C.0.1—2。

表C.0.1—1　主观评价指标体系一

编号	项　目	评　分					
		5分	4分	3分	2分	1分	加权值
1	马赛克效应	无	有，不严重	较严重	严重	极严重	0.3
2	边缘处理	优	良	中	差	极差	0.05
3	颜色平滑度	优	良	中	差	极差	0.05
4	画面还原清晰度	优	良	中	差	极差	0.35
5	快速运动图像处理	优	良	中	差	极差	0.1
6	复杂运动图像处理	优	良	中	差	极差	0.1
7	低照度环境图像处理	优	良	中	差	极差	0.05

表C.0.1—2　主观评价指标体系二

编号	项　目	评　分					
		5分	4分	3分	2分	1分	加权值
1	售票窗口点钞，时间2 min，取售票人员中的中等点钞速度	能清楚分辨钞票的类型，能记录点钞全过程	良	中	差	极差	0.35
2	室内多人运动，2 min	能看清人员面部、衣着及动作	良	中	差	极差	0.2
3	室内多人、物运动，2 min	能分清各人员的动作，衣着；看清车辆运动情况	良	中	差	极差	0.2
4	低照度环境，2 min (2 lx)	基本分清人员的面部特征及衣着	良	中	差	极差	0.1
5	火车运行环境，2 min低速(40 km/h)	能分清车型，并看清车号、货车篷布苫盖、车窗关闭等	良	中	差	极差	0.15

C.0.2　主观评价时，可按下列要素衡量视频监视效果：

1　马赛克效应

视频编码过程中出现数据流丢失，特别是某些关键帧的丢失，会造成视频编码信息不全而导致画面中出现方块现象；或是清晰度不够造成方块现象。

2　边缘处理

是指为避免视频处理时物体边缘出现抖动、云雾、模糊等情况，造成图像轮廓的不清晰而进行的编码处理方法。

边缘处理的好坏主要体现为物体轮廓的清晰和逼真。

3 颜色平滑度

是指图像经过压缩再还原后，颜色过渡处理的好坏程度。一般采用色带或色彩变化较为丰富的标准视频源进行主观对比测试。

4 画面还原清晰度

是指图像经过压缩再还原后，画面还原质量的好坏程度。一般画面还原清晰度监测环境宜选用对清晰度要求较高的应用场合，如售票窗口点钞。

5 快速运动图像处理

是指对快速运动图像编码时，为提高每帧图像的压缩效率，保证解码端图像质量的处理方法。一般是在记录快速运动图像时，图像清晰且不出现丢帧现象作为衡量标准，可选用火车运行环境。

6 复杂运动图像处理

是指对复杂运动环境中物体形状进行有效提取的处理方法。一般复杂运动图像处理是以能识别、区分物体的特征及动作来衡量。

7 低照度环境图像处理

是指对低照度环境产生的噪声进行最低抑制处理。

低照度情况下，视频信号噪声的主要表现方式是雪花亮点，一般通过雪花亮点的多少来衡量低照度处理效果。

本标准用词说明

使用本标准条文时，对于要求严格程度的用词说明如下，以便在执行中区别对待。

(1)表示很严格，非这样做不可的用词：

正面词采用“必须”。

反面词采用“严禁”。

(2)表示严格，在正常情况下均应这样做的用词：

正面词采用“应”。

反面词采用“不应”或“不得”。

(3)表示允许稍有选择，在条件许可时首先应这样做的用词：

正面词采用“宜”。

反面词采用“不宜”。

表示有选择，在一定条件下可以这样做的，采用“可”。

引用标准名录

1 《ISDN(2B+D)NT1 用户-网络接口设备技术要求》GB/T 16654
2 《铁路电力设计规范》TB 10008
3 《铁路图像通信设计规范》TB 10085
4 《铁路混凝土与砌体工程施工质量验收标准》TB 10424
5 《铁路调度通信系统　第 1 部分：技术条件》TB/T 3160.1
6 《铁路调度通信系统　第 2 部分：试验方法》TB/T 3160.2
7 《铁路应急通信接入技术条件》TB/T 3204
8 《铁路混凝土工程施工质量验收标准》TB 10424
9 《IP 网络技术要求—网络性能参数与指标》YD/T 1171
10 《光缆线路自动监测系统工程验收规范》YD/T 5093
11 《有线接入网设备安装工程验收规范》YD/T 5140
12 Physical/Electrical Characteristics of Hierarchical Digital Interfaces，ITU-T G.703

《高速铁路通信工程施工质量验收标准》条 文 说 明

本条文说明系对重点条文的编写依据、存在的问题以及在执行中应注意的事项等予以说明。为了减少篇幅,只列条文号,未抄录原条文。

1.0.1 本标准主要规定了高速铁路工程施工质量验收项目、要求、数量、方法,以及建设活动各方在工程施工过程中的职责、程序和工作要求。

1.0.2 本标准适用于高速铁路通信工程施工验收的单位工程验收。本标准不涉及工程决策、勘察设计和运营维修等阶段的相关要求。静态验收、动态验收应符合相关规定的要求。本标准是建设单位、监理单位、专门质量机构、勘察设计单位和施工单位对工程施工阶段的质量监督、管理和控制的主要依据。

1.0.3 《建设工程质量管理条例》(国务院令第279号)分别规定了建设单位、勘察设计单位、监理单位和施工单位的法定质量职责和义务。本标准根据高速铁路通信工程的专业特点,对建设各方在施工阶段的质量职责具体细化,均做出了明确规定,促使各方共同保证工程质量的合格。

1.0.11 铁路工程施工质量检验工作是施工质量管理的重要组成部分,也是施工质量控制的重要手段。客观、准确的检验检测数据是评价施工质量的依据。这就要求检验检测所用的仪器、方法应符合相关技术标准的规定。

3.1.1 施工现场的技术标准是指与工程施工相关的国家标准、行业标准和企业标准。

关于施工现场质量管理检查记录的填写和检查是对监理单位(未委托监理的项目为建设单位)和施工单位两方提出的要求,是保证开工后顺利施工和保证施工质量的基础。一般情况下,每个单位工程应检查一次。

3.1.3

1 铁路通信工程施工质量验收依据的现行相关标准主要有本专业和相关专业的设计规范、验收标准及其他技术标准、技术条件等。

3.2.2 通信线路作为一个单位工程验收,其一个运行维护单位管辖区段为一个单位工程;对长距离高速铁路建设,一条线可以分几个通信线路的单位工程,按运行维护辖区分别验收。

3.3.3 分项工程质量验收是对其所含检验批质量检验的统计汇总,主要检查分项工程范围内检验批是否齐全,不能缺漏。

3.3.4 分部工程质量验收是对其所含分项工程质量检验的统计汇总,主要检查分部工程范围内分项是否齐全,不能缺漏。

3.4.1～3.4.5 高速铁路工程施工采用工程总承包或四电集成的方式时,其施工单位是指工程承包合同中约定的安装、调试、设备供应单位。

4.2.2 低频四线组的指标要求参考了《铁路长途通信电缆制式及主要技术条件》TB 1478—

1983 的相关规定。

考虑高速铁路市话电缆仅用于站场电话的接入，故电缆检测指标以符合用户电话接入的要求为主，其余指标应检查出厂检验报告，质量应符合《铜芯聚烯烃绝缘铝塑综合护套市内通信电缆》YD/T 322—1996 的相关规定。

4.6.2 表 4.6.2 铜芯聚烯烃绝缘铝塑综合护套市内通信电缆用户线路电性能要求参考了《市内通信全塑电缆线路工程施工及验收技术规范》YD 2001—1992 的相关规定。全塑电缆用户线路测试绝缘电阻时，应断开配线箱或配线架，测试用 500 V 兆欧表。

工程中采用其他型号的电缆时，可参照相关技术标准的规定。

4.8

光纤监测系统验收要求主要参照了《光缆线路自动监测系统工程验收规范》YD/T 5093—2005 的相关规定。

4.8.1 从监测中心发出点名测试口令，观察数据传输过程及数据分析结果，测试结果应全部回传(扣除监测系统以外因素)。

4.8.2 数据偏差测试，每纤设置测试周期为 24 h，进行 10 次测试。在所测周期内，测试结果应全部回传(扣除监测系统以外因素)。周期检测的数据偏差以均方差进行衡量，其值符合表 4.8.2—1 的要求。

准确性测试，用 OTDR 仪表对检测的监测光路进行人工测试。记录传输长度、传输衰耗和接头衰耗，以此作为参考标准均方值，与周期检测数据比较，周期检测的均方差应符合表 4.8.2—2 的要求。

4.8.3 《光缆线路自动监测系统工程验收规范》YD/T 5093—2005 第 5 章对光纤监测系统告警功能检验方法规定如下：

1 缓慢变化故障测试采取人工方法，在监测系统所接入的光路中选择备用光纤，以弯曲方式人为造成衰耗增大，事件点衰耗控制在 0.1 dB～5 dB(活接头处事件点衰耗控制在 0.5 dB～5 dB)，任意点衰耗控制在 1.5 dB～5 dB 范围，观察监测系统以周期检测或点名测试的方式能否发现。

2 断纤故障仍采用上述方式，人为断其光路(拔掉活接头)，模拟外线突发阻断故障，观察监测系统能否发现。

3 模拟告警测试由监测中心操作人员发出模拟告警指令，或人工模拟一告警触发信号，监测站中的告警监测模块发出模拟的告警信号，并立即进行模拟被监测光缆线路发生障碍状态时的测试。

5.4

本节的各项规定参照了《高速铁路设计规范(试行)》TB 10621—2009 及铁道部运输局发布的《铁路通信信号箱式机房技术条件(暂行)》(运基信号〔2009〕235 号) 的相关要求。

6.4.3 《同步数字体系(SDH)光缆线路系统进网要求》GB/T 15941—2008 对 SDH 传输系统的误码指标进行了规定。

验收测试时，数字段误码性能测试一般为 24 h 无误码；有条件时建议采用更长的测试时间。

6.5

根据《SDH 光缆通信工程网管系统设计规范》YD/T 5080—2005 对 SDH 网管系统的组成定义，SDH 网管系统由网元管理级系统(EMS)和网络管理级系统(NMS)组成。子网管理级系统(SMS)是 NMS 的子层。考虑铁路 SDH 专网实际,本标准只提出了 SDH 网元管理级系统的调试要求。

6.5.2 本条主要依据《基于 SDH 的多业务传送节点技术要求》YD/T 1238—2002 对 MSTP 网管功能的相关规定。

7.4.4 表 7.4.4 $N\times64$ kbit/s 数字链路的误码性能指标根据 ITU-T G.821 建议分配,是保证系统正常运行的最低标准。在铁路接入网系统工程验收中,实际按上述性能指标要求严格 10 倍进行验收。

8

数据通信系统包括路由器、以太网交换机、防火墙和入侵检测设备。

本章各项技术要求主要依据《铁路数据通信网设计规范》TB 10087—2010,并参照《路由器设备技术要求 边缘路由器》YD/T 1096—2009、《路由器设备技术要求 核心路由器》YD/T 1097—2009 的相关规定。

8.3.10、8.3.11 《防火墙设备技术要求》YD/T 1132—2001 和《防火墙设备测试方法》YD/T 1707—2007 对防火墙性能要求和测试方法进行了规定。

8.4.1 《宽带 IP 城域网工程验收暂行规定》YD/T 5181—2009 第 4.3.6 条对数据通信系统端到端性能指标进行了具体规定。

9

电话交换系统包括交换机设备、外围设备、总配线架、数字配线架和测量台等。

9.2.2 终端设备主要包括维护终端、传真机、打印机、告警显示装置、配套测试设备、计费设备及计费外存设备等。

9.3.1 本条指标依据电信行业标准《固定电话交换设备安装工程验收规范》YD/T 5077—2005 第 3.6 节的规定。

9.3.5 本条参照《固定电话交换设备安装工程验收规范》YD/T 5077—2005 第 3.4 节的相关规定。

9.3.6 《固定电话交换设备安装工程验收规范》YD/T 5077—2005 第 3.4 节对基本性能测试项目进行了规定,第 3.5 节对信令与中继测试进行了规定。

9.4 电话交换系统网管的指标参照《固定电话交换设备安装工程验收规范》YD/T 5077—2005 的相关规定。

10

本章相关要求主要参照了《铁路调度通信系统 第 1 部分:技术条件》TB/T 3160.1、《铁路调度通信系统 第 2 部分:测试方法》TB/T 3160.2、《铁路数字调度通信系统及专用无线通信系统设计规范》TB 10086—2009 的相关规定。

10.3.3 数字语音记录仪的相关要求,参照《铁路运输通信数字式语音记录仪》TB/T 3025—2008 的要求制定。

11

GSM-R 系统包括移动交换子系统(SSS)、移动智能网子系统(IN)、通用分组无线业务子系统(GPRS)、无线子系统(BSS)、无线终端、运营与支撑子系统(OSS)等部分。

本章的各项规定或需要符合的相关技术标准主要包括《高速铁路设计规范(试行)》TB 10621—2009、《GSM-R 数字移动通信系统总体技术要求》以及铁道部《铁路 GSM-R 数字移动通信系统工程设计暂行规定》(铁建设〔2007〕92 号)等。

11.1.3 由于无线通信的特点，场强覆盖、越区切换中断时间和成功率等 QoS 指标与移动终端载体(列车)的运行速度关系紧密。因此，为保证在设计速度下系统正常运用，GSM-R 系统性能检测应尽量与动态检测同步进行，以验证设计速度下的 GSM-R 性能是否达到设计要求。如果具备条件，也可以单独安排在设计速度下的性能检测。

系统性能检测与系统业务和功能检验同步进行是为了提高检测效率。

11.3.3 限于现场条件，馈线交流特性检查较为困难，所以一般采取厂内检验，施工现场只检查检验报告。

11.3.6 天馈线的驻波比指标参照了《移动通信系统基站天线技术条件》YD/T 1059—2004 第 5.1 条的相关规定。

11.4

本标准中所指的漏泄同轴电缆是指物理发泡聚乙烯绝缘漏泄同轴电缆。工程中使用其他型号漏泄同轴电缆时，其性能指标和敷设时的最小弯曲半径应符合设计要求。设计无要求时，应符合相关标准或参照设备技术文件的要求。

本节所述区间设备房屋特指现场建造的砖混结构区间设备房屋。

11.4.2 漏泄同轴电缆(LCX)交流特性限于现场条件，检查较为困难，所以一般采取厂内检验，施工现场只检查检验报告的方式。

11.6

移动交换子系统(SSS)包括移动业务交换中心(MSC)、访问位置寄存器(VLR)、归属位置寄存器(HLR)、鉴权中心(AuC)、设备鉴权寄存器(EIR)、互联功能单元(IWF)、组呼寄存器(GCR)、短消息服务中心(SMSC)、确认中心(AC)等，具有用户业务交换以及用户数据与移动性管理、安全性管理所需的数据存储功能。

11.7

移动智能网子系统(IN)包括 GSM 业务交换点(gsmSSP)、GPRS 业务交换点(gprsSSP)、智能外设(IP)、业务控制点(SCP)、业务管理点(SMP)、业务管理接入点(SMAP)以及业务生成环境点(SCEP)等，具有功能寻址、位置寻址等铁路特定业务功能。

11.8

通用分组无线业务子系统(GPRS)包括 GPRS 服务支持节点(SGSN)、GPRS 网关支持节点(GGSN)、域名服务器(DNS)、远端拨入用户验证服务(RADIUS，简称"认证服务器")、边界网关(BG)、计费网关(CG)等，具有为无线用户提供分组数据承载业务的功能。

11.9

无线子系统(BSS)包括基站控制器(BSC)、分组控制单元(PCU)、编译码和速率适配单元(TRAU)、小区广播短消息中心(CBC)、基站收发信机(BTS)、无线中继传输设备等，具有无线信号发送与接收、无线资源管理、传送系统信号和用户信息等功能。

11.10

网络管理系统包括网管服务器和网管服务终端等，按专业可划分为 OMC-S、OMD-D、OMC-I、OMC-R、OMC-T 等。网管系统负责网络的监控与维护操作。

11.10.2 接口监测系统包括 Abis 接口监测、A 接口监测、PRI 接口监测等以及综合分析、网关、网管等。

11.10.4 SIM 卡管理系统包括一级 SIM 卡管理中心和二级 SIM 卡管理中心。

一级 SIM 卡管理系统包括应用服务器、数据库服务器、数据存储设备、SIM 卡管理终端、

SIM 卡维护终端、接口网关、SIM 卡制发卡终端、SIM 卡读卡机等。

二级 SIM 卡管理系统包括应用服务器、数据库服务器、SIM 卡管理终端、SIM 卡读卡机等。

11.11

无线终端主要包括移动终端(台)、无线固定终端(台)。移动台包括移动设备和 SIM 卡等，移动设备包括车载台、手持台和 GPRS 终端；无线固定台指非移动状态下使用的无线终端，具备与移动台相同的业务功能。

11.13.1　铁道部《铁路 GSM-R 数字移动通信系统工程设计暂行规定》(铁建设〔2007〕92 号)第 3.3.1 条对场强覆盖进行了规定，见说明表 11.13.1。实际验收中终端(列车)速度速度与表不一致时，应予以注明。

说明表 11.13.1　接收机天线处输入端射频信号最小可用接收电平

终端种类	业务种类	接收天线位置	终端速度(km/h)	统计概率	P_{min}(dBm)
列调机车台	语音及非列控数据	机车顶部	未限定	95%	−98
列控机车台	列控数据	机车顶部	$v \leqslant 220$	95%	−95
			$220 < v \leqslant 280$	95%	−95～−92
			$280 < v$	95%	−92

该暂行规定第 3.1.4 条对干扰保护比规定，频道分配应避免同频道干扰、邻频道干扰和互调干扰等因素。同频道干扰保护比应不小于 12 dB；邻频道干扰保护比应不小于−6 dB；偏离载波 400 kHz 时的干扰保护比应不小于−38 dB。

11.13.3　铁道部《GSM-R 数字移动通信系统工程设计暂行规定》(铁建设〔2007〕92 号)第 4.0.1 条对语音业务和非列车运行控制类数据业务服务质量、列车运行控制数据业务服务质量进行了规定，见说明表 11.13.3—1、说明表 11.13.3—2。

说明表 11.13.3—1　GSM-R 网络语音业务与非列车运行控制类数据业务 QoS 指标

服务质量项目	指　标　值
端到端呼叫(连接)建立时间	铁路紧急呼叫：<2 s(95%)，<3 s(99%) 同一区域内司机之间 MS 组呼：<5 s(95%)，<7.5 s(99%)
	除上述外，MS-FT 的运营呼叫：<5 s(95%)，<7.5 s(99%) 除上述外，FT-MS 的运营呼叫：<7 s(95%)，<10.5 s(99%)
	除上述外，MS 之间的运营呼叫：<10 s(95%)，<15 s(99%) 其他低优先级呼叫：<10 s(95%)，<15 s(99%)
呼叫(连接)建立失败概率	$<10^{-2}$(最长的建立时延见“呼叫(连接)建立时间”)
数据速率	≥2.4 kbit/s
最大端到端延迟(传输时间)	<0.5 s(95%)，<1.2 s(99%)，<2.4 s(99.99%)

续上表

服务质量项目	指　标　值
平均端到端延迟(传输时间)	0.4 s～0.5 s
越区切换中断时间	<0.5 s(95%)
越区切换成功率(可选)	≥99.5%

说明表 11.13.3—2　GSM-R 网络列车运行控制类数据业务 QoS 指标

服务质量项目	指　标　值
移动台发起的连接建立时延	<8.5 s(95%),≤10 s(100%)
连接建立失败概率	$<10^{-2}$
最大端到端传输时延(30 byte 用户数据块)	≤0.5 s(99%)
连接丢失概率	$\leq 10^{-2}h^{-1}$
传输干扰时间 T_{TI}	<0.8 s(95%),<1 s(99%)
传输无差错时间(传输恢复时间)T_{REC}	>20 s(95%),>7 s(99%)
网络注册时延	≤30 s(95%),≤35 s(99%),≤40 s(100%)

11.13.5　铁道部《GSM-R 数字移动通信系统工程设计暂行规定》(铁建设〔2007〕92 号)等相关标准对 GSM-R 网络短消息指标进行了规定。

11.13.6～11.13.10　《GSM-R 数字移动通信总体技术要求》对点对点话音呼叫业务进行了规定。

12.1.2　会议电视系统的会议室照明和声学环境要求,参考了《会议电视系统工程设计规范》YD/T 5033—2005 的相关规定。

12.3.2

3　系统时延大小与传输信道、影视频编码格式、速率带宽等因素有直接关系。故系统验收时,以主观评测不明显影响会议质量、不影响会议实际沟通效果为评判标准。

13.4

综合视频监控系统性能指标参考了《铁路综合视频监控系统技术规范(试行)》(运基通信〔2008〕630 号)的相关规定。

综合视频监控系统功能指标参考了《铁路图像通信设计规范》TB/T 10085—2009 的相关规定。

13.4.5　视频处理功能包括对模拟音、视频信息进行压缩编码和解码。

13.4.10

1　性能检测是在不包括服务器级联的条件下进行的。

14

根据《铁路应急通信接入技术条件》TB/T 3204—2008、《应急中心通信设备技术条件》TB/T 3232—2010 等相关标准规定,应急通信系统由应急救援指挥中心设备、传输网络和应急现场设备三部分组成;应急中心通信设备包括应急中心通信主设备、应急指挥台、应急操作台、应急值班台、应急中心音/视频终端和网管终端;应急中心之间可采用有线通信数字传输通道，应急中心与应急通信接入点之间可采用有线或无线通信数字传输通道进行信息传送。

14.1.3 《铁路应急通信接入技术条件》TB/T 3204—2008 对应急现场设备性能、功能进行了规定。

14.3.3 应急现场设备可连续工作时间主要取决于设备的供电电源容量等。

14.4 应急通信中心设备的相关性能和功能要求，主要参考《应急中心通信设备技术条件》TB/T 3232—2010 规定。

14.5

应急通信系统主要技术要求参考了《铁路应急通信接入技术条件》TB/T 3204—2008 和《应急中心通信设备技术条件》TB/T 3232—2010 等相关规定。

15

《综合布线系统工程设计规范》GB 50311—2007 对综合布线系统的基本构成如说明图 15 所示。

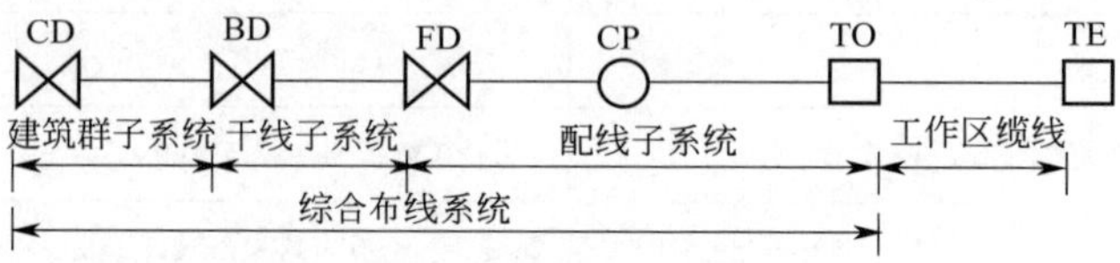

说明图 15　综合布线系统基本构成

本章的验收要求主要参照了《综合布线系统工程设计规范》GB 50311—2007 和《综合布线系统工程验收规范》GB 50312—2007 的相关规定。

15.4.5

1　对绞电缆芯线终接 T568A 和 T568B 两种连接方式如说明图 15.4.5 所示。

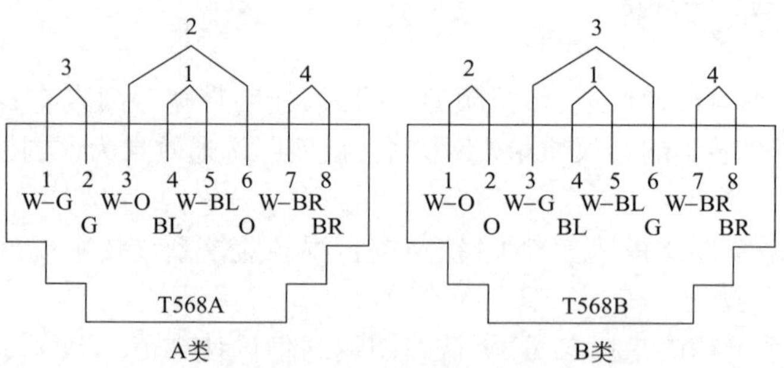

说明图 15.4.5　T568A 和 T568B 接线图

16

数字同步及时间分配系统包括数字同步网和时间同步网。

《高速铁路设计规范》TB 10621—2009 中，对铁路数字同步及时间分配系统的系统构成设计为：

数字同步网由基准时钟、大楼综合定时供给设备（BITS）及时钟同步信息传输链路构成。系统采用主从同步的方式，采用数字传输系统链路逐级传送。

时间同步网的设置及设备配置应符合下列要求：

(1)铁道部调度中心设置一级时间同步设备,由卫星接收设备、母钟设备、时间显示设备、网管设备组成。

(2)调度所设置二级时间同步设备,由卫星接收设备、母钟设备、时间显示设备、网管设备组成。

(3)铁路沿线车站和段所设置三级时间同步设备,由母钟设备、时间显示设备、网管设备组成。

16.3.1 《数字同步网节点时钟系列及其定时特性》YD/T 1012—1999 对数字同步网设备的性能进行了规定。

16.3.3 定时链路验收指标参照了《数字同步网设备安装工程验收规范》YD/T 5090—2005 附录 C 的相关要求。

16.4

铁道部运输局发布的《铁路时间同步网技术条件(V1.0)》(运基通信〔2008〕599 号)对时间同步网设备技术要求进行了具体的规定。

17

综合网管验收主要参照铁道部运输局发布的《铁路通信综合网络管理系统技术条件(V1.0)》(运基通信〔2008〕553 号)规定。

17.3.1

3 相关性分析和故障定位时间最大延迟时间是指大量相关告警出现后(有可能是某一设备或某条线路出现故障),系统会自动启动相关性分析模块,并进行故障定位,从故障发生到系统确定最终故障范围的最大延迟时间。

18

环境监控及电源监控系统验收参考了《铁路无人值守机房环境远程监控系统工程设计规范》TB/T 10034—2004、《通信局(站)电源、空调及环境集中监控管理系统 第 1 部分:系统技术要求》YD/T 1363.1—2005、《通信电源集中监控系统工程验收规范》YD/T 5058—2005 的相关规定。

18.3.4 本条要求参照了现行铁路文件《铁路客运专线通信技术装备标准(试行)》(运基通信〔2010〕35 号)第 15.3.6 条的相关规定。

18.3.6 《通信电源集中监控系统工程验收规范》YD/T 5058—2005 第 3.3.3 条第 6 款规定:当采用专用线通信时,从故障点到维护中心的响应时间应小于或等于 10 s。键盘对三遥指令操作的系统响应时间应小于或等于 30 s。

18.3.7 《通信局(站)电源、空调及环境集中监控管理系统 第 1 部分:系统技术要求》YD/T 1363.1—2005 第 4.5 条对通信传输方式进行了规定。

18.3.12 《通信局(站)电源、空调及环境集中监控管理系统 第 1 部分:系统技术要求》YD/T 1363.1—2005 对各监测对象的遥测、遥信、遥控项目进行了规定。

20.1.1 单位工程观感质量评定的目的在于直观地从宏观上对工程的安全可靠性能和使用功能进行评定。如局部缺损、外观缺陷等,通过观感质量验收及时发现问题,提出整改,是一个不可缺少的质量控制环节。

附录 A

主要参照了《同步数字体系(SDH)光缆线路系统进网要求》GB 15941—1995 的相关规定规定。

附录 C

综合视频监控系统图像质量主观评价指标体系主要参考了《视频安防监控数字录像设备》GB 20815—2006 中第 10.2 条的相关规定。附录 C 推荐两种主观评价指标体系，根据验收中实际情况采用。

中华人民共和国行业标准

铁建设〔2010〕240号

高速铁路信号工程施工质量验收标准

Standard for Constructional Quality Acceptance of High－speed Railway Signaling Engineering

TB 10756—2010

2010-12-08　发布　　　　**2010-12-08　实施**

中华人民共和国铁道部　发布

前　言

本标准是根据铁道部《关于印发 2009 年铁路工程建设标准编制计划的通知》(铁建设函〔2009〕34 号)的要求,在铁道部《客运专线铁路信号工程施工质量验收暂行标准》(铁建设〔2007〕213 号)的基础上,充分吸纳京津、武广、郑西、合宁、合武、石太、东南沿海、沪宁等高速铁路的建设、运营经验编制而成的。

本标准的编制工作紧紧把握高速铁路总体技术路线,坚持高起点、高标准,通过原始创新、集成创新和引进消化吸收再创新,形成了符合我国国情路情、具有自主知识产权的中国高速铁路信号工程施工质量验收标准。

本标准共分 13 章,另有 2 个附录。主要内容包括总则,术语和缩略语,基本规定,光电缆线路,地面固定信号及标志牌,转辙装置及道岔融雪装置,轨道电路,应答器及室外地面电子单元,车载地面检测设备,室内设备及箱式机房,防雷、电磁兼容及接地,系统检验,单位工程综合质量评定等。

本标准主要内容如下:

1. 落实“六位一体”建设管理要求,对质量、安全、工期、投资控制、环境保护和技术创新提出了针对性管理措施。

2. 反映建设项目标准化管理内涵,为管理制度、人员配备、现场管理、过程控制标准化提供了配套性标准规定。

3. 强调现代化施工管理手段应用,从积极推广机械化、工厂化、专业化、信息化施工角度,明确了指导性原则要求。

4. 体现全方位全过程质量控制理念,在源头控制、过程控制、细节控制方面明确了建设各方的关键性工作内容。

5. 突出工程结构安全性、可靠性、耐久性和系统使用功能等方面的质量目标要求,保证高速铁路安全平稳运营。

6. 贯彻工程质量终身负责制,增加了工序操作责任人的记录要求,体现对管理层、技术层、作业层人员的质量责任追溯。

7. 优化了工程施工质量验收的单元划分、组织程序、实施方法和工作内容。

8. 调整了检验项目、质量指标和检验方法,质量检测工作更趋科学、合理。

9. 梳理分析了信号工程施工中的易发质量通病,制定了针对性控制措施。

10. 统一了在无砟轨道地段的信号工程安装质量要求。突出了无砟轨道路基、桥梁及隧道地段信号设备安装的特殊验收要求,细化了在不同地段信号设备基础安装的形式、采用化学锚栓及建筑物内钢筋探测的施工质量验收要求。

11. 明确了电缆敷设、电缆防护、电缆接续、电缆成端质量指标,规定了信号电缆敷设前应进行单盘检测,并要求监理单位对电缆接续进行旁站监理。

12. 完善了各种箱盒在路基地段、桥梁防护墙地段、隧道地段的安装质量要求,提出了箱盒基础支架严禁跨桥梁伸缩缝安装,详细规定了箱盒配线质量要求。

13. 明确了信号机与信号标志牌安装形式及安装尺寸要求，增加了级间转换标志及中继站标志安装内容。

14. 结合京津、武广、郑西高速铁路箱式机房建设经验，增加了箱式信号机房内容，并对箱式机房的现场运输、吊装、拼接、安装及室内走线等提出了具体质量要求。

15. 新增了道岔融雪装置验收内容，明确了道岔融雪装置的电气控制柜、隔离变压器、轨温传感器、电加热元件、气象站及室内控制终端的施工质量要求。

16. 规定了 ZPW-2000 轨道电路设备安装内容，明确了钢轨绝缘、轨道连接线以及扼流变压器施工安装质量。

17. 完善了补偿电容在无砟和有砟轨道地段轨道板、道床板外侧安装以及有电容枕、无电容枕及宽型轨枕板上的安装质量要求。

18. 细化了应答器在普通枕、宽枕、轨道板、道床板及框架式轨道板上的安装要求，并对其周围无金属空间位置及安装高度、横向偏移、角度提出了具体质量安装要求。

19. 明确了室内设备接地汇集线及接地的施工质量要求，针对室外设备电缆接地、信号机及高柱信号机梯子接地、ZPW-2000 轨道电路的接地提出了具体的质量要求。

20. 突出了系统接口调试要求，完善了调度集中与无线闭塞中心、临时限速服务器与无线闭塞中心、联锁系统与无线闭塞中心、相邻无线闭塞中心等接口的质量验收要求。

本标准全部条文均为强制性条文，必须严格执行。

在执行本标准过程中，希望各单位结合工程实践，认真总结经验，积累资料。如发现需要修改和补充之处，请及时将意见及有关资料寄交中国铁路通信信号集团公司（北京市丰台区西四环乙 49 号，邮政编码：100166），并抄送铁道部经济规划研究院（北京市海淀区北蜂窝路乙 29 号，邮政编码：100038），供今后修订时参考。

本标准由铁道部建设管理司负责解释。

主编单位：中国铁路通信信号集团公司。

参编单位：中铁建电气化局集团公司。

主要起草人：安伟光、郃建民、刘传华、刘金良、尹福康、肖　苹、蔡宏宇、邢　毅、叶　峰、陈克伟、马冀元。

主要审定人：安国栋、苏全利、米　隆、王哲浩、李　凯、李文涛、张季良、王　强、王海忠、王　峰、邓年福、潘继军、谢静高、钱旭人、郑建利、徐国斌、邢世佩、张敏慧、沈九江、游　柳、李东亮、戴永钧、孟宪军。

目　　次

1 总　　则

1.0.1 为加强高速铁路信号工程施工质量管理，统一施工质量验收标准，保证施工质量，制定本标准。

1.0.2 本标准适用于新建时速 250～350 公里高速铁路信号工程施工质量的验收。时速 250 公里以下客运专线、城际铁路信号工程施工质量的验收应参照执行。

1.0.3 高速铁路信号工程建设各方应建立健全质量保证体系，对工程施工质量进行全过程控制，对管理层、技术层、作业层人员的质量责任实行终身追究制度。

1.0.4 高速铁路信号工程建设各方应做好管理制度、人员配备、现场管理、过程控制等标准化工作，落实质量、安全、工期、投资效益、环境保护、技术创新等建设管理要求。

1.0.5 高速铁路信号工程施工应认真执行国家法律法规及相关技术标准，严格按照设计文件进行施工，施工质量应符合系统使用功能和安全、质量性能的要求，保证设计使用年限内正常使用。

1.0.6 高速铁路信号工程采用的主要设备、器材应符合国家和铁道行业相关标准及准入的规定。

1.0.7 高速铁路信号工程施工中所采用的合同文件和工程技术文件等对施工质量的要求不得低于本标准的规定，当高于本标准的规定时应符合其要求。

1.0.8 高速铁路信号工程施工应贯彻国民经济可持续发展战略，合理利用资源，做好环境保护、水土保持等工作。

1.0.9 高速铁路信号工程施工过程中应遵守国家现行有关劳动保护方面的法规，保证施工人员的身体健康，避免或减少伤害。

1.0.10 高速铁路信号工程施工应积极采用机械化、工厂化、专业化、信息化等施工手段。

1.0.11 高速铁路信号工程施工应采用先进、成熟、科学的检验检测手段。质量检测数据必须真实、可靠，全面反映工程质量状况。所用方法和仪器设备应符合相关技术标准的规定，仪器性能应符合质量检测的要求，质量检验人员应具有规定的资格。

1.0.12 高速铁路信号工程施工的各类质量检验报告、检查验收记录和其他工程技术管理资料，应按规定及时填写，并且严格履行责任人签字确认制度。施工质量验收资料的归档整理和保存期限应符合有关规定的要求。

1.0.13 高速铁路信号工程施工及验收人员应经过必要培训并合格后方可上岗。

1.0.14 高速铁路信号工程施工质量的验收除符合本标准外，尚应符合国家现行有关标准的规定。

2 术语和缩略语

2.1 术 语

2.1.1 工程施工质量 constructional quality of engineering

反映工程施工过程或实体符合相关技术标准规定或合同约定的要求，包括其在安全、使用功能及其在耐久性能、环境保护等方面所有明显和隐含能力的特性总和。

2.1.2 验收 acceptance

在施工单位自行检查评定合格的基础上，参与建设活动的有关单位共同对检验批、分项、分部、单位工程的质量按有关规定进行检验，根据相关标准以书面形式对工程质量达到合格与否做出确认。

2.1.3 进场验收 site acceptance

对进入施工现场的材料、构配件、设备等按相关技术标准规定要求进行检验，对产品达到合格与否做出确认。

2.1.4 检验批 inspection lot

按同一的生产条件或规定的方式汇总起来供检验用的，由一定数量样本组成的检验体。

2.1.5 检验 inspection

对检验项目中的性能进行量测、检查、试验等，并将结果与标准规定要求进行比较，以确定每项性能是否合格所进行的活动。

2.1.6 见证检验 witness testing

项目监理机构对施工单位材料取样、送样、检验或某项检测、试验过程进行的监督活动。

2.1.7 平行检验 parallel acceptance testing

监理单位利用一定的检查或检测手段，在施工单位自检的基础上，按照一定的比例独立进行检查或检测的活动。

2.1.8 旁站 on-site supervision

在工程的关键部位或关键工序施工过程中，由监理人员在现场进行的监督活动。

2.1.9 工序 working procedure

施工过程中具有相对独立特点的作业活动，或由必要的技术间歇及停顿分割的作业活动，是组成施工过程的基本单元。

2.1.10 交接检验 handing over inspection

由施工的承接方与完成方经双方共同检查并对可否继续施工做出确认的活动。

2.1.11 主控项目 dominant item

对质量、安全、卫生、环境保护和公众利益起决定性作用的检验项目。

2.1.12 一般项目 general item

除主控项目以外的检验项目。

2.1.13 观感质量 quality of appearance

通过观察和必要的量测所反映的工程外在质量。

2.1.14 返修 repair

对工程不符合标准规定的部位采取整修等措施。

2.2 缩 略 语

缩写	英文名称	中文名称
BTM	Balise Transmission Module	应答器信息传输模块
CBI	Computer Based Interlocking	计算机联锁
CSM	Centralized Signaling Monitor	信号集中监测系统
CTC	Centralized Traffic Control	调度集中系统
CTCS	Chinese Train Control System	中国列车运行控制系统
LEU	Lineside Electronic Unit	地面电子单元
RBC	Radio Block Center	无线闭塞中心
TC	Track Circuit	轨道电路
TCC	Train Control Center	列车控制中心
TDCS	Train Dispatching Command System	列车调度指挥系统
TSRS	Temporary Speed Restriction Server	临时限速服务器

3 基 本 规 定

3.1 一 般 规 定

3.1.1 高速铁路信号工程施工现场管理应具有相应的施工技术标准、质量管理体系和施工质量检验制度。

高速铁路信号工程施工现场质量管理检查记录应由施工单位在施工前按表3.1.1的规定填写，总监理工程师进行检查，并作出检查结论。

表3.1.1 施工现场质量管理检查记录

<table>
<tr><td colspan="2">单位工程名称</td><td colspan="3"></td><td>开工日期</td><td></td></tr>
<tr><td colspan="2">建设单位</td><td colspan="3"></td><td>项目负责人</td><td></td></tr>
<tr><td colspan="2">设计单位</td><td colspan="3"></td><td>项目负责人</td><td></td></tr>
<tr><td colspan="2">监理单位</td><td colspan="3"></td><td>总监理工程师</td><td></td></tr>
<tr><td colspan="2">施工单位</td><td></td><td>项目负责人</td><td></td><td>项目技术负责人</td><td></td></tr>
<tr><td>序号</td><td colspan="4">项　　目</td><td colspan="2">内　　容</td></tr>
<tr><td>1</td><td colspan="4">开工报告</td><td colspan="2"></td></tr>
<tr><td>2</td><td colspan="4">现场质量管理制度</td><td colspan="2"></td></tr>
<tr><td>3</td><td colspan="4">质量责任制</td><td colspan="2"></td></tr>
<tr><td>4</td><td colspan="4">工程质量检验制度</td><td colspan="2"></td></tr>
<tr><td>5</td><td colspan="4">施工技术标准</td><td colspan="2"></td></tr>
<tr><td>6</td><td colspan="4">施工图现场核对情况</td><td colspan="2"></td></tr>
<tr><td>7</td><td colspan="4">施工复测资料</td><td colspan="2"></td></tr>
<tr><td>8</td><td colspan="4">施工组织设计、施工方案和环境保护方案及审批</td><td colspan="2"></td></tr>
<tr><td>9</td><td colspan="4">主要专业工种操作上岗证书</td><td colspan="2"></td></tr>
<tr><td>10</td><td colspan="4">施工单位各类人员质量责任登记表</td><td colspan="2"></td></tr>
<tr><td>11</td><td colspan="4">施工检测设备及计量器具设置</td><td colspan="2"></td></tr>
<tr><td>12</td><td colspan="4">材料、设备管理制度</td><td colspan="2"></td></tr>
<tr><td colspan="7">检查结论：
总监理工程师　　　　年　月　日</td></tr>
</table>

3.1.2 高速铁路信号工程应按下列要求进行施工质量控制：

1 工程采用设备和材料，施工单位和监理单位应按本标准的规定进行检验，不合格的不得用于工程施工。

2 各工序应按施工技术标准进行过程控制，施工单位和监理单位应按本标准的规定进行检查，并形成记录。

3 工序之间应进行交接检验，上道工序应符合下道工序的施工条件和技术要求。相关专业工序之间的交接检验应经监理工程师检查认可，未经检查或经检查不合格的不得进行下道工序施工。

3.1.3 高速铁路信号工程施工质量应按下列要求进行验收：

1 工程施工质量应符合本标准和现行有关标准的规定。

2 工程施工质量应符合工程设计文件和工程合同的要求。

3 参加工程施工质量验收的各方人员应具备规定的资格；各种检查记录签证人员应报建设单位确认、备案。

4 工程施工质量的验收均应在施工单位自行检查评定合格的基础上进行。

3.1.4 工程施工质量验收使用的计量仪表、工器具应检定合格，并在有效期内。

3.1.5 工程开工前，应由建设单位组织工程设计、施工、监理及运营维护等单位，对土建单位预留的综合接地端子、沟、槽、管、孔以及箱式机房基础等接口的标准和限界进行检查确认。

3.2 工程施工质量验收单元划分

3.2.1 高速铁路信号工程施工质量验收单元应划分为单位工程、分部工程、分项工程和检验批。

3.2.2 单位工程应按一个具有相对独立功能的系统或一个相当规模的施工范围划分，并按下列原则确定：

1 车站计算机联锁（CBI）：以一个车站（场）及区域管辖范围内的设备为一个单位工程。

2 列车运行控制系统（CTCS）：以一个系统地面设备为一个单位工程。

3 调度集中系统（CTC）：以一个系统为一个单位工程。

4 信号集中监测系统（CSM）：以一个系统为一个单位工程。

3.2.3 分部工程应按一个完整部位或一个相对独立施工阶段划分。

3.2.4 分项工程可按工种、工序、设备、材料、施工工艺等划分。

3.2.5 检验批可根据施工及质量控制和验收需要划分。

3.2.6 高速铁路信号工程的单位工程、分部工程划分应符合表 3.2.6—1 的规定，分项工程、检验批划分及检验项目应符合表 3.2.6—2 的规定。

表 3.2.6—1 信号工程单位工程和分部工程划分

<table>
<tr><th>单位工程类别</th><th>分部工程名称</th><th>单位工程类别</th><th>分部工程名称</th></tr>
<tr><td rowspan="8">车站联锁</td><td>光电缆线路</td><td rowspan="4">列车运行控制系统（CTCS）</td><td>室内设备</td></tr>
<tr><td>地面固定信号及标志牌</td><td>箱式机房</td></tr>
<tr><td>转辙装置</td><td>防雷、电磁兼容及接地</td></tr>
<tr><td>道岔融雪装置</td><td>系统检验</td></tr>
<tr><td>轨道电路</td><td rowspan="4">调度集中系统（CTC）</td><td>光电缆线路</td></tr>
<tr><td>室内设备</td><td>室内设备（中心、车站 CTC 设备）</td></tr>
<tr><td>防雷、电磁兼容及接地</td><td>防雷、电磁兼容及接地</td></tr>
<tr><td>系统检验</td><td>系统检验</td></tr>
<tr><td rowspan="5">列车运行控制系统（CTCS）</td><td>光电缆线路</td><td rowspan="5">信号集中监测系统</td><td>光电缆线路</td></tr>
<tr><td>地面固定信号及标志牌</td><td>室内设备（各站监测设备）</td></tr>
<tr><td>轨道电路</td><td>防雷、电磁兼容及接地</td></tr>
<tr><td>应答器及室外地面电子单元</td><td>系统检验</td></tr>
<tr><td>车载地面检测设备</td><td></td></tr>
</table>

表 3.2.6—2　分部工程、分项工程和检验批划分及检验项目

分部工程名称	分项工程	检验批	检验批检验项目条文号	
			主控项目	一般项目
光电缆线路	电缆敷设	20 组及以下道岔的车站为 1 站，21 组以上道岔的车站为 1 个咽喉。 区间按车站或中继站管辖的区间	4.2.1～4.2.4	4.2.5～4.2.6
	电缆防护		4.3.1～4.3.9	4.3.10～4.3.11
	电缆接续		4.4.1～4.4.5	4.4.6
	电缆成端	每个机械室	4.5.1～4.5.3	4.5.4
	光缆敷设	应执行《高速铁路通信工程施工质量验收标准》(TB 10755)中的有关规定		
	光缆接续及引入			
	光缆线路性能检测			
	箱盒安装	每 10 个	4.6.1～4.6.5	4.6.6～4.6.7
	箱盒配线	每 10 个	4.7.1～4.7.3	
地面固定信号及标志牌	高柱色灯信号机	每 10 架信号机	5.2.1～5.2.8	5.2.9～5.2.11
	矮型色灯信号机	每 10 架信号机	5.3.1～5.3.7	5.3.8
	信号标志牌	每 10 个标志牌	5.4.1～5.4.6	5.4.7
转辙装置	安装装置	每 10 组道岔范围	6.2.1～6.2.7	6.4.8
	外锁闭装置	每 10 组道岔范围	6.3.1～6.3.6	
	转辙机	每 10 组道岔范围	6.4.1～6.4.7	
	密贴检查装置	每 10 组	6.5.1～6.5.6	
	锁闭检查装置	每 10 组	6.6.1～6.6.3	
道岔融雪装置	道岔融雪装置	每 10 组道岔	6.7.1～6.7.10	
轨道电路	轨旁设备	每 10 区段	7.2.1～7.2.7	7.2.8
	补偿电容	每个车站或站管段	7.3.1～7.3.7	
	钢轨绝缘	每个车站	7.4.1～7.4.3	
	轨道连接线	每个车站或站管段	7.5.1～7.5.7	7.5.8～7.5.10
	扼流变压器	每站(每区间)	7.6.1～7.6.7	
应答器及室外地面电子单元	应答器	每个车站或站管段	8.2.1～8.2.9	
	室外地面电子单元(LEU)	每个车站或站管段	8.3.1～8.3.3	
车载地面检测设备	车载地面测试设备箱及测试环线	每个段(所)	9.2.1～9.2.4	9.2.5
	BTM 天线测试设备	每个段(所)	9.3.1	
室内设备	控制显示设备	每台	10.2.1～10.2.3	
	电源设备	每个机械室	10.3.1～10.3.4	10.3.5
	机柜(架)设备	每个机械室	10.4.1～10.4.5	10.4.6
	室内配线	每个机械室	10.5.1～10.5.3	10.5.4～10.5.5
	电缆引入	每个机械室	10.6.1～10.6.4	10.6.5
箱式机房	箱式机房	每个箱式机房	10.7.1～10.7.5	10.7.6

续上表

分部工程名称	分项工程	检验批	检验批检验项目条文号	
			主控项目	一般项目
防雷、电磁兼容及接地	设备防雷	每个车站或站管段	11.2.1～11.2.3	
	室内设备接地及电磁兼容	每个机械室	11.3.1～11.3.10	11.3.11
	室外设备接地	每个车站或站管段	11.4.1～11.4.10	11.4.11
	箱式机房接地	每个箱式机房	11.5.1～11.5.4	
	综合接地系统	每个车站或站管段	11.6.1～11.6.3	11.6.4
系统检验	设备单项检验	每项	12.2.1～12.2.16	
	子系统检验	一个系统	12.3.1～12.3.4	
	系统检验	每个系统(站、区间)	12.4.1～12.4.12	

3.3 工程施工质量验收内容和要求

3.3.1 检验批的质量验收应包括下列内容:

1 实物检查。对设备和材料等的检验,应按进场批次和本标准规定的抽样检验方案执行;对工序质量的检验,应按本标准规定的抽样检验方案执行。

2 资料检查。设备和材料等的质量证明文件(包括质量检验报告、合格证等);工序的施工记录、自检和交接检验记录、平行检验报告、见证检验报告等。

3 质量责任确认。对施工作业责任人员质量责任登记进行确认。

3.3.2 检验批合格质量应符合下列要求:

1 主控项目的质量经检验全部合格。

2 一般项目的质量经检验全部合格。其中,有允许偏差的抽查点,除有专门要求外,80%及以上的抽查点应控制在规定允许偏差内,最大偏差不得大于规定允许偏差的1.5倍。

3 具有完整的施工操作依据、质量检查记录。

4 施工作业责任人员质量责任登记情况真实、全面。

3.3.3 分项工程施工质量验收合格应符合下列要求:

1 分项工程所含检验批均符合合格质量的规定;

2 质量验收记录完整。

3.3.4 分部工程施工质量验收合格应符合下列要求:

1 分部工程所含分项工程的质量均验收合格;

2 质量验收记录完整。

3.3.5 单位工程施工质量验收合格应符合下列要求:

1 单位工程所含分部工程的质量均应验收合格;

2 质量控制资料应完整;

3 实体质量和主要功能应符合设计要求和相关标准规定;

4 观感质量验收应符合要求。

3.3.6 当检验批质量不符合要求时,应按下列要求进行处理:

1 经返工或更换设备材料的检验批,应重新进行验收。

2　经有资质的检测单位检测鉴定，能够达到使用要求的检验批，应予以验收。

3.3.7　通过返修处理仍不符合安全和使用功能要求的分部工程、单位工程，严禁验收。

3.4　工程施工质量验收程序和组织

3.4.1　检验批应由施工单位自检合格后报监理单位，由监理工程师组织施工单位专职质量检查员等进行验收。

施工单位应对全部主控项目和一般项目进行检查。

监理单位应对全部主控项目进行检查，对一般项目的检查内容和数量可根据具体情况确定。

检验批质量验收记录应按表 3.4.1 填写。对于主控项目，施工单位检查评定记录及监理单位验收记录的内容应填写详细具体；对于一般项目可填写概括性结论。

表 3.4.1　________检验批质量验收记录

<table>
<tr><td colspan="3">单位工程名称</td><td colspan="2"></td></tr>
<tr><td colspan="3">分部工程名称</td><td colspan="2"></td></tr>
<tr><td colspan="3">分项工程名称</td><td>验收部位</td><td></td></tr>
<tr><td colspan="3">施工单位</td><td>项目负责人</td><td></td></tr>
<tr><td colspan="3">施工质量验收
标准名称及编号</td><td colspan="2"></td></tr>
<tr><td colspan="3">施工质量验收标准的规定</td><td>施工单位检查评定记录</td><td>监理单位验收记录</td></tr>
<tr><td rowspan="9">主控项目</td><td>1</td><td></td><td></td><td></td></tr>
<tr><td>2</td><td></td><td></td><td></td></tr>
<tr><td>3</td><td></td><td></td><td></td></tr>
<tr><td>4</td><td></td><td></td><td></td></tr>
<tr><td>5</td><td></td><td></td><td></td></tr>
<tr><td>6</td><td></td><td></td><td></td></tr>
<tr><td>7</td><td></td><td></td><td></td></tr>
<tr><td>8</td><td></td><td></td><td></td></tr>
<tr><td>9</td><td></td><td></td><td></td></tr>
<tr><td rowspan="5">一般项目</td><td>1</td><td></td><td></td><td rowspan="5"></td></tr>
<tr><td>2</td><td></td><td></td></tr>
<tr><td>3</td><td></td><td></td></tr>
<tr><td>4</td><td></td><td></td></tr>
<tr><td>5</td><td></td><td></td></tr>
<tr><td colspan="2">施工作业人员
质量责任登记</td><td colspan="3"></td></tr>
<tr><td colspan="2">勘察设计单位
现场确认情况
（需要时）</td><td colspan="3">现场负责人　　　　　年　月　日</td></tr>
<tr><td colspan="2">施工单位
检查评定结果</td><td colspan="3">专职质量检查员　　　　　年　月　日
分项工程技术负责人　　　　　年　月　日
分项工程负责人　　　　　年　月　日</td></tr>
<tr><td colspan="2">监理单位
验收结论</td><td colspan="3">监理工程师　　　　　年　月　日</td></tr>
</table>

注：施工作业人员质量责任登记应按部位和工序分别签名。

3.4.2 分项工程应由监理工程师组织施工单位分项工程技术负责人等进行验收，并按表3.4.2填写记录。

表3.4.2 ________分项工程质量验收记录

<table>
<tr><td>单位工程名称</td><td colspan="3"></td></tr>
<tr><td>分部工程名称</td><td></td><td>检验批数</td><td></td></tr>
<tr><td>施 工 单 位</td><td></td><td>项目负责人</td><td></td></tr>
</table>

序号	检验批部位	施工单位检查评定结果	监理单位验收结论
1			
2			
3			
4			
5			
6			
7			
8			
9			
10			
11			
12			
13			
14			
15			

<table>
<tr><td colspan="2">说　明：</td></tr>
<tr><td>施工单位
自检结果</td><td>分项工程技术负责人　　　　　　年　月　日</td></tr>
<tr><td>勘察设计单位
现场确认情况
（需要时）</td><td>现场负责人　　　　　　年　月　日</td></tr>
<tr><td>监理单位
验收结论</td><td>监理工程师　　　　　　年　月　日</td></tr>
</table>

注：勘察设计单位应参加系统接口检验分项工程的验收。

3.4.3 分部工程应由监理工程师组织施工单位项目负责人和技术、质量负责人等进行验收，勘查设计单位项目负责人根据需要参与验收，并按表3.4.3填写记录。

3.4.4 单位工程完工后，施工单位应自行组织有关人员进行检查，合格后向建设单位提交单位工程验收申请。

表 3.4.3 ________分部工程质量验收记录

<table>
<tr><td colspan="2">单位工程名称</td><td colspan="5"></td></tr>
<tr><td colspan="2">施工单位</td><td colspan="5"></td></tr>
<tr><td colspan="2">项目负责人</td><td></td><td>项目技术负责人</td><td></td><td>项目质量负责人</td><td></td></tr>
<tr><td>序号</td><td colspan="2">分项工程名称</td><td>检验批数</td><td>施工单位检查评定结果</td><td colspan="2">监理单位验收结论</td></tr>
<tr><td>1</td><td colspan="2"></td><td></td><td></td><td colspan="2"></td></tr>
<tr><td>2</td><td colspan="2"></td><td></td><td></td><td colspan="2"></td></tr>
<tr><td>3</td><td colspan="2"></td><td></td><td></td><td colspan="2"></td></tr>
<tr><td>4</td><td colspan="2"></td><td></td><td></td><td colspan="2"></td></tr>
<tr><td>5</td><td colspan="2"></td><td></td><td></td><td colspan="2"></td></tr>
<tr><td>6</td><td colspan="2"></td><td></td><td></td><td colspan="2"></td></tr>
<tr><td>7</td><td colspan="2"></td><td></td><td></td><td colspan="2"></td></tr>
<tr><td>8</td><td colspan="2"></td><td></td><td></td><td colspan="2"></td></tr>
<tr><td>9</td><td colspan="2"></td><td></td><td></td><td colspan="2"></td></tr>
<tr><td>10</td><td colspan="2"></td><td></td><td></td><td colspan="2"></td></tr>
<tr><td colspan="4">质量控制资料</td><td></td><td colspan="2"></td></tr>
<tr><td colspan="4">实体质量和主要功能检验(检测)报告</td><td></td><td colspan="2"></td></tr>
<tr><td rowspan="3">验收单位</td><td colspan="2">施工单位</td><td colspan="4">项目负责人　　　　年　月　日</td></tr>
<tr><td colspan="2">勘察设计单位
(需要时)</td><td colspan="4">项目负责人　　　　年　月　日</td></tr>
<tr><td colspan="2">监理单位</td><td colspan="4">监理工程师　　　　年　月　日</td></tr>
</table>

注:1　勘察设计单位参加系统接口检验分部工程的验收。

2　质量控制资料核查、实体质量和主要功能核查项目应按表 13.3.1—4 确定。

3.4.5　建设单位收到工程验收申请后,应由建设单位项目负责人组织施工、设计、监理等单位的项目负责人进行单位工程验收,并按表 3.4.5 填写记录。单位工程验收应包含综合质量评定的内容,综合质量评定应符合本标准第 13 章的有关规定。

表 3.4.5 单位工程质量验收记录

<table>
<tr><td colspan="3">单位工程名称</td><td colspan="5"></td></tr>
<tr><td colspan="3">施工单位</td><td></td><td>项目负责人</td><td></td><td>开工日期</td><td></td></tr>
<tr><td colspan="3">项目技术负责人</td><td></td><td>项目质量负责人</td><td></td><td>竣工日期</td><td></td></tr>
<tr><td>序号</td><td colspan="2">项　　目</td><td colspan="4">验收记录</td><td>验收结论</td></tr>
<tr><td rowspan="2">1</td><td colspan="2" rowspan="2">分部工程</td><td colspan="4">共　分部</td><td rowspan="2"></td></tr>
<tr><td colspan="4">经查，符合设计要求和标准规定　分部</td></tr>
<tr><td rowspan="3">2</td><td rowspan="9">综合质量验收</td><td rowspan="3">质量控制资料核查</td><td colspan="4">共　　项</td><td rowspan="3"></td></tr>
<tr><td colspan="4">经查符合要求　　项</td></tr>
<tr><td colspan="4">不符合要求　　项</td></tr>
<tr><td rowspan="3">3</td><td rowspan="3">实体质量和主要功能核查记录</td><td colspan="4">共核查　　项</td><td rowspan="3"></td></tr>
<tr><td colspan="4">符合要求　　项</td></tr>
<tr><td colspan="4">不符合要求　　项</td></tr>
<tr><td rowspan="3">4</td><td rowspan="3">观感质量验收</td><td colspan="4">共检查　　项</td><td rowspan="3"></td></tr>
<tr><td colspan="4">评定为合格　　项</td></tr>
<tr><td colspan="4">评定为差　　项</td></tr>
<tr><td>5</td><td colspan="2">综合验收结论</td><td colspan="5"></td></tr>
<tr><td rowspan="2">参加验收单位</td><td colspan="2">施工单位</td><td>监理单位</td><td colspan="2">勘察设计单位</td><td colspan="2">建设单位</td></tr>
<tr><td colspan="2">（公章）
项目负责人
年　月　日</td><td>（公章）
总监理工程师
年　月　日</td><td colspan="2">（公章）
项目负责人
年　月　日</td><td colspan="2">（公章）
项目负责人
年　月　日</td></tr>
</table>

3.4.6 当参加验收各方对工程施工质量验收意见不一致时，可请铁路建设行政主管部门协调处理。

4 光电缆线路

4.1 一般规定

4.1.1 光电缆线路的施工质量验收包括电缆敷设、防护、接续、成端、箱盒安装及配线等。

4.1.2 箱盒安装均不得侵入铁路建筑限界。

4.1.3 信号用光缆线路的施工质量验收应参照《高速铁路通信工程施工质量验收标准》TB 10755 的相关规定。

4.1.4 直埋电缆的敷设、防护等应符合《铁路信号工程施工质量验收标准》TB 10419 的相关规定。

4.2 电缆敷设

主控项目

4.2.1 信号电缆进场应进行验收，其规格、型号、数量及质量应符合设计要求和相关技术标准的规定。

检验数量：施工单位、监理单位全部检验。

检验方法：对照设计文件和订货合同，检查实物和质量证明文件。

4.2.2 信号电缆敷设前单盘检测的项目和结果应符合附录 A 中表 A.0.1 的规定。

检验数量：施工单位全部检验。监理单位见证检验。

检验方法：参照相关技术标准测试电缆电气性能，采用高阻兆欧表、电容耦合测试仪、电缆测试仪、万用表等仪表测试检查。

4.2.3 信号电缆敷设应符合下列要求：

1 电缆按 A、B 端敷设，主干电缆应统一 A、B 端方向，分支电缆依次 A、B 端相接。

2 电缆绝缘外护套无损伤、变形、背扣。槽内电缆布放应排列整齐无交叉。

3 电缆敷设最小弯曲半径要求：

1)综合护套电缆弯曲半径不得小于电缆外径的 15 倍；

2)内屏蔽数字电缆弯曲半径不得小于电缆外径的 20 倍；

3)应答器数据传输电缆弯曲半径不得小于电缆外径的 20 倍；

4)应答器尾缆弯曲半径不得小于电缆外径的 10 倍。

4 手孔、人井内的电缆与其他电缆无物理隔离时应加信号电缆标志。

检验数量：施工单位全部检验。监理单位平行检验不少于 10%。

检验方法：观察、测量检查。

4.2.4 电缆余留长度应符合下列要求：

1 主干电缆采用直埋方式时每端余留长度不应小于 2 m，采用电缆槽道敷设方式时，留足一次做头余留长度，50 m 以下的分支电缆可不做余留。

2 室外电缆进入室内的余留长度不得小于 5 m。

3 电缆地下接续时，接续点每端电缆的余留长度留足一次接续的余量。

4 桥隧两端及线路两侧的手孔、人井不留余留量。

5 槽内余留电缆应成“∽”形布放，并排列整齐，轨道电路用数字电缆和应答器电缆严禁盘成闭合圈。

检验数量：施工单位全部检验。监理单位平行检验不少于10%。

检验方法：观察、测量检查。

一 般 项 目

4.2.5 电缆敷设在预留的电缆槽内时，电缆槽底部应平整无杂物。

检验数量：施工单位全部检验。

检验方法：观察检查。

4.2.6 箱盒内电缆两端应有电缆去向标牌。

检验数量：施工单位全部检查。

检验方法：观察检查。

4.3 电 缆 防 护

主 控 项 目

4.3.1 电缆防护器材进场应进行验收，其规格、型号、数量及质量应符合设计要求和相关技术标准的规定。

检验数量：施工单位、监理单位全部检验。

检验方法：对照设计文件和订货合同，检查实物和质量证明文件。

4.3.2 电缆上、下桥处的防护应符合下列要求：

1 从伸缩缝预留锯齿孔沿桥墩至地面的钢槽，厚度不应小于2 mm，并采用热镀锌处理。

2 箱梁与桥墩电缆钢槽的连接处间隙为5 mm～10 mm。

3 两箱梁间过渡钢槽连接处活动搭接面不小于50 mm。

4 梁体与桥墩电缆槽应平缓连接，其弯曲半径应符合电缆弯曲半径的要求。

5 钢槽内电缆及钢槽应分段固定，固定间距不应大于1 500 mm。

6 钢槽在地面以下部分，电缆槽下端部距地面埋深不应小于500 mm。地面以上的电缆槽外部应采用砌砖防护，砌砖高度不应少于2 000 mm。

检验数量：施工单位、监理单位全部检验。

检验方法：观察、测量检查。

4.3.3 防护管为钢管时，管口处应进行打磨处理，并有防止电缆被割伤的措施。

检验数量：施工单位、监理单位全部检验。

检验方法：观察检查。

4.3.4 信号电缆跨越电力电缆时应采用钢管防护。电力电缆跨越信号电缆时电力电缆应采用钢槽或SMC管防护。

检验数量：施工单位、监理单位全部检验。

检验方法：观察检查。

4.3.5 从电缆槽道引至设备的外露部分电缆，应采用防护套管进行防护，电缆槽盖板采用水泥混凝土砂浆封堵严密。

检验数量:施工单位、监理单位全部检验。

检验方法:观察、测量检查。

4.3.6 信号电缆敷设在高边坡、深路堑地段及跨越涵洞顶部时,应采用电缆槽或钢管防护,外露钢管部分应采用砖砌混凝土包封。电缆敷设在桥梁外侧时,应采用钢槽或复合槽防护。

检验数量:施工单位、监理单位全部检验。

检验方法:观察检查。

4.3.7 当信号电缆敷设在路基表面防水层下时,应采用镀锌钢管或 UPVC 管防护。施工后应恢复路基表面防水层。

检验数量:施工单位、监理单位全部检验。

检验方法:观察检查。

4.3.8 电缆通过桥梁接缝处时,应在电缆槽道断开处增加电缆槽防护。

检验数量:施工单位全部检验。监理单位检验不少于 10%。

检验方法:观察检查。

4.3.9 从道岔融雪装置电气控制柜到隔离变压器的电力电缆,应敷设在专用电缆槽内。当敷设在信号电缆槽内时,应加砖隔离。在无砟道岔上,需穿越轨道时,应检查站前预留的过轨电缆槽或管防护是否齐全,并将电缆敷设在预留的电缆槽或防护管内。

检验数量:施工单位、监理单位全部检验。

检验方法:观察检查。

一 般 项 目

4.3.10 电缆穿越防护墙、人井、手孔时,外露钢管管口应用泡沫填充剂防护。

检验数量:施工单位全部检验。

检验方法:观察检查。

4.3.11 电缆槽盖板应平整、稳固。

检验数量:施工单位全部检验。

检验方法:观察检查。

4.4 电 缆 接 续

主 控 项 目

4.4.1 电缆接续材料进场应进行验收,其规格、型号、数量及质量应符合设计要求和相关行业标准的规定。

检验数量:施工单位、监理单位全部检验。

检验方法:对照设计文件和订货合同,检查实物和质量证明文件。

4.4.2 电缆应 A 端与 B 端相接,相同芯组内相同颜色的芯线相接,备用芯线应全部连通,电缆铠装、金属护套、内屏蔽层应进行屏蔽连接。

检验数量:施工单位全部检验。监理单位见证检验并旁站。

检验方法:观察检查。

4.4.3 电缆接续前、后应进行芯线导通和芯线对地、芯线间绝缘电阻值检测。

检验数量：施工单位全部检验。监理单位见证检验不少于10%。

检验方法：参照相关技术标准，采用高阻兆欧表、电缆测试仪、万用表等仪表测试检查。

4.4.4 相邻的地下电缆接续盒间距不宜小于1 000 mm，接续盒应水平放置在电缆槽内，接头两端各300 mm内不得弯曲。

检验数量：施工单位全部检验。监理单位平行检验不少于10%。

检验方法：观察、测量检查。

4.4.5 电缆采用免维护接续盒接续应符合下列要求：

1 接续用材料的规格型号应与电缆相匹配。

2 芯线连接处压接牢固。

3 小屏蔽套分别与两端电缆四线组屏蔽层、屏蔽网与铝护套、连接杆与钢带连接牢固。

4 接续盒内密封胶应灌注饱满，电缆与接续盒间无密封胶溢出。

5 接续完毕，应保证现场清洁。

检验数量：施工单位全部检验。监理单位见证检验并旁站。

检验方法：观察检查。

一 般 项 目

4.4.6 电缆接续处应设"电缆接续"标识。路基地段应标在电缆槽盖板上，桥梁或隧道地段应标在防护墙或隧道壁上，直埋地段应有电缆接续标。

检验数量：施工单位全部检验。

检验方法：观察检查。

4.5 电 缆 成 端

主 控 项 目

4.5.1 电缆成端的配件、材料、专用工具进场应进行检验，其规格、型号、数量及质量应符合设计要求和相关技术标准的规定。

检验数量：施工单位、监理单位全部检验。

检验方法：对照设计文件和订货合同，检查实物和质量证明文件。

4.5.2 电缆成端应符合下列要求：

1 电缆外护套和引入孔应密封处理。

2 在电缆灌胶处，电缆四线组内的芯线应分开。

3 金属芯线根部不得损伤。

4 电缆成端灌胶时，胶面应高于芯线根部20 mm以上。

检验数量：施工单位全部检验。监理单位见证检验不少于10%。

检验方法：观察检查。

4.5.3 电缆成端屏蔽连接应符合下列要求：

1 信号电缆的钢带、铝护套、内屏蔽护套连通后应单端接地。

2 电缆单端接地的每段长度不得超过3 000 m，当电缆总长度超过3 000 m时，中间应采用地面接续盒方式单端接地连接一次。

3 屏蔽连接的压接管应用专用压接钳压接牢固。

检验数量:施工单位全部检验。监理单位见证检验不少于 10%。

检验方法:观察检查。

一 般 项 目

4.5.4 电缆成端应无漏胶,表面光洁无裂缝、无气泡。

检验数量:施工单位全部检验。

检验方法:观察检查。

4.6 箱盒安装

主 控 项 目

4.6.1 箱盒进场应进行验收,其规格、型号及质量、数量应符合设计要求及相关技术标准的规定,并应具有防盗功能。

检验数量:施工单位、监理单位全部检验。

检验方法:对照设计文件和订货合同,检查实物和质量证明文件。

4.6.2 箱盒基础应采用热镀锌金属或其他防腐材料,箱盒与基础连接螺栓应有防松措施,并固定牢固。

检验数量:施工单位全部检验。监理单位检验不少于 10%。

检验方法:观察检查。

4.6.3 路基地段箱盒安装应符合下列要求:

1 方向盒安装在靠近线路侧的电缆槽旁,安装平稳牢固。安装高度应符合电缆最小弯曲半径的要求。

2 轨道电路用箱盒基础中心连线与轨道相平行;最凸出边缘距所属线路钢轨内侧不应小于 1 500 mm。

3 信号机用箱盒引线孔面对信号机,与混凝土机柱连接处应用水泥砂浆密封。

4 应答器用终端盒引线孔应面对所属轨道;最凸出边缘距所属线路钢轨内侧不小于1 500 mm。

5 道岔用终端盒引线孔应面向转辙机引线孔;最凸出边缘距所属线路钢轨内侧 1 700 mm～2 000 mm。

6 基础支架底座在路基面以上部分采用砖砌混凝土围台防护、固定,围台顶面低于基础顶面 150 mm±50 mm。围台周边比基坑周边宽不小于 50 mm。

检验数量:施工单位全部检验。监理单位检验不少于 10%。

检验方法:观察、测量检查。

4.6.4 桥梁地段箱盒安装应符合下列要求:

1 箱盒安装在防护墙(挡砟墙)时其基础支架安装应避开伸缩缝。

2 方向盒可采用侧向引入方向盒安装在电缆槽内;也可采用下部引入方向盒方式安装在防护墙(挡砟墙)外侧,支架安装平稳牢固,安装高度应符合电缆最小弯曲半径的要求。

3 终端盒、变压器箱应安装在防护墙(挡砟墙)外侧,支架采用防松通透孔螺栓固定,并应加装补强板。

4 在曲线地段或防护墙顶面与电缆槽道盖板上平面间高度小于 300 mm 的特殊地段,可采用基础支架加宽连接方式或采用 L 槽钢支架连接方式。

检验数量：施工单位全部检验。监理单位检验不少于 10%。

检验方法：观察、测量检查。

4.6.5 隧道地段箱盒安装应符合下列要求：

1 方向盒安装在电缆槽内时可采用侧向引入方式，支架安装应平稳牢固，盒盖顶面不超出电缆槽盖板底面；方向盒安装在电缆槽外侧时可采用壁挂式电缆侧面引入方式，盒顶面不应高于电缆槽顶面。

2 终端盒、变压器箱安装在隧道壁上时，隧道壁钻孔深度不得大于 200 mm。

3 终端盒、变压器箱安装在电缆槽外侧时，支架采用防松通透孔螺栓固定，顶面不应高于电缆槽顶面。

检验数量：施工单位全部检验。监理单位检验不少于 10%。

检验方法：观察、测量检查。

一 般 项 目

4.6.6 固定箱盒的螺栓、垫片、弹簧垫或防松帽等应齐全，固定牢固。

检验数量：施工单位全部检验。

检验方法：观察检查。

4.6.7 方向盒、终端盒、变压器箱的名称应标注在箱盒盖上。安装在电缆槽道内的方向盒名称，应标注在防护墙或隧道壁上。

检验数量：施工单位全部检验。

检验方法：观察检查。

4.7 箱 盒 配 线

主 控 项 目

4.7.1 箱盒内配线应符合下列要求：

1 每根电缆芯线应留有 2～3 次做头余量，并严禁盘圈；备用芯线的长度能够保证与最远程端子进行配线连接。

2 使用柱型端子配线时，芯线线环按顺时针绕制，线环间及线环与螺母间应垫垫圈。

3 使用插接型端子配线时应一孔一线，截面积小于 1 mm^2 的多股铜芯线应采用接线帽，并使用专用压接钳压接牢固。

4 电缆分线不应与盒边缘接触，数字电缆线把严禁形成闭合圈，线把绑扎间距应均匀。

5 设备配线应采用 7×ϕ0.52 mm 多股铜芯绝缘软线。

检验数量：施工单位全部检验。监理单位检验不少于 10%。

检验方法：观察检查。

4.7.2 箱盒内配线端子编号应符合下列要求：

1 终端盒端子编号

1)采用六柱接线端子的终端盒，从基础右侧六柱端子板开始编号，左边第一个端子为 1 号端子，顺时针方向依次排列。

2)采用横向排列弹簧接线端子的终端盒，以基础侧左边第一个端子为 1 号端子，顺时针方向依次排列。

2 方向盒端子编号

1)采用六柱接线端子的方向盒,以基础与胶室隔墙重叠处右侧六柱端子板开始编号,左边第一个端子为 1 号端子,顺时针方向依次排列。

2)采用横向排列弹簧接线端子的方向盒,以基础侧左边第一个端子为 1 号端子,顺时针方向依次排列。

3 变压器箱端子编号

1)采用二柱接线端子的变压器箱,靠箱边为奇数,靠设备边为偶数,站在变压器箱引线孔侧,右边第一块端子为 1、2 号端子,自右向左依次排列。

2)采用横向排列弹簧接线端子的变压器箱,站在变压器箱引线孔侧,右边第一个端子为 1 号端子,自右向左依次排列。

检验数量:施工单位全部检验。监理单位检验不少于 10%。

检验方法:观察检查。

4.7.3 电缆配线接续后并未连接设备前的检测项目和结果应符合附录 A 表 A.0.2 的规定。

检验数量:施工单位全部检验。监理单位见证不少于 10%。

检验方法:参照相关技术标准,采用高阻兆欧表、电容耦合测试仪、电缆测试仪、万用表等仪表测试检查。

5 地面固定信号及标志牌

5.1 一 般 规 定

5.1.1 地面固定信号及标志牌的施工质量验收包括高柱色灯信号机、矮型色灯信号机及信号标志牌等。

5.1.2 信号机及标志牌的安装位置应便于瞭望、无遮挡，并应保证不被误认为邻线的信号机或标志牌。

5.1.3 信号机及标志牌与基础连接螺栓应有防松措施。

5.2 高柱色灯信号机

主 控 项 目

5.2.1 信号机设备进场应进行验收，其规格、型号、数量及质量应符合设计要求和相关技术标准的规定。

检验数量：施工单位、监理单位全部检验。

检验方法：对照设计文件和订货合同，检查实物和质量证明文件。

5.2.2 信号机构及点灯单元的下列项目应符合设计要求及相关技术标准的规定：

1 机构门的严密性；

2 机构的光源焦距点；

3 点灯单元的输出电压；

4 绝缘电阻。

检验数量：施工单位、监理单位全部检验。

检验方法：检查质量证明文件；观察检查；仪器仪表测量检查。

5.2.3 混凝土信号机柱质量应符合下列要求：

1 机柱横向不得有裂纹。

2 纵向裂缝不超过1条，宽度在0.2 mm以内，长度小于1 000 mm，混凝土面无剥落现象，钢筋不得外露。

3 机柱不得弯曲。

检验数量：施工单位、监理单位全部检验。

检验方法：检查质量证明文件；观察检查；用刻度放大镜测量检查。

5.2.4 信号机的设置应符合下列要求：

1 设置位置应符合设计文件要求。

2 设备最凸出边缘距所属线路中心不小于2 440 mm。

3 设备的金属外缘与接触网带电部分的距离不得小于2 000 mm；与保护线距离应大于1 000 mm，当距离不足1 000 mm时，保护线应加绝缘防护，但最低不得小于700 mm。

检验数量：施工单位、监理单位全部检验。

检验方法：观察、测量检查。

5.2.5　信号机柱安装应符合下列要求：

1　机柱埋深不得少于机柱长度的20%。

2　机柱应垂直于地面装设，在距离钢轨顶面4 500 mm高处，用吊线坠往下测量，倾斜量不应大于36 mm。

3　机柱安装在有防水层的路基地段时，应取消卡盘，路基面以下应全部灌注混凝土稳固，路基面以上应砖砌150 mm高的混凝土围台防护、固定。

检验数量：施工单位、监理单位全部检验。

检验方法：观察、测量检查。

5.2.6　信号机构安装应符合下列要求：

1　机构最低灯位中心距所属线路钢轨顶面不小于3 500 mm。

2　同一机柱上同方向的各机构灯位中心，应在同一垂直线上（引导信号机构除外），固定机构的托架安装应水平。

3　机构各部件应齐全，无破损、裂纹。紧固件应平衡上紧；开口销劈开角度应为60°～90°。机构门关闭应严密，密封良好。

检验数量：施工单位、监理单位全部检验。

检验方法：观察、测量检查。

5.2.7　信号机梯子安装应符合下列要求：

1　梯子应采用热镀锌处理。

2　横撑与立面的铆（焊）接牢固。

3　梯子中心应与机柱中心一致，梯子应平直，梯子支架应安装水平。

4　梯子包箍与机柱连接牢固。

5　梯子基础宜采用热镀锌金属基础，固定牢固。

检验数量：施工单位、监理单位全部检验。

检验方法：观察检查。

5.2.8　信号机配线应符合下列要求：

1　箱盒内部采用$7\times\phi0.52$ mm多股铜芯绝缘软线，信号机与箱盒间配线宜采用配线电缆。

2　绝缘软线不得有损伤、老化现象。

3　绝缘软线不得有中间接头。

4　接线端子为端子柱时，绝缘软线两端芯线宜用铜线绕制线环或冷压接线端子压接等方式配线。

5　接线端子为弹簧接线端子时，插接型端子配线应一孔一线，截面积小于1 mm^2的多股铜芯线应采用接线帽，并使用专用压接钳压接牢固。

6　信号机柱至机构、机柱至变压器箱或终端盒等处的线缆应采用软管防护。

检验数量：施工单位全部检验。监理单位检验不少于10%。

检验方法：观察检查。

一 般 项 目

5.2.9　混凝土信号机柱顶端及电线引入管口应用水泥砂浆封严。

检验数量：施工单位全部检验。

检验方法：观察检查。

5.2.10 信号机名称的书写应符合下列要求：

1 信号机名称与竣工图相符，应标注在机柱正面，距钢轨顶面宜 2 m。

2 字体采用白色 60 mm×40 mm 直体字，字迹清晰、端正。

3 采用反光材料信号机号码牌时，应安装在机柱正面，距轨面宜为 2 m。

检验数量：施工单位全部检验。

检验方法：观察检查；测量检查。

5.2.11 信号机安装应牢固，垫圈或补强板、弹簧垫圈或防松帽等部件应齐全。

检验数量：施工单位全部检验。

检验方法：观察检查。

5.3 矮型色灯信号机

主 控 项 目

5.3.1 信号机设备进场应进行验收，其规格、型号、数量及质量应符合设计要求和相关技术标准的规定。

检验数量：施工单位、监理单位全部检验。

检验方法：对照设计文件和订货合同，检查实物和质量证明文件。

5.3.2 信号机构及点灯单元的下列项目应符合设计要求及相关技术标准的规定：

1 机构门的严密性。

2 机构的光源焦距点。

3 点灯单元的输出电压。

4 绝缘电阻。

检验数量：施工单位、监理单位全部检验。

检验方法：检查质量证明文件；观察检查；仪器仪表测量检查。

5.3.3 路基地段信号机安装应符合下列要求：

1 信号基础应采用热镀锌金属材料。

2 信号基础、连接器(管)、机构之间应连接牢固。

3 基础埋设深度不小于 500 mm。

4 路基直线地段信号机的安装限界应符合表 5.3.3 要求，曲线地段应按规定加宽，因线间距离不能符合安装要求时，应适当降低安装高度。

表 5.3.3 路基上直线地段矮型信号机安装限界(mm)

序号	使用名称	型式	机构间距	基础埋深	基础顶面至轨面	设备边缘至所属线路中心	备注
1	进站或进路	七灯位(双列)	340	500	100～150(四灯位连接管顶部高于轨面) 315～350(三灯位连接管顶部高于轨面)	≥2 331	在线间距仅 5 m 时，可降低基础高度

续上表

序号	使用名称	型式	机构间距	基础埋深	基础顶面至轨面	设备边缘至所属线路中心	备注
2	出站	三灯位		500	200～300	≥2 289	
3	调车	二灯位		500	200～300	≥2 162	

注：设于右侧的反向进站信号机机构，其红灯灯位应靠所属线路侧安装。

检验数量：施工单位全部检验。监理单位检验不少于10%。

检验方法：观察、测量检查。

5.3.4 桥梁地段信号机安装应符合下列要求：

1 信号基础应采用热镀锌金属材料。

2 信号基础、连接器(管)、机构之间应连接牢固。

3 金属支架安装在防护墙(挡砟墙)外侧，严禁跨建筑物伸缩缝。

4 机构最凸出边缘距线路中心不得小于2 440 mm。

5 金属支架安装应采用通透式螺栓、补强板。

检验数量：施工单位全部检验。监理单位检验不少于10%。

检验方法：观察、测量检查。

5.3.5 隧道地段信号机安装应符合下列要求：

1 信号基础应采用热镀锌金属材料。

2 信号基础、连接器(管)、机构之间应连接牢固。

3 金属支架安装在隧道壁上时，信号机构与隧道壁的固定点应连接牢固。

4 金属基础架顶面距电缆槽盖板200 mm～300 mm。

检验数量：施工单位全部检验。监理单位检验不少于10%。

检验方法：观察、测量检查。

5.3.6 信号机配线应符合本标准第5.2.8条的规定。

检验数量：施工单位全部检验。监理单位检验不少于10%。

检验方法：观察检查。

5.3.7 信号设备安装应牢固，垫圈或补强板、弹簧垫圈或防松帽等部件应齐全，不得有破损、裂纹现象。

检验数量：施工单位全部检验。监理单位检验不少于10%。

检验方法：观察检查。

一 般 项 目

5.3.8 信号机名称符号应与竣工图相符，字迹清晰、端正。

检验数量：施工单位全部检验。

检验方法：观察检查。

5.4 信号标志牌

主 控 项 目

5.4.1 信号标志牌进场应进行验收，其规格、型号、数量及质量应符合设计要求和相关技术标准的规定。

检验数量：施工单位、监理单位全部检验。

检验方法：对照设计文件和订货合同，检查实物和质量证明文件。

5.4.2 调谐区标志牌安装应符合下列要求：

1 应安装在调谐区外侧距调谐匹配单元(PT)纵向距离为 1 000 mm±200 mm 处。最凸出边缘至线路中心不得小于 2 440 mm。

2 路基地段、有砟桥梁地段应安装在热镀锌金属支柱上，并安装端正牢固。

3 无砟轨道桥梁地段应采用"V"字形标志牌，安装在防护墙内侧。

4 隧道地段应采用"V"字形标志牌，安装在电缆槽外壁上。

检验数量：施工单位全部检验。监理单位检验不少于 10%。

检验方法：观察、测量检查。

5.4.3 区间信号标志牌及号码牌安装应符合下列要求：

1 标志牌应安装在列车正向运行方向线路左侧在调谐区外方，距发送调谐匹配单元盒中心为 1 000 mm±200 mm。最凸出边缘至线路中心不得小于 2 440 mm。

2 标志牌应就近安装在接触网支柱上。

3 无法安装在接触网支柱上时，路基、有砟桥梁地段可安装在专用金属支柱上；无砟桥梁地段可采用"V"字形标志牌，安装在防护墙内侧壁上。

4 隧道内应采用"V"字形标志牌，安装在隧道壁上。

5 区间信号标志牌的黄三角尖端指向线路。号码牌应安装在区间信号标志牌的下方，号码为横向排列。

6 宜采用热镀(渗)锌支架安装并固定牢固。

检验数量：施工单位全部检验。监理单位检验不少于 10%。

检验方法：观察、测量检查。

5.4.4 预告标志牌安装应符合下列要求：

1 应设在进站信号机外方不小于 900 m、1 000 m、1 100 m 处。最凸出边缘距所属线路中心不应小于 2 440 mm。

2 路基、桥梁地段应就近安装在接触网支柱上。

3 无法安装在接触网支柱上时，路基、有砟桥梁地段可安装在专用金属支柱上；无砟桥梁地段可采用"V"字形标志牌，安装在防护墙内侧壁上。

4 隧道内应采用"V"字形标志牌，安装在隧道壁上。

5 宜采用热镀(渗)锌支架安装并固定牢固。

检验数量：施工单位全部检验。监理单位检验不少于10%。

检验方法：观察、测量检查。

5.4.5 级间转换标志牌、中继站标志牌安装应符合下列要求：

1 级间转换标志牌应安装在级间转换的应答器组附近。

2 中继站标志牌应安装在中继站应答器组附近。

3 最凸出边缘距所属线路中心不应小于 2 440 mm。

4 路基、桥梁地段应就近安装在接触网支柱上。

5 隧道内宜采用"V"字形标志牌，安装在隧道壁上。

6 无法安装在接触网支柱上时，路基、有砟桥梁地段可安装在专用金属支柱上；无砟桥梁地段可采用“V”字形标志牌，安装在防护墙内侧壁上。

7　宜采用热镀(渗)锌支架安装并固定牢固。

检验数量：施工单位全部检验。监理单位检验不少于10%。

检验方法：观察、测量检查。

5.4.6　标志牌安装应牢固，垫圈或补强板、弹簧垫圈或防松帽等部件应齐全。

检验数量：施工单位全部检验。监理单位检验不少于 10%。

检验方法：观察检查。

一 般 项 目

5.4.7　信号标志牌图案显示应清晰明显，便于瞭望。标志牌应完整、无缺损。

检验数量：施工单位全部检验。

检验方法：观察检查。

6 转辙装置及道岔融雪装置

6.1 一般规定

6.1.1 转辙装置的施工质量验收应包括安装装置、外锁闭装置、转辙机、密贴检查器、锁闭检查装置等。道岔融雪装置室外包括电加热元件、电加热板、轨温传感器、电气控制柜、隔离变压器、气象站等，室内包括控制终端等。

6.1.2 转辙装置安装前应与相关单位共同检查确认下列项目：

1 转辙装置的安装位置符合设计要求。

2 道岔尖轨方正、无吊板现象，活动轨与基本轨密贴良好。

3 固定安装装置的轨枕应方正，间距符合相关技术标准，固定眼孔位置准确，无堵塞和滑丝。

4 道岔转换动程、外锁闭量等主要技术指标应符合相关技术要求。

6.1.3 转辙装置固定连接螺栓应有防松措施。

6.2 安装装置

主 控 项 目

6.2.1 安装装置进场应进行验收，其规格、型号、数量及质量应符合设计要求和相关技术标准的规定。

检验数量：施工单位、监理单位全部检验。

检验方法：对照设计文件和订货合同，检查实物和质量证明文件。

6.2.2 安装装置的安装应符合下列要求：

1 安装装置方正、平顺，可动部分在道岔转换过程中动作平稳、灵活，无别劲、卡阻现象。

2 固定接头铁的螺栓与基本轨不得相碰。

3 绝缘管、绝缘垫的安装应齐全、牢固、无破损。

检验数量：施工单位全部检验。监理单位检验 20%，并不得少于 1 组。

检验方法：观察检查。

6.2.3 固定基础托板与有砟道床轨枕应连接牢固，基础托板安装应与直股基本轨垂直、平顺，与轨枕平行不下垂，托板两端及两托板的高低偏差应不大于 5 mm。

检验数量：施工单位全部检验。监理单位检验 20%，并不得少于 1 组。

检验方法：观察、测量检查。

6.2.4 固定基础托板与无砟道床连接时应牢固，并具备减震措施。

检验数量：施工单位全部检验。监理单位检验 20%，并不得少于 1 组。

检验方法：观察检查。

6.2.5 道岔动作、表示杆件安装有防护罩时，安装应牢固可靠。

检验数量:施工单位全部检验。监理单位检验 20%,并不得少于 1 组。

检验方法:观察检查。

6.2.6 安装装置各部位紧固件、垫圈、弹簧垫圈、开口销等部件应齐全、紧固,开口销双臂对称劈开角度应为 60°~90°。

检验数量:施工单位全部检验。监理单位检验 20%,并不得少于 1 组。

检验方法:观察检查。

6.2.7 各种连接杆螺纹部分的内、外调整余量不应小于 10 mm。表示杆的销孔旷量不应大于 0.5 mm;其余部分的销孔旷量不应大于 1 mm。

检验数量:施工单位全部检验。监理单位检验 20%,并不得少于 1 组。

检验方法:观察检查;测量检查。

6.3 外锁闭装置

主 控 项 目

6.3.1 外锁闭装置进场应进行验收,其规格、型号、数量及质量应符合设计要求和相关产品标准的规定。

检验数量:施工单位、监理单位全部检验。

检验方法:对照设计文件和订货合同,检查实物和质量证明文件。

6.3.2 外锁闭装置安装应符合下列要求:

1 各牵引点的锁闭杆连接应平直,螺栓、螺母、垫圈连接应牢固。

2 锁闭框应安装方正、平顺,与基本轨(翼轨)连接紧密。

检验数量:施工单位全部检验。监理单位检验 20%,并不得少于 1 组。

检验方法:观察、测量检查。

6.3.3 外锁闭装置及杆件调整应符合下列要求:

1 转辙机动作杆、连接杆、锁闭杆应在同一直线位置。

2 两尖轨(可动心轨)与基本轨(翼轨)密贴,并符合技术条件要求。

3 两侧尖轨开口量相等,其偏差不应大于 2 mm。

4 尖轨、心轨牵引点外锁闭两侧(定、反位)锁闭量相等,其偏差不得大于 2 mm。

5 转辙机检测柱在定位、反位时落入表示(锁闭)杆缺口,缺口内两侧间隙相等,并符合相关标准。

6 可动部分的动作应平稳、灵活,无卡阻现象。

检验数量:施工单位全部检验。监理单位检验 20%,并不得少于 1 组。

检验方法:观察、测量检查。

6.3.4 尖轨与基本轨、可动心轨与翼轨间在外锁闭牵引点处的间隙不得大于 0.5 mm。

检验数量:施工单位全部检验。监理单位见证检验。

检验方法:观察、测量检查。

6.3.5 各部螺栓、垫圈、弹簧垫圈、开口销等部件应齐全、紧固,开口销双臂对称劈开角度应为 60°~90°。

检验数量:施工单位全部检验。监理单位检验 20%,并不得少于 1 组。

检验方法:观察检查。

6.3.6 各种连接杆的调整丝扣余量,不得小于 10 mm。

检验数量:施工单位全部检验。监理单位检验 20%,并不得少于 1 组。

检验方法:观察、测量检查。

6.4 转 辙 机

主 控 项 目

6.4.1 转辙机进场应进行验收,其规格、型号及质量、数量应符合设计要求及相关产品标准的规定。

检验数量:施工单位、监理单位全部检验。

检验方法:对照设计文件和订货合同,检查实物和质量证明文件。

6.4.2 转辙机的下列项目应符合设计要求及相关技术标准的规定:

1 转辙机整机密封性能检查。

2 接点间隙、接触良好性能检查。

3 拉力试验。

4 绝缘电阻测试。

检验数量:施工单位、监理单位全部检验。

检验方法:检查产品质量证明文件;由所属电务段或建设单位指定检测单位进行检测并出具检测报告,监理单位检查检测报告(记录)。

6.4.3 转辙机安装应符合下列通用要求:

1 转辙机宜安装在正线外侧,与基本轨的距离应符合相关技术标准的要求。

2 转辙机外壳边缘两端点至直股基本轨的距离应相等,其偏差不大于 5 mm。

3 转辙机摇把孔的堵板开、关灵活;当插入摇把或开启机盖时,安全接点应断开;当锁好机盖时,该接点应接触良好。

检验数量:施工单位全部检验。监理单位见证检验。

检验方法:观察检查;测量检查。

6.4.4 S700K 型交流电动转辙机安装应符合下列要求:

1 道岔正常转换时,滚珠丝杠动作平稳无噪声,摩擦连接器作用良好。

2 速动开关通断电作用良好。

3 转辙机内滚珠丝杠、动作杆、检测杆、齿轮组、锁闭块、操纵杆等应润滑。

4 检测杆缺口

1)指示标对准检测杆缺口中央;

2)尖轨、心轨第一牵引点为 1.5 mm±0.5 mm;

3)其他各牵引点为 2 mm±0.5 mm。

检验数量:施工单位全部检验。监理单位见证检验。

检验方法:观察、测量检查。

6.4.5 ZY(J)7 型电液转辙机安装应符合下列要求:

1 电机转动时无卡阻。

2 油路系统的油缸动作平稳,无颤抖。油路系统各接头部分无泄漏。

3 溢流阀调整灵活,作用良好。溢流压力应为额定转换压力的 1.1~1.3 倍。

4 电液转辙机两牵引点间的油管应采用槽钢防护，油管弯曲半径不得小于150 mm。胶管总成外层应无龟裂。

5 动静接点组安装牢固，接点片不歪斜、无伤痕。动接点打入静接点时，动接点在静接点组内接触深度不应小于4 mm。

检验数量：施工单位全部检验。监理单位见证检验。

检验方法：观察、测量检查。

6.4.6 ZDJ9型交流电动转辙机安装应符合下列要求：

1 道岔在正常转动时，摩擦联接器不空转，作用良好。

2 道岔因故不能转换到底时，摩擦联接器应空转。

3 自动开闭器绝缘座安装牢固、完整、无裂纹。动接点打入静接点时，动接点在静接点组内接触深度不应小于4 mm。

4 转辙机内滚珠丝杠、动作杆、表示杆、齿轮组、锁闭铁等应采用油脂润滑。

检验数量：施工单位全部检验。监理单位见证检验。

检验方法：观察、测量检查。

6.4.7 转辙机配线应符合下列要求：

1 转辙机配线应采用多股铜芯阻燃塑料软线。其内部截面积不应小于0.75 mm^2，外部不应小于1.5 mm^2。

2 配线不得有损伤、老化现象，不得有中间接头。

3 配线端子为端子柱时，绝缘软线两端芯线宜用铜线绕制线环或冷压接线端子压接等方式配线。

4 配线端子为弹簧接线端子时，插接型端子配线应一孔一线，截面积小于1 mm^2的多股铜芯线应采用接线帽，并使用专用压接钳压接牢固。

检验数量：施工单位全部检验。监理单位检验不少于10%。

检验方法：观察检查。

一般项目

6.4.8 转辙机名称标注在转辙机盖子上，名称符号应与竣工图相符，并用白色调和漆书写60 mm×40 mm的直体字。

检验数量：施工单位检验不少于20%。

检验方法：观察检查。

6.5 密贴检查装置

主控项目

6.5.1 道岔密贴检查装置进场应进行验收，其规格、型号、数量及质量应符合设计要求和相关产品标准的规定。

检验数量：施工单位、监理单位全部检验。

检验方法：对照设计文件和订货合同，检查实物和质量证明文件。

6.5.2 道岔密贴检查装置安装应符合下列要求：

1 安装方式符合设计要求和相关技术标准的规定。

2 密贴检查装置应安装牢固，螺纹部分清洁、润滑。

3 开关组接通、断开良好;各部件绝缘良好无破损。

4 各动作部件应动作灵活、无卡阻。

检验数量:施工单位全部检验。监理单位见证检验。

检验方法:观察、试验检验。

6.5.3 密贴检查装置的密贴表示应符合下列要求:

1 用于牵引点处密贴检查时,第一牵引点处尖轨与基本轨、心轨与翼轨在密贴段有4 mm及以上间隙时,密贴检查装置不应接通密贴表示接点。

2 用于两牵引点间密贴检查时,当尖轨与基本轨、心轨与翼轨的密贴检查点间隙大于或等于规定标准值时,密贴检查装置不应接通密贴表示接点。

检验数量:施工单位全部检验。监理单位见证检验。

检验方法:观察、测量、试验检查。

6.5.4 密贴检查装置接点组应符合下列要求:

1 各接点组接通、断开良好。

2 各运动部件应动作灵活。

3 密贴检查装置动作完成后应快速接通接点。

4 当密贴检查器的接点组断开时,其可靠断开距离不应小于4 mm。

检验数量:施工单位全部检验。监理单位见证检验。

检验方法:观察检查;观察、测量、试验检验。

6.5.5 密贴检查器的配线应符合本标准6.4.7条的要求。

检验数量:施工单位全部检验。监理单位检验不少于10%。

检验方法:观察检查。

6.5.6 各部螺栓、垫圈、开口销等部件应齐全、紧固,开口销双臂对称劈开角度应为60°~90°。

检验数量:施工单位全部检验。监理单位检验20%,并不得少于1组。

检验方法:观察检查。

6.6 锁闭检查装置

主 控 项 目

6.6.1 道岔锁闭检查装置进场应进行验收,其规格、型号、数量及质量应符合设计要求和相关产品标准的规定。

检验数量:施工单位、监理单位全部检验。

检验方法:对照设计文件和订货合同,检查实物和质量证明文件。

6.6.2 道岔锁闭检查装置的安装应符合下列要求:

1 安装方式符合设计要求和相关技术标准的规定。

2 锁闭检查装置应安装牢固、可靠,螺纹部分清洁、润滑。

3 开关组接通、断开良好;各部件绝缘良好无破损。

4 各动作部件应动作灵活、无卡阻。

5 使用6/7 mm U形量规,在六角螺母和检查器构架之间插入6 mm端,应可以轻松自由滑动;插入7 mm端应无法插入量规。

检验数量:施工单位、监理单位全部检验。

检验方法：观察、测量、试验检查。

6.6.3 各部螺栓、垫圈、开口销等部件应齐全、紧固，开口销双臂对称劈开角度应为 60°～90°。

检验数量：施工单位全部检验。监理单位检验 20%，并不得少于 1 组。

检验方法：观察检查。

6.7 道岔融雪装置

主 控 项 目

6.7.1 道岔融雪装置设备进场应进行验收，其规格、型号、数量及质量应符合设计要求和相关技术标准的规定。

检验数量：施工单位、监理单位全部检验。

检验方法：对照设计文件和订货合同，检查实物和质量证明文件。

6.7.2 道岔融雪装置设备安装位置和安装方式应符合设计要求和相关技术标准的规定。

检验数量：施工单位、监理单位全部检验。

检验方法：观察、测量、试验检查。

6.7.3 电加热元件安装应符合下列要求：

1 电加热元件中的电热材料和金属外壳间绝缘电阻不应小于 25 MΩ。

2 直把手过渡段用专用卡具固定在轨腰上，距尖轨尖端距离不小于 100 mm。

3 两根平行的电加热元件应安装在基本轨或翼轨内侧轨腰，其间隙不应小于 20 mm，纵向同侧安装的相邻电加热元件热端间隙不应小于 100 mm，且每个滑床板上的加热条应完整。

4 电加热元件应与钢轨接触良好并用卡具固定牢固。

5 电加热元件安装后不得影响道岔的正常转换。

检验数量：施工单位全部检验。监理单位检验不少于 10%，并不得少于 2 组道岔。

检验方法：观察、测量检查。

6.7.4 电加热板安装应符合下列要求：

1 电加热板固定装置应与钢轨、钢槽或轨道板连接牢固。

2 钢轨下部连接螺栓应有防松螺帽。

检验数量：施工单位全部检验。监理单位检验不少于 10%，并不得少于 2 组道岔。

检验方法：观察检查。

6.7.5 轨温传感器安装应符合下列要求：

1 轨温传感器与岔尖距离应为 2～3 m。

2 轨温传感器应与轨底连接紧密、牢固，防松螺母齐全。

检验数量：施工单位全部检验。监理单位检验不少于 10%，并不得少于 2 组道岔。

检验方法：观察、测量检查。

6.7.6 电气控制柜安装应符合下列要求：

1 基础支架应采用热镀锌金属材料，并安装平稳、牢固。

2 路基地段电气控制柜应背向线路侧安装。

3 桥梁地段电气控制柜安装在防护墙外侧，采用通透式防松螺栓和补强板固定，正门应远离线路侧。

4 电气控制柜最凸出边缘距线路中心不得小于 2 440 mm。

5 柜内穿线孔应密封。

检验数量:施工单位、监理单位全部检验。

检验方法:观察、测量检查。

6.7.7 隔离变压器安装应符合下列要求:

1 基础支架采用热镀锌金属材料,并安装平稳、牢固。

2 最凸出边缘距钢轨内侧应符合建筑限界要求。

3 引入端子应面向所属道岔,设置位置应靠近加热条把手端。

4 桥梁地段采用通透式防松螺栓和补强板,固定在防护墙外侧。

5 隔离变压器引出线防护用的钢丝编织胶管应无伤痕、老化现象。

检验数量:施工单位全部检验。监理单位检验不少于10%,并不得少于2组道岔。

检验方法:观察、测量检查。

6.7.8 气象站安装应符合下列要求:

1 气象站安装在电气控制柜附近,周围应空旷、无遮挡。

2 气象站基础支架应采用热镀锌金属材料。

3 最凸出边缘距钢轨内侧应符合建筑限界要求。

4 气象站安装应平稳、牢固。

检验数量:施工单位、监理单位全部检验。

检验方法:观察、测量检查。

6.7.9 道岔融雪装置组件及各部螺栓、垫圈、防松帽等应齐全、紧固、无破损。

检验数量:施工单位全部检验。监理单位检验20%,并不得少于1组。

检验方法:观察检查。

6.7.10 电加热元件的引线应采用绝缘防护管进行防护,引线在穿过轨道间和从道床引至隔离变压器时,无砟道床应使用卡具固定于道床上,有砟道床应固定于轨枕侧面或混凝土小枕木上。

检验数量:施工单位全部检验。监理单位抽检不少于10%。

检验方法:观察检查。

7 轨道电路

7.1 一般规定

7.1.1 轨道电路的施工质量验收包括轨道电路轨旁设备、补偿电容、钢轨绝缘、轨道连接线、扼流变压器等。

7.1.2 轨道电路施工前，应对土建相关工程的安装条件进行检查。其中钢轨应铺设完毕，并已锁定，检查调谐区位置具备补偿电容、扼流变压器等安装条件。

7.1.3 胶结式钢轨绝缘的绝缘体与钢轨连接牢固、无松动，绝缘良好。

7.1.4 轨旁设备与基础连接螺栓、轨道板上固定卡具螺栓等应采取防松措施。

7.2 轨旁设备

主控项目

7.2.1 轨旁设备进场均应进行验收，其规格、型号、数量及质量应符合设计要求和相关技术标准的规定。

检验数量：施工单位、监理单位全部检验。

检验方法：对照设计文件和订货合同，检查实物和质量证明文件。

7.2.2 调谐区设备基础支架的安装应符合下列要求：

1 调谐区设备基础支架应采用热镀锌金属材料；

2 路基地段基础支架埋深不应少于 500 mm，防护盒边缘至钢轨内侧不应小于1 500 mm；

3 桥梁地段基础支架安装在防护墙（挡砟墙）外侧，采用通透螺栓方式固定并加装补强板；

4 隧道内基础支架安装在电缆槽外壁，采用通透螺栓方式固定并加装补强板，盒顶面不应高于电缆槽顶面；

5 基础支架不得安装在无砟轨道两块轨道板的接缝处。

检验数量：施工单位全部检验。监理单位平行检验不少于 10%。

检验方法：观察、测量检查。

7.2.3 电气绝缘节设备的安装应符合下列要求：

1 调谐区长度应符合设计要求。调谐区宜设在相同类型的道床上。

2 调谐匹配单元与防雷单元、空芯线圈与防雷单元应安装在同一基础上，防雷单元靠近钢轨侧安装；安装在电缆槽壁上时，防雷单元远离钢轨侧安装。

3 调谐区设备不得安装在无砟轨道两块轨道板的接缝处。

4 当电气绝缘节设在护轮轨区域内时，每根护轮轨两端应加装一对钢轨绝缘，且护轮轨与基本轨间及左右护轮轨间不得有电气连接。

检验数量：施工单位全部检验。监理单位平行检验不少于 10%。

检验方法：观察、测量检查。

7.2.4　进站信号机、站内股道为无绝缘分割出站信号机处，机械绝缘节设备的安装应符合下列要求：

1　调谐匹配单元与空芯线圈应背对背安装在同一基础上。桥梁和路基地段调谐匹配单元应安装在远离线路侧；隧道地段调谐匹配单元应安装在靠近线路侧。

2　调谐匹配单元和空芯线圈用的防雷单元应单独安装在另外一个双体防护盒内。

3　调谐匹配单元及空芯线圈防护盒中心距扼流变压器中心之间距离为 650 mm±50 mm。

4　调谐匹配单元与空芯线圈应采用不小于 10 mm^2 多股铜线连接；双钢轨引接线应分别连接空芯线圈和调谐匹配单元。

5　两扼流变压器连接板中心与机械绝缘节轨缝对齐，两扼流变压器中心为 1 100 mm。

检验数量：施工单位全部检验。监理单位见证检验不少于 10%。

检验方法：观察、测量检查。

7.2.5　站内其他机械绝缘节处设备的安装应符合下列要求：

1　匹配单元单独安装在基础支架上并平稳牢固。

2　匹配单元防护盒中心距扼流变压器中心之间距离为650 mm±50 mm。

3　两扼流变压器连接板中心与机械绝缘节轨缝对齐，两扼流变压器中心为 1 100 mm。

检验数量：施工单位全部检验。监理单位见证检验不少于 10%。

检验方法：观察、测量检查。

7.2.6　钢轨钻孔距钢轨焊缝不得小于 400 mm，钢轨钻孔后应进行倒角。

检验数量：施工单位全部检验。监理单位见证检验不少于 10%。

检验方法：观查、测量检查。

7.2.7　轨旁设备的配线应符合下列要求：

1　配线采用多股铜芯塑料绝缘软线，其截面积不小于 1.5 mm^2。

2　绝缘软线不得有破损、老化和中间接头现象。

3　配线端子为端子柱时，绝缘软线两端芯线宜用铜线绕制线环或冷压接线端子压接等方式配线。

4　配线端子为弹簧接线端子时，插接型端子配线应一孔一线，截面积小于 1 mm^2 的多股铜芯线应采用接线帽，并使用专用压接钳压接牢固。

检验数量：施工单位全部检验。监理单位检验不少于 10%。

检验方法：观察检查。

一 般 项 目

7.2.8　轨旁设备箱盒的门、盖上的压条应齐全，密封良好。箱盒内设备配线应整齐美观。

检验数量：施工单位全部检验。

检验方法：观察检查。

7.3 补偿电容

主 控 项 目

7.3.1　补偿电容进场应进行验收，其规格、型号、数量及质量应符合设计要求和相关技术标准的规定。

检验数量：施工单位、监理单位全部检验。

检验方法：对照设计文件和订货合同，检查实物和质量证明文件。

7.3.2 补偿电容的设置应符合下列要求：

1 补偿电容实际安装位置与理论计算位置允许偏差±650 mm，补偿电容与应答器之间的距离不应小于1 000 mm。

2 站内轨道区段大于300 m时，应配置补偿电容。

3 补偿电容间隔应根据不同载频按设计要求进行布点。安装位置应避开两块轨道板的接缝。

4 补偿电容应采用全密封式电容，容量应符合相关技术标准的规定，引接线与钢轨连接应采用标准塞钉。

检验数量：施工单位全部检验。监理单位平行检验不少于10%。

检验方法：观察、测量检查。

7.3.3 无砟轨道补偿电容的安装应符合下列要求：

1 补偿电容宜安装在轨道板(道床板)外侧的立面上或底座板(支承层)平面上。

2 补偿电容应采用专用卡具及化学锚栓固定牢固。

检验数量：施工单位全部检验。监理单位检验不少于10%。

检验方法：观察检查。

7.3.4 有砟轨道补偿电容的安装应符合下列要求：

1 有电容枕时，应安装在带电容槽的轨枕内。

2 无电容枕时，应采用专用支架或螺栓将补偿电容安装在列车正向运行的轨枕背面。

3 补偿电容安装应牢固可靠。

检验数量：施工单位全部检验。监理单位检验不少于10%。

检验方法：观察、测量检查。

7.3.5 宽型轨枕板补偿电容的安装应符合下列要求：

1 补偿电容应固定在轨枕板端部立面上。

2 补偿电容应采用专用卡具及化学锚栓固定牢固。

检验数量：施工单位全部检验。监理单位检验不少于10%。

检验方法：观察、测量检查。

7.3.6 补偿电容引接线的安装应符合下列要求：

1 连接线应采用钢丝编织防护管防护。

2 连接线应采用专用卡具和化学锚栓固定。

3 在钢轨底部连接线塞钉应从钢轨的外侧向内侧穿入，塞钉与钢轨接触紧密。

4 当采用塞钉安装时，塞钉头露出钢轨1 mm～4 mm；当采用电容销钉安装时，销钉螺纹部分露出轨腰长度为14 mm±1 mm。

检验数量：施工单位全部检验。监理单位检验不少于10%。

检验方法：观察、测量检查。

7.3.7 补偿电容固定卡具、垫圈、防松帽等部件应齐全。

检验数量：施工单位全部检验。监理单位检验不少于10%。

检验方法：观察检查。

7.4 钢轨绝缘

主控项目

7.4.1 钢轨绝缘器材进场应进行验收，其规格、型号、数量及质量应符合设计要求和相关技术标准的规定。

检验数量：施工单位、监理单位全部检验。

检验方法：对照设计文件和订货合同，检查实物和质量证明文件。

7.4.2 钢轨绝缘的设置应符合下列要求：

1 钢轨绝缘的位置应与信号机对齐。

2 安装困难时，可进行下列调整：

1)进站或接车进路信号机处的钢轨绝缘，可装在信号机显示前方 1 m 或后方 1 m 的范围内。

2)出站(包括出站兼调车)或发车进路信号机处的钢轨绝缘，可装在信号机显示前方 1 m或后方 6.5 m 的范围内。

3)调车信号机处的钢轨绝缘，可装在信号机显示前方1 m或后方 1 m 的范围内。

3 警冲标内方的钢轨绝缘(除渡线外)安装位置距警冲标距离不应小于 5 m。

4 异型钢轨接头处不得安装钢轨绝缘。

5 当护轮轨长度超过 200 m 时，每 200 m 应加装钢轨绝缘一对；不足 200 m 时应在护轮轨区域内对角接缝处加装一对钢轨绝缘。

检验数量：施工单位、监理单位全部检验。

检验方法：观察、测量检查。

7.4.3 钢轨绝缘安装应符合下列要求：

1 相邻两螺栓应对向安装。

2 钢轨绝缘的顶部应与轨面平齐。

3 安装应牢固，垫圈、绝缘件等部件应齐全。

检验数量：施工单位、监理单位全部检验。

检验方法：观察检查。

7.5 轨道连接线

主控项目

7.5.1 钢轨引接线、钢轨接续线、道岔跳线及并联线、横向连接线等各种轨道连接线进场均应进行验收，其规格、型号、数量及质量应符合设计要求和相关技术标准的规定。

检验数量：施工单位、监理单位全部检验。

检验方法：对照设计文件和订货合同，检查实物和质量证明文件。

7.5.2 轨道连接线应采用塞钉或冷挤压胀钉方式进行连接，引接线塞钉孔中心距钢轨连接夹板(鱼尾板)端部不小于100 mm±10 mm，两相邻塞钉孔间距为 60 mm～80 mm，并连接牢固。

检验数量：施工单位全部检验。监理单位检验不少于 10%。

检验方法：观察检查。

7.5.3 ZPW-2000 型轨道电路钢轨引接线的安装方式应符合下列要求：

1 调谐匹配单元、空芯线圈的钢轨引接线应采用截面积为 95 mm^2 双根带有绝缘外护套的单接头钢包铜引接线。

2 扼流变压器应采用双根带有绝缘外护套的单接头钢包铜等阻引接线。

3 机械绝缘节处长钢轨引接线，其中一根须绕过机械绝缘节另一端的第一轨枕孔，并贴近轨腰安装。

4 引接线沿轨枕平行敷设，距轨底距离不小于 30 mm。

5 钢轨引接线与钢轨底部的夹角为 30°～60°。

6 防护墙至轨道板之间的钢轨引接线应并拢安装，采用非金属管、架防护固定，不得使用金属管防护。

7 引接线螺栓的绝缘管、绝缘垫圈、垫圈等部件应齐全紧固。

检验数量：施工单位全部检验。监理单位检验不少于 10%。

检验方法：观察、测量检查。

7.5.4 钢轨接续线应采用塞钉双线并联方式，其中一根采用50 mm^2的多股镀锌钢绞线，另一根采用钢轨接续线。

检验数量：施工单位全部检验。监理单位检验不少于 10%。

检验方法：观察、测量检查。

7.5.5 ZPW-2000 轨道电路道岔跳线及并联线的安装方式应符合下列要求：

1 应采用带绝缘防护外套的钢包铜线，其截面积应不小于 95 mm^2。

2 安装位置及间隔应符合设计要求。

3 车站渡线两区段均为 ZPW-2000 轨道电路时，绝缘节处的道岔跳线及并联线应贴近轨腰绕过绝缘节安装。

检验数量：施工单位全部检验。监理单位检验不少于 10%。

检验方法：观察、测量检查。

7.5.6 横向连接线的安装方式应符合下列要求：

1 横向连接线应采用带绝缘防护外套铜线，其截面积不应小于 70 mm^2。最长不得大于 105 m。

2 横向连接线的安装地点、连接方式应符合设计要求。

3 两个完全横向连接线间的距离不应小于 1 200 m，当大于等于 2 000 m 时，两者之间应增加一简单横向连接。

4 简单横向连接与完全横向连接间的距离不得小于1 000 m。

检验数量：施工单位全部检验。监理单位检验不少于 10%。

检验方法：观察检、测量检查。

7.5.7 轨道连接线的固定应符合下列要求：

1 在 V 型槽内或轨道板上的钢轨引接线应并拢敷设，并采用化学锚栓、卡具固定牢固、防松螺母齐全。

2 在轨道板上的道岔跳线、并联线及横向连接线等采用化学锚栓和卡具固定牢固、防松螺母齐全。

3 极性不同的连接线并拢布设时，应采用绝缘卡具固定，或在金属卡具上应增加绝缘套管。

4 钢轨引接线与钢轨底部的夹角为30°～60°。

5 各种轨道连接线塞钉不得打弯，打入深度为露出钢轨1 mm～4 mm，塞钉与塞钉孔接触紧密。

6 在框式轨道板的中空部分、防护墙至轨道板间的悬空部分的钢轨引接线应采用UP-VC防护管或防护罩防护。

检验数量：施工单位全部检验。监理单位检验不少于10%。

检验方法：观察检查。

一 般 项 目

7.5.8 轨道连接线应安装平顺，塞钉头与钢轨的接缝处涂漆封闭。

检验数量：施工单位检验不少于20%。

检验方法：观察检查。

7.5.9 钢轨引接线在设备至轨枕板支承台间，采用混凝土斜面处理。混凝土斜面与支承台、路基面间应植入连接钢筋。

检验数量：施工单位检验不少于20%。

检验方法：观察检查。

7.5.10 轨道连接线固定卡具、垫圈、防松帽等部件应齐全。

检验数量：施工单位全部检验。

检验方法：观察检查。

7.6 扼流变压器

主 控 项 目

7.6.1 扼流变压器进场应进行验收，其规格、型号、数量及质量应符合设计要求和相关技术标准的规定。

检验数量：施工单位、监理单位全部检验。

检验方法：对照设计文件和订货合同，检查实物和质量证明文件。

7.6.2 扼流变压器安装位置应符合设计要求。完全横向连接空扼流设置位置宜靠近接触网支柱。

检验数量：施工单位全部检验。监理单位检验不少于10%。

检验方法：观察、测量检查。

7.6.3 路基地段的扼流变压器安装应符合下列要求：

1 应采用热镀锌金属基础支架。

2 基础支架埋深不应少于500 mm。

3 扼流变压器最凸出边缘距所属线路钢轨内侧不应小于1 500 mm。两台扼流变压器中心距离应为1 100 mm。

4 有防水层的路基地段安装后应恢复防水层处理。

检验数量：施工单位全部检验。监理单位检验不少于10%。

检验方法：观察、测量检查。

7.6.4 桥梁地段扼流变压器的安装应符合下列要求：

1 安装在防护墙外侧的基础支架应支撑在电缆槽立面的盖板上部，基础顶面高于电缆槽顶面 150 mm±50 mm,基础支架严禁跨桥梁伸缩缝。

2　扼流变压器引接线端子朝向线路侧。

检验数量:施工单位全部检验。监理单位检验不少于 10%。

检验方法:观察、测量检查。

7.6.5　隧道内扼流变压器的安装应符合下列要求:

1　扼流变压器采用 M16×190 化学锚栓固定在电缆槽外侧混凝土踏步上,化学锚栓埋设深度 125 mm,使用防松螺母紧固。并不得侵入铁路建筑接近限界。

2　扼流变压器引接线端子朝向线路侧。

检验数量:施工单位全部检验。监理单位检验不少于 10%。

检验方法:观察、测量检查。

7.6.6　钢轨引接线塞钉从钢轨外侧打入,塞钉头部应露出钢轨内侧 1 mm～4 mm。钢轨引接线应采用化学锚栓及卡具固定在轨道板表面。

检验数量:施工单位全部检验。监理单位检验不少于 10%。

检验方法:观察、测量检查。

7.6.7　扼流变压器固定卡具、垫圈、防松帽等部件应齐全。

检验数量:施工单位全部检验。监理单位检验不少于 10%。

检验方法:观察检查。

8 应答器及室外地面电子单元

8.1 一 般 规 定

8.1.1 应答器及室外地面电子单元的施工质量验收包括应答器和室外地面电子单元等。

8.1.2 应答器及室外地面电子单元施工前，应对土建相关工程中的轨道板、线路等施工状况进行检查。其中轨道板平整，轨道铺设完毕，里程标、标高正确，具备了应答器安装条件。

8.1.3 设备与基础连接螺栓应有防松措施。

8.2 应 答 器

主 控 项 目

8.2.1 应答器设备进场应进行验收，其规格、型号、数量及质量应符合设计要求和相关技术标准的规定。

检验数量：施工单位、监理单位全部检验。

检验方法：对照设计文件和订货合同，检查实物和质量证明文件。

8.2.2 应答器实际设置位置与设计位置允许偏差±0.5 m。应答器组内相邻应答器间的距离为 $5^{+0.5}_{0}$m。

检验数量：施工单位全部检验。监理单位检验不少于10%。

检验方法：测量检查。

8.2.3 应答器安装位置与设备编号必须相符。

检验数量：施工单位全部检验。监理单位检验不少于10%。

检验方法：观察检查。

8.2.4 应答器安装固定应符合下列要求：

1 在有砟轨道窄型混凝土枕上，应采用抱箍方式固定在轨枕上。

2 在有砟轨道宽型混凝土枕及无砟轨道板上，应采用化学锚栓方式安装。

3 在框架式轨道板中空地段，应采用连接支架方式安装。

4 两个或四个安装孔的应答器安装均应牢固、固定螺栓齐全。

5 应答器安装支架结构应具有抗震能力。

检验数量：施工单位全部检验。监理单位平行检验不少于10%。

检验方法：观察检查。

8.2.5 应答器尾缆固定在轨道板、宽枕板上时，应采用卡具及采用化学锚栓固定。应答器尾缆固定在路肩上时，应采用防护管防护并埋入沥青防水层下。应答器尾缆与应答器连接口应连接应牢固，无松动。

检验数量：施工单位全部检验。监理单位检验不少于10%。

检验方法：观察检查。

8.2.6 应答器周围无金属体空间位置应符合下列要求：

1 应答器平行于长边的中心线两侧无金属体距离不应小于 315 mm。

2 应答器平行于短边的中心线两侧无金属体距离不应小于 410 mm。

3 应答器 X 轴基准标记点下部的无金属体距离一般为210 mm，特殊情况下不应小于140 mm。

检验数量：施工单位全部检验。监理单位检验不少于 10%。

检验方法：观察、测量检查。

8.2.7 在符合本标准 8.2.6 条无金属体空间要求的情况下，应答器在轨道中间的安装高度、横向偏移和角度允许范围应符合下列要求：

1 安装高度为 X 基准标记至钢轨顶面的距离 93 mm～150 mm。

2 X 轴应与钢轨平行。应答器 Y 轴方向允许的横向偏移为±15 mm。

3 正常情况下，应答器上平面应与两钢轨面平行。前后面应与钢轨面垂直，左右面应与钢轨平行。安装角度允许误差及范围应符合表 8.2.7 的要求。

表 8.2.7　应答器安装角度允许误差范围

序号	旋转方向	允许误差范围
1	以 X 轴旋转(倾斜)	±2°
2	以 Y 轴旋转(俯仰)	±5°
3	以 Z 轴旋转(偏转)	±10°

检验数量：施工单位全部检验。监理单位检验不少于 10%。

检验方法：观察、测量检查。

8.2.8 应答器安装在有护轮轨地段时，护轮轨应断开，断开距离应符合本标准 8.2.6 条应答器无金属体空间位置的要求。

检验数量：施工单位全部检验。监理单位检验不少于 10%。

检验方法：观察、测量检查。

8.2.9 应答器固定卡具、垫圈、防松帽等部件应齐全。

检验数量：施工单位全部检验。监理单位检验不少于 10%。

检验方法：观察检查。

8.3　室外地面电子单元(LEU)

主 控 项 目

8.3.1 室外地面电子单元(LEU)设备箱进场应进行验收，其规格、型号、数量及质量应符合设计要求和相关技术标准的规定。

检验数量：施工单位、监理单位全部检验。

检验方法：对照设计文件和订货合同，检查实物和质量证明文件。

8.3.2 LEU 设备箱安装应符合下列要求：

1 基础支架应采用热镀锌金属材料。

2 路基地段应靠近电缆槽安装，最凸出边缘距所属线路中心不得小于 2 440 mm。

3 桥梁地段

1)基础支架一端采用通透式防松螺栓和补强板安装在防护墙外侧；

2)基础支架另一端应置于电缆槽道隔墙上或电缆槽道内；

3)金属基础严禁跨桥梁伸缩缝；

4)最凸出边缘距所属线路中心不得小于 2 440 mm。

4 隧道地段应安装在避车洞内或隧道壁上,最凸出边缘距所属线路中心不得小于2 800 mm。

5 LEU 设备箱与相关应答器的连接应正确。

6 LEU 设备箱电缆标识齐全,引线孔密封良好。

7 LEU 设备箱内电缆引入防雷元件齐全,接地良好。

8 LEU 设备箱安装应稳固、端正。

检验数量:施工、监理单位全部检验。

检验方法:观察、测量检查。

8.3.3 LEU 设备箱垫圈或补强板、弹簧垫圈或防松帽等部件应齐全。

检验数量:施工、监理单位全部检验。

检验方法:观察检查。

9 车载地面检测设备

9.1 一 般 规 定

9.1.1 车载地面检测设备包括车载地面测试环线、BTM天线测试设备。

9.2 车载地面测试设备箱及测试环线

主 控 项 目

9.2.1 动车段(所)的车载地面检测设备进场应进行验收,其规格、型号、数量及质量应符合设计要求和相关技术标准的规定。

检验数量:设备安装单位、接收单位全部检验。

检验方法:对照设计文件和订货合同,检查实物和质量证明文件。

9.2.2 车载地面测试设备箱安装应符合下列要求:

1 设备箱位置应符合设计要求,并背向线路侧安装,最凸出边缘距线路中心不得小于2 440 mm。

2 设备箱与基础支架连接牢固,箱体平整。

3 设备箱内部件安装应牢固,接触良好,外观完好。

4 环线发码器信号输出端的防雷器件安装牢固。

检验数量:设备安装单位、接收单位全部检验。

检验方法:观察、测量检查。

9.2.3 地面测试环线安装应符合下列要求:

1 环线电缆应采用非金属外护套。

2 环线电缆应采用防护管防护,防护管应采用卡具固定在钢轨的中间腰部位置,并固定可靠、平整。

3 去线和回线电缆应并行紧邻铺设,电缆外皮无破损、防护良好。

4 环线各部件安装应固定牢靠,走线平直,连接良好。

5 电缆盒安装牢固,盒内洁净、密封良好;接线端子螺丝紧固,螺帽、垫圈齐全,配线连接可靠。

检验数量:设备安装单位、接收单位全部检验。

检验方法:观察、测量检查。

9.2.4 测试环线股道内及两旁应无大型金属板或多处构成闭合环路的金属网线。环线发码器的信号输出端应有相应防雷措施。

检验数量:设备安装单位、接收单位全部检验。

检验方法:观察检查;钳形表测量检查。

一 般 项 目

9.2.5 地面测试设备箱内面板指示灯显示正确;开关、按键操作灵活,作用良好;显示屏清洁、无破损,显示清晰。

检验数量:设备安装单位全部检验。

检验方法:观察检查。

9.3 BTM 天线测试设备

9.3.1 BTM 天线测试设备的安装应符合本标准 8.2 节的要求。

10　室内设备及箱式机房

10.1　一 般 规 定

10.1.1　室内设备的施工质量验收包括列车运行控制中心(TCC)、调度集中(CTC)、计算机联锁(CBI)等各系统室内设备的安装、配线等。

箱式机房的施工质量验收包括箱式机房及箱内设备的安装、配线等。

10.1.2　当电子设备有明确要求时,插拔设备板卡应采取防静电措施。

10.1.3　室内设备安装前应对信号设备房屋进行检查,并符合下列要求:

1　电缆井、引入口、上下层间电缆爬架等已完成并符合电缆引入要求。

2　预留的沟、槽、管、孔(含设备房之间通道)应符合设备布线要求。

3　房屋门窗、吊顶、地面等装修工程已完成并符合设备安装要求。

4　供电电源稳定、可靠并符合设备运行要求。

5　温度、湿度等室内环境应符合相关技术标准的要求。

6　法拉第笼屏蔽网、网格地线、综合接地端子应预留到位,接地电阻符合相关技术标准的规定。

10.2　控制显示设备

主 控 项 目

10.2.1　控制显示设备进场应进行验收,其规格、型号、数量及质量应符合设计要求和相关技术标准的规定。

检验数量:施工单位、监理单位全部检验。

检验方法:对照设计文件和订货合同,检查实物和质量证明文件。

10.2.2　落地式大屏显示设备安装应符合下列要求:

1　安装位置、场地空间、方式应符合设计要求。

2　相邻屏幕之间的间隙一般不应大于1.0 mm。

3　多屏拼接的整墙屏幕正立面应无凹凸不平现象,纵、横向边缘均应在一条直线。

4　设备安装应稳固、牢靠。

检验数量:施工单位、监理单位全部检验。

检验方法:观察、试验检查。

10.2.3　其他控显设备的安装应符合下列要求:

1　安装位置、方式应符合设计要求。

2　设备放置在操作台上,不应超出其边沿。

3　控显设备各种接口的插接元件配置正确、接触可靠。

4　设备之间配线连接正确,设备接地应符合设计要求。

10.4 机柜(架)设备

主 控 项 目

10.4.1 机柜(架)设备进场验收应进行验收,其规格、型号、数量及质量应符合设计要求和相关技术标准的规定。

检验数量:施工单位、监理单位全部检验。

检验方法:对照设计文件和订货合同,检查实物和质量证明文件。

10.4.2 继电器、变压器、轨道电路器材、防雷元件等器材质量应符合相关技术标准的规定。

检验数量:施工单位、监理单位全部检验。

检验方法:按管理规定由相关单位进行质量检验并提供检验报告。

10.4.3 机柜(架)安装应符合下列要求:

1 机柜(架)设备安装位置、方式、排列顺序、排间距离等应符合设计要求及相关技术标准的规定。

2 机柜(架)底部应增加连接支撑底座,底座与机柜连接牢固,底座着地不悬空。

3 机柜与底座、柜与柜之间、柜与走线槽、走线槽与走线槽间的连接螺栓应连接牢固,走线槽构成闭合回路时应加装绝缘。

4 主通道侧的各排机柜(架)纵向侧面应在同一直线上。

5 同排机柜(架)的正面应在同一直线上。

6 机柜(架)应竖直,相邻机柜(架)应紧密靠拢。

检验数量:施工单位、监理单位全部检验。

检验方法:观察、测量检查。

10.4.4 机柜(架)走线槽安装应符合下列要求:

1 机柜(架)走线槽应采用钢槽,其槽内及拐角处应增垫橡胶垫。

2 走线槽不应形成环状,走线槽闭合时,排间必须进行绝缘处理。

3 槽与槽之间、槽与盖之间、盖与盖之间的连接应严密,槽与各机柜(架)连接应牢固。

4 走线槽应安装横平竖直,线槽应拼接成一条直线。

5 从线槽底部引出线缆时,开口处应采用橡胶圈或其他保护措施。

检验数量:施工单位、监理单位全部检验。

检验方法:观察、测量检查。

10.4.5 机柜(架)内的各类部件应安装牢固,鉴别销、卡扣、锁扣等应正确、齐全。

检验数量:施工单位全部检验。监理单位检验不少于10%。

检验方法:观察检查。

一 般 项 目

10.4.6 各类机柜门、侧板平整,无凹凸现象,漆层无损伤,机柜通风口清洁、通畅。

检验数量:施工单位全部检验。

检验方法:观察检查。

10.5 室内配线

主控项目

10.5.1 室内设备配线线缆的规格、型号、数量及质量应符合设计要求和相关技术标准的规定。

检验数量:施工单位全部检验。监理单位检验不少于10%。

检验方法:观察检查。

10.5.2 室内设备布线应符合下列要求:

1 室内布线全部采用阻燃型线缆,室内布线禁止出现环状,电源线、发送线、接收线应分开敷设。

2 室内机柜间布线应采用金属槽道防护。槽道内布线平直、并拢、整齐,地槽应清洁、盖板严密。

3 电缆引出端应有去向铭牌。

检验数量:施工单位全部检验。监理单位检验不少于10%。

检验方法:观察检查。

10.5.3 室内设备配线应符合下列要求:

1 线缆中间不得有接头和绝缘破损。

2 当线缆与端子的连接采用焊接方式时,不得使用带有腐蚀性的焊剂,焊接牢固,焊点应光滑、饱满,无毛刺、假焊、虚焊现象。

3 当线缆与端子的连接采用压接方式时,应选用与芯线相配套的压接端子,且压接牢固。

4 当线缆与端子的连接采用弹簧接线端子时,小于1 mm^2 的多股铜芯软线应采用冷压端帽插入端子,压接牢固。

5 配线两端标识齐全。

检验数量:施工单位全部检验。监理单位检验不少于10%。

检验方法:观察检查。

一般项目

10.5.4 压接线环及焊接端子片均应套有塑料软管保护,套管与线环或端子间松紧适度,套管长度均匀一致。

检验数量:施工单位抽检不少于20%。

检验方法:观察检查。

10.5.5 线把绑扎应线扣整齐、间隔均匀,松紧适度,表面线条和出线部位应顺直、美观。

检验数量:施工单位抽检不少于20%。

检验方法:观察检查。

10.6 电缆引入

主控项目

10.6.1 电缆引入室内时,每根电缆余留量不应小于5 m;余留电缆呈U形或Ω形盘放在电缆间(井)内,不得有硬弯或背扣。轨道电路用数字电缆和应答器电缆严禁盘成闭合圈。

检验数量:施工单位、监理单位全部检验。

检验方法:观察、测量检查。

10.6.2 铁路内屏蔽数字信号电缆引入时,应做电缆成端,电缆的钢带、铝护套、内屏蔽层与接地铜排连接。

检验数量:施工单位、监理单位全部检验。

检验方法:观察检查。

10.6.3 楼层间电缆应分段固定在爬架上,固定间距不宜大于2 000 mm。

检验数量:施工单位、监理单位全部检验。

检验方法:观察检查。

10.6.4 室内电缆引入孔应进行防火、防鼠封堵。

检验数量:施工单位、监理单位全部检验。

检验方法:观察检查。

一 般 项 目

10.6.5 室内电缆应排列整齐,均匀圆滑,电缆应有去向铭牌。

检验数量:施工单位全部检验。

检验方法:观察检查。

10.7 箱 式 机 房

主 控 项 目

10.7.1 箱式机房施工前,应对安装条件进行检查,并符合下列要求:

1 箱式机房基础浇注完成,混凝土强度达到标准。

2 电缆井及各种管、孔符合设计要求。

3 临时道路(包括临时桥)宽度、硬实度,具备大型机械运输条件。

4 场地宽度、平整,符合吊装条件。

5 箱式机房需要利用轨道运输吊装时,接触网线应在运输吊装后架设。

6 综合接地已完成,接地电阻符合相关技术标准的要求。

检验数量:施工单位全部检验。监理单位见证检验。

检验方法:观察检查、检查。

10.7.2 箱式机房进场应进行验收,其规格、型号、数量及质量应符合设计要求和相关技术标准的规定。

检验数量:施工单位、监理单位全部检验。

检验方法:对照设计文件和订货合同,检查实物和质量证明文件。

10.7.3 箱式机房安装位置、方式应符合设计要求。

检验数量:施工单位、监理单位全部检验。

检验方法:观察检查。

10.7.4 箱式机房安装应稳固、水平、垂直,附着点与基础间无缝隙。

检验数量:施工单位全部检验。监理单位平行检验。

检验方法:观察检查;水平尺测量检查。

10.7.5 箱式机房空调、防尘、防潮、防雨、防震、防火、防盗、防鼠、防雷及电磁兼容等应能符合相关技术标准的要求。

检验数量:施工单位全部检验。监理单位见证检验。

检验方法:观察、测量检查。

一 般 项 目

10.7.6 箱式机房的箱体表面无脱漆、变形等现象。

检验数量:施工单位全部检验。

检验方法:观察检查。

11　防雷、电磁兼容及接地

11.1　一般规定

11.1.1　防雷、电磁兼容及接地装置的施工质量验收主要包括设备防雷、室内设备接地及电磁兼容、室外设备接地、箱式机房接地及综合接地系统等。

11.1.2　防雷、电磁兼容及接地工程施工前，应对预留的综合接地端子、信号设备房屋的法拉第笼、环形地网、接地汇集线等施工质量进行确认。贯通地线引入处的接地电阻不应大于1 Ω。综合接地端子应有堵帽防护并有明显标识。

11.1.3　信号设备安全地线、屏蔽地线和防雷地线的设置应符合设计要求。

11.1.4　信号设备室内所有不带电的自来水管、暖气管道等金属物体均应与环形接地装置(或与建筑物钢筋、机房屏蔽层)做等电位连接。

11.2　设备防雷

主控项目

11.2.1　信号防雷设备及材料进场应进行验收，其型号、规格、数量及质量应符合设计要求和相关技术标准的规定。

检验数量：施工单位、监理单位全部检验。

检验方法：对照设计文件和订货合同，检查实物和质量证明文件。

11.2.2　信号设备防雷元件的安装应符合下列要求：

1　防雷元件的安装位置、方式应符合设计要求。

2　防雷元件的安装牢固可靠、相对集中、便于检测，其他设备不得借用防雷设备的端子。

3　防雷元件应按规定具有相关认证证书。

检验数量：施工单位全部检验。监理单位检验不少于10%。

检验方法：观察检查。

11.2.3　信号设备防雷元件的配线应符合下列要求：

1　并联型防雷保安器与被保护设备端子的连接线截面积不应小于1.5 mm^2，长度不得大于500 mm，受条件限制时，可适当延长，但严禁超过1 500 mm；采用凯文接法时，防雷保安器接地线长度不应大于1 000 mm。

2　单相稳定电流小于100 A的机房，电源线与防雷箱的连接线长度不得大于500 mm，受条件限制连接线长度大于500 mm时，应采用凯文接线法连接。连接线应采用塑料外护套多芯铜线，第Ⅰ级连接线截面积不应小于10 mm^2、第Ⅱ级不小应于6 mm^2、第Ⅲ级不应小于2.5 mm^2。

3　信号传输线上设置的防雷保安器接地线必须与被保护设备金属外壳连接，连接线应采用截面积不小于1.5 mm^2 的多股铜芯导线，长度不应大于200 mm。

4 室外的信号设备防雷保安器接地端子应就近与接地体可靠连接，连接线应采用截面积不小于 1.5 mm^2 的多股铜芯导线。

5 接地线采用截面积不小于 1.5 mm^2 黄绿色多股铜芯塑料绝缘线。

6 防雷元件的配线与其他配线分开。

检验数量：施工单位全部检验。监理单位检验不少于 10%。

检验方法：观察、测量检查。

11.3 室内设备接地及电磁兼容

主 控 项 目

11.3.1 装有电子设备的机房应采用的法拉第笼屏蔽，并符合设计文件及相关技术标准的要求。

检验数量：施工单位、监理单位全部检查。

检验方法：观察检查；标尺测量。

11.3.2 信号机械室地网设置应符合设计文件及相关技术标准的要求。

检验数量：施工单位、监理单位全部检查。

检验方法：观察检查；标尺测量。

11.3.3 网格地线、环形地网、贯通地线之间的连接应符合设计文件及相关技术标准的要求。

检验数量：施工单位、监理单位全部检验。

检验方法：观察检查；测量检查。

11.3.4 室内设备接地汇集线的安装应符合下列要求：

1 接地汇集线应采用截面积不小于 2×25 mm^2 带绝缘外护套的多股铜芯线或 30 mm×3 mm的铜排相互连接后与环形接地装置单点冗余连接。

2 室内设备接地汇集线可相互连接，但不得构成闭合回路。电源防雷箱（电源引入处）和防雷分线柜处的接地汇集线宜单独设置。

3 当房屋面积较大时，宜设置与地网单点冗余连接的总接地汇集线。运转室、继电器室、电源室、设备机房的接地汇集线应分别与总接地汇接线单点连接；当信号设备房屋分布在几个楼层时，各楼层应分别设置总接地汇集线，总接地汇集线间应采用不小于 50 mm^2 的带绝缘外护套的多股铜芯线栓接。

4 接地汇集线及接地汇集线间的连接导体、接地汇集线与地网的连接线必须与墙体绝缘。接地汇集线应在距地面200 mm～300 mm处设置；有防静电地板的机房，接地汇集线可在地板下方距地面 30 mm～50 mm 处设置，距墙面宜为 100 mm～150 mm。接地汇集线上每隔 1 000 mm～1 500 mm 应预留接地螺栓供连接使用。

5 接地汇集线与地网的连接线应采用不小于 2×25 mm^2 的带绝缘外护套的多股铜芯线。接地汇集线在环形地网上的连接点之间距离宜大于 5 000 mm。

检验数量：施工单位、监理单位全部检验。

检验方法：观察、测量检查。

11.3.5 室内信号设备的接地连接应符合下列要求：

1 室内设备必须与墙体绝缘，其安全地线、防雷地线、工作地线等应以最短距离分别就近与接地汇集线连接。

2 室内金属机柜(架)与本机柜(架)下的等电位铜排栓接，连接线应采用不小于 10 mm^2 多股铜导线。

3 柜(架)下等电位铜排就近与接地汇集线连接，连接线应采用不小于 50 mm^2 铜导线或 30 mm×3 mm 铜排。

4 设备的门体、槽道与机柜应进行等电位连接。

检验数量：施工单位、监理单位全部检验。

检验方法：观察、测量检查。

11.3.6 电源引入防雷箱接地连接应符合下列要求：

1 电源引入防雷箱外壳与防雷箱内接地端子连接，连接线应采用截面积不小于 6 mm^2 铜导线。

2 电源引入防雷箱内接地端子可就近与综合接地端子、接地汇集线或环形地网单点冗余连接，连接线应采用截面积不小于50 mm^2 铜导线。

检验数量：施工单位、监理单位全部检验。

检验方法：观察、测量检查。

11.3.7 电源屏、防雷分线柜接地应符合以下要求：

1 电源屏外壳与屏内接地端子连接，连接线应采用截面积不小于 6 mm^2 铜导线。

2 屏内接地端子就近与接地汇集线连接，连接线应采用截面积不小于 50 mm^2 铜导线。

3 信号设备防雷元件与防雷分线柜内的接地汇集板连接，连接线应采用截面积不小于 6 mm^2 铜导线。

4 防雷分线柜内接地汇集板应与防雷接地汇集线相连接，连接线应采用截面积不小于 50 mm^2 铜导线。

5 电缆钢带、铝护套及四线组屏蔽层环连后与防雷分线柜内接地汇集板连接，连接线应采用截面积不小于 6 mm^2 铜导线。

检验数量：施工单位、监理单位全部检验。

检验方法：观察、测量检查。

11.3.8 设备机柜等电位连接应符合以下要求：

1 设备机柜外壳、各种屏蔽线的屏蔽网、ZPW-2000 模拟网络接地等应共用一个接地汇集线，并采用栓接方式连接。

2 本架屏蔽线连接后接至零层接地端子，连接线应采用截面积不小于 0.75 mm^2 铜导线。

3 每架零层接地端子分别就近与接地汇集线单独连接，连接线应采用截面不小于 25 mm^2 铜导线。

检验数量：施工单位、监理单位全部检验。

检验方法：观察、测量检查。

11.3.9 信号设备接地导线上严禁设置开关、熔断器或断路器。

检验数量：施工单位、监理单位全部检验。

检验方法：观察检查。

11.3.10 接地引接线与压接端子的连接应牢固可靠，端子无松动，引接线无破损。

检验数量：施工单位、监理单位全部检验。

检验方法：观察检查。

一般项目

11.3.11 各接地端子应设置用途及去向铭牌。

检验数量:施工单位全部检验。

检验方法:观察检查。

11.4 室外设备接地

主控项目

11.4.1 室外设备的接地设置、连接应符合设计要求。

检验数量:施工单位全部检验。监理单位检验不少于10%。

检验方法:观察、测量检查。

11.4.2 室外设备外缘距接触网带电部分5 m范围内的信号金属结构和设备应与综合接地端子或贯通地线连接。

检验数量:施工单位、监理单位全部检验。

检验方法:观察、测量检查。

11.4.3 室外设备的金属外缘与接触网带电部分的距离不得小于2 000 mm;与保护线距离应大于1 000 mm,当距离不足1 000 mm时,保护线应加绝缘防护,但最低不得小于700 mm。

检验数量:施工单位全部检验。监理单位检验不少于10%。

检验方法:观察、测量检查。

11.4.4 室外设备接地点距综合接地端子较近时,分支地线与综合接地端子连接采用栓接方式;距综合接地端子较远时,分支地线与贯通地线采用T型连接方式,T型连接的两个压接环间距为45 mm~50 mm。

检验数量:施工单位全部检验。监理单位检验不少于10%。

检验方法:观察检查。

11.4.5 室外信号设备接地连接应采用并联连接方式。设备集中处宜设置分支接地引接线。

检验数量:施工单位、监理单位全部检验。

检验方法:观察检查。

11.4.6 室外电缆的屏蔽和接地应符合下列要求:

1 信号电缆的钢带、铝护套、内屏蔽护套应单端接地。单端接地的电缆长度不得超过3 000 m,当电缆总长度超过3 000 m时,中间应采用地面接续盒方式单端接地连接一次。

2 引入箱盒的电缆钢带、铝护套层环连后用两根$7\times\phi0.52$ mm铜芯绝缘软线接至方向盒内接地端子,内屏蔽层用1.5 mm^2扁平铜网环连后接至方向盒内接地端子。

3 箱盒的接地端子应就近与综合接地端子或贯通地线连接,连接线应采用截面积不小于50 mm^2的铜导线。

检验数量:施工单位全部检验。监理单位检验不少于10%。

检验方法:观察、测量检查。

11.4.7 信号机接地连接应符合下列要求:

1 矮型信号机的金属基础就近与综合接地端子或贯通地线连接,连接线应采用不小于

50 mm^2 铜导线。

2 高柱信号机的信号机构分别与信号机梯子(含接头)连接后就近与综合接地端子或贯通地线连接,连接线应采用不小于50 mm^2 铜导线。

检验数量:施工单位全部检验。监理单位检验不少于 10%。

检验方法:观察、测量检查。

11.4.8 转辙装置的转辙机、密贴检查器、下拉装置的金属外壳应采用 50 mm^2 铜导线就近与综合接地端子或贯通地线连接。

检验数量:施工单位全部检验。监理单位检验不少于 10%。

检验方法:观察、测量检查。

11.4.9 ZPW-2000 设备的防雷接地连接应符合下列要求:

1 在简单横向连接或无横向连接时,空芯线圈中点与地线间串接空芯线圈防雷单元。空芯线圈中点与防雷单元连接线应采用不小于 10 mm^2 铜导线;防雷单元地线端就近与综合接地端子或贯通地线连接,连接线应采用 50 mm^2 铜导线。

2 完全横向连接时,空扼流变压器或空芯线圈中点就近与综合接地端子或贯通地线连接,连接线应采用 50 mm^2 铜导线。

3 在 ZPW-2000 调谐匹配单元的 V1、V2 端子上,用10 mm^2 铜导线并接一个调谐匹配防雷单元,且不应接地。

检验数量:施工单位全部检验。监理单位检验不少于 10%。

检验方法:观察、测量检查。

11.4.10 接地引接线与接地端子的连接应牢固可靠,端子无松动,引接线露出地面部分应进行防护。

检验数量:施工单位全部检验。监理单位检验不少于 10%。

检验方法:观察检查。

一 般 项 目

11.4.11 信号设备接地处应加接地标识(⏚),路基地段标识在电缆槽盖板上,桥梁地段标识在防护墙上,隧道地段标识在隧道壁上。

检验数量:施工单位全部检验。

检验方法:观察检查。

11.5 箱式机房接地

主 控 项 目

11.5.1 箱式机房基础周围应设有环形地网,环形地网应与综合接地端子或贯通地线连接。环形地网的接地电阻不大于 1 Ω。箱式机房四角与环形地网接地连接。

检验数量:施工单位全部检验。监理单位平行检验。

检验方法:观察检查;接地电阻测试仪测量检查。

11.5.2 箱式机房内的机柜(架)外壳接地应与钢质底板连接牢固,连接线应采用不小于 6 mm^2 的多股铜导线。

检验数量:施工单位全部检验。监理单位平行检验。

检验方法:观察、测量检查。

11.5.3 防雷分线柜内接地汇集板，应与钢质底板连接牢固，连接线采用截面积不小于 50 mm^2 等铜导线。

检验数量：施工单位全部检验。监理单位平行检验。

检验方法：观察、测量检查。

11.5.4 柜(架)内屏蔽线间采用截面积不小于 0.75 mm^2 铜导线连接后，与钢质底板应连接牢固，连接线采用不小于6 mm^2 铜导线。

检验数量：施工单位全部检验。监理单位检验不少于 10%。

检验方法：观察、测量检查。

11.6 综合接地系统

主 控 项 目

11.6.1 综合接地系统的安装应符合设计要求及相关技术标准的规定。

检验数量：施工单位全部检验。监理单位平行检验不少于 20%。

检验方法：观察检查。

11.6.2 综合接地系统的贯通地线接头连接、综合接地端子与贯通地线连接应牢固，接地电阻不应大于 1 Ω。

检验数量：施工单位全部检验。监理单位平行检验不少于 20%。

检验方法：观察、测量检查。

11.6.3 电缆槽道内的综合接地端子应与槽底(含防水层)或槽壁相平。

检验数量：施工单位、监理单位全部检验。

检验方法：观察检查。

一 般 项 目

11.6.4 综合接地端子应在电缆槽道盖板、防护墙、隧道壁处加地线标识(⏚)。

检验数量：施工单位全部检验。

检验方法：观察检查。

12 系统检验

12.1 一般规定

12.1.1 系统检验包括设备单项检验、子系统检验、系统接口检验等内容。其中：

设备单项检验包括信号机、轨道电路、转辙装置、电源屏、车站联锁、列控中心、应答器、无线闭塞中心、临时限速服务器、调度集中、信号集中监测等设备安装完毕后，与其他设备未连接前的施工质量检验；

子系统检验包括联锁、列控、调度集中、信号集中监测等各子系统的施工质量检验；

系统接口检验包括联锁、列控、调度集中、信号集中监测等各子系统间接口的施工质量检验。

12.1.2 施工质量验收之前确认相关条件应符合下列要求：

1 正式电源稳定可靠；

2 各设备接地良好；

3 温度、湿度等机房环境应符合设备正常运行的要求和相关技术标准的规定。

4 通信通道稳定可靠。

12.1.3 单项设备检验前，各设备安装和配线应完成并合格。

12.1.4 子系统检验前，各单项设备验收应完成并合格。

12.1.5 系统接口检验前，各子系统验收应完成并合格。

12.1.6 信号各子系统的时钟应与CTC同步，软件版本应统一编号管理并符合相关规定。

12.2 设备单项检验

主 控 项 目

12.2.1 电源设备检验应符合下列要求：

1 交流输入、输出相序应一致，直流输出极性正确。

2 在规定的输入范围内，各供电模块工作正常，输出电压范围、负载能力、温升范围等应符合相关技术标准的规定。

3 两路输入电源的转换时间不应大于0.15 s。

4 电源过压、欠压、过载、短路、接地、断相、错相等保护可靠，报警正确。

5 对地绝缘电阻、对地漏泄电流应符合相关技术标准的规定。

6 智能电源监测功能应符合相关技术标准的规定。

检验数量：施工单位全部检验。监理单位见证检验。

检验方法：参照产品说明书或相关技术标准检验。

12.2.2 不间断电源(UPS)设备检验应符合下列要求：

1 输出电源极性正确。

2 UPS在外部电源停电时能自动切换，转换时间应符合相关技术标准的要求。

3 UPS容量应符合设计要求。

4 UPS故障后应能旁路UPS电源直接供电。

5 UPS指示灯显示正确。

检验数量：施工单位全部检验。监理单位见证检验。

检验方法：参照产品说明书或相关技术标准检验。

12.2.3 车站联锁设备模拟检验应符合下列要求，并按附录B中表B.0.1填写“车站联锁试验记录表”。

1 主机和备机转换试验正常。

2 驱动、采集信息正确。

3 信号机、道岔、轨道电路、接口等相关模拟条件应与室外设备布置相对应。

4 根据模拟条件检查进路的排列、取消、解锁等联锁关系应符合联锁图表的要求。

5 具备自诊断、现场操作与信号设备动作记忆、查询、再现、打印等功能。

6 联锁模拟检验除符合上述要求外，还应符合相关技术标准的规定。

检验数量：施工单位全部检验。监理单位见证检验。

检验方法：按联锁图表办理进路、模拟条件试验检查。

12.2.4 地面固定信号机检验应符合下列要求，并按附录B中表B.0.2填写“信号机试验记录表”。

1 灯光位置排列、颜色配置应符合设计要求。

2 显示距离应符合相关技术标准要求。

3 主、副丝端电压应符合相关技术标准要求。

4 主、副灯丝转换及报警良好。

检验数量：施工单位全部检验。监理单位见证检验。

检验方法：观察、测量、试验检查。

12.2.5 轨道电路检验应符合下列要求：

1 ZPW-2000型轨道电路调整，并按附录B中表B.0.3填写“ZPW-2000轨道电路试验记录表”。

1)在调整状态下，轨道电路的发送、接收设备工作正常，轨道继电器可靠吸起。

2)在分路状态下，在轨道电路任一处轨面用标准分路线分路时（电气绝缘节区域内除外），轨道继电器应可靠落下。

3)在分路状态下，在轨道电路任一处轨面机车信号短路电流应符合表12.2.5的规定。

4)轨道电路正、反方向检验均应符合上述要求。

表12.2.5 机车信号短路电流

频率(Hz)	1 700	2 000	2 300	2 600
机车信号短路电流(A)	≥0.5	≥0.5	≥0.5	≥0.45

2 “3 V化”25 Hz相敏轨道电路调整

1)“3 V化”25 Hz相敏轨道电路送、受电端的设备等应符合设计要求。

2)调整状态下，室外轨面电压不得小于3 V；室内轨道继电器线圈电压不小于15 V，相位正确，继电器应可靠吸起。

3)用 0.06 Ω 标准分路线在轨面上分路时，轨道继电器线圈电压不大于 7.4 V，继电器应可靠落下。

检验数量：施工单位全部检验。监理单位见证检验。

检验方法：观察检查；移频测试仪表测量检查；标准分路线短路试验检查。

12.2.6　S700K 型交流电动转辙机检验应符合下列要求：

1　转辙机动作电流不大应于 2 A，道岔因故不能转换到位时，故障电流不应大于 3 A。

2　正常转换道岔时，滚珠丝杠动作平稳无异常噪声，摩擦联接器作用良好。

3　转辙机的电源开关锁通电、断电性能良好，电源一旦被切断，非经人工恢复不得接通电源。

检验数量：施工单位全部检验。监理单位见证检验。

检验方法：观察、测量、试验检查。

12.2.7　ZY(J)7 型电液转辙机检验应符合下列要求：

1　溢流阀溢流压力应为额定转换压力的 1.1～1.3 倍。道岔因故不能转换到底时，溢流阀应溢流。

2　遮断器的常闭接点应接触良好，在插入手摇把时，常闭接点应能可靠断开，手摇把取出后，非经人工恢复不得接通常闭接点。

3　锁闭柱与锁闭杆缺口两侧的间隙：外锁闭为 2 mm±0.5 mm，内锁闭为 1.5 mm ±0.5 mm，检查柱与表示杆检查块缺口为 4 mm±1.5 mm。

检验数量：施工单位全部检验。监理单位见证检验。

检验方法：观察、测量、试验检查。

12.2.8　ZDJ9 型交流电动转辙机检验应符合下列要求：

1　转辙机动作电流不大于 2 A，道岔因故不能转换到位时，故障电流不大于 3 A。

2　转辙机在正常条件下，滚珠丝杠应转动灵活，回珠无卡阻，丝杠母两端密封应良好。

3　道岔正常转动时，摩擦联接器不空转，摩擦连接作用良好，道岔尖轨因故不能转换到位时，摩擦联接器应空转。

4　遮断器的常闭接点应接触良好。在手摇把插入时，常闭接点应能可靠断开；手摇把取出后，非经人工恢复不得接通常闭接点。

检验数量：施工单位全部检验。监理单位见证检验。

检验方法：观察、测量、试验检查。

12.2.9　道岔转换检验应符合下列要求，并按附录 B 中表 B.0.4 填写“道岔试验记录表”。

1　道岔在定位和反位时，密贴段各牵引点的尖轨与基本轨、心轨与翼轨间有 4 mm 及其以上间隙时，道岔不能锁闭；在尖轨、心轨的密贴段内有 5 mm 及以上缝隙时不得接通道岔表示电路。

2　道岔实际开向应与操纵意图、继电器动作、定反位表示一致。

3　断开任意一组表示接点时，必须切断表示电路。

检验数量：施工单位全部检验。监理单位见证检验并旁站。

检验方法：观察、测量、试验检查。

12.2.10　道岔下拉装置的检验应符合下列要求：

1　下拉装置解锁后，可动心轨方可转换。

2　在心轨转换过程中，下拉装置处于解锁状态，保证可动心轨转换到底。

3 可动心轨转换完成后，下拉装置应处于锁闭状态。

4 道岔区段处于进路锁闭或有车占用状态时，下拉驱动器不应启动。

检验数量：施工单位全部检验。监理单位见证检验。

检验方法：参照产品说明书或相关技术标准检验。

12.2.11 道岔融雪装置的性能和功能检验应符合下列要求：

1 道岔融雪装置应具有手动和自动控制方式，并手动控制优先。处于手动控制方式时，自动控制无效；处于自动控制方式时，控制中心应能进行远程控制。

2 应具备参数设定、启动和关闭系统、有选择地启动或关闭某一加热电路、逐路接通等功能。

3 应具备监测和报警功能。

4 传感器故障后，应能人工启动或关闭任一加热电路。

5 控制命令（信息）与执行结果应校核，不一致时应报警。

检验数量：施工单位全部检验。监理单位见证检验。

检验方法：参照产品说明书或相关技术标准检验。

12.2.12 列控中心（TCC）单项设备检验应符合以下要求，并按附录B中表B.0.5和B.0.6填写“列控中心工作试验记录表”和“列控中心驱动、采集试验记录表”。

1 设备启动

1）在手动切换状态时，先启动的一系能自动进入主控状态；后启动的一系应自动进入备用状态。

2）在自动切换状态时，同时启动两系，其中一系成为主控，另一个成为备用系。

3）工作状态指示灯应正确。

2 设备切换

1）双系切换时，列控中心工作正常；

2）关闭主控系，列控中心应自动切换到备用系；

3）关闭备用系，列控中心主控系仍能正常工作。

3 电源冗余

1）送电后两模块正常工作，输出电压应一致；

2）关闭其中任意一个电源模块，另一模块应能正常工作。

4 开关量驱动、采集

1）采集轨道继电器的状态应正确；

2）TCC驱动、采集站内轨道方向切换继电器的状态正确；

3）TCC驱动、采集区间方向继电器的状态正确；

4）TCC根据异物侵限灾害报警提供的信息应对灾害闭塞分区轨道电路正确发码进行防护。

检验数量：施工单位全部检验。监理单位见证检验。

检验方法：参照产品说明书或相关技术标准检验。

12.2.13 应答器的报文内容应与设计文件一致，并符合相关技术标准的要求。并按附录B中表B.0.7填写“应答器用户数据试验记录表”。

检验数量：施工单位全部检验。监理单位见证检验。

检验方法：参照产品说明书或相关技术标准检验。

12.2.14　无线闭塞中心(RBC)设备检验应符合下列要求,并按附录B中表B.0.8填写“无线闭塞中心工作试验记录表”。

1　机柜送电后,主、备用系统正常启动,指示灯显示正常。

2　当主系统故障时,能够自动切换到备用系统;当备用系统故障时,不影响主系统正常工作。

3　维护终端应正确显示系统状态。

4　检查司法记录器与RBC通信正常。

5　RBC和接口服务器(VIA)通信正常。

检验数量:施工单位全部检验。监理单位见证检验。

检验方法:参照产品说明书或相关技术标准检验。

12.2.15　调度集中(CTC)单项设备检验应符合下列要求:

1　机柜送电后,主、备用系统正常启动,指示灯显示正常。

2　当主系统故障后,能够自动切换到备用系统;当备用系统故障时,不影响主系统正常工作。

3　调度中心列车调度、助理调度、车站维护操作终端等设备能正确显示系统工作状态。

检验数量:施工单位全部检验。监理单位见证检验。

检验方法:参照产品说明书或相关技术标准检验。

12.2.16　信号集中监测(CSM)单项设备检验应符合下列要求:

1　设备送电后供电电源正常。

2　各采集分机电路板电源、工作、通信收发指示灯正常。

3　外接传感器工作正常。

4　设备运行应良好。

检验数量:施工单位全部检验。监理单位见证检验。

检验方法:参照产品说明书或相关技术标准检验。

12.2.17　临时限速服务器(TSRS)设备检验应符合下列要求:

1　机柜送电后,主、备用系统正常启动,指示灯显示正常。

2　当主系统故障时,能够自动切换到备用系统;当备用系统故障时,不影响主系统正常工作。

3　维护终端应正确显示系统状态。

4　检查维护终端终端与RBC通信正常。

5　维护终端和限速服务器通信正常。

12.3　子系统检验

主 控 项 目

12.3.1　联锁子系统(CBI)检验应符合以下要求,并按附录B中表B.0.1填写“车站联锁试验记录表”。

1　进路排列时,控制台显示应与室外相应信号机实际显示一致。

2　道岔转换时,室内控制意图、表示状态与室外实际开向应一致。

3　转辙机任一表示接点断开时,表示继电器应可靠落下;道岔转换超过规定时间时,应切断启动电路。

4 轨道电路的室内显示状态与室外占用及空闲应一致；调整状态下，轨道继电器应可靠吸起；分路状态下，轨道继电器应可靠落下。

5 CBI 应根据列控中心提供的异物侵限灾害报警信息应关闭信号机。

6 主、副灯丝断丝转换及报警正确。

7 联锁关系除符合上述要求外，还应符合联锁图表的要求及相关技术标准的规定。

检验数量：施工单位全部检验。监理单位见证检验并旁站。

检验方法：按联锁图表试验、测试检查。

12.3.2 列控子系统检验应符合下列要求，并按附录 B 中表 B.0.9填写“列控中心轨道电路码序试验记录表”。

1 本站列控中心（TCC）

1）对轨道区段的正、反向逻辑编码应正确。室内、外相应区段发送、接收的载频、低频码序应一致。

2）检查转频码的发送和取消的时机及地点正确。

3）TCC 采集异物侵限灾害报警信息后，能对灾害轨道电路发码进行防护。

2 相邻列控中心

1）相邻站间轨道电路状态及编码的逻辑信息应具有连续性。

2）改变运行方向时，应同步驱动方向继电器。

3）相邻车站间的临时限速信息传递正确。

4）相邻 TCC 运行状态信息传递正确。

3 应答器接口调试

1）测试应答器报文发送是否正确。

2）测试列控中心控制冗余 LEU 切换功能是否正确。

检验数量：施工单位全部检验。监理单位见证检验并旁站。

检验方法：参照产品说明书或相关技术标准检验。

12.3.3 调度集中子系统（CTC）下列主要检验项目应符合设计要求及相关技术标准的规定，并按附录 B 中表 B.0.10 填写“调度集中系统功能试验记录表”。

1 中心人工及自动控制、车站控制等主要控制及转换功能。

2 信号设备状态和布局、车次号的追踪和管理监督功能。

3 管理功能

1）时刻表的编辑、管理、自动加载和自动下载；

2）准点率统计；

3）事件和报警管理；

4）各种报表管理；

5）回放功能；

6）系统参数管理。

4 临时限速拟定功能。

检验数量：施工单位全部检验。监理单位见证检验并旁站。

检验方法：参照产品说明书或相关技术标准检验。

12.3.4 信号集中监测子系统（CSM）检验应符合下列要求：

1 监测项目应符合设计规定。

2 模拟量的监测内容、监测地点、监测量程、监测精度、测试方式、采样速率等应符合相关技术标准的规定。

3 开关量的监测类型、内容、方法等应符合相关技术标准的规定。

4 故障预警和报警的分类、内容、方式等应符合相关技术标准的规定。

检验数量：施工单位全部检验。监理单位见证检验并旁站。

检验方法：参照产品说明书或相关技术标准检验。

12.4 系统接口检验

主控项目

12.4.1 调度集中(CTC)与联锁(CBI)接口检验应符合下列要求：

1 CBI能正确接收CTC下达的命令，并应正确执行。

2 CBI各种状态信息应可靠地传送给CTC；CTC能正确显示CBI的状态信息。

3 CBI故障报警信息应及时传递给CTC。

4 CTC与车站的控制权交接转换应正确。

检验数量：施工单位全部检验。监理单位见证检验并旁站。

检验方法：参照产品说明书或相关技术标准检验。

12.4.2 调度集中(CTC)与无线闭塞中心(RBC)接口检验应符合下列要求，并按附录B中表B.0.13填写“无线闭塞中心与其他系统的通信接口试验记录表”。

1 CTC向RBC发送的信息应正确

1)区间和站内封锁，发送紧急停车消息；

2)列车注册；

3)列车计划。

2 RBC向CTC发送的信息应正确

1)列车车次号、位置、速度及停稳等列车基本信息；

2)车载设备及RBC工作状态信息。

检验数量：施工单位全部检验。监理单位见证检验并旁站。

检验方法：参照产品说明书或相关技术标准检验。

12.4.3 调度集中(CTC)与临时限速服务器(TSRS)接口检验应符合下列要求：

1 CTC向TSRS发送的信息应正确

1)临时限速命令；

2)临时限速命令列表的分类查询请求；

3)时钟信息。

2 TSRS向CTC发送的信息应正确

1)待执行、提示执行和正确执行的临时限速命令列表；

2)临时限速命令的执行结果。

3 TSRS主机上的CTC通信通道中断应报警。

检验数量：施工单位全部检验。监理单位见证检验并旁站。

检验方法：参照产品说明书或相关技术标准检验。

12.4.4 临时限速服务器(TSRS)与列控中心(TCC)接口检验应符合下列要求,并按附录B中表B.0.11填写"列控中心与其他系统的通信接口试验记录表"。

1 TSRS向TCC发送的信息应正确

1)临时限速服务器向TCC发送初始化命;

2)临时限速命令的设置验证、设置执行、取消验证、取消执行等操作指令。

2 TCC向TSRS发送的信息应正确

1)临时限速执行结果;

2)闭塞分区状态信息,区间运行方向信息。

检验数量:施工单位全部检验。监理单位见证检验并旁站。

检验方法:参照产品说明书或相关技术标准检验。

12.4.5 临时限速服务器(TSRS)与无线闭塞中心(RBC)接口检验应符合下列要求,并按附录B中表B.0.13填写"无线闭塞中心与其他系统的通信接口试验记录表"。

1 TSRS向RBC发送的信息应正确

1)临时限速命令的刷新请求;

2)临时限速命令及参数信息;

3)临时限速命令的设置验证、设置执行、取消验证、取消执行等操作指令;

4)通信检测。

2 RBC向TSRS发送的信息应正确

1)临时限速执行结果;

2)通信检测;

3)收到临时限速命令回执。

检验数量:施工单位全部检验。监理单位见证检验并旁站。

检验方法:参照产品说明书或相关技术标准检验。

12.4.6 相邻临时限速服务器(TSRS)接口检验下列信息正确:

1 交换管辖边界相关的临时限速操作命令及临时限速执行结果。

2 通信检测。

3 相邻TSRS通信中断报警信息。

检验数量:施工单位全部检验。监理单位见证检验并旁站。

检验方法:参照产品说明书或相关技术标准检验。

12.4.7 列控中心(TCC)与联锁系统(CBI)接口检验应符合下列要求,并按附录B中表B.0.11和表B.0.12填写"列控中心与其他系统的通信接口试验记录表"和"列控中心功能试验记录表"。

1 TCC与CBI接口的技术参数应符合设计要求和相关技术标准的规定。

2 TCC与CBI之间建立正常通信后,应有相应的通信状态表示。

3 TCC向CBI应正确提供区间允许发车信息、区间方向信息、区间监督状态信息、区间闭塞分区状态和灾害防护信息。

4 CBI向TCC应正确发送车站进路信息和信号机状态信息。

5 TCC主控系与CBI备系、TCC备系与CBI主系或备系通信中断不影响系统正常运行,维护终端有报警提示。当全部通信故障时,TCC应按全部接发车进路解锁处理,并保持原区间方向不变。

6 TCC采集到异物侵限灾害报警信息后，应及时向CBI提供异物侵限灾害报警信息。

检验数量：施工单位全部检验。监理单位见证检验并旁站。

检验方法：参照产品说明书或相关技术标准检验。

12.4.8 列控中心（TCC）与地面电子单元（LEU）及应答器的接口检验应符合下列要求，并按附录B中表B.0.11填写“列控中心与其他系统的通信接口试验记录表”。

1 主备用LEU切换应正常。

2 TCC与LEU通信正常、表示正确。

3 当LEU与应答器连接电缆故障时，LEU应有报警。

4 TCC应根据CBI进路信息和临时限速命令信息，向相应的有源应答器发送正确的报文。

5 TCC向各个应答器发送的报文信息应正确。

检验数量：施工单位全部检验。监理单位见证检验并旁站。

检验方法：参照产品说明书或相关技术标准检验。

12.4.9 列控中心（TCC）与调度集中（CTC）的接口检验应符合下列要求，并按附录B中表B.0.11填写“列控中心与其他系统的通信接口试验记录表”。

1 TCC与CTC接口技术参数应符合设计要求和相关技术标准的规定。

2 TCC与CTC之间建立正常通信后，应有相应的状态表示。

3 TCC向CTC应发送正确的轨道电路状态、信号机状态和设备工作状态等信息。

4 CTC车务终端应有TCC状态显示。

5 TCC主控系与CTC备系、TCC备系与CTC主系或备系通信中断时，维护终端应有报警提示。

检验数量：施工单位全部检验。监理单位见证检验并旁站。

检验方法：参照产品说明书或相关技术标准检验。

12.4.10 无线闭塞中心（RBC）与车站联锁（CBI）接口检验应符合下列要求，并按附录B中表B.0.13填写“无线闭塞中心与其他系统的通信接口试验记录表”。

1 RBC与CBI的通信应正常；

2 RBC与CBI的对应分区进路编号应正确；

3 CBI向RBC发送的信息应正确。

1）列车进路；

2）引导进路；

3）人工解锁进路；

4）人工取消进路；

5）信号授权信息；

6）紧急区数据。

检验数量：施工单位全部检验。监理单位见证检验并旁站。

检验方法：参照产品说明书或相关技术标准检验。

12.4.11 相邻无线闭塞中心（RBC）间接口检验应符合下列要求：

1 移交RBC到接收RBC的预告信息、进路信息、通告信息、取消信息等应正确。

2 接收RBC到移交RBC的进路相关信息、接管控车责任信息等应正确。

检验数量：施工单位全部检验。监理单位见证检验并旁站。

检验方法：参照产品说明书或相关技术标准检验。

12.4.12 信号集中监测(CSM)与相关系统接口检验应符合下列要求，并按附录B中表B.0.11和表B.0.13填写“列控中心与其他系统的通信接口试验记录表”和“无线闭塞中心与其他系统的通信接口试验记录表”。

1 CSM与相关系统的接口技术参数应符合设计要求和相关技术标准的规定。

2 CSM与相关系统之间建立正常通信后，应有相应的状态表示。

检验数量：施工单位全部检验。监理单位见证检验并旁站。

检验方法：参照产品说明书或相关技术标准检验。

13 单位工程综合质量评定

13.1 一 般 规 定

13.1.1 单位工程综合质量的检验包括单位工程质量控制资料核查、单位工程实体质量和主要功能核查、单位工程观感质量验收。

13.2 单位工程质量控制资料核查

13.2.1 单位工程质量控制资料应齐全完整，全面反映工程的施工质量状况。

13.2.2 单位工程质量控制资料核查应由监理单位组织施工单位进行，并按表13.2.2填写记录。

表13.2.2 单位工程质量控制资料核查记录

<table>
<tr><td colspan="2">单位工程名称</td><td colspan="4"></td></tr>
<tr><td colspan="2">施工单位</td><td colspan="4"></td></tr>
<tr><td>序号</td><td>资 料 名 称</td><td>份数</td><td>核查意见</td><td colspan="2">核查人</td></tr>
<tr><td>1</td><td>图纸会审、设计变更、洽商记录</td><td></td><td></td><td colspan="2"></td></tr>
<tr><td>2</td><td>工程定测、复测记录</td><td></td><td></td><td colspan="2"></td></tr>
<tr><td>3</td><td>设备、器材出厂合格证及进场检(试)验报告</td><td></td><td></td><td colspan="2"></td></tr>
<tr><td>4</td><td>工程检查证</td><td></td><td></td><td colspan="2"></td></tr>
<tr><td>5</td><td>系统检验记录表</td><td></td><td></td><td colspan="2"></td></tr>
<tr><td>6</td><td>施工记录</td><td></td><td></td><td colspan="2"></td></tr>
<tr><td>7</td><td>工程质量事故及事故处理资料</td><td></td><td></td><td colspan="2"></td></tr>
<tr><td>8</td><td>施工现场质量检查记录</td><td></td><td></td><td colspan="2"></td></tr>
<tr><td>9</td><td>分项、分部工程质量验收记录</td><td></td><td></td><td colspan="2"></td></tr>
<tr><td>10</td><td>新材料、新工艺施工记录</td><td></td><td></td><td colspan="2"></td></tr>
<tr><td>11</td><td></td><td></td><td></td><td colspan="2"></td></tr>
<tr><td>12</td><td></td><td></td><td></td><td colspan="2"></td></tr>
<tr><td></td><td></td><td></td><td></td><td colspan="2"></td></tr>
<tr><td></td><td></td><td></td><td></td><td colspan="2"></td></tr>
<tr><td></td><td></td><td></td><td></td><td colspan="2"></td></tr>
<tr><td></td><td></td><td></td><td></td><td colspan="2"></td></tr>
<tr><td colspan="6">结论：

施工单位项目负责人　　　　　　　　　　　　　　　　总监理工程师
年　　月　　日　　　　　　　　　　　　　　　　　　年　　月　　日</td></tr>
</table>

注：核查人为监理单位人员。

13.3 单位工程实体质量和主要功能核查

13.3.1 单位工程完成后,应由建设单位组织设计、监理、施工单位对单位工程实体质量和主要功能进行核查,并按表 13.3.1 填写记录。

表 13.3.1—1 车站联锁单位工程实体质量和主要功能核查记录

单位工程名称				
施工单位				
序号	项　　目	资料份数	核查意见	核查人
1	车站联锁试验记录表			
2	信号机试验记录表			
3	道岔试验记录表			
4	ZPW-2000 轨道电路室内外试验记录表			
5				
结论: 施工单位 项目负责人　　年　月　日 总监理工程师　　年　月　日 设计单位 项目负责人　　年　月　日 建设单位 项目负责人　　年　月　日				

注:核查项目由验收组协商确定。

表 13.3.1—2　列车运行控制系统(CTCS)地面设备单位工程实体质量和主要功能核查记录

单位工程名称				
施工单位				
序号	项　　目	资料份数	核查意见	核查人
1	列控中心工作试验记录表			
2	列控中心驱动采集试验记录表			
3	无线闭塞中心工作试验记录表			
4	应答器用户数据试验记录表			
5	列控中心轨道电路码序试验记录表			
6	列控中心与其他系统的通信接口试验记录表			
7	无线闭塞中心与其他系统的通信接口试验记录表			
8				
9				
结论： 施工单位 项目负责人　年　月　日 总监理工程师　年　月　日 设计单位 项目负责人　年　月　日 建设单位 项目负责人　年　月　日				

注：核查项目由验收组协商确定。

表 13.3.1—3 调度集中系统(CTC)单位工程实体质量和主要功能核查记录

<table>
<tr><td colspan="2">单位工程名称</td><td colspan="4"></td></tr>
<tr><td colspan="2">施工单位</td><td colspan="4"></td></tr>
<tr><td>序号</td><td>项　目</td><td>资料份数</td><td>核查意见</td><td>核查人</td></tr>
<tr><td>1</td><td>调度集中行车调度功能试验记录表</td><td></td><td></td><td></td></tr>
<tr><td>2</td><td>调度集中系统助理调度功能试验记录表</td><td></td><td></td><td></td></tr>
<tr><td>3</td><td>调度集中系统车站 CTC 功能试验记录表</td><td></td><td></td><td></td></tr>
<tr><td>4</td><td></td><td></td><td></td><td></td></tr>
<tr><td>5</td><td></td><td></td><td></td><td></td></tr>
<tr><td>6</td><td></td><td></td><td></td><td></td></tr>
<tr><td>7</td><td></td><td></td><td></td><td></td></tr>
<tr><td></td><td></td><td></td><td></td><td></td></tr>
<tr><td></td><td></td><td></td><td></td><td></td></tr>
<tr><td></td><td></td><td></td><td></td><td></td></tr>
<tr><td></td><td></td><td></td><td></td><td></td></tr>
<tr><td></td><td></td><td></td><td></td><td></td></tr>
<tr><td></td><td></td><td></td><td></td><td></td></tr>
<tr><td></td><td></td><td></td><td></td><td></td></tr>
<tr><td colspan="5">结论：

施工单位
项目负责人
年　月　日

总监理工程师
年　月　日

设计单位
项目负责人
年　月　日

建设单位
项目负责人
年　月　日</td></tr>
</table>

注：核查项目由验收组协商确定。

表 13.3.1—4 信号集中监测系统单位工程实体质量和主要功能核查记录

单位工程名称				
施工单位				
序号	项　　目	资料份数	核查意见	核查人
1	信号集中监测(CSM)与相关系统接口检验			
2	列控中心与其他系统的通信接口试验记录表			
3	无线闭塞中心与其他系统的通信接口试验记录表			
4				
5				
6				
7				
结论： 施工单位 项目负责人　　总监理工程师　　设计单位 项目负责人　　建设单位 项目负责人 年　月　日　　年　月　日　　年　月　日　　年　月　日				

注：核查项目由验收组协商确定。

13.3.2 单位工程实体质量和主要功能核查达不到设计要求和相关技术标准的规定时严禁验收。

13.4 单位工程观感质量评定

13.4.1 单位工程观感质量评定应由建设单位组织设计、监理、施工单位共同进行现场评定，并按表 13.4.1 填写记录。

表 13.4.1　单位工程观感质量检查记录

单位工程名称				
施工单位				
序号	项　　目	质量状况	质量评定	
			合格	差
1	光电缆线路			
2	箱盒安装			
3	地面固定信号及标志牌			
4	转辙装置			
5	轨道电路			
6	应答器及地面电子单元			
7	车载地面检测设备			
8	室内设备			
9	防雷、电磁兼容及接地			
10				
结论： 施工单位项目负责人　　总监理工程师　　设计单位项目负责人　　建设单位项目负责人 年　月　日　　年　月　日　　年　月　日　　年　月　日				

注：观感质量评定为“差”的项目应返修。

13.4.2　单位工程观感质量检查项目评定达不到合格标准，应进行返修。

13.4.3　单位工程观感质量合格应符合下列标准：

1　光电缆线路

1）槽道内光电缆顺直、自然、无扭曲；

2）槽道盖板完整，覆盖贴实、整齐、牢固；

3）光电缆标识正确、清晰；

4）接续盒完整无损，摆放平整，无漏胶、漏液现象；

5）光电缆余留量无环状，排列整齐；

6）防护管无变形和裂纹，钢管无锈蚀。

2　箱盒安装

1）箱盒用基础热镀锌均匀，表面平整，基础螺栓连接牢固；

2）箱盒无损伤、裂纹、锈蚀，密封作用良好；

3）箱盒安装端正，安装于箱盒内的元器件无破损，且固定牢固；

4）箱盒内的配线线缆无绝缘破损、无中间接头，绑扎整齐；

5）箱盒内的设备及器材外壳无损伤，铭牌正确；

6）箱盒名称书写正确、字迹清晰、端正。

3　地面固定信号及标志牌

1)高柱信号机混凝土机柱无影响强度的裂纹；

2)高柱信号机机柱与地面垂直，矮型信号机基础埋设平稳；

3)信号机构的色灯玻璃及透视镜无影响显示的斑点和裂纹，排列符合要求；

4)信号机配线无绝缘破损、无中间接头，绑扎整齐；

5)信号机名称书写正确，字迹清晰、端正；

6)信号标志牌安装牢固、方正、清晰。

4　转辙装置

1)转辙装置各组成部件完好齐全；

2)转辙机内部配线无绝缘破损、无中间接头、绑扎整齐；

3)名称书写正确、字迹清晰、端正。

5　轨道电路

1)箱盒内的器件安装牢固，无破损；

2)设备配线无绝缘破损、无中间接头、绑扎整齐；

3)安装在钢轨上的各种装置绝缘部分的配件齐全、完整无损，安装正确，紧固无松动；

4)各种轨道连接线无锈蚀，塞钉与塞钉孔涂漆封闭，卡具及化学锚栓固定齐全、牢固。

6　应答器及室外地面电子单元

1)应答器表面平整光洁，固定螺栓应齐全、紧固；

2)室外地面电子单元安装端正、牢固。

7　车载地面检测设备

1)设备箱与基础支架连接牢固，箱体平整；

2)环线各部件安装应固定牢靠，走线平直，连接良好。

8　室内设备

1)室内机柜(架)安装位置符合要求，安装牢固，横平竖直；

2)室内机柜(架)外壳无明显损伤；

3)室内机柜(架)各种表示铭牌正确、齐全、字迹清晰；

4)室内线槽引出线缆的开口处防护措施齐全，配线连接牢固；

5)配线线缆顺直、美观，电缆引出端应有标识铭牌；

6)防火、防鼠堵料堵口严实。

9　防雷、电磁兼容及接地

1)信号设备防雷元件的型号、规格、安装方式符合要求；

2)接地引接线的规格、型号符合要求，端子连接牢固可靠；

3)信号设备接地标识齐全。

附录 A 各种信号电缆主要电气性能指标

A. 0. 1 信号电缆在敷设前单盘测试时主要电气特性指标见表 A. 0. 1。

表 A. 0. 1 信号电缆在敷设前单盘测试时主要电气特性指标

序号	电缆类别	项目	单位	标准	换算公式
1	综合护套、铝护套信号电缆	导体直流电阻 20 ℃时（芯线直径 ϕ1. 0 mm）	Ω/km	23. 5	L/1 000
		绝缘电阻（芯线间，芯线对屏蔽层及金属护套间）	MΩ · km	≥3 000	1 000/L
2	铁路内屏蔽数字信号电缆	导体直流电阻 20 ℃时（芯线直径 ϕ1. 0 mm）	Ω/km	22. 5±1	L/1 000
		工作线对导体电阻不平衡 20 ℃时	%	≤1	—
		绝缘电阻 DC500 V 20 ℃ 每根绝缘线芯对其他绝缘线芯（与金属及金属套连接）	MΩ · km	≥10 000	1 000/L
		工作电容（0. 8 kHz～1. 0 kHz）四线组	nF/km	28±2	L/1 000
3	应答器电缆	导体直流电阻 20 ℃	Ω/km	≤9. 9	L/1 000
		工作线对导体电阻不平衡 20 ℃时	%	≤1	—
		绝缘电阻 DC100 V～500 V 20 ℃	MΩ · km	≥10 000	1 000/L
		工作电容（0. 8 kHz～1. 0 kHz）	nF/km	≤42. 3	L/1 000

A. 0. 2 信号电缆在敷设后全程测试时主要电气特性见表 A. 0. 2。

表 A. 0. 2 信号电缆在敷设后全程测试时主要电气特性指标

序号	电缆类别	单位	对地绝缘	线间绝缘	备注
1	综合护套、铝护套信号电缆	MΩ · km	≥20	≥20	暂定
2	铁路内屏蔽数字信号电缆	MΩ · km	≥20	≥20	暂定
3	应答器电缆	MΩ · km	≥20	≥20	暂定

注：绝缘电阻值是在综合考虑了电缆敷设的诸多因素后确定的，如直埋、填砂（土）引起的湿度增加，地下电缆接续盒、箱盒端子绝缘等。

A. 0. 3 各种信号电缆的电气性能测试后折合每公里计算方法：

1 用兆欧表测试绝缘时，可按式（A. 0. 1）计算：

$$R_X = 0.001 \times L \times R_m \qquad (A.0.1)$$

式中 L——电缆实际长度（m）；

R_m——仪表测量值（MΩ）；

R_X——换算到每千米长电缆的实际绝缘电阻值（MΩ）。

2 电缆如经曝晒后测量所得数据，不得作为电缆电气特性的结论。

3 表中的参考数值来源：《铁路内屏蔽数字电缆》TB/T 3100. 5—2004；《铁路信号电缆 综合护套信号电缆、铝护套信号电缆》TB/T 2476. 3—93；应答器数据传输电缆 TB/T 3100. 6—2008。

附录 B 系统检验记录表

表 B.0.1 车站联锁试验记录表

工程件名： 第 页 共 页

联锁表号码	进路		按钮名称			进路正常表示			道岔				轨道电路			信号机			敌对进路			解锁											结合				其他	
																											小车跳动				中途返回解锁							
	由	到	始端	变通	终端	光带	道岔表示	信号表示	单操不动	断表示	带动道岔	相邻无关道岔	区段占用	侵限绝缘	相邻无关区段	重复开放	正常取消关闭	接近锁闭取消关闭	迎面进路	重叠进路	交叉进路	正常解锁	故障解锁	接近人工解锁	未接近人工解锁	任一区段漏解锁	本区段跳	压前跳后	压后跳前	隔区段跳	压内方一个区段后折返	压内方所有区段后折返	自动闭塞结合	场间联系	站间联系		进路解锁后安全线道岔自动转换	
1	2	3	4	5	6	7	8	9	10	11	12	13	14	15	16	17	18	19	20	21	22	23	24	25	26	27	28	29	30	31	32	33	34	35	36	37	38	39

注：表内项目：√表示正确，×表示不对，△表示无此条件。

检查人： 记录人： 检查日期： 年 月 日

表 B.0.2 信号机试验记录表

工程件名： 第 页 共 页

信号机名称	电压(V)			显示距离(m)	灯位排列、灯光颜色、信号显示									主灯丝断丝			主、副丝双断		
	一次侧	二次侧	灯泡端		L	L/U	U	U闪U	H	L/L	U/U	B	A	H/B	报警	点副丝	灭灯	报警	灭灯
1	2	3	4	5	6		7	8	9	10	11	12	13	14	20	21	22	23	24

注：表内项目除填写数值者外，其他可用代号填写：√表示正确，×表示不对，△表示无此条件。

检查人： 记录人： 检查日期： 年 月 日

表 B.0.3 ZPW-2000 轨道电路试验记录表

表 B.0.3—1 ZPW-2000 轨道电路室内外试验记录表

工程件名： 第 页 共 页

区段名称		发送									接收												
		室内						室外			室外					室内							
		载频(Hz)	电源(V)	发送电平(级)	功出电压(V)	模拟网络输入电压(V)	模拟网络输出电压(V)	PT输入电压(V)	PT输出电压(V)	轨面电压(V)	轨面电压	空闲时入口电流	占用时入口电流	PT输入电压(V)	PT输出电压(V)	模拟网络输入电压(V)	模拟网络输出电压(V)	轨入电压	轨出电压(mV)	GJ电压	接收电平级	接收电源	载频(Hz)
	正向																						
	反向																						
	正向																						
	反向																						
	正向																						
	反向																						
	正向																						
	反向																						
	正向																						
	反向																						

注：表内应填写测试数据。△表示无此项。

检查人： 记录人： 检查日期： 年 月 日

表 B.0.3—2 ZPW-2000 轨道电路室内试验记录表

工程件名： 第 页 共 页

区段名称		正向/反向载频(Hz)		发送主备		接收主备		发送、接收低频(Hz)																	
		FS/JS	JS/FS	转换	报警	转换	报警	L6	L5	L4	L3	L2	L	LU	LU2	U	U2S	U2	UUS	UU	HB	HU	H	载频切换	占用检查
								22.4	21.3	23.5	10.3	12.5	11.4	13.6	15.8	16.9	20.2	14.7	19.1	18	24.6	26.8	29	25.7	27.9
	主																								
	备																								
	主																								
	备																								
	主																								
	备																								
	主																								
	备																								
	主																								
	备																								
	主																								
	备																								
	主																								
	备																								

注：表内项目：√表示正确，×表示不对，△表示无此条件。

检查人： 记录人： 检查日期： 年 月 日

表 B.0.4　道岔试验记录表

工程件名：　　　　　　　　　　　　　　　　　　　　　　　　第　页　共　页

道岔编号	启动继电器		表示继电器		显示盘表示			转辙机断表示接点		动作杆		面对岔尖汇报道岔开向		第一连接杆处 4 mm 间隙		道岔开程		故障电流		其他	
	吸起/落下		吸起/落下		L	U	H	挤岔报警		伸出/拉入		左开/右开		道岔不锁闭		mm		A			
	定位	反位	定位	反位	定位	反位	单锁	定位	反位	定位	反位	定位	反位	定位	反位	定位	反位	定位	反位		
1	2	3	4	5	6	7	8	9	10	11	12	13	14	15	16	19	20	21	22	23	24

注：表内项目：↑表示继电器吸起，↓表示继电器落下，√表示正确，×表示错误。

检查人：　　　　　　　　　　记录人：　　　　　　　　　　检查日期：　年　月　日

表 B.0.5　列控中心工作试验记录表

	序号	检查内容	预期结果	检查结果
系统工作检查	1	系统应具有“主控”、“备用”、“离线”指示灯		
	2	系统应具有“自动”和“手动”切换功能		
	3	列控中心处于自动切换状态，单独启动列控A机	列控A机正常启动，并成为主控状态	
	4	列控中心处于自动切换状态，单独启动列控B机	列控B机正常启动，并成为主控状态	
	5	同时启动列控A、B机（切换手柄放在自动位置）	列控A、B机启动正常，一主控一备用	
	6	切换手柄放在A位置，启动A机	A机工作	
	7	切换手柄放在B位置，启动B机	B机工作	
	8	切换手柄放在自动位置，同时启动A、B机	两系可自动同步	
	9	同步后切换手柄在A、B、自动之间切换	切换过程中不丢限速命令和进路信息，LEU输出不受影响	
	10	A机主控，B系同步，关闭A机	自动切换到B机，切换过程中不丢限速命令和进路信息，LEU输出不受影响	
	11	B机主控，A系同步，关闭B机	自动切换到A机，切换过程中不丢限速命令和进路信息，LEU输出不受影响	
	12	A、B系的状态指示灯显示正确	在以上各项试验中，A、B系的状态指示灯都能显示正确	

注：检查结果“√”表示正确，“×”表示错误，“△”表示无此条件。

检查人：　　　　　　记录人：　　　　　　　　　　检查日期：　年　月　日

表 B. 0. 6 列控中心驱动、采集试验记录表

表 B. 0. 6—1 列控中心驱动试验记录表

通道号	驱动板 1			驱动板 2		驱动板 3		驱动板 4		驱动板 5	
	类型	名称	校核	类型	名称	类型	名称	类型	名称	类型	名称
1											
2											
3											
4											
5											
6											

表 B. 0. 6—2 列控中心采集试验记录表

通道号	采集板 1			采集板 2		采集板 3		采集板 4		采集板 5		
	类型	名称	校核	类型	名称	校核	类型	名称	类型	名称	类型	名称
1												
2												
3												
4												
5												
6												

表 B. 0. 7 应答器用户数据试验记录表

应答器编号________

上下行	进路类型	进路号	接发车股道	限速命令	应答器用户数据检验结果							
					应答器编号	应答器链接	设计线路坡度	设计线路速度	轨道区段长度	轨道区段载频	信号机类型	临时限速管辖范围

注:1 临时限速命令及管辖范围仅做功能检查。

2 检查结果"√"表示正确,"×"表示错误,"△"表示无此条件。

检查人: 记录人: 检查日期: 年 月 日

表 B.0.8　无线闭塞中心工作试验记录表

	序号	检查内容	预期结果	检查结果
系统工作检查	1	系统应具有“主控”、“备用”指示灯		
	2	系统应具有“自动”和“手动”切换功能		
	3	RBC处于自动切换状态，单独启动A机	A机正常启动，并成为主控状态	
	4	RBC处于自动切换状态，单独启动B机	B机正常启动，并成为主控状态	
	5	同时启动A、B机（切换手柄放在自动位置）	A、B机启动正常，一主控一备用	
	6	切换手柄放在A位置，启动A机	A机工作	
	7	切换手柄放在B位置，启动B机	B机工作	
	8	切换手柄放在自动位置，同时启动A、B机	两系可自动同步	
	9	同步后切换手柄在A、B、自动之间切换	切换过程中不丢限速命令和进路信息	
	10	A机主控，B系同步，关闭A机	自动切换到B机，切换过程中不丢限速命令和进路信息	
	11	B机主控，A系同步，关闭B机	自动切换到A机，切换过程中不丢限速命令和进路信息	
	12	A、B系的状态指示灯显示正确	在以上各项试验中，A、B系的状态指示灯都能显示正确	

注：检查结果“√”表示正确，“×”表示错误，“△”表示无此条件。

检查人：　　　　记录人：　　　　检查日期：　　年　　月　　日

表 B.0.9 列控中心轨道电路码序试验记录表

所属轨道：　　　　　　　　　　　　　　　　　　　　　　　　运行方向：

测试项目＼轨道区段														备注
区段载频	设置	1700-1	2300-1	1700-2	2300-2	1700-1	2300-1	1700-2	2300-2	1700-1	2300-1	1700-2	2300-2	
	核对													
区段低频	设置	L3	L3	L2	L2	L	L	LU	LU	U	U	HU	HU	边界占压
	核对													
区段低频	设置	L4	L4	L3	L3	L2	L2	L	L	LU	LU	U	U	边界HU
	核对													
区段低频	设置	L5	L5	L4	L4	L3	L3	L2	L2	L	L	LU	LU	边界U
	核对													
区段低频	设置	L5	L5	L5	L5	L4	L4	L3	L3	L2	L2	L	L	边界LU
	核对													
区段低频	设置	L5	L5	L5	L5	L5	L5	L4	L4	L3	L3	L2	L2	边界L
	核对													
区段低频	设置	L5	L5	L5	L5	L5	L5	L5	L5	L4	L4	L3	L3	边界L2
	核对													
区段低频	设置	L5	L5	L5	L5	L5	L5	L5	L5	L5	L5	L4	L4	边界L3
	核对													
区段低频	设置	L5	L5	L5	L5	L5	L5	L5	L5	L5	L5	L5	L5	边界L4
	核对													
区段低频	设置	L5	L5	L5	L5	L5	L5	L5	L5	L5	L5	L5	L5	边界L5
	核对													
区段低频	设置	JZ	占压											
	核对													
区段低频	设置	HU	HU	占压										
	核对													
区段低频	设置	HU	HU	JZ	占压									
	核对													
区段低频	设置	U	U	HU	HU	占压								
	核对													
区段低频	设置	U	U	HU	HU	JZ	占压							
	核对													
区段低频	设置	LU	LU	U	U	HU	HU	占压						
	核对													
区段低频	设置	LU	LU	U	U	HU	HU	JZ	占压					
	核对													
区段低频	设置	L	L	LU	LU	U	U	HU	HU	占压				
	核对													
区段低频	设置	L	L	LU	LU	U	U	HU	HU	JZ	占压			
	核对													
区段低频	设置	L2	L2	L	L	LU	LU	U	U	HU	HU	占压		
	核对													
区段低频	设置	L2	L2	L	L	LU	LU	U	U	HU	HU	JZ	占压	
	核对													

表 B.0.10 调度集中功能试验记录表

表 B.0.10—1 调度集中系统行车调度功能试验记录表

序号	功能描述	检查内容	检查结果	备注
1	调度命令编制、暂存	选择模板编写、暂存,自动滚号		
2	调度命令浏览、查询	可以查询、暂存、接收下发的调度命令		
3	调度命令下达到车站	可以进行单站、多站下达,相邻台间转发调度命令,有计算机自动和人工签收2个回执,能以不同标识列出各车站的接收情况		
4	调度命令下达到机车	机车自动回执,人工回执,能以不同标识列出机车的接收情况		
5	日班计划下达	以调度命令形式下到车站、有关站段		
6	基本图浏览	根据其他系统提供的基本图数据,以运行图方式显示		
7	调整计划的生成	根据基本图或日班计划自动铺画,人工铺画,提供各种便捷的方式供调度员手工绘图		
8	调整计划的调整	运行图方式(包括股道分配),拖动运行线等,提供便捷的操作手段供调度员添加、修改、删除运行线和各种标记		
9	特殊标记	能按运输调规要求设定,如超限列车、重点列车、施工慢行、区间封锁、反方向、机外停车、区间作业、接触网停电、甩挂作业、合并运行、区间救援等		
10	合法性检查	股道运用条件的检查(能否接超限车、可否接客车等)		
11	无冲突性检查	可以进行诸如股道冲突、区间运用冲突、区间运行时分检查、禁会(区间、站内)等		
12	时效性检查	新计划下达后原计划被更新,但已经排列进路的计划仍然有效,临近计划区已经排列进路的在运行图上有标识,实际计划区的运行线不能拖动		
13	站细检查	相对方向同时接车,相同方向同时发接列车(6‰下坡道,原通过列车);超限车的接车股道检查、动车组接入固定股道检查等		
14	自动报点	能自动生成实绩运行图		
15	行车信息实时监视	按TDCS要求,提供全局、单站的站场显示,包含车次号、早晚点信息;可以进行车次号的输入、修改、删除、跟踪显示		
16	限速显示	在站场图形界面上,正确显示临时限速命令执行情况		
17	报警信息	实时提示,转非常站控、通信中断、进路不能排列等重要报警情况发生时,在行调台能够提供报警,提示调度员处理		
18	临时限速调度命令的拟定、取消及查询	按照规定的临时限速调令的流程,拟定、取消、查询临时限速调度命令,具体流程依据科技运〔2008〕151号的规定		

注:检查结果“√”表示正确,“×”表示错误,“△”表示无此条件。

检查人: 记录人: 检查日期: 年 月 日

表 B.0.10—2 调度集中系统助理调度功能试验记录表

序号	功能描述	检查内容	检查结果	备注
1	调车作业单的编制	按现场实际调车单格式内容输入调车作业计划，每钩计划至少应包含序号、作业股道、作业方法、辆数、备注等内容，调车单可以先编好缓存起来，需要时再调出下达		
2	调车作业单的查询	已下达或缓存的调车单可以方便地进行查询		
3	调车作业单所需进路的生成	编好的作业单对应的进路可以根据现场实际自动生成，并返回到对应的调车单界面上		
4	自动生成的调车进路的人工调整、确认	对于较复杂的车站，自动生成的进路可能会与编制人的意图不符，系统应能提供出对应某条进路的全部可能变更选项，供人工选择；点中调车单中的进路时，在对应的站场图上有对应的光带，方便编制人确认。进路经确认后下达到自律机，作为将要执行的调车计划进路		
5	调车进路人工直接办理控制	可人工直接办理，需输入作业时间		
6	调车作业单下达到车站	在车站车务终端上显示、打印，有站场平面图		
7	站存车信息输入、查询、发送	方便地输入、修改(无人站)、列表查询站存车信息，并可发送给相关调度台		
8	行车表示信息	按 TDCS 要求，提供全局、单站的站场显示，包含车次号、早晚点信息；可以进行车次号的输入、修改、删除、跟踪显示		
9	限速显示	在站场图形界面上，正确显示临时限速命令执行情况		
10	报警信息	实时提示，转非常站控、通信中断、进路不能排列等重要报警情况发生时，在行调台能够提供报警，提示调度员处理		
11	控制命令响应时间	命令完整下发后到开始执行的时间，<3 s		
12	表示信息响应时间	车站控制台有显示后到控制工作站显示出来的时间，<3 s		
13	分散自律控制转换为非常站控	在联锁终端上操作，车务终端上和中心工作站上有状态及报警显示； 转换后，具备 TDCS 功能，但接收的计划不执行，CTC 系统不能控制联锁设备		
14	非常站控转换为分散自律控制	在联锁终端操作，车务终端上和中心工作站上有状态及报警显示，此时联锁控制台不能办理操作。(切换时，不能有两种模式的组合命令形成) 有正在执行的操作或自律机异常时，此时不具备转换条件，不点黄灯；点亮黄灯时，模式转换时不影响已办理的列车进路和调车进路并防止形成预排进路		
15	进路指令表	在操作显示界面上可以随时人工请求查看自律机中最新的列车进路指令表，能够标识出进路的状态(未执行、已锁闭、已执行等)		

注：检查结果"√"表示正确，"×"表示错误，"△"表示无此条件。

检查人： 记录人： 检查日期： 年 月 日

表 B.0.10—3　调度集中系统车站 CTC 功能试验记录表

序号	功能描述	检查内容	检查结果	备注
1	分散自律控制转换为非常站控	同助调		
2	非常站控转换为分散自律控制	同助调		
3	报警提示	调度员台、系统维护台、车务终端、电务维护终端等计算机上均应有报警		
4	网络通信正常时	非常站控状态下具备 TDCS 功能，但接收的计划不执行，CTC 系统不能控制联锁设备		
5	系统判断转回条件	有正在执行的按钮操作或自律机异常时，此时不具备转换条件，不点黄灯		
6	日班计划接收、签收、调阅	接收行调台发来的调度命令格式的日班计划，以调度命令方式浏览、查询		
7	运行调整计划接收、浏览	接收行调台发来的运行调整计划，以运行图方式和时刻表方式浏览、查询，可以浏览相邻各 2 个站的计划		
8	调度命令接收、打印	接收行调台、值班主任台编写的调度命令，按特定模板方式显示，提供人工签收、转发机车的功能，转发机车时，有机车自动回执和司机签收回执		
9	发送限速命令	给列控中心发送中心下达的限速命令、直接下达限速命令给列控中心		
10	施工请求	在车站维修终端编辑施工请求，发往中心调度台并接收中心的批复		
11	控制命令响应时间	命令完整下发后到开始执行的响应时间，＜3 s		
12	表示信息响应时间	车站控制台有显示后到车务终端显示出来的时间，＜3 s		
13	行车日志自动生成	根据实际报点信息自动生成行车日志(运统二/三)，按运输要求格式，可以提供打印、查询等功能		
14	本站调车作业单的编制	按现场实际调车单格式内容输入调车作业计划，每钩计划至少应包含序号、作业股道、作业方法、辆数、备注等内容，调车单可以先编好缓存起来，需要时再调出下达		
15	站存车信息输入、查询、发送	方便地输入、修改、列表查询站存车信息，并可发送给相关调度台		
16	车站设备状态实时监视	设备连接图方式，分层显示，反映本站设备的网络连接情况，包括输入输出板的各位状态		
17	行车信息实时监视	相邻各 2 个站，包含车次号信息		
18	限速显示	在站场图形界面上，正确显示临时限速命令执行情况		

注：检查结果“√”表示正确，“×”表示错误，“△”表示无此条件。

检查人：　　　　　　记录人：　　　　　　检查日期：　　年　　月　　日

表 B.0.10—4 调度集中系统综合维修功能试验记录表

序号	功能描述	检查内容	检查结果	备注
1	车站施工申请的签收与报批	接收车站的施工申请，签收后报行调审批，行调将审核后的施工申请返给综合维修，综合维修再转发给车站		
2	调度命令查询	按时间或命令号便捷地进行查询已下达或缓存的调度命令		
3	行车信息实时监视	同行调		
4	限速显示	同行调		
5	列车运行计划浏览	运行图方式		

注：检查结果"√"表示正确，"×"表示错误，"△"表示无此条件。

检查人： 记录人： 检查日期： 年 月 日

表 B.0.10—5 调度集中系统电务维修功能试验记录表

序号	功能描述	检查内容	检查结果	备注
1	调度中心设备状态实时监视	设备连接图方式，分层显示		
2	车站设备状态实时监视	设备连接图方式，分层显示，包括输入输出板的各位状态		
3	操作记录日志	列表方式，可分站显示		
4	故障报警日志、分类查询	列表方式，可分站显示		
5	各种信息的记录、回放、打印、分类查询	提供便捷的方式		
6	行车信息实时监视	同行调		
7	限速显示	同行调		
8	网管功能	系统具有网管功能		

注：检查结果"√"表示正确，"×"表示错误，"△"表示无此条件。

检查人： 记录人： 检查日期： 年 月 日

表 B.0.11　列控中心与其他系统的通信接口试验记录表

序号		检 查 内 容	检查结果
1	与计算机联锁系统通信	与联锁系统通信线连接正确	
		能正确接收计算机联锁系统的进路信息	
		能向计算机联锁系统正确发送进站信号降级显示命令	
		列控中心两系同步时,其主系与联锁备系的通信中断,不影响系统正常运行,维护终端有报警	
		列控中心两系同步时,其主系与联锁主系通信中断,列控中心自动倒机	
		列控中心备系与联锁备系的通信中断,不影响系统正常运行,维护终端有报警	
		列控中心备系与联锁主系通信中断,不影响系统正常运行,维护终端有报警	
2	与轨道电路的接口	列控中心能完成区间和站内轨道电路的编码	
		列控中心应能完成轨道电路发送载频及低频信息	
3	与CTC系统通信	与CTC/TDCS通信线连接正确	
		能正确接收处理CTC/TDCS发送的限速命令	
		能向CTC/TDCS正确发送列控中心状态信息	
		能向CTC/TDCS正确回复临时限速的设置结果及限速状态	
		列控中心两系同步时,其主系与CTC/TDCS备系通信中断不影响系统正常运行,维护终端有报警	
		列控中心两系同步时,其主系与CTC/TDCS主系通信中断时,如果CTC/TDCS在规定时间内不能成功倒机,列控中心应能自动倒机	
		列控中心备系与CTC/TDCS主系通信中断,不影响系统正常运行,维护终端有报警	
		列控中心备系与CTC/TDCS备系通信中断,不影响系统正常运行,维护终端有报警	
4	与信号集中监测系统通信	能向监测系统正确发送列控中心状态信息	
		能向监测系统正确发送进路信息	
		能向监测系统发送CTC/TDCS系统的临时限速命令	
		能向监测系统发送LEU的状态信息和监测结果	
5	与LEU通信	与LEU能正常通信,能收到列控中心的报文	
		列控中心能收到LEU反馈的状态信息、报警信息	
6	与相邻列控中心的通信	列控中心能收到邻站信息,正确控制轨道电路编码及信号机点灯	
		列控中心能正确控制区间方向	
		站间可以实现正常改方及辅助改方	
7	与临时限速服务器通信	依次下达各TCC的侧线限速	
		依次下达各TCC的跨边界正线限速	
		依次下达各RBC的跨边界正线限速	
		根据TCC、RBC的其他限速功能需求设置,限速成功	

注:检查结果"√"表示正确,"×"表示错误,"△"表示无此条件。

检查人:　　　　　　　　记录人:　　　　　　　　　　　　检查日期:　　年　　月　　日

表 B. 0. 12 列控中心功能试验记录表

方向	进路性质	列控中心进路	联锁进路	进路始端	进路终端	股道（关键道岔）	检查结果

注：检查结果"√"表示正确，"×"表示错误，"△"表示无此条件。

检查人：　　　　记录人：　　　　检查日期：　年　月　日

表 B. 0. 13 无线闭塞中心与其他系统的通信接口试验记录表

序号		检查内容	检查结果
1	与计算机联锁系统通信	检查对联锁 1 的所有 TCP 通信正常	
		通过维护终端检查 RBC 能够接收联锁 1 的进路信息	
		人工切换 RBC 的主备系，通过维护终端检查 RBC 能够接收联锁 1 的进路信息	
		…	
2	与 CTC 系统通信	通过本地终端观察 VIA L 对 CTC 接口通信正常	
		通过本地终端观察 VIA R 对 CTC 接口通信正常	
3	与信号集中监测系统通信	通过本地终端观察 VIA L 对信号监测系统接口通信正常	
		通过本地终端观察 VIA R 对信号监测系统接口通信正常	
4	与临时限速服务器通信	检查对 TSRS 的所有 TCP 通信正常	
		通过维护终端检查 RBC 能够接收 TSRS 信息	
		人工切换 RBC 的主备系，通过维护终端检查 RBC 能够接收 TSR 的信息	
5	与 GSM-R 的通信	在 MSC 端人工开关服务，通过设备诊断功能检查 ISDN 通道 1 通信正确	
		在 MSC 端人工开关服务，通过设备诊断功能检查 ISDN 通道 2 通信正确	
		在 MSC 端人工开关服务，通过设备诊断功能检查 ISDN 通道 3 通信正确	
		在 MSC 端人工开关服务，通过设备诊断功能检查 ISDN 通道 4 通信正确	
		在 MSC 端人工开关服务，通过设备诊断功能检查备用 ISDN 通道通信正确	
		通过维护终端检查 RBC 能够接收 ATP 的呼叫建立连接	

注：检查结果"√"表示正确，"×"表示错误，"△"表示无此条件。

检查人：　　　　记录人：　　　　检查日期：　年　月　日

本标准用词说明

在执行本标准条文时，对于要求严格程度的用词说明如下，以便在执行中区别对待。

(1)表示很严格，非这样做不可的用词：

正面词采用“必须”；

反面词采用“严禁”。

(2)表示严格，在正常情况下均应这样做的用词：

正面词采用“应”；

反面词采用“不应”或“不得”。

(3)表示允许稍有选择，在条件许可时首先应这样做的用词：

正面词采用“宜”；

反面词采用“不宜”。

表示有选择，在一定条件下可以这样做的词采用“可”。

《高速铁路信号工程施工质量验收标准》条文说明

本条文说明对重点条文的编制依据，存在的问题以及执行过程中应注意的事项等予以说明。为了减少篇幅只列条文号，未抄录全文。

1.0.1 本标准主要规定了高速铁路信号工程施工质量验收项目、要求、数量、方法，以及建设活动各方在工程施工过程中的职责、程序和工作要求。

1.0.2 本标准适用于高速铁路信号工程施工验收的单位工程验收。本标准不涉及工程决策阶段、勘察设计阶段和运营维修阶段的相关要求等。静态验收、动态验收应符合相关规定的要求。本标准是建设单位、监理单位、专门质量机构、勘察设计单位和施工单位对工程施工阶段的质量进行监督、管理和控制的主要依据。

1.0.3 《建设工程质量管理条例》(国务院令第279号)分别规定了建设单位、勘察设计单位、监理单位和施工单位的法定质量职责和义务。本标准根据高速铁路信号工程的专业特点，对建设各方在施工阶段的质量职责具体细化，均做出了明确规定，促使各方共同保证工程质量的合格。

1.0.11 铁路工程施工质量检验工作是施工质量管理的重要组成部分，也是施工质量控制的重要手段。客观、准确地检验检测数据是评价施工质量的依据。这就要求检验检测所用的仪器、方法应符合相关技术标准的规定。

3.1.1 施工现场的技术标准是指与工程施工相关的国家标准、行业标准和企业标准。

关于施工现场质量管理检查记录的填写和检查的规定是对监理单位和施工单位两方提出的要求，是保证开工后顺利施工和保证施工质量的基础。一般情况下，每个单位工程应检查一次。

3.1.3

1 铁路信号工程施工质量验收依据的现行相关标准主要有本专业和相关专业的设计规范、验收标准及其他技术标准、技术条件等。

3.3.3 分项工程质量验收是对其所含检验批质量检验的统计汇总，主要检查分项工程范围内检验批是否齐全，不能缺漏。

3.3.4 分部工程质量验收是对其所含分项工程质量检验的统计汇总，主要检查分部工程范围内分项是否齐全，不能缺漏。

3.4.1～3.4.5 高速铁路工程施工采用工程总承包或四电集成的方式时，其施工单位是指工程承包合同中约定的安装、调试、设备供应单位。

4.2.1 现行相关技术标准主要有：《铁路信号电缆　综合护套信号电缆》TB/T 2476.3—93；《铁路信号电缆　铝护套信号电缆》TB/T 2476.4—93；《铁路数字信号电缆　铁路内屏蔽数字信号电缆》TB/T 3100.5—2004；《铁路数字信号电缆　应答器数据传输电缆》TB/T 3100.6—2008；铁道部《客运专线铁路信号产品暂行技术条件汇编　铁路信号设备用电缆》(科技运

〔2008〕36 号)中规定的技术标准。

4.3.1 目前常用电缆防护器材主要有:钢管、电缆槽、UPVC 管等。

4.3.2

2 箱体热胀冷缩时相对桥墩要发生位移,发生位移时会损坏电缆槽道固定装置,因此要求桥体和桥墩连接的槽道要留有间隙。

6 地面以上的电缆槽外部增加 2 000 mm 砌砖防护,主要是为防止意外的野外烧荒时,造成电缆损坏,影响信号设备正常使用。

4.3.6 外露的钢管采用砖砌混凝土包封,主要是为了防止意外的野外烧荒造成电缆损坏。

4.5.3

2 单端接地的主干电缆在室内集中接地,在室外电缆盒一端就不再接地;分支电缆可以在靠近信号楼侧的电缆盒端做接地处理,另一端就不用接地。当主干电缆接地长度超过 3 km 时,在电缆不大于 3 km 的电缆接续处,其靠近信号楼侧的电缆钢带、铝护套悬空,其远离信号楼侧的电缆钢带、铝护套需做接地处理,内屏蔽层需连通不接地,确保任意两处接地之间距离不大于 3 km。

4.6.1 现行相关技术标准主要有铁道部《客运专线铁路信号产品暂行技术条件汇编　SMC 复合材料室外信号箱盒》(科技运〔2008〕36 号)中规定的技术标准。

5.4.1 相关技术标准是指铁路工程建设通用参考《铁路线路及信号标志,第四分册:客运专线铁路信号标志图集》(通线〔2009〕8024－Ⅳ)的规定。

5.4.4 《铁路技术管理规程》第 376 条规定:预告标设在进站信号机外方 900 m、1 000 m 及 1 100 m处,但在设有预告信号机及自动闭塞的区段,均不设预告标。

在高速铁路区段,因区间不设通过信号机和预告信号机,因此在正向和反向进站信号机外方均安装预告标志牌。一般正向预告标志牌设于线路左侧,反向预告标志牌设于线路右侧。

为避免标志牌显示混乱,在已设置了预告标的线路,不再设置接近标志。

6.1.2 转辙装置与道岔是两个相互影响的系统。转辙装置要保证正常转换、锁闭、表示功能,这些功能的实现都需要道岔提供一个好的工作环境和安装平台。

相关技术标准是指《客运专线无砟轨道道岔铺设暂行技术条件》或《客运专线有砟轨道道岔铺设暂行技术条件》。

6.2.3 本条参考了铁道部《铁路信号维护规则　技术标准Ⅰ》(铁运〔2008〕142 号)中道岔转换与锁闭设备的相关规定。

6.2.7 本条参考了铁道部《铁路信号维护规则　技术标准Ⅰ》(铁运〔2008〕142 号)中道岔转换与锁闭设备的相关规定。

6.3.3 本条参考了铁道部《铁路信号维护规则　技术标准Ⅰ》(铁运〔2008〕142 号)中道岔转换与锁闭设备的相关规定。

6.4.3～6.4.6 本条参考了铁道部《铁路信号维护规则　技术标准Ⅰ》(铁运〔2008〕142 号)中道岔转换与锁闭设备的相关规定。

6.5.3 本条参考了铁道部《铁路信号维护规则　技术标准Ⅰ》(铁运〔2008〕142 号)中道岔转换与锁闭设备的相关规定。

6.7.3

1 本款依据是铁道部科技司《关于印发〈ZPW-2000A 无绝缘轨道电路设备〉等 14 项铁路客运专线信号产品暂行技术条件的通知》(科技运〔2008〕36 号)的相关规定。

3　电加热元件的长度一般相对固定，而纵向安装在同一钢轨上时，在考虑冷端U型把手受轨枕板距离限制的同时，还要考虑热端相邻电加热元件间的热胀冷缩因素，因此要求加热元件的热端间隙不少于100 mm，并且每个滑床板上都要有完整的加热条。

7.1.3　胶结式钢轨绝缘的施工是由土建单位施工，信号专业只是检查绝缘和机械强度等。

7.2.6　本条依据铁道部《钢轨探伤管理规则》(铁运〔2006〕200号)第36条中的相关规定。

7.3.2

2　根据相关资料，区间和车站股道补偿电容的配置间隔，1 700 Hz和2 000 Hz理论间距为60 m;2 300 Hz和2 600 Hz理论间距为80 m;站内为100 m。

7.6.2　完全横向连接空扼流设置位置靠近接触网支柱，是为减少牵引回流对信号的影响，缩短吸上线的长度。

8.2.2　应答器安装位置允许偏差，是依据铁道部科技司《关于印发CTCS-3列控系统应答器应用原则(V2.0)的通知》(科技运〔2010〕21号)的相关规定确定的。

8.2.4

4　目前在铁路上使用的应答器有两个安装孔和四个安装孔两种模式。其中四孔应答器的表面有六个孔，其中中间两孔为工艺孔，外围4孔为安装孔，安装孔螺栓都应齐全。

应答器安装有纵向和横向两种安装方式。不管是纵向安装还是横向安装，与钢轨纵向平行的方向均为X轴，与钢轨纵向垂直的方向均为Y轴，与钢轨平面垂直的方向均为Z轴。

旋转角偏离如说明图8.2.7所示。以X轴为旋转轴的角度偏离为倾角;以Y轴为旋转轴的角度偏离为俯仰;以Z轴为旋转轴的角度偏离为侧转角。

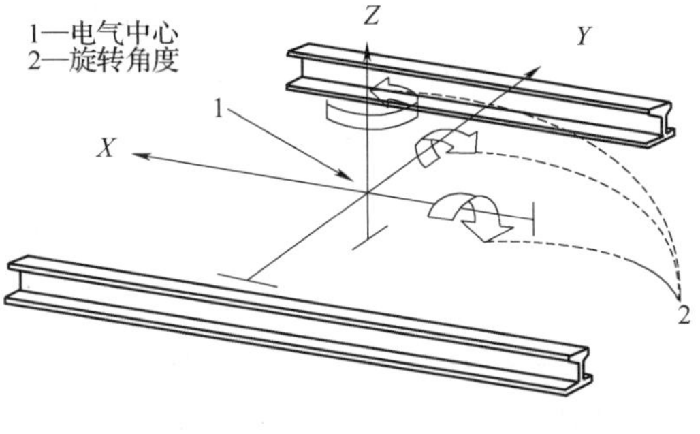

说明图8.2.7　应答器安装旋转角定义

9.3.1　BTM天线测试设备实际是应答器，故其安装方式与应答器相同。

10.5.1　《高速铁路设计规范(试行)》TB 10621第14.9.4条规定：隧道、综合站房内信号电缆应采用无卤低烟阻燃型电缆。

11.1.2　信号设备房屋的法拉第笼屏蔽设置、地网设置、接地汇集线设置是依据铁道部运输局《关于印发〈铁路信号设备雷电及电磁兼容综合防护实施指导意见〉的通知》(铁运〔2006〕26号)的规定。

11.3.4　接地设置是依据铁道部运输局《关于印发〈铁路信号设备雷电及电磁兼容综合防护实施指导意见〉的通知》(铁运〔2006〕26号)的第3.5.1、3.5.3、3.5.8、3.5.9、3.5.4、3.5.10条确定的。

11.3.5　接地设置是依据铁道部运输局《关于印发〈铁路信号设备雷电及电磁兼容综合防护实施指导意见〉的通知》(铁运〔2006〕26号)的第3.5.5条确定的。

11.4.6

2 电缆始端钢带、铝护套、内屏蔽护套连通后接地；电缆终端的钢带、铝护套、内屏蔽不接地。

12.2.1 电源单项检验的质量要求依据是铁道部《客运专线铁路信号产品暂行技术条件汇编 电源屏》(科技运〔2008〕36号)中的规定。

三相电源的相序必须核对一致，包括三个方面的要求：一是要保证两路输入电源的相序一致；二是要保证主、备屏的输入相序一致；三是要保证主、备屏的输出相序一致。这样，当一路电源故障而倒接到另一路电源时或主、备电源屏在切换时，能够确保信号设备不间断的正常使用，也不致引起道岔转辙机的转换方向错误。

12.2.5

1 根据线路道床结构的不同，ZPW-2000(UM)系列轨道电路的分路灵敏度电阻也不同，因此根据道床结构选择不同的标准分路线：当轨道电路道床电阻值为3 Ω·km时，标准分路线电阻应为0.25 Ω；当轨道电路道床电阻值为2 Ω·km时，标准分路线电阻应为0.15 Ω。

12.2.6 转辙机检验的质量要求依据是铁道部《铁路信号维护规则 技术标准Ⅰ》(铁运〔2008〕142号)中第3.5.5条的规定。

12.2.7 转辙机检验的质量要求依据是铁道部《铁路信号维护规则 技术标准Ⅰ》(铁运〔2008〕142号)中第3.4.3及3.4.10条的规定。

12.2.8 转辙机检验的质量要求依据是铁道部《铁路信号维护规则 技术标准Ⅰ》(铁运〔2008〕142号)中第3.3节的规定。

12.2.9 道岔转换检验的质量要求依据是铁道部《铁路信号维护规则 技术标准Ⅰ》(铁运〔2008〕142号)中第3.1.12条的规定，以及铁道部运输局《关于印发〈道岔转换设备安装技术条件(暂行)〉的通知》(运基信号〔2010〕386号)第5.4条的规定。

12.2.11 道岔融雪装置检验的质量要求依据是铁道部《客运专线铁路信号产品暂行技术条件汇编 电加热道岔融雪系统设备》(科技运〔2008〕36号)中的规定。

12.2.13 铁道部科学技术司、运输局《关于印发CTCS-3列控系统应答器应用原则(V2.0)的通知》(科技运〔2010〕21号)、《CTCS-2级列控系统应答器工程应用原则(V2.0)》(科技运〔2010〕21号)、《CTCS-2级应答器报文定义及运用原则(暂行)》(科技运〔2008〕16号)等文件对应答器的报文进行了具体规定。

12.2.14 无线闭塞中心检验要求参考了铁道部《关于印发客运专线CTCS-3列控系统综合试验试验大纲的通知》(铁技委函〔2009〕773号)文件中的相关规定。

12.3.4 本条所述相关技术标准是指铁道部发布的《铁路信号集中监测系统技术条件》(运基信号〔2010〕709号)。

13.4.1 观感质量验收的目的在于直观地从宏观上对工程的安全可靠性能和使用功能进行验收。如局部缺损、外观缺陷等，通过观感质量验收及时发现问题，提出整改，是一个不可缺少的质量控制环节。

中华人民共和国行业标准

铁建设〔2010〕240 号

高速铁路电力工程施工质量验收标准

Standard for Construction Quality Acceptance of High-speed Railway Electric Power Supply Engineering

TB 10757—2010

2010-12-08 发布 **2010-12-08 实施**

中华人民共和国铁道部 发布

前　　言

本标准是根据铁道部《关于印发 2009 年铁路工程建设标准编制计划的通知》(铁建设函〔2009〕34 号)的要求，在《铁路电力工程施工质量验收标准》TB 10420—2003 的基础上，充分吸纳京津、武广、郑西、合宁、合武、石太、东南沿海、沪宁等高速铁路的建设、运营经验编制而成的。

本标准的编制工作紧紧把握高速铁路总体技术路线，坚持高起点、高标准，通过原始创新、集成创新和引进消化吸收再创新，形成了符合我国国情路情、具有自主知识产权的中国高速铁路电力工程施工质量验收标准。

本标准共分 12 章，主要内容包括总则、术语、基本规定、变配电所、电缆线路、35 kV 及以下架空线路、低压配电、电气照明、电力远动、机电设备监控系统、防雷接地、单位工程综合质量评定等，另有 4 个附录。

本标准的主要内容如下：

1. 落实“六位一体”建设管理要求，对质量、安全、工期、投资控制、环境保护和技术创新提出了针对性管理措施。

2. 反映建设项目标准化管理内涵，为管理制度、人员配备、现场管理、过程控制标准化提供了配套性标准规定。

3. 强调现代化施工管理手段应用，从积极推广机械化、工厂化、专业化、信息化施工角度，明确了指导性原则要求。

4. 体现全方位全过程质量控制理念，在源头控制、过程控制、细节控制方面明确了建设各方的关键性工作内容。

5. 突出工程结构安全性、可靠性、耐久性和系统使用功能等方面的质量目标要求，保证高速铁路安全平稳运营。

6. 贯彻工程质量终身负责制，增加了工序操作责任人的记录要求，体现对管理层、技术层、作业层人员的质量责任追溯。

7. 优化了工程施工质量验收的单元划分、组织程序、实施方法和工作内容。

8. 调整了检验项目、质量指标和检验方法，质量检测工作更趋科学、合理。

9. 梳理分析了电力工程施工中的易发质量通病，制订了针对性控制措施。

10. 明确了电力电缆敷设、架空电力电源线架设应采用专用机械施工，确保线缆施工质量，提高工作效率和施工单位的装备水平。

11. 规定了电力电缆终端接头、中间接头和架空电力电源线的接续等关键工序应由专业队伍施工。

12. 针对工程施工中的易发质量通病，细化了单芯电力电缆冷缩和预制式电缆头制作安装、变配电所主接地网等的检验项目、质量指标和检验方法。

13. 规定了交流单芯电缆以单根穿管时，不得用未分割磁路的钢管，为一级负荷供电的不同电源电缆在同一槽道内敷设时应采取隔离措施等内容。

14. 补充了变电所铜材质接地体(线)连接采用热剂焊，架空导线下锚、接续和悬挂固定采用预绞丝等验收内容。

15. 完善了箱式变电所，电缆井、电缆护层保护器、电缆屏蔽层及设备接地，干式变压器的散热、温度保护、外壳防护等级等验收内容。

16. 明确了六氟化硫全封闭组合电器、机电设备监控、不间断电源装置(UPS)、应急电源装置(EPS)等的施工质量验收内容。

17. 细化了消弧线圈接地、小电阻接地、无功补偿装置、动车组地面电源、安全母线安装等的检测标准和检测方法。

18. 调整了检验批的数量，优化了工程施工质量验收的单位工程、分部工程、分项工程划分，将光伏发电系统、柴油发电机组 2 个单项工程调整为单位工程。

本标准全部条文均为强制性条文，必须严格执行。

在执行本标准的过程中，希望各单位结合工程实践，认真总结经验，积累资料。如发现需要修改和补充之处，请及时将意见及有关资料寄交中铁建电气化局集团有限公司(北京市石景山区石景山路 29 号，邮政编码：100043)，并抄送铁道部经济规划研究院(北京市北蜂窝路乙 29 号，邮政编码：100038)，供今后修订时参考。

本标准由铁道部建设管理司负责解释。

主编单位：中铁建电气化局集团有限公司；

　　　　　中铁十一局集团有限公司；

　　　　　中铁电气化局集团有限公司。

主要起草人：张　晖、叶志荣、王培雄、金靖升、朱飞雄、李　焱、胡　春、刘利发。

主要审定人：王哲浩、尹福康、戴伯寿、孙建明、于小四、史　青、马静波、王向东、李建儒。

目　　次

1 总　　则

1.0.1 为了加强高速铁路电力工程施工质量管理，统一质量验收标准，保证施工质量，制定本标准。

1.0.2 本标准适用于时速 250～350 km 高速铁路电力工程施工质量的验收。时速 250 km 以下客运专线、城际铁路电力工程施工质量的验收应参照执行。

1.0.3 高速铁路电力工程施工建设各方应建立健全质量保证体系，对工程施工质量进行全过程控制，对管理层、技术层、作业层人员的质量责任实行终身追究制度。

1.0.4 高速铁路电力工程建设各方应做好管理制度、人员配备、现场管理、过程控制等标准化等工作，落实质量、安全、工期、投资效益、环境保护、技术创新等建设管理要求。

1.0.5 高速铁路电力工程施工应认真执行国家法律法规及相关技术标准，严格按照设计文件进行施工，施工质量应符合系统使用功能和安全、质量性能的要求，保证设计使用年限内正常使用。

1.0.6 高速铁路电力工程采用的主要设备、器材应符合国家和铁道行业相关标准及准入的规定。

1.0.7 高速铁路电力工程施工中所采用的合同文件和工程技术文件等对施工质量的要求不得低于本标准的规定，当高于本标准的规定时应符合其要求。

1.0.8 高速铁路电力工程施工应贯彻国民经济可持续发展战略，合理利用资源，做好环境保护、水土保持等工作。

1.0.9 高速铁路电力工程施工过程中应遵守国家现行有关劳动保护方面的法规，保证施工人员的身体健康，避免或减少伤害。

1.0.10 高速铁路电力工程施工应积极采用机械化、工厂化、专业化、信息化等施工手段。

1.0.11 高速铁路电力工程施工应采用先进、成熟、科学的检验检测手段。质量检测数据必须真实、可靠，全面反映工程质量状况。所用方法和仪器设备应符合相关技术标准的规定，仪器性能应符合质量检测的要求，质量检验人员应具有规定的资格。

1.0.12 高速铁路电力工程施工的各类质量检验报告、检查验收记录和其他工程技术管理资料，应按规定及时填写，并且严格履行责任人签字确认制度。施工质量验收资料的归档整理和保存期限应符合有关规定的要求。

1.0.13 高速铁路电力工程施工及验收人员应经过必要培训并合格后方可上岗。

1.0.14 高速铁路电力工程施工质量的验收除符合本标准外，尚应符合国家现行有关标准的规定。

2 术　语

2.0.1　工程施工质量　constructional quality of engineering

反映工程施工过程或实体符合相关技术标准规定或合同约定的要求，包括其在安全、使用功能及其在耐久性能、环境保护等方面所有明显和隐含能力的特性总和。

2.0.2　验收　acceptance

工程施工质量在施工单位自行质量检查评定的基础上，参与建设活动的有关单位共同对检验批、分项、分部、单位工程的质量进行检验，根据相关标准以书面形式对工程质量达到合格与否做出确认。

2.0.3　进场验收 site acceptance

对进入施工现场的材料、构配件、设备等按相关技术标准规定要求进行检验，对产品达到合格与否做出确认。

2.0.4　检验批　inspection lot

按同一的生产条件或规定的方式汇总起来供检验用的，由一定数量样本组成的检验体。

2.0.5　检验　inspection

对检验项目中的性能进行量测、检查、试验等，并将结果与标准规定要求进行比较，以确定每项性能是否合格所进行的活动。

2.0.6　见证检验　evidential testing

项目监理机构对施工单位材料取样、送样、检验或某项检测、试验过程进行的监督活动。

2.0.7　平行检验　parallel acceptance testing

监理单位利用一定的检查或检测手段，在施工单位自检的基础上，按照一定的比例独立进行检查或检测的活动。

2.0.8　旁站　on-site supervision

在工程的关键部位或关键工序施工过程中，由监理人员在现场进行的监督活动。

2.0.9　工序　constructional procedure

施工过程中具有相对独立特点的作业活动，或由必要的技术间歇及停顿分割的作业活动，是组成施工过程的基本单元。

2.0.10　交接检验　handing over inspection

由施工的承接方与完成方经双方共同检查并对可否继续施工做出确认的活动。

2.0.11　主控项目　dominant item

对质量、安全、卫生、环境保护和公众利益起决定性作用的检验项目。

2.0.12　一般项目 general item

除主控项目以外的检验项目。

2.0.13　抽样检验　sampling inspection

按照规定的抽样方案，随机地从进场的材料、构配件、设备或工程检验项目中，按检验批抽取一定数量的样本所进行的检验。

2.0.14 抽样方案 sampling scheme

根据检验项目的特性所确定的抽样数量和方法。

2.0.15 观感质量 quality of appearance

通过观察和必要的量测所反映的工程外在质量。

2.0.16 返修 repair

对工程不符合标准规定的部位采取整修等措施。

2.0.17 设计使用年限 design working life

作为结构耐久性设计依据并具有足够安全度或保证率的目标使用年限。

2.0.18 机电设备监控 mechanical and electrical equipment monitoring

对铁路车站、段、大中型建筑、长大隧道内各类机电设备的监视、控制、测量。

2.0.19 远动系统 supervisory control and data aquisition system(SCADA)

由控制站和被控站的远动设备及连接两者之间的通道设备组成的对电力设备进行远距离实时监控的系统。它具有实现对铁路电力供电系统的生产过程的数据采集、处理、传输和显示等功能。

2.0.20 光伏发电系统 photovoltaic power generating system

利用光伏电池(又称太阳能电池)的光生伏特效应,将太阳辐射能直接转换成电能的发电系统。又称光伏电池发电系统,简称 PV 系统。光伏发电系统按与电力系统的关系分为离网型光伏发电系统和并网型光伏发电系统。

2.0.21 综合自动化系统 integrated automation system

能够实现全所当地监控、当地维护、数据采集与传输、数据预处理、当地和远程通信功能,以及线路变压器组、馈线等的控制和保护功能为一体的自动化系统。

3 基本规定

3.1 一般规定

3.1.1 高速铁路电力工程施工现场管理应具有相应的施工技术标准、质量管理体系和施工质量检验制度。

高速铁路电力工程施工现场质量管理检查记录应由施工单位在施工前按表 3.1.1 的规定填写，总监理工程师进行检查，并做出检查结论。

表 3.1.1 施工现场质量管理检查记录

<table>
<tr><td colspan="2">单位工程名称</td><td colspan="3"></td><td>开工日期</td><td></td></tr>
<tr><td colspan="2">建设单位</td><td colspan="3"></td><td>项目负责人</td><td></td></tr>
<tr><td colspan="2">设计单位</td><td colspan="3"></td><td>项目负责人</td><td></td></tr>
<tr><td colspan="2">监理单位</td><td colspan="3"></td><td>总监理工程师</td><td></td></tr>
<tr><td colspan="2">施工单位</td><td></td><td>项目负责人</td><td></td><td>项目技术负责人</td><td></td></tr>
<tr><td>序号</td><td colspan="4">项　目</td><td colspan="2">内　容</td></tr>
<tr><td>1</td><td colspan="4">开工报告</td><td colspan="2"></td></tr>
<tr><td>2</td><td colspan="4">现场质量管理制度</td><td colspan="2"></td></tr>
<tr><td>3</td><td colspan="4">质量责任制</td><td colspan="2"></td></tr>
<tr><td>4</td><td colspan="4">工程质量检验制度</td><td colspan="2"></td></tr>
<tr><td>5</td><td colspan="4">施工技术标准</td><td colspan="2"></td></tr>
<tr><td>6</td><td colspan="4">施工图现场核对情况</td><td colspan="2"></td></tr>
<tr><td>7</td><td colspan="4">交接桩、施工复测及测量控制资料</td><td colspan="2"></td></tr>
<tr><td>8</td><td colspan="4">施工组织设计、施工方案和环境保护方案及审批</td><td colspan="2"></td></tr>
<tr><td>9</td><td colspan="4">主要专业工种操作上岗证书</td><td colspan="2"></td></tr>
<tr><td>10</td><td colspan="4">管理层、技术层、作业层人员质量责任登记表</td><td colspan="2"></td></tr>
<tr><td>11</td><td colspan="4">施工检测设备及计量器具设置</td><td colspan="2"></td></tr>
<tr><td>12</td><td colspan="4">材料、设备管理制度</td><td colspan="2"></td></tr>
<tr><td colspan="7">检查结论：

总监理工程师
年　月　日</td></tr>
</table>

3.1.2 高速铁路电力工程应按下列规定进行施工质量控制：

1 工程采用设备和材料，施工单位和监理单位应按本标准的规定进行检验，不合格的不得用于工程施工。

2 各工序应按施工技术标准进行过程控制，施工单位和监理单位应按本标准的规定进行检查，并形成记录。

3 工序之间应进行交接检验，上道工序应符合下道工序的施工条件和技术要求。相关专业工序之间接口的交接检验应经监理工程师检查认可，未经检查或经检查不合格的不得进行下道工序施工。

3.1.3 高速铁路电力工程施工质量应按下列要求进行验收：

1 工程施工质量应符合本标准和现行有关标准的规定。

2 工程施工质量应符合工程设计文件和工程合同的要求。

3 参加工程施工质量验收的各方人员应具备规定的资格；各种检查记录签证人员应报建设单位确认、备案。

4 工程施工质量的验收均应在施工单位自行检查评定合格的基础上进行。

3.1.4 高速铁路电力工程施工质量验收使用的计量仪表、工器具应检定合格，并在有效期内。

3.1.5 高速铁路电力工程开工前，建设单位应组织工程设计、施工、监理及运营维护等单位，对站前预留的综合接地端子、沟、槽、管、孔以及箱式变电所基础等接口的标准和限界进行检查确认。

3.2 工程施工质量验收单元划分

3.2.1 高速铁路电力工程施工质量验收划分为单位工程、分部工程、分项工程和检验批。

3.2.2 单位工程应按一个相对独立功能或一个相当规模施工范围划分，并按下列原则确定：

1 一座变、配电所为一个单位工程。

2 一个供电臂的区间电力工程为一个单位工程。

3 一个站、场的电力工程为一个单位工程。

4 一回电源线路为一个单位工程。

5 一套独立的电力远动系统为一个单位工程。

6 一套独立的机电设备监控系统为一个单位工程。

7 一组柴油发电机组为一个单位工程。

8 一套光伏发电系统为一个单位工程。

3.2.3 分部工程应按一个完整部位或主要结构及施工阶段划分。

3.2.4 分项工程可按工种、工序、设备类别、施工工艺划分。

3.2.5 检验批可根据施工及质量控制和验收需要按施工段或部位划分。

3.2.6 高速铁路电力工程的单位工程、分部工程、分项工程、检验批划分和检验项目应符合表3.2.6的规定。

表 3.2.6　电力工程单位工程、分部工程、分项工程、检验批划分和检验项目

项次	单位工程	分部工程	分项工程	检验批	检验项目条文号	
					主控项目	一般项目
1	变、配电所安装工程	基础、构支架及遮栏、栅栏	基础及构支架	1所	4.2.1～4.2.14	4.2.15～4.2.17
			遮栏及栅栏		4.3.1～4.3.3	4.3.4
		电气装置	电力变压器	1所	4.4.1～4.4.7	4.4.8～4.4.16
			互感器		4.5.1～4.5.5	4.5.6～4.5.7
			高压断路器		4.6.1～4.6.8	4.6.9～4.6.10
			隔离开关、负荷开关及高压熔断器		4.7.1～4.7.6	4.7.7～4.7.9
			高压开关柜		4.8.1～4.8.7	4.8.8
			集中无功补偿装置		4.9.1～4.9.7	
			低压开关柜		4.10.1～4.10.6	4.10.7～4.10.8
			综合自动化及二次配线		4.12.1～4.12.7	4.12.8～4.12.9
			母线装置		4.13.1～4.13.8	4.13.9
			交直流电源装置		4.14.1～4.14.9	4.14.10～4.14.12
			UPS不间断电源装置及EPS应急电源装置		4.15.1～4.15.5	4.15.6～4.15.7
			火灾报警装置		4.18.1～4.18.6	4.18.7～4.18.10
			中性点接地装置		4.19.1～4.19.6	
		电缆线路	槽道内电缆敷设	1所	5.2.1～5.2.5	5.2.6
			直埋电缆敷设		5.3.1～5.3.5	5.3.6～5.3.11
			支架、桥架上电缆敷设		5.4.1～5.4.9	5.4.10～5.4.13
			管道内电缆敷设		5.5.1～5.5.5	5.5.6～5.5.11
			电缆附件制作与安装		5.7.1～5.7.8	5.7.9～5.7.12
			电缆井		5.8.1～5.8.2	5.8.3
		防雷、接地	防雷装置	1所	11.2.1～11.2.15	
			接地网		11.3.1～11.3.11	11.3.12～11.3.13
			电气设备接地		11.4.1～11.4.6	11.4.7
			与综合接地系统的连接		11.7.1	11.7.2
2	区间电力工程	电缆线路	槽道内电缆敷设	电力电缆一个回路为1个检验批	5.2.1～5.2.5	5.2.6
			直埋电缆敷设		5.3.1～5.3.5	5.3.6～5.3.11
			支架、桥架上电缆敷设		5.4.1～5.4.9	5.4.10～5.4.13
			管道内电缆敷设		5.5.1～5.5.5	5.5.6～5.5.11
			悬挂式电缆敷设		5.6.1～5.6.2	5.6.3～5.6.4
			电缆附件制作与安装	1个回路上的电缆附件	5.7.1～5.7.8	5.7.9～5.7.12
			电缆井	1个区间	5.8.1～5.8.2	5.8.3

续上表

项次	单位工程	分部工程	分项工程	检验批	检验项目条文号	
					主控项目	一般项目
2	区间电力工程	35 kV及以下架空线路	基坑开挖、回填及基础浇筑	3个耐张段	6.2.1～6.2.3	6.2.4～6.2.9
			杆塔组立、横担组装及绝缘子安装		6.3.1～6.3.6	6.3.7～6.3.15
			拉线安装		6.4.1～6.4.3	6.4.4～6.4.9
			导、地线架设		6.5.1～6.5.8	6.5.9～6.5.15
			线路设备安装		6.6.1～6.6.4	6.6.5～6.6.11
		电气装置	箱式变电所及箱式电抗器	1座	4.11.1～4.11.5	
		电气照明	桥隧及特殊场所照明	1座桥、隧	8.3.1～8.3.2	
		低压配电	配管配线	1座建筑物	7.2.1～7.2.11	7.2.12～7.2.23
			配电箱柜安装		7.3.1～7.3.4	7.3.5～7.3.8
		防雷、接地	防雷装置	1处	11.2.1～11.2.15	
			接地网		11.3.1～11.3.11	11.3.12～11.3.13
			电气设备接地		11.4.1～11.4.6	11.4.7
			与综合接地系统的连接		11.7.1	11.7.2
3	站场电力工程	电缆线路	槽道内电缆敷设	电力电缆1个回路为1个检验批	5.2.1～5.2.5	5.2.6
			直埋电缆敷设		5.3.1～5.3.5	5.3.6～5.3.11
			支架、桥架上电缆敷设		5.4.1～5.4.9	5.4.10～5.4.13
			管道内电缆敷设		5.5.1～5.5.5	5.5.6～5.5.11
			悬挂式电缆敷设		5.6.1～5.6.2	5.6.3～5.6.4
			电缆附件制作与安装	1个回路上的电缆附件	5.7.1～5.7.8	5.7.9～5.7.12
			电缆井	1个站	5.8.1～5.8.2	5.8.3
		35 kV及以下架空线路	基坑开挖、回填及基础浇筑	3个耐张段	6.2.1～6.2.3	6.2.4～6.2.9
			杆塔组立、横担组装及绝缘子安装		6.3.1～6.3.6	6.3.7～6.3.15
			拉线安装		6.4.1～6.4.3	6.4.4～6.4.9
			导、地线架设		6.5.1～6.5.8	6.5.9～6.5.15
			线路设备安装		6.6.1～6.6.4	6.6.5～6.6.11
		低压配电	配管配线	1座建筑物、1场	7.2.1～7.2.11	7.2.12～7.2.23
			配电箱(柜)安装		7.3.1～7.3.4	7.3.5～7.3.8
			防爆电气设备安装		7.4.1	7.4.2～7.4.6
			滑触线	1个回路	7.5.1～7.5.6	7.5.7～7.5.11
			封闭式母线		7.6.1～7.6.4	7.6.5～7.6.7
			动车组地面电源	1库、1场	7.7.1～7.7.3	7.7.4～7.7.5
		电气照明	站场照明	1站或1场	8.2.1～8.2.6	8.2.7～8.2.9
		防雷、接地	防雷装置	1处	11.2.1～11.2.15	
			接地网		11.3.1～11.3.11	11.3.12～11.3.13
			电气设备接地		11.4.1～11.4.6	11.4.7

续上表

项次	单位工程	分部工程	分项工程	检验批	检验项目条文号 主控项目	检验项目条文号 一般项目
3	站场电力工程	防雷、接地	防爆及火灾危险场所设备接地	1处	11.5.1～11.5.4	
			等电位连接		11.6.1～11.6.4	
			与综合接地系统的连接		11.7.1	11.7.2
4	电源线路	电缆线路	槽道内电缆敷设	电力电缆一个回路为1个检验批	5.2.1～5.2.5	5.2.6
			直埋电缆敷设		5.3.1～5.3.5	5.3.6～5.3.11
			支架、桥架上电缆敷设		5.4.1～5.4.9	5.4.10～5.4.13
			管道内电缆敷设		5.5.1～5.5.5	5.5.6～5.5.11
			电缆附件制作与安装	1个回路上的电缆附件	5.7.1～5.7.8	5.7.9～5.7.12
			电缆井	1回电源线路	5.8.1～5.8.2	5.8.3
		35 kV及以下架空线路	基坑开挖、回填及基础浇筑	3个耐张段	6.2.1～6.2.3	6.2.4～6.2.9
			杆塔组立、横担组装及绝缘子安装		6.3.1～6.3.6	6.3.7～6.3.15
			拉线安装		6.4.1～6.4.3	6.4.4～6.4.9
			导线、地线架设		6.5.1～6.5.8	6.5.9～6.5.15
			线路设备安装		6.6.1～6.6.4	6.6.5～6.6.11
		防雷、接地	防雷装置	1个回路或3个耐张段	11.2.1～11.2.15	
			接地网		11.3.1～11.3.11	11.3.12～11.3.13
			电气设备接地		11.4.1～11.4.6	11.4.7
5	电力远动	电力调度工作台	调度工作台设备	1套	9.2.1～9.2.4	9.2.5
		远动终端设备	远动终端设备	1所或1站	9.2.1～9.2.4	9.2.5
		远动系统检验	远动系统检验	1个系统	9.3.1～9.3.2	9.3.3
		防雷、接地	防雷装置	1所或1站	11.2.1～11.2.15	
			接地网		11.3.1～11.3.11	11.3.12～11.3.13
			电气设备接地		11.4.1～11.4.6	11.4.7
6	机电设备监控系统	集中监控站设备安装	集中监控站设备安装	1套	10.2.1～10.2.6	10.2.7～10.2.8
		现场监控设备安装	现场监控设备安装		10.2.1～10.2.6	10.2.7～10.2.8
		系统布线	系统布线	1个系统	10.3.1～10.3.3	10.3.4～10.3.6
		机电设备监控系统检验	机电设备监控系统检验		10.4.1～10.4.3	
		防雷、接地	防雷装置	1个系统	11.2.1～11.2.15	
			接地网		11.3.1～11.3.11	11.3.12～11.3.13
			电气设备接地		11.4.1～11.4.6	11.4.7

续上表

项次	单位工程	分部工程	分项工程	检验批	检验项目条文号	
					主控项目	一般项目
7	柴油发电机组	柴油发电机组	柴油发电机组安装检验	1组	4.16.1～4.16.9	4.16.10～4.16.12
		防雷、接地	防雷装置	1处	11.2.1～11.2.15	
			接地网		11.3.1～11.3.11	11.3.12～11.3.13
			电气设备接地		11.4.1～11.4.6	11.4.7
8	光伏发电系统	光伏发电系统	光伏发电系统安装检验	1个系统	4.17.1～4.17.7	4.17.8
		防雷、接地	防雷装置	1个系统	11.2.1～11.2.15	
			接地网		11.3.1～11.3.11	11.3.12～11.3.13
			电气设备接地		11.4.1～11.4.6	11.4.7

3.3 工程施工质量验收内容和要求

3.3.1 检验批的质量验收应包括如下内容：

1 实物检查。对设备和材料等的检验，应按进场批次和本标准规定的抽样检验方案执行；对工序质量的检验，应按本标准规定的抽样检验方案执行。

2 资料检查。设备和材料等的质量证明文件（包括质量检验报告、合格证等）；工序的施工记录、自检和交接检验记录、平行检验报告、见证检验报告等。

3 质量责任确认。对施工作业责任人员质量责任登记进行确认。

3.3.2 检验批合格质量应符合下列要求：

1 主控项目的质量经检验全部合格。

2 一般项目的质量经检验全部合格；其中，有允许偏差的抽查点，除有专门要求外，80%及以上的抽查点应控制在规定允许偏差内，最大偏差不得大于规定允许偏差的1.5倍。

3 具有完整的施工操作依据、质量检查记录。

4 施工作业责任人员质量责任登记情况真实、全面。

3.3.3 分项工程施工质量验收合格应符合下列要求：

1 分项工程所含检验批均符合合格质量的规定；

2 质量验收记录完整。

3.3.4 分部工程施工质量验收合格应符合下列标准：

1 分部工程所含分项工程的质量均验收合格；

2 质量验收记录完整。

3.3.5 单位工程施工质量验收合格应符合下列要求：

1 单位工程所含分部工程的质量均应验收合格；

2 质量控制资料核查符合要求；

3 实体质量和主要功能核查；

4 观感质量验收。

3.3.6 当检验批质量不符合要求时，应按下列要求进行处理：

1 经返工或更换设备材料、构配件的检验批，应重新进行验收。

2　经有资质的检测单位检测鉴定，能够达到设计要求的检验批，应予以验收。

3.3.7　通过返修或加固处理仍不能符合安全和使用功能要求的分部工程、单位工程，严禁验收。

3.4　工程施工质量验收程序和组织

3.4.1　检验批应由施工单位自检合格后报监理单位，由监理工程师组织施工单位专职质量检查员等进行验收。

施工单位应对全部主控项目和一般项目进行检查。

监理单位应对全部主控项目进行检查，对一般项目的检查内容和数量可根据具体情况确定。

检验批质量验收记录应按表3.4.1填写。对于主控项目，施工单位检查评定记录及监理单位验收记录的内容应填写详细具体；对于一般项目可填写概括性结论。

表3.4.1　________检验批质量验收记录

<table>
<tr><td colspan="3">单位工程名称</td><td colspan="3"></td></tr>
<tr><td colspan="3">分部工程名称</td><td colspan="3"></td></tr>
<tr><td colspan="3">分项工程名称</td><td></td><td>验收部位</td><td></td></tr>
<tr><td colspan="3">施　工　单　位</td><td></td><td>项目负责人</td><td></td></tr>
<tr><td colspan="3">施工质量验收标准名称及编号</td><td colspan="3"></td></tr>
<tr><td colspan="3">施工质量验收标准的规定</td><td colspan="2">施工单位检查评定记录</td><td>监理单位验收记录</td></tr>
<tr><td rowspan="9">主控项目</td><td>1</td><td></td><td colspan="2"></td><td></td></tr>
<tr><td>2</td><td></td><td colspan="2"></td><td></td></tr>
<tr><td>3</td><td></td><td colspan="2"></td><td></td></tr>
<tr><td>4</td><td></td><td colspan="2"></td><td></td></tr>
<tr><td>5</td><td></td><td colspan="2"></td><td></td></tr>
<tr><td>6</td><td></td><td colspan="2"></td><td></td></tr>
<tr><td>7</td><td></td><td colspan="2"></td><td></td></tr>
<tr><td>8</td><td></td><td colspan="2"></td><td></td></tr>
<tr><td>9</td><td></td><td colspan="2"></td><td></td></tr>
<tr><td rowspan="5">一般项目</td><td>1</td><td></td><td colspan="2"></td><td rowspan="5"></td></tr>
<tr><td>2</td><td></td><td colspan="2"></td></tr>
<tr><td>3</td><td></td><td colspan="2"></td></tr>
<tr><td>4</td><td></td><td colspan="2"></td></tr>
<tr><td>5</td><td></td><td colspan="2"></td></tr>
<tr><td colspan="2">施工作业人员质量责任登记</td><td colspan="4"></td></tr>
<tr><td colspan="2">勘察设计单位现场确认情况（需要时）</td><td colspan="4">现场负责人　　　　年　月　日</td></tr>
<tr><td colspan="2">施工单位检查评定结果</td><td colspan="4">专职质量检查员　　　　年　月　日
分项工程技术负责人　　　　年　月　日
分项工程负责人　　　　年　月　日</td></tr>
<tr><td colspan="2">监理单位验收结论</td><td colspan="4">监理工程师　　　　年　月　日</td></tr>
</table>

注：施工作业人员质量责任登记应按部位和工序分别签名。

3.4.2 分项工程应由监理工程师组织施工单位分项工程技术负责人等进行验收，并按表3.4.2填写记录。

表 3.4.2 ＿＿＿＿＿＿分项工程质量验收记录

<table>
<tr><td colspan="2">单位工程名称</td><td colspan="3"></td></tr>
<tr><td colspan="2">分部工程名称</td><td></td><td>检 验 批 数</td><td></td></tr>
<tr><td colspan="2">施 工 单 位</td><td></td><td>项目负责人</td><td></td></tr>
<tr><td>序号</td><td>检验批部位</td><td>施工单位检查评定结果</td><td colspan="2">监理单位验收结论</td></tr>
<tr><td>1</td><td></td><td></td><td colspan="2"></td></tr>
<tr><td>2</td><td></td><td></td><td colspan="2"></td></tr>
<tr><td>3</td><td></td><td></td><td colspan="2"></td></tr>
<tr><td>4</td><td></td><td></td><td colspan="2"></td></tr>
<tr><td>5</td><td></td><td></td><td colspan="2"></td></tr>
<tr><td>6</td><td></td><td></td><td colspan="2"></td></tr>
<tr><td>7</td><td></td><td></td><td colspan="2"></td></tr>
<tr><td>8</td><td></td><td></td><td colspan="2"></td></tr>
<tr><td>9</td><td></td><td></td><td colspan="2"></td></tr>
<tr><td>10</td><td></td><td></td><td colspan="2"></td></tr>
<tr><td>11</td><td></td><td></td><td colspan="2"></td></tr>
<tr><td colspan="5">说明：</td></tr>
<tr><td colspan="2">施工单位
检查评定结果</td><td colspan="3">分项工程技术负责人　　　　年　月　日</td></tr>
<tr><td colspan="2">勘察设计单
位现场确认情况
（需要时）</td><td colspan="3">现场负责人　　　　年　月　日</td></tr>
<tr><td colspan="2">监理单位
验收结论</td><td colspan="3">监理工程师　　　　年　月　日</td></tr>
</table>

注：勘察设计单位应按规定参加分项工程的验收。

3.4.3 分部工程应由监理工程师组织施工单位项目负责人和技术、质量负责人等进行验收，勘查设计单位项目负责人根据需要参与验收，并按表 3.4.3 填写记录。

表 3.4.3 ＿＿＿＿分部工程质量验收记录

<table>
<tr><td colspan="2">单位工程名称</td><td colspan="4"></td></tr>
<tr><td colspan="2">施　工　单　位</td><td colspan="4"></td></tr>
<tr><td colspan="2">项目负责人</td><td></td><td>项目技术负责人</td><td></td><td>项目质量负责人</td></tr>
<tr><td>序号</td><td>分项工程名称</td><td>检验批数</td><td colspan="2">施工单位检查评定结果</td><td>监理单位验收结论</td></tr>
<tr><td>1</td><td></td><td></td><td colspan="2"></td><td></td></tr>
<tr><td>2</td><td></td><td></td><td colspan="2"></td><td></td></tr>
<tr><td>3</td><td></td><td></td><td colspan="2"></td><td></td></tr>
<tr><td>4</td><td></td><td></td><td colspan="2"></td><td></td></tr>
<tr><td>5</td><td></td><td></td><td colspan="2"></td><td></td></tr>
<tr><td>6</td><td></td><td></td><td colspan="2"></td><td></td></tr>
<tr><td>7</td><td></td><td></td><td colspan="2"></td><td></td></tr>
<tr><td>8</td><td></td><td></td><td colspan="2"></td><td></td></tr>
<tr><td>9</td><td></td><td></td><td colspan="2"></td><td></td></tr>
<tr><td>10</td><td></td><td></td><td colspan="2"></td><td></td></tr>
<tr><td colspan="3">质量控制资料</td><td colspan="2"></td><td></td></tr>
<tr><td colspan="3">实体质量和主要功能检验(检测)报告</td><td colspan="2"></td><td></td></tr>
<tr><td rowspan="3">验收单位</td><td>施工单位</td><td colspan="4">项目负责人　　　　年　月　日</td></tr>
<tr><td>勘察设计单位
(需要时)</td><td colspan="4">项目负责人　　　　年　月　日</td></tr>
<tr><td>监理单位</td><td colspan="4">监理工程师　　　　年　月　日</td></tr>
</table>

注：1　勘察设计单位应按规定参加分部工程的验收。
　　2　质量控制资料核查、实体质量和主要功能核查项目应按表 12.2.2 和表 12.3.1 确定。

3.4.4 单位工程完工后，施工单位应自行组织有关人员进行检查，合格后向建设单位提交单位工程验收申请。

3.4.5 建设单位收到工程验收申请后，应由建设单位项目负责人组织施工、设计、监理等单位的项目负责人进行单位工程验收，并按表 3.4.5 填写记录。单位工程验收应包含综合质量评定的内容，综合质量评定应符合本标准第 12 章的有关规定。

表 3.4.5 单位工程质量验收记录

<table>
<tr><td>单位工程名称</td><td colspan="5"></td></tr>
<tr><td>施工单位</td><td></td><td>项目负责人</td><td></td><td>开工日期</td><td></td></tr>
<tr><td>项目技术负责人</td><td></td><td>项目质量负责人</td><td></td><td>竣工日期</td><td></td></tr>
</table>

<table>
<tr><td>序号</td><td colspan="2">项　　目</td><td colspan="2">验 收 记 录</td><td>验收结论</td></tr>
<tr><td rowspan="2">1</td><td colspan="2" rowspan="2">分部工程</td><td>共</td><td>分部</td><td rowspan="2"></td></tr>
<tr><td>经查，符合设计要求和标准规定</td><td>分部</td></tr>
<tr><td rowspan="3">2</td><td rowspan="9">综合质量评定</td><td rowspan="3">质量控制资料核查</td><td>共</td><td>项</td><td rowspan="9"></td></tr>
<tr><td>经查，符合要求</td><td>项</td></tr>
<tr><td>不符合要求</td><td>项</td></tr>
<tr><td rowspan="3">3</td><td rowspan="3">实体质量和主要功能核查</td><td>共核查、抽查</td><td>项</td></tr>
<tr><td>符合要求</td><td>项</td></tr>
<tr><td>不符合要求</td><td>项</td></tr>
<tr><td rowspan="3">4</td><td rowspan="3">观感质量</td><td>共检查</td><td>项</td></tr>
<tr><td>合格</td><td>项</td></tr>
<tr><td>不合格</td><td>项</td></tr>
<tr><td>5</td><td colspan="2">综合验收结论</td><td colspan="3"></td></tr>
</table>

<table>
<tr><td rowspan="2">参加验收单位</td><td>施工单位</td><td>监理单位</td><td>勘察设计单位</td><td>建设单位</td></tr>
<tr><td>（公章）
项目负责人
年　月　日</td><td>（公章）
总监理工程师
年　月　日</td><td>（公章）
项目负责人
年　月　日</td><td>（公章）
项目负责人
年　月　日</td></tr>
</table>

3.4.6 当参加验收各方对工程施工质量验收意见不一致时，可请铁路建设行政主管部分协调处理。

4 变、配电所

4.1 一般规定

4.1.1 变、配电所工程施工质量验收应包括下列项目：

1 基础及构支架。

2 遮栏及栅栏。

3 电力变压器、互感器、高压断路器。

4 隔离开关、负荷开关及高压熔断器。

5 高压开关柜、集中无功补偿装置、低压开关柜。

6 箱式变电所及箱式电抗器。

7 综合自动化系统及二次配线。

8 母线装置、交直流电源装置。

9 UPS不间断电源装置装置及EPS应急电源装置。

10 柴油发电机组、光伏发电系统。

11 火灾自动报警装置。

12 中性点接地装置。

4.1.2 综合自动化系统功能性验收应具备下列条件：

1 经批准的施工设计文件齐全。

2 对照设计文件施工已经完成。

3 综合自动化系统中的定值已经输入、监控系统软件已经安装完成。

4 交直流电源系统运行稳定。

5 综合自动化设备运行正常。

4.1.3 基础混凝土的施工应符合《铁路混凝土工程施工质量验收标准》TB 10424 的有关规定。

4.1.4 混凝土基础达到设计强度的70%后，方可进行构架及设备安装。不高于地面200 mm以上的杯形基础，在混凝土强度达到设计值的50%并回填夯实后，即可进行立杆和二次灌注；达到设计强度的70%以上时，方可进行杆上作业。

4.1.5 钢筋混凝土电杆的钢圈焊接时应采用电焊，并采取防腐措施。

4.1.6 高压六氟化硫全封闭组合电器的基本型式分为户外型(GIS)和户内型开关柜。户外型组合电器的施工应符合《高速铁路电力牵引供电工程施工质量验收标准》TB 10758 第4.10节的规定。

4.1.7 硬母线应采用冷弯弯制，严禁使用铁锤加工和电、气焊切割。

4.2 基础及构支架

主 控 项 目

4.2.1 水泥、砂、石料、钢筋、型钢等原材料的进场验收，按进场批次进行，其品种、规格、质量应符合相关标准并应与所配制混凝土的等级相适应。

检验数量和检验方法符合现行《铁路混凝土工程施工质量验收标准》TB 10424 的有关规定。

4.2.2 在混凝土施工前，应根据设计规定的强度等级进行混凝土配合比试验，并取得配合比试验报告。

检验数量：施工单位对同强度等级、同性能的混凝土进行1次配合比试验。监理单位全部检查。

检验方法：施工单位送检，监理单位见证检验并检查混凝土配合比试验报告。

4.2.3 基础浇注前的钢筋配设应符合设计要求。

检验数量：施工单位全部检查，监理单位见证检验20%。

检验方法：对照设计文件，测量、观察检查。

4.2.4 基础混凝土强度等级应符合设计要求。

检验数量：试件取样数量符合现行《铁路混凝土工程施工质量验收标准》TB 10424 的有关规定。

检验方法：施工单位送检，监理单位检查混凝土强度试验报告。

4.2.5 基础位置、尺寸及其顶面高程应符合设计要求，允许偏差符合表4.2.5的规定。

表4.2.5 基础施工允许偏差范围(mm)

项目名称	允许偏差		
	独立电气设备	三相联动设备	构架基础
纵横轴线中心位置	±10	±10	±20
顶面高程	$^{0}_{-20}$	$^{0}_{-10}$	$^{0}_{-10}$
其他尺寸	0～20		

检验数量：施工单位全部检查，监理单位见证检验20%。

检验方法：对照设计文件，观察、测量检查。

4.2.6 安装组合电器(GIS)基础的质量尚应符合下列规定：

1 GIS基础的整体水平误差小于5 mm或符合产品技术文件要求。

2 断路器单元各组与各相关单元在纵横轴线上的误差小于5 mm或符合产品的技术文件要求。

3 基础预埋件及预留沟槽管道的位置应符合设计要求和产品技术文件要求。

4 断路器各单元本体的水平误差小于2 mm；相间水平误差小于5 mm。

检验数量：施工单位全部检查，监理单位见证检验20%。

检验方法：对照设计文件，观察、测量检查。

4.2.7 预埋螺栓的型号应符合设计要求，埋设应垂直，丝扣应完好，施工位置允许偏差符合表4.2.7的规定。

检验数量：施工单位全部检查，监理单位见证检验20%。

检验方法：测量检查。

4.2.8 屏、柜等基础预埋型钢的安装允许偏差应符合表4.2.8的规定，其顶部宜高出抹平的地面10 mm。

检验数量：施工单位全部检查，监理单位见证检验20%。

检验方法:测量检查。

表 4.2.7 预埋螺栓施工位置允许偏差范围(mm)

项　目	名　称	允许偏差
预埋螺栓	中心距	±2
	外露长度	$^{+20}_{0}$

表 4.2.8 基础型钢安装允许偏差

检验项目		不直度	水平度	位置误差及不平行度
允许偏差	mm/m	1	1	—
	mm/全长	5	5	5

4.2.9 混凝土电杆的进场验收应按批次进行,其规格、型号、质量应符合设计要求和《环形混凝土电杆》GB/T 4623 的规定。

检验数量:施工单位全部检查,监理单位见证检验 20%。

检验方法:对照设计文件和订货合同,检查实物和质量证明文件。

4.2.10 钢结构电杆及其金属配件等的规格应符合设计要求,杆塔长大结构件的弯曲度不应大于 1‰;表面平整光洁,无变形,防腐层良好。

检验数量:施工单位全部检查,监理单位见证检验 20%。

检验方法:对照设计文件和订货合同,检查实物和质量证明文件。

4.2.11 金属结构件(包括横梁、爬梯、地线架及设备托架、支架等)及其附件规格、型号应符合设计要求,表面光洁,无裂纹、毛刺、砂眼、气泡等缺陷,平直无变形,防腐层良好。

检验数量:施工单位全部检查,监理单位见证检验 20%。

检验方法:对照设计文件和订货合同,检查实物和质量证明文件。

4.2.12 预应力混凝土电杆的连接方式应符合设计要求,采用钢圈电焊连接时,焊接质量应符合下列规定:

1 焊缝的加强层高度和遮盖度应符合表 4.2.12、图 4.2.12 的规定。

表 4.2.12 焊缝加强层尺寸(mm)

项　目	钢圈厚度 s	
	<10	10~20
高度 c	1.5~2.5	2~3
宽度 e	1~2	2~3

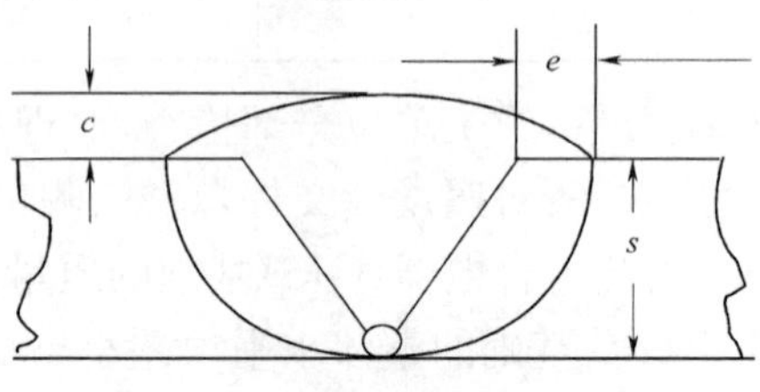

图 4.2.12 焊缝加强面尺寸

2 焊缝表面应无波折、间断、漏焊、未焊满的陷槽及裂缝。

3 当钢材厚度 10 mm 及以下时咬边深度不应大于 0.5 mm;厚度超过 10 mm 时,不应大于 1.0 mm。

4 焊完后整杆轴线最大弯曲不应超过电杆全长的 2‰。

5 电杆的钢圈焊接后应将其表面清除干净,并进行防腐处理。

检验数量:施工单位全部检查,监理单位见证检验 20%。

检验方法:观察、测量检查。

4.2.13 构支架组立后应符合下列规定:

1 电杆轴线最大弯曲不应超过杆长的 2‰。预应力混凝土电杆应无纵向裂纹,横向裂纹的宽度不应大于 0.2 mm,长度不应大于 1/3 周长。

2 进线及终端构架在架线后的倾斜不得大于 10‰,并严禁向受力侧倾斜。

3 中间构架及设备支架与地面垂直，倾斜度不得大于3‰。

检验数量：施工单位全部检查，监理单位见证检验20%。

检验方法：观察、测量检查。

4.2.14 横梁、爬梯、地线架及设备托架、支架接地位置应符合设计要求并安装正确，安装牢固、紧固件齐全，接地良好。

检验数量：施工单位全部检查，监理单位见证检验20%。

检验方法：观察检查。

一 般 项 目

4.2.15 基础表面平整、无跑浆、露筋等缺陷。

检验数量：施工单位全部检查。

检验方法：观察检查。

4.2.16 横梁、爬梯、地线架及设备托(支)架平直无变形。

检验数量：施工单位全部检查。

检验方法：观察检查。

4.2.17 位于同一安装中心线上的构架电杆偏移应小于20 mm。同一组构架电杆的高低差应小于10 mm。

检验数量：施工单位全部检查。

检验方法：测量检查。

4.3 遮栏及栅栏

主 控 项 目

4.3.1 遮栏及栅栏应进行进场验收，其表面应光滑、无毛刺、无变形，防腐层良好，规格、型号符合设计要求。

检验数量：施工单位全部检查，监理单位见证检验20%。

检验方法：对照设计文件和订货合同，检查实物和质量证明文件。

4.3.2 遮栏及栅栏的安装位置、方式及接地应符合设计要求，安全净距应符合附录A的相关规定。

检验数量：施工、监理单位均全部检验。

检验方法：观察、测量检查。

4.3.3 遮栏及栅栏安装应垂直、牢固，高差不大于25 mm；遮栏门应设有向带电侧开启的止挡，并应加锁；设有防止误入带电间隔闭锁装置的遮栏门，其闭锁功能应正确、可靠。

检验数量：施工单位全部检查，监理单位见证检验20%。

检验方法：测量、观察、试验检查。

一 般 项 目

4.3.4 室外遮栏及栅栏立柱的顶端应封堵。

检验数量：施工单位全部检查。

检验方法：观察检查。

4.4 电力变压器

主 控 项 目

4.4.1 电力变压器的进场验收应符合下列规定：

1 电力变压器的规格、型号应符合设计要求；

2 外观检查：

1)油箱及所有附件应齐全，无锈蚀及机械损伤；

2)油箱箱盖或钟罩法兰有封板的连接螺栓应齐全，紧固良好无渗漏；

3)瓷套管应完好无损；

4)干式变压器的环氧浇铸体应无裂缝及破损，引线绝缘包扎应完好、固定牢固。

3 器身内及附带的绝缘油应进行简化分析和耐压强度试验，绝缘油质量应符合产品技术文件要求。

检验数量：施工、监理单位均全部检验。

检验方法：对照设计文件和订货合同，检查实物和质量证明文件，绝缘测试及绝缘油取样送检。

4.4.2 变压器的安装位置、方向应符合设计要求，接地正确、可靠，安全净距应符合附录A的相关规定。

检验数量：施工、监理单位均全部检验。

检验方法：观察、测量检查。

4.4.3 调压切换装置应动作正确、接触良好，分接头与动作指示器指示位置一致。

检验数量：施工、监理单位均全部检验。

检验方法：操作检测及观察检查。

4.4.4 气体继电器符合相关技术标准的规定，安装位置正确。

检验数量：施工、监理单位均全部检验。

检验方法：气体继电器送检，观察检查安装位置等。

4.4.5 变压器整体密封良好，器身本体、附件、阀门及所有法兰连接处应无渗油现象。

检验数量：施工、监理单位均全部检验。

检验方法：观察检查。

4.4.6 干式变压器风扇安装应牢固可靠、转向正确、转动灵活，运转时无振动或过热现象。

检验数量：施工单位全部检查，监理见证检查20%。

检验方法：操作及观察检查。

4.4.7 变压器的电气性能检验项目及要求应符合《电气装置安装工程电气设备交接试验标准》GB 50150的规定。

检验数量：全部检查。

检验方法：施工单位检验，监理单位查阅试验报告。

一 般 项 目

4.4.8 电力变压器安装后器身应完整，无锈蚀现象，铭牌齐全，油位正常，相色标志正确。

检验数量：施工单位全部检查。

检验方法：观察检查。

4.4.9 所有阀门应开闭灵活、指示正确。

检验数量：施工单位全部检查。

检验方法：观察检查。

4.4.10 所有法兰连接处应平整清洁、密封良好；密封橡胶垫的压缩量不应超过其厚度的1/3。

检验数量：施工单位全部检查。

检验方法：观察、测量检查。

4.4.11 储油柜中油位指示与储油柜的真实油位相符；油位指示器动作应灵活，其信号接点应位置正确、绝缘良好。

检验数量：施工单位全部检查。

检验方法：观察检查。

4.4.12 高压套管顶部密封结构应正确；连接母线后，顶部结构应无松动现象。

检验数量：施工单位全部检查。

检验方法：观察检查。

4.4.13 吸湿器、净油器内的吸附剂应干燥，管道应畅通。

检验数量：施工单位全部检查。

检验方法：观察检查。

4.4.14 干式变压器温度自动监测和保护报警装置安装符合产品技术文件要求。

检验数量：施工单位全部检查。

检验方法：观察检查。

4.4.15 吸湿器、净油器内的吸附剂应干燥，管道应畅通。

检验数量：施工单位全部检查。

检验方法：观察检查。

4.4.16 安全气道的内壁应清洁，隔膜应完整。

检验数量：施工全部检查。

检验方法：观察检查。

4.5 互 感 器

主 控 项 目

4.5.1 互感器的进场验收应符合下列规定：

1 规格、型号及质量应符合设计要求和相关技术标准的规定。

2 外观完整，附件齐全，无锈蚀和机械损伤。

3 油浸式互感器油位应正常，密封应良好，无渗油现象。

检验数量：施工单位全部检查，监理单位见证检验20%。

检验方法：对照设计文件和订货合同，检查实物外观和质量证明文件。

4.5.2 互感器的安装位置应符合设计要求，安全净距符合附录A的相关规定。

检验数量：施工、监理单位均全部检验。

检验方法：观察、测量检查。

4.5.3 互感器的变比和极性方向应符合设计要求。电流互感器备用二次绕组应经短路后接地。分级绝缘的电压互感器一次绕组的接地引出端子应接地。

检验数量:施工、监理单位均全部检验。

检验方法:施工单位观察及测试检查。监理单位观察检查及见证测试。

4.5.4 互感器安装牢固,外壳及其支架应接地。

检验数量:施工单位全部检查,监理单位见证检验20%。

检验方法:观察检查。

4.5.5 互感器的电气性能检验项目及要求应符合《电气装置安装工程电气设备交接试验标准》GB 50150的规定。

检验数量:施工单位、监理单位全部检查。

检验方法:施工单位检验,监理单位查阅试验报告。

一 般 项 目

4.5.6 互感器安装基座水平,铭牌齐全,相色标志正确,其支架无锈蚀现象。

检验数量:施工单位全部检查。

检验方法:观察检查。

4.5.7 互感器的母线引下线连接正确,弛度一致,连接可靠;并列安装的互感器,排列整齐,相间距离应符合规定。

检验数量:施工单位全部检查。

检验方法:观察、测量检查。

4.6 高压断路器

主 控 项 目

4.6.1 高压断路器的进场验收应符合下列规定:

1 规格、型号应符合设计要求,质量应符合相关技术标准的规定。

2 所有部件应齐全,无锈蚀和机械损伤。

3 充气部件应无渗漏。

4 绝缘部件不应变形、受潮。瓷件或玻璃体表面应光滑,无裂纹和缺损,瓷、铁件间应粘合牢固。

检验数量:施工、监理单位均全部检验。

检验方法:对照设计文件和订货合同,检查实物外观和质量证明文件。

4.6.2 高压断路器及其操作机构的安装位置应符合设计要求,安装牢固,相间距离应符合产品技术文件要求,安全净距应符合附录A的相关规定。

检验数量:施工、监理单位均全部检验。

检验方法:对照设计文件观察、测量检查。

4.6.3 高压断路器及其操动机构的接地装置应符合设计要求,接地可靠,相色标志正确。

检验数量:施工、监理单位均全部检验。

检验方法:观察检查。

4.6.4 六氟化硫断路器气体的压力应符合产品技术文件要求,且无渗漏现象。

检验数量:施工、监理单位均全部检验。

检验方法:观察检查。

4.6.5 断路器及其传动装置的所有连接部位连接可靠，防松螺母拧紧、锁片锁牢，开口销撇开。

检验数量：施工、监理单位均全部检验。

检验方法：观察检查。

4.6.6 断路器处于分闸或合闸位置时，各相或各柱传动杆拐臂与分、合闸止钉间的间隙应符合产品技术文件要求。

检验数量：施工、监理单位均全部检验。

检验方法：观察、测量检查。

4.6.7 断路器传动试验正常，辅助开关、电气和机械闭锁装置动作准确可靠，所有传动部位无卡阻现象。

检验数量：施工、监理单位均全部检验。

检验方法：试验检查。

4.6.8 高压断路器的电气性能检验项目及要求应符合《电气装置安装工程电气设备交接试验标准》GB 50150 的规定。

检验数量：全部检查。

检验方法：施工单位检验，监理单位查阅试验报告。

一 般 项 目

4.6.9 采取相同方式布置的断路器其母线连接的方式应统一、弛度一致。

检验数量：施工单位全部检查。

检验方法：观察检查。

4.6.10 弹簧操动机构安装质量应符合下列规定：

1 合闸弹簧储能完毕及机构合闸完毕，机构辅助开关应能随即切断或接通电动机电源。

2 分、合闸闭锁装置动作灵活，复位准确，扣合可靠。

3 机构缓冲器的行程应符合产品技术文件要求。

检验数量：施工单位全部检查。

检验方法：观察、测量及操作检查。

4.7 隔离开关、负荷开关及高压熔断器

主 控 项 目

4.7.1 隔离开关、负荷开关及高压熔断器进行进场验收应符合下列规定：

1 规格、型号、质量应符合设计要求和相关技术标准的规定。

2 部件应齐全，无锈蚀和机械损伤。

3 绝缘部件不应变形、受潮。瓷件表面应光滑，无裂纹和缺损，瓷、铁件间应粘合牢固。

检验数量：施工单位全部检查，监理单位见证检验 20%。

检验方法：对照设计文件和订货合同，检查实物外观和质量证明文件。

4.7.2 隔离开关、负荷开关及高压熔断器的安装位置及接地装置的安装应符合设计要求。安全净距应符合附录 A 的相关规定。

检验数量：施工、监理单位均全部检验。

检验方法：对照设计文件及测量检查。

4.7.3 隔离开关、负荷开关安装牢固可靠，传动装置应动作灵活；触头接触紧密并应符合4.7.3表要求。

检验数量：施工单位全部检查，监理单位检验20%。

检验方法：观察、测量检查。

表 4.7.3 触头接触检验方式

接触宽度(mm)	检验工具	塞入深度(mm)
线接触	0.05 mm×10 mm 塞尺	0
≤50		≤4
≥60		≤6

4.7.4 隔离开关、负荷开关分闸时触头打开的距离或角度、合闸时相间的不同期值应符合设计要求和产品技术文件要求，位置指示器与开关的实际位置相符。

检验数量：施工单位全部检查，监理单位见证检验20%。

检验方法：观察、测量、试验检查。

4.7.5 高压熔断器相间距离应符合设计要求，安装应牢固可靠，熔丝的规格应符合设计要求。

检验数量：施工单位全部检查，监理单位见证检验20%。

检验方法：对照设计文件，观察、测量检查。

4.7.6 隔离开关、负荷开关及高压熔断器的电气性能检验项目及要求应符合《电气装置安装工程电气设备交接试验标准》GB 50150的规定。

检验数量：全部检查。

检验方法：施工单位检验，监理单位查阅试验报告。

一 般 项 目

4.7.7 隔离开关、负荷开关的相间距离误差不应大于10 mm，相间连杆应处于同一水平线上。

检验数量：施工单位全部检查。

检验方法：测量检查。

4.7.8 隔离开关、负荷开关的轴承、拐臂、延长轴等传动部件安装位置正确、牢固；分、合闸止钉与拐臂的距离符合产品技术文件要求；闭锁装置动作灵活、准确可靠。

检验数量：施工单位全部检查。

检验方法：操作、测量及观察检查。

4.7.9 带钳口的高压熔断器，熔断管应紧密地插入钳口内，不得有松动现象。跌落式熔断器的熔管轴线与铅垂线的夹角为15°～30°。跌落时不应碰及其他物体。

检验数量：施工单位全部检查。

检验方法：观察、测量及操作检查。

4.8 高压开关柜

主 控 项 目

4.8.1 高压开关柜进场验收应符合下列规定：

1 规格、型号、质量应符合设计要求和相关技术标准的规定。

2 部件应齐全，无锈蚀和机械损伤。

检验数量：施工、监理单位全部检验。

检验方法：对照设计文件和订货合同，检查实物外观和质量证明文件。

4.8.2 高压开关柜内各种闭锁装置动作应准确可靠。

检验数量：施工单位全部检查，监理单位见证检验 20%。

检验方法：试验检查。

4.8.3 高压开关柜安装的允许偏差应符合表 4.8.3 的规定：

表 4.8.3 屏、柜安装的允许偏差

序号	项目		允许偏差
1	垂直度(mm/m)		<1.5
2	水平偏差(mm)	相邻两屏、柜顶部	<2
		成列屏、柜顶部	<5
3	屏、柜面偏差(mm)	相邻两屏、柜边	<1
		成列屏、柜面	<5
4	屏、柜间接缝(mm)		<2

检验数量：施工单位全部检查，监理单位见证检验 20%。

检验方法：测量检查。

4.8.4 户内全封闭六氟化硫气体绝缘开关柜安装应符合下列规定：

1 开关柜基础型钢的安装误差符合本标准第 4.2.6 条要求。

2 柜体表面涂层无损伤。

检验数量：施工单位全部检查，监理单位见证检验 20%。

检验方法：观察检查。

4.8.5 户内全封闭六氟化硫气体绝缘开关柜高压电缆连接应符合下列规定：

1 电缆终端头的制作形式应符合开关柜的产品特性。对采用电缆插接装置进行电气连接的电缆，电缆芯线与插接头的连接方式应符合设计要求和产品技术文件要求。

2 电缆插头插入电缆插口后应固定牢靠，电缆在开关柜底板处应按产品技术文件要求进行固定及接地。

3 开关柜底板处的电缆孔应按设计要求进行封堵。

检验数量：施工单位全部检查，监理单位见证检验 20%。

检验方法：观察检查。

4.8.6 户内全封闭六氟化硫气体绝缘开关柜应检查气体压力符合产品技术文件要求。

检验数量：施工单位全部检查，监理单位见证检验 20%。

检验方法：观察检查。

4.8.7 高压开关柜的电气性能检验项目及要求应符合《电气装置安装工程电气设备交接试验标准》GB 50150 的规定。

检验数量：全部检查。

检验方法：施工单位检验，监理单位查阅试验报告。

一 般 项 目

4.8.8 开关柜表面涂层应完整，盘面清洁。

检验数量：施工单位全部检查。

检验方法：观察检查。

4.9　集中无功补偿装置

主 控 项 目

4.9.1　无功补偿装置的进场验收应符合下列规定：

1　外壳无变形或锈蚀，防腐层完好；

2　瓷套管无裂纹、破损，所有接缝无裂缝或渗油；

3　外观完整，附件齐全；

4　产品规格、型号、质量符合设计要求和相关产品标准的规定。

检验数量：施工单位、监理单位全部检查。

检验方法：对照设计文件和订货合同，检查实物外观和质量证明文件。

4.9.2　无功补偿装置的安装位置应符合设计要求，安全净距应符合附录A的相关规定。

检验数量：施工、监理单位均全部检验。

检验方法：观察、测量检查。

4.9.3　无功补偿装置的接地方式及接地电阻值应符合设计要求。

检验数量：施工、监理单位均全部检验。

检验方法：对照设计文件及测量检查。

4.9.4　无功补偿装置的接线、布置、容量应符合设计要求。

检验数量：施工单位、监理单位全部检查。

检验方法：观察检查及核对产品的试验报告。

4.9.5　动态无功补偿成套装置的安装位置正确，周围排水通畅；用地脚螺栓固定的螺帽齐全、紧固；自由安放时，应垫平放正；防潮防污功能、噪声标准符合设计要求。

检验数量：施工单位全部检查，监理单位见证检验20%。

检验方法：观察检查。

4.9.6　动态无功补偿成套装置可实现自动检测、远方手动投切和现场手动投切，各种方式之间有可靠的闭锁。平均功率因数符合设计要求。

检验数量：施工、监理单位均全部检验。

检验方法：施工单位操作及做试验。

4.9.7　无功补偿装置的电气性能检验项目及要求应符合《电气装置安装工程电气设备交接试验标准》GB 50150的规定。

检验数量：全部检查。

检验方法：施工单位检验，监理单位查阅试验报告。

4.10　低压开关柜

主 控 项 目

4.10.1　低压开关柜应进行进场验收，其规格、型号应符合设计要求，柜体应无锈蚀或机械损伤。

检验数量：施工单位、监理单位全部检查。

检验方法：对照设计文件和订货合同，检查实物外观和质量证明文件。

4.10.2　低压开关柜的安装位置、安全净距符合设计要求。

检验数量：施工、监理单位均全部检验。

检验方法：观察、测量检查。

4.10.3 低压开关柜安装的允许偏差应符合本标准第4.8.3条的规定，低压开关柜的接地方式应符合设计要求。

检验数量：施工、监理单位全部检验。

检验方法：观察、测量检查。

4.10.4 低压开关柜上安装的元、器件应符合设计要求，动作可靠，固定牢固；所有电器的功能标签齐全，规格一致。二次回路接线正确，连接可靠。

检验数量：施工单位全部检查，监理单位检验20%。

检验方法：核对设计及观察、操作检查。

4.10.5 计量回路的表计应在计量合格有效期内。

检验数量：施工单位、监理均全部检查。

检验方法：施工、监理单位查阅计量检定报告。

4.10.6 低压开关柜的电气性能检验项目及要求应符合《电气装置安装工程电气设备交接试验标准》GB 50150的规定。

检验数量：全部检查。

检验方法：施工单位检验，监理单位查阅试验报告。

一 般 项 目

4.10.7 抽屉式配电柜其抽屉推拉轻便灵活无卡阻、碰撞现象，同类型不同规格的抽屉应能互换；抽屉的机械、电气联锁装置应动作正确、可靠。

检验数量：施工单位全部检查。

检验方法：操作及观察检查。

4.10.8 屏、柜表面涂层应完整，盘面清洁。

检验数量：施工单位全部检查。

检验方法：观察检查。

4.11 箱式变电所及箱式电抗器

主 控 项 目

4.11.1 箱式变电所及箱式电抗器的进场验收应符合下列规定：

1 内部所采用设备的规格、型号、质量应符合设计要求和相关产品标准的规定。

2 所有附件应齐全，设备完好，无锈蚀或机械损伤。

检验数量：施工、监理单位全部检验。

检验方法：对照设计文件和订货合同，检查实物外观和质量证明文件。

4.11.2 箱式变电所及箱式电抗器的接地应可靠，且有标识，其电阻值符合设计要求。

检验数量：施工、监理单位均全部检验。

检验方法：观察、测量检查。

4.11.3 箱式变电所、箱式电抗器内的高压成套开关柜、低压成套开关柜、变压器、电抗器的电气性能检验项目及要求应符合《电气装置安装工程电气设备交接试验标准》GB 50150的规定。

检验数量：全部检查。

检验方法：施工单位检验，监理单位查阅试验报告。

一 般 项 目

4.11.4 箱式变电所及箱式电抗器内外涂层完整、无损伤，闭锁动作可靠，门锁良好，防小动物设施完善，通风口的防护网完好，各种电缆进出线口封闭完好。

检验数量：施工单位全部检查。

检验方法：观察检查。

4.11.5 箱式变电所内高低压接线完整，低压侧每个输出回路标记清晰，回路名称准确。

检验数量：施工单位全部检查。

检验方法：观察检查。

4.12 综合自动化系统及二次配线

主 控 项 目

4.12.1 屏、柜的进场验收应符合下列规定：

1 所采用设备的规格、型号、质量应符合设计要求和相关产品标准的规定。

2 各类屏、柜、控制台、端子箱等设备无锈蚀或机械损伤。

检验数量：施工、监理单位全部检验。

检验方法：对照设计文件和订货合同，检查实物外观和质量证明文件。

4.12.2 各类屏、柜、控制台、端子箱等设备的安装位置、接地符合设计要求。

检验数量：施工、监理单位均全部检验。

检验方法：观察、测量检查。

4.12.3 屏、柜单独或成列安装时，其垂直度、水平偏差以及屏、柜面的偏差和屏、柜间接缝的允许偏差应符合本标准表 4.8.3 的规定。

检验数量：施工、监理单位全部检验。

检验方法：观察、测量检查。

4.12.4 屏、柜及设备上安装的元、器件应符合设计要求，动作可靠，固定牢固；所有电器的功能标签齐全、规格一致。二次回路接线正确，连接可靠。

检验数量：施工、监理单位全部检验。

检验方法：对照设计文件及观察、操作检查。

4.12.5 计量回路的表计应在计量合格有效期内。

检验数量：施工单位、监理均全部检查。

检验方法：施工、监理单位查阅计量检定报告。

4.12.6 综合自动化系统功能应符合下列规定：

1 综合自动化系统能够自动接受并正确执行电力调度所下达的全部指令。

2 线路变(调)压器组的保护、测控单元功能

1)具备自动检测一号或二号进线是否有电压的功能，同时具备可靠的设计保护功能。

2)各线路变压器组互为备用的自投功能及互相闭锁功能符合设计要求。

3)各种保护、测控功能及动作参数符合设计要求。

3 高压馈出线的保护、测控功能

1)馈出线的保护功能符合设计要求。

2）当馈出线出现故障时，其故障区段判断应准确，短路、断线、接地故障判定应符合设计要求。

4 无功补偿装置的保护、测控功能。

5 交直流电源的保护、测控功能。

6 变、配电所各种信号装置功能：

1）配电装置各种保护的投入与撤除，应按规定在控制装置的状态显示窗口准确显示。

2）可传动的开关设备的位置信号应在该设备的控制装置及变、配电所的中央信号控制盘或监控主机上准确显示。

3）预告及事故音响信号应在变、配电所内按规定的方式正确表示。具有自动复归功能的音响信号应按规定时限自动返回或停止。

4）各种信号装置反映的信息应完整准确地向上级管理中心传输，并正确再现。

7 当地监控主机功能

1）当地监控主机的控制、测量、信号显示功能应符合设计要求。

2）所有回路的保护装置应自动记录定值修改及保护装置的动作状况，并在当地监控主机中形成事件报告，供随时查询。

3）馈线保护装置在馈线出现故障时应自动形成故障波形、故障报告等一系列事件报告，并在当地监控主机中自动保存，供随时查询。

4）在当地监控主机上可以任意查询和打印本变（配）电所的所有按规定保存的操作记录、越限记录、事件记录及其他历史记录。

检验数量：施工、监理单位均全部检验。

检验方法：观察、试验检查。

4.12.7 屏、柜及二次回路的电气性能检验项目及要求应符合《电气装置安装工程电气设备交接试验标准》GB 50150 的规定。

检验数量：全部检查。

检验方法：施工单位检验，监理单位查阅试验报告。

一 般 项 目

4.12.8 引入盘、柜的二次配线应符合下列规定：

1 排列整齐、固定牢固、编号清晰、避免交叉；

2 盘、柜内和电缆沟内的电缆不应有接头，每个接线端子的一侧接线不得超过 2 根；

3 回路编号字迹正确、清晰，印制牢固、不易脱色；

4 强、弱电回路的电缆应分别成束分开排列；

5 铠装电缆钢带切断处的端部应扎紧后接地；

6 电缆屏蔽层应按设计要求的接地方式接地。

检验数量：施工单位全部检查。

检验方法：观察检查。

4.12.9 用于自动化系统中静态保护回路及采用计算机进行数据传输的屏蔽电缆，其屏蔽措施应符合相应设备的有关规定。

检验数量：施工单位全部检查。

检验方法：观察检查。

4.13 母线装置

主 控 项 目

4.13.1 母线装置进场验收应符合下列规定：

1 母线装置的规格、型号、质量应符合设计要求和相关产品技术标准的规定；

2 硬母线表面光洁平整，不应有裂纹、折皱、变形或损伤；

3 软母线不应有扭结、松股或严重腐蚀等缺陷；

4 安装母线采用的金具及金属构件的规格应与母线相配套，并无裂纹、伤痕、砂眼等缺陷，防腐层完好，无锈蚀现象。

检验数量：施工、监理单位全部检验。

检验方法：对照设计文件和订货合同，检查实物外观和质量证明文件。

4.13.2 母线相间及对地的安全净距，以及其他母线装置的安全净距均应符合设计要求。

检验数量：施工、监理单位均全部检验。

检验方法：对照设计文件及测量检查。

4.13.3 母线在支持绝缘子上固定时应符合下列规定：

1 交流母线的固定金具或其他支持金具不应形成闭合磁路。

2 当母线平置时，母线支持夹板的上部压板应与母线保持1～1.5 mm间隙；当母线立置时，上部压板应与母线保持1.5～2 mm的间隙。

3 母线在支柱绝缘子上的固定死点，每一段应设置一个，并宜位于全长或母线伸缩节两侧的中点。

检验数量：施工单位除连接螺栓抽检30%外，其余项目全部检查，监理单位见证检验20%。

检验方法：观察、测量检查。

4.13.4 软母线的安装质量应符合下列规定：

1 悬式绝缘子串与球头挂环、碗头挂板及锁紧销的规格互相匹配。

2 母线与各类金具的规格互相匹配。

3 母线安装弛度符合设计要求。

检验数量：施工单位全部检查，监理单位见证检验20%。

检验方法：测量及观察检查。

4.13.5 硬母线的安装质量应符合下列规定：

1 与支柱绝缘子均处于同一水平或垂直安装中心线上，且固定牢固、安装平直、接触面平整，涂漆均匀所有母线搭接面的连接螺栓紧固力矩值应符合表4.13.5规定。

表4.13.5 紧固力矩值

螺栓规格(mm)	M8	M10	M12	M14	M16	M18	M20	M24
力矩值(N·m)	8.8～10.8	17.7～22.6	31.4～39.2	51.0～60.8	78.5～98.1	98.0～127.4	156.9～196.2	274.6～343.2

2 母线搭接面

1)室外、高温且潮湿或对母线有腐蚀性气体的室内，应作搪锡处理。

2)钢与钢连接应作搪锡或镀锌处理，不得直接连接。

3)铜与铝在干燥的室内连接,铜导体应搪锡;室外或空气相对湿度接近100%的室内,应采用铜铝过渡板,且铜端应作搪锡处理。

4)钢与铜或铝连接,钢搭接面应作搪锡处理。

3 矩形母线搭接连接时,钻孔应垂直,螺孔间中心距离的允许偏差应为±0.5 mm。搭接长度、钻孔位置及螺栓规格应符合附录B的规定。搭接面涂以电力复合脂。

检验数量:施工单位抽检30%,监理单位见证检验20%。

检验方法:用力矩扳手检查,观察检查。

4.13.6 穿墙套管的安装质量应符合下列规定:

1 安装穿墙套管的钢板或混凝土板应保持垂直或水平,其孔径应比套管的嵌入部分大5 mm以上,混凝土安装板的最大厚度不得超过50 mm。

2 额定电流在1 500 A及以上的穿墙套管直接固定在钢板上时,套管周围不应形成闭合磁路。

3 穿墙套管垂直安装时,法兰应向上;水平安装时,法兰应在外。

4 安装在同一平面或垂直面上的穿墙套管,其顶面应在同一平面上。

5 套管接地端子应可靠接地。

检验数量:施工单位全部检查,监理单位见证检验20%。

检验方法:观察、测量检查。

4.13.7 悬式绝缘子、支柱绝缘子及穿墙套管的电气性能检验项目及要求应符合《电气装置安装工程电气设备交接试验标准》GB 50150的规定。

检验数量:施工、监理单位应按每批到货数量抽样5%(且不少于50只)进行交流耐压试验,如不合格率20%以上,则应全部试验,并将不合格的剔除。

检验方法:施工单位检验,监理单位查阅试验报告。

4.13.8 母线的相序及相色标志应正确,各类母线金属支架和托架接地应良好、可靠。

检验数量:施工单位全部检查,监理单位见证检验20%。

检验方法:观察检查。

一般项目

4.13.9 矩形母线加工后的弯曲半径应符合表4.13.9的规定,弯曲处不得有裂纹及显著的折皱。

表4.13.9 矩形母线最小弯曲半径

弯曲种类	母线截面(mm×mm)	最小弯曲半径			弯曲种类	母线截面(mm×mm)	最小弯曲半径		
		铜	铝	铁			铜	铝	铁
平弯	50×5及以下	2a	2a	2a	立弯	50×5及以下	1b	1.5b	0.5b
	125×10及以下	2a	2.5a	2a		125×10及以下	1.5b	2b	1b

注:a——母线厚度;b——母线宽度。

检验数量:施工单位全部检查。

检验方法:观察、测量检查。

4.14 交直流电源装置

主控项目

4.14.1 交直流电源装置的进场验收应符合下列规定:

1 交直流屏、蓄电池的规格、型号符合设计要求。

2 蓄电池外壳应密封完好，无裂纹和机械损伤。

检验数量：施工、监理全部检验。

检验方法：对照设计文件和订货合同，检查实物外观和质量证明文件。

4.14.2 交直流电源装置的安装应符合下列规定：

1 交直流电源的安装位置应符合设计要求。

2 电源模块插接、固定良好，配件及防松动装置齐全，电气触点应接触可靠、连接紧密。

3 输入电源的相线和零线不得接错，其零线不得虚接或断开。

检验数量：施工单位、监理单位全部检验。

检验方法：对照设计及相关技术文件观察、测量检查。

4.14.3 蓄电池的安装应符合下列规定：

1 蓄电池柜的形式、规格、尺寸和平面布置应符合设计要求。

2 蓄电池柜水平及垂直度应符合蓄电池安装要求。

3 蓄电池安装应排列整齐，距离均匀一致，连接条经过防腐处理。

4 蓄电池极性连接正确，并牢固可靠。

5 蓄电池柜漆面完整，螺栓、螺母经过防腐处理。

检验数量：施工单位、监理单位全部检验。

检验方法：对照设计及相关技术文件观察、测量检查。

4.14.4 交直流电源装置配线应符合下列规定：

1 电源极性应正确，严禁错接与短路，接触牢固。

2 配线电源线中间不得有接头。

3 电源设备配线的布放应平直整齐、稳固，无扭绞和交叉。

检验数量：施工、监理单位全部检验。

检验方法：观察检查。

4.14.5 交直流电源装置在规定的输入范围内，各供电模块正常工作，直流输出极性正确，输出电压范围、负载能力、温升范围等应符合相关技术标准的规定。

检验数量：施工、监理单位全部检验。

检验方法：参照产品技术文件要求或相关技术标准检验。

4.14.6 所用两路交流电源装置的自动投切功能应符合设计要求。

检验数量：施工、监理单位全部检验。

检验方法：操作试验及观察检查。

4.14.7 纳入远动的交直流屏监控模块功能应符合设计要求。

检验数量：施工、监理单位全部检验。

检验方法：操作试验及观察检查。

4.14.8 交直流电源装置的充电功能应符合下列规定。

1 蓄电池在正常充电情况下，应由恒流限压状态自动向恒压充电、浮充电、正常运行状态转换，且转换过程和持续时间符合相关技术标准的规定。

2 自动控制功能应自动定期对蓄电池组进行均衡充电，确保电池组随时具备额定容量。

3 符合远动系统运行要求，支持远程电压、电流测控功能。

4 在故障状态下，装置应自动或经手动能切换到“当地”运行方式。

检验数量：施工单位、监理单位全部检查。

检验方法：测试、试验检查。

4.14.9 交直流电源装置的电气性能检验项目及要求应符合《电气装置安装工程电气设备交接试验标准》GB 50150 的规定。

检验数量：施工、监理单位均全部检验。

检验方法：施工单位检验，监理单位查阅试验报告。

一 般 项 目

4.14.10 各回路状态、电压、电流指示正确。

检验数量：施工单位全部检查。

检验方法：操作及观察检查。

4.14.11 蓄电池连接条及抽头的连接部分应涂敷电力复合脂。

检验数量：施工单位全部检查。

检验方法：观察检查。

4.14.12 交直流电源装置的电线、电缆的屏蔽护套接地连接可靠，与接地干线就近连接；设备接地(PE)或接零(PEN)标识清晰。

检验数量：施工单位全部检查。

检验方法：观察、测量检查。

4.15 UPS 不间断电源装置及 EPS 应急电源装置

主 控 项 目

4.15.1 UPS 不间断电源装置及 EPS 应急电源进场验收应符合下列规定：

1 规格、型号符合设计要求；

2 设备无锈蚀和机械损伤。

检验数量：施工、监理单位全部检验。

检验方法：对照设计文件和订货合同，检查实物外观和质量证明文件。

4.15.2 UPS 不间断电源装置的内部结线连接正确，紧固件齐全，可靠不松动，焊接连接无脱落现象。

检验数量：施工单位全部检查，监理单位见证检验 20%。

检验方法：对照设计文件及观察检查。

4.15.3 UPS 不间断电源装置及 EPS 应急电源性能指标应符合下列规定：

1 输入、输出各级保护系统和输出的电压稳定性、波形畸变系数、频率、相位、静态开关的动作等各项技术性能指标应符合产品技术文件要求和设计文件要求。

2 蓄电池容量及切换时间应符合产品技术文件要求和设计文件要求。

检验数量：施工、监理单位均全部检验。

检验方法：测量试验检查。

4.15.4 UPS 不间断电源装置及 EPS 应急电源装置输出端的中性线(N 极)，必须与由接地装置直接引来的接地干线相连接，做重复接地。

检验数量：施工、监理单位均全部检验。

检验方法：观察检查。

4.15.5 UPS不间断电源装置及EPS应急电源装置蓄电池安装参照本标准第4.14.3条。

检验数量：施工单位、监理单位全部检验。

检验方法：对照设计及相关技术文件观察、测量检查。

一 般 项 目

4.15.6 安放UPS不间断电源装置、EPS应急电源装置的机架组装应横平竖直，水平度、垂直度允许偏差不应大于1.5‰，紧固件齐全。

检验数量：施工单位全部检查。

检验方法：观察检查。

4.15.7 引入或引出UPS不间断电源装置、EPS应急电源装置的电线、电缆的屏蔽护套接地连接可靠，与接地干线就近连接；接地(PE)或接零(PEN)标识清晰。

检验数量：施工单位全部检查。

检验方法：观察、测量检查。

4.16 柴油发电机组

主 控 项 目

4.16.1 柴油发电机组进场验收应符合下列规定：

1 规格、型号符合设计要求；

2 所有附件应齐全，设备完好，无锈蚀或机械损伤。

检验数量：施工、监理单位全部检验。

检验方法：对照设计文件和订货合同，检查实物外观和质量证明文件。

4.16.2 柴油发电机组安装应符合下列规定：

1 发电机机组的安装位置应正确，应有减振措施，发电机组基础应与机房整体地面分割。

2 发电机机组安放应垫平放正，地脚螺栓的螺帽齐全，紧固。

3 防潮防污功能应符合产品技术文件要求。

4 机组的箱体及发电机的外壳应接地(PE)或接零(PEN)可靠，标识明确。

检验数量：施工、监理单位均全部检验。

检验方法：观察检查。

4.16.3 燃油系统安装应符合下列规定：

1 暴露的输油管道应适当支撑、保护并防止破裂，应避免接近热管路、电气、导线或排烟管。若环境温度较高，还应采取热隔热措施。应采用T型接头实现管路弯转而不使用弯头，管路接口处应有适当的密封材料。

2 柴油机应装配设计要求型号的燃油滤清器。

检验数量：施工、监理单位全部检验。

检验方法：观察检查。

4.16.4 排烟系统安装应符合下列规定：

1 排烟管应有良好的支撑和固定，可通过机房顶板悬架固定，或者通过机房地面将排烟管路支撑，排烟管距离地面不应小于2.3 m。

2 机房内排烟管应采用不小于50 mm厚的高密度、高隔热材料包扎，其外再覆以铝质护套。排烟管穿过木质或其他可塑性质的材料时应做特别隔热处理。

检验数量:施工、监理单位全部检验。

检验方法:观察检查。

4.16.5 散热水箱与风道或排风消声器之间的导风管长度不应小于 300 mm。

检验数量:施工、监理单位全部检验。

检验方法:观察、测量检查。

4.16.6 柴油发电机馈线的相序必须与系统电源的相序一致。

检验数量:施工、监理单位均全部检验。

检验方法:测量检查。

4.16.7 发电机中性线(工作零线)应与接地干线直接连接,防松螺栓紧固良好,且有标识。

检验数量:施工单位、监理单位全部检查。

检验方法:观察检查。

4.16.8 柴油发电机组的电气性能应符合设计要求。

检验数量:施工单位、监理单位全部检查。

检验方法:测量试验。

4.16.9 进、排风百叶窗有效通风面积不少于 50% ,内侧应装有防护网,并通过耐热防油的软性管线与机组散热水箱相连。

检验数量:施工、监理单位全部检验。

检验方法:观察、测量检查。

一 般 项 目

4.16.10 发电机本体应接地(PE)或接零(PEN)且有标识。

检验数量:施工单位全部检查。

检验方法:观察检查。

4.16.11 机组的排烟出口应符合下列规定:

1 应通过软连接安装后再通过钢性管路与排烟消音器连接。

2 终端排烟口不得直接对准易燃物质或者建筑物。

检验数量:施工单位全部检查。

检验方法:观察检查。

4.16.12 柴油发电机组负荷容量应进行负荷试验,机组连续运行 12 h 无故障。

检验数量:施工单位全部检查。

检验方法:观察、试验检查。

4.17 光伏发电系统

主 控 项 目

4.17.1 光伏发电系统进场验收应符合下列规定:

1 规格、型号符合设计要求;

2 设备及附件应齐全,完好,无锈蚀或机械损伤。

检验数量:施工、监理单位全部检验。

检验方法:对照设计文件和订货合同,检查实物外观和质量证明文件。

4.17.2 蓄电池方阵平台安装应符合下列规定:

1　光伏电池方阵平台和设备平台的方位和尺寸、承重量和两者的间距应符合设计要求，平台的水平偏差不应大于 3 mm/m。

2　长大钢结构杆及其金属配件的弯曲度不应大于 1‰。

检验数量：施工单位、监理单位全部检查。

检验方法：对照设计文件和订货合同，检查实物及质量证明文件。

4.17.3　光伏方阵支架应符合下列规定：

1　光伏电池方阵支架的方位和倾角应符合设计要求，允许±1°。

2　支架底座的水平度偏差不应大于 3 mm/m，基座不平时应用铁垫片垫平。

3　固定组件的支架表面应平整。

4　支架上所有连接螺栓应加防松垫片并拧紧。

检验数量：施工单位全部检查，监理单位见证检验 20%。

检验方法：观察、测量检查。

4.17.4　光伏方阵组件安装应符合下列规定：

1　在支架上的安装位置和排列方式应符合设计要求。

2　组件与支架的连接螺钉应全部拧紧，按设计要求做好防松措施。

3　组件在支架上的安装应平直，支架上组件间的风道间隙不应小于 8 mm。

检验数量：施工单位全部检查，监理单位见证检验 20%。

检验方法：观察、测量检查。

4.17.5　光伏方阵布线应符合下列规定：

1　组件方阵的布线应有支撑、固紧、防护等措施，导线应留有适当余量，布线方式应符合设计要求。

2　导线规格应符合设计要求，并选用不同颜色导线作为正极(红)、负极(蓝)连接线。

3　组件连线和方阵引出电缆应用固定卡固定或绑扎在支架上。

4　方阵的输出端应有明显的极性标志和子方阵的编号标志。

5　方阵的输出端与支撑结构间的绝缘电阻不应低于50 MΩ。

检验数量：施工单位、监理单位全部检查。

检验方法：测量检查。

4.17.6　光伏发电系统的防雷接地、抗风加固措施应符合设计要求。

检验数量：施工单位、监理单位全部检查。

检验方法：观察检查、测量。

4.17.7　光伏发电系统监控功能应符合设计要求。

检验数量：施工单位、监理单位全部检查。

检验方法：对照设计文件，观察检查。

一 般 项 目

4.17.8　光伏发电系统方阵应排列整齐，各模块之间应保持不小于 30 mm 的间隙，方阵间检修通道应符合设计要求。

检验数量：施工单位全部检查。

检验方法：观察、测量检查。

4.18 火灾自动报警装置

主 控 项 目

4.18.1 所有预留孔、预埋件的尺寸,位置应符合设计要求。

检验数量:施工、监理单位均全部检验。

检验方法:对照设计文件进行检查。

4.18.2 管路超过下列长度时,应在便于接线处装设接线盒:

1 管子长度每超过 30 m ,无弯曲时;

2 管子长度每超过 20 m,有一个弯曲时;

3 管子长度每超过 10 m,有两个弯曲时;

4 管子长度每超过 8 m,有三个弯曲时。

检验数量:施工、监理单位均全部检验。

检验方法:测量检查。

4.18.3 点型火灾探测器的安装位置,应符合下列规定:

1 探测器至墙壁、梁边的水平距离不应小于 0.5 m。

2 探测器周围 0.5 m 内,不应有遮挡物。

3 探测器至空调送风口边的水平距离,不应小于 1.5 m,至多孔送风顶棚孔门的水平距离,不应小于 0.5 m 。

4 在宽度小于 3 m 的内走道顶棚上设置探测器时,宜居中布置。感温探测器的安装间距,不应超过 10 m ;感烟探测器的安装间距,不应超过 15 m。探测器距端墙的距离,不应大于探测器安装间距的一半。

检验数量:施工、监理单位均全部检验。

检验方法:测量检查。

4.18.4 火灾报警控制器(以下简称控制器)在墙上安装时,其底边距地(楼)面不应小于 1.5 m;落地安装时,其底宜高出地坪 0.1～0.2 m。

检验数量:施工、监理单位均全部检验。

检验方法:测量检查。

4.18.5 引入控制器的电缆或导线,应符合下列规定:

1 配线应整齐,避免交叉,并应固定牢靠。

2 电缆芯和所配导线的端部,均应表明编号,并与图纸一致,字迹清晰不易褪色。

3 端子板的每个接线端,接线不得超过 2 根;电缆芯和导线,应留有不小于 20 cm 的余量。

4 导线应绑扎成束。

5 导线引入线穿线后,在进线管处应封堵。

检验数量:施工、监理单位均全部检验。

检验方法:测量及观察检查。

4.18.6 应分别用主电源和备用电源供电,检查火灾自动报警系统的各项控制功能和联动功能。

检验数量:施工、监理单位均全部检验。

检验方法：试验检查。

一般项目

4.18.7 工作接地线应采用铜芯绝缘导线或电缆，不得利用镀锌扁铁或金属软管。工作接地线与保护接地线，必须分开，保护接地导体不得利用金属软管。

检验数量：施工单位全部检查，监理单位见证检验 20%。

检验方法：观察检查。

4.18.8 应采用专用的检查仪器对探测器逐个进行试验，其动作应准确无误。

检验数量：施工单位全部检查，监理单位见证检验 20%。

检验方法：试验检查。

4.18.9 线路暗配，电线保护管沿最近线路敷设，不应有接头或扭结。导线的接头应在接线盒内焊接或用端子连接。

检验数量：施工单位全部检查，监理单位见证检验 20%。

检验方法：外观检查。

4.18.10 不同系统、不同电压等级不同电流类别的线路不应穿在同一管内或线槽的统一槽孔内。

检验数量：施工单位全部检查，监理单位见证检验 20%。

检验方法：外观检查。

4.19 中性点接地装置

主控项目

4.19.1 中性点接地装置进场验收应符合下列规定：

1 规格、型号符合设计要求；

2 所有附件应齐全，设备完好，无锈蚀或机械损伤。

检验数量：施工、监理单位全部检验。

检验方法：对照设计文件和订货合同，检查实物外观和质量证明文件。

4.19.2 中性点经消弧线圈接地的变压器与接地体或接地干线的连接，应采用单独的接地线。

检验数量：施工单位、监理单位均全部检查。

检验方法：观察检查。

4.19.3 消弧线圈的分接头位置应符合设计要求。

检验数量：施工单位、监理单位均全部检查。

检验方法：对照设计文件检查。

4.19.4 小电阻接地电阻柜的安装应符合下列规定：

1 电阻柜周围应留有通风空间并符合设计要求。

2 电阻柜的接线应按相应的电压等级选择适当的电缆，按照相关规定或图纸执行。

3 电阻柜内清洁无杂物。

检验数量：施工单位、监理单位均全部检查。

检验方法：观察检查。

4.19.5 接地线应连接可靠，接地电阻值应符合设计要求。

检验数量：施工单位、监理单位均全部检查。

检验方法:观察检查。

4.19.6 消弧线圈、接地电阻柜的电气性能检验应符合《电气装置安装工程电气设备交接试验标准》GB 50150 的相关规定,且试验合格。

检验数量:施工、监理单位均全部检验。

检验方法:施工单位检验,监理单位查阅试验报告。

5　电缆线路

5.1　一般规定

5.1.1　电缆线路工程验收应包括槽道内电缆敷设，直埋电缆敷设，支架、桥架上电缆敷设，管道内电缆敷设，悬挂式电缆敷设、电缆附件制作及安装，电缆井。

5.1.2　电缆线路中的隐蔽工程在隐蔽前，施工单位应通知监理单位到施工现场进行检验。

5.1.3　电缆终端头与中间接头制作时，操作人员应具备操作资格并严格遵守制作工艺规程。

5.1.4　电缆上桥敷设应按设计要求采取防护措施，上桥段电缆不得有中间接头。

5.1.5　在室外制作6 kV及以上电缆终端头与中间接头时，其空气相对湿度宜为70%以下。制作塑料绝缘电缆终端头与中间接头时，应防止尘埃、杂物落入绝缘内。严禁在雾、雨中施工。在室内施工时，应备有消防器材。

5.2　槽道内电缆敷设

主控项目

5.2.1　电缆的进场验收应符合下列规定：

1　电缆的规格、型号、质量应符合设计及订货合同要求。

2　电缆外表应无绞拧、铠装压扁、护层断裂和表面严重划伤等缺陷。

3　电缆的绝缘试验合格。

检验数量：施工单位全部检查，监理单位平行检验10%。

检验方法：对照设计文件和订货合同，检查实物和质量证明文件，绝缘测试。

5.2.2　电力专业施工的电缆槽道进场验收应符合下列规定：

1　电缆槽道及槽内填充材料规格、型号、质量应符合设计要求和相关产品标准的规定。

2　支架、钢制槽道防腐层良好。

检验数量：施工单位全部检查，监理单位见证检验20%。

检查方法：对照设计文件和订货合同，检查实物及质量证明文件。

5.2.3　电力专业施工的电缆槽的安装应符合下列规定：

1　电缆槽的安装位置、固定方式符合设计要求。

2　电缆槽道应平直，固定牢固、转弯等过渡组件配合严密。

3　电缆槽应齐全无破损，槽口接缝应严密。进出槽道外的电缆应穿钢管保护，出入口及管口处应密封。

检验数量：施工单位全部检查，监理单位见证检验20%。

检验方法：观察检查。

5.2.4　电缆的敷设路径、敷设方式、终端位置应符合设计要求。

检验数量：施工单位全部检查，监理单位见证检验20%。

检验方法：对照设计文件核对检查。

5.2.5 槽道内电缆敷设应符合下列规定：

1 电缆敷设应排列整齐，不宜交叉。

2 一级负荷供电的不同电源电缆在同一槽道内敷设应采取隔离措施。

3 高压单芯电缆应有相序标识，标识应清晰不易脱落。

4 电缆敷设完毕后，电缆槽盖板应完整平顺。

检验数量：施工单位全部检查，监理单位见证检验 20%。

检查方法：观察检查。

一 般 项 目

5.2.6 电缆标志牌的装设应符合下列规定：

1 在电缆终端头、电缆接头、拐弯处、夹层内、隧道及竖井的两端、人井内等地方，电缆上应装设标志牌。

2 标志牌上应注明线路编号、电缆型号、规格及起讫点；并联使用的电缆应有顺序号。标志牌的字迹应清晰不易脱落。

3 标志牌规格宜统一。标志牌应能防腐，挂装应牢固。

检验数量：施工单位抽检 20%。

检验方法：观察检查。

5.3 直埋电缆敷设

主 控 项 目

5.3.1 电缆的进场验收项目及质量要求应符合本标准第 5.2.1 条的规定。

5.3.2 电缆埋设深度应符合设计要求。

检验数量：施工单位全部检查，监理单位见证检验 20%。

检验方法：观察、测量检查。

5.3.3 电缆与铁路、公路、排水沟、城市街道、厂区街道平行或交叉的最小距离以及进入建筑物时的防护措施应符合设计要求。

检验数量：施工单位全部检查，监理单位见证检验 20%。

检验方法：观察检查。

5.3.4 电缆间、电缆与管道建筑物间的最小净距离应符合设计要求。

检验数量：施工单位全部检查，监理单位见证检验 20%。

检验方法：测量检查。

5.3.5 电缆敷设的最小弯曲半径应符合表 5.3.5 的规定。

表 5.3.5 电缆最小弯曲半径

电缆类型	多芯	单芯
交联聚乙烯绝缘电缆(35 kV 及以下)	$15D$	$20D$
聚氯乙烯绝缘电缆	$10D$	$10D$
橡胶绝缘电缆	$10D$	$10D$

注：表中 D 为电缆外径。

检验数量：施工单位全部检查，监理单位见证检验 20%。

检验方法：观察、测量检查。

一 般 项 目

5.3.6 同沟敷设两回路及以上电缆时，不宜重叠、交叉、扭绞。

检验数量：施工单位全部检查。

检验方法:观察检查。

5.3.7　电缆中间接头要前后错开,其距离不应小于 0.5 m。直埋电缆接头处应有保护。

检验数量:施工单位全部检查。

检验方法:观察、测量检查。

5.3.8　电力电缆敷设时,在电缆终端头、中间头处应余留长度,高压电缆为 5 m,低压电缆为 3 m。

检验数量:施工单位全部检查。

检验方法:测量检查。

5.3.9　直埋电缆采用保护板防护时,其上、下部应铺以不小于 100 mm 厚的软土或沙层,保护板覆盖宽度应超过电缆两侧各 50 mm。

检验数量:施工单位全部检查。

检验方法:观察、测量检查。

5.3.10　电缆标桩埋设地点应符合下列规定:

1　直埋电缆在直线每隔 50～100 m 处;

2　电缆接头、转弯或分歧处;

3　进入建筑物处;

4　穿过铁路、公路、河流的两侧及其他管路处。

检验数量:施工单位抽检 20%。

检验方法:观察、测量检查。

5.3.11　电缆标志牌的装设应符合本标准第 5.2.6 条的规定。

5.4　支架、桥架上电缆敷设

主 控 项 目

5.4.1　电缆进场验收项目及质量要求应符合本标准第 5.2.1 条的规定。支架、桥架材料的规格、型号、质量应符合设计要求,且无变形,防腐层良好。

检验数量:施工单位全部检查,监理单位见证检验 20%。

检验方法:对照设计文件和订货合同,检查实物和质量证明文件,绝缘测试。

5.4.2　电缆支架、桥架间距,最上层和最下层支架与沟顶、楼板或沟底、地面的最小净距应符合设计要求。

检验数量:施工单位全部检查,监理单位检验见证 20%。

检验方法:测量检查。

5.4.3　金属电缆支架、桥架接地连接应可靠。

检验数量:施工单位全部检查,监理单位见证检验 20%。

检验方法:观察及测试检查。

5.4.4　铁路生产设备房屋内电缆沿墙敷设质量应符合下列规定:

1　电缆之间、电缆与绝缘导线、管道之间的接近距离不应小于表 5.4.4 的规定。

2　无铠装电缆水平敷设时,至地面距离不应小于 2.5 m,垂直敷设时,底端距地面不应小于 1.8 m,否则应有相应的保护措施(不含专用电气房间)。

检验数量:施工单位全部检查,监理单位见证检验 20%。

检验方法:观察、测量检查。

表 5.4.4 电缆之间、电缆与其他配线、管道间净距(mm)

敷设条件		净距
1 kV 以下电缆与 10 kV 电缆间		300
1 kV 以下电缆与绝缘导线间		100
10 kV 电缆与绝缘管道间	平行	300
电缆与热力管道间	平行	1 000
	交叉	500
电缆与其他管道间		500

注:1 电缆与热力管道间距离不能符合要求时,应按设计要求采取隔热措施,并应将电缆敷设在热力管道的下方。

2 电缆与非热力管道的距离不能符合要求时,电缆应按设计要求加保护措施。

5.4.5 电缆桥架的施工质量应符合下列规定:

1 当直线段钢制电缆桥架超过 30 m,铝合金制、玻璃钢制电缆桥架超过 15 m 时,应有伸缩连接处,并装配伸缩连接板,电缆桥架跨越建筑物伸缩缝处应设置伸缩缝。

2 电缆桥架转弯处的转弯半径,不应小于该桥架上的电缆最小允许弯曲半径的最大者。

检验数量:施工单位全部检查,监理单位见证检验 20%。

检验方法:观察、测量检查。

5.4.6 电缆支架的施工质量应符合下列规定:

1 电缆支架的固定方式应符合设计要求,安装位置正确,连接可靠,固定牢固。各支架的层间横挡应在同一水平面上,托架支吊架沿桥架走向左右的偏差不应大于 10 mm。

2 电缆转弯处安装的电缆支架,能托住电缆平滑均匀地过渡;在有坡度的电缆沟内或建筑物上安装的电缆支架,应有与电缆沟或建筑物相同的坡度。

3 钢支架应焊接牢固,各横撑间的垂直净距误差不应大于 5 mm。

4 组装后的钢结构竖井,其垂直偏差不应大于其长度的 2‰,支架横撑的水平偏差不应大于其宽度的 2‰,竖井对角线的偏差不应大于其对角线的 5‰。

检验数量:施工单位全部检查,监理单位见证检验 20%。

检验方法:观察、测量检查。

5.4.7 电缆在隧道内沿电缆支架的敷设应符合下列规定:

1 隧道内电缆间及电缆与其他导线间的最小净距离应符合表 5.4.7 的规定。

2 隧道内电缆固定支架不得侵入建筑限界。高压电缆固定支架下端距钢轨面不应小于 4.5 m,低压电缆固定支架下端距钢轨面不应小于 4 m。

检验数量:施工单位全部检查,监理单位见证检验 20%。

检验方法:观察、测量检查。

表 5.4.7 隧道内电缆间及电缆与其他导线间的最小净距离(m)

电缆类型	高压电缆	低压电缆
低压电缆	0.30	0.10
接触网	2.00	2.00
高压电缆	0.15	0.30
漏泄同轴电缆	0.60	0.30
回流线或架空地线	0.30	0.50

5.4.8 生产设备房屋内、电缆沟、电缆隧道内的电缆竖井,以及进出生产设备房屋等的电缆通道均应按设计要求进行防火封堵。

检验数量:施工单位全部检查,监理单位见证检验 20%。

检验方法:观察检查。

5.4.9 交流单相电缆固定夹具不应构成闭合磁路。

检验数量:施工单位全部检查,监理单位见证检验 20%。

检验方法:观察检查。

一 般 项 目

5.4.10 对可能受到机械损伤及行人易接近的电缆,地面以上2 m处、穿过楼板、地板、墙壁等时,应有可靠的保护措施。

检验数量:施工单位全部检查。

检验方法:观察、测量检查。

5.4.11 当电缆沟、电缆隧道内两侧有支架时,低压电力电缆及控制电缆应与高压电力电缆分别敷设在不同侧的支架上;当电力电缆与控制电缆敷设在同一侧支架上时,高、低压电缆、控制电缆应按顺序,由上而下分层布置。低压电缆可与控制电缆并排敷设,排列顺序正确。

检验数量:施工单位抽检 5 处。

检验方法:观察检查。

5.4.12 电缆的固定应符合下列规定:

1 电缆固定牢固,且便于运营维护。

2 垂直敷设或超过 45°倾斜敷设的电缆在每个支架、桥架上每隔 2 m 处应加以固定。

3 水平敷设的电缆,在电缆首末两端、转弯和电缆接头的两端处加以固定。当对电缆间距有要求时,每隔 5～10 m 应加以固定。

检验数量:施工单位抽检 5 处。

检验方法:观察、测量检查。

5.4.13 电缆标志牌的装设应符合本标准第 5.2.6 条的规定。

5.5 管道内电缆敷设

主 控 项 目

5.5.1 电缆的进场验收应符合本标准第 5.2.1 条的规定。管道材料的规格、型号、质量应符合设计要求,且无变形,防腐层良好。

检验数量:施工单位全部检查,监理单位见证检验 20%。

检验方法:对照设计文件和订货合同,检查实物和质量证明文件。

5.5.2 电缆管道的施工质量应符合下列规定:

1 管道内径不应小于电缆外径的 1.5 倍,且混凝土管、陶土管、石棉水泥管内径不应小于 100 mm。

2 管道的弯曲半径应符合穿入电缆的弯曲半径的要求,且弯曲后无裂缝或显著凹下。其弯扁处最小直径不宜小于管外径的 90%。每根保护管的弯头不超过 3 个,直角弯不超过 2 个。

检验数量:施工单位全部检查,监理单位见证检验 20%。

检验方法:观察、测量检查。

5.5.3 混凝土管、陶土管、石棉水泥管等管道的埋深从地面到管上部距离不小于 0.7 m;在人行道下敷设不应小于 0.5 m。

检验数量：施工单位全部检查，监理单位见证检验 20%。

检验方法：测量及观察检查。

5.5.4 电缆穿管敷设应符合下列规定：

1 穿入管道中的电缆数量应符合设计要求；交流单芯电缆以单根穿管时，不得用未分割磁路的钢管。

2 利用电缆保护钢管作接地线时，接地线应焊接良好。有丝扣的管接头处应用跳线焊接。接地线和跳线的规格应符合设计要求。

检验数量：施工单位全部检查，监理单位见证检验 20%。

检验方法：观察检查。

5.5.5 桥梁两端的电缆保护采用钢管时管口处应密封，引下钢管应有防止雨水渗入路基的措施。

检验数量：施工单位全部检查，监理单位见证检验 20%。

检验方法：观察检查。

一 般 项 目

5.5.6 明敷电缆管道的施工质量应符合下列规定：

1 安装牢固，各支持点间的距离符合设计要求。

2 当塑料管的直线长度超过 30 m 时，宜加装伸缩节。

3 明敷管道的支持点距离不宜超过 3 m。

检验数量：施工单位抽检 50%。

检验方法：观察、测量检查。

5.5.7 电缆管道的连接应符合下列规定：

1 金属电缆管道连接牢固，密封良好，所连接的两管口对准；套接的短套管或带螺纹的管接头长度不应小于电缆管外径的 2.2 倍。金属管不得直接对焊。

2 硬质塑料管套接或插接的插入深度不应小于保护管内径的 1.1～1.8 倍，且在插接面上有密封措施。套接时套管的两端应封焊。

检验数量：施工单位抽检 50%。

检验方法：观察、测量检查。

5.5.8 混凝土管、陶土管、石棉水泥管等电缆管装设应符合下列规定：

1 地基应坚实、平整，不应有沉陷。排管质量无缺损。

2 电缆管内无积水、无杂物，且应有不小于 0.1%的排水坡度。

3 管内表面光滑、接缝严密。

检验数量：施工单位抽检 50%。

检验方法：观察、测量检查。

5.5.9 电缆管应排列整齐。引至设备的电缆管管口位置便于设备连接且不妨碍设备维修。

检验数量：施工单位全部检查。

检验方法：观察检查。

5.5.10 电缆排管在电缆敷设前应疏通，清除杂物。

检验数量：施工单位全部检查。

检验方法：观察检查。

5.5.11 电缆标志牌的装设应符合本标准第 5.2.6 条的规定。

5.6 悬挂式电缆敷设

主 控 项 目

5.6.1 电缆的进场验收应符合本标准第 5.2.1 条的规定。钢索托架、钢索材料、金属配件、电缆槽、金属电缆保护管等的规格、型号、材质应符合设计要求。

检验数量:施工单位全部检查,监理单位见证检验 20%。

检验方法:对照设计文件和订货合同,检查实物及质量证明文件。

5.6.2 沿钢索悬挂的电缆敷设应符合下列规定:

1 电缆中间接头的安装位置、固定方式以及电缆的预留方式应符合设计要求。

2 钢索托架应安装牢固,装设距离直线部分不宜大于20 m,曲线部分不宜大于 15 m。钢索每隔 300～500 m 设一耐张段。

3 电缆悬挂点均匀,电力电缆悬挂点的间距不得大于0.75 m,控制电缆不得大于 0.6 m。

检验数量:施工单位全部检查,监理单位见证检验 20%。

检验方法:观察、测量检查。

一 般 项 目

5.6.3 钢索悬挂的电缆挂钩应卡挂牢固,弛度均匀。

检验数量:施工单位抽检 20%。

检验方法:观察检查。

5.6.4 电缆标志牌的装设应符合本标准第 5.2.6 条的规定。

5.7 电缆附件制作与安装

主 控 项 目

5.7.1 电缆附件的进场验收应符合下列规定:

1 采用的电缆附件规格与电缆一致,零部件完整齐全,其规格、型号符合设计要求。

2 主要性能应符合相应产品技术标准的规定。

检验数量:施工单位全部检查,监理单位见证检验 20%。

检验方法:对照设计文件和订货合同,检查实物和质量证明文件。

5.7.2 电缆头的制作应符合下列规定:

1 高压电缆头的电缆护层剥切长度,绝缘包扎长度及芯线连接强度应符合产品技术文件要求。

2 电缆终端和接头应采取加强绝缘、密封防潮、机械保护措施。6 kV 以上电缆接头处有改善电缆屏蔽端部电场集中的有效措施,并确保外绝缘相间和对地距离。

检验数量:施工单位全部检查,监理单位旁站。

检验方法:观察、测量检查。

5.7.3 电缆终端头的固定方式、接地方式,以及与相关设备的带电距离应符合设计要求。

检验数量:施工单位全部检查,监理单位旁站。

检验方法:核对设计,观察、测量及测试检查。

5.7.4 电缆终端头与设备连接的金具应符合设计要求,连接正确,固定牢固。

检验数量:施工单位全部检查,监理单位见证检验 20%。

检验方法:观察检查。

5.7.5 电缆头处金属护套及铠装层应接地良好,所采用的接地铜绞线或镀锡铜编织线的截面应符合表 5.7.5 的规定。

检验数量:施工单位全部检查,监理单位见证检验 20%。

检验方法:观察、测量检查。

5.7.6 单芯电缆一端金属护套及铠装采用直接接地,另一端金属护套及铠装层应经护层保护器接地;经护层保护器接地一端所采用的接地铜绞线或镀锡铜编织线应作绝缘处理。

检验数量:施工单位全部检查,监理单位见证检验 20%。

检验方法:观察检查。

表 5.7.5 电缆头接地线截面(mm²)

电缆类型		接地线截面
电力电缆	150 及以上	≥25
	120 及以下	≥16
	10 及以下	≥4
控制电缆		≥2.5

5.7.7 电缆分支箱的规格型号、安装位置、接线方式应符合设计要求,电缆分支箱密封性应很好。

检验数量:施工单位全部检查,监理单位见证检验 20%。

检验方法:观察检查。

5.7.8 电缆的电气性能检验项目及要求应符合《电气装置安装工程电气设备交接试验标准》GB 50150 的规定。

检验数量:施工、监理单位均全部检验。

检验方法:施工单位检验,监理单位查阅试验报告。

一 般 项 目

5.7.9 电缆线路两端终端头应有明显的相色标志,且与系统的相位一致。电缆线芯压接后端子或连接管上的凸痕应修理光滑。

检验数量:施工单位全部检查。

检验方法:观察检查。

5.7.10 电缆头安装应牢固可靠,电缆头的防振措施应符合设计要求,并列敷设的电缆,其接头的位置宜相互错开。

检验数量:施工单位全部检查。

检验方法:观察及测试检查。

5.7.11 控制电缆终端可采用一般包扎,接头应有防潮措施。

检验数量:施工单位全部检查。

检验方法:观察检查。

5.7.12 电缆标志牌的装设应符合本标准第 5.2.6 条的规定。

5.8 电 缆 井

主 控 项 目

5.8.1 制作电缆井所需水泥、砂、石料、钢筋、型钢等原材料的进场验收,按进场批次进行,其品种、规格、质量应符合相关标准并应与所配制混凝土的等级相适应。

检验数量和检验方法符合现行《铁路混凝土工程施工质量验收标准》TB 10424 的有关规定。

5.8.2 电缆井施工应符合下列规定：

1 电缆井的位置、结构、尺寸、标高应符合设计要求；

2 电缆井内防潮防污、周围排水功能应符合设计要求；

3 电缆井盖板盖好后应完整平顺，密封良好。

检验数量：施工单位全部检查，监理单位见证检验 20%。

检验方法：观察检查。

一 般 项 目

5.8.3 电缆井的标识应清晰、明确且不易脱落。

检验数量：施工单位全部检查。

检验方法：观察检查。

6 35 kV 及以下架空线路

6.1 一 般 规 定

6.1.1 35 kV及以下架空线路工程验收应包括杆塔基坑开挖、回填及基础浇筑，杆塔组立、横担组装及绝缘子安装，拉线安装，导线、地线架设，线路设备安装。

6.2 基坑开挖、回填及基础浇筑

主 控 项 目

6.2.1 基础所用的水泥、砂、石料、钢筋等原材料的进场验收、钢筋配设、配合比试验、混凝土强度、预埋螺栓等应符合本标准第 4.2 节有关内容。

6.2.2 10 kV 及以下电杆埋设深度当设计未作规定时，应符合表 6.2.2 的规定。

表 6.2.2 电杆埋设深度

电杆总长(m)	8.0	9.0	10.0	11.0	12.0	13.0	15.0	18.0
最小埋深(m)	1.5	1.6	1.7	1.8	1.9	2.0	2.3	2.6～3.0

注：1 处于斜坡上的双杆，其埋深应以坡下埋深为准；
2 遇有土质松软、流砂、淤泥、冻土、地下水位较高处所，应按设计要求做特殊处理。

检验数量：施工单位全部检查，监理单位见证检验 20%。

检验方法：测量检查。

6.2.3 底盘、卡盘的规格、型号应符合设计要求。

检验数量：施工单位全部检查，监理单位见证检验 20%。

检验方法：对照设计文件及观察检查。

一 般 项 目

6.2.4 基坑施工定位位移值应符合表 6.2.4 的规定。

表 6.2.4 定位位移允许值

杆 型		顺线路位移		横线路位移值(mm)
		占设计档距%	位移值(mm)	
直线杆	35 kV 线路	≤1	—	≤50
	10 kV 及以下线路	≤3		
转角杆、分歧杆		—	≤50	

检验数量：施工单位全部检查。

检验方法：测量检查。

6.2.5 基坑回填土不应夹带杂草、冰雪，回填应夯实，防沉层培土高度应超出地面 300 mm。

检验数量：施工单位全部检查。

检验方法:测量及观察检查。

6.2.6 双杆基坑根开的中心施工允许偏差±30 mm。

检验数量:施工单位全部检查。

检验方法:测量检查。

6.2.7 底盘的圆槽面应与电杆中心线垂直。

检验数量:施工单位全部检查。

检验方法:观察、测量检查。

6.2.8 卡盘安装质量应符合下列规定:

1 直线杆的卡盘应与线路平行,并在电杆左、右两侧交替埋设。承力杆的卡盘应埋设在承力侧。

2 卡盘埋深应符合设计要求,埋设深度允许偏差为±50 mm。当设计无埋深规定时,上平面距地面不应小于 500 mm。

3 卡盘与电杆连接应紧密。

检验数量:施工单位全部检查。

检验方法:观察、测量检查。

6.2.9 岩石基坑爆破开挖时不应使岩石结构整体性受到破坏。

检验数量:施工单位全部检查。

检验方法:检测及观察检查。

6.3 杆塔组立、横担组装及绝缘子安装

主 控 项 目

6.3.1 杆塔、横担、绝缘子、叉梁及配件等材料进场验收应符合下列规定:

1 规格、型号、质量应符合设计要求和相关产品标准的规定。

2 混凝土电杆进场验收应符合本标准第 4.2.9 条的规定。

3 铁塔,横担、叉梁及配件等金具构、配件表面应无裂纹、砂眼、气泡等缺陷,平直无变形,镀锌良好,无锈蚀现象。

4 瓷绝缘子表面无裂纹,瓷釉光滑,无缺釉、斑点、烧痕、气泡或瓷釉烧坏等缺陷,弹簧销、弹簧垫的弹力适宜;瓷件与铁件组合无歪斜现象且结合紧密,铁件镀锌良好。

检验数量:施工单位全部检查,监理单位见证检验 20%。

检验方法:对照设计文件和订货合同,检查实物和质量证明文件。

6.3.2 采用钢圈连接的预应力混凝土电杆,其钢圈焊接质量应符合本标准第 4.2.12 条的规定。

检验数量:施工单位全部检查,监理单位见证检验 20%。

检验方法:观察、测量检查。

6.3.3 铁塔组立后,各相邻节点间主材弯曲不得大于主材长度的 1/750。

检验数量:施工单位全部检查,监理单位见证检验 20%。

检验方法:观察、测量检查。

6.3.4 电杆上横担、叉梁及铁塔的接地方式,接地电阻值应符合设计要求。

检验数量:施工单位、监理单位全部检查。

检验方法:观察及测试检查。

6.3.5 绝缘子安装方式正确,安装牢固,连接可靠。

检验数量:施工单位全部检查,监理单位见证检验20%。

检验方法:观察检查。

6.3.6 绝缘子的电气性能检验项目及要求应符合《电气装置安装工程电气设备交接试验标准》GB 50150的规定。

检验数量:应按每批到货数量抽样5%且不少于50只进行交流耐压试验,如不合格率20%以上,则应全部试验,并将不合格的剔出。

检验方法:施工单位试验。监理单位见证试验。

一 般 项 目

6.3.7 电杆组立质量应符合下列规定:

1 电杆的横向位移,电杆的倾斜,转角杆和终端杆的预偏值等允许偏差应符合表6.3.7—1的规定。

表6.3.7—1 电杆横向位移、倾斜、预偏值允许偏差

杆 型		倾斜值	预偏值	横向位移(mm)
直线杆	35 kV线路	3‰L	—	50
	10 kV线路	0.5 d		
转角杆(应向外角偏移) 终端杆(应向拉线侧偏移)		—	d	

注:表中L为电杆长度;d为电杆梢径。

2 双杆组立后的位置偏差应符合表6.3.7—2的规定。

表6.3.7—2 双杆位置允许偏差(mm)

杆 型	顺向位移	横向位移	迈 步	根 开
直线杆	—	50	30	30
转角杆	50			

3 电杆顶端封堵良好。

检验数量:施工单位全部检查。

检验方法:观察、测量检查。

6.3.8 铁塔组立后,塔脚板应与基础面接触良好,有空隙时应垫垫片,并应灌注水泥砂浆。保护帽的混凝土应与塔脚板上部铁板结合严密,且不得有裂缝。

检验数量:施工单位全部检查。

检验方法:观察检查。

6.3.9 架空线路杆塔下列标志应清晰:

1 杆塔的编号。

2 高压线路的变台杆、开关杆、分歧杆、换位杆、引入杆、终端杆的相序标志。

检验数量:施工单位全部检查。

检验方法:观察检查。

6.3.10 横担安装质量应符合下列规定:

1 单横担应装于受电侧;分歧杆、90°转角杆(上、下)及终端杆应装于拉线侧。

2 横担安装允许偏差应符合表6.3.10的规定。

检验数量:施工单位抽检20%。

检验方法:观察、测量检查。

表 6.3.10 横担安装允许偏差

安装项目		允许偏差
横担端部	上下歪斜	20 mm
	左右扭斜	
双杆横担	横担与电杆连接处高差	5‰$L_{连}$
	左右扭斜	1‰$L_{横}$

注：表中 $L_{连}$ 为横担与电杆连接距离；$L_{横}$ 为横担总长度。

6.3.11 叉梁安装质量应符合下列规定：

1 以抱箍连接的叉梁，其上端抱箍组装尺寸的允许偏差为±50 mm。

2 分段组合叉梁应正直，不应有明显的鼓肚，弯曲。

3 横隔梁应保持水平；组装尺寸允许偏差±50 mm。

检验数量：施工单位全部检查。

检验方法：观察、测量检查。

6.3.12 螺栓连接质量应符合下列规定：

1 螺杆应与构件面垂直，螺杆头平面与构件间不应有间隙。

2 螺栓紧固后，螺杆丝扣露出的长度单螺母不应少于 2 个螺距；双螺母可与螺杆相平。

3 当必要加垫圈时，每端垫圈不应超过 2 个。

检验数量：施工单位抽检 10%。

检验方法：观察检查。

6.3.13 螺栓的穿入方向应符合下列规定：

1 立体结构

1)水平方向由内向外。

2)垂直方向由下向上。

2 对平面结构

1)顺线路方向，双面构件由内向外，单面构件由送电侧穿入或按统一方向。

2)横线路方向，两侧由内向外，中间由左向右(面向受电侧)或按统一方向。

3)垂直方向，由下向上。

检验数量：施工单位抽检 10%。

检验方法：观察检查。

6.3.14 悬式绝缘子的安装应符合下列规定：

1 与电杆、导线金具连接处，无卡压现象。

2 绝缘子裙边与带电部位的间隙不应小于 50 mm。

检验数量：施工单位抽检 10%。

检验方法：观察、测量检查。

6.3.15 闭口销安装应符合下列规定：

1 采用的闭口销不应有折断、裂纹等现象。

2 严禁用线材或其他材料代替闭口销。

检验数量：施工单位抽检 10%。

检验方法：观察、测量检查。

6.4 拉线安装

主控项目

6.4.1 拉线所采用的材料按批次进行进场验收，其规格、型号、质量符合设计要求，并应符合下列规定：

1 钢绞线不应有松股、交叉、折叠、断裂及破损等缺陷，钢绞线镀锌铁线表面镀锌层应良好，无锈蚀。

2 顶(撑)杆及拉线柱所采用的电杆应符合本标准第 4.2.9 条的规定；拉线安装所采用的金具应符合本标准第 6.3.1 条的规定。

3 拉线盘的规格、型号及质量符合设计要求，拉线盘表面不应有蜂窝、露筋、裂缝等缺陷。

检验数量：施工单位全部检查，监理单位见证检验 20%。

检验方法：对照设计文件和订货合同，检查实物和质量证明文件。

6.4.2 拉线盘的埋设深度和方向应符合设计要求。拉线棒与拉线盘应垂直，连接处应采用双螺母。

检验数量：施工、监理单位均全部检验。

检验方法：观察、测量检查。

6.4.3 拉线坑的回填和培土应符合本标准第 6.2.5 条的规定。

一般项目

6.4.4 承力拉线应与线路方向的中心线对正，分角拉线与线路分角线方向对正，防风拉线应与线路方向垂直。

检验数量：施工单位全部检查。

检验方法：观察检查。

6.4.5 UT 型线夹安装质量应符合下列规定：

1 线夹舌板与拉线接触应紧密，受力后无滑动现象，线夹凸肚应在尾线侧；

2 拉线弯曲部分不应有明显松股，拉线断头处与拉线主线应固定可靠，线夹处露出的尾线长度为 300～500 mm，尾线回头后应与本线扎牢；

3 当同一组拉线使用双线夹并采用连板时，其尾线端的方向应统一；

4 UT 型线夹的螺扣杆应露出并应有不小于 1/2 的螺丝扣杆长度可供调紧，调整后，UT 型线夹的双螺母应并紧。

检验数量：施工单位全部检查。

检验方法：观察、测量检查。

6.4.6 拉线或拉线柱坠线采用绑扎固定时，其安装质量应符合下列规定：

1 拉线两端应设置心形环；

2 钢绞线拉线应采用直径为 2.0～3.2 mm 的镀锌铁线绑扎固定，绑扎应整齐、紧密，最小缠绕长度应符合表 6.4.6 的规定。

检验数量：施工单位全部检查。

检验方法：观察、测量检查。

表 6.4.6 绑扎最小缠绕长度(mm)

钢绞线截面(mm^2)	上段	中段有绝缘子的两端	与拉线棒连接处		
			下端	花缠	上端
25	200	200	150	250	80
35	250	250	200	250	80
50	300	300	250	250	80

6.4.7 拉线安装允许偏差应符合表 6.4.7 的规定。

表 6.4.7 拉线安装允许偏差

安装项目			允许偏差
拉线棒	外露地面的长度		500～700 mm
	出土处与规定位置的偏差	终端、顺向拉线	1.5%h
		合力、防风拉线	2.5%h
拉线与电杆的夹角		一般地形	45°
		特殊地形	30°

注:h 为拉线高度,即拉线出土处的水平线至拉线抱箍的距离。

检验数量:施工单位抽检 20%。

检验方法:尺量检查。

6.4.8 拉线柱拉线的质量应符合以下要求:

1 拉线柱及其坠线的施工允许偏差应符合表 6.4.8 的规定。

表 6.4.8 拉线柱及其坠线施工允许偏差

施工项目		允许偏差
拉线柱	埋深(采用坠线的)	1/6H
	倾斜(应向张力反方向)	10°～20°
坠线	与拉线柱的夹角	30°
	上端固定点距拉线柱顶距离	250 mm

注:H 为拉线柱长度。

2 跨越道路的水平拉线设置方式应符合设计要求,且对通车路面边缘的垂直距离不应小于 5 m。

3 混凝土电杆的拉线装设绝缘子时,拉线绝缘子距地面不应小于 2.5 m。

检验数量:施工单位全部检查。

检验方法:观察检查。

6.4.9 顶(撑)杆工程的施工质量应符合下列规定:

1 顶杆底部埋深不应小于 0.5 m。与主杆连接应紧密、牢固。

2 顶杆与主杆之间连接方式应符合设计要求。

3 顶杆与主杆之间的夹角符合设计要求,允许偏差为±5°。

检验数量:施工单位全部检查。

检验方法:观察、测量检查。

6.5 导线、地线架设

主 控 项 目

6.5.1 线材及金具材料进场验收应符合下列规定：

1 规格、型号、质量应符合设计要求。

2 金具的进场验收应符合本标准第 6.3.1 条的规定。

3 当架空线路采用预绞式金具时，应符合《架空线路用预绞式金具技术条件》DL/T 763 的规定。

4 线材不应有松股、交叉、折叠、断裂及破损等缺陷，不应有腐蚀现象。

5 钢绞线、镀锌铁线表面镀锌层应良好，无锈蚀。

6 绝缘线表面应平整、光滑、色泽均匀，绝缘层厚度应符合规定。

检验数量：施工单位全部检查，监理单位见证检验 20%。

检验方法：对照设计文件和订货合同，检查实物及质量证明文件。

6.5.2 不同金属、不同规格、不同绞制方向的导线、地线严禁在档距内连接。

检验数量：施工、监理单位均全部检验。

检验方法：观察检查。

6.5.3 导线采用钳压连接时应符合下列规定：

1 接续管型号与导线的规格应匹配。

2 压口数及压口尺寸、压口位置应符合附录 C 的规定。

3 钳压后导线端间绑线应保留；压接后接续管两端附近的导线平滑，无明显变形。

4 压接后的接续管有明显弯曲时应校直；压接或校直后的接续管不应有裂纹。

5 压接后尺寸的允许偏差应符合表 6.5.3 的规定。

表 6.5.3 压接后尺寸的允许偏差

项　　目	尺寸要求	项　　目	尺寸要求
导线端头露出长度	≥20 mm	铝绞线钳接管	±1.0 mm
接续管弯曲度	≤2%L	钢芯铝绞线钳接管	±0.5 mm

注：L 为接续管长度

检验数量：施工单位全部检查，监理单位旁站。

检验方法：观察、测量检查。

6.5.4 10 kV及以下架空电力线路的导线连接质量应符合下列规定：

1 当采用缠绕方法连接时，连接部分的线股应缠绕良好，不应有断股、松股等缺陷。

2 在同一档距内，同一根导线上的接头不应超过 1 个。

3 导线接头位置与导线固定处的距离应大于 0.5 m。当有防振装置时，应在防振装置以外。

4 导线跨越铁路，道路，电力、通信架空线路，通航河流以及特殊管道时，不得有接头。

检验数量：施工、监理单位均全部检验。

检验方法：观察、测量检查。

6.5.5 35 kV电力线路在同一档距内，同一根导线或地线上不应超过 1 个直线接续管及 3 个补修管。且补修管间、补修管与直线接续管间、补修管或直线接续管与耐张线夹之间的距离不应小于 15 m。

检验数量:施工单位全部检查,监理单位见证检验 20%。

检验方法:观察、测量检查。

6.5.6 架空线路对地距离、交叉跨越及平行接近距离应符合附录 D 要求。

检验数量:施工、监理单位均全部检验。

检验方法:观察、测量检查。

6.5.7 架空线路与铁路、道路、河流、管道、索道及各种架空线路交叉或接近时的规定应符合《铁路电力设计规范》TB 10008 的相关规定。

检验数量:施工、监理单位均全部检验。

检验方法:观察、测量检查。

6.5.8 引流线、导线与其相关设施间最小净距应符合表 6.5.8 的规定。

检验数量:施工单位全部检查,监理单位见证检验 20%。

检验方法:测量检查。

表 6.5.8 引流线及导线与其相关设施间最小净距

项 目	线路类别	净距(mm)
每相引流线、引下线与相邻线的引流线、引下线或导线之间	1~10 kV	300
	1 kV	150
导线与拉线、电杆、构架之间	35 kV	600
	1~10 kV	200
	1 kV 以下	100

一 般 项 目

6.5.9 10~35 kV 线路采用并沟线夹连接引流线时,线夹数量不应少于 2 个。连接面应平整、光洁。

检验数量:施工单位全部检查。

检验方法:观察检查。

6.5.10 10 kV及以下线路引流线间、引流线与主干线间的连接应符合下列规定:

1 不同金属导线的连接应有可靠的过渡金具。

2 同种金属导线绑扎连接时,绑扎的长度最小值应符合表 6.5.10 的规定。

3 绑扎连接应接触紧密、均匀、无硬弯,引流线应呈均匀弧度。

4 不同截面导线连接时,其绑扎长度应以小截面导线为准。

检验数量:施工单位全部检查。

检验方法:观察、测量检查。

表 6.5.10 同种金属导线绑扎长度最小值

导线截面(mm^2)	绑扎长度最小值(mm)
35 及以下	150
50	200
70	250

6.5.11 高压线路导线面向负荷侧从左侧起排列相序为 A、B、C,环状线路或导线有换位时应符合设计要求。

检验数量:施工单位全部检查。

检验方法:观察检查。

6.5.12 低压线路导线面向负荷侧从左侧起排列相序为 A、O、B、C,同一根导线向两侧供电时与其中一侧导线排列一致。

检验数量:施工单位全部检查。

检验方法:观察检查。

6.5.13 导线的弛度应符合设计要求。其允许误差应符合表 6.5.13 的规定。

表 6.5.13 导线弛度允许误差

线路类别	弛度误差	正误差最大值(mm)	各相间弛度的相对误差值(mm)	水平排列的导线间弛度相差值(mm)	大跨越档弛度误差
35 kV	$+0.05f-0.025f$	≤500	≤200	—	$+0.02f$ $-0.025f$
10 kV 及以下	$\pm0.05f$	—	—	≤50	

注:f 为设计弛度。

检验数量:施工单位全部检查。

检验方法:测量检查。

6.5.14 导线的固定应符合下列规定:

1 导线在针式绝缘子上的绑扎应符合表 6.5.14—1 的规定。

表 6.5.14—1 导线在针式绝缘子上的绑扎要求

杆型或安装方式	绑扎要求
直线杆	导线应固定在顶部槽内
直线转角杆	导线应固定在绝缘子转角外侧的道槽内
直线跨越杆	导线应双固定,导线本体不应在固定处出现角度
自动闭塞换位杆	换位导线应固定在绝缘子拐角外侧的道槽内
水平安装	固定在第一裙槽内

2 裸铝导线在绝缘子或线夹上固定应缠铝包带,缠绕长度应超出接触部分 30 mm。铝包带的缠绕方向应与导线外层线股的绞制方向一致。

3 10 kV及以下架空电力线路中的裸铝导线耐张蝶式绝缘子上的绑扎长度应符合表 6.5.14—2 的规定。

4 绑扎用的绑线应选用与导线同金属的单股线,其直径不应小于 2.0 mm。

检验数量:施工单位抽检 10%。

检验方法:观察、测量检查。

表 6.5.14—2 裸铝导线耐张蝶式绝缘子上的绑扎长度

导线截面(mm^2)	绑扎长度(mm)
LJ—50、LGJ—50 及以下	≥150
LJ—70	≥200

6.5.15 金具安装应符合下列规定:

1 组装配合良好,线夹转动灵活,与导线接触密贴。

2 悬垂线夹及防振锤安装尺寸及允许偏差应符合表 6.5.15 的规定。

检验数量:施工单位抽检 20%。

检验方法:观察、测量检查。

表 6.5.15 悬垂线夹及防振锤安装及允许偏差

项目		安装尺寸及偏差
悬垂线夹安装后其绝缘子	与地平面的夹角	90°
	特殊情况下,其在线路方向与垂直位置的倾斜角	≤5°
防振锤	与地平面的夹角	90°
	安装距离允许偏差	±30 mm

6.6 线路设备安装

主 控 项 目

6.6.1 线路设备(包括变压器、跌落式熔断器、断路器、负荷开关、隔离开关、避雷器等)到达现场检验应符合下列要求:

1 规格、型号、质量应符合设计要求和相关产品标准的要求。

2 设备外观良好、附件应齐全,无锈蚀及机械损伤

检验数量:施工单位全部检查,监理单位见证检验20%。

检验方法:对照设计文件和订货合同,检查实物和质量证明文件,绝缘测试及绝缘油取样送检。

6.6.2 设备安装所使用的线材和金具等应符合本标准第6.5.1条的规定。

6.6.3 线路设备的安装质量应符合下列规定:

1 设备上的瓷件表面应光洁,无裂缝、破损等现象。

2 带油的设备所有焊缝连接面及阀门应无渗油的现象。

3 设备的零部件齐全。设备铸件不应有裂纹、锈蚀。

检验数量:施工单位全部检查,监理单位见证检验20%。

检验方法:观察检查。

6.6.4 线路设备的电气性能检验项目及要求应符合《电气装置安装工程电气设备交接试验标准》GB 50150的规定。

检验数量:施工、监理单位均全部检验。

检验方法:施工单位检验。施工单位、监理单位查阅电气试验报告。

一 般 项 目

6.6.5 不同金属导线的连接应有可靠的过渡金具。

检验数量:施工单位全部检查。

检验方法:观察检查。

6.6.6 线路设备的台、支架安装牢固,安装方式符合设计要求。

检验数量:施工单位全部检查。

检验方法:观察、测量检查。

6.6.7 跌落式熔断器的安装施工质量应符合下列规定:

1 转轴光滑灵活,熔丝管不应有吸潮膨胀或弯曲现象。

2 熔管轴线与铅垂线交角为15°～30°,熔断器水平相间距离不应小于500 mm,且排列整齐。

3 操作灵活可靠,接触紧密。合熔丝管时上触头应有一定的压缩行程。

4 上、下引线压紧,与线路导线的连接紧密可靠。

检验数量:施工单位全部检查。

检验方法:观察、测量及操作检查。

6.6.8 杆上断路器和负荷开关的安装质量应符合下列规定:

1 水平倾斜不应大于托架长度的1%。

2 引线连接紧密,当采用绑扎连接时,长度不应小于150 mm。

3 不应有漏油现象,气压不应低于规定值。

4 操作灵活,分、合位置指示正确。

5 接地可靠,接地电阻值符合规定。

检验数量:施工单位全部检查。

检验方法:观察、测量检查。

6.6.9 杆上隔离开关的安装质量应符合下列规定:

1 瓷件与引线的连接可靠。

2 操作机构动作灵活。

3 隔离刀闸合闸时,接触紧密;分闸后应有不小于 200 mm 的空气间隙。

4 水平安装的隔离刀闸,分闸时,应使静触头带电。

5 三相联动隔离开关的动作不同期值不应大于 5 mm。

检验数量:施工单位全部检查。

检验方法:观察、测量检查。

6.6.10 杆上避雷器的安装质量应符合下列规定:

1 瓷套与固定抱箍之间应有垫层。

2 排列整齐,高低一致。

3 相间距离。

1)1～10 kV 时,不应小于 350 mm;

2)1 kV 以下时,不应小于 150 mm。

4 引线短而直,连接紧密,其截面应符合表 6.7.10 的规定。

表 6.6.10 引线最小截面(mm^2)

引线分类	截面	
	铜线	铝线
引上线	16	25
引下线	25	35

5 与电器部分连接,不应使避雷器产生外加应力。

6 引下线接地可靠,接地电阻值符合设计规定。

检验数量:施工单位全部检查。

检验方法:观察、测量检查。

6.6.11 杆上配电箱安装位置应符合设计要求,固定牢固,箱内外接线正确,回路标识清晰;箱体坚固,外表无破损,门锁安全可靠,防雨、防尘良好。

检验数量:施工单位全部检查。

检验方法:观察检查。

7 低压配电

7.1 一般规定

7.1.1 低压配电工程施工质量验收应包括配管配线、配电箱(柜)安装、防爆电气设备安装、滑触线、封闭式母线安装、动车组地面电源。

7.1.2 钢管与设备不能直接连接时,在室内干燥场所可在钢管端部加装保护软管引入设备内,管口应包扎紧密;在室外或潮湿场所,钢管端部装设防水弯头,由防水弯头引出的导线应加套保护软管,并弯成防水弯后再引入设备的接线盒或动力箱内。

7.1.3 安装熔断器及配装熔体的容量、规格、型号应符合设计要求,后备保护、限流、自复、半导体器件保护等有专用功能的熔断器,严禁代用替换。

7.2 配管配线

主控项目

7.2.1 室内外配管配线所用的材料应进行进场验收,符合下列规定:

1 配管线路所用材料的规格、型号、质量应符合设计及订货合同要求。

2 钢管不应有折扁和裂缝,管内应无铁屑及毛刺,切断口应平整,管口应光滑。

3 塑料管必须阻燃,管口应平整、光滑。

4 外观应无损伤、变形,附件齐全。

检验数量:施工单位全部检查,监理单位见证检验 20%。

检验方法:对照设计文件和订货合同,检查实物和质量证明文件。

7.2.2 管路和附件的安装方式、路径应符合设计要求。

检验数量:施工单位全部检查,监理单位见证检验 20%。

检验方法:观察检查。

7.2.3 电线管路的弯曲应符合表 7.2.3 的要求。

表 7.2.3 电线管路弯曲要求

弯曲条件	弯曲要求
电线管路弯曲半径(明配)	不小于管子外径的 6 倍(只有一个弯时可不小于 4 倍)
电线管路弯曲半径(暗配)	不小于管子外径的 6 倍(埋设于地下或混凝土内时不小于 10 倍)
弯曲程度	弯扁处的最小外径不小于管子外径的 90%

检验数量:施工单位全部检查,监理单位见证检验 20%。

检验方法:观察、测量检查。

7.2.4 在 TN—S、TN—C—S 供电系统中,金属管与塑料管、金属箱盒与塑料箱盒混合使用时,金属管、金属箱盒与保护地线(PE 线)有可靠的电气连接。

检验数量:施工、监理单位均全部检验。

检验方法:观察检查。

7.2.5 导线的布置方式、路径应符合设计要求。

检验数量:施工单位全部检查,监理单位见证检验 20%。

检验方法:观察检查。

7.2.6 配线与其他各种管道之间的最小距离应符合表 7.2.6 的规定。

表 7.2.6 配线与管道之间的最小距离(mm)

<table>
<tr><th>管道名称</th><th colspan="2">配线方式</th><th>穿管配线</th><th>绝缘导线明配线</th></tr>
<tr><td rowspan="3">蒸汽管</td><td rowspan="2">平行</td><td>管道上</td><td>1 000</td><td>1 000</td></tr>
<tr><td>管道下</td><td>500</td><td>500</td></tr>
<tr><td colspan="2">交叉</td><td>300</td><td>300</td></tr>
<tr><td rowspan="3">暖气管、热气管</td><td rowspan="2">平行</td><td>管道上</td><td>300</td><td>300</td></tr>
<tr><td>管道下</td><td>200</td><td>200</td></tr>
<tr><td colspan="2">交叉</td><td>100</td><td>100</td></tr>
<tr><td rowspan="2">通风、给排水
及压缩空气管</td><td colspan="2">平行</td><td>100</td><td>200</td></tr>
<tr><td colspan="2">交叉</td><td>50</td><td>100</td></tr>
</table>

注:1 对蒸汽管道,当在管外包隔热层后,上下平行距离可减至 200 mm。

2 暖气管、热水管应设隔热层。

检验数量:施工、监理单位均全部检验。

检验方法:观察、测量检查。

7.2.7 导线连接和导线与端子连接,采用套管焊接时,焊缝焊料应饱满,表面光滑无凹陷,无漏焊裂缝等缺陷;采用套管压接时,连接管、压接帽、压模等与导线线芯应相匹配。

检验数量:施工单位全部检查,监理单位见证检验 20%。

检验方法:观察检查。

7.2.8 配线的分支线连接处,不应使干线受支线的横向拉力。

检验数量:施工单位全部检查,监理单位见证检验 20%。

检验方法:观察检查。

7.2.9 室内外绝缘导线敷设的最小线间距离、室内外绝缘导线至地面间最小距离、室外绝缘导线至建筑物最小距离应符合设计要求。

检验数量:施工单位全部检查,监理单位见证检验 20%。

检验方法:观察、测量检查。

7.2.10 在爆炸、火灾危险环境的配线防护应符合下列规定:

1 配线钢管应采用低压流体输送用镀锌钢管。

2 钢管与钢管、钢管与电气设备,钢管与钢管附件之间连接应采用螺纹连接,管径25 mm 及以下螺纹啮合应不少于 5 扣,管径 32 mm 及以上应不少于 6 扣。

3 通过楼板或地面、隔墙均应在楼板或地面的上方装设纵向式密封件,在隔墙的任一侧装设横向式密封件,并应将穿孔堵塞严密。

4 电机的进线钢管与电气设备连接困难处,应通过建筑物伸缩缝和沉降缝处装设防爆挠性连接管,弯曲半径不小于管外径的 5 倍。

检验数量:施工单位全部检查,监理单位见证检验 20%。

检验方法:观察、测量检查。

7.2.11 低压馈电线路绝缘性能应符合《电气装置安装工程电气设备交接试验标准》GB 50150 的规定。

检验数量:施工、监理单位均全部检验。

检验方法:测量检验。

一 般 项 目

7.2.12 电线保护管路中间应设接线盒,两个接线盒间距离应符合下列规定:

1 无弯管路不大于 30 m;

2 两接线盒间有一个弯时,不大于 20 m;

3 两接线盒间有两个弯时,不大于 15 m;

4 两接线盒间有三个弯时,不大于 8 m。

检验数量:施工单位抽检 20%。

检验方法:观察、测量检查。

7.2.13 钢保护管的连接应符合下列规定:

1 采用螺纹连接时,管端螺纹长度不应小于管接头长度的 1/2,其螺纹宜外露 2～3 扣。

2 采用套管连接时,套管长度为连接管外径的 1.5～3 倍,连接管的对口处应在套管的中心,焊口应焊接牢固、严密。

检验数量:施工单位抽检 20%。

检验方法:观察、测量检查。

7.2.14 暗配线路的安装应符合下列规定:

1 钢管与接线盒、开关盒、灯头盒的连接可用焊接固定,管口露出盒内壁的长度应小于 5 mm,焊后应补刷防腐漆。

2 暗配线路的电线保护管路应沿最近的路线敷设。埋入建筑物或构筑物内的电线管与建筑物表面的距离不应小于 15 mm。

检验数量:施工单位抽检 20%。

检验方法:观察、测量检查。

7.2.15 明配线路的安装应符合下列规定:

1 明配线路的电线管,其垂直及水平敷设直线段的垂直或水平偏差,每 2 m 内应小于 3 mm,全长连续偏差不应大于管材外径的 1/2。

2 明配保护管路应排列整齐,固定点间的距离应均匀;管卡与终端、弯头中点、电气设备或箱盒边缘的距离应为 150～500 mm。

检验数量:施工单位抽检 20%。

检验方法:观察、测量检查。

7.2.16 与电气设备连接的钢保护管管口,距地面的高度不宜低于 200 mm。

检验数量:施工单位抽检 20%。

检验方法:观察、测量检查。

7.2.17 金属保护管接地跨接线直径应符合表 7.2.17 的规定,焊接长度不应小于直径的 6 倍。

检验数量:施工单位抽检 20%。

检验方法：观察、测量检查。

表 7.2.17 金属管跨接线直径

金属保护管公称直径(mm)		跨接线直径(mm)		金属保护管公称直径(mm)		跨接线直径(mm)	
电线管	钢 管	圆 钢	扁 钢	电线管	钢 管	圆 钢	扁 钢
≤32	≤25	6	—	50	40～50	10	—
40	32	8	—	70～80	70～80	—	25×4

7.2.18 金属软保护管的安装应符合下列规定：

1 弯曲半径不应小于管子外径的 6 倍。

2 固定点间距不得大于 1.3 m，管卡与终端、弯头中点距离宜为 300 mm。

3 与嵌入式灯具或类似器具连接时，其末端固定管卡可安装于灯具、器具边缘为起点的管长 1 m 处。

4 金属软管不应有退绞、松散现象，中间无接头，与设备、器具连接处应用专用接头，且密封良好，接地可靠。

检验数量：施工单位抽检 20%。

检验方法：观察、测量检查。

7.2.19 塑料保护管的安装应符合下列规定：

1 在砖砌体上剔槽敷设时，应用强度不低于 M10 等级的水泥砂浆抹面保护，其厚度不应小于 15 mm。

2 在混凝土层内敷设时，应用强度不低于 M10 等级的水泥砂浆抹面保护，其厚度不应小于 20 mm。

3 塑料波纹保护管避开抽烟道和供热管，与供热管道的距离不应小于 200 mm。

4 用塑料波纹管作电线管时，不应有破裂或砂眼，弯曲后不应产生裂纹或显著凹瘪。弯曲角度不应小于 90°。波纹管接头应采用专用接头及管帽、卡环配套使用。

5 塑料电线管管口应平整、光滑。连接处应涂专用胶合剂密封。采用插入法连接时插入深度为管子外径的 1.1～1.8 倍；采用套管连接时套管长度为管子外径的 1.5～3 倍，对接口在套管的中心。

6 塑料电线管穿过易受机械损伤的楼板处应加套钢管保护，埋入地面或楼板的塑料电线管，其保护厚度距楼板面不低于500 mm。在引向设备而露出地面易受机械损伤的一段亦应有保护措施。

检验数量：施工单位抽检 20%。

检验方法：观察、测量检查。

7.2.20 电线保护管路的安装在直线和弯曲处均不应有折皱、凹穴和裂缝，弯扁程度不应大于管外径的 10%。金属管连接处应焊接或用专用接地线卡固定的跨接接地线。

验数量：施工单位全部检查。

检验方法：观察、测量检查。

7.2.21 保护管内绝缘导线总面积不应大于管内截面的 40%；不同回路、不同电压、交流与直流的导线不得穿于同一根管内；同一交流回路的导线应穿于同一管内。导线及中性线应有区分标志。

检验数量：施工单位抽检 20%。

检验方法:观察检查。

7.2.22 配线用线槽固定点应符合设计要求,连接应连续无间断,槽盖齐全。其水平和垂直偏差不应大于其宽度的 20%。金属线槽防腐良好,并应可靠接地或接零。

检验数量:施工单位抽检 20%。

检验方法:观察检查。

7.2.23 绝缘导线沿室内墙体、顶棚敷设时,其支持点间的最大距离应符合表 7.2.23 的规定。室外墙面上直接固定点间距不应大于 2 m。

表 7.2.23　室内沿墙体、顶棚敷设支持点的最大距离

芯线截面(mm^2)	1~4	6~10	14~25	35~120
支持点最大距离(m)	2.0	2.5	3.0	6.0

检验数量:施工单位抽检 20%。

检验方法:观察检查。

7.3　配电箱(柜)安装

主 控 项 目

7.3.1 配电箱及所安装电器进场验收应符合本标准第 4.12.1 条的规定。

检验数量:施工单位全部检查,监理单位见证检验 20%。

检验方法:对照设计文件和订货合同,检查实物外观和质量证明文件。

7.3.2 配电箱(柜)安装位置、安装方式应符合设计要求,本体接地可靠。

检验数量:施工单位全部检查,监理单位见证检验 20%。

检验方法:观察检查。

7.3.3 配电箱(柜)内元器件应完整无损,接线正确。

检验数量:施工单位全部检查,监理单位见证检验 20%。

检验方法:观察、测试检查。

7.3.4 配电箱(柜)的电气性能检验项目及要求应符合《电气装置安装工程电气设备交接试验标准》GB 50150 的规定。

检验数量:施工、监理单位均全部检验。

检验方法:施工单位做试验。监理单位查阅电气试验报告。

一 般 项 目

7.3.5 配电箱(柜)上应标明回路编号、回路名称和额定电流,有备用电源时应有标志。

检验数量:施工单位全部检查。

检验方法:观察检查。

7.3.6 配电箱安装应牢固可靠,垂直偏差不应大于 3 mm,安装高度当设计未作规定时,照明配电箱底边距地面宜为 1.5 m。

检验数量:施工单位全部检查。

检验方法:观察、测量检查。

7.3.7 配电柜固定牢固,螺栓连接可靠,柜与墙、柜底与地面的距离应符合产品技术文件要求。

检验数量:施工单位抽检 20%。

检验方法:观察检查。

7.3.8 导线连接无松动,保护、控制、测量、信号等回路正常。

检验数量:施工单位全部检查。

检验方法:观察、操作检查。

7.4 防爆电气设备安装

主 控 项 目

7.4.1 防爆电气设备进场验收应符合下列规定:

1 规格、型号、质量、环境条件应符合设计要求和相关技术标准。

2 具有国家检验单位发给的防爆合格证。

3 设备外壳无裂纹、损伤。

检验数量:施工单位全部检查,监理单位见证检验 20%。

检验方法:对照设计文件和订货合同,检查实物外观和质量证明文件。

一 般 项 目

7.4.2 隔爆型电机轴与轴孔、风扇与端罩之间正常工作状态下应无碰擦现象。

检验数量:施工单位全部检查。

检验方法:观察检查。

7.4.3 防爆电气设备电气联锁装置应可靠。

检验数量:施工单位全部检查。

检验方法:试验检查。

7.4.4 增安型和无火花型电机定、转子间单边气隙值应符合产品规定。

检验数量:施工单位全部检查。

检验方法:测量检查。

7.4.5 防爆电器多余的进线口应密封良好,设备的固定螺栓及防松装置齐全。

检验数量:施工单位全部检查。

检验方法:观察检查。

7.4.6 防爆电器在额定工作状态下,外壳的温度不应超过产品的规定值。

检验数量:施工单位全部检查。

检验方法:测量检查。

7.5 滑 触 线

主 控 项 目

7.5.1 起重机电气装置、滑触线及其绝缘子进场验收应符合下列规定:

1 材料、设备的规格、型号及质量应符合设计要求和相关技术标准。

2 滑触线和滑触器的绝缘子无裂纹和缺损。

检验数量:施工单位全部检查,监理单位见证检验 20%。

检验方法:对照设计文件和订货合同,检查实物外观和质量证明文件。

7.5.2 滑触线的布置应符合下列规定:

1 相邻导电部分和导电部分对接地网的净距应大于 30 mm。

2 距离地面高度应不小于 3.5 m,裸滑触线在汽车通过部分应不小于 6 m。

3 距离一般管道应不小于 1 m,距离设备和氧气管道应不小于 1.5 m,距离易燃气体、液体管道应不小于 3 m。

检验数量:施工单位全部检查,监理单位见证检验 20%。

检验方法:观察、测量检查。

7.5.3 滑触线的中心与起重机轨道的实际中心线的距离及滑触线之间的水平或垂直距离应一致。

检验数量:施工单位全部检查,监理单位见证检验 20%。

检验方法:观察、测量检查。

7.5.4 滑触线支架与绝缘子固定可靠,滑触连接处平滑,导线与滑触线处应镀锡或加焊有电镀层的接线板。

检验数量:施工单位全部检查,监理单位见证检验 20%。

检验方法:观察检查。

7.5.5 滑触器绝缘子和绝缘衬垫不得有裂纹、破损,导电部分对地的绝缘应良好。

检验数量:施工、监理单位均全部检验。

检验方法:观察检查。

7.5.6 滑触线的电气性能检验项目及要求应符合《电气装置安装工程电气设备交接试验标准》GB 50150 的规定。

检验数量:施工、监理单位均全部检验。

检验方法:施工单位做试验。监理单位查阅电气试验报告。

一 般 项 目

7.5.7 滑触线和滑触器与支架间的缓冲软垫片齐全,支架安装应平整牢固、间距均匀。

检验数量:施工单位抽检 20%。

检验方法:观察检查。

7.5.8 滑触线和滑触器的施工质量应符合下列规定:

1 软电缆夹间距宜小于 5 m。

2 安全式滑接线各夹之间的距离宜小于 3 m。

检验数量:施工单位全部检查。

检验方法:观察、测量检查。

7.5.9 滑触线分段和伸缩缝的间隙应符合下列规定:

1 分段供电的滑触线,当各分段电源允许并联运行时,分段间隙为 20 mm。

2 分段供电的滑触线,当各分段电源不允许并联运行时,分段间隙应大于滑触器与滑触线接触长度 40 mm。

3 滑触线间隙处应采用硬质绝缘材料的托板连接,托板与滑触线的接触面应在同一水平面上。

4 设置检修段时滑触线的工作段与检修段的绝缘间隙宜为 50 mm。

检验数量:施工单位抽检 20%。

检验方法:观察检查。

7.5.10 软电缆终端固定装置和拉紧装置安装应牢固可靠,调节装置齐全,悬挂装置沿滑道灵活，无跳动、卡阻现象。

检验数量：施工单位抽检 20%。

检验方法：观察检查。

7.5.11 滑触器接触面平整光滑，与滑触线接触可靠，压紧弹簧的压力应符合要求，滑触器的中心线不应超出滑触线的边缘。

检验数量：施工单位全部检查。

检验方法：观察检查。

7.6 封闭式母线

主 控 项 目

7.6.1 母线与母线、母线与电器接线端子之间采用螺栓搭接、连接时，应符合下列规定：

1 母线的各类搭接连接的钻孔直径和搭接长度符合本标准附录 C 的规定，用力矩扳手拧紧钢制连接螺栓的力矩值符合本标准第 4.13.5 条的规定。

2 母线接触面清洁，涂电力复合脂，螺栓孔周边无毛刺。

3 连接螺栓两侧有平垫圈，相邻垫圈间有大于 3 mm 的间隙，螺母侧装有弹簧垫圈或锁紧螺母。

4 螺栓受力均匀，不使电器的接线端子受额外应力。

检验数量：施工单位全部检查，监理单位见证检验 20%。

检验方法：观察、测量检查。

7.6.2 封闭、插接式母线安装应符合下列规定：

1 母线的连接方法符合产品技术文件要求。

2 当段与段连接时，两相邻段母线及外壳对准，连接后不使母线及外壳受额外应力。

3 母线与外壳同心，允许偏差为±5 mm。

检验数量：施工单位全部检查，监理单位见证检验 20%。

检验方法：观察、测量检查。

7.6.3 插接母线槽的安装质量应符合下列规定：

1 插接母线槽的安装位置应符合设计要求，与之配套的插接开关箱或插接头箱应符合产品技术文件要求。

2 母线槽的安装应牢固，其水平或垂直设备的支架及托架均应设置调整螺栓，并确保母线槽处于水平或垂直状态。

3 插接母线槽的对插连接应符合产品技术文件要求。

4 安装后的母线槽其终端应有终端盖封闭，各段母线槽的外壳应可靠接地。

检验数量：施工单位全部检查，监理单位见证检验 20%。

检验方法：观察、测量检查。

7.6.4 封闭式母线的绝缘性能应符合《电气装置安装工程电气设备交接试验标准》GB 50150 的规定。

检验数量：施工、监理单位均全部检验。

检验方法：施工单位检验，监理单位查阅电气试验报告。

一 般 项 目

7.6.5 封闭、插接式母线组装和固定位置应正确，外壳与底座间、外壳各连接部位和母线的连接螺栓按产品技术文件要求选择正确,连接紧固。

检验数量:施工单位全部检查。

检验方法:观察、测量检查。

7.6.6 母线的支架与预埋铁件采用焊接固定时,焊缝应饱满;采用膨胀螺栓固定时,选用的螺栓应适配,连接应牢固。

检验数量:施工单位全部检查。

检验方法:观察检查。

7.6.7 母线与母线、母线与电器接线端子搭接,搭接面的处理应符合本标准第 4.13.5 条的规定。

7.7 动车组地面电源

主 控 项 目

7.7.1 电源柜、现场插座箱的进场验收应符合下列规定:

1 规格、型号、质量应符合设计。

2 无锈蚀或机械损伤。

检验数量:施工单位全部检查,监理单位见证检验 20%。

检验方法:对照设计文件和订货合同,检查实物及质量证明文件。

7.7.2 电源柜、现场插座箱安装应牢固,螺栓连接可靠,柜与墙、柜底与地面的距离应符合设计要求,盘柜无变形,表面油漆涂层完整,元、器件完好无损。

检验数量:施工、监理单位全部检验。

检验方法:观察检查。

7.7.3 电源柜、现场插座箱等电气设备的电气检验项目应符合《电气装置安装工程电气设备交接试验标准》GB 50150 的规定。

检验数量:施工、监理单位均全部检验。

检验方法:施工单位试验。监理单位查阅电气试验报告。

一 般 项 目

7.7.4 箱、柜表面涂层应完整,盘面清洁。

检验数量:施工单位全部检查。

检验方法:观察检查。

7.7.5 引入箱、柜的电缆排列及接线要求应符合本标准第 4.12.8 条的规定。

8 电气照明

8.1 一般规定

8.1.1 电气照明工程施工质量验收应包括站场照明、桥隧及特殊场所照明。

8.1.2 砖或混凝土结构上安装灯具等照明设备，应采用预埋吊钩、螺栓、螺钉、膨胀螺栓、尼龙塞、塑料塞固定，其规格大小除设计有明确规定外，应核实承载力与灯具设备的重量相适配，不应使用木榫。

8.1.3 电气照明装置的接线应牢固，电气接触应良好；需接地或接零的灯具、开关、插座等非带电金属部分，应有明显标志的专用接地螺钉。

8.1.4 在危险性较大及特殊危险场所，当灯具距地面高度小于 2.4 m 时，应使用额定电压为 36 V 及以下的照明灯具，或采取保护措施。

8.2 站场照明

主 控 项 目

8.2.1 站场照明器材进场验收应符合下列规定：

1 规格、型号、质量应符合设计要求和相关技术标准的规定。

2 灯具外壳、开关手柄绝缘完好。

3 灯柱、灯塔的金属构件应有防腐措施。

检验数量：施工、监理单位全部检验。

检验方法：对照设计文件和订货合同，检查实物和质量证明文件。

8.2.2 站场照明的灯具、设备的安装应符合下列规定：

1 灯具安装方式符合设计要求。

2 灯柱、灯塔的设置位置不得侵入铁路建筑限界，并不得影响信号瞭望；距道路边缘不应小于 0.5 m；距侧沟边缘不应小于 0.5 m。

3 灯具高度设计无规定时灯具离地面应不低于 3 m，在墙上安装时应不低于 2.5 m，金属卤化物灯具安装高度不应小于 5 m。

检验数量：施工单位全部检查，监理单位见证检验 20%。

检验方法：观察、测量检查。

8.2.3 灯柱、灯塔的外缘(包括附件)与带电裸导体的水平距离应不小于表 8.2.3 的规定。

检验数量：施工单位全部检查，监理单位见证检验 20%。

检验方法：观察、测量检查。

表 8.2.3　灯柱、灯塔外缘与带电裸导体间水平距离(m)

带电体类别		无固定点	有固定点
架空电线路(最大风偏时)	35 kV	3.0	—
	10 kV	1.5	—
接触网(最大风偏时)	接触线等 27.5 kV 带电体	2.0	2.0
	回流线	1.2	0.6
	架空地线	0.6	0.6

8.2.4　钢结构的灯塔的焊接应良好,用螺栓连接处其紧固力矩符合产品的技术文件要求。升降型投光灯塔的钢丝绳不应有断股、扭结及损伤,升降应通畅。

检验数量:施工单位全部检查,监理单位见证检验 20%。

检验方法:观察、测试检查。

8.2.5　灯塔的避雷针,灯具及外壳、配电箱体、配线保护钢管、平台、爬梯等均应按设计要求可靠接地。

检验数量:施工单位全部检查,监理单位见证检验 20%。

检验方法:观察、测量检查。

8.2.6　灯具底座应固定可靠,灯具相线上的熔断器规格符合设计要求。

检验数量:施工单位全部检查,监理单位见证检验 20%。

检验方法:观察、测量检查。

一 般 项 目

8.2.7　灯柱沿直线均匀布置时,偏离直线不应大于 50 mm;地面上部高差不应超过 20 mm。

检验数量:施工单位全部检查。

检验方法:观察、测量检查。

8.2.8　灯具导线采用绝缘导线沿柱体内敷设时,导线穿入、穿出柱体应做绝缘及防磨损处理,引入灯具的导线在入口处应做防水弯。

检验数量:施工单位全部检查。

检验方法:观察检查。

8.2.9　灯塔、灯具及附件配电箱安装应牢固可靠,导线及配线、保护管敷设平整,系统接线正确,负荷分配合理。

检验数量:施工单位全部检查。

检验方法:观察检查。

8.3　桥隧及特殊场所照明

主 控 项 目

8.3.1　桥梁、隧道和特殊场所用灯具进场验收应符合下列规定:

1　型号、规格和质量应符合设计要求和相关技术标准规定。

2　无锈蚀或机械损伤。

3　隧道用灯具应有风压试验合格报告。

检验数量:施工、监理单位均全部检验。

检验方法:对照设计文件和订货合同,检查实物和质量证明文件。

8.3.2 桥梁、隧道照明灯具、电源箱、配线支架及各种附件安装应符合下列要求：

1 布置、安装方式应符合设计要求。

2 灯具安装应牢固，整齐，照明正常。

3 不得侵入铁路建筑限界。

4 不得影响司机对信号瞭望。

5 与接触网的带电部分距离应符合表 8.2.3 要求。

检验数量：施工、监理单位均全部检验。

检验方法：观察、测量检查。

9 电力远动

9.1 一般规定

9.1.1 电力远动工程施工质量验收应包括设备安装、远动系统检验。

9.1.2 测试过程中若需改线或重新设置板件地址及其他检查,必须断开装置电源开关,严禁带电拔、插板件。

9.1.3 远动终端远动装置(RTU)各单元的配置、扁平电缆的连接、站地址、卡地址应进行设置和确认。

9.1.4 电力调度工作台远动装置的启动应按产品说明书的要求进行,完成装置硬件、软件初始化,建立主机与外设的通信。

9.1.5 远动终端供电设备整组试验全部结束后,分别对每个远动终端进行远动系统联调。

9.1.6 系统检验前应确认通信通道良好。

9.2 设备安装

主控项目

9.2.1 远动系统设备的进场验收应符合本标准第4.12.1条的规定。

9.2.2 电力调度工作台、复示终端设备、远动终端设备的安装位置、方式、排列顺序应符合设计要求。

检验数量:施工、监理单位均全部检验。

检验方法:对照设计文件,观察检查。

9.2.3 设备安装质量应符合下列要求:

1 屏柜与底座连接牢固,底座着地不悬空。

2 屏柜与底座、柜与柜之间的连接螺栓应连接牢固。

3 同排屏柜的正面应在同一直线上。

4 屏柜应竖直,相邻屏柜应紧密靠拢。

5 采用线槽或线把布线的二次回路接线连接可靠,排列整齐。

6 屏柜、电缆回路编号标识清晰,字迹正确。

7 插接件应接触紧密并防松动措施可靠。

检验数量:施工单位、监理单位全部检验。

检验方法:观察、测量检查。

9.2.4 设备接地及防静电措施、数据传输电缆屏蔽措施应符合设计要求。

检验数量:施工、监理单位均全部检验。

检验方法:观察检查。

一般项目

9.2.5 屏柜等设备门、盖严密,开启灵活不变形。

检验数量:施工单位全部检查。

检验方法:观察检查。

9.3 远动系统检验

主 控 项 目

9.3.1 远动系统应包括下列主要功能:

1 实现对被控对象的遥控,遥控种类分单个对象的控制和多个对象组成的程序控制。

2 实现对供电系统设备运行状态的实时监视和非正常状态报警。

3 实现对供电系统中主要运行参数的遥测及图形显示。

4 实现分级管理权限设置。

5 实现屏幕画面显示及运行和故障记录信息的打印。

6 实现电度量统计等的日报月报制表打印。

7 实现系统自检。

8 实现系统维护。

9 实现远动主/备通道的切换。

10 实现与其他系统的接口和数据转发。

11 实现供电设备运行状态的查询及运行参数的统计。

12 实现自动校时。

13 实现对故障录波数据的传输显示。

检验数量:施工、监理单位均全部检验。

检验方法:试验检查。

9.3.2 远动系统主要性能指标应符合下列要求:

1 遥控(调)命令传送时间 不大于 3 s;

2 遥信变位传送时间 不大于 3 s;

3 遥信分辨率(被控站) 不大于 10 ms;

4 遥测综合误差 不大于 1.5%;

5 双机自动切换到监控功能基本恢复时间 不大于 20 s;

6 画面调用响应时间 不大于 3 s;

7 控制站系统可利用率 不小于 99.8%。

检验数量:施工、监理单位均全部检验。

检验方法:测试检查。

一 般 项 目

9.3.3 远动系统的下列功能应符合设计要求:

1 带条件的自动控制功能;

2 地理信息的显示功能;

3 模拟培训功能;

4 供电系统运行故障的智能处理功能;

5 对作业票、停送电、调度日志等进行管理功能。

检验数量:施工单位均全部检查。

检验方法:试验检查。

10 机电设备监控系统

10.1 一般规定

10.1.1 机电设备监控系统工程施工质量验收应包括设备安装、系统布线、机电设备监控系统检验。

10.1.2 系统检验前应对硬件设备进行全面检查。并确认传输通道、供电以及单机设备运转正常。

10.2 设备安装

主控项目

10.2.1 机电设备监控系统设备的进场验收应符合本标准第4.12.1条的规定。

10.2.2 集中监控站的安装位置、方式、排列顺序应符合设计要求。

检验数量：施工、监理单位均全部检验。

检验方法：对照设计文件，观察检查。

10.2.3 现场监控设备各类传感器、变送器、电动阀门及执行器、现场控制器的安装位置、数量和方式应符合设计要求并符合下列规定：

1 并列安装的同类传感器、变送器、电动阀门及执行器、现场控制器距地面高度一致，同一区域内安装的同类传感器、变送器、电动阀门及执行器、现场控制器距地面高度允许偏差为±5 mm。

2 外形尺寸与其他开关不一样时，以底边高度为准。

检验数量：施工、监理单位均全部检验。

检验方法：对照设计文件，观察测量检查。

10.2.4 设备安装质量应符合下列要求：

1 屏柜与底座连接牢固，底座着地不悬空。

2 屏柜与底座、柜与柜之间的连接螺栓应连接牢固。

3 同排屏柜的正面应在同一直线上。

4 屏柜应竖直，相邻屏柜应紧密靠拢。

5 屏柜标识清晰、正确。

6 插接件应接触紧密并防松动措施可靠。

检验数量：施工单位、监理单位全部检验。

检验方法：观察、测量检查。

10.2.5 设备机柜均应接地，控制器和计算机设备工作接地宜根据产品或系统的要求采用一点接地或浮空地。

检验数量：施工、监理单位均全部检验。

检验方法:观察检查。

10.2.6 设备的防静电措施措施应符合设计要求。

检验数量:施工、监理单位均全部检验。

检验方法:观察检查。

一般项目

10.2.7 现场监控设备的各类传感器、变送器、电动阀门及执行器、现场控制器的信号输入线应连接正确、可靠。

检查数量:施工单位全部检查。

检查方法:对照设计文件核查。

10.2.8 屏柜等设备门、盖严密,开启灵活不变形。

检验数量:施工单位全部检查。

检验方法:观察检查。

10.3 系统布线

主控项目

10.3.1 线缆、槽架、保护管应进场验收应符合下列要求:

1 型号、规格应符合设计要求。

2 线缆无划伤,槽架、保护管无锈蚀或机械损伤。

检查数量:施工单位全部检查,监理单位见证检验20%。

检查方法:对照设计文件和订货合同,检查实物和质量证明文件。

10.3.2 信号线与电源线不应共用一条电缆,也不应敷设在同一根金属套管内。

检查数量:施工单位全部检查,监理单位见证检验20%。

检查方法:观察检查。

10.3.3 当采用屏蔽布线时,应保持系统中屏蔽层的连续性,电缆屏蔽层宜采用一点接地。

检查数量:施工单位全部检查,监理单位见证检验20%。

检查方法:观察检查。

一般项目

10.3.4 系统布线用支架、线槽、保护管、接线盒安装安装应牢固可靠,排列整齐。

检查数量:施工单位抽检20%。

检查方法:观察检查。

10.3.5 配线应无缺损、断线,标记应完善;设备内外接线固定松紧应适度,无裸露导电部分。

检查数量:施工单位抽检20%。

检查方法:观察检查。

10.3.6 多芯电缆、同轴电缆的弯曲半径不应小于其外径的10倍。

检查数量:施工单位抽检20%。

检查方法:观察、尺量检查。

10.4 机电设备监控系统检验

主 控 项 目

10.4.1 机电设备监控系统的监控对象根据设计要求应包括下列范围：

1 10 kV/0.4 kV 变电所及低压供配电系统。

2 室内外照明系统。

3 给水排水、客车上水及污水处理系统。

4 通风、空调系统。

5 自动扶梯、电梯。

检查数量：施工单位、监理单位均全部检查。

检查方法：核对检查。

10.4.2 机电设备监控系统功能应符合下列要求：

1 能对机电设备、环境及监测系统等运行工况进行监视、测量、记录。

2 能对机电设备进行控制，并根据设备运行要求完成设备的自动控制及设备间联动控制。

3 能对机电设备运行模式和参数进行设置并能对运行模式进行自动或手动转换。

4 当系统中出现故障时，能进行故障报警，并能对故障进行自动处理。

5 具有与安防系统的联动的功能。

检查数量：施工单位、监理单位均全部检查。

检查方法：试验检查。

10.4.3 系统可靠性应符合下列要求。

1 系统运行时，启动或停止现场设备，不应出现数据错误或产生干扰，影响系统正常工作。

2 切断系统电网电源，转为 UPS 供电时，系统运行不得中断。

3 集中监控站冗余主机自动投入时，系统运行不得中断。

检查数量：施工单位、监理单位均全部检查。

检查方法：施工单位进行功能试验。监理单位见证试验。

11 防雷、接地

11.1 一般规定

11.1.1 防雷、接地工程施工质量验收范围应包括防雷装置、接地网、电气设备接地、防爆及火灾危险场所设备接地、等电位连接、与综合接地系统的连接等。

11.1.2 地下接地体或接地线不得采用裸铝导体。

11.1.3 不得利用金属软管、管道保温层的金属外皮或金属网以及电缆金属护层作接地线。

11.1.4 避雷针安装前应先将接地装置敷设好，避雷针组立后应立即用引下线与接地装置焊接牢固。

11.2 防雷装置

主控项目

11.2.1 避雷针(线、带、网)、避雷器进场验收应符合下列要求：

1 规格、型号、质量应符合设计及相关技术标准规定。

2 避雷器无裂纹、破损。

检验数量：施工、监理单位均全部检验。

检验方法：对照设计文件和订货合同，检查实物和质量证明文件。

11.2.2 避雷针(线、带、网)与引下线之间的连接应采用焊接且焊接牢固。

检验数量：施工、监理单位均全部检验。

检验方法：观察检查。

11.2.3 架空线路地线的接地、接地电阻值应符合设计要求。

检验数量：施工、监理单位均全部检验。

检验方法：观察、测量检查。

11.2.4 单芯电缆金属护套经电缆护层保护器接地时，其接线方式应符合设计要求。

检验数量：施工单位全部检查，监理单位见证检验20%。

检验方法：对照设计文件，观察检查。

11.2.5 避雷器的安装位置应符合设计要求，安全净距应符合附录A的相关规定。

检验数量：施工、监理单位均全部检验。

检验方法：对照设计文件、测量及观察检查。

11.2.6 避雷器的接地方式应符合设计要求，避雷器的工作接地与保护接地应与主接地装置可靠连接。

检验数量：施工、监理单位均全部检验。

检验方法：对照设计文件及观察检查。

11.2.7 避雷器的安装应垂直牢固、可靠，避雷器各节间连接接触紧密、密封，均压环安装水平牢固,并列安装的避雷器三相中心应在同一直线上。

检验数量:施工单位全部检查,监理单位见证检验 20%。

检验方法:观察检查。

11.2.8 独立避雷针的接地装置与接地网的距离应大于 3 m,与道路或建筑物出入口的距离应大于 3 m。当小于 3 m 时应采取均压措施或铺设卵石或沥青地面。

检验数量:施工单位、监理单位全部检查。

检验方法:观察测量检查。

11.2.9 避雷针接地线与主接地网的地下连接点至 35 kV 及以下设备与主接地网的地下连接点之间,沿接地体的长度不得小于 15 m。

检验数量:施工单位、监理单位全部检查。

检验方法:观察测量检查。

11.2.10 母线引下线与避雷器的连接应牢固可靠,对设备无外加应力。

检验数量:施工单位全部检查,监理单位见证检验 20%。

检验方法:观察检查。

11.2.11 建筑物上的防雷设施应采用多根引下线,各引下线距地面 1.5～1.8 m 处应设有断接卡。断接卡应标识,并设保护措施。

检验数量:施工单位全部检查,监理单位见证检验 20%。

检验方法:观察检查。

11.2.12 各级浪涌保护器的适用波形和通流量应符合《建筑物防雷设计规范》GB 50057 的规定。各级浪涌保护器的残压必须不大于所在保护范围内的设备的耐冲电压。连接导线最小横截面积符合设计要求。

检验数量:施工单位全部检查,监理单位见证检验 20%。

检验方法:对照设计文件,观察检查。

11.2.13 放电计数器应密封良好、动作可靠,工作回路完整,安装位置符合设计要求。

检验数量:施工单位全部检查,监理单位见证检验 20%。

检验方法:对照设计文件、测试及观察检查。

11.2.14 浪涌保护器的接地线应设置短捷,直接与接地网或等电位接地体连接。

检验数量:施工单位全部检查,监理单位见证检验 20%。

检验方法:对照设计文件、测试及观察检查。

11.2.15 避雷器的电气性能检验项目及要求应符合《电气装置安装工程电气设备交接试验标准》GB 50150 的规定。

检验数量:施工、监理单位均全部检验。

检验方法:施工单位检验。监理单位查阅检验报告。

11.3 接 地 网

主 控 项 目

11.3.1 接地装置水平及垂直接地体所用的材料规格、型号、质量应符合设计要求。

检验数量:施工、监理单位均全部检验。

检验方法:对照设计文件和订货合同,检查实物和质量证明文件,测量检验。

11.3.2 接地线在与道路、铁路或管道等交叉处应采用保护措施。

检验数量:施工、监理单位均全部检验。

检验方法:观察检查。

11.3.3 供试验等临时接地用的接地端子的数量和位置应符合设计要求。

检验数量:施工、监理单位均全部检验。

检验方法:观察检查。

11.3.4 利用各种金属构件、金属管道作为接地线时,应在其串接部位焊有金属跨接线。

检验数量:施工、监理单位均全部检验。

检验方法:观察检查。

11.3.5 铜接地装置的进场验收应符合下列规定:

1 铜接地装置的垂直及水平接地体的型号、规格、数量应符合设计要求;

2 铜接地装置的各类热熔接头模具应与垂直及水平接地体相互匹配。

检验数量:施工、监理单位均全部检验。

检验方法:观察、测量检查。

11.3.6 接地装置水平及垂直接地体敷设的位置和埋设深度应符合设计要求。

检验数量:施工单位、监理单位全部检查。

检验方法:观察、测量检查。

11.3.7 接地装置的接地电阻值必须符合设计要求。

检验数量:施工、监理单位均全部检验。

检验方法:测试检查。

11.3.8 人工接地装置或利用建筑物基础钢筋的接地装置应在地面以上按设计要求位置设置测试点。

检验数量:施工、监理单位均全部检验。

检验方法:观察检查。

11.3.9 接地线与接地极的连接应焊接,焊接牢固无虚焊。

检验数量:施工、监理单位均全部检验。

检验方法:观察检查。

11.3.10 钢接地体(线)搭接焊接时,搭接长度应符合下列规定:

1 扁钢为其宽度的 2 倍,且至少 3 个棱边焊接;

2 圆钢为其直径的 6 倍,且双侧焊接;

3 圆钢与扁钢连接为圆钢直径的 6 倍;

4 扁钢与钢管、扁钢与角钢焊接,应紧贴角钢外侧两面,或紧贴 3/4 钢管表面,上下两侧施焊;

5 焊接接头应有防腐措施。

检验数量:施工、监理单位均全部检验。

检验方法:观察、测量检查。

11.3.11 热剂焊接的熔接头应符合下列规定:

1 连接部位的金属完全熔化,连接牢固;

2 接头的表面应平滑;

3 接头应无贯穿性的气孔。

检验数量:施工、监理均单位全部检查。

检验方法：观察检查。

一 般 项 目

11.3.12 明敷接地线应符合下列规定：

1 室内接地干线的支持件间的距离应均匀，水平直线部分应为 0.5～1.5 m，垂直部分应为 1.5～3 m，转弯部分距转角应为 0.3～0.5 m。

2 跨越建筑物伸缩缝、沉降逢处应有补偿装置。

3 明敷的引下线应平直无急弯，与支架焊接处应做防腐处理。

4 变配电所内明敷接地干线。

1)敷设位置不妨碍设备的拆卸与检查、检修；

2)当沿建筑物墙壁水平敷设时，距地面高度 250～300 mm，与建筑物墙壁间的间隙10～15 mm；

3)变压器室、高低压开关室内的接地干线上应设置不少于 2 个供临时接地用的接线端子。

检验数量：施工单位全部检查。

检验方法：观察、测量检查。

11.3.13 变配电所的栅栏门及金属门铰链处的接地连接应采用编织铜线。

检验数量：施工单位全部检查。

检验方法：观察检查。

11.4 电气设备接地

主 控 项 目

11.4.1 低压电气设备地面上外露的铜、铝接地线的截面应符合设计要求：不应小于表 11.4.1 所列数值。

检验数量：施工、监理单位均全部检验。

检验方法：观察、测量检查。

表 11.4.1 低压电气设备地面上外露的铜和铝接地线的最小截面（mm^2）

名 称	铜	铝
明敷的裸导体	4.0	6.0
绝缘导体	1.5	2.5
电缆的接地芯或与相线在同一保护外壳内的多芯导线的接地芯	1.0	1.5
携带式设备用多股软绞线	1.5	—

11.4.2 变、配电所电缆沟内的接地母线宜在高压侧与接地网相连，严禁将高压电气设备的接地线接于电缆沟内的接地母线上。

检验数量：施工、监理单位均全部检验。

检验方法：观察检查。

11.4.3 电气装置的接地应以单独的接地线直接与接地干线相连。

检验数量：施工、监理单位均全部检验。

检验方法：观察检查。

11.4.4 接地线与电气设备的连接，可用螺栓连接或焊接。用螺栓连接时应设防松螺帽或防松垫片。

检验数量：施工、监理单位均全部检验。

检验方法：观察检查。

11.4.5 电气设备与接地网之间应有可靠的电气连接，以保证接地连接的完整性和有效性。

检验数量：施工、监理单位均全部检验。

检验方法：观察检查，电气导通测试，接触电阻测试。

11.4.6 移动式电气设备应用专用芯线接地，严禁利用其他用电设备的中性线接地；中性线和接地线应分别与接地装置相连接。

检验数量：施工、监理单位均全部检验。

检验方法：观察检查。

一般项目

11.4.7 设备及构支架的接地线，其埋入地下部分及露出地面部分均应涂防腐漆。

检验数量：施工单位全部检查。

检验方法：观察检查。

11.5 防爆及火灾危险场所设备接地

主控项目

11.5.1 在爆炸和火灾危险场所内除照明设备以外的其他电气设备应采用专用的接地线。爆炸危险环境内与接地干线相连的接地线应采用多股软绞线，其最小截面铜线应为 4 mm^2。易受机械损伤的部位应装设保护管。

检验数量：施工单位全部检查，监理单位见证检验 20%。

检验方法：观察检查。

11.5.2 爆炸危险环境内接地或接中性线用的螺栓应有防松装置，接地线紧固前其接地端子及上述紧固件均应涂电力复合脂。

检验数量：施工单位全部检查，监理单位见证检验 20%。

检验方法：观察检查。

11.5.3 在爆炸危险环境中接地干线宜在不同方向与接地体相连，连接处不少于 2 处。

检验数量：施工、监理单位全部检验。

检验方法：观察检查。

11.5.4 当爆炸危险区内的非金属构架上平行安装的金属管道相互之间的净距离小于 100 mm时，应每隔 20 m 用金属线跨接，金属管道相互交叉的净距离小于 100 mm 时，应用金属线跨接。

检验数量：施工、监理单位全部检验。

检验方法：观察、测量检查。

11.6 等电位连接

主控项目

11.6.1 等电位连接范围、方式、连接导线的规格符合设计要求。

检验数量:施工单位、监理单位均全部检查。

检验方法:核对设计文件检查。

11.6.2 等电位连接的可接近裸露导体或其他金属部件、构件与支线连接应可靠,熔焊、钎焊或机械紧固应导通正常。

检验数量:施工单位、监理单位均全部检查。

检验方法:观察检查。

11.6.3 需等电位连接的金属部件或零件,应有专用接线螺栓与等电位连接支线连接,且有标识;连接处螺帽紧固、防松零件齐全。

检验数量:施工单位、监理单位均全部检查。

检验方法:观察检查。

11.6.4 等电位连接的线路最小允许截面应符合设计要求:

检验数量:施工单位、监理单位均全部检查。

检验方法:观察、测量检查。

11.7 与综合接地系统的连接

主 控 项 目

11.7.1 电力系统的设备与综合接地系统的连接应符合下列要求:

1 电力系统设备连接范围、方式应符合设计要求;

2 引接线材质、规格应符合设计要求;

3 引接线与贯通地线接地端子连接可靠。

检验数量:施工、监理单位全部检验。

检查方法:观察检查。

一 般 项 目

11.7.2 综合接地端子应在电缆槽道盖板、防护墙、隧道壁处加地线标识。

检验数量:施工单位全部检查。

检验方法:观察检查。

12　单位工程综合质量评定

12.1　一般规定

12.1.1　单位工程综合质量的评定包括单位工程质量控制资料核查、单位工程实体质量和主要功能核查、单位工程观感质量评定。

12.2　单位工程质量控制资料核查

12.2.1　单位工程质量控制资料应齐全完整，全面反映工程施工质量状况。

12.2.2　单位工程质量控制资料核查应由监理单位组织施工单位进行，并按表12.2.2填写记录。

表12.2.2　单位工程质量控制资料核查记录

<table>
<tr><td colspan="2">单位工程名称</td><td colspan="3"></td></tr>
<tr><td colspan="2">施工单位</td><td colspan="3"></td></tr>
<tr><td>序号</td><td>资　料　名　称</td><td>份数</td><td>核查意见</td><td>核查人</td></tr>
<tr><td>1</td><td>图纸会审、设计变更、洽商记录</td><td></td><td></td><td></td></tr>
<tr><td>2</td><td>工程定位测量、放线记录</td><td></td><td></td><td></td></tr>
<tr><td>3</td><td>原材料出厂合格证及进场检(试)验报告</td><td></td><td></td><td></td></tr>
<tr><td>4</td><td>设备出厂合格证或试验报告</td><td></td><td></td><td></td></tr>
<tr><td>5</td><td>接地、绝缘电阻测试记录</td><td></td><td></td><td></td></tr>
<tr><td>6</td><td>电气试验报告</td><td></td><td></td><td></td></tr>
<tr><td>7</td><td>隐蔽工程验收记录</td><td></td><td></td><td></td></tr>
<tr><td>8</td><td>施工记录</td><td></td><td></td><td></td></tr>
<tr><td>9</td><td>工程质量事故及事故调查处理资料</td><td></td><td></td><td></td></tr>
<tr><td>10</td><td>施工现场质量管理检查记录</td><td></td><td></td><td></td></tr>
<tr><td>11</td><td>分项、分部工程质量验收记录</td><td></td><td></td><td></td></tr>
<tr><td>12</td><td>新材料、新工艺施工记录</td><td></td><td></td><td></td></tr>
<tr><td colspan="5">结论：

施工单位项目负责人　　　　　　　　总监理工程师
年　月　日　　　　　　　　年　月　日</td></tr>
</table>

注：核查人为验收组的监理单位人员。

12.3　单位工程实体质量和主要功能核查

12.3.1　单位工程完成后，应由建设单位组织设计、监理、施工单位对单位工程实体质量和主要功能进行核查,并按表 12.3.1 填写记录。

12.3.2 单位工程实体质量和主要功能核查方法和数量:

1 变、配电所设备试验测试,按现行国家标准《电气装置安装工程电气设备交接试验标准》GB 50150 的规定进行,全部检查。

2 电力线路测试,按现行国家标准《电气装置安装工程电气设备交接试验标准》GB 50150 的规定进行,全部检查。

表 12.3.1　单位工程实体质量和主要功能核查记录

单位工程名称				
施工单位				
序号	项　　目	份数	核查意见	核查人
1	变、配电所设备试验测试			
2	电力线路测试			
3	低压配电测试			
4	电气照明测试			
5	电力远动测试			
6	机电设备监控系统测试			
7	柴油发电机组测试			
8	光伏发电系统测试			
9	防雷、接地测试			
结论: 施工单位项目负责人　　总监理工程师　　设计单位项目负责人　　建设单位项目负责人 年　月　日　　年　月　日　　年　月　日　　年　月　日				

注:核查项目由验收组协商确定。

3 低压配电测试,按现行国家标准《电气装置安装工程电气设备交接试验标准》GB 50150 的规定进行,全部检查。

4 电气照明测试,按现行国家标准《电气装置安装工程电气设备交接试验标准》GB 50150 的规定进行,全部检查。

5 电力远动测试,全部检查。

6 机电设备监控系统测试,全部检查。

7 柴油发电机组测试,全部检查。

8 光伏发电系统测试,全部检查。

9 接地装置测试,全部检查。

12.3.3 结构实体质量和系统主要使用功能达不到设计要求的单位工程严禁验收。

5 显示设备应显示清晰，发光均匀，无失真、老化现象。

6 鼠标、键盘应连接良好、操作灵活方便、防止干扰误动。

7 设备安装平稳、牢固。

检验数量：施工单位、监理单位全部检验。

检验方法：观察、试验检查。

10.3 电 源 设 备

主 控 项 目

10.3.1 电源设备进场应进行验收，其规格、型号、数量及质量应符合设计要求和相关技术标准的规定。

检验数量：施工单位、监理单位全部检验。

检验方法：对照设计文件和订货合同，检查实物和质量证明文件。

10.3.2 电源设备的安装应符合下列要求：

1 电源设备的安装位置应符合设计要求。

2 电源模块插接、固定良好，配件及防松动装置齐全，电气触点应接触可靠、连接紧密。

3 输入电源的相线和零线不得接错，其零线不得虚接或断开。

4 电源柜应竖直，相邻柜间应紧密靠拢。

5 电源设备的防雷及接地应符合本标准第 11 章的相关要求。

检验数量：施工单位、监理单位全部检验。

检验方法：对照设计及相关技术文件观察、测量检查。

10.3.3 蓄电池的安装应符合下列要求：

1 蓄电池柜的形式、规格、尺寸和平面布置应符合设计要求。

2 蓄电池柜水平及垂直度应符合蓄电池安装要求。

3 蓄电池安装应排列整齐，距离均匀一致，连接条经过防腐处理。

4 蓄电池极性连接正确，并牢固可靠。

5 蓄电池柜漆面完整，螺栓、螺母经过防腐处理。

检验数量：施工单位、监理单位全部检验。

检验方法：对照设计及相关技术文件观察、测量检查。

10.3.4 电源设备配线应符合下列要求：

1 电源极性应正确，严禁错接与短路，接触必须牢固。

2 配线电源线中间不得有接头。

3 电源设备配线的布放应平直整齐、稳固，无扭绞和交叉。

检验数量：施工单位全部检验。监理单位见证检验。

检验方法：对照设计文件观察检查。

一 般 项 目

10.3.5 电源机柜各种标志应准确、清晰、齐全，机柜漆面完好、漆色一致。

检验数量：施工单位全部检验。

检验方法：观察检查。

12.4 单位工程观感质量评定

12.4.1 单位工程观感质量由建设单位组织设计、监理、施工单位共同进行现场评定，并按表12.4.1—1～12.4.1—8填写记录。

表12.4.1—1 铁路电力变、配电所安装单位工程观感质量检查记录

<table>
<tr><td colspan="2">单位工程名称</td><td colspan="3"></td></tr>
<tr><td colspan="2">施工单位</td><td colspan="3"></td></tr>
<tr><td rowspan="2">序号</td><td rowspan="2">项 目 名 称</td><td rowspan="2">质量状况</td><td colspan="2">质量评定</td></tr>
<tr><td>合 格</td><td>差</td></tr>
<tr><td>1</td><td>基础、构架及遮栏、栅栏</td><td></td><td></td><td></td></tr>
<tr><td>2</td><td>电气装置</td><td></td><td></td><td></td></tr>
<tr><td>3</td><td>电缆线路</td><td></td><td></td><td></td></tr>
<tr><td>4</td><td>防雷、接地</td><td></td><td></td><td></td></tr>
<tr><td>5</td><td></td><td></td><td></td><td></td></tr>
<tr><td>6</td><td></td><td></td><td></td><td></td></tr>
<tr><td>7</td><td></td><td></td><td></td><td></td></tr>
<tr><td>8</td><td></td><td></td><td></td><td></td></tr>
<tr><td>9</td><td></td><td></td><td></td><td></td></tr>
<tr><td colspan="5">检查结论：

施工单位项目负责人 年 月 日　　总监理工程师 年 月 日　　设计单位项目负责人 年 月 日　　建设单位项目负责人 年 月 日</td></tr>
</table>

注：观感质量评定为“差”的项目应返修。

表12.4.1—2 铁路区间电力单位工程观感质量检查记录

<table>
<tr><td colspan="2">单位工程名称</td><td colspan="3"></td></tr>
<tr><td colspan="2">施工单位</td><td colspan="3"></td></tr>
<tr><td rowspan="2">序号</td><td rowspan="2">项 目 名 称</td><td rowspan="2">质量状况</td><td colspan="2">质量评定</td></tr>
<tr><td>合 格</td><td>差</td></tr>
<tr><td>1</td><td>电缆线路</td><td></td><td></td><td></td></tr>
<tr><td>2</td><td>架空线路</td><td></td><td></td><td></td></tr>
<tr><td>3</td><td>电气装置</td><td></td><td></td><td></td></tr>
<tr><td>4</td><td>电气照明</td><td></td><td></td><td></td></tr>
<tr><td>5</td><td>低压配电</td><td></td><td></td><td></td></tr>
<tr><td>6</td><td>防雷、接地</td><td></td><td></td><td></td></tr>
<tr><td>7</td><td></td><td></td><td></td><td></td></tr>
<tr><td>8</td><td></td><td></td><td></td><td></td></tr>
<tr><td>9</td><td></td><td></td><td></td><td></td></tr>
<tr><td colspan="5">检查结论：

施工单位项目负责人 年 月 日　　总监理工程师 年 月 日　　设计单位项目负责人 年 月 日　　建设单位项目负责人 年 月 日</td></tr>
</table>

注：观感质量评定为“差”的项目应返修。

表 12.4.1—3　铁路站场电力单位工程观感质量检查记录

<table>
<tr><td colspan="2">单位工程名称</td><td colspan="3"></td></tr>
<tr><td colspan="2">施工单位</td><td colspan="3"></td></tr>
<tr><td rowspan="2">序号</td><td rowspan="2">项 目 名 称</td><td rowspan="2">质量状况</td><td colspan="2">质量评定</td></tr>
<tr><td>合 格</td><td>差</td></tr>
<tr><td>1</td><td>电缆线路</td><td></td><td></td><td></td></tr>
<tr><td>2</td><td>架空线路</td><td></td><td></td><td></td></tr>
<tr><td>3</td><td>电气装置</td><td></td><td></td><td></td></tr>
<tr><td>4</td><td>低压配电</td><td></td><td></td><td></td></tr>
<tr><td>5</td><td>电气照明</td><td></td><td></td><td></td></tr>
<tr><td>6</td><td>防雷、接地</td><td></td><td></td><td></td></tr>
<tr><td>7</td><td></td><td></td><td></td><td></td></tr>
<tr><td>8</td><td></td><td></td><td></td><td></td></tr>
<tr><td>9</td><td></td><td></td><td></td><td></td></tr>
<tr><td>10</td><td></td><td></td><td></td><td></td></tr>
<tr><td>11</td><td></td><td></td><td></td><td></td></tr>
<tr><td colspan="5">检查结论：

施工单位项目负责人　　总监理工程师　　设计单位项目负责人　　建设单位项目负责人
年　月　日　　年　月　日　　年　月　日　　年　月　日</td></tr>
</table>

注：观感质量评定为“差”的项目应返修。

表 12.4.1—4　铁路电力电源线路单位工程观感质量检查记录

<table>
<tr><td colspan="2">单位工程名称</td><td colspan="3"></td></tr>
<tr><td colspan="2">施工单位</td><td colspan="3"></td></tr>
<tr><td rowspan="2">序号</td><td rowspan="2">项 目 名 称</td><td rowspan="2">质量状况</td><td colspan="2">质量评定</td></tr>
<tr><td>合 格</td><td>差</td></tr>
<tr><td>1</td><td>电缆线路</td><td></td><td></td><td></td></tr>
<tr><td>2</td><td>架空线路</td><td></td><td></td><td></td></tr>
<tr><td>3</td><td>防雷、接地</td><td></td><td></td><td></td></tr>
<tr><td>4</td><td></td><td></td><td></td><td></td></tr>
<tr><td>5</td><td></td><td></td><td></td><td></td></tr>
<tr><td>6</td><td></td><td></td><td></td><td></td></tr>
<tr><td>7</td><td></td><td></td><td></td><td></td></tr>
<tr><td>8</td><td></td><td></td><td></td><td></td></tr>
<tr><td>9</td><td></td><td></td><td></td><td></td></tr>
<tr><td colspan="5">检查结论：

施工单位项目负责人　　总监理工程师　　设计单位项目负责人　　建设单位项目负责人
年　月　日　　年　月　日　　年　月　日　　年　月　日</td></tr>
</table>

注：观感质量评定为“差”的项目应返修。

表 12.4.1—5 铁路电力远动单位工程观感质量检查记录

单位工程名称				
施工单位				
序号	项 目 名 称	质量状况	质量评定	
			合 格	差
1	电力调度工作台设备安装			
2	远动终端设备安装			
3	远动系统检验			
4	防雷、接地			
5				
6				
7				
8				
9				
检查结论： 施工单位项目负责人 年 月 日 总监理工程师 年 月 日 设计单位项目负责人 年 月 日 建设单位项目负责人 年 月 日				

注：观感质量评定为“差”的项目应返修。

表 12.4.1—6 铁路机电设备监控系统单位工程观感质量检查记录

单位工程名称				
施工单位				
序号	项 目 名 称	质量状况	质量评定	
			合 格	差
1	集中监控站设备安装			
2	现场监控设备安装			
3	系统布线			
4	机电设备监控系统检验			
5	防雷、接地			
6				
7				
8				
9				
检查结论： 施工单位项目负责人 年 月 日 总监理工程师 年 月 日 设计单位项目负责人 年 月 日 建设单位项目负责人 年 月 日				

注：观感质量评定为“差”的项目应返修。

表 12.4.1—7　铁路柴油发电机组单位工程观感质量检查记录

单位工程名称				
施工单位				
序号	项　目　名　称	质量状况	质量评定	
			合　格	差
1	柴油发电机组			
2	防雷、接地			
3				
4				
5				
6				
7				
8				
9				
检查结论： 施工单位项目负责人　　总监理工程师　　设计单位项目负责人　　建设单位项目负责人 年　月　日　　年　月　日　　年　月　日　　年　月　日				

注：观感质量评定为“差”的项目应返修。

表 12.4.1—8　铁路光伏发电系统单位工程观感质量检查记录

单位工程名称				
施工单位				
序号	项　目　名　称	质量状况	质量评定	
			合　格	差
1	光伏发电系统			
2	防雷、接地			
3				
4				
5				
6				
7				
8				
9				
检查结论： 施工单位项目负责人　　总监理工程师　　设计单位项目负责人　　建设单位项目负责人 年　月　日　　年　月　日　　年　月　日　　年　月　日				

注：观感质量评定为“差”的项目应返修。

12.4.2 变、配电所安装工程观感质量合格标准：

1 基础、构支架及遮栏、栅栏

基础表面光洁平整，地面以上裸露部分的基础整体未经过修补。

进出线构架中轴线与设计一致，排列整齐，同列构架上的接地线朝向一致。

遮栏、栅栏的高度一致，间隔均匀。

2 电气装置

1)设备排列整齐，表面洁净。

2) 设备标识书写正确齐全，字体统一。

3)电缆排列整齐，回路编号规格统一，字迹清晰，不易脱色。

4)硬母线相色标识清晰，绝缘子洁净。

3 防雷、接地

室内接地线整齐美观、布置合理，固定统一，涂漆层完好。

12.4.3 区间电力工程、站场电力工程、电源线路工程观感质量合格标准：

1 电缆线路

1)电缆标桩径路显示清晰，标桩上内容书写完整，规格统一，字迹清晰。

2)电缆标志牌齐全且规格统一，字迹应清晰，不易脱落。

3)电缆支架、桥架固定整齐，间隔均匀。

4)电缆槽应齐全无破损，槽盖接缝应严密。

5)电缆排列整齐，美观；悬挂电缆弛度均匀。

6)电缆保护管排列整齐。

7)电缆终端头有明显的相色标志，电缆固定美观。

2 架空线路

1)基础表面光洁平整；基础帽制作规格统一；基坑回填充分，无塌陷。

2)电杆表面无擦伤印痕。铁塔镀锌层完好。电杆编号规格统一、印制清晰，涂刷位置、高度一致。

3)直线段上的电杆排列均匀，无明显偏移。

4)横担安装方向统一，平正无倾斜。

5)绝缘子安装牢固、美观。

6)拉线棒出土高度一致，拉线绑扎紧密。

7)引流线的连接方式统一，整齐美观，弧度均匀。

8)导线架设弛度一致，固定统一； 地势平稳时，导线起伏均衡。

9)电杆上电气设备接线整齐，排列有序。

3 低压配电

1)明配管线布局合理，排列整齐，固定均匀；各连接处平滑、密封良好。

2)配电箱的设置高度一致，箱内配线整齐、标识清晰。

4 电气照明

照明灯具、电源插座箱、配线支架、金属配件等安装牢固、整齐美观；外观色泽均匀，灯具照明正常。

5 防雷、接地整齐美观、布置合理，固定统一，涂漆层完好。

12.4.4 电力远动系统安装、机电设备监控系统工程观感质量合格标准：

1　屏柜与底座连接牢固,底座着地不悬空。

2　屏柜与底座、柜与柜之间的连接螺栓应连接牢固。

3　同排屏柜的正面应在同一直线上。

4　屏柜应竖直,相邻屏柜应紧密靠拢。

5　采用线槽或线把布线的二次回路接线连接可靠,排列整齐。

6　屏柜、电缆回路编号标识清晰,字迹正确。

7　插接件应接触紧密并防松动措施可靠。

8　防雷、接地整齐美观、布置合理,固定统一,涂漆层完好。

12.4.5　柴油发电机组安装工程观感质量合格合格标准:

1　设备布局简洁,安装垂直平整。

2　线缆布放美观、顺直,标记完善。

3　各项功能符合设计要求,系统工作可靠。

12.4.6　光伏发电系统安装工程观感质量合格标准:

1　光伏发电系统安装的观感质量合格标准:

1)光伏电池方阵排列整齐,安装牢靠。

2)线缆布放美观、顺直,标记完善。

3)各项功能符合设计要求,系统工作可靠。

2　防雷、接地整齐美观、布置合理,固定统一,涂漆层完好。

12.4.7　单位工程观感质量检查项目评定达不到合格标准者应进行返修。

附录 A　室内外配电装置的安全净距

表 A.0.1　室内配电装置的安全净距(mm)

符号	适用范围	额定电压(kV)								
		<0.5	3	6	10	15	20	35	63	110
A_1	带电部分至接地部分之间	20	75	100	125	150	180	300	550	950
	网状和板状遮栏向上延伸线距地面 2.3 m 处与遮栏上方带电部分之间	—								
A_2	不同相的带电部分之间	20	75	100	125	150	180	300	550	1 000
	断路器和隔离开关的断口两侧带电部分之间	—								
B_1	栅状遮栏至带电部分之间	—	825	850	875	900	930	1 050	1 300	1 700
	交叉的不同时停电维修的无遮栏带电部分之间	—								
B_2	网状遮栏至带电部分之间(注 1)	100	175	200	225	250	280	400	650	1 050
	板状遮栏至带电部分之间	50	105	130	155	180	210	330	580	980
C	无遮栏裸导体至地(楼)面之间	屏前 2 500 屏后 2 300	2 500	2 500	2 500	2 500	2 500	2 600	2 850	3 250
	有 IP2X 防护等级遮栏的通道净高	1 900	1 900	1 900	1 900	—	—	—	—	—
D	平行的不同时停电检修的无遮栏裸导体之间	1 875	1 875	1 900	1 925	1 950	1 980	2 100	2 350	2 750
E	通向室外的出线套管至室外通道的路面	3 650	4 000	4 000	4 000	4 000	4 000	4 000	4500	5 000

注：1　10 kV 及以下配电装置网状遮栏为 IP2X 防护等级，根据《低压电器外壳防护等级》国家标准的规定，IP2X 级能防止直径大于 12 mm 的固体异物进入壳内；

2　通向屋外配电装置的出线套管至屋外地面的距离，不应小于表 A.0.2 所列屋外部分之 C 值；

3　海拔超过 1 000 m 时，表中符号 A 项数值应按每升高 100 m 增大 1%进行修正，B、C 两项数值应相应加上 A 项的数值；

4　符号 A_1、A_2、B_1、B_2、C、D、E 见图 A.0.1～A.0.5。

表 A. 0. 2　室外配电装置的安全净距(mm)

符号	适用范围	额定电压(kV)					
		<0.5	3～10	15～20	35	63	110
A_1	带电部分至接地部分之间	75	200	300	400	650	1 000
	网状遮栏向上延伸线距地面 2.5 m 处与遮栏上方带电部分之间	—					
A_2	不同相的带电部分之间	75	200	300	400	650	1 000
	断路器和隔离开关的断口两侧带电部分之间	—					
B_1	设备运输时,其外廊至无遮栏带电部分之间	—	950	1 050	1 150	1 400	1 750
	交叉的不同时停电检修的无遮栏带电部分之间						
	栅状遮栏至绝缘体和带电部分之间						
B_2	网状遮栏至带电部分之间	175	300	400	500	750	1 000
C	无遮栏裸导体至地面之间	2 500	2 700	2 800	2 900	3 100	3 500
	无遮栏裸导体至建筑物、构筑物顶部之间	—					
D	平行的不同时停电检修的无遮栏带电部分之间	2 000	2 200	2 300	2 400	2 600	3 000
	带电部分与建筑物、构筑物的边沿部分之间	—					

注:海拔超过 1 000 m 时,A 值应进行修正。

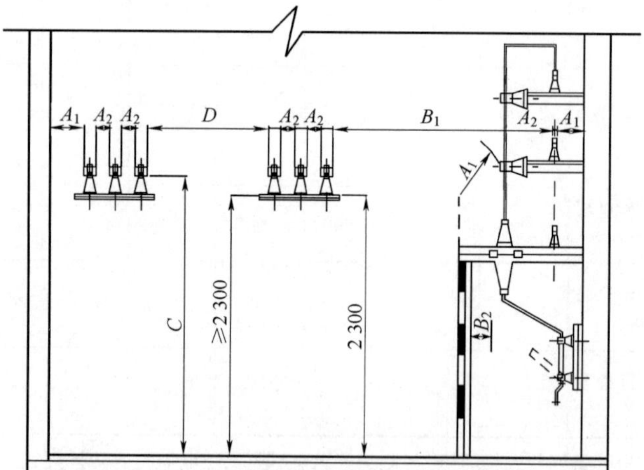

图 A. 0. 1　室内 A_1、A_2、B_1、B_2、C、D 值校验图

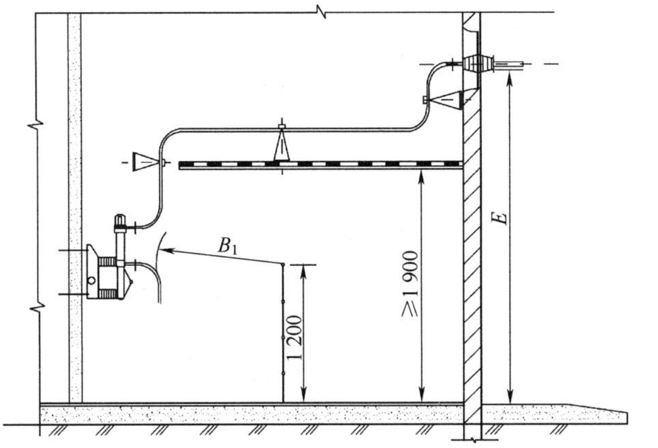

图 A.0.2　室内 B_1、E 值校验图

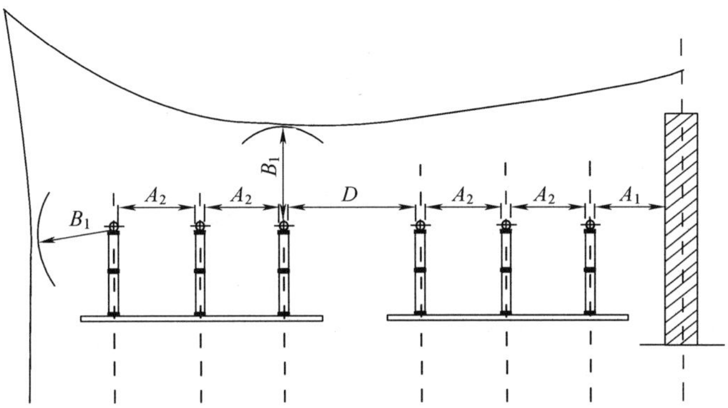

图 A.0.3　室外 A_1、A_2、B_1、D 值校验图

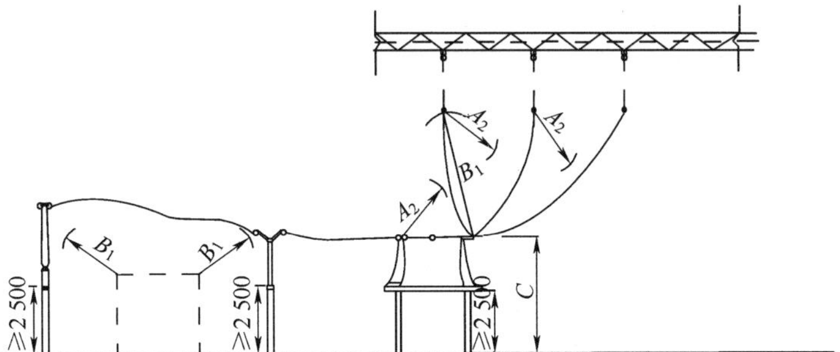

图 A.0.4　室外 A_2、B_1、C 值校验图

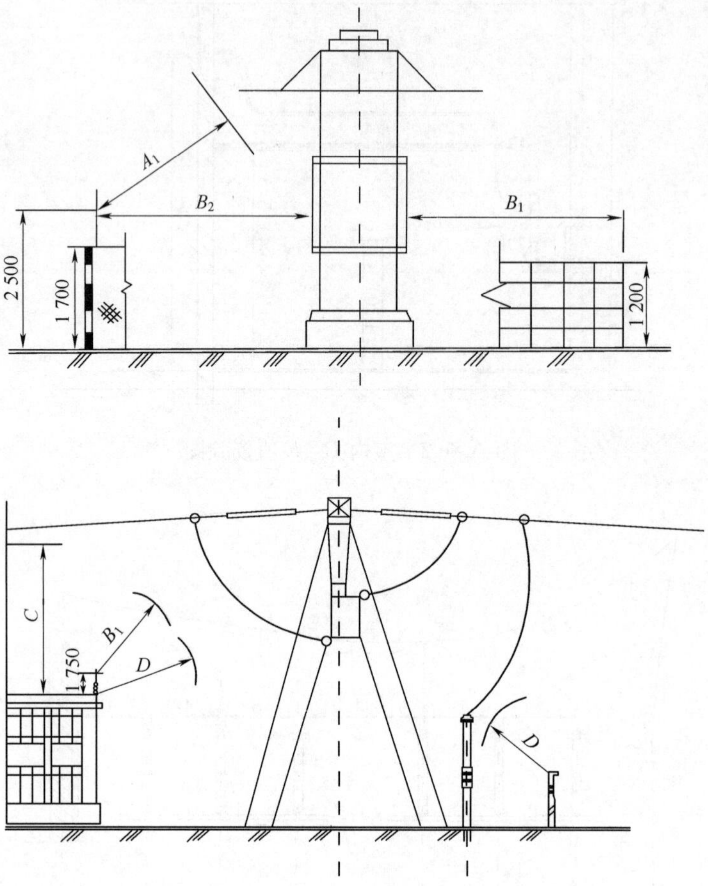

图 A.0.5　室外 A_1、B_1、B_2、C、D 值校验图

附录 B　矩形母线搭接

表 B. 0. 1　矩形母线搭接要求

搭接形式	类别	序号	连接尺寸(mm)			钻孔要求		螺栓规格
			b_1	b_2	a	ϕ(mm)	个数	
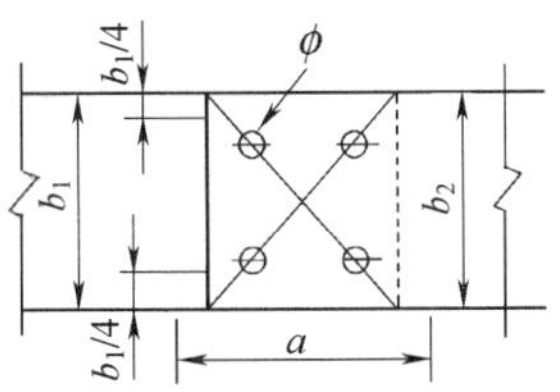	直线连接	1	125	125	b_1 或 b_2	21	4	M20
		2	100	100	b_1 或 b_2	17	4	M16
		3	80	80	b_1 或 b_2	13	4	M12
		4	63	63	b_1 或 b_2	11	4	M10
		5	50	50	b_1 或 b_2	9	4	M8
		6	45	45	b_1 或 b_2	9	4	M8
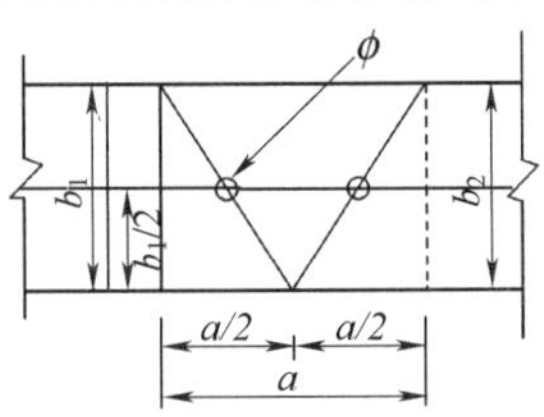	直线连接	7	40	40	80	13	2	M12
		8	31.5	31.5	63	11	2	M10
		9	25	25	50	9	2	M8
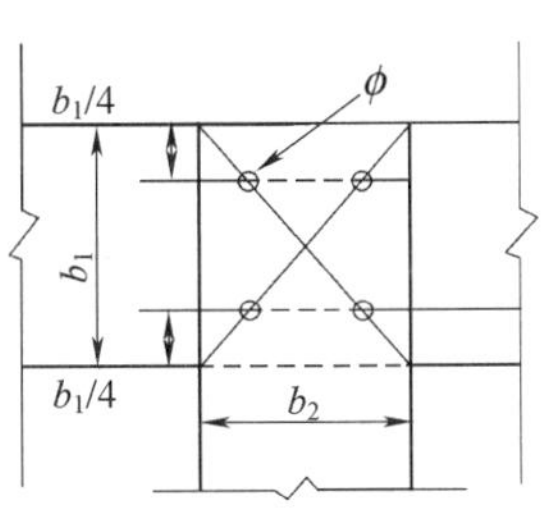	垂直连接	10	125	125		21	4	M20
		11	125	100～80		17	4	M16
		12	125	63		13	4	M12
		13	100	100～80		17	4	M16
		14	80	80～63		13	4	M12
		15	63	63～50		11	4	M10
		16	50	50		9	4	M8
		17	45	45		9	4	M8
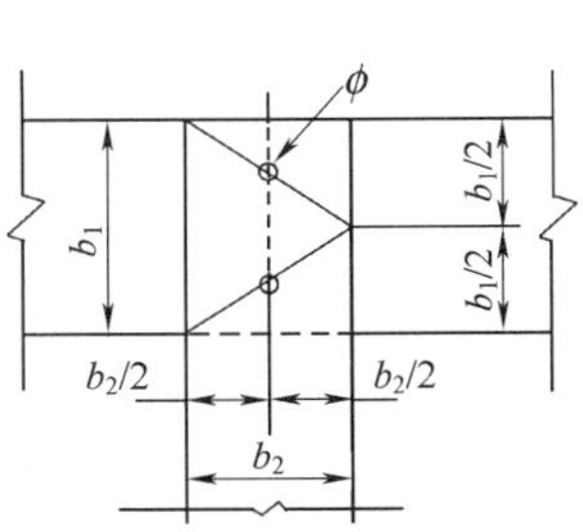	垂直连接	18	125	50～40		17	2	M16
		19	100	63～40		17	2	M16
		20	80	63～40		15	2	M14
		21	63	50～40		13	2	M12
		22	50	45～40		11	2	M10
		23	63	31.5～25		11	2	M10
		24	50	31.5～25		9	2	M8

续上表

<table>
<tr><th rowspan="2">搭接形式</th><th rowspan="2">类别</th><th rowspan="2">序号</th><th colspan="3">连接尺寸(mm)</th><th colspan="2">钻孔要求</th><th rowspan="2">螺栓规格</th></tr>
<tr><th>b_1</th><th>b_2</th><th>a</th><th>ϕ(mm)</th><th>个数</th></tr>
<tr><td rowspan="3">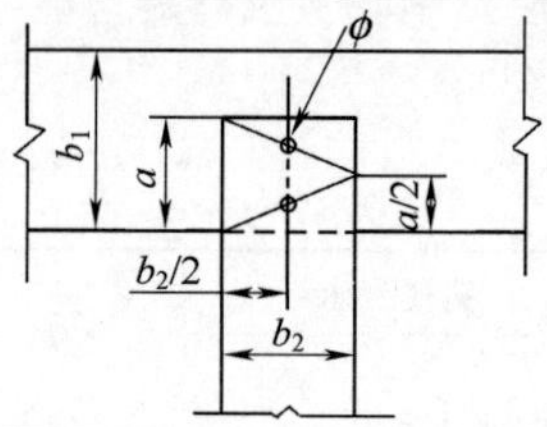</td><td rowspan="3">垂直连接</td><td>25</td><td>125</td><td>31.5～25</td><td>60</td><td>11</td><td>2</td><td>M10</td></tr>
<tr><td>26</td><td>100</td><td>31.5～25</td><td>50</td><td>9</td><td>2</td><td>M8</td></tr>
<tr><td>27</td><td>80</td><td>31.5～25</td><td>50</td><td>9</td><td>2</td><td>M8</td></tr>
<tr><td rowspan="4">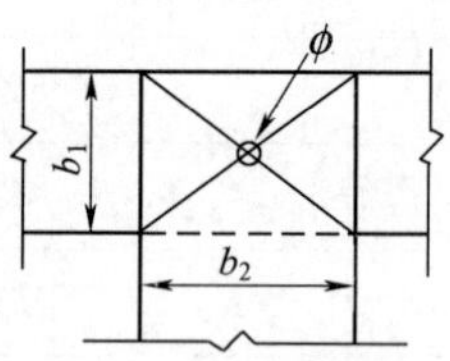</td><td rowspan="4">垂直连接</td><td>28</td><td>40</td><td>40～31.5</td><td></td><td>13</td><td>1</td><td>M12</td></tr>
<tr><td>29</td><td>40</td><td>25</td><td></td><td>11</td><td>1</td><td>M10</td></tr>
<tr><td>30</td><td>31.5</td><td>31.5～25</td><td></td><td>11</td><td>1</td><td>M10</td></tr>
<tr><td>31</td><td>25</td><td>22</td><td></td><td>9</td><td>1</td><td>M8</td></tr>
</table>

附录 C　导线钳压示意图及压口尺寸

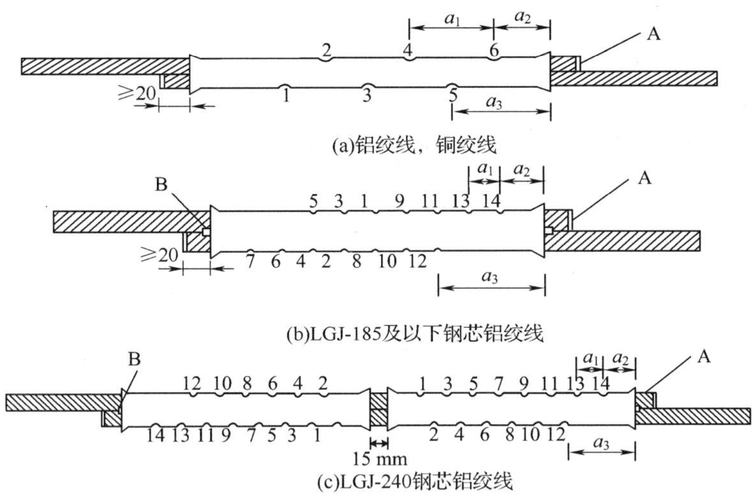

注：1　A—绑线；B—垫片；

2　1、2、3、…表示压接操作顺序。

图 C.0.1　钳压管连接图

表 C.0.1　导线钳压品种尺寸和钳压口数

导线型号		压口数	压后尺寸	钳压部位尺寸(mm)		
				a_1	a_2	a_3
铝绞线	LJ-16	6	10.5	28	20	34
	LJ-25	6	12.5	32	20	35
	LJ-35	6	14.0	36	25	43
	LJ-50	8	16.5	40	25	45
	LJ-70	8	19.5	44	28	50
	LJ-95	10	23.0	48	32	56
	LJ-120	10	26.0	52	33	59
	LJ-150	10	30.0	56	34	62
	LJ-185	10	33.5	60	35	65
铜绞线	TJ-16	6	10.5	28	14	28
	TJ-25	6	12.0	32	16	32
	TJ-35	6	14.5	36	18	36
	TJ-50	8	17.5	40	20	40
	TJ-70	8	20.5	44	22	44
	TJ-95	10	24.0	48	24	48

续上表

导线型号		压口数	压后尺寸	钳压部位尺寸(mm)		
				a_1	a_2	a_3
铜绞线	TJ-120	10	27.5	52	26	52
	TJ-150	10	31.5	56	28	56
钢芯铝绞线	LGJ-16/3	12	12.5	28	14	28
	LGJ-25/4	14	14.5	32	15	31
	LGJ-35/6	14	17.5	34	42.5	93.5
	LGJ-50/8	16	20.5	38	48.5	105.5
	LGJ-70/10	16	25.5	46	54.5	123.5
	LGJ-95/20	20	29.5	54	61.5	142.5
	LGJ-120/20	24	33.5	62	67.5	160.5
	LGJ-150/20	24	36.5	64	70	166
	LGJ-185/25	26	39.5	66	74.5	173.5
	LGJ-240/30	2×14	43.0	62	68.5	161.5

附录 D 架空线对地距离、交叉跨越及平行接近距离

表 D.0.1 架空线对地距离、交叉跨越及平行接近距离的最小值(m)

项目	线路类别	线路电压(kV)		
		0.38(0.22)	10(6)	35
最大弛度时对地距离	居民区	6.0	6.5	7.0
	非居民区	5.0	5.5	6.0
	交通困难地区(车辆、农业机械不能到达地区)	4.0	4.5	5.0
最大风偏时与山坡、峭壁、岩石的距离	步行可以到达的山坡	3.0	4.5	5.0
	步行不能到达的山坡、峭壁、岩石	1.0	1.5	3.0
最大弛度或最大风偏时与建筑物凸出部分的距离	垂直距离	2.5(2.0)	3.0(2.5)	4.0
	水平距离(边导线)	1.0(0.2)	1.5(0.75)	3.0
最大风偏时与树木间的距离		3.0(1.0)	3.0(1.0)	3.5
与街道树木间的距离	垂直距离	1.0(0.2)	1.5(0.8)	3.5
	水平距离(边导线)	1.0(0.5)	2.0(1.0)	3.0
跨越架空弱电线路时的交叉角	一级弱电线路≥45°	二级弱电线路≥30°	三级弱电线路不限制	
架空绝缘线路最大弛度时至水面距离	不通航的河湖(至冬季水面)	5.0	5.0	
	不通航的河湖(至50年一遇洪水位)	3.0	3.0	

注:1 ( )内的数值用于架空绝缘导线。

2 架空电力线路通过林区应砍伐通道,通道净宽为裸导线边线向外侧水平延伸 5 m,架空绝缘导线边线向外侧水平延伸 3 m。在下列情况下,如不妨碍架线施工,可不砍伐通道:树木自然生长高度不超过 2 m;导线与树木(考虑自然生长高度)之间的垂直距离裸导线不小于 3 m,绝缘导线不小于 1 m。

表 D.0.2 架空线路与铁路、道路、河流、管道、索道及各种架空线路交叉或接近的规定

序号	项目	一 铁路			二 道路		三 电车道	四 河流				五 弱电线路		六 电力线路			七	八
		标准轨距	窄轨	电气化	一、二级公路及城市一、二级道路	三、四级公路及城市三级道路	有轨及无轨	通航河流		不通航河流		一、二级	三级	0.38(kV)及以下	10(6)(kV)	35(kV)	易燃易爆管道	一般管道索道
1	交叉档导线最小截面	35 kV 采用钢芯铝绞线 35 mm^2，10(6) kV 采用钢芯铝绞线 25 mm^2，0.38 kV 及以下采用铝绞线 35 mm^2																
2	导线在交叉档内接头	不允许			不允许	不限制	不允许	不允许		不限制		不允许	不限制	不限制		不允许	不允许	不允许
3	交叉档导线支持方式（针式绝缘子或瓷横担）	双固定				单固定	双固定			单固定		双固定	单固定	单固定	双固定			
4	导线最大弧垂时最小垂直距离（m） 线路电压(kV)	至轨顶		至接触网最上部导体	至路面		至承力索 至路面	至常年最高洪水位	至最高航行水位的最高船桅顶	至水面	至冰面	至交叉处导线		至交叉处导线			至管道任何部分（导线在上面）	至索道任何部分（导线在上面）
	0.38及以下	7.5	6.0	不允许	6.0		3.0 9.0	6.0	1.0	3.0	5.0	1.0		1.0	2.0	3.0	1.5	
	10(6)	7.5	6.0	不允许	7.0		3.0 9.0	6.0	1.5	3.0	5.0	2.0		2.0	2.0	3.0	3.0	3.0
	35～110	7.5	7.5	3.0	7.0		3.0 10.0	6.0	2.0	3.0	6.0	3.0		3.0	3.0	3.0	4.0	3.0
	154～220	8.5	7.5	4.0	8.0		4.0 11.0	7.0	3.0	4.0	6.5	4.0		4.0	4.0	4.0	5.0	4.0
	330	9.5	8.5	5.0	9.0		5.0 12.0	8.0	4.0	5.0	7.5	5.0		5.0	5.0	5.0	6.0	5.0
	500	14	13	6.0	14.0		6.5 16.0	9.0	6.0	6.0	11	8.5		6.0	6.0	6.0	7.5	6.5
5	最小水平距离（m） 线路电压(kV)	杆塔外缘至轨道中心			电杆外缘至路面边缘（不分等级）		电杆外缘至路面边缘 电杆外缘至轨道中心	边导线至斜坡上缘（线路与拉纤小路平行）				两线路边导线间路径受限制地区		两线路边导线间路径受限制地区			边导线至管索道任何部分	
					开阔地区	路径受限制地区	开阔地区 / 路径受限制地区										开阔地区	路径受限制地区在最大风偏情况下

续上表

<table>
<tr><th rowspan="3">序号</th><th rowspan="3" colspan="2">项目</th><th colspan="3">一</th><th colspan="2">二</th><th colspan="2">三</th><th colspan="2">四</th><th colspan="2">五</th><th colspan="3">六</th><th>七</th><th>八</th></tr>
<tr><th colspan="3">铁路</th><th colspan="2">道路</th><th colspan="2">电车道</th><th colspan="2">河流</th><th colspan="2">弱电线路</th><th colspan="3">电力线路</th><th rowspan="2">易燃易爆管道</th><th rowspan="2">一般管道索道</th></tr>
<tr><th>标准轨距</th><th>窄轨</th><th>电气化</th><th>一、二级公路及城市一、二级道路</th><th>三、四级公路及城市三级道路</th><th colspan="2">有轨及无轨</th><th>通航河流</th><th>不通航河流</th><th>一、二级</th><th>三级</th><th>0.38(kV)及以下</th><th>10(6)(kV)</th><th>35(kV)</th></tr>
<tr><td rowspan="14">5</td><td rowspan="14">最小水平距离（m）</td><td rowspan="2">0.38及以下</td><td colspan="2" rowspan="4">路内：3.1 m
路外：杆高加3.1 m</td><td rowspan="6">路内：10 m
路外：杆塔高加3.1 m且不小于10 m</td><td colspan="2" rowspan="2">0.5</td><td colspan="2">0.5</td><td colspan="2" rowspan="14">最高电杆高度</td><td colspan="2" rowspan="2">1.0</td><td rowspan="2">2.5</td><td rowspan="2">2.5</td><td rowspan="2">5.0</td><td rowspan="14">最高电杆高度</td><td rowspan="2">1.5</td></tr>
<tr><td colspan="2">3.0</td></tr>
<tr><td rowspan="2">10(6)</td><td colspan="2" rowspan="2">0.5</td><td colspan="2">0.5</td><td colspan="2" rowspan="2">2.0</td><td rowspan="2">2.5</td><td rowspan="2">2.5</td><td rowspan="2">5.0</td><td rowspan="2">2.0</td></tr>
<tr><td colspan="2">3.0</td></tr>
<tr><td rowspan="2">35</td><td colspan="2" rowspan="2">平行：杆塔高加3.1 m（铁塔高度超过27 m时为30 m）
交叉：30 m</td><td rowspan="10">交叉：8.0 m
平行：最高电杆高度</td><td rowspan="2">0.5</td><td rowspan="10">交叉：8.0 m
平行：最高电杆高度</td><td>0.5</td><td colspan="2" rowspan="2">4.0</td><td rowspan="2">5.0</td><td rowspan="2">5.0</td><td rowspan="2">5.0</td><td rowspan="2">4.0</td></tr>
<tr><td>—</td></tr>
<tr><td rowspan="2">66～110</td><td colspan="3" rowspan="8">平行：杆塔高加3.1 m（铁塔高度超过27 m时为30 m）
交叉：30 m</td><td rowspan="2">0.5</td><td>0.5</td><td colspan="2" rowspan="2">4.0</td><td rowspan="2">5.0</td><td rowspan="2">5.0</td><td rowspan="2">5.0</td><td rowspan="2">4.0</td></tr>
<tr><td>—</td></tr>
<tr><td rowspan="2">154～220</td><td rowspan="2">0.5</td><td>0.5</td><td colspan="2" rowspan="2">5.0</td><td rowspan="2">7.0</td><td rowspan="2">7.0</td><td rowspan="2">7.0</td><td rowspan="2">5.0</td></tr>
<tr><td>—</td></tr>
<tr><td rowspan="2">330</td><td rowspan="2">6.0</td><td>0.6</td><td colspan="2" rowspan="2">6.0</td><td rowspan="2">9.0</td><td rowspan="2">9.0</td><td rowspan="2">9.0</td><td rowspan="2">6.0</td></tr>
<tr><td>—</td></tr>
<tr><td rowspan="2">500</td><td rowspan="2">8.0</td><td>0.8</td><td colspan="2" rowspan="2">8.0</td><td rowspan="2">13.0</td><td rowspan="2">13.0</td><td rowspan="2">13.0</td><td rowspan="2">7.5</td></tr>
<tr><td>—</td></tr>
<tr><td>6</td><td colspan="2">其他要求</td><td colspan="3">(1)架空线路与铁路平行时，导线最大风偏时至扩大货物限界的距离，10(6) kV不应小于1.5 m；0.38 kV不应小于1 m
(2)35 kV及以上架空线路不宜在出站信号机内跨越
(3)电力线路与铁路交叉时，交叉档两端的电杆应有加强措施</td><td></td><td></td><td colspan="2"></td><td colspan="2">不通航河流在枯水期导线下面有露出地面并有行人通过时，亦应符合导线对地面的最小允许距离的规定</td><td colspan="5">(1)开阔地区两线边导线间应为最高电杆高度。
(2)电力线路长距离与弱电线路平行时，应考虑对弱电线路的干扰影响</td><td colspan="2">(1)在开阔地区边导线至一般管道间距应为最高电杆高度
(2)交叉点不应选在管道的检查井(孔)外</td></tr>
</table>

注：1　跨越杆的悬垂线夹(跨越河流除外)应采用固定型。

2　架空线路与弱电线路交叉，交叉点至最近一基电杆的距离宜靠近，但不应小于7 m(城市的线路除外)。

3　管、索道上的附属设施，均应视为管、索道的一部分。

4　架空线路相互交叉时，电压高者在上面。交叉档导线支持方式是指对上方导线的要求。

5　导线在跨越货场、煤场时，对货场、煤场的移动设备如门型吊车、卸煤机的外部应保持安全距离：35 kV为3 m，10(6) kV为2 m，0.38 kV及以下为1.5 m。

6　本表中电力线路相互交叉距离是按设接地装置确定的，若不设接地装置应符合设计规定。

7　500 kV电力线路跨越其他电力线路杆(塔)时，导线最大弧垂距杆(塔)的垂直距离不小于8.5 m。

本标准用词说明

执行本标准条文时，对于要求严格程度的用词说明如下，以便在执行中区别对待。

(1)表示很严格，非这样做不可的用词：

正面词采用"必须"；

反面词采用"严禁"。

(2)表示严格，在正常情况下均应这样做的用词：

正面词采用"应"；

反面词采用"不应"或"不得"。

(3)表示允许稍有选择，在条件许可时首先应这样做的用词：

正面词采用"宜"；

反面词采用"不宜"。

表示有选择，在一定条件可以这样做的，采用"可"。

《高速铁路电力工程施工质量验收标准》条文说明

本条文说明系对重点条文的编写依据、存在的问题以及在执行中应注意的事项予以说明。为了减少篇幅，只列条文号，未抄录原条文。

1.0.1 本标准主要规定了高速铁路工程施工质量验收项目、标准、方法，以及建设活动各方在工程施工过程中的职责、程序和工作要求。

1.0.2 本标准适用于高速铁路电力工程施工验收的单位工程验收。本标准不涉及工程决策阶段、勘察设计阶段和运营维修阶段的相关要求等。静态验收、动态验收应符合相关规定的要求。本标准是建设单位、监理单位、专门质量机构、勘察设计单位和施工单位对工程施工阶段的质量进行监督、管理和控制的主要依据。

1.0.3 《建设工程质量管理条例》(国务院令第 279 号)分别规定了建设单位、勘察设计单位、监理单位和施工单位的法定质量职责和义务。本标准根据高速铁路电力工程的专业特点，对建设各方在施工阶段的质量职责具体细化，均做出了明确规定，促使各方共同保证工程质量的合格。

1.0.11 铁路工程施工质量检验工作是施工质量管理的重要组成部分，也是施工质量控制的重要手段。客观、准确的检验检测数据是评价施工质量的依据。这就要求检验检测所用的仪器、方法应符合相关技术标准的规定。

3.1.1 施工现场的技术标准是指与工程施工相关的国家标准、行业标准和企业标准。

关于施工现场质量管理检查记录的填写和检查的规定是对监理单位(未委托监理的项目为建设单位)和施工单位两方提出的要求，是保证开工后顺利施工和保证施工质量的基础。一般情况下，每个单位工程应检查一次。

3.1.3 高速铁路电力工程施工质量验收依据的现行相关标准主要有本专业和相关专业的设计规范、验收标准及其他技术标准、技术条件等。

3.3.3 分项工程质量验收是对其所含检验批质量检验的统计汇总，主要检查分项工程范围内检验批是否齐全，不能缺漏。

3.3.4 分部工程质量验收是对其所含分项工程质量检验的统计汇总，主要检查分部工程范围内分项是否齐全，不能缺漏。

3.4.1～3.4.5 高速铁路电力工程施工采用工程总承包或四电集成的方式时，其施工单位是指工程承包合同中约定的安装调试、设备供应单位。

4.1.5 钢筋混凝土电杆的钢圈焊接时采用电焊及防腐措施目的是为了提高变配电所构架的安全性和可靠性。

4.1.6 高压六氟化硫全封闭组合电器的基本型式分为户外型(GIS)和户内型开关柜。户外型组合电器的施工应符合《高速铁路电力牵引供电工程施工质量验收标准》TB 10758 第 4.10 节的规定，本标准只在第 4 节高压开关柜中叙述户内气体绝缘开关柜，对户外型组合电器不再叙述。

4.2.6　组合电器(GIS)是全部或部分采用气体而不采用处于大气压下的空气作为绝缘介质的金属封闭开关设备。由断路器、母线、隔离开关、电压互感器、电流互感器、避雷器、套管7种高压电器组合而成的高压配电装置，全称为 gas insulated substation。GIS采用的是绝缘性能和灭弧性能优异的六氟化硫(SF_6)气体作为绝缘和灭弧介质，并将所有的高压电器元件密封在接地金属筒中，因此与传统敞开式配电装置相比，GIS具有占地面积小、元件全部密封不受环境干扰、运行可靠性高、运行方便、检修周期长、维护工作量小、安装迅速、运行费用低、无电磁干扰等优点。

4.4.4　气体继电器相关技术标准主要是指电力行业标准《气体继电器检验规程》DL/T 540—1994。

4.9.5　无功补偿装置包含固定补偿和动态补偿两种型式。动态无功功率补偿装置用于平衡无功功率、提高功率因数以及改善电能质量。

电能质量主要是指:注入系统的谐波电流和10 kV母线电压总谐波畸变率低于国家标准《电能质量、公用电网谐波》GB/T 14549—1993。允许的谐波电压畸变如说明表4.9.5。

说明表4.9.5　允许的谐波电压畸变

总谐波电压畸变	奇次谐波电压畸变	偶次谐波电压畸变
4.0%	3.2%	1.6%

动态无功功率补偿装置可动态跟踪电网电能质量变化，并根据变化情况快速调节无功输出，实现任意工况的高功率因数运行。

4.10.7　“同类型不同规格的抽屉应能互换”是考虑在事故中可用容量大的替换容量小的抽屉，而不同类型的抽屉互换无太大的实际意义。

4.12

综合自动化是将变配电所的二次设备(包括测量仪表、信号系统、继电保护、自动装置和远动装置)经过功能的组合，利用计算机技术、现代电子技术、通信技术和信号处理技术，实现对全所的主要设备及变、配电线路的自动监视、测量、自动控制和微机保护，以及调度通信等综合自动化功能。

综合自动化系统主要包含了微机监测和微机保护以及它们之间的光、电缆二次配线。

微机监测综合了变、配电所的仪表屏、操作屏、模拟屏、中央信号系统等功能，微机保护综合了故障滤波、故障测距、备自投、自动重合闸等自动装置功能。

4.14

交直流电源装置验收参照《高速铁路通信工程施工质量验收标准》,《高速铁路信号工程施工质量验收标准》。

4.15、4.16、4.17

对于特大型客运车站等特别重要的一级负荷，为保证当电力系统发生两路供电电源同时停电时能对其可靠供电，站内集中设置柴油发电机组和分散设置UPS不间断电源装置、EPS应急电源，有些特大型客运站设置光伏发电系统。参考《建筑电气工程施工质量验收规范》

(GB 50303—2002)和《铁路光伏发电系统及柴油发电站技术规范》(TB/T 10112—2005)相关内容编写。

柴油发电机组施工中的部分验收规定参照《柴油发电机组技术手册》—化学工业出版社、《康明斯奥南柴油发电机组应用指南》—康明斯香港有限公司编写。

4.16.8 柴油发电机组的电气性能检验必须符合《建筑电气工程施工质量验收规范》GB 50303—2002 附录 A 的规定。

4.19

高铁 10 kV 配电所贯通母线段采用的中性点接地装置主要有小电阻接地及消弧线圈接地。

5.3.2 《铁路电力设计规范》TB 10008—2006 中对电缆敷设深度要求如下:电缆埋深不应小于 0.7 m,穿越农田时不应小于1 m;直埋敷设于冻土地区时,电缆宜直埋设于冻土层以下,当受条件限制时,可对电缆采取保护措施或采用其他敷设方式。

5.3.3 《铁路电力设计规范》TB 10008—2006 中的表 8.3.1 对电缆与铁路、公路、排水沟、城市街道、厂区街道平行或交叉的最小距离进行了规定,并要求严禁将电缆平行敷设在其他管道的正上方或正下方。

说明表 5.3.3 直埋电缆间、电缆与管道、电缆与建筑物间的最小距离(m)

敷设条件相关设施		净距(m)		附加条件
		平行	交叉	
电力电缆间或与控制电缆间	10 kV 及以下	0.1	0.5	如用隔板隔开或穿入钢管,平行距离可减到0.1 m,交叉距离可减到 0.25 m
	35 kV	0.25	0.5	
控制电缆之间		—	0.5	
不同使用部门的电缆间		0.5	0.5	
1 kV 及以下电力电缆之间		0.1	0.5*	
电缆与地下管道间	热力管道	2.0*	0.5	电缆穿入钢管保护时交叉净距可减到 0.25 m,但要求保护管超出管道每侧各 2 m
	油或易燃气管道	1.0	0.5	
	其他	0.5	0.5	
电缆与铁路路基面		—	0.7	
电缆与公路		1.0*	—	特殊情况电缆穿钢管保护,平行距离可酌减
电缆与建筑物基础边沿		0.6*	—	电缆引入建筑物时,所穿保护管应超出建筑物散水坡 100 mm
电缆与排水沟(平行时与沟边,交叉时与沟底)		1.0*	—	
电缆与 1 kV 以下架空线电杆		1.0*	—	
电缆与 1 kV 以上架空线杆塔基础		4.0*	—	
电缆与树木主干		0.7	—	

注:* 特殊情况下可酌减且最多减少一半值。

5.4.2 《铁路电力设计规范》TB 10008—2006 中对电缆支架、桥架间距,最上层和最下层支架与沟顶、楼板或沟底、地面的最小净距进行了明确的规定。

5.4.7 引自《铁路电力设计规范》TB 10008—2006。

6.2.2 表 6.2.2 引自《铁路电力设计规范》TB 10008—2006。

6.5.7 《铁路电力设计规范》TB 10008—2006 第 7.7.9 条中对架空线路与铁路、道路、河流、管道、索道及各种架空线路交叉或接近时的规定有明确的规定。详见附录 D。

7.2.9 《铁路电力设计规范》TB 10008—2006 第 9 章对室内外绝缘导线敷设的最小线间距离、室内外绝缘导线至地面间最小距离、室外绝缘导线至建筑物最小距离有明确的规定，具体规定见说明表 7.2.9。

说明表 7.2.9 室内外低压绝缘导线之间，至地面、建筑物的最小距离

<table>
<tr><th colspan="3">最小距离
项 目</th><th>最小距离
(mm)</th></tr>
<tr><td rowspan="8">导线固定点间距</td><td rowspan="2">1.5 m 及以下</td><td>室内配线</td><td>35</td></tr>
<tr><td>室外配线</td><td>100</td></tr>
<tr><td rowspan="2">1.5～3.0 m</td><td>室内配线</td><td>50</td></tr>
<tr><td>室外配线</td><td>100</td></tr>
<tr><td rowspan="2">3.0～6.0 m</td><td>室内配线</td><td>70</td></tr>
<tr><td>室外配线</td><td>100</td></tr>
<tr><td rowspan="2">6.0 m 以上</td><td>室内配线</td><td>100</td></tr>
<tr><td>室外配线</td><td>100</td></tr>
<tr><td colspan="3">室内绝缘导线至建筑物表面</td><td>10</td></tr>
<tr><td rowspan="4">室内外绝缘
导线至地面</td><td rowspan="2">水平
敷设</td><td>室内</td><td>2 500</td></tr>
<tr><td>室外</td><td>2 700</td></tr>
<tr><td rowspan="2">垂直
敷设</td><td>室内</td><td>1 800</td></tr>
<tr><td>室外</td><td>2 700</td></tr>
<tr><td rowspan="7">室外绝缘导线
至建筑物</td><td rowspan="3">水平敷设时
的垂直距离</td><td>在阳台、平台上和跨越建筑物顶</td><td>2 500</td></tr>
<tr><td>在窗户上</td><td>300</td></tr>
<tr><td>在窗户下</td><td>800</td></tr>
<tr><td colspan="2">垂直敷设时至阳台、窗户的水平距离</td><td>750</td></tr>
<tr><td colspan="2">导线至墙壁和构架间的距离(挑檐下除外)</td><td>50</td></tr>
<tr><td colspan="2">室外绝缘导线跨越人行道</td><td>3 500</td></tr>
<tr><td colspan="2">室外绝缘导线跨越车行道</td><td>6 000</td></tr>
</table>

7.5.2 第 2 款引自《铁路电力设计规范》TB 10008—2006 第 9.5.6 条第 5 款。

7.5.9 第 4 款引自《铁路电力设计规范》TB 10008—2006 第 9.5.6 条第 7 款。

8

本章不包含房屋建筑室内照明及站台雨棚照明施工内容。

9

本章各项要求引自《铁路供电调度系统设计规范》TB 10117—2008的相关规定。

10

本章“机电设备监控系统”参照《铁路电力设计规范》TB 10008—2006和《智能建筑工程质量验收规范》GB 50339—2003相关内容而制订。

机电设备监控系统完成对铁路车站、段、大中型建筑、长大隧道内各类机电设备的监视、控制、测量，应采用集散或分布式的控制方式，由集中监控站、现场控制设备及相关通信网络组成。大型建筑物一般单独设置楼宇自动控制系统区域监控中心，再纳入车站集中监控站。

11.2.3 《铁路电力设计规范》TB 10008—2006 第 13.3.2 条中对架空线路地线的接地、接地电阻值规定如下：当地面干燥时，每基杆塔工频接地电阻，不宜超过说明表 11.2.3 所列数值；小电流接地系统，无地线的杆塔，在居民区宜接地，其接地电阻不宜超过 30 Ω。

说明表 11.2.3 杆塔的最大工频接地电阻

土壤电阻率(Ω·m)	$\rho<100$	$100\leqslant\rho<500$	$500\leqslant\rho<1\,000$	$1\,000\leqslant\rho<2\,000$	$\rho\geqslant2\,000$
工频接地电阻(Ω)	10	15	20	25	30

11.3.1 《铁路电力设计规范》TB 10008—2006 第 13.5.13 条中对接地体和接地线规格规定如下：

说明表 11.3.1 钢接地体和接地线的最小规格

种类、规格及单位		地上		地下
		室内	室外	交流回路
圆钢直径(mm)		6	8	10
扁钢	截面(mm^2)	24	48	100
	厚度(mm)	3	4	4
角钢厚度(mm)		2	2.5	4
钢管管壁厚度(mm)		2.5	2.5	3.5

注：电力线路杆塔接地体引出线的截面不应小于 50 mm^2，引出线应热镀锌。

11.3.6 《铁路电力设计规范》TB 10008—2006 第 13.5.13 条中对接地装置水平及垂直接地体敷设的位置和埋设深度做了规定。

11.5.4 每隔 20 m 用金属线跨接主要目的是为了各管道之间等电位，防止出现电位差引起的管道之间放电。本条参考《铁路电力设计规范》TB 10008—2006 第 13.5.12 条。

11.6

本节“建筑物等电位连接”参照《等电位连接安装》02D501—2 编写。

11.6.4 《铁路电力设计规范》TB 10008—2006 第 13.4.2 条中，对电位连接的线路最小允许截面做了明确的规定。

11.7

本节内容参照了《铁路防雷、电磁兼容及接地工程技术暂行规定》(铁建设〔2007〕39 号)、《高速铁路设计规范(试行)》TB 10621—2009 等编写。

12.1.1 单位工程观感质量评定的目的在于直观地从宏观上对工程的安全可靠性能和使用功能进行评定。如局部缺损、外观缺陷等，通过观感质量验收及时发现问题，提出整改，是一个不可缺少的质量控制环节。

12.4

观感质量验收不是单纯的外观检查，而是在工程完工后全面地对构成一个单位工程的各分部工程、分项工程结合成一个有机整体进行的评价。

附录 A～D　引自《铁路电力设计规范》TB 10008—2006 的相关规定。

中华人民共和国行业标准

铁建设〔2010〕240号

高速铁路电力牵引供电工程施工质量验收标准

Standard for Constructional Quality Acceptance of High-speed Railway Traction Power Supply Engineering

TB 10758—2010

2010-12-08 发布 **2010-12-08 实施**

中华人民共和国铁道部 发布

中华人民共和国行业标准

高速铁路电力牵引供电工程施工质量验收标准

Standard for Constructional Quality Acceptance of High-speed Railway Traction Power Supply Engineering

TB 10758—2010

中华人民共和国铁道部 发布

前　　言

本标准是根据铁道部《关于印发 2009 年铁路工程建设标准编制计划的通知》(铁建设函〔2009〕34 号)的要求,在《客运专线铁路电力牵引供电工程施工质量验收暂行标准》(铁建设〔2006〕167 号)的基础上,充分吸纳京津、武广、郑西、合宁、合武、石太、东南沿海、沪宁等高速铁路的建设、运营经验编制而成的。

本标准的编制工作紧紧把握高速铁路总体技术路线,坚持高起点、高标准,通过原始创新、集成创新和引进消化吸收再创新,形成了符合我国国情、路情、具有自主知识产权的中国高速铁路电力牵引供电工程施工质量验收标准。

本标准共分七章,主要内容包括总则、术语、基本规定、牵引变电所、接触网、供电调度系统、单位工程综合质量评定等,另有 2 个附录。

本标准的主要内容如下:

1　落实"六位一体"建设管理要求,对质量、安全、工期、投资控制、环境保护和技术创新提出了针对性管理措施。

2　反映建设项目标准化管理内涵,为管理制度、人员配备、现场管理、过程控制标准化提供了配套性标准规定。

3　强调现代化施工管理手段应用,从积极推广机械化、工厂化、专业化、信息化施工角度,明确了指导性原则要求。

4　体现全方位、全过程质量控制理念,在源头控制、过程控制、细节控制方面明确了建设各方的关键性工作内容。

5　突出工程结构安全性、可靠性、耐久性和系统使用功能等方面的质量目标要求,保证高速铁路安全平稳运营。

6　贯彻工程质量终身负责制,增加了工序操作责任人的记录要求,体现对管理层、技术层、作业层人员的质量责任追溯。

7　优化了工程施工质量验收的单元划分、组织程序、实施方法和工作内容。

8　调整了检验项目、质量指标和检验方法,质量检测工作更趋科学、合理。

9　梳理分析了电力牵引供电工程施工中的易发质量通病,制定了针对性控制措施。

10　强调了接触网基础坑采用机械开挖方式,确保接触网基础工程不影响路基质量,提高工作效率和施工单位的装备水平。

11　规定了接触网腕臂支持装置、吊弦等在物流配送中心(仓库车间)应按照软件计算结果采用专用工机具进行预装配,并明确了预配加工半成品的检测方式。

12　强调了接触网导线架设及棘轮补偿装置、定位装置、弹性吊索安装调整等关键工序由相对固定的专业班组施工。

13　增加了牵引变电所在线绝缘监测系统、在线电缆温度监测系统等的验收内容。

14　增加了"定位管吊线与另一支接触悬挂线索的空间距离不得小于 100 mm"等规定。

15　针对工程施工中的易发质量通病,细化了路基和桥梁地段接触网预留基础、隧道预埋滑槽等的检测内容和检测方法。

16　增加了 27.5 kV 供电电缆分项工程，明确了 27.5 kV 供电电缆的敷设、电缆爬架制作安装、电缆头制作安装等过程控制内容。

17　强调了接触网定测、基础施工、接触悬挂安装和精调、变电所基础定位测量等以精测网数据为依据，使电力牵引供电工程专业测量采用与铁路轨道相同的坐标，确保施工高精度。

18　规定了接触线采用恒张力架设，提出了接触线架设张力控制要求和对接触线平直度进行检测的标准和方法。

19　补充了牵引变电所铜材质接地体(线)连接采用热剂焊、接触网附加导线采用预绞丝等的验收内容。

20　增加了牵引变电所采用集中接地箱、六氟化硫气体绝缘开关柜、室外空气绝缘高压开关柜等验收内容。

21　细化了棘轮补偿装置、空气间隙绝缘锚段关节式电分相装置、变电所环境安全监测系统、牵引变电所交流电源等验收内容。

22　增加了牵引变压器、断路器基础施工质量关键控制内容和复合绝缘子、带辅助悬挂的无交叉线岔等验收标准。

23　结合竣工验收办法和静态、动态验收指导意见的规定，完善了弓网关系静态检测内容，删除了接触网动态检测内容。

本标准全部条文均为强制性条文，必须严格执行。

在执行本标准过程中，希望各单位结合工程实践，认真总结经验，积累资料，如发现需要修改和补充之处，请及时将意见及有关资料寄交中铁建电气化局集团有限公司(北京市石景山路29号，邮政编码：100043)和中铁电气化局集团有限公司(北京市万寿路南口金家村一号，邮政编码：100036)，并抄送铁道部经济规划研究院(北京市北蜂窝路乙29号，邮政编码：100038)，供今后修订时参考。

本标准由铁道部建设管理司负责解释。

主编单位：中铁建电气化局集团有限公司

　　　　　中铁电气化局集团有限公司

主要起草人：郭志光、寇宗乾、张汉波、刘实、李涛、李凯、袁玉森、朱飞雄、丁之龙、王振文。

主要审定人：王哲浩、尹福康、代伯寿、于小四、单圣熊、武彦杰、叶志荣、史建明、齐兵、刘永红、黄足平。

目　　次

1 总　　则

1.0.1 为了加强高速铁路电力牵引供电工程施工质量管理，统一质量验收标准，保证施工质量，制定本标准。

1.0.2 本标准适用于时速 250～350 km 高速铁路电力牵引供电工程施工质量的验收。时速 250 km 以下客运专线、城际铁路电力牵引供电工程施工质量的验收应参照执行。

1.0.3 高速铁路电力牵引供电工程建设各方应建立健全质量保证体系，对工程施工质量进行全过程控制，对管理层、技术层、作业层人员的质量责任实行终身追究制度。

1.0.4 高速铁路电力牵引供电工程建设各方应做好管理制度、人员配备、现场管理、过程控制等标准化工作，落实质量、安全、工期、投资效益、环境保护、技术创新等建设管理要求。

1.0.5 高速铁路电力牵引供电工程施工应认真执行国家法律法规及相关技术标准，严格按照设计文件进行施工，施工质量应符合系统使用功能和安全、质量性能的要求，保证设计使用年限内正常使用。

1.0.6 高速铁路电力牵引供电工程采用的主要设备、器材应符合国家和铁道行业相关标准及准入的规定。

1.0.7 高速铁路电力牵引供电工程施工中所采用的合同文件和工程技术文件等对施工质量的要求不得低于本标准的规定，当高于本标准的规定时应符合其要求。

1.0.8 高速铁路电力牵引供电工程施工应贯彻国民经济可持续发展战略，合理利用资源，做好环境保护、水土保持等工作。

1.0.9 高速铁路电力牵引供电工程施工过程中应遵守国家现行有关劳动保护方面的法规，保证施工人员的身体健康，避免或减少伤害。

1.0.10 高速铁路电力牵引供电工程施工应积极采用机械化、工厂化、专业化、信息化等施工手段。

1.0.11 高速铁路电力牵引供电工程施工应采用先进、成熟、科学的检验检测手段。质量检测数据必须真实、可靠，全面反映工程质量状况。所用方法和仪器设备应符合相关技术标准的规定，仪器性能应符合质量检测的要求，质量检验人员应具有规定的资格。

1.0.12 高速铁路电力牵引供电工程施工的各类质量检验报告、检查验收记录和其他工程技术管理资料，应按规定及时填写，并且严格履行责任人签字确认制度。施工质量验收资料的归档整理和保存期限应符合有关规定的要求。

1.0.13 高速铁路电力牵引供电工程施工及验收人员应经过必要培训并合格后方可上岗。

1.0.14 高速铁路电力牵引供电工程施工质量的验收除符合本标准外，尚应符合国家现行有关标准的规定。

2 术 语

2.0.1 工程施工质量 constructional quality of engineering

反映工程施工过程或实体符合相关标准规定或合同约定的要求，包括其在安全、使用功能及其在耐久性能、环境保护等方面所有明显和隐含能力的特性总和。

2.0.2 验收 acceptance

工程施工质量在施工单位自行质量检验评定的基础上，参与建设活动的有关单位共同对检验批、分项、分部、单位工程的质量进行检验，根据相关标准以书面形式对工程质量达到合格与否做出确认。

2.0.3 进场验收 site acceptance

对进入施工现场的材料、构配件、设备等按相关标准规定要求进行检验，对产品达到合格与否做出确认。

2.0.4 检验批 inspection lot

按同一的生产条件或规定的方式汇总起来供检验用的，由一定数量样本组成的检验体。

2.0.5 检验 inspection

对检验项目中的性能进行量测、检查、试验等，并将结果与标准规定要求进行比较，以确定每项性能是否合格所进行的活动。

2.0.6 见证检验 evidential testing

项目监理机构对施工单位材料取样、送样、检验或某项检测、试验过程进行的监督活动。

2.0.7 平行检验 parallel acceptance testing

项目监理机构利用一定的检查或检测手段，在施工单位自检的基础上，按照一定的比例独立进行检查或检测的活动。

2.0.8 旁站 on-site supervision

在关键部位或关键工序施工过程中，由监理人员在现场进行的监督活动。

2.0.9 工序 constructional procedure

工程施工过程的基本单元。

2.0.10 交接检验 handing over inspection

由施工的承接方与完成方经双方检查并对可否继续施工做出确认的活动。

2.0.11 主控项目 dominant item

工程中对质量、安全、卫生、环境保护和公众利益起决定性作用的检验项目。

2.0.12 一般项目 general item

主控项目以外的检验项目。

2.0.13 接触悬挂 overhead contact line

接触网中的悬挂部分，主要由承力索、接触线、吊弦、补偿装置、悬挂零件及中心锚结等组成。

2.0.14 回流引线 return wire

同牵引回流轨相连，连接到牵引变电所的导体。

2.0.15 无交叉线岔 tangential wiring at points

在道岔处两支接触悬挂不相互交叉，以锚段关节方式来满足弓网关系的线岔。

2.0.16 带辅助悬挂的无交叉线岔 triple tangential wiring at points

在道岔处增设第三支接触悬挂，并与两支接触悬挂分别形成锚段关节，来满足弓网关系的线岔。

2.0.17 线岔始触区 overlapping section at points

在道岔处，受电弓开始同时接触两条接触线的区域。

2.0.18 精密测量网 precise survey network

应用卫星定位技术设立并用于高速铁路上下行线路中心线三维定位的测量控制网络。分为CPⅠ、CPⅡ、CPⅢ三级。

2.0.19 综合接地引接线 intergrated earthing lead wire

用于牵引变电所、接触网支柱基础预留接地端子或架空地线与高速铁路贯通地线间接地连接导体。

2.0.20 接触网静态检测 static detection of OCS

在接触网运营前，为检查接触悬挂的某些性能，运用测量装备检查测量接触网的空间几何参数以及在低速无电条件下受电弓沿接触网的滑行检测。

2.0.21 弹性不均匀度 degree of elasticity uniformity

表征同一跨距内，接触悬挂最大弹性与最小弹性差别的静态特性指标，用 U 表示。

$$U=(U_{max}-U_{min})/(U_{max}+U_{min})\times 100\%$$

2.0.22 SF_6 全封闭组合电器 fully enclosured SF_6 gas insulated switchgear

将各组成元件的高压带电部位密封于接地金属外壳内，壳内充以绝缘性能良好的气体、油或固体绝缘介质，各组成元件(一般包括断路器、隔离开关、接地开关、电压互感器、电流互感器、母线、避雷器、电缆终端等)按接线要求，依次连接和组成一个整体而各电器仍保持原性能的装置。结构紧凑，外形及安装尺寸小，使用方便，且各电器的性能可更好地协调配合。

2.0.23 SF_6 气体绝缘高压开关柜 high voltage SF_6 gas insulated switchgear

使用 SF_6 气体绝缘介质，将各组成元件间隔(一般包括断路器、隔离开关、接地开关、电压互感器、电流互感器、母线、避雷器、电缆终端等)按接线要求，依次连接和组成一个整体而各电器仍保持原性能的装置。

2.0.24 综合自动化系统 integrated automation system

能够实现全所当地监控、当地维护、数据采集与传输、数据预处理、当地和远程通信功能，以及线路变压器组、接触网馈电线的控制和保护功能为一体的自动化系统。

2.0.25 供电调度系统 power supply dispatching system

用于指挥供电系统运行、事故处理、设备运营维修管理及集中调度的系统。

3 基本规定

3.1 一般规定

3.1.1 高速铁路电力牵引供电工程施工现场质量管理应有相应的施工技术标准、健全的质量管理体系和施工质量检验制度。

施工现场质量管理检查记录应由施工单位在施工前按表3.1.1的规定填写，总监理工程师进行检查，并作出检查结论。

表 3.1.1 施工现场质量管理检查记录

<table>
<tr><td colspan="2">单位工程名称</td><td colspan="2"></td><td colspan="2">开工日期</td><td></td></tr>
<tr><td colspan="2">建设单位</td><td colspan="2"></td><td colspan="2">项目负责人</td><td></td></tr>
<tr><td colspan="2">设计单位</td><td colspan="2"></td><td colspan="2">项目负责人</td><td></td></tr>
<tr><td colspan="2">监理单位</td><td colspan="2"></td><td colspan="2">总监理工程师</td><td></td></tr>
<tr><td colspan="2">施工单位</td><td></td><td>项目负责人</td><td></td><td>项目技术负责人</td><td></td></tr>
<tr><td>序号</td><td colspan="4">项　目</td><td colspan="2">内　容</td></tr>
<tr><td>1</td><td colspan="4">开工报告</td><td colspan="2"></td></tr>
<tr><td>2</td><td colspan="4">现场质量管理制度</td><td colspan="2"></td></tr>
<tr><td>3</td><td colspan="4">质量责任制</td><td colspan="2"></td></tr>
<tr><td>4</td><td colspan="4">工程质量检验制度</td><td colspan="2"></td></tr>
<tr><td>5</td><td colspan="4">施工技术标准</td><td colspan="2"></td></tr>
<tr><td>6</td><td colspan="4">施工图现场复核情况</td><td colspan="2"></td></tr>
<tr><td>7</td><td colspan="4">交接桩、施工复测及测量控制资料</td><td colspan="2"></td></tr>
<tr><td>8</td><td colspan="4">施工组织设计、施工方案和环境保护方案及审批</td><td colspan="2"></td></tr>
<tr><td>9</td><td colspan="4">主要专业工种操作上岗证书</td><td colspan="2"></td></tr>
<tr><td>10</td><td colspan="4">管理层、技术层、作业层人员质量责任登记表</td><td colspan="2"></td></tr>
<tr><td>11</td><td colspan="4">施工检测设备及计量器具设置</td><td colspan="2"></td></tr>
<tr><td>12</td><td colspan="4">材料、设备管理制度</td><td colspan="2"></td></tr>
<tr><td colspan="7">检查结论：
总监理工程师　　　年　　月　　日</td></tr>
</table>

3.1.2 高速铁路电力牵引供电工程应按下列要求进行施工质量控制：

1 工程采用设备和材料，施工单位和监理单位应按本标准的规定进行检验，不合格的不得用于工程施工。

2 各工序应按施工技术标准进行过程控制，施工单位和监理单位应按本标准的规定进行检查，并形成记录。

3 工序之间应进行交接检验，上道工序应符合下道工序的施工条件和技术要求。相关专业工序之间接口的交接检验应经监理工程师检查认可，未经检查或经检查不合格的不得进行下道工序施工。

3.1.3　高速铁路电力牵引供电工程施工质量应按下列要求进行验收：

1　工程施工质量应符合本标准和现行有关标准的规定。

2　工程施工质量应符合工程设计文件和工程合同的要求。

3　参加工程施工质量验收的各方人员应具备规定的资格；各种检查记录签证人员应报建设单位确认、备案。

4　工程施工质量的验收均应在施工单位自行检查评定合格的基础上进行。

3.1.4　高速铁路电力牵引供电工程施工质量验收使用的计量仪表、工器具应检定合格，并在有效期内。

3.1.5　高速铁路电力牵引供电工程开工前，应由建设单位组织工程设计、施工、监理及运营维护等单位，对站前预留的综合接地端子、沟、槽、管、孔以及箱式机房基础等接口的标准和限界进行检查确认。

3.2　工程施工质量验收单元划分

3.2.1　高速铁路电力牵引供电工程施工质量验收应划分为单位工程、分部工程、分项工程和检验批。

3.2.2　单位工程按一个完整工程或一个相当规模的施工范围划分，并按下列原则确定：

1　一处牵引变电所、分区所、开闭所、自耦变压器所为一个单位工程。

2　一个站、场或一个区间的接触网工程为一个单位工程。

3　一个完整的牵引供电调度系统为一个单位工程。

3.2.3　分部工程应按一个完整部位或一个相对独立施工阶段划分。

3.2.4　分项工程可按工种、工序、设备、材料、施工工艺等划分。

3.2.5　检验批可根据施工及质量控制和验收需要划分。

3.2.6　高速铁路电力牵引供电工程的单位工程、分部工程、分项工程和检验批检验项目应符合表 3.2.6 的规定。

表 3.2.6　单位工程、分部工程、分项工程、检验批划分和检验项目

单位工程	分部工程	分项工程	检验批量	检验批检验项目条文号	
				主控项目	一般项目
牵引变电所、分区所、开闭所、自耦变压器所	基础及构支架	基础	一个所	4.2.1～4.2.8	4.2.9
		构支架	一个所	4.3.1～4.3.10	4.3.11～4.3.12
	防雷、接地装置及回流线缆	防雷、接地装置及回流线缆	一个所	4.4.1～4.4.25	4.4.26～4.4.30
	变压器及互感器	变压器	一个所	4.5.1～4.5.11	4.5.12～4.5.19
		互感器	一个所	4.6.1～4.6.7	4.6.8～4.6.9
	牵引供电用高压电器	高压断路器	一个所	4.7.1～4.7.9	4.7.10～4.7.11
		SF_6 全封闭组合电器	一个所	4.8.1～4.8.15	
		高压开关柜	一个所	4.9.1～4.9.8	4.9.9
		隔离开关、负荷开关及高压熔断器	一个所	4.10.1～4.10.8	4.10.9～4.10.10

续上表

单位工程	分部工程	分项工程	检验批量	检验批检验项目条文号	
				主控项目	一般项目
牵引变电所、分区所、开闭所、自耦变压器所	母线及绝缘子	母线及绝缘子	一个所	4.11.1～4.11.9	4.11.10
	电缆	电缆	一个所	4.12.1～4.12.17	4.12.18～4.12.21
	屏柜二次接线、交直流电源装置	屏柜及二次接线	一个所	4.13.1～4.13.6	4.13.7～4.13.10
		交直流电源装置	一个所	4.14.1～4.14.9	4.14.10～4.14.12
	综合自动化系统	综合自动化系统	一个所	4.15.1～4.15.3	
	在线监测及环境安全监控系统	在线监测及环境安全监控系统	一个所	4.16.1～4.16.4	
接触网	基础及预埋件	基础	3个锚段、一个站(场)	5.2.1～5.2.11	5.2.12～5.2.13
		预埋件	3个锚段、一个站(场)	5.3.1～5.3.7	5.3.8～5.3.9
	支柱及拉线	支柱	5个锚段、一个站(场)	5.4.1～5.4.11	5.4.12
		隧道吊柱	5个锚段、一个站(场)	5.5.1～5.5.7	
		硬横跨及吊柱	5个锚段、一个站(场)	5.6.1～5.6.3	
		拉线	5个锚段、一个站(场)	5.7.1～5.7.6	
	支持结构	腕臂装配	5个锚段、一个站(场)	5.8.1～5.8.4	5.8.5
		补偿装置	5个锚段、一个站(场)	5.9.1～5.9.3	
	承力索及接触线架设	承力索架设	5个锚段、一个站(场)	5.10.1～5.10.3	
		接触线架设	5个锚段、一个站(场)	5.11.1～5.11.5	
	接触悬挂	中心锚结	5个锚段、一个站(场)	5.12.1～5.12.3	5.12.4
		定位装置	5个锚段、一个站(场)	5.13.1～5.13.5	
		吊弦及弹性吊索	5个锚段、一个站(场)	5.14.1～5.14.4	5.14.5～5.14.6
		接触悬挂	5个锚段、一个站(场)	5.15.1～5.15.10	5.15.11～5.15.12
		电连接线	5个锚段、一个站(场)	5.16.1～5.16.4	
		线岔	6处	5.17.1～5.17.7	
	设备	开关	6台	5.18.1～5.18.7	5.18.8
		避雷器	6台	5.19.1～5.19.4	
		分段绝缘器	6台	5.20.1～5.20.4	
		锚段关节式电分相	6处	5.21.1～5.21.4	5.21.5
	附加导线	附加悬挂	10个锚段、一个站(场)	5.22.1～5.22.8	
		接触网接地及回流引线	10个锚段、一个站(场)	5.23.1～5.23.7	
		供电电缆	一个供电臂	5.24.1～5.24.4	
	标志牌、支柱号码	标志牌、支柱号码	10个锚段、一个站(场)	5.25.1～5.25.2	
	接触网静态检测	接触网静态检测	全部	5.26.1～5.26.3	
供电调度系统	设备安装	设备安装	一套系统	6.2.1～6.2.5	6.2.6
	远动系统检验	远动系统检验	一套系统	6.3.1～6.3.2	6.3.3

3.3　工程施工质量验收内容和要求

3.3.1　检验批的质量验收应包括下列内容：

1　实物检查。对设备和材料等的检验，应按进场批次和本标准规定的抽样检验方案执行；对工序质量的检验，应按本标准规定的抽样检验方案执行。

2　资料检查。设备和材料等的质量证明文件（包括质量检验报告、合格证等）；工序的施工记录、自检和交接检验记录、平行检验报告、见证检验报告等。

3　质量责任确认。对施工作业责任人员质量责任登记进行确认。

3.3.2　检验批施工质量验收合格应符合下列要求：

1　主控项目的质量经检验全部合格。

2　一般项目的质量经检验全部合格；其中，有允许偏差的抽查点，除有专门要求外，80%及以上的抽查点应控制在规定允许偏差内，最大偏差不得大于规定允许偏差的1.5倍。

3　具有完整的施工操作依据、质量检查记录。

4　施工作业责任人员质量责任登记情况真实、全面。

3.3.3　分项工程施工质量验收合格应符合下列要求：

1　分项工程所含检验批均符合合格质量的规定。

2　质量验收记录完整。

3.3.4　分部工程施工质量验收合格应符合下列标准：

1　分部工程所含分项工程的质量均验收合格。

2　质量验收记录完整。

3.3.5　单位工程施工质量验收合格应符合下列要求：

1　单位工程所含分部工程的质量均应验收合格。

2　质量控制资料核查符合要求。

3　实体质量和主要功能核查符合要求。

4　观感质量验收合格。

3.3.6　当检验批质量不符合要求时，应按下列要求进行处理：

1　经返工或更换设备材料的检验批，应重新进行验收。

2　经有资质的检测单位检测鉴定，能够达到使用要求的检验批，应予以验收。

3.3.7　通过返修处理仍不符合安全和使用功能要求的分部工程、单位工程，严禁验收。

3.4　工程施工质量验收程序和组织

3.4.1　检验批应由施工单位自检合格后报监理单位，由监理工程师组织施工单位专职质量检查员等进行验收。

施工单位应对全部主控项目和一般项目进行检查。

监理单位应对全部主控项目进行检查，对一般项目的检查内容和数量可根据具体情况确定。

检验批质量验收记录应按表3.4.1填写。对于主控项目，施工单位检查评定记录及监理单位验收记录的内容应填写详细具体；对于一般项目可填写概括性结论。

表 3.4.1 ________检验批质量验收记录

<table>
<tr><td colspan="3">单位工程名称</td><td colspan="2"></td></tr>
<tr><td colspan="3">分部工程名称</td><td colspan="2"></td></tr>
<tr><td colspan="3">分项工程名称</td><td></td><td>验收部位</td><td></td></tr>
<tr><td colspan="3">施工单位</td><td></td><td>项目负责人</td><td></td></tr>
<tr><td colspan="3">施工质量验收标准名称及编号</td><td colspan="2"></td></tr>
<tr><td colspan="3">施工质量验收标准的规定</td><td>施工单位检查评定记录</td><td>监理单位验收记录</td></tr>
<tr><td rowspan="9">主控项目</td><td>1</td><td></td><td></td><td></td></tr>
<tr><td>2</td><td></td><td></td><td></td></tr>
<tr><td>3</td><td></td><td></td><td></td></tr>
<tr><td>4</td><td></td><td></td><td></td></tr>
<tr><td>5</td><td></td><td></td><td></td></tr>
<tr><td>6</td><td></td><td></td><td></td></tr>
<tr><td>7</td><td></td><td></td><td></td></tr>
<tr><td>8</td><td></td><td></td><td></td></tr>
<tr><td>9</td><td></td><td></td><td></td></tr>
<tr><td rowspan="5">一般项目</td><td>1</td><td></td><td></td><td rowspan="5"></td></tr>
<tr><td>2</td><td></td><td></td></tr>
<tr><td>3</td><td></td><td></td></tr>
<tr><td>4</td><td></td><td></td></tr>
<tr><td>5</td><td></td><td></td></tr>
<tr><td colspan="2">施工作业人员质量责任登记</td><td colspan="3"></td></tr>
<tr><td colspan="2">勘察设计单位现场确认情况(需要时)</td><td colspan="3">现场负责人　　　年　月　日</td></tr>
<tr><td colspan="2">施工单位检查评定结果</td><td colspan="3">专职质量检查员　　　年　月　日
分项工程技术负责人　　　年　月　日
分项工程负责人　　　年　月　日</td></tr>
<tr><td colspan="2">监理单位验收结论</td><td colspan="3">监理工程师　　　年　月　日</td></tr>
</table>

注:施工作业人员质量责任登记应按部位和工序分别签字。

3.4.2 分项工程应由监理工程师组织施工单位分项工程技术负责人等进行验收，并按表3.4.2填写记录。

表 3.4.2 分项工程质量验收记录

<table>
<tr><td colspan="2">单位工程名称</td><td colspan="3"></td></tr>
<tr><td colspan="2">分部工程名称</td><td></td><td>检验批数</td><td></td></tr>
<tr><td colspan="2">施工单位</td><td></td><td>项目负责人</td><td></td></tr>
<tr><td>序号</td><td>检验批部位</td><td>施工单位检查评定结果</td><td colspan="2">监理单位验收结论</td></tr>
<tr><td>1</td><td></td><td></td><td colspan="2"></td></tr>
<tr><td>2</td><td></td><td></td><td colspan="2"></td></tr>
<tr><td>3</td><td></td><td></td><td colspan="2"></td></tr>
<tr><td>4</td><td></td><td></td><td colspan="2"></td></tr>
<tr><td>5</td><td></td><td></td><td colspan="2"></td></tr>
<tr><td>6</td><td></td><td></td><td colspan="2"></td></tr>
<tr><td>7</td><td></td><td></td><td colspan="2"></td></tr>
<tr><td>8</td><td></td><td></td><td colspan="2"></td></tr>
<tr><td>9</td><td></td><td></td><td colspan="2"></td></tr>
<tr><td>10</td><td></td><td></td><td colspan="2"></td></tr>
<tr><td colspan="5">说明：</td></tr>
<tr><td colspan="2">施工单位检查评定结果</td><td colspan="3">分项工程技术负责人　　　年　月　日</td></tr>
<tr><td colspan="2">勘察设计单位现场确认情况（需要时）</td><td colspan="3">现场负责人　　　年　月　日</td></tr>
<tr><td colspan="2">监理单位验收结论</td><td colspan="3">监理工程师　　　年　月　日</td></tr>
</table>

注：勘察设计单位应按相关规定参加分项工程的验收。

3.4.3 分部工程应由监理工程师组织施工单位项目负责人和技术、质量负责人等进行验收，勘查设计单位项目负责人根据需要参与验收，并按表3.4.3填写记录。

表 3.4.3　＿＿＿＿分部工程质量验收记录

<table>
<tr><td colspan="2">单位工程名称</td><td colspan="6"></td></tr>
<tr><td colspan="2">施工单位</td><td colspan="6"></td></tr>
<tr><td colspan="2">项目负责人</td><td></td><td>项目技术负责人</td><td></td><td>项目质量负责人</td><td colspan="2"></td></tr>
<tr><td>序号</td><td>分项工程名称</td><td>检验批数</td><td colspan="2">施工单位检查评定结果</td><td colspan="3">监理单位验收结论</td></tr>
<tr><td>1</td><td></td><td></td><td colspan="2"></td><td colspan="3"></td></tr>
<tr><td>2</td><td></td><td></td><td colspan="2"></td><td colspan="3"></td></tr>
<tr><td>3</td><td></td><td></td><td colspan="2"></td><td colspan="3"></td></tr>
<tr><td>4</td><td></td><td></td><td colspan="2"></td><td colspan="3"></td></tr>
<tr><td>5</td><td></td><td></td><td colspan="2"></td><td colspan="3"></td></tr>
<tr><td>6</td><td></td><td></td><td colspan="2"></td><td colspan="3"></td></tr>
<tr><td>7</td><td></td><td></td><td colspan="2"></td><td colspan="3"></td></tr>
<tr><td>8</td><td></td><td></td><td colspan="2"></td><td colspan="3"></td></tr>
<tr><td>9</td><td></td><td></td><td colspan="2"></td><td colspan="3"></td></tr>
<tr><td>10</td><td></td><td></td><td colspan="2"></td><td colspan="3"></td></tr>
<tr><td colspan="3">质量控制资料</td><td colspan="2"></td><td colspan="3"></td></tr>
<tr><td colspan="3">实体质量和主要功能检验(检测)报告</td><td colspan="2"></td><td colspan="3"></td></tr>
<tr><td rowspan="3">验收单位</td><td>施工单位</td><td colspan="6">项目负责人　　年　月　日</td></tr>
<tr><td>勘察设计单位(需要时)</td><td colspan="6">项目负责人　　年　月　日</td></tr>
<tr><td>监理单位</td><td colspan="6">监理工程师　　年　月　日</td></tr>
</table>

注:1　勘察设计单位应按相关规定参加分部工程的验收。

2　质量控制资料核查、实体质量和主要功能核查项目应按表 7.2.2 和表 7.3.1～7.3.3 确定。

3.4.4　单位工程完工后,施工单位应自行组织有关人员进行检查,合格后向建设单位提交单位工程验收申请。

3.4.5　建设单位收到工程验收申请后,应由建设单位项目负责人组织施工、设计、监理等单位的项目负责人进行单位工程验收,并按表 3.4.5 填写记录。单位工程验收应包含综合质量评定的内容,综合质量评定应符合本标准第 7 章的有关规定。

表 3.4.5 单位工程质量验收记录

<table>
<tr><td colspan="3">单位工程名称</td><td colspan="5"></td></tr>
<tr><td colspan="3">施工单位</td><td></td><td>项目负责人</td><td></td><td>开工日期</td><td></td></tr>
<tr><td colspan="3">项目技术负责人</td><td></td><td>项目质量负责人</td><td></td><td>竣工日期</td><td></td></tr>
<tr><td>序号</td><td colspan="2">项目</td><td colspan="3">验收记录</td><td colspan="2">验收结论</td></tr>
<tr><td rowspan="2">1</td><td colspan="2" rowspan="2">分部工程</td><td colspan="3">共检查 项</td><td colspan="2" rowspan="2"></td></tr>
<tr><td colspan="3">其中,符合设计要求和标准规定 项</td></tr>
<tr><td rowspan="3">2</td><td rowspan="9">综合质量验收</td><td rowspan="3">质量控制资料核查</td><td colspan="3">共检查 项</td><td colspan="2" rowspan="3"></td></tr>
<tr><td colspan="3">经查,符合要求 项</td></tr>
<tr><td colspan="3">其中不符合要求 项</td></tr>
<tr><td rowspan="3">3</td><td rowspan="3">实体质量和主要功能核查</td><td colspan="3">共检查 项</td><td colspan="2" rowspan="3"></td></tr>
<tr><td colspan="3">其中符合要求 项</td></tr>
<tr><td colspan="3">不符合要求 项</td></tr>
<tr><td rowspan="3">4</td><td rowspan="3">观感质量</td><td colspan="3">共检查 项</td><td colspan="2" rowspan="3"></td></tr>
<tr><td colspan="3">其中合格 项</td></tr>
<tr><td colspan="3">不合格 项</td></tr>
<tr><td>5</td><td colspan="2">综合验收结论</td><td colspan="5"></td></tr>
<tr><td rowspan="2">参加验收单位</td><td colspan="2">施工单位</td><td>监理单位</td><td colspan="2">勘察设计单位</td><td colspan="2">建设单位</td></tr>
<tr><td colspan="2">(公章)
项目负责人
年 月 日</td><td>(公章)
总监理工程师
年 月 日</td><td colspan="2">(公章)
项目负责人
年 月 日</td><td colspan="2">(公章)
项目负责人
年 月 日</td></tr>
</table>

3.4.6 当参加验收各方对工程施工质量验收意见不一致时,可请铁路建设行政主管部门协调处理。

4 牵引变电所

4.1 一般规定

4.1.1 牵引变电所(分区所、开闭所、自耦变压器所,下同)工程施工质量验收应包括下列项目:

1 设备基础。

2 构支架。

3 防雷、接地装置及回流线缆。

4 牵引变压器、自耦变压器、所用变压器、互感器、高压断路器、SF_6 全封闭组合电器。

5 隔离开关、负荷开关、高压熔断器、高压开关柜、交直流电源装置、计量屏。

6 母线及绝缘子。

7 电缆。电缆验收应包括支架、桥架安装,直埋电缆敷设,支架、桥架上电缆敷设,管道内电缆敷设,电缆附件制作及安装。

8 综合自动化系统及二次接线。

9 在线监测及环境安全监视系统。

4.1.2 基础混凝土施工应符合《铁路混凝土工程施工质量验收标准》TB 10424 的规定。

4.1.3 混凝土基础达到设计强度的 70%后,方可进行构支架及设备安装。不高于地面 200 mm以上的杯形基础,在混凝土强度达到设计值的 50%并回填夯实后,即可进行立杆和二次灌注;达到设计强度的 70%以上时,方可进行杆上作业。

4.1.4 钢筋混凝土电杆的钢圈焊接时应采用电焊,并采取防腐措施。

4.1.5 硬母线应采用冷弯弯制,严禁使用铁锤加工和电、气焊切割。

4.1.6 变压器器身检查、断路器现场组装、27.5 kV 及以上高压电缆头制作应在无风沙或雨雪,且空气相对湿度小于 70%的天气进行,并应作好防尘、防潮措施。

4.1.7 27.5 kV 及以上高压电缆终端头制作人员应经过专项培训合格后持证上岗,由专门的作业小组负责,并严格遵守有关制作工艺规程。

4.1.8 综合自动化系统功能性验收条件:

1 经批准的施工设计文件齐全。

2 对照设计文件施工已经完成。

3 综合自动化系统中的定值已经输入。

4 交直流电源系统运行稳定。

5 综合自动化设备运行正常。

4.1.9 牵引变电所受电启动前应具备下列条件:

1 电气设备试验合格,传动试验检查达到设计文件要求。

2 外部供电电源已落实,所内交、直流操作电源可靠运行。

3 通信联络设施齐备,措施完善,话路畅通,语音清晰。

4 受电启动方案已经建设单位和有关部门批准。

4.1.10 牵引变电所受电启动前应做好下列检查和准备工作：

1 所内母线及设备的相序连接无误，设备编号正确、清晰。

2 主变压器、自用电变压器等的分接开关均处于指定位置。

3 所有断路器及隔离开关均处于分闸位置，手车式设备均处于试验位置。

4 变压器、断路器等的绝缘电阻值符合有关规定要求。

5 进线隔离开关内侧及馈线隔离开关外侧已加挂临时接地线。

6 自动重合闸装置及自动同期检测装置的出口已打开，控制方式选择开关处于“当地”位置。

7 所内各种临时设施和临时电源线路等均已拆除。

8 受电启动及事故抢修用各类工具和材料准备齐全，各种运行记录簿齐备。

4.1.11 受电启动完成后，方可送电开通。开通前各馈线的线路调试应完成，线路的绝缘测试符合送电条件。

4.2 基 础

主 控 项 目

4.2.1 水泥、砂、石料、钢筋等原材料进场验收，按进场批次进行，其品种、规格、质量应符合相关标准并应与所配制混凝土的等级相适应。商品混凝土应有合格试验报告。

检验数量和检验方法应符合《铁路混凝土工程施工质量验收标准》TB 10424 的规定。

4.2.2 在混凝土施工前，应根据设计规定的强度等级进行混凝土配合比试验，并取得配合比试验报告。

检验数量：施工单位对每同强度等级、同性能的混凝土进行 1 次配合比试验。监理单位全部见证检验。

检验方法：施工单位试验检验，监理单位查阅混凝土配合比试验报告。

4.2.3 基础混凝土浇注前钢筋配设应符合设计文件要求。

检验数量：施工单位全部检验，监理单位全部见证检验。

检验方法：对照设计文件，测量、观察检查。

4.2.4 基础混凝土强度等级应符合设计文件要求。

检验数量：牵引变压器、组合电器、断路器基础各取 1 组试块；其他基础每个工作班不应少于 1 组试块。

检验方法：施工单位试验检验，监理单位检查混凝土强度试验报告。

4.2.5 基础位置、尺寸及其顶面高程应符合设计文件要求，允许偏差符合表 4.2.5 的规定。

表 4.2.5 基础施工允许偏差范围(mm)

项目名称	允许偏差		
	独立电气设备	三相联动设备	构支架基础
纵横轴线中心位置	±10	±10	±20
顶面高程	$^{0}_{-20}$	$^{0}_{-10}$	$^{0}_{-10}$
其他尺寸	0～20		

检验数量:施工单位全部检验,监理单位见证检验 20%。

检验方法:对照设计文件,观察、测量检查。

4.2.6 SF_6 全封闭组合电器(GIS)基础质量除应符合本标准第 4.2.5 条要求外,尚应符合下列要求:

1 断路器各单元本体基础的水平允许偏差 0～2 mm;相间水平允许偏差 0～5 mm。

2 断路器单元各组与各相关单元基础在纵横轴线上的允许偏差 0～5 mm 或符合产品技术文件要求。

3 基础预埋件及预留沟槽管道的位置应符合设计文件要求,并与产品技术文件要求保持一致。

4 GIS 基础的整体水平允许偏差 0～5 mm,特殊情况下,以产品技术文件要求为准。

检验数量:施工单位全部检验,监理单位见证检验 20%。

检验方法:对照设计文件,观察、测量检查。

4.2.7 预埋螺栓的型号应符合设计文件要求,埋设应垂直,丝扣应完好,施工位置允许偏差符合表 4.2.7 的规定。

表 4.2.7 预埋螺栓施工位置允许偏差范围(mm)

项 目	名 称	允许偏差
预埋螺栓	中心距	±2
	外露长度	$^{+20}_{0}$

检验数量:施工单位全部检验,监理单位见证检验 20%。

检验方法:测量检查。

4.2.8 屏、柜等基础预埋型钢的安装允许偏差应符合表 4.2.8 的规定,其顶部宜高出抹平的地面 10 mm。

表 4.2.8 基础型钢安装允许偏差

检验项目		不直度	水平度	位置偏差及不平行度
允许偏差	mm/m	1	1	—
	mm/全长	5	5	5

检验数量:施工单位全部检验,监理单位见证检验 20%。

检验方法:测量检查。

一 般 项 目

4.2.9 基础表面平整光洁、棱角完整,无跑浆、露筋等缺陷,地面以上裸露的基础不应进行外修复。

检验数量:施工单位全部检验。

检验方法:观察检查。

4.3 构 支 架

主 控 项 目

4.3.1 混凝土电杆应按批次进行进场验收,其规格、型号、质量应符合设计文件要求和《环形混凝土电杆》GB/T 4623 的规定。

检验数量：施工单位全部检验，监理单位见证检验 20%。

检验方法：对照设计文件和订货合同，检查实物和质量证明文件。

4.3.2 钢结构电杆及其金属配件等的规格应符合设计文件要求，杆塔长大结构件的弯曲度不应大于 1‰；表面平整光洁，无变形，防腐层良好。

检验数量：施工单位全部检验，监理单位见证检验 20%。

检验方法：对照设计文件和订货合同，检查实物和质量证明文件。

4.3.3 金属结构件（包括横梁、爬梯、地线架及设备托架、支架等）及其附件规格、型号应符合设计文件要求，表面光洁，无裂纹、毛刺、砂眼、气泡等缺陷，平直无变形，防腐层良好。

检验数量：施工单位全部检验，监理单位平行检验 10%。

检验方法：对照设计文件和订货合同，检查实物和质量证明文件。

4.3.4 各类构支架的安装位置应符合设计文件要求。

检验数量：施工单位全部检验，监理单位见证检验 20%。

检验方法：对照设计文件观察、测量检查。

4.3.5 预应力混凝土电杆的连接方式应符合设计文件要求，采用钢圈电焊连接时，焊接质量应符合下列要求：

1 焊缝的加强层高度和遮盖度应符合表 4.3.5 的要求。

表 4.3.5 焊缝加强层尺寸(mm)

加强面尺寸	钢圈厚度 s	
	<10	10～20
高度 c	1.5～2.5	2～3
宽度 e	1～2	2～3
示意图	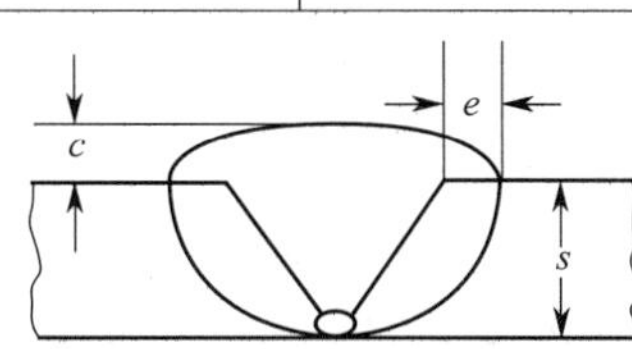	

2 焊缝表面应无波折、间断、漏焊、未焊满的陷槽及裂缝。

3 当钢材厚度 10 mm 及以下时，咬边深度不应大于 0.5 mm；厚度超过 10 mm 时，不应大于 1.0 mm。

4 焊完后整杆轴线最大弯曲不应超过电杆全长的 2‰。

5 电杆的钢圈焊接后应将其表面清除干净，并进行防腐处理。

检验数量：施工单位全部检验，监理单位见证检验 20%。

检验方法：观察、测量检查。

4.3.6 门形及 H 型构架、支架组立后的质量应符合下列要求：

1 进线及终端构支架在架线后的倾斜度不得大于 3‰，并严禁向受力侧倾斜。

2 中间构支架及设备支架电杆与地面垂直，倾斜度不得大于 3‰。

3 横梁、爬梯、地线架及设备托（支）架安装牢固、紧固件齐全。

检验数量：施工单位全部检验，监理单位见证检验 20%。

检验方法：观察、测量检查。

4.3.7 人字形构支架组立后的质量应符合下列要求：

1 人字形构架电杆的叉开角度及根开尺寸应符合设计文件要求，组成每一根人字形构架电杆的长度差不应大于 5 mm。

2 组立后的人字形架构，其叉开角度的平分线应垂直平分于两基础中心连线。

检验数量：施工单位全部检验，监理单位见证检验 20%。

检验方法：观察、测量检查。

4.3.8 钢结构母线构架和设备支架的质量应符合下列要求：

1 采用连续梁的钢结构母线构架，构架电杆及母线横梁应位于同一安装中心线上，偏差不应大于 5 mm。

2 钢结构母线构架和设备支架结构件的拼装与连接应采用力矩扳手紧固，紧固力矩值应符合设计或产品技术文件要求。

3 钢结构设备支架的安装方式应一致、接地线位置应统一；位于同一组或同一安装中心线上的支架，位置偏差不得大于10 mm。

检验数量：施工单位全部检验，监理单位见证检验 20%。

检验方法：观察、测量检查。

4.3.9 母线横梁的弯曲度不大于其全长的 5‰，安装位置及固定方式应符合设计文件要求。连梁角钢或配件与杆顶钢板的连接必须牢固、可靠、密贴。

检验数量：施工单位全部检验，监理单位见证检验 20%。

检验方法：观察、测量检查。

4.3.10 组立后的母线构架和设备支架应及时进行接地连接。金属结构件的接地线连接牢固、可靠，布置方式一致。

检验数量：施工单位全部检验，监理单位见证检验 20%。

检验方法：观察检查。

一 般 项 目

4.3.11 构支架上安装的金属结构件(横梁、爬梯、地线架及设备托架、支架)平直无变形，防腐层完好；各类紧固件的规格、数量符合设计文件要求，螺纹外露长度为 3～5 扣，长度应统一。

检验数量：施工单位全部检验。

检验方法：观察检查。

4.3.12 位于同一安装中心线上的构、支架电杆位置偏移小于 20 mm。同一组支架电杆的高低差小于 5 mm；同一组构架电杆的高低差小于 10 mm 。

检验数量：施工单位全部检验。

检验方法：测量检查。

4.4 防雷、接地装置及回流线缆

主 控 项 目

4.4.1 避雷针(带、网)、避雷器进场验收应符合下列要求：

1 规格、型号、质量应符合设计及相关技术标准规定。

2 避雷器无裂纹、破损。

检验数量：施工、监理单位均全部检验。

检验方法：对照设计文件和订货合同，检查实物和质量证明文件。

4.4.2 避雷针(带、网)与引下线之间的连接应采用焊接且焊接牢固。

检验数量：施工、监理单位均全部检验。

检验方法：观察检查。

4.4.3 避雷针的安装应垂直牢固，倾斜度不大于3‰。

检验数量：施工单位全部检验，监理单位见证检验20%。

检验方法：测量检查。

4.4.4 避雷针节与节之间的连接应牢固，当采用电焊连接时，焊缝不得有裂缝、气孔及假焊等缺陷，节间应附焊不少于两根加强钢筋，加强钢筋的直径不得小于下节避雷针主筋的直径；当采用螺栓连接时，紧固件应齐全，紧固应牢靠，节间应加焊接地跨接钢筋。

检验数量：施工单位全部检验，监理单位见证检验20%。

检验方法：观察检查。

4.4.5 避雷器安装前，经绝缘试验检测合格，且与出厂试验报告没有明显变化。

检验数量：施工单位全部检验，监理单位见证检验20%。

检验方法：测量检查。

4.4.6 避雷器的安装应垂直、固定牢靠；均压环应水平，放电计数器应密封良好、动作可靠。

检验数量：施工单位全部检验，监理单位见证检验20%。

检验方法：观察、试验检查。

4.4.7 避雷器各单元节间接触紧密、密封，均压环、放电计数器安装位置符合规定，工作接地与保护接地分别与主接地网连接。

检验数量：施工单位全部检验，监理单位见证检验20%。

检验方法：观察检查。

4.4.8 金属氧化物避雷器的安全装置应完整无损。

检验数量：施工单位全部检验，监理单位见证检验20%。

检验方法：观察检查。

4.4.9 当避雷器带有隔离间隙电极时，隔离间隙应安装牢固，间隙的距离应符合产品或设计规定。

检验数量：施工单位全部检验，监理单位见证检验20%。

检验方法：观察、试验检查。

4.4.10 接地极的规格及长度应符合设计文件要求，用于硬质土壤地带的接地极其击打端应焊接加强角钢。当接地体采用防腐设计时，材料的防腐类型及防腐层厚度应符合设计文件要求。

检查数量：施工单位全部检验，监理单位见证检验20%。

检验方法：观察、测量检查。

4.4.11 避雷针的接地引下线与接地网的连接应符合设计文件要求，且牢固可靠。

检验数量：施工、监理单位全部检验。

检验方法：隐蔽前观察、测量检查。

4.4.12 接地装置(含独立避雷针)的接地电阻值应符合设计文件要求。

检验数量：施工、监理单位全部检验。

检验方法:测量检查。

4.4.13 接地体的埋设深度应符合设计文件要求。当设计无规定时,其顶面埋设深度一般不应小于0.6 m,人行道上不应小于1 m。

检验数量:施工单位全部检验,监理单位见证检验20%。

检验方法:测量检查。

4.4.14 独立避雷针的接地装置与接地网的地中距离不应小于3 m,与道路或建筑物出入口的距离应大于3 m,当小于3 m时,应采取均压措施或铺设沥青、卵石路面。

检验数量:施工、监理单位全部检验。

检验方法:观察、测量检查。

4.4.15 避雷针接地线与接地网的连接点距变压器或35 kV及以下设备与接地网的连接点,沿地中接地体的长度不得小于15 m。

检验数量:施工、监理单位全部检验。

检验方法:观察、测量检查。

4.4.16 避雷针及装有避雷针、线的构支架上的照明灯电缆或导线,应采用直埋于地下的金属保护管进行保护,电缆的保护管应接地,其地中埋设长度不得小于10 m。

检验数量:施工、监理单位全部检验。

检验方法:观察、测量检查。

4.4.17 接地体电焊搭接长度:扁钢为其宽度的两倍(至少焊接三个楞边);圆钢为其直径的6倍(为两侧焊接)。扁钢与钢管或角钢连接时,除在扁钢两侧焊接外,还应将扁钢本体弯成弧形或直角形(或加焊L形扁钢)与钢管或角钢焊接成一个整体。所有焊接处应牢固,不得有假焊或虚焊现象。

检验数量:施工单位全部检验,监理单位见证检验20%。

检验方法:核对规格型号、数量,观察检查。

4.4.18 接地体铜材料放热焊应符合下列要求:

1 接地装置的各类热熔接头应与垂直及水平接地体的型号、规格统一,并相互匹配。

2 若生产厂家随产品提供接地装置进行放热焊接的药剂时,其药剂的剂量应与施工工艺规定的标准剂量相符,且各种药剂全部单独包装。

3 应保证焊接件无污物,熔模熔腔和型腔内无上次焊接时留下的焊渣块或焊渣粉末。

4 焊接件和熔模应干燥。

5 熔接接头外观应无尖角、缺口、卷边等缺陷;熔接口无蜂窝状气孔;接头无裂痕;熔接接头与熔接件间牢固,无松动,无空隙、无裸露现象。

检验数量:施工单位全部检验,监理单位见证检验20%。

检验方法:核对规格型号、数量,观察检查。

4.4.19 接地干线至少应在不同的两点与接地网相连接,每一设备的工作接地和保护接地应单独与接地干线或接地网可靠连接。所有设备接地线其露出地面部分及埋入地下部分均有防腐措施。主变压器外壳、避雷针宜两点接地。

检验数量:施工、监理单位全部检验。

检验方法:观察检查。

4.4.20 电缆沟内接地母线的敷设方式与接地网的连接应符合设计文件要求,电缆沟内的接地母线不得用于25 kV及以上电压等级电气设备或装置的接地线。

检验数量：施工、监理单位全部检验。

检验方法：观察检查。

4.4.21 集中接地箱规格型号符合设计文件要求，接地端子截面与接地电缆截面相匹配。

检验数量：施工、监理单位全部检验。

检验方法：对照设计文件和订货合同、测量检查。

4.4.22 变电所内架空敷设或地下埋设的回流电缆型号规格应符合设计文件要求。

检验数量：施工、监理单位全部检验。

检验方法：对照设计文件检查。

4.4.23 回流线或回流电缆与变压器接地相接地保护放电装置与接地干线或接地网的连接应符合设计文件要求，且连接牢固可靠。

检验数量：施工、监理单位全部检验。

检验方法：观察检查。

4.4.24 明敷接地线的安装应符合下列要求：

1 墙体表面接地线应水平或垂直敷设，不应有高低起伏及弯曲，不应妨碍设备的拆卸与检修，并便于检查。

2 支持件的间距：

1)在水平直线部分宜为 0.5～1.5 m；

2)垂直部分宜为 1.5～3 m；

3)转弯部分宜为 0.3～0.5 m。

3 室内外接地干线沿墙壁水平敷设时，距地面高度宜为 250～300 mm，与室外网状接地装置不少于两处可靠连接。检修用临时接地应引入接地干线，并应设有不少于 2 个临时接地线连接端子，此处应刷白色漆后标以黑色接地符号。

4 明敷接地线表面应涂黑漆，如涂其他颜色，则在连接处及分支处应涂以各宽为 15 mm 的两条黑带，其间距为 150 mm。在接地线引向建筑物的入口处，应涂以黑色接地符号。

检验数量：施工单位全部检验，监理单位见证检验 20%。

检验方法：观察检查。

4.2.25 牵引变电所的架空外部供电电源的架空避雷线应在进所前的杆塔单独接地，不得引入所内进行接地。

一 般 项 目

4.4.26 三相并列安装的避雷器，其中心线应位于同一垂直平面内；铭牌及放电计数器应位于便于观察的同一侧。

检验数量：施工单位全部检验。

检验方法：垂线观察法检查。

4.4.27 母线引下线与避雷器的连接牢固可靠。

检验数量：施工单位全部检验。

检验方法：观察检查。

4.4.28 回流电缆应采用非导磁性保护管及非导磁性夹具固定。

检验数量：施工单位全部检验。

检验方法：观察检查。

4.4.29 接地引线设备端连接处不同材质应采取过渡连接措施。

检验数量:施工单位全部检验。

检验方法:观察检查。

4.4.30 接地线引向建筑物的出入口处应设置明显的接地标志或接地符号;所有需要悬挂临时接地线的地点均应设置接地螺栓或接线板。

检验数量:施工单位全部检验。

检验方法:观察检查。

4.5 变 压 器

主 控 项 目

4.5.1 变压器进场验收应符合下列要求:

1 变压器的规格、型号应符合设计文件要求。

2 外观检查。

1)油箱及所有附件应齐全,无锈蚀及机械损伤。

2)油箱箱盖或钟罩法兰有封板的连接螺栓应齐全,紧固良好无渗漏。

3)瓷套管应完好无损。

4)油位正常,相色标志正确。

5)干式变压器的环氧浇铸体应无裂缝及破损,引线绝缘包扎应完好、固定牢固。

3 冲撞记录仪监测数据、充气运输的变压器气压应符合产品技术文件要求。

4 器身内及附带的绝缘油应进行简化分析和耐压强度试验,绝缘油质量应符合产品技术要求。

检验数量:施工、监理单位全部检验。

检验方法:对照设计文件和订货合同,检查实物和质量证明文件,绝缘测试及绝缘油取样试验检验。

4.5.2 变压器的安装位置、方向应符合设计文件要求,接地正确、可靠,安全净距应符合附录A的相关规定。

检验数量:施工、监理单位均全部检验。

检验方法:观察、测量检查。

4.5.3 变压器器身检查应符合下列要求:

1 穿心螺栓与铁芯、铁轭与夹件、螺栓与夹件间的绝缘良好,铁芯无多点接地现象。

2 绕组端部垫块无位移,相间及高低压绕组之间绝缘良好。

3 引线无开焊和拉断,引线绝缘良好。

4 开关触头与引线连接紧固良好。

5 器身内所有螺栓紧固,防松螺母锁紧。

6 油路畅通无杂物,压钉、备母紧固。

检验数量:施工、监理单位全部检验。

检验方法:观察、测试检查。

4.5.4 调压切换装置应动作正确、接触良好,分接头与动作指示器指示位置一致。

检验数量:施工、监理单位全部检验。

检验方法:操作检测及观察检查。

4.5.5 变压器整体密封良好，器身本体、附件、阀门及所有法兰连接处应无渗油现象。

检验数量：施工、监理单位全部检验。

检验方法：观察检查。

4.5.6 冷却风扇安装牢固、转动灵活可靠，运转时无振动或过热现象。

检验数量：施工、监理单位全部检验。

检验方法：观察或传动检查。

4.5.7 向变压器注油宜从下部油阀进油，注油速度不宜大于 100 L/min。110 kV 及以上的变压器应采用真空注油，且不应在雨天或雾天进行。

检验数量：施工单位全部检验，监理单位见证检验 20%。

检验方法：观察、测量检查。

4.5.8 自耦变压器采用绝缘安装时，其外壳对地绝缘电阻不应小于 5 MΩ。

检验数量：施工、监理单位全部检验。

检验方法：测试检查。

4.5.9 干式变压器高压线圈表面的对地最小安全距离应符合表 4.5.9 的规定。

表 4.5.9 干式变压器高压侧线圈表面的对地最小安全距离

电压等级(kV)	10	15	20	35
净距(mm)	90	120	160	250

检验数量：施工、监理单位全部检验。

检验方法：测量检查。

4.5.10 气体继电器安装前应试验合格，安装质量应符合下列要求：

1 沿继电器气流方向应有 1%～1.5%的升高坡度。

2 安装位置或方向正确，符合相关技术标准的规定。

检验数量：施工、监理单位全部检验。

检验方法：气体继电器试验检验，观察检查安装位置等。

4.5.11 变压器的电气性能检验项目及要求应符合《电气装置安装工程电气设备交接试验标准》GB 50150 的规定。

检验数量：施工、监理单位全部检验。

检验方法：施工单位检验，监理单位查验试验报告。

一 般 项 目

4.5.12 变压器安装后器身无锈蚀，铭牌齐全，油位正常，相色标志正确。

检验数量：施工单位全部检验。

检验方法：观察检查。

4.5.13 所有阀门应开闭灵活、指示正确。

检验数量：施工单位全部检验。

检验方法：观察检查。

4.5.14 所有法兰连接处应平整清洁、密封良好；密封橡胶垫的压缩量不应超过其厚度的 1/3。

检验数量：施工单位全部检验。

检验方法：观察、测量检查。

4.5.15 储油柜油位指示与真实油位相符；油位指示器动作应灵活，其信号接点应位置正确、绝缘良好。

检验数量：施工单位全部检验。

检验方法：观察检查。

4.5.16 高压套管顶部密封结构应安装正确；连接母线后，顶部结构应无松动。

检验数量：施工单位全部检验。

检验方法：观察检查。

4.5.17 干式变压器温度测控装置安装应符合产品技术文件要求。

检验数量：施工单位全部检验。

检验方法：观察检查。

4.5.18 吸湿器、净油器内的吸附剂应干燥，管道应畅通。

检验数量：施工单位全部检验。

检验方法：观察检查。

4.5.19 安全气道的内壁应清洁，隔膜应完整。

检验数量：施工单位全部检验。

检验方法：观察检查。

4.6 互 感 器

主 控 项 目

4.6.1 互感器进场验收应符合下列要求：

1 规格、型号及质量符合设计文件要求和相关技术标准的规定。

2 外观完整，附件齐全，无锈蚀和机械损伤。

3 油浸式互感器油位应正常，密封良好，无渗油现象。

4 二次接线板完整，引线端子连接牢固、绝缘良好、标志清晰。

5 干式互感器顶部绝缘机械固定板完好无损。

检验数量：施工单位全部检验，监理单位见证检验20%。

检验方法：对照设计文件和订货合同，检查实物外观和质量证明文件。

4.6.2 互感器的安装位置应符合设计文件要求，安全净距符合附录A的相关规定。

检验数量：施工、监理单位全部检验。

检验方法：观察、测量检查。

4.6.3 互感器的绕组个数、变比和极性方向应符合设计文件要求，电流互感器备用二次绕组应经短路后接地。分级绝缘的电压互感器一次绕组的接地引出端子应接地。

检验数量：施工单位全部检验，监理单位见证检验20%。

检验方法：观察、查验试验报告。

4.6.4 具有均压环的互感器，均压环应安装牢固、水平，且方向正确。保护间隙应符合产品技术文件要求。

检验数量：施工单位全部检验，监理单位见证检验50%。

检验方法：观察、测量检查。

4.6.5 带碰壳保护的电流互感器应安装牢固，一次线圈缠绕匝数、电路连接应符合设计文件要求。

检验数量：施工、监理单位全部检验。

检验方法：观察检查。

4.6.6 互感器安装牢固，外壳及其支架应接地。

检验数量：施工单位全部检验，监理单位见证检验50%。

检验方法：观察检查。

4.6.7 互感器的电气性能检验项目及要求应符合《电气装置安装工程电气设备交接试验标准》GB 50150的规定。

检验数量：全部检验。

检验方法：施工单位检验，监理单位查验试验报告。

一 般 项 目

4.6.8 互感器安装基座应水平，铭牌齐全，相色标志正确。

检验数量：施工单位全部检验。

检验方法：观察、测量检查。

4.6.9 互感器的母线引下线连接正确，弛度一致，连接可靠；并列安装的互感器，排列整齐，相间距离应符合规定。

检验数量：施工单位全部检验。

检验方法：观察、测量检查。

4.7 高压断路器

主 控 项 目

4.7.1 高压断路器进场验收应符合下列要求：

1 规格、型号符合设计文件要求，质量应符合相关技术标准的规定。

2 所有部件齐全，无锈蚀和机械损伤。

3 充气部件无渗漏。

4 绝缘部件不应变形、受潮。瓷件或玻璃体表面光滑，无裂纹和缺损，瓷、铁件间粘合牢固。

检验数量：施工、监理单位全部检验。

检验方法：对照设计文件和订货合同，检查实物外观和质量证明文件。

4.7.2 高压断路器及其操动机构的安装位置应符合设计文件要求，安装牢固，相间距离应符合产品技术文件要求，安全净距应符合附录A的相关规定。

检验数量：施工、监理单位全部检验。

检验方法：对照设计文件观察、测量检查。

4.7.3 高压断路器应按产品的部件编号和规定顺序组装，不得混装。

检验数量：施工、监理单位全部检验。

检验方法：观察检查。

4.7.4 高压断路器及其传动装置的所有连接部位均应连接可靠，防松螺母拧紧、锁片锁牢，开口销撇开。

检验数量：施工、监理单位全部检验。

检验方法:观察检查。

4.7.5 高压断路器处于分闸或合闸位置时,各相或各柱传动杆拐臂与分、合闸止钉间的间隙应符合产品的技术要求。

检验数量:施工、监理单位全部检验。

检验方法:观察、测量检查。

4.7.6 高压断路器传动试验正常,辅助开关、电气和机械闭锁装置动作应准确可靠,所有传动部位无卡阻现象。

检验数量:施工、监理单位全部检验。

检验方法:试验检查。

4.7.7 高压断路器及其操动机构接地可靠,相色标志正确。

检验数量:施工、监理单位全部检验。

检验方法:观察检查。

4.7.8 SF_6 断路器的气体压力应符合产品的技术,要求无渗漏现象。

检验数量:施工、监理单位全部检验。

检验方法:观察检查。

4.7.9 高压断路器的电气性能检验项目及要求应符合《电气装置安装工程电气设备交接试验标准》GB 50150 的规定。

检验数量:施工、监理单位全部检验。

检验方法:施工单位检验,监理单位查阅试验报告。

一 般 项 目

4.7.10 高压断路器的母线连接方式应统一、弛度一致。

检验数量:施工单位全部检验。

检验方法:观察检查。

4.7.11 高压断路器弹簧操动机构应符合下列要求:

1 合闸弹簧储能完毕及机构合闸完毕,机构辅助开关应能随即切断或接通电动机电源。

2 分、合闸闭锁装置动作灵活,复位准确,扣合可靠。

3 机构缓冲器的行程符合产品技术文件要求。

检验数量:施工单位全部检验。

检验方法:观察、测量及操作检查。

4.8 SF_6 全封闭组合电器

主 控 项 目

4.8.1 SF_6 全封闭组合电器进场验收应符合下列要求:

1 规格、型号符合设计文件要求,质量符合相关技术标准的规定。

2 所有部件齐全,无锈蚀和机械损伤。

3 冲撞记录仪监测数据、气体压力符合产品技术文件要求。

检验数量:施工、监理单位全部检验。

检验方法:对照设计文件和订货合同,检查实物外观和质量证明文件。

4.8.2 SF_6 全封闭组合电器在基础上的固定方式、排列组合顺序应符合产品技术文件要求。

检验数量：施工、监理单位全部检验。

检验方法：观察检查。

4.8.3 SF_6 全封闭组合电器各功能单元（断路器、隔离开关、接地开关、互感器、避雷器、母线管等）的相关支架应安装水平，各自的本体水平偏差应小于 2 mm。

检验数量：施工单位全部检验，监理单位见证检验 50%。

检验方法：观察、测量检查。

4.8.4 SF_6 全封闭组合电器各功能单元主体在纵、横轴安装方向上与安装中心线的允许偏差 ±3 mm。

检验数量：施工单位全部检验，监理单位见证检验 50%。

检验方法：观察、测量检查。

4.8.5 并列安装的断路器单元，各相间在纵、横轴方向和绝对标高的允许偏差±2 mm。

检验数量：施工单位全部检验，监理单位见证检验 50%。

检验方法：观察、测量检查。

4.8.6 隔离开关单元的连杆距分合闸止钉的间隙应符合产品技术文件要求。

检验数量：施工单位全部检验，监理单位见证检验 50%。

检验方法：测量、操作检查。

4.8.7 互感器单元绕组对地的绝缘电阻不应小于 5 000 MΩ，避雷器单元对地的绝缘电阻不应小于 1 000 MΩ。

检验数量：施工单位全部检验，监理单位见证检验 50%。

检验方法：测量检查。

4.8.8 在母线管单元之间及母线管与各功能单元之间连接的母线膨胀补偿器或伸缩节长度允许偏差符合产品技术文件要求。

检验数量：施工单位全部检验，监理单位见证检验 50%。

检验方法：观察、测量检查。

4.8.9 母线管单元之间各功能单元及其本体之间，接地连接跨接线的连接位置及规格应符合产品技术文件要求。

检验数量：施工单位全部检验，监理单位见证检验 50%。

检验方法：观察检查。

4.8.10 各功能单元的密封圈表面应清洁，无变形及破损；密封槽表面光洁，无划痕。

检验数量：施工单位全部检验，监理单位见证检验 50%。

检验方法：观察检查。

4.8.11 SF_6 全封闭组合电器的抽真空处理及补充 SF_6 气体的操作应符合下列要求：

1 真空度应达到 1 乇（1 mmHg 或 133 Pa），真空度的保持时间及真空泄漏率应符合产品技术文件的要求。

2 SF_6 气体压力符合产品技术文件要求。

3 SF_6 气体泄漏率、含水量测定：

断路器单元小于 150 ppm（体积比），其他安装单元小于 250 ppm（体积比）。

检验数量：施工、监理单位全部检验。

检验方法：观察、测试检查。

4.8.12 各安装单元螺栓紧固力矩值应符合产品技术文件要求。

检验数量:施工、监理单位全部检验。

检验方法:测量检查。

4.8.13　SF_6 全封闭组合电器接地电阻值应符合设计文件要求。

检验数量:施工、监理单位全部检验。

检验方法:观察、测量检查。

4.8.14　SF_6 全封闭组合电器传动试验检查应符合下列要求:

1　断路器与隔离开关和接地开关之间的联锁关系符合产品技术文件的要求,且分合闸指示装置与各开关的实际位置一致。

2　"当地"与"远方"控制方式应能可靠地进行闭锁。

检验数量:施工、监理单位全部检验。

检验方法:模拟试验检查。

4.8.15　SF_6 全封闭组合电器的电气性能检验项目及要求应符合《电气装置安装工程电气设备交接试验标准》GB 50150 的规定。

检验数量:施工、监理单位全部检验。

检验方法:施工单位检验,监理单位查验试验报告。

4.9　高压开关柜

主 控 项 目

4.9.1　高压开关柜进场验收应符合下列要求:

1　规格、型号、质量符合设计文件要求和相关技术标准的规定。

2　部件齐全,无锈蚀和机械损伤。

检验数量:施工、监理单位全部检验。

检验方法:对照设计文件和订货合同,检查实物外观和质量证明文件。

4.9.2　柜体及二次接线的接地线安装位置应符合设计文件要求,与室外接地网的连接应牢固可靠。

检验数量:施工、监理单位全部检验。

检验方法:对照设计文件观察检查。

4.9.3　高压开关柜内各种闭锁装置动作应准确可靠。

检验数量:施工、监理单位全部检验。

检验方法:模拟试验检查。

4.9.4　高压开关柜安装的允许偏差应符合表 4.9.4 的规定:

表 4.9.4　高压开关柜安装的允许偏差

序　号	项　目		允许偏差
1	垂直度(mm/m)		<1.5
2	水平面偏差(mm)	相邻两柜顶部	<2
		成列柜顶部	<5
3	柜侧面偏差(mm)	相邻两柜边	<1
		成列柜面	<5
4	柜间接缝(mm)		<2

检验数量:施工单位全部检验,监理单位见证检验 20%。

检验方法:测量检查。

4.9.5 高压开关柜基础预埋型钢的安装偏差应符合本标准第 4.2.8 条要求。

检验数量:施工单位全部检验,监理单位见证检验 20%。

检验方法:测量检查。

4.9.6 高压开关柜高压电缆连接应符合下列要求:

1 电缆终端头的制作形式应符合开关柜的产品技术要求。采用电缆插接装置进行电气连接时,电缆芯线与插接头的连接方式符合产品技术文件要求。

2 电缆插头与电缆插口固定牢靠,电缆在开关柜底板处应按产品技术文件要求进行固定及接地。

3 开关柜底板处的电缆孔按设计文件要求进行封堵。

检验数量:施工单位全部检验,监理单位见证检验 20%。

检验方法:观察检查。

4.9.7 高压开关柜 SF_6 气体压力符合产品技术文件要求。

检验数量:施工、监理单位全部检验。

检验方法:观察检查。

4.9.8 高压开关柜的电气性能检验项目及要求应符合《电气装置安装工程电气设备交接试验标准》GB 50150 的规定。

检验数量:施工、监理单位全部检验。

检验方法:施工单位检验,监理单位查验试验报告。

一 般 项 目

4.9.9 开关柜表面涂层应完整,盘面清洁。

检验数量:施工单位全部检验。

检验方法:观察检查。

4.10 隔离开关、负荷开关及高压熔断器

主 控 项 目

4.10.1 隔离开关、负荷开关及高压熔断器进场验收应符合下列要求:

1 规格、型号、质量符合设计文件要求和相关技术标准的规定。

2 部件齐全,无锈蚀和机械损伤。

3 绝缘部件不应变形、受潮。瓷件表面光滑,无裂纹和缺损,瓷、铁件间粘合牢固。

检验数量:施工单位全部检验,监理单位见证检验 20%。

检验方法:对照设计文件和订货合同,检查实物外观和质量证明文件。

4.10.2 隔离开关、负荷开关及高压熔断器的安装位置及接地装置的安装应符合设计文件要求。安全净距应符合附录 A 的相关规定。

检验数量:施工、监理单位均全部检验。

检验方法:对照设计文件及测量检查。

4.10.3 隔离开关、负荷开关安装触头接触紧密并应符合表 4.10.3 要求。

检验数量：施工单位全部检验，监理单位见证检验 20%。

检验方法：观察、测量检查。

表 4.10.3 触头接触检验标准

接触宽度(mm)	检验工具	塞入深度(mm)
线接触	0.05 mm×10 mm 塞尺	0
≤50		≤4
≥60		≤6

4.10.4 隔离开关、负荷开关分闸时触头打开的距离或角度、合闸时相间的不同期值应符合设计文件和产品技术要求，位置指示器与开关的实际位置相符。

检验数量：施工单位全部检验，监理单位见证检验 20%。

检验方法：观察、测量、试验检查。

4.10.5 带接地刀闸的隔离开关，接地刀闸开口方向应符合设计文件要求。

检验数量：施工、监理单位全部检验。

检验方法：对应设计文件核对检查。

4.10.6 隔离开关、负荷开关的操动机构应固定牢靠，机械闭锁或电气闭锁装置动作灵活、准确可靠。

检验数量：施工、监理单位全部检验。

检验方法：操作及观察检查。

4.10.7 高压熔断器的安装应符合下列要求：

1 带钳口的熔断器，其熔断管应紧密地插入钳口内。

2 装有动作指示器的熔断器，应便于检查指示器的动作情况。

3 跌落式熔断器的熔管轴线与铅垂线的夹角应为 15°～30°，跌落时不应碰及其他物体。

检验数量：施工、监理单位全部检验。

检验方法：观察、测量检查。

4.10.8 隔离开关、负荷开关及高压熔断器的电气性能检验项目及要求应符合《电气装置安装工程电气设备交接试验标准》GB 50150的规定。

检验数量：施工、监理单位全部检验。

检验方法：施工单位检验，监理单位查验试验报告。

一 般 项 目

4.10.9 隔离开关、负荷开关的相间距离偏差：110 kV 及以下者不大于 10 mm，220 kV、330 kV 不大于 20 mm；相间连杆应处于同一水平线上。

检验数量：施工单位全部检验。

检验方法：测量检查。

4.10.10 轴承、拐臂、延长轴等传动部件安装位置正确，固定牢靠；分、合闸止钉距拐臂的距离应符合产品技术文件要求。

检验数量：施工单位全部检验。

检验方法：观察、测量检查。

4.11 母线及绝缘子

主 控 项 目

4.11.1 母线及绝缘子进场验收应符合下列要求：

1 母线及绝缘子的规格、型号、质量符合设计文件要求和相关产品技术标准的规定。

2 硬母线表面光洁平整，不应有裂纹、折皱、变形或损伤。

3 软母线不应有扭结、松股或严重腐蚀等缺陷。

4 安装母线采用的金具及金属构件的规格应与母线相配套，并无裂纹、伤痕、砂眼等缺陷，防腐层完好，无锈蚀现象。

5 瓷绝缘子的瓷件表面无破损及裂纹，瓷、铁粘合牢固，弹簧销弹性充足。

6 复合绝缘子裙边无损伤。

检验数量：施工单位按品种、牌号、批号抽检。监理单位按施工单位检测数量的 20%见证检验。

检验方法：检查质量证明文件并进行外观检查、试验仪器检查。绝缘子绝缘检查和耐压试验可按每批产品抽样 5%，但每次试验数量不少于 50 只，若不合格率在 20%以上，将不合格的剔除再 100%试验。

4.11.2 软母线及硬母线的相间及对地安全净距应符合设计文件要求，其最小安全净距应符合附录 A 的规定。

检验数量：施工单位全部检验，监理单位见证检验 20%。

检验方法：测量检查。

4.11.3 母线在支持绝缘子上固定时应符合下列要求：

1 交流母线的固定金具或其他支持金具不应形成闭合磁路。

2 当母线平置时，母线支持夹板的上部压板应与母线保持 1～1.5 mm 间隙；当母线立置时，上部压板应与母线保持 1.5～2 mm 的间隙。

3 母线在支柱绝缘子上的固定点，每一段应设置一个，并宜位于全长或母线伸缩节两侧的中点。

检验数量：施工单位除连接螺栓抽检 30%外，其余项目全部检验，监理单位见证检验 20%。

检验方法：观察、测量检查。

4.11.4 软母线的安装质量应符合下列要求：

1 悬式绝缘子串与球头挂环、碗头挂板及锁紧销的规格互相匹配。

2 母线与各类金具的规格互相匹配。

3 母线安装弛度符合设计文件要求。

4 软母线与螺栓型耐张线夹应缠绕铝包带，其绕向应与外层铝股的旋向一致。

检验数量：施工单位全部检验，监理单位见证检验 20%。

检验方法：测量及观察检查。

4.11.5 硬母线的安装质量应符合下列要求：

1 与支柱绝缘子均处于同一水平或垂直安装中心线上，且固定牢固、安装平直、接触面平整，涂漆均匀，所有母线搭接面的连接螺栓紧固力矩值应符合表 4.11.5 规定。

2　母线搭接面应符合下列要求：

1)室外、高温且潮湿或对母线有腐蚀性气体的室内，应作搪锡处理。

2)钢与钢连接应作搪锡或镀锌处理，不得直接连接。

3)铜与铝在干燥的室内连接，铜导体应搪锡；室外或空气相对湿度接近100%的室内，应采用铜铝过渡板，且铜端应作搪锡处理。

4)钢与铜或铝连接，钢搭接面应作搪锡处理。

3　矩形母线搭接连接时，钻孔应垂直，螺孔间中心距离的允许偏差应为±0.5 mm。搭接长度、钻孔位置及螺栓规格应符合附录B的规定。搭接面涂以电力复合脂。

检验数量：施工单位抽检30%，监理单位按施工单位抽验数量见证检验20%。

检验方法：用力矩扳手检查，观察检查。

表 4.11.5　紧固力矩值

螺栓规格(mm)	M8	M10	M12	M14	M16	M18	M20	M24
力矩值(N·m)	8.8～10.8	17.7～22.6	31.4～39.2	51.0～60.8	78.5～98.1	98.0～127.4	156.9～196.2	274.6～343.2

4.11.6　管形母线的安装应符合下列要求：

1　母线切断口平整、光洁、无毛刺，断口与母线轴线垂直。

2　同相母线各管段的轴线应处于同一直线上，母线相间各轴线应相互平行。

3　母线应采用多点吊装方式，避免弯曲变形。

4　母线的连接应使用专用连接线夹，严禁用内螺纹管或锡焊连接；其终端采用的封闭或防晕措施应符合设计技术文件要求。

检验数量：施工单位全部检验，监理单位见证检验20%。

检验方法：观察、测量检查。

4.11.7　母线的相序及相色标志正确，各类母线金属支架、托架和绝缘子底座接地可靠。

检验数量：施工单位全部检验，监理单位见证检验20%。

检验方法：观察检查。

4.11.8　穿墙套管的安装质量应符合下列要求：

1　安装穿墙套管的钢板或混凝土板应保持垂直或水平，其孔径应比套管的嵌入部分大5 mm以上，混凝土安装板的最大厚度不得超过50 mm。

2　额定电流在1 500 A及以上的穿墙套管直接固定在钢板上时，套管周围不应形成闭合磁路。

3　穿墙套管垂直安装时，法兰应向上；水平安装时，法兰应在外。

4　安装在同一平面或垂直面上的穿墙套管，其顶面应在同一平面上。

5　套管接地端子应可靠接地。

检验数量：施工、监理单位全部检验。

检验方法：观察、测量检查。

4.11.9　母线及绝缘子的电气性能检验项目及要求应符合《电气装置安装工程电气设备交接试验标准》GB 50150的规定。

检验数量：施工、监理单位全部检验。

检验方法：施工单位检验，监理单位查阅试验报告。

一 般 项 目

4.11.10 矩形母线加工后的弯曲半径应符合表 4.11.10 的规定，弯曲处不得有裂纹。

检验数量：施工单位全部检验。

检验方法：观察、测量检查。

表 4.11.10 矩形母线最小弯曲半径

<table>
<tr><th rowspan="2">弯曲种类</th><th rowspan="2">母线截面(mm×mm)</th><th colspan="4">最小弯曲半径</th></tr>
<tr><th>铜</th><th>铝</th><th colspan="2">铁</th></tr>
<tr><td rowspan="2">平弯</td><td>50×5 及以下</td><td colspan="2">2a</td><td>2a</td><td>2a</td></tr>
<tr><td>125×10 及以下</td><td colspan="2">2a</td><td>2.5a</td><td>2a</td></tr>
<tr><td rowspan="2">立弯</td><td>50×5 及以下</td><td colspan="2">1b</td><td>1.5b</td><td>0.5b</td></tr>
<tr><td>125×10 及以下</td><td colspan="2">1.5b</td><td>2b</td><td>1b</td></tr>
</table>

注：a—母线厚度；b—母线宽度。

4.12 电 缆

主 控 项 目

4.12.1 电缆、电缆支架桥架及电缆附件进场验收应符合下列要求：

1 规格、型号、质量符合设计及订货合同要求。

2 电缆外表无绞拧、铠装压扁、护层断裂和表面严重划伤等缺陷。

3 支架、桥架无变形，镀层完好。

4 电缆的绝缘试验合格。10 kV 及以上电力电缆其绝缘电阻不应小于 400 MΩ。控制电缆绝缘电阻不应小于 5 MΩ。

检验数量：施工单位、监理单位全部检验。

检验方法：对照设计文件和订货合同，检查实物和质量证明文件，绝缘测试。

4.12.2 电缆支架的施工质量应符合下列要求：

1 电缆支架的固定方式符合设计文件要求，安装位置正确，连接可靠，固定牢固。各支架的层间横挡应在同一水平面上，托架、支吊架沿桥架水平允许偏差不应大于 10 mm。

2 电缆转弯处安装的电缆支架，能托住电缆平滑均匀地过渡；在有坡度的电缆沟内或建筑物上安装的电缆支架，应有与电缆沟或建筑物相同的坡度。

3 钢支架应焊接牢固，各横撑间的垂直净距偏差不应大于 5 mm。

4 组装后的钢结构竖井，其垂直偏差不应大于其长度的 2‰，支架横撑的水平偏差不应大于其宽度的 2‰，竖井对角线的偏差不应大于其对角线的 5‰。

检验数量：施工单位全部检验，监理单位见证检验 20%。

检验方法：观察、测量检查。

4.12.3 电缆桥架的施工质量应符合下列要求：

1 当直线段钢制电缆桥架超过 30 m，铝合金、玻璃钢电缆桥架超过 15 m 时，应装配伸缩连接板，电缆桥架跨越建筑物伸缩缝处应设置伸缩缝。

2 电缆桥架转弯处的转弯半径，不应小于该桥架上的电缆最小允许弯曲半径的最大者。

检验数量：施工单位全部检验，监理单位见证检验 20%。

检验方法：观察、测量检查。

4.12.4 金属电缆支架、桥架和电缆保护管的接地可靠，电缆保护管的管口封堵严密。电缆保护管垂直引出地面时的高度不宜小于 2 m，且固定牢靠。

检验数量：施工单位全部检验，监理单位见证检验 20%。

检验方法：观察、测量检查。

4.12.5 电缆的敷设径路、敷设方式、终端位置符合设计文件要求；直埋电缆埋深不应小于 0.7 m，通过道路及构筑物时应穿管保护，埋深不小于 1 m。

检验数量：施工单位全部检验，监理单位见证检验 20%。

检验方法：观察、测量检查。

4.12.6 电缆弯曲半径不应小于表 4.12.6 的规定。

检验数量：施工单位全部检验，监理单位见证检验 20%。

检验方法：观察、测量检查。

表 4.12.6 电缆允许弯曲半径与电缆直径的倍值

电 缆 种 类	允许倍值	
	多 芯	单 芯
控制电缆	10	—
聚氯乙烯绝缘电缆	10	10
交联聚乙烯电缆	15	15

4.12.7 电缆在支架或桥架上的敷设应符合下列要求：

1 电缆在支架上的排列层次，自上而下依次为：电力电缆、控制电缆，电力电缆和控制电缆不得排列在同一层。

2 控制电缆在每层支架上的排列不宜超过 1 层，在桥架上的排列不宜超过 2 层。

3 电缆在支架或桥架上排列整齐，绑扎牢固。

4 电缆的终端处及位于电缆穿墙板处、夹层处或电缆竖井进出口处的显著部位均应挂有标志牌，标志牌规格统一，字迹清晰，挂装牢靠。

5 不同回路 27.5 kV 及以上单芯电缆应分层敷设在电缆支架上。

检验数量：施工单位全部检验，监理单位见证检验 20%。

检验方法：观察检查。

4.12.8 单相交流电力电缆的保护管及固定金具不得构成闭合磁路。

检验数量：施工单位全部检验，监理单位见证检验 20%。

检验方法：观察检查。

4.12.9 电缆出入电缆沟、槽、建筑物及保护管时，应将出入口用防渗水材料封堵。对易受外部影响着火的电缆密集场所或可能着火蔓延酿成严重事故的电缆回路，应按设计文件要求的防火阻燃设施进行施工。

检验数量：施工单位全部检查，监理单位旁站。

检验方法：观察检查。

4.12.10 电缆之间、电缆与管道、道路、建筑物等之间平行和交叉时的最小距离，应符合表 4.12.10 的规定。

表 4.12.10　电缆之间及与管道、道路、建筑物之间平行或交叉的最小允许距离(m)

项目		最小允许距离		备注
		平行	交叉	
电力电缆间及与控制电缆间	10 kV 及下列	0.10	0.50①	
	10 kV 以上	0.25②	0.50①	
控制电缆间		—	0.50①	
不同使用部门电缆间		0.50②	0.50①	
电缆与管道		0.50	0.50①	
电缆与公路边		1.00	—	特殊情况下距离可减少0.50 m
电缆与排水沟		1.00	—	
电缆与建筑物基础		0.60	—	
电缆与铁路	非直流电气化铁路路轨	3.00	1.00	
	直流电气化铁路路轨	10.00	1.00	

注:①用隔板分隔或电缆穿管时不得小于 0.25 m。
②用隔板分隔或电缆穿管时不得小于 0.10 m。

检验数量:施工单位、监理单位全部检验。

检验方法:测量检查。

4.12.11　电缆头的制作应符合下列要求:

1　高压电缆头的电缆护层剥切长度,绝缘包扎长度及芯线连接强度应符合产品技术文件要求。

2　电缆终端高压头和中间接头应采取绝缘、密封防潮、机械保护措施。

3　电缆头应有改善电缆屏蔽端部电场集中的有效措施。

检验数量:施工、监理单位全部检验。

检验方法:观察、测量检查。

4.12.12　电缆终端头的固定方式、接地方式,以及与相关设备的带电距离应符合设计文件要求。

检验数量:施工、监理单位全部检验。

检验方法:对照设计文件,观察、测量及测试检查。

4.12.13　电缆终端头与设备连接的金具应符合设计文件要求,连接正确,固定牢固。

检验数量:施工单位全部检验,监理单位见证检验 20%。

检验方法:观察检查。

4.12.14　电缆头处金属护套及铠装层应接地良好,接地铜绞线或镀锡铜编织线截面应符合表 4.12.14 的规定。

检验数量:施工单位全部检验,监理单位见证检验 20%。

检验方法:观察、测量检查。

表 4.12.14　电缆头接地线截面(mm^2)

电缆类型		接地线截面
电力电缆	150 及以上	≥25
	120 及以下	≥16
	10 及以下	≥4
控制电缆		≥2.5

4.12.15　单芯高压电缆一端金属护套及铠装层采用直接接地，另一端金属护套及铠装层应经护层保护器接地；经护层保护器接地的接地铜绞线或镀锡铜编织线应采取绝缘措施。

检验数量：施工单位全部检验，监理单位见证检验 20%。

检验方法：观察检查。

4.12.16　电力电缆终端头的相色标志应与系统相位一致，带电部位符合相应电压等级电气绝缘距离的规定。

检验数量：施工单位全部检验，监理单位见证检验 20%。

检验方法：观察、测量检查。

4.12.17　电缆的电气性能检验项目及要求应符合《电气装置安装工程电气设备交接试验标准》GB 50150 的规定。

检验数量：施工单位、监理单位全部检验。

检验方法：施工单位检验，监理单位查验试验报告。

一 般 项 目

4.12.18　电缆支架、桥架间距的最上层和最下层支架与沟顶、楼板或沟底、地面的最小净距应符合设计文件要求。

检验数量：施工单位全部检验。

检验方法：测量检查。

4.12.19　电缆支架、桥架安装应牢固，固定方式应符合设计文件要求，各支架的同层横挡应在同一水平面上，在有坡度的电缆沟或建筑物上安装应有与电缆沟或建筑物相同的坡度。

检验数量：施工单位全部检验。

检验方法：观察检查。

4.12.20　电缆的固定应符合下列要求：

1　电缆固定牢固，且便于运营维护。

2　垂直敷设或超过 45°倾斜敷设的电缆在每个支架、桥架上每隔 2 m 处应加以固定。

3　水平敷设的电缆，在电缆首末两端、转弯和电缆接头的两端处加以固定。

检验数量：施工单位全部检验。

检验方法：观察、测量检查。

4.12.21　控制电缆可以采用市售各类成品终端头或采用以干包或热塑形式制作终端头，其性能应保证终端头绝缘可靠，密封良好。

检验数量：施工单位全部检验。

检验方法：观察、测量检查。

4.13 屏、柜及二次屏接线

主 控 项 目

4.13.1 屏、柜进场验收应符合下列要求：

1 所采用设备的规格、型号、质量符合设计文件要求和相关产品技术文件的规定。

2 屏、柜、端子箱等设备无锈蚀或机械损伤。

检验数量：施工、监理单位全部检验。

检验方法：对照设计文件和订货合同，检查实物外观和质量证明文件。

4.13.2 屏、柜、端子箱等设备的安装应符合下列要求：

1 安装位置符合设计文件要求。

2 屏、柜本体应可靠接地。

3 差动保护二次接线的接地线应在保护装置端单点接地。

检验数量：施工、监理单位全部检验。

检验方法：观察、测量检查。

4.13.3 屏、柜单独或成列安装时，其垂直度、水平偏差以及屏、柜面的偏差和屏、柜间接缝的允许偏差应符合本标准表 4.9.4 的规定。

检验数量：施工、监理单位全部检验。

检验方法：观察、测量检查。

4.13.4 屏、柜等设备上安装的元器件应完好无损，固定牢靠；所有元器件的功能标签齐全、规格一致。二次接线正确，连接可靠。

检验数量：施工、监理单位全部检验。

检验方法：对照设计文件观察、操作检查。

4.13.5 计量的表计应在计量合格有效期内。

检验数量：施工单位、监理单位全部检验。

检验方法：查验计量检定报告。

4.13.6 屏、柜及二次接线的电气性能检验项目及要求应符合《电气装置安装工程电气设备交接试验标准》GB 50150 的规定。

检验数量：施工单位、监理单位全部检验。

检验方法：施工单位检验，监理单位查验试验报告。

一 般 项 目

4.13.7 屏、柜与基础槽钢宜采用螺栓连接，固定牢靠。

检验数量：施工单位全部检验。

检验方法：观察检查。

4.13.8 用于综合自动化系统中静态保护回路及数据传输的屏蔽电缆，其屏蔽措施应符合相应设备的有关规定。

检验数量：施工单位全部检验。

检验方法：观察检查。

4.13.9 引入屏、柜的二次接线应符合下列要求：

1 排列整齐、固定牢固、编号清晰。

2　屏、柜内和电缆沟内的电缆不应有接头，每个接线端子的一侧接线不得超过2根。

3　回路编号正确、字迹清晰、不易脱色。

4　电力、控制电缆应分别成束和排列。

5　铠装电缆钢带切断处的端部应扎紧后接地。

6　电缆屏蔽层应按设计文件要求的接地方式接地。

检验数量：施工单位全部检验。

检验方法：观察检查。

4.13.10　光缆接续正确，牢固可靠，回路编号正确、清晰。

检验数量：施工单位全部检验。

检验方法：观察检查，查验试验报告。

4.14　交直流电源装置

主控项目

4.14.1　交直流电源装置进场验收应符合下列要求：

1　交直流屏及蓄电池的规格、型号符合设计文件要求。

2　蓄电池外壳应密封完好，无裂纹和机械损伤。

检验数量：施工、监理单位全部检验。

检验方法：对照设计文件和订货合同，检查实物外观和质量证明文件。

4.14.2　交直流电源装置的安装应符合下列要求：

1　交直流电源装置的安装位置符合设计文件要求。

2　电源模块插接、固定良好，配件及防松动装置齐全，电气触点接触可靠、连接紧密。

检验方法：对照设计及相关技术文件观察、测量检查。

4.14.3　蓄电池的安装应符合下列要求：

1　蓄电池柜的规格、尺寸和平面布置符合设计文件要求。

2　蓄电池柜水平及垂直度符合蓄电池安装要求。

3　蓄电池安装应排列整齐，距离均匀一致，连接线端子经过防腐处理。

4　蓄电池极性连接正确，安装牢固可靠。

5　蓄电池柜漆面完整，螺栓、螺母经过防腐处理。

检验数量：施工、监理单位全部检验。

检验方法：对照设计及相关技术文件观察、测量检查。

4.14.4　交直流电源装置接线应符合下列要求：

1　电源极性应正确，接触可靠，严禁错接与短路。

2　电源线不得有中间接头。

3　电源线布置平直整齐、稳固，无扭绞和交叉。

检验数量：施工、监理单位全部检验。

检验方法：观察测量检查。

4.14.5　交直流电源装置在规定的输入电压范围内，各供电模块正常工作，直流输出极性正确，输出电压范围、负载能力、温升范围等应符合相关技术标准的规定。

检验数量：施工、监理单位全部检验。

检验方法：参照产品说明书或相关技术标准检验。

4.14.6 交直流电源装置的两路电源自动投切功能应符合设计文件要求。

检验数量：施工、监理单位全部检验。

检验方法：操作试验及观察检查。

4.14.7 交直流电源装置纳入远动的开关及监控模块功能应符合设计文件要求。

检验数量：施工、监理单位全部检验。

检验方法：操作试验及观察检查。

4.14.8 交直流电源装置的充电功能应符合下列要求：

1 蓄电池在正常充电情况下，应由恒流限压状态自动向恒压充电、浮充电、正常运行状态转换，且转换过程和持续时间符合相关技术标准的规定。

2 自动控制功能应自动定期对蓄电池组进行均衡充电，确保电池组随时具备额定容量。

3 符合远动系统运行要求，支持远程电压、电流测控功能。

4 在故障状态下，装置应自动或经手动能切换到"当地"运行方式。

检验数量：施工、监理单位全部检验。

检验方法：测试、试验检查。

4.14.9 交直流电源装置的电气性能检验项目及要求应符合《电气装置安装工程电气设备交接试验标准》GB 50150 的规定。

检验数量：施工、监理单位全部检验。

检验方法：施工单位检验，监理单位查验试验报告。

一 般 项 目

4.14.10 交直流电源装置的电压、电流指示正确。

检验数量：施工单位全部检验。

检验方法：操作及观察检查。

4.14.11 蓄电池连接线及抽头的连接部位应涂电力复合脂。

检验数量：施工单位全部检验。

检验方法：观察检查。

4.14.12 交直流电源装置的电线、电缆的屏蔽护套接地连接可靠，与接地干线就近连接；设备接地线(PE)或中性线(PEN)标识清晰。

检验数量：施工单位全部检验。

检验方法：观察、测量检查。

4.15 综合自动化系统

主 控 项 目

4.15.1 综合自动化系统设备进场验收及安装应符合本标准第 4.13 节的要求。

4.15.2 综合自动化系统功能应符合下列要求：

1 综合自动化系统能够自动接受并正确执行电力调度所下达的全部指令。

2 线路变(调)压器组的保护、测控单元功能：

1)具备自动检测一号或二号进线是否有电压的功能。

2)各线路变压器组互为备用的自投功能及互相闭锁功能符合设计文件要求。

3)各种保护、测控功能及动作参数符合设计文件要求。

3 高压馈出线的保护、测控功能：

1)馈出线的保护功能符合设计文件要求。

2)当馈出线出现故障时，其故障区段判断应准确，短路、断线、接地故障判定应符合设计文件要求。

4 交直流电源的保护、测控功能符合设计文件要求。

5 各种信号装置功能：

1)配电装置各种保护的投入与撤除，能够按规定在控制装置的状态显示窗口准确显示。

2)可传动开关设备的位置信号能够在该设备控制装置及牵引变电所监控屏上准确显示。

3)预告及事故音响信号能够在牵引变电所内按规定的方式正确表示。具有自动复归功能的音响信号能够按规定时限自动返回或停止。

4) 各种信号装置反映的信息应能够完整准确地向上级管理中心传输，并正确再现。

6 当地监控主机功能：

1)当地监控主机的控制、测量、信号显示功能应符合设计文件要求。

2)所有回路的保护装置能够自动记录定值修改及保护装置的动作状况，并在当地监控主机中形成事件报告，供随时查询。

3)馈线保护装置在馈线出现故障时应能够自动形成故障波形、故障报告等一系列事件报告，并在当地监控主机中自动保存，供随时查询。

4)在当地监控主机上可以任意查询和打印本牵引变电所规定保存的操作记录、越限记录、事件记录及其他历史记录。

检验数量：施工、监理单位全部检验。

检验方法：观察、试验检查。

4.15.3 综合自动化系统的电气性能检验项目及要求应符合《电气装置安装工程电气设备交接试验标准》GB 50150 的规定。

检验数量：施工、监理单位全部检验。

检验方法：施工单位检验，监理单位查验试验报告。

4.16 在线监测及环境安全监视系统

主 控 项 目

4.16.1 在线监测及环境安全监视系统设备进场验收应符合下列要求：

1 所采用设备的规格、型号、质量符合设计文件要求和产品技术文件的要求。

2 设备无锈蚀或机械损伤。

检验数量：施工、监理单位全部检验。

检验方法：对照设计文件和订货合同，检查实物外观和质量证明文件。

4.16.2 在线绝缘监测系统的安装应符合下列要求：

1 在线绝缘监测系统的主机柜安装及二次接线应符合本标准第 4.13 节的相关规定。

2 各监测点探头的布设符合设计文件要求，与互感器、变压器、断路器监测点采集装置的连接应正确，安装牢固。

3 主机性能和监测探头的精度应符合产品技术要求和设计文件要求。

检验数量：施工、监理单位全部检验。

检验方法：观察、试验检查。

4.16.3 在线电缆温度监测系统的安装应符合下列要求：

1 在线电缆温度监测系统的主机柜安装及二次接线应符合本标准第 4.13 节的相关规定。

2 各监测点传感器的布设符合设计文件要求，与电缆及电缆附件的连接应正确，安装牢固。

3 主机性能和监测传感器的精度应符合产品技术规定和设计文件要求。

检验数量：施工、监理单位全部检验。

检验方法：观察、试验检查。

4.16.4 环境安全监视系统的安装应符合下列要求：

1 环境安全监视系统主机柜安装及二次接线符合本标准第 4.13 节的相关规定。

2 摄像头、红外对射、门禁、烟感探头的布设符合设计文件要求，在杆塔、墙体和建筑物等处安装应牢固。

3 摄像头的变焦距离、分辨率、颜色、像素质量，摄像头、探头等的灵敏度、探测距离和设备连接缆线等符合设计文件和产品技术要求。

检验数量：施工、监理单位全部检验。

检验方法：观察、试验检查。

5 接 触 网

5.1 一 般 规 定

5.1.1 接触网工程施工质量验收应包括下列项目：

1 桩基、杯形基础及拉线基础。

2 预留件、预埋件。

3 环形等径预应力混凝土支柱、H 型钢柱、圆钢管柱、隧道吊柱、硬横跨及吊柱。

4 拉线、腕臂装配、补偿装置。

5 承力索架设、接触线架设。

6 中心锚结、定位装置、吊弦及弹性吊索、接触悬挂、电连接线、线岔。

7 隔离开关及负荷开关、避雷器、分段绝缘器、锚段关节式电分相。

8 附加导线、接触网接地及回流引线、供电电缆。

9 标志牌、支柱号码。

10 接触网静态检测。

5.1.2 接触网工程施工前应对现场进行调查，现场情况与设计不符时，应及时与监理、设计单位联系，共同确认变更，施工应严格按变更设计执行。

5.1.3 接触网基础在路基上施工时，应采用机械钻孔机成孔，且施工应连续进行。

5.1.4 接触网基础宜采用商品混凝土，基础混凝土的施工应符合《铁路混凝土工程施工质量验收标准》TB 10424 的规定。

5.1.5 承力索宜采用恒张力架线、接触线应采用恒张力架线，架线张力应根据线材材质、绕线张力等因素选取，且不应小于绕线张力，架线张力偏差不得大于 8%。

5.1.6 腕臂装配数据、整体吊弦长度应采用专用软件进行计算，参数的测量利用 CPⅢ 精测网，采用经纬仪、水准仪、全站仪、激光测量仪等专用测量设备。

5.1.7 所有预配件应采用专用的预制平台及器具进行工厂化预制。

5.1.8 上部安装时，应采用弹性吊索张力计、电动液压钳等专用工器具进行施工安装，所有预配件、零部件的螺栓应采用力矩扳手紧固，紧固力矩、防松措施应符合设计或产品技术要求。

5.1.9 开口销安装后双向劈开角度不小于 120°，开口后不得有裂纹、断裂现象。销钉垂直安装时钉帽在上，水平设置的两销钉头应相互倒置安装。

5.1.10 接触网安装应保证绝缘距离，保证最小绝缘间隙有困难时应按设计要求执行。

5.2 基 础

主 控 项 目

5.2.1 水泥、砂石料、钢筋、地脚螺栓等材料应按批次进行进场验收，其品种、规格、型号、质量应符合相关标准并应与所配制混凝土的等级相适应。商品混凝土应有合格试验报告。

检验数量和检验方法应符合《铁路混凝土工程施工质量验收标准》TB 10424 的规定。

5.2.2 在混凝土施工前，应根据设计基础强度等级进行混凝土配合比试验，并取得配合比试验报告。

检验数量：施工单位对同强度等级、同性能的混凝土进行 1 次配合比试验。监理单位全部见证检验。

检验方法：施工单位试验检验，监理单位查验混凝土配合比试验报告。

5.2.3 在同条件养护下，基础（含拉线基础）的混凝土试块的抗压极限强度不得小于设计值。

检验数量：施工单位每 50 m^3 混凝土或每个小站制作 1 组混凝土试块（每组 3 块），大于 500 m^3 的车站或区间每 100 m^3 制作 1 组混凝土试块。拉线基础每个车站或区间制作 1 组混凝土试块。监理单位全部见证检验。

检验方法：施工单位试验检验，监理单位查验试验报告。

5.2.4 基础开挖深度应符合设计要求，桩基深度允许偏差 $^{+100}_{0}$ mm，杯形基础深度允许偏差 $^{+50}_{0}$ mm。

检验数量：施工单位全部检查，监理单位见证检验 20%。

检验方法：测量检查。

5.2.5 腕臂柱基础质量应符合下列要求：

1 基础螺栓布置符合设计技术文件要求。

2 基础中心至线路中心的距离应符合设计技术文件的要求，施工允许偏差 $^{+50}_{0}$ mm。

3 基础横线路方向的中心线应与线路中心线垂直，允许偏差不大于 1.5°。

检验数量：施工单位全部检查，监理单位见证检验 20%。

检验方法：测量检查。

5.2.6 基础外形尺寸、地脚螺栓外露长度及间距施工允许偏差应符合表 5.2.6 的规定。

表 5.2.6 基础外形尺寸、地脚螺栓外露长度及间距施工允许偏差(mm)

项目	允许偏差
螺栓外露长度及螺纹长度	$^{+5}_{0}$
螺栓相邻间距	±1
螺栓对角线间距	±1.5
螺栓应垂直于水平面，每根螺栓顶部的中心位置	$^{+1}_{0}$
预埋钢板应与基础面齐平或略高	$^{+5}_{0}$
预埋钢板中部预留孔中混凝土略高于预埋钢板顶面	$^{+5}_{0}$
预埋钢板应水平，高低偏差	<5 mm
靠近线路侧螺栓连线的法线应垂直线路中心线，一组螺栓的整体扭转	±1.5°
混凝土保护层	±10
基础横断面尺寸	±20
基础顺线路方向偏移	±50
基础顶面高程	±5

检验数量：施工单位全部检查，监理单位见证检验 20%。

检验方法：测量检查。

5.2.7 硬横跨基础质量应符合下列要求：

1 同一组硬横跨两基础中心连线应垂直于车站正线，施工允许偏差不应大于 2°。

2 同一组基础顶面高程应相等，相对偏差不超过 50 mm，当位于不同地形、地貌的情况下应符合设计要求。

3 同一组硬横跨两基础中心间距施工允许偏差±20 mm，且每个基础的位置符合侧面限界要求。

检验数量：施工单位全部检查，监理单位见证检验 20%。

检验方法：测量检查。

5.2.8 杯形基础外形尺寸允许偏差应符合表 5.2.8 的规定。

表 5.2.8　杯形基础外形尺寸允许偏差(mm)

项　目	允许偏差值
杯口直径	$^{+50}_{0}$
顶面高程	$^{+50}_{0}$
杯壁厚度	±20

检验数量：施工单位全部检查，监理单位见证检验 20%。

检验方法：测量检查。

5.2.9 锚栓的型号、规格、质量和粘结式锚栓的粘结剂类别应符合设计要求。

检验数量：施工单位全部检查，监理单位见证检验 20%。

检验方法：对照设计文件和订货合同，检查实物和质量证明文件。

5.2.10 桥梁及隧道区段的后植锚栓锚固抗拔力不应小于额定工作荷载。

检验数量：施工单位每 300 组检验 1 组，监理单位按施工单位检验数量的 10%平行检验。

检验方法：专用拉拔工具进行锚栓抗拔力检验。

5.2.11 拉线基础质量应符合下列要求：

1 基础螺栓布置符合设计技术文件要求。

2 基础中心至线路中心的距离符合设计技术文件要求，施工允许偏差$^{+50}_{0}$ mm。

3 基础横线路方向的中心线应与线路中心线垂直，允许偏差不大于 2°。

4 基础中心与相应下锚支柱基础中心的连线应与线路中心线平行。

5 拉线基础排水面的尺寸，排水面顶点距锚杆环内沿的距离应符合设计要求。

检验数量：施工单位全部检查，监理单位见证检验 20%。

检验方法：测量检查。

一 般 项 目

5.2.12 站场内线路两侧和线路中间的基础顶面高程应符合设计要求，允许偏差±20 mm。

检验数量：施工单位全部检查。

检验方法：测量检查。

5.2.13 基础表面平整无缺损、无漏浆、露筋等现象。

检验数量：施工单位全部检查。

检验方法:观察检查。

5.3 预埋件

主控项目

5.3.1 地脚螺栓、滑槽、接地端子的规格、型号、质量应符合设计要求。

检验数量:施工单位全部检查,监理单位见证检验20%。

检验方法:对照设计文件和订货合同,检查实物和质量证明文件。

5.3.2 桥梁和路基区段预留支柱基础及拉线基础型号、位置应符合设计要求。桥上H型钢柱基础预埋钢板应符合下列要求:

表5.3.2 桥上H型钢柱基础预埋钢板允许偏差(mm)

项目	允许偏差值
预埋钢板应与基础面平齐或略高	$^{+5}_{0}$
预埋钢板中部预留孔中混凝土略高于预埋钢板顶面	$^{+5}_{0}$
预埋钢板应水平,高低偏差	5

检验数量:施工单位全部检查。监理单位见证检验20%。

检验方法:对照设计文件检查现场实物,测量检查。

5.3.3 预留基础螺栓顺线路方向中心线应与线路中心线平行,垂直线路方向中心线应与线路中心线垂直,两个方向的允许偏差均不大于1.5°。螺栓应呈竖直状态,螺栓外露长度、螺栓间距、基础位置及尺寸等应符合表5.2.6的规定。

检验数量:施工单位全部检查,监理单位见证检验20%。

检验方法:测量检查。

5.3.4 支柱基础、拉线基础预埋螺栓与线路中心线的距离应符合设计要求,允许偏差为$^{+50}_{0}$ mm。

检验数量:施工单位全部检查,监理单位见证检验20%。

检验方法:钢卷尺测量检查。

5.3.5 隧道内预埋滑槽质量应符合下列要求:

1 隧道预留滑槽型号、位置、埋入深度、垂直度及间距符合设计要求。

2 同组滑槽横线路方向偏转施工允许偏差为5‰,两槽间距允许偏差为±5 mm。

3 同组滑槽顺线路方向位置允许偏差为±500 mm。

4 滑槽不得出现扭转、变形情况,滑槽的倾斜施工允许偏差小于3 mm。

5 滑槽内泡沫填充物完好,不得被混凝土覆盖,滑槽埋入深度施工允许偏差$^{+5}_{0}$ mm。

6 接触悬挂下锚滑槽(隧道侧壁)垂直槽道应垂直,水平槽道应水平。

检验数量:施工单位全部检查,监理单位见证检验20%。

检验方法:对照设计文件检查实物,测量检查。

5.3.6 桥梁上预留上网电缆孔位置及孔径大小、滑槽型号及位置应符合设计要求,上网电缆孔顺线路方向位置允许偏差±500 mm。

检验数量:施工单位全部检查,监理单位见证检验20%。

检验方法:对照设计文件检查现场预留,测量检查。

5.3.7 接地端子与贯通地线可靠连接,预留位置、外露及接地电阻符合设计要求。

检验数量:施工单位全部检查,监理单位见证检验20%。

检验方法:对照设计文件检查,查阅施工记录。

一 般 项 目

5.3.8 预留基础螺栓螺纹完好,拉线和隧道滑槽无锈蚀。基础表面平整、无脱落现象。

检验数量:施工单位全部检查。

检验方法:观察检查。

5.3.9 桥梁、路基区段预留基础顶面高程应符合设计要求,允许偏差为±20 mm。

检验数量:施工单位全部检查。

检验方法:测量检查。

5.4 支 柱

主 控 项 目

5.4.1 环形等径预应力混凝土支柱应按批次进行进场验收,其规格、型号、质量应符合设计要求和《电气化铁路接触网预应力混凝土支柱》TB/T 2286的规定。

检验数量:施工单位全部检查,监理单位平行检验10%。

检验方法:对照设计文件和订货合同,检查实物和质量证明文件。

5.4.2 钢柱应按批次进行进场验收,其规格、型号、质量应符合设计要求和《电气化铁路接触网钢支柱》TB/T 2921的规定。

检验数量:施工单位全部检查,监理单位平行检验10%。

检验方法:对照设计文件和订货合同,检查实物和质量证明文件。

5.4.3 环形等径预应力混凝土支柱的型号、规格、安装位置应符合设计要求。

检验数量:施工单位全部检查,监理单位见证检验20%。

检验方法:对照设计文件现场检查。

5.4.4 环形等径预应力混凝土支柱埋设深度应符合设计要求,施工允许偏差$^{+50}_{0}$ mm,同一组硬横梁环形等径预应力混凝土支柱应等高,施工允许偏差$^{+50}_{0}$ mm。

检验数量:施工单位全部检查,监理单位见证检验20%。

检验方法:测量检查。

5.4.5 环形等径预应力混凝土支柱承载后外观质量应符合下列要求:

1 支柱表面光洁平整,无混凝土脱落和露筋现象;

2 不得有横向、纵向裂纹。

检验数量:施工单位全部检查,监理单位平行检验10%。

检验方法:观察检查,用刻度放大镜观测检查。

5.4.6 钢柱型号、规格及安装位置应符合设计要求。

检验数量:施工单位全部检查,监理单位见证检验20%。

检验方法:对照设计文件现场检查。

5.4.7 H型钢柱端面应与线路平行,支柱扭面施工允许偏差2°。

检验数量:施工单位全部检查,监理单位见证检验20%。

检验方法:测量检查。

5.4.8 支柱侧面限界应符合设计要求,施工允许偏差应符合表 5.4.8 的规定,在任何情况下,严禁侵入基本建筑限界。

表 5.4.8 支柱侧面限界允许偏差(mm)

项　　目	允许偏差
H 型钢柱、圆钢管柱、等径混凝土支柱	$^{+50}_{0}$
硬横跨支柱	$^{+20}_{0}$

检验数量:施工单位全部检查,监理单位见证检验 20%。

检验方法:测量检查。

5.4.9 硬横跨支柱中心连线均应垂直于正线,施工允许偏差不应大于 2°。同一组硬横跨支柱中心间距,施工允许偏差±20 mm。

检验数量:施工单位全部检查,监理单位见证检验 20%。

检验方法:测量检查。

5.4.10 接触网支柱承载后横顺线路方向应直立,施工允许偏差应符合表 5.4.10 的规定。

表 5.4.10 支柱承载后倾斜允许偏差(从基础面算起)

项　　目	标　　准	允许偏差
支柱横线路方向	直立	0.5%
支柱顺线路方向	直立	0.5%
锚柱	向拉线侧倾斜	$^{1\%}_{0}$
曲线外侧和直线腕臂柱横线路方向	向受力反侧倾斜	$^{0.5\%}_{0}$
锚段关节中心柱、曲线内侧支柱及转换柱	向受力反侧倾斜	$^{0.5\%}_{0}$
硬横跨钢柱顺、横线路方向	直立	0.5%
两侧式悬挂支柱、安装隔离开关的支柱横、顺线路方向	直立	0.5%

检验数量:施工单位全部检查,监理单位见证检验 20%。

检验方法:支柱倾斜测量仪测量检查。

5.4.11 支柱基础帽混凝土强度不应小于设计值,支柱底板与基础顶面间的空隙填塞密实,排水畅通。

检验数量:施工单位全部检查,监理单位见证检验 20%。

检验方法:施工单位观察、试验检验,监理单位检查混凝土强度试验报告。

一 般 项 目

5.4.12 基础帽各部尺寸应符合设计要求,施工允许偏差±10 mm,基础帽表面平整、光洁,成形美观。

检验数量:施工单位全部检查。

检验方法:观察、测量检查。

5.5 隧道吊柱

主控项目

5.5.1 隧道吊柱的进场验收应符合下列要求：

1 规格、型号应符合设计要求，质量应符合相关技术标准的规定；

2 表面光滑，无裂纹、伤痕、砂眼、气泡等缺陷；

3 焊接处焊缝牢靠、均匀平滑，无裂纹、无虚焊；

4 镀层应与金属基体结合牢固、均匀，没有剥落、起皮、漏镀、锈蚀现象；

5 吊柱法兰盘应符合设计要求，其螺栓孔间距允许偏差为±2 mm。

检验数量：施工单位全部检查，监理单位平行检验10%。

检验方法：对照设计文件和订货合同，检查实物和质量证明文件。

5.5.2 隧道吊柱型号、规格及安装位置应符合设计要求。

检验数量：施工单位全部检查，监理单位见证检验20%。

检验方法：对照设计文件现场检查。

5.5.3 隧道吊柱固定螺栓应佩戴双螺帽，拧紧螺帽后螺栓外露长度不小于30 mm。螺栓紧固力矩符合设计要求。

检验数量：施工单位全部检查，监理单位见证检验20%。

检验方法：观察、测量检查。

5.5.4 调整隧道吊柱应采用厚度不等的镀锌钢材质圆型或U形垫片，数量不得超过2片。

检验数量：施工单位全部检查，监理单位见证检验20%。

检验方法：观察检查。

5.5.5 隧道吊柱受力后横、顺线路方向应垂直，倾斜度不得大于1°。

检验数量：施工单位全部检查，监理单位见证检验20%。

检验方法：测量检查。

5.5.6 隧道吊柱侧面限界应符合设计要求，允许偏差$^{+20}_{0}$ mm。在任何情况下，严禁侵入邻近线路的基本建筑限界。

检验数量：施工单位全部检查，监理单位见证检验20%。

检验方法：测量检查。

5.5.7 隧道吊柱斜撑两端的安装位置、连接螺栓的紧固力矩符合设计要求，在任何情况下应保证与带电体之间的绝缘距离。

检验数量：施工单位全部检查，监理单位见证检验20%。

检验方法：测量检查。

5.6 硬横跨及吊柱

主控项目

5.6.1 硬横跨及吊柱应按批次进场验收，其规格、型号、质量应符合设计要求和《电气化铁路接触网硬横跨》TB/T 2920的规定。

检验数量：施工单位全部检查，监理单位平行检验10%。

检验方法：对照设计文件和订货合同，检查实物和质量证明文件。

5.6.2 硬横梁的安装质量应符合下列要求：

1 硬横梁的安装高度符合设计要求，施工允许偏差为$^{+100}_{0}$ mm；

2 硬横梁与支柱、硬横梁各梁段间结合密贴，连接牢固可靠，螺栓紧固力矩符合设计要求；

3 硬横梁承载前的预拱度应符合设计要求，硬横梁承受全部荷载后，横梁不得有正拱度。

检验数量：施工单位全部检查，监理单位见证检验20%。

检验方法：测量检查。

5.6.3 硬横跨吊柱受力后横、顺线路方向应垂直，倾斜度不得大于1°。

检验数量：施工单位全部检查，监理单位见证检验20%。

检验方法：测量检查。

5.7 拉　　线

主 控 项 目

5.7.1 拉线材料应按批次进场验收，其规格、型号、质量应符合设计要求。

检验数量：施工单位全部检查，监理单位见证检验20%。

检验方法：对照设计文件和订货合同，检查实物和质量证明文件。

5.7.2 拉线安装应符合设计要求，在任何情况下严禁侵入基本建筑限界。

检验数量：施工单位全部检查，监理单位见证检验20%。

检验方法：测量检查。

5.7.3 拉线与基础采用拉线底板连接时，拉线底板安装应水平；采用下锚拉线环时，朝向应符合设计要求。

检验数量：施工单位全部检查，监理单位见证检验20%。

检验方法：观察、测量检查。

5.7.4 拉线型号应符合设计要求，不得有断股、松股和接头，两条拉线受力应均衡，螺栓紧固力矩符合设计要求。

检验数量：施工单位全部检查，监理单位见证检验20%。

检验方法：观察、测量检查。

5.7.5 拉线底座应与支柱密贴，双耳楔形线夹的受力面安装正确，回头绑扎牢固。拉线在楔形线夹的回头长度为500 mm，回头和本线的绑扎长度为100 mm，其施工允许偏差应符合表5.7.5规定。

表5.7.5　拉线施工允许偏差(mm)

项　　目	允许偏差范围
拉线在楔形线夹的回头长度	±50
回头和本线的绑扎长度	±10

检验数量：施工单位全部检查，监理单位见证检验20%。

检验方法：观察、测量检查。

5.7.6 UT型楔形线夹在受力后，螺栓螺纹外露长度不应小于20 mm，不得大于螺纹全长的1/2。

检验数量：施工单位全部检查，监理单位见证检验 20%。

检验方法：测量检查。

5.8 腕臂装配

主 控 项 目

5.8.1 零部件应按批次进行进场验收，其规格、型号、外观质量应符合设计要求和《电气化铁路接触网零部件》TB/T 2075 的规定。

检验数量：施工单位全部外观检查，监理单位见证检验 20%。按订货合同规定的抽样比例及抽样数量进行抽检。

检验方法：对照设计文件和订货合同，检查实物和质量证明文件。按合同规定检验项目及试验方法进行检验。

5.8.2 绝缘子应按批次进行进场验收，其规格、型号、质量应符合设计要求和《电气化铁路接触网用绝缘子》TB/T 3199 的规定。

检验数量：施工单位全部外观检查，监理单位见证检验 20%。按订货合同规定的抽样比例及抽样数量进行抽检。

检验方法：对照设计文件和订货合同，检查实物和质量证明文件。按合同规定检验项目及试验方法进行检验。

5.8.3 腕臂预配按照计算结果进行，预配完毕后各项长度尺寸允许偏差±5 mm，各连接螺栓紧固力矩应符合设计要求。

检验数量：施工单位全部检查，监理单位见证检验 20%。

检验方法：测量检查。

5.8.4 腕臂安装应符合腕臂安装曲线，在平均温度时应垂直于线路中心线，腕臂无弯曲。承力索悬挂点距轨面的高度符合设计要求，施工允许偏差±100 mm。

检验数量：施工单位全部检查，监理单位见证检验 20%。

检验方法：观察、激光测量仪测量检查。

一 般 项 目

5.8.5 腕臂底座与支柱密贴，底座槽钢（或方钢）呈水平，顶端管帽封堵良好。腕臂或定位管低头安装时，端头不安装管帽。

检验数量：施工单位全部检查。

检验方法：观察检查。

5.9 补偿装置

主 控 项 目

5.9.1 补偿装置应按批次进行进场验收，其规格、型号、质量应符合设计要求和《电气化铁路接触网零部件》TB/T 2075 的规定。

检验数量：施工单位全部外观检查，监理单位见证检验 20%。按订货合同规定的抽样比例及抽样数量进行抽检。

检验方法：对照设计文件和订货合同，检查实物和质量证明文件。按合同规定检验项目及试验方法进行检验。

5.9.2 补偿装置安装应符合下列要求：

1 承力索、接触线在补偿装置处的张力应符合设计要求；

2 补偿装置符合设计文件和产品技术要求，完整无损，转动灵活；

3 坠砣完整，表面光洁平整，坠砣串排列整齐，其缺口相互错开 180°，并保证坠砣不被支柱或其他物件卡滞；

4 坠砣单块质量允许偏差±3%，整串质量允许偏差±1%，同一锚段两坠砣串质量的相对偏差不大于 1%；

5 补偿绳不应有松股、断股等缺陷，不得有接头；

6 坠砣距地面安装高度应符合设计安装曲线，施工允许偏差$^{+200}_{0}$ mm，在任何情况下距地面不得小于 200 mm。

检验数量：施工单位全部检查，监理单位见证检验 20%。

检验方法：对照设计文件现场检查。观察、测量检查。

5.9.3 棘轮补偿装置安装质量除应符合本标准第 5.9.2 条规定外，尚应符合下列要求：

1 棘轮安装应垂直，无偏斜扭曲现象，补偿绳排布整齐、正确，补偿绳与棘轮边缘导槽不得相磨。

2 制动块与棘齿间隙正常状态下为 20 mm，且间隙均匀。

3 坠砣限制架安装符合设计要求，限制架导管应直立，补偿传动灵活，坠砣串无卡滞现象。

4 隧道内棘轮补偿装置安装符合设计要求，补偿绳应不磨制动块及导向轮边缘，补偿传动灵活。

检验数量：施工单位全部检查，监理单位见证检验 20%。

检验方法：对照设计文件现场检查。观察、测量检查。

5.10 承力索架设

主 控 项 目

5.10.1 承力索应按批次进行进场验收，其规格、型号、质量应符合设计要求和《电气化铁道用铜及铜合金绞线》TB/T 3111 的规定。

检验数量：施工单位全部外观检查，监理单位见证检验 20%。按订货合同规定的抽样比例及抽样数量进行抽检。

检验方法：对照设计文件和订货合同，检查实物和质量证明文件。按合同规定检验项目及试验方法进行检验。

5.10.2 承力索应按设计锚段长度对号架设，承力索不得有接头。

检验数量：施工单位全部检查，监理单位见证检验 20%。

检验方法：观察检查。

5.10.3 承力索终端锚固安装应符合设计要求。

检验数量：施工单位全部检查，监理单位见证检验 20%。

检验方法：观察、测量检查。

5.11　接触线架设

主 控 项 目

5.11.1　接触线应按批次进行进场验收，其规格、型号、质量应符合设计要求和《电气化铁道用铜及铜合金接触线》TB/T 2809 的规定。

检验数量：施工单位全部外观检查，监理单位见证检验 20%。按订货合同规定的抽样比例及抽样数量进行抽检。

检验方法：对照设计文件和订货合同，检查实物和质量证明文件。按合同规定检验项目及试验方法进行检验。

5.11.2　接触线应按设计锚段长度对号架设，接触线不得有接头。

检验数量：施工单位全部检查，监理单位见证检验 20%。

检验方法：观察检查。

5.11.3　站场正线及重要线的接触线应在下方，侧线及次要线的接触线应在上方。

检验数量：施工单位全部检查，监理单位见证检验 20%。

检验方法：观察检查。

5.11.4　接触线终端锚固安装应符合设计要求。

检验数量：施工单位全部检查，监理单位见证检验 20%。

检验方法：观察、测量检查。

5.11.5　接触线架设完成后，使用接触线专用检测尺和塞尺对接触线平直度进行检测，最大空气间隙不大于 0.1 mm/1 000 mm。

检验数量：每 300 m 检验 1 处，施工单位全部检查，监理单位见证检验 20%。

检验方法：接触线专用检测尺和塞尺测量检查。

5.12　中 心 锚 结

主 控 项 目

5.12.1　中心锚结器材应按批次进行进场验收，其规格、型号、质量应符合设计要求和本标准第 5.8.1 条、第 5.10.1 条的规定。

检验数量：施工单位全部外观检查，监理单位见证检验 20%。按订货合同规定的抽样比例及抽样数量进行抽检。

检验方法：对照设计文件和订货合同，检查实物和质量证明文件。按合同规定检验项目及试验方法进行检验。

5.12.2　中心锚结安装应符合下列要求：

1　中心锚结安装位置符合设计要求及相关技术标准的规定；

2　直线区段的中心锚结线夹端正，曲线区段的中心锚结线夹应与轨平面平行；

3　中心锚结线夹应牢固可靠，螺栓紧固力矩符合设计要求。

检验数量：施工单位全部检查，监理单位见证检验 20%。

检验方法：观察、测量检查。

5.12.3　全补偿链形悬挂接触线中心锚结线夹两边锚结绳张力相等并符合设计要求，接触线中心锚结线夹处接触线高度应与相邻吊弦处接触线高度等高，允许偏差$^{+10}_{0}$ mm。

检验数量：施工单位全部检查，监理单位见证检验 20%。

检验方法：观察，专用张力测量仪、激光测量仪测量检查。

一 般 项 目

5.12.4 中心锚结辅助绳的长度符合设计要求，施工允许偏差±20 mm。

检验数量：施工单位全部检查。

检验方法：测量检查。

5.13 定 位 装 置

主 控 项 目

5.13.1 定位装置器材应按批次进行进场验收，其规格、型号、质量应符合设计要求和本标准第 5.8.1 条的规定。

检验数量：施工单位全部外观检查，监理单位见证检验 20%。按订货合同规定的抽样比例及抽样数量进行抽检。

检验方法：对照设计文件和订货合同，检查实物和质量证明文件。按合同规定检验项目及试验方法进行检验。

5.13.2 定位管及定位管吊线的安装质量符合下列要求：

1 定位管外露部分符合设计要求，外露长度不小于 50 mm；

2 定位管在支持器外露长度为 50～80 mm，水平或抬头的定位管应带管帽；

3 定位管吊线应顺直，任何情况下定位管吊线与另一支接触悬挂线索的空间距离不得小于 100 mm；

4 定位管吊线采用压接方式固定时，其心形环、钳压管的安装应符合设计要求，压接应采用专用压接工具压制。

检验数量：施工单位全部检查，监理单位见证检验 20%。

检验方法：观察、测量检查。

5.13.3 定位器及防风拉线的安装符合下列要求：

1 定位器安装符合设计要求，在平均温度时垂直线路中心线，温度变化时，偏移量与接触线在该点的伸缩量应一致；

2 限位定位器倾斜度与定位管的坡度符合设计要求，限位间隙允许偏差为±1 mm；

3 非限位定位器的根部与接触线高度之差符合设计要求，施工允许偏差为±10 mm；

4 防风拉线应顺直，靠近定位管处活动量应符合定位器的抬升量，固定环安装方向应符合设计要求。

检验数量：施工单位全部检查，监理单位见证检验 20%。

检验方法：钢卷尺、坡度尺、异径塞尺测量检查。

5.13.4 定位线夹的水平荷载方向应处于受拉状态，定位线夹安装完成后，U 形销钉的末端向上弯曲 60°，锚支卡子受力面符合产品技术文件要求。

检验数量：施工单位全部检查，监理单位见证检验 20%。

检验方法：观察检查。

5.13.5 定位装置的安装符合下列要求：

1 定位装置所有连接螺栓应逐个拧紧,U形螺栓应循环拧紧,紧固力矩符合设计要求;

2 定位装置在平均温度时应垂直于线路中心线;

3 转换支柱处两定位器应能分别随温度变化自由移动、不卡滞;

4 接触线非工作支和工作支定位器、管之间的间隙不小于 50 mm。

检验数量:施工单位全部检查,监理单位见证检验 20%。

检验方法:观察、测量检查。

5.14 吊弦及弹性吊索

主 控 项 目

5.14.1 器材应按批次进行进场验收,其规格、型号、质量应符合设计要求和本标准第 5.8.1 条、第 5.10.1 条的规定。

检验数量:施工单位全部外观检查,监理单位见证检验 20%。按订货合同规定的抽样比例及抽样数量进行抽检。

检验方法:对照设计文件和订货合同,检查实物和质量证明文件。按合同规定检验项目及试验方法进行检验。

5.14.2 弹性吊索及吊弦预制应符合下列要求:

1 吊弦的下料、测量、制作应采用吊弦制作专用平台,压接采用专用压接钳,压接后的滑动荷载符合设计要求;

2 吊弦应无散股和断股现象;

3 吊弦预制长度允许偏差为±1.5 mm;

4 弹性吊索的长度应符合设计要求,施工允许偏差不大于 20 mm。

检验数量:施工单位全部检查,监理单位见证检验 20%。

检验方法:观察、测量检查。

5.14.3 弹性吊索安装应符合下列要求:

1 弹性吊索的安装张力应符合设计要求,允许偏差±0.1 kN;

2 弹性吊索线夹布置、螺栓紧固力矩应符合设计要求。

检验数量:施工单位全部检查,监理单位见证检验 20%。

检验方法:观察、弹性吊索张力测量仪、力矩扳手测量检查。

5.14.4 吊弦安装应符合下列要求:

1 吊弦布置应符合设计要求,位置允许偏差±50 mm;

2 吊弦线夹连接螺栓紧固力矩符合设计要求;

3 吊弦载流环固定在吊弦线夹螺栓的外侧,承力索吊弦线夹与接触线吊弦线夹的螺栓安装方向相反;

4 承力索吊弦线夹载流环的朝向与行车方向相反,接触线吊弦线夹载流环的朝向与行车方向一致,与接触线连接的载流圈与接触线夹角为 45°;

5 平均温度时,吊弦顺线路方向垂直安装,承力索吊弦线夹与接触线吊弦线夹在垂直方向的相对允许偏差±20mm;

6 直线区段吊弦线夹应端正、牢固,曲线区段吊弦线夹应垂直于接触线工作面。

检验数量:施工单位全部检查,监理单位见证检验 20%。

检验方法：观察、测量检查。

一 般 项 目

5.14.5 站场内各股道接触悬挂的吊弦宜在同一断面内。

检验数量：施工单位全部检查。

检验方法：观察检查。

5.14.6 可调吊弦载流环大小一致且符合设计要求。

检验数量：施工单位全部检查。

检验方法：观察、测量检查。

5.15 接触悬挂

主 控 项 目

5.15.1 接触悬挂工作支改变方向时，该线与原方向的水平夹角不宜大于4°。

检验数量：施工单位全部检查，监理单位见证检验20%。

检验方法：观察、测量检查。

5.15.2 接触网空气绝缘间隙应符合表5.15.2的规定。

检验数量：施工单位全部检查，监理单位见证检验20%。

检验方法：测量检查。

表5.15.2 接触网空气绝缘间隙表(mm)

序号	项 目	正常情况下最小值
1	接触网、供电线、正馈线等带电部分至接地体的间隙	300
2	接触网带电部分至机车车辆的间隙	350
3	接触网、供电线、正馈线等带电部分至跨线建筑物的间隙	500
4	受电弓振动至极限位置和导线被抬起的最高位置距接地体的瞬间间隙	200
5	25 kV带电绝缘子接地侧裙边距接地体的间隙	100
6	43.3 kV绝缘间隙(120°相位电分相间，如分相关节)	400
7	50 kV绝缘间隙(180°相位电分相间，如AT区段正馈线与接触网间)	540

5.15.3 轨道调整完成后，接触线悬挂点距轨面的高度应符合设计要求，允许偏差±30 mm，且应符合下列要求：

1 定位点两侧第一吊弦处接触线高度应等高，相对该定位点的接触线高度允许偏差±10 mm，但不得出现"V"字形；

2 接触线工作支悬挂点高度变化时，时速250 km其坡度不大于1‰，坡度变化率不大于0.5‰；时速300 km及以上坡度为0；

3 1个跨距内两相邻吊弦处的接触线高度差不得大于10 mm；

4 两相邻定位点的高差不得大于20 mm，且不能形成偏差峰值的倒"V"字形。

检验数量：施工单位全部检查，监理单位见证检验20%。

检验方法：测量检查。

5.15.4 简单链形悬挂同一跨内相邻吊弦处的接触线高度差应符合设计预留弛度的要求，允许偏差不得大于5 mm。

检验数量:施工单位全部检查,监理单位见证检验 20%。

检验方法:测量检查。

5.15.5 弹性链形悬挂相邻吊弦点处接触线的高度差应不大于 10 mm。

检验数量:施工单位全部检查,监理单位见证检验 20%。

检验方法:测量检查。

5.15.6 接触线拉出值的布置应符合设计要求,允许偏差±30 mm。

检验数量:施工单位全部检查,监理单位见证检验 20%。

检验方法:测量检查。

5.15.7 绝缘锚段关节内两接触线间与接触悬挂其他各带电部分的绝缘距离应符合设计要求,允许偏差±20 mm。

检验数量:施工单位全部检查,监理单位见证检验 20%。

检验方法:测量检查。

5.15.8 非绝缘锚段关节转换支柱处,两接触线间垂直、水平距离应符合设计要求。

检验数量:施工单位全部检查,监理单位见证检验 20%。

检验方法:测量检查。

5.15.9 关节转换跨各悬挂点两接触线高度应符合设计要求,允许偏差±10 mm。

检验数量:施工单位全部检查,监理单位见证检验 20%。

检验方法:测量检查。

5.15.10 双线并行电气化区段,上、下行接触网支持结构带电体间距离,正常情况下不应小于 2 000 mm,困难时不应小于1 600 mm。

检验数量:施工单位全部检查,监理单位见证检验 20%。

检验方法:测量检查。

一 般 项 目

5.15.11 非绝缘锚段关节两承力索接触线水平间距应符合设计要求,允许偏差±30 mm;垂直方向抬升量应符合设计要求。

检验数量:施工单位全部检查。

检验方法:测量检查。

5.15.12 绝缘锚段关节转换柱处绝缘子距悬挂点的距离应符合设计要求,允许偏差±50 mm,承力索、接触线的绝缘子应对齐,允许偏差±50 mm。

检验数量:施工单位全部检查。

检验方法:观察、测量检查。

5.16 电 连 接 线

主 控 项 目

5.16.1 器材应按批次进行进场验收,其规格、型号、质量应符合设计要求和本标准第 5.8.1 条、第 5.10.1 条的规定。

检验数量:施工单位全部外观检查,监理单位见证检验 20%。按订货合同规定的抽样比例及抽样数量进行抽检。

检验方法:对照设计文件和订货合同,检查实物和质量证明文件。按合同规定检验项目及试验方法进行检验。

5.16.2 电连接安装应采用专用电动液压工具压接，输出压力符合产品设计要求，且模具型号与线夹型号一致。

检验数量：施工单位全部检查，监理单位见证检验 20%。

检验方法：对照使用说明书现场检查，试验校核。

5.16.3 电连接的安装应符合下列要求：

1 电连接规格、型号、安装形式符合设计要求；

2 电连接线不应有断股和松股现象，并预留因温度变化而产生的位移长度；

3 电连接线的安装位置符合设计要求，施工允许偏差±500 mm；

4 铜、铝不同材质之间连接时，应按设计要求采取铜铝过渡措施，不得直接连接；

5 电连接线与线夹、线夹与承力索、线夹与接触线之间接触良好，并涂电力复合脂，电连接线夹应端正牢固，螺栓型电连接线夹的紧固力矩应符合设计要求。

检验数量：施工单位全部检查，监理单位见证检验 20%。

检验方法：观察、测量检查。

5.16.4 电连接线夹处接触线高度应与最近吊弦处高度相等，施工允许偏差$^{+5}_{0}$mm。

检验数量：施工单位全部检查，监理单位见证检验 20%。

检验方法：测量检查。

5.17 线　岔

主 控 项 目

5.17.1 器材应按批次进行进场验收，其规格、型号、质量应符合设计要求和《电气化铁路接触网零部件》TB/T 2075 的规定。

检验数量：施工单位全部外观检查，监理单位见证检验 20%。按订货合同规定的抽样比例及抽样数量进行抽检。

检验方法：对照设计文件和订货合同，检查实物和质量证明文件。按合同规定检验项目及试验方法进行检验。

5.17.2 岔区腕臂顺线路偏移量应符合设计要求，允许偏差±20 mm，两支承力索垂直间隙应不小于 60 mm。

检验数量：施工单位全部检查，监理单位见证检验 20%。

检验方法：测量检查。

5.17.3 交叉线岔道岔定位柱位置及拉出值应保证两接触线交叉点位于设计规定的范围内，交叉点处拉出值应符合设计要求。非工作支抬升量应符合设计要求。

检验数量：施工单位全部检查，监理单位见证检验 20%。

检验方法：测量检查。

5.17.4 在始触区至接触线的交点处，正线和侧线接触线应位于受电弓的同一侧，且在该区域内不得安装除吊弦线夹外的其他任何线夹或设备零件。

检验数量：施工单位全部检查，监理单位见证检验 20%。

检验方法：观察、测量检查。

5.17.5 无交叉线岔承力索及定位环高度应符合设计要求，施工允许偏差±20 mm。定位管安装坡度、定位器抬升量应符合设计要求。定位装置各部位应在动态包络线以外。

检验数量：施工单位全部检查，监理单位见证检验 20%。

检验方法：测量检查。

5.17.6 无交叉线岔岔区处接触线拉出值应符合设计要求，侧线接触线应高于正线接触线，抬高值符合设计要求。

检验数量：施工单位全部检查，监理单位见证检验 20%。

检验方法：光仪测量检查。

5.17.7 带辅助悬挂的无交叉线岔，辅助线与正线、侧线分别形成锚段关节，三支接触线的拉出值、定位点的抬升符合设计要求，且从正线至侧线、侧线至正线、正线直接通过时受电弓的动态包络线符合设计要求。

检验数量：施工单位全部检查，监理单位见证检验 20%。

检验方法：测量检查。

5.18 开　　关

主 控 项 目

5.18.1 隔离开关、负荷开关进场验收质量应符合下列要求：

1 规格、型号、质量应符合设计要求和相关技术标准的规定；

2 部件应齐全，无锈蚀和机械损伤；

3 绝缘部件不应变形、受潮，瓷件表面应光滑，无裂纹和缺损，瓷、铁件间应粘合牢固；

4 电气性能应符合《电气装置安装工程电气设备交接试验标准》GB 50150 的规定。

检验数量：施工单位、监理单位全部检查。

检验方法：对照设计文件和订货合同，检查实物外观和质量证明文件。电气性能检验方法应符合《电气装置安装工程电气设备交接试验标准》GB 50150 的规定。

5.18.2 隔离开关、负荷开关安装位置、型号及各部尺寸、绝缘性能应符合设计要求。连接牢固可靠。各转动部分灵活，双极开关应同步，不同期值偏差不大于 10 mm。

检验数量：施工单位全部检查，监理单位见证检验 20%。

检验方法：观察、操作检查。

5.18.3 隔离开关、负荷开关的操动机构传动操作轻便灵活，机构的分、合闸指示与开关的实际分、合位置一致。

检验数量：施工单位全部检查，监理单位见证检验 20%。

检验方法：观察、操作检查。

5.18.4 具有引弧触头的负荷开关，主触头和引弧触头开、合顺序正确，带接地刀闸的隔离开关接地刀闸与主触头间的机械闭锁应准确、可靠。

检验数量：施工单位全部检查，监理单位见证检验 20%。

检验方法：观察、操作检查。

5.18.5 隔离开关、负荷开关触头接触紧密并应符合表 5.18.5 的要求。

检验数量：施工单位全部检查，监理单位见证检验 20%。

检验方法：观察、测量检查。

表 5.18.5 触头接触检验标准

接触宽度(mm)	检验工具	塞入深度(mm)
线接触	0.05mm×10mm 塞尺	0
≤50		≤4
≥60		≤6

5.18.6 开关引线连接正确牢固,在任何情况下均符合带电距离要求,并预留因温度变化引起的位移长度。

检验数量:施工单位全部检查,监理单位见证检验 20%。

检验方法:测量检查。

5.18.7 开关托架呈水平状态,瓷柱垂直,操动机构安装位置应便于操作,并符合设计要求,传动杆垂直与操动机构轴线一致,连接牢固,无松动现象,导电部分触头表面平整清洁,并涂有中性凡士林油。设备接线端子连接接触面涂电力复合脂。

检验数量:施工单位全部检查,监理单位见证检验 20%。

检验方法:测量检查。

一 般 项 目

5.18.8 操动机构距地面高度应符合设计要求施工允许偏差±100 mm。

检验数量:施工单位全部检查。

检验方法:测量检查。

5.19 避 雷 器

主 控 项 目

5.19.1 避雷器进场验收应符合下列要求:

1 规格、型号、质量符合设计及相关技术标准规定;

2 避雷器无裂纹、破损;

3 电气性能应符合《电气装置安装工程电气设备交接试验标准》GB50150 的规定。

检验数量:施工、监理单位全部检查。

检验方法:对照设计文件和订货合同,检查实物外观和质量证明文件。电气性能检验方法应符合《电气装置安装工程电气设备交接试验标准》GB 50150 的规定。

5.19.2 避雷器安装位置、规格、型号、引线方式应符合设计要求,引线连接正确牢固,并预留因温度变化而引起的位移长度。

检验数量:施工、监理单位全部检查。

检验方法:观察、测量检查。

5.19.3 避雷器安装竖直,支架水平,连接牢固可靠。

检验数量:施工、监理单位全部检查。

检验方法:观察检查。

5.19.4 避雷器工作接地、保护接地应符合设计要求。

检验数量:施工单位、监理单位全部检查。

检验方法:观察测量检查。

5.20 分段绝缘器

主 控 项 目

5.20.1 分段绝缘器应按批次进行进场验收，其规格、型号、质量应符合设计要求和《电气化铁道接触网分段绝缘器》TB/T 3036 的规定。

检验数量：施工单位全部外观检查，监理单位见证检验 20%。按订货合同规定的抽样比例及抽样数量进行抽检。

检验方法：对照设计文件和订货合同，检查实物和质量证明文件。按合同规定检验项目及试验方法进行检验。

5.20.2 分段绝缘器安装位置应符合设计要求，连接牢固可靠，与接触线接头处应平滑，滑轨与轨面连线平行，受电弓通过时应平滑，无打弓现象。

检验数量：施工、监理单位全部检查。

检验方法：激光测量仪测量、模拟受电弓检测。

5.20.3 分段绝缘器两端接触线高度应符合产品技术文件和设计要求。平均温度时承力索的绝缘子应在绝缘器件的正上方。

检验数量：施工、监理单位全部检查。

检验方法：观察、测量检查。

5.20.4 分段绝缘器安装后承力索、接触线的张力及补偿装置距地面的高度应符合设计要求。

检验数量：施工、监理单位全部检查。

检验方法：测量检查。

5.21 锚段关节式电分相

主 控 项 目

5.21.1 锚段关节带电部分的空气绝缘间隙应符合设计要求，允许偏差为$^{+50}_{0}$ mm。

检验数量：施工、监理单位全部检查。

检验方法：测量检查。

5.21.2 锚段关节转换跨内两接触线等高处接触线高度应符合设计要求，允许偏差±10 mm。

检验数量：施工、监理单位全部检查。

检验方法：测量检查。

5.21.3 地面传感器安装极性、纵向距离应符合设计要求，纵向距离允许偏差为±1 000 mm。

检验数量：施工单位、监理单位全部检查。

检验方法：观察、测量检查。

5.21.4 锚段关节式电分相无电区、中性段的长度应符合设计要求，允许偏差±500 mm。

检验数量：施工、监理单位全部检查。

检验方法：测量检查。

一 般 项 目

5.21.5 锚段关节处绝缘子的安装位置应符合设计要求，允许偏差为±50 mm，承力索、接触线两绝缘子中心应对齐，允许偏差为±30 mm。

检验数量:施工单位全部检查。

检验方法:观察、测量检查。

5.22 附加悬挂

主控项目

5.22.1 线材进场验收应符合下列要求:

1 规格、型号、质量应符合设计及相关技术标准规定;

2 不得有断股、交叉、折叠、硬弯、松散等缺陷。

检验数量:施工单位全部外观检查,监理单位见证检验20%。按订货合同规定的抽样比例及抽样数量进行抽检。

检验方法:对照设计文件和订货合同,检查实物和质量证明文件。按合同规定检验项目及试验方法进行检验。

5.22.2 附加导线肩架与支柱密贴,紧固牢靠,肩架呈水平状态,允许偏差不大于50 mm。

检验数量:施工单位全部检查,监理单位见证检验20%。

检验方法:观察、测量检查。

5.22.3 附加导线弛度应符合设计要求,允许偏差0~5%。

检验数量:施工单位全部检查,监理单位见证检验20%。

检验方法:观察、测量检查。

5.22.4 附加导线接头、补强应符合下列要求:

1 跨越铁路,一、二级公路,重要的通航河流及不同金属、不同规格、不同绞制方向的导线不得有接头。

2 1个耐张段内接头不超过1个。

3 1个耐张段内断股补强处数:1个耐张段500 m时为1个,1 000 m及以下为2个,1 000 m以上为3个。

4 接头、补强位置距悬挂点不小于500 mm。

检验数量:施工单位全部检查,监理单位见证检验20%。

检验方法:观察、测量检查。

5.22.5 并沟线夹、电连接线夹等作为电连接线线夹时,连接处导线不得包缠铝包带。并沟线夹、电连接线夹与导线连接面平整光洁,并涂有一层电力复合脂,连接应密贴牢固,螺栓紧固力矩应符合设计要求。

检验数量:施工单位全部检查,监理单位见证检验20%。

检验方法:观察、测量检查。

5.22.6 附加导线对地面及相互间距离最小值应符合表5.22.6的规定。

表 5.22.6　附加导线对地面及相互距离的最小值(mm)

序号	项目		供电线正馈线加强线	保护线回流线架空地线
1	导线在最大弛度时距地面高度	区间	5 000	4 000
2	导线距峭壁挡土墙和岩石	无风时	1 000	500
		计算最大风偏时	300	75
3	导线跨越铁路时	跨越非电化股道(对轨面)	7 500	7 500
		跨越不同回路电气化股道(对承力索或无承力索时对接触线)	3 000	2 000
4	不同相或不同分段两导线悬挂点间距	两线水平排列	2 400	—
		导线垂直排列、上方为供电线,下方为供电线或回流线	2 000	—
5	导线与建筑物间的最小距离	最大弛度时最小垂直距离	4 000	2 500
		边导线最大风时最小水平距离	3 000	1 000

注:1 附加导线不应跨越屋顶为燃性材料做成的建筑。

2 单独架设的附加导线的技术标准应符合电力部门架空输电线路的有关规定。

检验数量:施工单位全部检查,监理单位见证检验 20%。

检验方法:测量检查。

5.22.7　附加线的接续应符合下列要求:

1　在接续点处机械、电气性能不小于被接续导线;

2　预绞式接续条缠绕方向与被接续的导线外层绞向一致,接续缠绕长度符合设计要求;

3　钳压接续钳压管两端的导线不应有灯笼、抽筋等现象,且第一个压坑应在导线的短头侧。

检验数量:施工单位全部检查,监理单位见证检验 20%。

检验方法:观察、测量检查。

5.22.8　附加导线悬挂处预绞式保护条的缠绕方向与导线外层绞向一致,保护条长度及安装位置符合设计要求。

检验数量:施工单位全部检查,监理单位见证检验 20%。

检验方法:观察、测量检查。

5.23　接触网接地及回流引线

主 控 项 目

5.23.1　接地极、各类接地连接导体、回流引线应按批次进场验收,其规格、型号、质量应符合设计要求。

检验数量:施工单位全部检查,监理单位见证检验 20%。

检验方法:对照设计文件和订货合同,检查实物和质量证明文件。

5.23.2 独立接地极接地方式及接地电阻应符合设计要求，且独立接地极的接地电阻最大允许值应符合表 5.23.2 的规定。

检验数量：施工单位全部检查，监理单位见证检验 20%。

检验方法：对照设计文件检查，测量。

表 5.23.2 独立接地极接地电阻最大允许值(Ω)

项　目	接地电阻值
距接触网带电体 5 m 以内的金属结构	30
隔离开关、避雷器	10
架空地线	10
附加导线远离铁路、行人多站台上的支柱	30
避雷线	10

5.23.3 接触网接地与综合接地系统连接应符合下列要求：

1 接触网设备接地接入贯通地线的位置、连接方式符合设计技术文件要求；

2 不同材质接地体连接面应采取过渡连接措施，并进行防腐处理；

3 接地线宜短捷、平直，连接点牢靠，接地电阻值符合设计技术文件要求；

检验数量：施工单位全部检查，监理单位见证检验 20%。

检验方法：对照设计文件检查，测量检查。

5.23.4 回流引线安装应符合设计要求，回流引线与扼流变压器中性点连接应牢固可靠，并符合本标准第 5.22.6 条的有关规定。

检验数量：施工单位全部检查，监理单位见证检验 20%。

检验方法：对照设计文件检查，测量检查。

5.23.5 回流引线采用扁钢连接时，应搭接封闭电焊，回流引线扁钢与设备线夹连接处应挂锡处理。埋入地下的扁钢涂沥青或防腐油，地上部分除锈涂防锈漆。

检验数量：施工单位全部检查，监理单位见证检验 20%。

检验方法：观察检查。

5.23.6 回流引线采用电缆连接时，电缆的规格、型号和固定方式应符合设计要求。

检验数量：施工单位全部检查，监理单位见证检验 20%。

检验方法：观察检查。

5.23.7 接地极埋入地下深度不应小于 0.6 m，地面部分涂防锈漆，连接处应除锈涂电力复合脂，连接牢固可靠。

检验数量：施工单位全部检查，监理单位见证检验 20%。

检验方法：观察检查。

5.24 供电电缆

主控项目

5.24.1 供电电缆及电缆附件进场验收应符合下列要求：

1 电缆及附件的规格、型号、质量应符合设计及订货合同要求。

2 电缆外表应无绞拧、铠装压扁、护层断裂和表面严重划伤等缺陷。

3 电缆的绝缘试验合格。10 kV 及以上电力电缆其绝缘电阻不应小于 400 MΩ。控制电缆绝缘电阻不应小于 5 MΩ。

4 电缆的耐压试验、泄漏电流和绝缘电阻等技术指标符合《电气装置安装工程电气设备交接试验标准》GB 50150 中的规定。

检验数量：施工单位全部外观检查，监理单位见证检验 20%。按订货合同规定的抽样比例及抽样数量进行抽检。

检验方法：对照设计文件和订货合同，检查实物和质量证明文件。按合同规定检验项目及试验方法进行检验。

5.24.2 供电电缆敷设应符合下列要求：

1 电缆的型号、敷设径路、终端位置符合设计要求；

2 电缆转弯处、电缆中间接头处，穿过建筑墙体处、过轨过道两旁等均应埋设电缆标桩或永久性标识，直线段每 35～50 m 设置一根电缆标桩。

3 27.5 kV 单芯不同相供电电缆宜分沟敷设，困难条件下同沟敷设应采取隔离措施。

检验数量：施工单位全部检查，监理单位旁站。

检验方法：观察测量检查。

5.24.3 电缆的保护管及固定金具不得构成闭合磁路，电缆固定间距及弯曲半径符合设计要求。

检验数量：施工单位全部检查，监理单位见证检验 20%。

检验方法：观察检查。

5.24.4 电缆附件的制作安装符合下列要求：

1 电缆头制作的环境温度、湿度符合产品技术文件要求，并采取防尘措施；

2 电缆终端头的规格、型号及电压等级与电缆的规格、型号相符，且应符合设计要求；

3 电缆护层保护器型号、规格应与被保护电缆外护层绝缘相匹配并符合设计要求；

4 电缆在终端处应预留 3～5 m 的备用长度，埋设固定方式符合设计要求；

5 电缆终端头应固定牢固，应力锥不受力变形，各带电部位应符合相应电压等级电气距离规定；

6 电缆头的接地方式符合设计要求；

7 电缆护层保护器的安装符合设计要求。

检验数量：施工单位全部检查，监理单位旁站。

检验方法：对照设计文件观察，试验、测量。

5.25 标志牌、支柱号码

主 控 项 目

5.25.1 标志牌、支柱号码应按批次进场验收，其规格、型号、质量应符合设计要求。

检验数量：施工单位全部检查，监理单位见证检验 20%。

检验方法：对照设计文件和订货合同，检查实物和质量证明文件。

5.25.2 标志牌、支柱号码安装位置符合设计要求，安装牢固可靠，在任何情况下，便于瞭望，并不得侵入基本建筑限界。

检验数量：施工单位全部检查，监理单位见证检验 20%。

检验方法:观察、测量检查。

5.26 接触网静态检测

主 控 项 目

5.26.1 接触网静态检测应对接触线高度和拉出值连续进行检测,接触线的平顺性应满足接触悬挂的各项参数要求。

检验数量:施工单位、监理单位全部检查。

检验方法:施工单位采用无接触式测量设备进行检查;监理单位见证检测。

5.26.2 接触网静态检测应对受电弓动态包络线进行检测,受电弓动态包络线符合设计要求。

检验数量:施工单位、监理单位全部检查。

检验方法:施工单位采用受电弓动态包络线检查设备测试及观察检查;监理单位见证检测。

5.26.3 接触网静态检测应对接触悬挂弹性不均匀度进行检测,并符合表 5.26.3 的规定。

表 5.26.3 弹性不均匀度

行车速度(km/h)	弹性不均匀度	
	简单链形悬挂	弹性链形悬挂
250～300	40%	10%
>300	25%	10%

检验数量:施工单位、监理单位全部检查。

检验方法:施工单位采用接触式接触网检测装置检测,监理单位见证检测。

6 供电调度系统

6.1 一 般 规 定

6.1.1 供电调度系统工程施工质量验收应包括远动终端装置(RTU)、供电调度工作台、复视终端设备安装,远动系统性能及功能检验。

6.1.2 测试过程中若需改线或重新设置板件地址及其他检查,必须断开装置电源开关,严禁带电拔、插板件。

6.1.3 远动终端远动装置(RTU)各单元的配置、扁平电缆的连接、站地址、卡地址应进行设置和确认。

6.1.4 供电调度工作台远动装置的启动应按产品说明书的要求进行,完成装置硬件、软件初始化,建立主机与外设的通信。

6.1.5 远动终端供电设备整组试验全部结束后,分别对每个远动终端进行远动系统联调。

6.1.6 系统检验前应确认通信通道良好。

6.2 设 备 安 装

主 控 项 目

6.2.1 远动系统设备的进场验收应符合本标准第 4.13.1 条的规定。

6.2.2 供电调度工作台、复示终端设备、远动终端设备的安装位置、方式、排列顺序应符合设计要求。

检验数量:施工、监理单位全部检验。

检验方法:对照设计文件,观察检查。

6.2.3 设备安装应符合下列要求:

1 屏柜与底座连接牢固,底座着地不悬空。

2 屏柜与底座、柜与柜之间的连接螺栓连接牢固。

3 同排屏柜的正面在同一直线上。

4 屏柜应竖直,相邻屏柜应紧密靠拢。

5 二次接线连接可靠,排列整齐。

6 屏柜、电缆回路编号标识清晰,字迹正确。

7 插接件应接触紧密,无松动现象。

检验数量:施工、监理单位全部检验。

检验方法:观察、测量检查。

6.2.4 接地电阻值应符合设计文件要求。

检验数量:施工、监理单位全部检验。

检验方法:测量检查。

6.2.5 设备接地及防静电措施、数据传输电缆屏蔽措施应符合设计要求。

检验数量：施工、监理单位全部检验。

检验方法：观察检查。

一般项目

6.2.6 屏柜等设备门、盖严密，开启灵活，无变形。

检验数量：施工单位全部检验。

检验方法：观察检查。

6.3 远动系统检验

主控项目

6.3.1 远动系统应包括下列主要功能：

1 实现对被控对象的遥控，遥控种类分单个对象的控制和多个对象组成的程序控制；

2 实现对供电系统设备运行状态的实时监视和非正常状态报警；

3 实现对供电系统中主要运行参数的遥测及图形显示；

4 实现分级管理权限设置；

5 实现屏幕画面显示及运行和故障记录信息的打印；

6 实现电度量统计等的日报月报制表打印；

7 实现系统自检；

8 实现系统维护；

9 实现远动主/备通道的切换；

10 实现与其他系统的接口和数据转发；

11 实现对供电设备运行状态的查询及运行参数的统计；

12 实现自动校时；

13 实现对故障录波数据的传输显示。

检验数量：施工、监理单位全部检验。

检验方法：试验检查。

6.3.2 远动系统主要性能指标应符合下列要求：

1 遥控(调)命令传送时间　　不大于 3 s；

2 遥信变位传送时间　　不大于 3 s；

3 遥信分辨率(被控站)　　不大于 10 ms；

4 遥测综合偏差　　不大于 1.5%；

5 双机自动切换到监控功能基本恢复时间　　不大于 20s；

6 画面调用响应时间　　不大于 3 s；

7 控制站系统可利用率　　不小于 99.8%；

8 远动终端的平均无故障工作时间(MTBF)　　大于10 000 h。

检验数量：施工、监理单位全部检验。

检验方法：测试检查。

一般项目

6.3.3 远动系统的下列功能应符合设计要求：

1 带条件的自动控制功能；
2 地理信息的显示功能；
3 模拟培训功能；
4 供电系统运行故障的智能处理功能；
5 对作业票、停送电、调度日志等进行管理功能。

检验数量：施工单位全部检验。

检验方法：试验检查。

7 单位工程综合质量评定

7.1 一般规定

7.1.1 单位工程综合质量的评定包括单位工程质量控制资料核查、单位工程实体质量和主要功能核查、单位工程观感质量评定。

7.2 单位工程质量控制资料核查

7.2.1 单位工程质量控制资料应齐全完整，全面反映工程施工质量状况。

7.2.2 单位工程质量控制资料核查应由监理单位组织施工单位进行，并按表 7.2.2 填写记录。

表 7.2.2 单位工程质量控制资料核查记录

单位工程名称				
施 工 单 位				
序号	资 料 名 称	份数	核查意见	核查人
1	图纸会审、设计变更、洽商记录			
2	工程定位测量、放线记录			
3	原材料出厂合格证及进场检(试)验报告			
4	设备出厂合格证或试验报告			
5	接地、绝缘电阻测试记录			
6	电气试验报告			
7	隐蔽工程验收记录			
8	施工记录			
9	工程质量事故及事故调查处理资料			
10	施工现场质量管理检查记录			
11	分项、分部工程质量验收记录			
12	新材料、新工艺施工记录			
结论： 施工单位项目负责人　　　　总监理工程师 年　月　日　　　　年　月　日				

注：核查人为验收组的监理单位人员。

7.3 单位工程实体质量和主要功能核查

7.3.1 单位工程完成后，应由建设单位组织设计、监理、施工单位对单位工程实体质量和主要功能进行核查，并按表 7.3.1—1、表 7.3.1—2、表 7.3.1—3 填写记录。

表 7.3.1—1 牵引变电所、分区所、开闭所、自耦所单位工程实体质量和主要功能核查记录

单位工程名称				
施 工 单 位				
序号	项 目	份数	核查意见	核查人
1	牵引变电所设备(含综合自动化装置)试验测试			
2	分区所、开闭所、自耦变压器所设备(含远动装置)试验测试			
3	在线监测及环境安全监视系统测试			
4	接地装置测试			
5				
结论： 施工单位项目负责人 总监理工程师 建设单位项目负责人 建设单位项目负责人 年 月 日 年 月 日 年 月 日 年 月 日				

注：核查项目由验收组协商确定。

表 7.3.1—2 接触网单位工程实体质量和主要功能核查记录

单位工程名称				
施 工 单 位				
序号	项 目	份数	核查意见	核查人
1	支柱观察			
2	绝缘子观察及耐压试验			
3	零部件观察及机械、电气试验			
4	线材观察及机械、电气试验			
5	接地装置测试			
6	接触网电气安全距离			
7	接触网静态检测			
8				
结论： 施工单位项目负责人 总监理工程师 设计单位项目负责人 建设单位项目负责人 年 月 日 年 月 日 年 月 日 年 月 日				

注：核查项目由验收组协商确定。

表 7.3.1—3　供电调度系统单位工程实体质量和主要功能核查记录

单位工程名称				
施 工 单 位				
序号	项　　目	份数	核查意见	核查人
1	供电调度系统功能测试			
2	设备接地装置测试			
3				
4				
5				
6				
7				
8				
9				
10				
11				
12				
结论： 施工单位项目负责人　总监理工程师　设计单位项目负责人　建设单位项目负责人 年　月　日　年　月　日　年　月　日　年　月　日				

注：核查项目由验收组协商确定。

7.3.2 单位工程实体质量和主要功能的核查方法和数量：

1 牵引变电所、分区所、开闭所、自耦变压器所电气设备及其配电装置的试验，按《电气装置安装工程电气设备交接试验标准》GB 50150 的规定全部检验。

2 在线监测及环境安全监视系统测试，全部检验。

3 接触网设备试验测试，支柱观察，抽查 20%；绝缘子观察及耐压试验，抽查 20%；零部件观察及机械和电气试验，抽查 20%；线材观察及机械和电气试验，抽查 20%；接触网电气安全距离，抽查 20%。

4 接触网静态检测，全部检验。

5 供电调度系统功能测试，全部检验。

6 接地装置测试，全部检验。

7.3.3 结构实体质量和系统主要使用功能达不到设计文件要求的单位工程严禁验收。

7.4　单位工程观感质量评定

7.4.1 单位工程观感质量由建设单位组织设计、监理、施工单位共同进行现场评定，并按表 7.4.1—1、表 7.4.1—2 填写记录。

表 7.4.1—1 变电所单位工程观感质量检查记录

<table>
<tr><td colspan="2">单位工程名称</td><td colspan="3"></td></tr>
<tr><td colspan="2">施 工 单 位</td><td colspan="3"></td></tr>
<tr><td rowspan="2">序号</td><td rowspan="2">项目名称</td><td rowspan="2">质量状况</td><td colspan="2">质 量 评 定</td></tr>
<tr><td>合 格</td><td>差</td></tr>
<tr><td>1</td><td>基础</td><td></td><td></td><td></td></tr>
<tr><td>2</td><td>构支架</td><td></td><td></td><td></td></tr>
<tr><td>3</td><td>设备、器材</td><td></td><td></td><td></td></tr>
<tr><td>4</td><td>屏、柜</td><td></td><td></td><td></td></tr>
<tr><td>5</td><td>支柱</td><td></td><td></td><td></td></tr>
<tr><td>6</td><td>标识、标志</td><td></td><td></td><td></td></tr>
<tr><td>7</td><td>接地引线</td><td></td><td></td><td></td></tr>
<tr><td>8</td><td></td><td></td><td></td><td></td></tr>
<tr><td>9</td><td></td><td></td><td></td><td></td></tr>
<tr><td>10</td><td></td><td></td><td></td><td></td></tr>
<tr><td>11</td><td></td><td></td><td></td><td></td></tr>
<tr><td colspan="5">检查结论：

施工单位项目负责人　　总监理工程师　　设计单位项目负责人　　建设单位项目负责人
年 月 日　　年 月 日　　年 月 日　　年 月 日</td></tr>
</table>

注：观感质量评定为“差”的项目应返修。

表 7.4.1—2 接触网单位工程观感质量检查记录

<table>
<tr><td colspan="2">单位工程名称</td><td colspan="3"></td></tr>
<tr><td colspan="2">施 工 单 位</td><td colspan="3"></td></tr>
<tr><td rowspan="2">序号</td><td rowspan="2">项目名称</td><td rowspan="2">质量状况</td><td colspan="2">质 量 评 定</td></tr>
<tr><td>合 格</td><td>差</td></tr>
<tr><td>1</td><td>基础</td><td></td><td></td><td></td></tr>
<tr><td>2</td><td>支柱</td><td></td><td></td><td></td></tr>
<tr><td>3</td><td>支持结构</td><td></td><td></td><td></td></tr>
<tr><td>4</td><td>承力索及接触线</td><td></td><td></td><td></td></tr>
<tr><td>5</td><td>接触悬挂</td><td></td><td></td><td></td></tr>
<tr><td>6</td><td>补偿装置</td><td></td><td></td><td></td></tr>
<tr><td>7</td><td>各类设备</td><td></td><td></td><td></td></tr>
<tr><td>8</td><td>附加导线</td><td></td><td></td><td></td></tr>
<tr><td>9</td><td>标志牌、支柱号码牌</td><td></td><td></td><td></td></tr>
<tr><td>10</td><td></td><td></td><td></td><td></td></tr>
<tr><td>11</td><td></td><td></td><td></td><td></td></tr>
<tr><td colspan="5">检查结论：

施工单位项目负责人　　总监理工程师　　设计单位项目负责人　　建设单位项目负责人
年 月 日　　年 月 日　　年 月 日　　年 月 日</td></tr>
</table>

注：观感质量评定为“差”的项目应返修。

表 7.4.1—3 供电调度系统单位工程观感质量检查记录

<table>
<tr><td colspan="2">单位工程名称</td><td colspan="3"></td></tr>
<tr><td colspan="2">施 工 单 位</td><td colspan="3"></td></tr>
<tr><td rowspan="2">序号</td><td rowspan="2">项目名称</td><td rowspan="2">质量状况</td><td colspan="2">质 量 评 定</td></tr>
<tr><td>合 格</td><td>差</td></tr>
<tr><td>1</td><td>配电装置</td><td></td><td></td><td></td></tr>
<tr><td>2</td><td>标识、标志</td><td></td><td></td><td></td></tr>
<tr><td></td><td></td><td></td><td></td><td></td></tr>
<tr><td></td><td></td><td></td><td></td><td></td></tr>
<tr><td></td><td></td><td></td><td></td><td></td></tr>
<tr><td></td><td></td><td></td><td></td><td></td></tr>
<tr><td colspan="5">检查结论：

施工单位项目负责人　　总监理工程师　　设计单位项目负责人　　建设单位项目负责人
年 月 日　　年 月 日　　年 月 日　　年 月 日</td></tr>
</table>

注：观感质量评定为“差”的项目应返修。

7.4.2 单位工程观感质量检查项目评定达不到合格标准者应进行返修。

7.4.3 牵引变电所观感质量合格标准：

1 基础表面平整光洁、棱角完整，地面以上裸露部分的基础整体未经过外装修，预埋螺栓丝扣无锈蚀现象；

2 各配电装置的名称和编号书写正确齐全，名称和编号字体统一，位置或高度一致；

3 避雷针防腐涂层完好，所有连接部位无锈蚀现象；

4 设备本体及其支架无锈蚀现象，母线引下线弛度一致，相色标志正确；

5 电缆排列整齐、顺直、美观，电缆孔洞封堵严密，电缆标志牌的规格统一，字迹清晰；

6 屏、柜、箱整齐美观，二次接线端子标记规格统一，字迹清晰；

7 接地引线横平竖直，整齐划一。

7.4.4 接触网观感质量合格标准：

1 基础表面平整光洁、棱角完整，螺栓无锈蚀现象。

2 锌层均匀，色调一致，表面光洁。

3 连接件镀层良好。金属配件锌层均匀、无剥落。瓷件无缺釉斑点、起泡等现象，表面光洁。线材无断股或松股现象。

4 吊弦垂直，斜拉线、软定位器回头统一顺直，防腐均匀。软横跨整体美观。

5 各类线材符合相关规定，附加线弛度及对锚处连接统一顺直。

6 坠砣排列整齐，表面平整光洁。补偿绳无磨支柱或拉线现象。

7 设备本体及其支架无锈蚀现象，瓷件光洁。

8 标志牌、支柱号码字型端正美观、醒目，底漆均匀，字迹清楚。

7.4.5 综合调度系统工程观感质量合格标准：

1 装置安装排列整齐，漆层完好，外观干净整洁；

2 二次接线排列美观，接线标记、端子规格统一，字迹清晰；

3 电缆走向布置合理，排列整齐，电缆标志清晰；

4 装置操作灵活方便，显示、打印清晰。

附录 A　室内外配电装置的安全净距

表 A. 0. 1　室内配电装置的安全净距（mm）

符号	适用范围	电压等级（kV）				
		3	10	27.5（35）	55（66）	110J
A_1	1. 带电部分至接地部分之间 2. 网状和板状遮栏向上延伸距离地面 2.3 m 处与遮栏上方带电部分之间	75	125	300	550	850
A_2	1. 不同相的带电部分之间 2. 断路器和隔离开关的断口两侧的带电部分之间	75	125	300	550	900
B_1	1. 栅状遮栏至带电部分之间 2. 交叉的不同时停电检修的无遮栏带电部分之间	825	875	1 050	1 300	1 600
B_2	网状遮栏至带电部分之间	175	225	400	650	950
C	无遮栏裸导体至地（楼）面之间	2 500	2 500	2 600	2 850	3 150
D	平行的不同时停电检修的无遮栏裸导体之间	1 875	1 925	2 100	2 350	2 650
E	通向室外的出线套管至室外通道的路面	4 000	4 000	4 000	4 500	5 000

注：1　电压等级中的 110J 系指中性点有效接地电网。
2　当为板状遮栏时，B_2 值可取 A_1＋30 mm。
3　通向室外配电装置的出线套管至室外地面的距离，不应小于表 A. 0. 2 中所列室外部分之 C 值。
4　海拔大于 1 000 m 时，A_1 和 A_2 值应进行修正。

表 A. 0. 2　室外配电装置的安全净距（mm）

符号	适用范围	电压等级（kV）				
		3～10	27.5（35）	55（66）	110J	220J
A_1	1. 带电部分至接地部分之间 2. 网状遮栏向上延伸距地面2.5 m处与遮栏上方带电部分之间	200	400	650	900	1 800
A_2	1. 不同相的带电部分之间 2. 断路器和隔离开关的断口两侧引线带电部分之间	200	400	650	1 000	2 000
B_1	1. 设备运输时，其外廓至无遮栏带电部分之间 2. 交叉的不同时停电检修的无遮栏带电部分之间 3. 网状遮栏至绝缘体和带电部分之间	950	1 150	1 400	1 650	2 550
B_2	网状遮栏至带电部分之间	300	500	750	1 000	1 900
C	1. 无遮栏裸导体至地面之间 2. 无遮栏裸导体至建筑物、构筑物顶部之间	2 700	2 900	3 100	3 400	4 300
D	1. 平行的不同时停电检修的无遮栏带电部分之间 2. 带电部分与建筑物、构筑物的边沿部分之间	2 200	2 400	2 600	2 900	3 800

注：1　110J、220J 系指中性点直接接地电网。
2　海拔超过 1 000 m 时，A 值应进行修正。

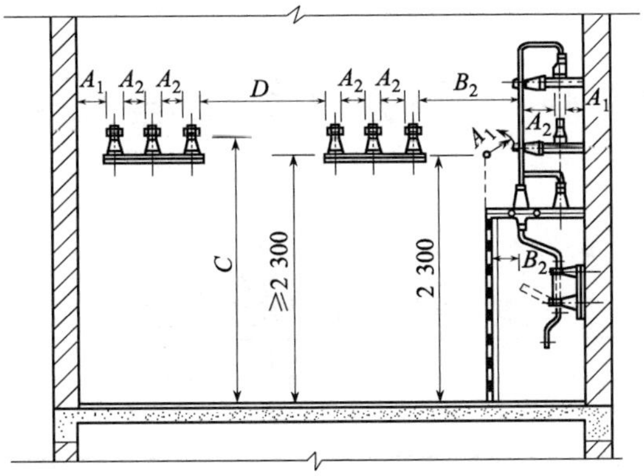

图 A.02—1　室内 A_1、A_2、B_1、B_2、C、D 值校验图

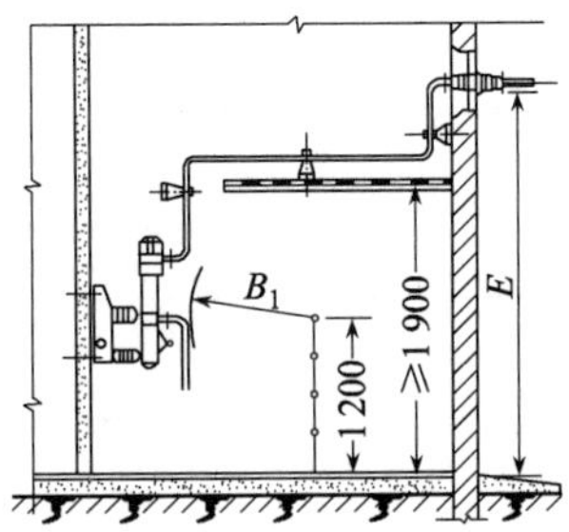

图 A.02—2　室内 B_1、E 值校验图

附录B　矩形母线搭接要求

附录B引自《电气装置安装工程母线装置施工及验收规范》GBJ 149—90

表B.0.1　矩形母线搭接要求

搭接形式	类别	序号	连接尺寸(mm)			钻孔要求		螺栓规格
			b_1	b_2	a	Φ (mm)	个数	
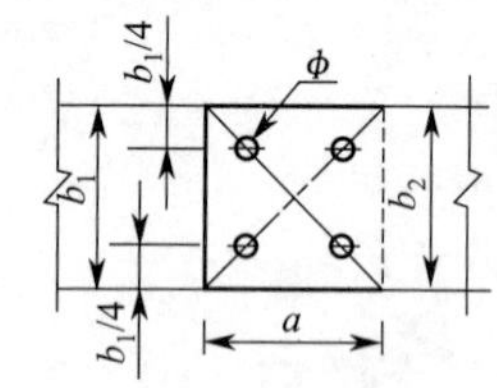	直线连接	1	125	125	b_1 或 b_2	21	4	M20
		2	100	100	b_1 或 b_2	17	4	M16
		3	80	80	b_1 或 b_2	13	4	M12
		4	63	63	b_1 或 b_2	11	4	M10
		5	50	50	b_1 或 b_2	9	4	M8
		6	45	45	b_1 或 b_2	9	4	M8
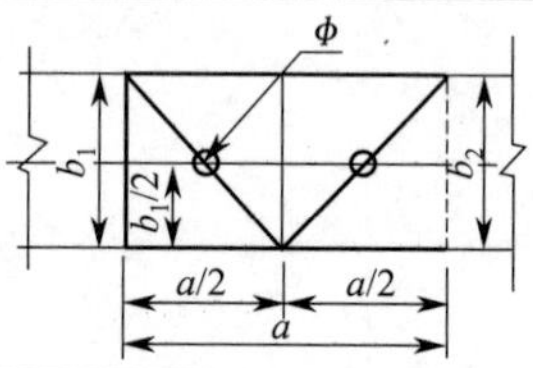		7	40	40	80	13	2	M12
		8	31.5	31.5	63	11	2	M10
		9	25	25	50	9	2	M8
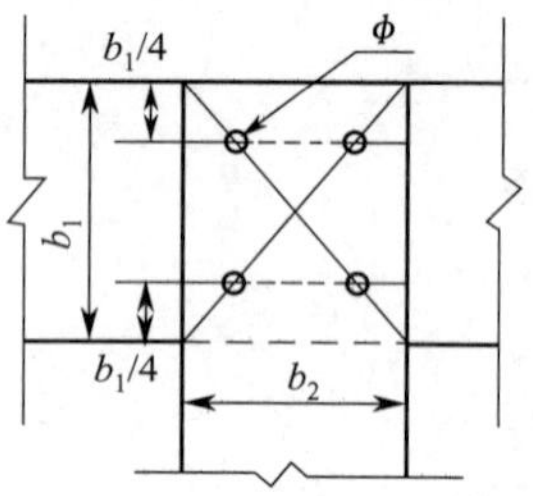	垂直连接	10	125	125		21	4	M20
		11	125	100～80		17	4	M16
		12	125	63		13	4	M12
		13	100	100～80		17	4	M16
		14	80	80～63		13	4	M12
		15	63	63～50		11	4	M10
		16	50	50		9	4	M8
		17	45	45		9	4	M8
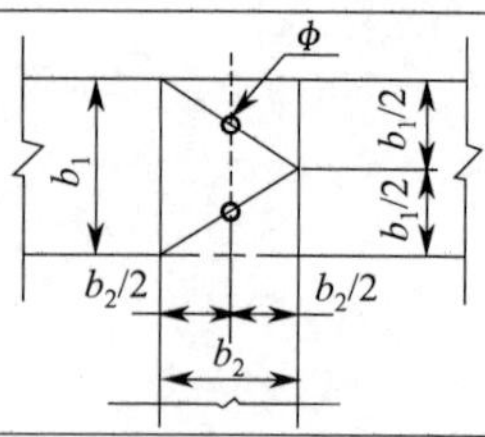		18	125	50～40		17	2	M16
		19	100	63～40		17	2	M16
		20	80	63～40		15	2	M14
		21	63	50～40		13	2	M12
		22	50	45～40		11	2	M10
		23	63	31.5～25		11	2	M10
		24	50	31.5～25		9	2	M8
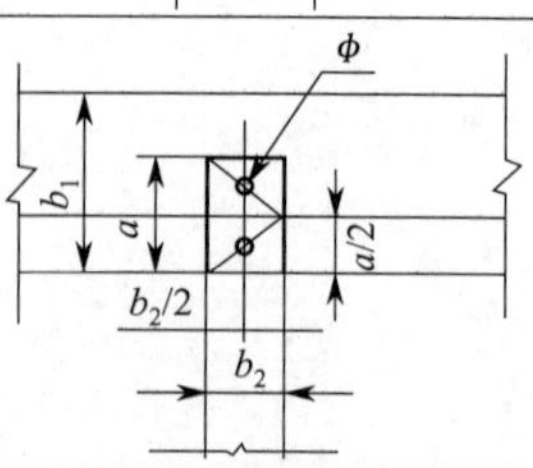		25	125	31.5～25	60	11	2	M10
		26	100	31.5～25	50	9	2	M8
		27	80	31.5～25	50	9	2	M8
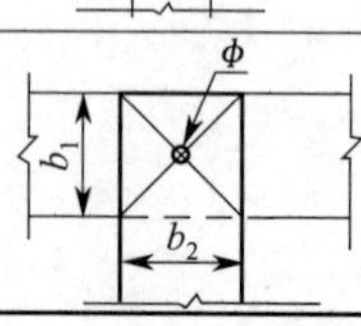		28	40	40～31.5		13	1	M12
		29	40	25		11	1	M10
		30	31.5	31.5～25		11	1	M10
		31	25	22		9	1	M8

本规程用词说明

执行本标准条文时，对于要求严格程度的用词说明如下，以便在执行中区别对待。

(1)表示很严格，非这样做不可的用词：

正面词采用“必须”；

反面词采用“严禁”。

(2)表示严格，在正常情况下均应这样做的用词：

正面词采用“应”；

反面词采用“不应”或“不得”。

(3)表示允许稍有选择，在条件许可时首先应这样做的用词：

正面词采用“宜”；

反面词采用“不宜”。

表示有选择，在一定条件下可以这样做的，采用“可”。

《高速铁路电力牵引供电工程施工质量验收标准》条文说明

本条文说明系对重点条文的编制依据、存在的问题以及在执行中应注意的事项等予以说明。为了减少篇幅，只列条文号，未抄录原条文。

1.0.1 本标准主要规定了高速铁路电力牵引供电工程施工质量验收项目、要求、数量、方法，以及建设活动各方在工程施工过程中的职责、程序和工作要求。

1.0.2 本标准适用于高速铁路电力牵引供电工程施工验收的单位工程验收。本标准不涉及工程决策阶段、勘察设计阶段和运营维修阶段的相关要求等。静态验收、动态验收应符合相关规定的要求。本标准是建设单位、监理单位、专门质量机构、勘察设计单位和施工单位对工程施工阶段的质量进行监督、管理和控制的主要依据。

1.0.3 《建设工程质量管理条例》(国务院令第 279 号)分别规定了建设单位、勘察设计单位、监理单位和施工单位的法定质量职责和义务。本标准根据高速铁路电力牵引供电工程的专业特点，对建设各方在施工阶段的质量职责具体细化，均做出了明确规定，促使各方共同保证工程质量的合格。

1.0.12 铁路工程电力牵引供电施工质量检验工作是施工质量管理的重要组成部分，也是施工质量控制的重要手段。客观、准确的检验检测数据是评价施工质量的依据。这就要求检验检测所用的仪器、方法应符合相关技术标准的规定。

3.1.1 施工现场的技术标准是指与工程施工相关的国家标准、行业标准和企业标准。

关于施工现场质量管理检查记录的填写和检查的规定是对监理单位(未委托监理的项目为建设单位)和施工单位两方提出的要求，是保证开工后顺利施工和保证施工质量的基础。一般情况下，每个单位工程应检查一次。

3.1.3 铁路电力牵引供电工程施工质量验收依据的现行相关标准主要有本专业和相关专业的设计规范、验收标准及其他技术标准、技术条件等。

3.3.3 分项工程质量验收是对其所含检验批质量检验的统计汇总，主要检查分项工程范围内检验批是否齐全，不能缺漏。

3.3.4 分部工程质量验收是对其所含分项工程质量检验的统计汇总，主要检查分部工程范围内分项是否齐全，不能缺漏。

3.4.1～3.4.5 高速铁路工程施工采用工程总承包或四电集成的方式时，其施工单位是指工程承包合同中约定的安装、调试、设备供应单位。

4.1.4 钢筋混凝土电杆的钢圈焊接时采用电焊及防腐措施目的是为了提高变配电所构支架的安全性和可靠性。

4.2.6 组合电器(GIS)的定义为：全部或部分采用气体而不采用处于大气压下的空气作为绝缘介质的金属封闭开关设备。它是由短路器、母线、隔离开关、电压互感器、电流互感器、避雷器、套管 7 种高压电器组合而成的高压配电装置，全称为 gas insulated substation。GIS 采用的是绝缘性能和灭弧性能优异的六氟化硫(SF_6)气体作为绝缘和灭弧介质，并将所有的高压电器元件密封在接地金属筒中，因此与传统敞开式配电装置相比，GIS 具有占地面积小、元件全部密封不受环境干扰、运行可靠性高、运行方便、检修周期长、维护工作量小、安装迅速、运行费用低、无电磁干扰等优点。

4.4.14 根据《电气装置安装工程接地装置施工及验收规范》GB50169—2006 第 3.5.1 条编制。

4.4.25 根据《关于印发〈客运专线铁路牵引供电及电力供电系统集成若干问题的指导意见〉的通知》(铁集成〔2010〕258 号)第一部分牵引供变电的有关要求编制。

4.5.10 气体继电器相关技术标准主要是指：中华人民共和国电力行业标准《气体继电器检验规程》DL/T540—94。

4.8.14 当同一电源回路的断路器处于合闸位置时，隔离开关不能分闸；当隔离开关进行电动操作时，不能进行手动操作；当隔离开关进行手动操作时，不能进行电动操作。

4.12.5 《电力电缆工程设计规范》GB50217—2007 中对电缆敷设深度要求如下：电缆埋深不应小于 0.7 m，穿越农田时不应小于 1 m；直埋敷设于冻土地区时，电缆宜直埋设于冻土层以下，当受条件限制时，可对电缆采取保护措施或采用其他敷设方式。

4.12.10 《电力电缆工程设计规范》GB50217—2007 对电缆与铁路、公路、排水沟、城市街道、厂区街道平行或交叉的最小距离进行了规定，并要求严禁将电缆平行敷设在其他管道的正上方或正下方。

4.12.18 《电力电缆工程设计规范》GB50217—2007 中对电缆支架、桥架间距，最上层和最下层支架与沟顶、楼板或沟底、地面的最小净距进行了明确的规定。

4.13.10 接触网网上开关远动控制回路一般采用光缆连接，接触网网上开关的控制屏、光缆、I/O 智能单元等投资属于变电工程范围，在实际施工中光缆接续一般委托通信专业负责施工。

4.14

参考《高速铁路通信工程施工质量验收标准》、《高速铁路信号工程施工质量验收标准》的交直流电源装置而编制。

4.15

综合自动化是将变配电所的二次设备(包括测量仪表、信号系统、继电保护、自动装置和远动装置)经过功能的组合，利用计算机技术、现代电子技术、通信技术和信号处理技术，实现对全所的主要设备及变、配电线路的自动监视、测量、自动控制和微机保护，以及调度通信等综合自动化功能。

综合自动化系统主要包含了微机监测和微机保护以及它们之间的光、电缆二次配线。微机监测综合了变、配电所的仪表屏、操作屏、模拟屏、中央信号系统等功能，微机保护综合了故障滤波、故障测距、备自投、自动重合闸等自动装置功能。

5.1

主要规定了对工程施工质量有重要影响的和涉及施工安全、人体健康、环境保护和公众利益的施工工艺方法，还包括必要的施工准备、工装设备等，明确是必须执行还是禁止使用。其他由施工单位根据具体情况选择采用的施工工艺方法，验标不作规定。

5.1.4 高速铁路接触网基础施工批量进行，对混凝土的需求量非常的大，商品混凝土在质量上有保障，是高铁接触网基础施工的趋势。

5.1.5 采用恒张力架线保证接触线的平直度，减少因放线引起的波浪弯，符合高速铁路弓网受流质量。德国规定架线张力必须大于线材的绕线张力。恒张力值偏差是根据线材类型、绕线张力等确定的。

5.1.6 为保证高速铁路接触悬挂安装精度，必须采用专用工具进行测量，专用软件进行计量。

5.1.8 产品的紧固力矩一般是由厂家根据产品结构或性能给定，但是同时应符合接触网系统设计要求，上部安装紧固力矩应经设计确认后执行。

5.1.10 高速铁路接触网绝缘距离在以往工程中出现问题较多。高速铁路接触网绝缘距离包含的内容也较多，不光是接触网系统内部之间，也包括接触网与相邻的建筑物之间，所以在一般规定中列出此要求。

5.2.5、5.2.6、5.2.11、5.3.2 施工允许偏差引自《客运专线铁路接触网 H 型钢柱》(通化〔2008〕1301)。

5.3.5 隧道内预埋滑槽，是根据郑西、武广滑槽预埋设计文件要求及施工经验总结而制定。

5.3.6 桥上预留上网电缆孔、梁体及墩台滑槽爬架等预留项目，是根据郑西、武广相关接口预留设计文件及施工经验总结而制定。

5.4.11 根据《客运专线铁路接触网 H 型钢柱》通化(2008)1301 的规定，H 型钢柱底板与基础顶面间的空隙填塞密实。

5.5.4 考虑到高速铁路隧道内行车时的风速，隧道内吊柱安装极其重要，故将此部分纳入主控项目，并对吊柱调直用的垫片做了规定，隧道内吊柱安装是根据郑西、武广客运专线施工经验总结制定的。

5.5.5 吊柱安装的倾斜度是根据郑西、武广客运专线施工经验和相应的工法，并结合隧道预埋滑槽安装要求而制定的。

5.8.1 铁道部《客运专线工程建设用接触网器材上道抽查检验细则》(铁运〔2010〕142 号)要求铁道部产品质量监督检验中心对高速铁路建设用接触网重要器材供货抽样检验。该细则明确规定了高速铁路建设用接触网重要器材供货的抽样检测数量及检验内容，主要包括：接触线，承力索，绝缘子，分段绝缘器，电气化铁路用氧化锌避雷器，27.5 kV 及 10 kV 电缆，27.5 kV 电缆附件及 25 种接触网关键受力零件，具体工程项目在采购合同或设计文件中都要求执行该细则，并明确了绝缘子检测参考标准或特殊要求，所以本条规定检验数量及检验方法参照合同执行，后面涉及的器材将不再重复解释，在此做统一说明。

5.8.4 下底座至轨面的高度允许偏差的规定是根据郑西、武广客运专线制定的，一是为了保证承力索悬挂点距轨面的高度，二是为了保证接触线高度。

5.9.2 德国标准规定，高速接触线和承力索的张力在运营情况下的偏差为±5%，为了保证补偿张力，本标准规定补偿坠砣串的质量允许偏差为±1%。同一锚段两坠砣串质量的相对偏差不大于1%。

5.11.5 决定高速铁路受流关键在于接触线的放线质量，对放线质量的检查主要看接触线是否存在扭面或者有波浪弯，要求在放线后对放线质量做检查，控制导线质量，体现施工中关键步骤的检查，本标准是根据京津城际、郑西、武广客运专线等施工经验总结制定的。

5.12.3 高速铁路接触线不允许有硬点且接触线的坡度尽量保持一致，所以规定接触线中心锚结线夹处接触线高度应与相邻吊弦处接触线高度等高，施工为正偏差而不能出现负偏差。

5.13.3 定位器用于接触线系统，是受电弓通过时最接近的关键部件，一般因悬挂方式，车速不同及车速引起抬升量不同等原因，所以设计采用的形式也不同，其安装应符合设计要求，定位器的坡度计算调整非常重要，定位器坡度过小将对受电弓安全运行构成威胁，坡度过大，可能影响接触悬挂的受流质量。

5.14.3 弹性链形悬挂中，弹性吊索的长度、张力和弹性吊索上的直吊弦位置是影响悬挂弹性的三个重要因素。因此，本标准将弹性吊索的长度和张力列为主控项目。弹性吊索的长度偏差、弹性吊索的安装张力偏差是根据郑西、武广客运专线等施工经验总结制定的。

5.15.1 引自《高速铁路设计规范(试行)》TB 10621—2009。

5.15.2 引自《高速铁路设计规范(试行)》TB 10621—2009。

5.15.3 接触线的坡度及坡度变化标准，采用《高速铁路设计规范(试行)》TB 10621—2009 的数值；两相邻悬挂点等高相对差和两相邻定位点的高差等要求是总结京津城际、武广、郑西客运专线施工和运营经验制定的；符合要求的定位点高度变化示意图如说明图 5.15.3 所示。

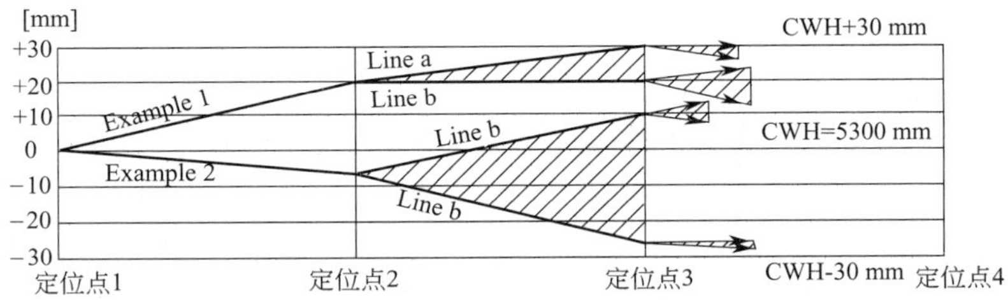

说明图 5.15.3 符合要求的定位点高度变化示意图

5.15.4 预留弛度对改善简单链形悬挂的弹性不均匀度具有显著的效果，因此，本标准借鉴京津城际标准对预留弛度偏差进行了规定。

5.15.6 拉出值允许偏差与最大设计拉出值有关。本标准总结京津城际、郑西、武广客运专线等施工及运营经验制定。

5.15.10 引自《高速铁路设计规范(试行)》TB 10621—2009。

5.17.4 按《高速铁路设计规范(试行)》TB 10621—2009，对于宽 1 950 mm 的标准受电弓，在距受电弓中心 600～1 050 mm 的平面和受电弓动态抬升 150 mm(时速 300 km 及以上为200 mm)高度构成的立体空间区域为高速铁路受电弓始触区范围。

5.17.6 无交叉线岔正、侧线的高差是根据道岔型号、布置形式而决定的，因此，本标准不提范围，只提根据设计要求而定。

5.22.6 由于《铁路客运专线技术管理办法(300～350 km/h 部分)(试行)》TG/04—2009 和《铁路客运专线技术管理办法(200～250 km/h 部分)(试行)》均规定，客运专线固定设备的上线检查、检测、维修工作都必须在天窗时间内进行，铁道部在《关于认真做好新颁客运专线接触网支柱、桥梁通用参考图实施工作的通知》(铁建设函〔2008〕399 号)中也已明确客运专线铁路桥梁上不设置人行道走行式检查车，因此，表 5.22.6 序号 1 中，铁路区间的正馈线和保护线在最大弛度时的对地绝缘距离按《铁路电力牵引供电设计规范》TB 10009—2005 表 5.6.4 中的“人员和车辆不能到达场所”选取，即分别取 5 m 和 4 m。

5.23

综合接地系统以沿线两侧贯通地线为主，充分利用沿线桥梁、隧道、路基地段构筑物设施内的接地装置作为接地体，形成低阻等电位综合接地平台。《高速铁路设计规范(试行)》

TB 10621—2009 规定："接触网接地应接入综合接地系统"。

5.23.2 本条是指单独接地时的独立接地极未与综合接地系统前的接地电阻值要求。

5.26

接触网静态检测指接触网工程已完成后，施工单位针对高速铁路建设特点，用接触网检测取代常速接触网工程的冷滑试验，对接触网工程进行全面检查。

5.26.3 《高速铁路设计规范(试行)》TB 10621—2009 对受电弓动态包络线范围规定为："受电弓左右摆动量宜按直线区段 250 mm，曲线区段 350 mm 设计，动态最大抬升量不应小于150 mm。"

5.26.3 郑西客专接触网弹性不均匀度检测方法是：第一次以 10 N 受电弓静态抬升力，行驶速度为 30～40 km/h，检测接触线高度及拉出值；第二次以 70 N 受电弓静态抬升力，行驶速度仍为 30～40 km/h，检测接触线高度及拉出值，通过计算得出弹性不均匀度。表 5.26.4 弹性不均匀度引自《高速铁路设计规范(试行)》TB 10621—2009。

6

本章各项要求引自《铁路供电调度系统设计规范》TB10117—2008 的相关规定。

7

观感质量验收不是单纯的外观检查，而是在工程完工后全面地对构成一个单位工程的各分部工程、分项工程结合成一个有机整体进行的评价。

7.1.1 单位工程观感质量评定的目的在于直观地从宏观上对工程的安全可靠性能和使用功能进行评定。如局部缺损、外观缺陷等，通过观感质量验收及时发现问题，提出整改，是一个不可缺少的质量控制环节。

ISBN 978-7-113-15341-0
9 787113 153410 >
定 价：420.00 元
（上、下册含光盘）

高速铁路工程施工质量验收标准

（下册）

铁路工程技术标准所　编

中 国 铁 道 出 版 社

2012年·北 京

总 目 录

（上 册）

（下 册）

引用国家和其他行业的标准目录

自密实混凝土应用技术规程

目　　次

3 材 料

3.0.1 自密实混凝土所用原材料除应符合本规程的规定，尚应满足普通混凝土所用原材料的相关标准要求。

3.0.2 根据工程具体需要，自密实混凝土可选用硅酸盐水泥、普通硅酸盐水泥、矿渣硅酸盐水泥、火山灰硅酸盐水泥、粉煤灰硅酸盐水泥、复合硅酸盐水泥；使用矿物掺合料的自密实混凝土，宜选用硅酸盐水泥或普通硅酸盐水泥。

3.0.3 自密实混凝土可掺入粉煤灰、粒化高炉矿渣粉、硅灰、沸石粉、复合矿物掺合料等活性矿物掺合料。其技术性能指标应符合下列要求：

1 粉煤灰

用于自密实混凝土的粉煤灰应符合现行国家标准《用于水泥和混凝土中的粉煤灰》GB/T 1596 中Ⅰ级或Ⅱ级粉煤灰的技术性能指标要求(表 3.0.3-1)。强度等级高于 C60 的自密实混凝土宜选用Ⅰ级粉煤灰。C 类粉煤灰的体积安定性检验必须合格。

表 3.0.3-1 粉煤灰技术性能指标

项 目		级别及技术性能指标	
		Ⅰ级	Ⅱ级
细度(45 μm 方孔筛筛余)(%)≤		12.0	25.0
需水量比(%)≤		95	105
烧失量(%)≤		5.0	8.0
含水量(%)≤		1.0	
三氧化硫(%)≤		3.0	
游离氧化钙(%)≥	F类粉煤灰	1.0	
	C类粉煤灰	4.0	

2 粒化高炉矿渣粉

用于自密实混凝土的粒化高炉矿渣粉应符合现行国家标准《用于水泥和混凝土中的粒化高炉矿渣粉》GB/T 18046 的技术性能指标要求(表 3.0.3-2)。

表 3.0.3-2 粒化高炉矿渣技术性能指标

项 目		级别及技术性能指标		
		S105	S95	S75
密度(g/cm³)≥		2.8		
比表面积(m²/kg)≥		350		
活性指数(%)≥	7 d	95	75	55
	28 d	105	95	75
流动度比(%)≥		85	90	95
含水量(%)≤		1.0		
三氧化硫(%)≤		4.0		
氯离子含量(%)≤		0.02		
烧失量(%)		3.0		

3 沸石粉

用于自密实混凝土的沸石粉应符合表 3.0.3-3 的要求。指标测定按现行国家标准《高强高性能混凝土用矿物外加剂》GB/T 18736 中的相关规定进行。

表 3.0.3-3 沸石粉技术性能指标

项　目	级别及技术性能指标	
	Ⅰ级	Ⅱ级
吸铵值(mmol/100 g)≥	130	100
比表面积(m^2/kg)≥	700	500
需水量比(%)≥	110	115
活性指数(%)≥	90	85

4 硅灰

用于自密实混凝土的硅灰应符合表 3.0.3-4 的要求。比表面积用 BET 氮吸附法进行测定,并按仪器说明书给定的方法计算出比表面积;二氧化硅含量按现行国家标准《高强高性能混凝土用矿物外加剂》GB/T 18736 中附录 A 的相关规定进行检验。

表 3.0.3-4 硅灰技术性能指标

项　目	技术性能指标
比表面积(m^2/kg)≥	15 000
二氧化硅含量(%)≥	85

5 复合矿物掺合料

用于自密实混凝土的复合矿物掺合料应符合表 3.0.3-5 的要求,细度按照现行国家标准《用于水泥和混凝土中的粉煤灰》GB/T 1596 中的方法进行测定,流动度比按照现行国家标准《用于水泥和混凝土中的粒化高炉矿渣粉》GB/T 18046 中的方法测定;其他项目的试验按照现行国家标准《高强高性能混凝土矿物外加剂》GB/T 18736 中的相关规定进行,并依据复合矿物掺合料中的主要组分来选择相关试验方法。

表 3.0.3-5 复合矿物掺合料技术性能指标

项　目		级别及技术性能指标		
		F105	F95	F75
比表面积(m^2/kg)≥		450	400	350
细度(0.045 mm 方孔筛筛余)(%)≥		10		
活性指数(%)	7 d≥	90	70	50
	28 d≥	105	95	75
流动度比(%)≥		85	90	95
含水量(%)≤		1.0		
三氧化硫(%)≤		4.0		
烧失量(%)≤		5.0		
氯离子(%)≤		0.02		

注:选择性指标,当用户有要求时,供货方应提供相关技术数据。

6 惰性掺合料

通过试验,自密实混凝土中也可采用惰性掺合料,其性能指标应符合表 3.0.3-6 的要求。试验按现行国家标准《用于水泥和混凝土中的粒化高炉矿渣粉》GB 18046 中的相关规定进行。

表 3.0.3-6 惰性掺合料技术性能指标

项目	三氧化硫	烧失量	氯离子	比表面积	流动度比	含水量
指标	≤4.0%	≤0.3%	≤0.02%	≥350 m^2/kg	≥90%	≤1.0%

3.0.4 细骨料宜选用第 2 级配区的中砂,砂的含泥量、泥块含量宜符合表 3.0.4 的要求。试验应按现行行业标准《普通混凝土用矿质量标准及检验方法》JGJ 52 中的相关规定进行。

表 3.0.4 砂的含泥量和泥块含量指标

项　　目	含泥量	泥块含量
指标	≤3.0%	≤1.0%

3.0.5 粗骨料宜采用连续级配或 2 个单粒径级配的石子,最大粒径不宜大于 20 mm;石子的含泥量、泥块含量及针片状颗粒含量宜符合表 3.0.5 的要求;石子空隙率宜小于 40%。试验应按现行行业标准《普通混凝土用碎石或卵石质量标准及标测方法》JGJ 53 中的相关规定进行。

表 3.0.5 石子的含泥量、泥块含量和针片状颗粒含量指标

项　　目	含泥量	泥块含量	针片状颗粒含量
指标	≤1.0%	≤0.5%	≤8%

3.0.6 减水剂应选用高效减不剂,宜选用聚羧酸系高性能减水剂。当需要提高混凝土拌合物的粘聚性时,自密实混凝土中可掺入增粘剂。

3.0.7 自密实混凝土拌合用水应符合现行行业标准《混凝土拌合用水标准》JGJ 63 的要求。

3.0.8 根据工程需要,自密实混凝土中可加入钢纤维、合成纤维、混杂纤维,其性能应符合现行协会标准《纤维混凝土结构技术规程》CECS 38 中的相关规定。

4 自密实混凝土性能

4.1 自密实混凝土自密实性能等级和性能

4.1.1 自密实混凝土的性能应满足建(构)筑物的结构特点和施工要求。

4.1.2 自密实混凝土的自密实性能包括流动性、抗离析性和填充性。可采用坍落扩展度试验、V 漏斗试验(或 T_{50} 试验)和 U 型箱试验进行检测。自密实性能等级分为三级,其指标应符合表 4.1.2 的要求,相关项目的检测方法按本规程附录 A 进行。

表 4.1.2 混凝土自密实性能等级指标

性能等级	一级	二级	三级
U 型箱试验填充高度(mm)	320 以上 (隔栅型障碍 1 型)	320 以上 (隔栅型障碍 2 型)	320 以上 (无障碍)
坍落扩展度(mm)	700±50	650±50	600±50
T_{50}(s)	5～20	3～20	3～20
V 漏斗通过时间(s)	10～25	7～25	4～25

4.1.3 应根据结构物的结构形状、尺寸、配筋状态等选用自密实性能等级。对于一般的钢筋混凝土结构物及构件可采用自密实性能等级二级。

一级:适用于钢筋的最小净间距为35～60 mm、结构形状复杂、构件断面尺寸小的钢筋混凝土结构物及构件的浇筑;

二级:适用于钢筋的最小净间距为60～200 mm的钢筋混凝土结构物及构件的浇筑;

三级:适用于钢筋的最小净间距200 mm以上、断面尺寸大、配筋量少的钢筋混凝土结构物及构件的浇筑,以及无筋结构物的浇筑。

4.2 硬化自密实混凝土的性能

4.2.1 自密实混凝土强度等级应满足配合比设计强度等级的要求。

4.2.2 自密实混凝土的弹性模量、长期性能和耐久性等其他性能,应符合设计或相关标准的要求。

5 自密实混凝土配合比设计

5.1 配合比设计基本规定

5.1.1 自密实混凝土配合比应根据结构物的结构条件、施工条件以及环境条件所要求的自密实性能进行设计,在综合强度、耐久性和其他必要性能要求的基础上,提出实验配合比。

5.1.2 自密实混凝土自密实性能的确认应按本规程第4.1.2、4.1.3条自密实混凝土自密实性能等级及相对应的使用范围进行。

5.1.3 在进行自密实混凝土的配合比设计调整时,应考虑水胶比对自密实混凝土设计强度的影响和水粉比对自密实性能的影响。

5.1.4 配合比设计宜采用绝对体积法。

5.1.5 对于某些低强度等级的自密实混凝土,仅靠增加粉体量不能满足浆体粘性时,可通过试验确认后适当添加增粘剂。

5.1.6 自密实混凝土宜采用增加粉体材料用量和选用优质高效减水剂或高性能减水剂,改善浆体的粘性和流动性。

5.2 自密实混凝土配合比设计

5.2.1 使用材料应按下列原则进行选择:

1 粉体的选定

粉体应根据结构物的结构条件、施工条件以及环境条件所需的新拌混凝土性能和硬化混凝土性能选定。

2 骨料的选定

骨料应根据新拌混凝土性能和硬化混凝土所需的性能选定。

3 外加剂的选定

所选用的外加剂应在其适宜掺量范围内,能够获得所需的新拌混凝土性能,并对硬化混凝土性能无负面影响。

5.2.2 初期配合比设计应符合下列要求:

1　粗骨料的最大粒径和单位体积粗骨料量

1)粗骨料最大粒径不宜大于 20 mm。

2)单位体积粗骨料量可参照表 5.2.2 选用。

表 5.2.2　单位体积粗骨料量

混凝土自密实性能等级	一级	二级	三级
单位体积精骨料绝对体积(m^3)	0.28～0.30	0.30～0.33	0.32～0.35

2　单位体积用水量、水粉比和单位体积粉体量

1)单位体积用水量、水粉比和单位体积粉体量的选择,应根据粉体的种类和性质以及骨料的品质进行选定,并保证自密实混凝土所需的性能。

2)单位体积用水量宜为 155～180 kg。

3)水粉比根据粉体的种类和掺量有所不同。按体积比宜取 0.80～1.15。

4)根据单位体积用水量和水粉比计算得到单位体积粉体量。单位体积粉体量宜为0.16～0.23 m^3。

5)自密实混凝土单位体积浆体量宜为 0.32～0.40 m^3。

3　含气量

自密实混凝土的含气量应根据粗骨料最大粒径、强度、混凝土结构的环境条件等因素确定,宜为 1.5%～4.0%。有抗冻要求时应根据抗冻性确定新拌混凝土的含气量。

4　单位体积细骨料量

单位体积细骨料量应由单位体积粉体量、骨料中粉体含量、单位体积粗骨料量、单位体积用水量和含气量确定。

5　单位体积胶凝材料体积用量

单位体积胶凝材料体积用量可由单位体积粉体量减法惰性粉体掺合料体积量以及骨料中小于 0.075 mm 的粉体颗粒体积量确定。

6　水灰比与理论单位体积水泥用量

应根据工程设计的强度计算出水灰比,并得到相应的理论单位体积水泥用量。

7　实际单位体积活性矿物掺合料量和实际单位体积水泥用量。

应根据活性矿物掺合料的种类和工程设计强度确定活性矿物掺合料的取代系数,然后通过胶凝材料体积用量、理论水泥用量和取代系数计算出实际单位体积活性矿物掺合料量和实际单位体积水泥用量。

8　水胶比

应根据本条第 2、6、7 款计算得到的单位体积用水量、实际单位体积水泥用量以及单位体积活性矿物掺合料量计算出自密实混凝土的水胶比。

9　外加剂掺量

高效减水剂和高性能减水剂等外加剂掺量应根据所需的自密实混凝土性能经过试配确定。

5.2.3　配合比的调整与确定应按下列要求进行:

1　验证新拌混凝土的质量

采用本规程第 5.2.2 条设计的初期配合比进行试拌,按本规程表 4.1.2 验证是否满足新拌混凝土的性能要求。

2 根据新拌混凝土性能进行配合比调整

1)当试拌混凝土不能达到所需的新拌混凝土性能时,应对外加剂、单位体积用水量、单位体积粉体量(水粉比)和单位体积粗骨料量进行适当调整。如要求性能中包括含气量,也应加以适当调整。

2)当上述调整仍不能满足要求时,应对使用材料进行变更。如变更较难时,应对配合比重新进行综合分析,调整新拌混凝土性能目标值,重新设计配合比。

3 验证硬化混凝土质量

新拌混凝土性能满足要求后,应验证硬化混凝土性能是否符合设计要求。当不符合要求时,应对材料和配合比进行适当调整后,重新进行试拌和试验再次确认。

4 配合比的表示方法

配合比的表示方法按表 5.2.3 的规定。

表 5.2.3 配合比的表示方法

<table>
<tr><td colspan="2">自密实混凝土强度等级</td><td colspan="2"></td></tr>
<tr><td colspan="2">自密实性能等级</td><td colspan="2"></td></tr>
<tr><td colspan="2">坍落扩展度目标值(mm)</td><td colspan="2"></td></tr>
<tr><td colspan="2">V 漏斗通过时间目标值(s)(或 T_{50}时间)</td><td colspan="2"></td></tr>
<tr><td colspan="2">水胶比</td><td colspan="2"></td></tr>
<tr><td colspan="2">水粉比</td><td colspan="2"></td></tr>
<tr><td colspan="2">含气量(%)</td><td colspan="2"></td></tr>
<tr><td colspan="2">粗骨料最大粒径(mm)</td><td colspan="2"></td></tr>
<tr><td colspan="2">单位体积粗骨料绝对体积(m^3)</td><td colspan="2"></td></tr>
<tr><td colspan="2">单位体积材料用量</td><td>体积用量(L)</td><td>质量用量(kg)</td></tr>
<tr><td colspan="2">水 W</td><td></td><td></td></tr>
<tr><td colspan="2">水泥 C</td><td></td><td></td></tr>
<tr><td colspan="2">掺合料</td><td></td><td></td></tr>
<tr><td colspan="2">细骨料 S</td><td></td><td></td></tr>
<tr><td colspan="2">粗骨料 G</td><td></td><td></td></tr>
<tr><td rowspan="2">外加剂</td><td>高性能减水剂</td><td></td><td></td></tr>
<tr><td>其他外加剂</td><td></td><td></td></tr>
</table>

注:1 当掺合料为多种材料时,分别以不同栏目表示;
2 液体外加剂中的含水计入单位体积用水量。

6 生产与运输

6.1 生产与运输设备

6.1.1 搅拌机应符合现行国家标准《混凝土搅拌机》GB/T 9142 的规定,宜采用强制式搅拌机。当采用其他类型的搅拌设备时,应根据需要适当延长搅拌时间。

6.1.2 计量设备应符合下列要求:

1 计量设备的精度应符合现行国家标准《混凝土搅拌站(楼)技术条件》GB 10172 的有关规定;

2　计量设备应按有关规定由法定计量单位进行检定,使用期间应定期进行校准;

3　计量设备应能连续计量不同配比混凝土的各种材料,并应具有实际计量结果逐盘记录和储存功能。

6.1.3　混凝土运输设备应符合下列要求:

1　混凝土运输设备在运送混凝土时,应能保持混凝土拌合物的均匀性,不应产生离析、分层和前后不均匀现象;

2　混凝土搅拌运输车应符合现行行业标准《混凝土搅拌运输车》JG/T 5094 的规定。当在施工现场需用外加剂进行扩展度调整时,应使混凝土得到充分搅拌,使其均匀一致。

6.2　原材料贮存与管理

6.2.1　各种材料必须分仓贮存,并应有明显的标识。

6.2.2　水泥应按生产厂家、品种及等级分别贮存,并应防止受潮和污染。

6.2.3　掺合料应按品种、级别分别贮存,严禁与水泥等其他粉状混杂。

6.2.4　骨料的贮存宜采用仓储或加屋顶遮盖。

6.2.5　骨料的贮存应保证骨料的均匀性,不应使大小颗粒分离,并应将不同品种、规格的骨料分别贮存,避免混杂和污染。骨料的贮存地面应为能排水的硬质地面。

6.2.6　外加剂应按生产厂家、品种分别贮存,并应具有防止其发生变化的措施。

6.3　原材料计量与搅拌

6.3.1　各种固体原材料的计量均应按质(重)量计,水和液体外加剂的计量可按体积计。

6.3.2　原材料的计量允许偏差应符合表 6.3.2 的规定。

表 6.3.2　原材料计量允许偏差

序号	原材料品种	水泥(%)	骨料(%)	水(%)	外加剂(%)	掺合料(%)
1	每盘计量允许偏差	±2	±3	±1	±1	±2
2	累计计量允许偏差	±1	±2	±1	±1	±1

注:累计计量允许偏差是指每一运输车中各盘混凝土的每种材料计量和的偏差,该指标只适用于采用微机控制的搅拌站。

6.4　生　　产

6.4.1　混凝土应采用符合本规程第 6.1.1 条规定的搅拌机进行生产。

6.4.2　与生产普通混凝土相比应适当延长搅拌时间。

6.4.3　投料顺序宜先投入细骨料、水泥及掺合料搅拌 20 s 后,再投入 2/3 的用水量和粗骨料搅拌 30 s 以上,然后加入剩余水量和外加剂搅拌 30 s 以上。当在冬期施工时,应先投入骨料和全部净用水量后搅拌 30 s 以上,然后再投入胶凝材料搅拌 30 s 以上,最后加外加剂搅拌 45 s以上。

6.4.4　生产过程中应测定骨料的含水率,每一个工作班不应少于 2 次。当含水率有显著变化时,应增加测定次数,并应依据检测结果及时调整用水量和骨料用量,不得随意改变配合比。

6.4.5　混凝土配合比使用过程中,应根据原材料的变化或混凝土质量动态信息及时进行调整。

6.5 质量管理与控制

6.5.1 混凝土生产企业应具备完善的质量管理体系和相应资质的技术人员。

6.5.2 混凝土生产企业应具备与产品相适应的混凝土检测设备、实验条件。

6.5.3 混凝土的检验规则除应符合现行国家标准《预拌混凝土》GB/T 14902 的规定外，尚应进行下列项目的检验：

1 混凝土出厂时应检验其流动性、抗离析性和填充性；

2 混凝土强度试件的制作方法：将混凝土搅拌均匀后直接倒入试模内，不得使用振动台和插捣方法成型。

6.6 运　　输

6.6.1 混凝土运输车应采用本规程第 6.1.3 条规定的运输车运送。

6.6.2 运输车在接料前应将车内残留的其他品种的混凝土清洗干净，并将车内积水排尽。

6.6.3 运输过程中严禁向车内的混凝土加水。

6.6.4 混凝土的运输时间应符合规定，未作规定时，宜在 90 min 内卸料完毕。当最高气温低于 25 ℃时，运送时间可延长 30 min。混凝土的初凝时间应根据运输时间和现场情况加以控制，当需延长运送时间时，应采用相应技术措施，并应通过试验验证。

6.6.5 卸料前搅拌运输车应高速旋转 1 min 以上方可卸料。

6.6.6 在混凝土卸料前，如需对混凝土扩展度进行调整时，加入外加剂后混凝土搅拌运输车应高速旋转 3 min，使混凝土均匀一致，经检测合格后方可卸料。外加剂的种类、掺量应事先试验确定。

6.6.7 混凝土的运输速度应保证施工的连续性。

6.6.8 混凝土在运输过程中应壁免遗撒。

7 施　　工

7.1 一般规定

7.1.1 施工前应制定适当的自密实混凝土施工方案，应依据方案实施并加强管理。

7.1.2 自密实混凝土的施工措施应根据浇筑部位加以确定。斜坡面部位浇筑自密实混凝土时，应有相应的施工措施。

7.2 模板选择及施工

7.2.1 模板形式除采用传统模板外，也可采用保温一体化模板。

7.2.2 模板及其支护部件应根据工程结构形式、荷载大小、地基土类别、施工程序、施工机具和材料供应等条件进行选择。

7.2.3 模板及其支护应具有足够的承载能力、刚度和稳定性，应能可靠地承受浇筑混凝土的自重、侧压力(按液压计算)、施工过程中产生的荷载。

7.2.4 成型的模板应构造紧密、不漏浆，不影响自密实混凝土均匀性和强度发展，并能保证构件形状正确、规整。

7.2.5 安装模板时，应准确配置混凝土垫块或钢筋定位装置等。

7.2.6 模板的支撑立柱应置于坚实的地(基)面上,并应具有足够的刚度、强度和稳定性,间距适度,应防止支撑沉陷,引起模板变形。上下层模板的支撑立柱应对准。

7.2.7 模板及其支护的拆除顺序和相应的施工安全措施在制定施工技术方案时应考虑周全。拆除模板时,不得随意投掷。拆除的模板和支架应随拆随运,不得在楼板面形成局部过大的荷载。同时,也应防止对模板的损伤。

7.2.8 底模及其支架拆除时的混凝土强度应符合设计要求;当无设计要求时,混凝土强度应符合表 7.2.8 的规定。

表 7.2.8 底模拆除时的混凝土强度要求

构件类型	构件跨度(m)	达到设计的混凝土立方体抗压强度标准值的百分率(%)
板	≤2 >2,≤8 >8	≥50 ≥75 ≥100
梁、拱、壳	≤8 >8	≥75 ≥100
悬臂构件	—	≥100

7.2.9 已拆除的模板及其支架的结构,当施工荷载所产生的效应比使用荷载的效应更不利时,必须经过验算并加设临时支撑。

7.2.10 有特殊要求部位的模板施工,应制定专项施工技术方案。

7.3 现场浇筑

7.3.1 浇筑时应考虑结构的浇筑区域、构件类别、钢筋配置状况以及混凝土拌合物的品质,并选用适当机具与浇筑方法。

7.3.2 应根据试验结果和施工实际确定混凝土泵的种类、台数、输送管径、配管距离等。

7.3.3 浇筑之前要检查模板及其支架、钢筋以及保护层厚度、预埋件等的位置、尺寸,确认正确无误后,方可进行浇筑。浇筑的混凝土应填充到钢筋、埋设物周围及模板内各角落,为防止产生浇筑不均匀及表面气泡,可在模板外侧辅助敲击。

7.3.4 自密实混凝土的泵送和浇筑应保持其连续性,当因停泵时间过长,混凝土不能达到要求的工作性时,应及时清除泵和泵管中的混凝土,重新浇筑。

7.3.5 泵送时应考虑自密实混凝土性能、构件形状、配筋状况,应根据试验结果和施工实际确定自密实混凝土的浇筑速度。

7.3.6 对现场浇筑的混凝土应进行监控,当运抵现场的混凝土坍落扩展度低于设计扩展度下限值时不得施工,可采取经试验确认的可靠方法调整坍落扩展度。在降雨、雪时不宜在露天浇筑混凝土。

7.3.7 浇筑时的最大自由落下高度宜在 5 m 以下,最大水平流动距离应根据施工部位对混凝土性能的要求而定,最大不宜超过 7 m。

7.3.8 浇筑时应防止钢筋、模板、定位装置等的移动和变形,对于型钢混凝土结构应均匀浇筑,防止扭曲变形。

7.3.9 分层浇筑混凝土时,应在下一层混凝土初凝前将上一层混凝土浇筑完毕。

7.3.10 滑模施工时应保持模板平整光洁，并应严格控制混凝土的凝结时间与滑模速率匹配，防止滑模时产生拉裂、塌陷。

7.3.11 板类（含底板）混凝土面层浇筑完毕后，应在初凝后终凝前进行二次抹压。

7.3.12 混凝土浇筑后，静停过程中因气泡溢出导致混凝土沉降，可在浇筑时适当提高所要求的标高，也可在混凝土初凝前补充浇筑至所规定的标高。

7.3.13 除上述规定外，其他按普通混凝土相关标准的规定执行。

7.4 预制构件生产

7.4.1 用于生产预制构件的自密实混凝土，应根据生产要求适当调整自密实性能的保持时间。

7.4.2 浇筑大型预制构件时，必须保证自密实混凝土的连续供应。分区或分层浇筑时，应在前次混凝土自密实性能保持时间内及时进行后续浇筑。

7.4.3 采用自密实混凝土生产预制构件时，浇筑速度不宜太快，不应大于自密实混凝土在自重下的流动速度。

7.4.4 采用自密实混凝土生产预制构件，应充分保证侧面模板的刚度和支护强度。

7.4.5 对外观有严格要求的预制构件，应严格选择适当材质的模板和脱模剂种类，同时可对模板进行适当的辅助性振动和敲打。

7.4.6 浇筑采用形状复杂或封闭空间的模板时，在模板上部适当位置应设置排气孔或采用透气模板。

7.4.7 预制构件需要短时间脱模时，经后期强度的验证，可采用蒸汽养护，也可采用具有早强功能的外加剂。

7.5 养　　护

7.5.1 应制定养护方案，派专人负责养护工作。

7.5.2 混凝土浇筑完毕，应及时养护，并适当延长预养护时间，养护时间不得少于 14 d。钢管混凝土和保温模板一体化施工技术等不拆模、无外露混凝土面的可省略养护过程。

7.5.3 浇筑后的自密实混凝土可采用覆盖、洒水、喷雾或用薄膜保湿、喷养护剂（液）等养护措施。

7.5.4 对底板和楼板等平面结构构件，自密实混凝土浇筑收浆和抹压后，应及时采用塑料薄膜覆盖。混凝土硬化至可上人时，应揭去塑料薄膜，铺上麻袋或草帘，用水浇透，有条件时尽量蓄水养护。

7.5.5 截面较大的柱子，宜用湿麻袋围裹喷水养护，或用塑料薄膜围裹自生养护，也可涂刷养护液。

7.5.6 墙柱体自密实混凝土浇筑完毕，混凝土达到 2.5 MPa 后，必要时可松动模板，离缝约 3～5 m，在墙柱体顶部架设淋水管，喷淋养护。拆除模板后，应在墙面覆挂麻袋或草帘覆盖物，避免阳光直照墙面。连续喷水养护时间应根据工程环境条件确定。地下室外墙宜尽早防护及回填土。

7.5.7 冬期施工不能向裸露部位的自密实混凝土直接浇水养护，应用保温材料和塑料薄膜进行保温、保湿养护。保温材料的厚度应经热工计算确定。

8　质量检验与验收

8.0.1　预拌混凝土到达施工现场后应逐车检测坍落扩展度、T_{50}，不得发生外沿泌浆和中心骨料堆积现象，也可增加全量检查装置的检查。

8.0.2　自密实混凝土的强度检验评定应符合现行国家标准《混凝土强度检验评定标准》GBJ 107 等标准的规定。

8.0.3　自密实混凝土含气量与合同规定值之差不应超过±1.5%。对于港工、水工和铁道等对耐久性有特殊要求的混凝土含气量应符合相关标准。

8.0.4　氯离子含量应符合现行国家标准《混凝土结构设计规范》GB 50010 的要求。

8.0.5　碱骨料反应检测指标应符合现行国家标准《混凝土结构设计规范》GB 50010 的要求。

8.0.6　放射性核素放射性比活度应符合现行国家标准《建筑材料放射性核素限量》GB 6566 的要求。

8.0.7　自密实混凝土工程质量的检验与验收应按现行国家标准《混凝土结构工程施工质量验收规范》GB 50204 的规定执行。

当需方对自密实混凝土其他性能有要求时，应按国家现行有关标准进行试验，无相应标准时应按合同规定进行试验，其结果应符合标准及合同要求。

附录 A　自密实混凝土自密实性能检测方法

A.1　自密实混凝土坍落扩展度试验方法

A.1.1　本方法用于测量新拌自密实混凝土的流动性能。适用于各等级自密实混凝土的流动性能测定。

A.1.2　试验工具应符合下列要求：

1　坍落度筒应符合现行国家标准《普通混凝土拌合物性能试验方法标准》GB 50080 中所规定的坍落度试验用平截圆锥体模具。

2　钢质平板的表面必须平滑，且板材应具有良好的水密性和刚性。平板的尺寸，长宽应在 0.8 m×0.8 m 以上，板厚在 3.0 mm 以上。当需测定混凝土流至 500 mm 的时间时，需在平板表面有直径约为 500 mm 的圆环。如平板上装有把手，其位置不应妨碍扩展度测定。

3　游标卡尺或钢质卷尺的最小刻度不应大于 1 mm。

4　扩展度测量的辅助工具(图 A.1.2)可用 L 型角钢切割加工而成。当使用卷尺能够正确测量扩展度时，可不使用辅助工具。

5　应根据需要准备容量约 12 L 的水桶等盛料容器。

6　应能量测至 0.1 s 的秒表。

A.1.3　新拌混凝土的试样，可按现行国家标准《普通混凝土拌合物性能试验方法标准》GB 50080 中的相关规定制得。

A.1.4　试验方法应符合下列规定：

1　用湿布擦拭坍落度桶内表面及钢质平板表面使之湿润，将坍落度筒置于水平放置的钢质平板上，平板是否水平可用气泡水准仪测定。

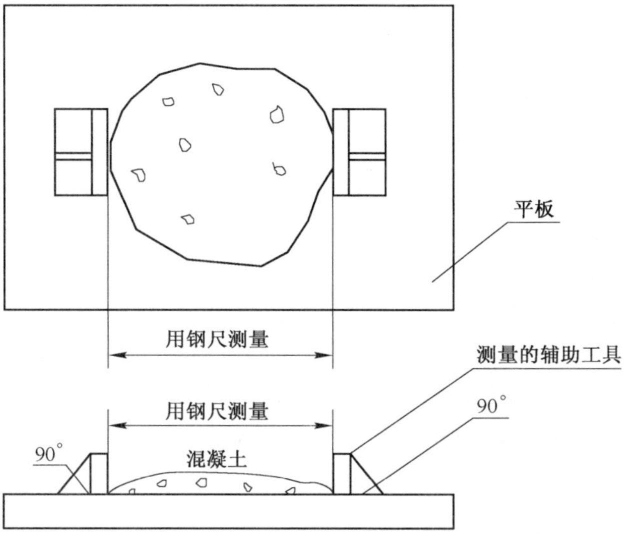

图 A.1.2 扩展度测量工具的使用示意

2 在新拌混凝土试样不产生材料离析的状态下，将其填入坍落度筒内。将自密实混凝土填入坍落度筒内时，利用盛料容器使内盛的混凝土拌合物均匀流出，不分层一次填充至满，自开始入料至填充结束应在 2 min 内完成，且不施以任何捣实或振动。

3 用刮刀刮除坍落度筒中已填充混凝土顶部的余料，使其与坍落度桶的上缘齐平后，随即将坍落度筒沿铅直方向连续地向上提起 30 cm 的高度，提起时间宜控制在 3 s 左右。待混凝土的流动停止后，测量展开圆形的最大直径，以及与最大直径呈垂直方向的直径，测定直径时量测一次即可。

注：若向上缓慢提起坍落度筒超过 10 s 时，多余的试样将粘附于坍落度筒的内壁，将导致坍落试样在中心的部位增加静滞的骨料。

4 测定扩展度达 500 mm 的时间 T_{50} 时，应自坍落度筒提起时开始，至扩展开的混凝土外缘初触平板上所绘直径 500 mm 的圆周为止，以秒表测定时间，精确至 0.1 s。

5 自坍落度筒提起时开始、至目视判定混凝土停止流动时止，以秒表测定流动停止时间，准确至 0.1 s。

注：测定混凝土的坍落度时，测量混凝土中央部位坍下的距离，即为坍落度。坍落度测定时，精确至 5 mm。

A.1.5 混凝土的扩展度为混凝土拌合物坍落扩展终止后扩展面相互垂直的两个直径的平均值，应精确至 1 mm。

注：混凝土扩展度试验中，如扩展开的混凝土偏离圆形，测得两直径之差在 5 cm 以上时，需从同一盘混凝土中另取试样重新试验。

A.1.6 检验报告应符合下列要求：

1 报告中应包含下列项目：

1)试验日期(年，月，日)；

2)混凝土盘别编号；

3)骨料标称最大粒径；

4)混凝土坍落度；

5)混凝土坍落扩展度值；

6)以目视观察混凝土有无材料离析的情况。

2　根据试验,选择其中的项目:

1)扩展度达到 500 mm 的时间 T_{50};

2)扩展度试验中混凝土流动停止的时间。

A.2　自密实混凝土 V 漏斗试验方法

A.2.1　本方法用于测量自密实混凝土的粘稠性和抗离析性。适用于各个等级的自密实混凝土粘稠性能和抗离析性能的测定。

A.2.2　试验工具应符合下列要求:

1　V 形漏斗的形状和内部尺寸如图 A.2.2 所示,漏斗的容量约为 10 L,其内表面应经加工修整呈平滑状。V 形漏斗制作材料可用金属,也可用塑料。在漏斗出料口的部位,应附设快速开启且具有水密性的底盖。漏斗上端边缘的部位应加工平整,构造平滑。

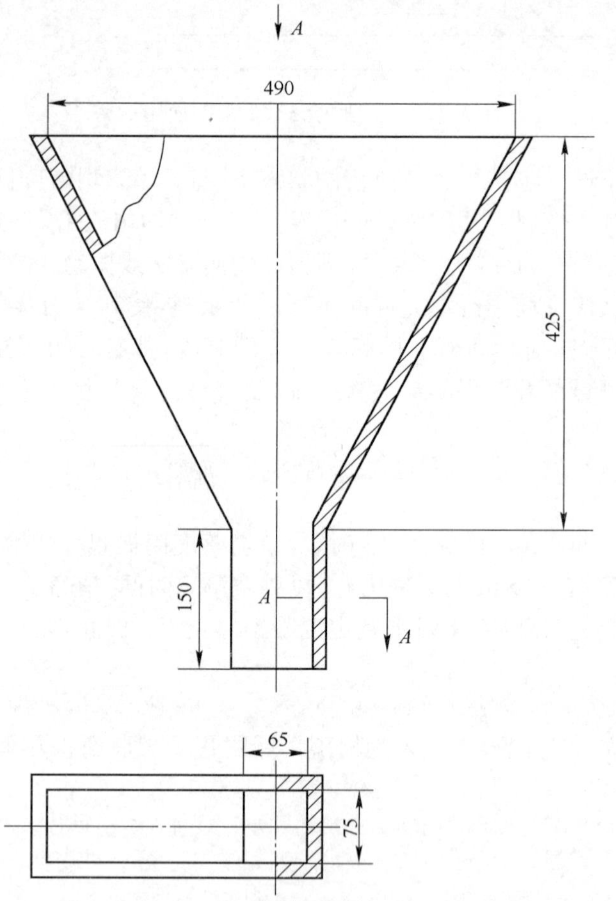

图 A.2.2　V 漏斗的形状和内部尺寸

2　支承漏斗的台架宜有调整装置,应确保台架的水平,且易于搬运。

3　应备有混凝土投料用容器(约 5 L 容量,附有把手的塑料桶)、接料容器(约 12 L 容量的水桶)、刮平混凝土顶面的平直刮刀、能准确量测至 0.1 s 的秒表和湿布等。

A.2.3　新拌混凝土试样,可按现行国家标准《普通混凝土拌合物性能试验方法标准》GB 50080 的相关规定制作。

A.2.4 试验方法应符合下列规定：

1 V形漏斗经清水冲洗干净后置于台架上，使其顶面呈水平，本体侧为垂直状态。应确保漏斗稳固。用拧过的湿布擦拭漏斗内表面，使其保持湿润状态。

2 在漏斗出口的下方，放置承接混凝土的接料容器。混凝土试样填入漏斗前，应先行确认漏斗流出口的底盖是否已经关闭。

3 用混凝土投料用容器盛装混凝土试样，由漏斗的上端平稳地填入漏斗内至满。

4 用刮刀沿漏斗上端将混凝土的顶面刮平。

注：混凝土试样约为 10 L 左右。

5 混凝土顶面刮平，待静置 1 min 后，将漏斗出料口的底盖打开，用秒表测量自开盖至漏斗内混凝土全部流出的时间(t_0)，精确至 0.1 s。同时观察并记录混凝土是否有堵塞等状况。

注：1 若新拌混凝土的粘滞性较高，全量流空瞬间的判定较为困难时，可由漏斗上方向下观察，透光的瞬间即为混凝土由卸料口流完的瞬间。测量流下时间时，应用精度在 0.1 s 以上的秒表进行测定。

2 流下时间的测定，宜在 5 min 内对试样进行 2 次以上的试验。以 2～3 次试验结果的平均值进行评价，可减少取样的误差。

A.2.5 试验结果应符合下列要求：

1 混凝土流下时间的测量应精确至 0.1 s。

2 混凝土流动状况记录除测量流下时间外，还应记录混凝土在流下过程中的流动状况，如是否有堵塞的状况等。

A.2.6 检验报告中应包含下列各项内容：

1 混凝土的配合比。

2 混凝土流下时间 t_0。

3 混凝土流动状况记录。

A.3 自密实混凝土 U 型箱试验方法

A.3.1 本方法用于测量新拌混凝土通过钢筋间隙与自行填充至模板角落的能力，适用于各个等级的自密实混凝土自密实性能的测定。

A.3.2 试验工具应符合下列要求：

1 填充装置采用 U 型箱容器的形状和尺寸如图 A.3.2-1 所示。采用材料应为钢质或有机玻璃，内表面应平滑，并就尽量减少混凝土与容器间的摩擦阻力。组装后的填充装置应坚固，且能观察混凝土的流动状态。钢制的填充装置，其量测填充高度的面，应使用透明材料。

2 在填充装置的中央部位放置隔栅型障碍，如图 A.3.2-2 中所示。1 型隔栅由 5 根 ϕ10 光圆钢筋制成，2 型隔栅由 3 根 ϕ13 光圆钢筋制成，可根据结构物的形状、尺寸及配筋状况等，结合自密实混凝土等级选择相应的障碍和检测标准。

3 在填充装置的中央部位设有沟槽，间隔板和可开启的间隔门能插入其中，凭借插入装置，使 A 室与 B 室成为能被隔开的两个空间。

注：由于容器的尺寸误差，间隔板和间隔门的厚度影响等，将使最大填充高度产生差异，因此，宜对 B 室一侧进行净水位的测定，以确认所用填充装置的最大填充高度。

4 应备有混凝土投料用容器(约 5 L 容量，有把手的塑料桶)、混凝土顶面刮平用平直刮刀或抹刀、应准确读至 1 mm 的钢制卷尺、应量测至 0.1 s 的秒表及湿布等。

A.3.3 新拌混凝土试样可按现行国家标准《普通混凝土拌合物性能试验方法标准》GB 50080 中的相关规定制得。

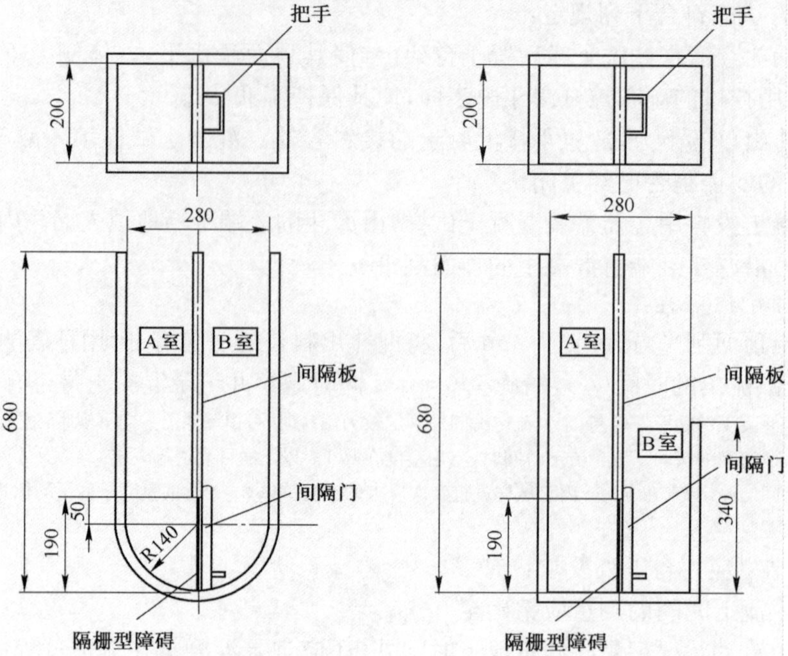

（a）U型箱-A型　　（b）U型箱-B型

图 A.3.2-1　U型箱容器的形状与尺寸

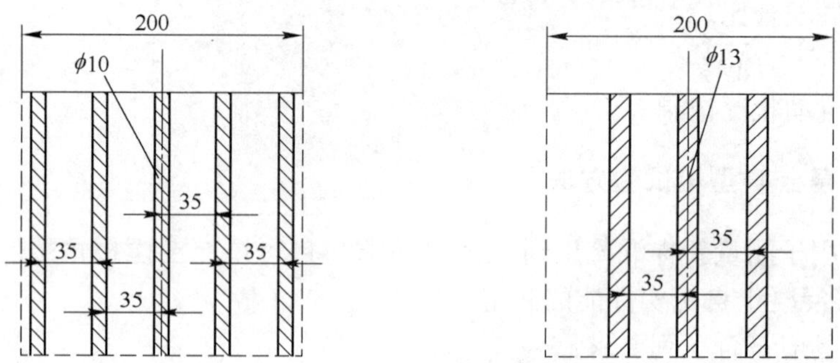

（a）隔栅型障碍 1 型　　（b）隔栅型障碍 2 型

图 A.3.2-2　U型箱隔栅型障碍形状与尺寸

A.3.4　试验方法应符合下列规定：

1　应使填充装置呈垂直放置，顶面为水平状态。

2　在填充装置中，插入间隔门并装好隔栅型障碍的间隔板。

3　将填充容器内表面、间隔门、间隔板和隔栅型障碍等，用湿布擦拭润湿。

4　关闭间隔门，用有把手的塑料桶容器，将新拌混凝土试样连续浇入 A 室至满，不得用振捣棒振捣或橡皮槌敲振。

5　用刮刀沿填充容器的上缘刮平混凝土顶面后，静置 1 min。

6　连续、迅速地将间隔门向上拉起(图 A.3.4)，混凝土边通过隔栅型障碍边向 B 室流动，直至流动停止为止，在此期间填充装置均需保持静止、不得移动。

7　在填充容器的 B 室，由填充混凝土的下端开始，以钢制卷尺量测混凝土填充至其顶面的高度，应精确至 1 mm。此高度即为填充高度，以 Bh(mm)表示。测量时应沿容器宽的方向

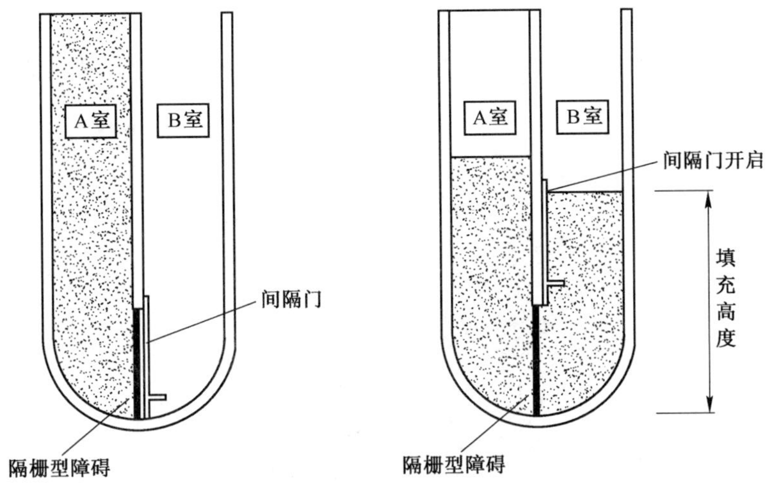

(a) A型U型箱

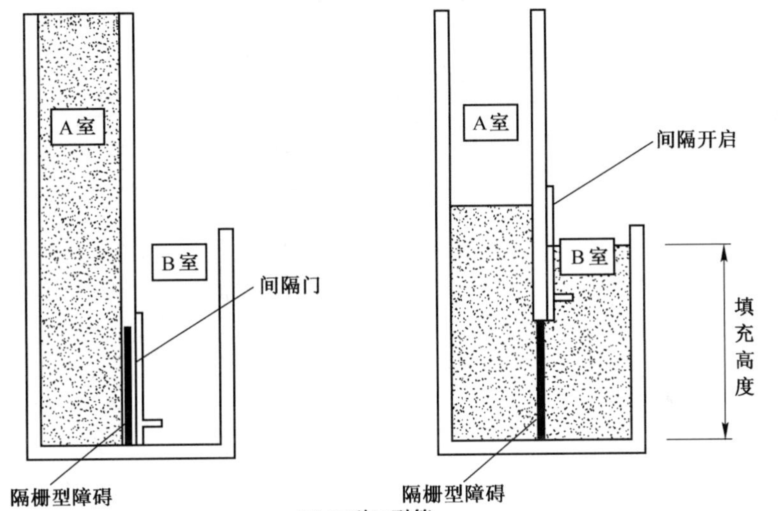

(b) B型U型箱

图 A.3.4 U型箱试验过程与测量方法

量取两端及中央等3个位置的填充高度，取其平均值。

A.3.5 在3个位置所测得的填充高度Bh(mm)，计算其平均值，其结构修正至小数点后1位，报告时以整数值表示。

A.3.6 检验报告中应包括含下列各项内容：

1 混凝土的配合比。

2 隔栅型障碍的种类。

3 填充高度Bh(mm)。

A.4 自密实混凝土全量检测方法

A.4.1 本方法用于全程实施检测现场浇筑过程中的自密实混凝土的自密实性能。适用于各个等级的自密实混凝土自密实性能的测定。

A.4.2 进行全量检测的工具称为全量检测仪，其结构尺寸如图A.4.2所示。检测仪使用金属材料制作。全量检测仪的尺寸可根据结构物的配筋情况，对其外部尺寸和内部障碍通过协商进行调整。

A.4.3　进行检测时，应将全量检测仪置于自密实混凝土卸料口，使自密实混凝土首先通过全量检测仪，然后再进行浇筑。

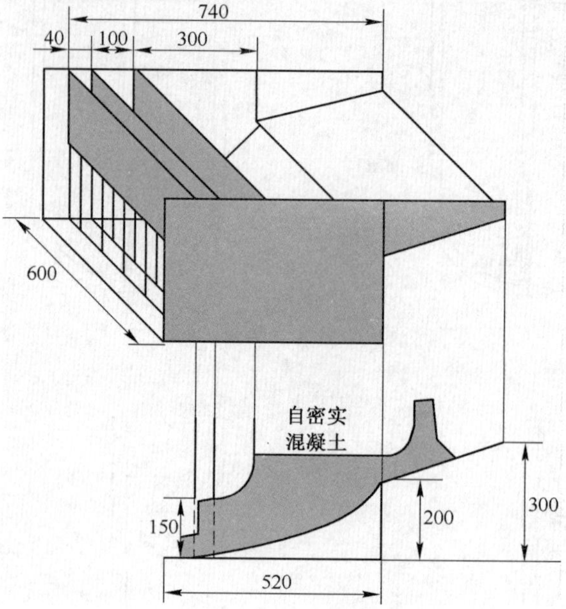

图 A.4.2　全量检测仪结构尺寸

注：全量检测仪用于浇筑过程中实时检测自密实混凝土的自密实性能，能够顺利通过全量检测仪的自密实混凝土，具有良好的自密实性能。

钢筋混凝土用钢
第1部分:热轧光圆钢筋

目　次

4　分级、牌号

4.1　钢筋按屈服强度特征值分为 235、300 级。

4.2　钢筋牌号的构成及其含义见表 1。

表　1

产品名称	牌号	牌号构成	英文字母含义
热轧光圆钢筋	HPB235	由 HPB＋屈服强度特征值构成	HPB—热轧光圆钢筋的英文(Hot rolled Plain Bars)缩写
	HPB300		

5　订货内容

按本部分订货的合同至少应包括下列内容：

a) 本部分标准编号；

b) 产品名称；

c) 钢筋牌号；

d) 钢筋公称直径、长度及重量(或数量、盘重)；

e) 特殊要求。

6　尺寸、外形、重量及允许偏差

6.1　公称直径范围及推荐直径

钢筋的公称直径范围为 6 mm～22 mm，本部分推荐的钢筋公称直径为 6 mm、8 mm、10 mm、12 mm、16 mm、20 mm。

6.2　公称横截面面积与理论重量

钢筋的公称横截面面积与理论重量列于表 2。

表　2

公称直径/mm	公称横截面面积/mm²	理论重量 /(kg/m)
6(6.5)	28.27(33.18)	0.222(0.260)
8	50.27	0.395
10	78.54	0.617
12	113.1	0.888
14	153.9	1.21
16	201.1	1.58
18	254.5	2.00
20	314.2	2.47
22	380.1	2.98
注：表中理论重量按密度为 7.85 g/cm³ 计算。公称直径 6.5 mm 的产品为过渡性产品。		

6.3　光圆钢筋的截面形状及尺寸允许偏差

6.3.1　光圆钢筋的截面形状如图 1 所示。

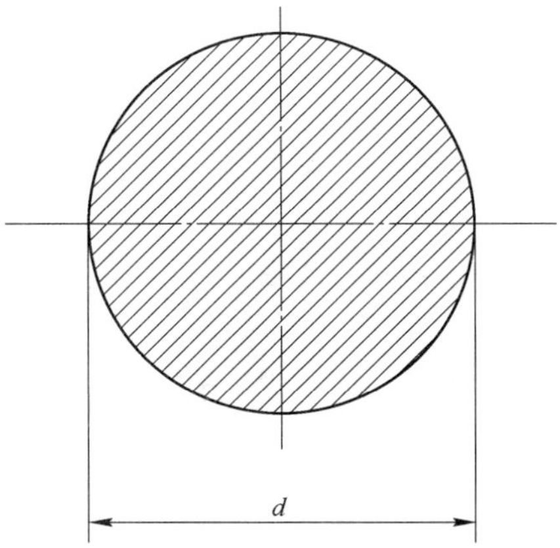

图　1

d—钢筋直径。

6.3.2　光圆钢筋的直径允许偏差和不圆度应符合表3的规定。钢筋实际重量与理论重量的偏差符合表4规定时,钢筋直径允许偏差不作交货条件。

表　3

公称直径/mm	允许偏差/mm	不圆度/mm
6(6.5) 8 10 12	±0.3	≤0.4
14 16 18 20 22	±0.4	

6.4　长度及允许偏差

6.4.1　长度

6.4.1.1　钢筋可按直条或盘卷交货。

6.4.1.2　直条钢筋定尺长度应在合同中注明。

6.4.2　长度允许偏差

按定尺长度交货的直条钢筋其长度允许偏差范围为0～+50 mm。

6.5　弯曲度和端部

6.5.1　直条钢筋的弯曲度应不影响正常使用,总弯曲度不大于钢筋总长度的0.4%。

6.5.2　钢筋端部应剪切正直,局部变形应不影响使用。

6.6　重量及允许偏差

6.6.1　钢筋按实际重量交货,也可按理论重量交货。

6.6.2　直条钢筋实际重量与理论重量的允许偏差应符合表4的规定。

表 4

公称直径/mm	实际重量与理论重量的偏差/%
6～12	±7
14～22	±5

6.6.3 盘重

按盘卷交货的钢筋，每根盘条重量应不小于 500 kg，每盘重量应不小于 1 000 kg。

7 技术要求

7.1 牌号和化学成分

7.1.1 钢筋牌号及化学成分(熔炼分析)应符合表 5 的规定。

表 5

牌号	化学成分(质量分数)，% 不大于				
	C	Si	Mn	P	S
HPB235	0.22	0.30	0.65	0.045	0.050
HPB300	0.25	0.55	1.50		

7.1.2 钢中残余元素铬、镍、铜含量应各不大于 0.30%，供方如能保证可不作分析。

7.1.3 钢筋的成品化学成分允许偏差应符合 GB/T 222 的规定。

7.2 冶炼方法

钢以氧气转炉、电炉冶炼。

7.3 力学性能、工艺性能

7.3.1 钢筋的屈服强度 R_{eL}、抗拉强度 R_m、断后伸长率 A、最大力总伸长率 A_{gt} 等力学性能特征值应符合表 6 的规定。表 6 所列各力学性能特征值，可作为交货检验的最小保证值。

表 6

牌号	R_{eL}/MPa	R_m/MPa	A/%	A_{gt}/%	冷弯试验 180° d—弯芯直径 a—钢筋公称直径
	不小于				
HPB235	235	370	25.0	10.0	$d=a$
HPB300	300	420			

7.3.2 根据供需双方协议，伸长率类型可从 A 或 A_{gt} 中选定。如伸长率类型未经协议确定，则伸长率采用 A，仲裁检验时采用 A_{gt}。

7.3.3 弯曲性能

按表 6 规定的弯芯直径弯曲 180°后，钢筋受弯曲部位表面不得产生裂纹。

7.4 表面质量

7.4.1 钢筋应无有害的表面缺陷，按盘卷交货的钢筋应将头尾有害缺陷部分切除。

7.4.2 试样可使用钢丝刷清理，清理后的重量、尺寸、横截面积和拉伸性能满足本部分的要求，锈皮、表面不平整或氧化铁皮不作为拒收的理由。

7.4.3 当带有 7.4.2 规定的缺陷以外的表面缺陷的试样不符合拉伸性能或弯曲性能要求时，

则认为这些缺陷是有害的。

8　试验方法

8.1　检验项目

每批钢筋的检验项目，取样方法和试验方法应符合表7的规定。

表　7

序号	检验项目	取样数量	取样方法	试验方法
1	化学成分 （熔炼分析）	1	GB/T 20066	GB/T 223 GB/T 4336
2	拉伸	2	任选两根钢筋切取	GB/T 228、本部分8.2
3	弯曲	2	任选两根钢筋切取	GB/T 232、本部分8.2
4	尺寸	逐支（盘）		本部分8.3
5	表面	逐支（盘）		目视
6	重量偏差	本部分8.4		本部分8.4
注：对化学分析和拉伸试验结果有争议时，仲裁试验分别按GB/T 223、GB/T 228进行。				

8.2　力学性能、工艺性能试验

8.2.1　拉伸、弯曲试验试样不允许进行车削加工。

8.2.2　计算钢筋强度用截面面积采用表2所列公称横截面面积。

8.2.3　最大力总伸长率A_{gt}的检验，除按表7规定采用GB/T 228的有关试验方法外，也可采用附录A的方法。

8.3　尺寸测量

钢筋直径的测量应精确到0.1 mm。

8.4　重量偏差的测量

8.4.1　测量钢筋重量偏差时，试样应从不同根钢筋上截取，数量不少于5支，每支试样长度不小于500 mm。长度应逐支测量，应精确到1 mm。测量试样总重量时，应精确到不大于总重量的1%。

8.4.2　钢筋实际重量与理论重量的偏差(%)按公式(1)计算：

$$\text{重量偏差}=\frac{\text{试样实际总质量}+(\text{试样总长度}\times\text{理论重量})}{\text{试样总长度}\times\text{理论重量}}\times 100 \tag{1}$$

8.5　检验结果的数值修约与判定应符合YB/T 081的规定。

9　检验规则

钢筋的检验分为特征值检验和交货检验。

9.1　特征值检验

9.1.1　特征值检验适用于下列情况

a)供方对产品质量控制的检验；

b)需方提出要求，经供需双方协议一致的检验。

c)第三方产品认证及仲裁检验；

9.1.2 特征值检验应按附录 B 规则进行。

9.2 交货检验

9.2.1 交货检验适用于钢筋验收批的检验。

9.2.2 组批规则

9.2.2.1 钢筋应按批进行检查和验收，每批由同一牌号、同一炉罐号、同一尺寸的钢筋组成。每批重量通常不大于 60 t。超过 60 t 的部分，每增加 40 t(或不足 40 t 的余数)，增加一个拉伸试验试样和一个弯曲试验试样。

9.2.2.2 允许由同一牌号、同一冶炼方法、同一浇注方法的不同炉罐号组成混合批。各炉罐号含碳量之差不大于 0.02%，含锰量之差不大于 0.15%。混合批的重量不大于 60 t。

9.2.3 检验项目和取样数量

钢筋检验项目和取样数量应符合表 7 及 9.2.2.1 的规定。

9.2.4 检验结果

各检验项目的检验结果应符合第 6 章和第 7 章的有关规定。

9.2.5 复验与判定

钢筋的复验与判定应符合 GB/T 2101 的规定。

10 包装、标志和质量证明书

钢筋的包装、标志和质量证明书应符合 GB/T 2101 的有关规定。

附录 A(规范性附录) 钢筋在最大力下总伸长率的测定方法

A.1 试 样

A.1.1 长度

试样夹具之间的最小自由长度应符合表 A.1 要求：

表 A.1 单位为毫米

钢筋公称直径	试样夹具之间的最小自由长度
$d \leqslant 22$	350

A.1.2 原始标距的标记和测量

在试样自由长度范围内，均匀划分为 10 mm 或 5 mm 的等间距标记，标记的划分和测量应符合 GB/T 228 的有关要求。

A.2 拉伸试验

按 GB/T 228 规定进行拉伸试验，直至试样断裂。

A.3 断裂后的测量

选择 Y 和 V 两个标记，这两个标记之间的距离在拉伸试验之前至少应为 100 mm。两个标记都应当位于夹具离断裂点较远的一侧。两个标记离开夹具的距离都应不小于 20 mm 或钢筋公称直径 d(取二者之较大者);两个标记与断裂点之间的距离应不小于 50 mm。见图 A.1。

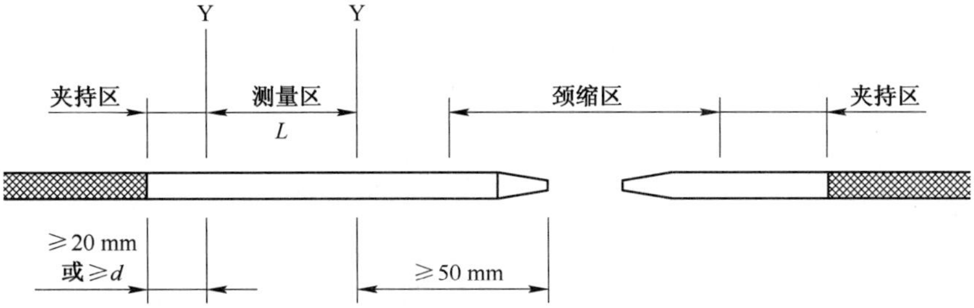

图 A.1　断裂后的测量

在最大力作用下试样总伸长率 A_{gt}(%)可按公式 A.1 计算:

$$A_{gt}=\left[\frac{L-L_0}{L_0}+\frac{R_m^{\circ}}{E}\right]\times 100 \tag{A.1}$$

式中　L——图 A.1 所示断裂后的距离,单位为毫米(mm);

L_0——试验前同样标记间的距离,单位为毫米(mm);

R_m°——抗拉强度实测值,单位为兆帕(MPa);

E——弹性模量,其值可取为 2×10^5,单位为兆帕(MPa)。

附录 B(规范性附录)　特征值检验规则

B.1　试验组批

为了试验,组批应细分为试验批。组批规则应符合本部分 9.2.2 的规定。

B.2　每批取样数量

B.2.1　化学成分(成品分析),应从不同根钢筋取两个试样。

B.2.2　本部分规定的所有其他性能试验,应从不同钢筋取 15 个试样(取 60 个试样时,见 B.3.1)。

B.3　试验结果的评定

B.3.1　参数检验

为检验规定的性能,如特性参数 R_{eL}、R_m、A_{gt}或 A,应确定以下参数:

a)15 个试样的所有单个值 x_i($n=15$);

b)平均值 m_{15}($n=15$);

c)标准偏差 s_{15}($n=15$)。

$$s_{15}=\sqrt{\frac{\sum(x_i-m_{15})^2}{14}} \tag{B.1}$$

如果所有性能满足公式(B.2)给定的条件则该试验批符合要求。

$$m_{15}-2.33\times s_{15}\geqslant f_k \tag{B.2}$$

式中　f_k——要求的特征值;

2.33——当 $n=15$,90%置信水平($1-a=0.90$),不合格率 5%($p=0.95$)时验收系数 k

的值。

如果上述条件不能满足，系数 k' 由试验结果确定。

$$k'=\frac{m_{15}-f_{\mathrm{k}}}{S_{15}} \tag{B.3}$$

式中 $k'\geqslant 2$ 时，试验可继续进行。在此情况下，应从该试验批的不同根钢筋上切取 45 个试样进行试验，这样可得到总计 60 个试验结果($n=60$)。

如果所有性能满足公式(B.4)条件，则应认为该试验批符合要求。

$$m_{60}-1.93\times s_{60}>f_{\mathrm{k}} \tag{B.4}$$

式中 1.93——当 $n=60$，90%置信水平($1-a=0.90$)，不合格率 5%($p=0.95$)时验收系数 k 的值。

B.3.2 属性检验

当试验性能规定为最大或最小值时，15 个试样测定的所有结果应符合本部分的要求，此时，应认为该试验批符合要求。

当最多有两个试验结果不符合条件时，应继续进行试验，此时，应从该试验批的不同根钢筋上，另取 45 个试样进行试验，这样可得到总计 60 个试验结果，如果 60 个试验结果中最多有 2 个不符合条件，该试验批符合要求。

B.3.3 化学成分

两个试样均应符合本部分要求。

钢筋混凝土用钢
第 2 部分:热轧带肋钢筋

目　次

4 分类、牌号

4.1 钢筋按屈服强度特征值分为335、400、500级。

4.2 钢筋牌号的构成及其含义见表1。

表 1

类别	牌号	牌号构成	英文字母含义
普通热轧钢筋	HRB335	由HRB＋屈服强度特征值构成	HRB—热轧带肋钢筋的英文(Hot rolled Ribbed Bars)缩写。
	HRB400		
	HRB500		
细晶粒热轧钢筋	HRBF335	由HRBF＋屈服强度特征值构成	HRBF—在热轧带肋钢筋的英文缩写后加“细”的英文(Fine)首位字母。
	HRBF400		
	HRBF500		

5 订货内容

按本部分订货的合同至少应包括下列内容：

a)本部分编号；

b)产品名称；

c)钢筋牌号；

d)钢筋公称直径、长度(或盘径)及重量(或数量、或盘重)；

e)特殊要求。

6 尺寸、外形、重量及允许偏差

6.1 公称直径范围及推荐直径

钢筋的公称直径范围为6 mm～50 mm，本标准推荐的钢筋公称直径为6 mm、8 mm、10 mm、12 mm、16 mm、20 mm、25 mm、32 mm、40 mm、50 mm。

6.2 公称横截面面积与理论重量

钢筋的公称横截面面积与理论重量列于表2。

表 2

公称直径/mm	公称横截面面积/mm^2	理论重量/(kg/m)
6	28.27	0.222
8	50.27	0.395
10	78.54	0.617

续上表

公称直径/mm	公称横截面面积/mm^2	理论重量/(kg/m)
12	113.1	0.888
14	153.9	1.21
16	201.1	1.58
18	254.5	2.00
20	314.2	2.47
22	380.1	2.98
25	490.9	3.85
28	615.8	4.83
32	804.2	6.31
36	1 018	7.99
40	1 257	9.87
50	1 964	15.42
注:表2中理论重量按密度为7.85 g/cm^3 计算。		

6.3　带肋钢筋的表面形状及尺寸允许偏差

6.3.1　带肋钢筋横肋设计原则应符合下列规定。

6.3.1.1　横肋与钢筋轴线的夹角 β 不应小于45°,当该夹角不大于70°时,钢筋相对两面上横肋的方向应相反。

6.3.1.2　横肋公称间距不得大于钢筋公称直径的0.7倍。

6.3.1.3　横肋侧面与钢筋表面的夹角 α 不得小于45°。

6.3.1.4　钢筋相邻两面上横肋末端之间的间隙(包括纵肋宽度)总和不应大于钢筋公称周长的20%。

6.3.1.5　当钢筋公称直径不大于12 mm时,相对肋面积不应小于0.055;公称直径为14 mm和16 mm时,相对肋面积不应小于0.060;公称直径大于16 mm时,相对肋面积不应小于0.065。相对肋面积的计算可参考附录C。

6.3.2　带肋钢筋通常带有纵肋,也可不带纵肋。

6.3.3　带有纵肋的月牙肋钢筋,其外形如图1所示,尺寸及允许偏差应符合表3的规定。钢筋实际重量与理论重量的偏差符合表4规定时,钢筋内径偏差不做交货条件。

6.3.4　不带纵肋的月牙肋钢筋,其内径尺寸可按表3的规定作适当调整,但重量允许偏差仍应符合表4的规定。

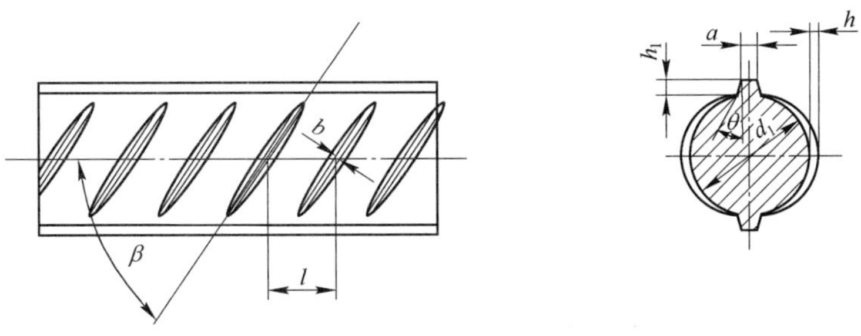

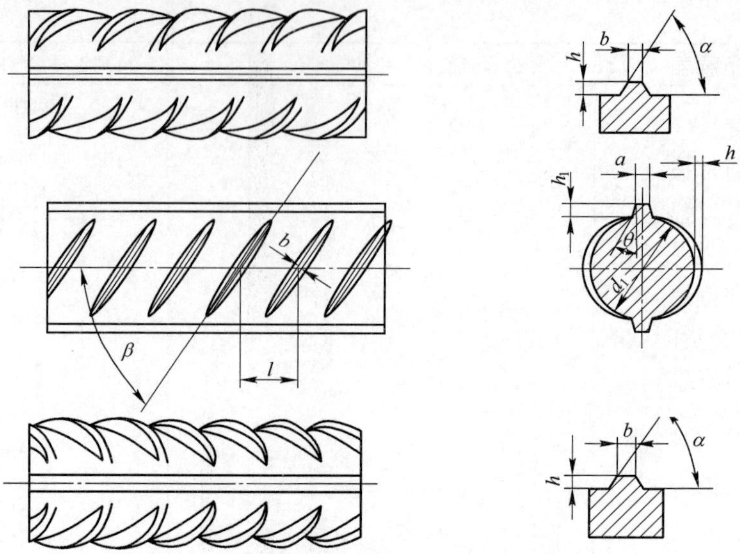

图 1　月牙肋钢筋(带纵肋)表面及截面形状

d_1—钢筋内径;α—横肋斜角;h—横肋高度;β—横肋与轴线夹角;
h_1—纵肋高度;θ—纵肋斜角;a—纵肋顶宽;l—横肋间距;b—横肋顶宽。

表　3　　　　单位为毫米

<table>
<tr><th rowspan="2">公称直径 d</th><th colspan="2">内径 d_1</th><th colspan="2">横肋高 h</th><th rowspan="2">纵肋高 h (不大于)</th><th rowspan="2">横肋宽 b</th><th rowspan="2">纵肋宽 a</th><th colspan="2">间距 l</th><th rowspan="2">横肋末端最大间隙 (公称周长的 10% 弦长)</th></tr>
<tr><th>公称尺寸</th><th>允许偏差</th><th>公称尺寸</th><th>允许偏差</th><th>公称尺寸</th><th>允许偏差</th></tr>
<tr><td>6</td><td>5.8</td><td>±0.3</td><td>0.6</td><td>±0.3</td><td>0.8</td><td>0.4</td><td>1.0</td><td>4.0</td><td rowspan="7">±0.5</td><td>1.8</td></tr>
<tr><td>8</td><td>7.7</td><td rowspan="6">±0.4</td><td>0.8</td><td>±0.4
±0.3</td><td>1.1</td><td>0.5</td><td>1.5</td><td>5.5</td><td>2.5</td></tr>
<tr><td>10</td><td>9.6</td><td>1.0</td><td>±0.4</td><td>1.3</td><td>0.6</td><td>1.5</td><td>7.0</td><td>3.1</td></tr>
<tr><td>12</td><td>11.5</td><td>1.2</td><td rowspan="3">±0.4
±0.5</td><td>1.6</td><td>0.7</td><td>1.5</td><td>8.0</td><td>3.7</td></tr>
<tr><td>14</td><td>13.4</td><td>1.4</td><td>1.8</td><td>0.8</td><td>1.8</td><td>9.0</td><td>4.3</td></tr>
<tr><td>16</td><td>15.4</td><td>1.5</td><td>1.9</td><td>0.9</td><td>1.8</td><td>10.0</td><td>5.0</td></tr>
<tr><td>18</td><td>17.3</td><td>1.6</td><td rowspan="2">±0.5</td><td>2.0</td><td>1.0</td><td>2.0</td><td>10.0</td><td>5.6</td></tr>
<tr><td>20</td><td>19.3</td><td rowspan="3">±0.5</td><td>1.7</td><td>2.1</td><td>1.2</td><td>2.0</td><td>10.0</td><td rowspan="3">±0.8</td><td>6.2</td></tr>
<tr><td>22</td><td>21.3</td><td>1.9</td><td rowspan="3">±0.6</td><td>2.4</td><td>1.3</td><td>2.5</td><td>10.5</td><td>6.8</td></tr>
<tr><td>25</td><td>24.2</td><td>2.1</td><td>2.6</td><td>1.5</td><td>2.5</td><td>12.5</td><td>7.7</td></tr>
<tr><td>28</td><td>27.2</td><td rowspan="3">±0.6</td><td>2.2</td><td>2.7</td><td>1.7</td><td>3.0</td><td>12.5</td><td rowspan="5">±1.0</td><td>8.6</td></tr>
<tr><td>32</td><td>31.0</td><td>2.4</td><td>+0.8
−0.7</td><td>3.0</td><td>1.9</td><td>3.0</td><td>14.0</td><td>9.9</td></tr>
<tr><td>35</td><td>35.0</td><td>2.6</td><td>+1.0
−0.8</td><td>3.2</td><td>2.1</td><td>3.5</td><td>15.0</td><td>11.1</td></tr>
<tr><td>40</td><td>38.7</td><td>±0.7</td><td>2.9</td><td>±1.1</td><td>3.5</td><td>2.2</td><td>3.5</td><td>15.0</td><td>12.4</td></tr>
<tr><td>50</td><td>48.5</td><td>±0.8</td><td>3.2</td><td>±1.2</td><td>3.8</td><td>2.5</td><td>4.0</td><td>16.0</td><td>15.5</td></tr>
<tr><td colspan="11">注 1:纵肋斜角 θ 为 0°～30°。
注 2:尺寸 a,b 为参考数据。</td></tr>
</table>

6.4　长度及允许偏差

6.4.1　长　　度

6.4.1.1　钢筋通常按定尺长度交货,具体交货长度应在合同中注明。

6.4.1.2　钢筋可以盘卷交货,每盘应是一条钢筋,允许每批有 5%的盘数(不足两盘时可有两盘)由两条钢筋组成。其盘重及盘径由供需双方协商确定。

6.4.2　长度允许偏差

钢筋按定尺交货时的长度允许偏差为±25 mm。

当要求最小长度时,其偏差为+50 mm。

当要求最大长度时,其偏差为−50 mm。

6.5　弯曲度和端部

直条钢筋的弯曲度应不影响正常使用,总弯曲度不大于钢筋总长度的 0.4%。

钢筋端部应剪切正直,局部变形应不影响使用。

6.6　重量及允许偏差

6.6.1　钢筋可按理论重量交货,也可按实际重量交货。按理论重量交货时,理论重量为钢筋长度乘以表 2 中钢筋的每米理论重量。

6.6.2　钢筋实际重量与理论重量的允许偏差应符合表 4 的规定。

表　4

公称直径/mm	实际重量与理论重量的偏差/%
6～12	±7
14～20	±5
22～50	±4

7　技 术 要 求

7.1　牌号和化学成分

7.1.1　钢筋牌号及化学成分和碳当量(熔炼分析)应符合表 5 的规定。根据需要,钢中还可加入 V、Nb、Ti 等元素。

表　5

牌号	化学成分(质量分数)/%,不大于					
	C	Si	Mn	P	S	Ceq
HRB335 HRBF335	0.25	0.80	1.60	0.045	0.045	0.52
HRB400 HRBF400						0.54
HRB500 HRBF500						0.55

7.1.2 碳当量 Ceq(百分比)值可按公式(1)计算：

$$Ceq = C + Mn/6 + (Cr + V + Mo)/5 + (Cu + Ni)/15 \quad (1)$$

7.1.3 钢的氮含量应不大于 0.012%。供方如能保证可不作分析。钢中如有足够数量的氮结合元素，含氮量的限制可适当放宽。

7.1.4 钢筋的成品化学成分允许偏差应符合 GB/T 222 的规定，碳当量 Ceq 的允许偏差为 +0.03%。

7.2 交货型式

钢筋通常按直条交货，直径不大于 12 mm 的钢筋也可按盘卷交货。

7.3 力学性能

7.3.1 钢筋的屈服强度 R_{eL}、抗拉强度 R_m、断后伸长率 A、最大力总伸长率 A_{gt} 等力学性能特征值应符合表 6 的规定。表 6 所列各力学性能特征值，可作为交货检验的最小保证值。

表 6

牌号	R_{eL}/MPa	R_m/MPa	A/%	A_{gt}/%
	不小于			
HRB335 HRBF335	335	455	17	7.5
HRB400 HRBF400	400	540	16	
HRB500 HRBF500	500	630	15	

7.3.2 直径 28 mm～40 mm 各牌号钢筋的断后伸长率 A 可降低 1%；直径大于 40 mm 各牌号钢筋的断后伸长率 A 可降低 2%。

7.3.3 有较高要求的抗震结构适用牌号为：在表 1 中已有牌号后加 E(例如：HRB400E、HRBF400E)的钢筋。该类钢筋除应满足以下 a)、b)、c)的要求外，其他要求与相对应的已有牌号钢筋相同。

a)钢筋实测抗拉强度与实测屈服强度之比 R_m^o/R_{eL}^o 不小于 1.25。

b)钢筋实测屈服强度与表 6 规定的屈服强度特征值之比 R_{eL}^o/R_{eL} 不大于 1.30。

c)钢筋的最大力总伸长率 A_{gt} 不小于 9%。

注：R_m^o 为钢筋实测抗拉强度；R_{eL}^o 为钢筋实测屈服强度。

7.3.4 对于没有明显屈服强度的钢，屈服强度特征值 R_{eL} 应采用规定非比例延伸强度 $R_{p0.2}$。

7.3.5 根据供需双方协议，伸长率类型可从 A 或 A_{gt} 中选定。如伸长率类型未经协议确定，则伸长率采用 A，仲裁检验时采用 A_{gt}。

7.4 工艺性能

7.4.1 弯曲性能

按表 7 规定的弯芯直径弯曲 180°后，钢筋受弯曲部位表面不得产生裂纹。

表 7

单位为毫米

牌号	公称直径 d	弯芯直径
HRB335 HRBF335	6～25	3 d
	28～40	4 d
	>40～50	5 d
HRB400 HRBF400	6～25	4 d
	28～40	5 d
	>40～50	6 d
HRB500 HRBF500	6～25	6 d
	28～40	7 d
	>40～50	8 d

7.4.2　反向弯曲性能

根据需方要求,钢筋可进行反向弯曲性能试验。

7.4.2.1　反向弯曲试验的弯芯直径比弯曲试验相应增加一个钢筋公称直径。

7.4.2.2　反向弯曲试验:先正向弯曲 90°后再反向弯曲 20°。两个弯曲角度均应在去载之前测量。经反向弯曲试验后,钢筋受弯曲部位表面不得产生裂纹。

7.5　疲劳性能

如需方要求,经供需双方协议,可进行疲劳性能试验。疲劳试验的技术要求和试验方法由供需双方协商确定。

7.6　焊接性能

7.6.1　钢筋的焊接工艺及接头的质量检验与验收应符合相关行业标准的规定。

7.6.2　普通热轧钢筋在生产工艺、设备有重大变化及新产品生产时进行型式检验。

7.6.3　细晶粒热轧钢筋的焊接工艺应经试验确定。

7.7　晶 粒 度

细晶粒热轧钢筋应做晶粒度检验,其晶粒度不粗于 9 级,如供方能保证可不做晶粒度检验。

7.8　表面质量

7.8.1　钢筋应无有害的表面缺陷。

7.8.2　只要经钢丝刷刷过的试样的重量、尺寸、横截面积和拉伸性能不低于本部分的要求,锈皮、表面不平整或氧化铁皮不作为拒收的理由。

7.8.3　当带有 7.8.2 条规定的缺陷以外的表面缺陷的试样不符合拉伸性能或弯曲性能要求时,则认为这些缺陷是有害的。

8　试 验 方 法

8.1　检验项目

每批钢筋的检验项目,取样方法和试验方法应符合表 8 的规定。

表 8

序号	检验项目	取样数量	取样方法	试验方法
1	化学成分 （熔炼分析）	1	GB/T 20066	GB/T 223 GB/T 4336
2	拉伸	2	任选两根钢筋切取	GB/T 228、本部分 8.2
3	弯曲	2	任选两根钢筋切取	GB/T 232、本部分 8.2
4	反向弯曲	1		YB/T 5126、本部分 8.2
5	疲劳试验	供需双方协议		
6	尺寸	逐支		本部分 8.3
7	表面	逐支		目视
8	重量偏差	本部分 8.4		本部分 8.4
9	晶粒度	2	任选两根钢筋切取	GB/T 6394
注：对化学分析和拉伸试验结果有争议时，仲裁试验分别按 GB/T 223、GB/T 228 进行。				

8.2　拉伸、弯曲、反向弯曲试验

8.2.1　拉伸、弯曲、反向弯曲试验试样不允许进行车削加工。

8.2.2　计算钢筋强度用截面面积采用表 2 所列公称横截面面积。

8.2.3　最大力总伸长率 A_{gt} 的检验，除按表 8 规定采用 GB/T 228 的有关试验方法外，也可采用附录 A 的方法。

8.2.4　反向弯曲试验时，经正向弯曲后的试样，应在 100℃温度下保温不少于 30 min，经自然冷却后再反向弯曲。当供方能保证钢筋经人工时效后的反向弯曲性能时，正向弯曲后的试样亦可在室温下直接进行反向弯曲。

8.3　尺寸测量

8.3.1　带肋钢筋内径的测量应精确到 0.1 mm。

8.3.2　带肋钢筋纵肋、横肋高度的测量采用测量同一截面两侧横肋中心高度平均值的方法，即测取钢筋最大外径，减去该处内径，所得数值的一半为该处肋高，应精确到 0.1 mm。

8.3.3　带肋钢筋横肋间距采用测量平均肋距的方法进行测量。即测取钢筋一面上第 1 个与第 11 个横肋的中心距离，该数值除以 10 即为横肋间距，应精确到 0.1 mm。

8.4　重量偏差的测量

8.4.1　测量钢筋重量偏差时，试样应从不同根钢筋上截取，数量不少于 5 支，每支试样长度不小于 500 mm。长度应逐支测量，应精确到 1 mm。测量试样总重量时，应精确到不大于总重量的 1%。

8.4.2　钢筋实际重量与理论重量的偏差（%）按公式（2）计算：

$$\text{重量偏差}=\frac{\text{试样实际总重量}-(\text{试样总长度}\times\text{理论重量})}{\text{试样总长度}\times\text{理论重量}}\times 100 \tag{2}$$

8.5 检验结果的数值修约与判定应符合 YB/T 081 的规定。

9 检验规则

钢筋的检验分为特征值检验和交货检验。

9.1 特征值检验

9.1.1 特征值检验适用于下列情况。

a)供方对产品质量控制的检验;

b)需方提出要求,经供需双方协议一致的检验。

c)第三方产品认证及仲裁检验。

9.1.2 特征值检验应按附录 B 规则进行。

9.2 交货检验

9.2.1 交货检验适用于钢筋验收批的检验。

9.2.2 组批规则

9.2.2.1 钢筋应按批进行检查和验收,每批由同一牌号、同一炉罐号、同一规格的钢筋组成。每批重量通常不大于 60,超过 60 t 的部分,每增加 40 t(或不足 40 t 的余数),增加一个拉伸试验试样和一个弯曲试验试样。

9.2.2.2 允许由同一牌号、同一冶炼方法、同一浇注方法的不同炉罐号组成混合批,但各炉罐号含碳量之差不大于 0.02%,含锰量之差不大于 0.15%。混合批的重量不大于 60 t。

9.2.3 检验项目和取样数量

钢筋检验项目和取样数量应符合表 8 及 9.2.2.1 的规定。

9.2.4 检验结果

各检验项目的检验结果应符合第 6 章和第 7 章的有关规定。

9.2.5 复验与判定

钢筋的复验与判定应符合 GB/T 17505 的规定。

10 包装、标志和质量证明书

10.1 带肋钢筋的表面标志应符合下列规定。

10.1.1 带肋钢筋应在其表面轧上牌号标志,还可依次轧上经注册的厂名(或商标)和公称直径毫米数字。

10.1.2 钢筋牌号以阿拉伯数字或阿拉伯数字加英文字母表示,HRB335、HRB400、HRB500 分别以 3、4、5 表示,HRBF335、HRBF400、HRBF500 分别以 C3、C4、C5 表示。厂名以汉语拼音字头表示。公称直径毫米数以阿拉伯数字表示。

10.1.3 公称直径不大于 10 mm 的钢筋,可不轧制标志,可采用挂标牌方法。

10.1.4 标志应清晰明了,标志的尺寸由供方按钢筋直径大小作适当规定,与标志相交的横肋可以取消。

10.2 牌号带 E(例如 HRB400E、HRBF400E 等)的钢筋,应在标牌及质量证明书上明示。

10.3 除上述规定外，钢筋的包装、标志和质量证明书应符合 GB/T 2101 的有关规定。

附录 A(规范性附录) 钢筋在最大力下总伸长率的测定方法

A.1 试样

A.1.1 长度

试样夹具之间的最小自由长度应符合表 A.1 要求：

表 A.1 单位为毫米

钢筋公称直径	试样夹具之间的最小自由长度
$d \leqslant 26$	350
$25 < d \leqslant 32$	400
$32 < d < 50$	500

A.1.2 原始标距为标记和测量

在试样自由长度范围内，均匀划分为 10 mm 或 5 mm 的等间距标记，标记的划分和测量应符合 GB/T 228 的有关要求。

A.2 拉伸试验

按 GB/T 228 规定进行拉伸试验，直至试样断裂。

A.3 断裂后的测量

选择 Y 和 V 两个标记，这两个标记之间的距离在拉伸试验之前至少应为 100 mm。两个标记都应当位于夹具离断裂点最远的一侧。两个标记离开夹具的距离都应不小于 20 mm 或钢筋公称直径 d(取二者之较大者)；两个标记与断裂点之间的距离应不小于 50 mm 或 $2d$(取二者之较大者)。见图 A.1。

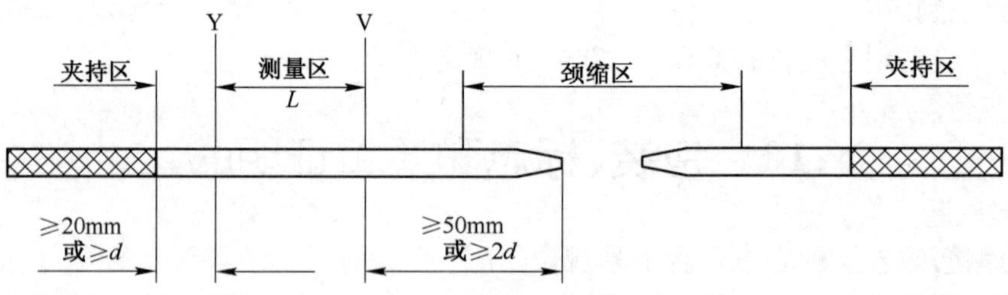

图 A.1 断裂后的测量

在最大力作用下试样总伸长率 A_{gt}(%)可按公式 A.1 计算：

$$A_{gt}=\left[\frac{L-L_0}{L}+\frac{R_m^o}{E}\right]\times 100 \tag{A.1}$$

式中 L——图 A.1 所示断裂后的距离，单位为毫米(mm)；

L_0——试验前同样标记间的距离，单位为毫米(mm)；

R_m^o——抗拉强度实测值，单位为兆帕(MPa)；

E——弹性模量，其值可取为 2×10^5，单位为兆帕(MPa)。

附录B(规范性附录) 特征值检验规则

B.1 试验组批

为了试验，交货应细分为试验批。组批规则应符合本部分9.2.2的规定。

B.2 每批取样数量

B.2.1 化学成分(成品分析)，应从不同根钢筋取两个试样。

B.2.2 本部分规定的所有其他性能试验，应从不同钢筋取15个试样(如果适用60个试样时，见B.3.1规定)。

B.3 试验结果的评定

B.3.1 参数检验

为检验规定的性能，如特性参数R_{eL}、R_m、A_{gt}或A，应确定以下参数：

a)15个试样的所有单个值$X_i(n=15)$；

b)平均值$m_{15}(n=15)$；

c)标准偏差$S_{15}(n=15)$。

如果所有性能满足公式(B.1)给定的条件，则该试验批符合要求。

$$m_{15}-2.33\times S_{15}\geqslant f_K \tag{B.1}$$

式中 f_K——要求的特征值；

2.33——当$n=15$，90%置信水平$(1-\alpha=0.90)$，不合格率5%$(P=0.95)$时验收系数K的值。

如果上述条件不能满足，系数$K'=\dfrac{m_{15}-f_K}{S_{15}}$由试验结果确定。式中$K'\geqslant 2$时，试验可继续进行。在此情况下，应从该试验批的不同根钢筋上切取45个试样进行试验，这样可得到总计60个试验结果$(n=60)$。

如果所有性能满足公式(B.2)条件，则应认为该试验批符合要求。

$$m_{60}-1.93\times S_{60}>f_K \tag{B.2}$$

式中 1.93——当$n=60$，90%置信水平$(1-\alpha=0.90)$，不合格率5%$(P=0.95)$时验收系数K的值。

B.3.2 属性检验

当试验性能规定为最大或最小值时，15个试样测定的所有结果应符合本部分的要求，此时，应认为该试验批符合要求。

当最多有两个试验结果不符合条件时，应继续进行试验，此时，应从该试验批的不同根钢筋上，另取45个试样进行试验，这样可得到总计60个试验结果，如果60个试验结果中最多有2个不符合条件，该试验批符合要求。

B.3.3 化学成分

两个试样均应符合本部分要求。

附录 C(资料性附录)　钢筋相对肋面积的计算公式

钢筋相对肋面积 f_r 可按公式(C. 1)或公式(C. 2)计算：

$$f_r=\frac{K\times F_R\times \sin\beta}{\pi\times d\times l} \tag{C. 1}$$

式中　K——横肋排数，(如两面肋，$K=2$)；

F_R——一个肋的纵向截面积，单位为平方毫米(mm^2)；

β——横肋与钢筋轴线的夹角，单位为度(°)；

d——钢筋公称直径，单位为毫米(mm)；

l——横肋间距，单位为毫米(mm)。

已知钢筋的几何参数，相对肋面积也可用近似公式(C. 2)计算：

$$f_r=\frac{(d\times\pi-\sum f_i)\times(h+4h_{1/4})}{6\times d\times\pi\times l} \tag{C. 2}$$

式中　$\sum f_i$——钢筋相邻两面上横肋末端之间的间隙(包括纵肋宽度)总和，单位为毫米(mm)；

h——横肋中点高，单位为毫米(mm)；

$h_{1/4}$——横肋长度四分之一处高，单位为毫米(mm)。

GB 1499. 2—2007《钢筋混凝土用钢　第 2 部分：热轧带肋钢筋》国家标准第 1 号修改单

本修改单经国家标准化管理委员会于 2009 年 6 月 9 日批准，自 2009 年 9 月 1 日起实施。

一、3. 1 条普通热轧钢筋定义“……不得有影响使用性能的其他组织存在。”修改为：“……不得有影响使用性能的其他组织(如基圆上出现的回火马氏体组织)存在。”

二、3. 2 条细晶粒热轧钢筋定义“……不得有影响使用性能的其他组织存在……”修改为：“……不得有影响使用性能的其他组织(如基圆上出现的回火马氏体组织)存在……”

三、10. 1. 2 条“……HRB335、HRB400、HRB500 分别以 3、4、5 表示，HRBF335、HRBF400、HRBF500 分别以 C3、C4、C5 表示。”后增加“HRB335E、HRB400E、HRB500E 分别以 3E、4E、5E 表示，HRBF335E、HRBF400E、HRBF500E 分别以 C3E、C4E、C5E 表示。”

钢筋混凝土用钢
第 3 部分:钢筋焊接网

目　次

4　分类与标记

4.1　分　　类

钢筋焊接网按钢筋的牌号、直径、长度和间距分为定型钢筋焊接网和定制钢筋焊接网两种。

4.2　定型钢筋焊接网及标记

4.2.1　定型钢筋焊接网在两个方向上的钢筋牌号、直径、长度和间距可以不同，但同一方向上应采用同一牌号和直径的钢筋并具有相同的长度和间距。

4.2.2　定型钢筋焊接网型号见附录A。

4.2.3　定型钢筋焊接网应按下列内容次序标记：

焊接网型号-长度方向钢筋牌号×宽度方向钢筋牌号-网片长度(mm)×网片宽度(mm)

例如：A10-CRB550×CRB550-4 800 mm×2 400 mm。

4.2.4　用于桥面、建筑的钢筋焊接网可参考附录B。

4.3　定制钢筋焊接网及标记

定制钢筋焊接网采用的钢筋及其长度和间距应根据需方要求，由供需双方协商确定，并以设计图表示。

5　订 货 内 容

按本部分订货的合同至少应包括下列内容：

a)本部分编号；

b)产品名称；

c)产品类别及标记(或附设计图)；

d)重量(或数量)；

e)特殊要求。

6　技 术 要 求

6.1　钢　　筋

6.1.1　钢筋焊接网应采用GB 13788规定的牌号CRB550冷轧带肋钢筋和符合GB 1499.2规定的热轧带肋钢筋。采用热轧带肋钢筋时，宜采用无纵肋的热轧钢筋。

6.1.2　钢筋焊接网应采用公称直径5 mm～18 mm的钢筋。经供需双方协议，也可采用其他公称直径的钢筋。

6.1.3　钢筋焊接网两个方向均为单根钢筋时，较细钢筋的公称直径不小于较粗钢筋的公称直径的0.6倍。

当纵向钢筋采用并筋时，纵向钢筋的公称直径不小于横向钢筋公称直径的0.7倍，也不大于横向钢筋公称直径的1.25倍。

按供需双方协议可供应直径比超出上述规定的钢筋焊接网。

6.2 制　　造

6.2.1 钢筋焊接网应采用机械制造,两个方向钢筋的交叉点以电阻焊焊接。

6.2.2 钢筋焊接网焊点开焊数量不应超过整张网片交叉点总数的1%,并且任一根钢筋上开焊点不应超过该支钢筋上交叉点总数的一半。

钢筋焊接网最外边钢筋上的交叉点不应开焊。

6.3 尺寸及允许偏差

6.3.1 钢筋焊接网纵向钢筋间距宜为50 mm的整倍数,横向钢筋间距宜为25 mm的整倍数,最小间距宜采用100 mm,间距的允许偏差取±10 mm和规定间距的±5%的较大值。

6.3.2 钢筋的伸出长度不宜小于25 mm。

6.3.3 网片长度和宽度的允许偏差取±25mm和规定长度的±0.5%的较大值。

6.4 重量及允许偏差

6.4.1 钢筋焊接网宜按实际重量交货,也可按理论重量交货。

6.4.2 钢筋焊接网的理论重量按组成钢筋公称直径和规定尺寸计算,计算时钢的密度采用7.85 g/cm^3。钢筋焊接网实际重量与理论重量的允许偏差为±4%。

6.5 性能要求

6.5.1 焊接网钢筋的力学与工艺性能应分别符合相应标准中相应牌号钢筋的规定。对于公称直径不小于6 mm的焊接网用冷轧带肋钢筋,冷轧带肋钢筋的最大力总伸长率(A_{gt})应不小于2.5%,钢筋的强屈比$R_m/R_{p0.2}$应不小于1.05。

6.5.2 钢筋焊接网焊点的抗剪力应不小于试样受拉钢筋规定屈服力值的0.3倍。

6.6 表面质量

6.6.1 钢筋焊接网表面不应有影响使用的缺陷。当性能符合要求时,钢筋表面浮锈和因矫直造成的钢筋表面轻微损伤不作为拒收的理由。

6.6.2 钢筋焊接网允许有因取样产生的局部空缺

7 试验方法

7.1 试样选取与制备

7.1.1 钢筋焊接网试样均应从成品网片上截取,但试样所包含的交叉点不应开焊。除去掉多余的部分以外,试样不得进行其他加工。

7.1.2 拉伸试样如图3所示,应沿钢筋焊接网两个方向各截取一个试样,每个试样至少有一个交叉点。试样长度应足够,以保证夹具之间的距离不小于20倍试样直径或180mm(取二者之较大者)。对于并筋,非受拉钢筋应在离交叉焊点约20 mm处切断。

拉伸试样上的横向钢筋宜距交叉点约25 mm处切断。

7.1.3 应沿钢筋网两个方向各截取一个弯曲试样,试样应保证试验时受弯曲部位离开交叉焊点至少 25 mm。

7.1.4　抗剪试样如图 4。应沿同一横向钢筋随机截取 3 个试样。钢筋网两个方向均为单根钢筋时，较粗钢筋为受拉钢筋；对于并筋，其中之一为受拉钢筋，另一支非受拉钢筋应在交叉焊点处切断，但不应损伤受拉钢筋焊点。

抗剪试样上的横向钢筋应距交叉点不小于 25 mm 之处切断。

7.1.5　重量偏差试样如图 5，应截取 5 个试样，每个试样至少有 1 个交叉点，纵向并筋与横筋的每一交叉处只算一个交叉点。试样长度应不小于拉伸试样的长度。

仲裁检验时，重量偏差试样取不小于 600 mm×600 mm 的网片，网片的交叉点应不少于 9 个，纵向并筋与横筋的每一交叉处只算一个交叉点。

试样上钢筋的端部应加工平齐，钢筋试样的长度偏差为±1 mm。

试样重量和钢筋长度的测量精度至少应为±0.5%。

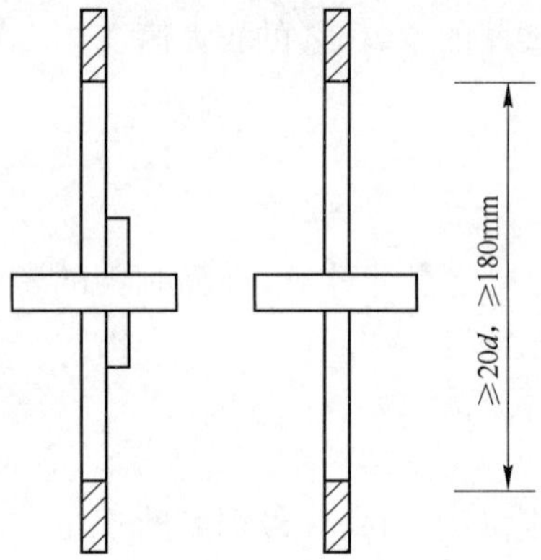

图 3　拉伸试样

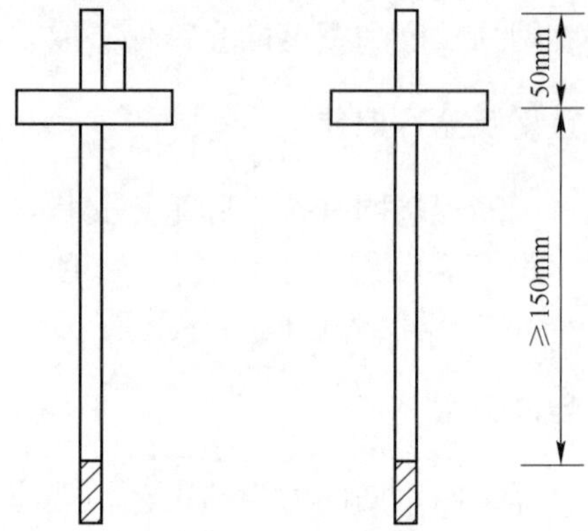

图 4　抗剪试样

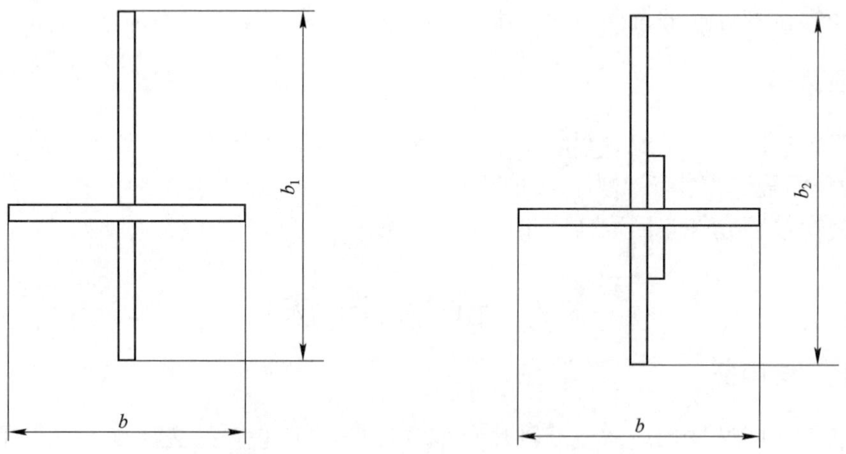

图 5　测定重量偏差的典型试样

7.2　试验方法

7.2.1　检验项目

每批钢筋焊接网的检验项目，取样方法和试验方法应符合表 1 的规定。

表1　钢筋焊接网的试验项目、取样方法及试验方法

序 号	试验项目	试验数量	取样方法	试验方法
1	拉伸试验	2个	两个方向各截取一个试样	GB/T 228.1 本部分7.2.2
2	弯曲试验	2个		GB/T 232
3	抗剪力试验	3个	两个方向任意截取三个试样	GB/T 228.1 本部分7.2.3
4	重量偏差	本部分7.1.5	本部分7.1.5	按本部分7.2.4
5	网片尺寸	逐片		按本部分6.3
6	网片表面			目视

7.2.2　拉伸试验

钢筋焊接网的拉伸试验分别按GB/T 228.1的规定进行。焊接网钢筋最大力总伸长率除采用GB/T 228.1的有关试验方法外,也可按相应产品标准规定的试验方法。

7.2.3　弯曲试验

钢筋焊接网的弯曲试验应按照GB/T 232的规定进行。

7.2.4　抗 剪 力

7.2.4.1　抗剪力试验应使用一种能固定于试验机上夹头的专用夹具,这种夹具应使试验时能

——沿受拉钢筋轴线施加力值;

——使受拉钢筋自由端能沿轴线方向滑动;

——对试样横向钢筋适当固定,横向钢筋支点间距应尽可能小,以防止其产生过大的弯曲变形和转动。

推荐使用的抗剪力夹具示意图见附录C,仲裁试验应采用图C.3所示夹具。

7.2.4.2　钢筋焊接网的抗剪力为3个试样抗剪力的平均值(精确至0.1 kN)。

7.2.5　重量偏差

实际重量与理论重量的偏差按公式(1)计算:

$$\text{重量偏差}=\frac{\text{试样实际总重量}-(\text{全部试样上各根钢筋的总长度}\times\text{理论重量})}{\text{全部试样上各根钢筋的总长度}\times\text{理论重量}}\times 100\% \quad (1)$$

7.3　数值修约

检验结果的数值修约与判定应符合YB/T 081的规定。

8　检 验 规 则

8.1　一般规定

钢筋焊接网的出厂检验和用户验收应按8.2的规定进行,当需要采用其他方案检查验收时,应按GB/T 17505的规定,由供需双方协商确定抽样检查方案的主要内容,如组批规则、检验项目、抽样数量、合格评定准则等,并在合同中注明。

8.2　常规检验

8.2.1　组批规则

钢筋焊接网应按批进行检查验收，每批应由同一型号、同一原材料来源、同一生产设备并在同一连续时段内制造的钢筋焊接网组成，重量不大于 60 t。

8.2.2　检验项目

除对开焊点数量进行检查外，每批钢筋焊接网均应按第 7 章规定的项目进行试验。

8.2.3　复　　验

钢筋焊接网的拉伸、弯曲和抗剪力试验结果如不合格，则应从该批钢筋焊接网中任取双倍试样进行不合格项目的检验，复验结果全部合格时，该批钢筋焊接网判定为合格。

8.3　特征值检验

8.3.1　特征值检验适用于下列情况：

a)供方对产品质量控制的检验；

b)需方提出要求，经供需双方协议一致的检验；

c)第三方产品认证及仲裁检验。

8.3.2　试验结果的评定

8.3.2.1　参数检验

为检验规定的性能，如特性参数 $R_{p0.2}$、R_m、A 或 A_{gt}，应确定以下参数：

a)15 个试样的所有单个值 $X_i(n=15)$；

b)平均值 $m_{15}(n=15)$；

c)标准偏差 $S_{15}(n=15)$。

如果所有性能满足公式(2)给定的条件则该试验批符合要求。

$$m_{15}-2.33\times S_{15}\geqslant f_K \tag{2}$$

式中　f_K——要求的特征值；

2.33——当 $m=15$．90％置信水平($1-\alpha=0.90$)不合格率 5％($P=0.95$)时验收系数 K 的值。

如果上述条件不能满足，系数 $K'=\dfrac{m_{15}-f_K}{S15}$ 由试验结果确定。式中 $K'\geqslant 2$ 时，试验可继续进行。在此情况下，应从该试验批的不同钢筋网上切取 45 个试样进行试验；这样可得到总计 60 个试验结果($n=60$)。

如果所有性能满足公式(3)条件，则应认为该试验批符合要求。

$$m_{60}-1.93\times S_{60}>f_K \tag{3}$$

式中　1.93——当 $n=60$，90％置信水平($1-\alpha=0.90$)，不合格率 5％($P=0.95$)时验收系数 K 的值。

8.3.2.2　属性检验

当试验性能规定为最大或最小值时，15 个试样测定的所有结果应符合本部分的要求，此时，应认为该试验批符合要求。

当最多有两个试验结果不符合条件时，应继续进行试验，此时，应从该试验批的不同根钢筋上，另取 45 个试样进行试验，这样可得到总计 60 个试验结果，如果 60 个试验结果中最多有 2 个不符合条件，该试验批符合要求。

9　包装、标志及质量证明书

9.1　钢筋焊接网应捆扎整齐、牢固,必要时应加刚性支撑或支架,以防止运输吊装过程中钢筋焊接网产生影响使用的变形。

9.2　捆扎交货的钢筋焊接网均应吊挂标牌,标明生产厂名、本部分号、钢筋焊接网型号、尺寸、批号、片数或重量、生产日期、检验印记等内容。

9.3　钢筋焊接网交货时应附有质量证明书,注明生产厂名、需方名称、本部分号、交货钢筋焊接网的型号、批号、尺寸、片数或重量、各检验项目检验结果、供方质检部门印记等内容。

附录A(规范性附录)　定型钢筋焊接网型号

表　A.1

钢筋焊接网型号	纵向钢筋			横向钢筋			重量/(kg/m²)
	公称直径/mm	间距/mm	每延米面积/(mm²/m)	公称直径/mm	间距/mm	每延米面积/(mm²/m)	
A18	18	200	1 273	12	200	566	14.43
A16	16		1 006	12		566	12.34
A14	14		770	12		566	10.49
A12	12		566	12		566	8.88
A11	11		475	11		475	7.46
A10	10		393	10		393	6.16
A9	9		318	9		318	4.99
A8	8		252	8		252	3.95
A7	7		193	7		193	3.02
A6	6		142	6		142	2.22
A5	5		98	5		98	1.54
B18	18	100	2 545	12	200	566	24.42
B16	16		2 011	10		393	18.89
B14	14		1 539	10		393	15.19
B12	12		1 131	8		252	10.90
B11	11		950	8		252	9.43
B10	10		785	8		252	8.14
B9	9		635	8		252	6.97
B8	8		503	8		252	5.93
B7	7		385	7		193	4.53
B6	6		283	7		193	3.73
B5	5		196	7		193	3.05

续上表

钢筋焊接网型号	纵向钢筋			横向钢筋			重量/(kg/m²)
	公称直径/mm	间距/mm	每延米面积/(mm²/m)	公称直径/mm	间距/mm	每延米面积/(mm²/m)	
C18	18	150	1 697	12	200	566	17.77
C16	16		1 341	12		566	14.98
C14	14		1 027	12		566	12.51
C12	12		754	12		566	10.36
C11	11		634	11		475	8.70
C10	10		523	10		393	7.19
C9	9		423	9		318	5.82
C8	8		335	8		252	4.61
C7	7		257	7		193	3.53
C6	6		189	6		142	2.60
C5	5		131	5		98	1.80
D18	18	100	2 545	12	100	1 131	28.86
D16	16		2 011	12		1 131	24.68
D14	14		1 539	12		1 131	20.98
D12	12		1 131	12		1 131	17.75
D11	11		950	11		950	14.92
D10	10		785	10		785	12.33
D9	9		635	9		635	9.98
D8	8		503	8		503	7.90
D7	7		385	7		385	6.04
D6	6		283	6		283	4.44
D5	5		196	5		196	3.08
E18	18	150	1 697	12	150	1 131	19.25
E16	16		1 341	12		754	16.46
E14	14		1 027	12		754	13.99
E12	12		754	12		754	11.84
E11	11		634	11		634	9.95
E10	10		523	10		523	8.22
E9	9		423	9		423	6.66
E8	8		335	8		335	5.26
E7	7		257	7		257	4.03
E6	6		189	6		189	2.96
E5	5		131	5		131	2.05

续上表

钢筋焊接网型号	纵向钢筋			横向钢筋			重量/(kg/m²)
	公称直径/mm	间距/mm	每延米面积/(mm²/m)	公称直径/mm	间距/mm	每延米面积/(mm²/m)	
F18	18	100	2 545	12	150	754	25.90
F16	16		2 011	12		754	21.70
F14	14		1 539	12		754	18.00
F12	12		1 131	12		754	14.80
F11	11		950	11		634	12.43
F10	10		785	10		523	10.28
F9	9		635	9		423	8.32
F8	8		503	8		335	6.58
F7	7		385	7		257	5.03
F6	6		283	6		189	3.70
F5	5		196	5		131	2.57

附录B(资料性附录)　桥面、建筑用标准钢筋焊接网

表B.1　桥面用标准钢筋焊接网

序号	网片编号	网片型号		网片尺寸		伸出长度				单片钢网		
		直径	间距	纵向	横向	纵向钢筋		横向钢筋		纵向钢筋根数	横向钢筋根数	重量
						u_1	u_2	u_3	u_4			
		mm	mm	mm	mm	mm	mm	mm	mm	根	根	kg
1	QW-1	7	100	10 250	2 250	50	300	50	300	20	100	129.9
2	QW-2	8	100	10 300	2 300	50	350	50	350	20	100	172.2
3	QW-3	9	100	10 350	2 250	50	400	50	400	19	100	210.4
4	QW-4	10	100	10 350	2 250	50	400	50	400	19	100	260.2
5	QW-5	11	100	10 400	2 250	50	450	50	450	19	100	319.0

表B.2　建筑用标准钢筋焊接网

序号	网片编号	网片型号		网片尺寸		伸出长度				单片钢网		
		直径	间距	纵向	横向	纵向钢筋		横向钢筋		纵向钢筋根数	横向钢筋根数	重量
						u_1	u_2	u_3	u_4			
		mm	mm	mm	mm	mm	mm	mm	mm	根	根	kg
1	JW-1a	6	150	6 000	2 300	75	75	25	25	16	40	41.7
2	JW-1b	6	150	5 950	2 350	25	375	25	375	14	38	38.3
3	JW-2a	7	150	6 000	2 300	75	75	25	25	16	40	56.8
4	JW-2b	7	150	5 950	2 350	25	375	25	375	14	38	52.1

续上表

序号	网片编号	网片型号		网片尺寸		伸出长度				单片钢网		
						纵向钢筋		横向钢筋				
		直径	间距	纵向	横向	u_1	u_2	u_3	u_4	纵向钢筋根数	横向钢筋根数	重量
		mm	mm	mm	mm	mm	mm	mm	mm	根	根	kg
5	JW-3a	8	150	6 000	2 300	75	75	25	25	16	40	74.3
6	JW-3b	8	150	5 950	2 350	25	375	25	375	14	38	68.2
7	JW-4a	9	150	6 000	2 300	75	75	25	25	16	40	93.8
8	JW-4b	9	150	5 950	2 350	25	375	25	375	14	38	86.1
9	JW-5a	10	150	6 000	2 300	75	75	25	25	16	40	116.0
10	JW-5b	10	150	5 950	2 350	25	375	25	375	14	38	106.5
11	JW-6a	12	150	6 000	2 300	75	75	25	25	16	40	166.9
12	JW-6b	12	150	5 950	2 350	25	375	25	375	14	38	153.3

附录 C(资料性附录)　推荐采用的抗剪力试验专用夹具示意图

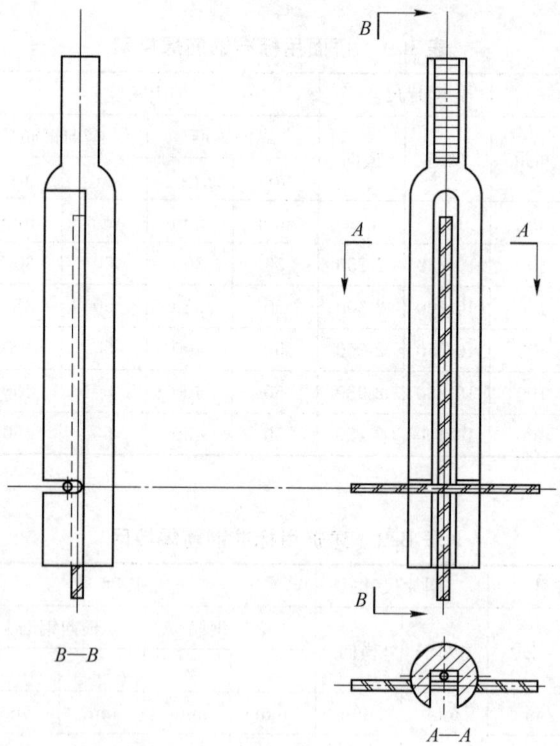

图　C.1

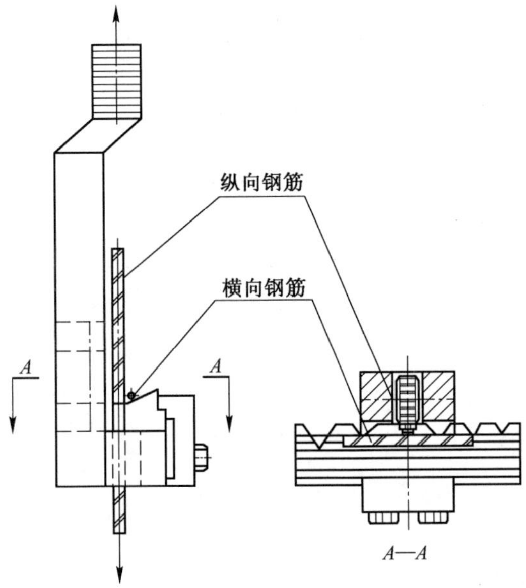

图　C.2

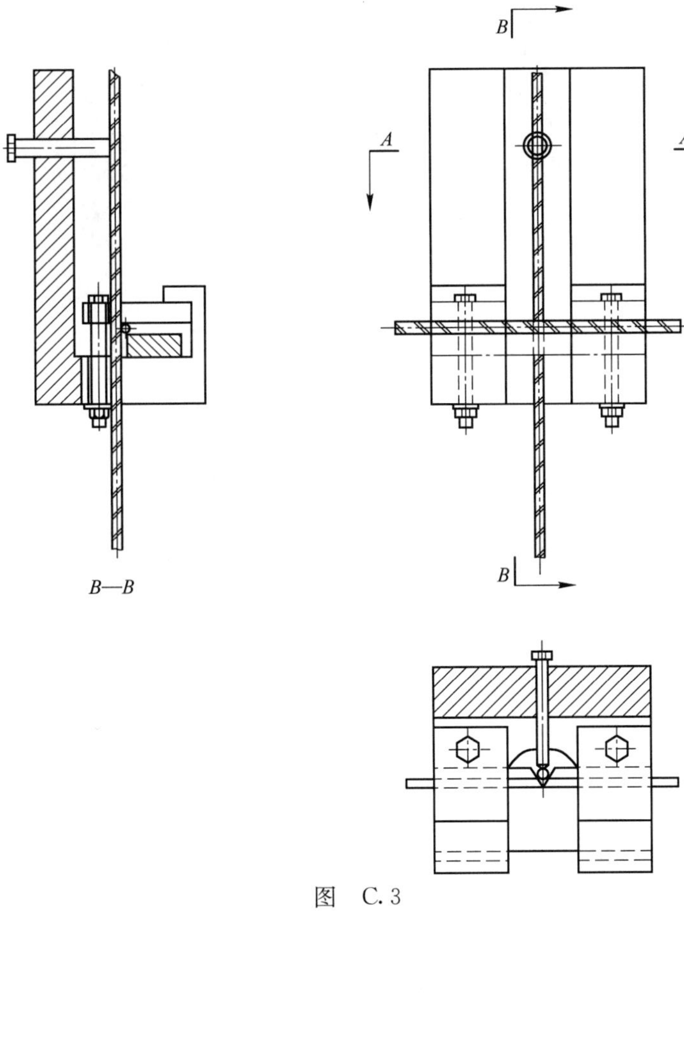

图　C.3

通用硅酸盐水泥

目　次

4 分　　类

本标准规定的通用硅酸盐水泥按混合材料的品种和掺量分为硅酸盐水泥、普通硅酸盐水泥、矿渣硅酸盐水泥、火山灰质硅酸盐水泥、粉煤灰硅酸盐水泥和复合硅酸盐水泥。各品种的组分和代号应符合5.1的规定。

5 组分与材料

5.1 组　　分

通用硅酸盐水泥的组分应符合表1的规定。

表 1　　%

品种	代号	组分(质量分数)				
		熟料+石膏	粒化高炉矿渣	火山灰质混合材料	粉煤灰	石灰石
硅酸盐水泥	P·Ⅰ	100	—	—	—	—
	P·Ⅱ	≥95	≤5	—	—	—
		≥95	—	—	—	≤5
普通硅酸盐水泥	P·O	≥80且<95	>5且≤20[a]			—
矿渣硅酸盐水泥	P·S·A	≥50且<80	>20且≤50[b]	—	—	—
	P·S·B	≥30且<50	>50且≤70[b]	—	—	—
火山灰质硅酸盐水泥	P·P	≥60且<80	—	>20且≤40[c]	—	—
粉煤灰硅酸盐水泥	P·F	≥60且<80	—	—	>20且≤40[d]	—
复合硅酸盐水泥	P·C	≥50且<80	>20且≤50[e]			

a 本组分材料为符合本标准5.2.3的活性混合材料，其中允许用不超过水泥质量8%且符合本标准5.2.4的非活性混合材料或不超过水泥质量5%且符合本标准5.2.5的窑灰代替。

b 本组分材料为符合GB/T 203或GB/T 18046的活性混合材料，其中允许用不超过水泥质量8%且符合本标准第5.2.3条的活性混合材料或符合本标准第5.2.4条的非活性混合材料或符合本标准第5.2.5条的窑灰中的任一种材料代替。

c 本组分材料为符合GB/T 2847的活性混合材料。

d 本组分材料为符合GB/T 1596的活性混合材料。

e 本组分材料为由两种(含)以上符合本标准第5.2.3条的活性混合材料或/和符合本标准第5.2.4条的非活性混合材料组成，其中允许用不超过水泥质量8%且符合本标准第5.2.5条的窑灰代替。掺矿渣时混合材料掺量不得与矿渣硅酸盐水泥重复。

5.2 材　　料

5.2.1 硅酸盐水泥熟料

由主要含CaO、SiO_2、Al_2O_3、Fe_2O_3的原料，按适当比例磨成细粉烧至部分熔融所得以硅酸钙为主要矿物成分的水硬性胶凝物质。其中硅酸钙矿物含量(质量分数)不小于66%，氧化钙和氧化硅质量比不小于2.0。

5.2.2 石　　膏

5.2.1.1 天然石膏：应符合GB/T 5483中规定的G类或M类二级(含)以上的石膏或混合石膏。

5.2.1.2 工业副产石膏:以硫酸钙为主要成分的工业副产物。采用前应经过试验证明对水泥性能无害。

5.2.3 活性混合材料

应符合 GB/T 203、GB/T 18046、GB/T 1596、GB/T 2847 标准要求的粒化高炉矿渣、粒化高炉矿渣粉、粉煤灰、火山灰质混合材料。

5.2.4 非活性混合材料

活性指标分别低于 GB/T 203、GB/T 18046、GB/T 1596、GB/T 2847 标准要求的粒化高炉矿渣、粒化高炉矿渣粉、粉煤灰、火山灰质混合材料;石灰石和砂岩,其中石灰石中的三氧化二铝含量(质量分数)应不大于 2.5%。

5.2.5 窑　　灰

应符合 JC/T 742 的规定。

5.2.6 助 磨 剂

水泥粉磨时允许加入助磨剂,其加入量应不大于水泥质量的 0.5%,助磨剂应符合 JC/T 667 的规定。

6 强 度 等 级

6.1 硅酸盐水泥的强度等级分为 42.5、42.5R、52.5、52.5R、62.5、62.5R 六个等级。

6.2 普通硅酸盐水泥的强度等级分为 42.5、42.5R、52.5、52.5R 四个等级。

6.3 矿渣硅酸盐水泥、火山灰质硅酸盐水泥、粉煤灰硅酸盐水泥、复合硅酸盐水泥的强度等级分为 32.5、32.5R、42.5、42.5R、52.5、52.5R 六个等级。

7 技 术 要 求

7.1 化学指标

通用硅酸盐水泥化学指标应符合表 2 的规定。

表 2　　　%

<table>
<tr><th>品种</th><th>代号</th><th>不溶物
(质量分数)</th><th>烧失量
(质量分数)</th><th>三氧化硫
(质量分数)</th><th>氧化镁
(质量分数)</th><th>氯离子
(质量分数)</th></tr>
<tr><td rowspan="2">硅酸盐水泥</td><td>P·Ⅰ</td><td>≤0.75</td><td>≤3.0</td><td rowspan="3">≤3.5</td><td rowspan="3">≤5.0</td><td rowspan="8">≤0.06[c]</td></tr>
<tr><td>P·Ⅱ</td><td>≤1.50</td><td>≤3.5</td></tr>
<tr><td>普通硅酸盐水泥</td><td>P·O</td><td></td><td>≤5.0</td></tr>
<tr><td rowspan="2">矿渣硅酸盐水泥</td><td>P·S·A</td><td>—</td><td>—</td><td rowspan="2">≤4.0</td><td>≤6.0[b]</td></tr>
<tr><td>P·S·B</td><td>—</td><td>—</td><td>—</td></tr>
<tr><td>火山灰质硅酸盐水泥</td><td>P·P</td><td>—</td><td>—</td><td rowspan="3">≤3.5</td><td rowspan="3">≤6.0[b]</td></tr>
<tr><td>粉煤灰硅酸盐水泥</td><td>P·F</td><td>—</td><td>—</td></tr>
<tr><td>复合硅酸盐水泥</td><td>P·C</td><td>—</td><td>—</td></tr>
</table>

a 如果水泥压蒸试验合格,则水泥中氧化镁的含量(质量分数)允许放宽至 6.0%。

b 如果水泥中氧化镁的含量(质量分数)大于 6.0%时,需进行水泥压蒸安定性试验并合格。

c 当有更低要求时,该指标由买卖双方确定。

7.2 碱含量(选择性指标)

水泥中碱含量按 $Na_2O+0.658K_2O$ 计算值表示。若使用活性骨料,用户要求提供低碱水泥时,水泥中的碱含量应不大于 0.60%或由买卖双方协商确定。

7.3 物理指标

7.3.1 凝结时间

硅酸盐水泥初凝时间不小于 45 min,终凝时间不大于 390 min。

普通硅酸盐水泥、矿渣硅酸盐水泥、火山灰质硅酸盐水泥、粉煤灰硅酸盐水泥和复合硅酸盐水泥初凝不小于 45 min,终凝不大于 600 min。

7.3.2 安 定 性

沸煮法合格。

7.3.3 强　　度

不同品种不同强度等级的通用硅酸盐水泥,其不同龄期的强度应符合表 3 的规定。

表 3　　单位为兆帕

品　种	强度等级	抗压强度		抗折强度	
		3 d	28 d	3 d	28 d
硅酸盐水泥	42.5	≥17.0	≥42.5	≥3.5	≥6.5
	42.5R	≥22.0		≥4.0	
	52.5	≥23.0	≥52.5	≥4.0	≥7.0
	52.5R	≥27.0		≥5.0	
	62.5	≥28.0	≥62.5	≥5.0	≥8.0
	62.5R	≥32.0		≥5.5	
普通硅酸盐水泥	42.5	≥17.0	≥42.5	≥3.5	≥6.5
	42.5R	≥22.0		≥4.0	
	52.5	≥23.0	≥52.5	≥4.0	≥7.0
	52.5R	≥27.0		≥5.0	
矿渣硅酸盐水泥 火山灰硅酸盐水泥 粉煤灰硅酸盐水泥 复合硅酸盐水泥	32.5	≥10.0	≥32.5	≥2.5	≥5.5
	32.5R	≥15.0		≥3.5	
	42.5	≥15.0	≥42.5	≥3.5	≥6.5
	42.5R	≥19.0		≥4.0	
	52.5	≥21.0	≥52.5	≥4.0	≥7.0
	52.5R	≥23.0		≥4.5	

7.3.4 细度(选择性指标)

硅酸盐水泥和普通硅酸盐水泥的细度以比表面积表示,其比表面积不小于 300 m^2/kg;矿渣硅酸盐水泥、火山灰质硅酸盐水泥、粉煤灰硅酸盐水泥和复合硅酸盐水泥的细度以筛余表示，其 80 μm 方孔筛筛余不大于 10%或 45 μm 方孔筛筛余不大于 30%。

8 试验方法

8.1 组　分

由生产者按 GB/T 12960 或选择准确度更高的方法进行。在正常生产情况下，生产者应至少每月对水泥组分进行校核，年平均值应符合 5.1 的规定，单次检验值应不超过本标准规定最大限量的 2%。

为保证组分测定结果的准确性，生产者应采用适当的生产程序和适宜的方法对所选方法的可靠性进行验证，并将经验证的方法形成文件。

8.2 不溶物、烧失量、氧化镁、三氧化硫和碱含量

按 GB/T 176 进行试验。

8.3 压蒸安定性

按 GB/T 750 进行试验。

8.4 氯离子

按 JC/T 420 进行试验。

8.5 标准稠度用水量、凝结时间和安定性

按 GB/T 1346 进行试验。

8.6 强　度

按 GB/T 17671 进行试验。火山灰质硅酸盐水泥、粉煤灰硅酸盐水泥、复合硅酸盐水泥和掺火山灰质混合材料的普通硅酸盐水泥在进行胶砂强度检验时，其用水量按 0.50 水灰比和胶砂流动度不小于 180 mm 来确定。当流动度小于 180 mm 时，应以 0.01 的整倍数递增的方法将水灰比调整至胶砂流动度不小于 180 mm。

胶砂流动度试验按 GB/T 2419 进行，其中胶砂制备按 GB/T 17671 规定进行。

8.7 比表面积

按 GB/T 8074 进行试验。

8.8 80 μm 和 45μ m 筛余

按 GB/T 1345 进行试验。

9 检验规则

9.1 编号及取样

水泥出厂前按同品种、同强度等级编号和取样。袋装水泥和散装水泥应分别进行编号和

取样。每一编号为一取样单位。水泥出厂编号按年生产能力规定为：

200×10^4 t 以上，不超过 4 000 t 为一编号；

120×10^4 t～200×10^4 t，不超过 2 400 t 为一编号；

60×10^4 t～120×10^4 t，不超过 1 000 t 为一编号；

30×10^4 t～60×10^4 t，不超过 600 t 为一编号；

10×10^4 t～30×10^4 t，不超过 400 t 为一编号；

10×10^4 t 以下，不超过 200 t 为一编号。

取样方法按 GB 12573 进行。可连续取，亦可从 20 个以上不同部位取等量样品，总量至少 12 kg。当散装水泥运输工具的容量超过该厂规定出厂编号吨数时，允许该编号的数量超过取样规定吨数。

9.2 水泥出厂

经确认水泥各项技术指标及包装质量符合要求时方可出厂。

9.3 出厂检验

出厂检验项目为 7.1、7.3.1、7.3.2、7.3.3 条。

9.4 判定规则

9.4.1 检验结果符合 7.1、7.3.1、7.3.2、7.3.3 的规定为合格品。

9.4.2 检验结果不符合 7.1、7.3.1、7.3.2、7.3.3 中的任何一项技术要求为不合格品。

9.5 检验报告

检验报告内容应包括出厂检验项目、细度、混合材料品种和掺加量、石膏和助磨剂的品种及掺加量、属旋窑或立窑生产及合同约定的其他技术要求。当用户需要时，生产者应在水泥发出之日起 7 d 内寄发除 28 d 强度以外的各项检验结果，32 d 内补报 28 d 强度的检验结果。

9.6 交货与验收

9.6.1 交货时水泥的质量验收可抽取实物试样以其检验结果为依据，也可以生产者同编号水泥的检验报告为依据。采取何种方法验收由买卖双方商定，并在合同或协议中注明。卖方有告知买方验收方法的责任。当无书面合同或协议，或未在合同、协议中注明验收方法的，卖方应在发货票上注明“以本厂同编号水泥的检验报告为验收依据”字样。

9.6.2 以抽取实物试样的检验结果为验收依据时，买卖双方应在发货前或交货地共同取样和签封。取样方法按 GB 12573 进行，取样数量为 20 kg，缩分为二等份。一份由卖方保存 40 d，一份由买方按本标准规定的项目和方法进行检验。

在 40 d 以内，买方检验认为产品质量不符合本标准要求，而卖方又有异议时，则双方应将卖方保存的另一份试样送省级或省级以上国家认可的水泥质量监督检验机构进行仲裁检验。水泥安定性仲裁检验时，应在取样之日起 10 d 以内完成。

9.6.3 以生产者同编号水泥的检验报告为验收依据时，在发货前或交货时买方在同编号水泥中取样，双方共同签封后由卖方保存 90 d，或认可卖方自行取样、签封并保存 90 d 的同编号水泥的封存样。

在 90 d 内,买方对水泥质量有疑问时,则买卖双方应将共同认可的试样送省级或省级以上国家认可的水泥质量监督检验机构进行仲裁检验。

10 包装、标志、运输与贮存

10.1 包 装

水泥可以散装或袋装,袋装水泥每袋净含量为 50 kg,且应不少于标志质量的 99%;随机抽取 20 袋总质量(含包装袋)应不少于 1 000 kg。其它包装形式由供需双方协商确定,但有关袋装质量要求,应符合上述规定。水泥包装袋应符合 GB 9774 的规定。

10.2 标 志

水泥包装袋上应清楚标明:执行标准、水泥品种、代号、强度等级、生产者名称、生产许可证标志(QS)及编号、出厂编号、包装日期、净含量。包装袋两侧应根据水泥的品种采用不同的颜色印刷水泥名称和强度等级,硅酸盐水泥和普通硅酸盐水泥采用红色,矿渣硅酸盐水泥采用绿色;火山灰质硅酸盐水泥、粉煤灰硅酸盐水泥和复合硅酸盐水泥采用黑色或蓝色。

散装发运时应提交与袋装标志相同内容的卡片。

10.3 运输与贮存

水泥在运输与贮存时不得受潮和混入杂物,不同品种和强度等级的水泥在贮运中避免混杂。

GB 175—2007《通用硅酸盐水泥》国家标准第 1 号修改单

本修改单经国家标准化管理委员会于 2009 年 6 月 12 日批准,自 2009 年 9 月 1 日起实施。

一、删除第 2 章"规范性引用文件"中"JC/T 420 水泥原料中氯离子的化学分析方法"。

二、"8.4 氯离子"中"按 JC/T 420 进行试验。"改为"按 GB/T 176 进行试验。"

电气装置安装工程电气设备交接试验标准

目　　次

3 同步发电机及调相机

3.0.1 容量 6 000 kW 及以上的同步发电机及调相机的试验项目，应包括下列内容：

1 测量定子绕组的绝缘电阻和吸收比或极化指数；

2 测量定子绕组的直流电阻；

3 定子绕组直流耐压试验和泄漏电流测量；

4 定子绕组交流耐压试验；

5 测量转子绕组的绝缘电阻；

6 测量转子绕组的直流电阻；

7 转子绕组交流耐压试验；

8 测量发电机或励磁机的励磁回路连同所连接设备的绝缘电阻，不包括发电机转子和励磁机电枢；

9 发电机或励磁机的励磁回路连同所连接设备的交流耐压试验，不包括发电机转子和励磁机电枢；

10 测量发电机、励磁机的绝缘轴承和转子进水支座的绝缘电阻；

11 埋入式测温计的检查；

12 测量灭磁电阻器、自同步电阻器的直流电阻；

13 测量转子绕组的交流阻抗和功率损耗（无刷励磁机组，无测量条件时，可以不测量）；

14 测录三相短路特性曲线；

15 测录空载特性曲线；

16 测量发电机定子开路时的灭磁时间常数和转子过电压倍数；

17 测量发电机自动灭磁装置分闸后的定子残压；

18 测量相序；

19 测量轴电压；

20 定子绕组端部固有振动频率测试及模态分析；

21 定子绕组端部现包绝缘施加直流电压测量。

注：1. 电压 1 kV 及以下电压等级的同步发电机不论其容量大小，均应按本条第 1、2、4、5、6、7、8、9、11、12、13、18、19 款进行试验；

2. 无起动电动机的同步调相机或调相机的起动电动机只允许短时运行者，可不进行本条第 14、15 款的试验。

3.0.2 测量定子绕组的绝缘电阻和吸收比或极化指数，应符合下列规定：

1 各相绝缘电阻的不平衡系数不应大于 2；

2 吸收比：对沥青浸胶及烘卷云母绝缘不应小于 1.3；对环氧粉云母绝缘不应小于 1.6。对于容量 200 MW 及以上机组应测量极化指数，极化指数不应小于 2.0。

注：1 进行交流耐压试验前，电机绕组的绝缘应满足本条的要求；

2 测量水内冷发电机定子绕组绝缘电阻，应在消除剩水影响的情况下进行；

3 对于汇水管死接地的电机应在无水情况下进行；对汇水管非死接地的电机，应分别测量绕组及汇水管绝缘电阻，绕组绝缘电阻测量时应采用屏蔽法消除水的影响。测量结果应符合制造厂的规定；

4 交流耐压试验合格的电机，当其绝缘电阻折算至运行温度后（环氧粉云母绝缘的电机在常温下）不低于其额定电压 1 MΩ/kV 时，可不经干燥投入运行。但在投运前不应再拆开端盖进行内部作业。

3.0.3 测量定子绕组的直流电阻，应符合下列规定：

1 直流电阻应在冷状态下测量，测量时绕组表面温度与周围空气温度之差应在±3 ℃的范围内；

2 各相或各分支绕组的直流电阻，在校正了由于引线长度不同而引起的误差后，相互间差别不应超过其最小值的2%；与产品出厂时测得的数值换算至同温度下的数值比较，其相对变化也不应大于2%。

3.0.4 定子绕组直流耐压试验和泄漏电流测量，应符合下列规定：

1 试验电压为电机额定电压的3倍。

2 试验电压按每级0.5倍额定电压分阶段升高，每阶段停留1 min，并记录泄漏电流；在规定的试验电压下，泄漏电流应符合下列规定：

1)各相泄漏电流的差别不应大于最小值的100%，当最大泄漏电流在20 μA以下，根据绝缘电阻值和交流耐压试验结果综合判断为良好时，各相间差值可不考虑；

2)泄漏电流不应随时间延长而增大；

当不符合上述1)、2)规定之一时，应找出原因，并将其消除。

3)泄漏电流随电压不成比例地显著增长时，应及时分析。

3 氢冷电机必须在充氢前或排氢后且含氢量在3%以下时进行试验，严禁在置换氢过程中进行试验。

4 水内冷电机试验时，宜采用低压屏蔽法；对于汇水管死接地的电机，现场可不进行该项试验。

3.0.5 定子绕组交流耐压试验所采用的电压，应符合表3.0.5的规定。现场组装的水轮发电机定子绕组工艺过程中的绝缘交流耐压试验，应按现行国家标准《水轮发电机组安装技术规范》GB/T 8564的有关规定进行。水内冷电机在通水情况下进行试验，水质应合格；氢冷电机必须在充氢前或排氢后且含氢量在3%以下时进行试验，严禁在置换氢过程中进行。大容量发电机交流耐压试验，当工频交流耐压试验设备不能满足要求时，可采用谐振耐压代替。

表3.0.5 定子绕组交流耐压试验电压

容量(kW)	额定电压(V)	试验电压(V)
10 000以下	36以上	$(1\,000+2U_n)\times0.8$
10 000及以上	24 000以下	$(1\,000+2U_n)\times0.8$
10 000及以上	24 000及以上	与厂家协商

注：U_n为发电机额定电压。

3.0.6 测量转子绕组的绝缘电阻，应符合下列规定：

1 转子绕组的绝缘电阻值不宜低于0.5 MΩ；

2 水内冷转子绕组使用500 V及以下兆欧表或其他仪器测量，绝缘电阻值不应低于5 000 Ω；

3 当发电机定子绕组绝缘电阻已符合起动要求，而转子绕组的绝缘电阻值不低于2 000 Ω时，可允许投入运行；

4 在电机额定转速时超速试验前、后测量转子绕组的绝缘电阻；

5 测量绝缘电阻时采用兆欧表的电压等级：当转子绕组额定电压为200 V以上，采用2 500 V兆欧表；200 V及以下，采用1 000 V兆欧表。

3.0.7 测量转子绕组的直流电阻，应符合下列规定：

1 应在冷状态下进行，测量时绕组表面温度与周围空气温度之差应在±3 ℃的范围内。

测量数值与产品出厂数值换算至同温度下的数值比较，其差值不应超过 2%；

2 显极式转子绕组，应对各磁极绕组进行测量；当误差超过规定时，还应对各磁极绕组间的连接点电阻进行测量。

3.0.8 转子绕组交流耐压试验，应符合下列规定：

1 整体到货的显极式转子，试验电压应为额定电压的 7.5 倍，且不应低于 1 200 V。

2 工地组装的显极式转子，其单个磁极耐压试验应按制造厂规定进行。组装后的交流耐压试验，应符合下列规定：

1)额定励磁电压为 500 V 及以下电压等级，为额定励磁电压的 10 倍，并不应低于 1 500 V；

2)额定励磁电压为 500 V 以上，为额定励磁电压的 2 倍加 4 000 V。

3 隐极式转子绕组可以不进行交流耐压试验，可采用 2 500 V 兆欧表测量绝缘电阻来代替。

3.0.9 测量发电机和励磁机的励磁回路连同所连接设备的绝缘电阻值，不应低于 0.5 MΩ。回路中有电子元器件设备的，试验时应将插件拔出或将其两端短接。

注：不包括发电机转子和励磁机电枢的绝缘电阻测量。

3.0.10 发电机和励磁机的励磁回路连同所连接设备的交流耐压试验，其试验电压应为 1 000 V，或用 2 500 V 兆欧表测量绝缘电阻方式代替。水轮发电机的静止可控硅励磁的试验电压，应按本标准第 3.0.8 条第 2 款的规定进行；回路中有电子元器件设备的，试验时应将插件拔出或将其两端短接。

注：不包括发电机转子和励磁机电枢的交流耐压试验。

3.0.11 测量发电机、励磁机的绝缘轴承和转子进水支座的绝缘电阻，应符合下列规定：

1 应在装好油管后，采用 1 000 V 兆欧表测量，绝缘电阻值不应低于 0.5 MΩ；

2 对氢冷发电机应测量内、外挡油盖的绝缘电阻，其值应符合制造厂的规定。

3.0.12 埋入式测温计的检查应符合下列规定：

1 用 250 V 兆欧表测量埋入式测温计的绝缘电阻是否良好；

2 核对测温计指示值，应无异常。

3.0.13 测量灭磁电阻器、自同步电阻器的直流电阻，应与铭牌数值比较，其差值不应超过 10%。

3.0.14 测量转子绕组的交流阻抗和功率损耗，应符合下列规定：

1 应在静止状态下的定子膛内、膛外和在超速试验前后的额定转速下分别测量；

2 对于显极式电机，可在膛外对每一磁极绕组进行测量。测量数值相互比较应无明显差别；

3 试验时施加电压的峰值不应超过额定励磁电压值。

注：无刷励磁机组，当无测量条件时，可以不测。

3.0.15 测量三相短路特性曲线，应符合下列规定：

1 测量的数值与产品出厂试验数值比较，应在测量误差范围以内；

2 对于发电机变压器组，当发电机本身的短路特性有制造厂出厂试验报告时，可只录取发电机变压器组的短路特性，其短路点应设在变压器高压侧。

3.0.16 测量空载特性曲线，应符合下列规定：

1 测量的数值与产品出厂试验数值比较，应在测量误差范围以内；

2 在额定转速下试验电压的最高值，对于汽轮发电机及调相机应为定子额定电压值的

120%，对于水轮发电机应为定子额定电压值的130%，但均不应超过额定励磁电流；

3 当电机有匝间绝缘时，应进行匝间耐压试验，在定子额定电压值的130%（不超过定子最高电压）下持续5 min；

4 对于发电机变压器组，当发电机本身的空载特性及匝间耐压有制造厂出厂试验报告时，可不将发电机从机组拆开做发电机的空载特性，而只做发电机变压器组的整组空载特性，电压加至定子额定电压值的105%。

3.0.17 在发电机空载额定电压下测录发电机定子开路时的灭磁时间常数。对发电机变压器组，可带空载变压器同时进行。

3.0.18 发电机在空载额定电压下自动灭磁装置分闸后测量定子残压。

3.0.19 测量发电机的相序，必须与电网相序一致。

3.0.20 测量轴电压，应符合下列规定：

1 分别在空载额定电压时及带负荷后测定；

2 汽轮发电机的轴承油膜被短路时，轴承与机座间的电压值，应接近于转子两端轴上的电压值；

3 水轮发电机应测量轴对机座的电压。

3.0.21 定子绕组端部固有振动频率测试及模态分析，应符合下列规定：

1 对200 MW及以上汽轮发电机进行；

2 发电机冷态下定子绕组端部自振频率及振型：如存在椭圆形振型且自振频率在94～115 Hz范围内为不合格；

3 当制造厂已进行过试验，且有出厂试验报告时，可不进行试验。

3.0.22 定子绕组端部现包绝缘施加直流电压测量，应符合下列规定；

1 现场进行发电机端部引线组装的，应在绝缘包扎材料干燥后，施加直流电压测量；

2 定子绕组施加直流电压为发电机额定电压 U_n；

3 所测表面直流电位应不大于制造厂的规定值。

4 直流电机

4.0.1 直流电机的试验项目，应包括下列内容：

1 测量励磁绕组和电枢的绝缘电阻；

2 测量励磁绕组的直流电阻；

3 测量电枢整流片间的直流电阻；

4 励磁绕组和电枢的交流耐压试验；

5 测量励磁可变电阻器的直流电阻；

6 测量励磁回路连同所有连接设备的绝缘电阻；

7 励磁回路连同所有连接设备的交流耐压试验；

8 检查电机绕组的极性及其连接的正确性；

9 测量并调整电机电刷，使其处在磁场中性位置；

10 测录直流发电机的空载特性和以转子绕组为负载的励磁机负载特性曲线；

11 直流电动机的空转检查和空载电流测量。

注：6 000 kW以上同步发电机及调相机的励磁机，应按本条全部项目进行试验。其余直流电机按本条第1、2、5、6、8、9、

11 款进行试验。

4.0.2 测量励磁绕组和电枢的绝缘电阻值，不应低于 0.5 MΩ。

4.0.3 测量励磁绕组的直流电阻值，与制造厂数值比较，其差值不应大于 2%。

4.0.4 测量电枢整流片间的直流电阻，应符合下列规定：

1 对于叠绕组，可在整流片间测量；对于波绕组，测量时两整流片间的距离等于换向器节距；对于蛙式绕组，要根据其接线的实际情况来测量其叠绕组和波绕组的片间直流电阻；

2 相互间的差值不应超过最小值的 10%，由于均压线或绕组结构而产生的有规律的变化时，可对各相应的片间进行比较判断。

4.0.5 励磁绕组对外壳和电枢绕组对轴的交流耐压试验电压，应为额定电压的 1.5 倍加 750 V，并不应小于 1 200 V。

4.0.6 测量励磁可变电阻器的直流电阻值，与产品出厂数值比较，其差值不应超过 10%。调节过程中应接触良好，无开路现象，电阻值变化应有规律性。

4.0.7 测量励磁回路连同所有连接设备的绝缘电阻值不应低于 0.5 MΩ。

注：不包括励磁调节装置回路的绝缘电阻测量。

4.0.8 励磁回路连同所有连接设备的交流耐压试验电压值，应为 1 000 V。或用 2 500 V 兆欧表测量绝缘电阻方式代替。

注：不包括励磁调节装置回路的交流耐压试验。

4.0.9 检查电机绕组的极性及其连接，应正确。

4.0.10 调整电机电刷的中性位置，应正确，并满足良好换向要求。

4.0.11 测录直流发电机的空载特性和以转子绕组为负载的励磁机负载特性曲线，与产品的出厂试验资料比较，应无明显差别。励磁机负载特性宜在同步发电机空载和短路试验时同时测录。

4.0.12 直流电动机的空转检查和空载电流测量，应符合下列规定：

1 空载运转时间一般不小于 30 min，电刷与换向器接触面应无明显火花；

2 记录直流电机的空转电流。

5 中频发电机

5.0.1 中频发电机的试验项目，应包括下列内容：

1 测量绕组的绝缘电阻；

2 测量绕组的直流电阻；

3 绕组的交流耐压试验；

4 测录空载特性曲线；

5 测量相序；

6 测量检温计绝缘电阻，并检查是否完好。

5.0.2 测量绕组的绝缘电阻值，不应低于 0.5 MΩ。

5.0.3 测量绕组的直流电阻，应符合下列规定：

1 各相或各分支的绕组直流电阻值，与出厂数值比较，相互差别不应超过 2%；

2 励磁绕组直流电阻值与出厂数值比较，应无明显差别。

5.0.4 绕组的交流耐压试验电压值，应为出厂试验电压值的 75%。

5.0.5 测录空载特性曲线，应符合下列规定：

1 试验电压最高升至产品出厂试验数值为止，所测得的数值与出厂数值比较，应无明显差别；

2 永磁式中频发电机只测录发电机电压与转速的关系曲线，所测得的曲线与制造厂出厂数值比较，应无明显差别。

5.0.6 测量相序。电机出线端子标号应与相序一致。

5.0.7 测量检温计绝缘电阻并校验温度误差，应符合下列规定：

1 采用 250 V 兆欧表测量检温计绝缘电阻；

2 检温计误差应不超过制造厂的规定。

6 交流电动机

6.0.1 交流电动机的试验项目，应包括下列内容：

1 测量绕组的绝缘电阻和吸收比；

2 测量绕组的直流电阻；

3 定子绕组的直流耐压试验和泄漏电流测量；

4 定子绕组的交流耐压试验；

5 绕线式电动机转子绕组的交流耐压试验；

6 同步电动机转子绕组的交流耐压试验；

7 测量可变电阻器、起动电阻器、灭磁电阻器的绝缘电阻；

8 测量可变电阻器、起动电阻器、灭磁电阻器的直流电阻；

9 测量电动机轴承的绝缘电阻；

10 检查定子绕组极性及其连接的正确性；

11 电动机空载转动检查和空载电流测量。

注：电压 1 000 V 以下且容量为 100 kW 以下的电动机，可按本条第 1、7、10、11 款进行试验。

6.0.2 测量绕组的绝缘电阻和吸收比，应符合下列规定：

1 额定电压为 1 000 V 以下，常温下绝缘电阻值不应低于 0.5 MΩ；额定电压为 1 000 V 及以上，折算至运行温度时的绝缘电阻值，定子绕组不应低于 1 MΩ/kV，转子绕组不应低于 0.5 MΩ/kV。绝缘电阻温度换算可按本标准附录 B 的规定进行；

2 1 000 V 及以上的电动机应测量吸收比。吸收比不应低于 1.2，中性点可拆开的应分相测量。

注：1 进行交流耐压试验时，绕组的绝缘应满足本条的要求；

2 交流耐压试验合格的电动机，当其绝缘电阻折算至运行温度后（环氧粉云母绝缘的电动机在常温下）不低于其额定电压 1MΩ/kV 时，可不经干燥投入运行。但在投运前不应再拆开端盖进行内部作业。

6.0.3 测量绕组的直流电阻，应符合下述规定：

1 000 V 以上或容量 100 kW 以上的电动机各相绕组直流电阻值相互差别不应超过其最小值的 2%，中性点未引出的电动机可测量线间直流电阻，其相互差别不应超过其最小值的 1%。

6.0.4 定子绕组直流耐压试验和泄漏电流测量，应符合下述规定：

1 000 V 以上及 1 000 kW 以上、中性点连线已引出至出线端子板的定子绕组应分相进行直流耐压试验。试验电压为定子绕组额定电压的3倍。在规定的试验电压下，各相泄漏电流的差值不应大于最小值的100%；当最大泄漏电流在20 μA以下时，各相间应无明显差别。试验时的注意事项，应符合本标准第3.0.4条的有关规定；中性点连线未引出的不进行此项试验。

6.0.5 定子绕组的交流耐压试验电压，应符合表6.0.5的规定。

表6.0.5 电动机定子绕组交流耐压试验电压

额定电压(kV)	3	6	10
试验电压(kV)	5	10	16

6.0.6 绕线式电动机的转子绕组交流耐压试验电压，应符合表6.0.6的规定。

表6.0.6 绕线式电动机转子绕组交流耐压试验电压

转子工况	试验电压(V)	转子工况	试验电压(V)
不可逆的	$1.5U_k+750$	可逆的	$3.0U_k+750$

注：U_k为转子静止时，在定子绕组上施加额定电压，转子绕组开路时测得的电压。

6.0.7 同步电动机转子绕组的交流耐压试验电压值为额定励磁电压的7.5倍，且不应低于1 200 V，但不应高于出厂试验电压值的75%。

6.0.8 可变电阻器、起动电阻器、灭磁电阻器的绝缘电阻，当与回路一起测量时，绝缘电阻值不应低于0.5 MΩ。

6.0.9 测量可变电阻器、起动电阻器、灭磁电阻器的直流电阻值，与产品出厂数值比较，其差值不应超过10%；调节过程中应接触良好，无开路现象，电阻值的变化应有规律性。

6.0.10 测量电动机轴承的绝缘电阻，当有油管路连接时，应在油管安装后，采用1 000 V兆欧表测量，绝缘电阻值不应低于0.5 MΩ。

6.0.11 检查定子绕组的极性及其连接应正确。中性点未引出者可不检查极性。

6.0.12 电动机空载转动检查的运行时间为2 h，并记录电动机的空载电流。当电动机与其机械部分的连接不易拆开时，可连在一起进行空载转动检查试验。

7 电力变压器

7.0.1 电力变压器的试验项目，应包括下列内容：

1 绝缘油试验或SF_6气体试验；

2 测量绕组连同套管的直流电阻；

3 检查所有分接头的电压比；

4 检查变压器的三相接线组别和单相变压器引出线的极性；

5 测量与铁芯绝缘的各紧固件(连接片可拆开者)及铁芯(有外引接地线的)绝缘电阻；

6 非纯瓷套管的试验；

7 有载调压切换装置的检查和试验；

8 测量绕组连同套管的绝缘电阻、吸收比或极化指数；

9 测量绕组连同套管的介质损耗角正切值$\tan\delta$；

10 测量绕组连同套管的直流泄漏电流；

11 变压器绕组变形试验；

12 绕组连同套管的交流耐压试验；

13 绕组连同套管的长时感应电压试验带局部放电试验；

14 额定电压下的冲击合闸试验；

15 检查相位；

16 测量噪音。

注：除条文内规定的原因外，各类变压器试验项目应按下列规定进行：

1 容量为 1 600 kV · A 及以下油浸式电力变压器的试验，可按本条第 1、2、3、4、5、6、7、8、12、14、15 款的规定进行；

2 干式变压器的试验，可按本条第 2、3、4、5、7、8、12、14、15 款的规定进行；

3 变流、整流变压器的试验，可按本条第 1、2、3、4、5、7、8、12、14、15 款的规定进行；

4 电炉变压器的试验，可按本条第 1、2、3、4、5、6、7、8、12、14、15 款的规定进行；

5 穿芯式电流互感器、电容型套管应分别按本标准第 9 章、第 16 章的试验项目进行试验；

6 分体运输、现场组装的变压器应由订货方见证所有出厂试验项目，现场试验按本标准执行。

7.0.2 油浸式变压器中绝缘油及 SF_6 气体绝缘变压器中 SF_6 气体的试验，应符合下列规定：

1 绝缘油的试验类别应符合本标准表 20.0.2 的规定；试验项目及标准应符合本标准表 20.0.1 的规定。

2 油中溶解气体的色谱分析，应符合下述规定：电压等级在 66 kV 及以上的变压器，应在注油静置后、耐压和局部放电试验 24 h 后、冲击合闸及额定电压下运行 24 h 后，各进行一次变压器器身内绝缘油的油中溶解气体的色谱分析。试验应按现行国家标准《变压器油中溶解气体分析和判断导则》GB/T 7252 进行。各次测得的氢、乙炔、总烃含量，应无明显差别。新装变压器油中 H_2 与烃类气体含量（μL/L）任一项不宜超过下列数值：

总烃：20，　　H_2：10，　　C_2H_2：0。

3 油中微量水分的测量，应符合下述规定：变压器油中的微量水分含量，对电压等级为 110 kV 的，不应大于 20 mg/L；220 kV 的，不应大于 15 mg/L；330～500 kV 的，不应大于 10 mg/L。

4 油中含气量的测量，应符合下述规定：电压等级为 330～500 kV 的变压器，按照规定时间静置后取样测量油中的含气量，其值不应大于 1%（体积分数）。

5 对 SF_6 气体绝缘的变压器应进行 SF_6 气体含水量检验及检漏：SF_6 气体含水量（20 ℃的体积分数）一般不大于 250 μL/L。变压器应无明显泄漏点。

7.0.3 测量绕组连同套管的直流电阻，应符合下列规定：

1 测量应在各分接头的所有位置上进行；

2 1 600 kV · A 及以下容量等级三相变压器，各相测得值的相互差值应小于平均值的 4%，线间测得值的相互差值应小于平均值的 2%；1 600 kV · A 以上三相变压器，各相测得值的相互差值应小于平均值的 2%，线间测得值的相互差值应小于平均值的 1%；

3 变压器的直流电阻，与同温下产品出厂实测数值比较，相应变化不应大于 2%；不同温度下电阻值按照公式（7.0.3）换算。

$$R_2=R_1\cdot\frac{T+t_2}{T+t_1} \tag{7.0.3}$$

式中　R_1、R_2——分别为温度在 t_1、t_2（℃）时的电阻值（Ω）；

T——计算用常数，铜导线取 235，铝导线取 225。

4 由于变压器结构等原因，差值超过本条第 2 款时，可只按本条第 3 款进行比较，但应说明原因。

7.0.4 检查所有分接头的电压比，与制造厂铭牌数据相比应无明显差别，且应符合电压比的规律;电压等级在 220 kV 及以上的电力变压器,其电压比的允许误差在额定分接头位置时为±0.5%。

注:"无明显差别"可按如下考虑:

1 电压等级在 35 kV 以下,电压比小于 3 的变压器电压比允许偏差为±1%;

2 其他所有变压器额定分接下电压比允许偏差为±0.5%;

3 其他分接的电压比应在变压器阻抗电压值(%)的 1/10 以内,但不得超过±1%。

7.0.5 检查变压器的三相接线组别和单相变压器引出线的极性,必须与设计要求及铭牌上的标记和外壳上的符号相符。

7.0.6 测量与铁芯绝缘的各紧固件(连接片可拆开者)及铁芯(有外引接地线的)绝缘电阻,应符合下列规定:

1 进行器身检查的变压器,应测量可接触到的穿芯螺栓、轭铁夹件及绑扎钢带对铁轭、铁芯、油箱及绕组压环的绝缘电阻。当轭铁梁及穿芯螺栓一端与铁芯连接时,应将连接片断开后进行试验;

2 不进行器身检查的变压器或进行器身检查的变压器,所有安装工作结束后应进行铁芯和夹件(有外引接地线的)的绝缘电阻测量;

3 铁芯必须为一点接地;对变压器上有专用的铁芯接地线引出套管时,应在注油前测量其对外壳的绝缘电阻;

4 采用 2 500 V 兆欧表测量,持续时间为 1 min,应无闪络及击穿现象。

7.0.7 非纯瓷套管的试验,应按本标准第 16 章的规定进行。

7.0.8 有载调压切换装置的检查和试验,应符合下列规定:

1 变压器带电前应进行有载调压切换装置切换过程试验,检查切换开关切换触头的全部动作顺序,测量过渡电阻阻值和切换时间。测得的过渡电阻阻值、三相同步偏差、切换时间的数值、正反向切换时间偏差均符合制造厂技术要求。由于变压器结构及接线原因无法测量的,不进行该项试验;

2 在变压器无电压下,手动操作不少于 2 个循环、电动操作不少于 5 个循环。其中电动操作时电源电压为额定电压的 85%及以上。操作无卡涩、连动程序,电气和机械限位正常;

3 循环操作后进行绕组连同套管在所有分接下直流电阻和电压比测量,试验结果应符合本标准第 7.0.3 条、第 7.0.4 条的要求;

4 在变压器带电条件下进行有载调压开关电动操作,动作应正常。操作过程中,各侧电压应在系统电压允许范围内;

5 绝缘油注入切换开关油箱前,其击穿电压应符合本标准表 20.0.1 的规定。

7.0.9 测量绕组连同套管的绝缘电阻、吸收比或极化指数,应符合下列规定:

1 绝缘电阻值不低于产品出厂试验值的 70%。

2 当测量温度与产品出厂试验时的温度不符合时,可按表 7.0.9 换算到同一温度时的数值进行比较。

表 7.0.9 油浸式电力变压器绝缘电阻的温度换算系数

温度差 K	5	10	15	20	25	30	35	40	45	50	55	60
换算系数 A	1.2	1.5	1.8	2.3	2.8	3.4	4.1	5.1	6.2	7.5	9.2	11.2

注:1 表中 K 为实测温度减去 20 ℃的绝对值。

2 测量温度以上层油温为准。

当测量绝缘电阻的温度差不是表中所列数值时，其换算系数 A 可用线性插入法确定，也可按下述公式计算：

$$A=1.5^{K/10} \tag{7.0.9-1}$$

校正到 20 ℃时的绝缘电阻值可用下述公式计算：

当实测温度为 20 ℃ 以上时：

$$R_{20}=AR_{t} \tag{7.0.9-2}$$

当实测温度为 20 ℃以下时：

$$R_{20}=R_{t}/A \tag{7.0.9-3}$$

式中 R_{20}——校正到 20 ℃ 时的绝缘电阻值(MΩ)；

R_{t}——在测量温度下的绝缘电阻值(MΩ)。

3 变压器电压等级为 35 kV 及以上且容量在 4 000 kV · A 及以上时，应测量吸收比。吸收比与产品出厂值相比应无明显差别，在常温下应不小于 1.3；当 R60s 大于 3 000 MΩ 时，吸收比可不作考核要求。

4 变压器电压等级为 220 kV 及以上且容量为 120 MV · A 及以上时，宜用 5 000 V 兆欧表测量极化指数。测得值与产品出厂值相比应无明显差别，在常温下不小于 1.3；当 R60s 大于 10 000 MΩ 时，极化指数可不作考核要求。

7.0.10 测量绕组连同套管的介质损耗角正切值 $\tan\delta$ ，应符合下列规定：

1 当变压器电压等级为 35 kV 及以上且容量在 8 000 kV · A 及以上时，应测量介质损耗角正切值 $\tan\delta$；

2 被测绕组的 $\tan\delta$ 值不应大于产品出厂试验值的 130%；

3 当测量时的温度与产品出厂试验温度不符合时，可按表 7.0.10 换算到同一温度时的数值进行比较。

表 7.0.10 介质损耗角正切值 tgδ(%)温度换算系数

温度差 K	5	10	15	20	25	30	35	40	45	50
换算系数 A	1.15	1.3	1.5	1.7	1.9	2.2	2.5	2.9	3.3	3.7

注：1 表中 K 为实测温度减去 20 ℃的绝对值。

2 测量温度以上层油温为准。

3 进行较大的温度换算且试验结果超过本条第 2 款规定时，应进行综合分析判断。

当测量时的温度差不是表中所列数值时，其换算系数 A 可用线性插入法确定，也可按下述公式计算：

$$A=1.3^{K/10} \tag{7.0.10-1}$$

校正到 20 ℃时的介质损耗角正切值可用下述公式计算：

当测量温度在 20 ℃以上时：

$$\tan\delta_{20}=\tan\delta_{t}/A \tag{7.0.10-2}$$

当测量温度在 20 ℃以下时：

$$\tan\delta_{20}=A\tan\delta_{t} \tag{7.0.10-3}$$

式中 $\tan\delta_{20}$——校正到 20 ℃时的介质损耗角正切值；

$\tan\delta_{t}$ ——在测量温度下的介质损耗角正切值。

7.0.11 测量绕组连同套管的直流泄漏电流，应符合下列规定：

1 当变压器电压等级为 35 kV 及以上且容量在 8 000 kV · A 及以上时，应测量直流泄漏电流；

2 试验电压标准应符合表 7.0.11 的规定。当施加试验电压达 1 min 时，在高压端读取泄漏电流。泄漏电流值不宜超过本标准附录 D 的规定。

表 7.0.11 油浸式电力变压器直流泄漏试验电压标准

绕组额定电压(kV)	6～10	20～35	63～330	500
直流试验电压(kV)	10	20	40	60

注：1 绕组额定电压为 13.8 kV 及 15.75 kV 时，按 10 kV 级标准；18 kV 时，按 20 kV 级标准。

2 分级绝缘变压器仍按被试绕组电压等级的标准。

7.0.12 变压器绕组变形试验，应符合下列规定：

1 对于 35 kV 及以下电压等级变压器，宜采用低电压短路阻抗法；

2 对于 66 kV 及以上电压等级变压器，宜采用频率响应法测量绕组特征图谱。

7.0.13 绕组连同套管的交流耐压试验，应符合下列规定：

1 容量为 8 000 kV·A 以下、绕组额定电压在 110 kV 以下的变压器，线端试验应按表 7.0.13-1 进行交流耐压试验。

2 容量为 8 000 kV·A 及以上、绕组额定电压在 110 kV 以下的变压器，在有试验设备时，可按表 7.0.13-1 试验电压标准，进行线端交流耐压试验。

3 绕组额定电压为 110 kV 及以上的变压器，其中性点应进行交流耐压试验，试验耐受电压标准为出厂试验电压值的 80%(见表 7.0.13-2)。

表 7.0.13-1 电力变压器和电抗器交流耐压试验电压标准(kV)

系统标称电压	设备最高电压	交流耐受电压	
		油浸式电力变压器和电抗器	干式电力变压器和电抗器
<1	≤1.1	—	2.5
3	3.6	14	8.5
6	7.2	20	17
10	12	28	24
15	17.5	36	32
20	24	44	43
35	40.5	68	60
66	72.5	112	—
110	126	160	—
220	252	(288)316	—
330	363	(368)408	—
500	550	(504)544	—

注：1 上表中，变压器试验电压是根据现行国家标准《电力变压器 第 3 部分：绝缘水平、绝缘试验和外绝缘空气间隙》GB 1094.3 规定的出厂试验电压乘以 0.8 制定的。

2 干式电力变压器试验电压是根据现行国家标准《干式电力变压器》GB 6450 规定的出厂试验电压乘以 0.8 制定的。

表 7.0.13-2 额定电压 110 kV 及以上的电力变压器中性点交流耐压试验电压标准(kV)

系统标称电压	设备最高电压	中性点接地方式	出厂交流耐受电压	交接交流耐受电压
110	126	不直接接地	95	76
220	252	直接接地	85	68
		不直接接地	200	160
330	363	直接接地	85	68
		不直接接地	230	184
500	550	直接接地	85	68
		经小阻抗接地	140	112

4 交流耐压试验可以采用外施工频电压试验的方法,也可采用感应电压试验的方法。

试验电压波形尽可能接近正弦,试验电压值为测量电压的峰值除以$\sqrt{2}$,试验时应在高压端监测。

外施交流电压试验电压的频率应为 45～65 Hz,全电压下耐受时间为 60 s。

感应电压试验时,为防止铁芯饱和及励磁电流过大,试验电压的频率应适当大于额定频率。除另有规定,当试验电压频率等于或小于 2 倍额定频率时,全电压下试验时间为 60 s;当试验电压频率大于 2 倍额定频率时,全电压下试验时间为:

$$120\times\frac{\text{额定频率}}{\text{试验频率}}(\text{s}),\ \text{但不少于 15s} \qquad (7.0.13\text{-}4)$$

7.0.14 绕组连同套管的长时感应电压试验带局部放电测量(ACLD):电压等级 220 kV 及以上,在新安装时,必须进行现场局部放电试验。对于电压等级为 110 kV 的变压器,当对绝缘有怀疑时,应进行局部放电试验。

局部放电试验方法及判断方法,均按现行国家标准《电力变压器 第 3 部分:绝缘水平、绝缘试验和外绝缘空气间隙》GB 1094.3 中的有关规定进行(参见附录 C)。

7.0.15 在额定电压下对变压器的冲击合闸试验,应进行 5 次,每次间隔时间宜为 5 min,应无异常现象;冲击合闸宜在变压器高压侧进行;对中性点接地的电力系统,试验时变压器中性点必须接地;发电机变压器组中间连接无操作断开点的变压器,可不进行冲击合闸试验。无电流差动保护的干式变压器可冲击 3 次。

7.0.16 检查变压器的相位,必须与电网相位一致。

7.0.17 电压等级为 500 kV 的变压器的噪音,应在额定电压及额定频率下测量,噪音值不应大于 80 dB(A),其测量方法和要求应按现行国家标准《变压器和电抗器的声级测定》GB/T 7328 的规定进行。

8 电抗器及消弧线圈

8.0.1 电抗器及消弧线圈的试验项目,应包括下列内容:

1 测量绕组连同套管的直流电阻;

2 测量绕组连同套管的绝缘电阻、吸收比或极化指数;

3 测量绕组连同套管的介质损耗角正切值 $\tan\delta$;

4 测量绕组连同套管的直流泄漏电流;

5 绕组连同套管的交流耐压试验；

6 测量与铁芯绝缘的各紧固件的绝缘电阻；

7 绝缘油的试验；

8 非纯瓷套管的试验；

9 额定电压下冲击合闸试验；

10 测量噪音；

11 测量箱壳的振动；

12 测量箱壳表面的温度。

注：1 干式电抗器的试验项目可按本条第1、2、5、9款规定进行；

2 消弧线圈的试验项目可按本条第1、2、5、6款规定进行；对35 kV及以上油浸式消弧线圈应增加第3、4、7、8款；

3 油浸式电抗器的试验项目可按本条第1、2、5、6、7、9款规定进行；对35kV及以上电抗器应增加第3、4、8、10、11、12款；

8.0.2 测量绕组连同套管的直流电阻，应符合下列规定：

1 测量应在各分接头的所有位置上进行；

2 实测值与出厂值的变化规律应一致；

3 三相电抗器绕组直流电阻值相互间差值不应大于三相平均值的2%；

4 电抗器和消弧线圈的直流电阻，与同温下产品出厂值比较相应变化不应大于2%。

8.0.3 测量绕组连同套管的绝缘电阻、吸收比或极化指数，应符合本标准第7.0.9条的规定。

8.0.4 测量绕组连同套管的介质损耗角正切值 $\tan\delta$，应符合本标准第7.0.10条的规定。

8.0.5 测量绕组连同套管的直流泄漏电流，应符合本标准第7.0.11条的规定。

8.0.6 绕组连同套管的交流耐压试验，应符合下列规定：

1 额定电压在110 kV以下的消弧线圈、干式或油浸式电抗器均应进行交流耐压试验，试验电压应符合本标准表7.0.13-1的规定；

2 对分级绝缘的耐压试验电压标准，应按接地端或其末端绝缘的电压等级来进行。

8.0.7 测量与铁芯绝缘的各紧固件的绝缘电阻，应符合本标准第7.0.6条的规定。

8.0.8 绝缘油的试验，应符合本标准第20.0.1条及第20.0.2条的规定。

8.0.9 非纯瓷套管的试验，应符合本标准第16章的规定。

8.0.10 在额定电压下，对变电所及线路的并联电抗器连同线路的冲击合闸试验，应进行5次，每次间隔时间为5 min，应无异常现象。

8.0.11 测量噪音应符合本标准第7.0.17条的规定。

8.0.12 电压等级为500 kV的电抗器，在额定工况下测得的箱壳振动振幅双峰值不应大于100 μm。

8.0.13 电压等级为330～500 kV的电抗器，应测量箱壳表面的温度，温升不应大于65 ℃。

9 互 感 器

9.0.1 互感器的试验项目，应包括下列内容：

1 测量绕组的绝缘电阻；

2 测量35 kV及以上电压等互感器的介质损耗角正切值 $\tan\delta$；

3 局部放电试验；

4 交流耐压试验；

5 绝缘介质性能试验；

6 测量绕组的直流电阻；

7 检查接线组别和极性；

8 误差测量；

9 测量电流互感器的励磁特性曲线；

10 测量电磁式电压互感器的励磁特性；

11 电容式电压互感器(CVT)的检测；

12 密封性能检查；

13 测量铁芯夹紧螺栓的绝缘电阻。

注：SF_6 封闭式组合电器中的电流互感器和套管式电流互感器的试验，应按本条第1、6、7、8、9款的规定进行。

9.0.2 测量绕组的绝缘电阻，应符合下列规定：

1 测量一次绕组对二次绕组及外壳、各二次绕组间及其对外壳的绝缘电阻；绝缘电阻值不宜低于1 000 MΩ；

2 测量电流互感器一次绕组段间的绝缘电阻，绝缘电阻值不宜低于1 000 MΩ，但由于结构原因而无法测量时可不进行；

3 测量电容式电流互感器的末屏及电压互感器接地端(N)对外壳(地)的绝缘电阻，绝缘电阻值不宜小于1 000 MΩ。若末屏对地绝缘电阻小于1 000 M Ω时，应测量其 $\tan\delta$ ；

4 绝缘电阻测量应使用2 500 V兆欧表。

9.0.3 电压等级35 kV及以上互感器的介质损耗角正切值 $\tan\delta$ 测量，应符合下列规定：

1 互感器的绕组 $\tan\delta$ 测量电压应为10 kV，$\tan\delta$ 不应大于表9.0.3中数据。当对绝缘性能有怀疑时，可采用高压法进行试验，在(0.5～1) $U_m\sqrt{3}$ 范围内进行，$\tan\delta$ 变化量不应大于0.2%，电容变化量不应大于0.5%；

表9.0.3 tanδ(%)限值(t:20℃)

种类 \ 额定电压	20～35 kV	66～110 kV	220 kV	330～500 kV
油浸式电流互感器	2.5	0.8	0.6	0.5
充硅脂及其他干式电流互感器	0.5	0.5	0.5	—
油浸式电压互感器绕组	3	2.5	—	—
串级式电压互感器支架	—	6	6	—
油浸式电流互感器末屏	—	2	2	2

注：电压互感器整体及支架介损受环境条件(特别是相对湿度)影响较大，测量时要加以考虑。

2 末屏 $\tan\delta$ 测量电压为2 kV。

注：本条主要适用于油浸式互感器。SF_6 气体绝缘和环氧树脂绝缘结构互感器不适用，注硅脂等干式互感器可以参照执行。

9.0.4 互感器的局部放电测量，应符合下列规定：

1 局部放电测量宜与交流耐压试验同时进行；

2 电压等级为35～110 kV互感器的局部放电测量可按10%进行抽测，若局部放电量达不到规定要求应增大抽测比例；

3 电压等级220 kV及以上互感器在绝缘性能有怀疑时宜进行局部放电测量；

4 局部放电测量时，应在高压侧（包括电压互感器感应电压）监测施加的一次电压；

5 局部放电测量的测量电压及视在放电量应满足表 9.0.4 中的规定。

表 9.0.4 允许的视在放电量水平

<table>
<tr><th colspan="3" rowspan="2">种 类</th><th rowspan="2">测量电压(kV)</th><th colspan="2">允许的视在放电量水平(pC)</th></tr>
<tr><th>环氧树脂及其他干式</th><th>油浸式和气体式</th></tr>
<tr><td colspan="3" rowspan="2">电流互感器</td><td>$1.2U_m\sqrt{3}$</td><td>50</td><td>20</td></tr>
<tr><td>$1.2U_m$(必要时)</td><td>100</td><td>50</td></tr>
<tr><td rowspan="6">电压互感器</td><td colspan="2" rowspan="2">≥66 kV</td><td>$1.2U_m/\sqrt{3}$</td><td>50</td><td>20</td></tr>
<tr><td>$1.2U_m$(必要时)</td><td>100</td><td>50</td></tr>
<tr><td rowspan="4">35 kV</td><td rowspan="2">全绝缘结构</td><td>$1.2U_m$</td><td>100</td><td>50</td></tr>
<tr><td>$1.2U_m/\sqrt{3}$</td><td>50</td><td>20</td></tr>
<tr><td rowspan="2">半绝缘结构（一次绕组一端直接接地）</td><td>$1.2U_m/\sqrt{3}$</td><td>50</td><td>20</td></tr>
<tr><td>$1.2U_m$(必要时)</td><td>100</td><td>50</td></tr>
</table>

9.0.5 互感器交流耐压试验，应符合下列规定：

1 应按出厂试验电压的 80%进行；

2 电磁式电压互感器（包括电容式电压互感器的电磁单元）在遇到铁芯磁密较高的情况下，宜按下列规定进行感应耐压试验：

1）感应耐压试验电压应为出厂试验电压的 80%。

2）试验电源频率和试验电压时间参照本标准第 7.0.13 条第 4 款的规定执行。

3）感应耐压试验前后，应各进行一次额定电压时的空载电流测量，两次测得值相比不应有明显差别；

4）电压等级 66 kV 及以上的油浸式互感器，感应耐压试验前后，应各进行一次绝缘油的色谱分析，两次测得值相比不应有明显差别；

5）感应耐压试验时，应在高压端测量电压值。

6）对电容式电压互感器的中间电压变压器进行感应耐压试验时，应将分压电容拆开。由于产品结构原因现场无条件拆开时，可不进行感应耐压试验。

3 电压等级 220 kV 以上的 SF_6 气体绝缘互感器（特别是电压等级为 500 kV 的互感器）宜在安装完毕的情况下进行交流耐压试验；

4 二次绕组之间及其对外壳的工频耐压试验电压标准应为 2 kV；

5 电压等级 110 kV 及以上的电流互感器末屏及电压互感器接地端(N)对地的工频耐压试验电压标准，应为 3 kV。

9.0.6 绝缘介质性能试验，对绝缘性能有怀疑的互感器，应检测绝缘介质性能，并符合下列规定：

1 绝缘油的性能应符合本标准表 20.0.1、表 20.0.2 的要求；

2 SF_6 气体的性能应符合如下要求：SF_6 气体充入设备 24 h 后取样，SF_6 气体水分含量不得大于 250 μL/L（20 ℃体积分数）。

3 电压等级在 66 kV 以上的油浸式互感器，应进行油中溶解气体的色谱分析。油中溶解气体组分含量（μL/L）不宜超过下列任一值，总烃：10，H_2：50，C_2H_2：0。

9.0.7 绕组直流电阻测量，应符合下列规定：

1 电压互感器：一次绕组直流电阻测量值，与换算到同一温度下的出厂值比较，相差不宜大于 10%。二次绕组直流电阻测量值，与换算到同一温度下的出厂值比较，相差不宜大于 15%。

2 电流互感器：同型号、同规格、同批次电流互感器一、二次绕组的直流电阻和平均值的差异不宜大于 10%。当有怀疑时，应提高施加的测量电流，测量电流（直流值）一般不宜超过额定电流（方均根值）的 50%。

9.0.8 检查互感器的接线组别和极性，必须符合设计要求，并应与铭牌和标志相符。

9.0.9 互感器误差测量应符合下列规定：

1 用于关口计量的互感器（包括电流互感器、电压互感器和组合互感器）必须进行误差测量，且进行误差检测的机构（实验室）必须是国家授权的法定计量检定机构；

2 用于非关口计量，电压等级 35 kV 及以上的互感器，宜进行误差测量；

3 用于非关口计量，电压等级 35 kV 以下的互感器，检查互感器变比，应与制造厂铭牌值相符。对多抽头的互感器，可只检查使用分接头的变比；

4 非计量用绕组应进行变比检查。

9.0.10 当继电保护对电流互感器的励磁特性有要求时，应进行励磁特性曲线试验。当电流互感器为多抽头时，可在使用抽头或最大抽头测量。测量后核对是否符合产品要求，核对方法见附录 E。

9.0.11 电磁式电压互感器的励磁曲线测量，应符合下列要求：

1 用于励磁曲线测量的仪表为方均根值表，若发生测量结果与出厂试验报告和型式试验报告有较大出入（>30% ）时，应核对使用的仪表种类是否正确；

2 一般情况下，励磁曲线测量点为额定电压的 20%、50%、80%、100%和 120%。对于中性点直接接地的电压互感器（N 端接地），电压等级 35 kV 及以下电压等级的电压互感器最高测量点为 190%；电压等级 66 kV 及以上的电压互感器最高测量点为 150%；

3 对于额定电压测量点（100%），励磁电流不宜大于其出厂试验报告和型式试验报告的测量值的 30%，同批次、同型号、同规格电压互感器此点的励磁电流不宜相差 30%。

9.0.12 电容式电压互感器（CVT）检测，应符合下列规定：

1 CVT 电容分压器电容量和介质损耗角 $\tan\delta$ 的测量结果：电容量与出厂值比较其变化量超过 −5%或 10%时要引起注意，$\tan\delta$ 不应大于 0.5%；条件许可时测量单节电容器在 10 kV 至额定电压范围内，电容量的变化量大于 1%时判为不合格；

2 CVT 电磁单元因结构原因不能将中压连线引出时，必须进行误差试验，若对电容分压器绝缘有怀疑时，应打开电磁单元引出中压连线进行额定电压下的电容量和介质损耗角 $\tan\delta$ 的测量；

3 CVT 误差试验应在支架（柱）上进行；

4 如果电磁单元结构许可，电磁单元检查包括中间变压器的励磁曲线测量、补偿电抗器感抗测量、阻尼器和限幅器的性能检查，交流耐压试验参照电磁式电压互感器，施加电压按出厂试验的 80%执行。

9.0.13 密封性能检查，应符合下列规定：

1 油浸式互感器外表应无可见油渍现象；

2 SF_6 气体绝缘互感器定性检漏无泄漏点，有怀疑时进行定量检漏，年泄漏率应小于 1%。

9.0.14　测量铁芯夹紧螺栓的绝缘电阻，应符合下列规定：

1　在做器身检查时，应对外露的或可接触到的铁芯夹紧螺栓进行测量；

2　采用 2 500 V 兆欧表测量，试验时间为 1 min，应无闪络及击穿现象；

3　穿芯螺栓一端与铁芯连接者，测量时应将连接片断开，不能断开的可不进行测量。

10　油 断 路 器

10.0.1　油断路器的试验项目，应包括下列内容：

1　测量绝缘电阻；

2　测量 35 kV 多油断路器的介质损耗角正切值 tanδ；

3　测量 35 kV 以上少油断路器的直流泄漏电流；

4　交流耐压试验；

5　测量每相导电回路的电阻；

6　测量油断路器的分、合闸时间；

7　测量油断路器的分、合闸速度；

8　测量油断路器主触头分、合闸的同期性；

9　测量油断路器合闸电阻的投入时间及电阻值；

10　测量油断路器分、合闸线圈及合闸接触器线圈的绝缘电阻及直流电阻；

11　油断路器操动机构的试验；

12　断路器均压电容器试验；

13　绝缘油试验；

14　压力表及压力动作阀的检查。

10.0.2　测量绝缘电阻值应符合下列规定：

1　整体绝缘电阻值测量，应参照制造厂规定；

2　绝缘拉杆的绝缘电阻值，在常温下不应低于表 10.0.2 的规定。

表 10.0.2　绝缘拉杆的绝缘电阻标准

额定电压(kV)	3～15	20～35	63～220	330～500
绝缘电阻值(MΩ)	1200	3000	6000	10000

10.0.3　测量 35 kV 多油断路器的介质损耗角正切值 tanδ，应符合下列规定：

1　在 20 ℃时测得的 tanδ 值，对 DW2、DW8 型油断路器，不应大于本标准表 16.0.3 中相应套管的 tanδ(%)值增加 2 后的数值；对 DW1 型油断路器，不应大于本标准表 16.0.3 中相应套管的 tanδ(%)值增加 3 后的数值；

2　应在分闸状态下测量每只套管的 tanδ。当测得值超过标准时，应卸下油箱后进行分解试验，此时测得的套管的 tanδ(%)值，应符合本标准表 16.0.3 的规定。

10.0.4　35 kV 以上少油断路器的支柱瓷套连同绝缘拉杆，以及灭弧室每个断口的直流泄漏电流试验电压应为 40 kV，并在高压侧读取 1 min 时的泄漏电流值，测得的泄漏电流值不应大于 10 μA；220 kV 及以上的，泄漏电流值不宜大于 5 μA。

10.0.5　断路器的交流耐压试验应在分、合闸状态下分别进行，试验电压按照表 10.0.5 的规定执行。

表 10.0.5 断路器的交流耐压试验标准

<table>
<tr><th rowspan="2">额定电压(kV)</th><th rowspan="2">最高工作电压(kV)</th><th colspan="4">1 min 工频耐受电压(kV)有效值</th></tr>
<tr><th>相对地</th><th>相间</th><th>断路器断口</th><th>隔离断口</th></tr>
<tr><td>3</td><td>3.6</td><td>25</td><td>25</td><td>25</td><td>27</td></tr>
<tr><td>6</td><td>7.2</td><td>32</td><td>32</td><td>32</td><td>36</td></tr>
<tr><td>10</td><td>12</td><td>42</td><td>42</td><td>42</td><td>49</td></tr>
<tr><td>35</td><td>40.5</td><td>95</td><td>95</td><td>95</td><td>118</td></tr>
<tr><td>66</td><td>72.5</td><td>155</td><td>155</td><td>155</td><td>197</td></tr>
<tr><td rowspan="2">110</td><td rowspan="2">126</td><td>200</td><td>200</td><td>200</td><td>225</td></tr>
<tr><td>230</td><td>230</td><td>230</td><td>265</td></tr>
<tr><td rowspan="2">220</td><td rowspan="2">252</td><td>360</td><td>360</td><td>360</td><td>415</td></tr>
<tr><td>395</td><td>395</td><td>395</td><td>460</td></tr>
<tr><td rowspan="2">330</td><td rowspan="2">363</td><td>460</td><td>460</td><td>520</td><td>520</td></tr>
<tr><td>510</td><td>510</td><td>580</td><td>580</td></tr>
<tr><td rowspan="3">500</td><td rowspan="3">550</td><td>630</td><td>630</td><td>790</td><td>790</td></tr>
<tr><td>680</td><td>680</td><td>790</td><td>790</td></tr>
<tr><td>740</td><td>740</td><td>790</td><td>790</td></tr>
</table>

注:1 本表数据引自《高压开关设备的共用订货技术导则》DL/T 593。

2 设备无特殊规定时,采用最高一级试验电压。

10.0.6 测量每相导电回路电阻,应符合下列规定:

1 用电流不小于 100 A 的直流压降法测量,电阻值应符合产品技术条件的规定;

2 主触头与灭弧触头并联的断路器,应分别测量其主触头和灭弧触头导电回路的电阻值。

10.0.7 测量断路器的分、合闸时间应在产品额定操作电压、液压下进行。实测数值应符合产品技术条件的规定。

10.0.8 测量断路器分、合闸速度,应符合下列规定:

1 测量应在产品额定操作电压、液压下进行,实测数值应符合产品技术条件的规定;产品无要求时,可不进行;

2 电压等级在 15 kV 及以下电压等级的断路器,除发电机出线断路器和与发电机主母线相连的断路器、主变压器出线断路器应进行速度测量外,其余的可不进行。

10.0.9 测量断路器主触头的三相或同相各断口分、合闸的同期性,应符合产品技术条件的规定。

10.0.10 测量断路器合闸电阻的投入时间及电阻值,应符合产品技术条件的规定。

10.0.11 测量断路器分、合闸线圈及合闸接触器线圈的绝缘电阻值不应低于 10 MΩ,直流电阻值与产品出厂试验值相比应无明显差别。

10.0.12 断路器操动机构的试验,应符合下列规定:

1 合闸操作。

1)当操作电压、液压在表 10.0.12-1 范围内时,操动机构应可靠动作;

表 10.0.12-1 断路器操动机构合闸操作试验电压、液压范围

电压		液压
直流	交流	
(85%～110%)U_n	(85%～110%)U_n	按产品规定的最低及最高值

注:对电磁机构,当断路器关合电流峰值小于 50 kA 时,直流操作电压范围为(80%～110%)U_n。U_n 为额定电源电压。

2)弹簧、液压操动机构的合闸线圈以及电磁操动机构的合闸接触器的动作要求,均应符合上项的规定。

2 脱扣操作。

1)直流或交流的分闸电磁铁,在其线圈端钮处测得的电压大于额定值的 65%时,应可靠地分闸;当此电压小于额定值的 30%时,不应分闸;

2)附装失压脱扣器的,其动作特性应符合表 10.0.12-2 的规定;

表 10.0.12-2 附装失压脱扣器的脱扣试验

电源电压与额定电源电压的比值	小于 35%*	大于 65%	大于 85%
失压脱扣器的工作状态	铁芯应可靠地释放	铁芯不得释放	铁芯应可靠地吸合

注:* 当电压缓慢下降至规定比值时,铁芯应可靠地释放。

3)附装过流脱扣器的,其额定电流规定不小于 2.5A,脱扣电流的等级范围及其准确度,应符合表 10.0.12-3 的规定。

表 10.0.12-3 附装过流脱扣器的脱扣试验

过流脱扣器的种类	延时动作的	瞬时动作的
脱扣电流等级范围(A)	2.5～10	2.5～15
每级脱扣电流的准确度	±10%	
同一脱扣器各级脱扣电流准确度	±5%	

注:对于延时动作的过流脱扣器,应按制造厂提供的脱扣电流与动作时延的关系曲线进行核对。另外,还应检查在预定时延终了前主回路电流降至返回值时,脱扣器不应动作。

3 模拟操动试验。

1)当具有可调电源时,可在不同电压、液压条件下,对断路器进行就地或远控操作,每次操作断路器均应正确,可靠地动作,其联锁及闭锁装置回路的动作应符合产品及设计要求;当无可调电源时,只在额定电压下进行试验;

2)直流电磁或弹簧机构的操动试验,应按表 10.0.12-4 的规定进行;液压机构的操动试验,应按表 10.0.12-5 的规定进行。

表 10.0.12-4 直流电磁或弹簧机构的操动试验

操作类别	操作线圈端钮电压与额定电源电压的比值(%)	操作次数
合、分	110	3
合	85(80)	3
分	65	3
合、分、重合	100	3

注:括号内数字适用于装有自动重合闸装置的断路器及表 10.0.12-1“注”的情况。

表 10.0.12-5　液压机构的操动试验

操作类别	操作线圈端钮电压与额定电源电压的比值(%)	操作液压	操作次数
合、分	110	产品规定的最高操作压力	3
合、分	100	额定操作压力	3
合	85(80)	产品规定的最低操作压力	3
分	65	产品规定的最低操作压力	3
合、分、重合	100	产品规定的最低操作压力	3

注:1　括号内数字适用于装有自动重合闸装置的断路器。

2　模拟操动试验应在液压的自动控制回路能准确、可靠动作状态下进行。

3　操动时,液压的压降允许值应符合产品技术条件的规定。

3)对于具有双分闸线圈的回路,应分别进行模拟操动试验。

4)对于断路器操动机构本身具有三相位置不一致自动分闸功能的,应根据需要做投入或退出处理。

10.0.13　断路器均压电容器试验,应按本标准第 19 章的有关规定进行。

10.0.14　绝缘油试验,应按本标准第 20 章的规定进行。对灭弧室、支柱瓷套等油路相互隔绝的断路器,应自各部件中分别取油样试验。

10.0.15　压力动作阀的动作值,应符合产品技术条件的规定;压力表指示值的误差及其变差,均应在产品相应等级的允许误差范围内。

11　空气及磁吹断路器

11.0.1　空气及磁吹断路器的试验项目,应包括下列内容:

1　测量绝缘拉杆的绝缘电阻;

2　测量每相导电回路的电阻;

3　测量支柱瓷套和灭弧室每个断口的直流泄漏电流;

4　交流耐压试验;

5　测量断路器主、辅触头分、合闸的配合时间;

6　测量断路器的分、合闸时间;

7　测量断路器主触头分、合闸的同期性;

8　测量分、合闸线圈的绝缘电阻和直流电阻;

9　断路器操动机构的试验;

10　测量断路器的并联电阻值;

11　断路器电容器的试验;

12　压力表及压力动作阀的检查。

注:1　发电机励磁回路的自动灭磁开关,除应进行本条第 8、9 款试验外,还应做以下检查和试验:常开、常闭触头分、合切换顺序;主触头和灭弧触头的动作配合;灭弧栅的片数及其并联电阻值;在同步发电机空载额定电压下进行灭磁试验;

2　磁吹断路器试验,应按本条第 2、4、6、8、9 款规定进行。

11.0.2　测量绝缘拉杆的绝缘电阻值,不应低于本标准表 10.0.2 的规定。

11.0.3　测量每相导电回路的电阻值及测试方法,应符合产品技术条件的规定。

11.0.4　支柱瓷套和灭弧室每个断口的直流泄漏电流的试验,应按本标准第 10.0.4 条的规定进行。

11.0.5 空气断路器应在分闸时各断口间及合闸状态下进行交流耐压试验；磁吹断路器应在分闸状态下进行断口交流耐压试验；试验电压应符合表 10.0.5 的规定。

11.0.6 断路器主、辅触头分、合闸动作程序及配合时间，应符合产品技术条件的规定。

11.0.7 断路器分、合闸时间的测量，应在产品额定操作电压及气压下进行，实测数值应符合产品技术条件的规定。

11.0.8 测量断路器主触头三相或同相各断口分、合闸的同期性，应符合产品技术条件的规定。

11.0.9 测量分、合闸线圈的绝缘电阻值，不应低于 10 MΩ；直流电阻值与产品出厂试验值相比应无明显差别。

11.0.10 断路器操动机构的试验，应按本标准第 10.0.12 条的有关规定进行。

注：对应于本标准表 10.0.12-5 中的"液压"应为"气压"

11.0.11 测量断路器的并联电阻值，与产品出厂试验值相比应无明显差别。

11.0.12 断路器电容器的试验，应按本标准第 19 章的有关规定进行。

11.0.13 压力动作阀的动作值，应符合产品技术条件的规定。压力表指示值的误差及其变差，均应在产品相应等级的允许误差范围内。

12 真空断路器

12.0.1 真空断路器的试验项目，应包括下列内容：

1 测量绝缘电阻；

2 测量每相导电回路的电阻；

3 交流耐压试验；

4 测量断路器主触头的分、合闸时间，测量分、合闸的同期性，测量合闸时触头的弹跳时间；

5 测量分、合闸线圈及合闸接触器线圈的绝缘电阻和直流电阻；

6 断路器操动机构的试验。

12.0.2 测量绝缘电阻值，应符合下列规定：

1 整体绝缘电阻值测量，应参照制造厂的规定；

2 绝缘拉杆的绝缘电阻值，在常温下不应低于表 10.0.2 的规定。

12.0.3 每相导电回路的电阻值测量，宜采用电流不小于 100 A 的直流压降法。测试结果应符合产品技术条件的规定。

12.0.4 应在断路器合闸及分闸状态下进行交流耐压试验。当在合闸状态下进行时，试验电压应符合表 10.0.5 的规定。当在分闸状态下进行时，真空灭弧室断口间的试验电压应按产品技术条件的规定，试验中不应发生贯穿性放电。

12.0.5 测量断路器主触头的分、合闸时间，测量分、合闸的同期性，测量合闸过程中触头接触后的弹跳时间，应符合下列规定：

1 合闸过程中触头接触后的弹跳时间，40.5 kV 以下断路器不应大于 2 ms；40.5 kV 及以上断路器不应大于 3 ms；

2 测量应在断路器额定操作电压条件下进行；

3 实测数值应符合产品技术条件的规定。

12.0.6 测量分、合闸线圈及合闸接触器线圈的绝缘电阻值，不应低于 10 MΩ；直流电阻值与产品出厂试验值相比应无明显差别。

12.0.7 断路器操动机构的试验，应按本标准第 10.0.12 条的有关规定进行。

13 六氟化硫断路器

13.0.1 六氟化硫(SF_6)断路器试验项目，应包括下列内容：

1 测量绝缘电阻；

2 测量每相导电回路的电阻；

3 交流耐压试验；

4 断路器均压电容器的试验；

5 测量断路器的分、合闸时间；

6 测量断路器的分、合闸速度；

7 测量断路器主、辅触头分、合闸的同期性及配合时间；

8 测量断路器合闸电阻的投入时间及电阻值；

9 测量断路器分、合闸线圈绝缘电阻及直流电阻；

10 断路器操动机构的试验；

11 套管式电流互感器的试验；

12 测量断路器内 SF_6 气体的含水量；

13 密封性试验；

14 气体密度继电器、压力表和压力动作阀的检查。

13.0.2 测量断路器的绝缘电阻值：整体绝缘电阻值测量，应参照制造厂的规定。

13.0.3 每相导电回路的电阻值测量，宜采用电流不小于 100 A 的直流压降法。测试结果应符合产品技术条件的规定。

13.0.4 交流耐压试验，应符合下列规定：

1 在 SF_6 气压为额定值时进行。试验电压按出厂试验电压的 80%；

2 110 kV 以下电压等级应进行合闸对地和断口间耐压试验；

3 罐式断路器应进行合闸对地和断口间耐压试验；

4 500 kV 定开距瓷柱式断路器只进行断口耐压试验。

13.0.5 断路器均压电容器的试验，应符合本标准第 19 章的有关规定。罐式断路器的均压电容器试验可按制造厂的规定进行。

13.0.6 测量断路器的分、合闸时间，应在断路器的额定操作电压、气压或液压下进行。实测数值应符合产品技术条件的规定。

13.0.7 测量断路器的分、合闸速度，应在断路器的额定操作电压、气压或液压下进行。实测数值应符合产品技术条件的规定。现场无条件安装采样装置的断路器，可不进行本试验。

13.0.8 测量断路器主、辅触头三相及同相各断口分、合闸的同期性及配合时间，应符合产品技术条件的规定。

13.0.9 测量断路器合闸电阻的投入时间及电阻值，应符合产品技术条件的规定。

13.0.10 测量断路器分、合闸线圈的绝缘电阻值，不应低于 10 MΩ；直流电阻值与产品出厂试验值相比应无明显差别。

13.0.11 断路器操动机构的试验，应按本标准第10.0.12条的有关规定进行。

13.0.12 套管式电流互感器的试验，应按本标准第9章的有关规定进行。

13.0.13 测量断路器内 SF_6 气体含水量（20 ℃的体积分数），应符合下列规定：

1 与灭弧室相通的气室，应小于150 μL/L；

2 不与灭弧室相通的气室，应小于250 μL/L；

3 SF_6 气体含水量的测定应在断路器充气48 h后进行。

13.0.14 密封试验可采用下列方法进行：

1 采用灵敏度不低于 1×10^{-6}（体积比）的检漏仪对断路器各密封部位、管道接头等处进行检测时，检漏仪不应报警；

2 必要时可采用局部包扎法进行气体泄漏测量。以24 h的漏气量换算，每一个气室年漏气率不应大于1%；

3 泄漏值的测量应在断路器充气24 h后进行。

13.0.15 在充气过程中检查气体密度继电器及压力动作阀的动作值，应符合产品技术条件的规定。对单独运到现场的设备，应进行校验。

14 六氟化硫封闭式组合电器

14.0.1 六氟化硫封闭式组合电器的试验项目，应包括下列内容：

1 测量主回路的导电电阻；

2 主回路的交流耐压试验；

3 密封性试验；

4 测量六氟化硫气体含水量；

5 封闭式组合电器内各元件的试验；

6 组合电器的操动试验；

7 气体密度继电器、压力表和压力动作阀的检查。

14.0.2 测量主回路的导电电阻值，宜采用电流不小于100 A的直流压降法。测试结果，不应超过产品技术条件规定值的1.2倍。

14.0.3 主回路的交流耐压试验程序和方法，应按产品技术条件或国家现行标准《气体绝缘金属封闭电器现场耐压试验导则》DL/T 555的有关规定进行，试验电压值为出厂试验电压的80%。

14.0.4 密封性试验可采用下列方法进行：

1 采用灵敏度不低于 1×10^{-6}（体积比）的检漏仪对各气室密封部位、管道接头等处进行检测时，检漏仪不应报警；

2 必要时可采用局部包扎法进行气体泄漏测量。以24 h的漏气量换算，每一个气室年漏气率不应大于1%；

3 泄漏值的测量应在封闭式组合电器充气24 h后进行。

14.0.5 测量六氟化硫气体含水量（20 ℃的体积分数），应符合下列规定：

1 有电弧分解的隔室，应小于150 μL/L；

2 无电弧分解的隔室，应小于250 μL/L；

3 气体含水量的测量应在封闭式组合电器充气48 h后进行。

14.0.6 封闭式组合电器内各元件的试验，应按本标准相应章节的有关规定进行，但对无法分开的设备可不单独进行。

注：本条中的“元件”是指装在封闭式组合电器内的断路器、隔离开关、负荷开关、接地开关、避雷器、互感器、套管、母线等。

14.0.7 当进行组合电器的操动试验时，联锁与闭锁装置动作应准确可靠。电动、气动或液压装置的操动试验，应按产品技术条件的规定进行。

14.0.8 在充气过程中检查气体密度继电器及压力动作阀的动作值，应符合产品技术条件的规定。对单独运到现场的设备，应进行校验。

15 隔离开关、负荷开关及高压熔断器

15.0.1 隔离开关、负荷开关及高压熔断器的试验项目，应包括下列内容：

1 测量绝缘电阻；

2 测量高压限流熔丝管熔丝的直流电阻；

3 测量负荷开关导电回路的电阻；

4 交流耐压试验；

5 检查操动机构线圈的最低动作电压；

6 操动机构的试验。

15.0.2 隔离开关与负荷开关的有机材料传动杆的绝缘电阻值，不应低于本标准表10.0.2的规定。

15.0.3 测量高压限流熔丝管熔丝的直流电阻值，与同型号产品相比不应有明显差别。

15.0.4 测量负荷开关导电回路的电阻值，宜采用电流不小于100 A的直流压降法。测试结果，不应超过产品技术条件规定。

15.0.5 交流耐压试验，应符合下述规定：三相同一箱体的负荷开关，应按相间及相对地进行耐压试验，其余均按相对地或外壳进行。试验电压应符合表10.0.5的规定。对负荷开关还应按产品技术条件规定进行每个断口的交流耐压试验。

15.0.6 检查操动机构线圈的最低动作电压，应符合制造厂的规定。

15.0.7 操动机构的试验，应符合下列规定：

1 动力式操动机构的分、合闸操作，当其电压或气压在下列范围时，应保证隔离开关的主闸刀或接地闸刀可靠地分闸和合闸。

1)电动机操动机构：当电动机接线端子的电压在其额定电压的80%～110%范围内时；

2)压缩空气操动机构：当气压在其额定气压的85%～110%范围内时；

3)二次控制线圈和电磁闭锁装置：当其线圈接线端子的电压在其额定电压的80%～110%范围内时。

2 隔离开关、负荷开关的机械或电气闭锁装置应准确可靠。

注：1 本条第1款第2项所规定的气压范围为操动机构的储气筒的气压数值；

2 具有可调电源时，可进行高于或低于额定电压的操动试验。

16 套 管

16.0.1 套管的试验项目，应包括下列内容：

1 测量绝缘电阻；

2 测量 20 kV 及以上非纯瓷套管的介质损耗角正切值 $\tan\delta$ 和电容值；

3 交流耐压试验；

4 绝缘油的试验(有机复合绝缘套管除外)；

5 SF_6 套管气体试验。

注：整体组装于 35 kV 油断路器上的套管，可不单独进行 $\tan\delta$ 的试验。

16.0.2 测量绝缘电阻，应符合下列规定：

1 测量套管主绝缘的绝缘电阻；

2 66 kV 及以上的电容型套管，应测量"抽压小套管"对法兰或"测量小套管"对法兰的绝缘电阻。采用 2 500 V 兆欧表测量，绝缘电阻值不应低于 1 000 MΩ。

16.0.3 测量 20 kV 及以上非纯瓷套管的主绝缘介质损耗角正切值 $\tan\delta$ 和电容值，应符合下列规定：

1 在室温不低于 10 ℃的条件下，套管的介质损耗角正切值 $\tan\delta$ 不应大于表 16.0.3 的规定；

2 电容型套管的实测电容量值与产品铭牌数值或出厂试验值相比，其差值应在±5%范围内。

表 16.0.3 套管主绝缘介质损耗角正切值 $\tan\delta$(%)的标准

套管主绝缘类型		$\tan\delta$(%)最大值
电容式	油浸纸	0.7(500 kV 套管 0.5)①
	胶浸纸	0.7②
	胶粘纸	1.0(66 kV 及以下电压等级套管 1.5)①②
	浇铸树脂	1.5
	气体	1.5
	有机复合绝缘③	0.7
非电容式	浇注树脂	2.0
	复合绝缘	由供需双方商定
其他套管		由供需双方商定

注：1 所列的电压为系统标称电压。

2 对 20 kV 及以上电容式充胶或胶纸套管的老产品，其 $\tan\delta$(%)值可为 2 或 2.5。

3 有机复合绝缘套管的介损试验，宜在干燥环境下进行。

16.0.4 交流耐压试验，应符合下列规定：

1 试验电压应符合本标准附录 A 的规定；

2 穿墙套管、断路器套管、变压器套管、电抗器及消弧线圈套管，均可随母线或设备一起进行交流耐压试验。

16.0.5 绝缘油的试验，应符合下列规定：

1 套管中的绝缘油应有出厂试验报告，现场可不进行试验。但当有下列情况之一者，应取油样进行水分、击穿电压、色谱试验：

1)套管主绝缘的介质损耗角正切值超过表 16.0.3 中的规定值；

2)套管密封损坏，抽压或测量小套管的绝缘电阻不符合要求；

3)套管由于渗漏等原因需要重新补油时。

2 套管绝缘油的补充或更换时进行的试验,应符合下列规定:

1)换油时应按本标准表 20.0.1 的规定进行;

2)电压等级为 500 kV 的套管绝缘油,宜进行油中溶解气体的色谱分析;油中溶解气体组分含量(μL/L)不宜超过下列任一值,总烃:10,H_2:150,C_2H_2:0;

3)补充绝缘油时,除按上述规定外,尚应按本标准第 20.0.3 条的规定进行;

4)充电缆油的套管需进行油的试验时,可按本标准表 18.0.8 的规定进行。

16.0.6 SF_6 套管气体试验,应符合本标准第 9.0.6 和第 9.0.13 条的有关规定。

17 悬式绝缘子和支柱绝缘子

17.0.1 悬式绝缘子和支柱绝缘子的试验项目,应包括下列内容:

1 测量绝缘电阻;

2 交流耐压试验。

17.0.2 绝缘电阻值,应符合下列规定:

1 用于 330 kV 及以下电压等级的悬式绝缘子的绝缘电阻值,不应低于 300 MΩ;用于 500 kV 电压等级的悬式绝缘子,不应低于 500 MΩ;

2 35 kV 及以下电压等级的支柱绝缘子的绝缘电阻值,不应低于 500 MΩ;

3 采用 2 500 V 兆欧表测量绝缘子绝缘电阻值,可按同批产品数量的 10%抽查;

4 棒式绝缘子不进行此项试验;

5 半导体釉绝缘子的绝缘电阻,应符合产品技术条件的规定。

17.0.3 交流耐压试验,应符合下列规定:

1 35 kV 及以下电压等级的支柱绝缘子,可在母线安装完毕后一起进行,试验电压应符合本标准附录 A 的规定;

2 35 kV 多元件支柱绝缘子的交流耐压试验值,应符合下列规定:

1)两个胶合元件者,每元件 50 kV;

2)三个胶合元件者,每元件 34 kV。

3 悬式绝缘子的交流耐压试验电压均取 60 kV。

18 电力电缆线路

18.0.1 电力电缆线路的试验项目,应包括下列内容:

1 测量绝缘电阻;

2 直流耐压试验及泄漏电流测量;

3 交流耐压试验;

4 测量金属屏蔽层电阻和导体电阻比;

5 检查电缆线路两端的相位;

6 充油电缆的绝缘油试验;

7 交叉互联系统试验。

注:1 橡塑绝缘电力电缆试验项目应按本条第 1、3、4、5 和 7 款进行。当不具备条件时,额定电压 U_0/U 为 18/30 kV 及以下电缆,允许用直流耐压试验及泄漏电流测量代替交流耐压试验;

2 纸绝缘电缆试验项目应按本条第1、2和5款进行；

3 自容式充油电缆试验项目应按本条第1、2、5、6和7款进行。

18.0.2 电力电缆线路的试验，应符合下列规定：

1 对电缆的主绝缘做耐压试验或测量绝缘电阻时，应分别在每一相上进行。对一相进行试验或测量时，其他两相导体、金属屏蔽或金属套和铠装层一起接地；

2 对金属屏蔽或金属套一端接地，另一端装有护层过电压保护器的单芯电缆主绝缘做耐压试验时，必须将护层过电压保护器短接，使这一端的电缆金属屏蔽或金属套临时接地；

3 对额定电压为0.6/1 kV的电缆线路应用2 500 V兆欧表测量导体对地绝缘电阻代替耐压试验，试验时间1 min。

18.0.3 测量各电缆导体对地或对金属屏蔽层间和各导体间的绝缘电阻，应符合下列规定：

1 耐压试验前后，绝缘电阻测量应无明显变化；

2 橡塑电缆外护套、内衬套的绝缘电阻不应低于0.5 MΩ/km；

3 测量绝缘用兆欧表的额定电压，宜采用如下等级：

1)0.6/1 kV电缆用1 000 V兆欧表；

2)0.6/1 kV以上电缆用2 500 V兆欧表；6/6 kV及以上电缆也可用5 000 V兆欧表；

3)橡塑电缆外护套、内衬层的测量用500 V兆欧表。

18.0.4 直流耐压试验及泄漏电流测量，应符合下列规定：

1 直流耐压试验电压：

1)纸绝缘电缆直流耐压试验电压 U_t 可采用下式计算，

对于统包绝缘(带绝缘)：

$$U_t=5\times\frac{(U_0+U)}{2} \tag{18.0.4-1}$$

对于分相屏蔽绝缘：

$$U_t=5\times U_0 \tag{18.0.4-2}$$

试验电压见表18.0.4-1的规定。

表18.0.4-1 纸绝缘电缆直流耐压试验电压(kV)

电缆额定电压 U_0/U	1.8/3	2.6/3	3.6/6	6/6	6/10	8.7/10	21/35	26/35
直流试验电压	12	17	24	30	40	47	105	130

2)18/30 kV及以下电压等级的橡塑绝缘电缆直流耐压试验电压，应按下式计算：

$$U_t=4\times U_0 \tag{18.0.4-3}$$

3)充油绝缘电缆直流耐压试验电压，应符合表18.0.4-2的规定。

表18.0.4-2 充油绝缘电缆直流耐压试验电压(kV)

电缆额定电压 U_0/U	雷电冲击耐受电压	直流试验电压
48/66	325	165
	350	175
64/110	450	225
	550	275

续上表

电缆额定电压U_0/U	雷电冲击耐受电压	直流试验电压
127/220	850	425
	950	475
	1050	510
190/330	1 175	585
	1 300	650
290/500	1 425	710
	1 550	775
	1 675	835

注:1 上列各表中的U为电缆额定线电压;U_0为电缆导体对地或对金属屏蔽层间的额定电压。

2 雷电冲击电压依据现行国家标准《高压输变电设备的绝缘配合》GB 311.1 的规定。

4)交流单芯电缆的护层绝缘直流耐压试验,可依据本标准第 18.0.9 条的规定。

2 试验时,试验电压可分 4～6 阶段均匀升压,每阶段停留 1 min,并读取泄漏电流值。试验电压升至规定值后维持 15 min,其间读取 1 min 和 15 min 时泄漏电流。测量时应消除杂散电流的影响。

3 纸绝缘电缆泄漏电流的三相不平衡系数(最大值与最小值之比)不应大于 2;当 6/10 kV 及以上电缆的泄漏电流小于 20 μA 和 6 kV 及以下电压等级电缆泄漏电流小于 10 μA 时,其不平衡系数不作规定。泄漏电流值和不平衡系数只作为判断绝缘状况的参考,不作为是否能投入运行的判据。其他电缆泄漏电流值不作规定。

4 电缆的泄漏电流具有下列情况之一,电缆绝缘可能有缺陷,应找出缺陷部位,并予以处理:

1)泄漏电流很不稳定;

2)泄漏电流随试验电压升高急剧上升;

3)泄漏电流随试验时间延长有上升现象。

18.0.5 交流耐压试验,应符合下列规定:

1 橡塑电缆优先采用 20～300 Hz 交流耐压试验。20～300 Hz 交流耐压试验电压和时间见表 18.0.5。

表 18.0.5 橡塑电缆 20～300 Hz 交流耐压试验电压和时间

额定电压U_0/U(kV)	试验电压	时间(min)
18/30 及以下	$2.5U_0$(或$2U_0$)	5(或 60)
21/35～64/110	$2U_0$	60
127/220	$1.7U_0$(或$1.4U_0$)	60
190/330	$1.7U_0$(或$1.3U_0$)	60
290/500	$1.7U_0$(或$1.1U_0$)	60

2 不具备上述试验条件或有特殊规定时,可采用施加正常系统相对地电压 24 h 方法代替交流耐压。

18.0.6 测量金属屏蔽层电阻和导体电阻比。测量在相同温度下的金属屏蔽层和导体的直流电阻。

18.0.7　检查电缆线路的两端相位应一致,并与电网相位相符合。

18.0.8　充油电缆的绝缘油试验,应符合表18.0.8的规定。

表18.0.8　充油电缆及附件内和压力箱中的绝缘油试验项目和要求

项　目	要　求		试验方法
击穿电压	电缆及附件内	对于64/110～190/330 kV,不低于50 kV 对于290/500 kV,不低于60 kV	按《绝缘油击穿电压测定法》GB/T 507中的有关要求进行试验
	压力箱中	不低于50 kV	
介质损耗因数	电缆及附件内	对于64/110～127/220 kV的不大于0.005 对于190/330～290/500 kV的不大于0.003	按《电力设备预防性试验规程》DL/T 596中的有关要求进行试验
	压力箱中	不大于0.003	

18.0.9　交叉互联系统试验,方法和要求见附录F。

19　电　容　器

19.0.1　电容器的试验项目,应包括下列内容:

1　测量绝缘电阻;

2　测量耦合电容器、断路器电容器的介质损耗角正切值tanδ及电容值;

3　耦合电容器的局部放电试验;

4　并联电容器交流耐压试验;

5　冲击合闸试验。

19.0.2　测量耦合电容器、断路器电容器的绝缘电阻应在二极间进行,并联电容器应在电极对外壳之间进行,并采用1 000 V兆欧表测量小套管对地绝缘电阻。

19.0.3　测量耦合电容器、断路器电容器的介质损耗角正切值tanδ及电容值,应符合下列规定:

1　测得的介质损耗角正切值tanδ应符合产品技术条件的规定;

2　耦合电容器电容值的偏差应在额定电容值的−5%～10%范围内,电容器叠柱中任何两单元的实测电容之比值与这两单元的额定电压之比值的倒数之差不应大于5%;断路器电容器电容值的偏差应在额定电容值的±5%范围内。对电容器组,还应测量各相、各臂及总的电容值。

19.0.4　耦合电容器的局部放电试验,应符合下列规定:

1　对500 kV的耦合电容器,当对其绝缘性能或密封有怀疑又有试验设备时,可进行局部放电试验。多节组合的耦合电容器可分节试验;

2　局部放电试验的预加电压值为$0.8\times1.3U_{\rm m}$,停留时间大于10 s;降至测量电压值为$1.1U_{\rm m}\sqrt{3}$,维持1 min后,测量局部放电量,放电量不宜大于10pC。

19.0.5　并联电容器的交流耐压试验,应符合下列规定:

1　并联电容器电极对外壳交流耐压试验电压值,应符合表19.0.5的规定;

2　当产品出厂试验电压值不符合表19.0.5的规定时,交接试验电压应按产品出厂试验电压值的75%进行。

表 19.0.5　并联电容器交流耐压试验电压标准

额定电压(kV)	<1	1	3	6	10	15	20	35
出厂试验电压(kV)	3	6	18/25	23/30	30/42	40/55	50/65	80/95
交接试验电压(kV)	2.25	4.5	18.76	22.5	31.5	41.25	48.75	71.25

注:斜线下的数据为外绝缘的干耐受电压。

19.0.6　在电网额定电压下,对电力电容器组的冲击合闸试验应进行 3 次,熔断器不应熔断;电容器组中各相电容的最大值和最小值之比,不应超过 1.08。

20　绝缘油和 SF$_6$ 气体

20.0.1　绝缘油的试验项目及标准,应符合表 20.0.1 的规定。

表 20.0.1　绝缘油的试验项目及标准

序号	项　　目	标　　准	说　　明
1	外状	透明,无杂质或悬浮物	外观目视
2	水溶性酸(pH 值)	>5.4	按《运行中变压器油、汽轮机油水溶性酸测定法(比色法)》GB/T 7598 中的有关要求进行试验
3	酸值,mgKOH/g	≤0.03	按《运行中变压器油、汽轮机油酸值测定法(BTB 法)》GB/T 7599 中的有关要求进行试验
4	闪点(闭口)(℃)	不低于：DB-10　140；DB-25　140；DB-45　135	按《石油产品闪点测定法(闭口杯法)》GB 261 中的有关要求进行试验
5	水分(mg/L)	500 kV:≤10 220～330 kV:≤15 110 kV 及以下电压等级:≤20	按《运行中变压器油水分含量测定法(库仑法)》GB/T 7600 或《运行中变压器油水分测定法(气相色谱法)》GB/T 7601 中的有关要求进行试验
6	界面张力(25 ℃)(mN/m)	≥35	按《石油产品油对水界面张力测定法(圆环法)》GB/T 6541 中的有关要求进行试验
7	介质损耗因数 $\tan\delta$(%)	90 ℃时, 注入电气设备前≤0.5 注入电气设备后≤0.7	按《液体绝缘材料工频相对介电常数、介质损耗因数和体积电阻率的测量》GB/T 5654 中的有关要求进行试验
8	击穿电压	500 kV:≥60 kV 330 kV:≥50 kV 60～220 kV:≥40 kV 35 kV 及以下电压等级:≥35 kV	1. 按《绝缘油　击穿电压测定法》GB/T 507 或《电力系统油质试验方法　绝缘油介电强度测定法》DL/T 429.9 中的有关要求进行试验; 2. 油样应取自被试设备; 3. 该指标为平板电极测定值,其他电极可按《运行中变压器油质量标准》GB/T 7595 及《绝缘油　击穿电压测定法》GB/T 507 中的有关要求进行试验; 4. 注入设备的新油均不应低于本标准
9	体积电阻率(90 ℃)(Ω·m)	$\geqslant 6\times10^{10}$	按《液体绝缘材料工频相对介电常数、介质损耗因数和体积电阻率的测量》GB/T 5654 或《绝缘油体积电阻率测定法》DL/T 421 中的有关要求进行试验
10	油中含气量(%)(体积分数)	330～500 kV:≤1	按《绝缘油中含气量测定　真空压差法》DL/T 423 或《绝缘油中含气量的测定方法(二氧化碳洗脱法)》DL/T 450 中的有关要求进行试验
11	油泥与沉淀物(%)(质量分数)	≤0.02	按《石油产品和添加剂机械杂质测定法(重量法)》GB/T 511 中的有关要求进行试验
12	油中溶解气体组分含量色谱分析	见本标准的有关章节	按《绝缘油中溶解气体组分含量的气相色谱测定法》GB/T 17623、《变压器油中溶解气体分析和判断导则》GB/T 7252 及《变压器油中溶解气体分析和判断导则》DL/T 722 中的有关要求进行试验

20.0.2 新油验收及充油电气设备的绝缘油试验分类，应符合表 20.0.2 的规定。

表 20.0.2 电气设备绝缘油试验分类

试验类别	适 用 范 围
击穿电压	1.6 kV 以上电气设备内的绝缘油或新注入设备前、后的绝缘油； 2. 对下列情况之一者，可不进行击穿电压试验： (1)35 kV 以下互感器，其主绝缘试验已合格的； (2)15 kV 以下油断路器，其注入新油的击穿电压已在 35 kV 及以上的； (3)按本标准有关规定不需取油的
简化分析	1. 准备注入变压器、电抗器、互感器、套管的新油，应按表 20.0.1 中的第 2～9 项规定进行； 2. 准备注入油断路器的新油，应按表 20.0.1 中的第 2、3、4、5、8 项规定进行
全分析	对油的性能有怀疑时，应按表 20.0.1 中的全部项目进行

20.0.3 绝缘油当需要进行混合时，在混合前，应按混油的实际使用比例先取混油样进行分析，其结果应符合表 20.0.1 中第 8、11 项的规定。混油后还应按表 20.0.2 中的规定进行绝缘油的试验。

20.0.4 SF_6 新气到货后，充入设备前应按现行国家标准《工业六氟化硫》GB 12022 验收，对气瓶的抽检率为 10%，其他每瓶只测定含水量。

20.0.5 SF_6 气体在充入电气设备 24 h 后方可进行试验。

21 避 雷 器

21.0.1 金属氧化物避雷器的试验项目，应包括下列内容：

1 测量金属氧化物避雷器及基座绝缘电阻；

2 测量金属氧化物避雷器的工频参考电压和持续电流；

3 测量金属氧化物避雷器直流参考电压和 0.75 倍直流参考电压下的泄漏电流；

4 检查放电计数器动作情况及监视电流表指示；

5 工频放电电压试验。

注：1 无间隙金属氧化物避雷器的试验项目应包括本条第 1、2、3、4 款的内容，其中第 2、3 两款可选做一款；

2 有间隙金属氧化物避雷器的试验项目应包括本条第 1 款、第 5 款的内容。

21.0.2 金属氧化物避雷器绝缘电阻测量，应符合下列规定：

1 35 kV 以上电压：用 5 000 V 兆欧表，绝缘电阻不小于 2 500 MΩ；

2 35 kV 及以下电压：用 2 500 V 兆欧表，绝缘电阻不小于 1 000 MΩ；

3 低压(1kV 以下)：用 500 V 兆欧表，绝缘电阻不小于 2 MΩ。

基座绝缘电阻不低于 5 MΩ。

21.0.3 测量金属氧化物避雷器的工频参考电压和持续电流，应符合下列要求：

1 金属氧化物避雷器对应于工频参考电流下的工频参考电压，整支或分节进行的测试值，应符合现行国家标准《交流无间隙金属氧化物避雷器》GB 11032 或产品技术条件的规定；

2 测量金属氧化物避雷器在避雷器持续运行电压下的持续电流，其阻性电流或总电流值应符合产品技术条件的规定。

注：金属氧化物避雷器持续运行电压值参见现行国家标准《交流无间隙金属氧化物避雷器》GB 11032。

21.0.4 测量金属氧化物避雷器直流参考电压和 0.75 倍直流参考电压下的泄漏电流，应符合下列规定：

1 金属氧化物避雷器对应于直流参考电流下的直流参考电压，整支或分节进行的测试值，不应低于现行国家标准《交流无间隙金属氧化物避雷器》GB 11032 的规定，并符合产品技术条件的规定。实测值与制造厂规定值比较，变化不应大于±5%；

2 0.75 倍直流参考电压下的泄漏电流值不应大于 50 μA，或符合产品技术条件的规定；

3 试验时若整流回路中的波纹系数大于 1.5%时，应加装滤波电容器，可为 0.01～0.1 μF，试验电压应在高压侧测量。

21.0.5 检查放电计数器的动作应可靠，避雷器监视电流表指示应良好。

21.0.6 工频放电电压试验，应符合下列规定：

1 工频放电电压，应符合产品技术条件的规定；

2 工频放电电压试验时，放电后应快速切除电源，切断电源时间不大于 0.5 s，过流保护动作电流控制在 0.2～0.7 A。

22 电 除 尘 器

22.0.1 电除尘器的试验项目，应包括下列内容：

1 测量整流变压器及直流电抗器铁芯穿芯螺栓的绝缘电阻；

2 测量整流变压器高压绕组及其直流电抗器绕组的绝缘电阻及直流电阻；

3 测量整流变压器低压绕组的绝缘电阻及其直流电阻；

4 测量硅整流元件及高压套管对地绝缘电阻；

5 测量取样电阻、阻尼电阻的电阻值；

6 油箱中绝缘油的试验；

7 绝缘子、隔离开关及瓷套管的绝缘电阻测量和耐压试验；

8 测量电场的绝缘电阻；

9 空载升压试验；

10 电除尘器振打及加热装置的电气设备试验；

11 测量接地电阻。

22.0.2 测量整流变压器及直流电抗器铁芯穿芯螺栓的绝缘电阻，应按本标准第 7.0.6 条规定在器身检查时进行。

22.0.3 在器身检查时测量整流变压器高压绕组及直流电抗器绕组的绝缘电阻和直流电阻，其直流电阻值应与同温度下产品出厂试验值比较，变化应不大于 2%。

22.0.4 测量整流变压器低压绕组的绝缘电阻和直流电阻，其直流电阻值应与同温度下产品出厂试验值比较，变化应不大于 2%。

22.0.5 测量硅整流元件及高压套管对地绝缘电阻，应符合下列规定：

1 在器身检查时进行，硅整流元件两端短路；

2 采用 2 500 V 兆欧表测量绝缘电阻；

3 绝缘电阻值不应低于产品出厂试验值的 70%。

22.0.6 测量取样电阻、阻尼电阻的电阻值，其电阻值应符合产品技术条件的规定，检查取样电阻、阻尼电阻的连接情况应良好。

22.0.7 油箱中绝缘油的试验，应按本标准第 20 章的规定进行。

22.0.8　绝缘子、隔离开关及瓷套管的绝缘电阻测量和耐压试验，应符合下列规定：

1　采用 2 500 V 兆欧表测量绝缘电阻，绝缘电阻值不应低于 1 000 MΩ；

2　对用于同极距在 300～400 mm 电场的耐压采用直流耐压 100 kV 或交流耐压 72 kV，持续时间为 1 min 无闪络；

3　对用于其他极距电场的，耐压试验标准应符合产品技术条件的规定。

22.0.9　测量电场的绝缘电阻，采用 2 500 V 兆欧表，绝缘电阻值不应低于 1 000 MΩ。

22.0.10　空载升压试验，应符合厂家标准。当厂家无明确规定时，应符合下列规定：

1　同极距为 300 mm 的电场，电场电压应上升至 55 kV 以上，无闪络。同极距每增加 20 mm，电场电压递增应不少于 2.5 kV；

2　当海拔高于 1 000 m 但不超过 4 000 m 时，海拔每升高 100 m，电场电压值允许降低 1%。

22.0.11　电除尘器振打及加热装置的电气设备试验，应符合下列规定：

1　测量振打电机、加热器的绝缘电阻，振打电机绝缘电阻值不应小于 0.5 MΩ，加热器绝缘电阻不应小于 5 MΩ；

2　交流电机、二次回路、配电装置和馈电线路及低压电器的试验，应按本标准第 6 章、第 23 章、第 24 章、第 27 章的规定进行。

22.0.12　测量电除尘器本体的接地电阻，不应大于 1 Ω。

23　二 次 回 路

23.0.1　测量绝缘电阻，应符合下列规定：

1　小母线在断开所有其他并联支路时，不应小于 10 MΩ；

2　二次回路的每一支路和断路器、隔离开关的操动机构的电源回路等，均不应小于 1 MΩ。在比较潮湿的地方，可不小于 0.5 MΩ。

23.0.2　交流耐压试验，应符合下列规定：

1　试验电压为 1 000 V。当回路绝缘电阻值在 10 MΩ 以上时，可采用 2 500 V 兆欧表代替，试验持续时间为 1 min，或符合产品技术规定；

2　48 V 及以下电压等级回路可不做交流耐压试验；

3　回路中有电子元器件设备的，试验时应将插件拔出或将其两端短接。

注：二次回路是指电气设备的操作、保护、测量、信号等回路及其回路中的操动机构的线圈、接触器、继电器、仪表、互感器二次绕组等。

24　1 kV 及以下电压等级配电装置和馈电线路

24.0.1　测量绝缘电阻，应符合下列规定：

1　配电装置及馈电线路的绝缘电阻值不应小于 0.5 MΩ；

2　测量馈电线路绝缘电阻时，应将断路器（或熔断器）、用电设备、电器和仪表等断开。

24.0.2　动力配电装置的交流耐压试验，应符合下列规定：

1　试验电压为 1 000 V。当回路绝缘电阻值在 10 MΩ 以上时，可采用 2 500 V 兆欧表代替，试验持续时间为 1 min，或符合产品技术规定；

2 交流耐压试验为各相对地，48 V 及以下电压等级配电装置不做耐压试验。

24.0.3 检查配电装置内不同电源的馈线间或馈线两侧的相位应一致。

25 1 kV 以上架空电力线路

25.0.1 1 kV 以上架空电力线路的试验项目，应包括下列内容：

1 测量绝缘子和线路的绝缘电阻；

2 测量 35 kV 以上线路的工频参数；

3 检查相位；

4 冲击合闸试验；

5 测量杆塔的接地电阻。

25.0.2 测量绝缘子和线路的绝缘电阻，应符合下列规定：

1 绝缘子绝缘电阻的试验应按本标准第 17 章的规定进行；

2 测量并记录线路的绝缘电阻值。

25.0.3 测量 35 kV 以上线路的工频参数可根据继电保护、过电压等专业的要求进行。

25.0.4 检查各相两侧的相位应一致。

25.0.5 在额定电压下对空载线路的冲击合闸试验，应进行 3 次，合闸过程中线路绝缘不应有损坏。

25.0.6 测量杆塔的接地电阻值，应符合设计的规定。

26 接 地 装 置

26.0.1 电气设备和防雷设施的接地装置的试验项目应包括下列内容：

1 接地网电气完整性测试；

2 接地阻抗。

26.0.2 测试连接与同一接地网的各相邻设备接地线之间的电气导通情况，以直流电阻值表示。直流电阻值不应大于 0.2 Ω。

26.0.3 接地阻抗值应符合设计要求，当设计没有规定时应符合表 26.0.3 的要求。试验方法可参照国家现行标准《接地装置工频特性参数测试导则》DL 475 的规定，试验时必须排除与接地网连接的架空地线、电缆的影响。

表 26.0.3 接地阻抗规定值

接地网类型	要　　求
有效接地系统	$Z \leqslant 2000/I$ 或 $Z \leqslant 0.5\ \Omega$（当 $I > 4\,000$ A 时） 式中 I——经接地装置流入地中的短路电流（A）； Z——考虑季节变化的最大接地阻抗（Ω）。 注：当接地阻抗不符合以上要求时，可通过技术经济比较增大接地阻抗，但不得大于 5 Ω。同时应结合地面电位测量对接地装置综合分析。为防止转移电位引起的危害，应采取隔离措施。
非有效接地系统	1. 当接地网与 1 kV 及以下电压等级设备共用接地时，接地阻抗 $Z \leqslant 120/I$； 2. 当接地网仅用于 1 kV 以上设备时，接地阻抗 $Z \leqslant 250/I$； 3. 上述两种情况下，接地阻抗一般不得大于 10 Ω

表 26.0.3 接地阻抗规定值

接地网类型	要求
1 kV以下电力设备	使用同一接地装置的所有这类电力设备，当总容量≥100 kV·A时，接地阻抗不宜大于4 Ω，如总容量<100 kV·A时，则接地阻抗允许大于4 Ω，但不大于10 Ω
独立微波站	接地阻抗不宜大于5 Ω
独立避雷针	接地阻抗不宜大于10 Ω 注：当与接地网连在一起时可不单独测量
发电厂烟囱附近的吸风机及该处装设的集中接地装置	接地阻抗不宜大于10 Ω 注：当与接地网连在一起时可不单独测量
独立的燃油、易爆气体储罐及其管道	接地阻抗不宜大于30 Ω(无独立避雷针保护的露天储罐不应超过10 Ω)
露天配电装置的集中接地装置及独立避雷针(线)	接地阻抗不宜大于10 Ω
有架空地线的线路杆塔	当杆塔高度在40 m以下时，按下列要求；当杆塔高度≥40 m时，则取下列值的50%；但当土壤电阻率大于2 000 Ω·m时，接地阻抗难以达到15 Ω时，可放宽至20 Ω。 土壤电阻率≤500 Ω·m时，接地阻抗10 Ω； 土壤电阻率500～1 000 Ω·m时，接地阻抗20 Ω； 土壤电阻率1 000～2 000 Ω·m时，接地阻抗25 Ω； 土壤电阻率>2 000 Ω·m时，接地阻抗30 Ω
与架空线直接连接的旋转电机进线段上避雷器	接地阻抗不宜大于3 Ω
无架空地线的线路杆塔	1. 非有效接地系统的钢筋混凝土杆、金属杆：接地阻抗不宜大于30 Ω； 2. 中性点不接地的低压电力网线路的钢筋混凝土杆、金属杆：接地阻抗不宜大于50 Ω； 3. 低压进户线绝缘子铁脚的接地阻抗：接地阻抗不宜大于30 Ω

注：扩建接地网应在与原接地网连接后进行测试。

27 低压电器

27.0.1 低压电器的试验项目，应包括下列内容：

1 测量低压电器连同所连接电缆及二次回路的绝缘电阻；

2 电压线圈动作值校验；

3 低压电器动作情况检查；

4 低压电器采用的脱扣器的整定；

5 测量电阻器和变阻器的直流电阻；

6 低压电器连同所连接电缆及二次回路的交流耐压试验。

注：1 低压电器包括电压为60～1 200 V的刀开关、转换开关、熔断器、自动开关、接触器、控制器、主令电器、起动器、电阻器、变阻器及电磁铁等；

2　对安装在一、二级负荷场所的低压电器，应按本条第 2、3、4 款的规定进行。

27.0.2　测量低压电器连同所连接电缆及二次回路的绝缘电阻值，不应小于 1 MΩ；在比较潮湿的地方，可不小于 0.5 MΩ。

27.0.3　电压线圈动作值的校验，应符合下述规定：线圈的吸合电压不应大于额定电压的 85%，释放电压不应小于额定电压的 5%；短时工作的合闸线圈应在额定电压的 85%～110% 范围内，分励线圈应在额定电压的 75%～110%的范围内均能可靠工作。

27.0.4　低压电器动作情况的检查，应符合下述规定：对采用电动机或液压、气压传动方式操作的电器，除产品另有规定外，当电压、液压或气压在额定值的 85%～110%范围内，电器应可靠工作。

27.0.5　低压电器采用的脱扣器的整定，各类过电流脱扣器、失压和分励脱扣器、延时装置等，应按使用要求进行整定。

27.0.6　测量电阻器和变阻器的直流电阻值，其差值应分别符合产品技术条件的规定。电阻值应满足回路使用的要求。

27.0.7　低压电器连同所连接电缆及二次回路的交流耐压试验，应符合下述规定：试验电压为 1 000 V。当回路的绝缘电阻值在 10 MΩ 以上时，可采用 2 500 V 兆欧表代替，试验持续时间为 1 min。

附录 A　高压电气设备绝缘的工频耐压试验电压标准

表 A　高压电气设备绝缘的工频耐压试验电压标准

额定电压(kV)	最高工作电压(kV)	1 min 工频耐受电压(kV)有效值											
		电压互感器		电流互感器		穿墙套管				支柱绝缘子、隔离开关			
						纯瓷和纯瓷充油绝缘		固体有机绝缘、油浸电容式、干式、SF_6式		纯瓷		固体有机绝缘	
		出厂	交接	出厂	交接	出厂	交接	出厂	交接	出厂	交接	出厂	交接
3	3.6	25(18)	20(14)	25	20	25(18)	25(18)	25(18)	20(14)	25	25	25	22
6	7.2	30(23)	24(18)	30	24	30(23)	30(23)	30(23)	24(18)	32	32	32	26
10	12	42(28)	33(22)	42	33	42(28)	42(28)	42(28)	33(22)	42	42	42	38
15	17.5	55(40)	44(32)	55	44	55(40)	55(40)	55(40)	44(32)	57	57	57	50
20	24.0	65(50)	52(40)	65	52	65(50)	65(50)	65(50)	52(40)	68	68	68	59
35	40.5	95(80)	76(64)	95	76	95(80)	95(80)	95(80)	76(64)	100	100	100	90
66	69.0	140/185	112/148	140/185	112/148	140/185	140/185	140/185	112/148	165	165	165	148
110	126.0	200/230	160/184	200/230	160/184	200/230	200/230	200/230	160/184	265	265	265	240
220	252.0	395/460	316/368	395/460	316/368	395/460	395/460	395/460	316/368	495	495	495	440
330	363.0	510/630	408/504	510/630	408/504	510/630	510/630	510/630	408/504				
500	550.0	680/740	544/592	680/740	544/592	680/740	680/740	680/740	544/592				

注：1　表中电气设备出厂试验电压参照现行国家标准《高压输变电设备的绝缘配合》GB 311.1；

2　括号内的数据为全绝缘结构电压互感器的匝间绝缘水平；

3　斜杠上下为不同绝缘水平取值，以出厂(铭牌)值为准。

附录 B　电机定子绕组绝缘电阻值换算至运行温度时的换算系数

B. 0. 1　电机定子绕组绝缘电阻值换算至运行温度时的换算系数见表 B. 0. 1。

表 B. 0. 1　电机定子绕组绝缘电阻值换算至运行温度时的换算系数

定子绕组温度(℃)		70	60	50	40	30	20	10	5
换算系数 K	热塑性绝缘	1.4	2.8	5.7	11.3	22.6	45.3	90.5	128
	B 级热固性绝缘	4.1	6.6	10.5	16.8	26.8	43	68.7	87

表 B. 0. 1 的运行温度，对于热塑性绝缘为 75 ℃，对于 B 级热固性绝缘为 100 ℃。

B. 0. 2　当在不同温度测量时，可按表 B. 0. 1 中所列温度换算系数进行换算。例如某热塑性绝缘发电机在 t=10 ℃时测得绝缘电阻值为 100 MΩ，则换算到 t=75 ℃时的绝缘电阻值为 100/K=100/90. 5=1. 1 MΩ。

也可按下列公式进行换算：

对于热塑性绝缘：

$$R_t = R \times 2^{(75-t)/10}\ (\mathrm{M\Omega}) \qquad (B.0.2\text{-}1)$$

对于 B 级热固性绝缘：

$$R_t = R \times 1.6^{(100-t)/10}\ (\mathrm{M\Omega}) \qquad (B.0.2\text{-}2)$$

式中　R——绕组热状态的绝缘电阻值；

R_t——当温度为 t℃时的绕组绝缘电阻值；

t——测量时的温度。

附录 C　变压器局部放电试验方法

C. 0. 1　电压等级为 110 kV 及以上的变压器应进行长时感应电压及局部放电测量试验，所加电压、加压时间及局部放电视在电荷量应符合下列规定：

三相变压器推荐采用单相连接的方式逐相地将电压加在线路端子上进行试验。

施加电压应按图 C. 0. 1 所示的程序进行。

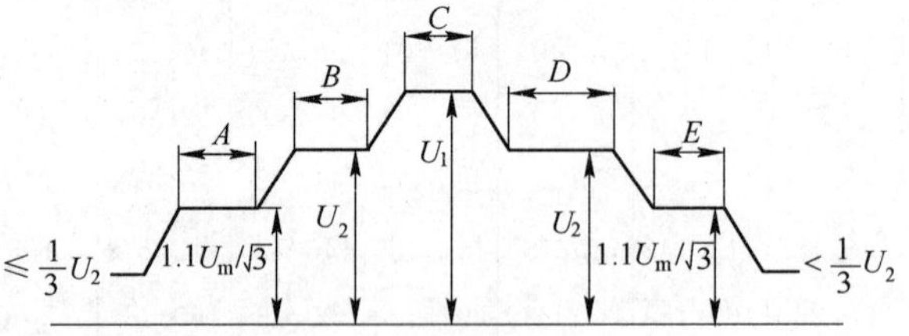

图 C. 0. 1　变压器长时感应电压及局部放电测量试验的加压程序

注：A=5 min；B=5 min；C=试验时间；

$D \geqslant$60 min(对于 $U_m \geqslant$300 kV)或 30 min(对于 $U_m <$300 kV)；E=5 min

在不大于 $U_2/3$ 的电压下接通电源；

电压上升到 $1.1U_m/\sqrt{3}$，保持 5 min，其中 U_m 为设备最高运行线电压；

电压上升到 U_2，保持 5 min；

电压上升到 U_1，其持续时间按第 7.0.13 条第 4 项的规定执行；

试验后立刻不间断地将电压降到 U_2，并至少保持 60 min（对于 $U_m \geqslant 300$ kV）或 30 min（对于 $U_m < 300$ kV），以测量局部放电；

电压降低到 $1.1U_m/\sqrt{3}$，保持 5 min；

当电压降低到 $U_2/3$ 以下时，方可切断电源。

除 U_1 的持续时间以外，其余试验持续时间与试验频率无关。

在施加试验电压的整个期间，应监测局部放电量。

对地电压值应为：

$$U_1 = 1.7U_m/\sqrt{3} \tag{C.0.1}$$

$U_2 = 1.5U_m/\sqrt{3}$或 $1.3U_m/\sqrt{3}$，视试验条件定。

在施加试验电压的前后，应测量所有测量通道上的背景噪声水平；

在电压上升到 U_2 及由 U_2 下降的过程中，应记录可能出现的局部放电起始电压和熄灭电压。应在 $1.1U_m/\sqrt{3}$下测量局部放电视在电荷量；

在电压 U_2 的第一阶段中应读取并记录一个读数。对该阶段不规定其视在电荷量值；

在施加 U_1 期间内不要求给出视在电荷量值；

在电压 U_2 的第二个阶段的整个期间，应连续地观察局部放电水平，并每隔 5 min 记录一次。

如果满足下列要求，则试验合格：

试验电压不产生忽然下降；

在 $U_2 = 1.5U_m/\sqrt{3}$或 $1.3U_m/\sqrt{3}$下的长时试验期间，局部放电量的连续水平不大于 500 pC 或 300 pC；

在 U_2 下，局放放电不呈现持续增加的趋势，偶然出现的较高幅值的脉冲可以不计入；

在 $1.1U_m/\sqrt{3}$下，视在电荷量的连续水平不大于 100 pC。

注：U_m 为设备的最高电压有效值。

C.0.2 试验方法及在放电量超出上述规定时的判断方法，均按现行国家标准《电力变压器 第 3 部分：绝缘水平、绝缘试验和外绝缘空气空隙》GB 1094.3 中的有关规定进行。

附录 D 油浸电力变压器绕组直流泄漏电流参考值

表 D 油浸电力变压器绕组直流泄漏电流参考值

额定电压(kV)	试验电压峰值(kV)	在下列温度时的绕组直流泄漏电流值(μA)							
		10 ℃	20 ℃	30 ℃	40 ℃	50 ℃	60 ℃	70 ℃	80 ℃
2～3	5	11	17	25	39	55	83	125	178
6～15	10	22	33	50	77	112	166	250	356
20～35	20	33	50	74	111	167	250	400	570
63～330	40	33	50	74	111	167	250	400	570
500	60	20	30	45	67	100	150	235	330

附录E 电流互感器保护级励磁曲线测量方法

E.0.1 P级励磁曲线的测量与检查，应满足下列要求：

核查电流互感器保护级（P级）准确限值系数是否满足要求有两种间接的方法，励磁曲线测量法和模拟二次负荷法。

1 励磁曲线测量法：

P级绕组的V-I(励磁)曲线应根据电流互感器铭牌参数确定施加电压，二次电阻 r_2 可用二次直流电阻 $\bar{r}_2$ 替代，漏抗 x_2 可估算，电压与电流的测量用方均根值仪表。

x_2 估算值见表E.0.1。

表E.0.1 x_2 估算值

电流互感器额定电压	独立结构			GIS及套管结构
	≤35 kV	66～110 kV	220～500 kV	
x_2 估算值(Ω)	0.1	0.15	0.2	0.1

例如：

参数：电流互感器额定电压220 kV，被检绕组变比1 000/5 A，二次额定负荷50 V·A，cosϕ=0.8，10P20，则：

额定二次负荷阻抗 $Z_L=\left(\dfrac{50V\cdot A}{5A}\div 5A\right)\times(0.8+j0.6)=1.6+j1.2\Omega$

二次阻抗 $Z_2\approx\bar{r}_2+jx_2=0.1+j0.2$

其中 $\bar{r}_2$ 为直流电阻实测值。

那么，根据已知铭牌参数“10P20”，在20倍额定电流情况下线圈感应电势：

$$E|_{20\mathrm{In}}=20\times5|(Z_2+Z_L)|=100|1.7+j1.4|=100\sqrt{1.7^2+1.4^2}=220\ \mathrm{V}。$$

如果在二次绕组端施加励磁电压220 V时测量的励磁电流 $I_0>0.1\times20\times5\ \mathrm{A}=10\ \mathrm{A}$ 时，则判该绕组准确限值系数不合格。

2 模拟二次负荷法：

进行基本误差试验时，如果配置相应的模拟二次负荷可间接核对准确限值系数是否满足要求，例如：

电流互感器铭牌参数同上，在正常的差值法检测电流互感器基本误差线路上，将二次负荷 Z'_L 取值改为 $(20-1)Z_2+20Z_L$ 即可：

$$\begin{aligned}Z'_L&=(20-1)Z_2+20Z_L\\&=19\times(0.1+j0.2)+20\times(1.6+j1.2)\\&=33.9+j27.8\ \Omega\end{aligned}\qquad(E.0.1)$$

在接入 Z'_L 时测量额定电流（这里为1 000 A）时的复合误差（$\sqrt{f^2+\delta^2}\%$）大于10%，则判为不合格，其中 δ 单位取厘弧。

注：1 由于间接法测量没有考虑一次导体及返回导体电流产生的磁场干扰影响，通常间接法测量合格的互感器再用直接法核查，其结果不一定合格；间接法测量不合格的互感器直接法测量其结果基本上不合格，但是间接法测量方法简单易行；

2 有怀疑时，宜用直接法测量复合误差，根据测量结果判定是否合格。

E.0.2 电流互感器暂态特性的核查，应满足下列要求：额定电压为 330 kV 及以上电压等级独立式、GIS 和套管式电流互感器，线路容量为 30×10^4 kW 及以上容量的母线电流互感器及容量超过 120×10^4 kW 的变电站带暂态性能的各种电压等级的电流互感器，其具有暂态特性要求的绕组应根据铭牌参数，采用低频法或直流法测量其相关参数，核查是否满足相关要求。

1 交流法。

在二次端子上施加实际正弦波交流电压，测量相应的励磁电流，试验可以在降低的频率下进行，以避免绕组和二次端子承受不能容许的电压。

测量励磁电流应采用峰值读数仪表，以能与峰值磁通值相对应。

测量励磁电压应采用平均值仪表，但刻度为方均根值。

二次匝链磁通道 Φ，可由频率 f' 下的实测所加电压的方均根值 U' 按下式得出：

$$\Phi=\frac{\sqrt{2}}{2\pi f'}\cdot U' \qquad (\mathrm{Wb}) \tag{E.0.2-1}$$

额定频率 f 下的等效电压方均根值 U 为：

$$U=\frac{2\pi f}{\sqrt{2}}\cdot\Phi \qquad (\mathrm{V,r.m.s.}) \tag{E.0.2-2}$$

所得励磁特性曲线为峰值励磁电流 i_m 与代表峰值通道 Φ 的额定频率等效电压方均根值 U 的关系曲线。

励磁电感由上述曲线在饱和磁通 Φ_s 的 20%～90%范围内的平均斜率确定：

$$L_m=\frac{\Phi_s}{i_m}=\frac{(\sqrt{2})U}{2\pi f i_m} \qquad (\mathrm{H}) \tag{E.0.2-3}$$

当忽略二次侧漏抗时，相应于电阻性总负荷（$R_{et}+R_b$）的二次时间常数 T_s 可按下式计算：

$$T_s=\frac{L_s}{R_s}\approx\frac{L_m}{R_{et}+R_b} \qquad (\mathrm{s}) \tag{E.0.2-4}$$

当交流法确定剩磁系数 K_r 时，需对励磁电压积分，见图 E.0.2-2，积分的电压和相应的电流在 X-Y 示波器上显示出磁滞回环。如果励磁电流已是饱和磁通 Φ_s 达到的值时，则认为电流过零时的磁通值是剩磁 Φ_r。按定义 $\Phi_r/\Phi_s=\psi_r/\psi_s$，由比率便可求出剩磁系数 K_r。

2 直流法。

直流饱和法是采用某一直流电压，它能使磁通达到持续为同一值。励磁电流缓慢上升，意味着受绕组电阻电压的影响，磁通测量值是在对励磁的绕组端电压减去与 $R_e i_m$ 对应的附加电压后，再进行积分得出的。典型试验电路见图 E.0.2-3。

测定励磁特性时，应在积分器复位后立即闭合开关 S。记录励磁电流和磁通的上升值，直到皆达到恒定时，然后切断开关 S。

磁通 $\Phi(t)$ 和励磁电流 $i_m(t)$ 与时间（t）的函数关系的典型试验记录见图 E.0.2-4，其中磁通可以用 Wb 表示，或按公式（E.0.2-2）额定频率等效电压方均根值 $U(t)$ 表示。

励磁电感（L_m），可取励磁曲线上一些适当点的 $\Phi(t)$ 除以相应的 $i_m(t)$ 得出，或者当磁通值用等效电压方均根值 $U(t)$ 表示时，使用公式（E.0.2-3）。

因为 TPS 和 TPX 级电流互感器要求确定 $\Phi(i_m)$ 特性的平均斜率，故推荐采用 X-Y 记录仪。

一旦开关 S 断开，衰减的励磁电流流过二次绕组和放电电阻 R_d。随之磁通值下降，但它在电流为零时，不会降为零。如选取的励磁电流 i_m 使磁通达到饱和值时，则在电流为零时剩余的磁通值认为是剩磁 Φ_r。

TPS 和 TPX 级电流互感器的铁芯必须事先退磁，退磁的 TPY 级电流互感器的剩磁系数(K_r)用比率 Φ_r/Φ_s 确定。

对于铁芯未事先退磁的 TPY 级电流互感器，其剩磁系数(K_r)可用交换二次端子的补充试验确定。这时的剩磁系数(K_r)计算方法同上，但假定 Φ_r 为第二次试验测得的剩磁值的一半。

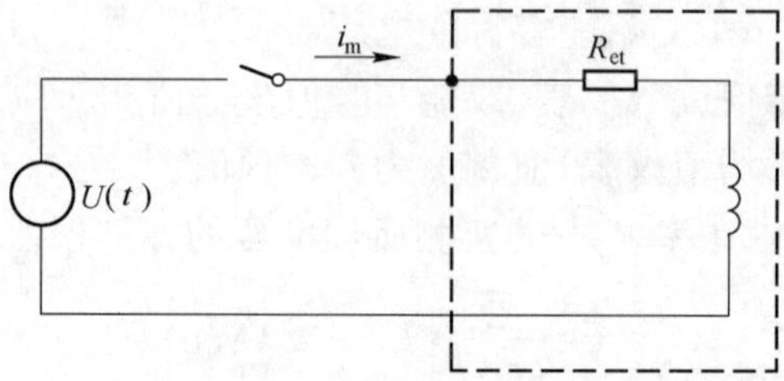

图 E. 0. 2-1　基本电路

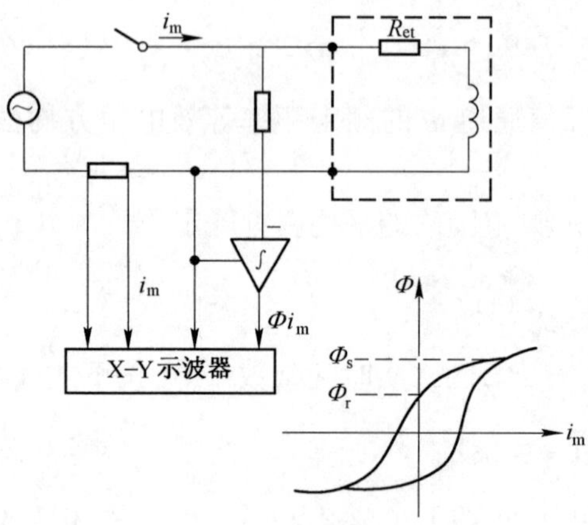

图 E. 0. 2-2　用磁滞回环确定剩磁系数 K_t

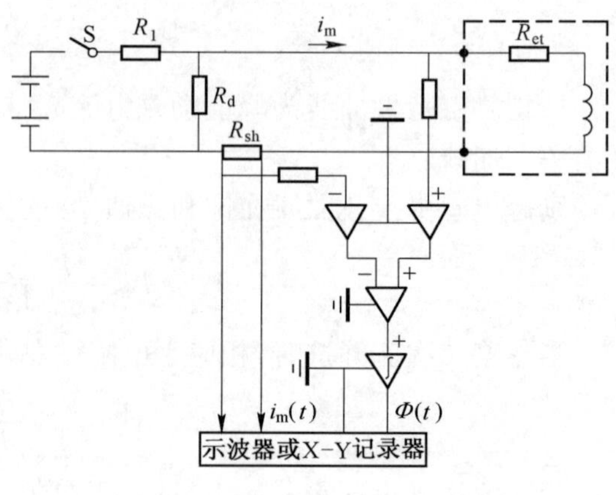

图 E. 0. 2-3　直流法基本电路

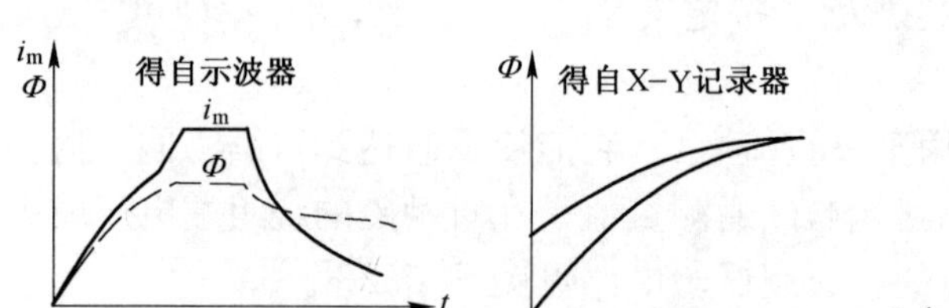

图 E. 0. 2-4　典型记录曲线

附录 F　电力电缆线路交叉互联系统试验方法和要求

F. 0. 1　交叉互联系统的对地绝缘的直流耐压试验：试验时必须将护层过电压保护器断开。在互联箱中将另一侧的三段电缆金属套都接地，使绝缘接头的绝缘环也能结合在一起进行试验，然后在每段电缆金属屏蔽或金属套与地之间施加直流电压 10 kV，加压时间 1 min，不应击穿。

F. 0. 2　非线性电阻型护层过电压保护器

1 氧化锌电阻片：对电阻片施加直流参考电流后测量其压降，即直流参考电压，其值应在产品标准规定的范围之内；

2 非线性电阻片及其引线的对地绝缘电阻：将非线性电阻片的全部引线并联在一起与接地的外壳绝缘后，用 1 000 V 兆欧表测量引线与外壳之间的绝缘电阻，其值不应小于 10 MΩ。

F.0.3 交叉互联性能检验：本方法为推荐采用的方式，如采用本方法时，应作为特殊试验项目。

使所有互联箱连接片处于正常工作位置，在每相电缆导体中通以大约 100 A 的三相平衡试验电流。在保持试验电流不变的情况下，测量最靠近交叉互联箱处的金属套电流和对地电压。测量完后将试验电流降至零，切断电源。然后将最靠近的交叉互联箱内的连接片重新连接成模拟错误连接的情况，再次将试验电流升至 100 A，并再测量该交叉互联箱处的金属套电流和对地电压。测量完后将试验电量降至零，切断电源，将该交叉互联箱中的连接片复原至正确的连接位置。最后再将试验电流升至 100 A，测量电缆线路上所有其他交叉互联箱处的金属套电流和对地电压。

试验结果符合下述要求则认为交叉互联系统的性能是满意的：

1)在连接片做错误连接时，试验能表明存在异乎寻常大的金属套电流；

2)在连接片正确连接时，将测得的任何一个金属套电流乘以一个系数（它等于电缆的额定电流除以上述的试验电流）后所得的电流值不会使电缆额定电流的降低量超过 3%；

3)将测得的金属套对地电压乘以上述 2)项中的系数后不超过电缆在负载额定电流时规定的感应电压的最大值。

F.0.4 互联箱

1 接触电阻：本试验在做完护层过电压保护器的上述试验后进行。将刀闸（或连接片）恢复到正常工作位置后，用双臂电桥测量闸刀（或连接片）的接触电阻，其值不应大于 20 μΩ；

2 闸刀（或连接片）连接位置：本试验在以上交叉互联系统的试验合格后密封互联箱之前进行。连接位置应正确。如发现连接错误而重新连接后，则必须重测闸刀（连接片）的接触电阻。

附录 G 特殊试验项目表

表 G 特殊试验项目表

序号	条款	内 容
1	3.0.14	测量转子绕组的交流阻抗和功率损耗
2	3.0.15	测量三相短路特性曲线
3	3.0.16	测量空载特性曲线
4	3.0.17	在发电机空载额定电压下测录发电机定子开路时的灭磁时间常数
5	3.0.18	发电机在空载额定电压下自动灭磁装置分闸后测量定子残压
6	3.0.20	测量轴电压
7	3.0.21	定子绕组端部固有振动频率测试及模态分析
8	3.0.22	定子绕组端部现包绝缘施加直流电压测量
9	4.0.11	测录直流发电机的空载特性和以转子绕组为负载的励磁机负载特性曲线

续上表

序号	条款	内容
10	5.0.5	测录空载特性曲线
11	7.0.12	变压器绕组变形试验
12	7.0.14	绕组连同套管的长时感应电压试验带局部放电测量
13	9.0.4	互感器的局部放电测量
14	9.0.9	互感器误差测量 1 用于关口计量的互感器(包括电流互感器、电压互感器和组合互感器)必须进行误差测量，且进行误差检测的机构(实验室)必须是国家授权的法定计量检定机构； 2 用于非关口计量，电压等级 35 kV 及以上的互感器，宜进行误差测量
15	9.0.12	电容式电压互感器(CTV)检测 2 CTV 电磁单元因结构原因不能将中压联线引出时，必须进行误差试验，若对电容分压器绝缘有怀疑时，应打开电磁单元引出中压联线进行额定电压下的电容量和介质损耗角 $\tan\delta$ 的测量
16	18.0.5	电力电缆交流耐压试验(35 kV 及以上电压等级)
17	F.0.3	交叉互联性能检验
18	19.0.4	耦合电容器的局部放电试验
19	25.0.3	测量 35 kV 以上线路的工频参数
20	26.0.3	接地阻抗值测量(接地网)
21	全规范中	110 kV 及以上电压等级电气设备的交、直流耐压试验(或高电压测试)
22	全规范中	各种电气设备的局部放电试验
23	全规范中	SF_6 气体和绝缘油(除击穿电压试验外)试验

建筑电气工程施工质量验收规范

目　次

3 基本规定

3.1 一般规定

3.1.1 建筑电气工程施工现场的质量管理，除应符合现行国家标准《建筑工程施工质量验收统一标准》GB 50300—2001 的 3.0.1 规定外，尚应符合下列规定：

1 安装电工、焊工、起重吊装工和电气调试人员等，按有关要求持证上岗；

2 安装和调试用各类计量器具，应检定合格，使用时在有效期内。

3.1.2 除设计要求外，承力建筑钢结构构件上，不得采用熔焊连接固定电气线路、设备和器具的支架、螺栓等部件；且严禁热加工开孔。

3.1.3 额定电压交流 1 kV 及以下、直流 1.5 kV 及以下的应为低压电器设备、器具和材料；额定电压大于交流 1 kV、直流 1.5 kV 的应为高压电器设备、器具和材料。

3.1.4 电气设备上计量仪表和与电气保护有关的仪表应检定合格，当投入试运行时，应在有效期内。

3.1.5 建筑电气动力工程的空载试运行和建筑电气照明工程的负荷试运行，应按本规范规定执行；建筑电气动力工程的负荷试运行，依据电气设备及相关建筑设备的种类、特性，编制试运行方案或作业指导书，并应经施工单位审查批准、监理单位确认后执行。

3.1.6 动力和照明工程的漏电保护装置应做模拟动作试验。

3.1.7 接地(PE)或接零(PEN)支线必须单独与接地(PE)或接零(PEN)干线相连接，不得串联连接。

3.1.8 高压的电气设备和布线系统及继电保护系统的交接试验，必须符合现行国家标准《电气装置安装工程电气设备交接试验标准》GB 50150 的规定。

3.1.9 低压的电气设备和布线系统的交接试验，应符合本规范的规定。

3.1.10 送至建筑智能化工程变送器的电量信号精度等级应符合设计要求，状态信号应正确；接收建筑智能化工程的指令应使建筑电气工程的自动开关动作符合指令要求，且手动、自动切换功能正常。

3.2 主要设备、材料、成品和半成品进场验收

3.2.1 主要设备、材料、成品和半成品进场检验结论应有记录，确认符合本规范规定，才能在施工中应用。

3.2.2 因有异议送有资质试验室进行抽样检测，试验室应出具检测报告，确认符合本规范和相关技术标准规定，才能在施工中应用。

3.2.3 依法定程序批准进入市场的新电气设备、器具和材料进场验收，除符合本规范规定外，尚应提供安装、使用、维修和试验要求等技术文件。

3.2.4 进口电气设备、器具和材料进场验收，除符合本规范规定外，尚应提供商检证明和中文的质量合格证明文件、规格、型号、性能检验报告以及中文的安装、使用、维修和试验要求等技术文件。

3.2.5 经批准的免检产品或认定的名牌产品，当进场验收时，宜不做抽样检测。

3.2.6 变压器、箱式变电所、高压电器及电瓷制品应符合下列规定：

1 查验合格证和随带技术文件，变压器有出厂试验记录；

2 外观检查：有铭牌，附件齐全，绝缘件无缺损、裂纹，充油部分不渗漏，充气高压设备气压指示正常，涂层完整。

3.2.7 高低压成套配电柜、蓄电池柜、不间断电源柜、控制柜（屏、台）及动力、照明配电箱（盘）应符合下列规定：

1 查验合格证和随带技术文件，实行生产许可证和安全认证制度的产品，有许可证编号和安全认证标志。不间断电源柜有出厂试验记录；

2 外观检查：有铭牌，柜内元器件无损坏丢失、接线无脱落脱焊，蓄电池柜内电池壳体无碎裂、漏液，充油、充气设备无泄漏，涂层完整，无明显碰撞凹陷。

3.2.8 柴油发电机组应符合下列规定：

1 依据装箱单，核对主机、附件、专用工具、备品备件和随带技术文件，查验合格证和出厂试运行记录，发电机及其控制柜有出厂试验记录；

2 外观检查：有铭牌，机身无缺件，涂层完整。

3.2.9 电动机、电加热器、电动执行机构和低压开关设备等应符合下列规定：

1 查验合格证和随带技术文件，实行生产许可证和安全认证制度的产品，有许可证编号和安全认证标志；

2 外观检查：有铭牌，附件齐全，电气接线端子完好，设备器件无缺损，涂层完整。

3.2.10 照明灯具及附件应符合下列规定：

1 查验合格证，新型气体放电灯具有随带技术文件；

2 外观检查：灯具涂层完整，无损伤，附件齐全。防爆灯具铭牌上有防爆标志和防爆合格证号，普通灯具有安全认证标志；

3 对成套灯具的绝缘电阻、内部接线等性能进行现场抽样检测。灯具的绝缘电阻值不小于 2 MΩ，内部接线为铜芯绝缘电线，芯线截面积不小于 0.5 mm^2，橡胶或聚氯乙烯（PVC）绝缘电线的绝缘层厚度不小于 0.6 mm。对游泳池和类似场所灯具（水下灯及防水灯具）的密闭和绝缘性能有异议时，按批抽样送有资质的试验室检测。

3.2.11 开关、插座、接线盒和风扇及其附件应符合下列规定：

1 查验合格证，防爆产品有防爆标志和防爆合格证号，实行安全认证制度的产品有安全认证标志；

2 外观检查：开关、插座的面板及接线盒盒体完整、无碎裂、零件齐全，风扇无损坏，涂层完整，调速器等附件适配；

3 对开关、插座的电气和机械性能进行现场抽样检测。检测规定如下：

1）不同极性带电部件间的电气间隙和爬电距离不小于 3 mm；

2）绝缘电阻值不小于 5 MΩ；

3）用自攻锁紧螺钉或自切螺钉安装的，螺钉与软塑固定件旋合长度不小于 8 mm，软塑固定件在经受 10 次拧紧退出试验后，无松动或掉渣，螺钉及螺纹无损坏现象；

4）金属间相旋合的螺钉螺母，拧紧后完全退出，反复 5 次仍能正常使用。

4 对开关、插座、接线盒及其面板等塑料绝缘材料阻燃性能有异议时，按批抽样送有资质的试验室检测。

3.2.12 电线、电缆应符合下列规定：

1 按批查验合格证，合格证有生产许可证编号，按《额定电压 450/750 V 及以下聚氯乙烯绝缘电缆》GB 5023.1～5023.7 标准生产的产品有安全认证标志；

2　外观检查：包装完好，抽检的电线绝缘层完整无损，厚度均匀。电缆无压扁、扭曲，铠装不松卷。耐热、阻燃的电线、电缆外护层有明显标识和制造厂标；

3　按制造标准，现场抽样检测绝缘层厚度和圆形线芯的直径；线芯直径误差不大于标称直径的1%；常用的BV型绝缘电线的绝缘层厚度不小于表3.2.12的规定；

表3.2.12　BV型绝缘电线的绝缘层厚度

序　号	1	2	3	4	5	6	7	8	9	10	11	12	13	14	15	16	17
电线芯线标称截面积（mm^2）	1.5	2.5	4	6	10	16	25	35	50	70	95	120	150	185	240	300	400
绝缘层厚度规定值（mm）	0.7	0.8	0.8	0.8	1.0	1.0	1.2	1.2	1.4	1.4	1.6	1.6	1.8	2.0	2.2	2.4	2.6

4　对电线、电缆绝缘性能、导电性能和阻燃性能有异议时，按批抽样送有资质的试验室检测。

3.2.13　导管应符合下列规定：

1　按批查验合格证；

2　外观检查：钢导管无压扁、内壁光滑。非镀锌钢导管无严重锈蚀，按制造标准油漆出厂的油漆完整；镀锌钢导管镀层覆盖完整、表面无锈斑；绝缘导管及配件不碎裂、表面有阻燃标记和制造厂标；

3　按制造标准现场抽样检测导管的管径、壁厚及均匀度。对绝缘导管及配件的阻燃性能有异议时，按批抽样送有资质的试验室检测。

3.2.14　型钢和电焊条应符合下列规定：

1　按批查验合格证和材质证明书；有异议时，按批抽样送有资质的试验室检测；

2　外观检查：型钢表面无严重锈蚀，无过度扭曲、弯折变形；电焊条包装完整，拆包抽检，焊条尾部无锈斑。

3.2.15　镀锌制品（支架、横担、接地极、避雷用型钢等）和外线金具应符合下列规定：

1　按批查验合格证或镀锌厂出具的镀锌质量证明书；

2　外观检查：镀锌层覆盖完整、表面无锈斑，金具配件齐全，无砂眼；

3　对镀锌质量有异议时，按批抽样送有资质的试验室检测。

3.2.16　电缆桥架、线槽应符合下列规定：

1　查验合格证；

2　外观检查：部件齐全，表面光滑、不变形；钢制桥架涂层完整，无锈蚀；玻璃钢制桥架色泽均匀，无破损碎裂；铝合金桥架涂层完整，无扭曲变形，不压扁，表面不划伤。

3.2.17　封闭母线、插接母线应符合下列规定：

1　查验合格证和随带安装技术文件；

2　外观检查：防潮密封良好，各段编号标志清晰，附件齐全，外壳不变形，母线螺栓搭接面平整、镀层覆盖完整、无起皮和麻面；插接母线上的静触头无缺损、表面光滑、镀层完整。

3.2.18　裸母线、裸导线应符合下列规定：

1　查验合格证；

2　外观检查：包装完好，裸母线平直，表面无明显划痕，测量厚度和宽度符合制造标准；裸导线表面无明显损伤，不松股、扭折和断股（线），测量线径符合制造标准。

3.2.19 电缆头部件及接线端子应符合下列规定：

1 查验合格证；

2 外观检查：部件齐全，表面无裂纹和气孔，随带的袋装涂料或填料不泄漏。

3.2.20 钢制灯柱应符合下列规定：

1 按批查验合格证；

2 外观检查：涂层完整，根部接线盒盒盖紧固件和内置熔断器、开关等器件齐全，盒盖密封垫片完整。钢柱内设有专用接地螺栓，地脚螺孔位置按提供的附图尺寸，允许偏差为±2 mm。

3.2.21 钢筋混凝土电杆和其他混凝土制品应符合下列规定：

1 按批查验合格证；

2 外观检查：表面平整，无缺角露筋，每个制品表面有合格印记；钢筋混凝土电杆表面光滑，无纵向、横向裂纹，杆身平直，弯曲不大于杆长的1/1 000。

3.3 工序交接确认

3.3.1 架空线路及杆上电气设备安装应按以下程序进行：

1 线路方向和杆位及拉线坑位测量埋桩后，经检查确认，才能挖掘杆坑和拉线坑；

2 杆坑、拉线坑的深度和坑型，经检查确认，才能立杆和埋设拉线盘；

3 杆上高压电气设备交接试验合格，才能通电；

4 架空线路做绝缘检查，且经单相冲击试验合格，才能通电；

5 架空线路的相位经检查确认，才能与接户线连接。

3.3.2 变压器、箱式变电所安装应按以下程序进行：

1 变压器、箱式变电所的基础验收合格，且对埋入基础的电线导管、电缆导管和变压器进、出线预留孔及相关预埋件进行检查，才能安装变压器、箱式变电所；

2 杆上变压器的支架紧固检查后，才能吊装变压器且就位固定；

3 变压器及接地装置交接试验合格，才能通电。

3.3.3 成套配电柜、控制柜(屏、台)和动力、照明配电箱(盘)安装应按以下程序进行：

1 埋设的基础型钢和柜、屏、台下的电缆沟等相关建筑物检查合格，才能安装柜、屏、台；

2 室内外落地动力配电箱的基础验收合格，且对埋入基础的电线导管、电缆导管进行检查，才能安装箱体；

3 墙上明装的动力、照明配电箱(盘)的预埋件(金属埋件、螺栓)，在抹灰前预留和预埋；暗装的动力、照明配电箱的预留孔和动力、照明配线的线盒及电线导管等，经检查确认到位，才能安装配电箱(盘)；

4 接地(PE)或接零(PEN)连接完成后，核对柜、屏、台、箱、盘内的元件规格、型号，且交接试验合格，才能投入试运行。

3.3.4 低压电动机、电加热器及电动执行机构应与机械设备完成连接，绝缘电阻测试合格，经手动操作符合工艺要求，才能接线。

3.3.5 柴油发电机组安装应按以下程序进行：

1 基础验收合格，才能安装机组；

2 地脚螺栓固定的机组经初平、螺栓孔灌浆、精平、紧固地脚螺栓、二次灌浆等机械安装程序；安放式的机组将底部垫平、垫实；

3 油、气、水冷、风冷、烟气排放等系统和隔振防噪声设施安装完成；按设计要求配置的消防器材齐全到位；发电机静态试验、随机配电盘控制柜接线检查合格，才能空载试运行；

4 发电机空载试运行和试验调整合格，才能负荷试运行；

5 在规定时间内，连续无故障负荷试运行合格，才能投入备用状态。

3.3.6 不间断电源按产品技术要求试验调整，应检查确认，才能接至馈电网路。

3.3.7 低压电气动力设备试验和试运行应按以下程序进行：

1 设备的可接近裸露导体接地(PE)或接零(PEN)连接完成，经检查合格，才能进行试验；

2 动力成套配电(控制)柜、屏、台、箱、盘的交流工频耐压试验、保护装置的动作试验合格，才能通电；

3 控制回路模拟动作试验合格，盘车或手动操作，电气部分与机械部分的转动或动作协调一致，经检查确认，才能空载试运行。

3.3.8 裸母线、封闭母线、插接式母线安装应按以下程序进行：

1 变压器、高低压成套配电柜、穿墙套管及绝缘子等安装就位，经检查合格，才能安装变压器和高低压成套配电柜的母线；

2 封闭、插接式母线安装，在结构封顶、室内底层地面施工完成或已确定地面标高、场地清理、层间距离复核后，才能确定支架设置位置；

3 与封闭、插接式母线安装位置有关的管道、空调及建筑装修工程施工基本结束，确认扫尾施工不会影响已安装的母线，才能安装母线；

4 封闭、插接式母线每段母线组对接续前，绝缘电阻测试合格，绝缘电阻值大于 20 MΩ，才能安装组对；

5 母线支架和封闭、插接式母线的外壳接地(PE)或接零(PEN)连接完成，母线绝缘电阻测试和交流工频耐压试验合格，才能通电。

3.3.9 电缆桥架安装和桥架内电缆敷设应按以下程序进行：

1 测量定位，安装桥架的支架，经检查确认，才能安装桥架；

2 桥架安装检查合格，才能敷设电缆；

3 电缆敷设前绝缘测试合格，才能敷设；

4 电缆电气交接试验合格，且对接线去向、相位和防火隔堵措施等检查确认，才能通电。

3.3.10 电缆在沟内、竖井内支架上敷设应按以下程序进行：

1 电缆沟、电缆竖井内的施工临时设施、模板及建筑废料等清除，测量定位后，才能安装支架；

2 电缆沟、电缆竖井内支架安装及电缆导管敷设结束，接地(PE)或接零(PEN)连接完成，经检查确认，才能敷设电缆；

3 电缆敷设前绝缘测试合格，才能敷设；

4 电缆交接试验合格，且对接线去向、相位和防火隔堵措施等检查确认，才能通电。

3.3.11 电线导管、电缆导管和线槽敷设应按以下程序进行：

1 除埋入混凝土中的非镀锌钢导管外壁不做防腐处理外，其他场所的非镀锌钢导管内外壁均做防腐处理，经检查确认，才能配管；

2 室外直埋导管的路径、沟槽深度、宽度及垫层处理经检查确认，才能埋设导管；

3 现浇混凝土板内配管在底层钢筋绑扎完成，上层钢筋未绑扎前敷设，且检查确认，才能绑扎上层钢筋和浇捣混凝土；

4 现浇混凝土墙体内的钢筋网片绑扎完成，门、窗等位置已放线，经检查确认，才能在墙体内配管；

5 被隐蔽的接线盒和导管在隐蔽前检查合格，才能隐蔽；

6 在梁、板、柱等部位明配管的导管套管、埋件、支架等检查合格，才能配管；

7 吊顶上的灯位及电气器具位置先放样，且与土建及各专业施工单位商定，才能在吊顶内配管；

8 顶棚和墙面的喷浆、油漆或壁纸等基本完成，才能敷设线槽、槽板。

3.3.12 电线、电缆穿管及线槽敷线应按以下程序进行：

1 接地(PE)或接零(PEN)及其他焊接施工完成，经检查确认，才能穿入电线或电缆以及线槽内敷线；

2 与导管连接的柜、屏、台、箱、盘安装完成，管内积水及杂物清理干净，经检查确认，才能穿入电线、电缆；

3 电缆穿管前绝缘测试合格，才能穿入导管；

4 电线、电缆交接试验合格，且对接线去向和相位等检查确认，才能通电。

3.3.13 钢索配管的预埋件及预留孔，应预埋、预留完成；装修工程除地面外基本结束，才能吊装钢索及敷设线路。

3.3.14 电缆头制作和接线应按以下程序进行：

1 电缆连接位置、连接长度和绝缘测试经检查确认，才能制作电缆头；

2 控制电缆绝缘电阻测试和校线合格，才能接线；

3 电缆、电缆交接试验和相位核对合格，才能接线。

3.3.15 照明灯具安装应按以下程序进行：

1 安装灯具的预埋螺栓、吊杆和吊顶上嵌入式灯具安装专用骨架等完成，按设计要求做承载试验合格，才能安装灯具；

2 影响灯具安装的模板、脚手架拆除；顶棚和墙面喷浆、油漆或壁纸等及地面清理工作基本完成后，才能安装灯具；

3 导线绝缘测试合格，才能灯具接线；

4 高空安装的灯具，地面通断电试验合格，才能安装。

3.3.16 照明开关、插座、风扇安装：吊扇的吊钩预埋完成；电线绝缘测试应合格，顶棚和墙面的喷浆、油漆或壁纸等应基本完成，才能安装开关、插座和风扇。

3.3.17 照明系统的测试和通电试运行应按以下程序进行：

1 电线绝缘电阻测试前电线的接续完成；

2 照明箱(盘)、灯具、开关、插座的绝缘电阻测试在就位前或接线前完成；

3 备用电源或事故照明电源作空载自动投切试验前拆除负荷，空载自动投切试验合格，才能做有载自动投切试验；

4 电气器具及线路绝缘电阻测试合格，才能通电试验；

5 照明全负荷试验必须在本条的1、2、4完成后进行。

3.3.18 接地装置安装应按以下程序进行：

1 建筑物基础接地体：底板钢筋敷设完成，按设计要求做接地施工，经检查确认，才能支模或浇捣混凝土；

2　人工接地体：按设计要求位置开挖沟槽，经检查确认，才能打入接地极和敷设地下接地干线；

3　接地模块：按设计位置开挖模块坑，并在地下接地干线引到模块上，经检查确认，才能相互焊接；

4　装置隐蔽：检查验收合格，才能覆土回填。

3.3.19　引下线安装应按以下程序进行：

1　利用建筑物柱内主筋作引下线，在柱内主筋绑扎后，按设计要求施工，经检查确认，才能支模；

2　直接从基础接地体或人工接地体暗敷埋入粉刷层内的引下线，经检查确认不外露，才能贴面砖或刷涂料等；

3　直接从基础接地体或人工接地体引出明敷的引下线，先埋设或安装支架，经检查确认，才能敷设引下线。

3.3.20　等电位联结应按以下程序进行：

1　总等电位联结：对可作导电接地体的金属管道入户处和供总等电位联结的接地干线的位置检查确认，才能安装焊接总等电位联结端子板，按设计要求做总等电位联结；

2　辅助等电位联结：对供辅助等电位联结的接地母线位置检查确认，才能安装焊接辅助等电位联结端子板，按设计要求做辅助等电位联结；

3　对特殊要求的建筑金属屏蔽网箱，网箱施工完成，经检查确认，才能与接地线连接。

3.3.21　接闪器安装：接地装置和引下线应施工完成，才能安装接闪器，且与引下线连接。

3.3.22　防雷接地系统测试：接地装置施工完成测试应合格；避雷接闪器安装完成，整个防雷接地系统连成回路，才能系统测试。

4　架空线路及杆上电气设备安装

4.1　主控项目

4.1.1　电杆坑、拉线坑的深度允许偏差，应不深于设计坑深 100 mm、不浅于设计坑深 50 mm。

4.1.2　架空导线的弧垂值，允许偏差为设计弧垂值的±5%，水平排列的同档导线间弧垂值偏差为±50 mm。

4.1.3　变压器中性点应与接地装置引出干线直接连接，接地装置的接地电阻值必须符合设计要求。

4.1.4　杆上变压器和高压绝缘子、高压隔离开关、跌落式熔断器、避雷器等必须按本规范第 3.1.8 条的规定交接试验合格。

4.1.5　杆上低压配电箱的电气装置和馈电线路交接试验应符合下列规定：

1　每路配电开关及保护装置的规格、型号，应符合设计要求；

2　相间和相对地间的绝缘电阻值应大于 0.5 MΩ；

3　电气装置的交流工频耐压试验电压为 1 kV，当绝缘电阻值大于 10 MΩ 时，可采用 2 500 V兆欧表摇测替代，试验持续时间 1 min，无击穿闪络现象。

4.2　一般项目

4.2.1　拉线的绝缘子及金具应齐全，位置正确，承力拉线应与线路中心线方向一致，转角拉线应与线路分角线方向一致。拉线应收紧，收紧程度与杆上导线数量规格及弧垂值相适配。

4.2.2 电杆组立应正直，直线杆横向位移不应大于 50 mm，杆梢偏移不应大于稍径的 1/2，转角杆紧线后不向内角倾斜，向外角倾斜不应大于 1 个稍径。

4.2.3 直线杆单横担应装于受电侧，终端杆、转角杆的单横担应装于拉线侧。横担的上下歪斜和左右扭斜，从横担端部测量不应大于 20 mm。横担等镀锌制品应热浸镀锌。

4.2.4 导线无断股、扭绞和死弯，与绝缘子固定可靠，金具规格应与导线规格适配。

4.2.5 线路的跳线、过引线、接户线的线间和线对地间的安全距离，电压等级为 6～10 kV 的，应大于 300 mm；电压等级为 1 kV 及以下的，应大于 150 mm。用绝缘导线架设的线路，绝缘破口处应修补完整。

4.2.6 杆上电气设备安装应符合下列规定：

1 固定电气设备的支架、紧固件为热浸镀锌制品，紧固件及防松零件齐全；

2 变压器油位正常、附件齐全、无渗油现象、外壳涂层完整；

3 跌落式熔断器安装的相间距离不小于 500 mm；熔管试操动能自然打开旋下；

4 杆上隔离开关分、合操动灵活，操动机构机械锁定可靠，分合时三相同期性好，分闸后，刀片与静触头间空气间隙距离不小于 200 mm；地面操作杆的接地(PE)可靠，且有标识；

5 杆上避雷器排列整齐，相间距离不小于 350 mm，电源侧引线铜线截面积不小于 16 mm^2、铝线截面积不小于 25 mm^2，接地侧引线铜线截面积不小于 25 mm^2，铝线截面积不小于 35 mm^2。与接地装置引出线连接可靠。

5 变压器、箱式变电所安装

5.1 主控项目

5.1.1 变压器安装应位置正确，附件齐全，油浸变压器油位正常，无渗油现象。

5.1.2 接地装置引出的接地干线与变压器的低压侧中性点直接连接；接地干线与箱式变电所的 N 母线和 PE 母线直接连接；变压器箱体、干式变压器的支架或外壳应接地(PE)。所有连接应可靠，紧固件及防松零件齐全。

5.1.3 变压器必须按本规范第 3.1.8 条的规定交接试验合格。

5.1.4 箱式变电所及落地式配电箱的基础应高于室外地坪，周围排水通畅。用地脚螺栓固定的螺帽齐全，拧紧牢固；自由安放的应垫平放正。金属箱式变电所及落地式配电箱，箱体应接地(PE)或接零(PEN)可靠，且有标识。

5.1.5 箱式变电所的交接试验，必须符合下列规定：

1 由高压成套开关柜、低压成套开关柜和变压器三个独立单元组合成的箱式变电所高压电气设备部分，按本规范 3.1.8 的规定交接试验合格。

2 高压开关、熔断器等与变压器组合在同一个密闭油箱内的箱式变电所，交接试验按产品提供的技术文件要求执行；

3 低压成套配电柜交接试验符合本规范第 4.1.5 条的规定。

5.2 一般项目

5.2.1 有载调压开关的传动部分润滑应良好，动作灵活，点动给定位置与开关实际位置一致，自动调节符合产品的技术文件要求。

5.2.2 绝缘件应无裂纹、缺损和瓷件瓷釉损坏等缺陷，外表清洁，测温仪表指示准确。

5.2.3 装有滚轮的变压器就位后，应将滚轮用能拆卸的制动部件固定。

5.2.4 变压器应按产品技术文件要求进行检查器身，当满足下列条件之一时，可不检查器身。

1 制造厂规定不检查器身者；

2 就地生产仅做短途运输的变压器，且在运输过程中有效监督，无紧急制动、剧烈振动、冲撞或严重颠簸等异常情况者。

5.2.5 箱式变电所内外涂层完整、无损伤，有通风口的风口防护网完好。

5.2.6 箱式变电所的高低压柜内部接线完整、低压每个输出回路标记清晰，回路名称准确。

5.2.7 装有气体继电器的变压器顶盖，沿气体继电器的气流方向有 1.0%～1.5%的升高坡度。

6 成套配电柜、控制柜(屏、台)和动力、照明配电箱(盘)安装

6.1 主控项目

6.1.1 柜、屏、台、箱、盘的金属框架及基础型钢必须接地(PE)或接零(PEN)可靠；装有电器的可开启门，门和框架的接地端子间应用裸编织铜线连接，且有标识。

6.1.2 低压成套配电柜、控制柜(屏、台)和动力、照明配电箱(盘)应有可靠的电击保护。柜(屏、台、箱、盘)内保护导体应有裸露的连接外部保护导体的端子，当设计无要求时，柜(屏、台、箱、盘)内保护导体最小截面积 S_p 不应小于表 6.1.2 的规定。

表 6.1.2 保护导体的截面积

相线的截面积 S(mm²)	相应保护导体的最小截面积 S_p(mm²)
$S \leqslant 16$	S
$16 < S \leqslant 35$	16
$35 < S \leqslant 400$	$S/2$
$400 < S \leqslant 800$	200
$S > 800$	$S/4$

注：S 指柜(屏、台、箱、盘)电源进线相线截面积，且两者(S、S_p)材质相同。

6.1.3 手车、抽出式成套配电柜推拉应灵活，无卡阻碰撞现象。动触头与静触头的中心线应一致，且触头接触紧密，投入时，接地触头先于主触头接触；退出时，接地触头后于主触头脱开。

6.1.4 高压成套配电柜必须按本规范第 3.1.8 条的规定交接试验合格，且应符合下列规定：

1 继电保护元器件、逻辑元件、变送器和控制用计算机等单体校验合格，整组试验动作正确，整定参数符合设计要求；

2 凡经法定程序批准，进入市场投入使用的新高压电气设备和继电保护装置，按产品技术文件要求交接试验。

6.1.5 低压成套配电柜交接试验，必须符合本规范第 4.1.5 条的规定。

6.1.6 柜、屏、台、箱、盘间线路的线间和线对地间绝缘电阻值，馈电线路必须大于 0.5 MΩ；二次回路必须大于 1 MΩ。

6.1.7 柜、屏、台、箱、盘间二次回路交流工频耐压试验，当绝缘电阻值大于 10 MΩ 时，用

2 500 V 兆欧表摇测 1 min,应无闪络击穿现象;当绝缘电阻值在 1～10 MΩ 时,做 1 000 V 交流工频耐压试验,时间 1 min,应无闪络击穿现象。

6.1.8 直流屏试验,应将屏内电子器件从线路上退出,检测主回路线间和线对地间绝缘电阻值应大于 0.5 MΩ,直流屏所附蓄电池组的充、放电应符合产品技术文件要求;整流器的控制调整和输出特性试验应符合产品技术文件要求。

6.1.9 照明配电箱(盘)安装应符合下列规定:

1 箱(盘)内配线整齐,无绞接现象。导线连接紧密,不伤芯线,不断股。垫圈下螺丝两侧压的导线截面积相同,同一端子上导线连接不多于 2 根,防松垫圈等零件齐全;

2 箱(盘)内开关动作灵活可靠,带有漏电保护的回路,漏电保护装置动作电流不大于 30 mA,动作时间不大于 0.1 s。

3 照明箱(盘)内,分别设置零线(N)和保护地线(PE 线)汇流排,零线和保护地线经汇流排配出。

6.2 一般项目

6.2.1 基础型钢安装应符合表 6.2.1 的规定。

表 6.2.1 基础型钢安装允许偏差

项　　目	允　许　偏　差	
	(mm/m)	(mm/全长)
不直度	1	5
水平度	1	5
不平行度	/	5

6.2.2 柜、屏、台、箱、盘相互间或与基础型钢应用镀锌螺栓连接,且防松零件齐全。

6.2.3 柜、屏、台、箱、盘安装垂直度允许偏差为 1.5‰,相互间接缝不应大于 2 mm,成列盘面偏差不应大于 5 mm。

6.2.4 柜、屏、台、箱、盘内检查试验应符合下列规定:

1 控制开关及保护装置的规格、型号符合设计要求;

2 闭锁装置动作准确、可靠;

3 主开关的辅助开关切换动作与主开关动作一致;

4 柜、屏、台、箱、盘上的标识器件标明被控设备编号及名称,或操作位置,接线端子有编号,且清晰、工整、不易脱色。

5 回路中的电子元件不应参加交流工频耐压试验;48 V 及以下回路可不做交流工频耐压试验。

6.2.5 低压电器组合应符合下列规定:

1 发热元件安装在散热良好的位置;

2 熔断器的熔体规格、自动开关的整定值符合设计要求;

3 切换压板接触良好,相邻压板间有安全距离,切换时,不触及相邻的压板;

4 信号回路的信号灯、按钮、光字牌、电铃、电笛、事故电钟等动作和信号显示准确;

5 外壳需接地(PE)或接零(PEN)的,连接可靠;

6 端子排安装牢固,端子有序号,强电、弱电端子隔离布置,端子规格与芯线截面积大小适配。

6.2.6 柜、屏、台、箱、盘间配线：电流回路应采用额定电压不低于 750 V、芯线截面积不小于 2.5 mm^2 的铜芯绝缘电线或电缆；除电子元件回路或类似回路外，其他回路的电线应采用额定电压不低于 750 V、芯线截面不小于 1.5 mm^2 的铜芯绝缘电线或电缆。

二次回路连接应成束绑扎，不同电压等级、交流、直流线路及计算机控制线路应分别绑扎，且有标识；固定后不应妨碍手车开关或抽出式部件的拉出或推入。

6.2.7 连接柜、屏、台、箱、盘面板上的电器及控制台、板等可动部位的电线应符合下列规定：

1 采用多股铜芯软电线，敷设长度留有适当裕量；

2 线束有外套塑料管等加强绝缘保护层；

3 与电器连接时，端部绞紧，且有不开口的终端端子或搪锡，不松散、断股；

4 可转动部位的两端用卡子固定。

6.2.8 照明配电箱(盘)安装应符合下列规定：

1 位置正确，部件齐全，箱体开孔与导管管径适配，暗装配电箱箱盖紧贴墙面，箱(盘)涂层完整；

2 箱(盘)内接线整齐，回路编号齐全，标识正确；

3 箱(盘)不采用可燃材料制作；

4 箱(盘)安装牢固，垂直度允许偏差为 1.5‰；底边距地面为 1.5 m，照明配电板底边距地面不小于 1.8 m。

7 低压电动机、电加热器及电动执行机构检查接线

7.1 主控项目

7.1.1 电动机、电加热器及电动执行机构的可接近裸露导体必须接地(PE)或接零(PEN)。

7.1.2 电动机、电加热器及电动执行机构绝缘电阻值应大于 0.5 MΩ。

7.1.3 100 kW 以上的电动机，应测量各相直流电阻值，相互差不应大于最小值的 2%；无中性点引出的电动机，测量线间直流电阻值，相互差不应大于最小值的 1%。

7.2 一般项目

7.2.1 电气设备安装应牢固，螺栓及防松零件齐全，不松动。防水防潮电气设备的接线入口及接线盒盖等应做密封处理。

7.2.2 除电动机随带技术文件说明不允许在施工现场抽芯检查外，有下列情况之一的电动机，应抽芯检查：

1 出厂时间已超过制造厂保证期限，无保证期限的已超过出厂时间一年以上；

2 外观检查、电气试验、手动盘转和试运转，有异常情况。

7.2.3 电动机抽芯检查应符合下列规定：

1 线圈绝缘层完好、无伤痕，端部绑线不松动，槽楔固定、无断裂，引线焊接饱满，内部清洁，通风孔道无堵塞；

2 轴承无锈斑，注油(脂)的型号、规格和数量正确，转子平衡块紧固，平衡螺丝锁紧，风扇叶片无裂纹；

3 连接用紧固件的防松零件齐全完整；

4 其他指标符合产品技术文件的特有要求。

7.2.4 在设备接线盒内裸露的不同相导线间和导线对地间最小距离应大于 8 mm，否则应采取绝缘防护措施。

8 柴油发电机组安装

8.1 主控项目

8.1.1 发电机的试验必须符合本规范附录 A 的规定。

8.1.2 发电机组至低压配电柜馈电线路的相间、相对地间的绝缘电阻值应大于 0.5 MΩ；塑料绝缘电缆馈电线路直流耐压试验为 2.4 kV，时间 15 min，泄漏电流稳定，无击穿现象。

8.1.3 柴油发电机馈电线路连接后，两端的相序必须与原供电系统的相序一致。

8.1.4 发电机中性线(工作零线)应与接地干线直接连接，螺栓防松零件齐全，且有标识。

8.2 一般项目

8.2.1 发电机组随带的控制柜接线应正确，紧固件紧固状态良好，无遗漏脱落。开关、保护装置的型号、规格正确，验证出厂试验的锁定标记应无位移，有位移应重新按制造厂要求试验标定。

8.2.2 发电机本体和机械部分的可接近裸露导体应接地(PE)或接零(PEN)可靠，且有标识。

8.2.3 受电侧低压配电柜的开关设备、自动或手动切换装置和保护装置等试验合格，应按设计的自备电源使用分配预案进行负荷试验，机组连续运行 12 h 无故障。

9 不间断电源安装

9.1 主控项目

9.1.1 不间断电源的整流装置、逆变装置和静态开关装置的规格、型号必须符合设计要求。内部结线连接正确，紧固件齐全，可靠不松动，焊接连接无脱落现象。

9.1.2 不间断电源的输入、输出各级保护系统和输出的电压稳定性、波形畸变系数、频率、相位、静态开关的动作等各项技术性能指标试验调整必须符合产品技术文件要求，且符合设计文件要求。

9.1.3 不间断电源装置间连线的线间、线对地间绝缘电阻值应大于 0.5 MΩ。

9.1.4 不间断电源输出端的中性线(N 极)，必须与由接地装置直接引来的接地干线相连接，做重复接地。

9.2 一般项目

9.2.1 安放不间断电源的机架组装应横平竖直，水平度、垂直度允许偏差不应大于 1.5‰，紧固件齐全。

9.2.2 引入或引出不间断电源装置的主回路电线、电缆和控制电线、电缆应分别穿保护管敷设，在电缆支架上平行敷设应保持 150 mm 的距离；电线、电缆的屏蔽护套接地连接可靠，与接地干线就近连接，紧固件齐全。

9.2.3 不间断电源装置的可接近裸露导体应接地(PE)或接零(PEN)可靠，且有标识。

9.2.4 不间断电源正常运行时产生的 A 声级噪声，不应大于 45 dB；输出额定电流为 5 A 及以下的小型不间断电源噪声，不应大于 30 dB。

10 低压电气动力设备试验和试运行

10.1 主控项目

10.1.1 试运行前，相关电气设备和线路应按本规范的规定试验合格。

10.1.2 现场单独安装的低压电器交接试验项目应符合本规范附录 B 的规定。

10.2 一般项目

10.2.1 成套配电(控制)柜、台、箱、盘的运行电压、电流应正常，各种仪表指示正常。

10.2.2 电动机应试通电，检查转向和机械转动有无异常情况；可空载试运行的电动机，时间一般为 2 h，记录空载电流，且检查机身和轴承的温升。

10.2.3 交流电动机在空载状态下(不投料)可启动次数及间隔时间应符合产品技术条件的要求；无要求时，连续启动 2 次的时间间隔不应小于 5 min，再次启动应在电动机冷却至常温下。空载状态(不投料)运行，应记录电流、电压、温度、运行时间等有关数据，且应符合建筑设备或工艺装置的空载状态运行(不投料)要求。

10.2.4 大容量(630 A 及以上)导线或母线连接处，在设计计算负荷运行情况下应做温度抽测记录，温升值稳定且不大于设计值。

10.2.5 电动执行机构的动作方向及指示，应与工艺装置的设计要求保持一致。

11 裸母线、封闭母线、插接式母线安装

11.1 主控项目

11.1.1 绝缘子的底座、套管的法兰、保护网(罩)及母线支架等可接近裸露导体应接地(PE)或接零(PEN)可靠。不应作为接地(PE)或接零(PEN)的接续导体。

11.1.2 母线与母线或母线与电器接线端子，当采用螺栓搭接连接时，应符合下列规定：

1 母线的各类搭接连接的钻孔直径和搭接长度符合本规范附录 C 的规定，用力矩扳手拧紧钢制连接螺栓的力矩值符合本规范附录 D 的规定；

2 母线接触面保持清洁，涂电力复合脂，螺栓孔周边无毛刺；

3 连接螺栓两侧有平垫圈，相邻垫圈间有大于 3 mm 的间隙，螺母侧装有弹簧垫圈或锁紧螺母；

4 螺栓受力均匀，不使电器的接线端子受额外应力。

11.1.3 封闭、插接式母线安装应符合下列规定：

1 母线与外壳同心，允许偏差为±5 mm；

2 当段与段连接时，两相邻段母线及外壳对准，连接后不使母线及外壳受额定应力；

3 母线的连接方法符合产品技术文件要求。

11.1.4 室内裸母线的最小安全净距应符合本规范附录 E 的规定。

11.1.5 高压母线交流工频耐压试验必须按本规范第 3.1.8 条的规定交接试验合格。

11.1.6 低压母线交接试验应符合本规范第 4.1.5 条的规定。

11.2 一般项目

11.2.1 母线的支架与预埋铁件采用焊接固定时，焊缝应饱满；采用膨胀螺栓固定时，选用的螺栓应适配，连接应牢固。

11.2.2 母线与母线、母线与电器接线端子搭接，搭接面的处理应符合下列规定：

1 铜与铜：室外、高温且潮湿的室内，搭接面搪锡；干燥的室内，不搪锡；

2 铝与铝：搭接面不做涂层处理；

3 钢与钢：搭接面搪锡或镀锌；

4 铜与铝：在干燥的室内，铜导体搭接面搪锡；在潮湿场所，铜导体搭接面搪锡，且采用铜铝过渡板与铝导体连接；

5 钢与铜或铝：钢搭接面搪锡。

11.2.3 母线的相序排列及涂色，当设计无要求时应符合下列规定：

1 上、下布置的交流母线，由上至下排列为 A、B、C 相；直流母线正极在上，负极在下；

2 水平布置的交流母线，由盘后向盘前排列为 A、B、C 相；直流母线正极在后，负极在前；

3 面对引下线的交流母线，由左至右排列为 A、B、C 相；直流母线正极在左，负极在右；

4 母线的涂色：交流，A 相为黄色、B 相为绿色、C 相为红色；直流，正极为赭色、负极为蓝色；在连接处或支持件边缘两侧 10 mm 以内不涂色。

11.2.4 母线在绝缘子上安装应符合下列规定：

1 金具与绝缘子间的固定平整牢固，不使母线受额定应力；

2 交流母线的固定金具或其他支持金具不形成闭合铁磁回路；

3 除固定点外，当母线平置时，母线支持夹板的上部压板与母线间有 1～1.5 mm 的间隙；当母线立置时，上部压板与母线间有 1.5～2 mm 的间隙；

4 母线的固定点，每段设置 1 个，设置于全长或两母线伸缩节的中点；

5 母线采用螺栓搭接时，连接处距绝缘子的支持夹板边缘不小于 50 mm。

11.2.5 封闭、插接式母线组装和固定位置应正确，外壳与底座间、外壳各连接部位和母线的连接螺栓应按产品技术文件要求选择正确，连接紧固。

12 电缆桥架安装和桥架内电缆敷设

12.1 主控项目

12.1.1 金属电缆桥架及其支架和引入或引出的金属电缆导管必须接地（PE）或接零（PEN）可靠，且必须符合下列规定：

1 金属电缆桥架及其支架全长应不少于 2 处与接地（PE）或接零（PEN）干线相连接；

2 非镀锌电缆桥架间连接板的两端跨接铜芯接地线，接地线最小允许截面积不小于 4 mm^2；

3 镀锌电缆桥架间连接板的两端不跨接接地线，但连接板两端不少于 2 个有防松螺帽或防松垫圈的连接固定螺栓。

12.1.2 电缆敷设严禁有绞拧、铠装压扁、护层断裂和表面严重划伤等缺陷。

12.2 一般项目

12.2.1 电缆桥架安装应符合下列规定：

1　直线段钢制电缆桥架长度超过 30 m、铝合金或玻璃钢制电缆桥架长度超过 15 m 设有伸缩节；电缆桥架跨越建筑物变形缝处设置补偿装置；

2　电缆桥架转弯处的弯曲半径，不小于桥架内电缆最小允许弯曲半径，电缆最小允许弯曲半径见表 12.2.1-1；

表 12.2.1-1　电缆最小允许弯曲半径

序号	电缆种类	最小允许弯曲半径
1	无铅包钢铠护套的橡皮绝缘电力电缆	10D
2	有钢铠护套的橡皮绝缘电力电缆	20D
3	聚氯乙烯绝缘电力电缆	10D
4	交联聚氯乙烯绝缘电力电缆	15D
5	多芯控制电缆	10D
注：D 为电缆外径。		

3　当设计无要求时，电缆桥架水平安装的支架间距为 1.5～3 m；垂直安装的支架间距不大于 2 m；

4　桥架与支架间螺栓、桥架连接板螺栓固定紧固无遗漏，螺母位于桥架外侧；当铝合金桥架与钢支架固定时，有相互间绝缘的防电化腐蚀措施；

5　电缆桥架敷设在易燃易爆气体管道和热力管道的下方，当设计无要求时，与管道的最小净距，符合表 12.2.1-2 的规定；

6　敷设在竖井内和穿越不同防火区的桥架，按设计要求位置，有防火隔堵措施；

7　支架与预埋件焊接固定时，焊缝饱满；膨胀螺栓固定时，选用螺栓适配，连接紧固，防松零件齐全。

表 12.2.1-2　与管道的最小净距(m)

管道类别		平行净距	交叉净距
一般工艺管道		0.4	0.3
易燃易爆气体管道		0.5	0.5
热力管道	有保温层	0.5	0.3
	无保温层	1.0	0.5

12.2.2　桥架内电缆敷设应符合下列规定：

1　大于 45°倾斜敷设的电缆每隔 2 m 处设固定点；

2　电缆出入电缆沟、竖井、建筑物、柜(盘)、台处以及管子管口处等做密封处理；

3　电缆敷设排列整齐，水平敷设的电缆，首尾两端、转弯两侧及每隔 5～10 m 处设固定点；敷设于垂直桥架内的电缆固定点间距，不大于表 12.2.2 的规定。

表 12.2.2　电缆固定点的间距(mm)

电缆种类		固定点的间距
电力电缆	全塑型	1 000
	除全塑型外的电缆	1 500
控制电缆		1 000

12.2.3 电缆的首端、末端和分支处应设标志牌。

13 电缆沟内和电缆竖井内电缆敷设

13.1 主控项目

13.1.1 金属电缆支架、电缆导管必须接地(PE)或接零(PEN)可靠。
13.1.2 电缆敷设严禁有绞拧、铠装压扁、护层断裂和表面严重划伤等缺陷。

13.2 一般项目

13.2.1 电缆支架安装应符合下列规定：

1 当设计无要求时，电缆支架最上层至竖井顶部或楼板的距离不小于150～200 mm；电缆支架最下层至沟底或地面的距离不小于50～100 mm；

2 当设计无要求时，电缆支架层间最小允许距离符合表13.2.1的规定；

表13.2.1 电缆支架层间最小允许距离(mm)

电缆种类	支架层间最小距离
控制电缆	120
10 kV及以下电力电缆	150～200

3 支架与预埋件焊接固定时，焊缝饱满；用膨胀螺栓固定时，选用螺栓适配，连接紧固，防松零件齐全。

13.2.2 电缆在支架上敷设，转弯处的最小允许弯曲半径应符合本规范表12.2.1-1的规定。
13.2.3 电缆敷设固定应符合下列规定：

1 垂直敷设或大于45°倾斜敷设的电缆在每个支架上固定；

2 交流单芯电缆或分相后的每相电缆固定用的夹具和支架，不形成闭合铁磁回路；

3 电缆排列整齐，少交叉；当设计无要求时，电缆支持点间距，不大于表13.2.3的规定；

表13.2.3 电缆支持点间距(mm)

电缆种类		敷设方式	
		水平	垂直
电力电缆	全塑型	400	1 000
	除全塑型外的电缆	800	1 500
控制电缆		800	1 000

4 当设计无要求时，电缆与管道的最小净距，符合本规范表12.2.1-2的规定，且敷设在易燃易爆气体管道和热力管道的下方；

5 敷设电缆的电缆沟和竖井，按设计要求位置，有防火隔堵措施。

13.2.4 电缆的首端、末端和分支处应设标志牌。

14 电线导管、电缆导管和线槽敷设

14.1 主控项目

14.1.1 金属的导管和线槽必须接地(PE)或接零(PEN)可靠，并符合下列规定：

1　镀锌的钢导管、可挠性导管和金属线槽不得熔焊跨接接地线，以专用接地卡跨接的两卡间连线为铜芯软导线，截面积不小于 4 mm^2；

2　当非镀锌钢导管采用螺纹连接时，连接处的两端焊跨接接地线；当镀锌钢导管采用螺纹连接时，连接处的两端用专用接地卡固定跨接接地线；

3　金属线槽不作设备的接地导体，当设计无要求时，金属线槽全长不少于 2 处与接地(PE)或接零(PEN)干线连接；

4　非镀锌金属线槽间连接板的两端跨接铜芯接地线，镀锌线槽间连接板的两端不跨接接地线，但连接板两端不少于 2 个有防松螺帽或防松垫圈的连接固定螺栓。

14.1.2　金属导管严禁对口熔焊连接；镀锌和壁厚小于等于 2 mm 的钢导管不得套管熔焊连接。

14.1.3　防爆导管不应采用倒扣连接；当连接有困难时，应采用防爆活接头，其接合面应严密。

14.1.4　当绝缘导管在砌体上剔槽埋设时，应采用强度等级不小于 M10 的水泥砂浆抹面保护，保护层厚度大于 15 mm。

14.2　一般项目

14.2.1　室外埋地敷设的电缆导管，埋深不应小于 0.7 m。壁厚小于等于 2 mm 的钢电线导管不应埋设于室外土壤内。

14.2.2　室外导管的管口应设置在盒、箱内。在落地式配电箱内的管口，箱底无封板的，管口应高出基础面 50～80 mm。所有管口在穿入电线、电缆后应做密封处理。由箱式变电所或落地式配电箱引向建筑物的导管，建筑物一侧的导管管口应设在建筑物内。

14.2.3　电缆导管的弯曲半径不应小于电缆最小允许弯曲半径，电缆最小允许弯曲半径应符合本规范表 12.2.1-1 的规定。

14.2.4　金属导管内外壁应防腐处理；埋设于混凝土内的导管内壁应防腐处理，外壁可不防腐处理。

14.2.5　室内进入落地式柜、台、箱、盘内的导管管口，应高出柜、台、箱、盘的基础面 50～80 mm。

14.2.6　暗配的导管，埋设深度与建筑物、构筑物表面的距离不应小于 15 mm；明配的导管应排列整齐，固定点间距均匀，安装牢固；在终端、弯头中点或柜、台、箱、盘等边缘的距离 150～500 mm 范围内设有管卡，中间直线段管卡间的最大距离应符合表 14.2.6 的规定。

表 14.2.6　管卡间最大距离

敷设方式	导管种类	导管直径(mm)				
		15～20	25～32	32～40	50～65	65 以上
		管卡间最大距离(m)				
支架或沿墙明敷	壁厚＞2 mm 刚性钢导管	1.5	2.0	2.5	2.5	3.5
	壁厚≤2 mm 刚性钢导管	1.0	1.5	2.0	—	—
	刚性绝缘导管	1.0	1.5	1.5	2.0	2.0

14.2.7　线槽应安装牢固，无扭曲变形，紧固件的螺母应在线槽外侧。

14.2.8　防爆导管敷设应符合下列规定：

1 导管间及与灯具、开关、线盒等的螺纹连接处紧密牢固,除设计有特殊要求外,连接处不跨接接地线,在螺纹上涂以电力复合酯或导电性防锈酯;

2 安装牢固顺直,镀锌层锈蚀或剥落处做防腐处理。

14.2.9 绝缘导管敷设应符合下列规定:

1 管口平整光滑;管与管、管与盒(箱)等器件采用插入法连接时,连接处结合面涂专用胶合剂,接口牢固密封;

2 直埋于地下或楼板内的刚性绝缘导管,在穿出地面或楼板易受机械损伤的一段,采用保护措施;

3 当设计无要求时,埋设在墙内或混凝土内的绝缘导管,采用中型以上的导管;

4 沿建筑物、构筑物表面和在支架上敷设的刚性绝缘导管,按设计要求装设温度补偿装置。

14.2.10 金属、非金属柔性导管敷设应符合下列规定:

1 刚性导管经柔性导管与电气设备、器具连接,柔性导管的长度在动力工程中不大于0.8 m,在照明工程中不大于1.2 m;

2 可挠金属管或其他柔性导管与刚性导管或电气设备、器具间的连接采用专用接头;复合型可挠金属管或其他柔性导管的连接处密封良好,防液覆盖层完整无损;

3 可挠性金属导管和金属柔性导管不能做接地(PE)或接零(PEN)的接续导体。

14.2.11 导管和线槽,在建筑物变形缝处,应设补偿装置。

15 电线、电缆穿管和线槽敷线

15.1 主控项目

15.1.1 三相或单相的交流单芯电缆,不得单独穿于钢导管内。

15.1.2 不同回路、不同电压等级和交流与直流的电线,不应穿于同一导管内;同一交流回路的电线应穿于同一金属导管内,且管内电线不得有接头。

15.1.3 爆炸危险环境照明线路的电线和电缆额定电压不得低于750 V,且电线必须穿于钢导管内。

15.2 一般项目

15.2.1 电线、电缆穿管前,应清除管内杂物和积水。管口应有保护措施,不进入接线盒(箱)的垂直管口穿入电线、电缆后,管口应密封。

15.2.2 当采用多相供电时,同一建筑物、构筑物的电线绝缘层颜色选择应一致,即保护地线(PE线)应是黄绿相间色,零线用淡蓝色;相线用:A相——黄色、B相——绿色、C相——红色。

15.2.3 线槽敷线应符合下列规定:

1 电线在线槽内有一定余量,不得有接头。电线按回路编号分段绑扎,绑扎点间距不应大于2 m;

2 同一回路的相线和零线,敷设于同一金属线槽内;

3 同一电源的不同回路无抗干扰要求的线路可敷设于同一线槽内;敷设于同一线槽内有抗干扰要求的线路用隔板隔离,或采用屏蔽电线且屏蔽护套一端接地。

16 槽板配线

16.1 主控项目

16.1.1 槽板内电线无接头，电线连接设在器具处；槽板与各种器具连接时，电线应留有余量，器具底座应压住槽板端部。

16.1.2 槽板敷设应紧贴建筑物表面，且横平竖直、固定可靠，严禁用木楔固定；木槽板应经阻燃处理，塑料槽板表面应有阻燃标识。

16.2 一般项目

16.2.1 木槽板无劈裂，塑料槽板无扭曲变形。槽板底板固定点间距应小于 500 mm；槽板盖板固定点间距应小于 300 mm；底板距终端 50 mm 和盖板距终端 30 mm 处应固定。

16.2.2 槽板的底板接口与盖板接口应错开 20 mm，盖板在直线段和 90°转角处应成 45°斜口对接，T 形分支处应成三角叉接，盖板应无翘角，接口应严密整齐。

16.2.3 槽板穿过梁、墙和楼板处应有保护套管，跨越建筑物变形缝处槽板应设补偿装置，且与槽板结合严密。

17 钢索配线

17.1 主控项目

17.1.1 应采用镀锌钢索，不应采用含油芯的钢索。钢索的钢丝直径应小于 0.5 mm，钢索不应有扭曲和断股等缺陷。

17.1.2 钢索的终端拉环埋件应牢固可靠，钢索与终端拉环套接处应采用心形环，固定钢索的线卡不应少于 2 个，钢索端头应用镀锌铁线绑扎紧密，且应接地(PE)或接零(PEN)可靠。

17.1.3 当钢索长度在 50 m 及以下时，应在钢索一端装设花篮螺栓紧固；当钢索长度大于 50 m 时，应在钢索两端装设花篮螺栓紧固。

17.2 一般项目

17.2.1 钢索中间吊架间距不应大于 12 m，吊架与钢索连接处的吊钩深度不应小于 20 mm，并应有防止钢索跳出的锁定零件。

17.2.2 电线和灯具在钢索上安装后，钢索应承受全部负载，且钢索表面应整洁、无锈蚀。

17.2.3 钢索配线的零件间和线间距离应符合表 17.2.3 的规定。

表 17.2.3 钢索配线的零件间和线间距离(mm)

配线类别	支持件之间最大距离	支持件与灯头盒之间最大距离
钢管	1 500	200
刚性绝缘导管	1 000	150
塑料护套线	200	100

18 电缆头制作、接线和线路绝缘测试

18.1 主控项目

18.1.1 高压电力电缆直流耐压试验必须按本规范第 3.1.8 条的规定交接试验合格。
18.1.2 低压电线和电缆，线间和线对地间的绝缘电阻值必须大于 0.5 MΩ。
18.1.3 铠装电力电缆头的接地线应采用铜绞线或镀锡铜编织线，截面积不应小于表 18.1.3 的规定。

表 18.1.3 电缆芯线和接地线截面积（mm^2）

电缆芯线截面积	接地线截面积
120 及以下	16
150 及以上	25
注：电缆芯线截面积在 16 mm^2 及以下，接地线截面积与电缆芯线截面积相等。	

18.1.4 电线、电缆接线必须准确，并联运行电线或电缆的型号、规格、长度、相位应一致。

18.2 一般项目

18.2.1 芯线与电器设备的连接应符合下列规定：

1 截面积在 10 mm^2 及以下的单股铜芯线和单股铝芯线直接与设备、器具的端子连接；

2 截面积在 2.5 mm^2 及以下的多股铜芯线拧紧搪锡或连续端子后与设备、器具的端子连接；

3 截面积大于 2.5 mm^2 的多股铜芯线，除设备自带插接式端子外，接续端子后与设备或器具的端子连接；多股铜芯线与插接式端子连接前，端部拧紧搪锡；

4 多股铝芯线接续端子后与设备、器具的端子连接；

5 每个设备和器具的端子接线不多于 2 根电线。

18.2.2 电线、电缆的芯线连接金具（连接管和端子），规格应与芯线的规格适配，且不得采用开口端子。
18.2.3 电线、电缆的回路标记应清晰，编号准确。

19 普通灯具安装

19.1 主控项目

19.1.1 灯具的固定应符合下列规定：

1 灯具重量大于 3 kg 时，固定在螺栓或预埋吊钩上；

2 软线吊灯，灯具重量在 0.5 kg 及以下时，采用软电线自身吊装；大于 0.5 kg 的灯具采用吊链，且软电线编叉在吊链内，使电线不受力；

3 灯具固定牢固可靠，不使用木楔。每个灯具固定用螺钉或螺栓不少于 2 个；当绝缘台直径在 75 mm 及以下时，采用 1 个螺钉或螺栓固定。

19.1.2 花灯吊钩圆钢直径不应小于灯具挂销直径，且不应小于 6 mm。大型花灯的固定及悬吊装置，应按灯具重量的 2 倍做过载试验。

19.1.3 当钢管做灯杆时，钢管内径不应小于 10 mm，钢管厚度不应小于 1.5 mm。

19.1.4 固定灯具带电部件的绝缘材料以及提供防触电保护的绝缘材料，应耐燃烧和防明火。

19.1.5 当设计无要求时，灯具的安装高度和使用电压等级应符合下列规定：

1 一般敞开式灯具，灯头对地面距离不小于下列数值(采用安全电压时除外)：

1)室外：2.5 m(室外墙上安装)；

2)厂房：2.5 m；

3)室内：2 m；

4)软吊线带升降器的灯具在吊线展开后：0.8 m。

2 危险性较大及特殊危险场所，当灯具距地面高度小于 2.4 m 时，使用额定电压为 36 V 及以下的照明灯具，或有专用保护措施。

19.1.6 当灯具距地面高度小于 2.4 m 时，灯具的可接近裸露导体必须接地(PE)或接零(PEN)可靠，并应有专用接地螺栓，且有标识。

19.2 一般项目

19.2.1 引向每个灯具的导线线芯最小截面积应符合表 19.2.1 的规定。

表 19.2.1 导线线芯最小截面积(mm^2)

灯具安装的场所及用途		线芯最小截面积		
		铜芯软线	铜　线	铝　线
灯头线	民用建筑室内	0.5	0.5	2.5
	工业建筑室内	0.5	1.0	2.5
	室　外	1.0	1.0	2.5

19.2.2 灯具的外形、灯头及其接线应符合下列规定：

1 灯具及其配件齐全，无机械损伤、变形、涂层剥落和灯罩破裂等缺陷；

2 软线吊灯的软线两端做保护扣，两端芯线搪锡；当装升降器时，套塑料软管，采用安全灯头；

3 除敞开式灯具外，其他各类灯具灯泡容量在 100 W 及以上者采用瓷质灯头；

4 连接灯具的软线盘扣、搪锡压线；当采用螺口灯头时，相线接于螺口灯头中间的端子上；

5 灯头的绝缘外壳不破损和漏电；带有开关的灯头，开关手柄无裸露的金属部分。

19.2.3 变电所内，高低压配电设备及裸母线的正上方不应安装灯具。

19.2.4 装有白炽灯泡的吸顶灯具，灯泡不应紧贴灯罩；当灯泡与绝缘台间距离小于 5 mm 时，灯泡与绝缘台间应采取隔热措施。

19.2.5 安装在重要场所的大型灯具的玻璃罩，应采取防止玻璃罩碎裂后向下溅落的措施。

19.2.6 投光灯的底座及支架应固定牢固，枢轴应沿需要的光轴方向拧紧固定。

19.2.7 安装在室外的壁灯应有泄水孔，绝缘台与墙面之间应有防水措施。

20 专用灯具安装

20.1 主控项目

20.1.1 36 V 及以下行灯变压器和行灯安装必须符合下列规定：

1　行灯电压不大于 36 V，在特殊潮湿场所或导电良好的地面上以及工作地点狭窄、行动不便的场所行灯电压不大于 12 V；

2　变压器外壳、铁芯和低压侧的任意一端或中性点，接地(PE)或接零(PEN)可靠；

3　行灯变压器为双圈变压器，其电源侧和负荷侧有熔断器保护，熔丝额定电流分别不应大于变压器一次、二次的额定电流；

4　行灯灯体及手柄绝缘良好，坚固耐热耐潮湿；灯头与灯体结合紧固，灯头无开关，灯泡外部有金属保护网、反光罩及悬吊挂钩，挂钩固定在灯具的绝缘手柄上。

20.1.2　游泳池和类似场所灯具(水下灯及防水灯具)的等电位联结应可靠，且有明显标识，其电源的专用漏电保护装置应全部检测合格。自电源引入灯具的导管必须采用绝缘导管，严禁采用金属或有金属护层的导管。

20.1.3　手术台无影灯安装应符合下列规定：

1　固定灯座的螺栓数量不少于灯具法兰底座上的固定孔数，且螺栓直径与底座孔径相适配；螺栓采用双螺母锁固；

2　在混凝土结构上螺栓与主筋相焊接或将螺栓末端弯曲与主筋绑扎锚固；

3　配电箱内装有专用的总开关及分路开关，电源分别接在两条专用的回路上，开关至灯具的电线采用额定电压不低于 750 V 的铜芯多股绝缘电线。

20.1.4　应急照明灯具安装应符合下列规定：

1　应急照明灯的电源除正常电源外，另有一路电源供电；或者是独立于正常电源的柴油发电机组供电；或由蓄电池柜供电或选用自带电源型应急灯具；

2　应急照明在正常电源断电后，电源转换时间为：疏散照明≤15 s；备用照明≤15 s(金融商店交易所≤1.5 s)；安全照明≤0.5 s；

3　疏散照明由安全出口标志灯和疏散标志灯组成。安全出口标志灯距地高度不低于 2 m，且安装在疏散出口和楼梯口里侧的上方；

4　疏散标志灯安装在安全出口的顶部，楼梯间、疏散走道及其转角处应安装在 1 m 以下的墙面上。不易安装的部位可安装在上部。疏散通道上的标志灯间距不大于 20 m(人防工程不大于 10 m)；

5　疏散标志灯的设置，不影响正常通行，且不在其周围设置容易混同疏散标志灯的其他标志牌等；

6　应急照明灯具、运行中温度大于 60 ℃的灯具，当靠近可燃物时，采用隔热、散热等防火措施。当采用白炽灯，卤钨灯等光源时，不直接安装在可燃装修材料或可燃物件上。

7　应急照明线路在每个防火分区有独立的应急照明回路，穿越不同防火分区的线路有防火隔堵措施；

8　疏散照明线路采用耐火电线、电缆，穿管明敷或在非燃烧体内穿刚性导管暗敷，暗敷保护层厚度不小于 30 mm。电线采用额定电压不低于 750 V 的铜芯绝缘电线。

20.1.5　防爆灯具安装应符合下列规定：

1　灯具的防爆标志、外壳防护等级和温度组别与爆炸危险环境相适配。当设计无要求时，灯具种类和防爆结构的选型应符合表 20.1.5 的规定；

2　灯具配套齐全，不用非防爆零件替代灯具配件(金属护网、灯罩、接线盒等)；

3　灯具的安装位置离开释放源，且不在各种管道的泄压口及排放口上下方安装灯具；

4　灯具及开关安装牢固可靠，灯具吊管及开关与接线盒螺纹啮合扣数不少于 5 扣，螺纹加工光滑、完整、无锈蚀，并在螺纹上涂以电力复合酯或导电性防锈酯；

表 20.1.5　灯具种类和防爆结构的选型

爆炸危险区域防爆结构 / 照明设备种类	Ⅰ 区		Ⅱ 区	
	隔爆型 d	增安型 e	隔爆型 d	增安型 e
固定式灯	○	×	○	○
移动式灯	△	—	○	—
携带式电池灯	○	—	○	—
镇流器	○	△	○	○
注：○为适用；△为慎用；×为不适用。				

5　开关安装位置便于操作，安装高度 1.3 m。

20.2　一般项目

20.2.1　36 V 及以下行灯变压器和行灯安装应符合下列规定：

1　行灯变压器的固定支架牢固，油漆完整；

2　携带式局部照明灯电线采用橡套软线。

20.2.2　手术台无影灯安装应符合下列规定：

1　底座紧贴顶板，四周无缝隙；

2　表面保持整洁、无污染，灯具镀、涂层完整无划伤。

20.2.3　应急照明灯具安装应符合下列规定：

1　疏散照明采用荧光灯或白炽灯；安全照明采用卤钨灯，或采用瞬时可靠点燃的荧光灯；

2　安全出口标志灯和疏散标志灯装有玻璃或非燃材料的保护罩，面板亮度均匀度为 1∶10(最低∶最高)，保护罩应完整、无裂纹。

20.2.4　防爆灯具安装应符合下列规定：

1　灯具及开关的外壳完整，无损伤、无凹陷或沟槽，灯罩无裂纹，金属护网无扭曲变形，防爆标志清晰；

2　灯具及开关的紧固螺栓无松动、锈蚀，密封垫圈良好。

21　建筑物景观照明灯、航空障碍标志灯和庭院灯安装

21.1　主控项目

21.1.1　建筑物彩灯安装应符合下列规定：

1　建筑物顶部彩灯采用有防雨性能的专用灯具，灯罩要拧紧；

2　彩灯配线管路按明配管敷设，且有防雨功能。管路间、管路与灯头盒间螺纹连接，金属导管及彩灯的构架、钢索等可接近裸露导体接地(PE)或接零(PEN)可靠；

3　垂直彩灯悬挂挑臂采用不小于 10# 的槽钢。端部吊挂钢索用的吊钩螺栓直径不小于 10 mm，螺栓在槽钢上固定，两侧有螺帽，且加平垫及弹簧垫圈紧固；

4　悬挂钢丝绳直径不小于 4.5 mm，底把圆钢直径不小于 16 mm，地锚采用架空外线用

拉线盘，埋设深度大于 1.5 m；

5 垂直彩灯采用防水吊线灯头，下端灯头距离地面高于 3 m。

21.1.2 霓虹灯安装应符合下列规定：

1 霓虹灯管完好，无破裂；

2 灯管采用专用的绝缘支架固定，且牢固可靠。灯管固定后，与建筑物、构筑物表面的距离不小于 20 mm；

3 霓虹灯专用变压器采用双圈式，所供灯管长度不大于允许负载长度，露天安装的有防雨措施；

4 霓虹灯专用变压器的二次电线和灯管间的连接线采用额定电压大于 15 kV 的高压绝缘电线。二次电线与建筑物、构筑物表面的距离不小于 20 mm。

21.1.3 建筑物景观照明灯具安装应符合下列规定：

1 每套灯具的导电部分对地绝缘电阻值大于 2 MΩ；

2 在人行道等人员来往密集场所安装的落地式灯具，无围栏防护，安装高度距地面 2.5 m以上；

3 金属构架和灯具的可接近裸露导体及金属软管的接地（PE）或接零（PEN）可靠，且有标识。

21.1.4 航空障碍标志灯安装应符合下列规定：

1 灯具装设在建筑物或构筑物的最高部位。当最高部位平面面积较大或为建筑群时，除在最高端装设外，还在其外侧转角的顶端分别装设灯具；

2 当灯具在烟囱顶上装设时，安装在低于烟囱口 1.5～3 m 的部位且呈正三角形水平排列；

3 灯具的选型根据安装高度决定；低光强的（距地面 60 m 以下装设时采用）为红色光，其有效强度大于 1 600 cd。高光强的（距地面 150 m 以上装设时采用）为白色光，有效光强随背景亮度而定。

4 灯具的电源按主体建筑中最高负荷等级要求供电；

5 灯具安装牢固可靠，且设置维修和更换光源的措施。

21.1.5 庭院灯安装应符合下列规定：

1 每套灯具的导电部分对地绝缘电阻值大于 2 MΩ；

2 立柱式路灯、落地式路灯、特种园艺灯等灯具与基础固定可靠，地脚螺栓备帽齐全。灯具的接线盒或熔断器盒，盒盖的防水密封垫完整。

3 金属立柱及灯具可接近裸露导体接地（PE）或接零（PEN）可靠。接地线单设干线，干线沿庭院灯布置位置形成环网状，且不少于 2 处与接地装置引出线连接。由干线引出支线与金属灯柱及灯具的接地端子连接，且有标识。

21.2 一般项目

21.2.1 建筑物彩灯安装应符合下列规定：

1 建筑物顶部彩灯灯罩完整，无碎裂；

2 彩灯电线导管防腐完好，敷设平整、顺直。

21.2.2 霓虹灯安装应符合下列规定：

1 当霓虹灯变压器明装时，高度不小于 3 m；低于 3 m 采取防护措施；

2 霓虹灯变压器的安装位置方便检修，且隐蔽在不易被非检修人触及的场所，不装在吊平顶内；

3 当橱窗内装有霓虹灯时，橱窗门与霓虹灯变压器一次侧开关有联锁装置，确保开门不接通霓虹灯变压器的电源；

4 霓虹灯变压器二次侧的电线采用玻璃制品绝缘支持物固定，支持点距离不大于下列数值：

水平线段：0.5 m；

垂直线段：0.75 m。

21.2.3 建筑物景观照明灯具构架应固定可靠，地脚螺栓拧紧，备帽齐全；灯具的螺栓紧固、无遗漏。灯具外露的电线或电缆应有柔性金属导管保护；

21.2.4 航空障碍标志灯安装应符合下列规定：

1 同一建筑物或建筑群灯具间的水平、垂直距离不大于 45 m；

2 灯具的自动通、断电源控制装置动作准确。

21.2.5 庭院灯安装应符合下列规定：

1 灯具的自动通、断电源控制装置动作准确，每套灯具熔断器盒内熔丝齐全，规格与灯具适配；

2 架空线路电杆上的路灯，固定可靠，紧固件齐全、拧紧，灯位正确；每套灯具配有熔断器保护。

22 开关、插座、风扇安装

22.1 主控项目

22.1.1 当交流、直流或不同电压等级的插座安装在同一场所时，应有明显的区别，且必须选择不同结构、不同规格和不能互换的插座；配套的插头应按交流、直流或不同电压等级区别使用。

22.1.2 插座接线应符合下列规定：

1 单相两孔插座，两对插座的右孔或上孔与相线连接，左孔或下孔与零线连接；单相三孔插座，面对插座的右孔与相线连接，左孔与零线连接；

2 单相三孔、三相四孔及三相五孔插座的接地(PE)或接零(PEN)线接在上孔。插座的接地端子不与零线端子连接。同一场所的三相插座，接线的相序一致。

3 接地(PE)或接零(PEN)线在插座间不串联连接。

22.1.3 特殊情况下插座安装应符合下列规定：

1 当接插有触电危险家用电器的电源时，采用能断开电源的带开关插座，开关断开相线；

2 潮湿场所采用密封型并带保护地线触头的保护型插座，安装高度不低于 1.5 m。

22.1.4 照明开关安装应符合下列规定：

1 同一建筑物、构筑物的开关采用同一系列的产品，开关的通断位置一致，操作灵活、接触可靠。

2 相线经开关控制；民用住宅无软线引至床边的床头开关。

22.1.5 吊扇安装应符合下列规定：

1 吊扇挂钩安装牢固，吊扇挂钩的直径不小于吊扇挂销直径，且不小于 8 mm；有防振橡胶垫；挂销的防松零件齐全、可靠；

2 吊扇扇叶距地高度不小于 2.5 m；

3 吊扇组装不改变扇叶角度，扇叶固定螺栓防松零件齐全；

4 吊杆间、吊杆与电机间螺纹连接，啮合长度不小于 20 mm，且防松零件齐全紧固；

5 吊扇接线正确，当运转时扇叶无明显颤动和异常声响。

22.1.6 壁扇安装应符合下列规定：

1 壁扇底座采用尼龙塞或膨胀螺栓固定；尼龙塞或膨胀螺栓的数量不少于 2 个，且直径不小于 8 mm。固定牢固可靠；

2 壁扇防护罩扣紧，固定可靠。当运转时扇叶和防护罩无明显颤动和异常声响。

22.2 一般项目

22.2.1 插座安装应符合下列规定：

1 当不采用安全型插座时，托儿所、幼儿园及小学等儿童活动场所安装高度不小于 1.8 m；

2 暗装的插座面板紧贴墙面，四周无缝隙，安装牢固，表面光滑整洁、无碎裂、划伤，装饰帽齐全。

3 车间及试（实）验室的插座安装高度距地面不小于 0.3 m；特殊场所暗装的插座不小于 0.15 m；同一室内插座安装高度一致；

4 地插座面板与地面齐平或紧贴地面，盖板固定牢固，密封良好。

22.2.2 照明开关安装应符合下列规定：

1 开关安装位置便于操作，开关边缘距门框边缘的距离 0.15～0.2 m，开关距地面高度 1.3 m；拉线开关距地面高度 2～3 m，层高小于 3 m 时，拉线开关距顶板不小于 100 mm，拉线出口垂直向下；

2 相同型号并列安装及同一室内开关安装高度一致，且控制有序不错位。并列安装的拉线开关的相邻间距不小于 20 mm；

3 暗装的开关面板应紧贴墙面，四周无缝隙，安装牢固，表面光滑整洁、无碎裂、划伤，装饰帽齐全。

22.2.3 吊扇安装应符合下列规定：

1 涂层完整，表面无划痕、无污染，吊杆上下扣碗安装牢固到位；

2 同一室内并列安装的吊扇开关高度一致，且控制有序不错位。

22.2.4 壁扇安装应符合下列规定：

1 壁扇下侧边缘距地面高度不小于 1.8 m；

2 涂层完整，表面无划痕、无污染，防护罩无变形。

23 建筑物照明通电试运行

23.1 主控项目

23.1.1 照明系统通电，灯具回路控制应与照明配电箱及回路的标识一致；开关与灯具控制顺序相对应，风扇的转向及调速开关应正常。

23.1.2 公用建筑照明系统通电连续试运行时间应为 24 h，民用住宅照明系统通电连续试运行时间应为 8 h。所有照明灯具均应开启，且每 2 h 记录运行状态 1 次，连续试运行时间内无故障。

24　接地装置安装

24.1　主控项目

24.1.1　人工接地装置或利用建筑物基础钢筋的接地装置必须在地面以上按设计要求位置设测试点。

24.1.2　测试接地装置的接地电阻值必须符合设计要求。

24.1.3　防雷接地的人工接地装置的接地干线埋设，经人行通道处埋地深度不应小于 1 m，且应采取均压措施或在其上方铺设卵石或沥青地面。

24.1.4　接地模块顶面埋深不应小于 0.6 m，接地模块间距不应小于模块长度的 3～5 倍。接地模块埋设基坑，一般为模块外形尺寸的 1.2～1.4 倍，且在开挖深度内详细记录地层情况。

24.1.5　接地模块应垂直或水平就位，不应倾斜设置，保持与原土层接触良好。

24.2　一般项目

24.2.1　当设计无要求时，接地装置顶面埋设深度不应小于 0.6 m。圆钢、角钢及钢管接地极应垂直埋入地下，间距不应小于 5 m。接地装置的焊接应采用搭接焊，搭接长度应符合下列规定：

1　扁钢与扁钢搭接为扁钢宽度的 2 倍，不少于三面施焊；

2　圆钢与圆钢搭接为圆钢直径的 6 倍，双面施焊；

3　圆钢与扁钢搭接为圆钢直径的 6 倍，双面施焊；

4　扁钢与钢管，扁钢与角钢焊接，紧贴角钢外侧两面，或紧贴 3/4 钢管表面，上下两侧施焊；

5　除埋设在混凝土中的焊接接头外，有防腐措施。

24.2.2　当设计无要求时，接地装置的材料采用为钢材，热浸镀锌处理，最小允许规格、尺寸应符合表 24.2.2 的规定：

表 24.2.2　最小允许规格、尺寸

种类、规格及单位		敷设位置及使用类别			
		地　上		地　下	
		室　内	室　外	交流电流回路	直流电流回路
圆钢直径(mm)		6	8	10	12
扁钢	截面(mm²)	60	100	100	100
	厚度(mm)	3	4	4	6
角钢厚度(mm)		2	2.5	4	6
钢管管壁厚度(mm)		2.5	2.5	3.5	4.5

24.2.3　接地模块应集中引线，用干线把接地模块并联焊接成一个环路，干线的材质与接地模块焊接点的材质应相同，钢制的采用热浸镀锌扁钢，引出线不少于 2 处。

25 避雷引下线和变配电室接地干线敷设

25.1 主控项目

25.1.1 暗敷在建筑物抹灰层内的引下线应有卡钉分段固定；明敷的引下线应平直、无急弯，与支架焊接处，油漆防腐，且无遗漏。

25.1.2 变压器室、高低压开关室内的接地干线应有不少于2处与接地装置引出干线连接。

25.1.3 当利用金属构件、金属管道做接地线时，应在构件或管道与接地干线间焊接金属跨接线。

25.2 一般项目

25.2.1 钢制接地线的焊接连接应符合本规范第24.2.1条的规定，材料采用及最小允许规格、尺寸应符合本规范第24.2.2条的规定。

25.2.2 明敷接地引下线及室内接地干线的支持件间距应均匀，水平直线部分0.5～1.5 m；垂直直线部分1.5～3 m；弯曲部分0.3～0.5 m。

25.2.3 接地线在穿越墙壁、楼板和地坪处应加套钢管或其他坚固的保护套管，钢套管应与接地线做电气连通。

25.2.4 变配电室内明敷接地干线安装应符合下列规定：

1 便于检查，敷设位置不妨碍设备的拆卸与检修；

2 当沿建筑物墙壁水平敷设时，距地面高度250～300 mm；与建筑物墙壁间的间隙10～15 mm；

3 当接地线跨越建筑物变形缝时，设补偿装置；

4 接地线表面沿长度方向，每段为15～100 mm，分别涂以黄色和绿色相间的条纹；

5 变压器室、高压配电室的接地干线上应设置不少于2个供临时接地用的接线柱或接地螺栓。

25.2.5 当电缆穿过零序电流互感器时，电缆头的接地线应通过零序电流互感器后接地；由电缆头至穿过零序电流互感器的一段电缆金属护层和接地线应对地绝缘。

25.2.6 配电间隔和静止补偿装置的栅栏门及变配电室金属门铰链处的接地连接，应采用编织铜线。变配电室的避雷器应用最短的接地线与接地干线连接。

25.2.7 设计要求接地的幕墙金属框架和建筑物的金属门窗，应就近与接地干线连接可靠，连接处不同金属间应有防电化腐蚀措施。

26 接闪器安装

26.1 主控项目

26.1.1 建筑物顶部的避雷针、避雷带等必须与顶部外露的其他金属物体连成一个整体的电气通路，且与避雷引下线连接可靠。

26.2 一般项目

26.2.1 避雷针、避雷带应位置正确，焊接固定的焊缝饱满无遗漏，螺栓固定的应备帽等防松零件齐全，焊接部分补刷的防腐油漆完整。

26.2.2 避雷带应平正顺直，固定点支持件间距均匀、固定可靠，每个支持件应能承受大于49 N(5 kg)的垂直拉力。当设计无要求时，支持件间距符合本规范第25.2.2条的规定。

27 建筑物等电位联结

27.1 主控项目

27.1.1 建筑物等电位联结干线应从与接地装置有不少于2处直接连接的接地干线或总等电位箱引出，等电位联结干线或局部等电位箱间的连接线形成环形网路，环形网路应就近与等电位联结干线或局部等电位箱连接。支线间不应串联连接。

27.1.2 等电位联结的线路最小允许截面应符合表27.1.2的规定：

表 27.1.2 线路最小允许截面(mm^2)

材　料	截　面	
	干　线	支　线
铜	16	6
钢	50	16

27.2 一般项目

27.2.1 等电位联结的可接近裸露导体或其他金属部件、构件与支线连接应可靠，熔焊、钎焊或机械紧固应导通正常。

27.2.2 需等电位联结的高级装修金属部件或零件，应有专用接线螺栓与等电位联结支线连接，且有标识；连接处螺帽紧固、防松零件齐全。

28 分部(子分部)工程验收

28.0.1 当建筑电气分部工程施工质量检验时，检验批的划分应符合下列规定：

1 室外电气安装工程中分项工程的检验批，依据庭院大小、投运时间先后、功能区块不同划分；

2 变配电室安装工程中分项工程的检验批，主变配电室为1个检验批；有数个分变配电室，且不属于子单位工程的子分部工程，各为1个检验批，其验收记录汇入所有变配电室有关分项工程的验收记录中；如各分变配电室属于各子单位工程的子分部工程，所属分项工程各为1个检验批，其验收记录应为一个分项工程验收记录，经子分部工程验收记录汇入分部工程验收记录中。

3 供电干线安装工程分项工程的检验批，依据供电区段和电气线缆竖井的编号划分：

4 电气动力和电气照明安装工程中分项工程及建筑物等电位联结分项工程的检验批，其划分的界区，应与建筑土建工程一致；

5 备用和不间断电源安装工程中分项工程各自成为1个检验批；

6 防雷及接地装置安装工程中分项工程检验批，人工接地装置和利用建筑物基础钢筋的接地体各为1个检验批，大型基础可按区块划分成几个检验批；避雷引下线安装6层以下的建筑为1个检验批，高层建筑依均压环设置间隔的层数为1个检验批；接闪器安装同一屋面为1个检验批。

28.0.2 当验收建筑电气工程时，应核查下列各项质量控制资料，且检查分项工程质量验收记录和分部（子分部）质量验收记录应正确，责任单位和责任人的签章齐全。

1 建筑电气工程施工图设计文件和图纸会审记录及洽商记录；

2 主要设备、器具、材料的合格证和进场验收记录；

3 隐蔽工程记录；

4 电气设备交接试验记录；

5 接地电阻、绝缘电阻测试记录；

6 空载试运行和负荷试运行记录；

7 建筑照明通电试运行记录；

8 工序交接合格等施工安装记录。

28.0.3 根据单位工程实际情况，检查建筑电气分部（子分部）工程所含分项工程的质量验收记录应无遗漏缺项。

28.0.4 当单位工程质量验收时，建筑电气分部（子分部）工程实物质量的抽检部位如下，且抽检结果应符合本规范规定。

1 大型公用建筑的变配电室，技术层的动力工程，供电干线的竖井，建筑顶部的防雷工程，重要的或大面积活动场所的照明工程，以及5%自然间的建筑电气动力、照明工程；

2 一般民用建筑的配电室和5%自然间的建筑电气照明工程，以及建筑顶部的防雷工程；

3 室外电气工程以变配电室为主，且抽检各类灯具的5%。

28.0.5 核查各类技术资料应齐全，且符合工序要求，有可追溯性，各责任人均应签章确认。

28.0.6 为方便检测验收，高低压配电装置的调整试验应提前通知监理和有关监督部门，实际旁站确认。变配电室通电后可抽测的项目主要是：各类电源自动切换或通断装置、馈电线路的绝缘电阻、接地（PE）或接零（PEN）的导通状态、开关插座的接线正确性、漏电保护装置的动作电流和时间、接地装置的接地电阻和由照明设计确定的照度等。抽测的结果应符合本规范规定和设计要求。

28.0.7 检验方法应符合下列规定：

1 电气设备、电缆和继电保护系统的调整试验结果，查阅试验记录或试验时旁站；

2 空载试运行和负荷试运行结果，查阅试运行记录或试运行时旁站；

3 绝缘电阻、接地电阻和接地（PE）或接零（PEN）导通状态及插座接线正确性的测试结果，查阅测试记录或测试时旁站或用适配仪表进行抽测；

4 漏电保护装置动作数据值，查阅测试记录或用适配仪表进行抽测；

5 负荷试运行时大电流节点温升测量用红外线遥测温度仪抽测或查阅负荷试运行记录；

6 螺栓紧固程度用适配工具做拧动试验；有最终拧紧力矩要求的螺栓用扭力扳手抽测；

7 需吊芯、抽芯检查的变压器和大型电动机，吊芯、抽芯时旁站或查阅吊芯、抽芯记录；

8 需做动作试验的电气装置，高压部分不应带电试验，低压部分无负荷试验；

9 水平度用铁水平尺测量，垂直度用线锤吊线尺量，盘面平整度拉线尺量，各种距离的尺寸用塞尺、游标卡尺、钢尺、搭尺或采用其他仪器仪表等测量；

10 外观质量情况目测检查；

11 设备规格型号、标志及接线，对照工程设计图纸及其变更文件检查。

附录A 发电机交接试验

表A 发电机交接试验

<table>
<tr><th>序号</th><th colspan="2">内容
部位</th><th>试验内容</th><th>试验结果</th></tr>
<tr><td>1</td><td rowspan="11">静态试验</td><td rowspan="3">定子电路</td><td>测量定子绕组的绝缘电阻和吸收比</td><td>绝缘电阻值大于0.5 MΩ
沥青浸胶及烘卷云母绝缘吸收比大于1.3
环氧粉云母绝缘吸收比大于1.6</td></tr>
<tr><td>2</td><td>在常温下，绕组表面温度与空气温度差在±3 ℃范围内测量各相直流电阻</td><td>各相直流电阻值相互间差值不大于最小值2%，与出厂值在同温度下比差值不大于2%</td></tr>
<tr><td>3</td><td>交流工频耐压试验1 min</td><td>试验电压为1.5Un+750 V，无闪络击穿现象，Un为发电机额定电压</td></tr>
<tr><td>4</td><td rowspan="3">转子电路</td><td>用1 000 V兆欧表测量转子绝缘电阻</td><td>绝缘电阻值大于0.5 MΩ</td></tr>
<tr><td>5</td><td>在常温下，绕组表面温度与空气温度差在±3 ℃范围内测量绕组直流电阻</td><td>数值与出厂值在同温度下比差值不大于2%</td></tr>
<tr><td>6</td><td>交流工频耐压试验1 min</td><td>用2 500 V摇表测量绝缘电阻替代</td></tr>
<tr><td>7</td><td rowspan="2">励磁电路</td><td>退出励磁电路电子器件后，测量励磁电路的线路设备的绝缘电阻</td><td>绝缘电阻值大于0.5 MΩ</td></tr>
<tr><td>8</td><td>退出励磁电路电子器件后，进行交流工频耐压试验1 min</td><td>试验电压1 000 V，无击穿闪络现象</td></tr>
<tr><td>9</td><td rowspan="3">其他</td><td>有绝缘轴承的用1 000 V兆欧表测量轴承绝缘电阻</td><td>绝缘电阻值大于0.5 MΩ</td></tr>
<tr><td>10</td><td>测量检温计(埋入式)绝缘电阻，校验检温计精度</td><td>用250 V兆欧表检测不短路，精度符合出厂规定</td></tr>
<tr><td>11</td><td>测量灭磁电阻，自同步电阻器的直流电阻</td><td>与铭牌相比较，其差值为±10%</td></tr>
<tr><td>12</td><td colspan="2" rowspan="3">运转试验</td><td>发电机空载特性试验</td><td>按设备说明书比对，符合要求</td></tr>
<tr><td>13</td><td>测量相序</td><td>相序与出线标识相符</td></tr>
<tr><td>14</td><td>测量空载和负荷后轴电压</td><td>按设备说明书比对，符合要求</td></tr>
</table>

附录B 低压电器交接试验

表B 低压电器交接试验

序号	试验内容	试验标准或条件
1	绝缘电阻	用500 V兆欧表摇测，绝缘电阻值大于等于≥1 MΩ；潮湿场所，绝缘电阻值大于等于≥0.5 MΩ
2	低压电器动作情况	除产品另有规定外，电压、液压或气压在额定值的85%～110%范围内能可靠动作
3	脱扣器的整定值	整定值误差不得超过产品技术条件的规定
4	电阻器和变阻器的直流电阻差值	符合产品技术条件规定

附录 C　母线螺栓搭接尺寸

表 C　母线螺栓搭接尺寸

搭接形式	类别	序号	连接尺寸(mm)			钻孔要求		螺栓规格
			b_1	b_2	a	ϕ(mm)	个数	
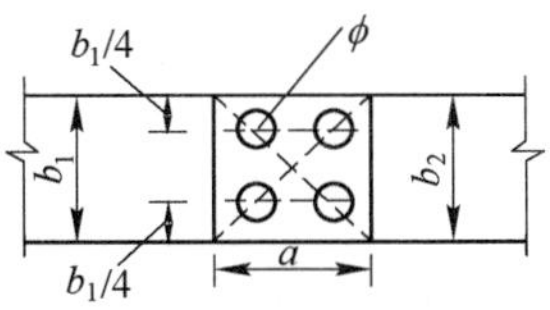	直线连接	1	125	125	b_1 或 b_2	21	4	M20
		2	100	100	b_1 或 b_2	17	4	M16
		3	80	80	b_1 或 b_2	13	4	M12
		4	63	63	b_1 或 b_2	11	4	M10
		5	50	50	b_1 或 b_2	9	4	M8
		6	45	45	b_1 或 b_2	9	4	M8
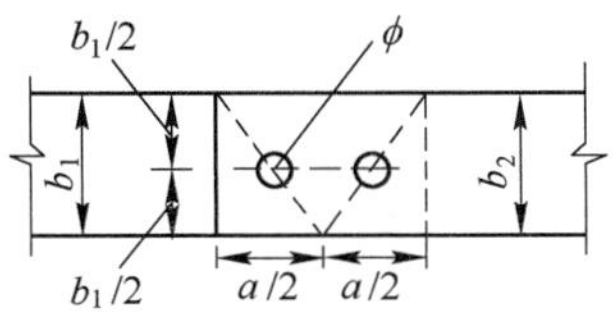		7	40	40	80	13	2	M12
		8	31.5	31.5	63	11	2	M10
		9	25	25	50	9	2	M8
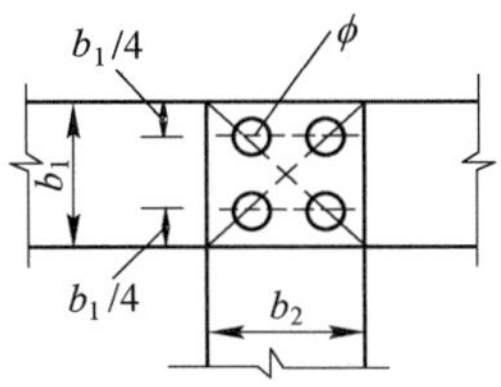	垂直连接	10	125	125	—	21	4	M20
		11	125	100～80	—	17	4	M16
		12	125	63	—	13	4	M12
		13	100	100～80	—	17	4	M16
		14	80	80～63	—	13	4	M12
		15	63	63～50	—	11	4	M10
		16	50	50	—	9	4	M8
		17	45	45	—	9	4	M8
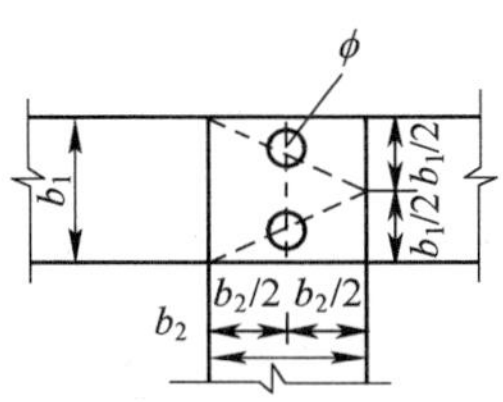		18	125	50～40	—	17	2	M16
		19	100	63～40	—	17	2	M16
		20	80	63～40	—	15	2	M14
		21	63	50～40	—	13	2	M12
		22	50	45～40	—	11	2	M10
		23	63	31.5～25	—	11	2	M10
		24	50	31.5～25	—	9	2	M8
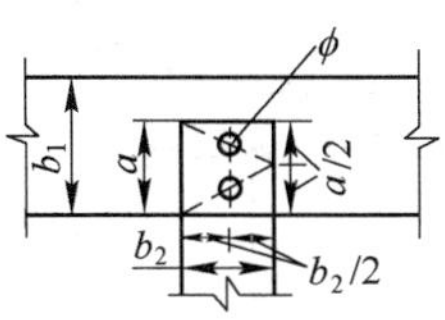		25	125	31.5～25	60	11	2	M10
		26	100	31.5～25	50	9	2	M8
		27	80	31.5～25	50	9	2	M8
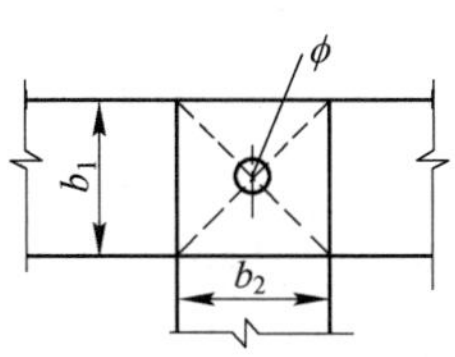		28	40	40～31.5	—	13	1	M12
		29	40	25	—	11	1	M10
		30	31.5	31.5～25	—	11	1	M10
		31	25	22	—	9	1	M8

附录D　母线搭接螺栓的拧紧力矩

表D　母线搭接螺栓的拧紧力矩

序号	螺栓规格	力矩值(N·m)
1	M8	8.8～10.8
2	M10	17.7～22.6
3	M12	31.4～39.2
4	M14	51.0～60.8
5	M16	78.5～98.1
6	M18	98.0～127.4
7	M20	156.9～196.2
8	M24	274.6～343.2

附录E　室内裸母线最小安全净距

表E　室内裸母线最小安全净距(mm)

符号	适　用　范　围	图号	额定电压(kV)			
			0.4	1～3	6	10
A_1	1. 带电部分至接地部分之间 2. 网状和板状遮栏向上延伸线距地2.3 m处与遮栏上方带电部分之间	图E.1	20	75	100	125
A_2	1. 不同相的带电部分之间 2. 断路器和隔离开关的断口两侧带电部分之间	图E.1	20	75	100	125
B_1	1. 栅状遮栏至带电部分之间 2. 交叉的不同时停电检修的无遮栏带电部分之间	图E.1 图E.2	800	825	850	875
B_2	网状遮栏至带电部分之间	图E.1	100	175	200	225
C	无遮栏裸导体至地(楼)面之间	图E.1	2 300	2 375	2 400	2 425
D	平行的不同时停电检修的无遮栏裸导体之间	图E.1	1 875	1 875	1 900	1 925
E	通向室外的出线套管至室外通道的路面	图E.2	3 650	4 00	4 000	4 000

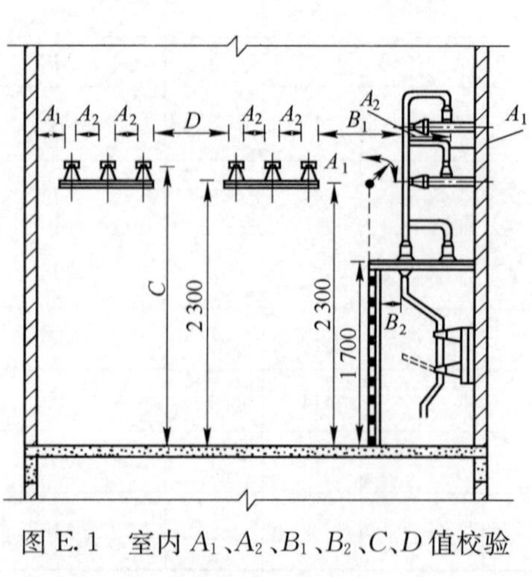

图E.1　室内A_1、A_2、B_1、B_2、C、D值校验

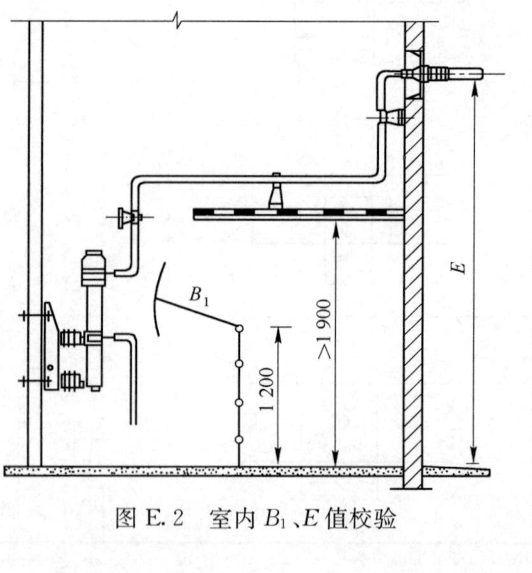

图E.2　室内B_1、E值校验

智能建筑工程质量验收规范

目　次

3 基本规定

3.1 一般规定

3.1.1 智能建筑工程质量验收应包括工程实施及质量控制、系统检测和竣工验收。

3.1.2 智能建筑分部工程应包括通信网络系统、信息网络系统、建筑设备监控系统、火灾自动报警及消防联动系统、安全防范系统、综合布线系统、智能化系统集成、电源与接地、环境和住宅(小区)智能化等子分部工程;子分部工程又分为若干个分项工程(子系统)。

3.1.3 智能建筑工程质量验收应按"先产品,后系统;先各系统,后系统集成"的顺序进行。

3.1.4 智能建筑工程的现场质量管理应符合本规范附录A中表A.0.1的要求。

3.1.5 火灾自动报警及消防联动系统、安全防范系统、通信网络系统的检测验收应按相关国家现行标准和国家及地方的相关法律法规执行;其他系统的检测应由省市级以上的建设行政主管部门或质量技术监督部门认可的专业检测机构组织实施。

3.2 产品质量检查

3.2.1 本规范所涉及的产品应包括智能建筑工程各智能化系统中使用的材料、硬件设备、软件产品和工程中应用的各种系统接口。

3.2.2 产品质量检查应包括列入《中华人民共和国实施强制性产品认证的产品目录》或实施生产许可证和上网许可证管理的产品,未列入强制性认证产品目录或未实施生产许可证和上网许可证管理的产品应按规定程序通过产品检测后方可使用。

3.2.3 产品功能、性能等项目的检测应按相应的现行国家产品标准进行;供需双方有特殊要求的产品,可按合同规定或设计要求进行。

3.2.4 对不具备现场检测条件的产品,可要求进行工厂检测并出具检测报告。

3.2.5 硬件设备及材料的质量检查重点应包括安全性、可靠性及电磁兼容性等项目,可靠性检测可参考生产厂家出具的可靠性检测报告。

3.2.6 软件产品质量应按下列内容检查:

1 商业化的软件,如操作系统、数据库管理系统、应用系统软件、信息安全软件和网管软件等应做好使用许可证及使用范围的检查;

2 由系统承包商编制的用户应用软件、用户组态软件及接口软件等应用软件,除进行功能测试和系统测试之外,还应根据需要进行容量、可靠性、安全性、可恢复性、兼容性、自诊断等多项功能测试,并保证软件的可维护性;

3 所有自编软件均应提供完整的文档(包括软件资料、程序结构说明、安装调试说明、使用和维护说明书等)。

3.2.7 系统接口的质量应按下列要求检查:

1 系统承包商应提交接口规范,接口规范应在合同签订时由合同签定机构负责审定;

2 系统承包商应根据接口规范制定接口测试方案,接口测试方案经检测机构批准后实施。系统接口测试应保证接口性能符合设计要求,实现接口规范中规定的各项功能,不发生兼容性及通信瓶颈问题,并保证系统接口的制造和安装质量。

3.3 工程实施及质量控制

3.3.1 工程实施及质量控制应包括与前期工程的交接和工程实施条件准备,进场设备和材料的验收、隐蔽工程检查验收和过程检查、工程安装质量检查、系统自检和试运行等。

3.3.2 工程实施前应进行工序交接，做好与建筑结构、建筑装饰装修、建筑给水排水及采暖、建筑电气、通风与空调和电梯等分部工程的接口确认。

3.3.3 工程实施前应做好如下条件准备：

1 检查工程设计文件及施工图的完备性，智能建筑工程必须按已审批的施工图设计文件实施；工程中出现的设计变更，应按本规范附录B中表B.0.3的要求填写设计更改审核表；

2 完善施工现场质量管理检查制度和施工技术措施。

3.3.4 必须按照合同技术文件和工程设计文件的要求，对设备、材料和软件进行进场验收。进场验收应有书面记录和参加人签字，并经监理工程师或建设单位验收人员签字。未经进场验收合格的设备、材料和软件不得在工程上使用和安装。经进场验收的设备和材料应按产品的技术要求妥善保管。

3.3.5 设备及材料的进场验收应填写本规范附录B中表B.0.1，具体要求如下：

1 保证外观完好，产品无损伤、无瑕疵，品种、数量、产地符合要求；

2 设备和软件产品的质量检查应执行本章第3.2节的规定；

3 依规定程序获得批准使用的新材料和新产品除符合本条规定外，尚应提供主管部门规定的相关证明文件；

4 进口产品除应符合本规范规定外，尚应提供原产地证明和商检证明，配套提供的质量合格证明、检测报告及安装、使用、维护说明书等文件资料应为中文文本（或附中文译文）。

3.3.6 应做好隐蔽工程检查验收和过程检查记录，并经监理工程师签字确认；未经监理工程师签字，不得实施隐蔽作业。

应按本规范附录B中表B.0.2填写隐蔽工程（过程检查）验收表。

3.3.7 采用现场观察、核对施工图、抽查测试等方法，对工程设备安装质量进行检查和观感质量验收。根据CB 50300第4.0.5和5.0.5条的规定按检验批要求进行。

应按本规范附录B中表B.0.4的规定填写质量验收记录。

3.3.8 系统承包商在安装调试完成后，应对系统进行自检，自检时要求对检测项目逐项检测。

3.3.9 根据各系统的不同要求，应按本规范各章规定的合理周期对系统进行连续不中断试运行。

应按本规范附录B中表B.0.5填写试运行记录并提供试运行报告。

3.4 系统检测

3.4.1 系统检测时应具备的条件：

1 系统安装调试完成后，已进行了规定时间的试运行；

2 已提供了相应的技术文件和工程实施及质量控制记录。

3.4.2 建设单位应组织有关人员依据合同技术文件和设计文件，以及本规范规定的检测项目、检测数量和检测方法，制定系统检测方案并经检测机构批准实施。

3.4.3 检测机构应按系统检测方案所列检测项目进行检测。

3.4.4 检测结论与处理

1 检测结论分为合格和不合格；

2 主控项目有一项不合格，则系统检测不合格；一般项目两项或两项以上不合格，则系统检测不合格；

3 系统检测不合格应限期整改，然后重新检测，直至检测合格，重新检测时抽检数量应加倍；系统检测合格，但存在不合格项，应对不合格项进行整改，直到整改合格，并应在竣工验收时提交整改结果报告。

3.4.5 检测机构应按本规范附录C中表C.0.1、表C.0.2、表C.0.3和表C.0.4填写系统检测记录和汇总表。

3.5 分部(子分部)工程竣工验收

3.5.1 各系统竣工验收应包括以下内容：

1 工程实施及质量控制检查；

2 系统检测合格；

3 运行管理队伍组建完成，管理制度健全；

4 运行管理人员已完成培训，并具备独立上岗能力；

5 竣工验收文件资料完整；

6 系统检测项目的抽检和复核应符合设计要求；

7 观感质量验收应符合要求；

8 根据《智能建筑设计标准》CB/T 50314的规定，智能建筑的等级符合设计的等级要求。

3.5.2 竣工验收结论与处理

1 竣工验收结论分合格和不合格；

2 本章第3.5.1条规定的各款全部符合要求，为各系统竣工验收合格，否则为不合格；

3 各系统竣工验收合格，为智能建筑工程竣工验收合格；

4 竣工验收发现不合格的系统或子系统时，建设单位应责成责任单位限期整改，直到重新验收合格；整改后仍无法满足安全使用要求的系统不得通过竣工验收；

3.5.3 竣工验收时应按本规范附录D中表D.0.1和表D.0.2的要求填写资料审查结果和验收结论。

4 通信网络系统

4.1 一般规定

4.1.1 本章适用于智能建筑工程中安装的通信网络系统及其与公用通信网之间的接口的系统检测和竣工验收。

4.1.2 本系统应包括通信系统、卫星数字电视及有线电视系统、公共广播及紧急广播系统等各子系统及相关设施。其中通信系统包括电话交换系统、会议电视系统及接入网设备。

4.1.3 通信网络系统的机房环境应符合本规范第12章的规定，机房安全、电源与接地应符合《通信电源设备安装工程验收规范》YD 5079和本规范第8章、第11章的有关规定。

4.1.4 通信网络系统缆线的敷设应按以下规定进行：

1 光缆及对绞电缆应符合本规范第9章的规定；

2 电话线缆应符合《城市住宅区和办公楼电话通信设施验收规范》YD 5048的有关规定；

3 同轴电缆应符合《有线电视系统技术规范》GY/T 106的有关规定。

4.2 系统检测

4.2.1 通信系统工程实施按规定的安装、移交和验收工作流程进行。

4.2.2 通信系统检测由系统检查测试、初验测试和试运行验收测试三个阶段组成。

4.2.3 通信系统的测试可包括以下内容:

1 系统检查测试

硬件通电测试;系统功能测试。

2 初验测试

可靠性;接通率;基本功能(如通信系统的业务呼叫与接续、计费、信令、系统负荷能力、传输指标、维护管理、故障诊断、环境条件适应能力等)。

3 试运行验收测试

联网运行(接入用户和电路);故障率。

4.2.4 通信系统试运行验收测试应从初验测试合格后开始,试运行周期可按合同规定执行,但不应少于3个月。

4.2.5 通信系统检测应按国家现行标准和规范、工程设计文件和产品技术要求进行,其测试方法、操作程序及步骤应根据国家现行标准的有关规定,经建设单位与生产厂商共同协商确定。

Ⅰ 主 控 项 目

4.2.6 智能建筑通信系统安装工程的检测阶段、检测内容、检测方法及性能指标要求应符合《程控电话交换设备安装工程验收规范》YD 5077 等有关国家现行标准的要求。

4.2.7 通信系统接入公用通信网信道的传输速率、信号方式、物理接口和接口协议应符合设计要求。

4.2.8 通信系统的工程实施及质量控制和系统检测的内容应符合表4.2.8的要求。

表 4.2.8 通信系统工程检测项目表

Ⅰ 程控电话交换设备安装工程			
序号	检 测 内 容	序号	检 测 内 容
1	安装验收检查	13)	机房内安全措施
1)	机房环境要求	2	通电测试前硬件检查
2)	设备器材进场检验	1)	按施工图设计要求检查设备安装情况
3)	设备机柜加固安装检查	2)	设备接地良好,检测接地电阻值
4)	设备模块配置检查	3)	供电电源电压及极性
5)	设备间及机架内缆线布放	3	硬件测试
6)	电源及电力线布放检查	1)	设备供电正常
7)	设备至各类配线设备间缆线布放	2)	告警指示工作正常
8)	缆线导通检查	3)	硬件通电无故障
9)	各种标签检查	4	系统检测
10)	接地电阻值检查	1)	系统功能
11)	接地引入线及接地装置检查	2)	中继电路测试
12)	机房内防火措施	3)	用户连通性能测试

续上表

序号	检测内容	序号	检测内容
Ⅰ 程控电话交换设备安装工程			
序号	检测内容	序号	检测内容
4)	基本业务与可选业务	3)	告警系统
5)	冗余设备切换	4)	故障诊断
6)	路由选择	5)	数据生成
7)	信号与接口	6	网路支撑
8)	过负荷测试	1)	网管功能
9)	计费功能	2)	同步功能
5	系统维护管理	7	模拟测试
1)	软件版本符合合同规定	1)	呼叫接通率
2)	人机命令核实	2)	计费准确率
Ⅱ 会议电视系统安装工程			
序号	检测内容	序号	检测内容
1	安装环境检查	1)	单机测试
1)	机房环境	2)	信道测试
2)	会议室照明、音响及色调	3)	传输性能指标测试
3)	电源供给	4)	画面显示效果与切换
4)	接地电阻值	5)	系统控制方式检查
2	设备安装	6)	时钟与同步
1)	管线敷设	4	监测管理系统检测
2)	话筒、扬声器布置	1)	系统故障检测与诊断
3)	摄像机布置	2)	系统实时显示功能
4)	监视器及大屏幕布置	5	计费功能
3	系统测试		
Ⅲ 接入网设备(非对称数字用户环路 ADSL)安装工程			
序号	检测内容	序号	检测内容
1	安装环境检查		a. STM-1(155Mbit/s)光接口
1)	机房环境		b. 电信接口(34Mbit/s、155Mbit/s)
2)	电源供给	4)	分离器测试(包括局端和远端)
3)	接地电阻值		a. 直流电阻
2	设备安装验收检查		b. 交流阻抗特性
1)	管线敷设		c. 纵向转换损耗
2)	设备机柜及模块安装检查		d. 损耗/频率失真
3	系统检测		e. 时延失真
1)	收发器线路接口测试(功率谱密度,纵向平衡损耗,过压保护)		f. 脉冲噪声
			g. 话音频带插入损耗
2)	用户网络接口(UNI)测试		h. 频带信号衰减
	a. 25.6Mbit/s 电接口	5)	传输性能测试
	b. 10BASE-T 接口	6)	功能验证测试
	c. 通用串行总线(USB)接口		a. 传递功能(具备同时传送 IP、POTS 或 ISDN 业务能力)
	d. PCI 总线接口		
3)	业务节点接口(SNI)测试		b. 管理功能(包括配置管理、性能管理和故障管理)

4.2.9 卫星数字电视及有线电视系统的系统检测应符合下列要求：

1 卫星数字电视及有线电视系统的安装质量检查应符合国家现行标准的有关规定。

2 在工程实施及质量控制阶段，应检查卫星天线的安装质量、高频头至室内单元的线距、功放器及接收站位置、缆线连接的可靠性。符合设计要求为合格。

3 卫星数字电视的输出电平应符合国家现行标准的有关规定。

4 采用主观评测检查有线电视系统的性能，主要技术指标应符合表 4.2.9-1 的规定。

表 4.2.9-1 有线电视主要技术指标

序号	项目名称	测试频道	主观评测标准
1	系统输出电平（dBμV）	系统内的所有频道	60～80
2	系统载噪比	系统总频道的 10%且不少于 5 个，不足 5 个全检，且分布于整个工作频段的高、中、低段	无噪波，即无“雪花干扰”
3	载波互调比	系统总频道的 10%且不少于 5 个，不足 5 个全检，且分布于整个工作频段的高、中、低段	图像中无垂直、倾斜或水平条纹
4	交扰调制比	系统总频道的 10%且不少于 5 个，不足 5 个全检，且分布于整个工作频段的高、中、低段	图像中无移动、垂直或斜图案，即无“窜台”
5	回波值	系统总频道的 10%且不少于 5 个，不足 5 个全检，且分布于整个工作频段的高、中、低段	图像中无沿水平方向分布在右边一条或多条轮廓线，即无“重影”
6	色/亮度时延差	系统总频道的 10%且不少于 5 个，不足 5 个全检，且分布于整个工作频段的高、中、低段	图像中色、亮信息对齐，即无“彩色鬼影”
7	载波交流声	系统总频道的 10%且不少于 5 个，不足 5 个全检，且分布于整个工作频段的高、中、低段	图像中无上下移动的水平条纹，即无“滚道”现象
8	伴音和调频广播的声音	系统总频道的 10%且不少于 5 个，不足 5 个全检，且分布于整个工作频段的高、中、低段	无背景噪声，如丝丝声、哼声、蜂鸣声和串音等

5 电视图像质量的主观评价应不低于 4 分。具体标准见表 4.2.9-2。

表 4.2.9-2 图像的主观评价标准

等级	图像质量损伤程度
5 分	图像上不觉察有损伤或干扰存在
4 分	图像上有稍可觉察的损伤或干扰，但不令人讨厌
3 分	图像上有明显觉察的损伤或干扰，令人讨厌
2 分	图像上损伤或干扰较严重，令人相当讨厌
1 分	图像上损伤或干扰极严重，不能观看

6 HFC 网络和双向数字电视系统正向测试的调制误差率和相位抖动，反向测试的侵入噪声、脉冲噪声和反向隔离度的参数指标应满足设计要求；并检测其数据通信、VOD、图文播放等功能；HFC 用户分配网应采用中心分配结构，具有可寻址路权控制及上行信号汇集均衡等功能；应检测系统的频率配置、抗干扰性能，其用户输出电平应取 62～68 dBμV。

4.2.10 公共广播与紧急广播系统检测应符合下列要求：

1 系统的输入输出不平衡度、音频线的敷设、接地形式及安装质量应符合设计要求，设备之间阻抗匹配合理；

2 放声系统应分布合理，符合设计要求；

3 最高输出电平、输出信噪比、声压级和频宽的技术指标应符合设计要求；

4 通过对响度、音色和音质的主观评价，评定系统的音响效果；

5 功能检测应包括：

1)业务宣传、背景音乐和公共寻呼插播；

2)紧急广播与公共广播共用设备时，其紧急广播由消防分机控制，具有最高优先权，在火灾和突发事故发生时，应能强制切换为紧急广播并以最大音量播出；紧急广播功能检测按本规范第7章的有关规定执行；

3)功率放大器应冗余配置，并在主机故障时，按设计要求备用机自动投入运行；

4)公共广播系统应分区控制，分区的划分不得与消防分区的划分产生矛盾。

4.3 竣工验收

4.3.1 竣工验收文件和记录应包括以下内容：

1 过程质量记录；

2 设备检测记录及系统测试记录；

3 竣工图纸及文件；

4 安装设备明细表。

5 信息网络系统

5.1 一般规定

5.1.1 本章适用于智能建筑工程中信息网络系统的工程实施及质量控制、系统检测和竣工验收。

5.1.2 信息网络系统应包括计算机网络、应用软件及网络安全等。

5.2 工程实施及质量控制

5.2.1 信息网络系统工程实施前应具备下列条件：

1 综合布线系统施工完毕，已通过系统检测并具备竣工验收的条件；

2 设备机房施工完毕，机房环境、电源及接地安装已完成，具备安装条件。

5.2.2 信息网络系统的设备、材料进场验收要求除遵照本规范第3.3.4和3.3.5条的规定执行外，还应进行：

1 有序列号的设备必须登记设备的序列号；

2 网络设备开箱后通电自检，查看设备状态指示灯的显示是否正常，检查设备启动是否正常；

3 计算机系统、网管工作站、UPS电源、服务器、数据存储设备、路由器、防火墙、交换机等产品按本规范第3.2节的规定执行。

5.2.3 网络设备应安装整齐、固定牢靠，便于维护和管理；高端设备的信息模块和相关部件应正确安装，空余槽位应安装空板；设备上的标签应标明设备的名称和网络地址；跳线连接应稳固，走向清楚明确，线缆上应正确标签。

5.2.4 信息网络系统的随工检查内容应包括：

1 安装质量检查：机房环境是否满足要求；设备器材清点检查；设备机柜加固检查；设备模块配置检查；设备间及机架内缆线布放；电源检查；设备至各类配线设备间缆线布放；缆线导通检查；各种标签检查；接地电阻值检查；接地引入线及接地装置检查；机房内防火措施；机房内安全措施等。

2 通电测试前设备检查：按施工图设计文件要求检查设备安装情况；设备接地应良好；供电电源电压及极性符合要求。

3 设备通电测试：设备供电正常；报警指示工作正常；设备通电后工作正常及故障检查。

5.2.5 信息网络系统在安装、调试完成后，应进行不少于1个月的试运行，有关系统自检和试运行应符合本规范第3.3.8和3.3.9条的要求。

5.3 计算机网络系统检测

5.3.1 计算机网络系统的检测应包括连通性检测、路由检测、容错功能检测、网络管理功能检测。

5.3.2 连通性检测方法可采用相关测试命令进行测试，或根据设计要求使用网络测试仪测试网络的连通性。

Ⅰ 主控项目

5.3.3 连通性检测应符合以下要求：

1 根据网络设备的连通图，网管工作站应能够和任何一台网络设备通信；

2 各子网(虚拟专网)内用户之间的通信功能检测：根据网络配置方案要求，允许通信的计算机之间可以进行资源共享和信息交换，不允许通信的计算机之间无法通信；并保证网络节点符合设计规定的通讯协议和适用标准；

3 根据配置方案的要求，检测局域网内的用户与公用网之间的通信能力。

5.3.4 对计算机网络进行路由检测，路由检测方法可采用相关测试命令逆行测试，或根据设计要求使用网络测试仪测试网络路由设置的正确性。

Ⅱ 一般项目

5.3.5 容错功能的检测方法应采用人为设置网络故障，检测系统正确判断故障及故障排除后系统自动恢复的功能；切换时间应符合设计要求。检测内容应包括以下两个方面：

1 对具备容错能力的网络系统，应具有错误恢复和故障隔离功能，主要部件应冗余设置，并在出现故障时可自动切换；

2 对有链路冗余配置的网络系统，当其中的某条链路断开或有故障发生时，整个系统仍应保持正常工作，并在故障恢复后应能自动切换回主系统运行。

5.3.6 网络管理功能检测应符合下列要求：

1 网管系统应能够搜索到整个网络系统的拓扑结构图和网络设备连接图；

2 网络系统应具备自诊断功能，当某台网络设备或线路发生故障后，网管系统应能够及时报警和定位故障点；

3 应能够对网络设备进行远程配置和网络性能检测，提供网络节点的流量、广播率和错误率等参数。

5.4 应用软件检测

5.4.1 智能建筑的应用软件应包括智能建筑办公自动化软件、物业管理软件和智能化系统集成等应用软件系统。应用软件的检测应从其涵盖的基本功能、界面操作的标准性、系统可扩展性和管理功能等方面进行检测，并根据设计要求检测其行业应用功能。满足设计要求时为合格，否则为不合格。不合格的应用软件修改后必须通过回归测试。

5.4.2 应先对软硬件配置进行核对，确认无误后方可进行系统检测

Ⅰ 主 控 项 目

5.4.3 软件产品质量检查应按照本规范第 3.2.6 条的规定执行。应采用系统的实际数据和实际应用案例进行测试。

5.4.4 应用软件检测时，被测软件的功能、性能确认宜采用黑盒法进行，主要测试内容应包括：

1 功能测试：在规定的时间内运行软件系统的所有功能，以验证系统是否符合功能需求；

2 性能测试：检查软件是否满足设计文件中规定的性能，应对软件的响应时间、吞吐量、辅助存储区、处理精度进行检测；

3 文档测试：检测用户文档的清晰性和准确性，用户文档中所列应用案例必须全部测试；

4 可靠性测试：对比软件测试报告中可靠性的评价与实际试运行中出现的问题，进行可靠性验证；

5 互连测试：应验证两个或多个不同系统之间的互连性；

6 回归测试：软件修改后，应经回归测试验证是否因修改引出新的错误，即验证修改后的软件是否仍能满足系统的设计要求。

Ⅱ 一 般 项 目

5.4.5 应用软件的操作命令界面应为标准图形交互界面，要求风格统一、层次简洁，操作命令的命名不得具有二义性。

5.4.6 应用软件应具有可扩展性，系统应预留可升级空间以供纳入新功能，宜采用能适应最新版本的信息平台，并能适应信息系统管理功能的变动。

5.5 网络安全系统检测

5.5.1 网络安全系统宜从物理层安全、网络层安全、系统层安全、应用层安全等四个方面进行检测，以保证信息的保密性、真实性、完整性、可控性和可用性等信息安全性能符合设计要求。

Ⅰ 主 控 项 目

5.5.2 计算机信息系统安全专用产品必须具有公安部计算机管理监察部门审批颁发的“计算机信息系统安全专用产品销售许可证”；特殊行业有其他规定时，还应遵守行业的相关规定。

5.5.3 如果与因特网连接，智能建筑网络安全系统必须安装防火墙和防病毒系统。

5.5.4 网络层安全的安全性检测应符合以下要求：

1 防攻击：信息网络应能抵御来自防火墙以外的网络攻击，使用流行的攻击手段进行模拟攻击，不能攻破判为合格；

2 因特网访问控制：信息网络应根据需求控制内部终端机的因特网连接请求和内容，使用终端机用不同身份访问因特网的不同资源，符合设计要求判为合格；

3 信息网络与控制网络的安全隔离：测试方法应按本规范第5.3.2条的要求，保证做到未经授权，从信息网络不能进入控制网络；符合此要求者判为合格；

4 防病毒系统的有效性：将含有当前已知流行病毒的文件（病毒样本）通过文件传输、邮件附件、网上邻居等方式向各点传播，各点的防病毒软件应能正确地检测到该含病毒文件，并执行杀毒操作；符合本要求者判为合格；

5 入侵检测系统的有效性：如果安装了入侵检测系统，使用流行的攻击手段进行模拟攻击（如Dos拒绝服务攻击），这些攻击应被入侵检测系统发现和阻断；符合此要求者判为合格；

6 内容过滤系统的有效性：如果安装了内容过滤系统，则尝试访问若干受限网址或者访问受限内容，这些尝试应该被阻断；然后，访问若干未受限的网址或者内容，应该可以正常访问；符合此要求者为合格。

5.5.5 系统层安全应满足以下要求：

1 操作系统应选用经过实践检验的具有一定安全强度的操作系统；

2 使用安全性较高的文件系统；

3 严格管理操作系统的用户账号，要求用户必须使用满足安全要求的口令；

4 服务器应只提供必须的服务，其他无关的服务应关闭，对可能存在漏洞的服务或操作系统，应更换或者升级相应的补丁程序；扫描服务器，无漏洞者为合格；

5 认真设置并正确利用审计系统，对一些非法的侵入尝试必须有记录；模拟非法尝试，审计日志中有正确记录者判为合格。

5.5.6 应用层安全应符合下列要求：

1 身份认证：用户口令应该加密传输，或者禁止在网络上传输；严格管理用户账号，要求用户必须使用满足安全要求的口令；

2 访问控制：必须在身份认证的基础上根据用户及资源对象实施访问控制；用户能正确访问其获得授权的对象资源，同时不能访问未获得授权的资源，符合此要求者判为合格。

Ⅱ 一般项目

5.5.7 物理层安全应符合下列要求：

1 中心机房的电源与接地及环境要求应符合本规范第11章、第12章的规定；

2 对于涉及国家秘密的党政机关、企事业单位的信息网络工程，应按《涉密信息设备使用现场的电磁泄漏发射保护要求》BMB5、《涉及国家秘密的计算机信息系统保密技术要求》BMZ1和《涉及国家秘密的计算机信息系统安全保密评测指南》BMZ3等国家现行标准的相关规定进行检测和验收。

5.5.8 应用层安全应符合下列要求：

1 完整性：数据在存储、使用和网络传输过程中，不得被篡改、破坏；

2 保密性：数据在存储、使用和网络传输过程中，不应被非法用户获得；

3 安全审计：对应用系统的访问应有必要的审计记录。

5.6 竣工验收

5.6.1 竣工验收除应符合本规范第3.5节的规定外，还应对信息安全管理制度进行检查，并作为竣工验收的必要条件。

5.6.2 竣工验收的文件资料包括设备的进场验收报告、产品检测报告、设备的配置方案和配置文档、计算机网络系统的检测记录和检测报告、应用软件的检测记录和用户使用报告、安全系统的检测记录和检测报告以及系统试运行记录。

6 建筑设备监控系统

6.1 一般规定

6.1.1 本章适用于智能建筑工程中建筑设备监控系统的工程实施及质量控制、系统检测和竣工验收。

6.1.2 建筑设备监控系统用于对智能建筑内各类机电设备进行监测、控制及自动化管理，达到安全、可靠、节能和集中管理的目的。

6.1.3 建筑设备监控系统的监控范围为空调与通风系统、变配电系统、公共照明系统、给排水系统、热源和热交换系统、冷冻和冷却水系统、电梯和自动扶梯系统等各子系统。

6.2 工程实施及质量控制

6.2.1 设备及材料的进场验收除按本规范第3.3.4和3.3.5条的规定执行外，还应符合下列要求：

1 电气设备、材料、成品和半成品的进场验收应按《建筑电气工程施工质量验收规范》GB 50303中第3.2节的有关规定执行；

2 各类传感器、变送器、电动阀门及执行器、现场控制器等的进场验收要求：

1)查验合格证和随带技术文件，实行产品许可证和强制性产品认证标志的产品应有产品许可证和强制性产品认证标志。

2)外观检查：铭牌、附件齐全，电气接线端子完好，设备表面无缺损，涂层完整。

3 网络设备的进场验收按本规范第5.2.2条中的有关规定执行。

4 软件产品的进场验收按本规范第3.2.6条中的有关规定执行。

6.2.2 建筑设备监控系统安装前，建筑工程应具备下列条件：

1 已完成机房、弱电竖井的建筑施工；

2 预埋管及预留孔符合设计要求；

3 空调与通风设备、给排水设备、动力设备、照明控制箱、电梯等设备安装就位，并应预留好设计文件中要求的控制信号接入点。

6.2.3 施工中的安全技术管理，应符合《建设工程施工现场供用电安全规范》GB 50194和《施工现场临时用电安全技术规范》JGJ 46中的有关规定。

6.2.4 施工及施工质量检查除按本规范第3.3.6和3.3.7条的规定执行外，还应符合下列要求：

1 电缆桥架安装和桥架内电缆敷设，电缆沟内和电缆竖井内电缆敷设，电线、电缆导管和线路敷设，电线、电缆穿管和线槽敷线的施工应按GB 50303中第12章至第15章的有关规定执行，在工程实施中有特殊要求时应按设计文件的要求执行；

2 传感器、电动阀门及执行器、控制柜和其他设备安装时应符合GB 50303第6章及第7章、设计文件和产品技术文件的要求。

6.2.5 工程调试完成后，系统承包商要对传感器、执行器、控制器及系统功能（含系统联动功能）进行现场测试，传感器可用高精度仪表现场校验，使用现场控制器改变给定值或用信号发生器对执行器进行检测，传感器和执行器要逐点测试；系统功能、通信接口功能要逐项测试；并填写系统自检表。

6.2.6 工程调试完成，经与工程建设单位协商后可投入系统试运行，应由建设单位或物业管理单位派出的管理人员和操作人员进行试运行，认真作好值班运行记录；并应保存系统试运行的原始记录和全部历史数据。

6.3 系统检测

6.3.1 建筑设备监控系统的检测应以系统功能和性能检测为主，同时对现场安装质量、设备性能及工程实施过程中的质量记录进行抽查或复核。

6.3.2 建筑设备监控系统的检测应在系统试运行连续投运时间不少于 1 个月后进行。

6.3.3 建筑设备监控系统检测应依据工程合同技术文件、施工图设计文件、设计变更审核文件、设备及产品的技术文件进行。

6.3.4 建筑设备监控系统检测时应提供以下工程实施及质量控制记录：

1 设备材料进场检验记录；

2 隐蔽工程和随工检查验收记录；

3 工程安装质量检查及观感质量验收记录；

4 设备及系统自检测记录；

5 系统试运行记录。

Ⅰ 主 控 项 目

6.3.5 空调与通风系统功能检测

建筑设备监控系统应对空调系统进行温湿度及新风量自动控制、预定时间表自动启停、节能优化控制等控制功能进行检测。应着重检测系统测控点（温度、相对湿度、压差和压力等）与被控设备（风机、风阀、加湿器及电动阀门等）的控制稳定性、响应时间和控制效果，并检测设备连锁控制和故障报警的正确性。

检测数量为每类机组按总数的 20%抽检，且不得少于 5 台，每类机组不足 5 台时全部检测。被检测机组全部符合设计要求为检测合格。

6.3.6 变配电系统功能检测

建筑设备监控系统应对变配电系统的电气参数和电气设备工作状态进行监测，检测时应利用工作站数据读取和现场测量的方法对电压、电流、有功（无功）功率、功率因数、用电量等各项参数的测量和记录进行准确性和真实性检查，显示的电力负荷及上述各参数的动态图形能比较准确地反映参数变化情况，并对报警信号进行验证。

检测方法为抽检，抽检数量按每类参数抽 20%，且数量不得少于 20 点，数量少于 20 点时全部检测。被检参数合格率 100%时为检测合格。

对高低压配电柜的运行状态、电力变压器的温度，应急发电机组的工作状态、储油罐的液位、蓄电池组及充电设备的工作状态、不间断电源的工作状态等参数进行检测时，应全部检测，合格率 100%时为检测合格。

6.3.7 公共照明系统功能检测

建筑设备监控系统应对公共照明设备（公共区域、过道、园区和景观）进行监控，应以光照度、时间表等为控制依据，设置程序控制灯组的开关，检测时应检查控制动作的正确性；并检查其手动开关功能。

检测方式为抽检，按照明回路总数的20%抽检，数量不得少于10路，总数少于10路时应全部检测。抽检数量合格率100%时为检测合格。

6.3.8 给排水系统功能检测

建筑设备监控系统应对给水系统、排水系统和中水系统进行液位、压力等参数检测及水泵运行状态的监控和报警进行验证。检测时应通过工作站参数设置或人为改变现场测控点状态，监视设备的运行状态，包括自动调节水泵转速、投运水泵切换及故障状态报警和保护等项是否满足设计要求。

检测方式为抽检，抽检数量按每类系统的50%，且不得少于5套，总数少于5套时全部检测。被检系统合格率100%时为检测合格。

6.3.9 热源和热交换系统功能检测

建筑设备监控系统应对热源和热交换系统进行系统负荷调节、预定时间表自动启停和节能优化控制。检测时应通过工作站或现场控制器对热源和热交换系统的设备运行状态、故障等的监视、记录与报警进行检测，并检测对设备的控制功能。

核实热源和热交换系统能耗计量与统计资料。

检测方式为全部检测，被检系统合格率100%时为检测合格。

6.3.10 冷冻和冷却水系统功能检测

建筑设备监控系统应对冷水机组、冷冻冷却水系统进行系统负荷调节、预定时间表自动启停和节能优化控制。检测时应通过工作站对冷水机组、冷冻冷却水系统设备控制和运行参数、状态、故障等的监视、记录与报警情况进行检查，并检查设备运行的联动情况。

核实冷冻水系统能耗计量与统计资料。

检测方式为全部检测，满足设计要求时为检测合格。

6.3.11 电梯和自动扶梯系统功能检测

建筑设备监控系统应对建筑物内电梯和自动扶梯系统进行监测。检测时应通过工作站对系统的运行状态与故障进行监视，并与电梯和自动扶梯系统的实际工作情况进行核实。

检测方式为全部检测，合格率100%时为检测合格。

6.3.12 建筑设备监控系统与子系统(设备)间的数据通信接口功能检测

建筑设备监控系统与带有通信接口的各子系统以数据通信的方式相联时，应在工作站监测子系统的运行参数(含工作状态参数和报警信息)，并和实际状态核实，确保准确性和响应时间符合设计要求；对可控的子系统，应检测系统对控制命令的响应情况。

数据通信接口应按本规范第3.2.7条的规定对接口进行全部检测，检测合格率100%时为检测合格。

6.3.13 中央管理工作站与操作分站功能检测

对建筑设备监控系统中央管理工作站与操作分站功能进行检测时，应主要检测其监控和管理功能，检测时应以中央管理工作站为主，对操作分站主要检测其监控和管理权限以及数据与中央管理工作站的一致性。

应检测中央管理工作站显示和记录的各种测量数据、运行状态、故障报警等信息的实时性和准确性，以及对设备进行控制和管理的功能，并检测中央站控制命令的有效性和参数设定的功能，保证中央管理工作站的控制命令被无冲突地执行。

应检测中央管理工作站数据的存储和统计(包括检测数据、运行数据)、历史数据趋势图显示、报警存储统计(包括各类参数报警、通讯报警和设备报警)情况,中央管理工作站存储的历史数据时间应大于3个月。

应检测中央管理工作站数据报表生成及打印功能,故障报警信息的打印功能。

应检测中央管理工作站操作的方便性,人机界面应符合友好、汉化、图形化要求,图形切换流程清楚易懂,便于操作。对报警信息的显示和处理应直观有效。

应检测操作权限,确保系统操作的安全性。

以上功能全部满足设计要求时为检测合格。

6.3.14 系统实时性检测

采样速度、系统响应时间应满足合同技术文件与设备工艺性能指标的要求;抽检10%且不少于10台,少于10台时全部检测,合格率90%及以上时为检测合格。

报警信号响应速度应满足合同技术文件与设备工艺性能指标的要求;抽检20%且不少于10台,少于10台时全部检测,合格率100%时为检测合格。

6.3.15 系统可维护功能检测

应检测应用软件的在线编程(组态)和修改功能,在中央站或现场进行控制器或控制模块应用软件的在线编程(组态)、参数修改及下载,全部功能得到验证为合格,否则为不合格。

设备、网络通讯故障的自检测功能,自检必须指示出相应设备的名称和位置,在现场设置设备故障和网络故障,在中央站观察结果显示和报警,辅出结果正确且故障报警准确者为合格,否则为不合格。

6.3.16 系统可靠性检测

系统运行时,启动或停止现场设备,不应出现数据错误或产生干扰,影响系统正常工作。检测时采用远动或现场手动启/停现场设备,观察中央站数据显示和系统工作情况,工作正常的为合格,否则为不合格。

切断系统电网电源,转为UPS供电时,系统运行不得中断。电源转换时系统工作正常的为合格,否则为不合格。

中央站冗余主机自动投入时,系统运行不得中断;切换时系统工作正常的为合格,否则为不合格。

Ⅱ 一 般 项 目

6.3.17 现场设备安装质量检查

现场设备安装质量应符合GB 50303第6章及第7章、设计文件和产品技术文件的要求,检查合格率达到100%时为合格。

1 传感器:每种类型传感器抽检10%且不少于10台,传感器少于10台时全部检查;

2 执行器:每种类型执行器抽检10%且不少于10台,执行器少于10台时全部检查;

3 控制箱(柜):各类控制箱(柜)抽检20%且不少于10台,少于10台时全部检查。

6.3.18 现场设备性能检测

1 传感器精度测试,检测传感器采样显示值与现场实际值的一致性;依据设计要求及产品技术条件,按照设计总数的10%进行抽测,且不得少于10个,总数少于10个时全部检测,合格率达到100%时为检测合格;

2 控制设备及执行器性能测试,包括控制器、电动风阀、电动水阀和变频器等,主要测定控制设备的有效性、正确性和稳定性；测试核对电动调节阀在零开度、50%和80%的行程处与控制指令的一致性及响应速度；测试结果应满足合同技术文件及控制工艺对设备性能的要求。

检测按20%抽测，但不得少于5个，设备数量少于5个时全部测试，检测合格率达到100%时为检测合格。

6.3.19 根据现场配置和运行情况对以下项目做出评测：

1 控制网络和数据库的标准化、开放性；

2 系统的冗余配置，主要指控制网络、工作站、服务器、数据库和电源等；

3 系统可扩展性，控制器I/O口的备用量应符合合同技术文件要求，但不应低于I/O口实际使用数的10%；机柜至少应留有10%的卡件安装空间和10%的备用接线端子；

4 节能措施评测，包括空调设备的优化控制、冷热源自动调节、照明设备自动控制、风机变频调速、VAV变风量控制等。根据合同技术文件的要求，通过对系统数据库记录分析、现场控制效果测试和数据计算后做出是否满足设计要求的评测。

结论为符合设计要求或不符合设计要求。

6.4 竣工验收

6.4.1 竣工验收应在系统正常连续投运时间超过3个月后进行。

6.4.2 竣工验收文件资料应包括以下内容：

1 工程合同技术文件；

2 竣工图纸：

1)设计说明；

2)系统结构图；

3)各子系统控制原理图；

4)设备布置及管线平面图；

5)控制系统配电箱电气原理图；

6)相关监控设备电气接线图；

7)中央控制室设备布置图；

8)设备清单；

9)监控点(I/O)表等。

3 系统设备产品说明书；

4 系统技术、操作和维护手册；

5 设备及系统测试记录：

1)设备测试记录；

2)系统功能检查及测试记录；

3)系统联动功能测试记录。

6 其他文件：

1)工程实施及质量控制记录；

2)相关工程质量事故报告表。

6.4.3 必要时各子系统可分别进行验收，验收时应作好验收记录，签署验收意见。

7 火灾自动报警及消防联动系统

7.1 一般规定

7.1.1 本章适用于智能建筑工程中的火灾自动报警及消防联动系统的系统检测和竣工验收。

7.1.2 火灾自动报警及消防联动系统必须执行《工程建设标准强制性条文》的有关规定。

7.1.3 火灾自动报警及消防联动系统的监测内容应逐项实施，检测结果符合设计要求为合格，否则为不合格。

7.2 系统检测

Ⅰ 主 控 项 目

7.2.1 在智能建筑工程中，火灾自动报警及消防联动系统的检测应按《火灾自动报警系统施工及验收规范》GB 50166 的规定执行。

7.2.2 火灾自动报警及消防联动系统应是独立的系统。

7.2.3 除 GB 50166 中规定的各种联动外，当火灾自动报警及消防联动系统还与其他系统具备联动关系时，其检测按本规范 3.4.2 条规定拟定检测方案，并按检测方案进行，但检测程序不得与 GB 50166 的规定相抵触。

7.2.4 火灾自动报警系统的电磁兼容性防护功能，应符合《消防电子产品环境试验方法和严酷等级》GB 16838 的有关规定。

7.2.5 检测火灾报警控制器的汉化图形显示界面及中文屏幕菜单等功能，并进行操作试验。

7.2.6 检测消防控制室向建筑设备监控系统传输、显示火灾报警信息的一致性和可靠性，检测与建筑设备监控系统的接口、建筑设备监控系统对火灾报警的响应及其火灾运行模式，应采用在现场模拟发出火灾报警信号的方式进行。

7.2.7 检测消防控制室与安全防范系统等其他子系统的接口和通信功能。

7.2.8 检测智能型火灾探测器的数量、性能及安装位置，普通型火灾探测器的数量及安装位置。

7.2.9 新型消防设施的设置情况及功能检测应包括：

1 早期烟雾探测火灾报警系统；

2 大空间早期火灾智能检测系统、大空间红外图像矩阵火灾报警及灭火系统；

3 可燃气体泄漏报警及联动控制系统。

7.2.10 公共广播与紧急广播系统共用时，应符合《火灾自动报警系统设计规范》CB 50116 的要求，并执行本规范第 4.2.10 条的规定。

7.2.11 安全防范系统中相应的视频安防监控（录像、录音）系统、门禁系统、停车场（库）管理系统等对火灾报警的响应及火灾模式操作等功能的检测，应采用在现场模拟发出火灾报警信号的方式进行。

7.2.12 当火灾自动报警从消防联动系统与其他系统合用控制室时，应满足 GB 50116 和《智能建筑设计标准》GB/T 50314 的相应规定，但消防控制系统应单独设置，其他系统也应合理布置。

7.3 竣工验收

7.3.1 火灾自动报警及消防联动系统的竣工验收应按 GB 50166 关于竣工验收的规定及各

地方的配套法规执行。

7.3.2 当火灾自动报警及消防联动系统与其他智能建筑子系统具备联动关系时，其验收按本规范第 10 章的有关规定执行，但验收程序不得与国家现行规范、法规相抵触。

8 安全防范系统

8.1 一般规定

8.1.1 本章适用于智能建筑工程中的安全防范系统的工程实施及质量控制、系统检测和竣工验收，在执行本章各项规定的同时，还须遵守国家公共安全行业的有关法规。

8.1.2 对银行、金融、证券、文博等高风险建筑除执行本规范的规定外，还必须执行公共安全行业对特殊行业的相关规定和标准。

8.1.3 安全防范系统的范围应包括视频安防监控系统、入侵报警系统、出入口控制（门禁）系统、巡更管理系统、停车场（库）管理系统等各子系统。

8.2 工程实施及质量控制

8.2.1 设备及器材的进场验收除按本规范第 3.3.4 和 3.3.5 条的规定执行外，还应符合下列要求：

1 安全技术防范产品必须经过国家或行业授权的认证机构（或检测机构）认证（检测）合格，并取得相应的认证证书（或检测报告）；

2 产品质量检查应按本规范第 3.2 节的规定执行。

8.2.2 安全防范系统线缆敷设、设备安装前，建筑工程应具备下列条件：

1 预埋管、预留件、桥架等的安装符合设计要求；

2 机房、弱电竖井的施工已结束。

8.2.3 安全防范系统的电缆桥架、电缆沟、电缆竖井、电线导管的施上及线缆敷设，应遵照《建筑电气工程施工质量验收规范》GB 50303 第 12、13、14 15 章的内容执行。如有特殊要求应以设计施工图的要求为准。

8.2.4 安全防范系统施工质量检查和观感质量验收，应根据合同技术文件、设计施工图进行。

1 对电（光）缆敷设与布线应检验管线的防水、防潮，电缆排列位置，布放、绑扎质量，桥架的架设质量，缆线在桥架内的安装质量，焊接及插接头安装质量和接线盒接线质量等；

2 对接地线应检验接地材料、接地线焊接质量、接地电阻等；

3 对系统的各类探测器、摄像机、云台、防护罩、控制器、辅助电源、电锁、对讲设备等的安装部位、安装质量和观感质量等进行检验；

4 同轴电缆的敷设、摄像机、机架、监视器等的安装质量检验应符合《民用闭路监视电视系统工程技术规范》GB 50198 的有关规定；

5 控制柜、箱与控制台等的安装质量检验应遵照 GB 50303 第 6 章有关规定执行。

8.2.5 系统承包商应对各类探测器、控制器、执行器等部件的电气性能和功能进行自检，自检采用逐点测试的形式进行。

8.2.6 在安全防范系统设备安装、施工测试完成后，经建设方同意可进入系统试运行，试运行周期应不少于 1 个月；系统试运行时应做好试运行记录。

8.3 系统检测

8.3.1 安全防范系统的系统检测应由国家或行业授权的检测机构进行检测，并出具检测报告，检测内容、合格判据应执行国家公共安全行业的相关标准。

8.3.2 安全防范系统检测应依据工程合同技术文件、施工图设计文件、工程设计变更说明和洽商记录、产品的技术文件进行。

8.3.3 安全防范系统进行系统检测时应提供：

1 设备材料进场检验记录；

2 隐蔽工程和过程检查验收记录；

3 工程安装质量和观感质量验收记录；

4 设备及系统自检测记录；

5 系统试运行记录。

Ⅰ 主控项目

8.3.4 安全防范系统综合防范功能检测应包括：

1 防范范围、重点防范部位和要害部门的设防情况、防范功能，以及安防设备的运行是否达到设计要求，有无防范盲区；

2 各种防范子系统之间的联动是否达到设计要求；

3 监控中心系统记录(包括监控的图像记录和报警记录)的质量和保存时间是否达到设计要求；

4 安全防范系统与其他系统进行系统集成时，应按本规范第 3.2.7 条的规定检查系统的接口、通信功能和传输的信息等是否达到设计要求。

8.3.5 视频安防监控系统的检测

1 检测内容：

1)系统功能检测：云台转动，镜头、光圈的调节，调焦、变倍，图像切换，防护罩功能的检测；

2)图像质量检测：在摄像机的标准照度下进行图像的清晰度及抗干扰能力的检测；

检测方法：按本规范第 4.2.9 条的规定对图像质量进行主观评价，主观评价应不低于 4 分；抗干扰能力按《安防视频监控系统技术要求》GA/T 367 进行检测；

3)系统整体功能检测

功能检测应包括视频安防监控系统的监控范围、现场设备的接入率及完好率；矩阵监控主机的切换、控制、编程、巡检、记录等功能；

对数字视频录像式监控系统还应检查主机死机记录、图像显示和记录速度、图像质量、对前端设备的控制功能以及通信接口功能、远端联网功能等；

对数字硬盘录像监控系统除检测其记录速度外，还应检测记录的检索、回放等功能；

4)系统联动功能检测

联动功能检测应包括与出入口管理系统、入侵报警系统、巡更管理系统、停车场(库)管理系统等的联动控制功能；

5)视频安防监控系统的图像记录保存时间应满足管理要求。

2 摄像机抽检的数量应不低于 20%且不少于 3 台，摄像机数量少于 3 台时应全部检测；被抽检设备的合格率 100%时为合格；系统功能和联动功能全部检测，功能符合设计要求时为合格,合格率 100%时为系统功能检测合格。

8.3.6 入侵报警系统(包括周界入侵报警系统)的检测

1 检测内容:

1)探测器的盲区检测,防动物功能检测;

2)探测器的防破坏功能检测应包括报警器的防拆报警功能,信号线开路、短路报警功能,电源线被剪的报警功能;

3)探测器灵敏度检测;

4)系统控制功能检测应包括系统的撤防、布防功能,关机报警功能,系统后备电源自动切换功能等;

5)系统通信功能检测应包括报警信息传输、报警响应功能;

6)现场设备的接入率及完好率测试;

7)系统的联动功能检测应包括报警信号对相关报警现场照明系统的自动触发、对监控摄像机的自动启动、视频安防监视画面的自动调入,相关出入口的自动启闭,录像设备的自动启动等;

8)报警系统管理软件(含电子地图)功能检测;

9)报警信号联网上传功能的检测;

10)报警系统报警事件存储记录的保存时间应满足管理要求。

2 探测器抽检的数量应不低于 20%且小少于 3 台,探测器数量少于 3 台时应全部检测;被抽检设备的合格率 100%时为合格;系统功能和联动功能全部检测,功能符合设计要求时为合格,合格率 100%时为系统功能检测合格。

8.3.7 出入口控制(门禁)系统的检测

1 检测内容:

1)出入口控制(门禁)系统的功能检测

a)系统主机在离线的情况下,出入口(门禁)控制器独立工作的准确性、实时性和储存信息的功能;

b)系统主机对出入口(门禁)控制器在线控制时,出入口(门禁)控制器工作的准确性、实时性和储存信息的功能,以及出入口(门禁)控制器和系统主机之间的信息传输功能;

c)检测掉电后,系统启用备用电源应急工作的准确性、实时性和信息的存储和恢复能力;

d)通过系统主机、出入口(门禁)控制器及其他控制终端,实时监控出入控制点的人员状况;

e)系统对非法强行入侵及时报警的能力;

f)检测本系统与消防系统报警时的联动功能;

g)现场设备的接入率及完好率测试;

h)出入口管理系统的数据存储记录保存时间应满足管理要求。

2)系统的软件检测

a)演示软件的所有功能,以证明软件功能与任务书或合同书要求一致;

b)根据需求说明书中规定的性能要求,包括时间、适应性、稳定性等以及图形化界面友好程度,对软件逐项进行测试;对软件的检测按本规范第 3.2.6 条中的要求执行;

c)对软件系统操作的安全性进行测试,如系统操作人员的分级授权、系统操作人员操作信息的存储记录等;

d)在软件测试的基础上，对被验收的软件进行综合评审，给出综合评审结论，包括：软件设计与需求的一致性、程序与软件设计的一致性、文档(含软件培训、教材和说明书)描述与程序的一致性、完整性、准确性和标准化程度等。

2 出/入门控制器抽检的数量应不低于20%且不少于3台，数量少于3台时应全部检测；被抽检设备的合格率100%时为合格；系统功能和软件全部检测，功能符合设计要求为合格，合格率为100%时为系统功能检测合格。

8.3.8 巡更管理系统的检测

1 检测内容：

1)按照巡更路线图检查系统的巡更终端、读卡机的响应功能；

2)现场设备的接入率及完好率测试；

3)检查巡更管理系统编程、修改功能以及撤防、布防功能；

4)检查系统的运行状态、信息传输、故障报警和指示故障位置的功能；

5)检查巡更管理系统对巡更人员的监督和记录情况、安全保障措施和对意外情况及时报警的处理手段；

6)对在线联网式巡更管理系统还需要检查电子地图上的显示信息，遇有故障时的报警信号以及和视频安防监控系统等的联动功能；

7)巡更系统的数据存储记录保存时间应满足管理要求。

2 巡更终端抽检的数量应不低于20%且不少于3台，巡更终端数量少于3台时应全部检测，被抽检设备的合格率为100%时为合格；系统功能全部检测，功能符合设计要求为合格，合格率100%时为系统功能检测合格。

8.3.9 停车场(库)管理系统的检测

1 检测内容：

停车场(库)管理系统功能检测应分别对入口管理系统、出口管理系统和管理中心的功能进行检测。

1)车辆探测器对出入车辆的探测灵敏度检测，抗干扰性能检测；

2)自动栅栏升降功能检测，防砸车功能检测；

3)读卡器功能检测，对无效卡的识别功能；对非接触IC卡读卡器还应检测读卡距离和灵敏度；

4)发卡(票)器功能检测，叶卡功能是否正常，入场日期、时间等记录是否正确；

5)满位显示器功能是否正常；

6)管理中心的计费、显示、收费、统计、信息储存等功能的检测；

7)出/入口管理监控站及与管理中心站的通信是否正常；

8)管理系统的其他功能，如"防折返"功能检测；

9)对具有图像对比功能的停车场(库)管理系统应分别检测出/入口车牌和车辆图像记录的清晰度、调用图像信息的符合情况；

10)检测停车场(库)管理系统与消防系统报警时的联动功能；电视监控系统摄像机对进出车库车辆的监视等；

11)空车位及收费显示；

12)管理中心监控站的车辆出入数据记录保存时间应满足管理要求。

2 停车场(库)管理系统功能应全部检测，功能符合设计要求为合格，合格率100%时为系统功能检测合格。

其中，车牌识别系统对车牌的识别率达98%时为合格。

8.3.10 安全防范综合管理系统的检测

综合管理系统完成安全防范系统中央监控室对各子系统的监控功能，具体内容按工程设计文件要求确定。

1 检测内容：

1)各子系统的数据通信接口：各子系统与综合管理系统以数据通信方式连接时，应能在综合管理监控站上观测到子系统的工作状态和报警信息，并和实际状态核实，确保准确性和实时性；对具有控制功能的子系统，应检测从综合管理监控站发送命令时，子系统响应的情况；

2)综合管理系统监控站：对综合管理系统监控站的软、硬件功能的检测，包括：

a)检测子系统监控站与综合管理系统监控站对系统状态和报警信息记录的一致性；

b)综合管理系统监控站对各类报警信息的显示、记录、统计等功能；

c)综合管理系统监控站的数据报表打印、报警打印功能；

d)综合管理系统监控站操作的方便性，人机界面应友好、汉化、图形化。

2 综合管理系统功能应全部检测，功能符合设计要求为合格，合格率为100%时为系统功能检测合格。

8.4 竣工验收

8.4.1 智能建筑工程中的安全防范系统工程的验收应按照《安全防范系统验收规则》GA 308的规定执行。

8.4.2 以管理为主的电视监控系统、出入口控制(门禁)系统、停车场(库)管理系统等系统的竣工验收按本规范第3.5节规定执行。

8.4.3 竣工验收应在系统正常连续投运时间1个月后进行。

8.4.4 系统验收的文件及记录应包括以下内容：

1 工程设计说明，包括系统选型论证，系统监控方案和规模容量说明，系统功能说明和性能指标等；

2 工程竣工图纸，包括系统结构图、各子系统原理图、施工平面图、设备电气端子接线图、中央控制室设备布置图、接线图、设备清单等；

3 系统的产品说明书、操作手册和维护手册；

4 工程实施及质量控制记录；

5 设备及系统测试记录；

6 相关工程质量事故报告、工程设计变更单等。

8.4.5 必要时各子系统可分别进行验收，验收时应作好验收记录，签署验收意见。

9 综合布线系统

9.1 一般规定

9.1.1 本章适用于智能建筑工程中的综合布线系统的工程实施及质量控制、系统检测和竣工验收。综合布线系统的检测和验收，除执行本规范外，还应符合《建筑与建筑群综合布线系统工程验收规范》GB/T 50312中的规定。

9.1.2 综合布线系统施工前应对交接间、设备间、工作区的建筑和环境条件进行检查，检查内容和要求应符合 GB/T 50312 中的有关规定。

9.1.3 设备材料的进场验收应执行 GB/T 50312 第 3 节及本规范第 3.3.4 和 3.3.5 条的规定。

9.1.4 系统集成商在施工完成后，应对系统进行自检，自检时要求对工程安装质量、观感质量和系统性能检测项目全部进行检查，并填写系统自检表。

9.2 系统安装质量检测

Ⅰ 主 控 项 目

9.2.1 缆线敷设和终接的检测应符合 GB/T 50312 中第 5.1.1、6.0.2、6.0.3 条的规定，应对以下项目进行检测：

1 缆线的弯曲半径；

2 预埋线槽和暗管的敷设；

3 电源线与综合布线系统缆线应分隔布放，缆线间的最小净距应符合设计要求：

4 建筑物内电、光缆暗管敷设及与其他管线之间的最小净距；

5 对绞电缆芯线终接；

6 光纤连接损耗值。

9.2.2 建筑群子系统采用架空、管道、直埋敷设电、光缆的检测要求应按照本地网通信线路工程验收的相关规定执行。

9.2.3 机柜、机架、配线架安装的检测，除应符合 GB/T 50312 第 4 节的规定外，还应符合以下要求：

1 卡入配线架连接模块内的单根线缆色标应和线缆的色标相一致，大对数电缆按标准色谱的组合规定进行排序；

2 端接于 RJ45 口的配线架的线序及排列方式按有关国际标准规定的两种端接标准(T568A 或 T568B)之一进行端接，但必须与信息插座模块的线序排列使用同一种标准。

9.2.4 信息插座安装在活动地板或地面上时，接线盒应严密防水、防尘。

Ⅱ 一 般 项 目

9.2.5 缆线终接应符合 GB/T 50312 中第 6.0.1 条的规定。

9.2.6 各类跳线的终接应符合 GB/T 50312 中第 6.0.4 条的规定。

9.2.7 机柜、机架、配线架安装，除应符合 GB/T 50312 第 4.0.1 条的规定外，还应符合以下要求：

1 机柜不应直接安装在活动地板上，应按设备的底平面尺寸制作底座，底座直接与地面固定，机柜固定在底座上，底座高度应与活动地板高度相同，然后铺设活动地板，底座水平误差每平方米不应大于 2 mm；

2 安装机架画板，架前应预留有 800 mm 空间，机架背面离墙距离应大于 600 mm；

3 背板式跳线架应经配套的金属背板及接线管理架安装在墙壁上，金属背板与墙壁应紧固；

4 壁挂式机柜底面距地面不宜小于 300 mm；

5 桥架或线槽应直接进入机架或机柜内；

6 接线端子各种标志应齐全。

9.2.8 信息插座的安装要求应执行 GB/T 50312 第 4.0.3 条的规定。

9.2.9 光缆芯线终端的连接盒面板应有标志。

9.3 系统性能检测

9.3.1 综合布线系统性能检测应采用专用测试仪器对系统的各条链路进行检测，并对系统的信号传输技术指标及工程质量进行评定。

9.3.2 综合布线系统性能检测时，光纤布线应全部检测，检测对绞电缆布线链路时，以不低于10%的比例进行随机抽样检测，抽样点必须包括最远布线点。

9.3.3 系统性能检测合格判定应包括单项合格判定和综合合格判定。

1 单项合格判定如下：

1)对绞电缆布线某一个信息端口及其水平布线电缆(信息点)按 GB/T 50312 中附录 B 的指标要求，有一个项目不合格，则该信息点判为不合格；垂直布线电缆某线对按连通性、长度要求、衰减和串扰等进行检测，有一个项目不合格，则判该线对不合格；

2)光缆布线测试结果不满足 GB/T 50312 中附录 C 的指标要求，则该光纤链路判为不合格；

3)允许未通过检测的信息点、线对、光纤链路经修复后复检。

2 综合合格判定如下：

1)光缆布线检测时，如果系统中有一条光纤链路无法修复，则判为不合格；

2)对绞电缆布线抽样检测时，被抽样检测点(线对)不合格比例不大于 1%，则视为抽样检测通过；不合格点(线对)必须予以修复并复验。被抽样检测点(线对)不合格比例大于 1%，则视为一次抽样检测不通过，应进行加倍抽样；加倍抽样不合格比例不大于 1%，则视为抽样检测通过。如果不合格比例仍大于 1%，则视为抽样检测不通过，应进行全部检测，并按全部检测的要求进行判定；

3)对绞电缆布线全部检测时，如果有下面两种情况之一时则判为不合格：无法修复的信息点数目超过信息点总数的 1%；不合格线对数目超过线对总数的 1%；

4)全部检测或抽样检测的结论为合格，则系统检测合格；否则为不合格。

Ⅰ 主 控 项 目

9.3.4 系统监测应包括工程电气性能检测和光纤特性检测，按 GB/T 50312 第 8.0.2 条的规定执行。

Ⅱ 一 般 项 目

9.3.5 采用计算机进行综合布线系统管理和维护时，应按下列内容进行检测：

1 中文平台、系统管理软件；

2 显示所有硬件设备及其楼层平面图；

3 显示干线子系统和配线子系统的元件位置；

4 实时显示和登录各种硬件设施的工作状态。

9.4 竣工验收

9.4.1 综合布线系统竣工验收应按照本规范第 3.5 节和 GB/T 50312 中的有关规定进行。

9.4.2 竣工验收文件除 GB/T 50312 第 8 章要求的文件外，还应包括：

1 综合布线系统图；

2 综合布线系统信息端口分布图；

3 综合布线系统各配线区布局图；

4 信息端口与配线架端口位置的对应关系表；

5 综合布线系统平面布置图；

6 综合布线系统性能自检报告。

10 智能化系统集成

10.1 一般规定

10.1.1 本章适用于智能建筑工程中的智能化系统集成的工程实施及质量控制、系统检测和竣工验收。

10.1.2 本章规定了智能化系统集成的检测和验收办法、步骤和内容。

10.1.3 系统集成检测验收的重点应为系统的集成功能、各子系统之间的协调控制能力、信息共享和综合管理能力、运行管理与系统维护的可实施性、使用的安全性和方便性等要素。

10.2 工程实施及质量控制

10.2.1 系统集成工程的实施必须按已批准的设计文件和施工图进行。

10.2.2 系统集成中使用的设备进场验收应参照本规范第 3.3.4 和 3.3.5 条的规定执行。产品的质量检查按本规范第 3.2 节的有关规定执行。

10.2.3 系统集成调试完成后，应进行系统自检，并填写系统自检报告。

10.2.4 系统集成调试完成，经与工程建设方协商后可投入系统试运行，投入试运行后应由建设单位或物业管理单位派出的管理人员和操作人员认真作好值班运行记录，并保存试运行的全部历史数据。

10.3 系统检测

10.3.1 系统集成的检测应在建筑设备监控系统、安全防范系统、火灾自动报警及消防联动系统、通信网络系统、信息网络系统和综合布线系统检测完成，系统集成完成调试并经过 1 个月试运行后进行。

10.3.2 检测前应按本规范第 3.4.2 条的规定编写系统集成检测方案，检测方案应包括检测内容、检测方法、检测数量等。

10.3.3 系统集成检测的技术条件应依据合同技术文件、设计文件及相关产品技术文件。

10.3.4 系统集成检测时应提供以下过程质量记录：

1 硬件和软件进场检验记录；

2 系统测试记录；

3 系统试运行记录。

10.3.5 系统集成的检测应包括接口检测、软件检测、系统功能及性能检测、安全检测等内容。

Ⅰ 主 控 项 目

10.3.6 子系统之间的硬线连接、串行通讯连接、专用网关(路由器)接口连接等应符合设计文件、产品标准和产品技术文件或接口规范的要求,检测时应全部检测,100%合格为检测合格。

计算机网卡、通用路由器和交换机的连接测试可按照本规范第 5.3.2 条有关内容进行。

10.3.7 检查系统数据集成功能时,应在服务器和客户端分别进行检查,各系统的数据应在服务器统一界面下显示,界面应汉化和图形化,数据显示应准确,响应时间等性能指标应符合设计要求。对各子系统应全部检测,100%合格为检测合格。

10.3.8 系统集成的整体指挥协调能力

系统的报警信息及处理、设备连锁控制功能应在服务器和有操作权限的客户端检测。对各子系统应全部检测,每个子系统检测数量为子系统所含设备数量的 20%,抽检项目 100%合格为检测合格。

应急状态的联动逻辑的检测方法为:

1 在现场模拟火灾信号,在操作员站观察报警和做出判断情况,记录视频安防监控系统、门禁系统、紧急广播系统、空调系统、通风系统和电梯及自动扶梯系统的联动逻辑是否符合设计文件要求;

2 在现场模拟非法侵入(越界或入户),在操作员站观察报警和做出判断情况,记录视频安防监控系统、门禁系统、紧急广播系统和照明系统的联动逻辑是否符合设计文件要求;

3 系统集成商与用户商定的其他方法。

以上联动情况应做到安全、正确、及时和无冲突。符合设计要求的为检测合格,否则为检测不合格。

10.3.9 系统集成的综合管理功能、信息管理和服务功能的检测应符合本规范第 5.4 节的规定,并根据合同技术文件的有关要求进行。检测的方法,应通过现场实际操作使用,运用案例验证满足功能需求的方法来进行。

10.3.10 视频图像接入时,显示应清晰,图像切换应正常,网络系统的视频传输应稳定、无拥塞。

10.3.11 系统集成的冗余和容错功能(包括双机备份及切换、数据库备份、备用电源及切换和通信链路冗余切换)、故障自诊断、事故情况下的安全保障措施的检测应符合设计文件要求。

10.3.12 系统集成不得影响火灾自动报警及消防联动系统的独立运行,应对其系统相关性进行连带测试。

Ⅱ 一 般 项 目

10.3.13 系统集成商应提供系统可靠性维护说明书,包括可靠性维护重点和预防性维护计划,故障查找及迅速排除故障的措施等内容。可靠性维护检测,应通过设定系统故障,检查系统的故障处理能力和可靠性维护性能。

10.3.14 系统集成安全性,包括安全隔离身份认证、访问控制、信息加密和解密、抗病毒攻击能力等内容的检测,按本规范第 5.5 节有关规定进行。

10.3.15 对工程实施及质量控制记录进行审查,要求真实、准确、完整。

10.4 竣工验收

10.4.1 竣工验收应在系统集成正常连续投运时间 1 个月后进行。

10.4.2 竣工验收文件资料应包括以下内容:

1 设计说明文件及图纸；

2 设备及软件清单；

3 软件及设备使用手册和维护手册，可靠性维护说明书；

4 过程质量记录；

5 系统集成检测记录；

6 系统集成试运行记录。

11 电源与接地

11.1 一般规定

11.1.1 本章适用于智能建筑工程中的智能化系统电源、防雷及接地系统的系统检测和竣工验收。

11.1.2 本章规定了智能化系统电源、防雷及接地系统的检测和竣工验收的内容和要求。

11.1.3 在智能化系统电源、防雷及接地系统检测中除执行本规范外，还应执行国家强制性条文所要求的检测和验收项目，并应查验有关电气装置的质量检验、认证等相关文件。

11.1.4 智能化系统的供电装置和设备应包括：

1 正常工作状态下的供电设备，包括建筑物内各智能化系统交、直流供电，以及供电传输、操作、保护和改善电能质量的全部设备和装置；

2 应急工作状态下的供电设备，包括建筑物内各智能化系统配备的应急发电机组、各智能化子系统备用蓄电池组、充电设备和不间断供电设备等。

11.1.5 各智能化系统的电源、防雷及接地系统的检测，可作为分项工程，在各系统检测中进行；也可综合各系统电源与接地系统进行集中检测；并由相应的检测机构提供检测记录。

11.1.6 防雷及接地系统的检测和验收应包括建筑物内各智能化系统的防雷电入侵装置、等电位联结、防电磁干扰接地和防静电干扰接地等。

11.1.7 电源与接地系统必须保证建筑物内各智能化系统的正常运行和人身、设备安全。

11.1.8 电源、防雷及接地系统的工程实施及质量控制应执行本规范第3.3节的规定。

11.2 电源系统检测

Ⅰ 主 控 项 目

11.2.1 智能化系统应引接依《建筑电气工程施工质量验收规范》GB 50303验收合格的公用电源。

11.2.2 智能化系统自主配置的稳流稳压、不间断电源装置的检测，应执行GB 50303中第9.1节的规定。

11.2.3 智能化系统自主配置的应急发电机组的检测，应执行GB 50303中第8.1节的规定。

11.2.4 智能化系统自主配置的蓄电池组及充电设备的检测，应执行GB 50303中第6.1.8条的规定。

11.2.5 智能化系统主机房集中供电专用电源设备、各楼层设置用户电源箱的安装质量检测，应执行GB 50303中第10.1.2条的规定。

11.2.6 智能化系统主机房集中供电专用电源线路的安装质量检测，应执行GB 50303中第12.1、13.1、14.1节的规定。

Ⅱ　一 般 项 目

11.2.7　智能化系统自主配置的稳流稳压、不间断电源装置的检测，应执行 GB 50303 中第 9.2 节的规定。

11.2.8　智能化系统自主配置的应急发电机组的检测，应执行 GB 50303 中第 8.2 节的规定。

11.2.9　智能化系统主机房集中供电专用电源设备、各楼层设置用户电源箱的安装检测，应执行 GB 50303 中第 10.2 节的规定。

11.2.10　智能化系统主机房集中供电专用电源线路的安装质量检测，应执行 GB 50303 中第 12.2、13.2、14 2、15.2 节的规定。

11.3　防雷及接地系统检测

Ⅰ　主 控 项 目

11.3.1　智能化系统的防雷及接地系统应引接依 GB 50303 验收合格的建筑物共用接地装置。采用建筑物金属体作为接地装置时，接地电阻不应大于 1Ω。

11.3.2　智能化系统的单独接地装置的检测，应执行 GB 50303 中第 24.1.1、24.1.2、24.1.4、24.1.5 条的规定，接地电阻应按设备要求的最小值确定。

11.3.3　智能化系统的防过流、过压元件的接地装置、防电磁干扰屏蔽的接地装置、防静电接地装置的检测，其设置应符合设计要求，连接可靠。

11.3.4　智能化系统与建筑物等电位联结的检测，应执行 GB 50303 中第 27.1 节的规定。

Ⅱ　一 般 项 目

11.3.5　智能化系统的单独接地装置，防过流和防过压元件的接地装置、防电磁干扰屏蔽的接地装置及防静电接地装置的检测，应执行 GB 50303 中第 24.2 节的规定。

11.3.6　智能化系统与建筑物等电位联结的检测，应执行 GB 50303 中第 27.2 节的规定。

11.4　竣工验收

11.4.1　电源、防雷及接地系统的竣工验收应按本规范第 3.5 节的规定实施。

11.4.2　电源、防雷及接地系统的竣工验收应对系统检测结论进行复核，并做好与相关智能化系统的工程交接和接口检验，系统检测复核合格并获得相关智能化系统竣工验收确认后，电源、防雷及接地系统竣工验收合格。

12　环　　境

12.1　一般规定

12.1.1　本章适用于智能建筑内计算机房、通信控制室、监控室及重要办公区域环境的系统检测和验收。

12.1.2　本章中环境的检测验收内容包括：空间环境、室内空调环境、视觉照明环境、室内噪声及室内电磁环境。

12.1.3　室内噪声、温度、相对湿度、风速、照度、一氧化碳和二氧化碳含量等参数检测时，检测值应符合设计要求。

12.1.4 环境检测时，主控项目按20%进行抽样检测，合格率达到100%时为该项检测合格；一般项目按10%进行抽样检测，合格率达到90%时为该项检测合格。系统检测结论应符合本规范第3.4.4条的规定。

12.2 系统检测

Ⅰ 主控项目

12.2.1 空间环境的检测应符合下列要求：

1 主要办公区域顶棚净高不小于2.7 m；

2 楼板满足预埋地下线槽(线管)的条件，架空地板、网络地板的铺设应满足设计要求；

3 为网络布线留有足够的配线空间。

12.2.2 室内空调环境检测应符合下列要求：

1 实现对室内温度、湿度的自动控制，并符合设计要求；

2 室内温度，冬季18～22 ℃，夏季24～28 ℃；

3 室内相对湿度，冬季40%～60%，夏季40%～65%；

4 舒适性空调的室内风速，冬季应不大于0.2 m/s，夏季应不大于0.3 m/s。

12.2.3 视觉照明环境检测应符合下列要求：

1 工作面水平照度不小于500 lx；

2 灯具满足眩光控制要求；

3 灯具布置应模数化，消除频闪。

12.2.4 环境电磁辐射的检测应执行《环境电磁波卫生标准》GB 9175和《电磁辐射防护规定》GB 8702的有关规定。

Ⅱ 一般项目

12.2.5 空间环境检测应符合下列要求：

1 室内装饰色彩合理组合，建筑装修用材应符合《建筑装饰装修工程质量验收规范》GB 50210的有关规定；

2 防静电、防尘地毯，静电泄漏电阻在1.0×10^{5}～1.0×10^{8} Ω之间；

3 采取的降低噪声和隔声措施应恰当。

12.2.6 室内空调环境检测应符合下列要求：

1 室内CO含量率小于10×10^{-6} g/m^3；

2 室内CO_2含量率小于$1\,000\times10^{-6}$ g/m^3。

12.2.7 室内噪声测试推荐值：办公室40～45 dBA，智能化子系统的监控室35～40 dBA。

12.3 竣工验收

12.3.1 环境的验收仅限于对系统的检测结果进行复核，本章第12.2节规定的各项指标符合要求，则环境竣工验收合格。

13 住宅(小区)智能化

13.1 一般规定

13.1.1 本章适用于建筑工程中的新建、扩建或改建的民用住宅和住宅小区智能化的工程实施及质量控制、系统检测和竣工验收。

13.1.2 住宅(小区)智能化应包括火灾自动报警及消防联动系统、安全防范系统、通信网络系统、信息网络系统、监控与管理系统、家庭控制器、综合布线系统、电源和接地、环境、室外设备及管网等。

13.1.3 火灾自动报警及消防联动系统包括的内容在本规范第7章规定的基础上,应增加家居可燃气体泄漏报警系统。

13.1.4 安全防范系统包括的内容在本规范第8章规定的基础上,应增加访客对讲系统。

13.1.5 通信网络系统应包括通信系统、卫星数字电视及有线电视系统等。

13.1.6 信息网络系统应包括计算机网络系统、控制网络系统等。

13.1.7 监控与管理系统应包括表具数据自动抄收及远传系统、建筑设备监控系统、公共广播与紧急广播系统、住宅(小区)物业管理系统等。

13.1.8 家庭控制器的功能应包括家庭报警、家庭紧急求助、家用电器监控、表具数据采集及处理、通信网络和信息网络接口等。

13.1.9 住宅(小区)智能化的工程实施及质量控制应执行本规范第3.3节的规定。

13.1.10 设备安装质量检查

1 火灾自动报警及消防联动系统设备安装质量应符合《火灾自动报警系统施工及验收规范》GB 50166的要求。

2 其他系统的设备安装质量应符合本规范第4、5、6、8、9章有关规定。

13.2 系统检测

13.2.1 住宅(小区)智能化的系统检测应在工程安装调试完成、经过不少于1个月的系统试运行、具备正常投运条件后进行。

13.2.2 住宅(小区)智能化的系统检测应以系统功能检测为主,结合设备安装质量检查、设备功能和性能检测及相关内容进行。

13.2.3 住宅(小区)智能化的系统检测应依据工程合同技术文件、施工图设计文件、设计变更审核文件、设备及相关产品技术文件进行。

13.2.4 住宅(小区)智能化进行系统检测时,应提供以下工程实施及质量控制记录:

1 设备材料进场检验记录;

2 隐蔽工程和随工检验记录;

3 工程安装质量及观感质量验收记录;

4 设备及系统自检记录;

5 系统试运行记录。

13.2.5 通信网络系统、信息网络系统、综合布线系统、电源与接地、环境的系统检测应执行本规范第4、5、9、11、12章有关规定。

13.2.6 其他系统的系统检测应按本章第13.3至13.7节的规定进行。

13.3 火灾自动报警及消防联动系统检测

Ⅰ 主控项目

13.3.1 火灾自动报警及消防联动系统功能检测除符合本规范第7章规定外,还应符合下列要求:

1 可燃气体泄漏报警系统的可靠性检测。

2 可燃气体泄漏报警时自动切断气源及打开排气装置的功能检测。

3 已纳入火灾自动报警及消防联动系统的探测器不得重复接入家庭控制器。

13.4 安全防范系统检测

13.4.1 视频安防监控系统、入侵报警系统、出入口控制(门禁)系统、巡更管理系统和停车场(库)管理系统的检测应按本规范第8章有关规定执行。

Ⅰ 主 控 项 目

13.4.2 访客对讲系统的检测应符合下列要求:

1 室内机门铃提示、访客通话及与管理员通话应清晰,通话保密功能与室内开启单元门的开锁功能应符合设计要求;

2 门口机呼叫住户和管理员机的功能、CCD红外夜视(可视对讲)功能、电控锁密码开锁功能、在火警等紧急情况下电控锁的自动释放功能应符合设计要求;

3 管理员机与门口机的通信及联网管理功能,管理员机与门口机、室内机互相呼叫和通话的功能应符合设计要求;

4 市电掉电后,备用电源应能保证系统正常工作8小时以上。

Ⅱ 一 般 项 目

13.4.3 访客对讲系统室内机应具有自动定时关机功能,可视访客图像应清晰;管理员机对门口机的图像可进行监视。

13.5 监控与管理系统检测

Ⅰ 主 控 项 目

13.5.1 表具数据自动抄收及远传系统的检测应符合下列要求:

1 水、电、气、热(冷)能等表具应采用现场计量、数据远传,选用的表具应符合国家产品标准,表具应具有产品合格证书和计量检定证书;

2 水、电、气、热(冷)能等表具远程传输的各种数据,通过系统可进行查询、统计、打印、费用计算等;

3 电源断电时,系统不应出现误读数并有数据保存措施,数据保存至少四个月以上;电源恢复后,保存数据不应丢失;

4 系统应具有时钟、故障报警、防破坏报警功能。

13.5.2 建筑设备监控系统除参照本规范第6章有关规定外,还应具备饮用水蓄水池过滤设备、消毒设备的故障报警的功能。

13.5.3 公共广播与紧急广播系统的检测应符合本规范第4.2.10条的要求。

13.5.4 住宅(小区)物业管理系统的检测除执行本规范第5.4节规定外,还应进行以下内容的检测,使用功能满足设计要求的为合格,否则为不合格。

1 住宅(小区)物业管理系统应包括住户人员管理、住户房产维修、住户物业费等各项费用的查询及收取、住宅(小区)公共设施管理、住宅(小区)工程图纸管理等;

2 信息服务项目可包括家政服务、电子商务、远程教育、远程医疗、电子银行、娱乐等;应按设计要求的内容进行检测；

3 物业管理公司人事管理、企业管理和财务管理等内容的检测应根据设计要求进行；

4 住宅(小区)物业管理系统的信息安全要求应符合本规范第 5.5 节的要求。

Ⅱ 一 般 项 目

13.5.5 表具现场采集的数据与远传的数据应一致，每类表具总数达到 100 个及以上的按 10%抽检，少于 100 个的抽检 10 个。

13.5.6 建筑设备监控系统除执行本规范第 6.3 节有关规定外，还应进行以下内容的检测：

1 室外园区艺术照明的开启、关闭时间设定、控制回路的开启设定和灯光场景的设定及照度调整；

2 园林绿化浇灌水泵的控制、监视功能和中水设备的控制、监视功能。

13.5.7 住宅(小区)物业管理系统房产出租、房产二次装修管理、住户投诉处理、数据资料的记录、保存、查询等功能检测可按本规范第 5.4 节有关内容进行。

13.6 家庭控制器检测

13.6.1 家庭控制器检测应包括家庭报警、家庭紧急求助、家用电器监控、表具数据采集及处理、通信网络和信息网络接口等内容。家庭控制器与表具数据抄收及远传系统、通信网络和信息网络的接口的检测应按本章中第 3.2.7 条的规定执行。

Ⅰ 主 控 项 目

13.6.2 家庭报警功能的检测应符合下列要求：

1 感烟探测器、感温探测器、燃气探测器的检测应符合国家现行产品标准的要求；

2 入侵报警探测器的检测应执行本规范第 8.3.7 条的规定；

3 家庭报警的撤防、布防转换及控制功能。

13.6.3 家庭紧急求助报警装置的检测应符合下列要求：

1 可靠性：准确、及时的传输紧急求助信号；

2 可操作性：老年人和未成年人在紧急情况下应能方便地发出求助信号；

3 应具有防破坏和故障报警功能。

13.6.4 家用电器的监控功能的检测应符合设计要求。

13.6.5 家庭控制器应对误操作或出现故障报警时具有相应的处理能力。

13.6.6 无线报警的发射频率及功率的检测。

Ⅱ 一 般 项 目

13.6.7 家庭紧急求助报警装置的检测应符合下列要求：

1 每户宜安装一处以上的紧急求助报警装置(如：起居室、卧室等)；

2 紧急求助报警装置宜有一种以上的报警方式(如手动、遥控、感应等)；

3 报警信号宜区别求助内容；

4 紧急求助报警装置宜加夜间显示。

13.7 室外设备及管网

Ⅰ 主 控 项 目

13.7.1 安装在室外的设备箱应有防水、防潮、防晒、防锈等措施；设备浪涌过电压防护器设置、接地联结应符合国家现行标准及设计要求。

13.7.2 室外电缆导管及线路敷设，应执行《建筑电气工程施工质量验收规范》GB 50303 中有关规定。

13.8 竣工验收

13.8.1 住宅(小区)智能化的竣工验收应在系统正常连续投运时间不少于3个月后进行；

13.8.2 竣工验收文件和记录应包括以下内容：

1 工程实施及质量控制记录；

2 设备和系统检测记录；

3 竣工图纸和竣工技术文件；

4 技术、使用和维护手册；

5 其他文件包括：

1)工程合同及技术文件；

2)相关工程质量事故报告等。

13.8.3 各子系统可以分别验收，应作好验收记录，签署验收意见。

附录A 施工现场质量管理检查记录

表 A.0.1 施工现场质量管理检查记录

编号：

<table>
<tr><td>系统名称</td><td colspan="3"></td><td>施工许可证(开工证)</td><td></td></tr>
<tr><td>建设单位</td><td colspan="3"></td><td>项目负责人</td><td></td></tr>
<tr><td>设计单位</td><td colspan="3"></td><td>项目负责人</td><td></td></tr>
<tr><td>监理单位</td><td colspan="3"></td><td>总监理工程师</td><td></td></tr>
<tr><td>施工单位</td><td></td><td>项目经理</td><td></td><td>项目技术负责人</td><td></td></tr>
<tr><td>序号</td><td colspan="2">项 目</td><td colspan="3">内 容</td></tr>
<tr><td>1</td><td colspan="2">现场质量管理检查制度</td><td colspan="3"></td></tr>
<tr><td>2</td><td colspan="2">施工安全技术措施</td><td colspan="3"></td></tr>
<tr><td>3</td><td colspan="2">主要专业工种操作上岗证书</td><td colspan="3"></td></tr>
<tr><td>4</td><td colspan="2">分包方确认与管理制度</td><td colspan="3"></td></tr>
<tr><td>5</td><td colspan="2">施工图审查情况</td><td colspan="3"></td></tr>
</table>

续上表

序号	项　　目	内　　容
6	施工组织设计、施工方案及审批	
7	施工技术标准	
8	工程质量检验制度	
9	现场设备、材料存放与管理	
10	检测设备、计量仪表检验	
11	开工报告	
12		
检查结论： 总监理工程师 （建设单位项目负责人）年 月 日		

附录 B　工程实施及质量控制记录

表 B.0.1　设备材料进场检验表

编号：

系统名称：________　　　　工程施工单位：________

序号	产品名称	规格、型号、产地	主要性能/功能	数量	包装及外观	检验结果		备　注
						合格	不合格	
施工单位人员签名：			监理工程师(或建设单位)签名：			检测日期：		
注：1. 在检查结果栏，按实际情况在相应空格内打“√”，左列打“√”视为合格，右列打“√”视为不合格。 2. 备注格内填写产品的检测报告和记录是否齐备和主要检测实施人姓名。								

表 B.0.2 隐蔽工程(随工检查)验收表

系统名称:________ 编号:

<table>
<tr><td colspan="2">建设单位</td><td colspan="2">施工单位</td><td colspan="2">监理单位</td></tr>
<tr><td colspan="2"></td><td colspan="2"></td><td colspan="2"></td></tr>
<tr><td rowspan="5">隐蔽工程(随工检查)内容与检查结果</td><td rowspan="2">检查内容</td><td colspan="4">检 查 结 果</td></tr>
<tr><td colspan="2">安装质量</td><td>楼层(部位)</td><td>图号</td></tr>
<tr><td></td><td colspan="2"></td><td></td><td></td></tr>
<tr><td></td><td colspan="2"></td><td></td><td></td></tr>
<tr><td></td><td colspan="2"></td><td></td><td></td></tr>
<tr><td colspan="2">验收意见</td><td colspan="4"></td></tr>
<tr><td colspan="2">建设单位/总包单位</td><td colspan="2">施工单位</td><td colspan="2">监理单位</td></tr>
<tr><td colspan="2">验收人:
日期:
盖章:</td><td colspan="2">验收人:
日期:
盖章:</td><td colspan="2">验收人:
日期:
盖章:</td></tr>
<tr><td colspan="6">注:1. 检查内容包括:1)管道排列、走向、弯曲处理、固定方式;2)管道连接、管道搭铁、接地;3)管口安放护圈标识;4)接线盒及桥架加盖;5)线缆对管道及线间绝缘电阻;6)线缆接头处理等。
2. 检查结果的安装质量栏内,按检查内容序号,合格的打“√”,不合格的打“×”,并注明对应的楼层(部位)、图号。
3. 综合安装质量的检查结果,在验收意见栏内填写验收意见并扼要说明情况。</td></tr>
</table>

表 B.0.3　更改审核表

系统(工程)名称：________　　　　　　　　　　　　　　　　编号：

<table>
<tr><td>更改内容</td><td>更改原因</td><td>原 为</td><td>更改为</td></tr>
<tr><td></td><td></td><td></td><td></td></tr>
<tr><td></td><td></td><td></td><td></td></tr>
<tr><td></td><td></td><td></td><td></td></tr>
<tr><td></td><td></td><td></td><td></td></tr>
<tr><td></td><td></td><td></td><td></td></tr>
<tr><td></td><td></td><td></td><td></td></tr>
<tr><td colspan="2">申请：　　　日期：</td><td rowspan="4">分发单位</td><td></td></tr>
<tr><td colspan="2">审核：　　　日期：</td><td></td></tr>
<tr><td colspan="2">批准：　　　日期：</td><td></td></tr>
<tr><td colspan="2">更改实施日期：</td><td></td></tr>
</table>

表 B.0.4 工程安装质量及观感质量验收记录

编号：

系统(工程)名称：________ 工程安装单位：________

<table>
<tr><th rowspan="2">设备名称</th><th rowspan="2">项目</th><th rowspan="2">要求</th><th rowspan="2">方法</th><th rowspan="2">主观评价</th><th colspan="2">检查结果</th><th rowspan="2">抽查百分数</th></tr>
<tr><th>合格</th><th>不合格</th></tr>
<tr><td></td><td></td><td></td><td></td><td></td><td></td><td></td><td></td></tr>
<tr><td></td><td></td><td></td><td></td><td></td><td></td><td></td><td></td></tr>
<tr><td></td><td></td><td></td><td></td><td></td><td></td><td></td><td></td></tr>
<tr><td></td><td></td><td></td><td></td><td></td><td></td><td></td><td></td></tr>
<tr><td></td><td></td><td></td><td></td><td></td><td></td><td></td><td></td></tr>
<tr><td></td><td></td><td></td><td></td><td></td><td></td><td></td><td></td></tr>
<tr><td>检查结果</td><td colspan="3"></td><td>安装质量
检查结论</td><td colspan="3"></td></tr>
<tr><td colspan="4">施工单位人员签名：</td><td colspan="3">监理工程师(建设单位)签名：</td><td>验收日期：</td></tr>
<tr><td colspan="8">注：1. 在检查结果栏，按实际情况在相应空格内打“√”(左列打“√”，视为合格；右列打“√”，视为不合格)。
2. 检查结果：K_s(合格率)＝合格数/项目检查数(项目检查数如无要求或实际缺项未检查的，不计在内)。
3. 检查结论：K_s(合格率)≥0.8，判为合格；K_s<0.8，判为不合格；必要时作简要说明。
4. 主观评价栏内填写主观评价意见，分“符合要求”和“不符合要求”；不符合要求者注明主要问题。</td></tr>
</table>

表 B. 0. 5　系统试运行记录

编号：

系统名称：________　　建设(使用)单位：________

设计、施工单位：________

日期/时间	系统运行情况	备 注	值班人
值班长签名：		建设单位代表签名：	
注：系统运行情况栏中，注明正常/不正常，并每班至少填写一次；不正常的在备注栏内扼要说明情况（包括修复日期）。			

附录C 检测记录

系统检测记录由检测机构专业人员填写。

表C.0.1 智能建筑工程分项工程质量检测记录表

编号：

单位(子单位)工程名称		子分部工程	
分项工程名称		验收部位	
施工单位		项目经理	
施工执行标准名称及编号			
分包单位		分包项目经理	

检测项目及抽检数量		检测记录	备注

检测意见： 监理工程师签字　　　　　　　　检测机构负责人签字 （建设单位项目专业技术负责人） 日期　　　　　　　　　　　　　日期

表 C.0.2 子系统检测记录表

编号：

<table>
<tr><td>系统名称</td><td></td><td>子系统名称</td><td></td><td>序号</td><td>检测部位</td><td></td></tr>
<tr><td>施工单位</td><td colspan="4"></td><td>项目经理</td><td></td></tr>
<tr><td>执行标准名称及编号</td><td colspan="6"></td></tr>
<tr><td>分包单位</td><td colspan="2"></td><td>分包项目经理</td><td colspan="3"></td></tr>
<tr><td rowspan="8">主控项目</td><td rowspan="2">系统检测内容</td><td rowspan="2">检测规范的规定</td><td rowspan="2">系统检测评定记录</td><td colspan="2">检测结果</td><td rowspan="2">备注</td></tr>
<tr><td>合格</td><td>不合格</td></tr>
<tr><td></td><td></td><td></td><td></td><td></td><td></td></tr>
<tr><td></td><td></td><td></td><td></td><td></td><td></td></tr>
<tr><td></td><td></td><td></td><td></td><td></td><td></td></tr>
<tr><td></td><td></td><td></td><td></td><td></td><td></td></tr>
<tr><td></td><td></td><td></td><td></td><td></td><td></td></tr>
<tr><td></td><td></td><td></td><td></td><td></td><td></td></tr>
<tr><td rowspan="3">一般项目</td><td></td><td></td><td></td><td></td><td></td><td></td></tr>
<tr><td></td><td></td><td></td><td></td><td></td><td></td></tr>
<tr><td></td><td></td><td></td><td></td><td></td><td></td></tr>
<tr><td rowspan="3">强制性条文</td><td></td><td></td><td></td><td></td><td></td><td></td></tr>
<tr><td></td><td></td><td></td><td></td><td></td><td></td></tr>
<tr><td></td><td></td><td></td><td></td><td></td><td></td></tr>
<tr><td colspan="7">检测机构的检测结论

检测负责人　　年　　月　　日</td></tr>
<tr><td colspan="7">注：1. 检测结果栏中，左列打“√”为合格，右列打“√”为不合格；
2. 备注栏内填写检测时出现的问题。</td></tr>
</table>

表 C.0.3 强制措施条文检测记录

编号：

<table>
<tr><td colspan="2">工程名称</td><td colspan="3"></td><td>结构类型</td><td></td></tr>
<tr><td colspan="2">建设单位</td><td colspan="3"></td><td>受检部位</td><td></td></tr>
<tr><td colspan="2">施工单位</td><td colspan="3"></td><td>负责人</td><td></td></tr>
<tr><td colspan="2">项目经理</td><td></td><td>技术负责人</td><td></td><td>开工日期</td><td></td></tr>
<tr><td colspan="7">检测依据《智能建筑工程施工质量验收规范》GB 50339—2003</td></tr>
<tr><td>条号</td><td colspan="2">项　目</td><td colspan="3">检 查 内 容</td><td>判定</td></tr>
<tr><td>5.5.2</td><td colspan="2">防火墙和防病毒软件</td><td colspan="3">检查产品销售许可证及符合相关规定</td><td></td></tr>
<tr><td>5.5.3</td><td colspan="2">智能建筑网络安全系统检查</td><td colspan="3">防火墙和防病毒软件的安全保障功能及可靠性</td><td></td></tr>
<tr><td>7.2.6</td><td colspan="2">检测消防控制室向建筑设备监控系统传输、显示火灾报警信息的一致性和可靠性</td><td colspan="3">1. 检测与建筑设备监控系统的接口
2. 对火灾报警的响应
3. 火灾运行模式</td><td></td></tr>
<tr><td>7.2.9</td><td colspan="2">新型消防设施的设置及功能检测</td><td colspan="3">1. 早期烟雾火灾报警系统
2. 大空间早期火灾智能检测系统
3. 大空间红外图像矩阵火灾报警及灭火系统
4. 可燃气体泄漏报警及联动控制系统</td><td></td></tr>
<tr><td>7.2.11</td><td colspan="2">安全防范系统对火灾自动报警的响应及火灾模式的功能检测</td><td colspan="3">1. 视频安防监控系统的录像、录音响应
2. 门禁系统的响应
3. 停车场(库)的控制响应
4. 安全防范管理系统的响应</td><td></td></tr>
<tr><td>11.1.7</td><td colspan="2">电源与接地系统</td><td colspan="3">1. 引接验收合格的电源和防雷接地装置
2. 智能化系统的接地装置
3. 防过流与防过压元件的接地装置
4. 防电磁干扰屏蔽的接地装置
5. 防静电接地装置</td><td></td></tr>
</table>

表 C.0.4　系统(分部工程)检测汇总表

编号：

系统名称：________　　设计、施工单位________

子系统名称	序号	内容及问题		检测结果	
				合格	不合格
检测机构项目负责人签名：			检测结论		
检测人员签名：				检测日期：	
注：在检测结果栏，按实际情况在相应空格内打"√"(左列打"√"，视为合格；右列打"√"，视为不合格)					

附录 D 分部(子分部)工程竣工验收记录

表 D.0.1 和表 D.0.2 由验收机构负责填写。

表 D.0.1 资料审查

系统名称：________ 编号：

<table>
<tr><td rowspan="3">序号</td><td rowspan="3">审查内容</td><td colspan="4">审 查 结 果</td><td rowspan="3">备 注</td></tr>
<tr><td colspan="2">完 整 性</td><td colspan="2">准 确 性</td></tr>
<tr><td>完整
(或有)</td><td>不完整
(或无)</td><td>合格</td><td>不合格</td></tr>
<tr><td>1</td><td>工程合同技术文件</td><td></td><td></td><td></td><td></td><td></td></tr>
<tr><td>2</td><td>设计更改审核</td><td></td><td></td><td></td><td></td><td></td></tr>
<tr><td>3</td><td>工程实施及质量控制检验报告及记录</td><td></td><td></td><td></td><td></td><td></td></tr>
<tr><td>4</td><td>系统检测报告及记录</td><td></td><td></td><td></td><td></td><td></td></tr>
<tr><td>5</td><td>系统的技术、操作和维护手册</td><td></td><td></td><td></td><td></td><td></td></tr>
<tr><td>6</td><td>竣工图及竣工文件</td><td></td><td></td><td></td><td></td><td></td></tr>
<tr><td>7</td><td>重大施工事故报告及处理</td><td></td><td></td><td></td><td></td><td></td></tr>
<tr><td>8</td><td>监理文件</td><td></td><td></td><td></td><td></td><td></td></tr>
<tr><td>9</td><td></td><td></td><td></td><td></td><td></td><td></td></tr>
<tr><td colspan="2">审查结果统计：</td><td colspan="2"></td><td>审查结论</td><td colspan="2"></td></tr>
<tr><td colspan="7">审核人员签名： 日期：</td></tr>
<tr><td colspan="7">注：1. 在审查结果栏，按实际情况在相应的空格内打“√”(左列打“√”，视为合格；右列打“√”，视为不合格)。
2. 存在的问题，在备注栏内注明
3. 根据行业要求，验收组可增加竣工验收要求的文件，填在空格内。</td></tr>
</table>

表 D. 0. 2　竣工验收结论汇总

编号：

系统名称：_______　　　　设计、施工单位：_______

工程实施及质量控制检验结论		验收人签名：　　年　月　日
系统检测结论		验收人签名：　　年　月　日
系统检测抽检结果		抽检人签名：　　年　月　日
观感质量验收		验收人签名：　　年　月　日
资料审查结论		审查人签名：　　年　月　日
人员培训考评结论		考评人签名：　　年　月　日
运行管理队伍及规章制度审查		审查人签名：　　年　月　日
设计等级要求评定		评定人签名：　　年　月　日
系统验收结论		验收小组(委员会)组长签名： 日期：
建议与要求： 验收组长、副组长(主任、副主任)签名：		
注：1. 本汇总表须附本附录所有表格、行业要求的其他文件及出席验收会与验收机构人员名单(签到)。 2. 验收结论一律填写“通过”或“不通过”。		

混凝土外加剂

目　次

4 代　　号

采用以下代号表示下列各种外加剂的类型：

早强型高性能减水剂：HPWR-A；

标准型高性能减水剂：HPWR-S；

缓凝型高性能减水剂：HPWR-R；

标准型高效减水剂：HWR-S；

缓凝型高效减水剂：HWR-R；

早强型普通减水剂：WR-A；

标准型普通减水剂：WR-S；

缓凝型普通减水剂：WR-R；

引气减水剂：AEWR；

泵送剂：PA；

早强剂：Ac；

缓凝剂：Re；

引气剂：AE。

5 要　　求

5.1 受检混凝土性能指标

掺外加剂混凝土的性能应符合表 1 的要求。

5.2 匀质性指标

匀质性指标应符合表 2 的要求。

表 1　受检混凝土性能指标

项　　目		外加剂品种												
		高性能减水剂 HPWR			高效减水剂 HWR		普通减水剂 WR			引气减水剂 AEWR	泵送剂 PA	早强剂 Ac	缓凝剂 Re	引气剂 AE
		早强型 HPWR-A	标准型 HPWR-S	缓凝型 HPWR-R	标准型 HWR-S	缓凝型 HWR-R	早强型 WR-A	标准型 WR-S	缓凝型 WR-R					
减水率/%,不小于		25	25	25	14	14	8	8	8	10	12	—	—	6
泌水率比/%,不大于		50	60	70	90	100	95	100	100	70	70	100	100	70
含气量/%		≤6.0	≤6.0	≤6.0	≤3.0	≤4.5	≤4.0	≤4.0	≤5.5	≥3.0	≤5.5	—	—	≥3.0
凝结时间之差/min	初凝	−90～+90	−90～+120	>+90	−90～+120	>+90	−90～+90	−90～+120	>+90	−90～+120	—	−90～+90	>+90	−90～+120
	终凝			—		—			—			—	—	
1 h经时变化量	坍落度/mm	—	≤80	≤60	—	—	—	—	—	—	≤80	—	—	—
	含气量/%	—	—	—						−1.5～+1.5	—			−1.5～+1.5
抗压强度比/%,不小于	1 d	180	170	—	140	—	135	—	—	—	—	135	—	—
	3 d	170	160	—	130	—	130	115	—	115	—	130	—	95
	7 d	145	150	140	125	125	110	115	110	110	115	110	100	95
	28 d	130	140	130	120	120	100	110	110	100	110	100	100	90
收缩率比/%,不大于	28d	110	110	110	135	135	135	135	135	135	135	135	135	135
相对耐久性(200 次)/%,不小于		—	—	—	—	—	—	—	—	80	—	—	—	80

注 1:表 1 中抗压强度比、收缩率比、相对耐久性为强制性指标,其余为推荐性指标。

注 2:除含气量和相对耐久性外,表中所列数据为掺外加剂混凝土与基准混凝土的差值或比值。

注 3:凝结时间之差性能指标中的“−”号表示提前,“+”号表示延缓。

注 4:相对耐久性(200 次)性能指标中的“≥80”表示将 28 d 龄期的受检混凝土试件快速冻融循环 200 次后,动弹性模量保留值≥80%。

注 5:1 h 含气量经时变化量指标中的“−”号表示含气量增加,“+”号表示含气量减少。

注 6:其他品种的外加剂是否需要测定相对耐久性指标,由供、需双方协商确定。

注 7:当用户对泵送剂等产品有特殊要求时,需要进行的补充试验项目、试验方法及指标,由供需双方协商决定。

表 2 匀质性指标

项目	指标
氯离子含量/%	不超过生产厂控制值
总碱量/%	不超过生产厂控制值
含固量/%	$S>25\%$时，应控制在 $0.95S\sim1.05S$； $S\leqslant25\%$时，应控制在 $0.90S\sim1.10S$
含水率/%	$W>5\%$时，应控制在 $0.90W\sim1.10W$； $W\leqslant5\%$时，应控制在 $0.80W\sim1.20W$
密度/(g/cm³)	$D>1.1$ 时，应控制在 $D\pm0.03$； $D\leqslant1.1$ 时，应控制在 $D\pm0.02$
细度	应在生产厂控制范围内
pH 值	应在生产厂控制范围内
硫酸钠含量/%	不超过生产厂控制值

注 1：生产厂应在相关的技术资料中明示产品匀质性指标的控制值；
注 2：对相同和不同批次之间的匀质性和等效性的其他要求，可由供需双方商定；
注 3：表中的 S、W 和 D 分别为含固量、含水率和密度的生产厂控制值。

6 试验方法

6.1 材料

6.1.1 水泥

采用本标准附录 A 规定的水泥。

6.1.2 砂

符合 GB/T 14684 中Ⅱ区要求的中砂，但细度模数为 2.6～2.9，含泥量小于 1%。

6.1.3 石子

符合 GB/T 14685 要求的公称粒径为 5～20 mm 的碎石或卵石，采用二级配，其中5～10 mm 占 40%，10～20 mm 占 60%，满足连续级配要求，针片状物质含量小于 10%，空隙率小于 47%，含泥量小于 0.5%。如有争议，以碎石结果为准。

6.1.4 水

符合 JGJ 63 混凝土拌和用水的技术要求。

6.1.5 外加剂

需要检测的外加剂。

6.2 配合比

基准混凝土配合比按 JGJ 55 进行设计。掺非引气型外加剂的受检混凝土和其对应的基准混凝土的水泥、砂、石的比例相同。配合比设计应符合以下规定：

a)水泥用量：掺高性能减水剂或泵送剂的基准混凝土和受检混凝土的单位水泥用量为 360 kg/m³；掺其他外加剂的基准混凝土和受检混凝土单位水泥用量为 330 kg/m³。

b)砂率：掺高性能减水剂或泵送剂的基准混凝土和受检混凝土的砂率均为 43%～47%；掺其他外加剂的基准混凝土和受检混凝土的砂率为 36%～40%；但掺引气减水剂或引气剂的

受检混凝土的砂率应比基准混凝土的砂率低1%～3%。

c)外加剂掺量:按生产厂家指定掺量。

d)用水量:掺高性能减水剂或泵送剂的基准混凝土和受检混凝土的坍落度控制在(210±10)mm，用水量为坍落度在(210±10)mm时的最小用水量;掺其他外加剂的基准混凝土和受检混凝土的坍落度控制在(80±10)mm。

用水量包括液体外加剂、砂、石材料中所含的水量。

6.3 混凝土搅拌

采用符合JG 3036要求的公称容量为60 L的单卧轴式强制搅拌机。搅拌机的拌合量应不少于20 L,不宜大于45 L。

外加剂为粉状时,将水泥、砂、石、外加剂一次投入搅拌机,干拌均匀,再加入拌合水,一起搅拌2 min。外加剂为液体时,将水泥、砂、石一次投入搅拌机,干拌均匀,再加入掺有外加剂的拌合水一起搅拌2 min。

出料后,在铁板上用人工翻拌至均匀,再行试验。各种混凝土试验材料及环境温度均应保持在(20±3)℃。

6.4 试件制作及试验所需试件数量

6.4.1 试件制作

混凝土试件制作及养护按GB/T 50080进行,但混凝土预养温度为(20±3)℃。

6.4.2 试验项目及数量

试验项目及数量详见表3。

表3 试验项目及所需数量

试验项目	外加剂类别	试验类别	试验所需数量			
			混凝土拌合批数	每批取样数目	基准混凝土总取样数目	受检混凝土总取样数目
减水率	除早强剂、缓凝剂外的各种外加剂	混凝土拌合物	3	1次	3次	3次
泌水率比	各种外加剂		3	1个	3个	3个
含气量			3	1个	3个	3个
凝结时间差			3	1个	3个	3个
1 h经时变化量—坍落度	高性能减水剂、泵送剂		3	1个	3个	3个
1 h经时变化量—含气量	引气剂、引气减水剂		3	1个	3个	3个
抗压强度比	各种外加剂	硬化混凝土	3	6、9或12块	18、27或36块	18、27或36块
收缩率比			3	1条	3条	3条
相对耐久性	引气减水剂、引气剂	硬化混凝土	3	1条	3条	3条

注1:试验时,检验同一种外加剂的三批混凝土的制作宜在开始试验一周内的不同日期完成。对比的基准混凝土和受检混凝土应同时成型。

注2:试验龄期参考表1试验项目栏。

注3:试验前后应仔细观察试样,对有明显缺陷的试样和试验结果都应舍除。

6.5 混凝土拌合物性能试验方法

6.5.1 坍落度和坍落度 1 h 经时变化量测定

每批混凝土取一个试样。坍落度和坍落度 1 小时经时变化量均以三次试验结果的平均值表示。三次试验的最大值和最小值与中间值之差有一个超过 10 mm 时,将最大值和最小值一并舍去,取中间值作为该批的试验结果;最大值和最小值与中间值之差均超过 10 mm 时,则应重做。

坍落度及坍落度 1 小时经时变化量测定值以 mm 表示,结果表达修约到 5 mm。

6.5.1.1 坍落度测定

混凝土坍落度按照 GB/T 50080 测定;但坍落度为(210±10)mm 的混凝土,分两层装料,每层装入高度为筒高的一半,每层用插捣棒插捣 15 次。

6.5.1.2 坍落度 1 h 经时变化量测定

当要求测定此项时,应将按照 6.3 搅拌的混凝土留下足够一次混凝土坍落度的试验数量,并装入用湿布擦过的试样筒内,容器加盖,静置至 1 h(从加水搅拌时开始计算),然后倒出,在铁板上用铁锹翻拌至均匀后,再按照坍落度测定方法测定坍落度。计算出机时和 1 h 之后的坍落度之差值,即得到坍落度的经时变化量。

坍落度 1 h 经时变化量按式(1)计算:

$$\Delta Sl = Sl_0 - Sl_{1h} \tag{1}$$

式中 ΔSl———坍落度经时变化量,单位为毫米(mm);

Sl_0———出机时测得的坍落度,单位为毫米(mm);

Sl_{1h}———1 h 后测得的坍落度,单位为毫米(mm)。

6.5.2 减水率测定

减水率为坍落度基本相同时,基准混凝土和受检混凝土单位用水量之差与基准混凝土单位用水量之比。减水率按式(2)计算,应精确到 0.1%。

$$W_R = \frac{W_0 - W_1}{W_0} \times 100 \tag{2}$$

式中 W_R——减水率,%;

W_0——基准混凝土单位用水量,单位为千克每立方米(kg/m^3);

W_1——受检混凝土单位用水量,单位为千克每立方米(kg/m^3)。

W_R 以三批试验的算术平均值计,精确到 1%。若三批试验的最大值或最小值中有一个与中间值之差超过中间值的 15%时,则把最大值与最小值一并舍去,取中间值作为该组试验的减水率。若有两个测值与中间值之差均超过 15%时,则该批试验结果无效,应该重做。

6.5.3 泌水率比测定

泌水率比按式(3)计算,应精确到 1%。

$$R_B = \frac{B_t}{B_c} \times 100 \tag{3}$$

式中 R_B——泌水率比,%;

B_t——受检混凝土泌水率,%;

B_c——基准混凝土泌水率,%。

泌水率的测定和计算方法如下:

先用湿布润湿容积为 5 L 的带盖筒(内径为 185 mm,高 200 mm),将混凝土拌合物一次装入,在振动台上振动 20 s,然后用抹刀轻轻抹平,加盖以防水分蒸发。试样表面应比筒口边低约 20 mm。自抹面开始计算时间,在前 60 min,每隔 10 min 用吸液管吸出泌水一次,以后每隔 20 min 吸水一次,直至连续三次无泌水为止。每次吸水前 5 min,应将筒底一侧垫高约 20 mm,使筒倾斜,以便于吸水。吸水后,将筒轻轻放平盖好。将每次吸出的水都注入带塞量筒,最后计算出总的泌水量,精确至 1 g,并按式(4)、式(5)计算泌水率:

$$B=\frac{V_W}{(W/G)G_W}\times 100 \tag{4}$$

$$G_W=G_1-G_0 \tag{5}$$

式中 B——泌水率,%;

V_W——泌水总质量,单位为克(g);

W——混凝土拌合物的用水量,单位为克(g);

G——混凝土拌合物的总质量,单位为克(g);

G_W——试样质量,单位为克(g);

G_1——筒及试样质量,单位为克(g);

G_0——筒质量,单位为克(g)。

试验时,从每批混凝土拌合物中取一个试样,泌水率取三个试样的算术平均值,精确到 0.1%。若三个试样的最大值或最小值中有一个与中间值之差大于中间值的 15%,则把最大值与最小值一并舍去,取中间值作为该组试验的泌水率,如果最大值和最小值与中间值之差均大于中间值的 15%时,则应重做。

6.5.4 含气量和含气量 1 h 经时变化量的测定

试验时,从每批混凝土拌合物取一个试样,含气量以三个试样测值的算术平均值来表示。若三个试样中的最大值或最小值中有一个与中间值之差超过 0.5%时,将最大值与最小值一并舍去,取中间值作为该批的试验结果;如果最大值与最小值与中间值之差均超过 0.5%,则应重做。含气量和 1 h 经时变化量测定值精确到 0.1%。

6.5.4.1 含气量测定

按 GB/T 50080 用气水混合式含气量测定仪,并按仪器说明进行操作,但混凝土拌合物应一次装满并稍高于容器,用振动台振实 15 s~20 s。

6.5.4.2 含气量 1 h 经时变化量测定

当要求测定此项时,将按照 6.3 搅拌的混凝土留下足够一次含气量试验的数量,并装入用湿布擦过的试样筒内,容器加盖,静置至 1 h(从加水搅拌时开始计算),然后倒出,在铁板上用铁锹翻拌均匀后,再按照含气量测定方法测定含气量。计算出机时和 1 h 之后的含气量之差值,即得到含气量的经时变化量。

含气量 1 h 经时变化量按式(6)计算:

$$\Delta A=A_0-A_{1h} \tag{6}$$

式中 ΔA——含气量经时变化量,%;

A_0——出机后测得的含气量,%;

A_{1h}——1 小时后测得的含气量,%。

6.5.5 凝结时间差测定

凝结时间差按式(7)计算:

$$\Delta T = T_t - T_c \tag{7}$$

式中 ΔT——凝结时间之差，单位为分钟(min)；

T_t——受检混凝土的初凝或终凝时间，单位为分钟(min)；

T_c——基准混凝土的初凝或终凝时间，单位为分钟(min)。

凝结时间采用贯入阻力仪测定，仪器精度为 10 N，凝结时间测定方法如下：

将混凝土拌合物用 5 mm(圆孔筛)振动筛筛出砂浆，拌匀后装入上口内径为 160 mm，下口内径为 150 mm，净高 150 mm 的刚性不渗水的金属圆筒，试样表面应略低于筒口约 10 mm，用振动台振实，约 3 s～5 s，置于(20±2)℃的环境中，容器加盖。一般基准混凝土在成型后 3 h～4 h，掺早强剂的在成型后 1 h～2 h，掺缓凝剂的在成型后 4 h～6 h 开始测定，以后每 0.5 h 或 1 h 测定一次，但在临近初、终凝时，可以缩短测定间隔时间。每次测点应避开前一次测孔，其净距为试针直径的 2 倍，但至少不小于 15 mm，试针与容器边缘之距离不小于 25 mm。测定初凝时间用截面积为 100 mm^2 的试针，测定终凝时间用 20 mm^2 的试针。

测试时，将砂浆试样筒置于贯入阻力仪上，测针端部与砂浆表面接触，然后在(10±2) s 内均匀地使测针贯入砂浆(25±2) mm 深度。记录贯入阻力，精确至 10 N，记录测量时间，精确至 1 min。贯入阻力按式(8)计算，精确到 0.1 MPa。

$$R = \frac{P}{A} \tag{8}$$

式中 R——贯入阻力值，单位为兆帕(MPa)；

P——贯入深度达 25 mm 时所需的净压力，单位为牛顿(N)；

A——贯入阻力仪试针的截面积，单位为平方毫米(mm^2)。

根据计算结果，以贯入阻力值为纵坐标，测试时间为横坐标，绘制贯入阻力值与时间关系曲线，求出贯入阻力值达 3.5 MPa 时，对应的时间作为初凝时间；贯入阻力值达 28 MPa 时，对应的时间作为终凝时间。从水泥与水接触时开始计算凝结时间。

试验时，每批混凝土拌合物取一个试样，凝结时间取三个试样的平均值。若三批试验的最大值或最小值之中有一个与中间值之差超过 30 min，把最大值与最小值一并舍去，取中间值作为该组试验的凝结时间。若两测值与中间值之差均超过 30 min 组试验结果无效，则应重做。凝结时间以 min 表示，并修约到 5 min。

6.6 硬化混凝土性能试验方法

6.6.1 抗压强度比测定

抗压强度比以掺外加剂混凝土与基准混凝土同龄期抗压强度之比表示，按式(9)计算，精确到 1%。

$$R_f = \frac{f_t}{f_c} \times 100 \tag{9}$$

式中 R_f——抗压强度比，%；

f_t——受检混凝土的抗压强度，单位为兆帕(MPa)；

f_c——基准混凝土的抗压强度，单位为兆帕(MPa)。

受检混凝土与基准混凝土的抗压强度按 GB/T 50081 进行试验和计算。试件制作时，用振动台振动 15 s～20 s。试件预养温度为(20±3)℃。试验结果以三批试验测值的平均值表示，若三批试验中有一批的最大值或最小值与中间值的差值超过中间值的 15%，则把最大值与最小值一并舍去，取中间值作为该批的试验结果，如有两批测值与中间值的差均超过中间值的 15%，则试验结果无效，应该重做。

6.6.2 收缩率比测定

收缩率比以 28 d 龄期时受检混凝土与基准混凝土的收缩率的比值表示，按(10)式计算：

$$R_{\varepsilon}=\frac{\varepsilon_t}{\varepsilon_c}\times 100 \tag{10}$$

式中 R_{ε}——收缩率比，%；

ε_t——受检混凝土的收缩率，%；

ε_c——基准混凝土的收缩率，%。

受检混凝土及基准混凝土的收缩率按 GBJ 82 测定和计算。试件用振动台成型，振动(15～20)s。每批混凝土拌合物取一个试样，以三个试样收缩率比的算术平均值表示，计算精确 1%。

6.6.3 相对耐久性试验

按 GBJ 82 进行，试件采用振动台成型，振动 15 s～20 s，标准养护 28 d 后进行冻融循环试验(快冻法)。

相对耐久性指标是以掺外加剂混凝土冻融 200 次后的动弹性模量是否不小于 80%来评定外加剂的质量。每批混凝土拌合物取一个试样，相对动弹性模量以三个试件测值的算术平均值表示。

6.7 匀质性试验方法

6.7.1 氯离子含量测定

氯离子含量按 GB/T 8077 进行测定，或按本标准附录 B 的方法测定，仲裁时采用附录 B 的方法。

6.7.2 含固量、总碱量、含水率、密度、细度、pH 值、硫酸钠含量的测定

按 GB/T 8077 进行。

7 检验规则

7.1 取样及批号

7.1.1 点样和混合样

点样是在一次生产产品时所取得的一个试样。混合样是三个或更多的点样等量均匀混合而取得的试样。

7.1.2 批 号

生产厂应根据产量和生产设备条件，将产品分批编号。掺量大于 1%(含 1%)同品种的外加剂每一批号为 100 t，掺量小于 1%的外加剂每一批号为 50 t。不足 100 t 或 50 t 的也应按一个批量计，同一批号的产品必须混合均匀。

7.1.3 取样数量

每一批号取样量不少于 0.2 t 水泥所需用的外加剂量。

7.2 试样及留样

每一批号取样应充分混匀，分为两等份，其中一份按表 1 和表 2 规定的项目进行试验，另一份密封保存半年，以备有疑问时，提交国家指定的检验机关进行复验或仲裁。

7.3　检验分类

7.3.1　出厂检验

每批号外加剂的出厂检验项目，根据其品种不同按表 4 规定的项目进行检验。

7.3.2　型式检验

型式检验项目包括第 5 章全部性能指标。有下列情况之一者，应进行型式检验：

a)新产品或老产品转厂生产的试制定型鉴定；

b)正式生产后，如材料、工艺有较大改变，可能影响产品性能时；

表 4　外加剂测定项目

测定项目	外加剂品种													备注
	高性能减水剂 HPWR			高效减水剂 HWR		普通减水剂 WR			引气减水剂 AEWR	泵送剂 PA	早强剂 Ac	缓凝剂 Re	引气剂 AE	
	早强型 HPWR-A	标准型 HPWR-S	缓凝型 HPWR-R	标准型 HWR-S	缓凝型 HWR-R	早强型 WR-A	标准型 WR-S	缓凝型 WR-R						
含固量														液体外加剂必测
含水率														粉状外加剂必测
密度														液体外加剂必测
细度														粉状外加剂必测
pH 值	√	√	√	√	√	√	√	√	√	√	√	√	√	
氯离子含量	√	√	√	√	√	√	√	√	√	√	√	√	√	每 3 个月至少一次
硫酸钠含量				√	√	√					√			每 3 个月至少一次
总碱量	√	√	√	√	√	√	√	√	√	√	√	√	√	每年至少一次

c)正常生产时，一年至少进行一次检验；

d)产品长期停产后，恢复生产时；

e)出厂检验结果与上次型式检验结果有较大差异时；

f)国家质量监督机构提出进行型式试验要求时。

7.4　判定规则

7.4.1　出厂检验判定

型式检验报告在有效期内，且出厂检验结果符合表 2 的要求，可判定为该批产品检验合格。

7.4.2 型式检验判定

产品经检验,匀质性检验结果符合表 2 的要求;各种类型外加剂受检混凝土性能指标中,高性能减水剂及泵送剂的减水率和坍落度的经时变化量,其他减水剂的减水率、缓凝型外加剂的凝结时间差、引气型外加剂的含气量及其经时变化量、硬化混凝土的各项性能符合表 1 的要求,则判定该批号外加剂合格。如不符合上述要求时,则判该批号外加剂不合格。其余项目可作为参考指标。

7.5 复验

复验以封存样进行。如使用单位要求现场取样,应事先在供货合同中规定,并在生产和使用单位人员在场的情况下于现场取混合样,复验按照型式检验项目检验。

8 产品说明书、包装、贮存及退货

8.1 产品说明书

产品出厂时应提供产品说明书,产品说明书至少应包括下列内容:

a)生产厂名称;

b)产品名称及类型;

c)产品性能特点、主要成分及技术指标;

d)适用范围;

e)推荐掺量;

f)贮存条件及有效期,有效期从生产日期算起,企业根据产品性能自行规定;

g)使用方法、注意事项、安全防护提示等。

8.2 包装

粉状外加剂可采用有塑料袋衬里的编织袋包装;液体外加剂可采用塑料桶、金属桶包装。包装净质量误差不超过 1%。液体外加剂也可采用槽车散装。

所有包装容器上均应在明显位置注明以下内容:产品名称及类型、代号、执行标准、商标、净质量或体积、生产厂名及有效期限。生产日期和产品批号应在产品合格证上予以说明。

8.3 产品出厂

凡有下列情况之一者,不得出厂:技术文件(产品说明书、合格证、检验报告等)不全、包装不符、质量不足、产品受潮变质,以及超过有效期限。产品匀质性指标的控制值应在相关的技术资料中明示。

生产厂随货提供技术文件的内容应包括:产品名称及型号、出厂日期、特性及主要成分、适用范围及推荐掺量、外加剂总碱量、氯离子含量、安全防护提示、储存条件及有效期等。

外加剂的应用及有关事项参见附录 C。

8.4 贮存

外加剂应存放在专用仓库或固定的场所妥善保管,以易于识别,便于检查和提货为原则。搬运时应轻拿轻放,防止破损,运输时避免受潮。

8.5 退　货

使用单位在规定的存放条件和有效期限内，经复验发现外加剂性能与本标准不符时，则应予以退回或更换。

净质量和体积误差超过1%时，可以要求退货或补足。粉状的外加剂可取50包，液体的外加剂可取30桶(其他包装形式由双方协商)，称量取平均值计算。

凡无出厂文件或出厂技术文件不全，以及发现实物质量与出厂技术文件不符合，可退货。

附录A(规范性附录)　混凝土外加剂性能检验用基准水泥技术条件

基准水泥是检验混凝土外加剂性能的专用水泥，是由符合下列品质指标的硅酸盐水泥熟料与二水石膏共同粉磨而成的42.5强度等级的P.Ⅰ型硅酸盐水泥。基准水泥必须由经中国建材联合会混凝土外加剂分会与有关单位共同确认具备生产条件的工厂供给。

A.1　品质指标(除满足42.5强度等级硅酸盐水泥技术要求外)

A.1.1　熟料中铝酸三钙(C_3A)含量6%～8%。

A.1.2　熟料中硅酸三钙(C_3S)含量55%～60%。

A.1.3　熟料中游离氧化钙(fCaO)含量不得超过1.2%。

A.1.4　水泥中碱($Na_2O+0.658K_2O$)含量不得超过1.0%。

A.1.5　水泥比表面积$(350\pm10)m^2/kg$。

A.2　试验方法

A.2.1　游离氧化钙、氧化钾和氧化钠的测定，按GB/T 176进行。

A.2.2　水泥比表面积的测定，按GB/T 8074进行。

A.2.3　铝酸三钙和硅酸三钙含量由熟料中氧化钙、二氧化硅、三氧化二铝和三氧化二铁含量，按下式计算得：

$$C_3S=3.80\cdot SiO_2(3KH-2) \qquad (A.1)$$

$$C_3A=2.65\cdot(Al_2O_3-0.64Fe_2O_3) \qquad (A.2)$$

$$KH=\frac{CaO-fCaO-1.65Al_2O_3-0.35Fe_2O_3}{2.80SiO_2}\times100 \qquad (A.3)$$

式中：C_3S、C_3A、SiO_2、Al_2O_3、Fe_2O_3和fCaO分别表示该成分在熟料中所占的质量分数，数值以%表示；KH表示石灰饱和系数。

A.3　验收规则

A.3.1　基准水泥出厂15 t为一批号。每一批号应取三个有代表性的样品，分别测定比表面积，测定结果均须符合规定。

A.3.2　凡不符合本技术条件A.1中任何一项规定时，均不得出厂。

A.4　包装及贮运

采用结实牢固和密封良好的塑料桶包装。每桶净重$(25\pm0.5)kg$，桶中须有合格证，注明生产日期、批号。有效储存期为自生产之日起半年。

附录 B(规范性附录)　混凝土外加剂中氯离子含量的测定方法(离子色谱法)

B.1 范　围

本方法适用于混凝土外加剂中氯离子的测定。

B.2 方法提要

离子色谱法是液相色谱分析方法的一种,样品溶液经阴离子色谱柱分离,溶液中的阴离子 F^-、Cl^-、SO_4^{2-}、NO_3^- 被分离,同时被电导池检测。测定溶液中氯离子峰面积或峰高。

B.3 试剂和材料

a)氮气:纯度不小于 99.8%;

b)硝酸:优级纯;

c)实验室用水:一级水(电导率小于 18 mΩ·cm,0.2 μm 超滤膜过滤);

d)氯离子标准溶液(1 mg/mL):准确称取预先在(550～600)℃加热(40～50)min 后,并在干燥器中冷却至室温的氯化钠(标准试剂)1.648 g,用水溶解,移入 1000 mL 容量瓶中,用水稀释至刻度。

e)氯离子标准溶液(100 μg/mL):准确移取上述标准溶液 100 mL 至 1000 mL 容量瓶中,用水稀释至刻度。

f)氯离子标准溶液系列:准确移取 1 mL,5 mL,10 mL,15 mL,20 mL,25 mL(100 μg/mL 的氯离子的标准溶液)至 100 mL 容量瓶中,稀释至刻度。此标准溶液系列浓度分别为:1 μg/mL, 5 μg/mL,10 μg/mL,15 μg/mL,20 μg/mL,25 μg/mL。

B.4 仪　器

B.4.1 离子色谱仪:包括电导检测器,抑制器,阴离子分离柱,进样定量环(25 μL,50 μL,100 μL)。

B.4.2 0.22 μm 水性针头微孔滤器。

B.4.3 On Guard Rp 柱:功能基为聚二乙烯基苯。

B.4.4 注射器:1.0 mL、2.5 mL。

B.4.5 淋洗液体系选择

B.4.5.1 碳酸盐淋洗液体系:阴离子柱填料为聚苯乙烯、有机硅、聚乙烯醇或聚丙烯酸酯阴离子交换树脂。

B.4.5.2 氢氧化钾淋洗液体系:阴离子色谱柱 IonPacAs18 型分离柱(250 mm×4 mm)和 IonPacAG18 型保护柱(50 mm×4 mm);或性能相当的离子色谱柱。

B.4.6 抑制器:连续自动再生膜阴离子抑制器或微填充床抑制器。

B.4.7 检出限:0.01 μg/mL。

B.5 通　则

B.5.1 测定次数

在重复性条件下测定 2 次。

B. 5. 2 空白试验

在重复性条件下做空白试验。

B. 5. 3 结果表述

所得结果应按 GB/T 8170 修约，保留 2 位小数；当含量<0. 10%时，结果保留 2 位有效数字；如果委托方供货合同或有关标准另有要求时，可按要求的位数修约。

B. 5. 4 分析结果的采用

当所得试样的两个有效分析值之差不大于表 B. 1 所规定的允许差时，以其算术平均值作为最终分析结果；否则，应重新进行试验。

表 B. 1 试样允许差

Cl^- 含量范围/%	<0. 01	0. 01～0. 1	0. 1～1	1～10	>10
允许差/%	0. 001	0. 02	0. 1	0. 2	0. 25

B. 6 分析步骤

B. 6. 1 称量和溶解

准确称取 1 g 外加剂试样，精确至 0. 1 mg。放入 100 mL 烧杯中，加 50 mL 水和 5 滴硝酸溶解试样。试样能被水溶解时，直接移入 100 mL 容量瓶，稀释至刻度；当试样不能被水溶解时，采用超声和加热的方法溶解试样，再用快速滤纸过滤，滤液用 100 mL 容量瓶承接，用水稀释至刻度。

B. 6. 2 去除样品中的有机物

混凝土外加剂中的可溶性有机物可以用 On Guard RP 柱去除。

B. 6. 3 测定色谱图

将上述处理好的溶液注入离子色谱中分离，得到色谱图，测定所得色谱峰的峰面积或峰高。

B. 6. 4 氯离子含量标准曲线的绘制

在重复性条件下进行空白试验。将氯离子标准溶液系列分别在离子色谱中分离，得到色谱图，测定所得色谱峰的峰面积或峰高。以氯离子浓度为横坐标，峰面积或峰高为纵坐标绘制标准曲线。

B. 6. 5 计算及数据处理

将样品的氯离子峰面积或峰高对照标准曲线，求出样品溶液的氯离子浓度 C，并按照式(B. 1)计算出试样中氯离子含量。

$$X_{Cl^-}=\frac{C\times V\times 10^{-6}}{m}\times 100 \tag{B. 1}$$

式中 X_{Cl^-}——样品中氯离子含量，%；

C——由标准曲线求得的试样溶液中氯离子的浓度，单位为微克每毫升(μg/mL)；

V——样品溶液的体积，数值为 100 mL；

m——外加剂样品质量，单位为克(g)。

附录C(资料性附录)　混凝土外加剂信息

C.1　范　　围

本附录提供了混凝土外加剂的种类、主要功能、水泥与外加剂之间的适应性、外加剂应用注意事项等简单信息。涵盖了高性能减水剂(早强型、标准型、缓凝型)、高效减水剂(标准型、缓凝型)、普通减水剂(早强型、标准型、缓凝型)、引气减水剂、泵送剂、早强剂、缓凝剂、引气剂共8类外加剂。

C.2　外加剂的种类

外加剂按其主要功能分类,每一类不同的外加剂均由某种主要化学组成分组成。市售的外加剂可能都复合有不同的组成材料。

C.2.1　高性能减水剂

高性能减水剂是国内外近年来开发的新型外加剂品种,目前主要为聚羧酸盐类产品。它具有"梳状"的结构特点,有带有游离的羧酸阴离子团的主链和聚氧乙烯基侧链组成,用改变单体的种类,比例和反应条件可生产具各种不同性能和特性的高性能减水剂。早强型、标准型和缓凝型高性能减水剂可由分子设计引入不同功能团而生产,也可掺入不同组分复配而成。其主要特点为:

a)掺量低(按照固体含量计算,一般为胶凝材料质量的0.15%～0.25%),减水率高;

b)混凝土拌合物工作性及工作性保持性较好;

c)外加剂中氯离子和碱含量较低;

d)用其配制的混凝土收缩率较小,可改善混凝土的体积稳定性和耐久性;

e)对水泥的适应性较好;

f)生产和使用过程中不污染环境,是环保型的外加剂。

C.2.2　高效减水剂

高效减水剂不同于普通减水剂,具有较高的减水率,较低引气量,是我国使用量大、面广的外加剂品种。目前,我国使用的高效减水剂品种较多,主要有下列几种:

a)萘系减水剂;

b)氨基磺酸盐系减水剂;

c)脂肪族(醛酮缩合物)减水剂;

d)密胺系及改性密胺系减水剂;

e)蒽系减水剂;

f)洗油系减水剂。

缓凝型高效减水剂是以上述各种高效减水剂为主要组分,再复合各种适量的缓凝组分或其他功能性组分而成的外加剂。

C.2.3　普通减水剂

普通减水剂的主要成分为木质素磺酸盐,通常由亚硫酸盐法生产纸浆的副产品制得。常用的有木钙、木钠和木镁。其具有一定的缓凝、减水和引气作用。以其为原料,加入不同类型的调凝剂,可制得不同类型的减水剂,如早强型、标准型和缓凝型的减水剂。

C.2.4 引气减水剂

引气减水剂是兼有引气和减水功能的外加剂。它是由引气剂与减水剂复合组成,根据工程要求不同,性能有一定的差异。

C.2.5 泵 送 剂

泵送剂是用改善混凝土泵送性能的外加剂。它由减水剂、调凝剂、引气剂、润滑剂等多种组分复合而成。根据工程要求,其产品性能含有所差异。

C.2.6 早 强 剂

早强剂是能加速水泥水化和硬化,促进混凝土早期强度增长的外加剂,可缩短混凝土养护龄期,加快施工进度,提高模板和场地周转率。早强剂主要是无机盐类、有机物等,但现在越来越多的使用各种复合型早强剂。

C.2.7 缓 凝 型

缓凝剂是可在较长时间内保持混凝土工作性,延缓混凝土凝结和硬化时间的外加剂,缓凝剂的种类较多,可分为有机和无机两大类。主要有:

a)糖类及碳水化合物,如淀粉、纤维素的衍生物等。

b)羟基羧酸,如柠檬酸、酒石酸、葡萄糖酸以及其盐类。

c)可溶硼酸盐和磷酸盐等。

C.2.8 引 气 剂

引气剂是一种在搅拌过程中具有在砂浆或混凝土中引入大量、均匀分布的微气泡,而且在硬化后能保留在其中的一种外加剂,引气剂的种类较多。主要有:

a)可溶性树脂酸盐(松香酸);

b)文沙尔树脂;

c)皂化的吐尔油;

d)十二烷基磺酸钠;

e)十二烷基苯磺酸钠;

f)磺化石油羟类的可溶性盐等。

C.3 混凝土外加剂的主要功能

a)改善混凝土或砂浆拌合物施工时的和易性;

b)提高混凝土或砂浆的强度及其他物理力学性能;

c)节约水泥或代替特种水泥;

d)加速混凝土或砂浆的早期强度发展;

e)调节混凝土或砂浆的凝结硬化速度;

f)调节混凝土或砂浆的含气量;

g)降低水泥初期水化热或延缓水化放热;

h)改善拌合物的泌水性;

i)提高混凝土或砂浆耐各种侵蚀性盐类的腐蚀性;

j)减弱碱-集料反应;

k)改善混凝土或砂浆的毛细孔结构;

l)改善混凝土的泵送性;

m)提高钢筋的抗锈蚀能力;

n)提高集料与砂浆界面的粘结力,提高钢筋与混凝土的握裹力;

o)提高新老混凝土界面的粘结力等。

C.4 影响水泥和外加剂适应性的主要因素

水泥与外加剂的适应性是一个十分复杂的问题,至少受到下列因素的影响。遇到水泥和外加剂不适应的问题,必须通过试验,对不适应因素逐个排除,找出其原因。

a)水泥:矿物组成、细度、游离氧化钙含量、石膏加入量及形态、水泥熟料碱含量、碱的硫酸饱和度、混合材种类及掺量、水泥助磨剂等。

b)外加剂的种类和掺量。如:萘系减水剂的分子结构,包括磺化度、平均分子量、分子量分布、聚合性能、平衡离子的种类等。

c)混凝土配合比,尤其是水胶比、矿物外加剂的品种和掺量。

d)混凝土搅拌时的加料程序、搅拌时的温度、搅拌机的类型等。

C.5 应用外加剂主要注意事项

外加剂的使用效果受到多种因素的影响,因此,选用外加剂时应特别予以注意。

C.5.1 外加剂的品种应根据工程设计和施工要求选择。应使用工程原材料,通过试验及技术经济比较后确定。

C.5.2 几种外加剂复合使用时,应注意不同品种外加剂之间的相容性及对混凝土性能的影响。使用前应进行试验,满足要求后,方可使用。如:聚羧酸系高性能减水剂与萘系减水剂不宜复合使用。

C.5.3 严禁使用对人体产生危害,对环境产生污染的外加剂。用户应注意工厂提供的混凝土外加剂安全防护措施的有关资料,并遵照执行。

C.5.4 对钢筋混凝土和有耐久性要求的混凝土,应按有关标准规定严格控制混凝土中氯离子含量和碱的数量。混凝土中氯离子含量和总碱量是指其各种原材料所含氯离子和碱含量之和。

C.5.5 由于聚羧酸系高性能减水剂的掺加量对其性能影响较大,用户应注意按照准确计量。

混凝土搅拌站(楼)

目　次

4　分　　类

4.1　型　　号

混凝土搅拌站(楼)的型号由配套主机装机台数、组代号、型代号、特性代号、主参数代号、更新变形代号等组成,其型号说明如下:

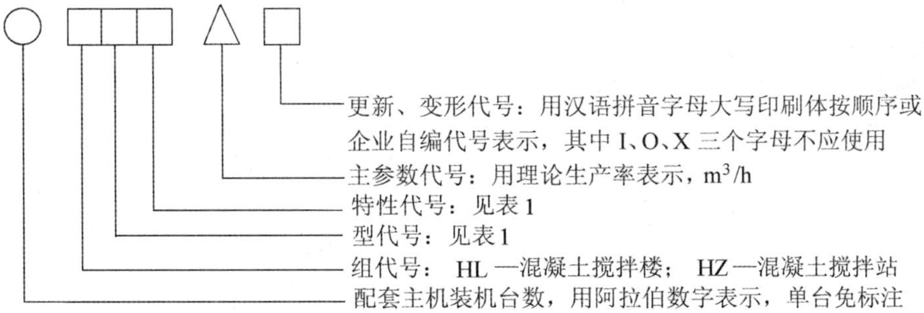

表 1　代号的排列和字符的含义

组		型			装机台数	产品		主参数代号		特性代号
名称	代号	名称		代号		名称	代号	名称	单位	
混凝土搅拌楼	HL(混楼)	周期式	锥形反转出料式	Z(锥)	2(双主机)	双主机锥形反转出料混凝土搅拌楼	2HLZ	理论生产率	m³/h	船载式—C 拆卸式—不标注
			锥形倾翻出料式	F(翻)	2(双主机)	双主机锥形倾翻出料混凝土搅拌楼	2HLF			
					3(三主机)	三主机锥形倾翻出料混凝土搅拌楼	3HLF			
					4(四主机)	四主机锥形倾翻出料混凝土搅拌楼	4HLF			
			涡浆式	W(涡)	—(单主机)	单主机涡浆式混凝土搅拌楼	HLW			
					2(双主机)	双主机涡浆式混凝土搅拌楼	2HLW			
			行星式	N(行)	—(单主机)	单主机行星式混凝土搅拌楼	HLN			
					2(双主机)	双主机行星式混凝土搅拌楼	2HLN			
			单卧轴式	D(单)	—(单主机)	单主机单卧轴式混凝土搅拌楼	HLD			
					2(双主机)	双主机单卧轴式混凝土搅拌楼	2HLD			
			双卧轴式	S(双)	—(单主机)	单主机双卧轴式混凝土搅拌楼	HLS			
					2(双主机)	双主机双卧轴式混凝土搅拌楼	2HLS			
		连续式		L(连)	—	连续式混凝土搅拌楼	HLL			

续上表

<table>
<tr><th colspan="2">组</th><th colspan="3">型</th><th>装机台数</th><th colspan="2">产品</th><th colspan="2">主参数代号</th><th rowspan="2">特性代号</th></tr>
<tr><th>名称</th><th>代号</th><th colspan="2">名称</th><th>代号</th><th></th><th>名称</th><th>代号</th><th>名称</th><th>单位</th></tr>
<tr><td rowspan="7">混凝土搅拌站</td><td rowspan="7">HZ（混站）</td><td rowspan="6">周期式</td><td>锥形反转出料式</td><td>Z（锥）</td><td>—（单主机）</td><td>单主机锥形反转出料混凝土搅拌站</td><td>HZZ</td><td rowspan="7"></td><td rowspan="7"></td><td rowspan="7">移动式—Y
船载式—C
拆卸式—不标注</td></tr>
<tr><td>锥形倾翻出料式</td><td>F（翻）</td><td>—（单主机）</td><td>单主机锥形倾翻出料混凝土搅拌站</td><td>HZF</td></tr>
<tr><td>涡桨式</td><td>W（涡）</td><td>—（单主机）</td><td>单主机涡桨式混凝土搅拌站</td><td>HZW</td></tr>
<tr><td>行星式</td><td>N（行）</td><td>—（单主机）</td><td>单主机行星式混凝土搅拌站</td><td>HZN</td></tr>
<tr><td>单卧轴式</td><td>D（单）</td><td>—（单主机）</td><td>单主机单卧轴式混凝土搅拌站</td><td>HZD</td></tr>
<tr><td>双卧轴式</td><td>S（双）</td><td>—（单主机）</td><td>单主机双卧轴式混凝土搅拌站</td><td>HZS</td></tr>
<tr><td>连续式</td><td></td><td>L（连）</td><td>—</td><td>连续式混凝土搅拌站</td><td>HZL</td></tr>
</table>

4.2 标记示例

a)配套主机为一台锥形反转出料混凝土搅拌机，理论生产率为 25m³/h，第一次更新设计的周期式移动混凝土搅拌站：

混凝土搅拌站　HZZY25A　GB/T 10171—2005

b)配套主机为二台涡桨混凝土搅拌机，理论生产率为 120m³/h，第二次变形设计的周期式混凝土搅拌楼：

混凝土搅拌楼　2HLW120B　GB/T 10171—2005

c)配套主机为一台连续式双卧轴混凝土搅拌机，理论生产率为 180m³/h，第三次更新设计的连续式混凝土搅拌站：

混凝土搅拌站　HZL180C　GB/T 10171—2005

d)配套主机为二台双卧轴混凝土搅拌机，理论生产率为 120m³/h，第二次变形设计的周期式混凝土搅拌楼：

混凝土搅拌楼　2HLS120B　GB/T 10171—2005

4.3 主参数系列

混凝土搅拌站(楼)主参数系列见表 2。

表 2　主参数系列　　单位为立方米每小时

项　目	数　值
理论生产率	15,20,25,30,35,40,45,50,55,60,65,70,75,80,90,100,120,150,180,200,225,240,270,300,320,360,400,460。

5 技术要求

5.1 一般要求

5.1.1 混凝土搅拌站(楼)应能生产符合 GB 14902、GBJ 107 和 GB 50164 所要求的各种合格混凝土。

5.1.2 混凝土搅拌站(楼)的理论生产率,不应小于铭牌标定的生产率。周期式混凝土搅拌站(楼)在标准工况下(见附录 B),其工作循环次数应符合表 3 的要求。

表 3 周期式混凝土搅拌站(楼)工作循环次数

配套主机公称容量,W L	主机型式	
	强制式 次/h	自落式 次/h
500≤W≤1 500	≥50	≥30
1 500<W≤2 000	≥40	≥25
2 000<W≤4 000	≥35	≥20
4 000<W≤6 000	≥30	≥15

5.1.3 应能根据用户的需要设定各种物料(粗、细骨料、水泥、水、添加剂等)的投入顺序、供给量、配比和搅拌时间[连续式搅拌站(楼)除外],并保证搅拌站(楼)按设定程序正常运转。混凝土的搅拌时间应能予以锁定,防止过早卸料和混凝土过搅拌现象的产生。

5.1.4 卸料高度应根据运输车辆的类型确定。用搅拌运输车时,卸料高度不应小于 3.8m。

5.1.5 混凝土用贮料斗、卸料槽或移动式搅拌站的卸料皮带机应能防止混凝土分层离析。

5.1.6 应能在下列环境中正常地工作:

a)作业温度 1 ℃~40 ℃;

b)相对湿度不大于 90%;

c)最大雪载 800 Pa;

d)最大风载 700 Pa;

e)作业海拔高度不大于 2 000 m。

5.1.7 不论在何种供料形式的工作状态下,离搅拌站(楼)主体的粉尘源头(即砂、石、水泥经计量后投入搅拌机的进料口处)下风口 50 m、高 1.7 m 处的粉尘浓度不得大于 10 mg/m^3。

对于全封闭周期式搅拌站应在主机上加收尘装置。

5.1.8 工作时的噪声应符合 JG/T 5079.1 的规定。

5.1.9 宜与残余混凝土清洗回收、污水处理等装置配套使用。

5.1.10 搅拌站(楼)的可靠性要求:首次故障前工作时间不少于 100 h;平均无故障时间不少于 200 h;可靠度不小于 85%。可靠性试验时间为 300 h。

5.2 配套主机

5.2.1 配套主机能搅拌的最大骨料粒径应符合 GB/T 9142 的有关规定;并具有瞬时超载 10%的能力。

5.2.2 匀质性混凝土的搅拌时间应符合表 4 的要求。对于连续式混凝土搅拌站(楼)达到匀质性要求的搅拌时间不应大于 35 s。

表 4 匀质性混凝土的搅拌时间

配套主机公称容量,W L	主机型式	
	强制式 s	自落式 s
500≤W≤1 500	≤35	≤45
1 500<W≤2 000	≤40	≤65
2 000<W≤4 000	≤45	≤100
4 000<W≤6 000	≤50	≤120

5.2.3 在发生临时停电或意外事故时,强制式搅拌机应有将搅拌机内的混凝土卸出的开门机构。

5.2.4 物料提升机、配套主机等传动系统的裸露部件应有防护罩和安全检修保护装置。强制式搅拌机的检修盖与启闭电源应有联锁装置。当检修盖打开时应切断电源,配套主机应不能启动。

5.2.5 在标准工况下,自落式搅拌机的叶片和罐体(衬板)的工作寿命不少于 10 万罐次;强制式搅拌机铲片的工作寿命应不少于 3 万罐次,衬板寿命不少于 4 万罐次。连续式混凝土搅拌站(楼)的搅拌铲片的工作寿命不少于 350 h,衬板的工作寿命不少于 500 h。

5.2.6 配套主机的其他技术性能应符合 GB/T 9142 的有关规定。

5.2.7 连续式混凝土搅拌站(楼)可用一级配套主机也可用二级配套主机进行串联式连续搅拌。

5.3 供料系统

5.3.1 星形料仓的拉铲式供料装置

5.3.1.1 拉铲的生产率应是实际需要量的 1.5 倍以上,并能将不同粒径的骨料输送到活动料区,相互间不致混杂。铲斗在运行时应有良好的直线行驶性,并能随时制动。

5.3.1.2 在工作状态下,铲斗回程应释放灵活,能抛放至大于铲臂长度的距离,钢丝绳不应缠绕和松脱。拉铲在行进过程中,钢丝绳不应在料堆内摩擦运行。

5.3.1.3 拉铲工作时对机架产生的振动不应影响骨料、水泥、水等物料的称量精度。

5.3.1.4 拉铲各手柄的操作力不应大于 150 N,脚踏板的作用力不应大于 200 N。

5.3.1.5 不同生产率的混凝土搅拌站(楼),应备有不同长度的铲臂,并符合表 5 的要求。

表 5 不同生产率的铲臂长度

生产率 m^3/h	15～35	40～75	80～120
铲臂长度,l m	$12\leqslant l<13.5$	$15\leqslant l<17.5$	$17.5\leqslant l<19.5$

5.3.2 带式输送机

5.3.2.1 向混凝土搅拌站(楼)储料仓或中间料斗运送组合料的带式输送机,应装有护罩和维修平台,并带有安全防护栏。

5.3.2.2 同一带式输送机用交替方式输送不同粒径的骨料时,每小时的额定输送量应大于实际需要量的 1.5 倍;几种骨料混合输送时,应大于实际需要量的 1.25 倍。

5.3.2.3 连续式混凝土搅拌站(楼)计量用带式输送机,应满足额定生产量的要求,可随时调整其供料能力。

5.3.2.4 带式输送机应有重载启动的能力,对无停电自锁能力的设备应设有可靠的防逆装置,并设张紧装置和带面清扫装置。

5.3.2.5 带式输送机的托辊应运转灵活,并有良好的对中性,保证在满载运行时能有效的输送物料而不溢出,在受料点不应有堆积过量的物料。

5.3.2.6 带式输送机的卸料端应安置回转式分料器或中间料斗的供料联锁装置,并应有相应的定位控制与信号。输送的物料应卸入隔料仓或配套主机的中间部位。当骨料粒径大于80 mm(碎石为 60 mm),落差高度大于 2.5 m 时,应设有缓降装置,以防止骨料的破碎或离析。

5.3.2.7 带式输送机的其他技术性能,如平带式的应符合 GB/T 10595 的有关规定;波状挡边式的应符合 JT/T 323 的有关规定。

5.3.3 斗式提升机

5.3.3.1 用斗式提升机供料时,应保证受料准确、物料均匀、连续,应与生产能力匹配。当提升高度大于 5 m 时,应采用回程闭锁装置。

5.3.3.2 斗式提升机的其他技术性能应符合 JB/T 3926.2 的有关规定。

5.3.4 螺旋输送机

5.3.4.1 水泥、掺合料在计量前采用螺旋输送机运送时,两种物料应分别有专用的螺旋输送机,不应共用一台螺旋输送机。

5.3.4.2 螺旋输送机运转应灵活、平稳、无异常噪声。

5.3.4.3 螺旋输送机与水泥仓(或掺合料仓)卸料口处应铰接或借助于弹性元件连接。连接处应防水、防潮并便于拆装和维修。

5.3.4.4 螺旋输送机与水泥(或掺合料)配料秤之间应为柔性密封连结,螺旋输送机的运行不应影响配料秤的称量精度。

5.3.5 空气输送槽

用空气输送斜槽输送水泥时,槽体组装应符合 JC/T 820—1996 中 4.3.3 的规定。

5.3.6 外加剂装置

外加剂溶液供给设备应耐腐蚀和防沉淀。输送泵的泵送能力应满足实际生产需要。

5.3.7 供水装置

5.3.7.1 供水管路不得渗、漏,并应采用防锈管件。

5.3.7.2 周期式混凝土搅拌站(楼)向配套主机内供水时间应符合表 6 的要求。

表 6 供水时间

配套主机公称容量,W L	型式	
	强制式 s	自落式 s
$500 \leqslant W \leqslant 1\,500$	<18	<20
$1\,500 < W \leqslant 2\,000$	<20	<25
$2\,000 < W \leqslant 4\,000$	<22	<30
$4\,000 < W \leqslant 6\,000$	<25	<35

5.3.7.3 水的计量精度应符合表 7 的要求。

5.3.7.4 连续式混凝土搅拌站(楼)的供水装置应供水连续、均匀,并能向物料均匀地喷洒。一旦中断供水,其他物料也应同时停止供给并联锁停机。

5.3.7.5 混凝土搅拌站(楼)的供水装置应满足生产需要的供水压力和供水量,在寒冷或热带地区工作时,根据用户需要宜增设加热设施或水温控制装置。

5.4 储 料 仓

5.4.1 骨 料 仓

5.4.1.1 骨料宜分级堆放,相互间不得混杂,并使骨料保持级配均匀。对于有级配的混合料在骨料仓的进料和出料口处,其结构应能防止骨料离析。

5.4.1.2 出料口应出料顺畅,启闭时不得卡料或漏料。

5.4.1.3 当骨料有预冷或预热的要求时,应按其要求分别确定容积大小和结构型式。

当有水泥和骨料的组合仓时,应将水泥仓或其他胶合料仓与预冷的骨料仓之间采取隔热措施,防止温差作用使粉料结露受潮。

5.4.1.4 混凝土搅拌楼骨料仓应有导水槽,且出水顺畅,必要时可增设疏导装置。

5.4.2 粉料仓和掺合料仓

5.4.2.1 粉料仓和掺合料仓的有效储量,应满足大于理论生产率时 2 h 连续生产的需要量。

5.4.2.2 粉料仓和掺合料仓采用气力输送时,仓内的气体压力不应大于 4 900 Pa,并应有可靠的安全装置。当超过规定压力时能自动排气降压。

5.4.2.3 水泥仓和配套主机顶部应有透气装置和自动收尘装置,且工作可靠、清理方便。

5.4.2.4 仓内应设置破拱装置。采用气动破拱时,气路中应有油水分离器,其气体能顺利地排出仓外;采用机械破拱装置时,其工作应可靠,控制应灵敏,并适应于不同容重的粉料。

5.4.2.5 供料系统应能防水、防潮、在进料和排料过程中不应泄漏和串仓。

5.4.2.6 仓体的内壁应光滑。仓底的最小倾角应大于 50°,方形仓应大于 55°,不得有滞料的死角区。

5.4.3 外加剂箱

不同品种的外加剂应分别储存,粉状外加剂可以配备稀释容器,且具有搅拌均匀的功能和防沉淀的措施。

5.5 配料装置

5.5.1 总 则

5.5.1.1 配料装置应满足混凝土搅拌站(楼)各种配料功能的需要。

5.5.1.2 在整个称量过程中保证骨料维持原要求的级配。累积称量时,称量装置应有顺序连锁控制装置,以保证各种材料的称量偏差控制在预定的要求范围内。

5.5.1.3 称量斗的大小应与秤的称量能力相适应,其形状和布置要有利于防止骨料的离析和破碎。

5.5.1.4 电子配料秤的安装应符合 GB 14249.1 的规定。

5.5.1.5 对于连续计量的带式输送机,每个独立计量单元,即可单独调整、控制,又可与计算机联动控制。

5.5.1.6 在计量过程中,当计量输送机超过物料的约定值的误差时应能及时报警,并能联锁停机以便于及时调整。

5.5.2 称量装置

5.5.2.1 配料秤应由取得计量器具许可证的企业生产。每台配料秤均应有制造厂的产品合格证。

5.5.2.2 混凝土各组成材料按质量计量,也可按容积计量;可采用单独计量,也可采用累积计量。

5.5.2.3 各种物料的动态计量精度应符合表7的要求。

表7 各种物料的动态计量精度

物料种类	周期式	连续式
	在等于或大于称量30%量程内,单独配料称量或累计配料称量	最大称量值的30%以上的量程
骨料	(约定)其值的±2%(最大骨料粒径大于80 mm时,为±3%)	(约定)其值的±2%
水	(约定)其值的±1%或满量程的±0.3%(取二者的大值)	(约定)真值的±1%
水泥		
掺合料		
外加剂		

5.5.2.4 配料秤包括电子秤、杠杆电子秤,其准确度(静态精度)等级应符合GB 14249.1与GB/T 14249.2及JJG 539中规定的普通准确度级1.0。最大允许误差首次检定时为±0.5%,使用中为±1%。并应标出最大称量(max)、最小称量(min)、检定分度值(e)和制造许可证标志和编号。

5.5.2.5 混凝土物料的配料精度(动态精度)评定时,配料量应在相应的配料秤全量程的30%~100%之间。配料秤应达到A.2和A.3的有关要求。其配料精度应符合表7规定的相对误差值。

在混凝土搅拌站(楼)连续作业时,其配料精度总合格率不应低于90%。超差的10%仅允许掺合料、外加剂的允差,其数值为±3%。

5.5.3 称量式提升料斗及称量

5.5.3.1 料斗能在任意位置提升或制动。

5.5.3.2 料斗的提升卷筒与钢丝绳的连接合理,工作时卷铜和其他部件不应出现切割钢丝绳的现象。

5.5.3.3 料斗向配套主机卸料所用的时间应在规定的范围内,且卸料干净;运行时不允许有出轨或卡轨现象。

5.5.3.4 在进入称量位置时,对称量杠杆或称量传感器的冲击和提升钢丝绳的附加质量,不应影响计量精度。

5.5.4 带式称量

5.5.4.1 单独计量或累积计量时,其有效容量应保证各种物料的最大配料量而不致外溢。

5.5.4.2 驱动功率应能保证满料重载启动。当设有水平拉杆时,不应影响称量精度。

5.5.4.3 在卸料完毕时,带式输送机上的残留物料应在总质量允差的范围内,并具有按预定时间卸料完毕的功能。

5.5.4.4 连续式计量的配料输送机,各配料输送机的落料点应相同,以保证混凝土拌合料的级配。

5.5.5 骨料、粉料和液体的称量斗

5.5.5.1 骨料称量斗的公称容量应容纳最大配料量而不致外溢，称量斗的易磨损部位宜设耐磨衬板。

5.5.5.2 粉料称量斗应能容纳其最大配料量，在其上方应排气畅通，并有良好的滤尘和清除效果。粉料称量斗与给料机构、卸料机构之间应装有防尘护罩，其安装方式不得影响称量精度。

5.5.5.3 液体称量斗应耐锈蚀。外加剂溶液的称量斗应耐酸碱腐蚀。

5.5.6 给料装置

5.5.6.1 各种给料机应动作灵敏，保证物料能畅通地流向称量斗，不阻料、积料，不应有卡涩及关闭后继续漏料的现象。

5.5.6.2 回转式给料机应运转灵活、定位准确，出料口未与配套主机进料口对准前，各配料称量斗（或集料斗）的卸料门（阀）不应开启。

5.5.6.3 翻板式给料机的翻板门应翻动灵活，不得有窜料现象。翻板门未到确定位置前，各配料称量斗（或集料斗）的卸料门（阀）不应开启。

5.6 混凝土贮斗

5.6.1 有效容量应能满足配套主机连续运转和卸料的需要。

5.6.2 结构形式应能有效防止混凝土离析。

5.6.3 卸料门的开、关应灵活，能在满料状态下开、闭，关闭时应无漏浆现象。

5.6.4 临时停电或发生机械故障时，应有将斗内的混凝土随时卸出的应急装置。

5.7 钢结构及钢筋混凝土结构

5.7.1 钢结构件的设计应符合 GB 50017 的有关规定；钢结构的制作、安装、验收应符合 GB 50205 的有关规定；钢筋混凝土结构应符合 JGJ 3 的有关规定。

5.7.2 可拆装式的钢结构件，对同规格、同类的结构件应有互换性。

5.7.3 骨料仓的结构应能承受其公称容量骨料的总体重量，主要部位的设计与制作除有足够的强度外还应考虑仓壁的抗磨损结构。

5.7.4 水泥仓、掺和料仓和其他胶凝材料仓内应能承受其公称容量的最大物料的总体重量外，还应有承载不小于 4 900 Pa 压力负荷的能力。

5.7.5 所采用的保温、隔热、隔音材料应具有良好的阻燃性。

5.7.6 主控制室不应受混凝土搅拌站（楼）运行时振动的影响，并应保温、通风、隔音、防尘。

5.8 气路系统、液压系统、润滑系统

5.8.1 气路系统

5.8.1.1 压力空气源可以是外部气源或自备空气压缩机。气体压力和供气量应与混凝土搅拌站（楼）的生产能力和结构型式相匹配，并保证在正常运行产生瞬时压降时，其压力不应小于 0.4 MPa。

5.8.1.2 气路系统应配置油雾器和油水分离器。气路系统执行元件应运行灵活、可靠，维修、清理方便。若在施工过程中，当气温达零度以下，即混凝土搅拌站（楼）将分离的水能定时排放。

5.8.1.3 与压力气体有关的贮气罐、水泥仓、掺合料仓等装置应设置安全阀，其开启压力不大于该装置的安全设定值。

5.8.1.4 空气压缩机贮气罐应符合 GB 150 的有关规定,其容积不应小于空压机每分钟供气量的 0.2 倍。

5.8.2 液压系统

5.8.2.1 液压元件应符合 GB/T 7935 的有关规定。

5.8.2.2 组装后,以 1.5 倍的最大工作压力进行试压和密封性能试验,不允许有渗漏现象。

5.8.2.3 配置应能满足各工作机构正常运行的需要。

5.8.2.4 应设置安全保护装置。

5.8.3 润滑系统

各运动副应使用规定的润滑剂,并能定时、定量加注。注油点位置可视性好、加注方便。

5.9 电气系统

5.9.1 总　　则

5.9.1.1 动力配电、电气控制、照明等电气设备应符合 GB 5226.1—2002 的有关的规定。

5.9.1.2 供电电源为中性点直接接地的三相四线制;混凝土搅拌站(楼)的供电宜用专用电缆引入;计算机控制系统回路应有专线电源。供电电源满足如下要求:

a)电压为 380 V/220 V,稳态电压值为(0.9～1.1)倍额定电压;

b)频率为 50 Hz,对连续的为(0.99～1.01)倍额定频率;对短时工作的为(0.98～1.02)倍额定频率。

5.9.1.3 混凝土搅拌站(楼)的配电盘(箱、柜)应符合 GB 7251.1～7251.4 及 GB/T 5226.1—2002 中第 12 章的有关规定,并还应满足以下要求:

a)监视仪表、主令元件、指示元件的功能应表达准确、清晰。内部元、器件应标明代号;

b)在湿热带地区工作时,应符合 JB/T 834 和 JB/T 8634 的规定。

5.9.1.4 所使用的电动机应符合 GB 5226.1—2002 中 15.1 和 15.2 的有关规定。并匹配合理、经济、安全。

5.9.2 电气控制

5.9.2.1 控制系统应准确何靠,其控制功能应符合 GB 5226.1—2002 的有关规定。

5.9.2.2 应选用适合于工业环境的电子设备(包括工业计算机、相关的输入/输出设备及净化电源等),并能对配料、卸料、搅拌、出料主要流程进行计算机控制。

5.9.2.3 控制台(柜)应有显示各主要设备工作状态的信号装置或显示屏幕。

5.9.2.4 搅拌站(楼)的主控制室能对混凝土的出料情况和车辆进出有监视设备或良好的视野性。

5.9.2.5 各种大型储料仓(骨料、水泥、掺合料等)所设置的料位计,其安装位置便于维修、安全可靠。料位计与物料接触部分应耐磨和有防冲击的性能。

5.9.3 计算机控制

5.9.3.1 计算机控制的配料、称量等程序除满足表 7 的各项要求。

5.9.3.2 对于周期式混凝土搅拌站(楼)应具有粗称、精称和卸空回零的功能。

5.9.3.3 在计量装置具有给定多种配比,并能随时进行修正物料称量值和配比的功能。

5.9.3.4 有手动和自动称量误差补偿功能。

5.9.3.5 当装有砂含水率测定义时,能实现自动减水加砂的功能。

5.9.3.6 应具有显示被称物料约定值和显示值(需要量和实际投入量)的功能,显示方式可以用刻度值或数字值，或在显示器上动态模拟显示。所有数据应能随机打印或储存在计算机内，以备随时查阅或拷贝。

5.9.3.7　在用计算机自动控制配料时，能按设定的程序启、停。当任一供料单元缺料或无料时，能予以报警或自动停机。

5.9.3.8　计算机系统管理可用中文或用户指定的文字。

5.9.4　绝缘、照明、配线

5.9.4.1　混凝土搅拌楼的防雷接地应符合 GB 50057 的有关要求。

5.9.4.2　制造商应提示用户根据混凝土搅拌站(楼)的使用地区设置专用接地网，并与楼体有可靠的电气连接，接地电阻不大于 10 Ω。

5.9.4.3　当采用计算机控制时，应另设独立接地网供计算机使用。接地电阻不大于 4 Ω，两接地网之间的距离应大于 10 m。

5.9.4.4　零线的重复接地和防雷接地可用同一接地网。

5.9.4.5　混凝土搅拌站(楼)宜分层设置照明配电箱。照明宜采用防水灯具。

5.9.4.6　混凝土搅拌站(楼)的配线技术应符合 GB/T 5226.1—2002 中第 14 章的有关规定。

5.10　安全、环保

5.10.1　工作平台、给料装置、骨料仓、水泥仓等凡涉及人身安全的部位均应设置安全防护设施(如扶梯、栏杆等。)

5.10.2　在混凝土搅拌站(楼)总装时，应提示用户在控制室内配挂绝缘灭火器。

5.10.3　对使用含有酸、碱等的胶凝剂、外加剂，其结构部位应有防护措施和防止外泻的装置。

5.10.4　各重要部件宜配有吊装示意图，包括吊装部位，基本部件的质量，重心位置和吊装方法。

5.10.5　混凝土搅拌站(楼)的安装应确切掌握地基承载能力、吊装设备大小和安装顺序的情况，并在技术人员的指导下进行工作。

5.10.6　混凝土搅拌站(楼)应在合适位置贴在安全警示标志。

5.10.7　对于移动式搅拌站的行驶速度不应大于 15 km/h，并应符合交通部门的有关规定。对于需要长距离运输时，应拆卸后再运输。

5.11　外观质量

5.11.1　涂装质量应符合 JB/T 5946 的规定。

5.11.2　结构件及加工的零部件应有除锈和防锈处理。

5.11.3　机罩、护板(网)应平整，其边缘不得有明显皱折，安装应牢固可靠。

5.11.4　焊缝均匀，无裂纹、焊瘤、弧坑、飞溅、咬肉等缺陷。

5.11.5　气路、油路、电路的管线应排列整齐美观，固定安全可靠。产品标牌、指示牌、说明牌等位置得当，字迹清楚，安装牢固、端正。

6　试验方法

6.1　试验要求

6.1.1　大、中型混凝土搅拌站(楼)可在厂内进行独立部件试验，整机试验可在工地安装后，结合产品验收时进行。

6.1.2 新产品览定时应做型式检验;性能试验可结合产品验收时进行。

6.1.3 试验样机主要技术参数记入表 E.1。

6.2 试验前的检查

6.2.1 各运动部件及主要拆装结构件的紧固件是否安装牢固。

6.2.2 各动力源、传动系统关系是否正确。

6.2.3 减速机及各运动副是否加注了润滑油(脂)。

6.2.4 各配套设备的安装关系、运行路线是否合理、正确。

6.2.5 电气系统接线是否牢固、安全、正确。

6.2.6 混凝土搅拌站(楼)各称量装置的称量精度(静态精度)按附录 A 测定,测定结果记入表 E.2～表 E.6。

6.2.7 外观质量按表 C.1 要求进行检查,检查结果记入表 E.7。

6.2.8 试验前的检查结果记入表 E.8。

6.3 空运转试验

6.3.1 接通电源,首先开启空气压缩机,使其达到额定的压力,持续 15 min,观察或试验其控制阀、管路、气缸、油雾器、油水分离器等部件是否漏气。当气压达到 0.7 MPa 时,安全阀或限压阀能否可靠的动作。

各料门、称量斗门的各气动元件(包括气缸、电磁阀、蝶阀等)启闭是否灵活、到位、可靠。

6.3.2 各运动部件运行是否正常;检查各种机构的行程开关、限位机构设置是否牢固、动作是否安全可靠。

6.3.3 控制台的各种按钮、按键是否符合预设的功能,启停是否准确、可靠。

6.3.4 控制系统的手动、全自动程序的逻辑关系是否正常。

6.3.5 空运转试验的结果记入表 E.8。

6.4 性能试验

6.4.1 加载试验

在空运转试验后进行加载试验,可结合 6.4.2 试验的同时,检查搅拌系统、供料系统(包括砂、石、水泥、水、掺合料、外中剂等)储料仓、配料装置、结构部件、气路和液压系统、电气系统等运行是否灵活、可靠、安全,是否漏气、漏油。结果记入表 E.9 中。

6.4.2 理论生产率的测试

6.4.2.1 周期式混凝土搅拌站(楼)理论生产率的测试按附录 B 的有关规定进行,并将测试结果记入表 E.10。

6.4.2.2 连续式混凝土搅拌站(楼)理论生产率的测试要求如下:

a)试验条件与 B.1.1～B.1.3、B.1.5、B.1.6 相同,天气无雾、无雨。

b)测试器具为秒表、接料斗、磅秤(地秤);

c)测试方法为在标准工况下,待连续式混凝土搅拌站(楼)运行稳定后,在搅拌设备成品料出口处接料。用秒表计时,每次接料时间不少于 5 s,测试次数不少于三次,两次试验间隔时间不少于 10 min。在条件允许时,可在储料仓出口处接料,但仓门要一直打开,待连续式混凝土搅拌站(楼)运转正常、生产稳定时开始测试。

d)理论生产率按公式(1)计算：

$$Q_{L}=\frac{3600q}{T_{1}} \tag{1}$$

式中 Q_L——理论生产率的数值,单位为千克每小时(kg/h)；

q——新鲜混凝土质量的数值,单位为千克(kg)；

T_1——测定时间的数值,单位为秒(s)。

e)计算和测试结果记入表 E.10,并将理论生产率单位换算成立方米每小时(m^3/h)。

6.4.2.3 坍落度差值的测试按 GB/T 9142—2000 中 6.2.6 的规定,测试结果记入表 E.10。

6.4.2.4 搅拌时间的测试按 GB/T 9142—2000 中 6.2.3 的规定,测试结果记入表 E.10。

6.4.2.5 混凝土残留率的测试按 GB/T 9142—2000 中 6.2.4 的规定,测试结果记入表 E.10。

6.4.3 混凝土搅拌站(楼)砂、石、水泥、掺合料、外加剂等物料的动态精度的测试。

6.4.3.1 测试条件如下：

a)天气无雨；

b)物料准备充分；

c)动态精度的测定必须在静态精度校正以后进行。

6.4.3.2 测试方法如下：

a)测试每组次物料约定值和显示值的相对误差；

b)组次应根据配套主机的公称容量而定,总次数不得少于 10 次,每组的间隔时间应大于 15 min；

c)连续式的动态精度测试按 6.4.2.2c)的方法进行,以实测值和显示值的相对误差计。

6.4.3.3 测试结果及计算误差记入表 E.11。

6.4.4 混凝土匀质性的测试

6.4.4.1 试验工况按 GB/T 9142—2000 中 6.2.1 的规定。

6.4.4.2 试验用混凝土的配制按 GB/T 9142—2000 中 6.2.2 的规定。

6.4.4.3 周期式混凝土搅拌站(楼)的匀质性测试按 GB/T 9142—2000 中 6.2.5 的规定。

6.4.4.4 连续式混凝土搅拌站(楼)的匀质性测试,应在稳定生产时进行测试,启动和停止所涉及的过渡过程除外。启动过渡过程时间应小于 6 s,停止过渡过程时间应小于 4 s。

连续式混凝土搅拌站(楼)的匀质性测试,按周期式混凝土搅拌站(楼)的测试方法进行,每次不应少于 3 组,每组的间隔时间应大于连续生产半小时后进行。

6.4.4.5 测试结果记入表 E.12。

6.4.5 整机能耗及主要机构功率的测试

6.4.5.1 与混凝土匀质性测试同时进行。整机能耗以搅拌混凝土拌合料达到匀质性要求的最少时间计算。以每生产 1 m^3 混凝土所消耗的电能作为测试结果。

6.4.5.2 用自动功率记录仪测定搅拌电动机、物料输送机的电动机的每循环空运转、额定负载时的功率。

6.4.5.3 用 2.5 级精度以上的电度表,接入混凝土搅拌站(楼)专用线的输入端,测定整机能耗。

a)测定整机能耗应在混凝土搅拌站(楼)连续生产的情况下进行。

b)周期式混凝土搅拌站(楼)的测试不少于 10 个循环;连续式混凝土搅拌站(楼)不少于 10 min。

6.4.5.4 整机能耗按公式(2)计算:

$$P_W=\frac{P_T}{V} \tag{2}$$

式中 P_W——每生产 1 m^3 混凝土的总能耗的数值,单位为千瓦时每立方米(kW·h/m^3);

P_T——为一个测定周期内的整机能耗的数值,单位为千瓦时(kW·h);

V——为一个测定周期内生产的混凝土量的数值,单位为立方米(m^3)。

6.4.5.5 计算和测试结果记入表 E.13。

6.4.6 瞬时超载能力的测试

搅拌 110%公称容量的混凝土拌合料时,观察能否正常、安全的工作。并将测试结果记入表 E.14。

6.4.7 供水装置性能测试

6.4.7.1 周期式混凝土搅拌站(楼)供水精度和供水能力的测定,按 GB/T 9142—2000 中 5.1.4 及 6.8 的规定。

6.4.7.2 连续式混凝土搅拌站(楼)供水精度和供水能力的测定,按以下内容进行:

a)测试条件参照 GB/T 9142—2000 中 5.1.4 和 6.8 的有关要求。

b)测试用仪器:台秤、秒表、装水容量为 200 kg 级容器。

c)测试方法:当供水计量机构按要求调整后,并正常进行供水时开始测定流量。流量测定可随机采样,每次供水量不应小于 100 kg,取样次数不应少于 5 次。

d)供水精度的误差按公式(3)计算:

$$\lambda=\frac{|Q_2-Q_1|}{Q_1}\times100\% \tag{3}$$

式中 λ——供水精度的误差;

Q_1——供水的约定值的数值,单位为千克每秒(kg/s);

Q_2——供水的实测值的数值,单位为千克每秒(kg/s)。

6.4.7.3 计算和测试结果记入表 E.15。

6.4.8 噪声的测试

6.4.8.1 测试仪器及工具如下:

a)声级计,误差不应超过±0.7dB(A);

b)卷尺。

6.4.8.2 测试条件如下:

a)噪声测试应在空旷场地进行。对于用悬臂拉铲上料的搅拌站,距配套主机中心 100 m;对于用带式输送机上料的搅拌站(楼),距配套主机中心 100 m 的范围内不应有大的反射物(如建筑物、围墙等),背景本底噪声应比所测样机噪声低 10 dB(A)以上;

b)天气为无雨,风力小于 3 级;

c)声级计附近除测量者外,其他不可缺少人员应在测量噪声者之后。

6.4.8.3 测试方法如下:

a)按 JG/T 5079.2 的有关规定进行;

b)当混凝土搅拌站(楼)同时有几个主要发声源时,应选择噪声值最大处测试;

c)取三次测量值的平均值。

6.4.8.4　测试结果记入表 E.16。

6.4.9　粉尘浓度测试

6.4.9.1　测试仪器及工具如下：

a)FC-AZ 型双流量粉尘取样仪；

b)光学读数分析天平；

c)卷尺；

d)秒表。

6.4.9.2　测试条件如下：

a)周期式混凝土搅拌站(楼)应在连续工作 30 个循环后的正常工作状态下进行。连续式混凝土搅拌站应在连续工作 30 min 后的正常状态下进行；

b)天气无雨，风力小于 3 级；

c)在离混凝土搅拌站(楼)主体(即砂、石、水泥投入配套主机的投入点)中心 50 m 的任一点下风口处，测量位置的高度为 1.7 m，每隔 5 min 测量一次，总测量次数不应少于三次。测量点位置如图 1。

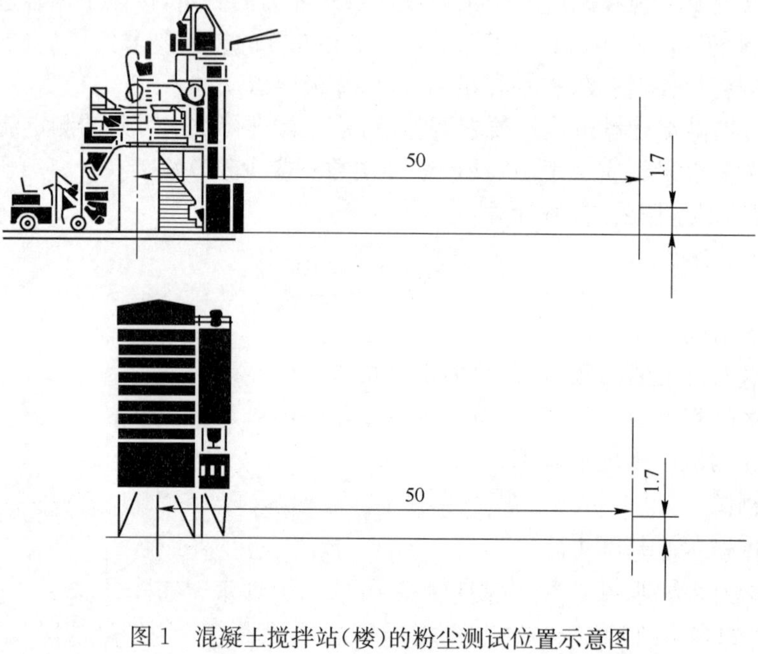

图 1　混凝土搅拌站(楼)的粉尘测试位置示意图

6.4.9.3　粉尘浓度按公式(4)计算：

$$G=1\ 000\times\frac{m_2-m_1}{V\times T} \tag{4}$$

式中　G——粉尘浓度的数值，单位为毫克每立方米(mg/m^3)；

m_1——采样前滤膜质量(包括本底粉尘)的数值，单位为毫克(mg)；

m_2——采样后滤膜质量的数值，单位为毫克(mg)；

V——容量的数值，单位为升每分(L/min)；

T——采样时间的数值，单位为分(min)，$T\geqslant1$ min。

6.4.9.4　测试和计算结果记入表 E.17。

6.4.10　混凝土试块强度试验

6.4.10.1　混凝土试块的制作按 GB/T 9142 和 GB 50204 的有关规定。

6.4.10.2　做混凝土试块时，应标明实际的搅拌时间。对于自落式混凝土搅拌主机和强制式混凝土搅拌主机，其搅拌时间应按表 4 的规定进行。结果记入表 E.18。

6.5　可靠性试验

6.5.1　试验要求

6.5.1.1　所有项目的测试和试验应在同一台样机上进行。

6.5.1.2　可靠性试验可在生产过程中进行。因生产原因连续中断加载试验七天以上者，试验应重新开始。

6.5.1.3　在可靠性试验前，允许对样机进行维修、保养、更换有关易损件等，并作出必要的记录。

6.5.2　试验工况

6.5.2.1　用料斗提升物料的混凝土搅拌站(楼)的可靠性试验，可参照 GB/T 9142—2000 中 6.15.1～6.15.6 的规定。

6.5.2.2　正常的维护保养时间不计入试验时间和故障排除时间，每试验 8 h 允许停机 0.5 h，进行维护保养(不允许更换非随机备件)。

6.5.2.3　可将料斗提升机构和供水系统的试验次数换算为时间，若发生故障，同时将其发生故障时已工作的次数也换算成时间(料斗提升机构按每 30 次折算为 1 h，供水系统按每 40 次折算为 1 h)。

6.5.2.4　可靠性试验情况记入表 E.19～表 E.21；可靠性试验结果汇总记入表 E.22。

6.5.3　故障分类及判定规则

6.5.3.1　可靠性试验出现的故障，根据其对人身安全、零部件损坏程度、功能降低程度及修复的难易等因素分为致命故障、严重故障、一般故障和轻度故障四类。各类故障及相应的危害度系数见表 D.1。若发生表 D.1 以外的故障，则可类比表中相似的故障特征划定故障类别。

6.5.3.2　故障的判定规则如下：

a)故障判定时应详细了解样机发生故障时的使用情况和试验条件，包括载荷状态、累计试验时间、故障类别、故障造成的后果等，以保证故障判定的准确性；

b)可靠性试验只对样机在试验中发生的故障类别进行统计，非基本故障类别不计入故障次数但应如实记入记录表中；

c)当发生非故障类别，并造成可靠性试验中断时，允许重新抽样、试验；

d)同时发生的多个故障，若为非关联故障，则各个故障应分别统计故障类别；若为关联故障，则按最严重的那个故障统计故障类别，但其余故障应在试验记录的备注中注明；

e)一个故障应判定为一个故障次数，并只能判定为故障类别中的一类；

f)按使用说明书规定更换随机备件不作为故障，但应在试验报告中加以说明。

6.5.4　可靠性考核指标的计算

6.5.4.1　首次故障前工作时间(MTTFF)

首次故障前工作时间按公式(5)表示

$$\mathrm{MTTFF}=t \tag{5}$$

式中　t——累计的当量故障数等于或大于“1”时，已完成的工作时间的数值，单位为小时(h)。

注：搅拌机构可靠性试验中任何一种可靠性试验首先发生了累计当量故障数等于或大于“1”的故障时，就以该种可靠性

试验统计计算首次故障前工作时间。

当样机按规定试验时间和次数进行可靠性试验后，未发生故障或只发生累计的当量故障数小于1的轻度故障(即：在规定的300 h试验时间内未发生任何故障或在规定的300 h试验时间内只发生若干次轻度故障)，则首次故障前工作时间按公式(6)表示：

$$MTTFF = t_0 \tag{6}$$

式中 t_0——样机累计的试验时间的数值，单位为小时(h)。

6.5.4.2 平均无故障工作时间(MBTF)

平均无故障工作时间按公式(7)计算：

$$MBTF = \frac{t_0}{r_b} \tag{7}$$

式中 r_b——试验样机在规定的可靠性试验时间内出现的当量故障次数的数值，其数值按公式(8)计算。

注：当量故障次数为配料系统可靠性试验、搅拌机构可靠性试验、供料系统可靠性试验、电气系统可靠性试验四者当量故障次数之总和。

$$r_b = \sum_{i=1}^{4} n_i \varepsilon_i \tag{8}$$

式中 n_i——第 i 类故障次数；

ε_i——第 i 类故障的危害度系数。

当样机按规定试验时间和次数进行可靠性试验后，未发生故障或只发生累计的当量故障数小于1的轻度故障(即：在规定的300 h试验时间内未发生任何故障或在规定的300 h试验时间内只发生若干次轻度故障)，则平均无故障工作时间按式(9)表示。

$$MBTF = t_0 \tag{9}$$

6.5.4.3 可靠度(R)

可靠度按公式(10)计算：

$$R = \frac{t_0}{t_0 + t_1} \times 100\% \tag{10}$$

式中 t_1——修复故障所用时间总和的数值，单位为小时(h)。

注：t_0、t_1 均不含保养时间。

6.6 数据整理和试验报告

6.6.1 根据表E.2～表E.22记录的内容，对试验数据进行整理，将结果记入表E.23。

6.6.2 试验报告应包括下列内容：

a)试验报告名称及编号，被检混凝土搅拌站(楼)名称、型号、出厂编号及出厂日期，检验单位名称；

b)试验任务来源、目的及试验依据；

c)受检混凝土搅拌楼(站)的主要技术性能，参数及抽样情况；

d)试验地点，起止日期及气候情况；

e)试验项目及结果；

f)试验结论及建议；

g)试验负责人和参加试验人员名单；

h)试验报告编写、审校及批准人员姓名和签字、日期。

7 检验规则

7.1 出厂检验

7.1.1 所有产品均应进行出厂检验，并需经制造厂质量检验部门逐台检验，合格后方可出厂。产品出厂时应有质量检验部门签发的产品合格证。

7.1.2 出厂检验项目应包括 6.2、6.3、6.4.1、6.4.2.1(周期式)、6.4.2.2(连续式)、6.4.3、6.4.4、6.4.6、6.4.7 的内容。

7.2 型式检验

7.2.1 产品有下列情况之一时，应进行型式检验：

a)新产品鉴定或老产品转厂生产的试制鉴定；

b)产品停产三年及三年以上者；

c)产品的结构、材料或制造工艺有重大改变，可能影响性能时；

d)国家质量技术监督、检测机构提出要求时。

7.2.2 型式检验项目包括第 5 章的全部内容。

7.2.3 型式检验的抽样如下：

a)用于新产品鉴定的，按提供的样机进行；

b)除新产品外的，应从近一年内生产的产品中随机抽取，样机为一台。抽样及封存记入表 F.1。

1)75 m^3/h 以下(含 75 m^3/h)的混凝土搅拌站(楼)，应提供不少于三台(含三台)进行抽样。

2)75m^3/h 以上的搅拌楼站(楼)应在近一年期内生产或已在工地运行的产品中，提供二台产品进行抽样。

7.2.4 型式检验由下列原则判定：

a)表 8 中 A 项的各项要求全部合格，任一项不合格该产品即判为不合格。

b)表 8 中 B 项若有五项以上(含五项)不合格时，允许在被抽检的产品中再抽取一台进行复检，复检项目允许有二项不合格。若仍有三项不合格时则判为不合格。

表 8　型式检验合格判定项目表

关键项目	
A　项	说　明
① 5.1.1　⑨ 5.3.7.4 ② 5.1.3　⑩ 5.4.2.2 ③ 5.1.7　⑪ 5.5.2.3 ④ 5.1.8　⑫ 5.5.2.4 ⑤ 5.1.10　⑬ 5.5.2.5 ⑥ 5.2.2　⑭ 5.7.4 ⑦ 5.3.7.2　⑮ 5.8.1.3 ⑧ 5.3.7.3　⑯ 5.9.1.3	

续上表

一般要求项目	
B 项	说 明
① 5.1.2 ⑨ 5.4.2.4 ② 5.1.6 ⑩ 5.5.3 ③ 5.2.1 ⑪ 5.5.4 ④ 5.2.3 ⑫ 5.8.3 ⑤ 5.2.5 ⑬ 5.8.1.1 ⑥ 5.3.2.6 ⑭ 5.8.3 ⑦ 5.4.1.1 ⑮ 5.10 ⑧ 5.4.2.3 ⑯ 5.11	

8 标志、包装、运输、贮存

8.1 标 志

8.1.1 应在混凝土搅拌站(楼)的明显位置设置产品标牌,标牌应符合 GB/T 18306 的规定。

8.1.2 产品标牌应注明下列基本内容:

a)产品名称、型号;

b)配套主机的公称容量;

c)理论生产率;

d)装机容量;

e)整机质量;

f)外型尺寸;

g)制造日期;

h)出厂编号;

i)制造商名称。

8.2 包 装

8.2.1 运输过程中该产品以组件的形式装运,为防止丢失或损坏,应将拆卸限制在最小限度。卸下的零部件包括螺栓、螺母、销钉、垫圈等成套包装,并做好标记,便于重新安装。

8.2.2 拆下的零件或成套件应有防水、防腐、防磕碰、防丢失的措施。

8.2.3 电动机和电器中的电子组件(包括印刷电路板)等均应有防护措施。

8.2.4 气动元器件、各种杠杆秤、电子秤在出厂前应将其相对固定,在运输过程中不得因振动、冲击而产生损坏或变形等。

8.2.5 混凝土搅拌站(楼)的传送带应滚绕包装,应有防止产生裂纹、粘结、松散的措施。

8.2.6 混凝土搅拌楼(站)出厂时应有下列技术文件:

a)产品使用说明书;

b)基础布置图;

c)易损件图册或易损件名细表;

d)随机工具及备件清单;

e)主要配套件技术文件；

f)合格证；

g)发货清单。

8.3 运　输

混凝土搅拌站(楼)应适合于运输要求，运输时要安放牢固，运输状态的长宽高尺寸应符合国家有关部门的规定。

8.4 贮　存

混凝土搅拌站(楼)的机械、电气设备应存入仓库，大型结构件在露天放置时，应有防护措施。

附录 A(规范性附录)　混凝土搅拌站(楼)砂、石、水泥、水、掺合料、外加剂等物料静态精度的测定

A.1 范　围

适用于周期式和连续式混凝土搅拌站(楼)的砂、石、水泥、水、掺合料、外加剂等物料的静态精度的测定。

A.2 测试环境

A.2.1 称量显示控制器的温度范围为 0 ℃～40 ℃。

A.2.2 其他部分的温度范围为－10 ℃～55 ℃。

A.2.3 温度随时间的变化不得超过 5 ℃/h。

A.2.4 相对湿度不大于 90%。

A.2.5 供电电源满足如下要求：

a)电压为 380 V/220 V，稳态电压值为(0.9～1.1)倍额定电压；

b)频率为 50 Hz，对连续的为(0.99～1.01)倍额定频率；对短时工作的为(0.98～1.02)倍额定频率。

A.3 技术要求

A.3.1 配料秤的准确度等级

混凝土搅拌站(楼)使用的配料秤的准确度等级应根据 GB/T 14249.2、JJG 539 所规定的普通准确度级，用⑩表示。

A.3.2 配料秤的检定分度值

配料秤的检定分度值 e 应符合以下规定：

对于无辅助指示装置，见公式(A.1)：

$$e=d \tag{A.1}$$

对于有辅助指示装置，见公式(A.2)、(A.3)：

$$d<e\leqslant 10d \tag{A.2}$$

$$e\leqslant 10^{k} \tag{A.3}$$

式中 e——配料秤的检定分度值；

d——为显示分度值；

k——表示整数。

A.3.3 配料秤的静态称量等级

与配料秤的静态称量等级有关的检定分度值、检定分度数和最小称量见表 A.1。

表 A.1 检定分度数和最小称量

准确度等级Ⅳ	检定分度值，e	检定分度数，n	最小称量，min
(1.0)	$5g \leqslant e$	$100 < n \leqslant 1\ 000$	$10e$

A.3.4 配料秤的静态称量首次检定最大允差

加载或卸载时，配料秤的静态称量首次检定最大允许误差见表 A.2。

表 A.2 配料秤的静态称量首次检定最大允许误差

最大允许误差	检定分度值(砝码)，m
	(1.0)
$\pm 0.5e$	$0 \leqslant m \leqslant 50$
$\pm 1.0e$	$50 < m \leqslant 200$
$\pm 1.5e$	$200 < m \leqslant 1\ 000$

A.3.5 准确度表示法

配料秤的准确度用百分比表示，即为多次测得的定量值(显示值)偏离预定值的相对误差。

A.3.6 自动称量最大允许误差

配料秤的自动称量最大允许误差见表 A.3。

表 A.3 自动称量最大允许误差

准确度等级	首次或周期检定	使用中检定
(1.0)	±0.5%	±1%
注：使用中检定的最大允许误差，是首次检定最大允许误差的两倍。		

A.3.7 最小称量

自动称量的最小称量，不应小于最大称量的 30%，除最后一批物料外，不得使用小于最小称量的物料。

A.3.8 鉴 别 力

当称量改变 1.4 倍检定分度值 e 时，原来的示值应有变化。

A.3.9 称重显示控制器

称重显示控制器应符合如下要求：

a)各项指标应符合 GB/T 7724 中的有关规定。

b)称重显示控制器的误差不应大于整机称量之差的 0.7 倍。

A.3.10 最大安全负荷

最大安全负荷为 1.25 倍最大称量。

A.3.11 重 复 性

对同一物料，多次称量所得的结果之差，不应大于该称量的最大允许误差的绝对值，见公式(A.4)：

$$P_{\max} - P_{\min} \leqslant |mpe| \tag{A.4}$$

式中 P_{max}——所称物料的最大重量；

P_{min}——所称物料的最小重量；

mpe——最大允许误差。

A.3.12 误差计算

秤上的砝码 m，配料秤的示值为 I，逐一加放 0.1e 的小砝码，直到秤的示值明显地增加了一个 e，则成为$(1+e)$，为使配料秤示值末位数增加一个检定分度值，所有附加的小砝码值为 Δm，化整前示值的计算，见公式(A.5)：

$$p=I+0.5e-\Delta m \tag{A.5}$$

式中 p——化整前的示值；

I——配料秤的示值；

Δm——附加的小砝码值。

化整前的误差计算，见公式(A.6)：

$$E=p-m=I+0.5e-\Delta m-m \tag{A.6}$$

式中 E——化整前的误差。

化整前的修正误差计算，见公式(A.7)：

$$E_C=E-E_0\leqslant mpe \tag{A.7}$$

式中 E_C——化整前的修正误差；

E_0——为零点或接近零点(如 5e)的误差。

A.3.13 实际分度值的计算

实际分度值计算，见公式(A.8)：

$$d=\max/n \tag{A.8}$$

式中 d——实际分度值。

当准确度等级为 1.0 级时，取 $200<n\leqslant 1\,000$；

d 即为 1×10^k、2×10^k、5×10^k，k 为正、负整数或零。

A.4 试验方法

A.4.1 试验条件

试验条件如下：

a)温度：15 ℃～35 ℃范围内任一稳定温度；

b)相对湿度：45%～75%；

c)通电预热不大于 30 min；

d)检查各功能键的动作应正常。

A.4.2 标准砝码

试验用质量标准器为四级砝码。

A.4.3 标准砝码的最小量值

试验用标准砝码的最小量值应根据混凝土搅拌站(楼)的各种功能的配料秤的大小决定。当检定最大称量值大于 1 000 kg 时，允许用其他恒定载荷替代标准砝码，但至少应有 1 000 kg 或最大称量值 50%的标准砝码(取二者的大值)。

A.4.4 空秤复位试验

将秤头往复推动几次，等静止后观察秤量仪表每次显示数值是否一致，否则应予以检查和调整。

A.4.5 初次标定

根据不同功能的配料秤，对实际分度值进行计算和标定，并用 80%满量程以上的砝码进行检验和标定。

A.4.6 偏载试验

采用 1/10 满量程的标准砝码做以下试验：

a)单只传感器悬挂结构的料斗秤，可将秤斗面分成四等分，砝码放置在边角处；

b)用二只传感器的料斗秤，将砝码放置在传感器上方位置或悬挂在传感器下方位置；

c)用四只传感器的料斗秤，将砝码悬挂在传感器的下方位置；

d)机械电子式的料斗秤，根据料斗的形状定角差的点数(四方形或三角形)，将砝码置于被测位置的下方。

记录上述每种情况的示值及附加小砝码值。其中任何位置的修正误差(E_C)均不能超过此量程的允许误差(mpe)，否则应对相应的元、器件进行调整，并重试角差，直到符合要求为止。

试验结果记入表 E.2。

A.4.7 称量试验

称量试验应在以五个点：min(10e)、50e、200e、50%max、max 进行加、卸载荷，记录每一点的示值及附加小砝码值。每一称量点的修正误差(E_C)均不能超过该称量的允许误差(mpe)。

试验结果记入表 E.3。

A.4.8 鉴别力试验

在 min 和 max 两处进行测试(可在称量试验中进行)。

测试步骤为：在承载器(称量斗)上加放一定量的砝码和 10 个 0.1d 的小砝码，然后依次取下小砝码，直到示值 I 确实减少一个实际分度值为 $I-d$，加上 0.1d 后，再加 1.4d 的砝码，示值必须为 $I+d$。

试验结果记入表 E.4。

A.4.9 重复性试验

在 50%max 和 max 处进行两组测试，试验三次(其中一次取称量试验中的记录)。

每次测试都执行首次检定的最大允许误差。

测试步骤为：在 50%max 测试后再加到 max 进行测试，然后全部卸下。

试验结果记入表 E.5。

A.4.10 最大安全负荷试验

在称量试验的 max 后，再在最大值的基础上加 0.25 倍的 max 的过载砝码静压 15 min，零部件应无异常。卸下过载砝码，测试最大称量的误差不应大于该称量的允差 mpe(1.5e)。

试验结果记入表 E.6。

A.4.11 减法称量装置静态精度的测定

A.4.11.1 对于称重范围在 2t 以内(含 2t)的秤，测定方法按 A.4.1～A.4.10 的有关内容进行。

A.4.11.2 对于称重范围在 2t 以上的，可用当量砝码代替部分荷重。

附录B(规范性附录)　周期式混凝土搅拌站(楼)理论生产率测试的标准工况

B.1　测试条件

B.1.1　混凝土各组成材料供应充分、混凝土出料及时、混凝土搅拌站(楼)连续运转。

B.1.2　应有固定的混凝土配比，如骨料级配、水泥种类和标号、混凝土标号和坍落度、用水量的规定要求。

B.1.3　每一循环的混凝土生产量应以配套主机的公称容量计算和测试。

B.1.4　搅拌时间以该产品说明书标定的达到混凝土匀质性要求的最少时间。

B.1.5　不加掺合料和外加剂、不进行干搅拌、无发货单打印。

B.1.6　试验工况和试验用混凝土配制，按GB/T 9142—2000中6.2.1和6.2.2的规定。

B.2　理论生产率测试及计算

当周期式混凝土搅拌站(楼)在生产过程中，从开始卸料时起，经数次循环后，又开始卸料止，分别测出上料时间、搅拌时间和卸料时间，并计算出这一周期的间隔时间。理论生产率按公式(B.1)计算：

$$Q=\frac{3\,600W}{T_2} \tag{B.1}$$

式中　Q——理论生产率的数值，单位为立方米每小时(m^3/h)；

T_2——搅拌一罐次所需的平均时间的数值，单位为秒(s)；

W——配套主机的公称容量的数值，单位为立方米(m^3)。

注：卸料时间仅以配套主机的卸料时间为准，不按搅拌运输车进料时间计算。

附录C(规范性附录)　混凝土搅拌站(楼)外观质量检查表

表C.1　混凝土搅拌站(楼)外观质量评定表

序号	项目	检查要求及评定规则	附　注
1	油漆	(1)沾手性：手摸漆膜，不得沾手； (2)干透性：姆指压漆膜，不应有凹陷或指印； (3)不应有皱皮、脱皮、漏漆，流痕； (4)气泡：在1 m^2 内，直径3 mm以下的有4～5处，则为不合格； (5)颜色一致； (6)粘附力：用利刀将漆膜划“+”字缺口，漆膜不得脱落； (7)弹性：用刀刮漆膜，刮屑卷曲者为合格；刮屑碎裂或整块粘连但不卷曲者为不合格； (8)钢结构外表：油漆颜色鲜颖，不涂腻子	包括底、面漆

续上表

序号	项目	检查要求及评定规则	附　注
2	焊接件尺寸	(1)结构尺寸的偏差应符合下列要求，单位为毫米： ＞1 000～2 000：±4；　＞2 000～4 000：±6； ＞4 000～8 000：±8；　＞8 000～12 000：±10； ＞12 000～16 000：±12。 (2)结构件角度偏差(Δα)，图样无规定时应符合下列要求，长度单位为毫米： 边长的尺寸 $a \leqslant 400$ 时：$\Delta\alpha = \pm 20'$，偏差值(mm/m)为±6； 边长的尺寸 $a > 400$～1 000 时：$\Delta\alpha = \pm 15'$，偏差值(mm/m)为±4.5； 边长的尺寸 $a > 1\,000$ 时：$\Delta\alpha = \pm 10'$，偏差值(mm/m)为±3。 (3)直线度、平面度、平行度的偏差，图样未规定时应符合下列要求，单位为毫米： 尺寸范围：＞1 000～2 000 时，其偏差为±4.5；＞2 000～4 000时，其偏差为±6； ＞4 000～8 000 时，其偏差为±8；＞8 000～12 000时，其偏差为±10； ＞12 000～16 000 时，其偏差为±12。 (4)焊接质量要求： a. 一般件焊缝允许有 2～3 处漏焊，重要部件不得漏焊； b. 重要部位不得有裂纹； c. 在非重要部位允许有少量咬边、弧坑等缺陷； d. 承载部位不允许有烧穿、气孔和夹渣； e. 允许焊宽度不一致，宽窄之差单边不大于 3 mm； f. 飞渣：应除尽，在 10 cm×10 cm 面积内多于 3 点； g. 焊渣应除净	重要部件指储料仓的立柱、横梁与料仓壁的联结处 咬边深度 1 mm，宽度 1.5 mm 者进行统计， 直径大于 8 mm，深度大于 2 mm 者。 间断性焊缝除外 直径大于 1.5 mm 的飞渣进行统计。 焊渣面积大于 1 cm^2 者统计
3	外露表面	(1)除锈处理：零件加工外露表面应做防锈处理； (2)铸件表面：冒口突出 2 mm 以内，飞边毛刺低于 2 mm；砂眼、气孔直径不大于 5 mm，不多于三处； (3)气割边痕：气割边缘应圆滑平直，割痕在 1 mm 以内； (4)锻件非加工表面飞边：不超过 2 处； (5)润滑：抽查 3 处润滑点，不能有 1 处有润滑油外漏	
4	罩壳	(1)不能漏装罩壳； (2)明显锤痕每件不能超过 3 处以上； (3)罩壳边无皱折； (4)罩壳安装不得松动歪斜	锤痕直径 15 mm 以上统计。不涂腻子
5	标牌	(1)字迹应清晰，表面油漆擦净； (2)无损伤(刻痕、脱胶、锤印)； (3)安装不得松动、歪斜	
注：混凝土搅拌楼(站)外观质量有 5 条(含 5 条)以上不合格者为不合格。			

附录 D(规范性附录)　可靠性试验的故障分类及危害度系数表

表 D.1　故障分类及危害度系数表

故障类别	故障名称	故障特征	故障模式	危害度系数,ε
0	致命故障	严重危及或导致人身伤亡,重要部件报废,造成经济损失在总造价的 1.5%以上。	1. 搅拌罐滚道磨穿或断裂; 2. 强制式搅拌机搅拌轴严重弯曲,不能工作; 3. 强制式搅拌机铲臂折断,造成连锁反应,或闷车后损坏电机或减速机; 4. 双卧轴式搅拌机同步装置打坏; 5. 配套主机主传动齿轮箱壳体开裂; 6. 电控系统失灵,造成过载保护失效或控制系统安全电压保护失效,严重漏电造成伤亡事故; 7. 水泥仓气路安全装置失灵,造成水泥仓冲顶	∞
1	严重故障	严重影响产品功能,性能指标,达不到规定要求,必须停机修理,需更换外部主要零件或拆开机体更换内部重要零件,维修时间在 2 h 以上,维修费用高。	1. 搅拌电动机烧坏; 2. 搅拌、提升机构的传动系统的齿轮轴、链轮、蜗轮任一零件的损坏; 3. 强制式搅拌机铲臂折断; 4. 配套主机轴承损坏,引起密封失效; 5. 带式输送机电动滚筒烧坏; 6. 带式输送机皮带断裂,脱扣; 7. 斗式提升机链带脱齿或断裂; 8. 料斗提升机构钢丝绳折断造成的料斗卡轨,上料架的严重变形、损坏; 9. 悬臂拉铲铰车回转机构制动失灵,拉铲止动鼓失效等造成机构严重损坏; 10. 噪声、粉尘浓度; 11. 计算机控制系统指令失灵,动作紊乱,需更换重要电子元件; 12. 电控系统主要功能、配比的更换、含水率的测定、计量精度,达不到要求	3.0

续上表

故障类别	故障名称	故障特征	故 障 模 式	危害度系数，ε
2	一般故障	明显影响产品性能，必须停机检修，一般只允许更换或修理外部零件，可以用随机工具在 2 h 以内排除，维修费用中等。	1. 电动机容量为搅拌主机电机容量 1/4 以下的电机的烧坏或更换； 2. 自落式搅拌主机支承轮的损坏与更换； 3. 除配套主机以外的其他机构，轴承的烧损与更换； 4. 强制式搅拌机铲臂发生严重变形，铲片或衬板的脱落碎裂； 5. 带式输送机、张紧装置，防逆装置失灵，皮带跑偏造成，皮带、托辊的损坏，皮带清扫装置的损坏； 6. 斗式提升机的链斗脱落或其他机构的不正常运转使送料不到位，或使料流自落到底部，引起链轮等严重磨损； 7. 螺旋输送机传动不平稳出现抖动，或支承点磨损严重需更换； 8. 气缸、油水分离器失效； 9. 各种行程开关的失效造成其他机构的损坏； 10. 回转给料器被磨损或定位器失灵； 11. 气动安全阀启闭失灵造成管路破裂； 12. 水泥仓气路安全装置失灵； 13. 提升料斗脱轨坠落； 14. 机架或栏、护梯断裂	1.0
3	轻度故障	轻度影响产品功能，一般不需停机更换或修理零件，能用随机工具在短期排除，维修费用低。	1. 配套主机润滑系统出现漏、堵或失灵现象； 2. 联轴器的零件更换； 3. 减速机地脚螺栓松动； 4. 带式输送机托辊卡死，拢料裙边损坏； 5. 斗式提升机铲斗磨损，更换； 6. 一般部位的轴承损坏； 7. 各种液压元件，气动元件及轴承密封件的损坏； 8. 水称、添加剂及其管路的滴、漏，或密封不严等故障； 9. 卸料机构、气缸、电动推杆失灵或局部损坏； 10. 各种行程开关的调整； 11. 各电器零件的脱焊和线路的折断	0.2

附录E(资料性附录)　混凝土搅拌站(楼)试验记录表

表 E.1　试验样机主要技术参数表

试验样机型号＿＿＿＿＿＿＿＿　制造商＿＿＿＿＿＿＿＿

出厂编号＿＿＿＿＿＿＿＿　出厂日期＿＿＿＿＿＿＿＿

项　目	单　位	数　值
型号	—	
生产率	m^3/h	
配套主机公称容量	L	
骨料仓容积	m^3	
隔仓数目	个	
上料方式		
水泥仓总容量	t	
水泥仓数	个	
水泥种数	种	
外加剂种类	—	
外加剂箱容积	m^3	
称量范围	—	
骨料	kg	
水泥	kg	
水	kg	
添加剂	kg	
螺旋机生产能力	t/h	
同时可控螺旋机台数	—	
可配添加剂种类	—	
骨料最大粒径	mm	
输入功率	kW	
骨料提升电动机功率	kW	
搅拌机电动机功率	kW	
空压机电动机功率	kW	
螺旋输送机电动机功率	kW	
水泵电动机功率	kW	
卸料高度	m	
工作电压和频率	V、Hz	
装机容量	kW	
整机质量	kg	

表 E.2　偏载试验记录表

试验样机型号＿＿＿＿＿＿＿＿　制造商＿＿＿＿＿＿＿＿

产品编号＿＿＿＿＿＿＿＿　检测地点＿＿＿＿＿＿＿＿

环境温度＿＿＿＿＿＿＿＿　相对湿度＿＿＿＿＿＿＿＿

检定分度值＿＿＿＿＿＿＿＿　检验秤最大量程＿＿＿＿＿＿＿＿

检验秤分度值＿＿＿＿＿＿＿＿　料斗称名称＿＿＿＿＿＿＿＿

偏载位置

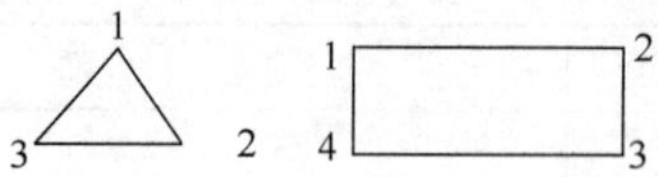

单位为千克

位置	示值 I	附加小砝码 Δm	化整前误差 E	修正误差 E_C	允许误差 mpe
1					
2					
3					
4					

结论＿＿＿＿＿＿

检验员＿＿＿＿＿　　审核员＿＿＿＿＿

表 E.3　称量试验记录表

试验样机型号＿＿＿＿＿＿＿＿　制造商＿＿＿＿＿＿＿＿

产品编号＿＿＿＿＿＿＿＿　检测地点＿＿＿＿＿＿＿＿

环境温度＿＿＿＿＿＿＿＿　相对湿度＿＿＿＿＿＿＿＿

检定分度值＿＿＿＿＿＿＿＿　检验秤最大量程＿＿＿＿＿＿＿＿

检验秤分度值＿＿＿＿＿＿＿＿

单位为千克

砝码 m	示值 I		附加小砝码 Δm		化整前误差 E		修正误差 E_C		允许误差 mpe
	↑(加)	↓(减)	↑(加)	↓(减)	(加)↑	(减)↓	(加)↑	(减)↓	

结论＿＿＿＿＿＿

检验员＿＿＿＿＿＿　　审核员＿＿＿＿＿＿

表 E.4　鉴别力试验记录表

试验样机型号＿＿＿＿＿＿　制造商＿＿＿＿＿＿
产品编号＿＿＿＿＿＿　检测地点＿＿＿＿＿＿
环境温度＿＿＿＿＿＿　相对湿度＿＿＿＿＿＿
检定分度值＿＿＿＿＿＿　检验秤最大量程＿＿＿＿＿＿
检验秤分度值＿＿＿＿＿＿

单位为千克

砝码 m	示值 I_1	附加 1.4d 砝码后的示值 I_2	I_2-I_1
min			
50%max			
max			

结论＿＿＿＿＿＿
检验员＿＿＿＿＿＿　审核员＿＿＿＿＿＿

表 E.5　重复性试验记录表

试验样机型号＿＿＿＿＿＿　制造商＿＿＿＿＿＿
产品编号＿＿＿＿＿＿　检测地点＿＿＿＿＿＿
环境温度＿＿＿＿＿＿　相对湿度＿＿＿＿＿＿
检定分度值＿＿＿＿＿＿　检验秤最大量程＿＿＿＿＿＿
检验秤分度值＿＿＿＿＿＿

单位为千克

砝码 m	示值 I	附加小砝码 Δm	化整前误差 E	修正误差 E_C	允许误差 mpe

结论＿＿＿＿＿＿
检验员＿＿＿＿＿＿　审核员＿＿＿＿＿＿

表 E.6　最大安全负荷试验记录表

试验样机型号＿＿＿＿＿＿　制造商＿＿＿＿＿＿
产品编号＿＿＿＿＿＿　检测地点＿＿＿＿＿＿
环境温度＿＿＿＿＿＿　相对湿度＿＿＿＿＿＿
检定分度值＿＿＿＿＿＿　检验秤最大量程＿＿＿＿＿＿
检验秤分度值＿＿＿＿＿＿

单位为千克

砝码 m	示值 I_1	附加 0.25max 后的 I_2	I_2-I_1
max			

结论＿＿＿＿＿＿
检验员＿＿＿＿＿＿　审核员＿＿＿＿＿＿

表 E.7　混凝土搅拌站(楼)外观质量检查记录表

试验样机型号＿＿＿＿＿＿　制造商＿＿＿＿＿＿

出厂编号＿＿＿＿＿＿　检查地点＿＿＿＿＿＿

检查日期＿＿＿＿＿＿　检查人员＿＿＿＿＿＿

<table>
<tr><th colspan="2">项　目</th><th>问　题</th><th>结　论</th></tr>
<tr><td>油漆</td><td>(1)粘手性；
(2)干透性；
(3)皱皮、脱皮、漏漆、流痕；
(4)气泡；
(5)颜色不一；
(6)粘附力；
(7)弹性；
(8)钢结构外表</td><td></td><td></td></tr>
<tr><td>焊接件尺寸</td><td>(1)结构尺寸的偏差；
(2)结构件角度偏差；
(3)直线度、平面度、平行度偏差；
(4)焊接质量：
a)漏焊；
b)裂纹；
c)咬边、弧坑；
d)烧穿、气孔和灰渣；
e)同一焊缝宽度不一致；
f)飞渣；
g)焊渣未除净</td><td></td><td></td></tr>
<tr><td>外露表面</td><td>(1)除锈处理；
(2)铸件质量；
(3)气割边痕；
(4)锻件飞边；
(5)注润滑油情况</td><td></td><td></td></tr>
<tr><td>罩壳</td><td>(1)漏装；
(2)锤痕；
(3)皱折；
(4)安装松动</td><td></td><td></td></tr>
<tr><td>标牌</td><td>(1)字迹不清或表面污损；
(2)刻痕、脱胶、锤印；
(3)安装松动、歪斜</td><td></td><td></td></tr>
<tr><td>评价</td><td colspan="3"></td></tr>
</table>

校核＿＿＿＿＿　记录＿＿＿＿＿

表 E.8　混凝土搅拌站(楼)试验前检查及空运转试验记录表

检查样机型号＿＿＿＿＿＿＿＿　　制造商＿＿＿＿＿＿＿＿

出厂编号＿＿＿＿＿＿＿＿　　检查地点＿＿＿＿＿＿＿＿

检查人员＿＿＿＿＿＿＿＿　　操作人员＿＿＿＿＿＿＿＿

主要检查内容	评　定
E.1　试验前的检查 E.1.1　检查各运动部件及主要拆装结构件的紧固件。 E.1.2　检查各动力源、传动系统关系。 E.1.3　检查减速机及各运动副的润滑。 E.1.4　检查各配套设备的安装关系、运行路线。 E.1.5　检查电气系统接线。 E.1.6　检查称量装置的称量精度。 E.1.7　检查外观质量。	
E.2　空运转试验 E.2.1　接通电源后，首先开启空压机，使其达到额定压力，持续 15 min，并检查下列项目： a)各配料、称量、卸料等部件的控制阀、气缸、管路等的密封； b)当气压达到 0.7 MPa 时的安全阀、限压阀； c)各气动元件(包括气缸、电磁阀、蝶阀等)工作情况。 E.2.2　各运动部件(包括上料、配料、搅拌、出料等机构)其运行情况；各行程开关、限位机构的设置及动作。 E.2.3　控制台上各按钮、按键的功能。 E.2.4　控制系统的手动、全自动程序的逻辑关系。	
E.3　混凝土搅拌站(楼)各机构的空运转试验 E.3.1　提升、上料机构的检验 E.3.1.1　料斗或上料机构。 E.3.1.1.1　料斗应运行平稳，在轨道接头处不应有明显的振动和卡轮现象，运行中滚轮不应偏行。 E.3.1.1.2　料斗在上升或下降的任意位置均能可靠的制动，并无异常声音。 E.3.1.1.3　料斗在上下极限位置时，行程开关的动作应灵活、可靠。 E.3.1.1.4　料斗门的启、闭灵活、到位。 E.3.1.1.5　在料斗内加相应的额定当量载荷，上升、下降 5 次。 E.3.1.1.6　在料斗内加 1/4 当量载荷的偏载，上下运行 5 次。 E.3.1.2　带式上料机或斗式提升机。 E.3.1.2.1　在空运转运行中，带式上料机和斗式提升机传动是否平稳、无异常。 E.3.1.2.2　与带式上料机或斗式提升机的联动机构是否灵活、可靠，并能在任意位置启动或停止。 E.3.2　搅拌系统的检验 E.3.2.1　减速机传动是否平衡、不应有异常声音，不应有渗、漏现象。 E.3.2.2　检查搅拌罐体内各铲片、衬板的位置是否正确，铲片和衬板的间隙是否达到要求。 E.3.2.3　卸料门启闭是否灵活、到位。 E.3.2.4　润滑油泵转向是否正确，能否向轴承供油润滑。 E.3.2.5　液压系统不应有渗漏现象。 E.3.3　螺旋输送机 E.3.3.1　检查水泥和掺合料的螺旋输送机的运转是否平稳。 E.3.3.2　螺旋输送机的首、尾部联结是否得当并符合要求，是否会影响物料的称量精度。 E.3.4　电器系统的检验 E.3.4.1　检查控制系统的运行逻辑关系。 E.3.4.2　各行程开关(包括提升机构、称量机构、主搅拌设备检修、联锁机构、卸料机构等)的安装位置是否比确，动作是否灵敏可靠。 E.3.4.3　总体布线是否安全、可靠、电线规格是否符合要求、长短合理、固定牢固、标识清晰。	

表 E.9　混凝土搅拌楼(站)制造和装配质量主要部件性能检测结果汇总表

试验样机型号＿＿＿＿＿＿＿＿　制造商＿＿＿＿＿＿＿＿

出厂编号＿＿＿＿＿＿＿＿

<table>
<tr><th>序号</th><th colspan="2">检测项目</th><th>规定要求</th><th>检测结果</th><th>结论</th></tr>
<tr><td rowspan="3">1</td><td rowspan="3">供料装置</td><td>带式输送机</td><td rowspan="3">传动平稳、运转灵活，制造可靠，不逆转。无异常响声，不卡碰</td><td rowspan="3"></td><td rowspan="3"></td></tr>
<tr><td>斗式提升机</td></tr>
<tr><td>悬臂拉铲</td></tr>
<tr><td>2</td><td colspan="2">自落式搅拌筒</td><td>进出料口圈径向跳动不超过进料口直径的1%</td><td></td><td></td></tr>
<tr><td>3</td><td colspan="2">强制式搅拌机叶片和衬板间隙</td><td>≤5 mm</td><td></td><td></td></tr>
<tr><td>4</td><td colspan="2">传动系统运转</td><td>运转灵活，无异常响声</td><td></td><td></td></tr>
<tr><td>5</td><td colspan="2">减速机温升</td><td>齿轮减速机≤40 ℃
蜗轮减速机≤60 ℃</td><td></td><td></td></tr>
<tr><td rowspan="2">6</td><td rowspan="2">开式齿轮副</td><td>沿齿高接触长度</td><td>≥40%</td><td></td><td></td></tr>
<tr><td>沿齿宽接触长度</td><td>≥50%</td><td></td><td></td></tr>
<tr><td>7</td><td colspan="2">链传动</td><td>链轮与链条不咬切，张紧轮调节方便</td><td></td><td></td></tr>
<tr><td>8</td><td colspan="2">各种计量斗</td><td>进出料流畅，不积料，不溢料，不漏料，不留料</td><td></td><td></td></tr>
<tr><td>9</td><td colspan="2">气路系统(液压系统)</td><td>安全阀、溢流阀可靠，不漏气，不渗油</td><td></td><td></td></tr>
</table>

校核＿＿＿＿＿　记录整理＿＿＿＿＿

表 E.10　工作周期、坍落度、残留率、理论生产率测试记录表

试验样机型号________________　　制造商________________

出厂编号________________　　试验地点________________

试验日期________________　　试验人员________________

<table>
<tr><td colspan="2">公称容量________________</td><td>第一罐(次)</td><td>第二罐(次)</td><td>第三罐(次)</td></tr>
<tr><td rowspan="3">坍落度
mm</td><td>取样编号 1</td><td></td><td></td><td></td></tr>
<tr><td>取样编号 4</td><td></td><td></td><td></td></tr>
<tr><td>差值</td><td></td><td></td><td></td></tr>
<tr><td>骨料</td><td rowspan="2">上料时间
s</td><td></td><td></td><td></td></tr>
<tr><td>水泥</td><td></td><td></td><td></td></tr>
<tr><td colspan="2">周期式搅拌时间
s</td><td></td><td></td><td></td></tr>
<tr><td colspan="2">连续式接料时间
s</td><td></td><td></td><td></td></tr>
<tr><td colspan="2">周期式出料时间
s</td><td></td><td></td><td></td></tr>
<tr><td colspan="2">连续式时间间隔
s</td><td></td><td></td><td></td></tr>
<tr><td colspan="2">周期式工作周期
s</td><td></td><td></td><td></td></tr>
<tr><td colspan="2">连续式每次接料重量
kg</td><td></td><td></td><td></td></tr>
<tr><td colspan="2">混凝土残留率
%</td><td></td><td></td><td></td></tr>
<tr><td colspan="2">理论生产率
m^3/h</td><td></td><td></td><td></td></tr>
</table>

校核__________　　　　记录__________

表 E.11 动态精度测试记录表

试验样机型号＿＿＿＿＿＿ 制造商＿＿＿＿＿＿

产品编号＿＿＿＿＿＿ 检测地点＿＿＿＿＿＿

环境温度＿＿＿＿＿＿ 相对湿度＿＿＿＿＿＿

检定分度值＿＿＿＿＿＿ 检验秤最大量程＿＿＿＿＿＿

检验秤分度值＿＿＿＿＿＿ 物料名称＿＿＿＿＿＿

单位为千克

序号	A组定量		B组定量		C组定量	
	示值	校验秤示值	示值	校验秤示值	示值	校验秤示值
1						
2						
3						
4						
5						
6						
7						
8						
9						
10						
平均值	$I_A=$	$P_A=$	$I_B=$	$P_B=$	$I_C=$	$P_C=$
平均极差	$\Delta I_A=$		$\Delta I_B=$		$\Delta I_C=$	
误差 E_i[a]	$E_A=$		$E_B=$		$E_C=$	
允许误差						

[a] $\Delta I=P_i-I$

$$E_i=\frac{P_i-I}{P_i}\times 100\%$$

式中 i——为核验秤示值中误差最大的一次。

结论＿＿＿＿＿

检验员＿＿＿＿ 审核员＿＿＿＿＿＿

表 E.12　混凝土匀质性测试记录表

试验样机型号____________　制造商____________

出厂编号____________　试验地点____________

试验日期____________　试验人员____________

<table>
<tr><td colspan="2">搅拌时间
s</td><td colspan="2"></td><td colspan="2"></td><td colspan="2"></td><td colspan="2"></td><td colspan="2"></td><td colspan="2"></td></tr>
<tr><td rowspan="2">坍落度
mm</td><td>设计值</td><td colspan="6">10～30</td><td colspan="6">30～50</td></tr>
<tr><td>实测值</td><td colspan="2"></td><td colspan="2"></td><td colspan="2"></td><td colspan="2"></td><td colspan="2"></td><td colspan="2"></td></tr>
<tr><td colspan="2">罐次</td><td colspan="2"></td><td colspan="2"></td><td colspan="2"></td><td colspan="2"></td><td colspan="2"></td><td colspan="2"></td></tr>
<tr><td colspan="2">试样编号</td><td></td><td></td><td></td><td></td><td></td><td></td><td></td><td></td><td></td><td></td><td></td><td></td></tr>
<tr><td rowspan="4">含气量测定</td><td>混凝土试样质量
kg</td><td></td><td></td><td></td><td></td><td></td><td></td><td></td><td></td><td></td><td></td><td></td><td></td></tr>
<tr><td>压力表读数
MPa</td><td></td><td></td><td></td><td></td><td></td><td></td><td></td><td></td><td></td><td></td><td></td><td></td></tr>
<tr><td>混凝土含气量
L</td><td></td><td></td><td></td><td></td><td></td><td></td><td></td><td></td><td></td><td></td><td></td><td></td></tr>
<tr><td>空气容积
L</td><td></td><td></td><td></td><td></td><td></td><td></td><td></td><td></td><td></td><td></td><td></td><td></td></tr>
<tr><td colspan="2">不含空气的混凝土试样容积
L</td><td></td><td></td><td></td><td></td><td></td><td></td><td></td><td></td><td></td><td></td><td></td><td></td></tr>
<tr><td rowspan="2">试样留在 5 mm
筛上的骨料</td><td>质量
kg</td><td></td><td></td><td></td><td></td><td></td><td></td><td></td><td></td><td></td><td></td><td></td><td></td></tr>
<tr><td>容积
L</td><td></td><td></td><td></td><td></td><td></td><td></td><td></td><td></td><td></td><td></td><td></td><td></td></tr>
<tr><td rowspan="2">混凝土试样中的砂浆</td><td>质量
kg</td><td colspan="6"></td><td colspan="6"></td></tr>
<tr><td>容积
L</td><td colspan="6"></td><td colspan="6"></td></tr>
<tr><td colspan="2">混凝土拦合物中砂浆密度,M
kg/L</td><td></td><td></td><td></td><td></td><td></td><td></td><td></td><td></td><td></td><td></td><td></td><td></td></tr>
<tr><td colspan="2">单位体积混凝土拌合物中
粗骨料质量,G
kg/L</td><td></td><td></td><td></td><td></td><td></td><td></td><td></td><td></td><td></td><td></td><td></td><td></td></tr>
</table>

表 E.13　整机能耗及主要机构功率测试记录表

试验样机型号____________　　制造商____________

出厂编号____________　　试验地点____________

试验日期____________　　试验人员____________

试验项目		电流 A	电压 V	功率 kW	能耗 kW·h/m³
搅拌功率	空运转				
	公称容量				
提升功率	空运转				
	公称容量				
螺旋输送机功率	空运转				
	公称容量				
水泵功率	空运转				
	公称容量				
其他功率	空运转				
	公称容量				
总功率	空运转				
	公称容量				
注:公称容量时的搅拌功率,按功率曲线稳定时的平均值计。					

校核________　　记录________

表 E.14　超载能力测试记录表

试验样机型号____________　　制造商____________

出厂编号____________　　试验地点____________

试验日期____________　　试验人员____________

项目		
加载量 kg	粗骨料	
	砂	
	水泥	
	水	
坍落度 mm		
搅拌罐转速 (搅拌轴转速) r/min		
是否能安全搅拌工作		
是否能提升和制动		
拌筒溢料情况		

校核________　　记录____________

表 E.15　供水精度及供水能力测试记录表

试验样机型号＿＿＿＿＿＿　　制造商＿＿＿＿＿＿

出厂编号＿＿＿＿＿＿　　试验地点＿＿＿＿＿＿

试验日期＿＿＿＿＿＿　　试验人员＿＿＿＿＿＿

<table>
<tr><td rowspan="3">约定供水量
kg</td><td colspan="7">实际供水量</td><td colspan="2">供水精度</td></tr>
<tr><td colspan="2">1</td><td colspan="2">2</td><td colspan="2">3</td><td rowspan="2">实测值的平均值</td><td rowspan="2">供水误差
%</td><td rowspan="2">供水量变动误差
%</td></tr>
<tr><td>实测值</td><td>差值</td><td>实测值</td><td>差值</td><td>实测值</td><td>差值</td></tr>
<tr><td></td><td></td><td></td><td></td><td></td><td></td><td></td><td></td><td></td><td></td></tr>
<tr><td></td><td></td><td></td><td></td><td></td><td></td><td></td><td></td><td></td><td></td></tr>
<tr><td></td><td></td><td></td><td></td><td></td><td></td><td></td><td></td><td></td><td></td></tr>
<tr><td colspan="10">注：差值系指实测值与该点三次平均值之差。</td></tr>
</table>

<table>
<tr><td rowspan="3">标定供水量
kg</td><td colspan="5">供水时间
s</td></tr>
<tr><td>1</td><td>2</td><td>3</td><td>平均值</td><td>结论</td></tr>
<tr><td></td><td></td><td></td><td></td><td></td></tr>
<tr><td rowspan="3">供水时间
（搅拌时间的 50%）
s</td><td colspan="5">供水量
kg</td></tr>
<tr><td>1</td><td>2</td><td>3</td><td>平均值</td><td>结论</td></tr>
<tr><td></td><td></td><td></td><td></td><td></td></tr>
</table>

校核＿＿＿＿　　记录＿＿＿＿

表 E.16　噪声测试记录表

试验样机型号＿＿＿＿＿＿＿　制造商＿＿＿＿＿＿＿

出厂编号＿＿＿＿＿＿＿　试验地点＿＿＿＿＿＿＿

天气气温＿＿＿＿＿＿＿　风向风速＿＿＿＿＿＿＿

试验日期＿＿＿＿＿＿＿　试验人员＿＿＿＿＿＿＿

本底噪声＿＿＿＿＿＿＿ dB(A)

单位为分贝(A)

<table>
<tr><td>噪声类别</td><td>测 量 位 置</td><td colspan="4">噪　　声</td></tr>
<tr><td rowspan="2">配套主机噪声</td><td rowspan="2">距基准表面(配套主机主体的外表面)水平距离 1.5 m,离地面高 1.5 m处</td><td>测点 1</td><td>测点 2</td><td>测点 3</td><td>平均值</td></tr>
<tr><td></td><td></td><td></td><td></td></tr>
<tr><td rowspan="2">无控制室
操作者耳边
噪声</td><td>电控箱与配套主机安装成一体时,测量位置为离电控箱面板 1 m,距操作者站立平面高度 1.5 m处</td><td></td><td></td><td></td><td></td></tr>
<tr><td>电控箱(柜)与配套主机分离时,测量位置为搅拌罐身中心面上,离搅拌罐两侧1.3 m,距操作者站立平面 1.5 m高度处。取两处中噪声值较大者</td><td></td><td></td><td></td><td></td></tr>
<tr><td>控制室内噪声</td><td>操作者坐椅处,高 1.6 m</td><td></td><td></td><td></td><td></td></tr>
<tr><td>备　　注</td><td></td><td></td><td></td><td></td><td></td></tr>
</table>

校核＿＿＿＿＿　　记录＿＿＿＿＿

表 E.17　粉尘测试记录表

试验样机型号____________　制造商____________

出厂编号____________　试验地点____________

试验日期____________　试验人员____________

项目 项次	m_1 mg	m_2 mg	V L/min	T min	结果
第一次					
第二次					
第三次					
平　均					

记录________　校核________

表 E.18　混凝土试块强度试验记录表

试验样机型号____________　制造商____________

出厂编号____________　试验地点____________

试验日期____________　试验人员____________

标号				结论
第一组 (kg/cm^2)				
第二组 (kg/cm^2)				
第三组 (kg/cm^2)				

记录________　校核________

表 E. 19 搅拌系统可靠性试验记录表

共 页第 页

开机时间	停机时间	试验时间 h	累计试验时间 h	故障描述 (故障内容、原因及修复措施)	故障修理时间 h	备注
时分	时分					

校核__________ 记录__________

表 E. 20　供料供水系统可靠性试验记录表

共　　页第　　页

开机时间	停机时间	试验次数	累计试验次数	故障描述（故障内容、原因及修复措施）	故障修理时间 h	备注
时分	时分					

校核＿＿＿＿＿　　记录＿＿＿＿＿

表 E. 21　计量系统可靠性试验记录表

共　　页第　　页

开机时间	停机时间	试验次数	累计试验次数	故障描述（故障内容、原因及修复措施）	故障修理时间 h	备注
时分	时分					

校核__________　　　　记录__________

表 E.22 混凝土搅拌站(楼)可靠性试验汇总表

样机型号____________________ 制造商____________________

项目		搅拌系统			供料供水系统			计量系统			电气系统		
故障序号		1	2	3	1	2	3	1	2	3	1	2	3
故障模式													
危害度系数													
修复时间 h													
故障序号		4	5	6	4	5	6	4	5	6	4	5	6
故障模式													
危害度系数													
修复时间 h													
累计当量 故障数													
累计试验时间或次数 h(次)													
折算后的工作时间 h													
非基本故障 情况													
试验计算结果	首次故障前工作时间 h (规定≥100 h)												
	平均无故障工作时间 h (规定≥200 h)												
	可靠度 % (规定≥85%)												
结论													

校核__________ 记录__________

表 E.23　混凝土搅拌站(楼)技术性能检测结果汇总表

试验任务来源、目的＿＿＿＿＿＿＿＿　试验依据＿＿＿＿＿＿＿＿

试验地点＿＿＿＿＿＿＿＿＿＿＿＿　试验时间＿＿＿＿＿＿＿＿

检验样机型号＿＿＿＿＿＿＿＿＿＿　制造商＿＿＿＿＿＿＿＿＿

出厂编号＿＿＿＿＿＿＿＿＿＿＿＿

<table>
<tr><th>序号</th><th colspan="3">检 测 项 目</th><th>规定要求</th><th>检测结果</th><th>结论</th></tr>
<tr><td>1</td><td colspan="3">生产能力
m^3/h</td><td></td><td></td><td></td></tr>
<tr><td>2</td><td colspan="3">达到匀质性要求的搅拌时间
s</td><td></td><td></td><td></td></tr>
<tr><td>3</td><td colspan="3">生产 1 m^3 混凝土的能耗
$kW \cdot h/m^3$</td><td></td><td></td><td></td></tr>
<tr><td>4</td><td colspan="3">相邻两罐次混凝土坍落度差值
mm</td><td></td><td></td><td></td></tr>
<tr><td rowspan="6">5</td><td rowspan="6">配料精度
%</td><td>骨料</td><td></td><td></td><td></td><td></td></tr>
<tr><td>水泥</td><td></td><td></td><td></td><td></td></tr>
<tr><td>粉煤灰</td><td></td><td></td><td></td><td></td></tr>
<tr><td>供水误差</td><td></td><td></td><td></td><td></td></tr>
<tr><td>供水量变动误差</td><td></td><td></td><td></td><td></td></tr>
<tr><td>添加剂</td><td></td><td></td><td></td><td></td></tr>
<tr><td>6</td><td colspan="3">粉尘浓度
mg/m^3</td><td></td><td></td><td></td></tr>
<tr><td rowspan="2">7</td><td rowspan="2">噪声
dB(A)</td><td>机内</td><td></td><td></td><td></td><td></td></tr>
<tr><td>机外</td><td></td><td></td><td></td><td></td></tr>
<tr><td>8</td><td colspan="3">超载 10%的搅拌能力</td><td></td><td></td><td></td></tr>
<tr><td>9</td><td colspan="3">外观质量</td><td></td><td></td><td></td></tr>
<tr><td rowspan="3">10</td><td rowspan="3">可靠性试验</td><td>首次故障前工作时间
h</td><td></td><td></td><td></td><td></td></tr>
<tr><td>平均无故障工作时间
h</td><td></td><td></td><td></td><td></td></tr>
<tr><td>可靠度
%</td><td></td><td></td><td></td><td></td></tr>
<tr><td>11</td><td colspan="3">结论和建议</td><td colspan="3"></td></tr>
</table>

负责人＿＿＿＿＿＿　参加试验人员＿＿＿＿＿＿＿＿＿

记　录＿＿＿＿＿＿

附录 F(资料性附录) 混凝土搅拌站(楼)抽样记录表

表 F.1 混凝土搅拌站(楼)抽样封存记录表

被检企业名称	
被检产品名称	
规格型号	
抽样日期	
抽样地点	
提供抽样样机台数	
抽取样机台数	
封存样机编号	
样机封存地点	
样机封存形式	
封存部位和封存记号	

参加抽样封机人员(签字)____________________

被检单位人员(签字)____________________

水泥标准稠度用水量、凝结时间、安定性检验方法

目　　次

3 原 理

3.1 水泥标准稠度

水泥标准稠度净浆对标准试杆(或试锥)的沉入具有一定阻力。通过试验不同含水量水泥净浆的穿透性,以确定水泥标准稠度净浆中所需加入的水量。

3.2 凝结时间

试针沉入水泥标准稠度净浆至一定深度所需的时间。

3.3 安 定 性

3.3.1 雷氏法是通过测定水泥标准稠度净浆在雷氏夹中沸煮后试针的相对位移表征其体积膨胀的程度。

3.3.2 试饼法是通过观测水泥标准稠度净浆试饼煮沸后的外形变化情况表征其体积安定性。

4 仪器设备

4.1 水泥净浆搅拌机

符合 JC/T 729 的要求。

注:通过减小搅拌翅和搅拌锅之间间隙,可以制备更加均匀的净浆。

4.2 标准法维卡仪

图 1 测定水泥标准稠度和凝结时间用维卡仪及配件示意图中包括:

a)为测定初凝时间时维卡仪和试模示意图;

b)为测定终凝时间反转试模示意图;

c)为标准稠度试杆;

d)为初凝用试针;

e)为终凝用试针等。

标准稠度试杆由有效长度为 50 mm±1 mm,直径为 ϕ10 mm±0.05 mm 的圆柱形耐腐蚀金属制成。初凝用试针由钢制成,其有效长度初凝针为 50 mm±1 mm、终凝针为 30 mm±1 mm,直径为 ϕ1.13 mm±0.05 mm。滑动部分的总质量为 300 g±1 g。与试杆、试针联结的滑动杆表面应光滑,能靠重力自由下落,不得有紧涩和旷动现象。

盛浆水泥净浆的试模由耐腐蚀的、有足够硬度的金属制成。试模为深 40 mm±0.2 mm、顶内径 ϕ65 mm±0.5 mm、底内径 ϕ75 mm±0.5 mm 的截顶圆锥体。每个试模应配备一个边长或直径约 100 mm、厚度 4 mm~5 mm 的平板玻璃底板或金属底板。

4.3 代用法维卡仪

符合 JC/T 727 要求。

单位为毫米

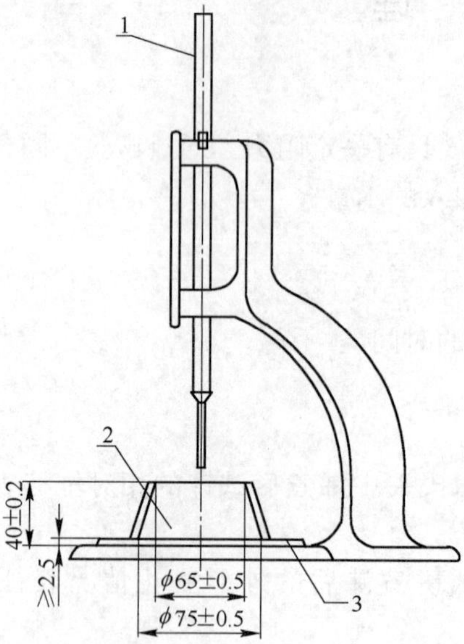

a）初凝时间测定用立式试模的侧视图

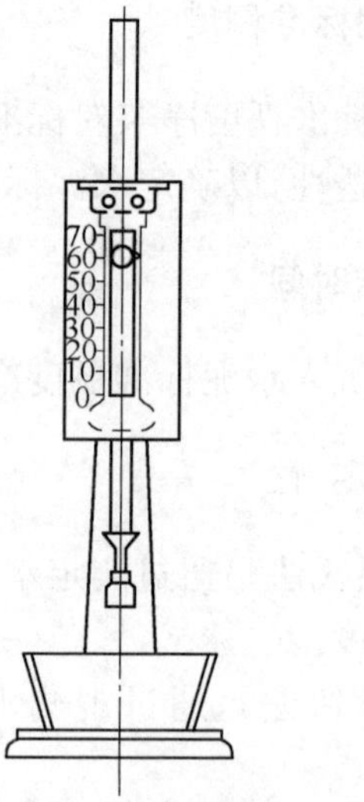

b）终凝时间测定用反转试模的前视图

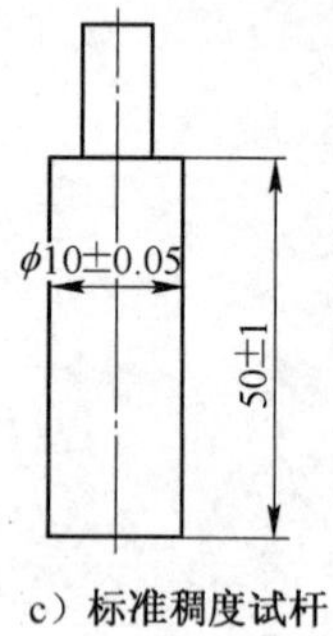

c）标准稠度试杆

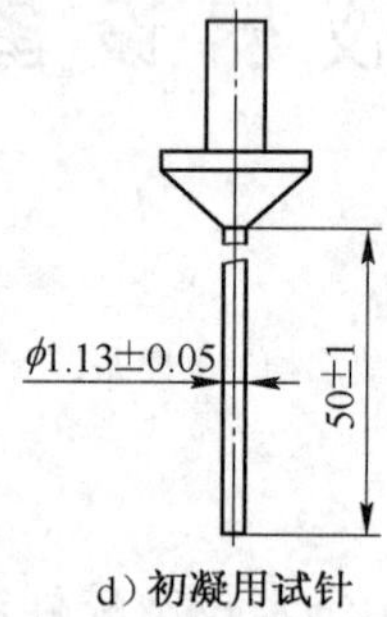

d）初凝用试针

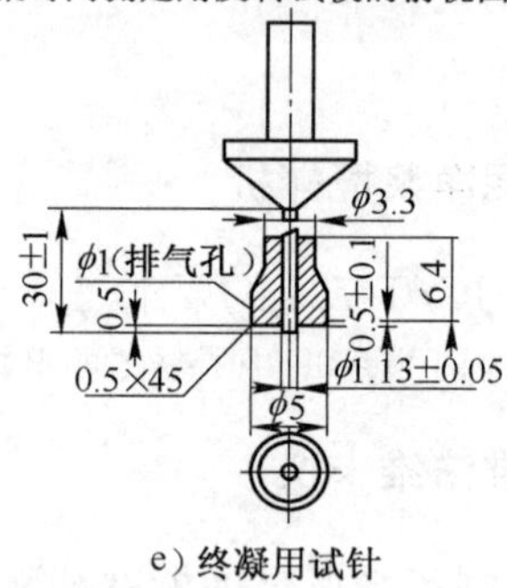

e）终凝用试针

图 1　测定水泥标准稠度和凝结时间用维卡仪及配件示意图

说明：1—滑动杆；2—试模；3—玻璃板。

4.4 雷 氏 夹

由铜质材料制成，其结构如图 2 所示。当一根指针的根部先悬挂在一根金属丝或尼龙丝上，

单位为毫米

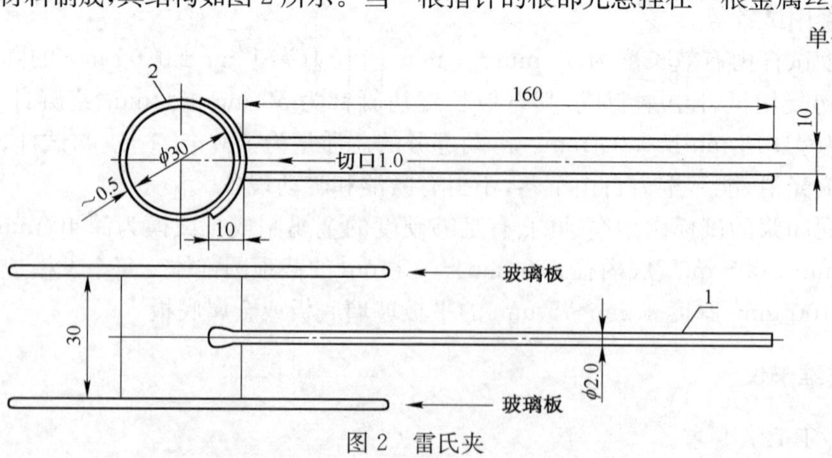

图 2　雷氏夹

说明：1—指针；2—环模。

另一根指针的根部再挂上 300 g 质量的砝码时，两根指针针尖的距离增加应在 17.5 mm±2.3 mm范围内，即 $2x$=17.5 mm±2.5 mm(见图 3)，当去掉砝码后针尖的距离能恢复至挂砝码前的状态。

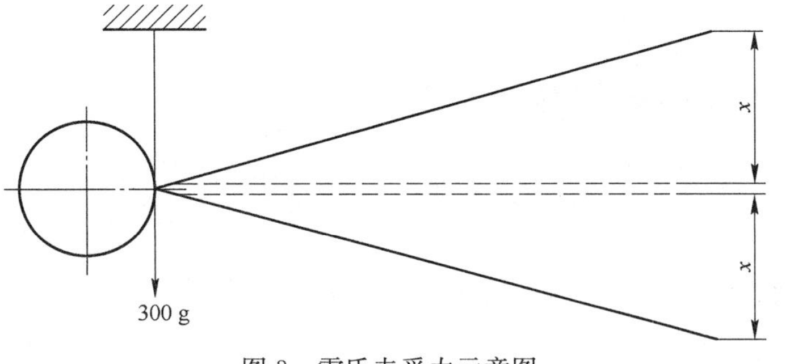

图 3　雷氏夹受力示意图

4.5 沸煮箱

符合 JC/T 955 的要求。

4.6 雷氏夹膨胀测定仪

如图 4 所示，标尺最小刻度为 0.5 mm。

单位为毫米

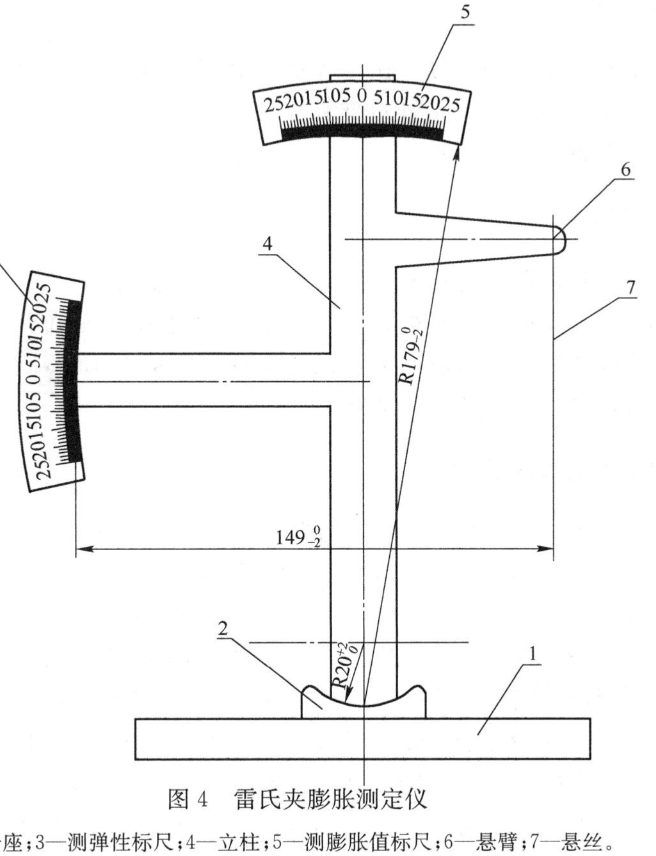

图 4　雷氏夹膨胀测定仪

说明：1—底座；2—模子座；3—测弹性标尺；4—立柱；5—测膨胀值标尺；6—悬臂；7—悬丝。

4.7 量筒或滴定管

精度±0.5 mL。

4.8 天　平

最大称量不小于1 000 g，分度值不大于1 g。

5 材　料

试验用水应是洁净的饮用水，如有争议时应以蒸馏水为准。

6 试验条件

6.1 试验室温度为20 ℃±2 ℃，相对湿度应不低于50%；水泥试样、拌和水、仪器和用具的温度应与试验室一致；

6.2 湿气养护箱的温度为20 ℃±1 ℃，相对湿度不低于90%。

7 标准稠度用水量测定方法（标准法）

7.1 试验前准备工作

7.1.1 维卡仪的滑动杆能自由滑动。试模和玻璃底板用湿布擦拭，将试模放在底板上。

7.1.2 调整至试杆接触玻璃板时指针对准零点。

7.1.3 搅拌机运行正常。

7.2 水泥净浆的拌制

用水泥净浆搅拌机搅拌，搅拌锅和搅拌叶片先用湿布擦过，将拌和水倒入搅拌锅内，然后在5 s～10 s内小心将称好的500 g水泥加入水中，防止水和水泥溅出；拌和时，先将锅放在搅拌机的锅座上，升至搅拌位置，启动搅拌机，低速搅拌120 s，停15 s，同时将叶片和锅壁上的水泥浆刮入锅中间，接着高速搅拌120 s停机。

7.3 标准稠度用水量的测定步骤

拌和结束后，立即取适量水泥净浆一次性将其装入已置于玻璃底板上的试模中，将体超过试模上端，用宽约25 mm的直边刀轻轻拍打超出试模部分的浆体5次以排除浆体中的孔隙，然后在试模上表面约1/3处，略倾斜于试模分别向外轻轻锯掉多余净浆，再从试模边沿轻抹顶部一次，使净浆表面光滑。在锯掉多余净浆和抹平的操作过程中，注意不要压实净浆；抹平后迅速将试模和底板移到维卡仪上，并将其中心定在试杆下，降低试杆直至与水泥净浆表面接触，拧紧螺丝1 s～2 s后，突然放松，使试杆垂直自由地沉入水泥净浆中。在试杆停止沉入或释放试杆30 s时记录试杆距底板之间的距离，升起试杆后，立即擦净；整个操作应在搅拌后1.5 min内完成。以试杆沉入净浆并距底板6 mm±1 mm的水泥净浆为标准稠度净浆。其拌和水量为该水泥的标准稠度用水量（P），按水泥质量的百分比计。

8 凝结时间测定方法

8.1 试验前准备工作

调整凝结时间测定仪的试针接触玻璃板时指针对准零点。

8.2 试件的制备

以标准稠度用水量按7.2制成标准稠度净浆，按7.3装模和刮平后，立即放入湿气养护箱中。记录水泥全部加入水中的时间作为凝结时间的起始时间。

8.3 初凝时间的测定

试件在湿气养护箱中养护至加水后30 min时进行第一次测定。测定时，从湿气养护箱中取出试模放到试针下，降低试针与水泥净浆表面接触。拧紧螺丝1 s～2 s后，突然放松，试针垂直自由地沉入水泥净浆。观察试针停止下沉或释放试针30 s时指针的读数。临近初凝时间时每隔5 min(或更短时间)测定一次，当试针沉至距底板4 mm±1 mm时，为水泥达到初凝状态；由水泥全部加入水中至初凝状态的时间为水泥的初凝时间，用min来表示。

8.4 终凝时间的测定

为了准确观测试针沉入的状况，在终凝针上安装了一个环形附件[见图1e)]。在完成初凝时间测定后，立即将试模连同浆体以平移的方式从玻璃板取下。翻转180°，直径大端向上，小端向下放在琉璃板上，再放入湿气养护箱中继续养护。临近终凝时间时每隔15 min(或更短时间)测定一次，当试针沉入试体0.5 mm时，即环形附件开始不能在试体上留下痕迹时，为水泥达到终凝状态。由水泥全部加入水中至终凝状态的时间为水泥的终凝时间，用min来表示。

8.5 测定注意事项

测定时应注意，在最初测定的操作时应轻轻扶持金属柱，使其徐徐下降，以防试针撞弯，但结果以自由下落为准；在整个测试过程中试针沉入的位置至少要距试模内壁10 mm。临近初凝时，每隔5 min(或更短时间)测定一次，临近终凝时每隔15 min(或更短时间)测定一次，到达初凝时应立即重复测一次，当两次结论相同时才能确定到达初凝状态，到达终凝时，需要在试体另外两个不同点测试，确认结论相同才能确定到达终凝状态。每次测定不能让试针落入原针孔，每次测试完毕须将试针擦净并将试模放回湿气养护箱内，整个测试过程要防止试模受振。

注：可以使用能得出与标准中规定方法相同结果的凝结时间自动测定仪，有矛盾时以标准规定方法为准。

9 安定性测定方法(标准法)

9.1 试验前准备工作

每个试样需成型两个试件，每个雷氏夹需配备两个边长或直径约80 mm、厚度4 mm～5 mm的玻璃板，凡与水泥净浆接触的玻璃板和雷氏夹内表面都要稍稍涂上一层油。

注：有些油会影响凝结时间，矿物油比较合适。

9.2 雷氏夹试件的成型

将预先准备好的雷氏夹放在已稍擦油的玻璃板上，并立即将已制好的标准稠度净浆一次装满雷氏夹，装浆时一只手轻轻扶持雷氏夹，另一只手用宽约 25 mm 的直边刀在浆体表面轻轻插捣 3 次，然后抹平，盖上稍涂油的玻璃板，接着立即将试件移至湿气养护箱内养护 24 h ±2 h。

9.3 沸　　煮

9.3.1 调整好沸煮箱内的水位，使能保证在整个沸煮过程中都超过试件，不需中途添补试验用水，同时又能保证在 30 min±5 min 内升至沸腾。

9.3.2 脱去玻璃板取下试件，先测量雷氏夹指针尖端间的距离(A)，精确到 0.5 mm，接着将试件放入沸煮箱水中的试件架上，指针朝上，然后在 30 min±5 min 内加热至沸并恒沸 180 min±5 min。

9.3.3 结果判别

沸煮结束后，立即放掉沸煮箱中的热水，打开箱盖，待箱体冷却至室温，取出试件进行判别。测量雷氏夹指针尖端的距离(C)，准确至 0.5 mm，当两个试件煮后增加距离(C-A)的平均值不大于 5.0 mm 时，即认为该水泥安定性合格，当两个试件煮后增加距离(C-A)的平均值大于 5.0 mm 时，应用同一样品立即重做一次试验。以复检结果为准。

10 标准稠度用水量测定方法(代用法)

10.1 试验前准备工作

10.1.1 维卡仪的金属棒能自由滑动。

10.1.2 调整至试锥接触锥模顶面时指针对准零点。

10.1.3 搅拌机运行正常。

10.2 水泥净浆的拌制同 7.2

10.3 标准稠度的测定

10.3.1 采用代用法测定水泥标准稠度用水量可用调整水量和不变水量两种方法的任一种测定。采用调整水量方法时拌和水量按经验找水，采用不变水量方法时拌和水量用 142.5 mL。

10.3.2 拌和结束后，立即将拌制好的水泥净浆装入锥模中，用宽约 25 mm 的直边刀在浆体表面轻轻插捣 5 次，再轻振 5 次，刮去多余的净浆；抹平后迅速放到试锥下面固定的位置上，将试锥降至净浆表面，拧紧螺丝 1 s～2 s 后，突然放松，让试锥垂直自由地沉入水泥净浆中。到试锥停止下沉或释放试锥 30 s时记录试锥下沉深度。整个操作应在搅拌后 1.5 min 内完成。

10.3.3 用调整水量方法测定时，以试锥下沉深度 30 mm±1 mm 时的净浆为标准稠度净浆。其拌和水量为该水泥的标准稠度用水量(P)，按水泥质量的百分比计。如下沉深度超出范围需另称试样，调整水量，重新试验，直到达到 30 mm±1 mm 为止。

10.3.4 用不变水量方法测定时，根据式(1)(或仪器上对应标尺)计算得到标准稠度用水量

P。当试锥下沉深度小于 13 mm 时，应改用调整水量法测定。

$$P=33.4-0.185S \tag{1}$$

式中 P——标准稠度用水量，%；

S——试锥下沉深度，单位为毫米(mm)。

11 安定性测定方法(代用法)

11.1 试验前准备工作

每个样品需准备两块边长约 100 mm 的玻璃板，凡与水泥净浆接触的玻璃板都要稍稍涂上一层油。

11.2 试饼的成型方法

将制好的标准稠度净浆取出一部分分成两等份，使之成球形，放在预先准备好的玻璃板上，轻轻振动玻璃板并用湿布擦过的小刀由边缘向中央抹，做成直径 70 mm～80 mm、中心厚约 10 mm、边缘渐薄、表面光滑的试饼，接着将试饼放入湿气养护箱内养护 24 h±2 h。

11.3 沸　　煮

11.3.1 步骤同 9.3.1。

11.3.2 脱去玻璃板取下试饼，在试饼无缺陷的情况下将试饼放在沸煮箱水中的篦板上，在 30 min±5 min 内加热至沸并恒沸 180 min±5 min。

11.3.3 结果判别

沸煮结束后，立即放掉沸煮箱中的热水，打开箱盖，待箱体冷却至室温，取出试件进行判别。目测试饼未发现裂缝，用钢直尺检查也没有弯曲(使钢直尺和试饼底部紧靠，以两者间不透光为不弯曲)的试饼为安定性合格，反之为不合格。当两个试饼判别结果有矛盾时，该水泥的安定性为不合格。

12 试 验 报 告

试验报告应包括标准稠度用水量、初凝时间、终凝时间、雷氏夹膨胀值或试饼的裂缝、弯曲形态等所有的试验结果。

同步数字体系(SDH)光缆线路系统进网要求

目　次

4 比特率与帧结构

4.1 比 特 率

SDH 的信号由一个或多个不同阶的同步传送模块(STM-N)信号组成,其中 N 为正整数。对 SDH 光缆线路系统而言,目前 N=1,4,16,64 或 256,基本模块 STM-1 信号的比特率是 155 520 kbit/s,而 STM-N 信号的比特率是 $N\times$155 520 kbit/s,见表 1。

表 1 SDH 系列比特率

同步数字体系等级	比特率/(kbit/s)
1	155 520
4	622 080
16	2 488 320
64	9 953 280
256	39 813 120
注:高于 256 等级的规范待定。	

4.2 帧 结 构

4.2.1 STM-N 信号的帧结构

STM-N 信号的帧结构应符合 ITU-T G.707—2003 中 6.2 的规范。

STM-N 信号的帧结构如图 3 所示。STM-N 帧由三个区域组成,它们为:

——段开销(SOH);

——管理单元指针(AU PTR 或 AU Pointer);

——信息净负荷(简称净负荷,或净荷)。

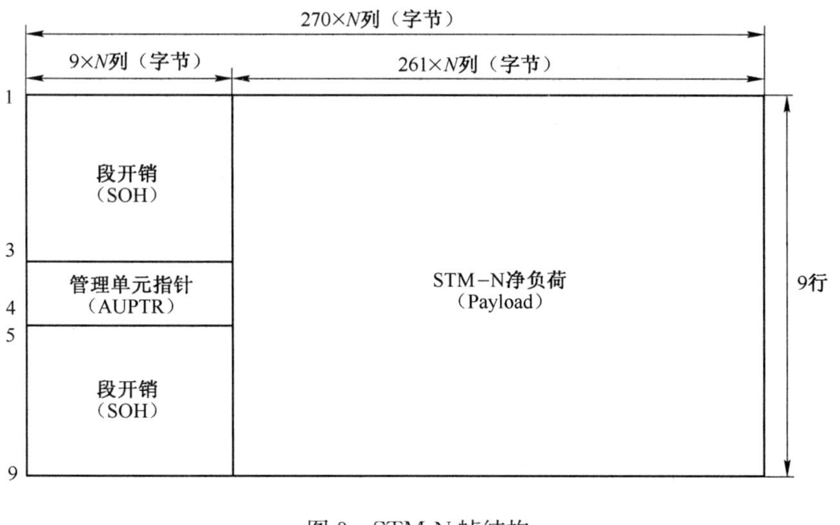

图 3 STM-N 帧结构

STM-N 帧可表示成二维的块状帧结构。纵向有 270×N 列，横向有 9 行，共计为 2 430×N 字节（每字节为 8 比特）。帧重复周期为 125 μs。传输时逐字节从左到右，从上到下逐行进行，为串行传输。

下面以 STM-1 帧为例说明这三个区域的安排。

a）段开销：位于第一列到第九列中的第一行到第三行（为再生段开销——RSOH）及第五行到第九行（为复用段开销——MSOH）。各字节分别用于定帧、维护、性能监测和其他操作功能。

b）管理单元指针：位于第一列到第九列的第四行。主要用于指示净负荷的第一个字节在 STM-1 内的准确位置。并可作相位调整。

c）净负荷：从第 10 列起到第 270 列共 261 列（2 349 个字节）为传送业务信息用的字节，其中包含了通道开销（POH），是在 STM-N 净负荷区域内用于通道维护管理的通道开销字节。

在网络节点处应采用扰码方法来防止长连 0 或长连 1 序列的出现，扰码器的功能应与帧同步扰码器一致，序列长度 127，生成多项式为 $1+X_6+X_7$。其中 STM-N 段开销的第一行的 9×N 个字节不扰码，一旦紧随 STM-N 段开销第一行最后一个字节的那个字节的最高有效位（MSB）一出现，扰码器应自动重新设置为“1111111”。

4.2.2　STM-N 段开销安排

STM-N 段开销包括再生段开销和复用段开销，安排分别如图 4、图 5、图 6、图 7 和图 8 所示。

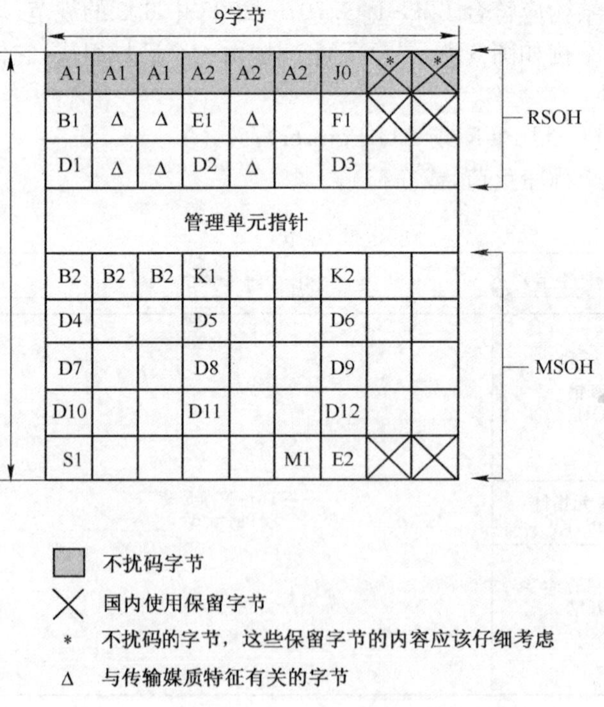

图 4　STM-1 段开销

注：所有未标记的字节待将来国际标准确定（可作为与媒质相关的字节，附加的国内使用字节和其他用途）。

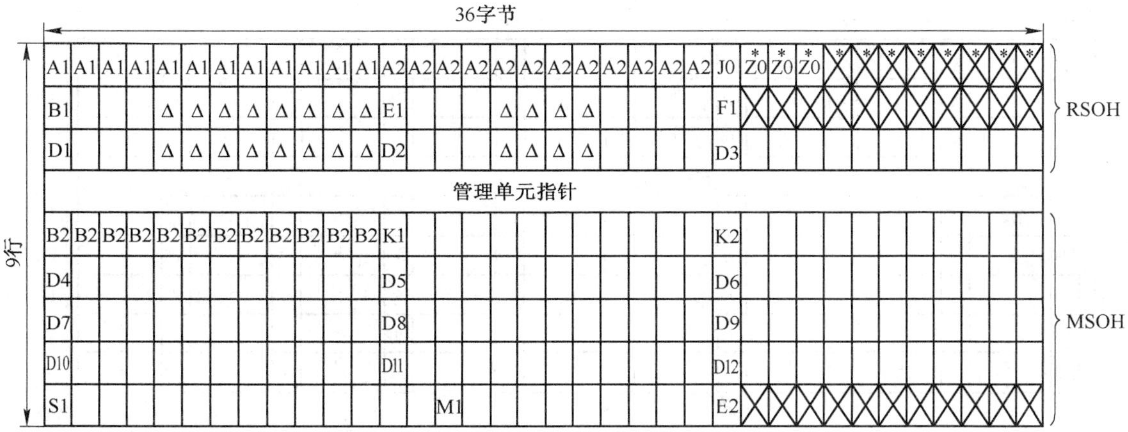

□ 不扰码字节

╳ 国内使用保留字节

* 不扰码的字节，这些保留字节的内容应该仔细考虑

Δ 与传输媒质特征有关的字节

图 5　STM-4 段开销

注:所有未标记的字节待将来国际标准确定(可作为与煤质相关的字节,附加的国内使用字节和其他用途)。

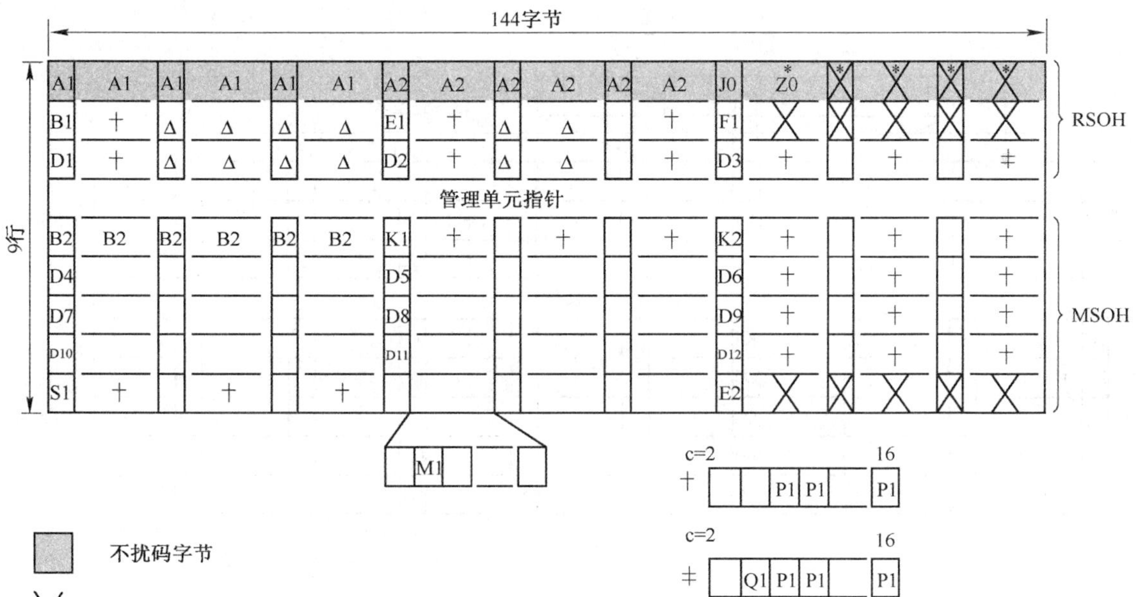

不扰码字节

╳ 国内使用保留字节

* 不扰码的 字节，这些表留字节的内容应该仔细考虑

Δ 与传输媒质特征有关的字节

+, ‡ P1和Q1保留用于FEO

图 6　STM-16 段开销

注:所有未标记的字节待将来国际标准确定(可作为与煤质相关的字节,附加的国内使用字节和其他用途)。

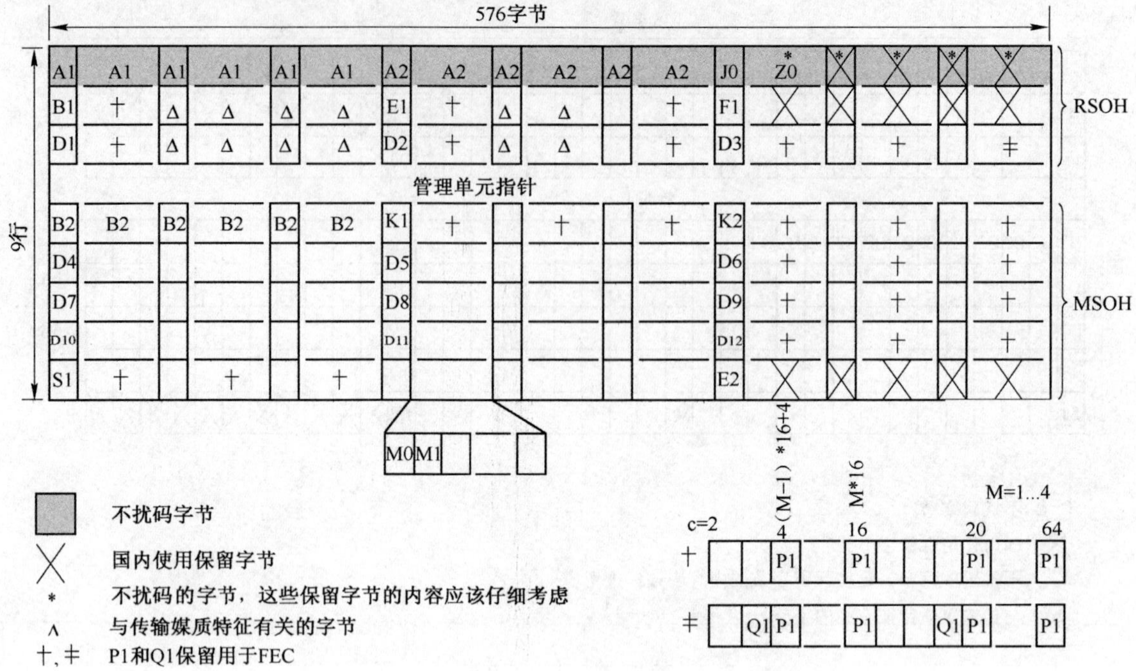

图 7　STM-64 段开销

注：所有未标记的字节待将来国际标准确定（可作为与煤质相关的字节，附加的国内使用字节和其他用途）。

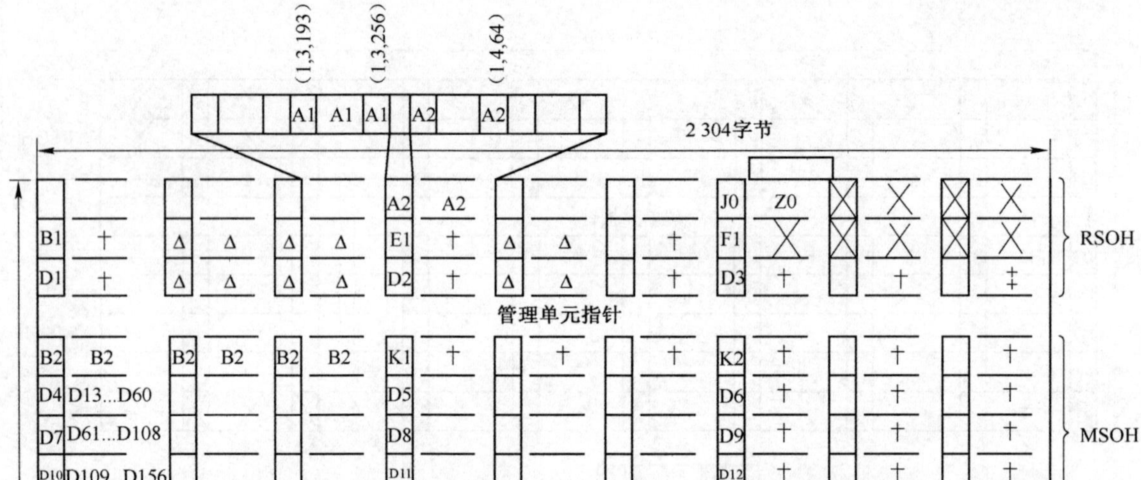

图 8　STM-256 段开销

注：所有未标记的字节待将来国际标准确定（可作为与煤质相关的字节，附加的国内使用字节和其他用途）。

4.2.3 SOH 字节描述

a)帧定位字节 A1:11110110

A2:00101000

STM-N 的帧定位字节由 3×N 个 A1 字节和紧跟其后的 3×N 个 A2 字节组成。

b)再生段踪迹字节:J0

该字节用作再生段踪迹。该字节用来重复发送“段接入点识别符”,以便让段接收机可以确认它与预定的发送端是否处于持续的连接状态,在国内网或单个运营者的管理域内,这个“段接入点识别符”可以是单个字节(包括 0~255 个编码)或是 ITU-T G.831:2000 第 3 章中规定的接入点标识符格式。在国际分界点或在不同运营者网络的边界处,除了运营者相互之间另有约定外,应采用 ITU-T G.831:2000 第 3 章规定的格式。

为了传输段接入点识别符,用连续 16 个 STM-N 帧内的 J0 字节组成 16 字节的复帧来传送接入点识别符。它的第一个字节是帧起始标志,该字节还包含对前一帧作 CRC-7 计算的结果。后续的 15 个字节用来传送段接入点识别符所需的 15 个 T.50 字符(国际参考版本)。表 2 给出了这种 16 字节帧的描述。

表 2 J0 的 16 字节帧格式

字节序号	值(比特 1,2,…,8)							
1	1	C1	C2	C3	C4	C5	C6	C7
2	0	×	×	×	×	×	×	×
3	0	×	×	×	×	×	×	×
:	:				:			
16	0	×	×	×	×	×	×	×

注 1:每个字节第一位的 1000 0000 0000 0000 是踪迹识别符帧定位信号。

注 2:C1C2C3C4C5C6C7 是对前一帧作 CRC-7 的计算结果。C1 是最高位。

注 3:×××××××代表一个 T.50 字符。

对于采用 C1 字节(STM 识别符)的设备与采用 J0 字节的设备的互通,可以用 J0 为“00000001”表示“再生段踪迹——未规定”来实现。C1 字节除原来规定的用途外,也可以用作辅助帧定位。

c)备用字节:Z0

这些字节为将来国际标准留用。在有 STM 识别符功能的设备和使用“再生段踪迹”功能的设备之间要互通时,这些字节的应如本条 b)所规定的那样。

d)BIP-8 字节:B1

B1 字节用作再生段的误码监测,这是使用偶校验的比特间插奇偶检验 8 位码(BIP-8)。该 BIP-8 码是通过计算前一个 STM-N 帧扰码后的所有比特而得到的,并置于这一个 STM-N 帧扰码前的 B1 字节。

e)BIP-N×24 字节:B2

B2 字节安排用于一个复用段误码监测(对 N=1,即 STM-1 来说,B2 有三个字节,共 24 比特)。其功能应是一个比特间插奇偶校验 N×24 编码(BIP-N×24),使用偶检验。

BIP-N×24 对前一个 STM-N 帧中除了 SOH 的第一到第三行外的全部比特进行计算,结果置于扰码前的 B2 字节位置,产生的方法与 BIP-8 码类似。

ITU-T G. 707 推荐 BIP-N×24，而 ITU-T G. 829 推荐 BIP-1，本标准推荐 BIP-N×24 用于复用段误码性能测试，如果设备现有设计不能用硬件实现，可以用软件实现。

f）数据通信通路（DCC）字节：D1～D12

DCC 用来构成 SDH 管理网的传送通路。其中：由 D1，D2 和 D3 字节组成的 192 kbit/s 的通路作为再生段的 DCC；用 D4 到 D12 字节组成的 576 kbit/s 的通路作为复用段的 DCC。

g）公务联络字节：E1，E2

E1　用作再生段的公务联络。

E2　用作复用段的公务联络。

h）使用者通路字节：F1

这个字节留给使用者（通常为网络提供者）使用，即为特殊维护用，提供临时的数据/语音通路连接。

i）自动保护倒换（APS）通路：K1，K2（b1～b5）

这两个字节用作复用段自动保护倒换信令。具体描述参见 ITU-T G. 841 的规定。

j）复用段远端缺陷指示（MS-RDI）：K2（b6～b8）

MS-RDI 用于向发端回送一个指示，表示收端已检测到上游段失效或收到 MS-AIS。

MS-RDI 用解扰码后的 K2 字节的 b6、b7 和 b8 为“110”来表示。

k）同步状态字节 ：S1（b5～b8）

S1 字节的比特 5 到比特 8 用于传送同步状态信息，具体描述参见 YD/T 1267—2003 中 10.3。

S1 字节 b5～b8 比特定义见表 3。

表 3　S1 字节 b5～b8 比特定义

S1 字节 b5～b8	SDH 同步质量等级
0000	QL-UNK（质量等级未知）
0001	预留
0010	QL-PRC（1 级基准时钟）
0011	预留
0100	QL-SSUT（2 级节点时钟）
0101	预留
0110	预留
0111	预留
1000	QL-SSUL（3 级节点时钟）
1001	预留
1010	预留
1011	SEC（SDH 设备时钟）
1100	预留
1101	预留
1110	预留
1111	QL-DNU（同步信号不可用）

复用段远端差错指示(MS-REI):M0 和 M1

M0 和 M1 字节用作复用段远端差错指示(MS-REI),传递由 B2 字节检测出的间插比特块数目。M0 和 M1 字节的产生和解释按照 ITU-T G.707:2003 中 9.2.2 定义的规则进行。

对于 STM-N(N=1,4,16),M1 字节用作复用段远端差错指示(MS-REI)。

对于 STM-N(N=64),M0、M1 字节用作复用段远端差错指示(MS-REI)。

注:对于 STM-64 接口,ITU-T G.707 以前的设备只使用 M1 字节,ITU-T G.707 以后的设备应该使用 M0 和 M1 两个字节,并且可以支持设置成只使用 M1 字节,方便设备之间互通。注意设备不能自动完成互通,需要通过管理功能进行配置。

4.2.4 简化的 SOH 功能接口

对一些场合(例如:局内接口)可使用简化的 SOH 功能的接口,用于这种接口的 SOH 字节如表 4 所示。

表 4 简化的 SOH 功能接口

SOH 字节	发送功能	接收功能
A1,A2	需要	需要
J0-Z0/C1	选用	选用
B1	需要	不用
E1	不用	不用
F1	不用	不用
D1-D3	不用	不用
B2	需要	需要
K1,K2(APS)	选用	选用
K2(MS-AIS)	需要	需要
K2(MS-RDI)	需要	需要
D4-D12	不用	不用
S1	不用,置为“0001111”	不用
M1	需要	选用
E2	不用	不用
其他字节	不用	不用

注:采用以下定义:

——需要:接口处的这些信号应包含标准定义的有效信息;

——选用:接口处的这些信号可以包含,也可以不包含标准定义的有效信息,这些功能是否使用取决于当地情况;

——不用:在接口处不规定该功能。根据需要置为 00000000 或 11111111。

4.2.5 开销通路接入要求

SDH 光缆线路系统对开销通路应提供接入能力,并能在不中断业务的情况下提供所需的开销通路应用。

4.2.6 POH 字节描述

4.2.6.1 VC-3/VC-4/VC-4-Xc POH

VC-4-Xc POH 位于 9 行 261×X 列的 VC-4-Xc(由 X 个 VC-4 级联而成)结构的第一列;

VC-4　POH 位于 9 行 261 列的 VC-4 结构的第一列；

VC-3　POH 位于 9 行 85 列的 VC-3 结构的第一列；

VC-4-Xc/VC-4/VC-3　POH 由 J1，B3，C2，G1，F2，H4，F3，K3 和 N1 等九个字节组成。这些字节分类如下：

——用于端到端通信且与净荷功能无关的字节或比特：J1、B3、C2、G1、K3(b1-b4)；

——净荷类型指定的字节：F2、H4、F3；

——留待将来国际标准化的字节：K3(b5-b8)；

——可在营运者辖区内重写(不影响 B3 字节的端到端性能监视功能)的字节：N1。

a)通道踪迹字节：J1

为虚容器中第 1 个字节，它的位置由相关的 AU-4 或 TU-3 指针指示。这个字节用来重复发送高阶通道接入点识别符。这样，通道接收端可以确认它与预定的发送端是否处于持续的连接状态。在国内网或单个运营者管理域内，这个通道接入点识别符可使用 64 字节无格式串或 ITU-T G. 831 规定的接入点识别符格式。在国际边界，或在不同运营者的网络边界，除双方另有协议外，应采用 ITU-T G. 831：2000 第 3 章规定的 16 字节格式。当它在 64 字节内传送 16 字节的格式时，需重复四次。

为了传输段接入点识别符，也采用与 6. 2. 3 描述的 16 字节复帧进行传播，所采用的帧格式与 J0 字节的 16 字节复帧完全相同。

b)通道 BIP-8 字节：B3

每个 VC-4-Xc/VC-4/VC-3 通道中安排一个字节用于通道误码块监视功能，该功能采用一个偶校验的 BIP-8 码实现。它在扰码前对前一个 VC-4-Xc/VC-4/VC-3 通道中的所有比特进行计算，计算的结果置于扰码前的当前 VC-4-Xc/VC-4/VC-3 的 B3 字节中。

c)信号标记字节：C2

用来指示 VC-4-Xc/VC-4/VC-3 的组成或维持的状态。

表 5 列出了该字节 8 个比特对应的十六进制码及其主要含义。

表 5　C2 字节映射码

高位 1234	低位 5678	十六进制[a]	含　义
0000	0000	00	未装载或监控未装载信号[b]
0000	0001	01	预留[c]
0000	0010	02	TUG 结构
0000	0011	03	锁定支路单元方式 TU-n[d]
0000	0100	04	异步映射 34 Mbit/s 或 45 Mbit/s 到 C-3
0000	0101	05	实验性质的映射[i]
0001	0010	12	异步映射 140 Mbit/s 到 C-4
0001	0011	13	ATM 映射
0001	0100	14	MAN DQDB[1]映射
0001	0101	15	FDDI[3]-[11]映射
0001	0110	16	PPP/HDLC 映射
0001	0111	17	为私有应用预留[j]
0001	1000	18	HDLC/LAPS 信号映射

续上表

高位 1234	低位 5678	十六进制[a]	含　义
0001	10001	19	为私有应用预留[i]
0001	1010	1A	10 Cbit/s 以太网帧映射
0001	1011	1B	GFP 映射
0001	1100	1G	10 Gbit/s 光纤通道(Fiber Channel)帧映射[h]
0010	0000	20	异步映射 ODUk(k=1,2)到 VC-42-Xv(X=17,68)
1100	1111	CF	预留[g]
1101 … 1101	0000 … 1111	D0 … DF	为私有应用预留[j]
1110 … 1111	0001 … 1100	E1 … FC	为国内使用预留
1111	1110	FE	测试信号,ITU-TO. 181 规范的映射[e]
1111	1111	FF	VC-AIS 缺陷指示[f]

[a]剩下 191 个备用码,留作将来使用。

[b]值"0"表示"VC-3/VC-4/VC-4-XC"通道未装载或监控未装载。该值在一个开放连接的情况下以及一个监控的未装载信号没有包含任何负荷的情况下为"0"。

[c]值"1"仅适用上表没有规定的映射码的情况,但是 2000 年 10 月之后设计的新设备这种情况下应该使用值"5"。对于与 2000 年 10 月之前设计的老设备互通(即设计成仅传送"0"和"1"值)可采用下述条件:

——为了实现后向兼容,老设备应该把除"0"值之外的任何值解释为通道已装载。

——为了实现前向兼容,当收到来自老设备的"1"值,新设备不应该产生一个负荷失配告警。

[d]为了实现后向兼容,即使没有另外规定锁定模式字节同步映射,也应仍按前述规定解释代码"03"。

[e]当 ITU-T O. 181 中规定的映射和 ITU-T G. 707 中规定的映射不相符时应归入此类。

[f]值"FF"表示 VC-AIS。如果没有有效的输入信号可用并且生成一个替代信号,则由 TCM 源生成。

[g]为以前过时的 HOLC/PPP 帧信号映射分配的值。

[h]这些映射待研究,是临时分配的信号标签。

[i]在本表没有定义的一种映射代码的情况下,值"05"仅用于实验性质的活动。

[j]该代码值不符合将来的标准。

d)通道状态字节:G1

该字节用来将通道宿端检测到的通道状态和性能回传给 VC-4-Xc/VC-4/VC-3 通道源端。这一特性使得能在通道的任一端,或在通道上的任一点上监测整个双向通道的状态和性能。G1 字节各比特的安排如表 6 所示。

表 6　VC-4-Xc/VC-4/VC-3 通道状态字节 G1 各比特的安排

REI				RDI	保留		备用
1	2	3	4	5	6	7	8

G1(b1～b4)比特是通道远端差错指示(REI)。用来传递路径宿端通过通道 BIP-8 码(B3)检测出的间插比特块错误计数。该计数有 9 个合法值,可表示 0 到 8 个差错。这 4 个比

特表示的其余7个值只能是某种无关条件引起的，应将其解释为无差错。

G1(b5)比特是通道远端缺陷指示，置为1表示VC-4-Xc/VC-4/VC-3通道远端有缺陷，否则就将其置为0。当路径宿端检测到AU-4-Xc/AU-4/AU-3或TU-3服务信号或路径信号失效时，那么VC-4-Xc/VC-4/VC-3通道RCI应该回送至路径源端。

G1(b6～b7)比特保留。可以用做增强的缺陷指示，该应用为可选应用。如果不用，应把比特6和比特7置为“00”或“11”，接收端对这两比特的内容不予理会。如果使用，G1(b5～b7)将作为增强的远端缺陷指示，该应用的具体规定请参照ITU-T G.707:2003中9.3的相关内容。

G1(b8)留待将来使用。该比特的值没有规定，接收端应该不理会该比特的值。

e)通道使用者通路字节:F2,F3

这两个字节为使用者提供与净负荷有关的通道单元之间的通信。

f)位置指示字节:H4

为净负荷提供一般的位置指示，也可指示特殊的净负荷的位置。当VC-12净负荷复用进VC4时，H4字节可以提供VC-12复帧位置指示；当使用VC-3/4虚级连业务时，提供VC-3/4-Xv的复帧和顺序指示。在支持LCAS协议时，H4字节还携带时隙的边界信息和链路的状态信息。有关H4字节的详细定义请参照ITU-T G.707:2003的8.3.8和11.2给出的规定。

g)自动保护倒换(APS)通路:K3(b1～b4)

这些比特用作VC-4/VC-3高阶通道级保护的APS信令。

h)网络操作者字节:N1

提供高阶通道的串联连接监视(TCM)功能。有关高阶通道串连连接监视功能的详细定义参照ITU-T G.707附件C和附件D。

i)数据链路:K3(b7,b8)

K3的这两个比特预留给高阶通道数据链路，具体应用待进一步研究。

j)备用比特:K3(b5,b6)

这些比特留作将来使用，因此没有规定其值，接收机应忽略其值。

4.2.6.2 VC-12 POH

VC-12 POH由V5,J2,N2,K4字节组成。V5字节是复帧的第一个字节，它的位置由TU-12指针来指示。

a)V5字节

为VC-12通道提供误块检测，信号标记和通道状态功能。V5字节各比特的安排如表7所示：

表7 VC-12通道V5字节各比特的安排

BIP-2		REI	RFI	信号标记			RDI
1	2	3	4	5	6	7	8

V5(b1～b2)比特用于误码性能监视。其比特间插奇偶校验(BIP-2)的方案规定为：比特1的设置应使前一个VC-12帧中所有字节的全部奇数比特的奇偶校验结果为偶数，同样，比特2的设置应该使前一VC-12帧中所有字节的偶数比特的奇偶校验结果为偶数。BIP-2的计算包括除了V1、V2、V3(作负调整时除外)和V4以外的VC-12信号中的所有字节。

V5(b3)比特是VC-12通道的远端错误指示(REI)，当BIP-2检测到1个或以上的错误时,就将其置为1,并回送给 VC-12 通道源端,否则应将其置为0。

V5(b4)比特在 VC-12 信号中该位内容没有定义,接收机应该对该位的值不予处理。在 VC11 字节同步通道中作为远端失效指示,当检测到失效后该位置1,否则置0。VC11 通道远端失效指示通过 VC-11 终端回送。

V5(b5～b7)比特提供 VC-12 的信号标记。这3个比特共有8种可能的二进制值,其中"000"表示 VC-12 通道未装载或监控的未装载。"001"被原来的老设备用于表示 VC-12 通道装载非特定净荷。"101"表示由扩展信号标记 K4(b1)指定的 VC-12 的映射。其余的值表示的映射如表8所示。

表8 V5字节映射码

b5	b6	b7	含　义
0	0	0	未装载或监控的未装载
b5	b6	b7	含　义
0	0	1	保留[a]
0	1	0	异步映射
0	1	1	比特同步映射
1	0	0	字节同步映射
1	0	1	扩展信号标记,和 K4(b1)配合使用
1	1	0	按 ITU-T O.181 规定映射的测试信号[c]
1	1	1	VC-AIS[d]

[a] 在2000年10月之后设计的新设备不应该使用"001"。2000年10月之前的老设备中"001"用于表示 VC-12 通道装载非特定净荷,用于映射编码不在本表中的情况,新设备使用为新设计定义的"101"和扩展信号标记 K4(b1)。为了与只传送"000"和"001"的老设备互连,需满足下面的规定:

——为了实现后向兼容,老设备应把接收到的任何非"000"的值解释为已装载。

——为了实现前向兼容,当从老设备收到"001"的值时,新设备不应产生信号标记失配告警。

[b] 在 VC-12 映射中,为了后向兼容,即使不再规定 2 048 kbit/s 信号的比特同步映射,也应按以前的规定解释为"011"。

[c] 任何在 ITU-T O.181 中定义的任何非虚级连映射,且无法对应到 ITU-T G.707 中定义的映射,归入到此类。

[d] "111"表示 VC-AIS。如果没有有效的输入信号可用并且生成一个替代信号,则由 TCM 源生成

V5(b8)比特置为1表示 VC-12 通道远端缺陷指示,否则应将其置为0。如果路径宿端检出 TU-12 服务层信号失效或路径信号失效,将向路径源端回送 VC-12 通道 RDI。

b)通道踪迹字节:J2

J2 字节用来重复发送低阶通道接入点识别符,以便通道接收端可据此确认它与指定的发送端是否处于持续的连接状态。该通道接入点识别符使用 ITU-T G.831:2000 第3章中规定的格式。也采用6.2.3描述的16字节复帧进行传输,所采用的帧格式与 J0 字节的16字节复帧完全相同。

c)网络操作者字节:N2

这个字节提供低阶通道的串联连接监视(TCM)功能。有关低阶通道串连连接监视功能的详细定义请参考 ITU-T G.707 的附件 E。

d)扩展的信号标记:K4(b1)

由于 V5 字节的 b5～b7 表示的信号标记状态不够用，故将代码“101”定义为扩展的信号标记。它和 K4 的 b1 配合使用能表示更多的含义。如果 V5(b5～b7)比特的取值不为“101”，扩展信号标记将是未定义的，应被接收器忽略。K4(b1)比特只有一位，也难以表示众多的客户信号类型。因此采用图 9 表示的 32 个 K4(b1)组成的复帧信号。

比特编号：

1	2	3	4	5	6	7	8	9	10	11	12	13	14	15	16	17	18	19	20	21	22	23	24	25	26	27	28	29	30	31	32
MFAS											扩展信号标记								0	R	R	R	R	R	R	R	R	R	R	R	R

MFAS　复帧定位比特
0　零
R　保留比特

图 9　K4(b1)比特的复帧结构

复帧的定位信号(MFAS)由“0111 1111 110”的图案组成，位于复帧的第 1 到第 11 位。扩展信号标记用复帧的第 12 到 19 位表示。复帧的第 20 位必须置为 0，剩余 12 位也应该设为 0，留待将来标准化，接收器对接收到的这些比特不予理会。注意：

——K4(b2)低阶通道虚级连复帧使用了该比特的复帧定位信号。因此使用低阶通道虚级连功能时，即使信号标记 V5(b5～b7)的取值不是“101”也应该考虑该位。

——如果 K4(b1)复帧中留作将来保留的位使用的话，应该避免出现连续 9 个 1 的情况(会与 MFAS 冲突)。

表 9　扩展信号标记字节编码

高位 b12 b13 b14 b15	低位 b16 b17 b18 b19	十六进制[a]	含　义
0000 … 0000	0000 … 0111	00 .. 07	预留[b]
0000	1000	08	开发中的映射[c]
0000	1001	09	ATM 映射
0000	1010	0A	HDLC/PPP 帧信号映射
0000	1011	0B	HDLC/LAPS 帧信号映射
0000	1100	0C	按 ITU-T O.181 规定映射的虚级连测试信号[d]
0000	1101	0D	GFP 映射
1101 … 1101	1000 … 1111	D0 … DF	为私有应用预留[e]
1111	1111	FF	保留

[a] 有 225 个备用码留待将来使用。

[b] 值“00”到“07”保留以使表 8 中扩展和没有扩展的信号标记拥有一个唯一名称。

[c] 在本表没有定义的映射代码的情况下，值“08”仅用于实验性质的活动。

[d] 任何在 ITU-T O.181 中定义的任何虚级连映射，且无法对应到 ITU-T G.707 中定义的映射，归入到此类。

[e] 这些代码值不符合将来的标准。

e)低阶通道虚级联：K4(b2)

K4(b2)比特分配给低阶通道虚级联使用。该比特是在 32 帧中的复帧结构，形成了一个

32 比特的字串。具体应用参照 ITU-T G.707:2003 中 11.4。

f)自动保护倒换(APS)通道:K4(b3,b4)

用于低阶通道级保护的 APS 指令,该功能有待进一步研究。

g)增强型远端缺陷指示:K4(b5～b7)

其功能与高阶通道的 G1(b5～b7)相类似,但 K4(b5～b7)用于低阶通道。当接收端收到 TU-12 通道 AIS,或信号缺陷条件,VC-12 组装器就将 VC-12 通道 RDI 送回到通道源端。如果不使用,应把这些比特设为“000”或“111”,并要求接收机忽略这些比特的内容。

h)数据链路 K4(b8)

保留给一个低阶通道的数据链路使用。

5 复用结构

5.1 基本复用结构

5.1.1 老的基本复用结构

2004 年以前的设备符合 YD/T 1017—1999 中 4.1 和 4.2 规定的基本复用结构。

5.1.2 新的基本复用结构

2004 年以后(含 2004 年)的设备符合 ITU-T G.707.2003 中 6.1 规范的新基本复用结构。

图 10 规定了 PDH 信号复用映射进 STM-N 帧的复用结构,对于某些应用,例如开放国际租用业务、图像业务和局域网业务,可能需要提供其他速率信号的映射接口,有待今后补充确定。

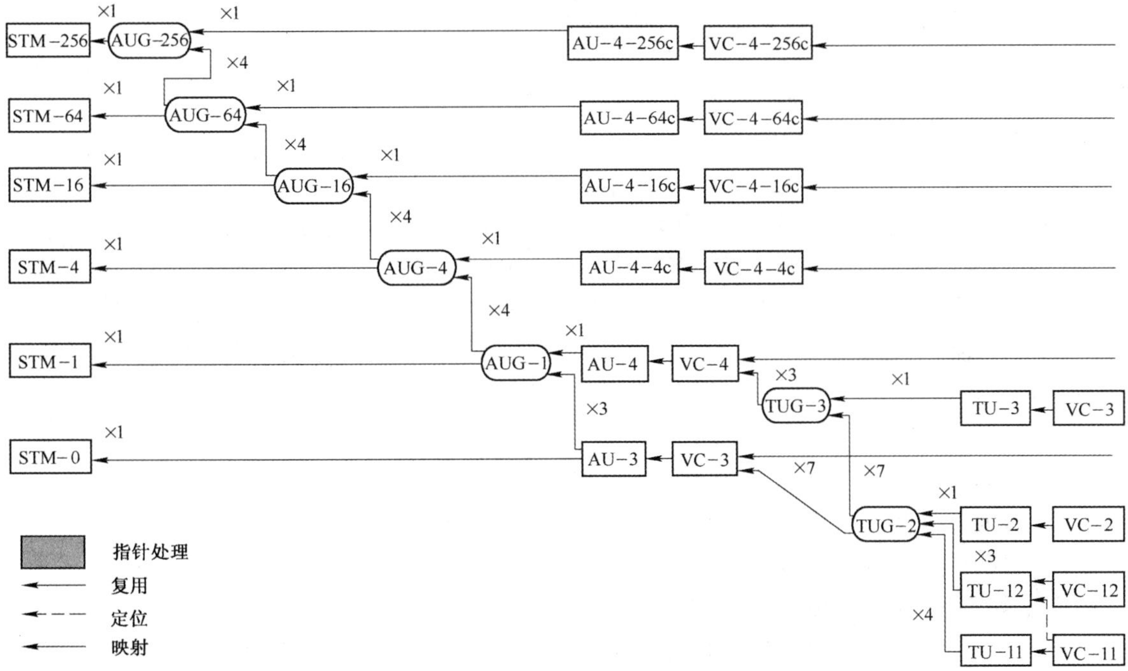

图 10 基本复用结构

5.2　复用方法

5.2.1　STM-N 设备复用方法

复用方法应符合 ITU-T G.707:2003 第 7 章的规范。

6　映射方法

6.1　PDH 支路信号映射进 VC-n 的方法

2 048 kbit/s、34 368 kbit/s、44 736 kbit/s、139 264 kbit/s 映射方法符合 YD/T 1017—1999 中 8.1 的规定。

6.2　ATM 信号映射进 VC-n 的方法

符合 YD/T 1017—1999 中 8.2 的规定。

6.3　以太网信号映射进 VC-n 或 VC-n-Xv 的方法

符合 YD/T 1238—2002 中第 5 章的规定。

7　系统组成与设备类型

7.1　系统组成

SDH 光缆线路系统定义为在给定比特率上实现数字段的手段，由线路终端（包含复用功能）、光缆段和再生器（如果配置的话）组成，图 11 为一典型示例。

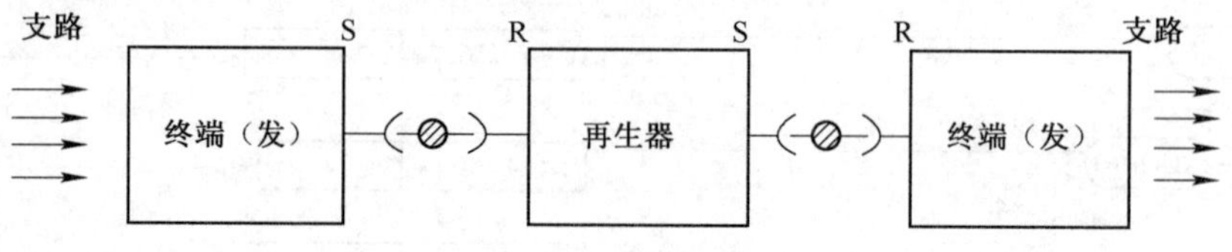

图 11　系统组成

注：S 点为紧靠在终端设备（或再生器）的发送机光连接器后的光纤点，因而光连接器属于设备的一部分。R 点为紧靠在终端设备（或再生器）的接收机光连接器前面的光纤点，因而光连接器属于设备的一部分。

SDH 光缆线路系统的线路光接口应符合 8.3 的要求。支路接口只安排下面 8 种，并可以是它们的任意组合形式。线路系统应能在不中断业务情况下改变和增减支路接口并不会对现有业务产生影响。

——2 488 320 kbit/s 光接口，应符合 8.3 中的要求。

——622 080 kbit/s 光接口，应符合 8.3 中的要求。

——155 520 kbit/s 光接口，应符合 8.3 中的要求。

——155 520 kbit/s 电接口，应符合 9.2 中的要求。

——139 264 kbit/s 电接口，应符合国家标准 GB/T 7611 的要求。

——34 368 kbit/s 电接口，应符合国家标准 GB/T 7611 的要求，并且为异步映射方式。

——44 736 kbit/s 电接口，应符合 ITU-T G.703 的要求，并且为异步映射方式。

——2 048 kbit/s 电接口，应符合国家标准 GB/T 7611 的要求，并且符合 6.1 中规定的映射方式。

7.2 设备类型

SDH 光缆线路系统中的设备可以应用为终端复用器(TM)、分插复用器(ADM)、再生中继器(REG)、数字交叉连接设备(DXC)。

8 光接口规范

8.1 光接口标准化的目的

光接口标准化的基本目的是为了在再生段上实现横向兼容性,即允许不同厂家的产品在再生段上互通并仍保证再生段的各项性能指标。同时,具有标准光接口的网络单元可以经光路直接相连,即减少了不必要的光/电转换,又节约了网络运行成本。

8.2 光接口分类

按照应用场合不同,光接口划分为五种应用种类,即局内通信、短距离局间通信、长距离局间通信、甚长距离局间通信、超长距离局间通信。

应用类别用应用代码来表示,应用代码的格式为:

《应用种类》—《STM 级别》.《下标值》

基中"应用种类"对应目标距离:VSR-(基短距),I-(局内),S-(短距),L-(长距),V-(甚长距),U-(超长距);下标值表示:

1:工作波长为 1 310 nm,使用 G. 652 光纤;

2:工作波长为 1 550 nm,使用 G. 652 光纤;

3:工作波长为 1 550 nm,使用 G. 653(色散位移)光纤;

5:工作波长为 1 550 nm,使用 G. 655(非零色散位移)光纤;

例如 V-64. 2 表示:目标距离为甚长距,信号级别为 STM-64,工作波长为 1 550 nm,传送采用 G. 652 光纤。

对于某些 I-64 编码的下标值后面添加了"r",表示缩短的目标距离。该应用代码属于局内通信接口类。

8.3 光接口参数

光接口位置如图 12 和图 13 所示,各级光接口的参数具体规范参见 GB/T 20185—2006 第 8 章。

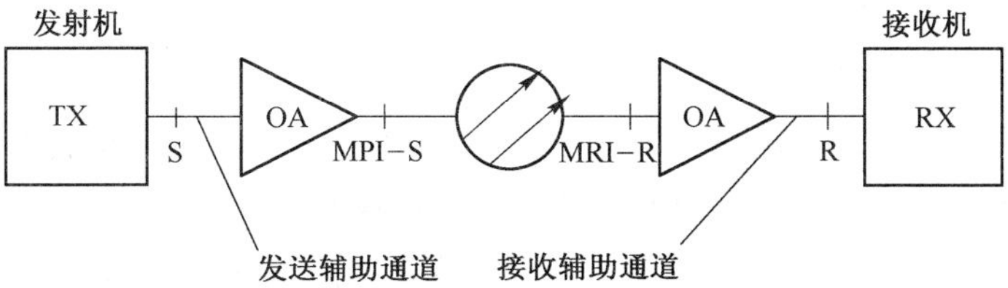

图 12 光接口位置(有光放大器)

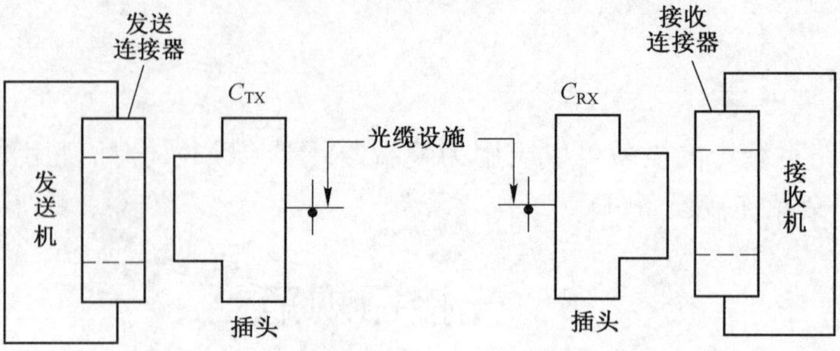

图 13 光接口位置(无光放大器)

图 12 中 S 点是紧接着发送机(TX)后的参考点,R 点是紧靠着接收机(RX)前的参考点。MPI-S 为主通道发送参考点,是紧接着终端设备输出端的活动连接器后的参考点;MPI-R 为主通道接收参考点,是紧接着终端设备输入端的活动连接器后的参考点。对于没有光放大器的设备,MPI-S 参考点即为 S 参考点,MPI-R 参考点即为 R 参考点。对于有光放大器的设备,发送辅助通道定义为发送机输出到发送放大器的光连接路径,接收辅助通道定义为接收放大器输出到接收机的光连接路径。如果有光配线架,配线架上的附加光连接器应该作为光纤链路的一个部分,处于 S 至 R 或 MPI-S 至 MPI-R 之间。

图 13 中 S 点是紧接着发送机(TX)的活动连接器(C_{Tx})后的参考点。R 点是紧靠着接收机(RX)的活动连接器(C_{RX})前的参考点。

8.3.1 光线路码型

光接口的线路码型为加扰 NRZ 码,采用 7 级扰码器,生成多项式为 x^7+x^6+1。

8.3.2 系统运行波长范围

系统运行波长范围受到一系列因素制约,主要是模式噪声,光纤内部衰减和色散的影响。由上述多种因素所限定的工作波长区的公有部分。即最窄范围,为特定应用场合和传输速率下的系统工作波长范围。SDH 各种等级的光缆线路系统的标准线路光接口的允许工作范围参见 GB/T 20185—2006 第 8 章。

8.3.3 发送机

8.3.3.1 光谱特性

a)最大均方根谱宽度(σ)

对于多纵模激光器(MLM)和发光二极管(LED),由于其能量比较分散,应采用均方根宽度(σ)来度量光脉冲能量的集中程度。测量时必须考虑下跌 20 dB～30 dB 范围内的全部模式。详细规范参见 GB/T 20185—2006 第 8 章。

b)最大－20 dB 谱宽度。

单纵模激光器(SLM)光谱宽度定义为最大峰值功率跌落 20 dB 时的最大全宽,详细规范参见 GB/T 20185—2006 第 8 章。

c)最小边模抑制比(SMSR)

对于单纵模激光器,最小边模抑制比定义为最坏反射条件时,全调制条件下主纵模的平均光功率与最显著边模的光功率之比的最小值,其值应大于 30 dB。

8.3.3.2 平均发送光功率

光发送机的平均发送光功率定义为当发送机送伪随机序列信号时,在参考点 S 或 MPI-S 所测得的平均光功率。具体规范参见 GB/T 20185—2006 第 8 章。

8.3.3.3 消光比

消光比定义为最坏反射条件时，全调制条件下传号平均光功率与空号平均光功率比值的最小值，具体规范参见 GB/T 20185—2006 第 8 章。

8.3.3.4 眼图

STM-1、STM-4、STM-16 和 STM-64 信号在 S 点的光发送眼图应满足图 14 所示的模板要求，相应的模板参数列于表 10 中。

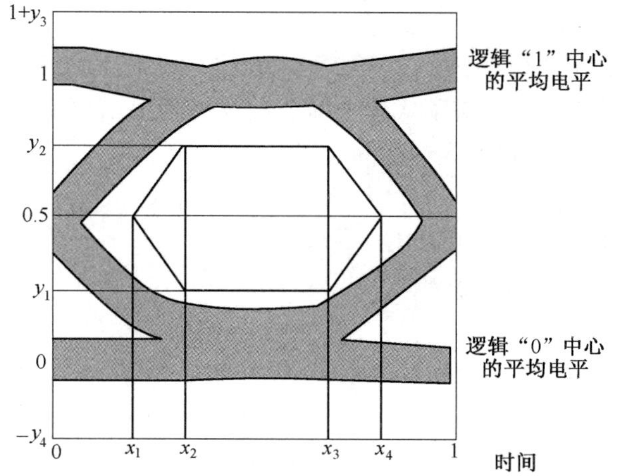

图 14 STM-1/STM-4/STM-16/64 光发送信号的眼图模板

表 10 STM-1、STM-4、STM-16、STM-64 眼图模板参数

	STM-1	STM-4	STM-16	STM-64(a,c)[a]	STM-64(b)[b]
x_1/x_4	0.15/0.85	0.25/0.75	—	ffs	—
x_2/x_3	0.35/0.65	0.40/0.60	—	ffs	—
x_3-x_2	—	—	0.2	ffs	0.2
y_1/y_2	0.20/0.80	0.20/0.80	0.25/0.75	ffs	Δ+0.25/Δ+0.75，Δ 可变 −0.25<Δ<+0.25
y_3/y_4	0.20/0.20	0.20/0.20	0.25/0.25	ffs	0.25/0.25

注：对于 STM-16 和 STM-64 光口，矩形眼图模板的 x_2 和 x_3 不需要和纵轴的 0UT 和 1UI 等距离，分离的宽度待研究。考虑到 STM-16 和 STM-64 系统的频率，随着而来的困难是制造滤波器，STM-16 和 STM-64 的参数值可能需要按照经验进行微小的修订。

[a] a、c 表示应用代码使用的色散调节技术；包括 L-64.2a、L-64.2c 和 V-64.2a。

[b] b 表示应用代码使用的色散调节技术；包括 L-64.2b、L-64.3、V64.2b 和 V-64.3。

8.3.4 光通道

为了保证每种应用的系统性能，有必要规定参考点 S 和 R 及 MPI-S 和 MPI-R 之间的光通道的衰减和色散特性。

8.3.4.1 衰减

衰减参数是假定在最坏条件下的值，包含光纤接点、连接器、光衰减器或其他无源光器件和任何附加的光缆余量引起的损耗，以便为以下情况留有余量：

a)对光缆配置将来的修改(附加的光纤接头,增加光缆长度等);

b)由于环境因素光缆性能的改变;

c)任何在 S 和 R 之间及 MPI-S 和 MPI-R 之间的光连接器、光衰减器或其他光无源部件的劣化。相关参数应满足 GB/T 20185—2006 第 8 章的要求。

8.3.4.2　色散

8.3.4.2.1　最大色散值

一般受衰减限制的应用类型不规定光通道最大色散值。

一般受色散限制的应用类型将 1 dB 功率代价所对应的光通道色散值定义为光通道最大色散值。对高色散系统将 2 dB 功率代价所对应的光通道色散值定义为光通道最大色散值。

相关参数应满足 GB/T 20185—2006 第 8 章的要求。

8.3.4.2.2　最小色散值

由于系统采用任何形式的色散补偿,要求在光通道中具有最小色散值。

相关参数应满足 GB/T 20185—2006 第 8 章的要求。

8.3.4.2.3　差分群迟延

差分群迟延(DGD)是脉冲分量以光信号的两种主要极化状态传输后的时间差。由于 PMD 引起的差分群迟延是一统计变量,最大 DGD 和均值 DGD 的关系只能用概率分析来定义。本标准定义的最大差分群迟延是系统能容忍的最大降低 1 dB 灵敏度的 DGD 值。

相关参数应满足 GB/T 20185—2006 第 8 章的要求。

8.3.4.3　反射

反射是由于光通道沿线的折射率具有不连续性引起的,如果不加控制,由于它们对激光器工作的干扰影响或由于多次反射在接收机上导致干涉噪声而使系统性能恶化 。本标准用下述两个参数来规范光通道反射:

——S 或 MPI-S 点上光缆设备(包括任何连接器)的最小光回损;

——S 和 R 之间或在 MPI-S 点和 MPI-R 点之间最大离散反射。

对于认为反射不会影响系统性能的应用类型,对上述反射参数不规定规范值,在表中用"NA"表示。反射测量方法在 G.957 附录 I 中。

相关参数应满足 GB/T 20185—2006 第 8 章的要求。

8.3.5　接收机

8.3.5.1　接收机灵敏度

接收机灵敏度定义为 R 或 MPI-R 点处为达到 1×10^{-10} 的 BER 值所需要的平均接收功率的最小可接受值(对于采用光放大器的光接口,或者 STM-64 光接口是在 $BER=1\times10^{-12}$ 的条件下),详细规范参见 GT/T 20185—2006 第 8 章。

8.3.5.2　接收机过载功率

接收机过载功率定义为 R 或 MPI-R 点处为达到 1×10^{-10} 的 *BER* 值所需要的平均接收光功率的最大可接受值(对于采用光放大器的光接口,或者 STM-64 光接口是在 $BER=1\times10^{-12}$ 的条件下),详细规范参见 GB/T 20185—2006 第 8 章。

8.3.5.3　接收机反射系数

接收机反射系数定义为 R 或 MPI-R 点处的反射光功率与入射光功率之比,不同 STM 等级所允许的最大反射系数参见 GB/T 20185—2006 第 8 章。

8.3.5.4　接收机灵敏度余度

接收机灵敏度在设计寿命期间的余度为 2 dB～3dB，即 GB/T 20185—2006 第 8 章表 9～表 19 中接收机灵敏度指标(即接收机的寿命终了且处于最坏条件下的灵敏度)与接收机在寿命开始和标称工作条件下的灵敏率之差的最小值为 2 dB～3dB，具体数值可以根据工程设计情况予以选定。

8.3.5.5 光通道功率代价

光通道功率代价定义为由反射，码间干扰、模分配噪声，光源频率啁啾和色散引起的接收机性能总的劣化，一般在低色散系统最大通道代价为 1 dB，在高色散系统最大通道代价 2 dB。由于 PMD 引起的随机色散代价的平均值包含在光通道功率代价中。由于光放大引起的信噪比 SNR 降低产生的代价不认为是通道代价。详细规范参见 GB/T 20185—2006 第 8 章。

需要注意，GB/T 20185—2006 第 8 章规范的数值都是最坏值，即在系统设计寿命终了，并处于所允许的最恶劣条件下仍然能满足的数值。

8.3.6 光传输设计方法

8.3.6.1 最坏值设计法

最坏值设计法就是在设计再生段距离时，将所有参数都按最坏值选取，而不管其具体分布如何。这是 SDH 线路系统传输设计的基本方法，其好处是可以为网络规划设计者和制造厂家分别提供简单的设计指导和明确的元部件指标，而且不存在先期失效问题。

8.3.6.2 联合设计法

当标准的光接口参数不能满足实际工程的再生段距离时，可以采用联合设计法。此时一般光参数仍遵循 GB/T 20185—2006 第 8 章的规定，但与再生段距离直接相关的参数需要稍加修改，例如光发送功率接收灵敏度应能保证足够的光通道衰减范围，光谱特有可能也需要修改以保证足够的通道最大色散值。采用联合设计法的缺点是不能再满足横向兼容性。具体设计取值由实际工程而定，但应尽量满足 SDH 光接口设计的一般参数定义、设计导则和系统设计方法。

8.3.6.3 统系设计法

利用光参数分布的统计特性可以更有效地设计再生段距离。与最坏值法相比，统计法可以延长再生段距离，但横向兼容性不再满足。

典型的统计法设计有映射法、蒙特卡洛法和高斯近似法。具体选择取决于主管设计部门的要求和经验。

8.3.6.4 与光放大器和色散调节有关的设计方法

对于有光放大器的系统，尤其是 STM-65 系统，为了获得更长的再生段距离，必须使用色散调节技术。目前常用的色散调节技术包括无源色散补偿(PDC)、自相位调制(SPM)、预啁啾声(PCH)、色散支持传输(DST)以及这几个技术的结合。这些方法仅用于 STM-64 系统，也可使用独立放大器使系统的传输距离更远。具体选择取决于主管设计部门的要求和经验。

9 电接口规范

9.1 PDH 支路的电接口参数

SDH 光缆线路系统应配有 2 048 kbit/s、34 368 kbit/s、44 736 kbit/s 和 139 264 kbit/s 电接口，其参数需符合 GB/T-7611 和 ITU-T G.703 要求。

9.2　155 520 kbit/s 的电接口参数

9.2.1　基本要求

a)标准比特率：155 520 kbit/s；

比特率容差：$\pm 20\times10^{-6}$。

b)码型：CMI。

c)接口过压保护：为了使设备能在雷电等过压环境下正常工作，其输入输出口必须能耐受10个标准闪电脉冲(5正、5负)而不损坏设备。脉冲上升时间为1.2 μs，脉冲宽度为50 μs，电压幅度20 V。

155 520 kbit/s 输出口规范

输出口一般要求：见表11所示。

表11　155 520 kbit/s 接口

脉冲形状	矩形(见图15，图16)
每个传输的线对数	一个同轴线对
测试负载阻抗	75 电阻性
峰-峰电压值	(1±0.1)V
实测幅度10%到90%的上升时间	≤2 ns
跃变时刻容差 (以负向跃平均半幅度点为准)	a)负向跃变±0.1 ns b)在单位码元间隔边界上的正向跃变：±0.5 ns c)在单位码元间隔中心上的正向跃变：±0.35 ns
回波损耗	≥15dB(8 MHz～240 MHz)
输出口的最大峰-峰抖动	满足 YD/T 1299—2004 的指标要求

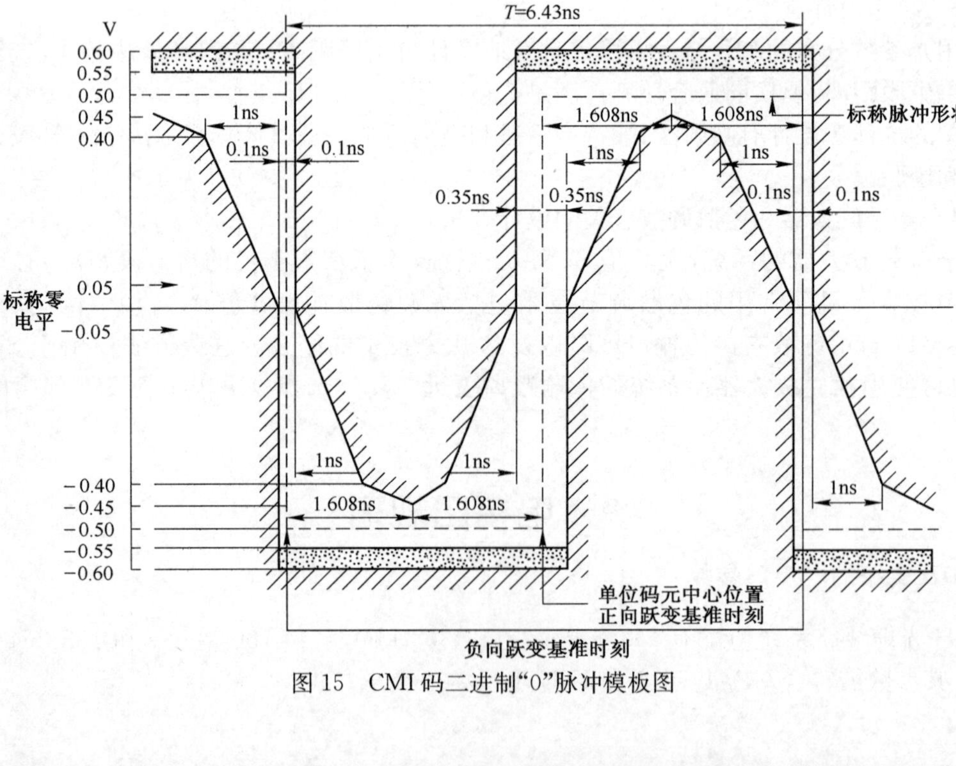

图15　CMI 码二进制“0”脉冲模板图

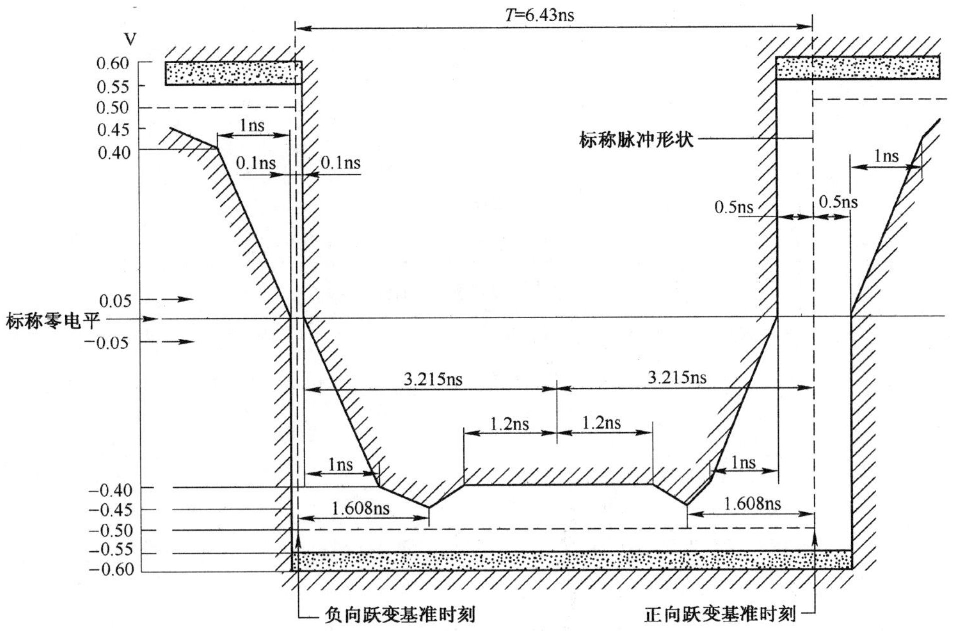

图 16　CMI 码二进制“1”脉冲模板图

9.2.2　155 520 kbit/s 输入口规范

出现在输入口的数字信号应该符合按互连的同轴电缆特性校正过的输出口规范表 11、图 15 和图 16 的模板要求。其中同轴线的衰减频率特性假设近似符合$\sqrt{f}$规律,而在 78 MHz 频率点上插入衰减为(0～12.7)dB。

回波损耗特性应与输出口的相同,见表 11。

输入口抖动和漂移容限满足 12.2.1 的指标要求。

9.2.3　交叉连接点的技术要求

a)信号功率电平

宽带功率测量,使用功率电平探头及 3 dB 滚降的低通滤波器,其工作频率范围在 300 MHz 时至少应在−2.5 dBm 到+4.3 dBm 之间。在接口点上不允许有直流功率输出。

b)眼图

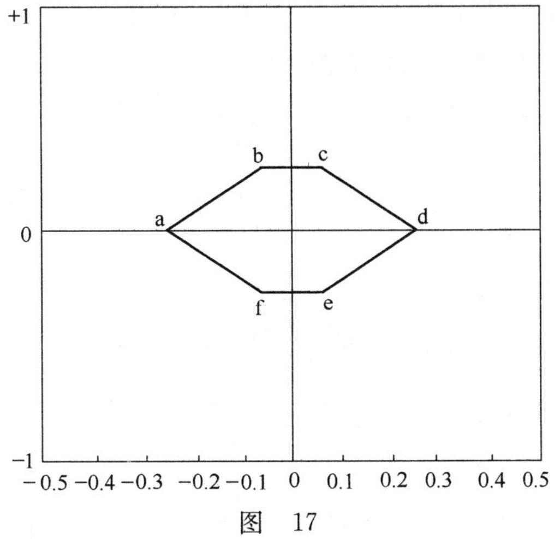

图　17

点	时间	幅度
a	$-0.25T/2$	0.00
b	$-0.05T/2$	0.25
c	$+0.05T/2$	0.25
d	$+0.20T/2$	0.00
e	$+0.05T/2$	−0.25
f	$-0.05T/2$	−0.25

图 17　STM-1 接口点眼图模板

眼图模板是以上述给出的最大和最小功率电平的对应的眼图为基础的，如图 17 所示。图中电压幅度已归一化为“1”；时间标尺用脉冲重复周期 T 来标出，眼图的各点如图 17 所示。

c)终端

每个方向使用一条同轴电缆

d)阻抗

75Ω(1±5)%的阻性测试负载，在接口点作测试眼图和信号电性能参数之用。

9.2.4　外导体或屏蔽层的接地

在输入和输出口上，应把同轴电缆的外导体接到信号地上。

10　同步定时要求

10.1　再生器的定时要求

正常工作时，再生器可以从接收的信号中恢复定时，并同步输出信号。当上游方向发生故障，再生器发送再生段告警(RS-AIS)时，其内部振荡器为输出 STM-N 信号提供定时。内部振荡器在自由运行方式下的长期频率稳定度不得劣于$\pm 20\times 10^{-6}$。

10.2　SDH 设备时钟的定时性能要求

SDH 设备时钟(SEC)的定时性能包括频率准确度、牵引范围、噪声产生、噪声容限、噪声传递特性、相位瞬变和保持性能等七个方面。

SDH 设备时钟(SEC)的定时性能应该符合 YD/T 900 的要求。

线路终端设备时钟的定时功能要求

在 SDH 环境下组建数字同步网，必须利用 STM-N 线路/支路信号作为定时链路来传送定时。为了使 SDH 设备能够满足传送定时的要求，必须对其时钟的同步功能进行规范。

SDH 设备时钟的同步功能要求包括时钟功能结构和 SSM 功能两个方面，应该分别满足 YD/T 1267—2003 中 10.2 和 10.3 的要求。

11　保护倒换要求

11.1　线性复用段保护倒换要求

11.1.1　保护方式

线性复用段保护倒换功能，一般有两种保护方式：1+1 复用段保护(MSP)和 1∶N 复用段保护(MSP)。

在 1+1 MSP 方式下,STM-N 信号同时在工作和保护复用段间传输,即 STM-N 信号在发送端被永久桥接在工作复用段和保护复用段上;在接收端,复用段保护功能监视从这两个段收到的 STM-N 信号状态,并(有选择的)连接到合适的信号。由于工作通路是永久桥接的,因此 1+1 MSP 结构不可能提供低等级的额外业务。

在 1 : n MSP 方式下,n 个工作的复用段共用一个保护复用段,n 值的允许范围是 1 到 14,1 : 1 结构是 1 : n 结构的一个子集。在接收端,复用段保护(MSP)功能监视和判断接收到的 STM-N 信号状态,并执行合适的 STM-N 信号的桥接和选择。当 n 个工作系统中有一个失效时,该 STM-N 信号可以倒换到热备用的保护复用段中传输。在未发生保护倒换时,热备用的保护复用段可以用来传送低等级的额外业务。一旦发生倒换,则主用复用段的信号将倒换到备用的保护复用段中传输,保护复用段中原来传输的额外业务将自行中断,待保护倒换恢复正常后,中断的额外业务也将恢复正常传输。

线性复用段保护的倒换方式有双向倒换和单向倒换,以及返回方式和非返回方式,1 : n 结构只允许工作在返回方式。

11.1.2 保护倒换准则——自动启动

线性复用段保护(MSP)应支持下列的情况之一倒换。

11.1.2.1 信号失效(SF)

a)信号丢失(LOS);

b)帧丢失(LOF);

c)复用段告警指示信号(MS-AIS);

d)复用段误码超过信号失效门限(dEXC)。

11.1.2.2 信号劣化(SD)

复用段误码超过信号劣化门限(dDEG)。

注:本小节及以下小节的自动启动条件及其缩略语定义参见 ITU-T G.806。

11.1.3 保护倒换命令和协议——外部启动

复用段保护应支持以下网管倒换命令,并满足相应的优先级原则,具体应符合 ITU-T G.841:1998 的 7.1.2 的规范。

a)清除;

b)保护锁定;

c)强制倒换;

d)人工倒换;

e)练习(可选);

复用段保护的保护倒换协议应符合 ITU-T G.841:1998 中 7.1.1 的规范。

11.1.4 保护倒换时间

复用段保护(MSP)的保护倒换完成时间应小于 50 ms,该要求不包括启动保护倒换所必需的检测时间和拖延(Hold Off)时间等。

不同比特差错率的最大检测时间要求如表 12 所示。

表 12 检测时间

比特差错率(BER)	检测时间	
	复用段和高阶通道(VC-4,VC-3)	低阶通道(VC-12)
$\geqslant 10^{-3}$	10 ms	40 ms
$\geqslant 10^{-4}$	100 ms	400 ms
$\geqslant 10^{-5}$	1 s	4 s
$\geqslant 10^{-6}$	10 s	40 s
$\geqslant 10^{-7}$	100 s	400 s
$\geqslant 10^{-8}$	1 000 s	4000 s
$\geqslant 10^{-9}$	10 000 s	—

工作在返回方式时，当失效的工作系统满足无故障状态，应至少等待 WTR 时间(5 至 12 min)后才能将正常业务信号返回到该工作系统。

11.2 复用段共享保护环保护倒换要求

11.2.1 保护方式

SDH 环形网应具备复用段共享保护环的功能，通常支持两种常用的保护方式：二纤双向复用段共享保护环和四纤双向复用段共享保护环。复用段共享保护环的工作通路承载需要保护的正常业务信号，保护通路则为保护此业务而预留。当暂时没有使用保护通路时，保护通路可用作承载低等级的额外业务。正常业务信号在区段上双向传送。

二纤双向复用段共享保护环上的两个相邻节点间只需两根光纤。利用时隙交换技术，一条光纤同时载送工作通路(S1)和保护通路(P2)，另一条光纤上同时载送工作通路(S2)和保护通路(P1)。在一条光纤上的工作通路(S1)，由沿环的相反方向的另一条光纤上的保护通路(P1)来保护。反之亦然。这就允许工作业务量双向传送。每条光纤上只有一套复用段开销。

四纤双向复用段共享保护环在每个区段(相邻节点间)需要四根光纤。工作和保护通路是在不同的光纤传送：两根工作光纤(一发一收)和两根保护光纤(一发一收)。其中工作光纤 S1 形成一顺时针工作信号环，工作光纤 S2 形成一逆时针工作信号环，而保护光纤 P1 和 P2 分别形成与 S1 和 S2 反方向的两个保护信号环，每根光纤都通过一个倒换开关作保护倒换用。由于工作和保护通道不在同一根光纤上传送，工作和保护通路上都有各自的复用段开销。

二纤双向复用段共享保护环应仅支持环倒换功能(当环倒换时，受影响区段的业务量，由环的长通路的保护通路来传送)。

四纤双向复用段共享保护环应支持环倒换和区段倒换两种功能。区段倒换是一种类似于线性 1∶1 APS 的保护机制，它仅用于四纤环，其工作和保护通路不在同一根光纤中传输，当失效只影响工作通路时发生区段倒换，工作业务量由该失效区段的保护通路来传送。多个区段倒换可以在一个环内同时存在，对每一个区段倒换而言，仅占用了一个区段的保护通路。对存在多个失效的情况(这些失效仅影响一个区段的工作通路，例如仅是工作通路的电气故障和光缆切断)可以用区段倒换来得到完全保护。

11.2.2 保护倒换准则——自动启动

复用段共享保护环应支持下列的情况之一倒换。

11.2.2.1 信号失效(SF)

a)信号丢失(LOS);

b)帧丢失(LOF);

c)复用段的告警指示信号(MS-AIS);

d)复用段误码超过信号失效门限(dEXC)。

11.2.2.2 信号劣化(SD):

a)复用段误码超过信号劣化门限(dDEG)。

11.2.3 保护倒换命令和协议——外部启动

复用段共享保护环应支持网管倒换命令,并满足相应的优先级原则,具体应符合 ITU-T G.841:1998 中 7.2.4 的规范。

a)清除;

b)保护锁定;

c)强制倒换;

d)人工倒换;

e)练习(可选);

复用段共享保护环的保护倒换协议应符合 ITU-T G.841:1998 中 7.2.5 和 7.2.6 的规范。

11.2.4 保护倒换时间

对于两纤双向复用段共享保护环以及四纤双向复用段共享保护环,在没有额外业务的环上,所有节点(数量不超过 16 个)处于空状态(没有检测到故障、没有自动或外部命令、只收到空 K 字节)且光纤长度少于 1 200 km 情况下,单个区段故障时(环和区段)倒换完成时间应少于 50 ms。环在其他情况下,为了提供时间移走额外业务、忽略或兼容已经存在的 APS 请求,倒换完成时间可以超过 50 ms。

保护倒换完成时间要求不包括启动保护倒换所必需的检测时间和拖延时间等。

不同比特差错率最大检测时间要求参见表 12。

当失效工作系统满足无故障状态,应至少等待 WTR 时间(5 至 12 min)后才能将正常业务信号返回到该工作系统。

11.3 通道保护环的倒换要求

11.3.1 保护方式

SDH 环型网应支持通道保护环功能,常用的通道保护方式为二纤单向通道保护环和二纤双向通道保护环。

二纤单向通道保护环通常由两根光纤实现,一根光纤用于传送业务信号,称工作(S)光纤;另一根光纤传送相同的信号用于保护,称保护(P)光纤。单向通道保护环使用“首端桥接、尾端倒换”结构,即在业务的发送端节点采用双馈方式(1+1 保护),业务信号和保护信号分别由光纤 S1 和 P1 携带,其中 S1 光纤按顺时针方向将业务信号送至接收端节点,P1 光纤逆时针方向将同样的信号作为保护信号送至于接收端节点。接收端节点同时收到两个方向的信号,按照分路通道信号的优劣决定选取其中一路作为分路信号,正常情况下,以 S1 光纤送来信号为主信号。

二纤双向通道保护环中其 1+1 方式与单向保护环基本相同,只是双向业务通过一致路由(经过相同的物理设备)实现业务的双向传送,业务上下点将环上光纤划分为两段,一段的两根光纤用于传送业务信号,另一段的两根光纤传送相同的信号用于保护。

通道保护环采用 1+1 方式,无需自动保护倒换(APS)协议支撑。

11.3.2 保护倒换准则——自动启动

二纤单向通道保护环应支持下列的情况之一倒换。二纤双向通道保护环应支持的保护倒换准则待研究。

11.3.2.1 信号失效(SF)

a)信号丢失(LOS);

b)帧丢失(LOF);

c)通道的告警指示信号(AU-AIS 或 TU-AIS);

d)指针丢失(AU-LOP 或 TU-LOP);

e)通道误码超过信号失效门限(dEXC)。

11.3.2.2 信号劣化(SD)

通道误码超过信号劣化门限(dDEG)。

11.3.3 保护倒换命令和协议——外部启动

通道保护环应支持网管倒换命令,并满足相应的优先级原则,具体应符合 ITU-T G.841:1998 中 7.4.4 的规范。

a)清除;

b)保护锁定;

c)强制倒换;

d)人工倒换。

11.3.4 保护倒换时间

通道保护环的保护倒换完成时间应小于 50 ms,该要求不包括启动保护倒换所必需的检测时间和拖延时间等。

不同比特差错率最大检测时间要求参见表 12。

11.4 线性通道保护倒换要求

11.4.1 保护方式

高阶和低阶的通道保护机制可以用于保护穿越单一经营者网络或多个经营者网络的全程通道,这是一种端到端的保护方式,可用于各种不同的网络结构。

线性通道保护应支持 1+1 方式(必备)和 1∶1 方式(可选)。

线性通道保护 1+1 方式应能支持返回或不返回运行方式;线性通道保护 1∶1 方式应能支持返回运行方式。

线性通道保护倒换应能支持单向方式(必备)和双向方式(可选)。

11.4.2 保护倒换准则——自动启动

见 11.3.2。

11.4.3 保护倒换命令和协议——外部启动

见 11.3.3。

11.4.4 保护倒换时间

见 11.3.4。

11.5 SDH 子网连接保护(SNCP)的保护倒换要求

11.5.1 保护方式

子网连接保护(SNCP)是一种用于保护在一个或多个运营商网络中的一条路径的一部分的保护类型。由于子网连接保护是一种专有保护机制,它可适用于任何物理拓扑结构(例如网状网、环网或二者混合),并且对子网连接中的网元数量没有基本限制。要求具备通道层路经(即通道)子网连接保护功能。

SNCP 根据导致 SF/SD 的不同缺陷条件,可以进一步划分成多个子类型:

a)固有的(SNC/I):利用服务层路径终端和适配功能判断 SF/SD 状况,仅支持监测服务层缺陷条件。

b)非介入的(SNC/N):

1)端到端:监视服务层缺陷条件、客户层网络中的持续性/连接性缺陷条件以及误码劣化条件。使用端到端的开销/OAM。

2)子层:监视服务层缺陷条件、客户层网络中的持续性/连接性缺陷条件以及误码劣化条件。使用子层开销/OAM,用于串联连接监视。

总的来说,SNC 保护要求在工作和保护传送实体生成子层路径(串联连接,段),来区别是在被保护区域之前还是之内发生了一个故障或劣化。

SDH 子网连接保护应至少支撑 SNC/I 一种保护方式,SNC/N 保护方式为可选。

子网连接保护目前仅支持 1+1 单端保护倒换:发送端永久桥接,业务同时在工作和保护子网上传送;SNC 的接收端仅基于本地信息实现保护倒换,无需协议支撑。

11.5.2 保护倒换准则——自动启动

SDH 子网连接保护倒换准则为:出现下列的情况之一倒换。

a)信号丢失(LOS)。

b)帧丢失(LOF)。

c)通道的告警指示信号(AU-AIS 或 TU-AIS)。

d)指针丢失(AU-LOP 或 TU-LOP)。

e)通道未装载(HP-UNEQ 或 LP-UNEQ)。

f)踪迹标识符失配(HP-TIM 或 LP-TIM)。

g)通道信号超过门限的误码缺陷(dDEG/dEXC)。

注 1:对于 SNC/I 保护,只有 LOS/LOF/AIS/LOP 可用。

注 2:TIM 与越限误码缺陷 dEXC 可选。

11.5.3 保护倒换命令和协议——外部启动

1+1 单端保护倒换的 SNCP 应支持网管倒换命令,并满足相应的优先级原则,具体应符合 ITU-T G. 841:1998 中 8. 4. 1 的规范。

a)清除;

b)保护锁定;

c)强制倒换;

d)人工倒换。

1+1 单端保护倒换的 SNCP 的保护倒换协议应符合 ITU-T G. 841:1998 中 8. 5. 1 和 8. 6 的规范。

11.5.4 保护倒换时间

SNCP 的保护倒换完成时间应小于 50 ms，该要求不包括启动保护倒换所必需的检测时间和拖延时间。当涉及到多个子网连接或多条子网连接保护业务时，保护倒换完成时间有待于进一步研究。

不同比特差错率最大检测时间要求参见表 12。

11.6 SDH 网络保护结构间的互通

两个或两个以上的 SDH 网络保护结构间进行互通时，应支持双节点互连结构，并保证端到端的业务可用性和具有抵抗各种失效事件的能力。互通的结构和准则应满足 YD/T 1078 的规范，并支持以下方式的互通。

11.6.1 复用段共享保护环之间的互通

复用段共享保护环之间的互通应满足 YD/T 1078—2000 中 6.2.2 的规范。

11.6.2 SNCP 环之间的互通

高阶 SNCP 环之间或者低阶 SNCP 环之间的互通应满足 YD/T 1078—2000 中 6.2.3 的规范。

11.6.3 复用段共享保护环与高阶 SNCP 环之间的互通

复用段共享保护环与高阶 SNCP 环之间的互通应满足 YD/T 1078—2000 中 6.2.2 的规范。

11.6.4 复用段共享保护环与低阶 SNCP 环之间的互通

复用段共享保护环与低阶 SNCP 环之间的互通应满足 YD/T 1078—2000 附录 A.1 的规范。

11.6.5 高阶 SNCP 环与低阶 SNCP 环之间的互通

高阶 SNCP 环与低阶 SNCP 环之间的互通应满足 YD/T 1078—2000 附录 A.2 的规范。

12 传输性能要求

12.1 误码性能

12.1.1 度量参数

误码性能的度量参数有四个，误块秒比（ESR）、严重误块秒比（SESR）、背景误块比（BBER）和严重误块期强度（SEPI）。不同的功能层网络参数和有关事件的定义有细小的差别，检测误码事件的差错检测码（EDC）也不同，本标准采用 YD/T 1300 的参数和定义详见表 13。

表 13 参数和定义

层网络	低阶通道	高阶通道	复用段	再生段
使用的参数	ESR，SESR，BBER，SEPI（可选）		ESR，SESR，BBER	
事件和参数定义	见 YD/T 1300（和 ITU-T G.828 一致）		见 YD/T 1300（和 ITU-T G.829 一致）	
差错检测码（EDC）	BIP-2	BIP-8	BIP-1 或 BIP-24[a]	BIP-8
有关开销字节	V5（b1，b2）	B3	B2	B1
[a]对于 STM-16 和 STM-64 光口，矩形眼图模板的 x_2 和 x_3 不需要和纵轴的 OUI 和 IUI 等距离，分离的宽度待研究。考虑到 STM-16 和 STM-64 系统的频率，随着而来的困难是制造滤波器，STM-16 和 STM-64 的参数值可能需要按照经验进行微小的修订				

12.1.2 误码指标

12.1.2.1 通道误码性能

通道误码性能应不低于 ITU-T M.2101 规定的通道投入业务限值。5 000 km 通道长期指标(测试时间一个月)见表 14,所有参数都满足才合格。长度为 Lkm 的通道误码性能与距离成正比,即用 5 000 km 的指标值乘 L/5 000 得到。

表 14　5 000 km 数字通道的误码指标(长期指标,测试时间一个月)

速率/(kbit/s)	VC-12 (2 204)	VC-3 (48 960)	VC-4 (150 336)	VC-4-4c (601 344)	VC-4-16c (2 405 376)
ESR	3×10^{-4}	6×10^{-4}	1.2×10^{-3}	—	—
SESR	6×10^{-5}	6×10^{-5}	6×10^{-5}	6×10^{-5}	6×10^{-5}
BBER	1.5×10^{-6}	1.5×10^{-6}	3×10^{-6}	3×10^{-6}	3×10^{-6}
SEPI(可选)	6×10^{-6}	6×10^{-6}	6×10^{-6}	6×10^{-6}	6×10^{-6}

5 000 km 通道短期指标见表 15,所有参数都满足才合格。长度为 Lkm 的通道误码性能与距离成正比,指标值的计算方法见 ITU-T M.2101。

表 15　5 000 km 数字通道的误码指标(短期指标)

测试时间	15 min			2 h			24 h		
参数	ES	SES	BBE	ES	SES	BBE	ES	SES	BBE
限值	S15	S15	S15	S2	S2	S2	S24	S24	S24
VC-12	0	0	0	0	0	4	6	0	107
VC-3	0	0	1	0	0	30	16	0	473
VC-4	0	0	4	0	0	68	37	0	972
VC-4-16c	NA	0	4	NA	0	68	NA	0	972
VC-4-64c	NA	0	4	NA	0	68	NA	0	972

12.1.2.2 复用段误码性能

复用段误码性能应不低于 ITU-T M.2101 规定的复用段投入业务限值。小于等于500 km的复用段和大于 500 km 的复用段短期指标见表 16,表中的数值只适用于 BIP-1(不适用于 BIP-N×24,适用于 BIP-N×24 的指标同再生段指标,见附录 B),所有参数都满足才合格。

表 16　复用段的误码指标(短期指标)

等级 \ 限值 \ 测试时间参数			24 h		
			ES	SES	BBE
			S24	S24	S24
STM-1	≤500 km	0.2%	0	0	140
	>500 km	0.5%	0	0	374
STM-4	≤500 km	0.2%	NA	0	612
	>500 km	0.5%	NA	0	1 577
STM-16	≤500 km	0.2%	NA	0	2 551
	>500 km	0.5%	NA	0	6 473

续上表

等级 \ 限值 \ 测试时间参数			24 h		
			ES	SES	BBE
			S24	S24	S24
STM-64	≤500 km	0.2%	NA	0	10 411
	>500 km	0.5%	NA	0	26 216

12.1.2.3　再生段误码性能

再生段误码性能应不低于复用段的性能，再生段误码留余度和光信噪比有关，不规定统一的指标。在某些应用中，如在波分复用上传输 SDH 的系统，规定了最低的信噪比要求，对应可以提出再生段误码指标，见附录 B。

12.1.2.4　数字段误码性能

数字段是一个物理实体，实义在两个物理接口之间，STM-N 支路口或者 PDH 等业务支路接口之间，通常采用停业务测试方法。本标准采用和 SDH 设计规范一致的指标 420 km 假设参考数字段的长期指标见表 17。实际长度为 Lkm 的数字段误码性能与距离成正比，即用 420 km 的指标值乘 L/420 得到。当 L 小于 30 km 时，用 30 km 的指标。

表 17　420 km 数字段的误码长期指标

速率/(kbit/s)	2 048	34 368/44 736	139 264/155 520	622 080	2 488 320
ESR	2.02×10^{-5}	3.78×10^{-5}	8.06×10^{-5}	待定	待定
SESR	1.01×10^{-6}	1.01×10^{-6}	1.01×10^{-6}	1.01×10^{-6}	1.01×10^{-6}
BBER	1.01×10^{-7}	1.01×10^{-7}	1.01×10^{-7}	5.04×10^{-8}	5.04×10^{-8}

12.2　抖动和漂移性能

12.2.1　SDH 网络接口输出抖动和漂移的网络限值

为了保证不同 SDH 设备的互联不影响信号的传输质量，需要规范 SDH 网络接口输出抖动和漂移的网络限值。

SDH 网络输出口 STM-N 接口输出抖动的网络限值应符合 YD/T 1299—2004 中 5.1 的规范。STM-N 接口输出漂移的网络限值应符合 YD/T 1299—2004 中 5.2 的规范。

SDH 网络的 PDH 业务接口输出抖动和漂移的网络限值应符合 YD/T 1420—2005 中 5.1 和 5.2 的规范。

12.2.2　SDH 设备的抖动和漂移规范

为了保证多个 SDH 设备互连引起的抖动积累不超出网络限值，需要规范单个 SDH 设备的抖动转移和抖动产生特性。为了确保设备的正常工作，在给定的输出网络限值下，需要规定输入抖动容限特性。

SDH 设备的 STM-N 输入口的抖动和漂移容限应符合 YD/T 1299—2004 中 6.1 的规范；STM-N 接口的抖动和漂移产生应符合 YD/T 1299—2004 中 6.2 的规范；STM-N 接口的抖动和漂移转移特性应符合 YD/T 1299—2004 中 6.3 的规范。

SDH 设备的 PDH 业务接口的输入抖动和漂移容限应符合 YD/T 1420—2005 中 7.1 的规范。

SDH 设备的 PDH 接口的抖动产生分别用映射抖动和结合抖动(含指针调整抖动)来规范,具体性能应符合 ITU-T G. 783:2000 中 15. 2. 3. 3 的规范。

13 可用性要求

13. 1 可用性定义

a)不可用时间

系统任一传输方向的数字信号连续 10 秒期间内每秒都是严重误块秒时,从这 10 秒钟的第 1 秒起认为进入了不可用时间。

b)可用时间

当数字信号连续 10 秒期间内每秒都不是严重误块秒时,从这 10 秒期间的第 1 秒起就认为转入可用时间。

c)可用性

观察期内可用时间占全部总时间的百分比称为可用性,观察期推荐为 1 年。

13. 2· 可用性目标

表 18 列出了两种 HRP 的可用性目标

表 18 假设参考数字段可用性目标

HRP	可用性	不可用性	不可用时间/年
420 km	99. 977%	2.3×10^{-4}	120 分/年
280 km	99. 985%	1.5×10^{4}	78 分/年

13. 3 不可用时间的分配

SDH 传送系统的不可用时间的分配如表 19 所示。

表 19 不可用时间的分配

		不可用时间比例	420 km HRP 不可用时间/年	280 km HRP 不可用时间/年
光缆线路部分(含光缆、活动连接器和跳线)		75%	90 分/年	58. 5 分/年
设备部分	硬件	12. 5%	15 分/年	9. 75 分/年
	软件	12. 5%	15 分/年	9. 75 分/年

14 网 管 系 统

14. 1 系统技术要求

符合 YD/T 1289. 2—2003 第 5 章的要求。

14. 2 子网管理系统功能要求

符合 YD/T 1289. 2—2003 中 6. 2 的要求。

14.3 网元管理系统功能要求

符合 YD/T 1289.2—2003 中 6.1 的要求。

14.4 本地维护终端

符合 YD/T 1289.2—2003 附录 A 的要求。

14.5 运行、管理和维护接口

14.5.1 网管接口

SDH 光缆线路系统应提供符合 ITU-T M.3010—2000 要求的 Qx 接口。网元之间的通信接口采用 ITU-T Q.811:2004 和 ITU-T Q.812:2004 规定的 CLNS1 无连接模式协议栈或 TCP/IP 协议栈，与网元管理系统之间采用 CLNS2 无连接模式协议栈或 TCP/IP 协议栈。

14.5.2 工作站接口

SDH 光缆线路系统的终端站和再生器应配置与工作站的通信接口，接口特性应符合 F 接口的要求，目前可采用 ITU-T V 系列建议的规定。

15 辅助系统和环境条件

15.1 公务联络通信

SDH 光缆线路系统应提供至少二条公务联络通信通路。一条用于再生器之间或再生器与线路终端站之间的公务联络；另一条用于两个线路终端站之间的直达公务联络。

公务通信应具有选址呼叫和会议呼叫功能。

公务通信应能提供 64 kbit/s 数字同向接口，该接口应符合 GB/T 7611 的规定。

15.2 使用者接口

SDH 光缆线路系统的终端站和再生器应为使用者（即网络提供者）提供一个 64 kbit/s 速率的接口，可用于建立临时性的数据/电话通信通路连接，接口特性符合 GB/T 7611 的要求。

15.3 机房环境条件

保护性能工作温度：5℃～40℃；

可工作温度：0℃～45℃；

相对湿度：≤85%（25℃）。

15.4 供电条件

采用直流供电，正极接地。电压标称值－48 V，如果用户要求也可选用－24 V 和－60 V。容差±15%保证指标，±20%可工作。宽带干扰信号（10 MHz）有效值小于 10 mV，话带干扰信号小于－68.5 dBmp。

附录A(资料性附录) SDH维护和工程误码参考指标

A.1 国际通道和复用段维护指标

A.1.1 通道维护指标

作为实例,5 000 km 的 VB-12 和 VC-4 通道投入业务限值见表 A.1。

表 A.1 通道投入业务限值举例(1 d 和 7 d)(配额 6%)(引自 ITU-T M.2101:2000)

通道长度/km	VC-12,ES(0.5%)				SES(0.1%)				VC-12,BBE(2.5×10^{-5})			
	1 d		7 d		1 d		7 d		1 d		7 d	
	S1	S2	S1	S2	S1	S2	S1	S2	S1	S2	S1	S2
5 000	6	20	72	110	*X*	6	10	27	107	152	847	967
通道长度/km	VC-4,ES(2%)				SES(0.1%)				VC-4,VC-4-4c,VC-4-16C,BBE(5×10^{-5})			
	1 d		7 d		1 d		7 d		1 d		7 d	
	S1	S2	S1	S2	S1	S2	S1	S2	S1	S2	S1	S2
5 000	37	66	325	401	*X*	6	10	27	972	1 101	7 087	7 428

注:*X* 表示测试无效,即需要更长的测试周期。否则测试值不能以 95%的置信度给出能满足长期性能的结论。但是,由于更长期测试周期不切实际,不得不对 S1 就使用 *X*=0 的限值。造成的影响是测试值不能以 95%的置信度给出能满足长期性能的结论。

A.1.2 复用段维护指标

作为实例,复用段投入业务限值见表 A.2。

表 A.2 复用段投入业务限值(STM-N)(引自 ITU-T M.2101:2000)

(STM-1)		ES(2%)				BBE(5×10^{-5})			
		1 d		7 d		1 d		7 d	
距离/km	配额	S1	S2	S1	S2	S1	S2	S1	S2
≤500	0.2%	*X*	2	0	6	140	192	1 093	1 229
>500	0.5%	*X*	3	0	11	374	455	2 795	3 011
(STM-4)		BBE(5×10^{-5})				SES(0.1%)			
		1 d		7 d		1 d		7 d	
距离/km	配额	S1	S2	S1	S2	S1	S2	S1	S2
≤500	0.2%	612	715	4 509	4 781	*X*	1	0	2
>500	0.5%	1 577	1 740	11 400	11 830	*X*	1		4

续上表

(STM-16)		BBE(5×10⁻⁵)				SES(0.1%)			
		1 d		7 d		1 d		7 d	
距离/km	配额	S1	S2	S1	S2	S1	S2	S1	S2
≤500	0.2%	2 551	2 757	18 310	18 850	X	1	0	2
>500	0.5%	6 473	6 798	46 020	64 880	X	1	0	4

注 1:STM-1 的 SES 和 STM-4 相同。

注 2:表 A.2 是 ITU-T M.2101 规定的 STM-N(N=1,4,16)复用段投入业务限值。STM-64 复用段投入业务限值待研究。

注 3:X 表示测试无效,即需要更长的测试周期。否则测试值不能以 95%的置信度给出能满足长期性能的结论。但是,由于更长期测试周期不切实际,不得不对 S1 就使用 X=0 的限值。造成的影响是测试值不能以 95%的置信度给出能满足长期性能的结论。

A.2 目前国内 SDH 工程设计的通道误码指标

YD/T 5095《同步数字系列(SDH)长途光缆传输工在设计规范》是国内现行的工程设计标准。该标准以 ITU-T G.826 为基础,所以比 ITU-T M.2101(以 ITU-T G.828 为基础)的维护指标要求低。

A.2.1 SDH 网络全程端到端 27 000 km 假设参考通道的误码性能指标

YD/T 5095 采用的端到端误码性能指标见表 A.3,该指标来源于 ITU-T G.826。

表 A.3 全程端到端误码性能指标(引自 YD/T 5095—2000 表 8.1.1)

速率/(kbit/s)	2 048	34 368/44 736	139 264/155 520	622 080	2 488 320
ESR	0 04	0 075	0 16	待定	待定
SESR	0.002	0.002	0.002	0.002	0.002
BBER	2×10^{-4}	2×10^{-4}	2×10^{-4}	10^{-4}	10^{-4}

A.2.2 数字通道的长期指标

SDH 工程设计的通道长期指标考虑的测试时间不少于 1 个月,它是以不低于通道维护指标为条件提出来的。具体地讲是以 ITU-T G.826 的通道指标为基础,按每公里可享用0.000 6%的配额,与距离成正比计算得到的。以 5 000 km 为例,相应的指标见表 A.4 和表 A.5。

表 A.4 6 800 km 数字通道的误码指标(配额 4.08%)(引自 YD/T 5095—2000 表 8.1.2)

速率/(kbit/s)	2 048	34 368/44 736	139 264/155 520	622 080	2 488 320
ESR	1.06×10^{-3}	3.06×10^{-3}	6.53×10^{-3}	待定	待定
SESR	8.16×10^{-5}	8.16×10^{-5}	8.16×10^{-5}	8.16×10^{-5}	8.16×10^{-5}
BBER	8.16×10^{-6}	8.16×10^{-6}	8.16×10^{-6}	4.08×10^{-6}	4.08×10^{-6}

表 A.5 5 000 km 数字通道的误码指标(配额 3%)(来源于 YD/T 5095—2000)

速率/(kbit/s)	2 048	34 368/44 736	139 264/155 520	622 080	2 488 320
ESR	1.2×10^{-3}	2.25×10^{-3}	4.8×10^{-3}	待定	待定
SESR	6×10^{-5}	6×10^{-5}	6×10^{-5}	6×10^{-5}	6×10^{-5}
BBER	6×10^{-6}	6×10^{-6}	6×10^{-6}	3×10^{-6}	3×10^{-6}

A.2.3 数字通道的短期指标

SDH 工程设计的通道短期指标是以不低于通道维护指标为条件提出来的。具体地讲,通道短期指标是以 ITU-T M. 2101. 1 的通道指标和计算方法为基础，每公里可享用 0. 001％的配额，与距离成正比计算得到的。以 6 800 km(配额 6. 8％)和 5 000 km(配额 5％)的通道为例，相应的短期指标见表 A. 6 和表 A. 7。

表 A. 6　6 800 km 数字通道的短期误码指标(引自 YD/T 5095—2000 表 8. 1. 6)

速率/kbit/s	2 048			34 368/44 736			139 264/155 520			622 080			2 448 320		
	S1	S2	$S0_7$	S1	S2	$S0_7$	S1	S2	$S0_7$	S1	S2	$S0_7$	S1	S2	$S0_7$
ES	43	74	411	89	131	771	204	266	1 645	—	—	—	—	—	—
SES	0	6	21	0	6	21	0	6	21	0	6	21	0	6	21
注：表中 $S0_7$＝$BISPO_7$															

表 A. 7　5 000 km 数字通道的短期误码指标(配额 5％)(来源于 YD/T 5095—2000)

速率/kbit/s	2 048			34 368/44 736			139 264/155 520			622 080			2 448 320		
	S1	S2	$S0_7$	S1	S2	$S0_7$	S1	S2	$S0_7$	S1	S2	$S0_7$	S1	S2	$S0_7$
ES	30	56	302	63	99	567	147	199	1 210	—	—	—	—	—	—
SES	0	5	15	0	5	15	0	5	15	0	5	15	0	5	15
注：表中 $S0_7$＝$BISPO_7$															

A. 3　以 ITU-T G. 828 为基础的国内 SDH 工程设计的通道误码指标

A. 3. 1　SDH 网络全程端到端 27 000 km 假设参考通道的误码性能指标

现将 ITU-T G. 828 的指标列于表 A. 8。

表 A. 8　全程端到端误码性能指标(引自 ITU-T G. 828：2000)

速率/(kbit/s)	VC-12(2 204)	VC-3(48 960)	VC-4(150 336)	VC-4-4c(601 344)	VC24-16c(2 405 376)
ESR	0. 01	0. 02	0. 04	—	—
SESR	0. 002	0. 002	0. 002	0. 002	0. 002
BBER	5×10^{-5}	5×10^{-5}	1×10^{-4}	1×10^{-4}	1×10^{-4}

A. 3. 2　数字通道的长期指标

SDH 工程设计的通道长期指标考虑的测试时间不少于 1 个月，它是以不低于通道维护指标为条件提出来的。具体地讲是以 ITU-T G. 828 的通道指标为基础，按每公里可享用 0. 000 6％的配额，与距离成正比计算得到的。以 5 000 km 为例，相应的指标见表 A. 9。

表 A. 9　5 000 km 数字通道的误码指标(配额 3％)(以 ITU-T G. 828：2000 为基础)

速率/(kbit/s)	VC-12(2 204)	VC-3(48 960)	VC-4(150 336)	VC-4-4c(601 344)	VC24-16c(2 405 376)
ESR	3×10^{-4}	6×10^{-4}	1.2×10^{-3}	—	—
SESR	6×10^{-5}	6×10^{-5}	6×10^{-5}	6×10^{-5}	6×10^{-5}
BBER	1.5×10^{-6}	1.5×10^{-6}	3×10^{-6}	3×10^{-6}	3×10^{-6}

A. 3. 3　数字通道的短期指标

SDH 工程设计的通道短期指标是以不低于通道维护指标为条件提出来的。具体地讲，通道短期指标是以 ITU-T M. 2101 的通道指标和计算方法为基础，每公里可享用 0.001%的配额，与距离成正比计算得到的。5 000 km(配额 5%)的通道短期指标见表 A. 10。需要指出，表 A. 10 不是维护指标，按照 ITU-T M. 2101，维护指标应有四个参数(目前用三个)，完整的 5 000 km通道投入业务限值见表 A. 1。此外 5 000 km 通道维护指标配额(6%)不同于工程设计指标配额(5%)。

表 A. 10　5 000 km 数字通道的投入业务限值(配额 5%)(以 ITU-T M. 2101:2000 为基础)

速率/kbit/s	VC-12(2 204)			VC-3(48 960)			VC-4(150 336)			VC-4-4c(601 344)			VC-4-16c(2 405 376)		
	S1	S2	$S0_7$	S1	S2	$S0_7$	S1	S2	$S0_7$	S1	S2	$S0_7$	S1	S2	$S0_7$
ES	4	17	76	12	31	151	30	56	302	—	—	—	—	—	—
SES	*X*	5	15	*X*	5	15	*X*	5	15	*X*	5	15	*X*	5	15
BBE	87	129	756	390	474	3 024	805	923	6 048	805	932	6 048	805	932	6 048
注：表中 $S0_7$＝$BISPO_7$；*X* 表示测试无效，即需要更长的测试周期。否则测试值不能以 95%的置信度作出性能评估。															

A. 4　目前国内 SDH 工程设计的数字段误码指标

A. 4. 1　数字段的长期指标

目前国内 SDH 工程设计的数字段误码指标是以不低于数字段的维护指标为条件提出来的。在 SDH 系统中复用段和数字段是相似的概念。当时在国际建议中没有规定数字段指标的情况下，不得不“借用”通道指标为基础。具体地讲，数字段长期指标是以 ITU-T G. 826 为基础，严化系数 1/5，按每公里可享用 0.000 6%的配额，与距离成正比计算得到的。以 420 km 数字段为例，可享用的配额是 0.252%，相应的指标见表 A. 11。

表 A. 11　420 km 数字段的误码指标(配额 0.252%)(引自 YD/T 5095—2000 表 8.1.4)

速率/(kbit/s)	2 048	34 368/44 736	139 264/155 520	622 080	2 488 320
ESR	2.02×10^{-5}	3.78×10^{-5}	8.06×10^{-5}	待定	待定
SESR	1.01×10^{-6}	1.01×10^{-6}	1.01×10^{-6}	1.01×10^{-6}	1.01×10^{-6}
BBER	1.01×10^{-7}	1.01×10^{-7}	1.01×10^{-7}	5.04×10^{-8}	5.04×10^{-8}

A. 4. 2　目前数字段的短期指标

目前国内 SDH 工程设计的数字段短期指标也是以不低于数字段维护指标为条件提出来的。具体地讲，数字段短期指标是参照 ITU-T M. 2101. 1 的通道指档和数字段计算方法为基础，数字段可享用的配额取 0.1%(与长度无关)，严化系数取 1/10，工程数字段的短期指标见表 A. 12。

表 A. 12　工程数字段的短期误码指标(配额 0.1%)(k＝1/10)(引自 YD/T 5095—2000 表 8.1.7)

速率/kbit/s	2 048			34 368/44 736			139 264/155 520			622 080			2 448 320		
	S1	S2	$S0_7$	S1	S2	$S0_7$	S1	S2	$S0_7$	S1	S2	$S0_7$	S1	S2	$S0_7$
ES	0	1	NA	0	1	NA	0	2	5	—	—	—	—	—	—
SES	0	1	NA	0	1	NA	0	1	0	0	1	0	0	1	0
注：表中 S07＝$BISPO_7$；NA 表示不适用。															

A.5 以 ITU-T G.829 和 M.2101 为基础的国内 SDH 工程设计的复用段误码指标

A.5.1 复用段的长期指标

在 ITU-T G.829 中,只规定了复用段的误码性能事件和参数定义,没有规定指标值。但是在 ITU-T M.2101 中却规定了复用段的指标值,见表 A.2。以不低于复用段的维护指标为条件导出来的复用段的长期指标见表 A.13。

表 A.13 复用段的误码指标(配额 0.2%)(以 ITU-T M.2101:2000 为基础)

速率/(kbit/s)	严化系数 $k=$	STM-0(51 840)	STM-1(155 520)	STM-4(622 080)	STM-16 (2 488 320)
ESR	1/10	2×10^{-6}	4×10^{-6}	—	—
SESR	1/2	1×10^{-6}	1×10^{-6}	1×10^{-6}	1×10^{-6}
BBER	1/10	5×10^{-9}	1×10^{-8}	1×10^{-8}	1×10^{-8}

A.5.2 复用段的短期指标

在 ITU-T G.829 中,只规定了复用段的误码性能事件和参数定义,没有规定指标值。但是在 ITU-T M.2101 中却规定了复用段的指标值,见表 A.2。以不低于复用段的维护指标为条件导出来的复用段的短期指标见表 A.14。

需要指出,表 A.14 仅是维护指标中的一部分数值,完整的复用段投入业务限值见表 A.2。此外,≤500 km 复用段维护指标配额(0.2%)不同于工程数字段指标配额(0.1%)。

表 A.14 500 km 复用段的短期误码指标(0.2%)(引自 ITU-T M.2101:2000)

速率/kbit/s	严化系数 $k=$	STM-0 (51 840)			STM-1 (155 520)			STM-4 (622 080)			STM-16 (2 488 320)		
		S1	S2	$S0_7$	S1	S2	$S0_7$	S1	S2	$S0_7$	S1	S2	$S0_7$
ES	1/10	*X*	1	1	*X*	2	2	—	—	—	—	—	—
SES	1/2	*X*	1	1	*X*	1	1	*X*	1	1	*X*	1	1
BBE	1/10	17	38	194	140	192	1 161	612	715	4 645	2 551	2 757	18 580
注:表中 $S0_7$=$BISPO_7$;*X* 表示测试无效,即需要更长的测试周期。否则测试值不能以 95%的置信度作出性能评估。													

附录 B(资料性附录) 再生段的误码性能

B.1 再生段误码性能与光信噪比

再生段误码性能和光信噪比有关,取决于产品和工程设计。

B.2 再生段误码指标

ITU-T G.829 只规定了再生段的误码参数,没有规定统一的指标,从保证业务传输质量出发,可以肯定再生段误码性能应不低于复用段的性能。和 12.1.2.2 中表 16 复用段误码指标相当(没有余度)的指标值见表 B. 1。

表 B. 1 再生段的误码指标(短期指标)

测试时间参数 / 限值 / 等级			24 h		
			ES	SES	BBE
			S24	S24	S24
STM-1	≤500 km	0.2%	0	0	2
	>500 km	0.5%	0	0	9
STM-2	≤500 km	0.2%	NA	0	2
	>500 km	0.5%	NA	0	9
STM-16	≤500 km	0.2%	NA	0	2
	>500 km	0.5%	NA	0	9
STM-64	≤500 km	0.2%	NA	0	2
	>500 km	0.5%	NA	0	9

B. 3 再生段误码指标的适用场合

在波分复用上传输 SDH 的误码性能是通过监测 B1 得到的，为评估 B1 测试结果，需要用再生段误码指标。

附录 C(资料性附录) 接收机灵敏度劣化量和余度的解释

C. 1 概 述

在 ITU-T G. 957 和 G. 691 中提出接收机典型的老化余度(Me)为 2 dB～4 dB。并定义：

$$Me = EOL_{ITU} - BOL$$

式中 EOL_{ITU}——寿命终了，且处于最坏条件下的接收机灵敏度。该值由 G. 957 和 G. 691 建议规定指标；

BOL——寿命开始，且处于标称条件下的接收机灵敏度。

由于工程实践使用 Me 时出现歧义，本标准规定了接收机灵敏度劣化量(Y)和接收机灵敏度余度(X)两个参数。

C. 2 接收机灵敏度劣化量(Y)

接收机的寿命终了且处于最坏条件下实际的的灵敏度(EOL_a)与寿命开始，且处于标称条件下的灵敏度(BOL)之差，即

$$Y = EOL_a - BOL$$

式中 EOL_a——寿命终了，且处于最坏条件下的实际接收机灵敏度；

BOL——寿命开始，且处于标称条件下的接收机灵敏度。

C. 3 接收机灵敏度余度(X)

接收机的寿命终了且处于最坏条件下实际的的灵敏度(EOL_{ITU})与寿命开始，且处于标称条件下的灵敏度(BOL)之差，即

$$X=EOL_{ITU}-BOL$$

式中 EOL_{ITU}——寿命终了,且处于最坏条件下接收机灵敏度。该值由 ITU-T G.957 和 G.691 规定指标;

BOL——寿命开始,且处于标称条件下的接收机灵敏度。

C.4 关于 EOL_a、EOL_{ITU}、BOL、X 和 Y 的图解

以 ITU-T G.957 中灵敏度定义为例,将上述参数表示在图 C.1 中。

在 YD/T 5095—2000 中规定,计算衰减受限距离时使用 $Pr=EOL_{ITU}$。通常在设备出厂验收时检查 BOL。而 EOL_a 是由器件和设备决定的一个承诺值,需要通过试验得到的统计特性,通常情况下应该是 $EOL_a \leqslant EOL_{ITU}$,所以 $X \geqslant Y$。

本标推荐取值 2 dB≤X≤3 dB,Y≤2 dB。

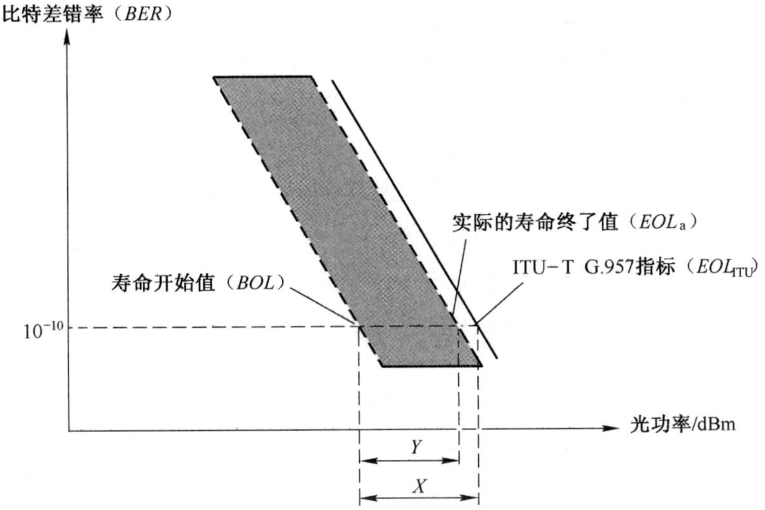

图 C.1 关于 EOL_a、EOL_{ITU}、BOL、X 和 Y 的图解说明

水泥化学分析方法

目 次

4 试验的基本要求

4.1 试验次数与要求

每一项测定的试验次数规定为两次，用两次试验结果的平均值表示测定结果。

例行生产控制分析时，每一项测定的试验次数可以为一次。

在进行化学分析时，除另有说明外，应同时进行烧失量的测定；其他各项测定应同时进行空白试验，并对所测定结果加以校正。

4.2 质量、体积、滴定度和结果的表示

用“克(g)”表示质量，精确至0.001 g。滴定管体积用“毫升(mL)”表示，精确至0.05 mL。滴定度单位用“毫克每毫升(mg/mL)”表示。

硝酸汞标准滴定溶液对氯离子的滴定度经修约后保留有效数字三位，其他标准滴定溶液的滴定度和体积比经修约后保留有效数字四位。

除另有说明外，各项分析结果均以质量分数计。氯离子分析结果以%表示至小数点后三位，其他各项分析结果以%表示至小数点后三位。

4.3 空白试验

使用相同量的试剂，不加入试样，按照相同的测定步骤进行试验，对得到的测定结果进行校正。

4.4 灼　　烧

将滤纸和沉淀放入预先已灼烧并恒量的坩埚中，为避免产生火焰，在氧化性气氛中缓慢干燥、灰化，灰化至无黑色炭颗粒后，放入高温炉(6.7)中，在规定的温度下灼烧。在干燥器(6.5)中冷却至室温，称量。

4.5 恒　　量

经第一次灼烧、冷却、称量后，通过连续对每次15 min的灼烧，然后冷却、称量的方法来检查恒定质量，当连续两次称量之差小于0.000 5 g时，即达到恒量。

4.6 检查氯离子(Cl^-)(硝酸银检验)

按规定洗涤沉淀数次后，用数滴水淋洗漏斗的下端，用数毫升水洗涤滤纸和沉淀，将滤液收集在试管中，加几滴硝酸银溶液(5.35)，观察试管中溶液是否浑浊。如果浑浊，继续洗涤并检验，直至用硝酸银检验不再浑浊为止。

4.7 检验方法的验证

本标准所列检验方法应依照国家标准样品/标准物质(如GSR 08-1355、GSB 08-1356、GSB 08-1357、GBW 03201、GBW 03204、GBW 03205)进行对比检验，以验证方法的准确性。

5 试剂和材料

除另有说明外，所用试剂应不低于分析纯。所用水应符合 GB/T 6682 中规定的三级水要求。

本标准所列市售浓液体试剂的密度指 20 ℃的密度(ρ)，单位为克每立方厘米(g/cm^3)。

在化学分析中，所用酸或氨水，凡未注浓度者均指市售的浓酸或浓氨水。

用体积比表示试剂稀释程度，例如：盐酸(1+2)表示 1 份体积的浓盐酸与 2 份体积的水相混合。

5.1 盐酸(HCl)

1.18 g/cm^3～1.19 g/cm^3，质量分数 36%～38%。

5.2 氢氟酸(HF)

1.15 g/cm^3～1.18 g/cm^3，质量分数 40%。

5.3 硝酸(HNO_3)

1.39 g/cm^3～1.41 g/cm^3，质量分数 65%～68%。

5.4 硫酸(H_2SO_4)

1.84 g/cm^3，质量分数 95%～98%。

5.5 高氯酸($HClO_4$)

1.60 g/cm^3，质量分数 70%～72%。

5.6 冰乙酸(CH_3COOH)

1.05 g/cm^3，质量分数 99.8%。

5.7 磷酸(H_3PO_4)

1.68 g/cm^3，质量分数 85%。

5.8 甲酸(HCOOH)

1.22 g/cm^3，质量分数 83%。

5.9 过氧化氢(H_2O_2)

1.11 g/cm^3，质量分数 30%。

5.10 氨水($NH_3 \cdot H_2O$)

0.90 g/cm^3～0.91 g/cm^3，质量分数 25%～28%。

5.11 三乙醇胺[$N(CH_2CH_2OH)_3$]

1.12 g/cm^3，质量分数 99%。

5.12 乙醇或无水乙醇(C_2H_5OH)

乙醇的体积分数 95%，无水乙醇的体积分数不低于 99.5%。

5.13 丙三醇[$C_3H_5(OH)_3$]

体积分数不低于 99%。

5.14 乙二醇($HOCH_2CH_2OH$)

体积分数 99%。

5.15 溴水(Br_2)

质量分数≥3%。

5.16 盐酸(1+1)；(1+2)；(1+3)；(1+5)；(1+10)；(3+97)。

5.17 **硝酸**(1+2);(1+9);(1+100)。

5.18 **硫酸**(1+1);(1+2);(1+4);(1+9);(5+95)。

5.19 **磷酸**(1+1)。

5.20 **乙酸**(1+1)。

5.21 **甲酸**(1+1)。

5.22 **氨水**(1+1);(1+2)。

5.23 **乙醇**(1+4)。

5.24 **三乙醇胺**(1+2)。

5.25 **氢氧化钠**(NaOH)。

5.26 **无水碳酸钠**(Na_2CO_3)

将无水碳酸钠用玛瑙研钵研细至粉末状,贮存于密封瓶中。

5.27 **氯化铵**(NH_4Cl)。

5.28 **焦硫酸钾**($K_2S_2O_7$)

将市售的售硫酸钾在瓷蒸发皿中加热熔化,加热至无泡沫发生,冷却并压碎熔融物,贮存于密封瓶中。

5.29 **碳酸钠-硼砂混合熔剂**(2+1)

将 2 份质量的无水碳酸钠[Na_2CO_3]与 1 份质量的无水硼砂($Na_2B_4O_7$)混匀研细,贮存于密封瓶中。

5.30 **高碘酸钾**(KIO_4)。

5.31 **氢氧化钠溶液**(10 g/L)

将 10 g 氢氧化钠(NaOH)溶于水中,加水稀释至 1 L,贮存于塑料瓶中。

5.32 **氢氧化钠溶液**(200 g/L)

将 20 g 氢氧化钠(NaOH)溶于水中,加水稀释至 100 mL,贮存于塑料瓶中。

5.33 **氢氧化钾溶液**(200 g/L)

将 200 g 氢氧化钾(KOH)溶于水中,加水稀释至 1 L,贮存于塑料瓶中。

5.34 **氯化钡溶液**(100 g/L)

将 100 g 氧化钡($BaCl_2 \cdot 2H_2O$)溶于水中,加水稀释至 1 L。

5.35 **硝酸银溶液**(5 g/L)

将 0.5 g 硝酸银($AgNO_3$)溶于水中,加入 1 mL 硝酸,加水稀释至 100 mL,贮存于棕色瓶中。

5.36 **硝酸铵溶液**(20 g/L)

将 2 g 硝酸铵(NH_4NO_3)溶于水中,加水稀释至 100 mL。

5.37 **钼酸铵溶液**(50 g/L)

将 5 g 钼酸铵[$(NH_4)_6Mo_7O_{24} \cdot 4H_2O$]溶于热水中,冷却后加水稀释至 100 mL,贮存于塑料瓶中,必要时过滤后使用。此溶液在一周内使用。

5.38 **钼酸铵溶液**(15 g/L)

将 3 g 钼酸铵[$(NH_4)_6Mo_7O_{24} \cdot 4H_2O$]溶于 100 mL 热水中,加入 60 mL 硫酸(1+1),混匀。冷却后加水稀释至 200 mL,贮存于塑料瓶中,必要时过滤后使用。此溶液在一周内使用。

5.39 **抗坏血酸溶液**(50 g/L)

将 5 g 抗坏血酸(V.C)溶于 100 mL 水中,必要时过滤后使用。用时现配。

5.40 抗坏血酸溶液(5 g/L)

将 0.5g 抗坏血酸(V.C)溶于 100 mL 水中,必要时过滤后使用。用时现配。

5.41 二安替比林甲烷溶液(30 g/L 盐酸溶液)

将 3 g 二安替比林甲烷($C_{23}H_{24}N_4O_2$)溶于 100 mL 盐酸(1+10)中,必要时过滤后使用。

5.42 草酸铵溶液(50 g/L)

将 50 g 草酸铵[$(NH_4)_2C_2O_4 \cdot H_2O$]溶于水中,加水稀释至 1 L,必要时过滤后使用。

5.43 碳酸铵溶液(100 g/L)

将 10 g 碳酸铵[$(NH_4)_2CO_3$]溶解于 100 mL 水中。用时现配。

5.44 pH3.0 的缓冲溶液

将 3.2 g 无水乙酸钠(CH_3COONa)溶于水中,加入 120 mL 冰乙酸,加水稀释至 1 L。

5.45 pH4.3 的缓冲溶液

将 42.3 g 无水乙酸钠(CH_3COONa)溶于水中,加入 80 mL 冰乙酸,加水稀释至 1 L。

5.46 pH10 的缓冲溶液

将 67.5 g 氯化铵(NH_4Cl)溶于水中,加入 570 mL 氨水,加水稀释至 1 L。

5.47 酒石酸钾钠溶液(100 g/L)

将 10 g 酒石酸钾钠($C_4H_4KNaO_6 \cdot 4H_2O$)溶于水中,加水稀释至 100 mL。

5.48 氯化锶溶液(锶 50 g/L)

将 152.2 g 氯化锶($SrCl_2 \cdot 6H_2O$)溶解于水中,加水稀释至 1 L,必要时过滤后使用。

5.49 氯化钾(KCl)

颗粒粗大时,研细后使用。

5.50 氯化钾溶液(50 g/L)

将 50 g 氯化钾(KCl)溶于水中,加水稀释至 1 L。

5.51 氯化钾-乙醇溶液(50 g/L)

将 5 g 氯化钾(KCl)溶于 50 mL 水后,加入 50 mL 乙醇(5.12),混均。

5.52 氟化钾溶液(150 g/L)

将 150 g 氟化钾($KF \cdot 2H_2O$)置于塑料杯中,加水溶解后,加水稀释至 1 L,贮存于塑料瓶中。

5.53 氟化钾溶液(20 g/L)

将 20 g 氟化钾($KF \cdot 2H_2O$)溶于水中,加水稀释至 1 L,贮存于塑料瓶中。

5.54 邻菲罗啉溶液(10 g/L 乙酸溶液)

将 1 g 邻菲罗啉($C_{12}H_8N_2 \cdot 2H_2O$)溶于 100 mL 乙酸(1+1),用时现配。

5.55 乙酸铵溶液(100 g/L)

将 10 g 乙酸铵(CH_3COONH_4)溶于 100 mL 水中。

5.56 盐酸羟胺($NH_2OH \cdot HCl$)。

5.57 氯化亚锡($SnCl_2 \cdot 2H_2O$)。

5.58 氯化亚锡-磷酸溶液

将 1 000 mL 磷酸放在烧杯中,在通风橱中于电炉上加热脱水,至溶液体积缩减至 850 mL~950 mL时,停止加热。待溶液温度降至 100 ℃以下时,加入 100 g 氯化亚锡(5.57),继续加热至溶液透明,且无大气泡冒出时为止(此溶液的使用期一般不超过两周)。

5.59 氨性硫酸锌溶液(100 g/L)

将 100 g 硫酸锌($ZnSO_4 \cdot 7H_2O$)溶于水中,加入 700 mL 氨水,加水稀释至 1 L。静置 24 h后使用,必要时过滤。

5.60 明胶溶液(5 g/L)

将 0.5 g 明胶(动物胶)溶于 100 mL70 ℃~80 ℃的水中。用时现配。

5.61 H 型 732 苯乙烯强酸性阳离子交换树脂(1×12)

将 250 g 钠型 732 苯乙烯强酸性阳离子交换树脂(1×12)用 250 mL 乙醇(5.12)浸泡 12 h 以上,然后倾出乙醇,再用水浸泡 6 h~8 h。将树脂装入离子交换柱中,用 1 5000 mL 盐酸(1+3)以 5 mL/min 的流速淋洗。然后再用蒸馏水逆洗交换柱中的树脂,直至流出液中无氯离子为止(4.6)。将树脂倒出,用布氏漏斗抽气抽滤,然后贮存于广口瓶中备用(树脂久放后,使用时应用水倾洗数次)。

用过的树脂浸泡在烯盐酸中,当积至一定数量后,除去其中夹带的不溶残渣,然后再用上述方法进行再生。

5.62 铬酸钡溶液(10 g/L)

称取 10 g 铬酸钡($BaCrO_4$)置于 1 000 mL 烧杯中,加 700 mL 水,搅拌下缓慢加入 50 mL 盐酸(1+1),加热溶解,冷却至室温后,移入 1 000 mL 容量瓶中,用水稀释至标线,摇匀。

5.63 五氧化二钒(V_2O_5)

5.64 电解液

将 6 g 碘化钾(KI)和 6 g 溴化钾(KBr)溶于 300 mL 水中,加入 10 mL 冰乙酸。

5.65 硝酸溶液(0.5 mol/L)

取 3 mL 硝酸,加水稀释至 100 mL。

5.66 氢氧化钠溶液(0.5 mol/L)

将 2 g 氢氧化钠(NaOH)溶于 100 mL 水中。

5.67 pH6.0 的总离子强度配位缓冲溶液

将 294.1 g 柠檬酸钠($C_6H_5Na_3O_7 \cdot 2H_2O$)溶于水中,用盐酸(1+1)和氢氧化钠溶液(5.32)调整溶液的 pH 至 6.0,加水稀释到 1 L。

5.68 氢氧化钠-无水乙醇溶液(0.1 mol/L)

将 0.4 g 氢氧化钠(NaOH)溶于 100 mL 无水乙醇(5.12)中。

5.69 甘油-无水乙醇溶液(1+2)

将 500 mL 丙三醇(5.13)与 1 000 mL 无水乙醇(5.12)混合,加入 0.1 g 酚酞,混匀。用氢氧化钠-无水乙醇溶液(5.68)中和至微红色。贮存于干燥密封的瓶中,防止吸潮。

5.70 乙二醇-无水乙醇溶液(2+1)

将 1 000 mL 乙二醇(5.14)与 500 mL 无水乙醇(5.12)混合,加入 0.2 g 酚酞,混匀。用氢氧化钠-无水乙醇溶液(5.68)中和至微红色。贮存于干燥密封的瓶中,防止吸潮。

5.71 硝酸锶[$Sr(NO_3)_2$]

5.72 硝酸银标准溶液[$c(AgNO_3)=0.05$ mol/L]

称取 8.494 0 g 已于(150±5)℃烘过 2 h 的硝酸银($AgNO_3$),精确至 0.00 1 g,加水溶解后,移入 1 000 mL 容量瓶中,加水稀释至标线,摇匀。贮存于棕色瓶中,避光保存。

5.73 硫氰酸铵标准滴定溶液[$c(CH_4SCN)=0.05$ mol/L]

称取 3.8 g 硫氰酸铵(NH_4SCN)溶于水,稀释至 1 L。

5.74 二氧化硅(SiO_2)标准溶液

5.74.1 二氧化硅标准溶液的配制

称取 0.200 0 g 已于 1 000 ℃～1 100 ℃灼烧过 60 min 的二氧化硅(SiO_2，光谱纯)，精确至 0.000 1 g，置于铂坩埚中，加入 2 g 无水碳酸钠(5.26)，搅拌均匀，在 950 ℃～1 000 ℃高温下熔融 15 min。冷却后，将熔融物浸出于盛有约 100 mL 沸水的塑料烧杯中，待全部溶解，冷却至室温后，移入 1 000 mL 容量瓶中。用水稀释至标线，摇匀，贮存于塑料瓶中。此标准溶液每毫升含 0.2 mg 二氧化硅。

吸取 50.00 mL 上述标准溶液放入 500 mL 容量瓶中，用水稀释至标线，摇匀，贮存于塑料瓶中。此标准溶液每毫升含 0.02 mg 二氧化硅。

5.74.2 工作曲线的绘制

吸取每毫升含 0.02 mg 二氧化硅的标准溶液 0 mL；2.00 mL；4.00 mL；5.00 mL；6.00 mL；8.00 mL；10.00 mL 分别放入 100 mL 容量瓶中，加水稀释至约 40 mL，依次加入 5 mL盐酸(1＋10)，8 mL 乙醇(5.12)，6 mL 钼酸铵溶液(5.37)，摇匀。放置 30 min 后，加入 20 mL 盐酸(1＋1)，5 mL 抗坏血酸溶液(5.40)，用水稀释至标线，摇匀。放置 60 min 后，用分光光度计(6.12)，10 mm 比色皿，以水作参比，于波长 660 nm 处测定溶液的吸光度。用测得的吸光度作为相对应的二氧化硅含量的函数，绘制工作曲线。

5.75 氧化镁(MgO)标准溶液

5.75.1 氧化镁标准溶液的配制

称取 1.000 0 g 已于(950±25)℃灼烧过 60 min 的氧化镁(MgO，基准试剂或光谱纯)，精确至 0.000 1 g，置于 250 mL 烧杯中，加入 50 mL 水，再缓缓加入 20 mL 盐酸(1＋1)，低温加热至完全溶解，冷却至室温后，移入 1 000 mL 容量瓶中，用水稀释至标线，摇匀。此标准溶液每毫升含 1 mg 氧化镁。

吸取 25.00 mL 上述标准溶液放入 500 mL 容量瓶中，用水稀释至标线，摇匀。此标准溶液每毫升含 0.05 mg 氧化镁。

5.75.2 工作曲线的绘制

吸取每毫升含 0.05 mg 氧化镁的标准溶液 0 mL；2.00 mL；4.00 mL；6.00 mL；8.00 mL；10.00 mL；12.00 mL 分别放入 500 mL 容量瓶中，加入 30 mL 盐酸及 10 mL 氯化锶溶液(5.48)，用水稀释至标线，摇匀。将原子吸收光谱仪(6.14)调节至最佳工作状态，在空气-乙炔火焰中，用镁元素空心阴极灯，于波长 285.2 nm 处，以水校零测定溶液的吸光度。用测得的吸光度作为相对应的氧化镁含量的函数，绘制工作曲线。

5.76 二氧化钛(TiO_2)标准溶液

5.76.1 二氧化钛标准溶液的配制

称取 0.100 0 g 已于(950±25)℃灼烧过 60 min 的二氧化钛(TiO_2，光谱纯)，精确至 0.000 1 g，置于铂坩埚于，加入 2 g 焦硫酸钾(5.28)，在 500 ℃～600 ℃下熔融至透明。冷却后，熔块用硫酸(1＋9)浸出，加热至 50 ℃～60 ℃使熔块完全熔解，冷却至室温后，移入 1 00 mL容量瓶中，用硫酸(1＋9)稀释至标线，摇匀。此标准溶液每毫升含 0.1 mg 二氧化钛。

吸取 100.00 mL 上述标准溶液放入 500 mL 容量瓶中，用硫酸(1＋9)稀释至标线，摇匀。此标准溶液每毫升含 0.02 mg 二氧化钛。

5.76.2 工作曲线的绘制

吸取每毫升含 0.02 mg 二氧化钛的标准溶液 0 mL；2.00 mL；4.00 mL；6.00 mL；

8.00 mL；10.00 mL；12.0 mL；15.00 mL 分别放入 100 mL 容量瓶中，依次加入 10 mL 盐酸(1+2)、10 mL 抗坏血酸溶液(5.40)、5 mL 乙醇(5.12)、20 mL 二安替比林甲烷烷溶液(5.41)，用水稀释至标线，摇匀。放置 40 min 后，使用分光光度计(6.12)，10 mm 比色皿，以水作参比，于波长 420 nm 处测定溶液的吸光度。用测得的吸光度作为相对应的二氧化钛含量的函数，绘制工作曲线。

5.77 氧化钾(K_2O)、氧化钠(Na_2O)标准溶液

5.77.1 氧化钾、氧化钠标准溶液的配制

称取 1.582 9 g 已于 105 ℃～110 ℃烘过 2 h 的氯化钾(KCl，基准试剂或光谱纯)及 1.885 9 g已于 105 ℃～110 ℃烘过 2 h 的氯化钠(NaCl，基准试剂或光谱纯)，精确至 0.000 1 g，置于烧杯中，加水溶解后，移入 1 000 mL 容量瓶中，用水稀释至标线，摇匀。贮存于塑料瓶中。此标准溶液每毫升含 1 mg 氧化钾及 1 mg 氧化钠。

吸取 50.00 mL 上述标准溶放入 1 000 mL 容量瓶中，用水稀释至标线，摇匀。贮存于塑料瓶中。此标准溶液每毫升含 0.05 mg 氧化钾和 0.05 mg 氧化钠。

5.77.2 工作曲线的绘制

5.77.2.1 用于火焰光度法的工作曲线的绘制

吸取每毫升含 1 mg 氧化钾及 1 mg 氧化钠的标准溶液 0 mL；2.50 mL；5.00 mL；10.00 mL；15.00 mL；20.00 mL 分别放入 500 mL 容量瓶中，用水稀释至标线，摇匀。贮存于塑料瓶中。将火焰光度计(6.13)调节至最佳工作状态，按仪器使用规程进行测定。用测得的检流计读数作为相对应的氧化钾和氧化钠含量的函数，绘制工作曲线。

5.77.2.2 用于原子吸收光谱法的工作曲线的绘制

吸取每毫升含 0.05 mg 氧化钾及 0.05 mg 氧化钠的标准溶液 0 mL；2.50 mL；5.00 mL；10.00 mL；15.00 mL；20.00 mL；25.00 mL 分别放入 500 mL 容量瓶中，加入 30 mL 盐酸及 10 mL 氯化锶溶液(5.48)，用水稀释至标线，摇匀，贮存于塑料瓶中。将原子吸收光谱仪(6.14)调节至最佳工作状态，在空气-乙炔火焰中，分别用钾元素空心阴极灯于波长 766.5 nm 处和钠元素空心阴极灯于波长 589.0 nm 处，以水较零测定溶液的吸光度。用测得的吸光度作为相对应的氧化钾和氧化钠含量的函数，绘制工作曲线。

5.78 一氧化锰(MnO)标准溶液

5.78.1 无水硫酸锰($MnSO_4$)

取一定量硫酸锰($MnSO_4$，基准试剂或光谱纯)或含水硫酸锰($MnSO_4 \cdot xH_2O$，基准试剂或光谱纯)置于称量瓶中，在(250±10)℃温度下烘干至恒量，所获得的产物为无水硫酸锰($MnSO_4$)。

5.78.2 一氧化锰标准溶液的配制

称取 0.106 4 g 无水硫酸锰(5.78.1)，粗精确至 0.000 1 g，置于 300 mL 烧杯中，加水溶解后，加入约 1 mL 硫酸(1+1)，移入 1 000 mL 容量瓶中，用水稀释到标线，摇匀。此标准溶液每毫升含 0.05 mg 一氧化锰。

5.78.3 工作曲线的绘制

5.78.3.1 用于分光光度法的工作曲线的绘制

吸取每毫升含 0.05 mg 一氧化锰的标准溶液 0 mL；2.00 mL；6.00 mL；10.00 mL；14.00 mL；20.00 mL 分别放入 150 mL 烧杯中，加入 5 mL 磷酸(1+1)及 10 mL 硫酸(1+1)，加水稀释至约 50 mL，加入约 1 g 高碘酸钾(5.30)，加热微沸 10 min～15 min 至溶液达到最大

颜色深度，冷却至室温后，移入 100 mL 容量瓶中，用水稀释至标线，摇匀。使用分光光度计(6.12)，10 mm 比色皿，以水作参比，于波长 530 nm 处测定溶液的吸光度。用测得的吸光度作为相对应的一氧化锰含量的函数，绘制工作曲线。

5.78.3.2 用于原子吸收光谱法的工作曲线的绘制

吸取每毫升含 0.05 mg 一氧化锰的标准溶液 0 mL；5.00 mL；10.00 mL；15.00 mL；20.00 mL；25.00 mL；30.00 mL 分别放入 500 容量瓶中，加入 30 mL 盐酸及 10 mL 氯化锶溶液(5.48)，用水稀释至标线，摇匀。将原子吸收光谱仪(6.14)调节至最佳工作状态，在空气-乙炔火焰中，用锰元素空心阴极灯，于波长 279.5 nm 处，以水校零测定溶液的吸光度。用测得的吸光度作为相对应的一氧化锰含量的函数，绘制工作曲线。

5.79 五氧化二磷(P_2O_5)标准溶液

5.79.1 五氧化二磷标准溶液的配制

称取 0.191 7 g 已于 105 ℃～110 ℃烘过 2 h 的磷酸二氢钾(KH_2PO_4，基准试剂)，精确至 0.000 1 g，置于 300 m 烧杯中，加水溶解后，移入 1 000 mL 容量瓶中，用水稀释至标线，摇匀。此标准溶液每毫升含 0.1 mg 五氧化二磷。

吸取 50.00 mL 上述标准溶液放入 500 mL 容量瓶中，用水稀释至标线，摇匀。此标准溶液每毫升含 0.01 mg 五氧化二磷。

5.79.2 工作曲线的绘制

吸收每毫升含 0.01 mg 五氧化二磷的标准溶液 0 mL；2.00 mL；4.00 mL；6.00 mL；8.00 mL；10.00 mL；15.00 mL；20.00 mL；25.00 mL 分别放入 200 mL 烧杯中，加水稀释至 50 mL，加入 10 mL 钼酸铵溶液(5.38)和 2 mL 抗坏血酸溶液(5.39)，加热微沸(1.5±0.5) min，冷却至室温后，移入 100 mL 容量瓶中，用盐酸(1+10)洗涤烧杯并用盐酸(1+10)稀释至标线，摇匀。用分光光度计(6.12)，10 mm 比色皿，以水作参比，于波长 730 nm 处测定溶液的吸光度。用测得的吸光度作为相对应的五氧化二磷含量的函数，绘制工作曲线。

5.80 三氧化二铁(Fe_2O_3)标准溶液

5.80.1 三氧化二铁标准溶液的配制

称取 0.100 0g 已于(950±25)℃灼烧过 60 min 的三氧化二铁(Fe_2O_3，光谱纯)，精确至 0.000 1 g，置于 300 mL 烧杯中，依次加入 50 mL 水，30 mL 盐酸(1+1)、2 mL 硝酸，低温加热微沸，待溶解完全，冷却至室温后，移入 1 000 mL 容量瓶中，用水稀释至标线，摇匀。此标准溶液每毫升含 0.1 mg 三氧化二铁。

5.80.2 工作曲线的绘制

5.80.2.1 用于分光光度法的工作曲线的绘制

吸取每毫升含 0.1 mg 三氧化二铁的标准溶液 0 mL；1.00 mL；2.00 mL；3.00 mL；4.00 mL；5.00 mL；6.00 mL 分别放入 100 mL 容量瓶中，加水稀释至约 50 mL，加入 5 mL 抗坏血酸溶液(5.40)，放置 5 min 后，加入 5 mL 邻菲罗啉溶液(5.54)、10 mL 乙酸铵溶液(5.55)，用水稀释至标线，摇匀。放置 30 min 后，用分光光度计(6.12)，10 mm 比色皿，以水作参比，于波长 510 nm 处测定溶液的吸光度。用测得的吸光度作为相对应的三氧化二铁含量的函数，绘制工作曲线。

5.80.2.2 用于原子吸收光谱法的工作曲线的绘制

吸取每毫升含 0.1 mg 三氧化二铁的标准溶液 0 mL；10.00 mL；20.00 mL；30.00 mL；40.00 mL；50.00 mL 分别放入 50 mL 容量瓶中，加入 30 mL 盐酸及 10 mL 氯化锶溶液

(5.48)，用水稀释至标线，摇匀。将原子吸收光谱仪(6.14)调节至最佳工作状态，在空气-乙炔火焰中，用铁元素空心阴极灯，于波长 248.3 nm 处，以水校零测定溶液的吸光度。用测得的吸光度作为相对应的三氧化二铁含量的函数，绘制工作曲线。

5.81　三氧化硫(SO_3)标准溶液

5.81.1　三氧化硫标准溶液的配制

称取 0.887 0 g 已于 105 ℃～110 ℃烘过 2 h 的硫酸钠(Na_2SO_4，优级纯试剂)，精确至 0.000 1 g，置于 300 mL 烧杯中，加水溶解后，移入 1 000 mL 容量瓶中，用水稀释至标线，摇匀。此标准溶液为每毫升相当于 0.5 mg 三氧化硫。

5.81.2　离子强度调节溶液的配制

称取 0.85 g 三氧化二铁(Fe_2O_3)置于 400 mL 烧杯中，加入 200 mL 盐酸(1＋1)，盖上表面皿，加热微沸使之溶解，将此溶液缓慢注入已盛有 21.42 g 碳酸钙($CaCO_3$)及 100 mL 水的 1 000 mL烧杯中，待碳酸钙完全溶解后，加入 250 mL 氨水(1＋2)，再加入盐酸(1＋2)至氢氧化铁沉淀刚好溶解，冷却。稀释至约 900 mL，用盐酸(1＋1)和氨水(1＋1)调节溶液 pH 值在 1.0～1.5 之间(用精密 pH 试纸检验)，移入 1 000 mL 容量瓶中，用水稀释至标线，摇匀。此溶液每毫升含有 12 mg 氧化钙，0.85 mg 三氧化二铁。

5.81.3　工作曲线的绘制

吸取每毫升相当于 0.5 mg 三氧化硫的标准溶液 0 mL；5.00 mL；10.00 mL；15.00 mL；20.00 mL；25.00 mL；30.00 mL 分别放入 150 mL 容量瓶中，加入 20 mL 离子强度调节溶液(5.81.2)，用水稀释至 100 mL，加入 10 mL 铬酸钡溶液(5.62)，每隔 5 min 摇荡溶液一次。30 min后，加入 5 mL 氨水(1＋2)，用水稀释至标线，摇匀。用中速滤纸干过滤，将滤液收集于 50 mL 烧杯中，使用分光光度计(6.12)，20 mm 比色皿，以水作参比，于波长 420 nm 处测定各滤液的吸光度。用测得的吸光度作为相对应的三氧化硫含量的函数，绘制工作曲线。

5.82　重铬酸钾基准溶液[$c(1/6K_2Cr_2O_7)=0.03$ mol/L]

称取 1.471 0 g 已于 150 ℃～180 ℃烘过 2 h 的重铬酸钾($K_2Cr_2O_7$，基准试剂)，精确至 0.000 1 g，加水溶解后，移入 1 000 mL 容量瓶中，用水稀释至标线，摇匀。

5.83　碘酸钾标准滴定溶液[$c(1/6KIO_3)=0.03$ mol/L]

称取 5.4 g 碘酸钾(KIO_3)溶于 200 mL 新煮沸过的冷水中，加入 5 g 氢氧化钠(NaOH)及 150 g 碘化钾(KI)，溶解后再用新煮沸过的冷水稀释至 5 L，摇匀，贮存于棕色瓶中。

5.84　硫代硫酸钠标准滴定溶液[$c(Na_2S_2O_3)=0.03$ mol/L]

5.84.1　硫代硫酸钠标准滴定溶液的配制

将 37.5 g 硫代硫酸钠($Na_2S_2O_3\cdot5H_2O$)溶于 200 mL 新煮沸过的冷水中，加入约 0.25 g 无水碳酸钠(5.26)，溶解后再用新煮沸过的冷水稀释至 5 L，摇匀，贮存于棕色瓶中。

提示：由于硫代硫酸钠标准溶液不稳定，建议在每批试验之前，要重新标定。

5.84.2　标准溶液的标定

5.84.2.1　硫代硫酸钠标准滴定溶液的标定

吸取 15.00 mL 重铬酸钾基准溶液(5.82)放入带有磨口塞的 200 mL 锥形瓶中，加入 3 g 碘化钾(KI)及 50 mL 水，搅拌溶解后，加入 10 mL 硫酸(1＋2)，盖上磨口塞，于暗处放置 15 min～20 min。用少量水冲洗瓶壁和瓶塞，用硫代硫酸钠标准滴定溶液滴定至淡黄色后，加入约2 mL淀粉溶液(5.105)，再继续滴定至蓝色消失。

另用 15 mL 水代替重铬酸钾基准溶液，按上述步骤进行空白试验。

硫代硫酸钠标准滴定溶液的浓度按式(1)计算：

$$c(Na_2S_2O_3)=\frac{0.03\times 15.00}{V_2-V_1} \tag{1}$$

式中 $c(Na_2S_2O_3)$——硫代硫酸钠标准滴定溶液的浓度，单位为摩尔每升(mol/L)；

0.03——重铬酸钾基准溶液的浓度，单位为摩尔每升(mol/L)；

15.00——加入重铬酸钾基准溶液的体积，单位为毫升(mL)；

V_2——滴定时消耗硫代硫酸钠标准滴定溶液的体积，单位为毫升(mL)；

V_1——空白试验消耗硫代硫酸钠标准滴定溶液的体积；单位为毫升(mL)；

5.84.2.2 碘酸钾标准滴定溶液与硫代硫酸钠标准滴定溶液体积比的标定

从滴定管中缓慢放出 15.00 mL 碘酸钾标准滴定溶液(5.83)于 200 mL 锥形瓶中，加入 25 mL 水及 10 mL 硫酸(1＋2)，在摇动下用硫代硫酸钠标准滴定溶液(5.84)滴定至淡黄色后，加入约 2 mL 淀粉溶液(5.105)，再继续滴定至蓝色消失。

碘酸钾标准滴定溶液与硫代硫酸钠标准滴定溶液的体积比按式(2)计算：

$$K_1=\frac{15.00}{V_3} \tag{2}$$

式中 K_1——碘酸钾标准滴定溶液与硫代硫酸钠标准滴定溶液的体积比；

15.00——加入碘酸钾标准滴定溶液的体积，单位为毫升(*mL*)；

V_3——滴定时消耗硫代硫酸钠标准滴定溶液的体积，单位为毫升(*mL*)；

5.84.2.3 碘酸钾标准滴定溶液对三氧化硫及对硫的滴定度的计算

碘酸钾标准滴定溶液对三氧化硫及对硫的滴定度分别按式(3)和式(4)计算：

$$T_{SO_3}=\frac{c(Na_2S_2O_3)\times V_3\times 40.03}{15.00} \tag{3}$$

$$T_S=\frac{c(Na_2S_2O_3)\times V_3\times 16.03}{15.00} \tag{4}$$

式中 T_{SO_3}——碘酸钾标准滴定溶液对三氧化硫的滴定度，单位为毫克每毫升(mg/mL)。

T_S——碘酸钾标准滴定溶液对硫的滴定度，单位为毫克每毫升(mg/mL)；

$c(NA_2S_2O_3)$——硫代硫酸钠标准滴定溶液的浓度，单位为摩尔每升(mol/L)；

V_3——标定体积比 K_1 时消耗硫代硫酸钠标准滴定溶液的体积，单位为毫升(mL)；

40.03——$(1/2SO_3)$的摩尔质量，单位为克每摩尔(g/mol)；

16.03——(1/2S)的摩尔质量，单位为克每摩尔(g/mol)；

15.00——标定体积比 K_1 时加入碘酸钾标准滴定溶液的体积，单位为毫升(mL)。

5.85 碳酸钙标准溶液[$c(CaCO_3)$＝0.024 mol/L]

称取 0.6 g(m_1)已于 105 ℃～110 ℃烘过 2 h 的碳酸钙($CaCO_3$，基准试剂)，精确至 0.000 1 g，置于 400 mL 烧杯中，加入约 100 mL 水，盖上表面皿，沿杯口慢慢加入 5 mL～10 mL盐酸(1＋1)，搅拌至碳酸钙全部溶解，加热煮沸并微沸 1 min～2 min。冷却至室温后，移入 250 mL 容量瓶中，用水稀释至标线，摇匀。

5.86 EDTA 标准滴定溶液[c(EDTA)＝0.015 mol/L]

5.86.1 EDTA 标准滴定溶液的配制

称取 5.6 g EDTA(乙二胺四乙酸二钠，$C_{10}H_{14}N_2O_8Na_2\cdot H_2O$)置于烧杯中，加入约

200 mL水，加热溶解，过滤，加水稀释至 1 L，摇匀。

5.86.2 EDTA 标准滴定溶液浓度的标定

吸取 25.00 mL 碳酸钙标准溶液(5.85)放入 300 mL 烧杯中，加水稀释至约 200 mL 水，加入适量的 CMP 混合指示剂(5.97)，在搅拌下加入氢氧化钾溶液(5.33)至出现绿色荧光后再过量 2 mL～3 mL，用 EDTA 标准滴定溶液滴定至绿色荧光消失并呈现红色。

EDTA 标准滴定溶液的浓度按式(5)计算：

$$c(\text{EDTA})=\frac{m_1\times 25\times 1\,000}{250\times V_4\times 100.09}=\frac{m_1}{V_4\times 1.000\,9} \tag{5}$$

式中 $c(\text{EDTA})$——EDTA 标准滴定溶液的浓度，单位为摩尔每升(mol/L)；

m_1——按 5.85 配制碳酸钙标准溶液的碳酸钙的质量，单位为克(g)；

V_4——滴定时消耗 EDTA 标准滴定溶液的体积，单位为毫升(mL)；

100.09——$CaCO_3$ 的摩尔质量，单位为克每摩尔(g/mol)。

5.86.3 EDTA 标准滴定溶液对各氧化物的滴定度的计算

EDTA 标准滴定溶液对三氧化二铁、三氧化二铝、氧化钙、氧化镁的滴定度分别按式(6)、(7)、(8)、(9)计算：

$$T_{Fe_2O_3}=c(\text{EDTA})\times 79.84 \tag{6}$$

$$T_{Al_2O_3}=c(\text{EDTA})\times 50.98 \tag{7}$$

$$T_{CaO}=c(\text{EDTA})\times 56.08 \tag{8}$$

$$T_{MgO}=c(\text{EDTA})\times 40.31 \tag{9}$$

式中 $T_{Fe_2O_3}$——EDTA 标准滴定溶液对三氧化二铁的滴定度，单位为毫克每毫升(mg/mL)；

$T_{Al_2O_3}$——EDTA 标准滴定溶液对三氧化二铝的滴定度，单位为毫克每毫升(mg/mL)；

T_{CaO}——EDTA 标准滴定溶液对氧化钙的滴定度，单位为毫克每毫升(mg/mL)；

T_{MgO}——EDTA 标准滴定溶液对氧化镁的滴定度，单位为毫克每毫升(mg/mL)；

$c(\text{EDTA})$——EDTA 标准滴定溶液的浓度，单位为摩尔每升(mol/L)；

79.84——$(1/2Fe_2O_3)$的摩尔质量，单位为克每摩尔(g/mol)；

50.98——$(1/2Al_2O_3)$的摩尔质量，单位为克每摩尔(g/mol)；

56.08——CaO 的摩尔质量，单位为克每摩尔(g/mol)；

40.31——MgO 的摩尔质量，单位为克每摩尔(g/mol)。

5.87 硫酸铜标准滴定溶液[$c(CuSO_4)$=0.015 mol/L]

5.87.1 硫酸铜标准滴定溶液的配制

称取 3.7 g 硫酸铜($CuSO_4\cdot 5H_2O$)溶于水中，加入 4～5 滴硫酸(1+1)，加水稀释至 1 L，摇匀。

5.87.2 EDTA 标准滴定溶液与硫酸铜标准滴定溶液体积比的标定。

从滴定管中缓慢放出 10.0 mL～15.00 mL EDTA 标准滴定溶液(5.86)于 300 mL 烧杯中，加水稀释至约 150 mL，加入 15 mL pH4.3 的缓冲溶液(5.45)，加热至沸，取下稍冷，加入 4～5滴 PAN 指标剂溶液(5.101)，用硫酸铜标准滴定溶液滴定至亮紫色。

EDTA 标准滴定溶液与硫酸铜标准滴定溶液的体积比按式(10)计算：

$$K_2=\frac{V_5}{V_6} \tag{10}$$

式中 K_2——EDTA 标准滴定溶液与硫酸铜标准滴定溶液的体积比；

V_5——加入 EDTA 标准滴定溶液的体积，单位为毫升(mL)。

V_6——滴定时消耗硫酸铜标准滴定溶液的体积，单位为毫升(mL)。

5.88 高锰酸钾标准滴定溶液[$c(1/5KMnO_4)$=0.18 mol/L]

5.88.1 高锰酸钾标准滴定溶液的配制

称称 5.7 g 高锰酸钾($KMnO_4$)置于 400 mL 烧杯中，溶于约 250 mL 水，加热微沸数分钟，冷至室温，用玻璃砂芯漏斗(6.19)或垫有一层玻璃棉的漏斗将溶液过滤于 1 000 mL 棕色瓶中，然后用新煮沸过的冷水稀释至 1 L，摇匀，于阴暗处放置一周后标定。

提示：由于高锰酸钾标准滴定溶液不稳定，建议至少两个月重新标定一次。

5.88.2 高锰酸钾标准滴定溶液浓度的标定

称取 0.5 g(m_2)已于 105 ℃～110 ℃烘过 2 h 的草酸钠($Na_2C_2O_4$，基准试剂)，精确至 0.000 1 g，置于 400 mL 烧杯中，加入约 150 mL 水，20 mL 硫酸(1+1)，加热至 70 ℃～80 ℃，用高锰酸钾标准滴定溶液滴定至微红色出现，并保持 30 s 不消失。

高锰酸钾标准滴定溶液的浓度按式(11)计算：

$$c(1/5KMnO_4)=\frac{m_2\times 1\,000}{V_7\times 67.00} \tag{11}$$

式中 $c(1/5KMnO_4)$——高锰酸钾标准滴定溶液的浓度；单位为摩尔每升(mol/L)；

m_2——草酸钠的质量，单位为克(g)；

V_7——滴定时消耗高锰酸钾标准滴定溶液的体积，单位为毫升(mL)；

67.00——($1/2Na_2C_2O_4$)的摩尔质量，单位为克每摩尔(g/mol)。

5.88.3 高锰酸钾标准滴定溶液对氧化钙的滴定度的计算

高锰酸钾标准滴定溶液对氧化钙的滴定度按式(12)计算：

$$T'_{CaO}=c(1/5KMnO_4)\times 28.04 \tag{12}$$

式中 T'_{CaO}——高锰酸钾标准滴定溶液对氧化钙的滴定度，单位为毫克每毫升(mg/mL)；

$c(1/5KMnO_4)$——高锰酸钾标准滴定溶液的浓度，单位为摩尔每升(mol/L)；

28.04——(1/2CaO)的摩尔质量，单位为克每摩尔(g/mol)。

5.89 氢氧化钠标准滴定滴液[c(NaOH)=0.15 mol/L]

5.89.1 氢氧化钠标准滴定溶液[c(NaOH)=0.15 mol/L]的配制

称取 30 g 氢氧化钠(NaOH)溶于水后，加水稀释至 5 L，充分摇匀，贮存于塑料瓶或带胶塞(装有钠石灰干燥管)的硬质玻璃瓶内。

5.89.2 氢氧化钠标准滴定溶液[c(NaOH)=0.15 mol/L]浓度的标定

称取 0.8 g(m^3)苯二甲酸氢钾($C_8H_5KO_4$，基准式剂)，精确至 0.000 1 g，置于 300 mL 烧杯中，加入约 200 mL 预先新煮沸过并冷却后用氢氧化钠溶液中和至酚酞呈微红色的冷水，搅拌使其溶解，加入 6～7 滴酚酞指示剂溶液(5.99)，用氢氧化钠标准滴定溶液滴定至微红色。

氢氧化钠标准滴定溶液的浓度按式(13)计算：

$$c(NaOH)=\frac{m_3\times 1\,000}{V_8\times 204.2} \tag{13}$$

式中 c(NaOH)——氢氧化钠标准滴定溶液的浓度，单位为摩尔每升(mol/L)；

m_3——苯二甲酸氢钾的质量，单位为克(g)；

V_8——滴定时消耗氢氧化钠标准滴定溶液的体积，单位为毫升(mL)；

204.2——苯二甲酸氢钾的摩尔质量，单位为克每摩尔(g/mol)。

5.89.3 氢氧化钠标准滴定溶液[c (NaOH)=0.15 mol/L]对二氧化硅的滴定度的计算

氢氧化钠标准滴定溶液对二氧化硅的滴定度按式(14)计算：

$$T_{SiO_2}=c(NaOH)\times 15.02 \tag{14}$$

式中 T_{SiO_2}——氢氧化钠标准滴定溶液对二氧化硅的滴定度，单位为毫克每毫升(mg/mL)；

c(NaOH)——氢氧化钠标准滴定溶液的浓度，单位为摩尔第升(mol/L)；

15.02——(1/4 SiO_2)的摩尔质量，单位为克每摩尔(g/mol)。

5.90 氢氧化钠标准滴定溶液[c'(NaOH)=0.06 mol/L]

5.90.1 氢氧化钠标准滴定溶液[c'(NaOH)=0.06 mol/L]的配制

称取 12 g 氢氧化钠(NaOH)溶于水后，加水稀释至 5 L，充分摇匀，贮存于塑料瓶或带胶塞(装有钠石灰干燥管)有硬质玻璃瓶内。

5.90.2 氢氧化钠标准滴定溶液[c'(NaOH)=0.06 mol/L]浓度的标定

称取 0.3 g(m_4)苯二甲酸氢钾($C_8H_5KO_4$，基准试剂)，精确至 0.000 1 g，置于 300 mL 烧杯中，加入约 200 mL 预先新煮沸过并冷却后用氢氧化钠溶液中和至酚酞呈微红色的冷水，搅拌使其溶解，加入 6～7 滴酚酞指示剂溶液(5.99)，用氢氧化钠标准滴定溶液滴定至微红色。

氢氧化钠标准滴定溶液的浓度按式(15)计算：

$$c'(NaOH)=\frac{m_4\times 1\,000}{V_9\times 204.2} \tag{15}$$

式中 c'(NaOH)——氢氧化钠标准滴定溶液的浓度，单位为摩尔每升(mol/L)；

m_4——苯二甲酸氢钾的质量，单位为克(g)；

V_9——滴定时消耗氢氧化钠标准滴定溶液的体积，单位为毫升(mL)；

204.2——苯二甲酸氢钾的摩尔质量，单位为克每摩尔(g/mol)。

5.90.3 氢氧化钠标准滴定溶液[c'(NaOH)=0.06 mol/L]对三氧化硫的滴定度的计算

氢氧化钠标准滴定溶液对三氧化硫滴定度按式(16)计算：

$$T'_{SO_3}=c'(NaOH)\times 40.03 \tag{16}$$

式中 T'_{SO_3}——氢氧化钠标准滴定溶液对三氧化硫的滴定度，单位为毫克每毫升(mg/mL)；

c'(NaOH)——氢氧化钠标准滴定溶液的浓度，单位为摩尔每升(mol/L)；

40.03——(1/2SO_3)的摩尔质量，单位为克每摩尔(g/mol)。

5.91 氯离子标准溶液

称取 0.329 7 g 已于 105 ℃～110 ℃烘过 2 h 的氯化钠(NaCl，基准试剂或光谱纯)，精确至 0.000 1 g，置于 200 mL 烧杯中，加水溶解后，移入 1 000 mL 容量瓶中，用水稀释至标线，摇匀。此标准溶液每毫升含 0.2 mg 氯离子。

吸取 50.00 mL 上述标准溶液放入 250 mL 容量瓶中，用水稀释至标线，摇匀。此标准溶液每毫升含 0.04 mg 氯离子。

5.92 硝酸汞标准滴定溶液[$c(Hg(NO_3)_2)=0.001$ mol/L]

5.92.1 硝酸汞标准滴定溶液[$c(Hg(NO_3)_2)=0.001$ mol/L]的配制

称取 0.34 g 硝酸汞[$Hg(NO_3)_2\cdot 1/2H_2O$]，溶于 10 mL 硝酸(5.65)中，移入 1 000 mL 容量瓶内，用水稀释至标线，摇匀。

5.92.2 硝酸汞标准滴定溶液[$c(Hg(NO)_3)_2=0.001$ mol/L]对氯离子滴定度的标定。

准确加入 5.00 mL 0.04 mg/mL 氯离子标准溶液(5.91)于 50 mL 锥形瓶中，加入 20 mL 乙醇(5.12)及 1～2 滴溴酚蓝指示剂溶液(5.103)，用氢氧化钠溶液(5.66)调节至溶液呈蓝色，然后用硝酸(5.65)调节至溶液刚好变黄色，再过量 1 滴，加入 10 滴二苯偶氮碳酰肼指示剂溶液(5.106)，用硝酸汞标准滴定溶液滴定至紫红色出现。

同时进行空白试验，使用相同量的试剂，不加入氯离子标准溶液，按照相同的测定步骤进行试验。

硝酸汞标准滴定溶液对氯离子的滴定度按式(17)计算：

$$T_{Cl^-}=\frac{0.04\times5.00}{V_{11}-V_{10}}=\frac{0.2}{V_{11}-V_{10}} \tag{17}$$

式中 T_{Cl^-}——硝酸汞标准滴定溶液对氯离子的滴定度，单位为毫克每毫升(mg/mL)；

0.04——氯离子标准溶液的浓度，单位为毫克每毫升(mg/mL)；

5.00——加入氯离子标准溶液的体积，单位为毫升(mL)；

V_{11}——标定时消耗硝酸汞标准滴定溶液的体积，单位为毫升(mL)；

V_{10}——空白试验消耗硝酸汞标准滴定溶液的体积，单位为毫升(mL)。

5.93 硝酸汞标准滴定溶液[$c'(Hg(NO_3)_2)=0.005$ mol/L]

5.93.1 硝酸汞标准滴定溶液[$c'(Hg(NO_3)_2)=0.005$ mol/L]的配制

称取 1.67 g 硝酸汞[$Hg(NO_3)_2\cdot 1/2H_2O$]，溶于 10 mL 硝酸(5.65)中，移入 1 000 mL 容量瓶内，用水稀释至标线，摇匀。

5.93.2 硝酸汞标准滴定溶液[$c'(Hg(NO_3)_2)=0.005$ mol/L]对氯离子滴定度的标定

准确加入 7.00 mL 0.2 mg/mL 氯离子标准溶液(5.91)于 50 mL 锥形瓶中，以下操作按 5.92.2 步骤进行。

硝酸汞标准滴定溶液对氯离子的滴定度按式(18)计算：

$$T'_{Cl^-}=\frac{0.2\times7.00}{V_{13}-V_{12}}=\frac{1.4}{V_{13}-V_{12}} \tag{18}$$

式中 T'_{Cl^-}——硝酸汞标准滴定溶液对氯离子的滴定度，单位为毫克每毫升(mg/mL)；

0.2——氯离子标准溶液的浓度，单位为毫克每毫升(mg/mL)；

7.00——加入氯离子标准溶液的体积，单位为毫升(mL)；

V_{13}——标定时消耗硝酸汞标准滴定溶液的体积，单位为毫升(mL)；

V_{12}——空白试验消耗硝酸汞标准滴定溶液的体积，单位为毫升(mL)。

5.94 氟离子(F^-)标准溶液

5.94.1 氟离子标准溶液的配制

称取 0.276 3 g 已于 105 ℃～110 ℃烘过 2 h 的氟化钠(NaF，优级纯)，精确至 0.000 1 g，置于塑料烧杯中，加水溶解后，移入 500 mL 容量瓶中，用水稀释至标线，摇匀，贮存于塑料瓶中。此标准溶液每毫升含 0.25 mg 氟离子。

吸取每毫升含 0.25 mg 氟离子的标准溶液 10.00 mL；20.00 mL；40.00 mL；60.00 mL 分别放入 500 mL 容量瓶中，用水稀释至标线，摇匀，贮存于塑料瓶中。此系列标准溶液分别每毫升含 0.005 mg；0.010 mg；0.020 mg；0.030 mg 氟离子。

5.94.2　工作曲线的绘制

移取 5.94.1 中系列标准溶液各 10.00 mL，放入置有一磁力搅拌子的 50 mL 干烧杯中。准确加入 10.00 mL pH6 的总离子强度配位缓冲液(5.67)，将烧杯置于磁力搅拌器(6.11)上，在溶液中插入氟离子选择电极和饱和氯化钾甘汞电极，开动磁力搅拌器(6.11)搅拌 2 min，停搅 30 s。用离子计或酸度计(6.15)测量溶液的平衡电位。用单对数坐标纸，以对数坐标为氟离子的浓度，常数坐标为电位值，绘制工作曲线。

5.95　苯甲酸-无水乙醇标准滴定溶液[$c(C_6H_5COOH)=0.1$ mol/L]

5.95.1　苯甲酸-无水乙醇标准滴定溶液的配制

称取 12.2 g 已在干燥器(6.5)中干燥 24 h 后的苯甲酸(C_6H_5COOH)溶于 1 000 mL 无水乙醇(5.12)中，贮存于带胶塞(装有硅胶干燥管)的玻璃瓶内。

5.95.2　苯甲酸-无水乙醇标准滴定溶液对氧化钙滴定度的标定

5.95.2.1　用于甘油酒精法的滴定度的标定

取一定量碳酸钙($CaCO_3$，基准试剂)置于铂(或瓷)坩埚中，在(950±25)℃下灼烧至恒量，从中称取 0.04 g 氧化钙(m_5)，精确至 0.000 1 g，置于 250 mL 干燥的锥形瓶中，加入 30 mL 甘油-无水乙醇溶液(5.69)，加入约 1 g 硝酸锶(5.71)，放入一根搅拌子，装上冷凝管，置于游离氧化钙测定仪(6.18)上，以适当的速度搅拌溶液，同时升温并加热煮沸，在搅拌下微沸 10 min后，取下锥形瓶，立即用苯甲酸-无水乙醇标准滴定溶液滴定至微红色消失。再装上冷凝管，继续在搅拌下煮沸至红色出现，再取下滴定。如此反复操作，直至在加热 10 min 后不出现红色为止。

苯甲酸-无水乙醇标准滴定溶液对氧化钙的滴定度按式(19)计算：

$$T''_{CaO}=\frac{m_5\times 1\ 000}{V_{14}} \tag{19}$$

式中　T''_{CaO}——苯甲酸-无水乙醇标准滴定溶液对氧化钙的滴定度，单位为毫克每毫升(mg/mL)；

m_5——氧化钙的质量，单位为克(g)；

V_{14}——滴定时消耗苯甲酸-无水乙醇标准滴定溶液的总体积，单位为毫升(mL)。

5.95.2.2　用于乙二醇法的滴定度的标定

取一定量碳酸钙($CaCO_3$，基准试剂)置于铂(或瓷)坩埚中，在(950±25)℃下灼烧至恒量，从中称取 0.04 g 氧化钙(m_6)，精确至 0.000 1 g，置于 250 mL 干燥的锥形瓶中，加入 30 mL 乙二醇-乙醇溶液(5.70)，放入一根搅拌子，装上冷凝管，置于游离氧化钙测定仪(6.18)上，以适当的速度搅拌溶液，同时升温并加热煮沸，当冷凝下的乙醇开始连续滴下时，继续在搅拌下加热微沸 4 min，取下锥形瓶，用预先用无水乙醇润湿过的快速滤纸抽气过滤或预先用无水乙醇洗涤过的玻璃砂芯漏斗(6.19)抽气过滤，用无水乙醇(5.12)洗涤锥形瓶和沉淀 3 次，过滤时等上次洗涤液过滤完后再洗涤下次，滤液及洗液收集于 250 mL 干燥的抽滤瓶中，立即用苯甲酸-无水乙醇标准滴定溶液滴定至微红色消失。

苯甲酸-无水乙醇标准滴定溶液对氧化钙的滴定度按式(20)计算：

$$T'''_{CaO}=\frac{m_6\times 1\ 000}{V_{15}} \tag{20}$$

式中 T'''_{CaO}——苯甲酸-无水乙醇标准滴定溶液对氧化外的滴定度，单位为毫克每毫升(mg/mL)；

m_6——氧化钙的质量，单位为克(g)；

V_{15}——滴定时消耗苯甲酸-无水乙醇标准滴定溶液的体积，单位为毫升(mL)。

5.96 EDTA-铜溶液

按EDTA标准滴定溶液(5.86)与硫酸铜标准滴定溶液的体积比(5.87.2)，准确配制成等物质的量浓度的混合溶液。

5.97 钙黄绿素-甲基百里香酚酞-酚酞混合指示剂(简称CMP混合指示剂)

称取1.000 g钙黄绿素、1.000 g甲基百里香酚蓝、0.200 g酚酞与50 g已在105 ℃～110 ℃烘干过的硝酸钾(KNO_3)，混合研细，保存在磨口瓶中。

5.98 酸性铬蓝K-萘酚绿B混合指示剂(简称KB混合指示剂)

称取1.000 g酸性铬蓝K、2.500 g萘酚绿B与50 g已在105 ℃～110 ℃烘干过的硝酸钾(KNO_3)，混合研细，保存在磨口瓶中。

滴定终点颜色不正确时，可调节酸性铬蓝K与萘酚绿B的配制比例，并通过国家标准样品/标准物质进行对比确认。

5.99 酚酞指示剂溶液(10 g/L)

将1 g酚酞溶于100 mL乙醇(5.12)中。

5.100 磺基水杨酸钠指示剂溶液(100 g/L)

将10 g磺基水杨酸钠($C_7H_5O_6SNa\cdot 2H_2O$)溶于水中，加水稀释至00 m/L。

5.101 1-(2-吡啶偶氮)-2萘酚指示剂溶液(简称PAN指示剂溶液)(2 g/L)。

将0.2 g 1-(2-吡啶偶氮)-2萘酚溶于100 mL乙醇(5.12)中。

5.102 甲基红指示剂溶液(2 g/L)

将0.2 g甲基红溶于100 mL乙醇(5.12)中。

5.103 溴酚蓝指示剂溶液(2 g/L)

将0.2 g溴酚蓝溶于100 mL乙醇(1+4)中。

5.104 硫酸铁铵指示剂溶液

将10 mL硝酸(1+2)加入到100 mL冷的硫酸铁(Ⅲ)铵[$NH_4Fe(SO_4)\cdot 12H_2O$]饱和水溶液中。

5.105 淀粉溶液(10 g/L)

将1 g淀粉(水溶性)置于烧杯中，加水调成糊状后，加入100 mL沸水，煮沸约1 min，冷却后使用。

5.106 二苯偶氮碳酰肼指示剂溶液(10 g/L)

将1 g二苯偶氮碳酰肼溶于100 mL乙醇(5.12)中。

5.107 对硝基酚指示剂溶液(2 g/L)

将0.2 g对硝基酚溶于100 mL水中。

5.108 硫酸铜溶液(50 g/L)

将5 g硫酸铜($CuSO_4\cdot 5H_2O$)溶于100 mL水中。

5.109 硫酸铜($CuSO_4 \cdot 5H_2O$)饱和溶液。

5.110 硫化氢吸收剂

将称量过的、粒度在 1 mm～2.5 mm 的干燥浮石放在一个平盘内，然后用一定体积的硫酸铜饱和溶液(5.109)浸泡，硫酸铜溶液的质量约为浮石质量的一半。把混合物放在(150±5)℃的干燥箱(6.6)内，在玻璃棒经常搅拌下，蒸发混合物至干，烘干 5 h 以上，将固体混合物冷却后，密封保存。

5.111 碱石棉(二氧化碳吸收剂)

碱石棉，粒度 1 mm～2 mm(10 目～20 目)，化学纯，密封保存。

5.112 水分吸收剂

无水高氯酸镁[$Mg(ClO_4)_2$]，制成粒度 0.6 mm～2 mm，密封保存；或者无水氯化钙($CaCl_2$)，制成粒度 1 mm～4 mm，密封保存。

5.113 钠石灰

粒度 2 mm～5 mm，医药用或化学纯，密封保存。

5.114 硝酸银溶液(5 g/L)

将 5 g 硝酸银($AgNO_3$)溶于水中，加水稀释至 1 L。

5.115 滤纸浆

将定量滤纸撕成小块，放入烧杯中，加水浸没，在搅拌下加热煮沸 10 min 以上，冷却后放入广口瓶中备用。

6 仪器与设备

6.1 天平

精确至 0.000 1 g。

6.2 铂、银、瓷坩埚

带盖，容量 20 mL～30 mL。

6.3 铂皿

容量 50 mL～100 mL。

6.4 瓷蒸发皿

容量 150 mL～200 mL。

6.5 干燥器

内装变色硅胶。

6.6 干燥箱

可控制温度(105±5)℃、(150±5)℃、(250±10)℃。

6.7 高温炉

隔焰加热炉，在炉膛外围进行电阻加热。应使用温度控制器准确控制炉温，可控制温度(700±25)℃、(800±25)℃、(950±25)℃。

6.8 蒸汽水浴

6.9 滤纸

快速、中速、慢速三种型号的定量滤纸。

6.10 玻璃容量器皿

滴定管、容量瓶、移液管。

6.11 磁力搅拌器

带有塑料壳的搅拌子，具有调速和加热功能。

6.12 分光光度计

可在波长 400 nm～800 nm 范围内测定溶液的吸光度，带有 10 mm、20 mm 比色皿。

6.13 火焰光度计

可稳定地测定钾在波长 768 nm 处和钠在波长 589 nm 处的谱线强度。

6.14 原子吸收光谱仪

带有镁、钾、钠、铁、锰元素空心阴极灯。

6.15 离子计或酸度计

可连接氟离子选择电极和饱和氯化钾甘汞电极。

6.16 库仑积分测硫仪

由管式高温炉、电解池、磁力搅拌器和库仑积分器组成。

6.17 瓷舟

长 70 mm～80 mm，可耐温 1 200 ℃。

6.18 游离氧化钙测定仪

具有加热、搅拌、计时功能，并配有冷凝管。

6.19 玻璃砂芯漏斗

直径 50 mm，型号 G4(平均孔径 4 μm～4 μm)。

6.20 测定硫化物及硫酸盐的仪器装置

测定硫化物及硫酸盐的仪器装置示意图如图 1 所示。

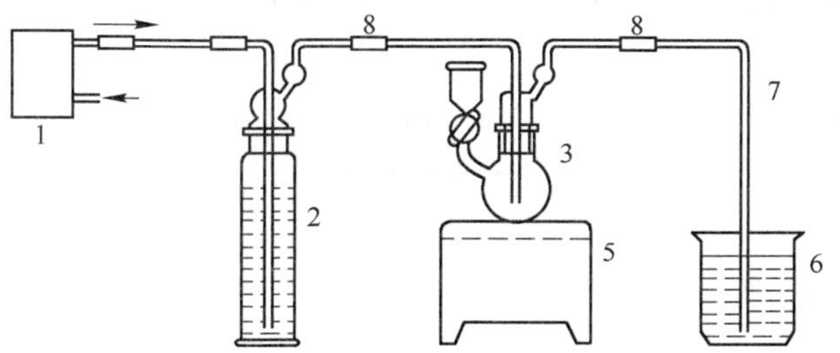

图 1 测定硫化物及硫酸盐的仪器装置示意图

1—吹气泵；2—洗气瓶，250 mL，内盛 100 mL 硫酸铜溶液(50 g/L)(5.108)；3—反应瓶，100 mL；4—加液漏斗，20 mL；5—电炉，600 W，与 1 kVA～2 kVA 调压变压器相连接；6—烧杯，400 mL，内盛 300 mL 水及 20 mL 氨性硫酸锌溶液(5.59)；7—导气管；8—硅橡胶管。

6.21 二氧化碳测定装置

碱石棉吸收重量法-二氧化碳测定装置示意图如图 2 所示。安装一个适宜的抽气泵和一个玻璃转子流量计，以保证气体通过装置均匀流动。

进入装置的气体先通过含钠石灰(5.113)或碱石棉(5.111)的吸收塔 1 和含碱石棉

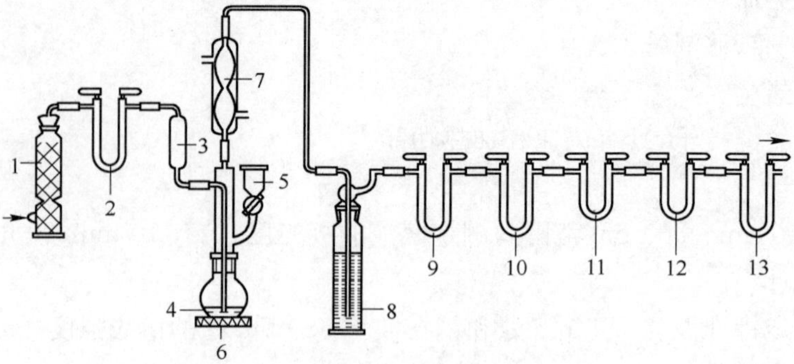

图 2　碱石棉吸收重量法-二氧化碳测定装置示意图

1—吸收塔，内装钠石灰(5.113)或碱石棉(5.111)；2—U 形管，内装碱石棉(5.111)；3—缓冲瓶；4—反应瓶，100 mL；5—分液漏斗；6—电炉；7—球形冷凝管；8—洗气瓶，内装浓硫酸；9—U 形管，内装硫化氢吸收剂(5.110)；10—U 形管，内装水分吸收剂(5.112)；11、12—U 形管，内装碱石棉(5.111)和水分吸收剂(5.112)；13—U 形管，内装钠石灰(5.113)或碱石棉(5.111)。

(5.111)的 U 形管 2，气体中的二氧化碳被除去，反应瓶 4 上部与球形冷凝管 7 相连接。

气体通过球形冷凝管 7 后，进入含硫酸的洗气瓶 8，然后通过含硫化氢吸收剂(5.110)的 U 形管 9 和水分吸收剂(5.112)的 U 形管 10，气体中的硫化氢和水分被除去。接着通过两个可以称量的 U 形管 11 和 12，分别内装 3/4 碱石棉(5.111)和 1/4 水分吸收剂(5.112)。对气体流向而言，碱石棉(5.111)应装在水分吸收剂(5.112)之前。U 形管 11 和 12 后面接一个附加的 U 形管 13，内装钠石灰(5.113)或碱石棉(5.111)，以防止空气中的二氧化碳和水分进入 U 形管 12 中。

6.22　U 形管

可以称量的 U 形管 11 和 12 的尺寸应符合下述规定：

——二支直管之间内侧距离　　25 mm～30 mm

——内径　　15 mm～20 mm

——管底部和磨口段上部之间距离　100 mm～120 mm

——管壁厚度　　1 mm～1.5 mm

6.23　测氯蒸馏装置

测氧蒸馏装置如图 3 所示。

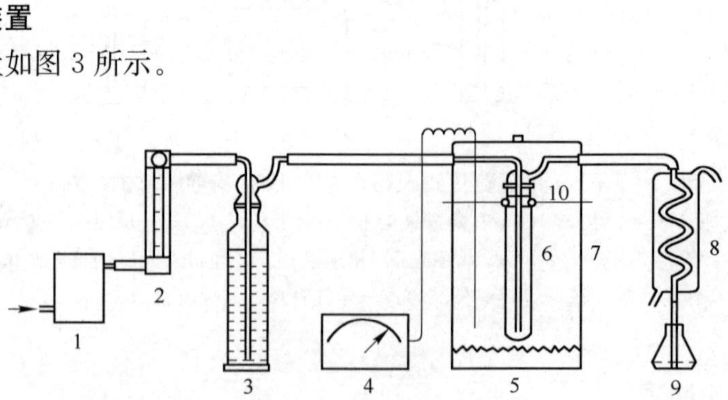

图 3　测氯蒸馏装置示意图

1—吹气泵；2—转子流量计；3—洗气瓶，内装硝酸银溶液(5 g/L)(5.114)；4—温控仪；5—电炉；6—石英蒸馏管；7—炉膛保温罩；8—蛇形冷凝管；9—50 mL 锥形瓶；10—固定架。

6.24　X 射线荧光分析仪

测定试样中二氧化硅、三氧化二铁、三氧化二铝、氧化钙、氧化钾、氧化钠、氯和硫（以三氧化硫计）等成分具有足够灵敏度的 X 射线荧光分析仪。

6.25　熔器和铸模

熔器和铸模应由铂合金（铂/金或铂/铑）制成。铸模内部底面应保持光洁平整无缺陷。

6.26　熔炉或自动熔样设备

用于灼烧试剂或熔融样品的熔炉，如电阻炉、高频感应电炉，可控制试验所需要的温度。

6.27　冷却装置

冷却装置可以产生一束狭窄的空气流从下方直接吹向铸模底部的中心位置，使熔体快速冷却，以得到均匀的玻璃熔片并且容易与铸模分离。

6.28　氩-甲熔气体（P10 气体）

氩-甲烷气体钢瓶和仪器之间的输送管道应尽可能短，并且处于放置光谱仪的带有温度控制装置的房间里。新气瓶在使用前应在房间内至少恒温 2 h。气瓶中的气体快用尽时，气体的组成会发生变化。应在气体全部用尽前及时更换气瓶。

6.29　粉磨设备、压片机和模具

粉磨设备能将样品粉磨至适宜细度，必要时可加入粘合剂。压片机可把样品稳定压制成坚固的样片，表面平整光滑无缺陷。模具通常为钢制，且具有适宜的强度，能承受压力，不变形，具有适宜的尺寸，用其压制的样片能满足 X 射线光谱仪分析的需要。

7　试样的制备

按 GB/T 12573 方法取样，送往实验室的样品应是具有代表性的均匀性样品。采用四分法或缩分器将试样缩分至约 100 g，经 80 μm 方孔筛筛析，用磁铁吸去筛余物中金属铁，将筛余物经过研磨后使其全部通过孔径为 80 μm 方孔筛，充分混匀，装入试样瓶中，密封保存，供测定用。

提示：尽可能快速地进行试样的制备，以防止吸潮。

8　烧失量的测定——灼烧差减法

8.1　方法提要

试样在（950±25）℃的高温炉中灼烧，驱除二氧化碳和水分，同时将存在的易氧化的元素氧化，通常矿渣硅酸盐水泥应对由硫化物的氧化引起的烧失量的误差进行校正，而其他元素的氧化引起的误差一般可忽略不计。

8.2　分析步骤

称取约 1 g 试样（m_7），精确至 0.000 1 g，放入已灼烧恒量的瓷坩埚中，将盖斜置于坩埚上，放在高温炉（6.7）内，从低温开始逐渐升高温度，在（950±25）℃下灼烧 15 min～20 min，取出坩埚置于干燥器（6.5）中，冷却至室温，称量。反复灼烧，直至恒量。

8.3　结果的计算与表示

8.3.1　烧失量的计算

烧失量的质量分数 w_{LOI} 按式（21）计算：

$$w_{LOI}=\frac{m_7-m_8}{m_7}\times 100 \tag{21}$$

式中 w_{LOI}——烧失量的质量分数，%；

m_7——试料的质量，单位为克(g)；

m_8——灼烧后试样的质量，单位为克(g)。

8.3.2 矿渣硅酸盐水泥和掺入大量矿渣的其他水泥浇失量的校正

称取两份试样，一份用来直接测定其中的三氧化硫含量；另一份则按测定烧失量的条件于(950±25)℃下灼烧 15 min～20 min，然后测定灼烧后的试料中的三氧化硫含量。

根据灼烧前后三氧化硫含量的变化，矿渣硅酸盐水泥在灼烧过程中由于硫化物氧化引起烧失量的误差可按式(22)进行校正：

$$w'_{LOI}=w_{LOI}+0.8\times(w_{后}-w_{前}) \tag{22}$$

式中 w'_{LOI}——校正后烧失量的质量分数，%；

w_{LOI}——实际测定的烧失量的质量分数，%；

$w_{前}$——灼烧前试料中三氧化硫的质量分数，%；

$w_{后}$——灼烧后试料中三氧化硫的质量分数，%；

0.8——S^{2-} 氧化为 SO_4^{2-} 时增加的氧与 SO_3 的摩尔质量比，即(4×16)/80=0.8。

9 不溶物的测定——盐酸-氢氧化钠处理

9.1 方法提要

试样先以盐酸溶液处理，尽量避免可溶性二氧化硅的析出，滤出的不溶渣再以氢氧化钠溶液处理，进一步溶解可能已沉淀的痕量二氧化硅，以盐酸中和、过滤后，残渣经灼烧后称量。

9.2 分析步骤

称取约 1 g 试样(m_9)。精确至 0.000 1 g，置于 150 mL 烧杯中，加入 25 mL 水，搅拌使试样完全分散，在不断搅拌下加入 5 mL 盐酸，用平头玻璃棒压碎块状物使其分解完全(必要时可将溶液稍稍加温几分钟)。用近沸的热水稀释至 50 mL，盖上表面皿，将烧杯置于蒸汽水浴中加热 15 min。用中速定量滤纸过滤，用热水充分洗涤 10 次以上。

将残渣和滤纸一并移入原烧杯中，加入 100 mL 近沸的氢氧化钠溶液(5.31)，盖上表面皿，置于蒸汽水浴中加热 15 min。加热期间搅动滤纸及残渣 2～3 次。取下烧杯，加入 1～2 滴甲基红指示剂溶液(5.102)，滴加盐酸(1+1)至溶液呈红色，再过量 8～10 滴。用中速定量滤纸过滤，用热的硝酸铵溶液(5.36)充分洗涤至少 14 次。

将残渣及滤纸一并移入已灼烧恒量的瓷坩埚中，灰化后在(950±25)℃的高温炉(6.7)内灼烧 30 min。取出坩埚，置于干燥器(6.5)中，冷却至室温，称量。反复灼烧，直至恒量。

9.3 结果的计算与表示

不溶物的质量分数 w_{IR} 按式(23)计算：

$$w_{IR}=\frac{m_{10}}{m_9}\times 100 \tag{23}$$

式中 w_{IR}——不溶物的质量分数，%；

m_{10}——灼烧后不溶物的质量，单位为克(g)；

m_9——试料的质量，单位为克(g)。

10　三氧化硫的测定——硫酸钡重量法(基准法)

10.1　方法提要

在酸性溶液中，用氯化钡溶液沉淀硫酸盐，经过滤灼烧后，以硫酸钡形式称量。测定结果以三氧化硫计。

10.2　分析步骤

称取约 0.5 g 试样(m_{11})，精确至 0.000 1 g，置于 200 mL 烧杯中，加入约 40 mL 水，搅拌使试样完全分散，在搅拌下加入 10 mL 盐酸(1+1)，和平头玻璃棒压碎块状物，加热煮沸并保持微沸(5±0.5)min。用中速滤纸过滤，用热水洗涤 10～12 次，滤液及洗液收集于 400 mL 烧杯中。加水稀释至约 250 mL，玻璃棒底部压一小片这量滤纸，盖上表面皿，加热煮沸，在微沸下从杯口缓慢逐滴加入 10 mL 热的氯化钡溶液(5.34)，继续微沸 3 min 以上使沉淀良好地形成，然后在常温下静置 12 h～24 h或温热处静置至少 4 h(仲裁分析应在常温下静置 12 h～24 h)，此时溶液体积应保持在约 200 mL。用慢速定量滤纸过滤，以温水洗涤，直至检验无氯离子为止(4.6)。

将沉淀及滤纸一并移入已灼烧恒量的瓷坩埚中，灰化完全后，放入 800 ℃～950 ℃的高温炉(6.7)内灼烧 30 min，取出坩埚，置于干燥器(6.5)中冷却至室温，称量，反复灼烧，直至恒量。

10.3　结果的计算与表示

试样中三氧化硫的质量分数 w_{SO_3} 按式(24)计算：

$$w_{SO_3}=\frac{m_{12\times 0.343}}{m_{11}}\times 100 \qquad (24)$$

式中 w_{SO_3}——三氧化硫的质量分数，%；

m_{12}——灼烧后沉淀的质量，单位为克(g)；

m_{11}——试料的质量，单位为克(g)；

0.343——硫酸钡对三氧化硫的换算系数。

11　二氧化硅的测定——氯化铵重量法(基准法)

11.1　方法提要

试样以无水碳酸钠烧结，盐酸溶解，加入固体氯化铵于蒸汽水浴上加热蒸发，使硅酸凝聚，经过滤灼烧后称量。用氢氟酸处理后，失去的质量即为胶凝性二氧化硅含量，加上从滤液中比色回收的可溶性二氧化硅含量即为总二氧化硅含量。

11.2 分析步骤

11.2.1 胶凝性二氧化硅的测定

称取约 0.5 g 试样(m_{13}),精确对 0.000 1 g,置于铂坩埚中,将盖斜置于坩埚上,在 950 ℃～1 000 ℃下灼烧 5 min,取出坩埚冷却。用玻璃棒仔细压碎块状物,加入(0.30±0.01)g 已磨细的无水碳酸钠(5.26),仔细混匀。再将坩埚置于 950 ℃～1 000 ℃下灼烧 10 min,取出坩埚冷却。

将烧结块移入瓷蒸发皿中,加入少量水润湿,用平头玻璃棒压碎块状物,盖上表面皿,从皿口慢慢加入 5 mL 盐酸及 2～3 滴硝酸,待反应停止后取下表面皿,用平头玻璃棒压碎块状物使其分解完全,用热盐酸(1+1)清洗坩埚数次,洗液合并于蒸发皿中。将蒸发皿置于蒸汽水浴上,皿上放一玻璃三角架,再盖上表面皿。蒸发至糊状后,加入约 1 g 氯化铵(5.27),充分搅匀,在蒸汽水浴上蒸发至干后继续蒸发 10 min～15 min。蒸发期间用平头玻璃棒仔细搅拌并压碎大颗粒。

取下蒸发皿,加入 10 mL～20 mL 热盐酸(3+97),搅拌使可溶性盐类溶解。用中速定量滤纸过滤,用胶头擦棒擦洗玻璃棒及蒸发皿,用热盐酸(3+97)洗涤沉淀 3～4 次,然后用热水充分洗涤沉淀,直至检验无氯离子为止(4.6)。滤液及洗液收集于 250 mL 容量瓶中。

将沉淀连同滤纸一并移入铂坩埚中,将盖斜置于坩埚上,在电炉上干燥、灰化完全后,放入 950 ℃～1 000 ℃的高温炉(6.7)内灼烧 60 min,取出坩埚置于干燥器(6.5)中,冷却至室温,称量。反复灼烧,直至恒量(m_{14})。

向坩埚中慢慢加入数滴水润湿沉淀,加入 3 滴硫酸(1+4)和 10 mL 氢氟酸,放入通风橱内电热板上缓慢加热,蒸发至干,升高温度继续加热至三氧化硫白烟完全驱尽。将坩埚放入 950 ℃～1 000 ℃的高温炉(6.7)内灼烧 30 min,取出坩埚置于干燥器(6.5)中,冷却至室温,称量。反复灼烧,直至恒量(m_{15})。

11.2.2 经氢氟酸处理后的残渣的分解

向按 1.2.1 经过氢氟酸处理后得到的残渣中加入 0.5 g 焦硫酸钾(5.28),在喷灯上熔融,熔块用热水和数滴盐酸(1+1)溶解,溶液合并入按 11.2.1 分离二氧化硅后得到的滤液和洗液中。用水稀释至标线,摇匀。此溶液 A 供测定滤液中残留的可溶性二氧化硅(11.2.3)、三氧化二铁(12.2 或 24.2)、三氧化二铝(13.2 或 26.2)、氧化钙(14.2)、氧化镁(29.2)、二氧化钛(16.2)和五氧化二磷(21.2)用。

11.2.3 可溶性二氧化硅的测定——硅钼蓝分光光度法

从 11.2.2 溶液 A 中吸取 25.00 mL 溶液放入 100 mL 容量瓶中,加水稀释至 40 mL,依次加入 5 mL 盐酸(1+10)、8 mL 乙醇(5.12)、6 mL 钼酸铵溶液(5.37),摇匀。放置 30 min 后,加入 20 mL 盐酸(1+1)、5 mL 抗坏血酸溶液(5.40),用水稀释至标线,摇匀。放置 60 min 后,用分光光度计(6.12),10 mm 比色皿,以水作参比,于波长 660 nm 处测定溶液的吸光度,在工作曲线(5.74.2)上查出二氧化硅的含量(m_{16})。

11.3 结果的计算与表示

11.3.1 胶凝性二氧化硅的质量分数的计算

胶凝性二氧化硅的质量分数 $w_{胶凝SiO_2}$ 按式(25)计算:

$$w_{胶凝SiO_2}=\frac{m_{14}-m_{15}}{m_{13}}\times 100 \tag{25}$$

式中 $w_{胶凝SiO_2}$——胶凝性二氧化硅的质量分数，%；

m_{14}——灼烧后未经氢氟酸处理的沉淀及坩埚的质量，单位为克(g)；

m_{15}——用氢氟酸处理并经灼烧后的残渣及坩埚的质量，单位为克(g)；

m_{13}——11.2.1 中试料的质量，单位为克(g)。

11.3.2 可溶性二氧化硅质量分数的计算

可溶性二氧化硅的质量分数 $w_{可溶SiO_2}$ 按式(26)计算：

$$w_{可溶SiO_2}=\frac{m_{16}\times 250}{m_{13}\times 25\times 1\,000}\times 100=\frac{m_{16}}{m_{13}} \tag{26}$$

式中 $w_{可溶SiO_2}$——可溶性二氧化硅的质量分数，%；

m_{16}——按 11.2.3 测定的 100 mL 溶液中二氧化硅的含量，单位为毫克(mg)；

m_{13}——11.2.1 中试料的质量，单位为克(g)。

11.3.3 总二氧化硅质量分数的计算

总二氧化硅的质量分数 $w_{总SiO_2}$ 按式(27)计算：

$$w_{总SiO_2}=w_{胶凝SiO_2}+w_{可溶SiO_2} \tag{27}$$

式中 $w_{总SiO_2}$——总二氧化硅的质量分数，%；

$w_{胶凝SiO_2}$——胶凝性二氧化硅的质量分数，%；

$w_{可溶SiO_2}$——可溶性二氧化硅的质量分数，%。

12 三氧化二铁的测定——EDTA 直接滴定法(基准法)

12.1 方法提要

在 pH1.8～2.0、温度为 60 ℃～70 ℃的溶液中，以磺基水杨酸钠为指示剂，和 EDTA 标准滴定溶液滴定。

12.2 分析步骤

称取约 0.5 g 试样(m_{17})，精确至 0.000 1 g，置于银坩埚中，加入 6 g～7 g 氢氧化钠(5.25)，盖上坩埚盖(留有缝隙)，放入高温炉(6.7)中，从低温升起，在 650 ℃～700 ℃的高温下熔融 20 min，期间取出摇动 1 次。取出冷却，将坩埚放入已盛有约 100 mL 沸水的 300 mL 烧杯中，盖上表面皿，在电炉上适当加热，待熔块完全浸出后，取出坩埚，用水冲洗坩埚和盖。在搅拌下一次加入 25 mL～30 mL 盐酸，再加入 1 mL 硝酸，用热盐酸(1+5)洗净坩埚和盖。将溶液加热煮沸，冷却至室温后，移入 250 mL 容量瓶中，用水稀释至标线，摇匀。此溶液 B 供测定二氧化硅(23.2)、三氧化二铁(12.2 或 24.2)、三氧化二铝(13.2 或 26.2)、氧化钙(27.2)、氧化镁(29.2)和二氧化钛(16.2)用。

从 11.2.2 溶液 A 或上述溶液 B 中吸取 25.00 mL 溶液放入 300 mL 烧杯中，加水稀释至约 100 mL，用氨水(1+1)和盐酸(1+1)调节溶液 pH 值在 1.8～2.0 之间(用精密 pH 试纸或酸度计检验)。将溶液加热至 70 ℃，加入 10 滴磺基水杨酸钠指示剂溶液(5.100)，用 EDTA 标准滴定溶液(5.86)缓慢地滴定至亮黄色(终点时溶液温度应不低于 60 ℃，如终点前溶液温度降至近 60 ℃时，应再加热至 65 ℃～70 ℃)。保留此溶液供测定三氧化二铝(13.2 或

26.2)用。

12.3 结果的计算与表示

三氧化二铁的质量分数 $w_{Fe_2O_3}$ 按式(28)计算：

$$w_{Fe_2O_3}=\frac{T_{Fe_2O_3}\times V_{16}\times 10}{m_{18}\times 1\ 000}\times 100=\frac{T_{Fe_2O_3}\times V_{16}}{m_{18}} \tag{28}$$

式中 $w_{Fe_2O_3}$——三氧化二铁的质量分数，%；

$T_{Fe_2O_3}$——EDTA 标准滴定溶液对三氧化二铁的滴定度，单位为毫克每毫升(mg/mL)；

V_{16}——滴定时消耗 EDTA 标准滴定溶液的体积，单位为毫升(mL)；

m_{18}——11.2.1(m_{13})或 12.2(m_{17})中试料的质量，单位为克(g)。

13 三氧化二铝的测定——EDTA 直接滴定法(基准法)

13.1 方法提要

将滴定铁后的溶液的 pH 值调节至 3.0，在煮沸下以 EDTA-铜和 PAN 为指示剂，用 EDTA 标准滴定溶液滴定。

13.2 分析步骤

将 12.2 中测完铁的溶液加水称释至约 200 mL，加入 1～2 滴溴酚蓝指示剂溶液(5.103)，滴加氨水(1+1)至溶液出现蓝紫色，再滴加盐酸(1+1)至黄色。加入 15 mL pH3.0 的缓冲溶液(5.44)，加热煮沸并保持微沸 1 min，加入 10 滴 EDTA-铜溶液(5.96)及 2～3 滴 PAN 指示剂溶液(5.101)，用 EDTA 标准滴定溶液(5.86)滴定至红色消失。继续煮沸，滴定，直至溶液经煮沸后红色不再出现呈稳定的亮黄色为止。

13.3 结果的计算与表示

三氧化二铝的质量分数 $w_{Al_2O_3}$ 按式(29)计算：

$$w_{Al_2O_3}=\frac{T_{Al_2O_3}\times V\ 17\times 10}{m_{18}\times 1\ 000}\times 100=\frac{T_{Al_2O_3}\times V_{17}}{m_{18}} \tag{29}$$

式中 $w_{Al_2O_3}$——三氧化二铝的质量分数，%；

$T_{Al_2O_3}$——EDTA 标准滴定溶液对三氧化二铝的滴定度，单位为毫克每毫升(mg/mL)；

V_{17}——滴定时消耗 EDTA 标准滴定溶液的体积，单位为毫升(mL)；

m_{18}——11.2.1(m_{13})或 12.2(m_{17})中试料的质量，单位为克(g)。

14 氧化钙的测定——EDTA 滴定法(基准法)

14.1 方法提要

在 pH13 以上的强碱性溶液中，以三乙醇胺为掩蔽剂，用钙黄绿素-甲基百里香酚蓝-酚酞混合指示剂(简称 CMP 混合指示剂)，用 EDTA 标准滴定溶液滴定。

14.2 分析步骤

从 11.2.2 溶液 A 中吸取 25.00 mL 溶液放入 300 mL 烧杯中，加水稀释至约 200 mL。加入 5 mL 三乙醇胺溶液(1+2)及适量的 CMP 混合指示剂(5.97)，在搅拌下加入氢氧化钾溶液(5.33)至出现绿色荧光后再过量 5 mL～8 mL，此时溶液酸度在 pH13 以上，用 EDTA 标准滴定溶液(5.86)滴定至绿色荧光完全消失并呈现红色。

14.3 结果的计算与表示

氧化钙的质量分数 w_{CaO} 按式(30)计算：

$$w_{CaO}=\frac{T_{CaO}\times V_{18}\times 10}{m_{13}\times 1\,000}\times 100=\frac{T_{CaO}\times V_{18}}{m_{13}} \tag{30}$$

式中 w_{CaO}——氧化钙的质量分数，%；

T_{CaO}——EDTA 标准滴定溶液对氧化钙的滴定度，单位为毫克每毫升(mg/mL)；

V_{18}——滴定时消耗 EDTA 标准滴定溶液的体积，单位为毫升(mL)；

m_{13}——11.2.1 中试料的质量，单位为克(g)。

15 氧化镁的测定——原子吸收光谱法(基准法)

15.1 方法提要

以氢氟酸-高氯酸分解或氢氧化钠熔融-盐酸分解试样的方法制备溶液，分取一定量的溶液，用锶盐消除硅、铝、钛等对镁的干扰，在空气-乙炔火焰中，于波长 285.2 nm 处测定溶液的吸光度。

15.2 分析步骤

15.2.1 氢氟酸-高氯酸分解试样

称取约 0.1 g 试样(m_{19})，精确至 0.000 1 g，置于铂坩埚(或铂皿)中，加入 0.5 mL～1 mL 水润湿，加入 5 mL～7 mL 氢氟酸和 0.5 mL 高氯酸，放入通风橱内低温电热板上加热，近干时摇动铂坩埚以防溅失。待白色浓烟完全驱尽后，取下冷却。加入 20 mL 盐到(1+1)，温热至溶液澄清，冷却后，移入 250 mL 容量瓶中，加入 5 mL 氯化锶溶液(5.48)，用水稀释至标线，摇匀。此溶液 C 供原子吸收光谱法测定氧化镁(15.2.3)、三氧化二铁(25.2)、氧化钾和氧化钠(34.2)、一氧化锰(36.2)用。

15.2.2 氢氧化钠熔融-盐酸分解试样

称取约 0.1 g 试样(m_{20})，精确至 0.000 1 g，置于银坩埚中，加入 3 g～4 g 氢氧化钠(5.25)，盖上坩埚盖(留有缝隙)，放入高温炉(6.7)中，在 750 ℃的高温下熔融 10 min，取出冷却。将坩埚放入已盛有约 100 mL 沸水的 300 mL 烧杯中，盖上表面皿，待熔块完全浸出后(必要时适当加热)，取出坩埚，用水冲洗坩埚和盖。在搅拌下一次加入 35 mL 盐酸(1+1)，用热盐酸(1+9)洗净坩埚和盖。将溶液加热煮沸，冷却后，移入 250 mL 容量瓶中，用水称释至标线，摇匀。此溶液 D 供原子吸收光谱法测定氧化镁(15.2.3)。

15.2.3 氧化镁的测定

从 15.2.1 溶液 C 或 15.2.2 溶液 D 中吸取一定量的溶液放入容量瓶中(试样溶液的分取量及容量瓶的容积视氧化镁的含量而定),加入盐酸(1+1)及氯化锶溶液(5.48),使测定溶液中盐酸的体积分数为 6%,锶的浓度为 1 mg/mL。用水稀释至标线,摇匀。用原子吸收光谱仪(6.14),在空气-乙炔火焰中,用镁空心阴极灯,于波长 285.2 nm 处,在与 5.75.2 相同的仪器条件下测定溶液的吸光度,在工作曲线(5.75.2)上查出氧化镁的浓度(c_1)。

15.3　结果的计算与表示

氧化镁的质量分数 w_{MgO} 按式(31)计算:

$$w_{MgO}=\frac{c_1\times V_{19\times n}}{m_{21}\times 1\,000}\times 100=\frac{c_1\times V_{19}\times n\times 0.1}{m_{21}} \tag{31}$$

式中　w_{MgO}——氧化镁的质量分数,%;

c_1——测定溶液中氧化镁的浓度,单位为毫克每毫升(mg/mL);

V_{19}——测定溶液的体积,单位为毫升(mL);

n——全部试样溶液与所分取试样溶液的体积比;

m_{21}——15.2.1(m_{19})或 15.2.2(m_{20})中试料的质量,单位为克(g)。

16　二氧化钛的测定——二安替比林甲烷分光光度法

16.1　方法提要

在酸性溶液中钛氧基离子(TiO^{2+})与二安替比林甲烷生成黄色配合物,于波长 420 nm 处测定溶液的吸光度。用抗坏血酸消除三阶铁离子的干扰。

16.2　分析步骤

从 11.2.2 溶液 A 或 12.2 溶液 B 中,吸取 25.00 mL 溶液放入 100 mL 容量瓶中,加入 10 mL盐酸(1+2)、10 mL 抗坏血酸溶液(5.40),放置 5 min,加入 5 mL 乙醇(5.12)、20 mL 二安替比林甲烷溶液(5.41)。用水稀释至标线,摇匀。放置 40 min 后,用分光光度计(6.12),10 mm比色皿,以水作参比,于波长 420 nm 处测定溶液的吸光度,在工作曲线(5.76.2)上查出二氧化钛的含量(m_{22})。

16.3　结果的计算与表示

二氧化钛的质量分数 w_{TiO_2} 按式(32)计算:

$$w_{TiO_2}=\frac{m_{22}\times 10}{m_{18}\times 1\,000}\times 100=\frac{m_{22}}{m_{18}} \tag{32}$$

式中　w_{TiO_2}——二氧化钛的质量分数,%;

m_{22}——100 mL 测定溶液中二氧化钛的含量,单位为毫克(mg);

m_{18}——11.2.1(m_{13})或 12.2(m_{17})中试料的质量,单位为克(g)。

17　氧化钾和氧化钠的测定——火焰光度法(基准法)

17.1　方法提要

试样经氢氟酸-硫酸蒸发处理除去硅,用热水浸取残渣,以氨水和碳酸铵分离铁、铝、钙、镁。滤液中的钾、钠用火焰光度计进行测定。

17.2　分析步骤

称取约 0.2 g 试样(m_{23}),精确至 0.000 1 g,置于铂皿中,加入少量水润湿,加入 5 mL～7 mL氢氟酸和 15～20 滴硫酸(1+1),放入通风橱内低温电热板上加热,近干时摇动铂皿,以防溅失,待氢氟酸驱尽后逐渐升高温度,继续将三氧化硫白烟驱尽,取下冷却。加入 40 mL～50 mL热水,压碎残渣使其溶解,加入 1 滴甲基红指示剂溶液(5.102),用氨水(1+1)中和至黄色,再加入 10 mL 碳酸铵溶液(5.43),搅拌,然后放入通风橱内电热板上加热至沸并继续微沸 20 min～30 min。用快速滤纸过滤,以热水充分洗涤,滤液及洗液收集于 100 mL 容量瓶中,冷却至室温。用盐酸(1+1)中和至溶液呈微红色,用水稀释至标线,摇匀。在火焰光度计(6.13)上,按仪器使用规程,在与 5.77.2.1 相同的仪器条件下进行测定。在工作曲线(5.77.2.1)上分别查出氧化钾和氧化钠的含量(m_{24})和(m_{25})。

17.3　结果的计算与表示

氧化钾和氧化钠的质量分数 w_{K_2O}和 w_{Na_2O}分别按式(33)和式(34)计算:

$$w_{K_2O}=\frac{m_{24}}{m_{23}\times 1\ 000}\times 100=\frac{m_{24}\times 0.1}{m_{23}} \tag{33}$$

$$w_{Na_2O}=\frac{m_{25}}{m_{23}\times 1\ 000}\times 100=\frac{m_{25}\times 0.1}{m_{23}} \tag{34}$$

式中　w_{K_2O}——氧化钾的质量分数,%;

w_{Na_2O}——氧化钠的质量分数,%;

m_{24}——100 mL 测定溶液中氧化钾的含量,单位为毫克(mg);

m_{25}——100 mL 测定溶液中氧化钠的含量,单位为毫克(mg);

m_{23}——试料的质量,单位为克(g)。

18　氯离子的测定——硫氰酸铵容量法(基准法)

18.1　方法提要

本方法测定除氟以外的卤素含量,以氯离子(Cl^-)表示结果。试样用硝酸进行分解。同时消除硫化物的干扰。加入已知量的硝酸银标准溶液使氯离子以氯化银的形式沉淀 。煮沸、过滤后,将滤液和洗涤液冷却至 25 ℃以下,以铁(Ⅲ)盐为指示剂,用硫酸氰铵标准滴定溶液滴定过量的硝酸银。

18.2　分析步骤

称取约 5 g 试样(m_{26}),精确至 0.000 1 g,置于 400 mL 烧杯中,加入 50 mL 水,搅拌使试

样完全分散，在搅拌下加入 50 mL 硝酸(1+2)，加热煮沸，在搅拌下微沸 1 min～2 min。准确移取 5.00 mL 硝酸银标准溶液(5.72)放入溶液中，煮沸 1 min～2 min，加入少许滤纸浆(5.115)，用预先用硝酸(1+100)洗涤过的慢速滤纸抽气过滤或玻璃砂芯漏斗(6.19)抽气过滤，滤液收集于 250 mL 锥形瓶中，用硝酸(1+100)洗涤烧杯、玻璃棒和滤纸，直至滤液和洗液总体积达到约 200 mL，溶液在弱光线或暗处冷却至 25 ℃以下。

加入 5 mL 硫酸铁铵指示剂溶液(5.104)，用硫氰酸铵标准滴定溶液滴定(5.73)至产生的红棕色在摇动下不消失为止。记录滴定所用硫氰酸铵标准滴定溶液的体积 V_{20}。如果 V_{20} 小于 0.5 mL，用减少一半的试样质量重新试验。

不加入试样按上述步骤进行空白试验，记录空白滴定所用硫氰酸铵标准滴定溶液的体积 V_{21}。

18.3 结果的计算与表示

氯离子的质量分数 w_{Cl^-} 按式(35)计算：

$$w_{Cl^-}=\frac{1.773\times5.00\times(V_{21}-V_{20})}{V_{21}\times m_{26}\times1\,000}\times100=0.886\,5\times\frac{(V_{21}-V_{20})}{V_{21}\times m_{26}} \tag{35}$$

式中 w_{Cl^-}——氯离子的质量分数，%；

V_{20}——滴定时消耗硫氰酸铵标准滴定溶液的体积，单位为毫升(mL)；

V_{21}——空白试验滴定时消耗的硫氰酸铵标准滴定溶液的体积，单位为毫升(mL)；

m_{26}——试料的质量，单位为克(g)；

1.773——硝酸银标准溶液对氯离子的滴定度，单位为毫克每毫升(mg/mL)。

19 硫化物的测定——碘量法

19.1 方法提要

在还原条件下，试样用盐酸分解，产生的硫化氢收集于氨性硫酸锌溶液中，然后用碘量法测定。

如试样中除硫化物(S^{2-})和硫酸盐外，还有其他状态硫存在时，将对测定造成误差。

19.2 分析步骤

使用 6.20 规定的仪器装置进行测定。

称取约 1 g 试样(m_{27})，精确至 0.000 1 g，置于 100 mL 的干燥反应瓶中，轻轻摇动使试样均匀地分散于反应瓶底部，加入 2 g 固体氯化亚锡(5.57)，按 6.20 中仪器装置图连接各部件。

由分液漏斗向反应瓶中加入 20 mL 盐酸(1+1)，迅速关闭活塞，开动空气泵，在保持通气速度每秒钟 4～5 个气泡的条件下，加热反应瓶，当吸收标中刚出现氯化铵白色烟雾时(一般约在加热 5 min 左右)，停止加热，再继续通气 5 min。

取下吸收杯，关闭空气泵，用水冲洗插入吸收液内的玻璃管，加入 10 mL 明胶溶液(5.60)，准确加入 5.00 mL 碘酸钾标准滴定溶液(5.83)，在搅拌下一次性快速加入 30 mL 硫酸(1+2)，用硫代硫酸钠标准滴定溶液(5.84)滴定至淡黄色，加入约 2 mL 溶粉溶液(5.105)，再继续滴定至蓝色消失。

19.3 结果的计算与表示

硫化物硫的质量分数 w_S 按式(36)计算：

$$w_S=\frac{T_S\times(V_{22}-K_1\times V_{23})}{m_{27}\times 1\ 000}\times 100=\frac{T_S\times(V_{22}-K_1\times V_{23})0.1}{m_{27}} \tag{36}$$

式中 w_S——硫化物硫的质量分数，%；

T_S——碘酸钾标准滴定溶液对硫的滴定度，单位为毫克每毫升(mg/mL)；

V_{22}——加入碘酸钾标准滴定溶液的体积，单位为毫升(mL)；

V_{23}——滴定时消耗硫代硫酸钠标准滴定溶液的体积，单位为毫升(mL)；

K_1——碘酸钾标准滴定溶液与硫代硫酸钠标准滴定溶液的体积比；

m_{27}——试料的质量，单位为克(g)。

20 一氧化锰的测定——高碘酸钾氧化分光光度法(基准法)

20.1 方法提要

在硫酸介质中，用高碘酸钾将锰氧化成高锰酸银，于波长 530 nm 处测定溶液的吸光度。用磷酸掩蔽三阶铁离子的干扰。

20.2 分析步骤

称取约 0.5 g 试样(m_{28})，精确至 0.000 1 g，置于铂坩埚中，加入 3 g 碳酸钠-硼砂混合熔剂(5.29)，混匀，在 950 ℃～1 000 ℃下熔融 10 min，用坩埚钳夹持坩埚旋转，使熔融物均匀地附于坩埚内壁，冷却后，将坩埚放入已盛有 50 mL 硝酸(1+9)及 100 mL 硫酸(5+95)并加热至微沸的 300 mL 烧杯中，并继续保持微沸状态，直至熔融物完全溶解，用水洗净坩埚及盖，用快速滤纸将溶液过滤至 250 mL 容量瓶中，并用热水洗涤数次。将溶液冷却至室温后，用水稀释至标线，摇匀。

吸取 50.00 mL 上述溶液放入 150 mL 烧杯中，依次加入 5 mL 磷酸(1+1)、10 mL 硫酸(1+1)和约 1 g 高碘酸钾(5.30)，加热微沸 10 min～15 min 至溶液达到最大颜色深度，冷却至室温后，移入 100 mL 容量瓶中，用水稀释至标线，摇匀。用分光光度计(6.12)，10 mm 比色皿，以水作参比，于波长 530 nm 处测定溶液的吸光度。在工作曲线(5.78.3.1)上查出一氧化锰的含量(m_{29})。

20.3 结果的计算与表示

一氧化锰的质量分数 w_{MnO} 按式(37)计算：

$$w_{MnO}=\frac{m_{29}\times 5}{m_{28}\times 1\ 000}\times 100=\frac{m_{29}\times 0.5}{m_{28}} \tag{37}$$

式中 w_{MnO}——一氧化锰的质量分数，%；

m_{29}——100 mL 测定溶液中一氧化锰的含量，单位为毫克(mg)；

m_{28}——试料的质量，单位为克(g)。

21 五氧化二磷的测定——磷钼酸铵分光光度法

21.1 方法提要

在一定的酸性介质中，磷与钼酸铵和抗坏血酸生成蓝色配合物，于波长 730 nm 处测定溶液的吸光度。

21.2 分析步骤

称取约 0.25 g 试样(m_{30})，精确至 0.000 1 g，置于铂坩埚中，加入少量水润湿，慢慢加入3 mL盐酸、5 滴硫酸(1＋1)和 5 mL 氢氟酸，放入通风橱内低温电热板上加热，近干时摇动坩埚，以防溅失，蒸发至干，再加入 3 mL 氢氟酸，继续放入通风橱内电热板上蒸发至干。

取下冷却，向经氢氟酸处理后得到的残渣中加入 3 g 碳酸钠-硼砂混合溶剂(5.29)，在 950 ℃～1 000 ℃下熔融 10 min，用坩埚钳夹持坩埚旋转，使熔融和均匀地附于坩埚内壁，冷却后，将坩埚放入已盛有 10 mL 硫酸(1＋1)及 100 mL 水并加热至微沸的 300 mL 烧杯中，并继续保持微沸状态，直到熔融物完全溶解，用水洗净坩埚及盖，冷却至室温后，移入 250 mL 容量瓶中，用水稀释至标线，摇匀。

吸取 50.00 mL 上述试样溶液或 11.2.2 溶液 A 放入 200 mL 烧杯中(试样溶液的分取量视五氧化二磷的含量而定，如分取试样溶液不足 50 mL，需加水稀释至 50 mL)，加入 1 滴对硝基酚指示剂溶液(5.107)，滴加氢氧化钠溶液(5.32)至黄色，再滴加盐酸(1＋1)至无色，加入 10 mL钼酸铵溶液(5.38)和 2 mL 抗坏血酸(5.39)，加热微沸(1.5±0.5) min，冷却至室温后，移入 100 mL 容量瓶中，用盐酸(1＋10)洗涤烧杯并用盐酸(1＋10)稀释至标线，均匀。用分光光度计(6.12)，10 mm 比色皿，以水作参比，于波长 730 nm 处测定溶液的吸光度。在工作曲线(5.79.2)上查出五氧化二磷的含量(m_{31})。

21.3 结果的计算与表示

五氧化二磷的质量分数 $w_{P_2O_5}$ 按式(38)计算：

$$w_{P_2O_5}=\frac{m_{31}\times 5}{m_{32}\times 1\,000}\times 100=\frac{m_{31}\times 0.5}{m_{32}} \tag{38}$$

式中 $w_{P_2O_5}$——五氧化二磷的质量分数，%；

m_{31}——100 mL 溶液中五氧化二磷的含量，单位为毫克(mg)；

m_{32}——21.2(m_{30})或 11.2.1(m_{13})中试料的质量，单位为克(g)。

22 二氧化碳的测定——碱石棉吸收重量法

22.1 方法提要

用磷酸分解试样，碳酸盐分解释放出的二氧化碳由不含二氧化碳的气流带入一系列的 U 形管，先除去硫化氢和水分，然后被碱石棉吸收，通过称量来确定二氧化碳的含量。

22.2 分析步骤

使用6.21规定的仪器装置进行测定。

每次测定前，将一个空的反应瓶连接到6.21所示的仪器装置上，连通U形管9、10、11、12、13。启动抽气泵，控制气体流速为50 mL/min～100 mL/min（每秒3～5个气泡），通气30 min以上，以除去系统中的二氧化碳和水分。

关闭抽气泵，关闭U形管10、11、12、13的磨口塞。取上U形管11和12放在平盘上，在天平室恒温10 min，然后分别称量。重复此操作，再通气10 min，取下，恒温，称量，直至每个管子连续二次称量结果之差不超过0.001 0 g为止，以最后一次称量值为准。

提示：取用U形管时，应小心避免影响质量、打碎或损坏。建议进行操作时带防护手套。

如果U形管11和12的质量变化连续超过0.001 0 g，更换U形变9和10。

称取约1 g试样（m_{33}），精确至0.001 1 g，置于100 mL的干燥反应瓶中，将反应瓶连接到6.21所示的仪器装置上，并将已称量的U形管11和12连接到6.21所示的仪器装置上。启动抽气泵，控制气体流速为50 mL/min～100 mL/min（每秒3～5个气泡）。加入20 mL磷酸到分液漏斗5中，小心旋开分液漏斗活塞，使磷酸滴入反应瓶4中，并留少许磷酸在漏斗中起液封作用，关闭活塞。打开反应瓶下面的小电炉，调节电压使电炉丝呈暗红色，慢慢低温加热使反应瓶中的液体至沸，并加热微沸5 min，关闭电炉，并继续通气25 min。

提示：切勿剧烈加热，以防反应瓶中的液体产生倒流现象。

关闭抽气泵，关闭U形管10、11、12、13的磨口塞。取下U形管11和12放在平盘上，在天平室恒温10 min，然后分别称量。用每根U形管增加的质量（m_{34}和m_{35}）计算水泥中二氧化碳的含量。

如果第二根U形管12的质量变化小于0.000 5 g，计算时忽略。实际上二氧化碳应全部被第一根U形管11吸收。如果第二根U形管12的质量变化连续超过0.001 0 g，应更换第一根U形管11，并重新开始试验。

同时进行空白试验。计算时从测定结果中扣除空白试验值（m_{36}）。

如果试样中碳酸盐含量较高，应按比例适当减少试样称取量。

22.3 结果的计算与表示

二氧化碳的质量分数w_{CO_2}按式(39)计算：

$$w_{CO_2}=\frac{m_{34}+m_{35}-m_{36}}{m_{33}}\times100 \tag{39}$$

式中 w_{CO_2}——水泥中二氧化碳的质量分数，%；

m_{34}——吸收后U形管11增加的质量，单位为克(g)；

m_{35}——吸收后U形管12增加的质量，单位为克(g)；

m_{36}——空白试验值，单位为克(g)；

m_{33}——试料的质量，单位为克(g)；

23 二氧化硅的测定——氟硅酸钾容量法(代用法)

23.1 方法提要

在有过量的氟离子、钾离子存在的强酸性溶液中,使硅酸形成氟硅酸钾(K_2SiF_6)沉淀。经过滤、洗涤及中和残余酸后,加入沸水使氟硅酸钾沉淀水解生成等物质的量的氢氟酸。然后以酚酞为指示剂,用氢氧化钠标准滴定溶液进行滴定。

23.2 分析步骤

从12.2溶液B中吸取50.00 mL溶液,放入300 mL塑料杯中,然后加入10 mL~15 mL硝酸,搅拌,冷却至30 ℃以下。加入氯化钾(5.49),仔细搅拌、压碎大颗粒氯化钾至饱和并有少量氯化钾析出,然后再加入2 g氯化钾(5.49)和10 mL氟化钾溶液(5.52),仔细搅拌、压碎大颗粒氯化钾,使其完全饱和,并有少量氯化钾析出(此时搅拌,溶液应该比较浑浊,如氯化钾析出量不够,应再补充加入氯化钾,但氯化钾的析出量不宜过多),在30 ℃以上放置15 min~20 min,期间搅拌1~2次。用中速滤纸过滤,先过滤溶液,固体氯化钾和沉淀留在杯底,溶液滤完后用氯化钾溶液(5.50)洗涤塑料杯及沉淀3次,洗涤过程中使固体氯化钾溶解,洗涤液总量不超过25 mL。将滤纸连同沉淀取下,置于原塑料杯中,沿杯壁加入10 mL 30 ℃以下的氯化钾-乙醇溶液(5.51)及1 mL酚酞指示剂溶液(5.99),将滤纸展开,用氢氧化钠标准滴定溶液(5.89)中和未洗尽的酸,仔细搅动、挤压滤纸并随之擦洗杯壁直至溶液呈红色(过滤、洗涤、中和残余酸的操作应迅速,以防止氟硅酸钾沉淀的水解)。向杯中加入约200 mL沸水(煮沸后用氢氧化钠溶液中和至酚酞呈微红色的沸水),用氢氧化钠标准滴定溶液(5.89)滴定至微红色。

23.3 结果的计算与表示

二氧化硅的质量分数w_{SiO_2}按式(40)计算:

$$w_{SiO_2}=\frac{T_{SiO_2}\times V_{24}\times 5}{m_{17}\times 1\ 000}\times 100\ \frac{T_{SiO_2}\times V_{24}\times 0.5}{m_{17}} \tag{40}$$

式中 w_{SiO_2}——二氧化硅的质量分数,%;

T_{SiO_2}——氢氧化钠标准滴定溶液对二氧化硅的滴定度,单位为毫克每毫升(mg/mL);

V_{24}——滴定时消耗氢氧化钠标准滴定溶液的体积,单位为毫升(mL);

m_{17}——12.2(m_{17})中试料的质量,单位为克(g)。

24 三氧化二铁的测定——邻菲罗啉分光光度法(代用法)

24.1 方法提要

在酸性溶液中,加入抗坏血酸溶液,使三价铁离子还原为二价铁离子,与邻菲罗啉生成红色配合物,于波长510 nm处测定溶液的吸光度。

24.2 分析步骤

从11.2.2溶液A或12.2溶液B中吸取10.00 mL溶液放入100 mL容量瓶中,用水稀释至标线，摇匀后吸取 25.00 mL 溶液放入 100 mL 容量瓶中，加入稀释至约 40 mL，加入 5 mL 坑坏血酸溶液(5.40)，放置 5 min，然后再加入 5 mL 邻菲罗啉溶液(5.54)、10 mL 乙酸铵溶液(5.55)，用水稀释至标线，摇匀。放置 30 min 后，用分光光度计(6.12)、10mm 比色皿，以水作参比，于波长 510 nm 处测定溶液的吸光度。在工作曲线(5.80.2)上查出二氧化二铁的含量(m_{37})。

24.3 结果的计算与表示

三氧化二铁的质量分数 $w_{Fe_2O_3}$ 按式(41)计算：

$$w_{Fe_2O_3}=\frac{m_{37}\times 100}{m_{18}\times 1\ 000}\times 100=\frac{m_{37}\times 10}{m_{18}} \tag{41}$$

式中 $w_{Fe_2O_3}$——三氧化二铁的质量分数，%；

m_{37}——100 mL 测定溶液中三氧化二铁的含量，单位为毫克(mg)；

m_{18}——11.2.1(m_{13})或 12.2(m_{17})中试料的质量，单位为克(g)。

25 三氧化二铁的测定——原子吸收光谱法(代用法)

25.1 方法提要

分取一定量的试样溶液，以锶盐消除硅、铝、钛等对铁的干扰，在空气-乙炔火焰中，于波长 248.3 nm 处测定吸光度。

25.2 分析步骤

从 15.2.1 溶液 C 中吸取一定量的溶液放入容量瓶中(试样溶液的分取量及容量瓶的容积视三氧化二铁的含量而定)，加入氯化锶溶液(5.48)，使测定溶液中锶的浓度为 1 mg/mL，用水稀释至标线，摇匀。用原子吸收光谱仪(6.14)，在空气-乙炔火焰中，用铁空心阴极灯，于波长 248.3 nm 处，在与 5.80.2.2 相同的仪器条件下测定溶液的吸光度，在工作曲线(5.80.2.2)上查出三氧化二铁的浓度(c_2)。

25.3 结果的计算与表示

三氧化二铁的质量分数 $w_{Fe_2O_3}$ 按式(42)计算：

$$w_{Fe_2O_3}=\frac{c_2\times V_{25}\times n}{m_{19}\times 1\ 000}\times 100=\frac{c_2\times V_{25}\times n\times 0.1}{m_{19}} \tag{42}$$

式中 $w_{Fe_2O_3}$——三氧化二铁的质量分数，%；

c_2——测定溶液中三氧化二铁的浓度，单位为毫克每毫升(mg/mL)；

V_{25}——测定溶液的体积，单位为毫升(mL)；

m——全部试样溶液与所分取试样溶液的体积比；

m_{19}——15.2.1 中试料的质量，单位为克(g)。

26　三氧化二铝的测定——硫酸铜返滴定法(代用法)

26.1　方法提要

在滴定铁后的滴液中,加入对铝、钛过量的 EDTA 村准滴定溶液,控制溶液 pH3.8～4.0,以 PAN 为指示剂,用硫酸铜标准滴定溶液返滴定过量 EDTA。

本法只适用于一氧化锰含量在 0.5%以下的试样。

26.2　分析步骤

往 12.2 中测完铁的溶液中加入 EDTA 标准滴定溶液(5.86)至过量 10.00 mL～15.00 mL(对铝、钛合量而言),加水稀释对 150 mL～200 mL。将溶液加热至 70 ℃～80 ℃后,在搅拌下用氨水(1+1)调节溶液 pH 值在 3.0～3.5 之间(用精密 pH 试纸检验),加入 15 mL pH4.3的缓冲溶液(5.45),加热煮沸并保持微沸 1 min～2 min,取下稍冷,加入 4～5 滴 PAN 指示剂溶液(5.101),用硫酸铜标准滴定溶液(5.87)滴定至亮紫色。

26.3　结果的计算与表示

三氧化二铝的质量分数 $w_{Al_2O_3}$ 按式(43)计算:

$$w_{Al_2O_3}=\frac{T_{Al_2O_3}\times(V_{26}-K_2\times V_{27})\times 10}{m_{18}\times 1\,000}\times 100-0.64\times w_{TiO_2}$$

$$=\frac{T_{Al_2O_3}\times(V_{25}-K_2\times V_{27})}{m_{18}}-0.64\times w_{TiO_2} \tag{43}$$

式中　$w_{Al_2O_3}$——三氧化二铝的质量分数,%;

$T_{Al_2O_3}$——EDTA 标准滴定溶液对三氧化二铝的滴定度,单位为毫克每毫升(mg/mL);

V_{26}——加入 EDTA 标准滴定溶液的体积,单位为毫升(mL);

V_{27}——滴定时消耗硫酸铜标准滴定溶液的体积,单位为毫升(mL);

K_2——EDTA 标准滴定溶液与硫酸铜标准滴定溶液的体积比;

m_{18}——11.2.1(m_{13})或 12.2(m_{17})中试料的质量,单位为克(g);

w_{TiO_2}——按 16.2 测得的二氧化钛的质量分数,%;

0.64——二氧化钛对三氧化二铝的换算系数。

27　氧化钙的测定——氢氧化钠熔样-EDTA 滴定法(代用法)

27.1　方法提要

在酸性溶液中加入适量的氟化钾,以抑制硅酸的干扰。然后在 pH13 以上的强碱性溶液中,以三乙醇胺为掩蔽剂,用钙黄绿素-甲基百里香酚蓝-酚酞混合指示剂,用 EDTA 标准滴定溶液滴定。

27.2　分析步骤

从 12.2 溶液 B 中吸取 25.00 mL 溶液放入 300 mL 烧杯中,加入 7 mL 氟化钾溶液

(5.53)，搅匀并放置 2 min 以上。然后加水稀释至约 200 mL。加入 5 mL 三乙醇胺溶液(1+2)及适量的 CMP 混合指示剂(5.97)，在搅拌下加入氢氧化钾溶液(5.33)至出现绿色荧光后再过量 5 mL～8 mL，此时溶液酸度在 pH13 以上，用 EDTA 标准滴定溶液(5.86)滴定至绿色荧光完全消失并呈现红色。

27.3 结果的计算与表示

氧化钙的质量分数 w_{CaO} 按式(44)计算：

$$w_{CaO}=\frac{T_{CaO}\times V_{28}\times 10}{m_{17}\times 1\,000}\times 100=\frac{T_{CaO}\times V_{28}}{m_{17}} \tag{44}$$

式中 w_{CaO}——氧化钙的质量分数，%；

T_{CaO}——EDTA 标准滴定溶液对氧化钙的滴定度，单位为毫克每毫升(mg/mL)；

V_{28}——滴定时消耗 EDTA 标准滴定溶液的体积，单位为毫升(mL)；

m_{17}——12.2 中试料的质量，单位为克(g)。

28 氧化钙的测定——高锰酸钾滴定法(代用法)

28.1 方法提要

以氨水将铁、铝、钛等沉淀为氢氧化物，过滤除去。然后，将钙以草酸钙形式沉淀，过滤和洗涤后，将草酸钙溶解，用高锰酸钾标准滴定溶液滴定。

28.2 分析步骤

称取约 0.3 g 试样(m_{38})，精确至 0.000 1 g，置于铂坩埚中，将盖斜置于坩埚上，在 950 ℃～1 000 ℃下灼烧 5 min，取出坩埚冷却。用玻璃棒仔细压碎块状物，加入(0.20±0.01)g 已磨细的无水碳酸钠(5.26)，仔细混匀。再将坩埚置于 950 ℃～1 000 ℃下灼烧 10 min，取出坩埚冷却。

将烧结块移入 300 mL 烧杯中，加入 30 mL～40 mL 水，盖上表面皿。从杯口慢慢加入 10 mL盐酸(1+1)及 2～3 滴硝酸，待反应停止后取下表面皿，用热盐酸(1+1)清洗坩埚数次，洗液合并于烧杯中，加热煮沸使熔块部溶解，加水稀释至 150 mL，煮沸取下，加入 3～4 滴甲基红指示剂溶液(5.102)，搅拌下缓慢滴加氨水(1+1)至溶液呈黄色，再过量 2～3 滴，加热微沸 1 min，加入少许滤纸浆(5.115)，静置待氢氧化物下沉后，趁热用快速滤纸过滤，并用热硝酸铵溶液(5.36)洗涤烧杯及沉淀 8～10 次，滤液及洗液收集于 500 mL 烧杯中，弃去沉淀。

提示：当样品中锰含量较高时，应用以下方法除去锰。把滤液用盐酸(1+1)调节至甲基红呈红色，加热蒸发至约 150 mL，加入 40 mL 溴水(5.15)和 10 mL 氨水(1+1)，再煮沸 5 min 以上。静置待氢氧化物下沉后，用中速滤纸过滤，用热水洗涤 7～8 次，弃去沉淀。滴加盐酸(1+1)使滤液呈酸性，煮沸，使溴完全驱尽，然后按以下步骤进行操作。

加入 10 mL 盐酸(1+1)，调整溶液体积至约 200 mL(需要时加热浓缩溶液)，加入 30 mL 草酸铵溶液(5.42)，煮沸取下，然后加 2～3 滴甲基红指示剂溶液(5.102)，在搅拌下缓慢逐滴加入氨水(1+1)，至溶液呈黄色，并过量 2～3 滴，静置(60±5)min，在最初的 30 min 期间内，搅拌混合溶液 2～3 次。加入少许滤纸浆(5.115)，用慢速滤纸过滤，用热水洗涤沉淀 8～10 次(洗涤烧杯和沉淀用水总量不超过 75 mL)。在洗涤时，洗涤水应该直接绕着滤纸内部以便将沉淀冲下，然后水流缓缓地直接朝着滤纸中心洗涤，目的是为了搅拌和彻底地清洗沉淀。

提示：逐滴加入氨水(1+1)时应缓慢进行，否则生成的草酸钙在过滤时可能有透过滤纸的趋向。当同时进行几个测定时，下列方法有助于保证缓慢地中和。边搅拌边向第一个烧杯中加入 2～3 滴氨水(1+1)，再向第二个烧杯中加入 2～3 滴氨水(1+1)，依此类推。然后返回来再向第一个烧杯中加 2～3 滴，直至每个烧杯中的溶液呈黄色，并过量 2～3 滴。

将沉淀连同滤纸置于原烧杯中，加入 150 mL～200 mL 热水，10 mL 硫酸(1+1)，加热至 70 ℃～80 ℃，搅拌使沉淀溶解，将滤纸展开，贴附于烧杯内壁上部，立即用高锰酸钾标准滴定溶液(5.88)滴定至微红色后，再将滤纸浸入溶液中充分搅拌，继续滴定至微红色出现并保持 30 s 不消失。

提示：当测定空白试验或草酸钙的量很少时，开始时高锰酸钾($KMnO_4$)的氧化作用很慢，为了加速反应，在滴定前溶液中加入少许硫酸锰($MnSO_4$)。

28.3 结果的计算与表示

氧化钙的质量分数 w_{CaO} 按式(45)计算：

$$w_{CaO}=\frac{T'_{CaO}\times V_{29}}{M_{38}\times 1\ 000}\times 100=\frac{T'_{CaO}\times V_{29}\times 0.1}{m_{38}} \tag{45}$$

式中 w_{CaO}——氧化钙的质量分数，%；

T'_{CaO}——高锰酸钾标准滴定溶液对氧化钙的滴定度，单位为毫克每毫升(mg/mL)；

V_{29}——滴定时消耗高锰酸钾标准滴定溶液的体积，单位为毫升(mL)；

m_{38}——试料的质量，单位为克(g)。

29 氧化镁的测定——EDTA 滴定差减法(代用法)

29.1 方法提要

在 pH10 的溶液中，以酒石酸钾钠、三乙醇胺为掩蔽剂，用酸性铬蓝 K-萘酚绿 B 混合指示剂，用 EDTA 标准滴定溶液滴定。

当试样中一氧化锰含量(质量分数)>0.5%时，在盐酸羟胺存在下，测定钙、镁、锰总量，差减法测得氧化镁的含量。

29.2 分析步骤

29.2.1 一氧化锰含量(质量分数)≤0.5%时，氧化镁的测定

从 11.2.2 溶液 A 或 12.2 溶液 B 中吸取 25.00 mL 溶液放入 300 mL 烧杯中，加水稀释至约 200 mL，加入 1 mL 酒石酸钾钠溶液(5.47)，搅拌，然后加入 5 mL 三乙醇胺(1+2)，搅拌。加入 25 mL pH10 缓冲溶液(5.46)及适量的酸性铬蓝 K-萘酚绿 B 混合指示剂(5.98)，用 EDTA标准滴定溶液(5.86)滴定，近终点时应缓慢滴定至纯蓝色。

氧化镁的质量分数 w_{MgO} 按式(46)计算：

$$w_{MgO}=\frac{T_{MgO}\times (V_{30}-V_{31})\times 10}{m_{18}\times 1\ 000}\times 100=\frac{T_{MgO}\times (V_{30}-V_{31})}{m_{18}} \tag{46}$$

式中 w_{MgO}——氧化镁的质量分数，%；

T_{MgO}——EDTA 标准滴定溶液对氧化镁的滴定度，单位为毫克每毫升(mg/mL)；

V_{30}——滴定钙、镁总量时消耗 EDTA 标准滴定溶液的体积，单位为毫升(mL)；

V_{31}——按 14.2 或 27.2 测定氧化钙时消耗 EDTA 标准滴定溶液的体积，单位为毫升(mL)；

m_{18}——11.2.1(m_{13})或 12.2(m_{17})中试料的质量，单位为克(g)。

29.2.2　一氧化锰含量(质量分数)>0.5%时，氧化镁的测定

除将三乙醇胺(1+2)的加入量改为 10 mL，并在滴定前加入 0.5 g～1 g 盐酸羟胺(5.56)外，其余分析步骤同 29.2.1。

氧化镁的质量分数 w_{MgO} 按式(47)计算：

$$w_{MgO}=\frac{T_{MgO}\times(V_{32}-V_{31})\times 10}{m_{18}\times 1\,000}\times 100-0.57\times w_{MnO}$$
$$=\frac{T_{MgO}\times(V_{32}-V_{31})}{m_{18}}-0.57\times w_{MnO} \qquad (47)$$

式中　w_{MgO}——氧化镁的质量分数，%；

T_{MgO}——EDTA 标准滴定溶液对氧化镁的滴定度，单位为毫克每毫升(mg/mL)；

V_{32}——滴定钙、镁、锰总量时消耗 EDTA 标准滴定溶液的体积，单位为毫升(mL)；

V_{31}——按 14.2 或 27.2 测定氧化钙时消耗 EDTA 标准滴定溶液的体积，单位为毫升(mL)；

m_{18}——11.2.1(m_{13})或 12.2(m_{17})中试料的质量，单位为克(g)；

w_{MnO}——按 20.2 或 36.2 测定的一氧化锰的质量分数，%；

0.57——一氧化锰对氧化镁的换算系数。

30　三氧化硫的测定——碘量法(代用法)

30.1　方法提要

试样先经磷酸处理，将硫化物分解除去。再加入氯化亚锡-磷酸溶液并加热，将硫酸盐的硫还原成等物质的量的硫化氢，收集于氨性硫酸锌溶液中，然后用碘量法进行测定。

试样中除硫化物(S^{2-})和硫酸盐外，还有其他状态的硫存在时，将给测定结果造成误差。

30.2　分析步骤

使用 6.20 规定的仪器装置进行测定。

称取约 0.5 g 试样(m_{39})，精确至 0.000 1 g，置于 100 mL 的干燥反应瓶中，加入 10 mL 磷酸，置于小电炉上加热至沸，并继续在微沸下加热至无大气泡、液面平静、无白烟出现时为止。取下放冷，向反应瓶中加入 10 mL 氯化亚锡-磷酸溶液(5.58)，按 6.20 中仪器装置图连接各部件。

开动空气泵，保持通气速度为每秒钟 4～5 个气泡。于电压 200 V 下，加热 10 min，然后将电压降至 160 V，加热 5 min 后停止加热。取下吸收杯，关闭空气泵。

用水冲洗插入吸收液内的玻璃管，加入 10 mL 明胶溶液(5.60)，加入 15.00 mL 碘酸钾标准滴定溶液(5.83)，在搅拌下一次性快速加入 30 mL 硫酸(1+2)，用硫代硫酸钠标准滴定溶液(5.84)滴定至淡黄色，加入 2 mL 淀粉溶液(5.105)，继续滴定定蓝色消失。

30.3　结果的计算与表示

三氧化硫的质量分数 w_{SO_3} 按式(48)计算：

$$w_{SO_3}=\frac{T_{SO_3}\times(V_{33}-K_1\times V_{34})}{m_{39}\times1\ 000}\times100=\frac{T_{SO_3}\times(V_{33}-K_1\times V_{34})\times0.1}{m_{39}} \tag{48}$$

式中 w_{SO_3}——三氧化硫的质量分数，%；

T_{SO_3}——碘酸钾标准滴定溶液对三氧化硫的滴定度，单位为毫克每毫升(mg/mL)；

V_{33}——加入碘酸钾标准滴定溶液的体积，单位为毫升(mL)；

V_{34}——滴定时消耗硫化硫酸钠标准滴定溶液的体积，单位为毫升(mL)；

K_1——碘酸钾标准滴定溶液与硫代硫酸钠标准滴定溶液的体积比；

m_{39}——试料的质量，单位为克(g)。

31　三氧化硫的测定——离子交换法(代用法)

31.1　方法提要

在水介质中，用氢型阳离子交换树脂对水泥中的硫酸钙进行两次静态交换，生成等物质的量的氢离子，以酚酞为指示剂，用氢氧化钠标准滴定溶液滴定。

本方法只适用于掺加天然石膏并且不含有氟、氯、磷的水泥中三氧化硫的测定。

31.2　分析步骤

称取约 0.2 g 试样(m_{40})，精确至 0.000 1 g，置于已放有 5 g 树脂(5.61)、10 mL 热水及一根磁力搅拌子的 150 mL 烧杯中，摇动烧杯使试样分散。然后加入 40 mL 沸水，立即置于磁力搅拌器(6.11)上，加热搅拌 10 min。取下，以快速滤纸过滤，用热水洗涤烧杯和滤纸上的树脂4～5次，滤液及洗液收集于已放有 2 g 树脂(5.61)及一根磁力搅拌子的 150 mL 烧杯中(此时溶液体积在 100 mL 左右)。将烧杯再置于磁力搅拌器(6.11)上，搅拌 3 min。取下，以快速滤纸将溶液过滤于 300 mL 烧杯中，用热水洗涤烧杯和滤纸上的树脂 5～6 次。

向溶液中加入 5～6 滴酚酞指示剂溶液(5.99)，用氢氧化钠标准滴定溶液(5.90)滴定至微红色。

保存滤纸上的树脂，可以回收处理后再利用。

31.3　结果的计算与表示

三氧化硫的质量分数 w_{SO_3} 按式(49)计算：

$$w_{SO_3}=\frac{T'_{SO_3}\times V_{35}}{m_{40}\times1\ 000}\times100=\frac{T'_{SO_3}\times V_{35}\times0.1}{m_{40}} \tag{49}$$

式中 w_{SO_3}——三氧化硫的质量分数，%；

T'_{SO_3}——氢氧化钠标准滴定溶液对三氧化碳的滴定度，单位为毫克每毫升(mg/mL)；

V_{35}——滴定时消耗氢氧化钠标准滴定溶液的体积，单位为毫升(mL)；

m_{40}——试料的质量，单位为克(g)。

32　三氧化硫的测定——铬酸钡分光光度法(代用法)

32.1　方法提要

试样经盐酸溶解，在 pH2 的溶液中，加入过量铬酸钡，生成与硫酸根等物质的量的铬酸根。在微碱性条件下，使过量的铬酸钡重新析出。于过滤后在波长 420 nm 处测定游离铬酸根离子的吸光度。

试样中除硫化物(S^{2-})和硫酸盐外，还有其他状态的硫存在时，将给测定结果造成误差。

32.2 分析步骤

称取 0.33 g～0.36 g 试样(m_{41})，精确至 0.000 1 g，置于带有标线的 200 mL 烧杯中。加 4 mL 甲酸(1＋1)，分散试样，低温干燥，取下。加 10 mL 盐酸(1＋2)及 1～2 滴过氧化氢(5.9)，将试料搅起后加热至小气泡冒尽，冲洗杯壁，再煮沸 2 min，期间冲洗杯壁 2 次。取下，加水至约 90 mL，加 5 mL 氨水(1＋2)，并用盐酸(1＋1)和氨水(1＋1)调节酸度至 pH2.0(用精密 pH 试纸检验)，稀释至 100 mL。加 10 mL 铬酸钡溶液(5.62)，搅匀。流水冷却至室温并放置，时间不少于 10 min，放置期间搅拌 3 次。加入 5 mL 氨水(1＋2)，将溶液连同沉淀移入 150 mL 容量瓶中，用水稀释至标线，摇匀。用中速滤纸干过滤。滤液收集于 50 mL 烧杯中，用分光光度计(6.12)，20 mm 比色皿，以水作参比，于波长 420 nm 处测定溶液的吸光度。在工作曲线(5.81.3)上查出三氧化硫的含量(m_{42})。

32.3 结果的计算与表示

三氧化硫的质量分数 w_{SO_3} 按式(50)计算：

$$w_{SO_3}=\frac{m_{42}}{m_{41}\times 1\,000}\times 100=\frac{m_{42}\times 0.1}{m_{41}} \tag{50}$$

式中 w_{SO_3}——三氧化硫的质量分数，%；

m_{42}——测定溶液中三氧化硫的含量，单位为毫克(mg)；

m_{41}——试料的质量，单位为克(g)。

33 三氧化硫的测定——库仑滴定法(代用法)

33.1 方法提要

试样经甲酸处理，将硫化物分解除去。在催化剂的作用下，于空气流中燃烧分解，试样中硫生成二氧化硫并被碘化钾溶液吸收，以电解碘化钾溶液所产生的碘进行滴定。

试样中除硫化物(S^{2-})和硫酸盐外，还有其他状态的硫存在时，将给测定结果造成误差。

33.2 分析步骤

使用库仑积分测硫仪(6.16)进行测定，将管式高温炉升温并控制在 1 150 ℃～1 200 ℃。

开动供气泵和抽气泵并将抽气流量调节到约 1 000 mL/min。在抽气下，将约 300 mL 电解液(5.64)加入电解池内，开动磁力搅拌器。

调节电位平衡：在瓷舟中放入少量含一定硫的试样，并盖一薄层五氧化二钒(5.63)，将瓷舟置于一稍大的石英舟上，送进炉内，库仑滴定随即开始。如果试验结束后库仑积分器的显示值为零，应再次调节直至显示值不为零为止。

称取约 0.04 g～0.05 g 试样(m_{43})，精确至 0.000 1 g，将试样均匀地平铺于瓷舟中，慢慢滴加 4～5 滴甲酸(1＋1)，用拉细的玻璃棒沿舟方向搅拌几次，使试样完全被甲酸润湿，再用 2～3 滴甲酸(1＋1)将玻璃棒上沾有的少量试样冲洗于瓷舟中，将瓷舟放在电炉上，控制电炉丝呈暗红色,低温加热并烤干,防止溅失,再升高温度加热 2 min。取下冷却后在试料上复盖一薄层五氧化二钒(5.63),将瓷舟置于石英舟上,送进炉内,库仑滴定随即工始,试验结束后,库仑积分器显示出三氧化硫(或硫)的毫克数(m_{44})。

33.3 结果的计算与表示

三氧化硫的质量分数 w_{SO_3} 按式(51)计算:

$$w_{SO_3}=\frac{m_{44}}{m_{43}\times 1\,000}\times 100=\frac{m_{44}\times 0.1}{m_{43}} \tag{51}$$

式中 w_{SO_3}——三氧化硫的质量分数,%;

m_{44}——库仑积分器上三氧化硫的显示值,单位为毫克(mg);

m_{43}——试料的质量,单位为克(g)。

34 氧化钾和氧化钠的测定——原子吸收光谱法(代用法)

34.1 方法提要

用氢氟酸-高氯酸分解试样,以锶盐消除硅、铝、钛等的干扰,在空气-乙炔火焰中,分别于波长 766.5 nm 处和波长 589.0 nm 处测定氧化钾和氧化钠的吸光度。

34.2 分析步骤

从 15.2.1 溶液 C 中吸取一定量的试样溶液放入容量瓶中(试样溶液的分取量及容量瓶的容积视氧化钾和氧化钠的含量而定),加入盐酸(1+1)及氯化锶溶液(5.48),使测定溶液中盐酸的体积分数为 6%,锶的浓度为 1 mg/mL。用水稀释至标线,摇匀。用原子吸收光谱仪(6.14),在空气-乙炔火焰中,分别用钾元素空心阴极灯于波长 766.5 nm 处和钠元素空心阴极灯于波长 589.0 nm 处,在与 5.77.2.2 相同的仪器条件下测定溶液的吸光度,在工作曲线(5.77.2.2)上查出氧化钾的浓度(c_3)和氧化钠的浓度(c_4)。

34.3 结果的计算与表示

氧化钾和氧化钠的质量分数 w_{K_2O} 和 w_{Na_2O} 分别按式(52)和式(53)计算:

$$w_{K_2O}=\frac{c_3\times V_{36}\times n}{m_{19}\times 1\,000}\times 100=\frac{c_3\times V_{36}\times n\times 0.1}{m_{19}} \tag{52}$$

$$w_{Na_2O}=\frac{c_4\times V_{36}\times n}{m_{19}\times 1\,000}\times 100=\frac{c_4\times V_{36}\times n\times 0.1}{m_{19}} \tag{53}$$

式中 w_{K_2O}——氧化钾的质量分数;%;

w_{Na_2O}——氧化钠的质量分数,%;

c_3——测定溶液中氧化钾的浓度,单位为毫克每毫升(mg/mL);

c_4——测定溶液中氧化钠的浓度,单位为毫克每毫升(mg/mL);

V_{36}——测定溶液的体积,单位为毫升(mL);

n——全部试样溶液与所分取试样溶液的体积比;

m_{19}——15.2.1 中试料的质量,单位为克(g)。

35 氯离子的测定——磷酸蒸馏-汞盐滴定法(代用法)

35.1 方法提要

用规定的蒸馏装置在 250 ℃～260 ℃温度条件下,以过氧化氢和磷酸分解试样,以净化空气做载体,蒸馏分离氯离子,用稀硝酸作吸收液。在 pH3.5 左右,以二苯偶氮碳酰肼为指示剂,用硝酸汞标准滴定溶液滴定。

35.2 分析步骤

使用 6.23 规定的测氯蒸馏装置进行测定。

向 50 mL 锥形瓶中加入约 3 mL 水及 5 滴硝酸(5.65),放在冷凝管下端用以承接蒸馏液,冷凝下端的硅胶管插手锥形瓶的溶液中。

称取约 0.3 g(m_{45})试样,精确至 0.000 1 g,置于已烘干的石英蒸馏管中,勿使试样粘附于管壁。

向蒸馏管中加入 5～6 滴过氧化氢溶液(5.9),摇动使试样完全分散后加入 5 mL 磷酸,套上磨口塞,摇动,待试料分解产生的二氧化碳气体大部分逸出后,将 6.23 所示的仪器装置中的固定架 10 套在石英蒸馏管上,并将其置于温度 250 ℃～260 ℃的测氯蒸馏装置(6.23)炉膛内,迅速地以硅橡胶管连接好蒸馏管的进出口部分(先连出气管,后连进气管),盖上炉盖。

开动气泵,调节气流速度在 100 mL/min～200 mL/min,蒸馏 10 min～15 min 后关闭气泵,拆下连接管,取出蒸馏管置于试管架内。

用乙醇(5.12)吹洗冷凝管及其下端,洗液收集于锥形瓶内(乙醇用量约为 15 mL)。由冷凝管下部取出承接蒸馏液的锥形瓶,向其中加入 1～2 滴溴酚蓝指示剂溶液(5.103),用氢氧化钠溶液(5.66)调节至溶液呈蓝色,然后用硝酸(5.65)调节至溶液刚好变黄,再过量 1 滴,加入 10 滴二苯偶氮碳酰肼指示剂溶液(5.106),用硝酸汞标准滴定溶液(5.92)滴定至紫红色出现。记录滴定所用硝酸汞标准滴定溶液的体积 V_{37}。

氯离子含量为 0.2%～1%时,蒸馏时间应为 15 min～20 min;用硝酸汞标准滴定溶液(5.93)进行滴定。

不加入试样按上述步骤进行空白试验,记录空白滴定所用硝酸汞标准滴定溶液的体积 V_{38}。

35.3 结果的计算与表示

氯离子的质量分数 w_{Cl^-} 按式(54)计算:

$$w_{Cl^-}=\frac{T_{Cl^-}\times(V_{37}-V_{38})}{m_{45}\times 1\,000}\times 100=\frac{T_{Cl^-}\times(V_{37}-V_{38})\times 0.1}{m_{45}} \qquad (54)$$

式中 w_{Cl^-}——氯离子的质量分数,%;

T_{Cl^-}——硝酸汞标准滴定溶液对氯离子的滴定度,单位为毫克每毫升(mg/mL);

V_{37}——滴定时消耗硝酸汞标准滴定溶液的体积,单位为毫升(mL);

V_{38}——空白试验消耗硝酸汞标准滴定溶液的体积,单位为毫升(mL);

m_{45}——试料的质量,单位为克(g)。

36　一氧化锰的测定——原子吸收光谱法(代用法)

36.1　方法提要

用氢氟酸-高氯酸分解试样，以锶盐消除硅、铝、钛等对锰的干扰，在空气-乙炔火焰中，于波长 279.5 nm 处测定吸光度。

36.2　分析步骤

直接取用 15.2.1 中溶液 C，用原子吸收光谱仪(6.14)，在空气-乙炔火焰中，用锰空心阴极灯，于波长 279.5 nm 处，在与 5.78.3.2 相同的仪器条件下测定溶液的吸光度，在工作曲线(5.78.3.2)上查出一氧化锰的浓度(c_5)。

36.3　结果的计算与表示

一氧化锰的质量分数 w_{MnO} 按式(55)计算：

$$w_{MnO}=\frac{c_5\times V_{39}\times n}{m_{19}\times 1\ 000}\times 100=\frac{c_5\times V_{39}\times n\times 0.1}{m_{19}} \tag{55}$$

式中　w_{MnO}——一氧化锰的质量分数，%；

c_5——测定溶液中一氧化锰的浓度，单位为毫克每毫升(mg/mL)；

V_{39}——测定溶液的体积，单位为毫升(mL)；

n——全部试样溶液与所分取试样溶液的体积比；

m_{19}——15.2.1 中试料的质量，单位为克(g)。

37　氟离子的测定——离子选择电极法

37.1　方法提要

在 pH6.0 的总离子强度配位缓冲溶液的存在下，以氟离子选择电极作指示电极，饱和氯化钾甘汞电极作参比电极，用离子计或酸度计(6.15)测量含氟离子溶液的电极电位。

37.2　分析步骤

称取约 0.2 g 试样(m_{46})，精确至 0.000 1 g，置于 100 mL 干烧杯中，加入 10 mL 水使试样分散，在搅拌下加入 5 mL 盐酸(1+1)，加热煮沸并继续微沸 1 min～2 min。用快速滤纸过滤，用热水洗涤 5～6 次，冷却至室温。加入 2～3 滴溴酚蓝指示剂溶液(5.103)，用盐酸(1+1)和氢氧化钠溶液(5.32)调节溶液酸度，使溶液颜色刚由蓝色变为黄色(应防止氢氧化铝沉淀生成)，然后移入 100 mL 容量瓶中，用水稀释至标线，摇匀。

吸取 10.00 mL 放入 50 mL 干烧杯中，加入 10.00 mL pH6.0 的总离子强度配位缓冲溶液(5.67)，放入一根搅拌子，将烧杯置于磁力搅拌器(6.11)上，在溶液中插入氟离子选择电极和饱和氯化钾甘汞电极，搅拌 2 min 后，停止搅拌 30 s，用离子计或酸度计(6.15)测量溶液的平衡电位，在工作曲线(5.94.2)上查出氟离子的浓度(c_6)。

37.3 结果的计算与表示

氟离子的质量分数 w_{F^-} 按式(56)计算：

$$w_{F^-}=\frac{c_6\times 100}{1\ 000}\times 100=\frac{c_6\times 10}{m_{46}} \tag{56}$$

式中 w_{F^-}——氟离子的质量分数，%；

c_6——测定溶液中氟离子的浓度，单位为毫克每毫升(mg/mL)；

100——试样溶液的总体积，单位为毫升(mL)；

m_{46}——试料的质量，单位为克(g)。

38 游离氧化钙的测定——甘油酒精法(代用法)

38.1 方法提要

在加热搅拌下，以硝酸锶为催化剂，使试样中的游离氧化钙与甘油作用生成弱碱性的甘油钙，以酚酞为指示剂，用苯甲酸-无水乙醇标准滴定溶液滴定。

38.2 分析步骤

称取约 0.5 g 试样(m_{47})，精确至 0.000 1 g，置于 250 mL 干燥的锥形瓶中，加入 30 mL 甘油-无水乙醇溶液(5.69)，加入约 1 g 硝酸锶(5.71)，放入一根搅拌子，装上冷凝管，置于游离氧化钙测定仪(6.18)上，以适当的速度搅拌溶液，同时升温并加热煮沸，在搅拌下微沸 10 min 后，取下锥形瓶，立即用苯甲酸-无水乙醇标准滴定溶液(5.95)滴定至微红色消失。再装上冷凝管，继续在搅拌下煮沸至红色出现，再取下滴定。如此反复操作，直至在加热 10 min 后不出现红色为止。

38.3 结果的计算与表示

游离氧化钙的质量分数 w_{fCaO} 按式(57)计算：

$$w_{fCaO}=\frac{T''_{CaO}\times V_{40}}{m_{47}\times 1\ 000}\times 100=\frac{T''_{CaO}\times V_{40}\times 0.1}{m_{47}} \tag{57}$$

式中 w_{fCaO}——游离氧化钙的质量分数，%；

T''_{CaO}——苯甲酸-无水乙醇标准滴定溶液对氧化钙的滴定度，单位为毫克每毫升(mg/mL)；

V_{40}——滴定时消耗苯甲酸-无水乙醇标准滴定溶液的总体积，单位为毫升(mL)；

m_{47}——试料的质量，单位为克(g)。

39 游离氧化钙的测定——乙二醇法(代用法)

39.1 方法提要

在加热搅拌下，使试样中的游离氧化钙与乙二醇作用生成弱碱性的乙二醇钙，以酚酞为指示剂，用苯甲酸-无水乙醇标准滴定溶液滴定。

39.2　分析步骤

称取约 0.5 g 试样(m_{48})，精确至 0.000 1 g，置于 250 mL 干燥的锥形瓶中，加入 30 mL 乙二醇-乙醇溶液(5.70)，放入一根搅拌子，装上冷凝管，置于游离氧化钙测定仪(6.18)上，以适当的速度搅拌溶液，同时升温并加热煮沸，当冷凝下的乙醇开始连续滴下时，继续在搅拌下加热微沸 4 min，取下锥形瓶，用预先用无水乙醇润湿过的快速滤纸抽气过滤或预先用无水乙醇洗涤过的玻璃砂芯漏斗(6.19)抽气过滤，用无水乙醇(5.12)洗涤锥形瓶和沉淀 3 次，过滤时等上次洗涤液过滤完后再洗涤下次。滤液及洗液收集于 250 mL 干燥的抽滤瓶中，立即用苯甲酸-无水乙醇标准滴定溶液(5.95)滴定至微红色消失。

提示：尽可能快速地进行抽气过滤，以防止吸收大气中的二氧化碳。

39.3　结果的计算与表示

游离氧化钙的质量分数 w_{fCaO} 按式(58)计算：

$$w_{fCaO}=\frac{T'''_{CaO}\times V_{41}}{m_{48}\times 1\ 000}\times 100=\frac{T''_{CaO}\times V_{41}\times 0.1}{m_{48}} \tag{58}$$

式中　w_{fCaO}——游离氧化钙的质量分数，%；

T'''_{CaO}——苯甲酸-无水乙醇标准滴定溶液对氧化钙的滴定度，单位为毫克每毫升(mg/mL)；

V_{41}——滴定时消耗苯甲酸-无水乙醇标准滴定溶液的体积，单位为毫升(mL)；

m_{48}——试料的质量，单位为克(g)。

40　X 射线荧光分析方法

40.1　方法提要

当试样中化学元素受到电子、质子、α 粒子和离子等加速粒子的激发或受到 X 射线管、放射性同位素源等发出的高能辐射的激发时，可放射特征 X 射线，称之为元素的荧光 X 射线。当激发条件确定后，均匀样品中某元素的荧光 X 射线强度与样品中该元素质量分数的关系如式(59)所示：

$$I_i=\frac{Q_i\times C_i}{\mu_s} \tag{59}$$

式中　I_i——待测元素的荧光 X 射线强度；

Q_i——比例常数；

C_i——待测元素的质量分数；

μ_s——样品的质量吸收系数。

样品的质量吸收系数与试样的化学组成相关。其对待测元素荧光 X 射线强度的影响可采用下述三种方法之一消除：

a)采用与待测试样化学成分相近的标准样品进行补偿校正；

b)采用适当的数学公式进行数学校正；

c)综合采用标准样品和数学公式进行补偿及数学校正。

样品的颗粒度效应和矿物效应等非均匀性影响可有用与待测样品相近的标准样品进行补偿校正，也可采用将样品熔融制成玻璃片的方法予以消除。

40.2 X射线荧光分析仪工作条件的选择

40.2.1 仪器工作条件检验的频数

对于新购仪器，或对仪器进行维修、更换部件后，应按 JC/T 1085 对仪器进行校验。仪器正常运行时，每隔 6 个月时间，对仪器进行校验。校验合格后，选择仪器的工作条件。

40.2.2 仪器工作条件的选择方法

参考分析仪器的使用说明书，选择适当的仪器工作条件，并对仪器的漂移按时进行校正。

40.3 系列校准样品的配制

系列校准样品应使用与待测试样相同的物料进行配制，对于质量分数小于 1%的成分可用纯化学试剂配制。系列校准样品中各成分的质量分数范围应涵盖待测试样中各成分的质量分数。每一系列至少包含 7 个样品。

系列校准样品的制备应符合 GB/T 15000 或 JJG 1006 的要求，可参照相应的系列国家标准样品研制方法制备。

系列校准样品的定值方法可采用本标准化学分析方法进行，但要用国家标准样品/标准物质进行溯源。用于溯源的国家标准样品/标准物质中的主成分的质量分数应尽可能与待定值的校准样品相近。

用化学分析方法确定校准样品中各成分的质量分数。定值结果的不确定度 u 应小于表 2 规定的重复性限的 1/3。

校准样品中各成分测定结果的不确定度 u 按式(60)计算：

$$u=t_{(n-1)}\frac{s}{\sqrt{n}} \tag{60}$$

式中 u——测定结果的不确定度；

$t_{(n-1)}$——显著性水平为 0.05、自由度为 $f=n-1$ 时的 t 值，即 t 分布的置信系数；

s——定值结果的标准偏差；

n——定值时测定次数。

40.4 试样片的制备

40.4.1 玻璃熔片的制备

40.4.1.1 试样的称量

按选择的稀释比(R)分别称量试样、熔剂和防浸润剂，精确至 0.000 1 g。所用试样可用下述两种方法之一进行称量。

a)称量未灼烧过的试样

用未灼烧过的试样制备玻璃熔片时，应称量试样的质量(m_{49})按式(61)计算：

$$m_{49}=\frac{m_{50}}{1-\frac{w_{\mathrm{LOI}}}{100}} \tag{61}$$

式中 m_{49}——应称量的未灼烧过的试样质量，单位为克(g)；

m_{50}——制备玻璃熔片所需的试样质量，单位为克(g)；

w_{LOI}——按 8.2 测定的烧失量的质量分数，%。

b)称量灼烧过的试样

如果试样中含有碳化物、铁或其他金属，应该用灼烧过的试样制备玻璃熔片，灼烧方法按8.2烧失量分析步骤中的灼烧方法进行。

40.4.1.2 熔样步骤

熔样前，需把试样、熔剂和防浸润剂充分混合。如果使用液体防浸润剂，应先将试样和熔剂进行混合，在低温下加热除去水分，然后再通过微量移液管加入液体防浸润剂。在选定的控制温度的电炉内、喷灯上或使用自动制片设备，在规定的时间内(如10 min)熔融该混合物，其间不时地摇动，直至试样全部熔解，得到均匀的熔融物。

应根据试样和被测元素的类型选择适宜的熔融温度。对于要检测的易挥发性元素，如硫酸盐、硫化物、氯化物或碱金属元素化合物，应降低熔融温度，或使用压片技术，以保证达到所需精度。例如，测定三氧化硫时，试样的熔融温度应控制在1 100 ℃以下。

40.4.1.3 玻璃熔片的铸造

将得到的均匀熔融物倒入铸模中。当熔体由红热状态冷却后，将铸模置于空气流上方的水平位置，使空气流能直接吹至铸模底部中心。当熔片已成固体并自动脱模后，关掉空气流。将熔片贮存于密封的聚乙烯袋中，再放入干燥器中。长期贮存后，用前应用乙醇或丙酮彻底清洗表面。

40.4.2 用粉末直接压片

40.4.2.1 一般要求

采用粉末压片时，样品应首先进行粉磨，为防止样品粘磨和改善粉末压片质量，可使用不超过3%的粘合剂。

40.4.2.2 操作步骤

称取适量的试样(应能够填满模具)及粘合剂，精确至0.000 1 g，倒入磨盘内混匀后盖上磨盘盖，放入振动磨，按设定好的时间自动粉磨。粉磨完成后，用毛刷把料刷出到一张纸上，小心转移到压片机的钢环内，并用直尺拨平，以使压片表面的密度均匀。按照已设定好的压力、保压时间完成压片。压片厚度应大于2.5 mm。取出压片，注意观察压片表面是否光洁、无杂物、不开裂。用洗耳球将分析面吹干净，用干布把压片的边缘擦干净。放入荧光分析仪进行检测。把磨盘清洗干净晾干，用毛刷以及吸耳球把压片机上、下压头吹扫干净备用。

40.5 校准方程的建立和确认

40.5.1 校准样品灼烧基浓度

采用玻璃熔片制作校准曲线时，浓度坐标用校准样品的灼烧基浓度。校准样品的灼烧基浓度按式(62)计算：

$$w_{(灼烧基)} = w_{(收到基)} \times \frac{100}{100 - w_{LOI}} \tag{62}$$

式中 $w_{(灼烧基)}$——校准样品的灼烧基中某元素的浓度，%；

$w_{(收到基)}$——校准样品的收到基中某元素的浓度，%；

w_{LOI}——校准样品中烧失量的质量分数，%。

40.5.2 校准方程的建立

在一个合理的计数时间内(例如40 s或200 s)，测量系列校准样品熔片或压片中的每种被测元素的谱线强度。利用回归分析，建立每种被测元素的校准曲线。例如根据最小二乘法，在测量得到的 X 射线强度与相应的每种被测元素的浓度之间建立回归校准方程。必要时，对谱线重叠和元素之间的影响进行校正。另外，同时测量强度漂移校准熔片的标准强度。按照 40.5.4 所述，确认校准方程的有效性。

40.5.3 元素间影响的校正

如果存在明显影响校准准确度的元素间效应，例如钾对钙的影响，有必要进行校正。对于每种影响元素的校正，至少制备一个附加的校准熔片或压片。

40.5.4 校准方程的确认

用未参与校准曲线建立的另一标准样品进行测定。对于所有的被测元素，浓度的测定值与标准样品/标准物质的证书值之差应小于重复性限(表 2)的 0.71 倍时，确认校准曲线有效，否则无效，应重新制作。

40.6 测定步骤

按照下述步骤进行试样的分析：

a)按照 40.3 所述制备分析用熔片或压片；

b)按照 40.5.2 所述，对仪器进行校准；

c)在相同测定条件下，测量分析熔片或压片的 X 射线强度。测量的 X 射线强度应当在校准方程的范围内；

d)根据 40.5.2 获得的校准方程，计算被测元素的浓度。

40.7 结果的计算与表示

40.7.1 直接粉末压片法的测定结果

由 40.6d)得到的结果以质量分数表示。

40.7.2 熔融法的测定结果

由 40.6 d)得到的结果为灼烧基结果，根据未灼烧试样(收到基)中烧失量 w_{LOI} 的结果，按式(63)将灼烧基结果换算成收到基结果：

$$w_{(收到基)} = w_{(灼烧基)} \times \frac{100 - w_{LOI}}{100} \tag{63}$$

式中 $w_{(收到基)}$——试样收到基的测定结果，%；

$w_{(灼烧基)}$——试样灼烧基的测定结果，%；

w_{LOI}——未灼烧试样中烧失量的质量分数，%。

41 水泥化学分析方法及 X 射线荧光分析方法测定结果的重复性限和再现性限

本标准所列重复性限和再现性限为绝对偏差，以质量分数(%)表示。

在重复性条件下(3.1)，采用本标准所列方法分析同一试样时，两次分析结果之差应在所列的重复性限(表 1 或表 2)内。如超出重复性限，应在短时间内进行第三次测定，测定结果与前两次或任一次分析结果之差值符合重复性限的规定时，则取其平均值，否则，应查找原因，重新按上述规定进行分析。

在再现性条件下(3.2)，采用本标准所列方法对同一试样各自进行分析时，所得分析结果的平均值之差应在所列的再现性限(表 1 或表 2)内。

化学分析方法测定结果的重复性限和再现性限见表 1。

X 射线荧光分析方法测定结果的重复性限和再现性限见表 2。

表 1 化学分析方法测定结果的重复性限和再现性限

成 分	测 定 方 法	含量范围/%	重复性限/%	再现性限/%
烧失量	灼烧差减法		0.15	0.25
不溶物	盐酸-氢氧化钠处理	≤3 >3	0.10 0.15	0.10 0.20
三氧化硫(基准法)	硫酸钡重量法		0.15	0.20
二氧化硅(基准法)	氯化铵重量法		0.15	0.20
三氧化二铁(基准法)	EDTA 直接滴定法		0.15	0.20
三氧化二铝(基准法)	EDTA 直接滴定法		0.20	0.30
氧化钙(基准法)	EDTA 滴定法		0.25	0.40
氧化镁(基准法)	原子吸收光谱法		0.15	0.25
二氧化钛	二安替比林甲烷分光光度法		0.05	0.10
氧化钾(基准法)	火焰光度法		0.10	0.15
氧化钠(基准法)	火焰光度法		0.05	0.10
氯离子(基准法)	硫氰酸铵容量法	≤0.10 >0.10	0.003 0.010	0.005 0.015
硫化物	碘量法		0.03	0.05
一氧化锰(基准法)	高碘酸钾氧化分光光度法		0.05	0.10
五氧化二磷	磷钼酸铵分光光度法		0.05	0.10
二氧化碳	碱石棉吸收重量法	≤5 >5	0.20 0.30	0.35 0.45
二氧化硅(代用法)	氟硅酸钾容量法		0.20	0.30
三氧化二铁(代用法)	邻菲罗啉分光光度法		0.15	0.20
三氧化二铁(代用法)	原子吸收光谱法		0.15	0.20
氧化钙(代用法)	氢氧化钠熔样-EDTA 滴定法		0.25	0.40
氧化钙(代用法)	高锰酸钾滴定法		0.25	0.40
氧化镁(代用法)	EDTA 滴定差减法	≤2 >2	0.15 0.20	0.25 0.30
三氧化硫(代用法)	碘量法		0.15	0.20
三氧化硫(代用法)	离子交换法		0.15	0.20
三氧化硫(代用法)	铬酸钡分光光度法		0.15	0.20
三氧化硫(代用法)	库仑滴定法		0.15	0.20
氧化钾(代用法)	原子吸收光谱法		0.10	0.15
氧化钠(代用法)	原子吸收光谱法		0.05	0.10

续上表

成　　分	测　定　方　法	含量范围/%	重复性限/%	再现性限/%
氯离子(代用法)	磷酸蒸馏-汞盐滴定法	≤0.10 >0.10	0.003 0.010	0.005 0.015
一氧化锰(代用法)	原子吸收光谱法		0.05	0.10
氟离子	离子选择电极法		0.05	0.10
游离氧化钙(代用法)	甘油酒精法	≤2 >2	0.10 0.20	0.20 0.30
游离氧化钙(代用法)	乙二醇法	≤2 >2	0.10 0.20	0.20 0.30

表 2　X 射线荧光分析方法测定结果的重复性限和再现性限

化学成分	SiO_2	Al_2O_3	Fe_2O_3	TiO_2	CaO	MgO	SO_3	K_2O	Na_2O
重复性限/%	0.20	0.20	0.15	0.05	0.25	0.15	0.15	0.10	0.05
再现性限/%	0.25	0.30	0.20	0.10	0.40	0.25	0.20	0.15	0.10

水泥胶砂强度检验方法（ISO 法）

目　次

3　方法概要

本方法为 40 mm×40 mm×160 mm 棱柱试体的水泥抗压强度和抗折强度测定。

试体是由按质量计的一份水泥、三份中国 ISO 标准砂，用 0.5 的水灰比拌制的一组塑性胶砂制成。中国 ISO 标准砂的水泥抗压强度结果必须与 ISO 基准砂的相一致(见第 11 章)。

胶砂用行星搅拌机搅拌，在振实台上成型。也可使用频率 2 800～3 000 次/min，振幅 0.75 mm 振动台成型(见第 11 章)。

试体连模一起在湿气中养护 24 h，然后脱模在水中养护至强度试验。

到试验龄期时将试体从水中取出，先进行抗折强度试验，折断后每截再进行抗压强度试验。

4　试验室和设备

4.1　试验室

试体成型试验室的温度应保持在 20 ℃±2 ℃，相对湿度应不低于 50%。

试体带模养护的养护箱或雾室温度保持在 20 ℃±1 ℃，相对湿度不低于 90%。

试体养护池水温度应在 20 ℃±1 ℃范围内。

试验室空气温度和相对湿度及养护池水温在工作期间每天至少记录一次。

养护箱或雾室的温度与相对湿度至少每 4 h 记录一次，在自动控制的情况下记录次数可以酌减至一天记录二次。在温度给定范围内，控制所设定的温度应为此范围中值。

4.2　设　　备

4.2.1　总则

设备中规定的公差，试验时对设备的正确操作很重要。当定期控制检测发现公差不符时，该设备应替换，或及时进行调整和修理。控制检测记录应予保存。

对新设备的接收检测应包括本标准规定的质量、体积和尺寸范围，对于公差规定的临界尺寸要特别注意。

有的设备材质会影响试验结果，这些材质也必须符合要求。

4.2.2　试验筛

金属丝网试验筛应符合 GB/T 6003 要求，其筛网孔尺寸如表 1(R20 系列)。

表 1　试验筛

系　　列	网眼尺寸 mm
R20	2.0
	1.6
	1.0
	0.50
	0.16
	0.080

4. 2. 3　搅拌机

搅拌机(见图 1)属行星式，应符合 JC/T 681 要求。

用多台搅拌机工作时，搅拌锅和搅拌叶片应保持配对使用。叶片与锅之间的间隙，是指叶片与锅壁最近的距离，应每月检查一次。

4. 2. 4　试模

试模由三个水平的模槽组成(见图 2)，可同时成型三条截面为 40 mm×40 mm，长 160 mm的棱形试体，其材质和制造尺寸应符合 JC/T 726 要求。

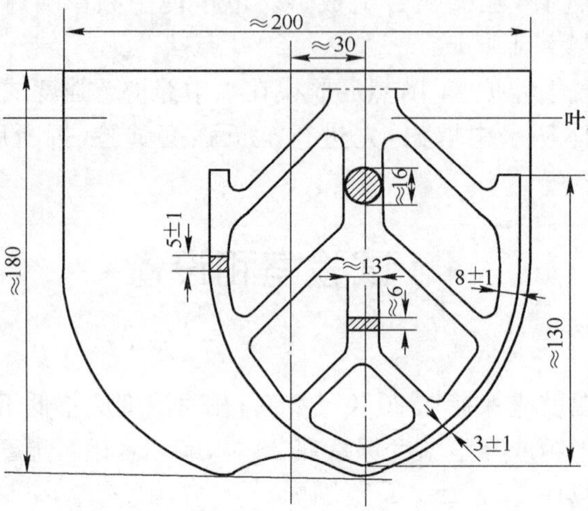

图 1　搅拌机

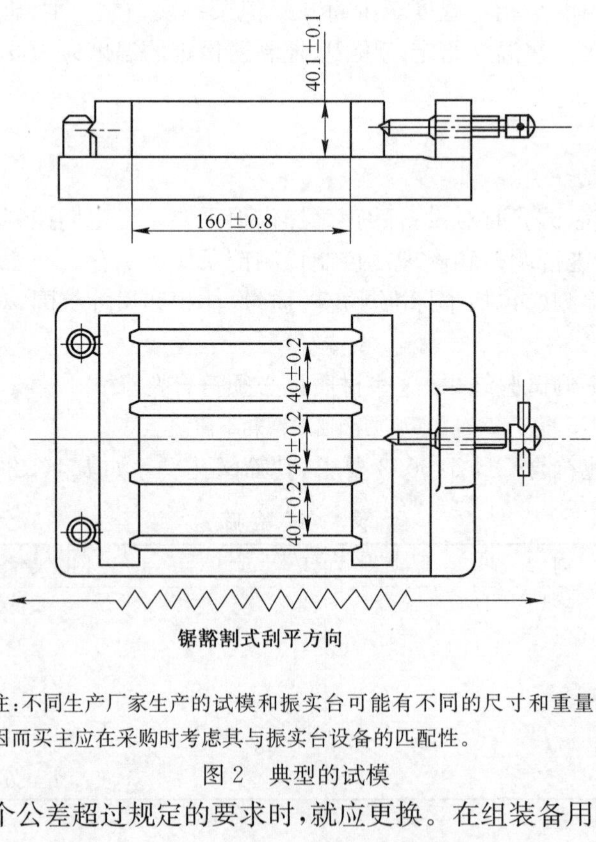

注：不同生产厂家生产的试模和振实台可能有不同的尺寸和重量，
因而买主应在采购时考虑其与振实台设备的匹配性。

图 2　典型的试模

当试模的任何一个公差超过规定的要求时，就应更换。在组装备用的干净模型时，应用黄干油等密封材料涂覆模型的外接缝。试模的内表面应涂上一薄层模型油或机油。

成型操作时，应在试模上面加有一个壁高 20 mm 的金属模套，当从上往下看时，模套壁与模型内壁应该重叠，超出内壁不应大于 1 mm。

为了控制料层厚度和刮平胶砂，应备有图 3 所示的二个播料器和一金属刮平直尺。

4.2.5 振实台

振实台(见图 4)应符合 JC/T 682 要求。振实台应安装在高度约 400 mm 的混凝土基座上。混凝土体积约为 0.25 m^3，重约 600 kg。需防外部振动影响振实效果时，可在整个混凝土基座下放一层厚约 5 mm 天然橡胶弹性衬垫。

将仪器用地脚螺丝固定在基座上，安装后设备成水平状态，仪器底座与基座之间要铺一层砂浆以保证它们的完全接触。

注：振实台的代用设备振动台见 11.7。

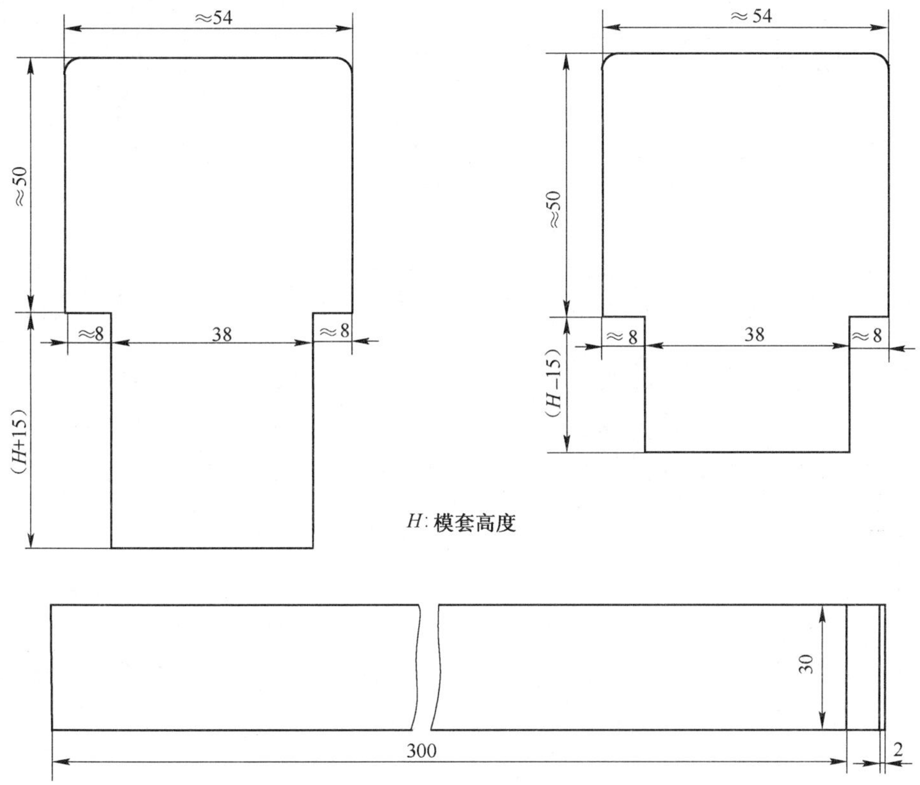

图 3 典型的播料器和金属刮平尺

4.2.6 抗折强度试验机

抗折强度试验机应符合 JC/T 724 的要求。试件在夹具中受力状态如图 5。

通过三根圆柱轴的三个竖向平面应该平行，并在试验时继续保持平行和等距离垂直试体的方向，其中一根支撑圆柱和加荷圆柱能轻微地倾斜使圆柱与试体完全接触，以便荷载沿试体宽度方向均匀分布，同时不产生任何扭转应力。

抗折强度也可用抗压强度试验机(见 4.2.7)来测定，此时应使用符合上述规定的夹具。

4.2.7 抗压强度试验机

抗压强度试验机，在较大的五分之四量程范围内使用时记录的荷载应有±1%精度，并具有按 2400 N/s±200 N/s 速率的加荷能力，应有一个能指示试件破坏时荷载并把它保持到试

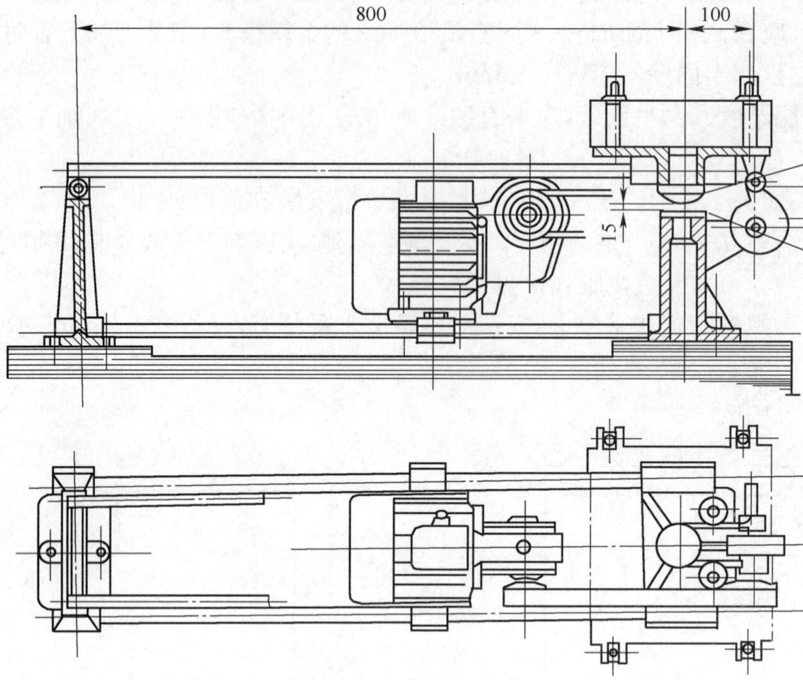

图 4　典型的振实台

1—突头；2—凸轮；3—止动器；4—随动轮

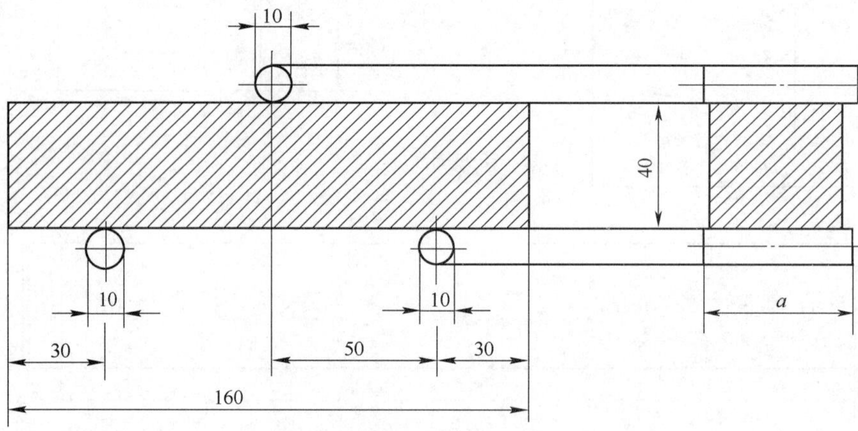

图 5　抗折强度测定加荷图

验机卸荷以后的指示器，可以用表盘里的峰值指针或显示器来达到。人工操纵的试验机应配有一个速度动态装置以便于控制荷载增加。

压力机的活塞竖向轴应与压力机的竖向轴重合，在加荷时也不例外，而且活塞作用的合力要通过试件中心。压力机的下压板表面应与该机的轴线垂直并在加荷过程中一直保持不变。

压力机上压板球座中心应在该机竖向轴线与上压板下表面相交点上，其公差为±1 mm。上压板在与试体接触时能自动调整，但在加荷期间上下压板的位置应固定不变。

试验机压板应由维氏硬度不低于 HV 600 硬质钢制成，最好为碳化钨，厚度不小于 10 mm，宽为 40 mm±0.1 mm，长不小于 40 mm。压板和试件接触的表面平面度公差应为 0.01 mm，表面粗糙度（R_a）应在 0.1～0.8 之间。

当试验机没有球座，或球座已不灵活或直径大于 120 mm 时，应采用 4.2.8 规定的夹具。

注

1. 试验机的最大荷载以 200～300 kN 为佳。可以有二个以上的荷载范围，其中最低荷载范围的最高值大致为最高范围里的最大值的五分之一。

2. 采用具有加荷速度自动调节方法和具有记录结果装置的压力机是合适的。

3. 可以润滑球座以便使其与试件接触更好，但在加荷期间不致因此而发生压板的位移。在高压下有效的润滑剂不适宜使用，以免导致压板的移动。

4."竖向"、"上"、"下"等术语是对传统的试验机而言。此外，轴线不呈竖向的压力机也可以使用。只要按 11.7 规定和其他要求接受为代用试验方法时。

4.2.8 抗压强度试验机用夹具

当需要使用夹具时，应把它放在压力机的上下压板之向并与压力机处于同一轴线，以便将压力机的荷载传递至胶砂试件表面。夹具应符合 JC/T 683 的要求，受压面积为 40 mm×40 mm。夹具在压力机上位置见图 6，夹具要保持清洁，球座应能转动以使其上压板能从一开始就适应试体的形状并在试验中保持不变。使用中夹具应满足 JC/T 683 的全部要求。

注

1　可以润滑夹具的球座，但在加荷期间不会使压板发生位移。不能用高压下有效的润滑剂。

2　试件破坏后，滑块能自动回复到原来的位置。

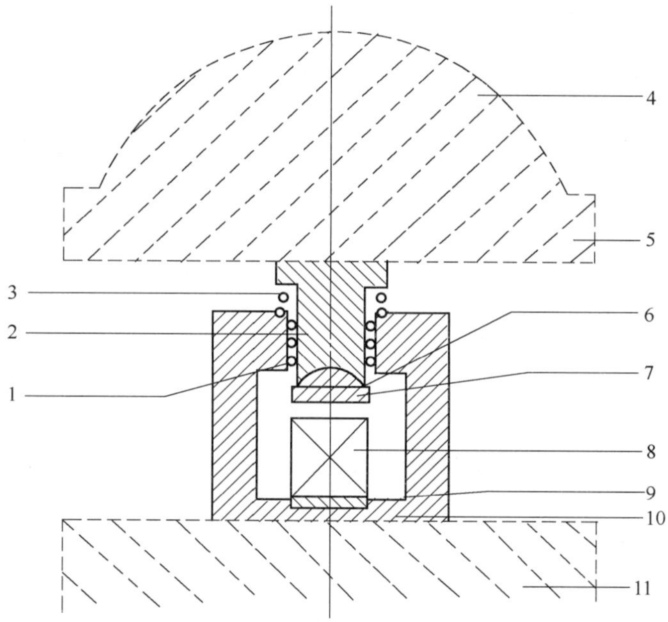

图 6　典型的抗压强度试验夹具

1—滚珠轴承；2—滑块；3—复位弹簧；4—压力机球座；5—压力机上压板；16—夹具球座；7—夹具上压板；8—试体；9—底板；10—夹具下垫板；11—压力机下压板

5　胶 砂 组 成

5.1　砂

5.1.1　总则

各国生产的 ISO 标准砂都可以用来按本标准测定水泥强度。中国 ISO 标准砂符合 ISO

679 中 5 · 1.3 要求。中国 ISO 标准砂的质量控制按本标准第 11 章进行。对标准砂作全面地和明确地规定是困难的，因此在鉴定和质量控制时使砂子与 ISO 基准砂比对标准化是必要的。ISO 基准砂在 5.1.2 中叙述。

5.1.2 ISO 基准砂

ISO 基准砂(reference sand)是由德国标准砂公司制备的 SiO_2 含量不低于 98%的天然的圆形硅质砂组成，其颗粒分布在表 2 规定的范围内。

表 2 ISO 基准砂颗粒分布

方孔边长，mm	累计筛余，%
2.0	0
1.6	7±5
1.0	33±5
0.5	67±5
0.16	87±5
0.08	99±1

砂的筛析试验应用有代表性的样品来进行，每个筛子的筛析试验应进行至每分钟通过量小于 0.5 g 为止。

砂的湿含量是在 105～110 ℃下用代表性砂样烘 2 h 的质量损失来测定，以干基的质量百分数表示，应小于 0.2%。

5.1.3 中国 ISO 标准砂

中国 ISO 标准砂完全符合 5.1.2 颗粒分布和湿含量的规定。生产期间这种测定每天应至少进行一次。这些要求不足以保证标准砂与基准砂等同。这种等效性是通过标准砂和基准砂比对检验程序来保持的。这种程序和相关的计算在 11.6 中叙述。

中国 ISO 标准砂可以单级分包装，也可以各级预配合以 1350 g±5 g 量的塑料袋混合包装，但所用塑料袋材料不得影响强度试验结果。

5.2 水　泥

当试验水泥从取样至试验要保持 24 h 以上时，应把它贮存在基本装满和气密的容器里，这个容器应不与水泥起反应。

5.3 水

仲裁试验或其他重要试验用蒸馏水，其他试验可用饮用水。

6 胶砂的制备

6.1 配合比

胶砂的质量配合比应为一份水泥(见 5.2)三份标准砂(见 5.1)和半份水(见 5.3)(水灰比为 0.5)。一锅胶砂成三条试体，每锅材料需要量如表 3。

表 3 每锅胶砂的材料数量 g

水泥品种 \ 材料量	水　泥	标准砂	水
硅酸盐水泥	450±2	1 350±5	225±1
普通硅酸盐水泥			
矿渣硅酸盐水泥			
粉煤灰硅酸盐水泥			
复合硅酸盐水泥			
石灰石硅酸盐水泥			

6.2 配　　料

水泥、砂、水和试验用具的温度与试验室相同(见 4.1),称量用的天平精度应为土 1 g。当用自动滴管加 225 mL 水时,滴管精度应达到±1 mL。

6.3 搅　　拌

每锅胶砂用搅拌机(见 4.2.3)进行机械搅拌。先使搅拌机处于待工作状态,然后按以下的程序进行操作:

把水加入锅里,再加入水泥,把锅放在固定架上,上升至固定位置。

然后立即开动机器,低速搅拌 30 s 后,在第二个 30 s 开始的同时均匀地将砂子加入。当各级砂是分装时,从最粗粒级开始,依次将所需的每级砂量加完。把机器转至高速再拌 30 s。

停拌 90 s,在第 1 个 15 s 内用一胶皮刮具将叶片和锅壁上的胶砂,刮人锅中间。在高速下继续搅拌 60 s。各个搅拌阶段,时间误差应在±1 s 以内。

7　试件的制备

7.1 尺寸应是 40 mm×40 mm×160 mm 的棱柱体。

7.2 成　　型

7.2.1 用振实台成型

胶砂制备后立即进行成型。将空试模和模套固定在振实台上,用一个适当勺子直接从搅拌锅里将胶砂分二层装入试模,装第一层时,每个槽里约放 300 g 胶砂,用大播料器(见图 3)垂直架在模套顶部沿每个模槽来回一次将料层播平,接着振实 60 次。再装入第二层胶砂,用小播料器播平,再振实 60 次。移走模套,从振实台上取下试模,用一金属直尺(见图 3)以近似 90°的角度架在试模模顶的一端,然后沿试模长度方向以横向锯割动作慢慢向另一端移动,一次将超过试模部分的胶砂刮去,并用同一直尺以近乎水平的情况下将试体表面抹平。

在试模上作标记或加字条标明试件编号和试件相对于振实台的位置。

7.2.2 用振动台成型

当使用代用的振动台成型时,操作如下:

在搅拌胶砂的同时将试模和下料漏斗卡紧在振动台的中心。将搅拌好的全部胶砂均匀地装入下料漏斗中，开动振动台，胶砂通过漏斗流入试模。振动 120 s±5 s 停车。振动完毕，取下试模，用刮平尺以 7.2.1 规定的刮平手法刮去其高出试模的胶砂并抹平。接着在试模上作标记或用字条表明试件编号。

8 试件的养护

8.1 脱模前的处理和养护

去掉留在模子四周的胶砂。立即将作好标记的试模放人雾室或湿箱的水平架子上养护，湿空气应能与试模各边接触。养护时不应将试模放在其他试模上。一直养护到规定的脱模时间时取出脱模。脱模前，用防水墨汁或颜料笔对试体进行编号和做其他标记。二个龄期以上的试体，在编号时应将同一试模中的三条试体分在二个以上龄期内。

8.2 脱 模

脱模应非常小心[1)]。对于 24 h 龄期的，应在破型试验前 20 min 内脱模[2)]。对于 24 h 以上龄期的，应在成型后 20～24 h 之间脱模[2)]。

注：如经 24 h 养护，会因脱模对强度造成损害时，可以延迟至 24 h 以后脱模，但在试验报告中应予说明。

已确定作为 24 h 龄期试验（或其他不下水直接做试验）的已脱模试体，应用湿布覆盖至做试验时为止。

8.3 水中养护

将做好标记的试件立即水平或竖直放在 20 ℃±1 ℃水中养护，水平放置时刮平面应朝上。

试件放在不易腐烂的篦子上，并彼此间保持一定间距，以让水与试件的六个面接触。养护期间试件之间间隔或试体上表面的水深不得小于 5 mm。

注：不宜用木篦子。

每个养护池只养护同类型的水泥试件。

最初用自来水装满养护池（或容器），随后随时加水保持适当的恒定水位，不允许在养护期间全部换水。

除 24 h 龄期或延迟至 48 h 脱模的试体外，任何到龄期的试体应在试验（破型）前 15 min 从水中取出。揩去试体表面沉积物，并用湿布覆盖至试验为止。

8.4 强度试验试体的龄期

试体龄期是从水泥加水搅拌开始试验时算起。不同龄期强度试验在下列时间里进行。

——24 h±15 min；

——48 h±30 min；

——72 h±45 min；

1）脱模时可用塑料锤或橡皮榔头或专门的脱模器。

2）对于胶砂搅拌或振实操作，或胶砂含气量试验的对比，建议称量每个模型中试体的重量。

——7 d±2 h;

——>28 d±8 h。

9 试验程序

9.1 总　　则

用 4.2.6 规定的设备以中心加荷法测定抗折强度。

在折断后的棱柱体上进行抗压试验,受压面是试体成型时的两个侧面,面积为 40 mm×40 mm。

当不需要抗折强度数值时,抗折强度试验可以省去。但抗压强度试验应在不使试件受有害应力情况下折断的两截棱柱体上进行。

9.2 抗折强度测定

将试体一个侧面放在试验机(见 4.2.6)支撑圆柱上,试体长轴垂直于支撑圆柱,通过加荷圆柱以 50 N/s+10 N/s 的速率均匀地将荷载垂直地加在棱柱体相对侧面上,直至折断。

保持两个半截棱柱体处于潮湿状态直至抗压试验。

抗折强度 R_f 以牛顿每平方毫米(MPa)表示,按式(1)进行计算:

$$R_f = \frac{1.5F_fL}{b} \tag{1}$$

式中 F_f——折断时施加于棱柱体中部的荷载,N;

L——支撑圆柱之间的距离,mm;

b——棱柱体正方形截面的边长,mm。

9.3 抗压强度测定

抗压强度试验通过 4.2.7 和 4.2.8 规定的仪器,在半截棱柱体的侧面上进行。

半截棱柱体中心与压力机压板受压中心差应在±0.5 mm 内,棱柱体露在压板外的部分约有 10 mm。

在整个加荷过程中以 2 400 N/s±200 N/s 的速率均匀地加荷直至破坏。

抗压强度 R_c 以牛顿每平方毫米(MPa)为单位,按式(2)进行计算:

$$R_c = \frac{F_c}{A} \tag{2}$$

式中 F_c——破坏时的最大荷载,N;

A——受压部分面积,mm^2($40\ mm \times 40\ mm = 1\ 600\ mm^2$)。

10 水泥的合格检验

10.1 总　　则

强度测定方法有两种主要用途,即合格检验和验收检验。本条叙述了合格检验,即用它确定水泥是否符合规定的强度要求。验收检验在第 11 章叙述。

10.2 试验结果的确定

10.2.1 抗折强度

以一组三个棱柱体抗折结果的平均值作为试验结果。当三个强度值中有超出平均值±10%时,应剔 除后再取平均值作为抗折强度试验结果。

10.2.2 抗压强度

以一组三个棱柱体上得到的六个抗压强度测定值的算术平均值为试验结果。

如六个测定值中有一个超出六个平均值的±10%,就应剔除这个结果,而以剩下五个的平均数为结果。如果五个测定值中再有超过它们平均数±10%的,则此组结果作废。

10.3 试验结果的计算

各试体的抗折强度记录至0.1 MPa,按10.2.1规定计算平均值。计算精确至0.1 MPa。

各个半棱柱体得到的单个抗压强度结果计算至0.1 MPa,按10.2.2规定计算平均值,计算精确至0.1 MPa。

10.4 试验报告

报告应包括所有各单个强度结果(包括按10.2规定舍去的试验结果)和计算出的平均值。

10.5 检验方法的精确性

检验方法的精确性通过其重复性(11.5)和再现性(见10.6)来测量。

合格检验方法的精确性是通过它的再现性来测量的。

验收检验方法和以生产控制为目的检验方法的精确性是通过它的重复性来测量的。

10.6 再 现 性

抗压强度测量方法的再现性,是同一个水泥样品在不同试验室工作的不同操作人员,在不同的时间,用不同来源的标准砂和不同套设备所获得试验结果误差的定量表达。

对于28 d抗压强度的测定,在合格试验室之间的再现性,用变异系数表示,可要求不超过6%。

这意味着不同试验室之间获得的两个相应试验结果的差可要求(概率95%)小于约15%。

11 中国ISO标准砂和振实台代用设备的验收检验

11.1 总 则

按ISO 679进行水泥试验不能基于一种普遍可得的试验砂。因此在几种被视同为ISO标准砂的试验砂的必要的,也是可行的。

同样,国际标准不能要求试验室使用一种规定类型的振实设备,因此使用了“代用材料和设备”的术语。显然这种自由选择不可避免要与国际标准的要求相联系,因而不得不对代用物作某些限制。因此ISO 679标准的重要特点之一是代用物必须通过一个试验程序以保证按验收检验得到的强度结果不会因用代用物代替“基准”材料或设备而受到明显影响。

验收检验程序应包含对一个新提出代用物符合本标准要求的鉴定试验和保证通过鉴定的代用物继续符合 ISO 679 标准的验证试验。

由于砂子和振实设备是两种最重要的代用物,对其检验分别在 11.6 和 11.7 中叙述,作为验收检验总的原则说明。

11.2 试验结果的确定

在一组三条棱柱体上测得的六个抗压强度算术平均值作为该组试验结果。

11.3 试验结果的计算

同 10.3。

11.4 试验方法的精确度

对于验收检验和生产控制为目的的试验方法的精确度是通过它的重复性来评定的(对于再现性,见 10.6)。

11.5 重复性

抗压强度试验方法的重复性是由同一个试验室在基本相同的情况下(相同的操作人员,相同的设备,相同的标准砂,较短时间间隔内等)用同一水泥样品所得试验结果的误差来定量表达。

对于 28 d 抗压强度的测定,一个合格的试验室在上述条件下的重复性以变异系数表示,可要求在 1%～3%之间。

11.6 中国 ISO 标准砂

11.6.1 中国 ISO 标准砂的鉴定试验

作为中国 ISO 标准砂应通过规定的鉴定。

鉴定试验以 28 d 抗压强度为依据,并由鉴定试验室来承担,按本标准规定的程序进行。

鉴定试验室应进行国际合作,并参加合作试验计划以保证中国生产的标准砂长期与基准砂质量的一致性。

11.6.2 砂子的验证试验

验证试验程序是中国 ISO 标准砂生产更换年度证书所要求的。它包括鉴定机构对一个随机砂样的年度试验和该机构对砂子生产质量控制检验记录的检查。

验证试验项目和鉴定试验相同。

砂子生产质量控制检验由厂家试验室或鉴定试验室定期进行(在连续生产情况下每月一次)。作为验证程序的一个部分,应提供至少三年的质量控制试验结果记录供鉴定机构检查。

11.6.3 中国 ISO 标准砂的鉴定试验方法

11.6.3.1 总则

在初生产的至少三个月期间,由鉴定机构对要作为中国 ISO 标准砂的推荐砂取三个独立的砂样进行鉴定试验。

与 ISO 基准砂进行对比试验,应将这三个砂样中的每一个砂样用鉴定机构为对比目的选取的三个水泥中的每一个来进行。

在 28 d 龄期，这些对比试验的每一个，使相应砂样可以验收时，此推荐的砂子可接受作为一种 ISO 标准砂。

11.6.3.2　验收指标

用推荐砂最终测得的水泥 28 d 抗压强度与用 ISO 基准砂获得的强度结果相差在 5%以内为合格。

11.6.3.3　每个对比试验步骤

每个中国 ISO 标准砂推荐砂样和 ISO 基准砂各制备一批胶砂试体，共用 20 对试模制备。这两批胶砂中的每一对为一组，每组应按本标准一个接着另一个进行试体成型，各组顺序可以打乱。经 28 d 养护后，对两批各对的全部六条试体进行抗压强度试验，并按 10.3 计算每种砂子的试验结果，推荐 ISO 标准砂结果为 x，ISO 基准砂结果为 y。

11.6.3.4　每个比对试验的评定

计算下列参数：

a)20 组中由 ISO 基准砂制备的所有 20 个的抗压强度平均值 $\overline{y}$；

b)20 组中由推荐中国 ISO 标准砂制备的所有 20 上的抗压强度平均值 $\overline{x}$；

计算 $D=100(\overline{x}-\overline{y})/\overline{y}$，精确至 0.1，不计正负。

11.6.3.5　离差处理

如果出现超差，计算下列参数：

a)每对试验结果的代数差 $\Delta=x-y$；

b)结果平均差 $\overline{\Delta}=\overline{x}-\overline{y}$；

c)差值的标准偏差 S；

d)$3S$ 的值；

e)如 Δ 最高值即 Δ_{max} 和 $\overline{\Delta}$ 之间，Δ 最低值即 Δ_{min} 和 $\overline{\Delta}$ 之间的差中有一个大于 $3S$，应剔除有关值(Δ_{max} 或 Δ_{min})，并重复计算剩下的 19 个差值。

11.6.3.6　验收要求

按 11.6.3.4 计算的三个 D 中的每一个都小于 5 时，此推荐中国 ISO 标准砂通过鉴定，该砂可作为中国 ISO 标准砂。当计算 D 值有一个或多个等于或大于 5 时该砂不能通过鉴定，该砂不能作为中国 ISO 标准砂。必须对原砂或工艺过程进行调整。并重新鉴定。

11.6.4　中国 ISO 标准砂的验证试验方法

11.6.4.1　鉴定机构的年度检验

由鉴定机构从生产厂抽取一个单独的随机砂样，并按 11.6.3.3 叙述的总的操作步骤用检验机构为验证专门选取的一种水泥试样进行试验。

按 11.6.3.4 计算 D 值小于 5 时，该砂样被认为符合验证试验要求。如果 D 值等于或大于 5 时，应按 11.6.1 全部鉴定检验操作步骤再试验三个随机砂样。

11.6.4.2　砂子生产的月检

砂生产者应按 11.6.4.1 验证检验办法进行月检，以鉴定机构为月检而选的一种水泥，用这个月生产的一个随机砂样与已鉴定合格的 ISO 标准砂至少进行 10 个样品的比对。

如果按 11.6.3.4 计算的 D 值，在连续 12 个月比对检验中大于 2.5 的超过 2 次，就应通知鉴定机构，并应按 11.6.1 进行三个随机样品的全部鉴定试验程序。

11.7 振实台代用设备的检验

中国的振实台代用设备为全波振幅 0.75 mm±0.02 mm,频率为 2 800～3 000 次/min 的振动台,其结构和配套漏斗如图 7、图 8。它的制造应符合 JC/T 723 的有关要求。

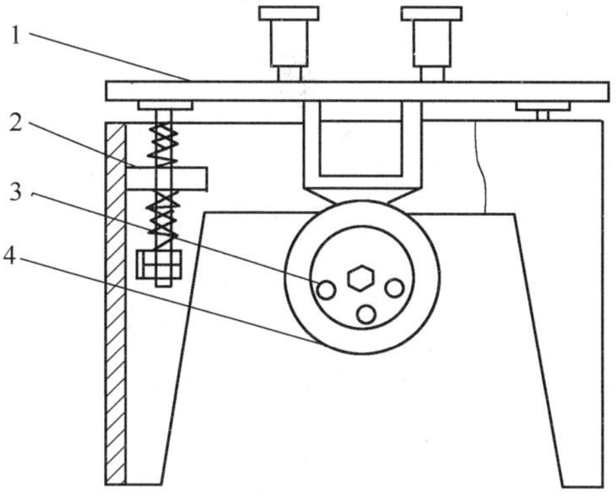

图 7　胶砂振动台

1—台板;2—弹簧;3—偏重轮;4—电机

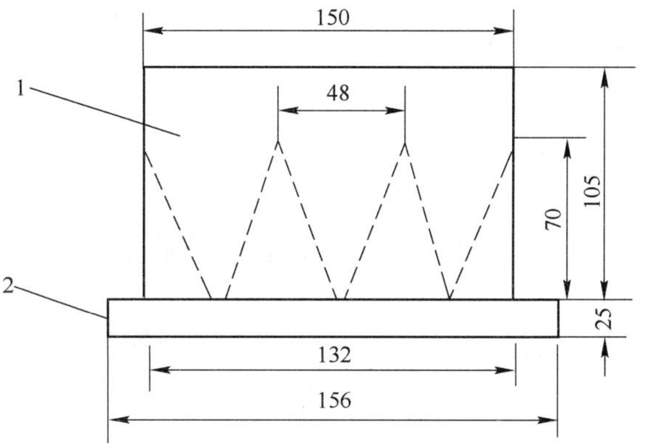

图 8　下料漏斗

1—漏斗;2—模套

11.7.1 总则

当要求进行代用振实设备验收时,检验机构应选择三套能从市场买到的设备,并排放在检定机构试验室内符合 4.2.5 要求标准设备的旁边。

试验设备应附有:

——详细的设计和结构技术说明书;

——操作说明书;

——保证正常运行的检测项目;

——推荐振实操作的详细说明。

检验机构应对设备在试验条件下的技术性能和所提供的技术说明书进行仔细比较。然后应进行三组比对试验,即每台用检验机构为此目的选取三个水泥中每一个水泥样和 ISO 基准砂来进行。

当三组试验的每一个都可以通过代用设备的验收试验时,该推荐振实设备被认为是可接受的代用品。

11.7.2 代用设备

11.7.2.1 验收指标

用该设备的振实方法最终所得的 28 d 抗压强度与按 ISO 679 规定方法所得强度之差在 5%以内为合格。

11.7.2.2 每个比对试验步骤

用为此目的选取的水泥试样,制备两组 20 对胶砂,一组用推荐的代用振实设备振实成型试件,另一组用标准振实设备振实。

两组中每一对应一个接一个地制备,各对次序可以打乱,振实后的棱柱体(试件)的处理按本标准的规定进行。

养护 28 d 后,对两组的所有六个棱柱体进行抗压强度试验,每种振实试验方法的结果应按 11.3 进行计算,推荐的代用设备振实的为 x,标准振实台的为 y。

11.7.2.3　每个比对试验的评定

计算下列参数：

a)20 组中用标准设备振实的所有 20 个的抗压强度平均值 $\overline{y}$；

b)20 组中用推荐代用设备振实的所有 20 个的抗压强度平均值 $\overline{x}$。

计算 $D=100(\overline{x}-\overline{y})/\overline{y}$，精确至 0.1，正负不计。

11.7.2.4　超差处理

见 11.6.3.5。

11.7.2.5　推荐代用设备的验收要求

当按 11.7.2.3 计算的三个 D 值的每一个都小于 5 时，应认为这个代用设备可以接受。

在这种情况下该种设备的技术说明应附在 4.2.5 所述设备的后面，其振实操作说明应附在 7.2 操作程序的后面。

当其中一个或多个计算的 D 值等于或大于 5 时，这个代用设备不能通过鉴定。

铝粉　第1部分:空气雾化铝粉

目　　次

3 要 求

3.1 牌 号

3.1.1 铝粉牌号采用“FLPA”加二至四位数字(或数字后再加一位英文字母)的形式表示，如表1。

3.1.2 牌号中的“FLPA”为空气雾化铝粉的标识代号。

3.1.3 牌号中的数字代表铝粉筛分试验选择的筛网最大孔径。

3.1.4 牌号中的字母标识筛分试验所选筛网最大孔径相同的粉末中，粒度分布不同和(或)松装密度等物理性能有差异的不同粉末。

3.2 粒度分布、松装密度及典型用途

铝粉的粒度分布、松装密度及典型用途如表1所示。需方对粒度分布、松装密度有特殊要求时，可与供方另行协商。

表 1

牌 号	粒度分布		松装密度/(g/cm^3) ≥	典型用途示例	备 注
	粒度/μm	质量分数/% ≤			
FLPA2500	≥2 500	0.3	—	冶金及特种铁合金行业	代替 FLG1[1)]
	<200	15			
FLPA1000	≥1 000	0.3	—	冶金及特种铁合金行业	代替 FLG2[2)]
	<200	15			
FLPA630	≥630	0.3	0.96	烟火及炸药行业	代替 FLP1[2)]
	≥450	12			
	<250	20			
FLPA500	≥500	0.3	—	冶金行业	代替 FLG3[1)]
FLPA450	≥450	0.3	0.96	烟火及炸药行业	代替 FLP2[2)]
	≥250	10			
	<140	20			
FLPA280	≥280	10	0.96	烟火及焊接行业	—
	<180	40			
FLPA250	≥250	0.3	0.96	烟火及炸药行业	代替 FLP3[2)]
	≥160	10			
	<100	30			
FLPA180	≥180	10	0.96	烟火、摩擦材料及焊接行业	—
	<140	45			
FLPA160A	≥160	0.3		冶金及化工行业	代替 FLG4[1)]
FLPA160B	≥160	10	0.96	烟火及化工行业	—
	<125	50			

续上表

牌号	粒度分布		松装密度/(g/cm³) ≥	典型用途示例	备注
	粒度/μm	质量分数/% ≤			
FLPA140	≥140	0.3	0.97	炸药及焊接行业	代替 FLP4[2)]
	≥100	15			
FLPA125	≥125	0.3	—	化工及耐火材料行业	—
FLPA80	≥80	5	—	耐火材料行业	—
注:经供需双方商定并在合同中注明,可供应其他牌号的铝粉					
1)原 GB/T 2082—1989 中的牌号。 2)原 GB/T 2085—1989 中的牌号。					

3.3　化学成分

铝粉化学成分应符合表2的规定。

表　2

牌号	质量分数/%					
	Al[1)] ≥	活性铝 ≥	杂质≤			
			Fe	Si	Cu	H_2O
FLPA2500	98	—	0.5	0.5	0.1	0.2
FLPA1000	98	—	0.5	0.5	0.1	0.2
FLPA630	—	97	0.5	0.5	0.1	0.2
FLPA50	98	—	0.5	0.5	0.1	0.2
FLPA450	—	97	0.5	0.5	0.1	0.2
FLPA280	—	95	0.5	0.5	0.1	0.1
FLPA250	—	96	0.5	0.5	0.1	0.2
FLPA180	—	95	0.5	0.5	0.1	0.1
FLPA160A	98	—	0.5	0.5	0.1	0.2
FLPA160B	98	95	0.5	0.5	0.1	0.1
FLPA140	—	96	0.5	0.5	0.1	0.2
FLPA125	98	—	0.5	0.5	0.1	0.2
FLPA10	98	—	0.5	0.5	0.1	0.2
1)铝含量采用差减法计算求得,即为100%减去杂质含量总和($Fe+Si+Cu+H_2O$)						

3.4　外观要求

3.4.1　铝粉呈银灰色和灰色。

3.4.2　铝粉中应无夹杂物和粉块。

4 试验方法

4.1 铝粉的粒度分布按 YS/T 617.6 规定的机械振动筛分法进行测定。
4.2 铝粉的松装密度按 YS/T 617.8 规定的容量计法进行测定。
4.3 活性铝量按 YS/T 617.1 的规定进行测定。
4.4 杂质 Fe、Si、Cu 等元素的质量分数按 GB/T 6987 规定的方法进行测定；水分按 YS/T 617.3 规定的方法进行测定。
4.5 外观用肉眼检查。

5 检验规则

5.1 检查和验收

5.1.1 铝粉应由供方质量检验部门进行检验，并保证产品质量符合本部分的规定。
5.1.2 需方可对收到的铝粉按本部分的规定进行检验。当检验结果与本部分的规定不符时，从收到商品之日起三个月内以书面形式向供方提出，由供需双方协商解决。如需仲裁时，由需方在供需双方共同取样检验判断。

5.2 组　批

空气雾化铝粉应成批提交验收，每批由同一牌号的铝粉组成，批重不得超过 5 000 kg。如需方对批重有特殊要求，可与供方协商，并在合同中注明。

5.3 检验项目

每批产品入库和出厂前都应进行外观质量、粒度分布、松装密度和化学成分的检验。需方有特殊要求时，由供需双方协商，并在合同中注明。

5.4 取　样

5.4.1 每批空气雾化铝粉应按照 GB/T 5314 的规定取样和分样，将所取样品混匀，用四分法缩分出不少于 250 g 的平均试样。
5.4.2 将平均试样分成两等份，一份供检验分析用，另一份封装于密闭的容器中，交实验室封存 6 个月供备查。

5.5 检验结果的判定

5.5.1 当化学成分不符合本部分的规定时，判该批产品不合格。
5.5.2 当粒度分布或松装密度检验结果不符合本部分规定时，从该批中重取双倍件数，对不符合本部分规定的项目进行重复试验。如果重复试验结果仍不符合本部分规定，则判该批粉末不合格。但经双方协商同意，可逐件检验，合格者交货。

6　包装、标志、贮存、运输

6.1　包　　装

6.1.1　铝粉采用金属容器或纸箱或塑料编织袋内衬塑料袋复合包装。内、外包装应封闭严密,完整无损。每件全重不得超过 60 kg。

6.1.2　铝粉采用密封性能好的塑料袋作为内包装。塑料袋用聚乙烯制造,膜的厚度不得小于 0.1 mm。塑料袋接缝和封口处应热合牢固,无硬伤、孔洞、污垢,其物理、机械性能符合 GB/T 4456 的规定。

6.1.3　铝粉外包装用塑料编织袋应为防水、防撒漏型,内粘塑料薄膜;外包装用金属容器应做好防锈处理,其内、外表面应干燥、光滑,无毛刺、无破损,并符合 GB 12463—1990。

6.1.4　铝粉外包装用纸箱应具有一定的弯曲性能,折缝时应无裂缝,装配时无破裂或表皮断裂,板层间粘合牢固。封口采用胶带粘贴。

6.1.5　需方对产品包装有其他特殊要求时,由供需双方另行协商,并在合同中注明。

6.2　标　　志

在每个包装上用油漆或其他不易退色的颜料注明:

a)生产单位名称、商标;

b)牌号;

c)批号;

d)净重;

e)本部分编号;

f)生产日期;

g)危验货物标志,标志的尺寸、颜色和使用方法执行 GB 190—1990 的规定。

6.3　质量证明书

每批产品应附有产品质量证书,注明:

a)生产厂名称、地址、电话;

b)产品名称;

c)牌号;

d)批号;

e)件数和净重;

f)检验结果和生产单位质量监督检验部门印记;

g)本部分编号;

h)出厂日期。

6.4　装卸及运输

6.4.1　铝粉包装后在装卸、运输作业时,应做到轻装轻卸,严禁摔、碰、撞、击、拖拉、倾倒和滚动。不允许与火种接近。

6.4.2　铝粉应用棚车或集装箱运输。车辆应做好防静电措施。

6.5 贮　　存

铝粉应贮存在通风、干燥的库房内，严禁与氧化剂、酸类、碱类混合贮存，并避免阳光直晒。

6.6 其　　他

其他要求按 GB/T 3199。

7　订货单（或合同）内容

订购本部分中的产品的订货单（或合同）应包括以下内容：

a）产品名称；

b）牌号；

c）重量；

d）本部分编号；

e）本部分规定的应在合同中注明的事项；

f）增加本部分以外内容时的协商结果。

硅酸盐水泥熟料

目　次

4 要 求

4.1 化学性能

本标准规定的各类水泥熟料应符合表 1 的基本化学性能。

低碱、中抗硫酸盐、高抗硫酸盐、中热和低热水泥熟料还应符合表 2 中相应的特性化学性能。

4.2 物理性能

水泥熟料的物理性能按制成 GB 175 中的Ⅰ型硅酸盐水泥的性能来表达。

4.2.1 凝结时间

初凝不得早于 45 min，终凝不得迟于 390 min。

4.2.2 安定性

沸煮法合格。

表 1 基本化学要求

f-CaO（质量分数）/%	MgO[a]（质量分数）/%	烧失量（质量分数）/%	不溶物（质量分数）/%	SO_3[b]（质量分数）/%	$(3CaO \cdot SiO_2+2CaO \cdot SiO_2)$[c]（质量分数）/%	CaO/SiO_2 质量比
≤1.5	≤5.0	≤1.5	≤0.75	≤1.5	≥66	≥2.0

a 当制成Ⅰ型硅酸盐水泥的压蒸安定性合格时，允许放宽到 6.0%。

b 也可以由买卖双方商定。

c $3CaO \cdot SiO_2$ 和 $2CaO \cdot SiO_2$ 按下式计算：

$3CaO \cdot SiO_2=4.07CaO-7.60SiO_2-6.72Al_2O_3-1.43Fe_2O_3-2.85SO_3-4.07f\text{-}CaO$

$2CaO \cdot SiO_2=2.87SiO_2-0.75\times 3CaO \cdot SiO_2$

表 2 特性化学性能

类 型	$(Na_2O+0.658K_2O)$[a]（质量分数）/%	$3CaO \cdot Al_2O_3$[b]（质量分数）/%	f-CaO（质量分数）/%	$3CaO \cdot SiO_2$（质量分数）/%	$2CaO \cdot SiO_2$（质量分数）/%
低碱水泥熟料	≤0.60	—	—	—	—
中抗硫酸盐水泥熟料	—	≤5.0	≤1.0	>57.0	—
高抗硫酸盐水泥熟料	—	≤3.0	—	<52.0	—
中热水泥熟料	≤0.60	≤6.0	≤1.0	<55.0	—
低热水泥熟料	≤0.60	≤6.0	≤1.0	—	≥40

a 或由买卖双方协商确定。

b $3CaO \cdot Al_2O_3$ 按下式计算：

$3CaO \cdot Al_2O_3=2.65Al_2O_3-1.69Fe_2O_3$

4.2.3 抗压强度

各类水泥熟料的抗压强度不低于表 3 的数值。

表 3　水泥熟料抗压强度

类　型	抗压强度/MPa		
	3d	7d	28d
通用、低碱水泥熟料	26.0	—	52.5
中热、中抗、高抗硫酸盐水泥熟料	18.0	—	45.0
低热水泥熟料	—	15.0	45.0

4.3　其他要求

不带有杂物，如耐火砖、垃圾、废铁、炉渣、石灰石、粘土等。

5　试验方法

5.1　化学性能

化学性能按 GB/T 175 进行，矿物组成按表 1 和表 2 注中的公式计算。

5.2　物理性能

水泥熟料物理性能的检验，是通过将水泥熟料在 ϕ500 mm×500 mm 化验室统一小磨中与符合 GB 175 规定的二水石膏一起磨细至 350 m^2/kg±10 m^2/kg，80 μm 筛余（质量分数）≤4%制成Ⅰ型硅酸盐水泥后来进行的。制成的水泥中 SO_2 含量（质量分数）应在 2.0%～2.5%范围内（也可按双方约定）。所有的试验（除 28 d 强度外）应在制成水泥后 10 d 中完成。

注 1：为了尽量保证制成水泥的颗粒级配相近，建议人磨熟料颗粒小于 5 mm。

注 2：为了尽量保证制成水泥的颗粒级配相近，建议经常性的检查小磨的球配。

5.2.1　细度

比表面积按 GB/T 8074 进行。

筛余按 GB/T 1345 进行。

5.2.2　凝结时间、安定性

按 GB/T 1346 检验。

5.2.3　压蒸安定性

按 GB/T 750 检验。

5.2.4　抗压强度

按 GB/T 17671 检验。

5.3　其他要求

目测检查。

6　验收规则

6.1　编号及取样

熟料出厂时的编号和取样按不超过 4 000 t 为一编号和取样单位，或双方合同约定。

熟料取样应有代表性,可连续取,亦可从 20 个以上不同部位取等量样品,总量至少 22 kg。所取熟料样品按本标准第 5 章规定的方法进行检验,检验项目包括需要对产品进行考核的全部技术要求。具体取样方法由买卖双方商定。

6.2 检　验

水泥熟料出厂时应进行检验,检验项目为标准规定的所有要求。

6.3 检验报告

检验报告内容应包括水泥熟料种类、检验项目、属旋窑立窑生产及合同约定的其他技术要求。当用户需要时,生产者应在水泥熟料发出之日起 10 d 内寄发除 28 d 强度以外的各项检验结果,32 d 内补报 28 d 强度的检验结果。

6.4 合格判定

6.4.1 除“其他要求”外,检验结果符合本标准规定的所有技术要求为合格品。

6.4.2 除“其他要求”外,检验结果不符合本标准规定的任何一项技术要求为不合格品。

7 交货和验收

交货时,熟料的质量验收可抽取熟料实物试样以其检验结果为依据,也可以生产厂出具的检验报告为依据。采取何种方法验收由买卖双方商定,并在合同或协议中注明。

以抽取实物熟料试样的检验结果为依据时,买卖双方应在发货前或交货地共同取样和签封。所取样品缩分为二等份,一份熟料由卖方密封保存 40 d,一份由买方按本标准规定的项目和方法进行检验。

以生产厂的检验报告为验收依据时,在发货前或交货时买方(或委托卖方)在同编号熟料中抽取试样,双方共同签封后保存三个月。

发生争议时,以省级以上质检机构的结果为准。

以上封存的样品和试验样品应密封并注意防潮。

8 运输和贮存

硅酸盐水泥熟料应按品种运输和贮存,防潮,不能与其他物品相混杂。

环形混凝土电杆

目　次

4 分 类

4.1 产品按外形分为锥形杆(Z)和等径杆(D)两种,见图1。若按产品的不同配筋方式,可分为钢筋混凝土电杆、预应力混凝土电杆和部分预应力混凝土电杆。

4.2 锥形杆和等径杆均有整根杆和组装杆之分。

电杆梢径(或直径)、长度见表1、表2、表3、表4和表5。

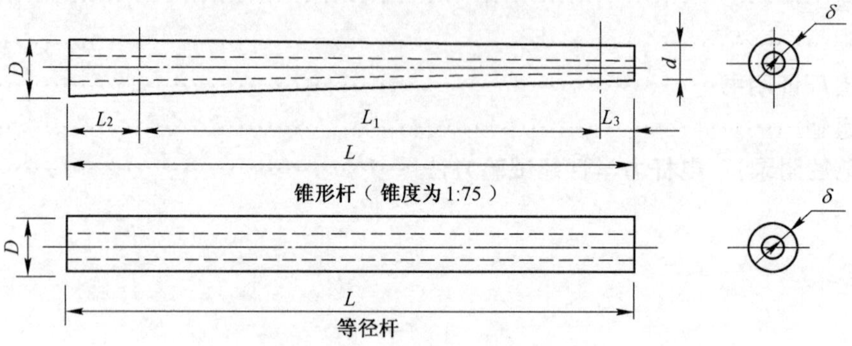

图1　锥形杆和等径杆示意图

L—杆长;L_1—荷载点高度;L_2—支持点高度;L_3—梢端至荷载点距离(为0.25m);
D—根径或直径;d—梢径;δ—壁厚。

表 1　整根钢筋混凝土锥形杆开裂检验弯矩

单位为千牛米

L/m	L_1/m	L_2/m	梢径/mm																								
			130			150						170					190								230		
			开裂检验荷载 P/kN																								
			A 1.00	B 1.25	C 1.50	B 1.25	C 1.50	D 1.75	E 2.00	F 2.25	G 2.50	D 1.75	E 2.00	F 2.25	G 2.50	H 2.75	F 2.25	G 2.50	H 2.75	I 3.00	J 3.50	K 4.00	L 5.00	M 6.00	L 5.00	M 6.00	N 7.00
6.00	4.75	1.00	4.75	5.94	7.12	5.94	7.12	8.31	9.50	10.69	11.88																
6.50	5.15	1.10	5.15	6.44	7.72	6.44	7.72	9.01	10.30	11.59	12.88																
7.00	5.55	1.20	5.55	6.94	8.32	6.94	8.32	9.71	11.10	12.49	13.88	9.71	11.10	12.49	13.88							22.20					
7.50	6.00	1.25	6.00	7.50	9.00	7.50	9.00	10.50	12.00	13.50	15.00																
8.00	6.45	1.30	6.45	8.06	9.68	8.06	9.68	11.29	12.90	14.51	16.12	11.29	12.90	14.51	16.12		14.51	16.13									
8.50	6.85	1.40					10.28	11.99	13.70	15.41	17.12																
9.00	7.25	1.50				9.06	10.88	12.69	14.50	16.31	18.12	12.69	14.50	16.31	18.12		16.31			21.75	25.38	29.00	36.25				
10.00	8.05	1.70					12.08	14.09	16.10	18.11	20.12	14.09	16.10	18.11	20.12	22.14	18.11	20.12	22.14	24.15							
11.00	8.85	1.90						15.49					17.70	19.91	22.12	24.34	19.91	22.12	24.34	26.55							
12.00	9.75	2.00											19.50	21.94	24.38	26.81	21.94	24.38	26.81	29.25	34.12	39.00	48.75	58.50	48.75	58.50	68.25
13.00	10.55	2.20															23.74	26.38	29.01	31.65	36.93	42.20	52.75	63.30	52.75	63.30	73.85
15.00	12.25	2.50															27.56	30.62	33.69	36.75	42.88	49.00	61.25	73.50	61.25	73.50	85.75

注 1：用悬臂式试验时开裂检验弯矩(M_k)即在开裂检验荷载作用下支持点断面处的弯矩。对特殊电杆可根据工程需要确定支持点高度。

注 2：电杆承载力检验弯矩 $M_u=\beta_u \cdot M_k$，β_u——承载力综合检验系数，取 2.0。

注 3：A、B、C、D……，是不同开裂检验荷载的代号。

注 4：经供需双方协议，也可生产其他承载力检验弯矩的电杆。

注 5：杆长≥12m 的电杆可采用分段制作。分段制作的电杆，必须组装后进行力学性能检验。

注 6：按照上级主管部门批准的图纸或用户提供的图纸产生的产品，则根据图纸注明的要求进行检验。

表 2　组装钢筋混凝土锥形杆开裂检验弯矩

单位为千牛米

L/m	L_1/m	L_2/m	梢径/mm																	
			190			210			230				270				310			
			开裂检验荷载 P/kN																	
			K 4.00	L 5.00	M 6.00	K 4.00	L 5.00	M 6.00	K 4.00	L 5.00	M 6.00	N 7.00	L 5.00	M 6.00	N 7.00	O 8.00	M 6.00	N 7.00	O 8.00	P 9.00
12	9.75	2.00	39.00	48.75	58.50	39.00	48.75	58.50	39.000	8.75	58.50	68.25	48.75	58.50	68.25	78.00	58.50	68.25	78.00	87.25
13	10.55	2.20	42.20	52.75	63.30	42.20	52.75	63.30	42.20	52.75	63.30	73.85	52.75	63.30	73.85	84.40	63.30	73.85	84.40	94.95
15	12.25	2.50	49.00	61.25	73.50	49.00	61.25	73.50	49.00	61.25	73.50	85.75	61.25	73.50	85.75	98.00	73.50	85.75	98.00	110.25
18	15.25	2.50	61.00	76.2	91.50	61.00	76.25	91.50	61.00	76.25	91.50	106.75	76.25	91.50	106.70	122.00	91.50	106.70	122.00	137.25
21	18.25	2.50	73.00	91.25	109.50	73.00	91.25	109.50	73.00	91.25	109.50	127.75	91.25	109.50	127.75	146.00	109.50	127.75	146.00	
24	21.25	2.50							85.00	106.25	127.50		106.25	127.50	148.50		127.50	148.75		
27	24.25	2.50							97.00	121.25			121.25	145.50			145.50			

注 1：用悬臂式试验时开裂检验弯矩(M_k)即在开裂检验荷载作用下支持点断面处的弯矩。对特殊电杆可根据工程需要确定支持点高度。

注 2：电杆承载力检验弯矩 $M_u=\beta_u \cdot M_k$，β_u——承载力综合检验系数，取 2.0。

注 3：K、L、M、N……，是不同开裂检验荷载的代号。

注 4：经供需双方协议，也可生产其他承载力检验弯矩的电杆。

注 5：生产条件许可或工程需要也可整根生产。分段制作的电杆，必须组装后进行力学性能检验。

注 6：按照上级主管部门批准的图纸或用户提供的图纸生产的产品，则根据图纸注明的要求进行检验。

表 3　整根预应力、部分预应力混凝土锥形杆开裂检验弯矩

单位为千牛米

L/m	L_1/m	L_2/m	梢径/mm																									
			130			150								170					190							230		
			开裂检验荷载 P/kN																									
			A 1.00	B 1.25	C 1.50	B 1.25	C 1.50	C_1 1.65	D 1.75	E 2.00	F 2.25	G 2.50	I 3.00	D 1.75	E 2.00	G 2.50	I 3.00	J 3.50	E 2.00	G 2.50	I 3.00	J 3.50	K 4.00	L 5.00	M 6.00	L 5.00	M 6.00	N 7.00
6.00	4.75	1.00	4.75	5.94	7.12	5.94	7.12	7.84	8.31	9.50		11.88																
6.50	5.15	1.10	5.15	6.44	7.72	6.44	7.72	8.50	9.01	10.30	11.59																	
7.00	5.55	1.20	5.55	6.94	8.32	6.94	8.32	9.16	9.71	11.10	12.49	13.88		9.71	11.10	13.88			11.10		16.65		22.20					
7.50	6.00	1.25	6.00	7.50	9.00	7.50	9.00	9.90	10.50	12.00																		
8.00	6.45	1.30	6.45	8.06	9.68	8.06	9.68	10.64	11.29	12.90	14.51	16.12	19.35	11.29	12.90	16.12			12.90		19.35		25.80					
8.50	6.85	1.40					10.28	11.30																				
9.00	7.25	1.50			10.88	9.06	10.88	11.96	12.69	14.50	16.31	18.12	21.75	12.69	14.50	18.12	21.75	25.38	14.50		21.75	25.38	29.00	36.25				
10.00	8.05	1.70					12.08	13.28	14.08	16.10	18.11	20.12	24.15	14.08	16.10	20.12	24.15	28.18	16.10	20.12	24.15							
11.00	8.85	1.90					13.28		15.49						17.70		26.55		17.70	22.12	26.55							
12.00	9.75	2.00													19.50	24.38			19.50	24.38	29.25	34.12	39.00	48.75	58.50	48.75	58.50	68.25
13.00	10.55	2.20																	21.10	26.38	31.65	36.93	42.20	52.75	63.30	52.75	63.30	73.85
15.00	12.25	2.50																	24.50	30.62	36.75	42.88	49.00	61.25	73.50	61.25	73.50	85.75

注 1:用悬臂式试验时开裂检验弯矩(M_k)即在开裂检验荷载作用下支持点断面处的弯矩。对特殊电杆可根据工程需要确定支持点高度。

注 2:电杆承载力检验弯矩 $M_u=\beta_u \cdot M_k$,β_u——承载力综合检验系数,取 2.0。

注 3:A、B、C、D……,是不同开裂检验荷载的代号。

注 4:经供需双方协议,也可生产其他承载力检验弯矩的电杆。

注 5:杆长≥12m 的电杆可采用分段制作。分段制作的电杆,必须组装后进行力学性能检验。

注 6:按照上级主管部门批准的图纸或用户提供的图纸生产的产品,则根据图纸注明的要求进行检验。

表 4　组装预应力、部分预应力混凝土锥形杆开裂检验弯矩

单位为千牛米

L/mm	L_1/m	L_2/m	梢径/mm																					
			190			210			230				270				310				350				
			开裂检验荷载 P/kN																						
			K 4.00	L 5.00	M 6.00	K 4.00	L 5.00	M 6.00	K 4.00	L 5.00	M 6.00	N 7.00	L 5.00	M 6.00	N 7.00	O 8.00	L 5.00	M 6.00	N 7.00	O 8.00	P 9.00	Q 10.00	I 11.00	S 13.00	T 15.00
12	9.75	2.00	39.00	48.75	58.50	39.00	48.75	58.50	39.00	48.75	58.50	68.25	48.75	58.50	68.25	78.00	48.75	58.50	68.25	78.00	87.75	97.50	107.25	126.25	146.25
13	10.55	2.20	42.20	52.75	63.30	42.20	52.75	63.30	42.20	52.75	63.30	73.85	52.75	63.30	73.85	84.40	52.75	63.30	73.85	84.40	94.95	105.50	116.05	137.15	158.25
15	12.25	2.50	49.00	61.25	73.50	49.00	61.25	73.50	49.00	61.25	73.50	85.75	61.25	73.50	85.75	98.00	61.25	73.50	87.75	98.00	110.25	122.50	134.75	159.25	183.75
18	15.25	2.50	61.00	76.25	91.50	61.00	76.25	91.50	61.00	76.25	91.50	106.75	76.25	91.50	106.70	122.00	76.25	91.50	106.70	122.00	137.25	152.50	167.75	198.25	228.75
21	18.25	2.50	73.00	91.25	109.50	73.00	91.25	109.50	73.00	91.25	109.50	127.75	91.25	109.50	127.75		91.25	109.50	127.75						
24	21.25	2.50							85.00	106.25	127.50		106.25	127.50			106.25	127.50							
27	24.25	2.50							97.00	121.25			121.25	145.50			121.25	145.50							

注 1:用悬臂式试验时开裂检验弯矩(M_k)即在开裂检验荷载作用下支持点断面处的弯矩。对特殊电杆可根据工程需要确定支持点高度。

注 2:电杆承载力检验弯矩 $M_u=\beta_u \cdot M_k$,β_u——承载力综合检验系数,取 2.0。

注 3:K、L、M、N……,是不同开裂检验荷载的代号。

注 4:经供需双方协议,也可生产其他承载力检验弯矩的电杆。

注 5:生产条件许可或工程需要也可整根生产。分段制作的电杆,必须组装后进行力学性能检验。

注 6:按照上级主管部门批准的图纸或用户提供的图纸生产的产品,则根据图纸注明的要求进行检验。

表 5 等径杆开裂检验弯矩

直径/mm	开裂检验弯矩(长度:3.0m、4.5m、6.0m、9.0m)/kN·m							
300	20	25	30	35	40	45		
400	40	45	50	55	60	70	80	90
500	70	75	80	85	90	95	100	105
550	90	115	135	155	180			

注 1:用简支式试验时,开裂检验弯矩(M_k)即在开裂检验荷载作用下两加荷点间断面处的最大弯矩。
注 2:电杆承载力检验弯矩 $M_u=\beta_u \cdot M_k$,β_u——承载力综合检验系数,取 2.0。
注 3:经供需双方协议,也可生产其他承载力检验弯矩的电杆。
注 4:按照上级主管部门批准的图纸或用户提供的图纸生产的产品,则根据图纸注明的要求进行检验。

5 原材料及构造

5.1 原材料

5.1.1 水泥

宜采用硅酸盐水泥、普通硅酸盐水泥、矿渣硅酸盐水泥、抗硫酸盐硅酸盐水泥或快硬硅酸盐水泥,其性能应分别符合 GB 175、GB 1344、GB 748 及 GB 199 的规定。

5.1.2 集料

细集料宜采用中粗砂,细度模数为 3.2～2.3。粗集料宜采用碎石和卵石,其最大粒径不宜大于 25 mm,且应小于钢筋净距的 3/4。砂、石的其他质量应分别符合 GB/T 14684、GB/T 14685 的规定。

5.1.3 水

混凝土拌合用水应符合 JGJ 63 的规定。

5.1.4 外加剂

外加剂的质量应符合 GB 8076 的规定,严禁使用氯盐类外加剂或其他对钢筋有腐蚀作用的外加剂。

5.1.5 掺合剂

掺合料不得对电杆产生有害影响,使用前必须进行试验验证。

5.1.6 钢材

5.1.6.1 普通纵向受力钢筋

宜采用热轧带肋钢筋或热轧光圆钢筋,其性能应分别符合 GB 1499、GB 13013 的规定。

5.1.6.2 预应力纵向受力钢筋

宜采用预应力混凝土用钢丝、钢绞线和钢棒(热处理钢筋),其性能应分别符合 GB/T 5223—2002、GB/T 5224—2003 和 GB/T 5223.3—2005 的规定。

5.1.6.3 架立圈钢

宜采用热轧光圆钢筋、冷拔低碳钢丝,其性能应分别符合 GB 13013、JGJ 19—1992 的规定。

5.1.6.4 螺旋筋

宜采用冷拔低碳钢丝,其性能应符合 JGJ 19—1992 的规定。

5.2 构造

5.2.1 钢筋骨架

5.2.1.1 纵向受力钢筋沿电杆环向均匀配置,锥形杆不得少于 6 根,等径杆不得少于 8 根。

部分预应力混凝土电杆的纵向受力钢筋中，若需配置普通钢筋时，其根数不得少于6根。纵向受力钢筋直径不得大于壁厚的2/5。端面应平整，不应有局部弯曲，表面不得有油污。

5.2.1.2 预应力钢筋调直下料后，其下料长度相对误差应不大于钢筋长度的1.5/10 000。

5.2.1.3 预应力钢筋不得有接头；普通钢筋允许有接头，连接时应采用对焊连接，其接头技术要求应符合GB/ 50204—2002的规定。

5.2.1.4 纵向受力钢筋净距不宜小于30 mm，锥形杆小头不宜小于25 mm。当配筋太密时，可采取双根并列布置。

5.2.1.5 纵向受力钢筋内侧应设架立圈，架立圈钢筋直径宜采用5 mm～8 mm。其间距对于钢筋混凝土电杆不宜大于500 mm，对于预应力、部分预应力混凝土电杆不宜大于1 000 mm。

5.2.1.6 预应力钢筋镦头的强度不得低于该材料标准强度的95％。

5.2.1.7 电杆在其全部长度范围内均应配置螺旋钢筋。螺旋钢筋直径宜采用2.5 mm～6 mm，其间距不宜大于120 mm，距两端各1.5 m之内的间距不宜大于70 mm。

5.2.1.8 骨架成型后，各部尺寸应符合下列要求：

a)纵向受力钢筋间距偏差不得超过±5 mm；

b)螺旋筋应缠于纵向受力钢筋外，其间距偏差不得超过±10 mm；

c)架立圈间距偏差不得超过±20 mm，垂直度偏差不得超过架立圈直径的1/40。

5.2.2 电杆接头、预埋件及预埋孔。

5.2.2.1 电杆分段制造时，接头可采用钢板圈、法兰盘或其他接头形式。

5.2.2.2 纵向受力钢筋与连接件的连接：预应力钢筋宜采用先穿筋后镦头的方法，镦头的承力面应在同一平面内；普通钢筋应采用焊接，焊接质量应符合GB 50204—2002的规定。

5.2.2.3 电杆接头强度不得低于接头处断面承载能力。

5.2.2.4 预埋件、预留孔及泄水孔按设计图纸设置，并清理干净。

5.2.2.5 接地螺母、脚钉母、接线盒等的外露金属部分应有明显标记。

5.2.3 当采用普通松弛预应力钢筋时，为减少预应力钢筋松弛影响，可采用超张拉，张拉程度及应力控制方法应符合GB 50204—2002的规定。

5.2.4 预应力钢筋不得断筋。

5.2.5 产品出厂前，梢端应力混凝土或砂浆封实。如有特殊要求，另行处理。

5.2.6 脱模后或出厂前，电杆不带钢圈(或法兰盘)的一端或二端已外露的纵向受力钢筋头必须切除，并采取有效防腐措施处理。

6 要　求

6.1 混凝土抗压强度

6.1.1 钢筋混凝土电杆的混凝土强度等级不宜低于C40，脱模时混凝土抗压强度不宜低于20 MPa。

6.1.2 预应力混凝土电杆、部分预应力混凝土电杆的混凝土强度等级不宜低于C50，脱模时混凝土抗压强度不宜低于30 MPa。

6.2 外观质量

电杆的外观质量应符合表6的规定。

6.3 尺寸允许偏差

电杆外形尺寸应符合本标准要求或按设计图纸制造。尺寸允许偏差应符合表 7 的规定。

6.4 保护层厚度

纵向受力钢筋的净保护层厚度不得小于 15 mm。钢板圈、法兰盘接头端纵向受力钢筋顶部,必须采取有效防腐措施处理。保护层允许厚度偏差见表 7。

表 6 外观质量要求

序号	项目		项目类别	质量要求
1	表面裂缝		A	预应力混凝土电杆和部分预应力混凝土电杆不得有环向和纵向裂缝。钢筋混凝土电杆不得有纵向裂缝,环向裂缝宽度不得大于 0.05 mm。
2	漏浆	模边合缝处	A	模边合缝处不应漏浆。但如漏浆深度不大于 10 mm、每处漏浆长度不大于 300 mm、累计长度不大于杆长的 10%、对称漏浆的搭接长度不大于 100 mm 时,允许修补。
		钢板圈(或法兰盘)与杆身结合面	A	钢板圈(或法兰盘)与杆身结合面不应漏浆。但如漏浆深度不大于 10 mm、环向长度不大于 1/4 周长、纵向长度不大于 50 mm 时,允许修补。
3	局部碰伤		B	局部不应碰伤。但如碰伤深度不大于 10 mm、每处面积不大于 50 cm^2 时,允许修补。
4	内、外表面露筋		A	不允许
5	内表面混凝土塌落		A	不允许
6	蜂窝		A	不允许
7	麻面、粘皮		B	不应有麻面或粘皮。但如每米长度内麻面或粘皮总面积不大于相同长度外表面积的 5%时,允许修补。
8	钢板圈坡口至混凝土端面距离		B	不大于钢板厚度的 1.5 倍且不小于 20 mm。
注:表面裂缝中不计龟纹和水纹。				

6.5 力学性能

包括抗裂、裂缝宽度、承载力检验弯矩和挠度检验。以表 1、表 2、表 3、表 4、表 5 所列开裂检验弯矩或设计图纸作为检验依据,并应符合下列要求。

6.5.1 钢筋混凝土电杆加荷至开裂检验弯矩时,裂缝宽度应小于 0.20 mm。加荷至开裂检验弯矩卸荷后,残余裂缝宽度不得超过 0.05 mm。杆长小于 10 m 时,杆顶挠度应小于$(L_1+L_3)/35$;杆长大于等于 10 m、小于等于 12 m 时,杆顶挠度应小于$(L_1+L_3)/32$;杆长大于 12 m、小于等于 15 m 时,杆顶挠度应小于$(L_1+L_3)/25$。

6.5.2 预应力混凝土电杆加荷至开裂检验弯矩时,不得出现裂缝。锥形杆杆长小于或等于 12 m 时,杆顶挠度应小于$(L_1+L_3)/70$;杆长大于 12 m、小于等于 15 m 时,杆顶挠度应小于$(L_1+L_3)/50$。

6.5.3 部分预应力混凝土电杆加荷至开裂检验弯矩的 80%时,不得出现裂缝;加荷至开裂检验弯矩时,裂缝宽度应小于 0.10 mm。锥形杆杆长小于或等于 12 m 时,杆顶挠度应小于$(L_1+L_3)/50$;杆长大于 12 m、小于等于 15 m 时,杆顶挠度应小于$(L_1+L_3)/35$。

6.5.4　等径杆、杆长大于 15 m 的锥形杆及对挠度和裂缝宽度有特殊要求的锥形杆，其挠度和裂缝宽度由供需双方协议规定。

6.5.5　加荷至承载力检验弯矩时，不得出现下列任一种情况。

a)受拉区裂缝宽度达到 1.5mm 或受拉钢筋被拉断；

b)受压区混凝土破坏；

c)挠度：按悬臂式试验的锥形杆，杆顶挠度大于等于$(L_1+L_3)/10$；按简支式试验的等径杆：直径小于 400 mm，挠度大于等于 $L_0/50$；直径大于或等于 400 mm，挠度大于等于 $L_0/70$。

注：梢径在 310 mm 以上，长度在 8 m 以下的组装锥形杆杆段，不做挠度检验。

表 7　尺寸允许偏差

<table>
<tr><th>序号</th><th colspan="4">项　目</th><th>项目类别</th><th>质量要求/mm</th></tr>
<tr><td rowspan="2">1</td><td colspan="2" rowspan="2">杆长</td><td colspan="2">整根杆</td><td>B</td><td>+20
−40</td></tr>
<tr><td colspan="2">组装杆杆段</td><td>B</td><td>±10</td></tr>
<tr><td>2</td><td colspan="4">壁厚</td><td>A</td><td>+10
−2</td></tr>
<tr><td>3</td><td colspan="4">外径</td><td>B</td><td>+4
−2</td></tr>
<tr><td>4</td><td colspan="4">保护层厚度</td><td>A</td><td>+8
−2</td></tr>
<tr><td rowspan="2">5</td><td colspan="2" rowspan="2">弯曲度</td><td colspan="2">电杆梢径小于或等于 190</td><td>A</td><td>≤L/800</td></tr>
<tr><td colspan="2">电杆梢径或直径大于 190</td><td>A</td><td>≤L/1 000</td></tr>
<tr><td rowspan="3">6</td><td colspan="2" rowspan="3">端部倾斜</td><td colspan="2">杆底</td><td>B</td><td>≤5</td></tr>
<tr><td colspan="2">钢板圈</td><td>B</td><td>≤3</td></tr>
<tr><td colspan="2">法兰盘</td><td>B</td><td>≤2</td></tr>
<tr><td rowspan="11">7</td><td rowspan="11">预埋件</td><td rowspan="4">预留件</td><td colspan="2">纵向两孔间距</td><td>B</td><td>±4</td></tr>
<tr><td rowspan="2">横向</td><td>固定式</td><td>B</td><td>≤2</td></tr>
<tr><td>埋管式</td><td>B</td><td>≤3</td></tr>
<tr><td colspan="2">直径</td><td>B</td><td>+2</td></tr>
<tr><td rowspan="3">钢板圈</td><td colspan="2">厚度</td><td>B</td><td>+1
−0.8</td></tr>
<tr><td rowspan="2">内径</td><td>电杆外径≤400</td><td>B</td><td>±2</td></tr>
<tr><td>电杆外径>400</td><td>B</td><td>±3</td></tr>
<tr><td rowspan="4">法兰盘</td><td colspan="2">内外径</td><td>B</td><td>±2</td></tr>
<tr><td colspan="2">螺孔中心距</td><td>B</td><td>±1</td></tr>
<tr><td rowspan="2">端板厚度</td><td>铸造</td><td>B</td><td>+1.5
−0.5</td></tr>
<tr><td>焊接</td><td>B</td><td>±0.5</td></tr>
<tr><td>8</td><td colspan="4">钢板圈或法兰盘轴线与杆段轴线</td><td>B</td><td>≤2</td></tr>
<tr><td colspan="7">注：保护层厚度偏差为制造与设计的差数，但最小厚度必须符合 6.4 的规定。</td></tr>
</table>

7 试验方法

7.1 混凝土抗压强度

7.1.1 混凝土拌合物应在搅拌站或喂料工序中随机取样，制作立方体试件，3 个试件为一组。

7.1.2 每天拌制的同配合比的混凝土，取样不得少于一次，每次至少成型二组。一组试件与电杆同条件养护，另一组试件进行标准养护。

7.1.3 一组与电杆同条件养护的试件用于检验脱模强度；一组经标准养护的试件用于检验评定混凝土 28 d 抗压强度。

7.1.4 混凝土抗压强度试验方法应符合 GB/T 50081—2002 的规定。

7.2 外观质量和尺寸

外观质量和尺寸的检验工具与检验方法见表 8。

7.3 保护层厚度

保护层厚度检验工具与检验方法见表 8。

表 8 外观质量和尺寸的检验工具与检验方法

序号	检验项目	检 验 方 法	量具分度值/mm
1	裂缝宽度	用 20 倍读数放大镜测量，精确至 0.01 mm	0.01
2	漏浆长度	用钢卷尺测量，精确至 1 mm	1
3	漏浆深度	用深度游标卡尺测量，精确至 0.1 mm	0.10
4	碰伤长度	用钢卷尺(或钢直尺)测量，精确至 1 mm	1
5	碰伤深度	用深度游标卡尺测量，精确至 0.1 mm	0.10
6	内、外表面露筋	观察	
7	内表面混凝土塌落	观察	
8	蜂窝	观察	
9	麻面、粘皮	用钢卷尺(或钢直尺)测量，精确至 1 mm	1
10	钢板圈焊口距离	用钢直尺测量，精确至 1 mm	1
11	杆长	用钢卷尺测量，精确至 1 mm	1
12	壁厚	用钢直尺在同一断面互相垂直的两直径上测量四处壁厚，取其平均值，精确至 1 mm	0.5
13	外径	用钢直尺或卡尺在同一断面测量互相垂直的两直径，取其平均值，精确至 1 mm	1
14	保护层厚度	用深度游标卡尺测量 3 个点，每个断面测 1 点： a)锥形杆第 1 点在 B 支座处；第 2 点在距梢端 0.6 m 处；第 3 点在前面两点中间的任一处。 b)等径杆 1 点在中部；另两点在两端支座处，精确至 0.1 mm。	0.10

续上表

序号	检验项目	检验方法	量具分度值/mm
15	弯曲度	将拉线紧靠电杆的两端部，用钢直尺测量其弯曲处的最大距离，精确至 1 mm	0.5
16	端部倾斜	用 90°角度尺及 150 mm 长钢直尺测量，精确至 1 mm	0.5
17	预留孔直径及位置	用钢卷尺（或钢直尺）测量，精确至 1 mm	0.5
18	钢板圈内径	用钢卷尺或内卡测量，精确至 1 mm	0.5
19	钢板圈、法兰盘厚度	用游标卡尺测量，精确至 0.1 mm	0.10
20	钢板圈或法兰盘轴线与杆段轴线偏差	用吊锤及钢直尺测量，精确至 1 mm	0.5

7.4　力学性能

锥形杆采用悬臂式试验方法，等径杆采用简支式试验方法。电杆力学性能试验方法见附录 A。

8　检 验 规 则

8.1　检验分类

检验分为出厂检验和型式检验二类。

8.2　出厂检验

8.2.1　检验项目

混凝土抗压强度、外观质量、尺寸偏差（不包括保护层厚度）、抗裂、裂缝宽度和开裂检验弯矩时的挠度等。

8.2.2　批量

同材料、同工艺、同品种、同荷载级别、同规格的电杆，每 2 000 根为一批；但在 3 个月内生产总数不足 2 000 根但不少于 30 根时，也应作为一个检验批。

8.2.3　抽样、检验

8.2.3.1　混凝土抗压强度

28 d 混凝土抗压强度按 GBJ 107—1987 检验评定。

8.2.3.2　外观质量和尺寸偏差

从受检批中随机抽取 10 根电杆，逐根进行外观质量和尺寸偏差检验。

8.2.3.3　力学性能

从外观质量及尺寸偏差检验合格的样品中，随机抽取 1 根电杆进行开裂检验弯矩时的抗裂、裂缝宽度和挠度检验。

8.2.4　判定规则

8.2.4.1　外观质量和尺寸偏差

10 根受检电杆中：A 类项目的所有检查点必须全部合格；每项 B 类项目的超差不超过 2 个检查点，B 类项目的超差不超过 2 项，则判定该批产品的外观质量和尺寸偏差合格。

8.2.4.2 力学性能

开裂检验弯矩时的抗裂、裂缝宽度和挠度检验均符合本标准 6.5 规定时，判该批产品力学性能合格。如有 1 项不符合 6.5 规定时，允许从同批产品中抽取加倍数量电杆进行复检。复检结果如全部符合 6.5 规定时，则剔除原不合格的 1 根，判该批产品力学性能合格。复检结果如仍有 1 根电杆不符合 6.5 规定，则判该批产品力学性能不合格。

8.2.5 总判定

混凝土抗压强度、外观质量和尺寸偏差、力学性能均符合标准要求时，则判该批产品为合格。

8.3 型式检验

8.3.1 检验项目

混凝土抗压强度、外观质量、尺寸偏差、力学性能和保护层厚度检验等。

8.3.2 当有下列情况之一时，应进行型式检验：

a)新产品或老产品转厂生产的试制定型鉴定；

b)正式生产后如产品结构、原材料、生产工艺和管理有较大改变，可能影响产品性能时；

c)产品长期停产后，恢复生产时；

d)出厂检验结果与上次型式检验有较大差异时；

e)当相同产品连续生产 4 000 根或在 6 个月内生产总数不足 4 000 根时；

f)国家或地方质量监督检验机构提出进行检验时。

8.3.3 抽样、检验

8.3.3.1 混凝土抗压强度

同 8.2.3.1。

8.3.3.2 外观质量和尺寸偏差

同 8.2.3.2。

8.3.3.3 力学性能

从外观质量和尺寸偏差检验合格的电杆中随机抽取 2 根，进行力学性能检验。

8.3.3.4 保护层厚度

抽取 1 根经承载力检验弯矩检验合格的电杆，进行保护层厚度检验。

8.3.4 判定规则

8.3.4.1 外观质量和尺寸偏差

同 8.2.4.1。

8.3.4.2 力学性能

电杆抗裂、裂缝宽度、承载力检验弯矩和挠度检验时，2 根电杆均符合本标准 6.5 规定时，则判该批产品力学性能合格。2 根电杆中有 1 根不符合 6.5 规定时，允许从同批产品中抽取加倍数量电杆进行复检。复检结果如全部符合 6.5 规定时，则剔除原不合格的 1 根，判该批产品力学性能合格。复检结果如仍有 1 根电杆不符合 6.5 规定，则判该批产品力学性能不合格。2 根电杆都不符合 6.5 规定时，不得复检，判该批产品力学性能不合格。

8.3.4.3 保护层厚度

被测的 3 点，均符合 6.4 规定时，则判该批产品保护层厚度合格。3 点中有 1 点不符合 6.4 规定时，允许从同批产品中抽取加倍数量电杆进行复检。复检结果如全部符合 6.4 规定时，则剔除原不合格的 1 根，判该批产品保护层厚度合格。复检结果如仍有 1 点不符合 6.4 规定，则判该批产品保护层厚度不合格。3 点中有 3 点不符合 6.4 规定时，不得复检，判该批产品保护层厚度不合格。

8.3.5 总判定

混凝土抗压强度、外观质量和尺寸偏差、保护层厚度及力学性能均符合标准要求时，则判该批产品为合格。

9 标志与出厂证明书

9.1 标 志

9.1.1 永久标志

制造厂厂名或商标，应标记在电杆表面上。其位置：梢径(或直径)大于或等于 190 mm 的电杆，宜标在距根端 3.5 mm 处；梢径小于 190 mm 的电杆，宜标在距根端 3.0 m 处。

9.1.2 临时标志

包括电杆品种、规格、组装杆在整根杆中的位置、荷载级别(或代号)、商标和制造年、月、日等，标在电杆表面上，其位置略低于永久标志。

9.2 出厂证明书

电杆出厂时，应随带企业统一编号的出厂证明书，其内容应包括：

a)制造厂厂名、商标、厂址、电话；

b)生产日期、出厂日期；

c)执行标准；

d)产品品种、规格、荷载级别；

e)混凝土抗压强度检验结果；

f)纵向受力钢筋抗拉强度检验结果；

g)外观及尺寸偏差检验结果；

h)力学性能检验结果；

i)制造厂技术检验部门签章。

10 贮存、运输

10.1 贮 存

10.1.1 产品堆放场地应坚实平整。

10.1.2 产品可根据不同杆长分别采用两支点或三支点堆放。杆长小于或等于 12 m 时，采用两支点支承；杆长大于 12 m 时，采用三支点支承。电杆支点位置如图 2。

注：若堆场地基经过特殊处理，也可采用其他堆放形式。

10.1.3 产品应按品种、规格、荷载级别、生产日期等分别堆放。锥形杆梢径大于 270 mm 和等径杆直径大于 400 mm 时，堆放层数不宜超过 4 层；锥形杆梢径小于或等于 270 mm 和等径杆直径小于或等于 400 mm 时，堆放层数不宜超过 6 层。

10.1.4 产品堆垛应放在支垫物上，层与层之间用支垫物隔开，每层支承点在同一平面上，各层支垫物位置在同一垂直线上。

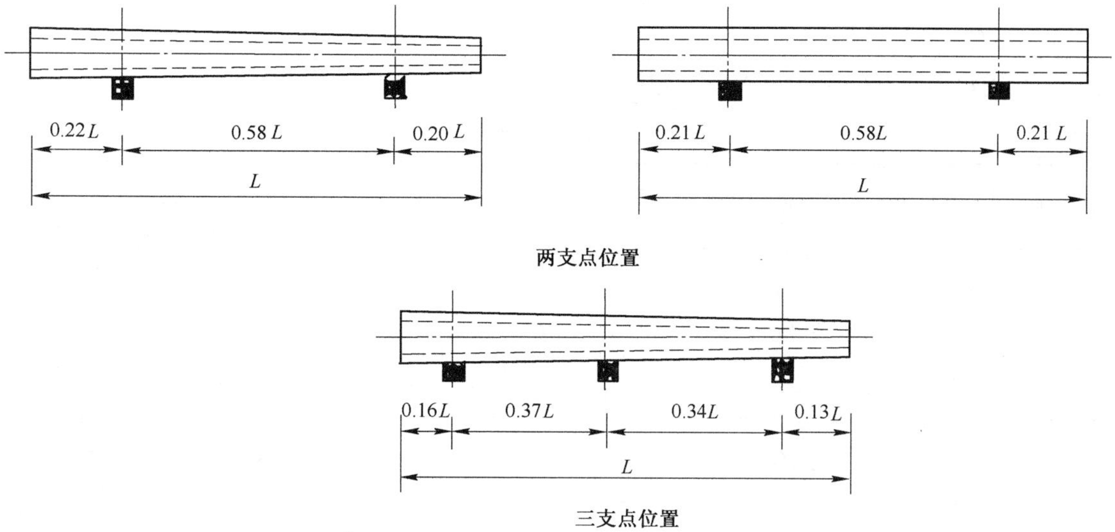

图 2　电杆支点位置示意图

10.2　运　　输

10.2.1　产品起吊与运输时，不分电杆长短均须采用两支点法。装卸、起吊应轻起轻放，严禁抛掷、碰撞。

10.2.2　产品在运输过程中的支承要求应符合本标准 10.1 中的有关规定。

10.2.3　产品装卸过程中，每次吊运数量：梢径大于 170 mm 的电杆，不宜超过 3 根；梢径小于或等于 170 mm 的电杆，不宜超过 5 根；如果采取有效措施，每次吊运数量可适当增加。

10.2.4　产品由高处滚向低处，必须采取牵制措施，不得自由滚落。

10.2.5　产品支点处应套上软质物，以防碰伤。

附录 A(规范性附录)　电杆力学性能试验方法

本附录适用于环形混凝土电杆的力学性能试验，包括试验用仪器设备的技术要求和试验结果评定。

A.1　适用范围

A.1.1　悬臂式试验方法，适用于不同梢径锥形杆的力学性能试验。

A.1.2　简支式试验方法，适用于不同直径等径杆的力学性能试验。

A.2　试　　件

试件按出厂检验或型式检验的规定随机抽样。

A.3　试验仪器设备

A.3.1　台座

用于固定试件的支承座，可采用钢支座或钢筋混凝土支座。悬臂式试验或简支式试验采用水平加荷时，为消除杆段自重影响应加设灵活的滚动支座。

A.3.2　仪器

试验用仪器，应按规定期限进行检定。其技术要求见表 A.1。

表 A.1　试验仪器技术要求

测量项目	仪器名称	单位	技术指标		
			量程	分度值	精度
荷载	荷载测力器	kN	0～10 0～20	0.01	满程:0.5%
			0～100 0～200	0.1	
挠度	挠度仪	mm	0～100	0.1	满程:0.5%
			0～1 500	1.0	
支座位移	数字式微位移仪或百分表	mm	0～10	0.01	0.5%
					Ⅰ级
裂缝宽度	20 倍读数放大镜	mm	0～6	0.01	0.01

A.4　试验方法

A.4.1　悬臂式试验方法

锥形电杆如杆长小于或等于 10 m，采用一个滚动支座；如杆长大于 10 m，采用两个或两个以上滚动支座。加荷原理见图 A.1。

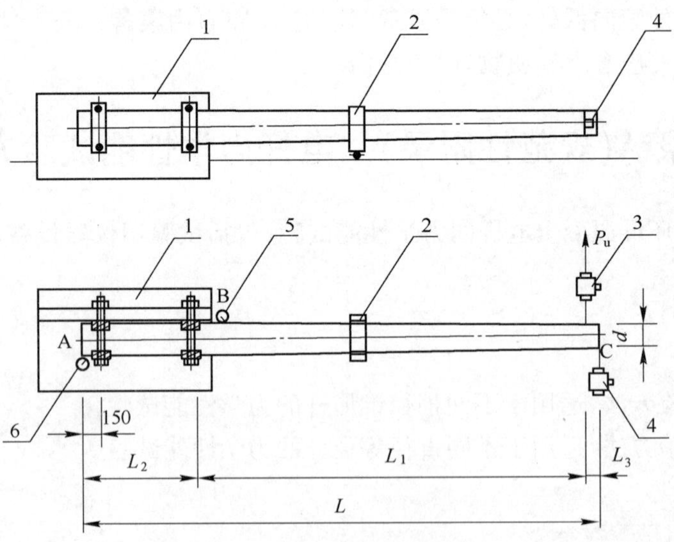

图 A.1　悬臂式试验装置示意图

1—混凝土(或钢制)台座；2—滚动支座；3—测力传感器；4—挠度传感器；5—B 测点百分表；

6—A 测点百分表；A、B—支座(宽 150 mm 硬木制成的 U 型垫板)；P_u—荷载；L—杆长。

注：U 型垫板放置位置：A 支座处于垫板中心线到电杆根端的距离等于 150 mm；B 支座处于右端面到电杆根端面的距离等于 L_2。

A.4.2 简支式试验方法

等径电杆宜采用水平加荷或垂直加荷。允许加荷点与支点互换。应考虑自重影响。加荷原理见图 A.2。

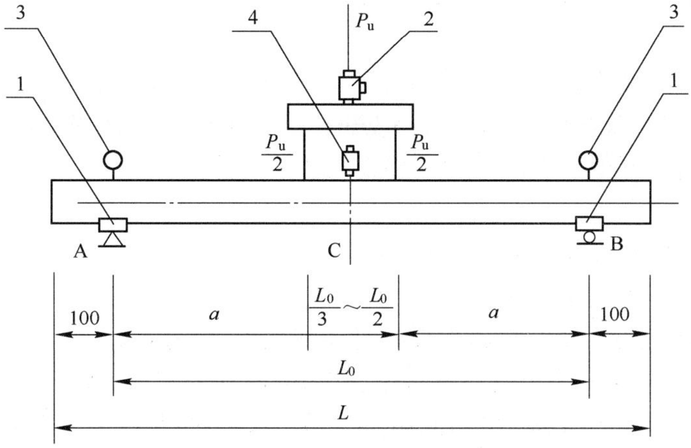

图 A.2 简支式试验装置示意图

1—宽 150 mm 硬木制成的 U 型垫板；2—测力传感器；
3—支座位移百分表；4—挠度传感器；P_u—荷载；L_0—跨距；L—杆长。

A.5 加荷程序

A.5.1 钢筋混凝土电杆

第一步：由零按开裂检验弯矩 20%的级差加荷至开裂检验弯矩的 80%，然后按开裂检验弯矩 10%的级差继续加荷至开裂检验弯矩，每次静停时间不少于 3 min，测量并记录裂缝宽度及挠度值。

第二步：由开裂检验弯矩卸荷至零，卸荷后静停时间不少于 3 min，测量并记录残余裂缝宽度及挠度值。

第三步：由零按开裂检验弯矩 20%的级差加荷至开裂检验弯矩，测量并记录裂缝宽度及挠度值。递增至开裂检验弯矩的 160%后，按开裂检验弯矩 10%的级差继续加荷至承载力检验弯矩，每次静停时间不少于 3 min，观测并记录各项读数。

A.5.2 预应力混凝土电杆

第一步：由零按开裂检验弯矩 20%的级差加荷至开裂检验弯矩的 80%，然后按开裂检验弯矩 10%的级差继续加荷至开裂检验弯矩，观察是否有裂缝出现。如果在开裂检验弯矩下未出现裂缝，则继续按开裂检验弯矩 10%的级差加荷至裂缝出现，测量并记录裂缝宽度及挠度值，每次静停时间不少于 3 min。

第二步：由初裂弯矩（裂缝宽度小于 0.02 mm 时的弯矩值）卸荷至零，卸荷后静停时间不少于 3 min，测量并记录其残余裂缝宽度及挠度值。

第三步：由零按开裂检验弯矩 20%的级差加荷至开裂检验弯矩，测量并记录裂缝宽度及挠度值。递增至开裂检验弯矩的 160%后，按开裂检验弯矩 10%的级差继续加荷至承载力检验弯矩，每次静停时间不少于 3 min，观测并记录各项读数。

A.5.3 部分预应力混凝土电杆

第一步：由零按开裂检验弯矩 20%的级差加荷至开裂检验弯矩的 60%，然后按开裂检验弯矩10%的级差继续加荷至开裂检验弯矩的80%，观察是否有裂缝出现。若无裂缝出现，再按开裂检验弯矩10%的级差继续加荷至开裂检验弯矩，每次静停时间不少于3 min，测量并记录裂缝宽度及挠度值。

第二步：由开裂检验弯矩卸荷至零，卸荷后静停时间不少于3 min，测量并记录残余裂缝宽度及挠度值。

第三步：由零按开裂检验弯矩20%的级差加荷至开裂检验弯矩，测量并记录裂缝宽度及挠度值。递增至开裂检验弯矩的160%后，按开裂检验弯矩10%的级差继续加荷至承荷力检验弯矩，每次静停时间不少于3 min，观测并记录各项读数。

A.5.4 加荷值偏差

试验时，加荷值的允许偏差为2%。

A.5.5 初裂荷载和承载力的确定

A.5.5.1 当在加载过程中第一次出现裂缝时，应取前一级荷载值作为初裂荷载实测值；当在规定的荷载持续时间内第一次出现裂缝时，应取本级荷载值与前一级荷载值的平均值作为初裂荷载实测值；当在规定的荷载持续时间结束后第一次出现裂缝时，应取本级荷载值作为初裂荷载实测值。

A.5.5.2 当在加载过程中出现本标准6.5.5所列的情况之一时，应取前一级荷载值作为承载力荷载的实测值；当在规定的荷载持续时间内出现上述情况之一时，应取本级荷载值与前一级荷载值的平均值作为承载力荷载的实测值；当在荷载持续时间结束后出现上述情况之一时，应取本级荷载值作为承载力荷载实测值。

A.6 试验结果计算

A.6.1 弯矩计算

A.6.1.1 锥形杆采用悬臂式试验时，实测弯矩按式(4.1)计算：

$$M_{ui}=P_{ui}\cdot L_1 \qquad (A.1)$$

式中 M_{ui}——任一级荷载作用下的弯矩值，单位为千牛米(kN·m)；

P_{ui}——任一级荷载加荷值，单位为千牛(kN)；

L_1——荷载点高度，单位为米(m)。

A.6.1.2 等径杆采用简支式试验时，实测弯矩按式A.2～式A.4计算：

水平加荷时：$M_{ui}=\frac{P_{ui}}{2}\cdot a$(消除自重影响) (A.2)

向下加荷时：$M_{ui}=\frac{P_{ui}+Q}{2}\cdot a+\frac{1}{8}qL_0^2$ (A.3)

向上加荷时：$M_{ui}=\frac{P_{ui}-Q-qL_0}{2}\cdot a+\frac{1}{2}qa^2$ (A.4)

式中 M_{ui}——任一级荷载作用下的弯矩值，单位为千牛米(kN·m)；

L_0——跨距，单位为米(m)；

a——加荷点至支座中心线的距离，单位为米(m)；

q——电杆单位长度的自重，单位为千牛每米(kN/m)；

Q——试验设备总重，单位为千牛(kN)；

P_{ui}——由测力器测得的加荷值，单位为千牛(kN)。

A.6.2 抗裂计算

电杆的抗裂检验系数 r_{cr}^0，是以初裂弯矩与开裂检验弯矩之比求得，见式 A.5。

$$r_{cr}^0=\frac{M_f}{M_k} \tag{A.5}$$

式中 r_{cr}^0——抗裂检验系数；

M_f——实测初裂弯矩值，单位为千牛米(kN · m)；

M_k——开裂检验弯矩值，单位为千牛米(kN · m)。

A.6.3 挠度计算

A.6.3.1 悬臂式试验时，任一级荷载作用下的梢端挠度，按式(A.6)计算：

$$a_{si}=a_{Ci}-\frac{a_{Ai}+a_{Bi}}{L_2}L+a_{Ai} \tag{A.6}$$

式中 a_{si}——悬臂式试验时，任一级荷载作用下的梢端挠度值，单位为毫米(mm)；

a_{Ci}——由测量仪器测得的任一级荷载作用下梢端的变形值，单位为毫米(mm)；

a_{Ai}——由测量仪器测得的任一级荷载作用下 A 测点处的变形值，单位为毫米(mm)；

a_{Bi}——由测量仪器测得的任一级荷载作用下 B 测点处的变形值，单位为毫米(mm)；

L——电杆总长度，单位为毫米(mm)；

L_2——电杆支持点高度(见本标准图 1)，单位为毫米(mm)。

A.6.3.2 简支式试验时，任一级荷载作用下的跨中挠度按式 A.7～式 A.8 计算：

$$a_{si}=a_{Ci}-\frac{a_{Ai}+a_{Bi}}{2}\pm a_1\frac{P_0}{P_1} \tag{A.7}$$

$$a_1=a_{C1}-\frac{a_{A1}+a_{B1}}{2} \tag{A.8}$$

式中 a_{si}——简支式试验时，任一级荷载作用下的跨中挠度值，当向下加荷时取“+”，向上加荷时取“－”，水平加荷时，忽略不计由于电杆自重所产生的挠度，单位为毫米(mm)；

P_0——仪表为零读数时，已作用于电杆上的荷载。如电杆自重和加荷设备的总重，单位为千牛(kN)；

P_1——开裂检验荷载的第一级荷载(不包括 P_0)，单位为千牛(kN)；

a_{Ai}——由测量仪表测得支点 A 处任一级荷载作用下的变形值，单位为毫米(mm)；

a_{Bi}——由测量仪表测得支点 B 处任一级荷载作用下的变形值，单位为毫米(mm)；

a_{Ci}——由测量仪表测得中点任一级荷载作用下的变形值，单位为毫米(mm)；

a_1——电杆在第一级荷载作用下的挠度值，按(A.8)计算，单位为毫米(mm)；

a_{A1}——由测量仪表测得支点 A 处第一级荷载作用下的变形值，单位为毫米(mm)；

a_{B1}——由测量仪表测得支点 B 处第一级荷载作用下的变形值，单位为毫米(mm)；

a_{C1}——由测量仪表测得电杆中点第一级荷载作用下的变形值，单位为毫米(mm)。

A.7 试验结果评定

A.7.1 承载力检验弯矩

实测承载力检验弯矩，应符合式 A.9 要求：

$$M_u^0\geqslant\beta_u M_k \tag{A.9}$$

式中 M_u^0——电杆承载力检验弯矩实测值，单位为千牛米(kN · m)；

β_u——电杆承载力综合检验系数，取值为 2；

M_k——开裂检验弯矩值，单位为千牛米（kN·m）。

A.7.2 抗裂检验

A.7.2.1 钢筋混凝土电杆抗裂检验结果，用 100％开裂检验弯矩下最大裂缝宽度 W_{max} 和卸荷后残余裂缝宽度 W 表示（见式 A.10）。

$$W_{max} > 0.20\ \text{mm}$$

$$W < 0.05\ \text{mm} \tag{A.10}$$

A.7.2.2 预应力混凝土电杆和部分预应力混凝土电杆抗裂检验结果应符合式（A.11）要求：

$$r_{cr}^{0} \geqslant [r_{cr}] \tag{A.11}$$

式中 r_{cr}^{0}——抗裂检验系数实测值，即电杆的初裂弯矩实测值与开裂检验弯矩之比值；

$[r_{cr}]$——电杆的抗裂检验系数允许值。

对于预应力混凝土电杆：$[r_{cr}]=1.0$；

对于部分预应力混凝土电杆：$[r_{cr}]=0.8$。在 100％开裂检验弯矩下，其最大裂缝宽度应符合式（A.12）要求。

$$W_{max} < 0.10\ \text{mm} \tag{A.12}$$

或由设计者在设计图中明确给出抗裂检验允许值的指标。

A.7.3 挠度检验

电杆挠度检验结果，应符合式（A.13）要求：

$$a_s^0 \leqslant (a_j) \tag{A.13}$$

式中 a_s^0——开裂检验荷载或承载力检验荷载作用下挠度的实测值，单位为毫米（mm）；

$[a_j]$——本标准 6.5 中规定的开裂检验荷载或承载力检验荷载作用下挠度的允许值，或在设计图中明确给出的挠度允许值指标，单位为毫米（mm）。

普通混凝土拌合物性能试验方法标准

目　次

2 取样及试样的制备

2.1 取　　样

2.1.1 同一组混凝土拌合物的取样应从同一盘混凝土或同一车混凝土中取样。取样量应多于试验所需量的1.5倍，且宜不小于20 L。

2.1.2 混凝土拌合物的取样应具有代表性，宜采用多次采样的方法。一般在同一盘混凝土或同一车混凝土中的约1/4处、1/2处和3/4处之间分别取样，从第一次取样到最后一次取样不宜超过15 min，然后人工搅拌均匀。

2.1.3 从取样完毕到开始做各项性能试验不宜超过5 min。

2.2 试样的制备

2.2.1 在试验室制备混凝土拌合物时，拌合时试验室的温度应保持在20±5℃，所用材料的温度应与试验室温度保持一致。

注：需要模拟施工条件下所用的混凝土时，所用原材料的温度宜与施工现场保持一致。

2.2.2 试验室拌合混凝土时，材料用量应以质量计。称量精度：骨料为±1%；水、水泥、掺合料、外加剂均为±0.5%。

2.2.3 混凝土拌合物的制备应符合《普通混凝土配合比设计规程》JGJ 55中的有关规定。

2.2.4 从试样制备完毕到开始做各项性能试验不宜超过5 min。

2.3 试验记录

2.3.1 取样记录应包括下列内容：

1 取样日期和时间；

2 工程名称、结构部位；

3 混凝土强度等级；

4 取样方法；

5 试样编号；

6 试样数量；

7 环境温度及取样的混凝土温度。

2.3.2 在试验室制备混凝土拌合物时，除应记录以上内容外，还应记录下列内容：

1 试验室温度；

2 各种原材料品种、规格、产地及性能指标；

3 混凝土配合比和每盘混凝土的材料用量。

3 稠 度 试 验

3.1 坍落度与坍落扩展度法

3.1.1 本方法适用于骨料最大粒径不大于40 mm、坍落度不小于10 mm的混凝土拌合物稠度测定。

3.1.2 坍落度与坍落扩展度试验所用的混凝土坍落度仪应符合《混凝土坍落度仪》JG 3021

中有关技术要求的规定。

3.1.3 坍落度与坍落扩展度试验应按下列步骤进行：

1 湿润坍落度筒及底板，在坍落度筒内壁和底板上应无明水。底板应放置在坚实水平面上，并把筒放在底板中心，然后用脚踩住二边的脚踏板，坍落度筒在装料时应保持固定的位置。

2 把按要求取得的混凝土试样用小铲分三层均匀地装入筒内，使捣实后每层高度为筒高的三分之一左右。每层用捣棒插捣25次。插捣应沿螺旋方向由外向中心进行，各次插捣应在截面上均匀分布。插捣筒边混凝土时，捣棒可以稍稍倾斜。插捣底层时，捣棒应贯穿整个深度，插捣第二层和顶层时，捣棒应插透本层至下一层的表面；浇灌顶层时，混凝土应灌到高出筒口。插捣过程中，如混凝土沉落到低于筒口，则应随时添加。顶层插捣完后，刮去多余的混凝土，并用抹刀抹平。

3 清除筒边底板上的混凝土后，垂直平稳地提起坍落度筒。坍落度筒的提离过程应在5～10s内完成；从开始装料到提坍落度筒的整个过程应不间断地进行，并应在150s内完成。

4 提起坍落度筒后，测量筒高与坍落后混凝土试体最高点之间的高度差，即为该混凝土拌合物的坍落度值；坍落度筒提离后，如混凝土发生崩坍或一边剪坏现象，则应重新取样另行测定；如第二次试验仍出现上述现象，则表示该混凝土和易性不好，应予记录备查。

5 观察坍落后的混凝土试体的黏聚性及保水性。黏聚性的检查方法是用捣棒在已坍落的混凝土锥体侧面轻轻敲打，此时如果锥体逐渐下沉，则表示黏聚性良好，如果锥体倒塌、部分崩裂或出现离析现象，则表示黏聚性不好。保水性以混凝土拌合物稀浆析出的程度来评定，坍落度筒提起后如有较多的稀浆从底部析出，锥体部分的混凝土也因失浆而骨料外露，则表明此混凝土拌合物的保水性能不好；如坍落度筒提起后无稀浆或仅有少量稀浆自底部析出，则表示此混凝土拌合物保水性良好。

6 当混凝土拌合物的坍落度大于220 mm时，用钢尺测量混凝土扩展后最终的最大直径和最小直径，在这两个直径之差小于50 mm的条件下，用其算术平均值作为坍落扩展度值；否则，此次试验无效。

如果发现粗骨料在中央集堆或边缘有水泥浆析出，表示此混凝土拌合物抗离析性不好，应予记录。

3.1.4 混凝土拌合物坍落度和坍落扩展度值以毫米为单位，测量精确至1 mm，结果表达修约至5 mm。

3.1.5 混凝土拌合物稠度试验报告内容除应包括本标准第1.0.3条的内容外，尚应报告混凝土拌合物坍落度值或坍落扩展度值。

3.2 维勃稠度法

3.2.1 本方法适用于骨料最大粒径不大于40 mm，维勃稠度在5～30 s之间的混凝土拌合物稠度测定。坍落度不大于50 mm或干硬性混凝土和维勃稠度大于30 s的特干硬性混凝土拌合物的稠度可采用附录A增实因数法来测定。

3.2.2 维勃稠度试验所用维勃稠度仪应符合《维勃稠度仪》JG 3043中技术要求的规定。

3.2.3 维勃稠度试验应按下列步骤进行：

1 维勃稠度仪应放置在坚实水平面上，用湿布把容器、坍落度筒、喂料斗内壁及其他用具润湿；

2 将喂料斗提到坍落度筒上方扣紧，校正容器位置，使其中心与喂料中心重合，然后拧紧固定螺丝；

3 把按要求取样或制作的混凝土拌合物试样用小铲分三层经喂料斗均匀地装入筒内，装料及插捣的方法应符合第3.1.3条中第2款的规定；

4 把喂料斗转离，垂直地提起坍落度筒，此时应注意不使混凝土试体产生横向的扭动；

5 把透明圆盘转到混凝土圆台体顶面，放权测杆螺钉，降下圆盘，使其轻轻接触到混凝土顶面；

6 拧紧定位螺钉，并检查测杆螺钉是否已经完全放松；

7 在开启振动台的同时用秒表计时，当振动到透明圆盘的底面被水泥浆布满的瞬间停止计时，并关闭振动台。

3.2.4 由秒表读出时间即为该混凝土拌合物的维勃稠度值，精确至1s。

3.2.5 混凝土拌合物稠度试验报告内容除应包括本标准第1.0.3条的内容外，尚应报告混凝土拌合物维勃稠度值。

4 凝结时间试验

4.0.1 本方法适用于从混凝土拌合物中筛出的砂浆用贯入阻力法来确定坍落度值不为零的混凝土拌合物凝结时间的测定。

4.0.2 贯入阻力仪应由加荷装置、测针、砂浆试样筒和标准筛组成，可以是手动的，也可以是自动的。贯入阻力仪应符合下列要求：

1 加荷装置：最大测量值应不小于1 000 N，精度为±10 N；

2 测针：长为100 mm，承压面积为100 mm^2、50 mm^2 和20 mm^2 三种测针；在距贯入端25 mm处刻有一圈标记；

3 砂浆试样筒：上口径为160 mm，下口径为150 mm，净高为150 mm刚性不透水的金属圆筒，并配有盖子；

4 标准筛：筛孔为5 mm的符合现行国家标准《试验筛》GB/T 6005规定的金属圆孔筛。

4.0.3 凝结时间试验应按下列步骤进行：

1 应从按本标准第2章制备或现场取样的混凝土拌合物试样中，用5 mm标准筛筛出砂浆，每次应筛净，然后将其拌合均匀。将砂浆一次分别装入三个试样筒中，做三个试验。取样混凝土坍落度不大于70 mm的混凝土宜用振动台振实砂浆；取样混凝土坍落度大于70 mm的宜用捣棒人工捣实。用振动台振实砂浆时，振动应持续到表面出浆为止，不得过振；用捣棒人工捣实时，应沿螺旋方向由外向中心均匀插捣25次，然后用橡皮锤轻轻敲打筒壁，直至插捣孔消失为止。振实或插捣后，砂浆表面应低于砂浆试样筒口约10 mm；砂浆试样筒应立即加盖。

2 砂浆试样制备完毕，编号后应置于温度为20±2 ℃的环境中或现场同条件下待试，并在以后的整个测试过程中，环境温度应始终保持20±2 ℃。现场同条件测试时，应与现场条件保持一致。在整个测试过程中，除在吸取泌水或进行贯入试验外，试样筒应始终加盖。

3 凝结时间测定从水泥与水接触瞬间开始计时。根据混凝土拌合物的性能，确定测针试验时间，以后每隔0.5 h测试一次，在临近初、终凝时可增加测定次数。

4 在每次测试前2 min，将一片20 mm厚的垫块垫入筒底一侧使其倾斜，用吸管吸去表面的泌水，吸水后平稳地复原。

5 测试时将砂浆试样筒置于贯入阻力仪上，测针端部与砂浆表面接触，然后在 10±2 s 内均匀地使测针贯入砂浆 25±2 mm 深度，记录贯入压力，精确至 10 N；记录测试时间，精确至1 min；记录环境温度，精确至 0.5 ℃。

6 各测点的间距应大于测针直径的两倍且不小于 15 mm，测点与试样筒壁的距离应不小于 25 mm。

7 贯入阻力测试在 0.2～28 MPa 之间应至少进行 6 次，直至贯入阻力大于 28 MPa 为止。

8 在测试过程中应根据砂浆凝结状况，适时更换测针，更换测针宜按表 4.0.3 选用。

表 4.0.3 测针选用规定表

贯入阻力(MPa)	0.2～3.5	3.5～20	20～28
测针面积(mm^2)	100	50	20

4.0.4 贯入阻力的结果计算以及初凝时间和终凝时间的确定应按下述方法进行：

1 贯入阻力应按下式计算：

$$f_{PR}=\frac{P}{A} \tag{4.0.4.1}$$

式中 f_{PR}——贯入阻力(MPa)；

P——贯入压力(N)；

A——测针面积(mm^2)。

计算应精确至 0.1 MPa。

2 凝结时间宜通过线性回归方法确定，是将贯入阻力 f_{PR} 和时间 t 分别取自然对数 $\ln(f_{PR})$ 和 $\ln(t)$，然后把 $\ln(f_{PR})$ 当作自变量，$\ln(t)$ 当作因变量作线性回归得到回归方程式：

$$\ln(t)=A+B\ln(f_{PR}) \tag{4.0.4.2}$$

式中 t——时间(min)；

f_{PR}——贯入阻力(MPa)；

A、B——线性回归系数。

根据式 4.0.4.2 求得当贯入阻力为 3.5 MPa 时为初凝时间 t_s，贯入阻力为 28 MPa 时为终凝时间 t_e：

$$t_s=e^{(A+B\ln(3.5))} \tag{4.0.4.3}$$

$$t_e=e^{(A+B\ln(28))} \tag{4.0.4.4}$$

式中 t_s——初凝时间(min)；

t_e——终凝时间(min)；

A、B——式(4.0.4.2)中的线性回归系数。

凝结时间也可用绘图拟合方法确定，是以贯入阻力为纵坐标，经过的时间为横坐标(精确至 1 min)，绘制出贯入阻力与时间之间的关系曲线，以 3.5 MPa 和 28 MPa 划两条平行于横坐标的直径，分别与曲线相交的两个交点的横坐标即为混凝土拌合物的初凝和终凝时间。

3 用三个试验结果的初凝和终凝时间的算术平均值作为此次试验的初凝和终凝时间。如果三个测值的最大值或最小值中有一个与中间值之差超过中间值的 10%，则以中间值为试验结果；如果最大值和最小值与中间值之差均超过中间值的 10%时，则此次试验无效。

凝结时间用 h∶min 表示，并修约至 5 min。

4.0.5 混凝土拌合物凝结时间试验报告内容除应包括本标准第 1.0.3 条的内容外，还应包括以下内容：

1 每次做贯入阻力试验时所对应的环境温度、时间、贯入压力、测针面积和计算出来的贯入阻力值。

2 根据贯入阻力和时间绘制的关系曲线。

3 混凝土拌合物的初凝和终凝时间。

4 其他应说明的情况。

5 泌水与压力泌水试验

5.1 泌水试验

5.1.1 本方法适用于骨料最大粒径不大于 40 mm 的混凝土拌合物泌水测定。

5.1.2 泌水试验所用的仪器设备应符合下列条件：

1 试样筒：符合本标准第 6.0.2 条中第 1 款、容积为 5 L 的容量筒并配有盖子；

2 台秤：称量为 50 kg、感量为 50 g；

3 量筒：容量为 10 mL、50 mL、100 mL 的量筒及吸管；

4 振动台：应符合《混凝土试验室用振动台》JG/T 3020 中技术要求的规定；

5 捣棒：应符合本标准第 3.1.2 条的要求。

5.1.3 泌水试验应按下列步骤进行：

1 应用湿布湿润试样筒内壁后立即称量，记录试样筒的质量。再将混凝土试样装入试样筒，混凝土的装料及捣实方法有两种：

1)方法 A：用振动台振实。将试样一次装入试样筒内，开启振动台，振动应持续到表面出浆为上，且应避免过振；并使混凝土拌合物表面低于试样筒筒口 30±3 mm，用抹刀抹平。抹平后立即计时并称量，记录试样筒与试样的总质量。

2)方法 B：用捣棒捣实。采用捣棒捣实时，混凝土拌合物应分两层装入，每层的插捣次数应为 25 次；捣棒由边缘向中心均匀地插捣，插捣底层时捣棒应贯穿整个深度，插捣第二层时，捣棒应插透本层至下一层的表面；每一层捣完后用橡皮锤轻轻沿容量外壁敲打 5～10 次，进行振实，直至拌合物表面插捣孔消失并不见大气泡为止；并使混凝土拌合物表面低于试样筒筒口 30±3 mm，用抹刀抹平。抹平后立即计时并称量，记录试样筒与试样的总质量。

2 在以下吸取混凝土拌合物表面泌水的整个过程中，应使试样筒保持水平、不受振动；除了吸水操作外，应始终盖好盖子；室温应保持在 20±2℃。

3 从计时开始后 60 min 后，每隔 10 min 吸取 1 次试样表面渗出的水。60 min 后，每隔 30 min 吸 1 次水，直至认为不再泌水为止。为了便于吸水，每次吸水前 2 min，将一片 35 mm 厚的垫块垫入筒底一侧使其倾斜，吸水后平稳地复原。吸出的水放入量筒中，记录每次吸水的水量并计算累计水量，精确至 1 mL。

5.1.4 泌水量和泌水率的结果计算及其确定应按下列方法进行：

1 泌水量应按下式计算

$$B_a=\frac{V}{A} \tag{5.1.4-1}$$

式中 B_a——泌水量(mL/mm^2)；

V——最后一次吸水后累计的泌水量(mL)；

A——试样外露的表面面积(mm^2)；

计算应精确至 0.01 mL/mm^2。泌水量取三个试样测值的平均值。三个测值中的最大值或最小值，如果有一个与中间值之差超过中间值的 15%，则以中间值为试验结果；如果最大值和最小值与中间值之差均超过中间值的 15%时，则此次试验无效。

2 泌水率应按下式计算：

$$B=\frac{V_W}{(W/G)G_W}\times 100 \qquad (5.1.4\text{-}2)$$

$$G_W=G_1-G_0 \qquad (5.1.4\text{-}3)$$

式中 B——泌水率(%)；

V_W——泌水总量(mL)；

G_W——试样质量(g)；

W——混凝土拌合物总用水量(mL)；

G——混凝土拌合物总质量(g)；

G_1——试样筒及试样总质量(g)；

G_0——试样筒质量(g)。

计算应精确至 1%。泌水率取三个试样测值的平均值。三个测值中的最大值或最小值，如果有一个与中间值之差超过中间值的 15%，则以中间值为试验结果；如果最大值和最小值与中间值之差均超过中间值的 15%时，则此次试验无效。

5.1.5 混凝土拌合物泌水试验记录及其报告内容除应满足本标准第 1.0.3 条要求外，还应包括以下内容：

1 混凝土拌合物总用水量和总质量；

2 试样筒质量；

3 试样筒和试样的总质量；

4 每次吸水时间和对应的吸水量；

5 泌水量和泌水率。

5.2 压力泌水试验

5.2.1 本方法适用于骨料最大粒径不大于 40 mm 的混凝土拌合物压力泌水测定。

5.2.2 压力泌水试验所用的仪器设备应符合下列条件：

1 压力泌水仪：其主要部件包括压力表、缸体、工作活塞、筛网等(图 5.2.2)。压力表最大量程 6 MPa，最小分度值不大于 0.1 MPa；缸体内径 125±0.02 mm，内高 200±0.2 mm；工作活塞压强为 3.2 MPa，公称直径为 125 mm；筛网孔径为 0.315 mm。

2 捣棒：符合本规程第 3.1.2 条的规定。

3 量筒：200 mL 量筒。

5.2.3 压力泌水试验应按以下步骤进行：

1 混凝土拌合物应分两层装入压力泌水仪的缸体容器内，每层的插捣次数应为 20 次。捣棒由边缘向中心均匀地插捣，插捣底层时捣棒应贯穿整个深度，插捣第二层时，捣棒应插透本层至下一层的表面；每一层捣完后用橡皮锤轻轻沿容器外壁敲打 5～10 次，进行振实，直至拌合物表面插捣孔消失并不见大气泡为止；并使拌合物表面低于容器口以下约 30 mm 处，用抹刀将表面抹平。

2　将容器外表擦干净，压力泌水仪按规定安装完毕后应立即给混凝土试样施加压力至 3.2 MPa，并打开泌水阀门同时开始计时，保持恒压，泌出的水接入 200 mL 量筒里；加压至 10 s 时读取泌水量 V_{10}，加压至 140 s 时读取泌水量 V_{140}。

5.2.4　压力泌水率应按下式计算：

$$B_V=\frac{V_{10}}{V_{140}}\times 100 \qquad (5.2.4)$$

式中　B_V——压力泌水率(%)；

V_{10}——加压至 10 s 时的泌水量(mL)；

V_{140}——加压至 140 s 的泌水量(mL)。

压力泌水率的计算应精确至 1%。

5.2.5　混凝土拌合物压力泌水试验报告内容除应包括本标准第 1.0.3 条的内容外，还应包括以下内容：

1　加压至 10 s 时的泌水量 V_{10}，和加压至 140 s 时的泌水量 V_{140}；

2　压力泌水率。

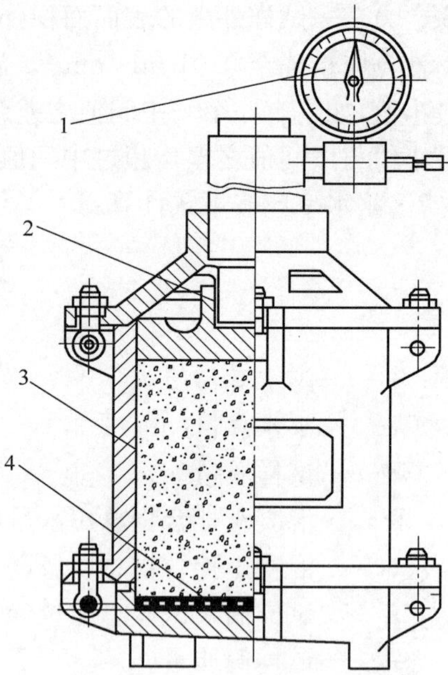

图 5.2.2　压力泌水仪

1—压力表；2—工作活塞；3—缸体；4—筛网

6　表观密度试验

6.0.1　本方法适用于测定混凝土拌合物捣实后的单位体积质量(即表观密度)。

6.0.2　混凝土拌合物表观密度试验所用的仪器设备应符合下列规定：

1　容量筒：金属制成的圆筒，两旁装有提手。对骨料最大粒径不大于 40 mm 的拌合物采用容积为 5 L 的容量筒，其内径与内高均为 186±2 mm，筒壁厚为 3 mm；骨料最大粒径大于 40 mm 时，容量筒的内径与内高均应大于骨料最大粒径的 4 倍。容量筒上缘及内壁应光滑平整，顶面与底面应平行并与圆柱体的轴垂直。

容量筒容积应予以标定，标定方法可采用一块能覆盖住容量筒顶面的玻璃板，先称出玻璃板和空桶的质量，然后向容量筒中灌入清水，当水接近上口时，一边不断加水，一边把玻璃板沿筒口徐徐推入盖严，应注意使玻璃板下不带入任何气泡；然后擦净玻璃板面及筒壁外的水分，将容量筒连同玻璃板放在台称上称其质量；两次质量之差(kg)即为容量筒的容积 L；

2　台秤：称量 50 kg，感量 50 g；

3　振动台：应符合《混凝土试验室用振动台》JG/T 3020 中技术要求的规定；

4　捣棒：应符合规程第 3.1.2 条的规定。

6.0.3　混凝土拌合物表观密度试验应按以下步骤进行：

1　用湿布把容量筒内外擦干净，称出容量筒质量，精确至 50 g。

2　混凝土的装料及捣实方法应根据拌合物的稠度而定。坍落度不大于 70 mm 的混凝土，用振动台振实为宜；大于 70 mm 的用捣棒捣实为宜。采用捣棒捣实时，应根据容量筒的大小决定分层与插捣次数：用 5L 容量筒时，混凝土拌合物应分两层装入，每层的插捣次数应为 25 次；用大于 5L 的容量筒时，每层混凝土的高度不应大于 100 mm，每层插捣次数应按每

10 000 mm² 截面不小于 12 次计算。各次插捣应由边缘向中心均匀地插捣，插捣底层时捣棒应贯穿整个深度，插捣第二层时，捣棒应插透本层至下一层的表面；每一层捣完后用橡皮锤轻轻沿容器外壁敲打 5～10 次，进行振实，直至拌合物表面插捣孔消失并不见大气泡为止。

采用振动台振实时，应一次将混凝土拌合物灌到高出容量筒口。装料时可用捣棒稍加插捣，振动过程中如混凝土低于筒口，应随时添加混凝土，振动直至表面出浆为止。

3 用刮尺将筒口多余的混凝土拌合物刮去，表面如有凹陷应填平；将容量筒外壁擦净，称出混凝土试样与容量筒总质量，精确至 50 g。

6.0.4 混凝土拌合物表观密度的计算应按下式计算：

$$\gamma_h = \frac{W_2 - W_1}{V} \times 1\,000 \tag{6.0.4}$$

式中 γ_h——表观密度(kg/m³)；

W_1——容量筒质量(kg)；

W_2——容量筒和试样总质量(kg)；

V——容量筒容积(L)。

试验结果的计算精确至 10 kg/m³。

6.0.5 混凝土拌合物表观密度试验报告内容除应包括本标准第 1.0.3 条的内容外，还应包括以下内容：

1 容量筒质量和容积；

2 容量筒和混凝土试样总质量；

3 混凝土拌合物的表观密度。

7 含气量试验

7.0.1 本方法适于骨料最大粒径不大于 40 mm 的混凝土拌合物含气量测定。

7.0.2 含气量试验所用设备应符合下列规定：

1 含气量测定仪：如图 7.0.2 所示，由容器及盖体两部分组成。容器：应由硬质、不易被水泥浆腐蚀的金属制成，其内表面粗糙度不应大于 3.2 μm，内径应与深度相等，容积为 7 L。盖体：应用与容器相同的材料制成。盖体部分应包括有气室、水找平室、加水阀、排水阀、操作阀、进气阀、排气阀及压力表。压力表的量程为 0～0.25 MPa，精度为 0.01 MPa。容器及盖体之间应设置密封垫圈，用螺栓连接，连接处不得有空气存留，并保证密闭；

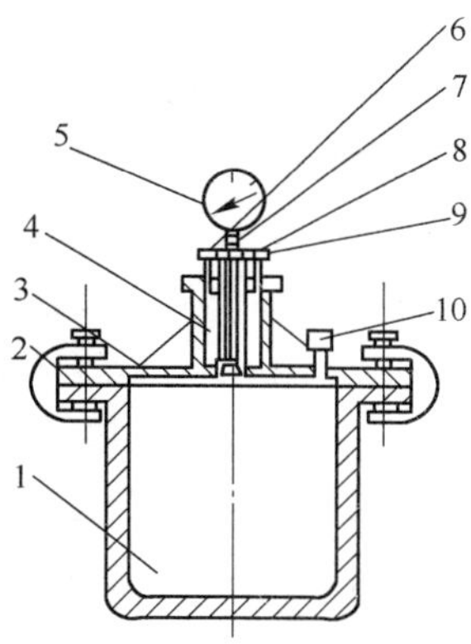

图 7.0.2 含气量测定仪

1—容器；2—盖体；3—水找平室；4—气室；5—压力表；6—排气阀；7—操作阀；8—排水阀；9—进气阀；10—加水阀

2 捣棒：应符合本规程第 3.1.2 条的规定；

3 振动台：应符合《混凝土试验室用振动台》JG/T 3020 中技术要求的规定；

4 台秤：称量 50 kg，感量 50 g；

5 橡皮锤：应带有质量约 250 g 的橡皮锤头。

7.0.3 在进行拌合物含气量测定之前，应先按下列步骤测定拌合物所用骨料的含气量：

1　应按下式计算每个试样中粗、细骨料的质量：

$$m_g = \frac{V}{1\,000} \times m'_g \qquad (7.0.3\text{-}1)$$

$$m_s = \frac{V}{1\,000} \times m'_s \qquad (7.0.3\text{-}2)$$

式中　m_g、m_s——分别为每个试样中的粗、细骨料质量(kg)；

m'_g、m'_s——分别为每立方米混凝土拌合物中粗、细骨料质量(kg)；

V——含气量测定仪容器容积(L)。

2　在容器中先注入1/3高度的水，然后把通过40 mm网筛的质量为m_g、m_s的粗、细骨料称好、拌匀，慢慢倒入容器。水面每升高25 mm左右，轻轻插捣10次，并略予搅动，以排除夹杂进去的空气，加料过程中应始终保持水面高出骨料的顶面；骨料全部加入后，应浸泡约5 min，再用橡皮锤轻敲容器外壁，排净气泡，除去水面泡沫，加水至满，擦净容器上口边缘；装好密封圈，加盖拧紧螺栓；

3　关闭操作阀和排气阀，打开排水阀和加水阀，通过加水阀，向容器内注入水；当排水阀流出的水流不含气泡时，在注水的状态下，同时关闭加水阀和排水阀；

4　开启进气阀，用气泵向气室内注入空气，使气室内的压力略大于0.1 MPa，待压力表显示值稳定；微开排气阀，调整压力至0.1 MPa，然后关紧排气阀；

5　开启操作阀，使气室里的压缩空气进入容器，待压力表显示值稳定后记录示值P_{g1}，然后开启排气阀，压力仪表示值应回零；

6　重复以上第7.0.3条第4款和第7.0.3条第5款的试验，对容器内的试样再检测一次记录表值P_{g2}；

7　若P_{g1}和P_{g2}的相对误差小于0.2时，则取P_{g1}和P_{g2}的算术平均值，按压力与含气量关系曲线(见本标准第7.0.6条第2款)查得骨料的含气量(精确0.1%)；若不满足，则应时行第三次试验。测得压力值P_{g3}(MPa)。当P_{g3}与P_{g1}、P_{g2}中较接近一个值的相对误差不大于0.2%时，则取此二值的算术平均值。当仍大于0.2%时，则此次试验无效，应重做。

7.0.4　混凝土拌合物含气量试验应按下列步骤进行：

1　用湿布擦净容器和盖的内表面，装入混凝土拌合物试样。

2　捣实可采用手工或机械方法。当拌合物坍落度大于70 mm时，宜采用手工插捣，当拌合物坍落度不大于70 mm时，宜采用机械振捣，如振动台或插入或振捣器等。

用捣棒捣实时，应将混凝土拌合物分3层装入，每层捣实后高度约为1/3容器高度；每层装料后由边缘向中心均匀地插捣25次，捣棒应插透本层高度，再用木锤沿容器外壁重击10～15次，使插捣留下的插孔填满。最后一层装料应避免过满。

采用机械捣实时，一次装入捣实后体积为容器容量的混凝土拌合物，装料时可用捣料稍加插捣，振实过程中如拌合物低于容器口，应随时添加；振动至混凝土表面平整、表面出浆即止，不得过度振捣。

若使用插入式振动器捣实，应避免振动器触及容器内壁和底面。

在施工现场测定混凝土拌合物含气量时，应采用与施工振动频率相同的机械方法捣实。

3　捣实完毕后立即用刮尺刮平，表面如有凹陷应予填平抹光；

如需用时测定拌合物表观密度时，可在此时称量和计算；

然后在正对操作阀孔的混凝土拌合物表面贴一小片塑料薄膜，擦净容器上口边缘，装好密封垫圈，加盖并拧紧螺栓；

4 关闭操作阀和排气阀，打开排水阀和加水阀，通过加水阀，向容器内注入水；当排水阀流出的水流不含气泡时，在注入的状态下，同时关闭加水阀和排水阀；

5 然后开启进气阀，用气泵注入空气至气室内压力略大于 0.1 MPa，待压力示值仪表示值稳定后，微微开启排气阀，调整压力至 0.1 MPa，关闭排气阀；

6 开启操作阀，待压力示值仪稳定后，测得压力值 $P_{0.1}$(MPa)；

7 开启排气阀，压力仪示值回零；重复上述 5 至 6 的步骤，对容器内试样再测一次压力值 P_{02}(MPa)；

8 若 P_{01} 和 P_{02} 的相对误差小于 0.2%时，则取 P_{01}、P_{02} 的算术平均值，按压力与含气量关系曲线查得含气量 A_0(精确至 0.1%)；若不满足，则应进行第三次试验，测得压力值 P_{03}(MPa)。当 P_{03} 与 P_{01}、P_{02} 中较接近一个值的相对误差不大于 0.2%时，则取此二值的算术平均值查得 A_0；当仍大于 0.2%，此次试验无效。

7.0.5 混凝土拌合物含气量应按下式计算：

$$A=A_0-A_g \tag{7.0.5}$$

式中 A——混凝土拌合物含气量(%)；

A_0——两次含气量测定的平均值(%)；

A_g——骨料含气量(%)。

计算精确至 0.1%。

7.0.6 含气量测定仪容器容积的标定及率定应按下列规定进行：

1 容器容积的标定按下列步骤进行：

1)擦净容器，并将含气量仪全部安装好，测定含气量仪的总质量，测量精确至 50 g；

2)往容器内注水至上缘，然后将盖体安装好，关闭操作阀和排气阀，打开排水阀和加水阀，通过加水阀，向容器内注入水；当排水阀流出的水流不含气泡时，在注水的状态下，同时关闭加水阀和排水阀，再测定其总质量；测量精确至 50 g；

3)容器的容积应按下式计算：

$$V=\frac{m_2-m_1}{\rho_w}\times 1\,000 \tag{7.0.6}$$

式中 V——含气量仪的容积(L)；

m_1——干燥含气量仪的总质量(kg)；

m_2——水、含气量仪的总质量(kg)；

ρ_w——容器内水的密度(kg/m^3)。

计算应精确至 0.01 L。

2 含气量测定仪的率定按下列步骤进行：

1)按第 7.0.4 条中第 5 条至第 8 条的操作步骤测得含气量为 0 时的压力值；

2)开启排气阀，压力示值器示值回零；关闭操作阀和排气阀，打开排水阀，在排水阀口用量筒接头；用气泵缓缓地向气室内打气，当排出的水恰好是含气量仪体积的 1%时。按上述步骤测得含气量为 1%时的压力值；

3)如此继续测取含气量分别为 2%、3%、4%、5%、6%、7%、8%时的压力值；

4)以上试验均应进行两次，各次所测压力值均应精确至 0.01 MPa；

5)对以上的各次试验均应进行检验，其相对误差均应小于 0.2%；否则应得新率定；

6)据此检验以上含气量0、1%、…、8%共9次的测量结果,绘制含气量与气体压力之间的关系曲线。

7.0.7 气压法含气量试报告内容除应包括本标准第1.0.3条的内容外,还应包括以下内容:

1 粗骨料和细骨料的含气量;

2 混凝土拌合物的含气量。

8 配合比分析试验

8.0.1 本方法适用于用水洗分析法测定普通混凝土拌合物中四大组分(水泥、水、砂、石)的含量,但不适用于骨料含泥量波动较大以及用特细砂、山砂和机制砂配制的混凝土。

8.0.2 混凝土拌合物配合比水洗分析法使用的设备应符合下列规定:

1 广口瓶:容积为2 000 mL的玻璃瓶,并配有玻璃盖板;

2 台秤:称量50 kg、感量50 g和称量10 kg、感量5 g各一台;

3 托盘天平:称量5 kg,感量5 g;

4 试样筒:符合本标准第6.0.2条中第1款要求的容积为5 L和10 L的容量筒并配有玻璃盖板;

5 标准筛　孔径为5 mm和0.16 mm标准筛各一个。

8.0.3 在进行本试验前,应对下列混凝土原材料进行有关试验项目的测定;

1 水泥表观密度试验,按《水泥密度测定方法》GB/T 208进行。

2 粗骨料、细骨料饱和面干状态的表观密度试验,按《普通混凝土用砂质量标准及检验方法》JGJ 52和《普通混凝土用碎石或卵石质量标准及检验方法》JGJ 53进行。

3 细骨料修正系数应按下述方法测定:

向广口瓶中注水至筒口,再一边加水一边徐徐推进玻璃板,注意玻璃板下不带有任何气泡,盖严后擦净板面和广口瓶壁的余水,如玻璃板下有气泡,必须排除。测定广口瓶、玻璃板和水的总质量后,取具有代表性的两个细骨料试样,每个试样的质量为2 kg,精确至5 g。分别倒入盛水的广口瓶中,充分搅拌、排气后浸泡约半小时;然后向广口瓶中注水至筒口,再一边加水一边徐徐推进玻璃板,注意玻璃板下不得带有任何气泡,盖严后擦净板面和瓶壁的余水,称得广口瓶、玻璃板、水和细粗骨料的总质量;则细骨料在水中的质量为:

$$m_{ys}=m_{ks}-m_{p} \tag{8.0.3-1}$$

式中　m_{ys}——细骨料在水中的质量(g);

m_{ks}——细骨料和广口瓶、水及玻璃板的总质量(g);

m_{p}——广口瓶、玻璃板和水的总质量(g);

应以两个试样试验结果的算术平均值作为测定值,计算应精确至1 g。

然后用0.16 mm的标准筛将细骨料过筛,用以上同样的方法测得大于0.16 mm细骨料在水中的质量:

$$m_{ys1}=m_{ks1}-m_{p} \tag{8.0.3-2}$$

式中　m_{ys1}——大于0.16 mm的细骨料在水中的质量(g);

m_{ks1}——大于0.16 mm的细料和广口瓶、水及玻璃板的总质量(g);

m_{p}——广口瓶、玻璃板和水的总质量(g)。

应以两个试样试验结果的算术平均值作为测定值,计算应精确至1 g。

细骨料修正系数为：

$$C_s=\frac{m_{ys}}{m_{ys1}} \tag{8.0.3-3}$$

式中 C_s——细骨料修正系数；

m_{ys}——细骨料在水中的质量(g)；

m_{ys1}——大于0.16 mm的细骨料在的水中的质量(g)。

计算应精确至0.01。

8.0.4 混凝土拌合物的取样应符合下列规定：

1 混凝土拌合物的取样应按本标准第2章的规定进行。

2 当混凝土中粗骨料的最大粒径≤40 mm时，混凝土拌合物的取样量≥20 L，混凝土中粗骨料最大粒径>40 mm时，混凝土拌合物的取样量≥40 L。

3 进行混凝土配合比分析时，当混凝土中粗骨料最大粒径≤40 mm时，每份取12 kg试样；当混凝土中粗骨料的最大粒径>40 mm时，每份取15 kg试样。剩余的混凝土拌合物试样，按本标准第6章的规定，进行拌合物表观密度的测定。

8.0.5 水洗法分析混凝土配合比试验应按下列步骤进行：

1 整个试验过程的环境温度应在15～25 ℃之间，从最后加水至试验结束，温差不应超过2 ℃。

2 称取质量为m_0的混凝土拌合物试样，精确至50 g并应符合本标准8.0.4条中的有关规定；然后按下式计算混凝土拌合物试样的体积；

$$V=\frac{m_0}{\rho} \tag{8.0.5-1}$$

式中 V——试样的体积(L)；

m_0——试样的质量(g)；

ρ——混凝土拌合物的表观密度(g/cm^3)。

计算应精确至1 g/cm^3。

3 把试样全部移到5 mm筛上水洗过筛，水洗时，要用水将筛上粗骨料仔细冲洗干净，粗骨料上不得粘有砂浆，筛下应备有不透水的底盘，以收集全部冲洗过筛的砂浆与水的混合物；称量洗净的粗骨料试样在饱和面干状态下在的质量m_g，粗骨料饱和面干状态表观密度符号为ρ_g，单位g/cm^3。

4 将全部冲洗过筛的砂浆与水的混合物全部移到试样筒中，加水至试样筒三分之二高度，用棒搅拌，以排除其中的空气；如水面上有不能破裂的气泡，可以加入少量的异丙醇试剂以消除气泡；让试样静止10 min以使固体物质沉积于容器底部。加水至满，再一边加水一边徐徐推进玻璃板，注意玻璃板下不得带有任何气泡，盖严后应擦净板面和筒壁的余水。称出砂浆与水的混合物和试样筒、水及玻璃板的总质量。应按下式计算细砂浆的水中的质量：

$$m'_m=m_k-m_D \tag{8.0.5-2}$$

式中 m'_m——砂浆在水中的质量(g)；

m_k——砂浆与水的混合物和试样筒、水及玻璃板的总质量(g)；

m_D——试样筒、玻璃板和水的总质量(g)。

计算应精确至1 g。

5 将试样筒中的砂浆与水的混合物在0.16 mm筛上冲洗，然后将在0.16 mm筛上洗净的细骨料全部移至广口瓶中，加水至满，再一边加水一边徐徐推进玻璃板，注意玻璃板下不得带有任何气泡，盖严后应擦净板面和瓶壁的余水，称出细骨料试样、试样筒、水及玻璃板总质量，应按下式计算细骨料在水中的质量：

$$m'_s=C_s(m_{cs}-m_p) \tag{8.0.5-3}$$

式中　m'_s——细骨料在水中的质量(g)；

C_s——细骨料修正系数；

m_{ks}——细骨料试样、广口瓶、水及玻璃板总质量(g)；

m_p——广口瓶、玻璃板和水的总质量(g)。

计算应精确至1 g。

8.0.6　混凝土拌合物中四种组分的结果计算及确定应按下述方法进行：

1　混凝土拌合物试样中四种组分的质量应按以下公式计算：

1)试样中的水泥质量应按下式计算：

$$m_c=(m'_m-m'_s)\times\frac{\rho_c}{\rho_c-1} \tag{8.0.6-1}$$

式中　m_c——试样中的水泥质量(g)；

m'_m——砂浆在水中的质量(g)；

m'_s——细骨料在水中的质量(g)；

ρ_c——水泥的表观密度(g/cm³)。

计算应精确至1 g。

2)试样中细骨料的质量应按下式计算：

$$m_s=m'_s\times\frac{\rho_s}{\rho_s-1} \tag{8.0.6-2}$$

式中　m_s——试样中细骨料的质量(g)；

m'_s——细骨料在水中的质量(g)；

ρ_s——处于饱和面干状态下的细骨料的表观密度(g/cm³)。

计算应精确至1 g。

3)试样中的水的质量应按下式计算：

$$m_w=m_o-(m_g+m_s+m_c) \tag{8.0.6-3}$$

式中　m_w——试样中的水的质量(g)；

m_o——拌合物试样质量(g)；

m_g、m_s、m_c——分别为试样中粗骨料、细骨料和水泥的质量(g)。

计算应精确至1 g。

4)混凝土拌合物试样中粗骨料的质量应按第8.0.5条中第3款得出的粗骨料饱和面干质量 m_g，单位g。

2　混凝土拌合物中水泥、水、粗骨料、细骨料的单位用量，应按分别按下式计算：

$$C=\frac{m_c}{V}\times1000 \tag{8.0.6-4}$$

$$W=\frac{m_w}{V}\times1000 \tag{8.0.6-5}$$

$$G=\frac{m_g}{V}\times1000 \tag{8.0.6-6}$$

$$S=\frac{m_s}{V}\times 1000 \tag{8.0.6-7}$$

式中 C、W、G、S——分别为水泥、水、粗骨料、细骨料的单位用量(kg/m^3)。

m_c、m_w、m_g、m_s——分别为试样中水泥、水、粗骨料、细骨料的质量(g);

V——试样体积(L)。

以上计算应精确至 1 kg/m^3。

3 以两个试样试验结果的算术平均值作为测定值,两次试验结果差值的绝对值应符合下列规定:水泥:≤6 kg/m^3;水:≤4 kg/m^3;砂:≤20 kg/m^3;石:≤30 kg/m^3,否则此次试验无效。

8.0.7 混凝土拌合物水洗法分析试验报告内容除应包括本标准第 1.0.3 条的内容外,还应包括以下内容:

1 试样的质量;

2 水泥的表观密度;

3 粗骨料和细骨料的饱和面干状态的表观密度;

4 试样中水泥、水、细骨料和粗骨料的质量;

5 混凝土拌合物中水泥、水、粗骨料和细骨料的单位用量;

6 混凝土拌合物水灰比。

附录 A 增实因数法

A.0.1 本方法适用于骨料最大粒径不大于 40 mm、增实因数大于 1.05 的混凝土拌合物稠度测定。

A.0.2 增实因数试验所用的仪器设备应符合下列条件:

1 跳桌:应符合《水泥胶砂流动度测定方法》GB 2419 中有关技术要求的规定。

2 台秤:称量 20 kg,感量 20 g;

3 圆筒:钢制,内径 150±0.2 mm,高 300±0.2 mm,连同提手共重 4.3±0.3 kg,见图 A.0.2-1;

4 盖板:钢制,直径 146±0.1 mm,厚 6±0.1 mm,连同提手共重 830±20 g,见图 A.0.2-1。

5 量尺:刻度误差不大于 1%,见图 A.0.2-2。

A.0.3 增实因数试验用混凝土拌合物的质量应按下列方法之一确定:

1 当混凝土拌合物配合比及原材料的表观密度已知时,按下式确定混凝土拌合物的质量:

$$Q=0.003\times\frac{W+C+F+S+G}{\frac{W}{\rho_w}+\frac{C}{\rho_c}+\frac{F}{\rho_t}+\frac{S}{\rho_s}+\frac{G}{\rho_g}} \tag{A.0.3-1}$$

式中 Q——绝对体积为 3 000 mL 时混凝土拌合物的质量(kg);

W,C,F,S,G——分别为水、水泥、掺合料、细骨料和粗骨料的质量(kg);

ρ_w、ρ_c、ρ_f、ρ_s、ρ_g——分别为水、水泥、掺合料、细骨料和粗骨料的表观密度(kg/m^3)。

2 当混凝土拌合物配合比及原材料的表观密度未知时,应按下述方法确定混凝土拌合物的质量;

先在圆筒内装入质量为 7.5 kg 的混凝土拌合物,无震振实,将圆筒放在水平平台上,用量

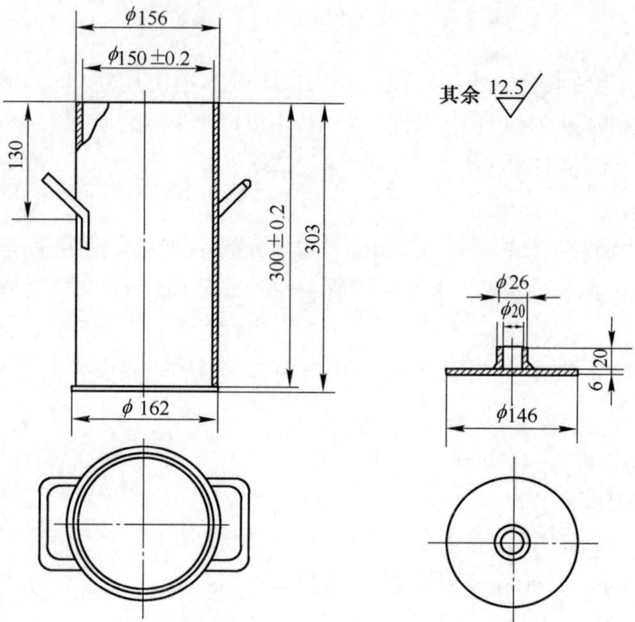

图 A. 0. 2-1　圆筒及盖板

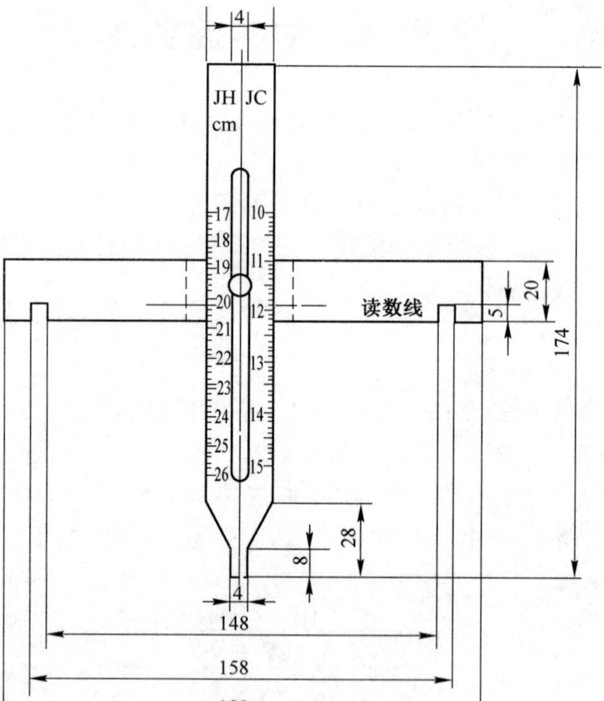

图 A. 0. 2-2　量尺

筒沿筒壁徐徐注水，并轻轻拍击筒壁，将拌合物中夹持的气泡排出，直至筒内水面与筒口平齐；记录注入圆筒中的水的体积，混凝土拌合物的质量应按下式计算：

$$Q=3\ 000\times\frac{7.5}{V-V_W}\times(1+A) \tag{A. 0. 3-2}$$

式中 Q——绝对体积为 3 000 mL 时混凝土拌合物的质量(kg)；

V——圆筒的容积(mL)；

V_W——注入圆筒中水的体积(mL)；

A——混凝土含气量。

计算应精确至 0.05 kg。

A.0.4 增实因数试验应按下列步骤进行：

1 将圆筒放在台秤上，用圆勺铲取混凝土拌合物，不加任何振动与扰动地装入圆筒，圆筒内混凝土拌合物的质量按本标准附录 A.0.3 条规定的方法确定后秤取。

2 用不吸水的小尺轻拨拌合物表面，使其大致成为一个水平面，然后将盖板轻放在拌合物上。

3 将圆筒轻轻移至跳桌台面中央，使跳桌台面以每秒一次的速度连续跳动 5 次。

4 将量尺的横尺置于筒口，使筒壁卡入横尺的凹槽中，滑动有刻度的竖尺，将竖尺的底端插入盖板中心的小筒内，读取混凝土增实因数 JC，精确至 0.01。

A.0.5 圆筒容积应经常予以校正，校正方法可采用一块能覆盖住圆筒顶面的玻璃板，先称出玻璃板和空桶的质量，然后向圆筒中灌入清水，当水接近上口时，一边不断加水，一边把玻璃板沿筒口徐徐推入盖严。应注意使玻璃板下不带入任何气泡。然后擦净玻璃板面及筒壁外的余水，将圆筒连同玻璃板放在台称上称其质量。两次质量之差(g)即为容量筒的容积(mL)。

A.0.6 混凝土拌合物稠度试验报告内容除应包括本标准第 1.0.3 条的内容外，尚应列出增实因素值和其他应说明的事项。

普通混凝土力学性能试验方法标准

目　次

2 取　　样

2.0.1 混凝土的取样应符合《普通混凝土拌合物性能试验方法标准》(GB/T 50080)第章 2 中的有关规定。

2.0.2 普通混凝土力学性能试验应以三个试件为一组，每组试件所用的拌合物应从同一盘混凝土或同一车混凝土中取样。

3 试件的尺寸、形状和公差

3.1 试件的尺寸

3.1.1 试件的尺寸应根据混凝土中骨料的最大粒径按表 3.1.1 选定。

表 3.1.1 混凝土试件尺寸选用表

试件横截面尺寸(mm)	骨料最大粒径(mm)	
	劈裂抗拉强度试验	其他试验
100×100	20	31.5
150×150	40	40
200×200	—	63

注：骨料最大粒径指的是符合《普通混凝土用碎石或卵石质量标准及检验方法》(JGJ 53—92)中规定的圆孔筛的孔径。

3.1.2 为保证试件的尺寸，试件应采用符合本标准第 4.1 节规定的试模制作。

3.2 试件的形状

3.2.1 抗压强度和劈裂抗拉强度试件应符合下列规定：

1 边长为 150 mm 的立方体试件是标准试件。

2 边长为 100 mm 和 200 mm 的立方体试件是非标准试件。

3 在特殊情况下，可采用 ϕ150 mm×300 mm 的圆柱体标准试件或 ϕ100 mm×200 mm 和 ϕ200 mm×400 mm 的圆柱体非标准试件。

3.2.2 轴心抗压强度和静力受压弹性模量试件应符合下列规定：

1 边长为 150 mm×150 mm×300 mm 的棱柱体试件是标准试件 。

2 边长为 100 mm×100 mm×300 mm 和 200 mm×200 mm×400 mm 的棱柱体试件是非标准试件。

3 在特殊情况下 可采用 ϕ150 mm×300 mm 的圆柱体标准试件或 ϕ100 mm×200 mm 和 ϕ200 mm×400 mm 的圆柱体非标准试件。

3.2.3 抗折强度试件应符合下列规定：

1 边长为 150 mm×150 mm×600 mm(或 550 mm)的棱柱体试件是标准试件。

2 边长为 100 mm×100 mm×400 mm 的棱柱体试件是非标准试件。

3.3 尺寸公差

3.3.1 试件的承压面的平面度公差不得超过 0.0005d(d 为边长)。

3.3.2　试件的相邻面间的夹角应为90°,其公差不得超过0.5°。

3.3.3　试件各边长、直径和高的尺寸的公差不得超过1 mm。

4　设　备

4.1　试　模

4.1.1　试模应符合《混凝土试模》(JG 3019)中技术要求的规定。

4.1.2　应定期对试模进行自检,自检周期宜为三个月。

4.2　振动台

4.2.1　振动台应符合《混凝土试验室用振动台》(JG/T 3020)中技术要求的规定。

4.2.2　应具有有效期内的计量检定证书。

4.3　压力试验机

4.3.1　压力试验机除应符合《液压式压力试验机》(GB/T 3722)及《试验机通用技术要求》(GB/T 2611)中技术要求外,其测量精度为±1%,试件破坏荷载应大于压力机全量程的20%且小于压力机全量程的80%。

4.3.2　应具有加荷速度指示装置或加荷速度控制装置,并应能均匀、连续地加荷。

4.3.3　应具有有效期内的计量检定证书。

4.4　微变形测量仪

4.4.1　微变形测量仪的测量精度不得低于0.001 mm。

4.4.2　微变形测量固定架的标距应为150 mm。

4.4.3　应具有有效期内的计量检定证书。

4.5　垫块、垫条与支架

4.5.1　劈裂抗拉强度试验应采用半径为75 mm的钢制弧形垫块,其横截面尺寸如图4.5.1所示,垫块的长度与试件相同。

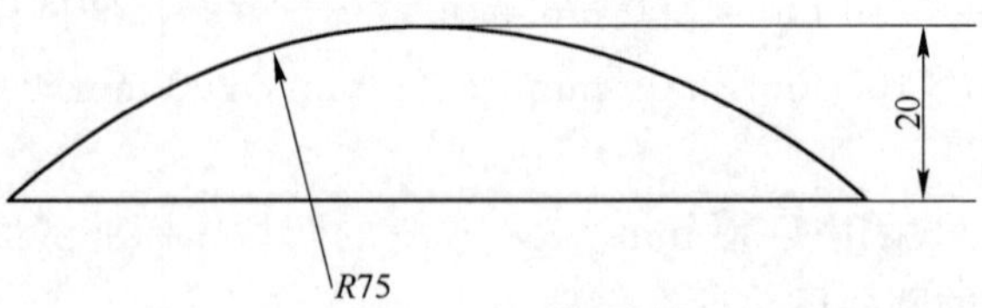

图4.5.1　垫块

4.5.2　垫条为三层胶合板制成,宽度为20 mm,厚度为3～4 mm,长度不小于试件长度,垫条不得重复使用。

4.5.3　支架为钢支架,如图4.5.3所示。

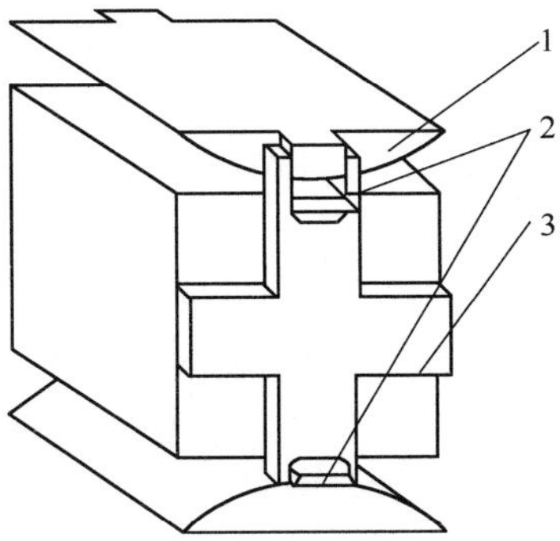

图 4.5.3　支架示意

1—垫块；2—垫条；3—支架

4.6　钢 垫 板

4.6.1　钢垫板的平面尺寸应不小于试件的承压面积，厚度应不小于 25 mm。

4.6.2　钢垫板应机械加工，承压面的平面度公差为 0.04 mm；表面硬度不小于 55HRC；硬化层厚度约为 5 mm。

4.7　其他量具及器具

4.7.1　量程大于 600 mm、分度值为 1 mm 的钢板尺。

4.7.2　量程大于 200 mm、分度值为 0.02 mm 的卡尺。

4.7.3　符合《混凝土坍落度仪》(JG 3021)中规定的直径 16 mm、长 600 mm、端部呈半球形的捣棒。

5　试件的制作和养护

5.1　试件的制作

5.1.1　混凝土试件的制作应符合下列规定：

1　成型前，应检查试模尺寸并符合本标准第 4.1.1 条中的有关规定；试模内表面应涂一薄层矿物油或其他不与混凝土发生反应的脱模剂。

2　在试验室拌制混凝土时，其材料用量应以质量计，称量的精度：水泥、掺合料、水和外加剂为±0.5%；骨料为±1%。

3　取样或试验室拌制的混凝土应在拌制后尽短的时间内成型，一般不宜超过 15 min。

4　根据混凝土拌合物的稠度确定混凝土成型方法，坍落度不大于 70 mm 的混凝土宜用振动振实；大于 70 mm 的宜用捣棒人工捣实；检验现浇混凝土或预制构件的混凝土，试件成型方法宜与实际采用的方法相同。

5　圆柱体试件的制作见附录 A。

5.1.2　混凝土试件制作应按下列步骤进行：

1　取样或拌制好的混凝土拌合物应至少用铁锨再来回拌合三次。

2　按本章第 5.1.1 条中第 4 款的规定，选择成型方法成型。

1)用振动台振实制作试件应按下述方法进行：

a. 将混凝土拌合物一次装入试模，装料时应用抹刀沿各试模壁插捣，并使混凝土拌合物高出试模口；

b. 试模应附着或固定在符合第 4.2 节要求的振动台上，振动时试模不得有任何跳动，振动应持续到表面出浆为止；不得过振。

2)用人工插捣制作试件应按下述方法进行：

a. 混凝土拌合物应分两层装入模内，每层的装料厚度大致相等；

b. 插捣应按螺旋方向从边缘向中心均匀进行。在插捣底层混凝土时，捣棒应达到试模底部；插捣上层时，捣棒应贯穿上层后插入下层 20～30 mm；插捣时捣棒应保持垂直，不得倾斜。然后应用抹刀沿试模内壁插拔数次；

c. 每层插捣次数按在 10 000 mm^2 截面积内不得少于 12 次；

d. 插捣后应用橡皮锤轻轻敲击试模四周，直至插捣棒留下的空洞消失为止。

3)用插入式振捣棒振实制作试件应按下述方法进行：

a. 将混凝土拌合物一次装入试模，装料时应用抹刀沿各试模壁插捣，并使混凝土拌合物高出试模口；

b. 宜用直径为 ϕ25 mm 的插入式振捣棒，插入试模振捣时，振捣棒距试模底板 10～20 mm且不得触及试模底板，振动应持续到表面出浆为止，且应避免过振，以防止混凝土离析；一般振捣时间为 20 s。振捣棒拔出时要缓慢，拔出后不得留有孔洞。

3 刮除试模上口多余的混凝土，待混凝土临近初凝时，用抹刀抹平。

5.2 试件的养护

5.2.1 试件成型后应立即用不透水的薄膜覆盖表面。

5.2.2 采用标准养护的试件，应在温度为 20±5 ℃的环境中静置一昼夜至二昼夜，然后编号、拆模。拆模后应立即放入温度为 20±2 ℃，相对湿度为 95%以上的标准养护室中养护，或在温度为 20±2 ℃的不流动的 $Ca(OH)_2$ 饱和溶液中养护。标准养护室内的试件应放在支架上，彼此间隔 10～20 mm，试件表面应保持潮湿，并不得被水直接冲淋。

5.2.3 同条件养护试件的拆模时间可与实际构件的拆模时间相同，拆模后，试件仍需保持同条件养护。

5.2.4 标准养护龄期为 28 d(从搅拌加水开始计时)。

5.3 试验记录

5.3.1 试件制作和养护的试验记录内容应符合本标准第 1.0.3 条第 2 款的规定。

6 抗压强度试验

6.0.1 本方法适用于测定混凝土立方体试件的抗压强度，圆柱体试件的抗压强度试验见附录 B。

6.0.2 混凝土试件的尺寸应符合本标准第 3.1 节中的有关规定。

6.0.3 试验采用的试验设备应符合下列规定：

1 混凝土立方体抗压强度试验所采用压力试验机应符合本标准第 4.3 节的规定。

2 混凝土强度等级≥C60 时，试件周围应设防崩裂网罩。当压力试验机上、下压板不符合本标准第 4.6.2 条规定时，压力试验机上、下压板与试件之间应各垫以符合本标准第 4.6 节要求的钢垫板。

6.0.4 立方体抗压强度试验步骤应按下列方法进行：

1 试件从养护地点取出后应及时进行试验，将试件表面与上下承压板面擦干净。

2 将试件安放在试验机的下压板或垫板上，试件的承压面应与成型时的顶面垂直。试件的中心应与试验机下压板中心对准，开动试验机，当上压板与试件或钢垫板接近时，调整球座使接触均衡。

3 在试验过程中应连续均匀地加荷，混凝土强度等级时＜C30时，加荷速度取每秒钟0.3～0.5 MPa；混凝土强度等级≥30且＜60时，取每秒钟0.5～0.8 MPa；混凝土强度等级≥C60时，取每秒钟0.8～1.0 MPa。

4 当试件接近破坏开始急剧变形时，应停止调整试验机油门，直至破坏。然后记录破坏荷载。

6.0.5 立方体抗压强度试验结果计算及确定按下列方法进行：

1 混凝土立方体抗压强度应按下式计算：

$$f_{cc}=\frac{F}{A} \tag{6.0.5}$$

式中 f_{cc}——混凝土立方体试件抗压强度(MPa)；

F——试件破坏荷载(N)；

A——试件承压面积(mm^2)

混凝土立方体抗压强度计算应精确至0.1 MPa。

2 强度值的确定应符合下列规定：

1)三个试件测值的算术平均值作为该组试件的强度值(精确至0.1 MPa)；

2)三个测值中的最大值或最小值中如有一个与中间值的差值超过中间值的15%时，则把最大及最小值一并舍除，取中间值作为该组试件的抗压强度值；

3)如最大值和最小值与中间值的差均超过中间值的15%，则该组试件的试验结果无效。

3 混凝土强度等级＜C60时，用非标准试件测得的强度值均应乘以尺寸换算系数，其值为对200 mm×200 mm×200 mm试件为1.05；对100 mm×100 mm×100 mm试件为0.95。当混凝土强度等级≥C60时，宜采用标准试件；使用非标准试件时，尺寸换算系数应由试验确定。

6.0.6 混凝土立方体抗压强度试验报告内容除应满足本标准第1.0.3条要求外，还应报告实测的混凝土立方体抗压强度值。

7 轴心抗压强度试验

7.0.1 本试验方法适用于测定棱柱体混凝土试件的轴心抗压强度。

7.0.2 测定混凝土轴心抗压强度试验的试件应符合本标准第3章中的有关规定。

7.0.3 试验采用的试验设备应符合下列规定：

1 轴心抗压强度试验所采用压力试验机的精度应符合本标准第4.3节的要求。

2 混凝土强度等级≥C60时，试件周围应设防崩裂网罩。当压力试验机上、下压板不符合本标准第4.6.2条规定时，压力试验机上、下压板与试件之间应各垫以符合本标准第4.6节要求的钢垫板。

7.0.4 轴心抗压强度试验步骤应按下列方法进行：

1 试件从养护地点取出后应及时进行试验，用干毛巾将试件表面与上下承压板面擦干净。

2 将试件直立放置在试验机的下压板或钢垫板上，并使试件轴心与下压板中心对准。

3 开动试验机，当上压板与试件或钢垫板接近时，调整球座，使接触均衡。

4 应连续均匀地加荷，不得有冲击。所用加荷速度应符合本标准第 6.0.4 条中第 3 款的规定。

5 试件接近破坏而开始急剧变形时，应停止调整试验机油门，直至破坏。然后记录破坏荷载。

7.0.5 试验结果计算及确定按下列方法进行：

1 混凝土试件轴心抗压强度应按下式计算：

$$F_{cp}=\frac{F}{A} \tag{7.0.5}$$

式中 f_{cp}——混凝土轴心抗压强度(MPa)；

F——试件破坏荷载(N)；

A——试件承压面积(mm^2)。

混凝土轴心抗压强度计算值应精确至 0.1 MPa。

2 混凝土轴心抗压强度值的确定应符合本标准第 6.0.5 条中第 2 款的规定。

3 混凝土强度等级<C60 时，用非标准试件测得的强度值均应乘以尺寸换算系数，其值为对 200 mm×200 mm×400 mm 试件为 1.05；对 100 mm×100 mm×300 mm 试件为 0.95。当混凝土强度等级≥C60 时，宜采用标准试件；使用非标准试件时，尺寸换算系数应由试验确定。

7.0.6 混凝土轴压抗压强度试验报告内容除应满足本标准第 1.0.3 条要求外，还应报告实测的混凝土轴心抗压强度值。

8 静力受压弹性模量试验

8.0.1 本方法适用于测定棱柱体试件的混凝土静力受压弹性模量(以下简称弹性模量)。圆柱体试件的弹性模量试验见附录 C。

8.0.2 测定混凝土弹性模量的试件应符合本标准第 3 章中的有关规定。每次试验应制备 6 个试件。

8.0.3 试验采用的试验设备应符合下列规定：

1 压力试验机应符合本标准中第 4.3 节中的规定。

2 微变形测量仪应符合本标准第 4.4 节中的规定。

8.0.4 静力受压弹性模量试验步骤应按下列方法进行：

1 试件从养护地点取出后先将试件表面与上下承压板面擦干净。

2 取 3 个试件按本标准第 7 章的规定，测定混凝土的轴心抗压强度(f_{cp})。另 3 个试件用于测定混凝土的弹性模量。

3 在测定混凝土弹性模量时，变形测量仪应安装在试件两侧的中线上并对称于试件的两端。

4 应仔细调整试件在压力试验机上的位置，使其轴心与下压板的中心线对准。开动压力试验机，当上压板与试件接近时调整球座，使其接触匀衡。

5 加荷至基准应力为 0.5 MPa 的初始荷载值 F_0，保持恒载 60 s 并在以后的 30 s 内记录每测点的变形读数 ε_0。应立即连续均匀地加荷至应力为轴心抗压强度 f_{cp} 的 1/3 的荷载值 F_a，保持恒载 60 s 并在以后的 30 s 内记录每一测点的变形读数 ε_a。所用加荷速度应符合本标准第 6.0.4 条中第 3 款的规定。

6 当以上这些变形值之差与它们平均值之比大于 20%时，应重新对中试件后重复本条第 5 款的试验。如果无法使其减少到低于 20%时，则此次试验无效。

7 在确认试件对中符合本条第 6 款规定后，以与加荷速度相同的速度卸荷至基准应力 0.5 MPa(F_0)，恒载 60 s；然后用同样的加荷和卸荷速度以及 60 s 的保持恒载(F_0 及 F_a)至少进行两次反复预压。在最后一次预压完成后，在基准应力 0.5 MPa(F_0)持荷 60 s 并在以后的 30 s 内记录每一测点的变形读数 ε_0；再用同样的加荷速度加荷至 F_a，持荷 60 s 并在以后的 30 s内记录每一测点的变形读数 ε_a(见图 8.0.4)。

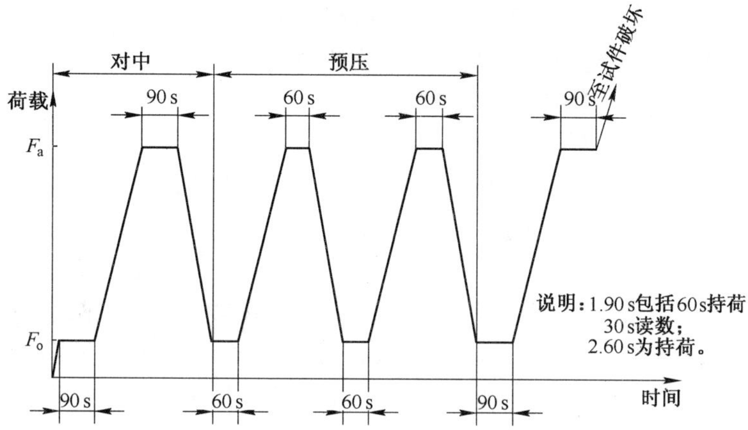

图 8.0.4 弹性模量加荷方法示意图

8 卸除变形测量仪，以同样的速度加荷至破坏，记录破坏荷载；如果试件的抗压强度与 f_{cp}之差超过 f_{cp}的 20%时，则应在报告中注明。

8.0.5 混凝土弹性模量试验结果计算及确定按下列方法进行：

1 混凝土弹性模量值应按下式计算：

$$E_c=\frac{F_a-F_0}{A}\times\frac{L}{\Delta n} \qquad (8.0.5\text{-}1)$$

式中 E_c——混凝土弹性模量(MPa)；

F_a——应力为 1/3 轴心抗压强度时的荷载(N)；

F_0——应力为 0.5 MPa 时的初始荷载(N)；

A——试件承压面积(mm^2)；

L——测量标距(mm)；

$$\Delta n=\varepsilon_a-\varepsilon_0 \qquad (8.0.5\text{-}2)$$

式中 Δn——最后一次从 F_0 加荷至 F_a 时试件两侧变形的平均值(mm)；

ε_a——F_a 时试件两侧变形的平均值(mm)；

ε_0——F_0 时试件两侧变形的平均值(mm)。

混凝土受压弹性模量计算精确至 100 MPa；

2 弹性模量按 3 个试件测值的算术平均值计算。如果其中有一个试件的轴心抗压强度值与用以确定检验控制荷载的轴心抗压强度值相差超过后者的 20%时，则弹性模量值按另两个试件测值的算术平均值计算；如有两个试件超过上述规定时，则此次试验无效。

8.0.6 混凝土弹性模量试验报告内容除应满足本标准第 1.0.3 条要求外，尚应报告实测的静力受压弹性模量值。

9 劈裂抗拉强度试验

9.0.1 本方法适用于测定混凝土立方体试件的劈裂抗拉强度，圆柱体劈裂抗拉强度试验方法见附录 D。

9.0.2 劈裂抗拉强度试件应符合本标准第 3 章中有关的规定。

9.0.3 试验采用的试验设备应符合下列规定：

1 压力试验机应符合本标准第 4.3 节的规定。

2 垫块、垫条及支架应符合本标准第 4.5 节的规定。

9.0.4 劈裂抗拉强度试验步骤应按下列方法进行：

1 试件从养护地点取出后应及时进行试验，将试件表面与上下承压板面擦干净。

2 将试件放在试验机下压板的中心位置，劈裂承压面和劈裂面应与试件成型时的顶面垂直；在上、下压板与试件之间垫以圆弧形垫块及垫条各一条，垫块与垫条应与试件上、下面的中心线对准并与成型时的顶面垂直。宜把垫条及试件安装在定位架上使用(如图 4.5.3 所示)。

3 开动试验机，当上压板与圆弧形垫块接近时，调整球座，使接触均衡。加荷应连续均匀，当混凝土强度等级<C30 时，加荷速度取每秒钟 0.02～0.05 MPa；当混凝土强度等级≥C30 且<C60 时，取每秒钟 0.05～0.08 MPa；当混凝土强度等级≥C60 时，取每秒钟 0.08～0.10 MPa，至试件接近破坏时，应停止调整试验机油门，直至试件破坏，然后记录破坏荷载。

9.0.5 混凝土劈裂抗拉强度试验结果计算及确定按下列方法进行：

1 混凝土劈裂抗拉强度应按下式计算：

$$f_{ts}=\frac{2F}{\pi A}=0.637\frac{F}{A} \tag{9.0.5}$$

式中 f_{ts}——混凝土劈裂抗拉强度(MPa)；

F——试件破坏荷载(N)；

A——试件劈裂面面积(mm^2)

劈裂抗拉强度计算精确到 0.01 MPa。

2 强度值的确定应符合下列规定：

1)三个试件测值的算术平均值作为该组试件的强度值(精确至 0.01 MPa)；

2)三个测值中的最大值或最小值中如有一个与中间值的差值超过中间值的 15%时，则把最大及最小值一并舍除，取中间值作为该组试件的抗压强度值；

3)如最大值与最小值与中间值的差均超过中间值的 15%，则该组试件的试验结果无效。

3 采用 100 mm×100 mm×100 mm 非标准试件测得的劈裂抗拉强度值，应乘以尺寸换算系数 0.85；当混凝土强度等级≥C60 时，宜采用标准试件；使用非标准试件时，尺寸换算系数应由试验确定。

9.0.6 混凝土劈裂抗拉强度试验报告内容除应满足本标准第 1.0.3 条要求外，尚应报告实测的劈裂抗拉强度值。

10 抗折强度试验

10.0.1 本方法适用于测定混凝土的抗折强度。

10.0.2 试件除应符合本标准第3章的有关规定外，在长向中部1/3区段内不得有表面直径超过5 mm、深度超过2 mm的孔洞。

10.0.3 试验采用的试验设备应符合下列规定：

1 试验机应符合第4.3节的有关规定。

2 试验机应能施加均匀、连续、速度可控的荷载，并带有能使二个相等荷载同时作用在试件跨度3分点处的抗折试验装置，见图10.0.3。

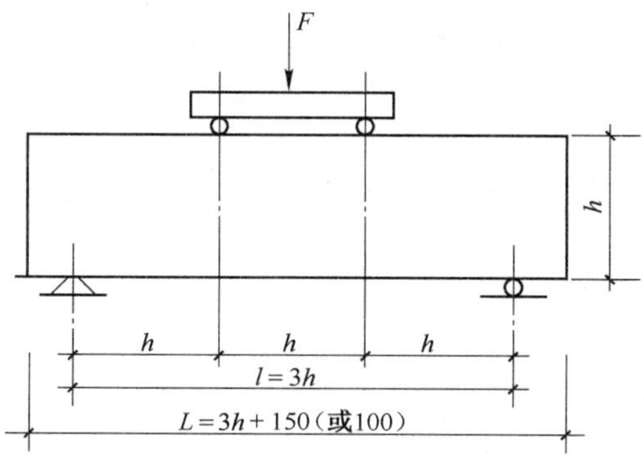

图10.0.3 抗折试验装置

3 试件的支座和加荷头应采用直径为20～40 mm、长度不小于b+10 mm的硬钢圆柱，支座立脚点固定铰支，其他应为滚动支点。

10.0.4 抗折强度试验步骤应按下列方法进行：

1 试件从养护地取出后应及时进行试验，将试件表面擦干净。

2 按图10.0.3装置试件，安装尺寸偏差不得大于1 mm。试件的承压面应为试件成型时的侧面。支座及承压面与圆柱的接触面应平稳、均匀，否则应垫平。

3 施加荷载应保持均匀、连续。当混凝土强度等级＜C30时，加荷速度取每秒0.02～0.05 MPa；当混凝土强度等级≥C30且＜C60时，取每秒钟0.05～0.08 MPa；当混凝土强度等级≥C60时，取每秒钟0.08～0.10 MPa，至试件接近破坏时，应停止调整试验机油门，直至试件破坏，然后记录破坏荷载。

4 记录试件破坏荷载的试验机示值及试件下边缘断裂位置。

10.0.5 抗折强度试验结果计算及确定按下列方法进行：

1 若试件下边缘断裂位置处于二个集中荷载作用线之间，则试件的抗折强度f_f(MPa)按下式计算：

$$f_f=\frac{Fl}{bh^2} \tag{10.0.5}$$

式中 f_f——混凝土抗折强度(MPa)；

F——试件破坏荷载(N)；

l——支座间跨度(mm)；

h——试件截面高度(mm)；

b——试件截面宽度(mm)；

抗折强度计算应精确至 0.1 MPa。

2 抗折强度值的确定应符合本标准第 6.0.5 条中第 2 款的规定。

3 三个试件中若有一个折断面位于两个集中荷载之外，则混凝土抗折强度值按另两个试件的试验结果计算。若这两个测值的差值不大于这两个测值的较小值的 15%时，则该组试件的抗折强度值按这两个测值的平均值计算，否则该组试件的试验无效。若有两个试件的下边缘断裂位置位于两个集中荷载作用线之外，则该组试件试验无效。

4 当试件尺寸为 100 mm×100 mm×400 mm 非标准试件时，应乘以尺寸换算系数 0.85；当混凝土强度等级≥C60 时，宜采用标准试件；使用非标准试件时，尺寸换算系数应由试验确定。

10.0.6 混凝土抗折强度试验报告内容除应满足本标准第 1.0.3 条要求外，尚应报告实测的混凝土抗折强度值。

附录 A　圆柱体试件的制作和养护

A.0.1 本方法适用于混凝土圆柱体试件的制作及养护。

A.0.2 圆柱体试件的直径为 100 mm、150 mm、200 mm 三种，其高度是直径的 2 倍。粗骨料的最大粒径应小于试件直径的 1/4 倍。

A.0.3 试验采用的试验设备应符合下列规定：

1 试模：试模应由刚性、金属制成的圆筒形和底板构成，用适当的方法组装而成。试模组装后不能有变形和漏水现象。试模的尺寸误差，直径误差应小于 $1/200d$，高度误差应小于 $1/100h$。试模底板的平面度公差应不超过 0.02 mm。组装试模时，圆筒形模纵轴与底板应成直角，其允许公差为 0.5°。

2 试验用振动台、捣棒等用具：应符合第 4.2 节与第 4.7 节的有关规定。

3 压板：用于端面平整处理的压板，应采用厚度为 6 mm 及其以上的平板玻璃，压板直径应比试模的直径大 25 mm 以上。

A.0.4 圆柱体试件的制作应按下列方法进行：

1 在试验室制作试件时，应根据混凝土拌合物的稠度确定混凝土成型方法，坍落度不大于 70 mm 的混凝土宜用振动振实；大于 70 mm 的宜用捣棒人工捣实。

1)采用插捣成型时，分层浇注混凝土，当试件的直径为 200 mm 时，分 3 层装料；当试件为直径 150 mm 或 100 mm 时，分 2 层装料，各层厚度大致相等；浇注时以试模的纵轴为对称轴，呈对称方式装入混凝土拌合物，浇注完一层后用捣棒摊平上表面；试件的直径为 200 mm 时，每层用捣棒插捣 25 次；试件的直径为 150 mm 时，每层插捣 15 次；试件的直径为 100 mm 时，每层插捣 8 次；插捣应按螺旋方向从边缘向中心均匀进行；在插捣底层混凝土时，捣棒应达到试模底部；插捣上层时，捣棒应贯穿该层后插入下一层 20～30 mm；插捣时捣棒应保持垂直，不得倾斜。当所确定的插捣次数有可能使混凝土拌合物产生离析现象时，可酌情减少插捣次数至拌合物不产生离析的程度。插捣结束后，用橡皮棰轻轻敲打试模侧面，直到捣棒插捣后留下的孔消失为止。

2)采用插入式振捣棒振实时，直径为 100～200 mm 的试件应分 2 层浇注混凝土。每层厚度大致相等，以试模的纵轴为对称轴，呈对称方式装入混凝土拌合物；振捣棒的插入密度按浇注层上表面每 6 000 mm^2 插入一次确定，振捣下层时振捣棒不得触及试模的底板，振捣上层时，振捣棒插入下层大约 15 mm 深，不得超过 20 mm；振捣时间根据混凝土的质量及振捣棒的性能确定，以使混凝土充分密实为原则。振捣棒要缓慢拔出，拔出后用橡皮锤轻轻敲打试模侧面，直到捣棒插捣后留下的孔消失为止。

3)采用振动台振实时，应将试模牢固地安装在振动台上，以试模的纵轴为对称轴，呈对称方式一次装入混凝土，然后进行振动密实。装料量以振动时砂浆不外溢为宜。振动时间根据混凝土的质量和振动台的性能确定，以使混凝土充分密实为原则。

2 振实后，混凝土的上表面稍低于试模顶面 1～2 mm。

A.0.5 试件的端面找平层处理按下述方法进行：

1 拆模前当混凝土具有一定强度后，清除上表面的浮浆，并用干布吸去表面水，抹上同配比的水泥净浆，用压板均匀地盖在试模顶部。找平层水泥净浆的厚度要尽量薄并与试件的纵轴相垂直；为了防止压板与水泥浆之间粘固，在压板的下面垫上结实的薄纸。

2 找平处理后的端面应与试件的纵轴相垂直；端面的平面度公差应不大于 0.1 mm。

3 不进行试件端部找平层处理时，应将试件上端面研磨整平。

A.0.6 圆柱体试件养护应符合本标准 5.2 节的规定。

附录 B 圆柱体试件抗压强度试验

B.0.1 本方法适用于测定按附录 A 要求制作和养护的圆柱体试件的抗压强度。

B.0.2 测定圆柱体抗压强度的试件应是按附录 A 要求制作和养护的圆柱体试件。

B.0.3 圆柱体试件抗压强度试验设备应符合下列规定：

1 压力试验机：应符合本标准第 4.3 节中的有关规定。

2 卡尺：量程 300 mm，分度值 0.02 mm。

B.0.4 抗压强度试验步骤应按下列方法进行：

1 试件从养护地取出后应及时进行试验，将试件表面与上下承压板面擦干净，然后测量试件的两个相互垂直的直径，分别记为 d_1、d_2，精确至 0.02 mm；再分别测量相互垂直的两个直径段部的四个高度；应符合本标准第 3.3 节中的有关规定。

2 将试件置于试验机上下压板之间，使试件的纵轴与加压板的中心一致。开动压力试验机，当上压板与试件或钢垫板接近时，调整球座，使接触均衡；试验机的加压板与试件的端面之间要紧密接触，中间不得夹入有缓冲作用的其他物质。

3 应连续均匀地加荷，加荷速度应符合本标准第 6.0.4 条中第 4 款的规定；当试件接近破坏，开始迅速变形时，停止调整试验机油门直至试件破坏。记录破坏荷载 F(N)。

B.0.5 圆柱体试件抗压强度试验结果计算及确定按下列方法进行：

1 试件直径应按下式计算：

$$d=\frac{d_1+d_2}{2} \tag{B.0.5-1}$$

式中 d——试件计算直径(mm)；

d_1、d_2——试件两个垂直方向的直径(mm)。

试件计算直径的计算精确至 0.1 mm。

2 抗压强度应按下式计算：

$$f_{cc}=\frac{4F}{\pi d^2} \tag{B.0.5-2}$$

式中 f_{cc}——混凝土的抗压强度(MPa);

F——试件破坏荷载(N);

d——试件计算直径(mm)。

混凝土圆柱体试件抗压强度的计算精确至 0.1 MPa。

3 混凝土圆柱体抗压强度值的确定应符合本标准第 6.0.5 条中第 2 款的规定。

4 用非标准试件测得的强度值均应乘以尺寸换算系数,其值为对 ϕ200 mm×400 mm 试件为 1.05;对 ϕ100 mm×200 mm 试件为 0.95。

B.0.6 混凝土圆柱体抗压强度试验报告内容除应满足本标准第 1.0.3 条要求外,尚应报告实测混凝土圆柱体抗压强度值。

附录 C 圆柱体试件静力受压弹性模量试验

C.0.1 本方法适用于测定按附录 A 要求制作和养护的圆柱体试件的静力受压弹性模量(以下简称弹性模量)。

C.0.2 测定圆柱体试件的弹性模量的试件应是按附录 A 要求制作和养护的圆柱体试件。每次试验应制备 6 个试件。

C.0.3 试验采用的试验设备应符合下列规定:

1 压力试验机:应符合本标准中第 4.3 节中的规定。

2 微变形测量仪:应符合本标准第 4.4 节中的规定。

C.0.4 圆柱体试件弹性模量试验步骤应按下列方法进行:

1 试件从养护地点取出后应及时进行试验,将试件擦干净,观察其外观,按本标准 B.0.4 条中第 1 款的规定,测量试件尺寸,应符合本标准第 3.3 节中的有关规定。

2 取 3 个试件按本标准附录 B 的规定,测定圆柱体试件抗压强度(f_{cp})。另 3 个试件用于测定圆柱体试件弹性模量。

3 在测定圆柱体试件弹性模量时,微变形测量仪应安装在圆柱体试件直径的延长线上并对称于试件的两端。

4 应仔细调整试件在压力试验机上的位置,使其轴心与下压板的中心线对准。开动压力试验机,当上压板与试件接近时调整球座,使其接触均衡。

5 加荷至基准应力为 0.5 MPa 的初始荷载值 F_0,保持恒载 60 s 并在以后的 30 s 内记录每测点的变形读数 ε_0。应立即连续均匀地加荷至应力为轴心抗压强度 f_{cp} 的 1/3 的荷载值 F_a,保持恒载 60 s 并在以后的 30 s 内记录每一测点的变形读数 ε_a。所用加荷速度应符合本标准第 6.0.4 条中第 3 款的规定。

6 当以上这些变形值之差与它们平均值之比大于 20%时,应重新对中试件后重复本条第 5 款的试验。如果无法使其减少到低于 20%时,则此次试验无效。

7 在确认试件对中符合本条第 6 款规定后,以与加荷速度相同的速度卸荷至基准应力 0.5 MPa(F_0),恒载 60 s;然后用同样的加荷和卸荷速度以及 60 s 的保持恒载(F_0 及 F_a)至少进行两次反复预压。在最后一次预压完成后,在基准应力 0.5 MPa(F_0)持荷 60 s 并在以后的 30 s 内记录每一测点的变形读数 ε_0;再用同样的加荷速度加荷至 F_a,持荷 60 s 并在以后的

30 s内记录每一测点的变形读数 ε_a（见图 8.0.4）。

8 卸除变形测量仪，以同样的速度加荷至破坏。记录破坏荷载；如果试件的抗压强度与 f_{cp}之差超过 f_{cp}20%时，则应在报告中注明。

C.0.5 圆柱体试件弹性模量试验结果计算及确定按下列方法进行：

1 试件计算直径 d 按 B.0.5 的有关规定计算。

2 圆柱体试件混凝土受压弹性模量值应按下式计算：

$$E_c=\frac{4(F_a-F_0)}{\pi d^2}\times\frac{L}{\Delta n}=1.273\times\frac{(F_a-F_0)L}{d^2\Delta n} \tag{C.0.5-1}$$

式中 E_c——圆柱体试件混凝土静力受压弹性模量（MPa）；

F_a——应力为 1/3 轴心抗压强度时的荷载（N）；

F_0——应力为 0.5 MPa 时的初始荷载（N）；

d——圆柱体试件的计算直径（mm）；

L——测量标距（mm）；

$$\Delta n=\varepsilon_a-\varepsilon_0 \tag{C.0.5-2}$$

式中 Δn——最后一次从 F_0 加荷至 F_a 时试件两侧变形的平均值（mm）；

ε_a——F_a 时试件两侧变形的平均值（mm）；

ε_0——F_0 时试件两侧变形的平均值（mm）。

圆柱体试件混凝土受压弹性模量计算精确至 100 MPa。

3 圆柱体试件弹性模量按了个试件的算术平均值计算。如果其中有一个试件的轴心抗压强度值与用以确定检验控制荷载的轴心抗压强度值相差超过后者的 20%时，则弹性模量值按另两个试件测值的算术平均值计算；如有两个试件超过上述规定时，则此次试验无效。

C.0.6 圆柱体试件混凝土静力受压弹性模量试验报告内容除应满足本标准第 1.0.3 条要求外，尚应报告实测的圆柱体试件混凝土的静力受压弹性模量值。

附录 D 圆柱体试件劈裂抗拉强度试验

D.0.1 本方法适用于测定按附录 A 要求制作和养护的圆柱体试件的劈裂抗拉强度。

D.0.2 测定圆柱体劈裂抗拉强度的试件应是按附录 A 要求制作和养护的圆柱体试件。

D.0.3 试验采用的试验设备应符合下列规定：

1 试验机应符合本标准 4.3 节中的有关规定。

2 垫条应符合本标准 4.5.2 条的规定。

D.0.4 圆柱体劈裂抗压强度试验步骤应按下列方法进行：

1 试件从养护地点取出后应及时进行试验，先将试件擦拭干净，与垫层接触的试件表面应清除掉一切浮渣和其他附着物。测量尺寸，并检查其外观。圆柱体的母线公差应为 0.15 mm。

2 标出两条承压线。这两条线应位于同一轴向平面，并彼此相对，两线的末端在试件的端面上相连，以便能明确地表示出承压面。

3 擦净试验机上下压板的加压面。将圆柱体试件置于试验机中心，在上下压板与试件承压线之间各垫一条垫条，圆柱体轴线应在上下垫条之间保持水平，垫条的位置应上下对准（见图 D.0.4-1）。宜把垫层安放在定位架上使用（见图 D.0.4-2）。

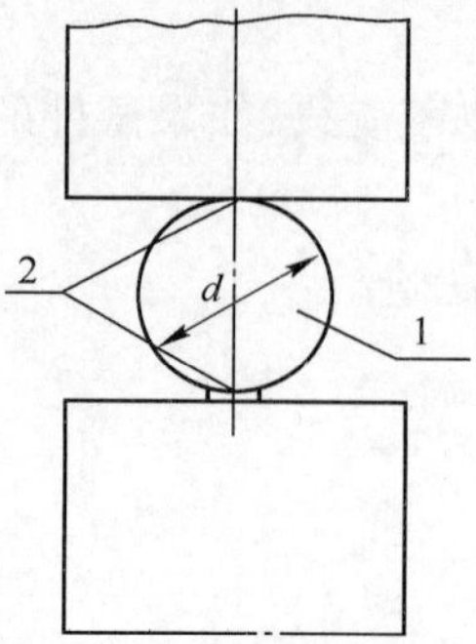

图 D. 0. 4-1 劈裂抗拉试验

1—试件;2—垫条

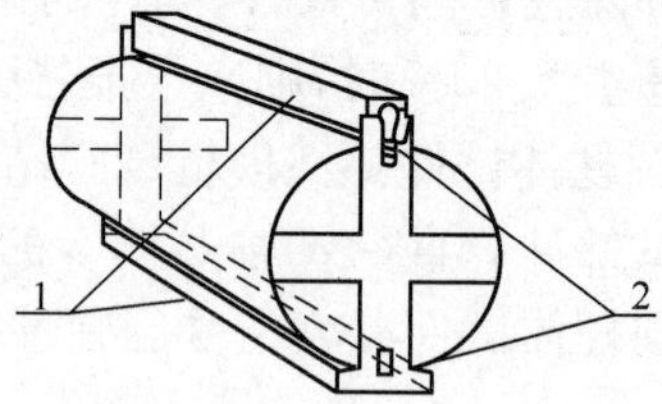

图 D. 0. 4-2 定位架

1—定位架;2—垫条

4 连续均匀地加荷,加荷速度按本标准第 9. 0. 3 条的规定进行。

D. 0. 5 圆柱体劈裂抗拉强度试验结果计算及确定按下列方法进行:

1 圆柱体劈裂抗拉强度按下式计算:

$$f_{ct}=\frac{2F}{\pi\times d\times l}=0.637\frac{F}{A} \quad (D. 0. 5)$$

式中 f_{ct}——圆柱体劈裂抗拉强度(MPa);

F——试件破坏荷载(N);

d——劈裂面的试件直径(mm);

l——试件的高度(mm);

A——试件劈裂面面积(mm^2)。

圆柱体劈裂抗拉强度精确至 0. 01 MPa。

2 圆柱体的劈裂抗拉强度值的确定应符合本标准第 6. 0. 5 条中第 2 款的规定。

3 当采用非标准试件时,应在报告中注明。

D. 0. 6 混凝土圆柱体的劈裂抗拉强度试验报告内容除应满足本标准第 1. 0. 3 条要求外,尚应报告实测的混凝土圆柱体的劈裂抗拉强度值。

普通混凝土长期性能和耐久性能试验方法标准

目　次

3 基本规定

3.1 混凝土取样

3.1.1 混凝土取样应符合现行国家标准《普通混凝土拌合物性能试验方法标准》GB/T 50080 中的规定。

3.1.2 每组试件所用的拌合物应从同一盘混凝土或同一车混凝土中取样。

3.2 试件的横截面尺寸

3.2.1 试件的最小横截面尺寸宜按表 3.2.1 的规定选用。

表 3.2.1 试件的最小横截面尺寸

骨料最大公称粒径(mm)	试件最小横截面尺寸(mm)
31.5	100×100 或 ϕ100
40.0	150×150 或 ϕ150
63.0	200×200 或 ϕ200

3.2.2 骨料最大公称粒径应符合现行行业标准《普通混凝土用砂、石质量及检验方法标准》JGJ 52 的规定。

3.2.3 试件应采用符合现行行业标准《混凝土试模》JG 237 规定的试模制作。

3.3 试件的公差

3.3.1 所有试件的承压面的平面度公差不得超过试件的边长或直径的 0.000 5。

3.3.2 除抗水渗透试件外，其他所有试件的相邻面间的夹角应为 90°，公差不得超过 0.5°。

3.3.3 除特别指明试件的尺寸公差以外，所有试件各边长、直径或高度的公差不得超过 1 mm。

3.4 试件的制作和养护

3.4.1 试件的制作和养护应符合现行国家标准《普通混凝土力学性能试验方法标准》GB/T 50081中的规定。

3.4.2 在制作混凝土长期性能和耐久性能试验用试件时，不应采用憎水性脱模剂。

3.4.3 在制作混凝土长期性能和耐久性能试验用试件时，宜同时制作与相应耐久性能试验龄期对应的混凝土立方体抗压强度用试件。

3.4.4 制作混凝土长期性能和耐久性能试验用试件时，所采用的振动台和搅拌机应分别符合现行行业标准《混凝土试验用振动台》JG/T 245 和《混凝土试验用搅拌机》JG 244 的规定。

3.5 试验报告

3.5.1 委托单位提供的内容应包括下列项目：

1 委托单位和见证单位名称。

2 工程名称及施工部位。

3 要求检测的项目名称。

4 要说明的其他内容。

3.5.2 试件制作单位提供的内容应包括下列项目：

1 试件编号。

2 试件制作日期。

3 混凝土强度等级。

4 试件的形状及尺寸。

5 原材料的品种、规格和产地以及混凝土配合比。

6 养护条件。

7 试验龄期。

8 要说明的其他内容。

3.5.3 试验或检测单位提供的内容应包括下列项目：

1 试件收到的日期。

2 试件的形状及尺寸。

3 试验编号。

4 试验日期。

5 仪器设备的名称、型号及编号。

6 试验室温(湿)度。

7 养护条件及试验龄期。

8 混凝土实际强度。

9 测试结果。

10 要说明的其他内容。

4 抗冻试验

4.1 慢冻法

4.1.1 本方法适用于测定混凝土试件在气冻水融条件下，以经受的冻融循环次数来表示的混凝土抗冻性能。

4.1.2 慢冻法抗冻试验所采用的试件应符合下列规定：

1 试验应采用尺寸为 100 mm×100 mm×100 mm 的立方体试件。

2 慢冻法试验所需要的试件组数应符合表 4.1.2 的规定，每组试件应为 3 块。

表 4.1.2 慢冻法试验所需要的试件组数

设计抗冻标号	D25	D50	D100	D150	D200	D250	D300	D300 以上
检查强度所需冻融次数	25	50	50 及 100	100 及 150	150 及 200	200 及 250	250 及 300	300 及设计次数
鉴定 28 d 强度所需试件组数	1	1	1	1	1	1	1	1
冻融试件组数	1	1	2	2	2	2	2	2
对比试件组数	1	1	2	2	2	2	2	2
总计试件组数	3	3	5	5	5	5	5	5

4.1.3 试验设备应符合下列规定：

1 冻融试验箱应能使试件静止不动，并应通过气冻水融进行冻融循环。在满载运转的条件下，冷冻期间冻融试验箱内空气的温度应能保持在(－20～－18)℃范围内；融化期间冻融试验箱内浸泡混凝土试件的水温应能保持在(18～20)℃范围内；满载时冻融试验箱内各点温度极差不应超过 2 ℃。

2 采用自动冻融设备时，控制系统还应具有自动控制、数据曲线实时动态显示、断电记忆和试验数据自动存储等功能。

3 试件架应采用不锈钢或者其他耐腐蚀的材料制作，其尺寸应与冻融试验箱和所装的试件相适应。

4 称量设备的最大量程应为 20 kg，感量不应超过 5 g。

5 压力试验机应符合现行国家标准《普通混凝土力学性能试验方法标准》GB/T 50081 的相关要求。

6 温度传感器的温度检测范围不应小于(－26～20)℃，测量精度应为± 5 ℃。

4.1.4 慢冻试验应按照下列步骤进行：

1 在标准养护室内或同条件养护的冻融试验的试件应在养护龄期为 24 d 时提前将试件从养护地点取出，随后应将试件放在(20±2)℃水中浸泡，浸泡时水面应高出试件顶面(20～30)mm，在水中浸泡的时间应为 4 d，试件应在 28 d 龄期时开始进行冻融试验。始终在水中养护的冻融试验的试件，当试件养护龄期达到 28 d 时，可直接进行后续试验，对此种情况，应在试验报告中予以说明。

2 当试件养护龄期达到 28 d 时应及时取出冻融试验的试件，用湿布擦除表面水分后应对外观尺寸进行测量，试件的外观尺寸应满足本标准第 3.3 节的要求，并应分别编号、称重，然后按编号置入试件架内，且试件架与试件的接触面积不宜超过试件底面的 1/5。试件与箱体内壁之间应至少留有 20 mm 的空隙。试件架中各试件之间应至少保持 30 mm 的空隙。

3 冷冻时间应在冻融箱内温度降至－18 ℃时开始计算。每次从装完试件到温度降至－18 ℃所需的时间应在(1.5～2.0)h 内。冻融箱内温度在冷冻时应保持在(－20～－18)℃。

4 每次冻融循环中试件的冷冻时间不应小于 4 h。

5 冷冻结束后，应立即加入温度为(18－20)℃的水，使试件转入融化状态，加水时间不应超过 10 min。控制系统应确保在 30 min 内，水温不低于 10 ℃，且在 30 min 后水温能保持在(18～20)℃。冻融箱内的水面应至少高出试件表面 20 mm。融化时间不应小于 4 h。融化完毕视为该次冻融循环结束，可进人下一次冻融循环。

6 每 25 次循环宜对冻融试件进行一次外观检查。当出现严重破坏时，应立即进行称重。当一组试件的平均质量损失率超过 5%，可停止其冻融循环试验。

7 试件在达到本标准表 4.1.2 规定的冻融循环次数后，试件应称重并进行外观检查，应详细记录试件表面破损、裂缝及边角缺损情况。当试件表面破损严重时，应先用高强石膏找平，然后应进行抗压强度试验。抗压强度试验应符合现行国家标准《普通混凝土力学性能试验方法标准》GB/T 50081 的相关规定。

8 当冻融循环因故中断且试件处于冷冻状态时，试件应继续保持冷冻状态，直至恢复冻融试验为止，并应将故障原因及暂停时间在试验结果中注明。当试件处在融化状态下因故中断时，中断时间不应超过两个冻融循环的时间。在整个试验过程中，超过两个冻融循环时间的中断故障次数不得超过两次。

9 当部分试件由于失效破坏或者停止试验被取出时，应用空白试件填充空位。

10 对比试件应继续保持原有的养护条件，直到完成冻融循环后，与冻融试验的试件同时进行抗压强度试验。

4.1.5 当冻融循环出现下列三种情况之一时，可停止试验：

1 已达到规定的循环次数；

2 抗压强度损失率已达到 25%；

3 质量损失率已达到 5%。

4.1.6 试验结果计算及处理应符合下列规定：

1 强度损失率应按下式进行计算：

$$\Delta f_c=\frac{f_{c0}-f_{cn}}{f_{c0}}\times 100 \tag{4.1.6-1}$$

式中 Δf_c——N 次冻融循环后的混凝土抗压强度损失率（%），精确至 0.1；

f_{c0}——对比用的一组混凝土试件的抗压强度测定值（MPa），精确至 0.1 MPa；

f_{cn}——经 N 次冻融循环后的一组混凝土试件抗压强度测定值（MPa），精确至 0.1 MPa。

2 f_{c0} 和 f_{cn} 应以三个试件抗压强度试验结果的算术平均值作为测定值。当三个试件抗压强度最大值或最小值与中间值之差超过中间值的 15%时，应剔除此值，再取其余两值的算术平均值作为测定值；当最大值和最小值均超过中间值的 15%时，应取中间值作为测定值。

3 单个试件的质量损失率应按下式计算：

$$\Delta W_{ni}=\frac{W_{0i}-W_{ni}}{W_{0i}}\times 100 \tag{4.1.6-2}$$

式中 ΔW_{ni}——N 次冻融循环后第 i 个混凝土试件的质量损失率（%），精确至 0.01；

W_{0i}——冻融循环试验前第 i 个混凝土试件的质量（g）；

W_{ni}——N 次冻融循环后第 i 个混凝土试件的质量（g）。

4 一组试件的平均质量损失率应按下式计算：

$$\Delta W_n=\frac{\sum_{i=1}^{3}\Delta W_{ni}}{3}\times 100 \tag{4.1.6-3}$$

式中 ΔW_n——N 次冻融循环后一组混凝土试件的平均质量损失率（%），精确至 0.1。

5 每组试件的平均质量损失率应以三个试件的质量损失率试验结果的算术平均值作为测定值。当某个试验结果出现负值，应取 0，再取三个试件的算术平均值。当三个值中的最大值或最小值与中间值之差超过 1%时，应剔除此值，再取其余两值的算术平均值作为测定值；当最大值和最小值与中间值之差均超过 1%时，应取中间值作为测定值。

6 抗冻标号应以抗压强度损失率不超过 25%或者质量损失率不超过 5%时的最大冻融循环次数按本标准表 4.1.2 确定。

4.2 快 冻 法

4.2.1 本方法适用于测定混凝土试件在水冻水融条件下，以经受的快速冻融循环次数来表示的混凝土抗冻性能。

4.2.2 试验设备应符合下列规定：

1 试件盒（图 4.2.2）宜采用具有弹性的橡胶材料制作，其内表面底部应有半径为 3 mm 橡胶突起部分。盒内加水后水面应至少高出试件顶面 5 mm。试件盒横截面尺寸宜为

115 mm×115 mm，试件盒长度宜为 500 mm。

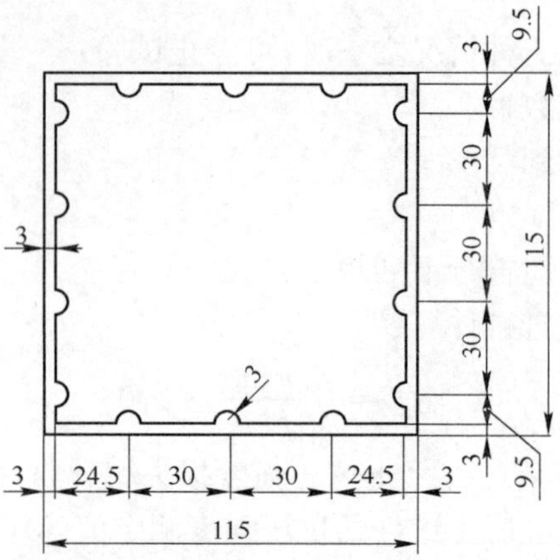

图 4.2.2　橡胶试件盒横截面示意图(mm)

2　快速冻融装置应符合现行行业标准《混凝土抗冻试验设备》JG/T243 的规定。除应在测温试件中埋设温度传感器外，尚应在冻融箱内防冻液中心、中心与任何一个对角线的两端分别设有温度传感器。运转时冻融箱内防冻液各点温度的极差不得超过 2 ℃。

3　称量设备的最大量程应为 20 kg，感量不应超过 5 g。

4　混凝土动弹性模量测定仪应符合本标准第 5 章的规定。

5　温度传感器(包括热电偶、电位差计等)应在(－20～20)℃范围内测定试件中心温度，且测量精度应为±0.5 ℃。

4.2.3　快冻法抗冻试验所采用的试件应符合如下规定：

1　快冻法抗冻试验应采用尺寸为 100 mm×100 mm×400 mm 的棱柱体试件，每组试件应为 3 块。

2　成型试件时，不得采用憎水性脱模剂。

3　除制作冻融试验的试件外，尚应制作同样形状、尺寸，且中心埋有温度传感器的测温试件，测温试件应采用防冻液作为冻融介质。测温试件所用混凝土的抗冻性能应高于冻融试件。测温试件的温度传感器应埋设在试件中心。温度传感器不应采用钻孔后插人的方式埋设。

4.2.4　快冻试验应按照下列步骤进行：

1　在标准养护室内或同条件养护的试件应在养护龄期为 24 d 时提前将冻融试验的试件从养护地点取出，随后应将冻融试件放在(20±2)℃水中浸泡，浸泡时水面应高出试件顶面(20～30)mm。在水中浸泡时间应为 4 d，试件应在 28 d 龄期时开始进行冻融试验。始终在水中养护的试件，当试件养护龄期达到 28 d 时，可直接进行后续试验。对此种情况，应在试验报告中予以说明。

2　当试件养护龄期达到 28 d 时应及时取出试件，用湿布擦除表面水分后应对外观尺寸进行测量，试件的外观尺寸应满足本标准第 3.3 节的要求，并应编号、称量试件初始质量 W_{0i}；然后应按本标准第 5 章的规定测定其横向基频的初始值 f_{0i}。

3　将试件放人试件盒内，试件应位于试件盒中心，然后将试件盒放人冻融箱内的试件架中，并向试件盒中注人清水。在整个试验过程中，盒内水位高度应始终保持至少高出试件顶面 5 mm。

4　测温试件盒应放在冻融箱的中心位置。

5　冻融循环过程应符合下列规定：

1)每次冻融循环应在((2～4)h 内完成，且用于融化的时间不得少于整个冻融循环时间的1/4；

2)在冷冻和融化过程中，试件中心最低和最高温度应分别控制在(－18±2)℃和(5±2)℃内。在任意时刻，试件中心温度不得高于 7 ℃，且不得低于－20 ℃；

3)每块试件从 3 ℃降至－16 ℃所用的时间不得少于冷冻时间的 1/2；每块试件从－16 ℃升至 3 ℃所用时间不得少于整个融化时间的 1/2，试件内外的温差不宜超过 28 ℃；

4)冷冻和融化之间的转换时间不宜超过 10 min。

6　每隔 25 次冻融循环宜测量试件的横向基频 f_{ni}。测量前应先将试件表面浮渣清洗干净并擦干表面水分，然后应检查其外部损伤并称量试件的质量 W_{ni}。随后应按本标准第 5 章规定的方法测量横向基频。测完后，应迅速将试件调头重新装人试件盒内并加人清水，继续试验。试件的测量、称量及外观检查应迅速，待测试件应用湿布覆盖。

7　当有试件停止试验被取出时，应另用其他试件填充空位。当试件在冷冻状态下因故中断时，试件应保持在冷冻状态，直至恢复冻融试验为止，并应将故障原因及暂停时间在试验结果中注明。试件在非冷冻状态下发生故障的时间不宜超过两个冻融循环的时间。在整个试验过程中，超过两个冻融循环时间的中断故障次数不得超过两次。

8　当冻融循环出现下列情况之一时，可停止试验：

1)达到规定的冻融循环次数；

2)试件的相对动弹性模量下降到 6%；

3)试件的质量损失率达 5%。

4.2.5　试验结果计算及处理应符合下列规定：

1　相对动弹性模量应按下式计算：

$$P_i=\frac{f_{ni}^2}{f_{0i}^2}\times 100 \tag{4.2.5-1}$$

式中　P_i——经 N 次冻融循环后第 i 个混凝土试件的相对动弹性模量(%)，精确至 0.1；

f_{ni}——经 N 次冻融循环后第 i 个混凝土试件的横向基频(Hz)；

f_{0i}——冻融循环试验前第 i 个混凝土试件横向基频初始值(Hz)；

$$P=\frac{1}{3}\sum_{i=1}^{3}P_i \tag{4.2.5-2}$$

式中　P——经 N 次冻融循环后一组混凝土试件的相对动弹性模量(%)，精确至 0.1。相对动弹性模量 P 应以三个试件试验结果的算术平均值作为测定值。当最大值或最小值与中间值之差超过中间值的 15%时，应剔除此值，并应取其余两值的算术平均值作为测定值；当最大值和最小值与中间值之差均超过中间值的 15%时，应取中间值作为测定值。

2　单个试件的质量损失率应按下式计算：

$$\Delta W_{ni}=\frac{W_{0i}-W_{ni}}{W_{0i}}\times 100 \tag{4.2.5-3}$$

式中　ΔW_{ni}——N 次冻融循环后第 1 个混凝土试件的质量损失率(%)，精确至 0.01；

W_{0i}——冻融循环试验前第 i 个混凝土试件的质量(g)；

W_{ni}——N 次冻融循环后第 i 个混凝土试件的质量(g)。

3 一组试件的平均质量损失率应按下式计算：

$$\Delta W_{\mathrm{n}}=\frac{\sum_{i=1}^{3}\Delta W_{ni}}{3}\times 100 \tag{4.2.5-4}$$

式中 ΔW_{n}——N 次冻融循环后一组混凝土试件的平均质量损失率(%)，精确至 0.1。

4 每组试件的平均质量损失率应以三个试件的质量损失率试验结果的算术平均值作为测定值。当某个试验结果出现负值，应取 0，再取三个试件的平均值。当三个值中的最大值或最小值与中间值之差超过 1%时，应剔除此值，并应取其余两值的算术平均值作为测定值；当最大值和最小值与中间值之差均超过 1%时，应取中间值作为测定值。

5 混凝土抗冻等级应以相对动弹性模量下降至不低于 60%或者质量损失率不超过 5%时的最大冻融循环次数来确定，并用符号 F 表示。

4.3 单面冻融法(或称盐冻法)

4.3.1 本方法适用于测定混凝土试件在大气环境中且与盐接触的条件下，以能够经受的冻融循环次数或者表面剥落质量或超声波相对动弹性模量来表示的混凝土抗冻性能。

4.3.2 试验环境条件应满足下列要求：

1 温度(20±2)℃。

2 相对湿度(65±5)%。

4.3.3 单面冻融法所采用的试验设备和用具应符合下列规定：

1 顶部有盖的试件盒(图 4.3.3-1)应采用不锈钢制成，容器内的长度应为(250±1)mm，宽度应为(200±1)mm，高度应为(120±1)mm。容器底部应安置高((5±0.1)mm 不吸水、浸水不变形且在试验过程中不得影响溶液组分的非金属三角垫条或支撑。

2 液面调整装置(图 4.3.3-2)应由一支吸水管和使液面与试件盒底部间的距离保持在一定范围内的液面自动定位控制装置组成，在使用时，液面调整装置应使液面高度保持在(10±1)mm。

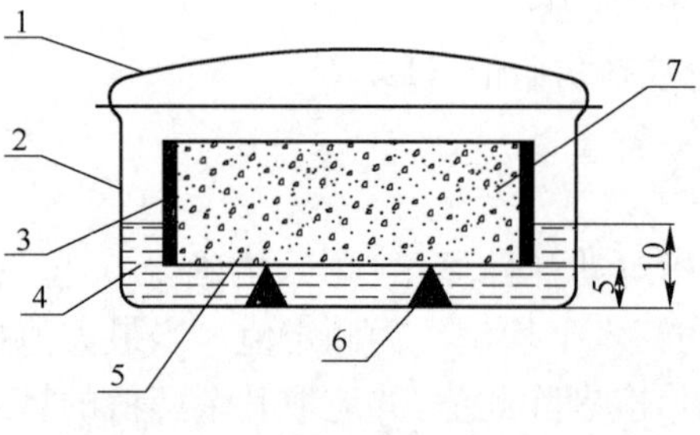

图 4.3.3-1 试件盒示意图(mm)

1—盖子；2—盒体；3—侧向封闭；4—试验液体；5—试验表面；6—垫条；7—试件

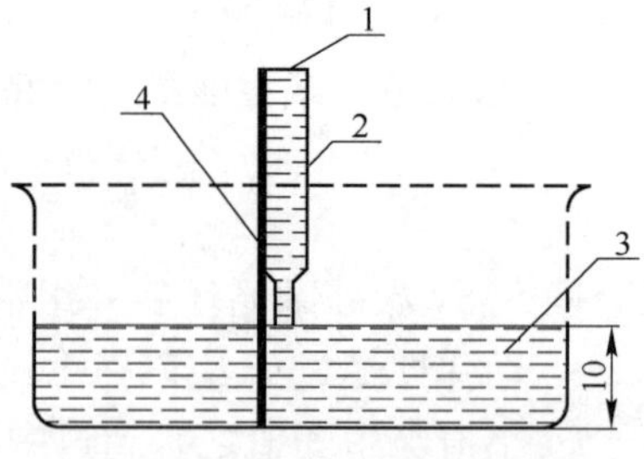

图 4.3.3-2 液面调整装置示意图

1—吸水装置；2—毛细吸管；3—试验液体；4—定位控制装置

3 单面冻融试验箱(图 4.3.3-3)应符合现行行业标准《混凝土抗冻试验设备》JG/T 243 的规定，试件盒应固定在单面冻融试验箱内，并应自动地按规定的冻融循环制度进行冻融循环。冻融循环制度(图 4.3.3-4)的温度应从 20 ℃开始，并应以(10±1)℃/h 的速度均匀地降至(−20±1)℃，且应维持 3 h；然后应从−20 ℃开始，并应以(10±1)℃/h 的速度均匀地升至(20±1)℃，且应维持 1 h。

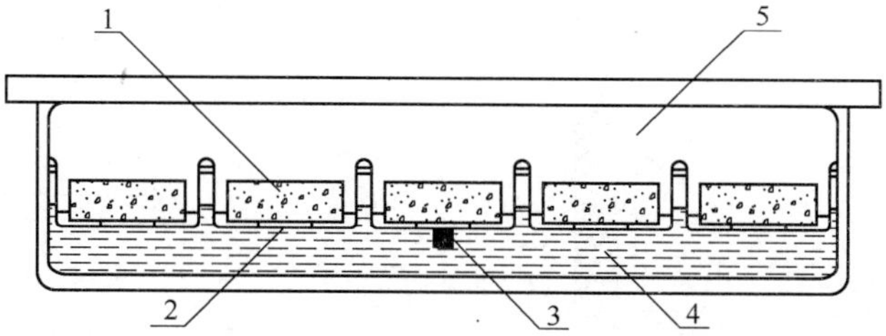

图 4.3.3-3　单面冻融试验箱示意图

1—试件；2—试件盒；3—测温度点（参考点）；4—制冷液体；5—空气隔热层

4　试件盒的底部浸入冷冻液中的深度应为(15±2)mm。单面冻融试验箱内应装有可将冷冻液和试件盒上部空间隔开的装置和固定的温度传感器，温度传感器应装在 50 mm×6 mm×6 mm 的矩形容器内。温度传感器在 0 ℃时的测量精度不应低于±0.05 ℃，在冷冻液中测温的时间间隔应为(6.3±0.8)s。单面冻融试验箱内温度控制精度应为±0.5 ℃，当满载运转时，单面冻融试验箱内各点之间的最大温差不得超过 1 ℃。单面冻融试验箱连续工作时间不应少于 28 d。

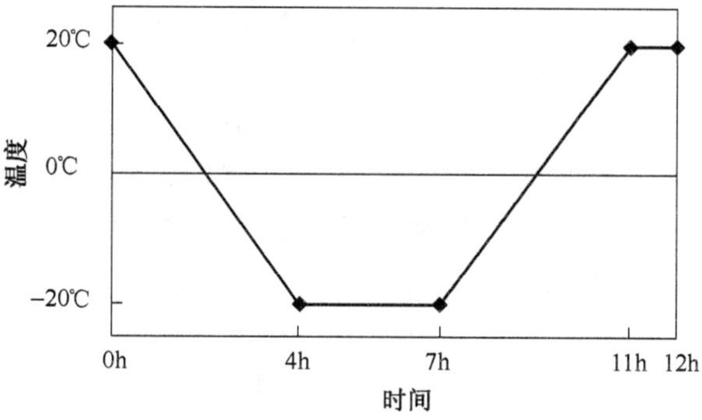

图 4.3.3-4　冻融循环制度

5　超声浴槽中超声发生器的功率应为 250 W，双半波运行下高频峰值功率应为 450 W，频率应为 35 kHz。超声浴槽的尺寸应使试件盒与超声浴槽之间无机械接触地置于其中，试件盒在超声浴槽的位置应符合图 4.3.3-5 的规定，且试件盒和超声浴槽底部的距离不应小于 15 mm。

6　超声波测试仪的频率范围应在(50～150)kHz 之间。

7　不锈钢盘（或称剥落物收集器）应由厚 1 mm、面积不小于 110 mm×150 mm、边缘翘起为(10±2)mm 的不锈钢制成的带把手钢盘。

8　超声传播时间测量装置（图 4.3.3-6）应由长和宽均为(160±1)mm、高为(80±1)mm 的有机玻璃制成。超声传感器应安置在该装置两侧相对的位置上，且超声传感器轴线距试件的测试面的距离应为 35 mm。

9　试验溶液应采用质量比为 97%蒸馏水和 3%NaCl 配制而成的盐溶液。

10　烘箱温度应为(110±5)℃。

11　称量设备应采用最大量程分别为 10 kg 和 5 kg，感量分别为 0.1 g 和 0.01 g 各一台。

12　游标卡尺的量程不应小于 300 mm，精度应为±0.1 mm。

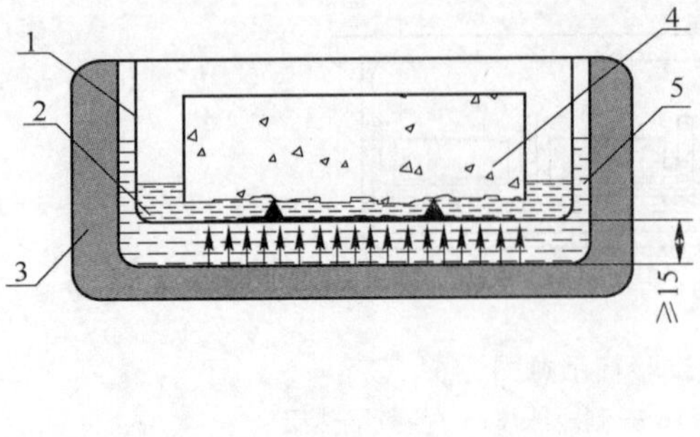

图 4.3.3-5　试件盒在超声浴槽中的位置示意图(mm)

1—试件盒;2—试验液体;3—超声浴槽;4—试件;5—水

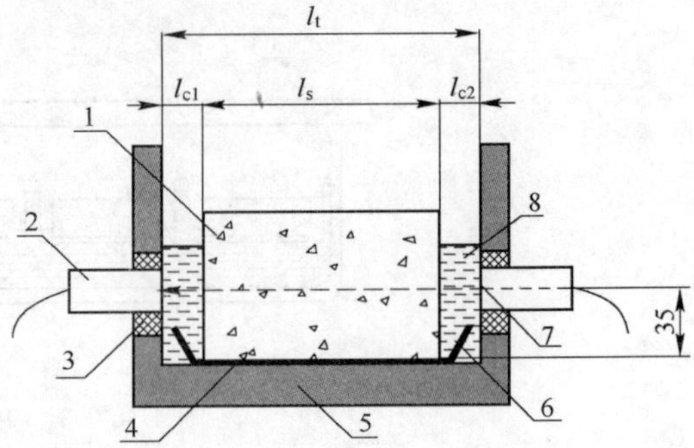

图 4.3.3-6　超声传播时间测量装置(mm)

1—试件;2—超声传感器(或称探头);3—密封层;4—测试面;5—超声容器;6—不锈钢盘;7—超声传播轴;8—试验溶液

13　成型混凝土试件应采用 150 mm×150 mm×150 mm 的立方体试模,并附加尺寸应为 150 mm×150 mm×2 mm 聚四氟乙烯片。

14　密封材料应为涂异丁橡胶的铝箔或环氧树脂。密封材料应采用在－20 ℃和盐侵蚀条件下仍保持原有性能,且在达到最低温度时不得表现为脆性的材料。

4.3.4　试件制作应符合下列规定:

1　在制作试件时,应采用 150 mm×150 mm×150 mm 的立方体试模,应在模具中间垂直插入一片聚四氟乙烯片,使试模均分为两部分,聚四氟乙烯片不得涂抹任何脱模剂。当骨料尺寸较大时,应在试模的两内侧各放一片聚四氟乙烯片,但骨料的最大粒径不得大于超声波最小传播距离的 1/3。应将接触聚四氟乙烯片的面作为测试面。

2　试件成型后,应先在空气中带模养护(24±2)h,然后将试件脱模并放在(20±2)℃的水中养护至 7 d 龄期。当试件的强度较低时,带模养护的时间可延长,在(20±2)℃的水中的养护时间应相应缩短。

3　当试件在水中养护至 7 d 龄期后,应对试件进行切割。试件切割位置应符合图 4.3.4 的规定,首先应将试件的成型面切去,试件的高度应为 110 mm。然后将试件从中间的聚四氟乙烯片分开成两个试件,每个试件的尺寸应为 150 mm×110 mm×70 mm,偏差应为±2 mm。切割完成后,应将试件放置在空气中养护。对于切割后的试件与标准试件的尺寸有偏差的,应在报告中注明。非标准试件的测试表面边长不应小于 90 mm;对于形状不规则的试件,其测试表面大小应能保证内切一个直径 90 mm 的圆,试件的长高比不应大于 3。

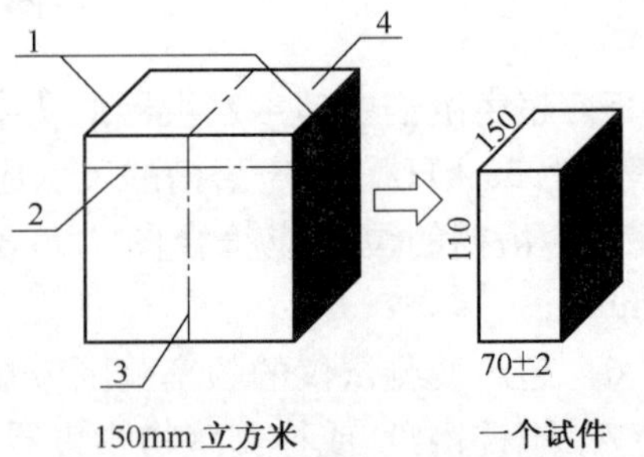

图 4.3.4　试件切割位置示意图(mm)

1—聚四氖乙烯片(测试面);2,3—切割线;4—成型面

4　每组试件的数量不应少于 5 个,且总的测试面积不得少于 0.08 m^2。

4.3.5　单面冻融试验应按照下列步骤进行:

1　到达规定养护龄期的试件应放在温度为(20±2)℃、相对湿度为(65±5)%的实验室中干燥至 28 d 龄期。干燥时试件应侧立并应相互间隔 50 mm。

2 在试件干燥至 28 d 龄期前的(2～4)d,除测试面和与测试面相平行的顶面外,其他侧面应采用环氧树脂或其他满足本标准第 4.3.3 条要求的密封材料进行密封。密封前应对试件侧面进行清洁处理。在密封过程中,试件应保持清洁和干燥,并应测量和记录试件密封前后的质量 w_0 和 w_1,精确至 0.1 g。

3 密封好的试件应放置在试件盒中,并应使测试面向下接触垫条,试件与试件盒侧壁之间的空隙应为(30±2)mm。向试件盒中加人试验液体并不得溅湿试件顶面。试验液体的液面高度应由液面调整装置调整为(10±1)mm。加入试验液体后,应盖上试件盒的盖子,并应记录加入试验液体的时间。试件预吸水时间应持续 7 d,试验温度应保持为(20±2)℃。预吸水期间应定期检查试验液体高度,并应始终保持试验液体高度满足(10±1)mm 的要求。试件预吸水过程中应每隔(2～3)d 测量试件的质量,精确至 0.1 g。

4 当试件预吸水结束之后,应采用超声波测试仪测定试件的超声传播时间初始值 t_0,精确至 0.1 μs。在每个试件测试开始前,应对超声波测试仪器进行校正。超声传播时间初始值的测量应符合以下规定:

1)首先应迅速将试件从试件盒中取出,并以测试面向下的方向将试件放置在不锈钢盘上,然后将试件连同不锈钢盘一起放入超声传播时间测量装置中(图 4.3.3-6)。10 超声传感器的探头中心与试件测试面之间的距离应为 35 mm。应向超声传播时间测量装置中加入试验溶液作为耦合剂,且液面应高于超声传感器探头 10 mm,但不应超过试件上表面。

2)每个试件的超声传播时间应通过测量离测试面 35 mm 的两条相互垂直的传播轴得到。可通过细微调整试件位置,使测量的传播时间最小,以此确定试件的最终测量位置,并应标记这些位置作为后续试验中定位时采用。

3)试验过程中,应始终保持试件和耦合剂的温度为(20±2)℃,防止试件的上表面被湿润。排除超声传感器表面和试件两侧的气泡,并应保护试件的密封材料不受损伤。

5 将完成超声传播时间初始值测量的试件按本标准第 4.3.3 条的要求重新装入试件盒中,试验溶液的高度应为(10±1)mm。在整个试验过程中应随时检查试件盒中的液面高度,并对液面进行及时调整。将装有试件的试件盒放置在单面冻融试验箱的托架上,当全部试件盒放入单面冻融试验箱中后,应确保试件盒浸泡在冷冻液中的深度为(15±2)mm,且试件盒在单面冻融试验箱的位置符合图 4.3.5 的规定。在冻融循环试验前,应采用超声浴方法将试件表面的疏松颗粒和物质清除,清除之物应作为废弃物处理。

6 在进行单面冻融试验时,应去掉试件盒的盖子。冻融循环过程宜连续不断地进行。当冻融循环过程被打断时,应将试件保存在试件盒中,并应保持试验液体的高度。

7 每 4 个冻融循环应对试件的剥落物、吸水率、超声波相对传播时间和超声波相对动弹性模量进行一次测量。上述参数测量应在(20±2)℃的恒温室中进行。当测量过程被打断时,应将试件保存在盛有试验液体的试验容器中。

8 试件的剥落物、吸水率、超声波相对传播时间和超声波相对动弹性模量的测量应按下列步骤进行:

1)先将试件盒从单面冻融试验箱中取出,并放置到超声浴槽中,应使试件的测试面朝下,并应对浸泡在试验液体中的试件进行超声浴 3 min。

2)用超声浴方法处理完试件剥落物后,应立即将试件从试件盒中拿起,并垂直放置在一吸水物表面上。待测试面液体流尽后,应将试件放置在不锈钢盘中,且应使测试面向下。用干毛巾将试件侧面和上表面的水擦干净后,应将试件从钢盘中拿开,并将钢盘放置在天平上归零,

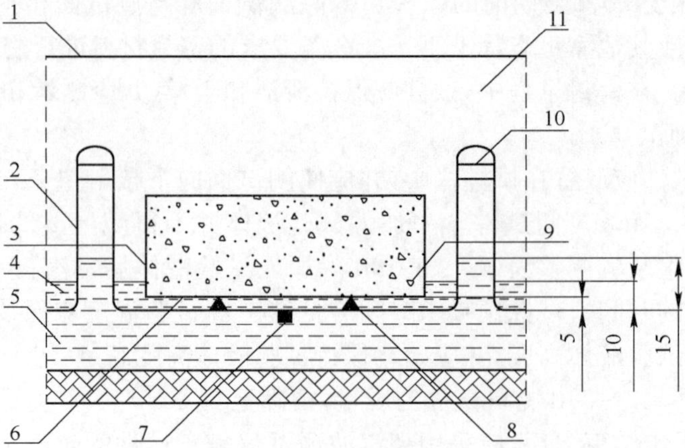

图 4.3.5 试件盒在单面冻融试验箱中的位置示意图(mm)

1—试验机盖;2—相邻试件盒;3—侧向密封层;4—试验液体;
5—制冷液体;6—测试面;7—测温度点(参考点);8—垫条;
9—试件;10—托架;11—隔热空气层

再将试件放回到不锈钢盘中进行称量。应记录此时试件的质量 w_n,精确至 0.1 g。

3)称量后应将试件与不锈钢盘一起放置在超声传播时间测量装置中,并应按测量超声传播时间初始值相同的方法测定此时试件的超声传播时间 t_n,精确至 0.1 μs。

4)测量完试件的超声传播时间后,应重新将试件放人另一个试件盒中,并应按上述要求进行下一个冻融循环。

5)将试件重新放入试件盒以后,应及时将超声波测试过程中掉落到不锈钢盘中的剥落物收集到试件盒中,并用滤纸过滤留在试件盒中的剥落物。过滤前应先称量滤纸的质量 μ_f,然后将过滤后含有全部剥落物的滤纸置在(110±5)℃的烘箱中烘干 24 h,并在温度为(20±2)℃、相对湿度为(60±5)%的实验室中冷却(60±5)min。冷却后应称量烘干后滤纸和剥落物的总质量 μ_b,精确至 0.01 g。

9 当冻融循环出现下列情况之一时,可停止试验,并应以经受的冻融循环次数或者单位表面面积剥落物总质量或超声波相对动弹性模量来表示混凝土抗冻性能:

1)达到 28 次冻融循环时;

2)试件单位表面面积剥落物总质量大于 1 500 g/m² 时;

3)试件的超声波相对动弹性模量降低到 80%时。

4.3.6 试验结果计算及处理应符合下列规定:

1 试件表面剥落物的质量 μ_s 应按下式计算:

$$\mu_s=\mu_b-\mu_f \tag{4.2.6-1}$$

式中 μ_s——试件表面剥落物的质量(g),精确至 0.01 g;

μ_f——滤纸的质量(g),精确至 0.01 g;

μ_b——干燥后滤纸与试件剥落物的总质量(g),精确至 0.01 g。

2 N 次冻融循环之后,单个试件单位测试表面面积剥落物总质量应按下式进行计算:

$$m_n=\frac{\sum\mu_s}{A}\times10^6 \tag{4.2.6-2}$$

式中 M_n——N 次冻融循环后，单个试件单位测试表面面积剥落物总质量(g/m^2)；

μ_s——每次测试间隙得到的试件剥落物质量(g)，精确至 0.01 g；

A——单个试件测试表面的表面积(mm^2)。

3 每组应取 5 个试件单位测试表面面积上剥落物总质量计算值的算术平均值作为该组试件单位测试表面面积上剥落物总质量测定值。

4 经 N 次冻融循环后试件相对质量增长 Δw_n(或吸水率)应按下式计算：

$$\Delta w_n=(w_n-w_1+\sum\mu_s)/w_0\times100 \tag{4.2.6-3}$$

式中 Δw_n——经 N 次冻融循环后，每个试件的吸水率(%)，精确至 0.1；

μ_s——每次测试间隙得到的试件剥落物质量(g)，精确至 0.01 g；

w_0——试件密封前干燥状态的净质量(不包括侧面密封物的质量)(g)，精确至 0.1 g；

w_n——经 N 次冻融循环后，试件的质量(包括侧面密封物)(g)，精确至 0.1 g；

w_1——密封后饱水之前试件的质量(包括侧面密封物)(g)，精确至 0.1 g；

5 每组应取 5 个试件吸水率计算值的算术平均值作为该组试件的吸水率测定值。

6 超声波相对传播时间和相对动弹性模量应按下列方法计算：

1)超声波在耦合剂中的传播时间 t_c 应按下式计算：

$$t_c=l_c/v_c \tag{4.2.6-4}$$

式中 t_c——超声波在耦合剂中的传播时间(μs)，精确至 0.1 μs；

l_c——超声波在耦合剂中传播的长度($l_{c1}+l_{c2}$)mm。l_c 应由超声探头之间的距离和测试试件的长度的差值决定；

v_c——超声波在藕合剂中传播的速度 km/ s。v_c 可利用超声波在水中的传播速度来假定，在温度为(20±5)℃时，超声波在耦合剂中传播的速度为 1 440 m/s(或 1.440 km/s)。

2)经 N 次冻融循环之后，每个试件传播轴线上传播时间的相对变化 τ_n 应按下式计算：

$$\tau_n=\frac{t_0-t_c}{t_n-t_c}\times100 \tag{4.2.6-5}$$

式中 τ_n——试件的超声波相对传播时间(%)，精确至 0.1；

t_0——在预吸水后第一次冻融之前，超声波在试件和耦合剂中的总传播时间，即超声波传播时间初始值(μs)；

t_n——经 N 次冻融循环之后超声波在试件和耦合剂中的总传播时间(μs)，

3)在计算每个试件的超声波相对传播时间时，应以两个轴的超声波相对传播时间的算术平均值作为该试件的超声波相对传播时间测定值。每组应取 5 个试件超声波相对传播时间计算值的算术平均值作为该组试件超声波相对传播时间的测定值。

4)经 N 次冻融循环之后，试件的超声波相对动弹性模量 $R_{u,n}$。应按下式计算：

$$R_{u,n}=\tau_n^2\times100 \tag{4.3.6-6}$$

式中 $R_{u,n}$——试件的超声波相对动弹性模量(%)，精确至 0.1。

5)在计算每个试件的超声波相对动弹性模量时，应先分别计算两个相互垂直的传播轴上的超声波相对动弹性模量，并应取两个轴的超声波相对动弹性模量的算术平均值作为该试件的超声波相对动弹性模量测定值。每组应取 5 个试件超声波相对动弹性模量计算值的算术平均值作为该组试件的超声波相对动弹性模量值测定值。

5　动弹性模量试验

5.0.1　本方法适用于采用共振法测定混凝土的动弹性模量。

5.0.2　动弹性模量试验应采用尺寸为 100 mm×100 mm×400 mm 的棱柱体试件。

5.0.3　试验设备应符合下列规定：

1　共振法混凝土动弹性模量测定仪（又称共振仪）的输出频率可调范围应为（100～20 000）Hz，输出功率应能使试件产生受迫振动。

2　试件支承体应采用厚度约为 20 mm 的泡沫塑料垫，宜采用表观密度为（16～18）kg/m^3 的聚苯板。

3　称量设备的最大量程应为 20 kg，感量不应超过 5 g。

5.0.4　动弹性模量试验应按下列步骤进行：

1　首先应测定试件的质量和尺寸。试件质量应精确至 0.01 kg，尺寸的测量应精确至 1 mm。

2　测定完试件的质量和尺寸后，应将试件放置在支撑体中心位置，成型面应向上，并应将激振换能器的测杆轻轻地压在试件长边侧面中线的 1/2 处，接收换能器的测杆轻轻地压在试件长边侧面中线距端面 5 mm 处。在测杆接触试件前，宜在测杆与试件接触面涂一薄层黄油或凡士林作为耦合介质，测杆压力的大小应以不出现噪声为准。采用的动弹性模量测定仪各部件连接和相对位置应符合图 5.0.4 的规定。

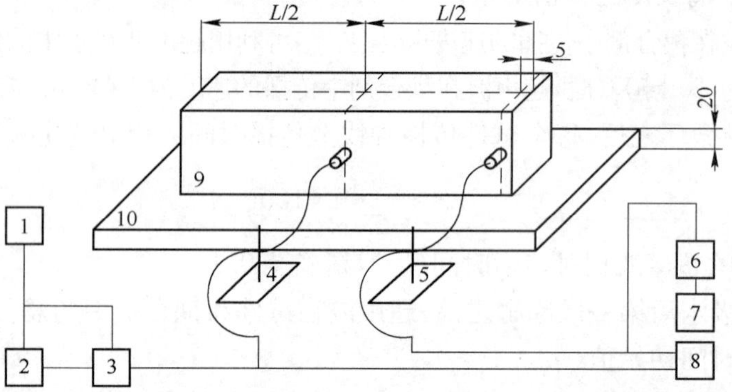

图 5.0.4　各部件连接和相对位置示意图

1—振荡器；2—频率计；3—放大器；4—激振换能器；5—接收换能器；
6—放大器；7—电表；8—示波器；9—试件；10—试件支承体

3　放置好测杆后，应先调整共振仪的激振功率和接收增益旋钮至适当位置，然后变换激振频率，并应注意观察指示电表的指针偏转。当指针偏转为最大时，表示试件达到共振状态，应以这时所显示的共振频率作为试件的基频振动频率。每一测量应重复测读两次以上，当两次连续测值之差不超过两个测值的算术平均值的 0.5%时，应取这两个测值的算术平均值作为该试件的基频振动频率。

4　当用示波器作显示的仪器时，示波器的图形调成一个正圆时的频率应为共振频率。在测试过程中，当发现两个以上峰值时，应将接收换能器移至距试件端部 0.224 倍试件长处，当指示电表示值为零时，应将其作为真实的共振峰值。

5.0.5 试验结果计算及处理应符合下列规定：

1 动弹性模量应按下式计算：

$$E_{d}=13.244\times10^{-4}\times WL^{3}f^{2}/a^{4} \tag{5.0.5}$$

式中 E_d——混凝土动弹性模量(MPa)；

a——正方形截面试件的边长(mm)；

L——试件的长度(mm)；

W——试件的质量(kg)，精确到 0.01 kg；

f——试件横向振动时的基频振动频率(Hz)。

2 每组应以 3 个试件动弹性模量的试验结果的算术平均值作为测定值，计算应精确至 100 MPa。

6 抗水渗透试验

6.1 渗水高度法

6.1.1 本方法适用于以测定硬化混凝土在恒定水压力下的平均渗水高度来表示的混凝土抗水渗透性能。

6.1.2 试验设备应符合下列规定：

1 混凝土抗渗仪应符合现行行业标准《混凝土抗渗仪》JG/T 249 的规定，并应能使水压按规定的制度稳定地作用在试件上。抗渗仪施加水压力范围应为(0.1～2.0)MPa。

2 试模应采用上口内部直径为 175 mm、下口内部直径为 185 mm 和高度为 150 mm 的圆台体。

3 密封材料宜用石蜡加松香或水泥加黄油等材料，也可采用橡胶套等其他有效密封材料。

4 梯形板(图 6.1.2)应采用尺寸为 200 mm×200 mm 透明材料制成，并应画有十条等间距、垂直于梯形底线的直线。

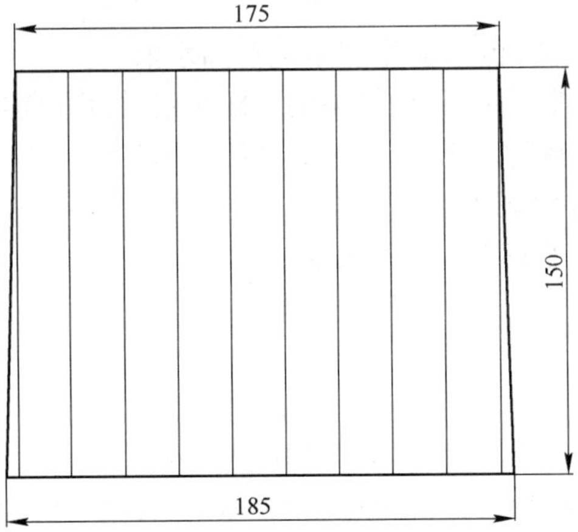

图 6.1.2 梯形板示意图(mm)

5 钢尺的分度值应为 1 mm。

6 钟表的分度值应为 1 min。

7　辅助设备应包括螺旋加压器、烘箱、电炉、浅盘、铁锅和钢丝刷等。

8　安装试件的加压设备可为螺旋加压或其他加压形式，其压力应能保证将试件压入试件套内。

6.1.3　抗水渗透试验应按照下列步骤进行：

1　应先按第3章规定的方法进行试件的制作和养护。抗水渗透试验应以6个试件为一组。

2　试件拆模后，应用钢丝刷刷去两端面的水泥浆膜，并应立即将试件送入标准养护室进行养护。

3　抗水渗透试验的龄期宜为28 d。应在到达试验龄期的前一天，从养护室取出试件，并擦拭干净。待试件表面晾干后，应按下列方法进行试件密封：

1)当用石蜡密封时，应在试件侧面裹涂一层熔化的内加少量松香的石蜡。然后应用螺旋加压器将试件压入经过烘箱或电炉预热过的试模中，使试件与试模底平齐，并应在试模变冷后解除压力。试模的预热温度，应以石蜡接触试模，即缓慢熔化，但不流淌为准。

2)用水泥加黄油密封时，其质量比应为(2.5～3)∶1。应用三角刀将密封材料均匀地刮涂在试件侧面上，厚度应为(1～2)mm。应套上试模并将试件压入，应使试件与试模底齐平。

3)试件密封也可以采用其他更可靠的密封方式。

4　试件准备好之后，启动抗渗仪，并开通6个试位下的阀门，使水从6个孔中渗出，水应充满试位坑，在关闭6个试位下的阀门后应将密封好的试件安装在抗渗仪上。

5　试件安装好以后，应立即开通6个试位下的阀门，使水压在24 h内恒定控制在(1.2±0.05)MPa，且加压过程不应大于5 min，应以达到稳定压力的时间作为试验记录起始时间(精确至1 min)。在稳压过程中随时观察试件端面的渗水情况，当有某一个试件端面出现渗水时，应停止该试件的试验并应记录时间，并以试件的高度作为该试件的渗水高度。对于试件端面未出现渗水的情况，应在试验24 h后停止试验，并及时取出试件。在试验过程中，当发现水从试件周边渗出时，应重新按本标准第6.1.3条的规定进行密封。

6　将从抗渗仪上取出来的试件放在压力机上，并应在试件上下两端面中心处沿直径方向各放一根直径为6 mm的钢垫条，并应确保它们在同一竖直平面内。然后开动压力机，将试件沿纵断面劈裂为两半。试件劈开后，应用防水笔描出水痕。

7　应将梯形板放在试件劈裂面上，并用钢尺沿水痕等间距量测10个测点的渗水高度值，读数应精确至1 mm。当读数时若遇到某测点被骨料阻挡，可以靠近骨料两端的渗水高度算术平均值来作为该测点的渗水高度。

6.1.4　试验结果计算及处理应符合下列规定：

1　试件渗水高度应按下式进行计算：

$$\overline{h_i} = \frac{1}{10}\sum_{j=1}^{10} h_j \tag{6.1.4-1}$$

式中　h_j——第i个试件第j个测点处的渗水高度(mm)；

$\overline{h_i}$——第i个试件的平均渗水高度(mm)。应以10个测点渗水高度的平均值作为该试件渗水高度的测定值。

2　一组试件的平均渗水高度应按下式进行计算。

$$\overline{h} = \frac{1}{6}\sum_{i=1}^{6} \overline{h_i} \tag{6.1.4-2}$$

式中 $\bar{h}$——一组 6 个试件的平均渗水高度(mm)。应以一组 6 个试件渗水高度的算术平均值作为该组试件渗水高度的测定值。

6.2 逐级加压法

6.2.1 本方法适用于通过逐级施加水压力来测定以抗渗等级来表示的混凝土的抗水渗透性能。

6.2.2 仪器设备应符合本标准第 6.1 节的规定。

6.2.3 试验步骤应符合下列规定：

1 首先应按本标准第 6.1.3 条的规定进行试件的密封和安装。

2 试验时，水压应从 0.1 MPa 开始，以后应每隔 8 h 增加 0.1 MPa 水压，并应随时观察试件端面渗水情况。当 6 个试件中有 3 个试件表面出现渗水时，或加至规定压力(设计抗渗等级)在 8 h 内 6 个试件中表面渗水试件少于 3 个时，可停止试验，并记下此时的水压力。在试验过程中，当发现水从试件周边渗出时，应按本标准第 6.1.3 条的规定重新进行密封。

6.2.4 混凝土的抗渗等级应以每组 6 个试件中有 4 个试件未出现渗水时的最大水压力乘以 10 来确定。混凝土的抗渗等级应按下式计算：

$$P=10H-1 \tag{6.2.4}$$

式中 P——混凝土抗渗等级；

H——6 个试件中有 3 个试件渗水时的水压力(MPa)。

7 抗氯离子渗透试验

7.1 快速氯离子迁移系数法(或称 RCM 法)

7.1.1 本方法适用于以测定氯离子在混凝土中非稳态迁移的迁移系数来确定混凝土抗氯离子渗透性能。

7.1.2 试验所用试剂、仪器设备、溶液和指示剂应符合下列规定：

1 试剂应符合下列规定：

1)溶剂应采用蒸馏水或去离子水。

2)氢氧化钠应为化学纯。

3)氯化钠应为化学纯。

4)硝酸银应为化学纯。

5)氢氧化钙应为化学纯。

2 仪器设备应符合下列规定：

1)切割试件的设备应采用水冷式金刚石锯或碳化硅锯。

2)真空容器应至少能够容纳 3 个试件。

3)真空泵应能保持容器内的气压处于(1～5)kPa。

4)RCM 试验装置(图 7.1.2)采用的有机硅橡胶套的内径和外径应分别为 100 mm 和 115 mm，长度应为 150 mm。夹具应采用不锈钢环箍，其直径范围应为(105～115) mm、宽度应为 20 mm。阴极试验槽可采用尺寸为 370 mm×270 mm×280 mm 的塑料箱。阴极板应采用厚度为(0.5±0.1)mm、直径不小于 100 mm 的不锈钢板。阳极板应采用厚度为 0.5 mm、直径为(98±1)mm 的不锈钢网或带孔的不锈钢板。支架应由硬塑料板制成。处于试件和阴极

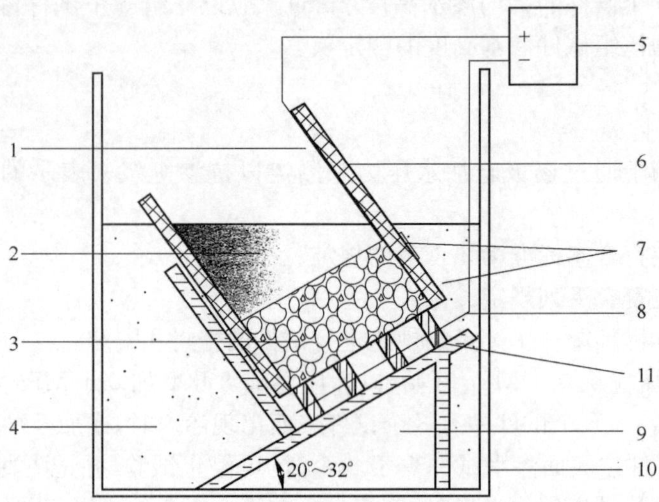

图 7.1.2　RCM 试验装置示意图

1—阳极板；2—阳极溶液；3—试件；4—阴极溶液；5—直流稳压电源；
6—有机硅橡胶套；7—环箍；8—阴极板；9—支架；
10—阴极试验槽；11—支撑头

板之间的支架头高度应为(15～20)mm。RCM 试验装置还应符合现行行业标准《混凝土氯离子扩散系数测定仪》JG/T 262 的有关规定。

5)电源应能稳定提供(0～60)V 的可调直流电，精度应为±0.1 V，电流应为(0～10)A。

6)电表的精度应为±0.1 mA。

7)温度计或热电偶的精度应为±0.2 ℃。

8)喷雾器应适合喷洒硝酸银溶液。

9)游标卡尺的精度应为±0.1 mm。

10)尺子的最小刻度应为 1 mm。

11)水砂纸的规格应为(200～600)号。

12)细锉刀可为备用工具。

13)扭矩扳手的扭矩范围应为(20～100)N·m，测量允许误差为±5%。

14)电吹风的功率应为(1 000～2 000)W。

15)黄铜刷可为备用工具。

16)真空表或压力计的精度应为±665 Pa(5 mmHg 柱)，量程应为(0～13 300)Pa(0～100 mmHg柱)。

17)抽真空设备可由体积在 1 000 mL 以上的烧杯、真空干燥器、真空泵、分液装置、真空表等组合而成。

3　溶液和指示剂应符合下列规定：

1)阴极溶液应为 10%质量浓度的 NaCl 溶液，阳极溶液应为 0.3 mol/L 摩尔浓度的 NaOH 溶液。溶液应至少提前 24 h 配制，并应密封保存在温度为(20～25)℃的环境中。

2)显色指示剂应为 0.1 mol/L 浓度的 $AgNO_3$ 溶液。

7.1.3　RCM 试验所处的试验室温度应控制在(20～25)℃

7.1.4　试件制作应符合下列规定：

1 RCM 试验用试件应采用直径为(100±1)mm，高度为(50±2)mm 的圆柱体试件。

2 在试验室制作试件时，宜使用 ϕ100 mm×100 mm 或 ϕ100 mm×200 mm 试模。骨料最大公称粒径不宜大于 25 mm。试件成型后应立即用塑料薄膜覆盖并移至标准养护室。试件应在(24±2)h 内拆模，然后应浸没于标准养护室的水池中。

3 试件的养护龄期宜为 28 d。也可根据设计要求选用 56 d 或 84 d 养护龄期。

4 应在抗氯离子渗透试验前 7 d 加工成标准尺寸的试件。当使用 ϕ100 mm×100 mm 试件时，应从试件中部切取高度为(50±2)mm 的圆柱体作为试验用试件，并应将靠近浇筑面的试件端面作为暴露于氯离子溶液中的测试面。当使用 ϕ100 mm×200 mm 试件时，应先将试件从正中间切成相同尺寸的两部分(ϕ100 mm×100 mm)，然后应从两部分中各切取一个高度为(50±2)mm 的试件，并应将第一次的切口面作为暴露于氯离子溶液中的测试面。

5 试件加工后应采用水砂纸和细锉刀打磨光滑。

6 加工好的试件应继续浸没于水中养护至试验龄期。

7.1.5 RCM 法试验应按下列步骤进行：

1 首先应将试件从养护池中取出来，并将试件表面的碎屑刷洗干净，擦干试件表面多余的水分。然后应采用游标卡尺测量试件的直径和高度，测量应精确到 0.1 mm。应将试件在饱和面干状态下置于真空容器中进行真空处理。应在 5 min 内将真空容器中的气压减少至(1～5)kPa，并应保持该真空度 3 h，然后在真空泵仍然运转的情况下，将用蒸馏水配制的饱和氢氧化钙溶液注入容器，溶液高度应保证将试件浸没。在试件浸没 1 h 后恢复常压，并应继续浸泡(18±2)h。

2 试件安装在 RCM 试验装置前应采用电吹风冷风档吹干，表面应干净，无油污、灰砂和水珠。

3 RCM 试验装置的试验槽在试验前应用室温凉开水冲洗干净。

4 试件和 RCM 试验装置(图 7.1.2)准备好以后，应将试件装入橡胶套内的底部，应在与试件齐高的橡胶套外侧安装两个不锈钢环箍(图 7.1.5)，每个箍高度应为 20 mm，并应拧紧环箍上的螺栓至扭矩(30±2)N·m，使试件的圆柱侧面处于密封状态。当试件的圆柱曲面可能有造成液体渗漏的缺陷时，应以密封剂保持其密封性。

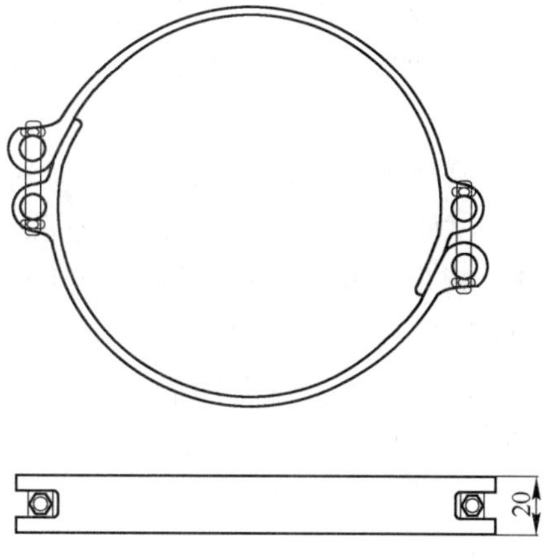

图 7.1.5 不锈钢环箍(mm)

5 应将装有试件的橡胶套安装到试验槽中，并安装好阳极板。然后应在橡胶套中注入约 300 mL浓度为 0.3 mol/L 的 NaOH 溶液，并应使阳极板和试件表面均浸没于溶液中。应在阴极试验槽中注入 12 L 质量浓度为 10%的 NaCl 溶液，并应使其液面与橡胶套中的 NaOH 溶液的液面齐平。

6 试件安装完成后，应将电源的阳极(又称正极)用导线连至橡胶筒中阳极板，并将阴极(又称负极)用导线连至试验槽中的阴极板。

7.1.6 电迁移试验应按下列步骤进行：

1 首先应打开电源，将电压调整到(30±0.2)V，并应记录通过每个试件的初始电流。

2　后续试验应施加的电压(表 7.1.6 第二列)应根据施加 30 V 电压时测量得到的初始电流值所处的范围(表 7.1.6 第一列)决定。应根据实际施加的电压,记录新的初始电流。应按照新的初始电流值所处的范围(表 7.1.6 第三列),确定试验应持续的时间(表 7.1.6 第四列)。

3　应按照温度计或者电热偶的显示读数记录每一个试件的阳极溶液的初始温度。

表 7.1.6　初始电流、电压与试验时间的关系

初始电流 I_{30V} (用 30V 电压)(mA)	施加的电压 U (调整后)(V)	可能的新初始电流 I_0(mA)	试验持续时间 t(h)
$I_0<5$	60	$I_0<10$	96
$5\leqslant I_0<10$	60	$10\leqslant I_0<20$	48
$10\leqslant I_0<15$	60	$20\leqslant I_0<30$	24
$15\leqslant I_0<20$	50	$25\leqslant I_0<35$	24
$20\leqslant I_0<30$	40	$25\leqslant I_0<40$	24
$30\leqslant I_0<40$	35	$35\leqslant I_0<50$	24
$40\leqslant I_0<60$	30	$40\leqslant I_0<60$	24
$60\leqslant I_0<90$	25	$50\leqslant I_0<75$	24
$90\leqslant I_0<120$	20	$60\leqslant I_0<80$	24
$120\leqslant I_0<180$	15	$60\leqslant I_0<90$	24
$180\leqslant I_0<360$	10	$60\leqslant I_0<120$	24
$I_0\geqslant 360$	10	$I_0\geqslant 120$	6

4　试验结束时,应测定阳极溶液的最终温度和最终电流。

5　试验结束后应及时排除试验溶液。应用黄铜刷清除试验槽的结垢或沉淀物,并应用饮用水和洗涤剂将试验槽和橡胶套冲洗干净,然后用电吹风的冷风档吹干。

7.1.7　氯离子渗透深度测定应按下列步骤进行:

1　试验结束后,应及时断开电源。

2　断开电源后,应将试件从橡胶套中取出,并应立即用自来水将试件表面冲洗干净,然后应擦去试件表面多余水分。

3　试件表面冲洗干净后,应在压力试验机上沿轴向劈成两个半圆柱体,并应在劈开的试件断面立即喷涂浓度为 0.1 mol/L 的 $AgNO_3$ 溶液显色指示剂。

4　指示剂喷洒约 15 min 后,应沿试件直径断面将其分成 10 等份,并应用防水笔描出渗透轮廓线。

5　然后应根据观察到的明显的颜色变化,测量显色分界线(图 7.1.7)离试件底面的距离,精确至 0.1 mm。

6　当某一测点被骨料阻挡,可将此测点位置移动到最近未被骨料阻挡的位置进行测量,当某测点数据不能得到,只要总测点数多于 5 个,可忽略此测点。

7　当某测点位置有一个明显的缺陷,使该点测量值远大于各测点的平均值,可忽略此测点数据,但应将这种情况在试验记录和报告中注明。

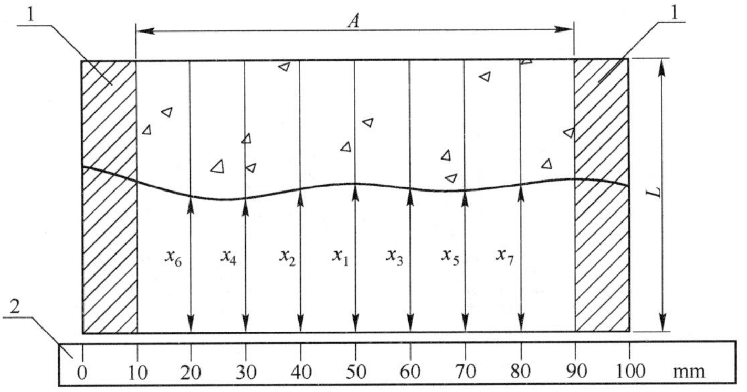

图 7.1.7　显色分界线位置编号

1—试件边缘部分；2—尺子；A—测量范围；L—试件高度

7.1.8　试验结果计算及处理应符合下列规定：

1　混凝土的非稳态氯离子迁移系数应按下式进行计算：

$$D_{\mathrm{RCM}}=\frac{0.0239\times(273+T)L}{(U-2)t}\left(X_{\mathrm{d}}-0.0238\sqrt{\frac{(273+T)LX_{\mathrm{d}}}{U-2}}\right)\qquad(7.1.8)$$

式中　D_{RCM}——混凝土的非稳态氯离子迁移系数，精确到 $0.1\times10^{12}\ \mathrm{m^2/s}$；

U——所用电压的绝对值(V)；

T——阳极溶液的初始温度和结束温度的平均值(℃)；

L——试件厚度(mm)，精确到 0.1 mm；

X_{d}——氯离子渗透深度的平均值(mm)，精确到 0.1 mm；

t——试验持续时间(h)。

2　每组应以 3 个试样的氯离子迁移系数的算术平均值作为该组试件的氯离子迁移系数测定值。当最大值或最小值与中间值之差超过中间值的 15%时，应剔除此值，再取其余两值的平均值作为测定值；当最大值和最小值均超过中间值的 15%时，应取中间值作为测定值。

7.2　电通量法

7.2.1　本方法适用于测定以通过混凝土试件的电通量为指标来确定混凝土抗氯离子渗透性能。本方法不适用于掺有亚硝酸盐和钢纤维等良导电材料的混凝土抗氯离子渗透试验。

7.2.2　采用的试验装置、试剂和用具应符合下列规定：

1　电通量试验装置应符合图 7.2.2-1 的要求，并应满足现行行业标准《混凝土氯离子电通量测定仪》JG/T 261 的有关规定。

2　仪器设备和化学试剂应符合下列要求：

1)直流稳压电源的电压范围应为(0～80)V，电流范围应为(0～10)A。并应能稳定输出 60 V 直流电压，精度应为±0.1V。

2)耐热塑料或耐热有机玻璃试验槽(图 7.2.2-2)的边长应为 150 mm，总厚度不应小于 51 mm。试验槽中心的两个槽的直径应分别为 89 mm 和 112 mm。两个槽的深度应分别为 41 mm和 6.4 mm。在试验槽的一边应开有直径为 10 mm 的注液孔。

3)紫铜垫板宽度应为(12±2)mm，厚度应为(0.50±0.05)mm。铜网孔径应为 0.95 mm

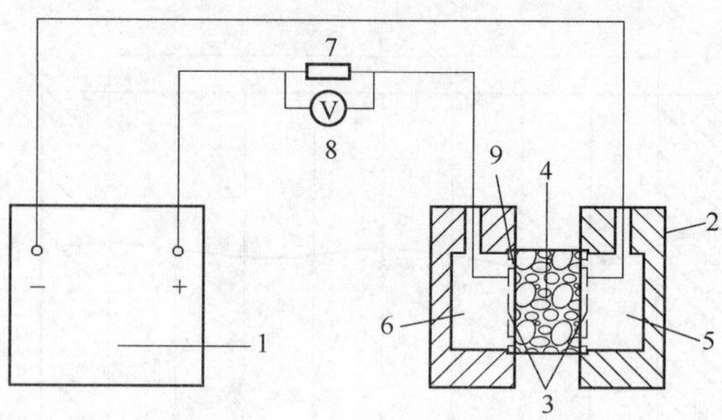

图 7.2.2-1　电通量试验装置示意图

1—直流稳压电源；2—试验槽；3—铜电极；4—混凝土试件；5—3.0%NaCl 溶液；
6—0.3 moI/LNaOH 溶液；7—标准电阻；8—直流数字式电压表；
9—试件垫圈(硫化橡胶垫或硅橡胶垫)

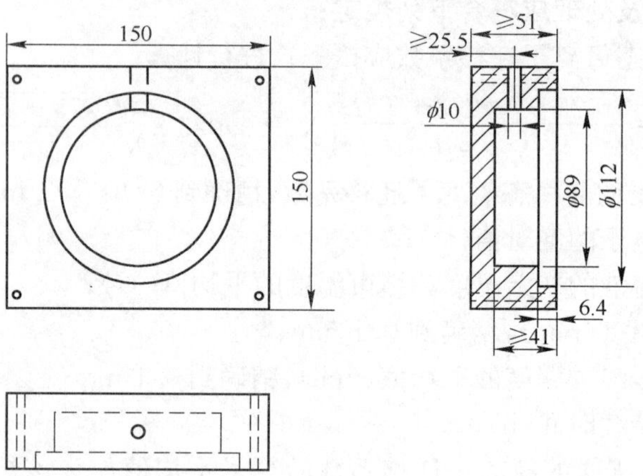

图 7.2.2-2　试验槽示意图(mm)

(64 孔/cm^2)或者 20 目。

4)标准电阻精度应为±0.1%；直流数字电流表量程应为(0～20)A，精度应为±0.1%。

5)真空泵和真空表应符合本标准第 7.1.2 条的要求。

6)真空容器的内径不应小于 250 mm，并应能至少容纳 3 个试件。

7)阴极溶液应用化学纯试剂配制的质量浓度为 3.0%的 NaCl 溶液。

8)阳极溶液应用化学纯试剂配制的摩尔浓度为 0.3mol/L 的 NaOH 溶液。

9)密封材料应采用硅胶或树脂等密封材料。

10)硫化橡胶垫或硅橡胶垫的外径应为 100 mm、内径应为 75 mm、厚度应为 6 mm。

11)切割试件的设备应采用水冷式金刚锯或碳化硅锯。

12)抽真空设备可由烧杯(体积在 1 000 mL 以上)、真空干燥器、真空泵、分液装置、真空表等组合而成。

13)温度计的量程应为(0～120)℃，精度应为±0.1 ℃。

14)电吹风的功率应为(1 000～2 000)W。

7.2.3　电通量试验应按下列步骤进行：

1　电通量试验应采用直径(100±1)mm，高度(50±2)mm 的圆柱体试件。试件的制作、养护应符合本标准第 7.1.3 条的规定。当试件表面有涂料等附加材料时，应预先去除，且试样内不得含有钢筋等良导电材料。在试件移送试验室前，应避免冻伤或其他物理伤害。

2 电通量试验宜在试件养护到 28 d 龄期进行。对于掺有大掺量矿物掺合料的混凝土，可在 56 d 龄期进行试验。应先将养护到规定龄期的试件暴露于空气中至表面干燥，并应以硅胶或树脂密封材料涂刷试件圆柱侧面，还应填补涂层中的孔洞。

3 电通量试验前应将试件进行真空饱水。应先将试件放入真空容器中，然后启动真空泵，并应在 5 min 内将真空容器中的绝对压强减少至(1～5)kPa，应保持该真空度 3 h，然后在真空泵仍然运转的情况下，注入足够的蒸馏水或者去离子水，直至淹没试件，应在试件浸没1 h后恢复常压，并继续浸泡(18±2)h。

4 在真空饱水结束后，应从水中取出试件，并抹掉多余水分，且应保持试件所处环境的相对湿度在 95%以上。应将试件安装于试验槽内，并应采用螺杆将两试验槽和端面装有硫化橡胶垫的试件夹紧。试件安装好以后，应采用蒸馏水或者其他有效方式检查试件和试验槽之间的密封性能。

5 检查试件和试件槽之间的密封性后，应将质量浓度为 3.0%的 NaCl 溶液和摩尔浓度为 0.3mol/L 的 NaOH 溶液分别注入试件两侧的试验槽中，注入 NaCl 溶液的试验槽内的铜网应连接电源负极，注入 NaOH 溶液的试验槽中的铜网应连接电源正极。

6 在正确连接电源线后，应在保持试验槽中充满溶液的情况下接通电源，并应对上述两铜网施加(60±0.1)V 直流恒电压，且应记录电流初始读数 I_0。开始时应每隔 5 min 记录一次电流值，当电流值变化不大时，可每隔 10 min 记录一次电流值；当电流变化很小时，应每隔 30 min记录一次电流值，直至通电 6 h。

7 当采用自动采集数据的测试装置时，记录电流的时间间隔可设定为(5～10)min。电流测量值应精确至±0.5mA。试验过程中宜同时监测试验槽中溶液的温度。

8 试验结束后，应及时排出试验溶液，并应用凉开水和洗涤剂冲洗试验槽 60s 以上，然后用蒸馏水洗净并用电吹风冷风档吹干。

9 试验应在(20～25)℃的室内进行。

7.2.4 试验结果计算及处理应符合下列规定：

1 试验过程中或试验结束后，应绘制电流与时间的关系图。应通过将各点数据以光滑曲线连接起来，对曲线作面积积分，或按梯形法进行面积积分，得到试验 6 h 通过的电通量(C)。

2 每个试件的总电通量可采用下列简化公式计算：

$$Q=900(I_0+2I_{30}+2I_{60}+\cdots+2I_t+\cdots+2I_{300}+2I_{330}+I_{360}) \qquad (7.2.4\text{-}1)$$

式中 Q——通过试件的总电通量(C)；

I_0——初始电流(A)，精确到 0.001 A；

I_t——在时间 t(min)的电流(A)，精确到 0.001 A。

3 计算得到的通过试件的总电通量应换算成直径为 95 mm 试件的电通量值。应通过将计算的总电通量乘以一个直径为 95 mm 的试件和实际试件横截面积的比值来换算，换算可按下式进行：

$$Q_s=Q_x\times(95/x)^2 \qquad (7.2.4\text{-}2)$$

式中 Q_s——通过直径为 95 mm 的试件的电通量(C)；

Q_x——通过直径为 x(mm)的试件的电通量(C)；

x——试件的实际直径(mm)。

4　每组应取3个试件电通量的算术平均值作为该组试件的电通量测定值。当某一个电通量值与中值的差值超过中值的15%时，应取其余两个试件的电通量的算术平均值作为该组试件的试验结果测定值。当有两个测值与中值的差值都超过中值的15%时，应取中值作为该组试件的电通量试验结果测定值。

8　收缩试验

8.1　非接触法

8.1.1　本方法主要适用于测定早龄期混凝土的自由收缩变形，也可用于无约束状态下混凝土自收缩变形的测定。

8.1.2　本方法应采用尺寸为100 mm×100 mm×515 mm的棱柱体试件。每组应为3个试件。

8.1.3　试验设备应符合下列规定：

1　非接触法混凝土收缩变形测定仪（图8.1.3）应设计成整机一体化装置，并应具备自动采集和处理数据、能设定采样时间间隔等功能。整个测试装置（含试件、传感器等）应固定于具有避振功能的固定式实验台面上。

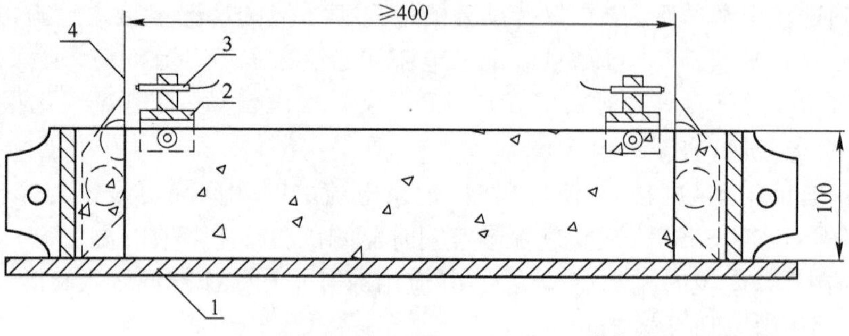

图8.1.3　非接触法混凝土收缩变形测定仪原理示意图（mm）

1—试模；2—固定架；3—传感器探头；4—反射靶

2　应有可靠方式将反射靶固定于试模上，使反射靶在试件成型浇筑振动过程中不会移位偏斜，且在成型完成后应能保证反射靶与试模之间的摩擦力尽可能小。试模应采用具有足够刚度的钢模，且本身的收缩变形应小。试模的长度应能保证混凝土试件的测量标距不小于400 mm。

3　传感器的测试量程不应小于试件测量标距长度的0.5%或量程不应小于1 mm，测试精度不应低于0.002 mm。且应采用可靠方式将传感器测头固定，并应能使测头在测量整个过程中与试模相对位置保持固定不变。试验过程中应能保证反射靶能够随着混凝土收缩而同步移动。

8.1.4　非接触法收缩试验步骤应符合以下规定：

1　试验应在温度为（20±2）℃、相对湿度为（60±5）%的恒温恒湿条件下进行。非接触法收缩试验应带模进行测试。

2　试模准备后，应在试模内涂刷润滑油，然后应在试模内铺设两层塑料薄膜或者放置一片聚四氟乙烯（PTFE）片，且应在薄膜或者聚四氟乙烯片与试模接触的面上均匀涂抹一层润滑油。应将反射靶固定在试模两端。

3 将混凝土拌合物浇筑入试模后，应振动成型并抹平，然后应立即带模移入恒温恒湿室。成型试件的同时，应测定混凝土的初凝时间。混凝土初凝试验和早龄期收缩试验的环境应相同。当混凝土初凝时，应开始测读试件左右两侧的初始读数，此后应至少每隔 1 h 或按设定的时间间隔测定试件两侧的变形读数。

4 在整个测试过程中，试件在变形测定仪上放置的位置、方向均应始终保持固定不变。

5 需要测定混凝土自收缩值的试件，应在浇筑振捣后立即采用塑料薄膜作密封处理。

8.1.5 非接触法收缩试验结果的计算和处理应符合下列规定：

1 混凝土收缩率应按照下式计算：

$$\varepsilon_{st}=\frac{(L_{10}-L_{1t})+(L_{20}-L_{2t})}{L_0} \tag{8.1.5}$$

式中 ε_{st}——测试期为 t(h)的混凝土收缩率，t 从初始读数时算起；

L_{10}——左侧非接触法位移传感器初始读数(mm)；

L_{1t}——左侧非接触法位移传感器测试期为 t(h)的读数(mm)；

L_{20}——右侧非接触法位移传感器初始读数(mm)；

L_{2t}——右侧非接触法位移传感器测试期为 t(h)的读数(mm)；

L_0——试件测量标距(mm)，等于试件长度减去试件中两个反射靶沿试件长度方向埋入试件中的长度之和。

2 每组应取 3 个试件测试结果的算术平均值作为该组混凝土试件的早龄期收缩测定值，计算应精确到 1.0×10^{-6}。作为相对比较的混凝土早龄期收缩值应以 3 d 龄期测试得到的混凝土收缩值为准。

8.2 接触法

8.2.1 本方法适用于测定在无约束和规定的温湿度条件下硬化混凝土试件的收缩变形性能。

8.2.2 试件和测头应符合下列规定：

1 本方法应采用尺寸为 100 mm×100 mm×515 mm 的棱柱体试件。每组应为 3 个试件。

2 采用卧式混凝土收缩仪时，试件两端应预埋测头或留有埋设测头的凹槽。卧式收缩试验用测头(图 8.2.2-1)应由不锈钢或其他不锈的材料制成。

3 采用立式混凝土收缩仪时，试件一端中心应预埋测头(图 8.2.2-2)。立式收缩试验用测头的另外一端宜采用 M20 mm×35 mm 的螺栓(螺纹通长)，并应与立式混凝土收缩仪底座固定。螺栓和测头都应预埋进去。

4 采用接触法引伸仪时，所用试件的长度应至少比仪器的测量标距长出一个截面边长。测头应粘贴在试件两侧面的轴线上。

5 使用混凝土收缩仪时，制作试件的试模应具有能固定测头或预留凹槽的端板。使用接触法引伸仪时，可用一般棱柱体试模制作试件。

6 收缩试件成型时不得使用机油等憎水性脱模剂。试件成型后应带模养护(1～2)d，并保证拆模时不损伤试件。对于事先没有埋设测头的试件，拆模后应立即粘贴或埋设测头。试件拆模后，应立即送至温度为(20±2)℃、相对湿度为 95%以上的标准养护室养护。

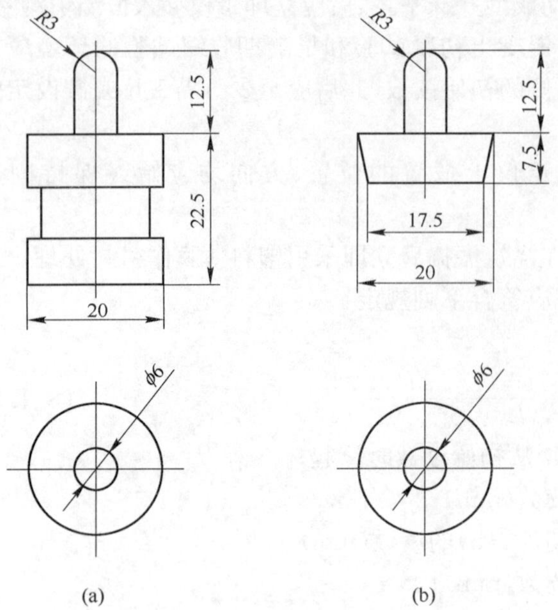

图 8.2.2-1　卧式收缩试验用测头(mm)
(a)预埋测头;(b)后埋测头

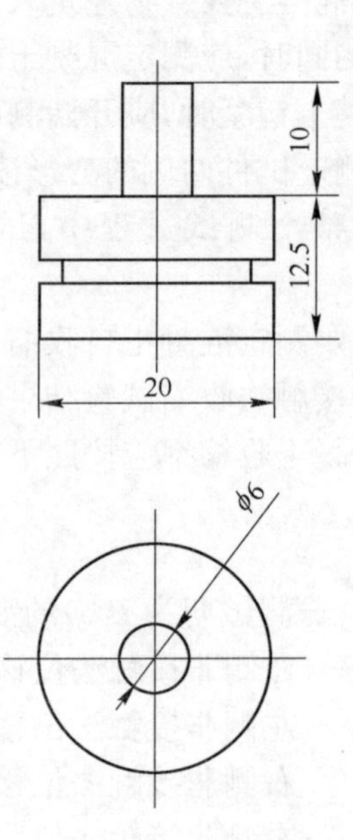

图 8.2.2-2　立式收缩试验用测头(mm)

8.2.3　试验设备应符合下列规定:

1　测量混凝土收缩变形的装置应具有硬钢或石英玻璃制作的标准杆,并应在测量前及测量过程中及时校核仪表的读数。

2　收缩测量装置可采用下列形式之一:

1)卧式混凝土收缩仪的测量标距应为 540 mm,并应装有精度为±0.001 mm 的千分表或测微器。

2)立式混凝土收缩仪的测量标距和测微器同卧式混凝土收缩仪。

3)其他形式的变形测量仪表的测量标距不应小于 100 mm 及骨料最大粒径的 3 倍。并至少能达到±0.001 mm 的测量精度。

8.2.4　混凝土收缩试验步骤应按下列要求进行:

1　收缩试验应在恒温恒湿环境中进行,室温应保持在(20±2)℃,相对湿度应保持在(60±5)%。试件应放置在不吸水的搁架上,底面应架空,每个试件之间的间隙应大于 30 mm。

2　测定代表某一混凝土收缩性能的特征值时,试件应在 3 d 龄期时(从混凝土搅拌加水时算起)从标准养护室取出,并应立即移入恒温恒湿室测定其初始长度,此后应至少按下列规定的时间间隔测量其变形读数:1 d、3 d、7 d、14 d、28 d、45 d、60 d、90 d、120 d、150 d、180 d、360 d(从移入恒温恒湿室内计时)。

3　测定混凝土在某一具体条件下的相对收缩值时(包括在徐变试验时的混凝土收缩变形测定)应按要求的条件进行试验。对非标准养护试件,当需要移入恒温恒湿室进行试验时,应先在该室内预置 4 h,再测其初始值。测量时应记下试件的初始干湿状态。

4　收缩测量前应先用标准杆校正仪表的零点,并应在测定过程中至少再复核 1~2 次,其中一次应在全部试件测读完后进行。当复核时发现零点与原值的偏差超过±0.001 mm 时,应调零后重新测量。

5　试件每次在卧式收缩仪上放置的位置和方向均应保持一致。试件上应标明相应的方向记号。试件在放置及取出时应轻稳仔细，不得碰撞表架及表杆。当发生碰撞时，应取下试件，并应重新以标准杆复核零点。

6　采用立式混凝土收缩仪时，整套测试装置应放在不易受外部振动影响的地方。读数时宜轻敲仪表或者上下轻轻滑动测头。安装立式混凝土收缩仪的测试台应有减振装置。

7　用接触法引伸仪测量时，应使每次测量时试件与仪表保持相对固定的位置和方向。每次读数应重复 3 次。

8.2.5　混凝土收缩试验结果计算和处理应符合以下规定：

1　混凝土收缩率应按下式计算：

$$\varepsilon_{st}=\frac{L_0-L_t}{L_b} \tag{8.2.5}$$

式中　ε_{st}——试验期为 t(d)的混凝土收缩率，t 从测定初始长度时算起；

L_b——试件的测量标距，用混凝土收缩仪测量时应等于两测头内侧的距离，即等于混凝土试件长度(不计测头凸出部分)减去两个测头埋入深度之和(mm)。采用接触法引伸仪时，即为仪器的测量标距；

L_0——试件长度的初始读数(mm)；

L_t——试件在试验期为 t(d)时测得的长度读数(mm)。

2　每组应取 3 个试件收缩率的算术平均值作为该组混凝土试件的收缩率测定值，计算精确至 1.0×10^{-6}。

3　作为相互比较的混凝土收缩率值应为不密封试件于 180 d 所测得的收缩率值。可将不密封试件于 360 d 所测得的收缩率值作为该混凝土的终极收缩率值。

9　早期抗裂试验

9.0.1　本方法适用于测试混凝土试件在约束条件下的早期抗裂性能。

9.0.2　试验装置及试件尺寸应符合下列规定：

1　本方法应采用尺寸为 800 mm×600 mm×100 mm 的平面薄板型试件，每组应至少 2 个试件。混凝土骨料最大公称粒径不应超过 31.5 mm。

2　混凝土早期抗裂试验装置(图 9.0.2)应采用钢制模具，模具的四边(包括长侧板和短侧板)宜采用槽钢或者角钢焊接而成，侧板厚度不应小于 5 mm，模具四边与底板宜通过螺栓固定在一起。模具内应设有 7 根裂缝诱导器，裂缝诱导器可分别用 50 mm×50 mm，40 mm×40 mm 角钢与 5 mm×50 mm 钢板焊接组成，并应平行于模具短边。底板应采用不小于 5 mm厚的钢板，并应在底板表面铺设聚乙烯薄膜或者聚四氟乙烯片做隔离层。模具应作为测试装置的一个部分，测试时应与试件连在一起。

3　风扇的风速应可调，并且应能够保证试件表面中心处的风速不小于 5 m/s。

4　温度计精度不应低于±0.5 ℃。相对湿度计精度不应低于±1%。风速计精度不应低于±0.5 m/s。

5　刻度放大镜的放大倍数不应小于 40 倍，分度值不应大于 0.01 mm。

6　照明装置可采用手电筒或者其他简易照明装置。

7　钢直尺的最小刻度应为 1 mm。

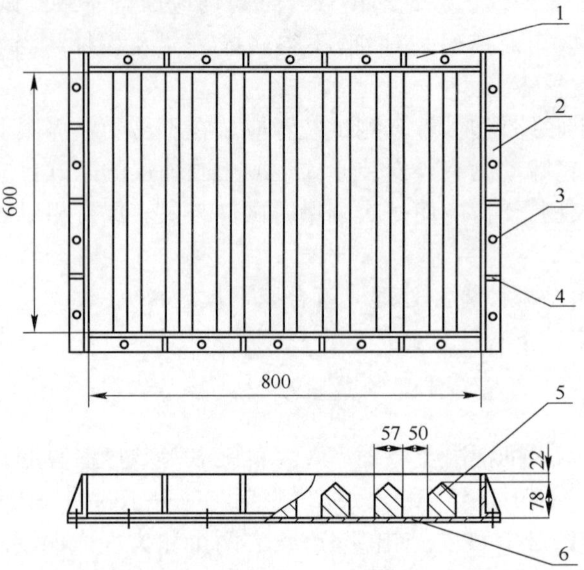

图 9.0.2 混凝土早期抗裂试验装置示意图(mm)

1—长侧板；2—短侧板；3—螺栓；4—加强肋；5—裂缝诱导器；6—底板

9.0.3 试验应按下列步骤进行：

1 试验宜在温度为(20±2)℃，相对湿度为(60±5)%的恒温恒湿室中进行。

2 将混凝土浇筑至模具内以后，应立即将混凝土摊平，且表面应比模具边框略高。可使用平板表面式振捣器或者采用振捣棒插捣，应控制好振捣时间，并应防止过振和欠振。

3 在振捣后，应用抹子整平表面，并应使骨料不外露，且应使表面平实。

4 应在试件成型 30 min 后，立即调节风扇位置和风速，使试件表面中心正上方 100 mm 处风速为(5±0.5)m/s，并应使风向平行于试件表面和裂缝诱导器。

5 试验时间应从混凝土搅拌加水开始计算，应在(24±0.5)h 测读裂缝。裂缝长度应用钢直尺测量，并应取裂缝两端直线距离为裂缝长度。当一个刀口上有两条裂缝时，可将两条裂缝的长度相加，折算成一条裂缝。

6 裂缝宽度应采用放大倍数至少 40 倍的读数显微镜进行测量，并应测量每条裂缝的最大宽度。

7 平均开裂面积、单位面积的裂缝数目和单位面积上的总开裂面积应根据混凝土浇筑 24 h 测量得到裂缝数据来计算。

9.0.4 试验结果计算及其确定应符合下列规定：

1 每条裂缝的平均开裂面积应按下式计算：

$$a=\frac{1}{2N}\sum_{i=1}^{N}(W_i\times L_i) \tag{9.0.4-1}$$

2 单位面积的裂缝数目应按下式计算：

$$b=\frac{N}{A} \tag{9.0.4-2}$$

3 单位面积上的总开裂面积应按下式计算：

$$c=a\cdot b \tag{9.0.4-3}$$

式中 W_i——第 i 条裂缝的最大宽度(mm),精确到 0.01 mm;

L_i——第 i 条裂缝的长度(mm),精确到 1 mm;

N——总裂缝数目(条);

A——平板的面积(m^2),精确到小数点后两位;

a——每条裂缝的平均开裂面积(mm^2/条),精确到 1 mm^2/条;

b——单位面积的裂缝数目(条/m^2),精确到 0.1 条/m^2;

c——单位面积上的总开裂面积(mm^2/m^2),精确到 1 mm^2/m^2。

4 每组应分别以 2 个或多个试件的平均开裂面积(单位面积上的裂缝数目或单位面积上的总开裂面积)的算术平均值作为该组试件平均开裂面积(单位面积上的裂缝数目或单位面积上的总开裂面积)的测定值。

10 受压徐变试验

10.0.1 本方法适用于测定混凝土试件在长期恒定轴向压力作用下的变形性能。

10.0.2 试验仪器设备应符合下列规定:

1 徐变仪应符合下列规定:

1)徐变仪应在要求时间范围内(至少 1 年)把所要求的压缩荷载加到试件上并应能保持该荷载不变。

2)常用徐变仪可选用弹簧式或液压式,其工作荷载范围应为(180～500)kN。

3)弹簧式压缩徐变仪(图 10.0.2)应包括上下压板、球座或球铰及其配套垫板、弹簧持荷装置以及2～3根承力丝杆。压板与垫板应具有足够的刚度。压板的受压面的平整度偏差不应大于 0.1 mm/100 mm,并应能保证对试件均匀加荷。弹簧及丝杆的尺寸应按徐变仪所要求的试验吨位而定。在试验荷载下,丝杆的拉应力不应大于材料屈服点的 30%,弹簧的工作压力不应超过允许极限荷载的 80%,且工作时弹簧的压缩变形不得小于 20 mm。

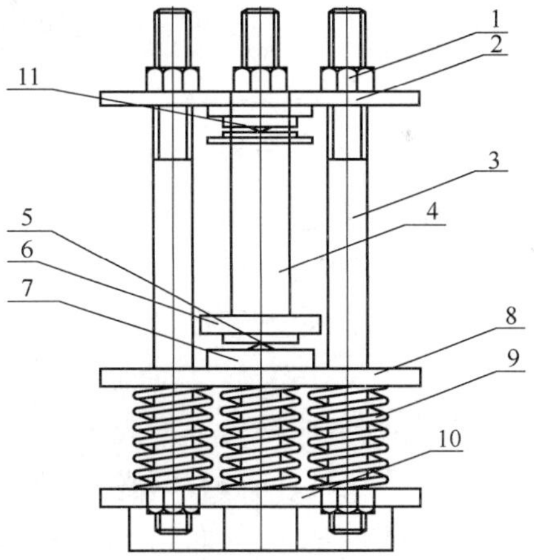

图 10.0.2 弹簧式压缩徐变仪示意图

1—螺母;2—上压板;3—丝杆;4—试件;5—球铰;6—垫板;7—定心;8—下压板;9—弹簧;10—底盘;11—球铰

4)当使用液压式持荷部件时,可通过一套中央液压调节单元同时加荷几个徐变架,该单元应由储液器、调节器、显示仪表和一个高压源(如高压氮气瓶或高压泵)等组成。

5)有条件时可采用几个试件串叠受荷,上下压板之间的总距离不得超过 1 600 mm。

2 加荷装置应符合下列规定:

1)加荷架应由接长杆及顶板组成。加荷时加荷架应与徐变仪丝杆顶部相连。

2)油压千斤顶可采用一般的起重千斤顶,其吨位应大于所要求的试验荷载。

3)测力装置可采用钢环测力计、荷载传感器或其他形式的压力测定装置。其测量精度应达到所加荷载的±2%,试件破坏荷载不应小于测力装置全量程的 20%且不应大于测力装置全量程的 80%。

3 变形量测装置应符合下列规定：

1)变形量测装置可采用外装式、内埋式或便携式，其测量的应变值精度不应低于0.001 mm/m。

2)采用外装式变形量测装置时，应至少测量不少于两个均匀地布置在试件周边的基线的应变。测点应精确地布置在试件的纵向表面的纵轴上，且应与试件端头等距，与相邻试件端头的距离不应小于一个截面边长。

3)采用差动式应变计或钢弦式应变计等内埋式变形测量装置时，应在试件成型时可靠地固定该装置，应使其量测基线位于试件中部并应与试件纵轴重合。

4)采用接触法引伸仪等便携式变形量测装置时，测头应牢固附置在试件上。

5)量测标距应大于混凝土骨料最大粒径的 3 倍，且不少于 100 mm。

10.0.3 试件应符合下列规定：

1 试件的形状与尺寸应符合下列规定：

1)徐变试验应采用棱柱体试件。试件的尺寸应根据混凝土中骨料的最大粒径按表 10.0.3 选用，长度应为截面边长尺寸的 3～4 倍。

2)当试件叠放时，应在每叠试件端头的试件和压板之间加装一个未安装应变量测仪表的辅助性混凝土垫块，其截面边长尺寸应与被测试件的相同，且长度应至少等于其截面尺寸的一半。

表 10.0.3 徐变试验试件尺寸选用表

骨料最大公称粒径(mm)	试件最小边长(mm)	试件长度(mm)
31.5	100	400
40	150	≥450

2 试件数量应符合下列规定：

1)制作徐变试件时，应同时制作相应的棱柱体抗压试件及收缩试件。

2)收缩试件应与徐变试件相同，并应装有与徐变试件相同的变形测量装置。

3)每组抗压、收缩和徐变试件的数量宜各为 3 个，其中每个加荷龄期的每组徐变试件应至少为 2 个。

3 试件制备应符合下列规定：

1)当要叠放试件时，宜磨平其端头。

2)徐变试件的受压面与相邻的纵向表面之间的角度与直角的偏差不应超过 1 mm/100 mm。

3)采用外装式应变量测装置时，徐变试件两侧面应有安装量测装置的测头，测头宜采用埋入式，试模的侧壁应具有能在成型时使测头定位的装置。在对粘结的工艺及材料确有把握时，可采用胶粘。

4 试件的养护与存放方式应符合下列规定：

1)抗压试件及收缩试件应随徐变试件一并同条件养护。

2)对于标准环境中的徐变，试件应在成型后不少于 24 h 且不多于 48 h 时拆模，且在拆模之前，应覆盖试件表面。随后应立即将试件送入标准养护室养护到 7 d 龄期(自混凝土搅拌加水开始计时)，其中 3 d 加载的徐变试验应养护 3 d。养护期间试件不应浸泡于水中。试件养护完成后应移人温度为(20±2)℃、相对湿度为(60±5)%的恒温恒湿室进行徐变试验，直至试验完成。

3）对于适用于大体积混凝土内部情况的绝湿徐变，试件在制作或脱模后应密封在保湿外套中（包括橡皮套、金属套筒等），且在整个试件存放和测试期间也应保持密封。

4）对于需要考虑温度对混凝土弹性和非弹性性质的影响等特定温度下的徐变，应控制好试件存放的试验环境温度，应使其符合希望的温度历史。

5）对于需确定在具体使用条件下的混凝土徐变值等其他存放条件，应根据具体情况确定试件的养护及试验制度。

10.0.4 徐变试验应符合下列规定：

1 对比或检验混凝土的徐变性能时，试件应在 28 d 龄期时加荷。当研究某一混凝土的徐变特性时，应至少制备 5 组徐变试件并应分别在龄期为 3 d、7 d、14 d、28 d 和 90 d 时加荷。

2 徐变试验应按下列步骤进行：

1）测头或测点应在试验前 1 d 粘好，仪表安装好后应仔细检查，不得有任何松动或异常现象。加荷装置、测力计等也应予以检查。

2）在即将加荷徐变试件前，应测试同条件养护试件的棱柱体抗压强度。

3）测头和仪表准备好以后，应将徐变试件放在徐变仪的下压板后，应使试件、加荷装置、测力计及徐变仪的轴线重合。并应再次检查变形测量仪表的调零情况，且应记下初始读数。当采用未密封的徐变试件时，应在将其放在徐变仪上的同时，覆盖参比用收缩试件的端部。

4）试件放好后，应及时开始加荷。当无特殊要求时，应取徐变应力为所测得的棱柱体抗压强度的 40%。当采用外装仪表或者接触法引伸仪时，应用千斤顶先加压至徐变应力的 20%进行对中。两侧的变形相差应小于其平均值的 10%，当超出此值，应松开千斤顶卸荷，进行重新调整后，应再加荷到徐变应力的 20%，并再次检查对中的情况。对中完毕后，应立即继续加荷直到徐变应力，应及时读出两边的变形值，并将此时两边变形的平均值作为在徐变荷载下的初始变形值。从对中完毕到测初始变形值之间的加荷及测量时间不得超过 1 min。随后应拧紧承力丝杆上端的螺母，并应松开千斤顶卸荷，且应观察两边变形值的变化情况。此时，试件两侧的读数相差不应超过平均值的 10%，否则应予以调整，调整应在试件持荷的情况下进行，调整过程中所产生的变形增值应计入徐变变形之中。然后应再加荷到徐变应力，并应检查两侧变形读数，其总和与加荷前读数相比，误差不应超过 2%。否则应予以补足。

5）应在加荷后的 1 d、3 d、7 d、14 d、28 d、45 d、60 d、90 d、120 d、150 d、180 d、270 d 和 360 d测读试件的变形值。

6）在测读徐变试件的变形读数的同时，应测量同条件放置参比用收缩试件的收缩值。

7）试件加荷后应定期检查荷载的保持情况，应在加荷后 7 d、28 d、60 d、90 d 各校核一次，如荷载变化大于 2%，应予以补足。在使用弹簧式加载架时，可通过施加正确的荷载并拧紧丝杆上的螺母，来进行调整。

10.0.5 试验结果计算及其处理应符合下列规定：

1 徐变应变应按下式计算：

$$\varepsilon_{ct}=\frac{\Delta L_t-\Delta L_0}{L_b}-\varepsilon_t \tag{10.0.5-1}$$

式中 ε_{ct}——加荷 t(d)后的徐变应变（mm/m），精确至 0.001 mm/m；

ΔL_t——加荷 t(d)后的总变形值（mm），精确至 0.001 mm；

ΔL_0——加荷时测得的初始变形值（mm），精确至 0.001 mm；

L_b——测量标距(mm)，精确到 1 mm；

ε_t——同龄期的收缩值(mm/m)，精确至 0.001 mm/m。

2　徐变度应按下式计算：

$$C_t=\frac{\varepsilon_{ct}}{\delta} \tag{10.0.5-2}$$

式中　C_t——加荷 t(d)的混凝土徐变度(1/MPa)，计算精确至 1.0×10^{-6}/(MPa)；

δ——徐变应力(MPa)。

3　徐变系数应按下列公式计算：

$$\varphi_t=\frac{\varepsilon_{ct}}{\varepsilon_0} \tag{10.0.5-3}$$

$$\varepsilon_0=\frac{\Delta L_0}{L_b} \tag{10.0.5-4}$$

式中　φ_t——加荷 t(d)的徐变系数；

ε_0——在加荷时测得的初始应变值(mm/m)，精确至 0.001 mm/m。

4　每组应分别以 3 个试件徐变应变(徐变度或徐变系数)试验结果的算术平均值作为该组混凝土试件徐变应变(徐变度或徐变系数)的测定值。

5　作为供对比用的混凝土徐变值，应采用经过标准养护的混凝土试件，在 28 d 龄期时经受 0.4 倍棱柱体抗压强度恒定荷载持续作用 360 d 的徐变值。可用测得的 3 年徐变值作为终极徐变值。

11　碳化试验

11.0.1　本方法适用于测定在一定浓度的二氧化碳气体介质中混凝土试件的碳化程度。

11.0.2　试件及处理应符合下列规定：

1　本方法宜采用棱柱体混凝土试件，应以 3 块为一组。棱柱体的长宽比不宜小于 3。

2　无棱柱体试件时，也可用立方体试件，其数量应相应增加。

3　试件宜在 28 d 龄期进行碳化试验，掺有掺合料的混凝土可以根据其特性决定碳化前的养护龄期。碳化试验的试件宜采用标准养护，试件应在试验前 2 d 从标准养护室取出，然后应在 60 ℃下烘 48 h。

4　经烘干处理后的试件，除应留下一个或相对的两个侧面外，其余表面应采用加热的石蜡予以密封。然后应在暴露侧面上沿长度方向用铅笔以 10 mm 间距画出平行线，作为预定碳化深度的测量点。

11.0.3　试验设备应符合下列规定：

1　碳化箱应符合现行行业标准《混凝土碳化试验箱》JG/T 247 的规定，并应采用带有密封盖的密闭容器，容器的容积应至少为预定进行试验的试件体积的两倍。碳化箱内应有架空试件的支架、二氧化碳引入口、分析取样用的气体导出口、箱内气体对流循环装置、为保持箱内恒温恒湿所需的设施以及温湿度监测装置。宜在碳化箱上设玻璃观察口对箱内的温度进行读数。

2　气体分析仪应能分析箱内二氧化碳浓度，并应精确至±1%。

3　二氧化碳供气装置应包括气瓶、压力表和流量计。

11.0.4 混凝土碳化试验应按下列步骤进行：

1 首先应将经过处理的试件放入碳化箱内的支架上。各试件之间的间距不应小于50 mm。

2 试件放入碳化箱后，应将碳化箱密封。密封可采用机械办法或油封，但不得采用水封。应开动箱内气体对流装置，徐徐充入二氧化碳，并测定箱内的二氧化碳浓度。应逐步调节二氧化碳的流量，使箱内的二氧化碳浓度保持在(20±3)%。在整个试验期间应采取去湿措施，使箱内的相对湿度控制在(70±5)%，温度应控制在(20±2)℃的范围内。

3 碳化试验开始后应每隔一定时期对箱内的二氧化碳浓度、温度及湿度作一次测定。宜在前 2 d 每隔 2 h 测定一次，以后每隔 4 h 测定一次。试验中应根据所测得的二氧化碳浓度、温度及湿度随时调节这些参数，去湿用的硅胶应经常更换。也可采用其他更有效的去湿方法。

4 应在碳化到了 3 d、7 d、14 d 和 28 d 时，分别取出试件，破型测定碳化深度。棱柱体试件应通过在压力试验机上的劈裂法或者用干锯法从一端开始破型。每次切除的厚度应为试件宽度的一半，切后应用石蜡将破型后试件的切断面封好，再放入箱内继续碳化，直到下一个试验期。当采用立方体试件时，应在试件中部劈开，立方体试件应只作一次检验，劈开测试碳化深度后不得再重复使用。

5 随后应将切除所得的试件部分刷去断面上残存的粉末，然后应喷上(或滴上)浓度为1%的酚酞酒精溶液(酒精溶液含 20%的蒸馏水)。约经 30s 后，应按原先标划的每 10 mm 一个测量点用钢板尺测出各点碳化深度。当测点处的碳化分界线上刚好嵌有粗骨料颗粒，可取该颗粒两侧处碳化深度的算术平均值作为该点的深度值。碳化深度测量应精确至 0.5 mm。

11.0.5 混凝土碳化试验结果计算和处理应符合下列规定：

1 混凝土在各试验龄期时的平均碳化深度应按下式计算：

$$\overline{d_t} = \frac{1}{n}\sum_{i=1}^{n} d_i \tag{11.0.5}$$

式中 $\overline{d_t}$——试件碳化 t(d)后的平均碳化深度(mm)，精确至 0.1 mm；

d_i——各测点的碳化深度(mm)；

n——测点总数。

2 每组应以在二氧化碳浓度为(20±3)%，温度为(20±2)℃，湿度为(70±5)%的条件下 3 个试件碳化 28 d 的碳化深度算术平均值作为该组混凝土试件碳化测定值。

3 碳化结果处理时宜绘制碳化时间与碳化深度的关系曲线。

12 混凝土中钢筋锈蚀试验

12.0.1 本方法适用于测定在给定条件下混凝土中钢筋的锈蚀程度。本方法不适用于在侵蚀性介质中混凝土内的钢筋锈蚀试验。

12.0.2 试件的制作与处理应符合下列规定：

1 本方法应采用尺寸为 100 mm×100 mm×300 mm 的棱柱体试件，每组应为 3 块。

2 试件中埋置的钢筋应采用直径为 6.5 mm 的 Q235 普通低碳钢热轧盘条调直截断制成，其表面不得有锈坑及其他严重缺陷。每根钢筋长应为(299±1)mm，应用砂轮将其一端磨出长约 30 mm 的平面，并用钢字打上标记。钢筋应采用 12%盐酸溶液进行酸洗，并经清水漂净后，用石灰水中和，再用清水冲洗干净，擦干后应在干燥器中至少存放 4 h，然后应用天平称取每根钢筋的初重(精确至 0.001 g)。钢筋应存放在干燥器中备用。

3　试件成型前应将套有定位板的钢筋放入试模,定位板应紧贴试模的两个端板,安放完毕后应使用丙酮擦净钢筋表面。

4　试件成型后,应在(20±2)℃的温度下盖湿布养护 24 h 后编号拆模,并应拆除定位板。然后应用钢丝刷将试件两端部混凝土刷毛,并应用水灰比小于试件用混凝土水灰比、水泥和砂子比例为 1∶2 的水泥砂浆抹上不小于 20 mm 厚的保护层,并应确保钢筋端部密封质量。试件应在就地潮湿养护(或用塑料薄膜盖好)24 h 后,移入标准养护室养护至 28 d。

12.0.3　试验设备应符合下列规定:

1　混凝土碳化试验设备应包括碳化箱、供气装置及气体分析仪。碳化设备并应符合本标准第 11.0.3 条的规定。

2　钢筋定位板(图 12.0.3)宜采用木质五合板或薄木板等材料制作,尺寸应为 100 mm×100 mm,板上应钻有穿插钢筋的圆孔。

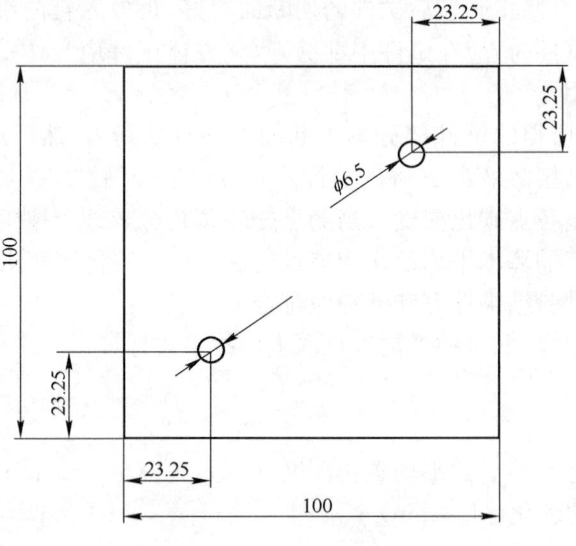

图 12.0.3　钢筋定位板示意图(mm)

3　称量设备的最大量程应为 1 kg,感量应为 0.001 g。

12.0.4　混凝土中钢筋锈蚀试验应按下列步骤进行:

1　钢筋锈蚀试验的试件应先进行碳化,碳化应在 28 d 龄期时开始。碳化应在二氧化碳浓度为(20±3)%、相对湿度为(70±5)%和温度为(20±2)℃的条件下进行,碳化时间应为 28 d。对于有特殊要求的混凝土中钢筋锈蚀试验,碳化时间可再延长 14 d 或者 28 d。

2　试件碳化处理后应立即移入标准养护室放置。在养护室中,相邻试件间的距离不应小于 50 mm,并应避免试件直接淋水。应在潮湿条件下存放 56 d 后将试件取出,然后破型,破型时不得损伤钢筋。应先测出碳化深度,然后进行钢筋锈蚀程度的测定。

3　试件破型后,应取出试件中的钢筋,并应刮去钢筋上沾附的混凝土。应用 12%盐酸溶液对钢筋进行酸洗,经清水漂净后,再用石灰水中和,最后应以清水冲洗干净。应将钢筋擦干后在干燥器中至少存放 4 h,然后应对每根钢筋称重(精确至 0.001 g),并应计算钢筋锈蚀失重率。酸洗钢筋时,应在洗液中放入两根尺寸相同的同类无锈钢筋作为基准校正。

12.0.5　钢筋锈蚀试验结果计算和处理应符合以下规定:

1 钢筋锈蚀失重率应按下式计算：

$$L_w=\frac{w_0-w-\frac{(w_{01}-w_1)+(w_{02}-w_2)}{2}}{w_0}\times 100 \qquad (12.0.5)$$

式中 L_w——钢筋锈蚀失重率(%)，精确至 0.01；

w_0——钢筋未锈前质量(9)；

w——锈蚀钢筋经过酸洗处理后的质量(9)；

w_{01}、w_{02}——分别为基准校正用的两根钢筋的初始质量(g)；

w_1、w_2——分别为基准校正用的两根钢筋酸洗后的质量(g)。

2 每组应取 3 个混凝土试件中钢筋锈蚀失重率的平均值作为该组混凝土试件中钢筋锈蚀失重率测定值。

13 抗压疲劳变形试验

13.0.1 本方法适用于在自然条件下，通过测定混凝土在等幅重复荷载作用下疲劳累计变形与加载循环次数的关系，来反映混凝土抗压疲劳变形性能。

13.0.2 试验设备应符合下列规定：

1 疲劳试验机的吨位应能使试件预期的疲劳破坏荷载不小于试验机全量程的 20%，也不应大于试验机全量程的 80%。准确度应为Ⅰ级，加载频率应在(4～8)Hz之间。

2 上、下钢垫板应具有足够的刚度，其尺寸应大于 100 mm×100 mm，平面度要求为每 100 mm 不应超过 0.02 mm。

3 微变形测量装置的标距应为 150 mm，可在试件两侧相对的位置上同时测量。承受等幅重复荷载时，在连续测量情况下，微变形测量装置的精度不得低于 0.001 mm。

13.0.3 抗压疲劳变形试验应采用尺寸为 100 mm×100 mm×300 mm 的棱柱体试件。试件应在振动台上成型，每组试件应至少为 6 个，其中 3 个用于测量试件的轴心抗压强度 f_c，其余 3 个用于抗压疲劳变形性能试验。

13.0.4 抗压疲劳变形试验应按下列步骤进行：

1 全部试件应在标准养护室养护至 28 d 龄期后取出，并应在室温(20±5)℃存放至 3 个月龄期。

2 试件应在龄期达 3 个月时从存放地点取出，应先将其中 3 块试件按照现行国家标准《普通混凝土力学性能试验方法标准》GB/T 50081 测定其轴心抗压强度 f_c。

3 然后应对剩下的 3 块试件进行抗压疲劳变形试验。每一试件进行抗压疲劳变形试验前，应先在疲劳试验机上进行静压变形对中，对中时应采用两次对中的方式。首次对中的应力宜取轴心抗压强度 f_c 的 20%(荷载可近似取整数，kN)，第二次对中应力宜取轴心抗压强度 f_c 的 40%。对中时，试件两侧变形值之差应小于平均值的 5%，否则应调整试件位置，直至符合对中要求。

4 抗压疲劳变形试验采用的脉冲频率宜为 4Hz。试验荷载(图 13.0.4)的上限应力 σ_{max}宜取 0.66f_c，下限应力 σ_{min}宜取 0.1f_c。有特殊要求时，上限应力和下限应力可根据要求选定。

5 抗压疲劳变形试验中，应于每 1×10^5 次重复加载后，停机测量混凝土棱柱体试件的累

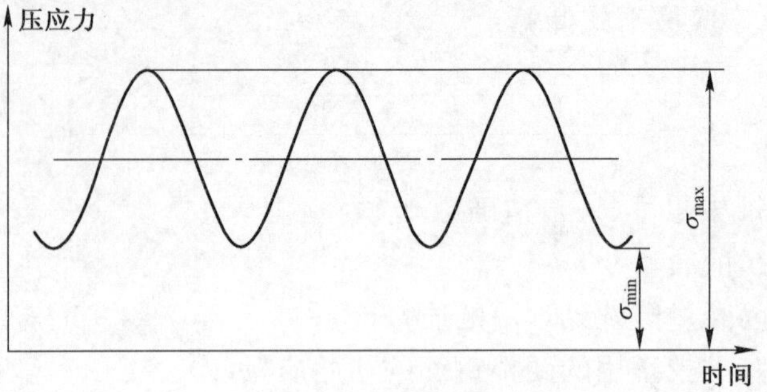

图 13.0.4 试验荷载示意图

积变形。测量宜在疲劳试验机停机后 15s 内完成。应在对测试结果进行记录之后,继续加载进行抗压疲劳变形试验,直到试件破坏为止。若加载至 2×10^{6} 次,试件仍未破坏,可停止试验。

13.0.5 每组应取 3 个试件在相同加载次数时累积变形的算术平均值作为该组混凝土试件在等幅重复荷载下的抗压疲劳变形测定值,精确至 0.001 mm/m。

14 抗硫酸盐侵蚀试验

14.0.1 本方法适用于测定混凝土试件在干湿交替环境中,以能够经受的最大干湿循环次数来表示的混凝土抗硫酸盐侵蚀性能。

14.0.2 试件应符合下列规定:

1 本方法应采用尺寸为 100 mm×100 mm×100 mm 的立方体试件,每组应为 3 块。

2 混凝土的取样、试件的制作和养护应符合本标准第 3 章的要求。

3 除制作抗硫酸盐侵蚀试验用试件外,还应按照同样方法,同时制作抗压强度对比用试件。试件组数应符合表 14.0.2 的要求。

表 14.0.2 抗硫酸盐侵蚀试验所需的试件组数

设计抗硫酸盐等级	KS15	KS30	KS60	KS90	KS120	KS150	KS150 以上
检查强度所需干湿循环次数	15	15 及 30	30 及 60	60 及 90	90 及 120	120 及 150	150 及设计次数
鉴定 28 d 强度所需试件组数	1	1	1	1	1	1	1
干湿循环试件组数	1	2	2	2	2	2	2
对比试件组数	1	2	2	2	2	2	2
总计试件组数	3	5	5	5	5	5	5

14.0.3 试验设备和试剂应符合下列规定:

1 干湿循环试验装置宜采用能使试件静止不动,浸泡、烘干及冷却等过程应能自动进行的装置。设备应具有数据实时显示、断电记忆及试验数据自动存储的功能。

2 也可采用符合下列规定的设备进行干湿循环试验。

1)烘箱应能使温度稳定在(80±5)℃。

2)容器应至少能够装 27 L 溶液,并应带盖,且应由耐盐腐蚀材料制成。

3　试剂应采用化学纯无水硫酸钠。

14.0.4　干湿循环试验应按下列步骤进行：

1　试件应在养护至 28 d 龄期的前 2 d，将需进行干湿循环的试件从标准养护室取出。擦干试件表面水分，然后将试件放入烘箱中，并应在(80±5)℃下烘 48 h。烘干结束后应将试件在干燥环境中冷却到室温。对于掺入掺合料比较多的混凝土，也可采用 56 d 龄期或者设计规定的龄期进行试验，这种情况应在试验报告中说明。

2　试件烘干并冷却后，应立即将试件放入试件盒(架)中，相邻试件之间应保持 20 mm 间距，试件与试件盒侧壁的间距不应小于 20 mm。

3　试件放入试件盒以后，应将配制好的 5%Na_2SO_4 溶液放入试件盒，溶液应至少超过最上层试件表面 20 mm，然后开始浸泡。从试件开始放入溶液，到浸泡过程结束的时间应为(15±0.5)h。注入溶液的时间不应超过 30 min。浸泡龄期应从将混凝土试件移人 5%Na_2SO_4 溶液中起计时。试验过程中宜定期检查和调整溶液的 pH 值，可每隔 15 个循环测试一次溶液 pH 值，应始终维持溶液的 pH 值在 6～8 之间。溶液的温度应控制在(25～30)℃。也可不检测其 pH 值，但应每月更换一次试验用溶液。

4　浸泡过程结束后，应立即排液，并应在 30 min 内将溶液排空。溶液排空后应将试件风干 30 min，从溶液开始排出到试件风干的时间应为 1 h。

5　风干过程结束后应立即升温，应将试件盒内的温度升到 80 ℃，开始烘干过程。升温过程应在 30 min 内完成。温度升到 80 ℃后，应将温度维持在(80±5)℃。从升温开始到开始冷却的时间应为 6 h。

6　烘干过程结束后，应立即对试件进行冷却，从开始冷却到将试件盒内的试件表面温度冷却到(25～30)℃的时间应为 2 h。

7　每个干湿循环的总时间应为(24±2)h。然后应再次放入溶液，按照上述 3～6 的步骤进行下一个干湿循环。

8　在达到本标准表 14.0.2 规定的干湿循环次数后，应及时进行抗压强度试验。同时应观察经过干湿循环后混凝土表面的破损情况并进行外观描述。当试件有严重剥落、掉角等缺陷时，应先用高强石膏补平后再进行抗压强度试验。

9　当干湿循环试验出现下列三种情况之一时，可停止试验：

1)当抗压强度耐蚀系数达到 75%；

2)干湿循环次数达到 150 次；

3)达到设计抗硫酸盐等级相应的干湿循环次数。

10　对比试件应继续保持原有的养护条件，直到完成干湿循环后，与进行干湿循环试验的试件同时进行抗压强度试验。

14.0.5　试验结果计算及处理应按符合下列规定：

1　混凝土抗压强度耐蚀系数应按下式进行计算：

$$K_f=\frac{f_{cn}}{f_{c0}}\times 100 \tag{14.0.5}$$

式中　K_f——抗压强度耐蚀系数(%)；

f_{cn}——为 N 次干湿循环后受硫酸盐腐蚀的一组混凝土试件的抗压强度测定值(MPa)，精确至 0.1 MPa；

f_{c0}——与受硫酸盐腐蚀试件同龄期的标准养护的一组对比混凝土试件的抗压强度测定

值(MPa),精确至 0.1 MPa;

2 f_{c0} 和 f_{cn} 应以 3 个试件抗压强度试验结果的算术平均值作为测定值。当最大值或最小值,与中间值之差超过中间值的 15%时,应剔除此值,并应取其余两值的算术平均值作为测定值;当最大值和最小值,均超过中间值的 15%时,应取中间值作为测定值。

3 抗硫酸盐等级应以混凝土抗压强度耐蚀系数下降到不低于 75%时的最大干湿循环次数来确定,并应以符号 KS 表示。

15　碱-骨料反应试验

15.0.1 本试验方法用于检验混凝土试件在温度 38 ℃及潮湿条件养护下,混凝土中的碱与骨料反应所引起的膨胀是否具有潜在危害。适用于碱-硅酸反应和碱-碳酸盐反应。

15.0.2 试验仪器设备应符合下列要求:

1 本方法应采用与公称直径分别为 20 mm、16 mm、10 mm、5 mm 的圆孔筛对应的方孔筛。

2 称量设备的最大量程应分别为 50 kg 和 10 kg,感量应分别不超过 50 g 和 5 g,各一台。

3 试模的内测尺寸应为 75 mm×75 mm×275 mm,试模两个端板应预留安装测头的圆孔,孔的直径应与测头直径相匹配。

4 测头(埋钉)的直径应为(5～7)mm,长度应为 25 mm。应采用不锈金属制成,测头均应位于试模两端的中心部位。

5 测长仪的测量范围应为(275～300)mm,精度应为±0.001 mm。

6 养护盒应由耐腐蚀材料制成,不应漏水,且应能密封。盒底部应装有(20±5)mm 深的水,盒内应有试件架,且应能使试件垂直立在盒中。试件底部不应与水接触。一个养护盒宜同时容纳 3 个试件。

15.0.3 碱-骨料反应试验应符合下列规定:

1 原材料和设计配合比应按照下列规定准备:

1)应使用硅酸盐水泥,水泥含碱量宜为(0.9±0.1)%(以 Na_2O 当量计,即 Na_2O+0.658K_2O)。可通过外加浓度为 10%的 NaOH 溶液,使试验用水泥含碱量达到 1.25%。

2)当试验用来评价细骨料的活性,应采用非活性的粗骨料,粗骨料的非活性也应通过试验确定,试验用细骨料细度模数宜为(2.7±0.2)。当试验用来评价粗骨料的活性,应用非活性的细骨料,细骨料的非活性也应通过试验确定。当工程用的骨料为同一品种的材料,应用该粗、细骨料来评价活性。试验用粗骨料应由三种级配:(20～16)mm,(16～10)mm 和(10～5)mm,各取 1/3 等量混合。

3)每立方米混凝土水泥用量应为(420±10)kg。水灰比应为 0.42～0.45。粗骨料与细骨料的质量比应为 6∶4。试验中除可外加 NaOH 外,不得再使用其他的外加剂。

2 试件应按下列规定制作:

1)成型前 24 h,应将试验所用所有原材料放人(20±5)℃的成型室。

2)混凝土搅拌宜采用机械拌合。

3)混凝土应一次装入试模,应用捣棒和抹刀捣实,然后应在振动台上振动 30 s 或直至表面泛浆为止。

4)试件成型后应带模一起送入(20±2)℃、相对湿度在95%以上的标准养护室中，应在混凝土初凝前(1～2)h，对试件沿模口抹平并应编号。

3 试件养护及测量应符合下列要求：

1)试件应在标准养护室中养护(24±4)h后脱模，脱模时应特别小心不要损伤测头，并应尽快测量试件的基准长度。待测试件应用湿布盖好。

2)试件的基准长度测量应在(20±2)℃的恒温室中进行。每个试件应至少重复测试两次，应取两次测值的算术平均值作为该试件的基准长度值。

3)测量基准长度后应将试件放入养护盒中，并盖严盒盖。然后应将养护盒放入(38±2)℃的养护室或养护箱里养护。

4)试件的测量龄期应从测定基准长度后算起，测量龄期应为1周、2周、4周、8周、13周、18周、26周、39周和52周，以后可每半年测一次。每次测量的前一天，应将养护盒从(38±2)℃的养护室中取出，并放人(20±2)℃的恒温室中，恒温时间应为(24±4)h。试件各龄期的测量应与测量基准长度的方法相同，测量完毕后，应将试件调头放入养护盒中，并盖严盒盖。然后应将养护盒重新放回(38±2)℃的养护室或者养护箱中继续养护至下一测试龄期。

5)每次测量时，应观察试件有无裂缝、变形、渗出物及反应产物等，并应作详细记录。必要时可在长度测试周期全部结束后，辅以岩相分析等手段，综合判断试件内部结构和可能的反应产物。

4 当碱-骨料反应试验出现以下两种情况之一时，可结束试验：

1)在52周的测试龄期内的膨胀率超过0.04%；

2)膨胀率虽小于0.04%，但试验周期已经达52周(或一年)。

15.0.4 试验结果计算和处理应符合下列规定：

1 试件的膨胀率应按下式计算：

$$\varepsilon_t = \frac{L_t - L_0}{L_0 - 2\Delta} \times 100 \qquad (15.0.4)$$

式中 ε_t——试件在t(d)龄期的膨胀率(%)，精确至0.001；

L_t——试件在t(d)龄期的长度(mm)；

L_0——试件的基准长度(mm)；

Δ——测头的长度(mm)

2 每组应以3个试件测值的算术平均值作为某一龄期膨胀率的测定值。

3 当每组平均膨胀率小于0.020%时，同一组试件中单个试件之间的膨胀率的差值(最高值与最低值之差)不应超过0.008%；当每组平均膨胀率大于0.020%时，同一组试件中单个试件的膨胀率的差值(最高值与最低值之差)不应超过平均值的40%。

建设工程文件归档整理规范

目　次

3 基本规定

3.0.1 建设、勘察、设计、施工、监理等单位应将工程文件的形成和积累纳入工程建设管理的各个环节和有关人员的职责范围。

3.0.2 在工程文件与档案的整理立卷、验收移交工作中，建设单位应履行下列职责：

1 在工程招标及勘察、设计、施工、监理等单位签订协议、合同时，应对工程文件的套数、费用、质量、移交时间等提出明确要求；

2 收集和整理工程准备阶段、竣工验收阶段形成的文件，并应进行立卷归档；

3 负责组织、监督和检查勘察、设计、施工、监理等单位的工程文件的形成、积累和立卷归档工作；也可委托监理单位监督、检查工程文件的形成、积累和立卷归档工作；

4 收集和汇总勘察、设计、施工、监理等单位立卷归档的工程档案；

5 在组织工程竣工验收前，应提请当地的城建档案管理机构对工程档案进行预验收；未取得工程档案验收认可文件，不得组织工程竣工验收；

6 对列入城建档案馆（室）接收范围的工程，工程竣工验收后 3 个月内，向当地城建档案馆（室）移交一套符合规定的工程档案。

3.0.3 勘察、设计、施工、监理等单位应将本单位形成的工程文件立卷后向建设单位移交。

3.0.4 建设工程项目实行总承包的，总包单位负责收集、汇总各分包单位形成的工程档案，并应及时向建设单位移交；各分包单位应将本单位形成的工程文件整理、立卷后及时移交总包单位。建设工程项目由几个单位承包的，各承包单位负责收集、整理立卷其承包项目的工程文件，并应及时向建设单位移交。

3.0.5 城建档案管理机构应对工程文件的立卷归档工作进行监督、检查、指导。在工程竣工验收前，应对工程档案进行预验收，验收合格后，须出具工程档案认可文件。

4 工程文件的归档范围及质量要求

4.1 工程文件的归档范围

4.1.1 对与工程建设有关的重要活动、记载工程建设主要过程和现状、具有保存价值的各种载体的文件，均应收集齐全，整理立卷后归档。

4.1.2 工程文件的具体归档范围应符合本规范附录 A 的要求。

4.2 归档文件的质量要求

4.2.1 归档的工程文件应为原件。

4.2.2 工程文件的内容及其深度必须符合国家有关工程勘察、设计、施工、监理等方面的技术规范、标准和规程。

4.2.3 工程文件的内容必须真实、准确，与工程实际相符合。

4.2.4 工程文件应采用耐久性强的书写材料，如碳素墨水、蓝黑墨水，不得使用易褪色的书写材料，如：红色墨水、纯蓝墨水、圆珠笔、复写纸、铅笔等。

4.2.5 工程文件应字迹清楚，图样清晰，图表整洁，签字盖章手续完备。

4.2.6 工程文件中文字材料幅面尺寸规格宜为 A4 幅面（297 mm×210 mm）。图纸宜采用国家标准图幅。

4.2.7　工程文件的纸张应采用能够长期保存的韧力大、耐久性强的纸张。图纸一般采用蓝晒图，竣工图应是新蓝图。计算机出图必须清晰，不得使用计算机出图的复印件。

4.2.8　所有竣工图均应加盖竣工图章。

1　竣工图章的基本内容应包括："竣工图"字样、施工单位、编制人、审核人、技术负责人、编制日期、监理单位、现场监理、总监。

2　竣工图章示例如下(图 4.2.8)：

3　竣工图章尺寸为：50 mm×80 mm。

4　竣工图章应使用不易褪色的红印泥，应盖在图标栏上方空白处。

4.2.9　利用施工图改绘竣工图，必须标明变更修改依据；凡施工图结构、工艺、平面布置等有重大改变，或变更部分超过图面 1/3 的，应当重新绘制峻工图。

4.2.10　不同幅面的工程图纸应按《技术制图复制图的折叠方法》(GB/10609.3—89)统一折叠成 A4 幅面(297 mm×210 mm)，图标栏露在外面。

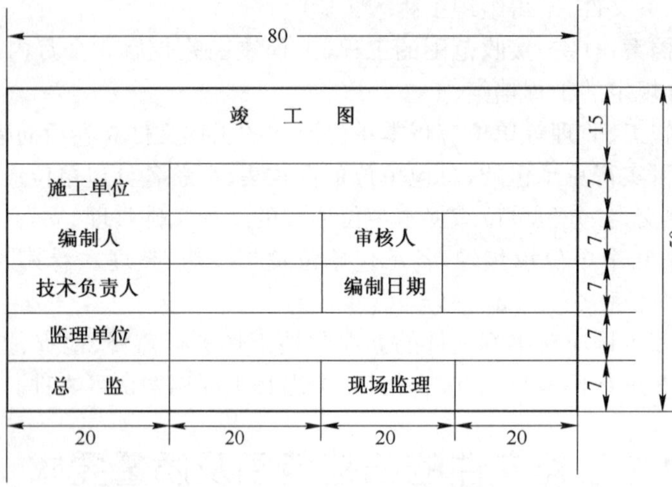

图 4.2.8　竣工图章示例

5　工程文件的立卷

5.1　立卷的原则和方法

5.1.1　立卷应遵循工程文件的自然形成规律，保持卷内文件的有机联系，便于档案的保管和利用。

5.1.2　一个建设工程由多个单位工程组成时，工程文件应按单位工程组卷。

5.1.3　立卷可采用如下方法：

1　工程文件可按建设程序划分为工程准备阶段的文件、监理文件、施工文件、竣工图、竣工验收文件 5 部分；

2　工程准备阶段文件可按建设程序、专业、形成单位等组卷；

3　监理文件可按单位工程、分部工程、专业、阶段等组卷；

4　施工文件可按单位工程、分部工程、专业、阶段等组卷；

5　竣工图可按单位工程、专业等组卷；

6 竣工验收文件按单位工程、专业等组卷。

5.1.4 立卷过程中宜遵循下列要求：

1 案卷不宜过厚，一般不超过 40 mm。

2 案卷内不应有重份文件；不同载体的文件一般应分别组卷。

5.2 卷内文件的排列

5.2.1 文字材料按事项、专业顺序排列。同一事项的请示与批复、同一文件的印本与定稿、主件与附件不能分开，并按批复在前、请示在后，印本在前、定稿在后，主体在前、附件在后的顺序排列。

5.2.2 图纸按专业排列，同专业图纸按图号顺序排列。

5.2.3 既有文字材料又有图纸的案卷，文字材料排前，图纸排后。

5.3 案卷的编目

5.3.1 编制卷内文件页号应符合下列规定：

1 卷内文件均按有书写内容的页面编号。每卷单独编号，页号从“1”开始。

2 页号编写位置：单面书写的文件在右下角；双面书写的文件，正面在右下角，背面在左下角。折叠后的图纸一律在右下角。

3 成套图纸或印刷成册的科技文件材料，自成一卷的，原目录可代替卷内目录，不必重新编写页码。

4 案卷封面、卷内目录、卷内备考表不编写页号。

5.3.2 卷内目录的编制应符合下列规定：

1 卷内目录式样宜符合本规范附录 B 的要求。

2 序号：以一份文件为单位，用阿拉伯数字从 1 依次标注。

3 责任者：填写文件的直接形成单位和个人。有多个责任者时，选择两个主要责任者，其余用“等”代替。

4 文件编号：填写工程文件原有的文号或图号。

5 文件题名：填写文件标题的全称。

6 日期：填写文件形成的日期。

7 页次：填写文件在卷内所排的起始页号。最后一份文件填写起止页号。

8 卷内目录排列在卷内文件首页之前。

5.3.3 卷内备考表的编制应符合下列规定：

1 卷内备考表的式样宜符合本规范附录 C 的要求。

2 卷内备考表主要标明卷内文件的总页数、各类文件页数（照片张数），以及立卷单位对案卷情况的说明。

3 卷内备考表排列在卷内文件的尾页之后。

5.3.4 案卷封面的编制应符合下列规定：

1 案卷封面印刷在卷盒、卷夹的正表面，也可采用内封面形式。案卷封面的式样宜符合附录 D 的要求。

2 案卷封面的内容应包括：档号、档案馆代号、案卷题名、编制单位、起止日期、密级、保管期限、共几卷、第几卷。

3 档号应由分类号、项目号和案卷号组成。档号由档案保管单位填写。

4 档案馆代号应填写国家给定的本档案馆的编号。档案馆代号由档案馆填写。

5 案卷题名应简明、准确地揭示卷内文件的内容。案卷题名应包括工程名称、专业名称、卷内文件的内容。

6 编制单位应填写案卷内文件的形成单位或主要责任者。

7 起止日期应填写案卷内全部文件形成的起止日期。

8 保管期限分为永久、长期、短期三种期限。各类文件的保管期限详见附录 A。

永久是指工程档案需永久保存。

长期是指工程档案的保存期限等于该工程的使用寿命。

短期是指工程档案保存 20 年以下。

同一案卷内有不同保管期限的文件,该案卷保管期限应从长。

9 密级分为绝密、机密、秘密三种。同一案卷内有不同密级的文件,应以高密级为本卷密级。

5.3.5 卷内目录、卷内备考表、案卷内封面应采用 70 g 以上白色书写纸制作,幅面统一采用 A4 幅面。

5.4 案卷装订

5.4.1 案卷可采用装订与不装订两种形式。文字材料必须装订。既有文字材料,又有图纸的案卷应装订。装订应采用线绳三孔左侧装订法,要整齐、牢固,便于保管和利用。

5.4.2 装订时必须剔除金属物。

5.5 卷盒、卷夹、案卷脊背

5.5.1 案卷装具一般采用卷盒、卷夹两种形式。

1 卷盒的外表尺寸为 310 mm×220 mm,厚度分别为 20、30、40、50 mm。

2 卷夹的外表尺寸为 310 mm×220 mm,厚度一般为 20～30 mm。

3 卷盒、卷夹应采用无酸纸制作。

5.5.2 案卷脊背

案卷脊背的内容包括档号、案卷题名。式样宜符合附录 E。

6 工程文件的归档

6.0.1 归档应符合下列规定:

1 归档文件必须完整、准确、系统,能够反映工程建设活动的全过程。文件材料归档范围详见附录 A。文件材料的质量符合 4.2 的要求。

2 归档的文件必须经过分类整理,并应组成符合要求的案卷。

6.0.2 归档时间应符合下列规定:

1 根据建设程序和工程特点,归档可以分阶段分期进行,也可以在单位或分部工程通过竣工验收后进行。

2 勘察、设计单位应当在任务完成时,施工、监理单位应当在工程竣工验收前,将各自形成的有关工程档案向建设单位归档。

6.0.3 勘察、设计、施工单位在收齐工程文件并整理立卷后，建设单位、监理单位应根据城建档案管理机构的要求对档案文件完整、准确、系统情况和案卷质量进行审查。审查合格后向建设单位移交。

6.0.4 工程档案一般不少于两套，一套由建设单位保管，一套（原件）移交当地城建档案馆（室）。

6.0.5 勘察、设计、施工、监理等单位向建设单位移交档案时，应编制移交清单，双方签字、盖章后方可交接。

6.0.6 凡设计、施工及监理单位需要向本单位归档的文件，应按国家有关规范和本规范附录A的要求单独立卷归档。

7 工程档案的验收与移交

7.0.1 列入城建档案馆（室）档案接收范围的工程，建设单位在组织工程竣工验收前，应提请城建档案管理机构对工程档案进行预验收。建设单位未取得城建档案管理机构出具的认可文件，不得组织工程竣工验收。

7.0.2 城建档案管理机构在进行工程档案预验收时，应重点验收以下内容：

1 工程档案齐全、系统、完整；

2 工程档案的内容真实、准确地反映工程建设活动和工程实际状况；

3 工程档案已整理立卷，立卷符合本规范的规定；

4 竣工图绘制方法、图式及规格等符合专业技术要求，图面整洁，盖有竣工图章；

5 文件的形成、来源符合实际，要求单位或个人签章的文件，其签章手续完备；

6 文件材质、幅面、书写、绘图、用墨、托裱等符合要求。

7.0.3 列入城建档案馆（室）接收范围的工程，建设单位在工程竣工验收后3个月内，必须向城建档案馆（室）移交一套符合规定的工程档案。

7.0.4 停建、缓建建设工程的档案，暂由建设单位保管。

7.0.5 对改建、扩建和维修工程，建设单位应当组织设计、施工单位据实修改、补充和完善原工程档案。对改变的部位，应当重新编制工程档案，并在工程竣工验收后3个月内向城建档案馆（室）移交。

7.0.6 建设单位向城建档案馆（室）移交工程档案时，应办理移交手续，填写移交目录，双方签字、盖章后交接。

附录A 建设工程文件归档范围和保管期限表

序号	归档文件	保存单位和保管期限				
		建设单位	施工单位	设计单位	监理单位	城建档案馆
工程准备阶段文件						
一	立项文件					
1	项目建议书	永久				√
2	项目建议书审批意见及前期工作通知书	永久				√

续上表

序号	归档文件	保存单位和保管期限				
		建设单位	施工单位	设计单位	监理单位	城建档案馆
3	可行性研究报告及附件	永久				√
4	可行性研究报告审批意见	永久				√
5	关于立项有关的会议纪要、领导讲话	永久				√
6	专家建议文件	永久				√
7	调查资料及项目评估研究材料	长期				√
二	建设用地、征地、拆迁文件					
1	选址申请及选址规划意见通知书	永久				√
2	用地申请报告及县级以上人民政府城乡建设用地批准书	永久				√
3	拆迁安置意见、协议、方案等	长期				√
4	建设用地规划许可证及其附件	永久				√
5	划拨建设用地文件	永久				√
6	国有土地使用证	永久				√
三	勘察、测绘、设计文件					
1	工程地质勘察报告	永久		永久		√
2	水文地质勘察报告、自然条件、地震调查	永久		永久		√
3	建设用地钉桩通知单(书)	永久				√
4	地形测量和拔地测量成果报告	永久		永久		√
5	申报的规划设计条件和规划设计条件通知书	永久		长期		√
6	初步设计图纸和说明	长期		长期		
7	技术设计图纸和说明	长期		长期		
8	审定设计方案通知书及审查意见	长期		长期		√
9	有关行政主管部门(人防、环保、消防、交通、园林、市政、文物、通讯、保密、河湖、教育、白蚁防治、卫生等)批准文件或取得的有关协议	永久				√
10	施工图及其说明	长期		长期		
11	设计计算书	长期		长期		
12	政府有关部门对施工图设计文件的审批意见	永久		长期		√
四	招投标文件					
1	勘察设计招投标文件	长期				
2	勘察设计承包合同	长期		长期		√
3	施工招投标文件	长期				
4	施工承包合同	长期	长期			√
5	工程监理招投标文件	长期				
6	监理委托合同	长期			长期	√
五	开工审批文件					

续上表

序号	归档文件	保存单位和保管期限				
		建设单位	施工单位	设计单位	监理单位	城建档案馆
1	建设项目列入年度计划的申报文件	永久				√
2	建设项目列入年度计划的批复文件或年度计划项目表	永久				√
3	规划审批申报表及报送的文件和图纸	永久				
4	建设工程规划许可证及其附件	永久				√
5	建设工程开工审查表	永久				
6	建设工程施工许可证	永久				√
7	投资许可证、审计证明、缴纳绿化建设费等证明	长期				√
8	工程质量监督手续	长期				√
六	财务文件					
1	工程投资估算材料	短期				
2	工程设计概算材料	短期				
3	施工图预算材料	短期				
4	施工预算	短期				
七	建设、施工、监理机构及负责人					
1	工程项目管理机构(项目经理部)及负责人名单	长期				√
2	工程项目监理机构(项目监理部)及负责人名单	长期			长期	√
3	工程项目施工管理机构(施工项目经理部)及负责人名单	长期	长期			√
	监理文件					
1	监理规划					
①	监理规划	长期			短期	√
②	监理实施细则	长期			短期	√
③	监理部总控制计划等	长期			短期	
2	监理月报中的有关质量问题	长期			长期	√
3	监理会议纪要中的有关质量问题	长期			长期	√
4	进度控制					
①	工程开工/复工审批表	长期			长期	√
②	工程开工/复工暂停令	长期			长期	√
5	质量控制					
①	不合格项目通知	长期			长期	√
②	质量事故报告及处理意见	长期			长期	√
6	造价控制					
①	预付款报审与支付	短期				
②	月付款报审与支付	短期				
③	设计变更、洽商费用报审与签认	长期				
④	工程竣工决算审核意见书	长期				√

续上表

序号	归档文件	保存单位和保管期限				
		建设单位	施工单位	设计单位	监理单位	城建档案馆
7	分包资质					
①	分包单位资质材料	长期				
②	供货单位资质材料	长期				
③	试验等单位资质材料	长期				
8	监理通知					
①	有关进度控制的监理通知	长期			长期	
②	有关质量控制的监理通知	长期			长期	
③	有关造价控制的监理通知	长期			长期	
9	合同与其他事项管理					
①	工程延期报告及审批	永久			长期	√
②	费用索赔报告及审批	长期			长期	
③	合同争议、违约报告及处理意见	永久			长期	√
④	合同变更材料	长期			长期	√
10	监理工作总结					
①	专题总结	长期			短期	
②	月报总结	长期			短期	
③	工程竣工总结	长期			长期	√
④	质量评价意见报告	长期			长期	√
施工文件						
一	建筑安装工程					
(一)	土建(建筑与结构)工程					
1	施工技术准备文件					
①	施工组织设计	长期				
②	技术交底	长期	长期			
③	图纸会审记录	长期	长期	长期		√
④	施工预算的编制和审查	短期	短期			
⑤	施工日志	短期	短期			
2	施工现场准备					
①	控制网设置资料	长期	长期			√
②	工程定位测量资料	长期	长期			√
③	基槽开挖线测量资料	长期	长期			√
④	施工安全措施	短期	短期			
⑤	施工环保措施	短期	短期			
3	地基处理记录					
①	地基钎探记录和钎探平面布点图	永久	长期			√

续上表

序号	归档文件	保存单位和保管期限				
		建设单位	施工单位	设计单位	监理单位	城建档案馆
②	验槽记录和地基处理记录	永久	长期			√
③	桩基施工记录	永久	长期			√
④	试桩记录	长期	长期			√
4	工程图纸变更记录					
①	设计会议会审记录	永久	长期	长期		√
②	设计变更记录	永久	长期	长期		√
③	工程洽商记录	永久	长期	长期		√
5	施工材料预制构件质量证明文件及复试试验报告					
①	砂、石、砖、水泥、钢筋、防水材料、隔热保温、防腐材料、轻集料试验汇总表	长期				√
②	砂、石、砖、水泥、钢筋、防水材料、隔热保温、防腐材料、轻集料出厂证明文件	长期				√
③	砂、石、砖、水泥、钢筋、防水材料、轻集料、焊条、沥青复试试验报告	长期				√
④	预制构件(钢、混凝土)出厂合格证、试验记录	长期				√
⑤	工程物质选样送审表	短期				
⑥	进场物质批次汇总表	短期				
⑦	工程物质进场报验表	短期				
6	施工试验记录					
①	土壤(素土、灰土)干密度试验报告	长期				√
②	土壤(素土、灰土)击实试验报告	长期				√
③	砂浆配合比通知单	长期				
④	砂浆(试块)抗压强度试验报告	长期				√
⑤	混凝土配合比通知单	长期				
⑥	混凝土(试块)抗压强度试验报告	长期				√
⑦	混凝土抗渗试验报告	长期				√
⑧	商品混凝土出厂合格证、复试报告	长期				√
⑨	钢筋接头(焊接)试验报告	长期				√
⑩	防水工程试水检查记录	长期				
⑪	楼地面、屋面坡度检查记录	长期				
⑫	土壤、砂浆、混凝土、钢筋连接、混凝土抗渗试验报告汇总表	长期				√
7	隐蔽工程检查记录					
①	基础和主体结构钢筋工程	长期	长期			√
②	钢结构工程	长期	长期			√
③	防水工程	长期	长期			√

续上表

序号	归档文件	保存单位和保管期限				
		建设单位	施工单位	设计单位	监理单位	城建档案馆
④	高程控制	长期	长期			
8	施工记录					
①	工程定位测量检查记录	永久	长期			√
②	预检工程检查记录	短期				
③	冬施混凝土搅拌测温记录	短期				
④	冬施混凝土养护测温记录	短期				
⑤	烟道、垃圾道检查记录	短期				
⑥	沉降观测记录	长期				√
⑦	结构吊装记录	长期				
⑧	现场施工预应力记录	长期				√
⑨	工程竣工测量	长期	长期			√
⑩	新型建筑材料	长期	长期			√
⑪	施工新技术	长期	长期			√
9	工程质量事故处理记录	永久				√
10	工程质量检验记录					
①	检验批质量验收记录	长期	长期		长期	
②	分项工程质量验收记录	长期	长期		长期	
③	基础、主体工程验收记录	永久	长期		长期	√
④	幕墙工程验收记录	永久	长期		长期	√
⑤	分部(子分部)工程质量验收记录	永久	长期		长期	√
(二)	电气、给排水、消防、采暖、通风、空调、燃气、建筑智能化、电梯工程					
1	一般施工记录					
①	施工组织设计	长期	长期			
②	技术交底	短期				
③	施工日志	短期				
2	图纸变更记录					
①	图纸会审	永久	长期			√
②	设计变更	永久	长期			√
③	工程洽商	永久	长期			√
3	设备、产品质量检查、安装记录					
①	设备、产品质量合格证、质量保证书	长期				√
②	设备装箱单、商检证明和说明书、开箱报告	长期				
③	设备安装记录	长期	长期			√
④	设备试运行记录	长期				√
⑤	设备明细表	长期				√

续上表

序号	归档文件	保存单位和保管期限				
		建设单位	施工单位	设计单位	监理单位	城建档案馆
4	预检记录	短期				
5	隐蔽工程检查记录	长期	长期			√
6	施工试验记录					
①	电气接地电阻、绝缘电阻、综合布线、有线电视末端等测试记录	长期				√
②	楼宇自控、监视、安装、视听、电话等系统调试记录	长期				√
③	变配电设备安装、检查、通电、满负荷测试记录	长期				√
④	给排水、消防、采暖、通风、空调、燃气等管道强度、严密性、灌水、通风、吹洗、漏风、试压、通球、阀门等试验记录	长期				√
⑤	电气照明、动力、给排水、消防、采暖、通风、空调、燃气等系统调试、试运行记录	长期				√
⑥	电梯接地电阻、绝缘电阻测试记录；空载、半载、满载、超载试运行记录；平衡、运速、噪声调整试验报告	长期				√
7	质量事故处理记录	永久	长期			√
8	工程质量检验记录					
①	检验批质量验收记录	长期	长期		长期	
②	分项工程质量验收记录	长期	长期		长期	
③	分部(子分部)工程质量验收记录	永久	长期		长期	√
(三)	室外工程					
1	室外安装(给水、雨水、污水、热力、燃气、电讯、电力、照明、电视、消防等)施工文件	长期				√
2	室外建筑环境(建筑小品、水景、道路园林绿化等)施工文件	长期				√
二	市政基础设施工程					
(一)	施工技术准备					
1	施工组织设计	短期	短期			
2	技术交底	长期	长期			
3	图纸会审记录	长期	长期			√
4	施工预算的编制和审查	短期	短期			
(二)	施工现场准备					
1	工程定位测量资料	长期	长期			√
2	工程定位测量复核记录	长期	长期			√
3	导线点、水准点测量复核记录	长期	长期			√
4	工程轴线、定位桩、高程测量复核记录	长期	长期			√
5	施工安全措施	短期	短期			
6	施工环保措施	短期	短期			
(三)	设计变更、洽商记录					

续上表

序号	归档文件	保存单位和保管期限				
		建设单位	施工单位	设计单位	监理单位	城建档案馆
1	设计变更通知单	长期	长期			√
2	洽商记录	长期	长期			√
(四)	原材料、成品、半成品、构配件、设备出厂质量合格证及试验报告					
1	砂、石、砌块、水泥、钢筋(材)、石灰、沥青、涂料、混凝土外加剂 、防水材料、粘接材料、防腐保温材料、焊接材料等试验汇总表	长期				√
2	砂、石、砌块、水泥、钢筋(材)、石灰、沥青、涂料、混凝土外加剂 、防水材料、粘接材料、防腐保温材料、焊接材料等质量合格证书和出厂检(试)验报告及现场复试报告	长期				√
3	水泥、石灰、粉煤灰混合料;沥青混合料、商品混凝土等试验汇总表	长期				√
4	水泥、石灰、粉煤灰混合料;沥青混合料、商品混凝土等出厂合格证和试验报告、现场复试报告	长期				√
5	混凝土预制构件、管材、管件、钢结构构件等试验汇总表	长期				√
6	混凝土预制构件、管材、管件、钢结构构件等出厂合格证书和相应的施工技术资料	长期				√
7	厂站工程的成套设备、预应力混凝土张拉设备、各类地下管线井室设施、产品等汇总表	长期				√
8	厂站工程的成套设备、预应力混凝土张拉设备、各类地下管线井室设施、产品等出厂合格证书及安装使用说明	长期				√
9	设备开箱报告	短期				
(五)	施工试验记录					
1	砂浆、混凝土试块强度、钢筋(材)焊连接、填土、路基强度试验等汇总表	长期				√
2	道路压实度、强度试验记录					
①	回填土、路床压实度试验及土质的最大干密度和最佳含水量试验报告	长期				√
②	石灰类、水泥类、二灰类无机混合料基层的标准击实试验报告	长期				√
③	道路基层混合料强度试验记录	长期				√
④	道路面层压实度试验记录	长期				√
3	混凝土试块强度试验记录					
①	混凝土配合比通知单	短期				
②	混凝土试块强度试验报告	长期				√
③	混凝土试块抗渗、抗冻试验报告	长期				√
④	混凝土试块强度统计、评定记录	长期				√
4	砂浆试块强度试验记录					
①	砂浆配合比通知单	短期				

续上表

序号	归 档 文 件	保存单位和保管期限				
		建设单位	施工单位	设计单位	监理单位	城建档案馆
②	砂浆试块强度试验报告	长期				√
③	砂浆试块强度统计评定记录	长期				√
5	钢筋(材)焊、连接试验报告	长期				√
6	钢管、钢结构安装及焊缝处理外观质量检查记录	长期				
7	桩基础试(检)验报告	长期				√
8	工程物质选样送审记录	短期				
9	进场物质批次汇总记录	短期				
10	工程物质进场报验记录	短期				
(六)	施工记录					
1	地基与基槽验收记录					
①	地基钎探记录及钎探位置图	长期	长期			√
②	地基与基槽验收记录	长期	长期			√
③	地基处理记录及示意图	长期	长期			√
2	桩基施工记录					
①	桩基位置平面示意图	长期	长期			√
②	打桩记录	长期	长期			√
③	钻孔桩钻进记录及成孔质量检查记录	长期	长期			√
④	钻孔(挖孔)桩混凝土浇灌记录	长期	长期			√
3	构件设备安装和调试记录					
①	钢筋混凝土大型预制构件、钢结构等吊装记录	长期	长期			
②	厂(场)、站工程大型设备安装调试记录	长期	长期			√
4	预应力张拉记录					
①	预应力张拉记录表	长期				√
②	预应力张拉孔道压浆记录	长期				√
③	孔位示意图	长期				√
5	沉井工程下沉观测记录	长期				√
6	混凝土浇灌记录	长期				
7	管道、箱涵等工程项目推进记录	长期				√
8	构筑物沉降观测记录	长期				√
9	施工测温记录	长期				
10	预制安装水池壁板缠绕钢丝应力测定记录	长期				√
(七)	预检记录					
1	模板预检记录	短期				
2	大型构件和设备安装前预检记录	短期				
3	设备安装位置检查记录	短期				

续上表

序号	归 档 文 件	保存单位和保管期限				
		建设单位	施工单位	设计单位	监理单位	城建档案馆
4	管道安装检查记录	短期				
5	补偿器冷拉及安装情况记录	短期				
6	支(吊)架位置、各部位连接方式等检查记录	短期				
7	供水、供热、供气管道吹(冲)洗记录	短期				
8	保温、防腐、油漆等施工检查记录	短期				
(八)	隐蔽工程检查(验收)记录	长期	长期			√
(九)	工程质量检查评定记录					
1	工序工程质量评定记录	长期	长期			
2	部位工程质量评定记录	长期	长期			
3	分部工程质量评定记录	长期	长期			√
(十)	功能性试验记录					
1	道路工程的弯沉试验记录	长期				√
2	桥梁工程的动、静载试验记录	长期				√
3	无压力管道的严密性试验记录	长期				√
4	压力管道的强度试验、严密性试验、通球试验等记录	长期				√
5	水池满水试验	长期				√
6	消化池气密性试验	长期				√
7	电气绝缘电阻、接地电阻测试记录	长期				√
8	电气照明、动力试运行记录	长期				√
9	供热管网、燃气管网等管网试运行记录	长期				√
10	燃气储罐总体试验记录	长期				√
11	电讯、宽带网等试运行记录	长期				√
(十一)	质量事故及处理记录					
1	工程质量事故报告	永久	长期			√
2	工程质量事故处理记录	永久	长期			√
(十二)	竣工测量资料					
1	建筑物、构筑物竣工测量记录及测量示意图	永久	长期			√
2	地下管线工程竣工测量记录	永久	长期			√
竣 工 图						
一	建筑安装工程竣工图					
(一)	综合竣工图					
1	综合图					√
①	总平面布置图(包括建筑、建筑小品、水景、照明、道路、绿化等)	永久	长期			√
②	竖向布置图	永久	长期			√
③	室外给水、排水、热力、燃气等管网综合图	永久	长期			√

续上表

序号	归 档 文 件	保存单位和保管期限				
		建设单位	施工单位	设计单位	监理单位	城建档案馆
④	电气(包括电力、电讯、电视系统等)综合图	永久	长期			√
⑤	设计总说明书	永久	长期			√
2	室外专业图					
①	室外给水	永久	长期			√
②	室外雨水	永久	长期			√
③	室外污水	永久	长期			√
④	室外热力	永久	长期			√
⑤	室外燃气	永久	长期			√
⑥	室外电讯	永久	长期			√
⑦	室外电力	永久	长期			√
⑧	室外电视	永久	长期			√
⑨	室外建筑小品	永久	长期			√
⑩	室外消防	永久	长期			√
⑪	室外照明	永久	长期			√
⑫	室外水景	永久	长期			√
⑬	室外道路	永久	长期			√
⑭	室外绿化	永久	长期			√
(二)	专业竣工图					
1	建筑竣工图	永久	长期			√
2	结构竣工图	永久	长期			√
3	装修(装饰)工程竣工图	永久	长期			√
4	电气工程(智能化工程)竣工图	永久	长期			√
5	给排水工程(消防工程)竣工图	永久	长期			√
6	采暖通风空调工程竣工图	永久	长期			√
7	燃气工程竣工图	永久	长期			√
二	市政基础设施工程竣工图					
1	道路工程	永久	长期			√
2	桥梁工程	永久	长期			√
3	广场工程	永久	长期			√
4	隧道工程	永久	长期			√
5	铁路、公路、航空、水运等交通工程	永久	长期			√
6	地下铁道等轨道交通工程	永久	长期			√
7	地下人防工程	永久	长期			√
8	水利防灾工程	永久	长期			√
9	排水工程	永久	长期			√
10	供水、供热、供气、电力、电讯等地下管线工程	永久	长期			√

续上表

序号	归档文件	保存单位和保管期限				
		建设单位	施工单位	设计单位	监理单位	城建档案馆
11	高压架空输电线工程	永久	长期			√
12	污水处理、垃圾处理处置工程	永久	长期			√
13	场、厂、站工程	永久	长期			√
竣工验收文件						
一	工程竣工总结					
1	工程概况表	永久				√
2	工程竣工总结	永久				√
二	竣工验收记录					
(一)	建筑安装工程					
1	单位(子单位)工程质量验收记录	永久	长期			√
2	竣工验收证明书	永久	长期			√
3	竣工验收报告	永久	长期			√
4	竣工验收备案表(包括各专项验收认可文件)	永久				√
5	工程质量保修书	永久	长期			√
(二)	市政基础设施工程					
1	单位工程质量评定表及报验单	永久	长期			√
2	竣工验收证明书	永久	长期			√
3	竣工验收报告	永久	长期			√
4	竣工验收备案表(包括各专项验收认可文件)	永久	长期			√
5	工程质量保修书	永久	长期			√
三	财务文件					
1	决算文件	永久				√
2	交付使用财产总表和财产明细表	永久	长期			√
四	声像、缩微、电子档案					
1	声像档案					
①	工程照片	永久				√
②	录音、录像材料	永久				√
2	缩微品	永久				√
3	电子档案					
①	光盘	永久				√
②	磁盘	永久				√

注:“√”表示应向城建档案馆移交

附录B　卷内目录式样

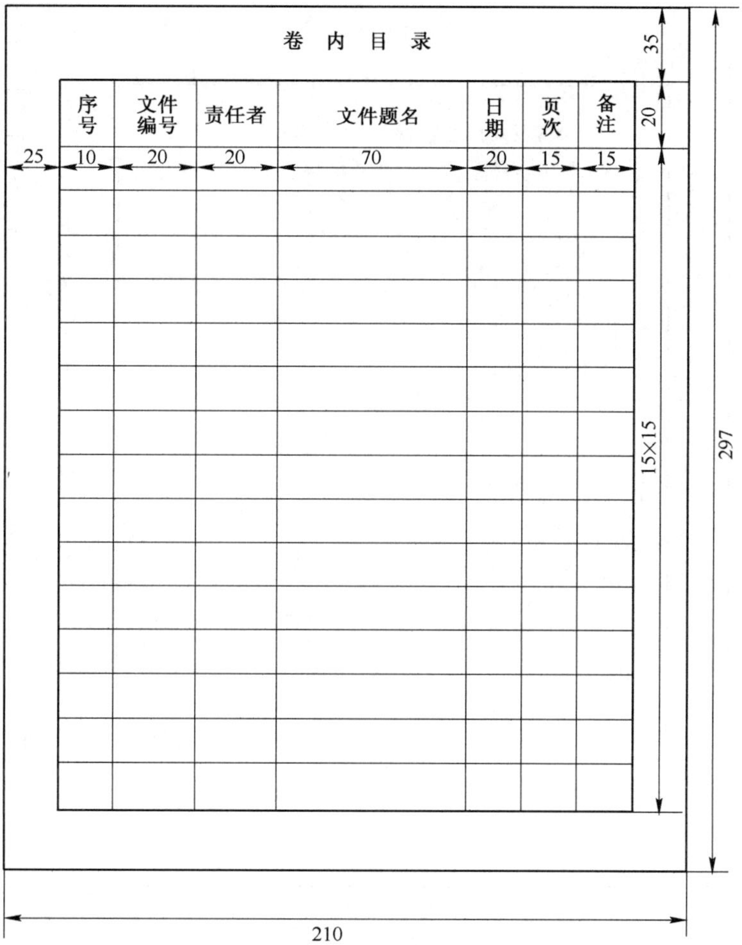

尺寸单位统一为：mm

比例1∶2

附录 C　卷内备考表式样

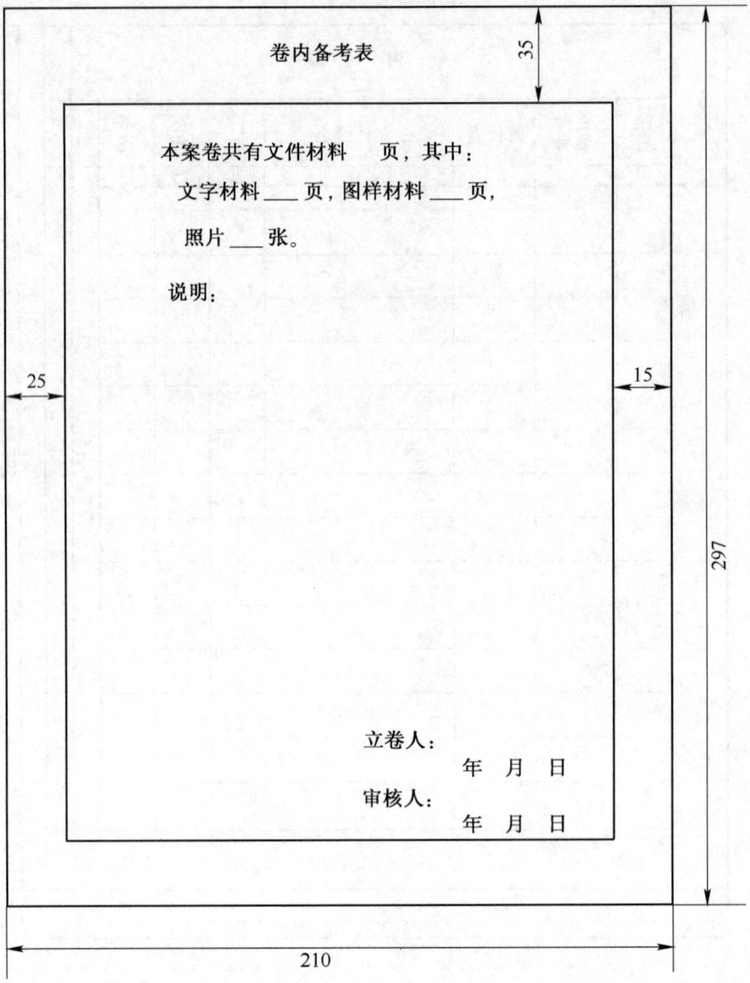

尺寸单位统一为：mm

比例 1∶2

附录 D 案卷封面式样

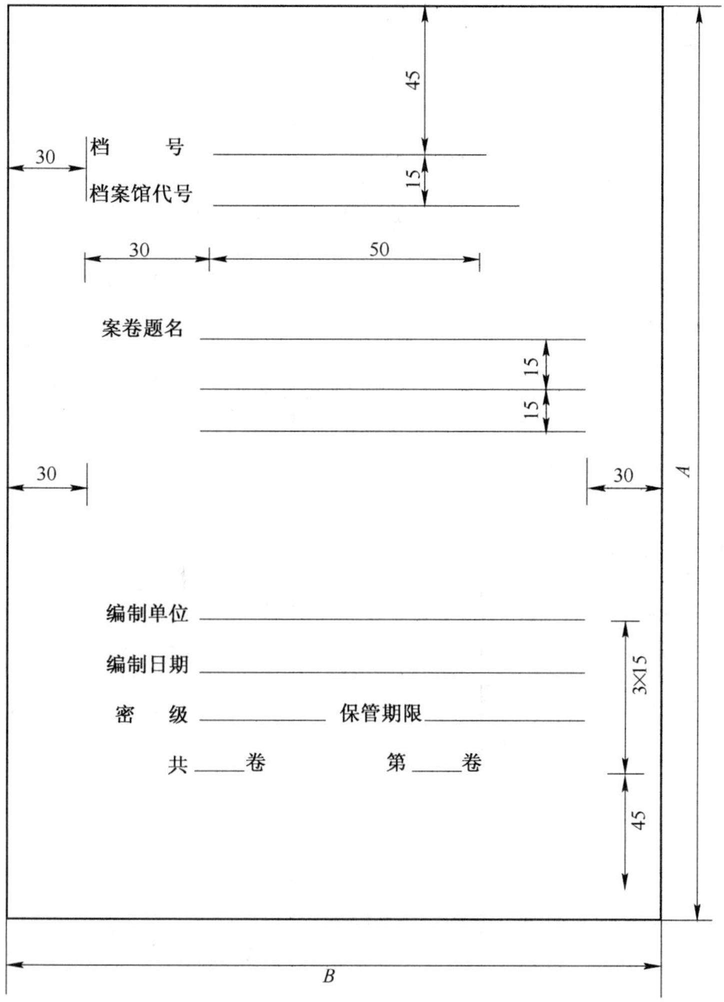

卷盒、卷夹封面 $A \times B = 310 \times 220$
案卷封面 $A \times B = 297 \times 210$
尺寸单位统一为：mm
比例 1∶2

附录 E　案卷脊背式样

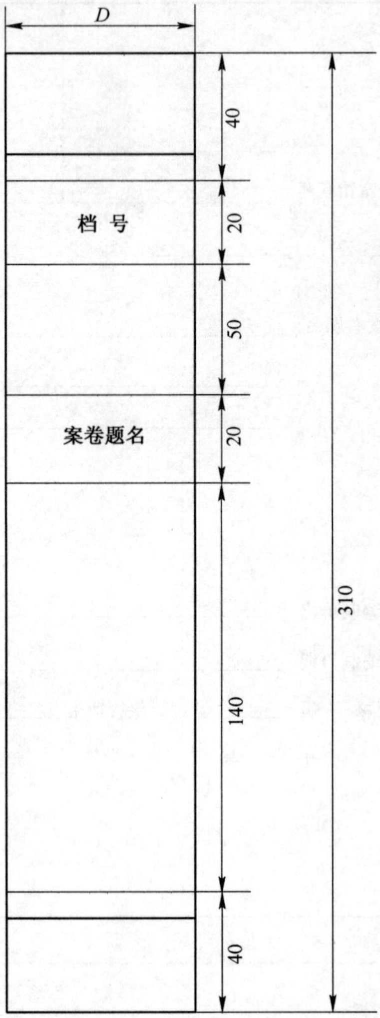

D = 20、30、40、50mm

尺寸单位统一为：mm

比例 1:2

预应力混凝土用钢丝

目　次

4　分类、代号及标记

4.1　分类及代号

4.1.1　钢丝按加工状态分为冷拉钢丝和消除应力钢丝两类，消除应力钢丝按松弛性能又分为低松弛级钢丝和普通松弛级钢丝，其代号为：

冷拉钢丝　　WCD
低松弛钢丝　　WLR
普通松弛钢丝　　WNP

4.1.2　钢丝按外形分为光圆、螺旋肋、刻痕三种，其代号为：

光圆钢丝　　P
螺旋肋钢丝　　H
刻痕钢丝　　I

4.2　标　　记

4.2.1　标记内容

按本标准交货的产品标记应包含下列内容：

预应力钢丝；
公称直径；
抗拉强度等级；
加工状态代号；
外形代号；
标准号。

4.2.2　标记示例

示例1：直径为4.00 mm，抗拉强度为1 670 MPa冷拉光圆钢丝，其标记为：

预应力钢丝 4.00-1 670-WCD-P-GB/T 5223—2002

示例2：直径为7.00 mm，抗拉强度为1 570 MPa低松弛的螺旋肋钢丝，其标记为：

预应力钢丝 7.00-1 570-WLR-H-GB/T 5223—2002

5　订 货 内 容

按本标准订货的合同应包含以下主要内容：

a)产品名称；
b)外形尺寸；
c)强度级别；
d)松弛级别；
e)本标准号；
f)加工状态；
g)数量；

h)用途；

i)需方提出的其他要求。

6 尺寸、外形、质量及允许偏差

6.1 光圆钢丝的尺寸及允许偏差应符合表 1 的规定。每米质量参见表 1，计算钢丝每米参考质量时钢的密度为 7.85 g/cm²。

6.2 螺旋肋钢丝的尺寸及允许偏差应符合表 2 的规定，外形见图 1，钢丝的公称横截面积、每米参考质量与光圆钢丝相同。

表 1 光圆钢丝尺寸及允许偏差、每米参考质量

<table>
<tr><th>公称直径 d_n/mm</th><th>直径允许偏差/mm</th><th>公称横截面积 S_n/mm²</th><th>每米参考质量/(g/m)</th></tr>
<tr><td>3.00</td><td rowspan="2">±0.04</td><td>7.07</td><td>55.5</td></tr>
<tr><td>4.00</td><td>12.57</td><td>98.6</td></tr>
<tr><td>5.00</td><td rowspan="4">±0.05</td><td>19.63</td><td>154</td></tr>
<tr><td>6.00</td><td>28.27</td><td>222</td></tr>
<tr><td>6.25</td><td>30.68</td><td>241</td></tr>
<tr><td>7.00</td><td>38.48</td><td>302</td></tr>
<tr><td>8.00</td><td rowspan="4">±0.06</td><td>50.26</td><td>394</td></tr>
<tr><td>9.00</td><td>63.62</td><td>499</td></tr>
<tr><td>10.00</td><td>78.54</td><td>616</td></tr>
<tr><td>12.00</td><td>113.1</td><td>888</td></tr>
</table>

表 2 螺旋肋钢丝的尺寸及允许偏差

<table>
<tr><th rowspan="2">公称直径
d_n/mm</th><th rowspan="2">螺旋肋
数量/条</th><th colspan="2">基圆尺寸</th><th colspan="2">外轮廓尺寸</th><th>单肋尺寸</th><th rowspan="2">螺旋肋导程
C/mm</th></tr>
<tr><th>基圆直径
D_1/mm</th><th>允许偏差
/mm</th><th>外轮廓直径
D/mm</th><th>允许偏
差/mm</th><th>宽度
a/mm</th></tr>
<tr><td>4.00</td><td>4</td><td>3.85</td><td rowspan="9">±0.05</td><td>4.25</td><td rowspan="5">±0.05</td><td>0.90～1.30</td><td>24～30</td></tr>
<tr><td>4.80</td><td>4</td><td>4.60</td><td>5.10</td><td rowspan="2">1.30～1.70</td><td rowspan="2">28～36</td></tr>
<tr><td>5.00</td><td>4</td><td>4.80</td><td>5.30</td></tr>
<tr><td>6.00</td><td>4</td><td>5.80</td><td>6.30</td><td>1.60～2.00</td><td>30～38</td></tr>
<tr><td>6.25</td><td>4</td><td>6.00</td><td>6.70</td><td>1.60～2.00</td><td>30～40</td></tr>
<tr><td>7.00</td><td>4</td><td>6.73</td><td>7.46</td><td rowspan="4">±0.10</td><td>1.80～2.20</td><td>35～45</td></tr>
<tr><td>8.00</td><td>4</td><td>7.56</td><td>8.45</td><td>2.00～2.40</td><td>40～50</td></tr>
<tr><td>9.00</td><td>4</td><td>8.75</td><td>9.45</td><td>2.20～2.70</td><td>42～52</td></tr>
<tr><td>10.00</td><td>4</td><td>9.75</td><td>10.45</td><td>2.50～3.00</td><td>45～58</td></tr>
</table>

6.3 三面刻痕钢丝的尺寸及允许偏差应符合表 3 的规定，外形见图 2，钢丝的横截面积、每米参考质量与光圆钢丝相同。五条痕中的其中一条倾斜方向与其他两条相反。

表 3 三面刻痕钢丝尺寸及允许偏差

<table>
<tr><th rowspan="2">公称直径
d_n/mm</th><th colspan="2">刻痕深度</th><th colspan="2">刻痕长度</th><th colspan="2">节 距</th></tr>
<tr><th>公称深度 a/mm</th><th>允许偏差/mm</th><th>公称长度/mm</th><th>允许偏差/mm</th><th>公称节距 L/mm</th><th>允许偏差/mm</th></tr>
<tr><td>≤5.00</td><td>0.12</td><td rowspan="2">±0.05</td><td>3.5</td><td rowspan="2">±0.05</td><td>5.5</td><td rowspan="2">±0.05</td></tr>
<tr><td>>5.00</td><td>0.15</td><td>5.0</td><td>8.0</td></tr>
<tr><td colspan="7">注:公称直径指横截面积等同于光圆钢丝横截面积时所对应的直径。</td></tr>
</table>

6.4 根据需方要求可生产表 1,表 2,表 3 以外规格的钢丝。

6.5 光圆及螺旋肋钢丝的不圆度不得超出其直径公差的 1/2。

6.6 盘重 每盘钢丝由一根组成,其盘重不小于 500 kg,允许有 10%的盘数小于 500 kg 但不小于 100 kg。

6.7 盘内径:

6.7.1 冷拉钢丝的盘内径应不小于钢丝公称直径的 100 倍。

6.7.2 消除应力钢丝的盘内径不小于 1 700 mm。

7 技术要求

7.1 牌号及化学成分

制造钢丝用钢的牌号和化学成分应符合 YB/T 146 或 YB/T 170 的规定,也可采用其他牌号制造,成分不作为交货条件。

7.2 制造方法

7.2.1 钢丝应用索氏体化盘条制造,经冷拉或冷拉后消除应力处理制成。

7.2.2 成品钢丝不得存在电焊接头,在生产时为了连续作业而焊接的电焊接头,应切除掉。

7.3 力学性能

7.3.1 冷拉钢丝的力学性能应符合表 4 的规定。规定非比例伸长应力 $\sigma_{P0.2}$ 值不小于公称抗拉强度的 75%。除抗拉强度、规定非比例伸长应力外,对压力管道用钢丝还需进行断面收缩率、扭转次数、松弛率的检验;对其他用途钢丝还需进行断后伸长率、弯曲次数的检验。

表 4 冷拉钢丝的力学性能

<table>
<tr><th>公称直径
d_n/mm</th><th>抗拉强度
σ_b/MPa
不小于</th><th>规定非比例
伸长应力
$\sigma_{P0.2}$/MPa
不小于</th><th>最大力下
总伸长率
(L_o=200 mm)
δ_{gt}/%
不小于</th><th>弯曲次数/
(次/180°)
不小于</th><th>弯曲半径
R/mm</th><th>断面收缩率
ψ/%
不小于</th><th>每 210 mm
扭距的
扭转次数
n
不小于</th><th>初始应力相当于
70%公称抗拉
强度时,1 000 h
后应力松弛率
r/%
不大于</th></tr>
<tr><td>3.00</td><td rowspan="3">1 470
1 500
1 570
1 770</td><td rowspan="3">1 100
1 180
1 250
1 330</td><td rowspan="6">1.5</td><td>4</td><td>7.5</td><td>—</td><td>—</td><td rowspan="6">8</td></tr>
<tr><td>4.00</td><td>4</td><td>10</td><td rowspan="2">35</td><td>8</td></tr>
<tr><td>5.00</td><td>4</td><td>15</td><td>8</td></tr>
<tr><td>6.00</td><td rowspan="3">1 470
1 570
1 670
1 770</td><td rowspan="3">1 100
1 180
1 250
1 330</td><td>5</td><td>15</td><td rowspan="3">30</td><td>7</td></tr>
<tr><td>7.00</td><td>5</td><td>20</td><td>6</td></tr>
<tr><td>8.00</td><td>5</td><td>20</td><td>5</td></tr>
</table>

7.3.2 消除应力的光圆及螺旋肋钢丝的力学性能应符合表 5 的规定。规定非比例伸长应力 $\sigma_{P0.2}$ 值对低松弛钢丝应不小于公称抗拉强度的 88%，对普通松弛钢丝应不小于公称抗拉强度的 85%。

表 5 消除应力光圆及螺旋肋钢丝的力学性质

<table>
<tr><th rowspan="3">公称直径
d_n/mm</th><th rowspan="3">抗拉强度
σ_b/MPa
不小于</th><th colspan="2" rowspan="2">规定非比例
伸长应力
$\sigma_{P0.2}$/MPa
不小于</th><th rowspan="4">最大力下
总伸长率
(L_o=200 mm)
δ_{gt}/%
不小于</th><th rowspan="4">弯曲次数
(次/180°)
不小于</th><th rowspan="4">弯曲半径
R/mm</th><th colspan="3">应力松弛性能</th></tr>
<tr><th rowspan="2">初始应力相当于
公称抗拉强度的
百分数/%</th><th colspan="2">1 000 h 后应
力松弛率 r/%
不大于</th></tr>
<tr><th></th><th></th><th>WLR</th><th>WNR</th></tr>
<tr><th></th><th></th><th>WLR</th><th>WNR</th><th colspan="3">对所有规格</th></tr>
<tr><td>4.00</td><td rowspan="3">1 470
1 570
1 670
1 770
1 860</td><td rowspan="3">1 290
1 380
1 470
1 560
1 640</td><td rowspan="3">1 250
1 350
1 410
1 500
1 580</td><td rowspan="10">3.5</td><td>3</td><td>10</td><td rowspan="10">60
70
80</td><td rowspan="10">1.0
2.0
4.5</td><td rowspan="10">4.5
8
1.2</td></tr>
<tr><td>4.80</td><td rowspan="2">4</td><td rowspan="2">15</td></tr>
<tr><td>5.00</td></tr>
<tr><td>6.00</td><td rowspan="3">1 470
1 570
1 670
1 770</td><td rowspan="3">1 290
1 380
1 470
1 560</td><td rowspan="3">1 250
1 330
1 410
1 500</td><td>4</td><td>15</td></tr>
<tr><td>6.25</td><td>4</td><td>20</td></tr>
<tr><td>7.00</td><td>4</td><td>20</td></tr>
<tr><td>8.00</td><td rowspan="2">1 470
1 570</td><td rowspan="2">1 290
1 380</td><td rowspan="2">1 250
1 330</td><td>4</td><td>20</td></tr>
<tr><td>9.00</td><td>4</td><td>25</td></tr>
<tr><td>10.00</td><td rowspan="2">1 470</td><td rowspan="2">1 290</td><td rowspan="2">1 250</td><td>4</td><td>25</td></tr>
<tr><td>12.00</td><td>4</td><td>30</td></tr>
</table>

7.3.3 消除应力的刻痕钢丝的力学性能应符合表 6 规定。规定非比例伸长应力 $\sigma_{P0.2}$ 值对低松弛钢丝应不小于公称抗拉强度的 88%，对普通松弛钢丝应不小于公称抗拉强度的 85%。

表 6 消除应力的刻痕钢丝的力学性能

<table>
<tr><th rowspan="3">公称直径
d_n/mm</th><th rowspan="3">抗拉强度
σ_b/MPa
不小于</th><th colspan="2" rowspan="2">规定非比例
伸长应力
$\sigma_{P0.2}$/MPa
不小于</th><th rowspan="4">最大力下
总伸长率
(L_o=200 mm)
δ_{gt}/%
不小于</th><th rowspan="4">弯曲次数/
(次/180°)
不小于</th><th rowspan="4">弯曲半径
R/mm</th><th colspan="3">应力松弛性能</th></tr>
<tr><th rowspan="2">初始应力相当于
公称抗拉强度的
百分数/%</th><th colspan="2">1 000 h 后应
力松弛率 r/%
不大于</th></tr>
<tr><th></th><th></th><th>WLR</th><th>WNR</th></tr>
<tr><th></th><th></th><th>WLR</th><th>WNR</th><th colspan="3">对所有规格</th></tr>
<tr><td>≤5.0</td><td>1 470
1 570
1 670
1 770
1 860</td><td>1 290
1 380
1 470
1 560
1 640</td><td>1 250
1 330
1 410
1 500
1 580</td><td rowspan="2">3.5</td><td rowspan="2">3</td><td>15</td><td rowspan="2">6
70
80</td><td rowspan="2">1.5
2.5
4.5</td><td rowspan="2">4.5
8
12</td></tr>
<tr><td>>5.0</td><td>1 470
1 570
1 670
1 770</td><td>1 290
1 380
1 470
1 560</td><td>1 250
1 330
1 410
1 500</td><td>20</td></tr>
</table>

7.3.4 为便于日常检验，表 4 中最大力下的总伸长率可采用 $L_0=200$ mm 的断后伸长率代替，但其数值应不少于 1.5%；表 5 和表 6 中最大力下的总伸长率可采用 $L_0=200$ mm 的断后伸长率代替，但其数值应不少于 3.0%。仲裁试验以最大力下总伸长率为准。

7.3.5 每一交货批钢丝的实际强度不应高于其公称强度级 200 MPa。

7.3.6 钢丝弹性模量为(205±10)GPa，但不作为交货条件。

7.3.7 根据供货协议，可以供应表 4、表 5、表 6 以外其他强度级别的钢丝，其力学性能按协议执行。

7.3.8 允许使用推算法确定 1 000 h 松弛值(见 8.7.6)。

7.3.9 供轨枕用钢丝，供方应进行镦头强度检验，镦头强度不低于母材公称抗拉强度的 95%，其他需镦头锚固使用的应在合同中注明，参照本条款执行。

7.4 表面质量

7.4.1 钢丝表面不得有裂纹和油污，也不允许有影响使用的拉痕、机械损伤等。

7.4.2 除非供需双方另有协议，否则钢丝表面只要没有目视可见的锈蚀麻点，表面浮锈不应作为拒收的理由。

7.4.3 消除应力的钢丝表面允许存在回火颜色。

7.5 消除应力钢丝的伸直性

取弦长为 1 m 的钢丝，放在一平面上，其弦与弧内侧最大自然矢高，刻痕钢丝不大于 25 mm，光圆及螺旋肋钢丝不大于 20 mm。

7.6 疲劳试验

经供需双方协商，合同中注明，可对钢丝进行疲劳性能试验。

8 试验方法

8.1 表面检验

表面质量用目视检查。

8.2 外形尺寸检验

8.2.1 钢丝直径应用分度值为 0.01 mm 的量具测量，在任何部位同一截面两个垂直方向上测量。

8.2.2 螺旋肋钢丝的导程，刻痕钢丝的刻痕长度、节距应沿钢丝轴线方向测量，螺旋肋钢丝的肋宽应在螺旋肋法向上测量。

8.3 每米质量测量

钢丝单位质量测量应采用如下方法：取 3 根长度不小于 500 mm 的钢丝，每根钢丝长度测量精确到 1 mm，称量每根钢丝的质量，精确到 0.1 g，然后按式(1)计算每根钢丝的单位质量。

$$M=\frac{1\ 000\times m}{L} \tag{1}$$

式中 M——钢丝单重，单位为克/米(g/m)；

m——称得的钢丝质量，单位为克(g)；

L——钢丝长度，单位为毫米(mm)。

实测单位质量取 3 个计算值的平均值。

8.4 拉伸试验

8.4.1 抗拉强度

钢丝的拉伸试验按 GB/T 228 的规定进行。计算抗拉强度时取钢丝的公称横截面积值。

8.4.2 规定非比例伸长应力

规定非比例伸长应力的测定按 GB/T 228 的规定进行。方便于供方日常检验，钢丝的规定非比例伸长应力 $\sigma_{P0.2}$ 也可以用规定总伸长率为 1%时的应力 σ_{t1} 来代替，其值符合本标准规定时可以交货，但仲裁试验时应测定 $\sigma_{P0.2}$。测量时预加负荷为公称非比例伸长负荷的 10%。

8.4.3 最大力下总伸长率

最大力下总伸长率的测定按 GB/T 228 的规定进行。使用计算机采集数据或使用电子拉伸设备的，测量伸长率时预加负荷对试样所产生的伸长应加在总伸长内，测得的伸长率应修约到 0.5%。

8.4.4 断后伸长率

断后伸长率的测定按 GB/T 228 的规定进行，在日常检验时试样的标距划痕不得导致断裂发生在划痕处。试样长度应保证试验机上下钳口之间的距离超过原始标距 50 mm 以上。测量断后标距的量具最小刻度应不大于 0.1 mm。测得的伸长率应修约到 0.5%。

8.4.5 断面收缩率

断面收缩率的测定按 GB/T 228 的规定进行。钢丝拉断后在缩颈最小处两个相互垂直的方向上测量其直径(需要时，应将试样断裂部分在断裂处对接在一起)取其平均值 d_1，螺旋肋钢丝测量外轮廓。

断面收缩率按式(2)计算：

$$\psi=\left[1-\left(\frac{d_1}{d_n}\right)^2\right]\times 100\% \tag{2}$$

式中 ψ——断面收缩率；

d_1——断后平均直径，单位为毫米(mm)；

d_0——原始平均直径，单位为毫米(mm)。

8.4.6 如试样在夹头内或距钳口 $2d_n$。内断裂而性能达不到本标准规定时，试验无效。

8.5 弯曲试验

钢丝弯曲试验应按 GB/T 238 的规定进行。弯曲半径应符合本标准表 4、表 5、表 6 相应的规定。

8.6 扭转试验

8.6.1 扭转试验应按 GB/T 239 规定进行。
8.6.2 试验时试验机夹具间的距离应不小于 210 mm。
8.6.3 使用的扭转速率不大于 30 r/min。
8.6.4 轴向拉力为钢丝公称抗拉强度所对应负荷的 0.5%~2%。
8.6.5 试样应扭转至完全断开,断裂的截面至少有 3/4 的面积与钢丝的轴线垂直。扭转次数应达到表 4 的规定。
8.6.6 扭转后试样表面如有目视可见或裸手可触摸到的螺旋裂纹,该盘钢丝应按 8.6.7 进行复验。
8.6.7 扭转裂纹的复验

复验试样按每 210 mm 长度扭转 3 圈的比例进行扭转,当进行到规定圈数时停机检验,如仍有目视可见或裸手可触摸到的螺旋裂纹,该盘钢丝应判定为不合格。
8.6.8 若试样在离夹头 $2d_a$ 范围内断裂,且未达到本标准规定的扭转次数,则该试验无效。

8.7 应力松弛性能试验

8.7.1 钢丝的应力松弛性能试验应按 GB/T 10120 规定进行。
8.7.2 试验期间试样的环境温度应保持在 20 ℃±2 ℃的范围内。
8.7.3 试样标距长度不小于公称直径的 60 倍。
8.7.4 试样制备后不得进行任何热处理和冷加工。
8.7.5 初始负荷应在 3 min~5 min 内均匀施加完毕,持荷 1 min 后开始记录松弛值。
8.7.6 允许用不少于 100 h 的测试数据推算 1 000 h 的松弛值。

8.8 镦头强度试验

钢丝的镦头直径应不小于钢丝公称直径的 1.5 倍,带锚具进行拉伸试验,此时钢丝的最大力与钢丝公称截面积之比即为镦头强度。

8.9 疲劳试验

疲劳性能试验按附录 A 进行。

9 检验规则

钢丝的检验规则按 GB/T 2103 及 GB/T 17505 的规定。

9.1 检查和验收

钢丝的工厂检查由供方技术监督部门按表 7 进行,需方可按本标准进行检查验收。

9.2 组批规则

钢丝应成批检查和验收,每批钢丝由同一牌号、同一规格、同一加工状态的钢丝组成,每批质量不大于 60 t。

9.3 检验项目及取样数量

9.3.1 不同品种钢丝的检验项目应按照表4、表5、表6相应的规定进行，取样数量应符合表7的规定。

9.3.2 1 000 h应力松弛试验和疲劳性能试验只进行型式检验，即当原料、生产工艺、设备有较大变化，新产品投产及停产后重新生产时应进行检验。

表7 供方出厂常规检验项目及取样数量

序号	检验项目	取样数量	取样部位	检验方法
1	表面	逐盘		目视
2	外形尺寸	逐盘	在每（任一）盘中任意一端截取	按本标准8.2规定执行
3	消除应力钢丝伸直性	1根/盘		用分度值为1 mm的量具测量
4	抗拉强度	1根/盘		按本标准8.4.1规定执行
5	规定非比例伸长应力	3根/每批		按本标准8.4.2规定执行
6	最大力下总伸长率	3根/每批		按本标准8.4.3规定执行
7	断后伸长率	1根/盘		按本标准8.4.4规定执行
8	弯曲	1根/盘		按本标准8.5规定执行
9	扭转	1根/盘		按本标准8.6规定执行
10	断面收缩率	1根/盘		按本标准8.4.5规定执行
11	镦头强度	3根/每批		按本标准8.8规定执行
12*	应力松弛性能	不少于1根/每合同批		按本标准8.7规定执行

注：* 合同批为一个订货合同的总量。在特殊情况下，松弛试验可以由工厂连续检验提供同一种原料、同一生产工艺的数据所代替。

9.4 复验与判定规则

钢丝的复验与判定规则按GB/T 2103的规定执行。

10 包装、标志及质量证明书

钢丝的包装、标志及质量证明书等一般要求应按GB/T 2103的规定执行。

10.1 包　装

钢丝一般按GB/T 2103中Ⅰ类包装，特殊要求应在合同中注明，可按Ⅱ、Ⅱ c类包装。

10.2 标　志

钢丝应逐盘卷加拴标牌，其上注明供方名称、商标标记、规格、强度级别、执行标准号等。

10.3 质量证明书

每一合同批应附有质量证明书，其中应注明：供方名称、地址和商标、规格、强度级别、需方名称、合同号、质量、产品标记、执行标准、编号、出厂日期、技术监督部门印记。

附录 A(规范性附录) 疲劳试验

A.1 疲劳试验所用试样应从成品钢丝上直接截取，试样长度应保证两夹具之间的距离不小于 140 mm。

A.2 钢丝应能经受 2×10^6 次 $0.7F_b\sim(0.7F_b-2\Delta F_a)$ 脉动负荷后而不断裂。

光圆钢丝：$2\Delta F_a/S_g=200$ MPa

螺旋肋及刻痕钢丝：$2\Delta F_a/S_g=180$ MPa

式中 F_b——钢丝的公称破断力，单位为牛(N)；

$2\Delta F_a$——应力范围(两倍应力幅)的等效负荷值，单位为牛(N)；

S_g——钢丝的公称截面积，单位为平方毫米(mm^2)。

A.3 在试验全过程中脉动拉伸的最大应力保持恒定应力的静态测量精度应达到±1%。

A.4 应力循环频率不能超过 120 Hz。

A.5 所有应力都沿轴向传递给试样，应无钳口和缺口影响，且应由一个相应的装置台限定夹头中试样的任何滑移。

A.6 由于缺口影响或局部过热引起试样在夹头内或夹持区域内(2 倍钢丝公称直径)断裂时试验无效。

A.7 试验过程中，试件温度不能超过 40℃，试验室环境温度在 18℃～25℃范围内。

GB/T 5223—2002《预应力混凝土用钢丝》第 1 号修改单

本修改单经中国国家标准化管理委员会于 2003 年 3 月 11 日以国标委工交函(2003)24 号文批准，自 2003 年 6 月 1 日起实施。

---

1. 表 5 中“应力松弛性能”栏中“WLR”纵栏中的“2.0”应改为“2.5”。
2. 表 6 中“应力松弛性能”栏中“WLR”纵栏中的“1.5”应改为“1.0”。

GB/T 5223—2002《预应力混凝土用钢丝》国家标准第 2 号修改单

本修改单经国家标准化管理委员会于 2008 年 2 月 19 日批准，自 2008 年 5 月 1 日起实施。

一、将 7.3.1 中“……对压力管道用钢丝还需进行断面收缩率、扭转次数、松弛率的检验

……"更改为："……对压力管道用无涂(镀)层冷拉钢丝还需进行断面收缩率、扭转次数、松弛率和氢脆敏感性等检验……"。

二、第 2 章规范性引用文件中增加引用文件"ISO 15630-3 钢筋混凝土用钢和预应力混凝土用钢试验方法　第 3 部分　预应力用钢(英文版)"。

三、在 8.9 条后增加新条文 8.10：

"8.10　氢脆敏感性试验

8.10.1　氢脆敏感性试验为型式试验，如合同有特殊要求，按合同规定执行。

8.10.2　氢脆敏感性试验按附录 B 进行。"

四、增加附录 B：

附录 B(规范性附录)　氢脆敏感性试验

B.1　抽样单元应由同一直径、同一级别、三个不同炉号组成，每炉应从不少于 3 个盘卷中各取 1 个试样。试样长度应满足两锚具端间距，应不少于 1 000 mm。

B.2　试验溶液体积为 2 500 mL～3 000 mL，持荷间距不小于 1 000 mm，试验期间试验应力应保持在公称抗拉强度 70%±2%，其他试验条件应符合 ISO 15630-3 的要求。

B.3　试验时间为 100 h，9 根试样断裂时间均不小于 75 h 为合格。如果某一炉号中 1 根试样断裂时间小于 75 h，允许从该炉号再取两卷试样进行复验，如果复验结果均不低于 75 h，则判为合格；如果复验中，任何一个试样断裂时间低于 75 h，则该炉钢生产的钢丝判为不合格。

预应力混凝土用钢绞线

目　次

4 分类和标记

4.1 分类与代号

钢绞线按结构分为5类。其代号为：

用两根钢丝捻制的钢绞线	1×2
用三根钢丝捻制的钢绞线	1×3
用三根刻痕钢丝捻制的钢绞线	1×3 I
用七根钢丝捻制的标准型钢绞线	1×7
用七根钢丝捻制又经模拔的钢绞线	(1×7)C

4.2 标　　记

4.2.1 标记内容

按本标准交货的产品标记应包含下列内容：

预应力钢绞线,结构代号,公称直径,强度级别,标准号。

4.2.2 标记示例

示例1:公称直径为13.20 mm,强度级别为1 860 MPa的七根钢丝捻制的标准型钢绞线其标记为：

预应力钢绞线 1×7 15 20 1 860 GB/T 5224—2000。

示例2:公称直径为8.74 mm,强度级别为1 670 MPa的三根刻痕钢丝捻制的钢绞线其标记为：

预应力钢绞线 1×3 1.8,74-1 670-GB/T 5224—2008。

示例3:公称直径为12.70 mm,强度级别为1.860 MPa的七根钢丝捻制又经模拔的钢绞线其标记为：

预应力钢绞线(1×7)C-12.70-1 860-GB/T 5224—2003。

5 订货内容

按本标准订货的合同应包括以下主要内容：

a)产品名称；

b)结构(代号)；

c)尺寸；

d)强度级别；

e)本标准号；

f)数量；

g)用途；

h)需方提出的其他要求。

6　尺寸、外形、质量及允许偏差

6.1　1×2结构钢绞线的尺寸及允许偏差、每米参考质量应符合表1的规定，外形见图1。

表1　1×2结构钢绞线尺寸及允许偏差、每米参考质量

钢绞线结构	公称直径		钢绞线直径允许偏差/mm	钢绞线参考截面积 S_n/mm^2	每米钢绞线参考质量/(g/m)
	钢绞线直径 D_n/mm	钢丝直径 d/mm			
1×2	5.00	2.50	+0.15 −0.05	9.82	77.1
	5.80	2.90		13.2	104
	8.00	4.00	+0.25 −0.10	25.1	197
	10.00	5.00		39.3	309
	12.00	6.00		56.5	444

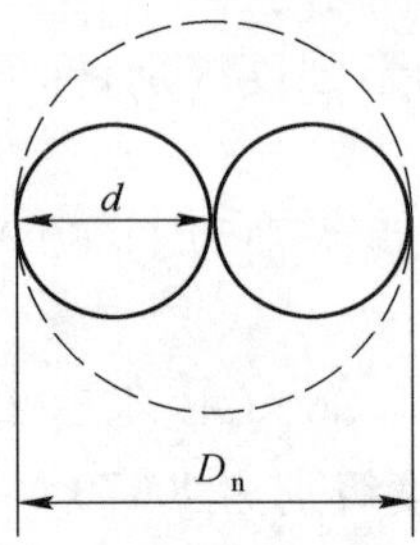

图1　1×2结构钢绞线外形示意图

6.2　1×3结构钢绞线尺寸及允许偏差、每米参考质量应符合表2的规定，外形见图2。

表2　1×3结构钢绞线尺寸及允许偏差、每米参考质量

钢绞线结构	公称直径		钢绞线测量尺寸 A/mm	测量尺寸 A 允许偏差/mm	钢绞线参考截面积 S_n/mm^2	每米钢绞线参考质量/(g/m)
	钢绞线直径 D_n/mm	钢丝直径 d/mm				
1×3	6.20	2.90	5.41	+0.15 −0.05	19.8	155
	6.50	3.00	5.60		21.2	166
	8.60	4.00	7.46	+0.20 −0.10	37.7	296
	8.74	4.05	7.56		38.6	303
	10.80	5.00	9.33		58.9	462
	12.90	6.00	11.2		84.8	666
1×3 Ⅰ	8.74	4.05	7.56		38.6	303

6.3　1×7结构钢绞线尺寸及允许偏差、每米参考质量应符合表3的规定，外形见图3。

6.4　经供需双方协商，可提供表1～表3以外规格的钢绞线。

6.5　盘重：每盘卷钢绞线质量不小于1 000 kg，允许有10%的盘卷质量小于1 000 kg，但不能小于300 kg。

6.6　盘径：钢绞线盘卷内径不小于750 mm，卷宽为750 mm±50 mm，或600 mm±50 mm。供方应在质量证明书中注明盘卷尺寸。

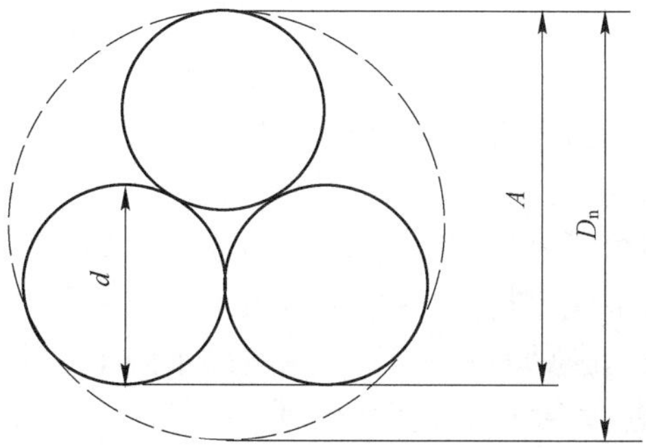

图 2　1×3 结构钢绞线外形示意图

表 3　1×7 结构钢绞线的尺寸及允许偏差、每米参考质量

钢绞线结构	公称直径 D_n/mm	直径允许偏差/mm	钢绞线参考截面积 S_n/mm^2	每米钢绞线参考质量/(g/m)	中心钢丝直径 d_0 加大范围/% 不小于
1×7	9.50	+0.80 −0.15	54.8	430	2.5
	11.10		74.2	582	
	12.70	+0.40 −0.20	98.7	775	
	15.20		140	1 101	
	15.70		150	1 178	
	17.80		101	1 500	
(1×7)C	12.70	+0.40 −0.20	112	890	
	15.20		165	1 295	
	18.00		223	1 750	

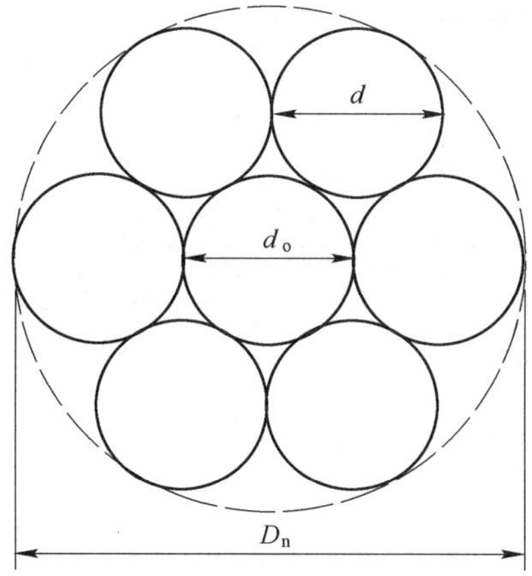

图 3　1×7 结构钢绞线外形示意图

7　技术要求

7.1　牌号及化学成分

制造钢绞线用钢由供方根据产品规格和力学性能确定。牌号和化学成分应符合 YB/T 146 或 YB/T 170 的规定，也可采用其他的牌号制造。成分不作为交货条件。

7.2 制　　造

7.2.1 制造钢绞线用盘条应力索氏体化盘条，经冷拉后捻制成钢绞线。捻制刻痕钢绞线的钢丝应符合 GB/T 5223 中相应条款的规定。

7.2.2 钢绞线的捻距为钢绞线公称直径的 12～16 倍。模拔钢绞线其捻距应为钢绞线公称直径的 14～18 倍。钢绞线内不应有折断、横裂和相互交叉的钢丝。

7.2.3 钢绞线的捻向一般为左(S)捻，右(Z)捻需在合同中注明。

7.2.4 捻制后，钢绞线应进行连续的稳定化处理。

7.2.5 成品钢绞线应用砂轮锯切削，切断后应不松散，如离开原来位置，可以用手复原到原位。

7.2.6 成品钢绞线只允许保留拉拔前的焊接点。

7.3 力学性能

7.3.1 1×2 结构钢绞线的力学性能应符合表 4 规定。

表 4　1×2 结构钢绞线力学性能

钢绞线结构	钢绞线公称直径 D_n/mm	抗拉强度 R_m/MPa 不小于	整根钢绞线的最大力 F_m/kN 不小于	规定非比例延伸力 $F_{p0.2}$/kN 不小于	最大力总伸长率 ($L_o \geq 400$ mm) A_{gt}/% 不小于	应力松弛性能	
						初始负荷相当于公称最大力的百分数/%	1 000 h 后应力松弛率 r/% 不大于
1×2	5.00	1 570	15.4	13.9	3.5	60	1.0
		1 720	16.9	15.2			
		1 860	18.3	16.5			
		1 960	19.2	17.3			
	5.80	1 570	20.7	18.6			
		1 720	22.7	20.4			
		1 860	24.6	22.1			
		1 960	25.9	23.3		70	2.5
	8.00	1 470	36.9	33.2			
		1 570	39.4	35.5			
		1 720	43.2	38.9		80	4.5
		1 860	46.7	42.0			
		1 960	49.2	44.3			
	10.00	1 470	57.8	52.0			
		1 570	61.7	55.5			
		1 720	67.6	60.8			
		1 860	73.1	65.8			
		1 960	77.0	69.3			
	12.00	1 470	83.1	74.8			
		1 570	88.7	79.8			
		1 720	97.2	87.5			
		1 860	105	94.5			

注：规定非比例延伸力 $F_{p0.2}$ 值不小于整根钢绞线公称最大力 F_m 的 90%。

7.3.2 1×3 结构钢绞线的力学性能应符合表 5 规定。

表 5 1×3 结构钢绞线力学性能

钢绞线结构	钢绞线公称直径 D_n/mm	抗拉强度 R_m/MPa 不小于	整根钢绞线的最大力 F_m/kN 不小于	规定非比例延伸力 $F_{p0.2}$/kN 不小于	最大力总伸长率 (L_o≥400 mm) A_{gt}/% 不小于	应力松弛性能	
						初始负荷相当于公称最大力的百分数/%	1 000 h 后应力松弛率 r/% 不大于
1×3	6.20	1 570	31.1	28.0	对所有规格	对所有规格	对所有规格
		1 720	34.1	30.7			
		1 860	36.8	33.1			
		1 960	38.8	34.9			
	6.50	1 570	33.3	30.0			
		1 720	36.5	32.9		60	1.0
		1 860	39.4	35.5			
		1 960	41.6	37.4			
	8.60	1 470	55.4	49.9			
		1 570	59.2	53.3			
		1 720	64.8	58.3	3.5	70	2.5
		1 860	70.1	63.1			
		1 960	73.9	66.5			
	8.74	1 570	60.6	54.5		80	4.5
		1 670	64.5	58.1			
		1 860	71.8	64.6			
	10.80	1 470	86.6	77.9			
		1 570	92.5	83.3			
		1 720	101	90.9			
		1 860	110	99.0			
		1 960	115	104			
	12.90	1 470	125	113			
		1 570	133	120			
		1 720	146	131			
		1 860	158	142			
		1 960	166	149			
1×3 I	8.74	1 570	60.6	54.5			
		1 670	64.5	58.1			
		1 860	71.8	64.6			

注：规定非比例延伸力 $F_{p0.2}$ 值不小于整根钢绞线公称最大力 F_m 的 90%。

7.3.3 1×7 结构钢绞线的力学性能应符合表 6 规定。

表6 1×7 结构钢绞线力学性能

钢绞线结构	钢绞线公称直径 D_n/mm	抗拉强度 R_m/MPa 不小于	整根钢绞线的最大力 F_m/kN 不小于	规定非比例延伸力 $F_{p0.2}$/kN 不小于	最大力总伸长率 ($L_o \geqslant 500$ mm) A_{gt}/% 不小于	应力松弛性能	
						初始负荷相当于公称最大力的百分数/%	1 000 h 后应力松弛率 r/% 不大于
		1 720	94.3	84.9	对所有规格	对所有规格	对所有规格
	9.50	1 860	102	91.8			
		1 960	107	96.3			
		1 720	128	115		60	1.0
	11.10	1 860	138	124			
		1 960	145	131			
		1 720	170	153			
	12.70	1 860	184	166			
		1 960	193	174	3.5	70	2.5
1×7		1 470	206	185			
		1 570	220	198			
		1 670	234	211			
	15.20	1 720	241	217		80	4.5
		1 860	260	234			
		1 960	274	247			
	15.70	1 770	266	239			
		1 860	279	251			
	17.80	1 720	327	294			
		1 860	353	318			
	12.70	1 860	208	187			
(1×7)C	15.20	1 820	300	270			
	18.00	1 720	384	346			
注：规定非比例延伸力 $F_{p0.2}$ 值不小于整根钢绞线公称最大力 F_m 的 90%。							

7.3.4 供方每一交货批钢绞线的实际强度不能高于其抗拉强度级别 200 MPa。

7.3.5 钢绞线弹性模量为(195±10)GPa，但不作为交货条件。

7.3.6 根据供货协议，可以提供表 4、表 5、表 6 以外的强度级别的钢绞线。

7.3.7 允许使用推算法确定 1 000 h 松弛率(见 8.5.6)。

7.4 表面质量

7.4.1 除非需方有特殊要求，钢绞线表面不得有油、润滑脂等特质。钢绞线允许有轻微的浮锈，但不得有目视可见的锈蚀麻坑。

7.4.2 钢绞线表面允许存在回火颜色。

7.5 钢绞线的伸直性

取弦长为 1 m 的钢绞线，放在一平面上，其弦与弧内侧最大自然矢高不大于 25 mm。

7.6 疲劳性能和偏斜拉伸性能

经供需双方协商，并在合同中注明，可对产品进行疲劳性能试验和偏斜拉伸试验。

8 试验方法

8.1 表面检验

表面质量用目视检查。

8.2 尺寸检验

钢绞线的直径应用分度值为0.02 mm的量具测量。1×2结构钢绞线的直径测量应测量图1所示的D_n值；1×3结构的钢绞线应测量图2所示的A值，测量1×7结构钢绞线直径应以横穿直径方向的相对两根外层钢丝为准，如图3所示D_n；在同一截面不同方向上测量两次取平均值。

8.3 每米质量测量

钢绞线每米质量测量应采用如下方法：取3根长度不小于1m的钢绞线，每根钢绞线长度测量精确到1 mm。称量每根钢绞线的质量，精确到1 g，然后按下式计算钢绞线的每米质量。

$$M=\frac{m}{L}$$

式中 M——钢绞线每米质量，单位为克每米(g/m)；

m——钢绞线质量，单位为克(g)；

L——钢绞线长度，单位为米(m)。

实测单重取3个计算值的平均值。

8.4 拉伸试验

8.4.1 最大力

整根钢绞线的最大力试验按GB/T 228的规定进行。如试样在夹头内和距钳口2倍钢绞线公称直径内断裂达不到本标准性能要求时，试验无效。计算抗拉强度时取钢绞线的参考截面积值。

8.4.2 规定非比例延伸力

钢绞线规定非比例延伸力采用的是引伸计标距的非比例延伸达到原始标距0.2%时所受的力($F_{p0.2}$)。为便于供方日常检验，也可以测定规定总延伸达到原始标距1%的力(F_{t1})，其值符合本标准规定的$F_{p0.2}$值时可以交货，但仲裁试验时测定$F_{p0.2}$。测定$F_{P0.2}$和F_{t1}时，预加负荷为规定非比例延伸力的10%。

8.4.3 最大力总伸长率

最大力总伸长率A_{gt}的测定按GB/T 228规定进行。使用计算机采集数据或使用电子拉伸设备测量伸长率时，预加负荷对试样所产生的伸长率应加在总伸长内。

8.5 应力松弛性能试验

8.5.1 钢绞线的应力松弛性能试验应按GB/T 10120的规定进行。

8.5.2 试验期间，试样的环境温度应保持在20 ℃±2 ℃内。

8.5.3 试验标距长度不小于公称直径的 60 倍。

8.5.4 试样制备后不得进行任何热处理和冷加工。

8.5.5 初始负荷应在 3 min～5 min 内均匀施加完毕，持荷 1 min 后开始记录松弛值。

8.5.6 允许用至少 100 h 的测试数据推算 1 000 h 的松弛率值。

8.6 疲劳及偏斜拉伸试验

疲劳性能试验按附录 A 的规定进行；偏斜拉伸试验按附录 B 的规定进行。

9 检验规则

钢绞线的检验规则应按 GB/T 17505 的规定。

9.1 检查和验收

产品的检查由供方技术监督部门按表 7 的规定进行，需方可按本标准进行检查验收。

9.2 组批规则

钢绞线应成批验收，每批钢绞线由同一牌号、同一规格、同一生产工艺捻制的钢绞线组成。每批质量不大于 60 t。

9.3 检验项目及取样数量

9.3.1 钢绞线的力学性能要求按表 4、表 5、表 6 的相应规定进行检验。检验项目及取样数量应符合表 7 的规定。

表 7　供方出厂常规检验项目及取样数量

<table>
<tr><th>序号</th><th>检验项目</th><th>取样数量</th><th>取样部位</th><th>检验方法</th></tr>
<tr><td>1</td><td>表面</td><td>逐盘卷</td><td></td><td>目视</td></tr>
<tr><td>2</td><td>外形尺寸</td><td>逐盘卷</td><td></td><td>按本标准 8.2 规定执行</td></tr>
<tr><td>3</td><td>钢绞线伸直性</td><td>3 根/每批</td><td rowspan="5">在每(任)盘卷中任意一端截取</td><td>用分度值为 1 mm 的量具测量</td></tr>
<tr><td>4</td><td>整根钢绞线最大力</td><td>3 根/每批</td><td>按本标准 8.4.1 规定执行</td></tr>
<tr><td>5</td><td>规定非比例延伸力</td><td>3 根/每批</td><td>按本标准 8.4.2 规定执行</td></tr>
<tr><td>6</td><td>最大总伸长率</td><td></td><td>按本标准 8.4.3 规定执行</td></tr>
<tr><td>7</td><td>应力松弛性能</td><td>不小于 1 根/每合同批[注]</td><td>按本标准 8.5 规定执行</td></tr>
<tr><td colspan="5">注：合同批为一个订货合同的总量。在特殊情况下，松弛试验可以由工厂连续检验提供同一原料、同一生产工艺的数据所代替。</td></tr>
</table>

9.3.2 1 000 h 的应力松弛性能试验、疲劳性能试验、偏斜拉伸试验只进行型式检验，仅在原料、生产工艺、设备有重大变化及新产品生产、停产后得产时进行检验。

9.4 复验与判定规则

当 9.3.1 中规定的某一项检验结果不符合本标准规定时，则该盘卷不得交货。并从同一批未经试验的钢绞线盘卷中取双倍数量的试样进行该不合格项目的复验，复验结果即使有一个试样不合格，则整批钢绞线不得交货，或进行逐盘检验合格后交货。供方有权对复验不合格产品进行重新组批提交验收。

10　包装、标志及质量证明书

10.1　包　　装

每盘卷钢绞线应捆扎结实，捆扎不少于6道。经双方协议，可加防潮纸、麻布等材料包装。

10.2　标　　志

每一钢绞线盘卷均应拴挂标牌，其上应注明供方名称、商标标记、产品标记、数量、出厂编号、规格、强度级别、执行标准号等。

10.3　质量证明书

每一合同批应附有质量证明书，其中应注明：供方名称、地址和商标、规格、强度级别、需方名称、合同号、产品标记、质量、件数、执行标准号、试验结果、检验出厂日期、技术监督部门印记。

附录A（规范性附录）　疲劳试验

A.1　疲劳试验所用试样是成品钢绞线上直接截取的试样，试样长度应保证两夹具之间的距离不小于50 mm。

A.2　钢绞线应能经受2×10^6次$0.7F_m\sim(0.7F_m-2\Delta F_a)$脉动负荷后而不断裂。

$$2\Delta F_a/S_n=195\ \text{MPa}$$

式中　F_m——钢绞线的公称最大力，单位为牛顿(N)；

$2\Delta F_a$——应力范围（两倍应力幅）的等效负荷值，单位为牛顿(N)；

S_n——钢绞线的参考截面积，单位为平方毫米(mm^2)。

A.3　在试验的全过程中，脉动拉伸的最大应力保持恒定应力的静态测量误差应不大于±1%。

A.4　应力循环频率不能超过120 Hz。

A.5　所有应力都沿着轴向传递给试样，应无钳口和缺口影响，且应有一个相应的装置能限定夹头中试样的任何滑移。

A.6　由于缺口影响或局部过热引起试样在夹头内和夹持区域内（2倍钢绞线公称直径）断裂时试验无效。

A.7　试验过程中，试件温度不得超过40 ℃，试验室环境温度在18 ℃～25 ℃。

附录B（规范性附录）　偏斜拉伸试验

B.1　试验原理

本试验适用于直径大于等于12.5 mm的钢绞线。将钢绞线固定在偏斜装置上与直线成20°角进行拉伸试验，直至至少一根单丝破断，测量其破断力与轴向拉伸最大力的比值。

B.2 样品与试样

B.2.1 用于偏斜拉伸的试样应从力学性能合格的样品上一次截取相当于12根试样的长度。两端各取1根进行轴向拉伸试验确定钢绞线的最大力。其余再截成10根用于偏斜拉伸试验。

注:7个有效的试验结果就可以计算出偏斜系数,但考虑到有无效试验情况,建议至少取10根试样。

B.2.2 试样长度应满足试样进行拉伸和锚固用。

B.2.3 试样除被切割外不能进行任何的加工处理。

B.3 试验设备

B.3.1 概述

试验机应具有刚性机架,以满足本标准规定的试验要求。试验机包括一个固定锚固夹头和带测力装置的活动锚固夹头,一个加载装置和一个带凹槽的心轴。

B.3.2 试验设备尺寸

试验装置的尺寸应符合图B.1和表B.1的规定。

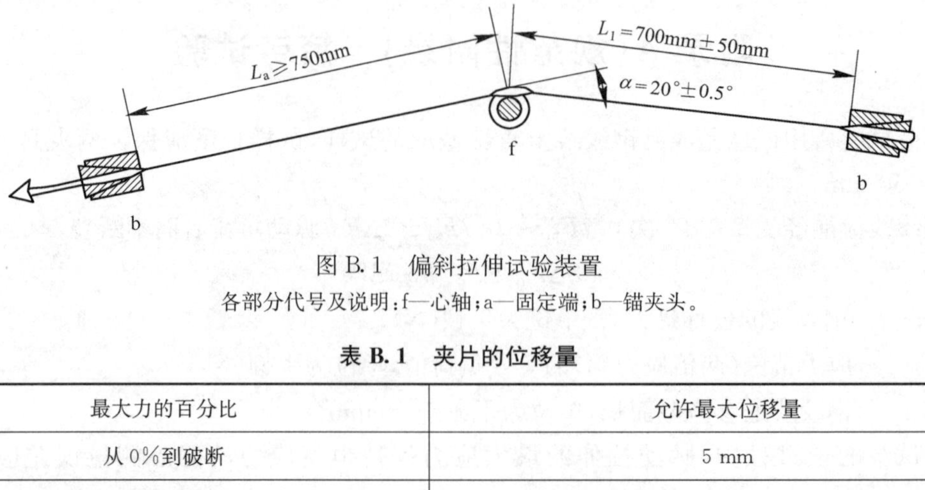

图 B.1 偏斜拉伸试验装置

各部分代号及说明:f—心轴;a—固定端;b—锚夹头。

表 B.1 夹片的位移量

最大力的百分比	允许最大位移量
从0%到破断	5 mm
从50%F_m到破断	2.5 mm
注:在试验之前楔形夹片应进行研磨。	

B.3.3 夹具

试样两端轴向中心线应垂直于锚固夹头的轴承平面,不正确的设计尺寸和定位会出现错误的试验结果。

锚固夹头应满足下列要求:

a)用这组夹具进行轴向拉伸试验时应达到常规拉伸试验最大力 F_m 的95%以上;

b)偏斜拉伸试验中,在90%最大力 F_m 时中心钢丝与外层钢丝的相对位移量应小于0.5 mm;

c)夹片与锚固夹胎之间的位移应小于表B.1中给出的值;

d)在试验过程中楔形夹片与锚固夹胎之间应该是扣紧的,无任何活动;

e)夹片的最小齿长为钢绞线直径的2.5至3倍。

B. 3. 4　心轴

心轴应用工具钢制造。其化学成分、显微组织及热处理应使其具有高韧性和高耐磨性能，表面性能应达到 58～62HRC。

注 1：心轴凹槽精加工的精度应达到 n7。

注 2：表面粗糙度最大值为 Ra1.6 μm。

心轴尺寸应符合图 B. 2 及表 B. 2 的规定。

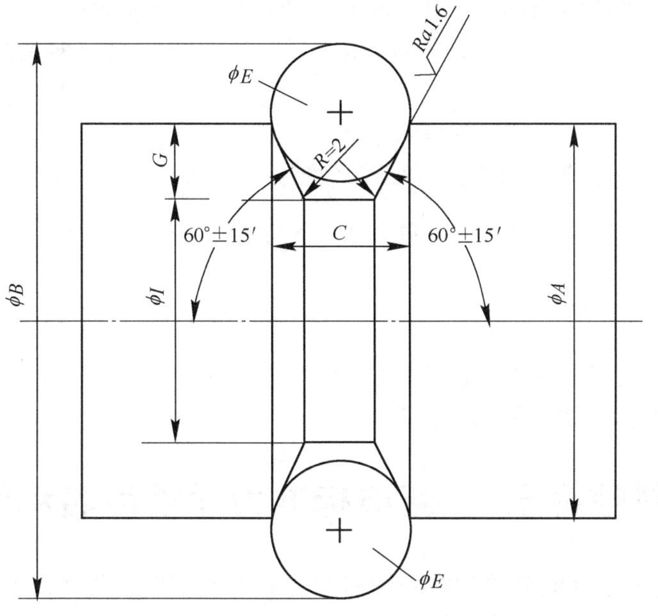

B. 2　心轴

表 B. 2　心轴尺寸　　单位为毫米

各部分尺寸	钢绞线尺寸		
	12.5～13.0	15.0～16.0	17.0～18.0
外轮廓尺寸 ϕA	40.0	49.0	59.0
凹槽侧面角度 α	60°±15′	60°±15′	60°±15′
凹槽底部半径 R	2±0.2	2±0.2	2±0.2
凹槽深度 G	7.6	9.5	12.0
凹槽最小宽度 C	14.4	17.9	21.9
凹槽底部直径 ϕI	24.7±0.1	29.9±0.1	34.9±0.1
凹槽中量棒外径 ϕB	57.0±0.1	72.0±0.1	81.0±0.1
量棒直径 ϕE	14.0	18.0	20.0

心轴应刚性固定不能有任何旋转和移动。

B. 3. 5　加载装置

加载设备最好有测力传感器，误差应不大于±1%，力值读数应大于满量程的 10%。

加载频率应可调节，试验期间应控制加载速度，载荷在 0～50%F_m 范围内加载速度应控制在 30 MPa/s，载荷在 50%F_m～100%F_m 范围内加载速度应控制在 60 MPa/s。

B.4 试　　验

a)试验前心轴凹槽表面应仔细清理,如钢绞线有轻微弯曲,曲率应与偏斜方向一致。加载之前安装锚具过程中应正确调整钢绞线。加载期间钢绞线与夹片之间不能有任何滑移,以验证锚固效果;

b)加载速度见 B. 3. 5;

c)当钢绞线的一根或多根钢丝不在心轴位置破断时,试验无效;

d)有效试验的 F_{ai}应按 B. 3. 5 要求精确的记录,对应的偏斜拉伸系数 D_i 可按下式进行计算:

$$D_i=(1-F_{ai}/F_{mm})100\%$$

e)去掉最大值和最小值,D 值应取 D_i 的平均值。

$$D=1/5\sum_{i=1}^{5}D_i$$

B.5 判　　定

a)一般用途的钢绞线其偏斜拉伸系数应为 $D\leqslant 28\%$;

b)用于斜拉索的钢绞线其偏斜拉伸系数应为 $D\leqslant 20\%$。

附录 C(资料性附录)　新旧标准力学性能名称和符号对照

C.1 本标准采用的力学性能名称和符号因引用的 GB/T 228 标准改版而与旧标准有所不同,为便于执行本标准时对照,将相关部分列于表 C. 1。

表 C.1　力学性能名称和符号对照

新标准		旧标准	
性能名称	符号	性能名称	符号
最大力	F_m	最大负荷	F_b
抗拉强度	R_m	强度级别	σ_b
规定非比例延伸力	F_p	屈服负荷	F_s
规定总延伸力	F_t		
最大力总伸长率	A_{gt}	伸长率	δ_s

GB/T 5224—2003《预应力混凝土用钢绞线》国家标准第 1 号修改单

本修改单经国家标准化管理委员会于 2008 年 2 月 19 日批准,自 2008 年 5 月 1 日起实施。

一、在表 3 中增加 1×7 结构 21.60 mm 规格钢绞线的规定,具体如下:

钢绞线结构	公称直径 D_n/mm	直径允许偏差/mm	钢绞线参考截面积 S_n/mm²	每米钢绞线参考质量/(g/m)	中心钢丝直径 d_0 加大范围/%不小于
1×7	21.60	+0.40 −0.20	285	2 237	2.5

二、在表6中增加1×7结构21.60 mm规格钢绞线的力学性能规定，具体如下：

钢绞线结构	钢绞线公称直径 D_n/mm	抗拉强度 R_m/MPa 不小于	整根钢绞线的最大力 F_m/kN 不小于	规定非比例延伸力 $F_{P0.2}$/kN 不小于	最大力总伸长率 (L_0≥500 mm) A_{gt}/% 不小于	应力松弛性能	
						初始负荷相当于公称最大力的百分数/%	1 000 h后应力松弛率 r/% 不大于
1×7	21.60	1 770	504	454	3.5	60	1.0
						70	2.5
		1 860	530	477		80	4.5

三、将6.6条“盘径：钢绞线盘卷内径不小于75 mm，卷宽为750 mm±50 mm，或600 mm±50 mm。供方应在质量证明书中注明盘卷尺寸。”更改为：“盘卷尺寸：21.60 mm规格的钢绞线盘卷内径应不小于1 100 mm，卷宽为750 mm±50 mm；其他规格的钢绞线盘卷内径不小于750 mm，卷宽为750 mm±50 mm或600 mm±50 mm。供方应在质量证明书中注明盘卷尺寸。”

化学试剂标准滴定溶液的制备

目　次

3 一般规定

3.1 本标准除另有规定外，所用试剂的纯度应在分析纯以上，所用制剂及制品，应按 GB/T 603—2002 的规定制备，实验用水应符合 GB/T 6682—1992 中三级水的规格。

3.2 本标准制备的标准滴定溶液的浓度，除高氯酸外，均指 20℃时的浓度。在标准滴定溶液标定、直接制备和使用时若温度有差异，应按附录 A 补正。标准滴定溶液标定、直接制备和使用时所用分析天平、砝码、滴定管、容量瓶、单标线吸管等均须定期校正。

3.3 在标定和使用标准滴定溶液时，滴定速度一般应保持在 6 mL/min～8 mL/min。

3.4 称量工作基准试剂的质量的数值小于等于 0.5 g 时，按精确至 0.01 mg 称量；数值大于 0.5 g 时，按精确至 0.1 mg 称量。

3.5 制备标准滴定溶液的浓度值应在规定浓度值的±5%范围以内。

3.6 标定标准滴定溶液的浓度时，须两人进行实验，分别各做四平行，每人四平行测定结果极差的相对值[1)]不得大于重复性临界极差[$C_rR_{95}(8)$]的相对值[2)] 0.15%，两人共八平行测定结果极差的相对值不得大于重复性临界极差[$C_rR_{95}(8)$]的相对值 0.18%。取两人八平行测定结果的平均值为测定结果。在运算过程中保留五位有效数字，浓度值报出结果取四位有效数字。

3.7 本标准中标准滴定溶液浓度平均值的扩展不确定度一般不应大于 0.2%，可根据需要报出，其计算参见附录 B(资料性附录)。

3.8 本标准使用工作基准试剂标定标准滴定溶液的浓度。当对标准滴定溶液浓度值的准确度有更高要求时，可使用二级纯度标准物质或定值标准物质代替工作基准试剂进行标定或直接制备，并在计算标准滴定溶液浓度值时，将其质量分数代入计算式中。

3.9 标准滴定溶液的浓度小于等于 0.02 mol/L 时，应于临用前将浓度高的标准滴定溶液用煮沸并冷却的水稀释，必要时重新标定。

3.10 除另有规定外，标准滴定溶液在常温(15℃～25℃)下保存时间一般不超过两个月。当溶液出现浑浊、沉淀、颜色变化等现象时，应重新制备。

3.11 贮存标准滴定溶液的容器，其材料不应与溶液起理化作用，壁厚最薄处不小于 0.5 mm。

3.12 本标准中所用溶液以(%)表示的均为质量分数，只有乙醇(95%)中的(%)为体积分数。

4 标准滴定溶液的配制与标定

4.1 氢氧化钠标准滴定溶液

4.1.1 配 制

称取 110 g 氢氧化钠，溶于 100 mL 无二氧化碳的水中，摇匀，注入聚乙烯容器中，密闭放置至溶液清亮。按表 1 的规定，用塑料管量取上层清液，用无二氧化碳的水稀释至 1 000 mL，摇匀。

---

1)极差的相对值是指测定结果的极差值与浓度平均值的比值，以“%”表示。

2)重复性临界极差[$C_rR_{95}(n)$]的定义见 GB/T 11792—1989。重复性临界极差的相对值是指重复性临界极差与浓度平均值的比值，以“%”表示。

表 1

氢氧化钠标准滴定溶液的浓度[c(NaOH)]/(mol/L)	氢氧化钠溶液的体积 V/mL
1	54
0.5	27
0.1	5.4

4.1.2 标　　定

按表 2 的规定称取于 105 ℃～110 ℃电烘箱中干燥至恒重的工作基准试剂邻苯二甲酸氢钾，加无二氧化碳的水溶解，加 2 滴酚酞指示液(10 g/L)，用配制好的氢氧化钠溶液滴定至溶液呈粉红色，并保持 30 s。同时做空白试验。

表 2

氢氧化钠标准滴定溶液的浓度[c(NaOH)]/(mol/L)	工作基准试剂邻苯二甲酸氢钾的质量 m/g	无二氧化碳水的体积 V/mL
1	7.5	80
0.5	3.6	80
0.1	0.75	50

氢氧化钠标准滴定溶液的浓度[c(NaOH)]，数值以摩尔每升(mol/L)表示，按式(1)计算：

$$c(\mathrm{NaOH})=\frac{m\times 1\,000}{(V_1-V_2)M} \tag{1}$$

式中 m——邻苯二甲酸氢钾的质量的准确数值，单位为克(g)；

V_1——氢氧化钠溶液的体积的数值，单位为毫升(mL)；

V_2——空白试验氢氧化钠溶液的体积的数值，单位为毫升(mL)；

M——邻苯二甲酸氢钾的摩尔质量的数值，单位为克每摩尔(g/mol)[$M(\mathrm{KHC_8H_4O_4})=204.22$]。

4.2 盐酸标准滴定溶液

4.2.1 配　　制

按表 3 的规定量取盐酸，注入 1 000 mL 水中，摇匀。

表 3

盐酸标准滴定溶液的浓度[c(HCl)]/(mol/L)	盐酸的体积 V/mL
1	90
0.5	45
0.1	9

4.2.2 标　　定

按表 4 的规定称取于 270 ℃～300 ℃高温炉中灼烧至恒重的工作基准试剂无水碳酸钠，溶于 50 mL 水中，加 10 滴溴甲酚绿-甲基红指示液，用配制好的盐酸溶液滴定至溶液由绿色变为暗红色，煮沸 2 min，冷却后继续滴定至溶液再呈暗红色。同时做空白试验。

表 4

盐酸标准滴定溶液的浓度[c(HCl)]/(mol/L)	工作基准试剂无水碳酸钠的质量 m/g
1	1.9
0.5	0.95
0.1	0.2

盐酸标准滴定溶液的浓度[c(HCl)]，数值以摩尔每升(mol/L)表示，按式(2)计算：

$$c(\mathrm{HCl})=\frac{m\times 1\ 000}{(V_1-V_2)M} \tag{2}$$

式中 m——无水碳酸钠的质量的准确数值，单位为克(g)；

V_1——盐酸溶液的体积的数值，单位为毫升(mL)；

V_2——空白试验盐酸溶液的体积的数值，单位为毫升(mL)；

M——无水碳酸钠的摩尔质量的数值，单位为克每摩尔(g/mol)[$M(\frac{1}{2}\mathrm{Na_2CO_3})=52.994$]。

4.3 硫酸标准滴定溶液

4.3.1 配 制

按表5的规定量取硫酸，缓缓注入1 000 mL水中，冷却，摇匀。

表 5

硫酸标准滴定溶液的浓度[$c(\frac{1}{2}\mathrm{H_2SO_4})$]/(mol/L)	硫酸的体积 V/mL
1	30
0.5	15
0.1	3

4.3.2 标 定

按表6的规定称取于270 ℃～300 ℃高温炉中灼烧至恒重的工作基准试剂无水碳酸钠，溶于50 mL水中，加10滴溴甲酚绿-甲基红指示液，用配制好的硫酸溶液滴定至溶液由绿色变为暗红色，煮沸2 min，冷却后继续滴定至溶液再呈暗红色。同时做空白试验。

表 6

硫酸标准滴定溶液的浓度[$c(\frac{1}{2}\mathrm{H_2SO_4})$]/(mol/L)	工作基准试剂无水碳酸钠的质量 m/g
1	1.9
0.5	0.95
0.1	0.2

硫酸标准滴定溶液的浓度[$c(\frac{1}{2}\mathrm{H_2SO_4})$]，数值以摩尔每升(mol/L)表示，按式(3)计算：

$$c(\frac{1}{2}\mathrm{H_2SO_4})=\frac{m\times 1\ 000}{(V_1-V_2)M} \tag{3}$$

式中 m——无水碳酸钠的质量的准确数值，单位为克(g)；

V_1——硫酸溶液的体积的数值，单位为毫升(mL)；

V_2——空白试验硫酸溶液的体积的数值,单位为毫升(mL);

M——无水碳酸钠的摩尔质量的数值,单位为克每摩尔(g/mol)[$M(\frac{1}{2}Na_2CO_3)=52.994$]。

4.4　碳酸钠标准滴定溶液

4.4.1　配　　制

按表 7 的规定称取无水碳酸钠,溶于 1 000 mL 水中,摇匀。

表　7

硫酸钠标准滴定溶液的浓度[$c(\frac{1}{2}H_2SO_4)$]/(mol/L)	无水碳酸钠的质量 m/g
1	53
0.1	5.3

4.4.2　标　　定

量取 35.00 mL～40.00 mL 配制好的碳酸钠溶液,加表 8 规定体积的水,加 10 滴溴甲酚绿-甲基红指示液,用表 8 规定的相应浓度的盐酸标准滴定溶液滴定至溶液由绿色变为暗红色,煮沸 2 min,冷却后继续滴定至溶液再呈暗红色。

表　8

硫酸钠标准滴定溶液的浓度[$c(\frac{1}{2}H_2SO_4)$]/(mol/L)	加入水的体积 V/mL	盐酸标准滴定溶液的浓度[$c(HCl)$]/(mol/L)
1	50	1
0.1	20	0.1

碳酸钠标准滴定溶液的浓度$\left[c\left(\frac{1}{2}Na_2CO_3\right)\right]$,数值以摩尔每升(mol/L)表示,按式(4)计算:

$$c\left(\frac{1}{2}Na_2CO_3\right)=\frac{V_1c_1}{V} \tag{4}$$

式中　V_1——盐酸标准滴定溶液的体积的数值,单位为毫升(mL);

c_1——盐酸标准滴定溶液的浓度的准确数值,单位为摩尔每升(mol/L);

V——碳酸钠溶液的体积的准确数值,单位为毫升(mL)。

4.5　重铬酸钾标准滴定溶液

$$c\left(\frac{1}{6}K_2Cr_2O_7\right)=0.1\ \text{mol/L}$$

4.5.1　方 法 一

4.5.1.1　配　　制

称取 5 g 重铬酸钾,溶于 1 000 mL 水中,摇匀。

4.5.1.2　标　　定

量取 35.00 mL～40.00 mL 配制好的重铬酸钾溶液,置于碘量瓶中,加 2 g 碘化钾及 20 mL硫酸溶液(20%),摇匀,于暗处放置 10 min。加 150 mL 水(15℃～20℃),用硫代硫酸钠标准滴定溶液[$c(Na_2S_2O_3)=0.1$ mol/L]滴定，近终点时加 2 mL 淀粉指示液(10 g/L)，继续滴定至溶液由蓝色变为亮绿色。同时做空白试验。

重铬酸钾标准滴定溶液的浓度[$c(\frac{1}{6}K_2Cr_2O_7)$]，数值以摩尔每升(mol/L)表示，按式(5)计算：

$$c\left(\frac{1}{6}K_2Cr_2O_7\right)=\frac{(V_1-V_2)c_1}{V} \tag{5}$$

式中 V_1——硫代硫酸钠标准滴定溶液的体积的数值，单位为毫升(mL)；

V_2——空白试验硫代硫酸钠标准滴定溶液的体积的数值，单位为毫升(mL)；

c_1——硫代硫酸钠标准滴定溶液的浓度的准确数值，单位为摩尔每升(mol/L)；

V——重铬酸钾溶液的体积的准确数值，单位为毫升(mL)。

4.5.2 方 法 二

称取 4.90 g±0.20 g 已在 120℃±2℃的电烘箱中干燥至恒重的工作基准试剂重铬酸钾，溶于水，移入 1 000 mL 容量瓶中，稀释至刻度。

重铬酸钾标准滴定溶液的浓度$\left[c\left(\frac{1}{6}K_2Cr_2O_7\right)\right]$，数值以摩尔每升(mol/L)表示，按式(6)计算：

$$c\left(\frac{1}{6}K_2Cr_2O_7\right)=\frac{m\times 1\,000}{VM} \tag{6}$$

式中 m——重铬酸钾的质量的准确数值，单位为克(g)；

V——重铬酸钾溶液的体积的准确数值，单位为毫升(mL)；

M——重铬酸钾的摩尔质量的数值，单位为克每摩尔(g/mol)$\left[M\left(\frac{1}{6}K_2Cr_2O_7\right)=49.031\right]$。

4.6 硫代硫酸钠标准滴定溶液

$$c(Na_2S_2O_3)=0.1\ \text{mol/L}$$

4.6.1 配 制

称取 26 g 硫代硫酸钠($Na_2S_2O_3\cdot 5H_2O$)(或 16 g 无水硫代硫酸钠)，加 0.2 g 无水碳酸钠，溶于 1 000 mL 水中，缓缓煮沸 10 min，冷却。放置两周后过滤。

4.6.2 标 定

称取 0.18 g 于 120℃ ±2℃干燥至恒重的工作基准试剂重铬酸钾，置于碘量瓶中，溶于 25 mL水，加 2 g 碘化钾及 20 mL 硫酸溶液(20%)，摇匀，于暗处放置 10 min。加 150 mL 水(15℃～20℃)，用配制好的硫代硫酸钠溶液滴定，近终点时加 2 mL 淀粉指示液(10 g/L)，继续滴定至溶液由蓝色变为亮绿色。同时做空白试验。

硫代硫酸钠标准滴定溶液的浓度[$c(Na_2S_2O_3)$]，数值以摩尔每升(mol/L)表示，按式(7)计算：

$$c(Na_2S_2O_3)=\frac{m\times 1\,000}{(V_1-V_2)M} \tag{7}$$

式中 m——重铬酸钾的质量的准确数值，单位为克(g)；

V_1——硫代硫酸钠溶液的体积的数值，单位为毫升(mL)；

V_2——空白试验硫代硫酸钠溶液的体积的数值，单位为毫升(mL)；

M——重铬酸钾的摩尔质量的数值，单位为克每摩尔(g/mol)$\left[M\left(\frac{1}{6}K_2Cr_2O_7\right)=49.031\right]$。

4.7 溴标准滴定溶液

$$c\left(\frac{1}{2}Br_2\right)=0.1\ mol/L$$

4.7.1 配　　制

称取 3 g 溴酸钾及 25 g 溴化钾，溶于 1 000 mL 水中，摇匀。

4.7.2 标　　定

量取 35.00 mL～40.00 mL 配制好的溴溶液，置于碘量瓶中，加 2 g 碘化钾及 5 mL 盐酸溶液(20%)，摇匀，于暗处放置 5 min。加 150 mL 水(15 ℃～20 ℃)，用硫代硫酸钠标准滴定溶液[$c(Na_2S_2O_3)=0.1$ mol/L]滴定，近终点时加 2 mL 淀粉指示液(10 g/L)，继续滴定至溶液蓝色消失。同时做空白试验。

溴标准滴定溶液的浓度$\left[c\left(\frac{1}{2}Br_2\right)\right]$，数值以摩尔每升(mol/L)表示，按式(8)计算：

$$c\left(\frac{1}{2}Br_2\right)=\frac{(V_1-V_2)c_1}{V} \tag{8}$$

式中 V_1——硫代硫酸钠标准滴定溶液的体积的数值，单位为毫升(mL)；

V_2——空白试验硫代硫酸钠标准滴定溶液的体积的数值，单位为毫升(mL)；

c_1——硫代硫酸钠标准滴定溶液的浓度的准确数值，单位为摩尔每升(mol/L)；

V——溴溶液的体积的准确数值，单位为毫升(mL)。

4.8 溴酸钾标准滴定溶液

$$c\left(\frac{1}{6}KBrO_3\right)=0.1\ mol/L$$

4.8.1 配　　制

称取 3 g 溴酸钾，溶于 1 000 mL 水中，摇匀。

4.8.2 标　　定

量取 35.00 mL～40.00 mL 配制好的溴酸钾溶液，置于碘量瓶中，加 2 g 碘化钾及 5 mL 盐酸溶液(20%)，摇匀，于暗处放置 5 min。加 150 mL 水(15℃～20℃)，用硫代硫酸钠标准滴定溶液[$c(Na_2S_2O_3)=0.1$ mol/L]滴定，近终点时加 2 mL 淀粉指示液(10 g/L)，继续滴定至溶液蓝色消失。同时做空白试验。

溴酸钾标准滴定溶液的浓度$\left[c\left(\frac{1}{6}KBrO_3\right)\right]$，数值以摩尔每升(mol/L)表示，按式(9)计算：

$$c\left(\frac{1}{6}KBrO_3\right)=\frac{(V_1-V_2)c_1}{V} \tag{9}$$

式中 V_1——硫代硫酸钠标准滴定溶液的体积的数值，单位为毫升(mL)；

V_2——空白试验硫代硫酸钠标准滴定溶液的体积的数值，单位为毫升(mL)；

c_1——硫代硫酸钠标准滴定溶液的浓度的准确数值，单位为摩尔每升(mol/L)；

V——溴酸钾溶液的体积的准确数值，单位为毫升(mL)。

4.9 碘标准滴定溶液

$$c\left(\frac{1}{2}I_2\right)=0.1\ \mathrm{mol/L}$$

4.9.1 配　制

称取 13 g 碘及 35 g 碘化钾，溶于 100 mL 水中，稀释至 1 000 mL，摇匀，贮存于棕色瓶中。

4.9.2 标　定

4.9.2.1 方 法 一

称取 0.18 g 预先在硫酸干燥器中干燥至恒重的工作基准试剂三氧化二砷，置于碘量瓶中，加 6 mL 氢氧化钠标准滴定溶液[$c(\mathrm{NaOH})=1\ \mathrm{mol/L}$]溶解，加 50 mL 水，加 2 滴酚酞指示液(10 g/L)，用硫酸标准滴定溶液$\left[c\left(\frac{1}{2}H_2SO_4\right)=1\ \mathrm{mol/L}\right]$滴定至溶液无色，加 3 g 碳酸氢钠及 2 mL 淀粉指示液(10 g/L)，用配制好的碘溶液滴定至溶液呈浅蓝色。同时做空白试验。

碘标准滴定溶液的浓度$\left[c\left(\frac{1}{2}I_2\right)\right]$，数值以摩尔每升(mol/L)表示，按式(10)计算：

$$c\left(\frac{1}{2}I_2\right)=\frac{m\times 1\ 000}{(V_1-V_2)M} \tag{10}$$

式中 m——三氧化二砷的质量的准确数值，单位为克(g)；

V_1——碘溶液的体积的数值，单位为毫升(mL)；

V_2——空白试验碘溶液的体积的数值，单位为毫升(mL)；

M——三氧化二砷的摩尔质量的数值，单位为克每摩尔(g/mol)$\left[M\left(\frac{1}{4}As_2O_3\right)=49.460\right]$。

4.9.2.2 方 法 二

量取 35.00 mL～40.00 mL 配制好的碘溶液，置于碘量瓶中，加 150 mL 水(15℃～20℃)，用硫代硫酸钠标准滴定溶液[$c(Na_2S_2O_3)=0.1\ \mathrm{mol/L}$]滴定，近终点时加 2 mL 淀粉指示液(10 g/L)，继续滴定至溶液蓝色消失。

同时做水所消耗碘的空白试验：取 250 mL 水(15℃～20℃)，加 0.05 mL～0.20 mL 配制好的碘溶液及 2 mL 淀粉指示液(10 g/L)，用硫代硫酸钠标准滴定溶液[$c(Na_2S_2O_3)=0.1\ \mathrm{mol/L}$]滴定至溶液蓝色消失。

碘标准滴定溶液的浓度$\left[c\left(\frac{1}{2}I_2\right)\right]$，数值以摩尔每升(mol/L)表示，按式(11)计算：

$$c\left(\frac{1}{2}I_2\right)=\frac{(V_1-V_2)c_1}{V_3-V_4} \tag{11}$$

式中 V_1——硫代硫酸钠标准滴定溶液的体积的数值，单位为毫升(mL)；

V_2——空白试验硫代硫酸钠标准滴定溶液的体积的数值，单位为毫升(mL)；

c_1——硫代硫酸钠标准滴定溶液的浓度的准确数值，单位为摩尔每升(mol/L)；

V_3——碘溶液的体积的准确数值，单位为毫升(mL)；

V_4——空白试验中加入的碘溶液的体积的准确数值，单位为毫升(mL)。

4.10 碘酸钾标准滴定溶液

4.10.1 方 法 一

4.10.1.1 配　制

称取表 9 规定量的碘酸钾，溶于 1 000 mL 水中，摇匀。

表 9

碘酸钾标准滴定溶液$\left[c\left(\frac{1}{6}KIO_3\right)\right]$/(mol/L)	碘酸钾的质量 m/g
0.3	11
0.1	3.6

4.10.1.2 标　　定

按表 10 的规定，取配制好的碘酸钾溶液、水及碘化钾，置于碘量瓶中，加 5 mL 盐酸溶液(20%)，摇匀，于暗处放置 5 min。加 150 mL 水(15℃～20℃)，用硫代硫酸钠标准滴定溶液$[c(Na_2S_2O_3)=0.1\ mol/L]$滴定，近终点时加 2 mL 淀粉指示液(10 g/L)，继续滴定至溶液蓝色消失。同时做空白试验。

表 10

碘酸钾标准滴定溶液$\left[c\left(\frac{1}{6}KIO_3\right)\right]$/(mol/L)	碘酸钾溶液的体积 V/mL	水的体积 V/mL	碘化钾的质量 m/g
0.3	11.00～13.00	20	3
0.1	35.00～30.00	0	2

碘酸钾标准滴定溶液的浓度$\left[c\left(\frac{1}{6}KIO_3\right)\right]$，数值以摩尔每升(mol/L)表示，按式(12)计算：

$$c\left(\frac{1}{6}KIO_3\right)=\frac{(V_1-V_2)c_1}{V} \tag{12}$$

式中　V_1——硫代硫酸钠标准滴定溶液的体积的数值，单位为毫升(mL)；

V_2——空白试验硫代硫酸钠标准滴定溶液的体积的数值，单位为毫升(mL)；

c_1——硫代硫酸钠标准滴定溶液的浓度的准确数值，单位为摩尔每升(mol/L)；

V——碘酸钾溶液的体积的准确数值，单位为毫升(mL)。

4.10.2 方 法 二

称取表 11 规定量的已在 180 ℃±2 ℃的电烘箱中干燥至恒重的工作基准试剂碘酸钾，溶于水，移入 1 000 mL 容量瓶中稀释至刻度。

表 11

碘酸钾标准滴定溶液的浓度$\left[c\left(\frac{1}{6}KIO_3\right)\right]$/(mol/L)	工作基准试剂碘酸钾的质量 m/g
0.3	10.70±0.50
0.1	3.57±0.15

碘酸钾标准滴定溶液的浓度$\left[c\left(\frac{1}{6}KIO_3\right)\right]$，数值以摩尔每升(mol/L)表示，按式(13)计算：

$$c\left(\frac{1}{6}KIO_3\right)=\frac{m\times 1\ 000}{VM} \tag{13}$$

式中　m——碘酸钾的质量的准确数值，单位为克(g)；

V——碘酸钾溶液的体积的准确数值，单位为毫升(mL)；

M——碘酸钾的摩尔质量的数值，单位为克每摩尔(g/mol)$\left[M\left(\frac{1}{6}KIO_3\right)=35.667\right]$。

4.11 草酸标准滴定溶液

$$c\left(\frac{1}{2}H_2C_2O_4\right)=0.1\ mol/L$$

4.11.1 配　　制

称取6.4 g草酸($H_2C_2O_4\cdot 2H_2O$)，溶于1 000 mL水中，摇匀。

4.11.2 标　　定

量取35.00 mL～40.00 mL配制好的草酸溶液，加100 mL硫酸溶液(8+92)，用高锰酸钾标准滴定溶液$\left[c\left(\frac{1}{5}KMnO_4\right)=0.1\ mol/L\right]$滴定，近终点时加热至约65 ℃，继续滴定至溶液呈粉红色，并保持30 s。同时做空白试验。

草酸标准滴定溶液的浓度$\left[c\left(\frac{1}{2}H_2C_2O_4\right)\right]$，数值以摩尔每升(mol/L)表示，按式(14)计算：

$$c\left(\frac{1}{2}H_2C_2O_4\right)=\frac{(V_1-V_2)c_1}{V} \tag{14}$$

式中 V_1——高锰酸钾标准滴定溶液的体积的数值，单位为毫升(mL)；

V_2——空白试验高锰酸钾标准滴定溶液的体积的数值，单位为毫升(mL)；

c_1——高锰酸钾标准滴定溶液的浓度的准确数值，单位为摩尔每升(mol/L)；

V——草酸溶液的体积的准确数值，单位为毫升(mL)。

4.12 高锰酸钾标准滴定溶液

$$c\left(\frac{1}{5}KMnO_4\right)=0.1\ mol/L$$

4.12.1 配　　制

称取3.3 g高锰酸钾，溶于1 050 mL水中，缓缓煮沸15 min，冷却，于暗处放置两周，用已处理过的4号玻璃滤埚过滤。贮存于棕色瓶中。

玻璃滤埚的处理是指玻璃滤埚在同样浓度的高锰酸钾溶液中缓缓煮沸5 min。

4.12.2 标　　定

称取0.25 g于105 ℃～110 ℃电烘箱中干燥至恒重的工作基准试剂草酸钠，溶于100 mL硫酸溶液(8+92)中，用配制好的高锰酸钾溶液滴定，近终点时加热至约65 ℃，继续滴定至溶液呈粉红色，并保持30 s。同时做空白试验。

高锰酸钾标准滴定溶液的浓度$\left[c\left(\frac{1}{5}KMnO_4\right)\right]$，数值以摩尔每升(mol/L)表示，按式(15)计算：

$$c\left(\frac{1}{5}KMnO_4\right)=\frac{m\times 1\ 000}{(V_1-V_2)M} \tag{15}$$

式中 m——草酸钠的质量的准确数值，单位为克(g)；

V_1——高锰酸钾溶液的体积的数值，单位为毫升(mL)；

V_2——空白试验高锰酸钾溶液的体积的数值，单位为毫升(mL)；

M——草酸钠的摩尔质量的数值，单位为克每摩尔(g/mol)$\left[M\left(\frac{1}{2}Na_2C_2O_4\right)=66.999\right]$。

4.13　硫酸亚铁铵标准滴定溶液

$$c[(NH_4)_2Fe(SO_4)_2]=0.1\ mol/L$$

4.13.1　配　　制

称取40 g硫酸亚铁铵$[(NH_4)_2Fe(SO_4)_2\cdot 6H_2O]$，溶于300 mL硫酸溶液(20%)中，加700 mL水，摇匀。

4.13.2　标　　定

量取35.00 mL～40.00 mL配制好的硫酸亚铁铵溶液，加25 mL无氧的水，用高锰酸钾标准滴定溶液$\left[c\left(\frac{1}{5}KMnO_4\right)=0.1\ mol/L\right]$滴定至溶液呈粉红色，并保持30 s。临用前标定。

硫酸亚铁铵标准滴定溶液的浓度$\{c[(NH_4)_2Fe(SO_4)_2]\}$，数值以摩尔每升(mol/L)表示，按式(16)计算：

$$c[(NH_4)_2Fe(SO_4)_2]=\frac{V_1c_1}{V} \tag{16}$$

式中　V_1——高锰酸钾标准滴定溶液的体积的数值，单位为毫升(mL)；

c_1——高锰酸钾标准滴定溶液的浓度的准确数值，单位为摩尔每升(mol/L)；

V——硫酸亚铁铵溶液的体积的准确数值，单位为毫升(mL)。

4.14　硫酸铈(或硫酸铈铵)标准滴定溶液

$c[Ce(SO_4)_2]=0.1\ mol/L$、$c[2(NH_4)_2SO_4\cdot Ce(SO_4)_2]=0.1\ mol/L$

4.14.1　配　　制

称取40 g硫酸铈$[Ce(SO_4)_2\cdot 4H_2O]$ {或67 g硫酸铈铵$[2(NH_4)_2SO_4\cdot Ce(SO_4)_2\cdot 4H_2O]$}，加30 mL水及28 mL硫酸，再加300 mL水，加热溶解，再加650 mL水，摇匀。

4.14.2　标　　定

称取0.25 g于105 ℃～110 ℃电烘箱中干燥至恒重的工作基准试剂草酸钠，溶于75 mL水中，加4 mL硫酸溶液(20%)及10 mL盐酸，加热至65℃～70℃，用配制好的硫酸铈(或硫酸铈铵)溶液滴定至溶液呈浅黄色。加入0.10 mL 1,10-菲啰啉-亚铁指示液使溶液变为桔红色，继续滴定至溶液呈浅蓝色。同时做空白试验。

硫酸铈(或硫酸铈铵)标准滴定溶液的浓度(c)，数值以摩尔每升(mol/L)表示，按式(17)计算：

$$c=\frac{m\times 1\,000}{(V_1-V_2)M} \tag{17}$$

式中　m——草酸钠的质量的准确数值，单位为克(g)；

V_1——硫酸钠(或硫酸铈铵)溶液的体积的数值，单位为毫升(mL)；

V_2——空白试验硫酸铈(或硫酸铈铵)溶液的体积的数值，单位为毫升(mL)；

M——草酸钠的摩尔质量的数值，单位为克每摩尔(g/mol)$\left[M\left(\frac{1}{6}Na_2C_2O_4\right)=66.999\right]$。

4.15 乙二胺四乙酸二钠标准滴定溶液

4.15.1 配　　制

按表 12 的规定量称取乙二胺四乙酸二钠，加 1 000 mL 水，加热溶解，冷却，摇匀。

表 12

乙二胺四乙酸二钠标准滴定溶液的浓度[c(EDTA)]/(mol/L)	乙二胺四乙酸二钠的质量 m/g
0.1	40
0.05	20
0.02	8

4.15.2 标　　定

4.15.2.1 乙二胺四乙酸二钠标准滴定溶液[c(EDTA)=0.1 mol/L]、[c(EDTA)=0.05 mol/L]

按表 13 的规定量称取于 800 ℃±50 ℃的高温炉中灼烧至恒重的工作基准试剂氧化锌，用少量水湿润，加 2 mL 盐酸溶液(20%)溶解，加 100 mL 水，用氨水溶液(10%)调节溶液 pH 至 7~8，加 10 mL 氨-氯化铵缓冲溶液甲(pH≈10)及 5 滴铬黑 T 指示液(5 g/L)，用配制好的乙二胺四乙酸二钠溶液滴定至溶液由紫色变为纯蓝色。同时做空白试验。

表 13

乙二胺四乙酸二钠标准滴定溶液的浓度[c(EDTA)]/(mol/L)	工作基准试剂氧化锌的质量 m/g
0.1	0.3
0.05	0.15

乙二胺四乙酸二钠标准滴定溶液的浓度[c(EDTA)]，数值以摩尔每升(mol/L)表示，按式(18)计算：

$$c(\text{EDTA})=\frac{m\times 1\,000}{(V_1-V_2)M} \tag{18}$$

式中 m——氯化锌的质量的准确数值，单位为克(g)；

V_1——乙二胺四乙酸二钠溶液的体积的数值，单位为毫升(mL)；

V_2——空白试验乙二胺四乙酸二钠溶液的体积的数值，单位为毫升(mL)；

M——氧化锌的摩尔质量的数值，单位为克每摩尔(g/mol)[M(ZnO)=81.39]。

4.15.2.2 乙二胺四乙酸二钠标准滴定溶液[c(EDTA)=0.02 mol/L]

称取 0.452 g 于 800 ℃±50 ℃的高温炉中灼烧至恒重的工作基准试剂氧化锌，用少量水湿润，加 3 mL 盐酸溶液(20%)溶解，移入 250 mL 容量瓶中，稀释至刻度，摇匀。取 35.00 mL~40.00 mL，加 70 mL 水，用氨水溶液(10%)调节溶液 pH 至 7~8，加 10 mL 氨-氯化铵缓冲溶液甲(pH≈10)及 5 滴铬黑 T 指示液(5 g/L)，用配制好的乙二胺四乙酸二钠溶液滴定至溶液由紫色变为纯蓝色。同时做空白试验。

乙二胺四乙酸二钠标准滴定溶液的浓度[c(EDTA)]，数值以摩尔每升(mol/L)表示，按式(19)计算：

$$c(\text{EDTA})=\frac{m\times\frac{V_1}{250}\times 1\,000}{(V_2-V_3)M} \tag{19}$$

式中 m——氧化锌的质量的准确数值,单位为克(g);

V_1——氧化锌溶液的体积的准确数值,单位为毫升(mL);

V_2——乙二胺四乙酸二钠溶液的体积的数值,单位为毫升(mL);

V_3——空白试验乙二胺四乙酸二钠溶液的体积的数值,单位为毫升(mL);

M——氧化锌的摩尔质量的数值,单位为克每摩尔(g/mol)[$M(ZnO)=81.39$]。

4.16 氯化锌标准滴定溶液

$$c(ZnCl_2)=0.1\ mol/L$$

4.16.1 配　　制

称取 14 g 氯化锌,溶于 1 000 mL 盐酸溶液(1+2 000)中,摇匀。

4.16.2 标　　定

称取 1.4 g 经硝酸镁饱和溶液恒湿器中放置 7 d 后的工作基准试剂乙二胺四乙酸二钠,溶于 100 mL 热水中,加 10 mL 氨-氯化铵缓冲溶液甲(pH≈10),用配制好的氯化锌溶液滴定,近终点时加 5 滴铬黑 T 指示液(5 g/L),继续滴定至溶液由蓝色变为紫红色。同时做空白试验。

氯化锌标准滴定溶液的浓度[$c(ZnCl_2)$],数值以摩尔每升(mol/L)表示,按式(20)计算:

$$c(ZnCl_2)=\frac{m\times 1\ 000}{(V_1-V_2)M} \tag{20}$$

式中 m——乙二胺四乙酸二钠的质量的准确数值,单位为克(g);

V_1——氯化锌溶液的体积的数值,单位为毫升(mL);

V_2——空白试验氯化锌溶液的体积的数值,单位为毫升(mL);

M——乙二胺四乙酸二钠的摩尔质量的数值,单位为克每摩尔(g/mol)[$M(EDTA)=372.24$]。

4.17 氯化镁(或硫酸镁)标准滴定溶液

$$c(MgCl_2)=0.1\ mol/L、c(MgSO_4)=0.1\ mol/L$$

4.17.1 配　　制

称取 21 g 氯化镁($MgCl_2\cdot 6H_2O$)[或 25 g 硫酸镁($MgSO_4\cdot 7H_2O$)],溶于 1 000 mL 盐酸溶液(1+2 000)中,放置 1 个月后,用 3 号玻璃滤埚过滤。

4.17.2 标　　定

称取 1.4 g 经硝酸镁饱和溶液恒湿器中放置 7 d 后的工作基准试剂乙二胺四乙酸二钠,溶于 100 mL 热水中,加 10 mL 氨-氯化铵缓冲溶液甲(pH≈10),用配制好的氯化镁(或硫酸镁)溶液滴定,近终点时加 5 滴铬黑 T 指示液(5 g/L),继续滴定至溶液由蓝色变为紫红色。同时做空白试验。

氯化镁(或硫酸镁)标准滴定溶液的浓度(c),数值以摩尔每升(mol/L)表示,按式(21)计算:

$$c=\frac{m\times 1\ 000}{(V_1-V_2)M} \tag{21}$$

式中 m——乙二胺四乙酸二钠的质量的准确数值,单位为克(g);

V_1——氯化镁(或硫酸镁)溶液的体积的数值,单位为毫升(mL);

V_2——空白试验氯化镁(或硫酸镁)溶液的体积的数值,单位为毫升(mL);

M——乙二胺四乙酸二钠的摩尔质量的数值,单位为克每摩尔(g/mol)[M(EDTA)=372.24]。

4.18 硝酸铅标准滴定溶液

$$c[Pb(NO_3)_2]=0.05\ mol/L$$

4.18.1 配　　制

称取 17 g 硝酸铅,溶于 1 000 mL 硝酸溶液(1+2 000)中,摇匀。

4.18.2 标　　定

量取 35.00 mL～40.00 mL 配制好的硝酸铅溶液,加 3 mL 乙酸(冰醋酸)及 5 g 六次甲基四胺,加 70 mL 水及 2 滴二甲酚橙指示液(2 g/L),用乙二胺四乙酸二钠标准滴定溶液[c(EDTA)=0.05 mol/L]滴定至溶液呈亮黄色。

硝酸铅标准滴定溶液的浓度{$c[Pb(NO_3)_2]$},数值以摩尔每升(mol/L)表示,按式(22)计算:

$$c[Pb(NO_3)_2]=\frac{V_1c_1}{V} \tag{22}$$

式中 V_1——乙二胺四乙酸二钠标准滴定溶液的体积的数值,单位为毫升(mL);

c_1——乙二胺四乙酸二钠标准滴定溶液的浓度的准确数值,单位为摩尔每升(mol/L);

V——硝酸铅溶液的体积的准确数值,单位为毫升(mL)。

4.19 氯化钠标准滴定溶液

c(NaCl)=0.1 mol/L

4.19.1 方 法 一

4.19.1.1 配　　制

称取 5.9 g 氯化钠,溶于 1 000 mL 水中,摇匀。

4.19.1.2 标　　定

按 GB/T 9725—1988 的规定测定。其中:量取 35.00 mL～40.00 mL 配制好的氯化钠溶液,加 40 mL 水、10 mL 淀粉溶液(10 g/L),以 216 型银电极作指示电极,217 型双盐桥饱和甘汞电极作参比电极,用硝酸银标准滴定溶液[$c(AgNO_3)$=0.1 mol/L]滴定,并按 GB/T 9725—1988 中 6.2.2 条的规定计算 V_0。

氯化钠标准滴定溶液的浓度[c(NaCl)],数值以摩尔每升(mol/L)表示,按式(23)计算:

$$c(NaCl)=\frac{V_0c_1}{V} \tag{23}$$

式中 V_0——硝酸银标准滴定溶液的体积的数值,单位为毫升(mL);

c_1——硝酸银标准滴定溶液的浓度的准确数值,单位为摩尔每升(mol/L);

V——氯化钠溶液的体积的准确数值,单位为毫升(mL)。

4.19.2 方 法 二

称取 5.84 g±0.30 g 已在 550 ℃±50 ℃的高温炉中灼烧至恒重的工作基准试剂氯化钠,溶于水,移入 1 000 mL 容量瓶中,稀释至刻度。

氯化钠标准滴定溶液的浓度[c(NaCl)],数值以摩尔每升(mol/L)表示,按式(24)计算:

$$c(\mathrm{NaCl})=\frac{m\times 1\,000}{VM} \tag{24}$$

式中　m——氯化钠的质量的准确数值,单位为克(g);

V——氯化钠溶液的体积的准确数值,单位为毫升(mL);

M——氯化钠的摩尔质量的数值,单位为克每摩尔(g/mol)[$M(\mathrm{NaCl})=58.442$]。

4.20　硫氰酸钠(或硫氰酸钾或硫氰酸铵)标准滴定溶液

$c(\mathrm{NaSCN})=0.1$ mol/L、$c(\mathrm{KSCN})=0.1$ mol/L、$c(\mathrm{NH_4SCN})=0.1$ mol/L

4.20.1　配　制

称取 8.2 g 硫氰酸钠(或 9.7 g 硫氰酸钾或 7.9 g 硫氰酸铵),溶于 1 000 mL 水中,摇匀。

4.20.2　标　定

4.20.2.1　方 法 一

按 GB/T 9725—1988 的规定测定。其中:称取 0.6 g 于硫酸干燥器中干燥至恒重的工作基准试剂硝酸银,溶于 90 mL 水中,加 10 mL 淀粉溶液(10 g/L)及 10 mL 硝酸溶液(25%),以 216 型银电极作指示电极,21 型双盐桥饱和甘汞电极作参比电极,用配制好的硫氰酸钠(或硫氰酸钾或硫氰酸铵)溶液滴定,并按 GB/T 9725—1988 中 6.2.2 条的规定计算 V_0。

硫氰酸钠(或硫氰酸钾或硫氰酸铵)标准滴定溶液的浓度(c),数值以摩尔每升(mol/L)表示,按式(25)计算:

$$c=\frac{m\times 1\,000}{V_0M} \tag{25}$$

式中　m——硝酸银的质量的准确数值,单位为克(g);

V_0——硫氰酸钠(或硫氰酸钾或硫氰酸铵)溶液的体积的数值,单位为毫升(mL);

M——硝酸银的摩尔质量的数值,单位为克每摩尔(g/mol)[$M(\mathrm{AgNO_3})=169.87$]。

4.20.2.2　方 法 二

按 GB/T 9725—1988 的规定测定。其中:量取 35.00 mL～40.00 mL 硝酸银标准滴定溶液[$c(\mathrm{AgNO_3})=0.1$ mol/L],加 60 mL 水、10 mL 淀粉溶液(10 g/L)及 10 mL 硝酸溶液(25%),以 216 型银电极作指示电极,217 型双盐桥饱和甘汞电极作参比电极,用配制好的硫氰酸钠(或硫氰酸钾或硫氰酸铵)溶液滴定,并按 GB/T 9725—1988 中 6.2.2 条的规定计算 V_0。

硫氰酸钠(或硫氰酸钾或硫氰酸铵)标准滴定溶液的浓度(c),数值以摩尔每升(mol/L)表示,按式(26)计算:

$$c=\frac{Vc_1}{V_0} \tag{26}$$

式中　V——硝酸银标准滴定溶液的体积的准确数值,单位为毫升(mL);

c_1——硝酸银标准滴定溶液的浓度的准确数值,单位为摩尔每升(mol/L);

V_0——硫氰酸钠(或硫氰酸钾或硫氰酸铵)溶液的体积的准确数值,单位为毫升(mL)。

4.21　硝酸银标准滴定溶液

$c(\mathrm{AgNO_3})=0.1$ mol/L

4.21.1　配　制

称取 17.5 g 硝酸银,溶于 1 000 mL 水中,摇匀。溶液贮存于棕色瓶中。

4.21.2 标　　定

按 GB/T 9725—1988 的规定测定。其中：称取 0.22 g 于 500 ℃～600 ℃的高温炉中灼烧至恒重的工作基准试剂氯化钠，溶于 70 mL 水中，加 10 mL 淀粉溶液（10 g/L），以 216 型银电极作指示电极，217 型双盐桥饱和甘汞电极作参比电极，用配制好的硝酸银溶液滴定。按 GB/T 9725—1988 中 6.2.2 条的规定计算 V_0。

硝酸银标准滴定溶液的浓度[$c(AgNO_3)$]，数值以摩尔每升(mol/L)表示，按式(27)计算：

$$c(AgNO_3)=\frac{m\times 1\,000}{V_0 M} \tag{27}$$

式中　m——氯化钠的质量的准确数值，单位为克(g)；

V_0——硝酸银溶液的体积的数值，单位为毫升(mL)；

M——氯化钠的摩尔质量的数值，单位为克每摩尔(g/mol)[$M(NaCl)=58.442$]。

4.22 亚硝酸钠标准滴定溶液

4.22.1 配　　制

按表 14 的规定量称取亚硝酸钠、氢氧化钠及无水碳酸钠，溶于 1 000 mL 水中，摇匀。

表 14

亚硝酸钠标准滴定溶液的浓度[$c(NaNO_2)$]/(mol/L)	亚硝酸钠的质量 m/g	氢氧化钠的质量 m/g	无水碳酸钠的质量 m/g
0.5	36	0.5	1
0.1	7.2	0.1	0.2

4.22.2 标　　定

按表 15 的规定称取于 120 ℃±2 ℃的电烘箱中干燥至恒重的工作基准试剂无水对氨基苯磺酸，加氨水溶解，加 200 mL 水及 20 mL 盐酸，按永停滴定法安装好电极和测量仪表(见图 1)。将装有配制好的相应浓度的亚硝酸钠溶液的滴管下口插入溶液内约 10 mm 处，在搅拌下于 15 ℃～20 ℃进行滴定，近终点时，将滴管的尖端提出液面，用少量水淋洗尖端，洗液并入溶液中，继续慢慢滴定，并观察检流计读数和指针偏转情况，直至加入滴定液搅拌后电流突增，并不再回复时为滴定终点。临用前标定。

表 15

亚硝酸钠标准滴定溶液的浓度[$c(NaNO_2)$]/(mol/L)	工作基准试剂无水对氨基苯磺酸的质量 m/g	氨水的体积 V/mL
0.5	3	3
0.1	0.6	2

亚硝酸钠标准滴定溶液的浓度[$c(NaNO_2)$]，数值以摩尔每升(mol/L)表示，按式(28)计算：

$$c(NaNO_2)=\frac{m\times 1\,000}{VM} \tag{28}$$

式中　m——无水对氨基苯磺酸的质量的准确数值，单位为克(g)；

V——亚硝酸钠溶液的体积的数值，单位为毫升(mL)；

M——无水对氨基苯磺酸的摩尔质量的数值，单位为克每摩尔(g/mol){$M[C_6H_4(NH_2)(SO_3H)]=173.19$}。

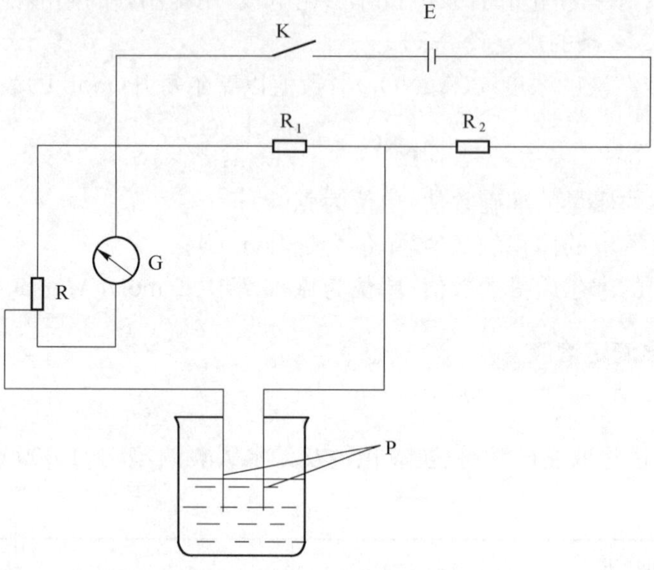

图1 测量仪表安装示意图

R—电阻(其阻值与检流计临界阻尼电阻值近似)；

R_1—电阻(60 Ω～70 Ω，或用可变电阻，使加于二电极上的电压约为 50 mV)；

R_2—电阻(2 000 Ω)；E—干电池(1.5 V)；K—开关；G—检流计(灵敏度为 10^{-9} A/格)；P—铂电极

4.23 高氯酸标准滴定溶液

$$c(HClO_4)=0.1\ mol/L$$

4.23.1 配　　制

4.23.1.1 方 法 一

量取 8.7 mL 高氯酸，在搅拌下注入 500 mL 乙酸(冰醋酸)中，混匀。滴加 20 mL 乙酸酐，搅拌至溶液均匀。冷却后用乙酸(冰醋酸)稀释至 1 000 mL。

4.23.1.2 方 法 二[3)]

量取 8.7 mL 高氯酸，在搅拌下注入 950 mL 乙酸(冰醋酸)中，混匀。取 10 mL，按 GB/T 606—1988 的规定测定水的质量分数，每次 5 mL，用吡啶做溶剂。以两平行测定结果的平均值(X_1)计算高氯酸溶液中乙酸酐的加入量。滴加计算量的乙酸酐，搅拌均匀。冷却后用乙酸(冰醋酸)稀释至 1 000 mL，摇匀。

高氯酸溶液中乙酸酐的加入量(V)，数值以毫升(mL)表示，按式(29)计算：

$$V=5\ 320\times w_1-2.8 \tag{29}$$

式中　w_1——未加乙酸酐的高氯酸溶液中的水的质量分数，数值以%表示。

4.23.2 标　　定

称取 0.75 g 于 105 ℃～110 ℃的电烘箱中干燥至恒重的工作基准试剂邻苯二甲酸氢钾，

3)本方法控制高氯酸标准滴定溶液中的水的质量分数约为 0.05%。

置于干燥的锥形瓶中，加入 50 mL 乙酸(冰醋酸)，温热溶解。加 3 滴结晶紫指示液(5 g/L)，用配制好的高氯酸溶液滴定至溶液由紫色变为蓝色(微带紫色)。临用前标定。

标定温度下高氯酸标准滴定溶液的浓度[$c(HClO_4)$]，数值以摩尔每升(mol/L)表示，按式(30)计算：

$$c(HClO_4)=\frac{m\times 1\,000}{VM} \tag{30}$$

式中 m——邻苯二甲酸氢钾的质量的准确数值，单位为克(g)；

V——高氯酸溶液的体积的数值，单位为毫升(mL)；

M——邻苯二甲酸氢钾的摩尔质量的数值，单位为克每摩尔(g/mol)[$M(KHC_8H_4O_4)=204.22$]。

4.23.3　修正方法

使用高氯酸标准滴定溶液时的温度应与标定时的温度相同；若温度不相同，应将高氯酸标准滴定溶液的浓度修正到使用温度下的浓度的数值。

高氯酸标准滴定溶液修正后的浓度[$c_1(HClO_4)$]，数值以摩尔每升(mol/L)表示，按式(31)计算：

$$c_1(HClO_4)=\frac{c}{1+0.001\,1(t_1-t)} \tag{31}$$

式中 c——标定温度下高氯酸标准滴定溶液的浓度的准确数值，单位为摩尔每升(mol/L)；

t_1——使用时高氯酸标准滴定溶液的温度的数值，单位为摄氏度(℃)；

t——标定高氯酸标准滴定溶液的温度的数值，单位为摄氏度(℃)；

0.001 1——高氯酸标准滴定溶液每改变 1 ℃时的体积膨胀系数。

4.24　氢氧化钾-乙醇标准滴定溶液

$$c(KOH)=0.1\ mol/L$$

4.24.1　配　　制

称取 8 g 氢氧化钾，置于聚乙烯容器中，加少量水(约 5 mL)溶解，用乙醇(95%)稀释至 1 000 mL，密闭放置 24 h。用塑料管虹吸上层清液至另一聚乙烯容器中。

4.24.2　标　　定

称取 0.75 g 于 105 ℃～110 ℃电烘箱中干燥至恒重的工作基准试剂邻苯二甲酸氢钾，溶于 50 mL 无二氧化碳的水中，加 2 滴酚酞指示液(10 g/L)，用配制好的氢氧化钾-乙醇溶液滴定至溶液呈粉红色，同时做空白试验。临用前标定。

氢氧化钾-乙醇标准滴定溶液的浓度[$c(KOH)$]，数值以摩尔每升(mol/L)表示，按式(32)计算：

$$c(KOH)=\frac{m\times 1\,000}{(V_1-V_2)M} \tag{32}$$

式中 m——邻苯二甲酸氢钾的质量的准确数值，单位为克(g)；

V_1——氢氧化钾-乙醇溶液的体积的数值，单位为毫升(mL)；

V_2——空白试验氢氧化钾-乙醇溶液的体积的数值，单位为毫升(mL)；

M——邻苯二甲酸氢钾的摩尔质量的数值，单位为克每摩尔(g/mol)[$M(KHC_8H_4O_4)=204.22$]。

附录 A(规范性附录) 不同温度下标准滴定溶液的体积的补正值

不同温度下标准滴定溶液的体积的补正值,按表 A.1 计算。

表 A.1 单位为毫升每升(mL/L)

温度/℃	水及0.05 mol/L以下的各种水溶液	0.1 mol/L及0.2 mol/L各种水溶液	盐酸溶液 $c(HCl)=$ 0.5 mol/L	盐酸溶液 $c(HCl)=$ 1 mol/L	硫酸溶液 $c\left(\frac{1}{2}H_2SO_4\right)=$ 0.5 mol/L、氢氧化钠溶液 $c(NaOH)=$ 0.5 mol/L	硫酸溶液 $c\left(\frac{1}{2}H_2SO_4\right)$ =1 mol/L 氢氧化钠溶液 $c(NaOH)=$ 1 mol/L	碳酸钠溶液 $c\left(\frac{1}{2}H_2CO_3\right)$ =1 mol/L	氢氧化钾-乙醇溶液 $c(KOH)=$ 0.1 mol/L
5	+1.38	+1.7	+1.9	+2.3	+2.4	+3.6	+3.3	
6	+1.38	+1.7	+1.9	+2.2	+2.3	+3.4	+3.2	
7	+1.36	+1.6	+1.8	+2.2	+2.2	+3.2	+3.0	
8	+1.33	+1.6	+1.8	+2.1	+2.2	+3.0	+2.8	
9	+1.29	+1.5	+1.7	+2.0	+2.1	+2.7	+2.6	
10	+1.23	+1.5	+1.6	+1.9	+2.0	+2.5	+2.4	+10.8
11	+1.17	+1.4	+1.5	+1.8	+1.8	+2.3	+2.2	+9.6
12	+1.10	+1.3	+1.4	+1.6	+1.7	+2.0	+2.0	+8.5
13	+0.99	+1.1	+1.2	+1.4	+1.5	+1.8	+1.8	+7.4
14	+0.88	+1.0	+1.1	+1.2	+1.3	+1.6	+1.5	+6.5
15	+0.77	+0.9	+0.9	+1.0	+1.1	+1.3	+1.3	+5.2
16	+0.64	+0.7	+0.8	+0.8	+0.9	+1.1	+1.1	+4.2
17	+0.50	+0.6	+0.6	+0.6	+0.7	+0.8	+0.8	+3.1
18	+0.34	+0.4	+0.4	+0.4	+0.5	+0.6	+0.6	+2.1
19	+0.18	+0.2	+0.2	+0.2	+0.2	+0.3	+0.3	+1.0
20	0.00	0.00	0.00	0.0	0.00	0.0	0.0	0.0
21	−0.18	−0.2	−0.2	−0.2	−0.2	−0.3	−0.3	−1.1
22	−0.38	−0.4	−0.4	−0.5	−0.5	−0.6	−0.6	−2.2
23	−0.58	−0.6	−0.7	−0.7	−0.8	−0.9	−0.9	−3.3
24	−0.80	−0.9	−0.9	−1.0	−1.0	−1.2	−1.2	−4.2
25	−1.03	−1.1	−1.1	−1.2	−1.3	−1.5	−1.5	−5.3
26	−1.26	−1.4	−1.4	−1.4	−1.5	−1.8	−1.8	−6.4
27	−1.51	−1.7	−1.7	−1.7	−1.8	−2.1	−2.1	−7.5
28	−1.76	−2.0	−2.0	−2.0	−2.1	−2.4	−2.4	−8.5
29	−2.01	−2.3	−2.3	−2.3	−2.4	−2.8	−2.8	−9.6
30	−2.30	−2.5	−2.5	−2.6	−2.8	−3.2	−3.1	−10.6
31	−2.58	−2.7	−2.7	−2.9	−3.1	−3.5		−11.6
32	−2.86	−3.0	−3.0	−3.2	−3.4	−3.9		−12.6
33	−3.04	−3.2	−3.3	−3.5	−3.7	−4.2		−13.7
34	−3.47	−3.7	−3.6	−3.8	−4.1	−4.6		−14.8
35	−3.78	−4.0	−4.0	−4.1	−4.4	−5.0		−16.0
36	−4.10	−4.3	−4.3	−4.4	−4.7	−5.3		−17.0

注 1:本表数值是以 20 ℃为标准温度以实测法测出。

注 2:表中带有"+"、"−"号的数值是以 20 ℃为分界。室温低于 20 ℃的补正值为"+",高于 20 ℃的补正值均为"−"。

注 3:本表的用法:如 1 L 硫酸溶液 $\left[c\left(\frac{1}{2}H_2SO_4\right)=1\ mol/L\right]$ 由 25℃换算为 20 ℃时,其体积补正值为−1.5 mL,故 40.00 mL 换算为 20 ℃时的体积为:

$$V_{20}=40.00-\frac{1.5}{1\,000}\times40.00=39.94(mL)$$

附录 B(资料性附录) 标准滴定溶液浓度平均值不确定度的计算

首次制备标准滴定溶液时应进行不确定度的计算，日常制备不必每次计算，但当条件(如人员、计量器具、环境等)改变时，应重新进行不确定度的计算。

B.1 标准滴定溶液的标定方法

本标准中标准滴定溶液浓度的标定方法大体上有四种方式：第一种是用工作基准试剂标定标准滴定溶液的浓度；第二种是用标准滴定溶液标定标准滴定溶液的浓度；第三种是将工作基准试剂溶解、定容、量取后标定标准滴定溶液的浓度；第四种是用工作基准试剂直接制备的标准滴定溶液。因此，不确定度的计算也分为四种。

B.1.1 第一种方式

包括：氢氧化钠、盐酸、硫酸、硫代硫酸钠、碘、高锰酸钾、硫酸铈、乙二胺四乙酸二钠[c(EDTA)=0.1 mol/L、0.05 mol/L]、高氯酸、硫氰酸钠、硝酸银、亚硝酸钠、氯化锌、氯化镁、氢氧化钾-乙醇共15种标准滴定溶液。

本标准规定使用工作基准试剂(其质量分数按100%计)标定标准滴定溶液的浓度。当对标准滴定溶液浓度值的准确度有更高要求时，可用二级纯度标准物质或定值标准物质代替工作基准试剂进行标定，并在计算标准滴定溶液浓度时，将其纯度值的质量分数代入计算式中，因此计算标准滴定溶液的浓度值(c)，数值以摩尔每升(mol/L)表示，按式(B.1)计算：

$$c=\frac{mw\times 1\,000}{(V_1-V_2)M} \tag{B.1}$$

式中 m——工作基准试剂的质量的准确数值，单位为克(g)；

w——工作基准试剂的质量分数的数值，%；

V_1——被标定溶液的体积的数值，单位为毫升(mL)；

V_2——空白试验被标定溶液的体积的数值，单位为毫升(mL)；

M——工作基准试剂的摩尔质量的数值，单位为克每摩尔(g/mol)。

B.1.2 第二种方式

包括：碳酸钠、重铬酸钾、溴、溴酸钾、碘酸钾、草酸、硫酸亚铁铵、硝酸铅、氯化钠共9种标准滴定溶液。

计算标准滴定溶液的浓度值(c)，数值以摩尔每升(mol/L)表示，按式(B.2)计算：

$$c=\frac{(V_1-V_2)c_1}{V} \tag{B.2}$$

式中 V_1——标准滴定溶液的体积的数值，单位为毫升(mL)；

V_2——空白试验标准滴定溶液的体积的数值，单位为毫升(mL)；

c_1——标准滴定溶液的浓度的准确数值，单位为摩尔每升(mol/L)；

V——被标定标准滴定溶液的体积的数值，单位为毫升(mL)。

B.1.3 第三种方式

包括：乙二胺四乙酸二钠标准滴定溶液[c(EDTA)=0.02 mol/L]。

计算标准滴定溶液的浓度值(c)，数值以摩尔每升(mol/L)表示，按式(B.3)计算：

$$c=\frac{\left(\frac{m}{V_3}\right)V_4 w\times 1\ 000}{(V_1-V_2)M} \tag{B.3}$$

式中　m——工作基准试剂的质量的准确数值，单位为克(g)；

V_3——工作基准试剂溶液的体积的数值，单位为毫升(mL)；

V_4——量取工作基准试剂溶液的体积的数值，单位为毫升(mL)；

w——工作基准试剂的质量分数的数值，%；

V_1——被标定溶液的体积的数值，单位为毫升(mL)；

V_2——空白试验被标定溶液的体积的数值，单位为毫升(mL)；

M——工作基准试剂的摩尔质量的数值，单位为克每摩尔(g/mol)。

B.1.4　第四种方式

包括：重铬酸钾、碘酸钾、氯化钠共3种标准滴定溶液。

计算标准滴定溶液的浓度值(c)，数值以摩尔每升(mol/L)表示，按式(B.4)计算：

$$c=\frac{mw\times 1\ 000}{VM} \tag{B.4}$$

式中　m——工作基准试剂的质量的准确数值，单位为克(g)；

w——工作基准试剂的质量分数的数值，%；

V——标准滴定溶液的体积的数值，单位为毫升(mL)；

M——工作基准试剂的摩尔质量的数值，单位为克每摩尔(g/mol)。

B.2　扩展不确定度的计算

B.2.1　标准滴定溶液浓度平均值的扩展不确定度[$U(\bar{c})$]，按式(B.5)计算：

$$U(\bar{c})=ku_o(\bar{c}) \tag{B.5}$$

式中　k——包含因子(一般情况下，$k=2$)；

$u_c(\bar{c})$——标准滴定溶液浓度平均值的合成标准不确定度，单位为摩尔每升(mol/L)。

式(B.5)中：

$$u_c(\bar{c})=\sqrt{[u_A(\bar{c})]^2+[u_{cB}(\bar{c})]^2} \tag{B.6}$$

式中　$u_A(\bar{c})$——标准滴定溶液浓度平均值的A类标准不确定度分量，单位为摩尔每升(mol/L)；

$u_{cB}(\bar{c})$——标准滴定溶液浓度平均值的B类合成标准不确定度分量，单位为摩尔每升(mol/L)。

B.3　用工作基准试剂标定标准滴定溶液浓度平均值不确定度的计算

B.3.1　标准滴定溶液浓度平均值的A类标准不确定度的计算

标准滴定溶液浓度平均值的A类标准不确定度有两种计算方法。

B.3.1.1　标准滴定溶液浓度平均值的A类相对标准不确定度分量[$u_{Arel}(\bar{c})$]估算，按式(B.7)计算：

$$u_{Arel}(\bar{c})=\frac{\sigma(c)}{\sqrt{8}\times\bar{c}} \tag{B.7}$$

式中　$\sigma(c)$——标准滴定溶液浓度值的总体标准差，单位为摩尔每升(mol/L)；

$\bar{c}$——两人八平行测定的标准滴定溶液浓度平均值，单位为摩尔每升(mol/L)。

式(B.7)中：

$$\sigma(c)=\frac{[C_rR_{95}(8)]}{f(n)} \tag{B.8}$$

式中 $[C_rR_{95}(8)]$——两人八平行测定的重复性临界极差，单位为摩尔每升(mol/L)；

$f(n)$——临界极差系数(由 GB/T 11792—1989 中表 1 查得)。

B.3.1.2 标准滴定溶液浓度平均值的 A 类相对标准不确定度分量的计算

用贝塞尔法计算两人八平行测定的实验标准差后，标准滴定溶液浓度平均值的 A 类相对标准不确定度分量$[u_{\mathrm{Arel}}(\bar{c})]$，按式(B.9)计算：

$$u_{\mathrm{Arel}}(\bar{c})=\frac{s(c)}{\sqrt{8}\times\bar{c}} \tag{B.9}$$

式中 $s(c)$——两人八平行测定结果的实验标准差，单位为摩尔每升(mol/L)；

$\bar{c}$——两人八平行测定的标准滴定溶液浓度平均值，单位为摩尔每升(mol/L)。

B.3.2 标准滴定溶液浓度平均值的 B 类相对合成标准不确定度分量的计算

以用电子天平称量为例进行不确定度的计算。

根据式(B.1)，标准滴定溶液浓度平均值的 B 类相对合成标准不确定度分量$[u_{\mathrm{cBrel}}(\bar{c})]$，按式(B.10)计算：

$$u_{\mathrm{cBrel}}(\bar{c})=\sqrt{u_{\mathrm{rel}}^2(m)+u_{\mathrm{rel}}^2(w)+u_{\mathrm{rel}}^2(V_1-V_2)+u_{\mathrm{rel}}^2(M)+u_{\mathrm{rel}}^2(r)} \tag{B.10}$$

式中 $u_{\mathrm{rel}}(m)$——工作基准试剂质量的数值的相对标准不确定度分量；

$u_{\mathrm{rel}}(w)$——工作基准试剂的质量分数的数值的相对标准不确定度分量；

$u_{\mathrm{rel}}(V_1-V_2)$——被标定溶液体积的数值的相对标准不确定度分量；

$u_{\mathrm{rel}}(M)$——工作基准试剂摩尔质量的数值的相对标准不确定度分量；

$u_{\mathrm{rel}}(r)$——被标定溶液浓度的数值修约的相对标准不确定度分量。

B.3.2.1 工作基准试剂质量的数值的相对标准不确定度分量$[u_{\mathrm{rel}}(m)]$，按式(B.11)计算：

$$u_{\mathrm{rel}}(m)=\frac{u(m)}{m} \tag{B.11}$$

式中 $u(m)$——工作基准试剂质量的数值的标准不确定度分量，单位为克(g)；

m——工作基准试剂质量的数值，单位为克(g)。

式(B.11)中：

$$u(m)=\sqrt{2\times\left(\frac{a}{k}\right)^2}\text{(按均匀分布，}k=\sqrt{3}\text{)} \tag{B.12}$$

式中 a——电子天平的最大允许误差，单位为克(g)。

B.3.2.2 工作基准试剂的质量分数的数值的相对标准不确定度分量$[u_{\mathrm{rel}}(w)]$，按式(B.13)计算：

$$u_{\mathrm{rel}}(w)=\frac{\sqrt{u^2(w)+u^2(w_r)}}{w} \tag{B.13}$$

式中 $u(w)$——工作基准试剂的质量分数的数值的标准不确定度分量，%；

$u(w_r)$——工作基准试剂的质量分数的数值范围的标准不确定度分量(标准物质不包含此项)，%；

w——工作基准试剂的质量分数的数值，%。

式(B. 13)中：

$$u(w)=\frac{U}{k} \tag{B. 14}$$

式中 U——工作基准试剂的质量分数的数值的扩展不确定度(总不确定度),%；

k——包含因子(一般情况下,$k=2$)。

式(B. 13)中：

$$u(w_{\mathrm{r}})=\frac{a}{k}(\text{按均匀分布},k=\sqrt{3}) \tag{B. 15}$$

式中 a——工作基准试剂的质量分数的数值范围的半宽,%；

B. 3. 2. 3 被标定溶液体积的数值的相对标准不确定度分量

被标定溶液体积的相对标准不确定度分量[$u_{\mathrm{rel}}(V_1-V_2)$],应按式(B. 16)计算：

$$u_{\mathrm{rel}}(V_1-V_2)=\frac{\sqrt{u^2(V_1)+u^2(V_2)}}{V_1-V_2} \tag{B. 16}$$

式中 $u(V_1)$——被标定溶液体积的数值的标准不确定度分量,单位为毫升(mL)；

$u(V_2)$——空白试验被标定溶液体积的数值的标准不确定度分量,单位为毫升(mL)；

V_1-V_2——被标定溶液实际消耗的体积的数值,单位为毫升(mL)。

经必要的省略,被标定溶液体积的数值的相对标准不确定度分量[$u_{\mathrm{rel}}(V_1-V_2)$],按式(B. 17)计算：

$$u_{\mathrm{rel}}(V_1-V_2)=\frac{\sqrt{u_1^2(V)+u_2^2(V)+u_3^2(V)+u_4^2(V)}}{V_1-V_2} \tag{B. 17}$$

式中 $u_1(V)$——称量水校正滴定管体积时引入的标准不确定度分量,单位为毫升(mL)；

$u_2(V)$——由内插法确定被标定溶液体积校正值时引入的标准不确定度分量,单位为毫升(mL)；

$u_3(V)$——被标定溶液体积校正值修约误差引入的标准不确定度分量,单位为毫升(mL)；

$u_4(V)$——温度补正值的修约误差引入的标准不确定度分量,单位为毫升(mL)；

V_1——被标定溶液体积的数值,单位为毫升(mL)；

V_2——空白试验被标定溶液体积的数值,单位为毫升(mL)。

B. 3. 2. 3. 1 称量水校正滴定管体积时引入的标准不确定度分量[$u_1(V)$]

JJG 196—1990 规定：量器在标准温度 20 ℃时的实际体积的数值(V_{20}),单位为毫升(mL),按式(B. 18)计算：

$$V_{20}=V_0+\frac{m_0-m}{\rho_{\mathrm{w}}} \tag{B. 18}$$

式中 V_0——量器标称体积的数值,单位为毫升(mL)；

m_0——称得纯水的质量的数值,单位为克(g)；

m——衡量法用表中查得纯水质量的数值,单位为克(g)；

ρ_{w}——纯水在 t℃时密度的数值,单位为克每毫升(g/mL)。

则被标定溶液体积校正值应为：

$$V=\frac{m_0-m}{\rho_{\mathrm{w}}} \tag{B. 19}$$

故称量水校正滴定管体积时引入的相对标准不确定度分量 $u_{1\mathrm{rel}}(V)$,按(B. 20)计算：

$$u_{1\mathrm{rel}}(V)=\sqrt{[u_{\mathrm{rel}}(m_0-m)]^2+[u_{\mathrm{rel}}(\rho_w)]^2} \tag{B.20}$$

式中 $u_{\mathrm{rel}}(m_0-m)$——称量纯水的质量的数值与衡量法用表中查得纯水质量的数值的差值的相对标准不确定度分量；

$u_{\mathrm{rel}}(\rho_{\mathrm{w}})$——纯水密度值引入的相对标准不确定度分量。

其中：m 是 JJG 196—1990《国家计量检定规程常用玻璃量器》中提供的一定容量、温度、空气密度、玻璃体积膨胀系数下纯水的质量，故视其为真值，其标准不确定度分量为零，但存在纯水质量的数值修约引入的标准不确定度分量。

式(B. 20)中：

$$u_{\mathrm{rel}}(m_0-m)=\frac{\sqrt{u^2(m_0)+u^2(m)}}{m_0-m} \tag{B.21}$$

式中 $u(m_0)$——称量纯水质量的数值的标准不确定度分量，单位为克(g)；

$u(m)$——衡量法用表中查得纯水质量的数值的标准不确定度分量，单位为克(g)；

m_0——称量纯水的质量的数值，单位为克(g)；

m——衡量法用表中查得纯水质量的数值，单位为克(g)。

式(B. 21)中：

$$u(m_0)=\sqrt{2\times\left(\frac{a}{k}\right)^2}\text{(按均匀分布，}k=\sqrt{3}\text{)} \tag{B.22}$$

式中 a——电子天平的最大允许误差，单位为克(g)。

式(B. 21)中：

$$u(m)=\frac{a}{k}\text{(按均匀分布，}k=\sqrt{3}\text{)} \tag{B.23}$$

式中 a——衡量法用表中查得纯水质量值修约误差区间的半宽，单位为克(g)。

式(B. 20)中：

$$u_{\mathrm{rel}}(\rho_{\mathrm{w}})=\frac{u(\rho_{\mathrm{w}})}{\rho_{\mathrm{w}}} \tag{B.24}$$

式中 $u(\rho_{\mathrm{w}})$——纯水密度值引入的标准不确定度分量，单位为克每毫升(g/mL)；

ρ_{w}——纯水在 t℃时的密度的数值，单位为克每毫升(g/mL)。

式(B. 24)中：

$$u(\rho_{\mathrm{w}})=\frac{a}{k}\text{(按均匀分布，}k=\sqrt{3}\text{)} \tag{B.25}$$

式中 a——纯水密度值修约误差区间的半宽，单位为克每毫升(g/mL)。

将 $u_{\mathrm{rel}}(m_0-m)$、$u_{\mathrm{rel}}(\rho_{\mathrm{w}})$代入式(B20)中，即得 $u_{1\mathrm{rel}}(V)$。则称量水校正滴定管体积值时引入的标准不确定度分量 $u_1(V)$，按式(B. 26)计算：

$$u_1(V)=\frac{m_0-m}{\rho_{\mathrm{w}}}\times u_{1\mathrm{rel}}(V) \tag{B.26}$$

B. 3. 2. 3. 2 由内插法确定被标定溶液体积校正值时引入的标准不确定度分量[$u_2(V)$]，数值以毫升(mL)表示，按式(B. 27)计算：

$$u_2(V)=\frac{a}{k}\text{(按三角分布，}k=\sqrt{6}\text{)} \tag{B.27}$$

式中 a——大于被标定溶液体积的数值与小于被标定溶液体积的数值两校正点校正值差值的一半，单位为毫升(mL)。

B.3.2.3.3　被标定溶液体积校正值修约误差引入的标准不确定度分量[$u_3(V)$]，数值以毫升(mL)表示，按式(B.28)计算：

$$u_3(V)=\frac{a}{k}(\text{按均匀分布},k=\sqrt{3}) \tag{B.28}$$

式中　a——滴定管校正值的修约误差区间的半宽，单位为毫升(mL)。

B.3.2.3.4　温度补正值的修约误差引入的标准不确定度分量[$u_4(V)$]，数值以毫升(mL)表示，按式(B.29)计算：

$$u_4(V)=\frac{aV_1}{k\times 1\ 000}(\text{按均匀分布},k=\sqrt{3}) \tag{B.29}$$

式中　a——温度补正值的修约误差区间的半宽，单位为毫升每升(mL/L)；

V_1——被标定溶液体积的数值，单位为毫升(mL)。

将上述$u_1(V)$、$u_2(V)$、$u_3(V)$、$u_4(V)$代入式(B.17)，即得到被标定溶液体积的数值的相对标准不确定度分量。

B.3.2.4　工作基准试剂摩尔质量的数值的相对标准不确定度分量[$u_{\text{rel}}(M)$]，按式(B.30)计算：

$$u_{\text{rel}}(M)=\frac{u(M)}{M} \tag{B.30}$$

式中　$u(M)$——工作基准试剂摩尔质量的数值的标准不确定度分量，单位为克每摩尔(g/mol)；

M——工作基准试剂的摩尔质量的数值，单位为克每摩尔(g/mol)。

式(B.30)中：

$$u(M)=\sqrt{u^2(M_1)+u^2(M_2)} \tag{B.31}$$

式中　$u(M_1)$——工作基准试剂分子中各元素的相对原子质量的数值的标准不确定度引入的标准不确定度分量，单位为克每摩尔(g/mol)；

$u(M_2)$——工作基准试剂摩尔质量的数值的修约误差引入的标准不确定度分量，单位为克每摩尔(g/mol)。

式(B.31)中：

$$u(M_1)=\sqrt{\sum_{i=1}^{n}q_i u^2(A_i)} \tag{B.32}$$

式中　q_i——工作基准试剂分子中某元素A_i的个数；

$u(A_i)$——工作基准试剂分子中某元素相对原子质量的数值的标准不确定度，单位为克每摩尔(g/mol)；

n——工作基准试剂分子中元素的个数。

式(B.31)中：

$$u(M_2)=\frac{a}{k}(\text{按均匀分布},k=\sqrt{3} \tag{B.33}$$

式中　a——工作基准试剂摩尔质量的数值的修约误差区间的半宽，单位为克每摩尔(g/mol)。

B.3.2.5　两人八平行测定的标准滴定溶液浓度平均值的修约误差引入的相对标准不确定度分量[$u_{\text{rel}}(r)$]，按式(B.34)计算：

$$u_{\mathrm{rel}}(r)=\frac{a/k}{\bar{c}}(\text{按均匀分布},k=\sqrt{3}) \tag{B.34}$$

式中 a——两人八平行测定的标准滴定溶液浓度平均值的修约误差区间的半宽，单位为摩尔每升(mol/L)；

$\bar{c}$——两人八平行测定的标准滴定溶液浓度平均值，单位为摩尔每升(mol/L)。

B.3.2.6 将 $u_{\mathrm{rel}}(m)$、$u_{\mathrm{rel}}(p)$、$u_{\mathrm{rel}}(V_1-V_2)$，$u_{\mathrm{rel}}(M)$、$u_{\mathrm{rel}}(r)$代入式(B10)得到标准滴定溶液浓度平均值的B类合成相对标准不确定度分量$[u_{\mathrm{cBrel}}(c)]$。

B.3.3 标准滴定溶液浓度平均值的扩展不确定度的计算

将B.3.1条、B.3.2条分别求得的标准滴定溶液浓度平均值的A类和B类相对标准不确定度分量 $u_{\mathrm{Arel}}(\bar{c})$和 $u_{\mathrm{cBrel}}(\bar{c})$乘以浓度平均值 $\bar{c}$ 以后，分别得到A类和B类标准不确定度分量 $u_{\mathrm{A}}(\bar{c})$和 $u_{\mathrm{cB}}(\bar{c})$，再代入式(B6)得到标准滴定溶液浓度平均值的合成标准不确定度$[u_{\mathrm{c}}(\bar{c})]$，将$[u_{\mathrm{c}}(\bar{c})]$代入式(B5)，即可求得标准滴定溶液浓度平均值的扩展不确定度。

B.4 标准滴定溶液浓度平均值的扩展不确定度的表示(依据JJF 1059—1999)

示例：

标准滴定溶液浓度平均值的合成标准不确定度 $u_{\mathrm{c}}(\bar{c})=5.6\times10^{-5}$ mol/L，取包含因子$k=2$，标准滴定溶液浓度平均值($\bar{c}=0.1$ mol/L)的扩展不确定度 $U=2\times5.6\times10^{-5}$ mol/L$=$0.000 112 mol/L。

以浓度值的形式表示为：

a) $\bar{c}=0.1000$ mol/L，$U=0.0002$ mol/L；$k=2$。

b) $\bar{c}=(0.1000\pm0.0002)$ mol/L；$k=2$。

以浓度值的相对形式表示为：

a) $\bar{c}=0.1000(1\pm2\times10^{-3})$ mol/L；$U=2\times10^{-4}$；$k=2$。

b) $\bar{c}=0.1000$ mol/L；$U=2\times10^{-4}$；$k=2$。

以上四种表示方法任选其一。

B.5 其他三种方式的不确定度的计算

参考第一种方式的标准滴定溶液浓度平均值不确定度的计算，可进行第二种方式、第三种方式、第四种方式标准滴定溶液浓度平均值的不确定度的计算。

B.6 说　明

B.6.1 在标准滴定溶液浓度平均值的不确定度的计算中，未包括终点误差引入的相对标准不确定度分量。使用者可按分析化学原理，计算终点误差引入的相对标准不确定度分量。

B.6.2 在本附录中列出的不确定度分量，有些可以忽略不计，但应验算后确定。

化学试剂杂质测定用标准溶液的制备

目　次

3 一般规定

3.1 本标准除另有规定外，所用试剂的纯度应在分析纯以上，所用标准滴定溶液、制剂及制品，应按 GB/T 601—2002、GB/T 603—2002 的规定制备，实验用水应符合 GB/T 6682—1992 中三级水规格。

3.2 杂质测定用标准溶液的量取

3.2.1 杂质测定用标准溶液，应使用分度吸管量取。每次量取时，以不超过所量取杂质测定用标准溶液体积的三倍量选用分度吸管。

3.2.2 杂质测定用标准溶液的量取体积应在 0.05 mL～2.00 mL 之间。当量取体积少于 0.05 mL 时，应将杂质测定用标准溶液按比例稀释，稀释的比例，以稀释后的溶液在应用时的量取体积不小于 0.05 mL 为准；当量取体积大于 2.00 mL 时，应在原杂质测定用标准溶液制备方法的基础上，按比例增加所用试剂和制剂的加入量，增加比例以制备后溶液在应用时的量取体积不大于 2.00 mL 为准。

3.3 除另有规定外，杂质测定用标准溶液，在常温(15℃～25℃)下，保存期一般为二个月，当出现浑浊、沉淀或颜色有变化等现象时，应重新制备。

3.4 本标准中所用溶液以(%)表示的均为质量分数，只有乙醇(95%)中的(%)为体积分数。

4 制备方法

杂质测定用标准溶液的制备方法，见表 1。

表 1 杂质测定用标准溶液的制备方法

序号	名　称	浓度/(mg/mL)	制备方法
1	乙酸酐[$(CH_3CO)_2O$]	1	称取 0.100 g 乙酸酐，置于 100 mL 容量瓶中，用无乙酸酐的乙酸(冰醋酸)溶解，用无乙酸酐的乙酸(冰醋酸)稀释至刻度。临用前制备。 无乙酸酐的乙酸(冰醋酸)的制备：将乙酸(冰醋酸)回流 30 min 后，蒸馏制得。
2	乙酸盐(CH_3COO)	10	称取 23.050 g 乙酸钠($CH_3COONa \cdot 3H_2O$)，溶于水，移入 1 000 mL 容量瓶中，稀释至刻度。
3	乙醛(CH_3CHO)	1	称取 m g 乙醛(40%)，精确至 0.001 g，置于 1 000 mL 容量瓶中，稀释至刻度。临用前制备。 乙醛(40%)的称取质量 m，数值以克(g)表示，按式(1)计算： $$m=\frac{1.000}{w} \quad (1)$$ 式中： w——乙醛(40%)的实测质量分数的数值，以"%"表示。 制备前应按本标准附录 A 中 A1 规定的方法测定乙醛(40%)的质量分数。

续上表

序号	名　称	浓度/(mg/mL)	制 备 方 法
4	水杨酸(HOC_6H_4COOH)	0.1	称取0.100 g水杨酸,加少量水和1 mL乙酸冰醋酸)溶解,移入1 000 mL容量瓶中,稀释至刻度。
5	丙酮(CH_7COCH_3)	1	称取1.000 g丙酮,溶于水,移入1 000 mL容量瓶中,稀释至刻度。临用前制备。
6	甲醇(CH_3OH)	1	称取1.000 g甲醇,溶于水,移入1 000 mL容量瓶中,稀释至刻度。临用前制备。
7	甲醛(HCHO)	1	称取m g甲醛溶液,精确至0.001 g,置于1 000 mL容量瓶中,稀释至刻度。临用前制备。 甲醛溶液的称取质量m,数值到克(g)表示,按式(2)计算: $$m=\frac{1.000}{w} \quad (2)$$ 式中: w——甲醛溶液的实测质量分数的数值,以%表示。 制备前应按GB/T 685—1993的规定测定甲醛溶液的质量分数。
8	草酸盐(C_2O_4)	0.1	称取0.143 g草酸($H_2C_2O_4 \cdot 2H_2O$),溶于水,移入1 000 mL容量瓶中,稀释至刻度。临用前制备。
9	苯酚(C_6H_5OH)	1	称取1.000 g苯酚,溶于水,移入1 000 mL容量瓶中,稀释至刻度。临用前制备。
10	葡萄糖($C_6H_{12}O_6 \cdot H_2O$)	1	称取1.000 g葡萄糖($C_6H_{12}O_6 \cdot H_2O$),溶于水,移入1 000 mL容量瓶中,稀释至刻度。
11	缩二脲($NH_2CONHCONH_2$)	1	称取1.000 g缩二脲,溶于水,移入1 000 mL容量瓶中,稀释至刻度。临用前制备。
12	羰基化合物(CO)	1	称取10.43 g丙酮(相当于5.000 gCO),置于含有50 mL无羰基的甲醇的100 mL容量瓶中,用无羰基的甲醇稀释至刻度,充分混匀。量取20.00 mL此溶液,置于1 000 mL容量瓶中,用无羰基的甲醇稀释至刻度。临用前制备。
13	糠醛($C_5H_4O_2$)	1	称取1.000 g新蒸馏的糠醛,置于1 000 mL容量瓶中,溶于水,稀释至刻度。临用前制备。
14	二氧化硅(SiO_2)	1	称取1.000 g二氧化硅,置于铂坩埚中,加3.3 g无水碳酸钠,混匀。于1 000 ℃加热至完全熔融,冷却,溶于水,移入1 000 mL容量瓶中,稀释至刻度。贮存于聚乙烯瓶中。
15	二氧化碳(CO_2)	0.1	称取0.240 g于270 ℃～300 ℃灼烧至恒重的无水碳酸钠,溶于无二氧化碳的水,移入1 000 mL容量瓶中,用无二氧化碳的水稀释至刻度。
16	二硫化碳(CS_2)	1	称取0.500 g二硫化碳,溶于四氯化碳,移入500 mL容量瓶中,用四氯化碳稀释至刻度。临用前制备。
17	六氰合铁(Ⅱ)酸盐[$Fe(CN)_6$]	0.1	称取0.199 g六氰合铁(Ⅱ)酸钾{$K_4[Fe(CN)_6] \cdot 3H_2O$},溶于水,移入1 000 mL容量瓶中,稀释至刻度。临用前制备。

续上表

序号	名称	浓度/(mg/mL)	制备方法
18	六氟合硅酸盐(SiF_6)	0.1	称取 m g 六氟合硅酸，精确至 0.001 g 溶于水，移入 1 000 mL 容量瓶中，稀释至刻度。贮存于聚乙烯瓶中。 六氟合硅酸的称取质量 m，数值以克(g)表示，按式(3)计算： $$m=\frac{1.014\ 1\times 0.100}{w} \quad (3)$$ 式中： w——六氟合硅酸的实测质量分数，以%表示。 制备前按本标准附录 A 中 A.2 规定的方法测定六氟合硅酸的质量分数。
19	亚硝酸盐(NO_2)	0.1	称取 0.150 g 亚硝酸钠，溶于水，移入 1 000 mL 容量瓶中，稀释至刻度。临用前制备。
20	过氧化氢(H_2O_2)	1	称取 m g30%过氧化氢，精确至 0.001 g，置于 1 000 mL 容量瓶中，稀释至刻度。临用前制备。 30%过氧化氢的称取质量 m，数值以克(g)表示，按式(4)计算： $$m=\frac{1.000}{w} \quad (4)$$ 式中： w——30%过氧化氢的实测质量分数，以%表示。 制备前按 GB/T 6684—2002 的规定测定 30%过氧化氢的质量分数。
21	氟化物(F)	0.1	称取 0.221 g 氟化钠，溶于水，移入 1 000 mL 容量瓶中，稀释至刻度。贮存于聚乙烯瓶中。
22	硅酸盐(SiO_3)	1	称取 0.790 g 二氧化硅，置于铂坩埚中加 2.6 g 无水碳酸钠，混匀。于 1 000℃加热至完全熔融，冷却，溶于水，移入 1 000 mL 容量瓶中，稀释至刻度。贮存于聚乙烯瓶中。
23	铬酸盐(CrO_4)	0.1	称取 0.167 g 于 105℃～110℃干燥 1 h 的铬酸钾，溶于含有一滴氢氧化钠溶液(100 g/L)的少量水中，移入 1 000 mL 容量瓶中，稀释至刻度。
24	铵(NH_4)	0.1	称取 0.297 g 于 105℃～110℃干燥至恒重的氨化铵，溶于水，移入 1 000 mL 容量瓶中，稀释至刻度。
25	硫化物(S)	0.1	称取 0.749 g 硫化钠($Na_2S\cdot 9H_2O$)溶于水，移入 1 000 mL 容量瓶中，稀释至刻度。临用前制备。
26	硫代硫酸盐(S_2O_3)	0.1	称取 0.221 g 硫代硫酸钠($Na_2S_2O_8\cdot 5H_2O$)，溶于新煮沸并冷却的水，移入 1 000 mL 容量瓶中，用同样的水稀释至刻度。
27	硫氰酸盐(SCN)	0.1	称取 0.131 g 硫氰酸铵，溶于水，移入 1 000 mL 容量瓶中，稀释至刻度。
28	硫酸盐(SO_4)	0.1	方法 1：称取 0.148 g 于 105 ℃～110 ℃干燥至恒重的无水硫酸钠，溶于水，移入 1 000 mL 容量瓶中，稀释至刻度。 方法 2：称取 0.181 g 硫酸钾，溶于水，移入 1 000 mL 容量瓶中，稀释至刻度。
29	硝酸盐(NO_3)	0.1	方法 1：称取 0.163 g 于 120 ℃～130 ℃干燥至恒重的硝酸钾，溶于水，移入 1 000 mL 容量瓶中，稀释至刻度。 方法 2：称取 0.137 g 硝酸钠，溶于水，移入 1 000 mL 容量瓶中，稀释至刻度。

续上表

序号	名称	浓度/(mg/mL)	制备方法
30	氯化物(Cl)	0.1	称取0.165 g于500 ℃～600 ℃灼烧至恒重的氯化钠,溶于水,移入1 000 mL容量瓶中,稀释至刻度。
31	氯酸盐(ClO_3)	0.1	称取0.147 g氯酸钾,溶于水,移入1 000 mL容量瓶中,稀释至刻度。
32	碘化物(I)	0.1	称取0.131 g碘化钾,溶于水,移入1 000 mL容量瓶中,稀释至刻度。贮存于棕色瓶中。
33	碘酸盐(IO_3)	0.1	称取0.122 g碘酸钾溶于水,移入1 000 mL容量瓶中,稀释至刻度。贮存于棕色瓶中。
34	溴化物(Br)	0.1	称取0.149 g溴化钾,溶于水,移入1 000 mL容量瓶中,稀释至刻度。贮存于棕色瓶中。
35	溴酸盐(BrO_3)	0.1	称取0.131 g溴酸钾,溶于水,移入1 000 mL容量瓶中,稀释至刻度。贮存于棕色瓶中。
36	碳酸盐(CO_6)	0.1	称取0.177 g于270～300℃灼烧至恒重的无水碳酸钠,溶于无二氧化碳的水中,移入1 000 mL容量瓶中,用无二氧化碳的水稀释至刻度。
37	磷酸盐(PO_4)	0.1	称取0.143 g磷酸二氢钾,溶于水,移入1 000 mL容量瓶中,稀释至刻度。
38	铍(B_3)	1	称取1.996 g硫酸铍($BeSO_4 \cdot 4H_2C$),溶于水,加1 mL硫酸,移入100 mL容量瓶中,稀释至刻度。
39	硼(B)	0.1	称取0.572 g硼酸,加100 mL水,温热溶解,移入1 000 mL容量瓶中,稀释至刻度。
40	碳(C)	1	称取8.826 g于270 ℃～300 ℃灼烧至恒重的无水碳酸钠,溶于无二氧化碳的水中,移入1 000 mL容量瓶中,用无二氧化碳的水稀释至刻度。
41	氮(N)	0.1	方法1:称取0.382 g于100 ℃～105 ℃干燥至恒重的氯化铵,溶于水,移入1 000 mL容量瓶中,稀释至刻度。 方法2:称取0.607g硝酸钠,溶于水,移入1 000 mL容量瓶中,稀释至刻度。
42	钠(Na)	0.1	称取0.254 g于500 ℃～600 ℃灼烧至恒重的氯化钠,溶于水,移入1 000 mL容量瓶中,稀释至刻度。贮存于聚乙烯瓶中。

续上表

序号	名称	浓度/(mg/mL)	制备方法
43	镁(Mg)	0.1	方法1:称取0.166 g于800 ℃±50 ℃灼烧至恒重的氧化镁,溶于2.5 mL盐酸及少量水中,移少1 000 mL容量瓶中,稀释至刻度。 方法2:称取1.014 g硫酸镁($MgSO_4 \cdot 7H_2O$),溶于水,移入1 000 mL容量瓶中,稀释至刻度。
44	铝(Al)	0.1	称取1.759 g硫酸铝钾[$KAl(SO_4)_2 \cdot 12H_2O$],溶于水,加10 mL硫酸溶液(25%),移入1 000 mL容量瓶中,稀释至刻度。
45	硅(Si)	0.1	称取0.214 g二氧化硅,置于铂坩埚中,加1 g无水碳酸钠,混匀。于1 000℃加热至完全熔融,冷却,溶于水,移入1 000 mL容量瓶中,稀释至刻度。贮存于聚乙烯瓶中。
46	磷(P)	0.1	称取0.439 g磷酸二氢钾,溶于水,移入1 000 mL容量瓶中,稀释至刻度。
47	硫(S)	0.1	称取0.544 g硫酸钾,溶于水,移入1 000 mL容量瓶中,稀释至刻度。
48	氯(Cl)	0.1	称取约4 g氯胺T($C_7H_7ClNNaO_2S \cdot 3H_2O$),溶于水,移入1 000 mL容量瓶中,稀释至刻度(溶液Ⅰ)。量取V mL溶液Ⅰ,精确至0.01 mL,置于1 000 mL容量瓶中,稀释至刻度。临用前制备。 溶液Ⅰ的量取体积V,数值以毫升(mL)表示,按式(5)计算: $$V=\frac{0.100}{\rho} \quad (5)$$ 式中: ρ——溶液Ⅰ含有氯的浓度的数值,单位为克每毫升(g/mL)。 制备前应按附录A中A3规定的方法测定溶液Ⅰ中氯的浓度(ρ)。
49	钾(K)	0.1	方法1:称取0.191 g于500 ℃~600 ℃灼烧至恒重的氯化钾,溶于水,移入1 000 mL容量瓶中,稀释至刻度。 方法2:称取0.259 g于120 ℃~130 ℃干燥至恒重的硝酸钾,溶于水,移入1 000 mL容量瓶中,稀释至刻度。
50	钙(Ca)	0.1	方法1:称取0.250 g于105 ℃~100 ℃干燥至恒重的碳酸钙,溶于10 mL盐酸溶液(10%),移入1 000 mL容量瓶中,稀释至刻度。 方法2:称取0.367 g氯化钙($CaCl_2 \cdot 2H_2O$),溶于水,移入1 000 mL容量瓶中,稀释至刻度。
51	钛(Ti)	1	称取0.167 g二氧化钛,加5 g硫酸铵,加10 mL硫酸,加热溶解,冷却,移入100 mL容量瓶中,稀释至刻度。

续上表

序号	名称	浓度/(mg/mL)	制备方法
52	钒(V)	1	称取 0.230 g 偏钒酸铵，溶于水(必要时温热溶解)，移入 100 mL 容量瓶中，稀释至刻度。
53	铬(Cr)	0.1	方法 1：称取 0.373 g 于 105 ℃～110 ℃干燥 1 h 的铬酸钾，溶于含有一滴氢氧化钠溶液(100 g/L)的少量水中，移入 1 000 mL 容量瓶中，稀释至刻度。 方法 2：称取 0.283 g 重铬酸钾，溶于水，移入 1 000 mL 容量瓶中，稀释至刻度。
54	锰(Mn)	0.1	方法 1：称取 0.275 g 于 400 ℃～500 ℃灼烧至恒重的无水硫酸锰，溶于水，移入1 000 mL容量瓶中，稀释至刻度。 方法 2：称取 0.308 g 硫酸锰($MnSO_4 \cdot H_2O$)，溶于水，移入 1 000 mL容量瓶中，稀释至刻度。
55	铁(Fe)	0.1	称取 0.864 g 硫酸钛铵[$NH_2Fe(SO_2)_2 \cdot 12H_2O$]，溶于水，加 10 mL硫酸溶液(25%)，移入 1 000 mL 容量瓶中，稀释至刻度。
56	亚铁[Fe(Ⅱ)]	0.1	称取 0.02 g 硫酸亚铁铵[$(NH_4)_2Fe(SO_4)_2 \cdot 6H_2O$]，溶于含有 0.5 mL 硫酸的水中，移入 1 000 mL 容量瓶中，稀释至刻度。临用前制备。
57	钴(Co)	1	称取 2.630 g 无水硫酸钴[用硫酸钴($CoSO_4 \cdot 7H_2O$)于500 ℃～550 ℃灼烧至恒重]，加 150 mL 水加热至溶解，冷却，移入 1 000 mL 容量瓶中，稀释至刻度。
58	镍(Ni)	0.1	方法 1：称取 0.673 g 硫酸镍铵[$NiSO_4 \cdot (NH_4)_2SO_4 \cdot 6H_2O$]，溶于水，移入 1 000 mL 容量瓶中，稀释至刻度。 方法 2：称取 0.448 g 硫酸镍($NiSO_4 \cdot 6H_2O$)，溶于水，移入 1 000 mL容量瓶中，稀释至刻度。
59	铜(Cu)	0.1	称取 0.393 g 硫酸铜($CuSO_4 \cdot 5H_2O$)，溶于水，移入 1 000 mL 容量瓶中，稀释至刻度。
60	锌(Zn)	0.1	方法 1：称取 0.125 g 氧化锌，溶于 100 mL 水及 1 mL 硫酸中，移入1 000 mL容量瓶中，稀释至刻度。 方法 2：称取 0.440 g 硫酸锌($ZnSO_4 \cdot 7H_2O$)，溶于水，移入 1 000 mL容量瓶中，稀释至刻度。
61	镓(Ga)	1	称取 0.134 g 三氧化二镓，溶于 5 mL 硫酸，小心地用水稀释，冷却，移入 100 mL 容量瓶中，稀释至刻度。

续上表

序号	名称	浓度/(mg/mL)	制备方法
62	锗(Ge)	0.1	称取0.100 g锗,加热溶于3 mL～5 mL 30%过氧化氢中,逐滴加入氨水至白色沉淀溶解,用硫酸溶液(20%)中和并过量0.5 mL,移入1 000 mL容量瓶中,稀释至刻度。
63	砷(As)	0.1	称取0.132 g于硫酸干燥器中干燥至恒重的三氧化二砷,温热溶于1.2 mL氢氧化钠溶液(100 g/L),移入1 000 mL容量瓶中,稀释至刻度。
64	硒(Se)	0.1	称取0.141 g二氧化硒,溶于水,移入1 000 mL容量瓶中,稀释至刻度。
65	锶(Sr)	0.1	称取0.304 g氯化锶($SrCl_2 \cdot 6H_2O$)溶于水,移入1 000 mL容量瓶中,稀释至刻度。
66	锆(Zr)	0.1	称取0.353 g氧氯化锆($ZrOCl_2 \cdot 8H_2O$),加30 mL～40 mL盐酸容液(10%)溶解,移入1 000 mL容量瓶中,用盐酸溶液(10%)稀释至刻度。
67	铌(Nb)	0.1	称取0.143 g经乳钵研细的五氧化二铌和4 g粉末状的焦硫酸钾,二者分层放入石英坩埚中,于600 ℃加热熔融,冷却,加20 mL酒石酸溶液(150 g/L),加热溶解,冷却,移入1 000 mL容量瓶中,稀释至刻度。
68	钼(Mo)	0.1	称取0.184 g钼酸铵[$(NH_4)_6Mo_7O_{24} \cdot 4H_2O$],溶于水,移入1 000 mL容量瓶中,稀释至刻度。
69	钯(Pd)	1	称取1.666 g于105 ℃～110 ℃干燥1 h的氯化钯,加30 mL盐酸溶液(20%)溶解,移入1 000 mL容量瓶中,稀释至刻度。
70	银(Ag)	0.1	称取0.158 g硝酸银,溶于水,移入1 000 mL容量瓶中,稀释至刻度。贮存于棕色瓶中。
71	镉(Cd)	0.1	称取0.203 g氯化镉($CdCl_2 \cdot \frac{5}{2}H_2O$),溶于水,移入1 000 mL容量瓶中,稀释至刻度。
72	铟(In)	1	称取0.100 g铟,加15 mL盐酸溶液(20%),加热溶解,冷却,移入100 mL容量瓶中,稀释至刻度。
73	锡(Sn)	0.1	称取0.100 g锡,溶于盐酸溶液(20%),移入100 mL容量瓶中,用盐酸溶液(20%)稀释至刻度。 量取10.00 mL上述溶液,注入100 mL容量瓶中,加15 mL盐酸溶液(20%),稀释至刻度。临用前制备。
74	锑(Sb)	0.1	称取0.274 g酒石酸锑钾($C_4H_4KO_7SB \cdot \frac{1}{2}H_2O$),溶于盐酸溶液(10%),移入1 000 mL容量瓶中,用盐酸溶液(10%)稀释至刻度。

续上表

序号	名称	浓度/(mg/mL)	制备方法
75	碲(Te)	1	称取 1.000 g 碲，加 20 mL～30 mL 盐酸及数滴硝酸，温热溶解，移入 1 000 mL 容量瓶中，用盐酸溶液(10%)稀释至刻度。
76	钡(Ba)	0.1	称取 0.178 g 氯化钡($BaCl_2 \cdot 2H_2O$)，溶于水，移入 1 000 mL 容量瓶中，稀释至刻度。
77	钨(W)	1	称取 1.262 g 于 105 ℃～110 ℃干燥 1 h 的三氯化钨(可用钨酸铵在 400 ℃～500 ℃灼烧 20 min 分解后生成的三氧化钨制备)，加 30 mL～40 mL 氢氧化钠溶液(200 g/L)，加热溶解，冷却，移入 1 000 mL 容量瓶中，稀释至刻度。
78	铂(Pt)	1	称取 0.249 g 氯铂酸钾，溶于水，移入 100 mL 容量瓶中，稀释至刻度。
79	金(Au)	1	称取 0.100 g 金，加 10 mL 盐酸、5 mL 硝酸溶解，在水浴上蒸发近干，溶于水，移入 100 mL 容量瓶中，稀释至刻度。
80	汞(Hg)	0.1	方法 1：称取 0.135 g 氯化汞，溶于水，移入 1 000 mL 容量瓶中，稀释至刻度。 方法 2：称取 0.162 g 硝酸汞，用 10 mL 硝酸溶液(1+9)溶解，移入 1 000 mL 容量瓶中，稀释至刻度。
81	铊(Tl)	0.1	称取 0.118 g 氯化亚铊，溶于 5 mL 硫酸中，小心地用水稀释，冷却，移入 1 000 mL 容量瓶中，稀释至刻度。
82	铅(Pb)	0.1	称取 0.160 g 硝酸铅，用 10 mL 硝酸溶液(1+9)溶解，移入 1 000 mL 容量瓶中，稀释至刻度。
83	铋(Bi)	0.1	方法 1：称取 0.232 g 硝酸铋[$Bi(NO_3)_3 \cdot 5H_2O$]，用 10 mL 硝酸溶液(25%)溶解，移入 1 000 mL 容量瓶中，稀释至刻度。 方法 2：称取 0.100 g 铋，溶于 6 mL 硝酸中，煮沸除去氮的氧化物气体，冷却，移入 1 000 mL 容量瓶中，稀释至刻度。
84	氨基三乙酸[$N(COOH)_3$]	1	称取 1.000 g 氨基三乙酸，加 50 mL 水，在摇动下滴加氢氧化钠溶液(200 g/L)至氨基三乙酸完全溶解，移入 1 000 mL 容量瓶中，稀释至刻度。
85	硝基苯($C_6H_5NO_2$)	1	称取 1.000 g 硝基苯，置于 1 000 mL 容量瓶中，用甲醇稀释至刻度。

附录 A(规范性附录) 乙醛(40%)、六氟合硅酸的质量分数及溶液Ⅰ(氯)浓度的测定

A.1 乙醛(40%)质量分数的测定

将 50.00 mL 氯化羟胺(盐酸羟胺)溶液(140 g/L)注入具塞锥形瓶中,称量,加入 1.5 mL 乙醛(40%),放置 30 min,再称量,两次称量均精确至 0.000 1g,加 30 mL 水,加 10 滴溴酚蓝指示液(0.4 g/L),用氢氧化钠标准滴定溶液[c(NaOH)=1 mol/L]滴定。同时做空白试验。

乙醛(40%)的质量分数 w,数值以%表示,按式(A.1)计算:

$$w=\frac{(V_1-V_2)cM}{m\times 1\ 000}\times 100 \tag{A.1}$$

式中 V_1——氢氧化钠标准滴定溶液的体积的数值,单位为毫升(mL);

V_2——空白试验氢氧化钠标准滴定溶液的体积的数值,单位为毫升(mL);

c——氢氧化钠标准滴定溶液的浓度的准确数值,单位为摩尔每升(mol/L);

M——乙醛的摩尔质量的数值,单位为克每摩尔(g/mol)[$M(CH_3CHO)=44.05$];

m——称取乙醛(40%)质量的准确数值,单位为克(g)。

A.2 六氟合硅酸质量分数的测定

称取 3 g 六氟合硅酸,精确至 0.000 1g。置于聚乙烯杯中,加 100 mL 水,10 mL 饱和氯化钾溶液及 3 滴酚酞指示液(10 g/L),冷却至 0 ℃,用氢氧化钠标准滴定溶液[c(NaOH)=1 mol/L]滴定至溶液呈粉红色,保持 15 s(V_1)。加热至约 80℃,继续用氢氧化钠标准滴定溶液[c(NaOH)=1 mol/L]滴定至溶液呈稳定的粉红色(V_2)。

六氟合硅酸的质量分数 w,数值以%表示,按式(A.2)计算:

$$w=\frac{(V_2-V_1)cM}{m\times 1\ 000}\times 100 \tag{A.2}$$

式中 V_2——滴定至第二终点时氢氧化钠标准滴定溶液的体积的数值,单位为毫升(mL);

V_1——滴定至第一终点时氢氧化钠标准滴定溶液的体积的数值,单位为毫升(mL);

c——氢氧化钠标准滴定溶液的浓度的准确数值,单位为摩尔每升(mol/L);

M——六氟合硅酸的摩尔质量的数值,单位为克每摩尔(g/mol)[$M(1/4H_2SiF_6)=36.02$];

m——称取六氟合硅酸质量的准确数值,单位为克(g)。

A.3 溶液Ⅰ(氯)浓度的测定

量取 5.00 mL 溶液Ⅰ(见表 1 中 48),注入碘量瓶中,加 100 mL 水,2 g 碘化钾及 5 mL 盐酸溶液(10%),在暗处放置 10 min,用硫代硫酸钠标准滴定溶液[$c(Na_2S_2O_3)$=0.1 mol/L]滴定,近终点时,加 2 mL 淀粉指示液(10 g/L),继续滴定至溶液蓝色消失。

溶液Ⅰ(氯)的浓度 ρ,数值以克每毫升(g/mL)表示,按式(A.3)计算:

$$\rho=\frac{VcM}{5\times 1\ 000} \tag{A.3}$$

式中 V——硫代硫酸钠标准滴定溶液的体积的数值,单位为毫升(mL);

c——硫代硫酸钠标准滴定溶液的浓度的准确数值,单位为摩尔每升(mol/L);

M——氯的摩尔质量的数值,单位为克每摩尔(g/mol)[$M(Cl)=35.45$]。

分析实验室用水规格和试验方法

目　次

3 外　　观

分析实验室用水目视观察应为无色透明液体。

4 级　　别

分析实验室用水的原水应为饮用水或适当纯度的水。

分析实验室用水共分三个级别：一级水、二级水和三级水。

4.1 一 级 水

一级水用于有严格要求的分析试验，包括对颗粒有要求的试验。如高效液相色谱分析用水。

一级水可用二级水经过石英设备蒸馏或离子交换混合床处理后，再经 0.2 μm 微孔滤膜过滤来制取。

4.2 二 级 水

二级水用于无机痕量分析等试验，如原子吸收光谱分析用水。

二级水可用多次蒸馏或离子交换等方法制取。

4.3 三 级 水

三级水用于一般化学分析试验。

三级水可用蒸馏或离子交换等方法制取。

5 规　　格

分析实验室用水的规格见表 1。

表 1

名　　称	一级	二级	三级
pH 值范围(25 ℃)	—	—	5.0～7.5
电导率(25 ℃)/(mS/m)	≤0.01	≤0.10	≤0.50
可氧化物质含量(以 O 计)/(mg/L)	—	≤0.08	≤0.4
吸光度(254 nm,1 cm 光程)	≤0.001	≤0.01	—
蒸发残渣(105 ℃±2 ℃)含量/(mg/L)	—	≤1.0	≤2.0
可溶性硅(以 SiO_2 计)含量/(mg/L)	≤0.01	≤0.02	—

注 1：由于在一级水、二级水的纯度下，难于测定其真实的 pH 值，因此对一级水、二级水的 pH 值范围不做规定。

注 2：由于在一级水的纯度下，难于测定可氧化物质和蒸发残渣，对其限量不做规定。可用其他条件和制备方法来保证一级水的质量。

6 取样及贮存

6.1 容　　器

6.1.1 各级用水均使用密闭的、专用聚乙烯容器。三级水也可使用密闭、专用的玻璃容器。

6.1.2 新容器在使用前需用盐酸溶液(质量分数为20%浸泡2 d～3 d,再用待测水反复冲洗,并注满待测水浸泡6 h以上。

6.2 取　　样

按本标准进行试验,至少应取3 L有代表性水样。

取样前用待测水反复清洗容器,取样时要避免沾污。水样应注满容器。

6.3 贮　　存

各级用水在贮存期间,其沾污的主要来源是容器可溶成分的溶解、空气中二氧化碳和其他杂质。因此,一级水不可贮存,使用前制备。二级水、三级水可适量制备,分别贮存在预先经同级水清洗过的相应容器中。

各级用水在运输过程中应避免沾污。

7 试 验 方 法

在试验方法中,各项试验必须在洁净环境中进行,并采取适当措施,以避免试样的沾污。水样均按精确至0.1 mL量取,所用溶液以"%"表示的均为质量分数。

试验中均使用分析纯试剂和相应级别的水。

7.1 pH值

量取100 mL水样,按GB/T 9724的规定测定。

7.2 电 导 率

7.2.1 仪　　器

7.2.1.1 用于一、二级水测定的电导仪:配备电极常数为0.01 cm^{-1}～0.1 cm^{-1}的"在线"电导池。并具有温度自动补偿功能。

若电导仪不具温度补偿功能,可装"在线"热交换器,使测定时水温控制在25 ℃±1 ℃。或记录水温度,按附录C进行换算。

7.2.1.2 用于三级水测定的电导仪:配备电极常数为0.1 cm^{-1}～1 cm^{-1}的电导池。并具有温度自动补偿功能。

若电导仪不具温度补偿功能,可装恒温水浴槽,使待测水样温度控制在25 ℃±1 ℃。或记录水温度,按附录C进行换算。

7.2.2 测定步骤

7.2.2.1 按电导仪说明书安装调试仪器。

7.2.2.2 一、二级水的测量：将电导池装在水处理装置流动出水口处，调节水流速，赶净管道及电导池内的气泡，即可进行测量。

7.2.2.3 三级水的测量：取 400 mL 水样于锥形瓶中，插入电导池后即可进行测量。

7.2.3 注意事项

测量用的电导仪和电导池应定期进行检定。

7.3 可氧化物质

7.3.1 制剂的制备

7.3.1.1 硫酸溶液(20%)

按 GB/T 603 的规定配制。

7.3.1.2 高锰酸钾标准滴定溶液$[c(\frac{1}{5}\mathrm{KMnO_4})=0.01\ \mathrm{mol/L}]$

按 GB/T 601 的规定配制。

7.3.2 测定步骤

量取 1 000 mL 二级水，注入烧杯中，加入 5.0 mL 硫酸溶液(20%)，混匀。

量取 200 mL 三级水，注入烧杯中，加入 1.0 mL 硫酸溶液(20%)，混匀。

在上述已酸化的试液中，分别加入 1.00 mL，高锰酸钾标准滴定溶液$[c(\frac{1}{5}\mathrm{KMnO_4})=0.01\ \mathrm{mol/L}]$，混匀，盖上表面口，加热至沸并保持 5 min。溶液的粉红色不得完全消失。

7.4 吸 光 度

按 GB/T 972 的规定测定。

7.4.1 仪器条件

石英吸收池：厚度 1 cm 和 2 cm。

7.4.2 测定步骤

将水样分别注入 1 cm 及 2 cm 吸收池中，于 254 nm 处，以 1 cm 吸收池中水样为参比，测定 2 cm 吸收池中水样的吸光度。

若仪器的灵敏度不够时，可适当增加测量吸收池的厚度。

7.5 蒸发残渣

7.5.1 仪　　器

7.5.1.1 旋转蒸发器：配备 500 mL 蒸馏瓶。

7.5.1.2 恒温水浴。

7.5.1.3 蒸发皿：材质可选用铂、石英、硼硅玻璃。

7.5.1.4 电烘箱：温度可控制在 105 ℃±2 ℃。

7.5.2 测定步骤

7.5.2.1 水样预浓集

量取 1 000 mL 二级水(三级水取 500 mL)。将水样分几次加入旋转蒸发器的蒸馏瓶中，于水浴上减压蒸发(避免蒸干)。待水样最后蒸至约 50 mL 时，停止加热。

7.5.2.2 测　　定

将上述预浓集的水样，转移至一个已于105 ℃±2 ℃恒量的蒸发皿中，并用5 mL～10 mL水样分2次～3次冲洗蒸馏瓶，将洗液与预浓集水样合并于蒸发皿中，按GB/T 9740的规定测定。

7.6 可溶性硅

7.6.1 制剂的制备

7.6.1.1 二氧化硅标准溶液(1 mg/mL)

按GB/T 602的规定配制。

7.6.1.2 二氧化硅标准溶液(0.01 mg/mL)

量取1.00 mL二氧化硅标准溶液(1 mg/mL)于100 mL容量瓶中，稀释至刻度，摇匀。转移至聚乙烯瓶中，临用前配制。

7.6.1.3 钼酸铵溶液(50 g/L)

称取5.0 g钼酸铵[$(NH_4)_6Mo_7O_{24}\cdot 4H_2O$]，溶于水，加20.0 mL硫酸溶液(20%)，稀释至100 mL，摇匀。贮存于聚乙烯瓶中。若发现有沉淀时应重新配制。

7.6.1.4 对甲氨基酚硫酸盐(米吐尔)溶液(2 g/L)

称取0.20 g对甲氨基酚硫酸盐，溶于水，加20.0 g偏重亚硫酸钠(焦亚硫酸钠)，溶解并稀释至100 mL，摇匀，贮存于聚乙烯瓶中。避光保存，有效期两周。

7.6.1.5 硫酸溶液(20%)

按GB/T 603的规定配制。

7.6.1.6 草酸溶液(50 g/L)

称取5.0 g草酸，溶于水，并稀释至100 mL。贮存于聚乙烯瓶中。

7.6.2 仪　　器

7.6.2.1 铂皿：容量为250 mL。

7.6.2.2 比色管：容量为50 mL。

7.6.2.3 水浴：可控制恒温为约60℃。

7.6.3 测定步骤

量取520 mL一级水(二级水取270 mL)，注入铂皿中，在防尘条件下，亚沸蒸发至约20 mL，停止加热，冷却至室温，加1.0 mL钼酸铵溶液(50 g/L)，摇匀，放置5 min后，加1.0 mL草酸溶液(50 g/L)，摇匀，放置1 min后，加1.0 mL对甲氨基酚硫酸盐溶液(2 g/L)，摇匀。移入比色管中，稀释至25 mL，摇匀，于60℃水浴中保温10 min。溶液所呈蓝色不得深于标准比色溶液。

标准比色溶液的制备是取0.50 mL二氧化硅标准溶液(0.01 mg/mL)，用水样稀释至20 mL后，与同体积试液同时同样处理。

8 试 验 报 告

试验报告应包括下列内容：

a)样品的确定；

b)参考采用的方法；

c)结果及其表述方法；

d)测定中异常现象的说明；

e)不包括在本标准中的任意操作。

附录A(资料性附录) 本标准章条编号与ISO 3696:1987章条编号对照

A.1 本标准章条编号与ISO 3696:1987章条编号对照一览表，见表A.1。

表A.1 本标准章条编号与ISO 3696:1987章条编号对照

本标准章条编号	对应的国际标准章条编号
1	1
2	—
3	2
4	3
5	4
6	5、6
7	7
7.1	7.1
7.2	7.2
7.3	7.3
7.4	7.4
7.5	7.5
7.6	7.6
8	8

附录B(资料性附录) 本标准与ISO 3696:1987技术性差异及其原因

B.1 本标准与ISO 3696:1987技术性差异及其原因一览表，见表B.1。

表B.1 本标准与ISO 3696:1987技术性差异及其原因

标准的章条编号	技术性差异	原　因
1	在范围的文字叙述上有所调整。	根据我国标准编写规则进行编写。
2	增加了规范性引用文件。	以适合我国国情。
6	在取样及贮存的文字叙述上有所调整。	以适合我国国情。
7.1	按GB/T 9724规定用玻璃-饱和甘汞电极代替银-氯化银电极。	此电极在我国使用较普遍。
7.2	增加了将实际水温下测定的电导率换算成25 ℃时的方法。	以适合我国国情。
7.3.1.1	按GB/T 603制备硫酸溶液(20%)代替1 mol/L硫酸溶液。	引用国标通则。
7.5.1.1	用500 mL蒸馏瓶代替250 mL蒸馏瓶。	此规格蒸馏瓶使用方便。
7.5.1.4	按GB/T 9740规定采用105 ℃±2 ℃电烘箱代替110 ℃±2 ℃电烘箱。	引用国标通则。
7.6.1.1	按GB/T 602制备0.1 mg/mL硅标准溶液。	引用国标通则。

续表 B.1

标准的章条编号	技术性差异	原　因
7.6.1.2	用 1 mL 溶液含有 0.01 mgSiO_2 代替 1 mL溶液含有 0.005 mgSiO_2。	增加可操作性。
7.6.1.5	按 GB/T 603 制备硫酸溶液(20%)代替 2.5 mol/L 硫酸溶液。	引用国标通则。

附录 C(规范性附录)　电导率的换算公式

C.1　当电导率测定温度在 t℃时,可换算为 25 ℃下的电导率。

25 ℃时各级水的电导率 K_{25},数值以"mS/m"表示,按式(C.1)计算:

$$K_{25}=k_t(K_t-K_{p.t})+0.00548 \tag{C.1}$$

式中　k_t——换算系数;

K_t——t ℃时各级水的电导率,单位为毫西每米(mS/m);

$K_{p.t}$——t ℃时理论纯水的电导率,单位为毫西每米(mS/m);

0.005 48——25 ℃时理论纯水的电导率,单位为毫西每米(mS/m)。

理论纯水的电导率($K_{p.t}$)和换算系数(k_t)见表 C.1。

表 C.1　理论纯水的电导率和换算系数

t/℃	k_t/(mS/m)	$K_{p.t}$/(mS/m)	t/℃	k_t/(mS/m)	$K_{p.t}$/(mS/m)
0	1.797 5	0.001 16	26	0.979 5	0.005 78
1	1.775 0	0.001 23	27	0.960 0	0.006 07
2	1.713 5	0.001 32	28	0.941 3	0.006 40
3	1.672 8	0.001 43	29	0.923 4	0.006 74
4	1.632 9	0.001 54	30	0.906 5	0.007 12
5	1.594 0	0.001 65	31	0.890 4	0.007 49
6	1.555 9	0.001 78	32	0.875 3	0.007 84
7	1.518 8	0.001 90	33	0.861 0	0.008 22
8	1.482 5	0.002 01	34	0.847 5	0.008 61
9	1.447 0	0.002 16	35	0.835 0	0.009 07
10	1.412 5	0.002 30	36	0.823 3	0.009 50
11	1.378 8	0.002 45	37	0.812 6	0.009 94
12	1.346 1	0.002 60	38	0.802 7	0.010 44
13	1.314 2	0.002 76	39	0.793 6	0.010 88
14	1.283 1	0.002 92	40	0.785 5	0.011 36
15	1.253 0	0.003 12	41	0.778 2	0.011 89
16	1.223 7	0.003 30	42	0.771 9	0.012 40
17	1.195 4	0.003 49	43	0.776 4	0.012 98
18	1.167 9	0.003 70	44	0.761 7	0.013 51
19	1.141 2	0.003 91	45	0.758 0	0.014 10
20	1.115 5	0.004 18	46	0.775 1	0.014 64
21	1.090 6	0.004 41	47	0.753 2	0.015 21
22	1.066 7	0.004 66	48	0.752 1	0.015 82
23	1.043 6	0.004 90	49	0.751 8	0.016 50
24	1.021 3	0.005 19	50	0.752 5	0.017 28
25	1.000 0	0.005 48			

水泥比表面积测定方法　勃氏法

目　　次

3 方 法 原 理

本方法主要是根据一定量的空气通过具有一定空隙率和固定厚度的水泥层时，所受阻力不同而引起流速的变化来测定水泥的比表面积。在一定空隙率的水泥层中，孔隙的大小和数量是颗粒尺寸的函数，同时也决定了通过料层的气流速度。

4 术语和定义

下列定义和术语适用于本标准。

4.1 水泥比表面积 specific area

单位质量的水泥粉末所具有的总表面积，以平方厘米每克(cm^2/g)或平方米每千克(m^2/kg)来表示。

4.2 空隙率 area ratio

试料层中颗粒间空隙的容积与试料层总的容积之比，以 ε 表示。

5 试验设备及条件

5.1 透 气 仪

本方法采用的勃氏比表面积透气仪，分手动和自动两种，均应符合 JC/T 956 的要求。

5.2 烘 干 箱

控制温度灵敏度±1 ℃。

5.3 分析天平

分度值为 0.001 g。

5.4 秒　　表

精确至 0.5 s。

5.5 水泥样品

水泥样品按 GB 12573 进行取样，先通过 0.9 mm 方孔筛，再在 110 ℃±5 ℃下烘干 1 h，并在干燥器中冷却至室温。

5.6 基准材料

GSB 14—1511 或相同等级的标准物质。有争议时以 GSB 14—1511 为准。

5.7 压力计液体

采用带有颜色的蒸馏水或直接采用无色蒸馏水。

5.8　滤　　纸

采用符合 GB/T 1914 的中速定量滤纸。

5.9　汞

分析纯汞。

5.10　试验室条件

相对湿度不大于 50°。

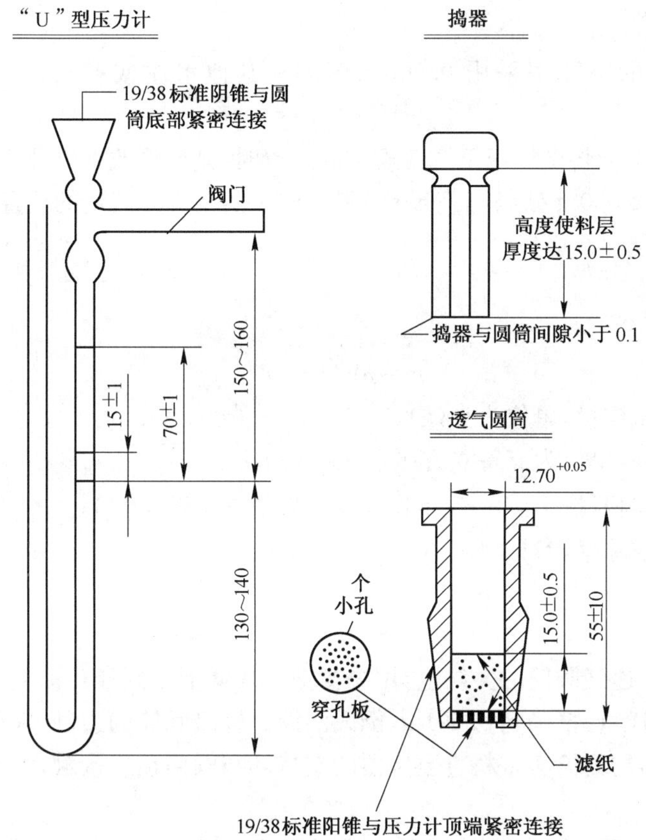

图 1　比表面积 U 型压力计示意图

6　仪器校准

6.1　仪器的校准采用 GSB 14-1511 或相同等级的其他标准物质。有争议时以前者为准。

6.2　仪器校准按 JC/T 956 进行。

6.3　校准周期

至少每年进行一次。仪器设备使用频繁则应半年进行一次；仪器设备维修后也要重新标定。

7 操作步骤

7.1 测定水泥密度

按 GB/T 208 测定水泥密度。

7.2 漏气检查

将透气圆筒上口用橡皮塞塞紧，接到压力计上。用抽气装置从压力计一臂中抽出部分气体，然后关闭阀门，观察是否漏气。如发现漏气，可用活塞油脂加以密封。

7.3 空隙率(ε)的确定

PⅠ、PⅡ型水泥的空隙率采用 0.500±0.005，其他水泥或粉料的空隙率选用 0.530±0.005。

当按上述空隙率不能将试样压至 7.5 规定的位置时，则允许改变空隙率。

空隙率的调整以 2 000 g 砝码(5 等砝码)将试样压实至 7.5 规定的位置为准。

7.4 确定试样量

试样量按式(1)计算：

$$m=\rho V(1-\varepsilon) \tag{1}$$

式中 m——需要的试样量，单位为克(g)；

ρ——试样密度，单位为克每立方厘米(g/cm^3)；

V——试料层体积，按 JC/T 956 测定，单位为立方厘米(cm^3)；

ε——试料层空隙率，参见附录 A。

7.5 试料层制备

7.5.1 将穿孔板放入透气圆筒的突缘上，用捣棒把一片滤纸放到穿孔板上，边缘放平并压紧。称取按 7.4 确定的试样量，精确到 0.001 g，倒入圆筒。轻敲圆筒的边，使水泥层表面平坦。再放入一片滤纸，用捣器均匀捣实试料直至捣器的支持环与圆筒顶边接触，并旋转 1～2 圈，慢慢取出捣器。

7.5.2 穿孔板上的滤纸为 ϕ12.7 mm 边缘光滑的圆形滤纸片。每次测定需用新的滤纸片。

7.6 透气试验

7.6.1 把装有试料层的透气圆筒下锥面涂一薄层活塞油脂，然后把它插入压力计顶端锥型磨口处，旋转 1～2 圈。要保证紧密连接不致漏气，并不振动所制备的试料层。

7.6.2 打开微型电磁泵慢慢从压力计一臂中抽出空气，直到压力计内液面上升到扩大部下端时关闭阀门。当压力计内液体的凹月面下降到第一条刻线时开始计时(参见图 1)，当液体的凹月面下降到第二条刻线时停止计时，记录液面从第一条刻度线到第二条刻度线所需的时间。以秒记录，并记录下试验时的温度(℃)。每次透气试验，应重新制备试料层。

8 计　　算

8.1 当被测试样的密度、试料层中空隙率与标准样品相同，试验时的温度与校准温度之差≤3 ℃时，可按式(2)计算。

$$S=\frac{S_S\sqrt{T}}{\sqrt{T_S}} \tag{2}$$

如试验时的温度与校准温度之差>3℃时，则按式(3)计算：

$$S=\frac{S_S\sqrt{\eta_S}\sqrt{T}}{\sqrt{\eta}\sqrt{T_S}} \tag{3}$$

式中　S——被测试样的比表面积，单位为平方厘米每克(cm^2/g)；

S_S——标准样品的比表面积，单位为平方厘米每克(cm^2/g)；

T——被测试样试验时，压力计中液面降落测得的时间，单位为秒(s)；

T_S——标准样品试验时，压力计中液面降落测得的时间，单位为秒(s)；

η——被测试样试验温度下的空气黏度，单位为微帕·秒(μPa·s)，参见附录 B；

η_S——标准样品试验温度下的空气黏度，单位为微帕·秒(μPa·s)。

8.2 当被测试样的试料层中空隙率与标准样品试料层中空隙率不同，试验时的温度与校准温度之差≤3℃时，可按式(4)计算。

$$S=\frac{S_S\sqrt{T}(1-\varepsilon_S)\sqrt{\varepsilon^3}}{\sqrt{T_S}(1-\varepsilon)\sqrt{\varepsilon_S^3}} \tag{4}$$

如试验时的温度与校准温度之差>3℃时，则按式(5)计算：

$$S=\frac{S_S\sqrt{\eta_S}\sqrt{T}(1-\varepsilon_S)\sqrt{\varepsilon^3}}{\sqrt{\eta}\sqrt{T_S}(1-\varepsilon)\sqrt{\varepsilon_S^3}} \tag{5}$$

式中　ε——被测试样试料层中的空隙率；

ε_S——标准样品试料层中的空隙率。

8.3 当被测试样的密度和空隙率均与标准样品不同，试验时的温度与校准温度之差≤3 ℃时，可按式(6)计算。

$$S=\frac{S_S\rho_S\sqrt{T}(1-\varepsilon_S)\sqrt{\varepsilon^3}}{\rho\sqrt{T_S}(1-\varepsilon)\sqrt{\varepsilon_S^3}} \tag{6}$$

如试验时的温度与校准温度之差大于 3 ℃时，则按式(7)计算：

$$S=\frac{S_S\rho_S\sqrt{\eta_S}\sqrt{T}(1-\varepsilon_S)\sqrt{\varepsilon^3}}{\rho\sqrt{\eta}\sqrt{T_S}(1-\varepsilon)\sqrt{\varepsilon_S^3}} \tag{7}$$

式中　ρ——被测试样的密度，单位为克每立方厘米(g/cm^3)；

ρ_S——标准样品的密度，单位为克每立方厘米(g/cm^3)。

8.4 结果处理

8.4.1 水泥比表面积应由二次透气试验结果的平均值确定。如二次试验结果相差 2%以上时，应重新试验。计算结果保留至 10 cm^2/g。

8.4.2 当同一水泥用手动勃氏透气仪测定的结果与自动勃氏透气仪测定的结果有争议时，以手动勃氏透气仪测定结果为准。

附录 A(资料性附录)　水泥层空隙率值

空隙率值 ε	$\sqrt{\varepsilon^3}$	空隙率值 ε	$\sqrt{\varepsilon^3}$
0.495	0.348	0.515	0.369
0.496	0.349	0.520	0.374
0.497	0.350	0.525	0.380
0.498	0.351	0.526	0.381
0.499	0.352	0.527	0.383
0.500	0.354	0.528	0.384
0.501	0.355	0.529	0.385
0.502	0.356	0.530	0.386
0.503	0.357	0.531	0.387
0.504	0.358	0.532	0.388
0.505	0.359	0.533	0.389
0.506	0.360	0.534	0.390
0.507	0.361	0.535	0.391
0.508	0.362	0.540	0.397
0.509	0.363	0.545	0.402
0.510	0.364	0.550	0.408

附录 B(资料性附录)　在不同温度下汞密度、空气黏度 η 和 $\sqrt{\eta}$

室温 (℃)	水银密度 (g/cm^3)	空气黏度 η (μPa · s)	$\sqrt{\eta}$值
8	13.58	17.49	4.18
10	13.57	17.59	4.19
12	13.57	17.68	4.20
14	13.56	17.78	4.22
16	13.56	17.88	4.23
18	13.55	17.98	4.24
20	13.55	18.08	4.25
22	13.54	18.18	4.26
24	13.54	18.28	4.28
26	13.53	18.37	4.29
28	13.53	18.47	4.30
30	13.52	18.57	4.31
32	13.52	18.67	4.32
34	13.51	18.76	4.33

透 水 砖

目 次

4 分 类

4.1 类 别

根据透水砖生产工艺不同，分为烧结透水砖和免烧透水砖。

4.2 规 格

产品的规格尺寸见表1。也可根据合同的要求确定。

表1 规格尺寸 单位为毫米

边 长	100,150,200,250,300,400,500
厚 度	40,50,60,80,100,120

4.3 等 级

抗压强度等级分为Cc30，Cc35，Cc40，Cc50，Cc60。

5 技术要求

5.1 外观质量

产品的外观质量应符合表2的规定。

表2 外观质量

项 目			要 求
正面粘皮及缺损的最大投影尺寸		≤	10.0 mm
缺棱掉角的最大投影尺寸		≤	15.0 mm
裂 纹	非贯穿裂纹长度最大投影尺寸	≤	10.0 mm
	贯穿裂纹		不允许
分 层			不允许
色 差			不明显

5.2 尺寸偏差

产品的尺寸允许偏差应符合表3的规定。

表3 尺寸允许偏差 单位为毫米

项 目	要 求
长度、宽度	±2.0
厚度	±2.0
厚度差	±2.5
垂直度	≤2.0
平整度	≤2.0
直角度	≤2.0

5.3 抗压强度和抗折破坏荷载

产品的抗压强度应符合表4的规定。当产品的边长/厚度≥5时，其抗折破坏荷载应不小于6 000 N。

表4 抗压强度 单位为兆帕

抗压强度等级	平均值不小于	单块最小值不小于
Cc30	30.0	25.0
Cc35	35.0	30.0
Cc40	40.0	35.0
Cc50	50.0	42.0
Cc60	60.0	50.0

5.4 物理性能

产品的物理性能应符合表5的规定。

表5 物理性能

项 目	要 求
耐磨性	磨坑长度不大于35 mm
保水性	不小于0.6 g/cm^2
透水系数	透水系数(15℃)≥1.0×10^{-2}cm/s
抗冻性	25次冻融循环后外观质量应符合表2的规定，且抗压强度损失率不得大于20.0%

6 试验方法

6.1 外观质量

6.1.1 量 具

游标卡尺或其它量具：精度不低于0.5mm。

6.1.2 测量方法

6.1.2.1 正面粘皮及缺损

测量正面粘皮及缺损处对应于试样长、宽方向的两个投影尺寸，精确至0.5 mm。如图1所示。

6.1.2.2 缺棱掉角

测量缺棱、掉角处对应试样棱边的长、宽、厚方向三个投影尺寸，精确至0.5 mm。如图2所示。

6.1.2.3 裂 纹

测量试样裂纹所在面上的最大投影长度；若裂纹由一个面延伸至其它面时，测量其延伸的投影长度之和，精确至0.5 mm。如图3所示。

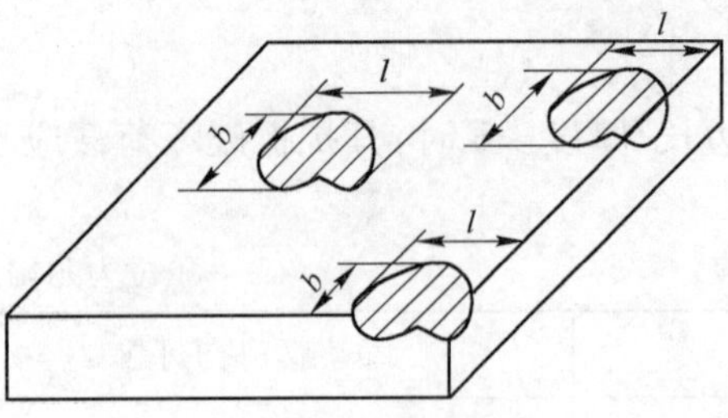

图 1　正面粘皮及缺损测量方法示意图

l—长度方向投影尺寸；b—宽度方向投影尺寸

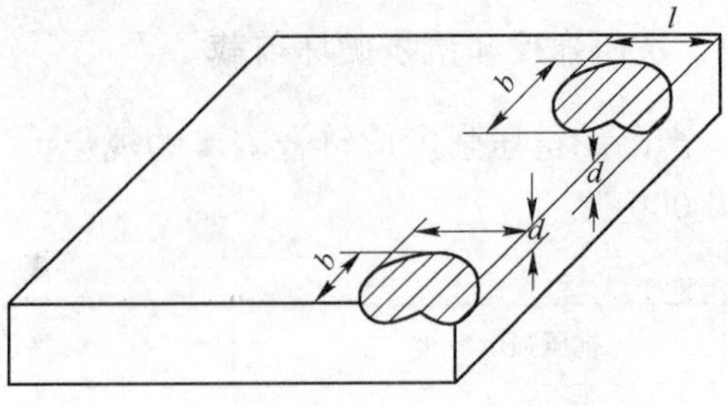

图 2　缺棱、掉角尺寸测量示意图

l—长度方向投影尺寸；b—宽度方向投影尺寸；d—厚度方向的投影尺寸

6.1.2.4　分　　层

对试样的侧面进行目测检验，观察有无分层现象。

6.1.2.5　色　　差

在平坦地面上，将试样铺成不小于 1 m^2 的正方形，在自然光照或功率不低于 40 W 日光灯下，距 1.5 m 处目测，观察是否有明显色差。

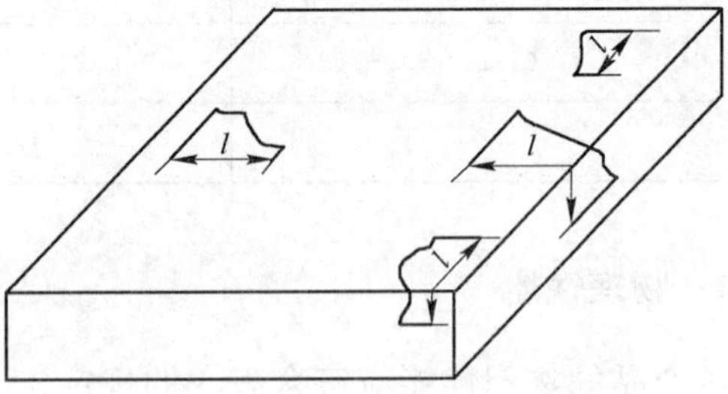

图 3　裂纹长度测量示意图

l—裂纹投影尺寸

6.2　尺寸偏差

6.2.1　量　　具

游标卡尺或其他量具：精度不低于 0.5 mm。

直角尺：内角垂直度公差为±1°，内角边长为 450 mm×400 mm 的 90°直角尺。

钢直尺：直线度公差为 0.1 mm，长度为 0.5 m。

塞尺：精度为 0.1 mm。

6.2.2　测量方法

6.2.2.1　长度、宽度、厚度和厚度差

测量矩形试样的长度和宽度时，分别测量试样正面离角部 10 mm 处对应平行侧面，测量两个长度值和两个宽度值，计算并记录长度平均值和宽度平均值；其他形状产品根据供货方提供的产品标识尺寸进行测量。厚度分别测量试样每边中间距边缘 10 mm 处，测量四个值，计算并记录厚度平均值和最大厚度差。测量值精确至 0.5 mm。如图 4 所示。

6.2.2.2　垂 直 度

将直角尺沿竖直方向紧靠在试样的棱边上，使直角尺长边紧贴试样正面，用塞尺测量直角尺短边与试样之间的最大间隙，根据被测棱角大于或小于 90°的不同情况，分别相应在直角尺根部或短边最长处进行测量，记录最大间隙处所测的塞尺读数，精确至 0.5 mm。如图 5 所示。

6.2.2.3　平 整 度

将钢直尺分别紧靠在试样正面距边沿 10 mm 的直线和对角线上，用塞尺测量试样表面与钢直尺之间的最大间隙，记录最大值，精确至 0.5 mm。

6.2.2.4　直 角 度

将直角尺沿水平方向紧靠在试样的棱角上，使长边紧贴试样长边，根据被测角大于或小于

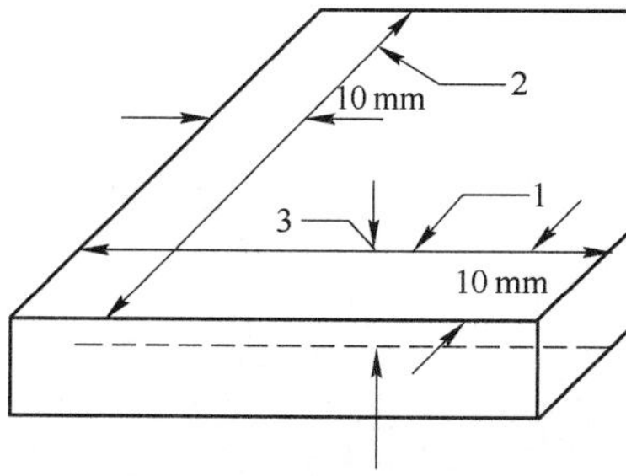

图 4　长度、宽度、厚度测量示意图

1—长度；2—宽度；3—厚度

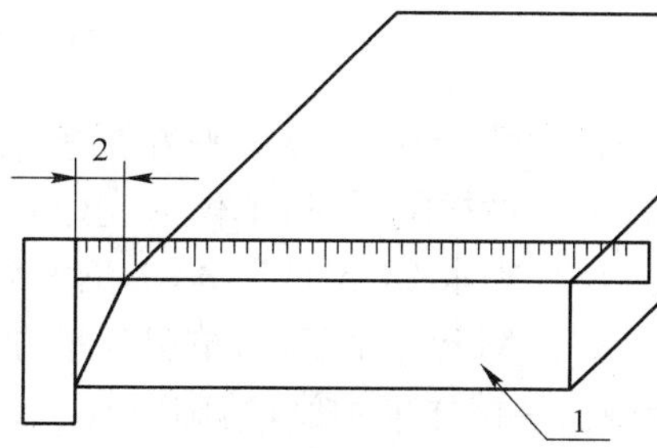

图 5　垂直度测量示意图

1—试样；2—垂直度偏差

90°的不同情况，用塞尺测量试样四个角与直角尺根部或短边最长处测量该边最大间隙，记录所测值中的最大值，读数精确至 0.5 mm。如图 6 所示。

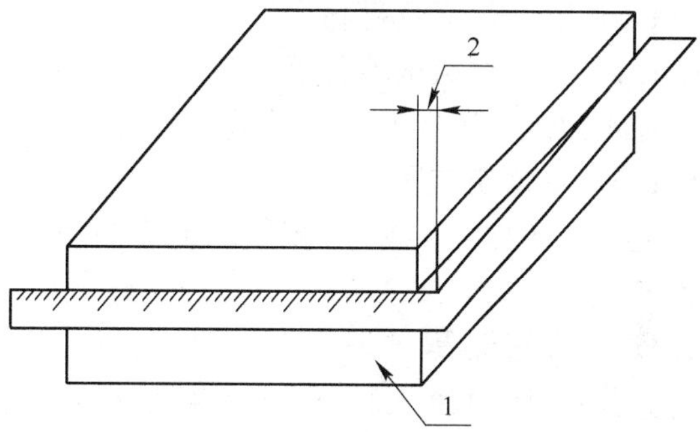

图 6　直角度测量示意图

1—试样；2—直角度偏差

6.3　抗压强度和抗折破坏荷载

抗压强度试验按附录 A 规定进行。

抗折破坏荷载试验按附录 B 规定进行。

6.4　耐 磨 性

磨坑长度试验按 GB/T 12988 规定进行。

6.5　保 水 性

6.5.1　试验设备及量具

电子秤：能精确到试样质量 0.1%的电子秤。

烘箱：工作温度为 110 ℃±5 ℃。

量具：分度值不大于 0.1 cm 的直尺或类似量具。

6.5.2　试　　样

取三块整砖作为试样，当整砖质量大于 10 kg 时，可从整块砖上切取 9.5 kg±0.5 kg 的切割规整的部分为试样。

6.5.3　步　　骤

用量具测量试样的边长，每条边测量一次，取相对边的平均值，精确至 0.1 cm。计算试样的上表面面积(A_1)。

将试样置于温度为 110 ℃±5 ℃的烘箱内烘干，每隔 24 h 将试样取出分别称量一次，直至两次连续称量之差小于 0.1%，视为干燥试样质量(m_1)。

将试样冷却至室温后竖直放入水槽中，注入温度为 20 ℃±10 ℃的蒸馏水，将试样浸没，使水面高出试样约 20 mm。

在水中浸泡 24 h，使试样上表面向上从水中取出，用拧干的湿毛巾擦去表面附着水，立即称量，为试样吸水 24 h 的质量(m_2)。

6.5.4　结果计算

保水性按式(1)计算：

$$B=\frac{m_2-m_1}{A_1} \tag{1}$$

式中 B——保水性,单位为克每平方厘米(g/cm^2);

m_1——干燥试样的质量,单位为克(g):

m_2——试样吸水 24 h 的质量,单位为克(g):

A_1——试样的上表面面积,单位为平方厘米(cm^2)。

报告所测三块试样平均值,精确至 0.1 g/cm^2。

6.6 透水系数

6.6.1 试验用仪器及材料

6.6.1.1 透水系数试验装置

透水数试验装置如图 7 所示。

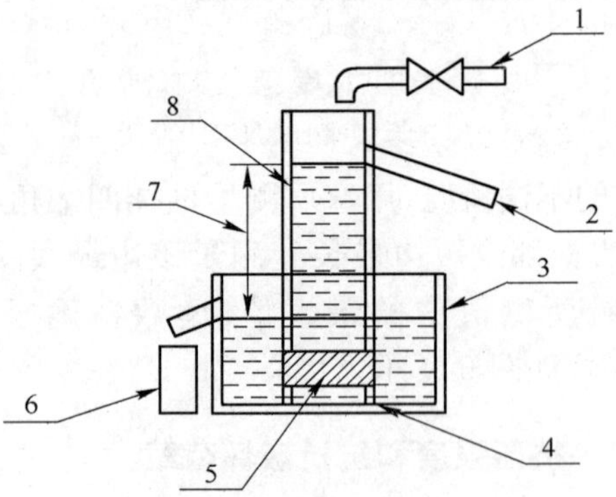

图 7 透水系数试验装置示意图

1—供水系统;2—溢流口;3—溢流水槽:具有排水口并保持一定水位的水槽;4—支架;5—试样;6—量筒;7—水位差;8—透水圆筒:具有溢流口并能保持一定的水位的圆筒

6.6.1.2 抽真空装置

能装下试样并保持 90 kPa 以上真空度的试验装置。

6.6.1.3 测量器具

量具:分度值为 0.1 cm 的钢直尺及类似量具。

秒表:精度为 1 s。

量筒:容量为 2 L,最小刻度为 1 mL。

温度计;最小刻度为 0.5 ℃。

6.6.1.4 试验用水

本试验应使用无气水。可采用新制备的蒸馏水,否则应在试验前对所用蒸馏水进行排气处理(将水装入盛水容器中,使其置于抽真空装置中,慢慢抽真空至 90kPa 的真空度,直至吸气瓶中无气泡冒出为止),待用。试验时水温宜高于环境温度 3 ℃~4 ℃。

6.6.2 试 样

分别在三块产品上制取三个直径为 $\phi75_{-2}^{\ 0}$ mm、厚度同产品厚度的圆柱体作为试样。

6.6.3 试验步骤

用钢直尺测量圆柱体试样的直径(D)和厚度(L),分别测量两次,取平均值,精确至 0.1 cm。计算试样的上表面面积(A)。

将试样的四周用密封材料或其他方式密封好,使其不漏水,水仅从试样的上下表面进行渗透。

待密封材料固化后,将试样放入真空装置,抽真空至 90 kPa±1 kPa,并保持 30 min。在保持真空的同时,加入足够的水将试样覆盖并使水位高出试样 10 cm,停止抽真空,浸泡 20 min,将其取出,装入透水系数试验装置,将试样与透水圆筒连接密封好。放入溢流水槽,打开供水阀门,使无气水进入容器中,等溢流水槽的溢流孔有水流出时,调整进水量,使透水圆筒保持一定的水位(约 150 mm),待溢流水槽的溢流口和透水圆筒的溢流口流出水量稳定后,用量筒从出水口接水,记录五分钟流出的水量(Q),测量三次,取平均值。

用钢直尺测量透水圆筒的水位与溢流水槽水位之差(H),精确至 0.1 cm。

用温度计测量试验中溢流水槽中水的温度(T),精确至 0.5 ℃。

6.6.4 结果计算

透水系数按式(2)计算:

$$k_T = \frac{QL}{AHt} \tag{2}$$

式中 k_T——水温为 T℃时试样的透水系数，单位为厘米每秒(cm/s)；

Q——时间 t 秒内的渗出水量，单位为毫升(mL)；

L——试样的厚度，单位为厘米(cm)；

A——试样的上表面面积，单位为平方厘米(cm^2)；

H——水位差，单位为厘米(m)；

t——时间，单位为秒(s)。

结果以三块试样的平均值表示，计算精确至 1.0×10^{-3} cm/s。

本试验以 15 ℃水温为标准温度，标准温度下的透水系数应按式(3)计算：

$$k_{15} = k_T \frac{\eta_T}{\eta_{15}} \tag{3}$$

式中 k_{15}——标准温度时试样的透水系数(cm/s)；

η_T——T℃时水的动力粘滞系数(kPa · s)；

η_{15}——15℃时水的动力粘滞系数(kPa · s)。

水的动力黏滞系数比 η_T/η_{15}，见附录 C。

6.7 抗 冻 性

6.7.1 试验设备

抗冻试验机：温度可保持在—$15_{-5}^{\ 0}$℃的冷冻设备。

6.7.2 试 样

试样数量为五块。

6.7.3 试验步骤

应在试验前对试样进行外观检查，将缺损、裂纹处作标记，并记录其缺陷情况。随后放入温度为 20 ℃±10 ℃的水中浸泡 24 h。浸泡时水面应高出试样约 20 mm。

从水中取出试样，用拧干的湿毛巾擦去表面附着水，立即放入预先降温至－$15_{-5}^{\ 0}$℃的抗冻试验机内，试样间隔不小于 20 mm。每次从装完试样到温度恢复到－15 ℃所需时间不应大于 2 h。待温度重新达到－15 ℃时开始计算冻结时间，在－15 ℃下的冻结时间按试样厚度而定：厚度小于或等于 60 mm 时，不少于 3 h；厚度大于 60 mm 时，不少于 4 h。然后，取出试样立即放入 20 ℃±10 ℃水中浸泡 2 h。该过程为一次冻融循环。依次进行 25 次冻融循环。

完成 25 次冻融循环后，从水中取出试样，用拧干的湿毛巾擦去表面附着水，检查并记录试样表面剥落、分层、裂纹及裂纹延长的情况。然后按附录 A 规定进行抗压强度试验。

6.7.4 结果计算

冻融试验后抗压强度损失率按式(4)计算：

$$\Delta R = \frac{R - R_D}{R} \times 100\% \tag{4}$$

式中 ΔR——冻融循环后的抗压强度损失率，单位为百分数(%)；

R——6.3 抗压强度试验结果的平均值，单位为兆帕(MPa)；

R_D——冻融试验后，试样抗压强度平均值，单位为兆帕(MPa)。

结果计算精确至 0.1%。

7 检验规则

7.1 检验分类

检验分出厂检验和型式检验。

7.1.1 出厂检验

出厂检验项目包括外观质量、尺寸偏差、抗压强度、抗折破坏荷载。

7.1.2 型式检验

型式检验包括本标准技术要求的全部项目。

有下列情况之一时，应进行型式检验：

a)新产品试制定型鉴定；

b)生产工艺发生较大改变，可能影响产品性能时；

c)正常生产时，每年至少进行一次；

d)出厂检验结果与上次型式检验结果有较大差异时；

e)有合同要求时。

7.2 组　批

应以同类别、同规格、同等级的产品进行组批。每10 000～15 000块为一批，不足10 000块，亦按一批计，超过15 000块，批量可由供需双方商定。

7.3 抽　样

外观质量检验的试样，按抽样法从所组批产品中随机抽取32块试样。

从外观质量检验合格的试样中随机抽取10块试样，进行尺寸偏差检验；从外观质量检验后的试样中随机抽取物理性能、抗压强度和抗折破坏荷载检验所需的试样。

7.4 判定规则

7.4.1 单项判定

外观质量样本量为32，合格判定数为3。

尺寸偏差样本量为10，合格判定数为1。

经检验抗压强度符合某一等级规定时，判该项为符合相应等级：若低于产品明示等级，则判该产品降至标准规定的相应等级：若抗压强度低于表4中最低等级时判定该项目为不合格。

其他各项经检验，若符合标准规定，则判定为合格，否则判定为不合格。

7.4.2 综合判定

对所有项目进行检验，经检验所有项目均合格，则判定该批产品为合格，凡有一项或一项以上不合格，则判定该批产品为不合格。

8 标志、使用说明书

8.1 标　志

产品应有清晰的标记，包装箱上应有企业名称和地址、产品名称、商标、规格、等级、数量、生产日期、执行标准编号。

产品出厂时，应提供产品质量合格证。

产品质量合格证主要包括合格证编号、生产企业名称、产品名称、规格、等级、生产日期、执行标准编号，并有检验部门和检验员签章。

8.2 使用说明书

为方便使用，供货方应提供透水砖的使用说明书，说明现场施工方法和要求及参考使用数量。

9 包装、运输及贮存

9.1 包 装

用吊装托架装运时，应捆扎牢固。亦可不用吊装托架散装。

9.2 运 输

产品装、卸应轻拿轻放，严禁抛、掷。运输时应避免碰撞。应有防雨措施。

9.3 贮 存

产品贮存场地应平整、坚实。应按品种、规格分别堆放。散装堆垛高度不得超过 1.5m。贮存时应有防雨设施。

附录 A（规范性附录） 抗压强度试验方法

A.1 试验设备

A.1.1 试 验 机

压力试验机的示值相对误差应不大于±1%，试样的预期抗压破坏值应不小于试验机全量程的 20%，且不大于全量程的 80%。

A.1.2 垫 压 板

采用厚度不小于 30 mm、硬度应大于 HB 200、平整光滑的钢质垫压板，垫压板的长度和宽度根据试样厚度按表 A.1 选取。

表 A.1 垫压板尺寸 单位为毫米

试样厚度(C)	垫压板	
	长度	宽度
$C \leqslant 60$	120	60
$60 < C \leqslant 80$	160	80
$80 < C \leqslant 100$	200	100
$C > 100$	240	120

试样厚度不小于 0.9 倍有效使用面边长时，可以不用垫压板；厚度大于等于 100 mm 的试样，若垫压板大于试样受压面时，可选择 160 mm×80 mm 垫压板。

A.2 试　　样

试样数量为五块。

试样的两个受压面应平行、平整。否则应将受压面磨平或找平处理。

A.3 试验步骤

清除试样表面的粘渣,毛刺,放入室温水中浸泡 24 h。

将试样从水中取出用拧干的湿毛巾擦去表面附着水,放置在试验机下压板的中心位置,然后将垫压板放在试样的上表面中心对称位置,如图 A.1 所示。

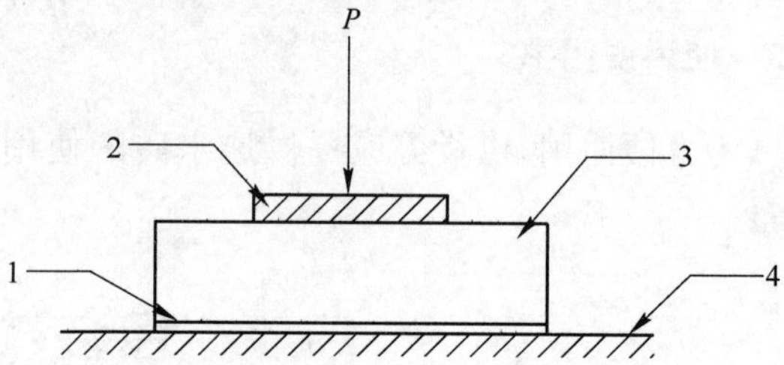

图 A.1　试样位置示意图

1—找平层;2—垫压板;3—试样;4—试验机下压板

启动试验机,调整加荷速度为 0.4 MPa/s～0.6 MPa/s,均匀连续地加荷,直至试样破坏,记录试样破坏时的破坏荷载(P)。

A.4 结果计算与评定

抗压强度按式(A.1)计算:

$$R_C = \frac{P}{A} \tag{A.1}$$

式中　R_C——抗压强度,单位为兆帕(MPa);

P——破坏荷载,单位为牛顿(N);

A——试样上垫压板面积或试样受压面积,单位为平方毫米(mm^2)。

报告五块试样抗压强度的平均值和单块最小值,精确至 0.1 MPa。

附录 B(规范性附录)　抗折破坏荷载试验方法

B.1 试验设备

B.1.1 试 验 机

抗折试验机示值相对误差应不大于±1%,试样的预期抗折破坏荷载值应不小于试验机全量程的 20%,且不大于全量程的 80%。

B.1.2 支座及加压棒

支座的两个支承棒和加压棒的直径为 40 mm,材料为钢质,其中一个支承棒应能滚动并可自由调整水平。

B.2 试　　样

试样数量为五块。

B.3 试验步骤

清除试样表面的粘渣、毛刺,放入室温水中浸泡 24 h。

将试样从水中取出用拧干的湿毛巾擦去表面附着水,顺着长度方向外露表面朝上置于支座上，如图 B.1 所示。支距为试样厚度的四倍。在支座及加压棒与试样接触面之间应垫有 3 mm～5 mm 厚的胶合板垫层。

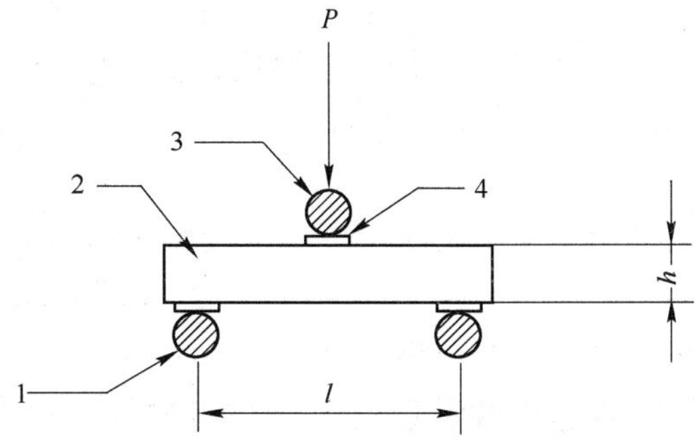

图 B.1　试样位置示意图

1—支承棒；2—试样；3—加压棒；4—胶合板垫层

启动试验机，调整加荷速度为 120 N/s～180 N/s，连续均匀地加荷，直至试样破坏。记录抗折破坏荷载(P)。报告五块试样抗折破坏荷载的平均值，精确至 1 N。

附录 C(资料性附录)　水的黏滞系数 η_T/η_{15}

不同温度时水的粘滞系数与 15 ℃温度时水的粘滞系数比见表 C.1。

表 C.1　水的黏滞系数比 η_T/η_{15}

温度(℃)	0	1	2	3	4	5	6	7	8	9
0	1.575	1.521	1.470	1.424	1.378	1.336	1.295	1.255	1.217	1.181
10	1.149	1.116	1.085	1.055	1.027	1.000	0.975	0.950	0.925	0.925
20	0.880	0.859	0.839	0.819	0.800	0.782	0.764	0.748	0.731	0.715
30	0.700	0.685	0.671	0.657	0.645	0.632	0.620	0.607	0.596	0.584
40	0.574	0.564	0.554	0.544	0.535	0.525	0.517	0.507	0.498	0.490

钢筋焊接及验收规程

目　次

3 材　　料

3.0.1 焊接钢筋的化学成分和力学性能应符合国家现行有关标准的规定。

3.0.2 预埋件钢筋焊接接头、熔槽帮条焊接头和坡口焊接头中的钢板和型钢，可采用低碳钢或低合金钢，其力学性能和化学成分应符合现行国家标准《碳素结构钢》GB/T 700 或《低合金高强度结构钢》GB/T 1591 中的规定。

3.0.3 钢筋焊条电弧焊所采用的焊条，应符合现行国家标准《碳钢焊条》GB/T 5117 或《低合金钢焊条》GB/T 5118 的规定。钢筋二氧化碳气体保护电弧焊所采用的焊丝，应符合现行国家标准《气体保护电弧焊用碳钢、低合金钢焊丝》GB/T 8110 的规定。其焊条型号和焊丝型号应根据设计确定；若设计无规定时，可按表 3.0.3 选用。

表 3.0.3　钢筋电弧焊所采用焊条、焊丝推荐表

钢筋牌号	电弧焊接头形式			
	帮条焊　搭接焊	坡口焊 熔槽帮条焊 预埋件穿孔塞焊	窄间隙焊	钢筋与钢板搭接焊 预埋件T形角焊
HPB300	E4303 ER50-X	E4303 ER50-X	E4316 E4315 ER50-X	E4303 ER50-X
HRB335 HRBF335	E5003 E4303 E5016 E5015 ER50-X	E5003 E5016 E5015 ER50-X	E5016 E5015 ER50-X	E5003 E4303 E5016 E5015 ER50-X
HRB400 HRBF400	E5003 E5516 E5515 ER50-X	E5503 E5516 E5515 ER55-X	E5516 E5515 ER55-X	E5003 E5516 E5515 ER50-X
HRB500 HRBF5009	E5503 E6003 E6016 E6015 ER55-X	E6003 E6016 E6015	E6016 E6015	E5503 E6003 E6016 E6015 ER55-X
RRB400W	E5003 E5516 E5515 ER50-X	E5503 E5516 E5515 ER55-X	E5516 E5515 ER55-X	E5003 E5516 E5515 ER50-X

3.0.4 焊接用气体质量应符合下列规定：

1 氧气的质量应符合现行国家标准《工业氧》GB/T 3863 的规定，其纯度应大于或等于 99.5%；

2 乙炔的质量应符合现行国家标准《溶解乙炔》GB 6819 的规定，其纯度应大于或等于 98.0%；

3 液化石油气应符合现行国家标准《液化石油气》GB 11174 或《油气田液化石油气》GB 9052.1 的各项规定；

4 二氧化碳气体应符合现行化工行业标准《焊接用二氧化碳》HG/T 2537 中优等品的规定。

3.0.5 在电渣压力焊、预埋件钢筋埋弧压力焊和预埋件钢筋埋弧螺柱焊中，可采用熔炼型 HJ 431 焊剂；在埋弧螺柱焊中，亦可采用氟碱型烧结焊剂 SJ101。

3.0.6 施焊的各种钢筋、钢板均应有质量证明书；焊条、焊丝、氧气、溶解乙炔、液化石油气、二氧化碳气体、焊剂应有产品合格证。

钢筋进场时，应按国家现行相关标准的规定抽取试样并作力学性能和重量偏差检验，检验结果必须符合国家现行有关标准的规定。

检验数量：按进场的批次和产品的抽样检验方案确定。

检验方法：检查产品合格证、出厂检验报告和进场复验报告。

3.0.7 各种焊接材料应分类存放、妥善处理；应采取防止锈蚀、受潮变质等措施。

4 钢筋焊接

4.1 基本规定

4.1.1 钢筋焊接时，各种焊接方法的适用范围应符合表4.1.1的规定。

表4.1.1 钢筋焊接方法的适用范围

焊接方法	接头形式	适用范围	
		钢筋牌号	钢筋直径(mm)
电阻点焊		HPB300	6～16
		HRB335 HRBF335	6～16
		HRB400 HRBF400	6～16
		HRB500 HRBF500	6～16
		CRB550	4～12
		CDW550	3～8
闪光对焊	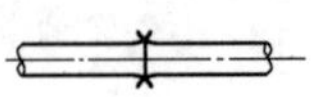	HPB300	8～22
		HRB335 HRBF335	8～40
		HRB400 HRBF400	8～40
		HRB500 HRBF500	8～40
		RRB400W	8～32
箍筋闪光对焊		HPB300	6～18
		HRB335 HRBF335	6～18
		HRB400 HRBF400	6～18
		HRB500 HRBF500	6～18
		RRB400W	8～18
电弧焊 帮条焊 双面焊	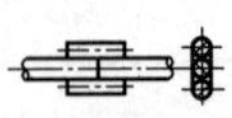	HPB300	10～22
		HRB335 HRBF335	10～40
		HRB400 HRBF400	10～40
		HRB500 HRBF500	10～32
		RRB400W	10～25
电弧焊 帮条焊 单面焊	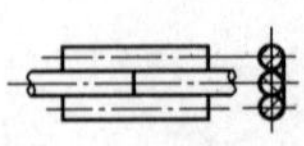	HPB300	10～22
		HRB335 HRBF335	10～40
		HRB400 HRBF400	10～40
		HRB500 HRBF500	10～32
		RRB400W	10～25
电弧焊 搭接焊 双面焊	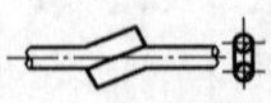	HPB300	10～22
		HRB335 HRBF335	10～40
		HRB400 HRBF400	10～40
		HRB500 HRBF500	10～32
		RRB400W	10～25

续上表

焊接方法			接头形式	适用范围	
				钢筋牌号	钢筋直径(mm)
电弧焊	搭接焊	单面焊		HPB300 HRB335 HRBF335 HRB400 HRBF400 HRB500 HRBF500 RRB400W	10～22 10～40 10～40 10～32 10～25
电弧焊	熔槽帮条焊		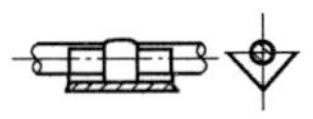	HPB300 HRB335 HRBF335 HRB400 HRBF400 HRB500 HRBF500 RRB400W	20～22 20～40 20～40 20～32 20～25
电弧焊	坡口焊	平焊		HPB300 HRB335 HRBF335 HRB400 HRBF400 HRB500 HRBF500 RRB400W	18～22 18～40 18～40 18～32 18～25
电弧焊	坡口焊	立焊		HPB300 HRB335 HRBF335 HRB400 HRBF400 HRB500 HRBF500 RRB400W	18～22 18～40 18～40 18～32 18～25
电弧焊	钢筋与钢板搭接焊		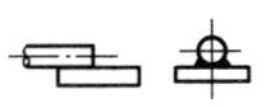	HPB300 HRB335 HRBF335 HRB400 HRBF400 HRB500 HRBF500 RRB400W	8～22 8～40 8～40 8～32 8～25
电弧焊	窄间隙焊			HPB300 HRB335 HRBF335 HRB400 HRBF400 HRB500 HRBF500 RRB400W	16～22 16～40 16～40 18～32 18～25
电弧焊	预埋件钢筋	角焊	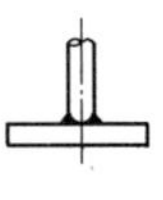	HPB300 HRB335 HRBF335 HRB400 HRBF400 HRB500 HRBF500 RRB400W	6～22 6～25 6～25 10～20 10～20
电弧焊	预埋件钢筋	穿孔塞焊	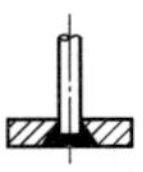	HPB300 HRB335 HRBF335 HRB400 HRBF400 HRB500 RRB400W	20～22 20～32 20～32 20～28 20～28

续上表

焊接方法			接头形式	适用范围	
				钢筋牌号	钢筋直径(mm)
电弧焊	预埋件钢筋	埋弧压力焊	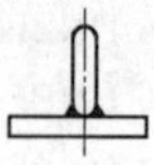	HPB300 HRB335 HRBF335 HRB400 HRBF400	6～22 6～28 6～28
		埋弧螺柱焊			
电渣压力焊				HPB300 HRB335 HRB400 HRB500	12～22 12～32 12～32 12～32
气压焊	固　态			HPB300 HRB335 HRB400 HRB500	12～22 12～40 12～40 12～32
	熔　态		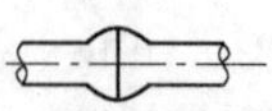		

注：1　电阻点焊时，适用范围的钢筋直径指两根不同直径钢筋交叉叠接中较小钢筋的直径；

2　电弧焊含焊条电弧焊和二氧化碳气体保护电弧焊两种工艺方法；

3　在生产中，对于有较高要求的抗震结构用钢筋，在牌号后加 E，焊接工艺可按同级别热轧钢筋施焊；焊条应采用低氢型碱性焊条；

4　生产中，如果有 HPB235 钢筋需要进行焊接时，可按 HPB300 钢筋的焊条材料和焊接工艺参数，以及接头质量检验与验收的有关规定施焊。

4.1.2　电渣压力焊应用于柱、墙等构筑物现浇混凝土结构中竖向受力钢筋的连接；不得用于梁、板等构件中水平钢筋的连接。

4.1.3　在钢筋工程焊接开工之前，参与该项工程施焊的焊工必须进行现场条件下的焊接工艺试验，应经试验合格后，方准于焊接生产。

4.1.4　钢筋焊接施工之前，应清除钢筋、钢板焊接部位以及钢筋与电极接触处表面上的锈斑、油污、杂物等；钢筋端部当有弯折、扭曲时，应予以矫直或切除。

4.1.5　带肋钢筋进行闪光对焊、电弧焊、电渣压力焊和气压焊时，应将纵肋对纵肋安放和焊接。

4.1.6　焊剂应存放在干燥的库房内，若受潮时，在使用前应经 250 ℃～350 ℃烘焙 2 h。使用中回收的焊剂应清除熔渣和杂物，并应与新焊剂混合均匀后使用。

4.1.7　两根同牌号、不同直径的钢筋可进行闪光对焊、电渣压力焊或气压焊。闪光对焊时钢筋径差不得超过 4 mm，电渣压力焊或气压焊时，钢筋径差不得超过 7 mm。焊接工艺参数可在大、小直径钢筋焊接工艺参数之间偏大选用，两根钢筋的轴线应在同一直线上，轴线偏移的允许值应按较小直径钢筋计算；对接头强度的要求，应按较小直径钢筋计算。

4.1.8　两根同直径、不同牌号的钢筋可进行闪光对焊、电弧焊、电渣压力焊或气压焊，其钢筋牌号应在本规程表 4.1.1 规定的范围内。焊条、焊丝和焊接工艺参数应按较高牌号钢筋选用，对接头强度的要求应按较低牌号钢筋强度计算。

4.1.9　进行电阻点焊、闪光对焊、埋弧压力焊、埋弧螺柱焊时，应随时观察电源电压的波动情况；当电源电压下降大于 5%、小于 8%时，应采取提高焊接变压器级数等措施；当大于或等于 8%时，不得进行焊接。

4.1.10 在环境温度低于−5 ℃条件下施焊时，焊接工艺应符合下列要求：

1 闪光对焊时，宜采用预热闪光焊或闪光—预热闪光焊；可增加调伸长度，采用较低变压器级数，增加预热次数和间歇时间。

2 电弧焊时，宜增大焊接电流，降低焊接速度。电弧帮条焊或搭接焊时，第一层焊缝应从中间引弧，向两端施焊；以后各层控温施焊，层间温度应控制在 150 ℃～350 ℃之间。多层施焊时，可采用回火焊道施焊。

4.1.11 当环境温度低于−20 ℃时，不应进行各种焊接。

4.1.12 雨天、雪天进行施焊时，应采取有效遮蔽措施。焊后未冷却接头不得碰到雨和冰雪，并应采取有效的防滑、防触电措施，确保人身安全。

4.1.13 当焊接区风速超过 8 m/s 在现场进行闪光对焊或焊条电弧焊时，当风速超过 5 m/s 进行气压焊时，当风速超过 2 m/s 进行二氧化碳气体保护电弧焊时，均应采取挡风措施。

4.1.14 焊机应经常维护保养和定期检修，确保正常使用。

4.2 钢筋电阻点焊

4.2.1 混凝土结构中钢筋焊接骨架和钢筋焊接网，宜采用电阻点焊制作。

4.2.2 钢筋焊接骨架和钢筋焊接网在焊接生产中，当两根钢筋直径不同时，焊接骨架较小钢筋直径小于或等于 10 mm 时，大、小钢筋直径之比不宜大于 3 倍；当较小钢筋直径为 12 mm～16 mm 时，大、小钢筋直径之比不宜大于 2 倍。焊接网较小钢筋直径不得小于较大钢筋直径的 60%。

4.2.3 电阻点焊的工艺过程中，应包括预压、通电、锻压三个阶段(图 4.2.3)。

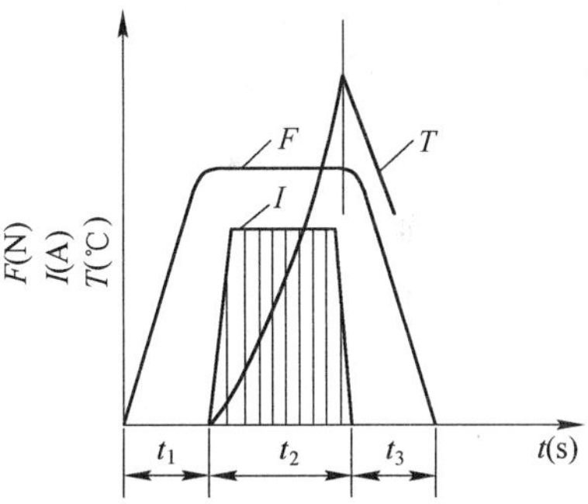

图 4.2.3 点焊过程示意

F—压力；I—电流；T—温度；t—时间；t_1—预压时间；t_2—通电时间；t_3—锻压时间

4.2.4 电阻点焊的工艺参数应根据钢筋牌号、直径及焊机性能等具体情况，选择变压器级数、焊接通电时间和电极压力。

4.2.5 焊点的压入深度应为较小钢筋直径的 18%～25%。

4.2.6 钢筋焊接网、钢筋焊接骨架宜用于成批生产；焊接时应按设备使用说明书中的规定进行安装、调试和操作，根据钢筋直径选用合适电极压力、焊接电流和焊接通电时间。

4.2.7 在点焊生产中，应经常保持电极与钢筋之间接触面的清洁平整；当电极使用变形时，应及时修整。

4.2.8 钢筋点焊生产过程中，应随时检查制品的外观质量；当发现焊接缺陷时，应查找原因并采取措施，及时消除。

4.3 钢筋闪光对焊

4.3.1 钢筋闪光对焊可采用连续闪光焊、预热闪光焊或闪光—预热闪光焊工艺方法(图 4.3.1)。生产中，可根据不同条件按下列规定选用：

1 当钢筋直径较小，钢筋牌号较低，在本规程表 4.3.2 规定的范围内，可采用"连续闪光焊"；

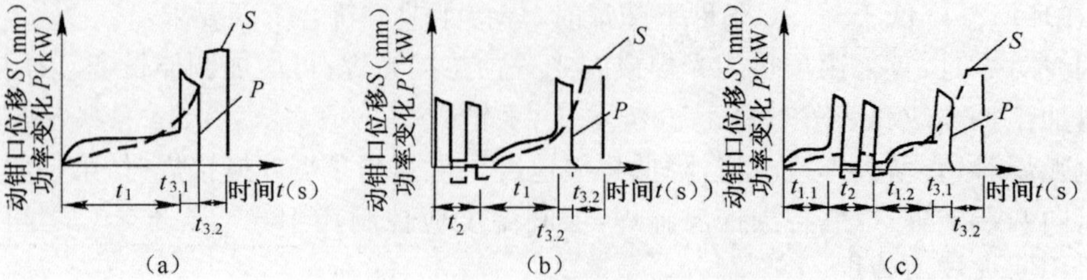

图 4.3.1 钢筋闪光对焊工艺过程图解

S—动钳口位移；P—功率变化；t—时间；t_1—烧化时间；$t_{1.1}$—一次烧化时间；$t_{1.2}$—二次烧化时间；t_2—预热时间；$t_{3.1}$—有电顶锻时间；$t_{3.2}$—无电顶锻时间

2 当钢筋直径超过本规程表 4.3.2 规定，钢筋端面较平整，宜采用"预热闪光焊"；

3 当钢筋直径超过本规程表 4.3.2 规定，且钢筋端面不平整，应采用"闪光—预热闪光焊"。

4.3.2 连续闪光焊所能焊接的钢筋直径上限，应根据焊机容量、钢筋牌号等具体情况而定，并应符合表 4.3.2 的规定。

表 4.3.2 连续闪光焊钢筋直径上限

焊机容量(kVA)	钢筋牌号	钢筋直径(mm)
160 (150)	HPB300 HRB335 HRBF335 HRB400 HRBF400	22 22 20
100	HPB300 HRB335 HRBF335 HRB400 HRBF400	20 20 18
80 (75)	HB300 HRB335 HRBF335 HRB400 HRBF400	16 14 12

4.3.3 施焊中，焊工应熟练掌握各项留量参数(图 4.3.3)，以确保焊接质量。

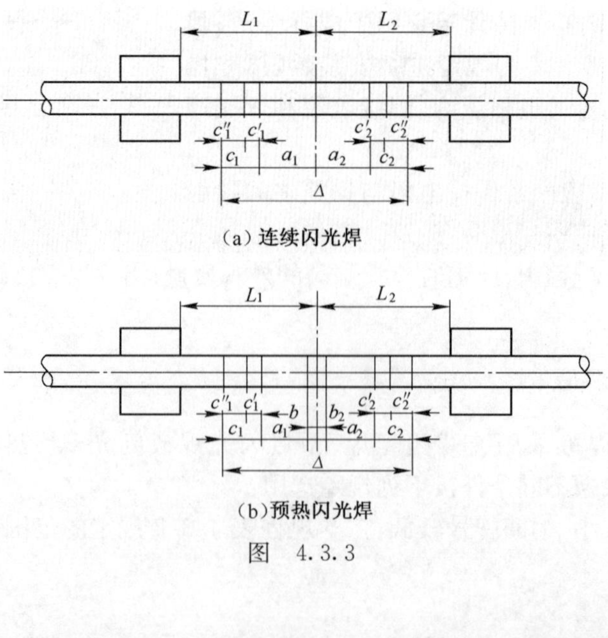

图 4.3.3

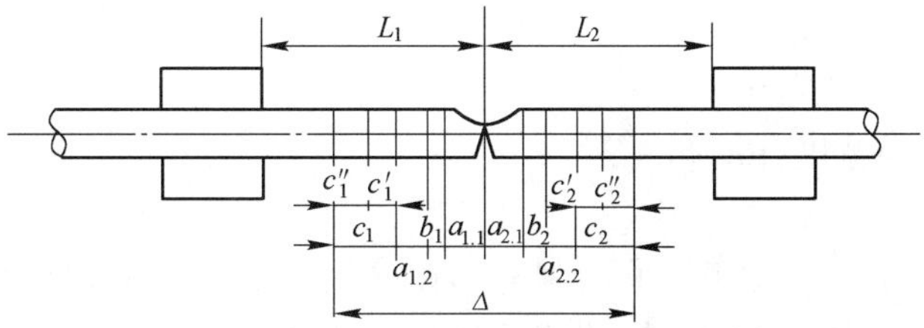

(c)闪光—预热闪光焊

图 4.3.3 钢筋闪光对焊三种工艺方法留量图解

L_1、L_2—调伸长度；a_1+a_2—烧化留量；$a_{1.1}+a_{2.1}$—一次烧化留量；$a_{1.2}+a_{2.2}$—二次烧化留量；b_1+b_2—预热留量；c_1+c_2—顶锻留量；$c'_1+c'_2$—有电顶锻留量；$c''_1+c''_2$—无电顶锻留量；Δ—焊接总留量

4.3.4 闪光对焊时，应按下列规定选择调伸长度、烧化留量、顶锻留量以及变压器级数等焊接参数：

1 调伸长度的选择，应随着钢筋牌号的提高和钢筋直径的加大而增长，主要是减缓接头的温度梯度，防止热影响区产生淬硬组织；当焊接 HRB400、HRBF400 等牌号钢筋时，调伸长度宜在 40 mm～60 mm 内选用；

2 烧化留量的选择，应根据焊接工艺方法确定。当连续闪光焊时，闪光过程应较长；烧化留量应等于两根钢筋在断料时切断机刀口严重压伤部分(包括端面的不平整度)，再加8 mm～10 mm；当闪光—预热闪光焊时，应区分一次烧化留量和二次烧化留量。一次烧化留量不应小于 10 mm，二次烧化留量不应小于 6 mm；

3 需要预热时，宜采用电阻预热法。预热留量应为 1 mm～2 mm，预热次数应为 1 次～4 次；每次预热时间应为 1.5s～2s，间歇时间应为 3s～4s；

4 顶锻留量应为 3 mm～7 mm，并应随钢筋直径的增大和钢筋牌号的提高而增加。其中，有电顶锻留量约占 1/3，无电顶锻留量约占 2/3，焊接时必须控制得当。焊接 HRB500 钢筋时，顶锻留量宜稍微增大，以确保焊接质量。

4.3.5 当 HRBF335 钢筋、HRBF400 钢筋、HRBF500 钢筋或 RRB400W 钢筋进行闪光对焊时，与热轧钢筋比较，应减小调伸长度，提高焊接变压器级数，缩短加热时间，快速顶锻，形成快热快冷条件，使热影响区长度控制在钢筋直径的 60％范围之内。

4.3.6 变压器级数应根据钢筋牌号、直径、焊机容量以及焊接工艺方法等具体情况选择。

4.3.7 HRB500、HRBF500 钢筋焊接时，应采用预热闪光焊或闪光—预热闪光焊工艺。当接头拉伸试验结果，发生脆性断裂或弯曲试验不能达到规定要求时，尚应在焊机上进行焊后热处理。

4.3.8 在闪光对焊生产中，当出现异常现象或焊接缺陷时，应查找原因，采取措施，及时消除。

4.4 箍筋闪光对焊

4.4.1 箍筋闪光对焊的焊点位置宜设在箍筋受力较小一边的中部。不等边的多边形柱箍筋对焊点位置宜设在两个边上的中部。

4.4.2 箍筋下料长度应预留焊接总留量(Δ)，其中包括烧化留量(A)、预热留量(B)和顶锻留量(C)。

矩形箍筋下料长度可按下式计算：

$$L_g=2(a_g+b_g)+\Delta \tag{4.4.2}$$

式中 L_g——箍筋下料长度(mm)；

a_g——箍筋内净长度(mm)；

b_g——箍筋内净宽度(mm)；

Δ——焊接总留量(mm)。

当切断机下料，增加压痕长度，采用闪光—预热闪光焊工艺时，焊接总留量 Δ 随之增大，约为 1.0d(d 为箍筋直径)。上列计算箍筋下料长度经试焊后核对，箍筋外皮尺寸应符合设计图纸的规定。

4.4.3 钢筋切断和弯曲应符合下列规定：

1 钢筋切断宜采用钢筋专用切割机下料；当用钢筋切断机时，刀口间隙不得大于 0.3 mm；

2 切断后的钢筋端面应与轴线垂直，无压弯、无斜口；

3 钢筋按设计图纸规定尺寸弯曲成型，制成待焊箍筋，应使两个对焊钢筋头完全对准，具有一定弹性压力(图 4.4.3)。

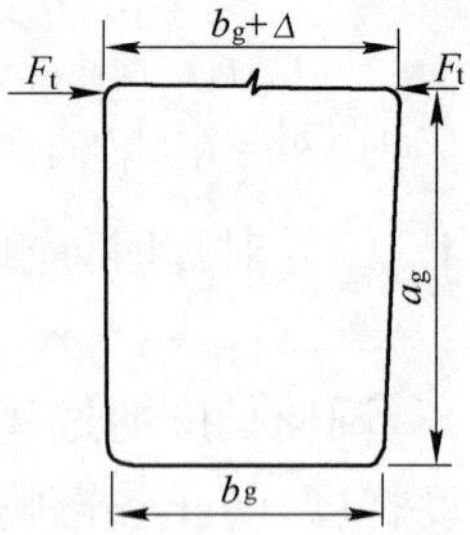

图 4.4.3 待焊箍筋

a_g—箍筋内净长度；b_g—箍筋内净宽度；Δ—焊接总留量；F_t—弹性压力

4.4.4 待焊箍筋为半成品，应进行加工质量的检查，属中间质量检查。按每一工作班、同一牌号钢筋、同一加工设备完成的待焊箍筋作为一个检验批，每批随机抽查 5%件。检查项目应符合下列规定：

1 两钢筋头端面应闭合，无斜口；

2 接口处应有一定弹性压力。

4.4.5 箍筋闪光对焊应符合下列规定：

1 宜使用 100kVA 的箍筋专用对焊机；

2 宜采用预热闪光焊，焊接工艺参数、操作要领、焊接缺陷的产生与消除措施等，可按本规程第 4.3 节相关规定执行；

3 焊接变压器级数应适当提高，二次电流稍大；

4 两钢筋顶锻闭合后，应延续数秒钟再松开夹具。

4.4.6 箍筋闪光对焊过程中，当出现异常现象或焊接缺陷时，应查找原因，采取措施，及时消除。

4.5 钢筋电弧焊

4.5.1 钢筋电弧焊时，可采用焊条电弧焊或二氧化碳气体保护电弧焊两种工艺方法。二氧化碳气体保护电弧焊设备应由焊接电源、送丝系统、焊枪、供气系统、控制电路 5 部分组成。

4.5.2 钢筋二氧化碳气体保护电弧焊时，应根据焊机性能、焊接接头形状、焊接位置等条件选用下列焊接工艺参数：

1 焊接电流；

2 极性；

3 电弧电压(弧长)；

4 焊接速度；

5 焊丝伸出长度(干伸长)；

6 焊枪角度；

7 焊接位置；

8 焊丝直径。

4.5.3 钢筋电弧焊应包括帮条焊、搭接焊、坡口焊、窄间隙焊和熔槽帮条焊5种接头形式。焊接时，应符合下列规定：

1 应根据钢筋牌号、直径、接头形式和焊接位置，选择焊接材料，确定焊接工艺和焊接参数；

2 焊接时，引弧应在垫板、帮条或形成焊缝的部位进行，不得烧伤主筋；

3 焊接地线与钢筋应接触良好；

4 焊接过程中应及时清渣，焊缝表面应光滑，焊缝余高应平缓过渡，弧坑应填满。

4.5.4 帮条焊时，宜采用双面焊(图4.5.4a)；当不能进行双面焊时，可采用单面焊(图4.5.4b)，帮条长度应符合表4.5.4的规定。当帮条牌号与主筋相同时，帮条直径可与主筋相同或小一个规格；当帮条直径与主筋相同时，帮条牌号可与主筋相同或低一个牌号等级。

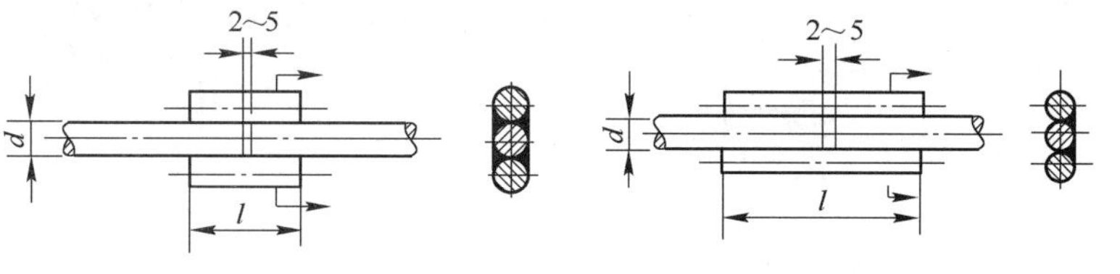

图4.5.4 钢筋帮条焊接头

表4.5.4 钢筋帮条长度

钢筋牌号	焊缝形式	帮条长度(l)
HPB300	单面焊	≥8d
	双面焊	≥4d
HRB335 HRBF335 HRB400 HRBF400 HRB500 HRBF500 RRB400W	单面焊	≥10d
	双面焊	≥5d

注：d为主筋直径(mm)。

4.5.5 搭接焊时，宜采用双面焊(图4.5.5a)。当不能进行双面焊时，可采用单面焊(图4.5.5b)。搭接长度可与本规程表4.5.4帮条长度相同。

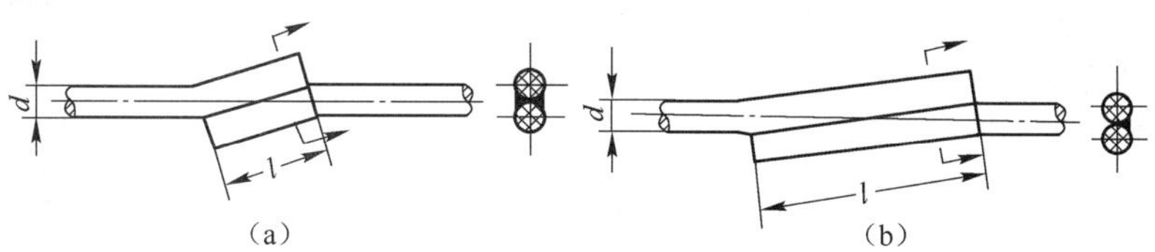

图4.5.5 钢筋搭接焊接头

d—钢筋直径；l—搭接长度

4.5.6 帮条焊接头或搭接焊接头的焊缝有效厚度S不应小于主筋直径的30%；焊缝宽度b不应小于主筋直径的80%(图4.5.6)。

4.5.7 帮条焊或搭接焊时，钢筋的装配和焊接应符合下列规定：

1 帮条焊时，两主筋端面的间隙应为2 mm~5 mm；

2 搭接焊时，焊接端钢筋宜预弯，并应使两钢筋的轴线在同一直线上；

3　帮条焊时，帮条与主筋之间应用四点定位焊固定；搭接焊时，应用两点固定；定位焊缝与帮条端部或搭接端部的距离宜大于或等于 20 mm；

4　焊接时，应在帮条焊或搭接焊形成焊缝中引弧；在端头收弧前应填满弧坑，并应使主焊缝与定位焊缝的始端和终端熔合。

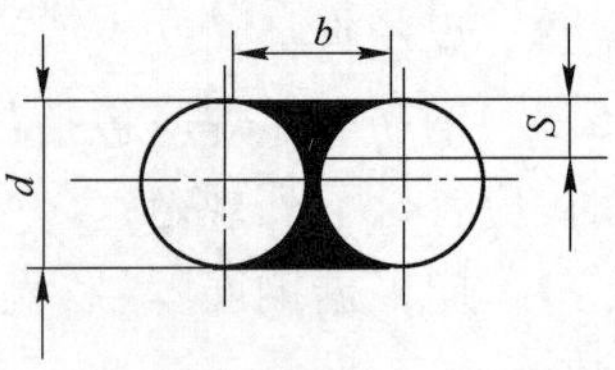

图 4.5.6　焊缝尺寸示意

d—钢筋直径；b—焊缝宽度；S—焊缝有效厚度

4.5.8　坡口焊的准备工作和焊接工艺应符合下列规定（图 4.5.8）：

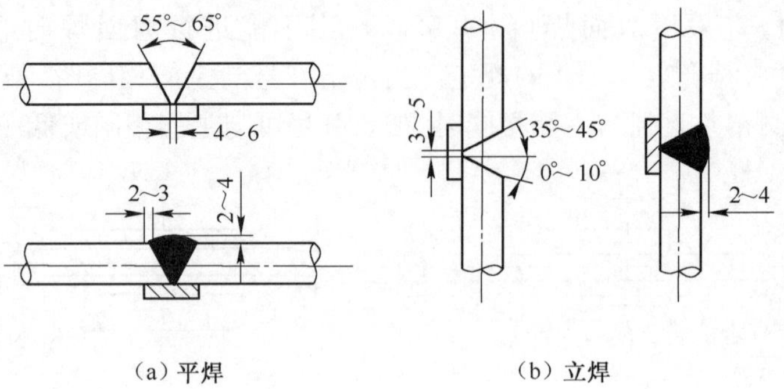

图 4.5.8　钢筋坡口焊接头

1　坡口面应平顺，切口边缘不得有裂纹、钝边和缺棱；

2　坡口角度应在规定范围内选用；

3　钢垫板厚度宜为 4 mm～6 mm，长度宜为 40 mm～60 mm；平焊时，垫板宽度应为钢筋直径加 10 mm；立焊时，垫板宽度宜等于钢筋直径；

4　焊缝的宽度应大于 V 形坡口的边缘 2 mm～3 mm，焊缝余高应为 2 mm～4 mm，并平缓过渡至钢筋表面；

5　钢筋与钢垫板之间，应加焊二层、三层侧面焊缝；

6　当发现接头中有弧坑、气孔及咬边等缺陷时，应立即补焊。

4.5.9　窄间隙焊应用于直径 16 mm 及以上钢筋的现场水平连接。焊接时，钢筋端部应置于铜模中，并应留出一定间隙，连续焊接，熔化钢筋端面，使熔敷金属填充间隙并形成接头（图 4.5.9）；其焊接工艺应符合下列规定：

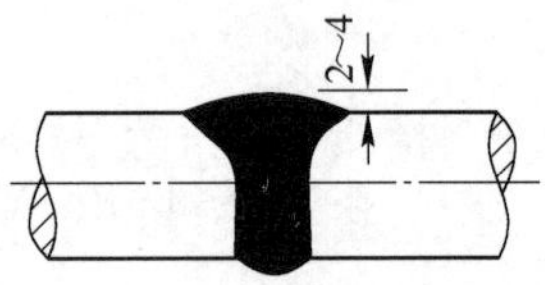

图 4.5.9　钢筋窄间隙焊接头

1　钢筋端面应平整；

2　宜选用低氢型焊接材料；

3　从焊缝根部引弧后应连续进行焊接，左右来回运弧，在钢筋端面处电弧应少许停留，并使熔合；

4　当焊至端面间隙的 4/5 高度后，焊缝逐渐扩宽；当熔池过大时，应改连续焊为断续焊，避免过热；

5　焊缝余高应为 2 mm～4 mm，且应平缓过渡至钢筋表面。

4.5.10　熔槽帮条焊应用于直径 20 mm 及以上钢筋的现场安装焊接。焊接时应加角钢作垫板模。接头形式（图 4.5.10）、角钢尺寸和焊接工艺应符合下列规定：

1　角钢边长宜为 40 mm～70 mm；

2　钢筋端头应加工平整；

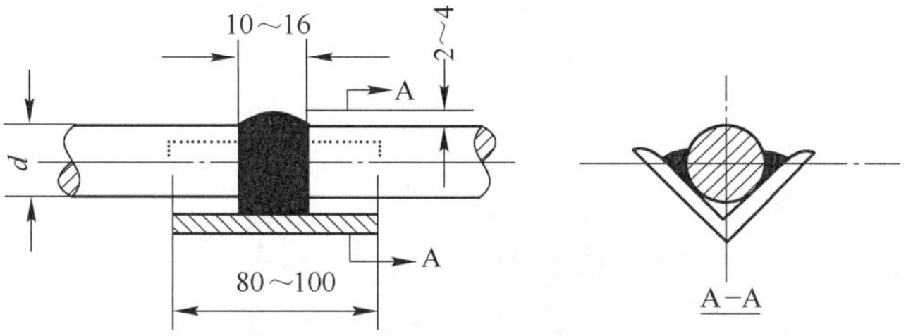

图 4.5.10　钢筋熔槽帮条焊接头

3　从接缝处垫板引弧后应连续施焊，并应使钢筋端部熔合，防止示焊透、气孔或夹渣；

4　焊接过程中应及时停焊清渣；焊平后，再进行焊缝余高的焊接，其高度应为 2 mm～4 mm；

5　钢筋与角钢垫板之间，应加焊侧面焊缝 1 层～3 层，焊缝应饱满，表面应平整。

4.5.11　预埋件钢筋电弧焊 T 形接头可分为角焊和穿孔塞焊两种(图 4.5.11)，装配和焊接时，应符合下列规定：

1　当采用 HPB300 钢筋时，角焊缝焊脚尺寸(K)不得小于钢筋直径的 50%；采用其他牌号钢筋时，焊脚尺寸(K)不得小于钢筋直径的 60%；

2　施焊中，不得使钢筋咬边和烧伤。

4.5.12　钢筋与钢板搭接焊时，焊接接头(图 4.5.12)应符合下列规定：

1　HPB300 钢筋的搭接长度(l)不得小于 4 倍钢筋直径，其他牌号钢筋搭接长度(l)不得小于 5 倍钢筋直径；

2　焊缝宽度不得小于钢筋直径的 60%，焊缝有效厚度不得小于钢筋直径的 35%。

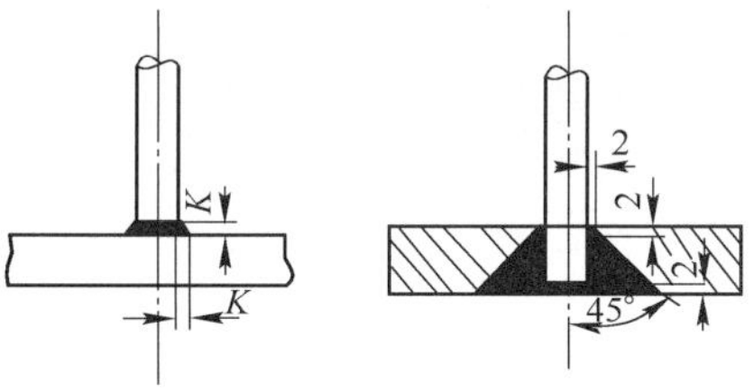

(a)角焊　(b)穿孔塞焊

图 4.5.11　预埋件钢筋电弧焊 T 形接头

K—焊脚尺寸

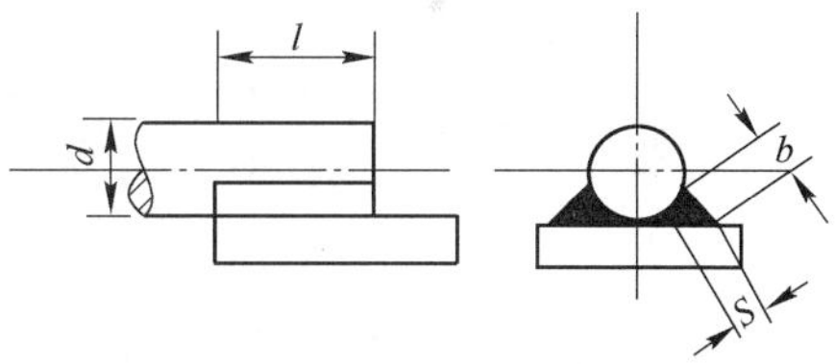

图 4.5.12　钢筋与钢板搭接焊接头

d—钢筋直径；l—搭接长度；b—焊缝宽度；S—焊缝有效厚度

4.6　钢筋电渣压力焊

4.6.1　电渣压力焊应用于现浇钢筋混凝土结构中竖向或斜向(倾斜度不大于 10°)钢筋的连接。

4.6.2　直径 12 mm 钢筋电渣压力焊时，应采用小型焊接夹具，上下两钢筋对正，不偏歪，多做焊接工艺试验，确保焊接质量。

4.6.3　电渣压力焊焊机容量应根据所焊钢筋直径选定，接线端应连接紧密，确保良好导电。

4.6.4　焊接夹具应具有足够刚度，夹具形式、型号应与焊接钢筋配套，上下钳口应同心，在最大允许荷载下应移动灵活，操作便利，电压表、时间显示器应配备齐全。

4.6.5　电渣压力焊工艺过程应符合下列规定：

1　焊接夹具的上下钳口应夹紧于上、下钢筋上；钢筋一经夹紧，不得晃动，且两钢筋应同心；

2　引弧可采用直接引弧法或铁丝圈(焊条芯)间接引弧法;

3　引燃电弧后,应先进行电弧过程,然后,加快上钢筋下送速度,使上钢筋端面插入液态渣池约 2 mm,转变为电渣过程,最后在断电的同时,迅速下压上钢筋,挤出熔化金属和熔渣(图 4.6.5);

4　接头焊毕,应稍作停歇,方可回收焊剂和卸下焊接夹具;敲去渣壳后,四周焊包凸出钢筋表面的高度,当钢筋直径为 25 mm 及以下时不得小于 4 mm;当钢筋直径为 28 mm 及以上时不得小于 6 mm。

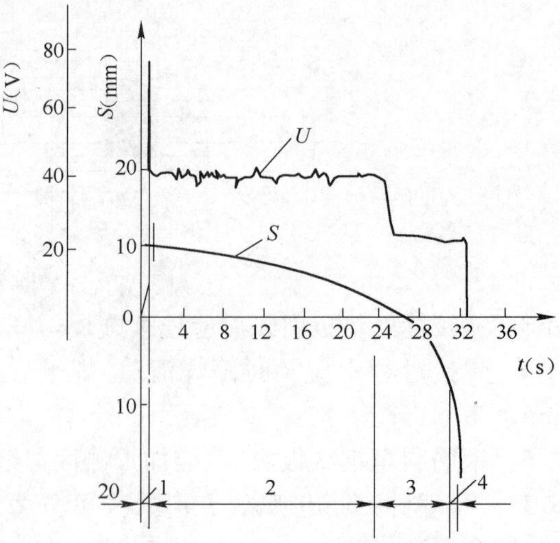

图 4.6.5　ϕ28 mm 钢筋电渣压力焊工艺过程图示

U—焊接电压;S—上钢筋位移;t—焊接时间;

1—引弧过程;2—电弧过程;3—电渣过程;4—顶压过程

4.6.6　电渣压力焊焊接参数应包括焊接电流、焊接电压和焊接通电时间;采用 HJ431 焊剂时,宜符合表 4.6.6 的规定。采用专用焊剂或自动电渣压力焊机时,应根据焊剂或焊机使用说明书中推荐数据,通过试验确定。

表 4.6.6　电渣压力焊焊接参数

钢筋直径(mm)	焊接电流(A)	焊接电压(V)		焊接通电时间(s)	
		电弧过程 $U_{2.1}$	电渣过程 $U_{2.2}$	电弧过程 t_1	电渣过程 t_2
12	280～320			12	2
14	300～350			13	4
16	300～350			15	5
18	300～350			16	6
20	350～400	35～45	18～22	18	7
22	350～400			20	8
25	350～400			22	9
28	400～450			25	10
32	450～500			30	11

4.6.7　在焊接生产中焊工应进行自检,当发现偏心、弯折、绕伤等焊接缺陷时,应查找原因,采取措施,及时消除。

4.7　钢筋气压焊

4.7.1　气压焊可用于钢筋在垂直位置、水平位置或倾斜位置的对接焊接。

4.7.2　气压焊按加热温度和工艺方法的不同,可分为固态气压焊和熔态气压焊两种,施工单位应根据设备等情况选择采用。

4.7.3　气压焊按加热火焰所用燃料气体的不同,可分为氧乙炔气压焊和氧液化石油气气压焊两种。氧液化石油气火焰的加热温度稍低,施工单位应根据具体情况选用。

4.7.4　气压焊设备应符合下列规定:

1 供气装置应包括氧气瓶、溶解乙炔气瓶或液化石油气瓶、减压器及胶管等；溶解乙炔气瓶或液化石油气瓶出口处应安装干式回火防止器；

2 焊接夹具应能夹紧钢筋，当钢筋承受最大的轴向压力时，钢筋与夹头之间不得产生相对滑移；应便于钢筋的安装定位，并在施焊过程中保持刚度；动夹头应与定夹头同心，并且当不同直径钢筋焊接时，亦应保持同心；动夹头的位移应大于或等于现场最大直径钢筋焊接时所需要的压缩长度；

3 采用半自动钢筋固态气压焊或半自动钢筋熔态气压焊时，应增加电动加压装置、带有加压控制开关的多嘴环管加热器，采用固态气压焊时，宜增加带有陶瓷切割片的钢筋常温直角切断机；

4 当采用氧液化石油气火焰进行加热焊接时，应配备梅花状喷嘴的多嘴环管加热器。

4.7.5 采用固态气压焊时，其焊接工艺应符合下列规定：

1 焊前钢筋端面应切平、打磨，使其露出金属光泽，钢筋安装夹牢，预压顶紧后，两钢筋端面局部间隙不得大于 3 mm；

2 气压焊加热开始至钢筋端面密合前，应采用碳化焰集中加热；钢筋端面密合后可采用中性焰宽幅加热；钢筋端面合适加热温度应为 1 150℃～1 250 ℃；钢筋镦粗区表面的加热温度应稍高于该温度，并随钢筋直径增大而适当提高；

3 气压焊顶压时，对钢筋施加的顶压力应为 30 MPa～40 MPa；

4 三次加压法的工艺过程应包括：预压、密合和成型 3 个阶段(图 4.7.5)；

5 当采用半自动钢筋固态气压焊时，应使用钢筋常温直角切断机断料，两钢筋端面间隙应控制在 1 mm～2 mm，钢筋端面应平滑，可直接焊接。

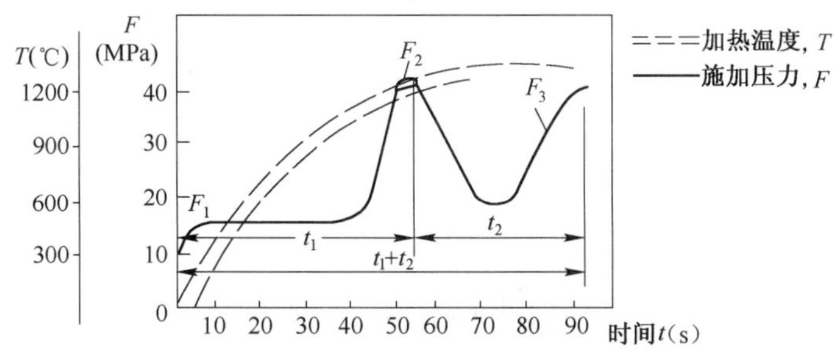

图 4.7.5 ϕ25 mm 钢筋三次加压法焊接工艺过程图示

t_1—碳化焰对准钢筋接缝处集中加热时间；F_1——次加压，预压；t_2—中性焰往复宽幅加热时间；F_2—二次加压、接缝密合；t_1+t_2—根据钢筋直径和火焰热功率而定；F_3—三次加压、镦粗成型

4.7.6 采用熔态气压焊时，焊接工艺应符合下列规定：

1 安装时，两钢筋端面之间应预留 3 mm～5 mm 间隙；

2 当采用氧液化石油气熔态气压焊时，应调整好火焰，适当增大氧气用量；

3 气压焊开始时，应首先使用中性焰加热，待钢筋端头至熔化状态，附着物随熔滴流走，端部呈凸状时，应加压，挤出熔化金属，并密合牢固。

4.7.7 在加热过程中，当在钢筋端面缝隙完全密合之前发生灭火中断现象时，应将钢筋取下重新打磨、安装，然后点燃火焰进行焊接。当灭火中断发生在钢筋端面缝隙完全密合之后，可继续加热加压。

4.7.8 在焊接生产中，焊工应自检，当发现焊接缺陷时，应查找原因，并采取措施，及时消除。

4.8　预埋件钢筋埋弧压力焊

4.8.1　预埋件钢筋埋弧压力焊设备应符合下列规定；

1　当钢筋直径为 6 mm 时，可选用 500 型弧焊变压器作为焊接电源；当钢筋直径为 8 mm 及以上时，应选用 1000 型弧焊变压器作为焊接电源；

2　焊接机构应操作方便、灵活；宜装有高频引弧装置；焊接地线宜采取对称接地法，以减少电弧偏移（图 4.8.1）；操作台面上应装有电压表和电流表；

3　控制系统应灵敏、正确，并应配备时间显示装置或时间继电器，以控制焊接通电时间。

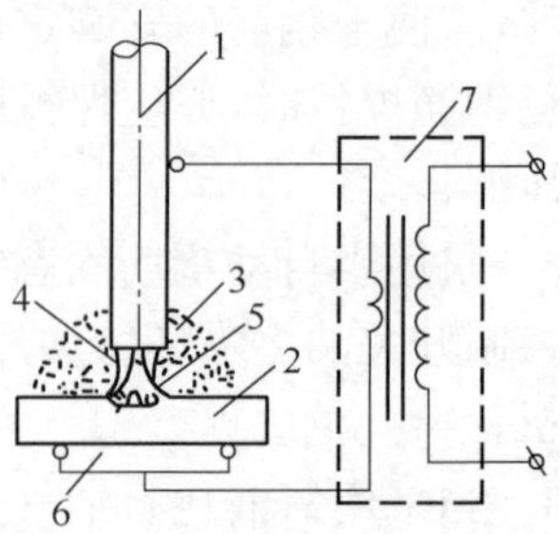

图 4.8.1　对称接地示意

1—钢筋；2—钢板；3—焊剂；4—电弧；5—熔池；6—铜板电极；7—焊接变压器

4.8.2　埋弧压力焊工艺过程应符合下列规定：

1　钢板应放平，并应与铜板电极接触紧密；

2　将锚固钢筋夹于夹钳内，应夹牢；并应放好挡圈，注满焊剂；

3　接通高频引弧装置和焊接电源后，应立即将钢筋上提，引燃电弧，使电弧稳定燃烧，再渐渐下送；

4　顶压时，用力应适度（图 4.8.2）；

5　敲去渣壳，四周焊包凸出钢筋表面的高度，当钢筋直径为 18 mm 及以下时，不得小于 3 mm，当钢筋直径为 20 mm 及以上时，不得小于 4 mm。

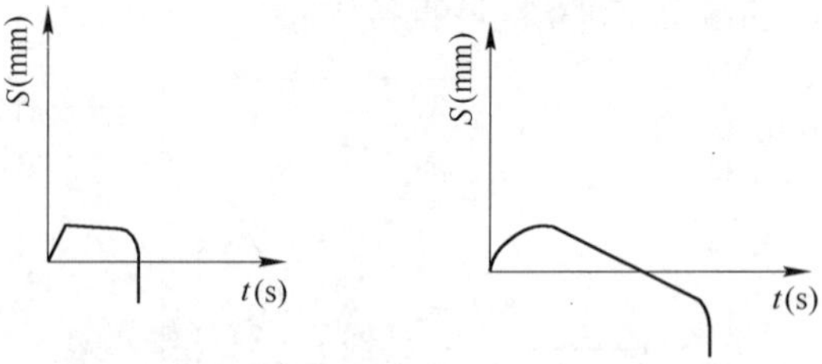

（a）小直径钢筋　　（b）大直径钢筋

图 4.8.2　预埋件钢筋埋弧压力焊上钢筋位移

S—钢筋位移；t—焊接时间

4.8.3　埋弧压力焊的焊接参数应包括引弧提升高度、电弧电压、焊接电流和焊接通电时间。

4.8.4　在埋弧压力焊生产中，引弧、燃弧（钢筋维持原位或缓慢下送）和顶压等环节应紧密配合；焊接地线应与铜板电极接触紧密，并应及时消除电极钳口的铁锈和污物，修理电极钳口的形状。

4.8.5　在埋弧压力焊生产中，焊工应自检，当发现焊接缺陷时，应查找原因，并采取措施，及时消除。

4.9　预埋件钢筋埋弧螺柱焊

4.9.1　预埋件钢筋埋弧螺栓焊设备应包括：埋弧螺柱焊机、焊枪、焊接电缆、控制电缆和钢筋夹头等。

4.9.2　埋弧螺柱焊机应由晶闸管整流器和调节-控制系统组成，有多种型号，在生产中，应根据表 4.9.2 选用。

表 4.9.2 焊机选用

序号	钢筋直径（mm）	焊机型号	焊接电流调节范围（A）	焊接时间调节范围（s）
1	6～14	RSM～1 000	100～1 000	1.30～13.00
2	14～25	RSM～2 500	200～2 500	1.30～13.00
3	16～28	RSM～3 150	300～3 150	1.30～13.00

4.9.3 埋弧螺柱焊焊枪有电磁铁提升式和电机拖动式两种，生产中，应根据钢筋直径和长度选用焊枪。

4.9.4 预埋件钢筋埋弧螺柱焊工艺应符合下列规定：

1 将预埋件钢板放平，在钢板的远处对称点，用两根电缆将钢板与焊机的正极连接，将焊枪与焊机的负极连接，连接应紧密、牢固；

2 将钢筋推入焊枪的夹持钳内，顶紧于钢板，在焊剂挡圈内注满焊剂；

3 应在焊机上设定合适的焊接电流和焊接通电时间；应在焊枪上设定合适的钢筋伸出长度和钢筋提升高度（表 4.9.4）；

表 4.9.4 埋弧螺柱焊焊接参数

钢筋牌号	钢筋直径（mm）	焊接电流（A）	焊接时间（s）	提升高度（mm）	伸出长度（mm）	焊剂牌号	焊机型号
HPB300 HRB335 HRBF335 HRB400 HRBF400	6	450～550	3.2～2.3	4.8～5.5	5.5～6.0	HJ431 SJ 101	RSM1000
	8	470～580	3.4～2.5	4.8～5.5	5.5～6.5		RSM1000
	10	500～600	3.8～2.8	5.0～6.0	5.5～7.0		RSM1000
	12	550～650	4.0～3.0	5.5～6.5	6.5～7.0		RSM1000
	14	600～700	4.4～3.2	5.8～6.6	6.8～7.2		RSM1000/2500
	16	850～1 100	4.8～4.0	7.0～8.5	7.5～8.5		RSM2500
	18	950～1 200	5.2～4.5	7.2～8.6	7.8～8.8		RSM2500
	20	1 000～1 250	6.5～5.2	8.0～10.0	8.0～9.0		RSM3150/2500
	22	1 200～1 350	6.7～5.5	8.0～10.5	8.2～9.2		RSM3150/2500
	25	1 250～1 400	8.8～7.8	9.0～11.0	8.4～10.0		RSM3150/2500
	28	1 350～1 550	9.2～8.5	9.5～11.0	9.0～10.5		RSM3150

4 按动焊枪上按钮“开”，接通电源，钢筋上提，引燃电弧（图 4.9.4）；

5 经过设定燃弧时间，钢筋自动插入熔池，并断电；

6 停息数秒钟，打掉渣壳，四周焊包应凸出钢筋表面；当钢筋直径为 18 mm 及以下时，凸出高度不得小于 3 mm；当钢筋直径为 20 mm 及以上时，凸出高度不得小于 4 mm。

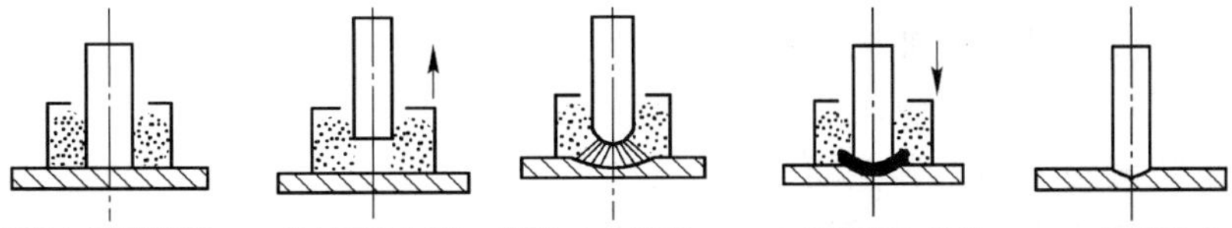

（a）套上焊剂挡圈，顶紧钢筋，注满焊剂　（b）接通电源，钢筋上提，引燃电弧　（c）燃弧　（d）钢筋插入熔池，自动断电　（e）打掉渣壳，焊接完成

图 4.9.4 预埋件钢筋埋弧螺柱焊示意

5 质量检验与验收

5.1 基本规定

5.1.1 钢筋焊接接头或焊接制品(焊接骨架、焊接网)应按检验批进行质量检验与验收。检验批的划分应符合本规程第5.2节～第5.8节的有关规定。质量检验与验收应包括外观质量检查和力学性能检验,并划分为主控项目和一般项目两类。

5.1.2 纵向受力钢筋焊接接头验收中,闪光对焊接头、电弧焊接头、电渣压力焊接头、气压焊接头和非纵向受力箍筋闪光对焊接头、预埋件钢筋T形接头的连接方式应符合设计要求,并应全数检查,检查方法为目视观察。焊接接头力学性能检验应为主控项目。焊接接头的外观质量检查应为一般项目。

5.1.3 不属于专门规定的电阻焊点和钢筋与钢板电弧搭接焊接头可只做外观质量检查,属一般项目。

5.1.4 纵向受力钢筋焊接接头、箍筋闪光对焊接头、预埋件钢筋T形接头的外观质量检查应符合下列规定:

1 纵向受力钢筋焊接接头,每一检验批中应随机抽取10%的焊接接头;箍筋闪光对焊接头和预埋件钢筋T形接头应随机抽取5%的焊接接头。检查结果,外观质量应符合本规程第5.3节～第5.8节中有关规定;

2 焊接接头外观质量检查时,首先应由焊工对所焊接头或制品进行自检;在自检合格的基础上由施工单位项目专业质量检查员检查,并将检查结果填写于本规程附录A"钢筋焊接接头检验批质量验收记录。"

5.1.5 外观质量检查结果,当各小项不合格数均小于或等于抽检数的15%,则该批焊接接头外观质量评为合格;当某一小项不合格数超过抽检数的15%时,应对该批焊接接头该小项逐个进行复检,并剔出不合格接头。对外观质量检查不合格接头采取修整或补焊措施后,可提交二次验收。

5.1.6 施工单位项目专业质量检查员应检查钢筋、钢板质量证明书、焊接材料产品合格证和焊接工艺试验时的接头力学性能试验报告。钢筋焊接接头力学性能检验时,应在接头外观质量检查合格后随机切取试件进行试验。试验方法应按现行行业标准《钢筋焊接接头试验方法标准》JGJ/T 27有关规定执行。试验报告应包括下列内容:

1 工程名称、取样部位;

2 批号、批量;

3 钢筋生产厂家和钢筋批号、钢筋牌号、规格;

4 焊接方法;

5 焊工姓名及考试合格证编号;

6 施工单位;

7 焊接工艺试验时的力学性能试验报告。

5.1.7 钢筋闪光对焊接头、电弧焊接头、电渣压力焊接头、气压焊接头、箍筋闪光对焊接头、预埋件钢筋T形接头的拉伸试验,应从每一检验批接头中随机切取三个接头进行试验并应按下列规定对试验结果进行评定:

1 符合下列条件之一,应评定该检验批接头拉伸试验合格;

1)3 个试件均断于钢筋母材，呈延性断裂，其抗拉强度大于或等于钢筋母材抗拉强度标准值。

2)2 个试件断于钢筋母材，呈延性断裂，其抗拉强度大于或等于钢筋母材抗拉强度标准值；另一试件断于焊缝，呈脆性断裂，其抗拉强度大于或等于钢筋母材抗拉强度标准值的 1.0 倍。

注：试件断于热影响区，呈延性断裂，应视作与断于钢筋母材等同；试件断于热影响区，呈脆性断裂，应视作与断于焊缝等同。

2 符合下列条件之一，应进行复验：

1)2 个试件断于钢筋母材，呈延性断裂，其抗拉强度大于或等于钢筋母材抗拉强度标准值；另一试件断于焊缝，或热影响区，呈脆性断裂，其抗拉强度小于钢筋母材抗拉强度标准值的 1.0 倍。

2)1 个试件断于钢筋母材，呈延性断裂，其抗拉强度大于或等于钢筋母材抗拉强度标准值；另 2 个试件断于焊缝或热影响区，呈脆性断裂。

3 3 个试件均断于焊缝，呈脆性断裂，其抗拉强度均大于或等于钢筋母材抗拉强度标准值的 1.0 倍，应进行复验。当 3 个试件中有 1 个试件抗拉强度小于钢筋母材抗拉强度标准值的 1.0 倍，应评定该检验批接头拉伸试验不合格。

4 复验时，应切取 6 个试件进行试验。试验结果，若有 4 个或 4 个以上试件断于钢筋母材，呈延性断裂，其抗拉强度大于或等于钢筋母材抗拉强度标准值，另 2 个或 2 个以下试件断于焊缝，呈脆性断裂，其抗拉强度大于或等于钢筋母材抗拉强度标准值的 1.0 倍，应评定该检验批接头拉伸试验复验合格。

5 可焊接余热处理钢筋 RRB400W 焊接接头拉伸试验结果，其抗拉强度应符合同级别热轧带肋钢筋抗拉强度标准值 540 MPa 的规定。

6 预埋件钢筋 T 形接头拉伸试验结果，3 个试件的抗拉强度均大于或等于表 5.1.7 的规定值时，应评定该检验批接头拉伸试验合格。若有一个接头试件抗拉强度小于表 5.1.7 的规定值时，应进行复验。

复验时，应切取 6 个试件进行试验。复验结果，其抗拉强度均大于或等于表 5.1.7 的规定值时，应评定该检验批接头拉伸试验复验合格。

表 5.1.7 预埋件钢筋 T 形接头抗拉强度规定值

钢筋牌号	抗拉强度规定值(MPa)
HPB300	400
HRB335、HRBF335	435
HRB400、HRBF400	520
HRB500、HRBF500	610
RRB400W	520

5.1.8 钢筋闪光对焊接头、气压焊接头进行弯曲试验时，应从每一个检验批接头中随机切取 3 个接头，焊缝应处于弯曲中心点，弯心直径和弯曲角度应符合表 5.1.8 的规定。

表 5.1.8 接头弯曲试验指标

钢筋牌号	弯心直径	弯曲角度(°)
HPB300	2*d*	90
HRB335、HRBF335	4*d*	90
HRB400、HRBF400、RRB400W	5*d*	90
HRB500、HRBF500	7*d*	90

注:1 *d* 为钢筋直径(mm);

2 直径大于 25 mm 的钢筋焊接接头,弯心直径应增加 1 倍钢筋直径。

弯曲试验结果应按下列规定进行评定:

1 当试验结果,弯曲至 90°,有 2 个或 3 个试件外侧(含焊缝和热影响区)未发生宽度达到 0.5 mm 的裂纹,应评定该检验批接头弯曲试验合格。

2 当有 2 个试件发生宽度达到 0.5 mm 的裂纹,应进行复验。

3 当有 3 个试件发生宽度达到 0.5 mm 的裂纹,应评定该检验批接头弯曲试验不合格。

4 复验时,应切取 6 个试件进行试验。复验结果,当不超过 2 个试件发生宽度达到 0.5 mm的裂纹时,应评定该检验批接头弯曲试验复验合格。

5.1.9 钢筋焊接接头或焊接制品质量验收时,应在施工单位自行质量评定合格的基础上,由监理(建设)单位对检验批有关资料进行检查,组织项目专业质量检查员等进行验收,并应按本规程附录 A 规定记录。

5.2 钢筋焊接骨架和焊接网

5.2.1 不属于专门规定的焊接骨架和焊接网可按下列规定的检验批只进行外观质量检查:

1 凡钢筋牌号、直径及尺寸相同的焊接骨架和焊接网应视为同一类型制品,且每 300 件作为一批,一周内不足 300 件的亦应按一批计算,每周至少检查一次;

2 外观质量检查时,每批应抽查 5%,且不得少于 5 件。

5.2.2 焊接骨架外观质量检查结果,应符合下列规定:

1 焊点压入深度应符合本规程第 4.2.5 条的规定;

2 每件制品的焊点脱落、漏焊数量不得超过焊点总数的 4%,且相邻两焊点不得有漏焊及脱落;

3 应量测焊接骨架的长度、宽度和高度,并应抽查纵、横方向 3 个~5 个网格的尺寸,其允许偏差应符合表 5.2.2 的规定;

表 5.2.2 焊接骨架的允许偏差

项目		允许偏差(mm)
焊接骨架	长度	±10
	宽度	±5
	高度	±5
骨架钢筋间距		±10
受力主筋	间距	±15
	排距	±5

4 当外观质量检查结果不符合上述规定时,应逐件检查,并剔出不合格品。对不合格品经整修后,可提交二次验收。

5.2.3 焊接网外形尺寸检查和外观质量检查结果，应符合下列规定：

1 焊点压入深度应符合本规程第 4.2.5 条的规定；

2 钢筋焊接网间距的允许偏差应取±10 mm 和规定间距的±5%的较大值。网片长度和宽度的允许偏差应取±25 mm 和规定长度的±0.5%的较大值；网格数量应符合设计规定；

3 钢筋焊接网焊点开焊数量不应超过整张网片交叉点总数的 1%，并且任一根钢筋上开焊点不得超过该支钢筋上交叉点总数的一半；焊接网最外边钢筋上的交叉点不得开焊；

4 钢筋焊接网表面不应有影响使用的缺陷；当性能符合要求时，允许钢筋表面存在浮锈和因矫直造成的钢筋表面轻微损伤。

5.3 钢筋闪光对焊接头

5.3.1 闪光对焊接头的质量检验，应分批进行外观质量检查和力学性能检验，并应符合下列规定：

1 在同一台班内，由同一个焊工完成的 300 个同牌号、同直径钢筋焊接接头应作为一批。当同一台班内焊接的接头数量较少，可在一周之内累计计算；累计仍不足 300 个接头时，应按一批计算；

2 力学性能检验时，应从每批接头中随机切取 6 个接头，其中 3 个做拉伸试验，3 个做弯曲试验；

3 异径钢筋接头可只做拉伸试验。

5.3.2 闪光对焊接头外观质量检查结果，应符合下列规定：

1 对焊接头表面应呈圆滑、带毛刺状，不得有肉眼可见的裂纹；

2 与电极接触处的钢筋表面不得有明显烧伤；

3 接头处的弯折角度不得大于 2°；

4 接头处的轴线偏移不得大于钢筋直径的 1/10，且不得大于 1 mm。

5.4 箍筋闪光对焊接头

5.4.1 箍筋闪光对焊接头应分批进行外观质量检查和力学性能检验，并应符合下列规定：

1 在同一台班内，由同一焊工完成的 600 个同牌号、同直径箍筋闪光对焊接头作为一个检验批；如超出 600 个接头，其超出部分可以与下一台班完成接头累计计算；

2 每一检验批中，应随机抽查 5%的接头进行外观质量检查；

3 每个检验批中应随机切取 3 个对焊接头做拉伸试验。

5.4.2 箍筋闪光对焊接头外观质量检查结果，应符合下列规定：

1 对焊接头表面应呈圆滑、带毛刺状，不得有肉眼可见裂纹；

2 轴线偏移不得大于钢筋直径的 1/10，且不得大于 1 mm；

3 对焊接头所在直线边的顺直度检测结果凹凸不得大于 5 mm；

4 对焊箍筋外皮尺寸应符合设计图纸的规定，允许偏差应为±5 mm；

5 与电极接触处的钢筋表面不得有明显烧伤。

5.5 钢筋电弧焊接头

5.5.1 电弧焊接头的质量检验，应分批进行外观质量检查和力学性能检验，并应符合下列规定：

1　在现浇混凝土结构中，应以300个同牌号钢筋、同形式接头作为一批；在房屋结构中，应在不超过连续二楼层中300个同牌号钢筋、同形式接头作为一批；每批随机切取3个接头，做拉伸试验；

2　在装配式结构中，可按生产条件制作模拟试件，每批3个，做拉伸试验；

3　钢筋与钢板搭接焊接头可只进行外观质量检查。

注：在同一批中若有3种不同直径的钢筋焊接接头，应在最大直径钢筋接头和最小直径钢筋接头中分别切取3个试件进行拉伸试验。钢筋电渣压力焊接头、钢筋气压焊接头取样均同。

5.5.2　电弧焊接头外观质量检查结果，应符合下列规定：

1　焊缝表面应平整，不得有凹陷或焊瘤；

2　焊接接头区域不得有肉眼可见的裂纹；

3　焊缝余高应为2 mm～4 mm；

4　咬边深度、气孔、夹渣等缺陷允许值及接头尺寸的允许偏差，应符合表5.5.2的规定。

表5.5.2　钢筋电弧焊接头尺寸偏差及缺陷允许值

<table>
<tr><th colspan="2" rowspan="2">名　称</th><th rowspan="2">单位</th><th colspan="3">接　头　形　式</th></tr>
<tr><th>帮条焊</th><th>搭接焊
钢筋与钢板搭接焊</th><th>坡口焊　窄间隙焊
熔槽帮条焊</th></tr>
<tr><td colspan="2">帮条沿接头中心线的纵向偏移</td><td>mm</td><td>0.3d</td><td>—</td><td>—</td></tr>
<tr><td colspan="2">接头处弯折角度</td><td>°</td><td>2</td><td>2</td><td>2</td></tr>
<tr><td colspan="2" rowspan="2">接头处钢筋轴线的偏移</td><td rowspan="2">mm</td><td>0.1d</td><td>0.1d</td><td>0.1d</td></tr>
<tr><td>1</td><td>1</td><td>1</td></tr>
<tr><td colspan="2">焊缝宽度</td><td>mm</td><td>+0.1d</td><td>+0.1d</td><td>—</td></tr>
<tr><td colspan="2">焊缝长度</td><td>mm</td><td>−0.3d</td><td>−0.3d</td><td>—</td></tr>
<tr><td colspan="2">咬边深度</td><td>mm</td><td>0.5</td><td>0.5</td><td>0.5</td></tr>
<tr><td rowspan="2">在长2d焊缝表面
上的气孔及夹渣</td><td>数量</td><td>个</td><td>2</td><td>2</td><td>—</td></tr>
<tr><td>面积</td><td>mm²</td><td>6</td><td>6</td><td>—</td></tr>
<tr><td rowspan="2">在全部焊缝表面上
的气孔及夹渣</td><td>数量</td><td>个</td><td>—</td><td>—</td><td>2</td></tr>
<tr><td>面积</td><td>mm²</td><td>—</td><td>—</td><td>6</td></tr>
</table>

注：d为钢筋直径(mm)。

5.5.3　当模拟试件试验结果不符合要求时，应进行复验。复验应从现场焊接接头中切取，其数量和要求与初始试验相同。

5.6　钢筋电渣压力焊接头

5.6.1　电渣压力焊接头的质量检验，应分批进行外观质量检查和力学性能检验，并应符合下列规定：

1　在现浇钢筋混凝土结构中，应以300个同牌号钢筋接头作为一批；

2　在房屋结构中，应在不超过连续二楼层中300个同牌号钢筋接头作为一批；当不足300个接头时，仍应作为一批；

3　每批随机切取3个接头试件做拉伸试验。

5.6.2　电渣压力焊接头外观质量检查结果，应符合下列规定：

1　四周焊包凸出钢筋表面的高度，当钢筋直径为25 mm及以下时，不得小于4 mm；当钢筋直径为 28 mm 及以上时，不得小于 6 mm；

2 钢筋与电极接触处，应无烧伤缺陷；

3 接头处的弯折角度不得大于 2°；

4 接头处的轴线偏移不得大于 1 mm。

5.7 钢筋气压焊接头

5.7.1 气压焊接头的质量检验，应分批进行外观质量检查和力学性能检验，并应符合下列规定：

1 在现浇钢筋混凝土结构中，应以 300 个同牌号钢筋接头作为一批；在房屋结构中，应在不超过连续二楼层中 300 个同牌号钢筋接头作为一批；当不足 300 个接头时，仍应作为一批；

2 在柱、墙的竖向钢筋连接中，应从每批接头中随机切取 3 个接头做拉伸试验；在梁、板的水平钢筋连接中，应另切取 3 个接头做弯曲试验；

3 在同一批中，异径钢筋气压焊接头可只做拉伸试验。

5.7.2 钢筋气压焊接头外观质量检查结果，应符合下列规定：

1 接头处的轴线偏移 e 不得大于钢筋直径的 1/10，且不得大于 1 mm(图 5.7.2a)；当不同直径钢筋焊接时，应按较小钢筋直径计算；当大于上述规定值，但在钢筋直径的 3/10 以下时，可加热矫正；当大于 3/10 时，应切除重焊；

2 接头处表面不得有肉眼可见的裂纹；

3 接头处的弯折角度不得大于 2°；当大于规定值时，应重新加热矫正；

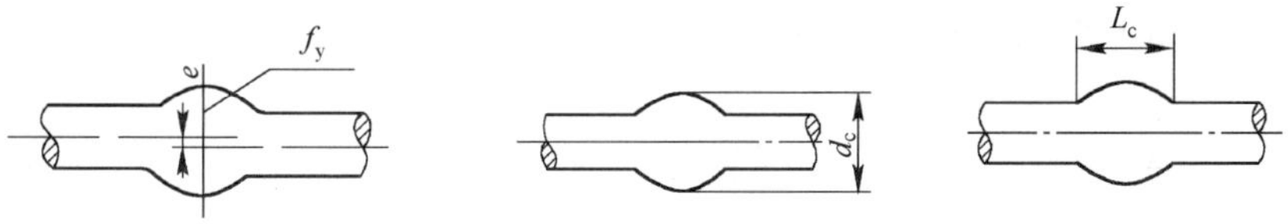

(a) 轴线偏移 e　(b) 墩粗直径 d_c　(c) 墩粗长度 L_c

图 5.7.2 钢筋气压焊接头外观质量图解

f_y—压焊面

4 固态气压焊接头镦粗直径 d_c 不得小于钢筋直径的 1.4 倍，熔态气压焊接头镦粗直径 d_c 不得小于钢筋直径的 1.2 倍(图 5.7.2b)；当小于上述规定值时，应重新加热镦粗；

5 镦粗长度 L_c 不得小于钢筋直径的 1.0 倍，且凸起部分平缓圆滑(图 5.7.2c)；当小于上述规定值时，应重新加热镦长。

5.8 预埋件钢筋 T 形接头

5.8.1 预埋件钢筋 T 形接头的外观质量检查，应从同一台班内完成的同类型预埋件中抽查 5%，且不得少于 10 件。

5.8.2 预埋件钢筋 T 形接头外观质量检查结果，应符合下列规定：

1 焊条电弧焊时，角焊缝焊脚尺寸(K)应符合本规程第 4.5.11 条第 1 款的规定：

2 埋弧压力焊或埋弧螺柱焊时，四周焊包凸出钢筋表面的高度，当钢筋直径为 18 mm 及以下时，不得小于 3 mm；当钢筋直径为 20 mm 及以上时，不得小于 4 mm；

3 焊缝表面不得有气孔、夹渣和肉眼可见裂纹；

4 钢筋咬边深度不得超过 0.5 mm；

5 钢筋相对钢板的直角偏差不得大于 2°。

5.8.3 预埋件外观质量检查结果，当有 2 个接头不符合上述规定时，应对全数接头的这一项目进行检查，并剔出不合格品，不合格接头经补焊后可提交二次验收。

5.8.4 力学性能检验时，应以 300 件同类型预埋件作为一批。一周内连续焊接时，可累计计算。当不足 300 件时，亦应按一批计算。应从每批预埋件中随机切取 3 个接头做拉伸试验。试件的钢筋长度应大于或等于 200 mm，钢板(锚板)的长度和宽度应等于 60 mm，并视钢筋直径的增大而适当增大(图 5.8.4)。

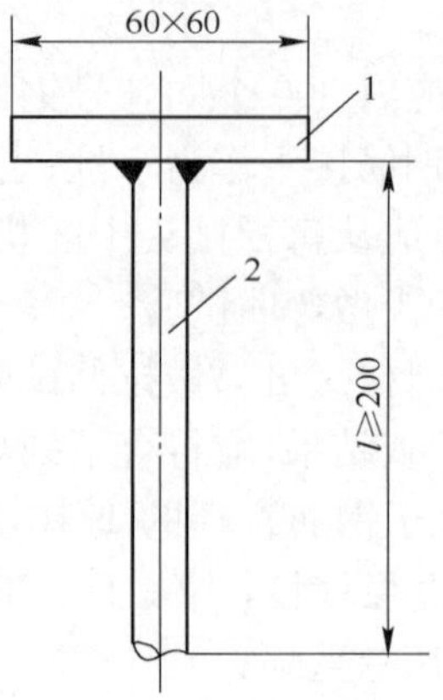

图 5.8.4 预埋件钢筋 T 形接头拉伸试件

1—钢板；2—钢筋

5.8.5 预埋件钢筋 T 形接头拉伸试验时，应采用专用夹具。

6 焊工考试

6.0.1 从事钢筋焊接施工的焊工必须持有钢筋焊工考试合格证，并应按照合格证规定的范围上岗操作。

6.0.2 经专业培训结业的学员，或具有独立焊接工作能力的焊工，均应参加钢筋焊工考试。

6.0.3 焊工考试应由经设区市或设区市以上建设行政主管部门审查批准的单位负责进行。对考试合格的焊工应签发考试合格证，考试合格证式样应符合本规程附录 B 的规定。

6.0.4 钢筋焊工考试应包括理论知识考试和操作技能考试两部分；经理论知识考试合格的焊工，方可参加操作技能考试。

6.0.5 理论知识考试应包括下列内容：

1 钢筋的牌号、规格及性能；

2 焊机的使用和维护；

3 焊条、焊剂、氧气、溶解乙炔、液化石油气、二氧化碳气体的性能和选用；

4 焊前准备、技术要求、焊接接头和焊接制品的质量检验与验收标准；

5 焊接工艺方法及其特点，焊接参数的选择；

6 焊接缺陷产生的原因及消除措施；

7 电工知识；

8 焊接安全技术知识。

具体内容和要求应由各考试单位按焊工报考焊接方法对应出题。

6.0.6 焊工操作技能考试用的钢筋、焊条、焊剂、氧气、溶解乙炔、液化石油气、二氧化碳气体等，应符合本规程有关规定，焊接设备可根据具体情况确定。

6.0.7 焊工操作技能考试评定标准应符合表 6.0.7 的规定；焊接方法、钢筋牌号及直径、试件组合与组数，应由考试单位根据实际情况确定。焊接参数应由焊工自行选择。

表 6.0.7 焊工操作技能考试评定标准

焊接方法		钢筋牌号	钢筋直径(mm)	每组试件数量		评定标准
				拉伸	弯曲	
闪光对焊		中、虫、虫^F、虫、虫^F、亚、亚^F、虫^{RW}	8～32	3	3	拉伸试验应按本规程第 5.1.7 条规定进行评定；弯曲试验应按本规程第 5.1.8 条规定进行评定
箍筋闪光对焊		中、虫、虫^F、虫、虫^F、亚、亚^F、虫^{RW}	6～18	3	—	
电弧焊	帮条平焊 帮条立焊	中、虫、虫^F、虫、虫^F、亚、亚^F、虫^{RW}	20～32	3	—	拉伸试验应按本规程第 5.1.7 条规定进行评定
	搭接平焊 搭接立焊	中、虫、虫^F、虫、虫^F、亚、亚^F、虫^{RW}	20～32			
	熔槽帮条焊	中、虫、虫^F、虫、虫^F、亚、亚^F、虫^{RW}	20～40			
	坡口平焊 坡口立焊	中、虫、虫^F、虫、虫^F、亚、亚^F、虫^{RW}	18～32			
	窄间隙焊	中、虫、虫^F、虫、虫^F、亚、亚^F、虫^{RW}	16～40			
电渣压力焊		虫、虫、亚	12～32	3	—	拉伸试验应按本规程第 5.1.7 条规定进行评定
气压焊		虫、虫、亚	12～40	3	3	拉伸试验应按本规程第 5.1.7 条规定进行评定；弯曲试验应按本规程第 5.1.8 条规定进行评定
预埋件钢筋T形接头	焊条电弧焊	中、虫、虫^F、虫、虫^F、亚^{RW}	6～28	3	—	拉伸试验应按本规程第 5.1.7 条规定进行评定
	埋弧压力焊	中、虫、虫^F、虫、虫^F				
	埋弧螺柱焊					

注：箍筋焊工考试时，提前将钢筋切断、弯曲加工成合格的待焊箍筋。

6.0.8 当拉伸试验、弯曲试验结果，在一组试件中仅有 1 个试件未达到规定的要求时，可补焊一组试件进行补试，但不得超过一次。试验要求应与初始试验相同。

6.0.9 持有合格证的焊工当在焊接生产中三个月内出现两批不合格品时，应取消其合格资格。

6.0.10 持有合格证的焊工，每两年应复试一次；当脱离焊接生产岗位半年以上，在生产操作前应首先进行复试。复试可只进行操作技能考试。

6.0.11 焊工考试完毕，考试单位应填写“钢筋焊工考试结果登记表”，连同合格证复印件一起，立卷归档备查。

6.0.12　工程质量监督单位应对上岗操作的焊工随机抽查验证。

7　焊 接 安 全

7.0.1　安全培训与人员管理应符合下列规定：

1　承担钢筋焊接工程的企业应建立健全钢筋焊接安全生产管理制度，并应对实施焊接操作和安全管理人员进行安全培训，经考核合格后方可上岗；

2　操作人员必须按焊接设备的操作说明书或有关规程，正确使用设备和实施焊接操作。

7.0.2　焊接操作及配合人员应按下列规定并结合实际情况穿戴劳动防护用品：

1　焊接人员操作前，应戴好安全帽，佩戴电焊手套、围裙、护腿、穿阻燃工作服；穿焊工皮鞋或电焊工劳保鞋，应戴防护眼镜（滤光或遮光镜）、头罩或手持面罩；

2　焊接人员进行仰焊时，应穿戴皮制或耐火材质的套袖、披肩罩或斗篷，以防头部灼伤。

7.0.3　焊接工作区域的防护应符合下列规定：

1　焊接设备应安放在通风、干燥、无碰撞、无剧烈振动、无高温、无易燃品存在的地方；特殊环境条件下还应对设备采取特殊的防护措施；

2　焊接电弧的辐射及飞溅范围，应设不可燃或耐火板、罩、屏，防止人员受到伤害；

3　焊机不得受潮或雨淋；露天使用的焊接设备应予以保护，受潮的焊接设备在使用前必须彻底干燥并经适当试验或检测；

4　焊接作业应在足够的通风条件下（自然通风或机械通风）进行，避免操作人员吸入焊接操作产生的烟气流；

5　在焊接作业场所应当设置警告标志。

7.0.4　焊接作业区防火安全应符合下列规定：

1　焊接作业区和焊机周围 6 m 以内，严禁堆放装饰材料、油料、木材、氧气瓶、溶解乙炔气瓶、液化石油气瓶等易燃、易爆物品；

2　除必须在施工工作面焊接外，钢筋应在专门搭设的防雨、防潮、防晒的工房内焊接；工房的屋顶应有安全防护和排水设施，地面应干燥，应有防止飞溅的金属火花伤人的设施；

3　高空作业的下方和焊接火星所及范围内，必须彻底清除易燃、易爆物品；

4　焊接作业区应配置足够的灭火设备，如水池、沙箱、水龙带、消火栓、手提灭火器。

7.0.5　各种焊机的配电开关箱内，应安装熔断器和漏电保护开关；焊接电源的外壳应有可靠的接地或接零；焊机的保护接地线应直接从接地极处引接，其接地电阻值不应大于 4 Ω。

7.0.6　冷却水管、输气管、控制电缆、焊接电缆均应完好无损；接头处应连接牢固，无渗漏，绝缘良好；发现损坏应及时修理；各种管线和电缆不得挪作拖拉设备的工具。

7.0.7　在封闭空间内进行焊接操作时，应设专人监护。

7.0.8　氧气瓶、溶解乙炔气瓶或液化石油气瓶、干式回火防止器、减压器及胶管等，应防止损坏。发现压力表指针失灵，瓶阀、胶管有泄漏，应立即修理或更换；气瓶必须进行定期检查，使用期满或送检不合格的气瓶禁止继续使用。

7.0.9　气瓶使用应符合下列规定：

1　各种气瓶应摆放稳固；钢瓶在装车、卸车及运输时，应避免互相碰撞；氧气瓶不能与燃气瓶、油类材料以及其他易燃物品同车运输；

2　吊运钢筋时应使用吊架或合适的台架，不得使用吊钩、钢索和电磁吸盘；钢瓶使用完时，要留有一定的余压力；

3 钢瓶在夏季使用时要防止暴晒，冬季使用时如发生冻结、结霜或出气量不足时，应用温水解冻。

7.0.10 贮存、使用、运输氧气瓶、溶解乙炔气瓶、液化石油气瓶、二氧化碳气瓶时，应分别按照原国家质量技术监督局颁发的现行《气瓶安全监察规定》和原劳动部颁发的现行《溶解乙炔气瓶安全监察规程》中有关规定执行。

附录 A 钢筋焊接接头检验批质量验收记录

A.0.1 钢筋闪光对焊接头检验批质量验收记录应符合表 A.0.1 的规定。

表 A.0.1 钢筋闪光对焊接头检验批质量验收记录

<table>
<tr><td colspan="3">工程名称</td><td colspan="2"></td><td colspan="4">验收部位</td><td colspan="5"></td></tr>
<tr><td colspan="3">施工单位</td><td colspan="2"></td><td colspan="4">批号及批量</td><td colspan="5"></td></tr>
<tr><td colspan="3">施工执行标准
名称及编号</td><td colspan="2">《钢筋焊接及验收规程》
JGJ 18—2012</td><td colspan="4">钢筋牌号及直径
（mm）</td><td colspan="5"></td></tr>
<tr><td colspan="3">项目经理</td><td colspan="2"></td><td colspan="4">施工班组组长</td><td colspan="5"></td></tr>
<tr><td rowspan="3">主控项目</td><td colspan="4">质量验收规程的规定</td><td colspan="4">施工单位检查评定记录</td><td colspan="5">监理（建设）单位验收记录</td></tr>
<tr><td>1</td><td colspan="2">接头试件拉伸试验</td><td>5.1.7 条</td><td colspan="4"></td><td colspan="5"></td></tr>
<tr><td>2</td><td colspan="2">接头试件弯曲试验</td><td>5.1.8 条</td><td colspan="4"></td><td colspan="5"></td></tr>
<tr><td rowspan="6">一般项目</td><td colspan="4" rowspan="2">质量验收规程的规定</td><td colspan="8">施工单位检查评定记录</td><td rowspan="2">监理（建设）单位验收记录</td></tr>
<tr><td>抽查数</td><td>合格数</td><td colspan="6">不合格</td></tr>
<tr><td>1</td><td colspan="2">对焊接头表面应呈圆滑、带毛刺状，不得有肉眼可见的裂纹</td><td>5.3.2 条</td><td></td><td></td><td></td><td></td><td></td><td></td><td></td><td></td><td></td></tr>
<tr><td>2</td><td colspan="2">与电极接触处的钢筋表面不得有明显烧伤</td><td>5.3.2 条</td><td></td><td></td><td></td><td></td><td></td><td></td><td></td><td></td><td></td></tr>
<tr><td>3</td><td colspan="2">接头处的弯折角度不得大于 2°</td><td>5.3.2 条</td><td></td><td></td><td></td><td></td><td></td><td></td><td></td><td></td><td></td></tr>
<tr><td>4</td><td colspan="2">轴线偏移不得大于钢筋直径的1/10，且不得大于 1 mm</td><td>5.3.2 条</td><td></td><td></td><td></td><td></td><td></td><td></td><td></td><td></td><td></td></tr>
<tr><td colspan="5">施工单位检查评定结果</td><td colspan="9">项目专业质量检查员：

年 月 日</td></tr>
<tr><td colspan="5">监理（建设）单位
验收结论</td><td colspan="9">监理工程师（建设单位项目专业技术负责人）：

年 月 日</td></tr>
</table>

注：1 一般项目各小项检查评定不合格时，在小格内打×记号；

2 本表由施工单位项目专业质量检查员填写，监理工程师（建设单位项目专业技术负责人）组织项目专业质量检查员等进行验收。

A. 0. 2 箍筋闪光对焊接头检验批质量验收记录应符合表 A. 0. 2 的规定。

表 A. 0. 2 箍筋闪光对焊接头检验批质量验收记录

<table>
<tr><td colspan="3">工程名称</td><td></td><td colspan="3">验收部位</td><td colspan="6"></td></tr>
<tr><td colspan="3">施工单位</td><td></td><td colspan="3">批号及批量</td><td colspan="6"></td></tr>
<tr><td colspan="3">施工执行标准
名称及编号</td><td>《钢筋焊接及验收规程》
JGJ 18—2012</td><td colspan="3">钢筋牌号及直径
(mm)</td><td colspan="6"></td></tr>
<tr><td colspan="3">项目经理</td><td></td><td colspan="3">施工班组组长</td><td colspan="6"></td></tr>
<tr><td rowspan="2">主控项目</td><td colspan="3">质量验收规程的规定</td><td colspan="3">施工单位检查评定记录</td><td colspan="6">监理(建设)单位验收记录</td></tr>
<tr><td>1</td><td>接头试件拉伸试验</td><td>5.1.7 条</td><td colspan="3"></td><td colspan="6"></td></tr>
<tr><td rowspan="7">一般项目</td><td colspan="3" rowspan="2">质量验收规程的规定</td><td colspan="8">施工单位检查评定记录</td><td rowspan="2">监理(建设)单位验收记录</td></tr>
<tr><td>抽查数</td><td>合格数</td><td colspan="6">不合格</td></tr>
<tr><td>1</td><td>对焊接头表面应呈圆滑、带毛刺状,不得有肉眼可见的裂纹</td><td>5.4.2 条</td><td></td><td></td><td></td><td></td><td></td><td></td><td></td><td></td><td></td></tr>
<tr><td>2</td><td>轴线偏移不得大于钢筋直径的 1/10,且不得大于 1 mm</td><td>5.4.2 条</td><td></td><td></td><td></td><td></td><td></td><td></td><td></td><td></td><td></td></tr>
<tr><td>3</td><td>直线边凹凸不得大于 5 mm</td><td>5.4.2 条</td><td></td><td></td><td></td><td></td><td></td><td></td><td></td><td></td><td></td></tr>
<tr><td>4</td><td>箍筋外皮尺寸应符合设计图纸规定,偏差在±5 mm 之内</td><td>5.4.2 条</td><td></td><td></td><td></td><td></td><td></td><td></td><td></td><td></td><td></td></tr>
<tr><td>5</td><td>与电极接触处无明显烧伤</td><td>5.4.2 条</td><td></td><td></td><td></td><td></td><td></td><td></td><td></td><td></td><td></td></tr>
<tr><td colspan="4">施工单位检查评定结果</td><td colspan="9">项目专业质量检查员:

年 月 日</td></tr>
<tr><td colspan="4">监理(建设)单位
验收结论</td><td colspan="9">监理工程师(建设单位项目专业技术负责人):

年 月 日</td></tr>
</table>

注:1 一般项目各小项检查评定不合格时,在小格内打×记号;

2 本表由施工单位项目专业质量检查员填写,监理工程师(建设单位项目专业技术负责人)组织项目专业质量检查员等进行验收。

A.0.3 钢筋电弧焊接头检验批质量验收记录应符合表 A.0.3 的规定。

表 A.0.3 钢筋电弧焊接头检验批质量验收记录

<table>
<tr><td colspan="3">工程名称</td><td></td><td colspan="4">验收部位</td><td colspan="5"></td></tr>
<tr><td colspan="3">施工单位</td><td></td><td colspan="4">批号及批量</td><td colspan="5"></td></tr>
<tr><td colspan="3">施工执行标准
名称及编号</td><td>《钢筋焊接及验收规程》
JGJ 18—2012</td><td colspan="4">钢筋牌号及直径
（mm）</td><td colspan="5"></td></tr>
<tr><td colspan="3">项目经理</td><td></td><td colspan="4">施工班组组长</td><td colspan="5"></td></tr>
<tr><td rowspan="2">主控项目</td><td colspan="3">质量验收规程的规定</td><td colspan="4">施工单位检查评定记录</td><td colspan="5">监理（建设）单位验收记录</td></tr>
<tr><td>1</td><td>接头试件拉伸试验</td><td>5.1.7 条</td><td colspan="4"></td><td colspan="5"></td></tr>
<tr><td rowspan="6">一般项目</td><td colspan="3" rowspan="2">质量验收规程的规定</td><td colspan="8">施工单位检查评定记录</td><td rowspan="2">监理（建设）单位验收记录</td></tr>
<tr><td>抽查数</td><td>合格数</td><td colspan="6">不合格</td></tr>
<tr><td>1</td><td>焊缝表面应平整，不得有凹陷或焊瘤</td><td>5.5.2 条</td><td></td><td></td><td></td><td></td><td></td><td></td><td></td><td></td><td></td></tr>
<tr><td>2</td><td>接头区域不得有肉眼可见裂纹</td><td>5.5.2 条</td><td></td><td></td><td></td><td></td><td></td><td></td><td></td><td></td><td></td></tr>
<tr><td>3</td><td>咬边深度、气孔、夹渣等缺陷允许值及接头尺寸允许偏差应符合表 5.5.2 规定</td><td>表 5.5.2</td><td></td><td></td><td></td><td></td><td></td><td></td><td></td><td></td><td></td></tr>
<tr><td>4</td><td>焊缝余高应为 2 mm～4 mm</td><td>5.5.2 条</td><td></td><td></td><td></td><td></td><td></td><td></td><td></td><td></td><td></td></tr>
<tr><td colspan="4">施工单位检查评定结果</td><td colspan="9">项目专业质量检查员：

年　月　日</td></tr>
<tr><td colspan="4">监理（建设）单位
验收结论</td><td colspan="9">监理工程师（建设单位项目专业技术负责人）：

年　月　日</td></tr>
</table>

注：1 一般项目各小项检查评定不合格时，在小格内打×记号；

2 本表由施工单位项目专业质量检查员填写，监理工程师（建设单位项目专业技术负责人）组织项目专业质量检查员等进行验收。

A.0.4 钢筋电渣压力焊接头检验批质量验收记录应符合表 A.0.4 的规定。

表 A.0.4　钢筋电渣压力焊接头检验批质量验收记录

<table>
<tr><td colspan="3">工程名称</td><td></td><td colspan="6">验收部位</td><td colspan="3"></td></tr>
<tr><td colspan="3">施工单位</td><td></td><td colspan="6">批号及批量</td><td colspan="3"></td></tr>
<tr><td colspan="3">施工执行标准
名称及编号</td><td>《钢筋焊接及验收规程》
JGJ 18—2012</td><td colspan="6">钢筋牌号及直径
(mm)</td><td colspan="3"></td></tr>
<tr><td colspan="3">项目经理</td><td></td><td colspan="6">施工班组长</td><td colspan="3"></td></tr>
<tr><td rowspan="2">主控项目</td><td colspan="3">质量验收规程的规定</td><td colspan="6">施工单位检查评定记录</td><td colspan="3">监理(建设)单位验收记录</td></tr>
<tr><td>1</td><td>接头试件拉伸试验</td><td>5.1.7 条</td><td colspan="6"></td><td colspan="3"></td></tr>
<tr><td rowspan="6">一般项目</td><td colspan="3" rowspan="2">质量验收规程的规定</td><td colspan="8">施工单位检查评定记录</td><td rowspan="2">监理(建设)单位验收记录</td></tr>
<tr><td>抽查数</td><td>合格数</td><td colspan="6">不合格</td></tr>
<tr><td>1</td><td>当钢筋直径小于或等于 25 mm 时，焊包高度不得小于 4 mm；
当钢筋直径大于或等于 28 mm 时，焊包高度不得小于 6 mm</td><td>5.6.2 条</td><td></td><td></td><td></td><td></td><td></td><td></td><td></td><td></td><td></td></tr>
<tr><td>2</td><td>钢筋与电极接触处无烧伤缺陷</td><td>5.6.2 条</td><td></td><td></td><td></td><td></td><td></td><td></td><td></td><td></td><td></td></tr>
<tr><td>3</td><td>接头处的弯折角度不得大于 2°</td><td>5.6.2 条</td><td></td><td></td><td></td><td></td><td></td><td></td><td></td><td></td><td></td></tr>
<tr><td>4</td><td>轴线偏移不得大于 1 mm</td><td>5.6.2 条</td><td></td><td></td><td></td><td></td><td></td><td></td><td></td><td></td><td></td></tr>
<tr><td colspan="4">施工单位检查评定结果</td><td colspan="9">项目专业质量检查员：

年　　月　　日</td></tr>
<tr><td colspan="4">监理(建设)单位
验收结论</td><td colspan="9">监理工程师(建设单位项目专业技术负责人)：

年　　月　　日</td></tr>
</table>

注：1　一般项目各小项检查评定不合格时，在小格内打×记号；

2　本表由施工单位项目专业质量检查员填写，监理工程师(建设单位项目专业技术负责人)组织项目专业质量检查员等进行验收。

A.0.5 钢筋气压焊接头检验批质量验收记录应符合表 A.0.5 的规定。

表 A.0.5 钢筋气压焊接头检验批质量验收记录

<table>
<tr><td colspan="3">工程名称</td><td colspan="2"></td><td colspan="7">验收部位</td><td colspan="3"></td></tr>
<tr><td colspan="3">施工单位</td><td colspan="2"></td><td colspan="7">批号及批量</td><td colspan="3"></td></tr>
<tr><td colspan="3">施工执行标准
名称及编号</td><td colspan="2">《钢筋焊接及验收规程》
JGJ 18—2012</td><td colspan="7">钢筋牌号及直径
(mm)</td><td colspan="3"></td></tr>
<tr><td colspan="3">项目经理</td><td colspan="2"></td><td colspan="7">施工班组组长</td><td colspan="3"></td></tr>
<tr><td rowspan="3">主控项目</td><td colspan="4">质量验收规程的规定</td><td colspan="7">施工单位检查评定记录</td><td colspan="3">监理(建设)单位验收记录</td></tr>
<tr><td>1</td><td colspan="2">接头试件拉伸试验</td><td>5.1.7 条</td><td colspan="7"></td><td colspan="3"></td></tr>
<tr><td>2</td><td colspan="2">接头试件弯曲试验</td><td>5.1.8 条</td><td colspan="7"></td><td colspan="3"></td></tr>
<tr><td rowspan="7">一般项目</td><td colspan="4" rowspan="2">质量验收规程的规定</td><td colspan="8">施工单位检查评定记录</td><td colspan="2" rowspan="2">监理(建设)单位验收记录</td></tr>
<tr><td>抽查数</td><td>合格数</td><td colspan="6">不合格</td></tr>
<tr><td>1</td><td colspan="2">轴线偏移不得大于钢筋直径的1/10,且不得大于 1 mm</td><td>5.7.2 条</td><td></td><td></td><td></td><td></td><td></td><td></td><td></td><td></td><td colspan="2"></td></tr>
<tr><td>2</td><td colspan="2">接头处表面不得有肉眼可见的裂纹</td><td>5.7.2 条</td><td></td><td></td><td></td><td></td><td></td><td></td><td></td><td></td><td colspan="2"></td></tr>
<tr><td>3</td><td colspan="2">接头处的弯折角度不得大于 2°</td><td>5.7.2 条</td><td></td><td></td><td></td><td></td><td></td><td></td><td></td><td></td><td colspan="2"></td></tr>
<tr><td>4</td><td colspan="2">固态镦粗直径不得小于 1.4d,熔态镦粗直径不得小于 1.2d</td><td>5.7.2 条</td><td></td><td></td><td></td><td></td><td></td><td></td><td></td><td></td><td colspan="2"></td></tr>
<tr><td>5</td><td colspan="2">镦粗长度不得小于 1.0d,d 为钢筋直径</td><td>5.7.2 条</td><td></td><td></td><td></td><td></td><td></td><td></td><td></td><td></td><td colspan="2"></td></tr>
<tr><td colspan="4">施工单位检查评定结果</td><td colspan="11">项目专业质量检查员:

年　月　日</td></tr>
<tr><td colspan="4">监理(建设)单位
验收结论</td><td colspan="11">监理工程师(建设单位项目专业技术负责人):

年　月　日</td></tr>
</table>

注:1 一般项目各小项检查评定不合格时,在小格内打×记号;

2 本表由施工单位项目专业质量检查员填写,监理工程师(建设单位项目专业技术负责人)组织项目专业质量检查员等进行验收。

A.0.6 预埋件钢筋T形接头检验批质量验收记录应符合表A.0.6的规定。

表 A.0.6 预埋件钢筋T形接头检验批质量验收记录

<table>
<tr><td colspan="3">工程名称</td><td colspan="3"></td><td colspan="3">验收部位</td><td colspan="4"></td></tr>
<tr><td colspan="3">施工单位</td><td colspan="3"></td><td colspan="3">批号及批量</td><td colspan="4"></td></tr>
<tr><td colspan="3">施工执行标准
名称及编号</td><td colspan="3">《钢筋焊接及验收规程》
JGJ 18—2012</td><td colspan="3">钢筋牌号及直径
(mm)</td><td colspan="4"></td></tr>
<tr><td colspan="3">项目经理</td><td colspan="3"></td><td colspan="3">施工班组组长</td><td colspan="4"></td></tr>
<tr><td rowspan="2">主控项目</td><td colspan="4">质量验收规程的规定</td><td colspan="4">施工单位检查评定记录</td><td colspan="4">监理(建设)单位验收记录</td></tr>
<tr><td>1</td><td colspan="2">接头试件拉伸试验</td><td>5.1.7条</td><td colspan="4"></td><td colspan="4"></td></tr>
<tr><td rowspan="7">一般项目</td><td colspan="4" rowspan="2">质量验收规程的规定</td><td colspan="7">施工单位检查评定记录</td><td rowspan="2">监理(建设)单位验收记录</td></tr>
<tr><td>抽查数</td><td>合格数</td><td colspan="5">不合格</td></tr>
<tr><td>1</td><td colspan="2">焊条电弧焊时:角焊缝焊脚尺寸(K)应符合第4.5.11条第1款的规定</td><td>4.5.11条</td><td></td><td></td><td></td><td></td><td></td><td></td><td></td><td></td></tr>
<tr><td>2</td><td colspan="2">埋弧压力焊和埋弧螺柱焊时,四周焊包凸出钢筋表面的高度应符合第5.8.2条第2款的规定</td><td>5.8.2条</td><td></td><td></td><td></td><td></td><td></td><td></td><td></td><td></td></tr>
<tr><td>3</td><td colspan="2">焊缝表面不得有气孔、夹渣和肉眼可见裂纹</td><td>5.8.2条</td><td></td><td></td><td></td><td></td><td></td><td></td><td></td><td></td></tr>
<tr><td>4</td><td colspan="2">钢筋咬边深度不得超过0.5 mm</td><td>5.8.2条</td><td></td><td></td><td></td><td></td><td></td><td></td><td></td><td></td></tr>
<tr><td>5</td><td colspan="2">钢筋相对钢板的直角偏差不得大于2°</td><td>5.8.2条</td><td></td><td></td><td></td><td></td><td></td><td></td><td></td><td></td></tr>
<tr><td colspan="4">施工单位检查评定结果</td><td colspan="9">项目专业质量检查员:

年 月 日</td></tr>
<tr><td colspan="4">监理(建设)单位
验收结论</td><td colspan="9">监理工程师(建设单位项目专业技术负责人):

年 月 日</td></tr>
</table>

注:1 一般项目各小项检查评定不合格时,在小格内打×记号;

2 本表由施工单位项目专业质量检查员填写,监理工程师(建设单位项目专业技术负责人)组织项目专业质量检查员等进行验收。

附录B 钢筋焊工考试合格证

塑料封套 封1

钢筋焊工考试

合
格
证

省　　市

钢筋焊工考试委员会

塑料封套(硬纸)　　封 2

本证授予操作范围

操作方法__________

省　　市

钢筋焊工考试委员会

审查批准:省市建设行政主管部门名称

塑料封套(硬纸) 封3

注 意 事 项

1 本证仅限证明焊工操作技能用;

2 本证应妥善保存,不得转借他人;

3 本证记载各项,不得私自涂改;

4 本证的有效期为两年;超过有效期限,本证无效。

塑料封套 封 4

证芯 第 1 页

合格证编号：____________

姓　　名：____________

性　　别：____________

出生年月：____________

工作单位：____________

考试单位：____________

照片

钢印

省　　市

钢筋焊工考试委员会（公章）

发证日期：　　　年　　月　　日

证芯　　第 2 页

理论知识考试：

操作技能考试：

日期	焊接方法	试件编号	钢筋牌号及直径（mm）	拉伸试验（MPa）	弯曲试验（90°）

考试委员会主任：

年　　月　　日

证芯 第 3 页

日常工作质量记录

年　　月至　　年　　月

工程名称＿＿＿＿＿＿＿＿＿＿＿＿＿＿＿＿＿＿＿＿＿＿＿＿＿＿＿＿＿＿

焊接方法＿＿＿＿＿＿＿＿＿＿＿＿＿＿＿＿＿＿＿＿＿＿＿＿＿＿＿＿＿＿

检验记录档案号＿＿＿＿＿＿＿＿＿＿＿＿＿＿＿＿＿＿＿＿＿＿＿＿＿＿＿

合格率＿＿＿＿＿＿＿＿＿＿＿＿＿＿＿＿＿＿＿＿＿＿＿＿＿＿＿＿＿＿＿

事故记录：

证芯　　第 4 页

复试签证

日　期	内 容 说 明	负责人签字

注:复试合格签证的有效期为两年。

混凝土用水标准

目　　次

3 技术要求

3.1 混凝土拌合用水

3.1.1 混凝土拌合用水水质要求应符合表 3.1.1 的规定。对于设计使用年限为 100 年的结构混凝土，氯离子含量不得超过 500 mg/L;对使用钢丝或经热处理钢筋的预应力混凝土，氯离子含量不得超过 350 mg/L 。

表 3.1.1 混凝土拌合用水水质要求

项 目	预应力混凝土	钢筋混凝土	素混凝土
pH 值	≥5.0	≥4.5	≥4.5
不溶物(mg/L)	≤2 000	≤2 000	≤5 000
可溶物(mg/L)	≤2 000	≤5 000	≤10 000
Cl^-(mg/L)	≤500	≤1 000	≤3 500
SO_4^{2-}(mg/L)	≤600	≤2 000	≤2 700
碱含量(mg/L)	≤1 500	≤1 500	≤1 500

注:碱含量按 $Na_2O+0.658K_2O$ 计算值来表示。采用非碱活性骨料时,可不检验碱含量。

3.1.2 地表水、地下水、再生水的放射性应符合现行国家标准《生活饮用水卫生标准》GB 5749 的规定。

3.1.3 被检验水样应与饮用水样进行水泥凝结时间对比试验。对比试验的水泥初凝时间差及终凝时间差均不应大于 30 min;同时,初凝和终凝时间应符合现行国家标准《硅酸盐水泥、普通硅酸盐水泥》GB 175 的规定。

3.1.4 被检验水样应与饮用水样进行水泥胶砂强度对比试验,被检验水样配制的水泥胶砂 3 d和 28 d 强度不应低于饮用水配制的水泥胶砂 3 d 和 28 d 强度的 90%。

3.1.5 混凝土拌合用水不应有漂浮明显的油脂和泡沫,不应有明显的颜色和异味。

3.1.6 混凝土企业设备洗刷水不宜用于预应力混凝土、装饰混凝土、加气混凝土和暴露于腐蚀环境的混凝土;不得用于使用碱活性或潜在碱活性骨料的混凝土。

3.1.7 未经处理的海水严禁用于钢筋混凝土和预应力混凝土。

3.1.8 在无法获得水源的情况下,海水可用于素混凝土,但不宜用于装饰混凝土。

3.2 混凝土养护用水

3.2.1 混凝土养护用水可不检验不溶物和可溶物,其他检验项目应符合本标准 3.1.1 条和 3.1.2 条的规定。

3.2.2 混凝土养护用水可不检验水泥凝结时间和水泥胶砂强度。

4 检验方法

4.0.1 pH 值的检验应符合现行国家标准《水质 pH 值的测定 玻璃电极法》GB/T 6920 的要求,并宜在现场测定。

4.0.2 不溶物的检验应符合现行国家标准《水质 悬浮物的测定 重量法》GB/T 11901 的

要求。

4.0.3 可溶物的检验应符合现行国家标准《生活饮用水标准检验法》GB 5750 中溶解性总固体检验法的要求。

4.0.4 氯化物的检验应符合现行国家标准《水质 氯化物的测定 硝酸银滴定法》GB/T 11896 的要求。

4.0.5 硫酸盐的检验应符合现行国家标准《水质 硫酸盐的测定 重量法》GB/T 11899 的要求。

4.0.6 碱含量的检验应符合现行国家标准《水泥化学分析方法》GB/T 176 中关于氧化钾、氧化钠测定的火焰光度计法的要求。

4.0.7 水泥凝结时间试验应符合现行国家标准《水泥标准稠度用水量、凝结时间、安定性检验方法》GB/T 1346 的要求。试验应采用 42.5 级硅酸盐水泥,也可采用 42.5 级普通硅酸盐水泥;出现争议时,应以 42.5 级硅酸盐水泥为准。

4.0.8 水泥胶砂强度试验应符合现行国家标准《水泥胶砂强度检验方法(ISO 法)》GB/T 17671 的要求。试验应采用 42.5 级硅酸盐水泥,也可采用 42.5 级普通硅酸盐水泥;出现争议时,应以 42.5 级硅酸盐水泥为准。

5 检 验 规 则

5.1 取 样

5.1.1 水质检验水样不应少于 5 L;用于测定水泥凝结时间和胶砂强度的水样不应少于 3 L。

5.1.2 采集水样的容器应无污染;容器应用待采集水样冲洗三次再灌装,并应密封待用。

5.1.3 地表水宜在水域中心部位、距水面 100 mm 以下采集,并应记载季节、气候、雨量和周边环境的情况。

5.1.4 地下水应在放水冲洗管道后接取,或直接用容器采集;不得将地下水积存于地表后再从中采集。

5.1.5 再生水应在取水管道终端接取。

5.1.6 混凝土企业设备洗刷水应沉淀后,在池中距水面 100 mm 以下采集。

5.2 检验期限和频率

5.2.1 水样检验期限应符合下列要求:

1 水质全部项目检验宜在取样后 7 d 内完成;

2 放射性检验、水泥凝结时间检验和水泥胶砂强度成型宜在取样后 10 d 内完成。

5.2.2 地表水、地下水和再生水的放射性应在使用前检验;当有可靠资料证明无放射性污染时,可不检验。

5.2.3 地表水、地下水、再生水和混凝土企业设备洗刷水在使用前应进行检验;在使用期间,检验频率宜符合下列要求:

1 地表水每 6 个月检验一次;

2 地下水每年检验一次;

3 再生水每 3 个月检验一次;在质量稳定一年后,可每 6 个月检验一次;

4 混凝土企业设备洗刷水每 3 个月检验一次;在质量稳定一年后,可一年检验一次;

5 当发现水受到污染和对混凝土性能有影响时，应立即检验。

6 结果评定

6.0.1 符合现行国家标准《生活饮用水卫生标准》GB 5749 要求的饮用水，可不经检验作为混凝土用水。

6.0.2 符合本标准 3.1 节要求的水，可作为混凝土用水；符合本标准 3.2 节要求的水，可作为混凝土养护用水。

6.0.3 当水泥凝结时间和水泥胶砂强度的检验不满足要求时，应重新加倍抽样复检一次。